LE GUIDE MICHELIN

2018

FRANCE

LES ENGAGEMENTS DU GUIDE MICHELIN

L'EXPÉRIENCE AU SERVICE DE LA QUALITÉ

Qu'il soit au Japon, aux Etats-Unis, en Chine ou en Europe, l'inspecteur du guide MICHELIN respecte exactement les mêmes critères pour évaluer la qualité d'une table ou d'un établissement hôtelier, et il applique les mêmes règles lors de ses visites. Car si le guide peut se prévaloir d'une notoriété mondiale, c'est notamment grâce à la constance de son engagement vis-à-vis de ses lecteurs. Un engagement dont nous voulons réaffirmer ici les principes :

La visite anonyme

Première règle d'or, les inspecteurs testent de façon anonyme et régulière les tables et les chambres, afin d'apprécier pleinement le niveau des prestations offertes à tout client. Ils paient donc leurs additions ; après quoi ils pourront révéler leur identité pour obtenir des renseignements supplémentaires. Le courrier des lecteurs nous fournit par ailleurs de précieux témoignages, autant d'informations qui sont prises en compte lors de l'élaboration de nos itinéraires de visites.

L'indépendance

Pour garder un point de vue parfaitement objectif – dans le seul intérêt du lecteur –, la sélection des établissements s'effectue en toute indépendance, et l'inscription des établissements dans le Guide est totalement gratuite. Les décisions sont discutées collégialement par les inspecteurs et le rédacteur en chef, et les plus hautes distinctions font l'objet d'un débat au niveau européen.

Le choix du meilleur

Loin de l'annuaire d'adresses, le Guide se concentre sur une sélection des meilleurs restaurants et hôtels, dans toutes les catégories de confort et de prix. Un choix qui résulte de l'application rigoureuse d'une même méthode par tous les inspecteurs, quel que soit le pays où il œuvre.

Nos étoiles – une ✿, deux ✿✿ ou trois ✿✿✿ – distinguent les cuisines les plus remarquables, quel que soit leur style. Le choix des produits, la maîtrise des cuissons et des saveurs, la personnalité de la cuisine, la constance de la prestation et le bon rapport qualité-prix : voilà les critères qui, au-delà des genres et des types de cuisine, définissent les plus belles tables.

✿✿✿ TROIS ÉTOILES MICHELIN

Une cuisine unique. Vaut le voyage !

La signature d'un très grand chef ! Produits d'exception, pureté et puissance des saveurs, équilibre des compositions : la cuisine est ici portée au rang d'art. Les assiettes, parfaitement abouties, s'érigent souvent en classiques.

✿✿ DEUX ÉTOILES MICHELIN

Une cuisine d'exception. Vaut le détour !

Les meilleurs produits magnifiés par le savoir-faire et l'inspiration d'un chef de talent, qui signe, avec son équipe, des assiettes subtiles et percutantes, parfois très originales.

✿UNE ÉTOILE MICHELIN

Une cuisine d'une grande finesse. Vaut l'étape !

Des produits de première qualité, une finesse d'exécution évidente, des saveurs marquées, une constance dans la réalisation des plats.

BIB GOURMAND

Nos meilleurs rapports qualité-prix.

Un moment de gourmandise à 33 € (37 € à Paris) : de bons produits bien mis en valeur, une addition mesurée, une cuisine d'un excellent rapport qualité-prix.

L'ASSIETTE MICHELIN

Une cuisine de qualité.

Qualité des produits et tour de main du chef : un bon repas tout simplement.

Une mise à jour annuelle

Les informations pratiques, les classements et distinctions sont tous revus et mis à jour chaque année, afin d'offrir l'information la plus fiable.

L'homogénéité de la sélection

Les critères de classification sont identiques pour tous les pays couverts par le guide MICHELIN. A chaque culture sa cuisine, mais la qualité se doit de rester un principe universel...

« L'aide à la mobilité » : c'est la mission que s'est donnée Michelin.

CHER LECTEUR,

Au cœur d'un paysage gastronomique toujours changeant, le guide MICHELIN suit son chemin sans se laisser distraire. De millésime en millésime, notre vocation reste immuable : vous accompagner dans vos déplacements et sélectionner pour vous la meilleure table, le meilleur hôtel, en fonction de votre envie du jour et de votre budget.

- *Pour assurer sa mission, notre équipe d'inspection ne ménage pas ses efforts. Cette année encore, elle a sillonné la France sans relâche, dénichant pour vous les nouveautés à ne pas manquer, contrôlant aussi le niveau des établissements déjà inscrits pour s'assurer de la qualité – et de la régularité – de leurs prestations. Résultat de cet incessant travail de terrain : un millésime 2018 riche en découvertes, confirmations, riche en promesses aussi. 621 restaurants étoilés, dont 57 nouveaux, qui portent la marque d'une gastronomie sans frontières : cette année encore, les chefs étrangers se ménagent une place importante dans notre constellation d'étoiles.*

- *Quant aux Bib Gourmand, ils ont plus que jamais le vent en poupe. Le guide en compte 105 nouveaux cette année – 644 en tout : les gourmets soucieux de se régaler à prix modique (menu à 33 € maximum en province, 37 € à Paris) vont pouvoir s'en donner à cœur joie. N'oublions pas de rendre ici hommage à tous les hôteliers-restaurateurs de France pour leur travail au quotidien : cette sélection n'existerait pas sans eux, sans leur passion et leur énergie. Chacun d'entre eux contribue à faire de la France un paradis pour les papilles, et à assurer son rayonnement au-delà de nos frontières.*

- *Un mot de conclusion : continuez à nous faire part de vos découvertes, de vos coups de cœur et de (fine) gueule, de vos remarques : votre participation nous est précieuse pour affiner notre sélection et orienter nos recherches. Il ne nous reste qu'à vous souhaiter de prendre autant de plaisir à découvrir ces établissements que nous en avons eu à les sélectionner pour vous.*

Bonne route !

SOMMAIRE

Introduction

Consultez le guide MICHELIN sur :
www.restaurant.michelin.fr
et écrivez-nous à :
leguidemichelin-france@tp.michelin.com

L'ACTUALITÉ GASTRONOMIQUE

Sur les routes de France, en toute saison, les inspecteurs du guide MICHELIN saisissent un peu de l'air du temps. Quelles sont les tendances à suivre cette année ? L'omniprésence de la critique gastronomique, le retour en grâce du service en salle, et la belle résistance des restaurants à viande face à l'offensive légumière.

Tous critiques gastronomiques !

À l'heure des émissions télévisées où s'affrontent, en gladiateurs du 21e s., des apprentis cuisiniers starifiés, il n'est pas rare d'entendre, au comptoir ou dans le métro, ce type d'échange : « – Son dressage était moyen. – Oui, mais il a fait une bonne réduction ! – Ses cuissons étaient justes mais il ne tient pas le stress… » Chacun se veut désormais critique, des blogueurs « influents » à la *vox populi*, toujours prête à dégainer son appareil photo et à partager son verdict – souvent sans appel – sur Instagram, Twitter ou Facebook. Cette forme de « critique participative », qui se distingue par sa subjectivité et ses jugements à l'emporte-pièce, les professionnels ont souvent du mal à la digérer. Or, la critique est métier : disposer de critères objectifs, contrôler les tables sur le temps long, sont les meilleurs moyens d'éviter les effets de mode et les gloires éphémères. Cette philosophie nous accompagne tous les jours sur les routes, et constitue le socle de la sélection que vous tenez entre les mains.

Lauri Patterson/iStock

Plaidoyer pour le service en salle

Le service en salle intéresse-t-il encore la jeunesse ? Pas vraiment, si l'on en croit l'association **Ô Service** et Denis Courtiade, directeur de salle du restaurant Alain Ducasse au Plaza Athénée. « Tout le monde sait à quoi ressemble un chef ou un pâtissier, constate-t-il. À quoi ressemble un chef de salle ? Il n'existe pas de grande figure référente ». Le service demeure pourtant ce lien indéfectible entre la cuisine et l'assiette : la scénographie gastronomique se joue aussi en salle. « Le maître d'hôtel doit reprendre le contrôle sur son métier, poursuit-il, proposer de nouveaux gestes techniques pour apporter un plus au client. » Sommeliers, maîtres d'hôtel, chefs de rangs, serveurs, commis… le service en salle ne se limite pas au directeur. C'est une profession riche, exigeante, dont tous les membres participent intimement à la magie gastronomique : la salle transmet le message, l'émotion de la cuisine.

GoodLifeStudio/iStock

Tous carnivores ?

La tendance est au bio, au vert, au végétal, aux jardins de chefs. Le légume triomphe, les carottes ont la patate… mais le steak a encore son mot à dire ! En France, les restaurants à viande poussent comme champignons. C'est **Le Divil** de Stéphane Balluet, à Perpignan, et ses incroyables viandes maturées ; à Lyon, le **Centre by Georges Blanc**, spécialisé dans les plats de viandes, et **L'Argot**, boucherie, restaurant et affineur de viande ; idem pour le comptoir à viande **Cav's** à Sens, ou, à Monaco, le **Beefbar**, sobre, chic et carnivore. Quant à la ferme-auberge **Haraneko Borda** à Itxassou, au Pays basque, elle ne sert que les produits de son activité paysanne, dont l'excellent porc Kintoa. Paris n'est pas en reste, avec le **restaurant-boucherie Hugo Desnoyer**, entre terrine, os à moelle, bœuf du Limousin, veau sous la mère ou agneau de Lozère, **The Butchers of Paname**, le resto carnassier de Nicolas Gaulandeau, ou **Anahi**, de Riccardo Giraudi, l'argentin spécialisé dans la viande. Autant d'hymnes au persillage qui entraînent une adaptation accélérée de la filière bovine, toujours en quête d'excellence.

LE VIN, MODE D'EMPLOI

Le choix des vins : moment fatidique. En tant que néophyte, comment réagir face aux sommelières et aux sommeliers, qui peuvent impressionner par leurs connaissances et leur vocabulaire ?

Vous voilà confortablement installés dans ce restaurant dont vous rêviez depuis plusieurs mois. La discussion s'installe, les plats sont commandés : jusqu'ici, tout va bien. Arrive le sommelier, qui vous tend une véritable encyclopédie. Certains noms vous disent vaguement quelque chose. Vous feuilletez, un tantinet perdu, le sommelier est de retour : avez-vous fait votre choix ?

Premier conseil, **détendez-vous et laissez-vous guider.** Connaître le vin est le métier du sommelier, pas le vôtre. N'hésitez pas à imposer une **fourchette de prix** qui vous semble raisonnable. Expliquez au sommelier vos préférences en toute simplicité, écoutez ses conseils et **prenez votre temps pour choisir**. Ne vous laissez pas dérouter par les termes techniques, accents de vieux cuir et autres notes florales : après tout, quoi de plus subjectif que le goût, et les images qui lui sont associées ? Que vous soyez dans un bistrot ou dans un palace, l'objectif est le même : faire le bon choix et se faire plaisir.

Si possible, choisissez des restaurants qui possèdent le pictogramme 🍇 **« belle carte des vins »**, une sélection testée, reconnue et approuvée par les inspecteurs du guide MICHELIN lors de leurs visites.

YinYang/iStock

APPRÉCIER LE VIN, C'EST BIEN.

LE COMPRENDRE, C'EST MIEUX !

Cépage :
variété de plant de vigne. On distingue les cépages rouges (cabernet, gamay, grenache...), blancs (chardonnay, chasselas, riesling...), rouges ou blancs (merlot, muscat, pinot...), blancs de noirs (vin blanc issu de cépage noir, à jus blanc), blancs de blancs (vin blanc issu de cépage blanc).

Appellation :
dénomination d'un pays, ou d'une région, qui sert à désigner le produit qui en est issu. Ex : beaujolais-villages, côtes-de-bergerac, nuits-saint-georges...

Bouquet :
désigne l'ensemble des arômes développés pendant le vieillissement du vin. Lors de la dégustation, on perçoit les caractères odorants au nez, puis en rétro-olfaction, et les arômes en bouche.

Terroir :
c'est l'ensemble des facteurs naturels qui caractérisent un vignoble : le sol, le sous-sol, le climat, l'exposition...

Millésime :
c'est l'année de naissance du vin, correspondant à celle des vendanges.

Biodynamie :
mode d'agriculture qui s'efforce de respecter les cycles et les phénomènes naturels, afin de redonner au sol ses véritables capacités productives.

CHAMPAGNE OU SAKÉ, OSEZ LA NOUVEAUTÉ

Sortir des sentiers battus – vin rouge avec la viande, vin blanc avec le poisson –, c'est possible. La preuve, des restaurateurs n'hésitent pas à proposer des champagnes et même des sakés en accompagnement de leur cuisine. Zoom sur ces boissons ancestrales et prestigieuses, aux mérites insoupçonnés…

Le champagne, une histoire de bulles

Quoi de plus français que le champagne, symbole d'élégance et de raffinement, dont Audrey Hepburn rêvait d'accompagner ses « breakfast at Tiffany's » ? On doit son invention à un certain Dom Pérignon, moine bénédictin de l'abbaye Saint Pierre d'Hautvillers, qui pérennisa le procédé aujourd'hui appelé « méthode champenoise ». Le champagne est à son aise au côté d'huîtres, de langoustines, langoustes, homards et caviar, dont il apprécie la conversation iodée. Vous voulez surprendre ? N'hésitez pas à servir un champagne rosé sur une viande rouge. Le champagne est aussi un partenaire attentionné des fromages : ainsi ses bulles sauront-elles vivifier le côté crémeux du camembert. Attention aux desserts : le chocolat noir est l'ennemi du champagne. Il vaut mieux lui préférer des pâtisseries légères à base de fruits, notamment d'agrumes.

aetb/iStock

yipengge/iStock

LE SAKÉ À LA CONQUÊTE DE L'HEXAGONE

La production de cet alcool de riz, que les Japonais appellent *nihonshu,* a débuté au Japon autour du 3e s. Techniquement, il s'agit d'une bière de riz, c'est-à-dire une eau dans laquelle on a fait étuver et fermenter du riz grâce à l'action de différentes levures. Si, en France, le saké traîne depuis longtemps une réputation de boisson grossière et brûle-gosier, il commence tout de même à avoir la cote : les **cavistes français** sont de plus en plus nombreux à en proposer, et les **bars à sakés** fleurissent un peu partout dans le pays, en particulier à Paris. Produit de qualité et de raffinement selon ses adeptes – de plus en plus nombreux –, le saké se sert pendant les repas, généralement autour de 12 °C, et son taux d'alcoolémie varie entre 12 et 14°. Il accompagne idéalement les plats japonais, mais pas seulement : Dominique Bouchet, ancien chef de la Tour d'Argent, n'hésite pas à arroser de saké un **foie gras poêlé au pain d'épice**, ou encore un **carpaccio de saint-jacques aux dés de betterave rouge**, et se souvient d'une dégustation à l'aveugle au cours de laquelle aucun des participants n'était parvenu à distinguer un saké… d'un vin d'Alsace.

LA FRANCE DES VINS

VIGNOBLES ET APPELLATIONS

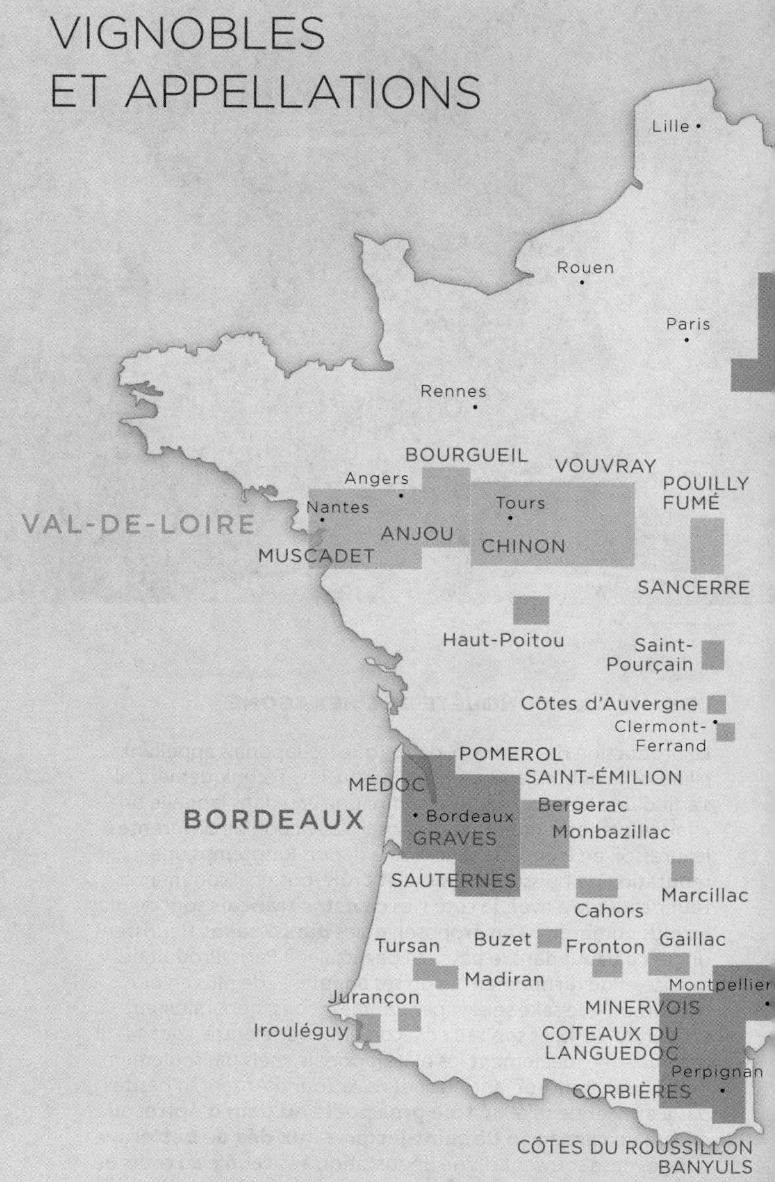

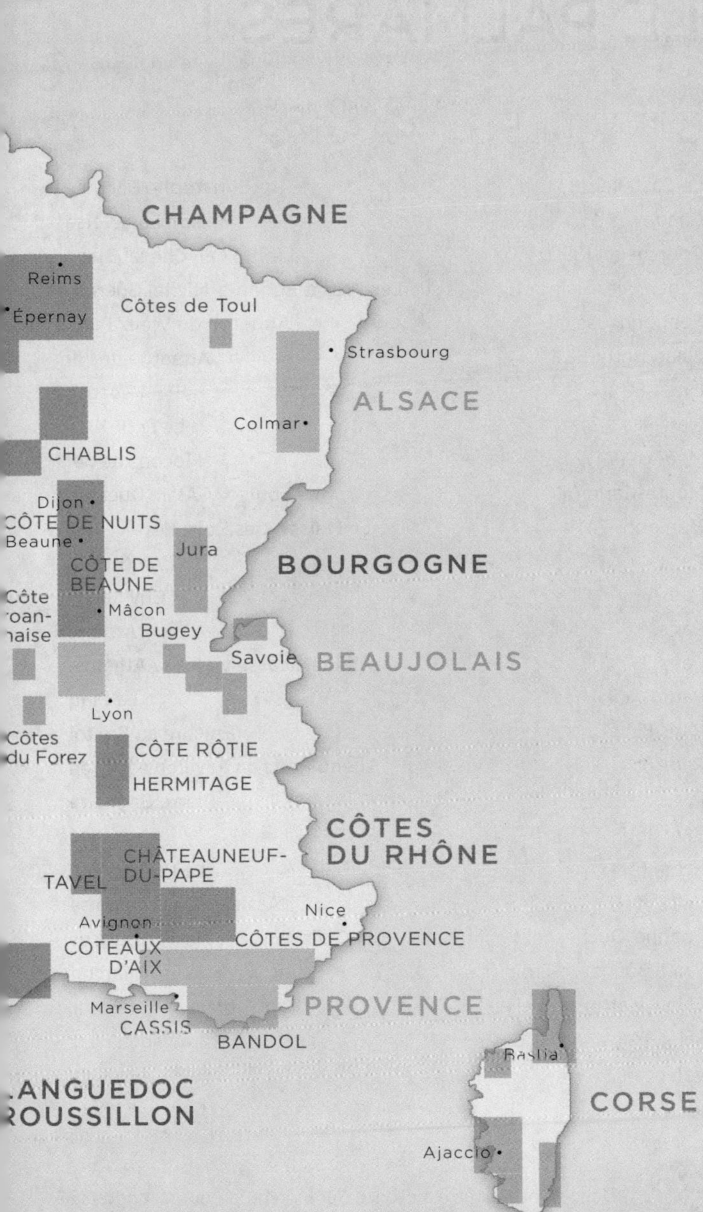
CHAMPAGNE
Reims
Épernay
Côtes de Toul
Strasbourg
ALSACE
Colmar
CHABLIS
Dijon
CÔTE DE NUITS
Beaune
CÔTE DE BEAUNE
Jura
BOURGOGNE
Côte
roan-
naise
Mâcon
Bugey
Savoie
BEAUJOLAIS
Lyon
Côtes du Forez
CÔTE RÔTIE
HERMITAGE
CÔTES DU RHÔNE
CHÂTEAUNEUF-DU-PAPE
TAVEL
Nice
Avignon
CÔTES DE PROVENCE
COTEAUX D'AIX
Marseille
CASSIS
PROVENCE
BANDOL
Bastia
LANGUEDOC
ROUSSILLON
CORSE
Ajaccio

2018... LE PALMARÈS !

3 ÉTOILES... ✿✿✿

Le Castellet (83)	**Christophe Bacquié N**
Chagny (71)	**Maison Lameloise**
Courchevel 1850 (73)	**Le 1947 au Cheval Blanc**
Eugénie les Bains (40)	**Les Prés d'Eugénie-Michel Guérard**
Fontjoncouse (11)	**Auberge du Vieux Puits**
Illhaeusern (68)	**Auberge de l'Ill**
Lyon (69)	**Paul Bocuse**
Marseille (13)	**Le Petit Nice**
Megève (74)	**Flocons de Sel**
Monte-Carlo (MC)	**Le Louis XV-Alain Ducasse**
Manigod (74)	**La Maison des Bois-Marc Veyrat N**
Paris 4e	**L'Ambroisie**
Paris 6e	**Guy Savoy**
Paris 7e	**Arpège**
Paris 8e	**Alain Ducasse au Plaza Athénée**
Paris 8e	**Le Cinq**
Paris 8e	**Épicure au Bristol**
Paris 8e	**Alléno Paris au Pavillon Ledoyen**
Paris 8e	**Pierre Gagnaire**
Paris 16e	**Astrance**
Paris 16e	**Le Pré Catelan**
Reims (51)	**L'Assiette Champenoise**
Roanne/Ouches (42)	**Le Bois sans Feuilles - Troisgros**
Saint-Bonnet-le-Froid (43)	**Régis et Jacques Marcon**
Saint -Martin-de-Belleville (73)	**René et Maxime Meilleur**
Saint-Tropez (83)	**La Vague d'Or**
Valence (26)	**Pic**
Vonnas (01)	**Georges Blanc**

Découvrez toutes les étoiles 2018 en fin de guide, page 1822.

Deux nouveaux 3 étoiles !

Christophe Bacquié

Trois étoiles viennent récompenser les belles inspirations de Christophe Bacquié à l'Hôtel du Castellet, cet endroit splendide, niché au cœur de la Provence, tout proche du circuit automobile Paul Ricard. Huit ans après son installation, le chef corse (MOF 2004), parvenu au faîte de son art, imagine des assiettes époustouflantes – autant d'odes aux produits de la région, à l'instar de cet aïoli moderne, légumes de nos maraîchers locaux et poulpe de Méditerranée. Cette troisième étoile consacre donc un itinéraire débuté à l'Oasis (Mandelieu-La-Napoule) aux côtés de Stéphane Raimbault. Christophe Bacquié multiplie ensuite les expériences parisiennes avant de retrouver la Corse, où il a grandi (La Villa à Calvi). Ensuite, tout va très vite : une étoile MICHELIN en 2002, la seconde en 2007… Il accroche désormais la troisième étoile sur son tablier. Objectif atteint, et de quelle manière !

La Maison des Bois-Marc Veyrat

La Maison des Bois : deux étoiles en 2017, et 3 étoiles en 2018. On ne présente plus Marc Veyrat, le seigneur de Manigod, dont la gouaille ne supporte d'autre ombre que celle de son légendaire feutre noir. Créatif en diable, il joue des saveurs et des textures, magnifie la nature locale pour une partition minérale. Seulement vingt-cinq places, deux menus dégustation pour une symphonie pastorale où senteurs des sous-bois et herbes alpestres sont travaillées de façon inédite, autour d'une mise en scène étonnante, dont il est l'auteur et le héraut. Tantôt aux fourneaux, volontiers en salle, le chef bougonne, détonne, étonne toujours – ces singulières pâtes « disparaissantes » aux cèpes de nos proches forêts, ces lanières de beaufort et légumes qui s'évanouissent au contact d'un fin bouillon… Avec cette nouvelle consécration, Marc Veyrat est véritablement le phénix des hôtes de ces bois.

Les Tables étoilées 2018

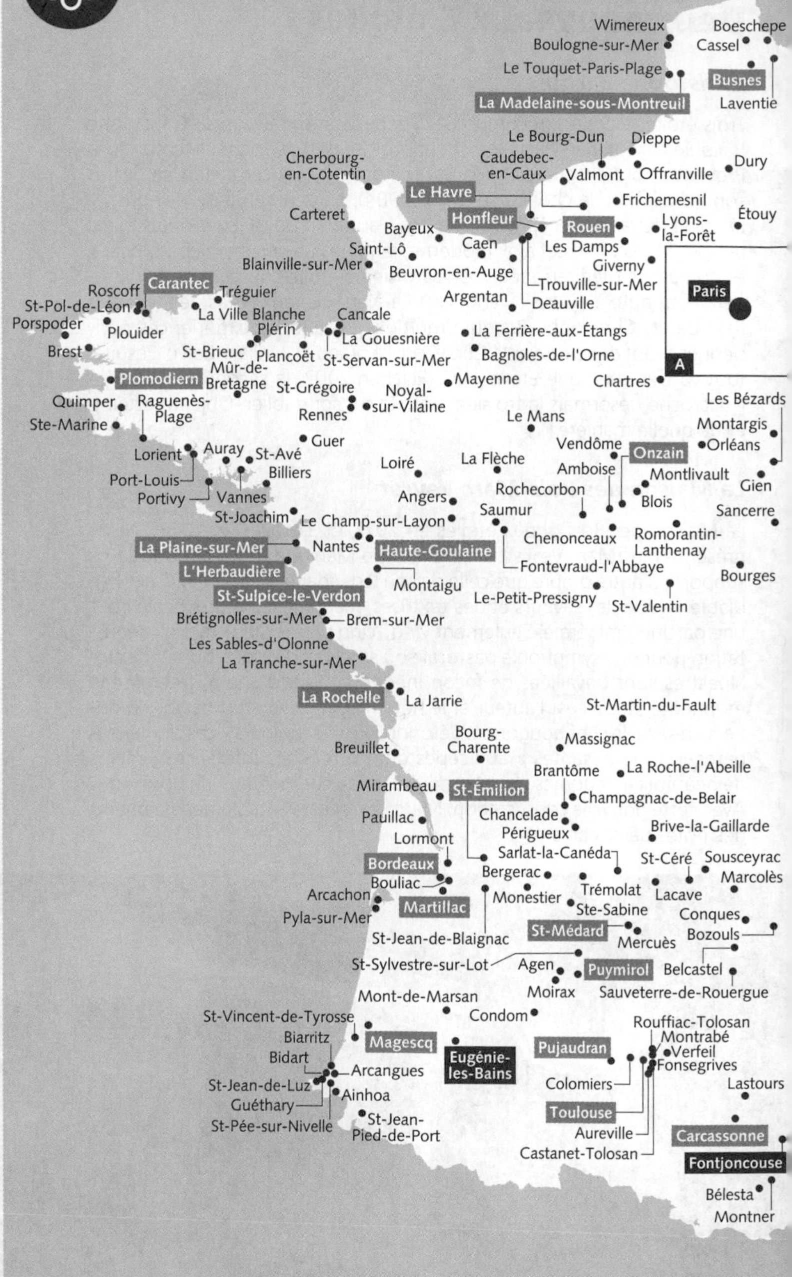

Wimereux
Boeschepe
Boulogne-sur-Mer
Cassel
Le Touquet-Paris-Plage
Busnes
La Madelaine-sous-Montreuil
Laventie
Le Bourg-Dun
Dieppe
Cherbourg-en-Cotentin
Caudebec-en-Caux
Valmont
Offranville
Dury
Le Havre
Frichemesnil
Carteret
Honfleur
Rouen
Lyons-la-Forêt
Étouy
Bayeux
Caen
Les Damps
Saint-Lô
Giverny
Blainville-sur-Mer
Beuvron-en-Auge
Trouville-sur-Mer
Paris
Carantec
Argentan
Deauville
Roscoff
Tréguier
St-Pol-de-Léon
La Ville Blanche
Cancale
Porspoder
Plouider
Plérin
La Gouesnière
La Ferrière-aux-Étangs
Brest
St-Brieuc
Plancoët
St-Servan-sur-Mer
Bagnoles-de-l'Orne
Mûr-de-Bretagne
A
Plomodiern
Mayenne
Chartres
St-Grégoire
Noyal-sur-Vilaine
Quimper
Raguenès-Plage
Les Bézards
Rennes
Le Mans
Ste-Marine
Montargis
Guer
Vendôme
Orléans
Lorient
Auray
St-Avé
Onzain
La Flèche
Loiré
Amboise
Billiers
Montlivault
Port-Louis
Gien
Portivy
Vannes
Rochecorbon
Angers
Blois
Saumur
Sancerre
St-Joachim
Le Champ-sur-Layon
Chenonceaux
Romorantin-Lanthenay
La Plaine-sur-Mer
Nantes
Haute-Goulaine
L'Herbaudière
Fontevraud-l'Abbaye
Bourges
Montaigu
St-Sulpice-le-Verdon
Le-Petit-Pressigny
St-Valentin
Brétignolles-sur-Mer
Brem-sur-Mer
Les Sables-d'Olonne
La Tranche-sur-Mer
La Rochelle
La Jarrie
St-Martin-du-Fault
Bourg-Charente
Breuillet
Massignac
Brantôme
La Roche-l'Abeille
Mirambeau
St-Émilion
Champagnac-de-Belair
Chancelade
Pauillac
Périgueux
Brive-la-Gaillarde
Lormont
Sarlat-la-Canéda
St-Céré
Sousceyrac
Bordeaux
Bergerac
Marcolès
Bouliac
Trémolat
Lacave
Arcachon
Monestier
Martillac
Ste-Sabine
Pyla-sur-Mer
Conques
St-Médard
Bozouls
St-Jean-de-Blaignac
Mercuès
St-Sylvestre-sur-Lot
Agen
Puymirol
Belcastel
Moirax
Sauveterre-de-Rouergue
Mont-de-Marsan
St-Vincent-de-Tyrosse
Condom
Rouffiac-Tolosan
Biarritz
Montrabé
Magescq
Pujaudran
Verfeil
Bidart
Eugénie-les-Bains
Fonsegrives
Arcangues
St-Jean-de-Luz
Colomiers
Lastours
Ainhoa
Guéthary
Toulouse
St-Pée-sur-Nivelle
St-Jean-Pied-de-Port
Aureville
Carcassonne
Castanet-Tolosan
Fontjoncouse
Bélesta
Montner

La couleur correspond à l'établissement le plus étoilé de la localité.

Paris ✻✻✻ La localité possède au moins un restaurant 3 étoiles

Rouen ✻✻ La localité possède au moins un restaurant 2 étoiles

Rennes ✻ La localité possède au moins un restaurant 1 étoile

Les Tables étoilées 2018

La couleur correspond à l'établissement le plus étoilé de la localité.

Île-de-France

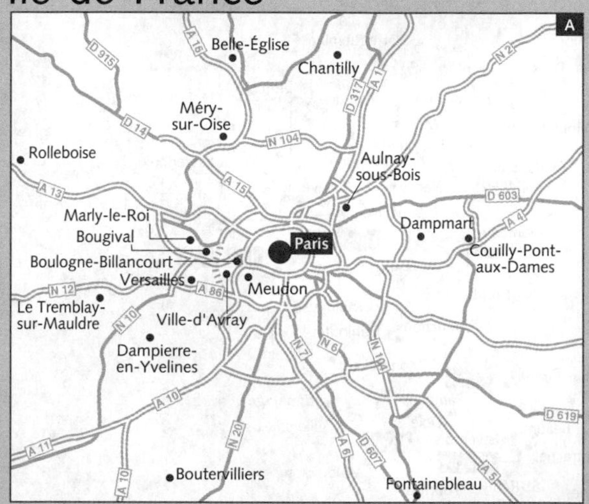

Provence

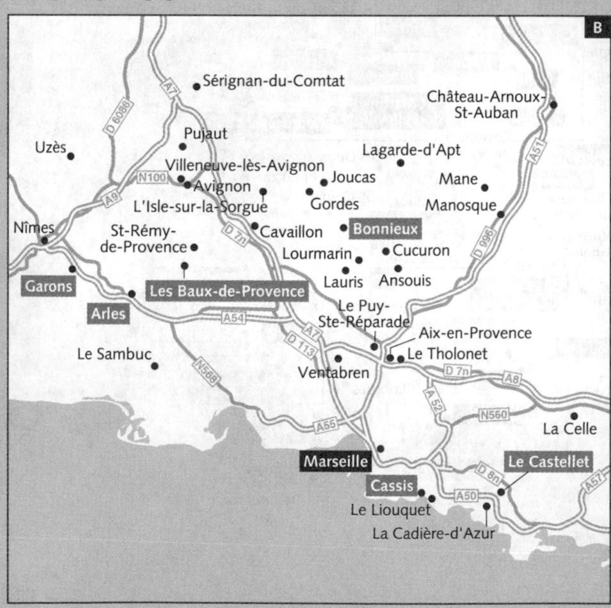

Alsace

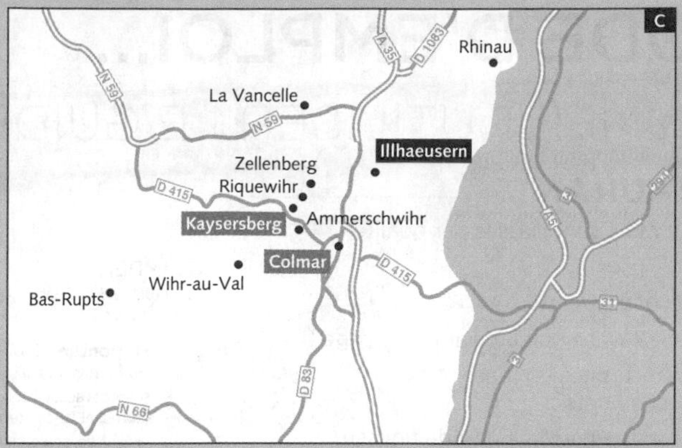

Rhône-Alpes

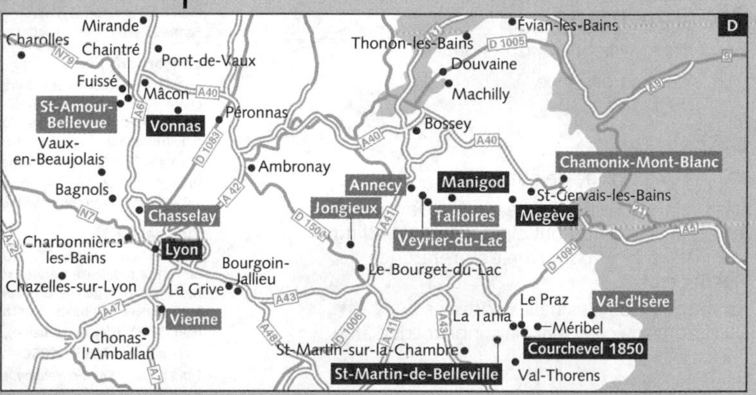

Côte-d'Azur

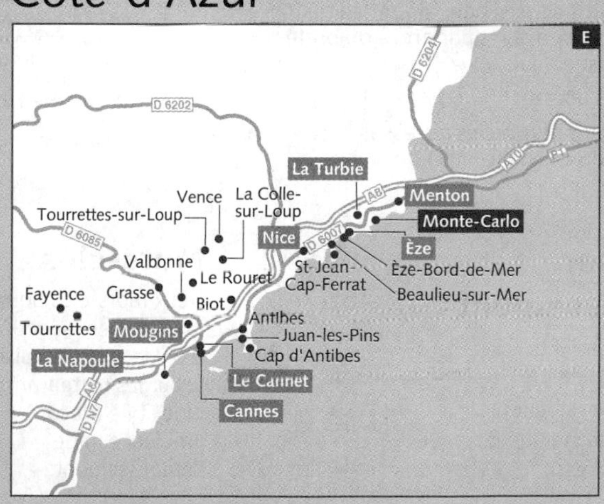

MODE D'EMPLOI...

COMMENT UTILISER LE GUIDE

RESTAURANTS

Les restaurants sont classés par qualité de cuisine :

Les Étoiles

✿✿✿ Une cuisine unique. Vaut le voyage !

✿✿ Une cuisine d'exception. Vaut le détour !

✿ Une cuisine d'une grande finesse. Vaut l'étape !

Bib Gourmand

Nos meilleurs rapports qualité-prix.

33 € en province,
37 € à Paris

L'Assiette

Une cuisine de qualité.

Dans chaque catégorie de qualité de cuisine, les établissements sont classés par standing (de XXXXX à X) et par ordre de préférence de l'inspecteur.

En rouge ? Nos plus belles adresses ! Du charme, du caractère, un supplément d'âme...

HÔTELS

Les hôtels sont classés par catégories de confort, de à , et par ordre de préférence de l'inspecteur.

Maison d'hôtes.

En rouge ? Nos plus belles adresses ! Du charme, du caractère, un supplément d'âme...

QUIMPER
29000 – 63 235 hab. – Agglo. 79 124
Carte Michelin 308-G7 – Guide Vert Mich

✿ **Mariontan** (Éric Mariontan)
CRÉATIVE · ÉLÉGANT XXX Dans
soigné : l'accueil et le service, la c
étoffée et la jolie terrasse... Les g
➔Œuf de poule cuit à 65°C, pu
tous ses états. Dessert blanc.
Menu 27 € (déj. en semaine), 50
Plan : A2-s – *25 r. L.-Vivent –*
Fermé 25 avril-3 mai, 31 oct.-7 nov.

Le Margeron
CRÉATIVE · RUSTIQUE XX Insta
charme ancien séduit d'emblée a
des touches plus actuelles. Côté
d'huîtres au safran, ris de veau pc
Menu 17 € (déj. en semaine),
Plan : A1-e – *52 r. des Gentilshom*
– www.lemargeron.com – Fermé 2

Ty Coat N
RÉGIONALE • AUBERGE X Une
où l'on se régale de viandes rôti
Bretagne et organise des soiré
agréables et originales : leur thèr
Menu 13 € (déj. en semaine), 3
3 chambres – 85 € 85€ –
Hors plan – *23 r. R.-d'Helbingue –*
– www.tycoat.fr – Fermé 19 janv.-2

Manoir de Locmaria
CHÂTEAU • GRAND STYLE Villé
cette belle demeure à l'architectu
et des chambres garnies de mo
qui change avec les marées...
18 chambres – 159/320 € 159
Plan : C2-f – *3 venelle de la Poter*
– www.manoir-de-locmaria.com –

Localiser l'établissement

Les établissements sont situés sur les plans de ville, et leurs coordonnées indiquées dans leur adresse.

Mots-clés

Deux mots-clés pour identifier en un coup d'œil le type de cuisine (pour les restaurants), et le style (décor, ambiance...) de l'établissement.

41m– Carte régionale n° 9-B2
gne Sud

on de maître du 19e s., tout est raffiné et
saison – fine et subtile –, la carte des vins
genais sont séduits ; les autres aussi !
mme de terre aux truffes. Canard dans

99 77 – www.restaurant-mariontan.com –
, dim. soir et lundi

ur de la vieille ville, ce restaurant au
e salle qui mêle le charme de l'ancien et
s plats rivalisent de saveurs : marinière
ses petits légumes... Prix doux en prime.
Carte 41/56 €
2 53 48 11 55
rs, août, 23 déc.-3 janv., midi, dim. et lundi

auberge, accueillante et chaleureuse,
che. Le propriétaire a vécu en Grande-
ses et écossaises. Les chambres sont
nde celui... du petit-déjeuner !

99 00
sept., mardi midi, dim. soir et lundi

a bretonne... Dans son ravissant jardin,
le domine l'odet. De l'enfilade de salons
n, on a tout loisir d'admirer le paysage

suites – 21 €
76 76 76
nvier-12 février

Carte des vins particulièrement intéresssante

Équipements & services

- Hôtel avec restaurant
- Restaurant avec chambres
- Au calme • Belle vue
- Parc ou jardin • Court de tennis
- Golf
- Ascenseur
- Aménagements pour personnes handicapées
- Air conditionné
- Repas servi au jardin ou en terrasse
- Accès interdit aux chiens
- Piscine de plein air/couverte
- Spa
- Salle de fitness
- Salle de conférences
- Salon pour repas privés
- Service voiturier
- Parking
- Garage dans l'hôtel
- Cartes de paiement non acceptées
- Station de métro la plus proche

Nouvel établissement dans le guide

Prix

Restaurants

Formule 18 €	Repas servi le midi et seulement en semaine
Menu 35/60 €	Prix mini/maxi
Carte 20/35 €	Prix mini/maxi
	Boisson comprise
	Menu à moins de 20 €

Hôtels

85/110 €	Prix mini/maxi d'une
120/150 €	chambre pour une et deux personne(s), petit-déjeuner compris
10 €	Petit-déjeuner en sus

LÉGENDE DES PLANS

- Hôtels
- Restaurants

Curiosités

Bâtiment intéressant
Édifice religieux intéressant : catholique • protestant

Voirie

Autoroute • Double chaussée de type autoroutier
Echangeurs numérotés: complet, partiels
Grande voie de circulation
Rue réglementée ou impraticable
Rue piétonne • Tramway
Parking • Parking Relais
Tunnel
Gare et voie ferrée
Funiculaire
Téléphérique

Signes divers

Office de tourisme
Mosquée • Synagogue
Tour • Ruines • Moulin à vent
Jardin, parc, bois • Cimetière
Stade • Golf • Hippodrome
Piscine de plein air, couverte
Vue • Panorama
Monument • Fontaine
Port de plaisance • Phare
Aéroport • Station de métro • Gare routière
Transport par bateau :
passagers et voitures, passagers seulement
Bureau principal de poste restante
Hôpital • Marché couvert
Police cantonale (Gendarmerie) • Police municipale
Hôtel de ville • Université, grande école
Bâtiment public repéré par une lettre :
M H Musée – Hôtel de ville
P T Gouvernement Provincial – Théâtre

THE MICHELIN GUIDE'S COMMITMENTS

EXPERIENCED IN QUALITY!

Whether they are in Japan, the USA, China or Europe, our inspectors apply the same criteria to judge the quality of each and every hotel and restaurant that they visit. The Michelin guide commands a worldwide reputation thanks to the commitments we make to our readers – and we reiterate these below:

Anonymous inspections

Our inspectors make regular and anonymous visits to hotels and restaurants to gauge the quality of products and services offered to an ordinary customer. They settle their own bill and may then introduce themselves and ask for more information about the establishment. Our readers' comments are also a valuable source of information, which we can follow up with a visit of our own.

Independence

To remain totally objective for our readers, the selection is made with complete independence. Entry into the guide is free. All decisions are discussed with the Editor and our highest awards are considered at a global level.

Our famous one ✪, two ✪✪ and three ✪✪✪ stars identify establishments serving the highest quality cuisine – taking into account the quality of ingredients, the mastery of techniques and flavours, the levels of creativity and, of course, consistency.

Selection and choice

The guide offers a selection of the best restaurants and hotels in every category of comfort and price. This is only possible because all the inspectors rigorously apply the same methods.

✿✿✿ THREE MICHELIN STARS

Exceptional cuisine, worth a special journey!

Our highest award is given for the superlative cooking of chefs at the peak of their profession. The ingredients are exemplary, the cooking is elevated to an art form and their dishes are often destined to become classics.

✿✿ TWO MICHELIN STARS

Excellent cooking, worth a detour!

The personality and talent of the chef and their team is evident in the expertly crafted dishes, which are refined, inspired and sometimes original.

✿ ONE MICHELIN STAR

High quality cooking, worth a stop!

Using top quality ingredients, dishes with distinct flavours are carefully prepared to a consistently high standard.

BIB GOURMAND

Good quality, good value cooking.

'Bibs' are awarded for simple yet skilful cooking for 33€ (37€ in Paris for three courses).

THE MICHELIN ASSIETTE

Good cooking

Fresh ingredients, carefully prepared: simply a good meal.

Annual updates

All the practical information, classifications and awards are revised and updated every year to give the most reliable information possible.

Consistency

The criteria for the classifications are the same in every country covered by the MICHELIN guide.

The sole aim of Michelin is to make your travels safe and enjoyable.

DEAR READER

At the heart of an ever-changing gastronomic scene, the MICHELIN guide continues on its unwavering path. From year to year, our purpose is the same : to accompany you on your travels and select for you the best restaurant, the best hotel, to match your desire and your budget.

• In pursuit of this, no effort has been spared by our team of inspectors. Once again this year, they have travelled the length and breadth of France to bring you the best of the new openings, not forgetting to test the existing selection for quality and consistency. The result of this painstaking groundwork is a 2018 guide rich in revelations, confirmations and promise. 621 starred restaurants, 57 of which are new, highlighting a food scene without frontiers : again this year, chefs from a myriad of cultures are represented in the constellation of stars.

• As for the Bib Gourmands, the award has never been so popular. The guide boasts 105 new entries this year, out of a total of 644 : welcome news for all fans of great food at reasonable prices (3 courses for a maximum of 33€ in the regions, 37€ in Paris). We would like to take this opportunity to thank all the hoteliers and restaurateurs of France : without them, their passion and their energy, the guide would not exist. They contribute to an image of France as a food-lover's paradise, an image that carries well beyond our borders.

• A final word : please continue to share with us your discoveries, your favourite addresses and your comments : your contribution helps improve the selection and bring new talent to our attention. All that remains is for us to wish you as much pleasure in discovering the 2018 selection as we have taken in preparing it !

Enjoy your journey !

CONTENTS

Consultez le guide MICHELIN sur :
www.restaurant.michelin.fr
et écrivez-nous à :
leguidemichelin-france@tp.michelin.com

SEEK AND SELECT...

HOW TO USE THIS GUIDE

RESTAURANTS

Restaurants are classified by the quality of their cuisine:

Stars

✿✿✿ Exceptional cuisine, worth a special journey!

✿✿ Excellent cooking, worth a detour!

✿ High quality cooking, worth a stop!

Bib Gourmand

Good quality, good value cooking. Menu for 33€ in the regions 37€ in Paris

The Assiette

Good cooking.

Within each cuisine category, restaurants are listed by comfort, from XXXXX to X, and in order of preference by the inspectors.

Red: Our most delightful places.

HOTELS

Hotels are classified by categories of comfort, from 🏨🏨🏨🏨🏨 to 🏠 and in order of preference by the inspectors.

Guesthouses

Red: Our most delightful places.

QUIMPER

29000 – 63 235 hab. – Agglo. 79 124
Carte Michelin 308-G7 – Guide Vert Mic

✿ **Mariontan** (Éric Mariontan)
CRÉATIVE · ÉLÉGANT XXX Dans
soigné : l'accueil et le service, la
étoffée et la jolie terrasse... Les
→Œuf de poule cuit à 65°C, pu
tous ses états. Dessert blanc.
Menu 27 € (déj. en semaine), 50
Plan : A2-s – *25 r. L.-Vivent –*
Fermé 25 avril-3 mai, 31 oct.-7 nov

Le Margeron
CRÉATIVE · RUSTIQUE XX Inst
charme ancien séduit d'emblée
des touches plus actuelles. Côte
d'huîtres au safran, ris de veau p
Menu 17 € (déj. en semaine),
Plan : A1-e – *52 r. des Gentilshom*
– www.lemargeron.com – Fermé

Ty Coat N
RÉGIONALE · AUBERGE X Un
où l'on se régale de viandes rôt
Bretagne et organise des soiré
agréables et originales : leur thè
Menu 13 € (déj. en semaine), 3
3 chambres – †85 € ††85€ –
Hors plan – *23 r. R.-d'Helbingue –*
– www.tycoat.fr – Fermé 19 janv.-

Manoir de Locmaria
CHÂTEAU · GRAND STYLE Ville
cette belle demeure à l'architect
et des chambres garnies de mo
qui change avec les marées...
18 chambres – †159/320 € ††15
Plan : C2-f – *3 venelle de la Poter*
– www.manoir-de-locmaria.com –

Locating the establishment

Location and coordinates on the town plan, with main sights.

Key words

Each entry now comes with two key words, making it quick and easy to identify the type of establishment and/or the food that it serves.

41m– Carte régionale n° 9-B2
gne Sud

on de maître du 19e s., tout est raffiné et
aison – fine et subtile –, la carte des vins
genais sont séduits ; les autres aussi !
nme de terre aux truffes. Canard dans

9 77 – www.restaurant-mariontan.com –
, dim. soir et lundi

ur de la vieille ville, ce restaurant au
e salle qui mêle le charme de l'ancien et
s plats rivalisent de saveurs : marinière
ses petits légumes... Prix doux en prime.
Carte 41/56 €
53 48 11 55
s, août, 23 déc.-3 janv., midi, dim. et lundi

auberge, accueillante et chaleureuse,
che. Le propriétaire a vécu en Grande-
ses et écossaises. Les chambres sont
nde celui... du petit-déjeuner !

99 00
sept., mardi midi, dim. soir et lundi

a bretonne... Dans son ravissant jardin,
e domine l'odet. De l'enfilade de salons
n, on a tout loisir d'admirer le paysage

suites – 21 €
76 76 76
vier-12 février

Particularly interesting wine list

Facilities & services

- Hotel with a restaurant
- Restaurant or pub with bedrooms
- Peaceful establishment
- Great view
- Garden or park • Tennis court
- Golf course
- Lift (elevator)
- Wheelchair access
- Air conditioning
- Outside dining available
- No dogs allowed
- Swimming pool: outdoor or indoor
- Wellness centre
- Exercise room
- Conference room
- Private dining room
- Valet parking
- Car park
- Garage
- Credit cards not accepted
- Nearest Underground station

New establishment in the guide

Prices

Restaurants

Formule 18 €	Meal served at lunchtime on weekdays only
Menu 35/60 €	Lowest/highest price
Carte 20/35 €	Lowest/highest price
	Includes drinks (wine)
	Menu for less than 20 €

Hotels

85/110 € 120/150 €	Lowest/highest price for single and double room, breakfast included
10 €	Breakfast price where not included in rate

TOWN PLAN KEY

Sights

Place of interest
Interesting place of worship

Roads

Motorway, dual carriageway
Junction: complete, limited
Main traffic artery
Unsuitable for traffic; street subject to restrictions
Pedestrian street • Tramway
Car park • Park and Ride
Gateway • Street passing under arch • Tunnel
Station and railway
Funicular
Cable car, cable way

Various signs

Tourist Information Centre
Mosque • Synagogue
Tower or mast • Ruins • Windmill
Garden, park, wood • Cemetery
Stadium • Golf course • Racecourse
Outdoor or indoor swimming pool
View – Panorama
Monument • Fountain
Pleasure boat harbour • Lighthouse
Airport • Underground station • Coach station
Ferry services:
passengers and cars/passengers only
Main post office with poste restante
Hospital • Covered market
Town Hall • University, College
Police (in large towns police headquarters)
Public buildings located by letter:
M H Museum – Town Hall
P T Provincial Government Office – Theatre

Cartes régionales

Regional Maps

Localité possédant au moins...

- ● un hôtel ou un restaurant
- ✿ une table étoilée
- ☺ un restaurant « Bib Gourmand »
- ⌂ un hôtel ou une maison d'hôtes de charme

Place with at least...

- ● a hotel or a restaurant
- ✿ a starred establishment
- ☺ a restaurant « Bib Gourmand »
- ⌂ a particularly pleasant accommodation

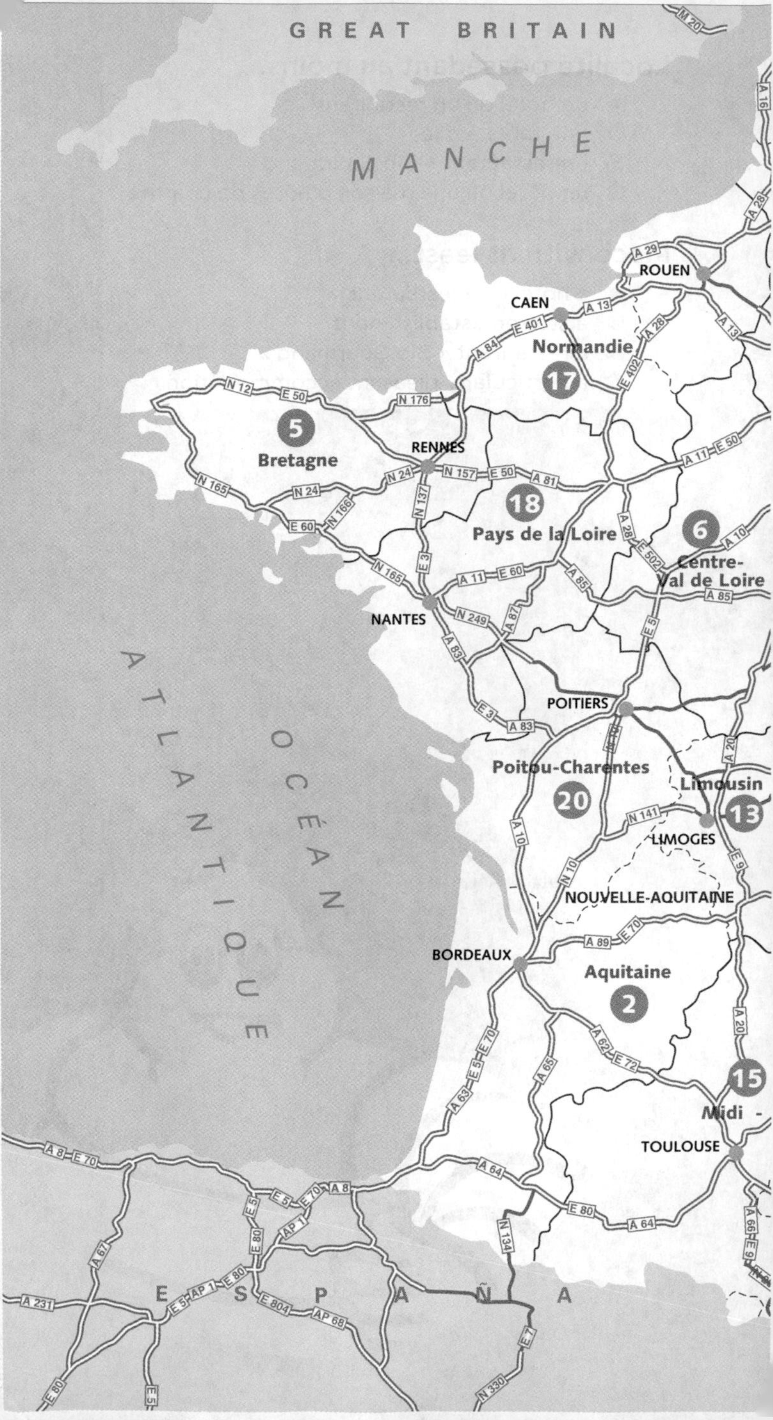

GREAT BRITAIN

MANCHE

ROUEN

CAEN

Normandie

17

5

Bretagne

RENNES

18

Pays de la Loire

6

Centre-Val de Loire

NANTES

POITIERS

Poitou-Charentes

20

Limousin

13

LIMOGES

NOUVELLE-AQUITAINE

BORDEAUX

Aquitaine

2

15

Midi -

TOULOUSE

OCÉAN ATLANTIQUE

ESPAÑA

M 20 · A 16 · A 28 · A 29 · A 13 · E 401 · A 84 · A 28 · E 402 · N 12 · E 50 · N 176 · A 11 · E 50 · N 24 · N 157 · E 50 · A 81 · N 165 · N 24 · N 166 · N 137 · E 60 · A 28 · E 502 · A 10 · E 3 · N 165 · A 11 · E 60 · A 85 · A 85 · E 5 · N 249 · A 87 · A 83 · E 3 · A 83 · N 10 · A 20 · N 141 · A 10 · N 10 · E 9 · A 89 · E 70 · A 20 · E 70 · E 5 · A 63 · A 65 · A 62 · E 72 · A 8 · E 70 · A 64 · E 5 · E 70 · A 8 · E 80 · A 64 · E 5 · E 80 · AP 1 · N 134 · A 66 · E 9 · A 67 · E 80 · A 231 · E 5 · AP 1 · E 804 · AP 68 · E 7 · E 80 · E 5 · N 330

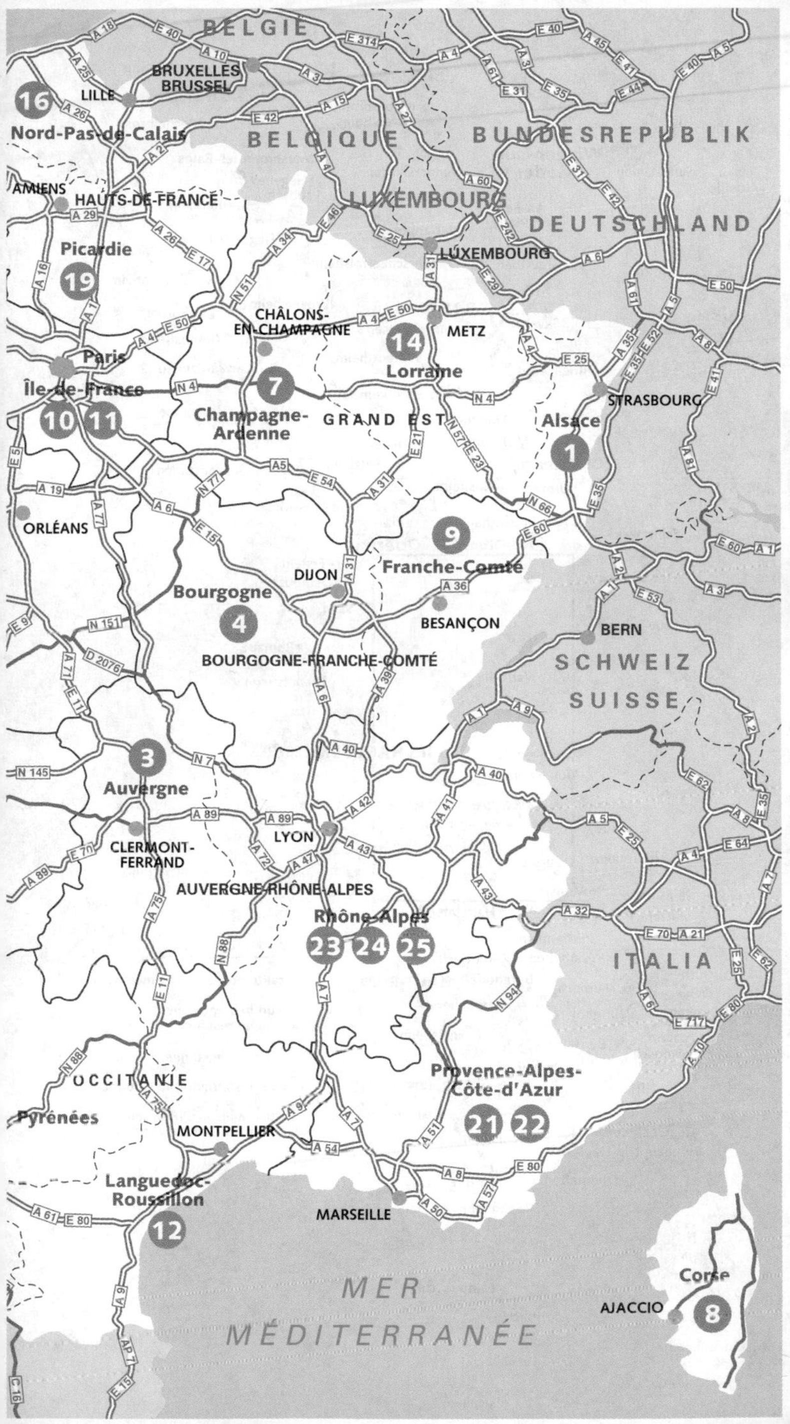
BELGIE
BRUXELLES
BRUSSEL
LILLE
16
Nord-Pas-de-Calais
BELGIQUE
BUNDESREPUBLIK
LUXEMBOURG
DEUTSCHLAND
AMIENS
HAUTS-DE-FRANCE
Picardie
19
LUXEMBOURG
CHÂLONS-
EN-CHAMPAGNE
14
METZ
Lorraine
Paris
Île-de-France
7
STRASBOURG
10
11
Champagne-
Ardenne
GRAND EST
Alsace
1
ORLÉANS
9
Franche-Comté
DIJON
Bourgogne
4
BESANÇON
BERN
BOURGOGNE-FRANCHE-COMTÉ
SCHWEIZ
SUISSE
3
Auvergne
LYON
CLERMONT-
FERRAND
AUVERGNE-RHÔNE-ALPES
Rhône-Alpes
23
24
25
ITALIA
Provence-Alpes-
Côte-d'Azur
OCCITANIE
Pyrénées
MONTPELLIER
21
22
Languedoc-
Roussillon
MARSEILLE
12
Corse
AJACCIO
8
MER
MÉDITERRANÉE

1
A
B
MOSELLE
57
Obersteinbach
Niedersteinbach
Wissembourg
Lembach
Niederbronn-les-Bains
Merkwiller-Pechelbronn
Wingen-sur-Moder
Sarre-Union
Altwiller
Gundershoffen
Morsbronn-les-Bains
Hegeney
Laubach
D 1062
La-Petite-Pierre
Uberach
Leutenheim
Roppenheim
Pfaffenhoffen
Haguenau
RHIN
1
Graufthal
Niederschaeffolsheim
Sessenheim
Drusenheim
A 4
E 25
A 35
E 52
BAS-RHIN
67
Sarrebourg
Saverne
Weyersheim
Offendorf
N 4
Mittelhausen
Kilstett
Gambsheim
LORRAINE
(plan 14)
Willgottheim
La Wantzenau
A 5
E 35
Birkenwald
Marlenheim
D 1004
Wangenbourg
Traenheim
Strasbourg
Sarre
Molsheim
Dachstein
E 52
Oberhaslach
Entzheim
Illkirch-Graffenstaden
MEURTHE-ET-MOSELLE
54
Urmatt
Rosheim
Mollkirch
Griesheim-près-Molsheim
Klingenthal
Schirmeck
D 1420
Ottrott
Obernai
Fouday
Erstein
Osthouse
Sand
DEUTSCHLAND
Colroy-la-Roche
Rhinau
St-Dié-des-Vosges
La Vancelle
Diebolsheim
N 59
2
2
D 415
ILLHAEUSERN
VOSGES
88
Riquewihr
Zellenberg
Lapoutroie
Kaysersberg
Orbey
Ammerschwihr
Wihr-au-Val
Colmar
Hohrodberg
D 415
FREIBURG
IM BREISGAU
Muhlbach-s-Munster
Munster
Metzeral
Hattstatt
Sondernach
Pfaffenheim
Westhalten
Rouffach
68
HAUT-RHIN
Kruth
Murbach
Bergholtz
Husseren
Jungholtz
Guebwiller
St-Amarin
Moosch
Berrwiller
Ensisheim
N 66
D 83
Cernay
Thann
Illzach
Mulhouse
Rixheim
Guewenheim
Riedisheim
Burnhaupt-le-Haut
Diefmatten
Landser
Sierentz
Kembs-Loéchlé
3
A 36
Bartenheim-la-Chaussée
Rosenau
BELFORT
90
D 419
Altkirch
St-Louis
TERRITOIRE DE BELFORT
BASEL
A 3
E 60
FRANCHE-COMTÉ
(plan 9)
Feldbach
Mœrnach
Ferrette
Montbéliard
Winkel
A
SUISSE
B
Lucelle
3
Localité possédant au moins :
un hébergement ou un restaurant
une table étoilée
un restaurant "Bib Gourmand"
une maison d'hôtes ou un hôtel particulièrement charmant

GRAND EST
ALSACE

C

1 1

2 2

C

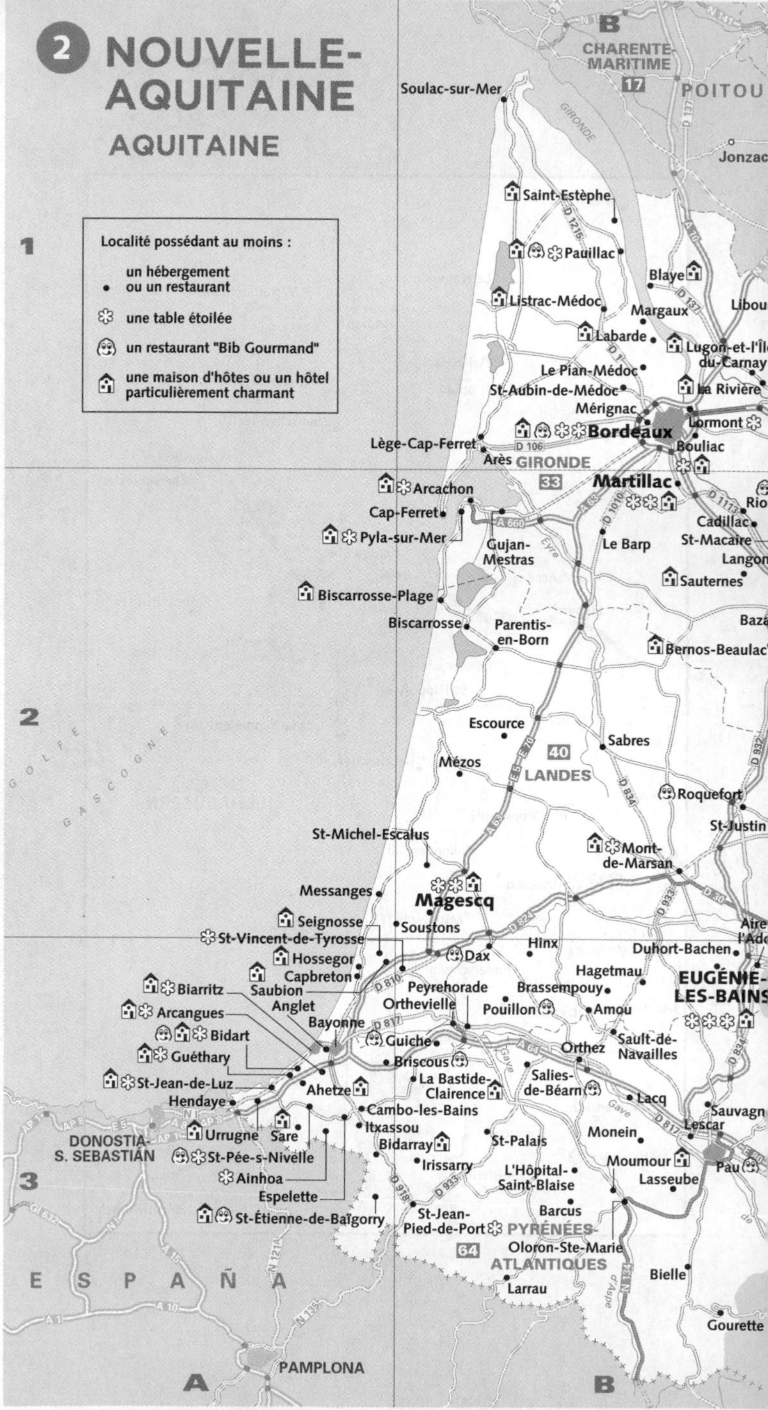
2 NOUVELLE-AQUITAINE
AQUITAINE
Localité possédant au moins :
un hébergement ou un restaurant
une table étoilée
un restaurant "Bib Gourmand"
une maison d'hôtes ou un hôtel particulièrement charmant
1
2
3
A
B
CHARENTE-MARITIME
17
POITOU
Jonzac
Soulac-sur-Mer
Saint-Estèphe
Pauillac
Blaye
Listrac-Médoc
Margaux
Labarde
Lugon-et-l'Île-du-Carnay
Le Pian-Médoc
St-Aubin-de-Médoc
La Rivière
Mérignac
Lormont
Bordeaux
Lège-Cap-Ferret
Arès
GIRONDE
33
Bouliac
Martillac
Arcachon
Cap-Ferret
Pyla-sur-Mer
Gujan-Mestras
Le Barp
Cadillac
St-Macaire
Langon
Sauternes
Biscarrosse-Plage
Biscarrosse
Parentis-en-Born
Bernos-Beaulac
Escource
Sabres
Mézos
40
LANDES
Roquefort
St-Justin
St-Michel-Escalus
Mont-de-Marsan
Messanges
Magescq
Seignosse
Soustons
St-Vincent-de-Tyrosse
Hossegor
Capbreton
Dax
Hinx
Duhort-Bachen
Hagetmau
EUGÉNIE-LES-BAINS
Biarritz
Saubion
Peyrehorade
Brassempouy
Arcangues
Anglet
Orthevielle
Pouillon
Amou
Bidart
Bayonne
Guiche
Orthez
Sault-de-Navailles
Guéthary
Briscous
St-Jean-de-Luz
La Bastide-Clairence
Salies-de-Béarn
Lacq
Ahetze
Hendaye
Cambo-les-Bains
Sauvagnon
Itxassou
Lescar
DONOSTIA-S. SEBASTIÁN
Urrugne
Sare
Bidarray
St-Palais
Monein
St-Pée-s-Nivelle
Irissarry
L'Hôpital-Saint-Blaise
Moumour
Pau
Ainhoa
Lasseube
Espelette
St-Étienne-de-Baïgorry
St-Jean-Pied-de-Port
Barcus
PYRÉNÉES-ATLANTIQUES
64
Oloron-Ste-Marie
Bielle
Larrau
E S P A Ñ A
Gourette
PAMPLONA
GOLFE DE GASCOGNE
GIRONDE

C
D
ANGOULÊME
HARENTES
plan 20
CHARENTE
16
87
HAUTE-VIENNE
LIMOUSIN
(plan 13)
St-Estèphe
Champagnac-de-Belair
Brantôme
Nantheuil
DORDOGNE
24
Sorges
Villetoureix
Champcevinel
Chancelade
Annesse-et-Beaulieu
Périgueux
Auriac-du-Périgord
Le Lardin-St-Lazare
TULLE
19
CORRÈZE
1
St-Front-de-Pradoux
Milhac-d'Auberoche
Terrasson-Lavilledieu
merol
Rouffignac
Montignac
Plazac
Néac
Campsegret
St-Émilion
Ste-Foy-la-Grande
Trémolat
Sarlat-la-Canéda
Pujols
Gensac
Bergerac
St-Nexans
St-Avit-Sénieur
Domme
St-Quentin-de-Caplong
Monestier
Beaumont-du-Périgord
Belvès
Issigeac
St-Martial-de-Nabirat
Duras
Eymet
Ste-Sabine
Daglan
St-Jean-de-Blaignac
Monpazier
St-Germain-de-Belvès
La Réole
LOT-
Marmande
Cancon
St-Eutrope-de-Born
ET-
47
LOT
46
AVEYRON
12
Villeneuve-sur-Lot
Saint-Sylvestre-sur-Lot
CAHORS
Ste-Livrade-sur-Lot
GARONNE
Casteljaloux
Agen
Pont-du-Casse
Puymirol
2
Moirax
TARN-ET-GARONNE
82
MONTAUBAN
TARN
81
MIDI-PYRÉNÉES
(plan 15)
GERS
32
HAUTE-GARONNE
31
AUCH
TOULOUSE
Tamniès
Marquay
Les Eyzies-de-Tayac
TARBES
3
Trémolat
Sarlat-la-Canéda
Mauzac-et-St-Meyme-de-Rozens
HAUTES-PYRÉNÉES
65
St-Vincent-de-Cosse
Carsac-Aillac
Paleyrac
Vitrac
La Roque-Gageac
09
ARIÈGE
C
D

3 AUVERGNE-RHÔNE-ALPES
AUVERGNE
Localité possédant au moins :
un hébergement ou un restaurant
une table étoilée
un restaurant "Bib Gourmand"
une maison d'hôtes ou un hôtel particulièrement charmant
SAÔNE-ET-LOIRE 71
CENTRE VAL-DE-LOIRE (plan 6)
St-Amand-Montrond
Château-sur-Allier
Urçay
Meaulne
Ygrande
Bourbon-l'Archambault
Coulandon
Souvigny
Vallon-en-Sully
Reugny
ALLIER 03
Montluçon
Montmarault
Charroux
Vicq
GUÉRET
CREUSE 23
Aubusson
Châtel-Guyon
Riom
La Courteix
Pontgibaud
Clermont-Ferrand
Mazaye
Orcines
Chamalières
Royat
Lempdes
Orcival
Laqueuille
St-Saturnin
La Bourboule
St-Nectaire
Le Mont-Dore
Champeix
Issoire
Le Broc
Boudes
HAUTE-VIENNE 87
LIMOUSIN (plan 13)
Ussel
19 CORRÈZE
Blesle
TULLE
CANTAL 15
Chaussenac
Ally
Chavagnac
Salers
Murat
Brive-la-Gaillarde
Lascelle
St-Flour
Marmanhac
Vic-s-Cère
Pailherols
Viaduc-de-Garabit
Aurillac
Le Rouget
Vitrac
Boisset
Marcolès
Chaudes-Aigues
46 LOT
12 AVEYRON
MIDI-PYRÉNÉES (plan 15)
Montsalvy
St-Urcize
48 LOZÈRE
Vieillevie
Figeac
A
B
1
2
3

C
D
NIÈVRE
58
La Chapelle-aux-Chasses
Chevagnes
Moulins
SAÔNE-ET-LOIRE
71
BOURGOGNE
(plan 4)
Charolles
Thionne
MÂCON
1
Billy
Lapalisse
Vichy
Bellerive-sur-Allier
AIN
01
RHÔNE
69
Roanne
Villefranche-
s-Saône
Maringues
Lezoux
Thiers
Celles-sur-Durolle
ouzel
Vollore-Ville
Bort-l'Étang
Glaine-
ontaigut
Augerolles
LYON
RHÔNE-ALPES
(plans 23 24 25)
Ceilloux
63
PUY-DE-DÔME
Montbrison
2
Ambert
LOIRE
42
Vienne
Sarpoil
ST-ÉTIENNE
ISÈRE
38
Vergongheon
rioude
La Chaise-
Dieu
Lavaudieu
Chomelix
Beauzac
Solignac-sous-
Roche
Dunières
43
Salzuit
HAUTE-LOIRE
ST-BONNET-
LE-FROID
Yssingeaux
Langeac
Le Chambon-s-Lignon
Tournon-
s-Rhône
Le Puy-en-Velay
St-Julien-Chapteuil
St-Front
Moudeyres
Saugues
VALENCE
3
Alleyras
ARDÈCHE
07
DRÔME
26
PRIVAS
LANGUEDOC-
ROUSSILLON
(plan 12)
C
D

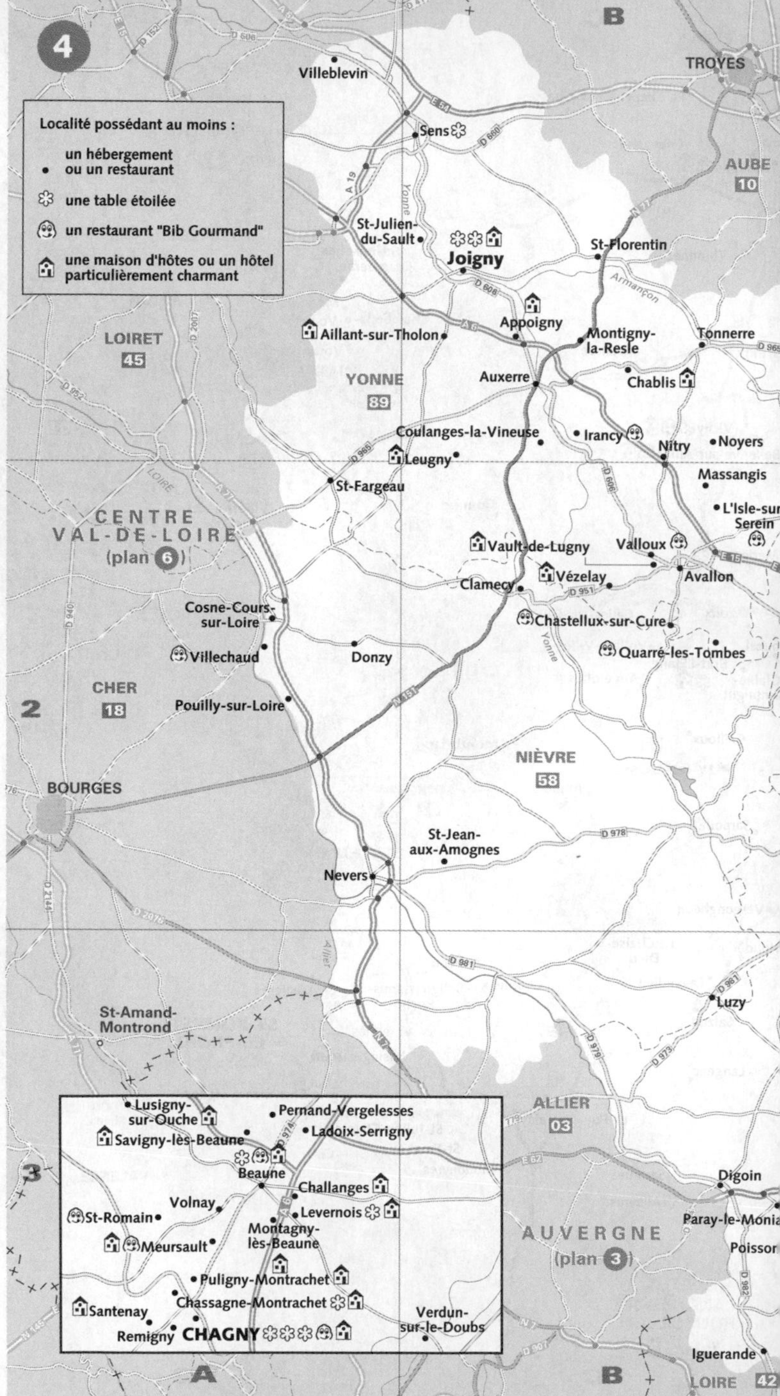

4
B
Localité possédant au moins :
un hébergement ou un restaurant
une table étoilée
un restaurant "Bib Gourmand"
une maison d'hôtes ou un hôtel particulièrement charmant
Villeblevin
Sens
TROYES
AUBE
10
St-Julien-du-Sault
Joigny
St-Florentin
Appoigny
Aillant-sur-Tholon
Montigny-la-Resle
Tonnerre
LOIRET
45
YONNE
89
Auxerre
Chablis
Coulanges-la-Vineuse
Irancy
Nitry
Noyers
Leugny
St-Fargeau
Massangis
L'Isle-sur Serein
CENTRE
VAL-DE-LOIRE
(plan 6)
Vault-de-Lugny
Valloux
Avallon
Vézelay
Clamecy
Cosne-Cours-sur-Loire
Chastellux-sur-Cure
Quarré-les-Tombes
Villechaud
Donzy
CHER
18
2
Pouilly-sur-Loire
NIÈVRE
58
BOURGES
St-Jean-aux-Amognes
Nevers
Luzy
St-Amand-Montrond
ALLIER
03
Lusigny-sur-Ouche
Pernand-Vergelesses
Savigny-lès-Beaune
Ladoix-Serrigny
Beaune
3
Challanges
Volnay
St-Romain
Levernois
Montagny-lès-Beaune
Meursault
Puligny-Montrachet
Chassagne-Montrachet
Santenay
Remigny
CHAGNY
Verdun-sur-le-Doubs
Digoin
Paray-le-Monia
AUVERGNE
(plan 3)
Poissor
Iguerande
A
B
LOIRE
42

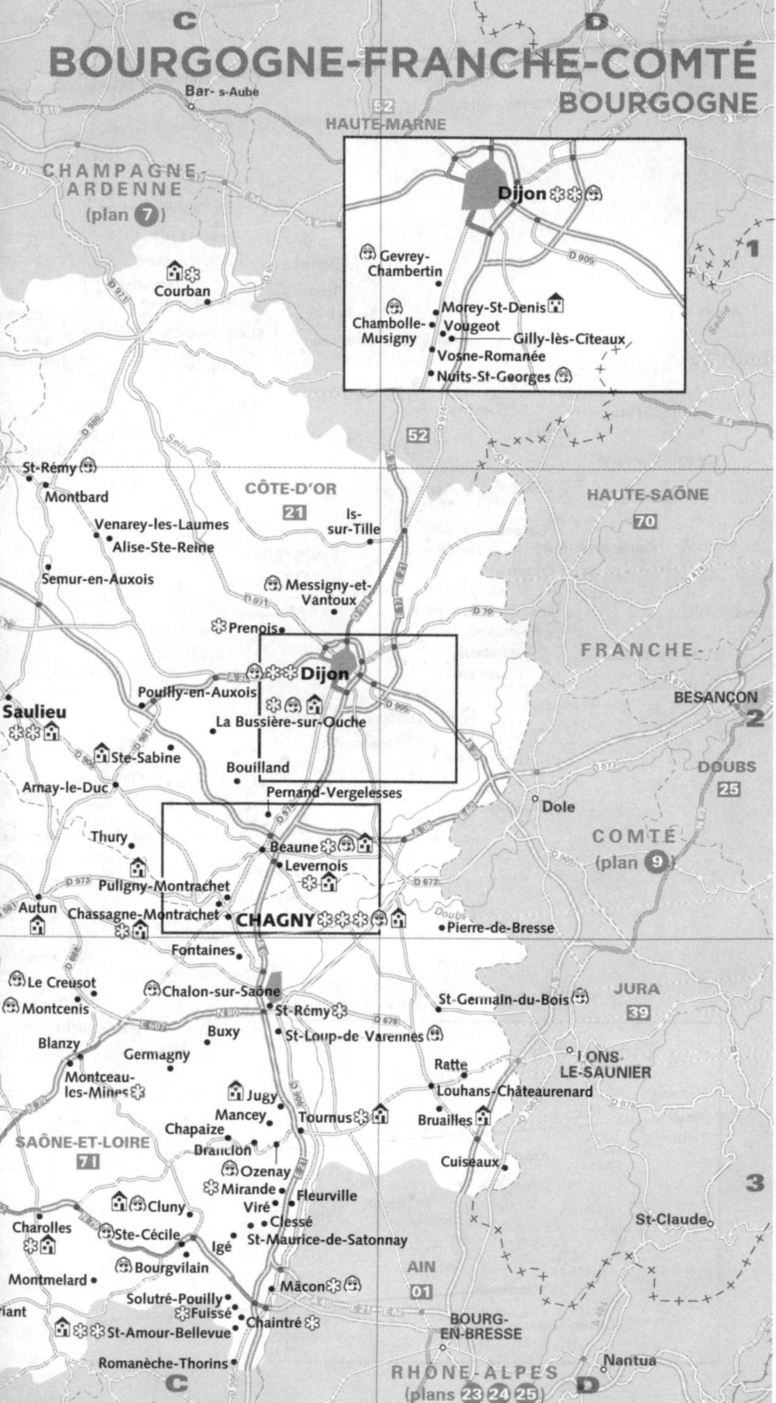

C
D
BOURGOGNE-FRANCHE-COMTÉ
BOURGOGNE
Bar-s-Aube
HAUTE-MARNE
52
CHAMPAGNE-
ARDENNE
(plan 7)
Dijon
Gevrey-Chambertin
Morey-St-Denis
Chambolle-Musigny
Vougeot
Gilly-lès-Cîteaux
Vosne-Romanée
Nuits-St-Georges
1
Courban
52
St-Rémy
Montbard
CÔTE-D'OR
21
Is-sur-Tille
HAUTE-SAÔNE
70
Venarey-les-Laumes
Alise-Ste-Reine
Semur-en-Auxois
Messigny-et-Vantoux
Prenois
Dijon
FRANCHE-
BESANÇON
2
Pouilly-en-Auxois
Saulieu
La Bussière-sur-Ouche
Ste-Sabine
Bouilland
DOUBS
25
Arnay-le-Duc
Pernand-Vergelesses
Dole
Thury
Beaune
COMTÉ
(plan 9)
Levernois
Puligny-Montrachet
Autun
Chassagne-Montrachet
CHAGNY
Pierre-de-Bresse
Fontaines
Le Creusot
Chalon-sur-Saône
St-Germain-du-Bois
JURA
39
Montcenis
St-Rémy
Buxy
St-Loup-de-Varennes
Blanzy
Germagny
LONS-LE-SAUNIER
Ratte
Montceau-les-Mines
Louhans-Châteaurenard
Jugy
Mancey
Tournus
Bruailles
Chapaize
SAÔNE-ET-LOIRE
71
Brancion
Ozenay
Cuiseaux
3
Mirande
Cluny
Fleurville
Viré
Clessé
St-Claude
Charolles
Ste-Cécile
Igé
St-Maurice-de-Satonnay
AIN
01
Bourgvilain
Montmelard
Mâcon
Solutré-Pouilly
Fuissé
riant
Chaintré
BOURG-EN-BRESSE
St-Amour-Bellevue
Romanèche-Thorins
Nantua
RHÔNE-ALPES
(plans 23 24 25)
C
D

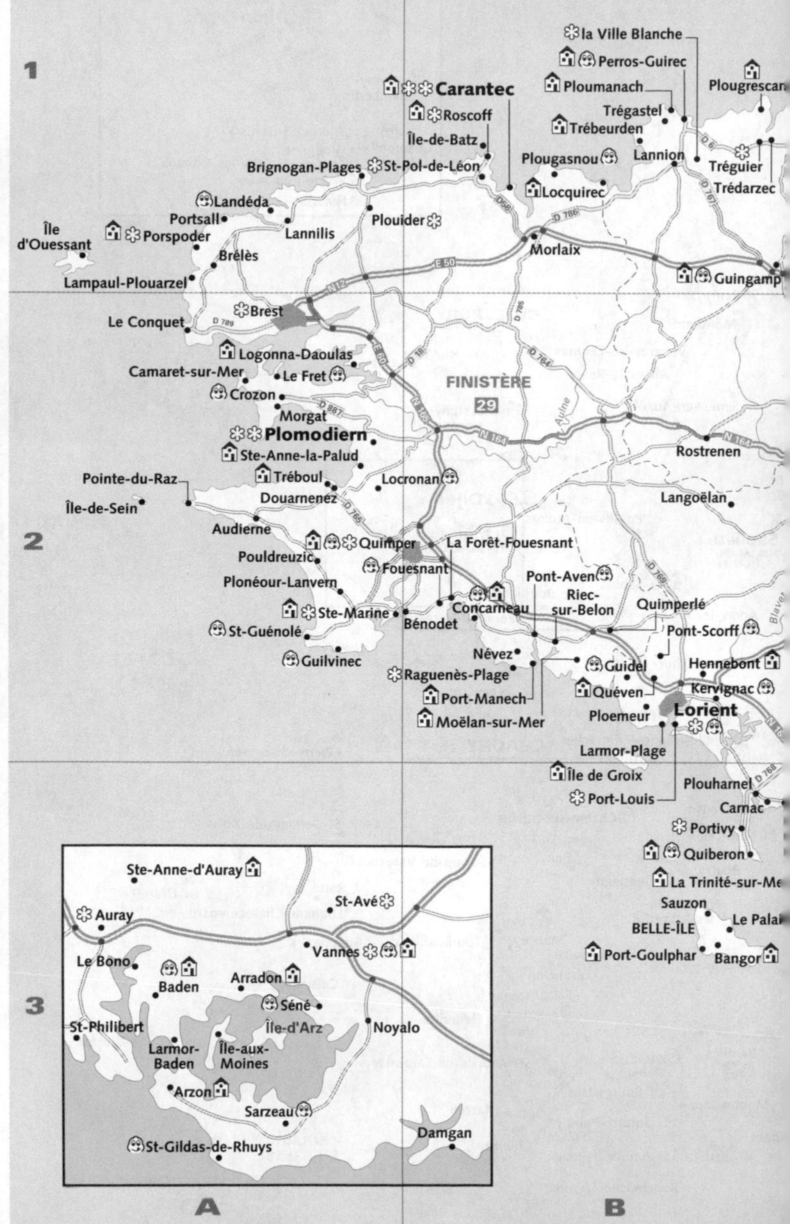
5 BRETAGNE
B
1
2
3
A
B
la Ville Blanche
Perros-Guirec
Ploumanach
Plougrescan
Carantec
Roscoff
Trégastel
Trébeurden
Île-de-Batz
Plougasnou
Lannion
Tréguier
Brignogan-Plages
St-Pol-de-Léon
Locquirec
Trédarzec
Landéda
Portsall
Lannilis
Plouider
Île d'Ouessant
Porspoder
Brélès
Morlaix
Lampaul-Plouarzel
Guingamp
Brest
Le Conquet
Logonna-Daoulas
Camaret-sur-Mer
Le Fret
FINISTÈRE
29
Crozon
Morgat
Plomodiern
Ste-Anne-la-Palud
Rostrenen
Pointe-du-Raz
Tréboul
Locronan
Douarnenez
Langoëlan
Île-de-Sein
Audierne
Quimper
La Forêt-Fouesnant
Pouldreuzic
Fouesnant
Pont-Aven
Plonéour-Lanvern
Riec-sur-Belon
Concarneau
Quimperlé
Ste-Marine
Bénodet
Pont-Scorff
St-Guénolé
Névez
Guilvinec
Guidel
Hennebont
Raguenès-Plage
Quéven
Kervignac
Port-Manech
Lorient
Moëlan-sur-Mer
Ploemeur
Larmor-Plage
Île de Groix
Plouharnel
Port-Louis
Carnac
Portivy
Quiberon
La Trinité-sur-Me
Sauzon
Le Palai
BELLE-ÎLE
Port-Goulphar
Bangor
Ste-Anne-d'Auray
St-Avé
Auray
Vannes
Le Bono
Arradon
Baden
Séné
St-Philibert
Île-d'Arz
Noyalo
Larmor-Baden
Île-aux-Moines
Arzon
Sarzeau
Damgan
St-Gildas-de-Rhuys
D 789
E 50
N12
D 786
D 6
D 767
D 785
D 764
D 18
E 60
N 165
D 887
N 164
D 765
D 769
D 768
Aulne
Blavet

C
D
ST-LÔ
Coutances
MANCHE
50
1
NORMANDIE
(plan 17)
Avranches
ézardrieux
Île de Bréhat
Ploubazlanec
Paimpol
Dinard
St-Malo
St-Servan-sur-Mer
Cancale
St-Jouan-des-Guérets
La Gouesnière
St-Suliac
Sables-d'Or-les-Pins
Erquy
St-Lunaire
Fréhel
St-Quay-Portrieux
Binic
Le-Val-André
Plérin
Pléneuf-Val-André
Ploubalay
Hillion
St-Brieuc
Ploufragan
Cesson
Les-Ponts-Neufs
Lamballe
Plancoët
Plouër-sur-Rance
Dol-de-Bretagne
Le Tronchet
Dinan
Combourg
Bazouges-la-Pérouse
St-Brice-en-Coglès
Fougères
CÔTES-D'ARMOR
22
Mûr-de-Bretagne
Loudéac
Saint-Méen-le-Grand
St-Grégoire
Liffré
Noyal-sur-Vilaine
ILLE-ET-VILAINE
35
Pontivy
Crédin
Guilliers
Paimpont
Rennes
Châteaubourg
Vitré
2
Josselin
Ploërmel
Guer
MORBIHAN
56
MAYENNE
53
Auray
St-Avé
Rochefort-en-Terre
La Gacilly
Grand-Fougeray
Châteaubriant
Vannes
Redon
MAINE-ET-LOIRE
49
Noyal-Muzillac
Billiers
La Roche-Bernard
PAYS DE LA LOIRE
(plan 18)
LOIRE-ATLANTIQUE
44
St-Nazaire
3
VENDÉE
85
C
D
Localité possédant au moins :
un hébergement ou un restaurant
une table étoilée
un restaurant "Bib Gourmand"
une maison d'hôtes ou un hôtel particulièrement charmant

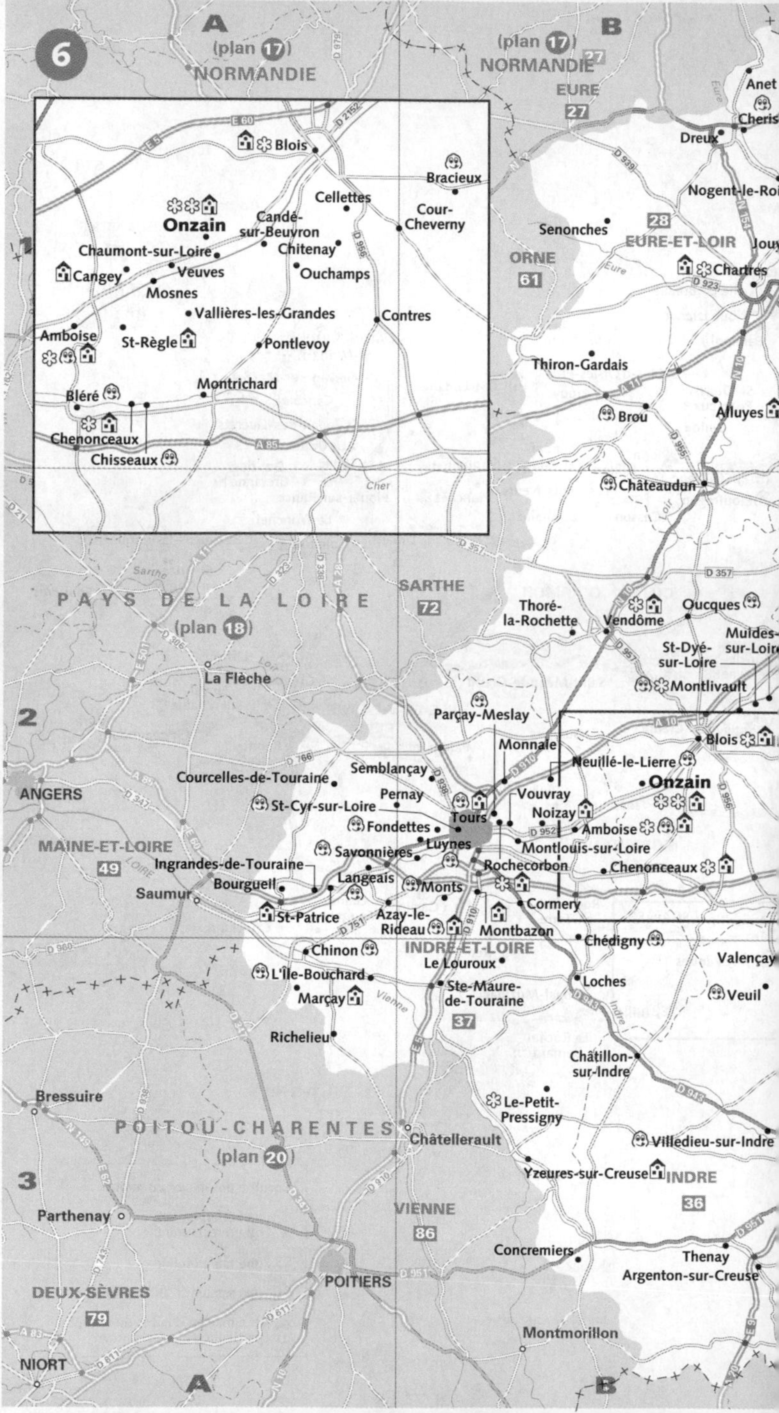
6
A
(plan 17)
NORMANDIE
B
(plan 17)
NORMANDIE
EURE
27
Blois
Onzain
Candé-sur-Beuvron
Cellettes
Bracieux
Cour-Cheverny
Chaumont-sur-Loire
Chitenay
Cangey
Veuves
Ouchamps
Mosnes
Vallières-les-Grandes
Contres
Amboise
St-Règle
Pontlevoy
Bléré
Montrichard
Chenonceaux
Chisseaux
Anet
Cherisy
Dreux
Nogent-le-Roi
Senonches
EURE-ET-LOIR
28
ORNE
61
Chartres
Jouy
Thiron-Gardais
Brou
Alluyes
Châteaudun
SARTHE
72
PAYS DE LA LOIRE
(plan 18)
La Flèche
Thoré-la-Rochette
Vendôme
Oucques
St-Dyé-sur-Loire
Muides-sur-Loire
Montlivault
Parçay-Meslay
Monnaie
Neuillé-le-Lierre
Semblançay
Courcelles-de-Touraine
Pernay
Vouvray
Noizay
ANGERS
St-Cyr-sur-Loire
Tours
Fondettes
Amboise
Luynes
Montlouis-sur-Loire
MAINE-ET-LOIRE
49
Savonnières
Ingrandes-de-Touraine
Rochecorbon
Chenonceaux
Langeais
Bourgueil
Saumur
Monts
St-Patrice
Azay-le-Rideau
Cormery
Montbazon
INDRE-ET-LOIRE
Chédigny
Chinon
Le Louroux
Valençay
L'Île-Bouchard
Loches
Marçay
Ste-Maure-de-Touraine
Veuil
37
Richelieu
Châtillon-sur-Indre
Bressuire
Le-Petit-Pressigny
POITOU-CHARENTES
(plan 20)
Châtellerault
Villedieu-sur-Indre
3
Yzeures-sur-Creuse
INDRE
36
Parthenay
VIENNE
86
Concremiers
Thenay
Argenton-sur-Creuse
POITIERS
DEUX-SÈVRES
79
Montmorillon
NIORT
A
B
1
2

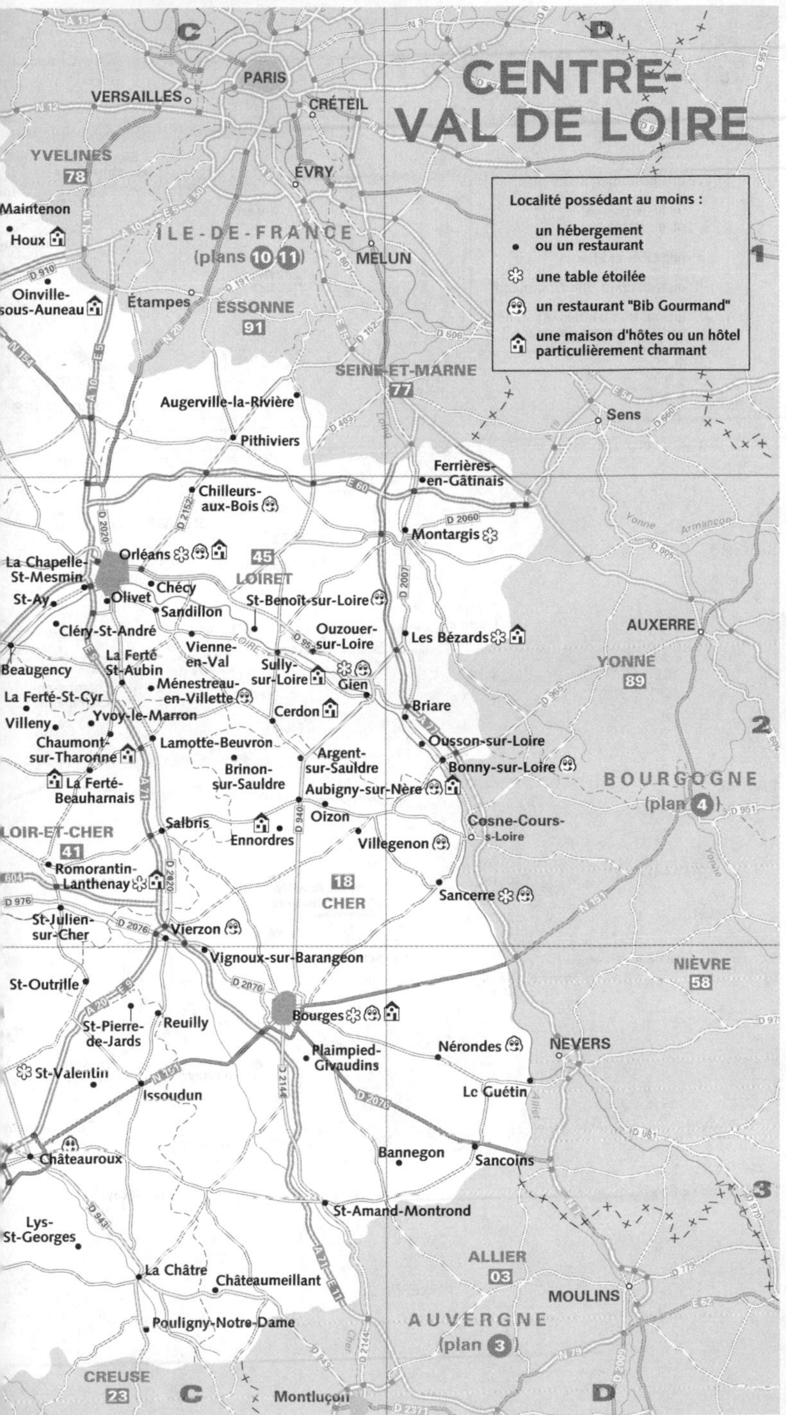
CENTRE-VAL DE LOIRE
Localité possédant au moins :
un hébergement ou un restaurant
une table étoilée
un restaurant "Bib Gourmand"
une maison d'hôtes ou un hôtel particulièrement charmant
C
D
1
2
3
PARIS
VERSAILLES
CRÉTEIL
ÉVRY
MELUN
YVELINES
78
ÎLE-DE-FRANCE
(plans 10 11)
ESSONNE
91
SEINE-ET-MARNE
77
Maintenon
Houx
Oinville-sous-Auneau
Étampes
Augerville-la-Rivière
Pithiviers
Sens
Ferrières-en-Gâtinais
Chilleurs-aux-Bois
Montargis
Orléans
45
LOIRET
La Chapelle-St-Mesmin
St-Ay
Olivet
Chécy
Sandillon
St-Benoît-sur-Loire
Cléry-St-André
Vienne-en-Val
Ouzouer-sur-Loire
Les Bézards
AUXERRE
YONNE
89
Beaugency
La Ferté St-Aubin
Sully-sur-Loire
Gien
Ménestreau-en-Villette
La Ferté-St-Cyr
Villeny
Yvoy-le-Marron
Cerdon
Briare
Chaumont-sur-Tharonne
Lamotte-Beuvron
Argent-sur-Sauldre
Ousson-sur-Loire
Bonny-sur-Loire
La Ferté-Beauharnais
Brinon-sur-Sauldre
Aubigny-sur-Nère
BOURGOGNE
(plan 4)
LOIR-ET-CHER
41
Salbris
Ennordres
Oizon
Cosne-Cours-s-Loire
Villegenon
Romorantin-Lanthenay
18
CHER
Sancerre
St-Julien-sur-Cher
Vierzon
Vignoux-sur-Barangeon
St-Outrille
NIÈVRE
58
St-Pierre-de-Jards
Reuilly
Bourges
Plaimpied-Givaudins
Nérondes
NEVERS
St-Valentin
Issoudun
Le Guétin
Châteauroux
Bannegon
Sancoins
St-Amand-Montrond
Lys-St-Georges
ALLIER
03
La Châtre
Châteaumeillant
MOULINS
Pouligny-Notre-Dame
AUVERGNE
(plan 3)
CREUSE
23
Montluçon

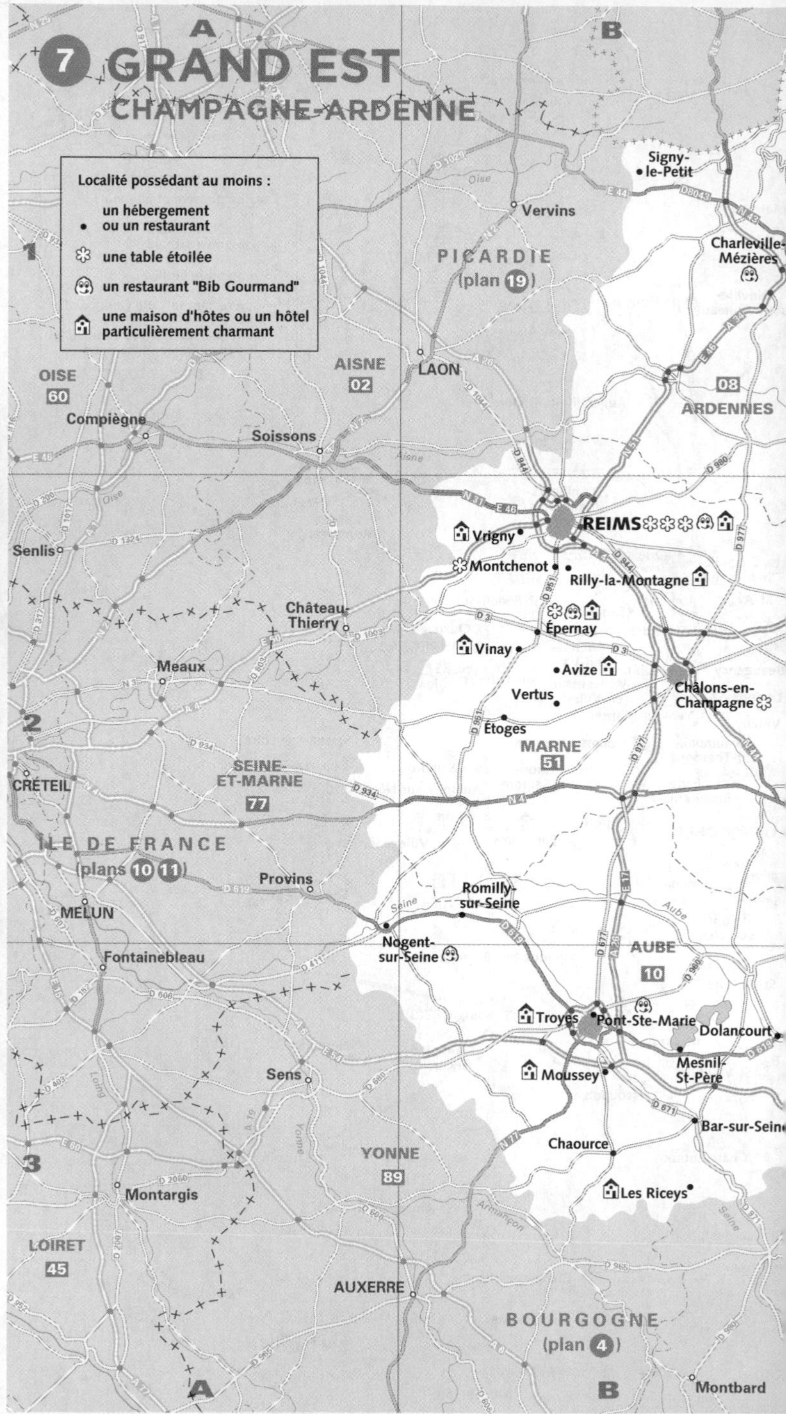

7 GRAND EST
CHAMPAGNE-ARDENNE
Localité possédant au moins :
un hébergement ou un restaurant
une table étoilée
un restaurant "Bib Gourmand"
une maison d'hôtes ou un hôtel particulièrement charmant
PICARDIE
(plan 19)
AISNE 02
OISE 60
ARDENNES 08
MARNE 51
SEINE-ET-MARNE 77
ÎLE DE FRANCE
(plans 10 11)
AUBE 10
YONNE 89
LOIRET 45
BOURGOGNE
(plan 4)
Signy-le-Petit
Vervins
Charleville-Mézières
LAON
Compiègne
Soissons
Senlis
REIMS
Vrigny
Montchenot
Rilly-la-Montagne
Château-Thierry
Épernay
Vinay
Avize
Vertus
Châlons-en-Champagne
Étoges
Meaux
CRÉTEIL
Provins
MELUN
Romilly-sur-Seine
Nogent-sur-Seine
Fontainebleau
Troyes
Pont-Ste-Marie
Dolancourt
Mesnil-St-Père
Moussey
Sens
Chaource
Bar-sur-Seine
Les Riceys
Montargis
AUXERRE
Montbard

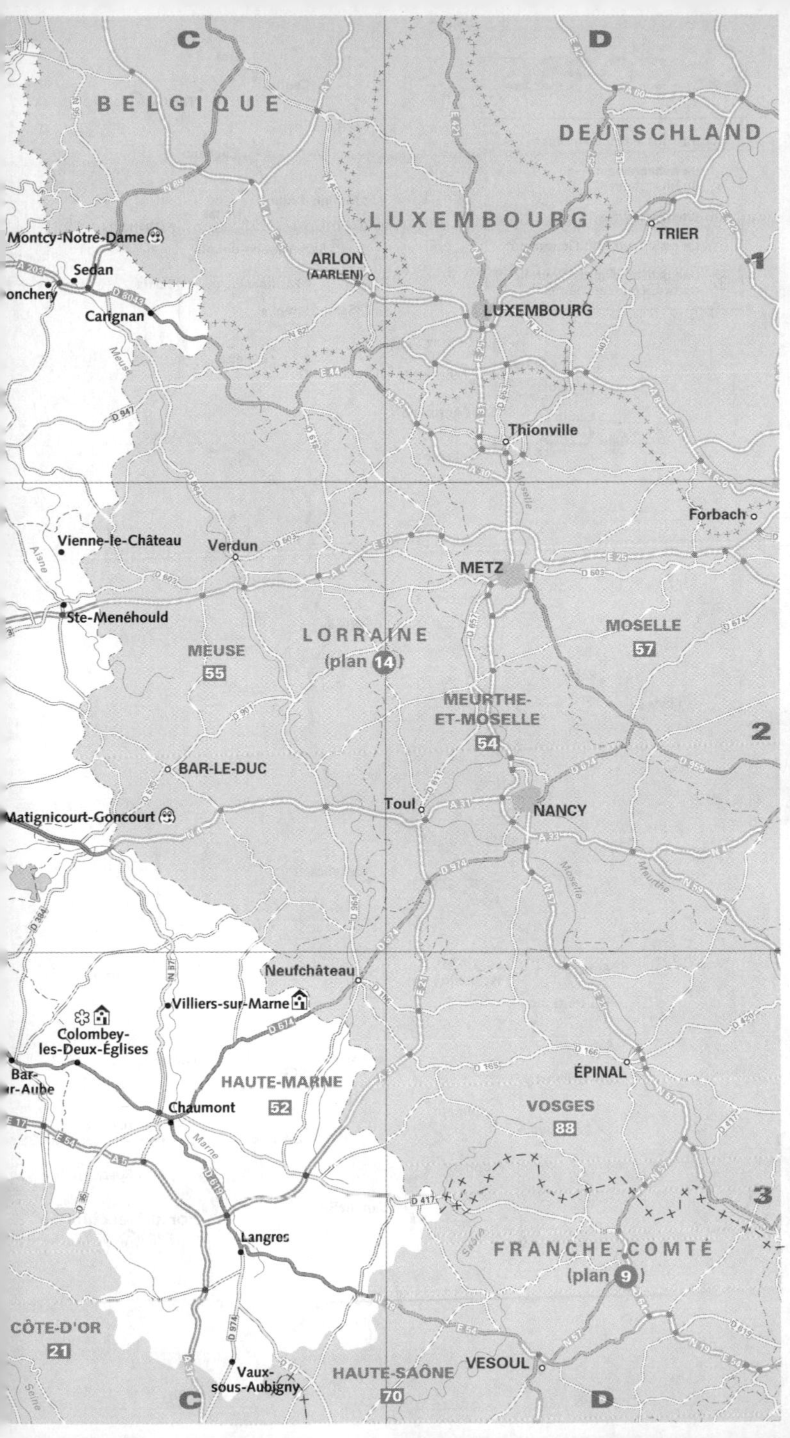
C
D
BELGIQUE
DEUTSCHLAND
LUXEMBOURG
Montcy-Notre-Dame
Sedan
Carignan
ARLON
(AARLEN)
TRIER
LUXEMBOURG
Thionville
Forbach
Vienne-le-Château
Verdun
METZ
Ste-Menéhould
LORRAINE
(plan 14)
MEUSE
55
MOSELLE
57
MEURTHE-
ET-MOSELLE
54
BAR-LE-DUC
Toul
NANCY
Matignicourt-Goncourt
Neufchâteau
Villiers-sur-Marne
Colombey-
les-Deux-Églises
HAUTE-MARNE
52
Chaumont
ÉPINAL
VOSGES
88
Langres
FRANCHE-COMTÉ
(plan 9)
CÔTE-D'OR
21
Vaux-
sous-Aubigny
HAUTE-SAÔNE
70
VESOUL
1
2
3

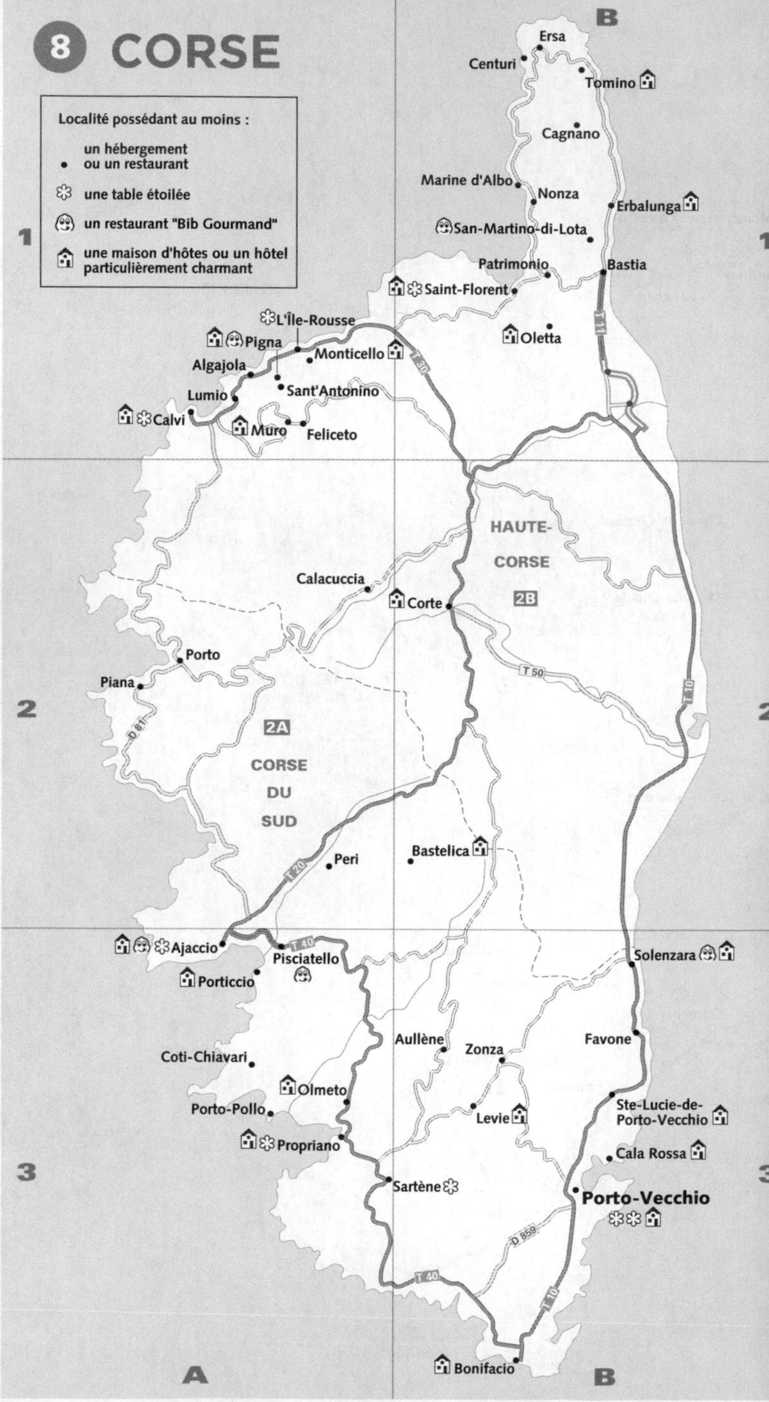
8 CORSE
Localité possédant au moins :
un hébergement ou un restaurant
une table étoilée
un restaurant "Bib Gourmand"
une maison d'hôtes ou un hôtel particulièrement charmant
A
B
1
2
3
Ersa
Centuri
Tomino
Cagnano
Marine d'Albo
Nonza
Erbalunga
San-Martino-di-Lota
Patrimonio
Bastia
Saint-Florent
Oletta
L'Île-Rousse
Pigna
Monticello
Algajola
Sant'Antonino
Lumio
Calvi
Muro
Feliceto
HAUTE-CORSE
2B
Calacuccia
Corte
Porto
Piana
2A
CORSE DU SUD
Peri
Bastelica
Ajaccio
Pisciatello
Porticcio
Solenzara
Aullène
Zonza
Favone
Coti-Chiavari
Olmeto
Porto-Pollo
Levie
Ste-Lucie-de-Porto-Vecchio
Propriano
Cala Rossa
Sartène
Porto-Vecchio
Bonifacio
T 11
T 30
T 50
T 10
T 20
T 40
D 81
D 859

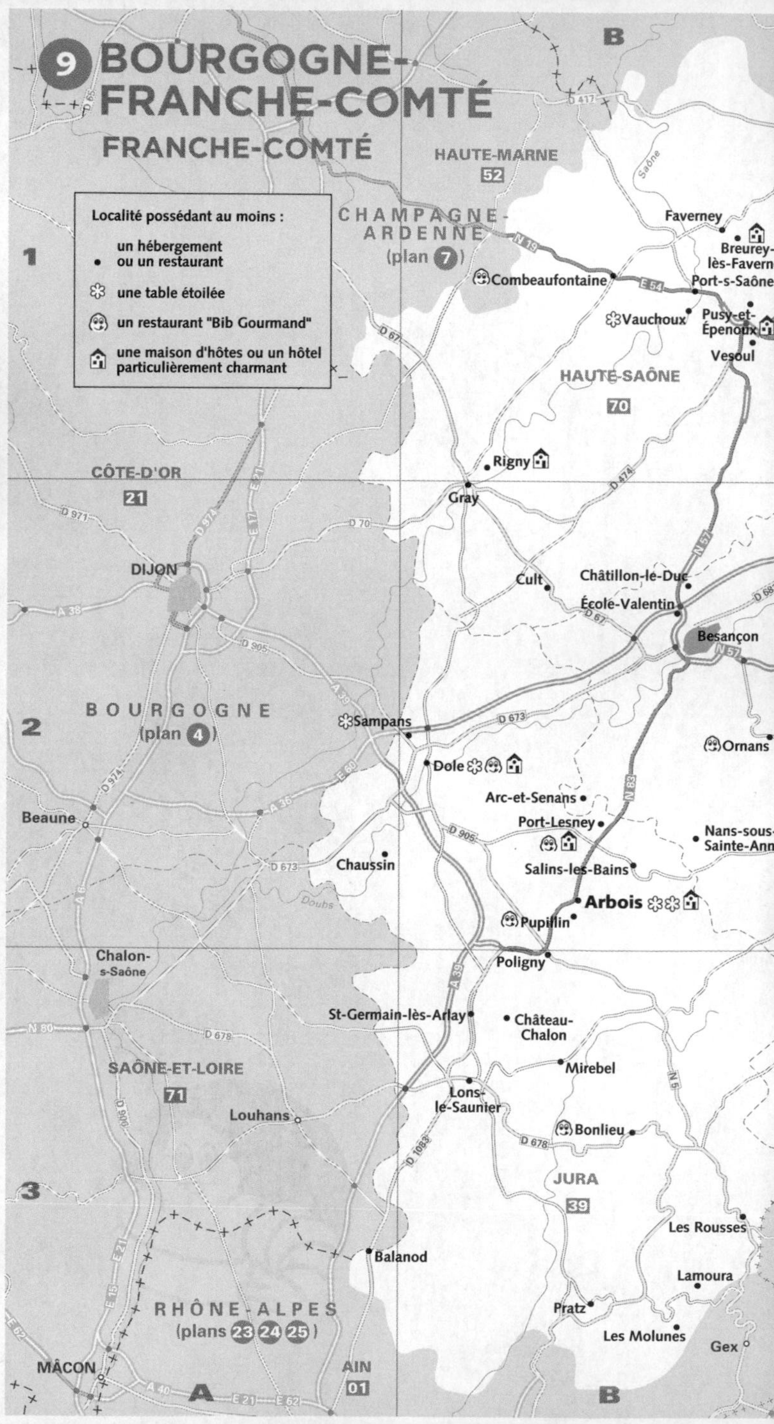

9 BOURGOGNE-FRANCHE-COMTÉ
FRANCHE-COMTÉ
Localité possédant au moins :
un hébergement ou un restaurant
une table étoilée
un restaurant "Bib Gourmand"
une maison d'hôtes ou un hôtel particulièrement charmant
HAUTE-MARNE
52
CHAMPAGNE-ARDENNE
(plan 7)
HAUTE-SAÔNE
70
CÔTE-D'OR
21
BOURGOGNE
(plan 4)
SAÔNE-ET-LOIRE
71
JURA
39
RHÔNE-ALPES
(plans 23 24 25)
AIN
01
Faverney
Breurey-lès-Faverney
Port-s-Saône
Combeaufontaine
Vauchoux
Pusy-et-Épenoux
Vesoul
Rigny
Gray
DIJON
Cult
Châtillon-le-Duc
École-Valentin
Besançon
Sampans
Dole
Ornans
Arc-et-Senans
Port-Lesney
Nans-sous-Sainte-Anne
Beaune
Chaussin
Salins-les-Bains
Arbois
Pupillin
Poligny
Chalon-s-Saône
St-Germain-lès-Arlay
Château-Chalon
Mirebel
Lons-le-Saunier
Louhans
Bonlieu
Les Rousses
Balanod
Lamoura
Pratz
Les Molunes
Gex
MÂCON
Saône
Doubs

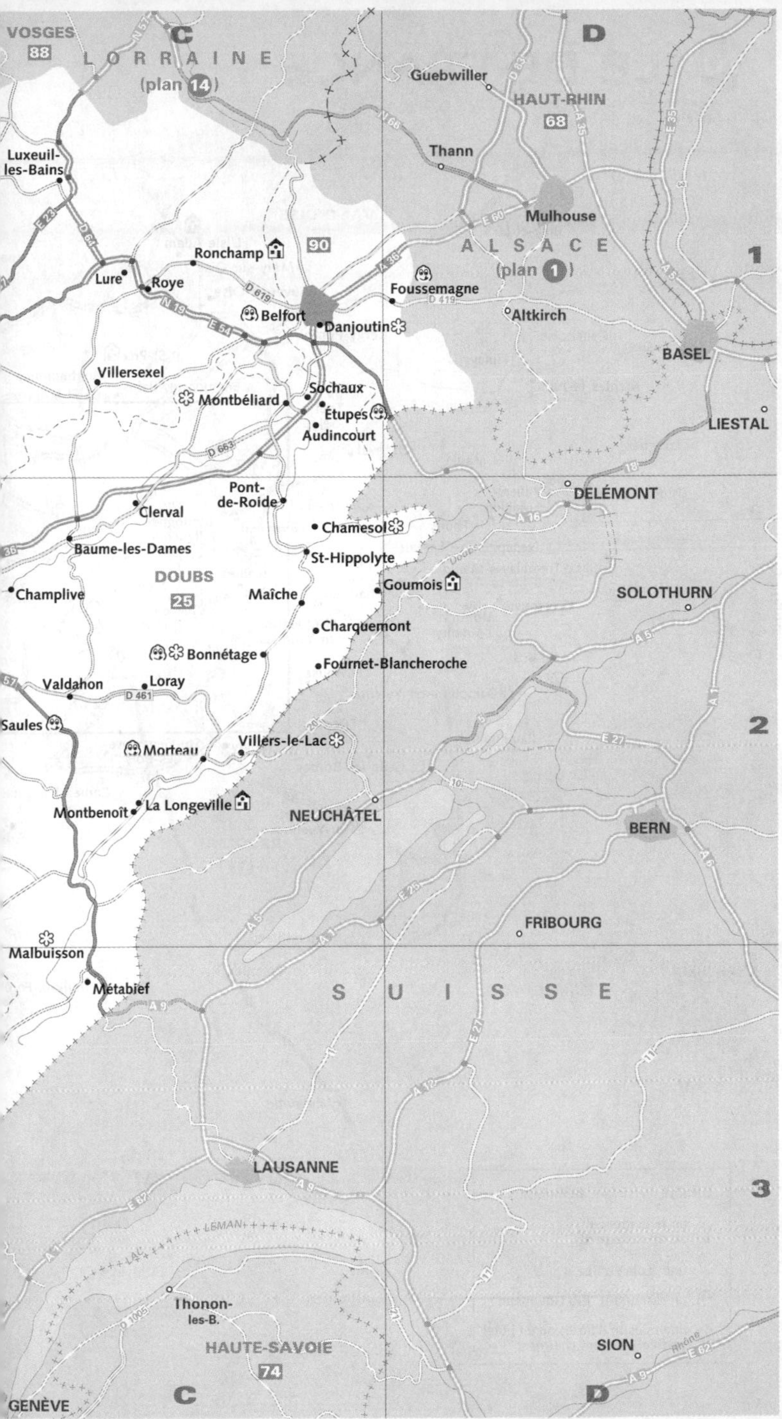

VOSGES
88
C
LORRAINE
(plan 14)
D
Guebwiller
HAUT-RHIN
68
Thann
Luxeuil-les-Bains
Mulhouse
ALSACE
(plan 1)
1
Ronchamp
90
Lure
Royé
Foussemagne
Belfort
Danjoutin
Altkirch
BASEL
Villersexel
Montbéliard
Sochaux
Étupes
Audincourt
LIESTAL
Pont-de-Roide
DELÉMONT
Clerval
Chamesol
Baume-les-Dames
St-Hippolyte
DOUBS
25
Goumois
SOLOTHURN
Champlive
Maîche
Charquemont
Bonnétage
Fournet-Blancheroche
Valdahon
Loray
Saules
2
Morteau
Villers-le-Lac
La Longeville
Montbenoît
NEUCHÂTEL
BERN
FRIBOURG
Malbuisson
Métabief
SUISSE
LAUSANNE
3
LEMAN
LAC
Thonon-les-B.
HAUTE-SAVOIE
74
SION
GENÈVE
C
D

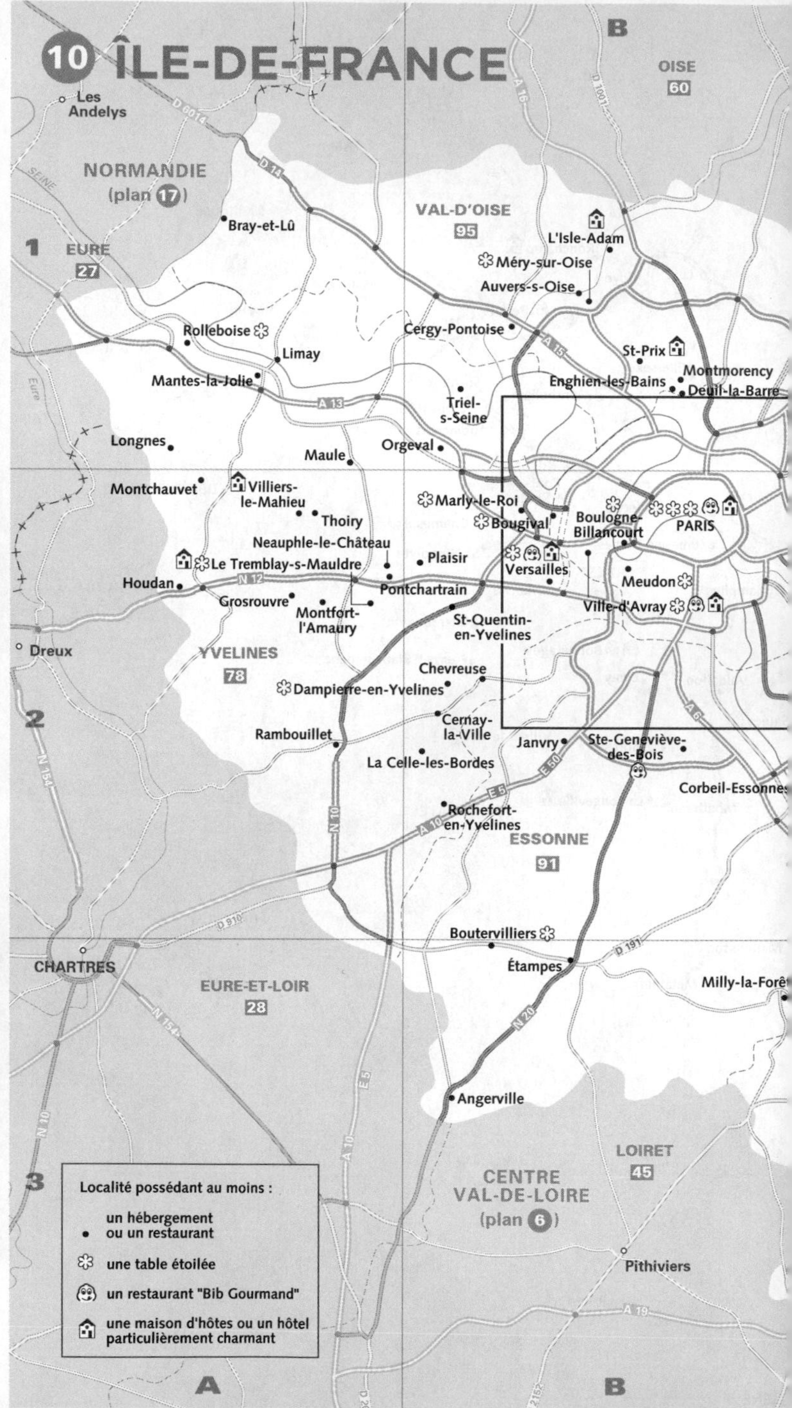
10 ÎLE-DE-FRANCE
Les Andelys
NORMANDIE (plan 17)
EURE 27
Bray-et-Lû
VAL-D'OISE 95
OISE 60
L'Isle-Adam
Méry-sur-Oise
Auvers-s-Oise
Cergy-Pontoise
Rolleboise
Limay
Mantes-la-Jolie
St-Prix
Montmorency
Enghien-les-Bains
Deuil-la-Barre
Triel-s-Seine
Longnes
Orgeval
Maule
Montchauvet
Villiers-le-Mahieu
Thoiry
Marly-le-Roi
Bougival
Boulogne-Billancourt
PARIS
Neauphle-le-Château
Plaisir
Le Tremblay-s-Mauldre
Versailles
Meudon
Houdan
Pontchartrain
Grosrouvre
Montfort-l'Amaury
Ville-d'Avray
St-Quentin-en-Yvelines
Dreux
YVELINES 78
Chevreuse
Dampierre-en-Yvelines
Cernay-la-Ville
Rambouillet
Janvry
Ste-Geneviève-des-Bois
La Celle-les-Bordes
Corbeil-Essonnes
Rochefort-en-Yvelines
ESSONNE 91
Boutervilliers
Étampes
CHARTRES
EURE-ET-LOIR 28
Milly-la-Forê
Angerville
LOIRET 45
CENTRE VAL-DE-LOIRE (plan 6)
Pithiviers
Localité possédant au moins :
un hébergement ou un restaurant
une table étoilée
un restaurant "Bib Gourmand"
une maison d'hôtes ou un hôtel particulièrement charmant

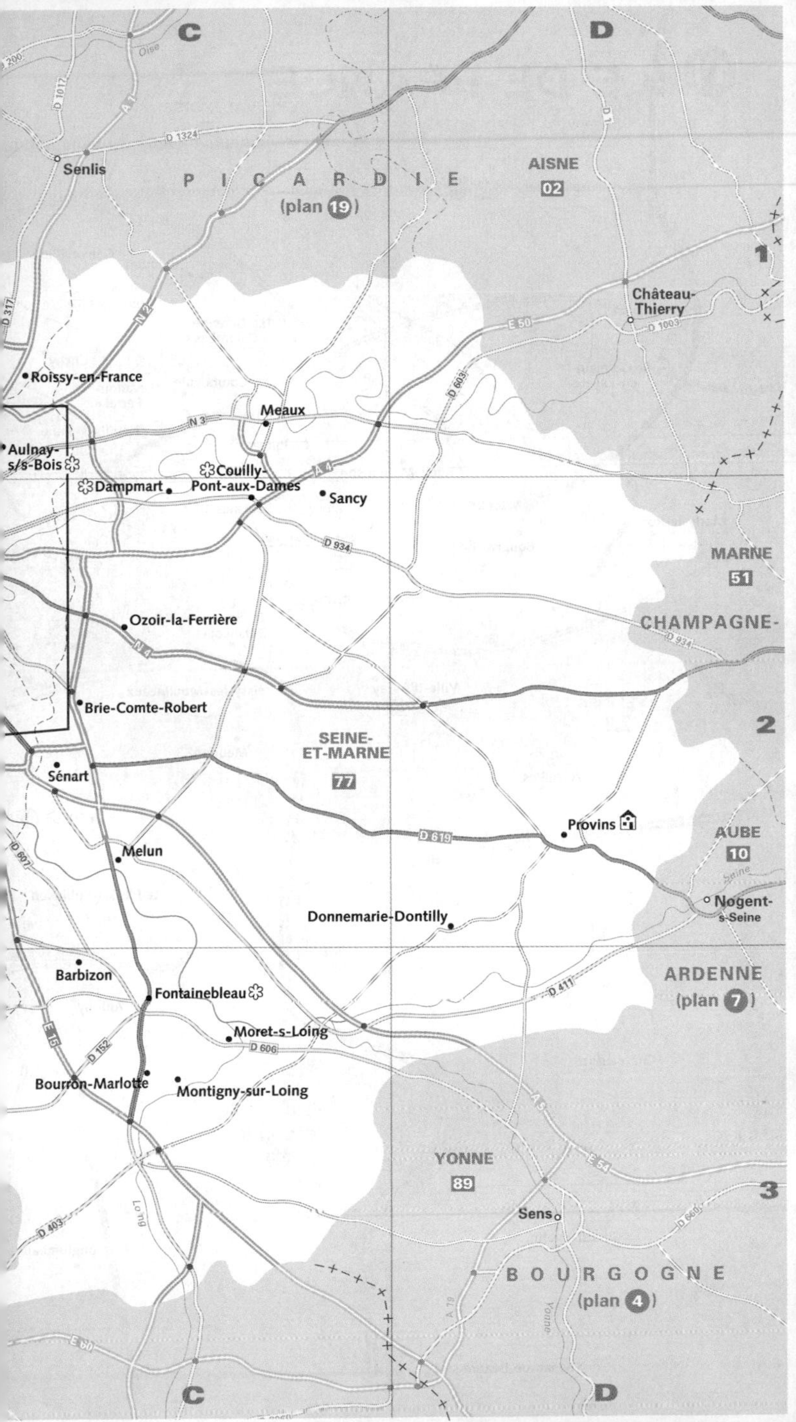
C
D
Oise
D 1017
A 1
D 1324
Senlis
P I C A R D I E
(plan 19)
AISNE
02
D 1
1
Château-
Thierry
D 1003
E 50
D 317
N 2
Roissy-en-France
Meaux
N 3
D 603
Aulnay-
s/s-Bois
Couilly-
Pont-aux-Dames
Dampmart
Sancy
A 4
D 934
MARNE
51
CHAMPAGNE-
Ozoir-la-Ferrière
N 4
D 934
Brie-Comte-Robert
2
SEINE-
ET-MARNE
77
Sénart
Melun
D 607
Provins
D 619
AUBE
10
Seine
Nogent-
s-Seine
Donnemarie-Dontilly
ARDENNE
(plan 7)
Barbizon
Fontainebleau
D 411
Moret-s-Loing
D 606
E 15
D 152
Bourron-Marlotte
Montigny-sur-Loing
A 5
E 54
YONNE
89
3
Loing
Sens
D 660
D 403
B O U R G O G N E
(plan 4)
A 19
Yonne
E 60
C
D

11 ÎLE-DE-FRANCE

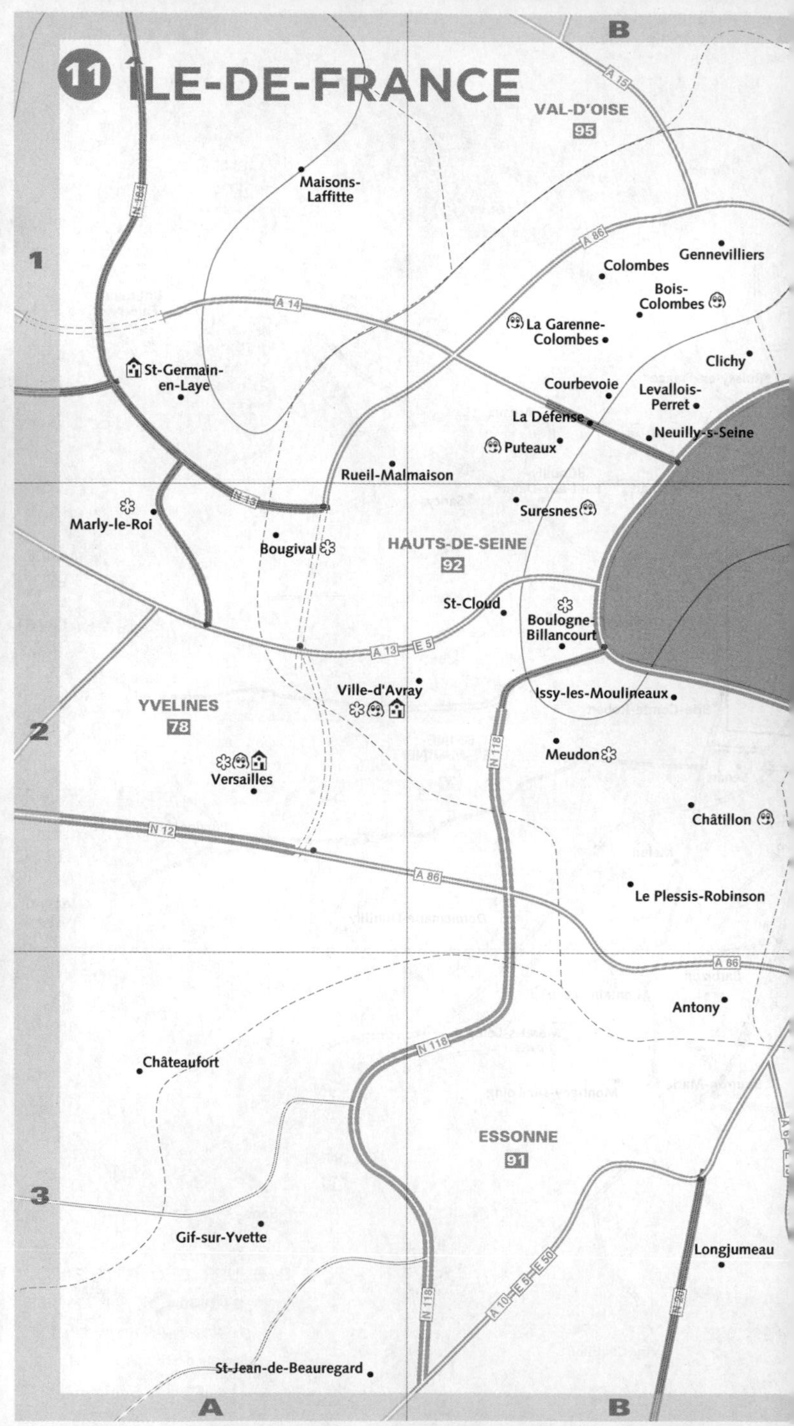

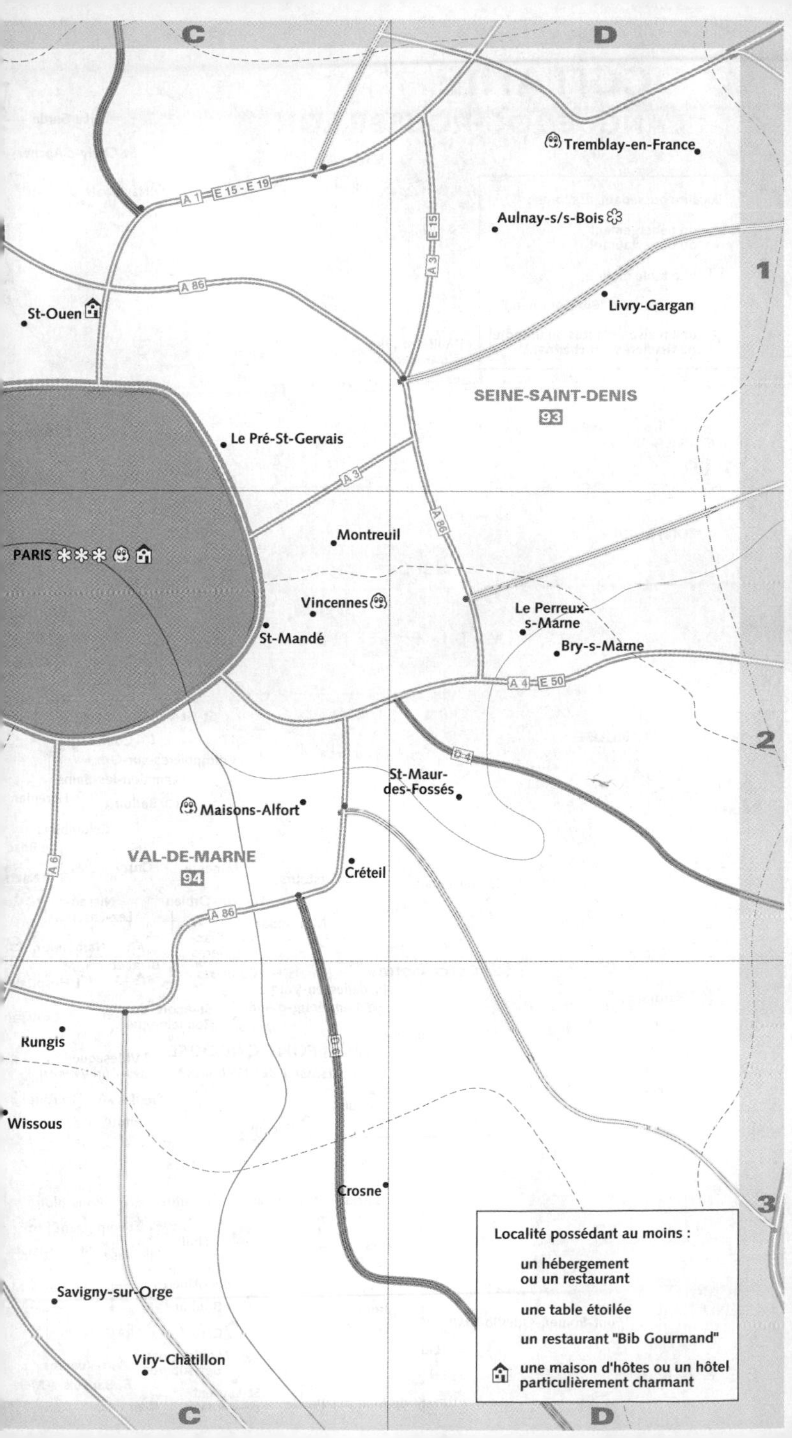
C
D
Tremblay-en-France
A 1
E 15 - E 19
Aulnay-s/s-Bois
A 3
E 15
1
A 86
Livry-Gargan
St-Ouen
SEINE-SAINT-DENIS
93
Le Pré-St-Gervais
A 3
A 86
Montreuil
PARIS
Vincennes
Le Perreux-
s-Marne
St-Mandé
Bry-s-Marne
A 4
E 50
2
D 4
St-Maur-
des-Fossés
Maisons-Alfort
VAL-DE-MARNE
94
Créteil
A 6
A 86
Rungis
Wissous
Crosne
3
Localité possédant au moins :
un hébergement
ou un restaurant
une table étoilée
un restaurant "Bib Gourmand"
une maison d'hôtes ou un hôtel
particulièrement charmant
Savigny-sur-Orge
Viry-Châtillon
C
D

12 OCCITANIE
LANGUEDOC-ROUSSILLON
Localité possédant au moins :
un hébergement ou un restaurant
une table étoilée
un restaurant "Bib Gourmand"
une maison d'hôtes ou un hôtel particulièrement charmant
CANTAL 15
La Garde
St-Chély-d'Apcher
Nasbinals
Figeac
Villefranche-de-Rouergue
RODEZ
TARN-ET-GARONNE 82
AVEYRON 12
Le Rozier
Millau
MONTAUBAN
ALBI
MIDI-PYRÉNÉES (plan 15)
Avène
Bédarieux
TARN 81
St-Gervais-sur-Mare
TOULOUSE
Castres
Combes
Colombières-sur-Orb
Lamalou-les-Bains
Hérépian
Berlou
Muret
Colombiers
Le Bosc
HAUTE-GARONNE 31
Minerve
Cruzy
Béziers
Lastours
Castelnaudary
Aragon
Luc-sur-Orbieu
Nissan-Lez-Enserune
Montredon
Bram
Conilhac-Corbières
Narbonne
Carcassonne
Ferrals-les-Corbières
Bizanet
L'Hospitalet
Pradelles-en-Val
Camplong-d'Aude
St-André-de-Roquelongue
Gruissan
Pamiers
Lagrasse
Limoux
FONTJONCOUSE
Villesèque-des-Corbières
FOIX
Cascastel-des-Corbières
AUDE 11
Couiza
Treilles
Leucate
Fitou
ARIÈGE 09
Cucugnan
Rivesaltes
Gincla
Bélesta
Montner
Canet-en-Roussillon
Ille-sur-Têt
Thuir
Perpignan
Molitg-les-Bains
Saleilles
St-Cyprien
Prades
Laroque-des-Albères
PRICIPAUTÉ D'ANDORRE
La Llagonne
PYRÉNÉES-ORIENTALES 66
Argelès-s-Mer
Vernet-les-Bains
Le Boulou
Font-Romeu-Odeillo-Via
Céret
Collioure
Llo
Montesquieu-des-Albères
Port-Vendres
ESPAÑA
Banyuls-s-Mer
Prats-de-Mollo-la-Preste
St-Laurent-de-Cerdans

C
AUVERGNE
(plan 3)
D
VALENCE
ARDÈCHE
07
St-Alban-sur-Limagnole
PRIVAS
Die
Langogne
RHÔNE-ALPES
(plans 23 24 25)
Aumont-Aubrac
Marvejols
DRÔME
26
Largentière
1
Chabrits
Mende
La Garde-Guérin
LOZÈRE
48
Nyons
Cocurès
Florac
Barjac
La Malène
St-Ambroix
St-Michel-d'Euzet
Montaren-et-Saint-Médiers
VAUCLUSE
84
Alès
St-Hilaire-de-Brethmas
St-Laurent-des-Arbres
Gaujac
Lirac
Martignargues
Carpentras
Soudorgues
Thoiras
Anduze
Pujaut
Argilliers
Uzès
GARD
30
Vers-Pont-du-Gard
Villeneuve-lès-Avignon
AVIGNON
Collias
Sauve
Castillon-du-Gard
Brissac
Pont-du-Gard
Nîmes
PROVENCE-ALPES-
St-Martin-de-Londres
Sommières
Uchaud
Garons
CÔTE-D'AZUR
St-Guilhem-le-Désert
Les Matelles
Générac
HÉRAULT 34
(plans 21 22)
Lodève
Castries
Gignac
Castelnau-le-Lez
Arles
St-Gilles
2
Juvignac
Montpellier
Aigues-Mortes
BOUCHES-DU-RHÔNE
13
Le Grau-du-Roi
Istres
Vailhan
Palavas-les-Flots
Port-Camargue
Montagnac
La Grande-Motte
Tourbes
Pézenas
Carnon Plage
Balaruc-les-Bains
Portiragnes
Mèze
Sète
Agde
Villeneuve-lès-Béziers
Valras-Plage
Sérignan
GOLFE DU LION
3
MÉDITER
C
D

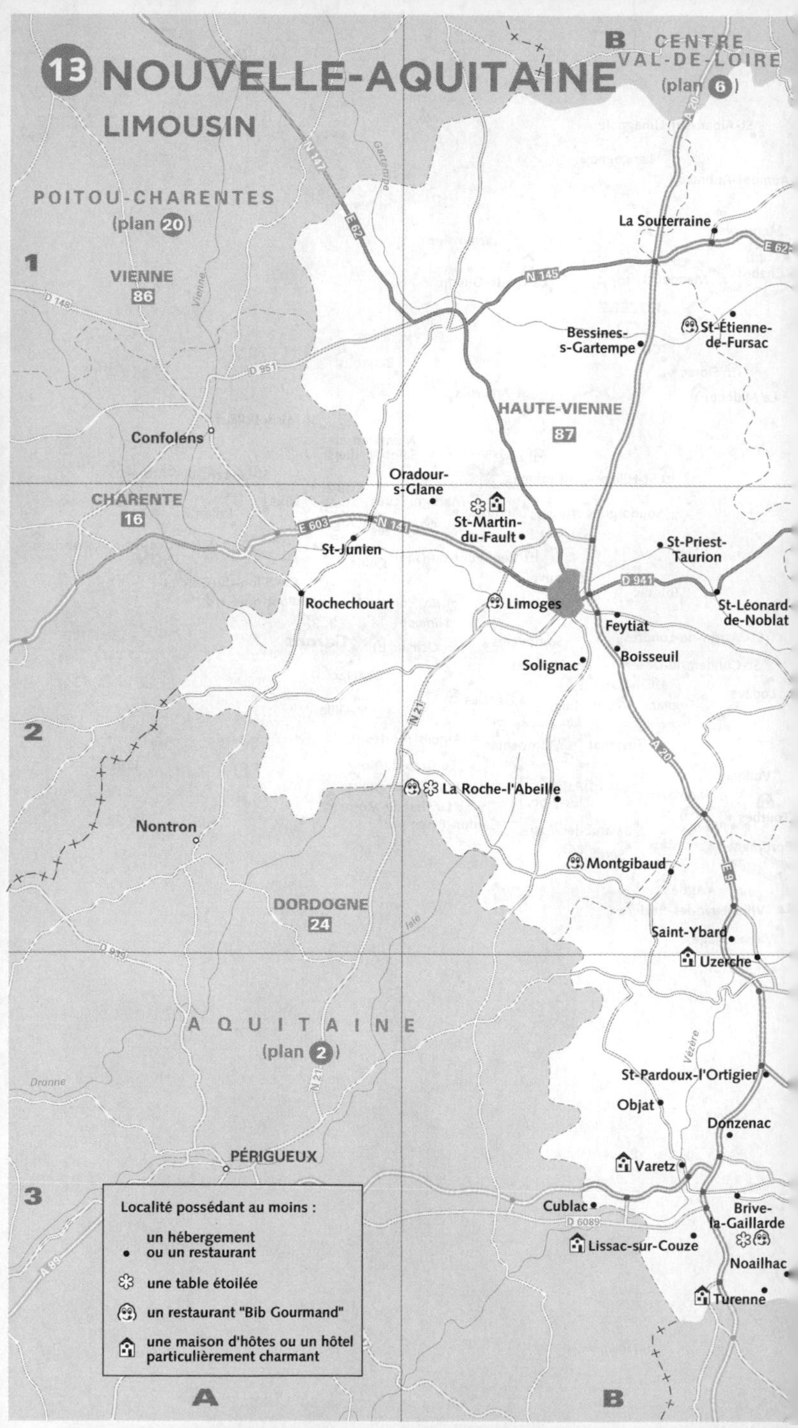

13 NOUVELLE-AQUITAINE
LIMOUSIN
B
CENTRE
VAL-DE-LOIRE
(plan 6)
POITOU-CHARENTES
(plan 20)
1
VIENNE
86
La Souterraine
N 145
St-Étienne-de-Fursac
Bessines-s-Gartempe
HAUTE-VIENNE
87
Confolens
Oradour-s-Glane
CHARENTE
16
St-Martin-du-Fault
St-Junien
St-Priest-Taurion
Rochechouart
Limoges
St-Léonard-de-Noblat
Feytiat
Boisseuil
Solignac
2
La Roche-l'Abeille
Nontron
Montgibaud
DORDOGNE
24
Saint-Ybard
Uzerche
AQUITAINE
(plan 2)
St-Pardoux-l'Ortigier
Objat
Donzenac
PÉRIGUEUX
Varetz
3
Cublac
Brive-la-Gaillarde
Lissac-sur-Couze
Noailhac
Turenne
Localité possédant au moins :
un hébergement ou un restaurant
une table étoilée
un restaurant "Bib Gourmand"
une maison d'hôtes ou un hôtel particulièrement charmant
A
B

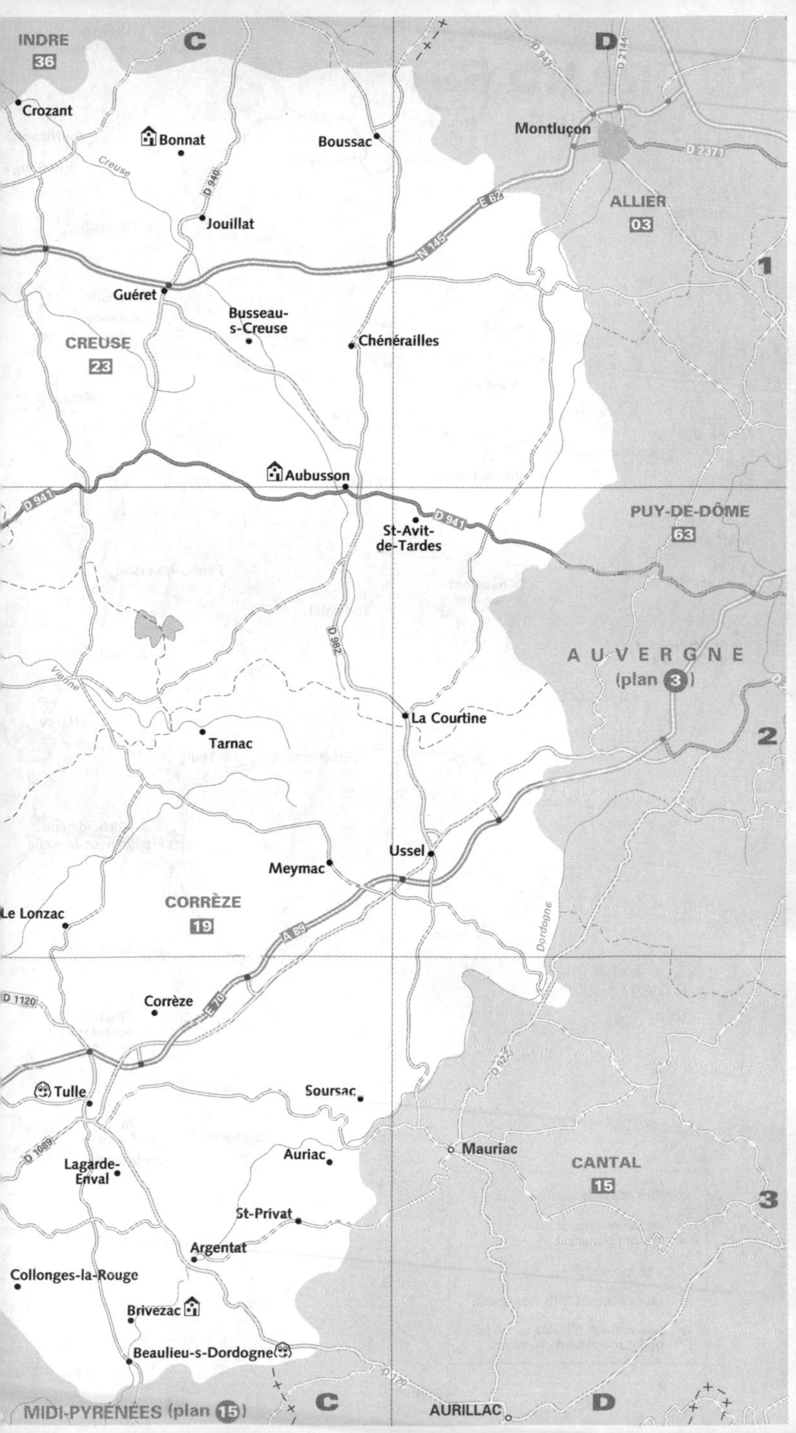
INDRE
36
C
D
Crozant
Bonnat
Creuse
Boussac
Montluçon
D 943
D 2144
D 2371
D 940
Jouillat
E 62
N 145
ALLIER
03
1
Guéret
Busseau-
s-Creuse
Chénérailles
CREUSE
23
Aubusson
D 941
St-Avit-
de-Tardes
PUY-DE-DÔME
63
D 982
Vienne
AUVERGNE
(plan 3)
La Courtine
Tarnac
2
Ussel
Meymac
CORRÈZE
19
Le Lonzac
A 89
Dordogne
D 1120
Corrèze
E 70
Tulle
Soursac
D 1089
Mauriac
Lagarde-
Enval
Auriac
CANTAL
15
3
St-Privat
Argentat
Collonges-la-Rouge
Brivezac
Beaulieu-s-Dordogne
D 120
MIDI-PYRÉNÉES (plan 15)
AURILLAC

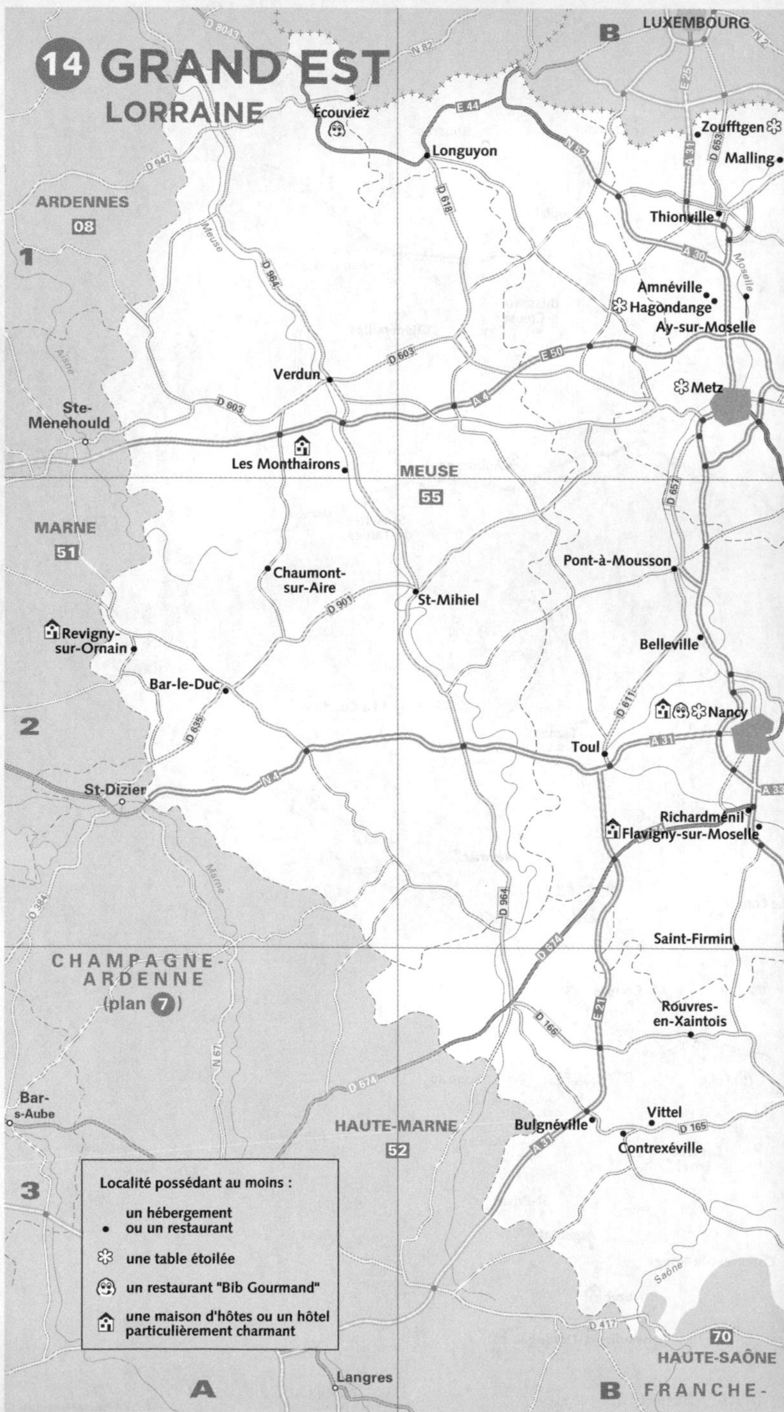
14 GRAND EST
LORRAINE
LUXEMBOURG
Écouviez
Longuyon
Zoufftgen
Malling
Thionville
Amnéville
Hagondange
Ay-sur-Moselle
ARDENNES
08
Verdun
Metz
Ste-Menehould
Les Monthairons
MEUSE
55
MARNE
51
Chaumont-sur-Aire
St-Mihiel
Pont-à-Mousson
Revigny-sur-Ornain
Belleville
Bar-le-Duc
Nancy
Toul
St-Dizier
Richardménil
Flavigny-sur-Moselle
Saint-Firmin
CHAMPAGNE-ARDENNE
(plan 7)
Rouvres-en-Xaintois
Bar-s-Aube
HAUTE-MARNE
52
Bulgnéville
Vittel
Contrexéville
Localité possédant au moins :
un hébergement ou un restaurant
une table étoilée
un restaurant "Bib Gourmand"
une maison d'hôtes ou un hôtel particulièrement charmant
70
HAUTE-SAÔNE
Langres
A
B
FRANCHE-
1
2
3

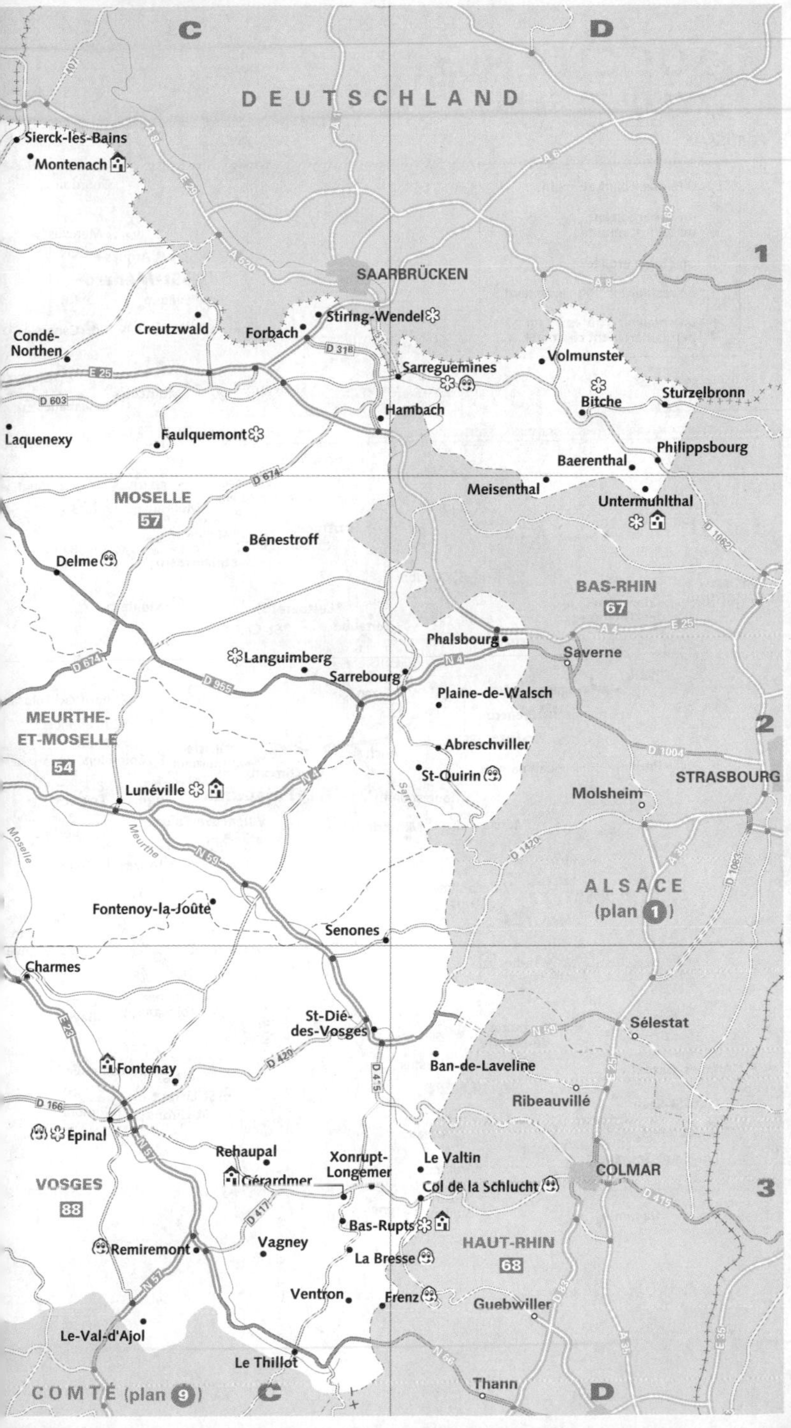
C
D
DEUTSCHLAND
Sierck-les-Bains
Montenach
SAARBRÜCKEN
1
Stiring-Wendel
Creutzwald
Forbach
Condé-Northen
Volmunster
Sarreguemines
Bitche
Sturzelbronn
Hambach
Laquenexy
Faulquemont
Philippsbourg
Baerenthal
Meisenthal
Untermuhlthal
MOSELLE
57
Bénestroff
Delme
BAS-RHIN
67
Phalsbourg
Saverne
Languimberg
Sarrebourg
Plaine-de-Walsch
MEURTHE-ET-MOSELLE
54
2
Abreschviller
St-Quirin
STRASBOURG
Lunéville
Molsheim
ALSACE
(plan 1)
Fontenoy-la-Joûte
Senones
Charmes
St-Dié-des-Vosges
Sélestat
Fontenay
Ban-de-Laveline
Ribeauvillé
Epinal
Rehaupal
Xonrupt-Longemer
Le Valtin
VOSGES
88
Gérardmer
COLMAR
Col de la Schlucht
3
Bas-Rupts
HAUT-RHIN
68
Remiremont
Vagney
La Bresse
Ventron
Frenz
Guebwiller
Le-Val-d'Ajol
Le Thillot
Thann
COMTÉ (plan 9)
C
D

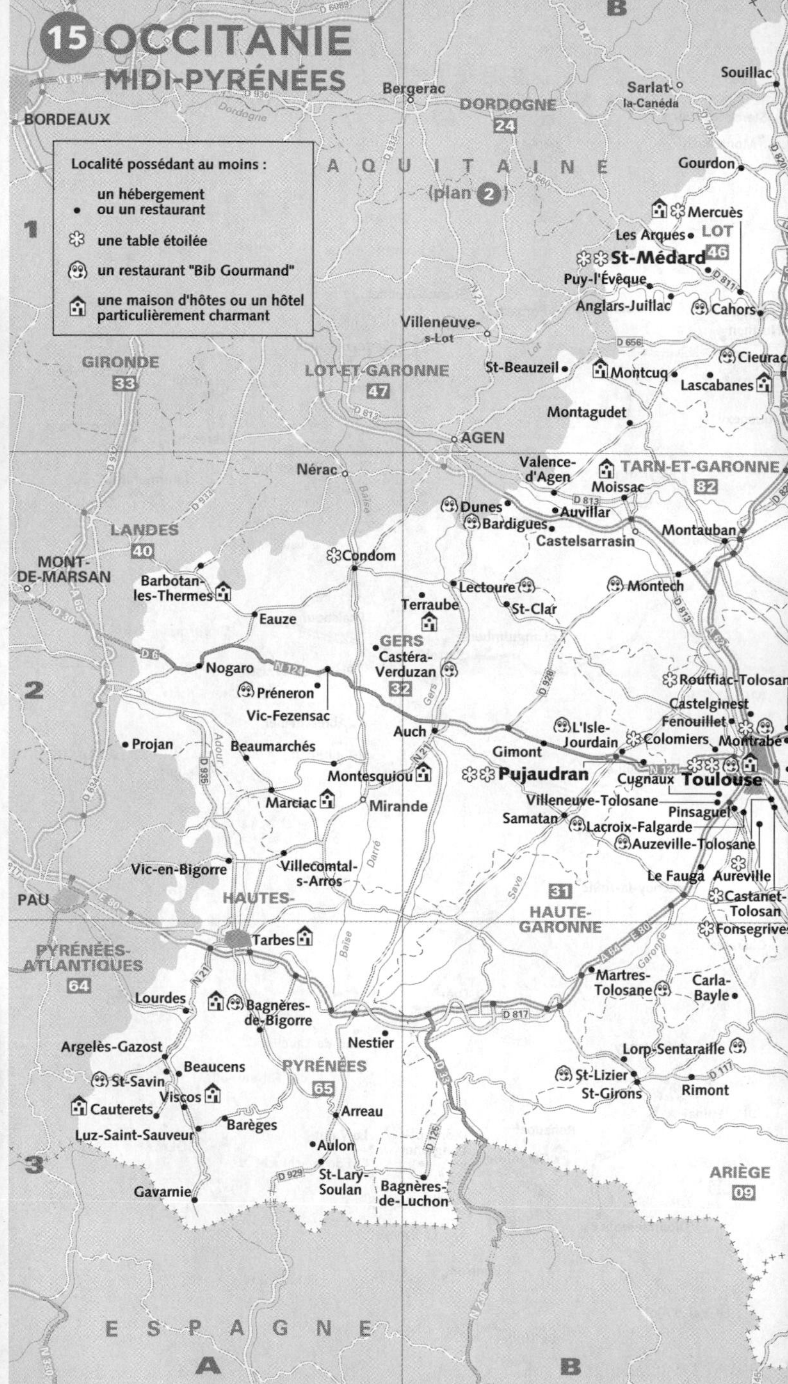
15 OCCITANIE
MIDI-PYRÉNÉES
Localité possédant au moins :
un hébergement ou un restaurant
une table étoilée
un restaurant "Bib Gourmand"
une maison d'hôtes ou un hôtel particulièrement charmant
BORDEAUX
Bergerac
DORDOGNE 24
Sarlat-la-Canéda
Souillac
AQUITAINE (plan 2)
Gourdon
Mercuès
Les Arques
LOT 46
St-Médard
Puy-l'Évêque
Anglars-Juillac
Cahors
Villeneuve-s-Lot
GIRONDE 33
LOT-ET-GARONNE 47
St-Beauzeil
Montcuq
Cieurac
Lascabanes
Montagudet
AGEN
Nérac
Valence-d'Agen
TARN-ET-GARONNE 82
Moissac
Dunes
Auvillar
Bardigues
Castelsarrasin
Montauban
LANDES 40
MONT-DE-MARSAN
Condom
Barbotan-les-Thermes
Lectoure
Terraube
St-Clar
Montech
Eauze
GERS 32
Castéra-Verduzan
Nogaro
Préneron
Vic-Fezensac
Rouffiac-Tolosan
Castelginest
Fenouillet
Montrabé
L'Isle-Jourdain
Colomiers
Auch
Gimont
Pujaudran
Projan
Beaumarchés
Montesquiou
Cugnaux
Toulouse
Marciac
Mirande
Villeneuve-Tolosane
Samatan
Pinsaguel
Lacroix-Falgarde
Auzeville-Tolosane
Vic-en-Bigorre
Villecomtal-s-Arros
Le Fauga
Aureville
PAU
HAUTES-
31
HAUTE-GARONNE
Castanet-Tolosan
Fonsegrives
PYRÉNÉES-ATLANTIQUES 64
Tarbes
Martres-Tolosane
Carla-Bayle
Lourdes
Bagnères-de-Bigorre
Nestier
Argelès-Gazost
Lorp-Sentaraille
Beaucens
PYRÉNÉES 65
St-Lizier
St-Girons
Rimont
St-Savin
Viscos
Cauterets
Arreau
Barèges
Luz-Saint-Sauveur
Aulon
ARIÈGE 09
St-Lary-Soulan
Bagnères-de-Luchon
Gavarnie
ESPAGNE
A
B
1
2
3

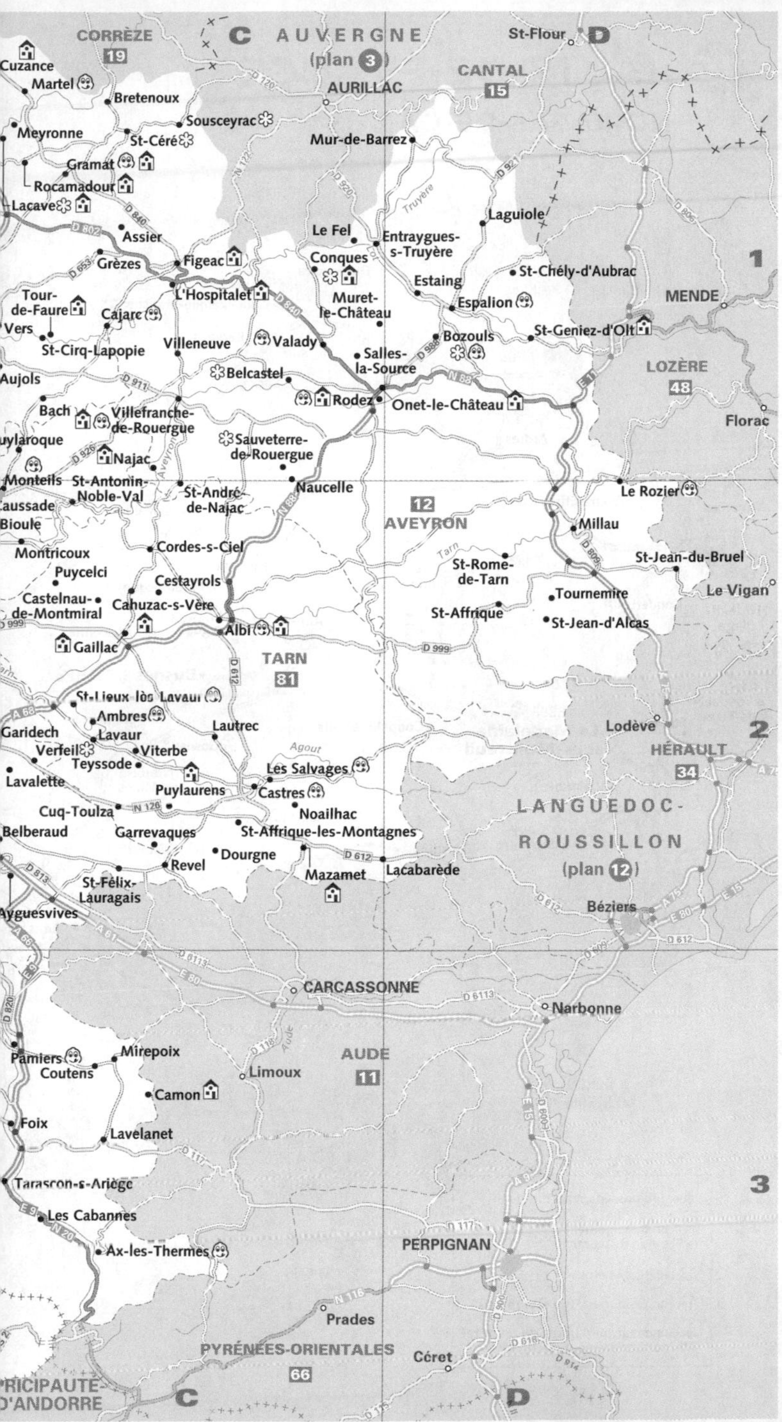

CORRÈZE
19
C
AUVERGNE
(plan 3)
St-Flour
D
CANTAL
15
AURILLAC
Cuzance
Martel
Bretenoux
Sousceyrac
Meyronne
St-Céré
Mur-de-Barrez
Gramat
Rocamadour
Lacave
Laguiole
Assier
Le Fel
Entraygues-s-Truyère
Grèzes
Figeac
Conques
St-Chély-d'Aubrac
1
L'Hospitalet
Estaing
Tour-de-Faure
Muret-le-Château
Espalion
MENDE
Cajarc
Vers
Bozouls
St-Geniez-d'Olt
St-Cirq-Lapopie
Villeneuve
Valady
Salles-la-Source
Aujols
Belcastel
LOZÈRE
48
Rodez
Onet-le-Château
Bach
Villefranche-de-Rouergue
Florac
uylaroque
Sauveterre-de-Rouergue
Najac
Monteils
St-Antonin-Noble-Val
St-André-de-Najac
Naucelle
Le Rozier
aussade
12
AVEYRON
Bioule
Millau
Montricoux
Cordes-s-Ciel
St-Jean-du-Bruel
Puycelci
St-Rome-de-Tarn
Cestayrols
Le Vigan
Castelnau-de-Montmiral
Cahuzac-s-Vère
Tournemire
St-Affrique
St-Jean-d'Alcas
Albi
Gaillac
TARN
81
St-Lieux lès Lavaur
Ambres
Lodève
Garidech
Lautrec
2
Lavaur
HÉRAULT
Verfeil
Viterbe
34
Teyssode
Les Salvages
Lavalette
Puylaurens
Castres
LANGUEDOC-ROUSSILLON
(plan 12)
Cuq-Toulza
Noailhac
Belberaud
Garrevaques
St-Affrique-les-Montagnes
Dourgne
Revel
Lacabarède
Mazamet
St-Félix-Lauragais
Béziers
Ayguesvives
CARCASSONNE
Narbonne
Pamiers
Mirepoix
Coutens
AUDE
11
Limoux
Camon
Foix
Lavelanet
3
Tarascon-s-Ariège
Les Cabannes
PERPIGNAN
Ax-les-Thermes
Prades
PYRÉNÉES-ORIENTALES
66
Céret
PRINCIPAUTÉ-D'ANDORRE
C
D

16 HAUTS-DE-FRANCE

NORD-PAS-DE-CALAIS

Localité possédant au moins :

- un hébergement ou un restaurant
- une table étoilée
- un restaurant "Bib Gourmand"
- une maison d'hôtes ou un hôtel particulièrement charmant

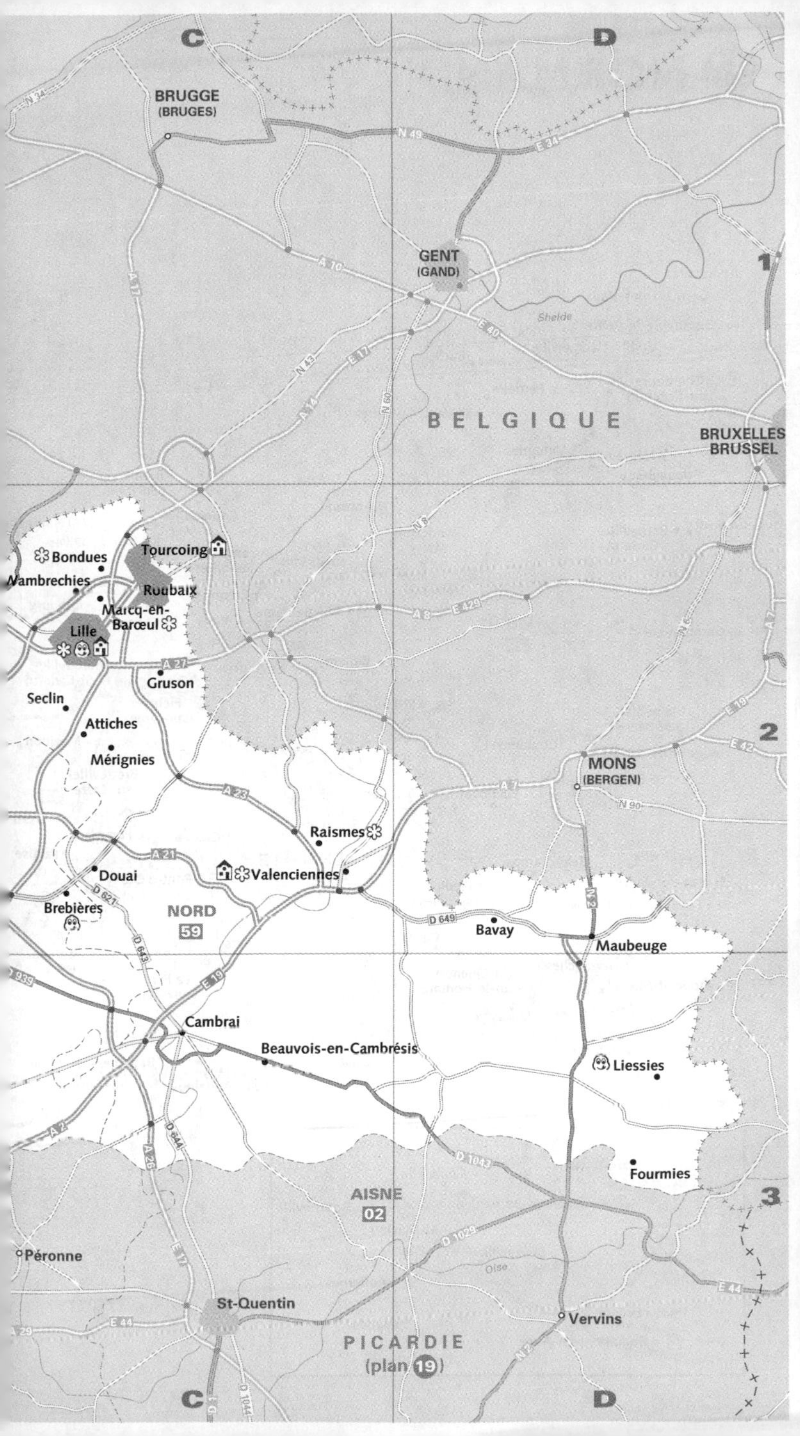

C
D
BRUGGE
(BRUGES)
N 49
E 34
GENT
(GAND)
A 10
A 17
Shelde
E 40
N 43
E 17
A 14
N 60
1
BELGIQUE
BRUXELLES
BRUSSEL
N 8
Bondues
Tourcoing
Wambrechies
Roubaix
Marcq-en-Barœul
Lille
A 8
E 429
A 27
Gruson
Seclin
Attiches
Mérignies
N 6
A 7
E 19
2
E 42
MONS
(BERGEN)
A 7
N 90
A 23
Raismes
A 21
Valenciennes
Douai
Brebières
D 621
NORD
59
D 649
Bavay
Maubeuge
N 2
D 643
D 939
E 19
Cambrai
Beauvois-en-Cambrésis
Liessies
A 2
A 26
D 644
D 1043
Fourmies
AISNE
02
3
D 1029
Péronne
E 17
Oise
E 44
St-Quentin
E 44
A 29
Vervins
N 2
PICARDIE
(plan 19)
C
D 1
D 1044
D

17 NORMANDIE

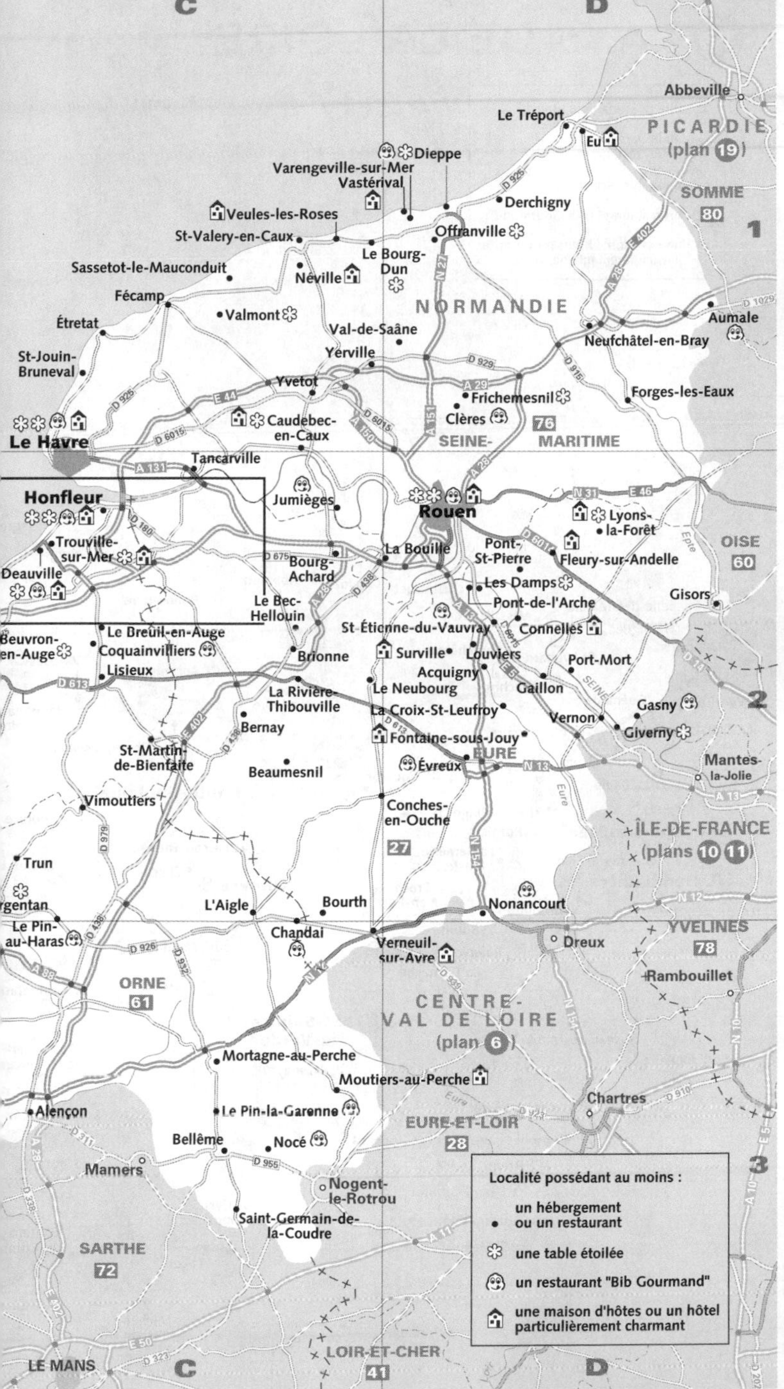
C
D
Abbeville
Le Tréport
Eu
PICARDIE
(plan 19)
Dieppe
Varengeville-sur-Mer
Vastérival
SOMME
80
Derchigny
Veules-les-Roses
Offranville
1
St-Valery-en-Caux
Le Bourg-Dun
Sassetot-le-Mauconduit
Néville
Fécamp
NORMANDIE
Valmont
Aumale
Étretat
Val-de-Saâne
Neufchâtel-en-Bray
St-Jouin-Bruneval
Yerville
Yvetot
Forges-les-Eaux
Frichemesnil
Caudebec-en-Caux
Clères
76
Le Havre
SEINE-
MARITIME
Tancarville
Honfleur
Jumièges
Rouen
Lyons-la-Forêt
Trouville-sur-Mer
La Bouille
Pont-St-Pierre
OISE
60
Fleury-sur-Andelle
Deauville
Bourg-Achard
Les Damps
Gisors
Le Bec-Hellouin
Pont-de-l'Arche
St-Étienne-du-Vauvray
Connelles
Beuvron-en-Auge
Le Breuil-en-Auge
Coquainvilliers
Surville
Louviers
Brionne
Port-Mort
Lisieux
Acquigny
La Rivière-Thibouville
Le Neubourg
Gaillon
2
La Croix-St-Leufroy
Gasny
Bernay
Vernon
Giverny
St-Martin-de-Bienfaite
Fontaine-sous-Jouy
EURE
Évreux
Beaumesnil
Mantes-la-Jolie
Vimoutiers
Conches-en-Ouche
ÎLE-DE-FRANCE
(plans 10 11)
27
Trun
Argentan
L'Aigle
Bourth
Nonancourt
Le Pin-au-Haras
Chandai
Verneuil-sur-Avre
Dreux
YVELINES
78
ORNE
61
Rambouillet
CENTRE-
VAL DE LOIRE
(plan 6)
Mortagne-au-Perche
Moutiers-au-Perche
Chartres
Alençon
Le Pin-la-Garenne
EURE-ET-LOIR
28
Bellême
Nocé
3
Mamers
Nogent-le-Rotrou
Saint-Germain-de-la-Coudre
SARTHE
72
LOIR-ET-CHER
41
LE MANS
Localité possédant au moins :
un hébergement ou un restaurant
une table étoilée
un restaurant "Bib Gourmand"
une maison d'hôtes ou un hôtel particulièrement charmant

18 PAYS DE LA LOIRE

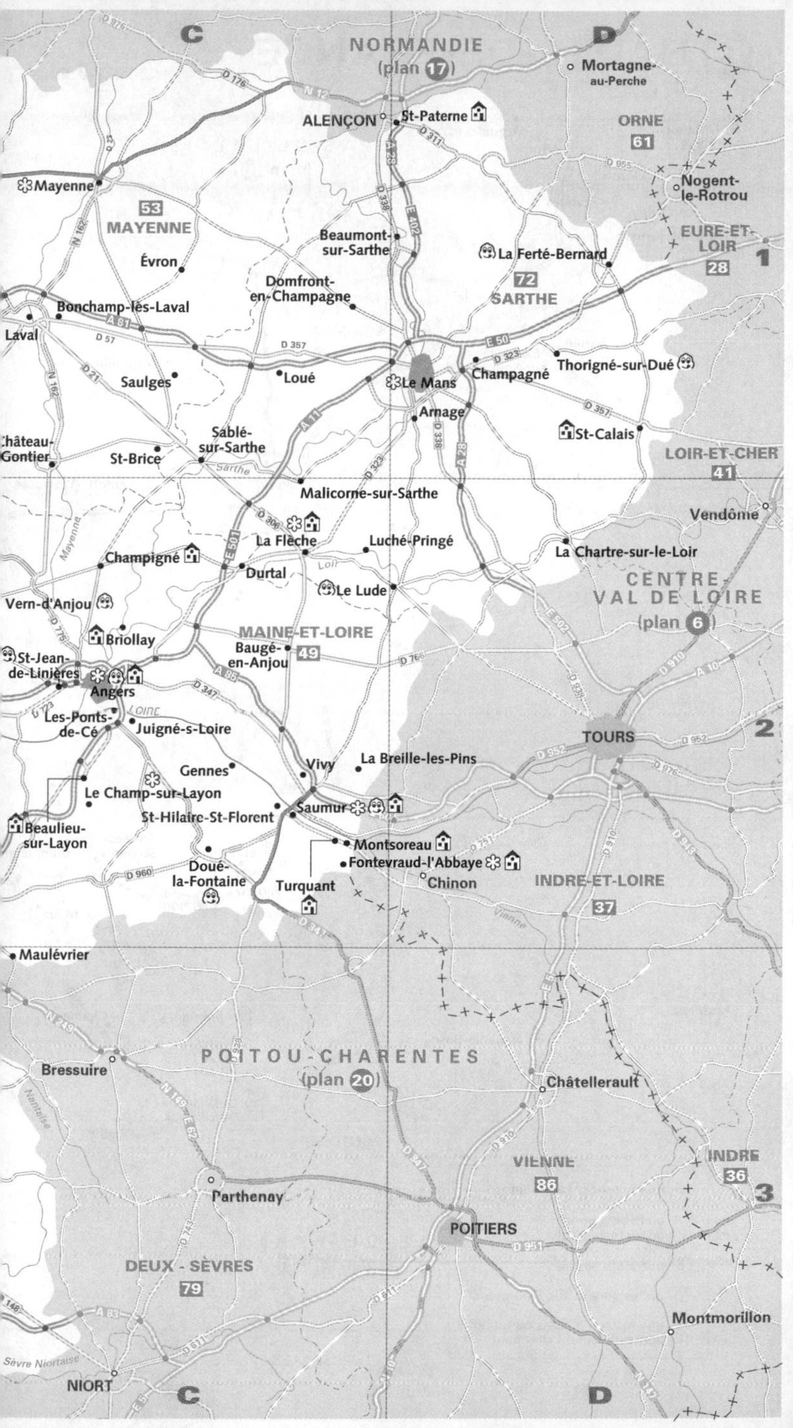

C
D
NORMANDIE
(plan 17)
Mortagne-au-Perche
ORNE
61
ALENÇON
St-Paterne
Nogent-le-Rotrou
Mayenne
53
MAYENNE
EURE-ET-LOIR
28
1
Beaumont-sur-Sarthe
La Ferté-Bernard
Évron
72
SARTHE
Domfront-en-Champagne
Bonchamp-lès-Laval
Laval
Thorigné-sur-Dué
Champagné
Saulges
Loué
Le Mans
Arnage
St-Calais
Château-Gontier
Sablé-sur-Sarthe
St-Brice
LOIR-ET-CHER
41
Malicorne-sur-Sarthe
Vendôme
La Flèche
Luché-Pringé
Champigné
La Chartre-sur-le-Loir
Durtal
Le Lude
CENTRE-VAL DE LOIRE
(plan 6)
Vern-d'Anjou
Briollay
MAINE-ET-LOIRE
49
St-Jean-de-Linières
Baugé-en-Anjou
Angers
Les-Ponts-de-Cé
Juigné-s-Loire
TOURS
2
Gennes
Vivy
La Breille-les-Pins
Le Champ-sur-Layon
Saumur
St-Hilaire-St-Florent
Beaulieu-sur-Layon
Montsoreau
Fontevraud-l'Abbaye
Chinon
Doué-la-Fontaine
Turquant
INDRE-ET-LOIRE
37
Maulévrier
POITOU-CHARENTES
(plan 20)
Bressuire
Châtellerault
VIENNE
86
INDRE
36
3
Parthenay
POITIERS
DEUX-SÈVRES
79
Montmorillon
NIORT

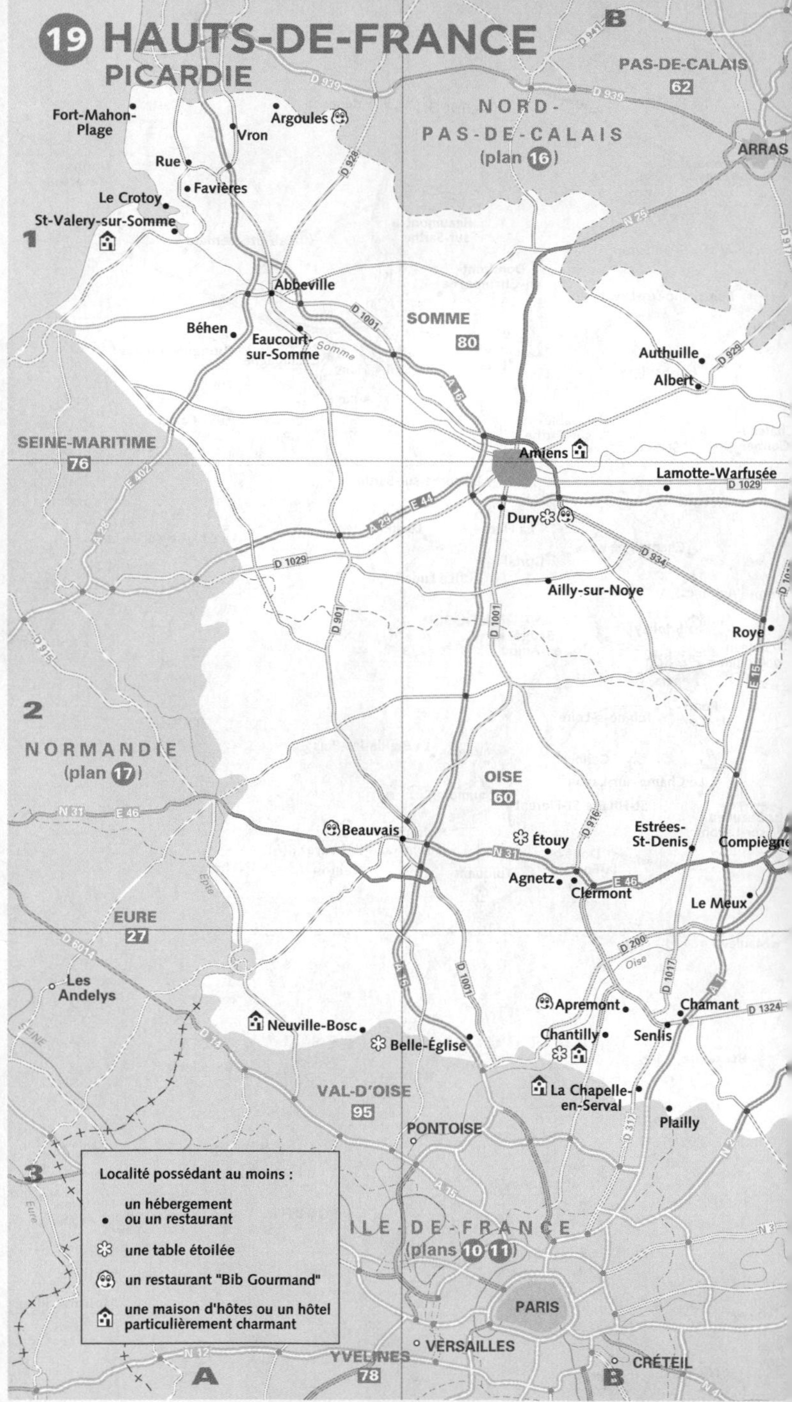
19 HAUTS-DE-FRANCE
PICARDIE
NORD-PAS-DE-CALAIS
(plan 16)
PAS-DE-CALAIS
62
ARRAS
Fort-Mahon-Plage
Argoules
Vron
Rue
Favières
Le Crotoy
St-Valery-sur-Somme
Abbeville
Béhen
Eaucourt-sur-Somme
SOMME
80
Authuille
Albert
SEINE-MARITIME
76
Amiens
Lamotte-Warfusée
Dury
Ailly-sur-Noye
Roye
NORMANDIE
(plan 17)
OISE
60
Beauvais
Étouy
Estrées-St-Denis
Compiègne
Agnetz
Clermont
Le Meux
EURE
27
Les Andelys
Apremont
Chamant
Neuville-Bosc
Belle-Église
Chantilly
Senlis
La Chapelle-en-Serval
Plailly
VAL-D'OISE
95
PONTOISE
ILE-DE-FRANCE
(plans 10 11)
PARIS
VERSAILLES
YVELINES
78
CRÉTEIL
Localité possédant au moins :
un hébergement ou un restaurant
une table étoilée
un restaurant "Bib Gourmand"
une maison d'hôtes ou un hôtel particulièrement charmant

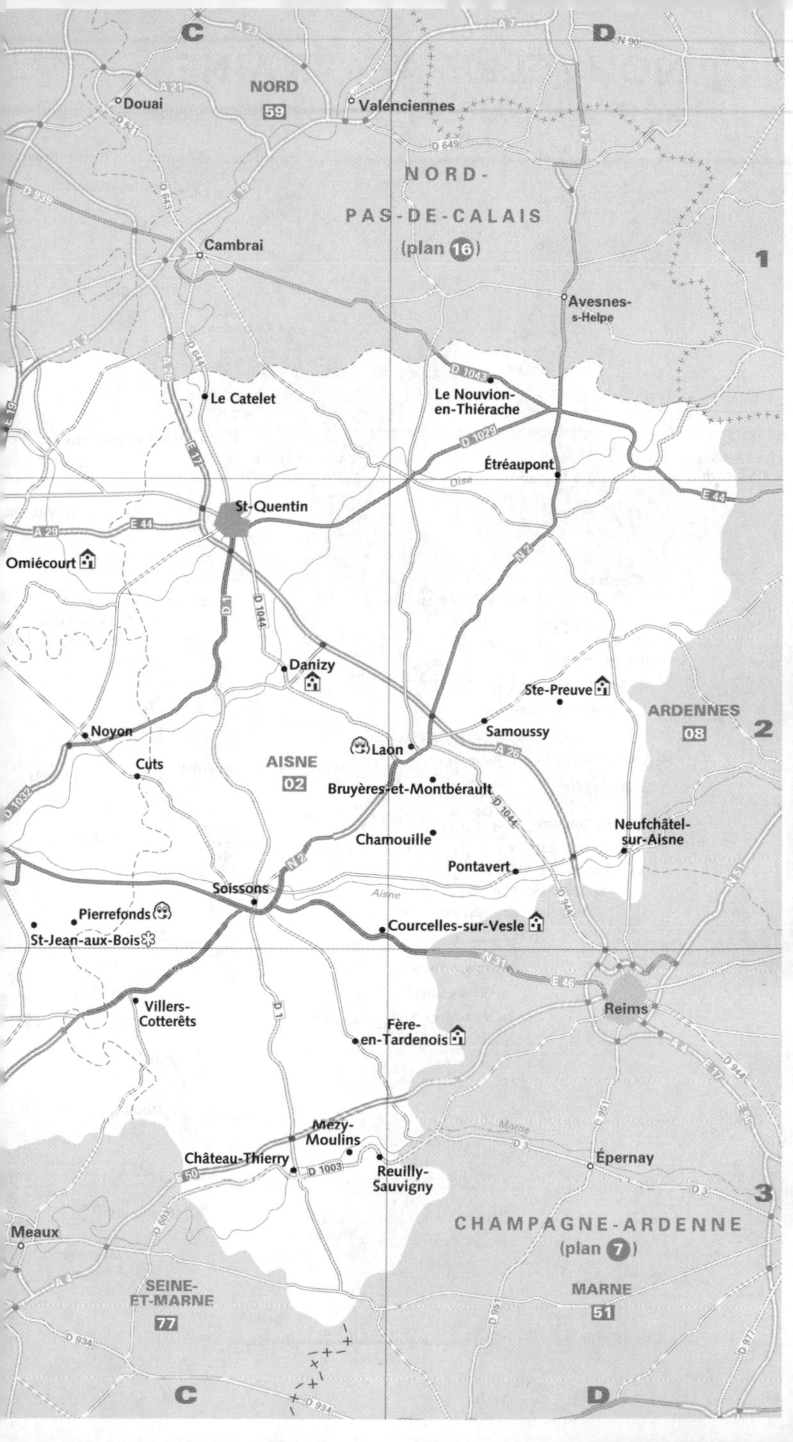
C
D
NORD
59
Douai
Valenciennes
NORD-
PAS-DE-CALAIS
(plan 16)
Cambrai
1
Avesnes-
s-Helpe
Le Catelet
Le Nouvion-
en-Thiérache
Étréaupont
St-Quentin
Omiécourt
Danizy
Ste-Preuve
Samoussy
ARDENNES
08
2
Noyon
Laon
Cuts
AISNE
02
Bruyères-et-Montbérault
Chamouille
Neufchâtel-
sur-Aisne
Pontavert
Soissons
Pierrefonds
St-Jean-aux-Bois
Courcelles-sur-Vesle
Reims
Villers-
Cotterêts
Fère-
en-Tardenois
Mezy-
Moulins
Château-Thierry
Reuilly-
Sauvigny
Épernay
3
CHAMPAGNE-ARDENNE
(plan 7)
Meaux
SEINE-
ET-MARNE
77
MARNE
51
C
D

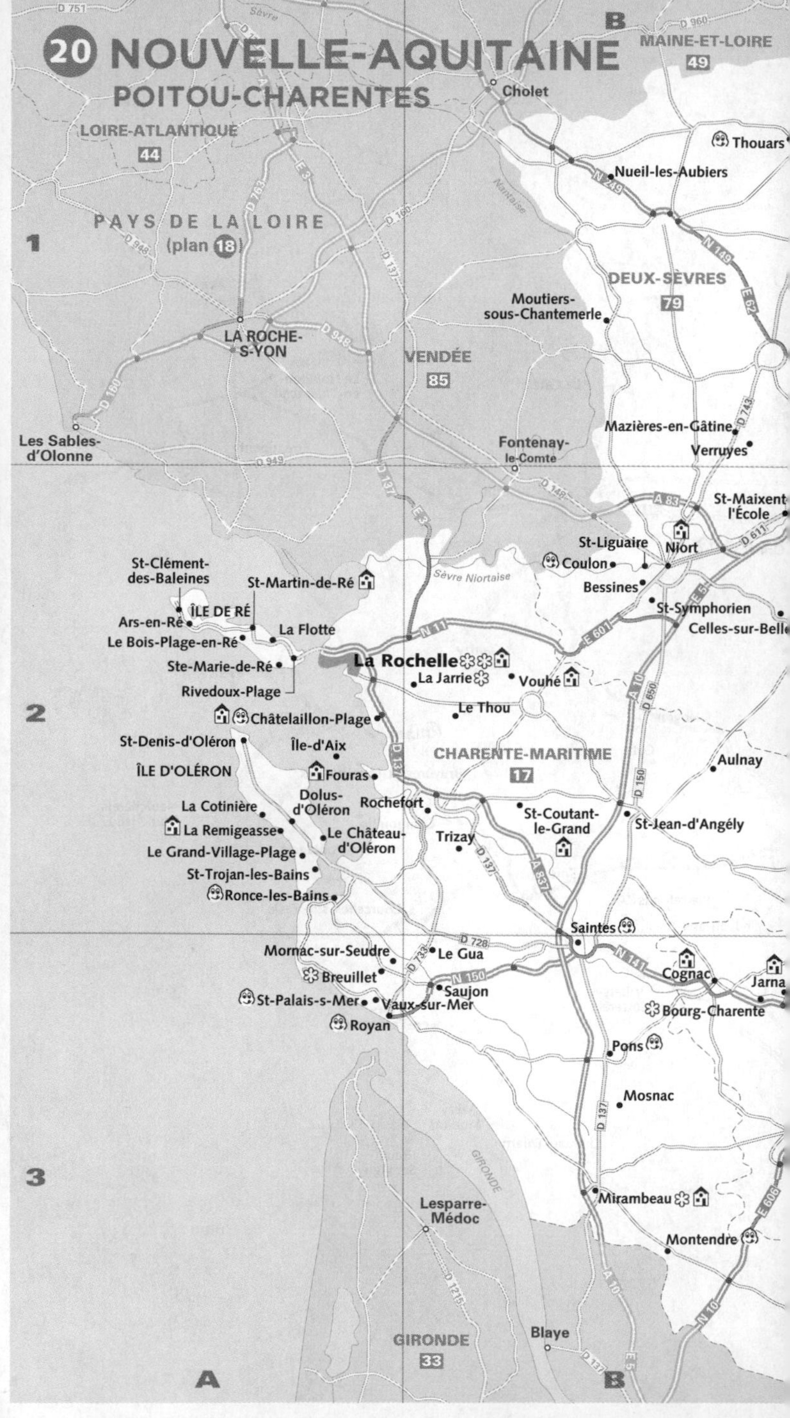

20 NOUVELLE-AQUITAINE
POITOU-CHARENTES
LOIRE-ATLANTIQUE
44
MAINE-ET-LOIRE
49
PAYS DE LA LOIRE
(plan 18)
Cholet
Thouars
Nueil-les-Aubiers
DEUX-SÈVRES
79
Moutiers-sous-Chantemerle
LA ROCHE-S-YON
VENDÉE
85
Les Sables-d'Olonne
Mazières-en-Gâtine
Verruyes
Fontenay-le-Comte
St-Maixent-l'École
St-Liguaire
Niort
Coulon
Bessines
St-Symphorien
Celles-sur-Belle
St-Clément-des-Baleines
St-Martin-de-Ré
ÎLE DE RÉ
Ars-en-Ré
La Flotte
Le Bois-Plage-en-Ré
Ste-Marie-de-Ré
Rivedoux-Plage
La Rochelle
La Jarrie
Vouhé
Le Thou
Châtelaillon-Plage
St-Denis-d'Oléron
Île-d'Aix
ÎLE D'OLÉRON
Fouras
CHARENTE-MARITIME
17
Aulnay
Dolus-d'Oléron
Rochefort
La Cotinière
St-Coutant-le-Grand
St-Jean-d'Angély
La Remigeasse
Le Château-d'Oléron
Trizay
Le Grand-Village-Plage
St-Trojan-les-Bains
Ronce-les-Bains
Saintes
Mornac-sur-Seudre
Le Gua
Cognac
Jarnac
Breuillet
Saujon
St-Palais-s-Mer
Vaux-sur-Mer
Royan
Bourg-Charente
Pons
Mosnac
Mirambeau
Lesparre-Médoc
Montendre
Blaye
GIRONDE
33
A
B
1
2
3

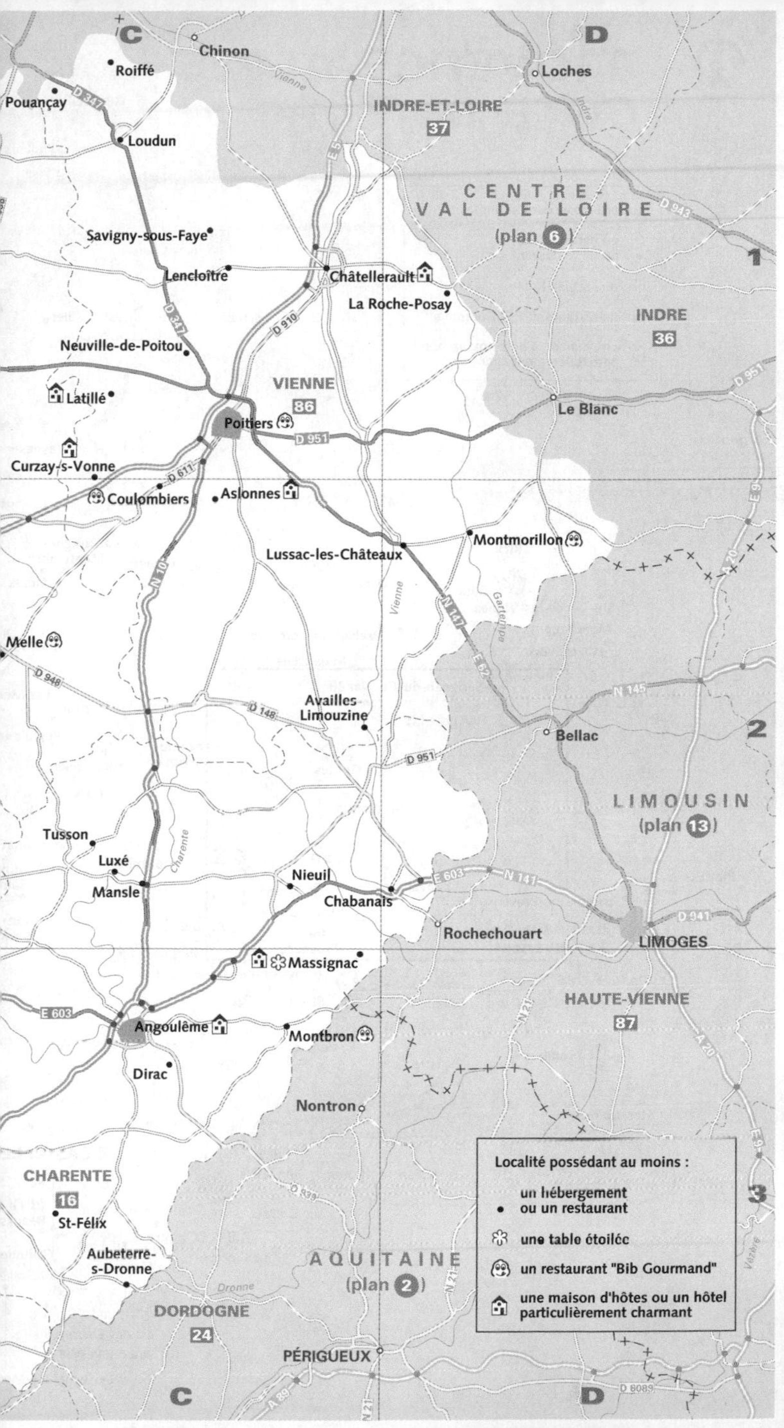
C
D
Chinon
Loches
Roiffé
Pouançay
INDRE-ET-LOIRE
37
Loudun
CENTRE-
VAL DE LOIRE
(plan 6)
Savigny-sous-Faye
Lencloître
Châtellerault
La Roche-Posay
INDRE
36
Neuville-de-Poitou
VIENNE
86
Latillé
Le Blanc
Poitiers
Curzay-s-Vonne
Coulombiers
Aslonnes
Montmorillon
Lussac-les-Châteaux
Melle
Availles-
Limouzine
Bellac
LIMOUSIN
(plan 13)
Tusson
Luxé
Mansle
Nieuil
Chabanais
Rochechouart
LIMOGES
Massignac
HAUTE-VIENNE
87
Angoulême
Montbron
Dirac
Nontron
CHARENTE
16
St-Félix
Aubeterre-
s-Dronne
AQUITAINE
(plan 2)
DORDOGNE
24
PÉRIGUEUX
1
2
3
Localité possédant au moins :
un hébergement ou un restaurant
une table étoilée
un restaurant "Bib Gourmand"
une maison d'hôtes ou un hôtel particulièrement charmant

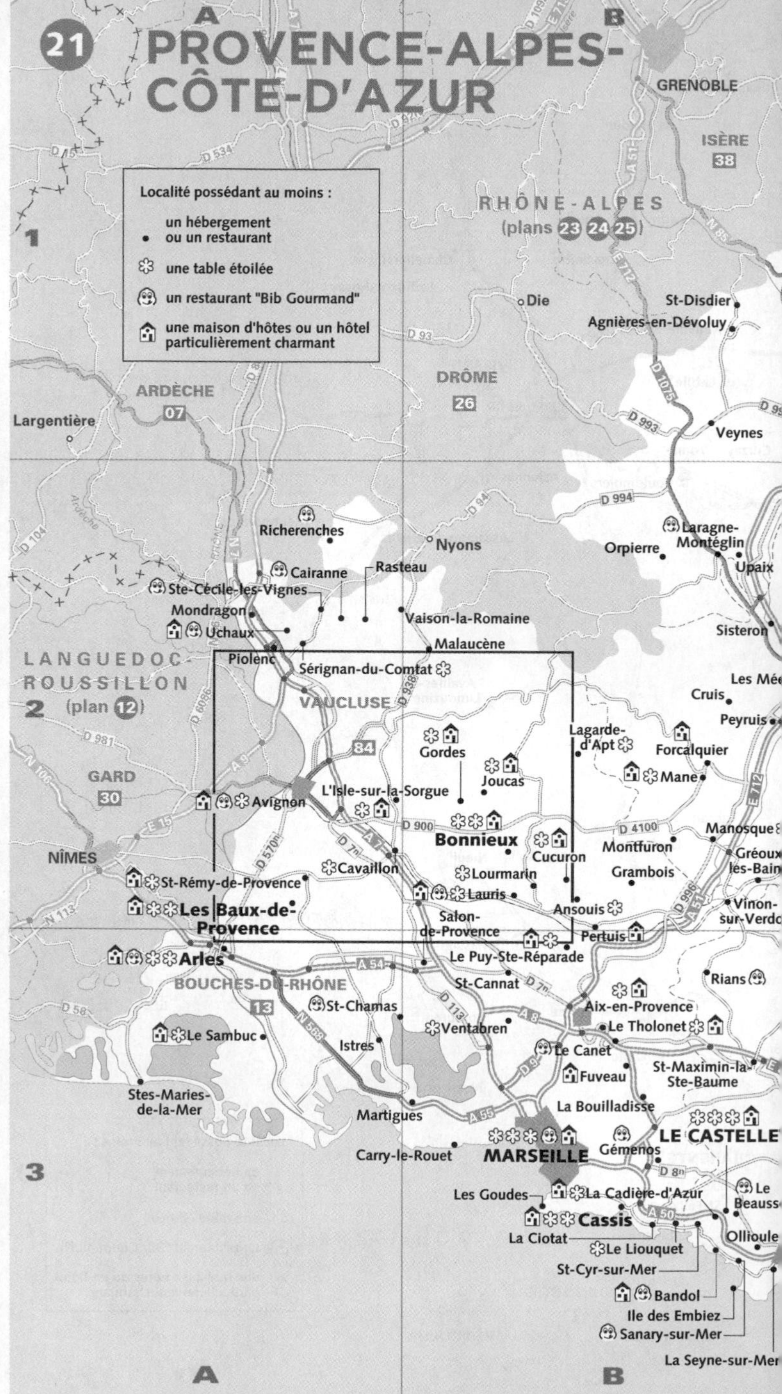
21
PROVENCE-ALPES-CÔTE-D'AZUR
Localité possédant au moins :
un hébergement ou un restaurant
une table étoilée
un restaurant "Bib Gourmand"
une maison d'hôtes ou un hôtel particulièrement charmant
RHÔNE-ALPES (plans 23 24 25)
LANGUEDOC-ROUSSILLON (plan 12)
GRENOBLE
ISÈRE 38
ARDÈCHE 07
DRÔME 26
VAUCLUSE 84
GARD 30
BOUCHES-DU-RHÔNE 13
Largentière
Die
St-Disdier
Agnières-en-Dévoluy
Veynes
Laragne-Montéglin
Orpierre
Upaix
Sisteron
Richerenches
Nyons
Cairanne
Rasteau
Ste-Cécile-les-Vignes
Mondragon
Uchaux
Vaison-la-Romaine
Malaucène
Piolenc
Sérignan-du-Comtat
Les Mées
Cruis
Peyruis
Lagarde-d'Apt
Forcalquier
Mane
Gordes
Joucas
L'Isle-sur-la-Sorgue
Avignon
Bonnieux
Cucuron
Lourmarin
Lauris
Cavaillon
Montfuron
Grambois
Manosque
Gréoux-les-Bains
Vinon-sur-Verdon
NÎMES
St-Rémy-de-Provence
Les Baux-de-Provence
Salon-de-Provence
Ansouis
Pertuis
Le Puy-Ste-Réparade
Arles
St-Cannat
Rians
Aix-en-Provence
Le Tholonet
St-Chamas
Ventabren
Le Sambuc
Istres
Le Canet
Fuveau
St-Maximin-la-Ste-Baume
Stes-Maries-de-la-Mer
Martigues
La Bouilladisse
LE CASTELLET
Carry-le-Rouet
MARSEILLE
Gémenos
Le Beausset
Les Goudes
La Cadière-d'Azur
Cassis
La Ciotat
Le Liouquet
Ollioules
St-Cyr-sur-Mer
Bandol
Ile des Embiez
Sanary-sur-Mer
La Seyne-sur-Mer
A
B
1
2
3

C
D
SAVOIE
73
TORINO
Névache
Le Monêtier-les-Bains
Serre-Chevalier
Montgenèvre
Briançon
HAUTES-ALPES
05
Arvieux
St-Crépin
St-Véran
Orcières
Guillestre
Ceillac
St-Julien-en-Champsaur
Ancelle
Vars
Col Bayard
Embrun
Chorges
Gap
Baratier
ITALIA
1
CUNEO
Jausiers
Barcelonnette
ALPES-DE-HTE-PROVENCE
04
Auron
Château-Arnoux-St-Auban
Valberg
Roubion
St-Martin-Vésubie
Tende
Digne-les-Bains
La Colmiane
Bairols
ALPES-MARITIMES
2
Annot
Utelle
06
Moustiers-Ste-Marie
Castellane
La Garde
Châteauneuf-Villevieille
La Turbie
La Palud-sur-Verdon
Ste-Croix-du-Verdon
Point Sublime
La Martre
Vence
Menton
Les Salles-sur-Verdon
La Colle-sur-Loup
MONTE-CARLO
Montagnac
Trigance
Le Rouret
Tourrettes-sur-Loup
Nice
Èze
St-Laurent-du-Verdon
Comps-sur-Artuby
Magagnosc
Fayence
Grasse
St-Jean-Cap-Ferrat
Èze-Bord-de-Mer
Quinson
Aups
Seillans
Biot
Moissac-Bellevue
Tourtour
Bargemon
Montauroux
Mougins
Antibes
Juan-les-Pins
Callas
Cap d'Antibes
Fox-Amphoux
Draguignan
Tourrettes
VAR
83
Cotignac
Cannes
Flayosc
Le Cannet
St-Antonin-du-Var
Le Muy
St-Raphaël
La Napoule
Lorgues
Les Arcs
Boulouris
Bras
Le-Val
Le Luc
Fréjus
St-Aygulf
Les Issambres
La Celle
Le Plan-de-la-Tour
Ste-Maxime
Rocbaron
Grimaud
Port-Grimaud
ST-TROPEZ
Belgentier
Collobrières
Cogolin
Gassin
3
Cuers
La Croix-Valmer
Ramatuelle
La Londe-les-Maures
Gigaro
Rayol-Canadel sur Mer
La Crau
Toulon
Hyères
Cavalière
Hyères-Plage
Aiguebelle
Le Lavandou
Bormes-les-Mimosas
Le Pradet
Île de Porquerolles
Les Oursinières
C
D

22 PROVENCE-ALPES-CÔTE-D'AZUR

E

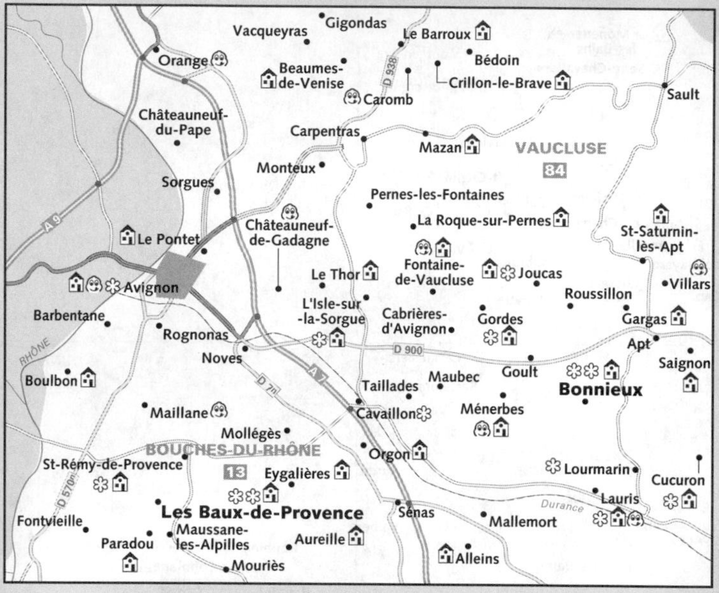

1

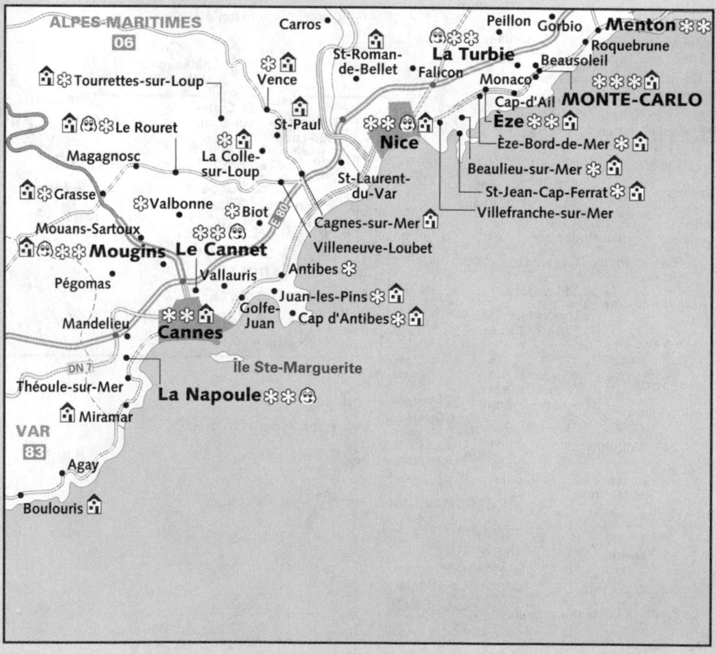

Vacqueyras
Gigondas
Le Barroux
Orange
Beaumes-de-Venise
Bédoin
Crillon-le-Brave
Caromb
Sault
D 938
Châteauneuf-du-Pape
Carpentras
Mazan
VAUCLUSE
84
Monteux
Sorgues
Pernes-les-Fontaines
La Roque-sur-Pernes
A 9
Le Pontet
Châteauneuf-de-Gadagne
St-Saturnin-lès-Apt
Fontaine-de-Vaucluse
Le Thor
Joucas
Avignon
Villars
Roussillon
L'Isle-sur-la-Sorgue
Barbentane
Cabrières-d'Avignon
Gordes
Gargas
Rognonas
RHÔNE
Apt
Noves
D 900
Saignon
Goult
Boulbon
Maubec
A 7
D 7n
Taillades
Bonnieux
Ménerbes
Maillane
Cavaillon
Mollégès
BOUCHES-DU-RHÔNE
Orgon
13
St-Rémy-de-Provence
Lourmarin
Eygalières
Cucuron
D 570n
Lauris
Durance
Les Baux-de-Provence
Sénas
Fontvieille
Mallemort
Maussane-les-Alpilles
Paradou
Aureille
Alleins
Mouriès

2

ALPES-MARITIMES
06
Carros
Peillon
Gorbio
Menton
La Turbie
Roquebrune
St-Roman-de-Bellet
Beausoleil
Tourrettes-sur-Loup
Vence
Falicon
Monaco
MONTE-CARLO
Cap-d'Ail
St-Paul
Le Rouret
Èze
Nice
Èze-Bord-de-Mer
Magagnosc
La Colle-sur-Loup
Beaulieu-sur-Mer
St-Laurent-du-Var
Grasse
St-Jean-Cap-Ferrat
Valbonne
Biot
Villefranche-sur-Mer
E 80
Cagnes-sur-Mer
Mouans-Sartoux
Villeneuve-Loubet
Mougins
Le Cannet
Antibes
Pégomas
Vallauris
Juan-les-Pins
Golfe-Juan
Cap d'Antibes
Mandelieu
Cannes
DN 7
Île Ste-Marguerite
Théoule-sur-Mer
La Napoule
Miramar
VAR
83
Agay
Boulouris

E

24 AUVERGNE-RHÔNE-ALPES
RHÔNE-ALPES

Localité possédant au moins :
- un hébergement ou un restaurant
- une table étoilée
- un restaurant "Bib Gourmand"
- une maison d'hôtes ou un hôtel particulièrement charmant

E

1

Jullié
Juliénas
D 906
VONNAS
Buellas
Romanèche-Thorins
Fleurie
Villié-Morgon
Pizay
Cercié
Belleville
Châtillon-s-Chalaronne
Salles-Arbuissonnas-en-Beaujolais
Montmerle-s-Saône
AIN
01
A 6
D 306
St-Georges-de-Reneins
Bouligneux
Villars-les-Dombes
Vaux-en-Beaujolais
Villefranche-s-Saône
Jassans-Riottier
Pommiers
Rancé
Montlieux
Anse
Bagnols
A 46
D 1083
Chasselay
COLLONGES-AU-MONT-D'OR
D 1084
Rillieux-la-Pape
Dardilly
Charbonnières-les-Bains
Écully
Villeurbanne
Tassin-la-Demi-Lune
Lyon
RHÔNE
69
Brindas
D 306
A 43
St-Priest

2

Serrières
Bressieux
A 7
Hauterives
ISÈRE
38
D 86
Sarras
St-Vallier
N 7
Margès
St-Marcellin
St-Donat-s-l'Herbasse
A 49
Saint-Romans
Tain-l'Hermitage
Granges-lès-Beaumont
D 92N
Tournon-s-Rhône
Romans-s-Isère
ARDÈCHE
07
Pont-de-l'Isère
DRÔME
26
VALENCE

E

23 AUVERGNE-RHÔNE-ALPES

RHÔNE-ALPES

C
D
FRANCHE-COMTÉ
(plan 9)
JURA
39
LÉMAN
Évian-les-Bains
Thonon-les-Bains
D 1005
Douvaine
Machilly
HAUTE-SAVOIE
74
SION
SUISSE
Thoiry
GENÈVE
Montanges
Nantua
Bossey
1
Argentière
Les Praz-de-Chamonix
Le Lavancher
Servoz
Évosges
Annecy
MANIGOD
St-Gervais-les-Bains
Chamonix-Mont-Blanc
Veyrier-du-Lac
Talloires
MEGÈVE
AOSTA/AOSTE
Contrevoz
Les Saisies
Belley
Jongieux
Faverges
Ugine
Hauteluce
La Rosière-1850
Morestel
Le-Bourget-du-Lac
Bourg-St-Maurice
Ste-Foy-Tarentaise
St-Genix-s-Guiers
Les Arcs
Aoste
Peisey-Nancroix
Chambéry
73
Plagne-Bellecôte
Tignes
La Tour-du-Pin
La Plagne
Val-d'Isère
La Bâtie-Divisin
SAVOIE
Champagny-en-Vanoise
Val-Claret
Les Échelles
La Tania
Le Praz
ST-MARTIN-DE-BELLEVILLE
Méribel
Pralognan-la-Vanoise
Burcin
St-Martin-sur-la-Chambre
COURCHEVEL 1850
Le Sappey-en-Chartreuse
Val-Thorens
2
Corenc
Grenoble
Autrans
Uriage-les-Bains
Valloire
Lans-en-Vercors
Alpe-d'Huez
Le Freney-d'Oisans
D 1091
ITALIA
Villard-de-Lans
Corrençon-en-Vercors
Les Deux-Alpes
St-Julien-en-Vercors
ISÈRE
38
Briançon
Gresse-en-Vercors
Monestier-de-Clermont
HAUTES-ALPES
05
PROVENCE-ALPES-CÔTE-D'AZUR
(plans 21 22)
GAP
3
Localité possédant au moins :
un hébergement ou un restaurant
une table étoilée
un restaurant "Bib Gourmand"
une maison d'hôtes ou un hôtel particulièrement charmant
ALPES-DE-HTE-PROVENCE
04
Montbrun-les-Bains
C
D

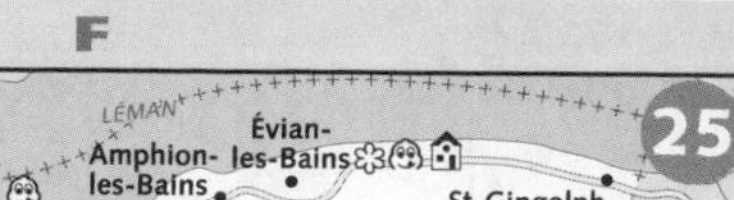

F

25

LÉMAN
LAC
Amphion-les-Bains
Évian-les-Bains
Port-de-Séchex
St-Gingolph
Yvoire
Col de La Faucille
Divonne-les-Bains
Messery
Thonon-les-Bains
Gex
D 1005
La Chapelle-d'Abondance
Douvaine
Vailly
Crozet
Châtel
Ferney-Voltaire
Machilly
Habère-Poche
GENÈVE
Annemasse
Lucinges
Morzine
Avoriaz
Bonne
HAUTE-SAVOIE
Les Gets
1
St-Julien-en-Genevois
74
1
Bossey
A 40
Reignier
Viuz-en-Sallaz
Mieussy
La Muraz
Vougy
Samoëns
Bonneville
E 25
Cluses
Mont-Saxonnex
Les Carroz-d'Arâches
Cruseilles
A 40
Groisy
Flaine
Le Chinaillon
Le Grand-Bornand
Sallanches
Servoz
Pringy
Cordon
Vaulx
La Clusaz
Combloux
Annecy
Veyrier-du-Lac
SAVOIE
St-Gervais-les-Bains
Les Houches
MANIGOD
73
Menthon-St-Bernard
Talloires
Praz-s-Arly
MEGÈVE
Flumet
Marigny-St-Marcel
Duingt
N-D-de-Bellecombe
Crest-Voland
Les Contamines-Montjoie

F

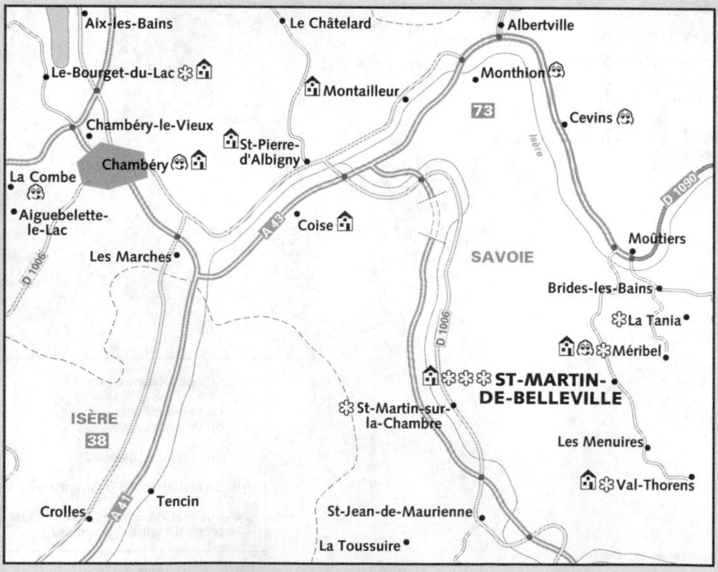

Aix-les-Bains
Le Châtelard
Albertville
Le-Bourget-du-Lac
Monthion
Montailleur
73
Cevins
Chambéry-le-Vieux
St-Pierre-d'Albigny
Chambéry
La Combe
D 1090
Aiguebelette-le-Lac
Coise
A 43
Moûtiers
2
Les Marches
SAVOIE
2
D 1006
Brides-les-Bains
La Tania
Méribel
D 1006
ST-MARTIN-DE-BELLEVILLE
St-Martin-sur-la-Chambre
ISÈRE
38
Les Menuires
Val-Thorens
Tencin
A 41
Crolles
St-Jean-de-Maurienne
La Toussuire

F

Restaurants & hôtels

Par localités de A a Z

ABBARETZ

44170 Loire-Atlantique - 2 013 hab. - Alt. 69 m - Carte régionale n° **18**-B2
Carte Michelin 316-G2

Jouffroy d'Abbans

CUISINE MODERNE • ÉLÉGANT Au sein du Manoir de la Jahotière, en pleine nature, on découvre cette table qui ne laisse pas indifférent : le chef y propose une bonne cuisine du marché, renouvelée régulièrement. Une raison supplémentaire de venir profiter du charme de ces lieux...

Formule 20 € - Menu 25 € (déj. en semaine), 39/50 € - Carte environ 46 €

La Jahotière - 02 40 07 71 23 - www.lajahotiere.com - Fermé dim. soir et lundi

Le Manoir de la Jahotière

MAISON DE MAÎTRE • ROMANTIQUE En plein cœur de la nature, à l'abri de l'agitation, cet ancien relais de chasse du 16e s. impressionne par son élégance et son confort. Les chambres, vastes et joliment meublées, ont un charme indéniable ; l'accueil est chaleureux et prévenant.

8 chambres - 99/199 € 99/199 € - 1 suite - 11 €

La Jahotière - 02 40 07 71 23 - www.lajahotiere.com

Jouffroy d'Abbans - voir les restaurants ci-dessus

ABBEVILLE

80100 Somme - 23 559 hab. - Alt. 8 m - Carte régionale n° **19**-A1
Carte Michelin 301-E7 - Guide Vert Michelin Picardie

Mercure

HÔTEL DE CHAÎNE • CONTEMPORAIN En plein centre-ville, cette bâtisse en brique rouge en impose. À l'intérieur, chambres contemporaines, junior suite avec baignoire balnéo, et bar feutré.

72 chambres - 89/145 € 89/145 € - 16 €

19 pl. du Pilori - 03 22 24 00 42 - www.mercure.com

L'ABERGEMENT-CLÉMENCIAT - 01 Ain → Voir Châtillon-sur-Chalaronne

ABRESCHVILLER

57560 Moselle - 1 499 hab. - Alt. 340 m - Carte régionale n° **14**-D2
Carte Michelin 307-N7

Auberge de la Forêt

CUISINE MODERNE • ÉLÉGANT Cette imposante auberge, nichée au cœur de la vallée d'Abreschviller, propose classicisme et modernité, du décor, cossu, à l'assiette, au goût du jour. Profitez de la belle terrasse couverte, face au jardin verdoyant.

Menu 15 € (déj. en semaine), 32/62 € - Carte 46/64 €

276 r. des Verriers, 0,5 km à Lettenbach - 03 87 03 71 78 - www.aubergedelaforet57.com - Fermé 15-26 oct., 27 déc.-18 janv., merc. soir, jeudi soir d'oct. à mars, mardi soir lundi

ACQUIGNY

27400 Eure - 1 518 hab. - Alt. 19 m - Carte régionale n° **17**-D2
Carte Michelin 304-H6 - Guide Vert Michelin Normandie Vallée de la Seine

L'Hostellerie d'Acquigny

CUISINE MODERNE • ÉLÉGANT Le bel exemple d'une auberge de village qui a su prendre le train de la modernité, sans oublier les fondamentaux : tons et aménagements contemporains d'un côté, recettes dans l'air du temps de l'autre, réunis par le savoir-faire d'un chef amoureux des beaux produits. Cinq chambres plaisantes, dont une avec double jacuzzi privé.

Formule 25 € - Menu 38 € (déj. en semaine)/91 € - Carte 43/100 €

5 chambres - 98/283 € 98/283 €

1 r. d'Évreux - 02 32 50 20 05 - www.hostellerie-acquigny.fr - Fermé 9-25 juil., 2-24 janv., dim. soir, mardi midi, merc. midi et lundi

AGAY

✉ 83530 Var – Alt. 20 m – Carte régionale n° **22**-E2
Carte Michelin 340-Q5 – Guide Vert Michelin Côte d'Azur

Les Flots Bleus

CUISINE MODERNE • MÉDITERRANÉEN XX Au-dessus des flots bleus de la calanque d'Anthéor – seulement troublés par le passage des trains sur l'impressionnant viaduc voisin –, cet hôtel-restaurant joue la carte des saveurs régionales ou plus créatives, du farniente en terrasse et des nuits en toute simplicité. Les poissons, rôtis ou en soupe, sont à l'honneur !

Formule 23 € – Menu 32 € – Carte 36/70 €

17 chambres – 85/105 € 95/119 €

83 rte St-Barthélémy, Anthéor Plage – ✆ 04 94 44 80 21 – www.hotel-cote-azur.com – Ouvert 1er avril-30 sept. et fermé lundi midi

Villa Matuzia

CUISINE TRADITIONNELLE • ROMANTIQUE X En escapade au fil de la côte et de l'Esterel ? Cette villa de 1928 saura vous lancer des œillades en bord de route : avec sa terrasse noyée dans la verdure – et éclairée à la bougie le soir – et son allure de bonbonnière bohème, elle permet une halte sympathique, autour de recettes traditionnelles qui ont le parfum du Sud.

Formule 28 € – Menu 37/49 € – Carte environ 47 €

15 bd Ste-Guitte – ✆ 04 94 82 79 95 – www.matuzia.com – Fermé 2 semaines en nov., merc. midi de sept. à juin et lundi

AGDE

✉ 34300 Hérault – 24 651 hab. – Alt. 5 m – Carte régionale n° **12**-C2
Carte Michelin 339-F9

Le Bistrot d'Hervé

CUISINE MODERNE • BISTRO XX Voilà un sympathique bistrot ! Dans un décor contemporain, on déguste une appétissante cuisine d'aujourd'hui : croque-monsieur de chair de crabe, fondue de tomates; dos de cabillaud, gremolata au chorizo, etc. Le bar à tapas se prête aux grignotages. Aux beaux jours, profitez de la terrasse ombragée.

Formule 16 € – Menu 32 € – Carte environ 37 €

47 r. Brescou – ✆ 04 67 62 30 69 – http://hervedds.wixsite.com/le-bistro-d-herve – Fermé vacances de Noël, dim. et lundi

La Table de Stéphane

CUISINE MODERNE • TRADITIONNEL XX Dans la zone industrielle des Sept Fonts, une table dans l'air du temps, proposant notamment poissons et produits de la mer locaux. Bon choix de vins du Languedoc-Roussillon.

Formule 15 € – Menu 28/70 € – Carte 40/78 €

2 r. des Moulins-à-Huile (ZI Les Sept-Fonts) – ✆ 04 67 26 45 22 – www.latabledestephane.com – Fermé 17-24 oct., 2-14 janv., sam. midi, dim. soir et lundi

Basalte

CUISINE MODERNE • BAR À VIN X À la fois restaurant, caviste et bar à vins : Basalte rend hommage au terroir des vins de Pézenas (plus de 450 références) élevés en biodynamie ; ils accompagnent idéalement les plats savoureux du chef, que l'on déguste dans un intérieur parsemé de bouteilles.

Menu 20 € (déj. en semaine)/32 €

24 chemin de Janin – ✆ 04 67 00 24 24 – www.basalte-agde.com – Fermé 2 semaines en juin, 1 semaine en déc., sam. midi, dim. et lundi

au Grau d'Agde 4 km au Sud-Ouest par D32^{E} - ✉ 34300

Les Vagues

CUISINE MODERNE • CONVIVIAL X Que l'on se rassure : nulle vague ne viendra à bout de cette paillote installée sur l'une des plus belles plages de la station ! Évidemment, poissons et fruits de mer sont les stars de l'endroit, souvent cuisinés à la plancha, agrémentés de touches exotiques. Un petit régal.

Carte 43/61 €

chemin du Littoral-Prolongé - ☎ 04 67 39 08 63 - Ouvert de mi-fév. à fin sept. et fermé dim. soir et lundi hors saison

au Cap d'Agde 5 km au Sud-Est par D32^{E10} - ✉ 34300

Capaô

TRADITIONNEL • FONCTIONNEL Ambiance estivale dans ce complexe hôtelier proche de la plage Richelieu. Les chambres sont fonctionnelles et avec balcon. Sauna, hammam, fitness, activités sportives, etc. Au Capaô Beach, salades et poissons grillés les pieds dans le sable...

55 chambres - †90/200 € ††90/200 € - ☕ 14 €

1 r. des Corsaires - ☎ 04 67 26 99 44 - www.capao.com - Ouvert 12 avril-7 oct.

Palmyra Golf Hôtel

TRADITIONNEL • CLASSIQUE Une architecture assez soignée de style méditerranéen (tons ocre, arcades) et un environnement très calme : les chambres, spacieuses, ouvrent sur le grand patio et le golf... Salles de massage et hammam vous attendent au sous-sol.

32 chambres - †135/275 € ††135/275 € - 2 suites - ☕ 16 €

4 av. des Alizés - ☎ 04 67 01 50 15 - www.palmyragolf.com - Ouvert de fin mars à début nov.

La Bergerie du Cap

FAMILIAL • MÉDITERRANÉEN Un lieu original au Cap, avec un certain cachet : à l'extérieur de la station, une ancienne bergerie du 18e s., aux abords très fleuris. Patio avec piscine.

12 chambres - †97/160 € ††118/285 € - ☕ 18 €

4 av. de Cassiopée - ☎ 04 67 01 71 35 - www.labergerieducap.com - Ouvert de fin avril à début nov.

AGEN

✉ 47000 Lot-et-Garonne - 34 126 hab. - Alt. 50 m - Carte régionale n° **2**-C2
Carte Michelin 336-F4 - Guide Vert Michelin Aquitaine

Mariottat (Éric Mariottat)

CUISINE MODERNE • ÉLÉGANT XXX Dans cette maison de maître du 19e s., tout est raffiné et soigné : l'accueil et le service, la cuisine de saison - fine et subtile -, la carte des vins étoffée et la jolie terrasse... Les gourmets agenais sont séduits ; les autres aussi !

→ Œuf de poule bio aux truffes, purée légère. Bœuf et échalotes au tamarin. Le vert : avocat, verveine, olive et huile d'olive.

Menu 27 € (déj. en semaine), 50/89 € - Carte environ 85 €

Plan : A1-s *25 r. L.-Vivent - ☎ 05 53 77 99 77 - www.restaurant-mariottat.com - Fermé 1er-10 mai, 30 oct.-12 nov., 2-21 janv., merc. midi d'oct. à avril, sam. midi, dim. soir et lundi*

L'Atelier

CUISINE MODERNE • INTIME X Dans cet atelier-là, c'est Marjorie qui cuisine et Stéphane qui veille sur la salle. Est-ce la touche féminine ? La cuisine est légère, tout en étant généreuse, et de saison. Gourmand !

Formule 15 € - Menu 17 € (déj.)/26 € - Carte 34/46 €

Plan : A1-g *14 r. du Jeu-de-Paume - ☎ 05 53 87 89 22 - Fermé sam. midi et dim.*

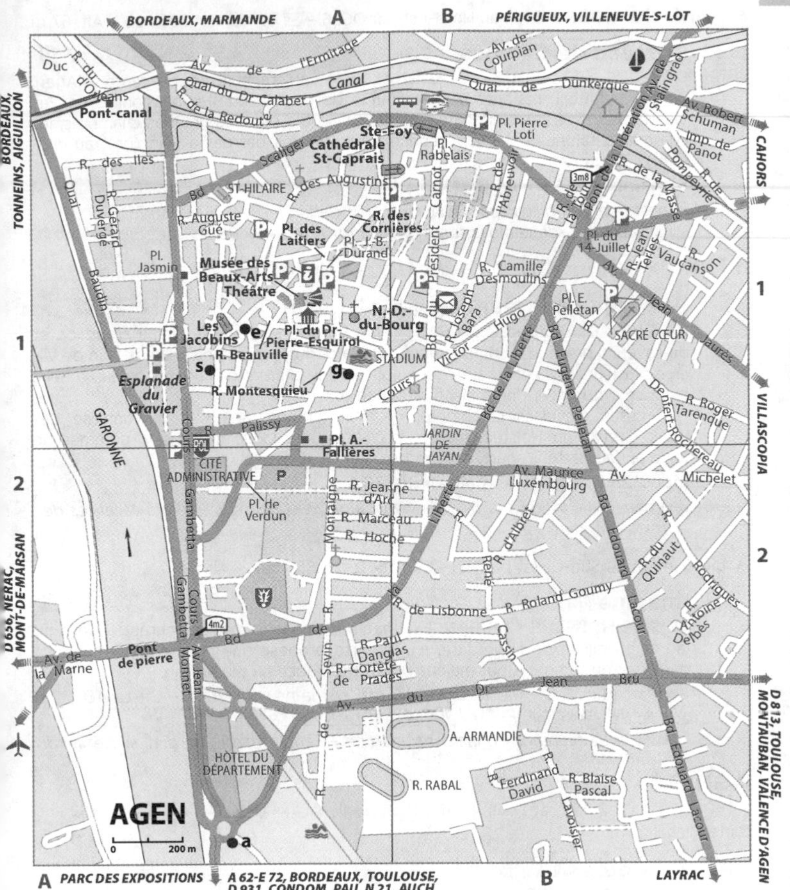

La Table de Michel Dussau

CUISINE MODERNE • DESIGN XX Non loin du stade de rugby, la Table de Michel Dussau valorise saveurs et produits du terroir, avec une prédilection pour l'agriculture biologique. Et aussi : cave à vins vitrée, armoire de maturation des viandes, cours de cuisine, boutique. Le déjeuner est adapté à une clientèle pressée, carte plus étoffée le soir.

Formule 18 € - Menu 23/68 € - Carte 52/65 €

Plan : A2-a *1350 av. du Midi - 05 53 96 15 15 - www.la-table-agen.com - Fermé 6-20 août, 1 semaine à Noël, dim. et fériés*

Le Margoton

CUISINE TRADITIONNELLE • RUSTIQUE XX Installé au cœur de la vieille ville, ce restaurant séduit d'emblée avec sa jolie salle qui mêle le charme de l'ancien et des touches plus actuelles. Côté cuisine, priment les saisons (le saumon fumé maison est un incontournable) !

Menu 17/37 € - Carte 40/56 €

Plan : A1-e *52 r. Richard-Cœur-de-Lion - 05 53 48 11 55 - www.lemargoton.com - Fermé 19-25 fév., 14 juil.-1er août, 22 déc.-2 janv., sam. midi, dim. et lundi*

à Pont-du-Casse 6 km au Nord-Est par D656 – ✉ 47480 – 4 208 hab. – Alt. 67 m

Château de Cambes

DEMEURE HISTORIQUE · PERSONNALISÉ À seulement 6 km du centre d'Agen, un beau château restauré par un couple de jeunes retraités passionnés par les vieilles pierres. L'immense parc, l'élégance subtile des très grandes chambres, les charmants salons, le calme, l'espace bien-être, les balades à vélo (prêt au château)... On se sent si bien !

5 chambres – 165 € 165 €

impasse de Gambillou (par D656 direction Cahors) – ✆ 05 53 95 38 73 – www.chateau-de-cambes.com – Fermé du 1er déc. au 28 fév.

à Moirax 9 km par N21 et D268 – ✉ 47310 – 1 160 hab. – Alt. 154 m

Auberge Le Prieuré (Benjamin Toursel)

CUISINE CRÉATIVE · CONVIVIAL XX Une cuisine spontanée, pleine d'audace et de saveurs, presque en mouvement ! On la déguste dans une belle maison de village plusieurs fois centenaire, qui a conservé le charme de l'ancien, ou sur la belle terrasse ombragée. Une maison attachante.

➜ Grosses crevettes carabineros, fenouil, orange, aneth et mayonnaise des têtes. Bœuf Prim'Holstein maturé soixante jours laqué au whisky, pommes de terre au lait battu. Yaourt, concombre, safran et oseille.

Menu 28 € (déj. en semaine), 58/76 €

4 Grand'Rue – ✆ 05 53 47 59 55 – www.aubergeleprieure.fr – Fermé vacances de la Toussaint, dim. soir, lundi et mardi

à Boé 4 km au Sud-Ouest par N21 – ✉ 47550 – 5 552 hab. – Alt. 46 m

Imagine

CUISINE MODERNE · TENDANCE X Imaginez une jolie maison épurée au bord du lac et au milieu de la verdure. Ici, la carte propose une cuisine contemporaine dans l'air du temps. Atout majeur : la terrasse face au plan d'eau.

Formule 16 € – Menu 18 € (déj. en semaine), 28/42 € – Carte 40/52 €

au Lac de Passeigne, par rte du Lac – ✆ 05 53 68 58 16 – www.untraiteurengascogne.com/imagine – Fermé mardi soir, dim. soir et lundi

AGNETZ

✉ 60600 Oise – 2 997 hab. – Alt. 85 m – Carte régionale n° **19**-B2
Carte Michelin 305-F4

J'Y Cours (N)

CUISINE MODERNE · CONVIVIAL X Une adresse sympathique, bien dans son époque, avec une cuisine au goût du jour de bonne facture. Les assiettes sont soignées, goûteuses, et sont servies dans une salle bistrot chic lumineuse et accueillante. On y court.

Formule 22 € – Menu 24 € (semaine), 32/59 € – Carte 35/47 €

466 av. Philippe-Courtial – ✆ 03 44 51 15 19 – www.auberge-du-j-y-cours.webnode.fr – fermé 1er-15 aout, merc. soir, dim. soir et lundi

AGNIÈRES-EN-DEVOLUY

✉ 05250 Hautes-Alpes – 270 hab. – Alt. 1 263 m – Carte régionale n° **21**-B1
Carte Michelin 334-D4

Le Refuge de l'Eterlou

FAMILIAL · MONTAGNARD Sur les hauteurs de cette station reliée à Superdévoluy, ce chalet moderne a tout de la bonne étape pour un séjour à la montagne, en toute simplicité et à prix doux. Avis aux skieurs : les pistes sont à deux pas !

29 chambres – 70/85 € 95/120 €

La Joue-du-Loup, 4 km à l'Est – ✆ 04 92 23 33 80 – www.hotel-devoluy.com – Ouvert 25 juin-30 août et 15 déc.-14 avril

AHETZE

✉ 64210 Pyrénées-Atlantiques - 1 899 hab. - Alt. 28 m - Carte régionale n° **2**-A3
Carte Michelin 342-C2

Harretchea

MAISON DE CAMPAGNE • COSY À seulement 10 min des plages, cette ancienne ferme du 18es. s'est réinventée en hôtel de charme. Sobriété, bon goût et accueil personnalisé caractérisent cet établissement chaleureux. Les chambres sont spacieuses, et la jolie terrasse éclaire votre petit-déjeuner d'une ondée rayonnante.

12 chambres - 75/130 € 85/210 €

20 chemin d'Harretxea - ✆ 05 59 22 25 59 - www.hotel-harretchea.com - Fermé 2 semaines en nov. et janv.

L'AIGLE

✉ 61300 Orne - 8 018 hab. - Alt. 220 m - Carte régionale n° **17**-C2
Carte Michelin 310-M2 - Guide Vert Michelin Normandie Vallée de la Seine

Hôtel du Dauphin (N)

TRADITIONNEL • FONCTIONNEL En plein centre de L'Aigle, cet ancien relais de diligence (début 17e s.) est aujourd'hui une étape de choix : salon avec cheminée et canapés, chambres fonctionnelles, bon buffet de petit-déjeuner, restaurant ouvert sur un patio terrasse...

47 chambres - 77/103 € 77/112 € - 10 €

pl. de la Halle - ✆ 02 33 84 18 00 - www.hotel-dauphin.fr

AIGUEBELETTE-LE-LAC

✉ 73610 Savoie - 253 hab. - Alt. 410 m - Carte régionale n° **25**-F2
Carte Michelin 333-H4 - Guide Vert Michelin Alpes du Nord

à St-Alban-de-Montbel

(rive Ouest) 7 km par D921 - ✉ 73610
- 629 hab. - Alt. 400 m

Les Lodges du Lac

FAMILIAL • FONCTIONNEL Hôtel situé en retrait du lac. Chambres joliment décorées dans le bâtiment principal ; celles de l'annexe, plus simples, donnent de plain-pied sur le jardin. Cuisine traditionnelle et spécialités savoyardes... à apprécier sous la véranda l'été venu.

13 chambres - 72/112 € 72/112 € - 9 €

La Curiaz, D921 - ✆ 04 79 36 00 10 - www.leslodgesdulac.com

à la Combe

(rive Est) 4 km par D921d - ✉ 73610

Chez Michelon

CUISINE TRADITIONNELLE • FAMILIAL XX La vue sur le lac d'Aiguebelette y est imprenable... En cuisine, on valorise de superbes produits régionaux - dont les poissons des lacs d'Annecy et du Bourget -, pour un résultat généreux et plein de saveurs. Mention spéciale pour le chariot de fromages et la carte des vins qui fait honneur aux domaines savoyards !

Formule 19 € - Menu 24/33 € - Carte 39/63 €

5 chambres - 62/74 € 70/74 € - 8 €

La Combe - ✆ 04 79 36 05 02 - www.chez-michelon.fr - Fermé de mi-déc. à fin janv., mardi midi de sept. à avril, mardi soir sauf juil.-août et merc.

AIGUEBELLE - 83 Var ➔ Voir Le Lavandou

AIGUES-MORTES

✉ 30220 Gard - 8 417 hab. - Alt. 3 m - Carte régionale n° **12**-C2
Carte Michelin 339-K7 - Guide Vert Michelin Languedoc

Aromatik

CUISINE MODERNE • CONVIVIAL X C'est la première affaire de ce jeune couple, dont le chef est originaire de la région. L'ardoise est courte, les produits goûteux et joliment travaillés, et l'accueil charmant. À déguster en terrasse aux jours d'été.

Menu 19 € (déj. en semaine)/36 €

9 r. Alsace-Lorraine - ✆ 04 66 53 62 67 - www.aromatik-restaurant.fr - Fermé dim. soir de déc. à mars, mardi hors saison et merc.

L'Atelier de Nicolas

CUISINE MODERNE • TENDANCE X Dans ce restaurant au style de loft industriel, avec porte vitrée en fer forgé, le chef Nicolas concocte une cuisine au goût du jour, qu'il agrémente de quelques touches asiatiques, glanées lors de ses séjours en Thaïlande. Un exemple ? Cette brochette de bœuf mariné au tandoori et coriandre... Une réussite.

Menu 19 € (déj. en semaine), 29/34 € - Carte environ 49 €

28 r. Alsace-Lorraine - ✆ 04 34 28 04 84 - www.facebook.com/latelier-de-nicolas - Fermé merc. et jeudi

Le Patio' Né

CUISINE MODERNE • CONVIVIAL X Poutres apparentes et décoration contemporaine dans cet agréable restaurant. Dans sa cuisine ouverte sur la salle, le chef exécute une honnête cuisine méditerranéenne, rehaussée de saveurs du monde. Agréable patio sur l'arrière et bar d'été.

Menu 39/79 € 🍷 - Carte 45/55 €

16 r. Sadi-Carnot - ✆ 06 65 65 01 97 - Fermé lundi, mardi, merc., jeudi midi et vend. midi

Villa Mazarin

LUXE • ÉLÉGANT Au cœur d'Aigues, une demeure du 15e s. tout en pierre blonde. Escalier à balustres, mobilier ancien, piscine intérieure, jardinet... on apprécie l'élégance et la discrétion des lieux.

23 chambres - 🚹140/380 € 🚹🚹140/380 € - ☕ 18 €

35 bd Gambetta - ✆ 04 66 73 90 48 - www.villamazarin.com

Canal

URBAIN • CONTEMPORAIN À l'entrée de la ville, face au canal (hors les murs, donc), un hôtel moderne assez agréable : décor sobre, piscine, solarium, copieux petit-déjeuner...

25 chambres - 🚹84/157 € 🚹🚹84/157 € - ☕ 13 €

440 rte de Nîmes - ✆ 04 66 80 50 04 - www.hotel-canal.fr - Fermé 1er-21 déc. et 6-31 janv.

Les Arcades

TRADITIONNEL • PERSONNALISÉ Une maison à arcades du 16e s. dans le centre de la cité. Vieilles pierres, poutres, tons clairs et détails déco contemporains créent un joli ensemble, alliant cachet et ambiance reposante... Original : chaque chambre est dédiée à un oiseau marin (mouette, aigrette, souffleur), à l'unisson de la Camargue toute proche.

9 chambres - 🚹95/126 € 🚹🚹95/184 € - ☕ 12 €

23 bd Gambetta - ✆ 04 66 53 81 13 - www.les-arcades.fr

Maison de mon Père

DEMEURE HISTORIQUE • CONTEMPORAIN Sise dans l'une des plus charmantes rues d'Aigues-Mortes, cette maison du début du 18^{e}s. propose des chambres décorées avec soin. Le petit-déjeuner se prend dans un salon aux teintes claires, prolongé d'un patio. Le plus ? Les clients reçoivent une carte de parking : une idée judicieuse dans cette ville fortifiée, interdite à la circulation.

4 chambres - 150/190 € 150/210 €

17 r. de la République - 09 80 65 40 70 - www.maisondemonpere.fr

AILLANT-SUR-THOLON

89110 Yonne - 1 399 hab. - Alt. 112 m - Carte régionale n° **4**-B1
Carte Michelin 319-D4

au Sud-Ouest 7 km par D955, D57 et rte secondaire

Domaine du Roncemay

MAISON DE CAMPAGNE • PERSONNALISÉ Idéal pour les golfeurs, au cœur d'un 18-trous, cet élégant château dispose de dépendances assez pittoresques. Les chambres sont d'un grand confort, certaines avec des salles de bains en pierre de Bourgogne. Le hammam est superbe. Buffets au déjeuner, et carte plus élaborée le soir.

15 chambres - 139/320 € 139/320 € - 3 suites - 18 €

89110 Chassy - 03 86 73 50 50 - www.roncemay.com - Ouvert de mars à nov.

AILLY-SUR-NOYE

80250 Somme - 2 870 hab. - Alt. 74 m - Carte régionale n° **19**-B2
Carte Michelin 301-H9

Le Moulin des Ecrevisses

CUISINE MODERNE • RUSTIQUE XX Une longue allée fleurie, un ancien moulin à grain, et dans l'assiette, une cuisine traditionnelle, au goût du jour, que l'on déguste, aux beaux jours, sur la terrasse surplombant le cours d'eau. Bucolique à souhait !

Formule 18 € - Menu 22 € (semaine), 32/62 € - Carte 40/60 €

rte de Boves - 03 22 90 25 69 - www.moulindesecrevisses.com - Fermé 1 semaine vacances de Noël, mardi soir de nov. à avril, sam. midi, dim. soir et lundi

AINHOA

64250 Pyrénées-Atlantiques - 664 hab. - Alt. 130 m - Carte régionale n° **2**-A3
Carte Michelin 342-C5 - Guide Vert Michelin Pays Basque et Navarre

Ithurria (Xavier Isabal)

CUISINE TRADITIONNELLE • RUSTIQUE XXX Tomettes, poutres, cuivres et assiettes anciennes, vieux fourneaux... La couleur, mais aussi le goût du Pays basque : ici, on déguste une cuisine classique qui fait la part belle aux produits du terroir et du marché, travaillés avec grand soin.

→ Rossini de pied de porc et escalope de foie gras poêlée. Ragoût de queues de langoustines aux pâtes fraîches. Cappuccino au café bio d'Éthiopie.

Menu 45/90 € - Carte 60/85 €

Hôtel Ithurria, pl. du Fronton - 05 59 29 92 11 - www.ithurria.com - Ouvert 7 avril-4 nov. et fermé jeudi midi et merc. hors saison

Argi Eder

CUISINE CLASSIQUE • TRADITIONNEL XX Œuf piperade revisité ; veau de Mauléon en déclinaison ; tarte Argi Eder au caramel, vanille et citron jaune... Au menu de ce restaurant au cadre soigné, une fine cuisine aux accents du terroir basque, signée par un chef passionné par les produits locaux. Joli choix de vins et armagnacs.

Menu 30/70 € - Carte 40/60 €

Hôtel Argi Eder, rte de la Chapelle - quartier Boxate - 05 59 93 72 00 - www.argi-eder.com - Ouvert 1er avril-1er nov. et fermé merc. sauf le soir en juil.-août, lundi midi, mardi midi et vend. midi

La Maison Oppoca

CUISINE TRADITIONNELLE • COSY XX En rouge et blanc, une belle demeure typique (17e s.), idéale pour déguster une cuisine joliment ancrée dans la tradition régionale et renouvelée au fil des saisons : gambas sauvages et foie gras poêlé ; retour de pêche, crémeux de pomme de terre et betterave rôtie... Formule bistrot en complément.

Menu 21 € (déj.), 25/88 € – Carte 39/54 €

10 chambres – 89/157 € 89/157 € – 11 €

r. Principale – 05 59 29 90 72 – www.oppoca.com – Fermé 7 janv.-19 mars, vend. midi de mars à oct., dim. soir sauf juil.-août et jeudi

Argi Eder

FAMILIAL • CLASSIQUE À flanc de colline, une grande bâtisse régionale et sa piscine dans un parc arboré et fleuri. Vastes chambres d'esprit classique, avec balcon, et joli salon-bar (collection d'armagnacs). Pour l'anecdote, Argi Eder signifie "belle lumière".

19 chambres – 100/135 € 100/180 € – 7 suites – 14 €

rte de la Chapelle - quartier Boxate – 05 59 93 72 00 – www.argi-eder.com – Ouvert 1er avril-1er nov.

Argi Eder – voir les restaurants ci-dessus

Ithurria

FAMILIAL • PERSONNALISÉ Un village typique, son incontournable fronton de pelote et... juste en face, cette ancienne ferme rouge et blanche (17e s.). On voudrait se coiffer d'un béret basque dans ce décor ! Belle parenthèse traditionnelle, donc, entre les murs de ce confortable hôtel-restaurant... À noter : un sympathique bistrot.

26 chambres – 100/165 € 135/165 € – 14 €

pl. du Fronton – 05 59 29 92 11 – www.ithurria.com – Ouvert 7 avril-4 nov.

Ithurria – voir les restaurants ci-dessus

AIRE-SUR-L'ADOUR

40800 Landes – 6 186 hab. – Alt. 80 m – Carte régionale n° **2**-B3
Carte Michelin 335-J12 – Guide Vert Michelin Aquitaine

à Ségos 9 km par N134 et D260 – 32400 – 243 hab. – Alt. 111 m

Minvielle et Les Oliviers

FAMILIAL • À LA CAMPAGNE À l'entrée de ce village du Gers situé sur l'axe Bordeaux-Pau, un hôtel-restaurant de construction récente – mais dans l'esprit de la région –, pratiquant des tarifs intéressants. Avant de profiter de sa chambre (plus de confort côté annexe), passage obligé au restaurant avec sa généreuse cuisine traditionnelle.

18 chambres – 49/54 € 62/65 € – 8 €

239 rte de Lannux – 05 62 09 40 90 – Fermé 3 semaines en sept.

AIRE-SUR-LA-LYS

62120 Pas-de-Calais – 10 006 hab. – Alt. 30 m – Carte régionale n° **16**-B2
Carte Michelin 301-H4

à Isbergues 6 km au Sud-Est par D187 – 62330 – 9 027 hab. – Alt. 25 m

Le Buffet

CUISINE MODERNE • ÉLÉGANT XX L'ancien buffet de la gare a aujourd'hui fière allure ! Dans un cadre élégant et cosy, on déguste une savoureuse cuisine créative et maîtrisée, qui suit le rythme des saisons : le chef, Thierry Wident, travaille avec les meilleurs producteurs locaux. Si besoin, de coquettes petites chambres permettent de prolonger l'étape.

Formule 17 € – Menu 20 € (semaine), 32/65 € – Carte 50/72 €

5 chambres – 68 € 75 € – 11 €

22 r. de la Gare – 03 21 25 82 40 – www.le-buffet.com – Fermé 1er-21 août, dim. soir et lundi

AIX (ÎLE-D') – 17 Charente-Maritime

→ Voir Île-d'Aix

P. Jacques/hemis.fr

ON AIME...

Louison, au Château Lacoste, pour une cuisine terre et mer "made in" Gérald Passédat. **Pointe Noire**, un bistrot à tapas convivial et futé, créé par les frères Mazzia. Le **Vintrépide**, **l'Épicurien** et **Pointe Noire**, les adresses qui montent à Aix, sans oublier l'incontournable **marché aux fleurs** de la place de l'Hôtel de Ville...

AIX-EN-PROVENCE

✉ 13100 Bouches-du-Rhône – 142 149 hab. – Alt. 206 m – Carte régionale n° **21**-B3
Carte Michelin 340-H4 – Guide Vert Michelin Provence

Restaurants

✿ Mickaël Féval

A/C

CUISINE MODERNE • ÉLÉGANT XX Ancien chef d'Antoine – l'une des références parisiennes pour la cuisine de la mer –, Mickaël Féval a posé ses valises dans cette maison du cœur d'Aix. Il tire le meilleur de sa collaboration avec de nombreux producteurs locaux ; dans ses assiettes, subtiles et équilibrées, terre et mer vont main dans la main...

➜ Sardine marinée au kalamensi, tomate confite et espuma limoncello. Denti, minestrone de légumes et beurre de coquillages. Mousse légère et tartare de pêche, baies de goji.

Formule 29 € – Menu 35 € (déj.), 63/87 € – Carte 65/90 € dîner

Plan : D2-a *11 Petite-Rue-St-Jean – ✆ 04 42 93 29 60 – www.mickaelfeval.com – Fermé 2 semaines en août et en janv., dim. et lundi*

La Table du Pigonnet

A/C P

CUISINE MODERNE • ÉLÉGANT XXX Un endroit superbe ! La salle, élégante et immaculée, ouvre grand sur le charmant jardin, ses allées ombragées et ses massifs bien taillés... L'incarnation d'un bel art de vivre, dont témoigne aussi à sa manière la carte, inspirée par la tendance bistronomique.

Menu 37 € (déj. en semaine)/68 € – Carte 53/100 €

Plan : A2-a *Hôtel Le Pigonnet, 5 av. du Pigonnet – ✆ 04 42 59 61 07 – www.hotelpigonnet.com*

Villa Gallici

A/C P

CUISINE TRADITIONNELLE • COSY XX Luxe et tradition, sans ostentation. Au menu : une belle cuisine française gorgée de soleil, à déguster sur les tables basses des superbes salons, ou près des platanes sur la jolie terrasse... On a même aménagé un élégant caveau pour vous faire découvrir quelques grands crus. L'esprit du Sud !

Menu 75 € (déj.), 98/135 € – Carte environ 104 €

Plan : B1-k *Hôtel Villa Gallici, 18 bis av. de la Violette – ✆ 04 42 23 29 23 – www.villagallici.com – Fermé 2 janv.-2 fév., lundi midi et merc. midi sauf en juil.*

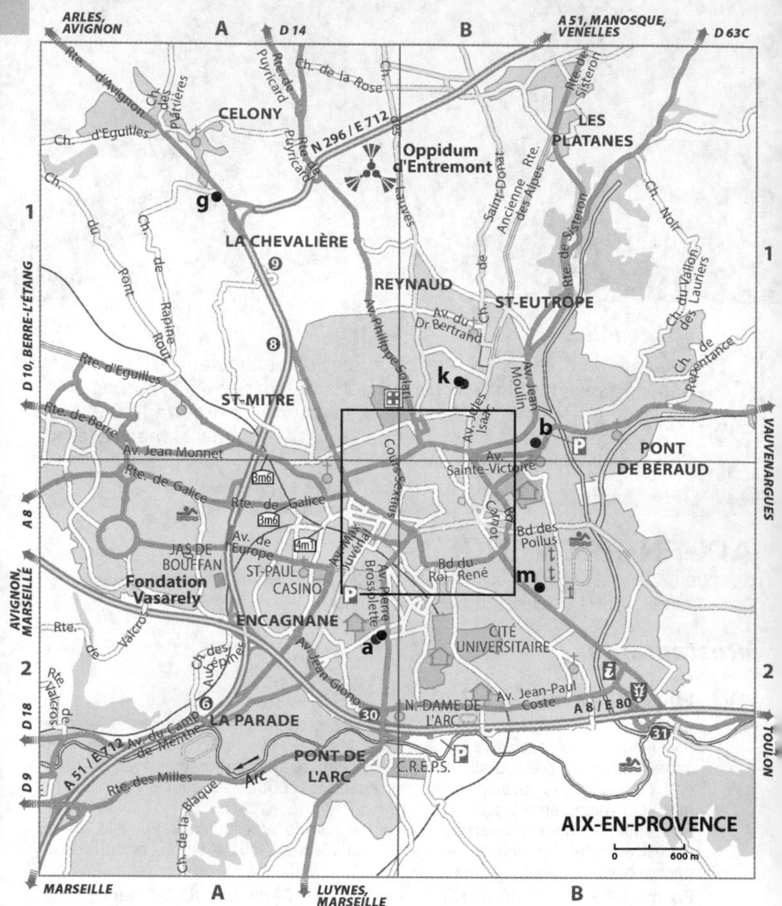

Côté Cour

CUISINE MODERNE • TENDANCE XX Décor épuré aux matières naturelles, mur végétal, toit ouvrant, ambiance glamour et musique lounge : Ronan Kernen, ancien candidat de Top Chef, a su créer ici une atmosphère tout à fait particulière. On vient ici pour voir et être vu... mais surtout pour bien manger : la cuisine du chef ne manque pas de personnalité !

Formule 19 € – Menu 29/70 € – Carte 48/100 €

Plan : D2-c *19 cours Mirabeau – ✆ 04 42 93 12 51 – www.restaurantcotecour.fr – Fermé dim.*

L'Épicurien (N)

CUISINE TRADITIONNELLE • COSY XX Installé en retrait du centre-ville, un élégant Épicurien (tables en bois brut, cave apparente) dont la petite ardoise suit le marché. On se régale de cette cuisine de bistrot, franche, fraîche et généreuse ; aux beaux jours, direction la terrasse sous les canisses...

Formule 24 € – Menu 44/56 € – Carte 35/51 €

Plan : B1-b *11 av. Jean-et-Marcel-Fontenaille – ✆ 06 89 33 49 83 – Fermé 1 semaine en avril, 1 semaine en août, 1 semaine en fév., dim. et lundi*

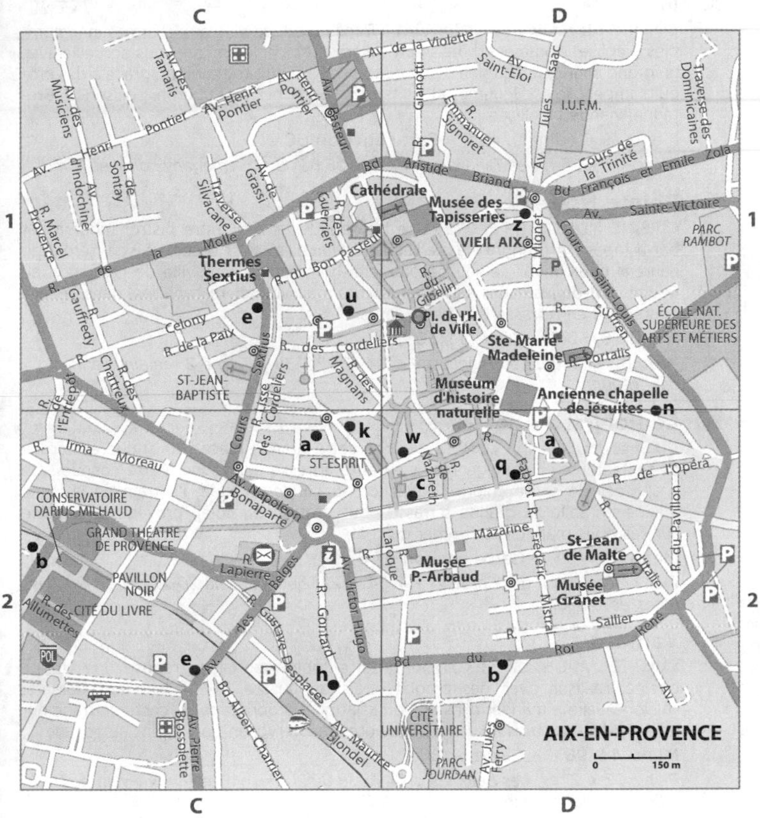

Les Caves Henri IV by le Formal

CUISINE MODERNE • COSY XX Une adresse installée dans de belles caves voûtées du 15e s. Le chef propose une cuisine d'inspiration provençale avec un grand souci de la qualité.

Formule 26 € – Menu 33 € (déj.), 44/49 € – Carte environ 55 €

Plan : D2-w *32 r. Espariat – 04 42 27 08 31*
– www.restaurant-lescaveshenri4-byleformal.com
– Fermé 23 déc.- 2 janv., 30 avril- 7 mai, 19 août- 4 sept., vacances de Noël, sam. midi, dim. et lundi

Le Vintrépide

CUISINE TRADITIONNELLE • CONVIVIAL X Une agréable petite adresse tenue par deux associés qui ont le souci de bien faire. L'un, en cuisine, prépare de délicieux plats de saison : ravioles de joue de bœuf, sole aux légumes du moment, tarte au citron déstructurée... L'autre, sommelier, a toujours le bon conseil pour le choix des vins. Un duo gagnant !

Menu 75 € – Carte 51/67 €

Plan : D1-z *48 r. du Puits-Neuf*
– 09 83 88 96 59 – www.vintrepide.com – Fermé 27 fév.- 12 mars, 1er-21 août, dim. et lundi

Mitch

CUISINE DU MARCHÉ • CONVIVIAL X Dans ce centre-ville aux charmes innombrables – églises, fontaines, hôtels particuliers –, Mitch, le patron, vous accueille avec un grand sourire. La cuisine d'Erwan, son chef, séduit tout autant, grâce à des produits impeccables : légumes et fruits d'un maraîcher du Luberon, poisson de Bretagne, viande labellisée...

Menu 39 € (dîner)/49 € - Carte environ 60 €

Plan : C2-k *26 r. des Tanneurs - ☎ 04 42 26 63 08 - Fermé janv., dim. et le midi*

Pointe Noire (N)

CUISINE MODERNE • ÉPURÉ X Une histoire de famille, entre bistrot moderne et bar à tapas : Alexandre Mazzia (étoilé à Marseille) s'est associé à son frère Jean Laurent pour ouvrir ce lieu décontracté, hommage à leur ville de naissance, au Congo. On déguste des assiettes percutantes, volontiers canailles, dans la salle épurée, ou en terrasse, aux beaux jours.

Menu 26/59 € - Carte 34/50 €

Plan : C2-a *37 pl. des Tanneurs - ☎ 04 42 92 71 35 - Fermé 2 semaines en janv., dim. et lundi*

Le Poivre d'Ane

CUISINE MODERNE • CONVIVIAL X Sur cette grande place touristique et bordée de restaurants en tous genres, une petite adresse qui gagne à être connue ! On y apprécie le cadre coloré, l'ambiance au coude-à-coude, l'entrain de la jeune équipe en salle, la grande terrasse pour profiter du soleil provençal... Et, bien sûr, les bons mariages terre-mer du chef.

Menu 39/49 € - Carte environ 57 €

Plan : C1-u *40 pl. des Cardeurs - ☎ 04 42 21 32 66 - Fermé 20-27 déc., 4-26 janv., merc. et le midi*

Yamato

CUISINE JAPONAISE • EXOTIQUE X Cette table japonaise propose une cuisine ciselée, réalisée avec des produits frais de qualité, du poisson aux desserts "fusion". Salle à manger d'inspiration asiatique, propriétaire en costume traditionnel, et à l'étage, trois luxueuses chambres façon ryokan participent au voyage...

Menu 44/98 € - Carte 51/80 €

Plan : C2-e *21 av. des Belges - ☎ 04 42 38 00 20 - www.restaurant-yamato.com - Fermé lundi et mardi*

Ze Bistro

CUISINE MODERNE • BISTRO X Un sympathique bistrot contemporain, au décor sobre et moderne. La cuisine joue la carte de la qualité : le jeune chef s'approvisionne au marché et auprès des producteurs locaux, et sait mettre les ingrédients en valeur. On peut opter pour un menu-surprise de 3 à 12 plats ; côté cave, on profite de bons vins naturels.

Menu 40/55 €

Plan : D1_2-n *31 bis r. Manuel - ☎ 04 42 39 81 88 - www.zebistro.com - Fermé 20 mai-1er juin, 25 août-9 sept., sam., dim. et le midi*

Hôtels

Villa Gallici

LUXE • PERSONNALISÉ Cyprès, fontaine, jasmin et rosiers : voici quelques-uns des charmes du ravissant jardin provençal de cette discrète villa juchée sur les hauteurs d'Aix. Les chambres, au charme baroque, sont exclusives et raffinées. Un lieu à part !

17 chambres - †275/965 € ††275/965 € - 6 suites - ☕ 34 €

Plan : B1-k *18 bis av. de la Violette - ☎ 04 42 23 29 23 - www.villagallici.com - Fermé 2 janv.-2 fév.*

Villa Gallici - voir les restaurants ci-dessus

Grand Hôtel Roi René

BUSINESS • CONTEMPORAIN Ce Grand Hôtel inspiré de l'architecture régionale des 17e et 18e s. est né en 1929 mais il n'a pas pris une ride ! Les chambres y sont cossues et très contemporaines – préférez celles donnant sur le patio et la piscine – et le restaurant arbore des accents lounge...

131 chambres – 135/600 € 155/620 € – 3 suites – 27 €

Plan : D2-b *24 bd du Roi-René – 04 42 37 61 00 – www.grand-hotel-roi-rene-aix-en-provence.com*

Renaissance

HÔTEL DE CHAÎNE • CONTEMPORAIN Renaissance, voilà un nom qui colle bien à cet hôtel situé non loin du centre-ville. La décoration s'inspire du patrimoine aixois : sculptures, tableaux et photos, etc. Les chambres sont spacieuses et lumineuses ; l'ensemble est sobre et élégant.

133 chambres – 165/435 € 165/435 € – 1 suite – 26 €

Plan : C2-b *320 av. Wolfgang-Amadeus-Mozart – 04 86 91 55 00 – www.renaissanceaixenprovencehotel.com*

Le Pigonnet

MAISON DE MAÎTRE • PERSONNALISÉ En périphérie d'Aix, dans un beau parc verdoyant, une imposante bastide dont les chambres cultivent le romantisme et l'élégance ; celles situées dans la partie "Résidence" adoptent un style moderne et chaleureux. Cézanne lui-même s'imprégna ici des parfums et couleurs de la Provence !

42 chambres – 130/290 € 190/390 € – 3 suites – 25 €

Plan : A2-a *5 av. du Pigonnet – 04 42 59 02 90 – www.hotelpigonnet.com*

La Table du Pigonnet – voir les restaurants ci-dessus

Hôtel de Gantès

HISTORIQUE • DESIGN Emplacement rêvé sur le célèbre cours Mirabeau pour cet hôtel particulier de 1671. Surprise en haut de l'escalier d'honneur : les chambres se révèlent très contemporaines et sont autant de variations sur des thèmes originaux (cinéma, théâtre, Picasso, etc.), avec terrasse au dernier étage... Un fort bel ensemble.

11 chambres – 209/239 € 219/325 € – 15 €

Plan : D2-q *1 r. Fabrot – 04 42 90 31 60 – www.hoteldegantes.fr*

Cézanne

URBAIN • PERSONNALISÉ De belles chambres design pour cet hôtel situé entre la gare et le centre-ville. Business center, open bar, garage payant sur réservation, terrasse avec fontaine et petit-déjeuner maison servi jusqu'à midi. Accueil et service aux petits soins.

53 chambres – 90/400 € 115/400 € – 2 suites – 20 €

Plan : C2-h *40 av. Victor-Hugo – 04 42 91 11 11 – www.hotelaix.com*

Hôtel du Globe

URBAIN • FONCTIONNEL En plein centre-ville, ce petit hôtel propose des chambres fonctionnelles et bien insonorisées. La terrasse-solarium, sur le toit, offre une belle vue sur les environs ; l'accueil est chaleureux.

45 chambres – 69/104 € 89/104 € – 9 €

Plan : C1-e *74 cours Sextius – 04 42 26 03 58 – www.hotelduglobe.com – Fermé de mi-déc. à mi-janv.*

Mozart

TRADITIONNEL • FONCTIONNEL Ici, point de notes de musique ou de partitions, mais des chambres d'inspiration provençale, sobres et bien tenues. Aux beaux jours, prenez donc votre petit-déjeuner sur la terrasse. Une adresse parfaite pour un séjour à prix sages.

48 chambres – 70/85 € 85/98 € – 10 €

Plan : B2-m *49 cours Gambetta – 04 42 21 62 86 – www.hotelmozart.fr – Fermé 5-29 janv.*

au Tholonet 5 km à l'Est par D17 – ✉ 13100 – 2 289 hab. – Alt. 178 m

Le Saint-Estève

CUISINE MODERNE • ÉLÉGANT XXX C'est donc dans ce domaine luxueux que l'on retrouve Mathias Dandine, chef provençal dont le talent est déjà bien connu. Sa philosophie peut se résumer ainsi : les meilleurs produits de saison, une certaine simplicité et des parfums marqués. Tout l'éclat des saveurs de la région !

→ Pan-bagnat de légumes de saison, crevettes de Méditerranée et sauce bagna cauda. Rouget, pommes de terre et fenouil confits, jus de bouillabaisse. Baba au rhum tradition, chantilly et glace au rhum.

Formule 60 € – Menu 80 € (déj. en semaine), 105/149 € – Carte 130/160 €

Hôtel Les Lodges Sainte-Victoire, 2250 rte Cézanne – ☎ 04 42 27 10 14 – www.leslodgessaintevictoire.com

Les Lodges Sainte-Victoire

LUXE • CONTEMPORAIN Sur la route de la montagne Ste-Victoire chère à Cézanne, ce domaine inauguré en 2013 cultive une quiétude toute provençale... Dans la belle bastide du 18e s. comme dans les superbes lodges indépendants (avec piscine privée) règne la même alliance de modernité et d'esprit bourgeois : une montagne de confort !

27 chambres – †260/900 € ††260/900 € – 8 suites – ☕ 25 €

2250 rte Cézanne – ☎ 04 42 24 80 40 – www.leslodgessaintevictoire.com

✿ **Le Saint-Estève** – voir les restaurants ci-dessus

au Canet 8 km au Sud-Est par D7n – ✉ 13100 Beaurecueil

L'Auberge Provençale

CUISINE TRADITIONNELLE • RUSTIQUE XX Dans cette jolie auberge provençale, proche de la N 7, on apprécie une cuisine traditionnelle soignée, ancrée dans la région – pieds et paquets servis en cocotte, daube de joue de bœuf –, accompagnée d'un beau choix de vins issus de la France entière. Le succès est au rendez-vous, et c'est mérité !

Menu 29/56 € – Carte 57/75 €

imp. de Provence, au lieu-dit Le Canet-de-Meyreuil – ☎ 04 42 58 68 54 – www.auberge-provencale.fr – Fermé 16-31 juil., 24-30 déc., mardi et merc.

à Beaurecueil 10 km par N7 et D58 – ✉ 13100 – 551 hab. – Alt. 254 m

La Table de Beaurecueil

CUISINE TRADITIONNELLE • COLORÉ XX Dans une ancienne bergerie au décor résolument contemporain, on apprécie une cuisine traditionnelle aux bons parfums de Provence. Jolie sélection de vin au verre.

Formule 25 € – Menu 35 € (semaine), 55/70 € – Carte environ 63 €

66 rte de Meyreuil, allée des Muriers – ☎ 04 42 66 94 98 – www.latabledebeaurecueil.com – Fermé dim. soir, lundi et merc.

au Sud-Ouest 5 km par D9 ou A51, sortie Les Milles – ✉ 13546 Aix-en-Provence

Pierre Reboul

CUISINE CRÉATIVE • ÉLÉGANT XX C'est un plaisir d'aller trouver Pierre Reboul dans cette imposante demeure du 18e s., située dans une zone commerciale à la périphérie d'Aix. Il y confirme son talent avec cette cuisine originale et audacieuse, où l'agencement astucieux des saveurs est servi par une technique sans faille. Vaste terrasse à l'ombre des arbres.

→ Grenouilles françaises, billes de céleri vert. Foie gras poêlé, pomme rôtie et beurre au fruit de la passion. Pêche blanche mousseuse, pêche jaune en compotée, fraîcheur verveine.

Menu 48 € (déj. en semaine), 69/155 € – Carte 85/155 €

Hôtel Château de la Pioline, 260 r. Guillaume-du-Vair – ☎ 04 82 75 72 60 – www.restaurant-pierre-reboul.com

Château de la Pioline

DEMEURE HISTORIQUE • CLASSIQUE On accède par une allée de platanes à cette belle et vaste demeure classée du 18es. Jardin à la française, escalier d'honneur, terrasse sous les tilleuls, belle piscine... et des chambres qui cultivent cette forme de simplicité qui va si bien à l'esprit provençal.

17 chambres - 142/239 € 178/264 €

260 r. Guillaume-du-Vair
- 04 42 52 27 27 - www.chateaudelapioline.com

Pierre Reboul - voir les restaurants ci-dessus

à Celony 3 km par D7n - 13090 Aix en Provence

Le Mas d'Entremont

MAISON DE CAMPAGNE • TRADITIONNEL Sur les hauteurs d'Aix, une bastide nichée dans un parc avec bassin, colonnes et jets d'eau. Les chambres y sont confortables et bien tenues ; plus spacieuses et modernes dans les maisonnettes du parc. Carte actuelle au restaurant.

20 chambres - 180/320 € 180/320 € - 6 suites - 22 €

Plan : A1-g *315 rte d'Avignon*
- 04 42 17 42 42 - www.masdentremont.com - Ouvert 15 mars-31 oct.

au Puy-Ste-Réparade 14 km au Nord - 13610 - 5 389 hab. - Alt. 198 m

Louison

CUISINE CRÉATIVE • DESIGN XXX Une ode à la Provence et à la Méditerranée : voici ce que nous offre Gérald Passédat. Le végétal est à la fête - extractions de jus à partir des produits du superbe potager -, l'exécution est précise et d'un grand raffinement... tout cela dans un cadre incomparable, écrin de verre où les œuvres de Louise Bourgeois diffusent leur aura de mystère.

→ Tourteau rôti de plusieurs poivres, infusion de menthe potagère. Finesse de poisson d'arrivage maturé arrosé d'un bouillon de pied de porc et congre fumé. Baba à la liqueur Chambord et sorbet coriandre.

Menu 65 € (déj. en semaine), 95/165 €

2750 rte de la Cride
- 04 42 50 50 00 - www.villalacoste.com - Fermé 2 semaines en janv., mardi et merc.

Francis Mallmann en Provence

VIANDES • TENDANCE X La philosophie du célèbre chef argentin est ici respectée à la lettre : poisson méditerranéen cuit au four, bœuf charolais cuit au feu en dôme, légumes et herbes de Provence cuisinés façon "rescoldo"... à déguster dans un cadre élégant et lumineux.

Carte 65/80 €

2750 rte de la Cride - 04 42 91 37 37 - www.chateau-la-coste.com - Fermé lundi midi, mardi midi, merc. midi et jeudi midi

Villa La Coste & Spa

GRAND LUXE • CONTEMPORAIN Cet hôtel atypique, situé au cœur des vignes de Château La Coste, ne manque pas d'allure : les 28 Villa Suites (certaines avec piscine privative) offrent une vue exceptionnelle sur le Luberon. La terrasse accueille une belle piscine entourée de pins. Spa de 750 mètres carrés, et parcours thermal. Et les services d'un palace...

28 suites - 600/2500 € - 2 chambres

2750 rte de la Cride
- 04 42 50 50 00 - www.villalacoste.com

Louison - voir les restaurants ci-dessus

AIX-LES-BAINS

✉ 73100 Savoie - 30 291 hab. - Alt. 200 m - Carte régionale n° **25**-F2
Carte Michelin 333-I3 - Guide Vert Michelin Alpes du Nord

Auberge St-Simond

CUISINE TRADITIONNELLE • CONVIVIAL XX Une déco plutôt soignée, une jolie vue sur le jardin planté d'oliviers, de platanes et de lavande... Dans cette auberge, la tradition comme la fraîcheur sont à l'honneur ; le tout accompagné d'une bonne sélection de vins légers. Rien que des plaisirs simples...

Formule 19 € 🍷 - Menu 35/48 € - Carte 39/53 €

Plan : B1-e *Auberge St-Simond, 130 av. St-Simond - ✆ 04 79 88 35 02 - www.saintsimond.com - Fermé 15 déc. à fin janv., dim. soir et lundi midi*

La Bonne Fourchette

CUISINE MODERNE • ÉLÉGANT XX Au sein du Grand Hôtel du Parc, dans un cadre confortable et stylé (alliance de références victoriennes et de mobilier contemporain), une table de qualité, mettant en valeur de beaux produits frais.

Menu 25/50 € - Carte 48/72 €

Plan : D2-n *Grand Hôtel du Parc, 2 av. de Tresserve - ✆ 04 79 61 29 11 - www.labonne-fourchette.com - Fermé lundi et mardi*

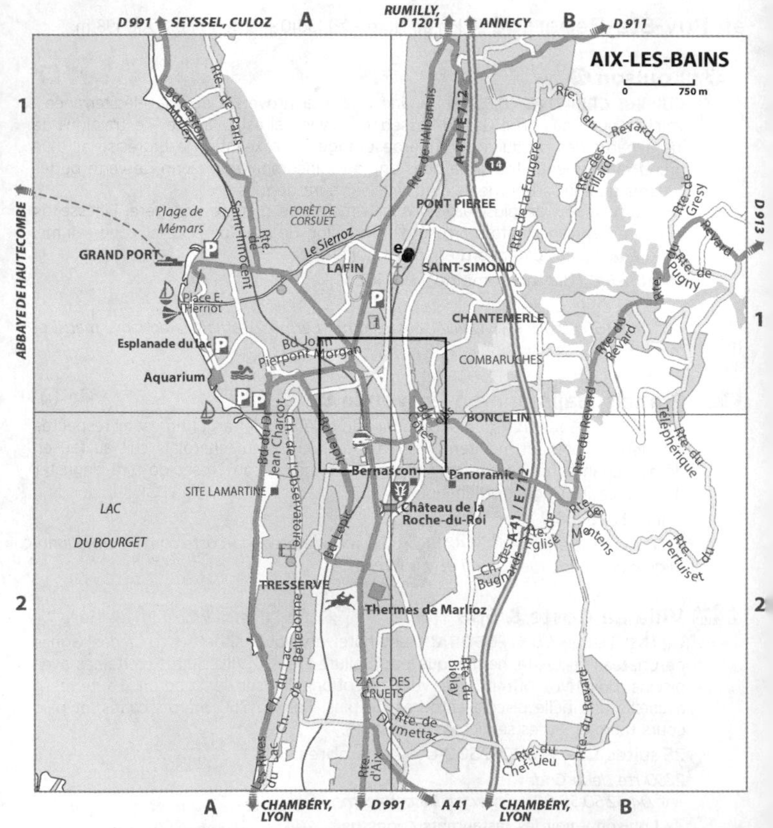

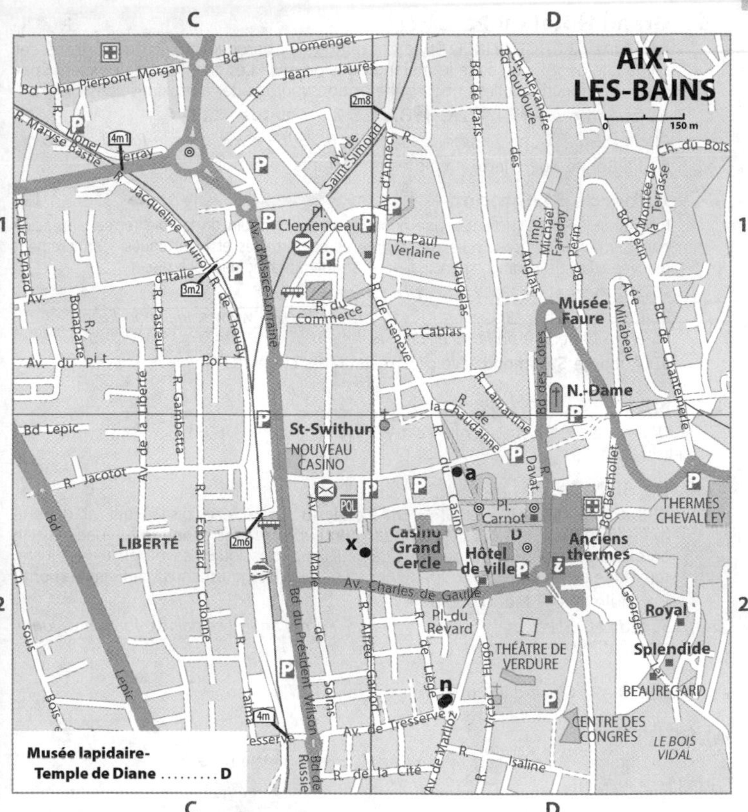

Le 59 Restaurant

CUISINE MODERNE • TENDANCE Dans la famille Campanella, je demande... le frère ! Cédric a succédé à Boris aux fourneaux de cette ancienne épicerie transformée en restaurant. Dans l'assiette, on retrouve le goût de la précision, et une cuisine actuelle, volontiers inventive. L'une des meilleures adresses de la ville.

Menu 28 € (déj. en semaine), 39/48 €
– Carte 59/82 €

Plan : D2-a *59 r. du Casino*
– ✆ 04 79 88 29 75 – www.restaurant-le59.fr
– Fermé vacances de Pâques et de la Toussaint, dim. et lundi

Golden Tulip

BUSINESS • CONTEMPORAIN À deux pas du casino où se produisirent jadis Sarah Bernhardt et Luis Mariano, cet bel hôtel contemporain propose des chambres fonctionnelles et très confortables. De quoi faire des rêves de paillettes... À moins que vous ne préfériez vous détendre dans le jardin japonais, ou au spa !

101 chambres – †95/340 € ††95/340 € – 10 suites – ☕ 16 €

Plan : C2-x *av. Ch.-de-Gaulle – ✆ 04 79 34 19 19 – www.hotelgardenaixlesbains.com*

Grand Hôtel du Parc

FAMILIAL • FONCTIONNEL Style contemporain, baroque ou victorien... Dans cet immeuble de 1817, on aime le mélange des genres ! Les chambres se révèlent spacieuses et fonctionnelles : une bonne option pour résider à proximité des thermes.

40 chambres - †74/122 € ††87/135 € - 3 suites - 12 €

Plan : D2-n *2 av. de Tresserve - ✆ 04 79 61 29 11 - www.labonne-fourchette.com*

La Bonne Fourchette - voir les restaurants ci-dessus

Auberge St-Simond

FAMILIAL • FONCTIONNEL Une auberge située non loin de la voie ferrée, appréciée pour son ambiance conviviale, ses chambres confortables et bien tenues - entièrement rénovées dans le bâtiment principal -, et son jardin avec une jolie piscine.

25 chambres - †78/120 € ††78/120 € - 12 €

Plan : B1-e *130 av. St-Simond - ✆ 04 79 88 35 02 - www.saintsimond.com - Fermé 15 déc.- à fin janv. et dim. soir*

Auberge St-Simond - voir les restaurants ci-dessus

AIZENAY

85190 Vendée - 8 977 hab. - Alt. 62 m - Carte régionale n° **18**-B3
Carte Michelin 316-G7

La Sittelle

CUISINE CLASSIQUE • BOURGEOIS XX La sittelle ? C'est l'oiseau qui vit dans la forêt avoisinante. Pour tenter de l'entendre, faites une halte dans cette agréable demeure bourgeoise. La cuisine, classique, savoureuse et juste, témoigne du bien joli parcours du chef... et ravit les gourmands, tout simplement !

Formule 19 € - Menu 29/39 €

33 r. du Mar.-Leclerc - ✆ 02 51 34 79 90 - Fermé août, 1 semaine début janv., lundi, mardi et le soir sauf sam.

AJACCIO - 2A Corse-du-Sud

→ Voir Corse

ALBERT

80300 Somme - 10 064 hab. - Alt. 65 m - Carte régionale n° **19**-B1
Carte Michelin 301-I8

à Authuille 5 km au Nord par D50 - 80300 - 169 hab. - Alt. 85 m

Auberge de la Vallée d'Ancre

CUISINE TRADITIONNELLE • ÉLÉGANT XX Perdue en pleine campagne, cette sympathique auberge de pays n'en est pas moins prisée ! L'accueil y est charmant ; dans sa cuisine ouverte aux regards, le chef prépare une généreuse cuisine traditionnelle, avec notamment quelques spécialités locales comme la ficelle picarde. Beau plateau de fromages.

Menu 25/30 € - Carte 28/45 €

6 r. du Moulin - ✆ 03 22 75 15 18 - Fermé vacances de fév. , 2 semaines en août, merc. soir, dim. soir et lundi

ALBERTVILLE

73200 Savoie - 18 950 hab. - Alt. 344 m - Carte régionale n° **25**-F2
Carte Michelin 333-L3 - Guide Vert Michelin Alpes du Nord

Million

CUISINE CLASSIQUE • ÉLÉGANT XXX On déguste ici une cuisine résolument classique, dont les fondamentaux (cuissons, assaisonnements) sont bien maîtrisés : de quoi nous rappeler que le bel ouvrage est la condition première d'un repas réussi. Cadre classique à l'unisson.

Formule 38 € - Menu 55 € (déj. en semaine), 70/110 € - Carte 92/108 €

Hôtel Million, 8 pl. de la Liberté - ✆ 04 79 32 25 15 - www.hotelmillion.com - Fermé 28 avril-16 mai, 13-20 août, 28 oct.-14 nov. , sam. midi, dim. soir et lundi

Million

FAMILIAL • CLASSIQUE Cette belle bâtisse de 1770 illustre une certaine tradition de l'hôtellerie française, cossue et bourgeoise. Deux types de chambres : certaines au cachet d'antan (cheminée, mobilier en bois, parquet...) ; d'autres un peu plus modernes.

25 chambres – 120/145 € 185/210 €

8 pl. de la Liberté – 04 79 32 25 15 – www.hotelmillion.com – Fermé 28 avril-16 mai, 13-20 août, 28 oct.-14 nov.

Million – voir les restaurants ci-dessus

à Monthion 7 km au Sud par rte de Chambéry (sortie 26) et D64 – 73200 – 543 hab. – Alt. 375 m

Les 16 Clochers

CUISINE MODERNE • RUSTIQUE XX Depuis la terrasse, on jouit d'un superbe panorama sur les seize clochers de la vallée : qui dit mieux ? Mais on appréciera aussi la salle, rustique et chaleureuse. Plaisir aussi dans l'assiette : pot-au-feu de foie gras, parmentier de sanglier à la chicorée... et soufflé au Grand Marnier, spécialité de la maison. Bon rapport qualité-prix.

Formule 23 € – Menu 32/62 € – Carte 49/77 €

91 chemin des 16-Clochers – 04 79 31 30 39 – www.les16clochers.fr – Fermé dim. soir, lundi et mardi

ALBI

81000 Tarn – 49 531 hab. – Alt. 174 m – Carte régionale n° **15**-C2
Carte Michelin 338-E7

L'Épicurien

CUISINE MODERNE • BRANCHÉ XX C'est l'adresse branchée d'Albi, et à raison ! Ce n'est pas un hasard si la déco, au design épuré, témoigne d'un bel esprit nordique : le chef est d'origine suédoise, et il concocte de jolies assiettes dans l'air du temps, gourmandes, copieuses et bien ficelées. De quoi satisfaire plus d'un épicurien...

Formule 19 € – Menu 21 € (déj. en semaine), 31/45 € – Carte 39/60 €

Plan : D2-p *42 pl. Jean-Jaurès – 05 63 53 10 70 – www.restaurantlepicurien.com – Fermé dim. et lundi*

La Table du Sommelier

CUISINE MODERNE • BISTRO X Père et fils travaillent en duo dans ce sympathique bistrot contemporain. Le résultat ? Une cuisine savoureuse, qui revisite habilement le terroir, un imposant choix de vins (près de 400 références !), et, l'été, deux terrasses au choix : sous la pergola ou à ciel ouvert... Une adresse hautement recommandable !

Formule 16 € – Menu 18 € (déj. en semaine), 28/55 € – Carte 38/51 €

Plan : D1-m *20 r. Porta – 05 63 46 20 10 – www.latabledusommelier.com – Fermé dim. et lundi*

La Réserve

CUISINE MODERNE • ÉLÉGANT XXX De grandes baies vitrées donnant sur le parc verdoyant baigné par le Tarn, une belle terrasse et une cheminée qui nous réchauffe en hiver : cette Réserve est élégante, et l'on y savoure une cuisine attrayante, dans l'air du temps.

Menu 49/89 € – Carte 63/89 €

Hors plan *Hôtel La Réserve, 81 rte de Cordes, 3 km au Nord par D600 – 05 63 60 80 80 – www.lareservealbi.com – Ouvert d'avril à oct. et fermé merc. midi, sam. midi et mardi*

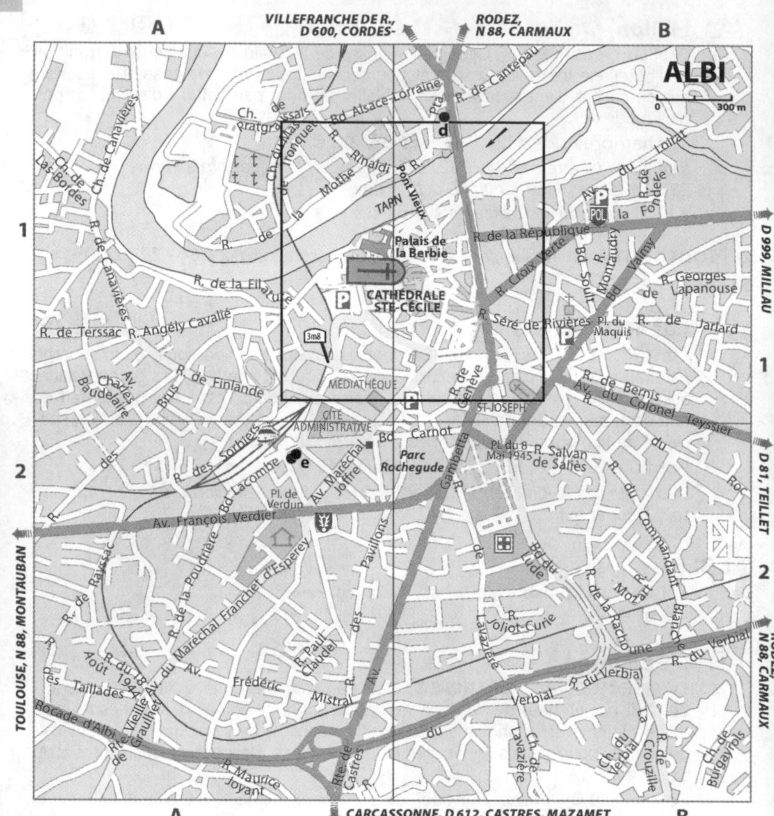

Alchimy

CUISINE MODERNE • ÉLÉGANT XX Au cœur de la vieille ville, cette belle bâtisse Art déco abrite une brasserie de style contemporain, sous une jolie verrière : impossible de manquer l'imposant lustre Murano ! Dans l'assiette, de bons plats traditionnels réalisés avec de beaux produits locaux ; pour l'étape, quelques chambres modernes et confortables.

Formule 15 € – Menu 19/28 € – Carte 35/60 €

Plan : D2-f *Hôtel Alchimy, 10-12 pl. du Palais – ✆ 05 63 76 18 18 – www.alchimyalbi.fr*

La Part des Anges (N)

CUISINE MODERNE • DESIGN XX Au-dessus du Grand Théâtre, au dernier étage, cet établissement propose une cuisine au goût du jour maîtrisée – ainsi cette belle côte de bœuf maturée 30 jours ou le foie gras confit, pâte de coing et vin chaud – servie aux beaux jours sur la vaste terrasse dominant la ville. Un ange passe...

Formule 15 € – Menu 17 € (déj. en semaine), 26/55 € – Carte 35/55 €

Plan : C2-r *r. des Cordeliers – ✆ 05 63 49 77 81 – www.lapartdesangesalbi.fr – Fermé dim. soir*

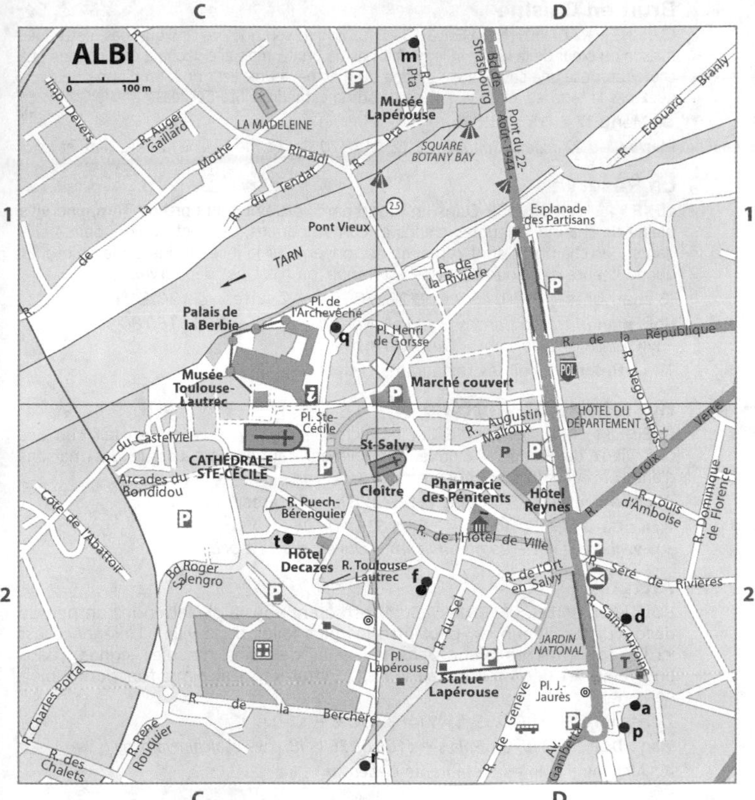

Le Goulu

CUISINE TRADITIONNELLE · TENDANCE XX En face de la gare, d'Albi, on profite ici de la cuisine moderne et bien maîtrisée d'un chef d'expérience. "Finger" de saumon, suprême de volaille et sauce aux morilles... Les plats sont bien conçus, et les cartes et menus sont renouvelés tous les mois.

Menu 18/50 €
– Carte 40/50 €

Plan : A2-e *Grand Hôtel d'Orléans, 1 pl. Stalingrad*
– ✆ 05 63 54 16 56 – www.hotel-orleans-albi.com
– Fermé lundi midi, sam. midi et dim. soir

Le Jardin des Quatre Saisons

CUISINE CLASSIQUE · CONVIVIAL XX En toutes saisons, un restaurant toujours aussi agréable... La cuisine, généreuse et authentique, ressemble au patron, un enfant du pays. Sous les voûtes du salon privé, on organise des dégustations de vin – l'autre passion dudit patron !

Formule 17 € – Menu 29/41 €

Plan : B1-d *5 r. de la Pompe*
– ✆ 05 63 60 77 76 – www.le-jardin-des-quatre-saisons.com
– Fermé jeudi soir, dim. soir et lundi

Bruit en Cuisine

CUISINE TRADITIONNELLE • BISTRO Comme son nom ne l'indique pas, cette jolie maison du cœur de la vieille ville ne fait pas de bruit... mais elle gagne à être connue ! Le chef y propose une savoureuse cuisine du marché, au meilleur de la tradition ; ne manquez pas la terrasse, et sa vue superbe sur la cathédrale Ste-Cécile...

Menu 17 € (déj.)/25 €

Plan : C1-q *22 r. de la Souque - 05 63 36 70 31 - Fermé 1er janv.-10 fév., dim. et lundi*

La Réserve

LUXE • PERSONNALISÉ Dans un grand parc verdoyant au bord du Tarn, une villa pleine de charme ! Meubles chinés et contemporains, tissus et papiers peints élégants : les chambres sont raffinées et donnent sur la jolie piscine ou la rivière. Et quand l'heure des gourmandises est venue, on n'est pas dépourvu...

18 chambres - 198/498 € 228/698 € - 2 suites - 20 €

Hors plan *81 rte de Cordes, 3 km au Nord par D600 - 05 63 60 80 80 - www.lareservealbi.com - Ouvert d'avril à oct.*

La Réserve - voir les restaurants ci-dessus

Hostellerie St-Antoine

BUSINESS • PERSONNALISÉ Cet hôtel fondé en 1734 - ce qui en fait l'un des plus vieux de France - cultive très joliment l'atmosphère cossue des maisons d'antan... Un confortable cocon.

41 chambres - 85/208 € 95/228 € - 3 suites - 15 €

Plan : D2-d *17 r. St-Antoine - 05 63 54 04 04 - www.hotel-saint-antoine-albi.com - Ouvert d'avril à oct.*

Alchimy (N)

BOUTIQUE HÔTEL • ÉLÉGANT Si le restaurant vous a plu, attendez un peu de découvrir les chambres, peut-être les plus jolies de la ville ! L'élégance est ici la règle (marbre blanc dans les salles de bains, meubles signés), dans une veine Art déco qui ne laisse pas indifférent... L'alchimie fonctionne pleinement.

7 chambres - 110/159 € 148/300 € - 11 €

Plan : D2-f *10-12 pl. du Palais - 05 63 76 18 18 - www.alchimyalbi.fr*

Alchimy - voir les restaurants ci-dessus

Grand Hôtel d'Orléans

URBAIN • FONCTIONNEL Depuis 1902, de père en fils, on prend soin des voyageurs venus chercher la tranquillité au pays de Toulouse-Lautrec ! Les chambres sont fonctionnelles, dans un esprit contemporain, et, pour les hôtes studieux, on compte aussi de nombreuses salles de réunion.

56 chambres - 62/102 € 82/132 € - 2 suites - 11 €

Plan : A2-e *1 pl. Stalingrad - 05 63 54 16 56 - www.hotel-orleans-albi.com*

Le Goulu - voir les restaurants ci-dessus

Ibis Styles

BUSINESS • FONCTIONNEL Un hôtel central bienvenu dans une ville inscrite au patrimoine mondial de l'UNESCO pour sa cité épiscopale. Jolie vue sur la ville depuis les chambres.

76 chambres - 65/135 € 75/145 €

Plan : D2-a *48 pl. Jean-Jaurès - 05 63 43 20 20 - www.ibis.com*

L'Autre Rives (N)

MAISON DE MAÎTRE • CONTEMPORAIN Cette maison de maître des années 1930 au toit d'ardoise, décorée avec goût dans un esprit tantôt scandinave, tantôt japonisant, propose des chambres spacieuses et confortables. Sauna, fitness et grande piscine, dans le beau jardin paysagé. Pour un séjour parfait en terres albigeoises.

5 chambres - 80/130 € 90/190 €

Plan : B1-a *60 r. Cantepau - 06 75 47 01 51 - www.lautrerives.com - Fermé nov.*

Le Pigné

TRADITIONNEL • COSY Atelier, Cheminée ou Tour ? Votre cœur risque de balancer ! À deux pas de la cathédrale, les chambres de cette belle demeure en brique distillent un charme indéniable. L'accueil est charmant et, l'été, on prend son petit-déjeuner sur la terrasse donnant sur le jardin. Idéal pour une escapade dans la capitale du Tarn.

3 chambres - 95/155 € 95/155 €

Plan : C2-t *8 r. du Chanoine-Birot - 06 11 04 55 07 - www.chambresdhotesalbi.fr*

à Castelnau-de-Lévis 7 km au Nord par D600 et D1 - 81150 - 1 562 hab. - Alt. 221 m

La Taverne Besson

CUISINE MODERNE • BRANCHÉ XX Voici une Taverne originale avec son décor lumineux, d'une élégance toute contemporaine, et sa terrasse ouverte sur la campagne... On y déguste une cuisine séduisante, associant bons produits locaux et notes originales. On peut également réserver l'une des chambres, aménagées avec soin.

Formule 20 € - Menu 54/72 € - Carte 40/72 €

8 chambres - 78/98 € - 12 €

r. Aubijoux - 05 63 60 90 16 - www.tavernebesson.com - Fermé dim. soir, mardi midi et lundi

ALENÇON

61000 Orne - 26 028 hab. - Alt. 135 m - Carte régionale n° **17**-C3
Carte Michelin 310-J4 - Guide Vert Michelin Normandie Cotentin

L'Alezan N

CUISINE MODERNE • ÉLÉGANT XX Entrez dans cette maison accueillante : dans la cheminée le feu crépite, on n'attend plus que vous... Un jeune couple est aux commandes : en cuisine, le chef propose une partition soignée et goûteuse - saumon en deux façons, faux-filet normand aux artichauts et betteraves, craquant à la mandarine - tandis qu'en salle son épouse assure un service de qualité.

Formule 20 € - Menu 26 € (semaine), 33/80 € - Carte environ 50 €

Hors plan *183 av. du Général-Leclerc - 02 33 28 67 67 - www.restaurant-lalezan.com - Fermé 2 semaines en août, sam. midi, dim. soir et lundi*

Rive Droite

CUISINE MODERNE • COSY XX Cette maison en pierres datant du 18e s. fut le QG du maréchal Leclerc lors de la libération d'Alençon en août 1944. Devenue le Rive Droite, elle continue d'écrire son histoire... culinaire, en proposant des assiettes voyageuses et bien dans l'air du temps. Le tout servi par une jeune équipe dynamique !

Formule 21 € - Menu 25 € (déj.)/34 €

Plan : A2-b *31 r. du Pont-Neuf - 02 33 27 79 73 - www.rivedroiterestaurant.com - Fermé dim. et lundi*

Hôtel des Ducs

TRADITIONNEL • FONCTIONNEL Un bon petit hôtel, face à la gare, dans un immeuble datant de l'après-guerre. Les chambres sont fonctionnelles et bien tenues, assez spacieuses dans la catégorie supérieure ; on profite d'un agréable jardin.

28 chambres - 71/81 € 83/93 € - 9 €

Plan : B1-r *50 av. du Prés.-Wilson - 02 33 29 03 93 - www.hoteldesducsalencon.com*

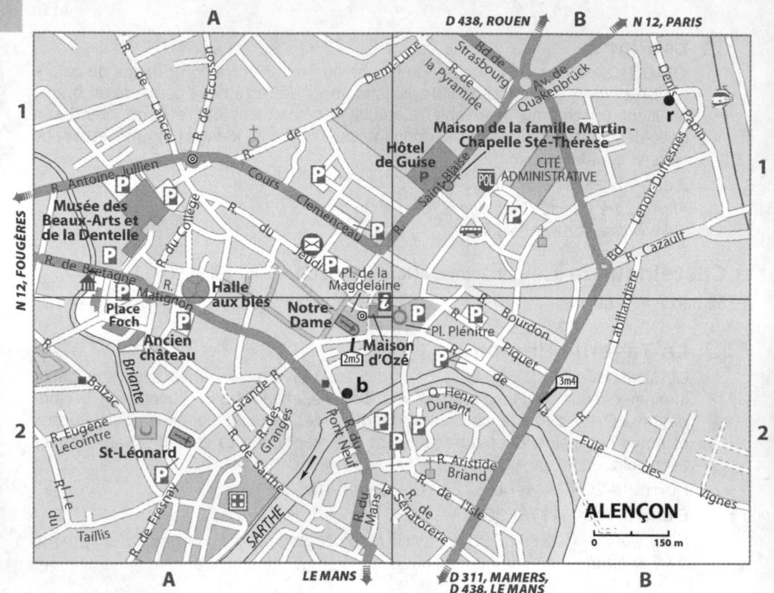

à **St-Paterne** (72 Sarthe) 4 km au Sud par D311 – ✉ 72610 – 1 574 hab. – Alt. 160 m

Château de Saint-Paterne

DEMEURE HISTORIQUE • PERSONNALISÉ Des toits élancés, de hautes cheminées : ce château est né entre Moyen Âge et Renaissance ! Jusqu'à nos jours il devait témoigner d'un certain art de vivre, car son décor plein de style a été porté à la pointe du goût contemporain... Le dîner est servi aux chandelles. Superbement romantique !

11 chambres – 145/265 € 145/265 € – 15 €

4 r. de la Gaieté – ✆ 02 33 27 54 71 – www.chateau-saintpaterne.com – Fermé 17 déc.-17 mars

ALÈS

✉ 30100 Gard – 39 993 hab. – Alt. 136 m – Carte régionale n° **12**-C1
Carte Michelin 339-J4 – Guide Vert Michelin Languedoc

Épices et Tout

CUISINE MODERNE • CONVIVIAL Ce petit restaurant à la devanture discrète secoue les papilles. Cuisine soignée, produits frais, et des épices utilisées avec justesse comme avec ces asperges vertes rôties et vinaigrette wasabi. Autre spécialité : la souris d'agneau confite au vin rouge. Un menu appétissant à déguster en été sur la petite terrasse.

Formule 16 € – Menu 19 € (déj.), 30/37 € – Carte 41/50 €

15 av. Carnot – ✆ 04 66 52 43 79 – www.epicesettout.fr – Fermé 2 semaines en août, 29 janv.-11 fév., merc. soir, sam. midi et dim.

L'Esprit des Mets

CUISINE MODERNE • CONVIVIAL Une adresse conviviale animée par un chef épanoui, soucieux de ne pas se couper des clients... d'où les cuisines ouvertes ! Ses recettes sont à l'image des lieux : pleines de peps, fraîches et précises, elles ne manquent ni de goût ni d'esprit.

Formule 18 € – Menu 25/30 € – Carte 41/52 €

148 av. d'Anduze – ✆ 04 66 52 21 80 – Fermé janv., sam. midi et dim. soir hors saison, dim. et lundi en juil.-août

à St-Martin-de-Valgalgues 2 km au Nord - ✉ 30520 -
4 325 hab. - Alt. 148 m

Le Mas de la Filoselle

MAISON DE CAMPAGNE • PERSONNALISÉ On se sent très vite chez soi dans cette ancienne magnanerie perchée sur les hauteurs du village. Les chambres, thématiques (Lavande, Olivier, etc.), sont ravissantes, et l'on profite d'un beau jardin en terrasses, courant vers un bois de pins et de châtaigniers.

4 chambres - 80 € 95 €

344 r. du 19-mars-1962 - 04 66 24 74 60 - www.masdelafiloselle.com

à St-Hilaire-de-Brethmas 3 km par D936 - ✉ 30560 -
4 200 hab. - Alt. 125 m

Comptoir St-Hilaire

LUXE • PERSONNALISÉ La décoratrice Catherine Painvin a entièrement repensé ce mas du 17es. : chambres et suites follement originales, luxe omniprésent mais discret, à l'unisson du superbe parc avec les Cévennes à perte de vue... À la table d'hôte, on apprécie la cuisine régionale dont quelques spécialités mettant la truffe à l'honneur.

5 chambres - 250/290 € 250/425 €

Mas de la Rouquette, 2 km à l'Est - 06 04 59 94 66 - www.comptoir-saint-hilaire.com

ALFORTVILLE - 94 Val-de-Marne → Voir Autour de Paris

ALGAJOLA - 2B Haute-Corse → Voir Corse

ALISE-STE-REINE - 21 Côte-d'Or → Voir Venarey-les-Laumes

ALLAS-LES-MINES - 24 Dordogne → Voir St-Cyprien

ALLEINS

✉ 13980 Bouches-du-Rhône - 2 468 hab. - Alt. 180 m - Carte régionale n° **22**-E1
Carte Michelin 340-F3 - Guide Vert Michelin Provence

Domaine de Méjeans

FAMILIAL • PERSONNALISÉ Une allée de peupliers mène à ce domaine paisible et raffiné : parc luxuriant, étang, piscine, cuisine d'été et... chambres aux noms et aux coloris délicats de friandises (calisson, nougat, etc.). Le tout idéalement situé entre le massif du Luberon et celui des Alpilles !

5 chambres - 120/180 € 160/290 € - 15 €

quartier des Méjeans, 3 km par rte de Sénas D71B - 04 90 57 31 74 - www.domainedemejeans.com

ALLEX

✉ 26400 Drôme - 2 463 hab. - Alt. 160 m - Carte régionale n° **23**-B3
Carte Michelin 332-C5 - Guide Vert Michelin Ardèche Drôme

La Petite Aiguebonne

FAMILIAL • PERSONNALISÉ Zanzibar, Pondichéry, Louisiane... Dans cette ferme du 13es., la déco des chambres parcourt le monde ; tandis que dans le jardin une roulotte attend les plus téméraires. Et si, au réveil, vous avez envie de partir à l'aventure, pensez aux sentiers de la réserve naturelle de Ramières.

5 chambres - 108/128 € 118/148 €

chemin d'Aiguebonne, 2 km à l'Est par D93 - 04 75 62 60 68 - www.petite-aiguebonne.com - Fermé 5 janv.-15 mars

ALLEYRAS

✉ 43580 Haute-Loire - 159 hab. - Alt. 779 m - Carte régionale n° **3**-C3
Carte Michelin 331-E4

✿ Le Haut-Allier (Philippe Brun)

CUISINE MODERNE • TENDANCE XX Dans ces rudes contrées, le cadre, raffiné et élégant, ne manque pas d'étonner. La cuisine est inventive, volontiers recherchée, et met en valeur de très beaux produits du terroir avec quelques touches asiatiques. Un régal !

→ Cappuccino de truffe, œuf cocotte et écrasé de pomme de terre. Pigeonneau au crumble de grué de cacao, cèpes. Fruits de saison, contraste de miel et de citron en différentes textures.

Menu 48 € (semaine), 65/105 € - Carte 68/98 €

2 km au Pont d'Alleyras, au Nord par D40 - ✆ 04 71 57 57 63 - www.hotel-lehautallier.com - Ouvert 17 mars-11 nov. et fermé lundi et mardi

Le Haut-Allier

TRADITIONNEL • CONTEMPORAIN Aux confins des gorges de l'Allier, comme au bout du monde... Dans cet environnement, cet hôtel fait preuve d'un confort bourgeois sans ostentation, d'une tenue parfaite et d'un calme salutaire. Et il serait dommage de se priver du restaurant !

12 chambres - †95/150 € ††95/150 € - ☕ 16 €

2 km au Pont d'Alleyras, au Nord par D40 - ✆ 04 71 57 57 63 - www.hotel-lehautallier.com - Ouvert 17 mars-11 nov. et fermé lundi et mardi

✿ **Le Haut-Allier** - voir les restaurants ci-dessus

ALLUYES

✉ 28800 Eure-et-Loir - 766 hab. - Alt. 120 m - Carte régionale n° **11**-B1
Carte Michelin 311-E6 - Guide Vert Michelin Châteaux de la Loire

Moulin de la Ronce Ⓝ

MAISON DE CAMPAGNE • PERSONNALISÉ Vous adorerez cet ancien moulin à eau du 16e s., niché au cœur d'un grand parc traversé par le Loir. Le développement durable est au cœur du projet de la propriétaire (potager bio, menuiseries réalisées par l'ébéniste du village, savon bio...) et l'on profite d'une panoplie d'activités de plein air : pêche, promenades en barque, etc. Un vrai bonheur !

3 chambres ☕ - †80/140 € ††100/170 €

2 r. du Gué - ✆ 06 31 17 48 80 - www.moulin-de-la-ronce.com

ALLY

✉ 15700 Cantal - 623 hab. - Alt. 720 m - Carte régionale n° **3**-A3
Carte Michelin 330-B3

Château de La Vigne

DEMEURE HISTORIQUE • PERSONNALISÉ Un beau jardin à la française face au panorama des monts du Cantal, des murs robustes remontant au 15e s., des fresques médiévales, de délicieux décors 18e s. ou Directoire : ce château invite à un véritable voyage dans le temps. Visitez le "studiolo", cabinet de curiosités à l'italienne, récemment restauré : un exemple rarissime en France !

3 chambres ☕ - †150/160 € ††150/160 €

1 km au Nord-Est par D680 - ✆ 04 71 69 00 20 - www.chateaudelavigne.com - Ouvert juin-sept.

ALOXE-CORTON - 21 Côte-d'Or → Voir Beaune

ALPE-D'HUEZ

✉ 38750 Isère - 1 479 hab. - Alt. 1 860 m - Carte régionale n° **23**-C2
Carte Michelin 333-J7 - Guide Vert Michelin Alpes du Nord

Au Chamois d'Or

CUISINE CLASSIQUE • ÉLÉGANT XXX Cette jolie table n'est pas le moindre atout de l'hôtel Chamois d'Or : dans le décor chaleureux et feutré d'une salle tout en bois, on apprécie une belle cuisine classique – à tendance brasserie le midi –, composée avec un soin indéniable. L'atmosphère de l'endroit se fait même romantique le soir venu...

Menu 38 € (déj.)/60 € – Carte 36/70 €

Hôtel Au Chamois d'Or, 169 r. Fontbelle (rd-pt des pistes) – 04 76 80 31 32 – www.chamoisdor-alpedhuez.com – Ouvert 15 déc.-20 avril

L'Espérance (N)

CUISINE MODERNE • TENDANCE XX L'Espérance : le nom du restaurant évoque celui de l'établissement originel, qui appartenait à l'arrière-grand-père de l'actuelle propriétaire. La carte privilégie les circuits courts, et des plats travaillés. Les poissons arrivent directement de Concarneau, et les homards de leur vivier ! Deux bulles permettent de dîner sur la terrasse.

Menu 48 €

Hôtel Les Grandes Rousses, 425 rte du Signal – 04 76 80 33 11 – www.hotelgrandesrousses.com – Ouvert déc.-avril, juin à mi-sept. et fermé le midi

Au Chamois d'Or

LUXE • PERSONNALISÉ Un grand chalet en bois aux balcons ciselés : sous la neige, une véritable image d'Épinal... Des feux crépitent, le décor évoque une demeure particulière, les enfants peuvent s'amuser dans "leur" salon (jeux, TV, etc.) et leurs parents profiter du spa : un vrai havre au cœur des Alpes...

40 chambres – 250/580 € 265/595 € – 2 suites

169 r. Fontbelle (rd-pt des pistes) – 04 76 80 31 32 – www.chamoisdor-alpedhuez.com – Ouvert 15 déc.-20 avril

Au Chamois d'Or – voir les restaurants ci-dessus

Les Grandes Rousses (N)

TRADITIONNEL • MONTAGNARD Cet établissement est le fruit d'une histoire familiale, démarrée à Huez au début du 20e s. Le cuivre et le rouge sont le fil conducteur de cet intérieur montagnard d'une grande élégance ; les chambres, confortables, se parent de parquet et de pierre. Espace bien-être.

49 chambres – 150/550 € 150/550 € – 5 suites

425 rte du Signal – 04 76 80 33 11 – www.hotelgrandesrousses.com – Ouvert déc.-avril et de juin à mi-sept.

L'Espérance – voir les restaurants ci-dessus

Le Pic Blanc (N)

FAMILIAL • MONTAGNARD Grande construction moderne d'esprit chalet campée dans le quartier des Bergers, sur les hauteurs de la station. Les chambres spacieuses, de style anglais, sont dotées d'un balcon ; la salle à manger fait face aux montagnes... Solarium, piscine, sauna.

90 chambres – 89/459 € 89/5459 € – 2 suites – 17 €

90 r. du Rif-Briant – 04 76 11 42 42 – www.hotel-picblanc-alpes.com – Ouvert 1er juin-31 août et 1er déc.-25 avril

Royal Ours Blanc

TRADITIONNEL • DESIGN À 100 m des pistes, cet imposant hôtel tout en hauteur dévoile une déco moderne et design, qui multiplie les clins d'œil aux ursidés (pattes d'ours sur la moquette, imitations de nids d'abeilles)... Original et très accueillant !

44 chambres – 179/599 € 179/599 € – 2 suites

65 av. des Jeux – 04 76 80 35 50 – www.hotelroyaloursblanc.com – Ouvert 22 déc.-22 avril

ALPUECH - 12 Aveyron ➔ Voir Laguiole

ALTENSTADT - 67 Bas-Rhin ➔ Voir Wissembourg

ALTKIRCH

✉ 68130 Haut-Rhin - 5 738 hab. - Alt. 312 m - Carte régionale n° **1**-A3
Carte Michelin 315-H11 - Guide Vert Michelin Alsace Vosges

Auberge Sundgovienne

CUISINE MODERNE • ÉLÉGANT XX Ce restaurant d'hôtel est très sympathique : tout y est avenant, contemporain et cosy, et l'on y apprécie une bonne cuisine d'aujourd'hui, concoctée par un chef soucieux de bien faire.

Menu 17 € (semaine), 27/59 € - Carte 33/64 €

1 rte de Belfort, 4 km à l'Ouest par D419 - ✆ 03 89 40 97 18 - www.auberge-sundgovienne.fr - Fermé 23 juil.-1er août, 21 déc.-20 janv., mardi midi, dim. soir et lundi

Auberge Sundgovienne

URBAIN • BUSINESS La belle façade contemporaine invite à pousser les portes de cet établissement coquet et chaleureux. Le parc paysagé est idéal pour se mettre au vert, les chambres, urbaines et contemporaines, sont plaisantes et raffinées ; quant au restaurant, il se prête à la gourmandise.

27 chambres - †70/103 € ††90/130 € - 1 suite - ☕ 14 €

1 rte de Belfort, 4 km à l'Ouest par D419 - ✆ 03 89 40 97 18 - www.auberge-sundgovienne.fr - Fermé 23 juil.-1er août et 21 déc.-20 janv.

Auberge Sundgovienne - voir les restaurants ci-dessus

ALTWILLER

✉ 67260 Bas-Rhin - 416 hab. - Alt. 220 m - Carte régionale n° **1**-A1
Carte Michelin 315-F3

L'Écluse 16

CUISINE MODERNE • CONTEMPORAIN XX Cet ancien relais de chevaux de halage, bordant le canal des houillères de la Sarre, est installé à quelques pas... d'une écluse. Le chef, originaire du Morbihan, régale sa clientèle avec une jolie cuisine de saison renouvelée régulièrement, et utilise à l'occasion les produits du terroir local.

Formule 21 € - Menu 31 € (semaine), 34/50 €

Bonne Fontaine, 3,5 km au Sud-Est - ✆ 03 88 00 90 42 - www.ecluse16.com - Fermé 25 fév.-15 mars, 26 déc.-5 janv., lundi soir sauf juil.-août, mardi et merc.

AMBERT

✉ 63600 Puy-de-Dôme - 6 794 hab. - Alt. 535 m - Carte régionale n° **3**-C2
Carte Michelin 326-J9 - Guide Vert Michelin Auvergne

Les Copains

CUISINE TRADITIONNELLE • FAMILIAL XX Voilà plus de 80 ans que la même famille tient les rênes de cette table située en face de la pittoresque mairie en rotonde célébrée par Jules Romains dans *Les Copains*. Au menu, une généreuse cuisine élaborée à partir de produits du terroir : agneau du pays, fourme d'Ambert... On passe un excellent moment.

Menu 24 € (déj. en semaine), 34/60 € - Carte 41/52 €

11 chambres - †62/74 € ††62/74 € - ☕ 8,50 €

42 bd Henri-IV - ✆ 04 73 82 01 02 - www.hotelrestaurantlescopains.com - Fermé 17-25 fév., 14-22 avril, 10 sept.-10 oct., dim. soir, sam. et fériés le soir

AMBIERLE

✉ 42820 Loire - 1 866 hab. - Alt. 467 m - Carte régionale n° **23**-A1
Carte Michelin 327-C3 - Guide Vert Michelin Lyon et sa région

✿ Le Prieuré (Thierry Fernandes)

CUISINE MODERNE • TENDANCE XxX Au centre de ce village de vignerons, on se laisse surprendre par le terroir revu et corrigé selon Thierry Fernandes, chef créatif et inspiré. Quels que soient les plats proposés, la technique est au rendez-vous et les saveurs tout autant.

➜ Carpaccio de noix de Saint-Jacques, arc-en-ciel de légumes croquants acidulés et huiles parfumées. Ris de veau rôti à la réglisse, jus au gamay. Sphère au chocolat noir.

Formule 24 € – Menu 45/90 € – Carte 65/115 €

r. de la Mairie – ✆ 04 77 65 63 24 – www.leprieureambierle.fr – Fermé dim. soir, mardi et merc.

Demeure Bouquet

HÔTEL PARTICULIER • PERSONNALISÉ Au cœur du village, cette imposante demeure de 1790 trône au milieu d'un élégant jardin à la française, agrémenté d'une piscine d'été et d'une terrasse. À l'intérieur, l'escalier en pierre et fer forgé dessert cinq chambres confortables, avec tomettes et mobilier chic. Les hédonistes apprécieront.

5 chambres – 🚹145/165 € 🚹🚹145/165 €

r. de Faimes – ✆ 06 95 88 83 82 – www.demeurebouquet.com

AMBOISE

✉ 37400 Indre-et-Loire – 13 371 hab. – Alt. 60 m – Carte régionale n° **6**-A1
Carte Michelin 317-O4 – Guide Vert Michelin Châteaux de la Loire

✿ Château de Pray

CUISINE MODERNE • ÉLÉGANT XxX Décor châtelain et... salle troglodytique pour cet ancien chai proposant désormais une cuisine qui flirte joliment avec notre époque. Finesse d'exécution, équilibre des saveurs, approvisionnement auprès de producteurs locaux... en un mot, c'est bon !

➜ Foie gras de canard à la cazette. Pigeonneau du pays de Racan à la feuille de vigne, haricots verts et champignons des caves. Soufflé chaud au cassis de Touraine, sorbet au cassis frais.

Menu 58/135 € – Carte 90/100 €

Hors plan *Hôtel Château de Pray, r. du Cèdre, 3 km, rte de Chargé au Nord-Est et D751 – ✆ 02 47 57 23 67 – www.chateaudepray.fr – Fermé 5-15 mars, 18 nov.-1er déc., 8 janv.-8 fév., mardi sauf le soir en juil.-août, merc. midi et lundi*

Le Lion d'Or

CUISINE MODERNE • CONVIVIAL X Au pied du célébrissime château d'Amboise, ce restaurant résolument contemporain est niché dans une grande maison datant de 1880. Le chef y compose des assiettes dans l'air du temps, parfumées et colorées, où les beaux produits sont légion, le tout dans une ambiance conviviale. Bon rapport qualité-prix.

Formule 19 € – Menu 22 € (semaine), 32/62 €
– Carte 47/65 €

Plan : B1-a *17 quai Charles-Guinot – ✆ 02 47 57 00 23 – www.liondor-amboise.com – Fermé 5-22 mars, 12 nov.-5 déc., jeudi soir hors saison, mardi midi en saison, dim. soir et lundi*

Le Patio

CUISINE MODERNE • BISTRO X Raviole à la ricotta, cromesquis d'escargots au coulis de tomate, ballotine de sole à la crème d'orange, riz au lait à la cassonade... Au cœur de la ville, dans un décor d'atelier – poutres métalliques, murs blancs –, la chef réalise une cuisine du marché simple et bonne, avec des produits locaux triés sur le volet. Plaisant !

Menu 19 € (déj.)/32 €
– Carte 46/68 €

Plan : B1-v *14 r. Nationale – ✆ 02 47 79 00 00 – Fermé 31 déc.-8 fév., mardi d'oct. à mai et merc. de sept. à juin*

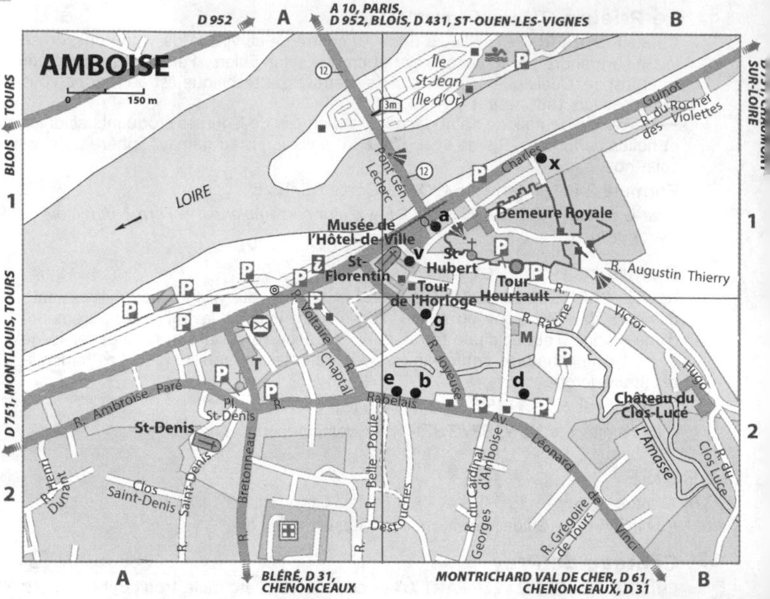

Le Manoir Les Minimes

LUXE • PERSONNALISÉ Cette demeure du 18e s. située en bord de Loire vous accueille avec élégance. De superbes meubles de style habillent ses beaux salons bourgeois et ses chambres raffinées.

13 chambres – 🚹139/342 € 🚹🚹139/342 € – 2 suites – ☕18 €

Plan : B1-x *34 quai Charles-Guinot – ✆ 02 47 30 40 40 – www.manoirlesminimes.com – Fermé 21 janv.-8 fév.*

Le Pavillon des Lys

TRADITIONNEL • PERSONNALISÉ À deux pas du château d'Amboise et du Clos-Lucé, cette belle demeure du 18e s. abrite des chambres joliment décorées. Il fait bon se détendre sur l'agréable terrasse ou dans l'un des salons raffinés. Une bonne adresse.

9 chambres – 🚹95/310 € 🚹🚹95/310 € – 1 suite – ☕15 €

Plan : B2-g *9 r. d'Orange – ✆ 02 47 30 01 01 – www.pavillondeslys.com*

Le Manoir St-Thomas

FAMILIAL • PERSONNALISÉ Ce manoir Renaissance met tout en œuvre pour le confort de ses clients. Jardin avec piscine, agréables salons et chambres de caractère (antiquités, poutres apparentes ou plafonds peints, etc.).

8 chambres – 🚹145/215 € 🚹🚹145/215 € – 2 suites – ☕17 €

Plan : B2-d *1 Mail St-Thomas – ✆ 02 47 23 21 82 – www.manoir-saint-thomas.com – Fermé 16-20 nov. 20-25 déc. et 16 janv.-1er fév.*

Au Charme Rabelaisien

HÔTEL PARTICULIER • PERSONNALISÉ Cette demeure bourgeoise qui abrita banque, école et étude notariale, est devenue un hôtel de charme. Les chambres sont confortables (celles du dernier étage disposent d'une vue sur le château), et l'accueil familial ; petit jardin avec piscine. Agréable espace bien-être.

10 chambres – 🚹130/160 € 🚹🚹145/239 € – ☕14 €

Plan : B2-e *25 r. Rabelais – ✆ 02 47 57 53 84 – www.au-charme-rabelaisien.com*

Château de Pray

DEMEURE HISTORIQUE • CLASSIQUE D'imposantes tours rondes, un grand parc arboré, quelques lits à baldaquin... Sur des fondations médiévales, ce petit château date essentiellement du 17e s. : à la croisée des époques, caractère et agrément !

19 chambres – 139/215 € 139/305 € – 19 €

Hors plan *r. du Cèdre, 3 km au Nord-Est, rte de Chargé et D751 – 02 47 57 23 67 – www.chateaudepray.fr – Fermé 1er-8 fév. et 18 nov.-1er déc.*

Château de Pray – voir les restaurants ci-dessus

Le Clos d'Amboise

TRADITIONNEL • PERSONNALISÉ Un beau parc avec piscine chauffée et de coquettes chambres font l'attrait de cette maison de maître proche du château. Il fait bon se détendre devant la cheminée du salon et dans l'agréable sauna ; espace restauration, le soir.

18 chambres – 109/269 € 109/269 € – 2 suites – 15 €

Plan : B2-b *27 r. Rabelais – 02 47 30 10 20 – www.leclosamboise.com*

à Limeray 7 km au Nord par D952 – 37530 – 1 263 hab. – Alt. 70 m

Auberge de Launay

CUISINE MODERNE • AUBERGE XX Dans cette ancienne ferme du 18e s., le chef cuisine de délicieux produits du terroir – dont certains bio –, et les accompagne avec les herbes aromatiques du jardin. Le tout se déguste avec un petit vin de Loire, dans la véranda ou sur la terrasse aux beaux jours. Chambres sobres, tenues avec un soin méticuleux.

Menu 20 € (déj. en semaine), 36/48 €

15 chambres – 68/98 € 68/98 € – 11 €

9 r. de la Rivière – 02 47 30 16 82 – www.aubergedelaunay.com – Fermé de 21 déc.-31 janv., sam. midi, dim. soir et lundi midi

à St-Ouen-les-Vignes 6,5 km au Nord par D431 – 37530 – 1 019 hab. – Alt. 80 m

L'Aubinière

CUISINE MODERNE • DESIGN XXX Une belle salle contemporaine et lumineuse, une cuisine de saison qui ne triche pas sur la qualité des produits et une cave riche en vins régionaux : le restaurant de l'Aubinière a vraiment tout pour plaire.

Formule 22 € – Menu 38/62 € – Carte 47/77 €

29 r. Jules-Gautier – 02 47 30 15 29 – www.aubiniere.com – Fermé 4 janv.-12 fév., mardi soir de fév. à mai, merc. midi et mardi de juin à sept., dim. soir et lundi

L'Aubinière

SPA ET BIEN-ÊTRE • FONCTIONNEL Six nouvelles chambres contemporaines spacieuses et confortables, un espace bien-être (sauna, hammam, spa à débordement) et une piscine chauffée... L'auberge de l'Aubinière évolue avec son temps et demeure une étape agréable dans le Val de Loire.

12 chambres – 138/315 € 138/315 € – 10 €

29 r. Jules-Gautier – 02 47 30 15 29 – www.aubiniere.com – Fermé 4 janv.-12 fév.

L'Aubinière – voir les restaurants ci-dessus

à St-Règle 3 km au Sud-Est par D31 – 37530 – 520 hab. – Alt. 80 m

Château des Arpentis

DEMEURE HISTORIQUE • PERSONNALISÉ Un château entouré de douves, dans un parc de 30 ha, au grand calme. Les chambres sont raffinées et tendues de superbes tissus. On accède à la piscine par l'un des souterrains !

13 chambres – 150/175 € 150/270 € – 12 €

– 02 47 23 00 00 – www.chateaudesarpentis.com – Fermé 15-31 déc.

AMBRES - 81 Tarn ➜ Voir Lavaur

AMBRONAY

✉ 01500 Ain - 2 437 hab. - Alt. 250 m - Carte régionale n° **23**-B1
Carte Michelin 328-F4 - Guide Vert Michelin Franche-Comté Jura

✿ Auberge de l'Abbaye (Ivan Lavaux)

CUISINE MODERNE · TENDANCE XX Une auberge lumineuse, des produits de qualité sélectionnés avec minutie, souvent locaux, et de très beaux poissons, dont ce skrei céleri rémoulade et pomme gingembre. Beaucoup de soin, et point de superflu. Une adresse sûre.

➜ Cuisine du marché.

Formule 38 € 🍷 - Menu 55/125 € 🍷

47 pl. des Anciens-Combattants - ✆ 04 74 46 42 54
- www.aubergedelabbaye-ambronay.com

La Maison d'Ambronay (N)

MAISON DE MAÎTRE · PERSONNALISÉ Cette école primaire, entièrement réhabilitée, du cœur du village, face à l'abbaye, est, aux dires de sa propriétaire, une véritable "malle à souvenir". Un grand escalier en pierre donne accès à des chambres contemporaines, décorées avec goût. On raconte que même les cancres y passent de paisibles nuits... Atypique et réussi.

4 chambres ☕ - 🚹95/130 € 🚹🚹95/130 €

46 Grande-Rue - ✆ 07 82 32 90 79 www.lamaisondambronay.fr

L'AMÉLIE-SUR-MER - 33 Gironde ➜ Voir Soulac-sur-Mer

AMIENS

✉ 80000 Somme - 132 479 hab. - Agglo. 162 297 hab. - Alt. 34 m
- Carte régionale n° **19**-B2
Carte Michelin 301-G8 - Guide Vert Michelin Picardie

La Table du Marais

CUISINE MODERNE · CONVIVIAL XX Un paysage de verdure, une terrasse tournée vers les étangs... Aux portes de la ville, on est déjà à la campagne ! Dans l'assiette, les produits sont frais et toujours de saison ; la carte, dans l'air du temps, change régulièrement pour le plaisir des gourmands.

Formule 25 € - Menu 34 € - Carte 50/66 €

Hors plan *472 chaussée Jules-Ferry, au Sud-Est par D1029 - ✆ 03 22 46 17 44 - www.latabledumarais.fr - Fermé vacances de fév., 30 juil.-20 août, vacances de Noël, dim. et lundi*

Le Vivier

POISSONS ET FRUITS DE MER · CONVIVIAL XX Un vivier à crustacés, au centre de ce restaurant, donne le ton ! Ici, on célèbre la mer et ses saveurs avec raffinement : salade de foie gras aux langoustines, blanc de turbot aux girolles... Le cadre pour ce délicieux moment pourra être, au choix, un élégant jardin d'hiver, une salle bistrot ou plus feutrée.

Formule 28 € - Menu 34 € (semaine), 48/80 € - Carte 40/100 €

Hors plan *593 rte de Rouen - ✆ 03 22 89 12 21*
- www.restaurantlevivier-amiens.com - Fermé 22 juil.-21 août, 25 déc.-3 janv., dim. et lundi

Les Orfèvres

CUISINE MODERNE · CONTEMPORAIN XX À deux pas de la célèbre cathédrale, un restaurant chic et contemporain, à l'ambiance feutrée. Au menu : une cuisine qui connaît ses classiques, avec quelques touches plus modernes par-ci par-là : ...âteau de foie blond sauce homardine et écrevisses, Saint-Jacques au paleron ...fit et espuma de reblochon...

...32 € (déj. en semaine), 49/78 € - Carte 45/90 €

...**2-m** *14 r. des Orfèvres - ✆ 03 22 92 36 01*

...v.lesorfevres.com - Fermé 2-15 janv., dim. soir et lundi

Marotte

HISTORIQUE • ÉLÉGANT Bel établissement inauguré fin 2012 au cœur de la ville. Il prend ses aises dans une bâtisse de brique rouge du 19e s. (avec une extension contemporaine), dont il conserve le cachet – boiseries, moulures, etc. – et même l'esprit de demeure privée. Élégance, atmosphère feutrée et accueil charmant...

12 chambres – 145/500 € 145/500 € – 22 €

Plan : C3-a *3 r. Marotte – 03 60 12 50 00 – www.hotel-marotte.com*

Mercure

HÔTEL DE CHAÎNE • CONTEMPORAIN Cet hôtel propose des chambres bien équipées, dont le design chaleureux rappellerait les vitraux de la cathédrale voisine. Idéal pour familles et clientèle d'affaires.

98 chambres – 79/165 € 79/195 € – 3 suites – 16 €

Plan : C2-b *21 r. Flatters – 03 22 80 60 60 – www.mercure.com*

Le Saint-Louis

TRADITIONNEL • CONTEMPORAIN Situé entre la maison de Jules Verne et la tour Perret, cet hôtel a changé de propriétaire et bénéficié d'un sacré lifting ! Les chambres, notamment, sont progressivement modernisées ; l'ensemble est confortable et bien tenu.

24 chambres – 84/94 € 98/110 € – 12 €

Plan : C3-h *24 r. des Otages – 03 22 91 76 03 – www.amiens-hotel.fr*

à Dury 6 km au Sud par D1001 – 80480 – 1 244 hab. – Alt. 115 m

L'Aubergade (Eric Boutté)

CUISINE MODERNE • CONTEMPORAIN XXX Une collection de guides MICHELIN, une salle mêlant blancheur immaculée et tons chauds... Voilà pour le cadre de cette adresse considérée, à juste titre, comme la bonne table de la région. Le chef privilégie les produits de saison ; sa cuisine est actuelle, fine et savoureuse.

➜ Marbré de foie gras de canard, jambon serrano et jeunes poireaux, vinaigrette d'herbes. Véritable chou farci en hommage à Jean Delaveyne. Soufflé à la passion, coulis et sorbet.

Menu 45/81 € – Carte 70/100 €

78 rte Nationale – 03 22 89 51 41 – www.aubergade-dury.com – Fermé 22 avril-7 mai,12-27 août, 23 déc.-7 janv., dim. et lundi

La Bonne Auberge

CUISINE MODERNE • ÉLÉGANT XX Dans cette pimpante auberge, point de carte : on choisit parmi les suggestions de l'ardoise, gage de fraîcheur. Le jeune chef se montre assez audacieux dans sa cuisine, osant quelques accords de saveurs originaux (qui ne font pas de mal, dans cette région où la tradition règne en maître...). Service aimable et efficace, bon rapport qualité-prix.

Formule 24 € – Menu 32 €

63 rte Nationale – 03 22 95 03 33 – www.labonneauberge80.com – Fermé 6-14 mai, 12 août-3 sept., 1er-15 janv., dim. et lundi

AMMERSCHWIHR

68770 Haut-Rhin – 1 784 hab. – Alt. 215 m – Carte régionale n° **1**-C2
Carte Michelin 315-H8

Julien Binz

CUISINE MODERNE • ÉLÉGANT XXX Julien Binz et sa compagne, Sandrine Kauffer, se sont installés en 2015 dans cette jolie maison alsacienne. Lui, en cuisine, saupoudre la tradition de quelques touches modernes, voire exotiques, du plus bel effet, et dévoile des assiettes savoureuses et bien maîtrisées ; elle, en salle, assure un service amical et efficace.

➜ Escargots du Val d'Orbey, mousseline de girolles, émulsion d'un bouillon au beurre d'escargot. Filet de chevreuil, tarte fine aux champignons et sauce aux baies de genièvre. Sphère au chocolat.

Menu 48/93 € – Carte 75/95 €

7 r. des Cigognes – 03 89 22 98 23 – www.restaurantjulienbinz.com – Fermé 2 semaines en août, 1 semaine en janv., lundi et mardi

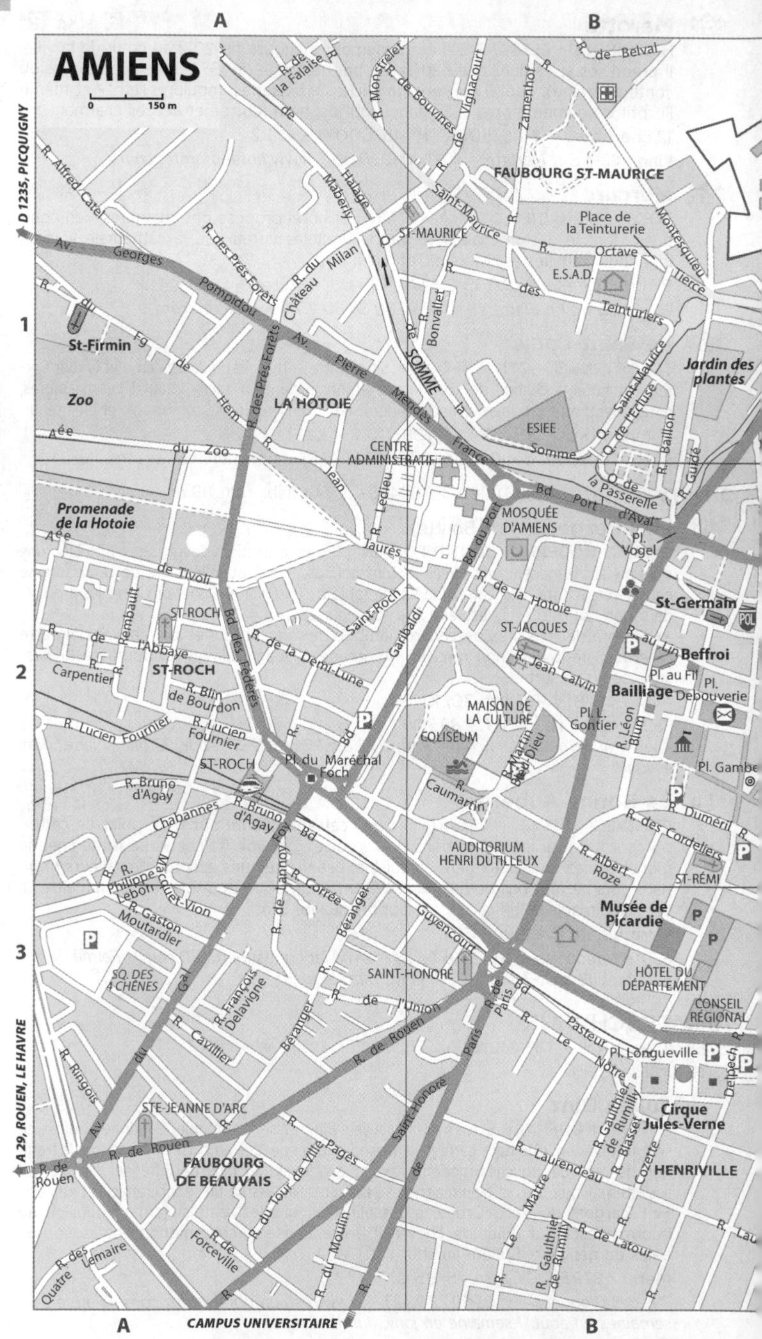
AMIENS
0
150 m
A
B
1
2
3
D 1235, PICQUIGNY
A 29, ROUEN, LE HAVRE
CAMPUS UNIVERSITAIRE
FAUBOURG ST-MAURICE
ST-MAURICE
Place de la Teinturerie
E.S.A.D.
Jardin des plantes
St-Firmin
Zoo
LA HOTOIE
CENTRE ADMINISTRATIF
ESIEE
MOSQUÉE D'AMIENS
Promenade de la Hotoie
ST-ROCH
ST-JACQUES
St-Germain
Beffroi
Bailliage
Pl. au Fil
Pl. Debouverie
Pl. L. Gontier
MAISON DE LA CULTURE
COLISEUM
Pl. du Maréchal Foch
Pl. Gambetta
AUDITORIUM HENRI DUTILLEUX
ST-RÉMI
Musée de Picardie
HÔTEL DU DÉPARTEMENT
CONSEIL RÉGIONAL
SAINT-HONORÉ
SQ. DES 4 CHÊNES
Pl. Longueville
Cirque Jules-Verne
HENRIVILLE
STE-JEANNE D'ARC
FAUBOURG DE BEAUVAIS
Av. Georges Pompidou
Av. Pierre Mendès France
Bd du Port
Bd d'Aval
Bd des Fédérés
Bd Foy
Bd Guyencourt
Bd de Paris
Bd Pasteur
R. de Belval
R. de la Falaise
R. Monstrelet
R. de Bouvines
R. de Vignacourt
R. Zamenhof
R. Alfred Catel
R. des Prés Forêts
R. du Château Milan
Q. de la Somme
R. Saint-Maurice
R. Octave Tierce
R. des Teinturiers
R. Montesquieu
R. Bonvallet
Q. de l'Écluse
R. Baillon
R. Guidé
Q. de la Passerelle
Pl. Vogel
R. du Fg de Hem
Aée du Zoo
R. Jean Jaurès
R. Ledieu
Aée de Tivoli
R. de la Hotoie
R. au Lin
R. Jean Calvin
R. Léon Blum
R. Rembault
R. de l'Abbaye
R. Carpentier
R. de la Demi-Lune
R. Saint-Roch
Bd Garibaldi
R. Blin de Bourdon
R. Lucien Fournier
R. Martin Bleu Dieu
R. Caumartin
R. Bruno d'Agay
R. Chabannes
R. Duméril
R. des Cordeliers
R. Albert Roze
R. Philippe Lebon
R. Macquet-Vion
R. Gaston Moutardier
R. de Lannoy
R. Corrée
R. Béranger
R. François Delavigne
R. de l'Union
R. de Rouen
R. Cavillier
R. Ringois
Av. du Gal
R. Le Nôtre
R. Gaulthier de Rumilly
R. Blasset
R. Cozette
R. Delpech
R. Laurendeau
R. Le Mattre
R. de Latour
R. Pagès
R. du Tour de Ville
R. Saint-Honoré
R. de Paris
R. du Moulin
R. de Forceville
R. des Quatre Lemaire

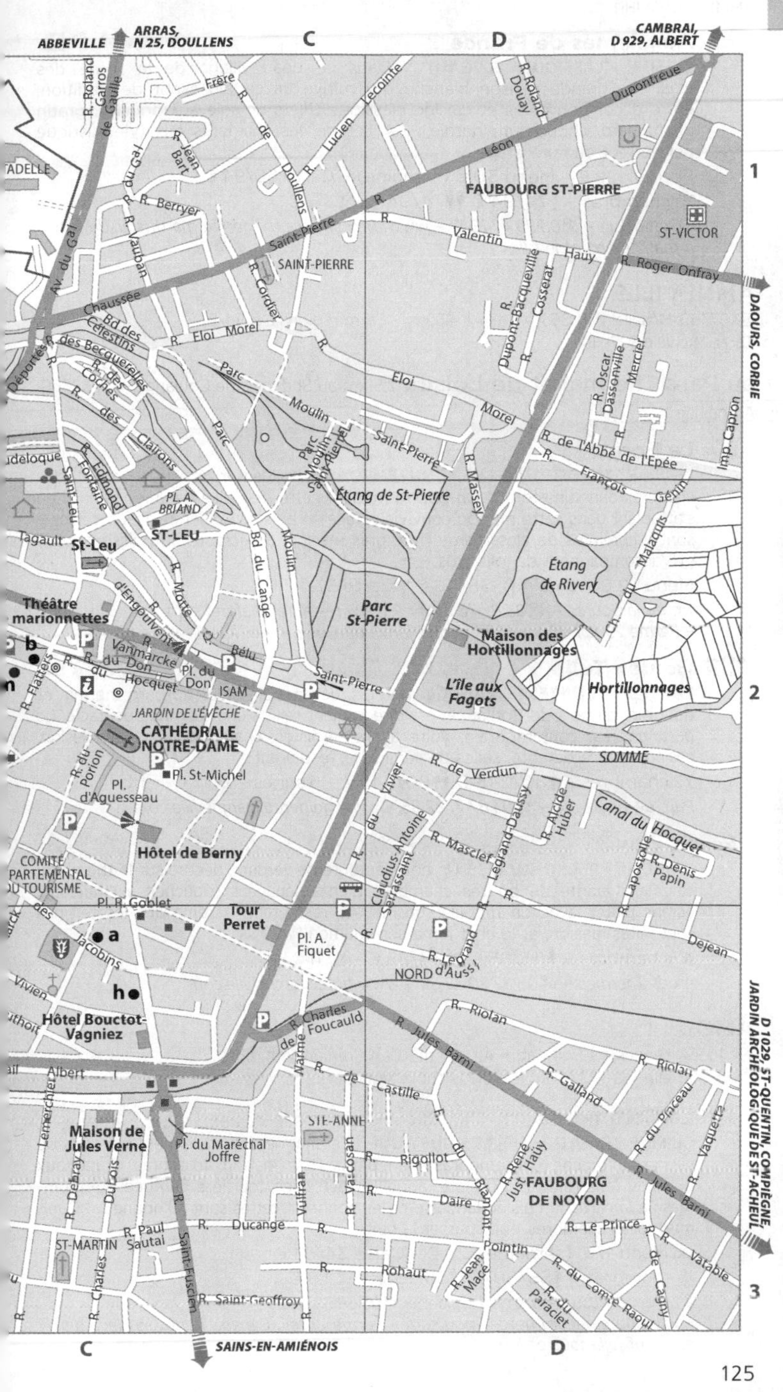

ABBEVILLE
ARRAS, N 25, DOULLENS
C
D
CAMBRAI, D 929, ALBERT
1
2
3
FAUBOURG ST-PIERRE
ST-VICTOR
SAINT-PIERRE
DAOURS, CORBIE
Étang de St-Pierre
Étang de Rivery
Parc St-Pierre
Maison des Hortillonnages
L'île aux Fagots
Hortillonnages
SOMME
Canal du Hocquet
St-Leu
ST-LEU
PL. A. BRIAND
Théâtre marionnettes
JARDIN DE L'ÉVÊCHÉ
CATHÉDRALE NOTRE-DAME
Pl. St-Michel
Pl. d'Aguesseau
Hôtel de Berny
COMITÉ PARTEMENTAL DU TOURISME
Pl. R. Goblet
Tour Perret
Pl. A. Fiquet
Hôtel Bouctot-Vagniez
Maison de Jules Verne
Pl. du Maréchal Joffre
STE-ANNE
FAUBOURG DE NOYON
ST-MARTIN
NORD
D 1029, ST-QUENTIN, COMPIÈGNE, JARDIN ARCHÉOLOGIQUE DE ST-ACHEUL
SAINS-EN-AMIÉNOIS

Aux Armes de France

CUISINE CLASSIQUE · ÉLÉGANT XXX Dans ce beau village de la route des vins, une grande maison blanche qui cultive un certain esprit de tradition, entre décor bourgeois et cuisine classique (filets de sole aux nouilles, gratin de homard, choucroute garnie...). À l'étage, les chambres de style rustique permettent de faire étape.

Formule 19 € – Menu 30 € (semaine) – Carte 60/94 €

10 chambres – 74/94 € 74/94 € – 12 €

1 Grand'Rue – 03 89 47 10 12 – www.armesfrance.fr – fermé mardi soir de janv. à mars, merc. et jeudi

AMNÉVILLE

57360 Moselle – 10 563 hab. – Alt. 162 m – Carte régionale n° **14**-B1
Carte Michelin 307-H3

au Parc Thermal et de Loisirs 2,5 km au Sud, bois de Coulange – 57360 Amnéville :

La Forêt

CUISINE TRADITIONNELLE · CONTEMPORAIN XX "Penser, c'est chercher des clairières dans une forêt." On pourra méditer cette trouvaille de Jules Renard en s'attablant dans cette maison conviviale, face au bois de Coulange. Les recettes y sont empreintes de classicisme (foie gras maison, choucroute de poissons, etc.) et s'accompagnent de jolis crus.

Menu 22 € (semaine), 35/46 € – Carte 37/67 €

1 r. de la Source – 03 87 70 34 34 – www.restaurant-laforet.com – Fermé 29 juil.-15 août, 23 déc.-9 janv., dim. soir, fériés le soir, lundi et mardi

Golden Tulip

BUSINESS · CONTEMPORAIN Cet hôtel, situé en plein cœur du parc thermal et de loisirs du bois de Coulange, est directement relié à une salle de spectacle. Le parti pris est contemporain, voire avant-gardiste : chambres et suites design, casino, espace détente, salles de séminaire, restaurant...

72 chambres – 80/245 € 80/345 € – 6 suites – 17 €

Parc de Coulange – 03 87 71 82 86 – www.goldentulipamneville.com

St Eloy

FAMILIAL · PERSONNALISÉ Un hôtel entouré de verdure, décoré sur le thème du cinéma. Il abrite de petites chambres bien aménagées (douches à l'italienne, écrans plats), avec un mobilier design. Au restaurant le 7ème art, les terrines sont faites maison, et le chef fume son saumon !

47 chambres – 63/85 € 63/85 € – 11 €

r. des Thermes – 03 87 70 32 62 – www.hotels-amneville.com

AMOU

40330 Landes – 1 544 hab. – Alt. 44 m – Carte régionale n° **2**-B3
Carte Michelin 335-G13 – Guide Vert Michelin Aquitaine

Le Commerce

CUISINE TRADITIONNELLE · RUSTIQUE X Le charme des anciennes auberges de village, la touche contemporaine en plus... Pâté maison, foie gras chaud aux piquillos, lamproie en matelote, anguilles persillées, tourtière flambée aux pommes : à la carte, la cuisine landaise et les bonnes recettes sont à l'honneur ! Quelques jolies chambres pour passer la nuit.

Menu 17 € (semaine)/29 € – Carte 34/54 €

15 chambres – 55/69 € 55/100 € – 8 €

2 pl. de la Poste (près de l'église) – 05 58 89 02 28 – www.hotel-lecommerceamou.com – Fermé 21 fév.-6 mars, 13 nov.-5 déc., dim. soir sauf juil.-août et lundi

AMPHION-LES-BAINS

✉ 74500 Haute-Savoie - Carte régionale n° **25**-F1
Carte Michelin 328-M2 - Guide Vert Michelin Alpes du Nord

La Plage

TRADITIONNEL • PERSONNALISÉ Une hostellerie tenue par la même famille depuis quatre générations, au grand calme. Les chambres y sont confortables et bien tenues. Autres avantages de cet établissement : le jardin au bord du lac, le charmant restaurant traditionnel sur pilotis, face à la Suisse... Et le must : la plage, tout près !

39 chambres - 80/130 € 85/180 € - 13 €

431 r. de la Plage - 04 50 70 00 06 - www.hotelplage74.com - Fermé 30 nov.-10 mars

ANCELLE

✉ 05260 Hautes-Alpes - 903 hab. - Alt. 1 340 m - Carte régionale n° **21**-C1
Carte Michelin 334-F5 - Guide Vert Michelin Alpes du Sud

Les Autanes

TRADITIONNEL • MONTAGNARD Une vraie affaire de famille ! Cet hôtel-restaurant a été créé par l'aïeul des actuels propriétaires, qui a également œuvré à la création de la station de ski. Tout près des pistes, le refuge est chaleureux, mêlant décor montagnard, espace bien-être et restaurant traditionnel. Un cadre bien agréable.

32 chambres - 89/123 € 89/123 € - 12 €

le village - 04 92 50 82 82 - www.hotel-les-autanes.com - Fermé 12 nov.-23 déc.

ANCENIS

✉ 44150 Loire-Atlantique - 7 461 hab. - Alt. 13 m - Carte régionale n° **18**-B2
Carte Michelin 316-I3 - Guide Vert Michelin Pays de la Loire

La Toile à Beurre

CUISINE MODERNE • RUSTIQUE Pierres, poutres et tomettes font le cachet rustique de cette maison de 1750, bordée d'une jolie terrasse. Le chef, Pierre-Yves Ladoire, y revisite la cuisine du terroir en y mêlant sa patte personnelle. Résultat : des recettes gourmandes, mettant notamment à l'honneur les poissons sauvages. Service aimable.

Formule 15 € - Menu 20 € (déj. en semaine), 28/55 €
8 chambres - 73/83 € 73/83 € - 9 €

82 r. St-Pierre - 02 40 98 89 64 - www.latoileabeurre.com - Fermé dim. soir et lundi

Hôtel de La Loire

TRADITIONNEL • FONCTIONNEL Aux portes de la ville, cet hôtel abrite des chambres fonctionnelles et bien tenues (quelques familiales), la plupart avec balcon ou terrasse privative côté jardin. Cadre moderne au restaurant, cuisine traditionnelle.

42 chambres - 54/76 € 65/105 € - 11 €

2 km à l'Est, par D723 rte d'Angers - 02 40 96 00 03 - www.hotel-loire.net

ANDLAU

✉ 67140 Bas-Rhin - 1 753 hab. - Alt. 215 m - Carte régionale n° **1**-C1
Carte Michelin 315-I6

Zinckhotel

TRADITIONNEL • PERSONNALISÉ Sur la route des Vins, dans le village d'Andlau, un ancien moulin et son extension moderne et spacieuse. Chambres zen, pop, jazzy, Empire... Insolite et décalé !

18 chambres - 65/111 € 80/111 € - 11 €

13 r. de la Marne - 03 88 08 27 30 - www.zinckhotel.com - Fermé 23 déc.-3 janv.

ANDREZÉ

✉ 49600 Maine-et-Loire - 1 847 hab. - Alt. 87 m - Carte régionale n° **18**-B2
Carte Michelin 317-D5

Le Château de la Morinière

DEMEURE HISTORIQUE • PERSONNALISÉ Ce petit château Napoléon III domine la vallée du Beuvron. Ses propriétaires ont su capter toute l'essence raffinée et mystérieuse de son style néogothique : les chambres sont décorées sur le thème des fées... Passionnés de gastronomie et auteurs de livres sur le sujet, ils proposent aussi une belle table d'hôte et des cours. L'alliance du surnaturel et... du naturel.

5 chambres - 85/99 € 89/119 € - 10 €

- 02 41 75 40 30 - www.chateau-de-la-moriniere.com

ANDUZE

✉ 30140 Gard - 3 431 hab. - Alt. 135 m - Carte régionale n° **12**-C2
Carte Michelin 339-I4

au Nord-Ouest par rte de St-Jean-du-Gard - ✉ 30140 Anduze

La Porte des Cévennes

FAMILIAL • FONCTIONNEL Non loin de la superbe Bambouseraie de Prafrance, cette paisible maison propose des chambres spacieuses et bien tenues, pour la moitié tournées vers la vallée du Gardon. Carte traditionnelle au restaurant, avec terrasse panoramique.

34 chambres - 95/105 € 95/105 € - 12 €

2300 rte de St-Jean-du-Gard, à 3 km - 04 66 61 99 44
- www.porte-cevennes.com - Ouvert 1er avril-15 oct.

à Thoiras 8,5 km au Nord-Ouest par D907 et D258 - ✉ 30140 -
441 hab. - Alt. 200 m

Le Mas de Prades

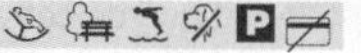

MAISON DE CAMPAGNE • PERSONNALISÉ En pleine campagne, aux portes du parc national des Cévennes, ce mas tout en pierre est un vrai refuge. La belle piscine dans le parc parfaitement entretenu, les chambres très cosy, les salons où il fait bon prendre un livre, les vélos à disposition : tout invite à lâcher prise...

5 chambres - 95/100 € 100/120 €

au hameau de Prades, 3 km au Nord-Ouest par D57 - 04 66 85 09 00
- www.masdeprades.com - Ouvert de début avril à fin sept.

ANET

✉ 28260 Eure-et-Loir - 2 676 hab. - Alt. 73 m - Carte régionale n° **6**-B1
Carte Michelin 311-E2 - Guide Vert Michelin Normandie Vallée de la Seine

Le Manoir d'Anet

CUISINE TRADITIONNELLE • ÉLÉGANT XX Un restaurant traditionnel idéalement situé face au château de Diane de Poitiers ! Dans la salle, rustique et coquette, on se régale de grands classiques du genre, réalisés avec de bons produits de saison. Une offre snacking est également proposée.

Menu 27/53 € - Carte 54/73 €

3 pl. du Château - 02 37 41 91 05 - www.lemanoirdanet.com - Fermé mardi et merc.

Foodcollection/Getty Images

ON AIME...

Les belle chambres contemporaines de l'**Hôtel 21 Foch**, et en son sein, le **Favre d'Anne** et ses délicieux produits du terroir angevin. **Le Pois Gourmand**, pour sa goûteuse cuisine du marché et sa sélection de vins de Loire. **Le Crêmet d'Anjou**, pour sa succulente joue de bœuf...

ANGERS

✉ 49000 Maine-et-Loire - 149 017 hab. - Agglo. 217 399 hab. - Alt. 41 m
- Carte régionale n° **18**-C2
Carte Michelin 317-F4 - Guide Vert Michelin Pays de la Loire

Restaurants

✿ Le Favre d'Anne (Pascal Favre d'Anne)

CUISINE CRÉATIVE • ÉLÉGANT XX Sis au premier étage de cet ancien hôtel particulier du 19e s., le Favre d'Anne s'offre une nouvelle jeunesse ! Pascal, le chef, y associe avec bonheur les produits du terroir angevin aux saveurs qu'il a glanées en voyage. Finesse et technicité vont main dans la main : on en sort ravi.

➜ Foie gras de Nueil-sur-Layon, pâte de betterave et beurre d'orange. Pigeon d'Anjou, carotte au citron confit et dim sum de cuisses. Religieuse aux framboises.

Formule 38 € - Menu 70/105 € - menu unique

Plan : C3-g *Hôtel 21 Foch, 21 bd du Mar.-Foch (1er étage) - ✆ 02 41 36 12 12 - www.lefavredanne.fr - Fermé 27 juil.-16 août, 23 déc.-2 janv., dim., lundi et mardi*

✿ Une Île (Gérard Bossé)

CUISINE MODERNE • DESIGN XX Une île en forme de loft contemporain, sobre et épurée, comme la cuisine : le chef cultive le goût du produit, dans la simplicité et la précision. Madame, sommelière, suggère les accords mets et vins.

➜ Foie gras grillé et croustillant de pain d'épice. Ris de veau braisé à la ciboulette chinoise. Sablé caramel au beurre salé.

Formule 38 € - Menu 55/98 € - Carte 70/85 €

Plan : B3-g *9 r. Max-Richard - ✆ 02 41 19 14 48 - www.une-ile.fr - Fermé 1 semaine en mars, 22 août-5 sept., dim. et lundi*

Autour d'un Cep

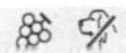

CUISINE TRADITIONNELLE • BISTRO X Ce "restaurant à vins" met le Val de Loire à l'honneur, autour des crus de petits propriétaires locaux et d'une "ardoise du jour" réécrite par le chef au gré du marché. Dans l'assiette, les produits ont le goût de ce qu'ils sont, dans le droit fil de la bonne tradition. Pourquoi faire compliqué quand on peut faire simple ?

Formule 27 € - Menu 32/42 €

Plan : B2-a *9 r. Baudrière - ✆ 02 41 42 61 00 - Fermé 2 semaines en juin, 2 semaines début sept., 1 semaine début janv., dim. et le midi*

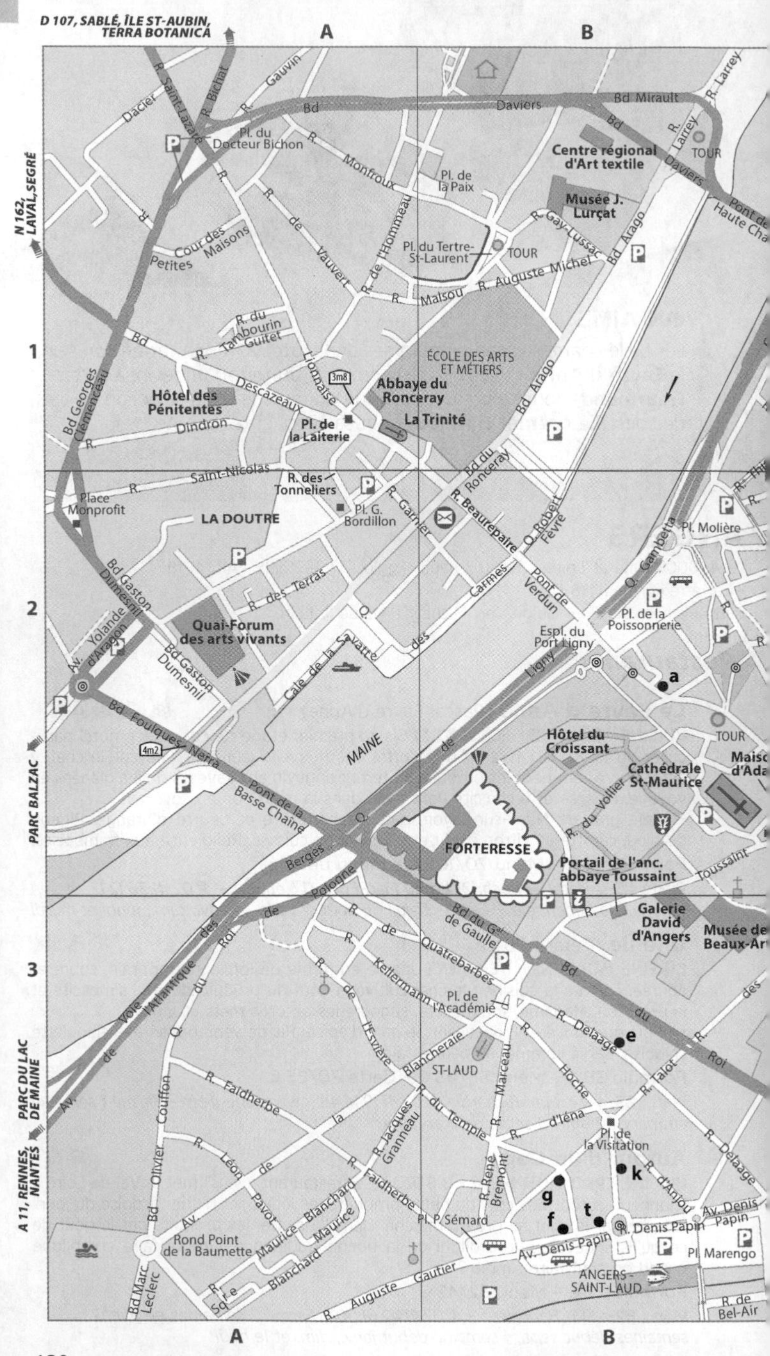

D 107, SABLÉ, ÎLE ST-AUBIN, TERRA BOTANICA
A
B
N 162, LAVAL, SEGRÉ
PARC BALZAC
PARC DU LAC DE MAINE
A 11, RENNES, NANTES
1
2
3
R. Saint-Lazare
R. Bichat
R. Gauvin
Dacier
Bd Daviers
Bd Mirault
R. Larrey
TOUR
Pont de Haute Chaîne
Pl. du Docteur Bichon
R. Monfroux
Pl. de la Paix
Centre régional d'Art textile
Musée J. Lurçat
R. Gay-Lussac
Bd Arago
Cour des Maisons
Petites
R. de Vauvert
R. de l'Hommeau
Pl. du Tertre-St-Laurent
R. Malsou
R. Auguste Michel
R. du Tambourin
R. Guitet
Bd Descazeaux
R. Lionnaise
ÉCOLE DES ARTS ET MÉTIERS
Abbaye du Ronceray
La Trinité
Bd Georges Clemenceau
Hôtel des Pénitentes
R. Dindron
Pl. de la Laiterie
3m8
R. Saint-Nicolas
R. des Tonneliers
Pl. G. Bordillon
Place Monprofit
LA DOUTRE
R. Garnier
Bd du Ronceray
R. Beaurepaire
Q. Robert Fèvre
Pl. Molière
Q. Gambetta
R. des Terras
Q. des Carmes
Pont de Verdun
Pl. de la Poissonnerie
Bd Gaston Dumesnil
Av. Yolande d'Aragon
Quai-Forum des arts vivants
Cale de la Savatte
Espl. du Port Ligny
Q. Ligny
Bd Fouques Nerra
4m2
MAINE
Hôtel du Croissant
Cathédrale St-Maurice
Maison d'Adam
R. du Vollier
Pont de la Basse Chaîne
FORTERESSE
Berges
Portail de l'anc. abbaye Toussaint
R. Toussaint
Galerie David d'Angers
Musée des Beaux-Arts
Voie de Pologne
Bd du Gal de Gaulle
R. de Quatrebarbes
R. Kellermann
Pl. de l'Académie
Av. de l'Atlantique
Q. du Roi
R. de l'Esvière
R. Delaage
Bd du Roi
R. Talot
Blancheraie
ST-LAUD
R. Marceau
R. Hoche
R. Faidherbe
R. du Temple
R. d'Iéna
Pl. de la Visitation
R. Couffon
R. Jacques Granneau
R. Léon Pavot
Av. de la Faidherbe
R. René Bremont
R. d'Anjou
Bd Olivier Couffon
R. Maurice Blanchard
Pl. P. Sémard
R. Denis Papin
Av. Denis Papin
Pl. Marengo
Rond Point de la Baumette
ANGERS-SAINT-LAUD
Bd Marc Leclerc
Sq. e
R. Auguste Gautier
R. de Bel-Air
a
e
g
f
t
k

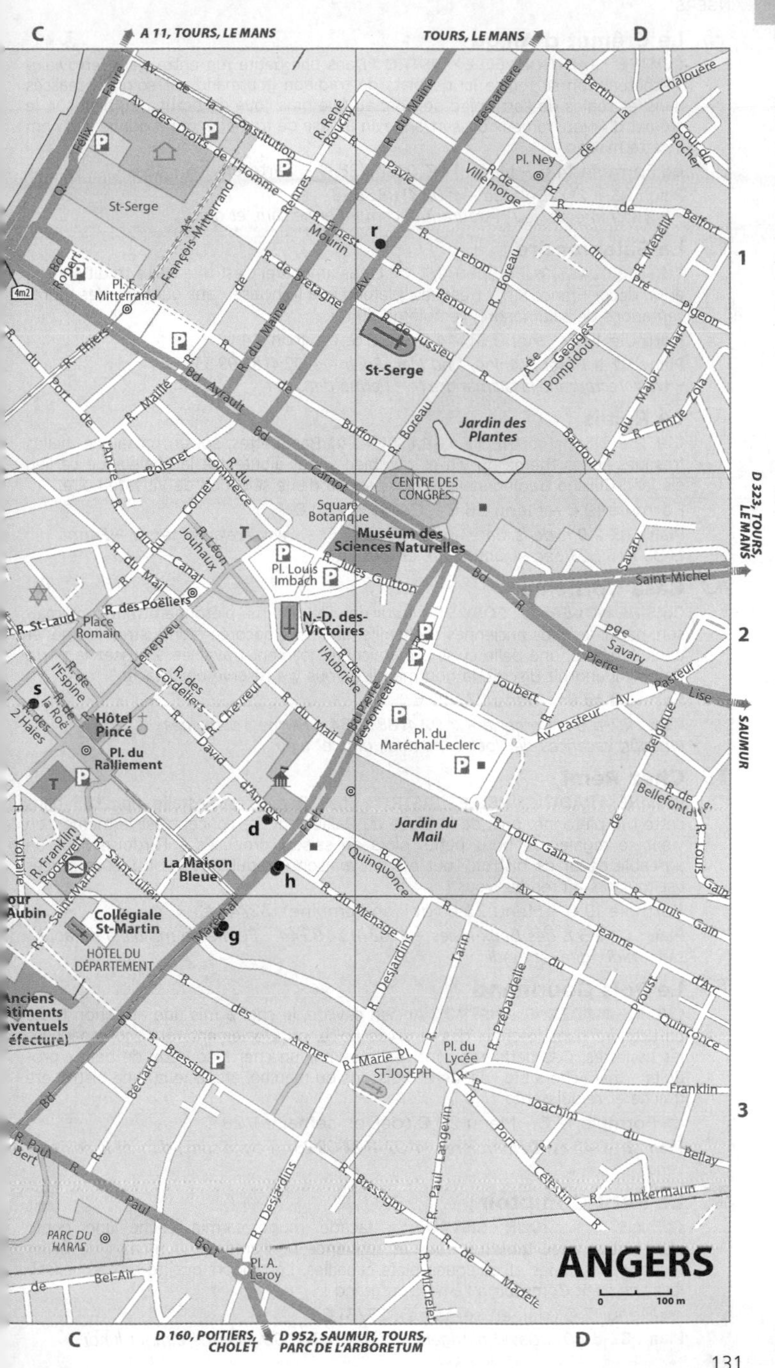

ANGERS
0
100 m
A 11, TOURS, LE MANS
TOURS, LE MANS
D 323, TOURS, LE MANS
SAUMUR
D 160, POITIERS, CHOLET
D 952, SAUMUR, TOURS, PARC DE L'ARBORETUM
C
D
1
2
3
St-Serge
Pl. F. Mitterrand
St-Serge
Jardin des Plantes
CENTRE DES CONGRÈS
Square Botanique
Muséum des Sciences Naturelles
Pl. Louis Imbach
N.-D. des-Victoires
Place Romain
Hôtel Pincé
Pl. du Ralliement
Pl. du Maréchal-Leclerc
Jardin du Mail
La Maison Bleue
Collégiale St-Martin
HÔTEL DU DÉPARTEMENT
ST-JOSEPH
Pl. du Lycée
Pl. Ney
PARC DU HARAS
Pl. A. Leroy
r
s
d
h
g
Av. de la Constitution
Av. des Droits de l'Homme
Q. Félix Faure
Bd Robert
Allée François Mitterrand
R. René Rouchy
R. du Maine
R. Besnardière
R. Bertin
R. de la Chalouère
Cour du Rocher
R. Pavie
R. de Villemorge
R. de Rennes
R. Ernest Mourin
R. de Bretagne
R. Lebon
R. Renou
R. de Jussieu
R. Boreau
R. de Belfort
R. du Pré Pigeon
R. Ménélik
Allée Georges Pompidou
R. du Major Allard
R. Émile Zola
R. Bardoul
R. de Buffon
R. Thiers
R. du Port de l'Ancre
R. Maillé
Bd Ayrault
Bd Carnot
R. Boisnet
R. du Commerce
R. du Cornet
R. Léon Jouhaux
R. du Canal
R. du Mail
R. Jules Guitton
Bd Saint-Michel
R. Savary
pge Savary
Bd Pierre Lise
Av. Pasteur
R. Joubert
R. de l'Aubrière
Bd Pierre Bessonneau
R. des Poëliers
R. St-Laud
R. Lenepveu
R. des Cordeliers
R. Chevreul
R. de l'Espine
R. de la Roë
R. des 2 Haies
R. David d'Angers
Bd Foch
R. de Belgique
R. de Bellefontaine
R. Louis Gain
Av. Jeanne d'Arc
R. du Quinconce
R. du Ménage
R. Franklin Roosevelt
R. Saint-Julien
R. Saint-Martin
R. Voltaire
Bd du Maréchal
R. des Arènes
R. Bressigny
R. Béclard
R. Desjardins
R. Tarin
R. Marie Pl.
R. Prébaudelle
R. Proust
R. Joachim du Bellay
R. Franklin
R. Port Célestin
R. Inkermann
R. Paul Langevin
R. de la Madeleine
R. Michelet
R. Paul Bert
R. de Bel-Air

Le Crêmet d'Anjou

CUISINE TRADITIONNELLE · BISTRO X Dans une petite rue entre gare ferroviaire et château, on se régale ici de plats de tradition gourmands et soignés, réalisés dans les règles de l'art : pied de porc au foie gras, joue de bœuf... et, bien sûr, le crémet d'Anjou, fameux dessert angevin à base de fromage, qui a donné son nom à cette maison.

Formule 14 € - Menu 17 € (déj.)/28 € - Carte environ 35 €

Plan : B3-e *21 r. Delaâge - 02 41 88 38 38 - www.cremetdanjou-restaurant49.com - Fermé sam. et dim.*

La Salamandre

CUISINE CLASSIQUE · ÉLÉGANT XXX La Salamandre, c'est une carte traditionnelle et un décor François Ier : fresques, plafond à la française, sans oublier... des représentations de salamandre, l'emblème du roi.

Formule 19 € - Menu 31/44 € - Carte environ 44 €

Plan : C2-h *Hôtel D'Anjou, 1 bd Mar.-Foch - 02 41 88 99 55 - www.restaurant-lasalamandre.fr - Fermé dim. soir*

Le Relais

CUISINE TRADITIONNELLE · BRASSERIE XX Banquettes, sol en mosaïque, belles fresques sur le thème du vin et du "bien vivre" ajoutent à la chaleur de ce lieu élégant. Cuisine traditionnelle accompagnée d'une sélection de vins de Loire.

Formule 19 € - Menu 26 € - Carte 27/50 €

Plan : B3-k *9 r. de la Gare - 02 41 88 42 51 - www.lerelaisangers.fr - Fermé 13-30 août, 23 déc.-4 janv., sam. et dim.*

Casa Corneille N

CUISINE MODERNE · COSY X En cœur de ville, une rue piétonne étroite, une maison, parmi les plus anciennes de la ville, une salle décorée d'un lustre Murano, et dans l'assiette, une belle cuisine maraîchère, joliment travaillée. Poussez la porte de ce joli endroit discret, la gourmandise vous y a réservé une place.

Formule 19 € - Menu 23/40 €

Plan : C2-b *8 r. Corneille - 02 41 88 33 64 - Fermé 3 semaines en août, vacances de Noël, sam. midi, dim. et lundi*

Chez Rémi

CUISINE TRADITIONNELLE · BISTRO X Chez Rémi s'est installé fin 2013 dans cette rue piétonne, près de la place du Ralliement. Le concept est le même : on vient se régaler de bons petits plats de saison, proposés à l'ardoise dans un agréable décor de bistrot. Tout est fait maison (produits frais, bio), et le succès est toujours au rendez-vous !

Formule 19 € - Menu 23 € (déj. en semaine), 32/43 €

Plan : C2-s *5 r. des Deux-Haies - 02 41 24 95 44 - Fermé de mi-juil. à mi-août, sam. midi , dim. et lundi*

Le Pois Gourmand

CUISINE MODERNE · BISTRO X Ancien caviste, le chef a mis une attention toute particulière dans le choix des vins (de Loire, principalement) qui accompagnent les assiettes. Ces dernières sont réalisées par un chef amoureux de beaux produits – maraîchers bio, viande et poissons du marché, etc. Une cuisine bistrotière fraîche et réjouissante.

Formule 17 € - Menu 20 € (déj. en semaine)/28 €

Plan : D1-r *42 av. Besnardière - 02 41 24 09 25 - Fermé sam., dim. et le soir sauf vend.*

Le Petit Comptoir

CUISINE CLASSIQUE · BISTRO X Sa façade rouge carmin cache une petite salle bistrot avec tables serrées et ambiance bon enfant. Au menu : de belles recettes classiques et quelques plats canailles. Le rapport qualité-prix est excellent : ce Petit Comptoir a l'âme d'un grand !

Menu 17 € (déj. en semaine), 27/31 €

Plan : C2-d *40 r. David-d'Angers - 02 41 43 32 00 - Fermé dim. et lundi*

Hôtels

Hôtel d'Anjou

HISTORIQUE • CLASSIQUE Au cœur d'Angers, cet hôtel né en 1857 conserve son cadre historique, mêlant les inspirations Renaissance, classique et Art déco. Les chambres sont cossues et bien insonorisées. Patine et confort...

53 chambres – 79/175 € 79/205 € – 16 €

Plan : C2-h *1 bd Mar.-Foch – 02 41 21 12 11 – www.hoteldanjou.fr*

La Salamandre – voir les restaurants ci-dessus

Hôtel de France

BUSINESS • FONCTIONNEL Face à la gare, derrière une belle façade classique, hôtel tenu en famille depuis 1893. Chambres cossues et contemporaines ; produits locaux et bio au petit-déjeuner.

55 chambres – 85/191 € 85/191 € – 20 €

Plan : B3-t *8 pl. de la Gare – 02 41 88 49 42 – www.hoteldefrance-angers.com*

Le Progrès

TRADITIONNEL • FONCTIONNEL À deux pas de la gare, adresse accueillante aux chambres claires et simples (murs blancs, tissus colorés, mobilier fonctionnel). Petit-déjeuner servi devant une courette fleurie.

41 chambres – 60/88 € 60/100 € – 10 €

Plan : B3-f *26 r. Denis-Papin – 02 41 88 10 14 – www.hotelleprogres.com – Fermé 30 juil.-16 août et 22 déc.-2 janv.*

21 Foch

URBAIN • CONTEMPORAIN Face au passage du tramway, cet ancien hôtel particulier (1850) a pris le virage de la modernité : sous l'impulsion de ses nouveaux propriétaires, il est devenu un hôtel ultracontemporain, décoré avec goût et confort. Une adresse à découvrir.

12 chambres – 90/120 € 100/210 € – 15 €

Plan : C3-g *21 bd du Mar.-Foch – 02 30 31 41 00 – www.21foch.fr*

Le Favre d'Anne – voir les restaurants ci-dessus

à Briollay 13 km au Nord par D50 et D52 – 49125 – 2 822 hab. – Alt. 20 m

Château de Noirieux

CUISINE MODERNE • ÉLÉGANT XxxX Une cuisine au goût du jour, qui n'a pas oublié ses classiques et met en valeur les produits du terroir angevin, accompagnée d'un bon petit vin de Loire ; une agréable terrasse dominant la vallée, pour un moment hors du temps... Délices intemporels.

Menu 38 € (déj. en semaine), 60/125 € – Carte 115/130 €

26 rte du Moulin, par rte de Soucelles – 02 41 42 50 05 – www.chateaudenoirieux.com – Fermé 19 fév.-14 mars, 4-15 nov., 2-10 janv., lundi et mardi d'oct. à avril

Château de Noirieux

DEMEURE HISTORIQUE • CLASSIQUE La douceur angevine n'est pas un mythe... Sous les frondaisons du parc, avec au loin le Loir qui apparaît entre des rideaux d'arbres, tout n'est que quiétude. Et dans les chambres – superbes dans le château du 17e s. comme dans le manoir du 15e s. –, l'on voudrait réciter : "Mignonne, allons voir si la rose..."

19 chambres – 150/460 € 150/460 € – 25 €

26 rte du Moulin, par rte de Soucelles – 02 41 42 50 05 – www.chateaudenoirieux.com – Fermé 19 fév.-14 mars, 4-15 nov. et 2-10 janv.

Château de Noirieux – voir les restaurants ci-dessus

aux Ponts-de-Cé 6 km au Sud-Est par D952 puis D160 – ✉ 49130 – 11 975 hab. – Alt. 25 m

Les 3 Lieux

CUISINE CRÉATIVE • TENDANCE XX Cuisine métissée et pleine de fouge par un jeune chef qui propose un petit menu carte de 3 à 7 plats, où l'on appréciera par exemple un thon croustillant, et, en dessert, une verrière tropicale. Soigné et maîtrisé.

Formule 25 € – Menu 32/72 € – Carte 43/69 €

10 port des Noues – ✆ 02 14 03 03 53 – www.les3lieux.com – Fermé 24-30 déc., mardi midi , merc. midi , dim. soir et lundi

Les 3 Lieux

BOUTIQUE HÔTEL • CONTEMPORAIN En bordure de Loire, l'ancienne usine d'hameçons est aujourd'hui un hôtel aux multiples facettes. Des chambres modernes et confortables, un bel espace bien-être (hammam, aromathérapie, luminothérapie...), une décoration inspirée des métiers d'art, etc. Cette adresse a du cachet !

28 chambres – †85/155 € ††85/287 € – ☕ 15 €

10 port des Noues – ✆ 02 14 03 03 53 – www.les3lieux.com – Fermé 24-30 déc.

Les 3 Lieux – voir les restaurants ci-dessus

à Beaucouzé 7 km à l'Ouest par D323 – ✉ 49070 – 4 980 hab. – Alt. 54 m

L'Hoirie

CUISINE MODERNE • CONVIVIAL XXX Dans une zone commerciale en périphérie de la ville, la présence de cette belle demeure angevine est presque incongrue... Mais dans l'assiette, la cohérence est totale : la cuisine, inventive, met en valeur des produits bien choisis. Et la carte des vins (surtout du Val de Loire) ravira les amateurs !

Menu 29 € (semaine), 40/59 € – Carte 48/58 €

2 r. Henri-Faris, zone commerciale, D723 – ✆ 02 41 72 06 09 – www.lhoirie.com – Fermé dim. soir et lundi

à St-Jean-de-Linières 8 km à l'Ouest par D323 et D723 – ✉ 49070 – 1 779 hab. – Alt. 75 m

Auberge de la Roche

CUISINE MODERNE • AUBERGE XX Tranche de lard caramélisée et laquée au soja ; risotto aux bulots cuisinés à l'ail ; coque chocolatée aux fruits rouges... une cuisine qui sent bon l'air du temps, dans cette petite auberge de province joliment fleurie. Côté véranda, ardoise plus simple le midi.

Formule 19 € – Menu 23 € (semaine), 31/40 € – Carte 38/63 €

rte Nationale – ✆ 02 41 39 72 21 – www.auberge-de-la-roche.com – Fermé dim. soir, mardi soir et lundi

à Juigné-sur-Loire 10 km au Sud-Est par N260, D751 et rte secondaire – ✉ 49610 – 2 580 hab. – Alt. 25 m

Loire et Sens

CUISINE MODERNE • ÉLÉGANT XX En pleine nature, cet ancien relais de chasse tout de schiste, d'ardoise et de bois s'intègre idéalement dans son environnement... et sait parler à nos papilles ! Fraîcheur et qualité des produits (foie gras, saumon ou filet mignon de veau, mais aussi légumes), précision des cuissons : c'est tout bon !

Menu 21 € (déj. en semaine), 29/49 € – Carte 45/58 €

11 chemin du Bois-Guillou – ✆ 02 41 66 45 54 – www.loireetsens.com – Fermé dim. soir et lundi midi

Loire et Sens

TRADITIONNEL • FONCTIONNEL Au milieu d'un parc arboré, cet ancien relais de chasse du 17e s. en impose : conçu avec des matériaux de construction locaux (schiste, ardoise et bois), il comprend un auditorium, une salle de fitness, une grande piscine couverte et de belles chambres dont certaines en duplex. Un bel ensemble !

35 chambres - 120/170 € 120/200 € - 12 suites - 15 €

11 chemin du Bois-Guillou - 02 41 66 30 03 - www.loireetsens.com

Loire et Sens - voir les restaurants ci-dessus

ANGERVILLE

91670 Essonne - 4 183 hab. - Alt. 141 m - Carte régionale n° **10**-B3

Carte Michelin 312-A6

Hôtel de France

AUBERGE • PERSONNALISÉ Dans cette petite bourgade, l'ancien Relais royal de Poste - fondé en 1715 - a traversé les âges, et appartient à la même famille depuis le 19e s. Belles tomettes, objets chinés : l'intérieur a le charme des vieilles demeures bourgeoises, jusqu'aux chambres, coquettes et confortables.

20 chambres - 89/125 € 125/160 € - 15 €

2 pl. du Marché - 01 69 95 11 30 - www.hotelfrance3.com - Fermé dim.

ANGLARS-JUILLAC - 46 Lot → Voir Puy-l'Évêque

ANGLET

64600 Pyrénées-Atlantiques - 38 633 hab. - Alt. 20 m - Carte régionale n° **2**-A3

Carte Michelin 342-C4 - Guide Vert Michelin Pays Basque et Navarre

Atlanthal

SPA ET BIEN-ÊTRE • CONTEMPORAIN Un temple du bien-être : centre de thalasso, véritable club de sport dans un cadre contemporain. Vue sur l'Atlantique depuis certaines chambres. Cuisine traditionnelle dans une salle d'esprit bistrot. Plats basques et bar à tapas pour les petites faims.

99 chambres - 106/217 € 142/334 € - 18 €

153 bd des Plages - 05 59 52 75 75 - www.atlanthal.com

Hôtel de Chiberta et du Golf

TRADITIONNEL • CONTEMPORAIN Situé le long du prestigieux golf de Chiberta, ce bâtiment des années 1920 abrite des chambres confortables et bien tenues. Cuisine basque servie dans la véranda ou sur la jolie terrasse ombragée, face au lac.

86 chambres - 145/241 € 145/352 €

104 bd des Plages - 05 59 58 48 48 - www.hotel-chiberta-biarritz.com - Fermé 10-25 déc.

ANGOULÊME

16000 Charente - 42 014 hab. - Agglo. 108 304 hab. - Alt. 98 m - Carte régionale n° **20**-C3

Carte Michelin 324-K6 - Guide Vert Michelin Poitou-Charentes

La Ruelle

CUISINE MODERNE • ÉLÉGANT XXX Une ancienne ruelle et ses maisons mitoyennes - avec leurs façades tout en pierre - réunies en un même espace... Sans doute le plus beau restaurant de la ville ! Le jeune chef, passé par plusieurs maisons de qualité, réalise une cuisine gastronomique avec de bons produits. Joli repas en perspective...

Menu 23 € (déj. en semaine), 45/55 € - Carte 50/80 €

Plan : B1-x *6 r. Trois Notre Dame - 05 45 95 15 19 - www.restaurant-laruelle.com - Fermé sam. midi, dim. et lundi*

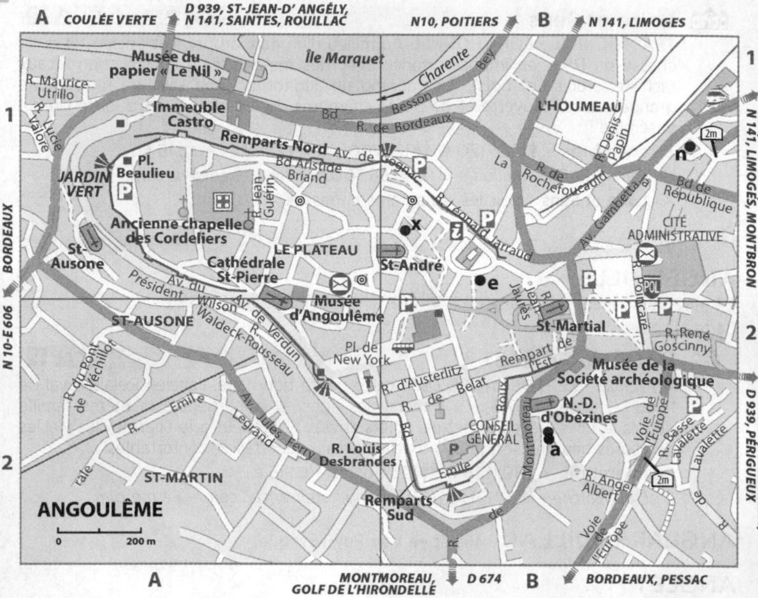

L'Algorithme

CUISINE MODERNE • TENDANCE XX On se régale ici de belles assiettes aux présentations graphiques travaillées, dans une salle à l'atmosphère harmonieuse, inspirée de la nature. A l'été, installez-vous sur la ravissante terrasse, donnant sur le jardin.

Formule 16 € – Menu 39/69 €

Plan : B2-a *Hôtel Le Saint-Gelais, 12 r. du Père-Deval – ☏ 05 45 90 02 64 – www.hotel-saint-gelais-angouleme.com – Fermé sam. midi , dim. soir et lundi*

Le Terminus

POISSONS ET FRUITS DE MER • BRASSERIE XX Terminus, tout le monde descend ! Devant la gare, une halte s'impose dans cette brasserie contemporaine qui affectionne le terroir, et plus encore les produits de la mer, venus tout droit de l'Atlantique (sole meunière, préparée au guéridon, pavé de bar simplement grillé).

Formule 16 € – Menu 28/35 € – Carte 48/83 €

Plan : B1-n *3 pl. de la Gare*
– ☏ 05 45 95 27 13 – www.le-terminus.com
– Fermé 2-9 janv. et dim.

L'Art des Mets

CUISINE TRADITIONNELLE • BISTRO X Fabrice Salzat, que l'on avait connu près de la gare, a installé dans les faubourgs de la ville ce petit bistrot contemporain pour le moins sympathique ! Sa cuisine est bien dans l'air du temps, avec quelques recettes plus traditionnelles – foie gras mi-cuit au Sauternes, tournedos de bœuf aux échalotes confites…

Formule 15 € – Menu 17 € (déj. en semaine), 25/35 € – Carte 31/37 €

Hors plan *178 r. de Limoges*
– ☏ 05 45 94 81 99 – www.lartdesmets.net – Fermé août, le soir sauf vend. et sam., sam. midi et dim.

Le Saint-Gelais

HISTORIQUE • CONTEMPORAIN Une maison de cachet dans un ancien prieuré : voici l'établissement qu'Angoulême attendait ! Les chambres, entre design et vintage, sont spacieuses et confortables : la garantie d'un séjour agréable.

12 chambres – 115/255 € 115/255 € – 1 suite – 16 €

Plan : B2-a *12 r. du Père-Deval – 05 45 90 02 64 – www.hotel-saint-gelais-angouleme.com*

L'Algorithme – voir les restaurants ci-dessus

Mercure Hôtel de France

HÔTEL DE CHAÎNE • FONCTIONNEL Bien situé au centre de la ville, ce Mercure propose des chambres aussi fonctionnelles que pratiques. L'espace séminaire est bien conçu.

86 chambres – 92/200 € 196/240 € – 3 suites – 16 €

Plan : B1-e *1 pl. des Halles-Centrales – 05 45 95 47 95 – www.mercure.com*

à Soyaux 4 km au Sud-Est par D939 – 16800 – 9 322 hab. – Alt. 133 m

La Cigogne

CUISINE MODERNE • TENDANCE XX Cette Cigogne pleine de charme a installé son nid sur les hauteurs, face à la vallée, à la sortie d'Angoulême. Cadre contemporain élégant, terrasse verdoyante, et une cuisine fraîche concoctée avec de bons produits locaux : agneau du Poitou grillé, lotte rôtie au lard, ris de veau croustillant au foie gras...

Formule 25 € – Menu 30/55 € – Carte 52/86 €

5 imp. Cabane-Bambou, à la mairie, prendre r. A.-Briand et 1,5 km – 05 45 95 89 23 – www.la-cigogne-angouleme.com – Fermé 1 semaine en mars, 2 semaines en nov., merc. soir, dim. soir et lundi

à Dirac 8 km au Sud-Est par D939, D101 et rte secondaire – 16410 – 1 532 hab. – Alt. 147 m

Domaine du Châtelard

CUISINE MODERNE • INTIME XX Dans cette belle "maison de campagne", le chef choisit bien ses produits et réalise une cuisine dans l'air du temps, fraîche et fine, avec parfois d'intéressantes influences italiennes. Le must ? Déjeuner sur la terrasse, avec vue sur le lac.

Formule 26 € – Menu 42/62 €

1079 rte du Châtelard – 05 45 70 76 76 – www.domaineduchatelard.com – Fermé vacances de la Toussaint, 2-24 janv., lundi sauf le soir en juil.-août et dim. soir

Domaine du Châtelard

MAISON DE CAMPAGNE • PERSONNALISÉ Des bois, des prairies, un lac... Le domaine est superbe (80 ha) et cette "gentilhommière" pleine de cachet ! Une véritable ode à la vie, au grand air et à la nature, avec des chambres mêlant classicisme et douceur champêtre... et un accueil charmant.

12 chambres – 79/150 € 92/176 € – 14 €

1079 rte du Châtelard – 05 45 70 76 76 – www.domaineduchatelard.com – Fermé vacances de la Toussaint et 2-24 janv.

Domaine du Châtelard – voir les restaurants ci-dessus

à Roullet 14 km au Sud-Ouest par N10, dir. Bordeaux – 16440 – 4 240 hab. – Alt. 50 m

La Vieille Étable

TRADITIONNEL • FONCTIONNEL Une "Vieille Étable" charentaise du 18e s., confortablement installée dans un grand parc arboré. Les chambres, à la fois rustiques et fonctionnelles, sont aménagées dans les dépendances, à la façon d'un motel. Avis aux amoureux, deux suites très chic se prêtent à de doux moments. Accueil familial.

31 chambres – 75/260 € 75/260 € – 15 €

Les Plantes, 16 rte de Mouthiers – 05 45 66 31 75 – www.hotel-vieille-etable.com – Fermé dim. soir d'oct. à mi-mai

P. Jacques/hemis.fr

ON AIME...

L'univers lacustre et végétal du chef Petit au **Clos des Sens.L'Esquisse**, qui donne un grand coup de jeune à la tradition. L'accueil charmant et la cuisine savoureuse du **1er Mets**. La pâtisserie de **Philippe Rigollot**, pour des instants de gourmandise de haut vol.

ANNECY

✉ 74000 Haute-Savoie – 52 029 hab. – Agglo. 162 434 hab. – Alt. 448 m – Carte régionale n° **25**-F1
Carte Michelin 328-J5 – Guide Vert Michelin Alpes du Nord

Restaurants

✿✿ Le Clos des Sens (Laurent Petit)

CUISINE CRÉATIVE • DESIGN XXX Épuré et raffiné, le cadre boisé, aux subtiles déclinaisons de couleurs, sert à merveille la cuisine inventive de Laurent Petit, qui la résume ainsi : "végétale, lacustre et singulière". Au gré d'une carte en mouvement, son univers culinaire fait la part belle aux produits locaux. Jolie terrasse dominant Annecy.

➜ Thé et crémeux d'écrevisses du lac d'Annecy. Omble chevalier, poutargue de féra et lentilles beluga. Fine coque meringuée torréfiée, chicorée maison.

Menu 100 € 🍷 (déj. en semaine), 110/190 €
– Carte environ 140 €

Plan : B1-u *Hôtel Le Clos des Sens, 13 r. Jean-Mermoz*
– ✆ 04 50 23 07 90 – www.closdessens.com
– Fermé 2-18 sept., 24 déc.-9 janv., dim. et lundi sauf juil.-août

✿ L'Esquisse (Stéphane Dattrino)

CUISINE MODERNE • INTIME X De plus en plus affirmée, cette Esquisse ! Le devanture discrète abrite un intérieur apaisant, et les jolies trouvailles culinaires d'un chef qui sait où il va : produits de belle qualité, préparations pleines de goût et de finesse (jusque dans le dressage des assiettes), suivi scrupuleux des saisons et créativité bien maîtrisée...

➜ Truite du lac Léman, aromates, citron vert et amandes fraîches. Lièvre à la royale. Tout choc'.

Menu 36 € (déj. en semaine), 44/82 €

Plan : C2-f *21 r. Royale*
– ✆ 04 50 44 80 59 – www.esquisse-annecy.fr
– Fermé 1 semaine vacances de printemps, 21 août-7 sept., 1 semaine vacances de Noël, merc. et dim.

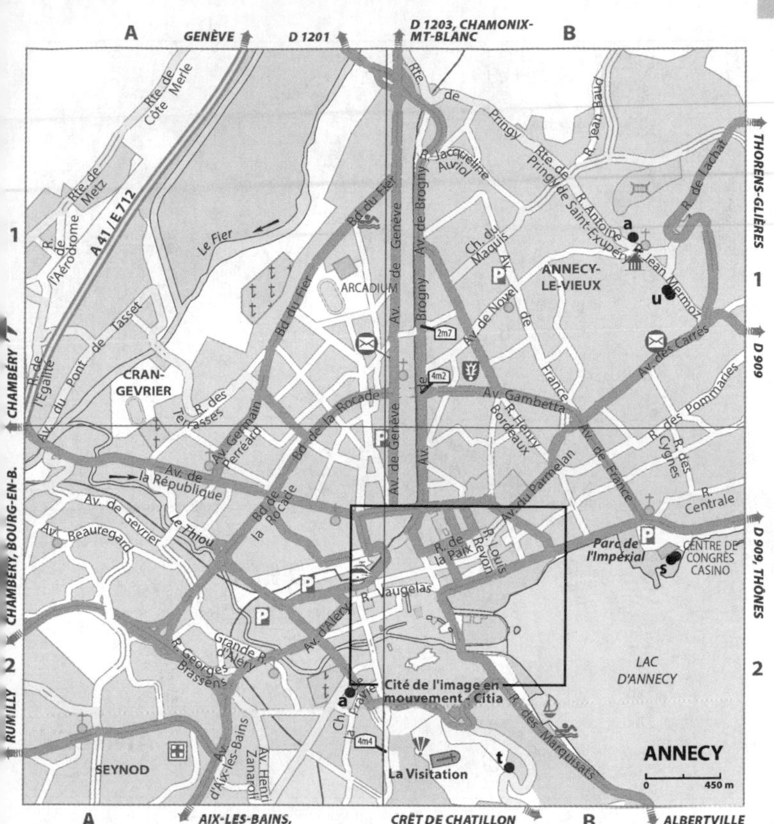

Café Brunet

CUISINE TRADITIONNELLE • BISTRO X Un vrai havre de paix que ce café de 1875 qui a su conserver son âme de bistrot authentique et convivial. Sur la terrasse ombragée, on laisse le temps filer en savourant une sympathique cuisine canaille et de bons petits plats mijotés servis en cocotte... Bonne sélection de vins au verre.

Formule 25 € – Menu 32 €

Plan : B1-a *18 pl. Gabriel-Fauré*
– ✆ 04 50 27 65 65 – www.cafebrunet.com
– Fermé 6-14 mai, 3-17 sept., 23 déc.-2 janv., dim. sauf en juil.-août et lundi

Le Denti

CUISINE MODERNE • TRADITIONNEL X Ce restaurant, devenu la coqueluche des Annéciens, est tenu par un jeune couple d'amateurs de denti (poisson méditerranéen), deux fins cuisiniers tout-terrain ; ils proposent une savoureuse cuisine du marché, valorisant le poisson, suivant le rythme des saisons, loin de l'agitation touristique de la ville... Courez-y !

Menu 23 € (déj.), 32/47 € – Carte 40/55 €

Plan : A2-a *25 bis av. de Loverchy*
– ✆ 04 50 64 21 17 – Fermé dim. soir, mardi et merc.

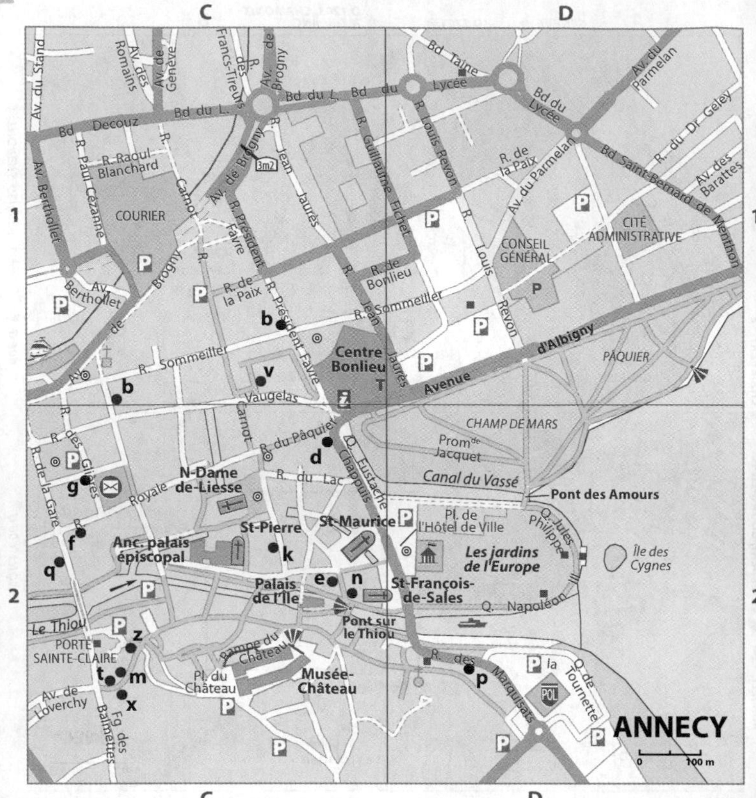

Minami

CUISINE JAPONAISE • ÉPURÉ ✗ Ce petit restaurant japonais fait le bonheur des habitués ! Le cadre est tout en épure et la cuisine, japonaise, se permet quelques incursions françaises. Un exemple : ces croustillants de lotte panée aux biscuits japonais, agrémentés d'une délicieuse sauce pimentée... Quelques tables en terrasse aux beaux jours.

Menu 20 € (déj.), 29/34 € – Carte 32/40 €

Plan : C2-x *19 fbg Ste-Claire*

– ✆ 04 50 45 75 42 – Fermé merc. soir de nov. à mai, dim. et lundi

1er Mets

CUISINE MODERNE • CONTEMPORAIN ✗ Tout près de l'hôtel de ville, ce restaurant de poche est le repaire d'un jeune couple plein d'allant. Le chef imagine des assiettes pile dans la saison, modernes, savoureuses, à l'image de cette féra crue et fumée façon maki, condiment jaune d'œuf, Savora et estragon... Une jolie surprise, d'autant que le service est tout sourire.

Formule 19 € – Menu 24 € (déj. en semaine), 32/47 € – Carte 36/48 €

Plan : C2-e *2 pl. St-Maurice*

– ✆ 04 57 09 10 54 – www.restaurant-1ermets.fr

– Fermé 1 semaine en mai, 2 semaines en août, vacances de Noël, dim. soir, mardi soir et merc.

Le Belvédère

CUISINE CRÉATIVE • ÉLÉGANT XXX Dire que le cadre est agréable serait un euphémisme... depuis les hauteurs d'Annecy, la vue sur le lac est incomparable. Le chef, en bon professionnel, propose une cuisine de saison créative et soignée, et maîtrise bien son sujet – cuissons, assaisonnements.

Formule 38 € – Menu 72/125 €

4 chambres – 95/200 € 95/200 € – 13 €

Plan : B2-t *7 chemin du Belvédère, 2 km, rte de Semnoz au Sud-Est par r. Marquisat – 04 50 45 04 90 – www.belvedere-annecy.com – Fermé janv., dim. soir, mardi et merc.*

La Ciboulette

CUISINE MODERNE • ÉLÉGANT XXX Une page se tourne, mais l'âme demeure ! Boiseries contemporaines en chêne, verrière, cour fleurie... Ce lieu feutré et élégant, presque intemporel, met en valeur une cuisine moderne, qui connaît bien ses classiques. Jolie carte des vins avec 400 références.

Menu 39 € (déj. en semaine), 65/81 € – Carte 80/100 €

Plan : C1-v *10 r. Vaugelas (cour du Pré Carré) – 04 50 45 74 57 – www.laciboulette-annecy.com – Fermé dim. et lundi*

La Rotonde

CUISINE MODERNE • ÉLÉGANT XXX La grande verrière est un véritable belvédère surplombant le lac. Dans un décor chic – lustres en verre de Murano, salons avec piano –, on déguste une cuisine fine et créative : fera, ris de veau... Et la plupart des produits proviennent de la filière locavore !

Menu 37 € (déj. en semaine), 49/129 € – Carte 95/140 €

Hors plan *Hôtel les Trésoms, 15 bd de la Corniche – 04 50 51 43 84 – www.lestresoms.com – Fermé le midi en août, sam. midi, dim. soir et lundi*

La Voile

CUISINE MODERNE • ÉLÉGANT XXX Un restaurant élégant, situé dans une charmante petite rotonde. Les plats joliment dressés de cette cuisine d'aujourd'hui se dégustent au rythme des saisons, en profitant de la jolie vue sur le lac. Une jolie adresse.

Formule 45 € – Menu 60/105 €

Plan : B2-s *Hôtel L'Impérial Palace, allée de l'Impérial – 04 50 09 31 08 – www.hotel-imperial-palace.com/fr/la-voile-149 – Fermé 2-20 janv., mardi de nov. à mars, dim. soir et lundi de sept. à mai*

Auberge de Savoie

CUISINE MODERNE • ÉLÉGANT XX Cadre chaleureux et élégant pour cette auberge aux murs blanc et bleu pâle, adossée à l'église Saint-François. La carte fait la part belle au poisson, parfois entier, préparé devant le client... A l'été, on s'installe sur la terrasse, devant le restaurant.

Menu 26 € (semaine), 32/67 € – Carte 61/82 €

Plan : C2-n *1 pl. St-François-de-Sales – 04 50 45 03 05 – www.auberge-de-savoie.com – Fermé vacances de la Toussaint, 1er-7 janv., mardi et merc.*

Le Bilboquet

CUISINE TRADITIONNELLE • TENDANCE XX Dans les rues piétonnes de la ville ancienne, laissez-vous porter jusqu'à cet accueillant Bilboquet. La cuisine du chef jongle avec souplesse entre tradition (tendance gastronomique) et les bonnes recettes du marché. A déguster dans une salle chaleureuse, aux allures de bistrot chic.

Menu 24 € (déj.), 34/64 € – Carte 45/70 €

Plan : C2-m *14 fg Ste-Claire – 04 50 45 21 68 – www.restaurant-lebilboquet.fr – Fermé dim. sauf le soir en juil.-août et lundi*

Kamouraska

CUISINE MODERNE • CONVIVIAL Lui était artiste à Paris, elle Québécoise, tous deux autodidactes, animés par une même passion... la gastronomie et le vin, bien entendu ! Kamouraska ne dispose que d'une table, très grande, où l'on dîne, avec des inconnus, d'une cuisine moderne à partager, tendance locavore. Une adresse qui n'est pas sans rappeler les bistrots parisiens du 11e arrondissement. Aussi atypique que sympathique.

Carte 30/50 €

Plan : C2-k *6 passage de la Cathédrale – 09 50 78 82 96 – www.kamouraska.fr – Fermé lundi, mardi et dim. soir*

Le Bouillon

CUISINE TRADITIONNELLE • BISTRO Le bouillon n'est pas uniquement de poule, c'est aussi l'appellation des premiers restaurants créés au 18e s. à Paris, et désormais le petit nom de ce bistrot au cadre moderne, qui réalise une sympathique cuisine du marché, comme cette épaule de cochon de cinq heures, polenta et abricots... Carte courte et produits frais.

Formule 15 € – Menu 19 € (déj. en semaine), 29/41 € – Carte 35/50 €

Plan : C2-q *9 r. de la Gare – 04 50 77 31 02 – Fermé dim. et lundi*

Contresens

CUISINE MODERNE • TENDANCE À Contresens ? Comme la déco design de ce bistrot dont le plafond ressemble à un sol dallé tel un échiquier, avec des lampes de chevet suspendues en guise de lustres ! Même esprit côté cuisine : le chef mixe terroir et inventivité de manière toujours ludique, avec de bons produits et... un vrai sens du goût.

Formule 24 € – Menu 32 €

Plan : C1-b *10 r. de la Poste – 04 50 51 22 10 – www.contresens-annecy.com – Fermé 1er-15 janv., dim. et lundi*

Le 7367

CUISINE MODERNE • SIMPLE Cet établissement du vieil Annecy joue la carte des saisons, avec d'agréables surprises comme ce bœuf de Kobé, autour d'une carte courte et d'une cuisine conviviale. Sur les tables, un post-it vous permettra de commenter votre expérience... et, si le cœur vous en dit, de féliciter le chef ! Agréable terrasse.

Formule 19 € – Menu 31/69 € – Carte 42/104 €

Plan : C2-t *22 fg Ste-Claire – 04 50 65 00 25 – www.restaurant-le-7367.com – Fermé lundi et mardi*

Hôtels & maisons d'hôtes

L'Impérial Palace

LUXE • ART DÉCO 1913 : l'année de naissance de ce grand hôtel qui trône majestueusement dans un vaste parc, au bord du lac. L'Art déco et la sobriété contemporaine se mêlent harmonieusement ; les chambres, spacieuses, donnent pour la plupart sur les flots et tout est pensé pour votre agrément : spa et piscine pour le jour, casino pour le reste de la nuit...

98 chambres – 160/370 € 160/370 € – 8 suites – 25 €

Plan : B2-s *allée de l'Impérial – 04 50 09 30 00 – www.hotel-imperial-palace.com*

La Voile – voir les restaurants ci-dessus

Le Clos des Sens

LUXE • PERSONNALISÉ Beaux matériaux, équipements dernier cri, vue sur le lac ou la ville d'Annecy : on se sent comme chez soi dans les chambres de ce Clos des Sens. Le petit coin salon, avec sa cheminée et ses fauteuils clubs, ravira les lecteurs ; quant au beau couloir de piscine, il fera la joie de tous !

10 chambres – 180/375 € 260/375 €

Plan : B1-u *13 r. Jean-Mermoz – 04 50 23 07 90 – www.closdessens.com – Fermé 2-18 sept., 24 déc.-9 janv., dim. et lundi sauf juil.-août*

Le Clos des Sens – voir les restaurants ci-dessus

Le Pré Carré

TRADITIONNEL • CONTEMPORAIN Près de la vieille ville et du lac, cet ancien cinéma est désormais un bel hôtel sobre et feutré. Les chambres, très confortables, disposent presque toutes d'un balcon. Design, élégance et farniente sont au rendez-vous dans ce lieu dont on ferait volontiers son Pré Carré.

27 chambres – 176/226 € 206/256 € – 2 suites – 16 €

Plan : C1-b *27 r. Sommeiller – 04 50 52 14 14 – www.hotel-annecy.net*

Les Trésoms

TRADITIONNEL • ART DÉCO Au-dessus du lac, dans un environnement boisé, cette demeure des années 1930 se modernise sans rien perdre de son charme Art déco ! Spa et piscines sont propices à la détente. Capteurs solaires ou places pour recharger sa voiture électrique : ici, la responsabilité écologique n'est pas un vain mot.

52 chambres – 129/410 € 129/410 € – 25 €

Hors plan *15 bd de la Corniche – 04 50 51 43 84 – www.lestresoms.com*

La Rotonde – voir les restaurants ci-dessus

Splendid

TRADITIONNEL • ÉLÉGANT Idéalement situé entre le centre historique et le lac, cet hôtel d'esprit Art déco se révèle très attachant. Les chambres les plus récentes se trouvent au dernier étage. Chic et chaleureux !

58 chambres – 99/161 € 99/177 € 1 suite – 14 €

Plan : C2-d *4 quai Eustache-Chappuis – 04 50 45 20 00 – www.splendidhotel.fr*

Carlton

FAMILIAL • CONTEMPORAIN Tout près de la gare, cet hôtel début 20e s. est tenu par la même famille depuis plus de 50 ans ! Cela ne l'a pas empêché de faire peau neuve, dans une veine contemporaine, au style sobre et épuré.

55 chambres – 86/350 € 86/350 € – 16 €

Plan : C2-g *5 r. des Glières – 04 50 10 09 09 – www.bestwestern-carlton.com*

Le Boutik Hôtel N

HÔTEL PARTICULIER • DESIGN Cet hôtel atypique, décoré avec goût, très proche du centre-ville comme du lac, cultive une convivialité façon "maison hôte". Les chambres chinées, vintage ou design, sont joliment personnalisées. Petit jardin avec terrain de pétanque.

13 chambres – 110/280 € 110/280 €

Plan : D2-p *2 r. des Marquisats – 04 50 44 04 40 – www.leboutikhotel.com*

à Veyrier-du-Lac 5,5 km à l'Est par D909 – 74290 – 2 371 hab. – Alt. 504 m

Yoann Conte

CUISINE CRÉATIVE • ÉLÉGANT XXX Yoann Conte rédige avec panache une page nouvelle de cette institution du lac d'Annecy. La villa bleue s'impose comme un véritable fief de la grande cuisine, en symbiose avec les produits du lac... sans que le chef n'oublie ses racines bretonnes. Un travail inspiré, de haute volée et d'une irréprochable qualité !

→ La carotte dans tous ses états. Pigeon fondant, confiture de lait, épinards et crozets à la farine de gaudes. Chocolat jivara et reine-des-prés.

Menu 98 € (déj. en semaine), 160/230 € – Carte 130/235 €

13 Vieille-Route-des-Pensières – 04 50 09 97 49 – www.yoann-conte.com – Fermé 6-23 nov., 1er-16 janv., lundi et mardi

Auberge du Lac

CUISINE MODERNE • CONTEMPORAIN XX Ce restaurant situé en bordure du lac joue une solide partition, créative et moderne : omble chevalier confit, citron et verveine ; féra aux asperges, coquillages et purée de petit pois ; agneau de Sisteron au quinoa et fruits secs... Aux beaux jours, le déjeuner en terrasse sur le ponton est un instant privilégié.

Menu 46 € (déj.), 56/80 € – Carte 52/106 €

2 rte du Port – 04 50 60 10 15 – www.restaurant-aubergedulac.com – Fermé 1er janv.-9 fév., mardi, merc. hors saison et lundi en saison

 **Yoann Conte** 

LUXE • MONTAGNARD Cette superbe maison couleur lavande, accoudée à la montagne, se mire dans le lac d'Annecy. Les chambres et les suites, d'un style montagnard chic, possèdent toutes balcon et vue sur le lac. Terrasse somptueuse, sauna extérieur, bain norvégien, ponton avec transat, bateaux pour le ski nautique ou les navettes vers Annecy : l'élégance absolue, sans fausse note.

6 chambres – 295/900 € 295/900 € – 2 suites – 34 €

13 Vieille-Route-des-Pensières – 04 50 09 97 49 – www.yoann-conte.com

✿✿ **Yoann Conte** – voir les restaurants ci-dessus

 **Le Clos du Lac** 

MAISON DE CAMPAGNE • DESIGN Une vue à couper le souffle sur le lac et... cette belle villa d'architecte, au luxe épuré. Asia, Vintage, Riva ou Pop Art : les chambres ont toutes leur personnalité et toutes sont élégantes et feutrées. Un lieu tendance, idéal pour se ressourcer.

4 chambres – 160/200 € 160/200 € – 13 €

50 r. de la Corniche, 2 km par rte de Mont-Veyrier – 06 20 60 04 58 – www.annecyleclosdulac.com – Fermé 7 janv.-22 mars et 16 oct.-16 déc.

à Sévrier 6 km au Sud par D1508 – ✉ 74320 – 4 163 hab. – Alt. 456 m

B. Collon 

CUISINE MODERNE • ÉLÉGANT XXX C'est en contemplant le lac, joyau d'Annecy, que l'on savoure cette belle cuisine au goût du jour, qui n'oublie pas ce qu'elle doit à la tradition, ou aux inspirations du chef, à l'instar de ces asperges vertes et buratina, maquereaux et calamars, souvenir d'un voyage au Japon...

Menu 49/70 € – Carte 75/95 €

Auberge de Létraz, 921 rte d'Albertville – 04 50 52 40 36 – www.auberge-de-letraz.com – Fermé de mi-nov. à mi-déc., dim. soir et lundi de mi-sept. à fin mai

921 Bistrot 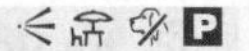

CUISINE TRADITIONNELLE • BRANCHÉ X Une salle claire et moderne, une très belle vue sur le lac d'Annecy, une ambiance sympathique... Le 921 Bistrot nous fait du gringue ! Chaque jour, de beaux produits du marché y atterrissent dans l'assiette, révélant de belles saveurs.

Formule 16 € – Menu 19/31 € – Carte environ 40 €

Auberge de Létraz, 921 rte d'Albertville – 04 50 52 40 36 – auberge-de-letraz.com – Fermé de mi-nov. à mi-déc., lundi de mi-sept. à fin mai, dim. et le soir

Auberge de Létraz 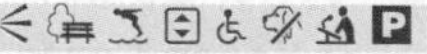

TRADITIONNEL • CLASSIQUE Un jardin face au lac et cette belle auberge aux jolis airs de chalet. Dans les chambres, claires, confortables et dont certaines donnent sur les flots, tout invite au repos ! À l'heure du déjeuner et du dîner, place à la gourmandise...

23 chambres – 102/197 € 102/197 € – 15 €

921 rte d'Albertville – 04 50 52 40 36 – www.auberge-de-letraz.com – Fermé mi-nov. à mi-déc.

B. Collon • **921 Bistrot** – voir les restaurants ci-dessus

à Pringy 8 km au Nord par D1203 et rte secondaire – ✉ 74370 – 4 080 hab. – Alt. 483 m

Le Clos du Château 

CUISINE MODERNE • TENDANCE XX Comme son nom l'indique, le Clos du Château jouxte le château local, au cœur du village de Pringy. Côté papilles, une carte courte et alléchante, concoctée par un chef doué, un menu du marché à prix très doux... A déguster sur l'agréable terrasse, à l'ombre des platanes.

Formule 22 € – Menu 28 € (déj. en semaine), 37/61 € – Carte 47/63 €

70 rte de Cuvat, à Promery – 04 50 66 82 23 – www.le-clos-du-chateau.com – Fermé 1er-23 août, 21 déc.-5 janv., dim. soir, merc. soir et lundi

rte du Semnoz 3,5 km au Sud-Est par D41 et rte forestière

Les Terrasses du Lac

CUISINE MODERNE • SIMPLE X Pour information, depuis la terrasse de ce restaurant, vous aurez l'une des plus belles vues sur le lac d'Annecy ! Et en prime, vous pourrez vous régaler d'une sympathique cuisine dans l'air du temps faisant la part belle aux produits locaux. Rapport qualité-prix intéressant.

Formule 25 € - Menu 31/54 € - Carte 41/61 €

7 rte du Semnoz - ✆ 04 50 45 34 86 - www.restaurant-les-terrasses-du-lac.com - Fermé nov.-janv., lundi et mardi

ANNEMASSE

✉ 74100 Haute-Savoie - 34 953 hab. - Agglo. 106 673 hab. - Alt. 432 m - Carte régionale n° **25**-F1

Carte Michelin 328-K3 - Guide Vert Michelin Alpes du Nord

L'Amaryllis

CUISINE MODERNE • TENDANCE X Un restaurant en plein centre-ville, c'est déjà un atout ; et si en prime, on y mange bien, que dire ? Derrière les fourneaux, le chef réalise une cuisine bien dans son temps et respectueuse des saisons. Évidemment !

Formule 18 € - Menu 20 € (déj. en semaine), 48/63 € - Carte 69/76 € dîner

5 r. Courriard - ✆ 04 50 87 17 27 - www.restaurant-lamaryllis.com - Fermé 17-21 avril, lundi soir, sam. midi et dim.

à Gaillard 3 km au Sud-Ouest - ✉ 74240 - 11 303 hab. - Alt. 425 m

La Pagerie

CUISINE CRÉATIVE • CONTEMPORAIN XX Le chef de ce restaurant au cadre contemporain est un passionné ! Originaire de Perpignan, il réalise une cuisine créative, inspirée des produits de la région (poissons du Léman, légumes, bœuf Simmental, escargots de Magland). Pour découvrir son talent, osez les menus "page blanche" en 4, 5 ou 7 plats.

Menu 34 € (déj. en semaine), 49 € 🍷/98 €

12 r. de la Libération - ✆ 04 50 38 34 00 - www.restaurant-lapagerie.com - Fermé 3 semaines en août, mardi midi, dim. et lundi

ANNESSE-ET-BEAULIEU - 24 Dordogne ➔ Voir Périgueux

ANNONAY

✉ 07100 Ardèche - 16 302 hab. - Alt. 350 m - Carte régionale n° **23**-B2

Carte Michelin 331-K2 - Guide Vert Michelin Ardèche Drôme

au Golf de Gourdan 6,5 km au Nord par D519 et D820 - ✉ 07430 Annonay :

Le W

CUISINE CRÉATIVE • ÉLÉGANT XX La table du Domaine de Saint-Clair met en avant une cuisine végétale bien travaillée, qui ne manquera pas de séduire les amoureux de verdure et les amateurs de saveurs méditerranéennes... Belle terrasse donnant sur la campagne.

Menu 42 € - Carte 35/55 €

Domaine de Saint Clair, rte du Golf - ✆ 04 75 67 01 00 - www.domainestclair.fr - Fermé dim. soir lundi

Domaine de Saint Clair

BUSINESS • CONTEMPORAIN Sur le site du golf 18 trous, très tranquille, ce complexe moderne dispose de chambres spacieuses et confortables, dont la moitié disposent d'un balcon. Espace détente avec cabines de massages, sauna et hammam.

54 chambres - 🚹97/227 € 🚹🚹97/227 € - 6 suites - ☕ 12 €

rte du Golf - ✆ 04 75 67 01 00 - www.domainestclair.fr

Le W - voir les restaurants ci-dessus

à St-Marcel-lès-Annonay 8,5 km au Nord-Ouest par D206 et D820 – ✉ 07100 – 1 404 hab. – Alt. 450 m

Auberge du Lac

FAMILIAL • PERSONNALISÉ Un site superbe : cette grande villa ocre est nichée parmi les pins, à flanc de rocher au-dessus du lac du Ternay, avec pour horizon les collines verdoyantes du parc naturel du Pilat... Les chambres, décorées sur le thème des fleurs, la piscine à débordement et le petit espace bien-être prêtent à une agréable villégiature.

12 chambres – †89/169 € ††125/199 € – ☕14 €

Le Ternay – ✆ 04 75 67 12 03 – www.aubergedulac.fr – Fermé vacances de la Toussaint et janv.

ANNOT

✉ 04240 Alpes-de-Haute-Provence – 1 054 hab. – Alt. 708 m – Carte régionale n° **21**-C2
Carte Michelin 334-I9 – Guide Vert Michelin Alpes du Sud

L'Avenue

FAMILIAL • TRADITIONNEL Posez vos valises dans ce sympathique établissement familial à la tenue irréprochable. Les chambres sont agréables – et pratiques pour randonner aux Grès d'Annot !

9 chambres – †68/80 € ††75/90 € – ☕9 €

av. de la Gare – ✆ 04 92 83 22 07 – www.hotel-avenue.com – Fermé 22 déc.-31 janv.

ANSE

✉ 69480 Rhône – 6 756 hab. – Alt. 170 m – Carte régionale n° **24**-E1
Carte Michelin 327-H4

Au Colombier

CUISINE MODERNE • CONVIVIAL X En bord de Saône, une belle bâtisse du 18e s., entre guinguette branchée et maison de pays. La cuisine est résolument dans l'air du temps mais n'oublie pas les grands classiques, telles ces belles cuisses de grenouille poêlées. Du goût et du caractère, à déguster sur une terrasse paisible et cosy...

Formule 22 € – Menu 32/69 € 🍷 – Carte 43/63 €

126 allée Colombier (Pont St-Bernard) – ✆ 04 74 67 04 68 – www.aucolombier.com – Fermé 3 semaines en janv., dim. soir et lundi de sept. à mai

ANSOUIS

✉ 84240 Vaucluse – 1 086 hab. – Alt. 380 m – Carte régionale n° **21**-B2
Carte Michelin 332-F11 – Guide Vert Michelin Provence

La Closerie (Olivier Alemany)

CUISINE PROVENÇALE • MÉDITERRANÉEN XX Cette Closerie est un hymne à la Provence ! Au piano, le chef compose des recettes riches en saveurs avec des produits d'une grande fraîcheur, que l'on accompagne de bons vins du Sud de la France. Une douce mélodie que les gourmands ne manquent pas d'apprécier, d'autant que l'accueil est charmant.

→ Salade de homard bleu et haricots verts du jardin. Pigeonneau rôti aux baies de cassis. Pain perdu caramelisé à la vanille Bourbon, sabayon glacé à la fleur d'oranger.

Menu 35 € (déj. en semaine), 50/75 € – Carte 65/85 €

bd des Platanes – ✆ 04 90 09 90 54 – www.lacloserieansouis.com – Fermé janv., dim. soir, merc. et jeudi

ANTHY-SUR-LÉMAN – 74 Haute-Savoie → Voir Thonon-les-Bains

CABH

ON AIME...

Le **Figuier de St-Esprit**, installé sur les remparts près du musée Picasso. Un petit nouveau, le **44**, où la modernité est dans le décor et dans l'assiette. Le **P'tit Cageot**, pour une étape gourmande dans la vieille ville. **Les Pêcheurs**, avec sa belle terrasse et ses poissons de la pêche locale. Enfin, partir en goguette sur la **Promenade de l'Amiral-de-Grasse**, l'une des plus belles vues d'Antibes...

ANTIBES

✉ 06600 Alpes-Maritimes – 75 731 hab. – Alt. 2 m – Carte régionale n° **22**-E2
Carte Michelin 341-D6 – Guide Vert Michelin Côte d'Azur

Restaurants

✿ Le Figuier de St-Esprit (Christian Morisset)

CUISINE PROVENÇALE • ÉLÉGANT XXX Dans le vieil Antibes, cette maison de pays embaume la Provence : en fureteur des goûts avisé, le chef revisite des recettes classiques, avec de beaux produits locaux. Saveurs fines, joli patio... Une bonne adresse.

➜ Cannellonis de supions et de palourdes à l'encre de seiche, jus de coquillages au basilic. Selle d'agneau des Alpilles cuite en terre d'argile de Vallauris, jus à la fleur de thym. Fondant mi-cuit au chocolat bio.

Formule 42 € – Menu 89/138 € – Carte 110/205 €

Plan : D1-a *14 r. St-Esprit – ✆ 04 93 34 50 12 – www.christianmorisset.fr – Fermé 1 semaine en fév. et en juin, 2 semaines en nov., merc. sauf le soir de mai à oct., lundi midi de mai à oct. et mardi*

‖O Le Don Juan Chez Florent

POISSONS ET FRUITS DE MER • MÉDITERRANÉEN XX Spécialité de ce Don Juan : une cuisine provençale, inspirée de la production familiale (fleurs de courgette, tomates etc. du cousin du patron), poissons selon arrivage et glaces maison, le tout dans un agréable cadre méditerranée

Menu 39 € – Carte 50/65 €

Plan : D1-b *17 r. Thuret – ✆ 04 93 34 58 63 – www.restaurantdonjuan.com – Fermé mardi et merc. de sept. à mai*

‖O Le Vauban

CUISINE MODERNE • ÉLÉGANT XX Dans une rue animée du vieil Antibes, ce Vauban nous sert une bonne cuisine française dans l'air du temps, réalisée avec une technique sans faille, et évoluant au fil des saisons. La bonne réputation du restaurant n'est plus à faire et il affiche souvent complet : pensez à réserver !

Menu 22 € (déj.), 39/70 € 🍷 – Carte 50/70 €

Plan : D1-v *7 bis r.Thuret – ✆ 04 93 34 33 05 – www.levauban.fr – fermé 21 oct.-14 nov., lundi et mardi*

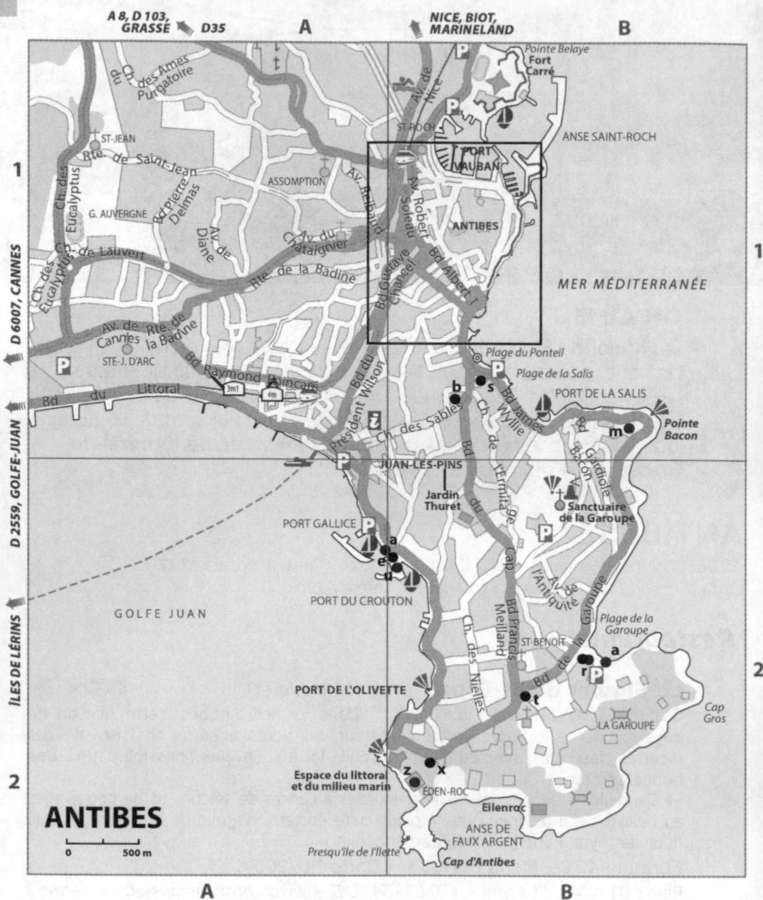

Mamo - Le Michelangelo

soir,

CUISINE ITALIENNE • MÉDITERRANÉEN XX Qui ne connaît pas Mamo ? La maison-mère est une institution à Antibes depuis 1990, désormais déclinée à Paris et New York... La recette du succès ? Une cuisine italienne (pâtes, pizze, grillades, tiramisu), un cadre soigné, un excellent ristretto et un patron plein de faconde et de gentillesse.

Carte 45/80 €

Plan : D1-m *3 r. des Cordiers – ✆ 04 93 34 04 47 – www.michelangelo-mamo.com – Fermé 2 janv.-10 fév., dim. et lundi*

Nacional - Beef & Wine

VIANDES • BRANCHÉ XX Les amateurs de saveurs carnées trouveront dans ce restaurant contemporain leur paradis – on y propose aussi quelques plats de poisson et des salades. En tartare, en carpaccio ou grillées, les viandes sont de grande qualité – elles sont même idéalement saisies sur un gril à haute température.

Formule 20 € – Menu 25 € (déj. en semaine)/38 € – Carte 40/75 €

Plan : D1-u *61 pl. Nationale – ✆ 04 93 61 77 30 – www.restaurant-nacional-antibes.com – Fermé le midi en juil.-août et lundi midi, dim. hors saison*

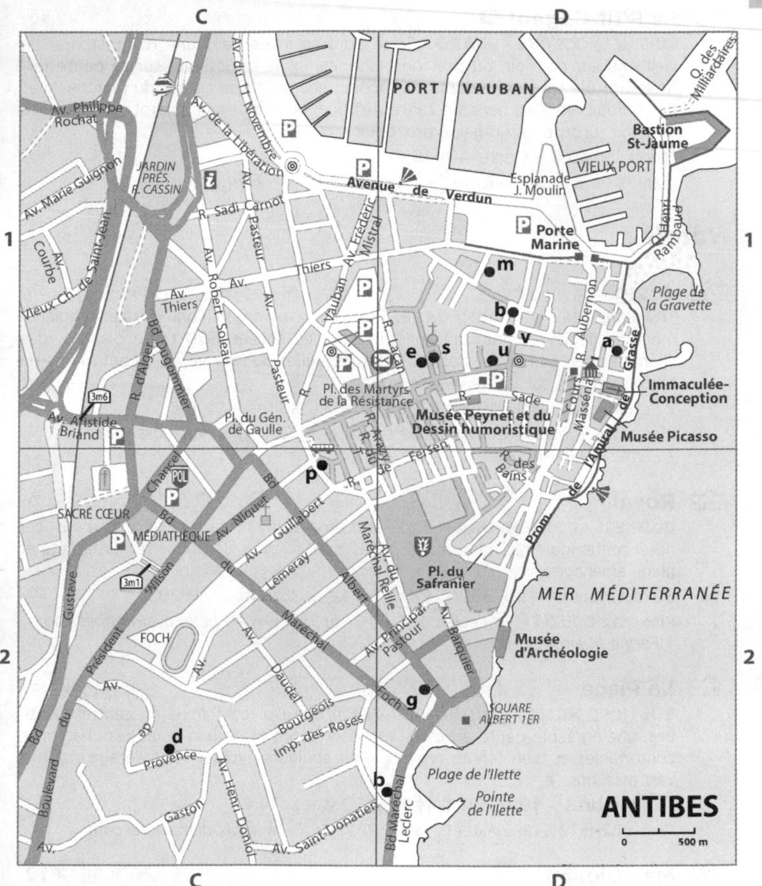

Oscar's

CUISINE TRADITIONNELLE • MÉDITERRANÉEN XX Avec ses sculptures à la mode antique, le cadre un peu kitsch ravira les amateurs du genre ! L'accueil est charmant et, côté papilles, les spécialités italiennes et provençales vous font de bien gourmands appels du pied ; les pâtes sont faites maison. Si le temps le permet, on peut aller dîner sur la petite terrasse.

Formule 19 € 🍷 – Menu 32 € (semaine)/56 € – Carte 42/73 €

Plan : D1-s *8 r. du Dr-Rostan – ✆ 04 93 34 90 14 – www.oscars-antibes.fr – Fermé 1er 15 juin, 20 déc.-5 janv., dim. et lundi*

Le 44 Ⓝ

CUISINE MODERNE • CONTEMPORAIN XX Au rez-de-chaussée d'un immeuble des années 1920 à la façade classée, non loin de la mer, ce restaurant au cadre épuré, tenu par un jeune chef passé par de belles maisons, propose une jolie carte de saison et quelques suggestions appétissantes.

Menu 44/78 € – Carte 70/93 €

Plan : D2-g *44 bd Albert-1er – ✆ 09 73 29 41 85 – www.le44riviera.com – Fermé 2 semaines en janv., lundi et mardi de mi-oct. à début juin*

CUISINE MODERNE • BISTRO Cette adresse lovée dans une rue piétonne du vieil Antibes, non loin du port de plaisance, invite à s'installer sur sa petite terrasse-trottoir. Un jeune couple y concocte une goûteuse cuisine du marché, avec des produits locaux, dans un cadre rustique, au mobilier de bistrot. Carte courte et menu surprise : un régal, à prix doux !

Menu 29/35 € – Carte 40/49 €

Plan : D1-e *5 r. du Dr-Rostan – 04 89 68 48 66 – Fermé merc. et dim.*

Hôtels

Josse

TRADITIONNEL • CONTEMPORAIN Près de la plage du Ponteil – un emplacement privilégié –, dans une construction des années 1970 toute blanche, des chambres contemporaines et confortables, celles du premier étage ont même un balcon... et vue sur la Grande Bleue !

27 chambres – 95/199 € 95/199 € – 2 suites – 16 €

Plan : B1-s *8 bd James-Wyllie – 04 92 93 38 38 – www.hotel-josse.com – Fermé 18 nov.-16 déc.*

Royal

BUSINESS • CONTEMPORAIN Excellent emplacement face à la mer pour cet hôtel contemporain. Chambres et suites, spa, restaurant, grande terrasse d'été et plage aménagée.

39 chambres – 95/350 € 95/550 € – 25 suites – 20 €

Plan : D2-b *16 bd Mar.-Leclerc – 04 83 61 91 91 – www.hotelroyal-antibes.com – Fermé 14 janv.-9 fév.*

La Place

BOUTIQUE HÔTEL • CONTEMPORAIN Sur cette place animée du centre d'Antibes, une agréable petite adresse, au décor sobre et de bon goût. Les chambres, confortables et bien tenues, voient leurs couleurs évoluer selon l'étage (parme, vert anis, gris...).

14 chambres – 99/200 € 99/200 € – 14 €

Plan : C2-p *1 av. du 24-Août – 04 97 21 03 11 – www.la-place-hotel.com*

Mas Djoliba

MAISON DE CAMPAGNE • CLASSIQUE Relaxez-vous entre palmiers et bougainvillées, à la piscine ou dans les jolies chambres de cette villa 1920 ; celle du dernier étage dispose d'une agréable terrasse offrant une vue exquise sur le cap. Atmosphère familiale.

13 chambres – 90/130 € 120/225 € – 1 suite – 12 €

Plan : C2-d *29 av. de Provence – 04 93 34 02 48 – www.hotel-djoliba.com – Ouvert 12 mars-4 nov.*

Le Petit Castel

FAMILIAL • COSY Un jeune couple est à la barre de ce petit pavillon blanc, à mi-chemin entre Antibes et Juan-les-Pins. Les chambres, petites et bien tenues, ont été rénovées avec goût ; on profite pleinement de l'agréable cour pour le petit-déjeuner. Coin bar à vin et terrain de pétanque.

16 chambres – 78/158 € 88/168 € – 10 €

Plan : B1-b *22 chemin des Sables – 04 93 61 59 37 – www.lepetitcastel.fr – Fermé janv.*

Cap d'Antibes

06160 Alpes-Maritimes – Juan les Pins – Carte régionale n° **22**-E2

Les Pêcheurs

CUISINE MÉDITERRANÉENNE • DESIGN XXX Superbement ancrés au bord des flots, ces Pêcheurs mettent évidemment à l'honneur le poisson de la Méditerranée... et plus largement toutes les belles saveurs du Sud, délicatement ciselées ; on se régale dans une salle à manger élégante et moderne (béton et verre), ou sur la terrasse à l'abri des voiles. Un petit paradis très Côte d'Azur !

→ Poisson de pêche locale et écaille de poulpe en bouillabaisse froide revisitée. Rouget et pistes de Méditerranée en fine persillade, fenouil aux pignons de pin. Fraises des bois en rosace, biscuit moelleux.

Menu 85/150 € - Carte 90/155 €

Plan : B2-u *Cap d'Antibes Beach Hôtel, 10 bd du Maréchal-Juin - 04 92 93 13 30 - www.ca-beachhotel.com - Ouvert 31 mars-14 oct. et fermé le midi*

Eden Roc

CUISINE MODERNE • LUXE XXXXX Serveurs en veste blanche, découpe et flambage en salle, espace salon avec pianiste : la French Riviera dans toute sa gloire ! À la carte, les grands classiques de la maison sont à l'honneur (steak Diane, buffet d'entrées), accompagnés de plats méditerranéens plus inventifs. Surtout, jetez un œil à la terrasse, absolument exquise, avec sa vue sur la baie de Cannes...

Menu 85 € (déj.), 160/195 € - Carte 120/225 €

Plan : B2-z *Hôtel du Cap-Eden-Roc, bd JF-Kennedy - 04 93 61 39 01 - www.hotel-du-cap-eden-roc.com - Ouvert 20 avril-15 oct.*

Bacon

soir, P

POISSONS ET FRUITS DE MER • MÉDITERRANÉEN XXX Une grande salle habillée de blanc, des œuvres d'art contemporain et une vue superbe sur la baie des Anges... La Méditerranée est reine ici, et plus encore dans l'assiette : un très beau choix de poissons, de prime fraîcheur. Une institution.

Menu 55 € (déj. en semaine)/85 € - Carte 85/280 €

Plan : B1-m *664 bd Bacon - 04 93 61 50 02 - www.restaurantdebacon.com - Ouvert 1er mars-31 oct. et fermé mardi midi et lundi*

Le Pavillon

CUISINE MODERNE • ROMANTIQUE XXX La terrasse sous les arbres est un hymne au romantisme, surtout éclairée à la bougie la nuit venue... Moment très agréable porté par une cuisine d'inspiration méditerranéenne, déclinée dans un menu unique au gré des saisons.

Formule 65 € - Menu 85 €

Plan : B2-r *Hôtel Impérial Garoupe, 770 chemin de la Garoupe - 04 92 93 31 64 - www.imperial-garoupe.com - Ouvert 26 avril-5 oct. et fermé le midi de juin à sept. et merc. sauf juil.-août*

Pavillon Beach

CUISINE MÉDITERRANÉENNE • CONVIVIAL XX Une carte méditerranéenne fraîche et raffinée, pour un restaurant de plage séduisant... et l'on est très vite happé par la vue sur la Grande Bleue.

Carte 60/90 €

Plan : B2-r *Hôtel Impérial Garoupe, 770 chemin Garoupe - 04 92 90 23 97 - www.imperial-garoupe.com - Ouvert 15 juin-15 sept. et fermé le soir*

Le César

CUISINE MÉDITERRANÉENNE • BRASSERIE XX Posé sur une belle plage de la Garoupe, avec une jolie vue sur la Méditerranée, cette brasserie de mer est très appréciée des Antibois. Les pieds dans le sable ou sur la terrasse, on y déguste poissons en croûte de sel, calamars et autres plats d'inspiration provençale. Une véritable institution locale : avis aux amateurs !

Carte 50/150 €

Plan : B2-a *1035 chemin de la Garoupe (plage Keller) - 04 93 61 28 23 - www.plagekeller.com - Ouvert 14 mars-10oct.*

Le Cap

CUISINE MODERNE • MÉDITERRANÉEN Sur la plage privée du Cap d'Antibes Beach Hôtel, une agréable option pour un repas face à la baie de Cannes et aux îles de Lérins. Au déjeuner : salades, sandwichs chic, burgers gourmands et... poisson grillé ; le soir, une carte internationale plus enlevée, avec toujours de beaux produits de la mer.

Carte 45/80 €

Plan : B2-a *Cap d'Antibes Beach Hôtel, 10 bd du Maréchal-Juin*
– 04 92 93 13 30 – www.ca-beachhotel.com
– Ouvert 31 mars-14 oct. et fermé le soir sauf du 15 juin au 8 sept.

Hôtel du Cap-Eden-Roc

PALACE • GRAND LUXE Dans un parc verdoyant et paisible, face à la mer, cet hôtel majestueux – désormais classé palace – conjugue luxe, espace et grand calme. Tout y a le goût du mythe : la piscine à débordement, idyllique, le délicieux bar Bellini, le club de tennis, les cabanes le long du littoral...

108 chambres – 580/2000 € 580/3200 € – 10 suites

Plan : B2-x *bd JF-Kennedy*
– 04 93 61 39 01 – www.hotel-du-cap-eden-roc.com
– Ouvert 21 avril-19 oct.

Eden Roc – voir les restaurants ci-dessus

Cap d'Antibes Beach Hôtel

LUXE • DESIGN Chic balnéaire contemporain, design épuré, jardin noyé sous les essences méditerranéennes, plage privée de sable fin et, depuis les chambres des étages supérieurs, une vue imprenable sur le cap et les îles de Lérins : une certaine idée du luxe...

35 chambres – 420/950 € 420/5900 €

Plan : B2-e *10 bd Maréchal-Juin*
– 04 92 93 13 30 – www.ca-beachhotel.com
– Ouvert 31 mars-14 oct.

Les Pêcheurs • **Le Cap** – voir les restaurants ci-dessus

Impérial Garoupe

LUXE • PERSONNALISÉ Au bout du cap, la Garoupe et cette belle demeure méditerranéenne au cœur d'une végétation luxuriante (cactus et plantes grasses). Toutes décorées différemment, les chambres sont agréables et bien tenues ; elles possèdent un balcon, une terrasse ou un jardinet privé.

31 chambres – 300/780 € 300/995 € – 4 suites

Plan : B2-r *770 chemin de la Garoupe*
– 04 92 93 31 61 – www.imperial-garoupe.com
– Ouvert 26 avril-5 oct.

Le Pavillon • **Pavillon Beach** – voir les restaurants ci-dessus

Beau Site

FAMILIAL • MÉDITERRANÉEN Terrasse ombragée d'essences méditerranéennes, agréable piscine et chambres d'esprit classique ou provençal : un joli pavillon blanc aux volets bleus, pour un séjour très Sud !

30 chambres – 90/250 € 105/250 € – 15 €

Plan : B2-t *141 bd JF-Kennedy*
– 04 93 61 53 43 – www.hotelbeausite.net
– Ouvert 15 mars-20 oct.

Si vous recherchez un hébergement particulièrement agréable pour un séjour de charme, préférez les établissements signalés en rouge : ....

ANTONNE-ET-TRIGONANT - 24 Dordogne → Voir Périgueux

ANTONY - 92 Hauts-de-Seine → Voir Autour de Paris

AOSTE

✉ 38490 Isère - 2 797 hab. - Alt. 221 m - Carte régionale n° **23**-C2
Carte Michelin 333-G4 - Guide Vert Michelin Alpes du Nord

à la Gare de l'Est 2 km au Nord-Est par D1516 - ✉ 38490 Aoste :

Au Coq en Velours

CUISINE TRADITIONNELLE • ÉLÉGANT XXX Entre Bresse et Dauphiné, cette bonne auberge de village est tenue par la même famille depuis 1900. Ne passez pas à côté de la spécialité de la maison, le "coq en velours", un délicieux coq au vin servi dans une sauce crémeuse, au grain de... velours. Quelques chambres pour la nuit, bien au calme face au jardin.

Formule 27 € - Menu 32/68 € - Carte 37/65 €
7 chambres - †80/105 € ††80/105 € - ☕ 10 €
1800 rte de St-Genix
- ☎ 04 76 31 60 04 - www.au-coq-en-velours.com - Fermé 20 août-4 sept., janv., jeudi soir, dim. soir et lundi

APPOIGNY - 89 Yonne → Voir Auxerre

APREMONT - 78 Yvelines → Voir Chantilly

APT

✉ 84400 Vaucluse - 11 885 hab. - Alt. 250 m - Carte régionale n° **22**-E1
Carte Michelin 332-F10 - Guide Vert Michelin Provence

Sainte Anne

URBAIN • CONTEMPORAIN Cette maison du 19e s. abrite des chambres confortables et bien tenues. À noter, le délicieux petit-déjeuner servi, en saison, dans un verdoyant patio. Une adresse parfaite pour partir à la découverte de la ville et visiter la Maison du parc régional du Luberon toute proche.

7 chambres - †79/119 € ††79/119 € - ☕ 12 €
62 pl. Faubourg-du-Ballet - ☎ 04 90 74 18 04 - www.apt-hotel.com - Fermé 16 déc.-31 janv.

Le Couvent

HISTORIQUE • PERSONNALISÉ Cet ancien couvent (17e s.) typiquement provençal a perdu en austérité ce qu'il a gagné en sobre élégance. Chambres de charme, petit-déjeuner sous les voûtes du réfectoire.

5 chambres ☕ - †120/140 € ††120/140 €
36 r. Barriol
- ☎ 04 90 04 55 36 - www.loucouvent.com

à Saignon 4 km au Sud-Est par D48 - ✉ 84400 - 1 015 hab. - Alt. 450 m

Chambre de Séjour avec Vue

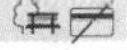

MAISON DE CAMPAGNE • CONTEMPORAIN Dans un charmant village, une maison d'hôtes atypique, à la fois lieu d'échange culturel et résidence d'artistes : la décoration évolue au gré des œuvres exposées ! De confortables chambres design, chic et sobrement meublées.

5 chambres ☕ - †100/110 € ††120/140 €
r. de la Burgade - ☎ 04 90 04 85 01 - www.chambreavecvue.com - Ouvert de mars à nov.

ARAGON - 11 Aude ➜ Voir Carcassonne

ARBOIS

✉ 39600 Jura - 3 463 hab. - Alt. 350 m - Carte régionale n° **9**-B2
Carte Michelin 321-E5 - Guide Vert Michelin Franche-Comté Jura

✿✿ Maison Jeunet (Steven Naessens)

CUISINE CRÉATIVE • ÉLÉGANT XXX Une page se tourne dans cette institution jurassienne : Steven et Marjorie Naessens en ont repris les rênes en février 2016. La salle et l'art de la table ont été modernisés ; en cuisine, Steven, qui a été le second de Jean-Paul Jeunet pendant 8 ans, reste fidèle à l'esprit terroir et créatif de la maison.

➜ Escargots du Petit Mercey, chénopodes et émulsion à la réglisse. Volaille de Bresse, céleri, morilles et vin jaune. Caramel, farine de gaudes et panais en jeux de textures.

Menu 62 € (déj. en semaine), 122/152 € - Carte 105/135 €
12 chambres - †105/125 € ††142/180 € - ☕ 23 €
9 r. de l'Hôtel-de-Ville
- ✆ 03 84 66 05 67 - www.maison-jeunet.com
- Fermé du 18 déc.-1er fév., merc. sauf le soir du 10 juil. au 31 août, jeudi du 15 oct. au 26 fév. et mardi

Les Caudalies

CUISINE MODERNE • ÉLÉGANT XXX A la tête de cette maison bourgeoise sise au cœur des vignobles, œuvre un savant sommelier, Meilleur Ouvrier de France en 2015. En cuisine, sa belle-mère propose une cuisine délicate, féminine, alliant avec bonheur tradition et modernité à l'instar de cette volaille fermière de l'Ain aux morilles. Carte des vins de plus de 500 références.

Formule 16 € - Menu 26 € 🍷 (déj. en semaine), 45/62 € - Carte 55/80 €
Hôtel Les Caudalies, 20 av. Pasteur - ✆ 03 84 73 06 54 - www.lescaudalies.fr
- Fermé 12-28 fév. et 22 oct.-7 nov., mardi sauf le soir en juil.-août et lundi

Le Bistronome

CUISINE TRADITIONNELLE • BISTRO X Ce nouveau venu charme les papilles des bistronomes grâce à des produits de qualité et des plats goûteux, accompagnés d'une belle sélection de vins natures du Jura, à déguster sur la jolie terrasse qui domine la Cuisance... Une affaire sérieuse et sympathique !

Menu 18 € (déj. en semaine), 25/32 € - Carte 46/57 €
62 r. de Faramand - ✆ 03 84 53 08 51
- Fermé lundi soir, dim. soir et mardi sauf juil.-août

Les Caudalies

MAISON DE MAÎTRE • ÉLÉGANT Accueil courtois, chambres romantiques et bien décorées (parquets clairs, beaux meubles) : voici quelques-uns des attraits de ces Caudalies. L'ensemble est bien entretenu : une agréable étape.

9 chambres - †67/90 € ††79/120 € - ☕ 12 €
20 av. Pasteur - ✆ 03 84 73 06 54 - www.lescaudalies.fr
- Fermé 12-28 fév. et 22 oct.-7 nov.
Les Caudalies - voir les restaurants ci-dessus

Closerie les Capucines

HISTORIQUE • PERSONNALISÉ Ce couvent du 17e s. se niche dans une ruelle calme du centre-ville. Charme authentique, épure contemporaine dans les chambres, patio, jardin exquis... Un moment béni, une coupure salutaire !

5 chambres ☕ - †125/180 € ††125/180 €
7 r. de la Bourgogne - ✆ 03 84 66 17 38 - www.closerielescapucines.com
- Fermé 18 déc.-31 janv.

à Pupillin 3 km au Sud par D469 et D248 – ✉ 39600 – 244 hab. – Alt. 450 m

Le Grapiot

CUISINE MODERNE • DESIGN XX Grapiot, vous avez dit grapiot ? Oui, une "grimpette" ou un "petit chemin montant" en patois local. Le jeune chef, passionné de couleurs et de saveurs, travaille autant la déco que les beaux produits, comme avec ce pavé de cabillaud rôti et beurre rouge. La carte change tous les mois ; chaque passage donne envie de revenir !

Formule 20 € 🍷 – Menu 32/65 € 🍷 – Carte 38/57 €

r. Bagier – ✆ 03 84 37 49 44 – www.legrapiot.com – Fermé 1 semaine vacances de printemps, 1 semaine en juil., 24 déc.-10 janv., mardi et merc.

ARBONNE – 64 Pyrénées-Atlantiques ➜ Voir Biarritz

ARC 2000 – 73 Savoie ➜ Voir les Arcs

ARCACHON – 33 Gironde ➜ Voir Bassin d'Arcachon

ARCANGUES – 64 Pyrénées-Atlantiques ➜ Voir Biarritz

ARC-ET-SENANS

✉ 25610 Doubs – 1 580 hab. – Alt. 231 m – Carte régionale n° **9**-B2
Carte Michelin 321-E4 – Guide Vert Michelin Franche-Comté Jura

Le Relais d'Arc et Senans

CUISINE MODERNE • RUSTIQUE X Une maison franc-comtoise à 800 m de la Saline royale (classée au patrimoine de l'Unesco). Salle rustique et cuisine actuelle privilégiant les produits locaux.

Formule 18 € – Menu 26/58 € 🍷 – Carte environ 50 €

9 pl. de l'Église – ✆ 03 81 57 40 60 – www.relaisdarcetsenans.fr – Fermé 9-16 oct., 18 déc.-22 janv., dim. soir et lundi

ARCINS – 33 Gironde ➜ Voir Margaux

ARCIZANS-AVANT – 65 Hautes-Pyrénées ➜ Voir Argelès-Gazost

LES ARCS

✉ 73700 Savoie – Carte régionale n° **23**-D2
Carte Michelin 333-N4 – Guide Vert Michelin Alpes du Nord

Aiguille Grive Chalets Hôtel

LUXE • COSY Directement sur les pistes et à quelques minutes de la station d'Arc 1800, ce vaisseau de bois et de verre offre des vues spectaculaires sur le Mont Blanc. Beaux tissus, mobilier chic, terrasse ensoleillée : là, tout n'est qu'ordre et sportivité, luxe, calme et sommets enneigés.

18 chambres – ½ P seult 260/330 €

Charmettoger - Les Arcs 1800 – ✆ 04 79 40 20 30 – www.hotelaiguillegrive.com – Ouvert mi déc.-fin avril et juil.-août

à Arc 2000 7 km au Sud-Est – ✉ 73700

Taj-I Mah Ⓝ

BOUTIQUE HÔTEL • CONTEMPORAIN Derrière ce nom d'origine indienne signifiant "couronne de lune" se dissimule un bel ensemble hôtelier, aux clins d'œil ethniques. Les chambres, confortables, bénéficient toutes de balcons avec vue sur le massif. Espace bien-être ; table gastro et bistrot.

43 chambres – †360/570 € ††360/570 € – 5 suites

Hors plan *625 rte des Marais ✉ 73790 Tours-en-Savoie – ✆ 04 79 10 34 10 – www.hotel-tajimah.com – Ouvert de mi déc. à mi avril*

LES ARCS

⊠ 83460 Var - 7 171 hab. - Alt. 80 m - Carte régionale n° **21**-C3
Carte Michelin 340-N5

✿ Le Relais des Moines (Sébastien Sanjou)

CUISINE FRANÇAISE MODERNE • AUBERGE XXX Une cuisine colorée et imaginative : voici la proposition du chef, Sébastien Sanjou, dans cette ancienne bergerie (16e s.) élégante et chaleureuse. Au cœur de chaque assiette trône un beau produit, travaillé avec soin dans le respect du goût ! La terrasse ajoute au plaisir. Excellent rapport qualité-prix du menu déjeuner.

→ Coquillages cuits et crus, caviar et granité iodé. Chevreuil, courges, poivre timut et jus relevé de Chartreuse. Chocolat et café pure origine, mousseux et granité, ganache à la fève tonka.

Menu 45 € (déj. en semaine), 69/130 € - Carte 90/105 €

1 km à l'Est par rte de Ste-Roseline
- ✆ 04 94 47 40 93 - www.lerelaisdesmoines.com - Fermé 29 oct.-5 déc., mardi de sept. à juin et lundi

Logis du Guetteur

CUISINE TRADITIONNELLE • RUSTIQUE XX Une robuste demeure médiévale (11e s.), perchée à l'aplomb du village... En terrasse, où l'on guette le panorama à loisir, ou sous les voûtes séculaires du bâtiment, on savoure une cuisine généreuse, marquée par le terroir provençal.

Menu 40/110 € - Carte 61/102 €

pl. du Château (au village médiéval)
- ✆ 04 94 99 51 10 - www.logisduguetteur.com

ARDRES

⊠ 62610 Pas-de-Calais - 4 304 hab. - Alt. 11 m - Carte régionale n° **16**-A1
Carte Michelin 301-E2 - Guide Vert Michelin Nord Pas-de-Calais

Le François 1er

CUISINE CLASSIQUE • ÉLÉGANT XX En 1520, la ville accueillit une entrevue entre Henri VIII et François 1er... d'où le nom du restaurant. Dans un cadre historique, la cuisine joue la carte de la tradition : croustillant de crustacés, carré d'agneau en croûte d'herbes, etc.

Menu 29 € (déj.), 39/49 €

pl. d'Armes
- ✆ 03 21 85 94 00 - www.lefrancois1er.com
- Fermé 28 août-14 sept., 24 déc.-10 janv., lundi et le soir

ARGELÈS-GAZOST

⊠ 65400 Hautes-Pyrénées - 3 020 hab. - Alt. 462 m - Carte régionale n° **15**-A3
Carte Michelin 342-L6

Des Petits Pois Sont Rouges

CUISINE MODERNE • CONVIVIAL XX Pas besoin d'être résident de l'hôtel Miramont pour apprécier la cuisine de son chef. Ce dernier rend hommage au terroir pyrénéen, bien sûr, mais propose également de nombreux poissons à la carte. Côté déco, on baigne dans une ambiance résolument contemporaine : table centrale rehaussée, mobilier design...

Formule 18 € - Menu 24/28 € 🍷 - Carte 42/51 €

Hôtel Le Miramont, 44 av. des Pyrénées
- ✆ 05 62 97 01 26 - www.des-petits-pois-sont-rouges.com - Fermé nov. et merc.

Le Miramont

FAMILIAL • CONTEMPORAIN Cet hôtel-restaurant des années 1930 dénote par rapport au style architectural régional. Avec son joli jardin et ses chambres confortables de style contemporain, c'est un bon point de départ pour la visite de la vallée des Gaves ou une cure thermale.

18 chambres – 73/165 € 73/165 € – 13 €

44 av. des Pyrénées – 05 62 97 01 26 – www.hotel-argeles-gazost.com – Fermé nov.

Des Petits Pois Sont Rouges – voir les restaurants ci-dessus

à St-Savin 3 km au Sud par D101 – 65400 – 376 hab. – Alt. 580 m

Le Viscos

CUISINE MODERNE • ÉLÉGANT XXX Sous l'impulsion des fils du patron – dont l'un, Alexis, est aux fourneaux –, le restaurant régale de délicieux plats célébrant le terroir : minute de thon laqué et sa brunoise de tomates ; œuf fumé surprise, émulsion de morilles… C'est fin, juste et toujours travaillé dans le respect du produit.

Formule 17 € – Menu 32/95 € – Carte 52/84 €

10 chambres – 95/145 € 95/145 € – 14 €

1 r. Lamarque – 05 62 97 02 28 – www.hotel-leviscos.com – Fermé 3 semaines en janv., dim. soir sauf juil.-août et lundi

à Arcizans-Avant 4,5 km au Sud par D101 et D13 – 65400 – 382 hab. – Alt. 640 m

Auberge Le Cabaliros

CUISINE TRADITIONNELLE • AUBERGE X Cette sympathique auberge villageoise, à mi-chemin entre les célèbres cols d'Aubisque et du Tourmalet, tutoie les sommets pyrénéens. Dans l'assiette, de bonnes recettes de tradition – pavé de porc noir de Bigorre, ris de veau braisé –, goûteuses et joliment présentées. Et de petites chambres coquettes pour l'étape !

Formule 21 € – Menu 25/35 € – Carte 33/54 €

7 chambres – 60/70 € 69/99 € – 10 €

16 r. de l'Église – 05 62 97 04 31 – www.auberge-cabaliros.com – Fermé de nov. à fin janv., mardi et merc. hors vacances scolaires et mardi midi

à Beaucens 6 km au Sud-Est par D913 – 65400 – 410 hab. – Alt. 450 m

Eth Béryè Petit

FAMILIAL • TRADITIONNEL Ce petit verger ("Eth béryè petit" en occitan) est une accueillante maison bigourdane de 1790. Chambres cosy (parquet, tapis, mobilier ancien) ménageant un splendide panorama sur la vallée. Dîner et petit-déjeuner dans un joli salon au coin du feu ou en terrasse.

3 chambres – 70 € 75 €

15 rte de Vielle – 05 62 97 90 02 – www.beryepetit.com – Fermé 24 déc.-2 janv.

ARGELÈS-SUR-MER

66700 Pyrénées-Orientales – 10 279 hab. – Alt. 19 m – Carte régionale n° **12**-B3
Carte Michelin 344-J7

La Bartavelle

CUISINE CRÉATIVE • COSY X C'est une adresse que les amoureux de la bonne chère s'échangent avec gourmandise – et pour cause : le chef, Thibaut Lesage, et son épouse Stéphanie, pâtissière, ravissent les papilles et revisitent les classiques avec une inspiration constante. Un régal ! Attention : réservation indispensable.

Menu 29/38 € – Carte 44/53 €

Plan : C1-e *24 r. de la République – 06 19 25 70 13 – www.restaurant-labartavelle.fr – Fermé 1 semaine en mars, 1 semaine en nov., 1 semaine en janv., dim. de sept. à juin, lundi sauf le soir en juil.-août et le midi sauf sam. hors saison et sauf merc.*

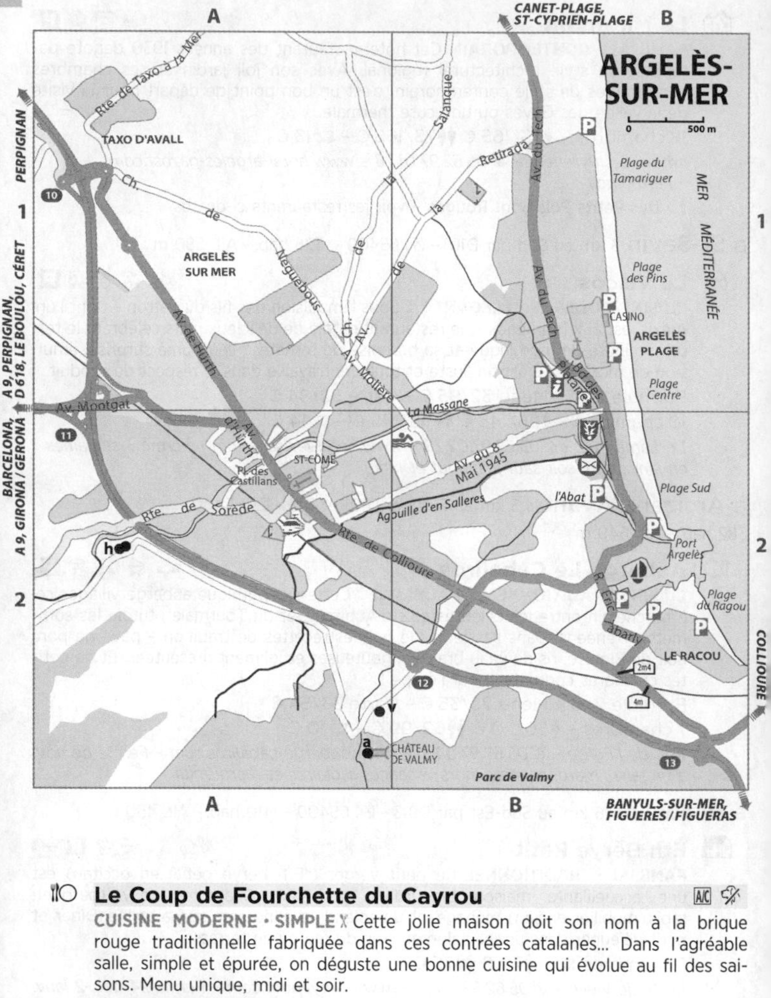

ꟾ〇 Le Coup de Fourchette du Cayrou

CUISINE MODERNE • SIMPLE Cette jolie maison doit son nom à la brique rouge traditionnelle fabriquée dans ces contrées catalanes... Dans l'agréable salle, simple et épurée, on déguste une bonne cuisine qui évolue au fil des saisons. Menu unique, midi et soir.

Formule 20 €
- Menu 24 € (déj.), 28/39 €

Plan : C1-b *18 r. du 14-Juillet*
- ✆ 04 68 81 34 08 - www.le-cayrou.net
- Fermé dim.

Le Cottage

TRADITIONNEL • COSY Dans une zone résidentielle, un hôtel avec des chambres coquettes, lumineuses et calmes, très souvent avec un balcon ou une terrasse donnant sur le joli jardin. Côté détente : un espace bien-être avec piscine, jacuzzi et hammam.

27 chambres - 80/265 € 80/265 € - 6 suites - 14 €

Plan : D2-a *21 r. Arthur-Rimbaud*
- ✆ 04 68 81 07 33 - www.hotel-lecottage.com
- Ouvert d'avril à mi-oct.

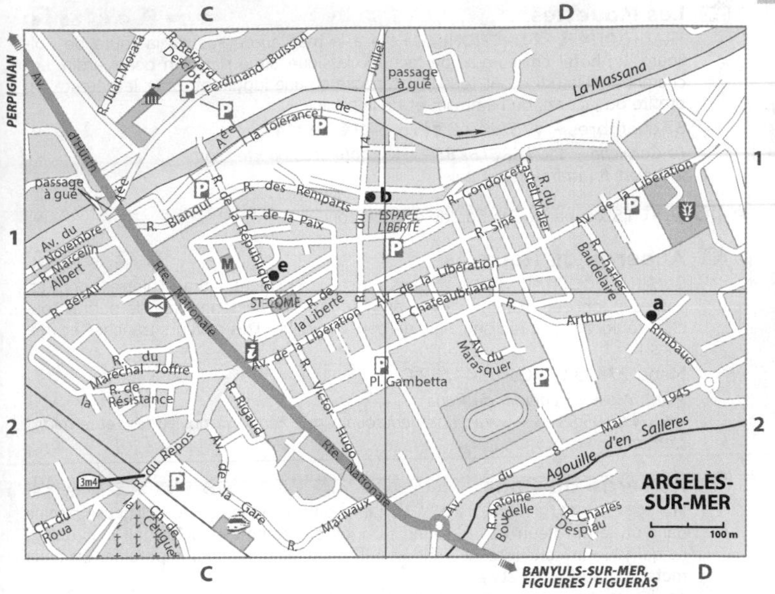

Château Valmy

DEMEURE HISTORIQUE • ÉLÉGANT Pour l'anecdote, ce beau château à l'allure majestueuse et peu commune a été érigé en 1900 par un architecte... danois. Aujourd'hui, c'est une maison de charme pour hôtes chic, au cœur d'un vignoble de 30 ha. Superbes chambres zen et épurées, vue splendide sur la mer et dégustation de vins au chai : quel style !

5 chambres ☕ – 🚹220/390 € 🚹🚹220/390 €

Plan : A2-a *chemin de Valmy – ✆ 04 68 95 95 25 – www.chateau-valmy.com – Ouvert d'avril à nov.*

rte de Collioure 4 km au Sud-Est par rte de Collioure et D114 – ✉ 66700 Argelès-sur-Mer :

Le Bistrot à la Mer

CUISINE MODERNE • DESIGN Dans ce restaurant, situé à l'intérieur d'un hôtel dominant la route de la Corniche en allant vers Collioure, on se régale de bons produits locaux et de saison, au fil d'un menu d'inspiration méditerranéenne, imaginé par le nouveau chef. Le cadre, une jolie salle lumineuse, est à la hauteur de la cuisine.

Formule 19 € – Menu 24 € (déj. en semaine), 32/49 € – Carte 45/55 €

Grand Hôtel du Golfe, La Corniche – ✆ 04 68 81 14 73 – www.hoteldugolfe-argeles.com – Ouvert mi-mars-31 oct.

Grand Hôtel du Golfe

TRADITIONNEL • CONTEMPORAIN Un bel hôtel sur la route de Collioure, face à la plage. Les chambres disposent de petits balcons offrant une vue imprenable sur la mer. De quoi faire des rêves de grandes traversées ou de voyages au long cours ! Espace détente (spa, hammam) et grande piscine chauffée.

36 chambres – 🚹85/269 € 🚹🚹85/289 € – ☕ 12 €

La Corniche – ✆ 04 68 81 14 73 – www.grandhoteldugolfe.com – Ouvert 25 mars-3 nov.

Le Bistrot à la Mer – voir les restaurants ci-dessus

Les Mouettes

TRADITIONNEL • FONCTIONNEL Face à la mer, au-dessus de la route de Collioure, un hôtel chaleureux, de facture classique, situé dans un beau jardin. Les chambres et studios ont tous une terrasse ou une loggia et, pour la détente, on profite du jacuzzi, du hammam et de la piscine.

33 chambres – 75/349 € 75/349 € – 14 €

La Corniche – 04 68 81 82 83 – www.hotel-lesmouettes.com – Ouvert fin mars- début nov.

à l'Ouest 1,5 km par rte de Sorède et rte secondaire

Auberge du Roua

CUISINE MODERNE • COSY XX Dans un cadre vraiment intime (pierres, poutres, voûtes...), on déguste une cuisine au goût du jour, personnalisée de petites touches régionales, et réalisée avec de bons produits... Des saveurs franches et fraîches !

Menu 27/59 € – Carte 44/62 €

Plan : A2-h *46 chemin du Roua – 04 68 95 85 85 – www.aubergeduroua.com – Fermé 12 nov.-6 fév. et le midi sauf dim.*

Auberge du Roua

MAISON DE CAMPAGNE • COSY La campagne, les vignes, une délicieuse piscine dans un jardin fleuri et... le calme ! Un joli programme pour un joli mas du 17e s., qui joue le contraste de l'authenticité et de l'épure contemporaine. En deux mots : du Sud et du style !

15 chambres – 79/119 € 79/189 € – 5 suites – 13 €

Plan : A2-h *46 chemin du Roua – 04 68 95 85 85 – www.aubergeduroua.com – Fermé 15 nov.-27 déc. et 6 janv.-1er fév.*

Auberge du Roua – voir les restaurants ci-dessus

ARGENTAN

61200 Orne – 13 968 hab. – Alt. 160 m – Carte régionale n° **17**-C2
Carte Michelin 310-I2 – Guide Vert Michelin Normandie Cotentin

La Renaissance (Arnaud Viel)

CUISINE MODERNE • ÉLÉGANT XXX Cette maison élégante et feutrée est incontestablement la meilleure table d'Argentan. Originaire de la région, Arnaud Viel signe une cuisine créative, à la fois sophistiquée et esthétique, en s'appuyant sur d'excellents produits – homard de Carteret, lotte de Port-en-Bessin, etc. Une perpétuelle Renaissance !

→ Œuf de poule cuit à 63°, émulsion au vieux gruyère de Carrouges et truffe de pays. Ris de veau braisé au cidre et sarrasin. Pomme soufflée, mousse légère au caramel et pomme caramelisée au calvados.

Formule 27 € – Menu 34 € (semaine), 58/97 € – Carte 75/95 €

20 av. de la 2e-Division-Blindée – 02 33 36 14 20 – www.arnaudviel.com – Fermé 26 fév.-12 mars, 30 juil.-20 août, mardi midi, sam. midi, dim. soir et lundi

La Renaissance

FAMILIAL • CONTEMPORAIN Non loin du centre de la cité, cette imposante demeure d'après-guerre cache un hôtel confortable et feutré. Toutes les chambres ont été récemment rénovées dans un style contemporain et non moins cosy – préférez celles au calme, côté piscine. Une étape plaisante !

18 chambres – 97/137 € 97/137 € – 15 €

20 av. de la 2e-Division-Blindée – 02 33 36 14 20 – www.arnaudviel.com – Fermé 26 fév.-12 mars et 30 juil.-20 août

La Renaissance – voir les restaurants ci-dessus

à Fontenai-sur-Orne 4,5 km au Sud-Ouest – ✉ 61200 – 243 hab. – Alt. 65 m

La Table de Catherine

CUISINE TRADITIONNELLE • AUBERGE XX Surprise : derrière la façade traditionnelle : des couleurs vives et de grandes fleurs sur les murs... Un décor d'une certaine fraîcheur, à l'unisson de la cuisine de la chef, Catherine, ambassadrice des produits de la région. Sa spécialité : la tarte fine à l'andouille de Vire et au camembert !

Formule 17 € – Menu 25 € (semaine), 33/54 € – Carte 41/58 €

Hôtel Le Faisan Doré
– ✆ 02 33 67 18 11 – www.latabledecatherine.com – Fermé 1 semaine en août, sam. midi, dim. soir et lundi

Le Faisan Doré

FAMILIAL • PERSONNALISÉ Sur l'axe Argentan-Flers, on reconnaît cette auberge traditionnelle à sa façade à colombages. Les chambres sont peu à peu rénovées dans un style plus cosy et feutré ; préférez donc les plus récentes. Et dans le salon, vous pourrez même jouer du piano ! En résumé, l'adresse est tout indiquée pour une étape dans le pays d'Auge ornais.

15 chambres – †85/120 € ††85/120 € – ☕ 11 €

– ✆ 02 33 67 18 11 – www.lefaisandore.com
– Fermé 1 semaine en août

La Table de Catherine – voir les restaurants ci-dessus

ARGENTAT

✉ 19400 Corrèze – 2 991 hab. – Alt. 183 m – Carte régionale n° **13**-C3
Carte Michelin 329-M5 – Guide Vert Michelin Limousin Berry

Saint-Jacques

CUISINE MODERNE • ÉLÉGANT XX En bon professionnel, le chef construit ses recettes autour des meilleurs produits de la région ; on profite même – les amateurs apprécieront – de gibier en saison. Tout cela se savoure dans une salle à la décoration élégante, ou sur la terrasse plus contemporaine.

Formule 15 € – Menu 20 € (semaine), 35/65 € – Carte 63/80 €

39 av. Foch
– ✆ 05 55 28 89 87 – www.lesaintjacques-argentat.com – Fermé 26 fév.-19 mars, 8-31 oct., dim. soir d'oct. à juin et lundi

ARGENTIÈRE – 74 Haute-Savoie → Voir Chamonix-Mont-Blanc

ARGENTON-SUR-CREUSE

✉ 36200 Indre – 5 007 hab. – Alt. 100 m – Carte régionale n° **6**-B3
Carte Michelin 323-F7 – Guide Vert Michelin Limousin Berry

Le Cheval Noir

CUISINE TRADITIONNELLE • CONVIVIAL XX Envie de tradition ? Sous ce nom qui fit autrefois florès sur les routes de France, un décor de bistrot contemporain et une carte qui fait la part belle aux produits du marché. Depuis la salle, on peut voir le chef s'affairer en cuisine ; aux beaux jours, on s'installe en terrasse. Formule déjeuner très attractive.

Menu 18 € (déj. en semaine), 23/35 € – Carte 30/45 €

19 chambres – †60/80 € ††65/90 € – ☕ 10 €

27 r. Auclert-Descottes
– ✆ 02 54 24 00 06 – www.le-chevalnoir.fr – Fermé dim. soir hors saison

ARGENT-SUR-SAULDRE

✉ 18410 Cher – 2 137 hab. – Alt. 171 m – Carte régionale n° **6**-C2
Carte Michelin 323-K1 – Guide Vert Michelin Limousin Berry

Relais du Cor d'Argent

CUISINE TRADITIONNELLE • AUBERGE XX Un Cor d'Argent fleuri et rustique... On s'installe dans une des salles, décorées dans un esprit relais de chasse, ou sur l'agréable terrasse pour savourer une cuisine traditionnelle variant selon le marché et les saisons. À moins que vous ne préfériez le menu végétarien... Petites chambres fonctionnelles pour l'étape.

Menu 23 € (semaine), 33/60 € – Carte 45/72 €

7 chambres – †46/58 € ††46/65 € – ☕ 8 €

39 r. Nationale – ✆ 02 48 73 63 49 – www.lecordargent.com
– Fermé 19 fév.-23 mars, 26 juin-5 juil., 15-25 oct., mardi et merc. sauf fériés

ARGILLIERS – 30 Gard ➜ Voir Uzès

ARGOULES

✉ 80120 Somme – 323 hab. – Alt. 18 m – Carte régionale n° **19**-A1
Carte Michelin 301-E5

Auberge du Coq-en-Pâte

CUISINE TRADITIONNELLE • AUBERGE X Dans les années 1930, cette auberge typiquement régionale fut offerte par le châtelain d'Argoules à sa cuisinière. Plusieurs décennies plus tard, on perpétue l'amour de la bonne chère avec des plats qui magnifient le terroir picard, entre tradition et modernité. Une adresse sympathique.

Menu 20 € – Carte 30/45 €

37 Grande-Rue, rte de Valloires – ✆ 03 22 29 92 09
– Fermé 19-25 avril, 6-21 sept., 3 semaines en janv., dim. soir, lundi et mardi

B. Kadic/ age fotostock

ON AIME...

La **Fondation Luma**, nouvel emblème artistique de la ville, avec sa tour dessinée par l'architecte Franck Gehry. La **Chassagnette**, un agréable restaurant-jardin en pleine Camargue. Le **Gibolin**, son esprit bar à vins et sa cuisine de tradition. Enfin, **l'Hôtel du Cloître**, avec ses chambres colorées qui donnent sur la cathédrale Saint-Trophime...

ARLES

✉ 13200 Bouches-du-Rhône – 52 697 hab. – Alt. 13 m – Carte régionale n° **21**-A3
Carte Michelin 340-C3 – Guide Vert Michelin Provence

Restaurants

✿✿ L'Atelier de Jean-Luc Rabanel

CUISINE CRÉATIVE • CONTEMPORAIN XX Plus qu'un repas, une expérience ! Pour ce chef qui s'est fait une spécialité des légumes et du bio, cultiver le goût de la nature est un sacerdoce... qui n'interdit pas la plus grande créativité. Le menu unique (en 7 ou 13 plats) allie à l'envi l'insolite et la métamorphose...

→ Risotto de petit artichaut confit au thym, vinaigre balsamique et pétales de cabillaud. Filet de taureau de Camargue fumé aux herbes et légumes. Tarte aux fruits et aux légumes, riz noir soufflé et lait glacé à l'estragon.

Menu 55 € (déj. en semaine), 95/125 €

3 chambres – 🚹160/250 € 🚹🚹160/250 € – ☕ 27 €

Plan : A2-k *7 r. des Carmes – ✆ 04 90 91 07 69 – www.rabanel.com – Fermé lundi et mardi*

Bistro À Côté

CUISINE PROVENÇALE • BISTRO X À côté de son bel Atelier, Jean-Luc Rabanel a ouvert ce bistrot où règne une atmosphère décontractée : les plats sont souvent présentés dans leur poêle de cuisson ou à partager, et on expose fièrement vins et jambons. D'une recette à l'autre, on pense Espagne, Provence ou Italie ; c'est la Méditerranée que l'on célèbre !

Menu 32 €

Plan : A2-u *21 r. des Carmes – ✆ 04 90 47 61 13 – www.bistro-acote.com*

Lou Marquès

CUISINE CLASSIQUE • COLORÉ XXX Au sein du bel hôtel Jules César redécoré par Christian Lacroix – arlésien s'il en est –, on déguste papeton d'aubergines ou risotto de riz rouge de Camargue sous d'anciennes boiseries, tandis que défilent, en ombres chinoises, taureaux et arlésiennes. Bistrot chic au déjeuner, gastronomique le soir.

Formule 25 € – Menu 35 € (déj.), 55/75 € – Carte 44/95 €

Plan : A2-v *Hôtel Jules César, 9 bd des Lices – ✆ 04 90 52 52 52 – www.hotel-julescesar.fr – Fermé sam. midi, dim. soir et lundi hors saison*

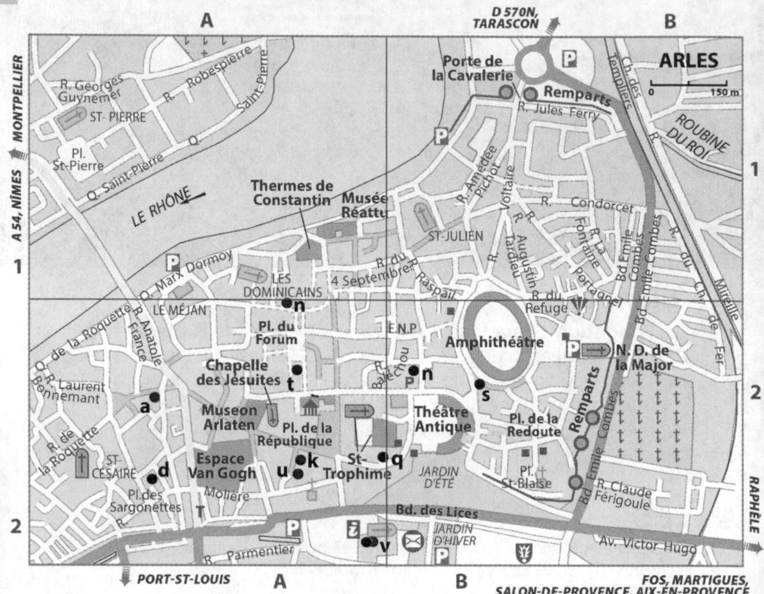

Le Galoubet

CUISINE DU MARCHÉ • VINTAGE Au cœur de la vieille ville, ce joli bistrot à la décoration vintage attire une clientèle d'habitués, qui ont souvent la fourchette sûre : cuisine du marché et recettes délicates, mises en saveurs par une jeune femme chef. Et en prime, terrasse sous la treille.

Formule 27 € – Menu 33 €

Plan : A2-n *18 r. du Dr.-Fanton – ☎ 04 90 93 18 11 – Fermé vacances de la Toussaint, dim. et lundi*

Le Gibolin

CUISINE TRADITIONNELLE • BAR À VIN "Est-ce que t'as pris ton Gibolin ?" La boisson-star des Deschiens a servi d'inspiration à ce sympathique bistrot arlésien. La cuisine familiale du chef – pieds et paquets à la provençale, foie de veau persillade – est accompagnée de bons vins régionaux (de préférence sans sulfites) choisis par la patronne. On se régale.

Menu 28/50 €

Plan : A2-a *13 r. des Porcelets – ☎ 04 88 65 43 14 – Fermé fév., mardi d'oct. à mars, dim. et lundi sauf juil.*

Hôtels

Jules César

LUXE • HISTORIQUE Christian Lacroix, l'enfant du pays, a fait souffler un vent de fraîcheur sur le vénérable Jules César. Avalanche de couleurs vives (52 teintes en tout), jeux avec les formes et le style du mobilier, des escaliers et des luminaires… tout en respectant l'esprit des lieux. D'une fantaisie impériale !

45 chambres – †150/579 € ††150/579 € – 7 suites – ☕ 20 €

Plan : A2-v *9 bd des Lices – ☎ 04 90 52 52 52 – www.hotel-julescesar.fr*

Lou Marquès – voir les restaurants ci-dessus

L'Hôtel Particulier

LUXE • PERSONNALISÉ Sous le soleil arlésien, on pousse la porte de ce superbe hôtel particulier du quartier de la Roquette, mariant l'ancien et le moderne avec élégance. Les chambres claires et luxueuses, sont tournées vers les jardins ; massages et soins.

5 chambres - 349/369 € 349/369 € - 5 suites - 26 €

Plan : A2-d *4 r. de la Monnaie*
- 04 90 52 51 40 - www.hotel-particulier.com
- Fermé janv. et fév.

Grand Hôtel Nord-Pinus

DEMEURE HISTORIQUE • PERSONNALISÉ Le superbe décor de cette institution arlésienne (mobilier signé du 20e siècle, collection de photographies) distille une atmosphère rétro. Idéal pour se balader en ville.

24 chambres - 170/210 € 170/380 € - 2 suites - 18 €

Plan : A2-t *pl. du Forum*
- 04 90 93 44 44 - www.nord-pinus.com - Ouvert 1er mars-1er nov.

Cloître

URBAIN • DESIGN Montez dans la machine à remonter le temps ! Jouxtant le cloître de l'église St-Trophime, cet hôtel revisite le style des années 1950 : mobilier et coloris sont très séduisants. En prime, la terrasse sur le toit offre une belle vue sur la ville. Très bon rapport charme-prix.

19 chambres - 80/105 € 95/185 € - 14 €

Plan : AB2-q *18 r. du Cloître*
- 04 88 09 10 00 - www.hotel-cloitre.com

Le Calendal

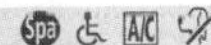

TRADITIONNEL • MÉDITERRANÉEN "Central, cool et chic" : ainsi se revendique le Calendal ! Ses petites chambres provençales donnent sur les fameuses arènes ou sur le jardin. Restauration traditionnelle et superbe micocoulier tricentenaire dans la cour intérieure...

38 chambres - 89/159 € 119/209 € - 12 €

Plan : B2-s *5 r. Porte-de-Laure*
- 04 90 96 11 89 - www.lecalendal.com - Fermé du 21 au 25 déc.

Amphithéâtre

TRADITIONNEL • PERSONNALISÉ Chambres colorées (bois peint, fer forgé) dans un bel immeuble du 17e s., pour toutes les bourses, de la basique à plus raffinée, dans l'hôtel particulier mitoyen. Jolie salle de petit-déjeuner.

29 chambres - 61/79 € 69/149 € - 3 suites - 9 €

Plan : B2-n *5 r. Diderot*
- 04 90 96 10 30 - www.hotelamphitheatre.fr

au Sambuc 17 km au Sud-Ouest par D570 et D36 – 13200 Arles

La Chassagnette

CUISINE MODERNE • TENDANCE Un lieu magique que cette ancienne bergerie réhabilitée en mas ! Ici, les légumes (bio, évidemment) sont rois, et Armand Arnal, le chef, est à leur service. Une cuisine épurée à déguster en terrasse, au pied du superbe potager-verger. Il réalise même son pain lui-même, avec de la farine de riz camarguais !

→ Velouté d'herbes amères, brousse de chèvre frais. Caviar d'aubergine et figue marinée, pigeon des Costières laqué. Vacherin au fromage blanc, prune, citronnelle et poivre long.

Menu 55 € (déj.), 85/115 €

- 04 90 97 26 96 - www.chassagnette.fr
- Fermé 21 déc.-23 fév., dim. soir, lundi soir, mardi soir et merc. soir sauf en été

Le Mas de Peint

CUISINE DU TERROIR • RÉGIONAL XX Avec de bons produits – légumes du potager, riz de la propriété et taureau de l'élevage –, le chef concocte une belle cuisine du marché. La terrasse sous la glycine est ravissante et ce Mas charmant... Cuisine à la plancha autour de la piscine en été. Une bonne adresse.

Menu 39/69 € – Carte 44/80 € déjeuner

2,5 km par rte de Salins – ✆ 04 90 97 20 62 – www.masdepeint.com – Ouvert 23 mars-11 nov., 27 déc.-2 janv. et fermé merc. hors saison et jeudi sauf le midi en saison

Le Mas de Peint

LUXE • PERSONNALISÉ Dans un vaste domaine, ce superbe mas du 17e s. cultive la tradition camarguaise (promenades à cheval, arènes privées). La décoration est réussie, les chambres raffinées... Beaucoup d'élégance !

13 chambres – †245/330 € ††245/535 € – ☕ 22 €

2,5 km par rte de Salins – ✆ 04 90 97 20 62 – www.masdepeint.com – Ouvert 23 mars-11 nov. et 27 déc.-2 janv.

Le Mas de Peint – voir les restaurants ci-dessus

ARNAGE – 72 Sarthe ➔ Voir Le Mans

ARNAY-LE-DUC

✉ 21230 Côte-d'Or – 1 547 hab. – Alt. 375 m – Carte régionale n° **4**-C2
Carte Michelin 320-G7 – Guide Vert Michelin Bourgogne

Chez Camille

CUISINE TRADITIONNELLE • AUBERGE XX Cette maison régionale (1800) perpétue la tradition sans se soucier des modes... et c'est tant mieux ! On (re-)découvre recettes typiques de la Bourgogne et classiques de la cuisine bourgeoise, à l'instar de ce jambon persillé d'Arnay-le-Duc. Décor champêtre, avec quelques chambres simples pour la nuit.

Formule 25 € – Menu 38/85 € – Carte 51/67 €

10 chambres – †95 € ††115/125 € – ☕ 12 €

1 pl. Édouard-Herriot – ✆ 03 80 90 01 38 – www.chez-camille.fr

LES ARQUES

✉ 46250 Lot – 219 hab. – Alt. 254 m – Carte régionale n° **15**-B1
Carte Michelin 337-D4

La Récréation

CUISINE MODERNE • CONTEMPORAIN X L'école est finie ! Dans cette sympathique maison, l'ancienne salle de classe est devenue celle du restaurant, et le préau, une jolie terrasse. Mais ici point de nostalgie : le décor tout comme la cuisine sont bien dans l'air du temps.

Formule 26 € – Menu 37/49 €

le bourg – ✆ 05 65 22 88 08 – www.restaurant-traiteur-lot.com – Ouvert 14 fév.-2 nov. et fermé jeudi sauf juil.-août et merc.

ARRADON – 56 Morbihan ➔ Voir Vannes

ARRAS

✉ 62000 Pas-de-Calais – 40 970 hab. – Agglo. 86 711 hab. – Alt. 72 m – Carte régionale n° **16**-B2
Carte Michelin 301-J6

La Bulle d'O

CUISINE MODERNE • ÉPURÉ XX Après avoir travaillé dans des tables renommées de la région, Olivier Lainé a choisi de s'installer dans sa ville d'origine, à laquelle il a ainsi offert une vraie... bulle de fraîcheur. La carte est courte et renouvelée chaque mois, l'accueil de Capucine, son épouse, n'est que sourire : sans doute la meilleure table d'Arras !

Carte 44/60 €

Plan : D3-r *1 bd de Strasbourg*
- 03 21 16 19 47 - www.labulledo.com - Fermé 2 semaines en août, merc. soir, dim. et lundi

La Faisanderie

CUISINE TRADITIONNELLE • ÉLÉGANT XX À l'angle de la Grand'Place, la cave de cette maison du 17e s. est le repaire des gourmands ! En sous-sol, dans une belle salle voûtée tout en briques rouges et colonnes de pierres, on sert une cuisine actuelle.

Formule 30 € - Menu 35/59 €

Plan : D2-f *45 Grand'Place*
- 03 21 48 20 76 - www.restaurant-la-faisanderie.com - Fermé du 26 fév.- 13 mars, 30 juil.-21 août, mardi midi, jeudi midi, dim. soir, lundi et fériés le soir

Hôtel de l'Univers

URBAIN • PERSONNALISÉ Dans une petite rue à deux pas du beffroi de la ville, cette élégante demeure du 17e s. abrita jadis un monastère, puis un hôpital... On s'y repose dans des chambres spacieuses et feutrées, avec trois niveaux de confort différents.

38 chambres - 86/165 € 126/205 € - 16 €

Plan : C2-v *3 pl. de la Croix-Rouge*
- 03 21 71 34 01 - www.univers.najeti.fr

Mercure Atria

HÔTEL DE CHAÎNE • FONCTIONNEL Cet hôtel du centre d'affaires, proche de la gare, abrite des chambres contemporaines. Lieu idéal pour organiser des séminaires. Restauration traditionnelle.

80 chambres - 80/230 € 80/230 € - 17 €

Plan : C3-b *58 bd Carnot*
- 03 21 23 88 88 - www.mercure.com

La Corne d'Or

FAMILIAL • PERSONNALISÉ Au cœur de la cité, savourez l'atmosphère romantique et le doux raffinement de cet hôtel particulier dont la structure actuelle date du 18e s. En haut du magnifique escalier à tête de lion, on découvre de coquettes chambres classiques ou contemporaines ainsi qu'un loft mansardé. De belles nuits en perspective...

5 chambres - 105/128 € 128/158 €

Plan : C2-a *1 pl. Guy-Mollet*
- 03 21 58 85 94 - www.lamaisondhotes.com
- Fermé 22 déc.-29 janv.

Hôtel Particulier

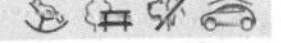

HÔTEL PARTICULIER • CONTEMPORAIN En plein cœur de la ville, non loin de la Grand'Place, cet ancien hôtel particulier (19e s.) ne manque pas de cachet ! Chambres spacieuses et bien équipées, terrasse pour prendre son petit-déjeuner aux beaux jours, agréable petit jardin au calme... Délicieux, tout simplement.

5 chambres - 99/180 € 109/249 €

Plan : B2-n *8 r. du Péage*
- 09 66 81 79 27 - www.hotelparticulierarras.com

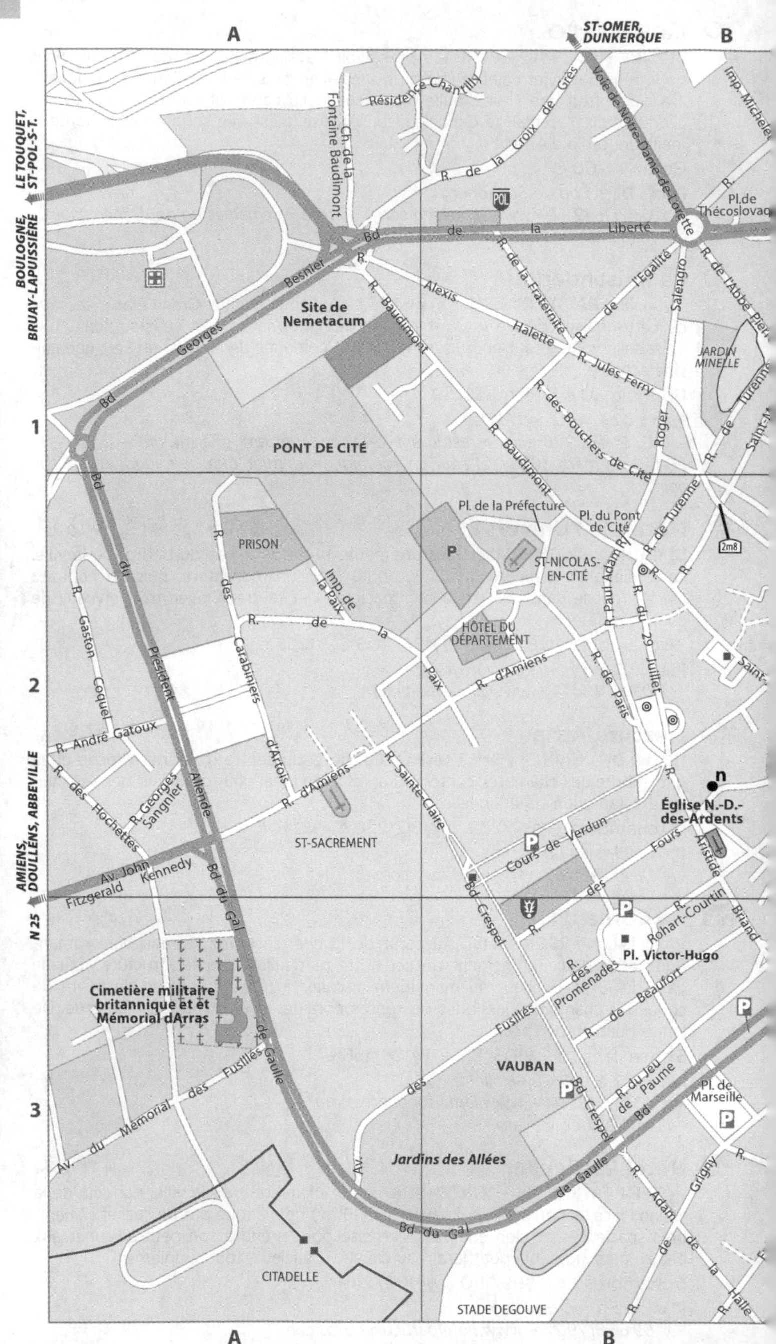

A
B
ST-OMER, DUNKERQUE
BOULOGNE, BRUAY-LAPUISSIÈRE
LE TOUQUET, ST-POL-S-T.
AMIENS, DOULLENS, ABBEVILLE
N 25
1
2
3
Résidence Chantilly
Ch. de la Fontaine Baudimont
R. de la Croix de Grès
Voie de Notre-Dame-de-Lorette
Imp. Michelet
Pl. de Thécoslovaq
Bd de la Liberté
R. de la Fraternité
R. de l'Egalité
Salengro
R. de l'Abbé Pierre
Bd Georges Besnier
R. Baudimont
Alexis Halette
Site de Nemetacum
R. Jules Ferry
JARDIN MINELLE
R. des Bouchers de Cité
Roger
R. de Turenne
PONT DE CITÉ
R. Baudimont
Pl. de la Préfecture
Pl. du Pont de Cité
PRISON
P
ST-NICOLAS-EN-CITÉ
2m8
Bd du Président Allende
R. Gaston Coquel
R. des Carabiniers d'Artois
Imp. de la Paix
R. de la Paix
HÔTEL DU DÉPARTEMENT
R. Paul Adam
R. du 29 Juillet
R. d'Amiens
R. de Paris
R. André Gatoux
R. des Hochettes
R. Georges Sangnier
R. Sainte-Claire
n
Église N.-D.-des-Ardents
ST-SACREMENT
Cours de Verdun
R. des Fours
Aristide Briand
Av. John Fitzgerald Kennedy
Bd du Gal de Gaulle
Bd Crespel
R. Rohart-Courtin
Pl. Victor-Hugo
R. des Promenades
Cimetière militaire britannique et et Mémorial dArras
R. de Beaufort
Av. du Mémorial des Fusillés
VAUBAN
R. du Jeu de Paume
Pl. de Marseille
Jardins des Allées
R. Adam de la Halle
Grigny
CITADELLE
STADE DEGOUVE
A
B

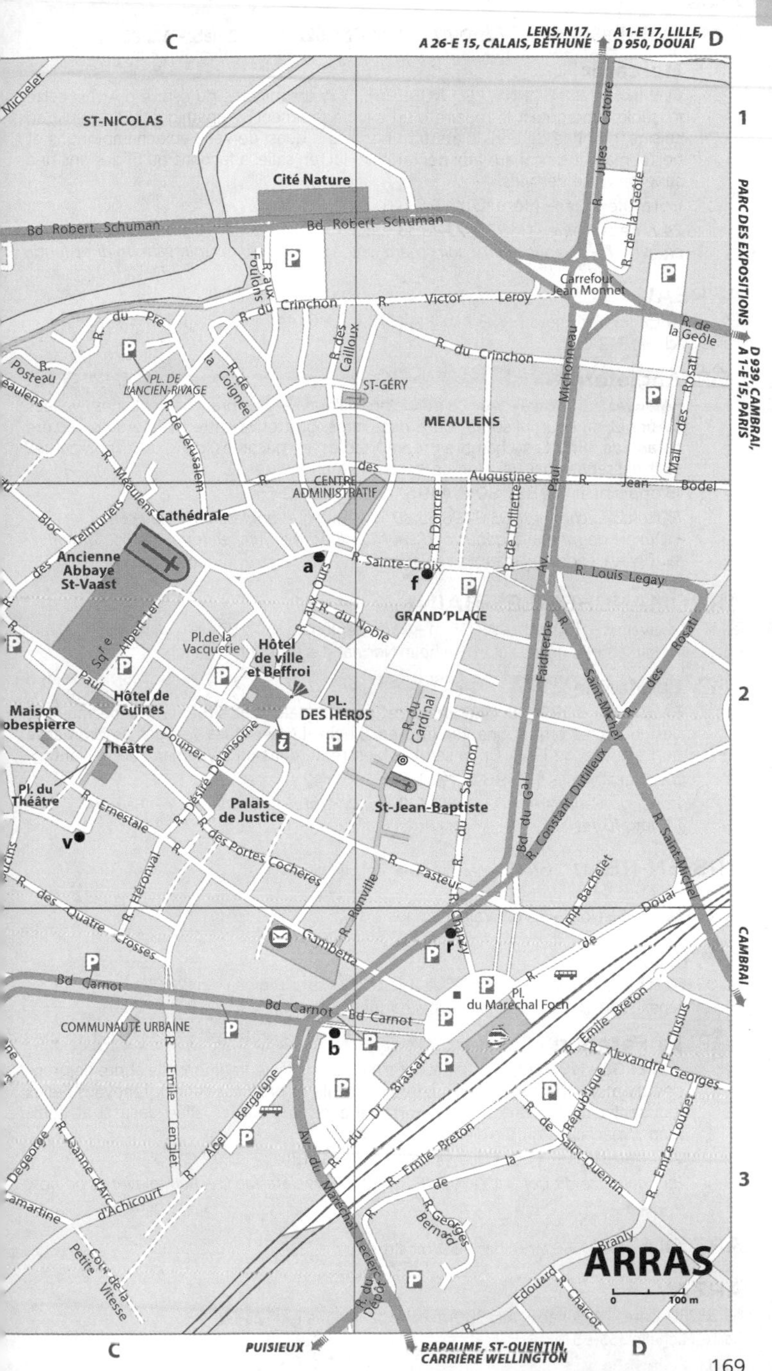
C
D
LENS, N17, A 26-E 15, CALAIS, BÉTHUNE
A 1-E 17, LILLE, D 950, DOUAI
1
2
3
PARC DES EXPOSITIONS
D 939, CAMBRAI, A 1-E 15, PARIS
CAMBRAI
PUISIEUX
BAPAUME, ST-QUENTIN, CARRIÈRE WELLINGTON
ST-NICOLAS
Cité Nature
Bd Robert Schuman
Carrefour Jean Monnet
MEAULENS
ST-GÉRY
CENTRE ADMINISTRATIF
Cathédrale
Ancienne Abbaye St-Vaast
GRAND'PLACE
Hôtel de ville et Beffroi
PL. DES HÉROS
Hôtel de Guînes
Maison Robespierre
Théâtre
Pl. du Théâtre
Palais de Justice
St-Jean-Baptiste
PL. DE L'ANCIEN-RIVAGE
Pl. de la Vacquerie
Pl. du Maréchal Foch
COMMUNAUTÉ URBAINE
Bd Carnot
ARRAS
0
100 m

à Mercatel 8 km au Sud par D917 et D34 - ✉ 62217 - 642 hab. - Alt. 88 m

Mercator

CUISINE TRADITIONNELLE • AUBERGE XX À dix minutes du centre d'Arras, cette inusable auberge est le repaire d'un couple vraiment sympathique ! Elle, seule en cuisine, mitonne de bons plats traditionnels - quasi de veau aux champignons et porto, magret de canard aux nectarines ; lui, en salle, a façonné au fil des ans une superbe carte des vins.

Formule 26 € - Menu 31/43 €

24 r. de la Mairie - ✆ 03 21 73 48 33 - www.le-mercator.fr - Fermé 1 semaine en avril, 1er-20 août, mardi soir, merc. soir, jeudi soir, dim. soir, sam. midi et lundi

ARREAU

✉ 65240 Hautes-Pyrénées - 798 hab. - Alt. 705 m - Carte régionale n° **15**-A3
Carte Michelin 342-O7

Angleterre

FAMILIAL • ÉLÉGANT Au calme d'un village à l'embranchement des vallées d'Aure et du Louron, sur la route des pistes, on trouve cette bâtisse de caractère datant de 1812. Les chambres, confortables et décorées dans un esprit actuel, sont desservies par un superbe escalier en chêne.

18 chambres - 85/180 € 95/190 € - 12 €

18 rte de Luchon - ✆ 05 62 98 63 30 - www.hotel-angleterre-arreau.com - Ouvert de mi-mai à début oct. sauf lundi en mai-juin, et fermé de oct. à avril sauf week-ends et vacances scolaires

ARROMANCHES-LES-BAINS

✉ 14117 Calvados - 532 hab. - Alt. 15 m - Carte régionale n° **17**-B2
Carte Michelin 303-I3 - Guide Vert Michelin Normandie Cotentin

La Marine

FAMILIAL • BORD DE MER Dans cet hôtel idéalement situé, la grande majorité des chambres offrent une vue imprenable sur la mer et les vestiges de l'immense port artificiel de 1944. Un ensemble bien tenu, dans un style marin accueillant.

32 chambres - 61/96 € 61/96 € - 12 €

1 quai du Canada - ✆ 02 31 22 34 19 - www.hotel-de-la-marine.fr - Fermé 14 nov.-10 fév.

ARS-EN-RÉ - 17 Charente-Maritime → Voir Île de Ré

ARTRES - 59 Nord → Voir Valenciennes

ARVIEUX

✉ 05350 Hautes-Alpes - 366 hab. - Alt. 1 550 m - Carte régionale n° **21**-C1
Carte Michelin 334-I4 - Guide Vert Michelin Alpes du Sud

La Ferme de l'Izoard

AUBERGE • MONTAGNARD Cette ferme queyrassine traditionnelle abrite de grandes chambres décorées dans une veine locale et progressivement rénovées ; elles jouissent d'un balcon ou d'une terrasse avec vue sur la vallée. Jacuzzi et hammam. Spécialités du terroir au restaurant.

23 chambres - 68/171 € 68/171 € - 3 suites - 12 €

La Chalp, rte du Col - ✆ 04 92 46 89 00 - www.laferme.fr - Fermé avril et de nov. à mi-déc.

ARZ (ÎLE-D') - 56 Morbihan → Voir Île-d'Arz

ARZAY

✉ 38260 Isère - 223 hab. - Alt. 500 m - Carte régionale n° **23**-B2
Carte Michelin 333-E5

Château d'Arzay

DEMEURE HISTORIQUE · CLASSIQUE Avec leurs meubles chinés, linge brodé et ciels de lit, les chambres de cette grande maison de maître du 19e s. allient cachet et romantisme... Au fond du parc, à la lisière de la forêt, se cache une ravissante chapelle (1750). Tout est réuni pour une charmante escapade, à mi-chemin entre Lyon et Grenoble.

3 chambres - 150 € 150 €

156 r. de Vienne - 04 74 57 06 02 - www.chateaudarzay.fr - Fermé 23 déc.-2 janv.

ARZON

56640 Morbihan - 2 101 hab. - Alt. 9 m - Carte régionale n° **5**-A3
Carte Michelin 308-N9 - Guide Vert Michelin Bretagne Sud

au Port du Crouesty 2 km au Sud-Ouest - 56640 Arzon

Miramar la Cigale

LUXE · CONTEMPORAIN Arrimé à la pointe de la presqu'île de Rhuys, cet hôtel profilé comme un paquebot a été rénové dans un style design et épuré, du meilleur effet ! Centre de thalassothérapie et spa. Cuisine de produits au Safran, et plus légère au Bien-Être.

100 chambres - 176/529 € 176/529 € - 13 suites - 25 €

- 02 97 53 49 13 - www.miramar-lacigale.com - Fermé janv.

Le Crouesty

TRADITIONNEL · PERSONNALISÉ Idéalement situé sur la presqu'île de Rhuys, tout près du port de plaisance d'Arzon et des plages. Les chambres sont décorées avec bon goût - ambiance jeune et moderne - et très bien tenues.

26 chambres - 69/159 € 79/159 € - 12 €

r. du Croisty - 02 97 53 87 91 - www.hotellecrouesty.com - Ouvert de mars à mi-nov.

à Port Navalo 3 km à l'Ouest - 56640 Arzon

Grand Largue

POISSONS ET FRUITS DE MER · CLASSIQUE À l'étage de cette villa, on savoure aussi bien la vue panoramique sur le golfe du Morbihan qu'une cuisine gastronomique basée sur les beaux produits de la mer (homard, bar de ligne, coquillages). Au rez-de-chaussée, un vent marin souffle sur le bistrot Le P'tit Zeph.

Formule 29 € - Menu 39 € (semaine), 59/69 € - Carte 76/84 €

1 r. du phare (à l'embarcadère) - 02 97 53 71 58 - www.grandlargue.fr - Fermé 13 nov.-18 déc., 3 janv.-9 fév., mardi sauf juil.-août et lundi sauf fériés

ASLONNES - 86 Vienne → Voir Poitiers

ASSIER

46320 Lot - 681 hab. - Alt. 342 m - Carte régionale n° **15**-C1
Carte Michelin 337-H3 - Guide Vert Michelin Périgord Quercy

L'Assierois

CUISINE TRADITIONNELLE · CONTEMPORAIN Au centre du village, cette auberge propose une cuisine du sud basée sur un maximum de produits locaux. Tomates et courgettes confites au pistou, brousses de chèvre frais ; pavé de thon poêlé, tapenade et pressée de pommes de terre à l'huile d'olive, etc. Intérieur élégant et terrasse ombragée.

Formule 14 € - Menu 33/44 €

pl. de l'Église - 05 65 40 56 27 - www.lassierois.com - Fermé merc. sauf juil.-août, dim. soir et lundi

ATTICHES

✉ 59551 Nord – 2 270 hab. – Alt. 52 m – Carte régionale n° **16**-C2
Carte Michelin 302-G4

L'Essentiel

CUISINE MODERNE • TENDANCE XX Une belle bâtisse en brique rouge au croisement de deux rues, dans le hameau de Petit-Attiches. Photos en noir et blanc, terrasse et joli jardin à l'arrière : l'atmosphère est plaisante. Dans l'assiette, des plats actuels réalisés avec soin, à accompagner d'une jolie sélection de vins de vignerons. Soirées à thème bières et vins !

Menu 25 € (déj. en semaine), 42/82 €

19 r. de Neuville (à Petit-Attiches) – ✆ 03 20 90 06 97 – www.essentiel-restaurant.fr – Fermé 3 semaines en août, dim. et lundi

ATTIGNAT

✉ 01340 Ain – 3 386 hab. – Alt. 227 m – Carte régionale n° **23**-B1
Carte Michelin 328-D3

Laurent Perréal

CUISINE TRADITIONNELLE • CLASSIQUE XX Grenouilles, volailles de Bresse, carpes, agneau du pays, crème d'Étrez... les incontournables de la région dans votre assiette ! Le chef a un beau parcours et cela se sent. Quelques chambres pour prolonger l'étape.

Formule 18 € – Menu 32/75 € – Carte 56/80 €
12 chambres – †79/110 € ††79/110 € – ☕ 10 €

481 Grande Rue – ✆ 04 74 30 92 24 – www.llperreal.com – Fermé 1er-10 août, 2-10 janv., dim. soir et lundi midi

ATTIN – 62 Pas-de-Calais → Voir Montreuil

AUBENAS

✉ 07200 Ardèche – 11 917 hab. – Alt. 330 m – Carte régionale n° **23**-A3
Carte Michelin 331-I6 – Guide Vert Michelin Ardèche Drôme

Les Coloquintes

CUISINE MODERNE • CLASSIQUE XX Ce restaurant, installé dans un ancien moulinage, et géré par un jeune couple – lui en cuisine, elle en salle – propose une cuisine contemporaine, respectueuse des circuits courts et des produits locaux, truite, châtaignes, fruits, etc. À l'été, profitez des tables à l'ombre des tilleuls, pour un dîner soyeux.

Formule 16 € – Menu 29/42 € – Carte 38/52 €

r. de l'Expert – ✆ 04 75 93 58 33 – www.les-coloquintes.com – Fermé mardi soir hors saison, sam. midi et merc.

L'Aubépine N

CUISINE MODERNE • TRADITIONNEL X L'ancien Coyote est devenu l'Aubépine, et s'épanouit grâce à un jeune couple de chercheurs reconvertis dans les saveurs... Pour Manuel, le chef, les choses sont claires : le circuit court est la règle, le jeu consistant à respecter à la fois les textures mais aussi les qualités nutritives des produits. Carte renouvelée toutes les semaines au gré du marché.

Menu 19 € (déj. en semaine), 32/48 € – Carte environ 35 €

13 bd Jean Mathon – ✆ 04 75 35 01 28 – www.restaurant-aubepine.fr – Fermé 2 semaines en juil. et dim.

M Restaurant

CUISINE MODERNE • TENDANCE X Vous aimez être étonné ? Dans ce cas, cette sympathique adresse, tout de blanc et rouge vêtue, devrait vous plaire... Dans ses cuisines, le jeune chef, Michaël Dumas, signe des recettes originales et pleines de parfums. Bon choix de vins au verre. Et l'on M aussi les petits prix !

Formule 19 € – Menu 22 € (déj.)/32 € – Carte 42/52 €

17 r. Champalbert – ✆ 04 75 36 41 66 – Fermé 1 semaine en août, dim. et lundi

Notes de Saveurs

CUISINE MODERNE • TRADITIONNEL X Assis dans la salle voûtée en pierre, face aux ruines de l'ancien couvent bénédictin, on savoure une cuisine où les produits de qualité ont la part belle : dans l'assiette, c'est généreux, gourmand, parfumé et original. Une adresse conviviale et agréable, qui mérite amplement son succès !

Formule 15 € - Menu 29/44 € - Carte 35/49 €

16 r. Nationale - ✆ 04 75 93 94 46 - clavierco@orange.fr
- Fermé 1 semaine en fév., 1 semaine en avril, 2 semaines en août,1 semaine vacances de Noël, dim. et le soir en semaine sauf merc. et jeudi de mai à oct.

La Villa Tartary

CUISINE MODERNE • BRANCHÉ X De belles voûtes en pierres de taille, un mobilier design, une terrasse avec vue sur le château d'Aubenas... Cet ancien moulin à eau - qui intervenait dans la fabrication de la soie - ne manque pas de charme ! Belles saveurs à la carte.

Menu 23 € (déj. en semaine), 32/59 € - Carte 45/60 €

64 r. de Tartary - ✆ 04 75 35 23 11 - www.restaurant-ardeche.com
- Fermé 2 semaines début sept., 24 déc.-8 janv., dim. et lundi sauf fériés

Villa Elisa M

TRADITIONNEL • PERSONNALISÉ Une jolie maison de style Art déco, datant des années 1930. Les chambres sont spacieuses et répondent chacune d'un thème précis : la cerise, le vin ou même la montagne... en hommage à Jean Ferrat, qui était un ami des propriétaires ! Un ensemble tout en raffinement.

8 chambres - 95/190 € 115/220 € - 15 €

r. Jean-Beaussier - ✆ 06 71 34 61 90 - www.villa-elisa-m.com

à Mercuer 6 km au Nord-Ouest par N102 et D223 - ✉ 07200 - 1 199 hab. - Alt. 230 m

Aux Vieux Arceaux

CUISINE TRADITIONNELLE • CONVIVIAL XX Benoit Court a grandi dans cette auberge, créée par ses parents. Aujourd'hui, cet ardent défenseur de la gastronomie régionale porte le terroir avec passion, et puise dans le vaste potager de la maison. Au menu, cuisses de grenouilles en persillade, filet de bœuf aux pommes dauphine... Un régal. Chambres avec terrasse pour l'étape.

Menu 30/70 €

6 chambres - 75/85 € 75/85 € - 9 €

quartier Farges
- ✆ 04 75 93 70 21 - www.auxvieuxarceaux.com

AUBETERRE-SUR-DRONNE

✉ 16390 Charente 400 hab. - Alt. 72 m - Carte régionale n° **20**-C3
Carte Michelin 324-L8 - Guide Vert Michelin Poitou-Charentes

Hostellerie du Périgord

CUISINE TRADITIONNELLE • COSY XX Au pied d'un des plus beaux villages de France, cet hôtel-restaurant familial à la façade entrelacée de vigne vierge propose une sympathique cuisine traditionnelle, où les produits locaux sont à l'honneur. A déguster aux beaux jours sur la terrasse bordant la jolie piscine.

Formule 16 € - Menu 32/47 € - Carte 43/60 €

11 chambres - 70 € 75/80 € - 10 €

quartier Plaisance - ✆ 05 45 98 50 46 - www.hostellerie-perigord.com
- Fermé déc.-janv., dim. soir, lundi et mardi midi

AUBIGNY-SUR-NÈRE

✉ 18700 Cher – 5 560 hab. – Alt. 180 m – Carte régionale n° **6**-C2
Carte Michelin 323-K2 – Guide Vert Michelin Limousin Berry

La Chaumière

CUISINE TRADITIONNELLE · CONVIVIAL XX Ne vous fiez pas à la sobriété extérieure de cet ancien relais de poste. Sitôt le pas-de-porte franchi, murs en brique et colombages composent un décor des plus chaleureux. Aux fourneaux, le chef concocte une cuisine fort agréable, qui met en valeur les saisons et les produits du marché.

Menu 24 € (semaine), 31/67 € – Carte 43/66 €

Hôtel La Chaumière, 2 r. Paul-Lasnier – ✆ 02 48 58 04 01 – www.hotel-restaurant-la-chaumiere.com – Fermé 19 fév.-19 mars, 30 juil.-12 août, dim. soir de sept. à juin et lundi sauf le soir en juil.-août

Le Bien Aller

CUISINE TRADITIONNELLE · CONVIVIAL X Le Bien Aller et... le bien manger ! Que vous aimiez l'esprit bistrot, asiatique ou jazzy, composez votre menu à partir des suggestions proposées sur l'ardoise. Autant de recettes marquées par la tradition et où le terroir a la part belle.

Formule 21 € – Menu 27 € (déj. en semaine), 29/34 €

3 r. des Dames – ✆ 02 48 58 03 92 – Fermé 2 semaines en janv., mardi et merc. sauf juil.-août

La Chaumière

TRADITIONNEL · PERSONNALISÉ Cet ancien relais de poste du 19e s. soigne son image champêtre : les chambres, habillées de pierre et de bois, sont confortables et cosy. Cerise sur le gâteau, l'accueil est charmant.

19 chambres – †68/96 € ††90/148 € – ☕ 10 €

2 r. Paul-Lasnier – ✆ 02 48 58 04 01 – www.hotel-restaurant-la-chaumiere.com – Fermé 19 fév.-19 mars, 30 juil.-12 août, dim. soir et lundi sauf juil.-août

La Chaumière – voir les restaurants ci-dessus

La Grange des Cardeux

DEMEURE HISTORIQUE · PERSONNALISÉ Au cœur de la ville, cet ancien relais de poste reconverti en chambre d'hôte chante les louanges de la langueur discrète dans l'atmosphère feutrée d'un intérieur chiné. Où les chambres se nomment Pomme d'Amour, les Angelots, la Rainette... Vous dormirez sur vos deux oreilles.

3 chambres ☕ – †70/72 € ††85/93 €

6 av. du Parc-des-Sports – ✆ 02 48 58 23 36 – www.lagrangedescardeux.com – Fermé 3 semaines en juin

Villa Stuart

MAISON DE MAÎTRE · CLASSIQUE Agréable séjour dans cette belle demeure bourgeoise. Chambres spacieuses et claires, décorées selon des thèmes variés (voyage, art, histoire...). Chefs en herbe, réjouissez-vous ! Le propriétaire réalise ses propres confitures et propose des cours de cuisine.

5 chambres ☕ – †78 € ††92/113 €

12 av. de Paris – ✆ 02 48 58 93 30 – www.villastuart.com

AUBUSSON

✉ 23200 Creuse – 3 591 hab. – Alt. 440 m – Carte régionale n° **13**-C2
Carte Michelin 325-K5 – Guide Vert Michelin Limousin Berry

La Beauze

MAISON DE CAMPAGNE · CONTEMPORAIN C'est une maison en pierre, typique du pays creusois. Les chambres sont décorées avec goût, dans un style contemporain, et donnent toutes sur le jardin, en bordure de rivière, avec des arbres – séquoia, épicéa – plus que centenaires. Quiétude, sans aucun doute !

10 chambres – †69/93 € ††69/93 € – ☕ 9 €

14 av. de la République – ✆ 05 55 66 46 00 – www.hotellabeauze.fr – Fermé 2 semaines en fév.

à St-Avit-de-Tardes 13 km à l'Est par D941 puis rte secondaire – ✉ 23200 – 181 hab. – Alt. 560 m

Le Moulin de Teiteix

MAISON DE CAMPAGNE • PERSONNALISÉ Au pied d'une petite rivière poissonneuse et au grand calme, un moulin du 19e s. rustique et bucolique à souhait, où priment la simplicité et la convivialité. Les chambres sont spacieuses et agréables ; on a même aménagé, dans l'ancien four à pain, un charmant appartement sur deux niveaux.

4 chambres – 60 € 81 €
– *✆ 05 55 67 34 18 – www.lemoulinde teiteix.com*

AUCH

✉ 32000 Gers – 21 807 hab. – Alt. 169 m – Carte régionale n° **15**-B2
Carte Michelin 336-F8

Restaurant de l'Hôtel de France

CUISINE MODERNE • CLASSIQUE XX Cette institution du centre-ville reprend aujourd'hui vie sous l'égide d'une jeune équipe – trois frères réunis ici après diverses expériences internationales ! Si le cadre reste hautement classique, la cuisine joue une partition contemporaine fine et soignée : saint-pierre à la badiane, ris de veau en cocotte, soufflé à l'armagnac...

Formule 25 € – Menu 45/60 €
– Carte 50/77 €
Plan : A1-f *2 pl. de la Libération*
– *✆ 05 62 61 71 71 – www.hoteldefrance-auch.com*
– *Fermé sept. , dim. soir, lundi et mardi*

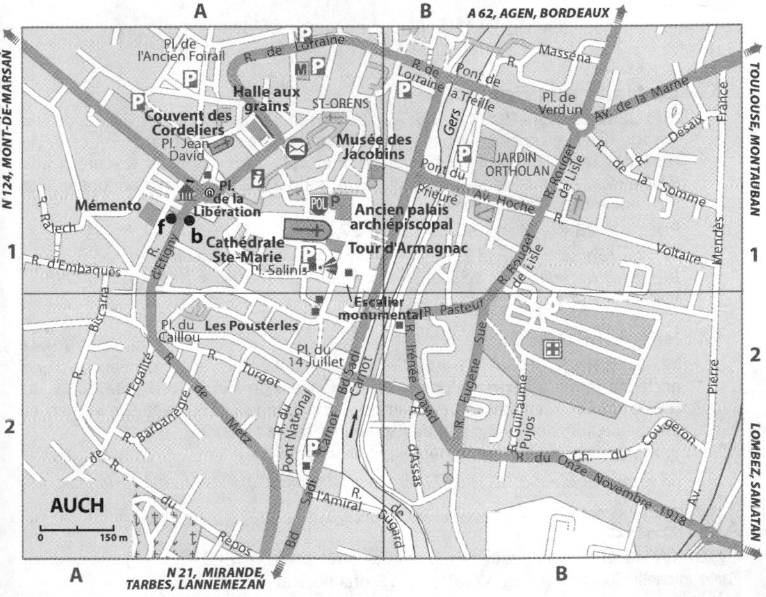

A B A 62, AGEN, BORDEAUX
N 124, MONT-DE-MARSAN
TOULOUSE, MONTAUBAN
LOMBEZ, SAMATAN
N 21, MIRANDE, TARBES, LANNEMEZAN
AUCH
0 150 m
Halle aux grains
Couvent des Cordeliers
Musée des Jacobins
Mémento
Pl. de la Libération
Cathédrale Ste-Marie
Ancien palais archiépiscopal
Tour d'Armagnac
Escalier monumental
Les Pousterles
JARDIN ORTHOLAN
Pl. de Verdun
Pl. du 14 Juillet
Pl. du Caillou
Pl. Salinis
Pl. Jean David
Pl. de l'Ancien Foirail
ST-ORENS

Le Daroles

CUISINE MODERNE • BRASSERIE X Cette brasserie traditionnelle emblématique de la ville du début 20e s. accueille une nouvelle toque. Ici, on aime le terroir gersois, mais pas seulement : cochon noir gascon en croûte de cèpes, pommes de terre farcies aux pieds de porc, pot au feu de bar sauvage à la citronnelle... Une bonne adresse.

Formule 13 € – Menu 26 € – Carte 29/45 €

Plan : A1-b *4 pl. de la Libération – ✆ 05 62 05 00 51 – www.restaurant-ledaroles-auch.fr*

Domaine de Baulieu

MAISON DE CAMPAGNE • CONTEMPORAIN Au cœur d'un domaine verdoyant, cette ancienne ferme gasconne en pierre blonde propose 18 chambres tout confort (avec rondins de bois en guise de table de nuit), ainsi que deux salles de séminaire et un restaurant à la décoration de bistrot tendance, dans un autre bâtiment. Belle piscine extérieure et espace bien-être.

18 chambres – †75/110 € ††90/140 € – 1 suite – ☕ 12 €

Hors plan *lieu-dit Baulieu, par chemin de Lussan – ✆ 05 62 59 97 38 – www.ledomainedebaulieu.com*

rte d'Agen 7 km au Nord par N21

Le Papillon

CUISINE TRADITIONNELLE • CONVIVIAL XX Une bonne cuisine par un vrai chef artisan, adepte du fait-maison et défenseur des produits du terroir gersois : galette à l'asperge verte, sorbet roquefort ; sole fourrée au foie gras ; fricassée de ris d'agneau aux langoustines... à déguster aux beaux jours sur l'agréable terrasse.

Menu 16 € (déj. en semaine), 29/36 €

rte d'Agen ✉ 32810 Montaut-les-Créneaux – ✆ 05 62 65 51 29 – www.restaurant-lepapillon.com – Fermé 2 semaines en mars, 2 semaines en juil., 1 semaine en sept., dim. soir et lundi

AUDERVILLE

✉ 50440 Manche – 254 hab. – Alt. 55 m – Carte régionale n° **17**-A1
Carte Michelin 303-A1 – Guide Vert Michelin Normandie Cotentin

La Malle aux Épices

INFLUENCES ASIATIQUES • BISTRO X Atmosphère conviviale et invitation au voyage dans ce repaire villageois qui fait aussi office de point presse et café. De l'une des salles, on peut même voir le chef concocter ses plats savoureux aux délicieuses senteurs venues d'ailleurs... Un périple gastronomique qui donne une folle envie de se faire la malle !

Formule 28 € – Menu 38 € – Carte 27/42 €

71 r. de l'Église – ✆ 02 33 52 77 44 – www.lamalleauxepices.com – Fermé 15 janv.-8 fév., dim. soir de sept. à juin, lundi midi sauf vacances scolaires, sam. midi et mardi

Hôtel du Cap Ⓝ

TRADITIONNEL • FONCTIONNEL Cet hôtel, installé dans les dépendances d'une ancienne ferme à l'extrême pointe de la Hague, non loin du phare de Goury, se révèle un doux ermitage. Les chambres, fonctionnelles, ouvrent sur la mer, et aux beaux jours on prend son petit-déjeuner sur la terrasse.

12 chambres – †76/120 € ††76/120 € – ☕ 10 €

63 r. de L'Église – ✆ 02 33 52 73 46 – www.hotelducap.net – fermé 1er-14 janv.

AUDIERNE

✉ 29770 Finistère – 3 723 hab. – Alt. 5 m – Carte régionale n° **5**-A2
Carte Michelin 308-D6 – Guide Vert Michelin Bretagne Sud

Le Goyen

CUISINE MODERNE • ÉLÉGANT XXX Le restaurant, tout en conservant son élégance, a été relooké dans un style actuel et lumineux, tout à fait en harmonie avec le travail du chef : ce dernier réalise une cuisine au goût du jour, qui met à l'honneur les artisans locaux et les produits de la mer achetés à la criée.

Menu 26 € (déj. en semaine), 38/83 € - Carte 55/66 €

Hôtel Le Goyen, pl. Jean-Simon
- ✆ 02 98 70 08 88 - www.le-goyen.fr
- Fermé 12 nov. au 21 déc.

L'Iroise

POISSONS ET FRUITS DE MER • ÉLÉGANT XXX À l'abri des embruns de l'Iroise (la mer qui borde l'ouest de la Bretagne), on est accueilli dans une salle confortable, associant murs en pierre et toiles modernes. Père et fils proposent ici une cuisine où fruits de mer et produits locaux tiennent les premiers rôles... et le chariot de fromages ravira les amateurs !

Formule 16 € - Menu 33/52 € - Carte 42/100 €

8 quai Camille-Pelletan
- ✆ 02 98 70 15 80 - www.restaurantliroise.com
- Fermé 16 janv.-17 fév., 11-21 nov., dim. soir et mardi sauf du 13 juil. au 31 août et lundi

Le Goyen

TRADITIONNEL • CLASSIQUE On repère facilement cette bâtisse imposante plantée sur les quais, face au port et à l'estuaire du Goyen. Les chambres, dont certaines ont un balcon, ont été rénovées dans un agréable style contemporain... Une étape de choix dans cette charmante localité.

21 chambres - 113/224 € 113/224 € - 16 €

pl. Jean-Simon - ✆ 02 98 70 08 88 - www.le-goyen.fr
- Fermé 12 nov. au 23 déc.

Le Goyen - voir les restaurants ci-dessus

Au Roi Gradlon

FAMILIAL • CONTEMPORAIN Un hôtel cubique, tout blanc, vraiment bien situé face à l'Atlantique ; d'ailleurs, la totalité des chambres - éblouissantes de blancheur - ont vue sur la mer. L'occasion de faire de belles balades et de s'oxygéner... La table met à l'honneur les produits de l'océan.

19 chambres - 65/110 € 65/110 € - 11 €

3 bd Manu-Brusq (à la plage) - ✆ 02 98 70 04 51 - www.auroigradlon.com
- Fermé de mi-déc. à début fév.

AUDINCOURT

✉ 25400 Doubs - 14 787 hab. - Alt. 323 m - Carte régionale n° **9**-C1
Carte Michelin 321-L2 - Guide Vert Michelin Franche-Comté Jura

Voir plan de Montbéliard agglomération.

à Taillecourt 1,5 km au Nord, rte de Sochaux - ✉ 25400 - 1 094 hab. - Alt. 330 m

Auberge La Gogoline

CUISINE TRADITIONNELLE • AUBERGE XXX Un grand jardin, un toit de chaume, un décor à la fois rustique et bourgeois : cette grande maison est digne d'une chaumière. La cuisine, ancrée dans la tradition et accompagnée de bons vins, va bien au lieu.

Menu 28 € (semaine), 42/78 € - Carte 54/83 €

Plan : B2-k *20 r. Croisée - ✆ 03 81 94 54 82 - www.aubergelagogoline.net*
- Fermé 19 fév.-6 mars, 3-25 sept., sam. midi, dim. soir, lundi et mardi

AUDRIEU - 14 Calvados ➔ Voir Bayeux

AUGEROLLES

🖂 63930 Puy-de-Dôme - 872 hab. - Alt. 540 m - Carte régionale n° **3**-C2
Carte Michelin 326-I8

Les Chênes

CUISINE TRADITIONNELLE • CONVIVIAL X Les Chênes, c'est l'histoire d'une famille. Celle du chef qui, comme ses parents et grands-parents, défend les produits de sa région (viande label Rouge, miel, myrtilles, etc.). Les années passent, la tradition se perpétue... avec la certitude qu'il ne pouvait en être autrement !

Formule 15 € - Menu 20 € (semaine), 31/47 €

rte de Courpière, 1 km à l'Ouest par D42 - ✆ 04 73 53 50 34 - www.restaurant-les-chenes.com - Fermé 20-28 août, 21 déc.-3 janv. et le soir

AUGERVILLE-LA-RIVIÈRE

🖂 45330 Loiret - 233 hab. - Alt. 100 m - Carte régionale n° **6**-C1
Carte Michelin 318-L2

Le Jacques Cœur Ⓝ

CUISINE MODERNE • ROMANTIQUE XXX Si le château a déjà très fière allure, son restaurant n'est pas en reste : marqueteries aux murs, plafonds à la française, cheminée d'époque... Superbe ! Un écrin idéal pour la cuisine du chef : formé dans de belles maisons étoilées, il maîtrise parfaitement les fondamentaux et nous gratifie d'une cuisine fine et savoureuse.

Menu 69 € - Carte 55/65 €

pl. du Château - ✆ 02 38 32 12 07 - www.chateau-augerville.com - Fermé 22 déc.-9 janv., dim. soir et lundi soir de nov. à mars

Château Golf & Spa d'Augerville

DEMEURE HISTORIQUE • CONTEMPORAIN Des chambres signées par l'architecte Patrick Ribes, un domaine de 100 ha et un parcours 18 trous : ce superbe château Renaissance (15e-17e s.) prête à mener grand train - que l'on soit golfeur ou non.

37 chambres - †150/265 € ††150/265 € - 3 suites - ☕ 19 €

pl. du Château - ✆ 02 38 32 12 07 - www.chateau-augerville.com - Fermé 22 déc.-9 janv.

Le Jacques Cœur - voir les restaurants ci-dessus

AUJOLS

🖂 46090 Lot - 352 hab. - Alt. 200 m - Carte régionale n° **15**-C1
Carte Michelin 337-F5

Lou Repaou

FAMILIAL • PERSONNALISÉ Déconnexion totale dans cette ancienne ferme baptisée Lou Repaou : "le repos" en patois. Les chambres sont spacieuses et confortables, et les maîtres des lieux se sont inspirés de leurs voyages pour les décorer : Pérou, Mali, Australie... Dépaysement garanti.

5 chambres ☕ - †108/128 € ††118/138 €

r. de la Croix-Blanche - ✆ 05 65 22 03 47 - www.lourepaou.fr - Ouvert de mai à sept., d'oct. à avril et vacances scolaires

AULLÈNE - 2A Corse-du-Sud ➔ Voir Corse

AULNAY

🖂 17470 Charente-Maritime - 1 407 hab. - Alt. 63 m - Carte régionale n° **20**-B2
Carte Michelin 324-H3 - Guide Vert Michelin Poitou-Charentes

Hôtel du Donjon

FAMILIAL • CLASSIQUE Charmante maison saintongeaise non loin de l'église St-Pierre. Les chambres, impeccablement tenues, ont le charme de l'ancien : pierres apparentes, poutres, mobilier rustique, etc. Quant au jardin, il se révèle bien agréable aux beaux jours. On peut même y prendre son petit-déjeuner !

10 chambres - 64/92 € 64/92 € - 9 €

4 r. des Hivers - 05 46 33 67 67 - www.hoteldudonjon.com - Fermé 1 semaine fin oct. et vacances de Noël

AULNAY-SOUS-BOIS - 93 Seine-Saint-Denis → Voir Autour de Paris

AULON

65240 Hautes-Pyrénées - 80 hab. - Alt. 1 213 m - Carte régionale n° **15**-A3
Carte Michelin 342-N7

Auberge des Aryelets

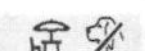

CUISINE TRADITIONNELLE • AUBERGE X Prêt pour une ascension gourmande ? Dans ce village haut perché des Pyrénées, les bons petits plats se méritent ! Dans une salle au décor rustique, on déguste une cuisine de pays, que viennent parfois chatouiller les épices. Ambiance conviviale.

Formule 19 € - Menu 25/40 € - Carte 40/55 €

pl. du Village - 05 62 39 95 59 - Fermé de mi-nov. à mi-déc., dim. soir, lundi et mardi sauf vacances scolaires et jours fériés

AUMALE

76390 Seine-Maritime - 2 271 hab. - Alt. 130 m - Carte régionale n° **17**-D1
Carte Michelin 304-K3 - Guide Vert Michelin Normandie Vallée de la Seine

Villa des Houx

CUISINE CLASSIQUE • CONVIVIAL XX Quel cachet ! L'architecture tout en colombages (19e s.), l'enceinte de verdure, le calme... Au menu, une cuisine généreuse et savoureuse, amie du terroir : terrine de ris de veau, caille désossée en croûte de sel... Côté décor, on joue la carte du classicisme, que ce soit dans la salle à manger ou en terrasse.

Menu 17 € (semaine), 26/46 € - Carte 46/72 €

30 chambres - 75/110 € 85/140 € - 9 €

6 av. du Gén.-de-Gaulle - 02 35 93 93 30 - www.villa-des-houx.com - Fermé 31 juil.-9 août, 1er-20 janv., dim. soir du 23 sept. au 15 juin et lundi midi

AUMONT-AUBRAC

48130 Lozère - 1 094 hab. - Alt. 1 040 m - Carte régionale n° **12**-C1
Carte Michelin 330-H6

Cyril Attrazic

CUISINE MODERNE • TENDANCE XXX Un restaurant élégant et bien dans son époque... pour un chef inspiré. Cyril Attrazic signe une belle cuisine créative, franche et expressive, colorée et parfumée, avec de magnifiques produits locaux (telles les viandes de son beau-père). Quant au décor, chic et chaleureux, il ne manque pas de séduire. Vive l'Aubrac !

→ Nouilles de céleri, champignons et émulsion à la livèche. Bœuf d'Aubrac cuit au barbecue, pressé de blettes, beurre de pomme de terre et muscade. Millefeuille chocolat, gel de persil plat et myrtille.

Menu 45 € (déj. en semaine), 60/115 € - Carte 70/90 €

10 rte du Languedoc - 04 66 42 86 14 - www.camillou.com - Ouvert 1er avril-31 déc. et fermé lundi et mardi sauf le soir en juil.-août

Le Gabale - voir les restaurants ci-dessous

Le Gabale

CUISINE TRADITIONNELLE · BRASSERIE X Cyril Attrazic tient avec cette brasserie le complément idéal à sa table gastronomique. Le décor moderne, paré de photos panoramiques des paysages d'Aubrac, est un bel écrin pour déguster des assiettes franches et bien réalisées ; on se régale le plus simplement du monde, à l'intérieur ou sur la jolie terrasse.

Menu 19 € (déj. en semaine)/28 € – Carte 35/50 €

Restaurant Cyril Attrazic, 10 rte du Languedoc – ✆ 04 66 42 86 14 – www.camillou.com – Ouvert 1er avril-31 déc. et fermé lundi et mardi sauf le soir en juil.-août

Chez Camillou

AUBERGE · CONTEMPORAIN En léger retrait de la nationale, un hôtel récent avec des chambres agréables, d'esprit contemporain et frais. Les plus qui font la différence : un petit-déjeuner copieux (charcuteries et fromages locaux), et un accueil à la fois gentil et pro !

35 chambres – †96/152 € ††96/152 € – 2 suites – ☕ 12 €

10 rte du Languedoc – ✆ 04 66 42 80 22 – www.camillou.com – Ouvert 15 mars-25 nov.

AUPS

✉ 83630 Var – 2 113 hab. – Alt. 496 m – Carte régionale n° **21**-C3
Carte Michelin 340-M4 – Guide Vert Michelin Côte d'Azur

Restaurant des Gourmets

CUISINE TRADITIONNELLE · FAMILIAL X Agréable petite adresse familiale dans ce village célèbre pour son marché aux truffes. Cadre coloré (fresques évoquant la Provence), goûteuse cuisine traditionnelle où la "perle noire" est à l'honneur en saison.

Formule 23 € – Menu 28/38 € 🍷

5 r. Voltaire – ✆ 04 94 70 14 97 – www.restaurantdesgourmets.fr – Fermé 25 juin-12 juil., 5-21 nov., mardi midi, dim. soir et lundi

à Moissac-Bellevue 7 km à l'Ouest par D9 – ✉ 83630 – 299 hab. – Alt. 599 m

Bastide du Calalou

CUISINE MÉDITERRANÉENNE · BOURGEOIS XX Le décor est provençal mais on retient surtout la vue plongeante sur la campagne, dans cette salle aux allures de balcon. Carré d'agneau en croûte de tapenade, brouillade de truffe ; nougat glacé à l'ancienne : la carte explore la tradition provençale.

Menu 35/78 € – Carte 52/84 €

rte de Baudinard, D9 – ✆ 04 94 70 17 91 – www.bastide-du-calalou.com

Bastide du Calalou

FAMILIAL · PERSONNALISÉ Une grande bastide dans un écrin de verdure. Les chambres distillent un joli esprit d'antan, avec leurs mobilier et tableaux chinés ; il fait bon se prélasser sous les oliviers, près de la belle piscine. Un cadre bucolique idéal pour la détente !

29 chambres – †99/199 € ††129/335 € – 4 suites – ☕ 17 €

rte de Baudinard, D9 – ✆ 04 94 70 17 91 – www.bastide-du-calalou.com

Bastide du Calalou – voir les restaurants ci-dessus

AURAY

✉ 56400 Morbihan – 13 397 hab. – Alt. 35 m – Carte régionale n° **5**-A3
Carte Michelin 308-N9 – Guide Vert Michelin Bretagne Sud

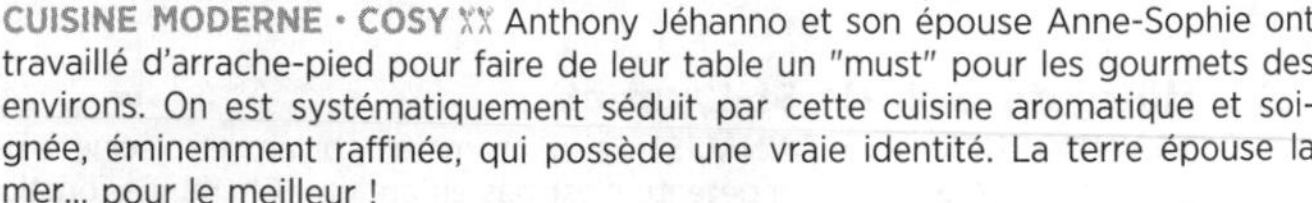

Terre-Mer (Anthony Jéhanno)

CUISINE MODERNE • COSY Anthony Jéhanno et son épouse Anne-Sophie ont travaillé d'arrache-pied pour faire de leur table un "must" pour les gourmets des environs. On est systématiquement séduit par cette cuisine aromatique et soignée, éminemment raffinée, qui possède une vraie identité. La terre épouse la mer... pour le meilleur !

→ Cuisine du marché.

Formule 25 € - Menu 29 € (déj. en semaine), 42/115 €

16 r. du Jeu-de-Paume - 02 97 56 63 60 - www.restaurant-terre-mer.fr - Fermé 1 semaine en juin, 2 semaines en oct., 23 déc.-4 janv., sam. midi, dim. soir et lundi

Closerie de Kerdrain

CUISINE MODERNE • CLASSIQUE Classique et raffiné : tel est ce beau manoir breton du 17e s. Le chef aime utiliser les herbes et les fleurs du jardin, pour accompagner de beaux produits de la mer : huîtres creuses, Saint-Jacques en chaud-froid de cresson, turbot de petit bateau... Bien sûr, le tout s'accompagne de beaux flacons !

Formule 28 € - Menu 45/78 € - Carte 56/97 €

20 r. Louis-Billet - 02 97 56 61 27 - www.lacloseriedekerdrain.com - Fermé 19-28 mars, 1 semaine en oct., 2 semaines en janv., dim. soir, lundi et mardi d'oct. à avril

Le Chaudron

CUISINE TRADITIONNELLE • BISTRO Un jeune chef a rénové cette maison et y cuisine au fil de son humeur, avec un penchant certain pour les produits de la mer - par exemple, un menu est dédié au homard. C'est frais et plutôt bien tourné, sans prétention particulière : on se laisse embarquer.

Formule 15 € - Menu 18/49 €

3 rte du Bono - 02 97 14 65 38 - Fermé dim. soir et lundi

Kabuki

CUISINE JAPONAISE • CONVIVIAL Voilà une adresse comme on en voit rarement ! Le jeune chef, un Français passionné de cuisine japonaise, prépare sushis, makis et sashimis en utilisant les meilleurs poissons de la pêche bretonne... et sert le tout dans une salle de poche moderne et conviviale, au comptoir ou à table. Dans les deux cas, un régal !

Formule 17 € - Menu 22 € (déj.)/32 € - Carte 14/29 €

32 r. Barré - 02 97 59 39 92 - www.kabuki-le-resto-du-sushi.fr - Fermé sam. midi, dim. midi et lundi

La Chebaudière

CUISINE MODERNE • FAMILIAL Un néobistrot de quartier, où l'on aime à se retrouver autour d'un bon petit plat de saison : tarte fine d'héliantis et Saint-Jacques, filet de saint-pierre aux champignons, dos de cabillaud à la sauce curry... À choisir à l'ardoise ! Le décor, joliment coloré, ajoute au plaisir du repas.

Carte 29/55 €

6 r. Abbé-Joseph-Martin - 02 97 24 09 84 - Fermé 1 semaine en fév., 1 semaine en juin, 1 semaine en sept., dim. soir, mardi soir et merc.

Best Western Auray le Loch

BUSINESS • CONTEMPORAIN Le matin, loin du tumulte, on prend son petit-déjeuner dans la véranda, avec vue sur la forêt et la rivière. Les chambres, ornées de tissus originaux peints par une artiste locale, sont confortables. Enfin, le service est efficace et souriant !

30 chambres - 70/169 € 70/169 € - 14 €

2 r. Guhur (La Forêt) - 02 97 56 48 33 - www.bestwesternaurayleloch.com

au golf de St-Laurent 10 km à l'Ouest par D22 et rte secondaire – ✉ 56400 Auray :

Hôtel du Golf de St-Laurent

TRADITIONNEL • PERSONNALISÉ Sauna, hammam, billard et piscine à deux pas du golf : dans cet hôtel, la détente n'est pas en option ! Chambres fonctionnelles, avec balcon ou terrasse. Le calme à la campagne...

42 chambres – 🚹84/140 € 🚹🚹84/140 € – ☕11 €

(Ploëmel) – ✆ 02 97 56 88 88 – www.hotel-golf-saint-laurent.com – Fermé 20 déc.-17 janv.

AUREILLE

✉ 13930 Bouches-du-Rhône – 1 568 hab. – Alt. 134 m – Carte régionale n° **22**-E1
Carte Michelin 340-E3

La Table des Alpilles

CUISINE MODERNE • SIMPLE Poupeton de fleurs de courgette, tatin d'agneau aux aubergines, nougat glacé aux fruits de saison... On doit cette belle cuisine du marché à Stéphane Tougay, un enfant du pays ! La sobriété du décor, les chaises en paille et la simplicité du service ajoutent au plaisir du repas.

Formule 18 € – Menu 24 € (déj. en semaine), 35/57 € – Carte 46/62 €

10 r. de l'Armistice – ✆ 04 88 40 07 29 – Fermé dim. soir, merc. soir, mardi soir de oct. à fév. et lundi

Le Balcon des Alpilles

FAMILIAL • ROMANTIQUE Ici les chambres portent des noms de fleurs. Le mas est décoré avec style ; oliviers, pins et lavandins parfument le jardin : tout est paisible. Superbe petit-déjeuner où tout est fait maison : confitures, jus de fruits frais, cake et gâteaux...

5 chambres ☕ – 🚹140/150 € 🚹🚹150/160 €

rte de Mouries, par D24A – ✆ 04 90 59 94 24 – www.lebalcondesalpilles.fr – Ouvert 25 avril-1er oct.

La Table Alonso

AUBERGE • COSY Après une belle carrière dans la restauration, Gérard et Josette Alonso ont pris leur retraite dans la région... avant de créer – à force d'ennui, disent-ils – cette maison d'hôtes. La bâtisse, du 17e s., allie charme et caractère, et la table d'hôte est incontournable : les produits du marché sont superbement travaillés par le chef qui n'a pas perdu la main... loin de là !

3 chambres ☕ – 🚹80 € 🚹🚹80 €

22 r. de la Poste – ✆ 04 90 55 79 07 – www.latablealonso.fr – Ouvert vend. soir, sam. soir et dim. midi

AUREVILLE

✉ 31320 Haute-Garonne – 826 hab. – Alt. 260 m – Carte régionale n° **15**-B2
Carte Michelin 343-G4

En Marge (Frank Renimel)

CUISINE CRÉATIVE • ÉLÉGANT Cette ferme du 19e s., transformée en élégant restaurant, est le repaire du jeune chef Franck Renimel. Dans ce coin de campagne "En Marge" de la ville, il montre qu'il a toujours la même envie de surprendre : avec talent et audace, il jongle avec les saveurs et les textures... et fait mouche, sans dérouter !

→ Cappuccino de champignons et foie gras. Cassoulet "En Marge". Yaourt à la violette.

Menu 34 € (déj. en semaine), 66/140 € – Carte 105/145 €

5 chambres – 🚹230/260 € 🚹🚹250/290 € – ☕19 €

1204 rte de Lacroix-Falgarde (lieu-dit Birol), sur D24 – ✆ 05 61 53 07 24 – www.restaurantenmarge.com – Fermé 24 déc.-1er janv. et dim. soir

AURIAC

✉ 19220 Corrèze - 234 hab. - Alt. 608 m - Carte régionale n° **25**-C3
Carte Michelin 329-N4 - Guide Vert Michelin Limousin Berry

Les Jardins Sothys

MODERNE • RUSTIQUE Carrés d'herbes aromatiques, clos japonais, roseraie, etc. Ces jardins (entrée payante), dus à la célèbre marque de cosmétiques, mêlent poésie et culte des vertus de la nature. Au restaurant, le chef magnifie le terroir corrézien à grand renfort d'épices – il a longtemps travaillé en Asie et aux Antilles –, pour un résultat parfumé et maîtrisé.

Formule 19 € - Menu 23 € (déj. en semaine), 29/49 € - Carte 35/55 €

rte de Darazac - Le-bourg - 05 55 91 96 89 - www.lesjardinssothys.com - Ouvert d'avril à mi-nov. et fermé mardi sauf juil.-août, dim. soir et lundi

AURIAC-DU-PÉRIGORD

✉ 24290 Dordogne - 388 hab. - Alt. 143 m - Carte régionale n° **2**-D1
Carte Michelin 329-H5

Le Moulin de Mitou

TRADITIONNEL • PERSONNALISÉ À deux pas des grottes de Lascaux, cet ancien moulin à eau, datant du 17e s., est un havre de confort... Les chambres, avec leur mobilier classique et leurs beaux tissus, ont ce supplément de caractère qui fait la différence, et la piscine et le parc nous éloignent encore davantage de l'âge de pierre.

17 chambres - 105/126 € 126/168 € - 15 €

La Borie, rte de Montignac - 05 53 50 37 53 - www.hotel-lemoulindemitou.com - Fermé janv.

AURILLAC

✉ 15000 Cantal - 26 135 hab. - Alt. 610 m - Carte régionale n° **3**-B3
Carte Michelin 330-C5 - Guide Vert Michelin Auvergne

Quatre Saisons

CUISINE MODERNE • TRADITIONNEL Fine et maline : telle est la cuisine de Didier Guibert, qui ne travaille qu'avec des produits ultrafrais. La viande est fournie par ses deux frères, bouchers de leur état, et les légumes proviennent du potager des beaux-parents. Comment mieux célébrer les quatre saisons ? Une maison fort bien tenue !

Formule 18 € - Menu 32/78 € - Carte 53/63 €

Plan : B1-t *10 r. Jean-Baptiste Champeil - 04 71 64 85 38 - www.quatresaisons.onlc.fr - Fermé dim. soir, mardi midi et lundi*

Le Cromesquis

CUISINE MODERNE • CONVIVIAL Après un joli parcours dans des tables étoilées en Suisse, le chef est revenu aux sources : son épouse est originaire de la région. Dans ce lieu atypique – une ancienne forge réaménagée à grand renfort de bois, béton et baies vitrées –, il propose des recettes modernes et goûteuses... avec, bien entendu, un cromesquis proposé chaque jour parmi les entrées !

Formule 14 € - Menu 17/62 €

Plan : B1-b *1 pl. du Salut - 04 71 62 34 80 - www.restaurant-cromesquis.fr - Fermé le soir sauf vend. et sam. et dim.*

Grand Hôtel de Bordeaux

TRADITIONNEL • CLASSIQUE C'est sans doute le meilleur établissement de la ville : dans ce bel immeuble du début du 20e s. aux chambres claires et agréables, tout n'est qu'élégance et raffinement, avec une pointe d'originalité. À noter : la qualité de l'accueil.

34 chambres - 69/230 € 69/230 € - 2 suites - 13 €

Plan : B1_2-r *2 av. de la République - 04 71 48 01 84 - www.hotel-de-bordeaux.fr - Fermé 21 déc.-2 janv.*

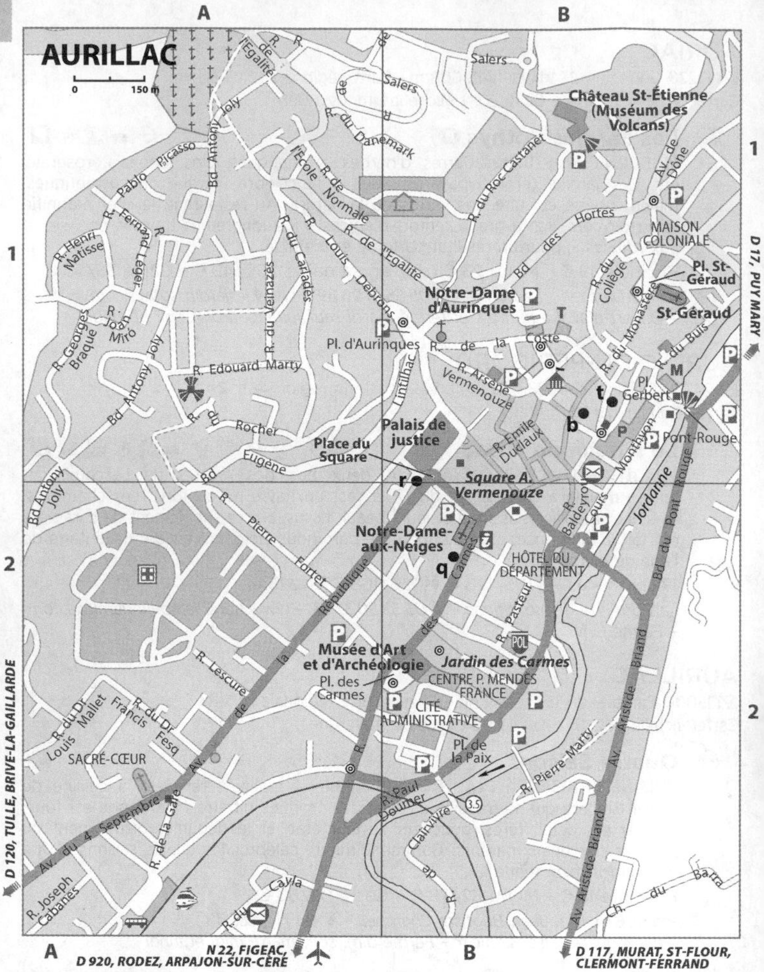

AURILLAC

Hôtel des Carmes

URBAIN · CONTEMPORAIN Dans le centre-ville, cet hôtel propose des chambres contemporaines et personnalisées, ainsi que de nombreux services de qualité : piscine couverte avec sauna, bar, salle de réunion… Un ensemble confortable et chaleureux. Cuisine bistrotière au restaurant.

23 chambres – †54/89 € ††54/89 € – ☕ 11 €

Plan : B2-q *20 r. des Carmes – ✆ 04 71 48 01 69 – www.hoteldescarmes.fr*

à Vézac par 10 km au sud par D920 – ✉ 15130 – 1 183 hab. – Alt. 650 m

Château de Salles

DEMEURE HISTORIQUE · CLASSIQUE Un séduisant château du 15e s. avec son parc, qui dévoile une vue ravissante sur les monts du Cantal. Les chambres, au calme, sont réparties dans plusieurs bâtiments ; on trouve aussi piscine, espace bien-être, billard et restaurant.

30 chambres – †75/199 € ††75/199 € – 3 suites – ☕ 15 €

rte du Château – ✆ 04 71 62 41 41 – www.chateausalles.com

AURON

✉ 06660 Alpes-Maritimes - Alt. 1 100 m - Carte régionale n° **21**-C-D2
Carte Michelin 341-C2 - Guide Vert Michelin Alpes du Sud

Le Chalet d'Auron

FAMILIAL • MONTAGNARD Un vrai chalet, douillet et confortable à souhait. Du bois, encore du bois, des tons chauds et des petits plats du terroir bien sympathiques après une journée de ski. La plupart des chambres bénéficient d'une jolie vue sur les massifs montagneux. Terrasse solarium.

15 chambres - 120/200 € 170/450 € - 2 suites - 18 €

voie du Berger - 04 93 23 00 21 - www.chaletdauron.com - Ouvert 1er juil.-10 sept. et 14 déc.-31 mars

AUTHUILLE - 80 Somme → Voir Albert

AUTRANS

✉ 38880 Isère - 1 628 hab. - Alt. 1 050 m - Carte régionale n° **23**-C2
Carte Michelin 333-G6 - Guide Vert Michelin Alpes du Nord

Les Tilleuls

CUISINE MODERNE • AUBERGE XX Le patron et son gendre forment un duo efficace : ils concoctent à quatre mains une sympathique cuisine au goût du jour en utilisant de bons produits du terroir - avec une spécialité maison, la caillette ! On apprécie ces petits plats dans une grande salle où l'esprit montagnard se fait contemporain et lumineux...

Formule 22 € - Menu 28/50 € - Carte 41/67 €

Hôtel les Tilleuls, 111 r. de Puilboreau (La Côte) - 04 76 95 32 34 - www.hotel-tilleuls.com - Fermé 3-26 avril, 15 oct.-8 nov., mardi soir et merc. hors saison sauf vacances scolaires

La Poste

CUISINE TRADITIONNELLE • AUBERGE X Ravioles du Dauphiné à l'émulsion de Vercorais, ballotin de volaille et cœur de foie gras, tête de veau, gratin du Vercors... Le chef, souriant et dynamique, est un véritable passionné qui concocte une bonne cuisine ponctuée de notes régionales. Elle va comme un gant à l'élégant décor montagnard de la salle !

Formule 24 € - Menu 28/38 € - Carte 35/50 €

Hôtel de la Poste, 1 pl. Julien-Bertrand - 04 76 95 31 03 - www.hotel-barnier.com - Fermé 15 avril-12 mai, 15 oct.-3 déc., dim. soir, lundi et mardi

La Poste

FAMILIAL • MONTAGNARD Au cœur de ce village du Vercors, un sympathique hôtel-restaurant qui respire la tradition : il est tenu par la même famille depuis quatre générations ! Partout le bois domine, avec chaleur et... non sans fraîcheur.

28 chambres - 60/120 € 70/150 € - 11 €

1 pl. Julien-Bertrand - 04 76 95 31 03 - www.hotel-barnier.com - Fermé 15 avril-12 mai et 15 oct.-3 déc.

La Poste - voir les restaurants ci-dessus

Les Tilleuls

FAMILIAL • MONTAGNARD Dans une zone résidentielle assez tranquille, cette imposante maison de style régional compte de nombreux habitués. Suites familiales, bonne literie, rénovations régulières : une vraie satisfaction pour les clients.

18 chambres - 70/80 € 76/110 € - 2 suites - 12 €

111 r. de Puilboreau (La Côte) - 04 76 95 32 34 - www.hotel-tilleuls.com - Fermé 3-26 avril et 15 oct.-8 nov.

Les Tilleuls - voir les restaurants ci-dessus

AUTUN

✉ 71400 Saône-et-Loire - 13 955 hab. - Alt. 326 m - Carte régionale n° **4**-C2
Carte Michelin 320-F8 - Guide Vert Michelin Bourgogne

Comptoir Cuisine

CUISINE MODERNE • COSY Au pied de la cathédrale, l'ancien Chapitre est devenu Comptoir Cuisine en 2017. Le chef propose une cuisine au goût du jour goûteuse et soignée – y compris visuellement ! –, qu'il renouvelle chaque semaine selon son inspiration et les retours du marché.

Menu 21/28 €

13 pl. du Terreau - ✆ 03 85 54 30 60 - Fermé dim. et lundi

Le Monde de Don Cabillaud

POISSONS ET FRUITS DE MER • CONVIVIAL Dans une agréable rue pavée, au cœur du pays charolais, ce petit restaurant est dédié... au poisson. L'ardoise évolue en fonction des arrivages de Bretagne, et le chef n'obéit qu'à deux règles : du poisson frais et des légumes bio ! Un résultat savoureux, et une excellente réputation amplement méritée.

Formule 26 € - Menu 37 €

4 r. des Bancs - ✆ 07 60 94 21 10 - Fermé 1er-15 janv., 3-18 juin, dim. et lundi

Moulin Renaudiots

MAISON DE CAMPAGNE • PERSONNALISÉ Un magnifique moulin couvert de vigne vierge, avec un jardin à la française. L'intérieur est élégamment minimaliste ; plusieurs fois par semaine, les propriétaires font table d'hôte, exprimant ainsi leur amour d'une chère raffinée. Beau fitness pour les sportifs.

5 chambres - 130/165 € 130/165 €

chemin du Vieux-Moulin, 5 km au Sud-Est par N80 et D978 - ✆ 03 85 86 97 10 - www.moulinrenaudiots.com - Ouvert du 30 mars au 11 nov.

AUVERS - 77 Seine-et-Marne → Voir Milly-la-Forêt (Essonne)

AUVERS-SUR-OISE - 95 Val-d'Oise → Voir Autour de Paris

AUVILLAR

✉ 82340 Tarn-et-Garonne - 935 hab. - Alt. 141 m - Carte régionale n° **15**-B2
Carte Michelin 337-B7

L'Horloge

CUISINE TRADITIONNELLE • FAMILIAL Jouxtant l'élégante tour de l'Horloge, cette maison est ravissante, avec ses volets vert tendre et sa terrasse sous les platanes... Le chef privilégie les producteurs locaux et concocte une jolie cuisine de saison, saine et savoureuse. Chambres pratiques pour l'étape.

Formule 16 € - Menu 20 € - Carte 30/100 €
10 chambres - 65/95 € 65/95 € - 12 €

2 pl. de l'Horloge - ✆ 05 63 39 91 61 - www.hoteldelhorlogeauvillar.com - Fermé 2 semaines en mars, 2 semaines en nov., sam. midi et vend.

à Bardigues 4 km au Sud par D11 - ✉ 82340 - 283 hab. - Alt. 160 m

Auberge de Bardigues

CUISINE MODERNE • BRANCHÉ Au cœur du village, cette bâtisse contemporaine est une sympathique halte bistronomique. En cuisine, Ciril (fou de légumes, fruits et poissons) concocte de bons petits plats. Son frère Fabien, directeur de salle, vous conseille de jolis crus. Très beau plateau de fromages. Aux beaux jours, on s'installe sur la grande terrasse ouverte sur la campagne.

Formule 17 € - Menu 23 € (semaine), 33/69 € - Carte 41/54 €

au bourg - ✆ 05 63 39 05 58 - www.aubergedebardigues.com - Fermé 2 semaines fin août-début sept., 30 oct.-7nov., merc. soir sauf juil.-août, dim. soir et lundi

AUXERRE

✉ 89000 Yonne - 34 843 hab. - Alt. 130 m - Carte régionale n° **4**-B1
Carte Michelin 319-E5 - Guide Vert Michelin Bourgogne

Bistro L'Aspérule (Keigo Kimura)

CUISINE MODERNE • ÉPURÉ L'Aspérule, jolie fleur des bois, a donné son nom à ce restaurant du cœur de la cité bourguignonne, qui ne manque ni de fraicheur ni de délicatesse. Produits locaux de qualité, saveurs bien maîtrisées : on passe un agréable moment.

Menu 26 € (déj. en semaine)/29 €

Plan : B2-a *34 r. du Pont - 03 86 33 24 32 - www.restaurant-asperule.fr*
- Fermé 3 semaines en janv., merc. et jeudi

Le Jardin Gourmand

CUISINE MODERNE • ÉLÉGANT Cette ancienne maison de vigneron distille charme classique et fantaisie contemporaine... On y savoure une bonne cuisine du marché, qui varie avec les saisons. Raffiné.

Formule 58 € - Menu 70/132 € - Carte 93/108 €

Plan : A1-d *56 bd Vauban - 03 86 51 53 52 - www.lejardingourmand.com*
- Fermé 19-27 fév., 11-26 juin, 3-11 sept., 12-27 nov., dim. soir sauf juil.-août, lundi et mardi

Le Bourgogne

CUISINE TRADITIONNELLE • TENDANCE Cadre élégant et feutré, belle terrasse et petits plats du marché aussi appétissants sur l'ardoise que dans l'assiette : reconversion réussie pour cet ancien garage !

Formule 21 € - Menu 33/45 € - Carte 55/71 €

Hors plan *15 r. de Preuilly - 03 86 51 57 50 - www.lebourgogne.fr*
- Fermé 15-30 août, vacances de Noël, dim. et lundi

Le Rendez-Vous

CUISINE TRADITIONNELLE • CONVIVIAL Amateurs de la tradition, ce restaurant est pour vous ! Au pied de l'église St-Pierre, le chef concocte de savoureuses spécialités bourguignonnes : jambon persillé, croustillant de pied de veau et autres plats mijotés... La générosité comme les saveurs sont au rendez-vous.

Formule 24 € - Menu 36/50 € - Carte 31/62 €

Plan : B2-r *37 r. du Pont*
- 03 86 51 46 36 - www.restaurant-le-rendez-vous.com
- Fermé 16-22 avril, 14-28 juil., 23 déc.-8 janv., le soir sauf vend. de nov. à avril, sam., dim. et fériés

Le Parc des Maréchaux

HÔTEL PARTICULIER • HISTORIQUE Demeure Napoléon III aux jolies chambres cosy, meublées dans le style Empire ; plus de calme côté parc. Bar feutré habillé de velours rouge.

25 chambres - 69/139 € 69/139 € - 11 €

Plan : A2-u *6 av. Foch*
- 03 86 51 43 77 - www.hotel-parcmarechaux.com
- Fermé 1-25 fév.

Le Maxime

BUSINESS • PERSONNALISÉ Au 19e s., ce grenier à sel des bords de l'Yonne s'est mué en hôtel. Chambres coquettes et feutrées (tons gris, taupe...), avec vue sur le fleuve ou la cour.

26 chambres - 89/145 € 145/190 € - 1 suite - 14 €

Plan : B1-f *2 quai de la Marine*
- 03 86 52 14 19 - www.hotel-lemaxime.com

A 6, PARIS — A — B — N 77, TROYES

AUXERRE

A 6, LYON — N 77, TROYES — A 6, LYON — D 89 AILLANT — D 965, ORLEANS — N 151, CLAMECY, NEVERS — D 239

Musée d'Art et d'Histoire — St-Germain — Pl. St-Nicolas — LA MARINE — HÔTEL DU DÉPARTEMENT — Cathédrale St-Étienne — Musée d'Histoire naturelle — Place des Cordeliers — Pl. de l'Hôtel-de-Ville — Tour de l'Horloge — Pl. Robillard — Musée Leblanc-Duvernoy — Place L. Bard — St-Eusèbe — Pl. Ch. Surugue — Pl. des Véens — St-Pierre — Place de l'Aquebuse — YONNE

0 — 150 m

à Vincelottes 16 km à l'Est par D606 et D38 – ✉ 89290 – 281 hab. – Alt. 110 m

Auberge Les Tilleuls

CUISINE TRADITIONNELLE • AUBERGE XX Pause bucolique au bord de l'Yonne. Ici, le chef mise sur les bons produits et concocte une savoureuse cuisine traditionnelle ou des recettes plus actuelles. Terrasse à fleur d'eau et bon choix de bourgognes. Chambres pour l'étape.

Formule 17 € – Menu 32/68 € – Carte 49/108 €

5 chambres – 81/101 € 96/175 € – 1 suite

12 quai de l'Yonne – ✆ 03 86 42 22 13 – www.auberge-les-tilleuls.com – Fermé 17 déc.-12 fév., lundi soir d'oct. à Pâques, mardi et merc.

à Appoigny 8 km au Nord par D606 – ✉ 89380 – 3 135 hab. – Alt. 110 m

Le Puits d'Athie

MAISON DE CAMPAGNE • PERSONNALISÉ Grand calme et confort sont les atouts principaux de cette demeure bourguignonne, dont les chambres sont toutes originales, telles "Mykonos", en bleu et blanc, et "Porte d'Orient", décorée d'une porte du Rajasthan. Pour la table d'hôte, l'aimable propriétaire affectionne les recettes régionales ou méditerranéennes.

5 chambres – 95/180 € 95/180 €

1 r. de l'Abreuvoir – ✆ 03 86 53 10 59 – www.puitsdathie.com – Ouvert 15mars-15 oct.

AUZEVILLE-TOLOSANE - 31 Haute-Garonne ➔ Voir Toulouse

AVAILLES-LIMOUZINE

✉ 86460 Vienne - 1 299 hab. - Alt. 142 m - Carte régionale n° **20**-C2
Carte Michelin 322-J8

La Chatellenie

AUBERGE • COSY Sortez des sentiers battus : ce petit relais de poste, tenu par un jeune couple dynamique, se prête à une escapade à l'ancienne, sur les chemins détournés qui relient Poitiers et Limoges. Viande et légumes du pays : au restaurant, tradition et touches d'inventivité. Parfait pour une étape qui sort de l'ordinaire.

8 chambres - †60 € ††67 € - ☕ 9 €

1 r. du Commerce - ✆ 05 49 84 31 31 - www.lachatellenie.fr - Fermé 10-20 mars, 8-13 juil. et 1 semaine en nov.

AVALLON

✉ 89200 Yonne - 7 025 hab. - Alt. 250 m - Carte régionale n° **4**-B2
Carte Michelin 319-G7 - Guide Vert Michelin Bourgogne

Les Cordois Autrement

CUISINE TRADITIONNELLE • RUSTIQUE X Tenue par la même famille depuis 1910, cette maison est désormais adossée à une église du 12e s. ; on s'installe au choix à l'intérieur, lumineux et coloré, ou sur la terrasse ombragée, pour se régaler d'une cuisine régionale remise au goût du jour : escargots de Bourgogne, œufs en meurette, rognon de veau à la graine de moutarde...

Formule 17 € - Carte 28/52 €

15 r. Bocquillot - ✆ 03 86 33 11 79 - www.lescordois.fr - Fermé 2-26 janv., mardi et merc.

Le Gourmillon

CUISINE TRADITIONNELLE • TENDANCE X Dans cette ancienne quincaillerie, les saveurs ne sont pas... en toc ! Au cœur de la cité, le Gourmillon décline produits du terroir et saveurs traditionnelles avec générosité (profiteroles d'escargots au beurre aillé, pavé de bœuf charolais aux morilles, etc.). Prix doux, accueil et service aux petits soins.

Formule 15 € - Menu 25/32 € - Carte environ 32 €

8 r. de Lyon - ✆ 03 86 31 62 01 - www.legourmillon.com - Fermé 2 semaines en janv., jeudi soir et dim. soir

à l'Est 6 km par D606 - ✉ 89200 Avallon :

Le Relais Fleuri

CUISINE TRADITIONNELLE • COSY XX Un certain esprit champêtre (cheminée, poutres, cuivres) règne dans cet ancien relais de poste, devenu le Relais Fleuri. On y apprécie une cuisine régionale soignée, traversée d'inspirations actuelles, et accompagnée si l'on souhaite de bons bourgognes. Un charme indéniable !

Formule 21 € - Menu 25/69 € 🍷 - Carte 28/62 €

La Cerce - ✆ 03 86 34 02 85 - www.hotel-relais-fleuri.com

Le Relais Fleuri

BUSINESS • FONCTIONNEL Il suffit de sortir de l'autoroute A 6 (direction Avallon) pour trouver le repos dans ce Relais aux airs de motel de campagne (chambres de plain-pied, parc de 4 ha, piscine chauffée). Idéal pour une étape revigorante.

48 chambres - †94/106 € ††94/106 € - ☕ 14 €

La Cerce - ✆ 03 86 34 02 85 - www.hotel-relais-fleuri.com

Le Relais Fleuri - voir les restaurants ci-dessus

à Vault-de-Lugny 6 km au Nord-Ouest par D606 et D128 – ✉ 89200 – 315 hab. – Alt. 148 m

Château de Vault de Lugny

CUISINE MODERNE • HISTORIQUE XX Un cadre majestueux – dont une salle dans les anciennes cuisines du château ! – pour une carte élégante ; le chef, d'origine mauricienne, rend un juste hommage aux légumes du magnifique potager du domaine, et aux produits nobles en général, mâtinés de quelques touches exotiques... La carte des bourgognes est remarquable.

Menu 38 € (déj. en semaine), 47/69 € – Carte environ 86 €

11 r. du Château – ✆ 03 86 34 07 86 – www.lugny.fr – Ouvert 23 mars- 4 nov.

Château de Vault de Lugny

DEMEURE HISTORIQUE • GRAND LUXE Dans son immense parc aux arbres centenaires, à l'abri derrière ses douves en eau et ses tours crénelées, ce château du 16e s. n'est que raffinement : tentures, lits à baldaquin, objets d'art... sans oublier la piscine logée sous des voûtes de pierre séculaires. Mémorable !

14 chambres – †140/370 € ††175/740 € – 1 suite – ☕ 18 €

11 r. du Château – ✆ 03 86 34 07 86 – www.lugny.fr – Ouvert 23 mars-4 nov.

Château de Vault de Lugny – voir les restaurants ci-dessus

à Valloux 6 km au Nord-Ouest par D606 – ✉ 89200

Auberge des Chenêts

CUISINE TRADITIONNELLE • ÉLÉGANT XX On oublie vite la route toute proche, lorsque l'on s'attable près de la cheminée de cette agréable auberge ! Au menu : de bons petits plats d'inspiration bourguignonne, joliment tournés et parfumés. La belle carte des vins fait honneur à la région.

Formule 20 € – Menu 29/63 € – Carte environ 66 €

10 rte Nationale 6 – ✆ 03 86 34 23 34 – Fermé 5-13 mars, 18 juin-3 juil., 12 nov.-5 déc., mardi de sept. à mai, dim. soir et lundi

dans la Vallée du Cousin 4 km à l'Ouest par D957, rte de Vézelay – ✉ 89200 Avallon :

Hostellerie du Moulin des Ruats

TRADITIONNEL • PERSONNALISÉ Au calme dans la vallée du Cousin, ce joli moulin du 18es. invite à la détente : atmosphère feutrée dans le salon-bibliothèque d'esprit british et dans les chambres, bien tenues, donnant côté jardin ou rivière – la vue sur le cours d'eau étant la plus appréciable. Carte actuelle au restaurant.

25 chambres – †93/165 € ††93/165 € – ☕ 18 €

23 r. des Isles-Labaumes – ✆ 03 86 34 97 00 – www.moulindesruats.com – Ouvert de mi-fév. au 11 nov.

à Pontaubert 5 km à l'Ouest par D606 et D957 – ✉ 89200 – 399 hab. – Alt. 160 m

Les Fleurs

CUISINE TRADITIONNELLE • AUBERGE XX Voici une maison pleine de mérite, où l'on travaille de bons produits frais. Jambon persillé maison, noix de joue de porc au miel du Morvan, rognons à la moutarde : sur des bases traditionnelles, le chef concocte des plats d'une séduisante simplicité. Le tout servi avec le sourire ! Quelques chambres coquettes pour l'étape.

Formule 17 € – Menu 24/39 € – Carte 33/49 €

7 chambres – †60/80 € ††65/80 € – ☕ 10 €

69 rte de Vézelay – ✆ 03 86 34 13 81 – www.hotel-lesfleurs.com – Fermé 15 déc.-31 janv., merc. de mai à sept., le midi sauf le vend., sam., dim. et fériés

CHASTELLUX-SUR-CURE 12 km au Sud par D944 - ✉ 89630 - 142 hab. - Alt. 305 m

Le Chastellux

CUISINE MODERNE • CONVIVIAL X D'abord, c'est un bar villageois, simple et chaleureux ; puis, derrière, une salle à manger lumineuse et accueillante, dont un côté ouvre sur une terrasse. Les préparations se révèlent soignées et hyper-parfumées, à l'image de ce carpaccio de tomates, tagliatelles de courgettes et jambon serrano... à des prix défiant toute concurrence.

Formule 21 € - Menu 27 €

16 rte du Lac (L'Huis Raquin) - ✆ 03 86 32 08 83 - www.lechastellux.com - Fermé 2 janv.-2 mars, dim. soir et lundi de juin à août

AVÈNE

✉ 34260 Hérault - 299 hab. - Alt. 350 m - Carte régionale n° **12**-B2
Carte Michelin 339-D6

Eau Thermale Avène-L'Hôtel

THERMAL • COSY Cet hôtel, qui accueille de nombreux curistes des thermes voisins, a été entièrement repensé : lumineux salon d'accueil pensé comme un jardin d'hiver, espace bibliothèque, chambres spacieuses et cosy, aux teintes douces... Parfait pour une étape dans la région.

56 chambres - †175 € ††175 € - 4 suites - ☕ 15 €

Les Bains-d'Avène, aux Thermes - ✆ 04 67 23 44 45 - www.eauthermaleavene-lhotel.com - Ouvert 25 mars-3 nov.

P. Jacques/hemis.fr

ON AIME...

Le Carré du Palais, emplacement parfait et dégustation de tous les crus de la vallée du Rhône. **L'Agape**, une adresse très tendance. Le menu déjeuner de la **Maison Christian Étienne**, un vrai bon plan juste à côté du palais des papes. Et, bien sûr, les beautés de la ville elle-même : le **palais des papes**, le **rocher des Doms**, la **place de l'Horloge**...

AVIGNON

✉ 84000 Vaucluse – 92 209 hab. – Agglo. 448 182 hab. – Alt. 21 m
– Carte régionale n° **22**-E1
Carte Michelin 332-B10 – Guide Vert Michelin Provence

Restaurants

Maison Christian Étienne (Guilhem Sevin)

CUISINE MODERNE • ÉLÉGANT XXX Le poids des ans ne semble avoir aucune prise sur cette belle table, qui comme le bon vin paraît se bonifier... À la suite de Christian Étienne, le chef y compose une partition moderne autour de trois menus, et profite du soutien d'une équipe jeune et motivée. Le tout dans le cadre unique d'une demeure médiévale chargée d'histoire.

→ Fritots d'huîtres de Port-Saint-Louis, riz noir de Camargue et courgette. Canon d'agneau de Provence cuit rosé, panoufle en épigramme et risotto d'épeautre. Tomate brûlée à l'absinthe, sorbet rose de berne.

Menu 35 € (déj.), 75/125 €

Plan : B2-h *10 r. Mons – ✆ 04 90 86 16 50 – www.christian-etienne.fr – Fermé vacances de la Toussaint, merc. et jeudi sauf juil.*

L'Agape

CUISINE MODERNE • BRANCHÉ X Julien Gleize a établi, ses quartiers sur cette place sympathique au cœur de la cité des papes. C'est en chef totalement épanoui qu'on le retrouve en cuisine, composant des assiettes gourmandes et judicieusement pensées, dans lesquelles les produits de saison sont bien mis en valeur.

Formule 20 € – Menu 25 € (déj.), 32/70 € – Carte 59/67 €

Plan : B3-n *21 pl. des Corps-Saints – ✆ 04 90 85 04 06 – www.restaurant-agape-avignon.com – Fermé dim. et lundi*

Italie là-bas

CUISINE ITALIENNE • CONTEMPORAIN X Aux manettes, un couple d'Italiens passionnés : pendant qu'il s'occupe du service en salle, elle est en cuisine et prépare de bons plats transalpins, à base de produits frais. Cocotte de lapin aux olives noires et fines herbes, œuf perfetto avec artichaut à la romaine et crème butternut... On se régale.

Menu 32/75 € – Carte 46/58 €

Plan : B2-x *23 r. de la Bancasse – ✆ 04 86 81 62 27 – Fermé 2 semaines en sept., 2 semaines en janv., lundi et mardi sauf juil.-août*

La Mirande

CUISINE CLASSIQUE • ÉLÉGANT XXX L'œuvre du soleil, le chatoiement des couleurs, la générosité des saveurs : les assiettes respirent le Sud, ses produits et ses traditions. Le décor est délicieux : superbe salle 18e s. ou ravissant jardin...

Menu 39 € (déj.), 65/85 € - Carte 103/135 €

Plan : B1-g *Hôtel La Mirande, 4 pl. Amirande*
- 04 90 14 20 20 - www.la-mirande.fr - Fermé 1er janv.-7 fév., mardi et merc.

La Vieille Fontaine

CUISINE MODERNE • CLASSIQUE XXX Boiseries, moulures et cheminée composent l'élégance provençale de ce restaurant. Le chef propose des menus surprise imaginés au gré du marché... à déguster aux beaux jours - ils sont nombreux en Avignon ! - sous le platane centenaire de la jolie terrasse.

Formule 39 € - Menu 63/99 € - Carte 86/99 €

Plan : B1-d *Hôtel d'Europe, 12 pl. Crillon*
- 04 90 14 76 76 - www.heurope.com - Fermé 17 fév.-15 mars, 5-26 août, dim. et lundi

Auberge La Treille

CUISINE TRADITIONNELLE • CLASSIQUE XX Sur l'île Piot, cette jolie maison est installée dans la quiétude et le repos des bords du Rhône. On y sert une cuisine respectueuse des saisons, dans laquelle on devine au premier coup de fourchette la patte d'un chef passionné. En hiver, la cheminée crépite à l'intérieur ; aux beaux jours, on profite de la terrasse !

Formule 26 € - Menu 34/75 € - Carte 45/80 €

Plan : A2-a *26 chemin de l'Ile-de-Piot*
- 04 90 16 46 20 - www.latreille-avignon.fr - Fermé 2 janv.-31 mars, vacances de la Toussaint, dim. soir et lundi soir hors saison, merc.

Hiély-Lucullus

CUISINE MODERNE • VINTAGE XX Une institution depuis 1938 ! Dans une salle à manger intimiste et décorée dans l'esprit de la Belle Époque, le chef propose une cuisine personnelle et sagement créative : moules de bouchot en ravioles ouvertes, filet de veau et monochromie de légumes... Belle carte de vins de la vallée du Rhône.

Menu 32 € (déj. en semaine), 38/56 € - Carte 45/65 €

Plan : B2-n *5 r. de la République (1er étage)*
- 04 90 86 17 07 - www.hiely-lucullus.com - Fermé mardi et merc.

Les 5 Sens

CUISINE MODERNE • EXOTIQUE X À l'écart sur une placette discrète, un restaurant gastronomique au cadre original, chaleureux et feutré. Meilleur Ouvrier de France Traiteur, le chef travaille en artisan. À noter : il propose un bon menu végétarien (céréales, légumes frais...), mais aussi, en hommage à ses racines du Sud-Ouest... un cassoulet !

Menu 29 € (déj. en semaine), 39/56 € - Carte 54/66 €

Plan : B2-a *18 r. Joseph-Vernet (pl. Plaisance)*
- 04 90 85 26 51 - www.restaurantles5sens.com - Fermé merc. et jeudi

Avenio

CUISINE MODERNE • CONVIVIAL X Au cœur d'Avignon, ce restaurant contemporain ouvert par un jeune couple passé par de belles maisons connaît un succès mérité : produits choisis, accueil chaleureux et excellent rapport qualité-prix autour d'une cuisine qui sait humer l'air du temps.

Formule 15 € - Menu 18 € (déj. en semaine), 32/42 € - Carte 39/66 €

Plan : B2-d *19 r. des 3 Faucons*
- 04 90 03 14 41 - www.restaurant-avenio.fr - Fermé dim. et lundi

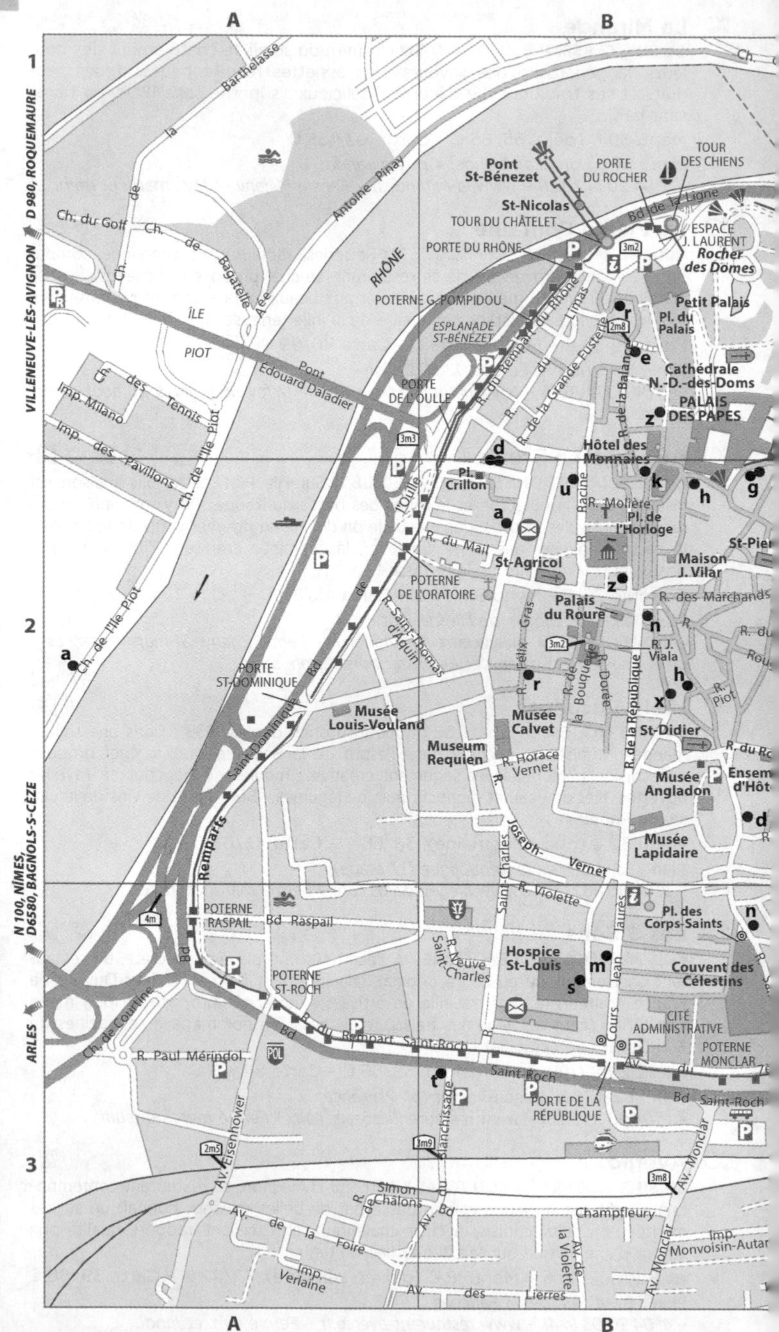

A
B
1
2
3
VILLENEUVE-LÈS-AVIGNON D 980, ROQUEMAURE
N 100, NÎMES, D6580, BAGNOLS-S-CÈZE
ARLES
RHÔNE
ÎLE PIOT
Pont St-Bénezet
St-Nicolas
TOUR DU CHÂTELET
PORTE DU ROCHER
TOUR DES CHIENS
ESPACE J. LAURENT
Rocher des Domes
PORTE DU RHÔNE
POTERNE G. POMPIDOU
ESPLANADE ST-BÉNEZET
Petit Palais
Pl. du Palais
Cathédrale N.-D.-des-Doms
PALAIS DES PAPES
PORTE DE L'OULLE
Hôtel des Monnaies
Pl. Crillon
Pl. de l'Horloge
St-Agricol
POTERNE DE L'ORATOIRE
Maison J. Vilar
Palais du Roure
PORTE ST-DOMINIQUE
Musée Louis-Vouland
Musée Calvet
Museum Requien
St-Didier
Musée Angladon
Musée Lapidaire
POTERNE RASPAIL
POTERNE ST-ROCH
Hospice St-Louis
Pl. des Corps-Saints
Couvent des Célestins
CITÉ ADMINISTRATIVE
POTERNE MONCLAR
PORTE DE LA RÉPUBLIQUE
Bd Saint-Roch
R. de la République
Cours Jean Jaurès
Bd Raspail
R. du Rempart Saint-Roch
Remparts
Pont Édouard Daladier
Av. Eisenhower
Av. Monclar
Champfleury
Av. de la Foire
Imp. Verlaine
Av. des Lierres
R. Paul Mérindol
Ch. de Courtine
R. Joseph-Vernet
R. Violette
R. Saint-Charles
R. Horace Vernet
R. des Marchands
R. Molière
R. Racine
R. Félix Gras
R. de la Bouquerie
R. Dorée
R. J. Viala
R. Piot
R. du Mail
R. Saint-Thomas d'Aquin
Bd Saint-Dominique
R. de la Grande Fusterie
R. de la Balance
R. du Rempart du Rhône
R. du Limas
Bd de la Ligne
Ch. de l'Île Piot
Ch. de Bagatelle
Ch. du Golf
Allée Antoine Pinay
Ch. de la Barthelasse
Ch. des Tennis
Imp. Milano
Imp. des Pavillons
R. Neuve Saint-Charles
R. de Chalons
Bd Simon
Av. du Blanchissage
Av. de la Violette
Imp. Monvoisin-Autan

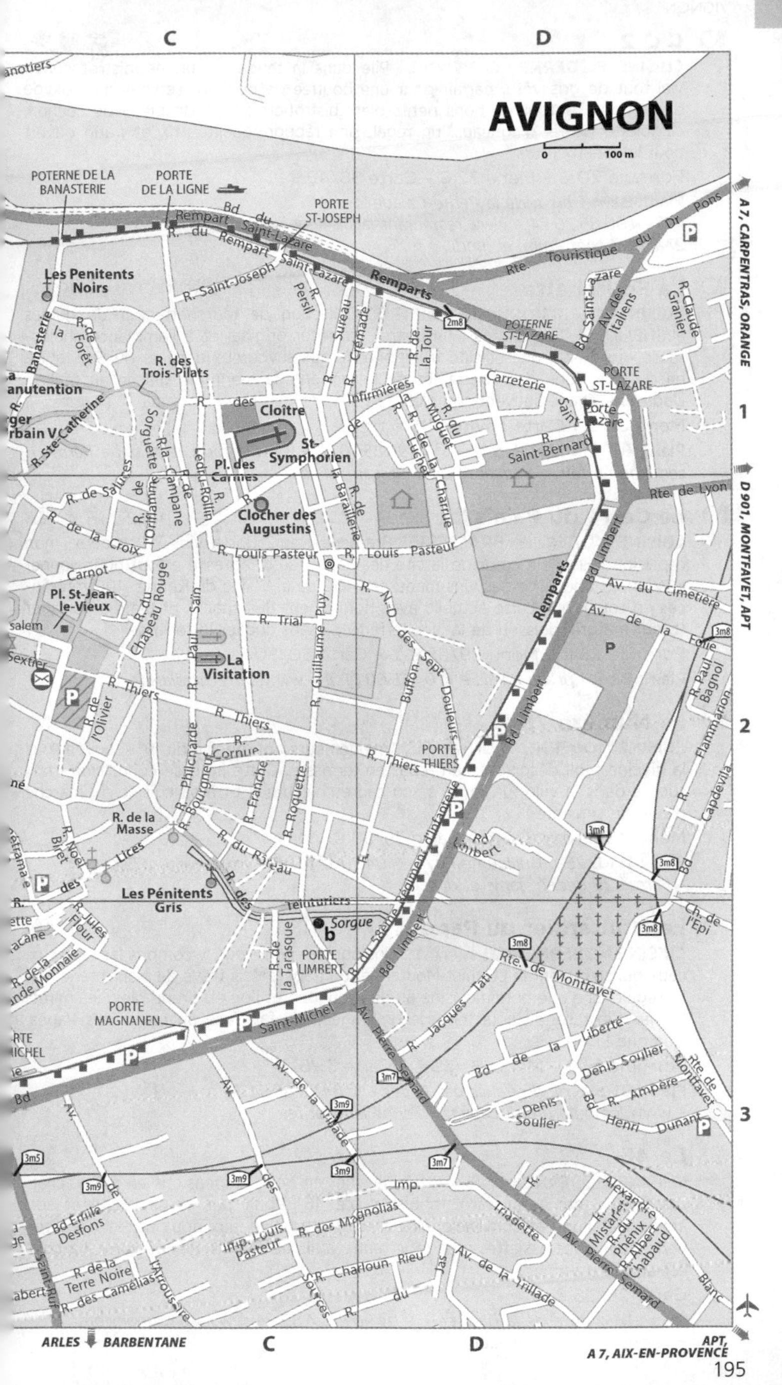
AVIGNON
C
D
0
100 m
1
2
3
POTERNE DE LA BANASTERIE
PORTE DE LA LIGNE
PORTE ST-JOSEPH
Bd du Rempart Saint-Lazare
R. du Rempart Saint-Lazare
Remparts
POTERNE ST-LAZARE
PORTE ST-LAZARE
Rte. Touristique du Dr Pons
Bd Saint-Lazare
Av. des Italiens
R. Claude Granier
Les Penitents Noirs
R. Saint-Joseph
R. Persil
R. Sureau
R. Crémade
R. de la Tour
R. de la Forêt
R. Banasterie
R. des Trois-Pilats
Manutention
Urbain V
R. Ste-Catherine
Cloître
St-Symphorien
Pl. des Carmes
R. des Infirmières
Carreterie
Porte Saint-Lazare
R. Saint-Bernard
R. du Muguet
R. de la Charrue
R. Luchet
R. de la Bavardière
R. Sorguette
R. la Campane
R. de l'Oriflamme
R. de Saluces
R. de la Croix
R. Ledru-Rollin
Clocher des Augustins
R. Louis Pasteur
Rte. de Lyon
Bd Limbert
Carnot
Pl. St-Jean-le-Vieux
R. du Chapeau Rouge
R. Paul Saïn
R. Trial
R. Guillaume Puy
R. N-D des Sept Douleurs
R. Buffon
Av. du Cimetière
Av. de la Folie
La Visitation
R. Thiers
R. de l'Olivier
R. Cornue
R. Philonarde
R. Bourgneuf
R. Franche
R. Roquette
PORTE THIERS
R. Paul Bagnol
R. Flammarion
R. Capdevila
R. de la Masse
R. Noël Biret
R. des Lices
R. du Rateau
R. des Teinturiers
Les Pénitents Gris
Sorgue
b
R. Jules Flour
R. de la Monnaie
R. de la Tarasque
PORTE LIMBERT
R. du 58e Régiment d'Infanterie
Bd Limbert
Ch. de l'Épi
Rte. de Montfavet
PORTE MAGNANEN
Bd Saint-Michel
PORTE ST-MICHEL
R. Jacques Tati
Av. Pierre Semard
Bd de la Liberté
Denis Soulier
Bd Denis Soulier
R. Ampère
Henri Dunant
Rte. de Montfavet
Av. de la Trillade
Av. des
Imp.
R. des Magnolias
Imp. Louis Pasteur
R. Charloun Rieu
R. du Jas
R. des Sources
Av. de la Trillade
Triadette
Av. Pierre Semard
R. Alexandre Blanc
R. Mistarelli
R. du Phénix
R. Albert Chabaud
Bd Émile Desfons
R. de la Terre Noire
R. des Camélias
R. Saint-Ruf
R. de l'Arrousaire
2m8
3m8
3m7
3m9
3m5
P
A 7, CARPENTRAS, ORANGE
D 901, MONTFAVET, APT
ARLES
BARBENTANE
APT, A 7, AIX-EN-PROVENCE

CO 2

CUISINE MODERNE • CONVIVIAL Pile dans la tendance, un néobistrot convivial tout de gris vêtu, parfait pour une bouffée de bonheur (et pas de dioxyde de carbone) autour de bons petits plats bistrotiers : tatin de pieds de cochon, cassolette de ris d'agneau... un régal. Bon rapport qualité-prix et patio ouvert pour les beaux jours !

Formule 20 € - Menu 32 € - Carte 38/49 €

Plan : B2-r *3 bis r. de la Petite-Calade - ☎ 04 90 86 20 74 - www.restaurant-lacuisinedolivier.fr - Fermé 21 août-3 sept., dim. et lundi*

La Fourchette

CUISINE TRADITIONNELLE • BISTRO Collection de fourchettes et de guides MICHELIN, vieilles photos : un bistrot au décor original et à l'ambiance chaleureuse. Au menu, une cuisine traditionnelle aux savoureux accents du Sud, avec, en dessert, l'une des spécialités de la maison : la meringue glacée au pralin... L'adresse affiche souvent complet !

Menu 38 € - Carte environ 45 €

Plan : B2_3-u *17 r. Racine - ☎ 04 90 85 20 93 - www.la-fourchette.net - Fermé 1 semaine en fév., 3 semaines en août, sam. et dim.*

Le Carré du Palais (N)

CUISINE MODERNE • BRASSERIE Brasserie chic ? Bar à vins ? Les deux, mon capitaine ! En plein cœur de la cité des papes, cette adresse a tout pour donner le sourire : une carte des vins maousse (AOC de la Vallée du Rhône, 400 références en tout), une carte actuelle avec notamment des snacks et plats à partager (bœuf maturé, poisson de la Méditerranée)... sans oublier la terrasse.

Formule 25 € - Menu 29/95 € - Carte 30/80 €

Plan : B2-k *1 pl. du Palais - ☎ 04 65 00 01 01 - www.carredupalais.fr*

Le Numéro 75

CUISINE MODERNE • CONVIVIAL Une demeure bourgeoise du 19e s. noyée sous la glycine : joli décor pour un repas en terrasse... Cette adresse connaît un franc succès dans la ville : la faute à son cadre chaleureux et à sa cuisine du marché pleine de sincérité !

Menu 32 € (déj.)/37 € - Carte 35/50 €

Plan : D3-b *75 r. Guillaume-Puy - ☎ 04 90 27 16 00 - www.numero75.com - Fermé 25 déc.-1er janv. et dim.*

Le Moutardier du Pape

CUISINE MODERNE • CONVIVIAL Une adresse pour tous, y compris les vaniteux, ceux qui se croient le premier Moutardier du Pape... Mais trêve de plaisanterie : on se régale ici d'une bonne cuisine au goût du jour, et l'on en prend plein les mirettes en s'installant sur la terrasse ombragée, qui fait face au palais des Papes. Magique !

Formule 16 € - Menu 29/39 € - Carte 31/51 €

Plan : B1-z *15 pl. du Palais-des-Papes - ☎ 04 90 85 34 76 - www.lemoutardierdupape.fr - Fermé janv. et fév.*

Le 46

CUISINE MODERNE • BAR À VIN Plancher en bois, suspensions en métal, chaises Starck, etc. : mi-resto, mi-bistrot, ce 46 séduit par sa simplicité et son ambiance, jeune et conviviale. La carte est attractive, aux doux accents de Provence, avec des assiettes à partager entre amis et de jolis vins au verre. Le goût est au rendez-vous !

Carte 26/36 €

Plan : B1-e *46 r. de la Balance - ☎ 04 90 85 24 83 - www.le46avignon.com - Fermé dim. sauf juil.-août*

Hôtels

La Mirande

GRAND LUXE • ÉLÉGANT Cet hôtel particulier du 17e s. est absolument superbe : pierres ouvragées, déluge d'objets d'art et de tentures dans l'esprit provençal du 18e s. et un délicieux jardin clos, qui s'épanouit à l'ombre du palais des Papes. Raffinement exquis !

27 chambres - 395/760 € 395/760 € - 2 suites - 30 €

Plan : B1-g *4 pl. Amirande - 04 90 14 20 20 - www.la-mirande.fr - Fermé 1er janv.-7 fév.*

La Mirande - voir les restaurants ci-dessus

Hôtel d'Europe

HISTORIQUE • GRAND LUXE Près des remparts, cet hôtel particulier du 16e s. s'ouvrit à la clientèle dès 1799. Bonaparte, Hugo ou encore Dalí y séjournèrent. Les chambres se révèlent classiques et soigneusement tenues. Au dernier étage, les suites toisent le palais des Papes...

39 chambres - 225/1100 € 225/1100 € - 5 suites - 22 €

Plan : B1-d *12 pl. Crillon - 04 90 14 76 76 - www.heurope.com - Fermé 17 fév.-15 mars*

La Vieille Fontaine - voir les restaurants ci-dessus

Cloître St-Louis

BUSINESS • CONTEMPORAIN Un bâtiment du 16es. doublé d'une aile ultracontemporaine. Quel alliage ! S'il conserve beaucoup de son atmosphère recueillie d'antan, cet ancien noviciat jésuite – et son cloître tout en pierre – tutoie la modernité avec réussite. Belle escale à la croisée des époques, au cœur d'Avignon.

80 chambres - 80/360 € 80/360 € - 15 €

Plan : B3-s *20 r. Portail-Boquier - 04 90 27 55 55 - www.cloitre-saint-louis.com*

Novotel Centre

HÔTEL DE CHAÎNE • FONCTIONNEL Un établissement évidemment très contemporain, séduisant par la qualité de ses prestations (spa, etc.) et sa situation, au pied des remparts, non loin du centre-ville.

130 chambres - 130/250 € 130/250 € - 3 suites - 17 €

Plan : B3-t *20 bd St-Roch - 04 32 74 70 10 - www.accorhotels.com*

Bristol

TRADITIONNEL • FONCTIONNEL Au cœur de l'animation urbaine, un hôtel très engageant avec sa façade aux accents bourgeois. Les chambres allient sobriété et confort. Une bonne option pour qui veut pouvoir parcourir la ville à pied.

65 chambres - 79/198 € 90/198 € - 2 suites - 13 €

Plan : B3-m *44 cours Jean-Jaurès - 04 90 16 48 48 - www.bristol-avignon.com*

Hôtel de l'Horloge

TRADITIONNEL • CLASSIQUE Au cœur de la vie touristique et culturelle avignonnaise, un établissement à la fois classique et chaleureux. Une préférence pour les chambres qui ouvrent sur la jolie place de l'Horloge et celles qui jouissent d'une terrasse privative...

66 chambres - 81/269 € 89/269 € - 18 €

Plan : B2-z *1 r. F.-David (pl. de l'Horloge) - 04 90 16 42 00 - www.hotel-avignon-horloge.com*

Le Lavarin

BUSINESS • CONTEMPORAIN En retrait de l'agitation du centre-ville, un établissement aux multiples atouts : chambres confortables, ravissant jardin avec piscine, beaux espaces pour les séminaires d'entreprise, restaurant traditionnel...

29 chambres - 95/295 € 95/395 € - 16 €

Hors plan *1715 chemin du Lavarin - 04 90 89 50 60 - www.hotel-du-lavarin.fr*

Mercure Pont d'Avignon

HÔTEL DE CHAÎNE • FONCTIONNEL Ce Mercure se trouve à mi-chemin entre le palais des Papes et le "pont d'Avignon" (ou pont St-Bénézet). Parfait pour découvrir la ville, donc.

87 chambres – 120/210 € 120/210 € – 16 €

Plan : B1-r *r. Ferruce (quartier Balance) – 04 90 80 93 93 – www.mercure.com*

Hôtel de Garlande

FAMILIAL • RÉGIONAL Dans une rue piétonne du centre historique, un petit hôtel convivial... à l'accent provençal. Bon rapport qualité-prix.

12 chambres – 49/135 € 49/135 € – 11 €

Plan : B2-h *20 r. Galante – 04 90 80 08 85 – www.hoteldegarlande.com – Fermé fév.*

au Pontet 6 km à l'Est par rte de Lyon – 84130 – 17 002 hab. – Alt. 40 m

Auberge de Cassagne

CUISINE CLASSIQUE • RUSTIQUE XXX Poutres, tomettes, cheminée... Dans la tradition de ces auberges bourgeoises dédiées aux plaisirs de la table, le classicisme est ici de mise, de même les produits nobles et certaines recettes plus rustiques. Dans la cave, 700 références privilégient la vallée du Rhône méridionale.

Formule 42 € – Menu 63/105 € – Carte 79/111 €

Hôtel Auberge de Cassagne & Spa, 450 allée de Cassagne – 04 90 31 04 18 – www.aubergedecassagne.com – Fermé 7 janv.-2 fév.

Auberge de Cassagne & Spa

LUXE • CONTEMPORAIN Atmosphère chaleureuse dans cette bastide de 1850, qui préserve son charme champêtre aux abords d'Avignon – abords aujourd'hui urbanisés. Patio verdoyant, décors classiques, esprit provençal ou contemporain dans les chambres, spa de qualité, souci du client... Un havre fort agréable à l'écart de la ville.

36 chambres – 169/484 € 169/484 € – 7 suites – 26 €

450 allée de Cassagne – 04 90 31 04 18 – www.aubergedecassagne.com – Fermé 7 janv.-2 fév.

Auberge de Cassagne – voir les restaurants ci-dessus

Voir aussi ressources hôtelières de ***Villeneuve-lès-Avignon***

AVIZE – 51 Marne → Voir Épernay

AVORIAZ

Haute-Savoie – Carte régionale n° **25**-F1

Carte Michelin 328-N3 – Guide Vert Michelin Alpes du Nord

Les Enfants Terribles

CUISINE CLASSIQUE • COSY X Contre toute attente, ces Enfants Terribles se révèlent plutôt... chaleureux et accueillants ! Noix de Saint-Jacques poêlées, côtes de veau aux morilles et ail confit. On se régale de bons produits cuisinés avec précision dans un esprit bistronomique.

Menu 55 € – Carte 51/75 €

Hôtel les Dromonts, 40 pl. des Dromonts (accès piétonnier) – 04 56 44 57 00 – www.hoteldesdromonts.com – Ouvert 15 déc.-7 avril et fermé le midi

La Réserve

CUISINE DU TERROIR • MONTAGNARD X A mi-chemin entre le cœur de la station et le quartier de la "falaise", cet établissement est devenu un incontournable. Un succès à mettre sur le compte d'une gastronomie appétissante à dominante savoyarde, et d'une belle terrasse tournée vers le domaine skiable.

Carte 50/90 €

Immeuble Épicéa – 04 50 74 02 01 – Ouvert 14 déc.-15 avril

Les Dromonts

HISTORIQUE • COSY Un nouveau départ pour cet hôtel mythique d'Avoriaz, qui allie avec brio le style des années 1960 et l'esprit de chalet montagnard. Laine d'Italie et pierre de Morzine habillent élégamment les chambres, en faisant de véritables oasis de confort. Et les skieurs sont les bienvenus au restaurant Le Festival !

35 chambres ☕ - 🚹228/560 € 🚹🚹250/660 € - 6 suites

40 pl. des Dromonts (accès piétonnier)
- ✆ 04 56 44 57 00 - www.hoteldesdromonts.com - Ouvert 15 déc.-7 avril

Les Enfants Terribles - voir les restaurants ci-dessus

AVRANCHES

✉ 50300 Manche - 7 813 hab. - Alt. 108 m - Carte régionale n° **17**-A3
Carte Michelin 303-D7 - Guide Vert Michelin Normandie Cotentin

La Croix d'Or

CUISINE CLASSIQUE • RUSTIQUE XX Le chef, "ancien" de l'établissement, connaît sa partition sur le bout des spatules. Connaisseur ou non, on se retrempe avec bonheur dans l'esprit de la région, et l'on trempe avec encore plus de plaisir son pain dans les plats en sauce de la carte, évidemment traditionnelle.

Formule 20 € - Menu 29/60 € - Carte 43/76 €

Hôtel La Croix d'Or, 83 r. de la Constitution
- ✆ 02 33 58 04 88 - www.hotel-restaurant-avranches-croix-dor.com - Fermé 1er-15 janv. et dim. soir du 15 oct. au 1er avril

La Ramade

FAMILIAL • PERSONNALISÉ Une demeure bourgeoise des années 1950, sur la route de Granville. Les chambres, douillettes, portent des noms de fleurs ou, pour les plus récentes, de hauts lieux de la région : Chausey, Cancale, St-Malo... Salon de thé l'après-midi, cocktails et vins en soirée.

21 chambres - 🚹79/219 € 🚹🚹79/229 € - ☕ 13 €

2 r. de la Côte, 1 km au Nord-Ouest, à Marcey-les-Grèves
- ✆ 02 33 58 27 40 - www.laramade.fr - Fermé 29 déc.-25 janv. et dim. de nov. à mars

La Croix d'Or

TRADITIONNEL • CLASSIQUE Façade à colombages, cuivres, mobilier ancien... un relais de poste du 17e s., une certaine image de la Normandie. Le décor des chambres (aménagées en partie dans les anciennes écuries) est plus actuel. Choisissez-les côté jardin !

27 chambres - 🚹75/105 € 🚹🚹92/127 € - ☕ 11 €

83 r. de la Constitution
- ✆ 02 33 58 04 88 - hotel-restaurant-avranches-croix-dor.com - Fermé 1er-15 janv. et dim. du 15 oct. au 1er avril

La Croix d'Or - voir les restaurants ci-dessus

à St-Martin-des-Champs 3 km au Sud-Est par D47 - ✉ 50300 - 2 306 hab. - Alt. 100 m

La Toque aux Vins

CUISINE MODERNE • DESIGN XX Trois associés - un frère, une sœur et un cousin ! - se sont associés pour ouvrir ce restaurant dans un village à deux pas d'Avranches. La lumineuse salle donne sur un parc joliment aménagé, avec des jeux pour les enfants ; la cuisine, soignée, se révèle parfaitement dans l'air du temps et change chaque semaine.

Formule 18 € 🍷 - Menu 22 € (semaine), 43 € - Carte 43/49 €

8 r. de la Mairie - ✆ 02 33 79 28 00 - www.latoqueauxvins.fr - Fermé dim. et lundi

à St-Quentin-sur-le-Homme 5 km au Sud-Est par D78 – ✉ 50220 – 1 220 hab. – Alt. 55 m

Le Gué du Holme

CUISINE MODERNE • ÉLÉGANT XX Juste en face de l'église, au centre du bourg, cette maison en pierre du pays est pour le moins engageante. En bon professionnel, le chef met à profit les meilleurs produits de la saison dans des assiettes gourmandes et harmonieuses... Bref, on se régale, y compris à midi en semaine avec une formule bistrot tout à fait alléchante.

Formule 16 € – Menu 27/52 € – Carte 40/62 €

14 r. des Estuaires – ✆ 02 33 60 63 76 – www.le-gue-du-holme.com – Fermé 9-20 mars, 3-26 nov., sam. midi, dim. soir et lundi

Le Gué du Holme

TRADITIONNEL • ÉLÉGANT Cet établissement, aux portes de la baie du Mont-Saint-Michel, propose des chambres dans un style cosy et feutré. Toutes sont impeccablement tenues et donnent sur un joli jardin. Une étape au grand calme !

10 chambres – †78/130 € ††78/130 € – ☕ 12 €

14 r. des Estuaires – ✆ 02 33 60 63 76 – www.le-gue-du-holme.com – Fermé 9-19 mars et 2-26 nov.

Le Gué du Holme – voir les restaurants ci-dessus

AX-LES-THERMES

✉ 09110 Ariège – 1 244 hab. – Alt. 720 m – Carte régionale n° **15**-C3
Carte Michelin 343-J8

Le Chalet

CUISINE MODERNE • CONVIVIAL XX Asperges blanches et jambon noir de Bigorre, épaule d'agneau confite, croquant au chocolat amer... Dans ce Chalet contemporain, Frédéric Debèves revisite le terroir avec talent, jouant sur les saveurs et les textures, signant des assiettes fortement dosées en goût ! L'été, direction la terrasse, au-dessus de la rivière.

Formule 30 € – Menu 32/60 € – Carte environ 50 €

Hôtel Le Chalet, 4 av. Durandeau – ✆ 05 61 64 24 31 – www.le-chalet.fr – Fermé 3 semaines en avril, 3 semaines en nov., dim. soir, mardi midi et lundi

Le Chalet

FAMILIAL • FONCTIONNEL Un hôtel sympathique à deux pas des télécabines conduisant aux pistes. Les chambres y sont fonctionnelles et confortables – certaines, plus récentes, offrent davantage d'espace ; pour prendre un grand bol d'air, préférez celles avec un balcon.

19 chambres – †60/85 € ††60/85 € – ☕ 10 €

4 av. Durandeau – ✆ 05 61 64 24 31 – www.le-chalet.fr – Fermé 3 semaines en avril et 3 semaines en nov.

Le Chalet – voir les restaurants ci-dessus

AY – 51 Marne → Voir Épernay

AYGUESVIVES

✉ 31450 Haute-Garonne – 2 538 hab. – Alt. 164 m – Carte régionale n° **15**-C2
Carte Michelin 343-H4

La Pradasse

MAISON DE CAMPAGNE • VINTAGE Dans cette grange superbement restaurée, les chambres rivalisent de charme : brique, bois, fer forgé, baignoire sur pieds ou douche à l'italienne... Et le parc est délicieux, avec son étang.

5 chambres ☕ – †95/99 € ††109/117 €

39 chemin de Toulouse, D16G – ✆ 06 19 21 36 71 – www.lapradasse.com

AY-SUR-MOSELLE

✉ 57300 Moselle – 1 487 hab. – Alt. 160 m – Carte régionale n° **14**-B1
Carte Michelin 307-I3

Le Martin Pêcheur

CUISINE CLASSIQUE • VINTAGE XX Entre le canal Camifémo et la Moselle, une ancienne maison de pêcheurs (1928), où règne un bel esprit d'auberge de campagne, agrémentée d'un adorable jardin estival. Ici, la tradition se mêle aux tendances actuelles, et la cave est bien fournie !

Formule 30 € – Menu 40 € (déj. en semaine), 52 € 🍷/120 € 🍷 – Carte 58/76 €

1 rte d'Hagondange – ✆ 03 87 71 42 31 – www.restaurant-martin-pecheur.fr – Fermé 26 fév.-5 Mars, 30 avril-7 mai, 16-31 août, 29 oct.-5 nov., merc. soir, sam. midi, dim. soir et lundi

AZAY-LE-RIDEAU

✉ 37190 Indre-et-Loire – 3 435 hab. – Alt. 51 m – Carte régionale n° **6**-A2
Carte Michelin 317-L5 – Guide Vert Michelin Châteaux de la Loire

L'Aigle d'Or

CUISINE MODERNE • TRADITIONNEL XX À quelques centaines de mètres du château, voilà une adresse en or ! Dans cette maison de pays, on s'installe au coin de la cheminée ou sur la terrasse ombragée pour déguster une belle cuisine qui revisite la tradition. Au piano, le chef joue une savoureuse mélodie ! Le tout à petits prix.

Formule 23 € – Menu 32/60 € – Carte 37/63 €

10 av. A.-Riché – ✆ 02 47 45 24 58 – www.laigle-dor.fr – Fermé 4-12 sept., 13-30 nov., 2 janv.-9 fév., lundi soir de déc. à avril, mardi sauf juil.-août, dim. soir et merc.

Côté Cour

CUISINE MODERNE • CONVIVIAL X Œuf poché et huile de truffe, fricassée de veau et petits légumes, moelleux au chocolat et framboises, etc. Autant de recettes goûteuses et bien ficelées ! Et la maison est plutôt jolie, tout en pierres apparentes et poutres, avec une agréable terrasse juste devant... les grilles du parc du château.

Formule 18 € – Menu 22 € (déj.)/32 €

19 r. Balzac – ✆ 02 47 45 30 36 – www.cotecour-azay.com – Ouvert mars- nov. et fermé mardi soir et merc.

Le Grand Monarque

TRADITIONNEL • PERSONNALISÉ À deux pas du château et au cœur de la ville, ce Grand Monarque cultive joliment son charme tourangeau : pierres et poutres apparentes, mobilier ancien, cour ombragée pour prendre le frais ou salon avec cheminée... Les résidents apprécient également le restaurant (cuisine au goût du jour).

25 chambres – †75/140 € ††85/150 € – ☕ 13 €

3 pl. de la République – ✆ 02 47 45 40 08 – www.legrandmonarque.com – Fermé de début déc. à mi-fév.

Hôtel de Biencourt

FAMILIAL • CONTEMPORAIN Près du château, une maison tourangelle du 18e s., autrefois école primaire. Les chambres sont sobres, avec de beaux planchers. Agréable patio fleuri et bon petit-déjeuner.

17 chambres – †70/74 € ††70/98 € – ☕ 11 €

7 r. Balzac – ✆ 02 47 45 20 75 – www.hotelbiencourt.com – Ouvert 31 mars-4 nov.

Hôtel des Châteaux

FAMILIAL • CONTEMPORAIN Une étape idéale sur la route des châteaux de la Loire ! Cet hôtel rénové dans un esprit contemporain dispose de chambres confortables et bien tenues. Au dîner, on savoure les petits plats traditionnels de la maîtresse de maison. Accueil aimable et très bon petit déjeuner.

27 chambres – †67/71 € ††70/110 € – ☕ 11 €

2 rte de Villandry – ✆ 02 47 45 68 00 – www.hoteldeschateaux.com – Fermé 16 déc.-15 janv.

au Nord-Ouest 4 km par D57 et rte secondaire ✉ 37190

Auberge Pom'Poire

CUISINE MODERNE • CONVIVIAL XX Au milieu des poiriers et des pommiers se cache parfois une bonne adresse... Un joli fruit coloré et acidulé : voilà ce qui pourrait symboliser la cuisine du chef. Du peps, de la justesse, de la subtilité : ses assiettes, composées avec de beaux produits fermiers, débordent de saveurs ! Un hôtel-restaurant à croquer.

Formule 25 € – Menu 33/99 € – Carte 35/70 €

6 chambres – 70/90 € 77/97 € – 12 €

21 rte de Vallères – ✆ 02 47 45 83 00 – www.aubergepompoire.fr – Fermé 19 fév.-14 mars, 2-24 janv., dim. soir sauf juil.-août, lundi sauf le soir d'avril à oct., mardi midi et jeudi midi

à Saché 6,5 km à l'Est par D17 – ✉ 37190 – 1 356 hab. – Alt. 78 m

Auberge du XIIe Siècle

CUISINE CLASSIQUE • AUBERGE XX À deux pas du château qui l'accueillit si souvent, Balzac avait ses habitudes dans cette vénérable auberge à colombages. Dans ce cadre historique préservé, on apprécie une cuisine empreinte de classicisme. Une superbe terrasse en été, une agréable cheminée pour l'hiver : on se sent ici comme chez soi !

Menu 28/95 € – Carte 92/102 €

1 r. du Château – ✆ 02 47 26 88 77 – Fermé 2-18 janv., 28 mai-7 juin, 3-13 sept., dim. soir, mardi midi et lundi

AZET – 65 Hautes-Pyrénées ➜ Voir St-Lary-Soulan

BACH

✉ 46230 Lot – 170 hab. – Alt. 300 m – Carte régionale n° **15**-C1
Carte Michelin 337-G5

Auberge Lou Bourdié

CUISINE TRADITIONNELLE • RUSTIQUE X Monique Valette est la patronne dont rêvent tous les gourmands de France et de Navarre ! Accueillante, respirant la joie de vivre, elle nous régale d'une cuisine authentique et généreuse, réalisée "à la fortune du pot" : civet, poule farcie, confit... On retrouve les saveurs d'antan. Une adresse comme on n'en fait plus !

Menu 14 € (déj.), 19/50 € – Carte 20/35 €

le Bourg – ✆ 05 65 31 77 46 – Fermé 22 août-8 sept., 23 déc.-6 janv., 1 semaine en fév., merc., sam. et le soir

BADEN

✉ 56870 Morbihan – 4 448 hab. – Alt. 28 m – Carte régionale n° **5**-A3
Carte Michelin 308-N9

Le Gavrinis

CUISINE MODERNE • CONVIVIAL XX L'enseigne rend hommage à l'île de Gavrinis toute proche. Il faut dire qu'ici on cultive l'âme bretonne et la fierté d'un terroir riche et vivant : filets de maquereaux et compotée d'oignons, poitrine de porc confite... À savourer dans un décor soigné où dominent le bois flotté et les teintes douces.

Formule 18 € – Menu 21 € (déj. en semaine), 32/49 € – Carte 42/63 €

Hôtel Le Gavrinis, 1 r. de l'Île-Gavrinis (à Toulbroch), 2 km par rte de Vannes – ✆ 02 97 57 00 82 – www.gavrinis.com – Fermé 23 déc.-15 janv., dim. soir de mi-sept. à mi-juin, lundi sauf le soir de mi-juin à mi-sept. et sam. midi

La Chaumière de Pompe

CUISINE BRETONNE • TENDANCE Réputée dans la région, cette crêperie propose des galettes avec une farine de blé noir bio mélangée avec 10% de farine de froment, ainsi qu'une finesse de pâte et une cuisson les rendant davantage croustillantes que la moyenne... en breton, cela se nomme *kraz* ! Un conseil : optez pour les classiques, ce sont les meilleures... Belle carte de cidres.

Carte 15/25 €

Le Moulin de Pomper, 14 lieu-dit Kerhervé, 4 km par rte d'Arradon – 02 97 58 59 66 – www.lachaumieredepomper.fr – Fermé mars, 1 semaine en juin, 1 semaine en oct., dim. et lundi

Le Gavrinis

FAMILIAL • CONTEMPORAIN Cette maison néobretonne des années 1970, ceinte d'un beau jardin, dispose de chambres fraîches (bois blond, teintes claires), ou plus simples mais bien tenues.

17 chambres – 58/115 € 58/115 € – 11 €

1 r. de L'Île-Gavrinis (à Toulbroch), 2 km par rte de Vannes – 02 97 57 00 82 – www.gavrinis.com – Fermé 23 déc.-15 janv.

Le Gavrinis – voir les restaurants ci-dessus

Le Val de Brangon

MAISON DE CAMPAGNE • PERSONNALISÉ Avant d'embarquer pour l'île aux Moines, arrêtez-vous dans cette longère de 1824 admirablement restaurée. Décoration élégante (pierres d'origine, objets chinées, œuvres d'art), grand jardin et piscine chauffée.

5 chambres – 160/220 € 170/230 €

lieu-dit Brangon, 2 km à l'Est par D101 et C204 – 02 97 57 06 05 – www.levaldebrangon.com

BAERENTHAL

57230 Moselle – 779 hab. – Alt. 220 m – Carte régionale n° **14**-D1
Carte Michelin 307-Q5

à Untermuhlthal 4 km au Sud-Est par D87 – 57230 Baerenthal

L'Arnsbourg (Fabien Mengus)

CUISINE MODERNE • ÉLÉGANT Le couple Mengus, qui est aussi aux commandes du Cygne, à Gundershoffen, a repris les rênes de cette maison ô combien emblématique. Que ce soit côté salon ou près des baies vitrées donnant sur la forêt, on déguste une cuisine tout en variation, qui met à l'honneur de beaux produits. Un moment à part !

→ Langoustines en quatre déclinaisons. Saint-pierre entier cuit au laurier vert, pomme fondante, royale de homard et d'oursins. Diamant de chocolat blanc, sorbet noix de coco, ganache guanaja et écume yuzu.

Menu 55 € (déj. en semaine), 80/140 € – Carte 115/140 €

18 Untermuhlthal – 03 87 06 50 85 – www.arnsbourg.com – Fermé 26 fév.-13 mars, 30 juil.-21 août, 31 déc.-9 janv., lundi et mardi

K

GRAND LUXE • ÉPURÉ Ses lignes contemporaines et épurées constituent un magnifique contraste dans ce paysage où le bois domine. Les chambres, spacieuses et zen, avec balcon privatif, sont la promesse d'un doux repos. Une communion hi-tech avec la nature environnante...

12 chambres – 190/256 € 190/256 € – 3 suites – 29 €

5 Untermuhlthal – 03 87 27 05 60 – www.hotel-k.fr – Fermé 26 fév.-13 mars, 30 juil.-21 août, 31 déc.-9 janv., lundi et mardi

BÂGÉ-LE-CHÂTEL

✉ 01380 Ain – 881 hab. – Alt. 209 m – Carte régionale n° **23**-B1
Carte Michelin 328-C3

La Table Bâgésienne

CUISINE MODERNE • COSY XX La façade de cet ancien relais de poste est bien engageante ! Une fois passée la porte, on découvre une déco contemporaine (tons gris, lin et cacao) et une généreuse cuisine bressane que le chef n'hésite pas à interpréter à sa façon.

Menu 23 € (déj. en semaine), 30/79 € – Carte 50/75 €

19 Grande-Rue – ✆ 03 85 30 54 22 – www.latablebagesienne.com – Fermé 2 semaines en fév., 1 semaine vacances de Noël, dim. soir de sept. à mai, lundi et mardi

BAGNÈRES-DE-BIGORRE

✉ 65200 Hautes-Pyrénées – 7 602 hab. – Alt. 551 m – Carte régionale n° **15**-A3
Carte Michelin 342-M4

Le Jardin des Brouches

CUISINE MODERNE • CONTEMPORAIN XX La jolie maison blanche est installée juste en face de l'imposant casino de Bagnères-de-Bigorre. L'intérieur, lumineux, se pare de couleurs contemporaines ; dans l'assiette, on trouve de bons produits frais et pleins de saveurs, préparés avec amour par un chef épris d'herbes et d'épices. Séduisant.

Menu 21 € (déj. en semaine), 31/65 € – Carte 46/66 €

1 bd de l'Hypéron – ✆ 05 62 91 07 95 – www.lejardindesbrouches.fr – Fermé dim. soir et lundi

Les Petites Vosges 

FAMILIAL • PERSONNALISÉ Pimpante maison où meubles chinés et contemporains s'harmonisent avec originalité. Les chambres y sont confortables et bien tenues. La propriétaire saura vous conseiller de belles randonnées dans les environs.

4 chambres ☕ – 🚹85 € 🚹🚹87/105 €

17 bd Carnot – ✆ 05 62 91 55 30 – www.lespetitesvosges.com – Fermé 10-30 oct.

à Lesponne 8 km au Sud par D935 et D29 – ✉ 65710 Campan

Domaine de Ramonjuan 

MAISON DE CAMPAGNE • FONCTIONNEL Ferme de montagne muée en hôtel disposant de bons équipements de loisirs. Chambres claires et joliment arrangées, beaucoup de matières et teintes naturelles (lin, rotin...). Cuisine régionale dans la véranda ou sur la terrasse d'été.

15 chambres – 🚹65/98 € 🚹🚹65/98 € – ☕ 10 €

Par Dé Arribarat – ✆ 05 62 91 75 75 – www.ramonjuan.com

BAGNÈRES-DE-LUCHON

✉ 31110 Haute-Garonne – 2 445 hab. – Alt. 630 m – Carte régionale n° **15**-B3
Carte Michelin 343-B8

L'Heptameron des Gourmets

CUISINE CLASSIQUE • ÉLÉGANT XX Original : le chef et sa femme vous reçoivent... chez eux, au rez-de-chaussée de leur maison, dans une atmosphère très raffinée. Monsieur concocte un menu unique du marché (en sept services) et vous propose de choisir votre vin à la cave.

Menu 65 €

3 bd Charles-de-Gaulle – ✆ 05 61 79 78 55 – www.heptamerondesgourmets.com – Fermé 10 nov.-22 déc., juin et le midi

Le Baluchon

CUISINE MODERNE • SIMPLE Dans une maison traditionnelle près de la gare, M. Balu (quand on habite à Bagnères-de-Luchon, ça ne s'invente pas !) propose une cuisine goûteuse et bien ficelée, autour d'une ardoise renouvelée toutes les semaines et des bons produits du terroir.

Formule 15 € - Menu 18 € (déj. en semaine)/28 € - Carte 32/66 €

12 av. du Maréchal-Foch - ✆ 05 61 88 91 28 - Fermé dim. sauf vacances scolaires, lundi soir et mardi

Hôtel d'Étigny

HÔTEL PARTICULIER • VINTAGE En face des thermes, cet ancien hôtel particulier (19^e^s.) est tenu par la même famille depuis quatre générations. Chambres classiques, peu à peu rénovées dans un style contemporain ; au restaurant, la carte est classique, elle aussi.

61 chambres - 70/135 € 80/175 € - 5 suites - 11 €

3 av. Paul-Bonnemaison - ✆ 05 61 79 01 42 - www.hotel-etigny.com - Ouvert 2 juin-23 sept.

Alti

URBAIN • CONTEMPORAIN En plein centre-ville, cet hôtel répond aux attentes de la clientèle d'affaires et des vacanciers. Chambres agréables et bien équipées ; piscine intérieure idéale après le ski.

47 chambres - 54/92 € 73/113 € - 10 €

19 allées d'Etigny - ✆ 05 61 79 56 97 - www.altiluchon.com

BAGNOLES-DE-L'ORNE

61140 Orne - 2 377 hab. - Alt. 140 m - Carte régionale n° **17**-B3
Carte Michelin 310-G3 - Guide Vert Michelin Normandie Cotentin

Le Manoir du Lys (Franck Quinton)

CUISINE MODERNE • COSY De la pierre, des boiseries claires et une terrasse agréable pour une atmosphère élégante et chaleureuse... Le chef concocte une cuisine fine et goûteuse qui valorise les beaux produits régionaux - en particulier les champignons de la forêt des Andaines !

→ Andouille de Vire en papillote et foin vert, crème au camembert et langoustine. Pigeonneau en croûte de sarrasin, cèpes. Macaron aux champignons des bois, sorbet trompette.

Menu 49/99 € - Carte 70/90 €

Hors plan *Hôtel Le Manoir du Lys, 2 km au Nord-Ouest, rte de Juvigny-sous-Andaine - ✆ 02 33 37 80 69 - www.manoir-du-lys.fr - Fermé 2 janv.-13 fév., dim. soir sauf de mai à oct., merc. midi de mai à oct., mardi midi et lundi*

Ô Gayot

CUISINE MODERNE • BISTRO Une jolie maison en pierre et son bistrot, pile dans l'air du temps. Dans l'assiette, on trouve de bonnes recettes... bistrotières, comme il se doit ! Pavé de cabillaud à la plancha, fricassée de cocos ; tartare de bœuf coupé au couteau ; sablé au beurre et sa glace au caramel... Une certaine idée de la gourmandise.

Formule 18 € - Menu 22 € (semaine)/27 € - Carte 26/54 €

Plan : B1-u *Hôtel Ô Gayot, 2 av. de la Ferté-Macé - ✆ 02 33 38 44 01 - www.ogayot.net - Fermé dim. soir, lundi midi de nov. à mars et jeudi*

Le Manoir du Lys

TRADITIONNEL • PERSONNALISÉ Au milieu des bois et dans un superbe parc, cette belle demeure normande est empreinte de quiétude... Les chambres du manoir affichent un raffinement classique ou plus contemporain, toujours chaleureux ; dans le pavillon, des suites spacieuses.

23 chambres - 125/255 € 125/255 € - 7 suites - 18 €

Hors plan *2 km au Nord-Ouest, rte de Juvigny-sous-Andaine - ✆ 02 33 37 80 69 - www.manoir-du-lys.fr - Fermé 2 janv.-13 fév., dim. soir et lundi sauf de mai à oct.*

Le Manoir du Lys - voir les restaurants ci-dessus

Bois Joli

HISTORIQUE • ROMANTIQUE Élégante villa anglo-normande (19e s.) dans un parc arboré. Avec ses meubles anciens, ses lambris d'origine et ses chambres si romantiques, elle distille une vraie atmosphère rétro… Près de la cheminée en bois sculpté, on savoure une agréable cuisine traditionnelle.

20 chambres – 119/179 € 119/179 € – 12 €

Plan : A1-w *12 av. Philippe-du-Rozier – 02 33 37 92 77 – www.hotelboisjoli.com*

Bagnoles Hôtel

TRADITIONNEL • FONCTIONNEL Au cœur de la station, un hôtel avec des chambres avant tout fonctionnelles mais agréables et colorées, le plus souvent avec balcon ou terrasse. Celles du 3e étage sont mansardées : bien plaisant.

20 chambres – 68/109 € 68/109 € – 9 €

Plan : B1-t *6 pl. de la République – 02 33 37 86 79 – www.bagnoles-hotel.com*

Nouvel Hôtel

TRADITIONNEL • FONCTIONNEL Une jolie villa de 1912 avec des chambres pratiques, plaisantes et bien insonorisées, ainsi qu'un restaurant adapté aux curistes (menus traditionnels, diététiques et végétariens). Petits plus charmants : le salon avec son piano et le jardin, si paisible…

30 chambres – 60/121 € 60/121 € – 11 €

Plan : A2-e *8 av. Dr-Pierre-Noal – 02 33 30 75 00 – www.lenouvelhotel.fr – Ouvert de mi-mars à fin oct.*

Ô Gayot

TRADITIONNEL • CONTEMPORAIN Au centre de la station thermale, hôtel au concept "tout en un" : chambres épurées sur le thème de l'eau ou de la forêt ; bar, salon de thé, boutique de produits régionaux et même un bistrot pour les gourmands.

16 chambres – 61/95 € 75/95 € – 10 €

Plan : B1-u *2 av. de la Ferté-Macé – 02 33 38 44 01 – www.ogayot.net – Fermé dim. soir de nov. à mars*

Ô Gayot – voir les restaurants ci-dessus

Le Normandie

TRADITIONNEL • CONTEMPORAIN Cet ancien relais de poste a su s'adapter au 21e s. avec une déco moderne et feutrée. Chambres confortables et bien dans l'air du temps (mobilier en bois patiné, couleurs pastel). Au restaurant, on apprécie les recettes d'aujourd'hui avec des produits de saison.

22 chambres – 70/140 € 70/140 € – 11 €

Plan : B1-v *2 av. du Dr-Lemuet*
– 02 33 30 71 30 – www.hotel-le-normandie.com
– Fermé déc. et janv.

BAGNOLS

69620 Rhône – 654 hab. – Alt. 400 m – Carte régionale n° **24**-E1
Carte Michelin 327-G4 – Guide Vert Michelin Lyon et sa région

 ### 1217 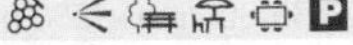

CUISINE MODERNE • CLASSIQUE XXX Un cadre d'exception que ce superbe château médiéval, qui semble cultiver des fastes immémoriaux... Sous le patronage d'une immense cheminée gothique délicatement sculptée, le repas se fait festin d'une belle finesse, et la tradition s'en trouve renouvelée.

→ Cuisses de grenouilles et escargots de Bourgogne persillés, crémeux de pomme de terre. Filet de rouget en écailles croustillantes, variation de courgettes et jus de bouillabaisse. Soufflé au vieux rhum et à la vanille Bourbon.

Formule 28 € – Menu 32 € (déj. en semaine), 65/140 €
– Carte 100/115 €

Hôtel Château de Bagnols, le bourg
– 04 74 71 40 00 – www.chateaudebagnols.com
– Fermé 8 janv.-13 mars

Château de Bagnols

GRAND LUXE • HISTORIQUE Les mots manqueraient presque pour décrire la magnificence de ce château du 13e s. dominant le vignoble beaujolais. L'accès par le pont-levis au-dessus des douves, les décors historiques (mobilier d'art, cheminées monumentales...), le superbe parc et son verger : tout est unique... jusqu'au nouveau spa, agencé à la manière d'une cuverie !

27 chambres – 249/699 € 329/1499 € – 25 €

le bourg
– 04 74 71 40 00 – www.chateaudebagnols.com
– Fermé 8 janv.-13 mars

1217 – voir les restaurants ci-dessus

BAIE DES TRÉPASSÉS – 29 Finistère → Voir Pointe du Raz

BAILLARGUES – 34 Hérault → Voir Montpellier

BAIROLS

06420 Alpes-Maritimes – 106 hab. – Alt. 850 m – Carte régionale n° **21**-D2
Carte Michelin 341-D4

Auberge du Moulin (N) 

CUISINE TRADITIONNELLE • AUBERGE X Au cœur de ce village médiéval perché à 880 mètres, cette auberge rustique propose un menu unique du marché, énoncé à voie haute par le chef patron, ancien étoilé, redevenu "aubergiste". Jolie vue sur la vallée depuis la salle.

Formule 25 € – Menu 29 €

4 r. Lou-Coulet (accès piéton)
– 04 93 02 92 93 – Fermé janv., mardi, merc., jeudi hors saison et lundi

BAIX

07210 Ardèche - 1 062 hab. - Alt. 80 m - Carte régionale n° **23**-B3
Carte Michelin 331-K5

Les Quatre Vents

FAMILIAL • FONCTIONNEL Une bonne affaire que cet hôtel qui pratique des prix très compétitifs pour la région. Les chambres sont simples mais fort bien tenues, l'accueil est agréable et, l'été, on peut prendre son petit-déjeuner en terrasse.

20 chambres - 59/68 € 68 € - 8 €

rte de Chomérac, 2 km au Nord-Ouest - 04 75 85 80 64 - www.hotel-les4vents.fr - Fermé 20 déc.-20 janv.

BALANOD

39160 Jura - 358 hab. - Alt. 250 m - Carte régionale n° **9**-A3

Philippe Bouvard

CUISINE TRADITIONNELLE • RUSTIQUE XX Une petite auberge chaleureuse et conviviale, portée par le chef Philippe Bouvard, passionné et généreux, qui... n'a pas la grosse tête ! Parmi ses spécialités, le soufflé au comté, mais il cherche à donner au terroir des accents de nouveauté. Une adresse où l'on se sent bien.

Formule 14 € - Menu 29/69 € - Carte 45/74 €

101 Grande-Rue - 03 84 48 73 65 - https://www.facebook.com/restaurantphilippebouvard/ - Fermé dim. soir, mardi soir, merc. soir et lundi

BALARUC-LES-BAINS

34540 Hérault - 6 864 hab. - Alt. 3 m - Carte régionale n° **12**-C2
Carte Michelin 339-H8

Le St-Clair

POISSONS ET FRUITS DE MER • ÉLÉGANT XXX Une maison élégante sur les quais ; la terrasse sous les palmiers ouvre sur le bassin de Thau... On y apprécie une bonne cuisine de la mer.

Menu 18/75 € - Carte 46/106 €

2bis Plan du Port - 04 67 48 48 91 - www.restaurant-saintclair.com

BALDERSHEIM - 68 Haut-Rhin → Voir Mulhouse

BALLEROY

14490 Calvados - 985 hab. - Alt. 70 m - Carte régionale n° **17**-B2
Carte Michelin 303-G4 - Guide Vert Michelin Normandie Cotentin

Manoir de la Drôme

CUISINE CLASSIQUE • ÉLÉGANT XXX Cette demeure de caractère (17e s.) fut la propriété d'un maître de forge. D'une élégance incontestable avec son agréable jardin fleuri où passe la Drôme, c'est le cadre parfait pour un repas d'un beau classicisme.

Formule 26 € - Menu 49/70 € - Carte environ 74 €

129 r. des Forges - 02 31 21 60 94 - www.manoir-de-la-drome.com - Fermé 2 janv.-5 fév., dim. soir, lundi et merc.

BAN-DE-LAVELINE

88520 Vosges - 1 266 hab. - Alt. 427 m - Carte régionale n° **14**-D3
Carte Michelin 314-K3

Auberge Lorraine

CUISINE TRADITIONNELLE • AUBERGE XX Cette auberge du pays vosgien, tenue par un jeune couple, propose une cuisine traditionnelle en prise sur les saisons (escargots au beurre persillé, cuisses de grenouilles rôties à l'ail et au persil, choucroute garnie, ou encore tête de veau et sa langue aux deux sauces). Chambres spacieuses et douillettes à l'étage.

Menu 22 € (semaine), 25/45 € – Carte 38/59 €

7 chambres – 54 € 64 € – 11 €

5 r. du 8-mai – 03 29 51 78 17 – www.auberge-lorraine-bdl.biz – Fermé 28 août-11 sept., 30 janv.-6 fév., dim. soir et lundi

BANDOL

83150 Var – 7 622 hab. – Alt. 1 m – Carte régionale n° **21**-B3

Carte Michelin 340-J7 – Guide Vert Michelin Côte d'Azur

L'Espérance

CUISINE MODERNE • COSY XX Légèrement en retrait du front de mer et de son agitation touristique, on s'attable dans ce petit restaurant discret, tenu par un couple charmant ; le chef, Gilles Pradines, y concocte une cuisine soignée et parfumée : royale de champignons au jambon ibérique, pavé de morue fraîche, riz vénéré, jus de crustacés au safran... Un régal !

Menu 32/75 € – Carte 54/66 €

21 r. du Dr-Louis-Marçon – 04 94 05 85 29 – www.lesperance-bandol.com – Fermé 1 semaine en nov., 2 semaines en janv., mardi et lundi de sept. à juin

Les Oliviers

CUISINE FRANÇAISE MODERNE • ÉLÉGANT XXX Au sein de cet établissement d'exception, on découvre avec bonheur ces Oliviers gourmands... L'intérieur, lumineux et contemporain, possède une élégance rare ; quant à la cuisine, elle prend (bien naturellement !) de beaux accents méditerranéens et provençaux.

Formule 42 € – Menu 48 € (déj. en semaine), 58/118 € – Carte 80/120 €

Hôtel Ile Rousse - Thalazur, 25 bd Louis-Lumière – 04 94 29 33 12 – www.ile-rousse.com – Fermé 7-14 janv. et le midi en juil.-août

Île Rousse - Thalazur

LUXE • CONTEMPORAIN Une situation idéale pour cet hôtel chic, les pieds dans l'eau ! Tout séduit : le décor contemporain, le superbe centre de thalasso, le hall d'accueil ouvert sur la piscine d'eau de mer... sans oublier les deux plages où l'on prend le soleil en toute tranquillité. Le restaurant Les Oliviers sert une cuisine actuelle, inspirée de la Méditerranée.

59 chambres – 169/1009 € 169/1009 € – 8 suites – 29 €

25 bd Louis-Lumière – 04 94 29 33 00 – www.ile-rousse.com

Les Oliviers – voir les restaurants ci-dessus

BANGOR

– 56 Morbihan → Voir Belle-Ile-en-Mer

BANNE

07460 Ardèche – 675 hab. – Alt. 250 m – Carte régionale n° **23**-A3

Carte Michelin 331-G7 – Guide Vert Michelin Ardèche Drôme

Auberge de Banne

AUBERGE • ÉLÉGANT Sur sa colline à la frontière de l'Ardèche et du Gard, le village de Banne a tout d'une carte postale : un panorama superbe, un climat délicieux et... une ravissante auberge. Tombés amoureux de l'endroit, ses propriétaires ont tout repensé dans un bel esprit à la fois contemporain et rétro. Une réussite, à découvrir !

11 chambres – 125/465 € 125/465 € – 15 €

pl. du Fort – 04 75 89 07 78 – www.aubergedebanne.fr

BANNEGON

18210 Cher - 251 hab. - Alt. 180 m - Carte régionale n° **6**-C3
Carte Michelin 323-M6

Moulin de Chaméron

CUISINE MODERNE • ROMANTIQUE XX Dans un cadre bucolique à souhait, ce moulin du 18e s. abrite un agréable restaurant et son musée de la meunerie. Derrière les fourneaux, le chef réalise une cuisine d'aujourd'hui avec de bons produits. Aux beaux jours, au décor cosy des salles, on préfère la terrasse en bordure de rivière. Une bonne adresse.

Formule 30 € - Menu 39 € (semaine), 45/100 € - Carte 68/76 €

2,5 km par rte de Neuilly-en-Dun et rte secondaire - 02 48 61 83 80 - www.moulindechameron.com - Ouvert 1er avril-30 oct. et fermé lundi sauf le soir en saison

Moulin de Chaméron

TRADITIONNEL • À LA CAMPAGNE Entendez-vous le doux clapotis de l'eau ? Dans cette construction récente, à côté d'un ancien moulin, on se repose dans des chambres de caractère, au grand calme. Celles en rez-de-jardin disposent d'une petite terrasse avec vue sur la piscine. Idéal pour un séjour au vert !

13 chambres - 79/120 € 79/218 € - 14 €

2,5 km par rte de Neuilly-en-Dun et rte secondaire - 02 48 61 83 80 - www.moulindechameron.com - Ouvert 1er avril-30 oct.

Moulin de Chaméron - voir les restaurants ci-dessus

BANYULS-SUR-MER

66650 Pyrénées-Orientales - 4 767 hab. - Alt. 1 m - Carte régionale n° **12**-B3
Carte Michelin 344-J8

Le Fanal (Pascal Borrell)

CUISINE MODERNE • COSY XX Juste devant le port de Banyuls, laissez-vous guider par les lumières de ce Fanal ! Pascal Borrell y signe des recettes créatives et épurées, pleines de relief, qui s'appuient sur des produits de première fraîcheur : le matin, les poissons sont livrés encore vivants en cuisine... À découvrir d'urgence.

→ Cromesquis d'œuf de ferme cuit à 63° et soufflé à la truffe. Merlu de palangre braisé, pappardelles de calamars en picada, oignon et fumet au thym. Pistaches et framboises, biscuit salé et crémeux pistache.

Formule 22 € - Menu 32/86 € - Carte 90/115 €

18 av. Pierre-Fabre - 04 68 98 65 88 - www.pascal-borrell.com - Fermé 1 semaine en fév., dim. soir, lundi soir et merc. de nov. à mars

La Littorine

CUISINE MÉDITERRANÉENNE • TENDANCE XX Le pari de cette Littorine ouverte sur la mer ? "Entraîner le client dans un voyage gustatif aux saveurs méditerranéennes". À la carte, poissons et produits de la région, à l'instar de ce pavé de mérou au safran des Aspres.

Formule 28 € - Menu 30 € (déj. en semaine), 32/58 € - Carte 50/65 €

Hôtel les Elmes, plage des Elmes - 04 68 88 03 12 - www.leselmes.com

BARATIER

05200 Hautes-Alpes - 539 hab. - Alt. 855 m - Carte régionale n° **21**-C1
Carte Michelin 334-G5

Les Peupliers

TRADITIONNEL • MONTAGNARD Dans un village tranquille, ce chalet aux abords verdoyants est très avenant avec ses chambres coquettes et montagnardes (certaines avec balcon et vue sur le lac), son espace détente et son restaurant. Et il y règne un vrai esprit familial !

25 chambres - 59/110 € 74/110 € - 11 €

chemin de Lesdier - 04 92 43 03 47 - www.hotel-les-peupliers.com - Fermé 8 avril-3 mai et 14 oct.-8 nov.

BARBENTANE

✉ 13570 Bouches-du-Rhône - 4 039 hab. - Alt. 40 m - Carte régionale n° **22**-E1
Carte Michelin 340-D2 - Guide Vert Michelin Provence

Castel Mouisson

FAMILIAL • À LA CAMPAGNE Cette maison provençale, au pied de la Montagnette, dispose de chambres proprettes, ouvertes sur le beau et vaste jardin arboré.

17 chambres - 67/88 € 67/88 € - 10 €

247 chemin sous les Roches - ✆ 04 90 95 51 17 - www.hotel-castelmouisson.com - Ouvert 16 mars-14 oct.

BARBERAZ - 73 Savoie ➜ Voir Chambéry

BARBIZON

✉ 77630 Seine-et-Marne - 1 225 hab. - Alt. 80 m - Carte régionale n° **10**-C3
Carte Michelin 312-E5 - Guide Vert Michelin Île-de-France

L'Ermitage Saint-Antoine

CUISINE TRADITIONNELLE • BISTRO X On peut aimer la cuisine et être passionné par... les deux-roues ! À l'image du chef de ce sympathique bistrot qui expose certaines de ses pièces très rétro. Côté assiette, on se régale d'une bonne cuisine de bistrot : terrine de lapin, tortilla de confit de canard... Jolie terrasse dans le patio.

Carte 34/42 €

51 Grande-Rue - ✆ 01 64 81 96 96 - www.lermitagesaintantoine.com - Fermé mardi et merc.

Les Pléiades

SPA ET BIEN-ÊTRE • CONTEMPORAIN Après une balade dans ce village aimé de Corot et de Millet, laissez-vous tenter par cet hôtel paisible et accueillant, dans une veine très contemporaine : design minimaliste, lignes épurées, espace bien-être et piscine, expositions diverses... Arty !

15 chambres - 120/279 € 120/279 € - 6 suites - 19 €

21 Grande-Rue - ✆ 01 60 66 40 25 - www.hotel-les-pleiades.com

BARBOTAN-LES-THERMES

✉ 32150 Gers - Cazaubon - Carte régionale n° **15**-A2
Carte Michelin 336-B6

La Bastide

CUISINE MODERNE • ÉLÉGANT XXX Un lieu élégant, qui a une âme, et deux concepts culinaires : d'une part une cuisine santé destinée aux curistes (carte renouvelée tous les jours) ; de l'autre des mets "d'appétit" mêlant avec raffinement terroir et air du temps.

Formule 18 € - Menu 35/95 € - Carte 59/75 €

Hôtel La Bastide, av. des Thermes - ✆ 05 62 08 31 00 - www.bastide-gasconne.com - Fermé 2 déc.-23 fév.

La Bastide

LUXE • ÉLÉGANT Omniprésence de l'eau (avec de superbes fontaines dans les jardins à l'andalouse, une galerie menant aux thermes et au centre de balnéo) ; décor raffiné mêlant brique, bois, marbre et pierre ; chambres douillettes : cette bastide a un charme fou !

25 chambres - 195/490 € 195/490 € - 7 suites - 24 €

av. des Thermes - ✆ 05 62 08 31 00 - www.bastide-gasconne.com - Fermé 2 déc.-23 fév.

La Bastide - voir les restaurants ci-dessus

 **Beauséjour** 

FAMILIAL · PERSONNALISÉ Grande maison de style régional renfermant des chambres classiques, coquettement rénovées, et un petit salon d'esprit british. Joli jardin arboré. Un menu unique (cuisine traditionnelle) est prévu pour les pensionnaires. Réservation obligatoire pour les autres.

24 chambres – 🚹40/80 € 🚹🚹70/80 € – ☕9 €

6 av. des Thermes
– ✆ 05 62 08 30 30 – www.hotel-barbotan.com
– Ouvert mars à nov.

à Cazaubon 5 km au Sud-Ouest par N524 – ✉ 32150 – 1 685 hab. – Alt. 131 m

Château Bellevue

DEMEURE HISTORIQUE · CLASSIQUE Dans un parc aux jolies frondaisons, ce castel du 19e s. dessine un havre tranquille et élégant. Derrière sa façade classique, les chambres associent tissus imprimés, mobilier de style et confort bourgeois. Quant au restaurant, il met à l'honneur les produits du terroir gascon.

20 chambres – 🚹92/138 € 🚹🚹92/138 € – ☕13 €

19 r. Joseph-Cappin
– ✆ 05 62 09 51 95 – www.chateaubellevue.org
– Fermé 2 janv.-13 fév.

BARCELONNETTE

✉ 04400 Alpes-de-Haute-Provence – 2 698 hab. – Alt. 1 135 m – Carte régionale n° **21**-C2
Carte Michelin 334-H6 – Guide Vert Michelin Alpes du Sud

 **Azteca** 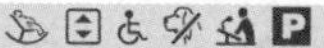

FAMILIAL · PERSONNALISÉ Cette ancienne villa "mexicaine" de 1888 abrite aujourd'hui des chambres confortables, dont chacune est personnalisée dans un style contemporain. Dans les salons de l'hôtel, une galerie d'art accueille le travail de nombreux artistes.

27 chambres – 🚹64/123 € 🚹🚹64/123 € – ☕10 €

3 r. François-Arnaud
– ✆ 04 92 81 46 36 – www.azteca-hotel.fr
– Fermé 11 nov.-2 déc.

à St-Pons 2 km au Nord-Ouest par D900 et D9 – ✉ 04400 – 656 hab. – Alt. 1 157 m

 **Domaine de Lara** 

FAMILIAL · RÉGIONAL Dans un parc avec une belle vue sur les sommets, une bastide provençale et de caractère, datant du 15e s. (poutres, tomettes, vieilles pierres, mobilier de famille, style cosy). Petit-déjeuner soigné.

5 chambres ☕ – 🚹86/96 € 🚹🚹92/102 €

D609
– ✆ 06 62 05 01 32 – www.domainedelara.com
– Fermé 25 juin-4 juil. et 12 nov.-19 déc.

au Sauze 4 km au Sud-Est par D900 et D209 – ✉ 04400 Enchastrayes

Montana Chalet 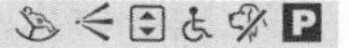

FAMILIAL · MONTAGNARD Un beau chalet en bois blond juste au pied des pistes, une cheminée où un feu crépite, des chambres chaleureuses avec balcon, des recettes traditionnelles au restaurant (fermé en été) : l'équation montagnarde parfaite !

20 chambres – 🚹80/140 € 🚹🚹88/250 € – ☕14 €

au centre de la station
– ✆ 04 92 81 05 97 – www.montana-chalet.com
– Ouvert de mi-juin à mi-sept. et de mi-déc. à mi-avril

à Jausiers 8 km au Nord-Est par D900 – ✉ 04850 – 1 134 hab. – Alt. 1 240 m

Villa Morelia

CUISINE TRADITIONNELLE • BOURGEOIS XX pt?>Cette Villa Morelia distille un certain charme bourgeois... Un écrin flatteur pour une cuisine du marché, séduisante et fidèle à la tradition. De la fraîcheur, de belles saveurs : un moment gourmet et gourmand.

Menu 45/90 €

9 av. des Mexicains – ✆ 04 92 84 67 78 – www.villa-morelia.com – Fermé 2-28 avril, 5 nov.-27 déc., dim. et lundi sauf de juin à sept. et le midi

Villa Morelia

MAISON DE MAÎTRE • PERSONNALISÉ Construite en 1903, cette fière villa anglo-normande a conservé son cachet et propose des chambres chic, plus contemporaines au Pavillon. Jolie piscine pour une détente complète...

24 chambres – †85/170 € ††125/280 € – ☕ 18 €

9 av. des Mexicains – ✆ 04 92 84 67 78 – www.villa-morelia.com – Fermé 2-28 avril et 5 nov.-27 déc.

Villa Morelia – voir les restaurants ci-dessus

BARCUS

✉ 64130 Pyrénées-Atlantiques – 665 hab. – Alt. 230 m – Carte régionale n° **2**-B3
Carte Michelin 342-H5 – Guide Vert Michelin Pays Basque et Navarre

Chilo

CUISINE MODERNE • AUBERGE XX C'est ici, entre les murs de cette belle maison blanche aux volets bleus, que le destin de la famille Chilo s'écrit depuis 1937. Le chef réalise une cuisine traditionnelle avec les produits du terroir local ; à déguster dans une salle ouverte sur le jardin et la piscine, face aux montagnes. Chambres coquettes.

Formule 15 € – Menu 33/45 € – Carte 49/70 €

7 chambres – †70/85 € ††79/109 € – ☕ 10 €

68 r. Principale – ✆ 05 59 28 90 79 – www.hotel-chilo.com – Fermé 5-30 janv., dim. soir, lundi sauf le soir de juin à sept. et mardi midi d'oct. à mai

BARD

✉ 42600 Loire – 647 hab. – Alt. 750 m – Carte régionale n° **23**-A2
Carte Michelin 327-D6

Auberge de la Grand'Font

CUISINE MODERNE • AUBERGE X Jolie surprise que cette auberge rustique nichée à côté d'une belle église du 12e s. que l'on peut admirer depuis la véranda. Aux commandes, un chef passionné et exigeant – il a été finaliste au concours du Meilleur Ouvrier de France – signe une cuisine appétissante, à la fois simple et originale...

Formule 17 € – Menu 27/73 € 🍷 – Carte 47/63 €

1 r. de la Grand'Font – ✆ 04 77 76 21 40 – www.auberge-lagrandfont-42.com – Fermé 12-26 fév., 16 août-4 sept., 26 déc.-3 janv., lundi et mardi

BARDIGUES – 82 Tarn-et-Garonne → Voir Auvillar

BARÈGES

✉ 65120 Hautes-Pyrénées – 177 hab. – Alt. 1 240 m – Carte régionale n° **15**-A3
Carte Michelin 342-M5 – Guide Vert Michelin Pyrénées Toulouse Gers

Le Central

FAMILIAL • CONTEMPORAIN Ce petit hôtel de style contemporain de 14 chambres est une étape aussi agréable que pratique : bien placé au départ des œufs dans cette station de ski qui relie la Mongie au domaine du Tourmalet, l'un des plus grands domaines skiables des Pyrénées. Espace bien-être.

13 chambres – †55/65 € ††70/105 € – ☕ 10 €

11 r. Ramond – ✆ 05 62 92 68 05 – www.central-tourmalet.com – Fermé 15 oct.-25 nov. et 15 avril-25 mai

BARFLEUR

✉ 50760 Manche - 641 hab. - Alt. 5 m - Carte régionale n° **17**-A1
Carte Michelin 303-E1 - Guide Vert Michelin Normandie Cotentin

Le Conquérant

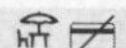

TRADITIONNEL • FONCTIONNEL À deux pas du port, cette belle demeure en granit (17e s.) et son joli jardin à la française. Charmant accueil familial ; chambres classiques parfaitement tenues, plus au calme sur l'arrière.

10 chambres - 80 € 80/125 € - 12 €

18 r. St-Thomas-Becket
- 02 33 54 00 82 - www.hotel-leconquerant.com
- Ouvert 30 mars-1er oct.

BARGEMON

✉ 83830 Var - 1 484 hab. - Alt. 550 m - Carte régionale n° **21**-C3
Carte Michelin 340-O4 - Guide Vert Michelin Côte d'Azur

La Pescalune

CUISINE TRADITIONNELLE • ÉPURÉ Ce bistrot de poche - seulement 15 couverts ! - est tenu par Virginie Martinetti, une jeune autodidacte pleine de vie, passée par la case Top Chef en 2013. Dans sa cuisine ouverte, elle réalise une cuisine du marché pleine de fraîcheur, dans un esprit "bistronomie" bien dans l'air du temps... Voilà qui donne le sourire !

Carte 34/44 €

13 r. de la Résistance
- 06 29 94 66 64 - www.la-pescalune.fr
- Fermé début nov. à mi-mars, dim., lundi et le midi

BARJAC

✉ 30430 Gard - 1 569 hab. - Alt. 171 m - Carte régionale n° **12**-D1
Carte Michelin 339-L3

Le Carré des Saveurs

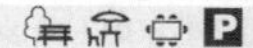

CUISINE TRADITIONNELLE • TENDANCE De belles voûtes du 18e s., un aménagement contemporain aux notes baroques, une agréable terrasse dans une jolie cour intérieure : un cadre charmant que celui de cette ancienne magnanerie cernée par les vignes. La cuisine cultive l'esprit du terroir et de la tradition, tout à l'honneur des produits locaux : le plaisir est complet.

Formule 19 € - Menu 29/44 € - Carte 49/58 €

4 km au Sud-Est par D901 et rte secondaire
- 04 66 24 56 31 - www.le-carre-des-saveurs.com
- Ouvert mars-déc.

Le Mas du Terme

MAISON DE CAMPAGNE • PERSONNALISÉ Un jardin entouré de vignes et d'oliviers, de jolies piscines... Qu'il fait bon paresser au soleil de cette ancienne magnanerie et prendre le frais dans une chambre contemporaine (celles du bâtiment principal ont plus de caractère).

26 chambres - 85/180 € 85/450 € - 18 €

4 km au Sud-Est par D901 et rte secondaire
- 04 66 24 56 31 - www.masduterme.com
- Ouvert mars-déc.

Le Carré des Saveurs - voir les restaurants ci-dessus

BAR-LE-DUC

✉ 55000 Meuse - 15 668 hab. - Alt. 188 m - Carte régionale n° **14**-A2
Carte Michelin 307-B6

Bistro St-Jean

CUISINE MODERNE • BISTRO Cette ancienne épicerie est devenue un bistrot contemporain plein de saveurs et de couleurs, pile dans la tendance. Le patron, fils de pâtissier, réalise une cuisine du marché soignée, et dans l'air du temps, renouvelée au quotidien. Et toujours : le respect des produits. Service efficace et discret.

Formule 29 € - Menu 36 €

132 bd de La Rochelle - 03 29 45 40 40 - www.bistrosaintjean.fr - Fermé 13-31 juil., 1er-9 janv., jeudi soir, sam. midi, dim. soir et lundi

BARNEVILLE-CARTERET

50270 Manche - 2 197 hab. - Alt. 47 m - Carte régionale n° **17**-A2
Carte Michelin 303-B3 - Guide Vert Michelin Normandie Cotentin

à Carteret - 50270 - 2 324 hab.

La Marine

CUISINE MODERNE • ÉLÉGANT Contemporain, chic et très bord de mer. Vue panoramique sur les flots et superbe terrasse, au service d'une cuisine bien iodée et très soignée. Un beau moment de gastronomie.

➜ Salade de homard façon caesar. Ris de veau doré au sautoir, blettes farcies aux huîtres. Gaspacho de kiwi comme une île flottante, glace coco.

Menu 44/92 € - Carte 80/120 €

Hôtel La Marine, 11 r. de Paris - 02 33 53 83 31 - www.hotelmarine.com - Fermé 1er déc.-22 fév., lundi et mardi sauf juil.-août

La Marine

TRADITIONNEL • ÉLÉGANT Quasiment les pieds dans l'eau ! Dans cette élégante maison immaculée, les chambres sont très contemporaines, dans un esprit bains de mer chic et épuré. Et côté plage, elles ont toutes une jolie terrasse... Du style, indéniablement.

26 chambres - †110/285 € ††110/285 € - 18 €

11 r. de Paris - 02 33 53 83 31 - www.hotelmarine.com - Fermé 1er déc.-22 fév.

La Marine - voir les restaurants ci-dessus

Hôtel des Ormes

FAMILIAL • COSY Face au port de plaisance, cette jolie demeure du 19e s. a été rénovée avec raffinement. Les chambres, assez petites, sont délicieusement cosy (tons beige et ivoire, meubles patinés), sans parler du salon et du jardin verdoyant... Une belle adresse.

12 chambres - †85/145 € ††85/145 € - 14 €

prom. Barbey-d'Aurevilly - 02 33 52 23 50 - www.hotel-restaurant-les-ormes.fr - Fermé janv.

BARNEVILLE-LA-BERTRAN - 14 Calvados ➜ Voir Honfleur

LE BARP

33114 Gironde - 5 328 hab. - Alt. 72 m - Carte régionale n° **2**-B2
Carte Michelin 335-G7

Le Résinier

CUISINE TRADITIONNELLE • AUBERGE Cette maison de pays, conviviale et sympathique, avec sa terrasse sous une vigne, a des airs d'auberge d'autrefois ; on y sert une cuisine de tradition, où tous les produits proviennent de la région. Chambres aux styles variés, modernes ou personnalisées.

Formule 15 € - Menu 24/39 € - Carte 46/100 €

16 chambres - †85/165 € ††115/165 € - 3 suites - 15 €

68 av. des Pyrénées, D1010 - 05 56 88 60 07 - www.leresinier.com - Fermé dim. soir sauf juil.-août

LE BARROUX

✉ 84330 Vaucluse – 668 hab. – Alt. 325 m – Carte régionale n° **22**-E1
Carte Michelin 332-D9 – Guide Vert Michelin Provence

Gajulea

CUISINE PROVENÇALE • ÉLÉGANT XX Dans cet ancien entrepôt, on prend un verre entre potes au bistrot branché du rez-de-chaussée, avant de descendre d'un étage au restaurant gastronomique, plus cossu, avec terrasse sur les collines (ouvert uniquement le soir). On y découvre de belles saveurs provençales, renouvelées au plus près des saisons (menu truffe l'hiver, homard l'été).

Menu 45/77 €

201 cours Louise-Raymond
– ☎ 04 90 62 36 94 – www.gajulea.com
– Fermé 3 semaines en mars, 3 semaines en nov., dim. soir sauf en juil.-août, lundi et le midi du mardi au sam.

L'Aube Safran

FAMILIAL • PERSONNALISÉ Marie et François ont tout quitté pour s'installer dans ce joli mas, au pied du mont Ventoux et face aux Dentelles, que l'on admire depuis le jardin. Ils cultivent le safran et accueillent leurs hôtes dans des chambres au décor sobre et raffiné. Deux cuisines sont à disposition.

5 chambres – †165/215 € ††175/225 €

450 chemin du Patifiage, par rte de Suzette
– ☎ 04 90 62 66 91 – www.aube-safran.com
– Ouvert 1er avril-1er oct.

BAR-SUR-SEINE

✉ 10110 Aube – 3 095 hab. – Alt. 157 m – Carte régionale n° **7**-B3
Carte Michelin 313-G5 – Guide Vert Michelin Champagne Ardenne

près échangeur 9 km autoroute A5, Nord-Est par D443

Le Val Moret

CUISINE MODERNE • CONVIVIAL XX Derrière des atours de restaurant traditionnel, apprécié pour une étape – l'échangeur est tout proche –, c'est avant tout une table sérieuse, menée par un jeune chef au bon parcours. Il aime revisiter les recettes du terroir, en cuisinant notamment les produits de la ferme attachée à l'établissement, comme les viandes.

Formule 17 € – Menu 19 € (semaine), 28/69 € – Carte 32/60 €

r. du Mar.-Leclerc
– ☎ 03 25 29 85 12 – www.le-val-moret.com

Le Val Moret

FAMILIAL • FONCTIONNEL Près de l'autoroute (mais sans nuisances sonores), quatre bâtiments de type motel, aux chambres fonctionnelles et plutôt grandes. Espace détente, salle de séminaire, aire de jeux : un hôtel adapté aux familles comme aux hommes d'affaires.

49 chambres – †81/116 € ††81/116 € – 12 €

r. du Mar.-Leclerc – ☎ 03 25 29 85 12 – www.le-val-moret.com

Le Val Moret – voir les restaurants ci-dessus

La sélection de ce guide s'enrichit avec vous : vos découvertes et vos commentaires nous intéressent ! Coup de coeur ou coup de colère, écrivez-nous sur notre site Michelin Restaurants : restaurant.michelin.fr

à Bourguignons 4 km au Nord par N71 - ✉ 10110 - 291 hab. - Alt. 156 m

Domaine de Foolz

CUISINE TRADITIONNELLE • COSY XX Un corps de ferme champenois, dans un domaine verdoyant bordant la Seine. Le champagne est évidemment à l'honneur au restaurant, qui joue la carte de la tradition mais aussi des saveurs exotiques. Côté hébergement, on découvre, alignés dans le parc, des chalets tout en rondins de bois : ambiance canadienne garantie !

Formule 15 € - Menu 28/57 € - Carte 40/79 €

11 chambres - 84 € 84 € - 10 €

D671 - 03 25 29 78 86 - www.domainedefoolz.com - Fermé 2-30 janv., dim. soir et lundi

BARTENHEIM-LA-CHAUSSÉE

✉ 68870 Haut-Rhin - Carte régionale n° **1**-B3
Carte Michelin 315-I11

Le Colombier

CUISINE MODERNE • CONVIVIAL X Avec sa cuisine actuelle, saupoudrée de ce qu'il faut d'inventivité, pleine de couleurs et de saveurs, ainsi que ses excellents desserts, le chef de ce Colombier sait parler à nos papilles ! Quant au patron, il a le chic pour toujours nous proposer le vin idéal pour accompagner nos plats... Du bonheur, tout simplement.

Formule 15 € - Menu 38/48 € - Carte 45/66 €

2 r. de la Libération - 03 89 68 30 66 - www.restaurant-lecolombier.fr - Fermé 3 semaines en août, 1 semaine à Noël, sam. midi, dim. soir et lundi

BAS-RUPTS - 88 Vosges → Voir Gérardmer

BASSAC - 16 Charente → Voir Jarnac

BASSE-GOULAINE - 44 Loire-Atlantique → Voir Nantes

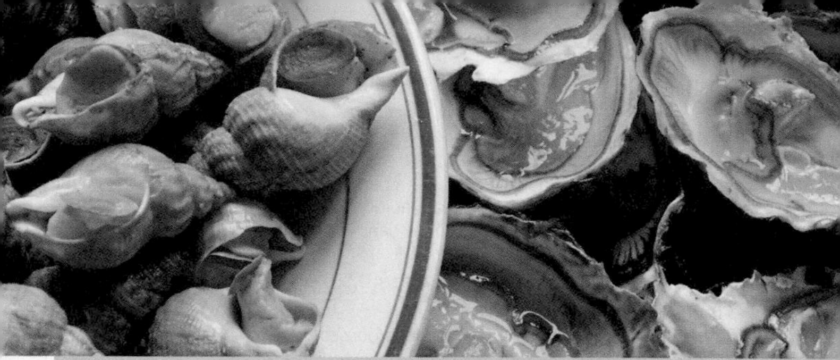

J.D. Dallet/age fotostock

ON AIME...

À Arcachon, flâner parmi les coquettes **villas anciennes** de la ville d'hiver, et continuer sa marche sur le front de mer. À Pyla-sur-Mer, profiter de l'ambiance chaleureuse du **Café Ha(a)ïtza** et de la terrasse du restaurant de la **Co(o)rniche**. Au Cap-Ferret, au déjeuner profiter du menu du marché au **Pinasse Café**, tout en admirant la dune...

BASSIN D'ARCACHON

Gironde – Carte régionale n° **2**-B2
Carte Michelin 335-D7 – Guide Vert Michelin Aquitaine

Arcachon

✉ 33120 Gironde – 10 370 hab. – Alt. 5 m
Carte Michelin 335-D7

✿ Le Patio (Thierry Renou)

CUISINE MODERNE • ÉLÉGANT XXX Asperge des Landes, agneau de Pauillac, huîtres du bassin, etc. Cette table honore les beaux produits aquitains, avec finesse et esthétisme. L'œuvre d'un chef passionné et généreux ! A déguster sous la superbe verrière.

➜ Cromesquis de pied de porc au pain de seigle brûlé, huîtres snackées et enfumées. Poitrines de pigeon à la truffe, lard de Colonnata et baguette bécasse. Biscuit fondant guanaja, crémeux et émulsion nyangbo.

Menu 48 € (semaine), 72/110 € - Carte 105/145 €

Plan : B1-t *10 bd de la Plage – ✆ 05 56 83 02 72 – www.lepatio-thierryrenou.com – Fermé 27 fév.-15 mars, 30 oct.-19 nov., dim. et lundi sauf fériés*

Chez Pierre

POISSONS ET FRUITS DE MER • BRASSERIE XX Sur le front de mer, près du palais des congrès, cette brasserie est une institution locale. Cuisine de la mer, où le poisson du bassin joue les premiers rôles, aux côtés de l'huître, véritable diva, toujours fraîche.

Formule 27 € - Menu 33 € - Carte 43/73 €

Plan : D1-a *1 bd Veyrier-Montagnères – ✆ 05 56 22 52 94 – www.cafedelaplage.com*

Ville d'Hiver

CUISINE TRADITIONNELLE • COSY X Dans l'un des meilleurs hôtels de la ville, un restaurant agréable et sympathique : le petit menu et les suggestions sont présentés à l'ardoise, et l'on profite d'une cuisine au goût du jour de bonne qualité... À déguster à l'intérieur – cadre cosy – ou sur la belle terrasse.

Formule 20 € - Menu 25 € (semaine) - Carte 35/60 €

Plan : D2-f *Hôtel Ville d'Hiver, 20 av. Victor-Hugo – ✆ 05 56 66 10 36 – www.hotelvilledhiver.com*

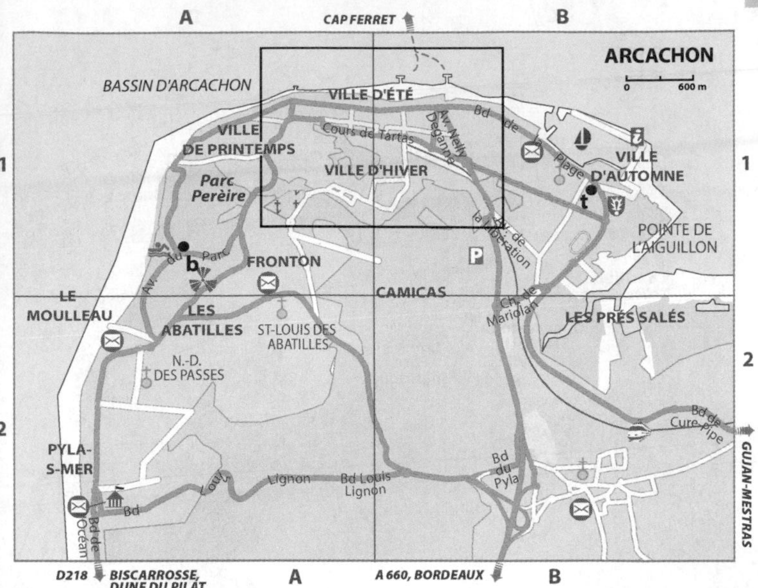

Ko-sometsuke 2K

CUISINE ASIATIQUE • SIMPLE Originaire du Cambodge, la famille Khong a posé ses valises à Arcachon, et désormais, c'est elle qui invite au voyage : de la Chine au Japon, et au sud-est asiatique, en utilisant des produits régionaux, à l'instar de ce pigeonneau aux cinq parfums. Courette terrasse sur l'arrière.

Menu 26/75 € – Carte 43/107 €

Plan : D1-b *156 bd de la Plage*
– 05 56 83 67 69 – Fermé 3 semaines en fév., merc. midi, lundi et mardi

Les Bains d'Arguin

SPA ET BIEN-ÊTRE • CONTEMPORAIN Entre mer et pinède, un hôtel imposant associé à un centre de thalassothérapie. Les chambres, refaites à neuf, sont confortables, et l'on profite d'une belle piscine et d'un solarium. Côté restaurant, les produits de la mer et menus diététiques sont à l'honneur, autour d'une cuisine actuelle.

109 chambres – 129/339 € 129/339 € – 15 suites – 18 €

Plan : A1-b *aux Abatilles, 9 av. du Parc, 2 km au Sud-Ouest*
– 05 57 72 06 72 – www.thalazur.fr

Ville d'Hiver

BOUTIQUE HÔTEL • COSY Dans un quartier plein de cachet, cet ancien bâtiment de la Compagnie Générale des Eaux est devenu un charmant hôtel, ceinture d'un beau jardin. À l'image de la station, il cultive un style balnéaire à la fois chic et décontracté. Les chambres sont douillettes, l'espace détente invite au lâcher prise.

18 chambres – 140/245 € 140/245 € – 13 €

Plan : D2-f *20 av. Victor-Hugo*
– 05 56 66 10 36 – www.hotelvilledhiver.com

Ville d'Hiver – voir les restaurants ci-dessus

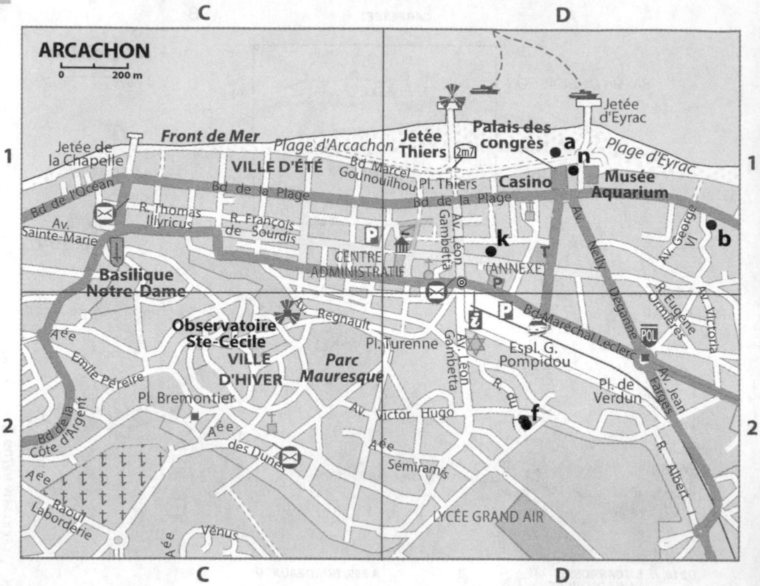

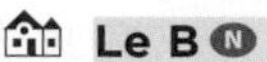

Le B

URBAIN • CONTEMPORAIN Un immeuble récent, idéalement situé en face de la plage et de la jetée d'Eyrac. Plusieurs chambres, toutes confortables, jouissent de balcons et de terrasses. Un hôtel d'aujourd'hui, pour un séjour balnéaire.

54 chambres – 🚹90/390 € 🚹🚹90/390 € – 2 suites – ☕15 €

Plan : D1-n *4 r. du Professeur-Joylet – ✆ 05 56 83 99 91 – www.hotel-b-arcachon.com*

Villa Lamartine

URBAIN • PERSONNALISÉ Cet établissement de caractère, situé dans une rue calme du centre-ville, offre tous les agréments d'une demeure bourgeoise familiale : petit salon cosy, plaisante salle des petits-déjeuners (servis jusqu'à midi), et bien entendu, des chambres confortables. Posez vos valises, et rejoignez la mer... à pied.

24 chambres – 🚹85/135 € 🚹🚹95/275 € – ☕12 €

Plan : D1-k *28 av. Lamartine – ✆ 05 56 83 95 77 – www.hotelvillalamartine.com – Ouvert mars-nov.*

Arès

✉ 33740 – 5 966 hab. – Alt. 6 m

ONA

CUISINE VÉGÉTARIENNE • COSY ✗ La chef, autodidacte, propose une gastronomie bio et 100% vegan – d'où le nom du restaurant, ONA, qui signifie "origine non-animale". C'est bien travaillé, parfois surprenant : dans l'ensemble, une table qui mérite toute l'attention qu'on lui porte.

Menu 18/38 €

3 bis r. Sophie-et-Paul-Wallerstein – ✆ 05 56 82 04 06 – www.ona.clairevallee.com – Fermé nov., dim. soir, lundi et mardi

Cap-Ferret

✉ 33970 Gironde - Alt. 11 m
Carte Michelin 335-D7

La Villa au Pinasse Café

CUISINE MODERNE • CONVIVIAL Une maison posée au bord de l'eau face au bassin d'Arcachon et ses parcs à huîtres, une grande table d'hôtes autour de laquelle les commensaux découvrent un menu unique, composé par le chef au gré de ses humeurs maraichères. Une expérience culinaire conviviale et originale.

Menu 85 €

2 bis av. de l'Océan
- 05 56 03 77 87 - www.pinasse-cafe.com
- Fermé 13 nov.-14 déc. et le merc.

La Terrasse au Pinasse Café

POISSONS ET FRUITS DE MER • BISTRO Avec sa terrasse idyllique donnant sur les flots, ce restaurant est une ode au bassin et à la dune du Pilat ! Poissons et crustacés du cru sont à l'honneur (huître en tête) et, pour l'anecdote iodée, la pinasse est le bateau traditionnel du littoral arcachonnais.

Formule 35 € - Menu 44 € - Carte 45/70 €

2 bis av. de l'Océan
- 05 56 03 77 87 - www.pinasse-cafe.com
- Fermé 13 nov.-14 déc., le soir en semaine de début janv. à mi-fév. et merc. de déc. à mars sauf vacances de Noël

La Frégate

FAMILIAL • CONTEMPORAIN Autour d'une agréable piscine, ces deux maisons arborent un joli style balnéaire, chic et sobre à la fois. Préférez les chambres de l'aile plus récente. Un endroit plaisant, pour un bon rapport qualité/prix.

28 chambres - 65/220 € 65/220 € - 1 suite - 11 €

34 av. de l'Océan
- 05 56 60 41 62 - www.hotel-la-fregate.net - Fermé déc. et janv.

Gujan-Mestras

✉ 33470 Gironde - 20 575 hab. - Alt. 5 m
Carte Michelin 335-E7

La Guérinière

CUISINE MODERNE • ÉLÉGANT Après s'être fait connaître à la Table de Montesquieu, au sud de Bordeaux, Christophe Girardot retrouve son bassin d'Arcachon natal en rejoignant cette Guérinière. Il signe une cuisine créative, visuelle et sophistiquée, marquée notamment par des influences asiatiques et le recours aux herbes et aux épices.

Menu 54 € (semaine), 78/125 € - Carte 91/146 €

18 cours de Verdun, à Gujan
- 05 56 66 08 78 - www.lagueriniere.com - Fermé dim. soir de nov. à avril et sam. midi

Bistro' 50

CUISINE MODERNE • BRANCHÉ À 100 m de la plage et du port de la Hume, le chef propose une cuisine moderne et goûteuse, qui s'appuie sur une technique solide (cuissons, bouillons). Avec, comme on l'imagine, un certain penchant pour les produits marins - même si le pied de cochon ficelé à la pomme de terre demeure un incontournable. Une belle découverte !

Formule 15 € - Menu 23 € (dîner) - Carte 47/63 €

50 av. de la Plage, à La Hume
- 05 57 16 35 43 - www.bistro50.fr - Fermé 21-30 nov., janv., mardi hors saison et merc.

 **La Guérinière**

BUSINESS · CONTEMPORAIN Hôtel d'esprit balnéaire situé au centre du principal port ostréicole du bassin d'Arcachon. Les chambres ont été aménagées avec goût dans un esprit zen et épuré ; quant à la terrasse bordant la piscine, elle est très agréable.

25 chambres - 🕴100/180 € 🕴🕴100/230 € - ☕14 €

18 cours de Verdun, à Gujan
- ✆ 05 56 66 08 78 - www.laguerinière.com

🍴 **La Guérinière** – voir les restaurants ci-dessus

Lège-Cap-Ferret

✉ 33950 Gironde - 8 087 hab. - Alt. 9 m
Carte Michelin 335-E6

 **Domaine du Ferret** Ⓝ 

RESORT · FONCTIONNEL En retrait de la route du Cap Ferret, dans un parc de 4 hectares qui borde la forêt domaniale de pins, ce complexe hôtelier abrite un grand centre de balnéothérapie (20 cabines de soin, une piscine couverte, une piscine extérieure), plusieurs chambres et appartements style bungalow, ainsi qu'un restaurant, pour une restauration simple et fraîche. Et quel calme !

71 suites - 🕴🕴105/350 € - 25 chambres - ☕18 €

à Claouey - 40 av. de Caperan
- ✆ 05 57 17 71 77 - www.domaineduferret.com - Fermé 2 semaines en janv.

Pyla-sur-Mer

✉ 33115 Gironde
Carte Michelin 335

✿ **Le Skiff Club**

CUISINE MODERNE · ÉLÉGANT XX Le Skiff Club est un cocon, installé dans une coquette petite salle à manger, décorée façon yacht club. Le chef Stéphane Carrade y décline une délicieuse cuisine de "terroir progressif", inspirée du Sud-Ouest, en tirant le meilleur de beaux produits.

→ Cuisine du marché.

Formule 85 € - Menu 100/130 €

Hôtel Ha(a)ïtza, 1 av. Louis-Gaume
- ✆ 05 56 22 06 06 - www.haaitza.com - Fermé le midi

🍴 **Café Ha(a)ïtza**

CUISINE TRADITIONNELLE · DESIGN X En face de l'hôtel du même nom, ce Café est également signé Starck et cela se voit : tables hautes, mobilier en bois clair, livres et photos anciennes partout, cuisine ouverte et colorée... Mais cela ne doit pas occulter les mérites culinaires du lieu, dont les recettes éclectiques et nature font mouche à tous les coups.

Formule 29 € - Menu 34 €

312 bd de l'Océan
- ✆ 05 56 54 02 22 - www.haaitza.com

🍴 **La Co(o)rniche** Ⓝ

CUISINE TRADITIONNELLE · TENDANCE X On s'attable dans une grande salle lumineuse, décorée par Philippe Starck, entourée de baies vitrées, ouvertes sur l'immense terrasse. L'assiette n'a rien à envier au panorama : poissons et fruits de mer de première fraîcheur, à peine sortis de l'onde, dont la vue sur le banc d'Arguin et le Cap Ferret ne sauraient laisser indifférents que les butors.

Formule 58 € - Menu 63 € - Carte 55/67 €

Hôtel La Co(o)rniche, 46 av. Louis-Gaume
- ✆ 05 56 22 72 11 - www.lacoorniche-pyla.com

La Co(o)rniche

LUXE • ÉLÉGANT Sur les hauteurs – entre sable et pinède – cette villa néobasque des années 1930 a été entièrement rénovée par Philippe Starck. Chambres d'une blancheur immaculée, échappées superbes sur le bassin ou les dunes, augmentées de seize autres, nichées dans la partie Village des Cabanes, contre la célèbre dune du Pyla. Un endroit très en vue !

29 chambres – 275/995 € 275/995 €

46 av. Louis-Gaume
– 05 56 22 72 11 – www.lacoorniche-pyla.com

La Co(o)rniche – voir les restaurants ci-dessus

Ha(a)ïtza

LUXE • DESIGN Tout près de la célèbre dune du Pilat et de l'océan, cette villa des années 1930 en impose ! Intérieur design chaleureux et ultramoderne (signé Philippe Starck, excusez du peu), jolies chambres lumineuses décorées avec raffinement, piscine sous verrière et spa... Un lieu d'exception.

30 chambres – 215/740 € 235/740 € – 8 suites

1 av. Louis-Gaume
– 05 56 22 06 06 – www.haaitza.com

Le Skiff Club – voir les restaurants ci-dessus

BASTELICA – 2A Corse-du-Sud → Voir Corse

BASTIA – 2B Haute-Corse → Voir Corse

LA BASTIDE-CLAIRENCE

64240 Pyrénées-Atlantiques – 1 016 hab. – Alt. 50 m – Carte régionale n° **2**-B3
Carte Michelin 342-E2 – Guide Vert Michelin Pays Basque et Navarre

Maison Maxana

MAISON DE CAMPAGNE • DESIGN Rêveries, Voyages... Le nom des chambres de cette maison basque donne le ton. Le mariage réussi de meubles anciens, contemporains et d'œuvres d'arts premiers, offre à cette maison d'hôte une personnalité à part. Dans un esprit toujours zen.

5 chambres – 80/110 € 90/120 €

r. Notre-Dame
– 05 59 70 10 10 – www.maison-maxana.com
– Ouvert avril-nov.

LA BÂTIE-DIVISIN

38490 Isère – 892 hab. – Alt. 521 m – Carte régionale n° **23**-C2
Carte Michelin 333-G4

L'Olivier

CUISINE MODERNE • CONVIVIAL À quelques minutes seulement du lac de Paladru, cette maison a été reprise par un couple dynamique au beau parcours. Le chef compose une cuisine actuelle parfumée et généreuse, en plus d'être visuellement très réussie ; il a un petit faible pour l'huile d'olive, que l'on retrouve logiquement dans plusieurs de ses préparations... Bon rapport qualité-prix.

Formule 17 € – Menu 19 € (déj. en semaine), 27/44 €
– Carte 44/68 €

100 rte du Vernay
– 04 76 31 00 60 – www.restaurant-l-olivier.com
– Fermé dim. soir, merc. soir et lundi

LA BÂTIE-NEUVE - 05 Hautes-Alpes ➜ Voir Gap

BATZ (ÎLE DE) - 29 Finistère ➜ Voir Île de Batz

BATZ-SUR-MER

✉ 44740 Loire-Atlantique - 2 986 hab. - Alt. 12 m - Carte régionale n° **18**-A2
Carte Michelin 316-B4 - Guide Vert Michelin Pays de la Loire

La Roche Mathieu

CUISINE TRADITIONNELLE · ÉLÉGANT XX Ce qui distingue cette maison, c'est d'abord la formidable vue panoramique qu'elle offre sur les flots. À l'intérieur, le décor surprend et séduit (couleurs vives, collection d'objets hétéroclites) ; on apprécie aussi, bien sûr, la bonne cuisine de la mer réalisée par le chef, un amoureux des légumes.

Formule 15 € - Menu 19 € (déj. en semaine), 30/69 € - Carte 41/80 €

28 r. du Golf - ☎ 02 40 23 92 12 - restaurant-roche-mathieu.fr
- Fermé 26 juin-7 juil., 13-24 nov., 15-29 janv., mardi hors vacances scolaires et lundi sauf fériés

Le Lichen

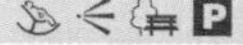

TRADITIONNEL · FONCTIONNEL Sur la côte sauvage, vaste villa néobretonne (1956) jouissant du spectacle unique de l'océan. La moitié des chambres, certaines avec terrasse, donne sur les flots.

17 chambres - †60/230 € ††70/260 € - ☕13 €

4 rte de la Govelle, 2 km au Sud-Est par D45
- ☎ 02 40 23 91 92 - www.le-lichen.com
- fermé 15 nov.-15 déc.

BAUGÉ-EN-ANJOU

✉ 49150 Maine-et-Loire - 11 861 hab. - Alt. 55 m - Carte régionale n° **18**-C2
Carte Michelin 317-I3 - Guide Vert Michelin Châteaux de la Loire

Ô Prestige

CUISINE FRANÇAISE · ÉLÉGANT XX Au cœur de la ville, à l'écart de l'agitation du monde, un petit restaurant comme on les aime : un jeune couple sympathique, une cuisine soignée, des produits de belle fraîcheur comme cet émietté de tourteau, ou le suprême de volaille fermière. On se régale.

Formule 18 € - Menu 29/85 € - Carte 47/79 €

Hôtel Ô Prestige, 4 r. du Cygne
- ☎ 02 41 89 82 12 - www.oprestige.com
- Fermé 7-13 mai, 8-22 juil. et 1er-16 janv., dim. sauf le midi de fév. à oct., sam. midi et lundi

Ô Prestige

TRADITIONNEL · COSY Une petite rue tranquille du centre-ville abrite cet établissement, tenu par un couple sympathique. Les chambres sont confortables, et le lumineux patio du 17e s. est une vraie curiosité.

10 chambres - †60/75 € ††75/115 € - ☕10 €

4 r. du Cygne - ☎ 02 41 89 82 12 - www.oprestige.com
- Fermé 7-13 mai, 8-22 juil. et 1er-16 janv.

Ô Prestige - voir les restaurants ci-dessus

LA BAULE

✉ 44500 Loire-Atlantique - 15 542 hab. - Alt. 31 m - Carte régionale n° **18**-A2
Carte Michelin 316-B4 - Guide Vert Michelin Pays de la Loire

LA BAULE
0
250 m
A
B
C
1
2
D 92, GUÉRANDE
NANTES
LA BAULE-ESCOUBLAC
D 92, ST-NAZAIRE, PORNICHET
D 245, LE CROISIC
MARAIS SALANTS
Z.A. DES SALINES
Rte. de La Baule
LE PRÉMARE
KERCOCO
CENTRE CULTUREL A. DE ST-EXUPÉRY
LA BAULE-ESCOUBLAC
STE-THÉRÈSE
LA BAULE-LES-PINS
PALAIS DES CONGRÈS ATLANTIA
CENTRE ÉCUESTRE
ETIER DU POULIGUEN
CASINO
Espl. Lucien Barrière
Esplanade François André
Av. de Joyeuse
Av. des Hirondelles
Av. du Maréchal de Lattre de Tassigny
Av. du Bois d'Amour
Av. de l'Étoile
Av. Louis Lajarrige
Av. Georges Clemenceau
Av. Jean de Neyman
Av. Georges Guynemer
Av. des Platanes
Av. de Saint-Clair
Av. des Pléiades
Av. Olivier Guichard
Av. des Bouleaux
Av. des Noëlles
Av. Jean Mermoz
Av. Marcel Rigaud
Av. Florian
Av. René-Guy Cadou
Av. Gabrielle l'Hallali
Av. Victor Hugo
Av. des Opales
Av. du Berry
Av. d'Alsace
Av. de l'Église
Av. Gounod
Av. des Fontaines
Ch. du Noëllo
Rte. du Château
Rte. du Prieuré
Av. Le Nôtre
Av. Raymond Lalande
Av. Mérand
Av. des Ondines
Av. Pajot
Av. des Glaïeuls
Av. Bettine
Av. du Parc des Sports
Bd Darlu
Bd Hennecart
Bd du Dr René Dubois
Bd de l'Océan
OCÉAN ATLANTIQUE

Castel Marie-Louise

CUISINE MODERNE · ROMANTIQUE XXX Dans ce manoir début de siècle très feutré, on dîne près des grandes baies ou en terrasse, sous les pins... L'image vivante d'une Belle Époque, pour une cuisine gastronomique inspirée par les produits du moment.

Menu 59/110 € – Carte 78/158 €

Plan : A2-g *Hôtel Castel Marie-Louise, 1 av. Andrieu – ☎ 02 40 11 48 38 – www.castel-marie-louise.com – Fermé le midi sauf juil.-août et sauf dim. et fériés*

Fouquet's

CUISINE CLASSIQUE · LUXE XXX Une Rotonde chic qui satisfait tous les palais ! Le chef et sa brigade concoctent une cuisine diététique, ainsi que de bons mets traditionnels : curistes et gourmets sont ravis.

Formule 22 € – Menu 22 € (déj.), 36/57 € – Carte 49/83 €

Plan : A2-t *Le Royal la Baule, 6 av. Pierre-Loti – ☎ 02 40 11 48 48 – www.lucienbarriere.com – Fermé 21 nov.-18 déc.*

Carpe Diem

CUISINE MODERNE · COSY XX Sur la route du golf, faites étape dans ce restaurant ! Ici, le mobilier contemporain cohabite avec la cheminée et les poutres apparentes. La carte laisse le choix entre des plats traditionnels ou plus créatifs.

Formule 17 € – Menu 23 € (semaine), 33/53 €

Hors plan *29 av. Jean-Boutroux, 5 km au Nord-Est par rte du golf de la Baule – ☎ 02 40 24 13 14 – www.le-carpediem.fr – Fermé vacances de fév., dim. soir, mardi soir et merc. hors saison*

L'Eden Beach

POISSONS ET FRUITS DE MER · ÉLÉGANT XX Face à la baie et presque les pieds dans l'eau... la carte met logiquement à l'honneur le poisson et les fruits de mer. En saison, le menu homard est fort apprécié !

Menu 36 €

Plan : A2-h *Hôtel Hermitage Barrière, 5 espl. Lucien-Barrière – ☎ 02 40 11 46 45 – www.hermitage-barriere.com – Ouvert avril à oct. et fermé en semaine du 17 sept. au 19 oct.*

Saint-Christophe

CUISINE MODERNE · BOURGEOIS XX Ce restaurant a tout de la brasserie des années folles, avec ses banquettes en velours rouge, son nappage blanc et son personnel en costume de ville... Quant au chef, il concocte une cuisine terre-mer au gré de son inspiration et des saisons, faisant le bonheur des habitués.

Menu 21 € (semaine), 37/48 € – Carte 52/68 €

Plan : B2-u *Hôtel St-Christophe, pl. Notre-Dame – ☎ 02 40 62 40 00 – www.st-christophe.com – Fermé dim. et lundi du 1er nov. au 30 avril*

14 Avenue

POISSONS ET FRUITS DE MER · CONVIVIAL X Voilà une adresse dont les amateurs de poisson vont faire leur cantine ! D'emblée, on vous présente la pêche du jour, d'une fraîcheur sans faille : langoustes de gros calibre, soles, sardines de la Turballe... On se régale de ces beaux produits cuisinés dans le respect des saveurs.

Formule 18 € – Menu 41 € – Carte 37/69 €

Plan : A2-a *14 av. Pavie – ☎ 02 40 60 09 21 – www.14avenue-labaule.com – Fermé 28 nov.-26 déc., dim. soir, lundi et mardi sauf juil.-août*

Le Ponton

POISSONS ET FRUITS DE MER · BRASSERIE X Un joli Ponton sur la plage, idéal pour savourer des produits de la mer et une cuisine de brasserie qui joue la carte de la simplicité.

Formule 22 € 🍷 – Menu 27 € 🍷 (semaine), 37/39 € – Carte 37/69 €

Plan : A2-t *Le Royal la Baule, 6 av. Pierre-Loti – ☎ 02 40 60 52 05 – www.lucienbarriere.com – Fermé 21 nov.-18 déc. et le soir hors vacances scolaires*

Hermitage Barrière

PALACE • CLASSIQUE Malgré les modes et l'usure du temps, le charme reste intact dans ce palace des années 1920, dont la façade anglo-normande se dresse face à la plage, au milieu des pins. Des vastes chambres pleines de charme à la piscine chauffée et au hammam, tout ici conspire à votre bonheur...

192 chambres – 245/2015 € 245/2015 € – 8 suites – 32 €

Plan : A2-h *5 espl. Lucien-Barrière – 02 40 11 46 46 – www.hermitage-barriere.com – Ouvert d'avril à oct. et week-ends d'oct.*

L'Eden Beach – voir les restaurants ci-dessus

Le Royal La Baule

LUXE • CLASSIQUE Bien-être et confort dans cet hôtel monumental né en 1896 face à la plage et aujourd'hui associé à un centre de thalassothérapie. Les chambres ont été entièrement rénovées il y a peu et une imposante suite royale (140m^2) a été inaugurée... Hérité de la Belle Époque, le mythe Royal n'est pas prêt de s'éteindre !

87 chambres – 245/1255 € 245/1845 € – 14 suites – 32 €

Plan : A2-t *6 av. Pierre-Loti – 02 40 11 48 48 – www.lucienbarriere.com – Fermé 21 nov.-18 déc.*

Fouquet's • **Le Ponton** – voir les restaurants ci-dessus

Castel Marie-Louise

LUXE • CLASSIQUE Le lieu reçut son nom en l'honneur d'une femme aimée, et il reste propice à la romance : architecture Belle Époque, tentures, mobilier ancien, table gastronomique, entre jardin arboré et bord de mer... Apposez-y à votre tour le nom de votre élu(e) !

29 chambres – 175/955 € 175/955 € – 2 suites – 28 €

Plan : A2-g *1 av. Andrieu – 02 40 11 48 38 – www.castel-marie-louise.com*

Castel Marie-Louise – voir les restaurants ci-dessus

Mercure Majestic

HÔTEL DE CHAÎNE • ART DÉCO L'esprit Art déco plane toujours sur cet hôtel né en 1930, en bord de plage ! Produits de la mer et tradition régionale au restaurant.

83 chambres – 99/430 € 109/430 € – 17 €

Plan : A2-e *espl. Lucien-Barrière – 02 40 60 33 44 – www.hotelmercure-labaule.com*

Brittany

TRADITIONNEL • PERSONNALISÉ Dans une rue tranquille non loin du front de mer, cette maison des années 1930 abrite des chambres raffinées et bien équipées (salles de bains avec balnéo). Un joli atout : le très agréable solarium sur le toit-terrasse.

19 chambres – 69/159 € 69/159 € – 13 €

Plan : B2-b *7 av. des Impairs – 02 40 60 30 25 – www.hotel-brittany-la-baule.com*

Le Saint-Christophe

TRADITIONNEL • PERSONNALISÉ Quatre villas nichées au creux d'un jardin verdoyant... Le charme agit : architectures 1900 (tourelles, balcons de bois), mobilier ancien, aquarelles signées par la maîtresse de maison, etc.

44 chambres – 64/299 € 69/422 € – 13 €

Plan : B2-u *pl. Notre-Dame – 02 40 62 40 00 – www.st-christophe.com*

Saint-Christophe – voir les restaurants ci-dessus

Lutetia & Spa

TRADITIONNEL • PERSONNALISÉ Agréable adresse : derrière une façade Art déco, le Lutetia affiche un style contemporain et coloré. Sauna, hammam et jacuzzi font la joie des clients ; en annexe, la Villa St-Bernard joue la thématique sportive (chambres "Golf", "Voile", etc.).

25 chambres – 55/130 € 79/230 € – 13 €

Plan : B2-r *13 av. Olivier-Guichard – 02 40 60 25 81 – www.lutetia-labaule.com – Fermé 7-26 janv. et 2-13 mars*

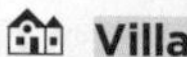

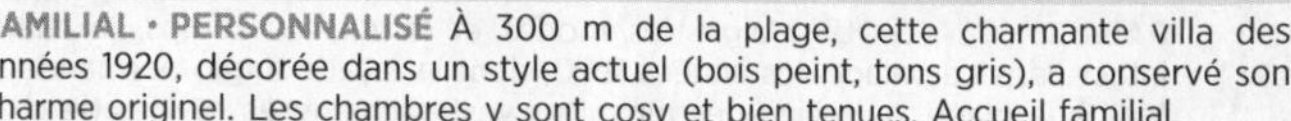

Villa Cap d'Ail

FAMILIAL • PERSONNALISÉ À 300 m de la plage, cette charmante villa des années 1920, décorée dans un style actuel (bois peint, tons gris), a conservé son charme originel. Les chambres y sont cosy et bien tenues. Accueil familial.

22 chambres – 50/110 € 61/253 € – 11 €

Plan : A2-p *145 av. du Mar.-de-Lattre-de-Tassigny – 02 40 60 29 30 – www.villacapdail.com – Fermé 23 fév.-8 mars*

Hôtel des Dunes

AUBERGE • CONTEMPORAIN Cette haute maison à colombages date de 1920 et a été transformée en hôtel en 1950 ; on y trouve des chambres cosy et confortables, joliment meublées par le nouveau propriétaire. Une étape de choix.

32 chambres – 50/95 € 60/125 € – 10 €

Plan : B1-v *277 av. de Lattre-de-Tassigny – 02 51 75 07 10 – www.hotel-des-dunes.com*

BAUME-LES-DAMES

25110 Doubs – 5 255 hab. – Alt. 280 m – Carte régionale n° **9**-C2
Carte Michelin 321-I2 – Guide Vert Michelin Franche-Comté Jura

Hostellerie du Château d'As

CUISINE MODERNE • VINTAGE XXX Charmante atmosphère d'antan dans cette grande villa 1930 : décor bourgeois, rotonde, lustre en nacre... Aux commandes, deux frères signent à quatre mains une cuisine gastronomique soignée et savoureuse. Pour prolonger l'étape, des chambres spacieuses et fort bien tenues.

Formule 22 € – Menu 32/78 € – Carte 55/69 €
7 chambres – 88/130 € 88/130 € – 14 €

24 r. Château-Gaillard – 03 81 84 00 66 – www.chateau-das.fr – Fermé dim. soir, mardi midi et lundi

LES BAUX-DE-PROVENCE

13520 Bouches-du-Rhône – 420 hab. – Alt. 185 m – Carte régionale n° **22**-E1
Carte Michelin 340-D3 – Guide Vert Michelin Provence

dans le Vallon

L'Oustau de Baumanière

CUISINE MODERNE • LUXE XXXXX La majesté de cette bastide du 16e s. n'interdit pas à l'assiette de briller : le chef concocte une cuisine d'inspiration provençale aux saveurs marquées, alternant plats historiques de la maison et modernité inspirée, avec de judicieux accords mets... et pains ! À déguster aux beaux jours sur la superbe terrasse ombragée, face aux Alpilles.

➜ Compression de racines laquée d'un crémeux citron, décoction de légumes rôtis. Feuille à feuille de cochon, jus de cochon au maïs et grenailles cuites en barde. Millefeuille tradition Baumanière à la vanille de Madagascar.

Menu 100 € (déj. en semaine), 165/215 € – Carte 140/205 €

– 04 90 54 33 07 – www.baumaniere.com – Fermé 7 janv.-8 mars, merc. et jeudi du 14 mars au 19 avril et du 17 oct. au 13 déc.

rte de Maussane Sud-Est par D27

La Table de Manville

CUISINE MODERNE • ÉLÉGANT XXX Une table soignée, rendant un vibrant hommage à la tradition régionale – comment pourrait-il en être autrement sur ces terres privilégiées, au pied des Alpilles et des Baux ? Les recettes sont subtiles, d'une grande précision ; la terrasse, sous des platanes centenaires, n'est pas moins délicieuse...

➜ Carabineros de palamos rôties. Loup de ligne cuit en croûte. Baba des Pères Chartreux.

Menu 85/125 € – Carte 90/120 €

Hôtel Domaine de Manville, au golf – 04 90 54 40 20 – www.domainedemanville.fr – Fermé lundi sauf fériés, mardi et le midi

Le Bistrot

CUISINE TRADITIONNELLE • BISTRO À l'étage, au-dessus de la réception de l'hôtel, le Bistrot vous accueille dans une ambiance de club-house. Au programme, classiques provençaux, plats du jour inspirés par le marché... et savoureuses pâtisseries - baba au rhum, paris-brest, millefeuille, etc.

Carte 35/55 €

au golf - www.domainedemanville.fr - Fermé 15 janv.-5 fév.

Domaine de Manville

SPA ET BIEN-ÊTRE • CONTEMPORAIN Dans un ravissant vallon situé entre les Baux-de-Provence et Maussane-les-Alpilles, cet ancien domaine agricole a été magnifiquement reconverti : golf 18 trous, vastes chambres luxueuses, piscine, cinéma privé et spa... L'alliance du luxe, des vieilles pierres et de la nature provençale.

26 chambres - 235/850 € 235/850 € - 4 suites

au golf - 04 90 54 40 20 - www.domainedemanville.fr

La Table de Manville • **Le Bistrot** - voir les restaurants ci-dessus

rte d'Arles Sud-Ouest par D27

La Cabro d'Or

CUISINE PROVENÇALE • MÉDITERRANÉEN Un site superbe, avec une terrasse à l'ombre de mûriers-platanes et une jolie vue sur ces éperons rocheux qui ont fait la célébrité de la cité et de ses environs... Une adresse enchanteresse.

Formule 33 € - Menu 59 € (déj. en semaine)/85 € - Carte 103/118 €

Hôtel Baumanière, à 1 km
- 04 90 54 33 07 - www.lacabrodor.com
- Fermé 7 janv.-9 mars, mardi midi, dim. soir et lundi de mi-oct. à début déc.

Baumanière

LUXE • CLASSIQUE L'Oustau, la Guigou, le Manoir, la Flora et la Carita : cinq demeures provençales composent ce domaine exceptionnel, situé aux pieds des rochers qui conduisent au Val d'enfer. Les chambres y sont confortables et raffinées ; on profite aussi d'un beau jardin avec piscine et spa. Mythique !

39 chambres - 220/1200 € 220/1200 € - 15 suites - 28 €

à 1 km - 04 90 54 33 07 - www.baumaniere.com
- Fermé 7 janv.-9 mars

La Cabro d'Or - voir les restaurants ci-dessus

Benvengudo

TRADITIONNEL • MÉDITERRANÉEN Dans son beau jardin paysager, cette bastide et son annexe "côté jardin" dissimulent des chambres d'inspiration provençale, aussi jolies que confortables. Cuisine régionale au restaurant.

20 chambres - 169/359 € 219/519 € - 8 suites - 20 €

Vallon de l'Arcoule, à 2 km, par D78F
- 04 90 54 32 54 - www.benvengudo.com
- Ouvert 1er mars-12 nov. et 20 déc.-2 janv.

Mas de l'Oulivié

TRADITIONNEL • PERSONNALISÉ Bienvenue dans un mas qui voit la vie en... vert ! Les propriétaires utilisent autant que possible des produits écolo et locaux : mobilier de piscine créé à Maussane-les-Alpilles, savon de bain à l'huile des Baux, etc.

25 chambres - 156/670 € 156/670 € - 2 suites - 19 €

Les Arcoules, à 2 km, par D78F
- 04 90 54 35 78 - www.masdeloulivie.com
- Ouvert 23 mars-10 nov.

BAVAY

✉ 59570 Nord – 3 354 hab. – Alt. 148 m – Carte régionale n° **16**-D2
Carte Michelin 302-K6

Le Bagacum

CUISINE TRADITIONNELLE • AUBERGE XX Cette agréable grange du 19e s., rustique et joliment champêtre, cultive le goût de la belle tradition. Avis aux amateurs, optez pour le poisson : c'est la spécialité de la maison.

Menu 28 € 🍷 (déj. en semaine), 36/54 € 🍷 – Carte 40/60 €

2 r. d'Audignies – ✆ 03 27 66 87 00 – www.bagacum.com – Fermé dim. soir, mardi soir, merc. soir, jeudi soir et lundi sauf fériés

BAVELLA (COL DE) - 2A Corse-du-Sud ➔ Voir Corse

BAYARD (COL) - 05 Hautes-Alpes ➔ Voir Col Bayard

BAYEUX

✉ 14400 Calvados – 13 917 hab. – Alt. 50 m – Carte régionale n° **17**-B2
Carte Michelin 303-H4 – Guide Vert Michelin Normandie Cotentin

L'Angle Saint-Laurent

CUISINE MODERNE • COSY XX Un cadre plein de fraîcheur, à l'angle des rues St-Laurent et des Bouchers : pierres apparentes, poutres peintes, éclairage tamisé. Les produits de la région ont la part belle à la carte (cochon de Bayeux, huîtres normandes, gruyère de Carrouges...), à travers des recettes savoureuses, originales et joliment ficelées. Voilà un Angle au carré !

Formule 16 € – Menu 33/44 € – Carte 45/60 €

Plan : B2-b *2 r. des Bouchers – ✆ 02 31 92 03 01 – www.langlesaintlaurent.com – Fermé vacances de fév., sam. midi, dim. et lundi*

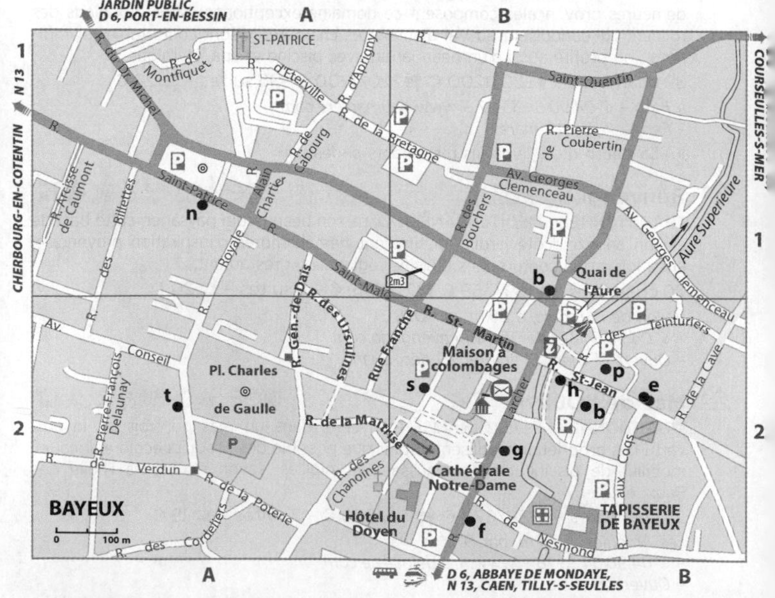

Au Ptit Bistrot

CUISINE CRÉATIVE • CONVIVIAL Juste derrière la cathédrale, c'est devenu en un rien de temps l'adresse dont tout Bayeux parle... Comment résister à ces prix d'amis, à cette cuisine du marché fraîche et bien tournée, à cet intérieur élégant et discrètement vintage – poutres, comptoir à l'ancienne –, à ce service tout sourire ? Pensez à réserver à l'avance : les places sont comptées.

Menu 17 € (déj.), 29/35 € – Carte 34/54 €

Plan : B2-g *31 r. Larcher – 02 31 92 30 08*
– Fermé 2 semaines en mars, vacances de Noël, sam. midi, lundi sauf le soir d'avril à oct. et dim.

Le Lion d'Or

CUISINE TRADITIONNELLE • CONVIVIAL Le Lion d'Or menaçait de s'endormir pour de bon... Un nouveau couple de propriétaires s'attache à lui donner une seconde jeunesse. Le chef travaille les produits du terroir normand de belle manière, faisant preuve d'une bonne maîtrise des cuissons et des assaisonnements. Une vraie renaissance !

Formule 15 € – Menu 19 € (déj. en semaine), 39/59 € – Carte 54/66 €

Plan : B1-e *Hôtel Le Lion d'Or, 71 r. St-Jean – 02 31 92 06 90*
– www.liondor-bayeux.fr – Fermé 20 déc.-17 janv., dim. soir et lundi soir de mi-nov. à mi-mars, lundi midi et sam. midi

La Rapière

CUISINE MODERNE • COSY Cette maison du 15e s., nichée dans une ruelle pittoresque, a construit sa réputation autour de plats traditionnels, goûteux et parfumés. L'ensemble fleure bon le terroir, et s'enrichit même de touches asiatiques par endroits. En garde !

Formule 16 € – Menu 46 € (dîner)/52 € – Carte 37/50 €

Plan : B2-p *53 r. St-Jean – 02 31 21 05 45 – www.larapiere.net*
– Fermé 16-24 avril, 16-24 juil., 16-27 sept., 15-30 janv., lundi sauf le soir de juin à sept., merc. midi et dim.

Le Pommier

CUISINE TRADITIONNELLE • COSY Un Pommier très normand ! Dans un joli décor de pierres et colombages, très frais, on déguste un velouté de crustacés à la crème fraîche d'Isigny, un foie gras à la pomme, etc. Pour ne pas se lasser du goût de la région.

Formule 15 € – Menu 26/36 € – Carte 28/53 €

Plan : B2-s *40 r. des Cuisiniers – 02 31 21 52 10 – www.restaurantlepommier.com*

Villa Lara

LUXE • ÉLÉGANT Cet hôtel récent se trouve à deux pas de la célèbre Tapisserie de Bayeux. Les chambres y sont raffinées et donnent toutes sur la cathédrale. Luxe discret et sens du détail concourent à faire de cette adresse l'un des meilleurs établissements de la ville. Copieux petit-déjeuner.

23 chambres – 190/310 € 190/310 € – 5 suites – 23 €

Plan : B2-b *6 pl. de Québec – 02 31 92 00 55 – www.hotel-villalara.com*
– Ouvert de mars à nov.

Churchill

HISTORIQUE • PERSONNALISÉ Au cœur de la cité, cet hôtel a des allures de petit musée du 6 juin 1944 (photographies, documents, etc.). Les lieux ont une âme et les prestations sont agréables : mobilier de style, bar lumineux, chambres feutrées... dont 14, contemporaines, dans une extension récente.

46 chambres – 80/120 € 80/240 € – 14 €

Plan : B2-h *pl. de Québec – 02 31 21 31 80 – www.hotel-churchill.fr – Ouvert de mi-fév. à nov.*

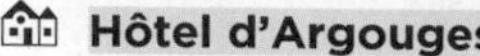

Hôtel d'Argouges

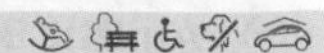

HISTORIQUE • PERSONNALISÉ Un style très hôtel particulier ; on pénètre dans une cour en plein centre-ville pour découvrir une belle bâtisse blanche (18e s.) et son jardin fleuri. L'ensemble est cossu, élégant et de bon ton. Les salons, d'origine, sont magnifiques !

28 chambres – 77/117 € 87/247 € – 14 €

Plan : A1-n *21 r. St-Patrice – 02 31 92 88 86 – www.hotel-dargouges.com – Fermé déc. et janv.*

Le Lion d'Or

TRADITIONNEL • PERSONNALISÉ Un porche, une cour pavée : l'endroit a du style ! Dans le salon trônent dédicaces et portraits des personnalités passées ici. Les clients d'aujourd'hui apprécient le calme, le restaurant et les chambres, sobres et confortables.

30 chambres – 89/229 € 89/229 € – 1 suite – 14 €

Plan : B2-e *71 r. St-Jean – 02 31 92 06 90 – www.liondor-bayeux.fr – Fermé 7-14 janv.*

Le Lion d'Or – voir les restaurants ci-dessus

Le Petit Matin

TRADITIONNEL • PERSONNALISÉ Cet hôtel particulier des 17e et 18e s. fait face aux superbes alignements de tilleuls de la place Charles-de-Gaulle – classés monuments naturels en 1932 ! La demeure allie beaux volumes et décors soignés ; les chambres, avec leur plancher de bois et leurs murs pastel, sont très reposantes... jusqu'au petit matin.

5 chambres – 85/120 € 95/140 €

Plan : A2-t *9 r. des Terres (pl. Charles-de-Gaulle) – 02 31 10 09 27 – www.chambres-hotes-bayeux-lepetitmatin.com*

Tardif Noble Guesthouse

HISTORIQUE • CLASSIQUE Amoureux de demeures historiques, cette adresse est pour vous ! Un parc aux arbres centenaires, une architecture remarquable (18e s.), le tout près de la belle cathédrale. Une maison très reposante, avec un cachet certain.

5 chambres – 95/215 € 115/245 €

Plan : B2-f *57 r. Larcher – 02 31 92 67 72 – www.hoteltardif.com*

rte de Port-en-Bessin 3 km au Nord-Ouest

Château de Sully

CUISINE MODERNE • ÉLÉGANT Dans le cadre classique et élégant de ce château du 18e s., on cultive le goût de la nature avec sensibilité : produits locaux – souvent bio –, créativité mesurée, finesse et harmonie... au rythme des saisons et de leurs caprices.

→ Homard du Cotentin à l'huile pimentée, salade d'herbes et de fleurs. Pigeonneau normand en croûte de cumin et de ras-el-hanout, taboulé à la coriandre. Fraises au naturel, financier à l'huile d'olive et roquette.

Menu 65/119 € – Carte 80/100 €

Hôtel Château de Sully, rte de Port-en-Bessin 14400 Bayeux – 02 31 22 29 48 – www.chateau-de-sully.com – Fermé 12 nov.-9 fév. et le midi sauf dim.

Château de Sully

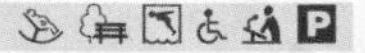

DEMEURE HISTORIQUE • CLASSIQUE De lourdes grilles, une grande allée ; une très belle entrée en matière pour ce château du 18e s. plein de charme. Les chambres cultivent un luxe discret et l'on aime à flâner sous les frondaisons du parc. Piscine, jacuzzi... Histoire et détente !

21 chambres – 179/299 € 179/299 € – 2 suites – 21 €

rte de Port-en-Bessin 14400 Bayeux – 02 31 22 29 48 – www.chateau-de-sully.com – Fermé 12 nov.-9 fév.

Château de Sully – voir les restaurants ci-dessus

à Audrieu 13 km au Sud-Est par D6 – ✉ 14250 – 1 020 hab. – Alt. 71 m

Le Séran

CUISINE MODERNE • LUXE XXX Murs recouverts de boiseries, poutres et chaises d'époque : bienvenue en ce château du siècle des Lumières, pour un voyage gastronomique empreint de la noblesse des produits de la région. Créativité et vins de choix sont également au rendez-vous.

Formule 25 € – Menu 65/95 € – Carte 76/97 €

Hôtel Château d'Audrieu
– ✆ 02 31 80 21 52 – www.chateaudaudrieu.com – Fermé 15 déc.-1er mars

Château d'Audrieu

DEMEURE HISTORIQUE • GRAND LUXE Superbe ! Un château du 18e s., classé monument historique, rénové dans l'esprit de l'époque, au sein d'un parc ravissant. Jardin de fleurs blanches, de roses, d'herbes... avec même une chambre-chalet suspendue dans les arbres... Avis aux amateurs.

26 chambres – †272/929 € ††272/929 € – 4 suites – ☕ 27 €

– ✆ 02 31 80 21 52 – www.chateaudaudrieu.com – Fermé 15 déc.-1er mars

Le Séran – voir les restaurants ci-dessus

BAYONNE

✉ 64100 Pyrénées-Atlantiques – 45 855 hab. – Agglo. 226 811 hab. – Alt. 3 m
– Carte régionale n° **2**-A3
Carte Michelin 342-D2 – Guide Vert Michelin Pays Basque et Navarre

Accès et sorties : voir Biarritz.

Auberge du Cheval Blanc

CUISINE CLASSIQUE • ÉLÉGANT XX Ce relais de poste du 18e s. est tenu par la même famille depuis 1959. La salle arbore les couleurs blanc et rouge du Pays basque... et la cuisine revisite le répertoire régional, avec la complicité de bons produits bayonnais (sel, jambon, chocolat, irouléguy, etc.).

Menu 26 € (semaine)/46 € – Carte 53/66 €

Plan : B2-b *68 r. Bourgneuf*
– ✆ 05 59 59 01 33 – www.cheval-blanc-bayonne.com – Fermé 25 juin-5 juil., 5-12 nov., sam. midi, dim. soir et lundi

Goxoki Ⓝ

CUISINE TRADITIONNELLE • CLASSIQUE XX Le *goxoki*, c'est l'endroit chaleureux, en basque. Un nom tout indiqué pour ce restaurant du petit Bayonne où officie un chef au parcours solide – il a notamment passé vingt ans auprès de Jean Cousseau, à Magescq. Sa cuisine, très française, fait la part belle aux beaux produits de saison : le classicisme dans ce qu'il a de meilleur.

Menu 24/59 € – Carte 56/82 €

Plan : B2-r *24 r. Marengo*
– ✆ 05 59 59 49 89 – htttp://goxoki.wixsite.com/goxoki
– Fermé 15 fév.-6 mars, 10-16 oct., 2-8 janv., dim. soir sauf hors saison et merc.

La Table de Pottoka

CUISINE DU SUD-OUEST • BRANCHÉ X Après le succès de son Pottoka parisien (dans le 7e arrondissement), le chef revient à ses racines bayonnaises. Il compose des plats de bistrot inspirés du meilleur de la production du Sud-Ouest, dont la poitrine de cochon crousti-fondante pourrait devenir l'ambassadrice ! Peut-être la meilleure adresse de la ville.

Formule 21 € – Menu 26 € (déj. en semaine), 37/48 €

Plan : B1-f *21 quai Amiral-Dubourdieu*
– ✆ 05 59 46 14 94 – www.pottoka.fr
– Fermé 3 semaines en août, dim. et lundi

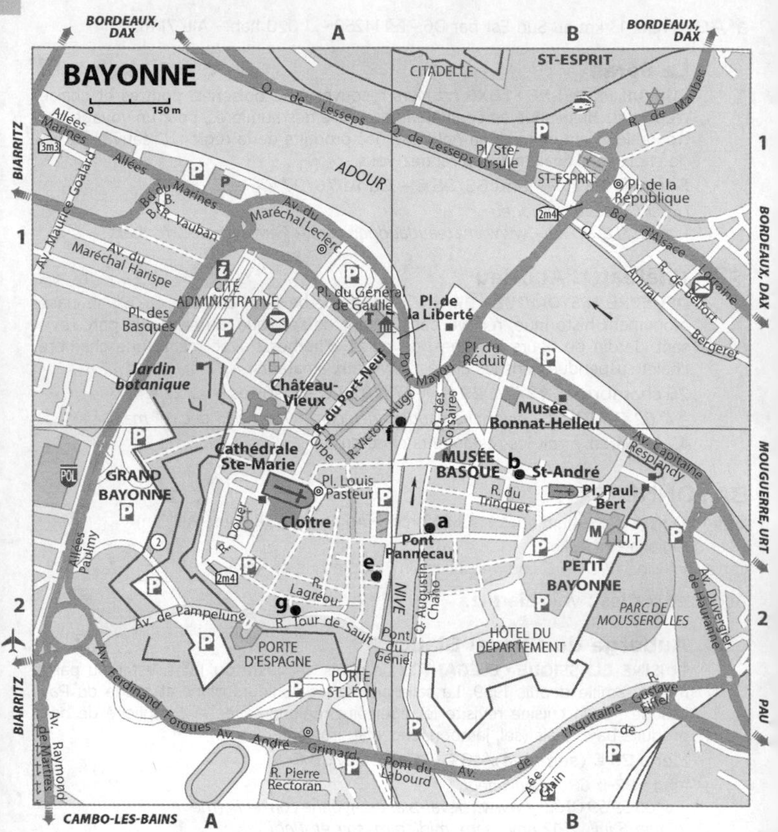

L'Embarcadère

CUISINE MODERNE • RUSTIQUE ✗ En bord de Nive, le long d'un quai dont les terrasses font le bonheur des passants, on est accueilli avec gentillesse dans cet embarcadère gourmand. Aux fourneaux, un jeune chef et son beau-père réalisent une cuisine dans l'air du temps, où le poisson a la part belle. N'hésitez pas à embarquer...

Carte 33/43 €

Plan : A2-e *15 quai A.-Jauréguiberry*
- ✆ 05 59 25 60 13
- Fermé 2 semaines en fév., 1 semaine en oct., dim. soir et lundi

La Grange

CUISINE TRADITIONNELLE • RUSTIQUE ✗ Vieilles pierres, tresses de piments et objets chinés créent une atmosphère d'antan au cœur de la ville... On déguste ici une savoureuse cuisine du marché et quelques spécialités de bistrot à l'accent basque. L'été, profitez de la terrasse sous les arcades, au bord de la Nive. Accueil et service aux petits soins.

Menu 25/40 €
- Carte 50/60 €

Plan : B2-a *26 quai Galuperie*
- ✆ 05 59 46 17 84 – Fermé dim.

Hôtel des Basses Pyrénées

HISTORIQUE • COSY Cet hôtel, entièrement décoré par sa propriétaire – dont c'est la passion –, ne manque pas de cachet ! Il est construit sur une partie de rempart datant de l'époque gallo-romaine, et aménagé dans un esprit alliant le classique (mobilier vintage) et le contemporain.

27 chambres – 70/100 € 90/450 € – 15 €

Plan : A2-g *12 r. Tour-de-Salt – 05 59 25 70 88 – www.hotel-bassespyrenees-bayonne.com*

La Villa Hôtel

MAISON DE MAÎTRE • PERSONNALISÉ Au calme dans son jardin d'inspiration italienne, cette maison de maître offre une jolie vue sur la Nive et les Pyrénées. On s'y repose dans de belles chambres à la décoration soignée, pourvues de meubles anciens chinés. Idéal pour une escapade au Pays basque.

10 chambres – 70/230 € 70/230 € – 12 €

Hors plan *12 chemin de Jacquette – 05 59 03 01 20 – www.bayonne-hotel-lavilla.com*

BAZAS

33430 Gironde – 4 734 hab. – Alt. 70 m – Carte régionale n° **2**-B2
Carte Michelin 335-J8 – Guide Vert Michelin Aquitaine

Les Remparts

CUISINE MODERNE • TENDANCE XX Les Remparts, un restaurant traditionnel ? Que nenni ! L'équipe en place, enthousiaste, privilégie les produits bio, ou locaux. Belle terrasse posée au sommet des remparts.

Formule 17 € – Menu 28/89 € – Carte 43/81 €

49 pl. de la Cathédrale (Espace Mauvezin) – 05 56 25 95 24 – www.restaurant-les-remparts.com – Fermé dim. soir, lundi et mardi

à Bernos-Beaulac 6 km au Sud par D932 – 33430 – 1 142 hab. – Alt. 66 m

Dousud

MAISON DE CAMPAGNE • TRADITIONNEL Un nom tout trouvé pour cette jolie ferme landaise, au cœur d'un parc de 9 ha où trottent des chevaux, et picorent quelques poules. Les chambres disposent toutes d'une terrasse et, le soir, la propriétaire concocte une cuisine traditionnelle simple et saine. Un lieu charmant, idéal pour se mettre au vert en toute quiétude et à prix... doux !

5 chambres – 70/95 € 85/100 €

au Doux Sud – 05 56 25 43 23 – www.dousud.fr

BAZINCOURT-SUR-EPTE – 27 Eure → Voir Gisors

BAZOUGES-LA-PÉROUSE

35560 Ille-et-Vilaine – 1 793 hab. – Alt. 106 m – Carte régionale n° **5**-D2
Carte Michelin 309-M4 – Guide Vert Michelin Bretagne Nord

Château de la Ballue

DEMEURE HISTORIQUE • CLASSIQUE De superbes jardins d'esprit baroque et à la française entourent ce château du 17e s., dont les grandes chambres se révèlent raffinées : hauteur sous plafond, boiseries d'époque, mobilier ancien. N'oublions pas la superbe piscine avec son jardin zen... et la mare aux canards.

5 chambres – 190/305 € 210/345 € – 20 €

4 km au Nord-Est par D91 et rte secondaire – 02 99 97 47 86 – www.la-ballue.com

LE BEAUCET - 84 Vaucluse ➜ Voir Carpentras

LE BEAUCET - 84 Vaucluse ➜ Voir Carpentras

BEAUCHAMPS

✉ 50320 Manche - 382 hab. - Alt. 120 m - Carte régionale n° **17**-A2
Carte Michelin 303-D7

Les Sens à Scion

CUISINE MODERNE • AUBERGE XX Impossible de manquer cette imposante maison en pierre de pays, installée... en bordure de rond-point. Le chef, pâtissier de formation, multiplie les clins d'œil au terroir – queue de lotte à la sauce cidre et crème, turbot rôti et émulsion à l'andouille... et propose, évidemment, de délicieux desserts !

Formule 15 € - Menu 21 € (semaine), 32/52 € - Carte 42/53 €

8 Le Scion
- ✆ 02 33 50 80 54 - Fermé dim. soir, merc. soir et lundi

BEAUCOUZÉ - 49 Maine-et-Loire ➜ Voir Angers

BEAUGENCY

✉ 45190 Loiret - 7 564 hab. - Alt. 99 m - Carte régionale n° **6**-C2
Carte Michelin 318-G5 - Guide Vert Michelin Châteaux de la Loire

Le P'tit Bateau

CUISINE MODERNE • AUBERGE XX Un jeune couple plein d'allant a pris le gouvernail de ce P'tit Bateau où il signe à quatre mains de bien jolies recettes : tout est généreux, précis, présenté avec soin et savoureux. À noter : le sympathique patio pour un repas à l'air libre. Une maison qui respire l'envie de bien faire !

Formule 35 € - Menu 42/75 € - Carte environ 56 €

54 r. du Pont
- ✆ 02 38 44 56 38 - www.restaurant-lepetitbateau.fr - Fermé lundi et mardi

Grand Hôtel de l'Abbaye

TRADITIONNEL • HISTORIQUE En bord de Loire, une véritable demeure historique que cette ancienne abbaye des 12e-17e s. Vieilles pierres, escalier monumental, tomettes, mobilier de style... et de belles chambres aménagées dans les anciennes cellules des moines.

19 chambres - †69/159 € ††79/209 € - ☕ 16 €

2 quai de l'Abbaye
- ✆ 02 38 45 10 10 - www.grandhoteldelabbaye.com

L'Écu de Bretagne

TRADITIONNEL • CLASSIQUE Au cœur de la cité médiévale, cet ancien relais de poste du 17e s. attire encore les voyageurs ! Les chambres, récemment rénovées, sont confortables et joliment décorées. Un petit jardin et une piscine chauffée sont à la disposition des clients.

33 chambres - †94/199 € ††94/199 € - ☕ 13 €

pl. du Martroi
- ✆ 02 38 44 67 60 - www.ecudebretagne.fr

à Tavers 3 km à l'Ouest par A10, E5 et E60 - ✉ 45190 - 1 347 hab. - Alt. 100 m

La Tonnellerie

TRADITIONNEL • CLASSIQUE Cette maison de 1870 est bourrée de charme. Tout le mérite en revient à ses propriétaires, qui ont réussi leur pari initial : offrir tout le confort moderne (isolation et équipements des chambres) en préservant le charme classique des lieux. Agréable jardin avec piscine.

16 chambres - †80/190 € ††80/190 € - 2 suites - ☕ 13 €

12 r. des Eaux-Bleues (près de l'église) - ✆ 02 38 44 68 15
- www.latonnelleriehotel.com - Fermé de mi-déc. à mi-janv.

BEAULIEU

⊠ 07460 Ardèche - 481 hab. - Alt. 130 m - Carte régionale n° **23**-A3
Carte Michelin 331-H7

La Santoline

AUBERGE • PERSONNALISÉ Une bâtisse du 16ᵉs. entourée par la garrigue cévenole, dont les chambres sont décorées de meubles chinés et d'objets glanés au fil de voyages. Et à 900 m de là, le restaurant la Carabasse propose une cuisine du marché sous cave voûtée... N'hésitez pas à faire un petit plongeon dans la piscine.

4 chambres - †118 € ††118 € - ☕14 €

Lieu-dit Bouchet, 1 km au Sud-Est de Beaulieu - ✆ 04 75 39 01 91 - www.lasantoline.com - Ouvert mai-sept.

BEAULIEU-SUR-DORDOGNE

⊠ 19120 Corrèze - 1 184 hab. - Alt. 142 m - Carte régionale n° **13**-C3
Carte Michelin 329-M6 - Guide Vert Michelin Limousin Berry

Le Turenne (N)

CUISINE MODERNE • CONTEMPORAIN X Décoration minimaliste pour ce restaurant de l'hôtel Turenne. Le beau parcours du chef et le professionnalisme de son épouse se lisent dans les assiettes, goûteuses et maîtrisées, et le service en salle, attentionné. Mention spéciale au gaspacho de tomate et aux langoustines rôties. La terrasse, aux beaux jours, offre un prolongement rêvé à la gourmandise.

Formule 13 € - Menu 16 € (déj. en semaine), 26/34 € - Carte 35/45 €

Hôtel Le Turenne, 1 bd St-Rodolphe-de-Turenne - ✆ 05 55 28 63 60 - www.leturenne.com - Fermé sam. midi, dim. soir et lundi

Les Flots Bleus

CUISINE MODERNE • TENDANCE XX Un bon repas en perspective dans cet hôtel-restaurant installé en bordure de Dordogne : on y propose une cuisine dans l'air du temps, basée sur les bons produits de la région. Aux beaux jours, on profitera même de la terrasse donnant sur l'église du village.

Formule 17 € - Menu 22 € (déj. en semaine), 27/55 € - Carte 32/52 €

7 chambres - †71/86 € ††86/97 € - ☕10 €

pl. du Monturu - ✆ 05 55 91 06 21 - www.hotel-flotsbleus.com - Fermé de fin nov. à début mars et lundi sauf le soir en juil.-août

Le Turenne

TRADITIONNEL • PERSONNALISÉ Dans cette charmante bourgade médiévale, une superbe bâtisse datant du 12ᵉ s., réaménagée en hôtel. Les chambres, modernes et bien équipées, ont été personnalisées avec quelques touches colorées, ethniques ou baroques... et l'ensemble a du cachet !

9 chambres - †73/145 € ††73/145 € - ☕10 €

1 bd St-Rodolphe-de-Turenne - ✆ 05 55 91 94 72 - www.leturenne.com - Fermé vend. et sam. de nov. à fév.

Le Turenne - voir les restaurants ci-dessus

à Brivezac 4 km rte d'Argentat par D940, D12 et rte secondaire - ⊠ 19120 - 173 hab. - Alt. 140 m

Château de la Grèze

DEMEURE HISTORIQUE • PERSONNALISÉ Au calme d'un parc, cette élégante demeure du 18ᵉ s. abrite des chambres spacieuses au décor soigné ; les tissus d'Indienne fleurissent sur les murs et la vue sur la vallée est imprenable. Piscine, promenades à pied, à cheval ou à vélo (à disposition) : on mène ici une vraie vie de gentilhomme.

5 chambres ☕ - †83/119 € ††98/134 €

- ✆ 05 55 91 08 68 - www.chateaudelagreze.com - Ouvert 16 mars-15 nov.

BEAULIEU-SUR-LAYON

✉ 49750 Maine-et-Loire – 1 421 hab. – Alt. 85 m – Carte régionale n° **18**-C2
Carte Michelin 317-F5

Château Soucherie

DEMEURE HISTORIQUE • PERSONNALISÉ Sur les coteaux du Layon, un château au cœur d'un domaine viticole de 28 ha. Dans les chambres, raffinées à souhait, mobilier ancien et confort moderne se conjuguent à merveille ! Le plus : une visite de la propriété, avec dégustation, est proposée aux nouveaux arrivants. Une belle adresse.

4 chambres – 95/115 € 115/135 €

2,5 km au Nord-Ouest par D54 et D209
– ✆ 02 41 78 31 18 – www.domaine-de-la-soucherie.fr
– Fermé dim. et fériés

BEAULIEU-SUR-MER

✉ 06310 Alpes-Maritimes – 3 745 hab. – Carte régionale n° **22**-E2
Carte Michelin 341-F5 – Guide Vert Michelin Côte d'Azur

Restaurant des Rois

CUISINE MODERNE • LUXE XXXX Au pied de ce véritable palais de bord de mer, une superbe terrasse face à la Méditerranée et, en guise de salle, une riche galerie ouverte sur les flots... Un superbe écrin pour la cuisine de Yannick Franques, cultivant la délicatesse et la générosité avec une maestria toute particulière !

→ Mystère de l'œuf en neige, brioche croustillante et jus de truffe crémé. Loup de Méditerranée en écailles soufflées flambé au pastis, tartare de fenouil bio. Citron de l'arrière-pays à notre façon, mousse de lait glacée.

Menu 130/215 €
– Carte 170/280 €

Plan : B2-w *Hôtel La Réserve de Beaulieu & Spa, 5 bd du Mar.-Leclerc*
– ✆ 04 93 01 00 01 – www.reservebeaulieu.com
– Fermé 14 oct.-22 déc., dim. soir et lundi soir du 7 janv. au 3 mai et le midi

L'eSCentiel

CUISINE TRADITIONNELLE • BISTRO X Charles Séméria, c'est l'enfant du pays : berlugan et fier de l'être. Fini les grands hôtels de la Côte d'Azur, il revient aux fondamentaux dans ce restaurant de poche, situé à deux pas du centre et du port de plaisance. Les plats sont simples et goûteux, et les prix aussi doux qu'un soleil azuréen.

Formule 19 €
– Carte 33/48 €

Plan : B2-e *26 bd du Mar.-Leclerc*
– ✆ 04 93 01 17 33 – www.lescentielbeaulieu.com
– Fermé 22 juin-12 juil., 24 déc.-13 janv., mardi soir, merc. soir, dim. midi et jeudi

La Table de la Réserve

CUISINE MÉDITERRANÉENNE • COLORÉ X Cette Table apporte un plus indéniable à l'offre de restauration de ce superbe établissement. La carte, orientée terroir, fait aussi la part belle à la Méditerranée : cannelloni de légumes, pasta ou encore daurade royale rôtie... À déguster dans une ambiance conviviale et décontractée.

Formule 19 € – Menu 25 € (déj.) – Carte 42/69 €

Plan : B2-w *Hôtel La Réserve de Beaulieu & Spa, 5 bd du Mar.-Leclerc*
– ✆ 04 93 01 00 01 – www.reservebeaulieu.com
– Fermé 14 oct.-22 déc., lundi en saison, merc. hors saison et mardi

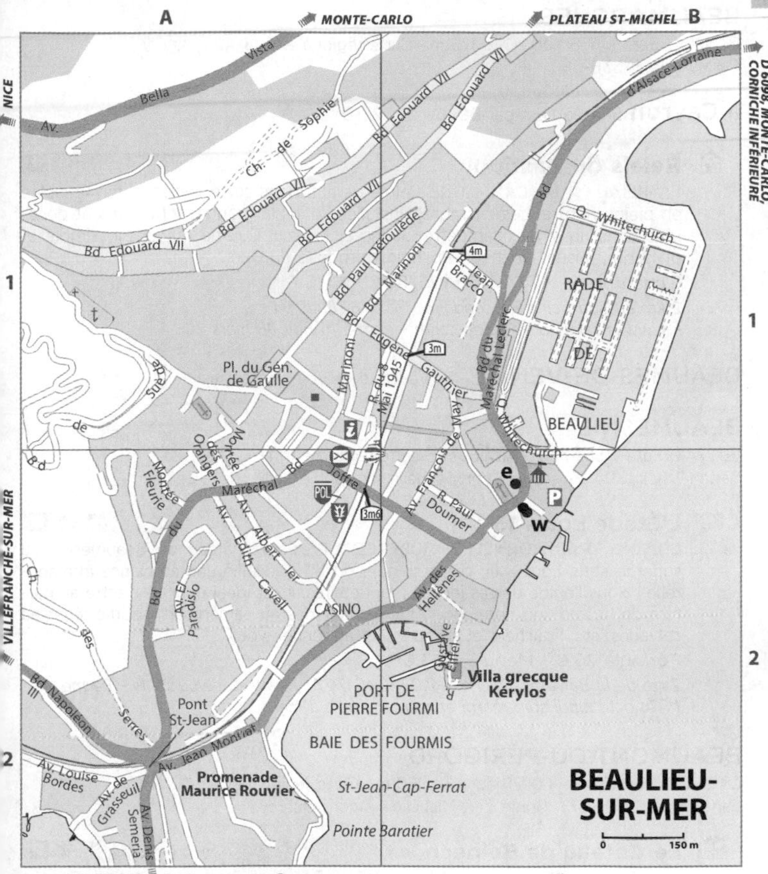

La Réserve de Beaulieu & Spa

GRAND LUXE · ÉLÉGANT Entre Nice et Monaco, cette architecture digne d'un palais florentin (1880) se détache magnifiquement sur les falaises tombant dans la Méditerranée... Avec ses décors fastueux (mobilier ancien, tapisseries, boiseries, etc.), sa superbe piscine en balcon sur la Grande Bleue, son ponton privé, etc., voilà bien l'une des plus belles adresses de la Riviera !

34 chambres - 190/2135 € 190/2135 €
- 5 suites - 45 €

Plan : B2-w *5 bd du Mar.-Leclerc*
- 04 93 01 00 01
- www.reservebeaulieu.com
- Fermé 14 oct.-22 déc.

Restaurant des Rois • **La Table de la Réserve** - voir les restaurants ci-dessus

Voir aussi ressources hôtelières à ***St-Jean-Cap-Ferrat***

BEAUMARCHÉS

32160 Gers - 678 hab. - Alt. 175 m - Carte régionale n° **15**-A2
Carte Michelin 336-C8

à Cayron 5 km à l'Est par D946 - 32230

Relais du Bastidou

FAMILIAL • À LA CAMPAGNE Calme garanti dans cette ancienne ferme isolée en pleine nature. Les chambres, installées dans la grange, sont joliment décorées dans un style champêtre. Sauna et jacuzzi. Cuisine du terroir, simple et plaisante, faisant honneur aux beaux produits du Gers.

8 chambres - 75/85 € 75/85 € - 10 €

2 km au Sud par rte secondaire - 05 62 69 19 94 - www.le-relais-du-bastidou.com - Fermé 1er nov.-18 mars

BEAUMES-DE-VENISE - 84 Vaucluse → Voir Carpentras

BEAUMESNIL

27410 Eure - 562 hab. - Alt. 169 m - Carte régionale n° **17**-C2
Carte Michelin 304-E7 - Guide Vert Michelin Normandie Vallée de la Seine

L'Étape Louis 13

CUISINE TRADITIONNELLE • AUBERGE XX Près du château de Beaumesnil, au superbe style Louis XIII, ce presbytère du 17e s. distille une ambiance intemporelle... Sous l'égide de ses jeunes propriétaires, il est idéal pour se mettre au parfum de la tradition normande : huîtres chaudes au camembert, soufflé léger au calvados, etc. Fraîcheur et saveurs sont au rendez-vous.

Formule 26 € - Menu 34/43 €

2 rte de la Barre-en-Ouche - 02 32 45 17 27 - www.etapelouis13.fr - Fermé 1er-14 oct., lundi soir, mardi et merc. de nov. à mars

BEAUMONT-DU-PÉRIGORD

24440 Dordogne - 1 097 hab. - Alt. 160 m - Carte régionale n° **2**-C1
Carte Michelin 329-F7 - Guide Vert Michelin Périgord Quercy

Le Coteau de Belpech

MAISON DE CAMPAGNE • ROMANTIQUE De quoi être aux anges... Sur un coteau, une chapelle romane du 11es. restaurée par un couple amoureux des vieilles pierres. Chambres soignées, dont l'une dans le clocher avec une vue à 360° ! Cuisine traditionnelle de qualité à la table d'hôte.

4 chambres - 105/170 € 115/210 €

au lieu-dit Belpech - 05 53 22 87 58 - www.coteau-belpech.com

BEAUMONT-EN-AUGE

14950 Calvados - 420 hab. - Alt. 90 m - Carte régionale n° **17**-A3
Carte Michelin 303-M4 - Guide Vert Michelin Normandie Vallée de la Seine

Auberge de l'Abbaye N

CUISINE MODERNE • AUBERGE X Reprise par une jeune équipe dynamique, cette auberge pleine de cachet tient toutes ses promesses. Des produits du terroir bien travaillés, des dressages soignés, de la générosité et un goût pour les herbes fraîches, le tout évoluant au fil des saisons... sans oublier l'intérieur rustique, qui ne manque pas de cachet. Un vrai plaisir !

Formule 26 € - Menu 36/51 €

2 r. de la Libération - 02 31 64 82 31 - www.auberge-abbaye-beaumont.com - Fermé janv., lundi soir d'oct. à mars, mardi sauf juil.-août et merc.

Le P'tit Beaumont

CUISINE DU TERROIR • BISTRO Noblesse de l'attachement ! Les propriétaires de ce café, situé au centre du village, l'ont racheté pour ne pas le voir disparaître... Après travaux, le vieux troquet s'est mué en un bistrot branché, où l'on sert de bons plats canaille dans un décor mixant bois et métal. Cinq jolies chambres pour l'étape.

Menu 15 € (déj. en semaine)/23 €

5 chambres - 75/95 € 75/95 € - 10 €

20 r. du Paradis - 02 31 64 80 22 - www.leptitbeaumont.fr - Fermé 2 semaines début janvier, dimanche et le soir sauf vendredi et samedi

BEAUMONT-SUR-SARTHE

72170 Sarthe - 1 945 hab. - Alt. 76 m - Carte régionale n° **18**-D1
Carte Michelin 310-J5

Auberge de la Croix Margot

CUISINE TRADITIONNELLE • AUBERGE Il ne faut pas hésiter à s'arrêter dans cette petite auberge située en bordure de route à la sortie de Beaumont ; deux frères jumeaux y sont à la manœuvre, réalisant une cuisine traditionnelle simple et goûteuse, qui privilégie les produits frais : volaille de Mayenne, canette de Challans...

Formule 16 € - Menu 28/50 € - Carte 35/49 €

122 av. de la Division-Leclerc - 02 43 34 13 59 - www.auberge-la-croix-margot.fr - Fermé 9 juil.- 1er août, 2-17 janv., lundi soir, mardi et merc.

F. Cateloy/Mond Image/age fotostock

ON AIME...

Le Relais de Saulx, où Olivier Streiff, ex-Top Chef, fait chavirer les cœurs gourmands. **La Superb**, un "bar à manger" contemporain au cœur de la vieille ville. Déguster les vins du domaine aux **Jardins de Loïs**, une charmante maison d'hôtes. Enfin, **Moutarde Fallot**, une authentique moutarderie bourguignonne...

BEAUNE

✉ 21200 Côte-d'Or – 21 579 hab. – Alt. 220 m – Carte régionale n° **4**-A3
Carte Michelin 320-I7 – Guide Vert Michelin Bourgogne

Restaurants

✿ Le Jardin des Remparts (Christophe Bocquillon)

CUISINE MODERNE • ÉLÉGANT XXX Dans cette élégante villa bourgeoise des années 1930, au pied des remparts, le jeune chef, Christophe Bocquillon, signe une cuisine tout en netteté et saveurs, où les meilleurs produits de saison dévoilent des accords originaux. Aux beaux jours, sachez que la terrasse est l'une des plus prisées de Beaune !

➜ Huitres numéro 0, velouté de cresson, crème iodée et acidulée. Paleron de bœuf Angus, foie gras poêlé, betterave et framboises acidulées. Tarte au chocolat craquante, cœur coulant caramel et sorbet kalamensi.

Menu 32 € (déj.), 65/85 € - Carte 90/110 €

Plan : A2-a *10 r. Hôtel-Dieu*
- ✆ 03 80 24 79 41 - www.le-jardin-des-remparts.com
- Fermé 15-23 avril, 22-30 oct., 23 déc.-16 janv., lundi sauf le soir en juil.-août et dim.

✿ Loiseau des Vignes

CUISINE MODERNE • ÉLÉGANT XX La griffe "Loiseau" (sous la houlette de la maison mère de Saulieu), une belle carte des vins – avec un choix rare de 70 vins au verre –, un lieu au cachet sûr (poutres, pierres) et surtout des assiettes pleines de caractère : une multitude d'atouts pour cette bonne table au cœur de la gastronomie bourguignonne !

➜ Œuf en trompe-l'œil et son nid croustillant, sabayon à la truffe d'été et petits pois. Filet de bœuf de Charolles au sel rose, os à moelle végétal, sauce gribiche. Chocolat noir abinao, crémeux praliné noisette, biscuit et cacao.

Formule 25 € – Menu 35 € (déj.), 59/119 € – Carte 95/170 €

Plan : A2-z *31 r. Maufoux*
- ✆ 03 80 24 12 06 - www.bernard-loiseau.com
- Fermé fév., dim. et lundi

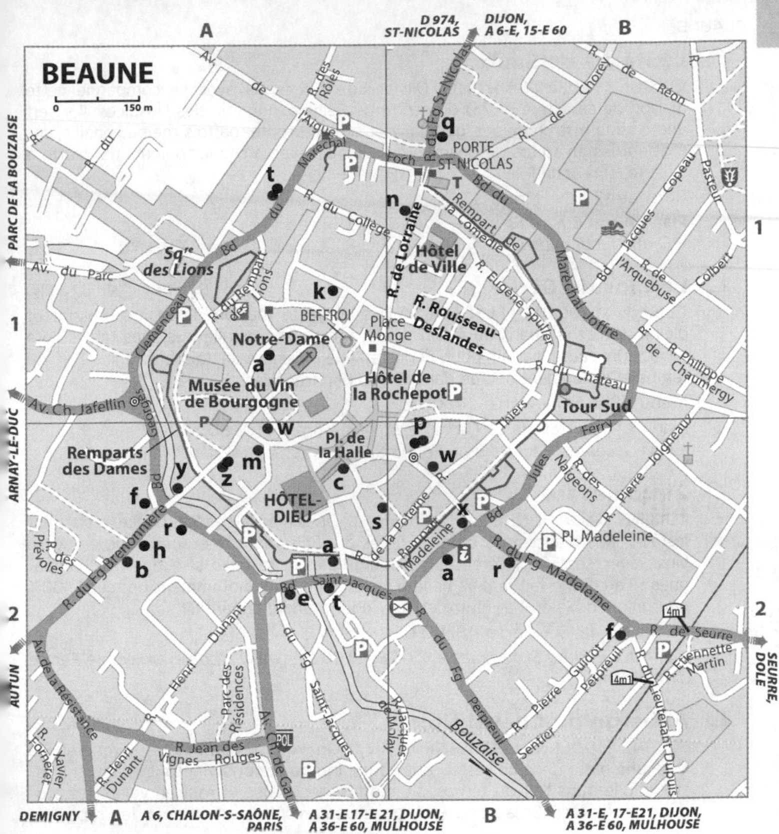

✿ Le Bénaton (Keishi Sugimura)

CUISINE CRÉATIVE • CONTEMPORAIN XX Aux fourneaux, Keishi Sugimura régale de beaux produits de saison avec une pointe de créativité, et nous gratifie d'une savoureuse spécialité maison : le pâté en croûte ! Quant au cadre, il mêle élégamment bois et pierres apparentes, avec une ravissante terrasse qui donne sur un jardin japonais.

➜ Pâté en croûte aux cèpes, pigeon, ris de veau et foie gras. Filet de pigeon rôti et cuisse croustillante. Comme un vacherin à la fraise, crème de banane et mascarpone.

Menu 34 € (déj. en semaine), 60/95 € – Carte 85/110 €

Plan : A2-b *25 r. du Faubourg-Bretonnière – ✆ 03 80 22 00 26 – www.lebenaton.com – Fermé 1 semaine en fév., 2 semaines en mars, 1 semaine en août, sam. midi d'avril à nov., jeudi sauf le soir d'avril à nov. et merc.*

✿ Le Carmin (Christophe Quéant)

CUISINE MODERNE • CONTEMPORAIN XX Sur cette place Carnot toute proche de l'Hôtel-Dieu, un vivifiant Carmin ! Le chef, Christophe Quéant, met à profit son expérience pour réaliser de très bons plats au goût du jour, tout en simplicité et en franchise. Avec, en prime, un très bon rapport plaisir-prix.

➜ Foie gras de canard aux langoustines, chutney de fenouil et agrumes. Suprêmes et cuisses de pigeon caramélisés, jeunes navets. Soufflé aux écorces d'agrumes confites et Cointreau.

Formule 25 € – Menu 31 € (déj.), 55/125 € – Carte 75/110 €

Plan : A2-c *4B pl. Carnot – ✆ 03 80 24 22 42 – www.restaurant-lecarmin.com – Fermé vacances de fév., 23-28 déc., dim. et lundi*

Le Relais de Saulx

CUISINE MODERNE · INTIME X Olivier Streiff a repris avec sa compagne cette maison de caractère (1673) du centre de Beaune, non loin des Hospices. Il y sert une cuisine bistronomique goûteuse et sans esbroufe, parfois même canaille, qui régalera les amateurs de beaux produits bio... avec presque toujours un risotto à la carte, son dada !

Formule 24 € - Menu 32 €

Plan : A2-m *6 r. Louis-Véry - ☎ 03 80 22 01 35 - Fermé lundi midi, sam. et dim.*

Le Clos du Cèdre

CUISINE MODERNE · ÉLÉGANT XXX Une élégante maison de maître, cossue et pleine de cachet, dans un jardin verdoyant où l'on installe quelques tables l'été venu... Un cadre parfait pour déguster une cuisine à la fois bien dans l'air du temps et solidement ancrée dans la tradition française.

Menu 58/94 € - Carte 74/110 €

Plan : A1-t *Hostellerie Le Cèdre, 12 bd Mar.-Foch - ☎ 03 80 24 01 01 - www.lecedre-beaune.com - Fermé 8-30 janv. et le midi sauf dim.*

21 Boulevard

CUISINE TRADITIONNELLE · ÉLÉGANT XX On aime l'élégance de ce restaurant installé dans d'anciennes caves voûtées du 15e s., dont une donne sur la cave à vins... avec ses 500 références de bourgognes et sa belle sélection de champagnes ! La cuisine fait la part belle à la tradition, avec notamment un menu 100% bourguignon. Salon-bar feutré et cosy pour prendre l'apéritif.

Menu 28/48 € - Carte 48/80 €

Plan : A2-e *21 bd St-Jacques - ☎ 03 80 21 00 21 - www.21boulevard.com - Fermé dim. et lundi*

Auberge du Cheval Noir

CUISINE MODERNE · CONTEMPORAIN XX On vous recommande vivement de faire une halte dans ce restaurant épuré, intime et convivial tout à la fois. L'assiette, pile dans l'air du temps, s'y montre généreuse et met en valeur les produits régionaux. Et au sous-sol, un caveau voûté parfait pour les repas de groupe.

Menu 24 € (déj. en semaine), 32/65 € - Carte 43/67 €

Plan : A2-t *17 bd St-Jacques - ☎ 03 80 22 07 37 - www.restaurant-lechevalnoir.fr - Fermé 6 fév.-1er mars, 17-25 juil., 27 nov.-5 déc., mardi et merc.*

Caveau des Arches

CUISINE TRADITIONNELLE · CONVIVIAL XX Insolite, ce restaurant logé dans un caveau souterrain en pierre (18e s.) intégrant les soubassements d'un pont du 15e s. Persillé de Bourgogne, œufs en meurette, poêlon d'escargots : les spécialités maison s'accompagnent de l'un des nombreux vins de bourgognes sortis de la cave... Une adresse qui a la cote !

Menu 25/56 € - Carte 33/70 €

Plan : B2-x *10 bd Perpreuil - ☎ 03 80 22 10 37 - www.caveau-des-arches.com - Fermé 1er-21 août, 22 déc.-8 janv., dim. et lundi*

L'Écusson

CUISINE MODERNE · CLASSIQUE XX Un Écusson aux couleurs de la gourmandise ! Le chef, passé par des maisons de renom, concocte une cuisine du marché fraîche, goûteuse et inspirée, à l'image de cette crème mousseuse de grenouilles aux morilles et ris de veau... En prime, la terrasse est agréable et la carte fait honneur aux beaux bourgognes.

Formule 25 € - Menu 25 € (déj.), 49/100 € - Carte 65/92 €

Plan : B2-f *2 r. du Lieutenant-Dupuis - ☎ 03 80 24 03 82 - www.ecusson.fr - Fermé 7 fév.-8 mars, 1 semaine en août, merc. et dim.*

Bistro de l'Hôtel

CUISINE TRADITIONNELLE • CHIC Une élégante salle de style bistrot chic, au service d'une cuisine qui honore la tradition et les très beaux produits. La spécialité de la maison ? La volaille de Bresse rôtie ! Quant à la carte des vins, elle est tout simplement impressionnante...

Menu 85 € - Carte 50/150 €

Plan : B2-p *L'Hôtel, 3 r. Samuel-Legay - 03 80 25 94 10 - www.lhoteldebeaune.com - Fermé 10 déc.-2 janv., dim. et le midi*

La Superb

CUISINE MODERNE • CONVIVIAL Sis dans une petite rue commerçante proche de la place Carnot, au cœur de la vieille ville, ce "bar à manger" contemporain propose une cuisine du marché, rythmée par les saisons, habile à valoriser de beaux produits. Sans oublier le sympathique menu déjeuner ! Goûteux et sans superflu.

Menu 25 € - Carte 50/65 €

Plan : B2-w *15 r. d'Alsace - 03 80 22 68 53 - Fermé 1 semaine en août, 2 semaines en janv., dim. et lundi*

Bissoh

CUISINE JAPONAISE • ÉPURÉ Dans sa cuisine ouverte, entourée d'un comptoir avec une dizaine de couverts, le chef japonais Mikihiko Sawahata s'affaire avec maestria. Couteaux, chou chinois, huîtres ou encore bœuf Ozaki : avec ces produits remarquables, il réalise de superbes assiettes, inventives et parfumées. Réservation indispensable !

Menu 49/63 € - Carte 35/45 €

Plan : A2-y *42 r. Maufoux - 03 80 24 01 02 - Fermé janv., lundi et mardi*

La Ciboulette

CUISINE BOURGUIGNONNE • TRADITIONNEL Près de la porte St-Nicolas, un petit restaurant traditionnel, dont la carte se mâtine de touches bourguignonnes. Terrine de volaille aux noisettes, pavé de bœuf charolais et sauce à l'époisses, ou encore poire pochée au vin rouge et sorbet au cassis... L'accueil est chaleureux, le décor frais et simple. Sympathique !

Menu 22/40 € - Carte 31/59 €

Plan : B1-n *69 r. de Lorraine - 03 80 24 70 72 - Fermé 5 fév.-28 fév., 6-22 août, lundi et mardi*

L'Air du Temps

CUISINE BOURGUIGNONNE • TRADITIONNEL La salle à manger ne manque pas de surprendre, avec ses faux airs de grotte ; pas de quoi nous distraire de la bonne cuisine bourguignonne qu'il y a dans notre assiette - œufs en meurette, bourguignon de joue de bœuf, financier au cassis... L'été, on s'attable sur la grande terrasse pour un repas ensoleillé !

Formule 14 € - Menu 17 € (déj. en semaine), 25/42 € - Carte 31/59 €

Plan : A2-w *3 av. de la République - 03 80 22 41 35 - www.lairdutemps-beaune.fr - Fermé 13 fév.-6 mars, dim. et lundi*

Le Comptoir des Tontons

CUISINE TRADITIONNELLE • BISTRO Dans ce bistrot authentique, la patronne - une autodidacte passionnée - concocte des plats du marché avec de bons produits locaux, souvent bio. Une cuisine saine et sincère ! Côté cave, de nombreux vins "nature". Le tout se dégustant dans une atmosphère conviviale, très "Tontons flingueurs" (affiches, photos).

Carte 47/55 €

Plan : B2-r *22 r. du Faubourg-Madeleine - 03 80 24 19 64 - www.lecomptoirdestontons.com - Fermé 1er-16 fév., août, dim. et lundi*

Ma Cuisine

CUISINE TRADITIONNELLE • BISTRO Un bistrot convivial, où tout tourne autour du vin... avec un choix hors pair de quelque 800 crus. Le chef, fin connaisseur de breuvages, est aussi très à son aise derrière les fourneaux : il régale sa clientèle d'un jambon persillé maison, d'une côte de veau au jus et d'une crème caramel... On peut se resservir ?

Menu 28 € - Carte 40/80 €

Plan : A2-s *passage Ste-Hélène - 03 80 22 30 22 - Fermé août, 1 semaine vacances de Noël, merc., sam. et dim.*

Hôtels & maisons d'hôtes

Le Cep

LUXE • HISTORIQUE Le Cep ? Une myriade d'hôtels particuliers et de maisons anciennes (16e et 18e s.) dont les vastes chambres ont des airs de musée - lustres à pampilles, plafonds à la française et moulures... Avec, avantages non négligeables, un service conciergerie et un vaste spa.

49 chambres - 164/298 € 214/584 € - 16 suites - 21 €

Plan : A2-z *27 r. Maufoux - 03 80 22 35 48 - www.hotel-cep-beaune.com*

Hostellerie Le Cèdre

LUXE • ÉLÉGANT Dans le jardin, un cèdre majestueux et... cette belle demeure bourgeoise (début 20e s.) empreinte de classicisme. Boiseries, moulures, mobilier de style et sens du confort : rien ne manque.

40 chambres - 198/370 € 198/370 € - 21 €

Plan : A1-t *12 bd Mar.-Foch - 03 80 24 01 01 - www.lecedre-beaune.com*

Le Clos du Cèdre - voir les restaurants ci-dessus

L'Hôtel

LUXE • ÉLÉGANT Dans une rue assez calme du centre-ville, cette demeure bourgeoise du 19e s. appartenait à Louis Jadot, le négociant en vins. Elle cultive un bel art de vivre avec ses chambres spacieuses, meublées dans le style classique - plus modernes dans les maisons annexes. Et le service fait la différence !

14 chambres - 190/550 € 190/550 € - 25 €

Plan : B2-p *5 r. Samuel-Legay - 03 80 25 94 14 - www.lhoteldebeaune.com - Fermé 9 déc.-2 janv.*

Bistro de l'Hôtel - voir les restaurants ci-dessus

Hôtel de la Poste

TRADITIONNEL • CLASSIQUE Un relais de poste du 19e s. intemporel et élégant ! Styles contemporain et Art déco se mêlent harmonieusement, le niveau de confort est très bon : un établissement plaisant à vivre. Au restaurant, la tradition régionale est à l'honneur.

32 chambres - 120/325 € 120/325 € - 4 suites - 16 €

Plan : A2-f *5 bd Clemenceau - 03 80 22 08 11 - www.poste.najeti.fr*

Abbaye de Maizières

HISTORIQUE • PERSONNALISÉ On entre dans cette ancienne abbaye cistercienne (12e s.) par la cave-cellier, avec ses superbes voûtes à ogives : belle entrée en matière ! Escaliers à colimaçon en pierre, chambres portant le nom des moines ayant vécu ici... Un lieu chargé d'histoire.

10 chambres - 159/350 € 159/350 € - 3 suites - 23 €

Plan : A1-a *19 r. Maizières - 03 80 24 74 64 - www.hotelabbayedemaizieres.com*

Belle Époque

TRADITIONNEL • CLASSIQUE Cette maison ancienne a du cachet : verrière 1900, chambres classiques (vieilles poutres et boiseries, tentures, etc.) donnant sur la cour intérieure et bar au charme... rétro, évidemment !

28 chambres - 103/197 € 103/197 € - 12 €

Plan : A2-h *15 r. du Faubourg-Bretonnière - 03 80 24 66 15 - www.hotel-belleepoque-beaune.com - Fermé 16-27 déc.*

Grillon

TRADITIONNEL • PERSONNALISÉ Une belle demeure bourgeoise de 1870 dans un jardin japonisant... et beaucoup de sérénité. Les chambres, d'un entretien sans faille, sont cosy côté maison et ultracontemporaines dans l'annexe. Et pour jouer les grillons, rendez-vous autour de la piscine !

12 chambres – 85/115 € 90/115 € – 11 €

Hors plan *21 rte de Seurre, 1 km à l'Est par D973 – 03 80 22 44 25 – www.hotel-grillon.fr – Fermé janv. et mardi*

Ibis Styles

HÔTEL DE CHAÎNE • FONCTIONNEL Bien placé en ville, l'hôtel respecte les standards de la chaîne : couleurs vives, chambres pratiques. Le tarif inclut l'accès au bassin de nage et au jacuzzi.

69 chambres – 95/135 € 105/145 €

Plan : B2-a *7 bd Perpreuil – 03 80 20 88 88 – www.ibisstyles.com*

Les Jardins de Loïs

FAMILIAL • ÉLÉGANT Dans cette élégante propriété du centre-ville (18e s.), juste derrière les Hospices, les chambres sont spacieuses et charmantes, dans un bel esprit maison de famille (mobilier ancien, tapisseries...). Dehors, un grand jardin (presque un demi-hectare !) planté d'arbres fruitiers... Et l'on déguste avec bonheur les vins du propriétaire.

5 chambres – 160/195 € 160/195 €

Plan : A2-r *8 bd Bretonnière – 03 80 22 41 97 – www.jardinsdelois.com – Fermé 21 déc. à fin fév.*

Maison Fatien

LUXE • PERSONNALISÉ Mobilier chiné, cheminées, lustres de Murano, baignoires sur pieds... le luxe sans tapage, dans une belle bâtisse en pierre. Au petit-déjeuner, on savoure de bons produits du terroir et, pour la détente, il est même possible de louer des vélos. L'une des meilleures adresses de Beaune !

4 chambres – 265/345 € 265/345 €

Plan : A1-k *17 r. Ste-Marguerite – 03 80 22 82 84 – www.maisonfatien.com – Fermé 15 déc.-15 janv.*

à Savigny-lès-Beaune 7 km au Nord par D18 et D2 – 21420 –

1 317 hab. – Alt. 237 m

Le Hameau de Barboron

MAISON DE CAMPAGNE • COSY Charmant si... on aime la campagne et le calme ! Au milieu d'une réserve de chasse de 450 hectares, de belles fermes fortifiées (16e s.) avec des chambres au cachet champêtre préservé.

15 chambres – 100/145 € 145/220 € – 15 €

– 03 80 21 58 35 – www.hameau-barboron.com

à Pernand-Vergelesses 7 km au Nord par D18 – 21420 –

247 hab. – Alt. 275 m

Le Charlemagne

CUISINE CRÉATIVE • CONTEMPORAIN Une maison épurée, une terrasse face aux vignes dédiées à la production du corton-charlemagne : c'est dans ce lieu zen et contemporain qu'on découvre une cuisine créative et bien réalisée, avec quelques touches asiatiques.

Menu 32 € (déj. en semaine), 76/115 € – Carte 93/110 €

1 rte des Vergelesses – 03 80 21 51 45 – www.lecharlemagne.fr – Fermé mardi et merc.

rte de Dijon 4 km par D974

Ermitage de Corton

CUISINE MODERNE • CONTEMPORAIN XXX Actuelle et soignée : telle est la cuisine de ce doux Ermitage, qui n'oublie pas de célébrer aussi les indémodables de la Bourgogne – œufs en meurette, escargots... On savoure ce moment dans un décor élégant, ou sur la terrasse donnant sur les vignes.

Formule 24 € – Menu 29 € (déj.), 38/77 € – Carte 48/78 €

21200 Chorey-lès-Beaune – 03 80 22 05 28 – www.ermitagecorton.com – Fermé semaine de Noël et merc. de nov. à mars

Ermitage de Corton

TRADITIONNEL • PERSONNALISÉ Une vaste auberge entre nationale et vignoble, avec sa piscine, ses chambres et suites spacieuses, mélange harmonieux de style ancien et de facture contemporaine. Une étape bien agréable – et gourmande – sur la route de Dijon.

9 chambres – 132/350 € 132/350 € – 4 suites – 18 €

21200 Chorey-lès-Beaune – 03 80 22 05 28 – www.ermitagecorton.com – Fermé semaine de Noël

Ermitage de Corton – voir les restaurants ci-dessus

à Aloxe-Corton 6 km au Nord par A6, E15, E60 – 21420 – 135 hab. – Alt. 255 m

Villa Louise

MAISON DE CAMPAGNE • COSY Une belle demeure vigneronne du 17e s. avec sa piscine nichée dans le pigeonnier et son beau jardin se perdant dans les parcelles de Corton... L'ambiance est cosy à souhait, et les chambres, toutes différentes, dégagent un vrai charme !

14 chambres – 98/180 € 98/240 € – 17 €

9 r. Franche – 03 80 26 46 70 – www.hotel-villa-louise.fr – Fermé 11 janv.-20 fév.

à Ladoix-Serrigny 7 km au Nord par D974 – 21550 – 1 831 hab. – Alt. 200 m

La Gremelle

CUISINE BOURGUIGNONNE • TRADITIONNEL XX Dans ce coin de campagne entre bois et vignoble, sur la route de Dijon, on trouve cet attachant restaurant tenu en famille. La cuisine régionale est à l'honneur dans l'assiette – œufs en meurette, bourguignon de joue de bœuf, poire au vin rouge sont les classiques de la maison –, avec de bons vins à prix doux.

Formule 18 € – Menu 27/59 € – Carte 35/60 €

6 rte de Dijon – 03 80 26 40 56 – www.lagremelle.com – Fermé dim. soir, lundi de fin nov. à mi-avril et sam. midi

Les Terrasses de Corton

CUISINE BOURGUIGNONNE • TRADITIONNEL XX Au cœur d'un charmant village viticole, on vient se régaler dans cette auberge tenue par la même famille que La Gremelle. Les recettes régionales sont bien sûr à l'honneur – œuf en meurette, jambon persillé, joue de bœuf –, sans oublier quelques préparations plus actuelles, à arroser d'un bon cru des environs.

Formule 20 € – Menu 28/37 € – Carte 30/53 €

10 chambres – 65/80 € 70/85 € – 10 €

38-40 rte de Beaune – 03 80 26 42 37 – www.terrasses-de-corton.com – Fermé 24 janv.-21 fév., jeudi midi, vend. midi et merc.

à Challanges 4 km à l'Est par D973 puis D111 – 21200

Château de Challanges

DEMEURE HISTORIQUE • PERSONNALISÉ Cette gentilhommière de 1870 a un charme fou : classicisme, élégance châtelaine ou style néobaroque dans les chambres ; parc ravissant avec un séquoia centenaire et de jolies maisons en bois (idéales pour les familles). Et en été, on organise des vols en montgolfière...

19 chambres – 125/225 € 125/225 € – 5 suites – 16 €

478 r. des Templiers – 03 80 26 32 62 – www.chateaudechallanges.com – Fermé fév. et mars sauf week-ends, 1er-21 déc. et 7-31 janv.

à Levernois 5 km au Sud-Est par rte de Verdun-sur-le-Doubs, D970 et D111[L] – ✉ 21200 - 296 hab. – Alt. 198 m

✿ Hostellerie de Levernois

CUISINE MODERNE • ÉLÉGANT XXXX Une cuisine de saison particulièrement raffinée, réalisée sur de belles bases classiques, dans un cadre à l'avenant : la maison est élégante (19e s.) ; la salle, contemporaine, donne sur le jardin à la française. Boutique et cave de dégustation.

➔ Risotto acquerello au vert, cuisses de grenouilles et escargots de Bourgogne, crème d'ail doux. Volaille de Bresse au beurre d'herbes en deux services. Soufflé chaud au Grand Marnier, granité à l'orange sanguine.

Menu 75/115 € - Carte 98/127 €

Hostellerie de Levernois, 15 r. du Golf
– ✆ 03 80 24 73 58 – www.levernois.com – Fermé 28 janv.-6 mars et le midi sauf dim.

Le Bistrot du Bord de l'Eau

CUISINE TRADITIONNELLE • CHIC X Une belle âme rustique – des pierres, des poutres, une cheminée – pour une cuisine traditionnelle et des plats du terroir. Œufs façon meurette, poitrine de cochon, blanquette de veau, à déguster au coin du feu ou sur la terrasse, au bord de la rivière... Gourmand et appétissant !

Menu 30 € (déj. en semaine) – Carte 41/47 €

Hostellerie de Levernois, 15 r. du Golf
– ✆ 03 80 24 89 58 – www.levernois.com – Fermé 28 janv.-6 mars, mardi soir et merc. soir d'avril à oct.

Hostellerie de Levernois

LUXE • ÉLÉGANT Le chant de la rivière qui traverse le parc, une élégante gentilhommière du 19e s. et ses dépendances, un bistrot au bord de l'eau et un très bon "gastro"... Quant aux chambres, elles mêlent avec beaucoup de finesse le contemporain et l'ancien. Tenue parfaite, fonctionnement excellent, avec du style et du caractère !

22 chambres – †150/500 € ††150/500 € – 4 suites – ☕ 22 €

15 r. du Golf
– ✆ 03 80 24 73 58 – www.levernois.com – Fermé 28 janv.-6 mars

✿ **Hostellerie de Levernois** • **Le Bistrot du Bord de l'Eau** – voir les restaurants ci-dessus

Le Parc

TRADITIONNEL • COSY Quiétude champêtre ! Dans cette ferme du 18e s., couverte de lierre, les chambres sont classiques et douillettes, dans un style campagnard chic. Le beau parc, la cour fleurie... c'est plaisant, tout simplement.

17 chambres – †75/100 € ††75/100 € – ☕ 8,50 €

13 r. du Golf
– ✆ 03 80 24 63 00 – www.hotelleparc.fr – Fermé 28 janv.-6 mars

à Montagny-lès-Beaune 3 km au Sud par D113 – ✉ 21200 – 661 hab. – Alt. 206 m

Le Clos

TRADITIONNEL • CLASSIQUE Dans cette belle propriété vigneronne (1779), le jardin est splendide, abondamment fleuri, et les chambres ont vraiment du cachet (meubles chinés, pierres et poutres). Dans une annexe, on en a même aménagé une autour d'un antique four à pain...

25 chambres – †110/180 € ††110/180 € – ☕ 16 €

22 r. Gravières
– ✆ 03 80 25 97 98 – www.hotelleclos.com – Fermé 24 déc.-1er janv.

à Pommard 4,5 km au Sud-Ouest par D974 – ✉ 21630 – 518 hab. – Alt. 250 m

Auprès du Clocher

CUISINE MODERNE • CONTEMPORAIN XX Au cœur du village, ce restaurant contemporain donne sur... l'église ; c'est charmant, bien sûr, mais on vient et revient surtout pour la fine cuisine actuelle et les quelques recettes bourguignonnes du chef. De plus, la carte des vins met à l'honneur de nombreux vignobles des environs... Simple et agréable !

Menu 26 € (déj.), 35/74 € - Carte 58/79 €

1 r. de Nackenheim (près de l'église) – ✆ 03 80 22 21 79 – www.aupresduclocher.com – Fermé 24 déc.-1er janv., mardi et merc.

Le Clos du Colombier

MAISON DE CAMPAGNE • PERSONNALISÉ Une belle demeure de maître (1835) raffinée – beaux parquets et moulures, trumeaux, mobilier ancien – et pleine de personnalité. L'espace bien-être (jacuzzi, sauna) donne directement sur les vignes qui entourent la maison... Nota bene : pas de télé !

12 chambres – †150/250 € ††150/250 € – ☕ 16 €

1 r. du Colombier – ✆ 03 80 22 00 27 – www.closducolombier.com – Ouvert de mars à nov.

à Volnay 5 km au Sud-Ouest par D974 – ✉ 21190 – 253 hab. – Alt. 290 m

L'Agastache

CUISINE MODERNE • CONVIVIAL X Le bouche-à-oreille a imposé progressivement cette table dans la région, et c'est mérité : le chef est très attentif à la qualité de ses produits (veau de l'Aveyron, pigeonneau de Pornic, produits des fermes aux alentours) et sa cuisine se révèle aussi gourmande que bien équilibrée.

Menu 23 € (déj.), 39/44 € - Carte environ 50 €

1 r. de la Cave – ✆ 03 80 21 12 30 – www.lagastache-restaurant.com – Fermé dim. et lundi

à Bouze-lès-Beaune 6,5 km à l'Ouest par D970 – ✉ 21200 – 320 hab. – Alt. 400 m

La Bouzerotte

CUISINE TRADITIONNELLE • AUBERGE X Une auberge de campagne à l'entrée d'un petit village. Ici, le chef fait lui-même son marché et prépare une cuisine régionale immuable et alléchante, ainsi que d'appétissants plats de saison. À titre d'exemple, foie gras poêlé et filet de bœuf aux morilles sont deux plats incontournables de la maison !

Menu 25/37 € - Carte 44/72 €

25 rte de Beaune – ✆ 03 80 26 01 37 – www.labouzerotte.fr – Fermé vacances de fév., 23 déc.-4 janv., lundi et mardi

BEAURECUEIL – 13 Bouches-du-Rhône → Voir Aix-en-Provence

BEAUSOLEIL

✉ 06240 Alpes-Maritimes – 13 618 hab. – Alt. 89 m – Carte régionale n° **22**-E2
Carte Michelin 341-F5 – Guide Vert Michelin Côte d'Azur

Voir plan de Monaco (Principauté de).

Capitole

FAMILIAL • FONCTIONNEL Monaco se trouve sur... le trottoir d'en face ! Avec ses tarifs raisonnables – pour la Riviera –, cet hôtel constitue une bonne option pour découvrir la principauté. Derrière sa jolie façade rose (1906), on découvre des chambres soigneusement tenues, et fonctionnelles.

19 chambres – †109/179 € ††129/199 € – ☕ 10 €

Plan : E1-t *19 bd Gén.-Leclerc – ✆ 04 93 28 65 65 – www.hotel-capitole.fr*

LE BEAUSSET

✉ 83330 Var - 9 417 hab. - Alt. 167 m - Carte régionale n° **21**-B3
Carte Michelin 340-J6

Auberge La Cauquière

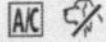

CUISINE MODERNE • AUBERGE Le chef-propriétaire de cette ancienne auberge mitonne une cuisine au goût du jour, soignée et parfumée : pressé de légumes confits et de brousse de brebis, quasi de veau cuit au sautoir à l'ail confit et artichaut barigoule... De quoi repartir du bon pied !

Formule 18 € - Menu 33 € - Carte 48/62 €

7 r. Chanoine-Bœuf - ☎ 04 94 74 98 15 - www.lacauquiere.fr - Fermé dim. soir, lundi et mardi hors saison

BEAUVAIS

✉ 60000 Oise - 54 738 hab. - Agglo. 59 146 hab. - Alt. 67 m - Carte régionale n° **19**-B2
Carte Michelin 305-D4

La Baie d'Halong

CUISINE VIETNAMIENNE • EXOTIQUE Fermez les yeux, vous êtes en Asie. Dans ce restaurant, le chef prépare une excellente cuisine vietnamienne alliant bons produits frais et savants dosages d'épices. Attention, l'adresse fait souvent salle comble le soir, d'autant que l'accueil, d'une gentillesse exquise, invite à prendre des habitudes...

Formule 20 € - Menu 27 € (semaine), 33/42 €

49 r. de la Madeleine - ☎ 03 44 45 39 83
- Fermé 29 avril-14 mai, 19 août-2 sept., 23 déc.-3 janv., sam. midi, dim. et lundi

Autrement

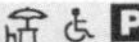

CUISINE MODERNE • TENDANCE Légèrement à l'écart du centre-ville, une petite adresse tranquille qui permet de voir la vie... autrement. Le chef, originaire de la région, maîtrise parfaitement cuissons et assaisonnements et travaille de bons produits : thon rouge, agneau de lait, légumes de maraîchers picards... Son dessert signature : le paris-brest !

Menu 29 € (déj. en semaine) - Carte environ 50 €

128 r. de Paris (quartier Voisinlieu), 1,5 km à l'Est - ☎ 03 44 02 61 60
- www.autrement-restaurant.fr - Fermé 8 août-1er sept., 29 déc.-6 janv., merc. soir , sam. midi, dim. soir et lundi

Le Senso

CUISINE MODERNE • ÉPURÉ Sur la place du marché, ce restaurant tenu par un jeune couple joue la carte de la simplicité, avec un décor contemporain aux tons noir et blanc. Quelques touches créatives à signaler dans les assiettes du chef, qui porte une attention toute particulière aux dressages. Ne manquez pas sa spécialité : le kouign amann !

Formule 20 € - Menu 25 € (déj. en semaine), 44/65 €

25 r. d'Agincourt - ☎ 03 64 19 69 06 - lesensorestaurant.free.fr - Fermé dim. et lundi

BEAUVOIR-SUR-MER

✉ 85230 Vendée - 3 946 hab. - Alt. 8 m - Carte régionale n° **18**-A3
Carte Michelin 316-D6 - Guide Vert Michelin Poitou Vendée Charentes

Auberge des Étiers

CUISINE TRADITIONNELLE • RUSTIQUE Au cœur des marais, sur la route de Noirmoutier, un couple au parcours atypique - l'un, cuisinier de métier, l'autre... ancien libraire ! - met en valeur le terroir local (canette de Challans, jambon de Vendée) avec beaucoup de finesse et une pointe d'originalité. Résultat des courses, un franc succès : on affiche souvent complet le week-end.

Menu 16 € (déj. en semaine), 27/33 €

L'Ampan, 4 km au Sud-Ouest par D22, rte de Fromentine - ☎ 02 51 68 75 41
- www.aubergedesetiers.com - Fermé 1 semaine en mars et en juin, 2 semaines en oct., jeudi soir et dim. soir de sept. à juin et lundi

BEAUVOIS-EN-CAMBRÉSIS

✉ 59157 Nord – 2 110 hab. – Alt. 89 m – Carte régionale n° **16**-C3
Carte Michelin 302-I7

La Buissonnière

CUISINE TRADITIONNELLE • COSY XX C'est dans un ancien atelier de tulle que cette confortable auberge prend ses aises. La carte, qui a bien évidemment l'accent du Nord, s'enrichit également des opportunités du marché et, en semaine, d'une formule brasserie (buffet et plats du jour). Ne manquez pas la tatin de Saint-Jacques, l'une des spécialités du chef, ou encore son paris-brest…

Menu 26 € (semaine)/39 € - Carte 40/50 €

92 r. Victor-Watremez – ✆ 03 27 85 29 97 – www.buissonniere-restaurant-beauvois.fr – Fermé août, dim. soir, merc. soir et lundi

Le Contemporain

CUISINE MODERNE • TENDANCE X Un couple expérimenté tient les rênes de cette maison de famille datant du 19e s., devenue un restaurant en 2008. Lui assure le service et l'accueil, en plus de l'entretien du potager ; elle, aux fourneaux, met en valeur cette production maison dans des assiettes savoureuses. Véranda moderne et lumineuse.

Formule 35 € - Menu 48 € - Carte 55/77 €

4 r. Jean-Jaurès – ✆ 03 27 76 03 17 – www.restaurant-lecontemporain.fr – Fermé 26 août-8 sept., mardi soir, merc. soir, sam. midi, dim. soir et lundi

BEAUZAC

✉ 43590 Haute-Loire – 2 854 hab. – Alt. 565 m – Carte régionale n° **3**-C3
Carte Michelin 331-G2

L'Air du Temps

CUISINE TRADITIONNELLE • CONVIVIAL XX Dans ce petit hameau de la vallée de la Loire, une accueillante maison de pays, très lumineuse. La chef y concocte une copieuse cuisine régionale ; une étape généreuse que l'on peut prolonger grâce à l'hôtel, coquet et confortable.

Menu 14 € (déj. en semaine), 25/60 € - Carte 43/70 €

8 chambres - †55/60 € ††55/60 € - ☕ 8,50 €

à Confolent, 4 km à l'Est par D461 – ✆ 04 71 61 49 05 – www.airdutemps-restaurant.fr – Fermé vacances de printemps et de la Toussaint, janv., dim. soir et lundi

LE BEC-HELLOUIN

✉ 27800 Eure – 421 hab. – Alt. 101 m – Carte régionale n° **17**-C2
Carte Michelin 304-E6 – Guide Vert Michelin Normandie Vallée de la Seine

Auberge de l'Abbaye

HISTORIQUE • PERSONNALISÉ Tout près de l'abbaye, cette vénérable auberge à colombages accueille les voyageurs depuis 350 ans ! L'âme normande cohabite ici avec des équipements contemporains ; on profite de l'apaisant patio et d'un restaurant traditionnel. Parfait pour un séjour dans la région.

10 chambres - †69/129 € ††69/129 € - ☕ 12 €

12 pl. Guillaume-le-Conquérant – ✆ 02 32 44 86 02 – www.hotelbechellouin.com – Fermé 10 déc.-31 janv.

BÉDARIEUX

✉ 34600 Hérault – 6 108 hab. – Alt. 196 m – Carte régionale n° **12**-B2
Carte Michelin 339-D7

La Forge

CUISINE TRADITIONNELLE • RUSTIQUE XX Les assiettes ont remplacé chevaux et enclumes dans cette ancienne écurie, reconvertie en forge, avant d'être transformée en restaurant. Sous les voûtes de pierre du 17e s., les gourmands dégustent une bonne cuisine du terroir, à l'instar de ce parmentier de confit de canard. Prix raisonnables.

Menu 18/37 € - Carte 44/51 €

22 av. de l'Abbé-Tarroux - ✆ 04 67 95 13 13 - www.restaurantlaforgebedarieux.fr - Fermé 22-30 déc., 20 janv.-13 fév., dim. soir et merc. soir sauf juil.-août et lundi

à Hérépian 6 km au Sud-Est par D908 - ✉ 34600 - 1 519 hab. - Alt. 191 m

L'Ocre Rouge

CUISINE MODERNE • MÉDITERRANÉEN XX Un relais de poste à la façade... ocre rouge. Sous les voûtes des anciennes écuries ou dans la cour intérieure, on apprécie une cuisine de saison où dominent les produits frais et locaux. À déguster (au déjeuner) sur la terrasse. Quelques jolies chambres sous les toits, sans télévision.

Formule 23 € - Menu 26/37 € - Carte environ 52 €

5 chambres - 63/85 € 70/95 €

12 pl. de la Croix - ✆ 04 67 95 06 93 - www.locrerouge.fr - Fermé 15 déc.-15 janv., mardi midi et merc. midi hors saison, mardi soir de la Toussaint à mi-fév., dim. soir et lundi

à Villemagne-l'Argentière 8 km à l'Ouest par D908 et D922 - ✉ 34600 - 452 hab. - Alt. 193 m

Auberge de l'Abbaye

CUISINE MODERNE • RUSTIQUE X Un petit village médiéval. Dans un recoin, une tour du 12e s. qui jette son ombre sur un mur en pierres. Et derrière ce mur, cette délicieuse auberge qui gagne à être connue. On y sert une bonne cuisine au goût du jour, qui privilégie les circuits courts. À déguster dans une atmosphère monastique.

Formule 18 € - Menu 30/45 €

4 pl. de l'Abbaye - ✆ 04 67 95 34 84 - www.aubergeabbaye.com - Fermé de fin déc. à début janv., dim. soir, mardi soir, lundi et merc.

BÉDOIN

✉ 84410 Vaucluse - 3 072 hab. - Alt. 295 m - Carte régionale n° **22**-E1
Carte Michelin 332-E9 - Guide Vert Michelin Provence

Hôtel des Pins

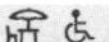

MAISON DE CAMPAGNE • PERSONNALISÉ Au calme d'une petite forêt de pins, un grand mas provençal, toits de tuile et volets rouges. Le propriétaire, ancien des Beaux-Arts, a fait de chaque chambre un univers singulier : œuvres abstraites de sa main, tons originaux (prune, olive, etc.), mobilier design ou plus classique... Une villégiature agréable et atypique.

26 chambres - 90/200 € 90/200 € - 11 €

171 chemin des Crans, 1 km à l'Est par rte secondaire - ✆ 04 90 65 92 92 - www.hoteldespins.net - Ouvert de mi-mars à mi-nov.

rte du Mont-Ventoux 6 km à l'Est

Le Mas des Vignes

CUISINE PROVENÇALE • ÉLÉGANT XX Dans ce joli mas, le chef travaille de bons produits frais et concocte une cuisine régionale fort sympathique : carpaccio de saumon au pistou, navarin d'agneau et ses légumes de saison, trilogie de sorbets de fruits maison... Et en terrasse, la vue sur la Provence est magnifique !

Menu 40/55 €

15 chemin des Jas, au virage de St-Estève - ✆ 04 90 65 63 91 - www.restaurant-lemasdesvignes.fr - Ouvert d'avril à sept. et fermé le midi en juil.-août sauf dim. et fériés, mardi midi et lundi

à Ste-Colombe 4 km à l'Est par rte du Mont-Ventoux – ✉ 84410

La Garance

FAMILIAL • CLASSIQUE Dans un hameau entre vignes et vergers, avec le Ventoux en ligne de mire, cette ancienne ferme provençale, simple et bien tenue, est prisée des randonneurs et... des cyclistes, désireux de revivre l'épreuve mythique du Tour de France ! À noter : certaines chambres jouissent de leur propre terrasse de plain-pied.

17 chambres – 77/94 € 84/120 € – 14 €

– ✆ 04 90 12 81 00 – www.lagarance.fr – Ouvert de mi-mars à mi-nov.

BÉHEN

✉ 80870 Somme – 481 hab. – Alt. 105 m – Carte régionale n° **19**-A1
Carte Michelin 301-D7

Château de Béhen

DEMEURE HISTORIQUE • CLASSIQUE Vivez la vie de château dans ce bel édifice du 18e s. au cœur d'un parc verdoyant. Belles boiseries, mobilier de style et chambres de caractère (mansardées au 2e étage). À la table d'hôtes, recettes traditionnelles servies dans la salle à manger classique.

5 chambres – 119/144 € 129/154 €

8 r. du Château – ✆ 03 22 31 58 30 – www.chateau-de-behen.com

BELBERAUD

✉ 31450 Haute-Garonne – 1 340 hab. – Alt. 168 m – Carte régionale n° **15**-C2
Carte Michelin 343-H3

Au Goût des Autres Ⓝ

CUISINE MODERNE • CONTEMPORAIN X Le chef, pâtissier de formation, a un solide parcours derrière lui, et cela se ressent tout au long du repas. Sa cuisine est à la fois simple et originale, avec d'audacieux accords de saveurs et une maîtrise technique incontestable. Il prévoit de déménager vers Escalquens en cours d'année 2018 : un conseil, ne perdez pas sa trace !

Formule 18 € – Menu 20 € (déj. en semaine), 34/55 €

3 r. de Pierregrat (ZA de la Balme - supermarché U) – ✆ 05 61 54 53 64 – www.restaurantaugoutdesautres.fr – Fermé mardi soir, dim. et lundi

BELCASTEL

✉ 12390 Aveyron – 216 hab. – Alt. 406 m – Carte régionale n° **15**-C1
Carte Michelin 338-G4

Vieux Pont (Nicole Fagegaltier et Bruno Rouquier)

CUISINE MODERNE • CONVIVIAL XX Dans ce ravissant village au bord de l'Aveyron, un vieux pont de pierre du 15e s. relie l'hôtel et son restaurant, au cadre moderne et élégant. Les beaux produits de la région y sont préparés avec harmonie, fraîcheur et une insolente légèreté ! Une adresse rare où il fait également bon passer la nuit.

→ Ris d'agneau poêlé à l'huile de sarriette et carottes bio de Belcastel. Pigeon au beurre de noix, risotto de sarrasin, orange et romarin. Citron meringué, tuile croustillante, crème citron et sorbet agrumes.

Menu 33 € (déj. en semaine), 58/90 € – Carte 65/80 €

7 chambres – 105/120 € 105/120 € – 15 €

– ✆ 05 65 64 52 29 – www.hotelbelcastel.com – Fermé 2 janv.-18 mars, 1er-8 juil., dim. soir sauf juil.-août, mardi midi et lundi

BÉLESTA

✉ 66720 Pyrénées-Orientales – 232 hab. – Alt. 390 m – Carte régionale n° **12**-B3
Carte Michelin 344-G6

La Coopérative

CUISINE CRÉATIVE • DESIGN XX Cet ancien chai a conservé sa charpente métallique : l'endroit, très spacieux et confortable, a un charme fou ! Côté assiette, le chef nous régale avec des plats très inventifs, pleins de saveurs, faisant la part belle aux produits de saison... sans oublier de les accompagner de bons vins du village et de la région.

➜ Pastèque confite, aubergine, lait d'amande, carotte lactique et pickles. Variation autour du cochon fermier catalan aux herbes, fricassée de légumes et boudin. Vieux pomélo, citron cannelé et citron doux.

Menu 45/109 € - Carte 75/90 €

Hôtel Riberach, 2A rte de Caladroy
- ✆ 04 68 50 30 10 - www.riberach.com - Ouvert 1er avril-1er janv. et fermé lundi et mardi

Riberach

LUXE • DESIGN Au pied du château médiéval, l'ancienne coopérative viticole s'est muée en hôtel de charme. Matériaux bruts, terrasses privatives : les chambres sont zen, design... avec vue sur les vignes. La piscine, filtrée naturellement, est ravissante.

16 chambres - 160/315 € 160/315 € - 2 suites - 18 €

2A rte de Caladroy
- ✆ 04 68 50 30 10 - www.riberach.com - Ouvert 1er avril-1er janv.

La Coopérative - voir les restaurants ci-dessus

BELFORT

✉ 90000 Territoire de Belfort - 49 764 hab. - Agglo. 81 823 hab. - Alt. 360 m
- Carte régionale n° **9**-C1
Carte Michelin 315-F11 - Guide Vert Michelin Franche-Comté Jura

Les Capucins

CUISINE MODERNE • COSY XX Râble de lapin français en ballotine farcie de citron confit au sel ; œuf cuit à 63°C comme une carbonara, pied de cochon ; foie gras poêlé et sauce Périgueux... Voici les belles spécialités que l'on déguste dans cet hôtel-restaurant installé dans les anciennes brasseries Wagner. Belle carte des vins (près de 500 références).

Formule 15 € - Menu 19 € (déj.), 32/42 € - Carte 42/64 €

Plan : A2-n *Hôtel Les Capucins, 20 fg de Montbéliard*
- ✆ 03 84 28 04 60 - www.hotellescapucins.com - Fermé 3 semaines en août, vacances de Noël, sam., dim. et fériés

Le Pot au Feu

CUISINE TRADITIONNELLE • RUSTIQUE XX Dans l'une des plus jolies rues de la vieille ville, au pied de la citadelle, un restaurant pittoresque, installé dans une belle cave tout en pierre, assez romantique le soir venu. Au menu, des recettes au goût d'autrefois, tels le pot-au-feu au foie gras et le baeckeofe, spécialités de la patronne. Belle carte des vins.

Formule 14 € - Menu 20 € (déj. en semaine), 25/68 € - Carte 43/65 €

Plan : B1-s *27 bis Grand'rue*
- ✆ 03 84 28 57 84 - www.lepotaufeu.fr - Fermé 13-19 août, 1er-5 janv., lundi midi, sam. midi et dim.

Novotel Atria

HÔTEL DE CHAÎNE • CONTEMPORAIN Intégré au centre des congrès, à deux pas du centre-ville, un hôtel très moderne, à la fois fonctionnel et confortable.

78 chambres - 99/184 € 99/184 € - 1 suite - 17 €

Plan : B1-u *av. de l'Espérance (au centre des Congrès)*
- ✆ 03 84 58 85 00 - www.accorhotels.com

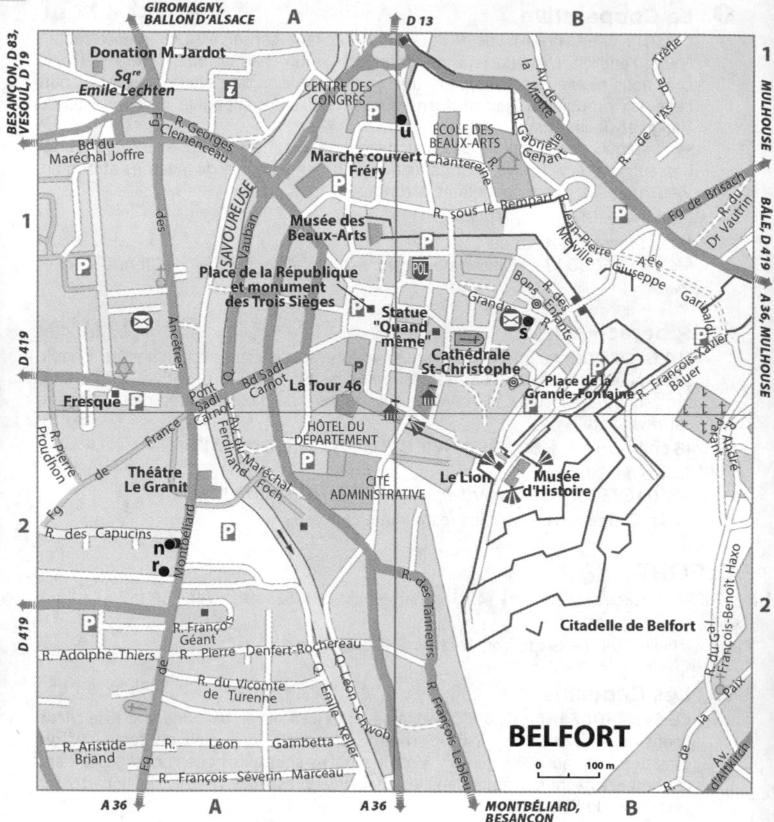

Brit Hôtel Belfort Centre

BUSINESS · FONCTIONNEL Dans une rue résidentielle entre la gare SNCF et le centre-ville, un établissement bienvenu pour la clientèle d'affaires comme pour les touristes. Atmosphère contemporaine, accueil prévenant, entretien soigné : une bonne adresse.

50 chambres – 65/129 € 65/129 € – 2 suites – 12 €

Plan : A2-r *2 r. Comte-de-la-Suze*
– 03 84 22 32 32 – http://belfort-centre.brithotel.fr
– Fermé 24 déc.-2 janv.

Les Capucins

TRADITIONNEL · CONTEMPORAIN Accueil sympathique dans cet hôtel-restaurant du centre-ville, tenu par un couple qui l'a entièrement rénové dans un style moderne.

37 chambres – 69/99 € 69/129 € – 12 €

Plan : A2-n *20 fg de Montbéliard*
– 03 84 28 04 60 – www.hotellescapucins.com
– Fermé 3 semaines en août et vacances de Noël
Les Capucins – voir les restaurants ci-dessus

à Danjoutin 3 km au Sud - ✉ 90400 - 3 675 hab. - Alt. 354 m

✿ Le Pot d'Étain (Philippe Zeiger)

CUISINE MODERNE • ROMANTIQUE XX Une vraie maison particulière à la sortie de Belfort, où il fait bon s'attabler pour un moment de belle gastronomie. Le chef maîtrise son art, signant une cuisine très précise, osant des mariages de saveurs inédits (terre/mer par exemple), revisitant les classiques avec brio (au dessert notamment). Très séduisant.

→ Carpaccio de langoustines aux pointes d'asperges, pétales de radis et caviar de mulet. Ris de veau caramélisé, jus truffé et légumes du moment. Pavlova revisitée aux fraises et à la rhubarbe, sorbet fruité.

Menu 35 € 🍷 (déj. en semaine), 58/98 € - Carte 85/110 €

Hors plan *4 av. de la République - ✆ 03 84 28 31 95 - www.restaurant-potdetain.fr - Fermé 1 semaine en mai, 2 semaines en juil., 1 semaine en janv., sam. midi, dim. soir et lundi*

à Meroux 10 km au Sud-Est - 843 hab. - Alt. 325 m

CookOvin

CUISINE MODERNE • BRASSERIE X Ce nouveau restaurant, proche de la gare TGV de Belfort, propose une attrayante formule déjeuner d'un bon rapport qualité/prix. En soirée, les plats à la carte se font plus ambitieux ; le chef propose aussi quelques tartes flambées de sa composition...

Formule 18 € - Menu 30/45 € - Carte 45/58 €

1 av. de la Gare-TGV (à La Jonxion, Gare TGV) - ✆ 03 84 27 91 10 - www.cookOvin.com - Fermé 2 semaines en août, 1 semaine vacances de Noël, lundi soir, sam. midi et dim.

BELGENTIER

✉ 83210 Var - 2 437 hab. - Alt. 152 m - Carte régionale n° **21**-C3
Carte Michelin 340-L6

Le Moulin du Gapeau

CUISINE TRADITIONNELLE • VINTAGE XX Dans un moulin à huile du 17e s., avec de vieilles meules en décor. Ici, la cuisine est une histoire de famille : père et fils signent une cuisine savoureuse, à l'accent du Sud... avec un plat signature : la brouillade aux truffes.

Menu 32/87 € - Carte 53/83 €

pl. Édouard-Granet - ✆ 04 94 48 98 68 - www.moulin-du-gapeau.com - Fermé 2 semaines en mars et en nov., lundi midi en juil.-août, jeudi soir de sept. à juin, dim. soir et merc.

BELLE-ÉGLISE

✉ 60540 Oise - 611 hab. - Alt. 69 m - Carte régionale n° **19**-B3
Carte Michelin 305-E5

✿ La Grange de Belle-Église (Marc Duval)

CUISINE CLASSIQUE • ÉLÉGANT XXX Des mets soignés et savoureux, des produits nobles de grande qualité, quelques notes d'invention, une belle cave de bordeaux et de champagnes : la bonne chère revêt ici ses plus beaux atours. Et le cadre ne manque pas de charmer : feutrée et élégante, la salle ouvre en partie sur un joli jardin.

→ Risotto d'escargots petit-gris, semoule de boulgour. Pigeonneau rôti, petits pois nouveaux à la française. Soufflé chaud au Grand Marnier.

Menu 26 € (déj. en semaine), 63/84 € - Carte 105/155 €

28 bd René-Aimé-Lagabrielle - ✆ 03 44 08 49 00 - www.lagrangedebelleeglise.fr - Fermé 15-25 fév., 6-20 août, dim. soir, mardi midi et lundi

BELLE-ÎLE-EN-MER

Morbihan – Carte régionale n° **5**-B3
Carte Michelin 308-L10 – Guide Vert Michelin Bretagne Sud

Bangor

56360 Morbihan – 972 hab. – Alt. 45 m

La Table de la Désirade

CUISINE MODERNE • CONVIVIAL XX Sans doute l'une des meilleures tables de Belle-Île-en-Mer ! Derrière les fourneaux, le chef signe une cuisine dans l'air du temps en privilégiant les petits producteurs de l'île. Ainsi, dans un charmant décor, tout de bois et pierre vêtu, les désirs des gourmets ne tardent pas à devenir réalité...

Menu 34/79 € – Carte environ 62 €

Hôtel La Désiderade, Le Petit-Cosquet, 2 km à l'Ouest par rte Port-Goulphar – 02 97 31 70 70 – www.hotel-la-desirade.com – Ouvert avril-oct. et fermé le midi

La Désirade

TRADITIONNEL • PERSONNALISÉ Un hôtel de charme réparti dans plusieurs maisons récentes de style néobreton. On savoure le calme dans un charmant salon cosy et des chambres habillées de lambris. Espace bien-être.

31 chambres – 115/206 € 115/234 € – 1 suite – 17 €

Le Petit-Cosquet, 2 km à l'Ouest par rte Port-Goulphar – 02 97 31 70 70 – www.hotel-la-desirade.com – Ouvert avril-oct.

La Table de la Désirade – voir les restaurants ci-dessus

Le Palais

56360 Morbihan – 2 580 hab. – Alt. 7 m

La Table du Gouverneur

CUISINE MODERNE • HISTORIQUE XX Déjeuner à la table du gouverneur, au cœur de la citadelle Vauban, n'est pas donné à tout le monde : dans un cadre d'une luxueuse austérité, on s'adonne au plaisir d'une cuisine sous influence bretonne, à l'instar de ce maquereau au bouillon d'algues et coquillages... A part les mouettes, quel calme !

Formule 19 € – Menu 35/65 € – Carte 45/71 €

Citadelle Vauban Hôtel-Musée – 02 97 31 84 17 – www.citadellevauban.com – Ouvert 1er mai-30 sept.

L'Annexe

CUISINE BRETONNE • BISTRO X Dans cet ancien café de marins, datant des années 1950, le décor est resté retro ! On vient ici pour l'atmosphère conviviale et la qualité des crêpes, à l'instar de cette Palatine aux filets de sardines fraîches rôties, et concassé de tomate. Les habitués s'y pressent : c'est toujours bon signe.

Carte 10/25 €

3 quai de l'Yser – 02 97 31 81 53 – Fermé début janv. à début avril et merc. et jeudi midi sauf juil.-août

Le Goéland 

CUISINE TRADITIONNELLE • CONVIVIAL X Ce bistrot rétro propose une cuisine canaille et gourmande, autour des poissons (grillés, en croûte de sel, etc.) et des légumes bio, issus d'un producteur de l'île et du potager du patron (plus de 30 variétés de tomates !). Parmi les spécialités : sardines marinées, fricassée de palourdes, charcuterie de la mer.

Menu 30 € – Carte 39/71 €

3 quai Vauban – 02 97 31 81 26 – Fermé 1er-16 déc. et 1er-20 janv.

Citadelle Vauban Hôtel-Musée

HISTORIQUE • PERSONNALISÉ Cet hôtel-musée a investi la citadelle Vauban. Les chambres, décorées sur le thème de la Compagnie des Indes, donnent presque toutes sur la mer et invitent à des rêves de voyage.

55 chambres – 122/500 € 122/500 € – 19 €

– 02 97 31 84 17 – www.citadellevauban.com – Ouvert 1er mai-30 sept.

La Table du Gouverneur – voir les restaurants ci-dessus

Le Clos Fleuri

FAMILIAL • COSY Sur les hauteurs de la ville, cet hôtel typique de l'architecture locale abrite des petites chambres coquettes, certaines donnant sur le jardin, forcément fleuri !

18 chambres – 55/130 € 55/130 € – 12 €

rte de Sauzon, à Bellevue – 02 97 31 45 45 – www.hotel-leclosfleuri.com – Fermé 12 nov.-21 déc. et 8 janv.-8 fév.

Port-Goulphar

56360 Morbihan – Bangor

Le 180°

CUISINE CRÉATIVE • ÉLÉGANT XXX À la barre de ce bateau, avec vue imprenable sur l'anse de Goulphar, le chef concocte des recettes créatives, avec les meilleurs produits de l'île, comme ce beau menu homard. Une traversée vivifiante, pleine d'embruns, de talent et de fraîcheur.

Menu 59/140 € – Carte 71/96 €

Hôtel Castel Clara – 02 97 31 84 21 – www.castel-clara.com – Fermé de mi-nov. à mi-déc., dim. et lundi sauf juil.-août et le midi

Le Marie Galante

CUISINE TRADITIONNELLE • CONVIVIAL XX On s'installe dans une élégante salle à manger, dont les larges baies vitrées dévoilent une superbe vue sur la mer, pour savourer une cuisine soignée aux accents marins, à l'instar de la raviole de homard au jambon ibérique, ou de la daurade royale en croûte de sel aux algues. Terrasse exquise.

Formule 22 € – Menu 27 € (déj.), 35/57 € – Carte 39/88 €

Hôtel Le Grand Large, chemin des Aiguilles de Port-Coton – 02 97 31 80 92 – www.hotelgrandlarge.com – Ouvert 14 fév.-5 nov. et fermé lundi midi et mardi midi hors saison

Castel Clara Thalasso & Spa

LUXE • PERSONNALISÉ Emplacement idyllique sur la côte sauvage, centre "thalasso", chambres et suites raffinées, beau panorama : le luxe discret… au bout du monde. Ou comment respirer l'air du large en gardant les pieds sur terre ! Restaurant gastronomique ; buffets de fruits de mer et de crustacés au Café Clara.

58 chambres – 140/475 € 140/475 € – 5 suites – 25 €

– 02 97 31 84 21 – www.castel-clara.com – Fermé de mi-nov. à mi-déc.

Le 180° – voir les restaurants ci-dessus

Le Grand Large

MAISON DE MAÎTRE • PERSONNALISÉ Ce manoir, posé sur la Côte Sauvage, contemple l'océan et les aiguilles de Port-Coton. Les chambres, dont certaines ont un balcon, donnent sur les flots ou la lande. Restauration traditionnelle au Marie Galante.

34 chambres – 78/370 € 78/370 € – 17 €

chemin des Aiguilles de Port-Coton – 02 97 31 80 92 – www.hotelgrandlarge.com – Ouvert 14 fév.-5 nov.

Le Marie Galante – voir les restaurants ci-dessus

Sauzon

56360 Morbihan - 932 hab. - Alt. 35 m

Roz Avel

CUISINE MODERNE • TRADITIONNEL XX Derrière les fourneaux de cette maison de pays, le chef rend un bel hommage aux produits de la mer : ormeau snacké et rouelle de tête de veau, turbot en écaille de pomme de terre, crêpe soufflée au chouchen... De quoi en perdre le sens de l'orientation, s'il n'y avait le Roz Avel (rose des vents) !

Formule 25 € - Menu 33/58 € - Carte 46/65 €

r. du Lieutenant-Riau (derrière l'église) - 02 97 31 61 48 - Ouvert 16 mars-11 nov., 15-31 déc. et fermé merc.

Café de la Cale

POISSONS ET FRUITS DE MER • BISTRO X Face au port, ce bistrot marin, précédé d'une terrasse, propose de déguster poissons frétillants et coquillages, issus pour partie de la pêche locale. À la carte, seule subsiste une viande : l'agneau de Belle-Île-en-Mer. Une adresse conviviale et chaleureuse, où l'on s'enivre de cette précieuse âme bretonne.

Formule 23 € - Carte 31/53 €

quai Guerveur - 02 97 31 65 74 - Ouvert d'avril à sept. et vacances de fév.

BELLÊME

61130 Orne - 1 616 hab. - Alt. 241 m - Carte régionale n° **17**-C3
Carte Michelin 310-M4 - Guide Vert Michelin Normandie Vallée de la Seine

à Nocé 8 km à l'Est par D203 - 61340 - 775 hab. - Alt. 120 m

Auberge des 3 J

CUISINE MODERNE • AUBERGE XX Voilà plus de trente ans que le chef, Stéphan Joly, œuvre aux fourneaux : c'est dire s'il maîtrise son art ! Il signe assurément une belle cuisine, fondée sur la tradition - mais pas seulement - et le terroir local : les saveurs sont au rendez-vous... Et le cadre élégant de l'auberge ajoute au plaisir du repas.

Menu 28/49 € - Carte 40/47 €

1 pl. du Dr-Gireaux - 02 33 73 41 03 - aubergeles3j.fr - Fermé 23 sept.-7 oct., 3-20 janv., merc. sauf juil.-août, dim. soir, lundi et mardi

BELLERIVE-SUR-ALLIER - 03 Allier

➔ Voir Vichy

BELLEVILLE

54940 Meurthe-et-Moselle - 1 423 hab. - Alt. 190 m - Carte régionale n° **14**-B2
Carte Michelin 307-H6

Le Bistroquet

CUISINE CLASSIQUE • TRADITIONNEL XX Cette auberge à l'ancienne a conservé son cadre bourgeois d'inspiration 1900 (miroirs, affiches et lustres) et une cuisine très classique. Il y a longtemps, les créations de Marie-France Ponsard firent la renommée des lieux.

Formule 25 € - Menu 29 € (semaine), 55/79 € - Carte 65/80 €

97 rte Nationale - 03 83 24 90 12 - www.le-bistroquet.com - Fermé 15-22 fév., 15-29 août, sam. midi, dim. soir, mardi soir et lundi

BELLEVILLE

69220 Rhône - 8 244 hab. - Alt. 192 m - Carte régionale n° **24**-E1
Carte Michelin 327-H3 - Guide Vert Michelin Lyon et sa région

Le Beaujolais

CUISINE TRADITIONNELLE • CONVIVIAL Ce Beaujolais se devait de faire honneur à cette région riche en saveurs et en bons vins ! Le sympathique couple à la tête de cette maison relève le défi avec une bonne cuisine traditionnelle. Un exemple ? L'andouillette beaujolaise pur porc cuite en cocotte, avec pommes de terre rissolées au thym, un incontournable...

Formule 16 € – Menu 19 € (déj. en semaine), 29/42 € – Carte 38/46 €

40 r. du Mar-Foch (près de la gare) – 04 74 66 05 31 – www.restaurant-le-beaujolais.com – Fermé 7-13 mai, 1er-19 août, dim. soir, lundi soir, mardi soir et merc.

à Pizay 5 km au Nord-Ouest par D18 et D69 – 69220 St Jean d Ardieres

Château de Pizay

CUISINE MODERNE • CLASSIQUE Le cadre, châtelain, mêle avec élégance charme historique et épure contemporaine. Un lieu majestueux, au service d'une cuisine actuelle, qui mise tout sur la fraîcheur des produits – à déguster l'été sur la terrasse de la cour d'honneur. Tous les vins du domaine sont présents sur la carte des vins.

Menu 59/84 € – Carte 75/93 €

Hôtel Château de Pizay, rte des Crus-du-Beaujolais – 04 74 66 51 41 – www.chateau-pizay.com – Fermé 22 déc.-4 janv. et le midi en semaine sauf fériés

Château de Pizay

DEMEURE HISTORIQUE • CLASSIQUE Passé la grande allée bordée de platanes apparaît ce beau château (15e-17e s.) au cœur du vignoble. Charme classique (plafonds à la française) ou plus contemporain dans les chambres en duplex, avec leurs terrasses face aux vignes... Spa, tennis, grande piscine et même œnothèque pour découvrir les vins de la propriété.

62 chambres – †280/340 € ††280/340 € – 23 €

rte des Crus-du-Beaujolais – 04 74 66 51 41 – www.chateau-pizay.com – Fermé 22 déc.-4 janv.

Château de Pizay – voir les restaurants ci-dessus

BELLEY

01300 Ain – 8 983 hab. – Alt. 279 m – Carte régionale n° **23**-C1

Carte Michelin 328-H6 – Guide Vert Michelin Franche-Comté Jura

à Contrevoz 9 km au Nord-Ouest sur D32 – 01300 – 528 hab. – Alt. 320 m

Auberge de Contrevoz

CUISINE TRADITIONNELLE • RUSTIQUE Dans cette jolie maison régionale en pierre, la région et les beaux produits sont à l'honneur, la gourmandise se fait reine et, en saison, on se régale même de truffes du Bugey. C'est simple et généreux : ah, terroir, mon beau terroir !

Formule 15 € – Menu 21 € (déj. en semaine), 28/40 €

rte de Preveyzieu – 04 79 81 82 54 – www.auberge-de-contrevoz.com – Fermé 2-12 juil., 22-29 oct., 2-10 janv., mardi soir, merc. soir, jeudi soir, dim. soir et lundi

BELVES

24170 Dordogne – 1 417 hab. – Alt. 175 m – Carte régionale n° **2**-D1

Carte Michelin 329-H7 – Guide Vert Michelin Périgord Quercy

Clément V

FAMILIAL • PERSONNALISÉ Voilà une adresse que n'aurait certainement pas dédaignée Clément V... Dans ce village médiéval, ancien fief du pape, cette coquette maison propose des chambres de caractère, dont l'une aménagée dans une cave voûtée du 11es. Petit-déjeuner servi sous la véranda ou dans la petite cour fleurie.

10 chambres – †135/159 € ††135/265 € – 13 €

15 r. Jacques Manchotte – 05 53 28 68 80 – www.clement5.com – Ouvert de mi-avril à oct.

à Sagelat 2 km au Nord par D53 – ✉ 24170 – 310 hab. – Alt. 78 m

Auberge de la Nauze

CUISINE TRADITIONNELLE • RUSTIQUE X Les gourmands des environs ne s'y sont pas trompés... Si bien que la réputation de cette auberge dépasse désormais les frontières du département. Dans cette maison en pierre de pays, on s'attable autour de bons petits plats dans l'air du temps. L'auberge propose aussi des petites chambres, bien tenues.

Formule 14 € – Menu 18 € (déj. en semaine), 29/39 € – Carte 45/70 €
6 chambres – †48/68 € ††48/72 € – ☕ 7 €

Fongauffier
– ✆ 05 53 28 44 81 – www.aubergedelanauze.com – Fermé 27 juin-5 juil., 16 nov.-7 déc., 21 déc.-4 janv., mardi soir et sam. midi de sept. à juin et lundi

à St-Germain-de-Belvès 6 km au Nord-Est par D53 – ✉ 24170 – 179 hab. – Alt. 230 m

Les Boudines

FAMILIAL • CONTEMPORAIN En lisière de forêt, une ancienne ferme périgourdine en pierres sèches. Les chambres, décorées avec des matières naturelles, ont toutes une terrasse. Piscine à débordement avec vue imprenable sur la campagne.

5 chambres ☕ – †79/115 € ††79/115 €

Les Boudines
– ✆ 05 53 29 15 03 – www.lesboudines.com – Fermé mars et 9 nov.-31 déc.

BENERVILLE-SUR-MER – 14 Calvados → Voir Deauville

BÉNESTROFF

✉ 57670 Moselle – Benestroff – 544 hab. – Alt. 250 m – Carte régionale n° **14**-C2
Carte Michelin 307-L5

La Toque Blanche

CUISINE MODERNE • TENDANCE XX L'ancien café du village a fait place à un lieu contemporain... et l'on peut dire que chef Thibault s'y entend en gourmandise ! Parmi les spécialités, gnocchi à la ricotta de l'abbaye de Vergaville ; joue de bœuf confite à la bière ; fricassée de homard. Des soirées jazz sont aussi organisées... de quoi faire swinguer les papilles.

Formule 22 € – Menu 29/60 € – Carte 45/64 €

49 Grand-Rue
– ✆ 03 87 01 51 85 – www.latoque-blanche.fr – Fermé 24 juil.-10 août, 2-10 janv., dim. soir, lundi et mardi

BÉNODET

✉ 29950 Finistère – 3 475 hab. – Carte régionale n° **5**-A2
Carte Michelin 308-G7 – Guide Vert Michelin Bretagne Sud

Kastel

TRADITIONNEL • CONTEMPORAIN À proximité de la plage et du centre de thalassothérapie, cet hôtel joue l'épure contemporaine et c'est réussi. Après un soin à l'Espace Hydromarin, rien ne vaut la vue sur la mer dont on jouit dans chaque chambre !

25 chambres – †59/249 € ††99/249 € – ☕ 17 €

1 corniche de la Plage
– ✆ 02 98 57 05 01 – www.hotel-kastel.com – Fermé 4-17 déc.

à Ste-Marine 5 km à l'Ouest par pont de Cornouaille - ✉29120 Combrit

✿ Les Trois Rochers

CUISINE MODERNE • TENDANCE XX Face au port de Bénodet, une adresse délicieuse, où la cuisine est fondée sur des produits locaux de belle qualité – langoustines, homard, agneau –, rehaussés d'épices et d'herbes fraîches. Aux beaux jours, on profite de la terrasse, très agréable !

➜ Raviole de homard, bouillon de crustacés. Lieu jaune de ligne, jus d'herbes fraîches. Soufflé au yuzu.

Menu 49/84 €

Hôtel Villa Tri Men, 16 r. du Phare
- ☎ 02 98 51 94 94 - www.trimen.fr - Fermé 1er fév.-27 mars, 1er nov.-27 déc., lundi hors saison, dim. et le midi sauf sam.

Bistrot du Bac

POISSONS ET FRUITS DE MER • BISTRO X Une maison bretonne sur les quais du petit port de Ste-Marine, face à Bénodet – auquel il est relié par un bac en saison. La terrasse avec sa vue pittoresque sur l'estuaire, la salle en bleu et blanc (comme les chambres) et surtout la cuisine qui honore la mer avec fraîcheur et simplicité : l'escale est fort sympathique !

Formule 19 € - Menu 29 €

11 chambres - †84/145 € ††84/145 € - ☕12 €

19 r. du Bac
- ☎ 02 98 56 34 79 - www.hoteldubac.fr

Villa Tri Men

LUXE • ÉLÉGANT Le jardin de cette belle villa de 1913 descend en pente douce jusqu'à la mer, et l'on peut, en toute quiétude, y lire ou prendre un verre. L'intérieur, feutré et cossu, donne à l'ensemble un charme indéniable ; les chambres sont spacieuses et élégantes dans leur parti pris minimaliste.

19 chambres - †108/398 € ††108/398 € - ☕17 €

16 r. du Phare
- ☎ 02 98 51 94 94 - www.trimen.fr - Fermé 1er fév.-27 mars

✿ **Les Trois Rochers** – voir les restaurants ci-dessus

La Ferme Saint-Vennec

HISTORIQUE • PERSONNALISÉ Un lieu isolé, au grand calme, une vraie bouffée d'oxygène... Cette belle ferme de 1714, au milieu d'un grand parc, est divisée en plusieurs corps de bâtiment répartis autour d'une jolie cour parsemée de massifs de fleurs ; pour se ressourcer, on a le choix entre des chambres ou de superbes cottages bien entretenus. Charmant !

7 chambres - †90/160 € ††90/330 € - ☕15 €

r. de la Clarté
- ☎ 02 98 56 74 53 - www.lafermesaintvennec.com

BÉNOUVILLE - 14 Calvados ➜ Voir Caen

BERGERAC

✉ 24100 Dordogne - 27 764 hab. - Alt. 37 m - Carte régionale n° **2**-C1
Carte Michelin 329-D6 - Guide Vert Michelin Périgord Quercy

L'Imparfait

CUISINE TRADITIONNELLE • RUSTIQUE XX Dans cette bâtisse médiévale du vieux Bergerac, l'art culinaire se conjugue au présent ! Cuisine goûteuse inspirée du terroir et teintée d'exotisme. Parfait rapport plaisir-prix.

Menu 29 € (déj.), 39/49 € - Carte 48/93 €

Plan : A2-n *8 r. des Fontaines*
- ☎ 05 53 57 47 92 - www.imparfait.com

BERGERAC

La Table du Marché Couvert

CUISINE MODERNE • TENDANCE Impossible de ne pas remarquer cette maison d'angle à la façade rouge, face aux halles ! Dans ce bistrot à l'élégance toute contemporaine – un cadre soigné –, les recettes s'inspirent du marché... évidemment.

Formule 23 € – Menu 38/56 € – Carte 47/64 €

Plan : A2-f *21 pl. Louis-de-la-Bardonnie – 05 53 22 49 46 – www.table-du-marche.com – Fermé 15 fév.-12 mars, 25 juin-9 juil., lundi hors saison et dim.*

Hôtel de France

FAMILIAL • FONCTIONNEL En plein centre-ville, un hôtel face à la place du marché (mercredi et samedi). Préférez les chambres, plus calmes, côté piscine. Idéalement situé pour partir à la découverte de Bergerac.

20 chambres – 69/100 € 69/120 € – 10 €

Plan : A1-b *18 pl. Gambetta – 05 53 57 11 61 – www.hoteldefrance-bergerac.com*

Le Clos d'Argenson

HÔTEL PARTICULIER • ÉLÉGANT Séduisante, cette maison bourgeoise de 1865 installée en plein centre-ville, à deux pas de l'office du tourisme ! On apprécie le billard et la bibliothèque, les junior suites spacieuses et confortables... Sans oublier le petit-déjeuner servi en terrasse, ainsi que le jardin et la piscine.

4 chambres – 90/110 € 110/140 €

Plan : B1-a *99 r. Neuve-d'Argenson – 06 12 90 59 58 – www.leclosdargenson.com – Fermé 2-27 nov. et 26 déc.-4 janv.*

à St-Nexans 10 km au Sud par N21 et D19 – ✉ 24520 – 935 hab. – Alt. 120 m

La Chartreuse du Bignac

LUXE • ÉLÉGANT Une belle chartreuse du 18es., posée sur un coteau dominant vignobles, vergers et bois... Quel site ! Il fait bon se prélasser dans le parc de 12 ha ou au bord de la piscine. Beaucoup de raffinement dans les chambres ; cuisine actuelle dans une élégante salle ou en terrasse.

12 chambres – 🚹160/350 € 🚹🚹160/490 € – 1 suite – ☕ 24 €

Le Bignac
– ✆ 05 53 22 12 80 – www.abignac.com
– Fermé 17-30 déc. et 2 janv.-3 fév.

au Moulin de Malfourat 8 km au Sud par D933, dir. Mont-de-Marsan et rte secondaire

La Tour des Vents

CUISINE MODERNE • ÉLÉGANT XXX Priorité à la qualité des produits, des cuissons et des assaisonnements : l'ancien second est désormais aux commandes, et il maintient sans peine le cap ! Il propose une belle cuisine traditionnelle, relevée d'une pointe d'originalité. En prime, la salle offre une vue imprenable sur les vignobles de Monbazillac.

➔ Foie gras poêlé, purée de coing, fruits du mendiant et caramel de soja au gingembre. Ris de veau croustillant en kadaïf et doré au sautoir. Douceur de fruits rouges, crème et biscuit spéculos.

Menu 39 € (déj. en semaine), 49/69 € – Carte 70/100 €

– ✆ 05 53 58 30 10 – www.tourdesvents.com
– Fermé lundi et mardi

BERGÈRES-LÈS-VERTUS – 51 Marne ➔ Voir Vertus

BERGHEIM

✉ 68750 Haut-Rhin – 1 941 hab. – Alt. 235 m – Carte régionale n° **1**-C2
Carte Michelin 315-I7

Wistub du Sommelier

CUISINE ALSACIENNE • AUBERGE XX Comptoir du 19e s., boiseries, poêle en faïence et convivialité... Pas de doute, derrière cette jolie façade alsacienne se cache bien une winstub ! On y passe un bon moment autour de vrais plats du terroir remis au goût du jour, assortis des incontournables vins régionaux. Une adresse sympathique à tous points de vue.

Formule 18 € – Menu 30/65 € 🍷 – Carte 38/61 €

51 Grand-Rue
– ✆ 03 89 73 69 99 – www.wistub-du-sommelier.com
– Fermé 2 semaines en juil., 3 semaines en janv., merc. et jeudi

BERGHOLTZ

✉ 68500 Haut-Rhin – 1 070 hab. – Alt. 240 m – Carte régionale n° **1**-A3
Carte Michelin 315-H9

La Petite Auberge

CUISINE MODERNE • AUBERGE XX Langoustines rôties, fraîcheur de tomate ; médaillon de porc noir, condiment olives et moutarde à l'ancienne... Le chef concocte une cuisine gastronomique 100 % maison, avec une envie : "Faire ce qu'on m'a appris depuis que j'ai commencé ce métier." Pari tenu et franc succès !

Menu 22 € (déj. en semaine), 43/74 € – Carte 55/70 €

4 r. de l'Église
– ✆ 03 89 28 52 90 – www.lapetiteauberge.fr
– Fermé mardi et merc.

BERGUES

✉ 59380 Nord – 3 871 hab. – Alt. 4 m – Carte régionale n° **16**-B1
Carte Michelin 302-C2

Au Tonnelier

AUBERGE • FONCTIONNEL Une agréable hostellerie familiale, dans le village rendu célèbre par le film *Bienvenue chez les Ch'tis*. Chambres fonctionnelles et bien tenues ; cuisine du terroir au restaurant.

39 chambres – †79 € ††89/96 € – ☕13 €

4 r. du Mont-de-Piété (près de l'église) – ✆ 03 28 68 70 05 – www.autonnelier.com – Fermé 22 déc.-4 janv.

BERLOU

✉ 34360 Hérault – 198 hab. – Alt. 140 m – Carte régionale n° **12**-B2
Carte Michelin 339-C8

Le Faitout

CUISINE MODERNE • COSY X Qu'espérer du faitout d'un chef touche-à-tout ? Un maximum de gourmandise ! Frédéric Révilla, porté par sa passion pour la région, fait feu de tout bois : saveurs du jardin, veau catalan, chevreau du pays, navet de Pardailhan, vin de St-Chinian (le village est voisin) : tout s'associe avec soin et simplicité dans ses recettes à contre-courant, tout a du goût !

Formule 18 € – Menu 32/65 € 🍷 – Carte 39/62 €

pl. du Pont – ✆ 04 67 24 16 99 – Fermé 1 semaine vacances de fév. et de la Toussaint, dim. soir de mai à début oct., mardi et merc. d'oct. à avril et lundi

BERMICOURT

✉ 62130 Pas-de-Calais – 155 hab. – Alt. 118 m – Carte régionale n° **16**-B2
Carte Michelin 301-G5

La Cour de Rémi

CUISINE TRADITIONNELLE • CONVIVIAL X Après une première vie professionnelle menée tambour battant à l'étranger, le chef est revenu aux sources pour se consacrer à la cuisine, sa première passion. Cuissons millimétrées, assaisonnements au poil, bon rapport qualité-prix et vins naturels : il nous régale avec un enthousiasme communicatif !

Formule 21 € – Menu 32/36 € – Carte environ 40 €

1 r. Baillet – ✆ 03 21 03 33 33 – www.lacourderemi.com – Fermé sam. midi, dim. soir et lundi

La Cour de Rémi

FAMILIAL • PERSONNALISÉ Nous voici dans les dépendances d'un petit château du 19e s., au bout d'une allée bordée d'arbres... Les chambres, réparties dans la grange et les écuries, sont sobres et spacieuses. Quant à Rémi, il fut le dernier exploitant de la ferme. Un bien bel hommage !

10 chambres – †85/160 € ††85/160 € – ☕13 €

1 r. Baillet – ✆ 03 21 03 33 33 – www.lacourderemi.com

La Cour de Rémi – voir les restaurants ci-dessus

BERNAY

✉ 27300 Eure – 10 435 hab. – Alt. 105 m – Carte régionale n° **17**-C2
Carte Michelin 304-D7 – Guide Vert Michelin Normandie Vallée de la Seine

Hostellerie du Moulin Fouret

CUISINE CLASSIQUE • AUBERGE XX Du moulin subsistent les rouages... mais on découvre avant tout une belle et grande maison couverte de vigne vierge, au calme d'un cours d'eau. Ravioles de champignons, pigeonneau rôti en cocotte, notre "grand dessert Gustave Chauvel" en souvenir du grand-père du chef, etc. : classique et séduisant.

Formule 26 € – Menu 46 € – Carte 72/83 €

2 rte du Moulin-Fouret, 3,5 km au Sud par rte de St-Quentin-des-Isles – ✆ 02 32 43 19 95 – www.moulin-fouret.com – Fermé dim. soir, lundi et mardi

L'Odassiette

CUISINE MODERNE • COSY X D'abord, on découvre l'agréable salle de bistrot moderne, décorée dans des tons blanc et bleu pastel. L'endroit parfait pour déguster une cuisine du marché simple et généreuse, avec, le soir, une jolie proposition de plats plus "nobles" : foie gras mi-cuit maison, pain d'épices aux pommes, cassolette d'escargots aux shiitakes... Une adresse attachante.

Formule 15 € – Menu 21 € – Carte 38/46 €

10 r. Gaston-Follope
– ✆ 02 32 43 42 32 – www.odassiette.fr
– Fermé 27 janv.-12 fév., sam. soir, dim. et lundi

LA BERNERIE-EN-RETZ

✉ 44760 Loire-Atlantique – 2 723 hab. – Alt. 24 m – Carte régionale n° **18**-A2
Carte Michelin 316-D5

L'Artimon

CUISINE MODERNE • INTIME X Cet Artimon porte haut les valeurs de la bonne cuisine, attirant de loin les amateurs : il faut dire que le chef travaille en vrai artisan de beaux produits locaux. La petite salle – toute simple et d'esprit marin – ne désemplit pas !

Menu 20 € (déj. en semaine), 32/44 €

17 r. Jean-du-Plessis
– ✆ 02 51 74 61 60
– Fermé 30 mai-27 juin, dim. soir et merc. de sept. à juin, mardi sauf le soir en juil.-août et lundi

BERNIÈRES-SUR-MER

✉ 14990 Calvados – 2 348 hab. – Carte régionale n° **17**-B2
Carte Michelin 303-J4 – Guide Vert Michelin Normandie Cotentin

L'As de Trèfle

CUISINE MODERNE • COSY XX Légèrement en retrait des plages du Débarquement, nous voilà dans le repaire d'Anthony Vallette, un chef normand plein d'entrain. Au fil des saisons, il pioche dans le terroir local – poissons de la Manche, andouille de Vire, cochon de Bayeux – et compose des plats bien maîtrisés, avec juste ce qu'il faut d'audace !

Formule 20 € – Menu 26 € (déj. en semaine), 39/69 € – Carte 65/73 €

420 r. Léopold Hettier
– ✆ 02 31 97 22 60 – www.restaurantasdetrefle.com
– Fermé mardi midi et lundi

BERNOS-BEAULAC – 33 Gironde ➔ Voir Bazas

BERRWILLER

✉ 68500 Haut-Rhin – 1 174 hab. – Alt. 260 m – Carte régionale n° **1**-A3
Carte Michelin 315-H9

L'Arbre Vert

CUISINE MODERNE • ÉLÉGANT XX Cinquième génération et toujours très Vert ! Cet Arbre pourrait bien être généalogique, tant son histoire se confond avec celle de la famille Koenig... Au menu : toute la fraîcheur du terroir alsacien, avec de beaux vins du cru.

Menu 26/58 € – Carte 46/76 €

96 r. Principale
– ✆ 03 89 76 73 19 – www.restaurant-koenig.com
– Fermé 8-19 mars, 9-23 juil., jeudi soir, dim. soir et lundi

BESANÇON

25000 Doubs – 116 690 hab. – Agglo. 133 092 hab. – Alt. 250 m
– Carte régionale n° **9**-B2
Carte Michelin 321-G3 – Guide Vert Michelin Franche-Comté Jura

Le Manège

CUISINE MODERNE • TENDANCE XXX Une vraie bonne table que cet ancien manège militaire (au pied de la citadelle) entièrement redécoré en 2013 ; on y déguste une cuisine délicate et savoureuse, signée par un chef autodidacte et amoureux du travail bien fait. Une valeur sûre.

Formule 16 € – Menu 19 € (déj. en semaine), 32/48 € – Carte 39/52 €

Plan : D2-u *2 fg Rivotte – ✆ 03 81 48 01 48 – www.restaurantlemanege.com – Fermé 20 août-2 sept., 2-22 janv., dim. soir et lundi*

Le St-Pierre

CUISINE TRADITIONNELLE • ÉLÉGANT XXX Une cuisine gastronomique mettant le poisson et les bons produits à l'honneur ; beaucoup de finesse relevée d'une pointe d'originalité ; un cadre élégant et cosy (pierres apparentes) : ce Saint-Pierre est un petit paradis des saveurs !

Menu 44 € 🍷/78 € – Carte 70/85 €

Plan : C1-t *104 r. Battant – ✆ 03 81 81 20 99 – www.restaurant-saintpierre.com – Fermé vacances de printemps, 23 juil.-13 août, vacances de Noël, sam. midi, dim. et fériés*

Les Bains Douches Ⓝ

CUISINE CRÉATIVE • ÉLÉGANT XX Une belle découverte que cette maison au cachet historique, installée en lieu et place des anciens bains-douches. Aux commandes, deux associés : Raphaël, en cuisine, qui revisite les produits du terroir avec ce qu'il faut de créativité et de finesse, et une belle maîtrise des cuissons ; Léo en salle, attentif et accueillant, dont la passion est communicative...

Formule 23 € – Menu 37/69 € – Carte 52/79 €

Plan : D1-d *4 r. Jean-Baptiste-Victor-Proudhon – ✆ 09 83 73 53 33 – Fermé 15-29 Juillet, 23 déc.-13 janv., dim. et lundi*

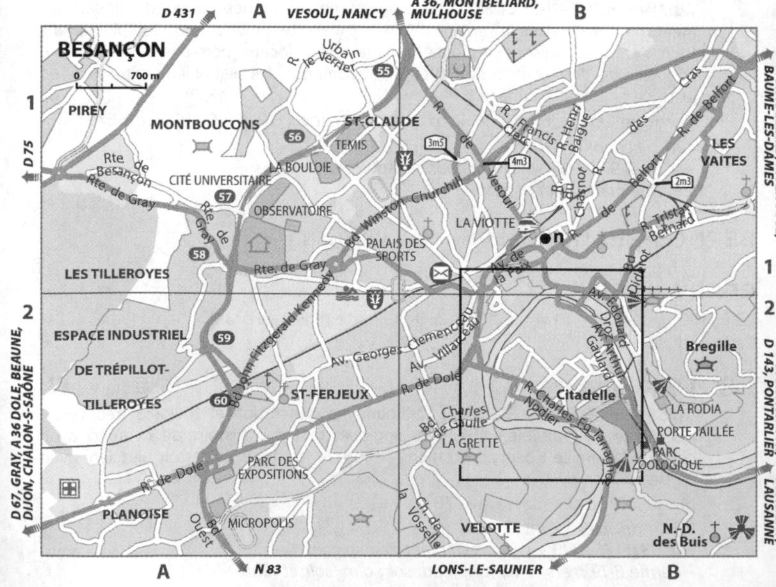

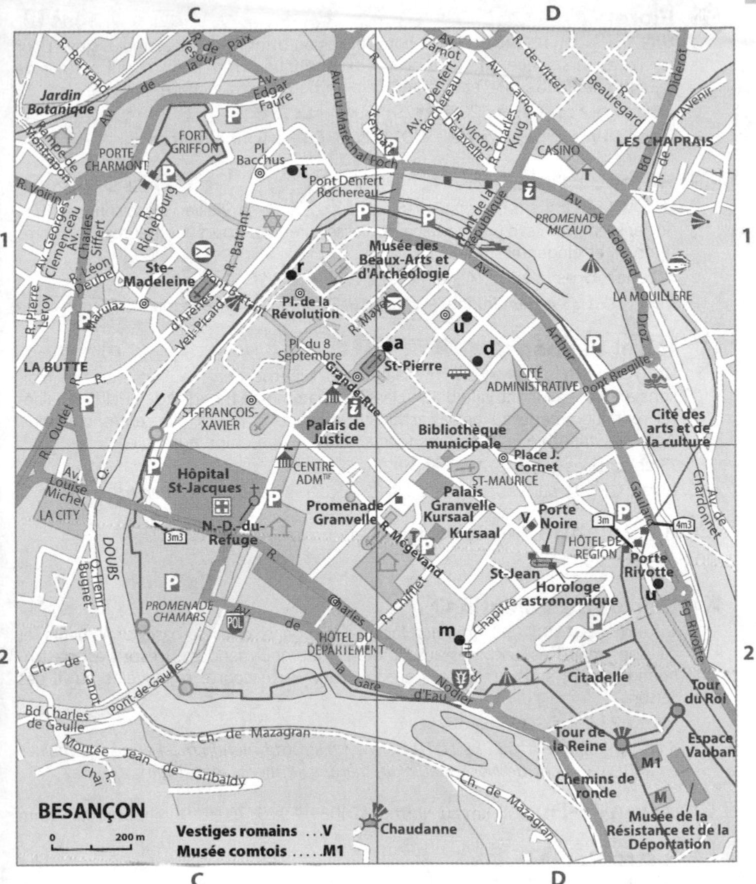

Le Poker d'As

CUISINE TRADITIONNELLE • RUSTIQUE XX Cette table tenue par toute une famille (le fils œuvre en cuisine) cultive une certaine identité franc-comtoise : décor rustique (tables sculptées dans le bois, cloches de vache, etc.) et, au menu, saveurs ancrées dans la tradition – mais pas seulement !

Formule 19 € – Menu 25/45 € – Carte 37/68 €

Plan : D1-u *14 sq. St-Amour*
– 03 81 81 42 49 – www.restaurant-lepokerdas.fr
– Fermé 12 juil.-11 août, vacances de Noël, dim. et lundi

Le Sauvage

HISTORIQUE • ÉLÉGANT Dans la vieille ville, le bâtiment est chargé d'histoire : couvent des minimes depuis le Moyen-Âge, saisi à la Révolution, il a été investi par les sœurs clarisses à partir de 1854... Salons intimes, belles boiseries et mobilier chiné, vues sur le Doubs et les remparts : les lieux ne sont qu'élégance et quiétude.

24 chambres – 🚹99/290 € 🚹🚹99/290 € – ☕15 €

Plan : D2-m *6 r. du Chapître*
– 03 81 82 00 21 – www.hotel-lesauvage.com

Florel

URBAIN · CONTEMPORAIN Un hôtel bien confortable et idéalement situé pour les voyageurs : face à la gare et à proximité d'un arrêt de tram, qui permet de rejoindre le centre-ville en un clin d'œil. Un bon point de chute.

46 chambres – 69/129 € 79/129 € – 12 €

Plan : B1-n *6 r. de la Viotte – 03 81 80 41 08 – www.hotel-florel.fr*

Hôtel de Paris

URBAIN · COSY Un bel établissement, au cœur de la vieille ville bisontine. Murs anciens empreints d'une certaine noblesse, grandes cours intérieures, chambres feutrées et élégantes…

50 chambres – 89/249 € 89/249 € – 13 €

Plan : D1-a *33 r. des Granges – 03 81 81 36 56 – www.besanconhoteldeparis.com*

Hôtel Vauban

URBAIN · FONCTIONNEL À mi-hauteur du superbe quai Vauban, dont les maisons à arcades lui ont valu d'être classé au patrimoine mondial de l'UNESCO, l'hôtel rend hommage au génial architecte militaire et à ses différentes créations. Accueil sympathique, chambres fonctionnelles : une étape agréable.

13 chambres – 74/124 € 89/124 € – 11 €

Plan : C1-r *9 quai Vauban – 03 81 82 02 08 – www.hotel-vauban.fr*

à École-Valentin 7 km au Nord de Besançon par N57 – 25480 – 2 410 hab. – Alt. 290 m

Bistrot de Valentin

CUISINE CLASSIQUE Produits locaux de bonne qualité, assaisonnements et cuissons maîtrisés, assiettes aussi précises que gourmandes… L'esprit est gastronomique mais sans prétention, au gré d'une carte courte renouvelée au fil des saisons.

Menu 27/38 € – Carte 36/50 €

34 r. du Vallon – 03 81 80 03 90 – www.bistrotdevalentin.fr – Fermé 3 semaines en août, vacances de Noël, lundi soir, mardi soir, merc. soir et dim.

à Châtillon-le-Duc 10 km au Nord par D108 – 25870 – 1 985 hab. – Alt. 450 m

Bistro Paul

CUISINE MODERNE · BISTRO Des produits honnêtes et bien mis en valeur, une exécution maîtrisée, une partition bistrotière séduisante, le tout réalisé par un jeune chef très compétent : voici ce qui vous attend dans cette maison toute de rouge vêtue, installée dans les environs de Besançon.

Formule 20 € – Menu 30 € – Carte 30/60 €

11 chemin des Maurapans – 03 81 88 59 95 – www.bistrotpaul.fr – Fermé 26 fév.-4 mars, 19 août-3 sept., lundi soir, mardi soir et dim.

à Geneuille 13 km au Nord par N57 et D1 – 25870 – 1 353 hab. – Alt. 220 m

Château de la Dame Blanche

CUISINE MODERNE · CHIC Une grande dame que cette demeure à l'abri des regards, dont les décors cultivent un élégant classicisme. Le chef signe une cuisine gastronomique goûteuse et bien maîtrisée, à l'image de ce sandre d'inspiration du Doubs, sabayon au vin jaune et vieux comté râpé… Service courtois.

Formule 24 € – Menu 30 € (déj. en semaine), 48/90 € – Carte 60/75 €

Hôtel Château de la Dame Blanche, 1 chemin de la Goulotte – 03 81 57 64 64 – www.chateau-de-la-dame-blanche.com – Fermé vacances de Noël, sam. midi et dim.

Château de la Dame Blanche

MAISON DE CAMPAGNE • PERSONNALISÉ Une superbe propriété dans la campagne bisontine, digne d'une image d'Épinal : cette belle demeure bourgeoise se dresse dans un grand parc boisé. Un lieu de douce villégiature : spa, grand calme et... pour les amoureux de nature, deux chambres perchées dans des cabanes en haut des arbres !

33 chambres - 79/189 € 79/289 € - 2 suites - 15 €

1 chemin de la Goulotte
- 03 81 57 64 64 - www.chateau-de-la-dame-blanche.com
- Fermé vacances de Noël

Château de la Dame Blanche - voir les restaurants ci-dessus

à Montfaucon 9 km au Sud-Est par D464 et D146 - 25660 -

1 496 hab. - Alt. 491 m

La Cheminée

CUISINE CLASSIQUE • AUBERGE XX Pour une bouffée d'air pur en dehors de Besançon, voilà un chalet tout indiqué : sur les hauteurs du village, dominant les reliefs alentour, il offre un joli décor pour apprécier les spécialités régionales. En prime, une piscine ouverte aux clients du restaurant.

Formule 28 € - Menu 38/63 € - Carte 67/83 €

rte du Belvédère
- 03 81 81 17 48 - www.restaurantlacheminee.fr - Fermé 27 août-19 sept., 2-25 janv., dim. soir, merc. soir et lundi

BESSAS

07150 Ardèche - 192 hab. - Carte régionale n° **23**-A3
Carte Michelin 331-H7

Auberge des Granges

CUISINE MODERNE • CONVIVIAL X Le jeune chef régale ses clients avec une cuisine liée aux produits du terroir, mais ne s'interdit pas des voyages à la mer, à partir du homard jusqu'aux Saint-Jacques. Autant de délices à déguster dans l'ambiance feutrée d'une ancienne grange. En été, profitez de la belle terrasse avec vue sur la campagne ardéchoise.

Menu 32/67 € - Carte environ 52 €

au village - 04 75 38 02 01 - www.aubergedesgranges.com
- Fermé janv., du lundi au jeudi d'oct. à fév., mardi midi et lundi de mars à juin et merc. midi

BESSINES - 79 Deux-Sèvres → Voir Niort

BESSINES-SUR-GARTEMPE

87250 Haute-Vienne - 2 830 hab. - Alt. 335 m - Carte régionale n° **13**-B1
Carte Michelin 325-F4

Château Constant

MAISON DE MAÎTRE • HISTORIQUE Une Salvadorienne, des voyages à travers le monde... et ce joli manoir du 19e s. dont elle a fait un lieu douillet et accueillant, à son image. Les chambres sont spacieuses et mêlent les styles avec caractère, et on a toujours de quoi s'occuper (instruments de musique, ping-pong), musarder (beau parc) et se repaître (table d'hôte). Sympathique !

5 chambres - 85/95 € 95 €

av. du 11-Novembre-1918
- 06 51 17 66 73 - www.chateau-constant.com

BÉTHUNE

62400 Pas-de-Calais – 25 413 hab. – Agglo. 355 043 hab. – Alt. 34 m – Carte régionale n° **16**-B2
Carte Michelin 301-I4

Au Départ

CUISINE MODERNE • ÉLÉGANT XXX La bonne table de Béthune, à deux pas de la gare. La salle, colorée et audacieuse, est en parfaite adéquation avec la cuisine du chef, gourmande et bien ficelée. L'un de ses plats phares : la Poularde du Nord, crème de betterave et risotto aux légumes verts... Belle carte des vins.

Formule 22 € – Menu 35/60 € – Carte 55/97 €

1 pl. François-Mitterrand – 03 21 57 18 04 – www.restaurant-depart.fr – Fermé 5-11 mars, 13 août-2 sept., sam. midi, dim. soir, lundi et mardi

à Gosnay 5 km au Sud-Ouest par D941 et D181 – 62199 – 951 hab. – Alt. 29 m

Robert II

CUISINE CLASSIQUE • ÉLÉGANT XXX Le Robert II fait dans l'exercice de style avec la découpe au guéridon et le flambage devant le client. La cuisine privilégie les saisons et les produits nobles : ris de veau, homard, bar, turbot... Quant à la carte des vins, elle est exceptionnelle : plus de 800 appellations !

Menu 68/148 € – Carte 75/115 €

Hôtel La Chartreuse du Val St-Esprit, 1 r. de Fouquières – 03 21 62 80 00 – www.ledomainedelachartreuse.com

La Chartreuse du Val St-Esprit

DEMEURE HISTORIQUE • CLASSIQUE Bâti sur les ruines d'une ancienne chartreuse dans un parc de 6 ha, ce château (1762) a beaucoup de charme et d'élégance. Les chambres arborent un style cossu : mobilier ancien, papiers peints et tentures dans la grande tradition... Un petit coin de paradis !

53 chambres – 139/257 € 139/420 € – 1 suite – 20 €

1 r. de Fouquières – 03 21 62 80 00 – www.ledomainedelachartreuse.com

Robert II – voir les restaurants ci-dessus

La Métairie

BUSINESS • FONCTIONNEL Une grande façade en briques rouges typiquement régionale, posée juste au bord de la route : impossible de manquer cette Métairie ! Les chambres sont confortables et fonctionnelles, l'ensemble est parfaitement tenu. Et pour dîner, direction la Distillerie et le Vasco.

40 chambres – 85/208 € 85/208 € – 14 €

1bis r. de Fouquières – 03 91 80 11 20 – www.hotel-lametairie.com

à Busnes 14 km au Nord-Ouest par D943et D187 – 62350 – 1 278 hab. – Alt. 19 m

Meurin (Marc Meurin)

CUISINE MODERNE • ÉLÉGANT XXXX Moment de haute gastronomie dans le décor chic et feutré du Château de Beaulieu... Marc Meurin signe une cuisine d'excellente facture, fine et inventive. Bouillons, jus, produits, accords de saveurs, etc. Chaque assiette est un plaisir.

→ Assiette végétale, fleur de courge farcie et émulsion de champignons. Pigeonneau des Flandres, purée de maïs et jus d'abattis parfumé à la coriandre. Citron bio en variation.

Menu 80 € (semaine), 110/190 € – Carte 115/135 €

Hôtel Le Château de Beaulieu, 1098 rte de Lillers – 03 21 68 88 88 – www.lechateaudebeaulieu.fr – Fermé 31 juil.-20 août, le midi sauf vend. et dim., dim. soir et lundi

Le Jardin d'Alice

CUISINE MODERNE • TENDANCE XX La seconde table du chef Marc Meurin, au sein du Château de Beaulieu, version bistrot coloré et décalé : nul doute que la pétillante héroïne de Lewis Carroll aurait apprécié l'endroit (déco branchée, parc) et plus encore la belle cuisine dans l'air du temps. C'est très souvent complet, pensez à réserver...

Formule 25 € – Menu 32/39 € – Carte 39/57 €

Hôtel Le Château de Beaulieu, 1098 rte de Lillers – 03 21 68 88 88 – www.lejardindalice.fr

Le Château de Beaulieu

DEMEURE HISTORIQUE • ÉLÉGANT Promesse d'un week-end de charme dans cette élégante demeure en brique de 1680, sise dans un grand parc (jardin aromatique, vignes). Élégantes et feutrées, les chambres sont très confortables et d'une quiétude incomparable. Grand espace séminaires.

16 chambres – 170/280 € 170/430 € – 4 suites – 22 €

1098 rte de Lillers – 03 21 68 88 88 – www.lechateaudebeaulieu.fr

Meurin • **Le Jardin d'Alice** – voir les restaurants ci-dessus

BEUVRON-EN-AUGE

14430 Calvados – 210 hab. – Alt. 11 m – Carte régionale n° **17**-C2
Carte Michelin 303-L4 – Guide Vert Michelin Normandie Vallée de la Seine

Le Pavé d'Auge (Jérôme Bansard)

CUISINE CLASSIQUE • ÉLÉGANT Chaleureux et typiquement normand (colombages, cheminée en pierre), ce restaurant occupe les anciennes halles du village. C'est ici une vocation que de susciter l'échange autour de bons produits ! Au menu, de beaux classiques préparés avec finesse et une interprétation savoureuse de la gastronomie régionale.

➜ Foie gras poêlé. Lièvre à la royale. Soufflé au Grand Marnier.

Menu 42/81 €

5 chambres – 94/148 € 103/156 €

– 02 31 79 26 71 – www.pavedauge.com – Fermé 26 fév.-6 mars, 20 nov.-27 déc., mardi sauf du 15 juil. au 31 août et lundi

BEUZEVILLE

27210 Eure – 4 513 hab. – Alt. 129 m – Carte régionale n° **17**-A3
Carte Michelin 304-C5 – Guide Vert Michelin Normandie Vallée de la Seine

Auberge du Cochon d'Or

CUISINE TRADITIONNELLE • AUBERGE Installée dans la traversée du village, cette maison normande typique porte très bien son nom : en véritable cuistot "à l'ancienne", le chef fait honneur à la tradition locale – avec une appétence particulière pour les abats. Terrasse pour les beaux jours.

Formule 16 € – Menu 22 € (semaine), 33/50 € – Carte 33/82 €

64 r. des Anciens-d'AFN – 02 32 57 70 46 – www.le-cochon-dor.fr – Fermé 15-30 nov., dim. soir et lundi

Le Petit Castel

FAMILIAL • CONTEMPORAIN Un hôtel qui fait le buzz à Beuzeville : derrière sa façade bourgeoise traditionnelle, on découvre de jolies chambres, cosy et chaleureuses, ainsi qu'un charmant salon commun et un agréable espace bien-être. Autres atouts : Honfleur n'est qu'à 15 km et le pays d'Auge s'offre à vous !

16 chambres – 74/104 € 74/104 € – 12 €

32 r. Constant-Fouché – 02 32 20 48 95 – www.lepetitcastel.org

à l'Ouest 3 km par N175 – 14130 Quetteville :

Hostellerie de la Hauquerie-Chevotel

MAISON DE CAMPAGNE • CLASSIQUE La particularité de cette adresse est d'être à la fois un hôtel... et un haras. Le cheval est à l'honneur dans l'intérieur feutré et confortable : nombreuses photos des "pensionnaires", cadres retraçant la généalogie de chevaux célèbres... De quoi piaffer de plaisir !

6 chambres – 110/135 € 110/165 € – 1 suite – 14 €

Lieu-dit La Hocquerie – 02 31 65 62 40 – www.chevotel.com – Ouvert 25 mars-30 oct.

LES BÉZARDS

✉ 45290 Loiret – Carte régionale n° **6**-D2
Carte Michelin 318-N5

Auberge des Templiers

CUISINE CLASSIQUE • ÉLÉGANT XXX Certaines beautés ne se démodent jamais... Dans un décor de poutres et de cristal, on savoure une cuisine classique aux accents exotiques. Un savoureux décalage !

➜ Cristalline d'araignée de mer à l'avocat, yuzu, huile de curry aux herbes fraîches. Bar sauvage, caviar de Sologne et émulsion marinière. Soufflé Rothschild, glace à la vanille Bourbon.

Formule 55 € – Menu 90/135 € – Carte 110/150 €

Boismorand, à 4 km de l'autoroute A77, sortie 19 – ✆ 02 38 31 80 01 – www.lestempliers.com – Fermé lundi et mardi

Auberge des Templiers

TRADITIONNEL • PERSONNALISÉ Une superbe architecture tout en colombages (17e s.), du mobilier d'époque, un cottage aux toits de chaume niché au milieu d'un parc, un accueil et des prestations dans la grande tradition française : tels sont les trésors de ces Templiers !

22 chambres – †155/720 € ††155/720 € – 6 suites – ☕ 25 €

Boismorand, à 4 km de l'autoroute A77, sortie 19 – ✆ 02 38 31 80 01 – www.lestempliers.com

Auberge des Templiers – voir les restaurants ci-dessus

BÉZIERS

✉ 34500 Hérault – 75 701 hab. – Agglo. 89 243 hab. – Alt. 17 m – Carte régionale n° **12**-B2
Carte Michelin 339-E8

Octopus (N)

CUISINE MODERNE • CONTEMPORAIN XXX Moment de jolie gastronomie au cœur de Béziers, autour d'une belle cuisine de saison, signée Franck Radiu, accompagnée d'une sympathique sélection de vins "nature". Chaleureux décor contemporain et agréable terrasse en prime.

Formule 23 € 🍷 – Menu 33/90 € – Carte 64/85 €

Plan : B1-t *12 r. Boïeldieu – ✆ 04 67 49 90 00 – www.restaurant-octopus.com – Fermé 17-23 avril, 14-27 août, 26 déc.-1er janv., dim. et lundi*

La Maison de Petit Pierre

CUISINE MODERNE • AUBERGE X Comme quoi la médiatisation a du bon ! Dans son restaurant non loin des arènes, Pierre Augé, gagnant de Top Chef 2014, remporte un succès mérité. Les gens se pressent pour déguster sa cuisine, goûteuse et soignée, où les produits frais ont la priorité. Une bonne et sympathique adresse.

Formule 17 € – Menu 25 € (déj.), 42/75 €

Hors plan *22 av. Pierre-Verdier – ✆ 04 67 30 91 85 – www.lamaisondepetitpierre.fr – Fermé 16 août-3 sept., lundi soir, mardi soir, merc. soir et dim.*

In Situ

URBAIN • ÉPURÉ L'ancien siège d'EDF, entièrement réhabilité en hôtel, propose désormais des chambres résolument modernes, à la déco épurée. Petite salle de fitness, sauna et hammam. Quelques places de garage.

24 chambres – †130/205 € ††130/205 € – ☕ 15 €

Plan : B1-f *67 av. du 22-août-1944 – ✆ 04 67 80 08 07 – www.insituhotel.com*

L'Hôtel Particulier

HÔTEL PARTICULIER • CONTEMPORAIN Cette belle maison bourgeoise de 1892 a su préserver le charme de l'ancien (parquet, mosaïques de marbre) sans renoncer à la modernité (moulures retroéclairées, baignoires balnéo, bluetooth). Possibilité de massages en chambre. Petit-déjeuner jusqu'à midi. Une réussite !

9 chambres – †115/180 € ††115/240 € – ☕ 15 €

Plan : B1-n *65bis av. du 22-Août-1944 – ✆ 04 67 49 04 47 – www.hotelparticulierbeziers.com*

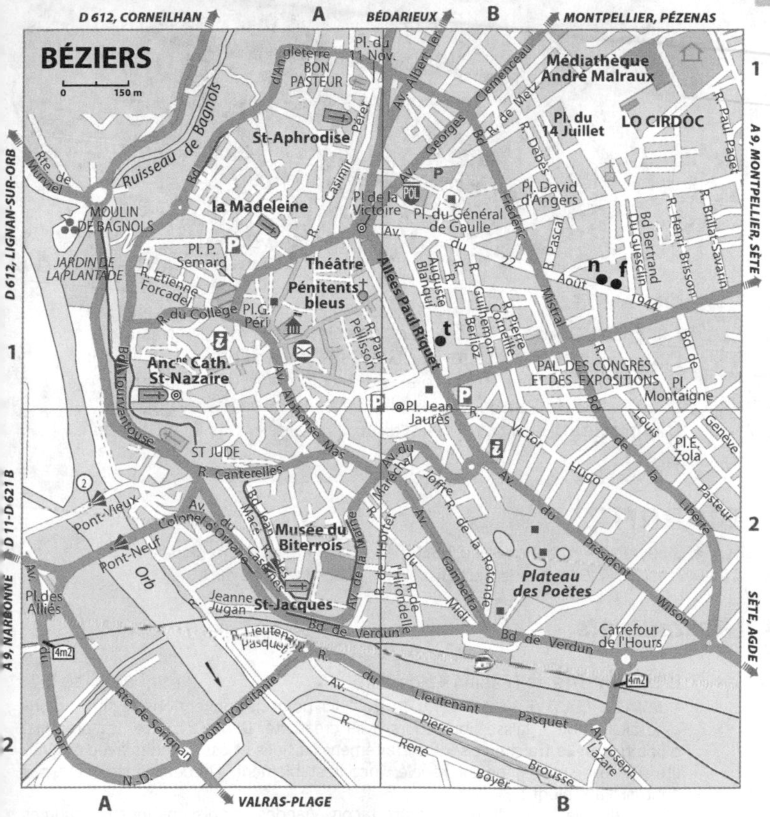

à Villeneuve-lès-Béziers 7 km au Sud-Est par D612 et D37 – ✉ 34420 – 4 256 hab. – Alt. 6 m

La Chamberte

FAMILIAL • PERSONNALISÉ Couvert de verdure, cet ancien chai séduit d'emblée par son beau jardin-patio, véritable havre de paix. Le décor est aussi tendance que chaleureux (influences andalouse, exotique...). Table d'hôte dressée sous une belle charpente (plats du marché).

5 chambres ☕ – 👤73/93 € 👥99/139 €

10 r. de la Source – ✆ 04 67 39 84 83 – www.lachamberte.com

J.-D. Sudres/hemis.fr

ON AIME...

À **L'Entre Deux**, se laisser porter par les belles inspirations de Rémy Escale. Découvrir **l'Atelier de Gaztelur**, magnifique "boutique-restaurant" au style inimitable. S'enthousiasmer de la cuisine fine et gourmande du **Pim'Pi**. Goûter les délicieux produits bio de **L'Impertinent**, entouré des sculptures réalisées par la propriétaire.

BIARRITZ

✉ 64200 Pyrénées-Atlantiques - 25 330 hab. - Alt. 19 m - Carte régionale n° **2**-A3
Carte Michelin 342-C4 - Guide Vert Michelin Pays Basque et Navarre

Restaurants

✿ **L'Impertinent** (Fabian Feldmann) — A/C

CUISINE CRÉATIVE · CONTEMPORAIN XX Ici, point de conventions, le chef – d'origine allemande – laisse libre cours à sa créativité. Dans l'assiette, les produits, d'une très belle fraîcheur, sont parfaitement cuisinés et assaisonnés avec originalité. On est surpris, on se régale. Incontestablement, l'impertinence n'est pas contraire au talent !

➜ Assiette de fruits de mer à notre façon. Viandes et poissons locaux, légumes de saison. Le curry vert, écume coco, crème coriandre, glace gingembre, granité citron vert et galanga.

Menu 38 € 🍷 (déj. en semaine), 82/101 € - Carte 85/90 €

Plan : A1-a *5 r. d'Alsace*
- ✆ 05 59 51 03 67 - www.l-impertinent.fr - Fermé mardi midi, dim. et lundi sauf juil.-août

✿ **Les Rosiers** (Andrée et Stéphane Rosier) — A/C

CUISINE MODERNE · CONVIVIAL XX Cadre chaleureux et contemporain, servant d'écrin à une séduisante cuisine "vérité" réalisée à quatre mains, avec une maîtrise technique évidente. Madame a été la première "Meilleure Ouvrière de France" !

➜ Chair de tourteau en fine gelée de crustacés. Ris de veau cuit dans un beurre mousseux aux aromates. Moelleux au chocolat et maïs.

Menu 39 € (déj. en semaine), 85/115 € 🍷 - Carte 70/85 €

Plan : A2-z *32 av. Beau-Soleil*
- ✆ 05 59 23 13 68 - www.restaurant-lesrosiers.fr - Fermé mardi sauf le soir en juil.-août et lundi

Une bonne table sans se ruiner ? Repérez les Bib Gourmand.

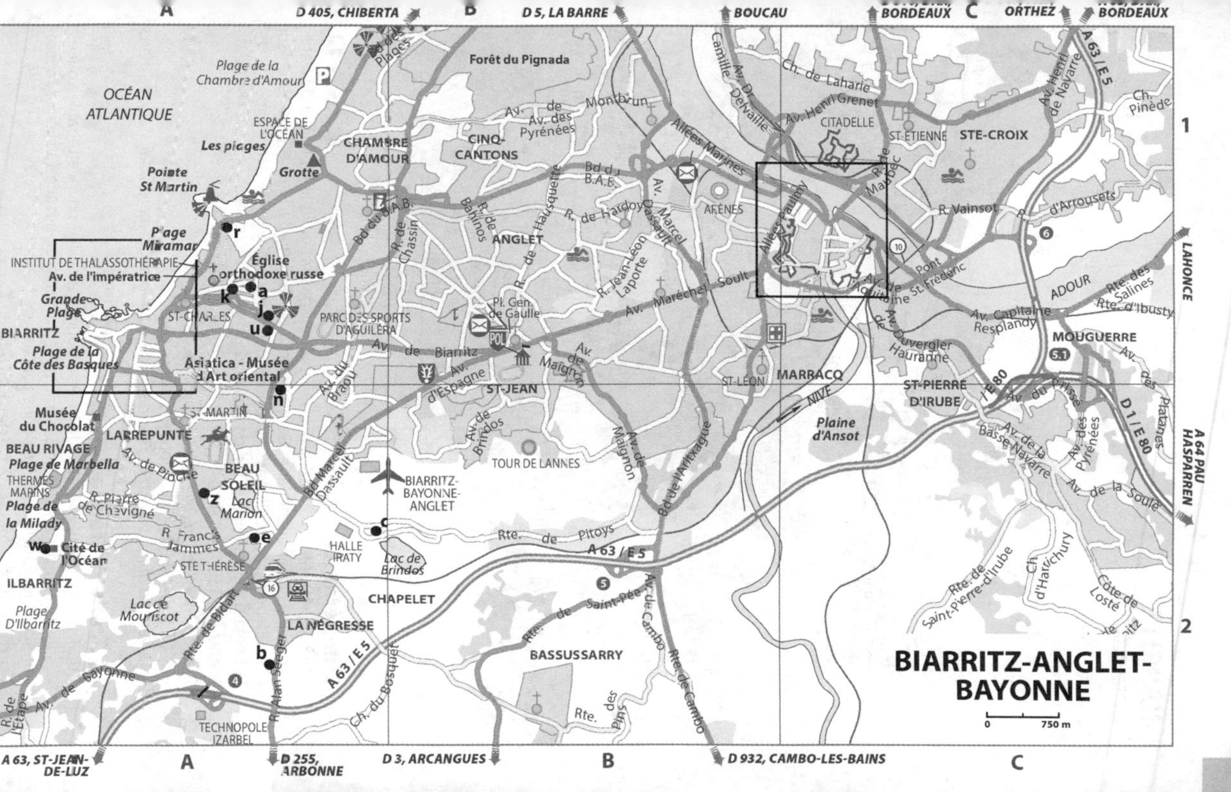

BIARRITZ-ANGLET-BAYONNE
0
750 m
A
B
C
1
2
D 405, CHIBERTA
D 5, LA BARRE
BOUCAU
BORDEAUX
ORTHEZ
BORDEAUX
LAHONCE
A 64 PAU HASPARREN
A 63, ST-JEAN-DE-LUZ
D 255, ARBONNE
D 3, ARCANGUES
D 932, CAMBO-LES-BAINS
OCÉAN ATLANTIQUE
Plage de la Chambre d'Amour
Bd des Plages
Forêt du Pignada
ESPACE DE L'OCÉAN
Les plages
Grotte
CHAMBRE D'AMOUR
CINQ-CANTONS
Av. de Montbrun
Av. des Pyrénées
Pointe St Martin
Plage Miramar
INSTITUT DE THALASSOTHÉRAPIE
Av. de l'Impératrice
Église orthodoxe russe
Grande Plage
BIARRITZ
ST-CHARLES
Plage de la Côte des Basques
Asiatica - Musée d'Art oriental
PARC DES SPORTS D'AGUILÉRA
Bd du B.A.B.
R. de Chassin
R. de Bahinos
ANGLET
R. de Hausquette
R. de Hardoy
R. Jean-Léon Laporte
Av. Marcel Dassault
Allées Marines
ARÈNES
Av. Dr. Camille Delvaille
Ch. de Laharie
Av. Henri Grenet
CITADELLE
ST-ÉTIENNE
STE-CROIX
Av. Henri de Navarre
A 63 / E 5
Ch. Pinède
R. Vainsot
R. d'Arrousets
Allées Paulmy
R. Maubec
Pont St-Frédéric
Av. de Aquitaine
ADOUR
Rte. des Salines
Rte. d'Ibusty
Av. Capitaine Resplandy
MOUGUERRE
Av. des Platanes
Av. Maréchal Soult
Pl. Gén. de Gaulle
Av. de Biarritz
Av. d'Espagne
ST-JEAN
Av. de Maignon
Av. du Braou
ST-LÉON
MARRACQ
Av. Duvergier de Hauranne
ST-PIERRE D'IRUBE
E 80
Av. du Prissé
D 1 / E 80
NIVE
Plaine d'Ansot
Av. de la Basse Navarre
Av. des Pyrénées
Av. de la Soule
ST-MARTIN
Musée du Chocolat
LARREPUNTE
BEAU RIVAGE
Plage de Marbella
Av. de Pioche
BEAU SOLEIL
Lac Marion
THERMES MARINS
R. Pierre de Chevigné
Plage de la Milady
Cité de l'Océan
R. Francis Jammes
STE-THÉRÈSE
ILBARRITZ
Plage D'Ilbarritz
Lac de Mouriscot
Av. de Brindos
TOUR DE LANNES
Bd Marcel Dassault
BIARRITZ-BAYONNE-ANGLET
HALLE IRATY
Lac de Brindos
Rte. de Pitoys
A 63 / E 5
Bd de l'Aritxague
Av. de Cambo
Rte. de Cambo
Rte. de Saint-Pée
CHAPELET
LA NÉGRESSE
Rte. de Bidart
R. Alan Seeger
A 63 / E 5
Ch. du Bosquet
BASSUSSARRY
Rte. des Pins
R. de l'Étape
Av. de Bayonne
TECHNOPOLE IZARBEL
Rte. de Saint-Pierre-d'Irube
Ch. d'Haritchury
Côte de Losté

L'Impératrice

CUISINE MODERNE • LUXE XXXX Le restaurant gastronomique de l'Hôtel du Palais accueille le chef Jean-Marie Gautier, Meilleur Ouvrier de France et présent sur place depuis plus de 25 ans. Il propose une cuisine autour de beaux produits, tel le homard bleu ou une truite de Banka de Michel Goicoechea.

Menu 95/135 € – Carte 103/119 €

Plan : E1-k *Hôtel du Palais, 1 av. de l'Impératrice*
– ✆ 05 59 41 64 00 – www.hotel-du-palais.com
– Ouvert de mai à fin oct. et fermé le midi en juil.-août, merc. midi, lundi et mardi

La Table d'Aranda

CUISINE MODERNE • RUSTIQUE XX Bon bouche à oreille pour cette table vouée à la satisfaction de vos papilles... Ambiance rustique et basque (ancienne rôtisserie) ; cuisine actuelle avec quelques touches de créativité.

Formule 16 € – Menu 22 € (déj.), 30/57 € 🍷
– Carte environ 47 €

Plan : A1-j *87 av. de la Marne*
– ✆ 05 59 22 16 04 – www.tabledaranda.fr
– Fermé 1 semaine début juil., 3 semaines en janv., lundi sauf le soir en juil.-août et dim.

Le Sin

CUISINE MODERNE • DESIGN X Au sein de la Cité de l'Océan, immanquable avec son architecture en forme de vague – une création de Steven Holl –, le Sin offre une vue magnifique sur la mer et le château d'Ilbarritz. Le chef propose une cuisine bistrotière élaborée, qu'il fait évoluer tous les deux mois. Une adresse atypique et attachante.

Formule 22 € – Menu 30 € – Carte 47/62 €

Plan : A2-w *1 av. de la Plage (au 1er étage de la Cité de l'Océan) – ✆ 05 59 47 82 89 – www.le-sin.com – Fermé 8 janv.-5 fév., mardi soir, dim. soir et lundi sauf juil.-août*

Chez Albert

POISSONS ET FRUITS DE MER • RUSTIQUE X Si tous les chemins mènent à Rome, un seul conduit chez Albert. Dans cette adresse animée et décontractée, sur le vieux port des pêcheurs, les produits de la mer sont à l'honneur ! Mention spéciale pour les poissons sauvages.

Carte 40/72 €

Plan : D1-v *au Port-des-Pêcheurs – ✆ 05 59 24 43 84 – www.chezalbert.fr – Fermé 22 nov.-6 fév. et merc. sauf juil.-août*

Le Clos Basque

CUISINE MODERNE • RUSTIQUE X Pierres apparentes et azulejos confèrent un esprit ibérique à la petite salle, où l'on mange au coude-à-coude. Derrière les fourneaux, le chef signe une goûteuse cuisine du marché teintée de notes basques. Pensez à réserver, c'est presque toujours complet – et la terrasse est un rendez-vous pour les Biarrots !

Menu 27 €

Plan : E1-v *12 r. Louis-Barthou – ✆ 05 59 24 24 96 – Fermé fin fév. à mi-mars, fin juin-début juil., fin oct. à mi-nov., dim. soir sauf juil.-août et lundi*

L'Entre Deux

CUISINE MODERNE • BRANCHÉ X L'ancien chef du Zoko Moko (Saint-Jean-de-Luz) est aux manettes de ce bistrot branché, chaleureux et décoré avec goût. Objectif affiché en cuisine : rester au plus près du produit et du goût ! Il associe les saveurs avec brio et fait preuve d'une maîtrise technique sans faille : on passe un super moment.

Formule 21 € – Menu 26 € (déj. en semaine)/40 € – Carte 50/70 €

Plan : E2-n *5 av. du Maréchal-Foch – ✆ 05 59 22 51 50 – www.lentredeuxbiarritz.com – Fermé le midi en juil.-août, lundi sauf le soir en saison et dim.*

Le Bistrot Gourmet

CUISINE MODERNE • BRASSERIE X Dans un quartier plutôt calme, la façade discrète abrite ce restaurant aux allures de bistrot chic, avec même un petit esprit "parigot" dans la décoration. Quant à la cuisine, gourmande et bien maîtrisée, elle se décline (c'est plutôt rare) en demi-portions ou en plats, selon l'appétit de chacun.

Menu 32 € (déj. en semaine), 41/59 € – Carte 32/68 €

Plan : A1-k *18 r. de la Bergerie – ✆ 05 59 22 09 37 – www.le-bistrot-gourmet.com – Fermé 4-15 juin, 12-28 nov., mardi et merc. sauf juil.-août*

Le Pim'Pi

CUISINE MODERNE • BISTRO X Une bonne cuisine de bistrot, moderne et bien pensée, gourmande sans jamais peser sur l'estomac : voilà ce que propose le chef du Pim'Pi, que l'on avait déjà croisé lorsqu'il officiait chez Léonie, à Biarritz également. Si l'on ajoute à cela une ambiance très conviviale, difficile de résister à l'envie de s'attabler ici...

Formule 15 € – Menu 19 € (déj. en semaine)/37 € – Carte environ 46 €

Plan : E2-r *14 av. de Verdun – ✆ 05 59 24 12 62 – www.lepimpi-bistrot.com – Fermé lundi sauf août et dim.*

Léonie

CUISINE MODERNE • BISTRO Cet ancien restaurant ouvrier, proche du rond-point de l'Europe, est devenu un bistrot moderne, coloré et... gourmand. On y déguste une cuisine fraîche et généreuse, et la carte est renouvelée chaque mois. L'occasion d'y revenir régulièrement.

Formule 18 € - Menu 38/48 € - Carte 43/65 €

Plan : A1-u *7 av. Larochefoucauld - 05 59 41 01 26 - www.restaurant-biarritz-leonie.com - Fermé dim. soir et merc.*

Hôtels & maisons d'hôtes

Hôtel du Palais

PALACE • GRAND LUXE Un véritable palais de bord de mer... Résidence d'été construite par Napoléon III pour son épouse Eugénie, il fut ensuite l'un des hauts lieux de la Belle Époque (il devint hôtel en 1893). Grand escalier magistral, antiquités, confort dans les moindres détails... Luxe intemporel ! Cuisine classique à la villa Eugénie.

122 chambres - 330/1460 € 330/1460 € - 30 suites - 50 €

Plan : E1-k *1 av. de l'Impératrice - 05 59 41 64 00 - www.hotel-du-palais.com - Fermé 28 janv.-13 mars*

L'Impératrice - voir les restaurants ci-dessus

Beaumanoir

LUXE • ÉLÉGANT Mobilier baroque et design, salle à manger d'esprit orangeraie, bar à champagne et suites ! Un charme luxueux règne dans ces anciennes écuries, à deux pas du centre et des plages.

5 chambres - 245/545 € 245/545 € - 3 suites - 29 €

Plan : A2-n *10 av. de Tamamès - 05 59 24 89 29 - www.lebeaumanoir.com - Ouvert de mai à début nov.*

Le Regina

LUXE • COSY Une élégante façade blanche dominant la baie de Biarritz... La quintessence même du grand hôtel Belle Époque ! Après une complète réfection, l'établissement a retrouvé tout son lustre, mêlant âme Art déco et esprit couture - avec des clins d'œil à Coco Chanel. De la chambre "boudoir" au spa dernier cri, tout est superbe...

57 chambres - 149/709 € 149/709 € - 8 suites - 26 €

Plan : A1-r *52 av. de l'Impératrice - 05 59 41 33 09 - www.hotelregina-biarritz.com*

Le Café de Paris

LUXE • DESIGN Ambiance jeune et animée dans cette institution de Biarritz au cadre résolument contemporain : mobilier design, murs ornés de peintures d'un artiste basque. Chambres avec vue sur l'Océan et le phare. Restaurant moderne avec belle terrasse ; carte brasserie.

17 chambres - 255/435 € 294/799 € - 2 suites - 18 €

Plan : E1-t *5 pl. Bellevue - 05 59 24 19 53 - www.hotel-cafedeparis-biarritz.com*

Hôtel de Silhouette

MAISON DE MAÎTRE • COSY Une architecture noble et des décors originaux (notes colorées, papiers peints d'inspiration surréaliste, etc.) : cette demeure du 17e s. - ancienne propriété de la famille de Silhouette - a fait sa mue en 2011. Déco tendance et détente, surtout dans les chambres avec vue sur la mer...

21 chambres - 129/259 € 195/455 € - 15 €

Plan : DE2-f *30 r. Gambetta - 05 59 24 93 82 - www.hotelsilhouette.com*

Édouard VII

DEMEURE HISTORIQUE • PERSONNALISÉ Accueil sympathique en cette jolie villa biarrote de la fin du 18e s. Chambres claires, agréablement personnalisées dans un esprit maison bourgeoise.

18 chambres - 70/130 € 80/190 € - 12 €

Plan : E2-k *21 av. Carnot - 05 59 22 39 80 - www.hotel-edouardvii.com*

Saint-Julien

TRADITIONNEL • PERSONNALISÉ Les chambres de cet hôtel sont joliment décorées et bien insonorisées. Il fait bon laisser sa voiture au parking de l'établissement (payant, sur réservation) pour partir, à pied, à la découverte de la ville. L'été, petit-déjeuner servi en terrasse.

20 chambres – 85/195 € 85/280 € – 12 €

Plan : E2-a *20 av. Carnot – 05 59 24 20 39 – www.hotel-saint-julien-biarritz.fr – Fermé 25 nov.-6 déc.*

Villa Koegui

URBAIN • DESIGN Un hôtel résolument contemporain dans une rue tranquille du centre-ville. Dans les chambres, mobilier design et photos composent un décor assez branché. Aux beaux jours, on prend son petit-déjeuner – avec l'incontournable gâteau basque ! – dans le joli patio...

14 chambres – 95/200 € 150/450 € – 1 suite – 14 €

Plan : E2-x *7 r. de Gascogne – 05 59 50 07 77 – www.hotel-villakoegui-biarritz.fr – Fermé 2 semaines en janv.*

Windsor

FAMILIAL • DESIGN Impossible de manquer cet imposant hôtel installé devant la grande plage, dont la moitié des chambres offrent une vue superbe sur l'océan. Déco moderne à l'intérieur, petit-déjeuner exclusivement composé de produits du Pays basque (le patron y tient !) : une belle adresse.

48 chambres – 89/419 € 89/419 €

Plan : E1-a *11 av. Edouard-VII – 05 59 24 08 52 – www.hotelwindsorbiarritz.com*

Nere-Chocoa

FAMILIAL • COSY Cette maison basque entourée de chênes a hébergé des hôtes illustres, telle l'impératrice Eugénie. Ambiance galerie d'art contemporain (vernissages, expositions), grandes chambres.

5 chambres – 90/95 € 115/145 €

Plan : A2-e *28 r. Larreguy – 06 08 33 84 35 – www.nerechocoa.com*

au lac de Brindos 4 km au Sud-Est – 64600 Anglet

Château de Brindos

DEMEURE HISTORIQUE • COSY Bel établissement dressé au bord d'un lac privé de 10 ha. Les chambres, sobrement aménagées, tutoient la verdure ou les flots : la bâtisse principale fut bâtie dans les années 1920 comme un lieu de fête.

24 chambres – 175/285 € 250/385 € – 5 suites – 26 €

Plan : A2-c *1 allée du Château – 05 59 23 89 80 – www.chateaudebrindos.com – Fermé 28 janv.-1er mars*

rte d'Arbonne 4 km au Sud par La Négresse et D255 – 64200 Biarritz :

Le Château du Clair de Lune

DEMEURE HISTORIQUE • PERSONNALISÉ Dans un joli parc où flâner au clair de lune, charmante demeure bourgeoise (1902) abritant des chambres raffinées ; décor plus contemporain dans le pavillon.

17 chambres – 109/293 € 109/351 € – 14 €

Plan : A2-b *48 av. Alan-Seeger – 05 59 41 53 20 – www.hotelclairlune.com – Fermé 12 nov.-31 mars*

à Arbonne 7 km au Sud par La Négresse et D255 – 64210 – 2 116 hab. – Alt. 37 m

Laminak

FAMILIAL • PERSONNALISÉ Jolie ferme du 18e s. dans un jardin verdoyant. Chambres au décor soigné ; petits-déjeuners (confitures maison) servis sous la véranda, ouverte sur la piscine.

12 chambres – 75/159 € 75/171 € – 12 €

3 rte de St-Pée – 05 59 41 95 40 – www.hotel-laminak.com – Fermé mi janv.-mi fév.

à Arcangues 8 km par La Négresse, D254 et D3 - ✉ 64200 - 3 133 hab. - Alt. 80 m

✿ L'Atelier de Gaztelur (Alexandre Bousquet)

CUISINE MODERNE • ÉLÉGANT XX Le couple Bousquet, qui tenait précédemment un restaurant étoilé à Biarritz, est désormais installé dans cette magnifique demeure datant de 1401. Si le lieu est sublime - meubles anciens, délicieux patio entouré de verdure -, il ne fait pas oublier l'essentiel : une cuisine moderne et originale, qui s'appuie sur une technique solide et des produits bien choisis.
➜ Cuisine du marché.

Menu 38 € (déj.), 75/115 €

chemin de Gastelhur - ✆ 05 59 23 04 06 - www.gaztelur.com - Fermé 2 semaines en fév., 3 semaines en nov., dim. et lundi

✿ Le Moulin d'Alotz (Benoit Sarthou)

CUISINE MODERNE • ROMANTIQUE XX Atmosphère bucolique et romantique en ce moulin basque du 17e s. niché dans la verdure... Le chef signe une cuisine raffinée, remplie de sensibilité et d'émotion, qui régale le corps comme l'esprit ! Une belle adresse, très courue : il est parfois difficile d'y obtenir une table en saison.
➜ Homard caramélisé, bisque crémeuse, kadaïf croustillant et noix de pécan grillées. Saint-pierre et chair de tourteau, mayonnaise de langue d'oursin. Prunes rôties, meringue, crème amande et lin, granité mirabelle, glace coco.

Menu 90 € - Carte environ 75 €

chemin Alotz-Errota, 3 km au Sud par rte d'Arbonne et rte secondaire - ✆ 05 59 43 04 54 - www.moulindalotz.com - Fermé 25 juin-4 juil., 19 nov.-6 déc., janv., merc. sauf le soir en juil.-août et mardi

Maison Sukaldari

CUISINE MODERNE • ÉLÉGANT XX Une cuisine d'inspiration classique, bien maîtrisée techniquement et réalisée avec de beaux produits locaux : voici la proposition du chef trentenaire de ce restaurant installé dans une maison typiquement basque. Franc succès pour la formule "partage", avec un seul plat (viande ou poisson) pour toute la table...

Formule 20 € - Menu 26 € (déj.), 54/68 € - Carte environ 65 €

14 rond-point du Chapelet - ✆ 05 59 43 99 26 - www.maison-sukaldari.com - Fermé 9-15 janv., 19-25 juin, 6-19 nov., dim. et lundi

Les Volets Bleus

MAISON DE CAMPAGNE • PERSONNALISÉ Quiétude, verdure, authenticité : les atouts de cette villa basque perdue en pleine campagne. Matériaux nobles, chambres spacieuses aux murs patinés, tomettes et boutis.

5 chambres ☕ - †119/159 € ††129/197 €

chemin Etchegaraya - ✆ 06 07 69 03 85 - www.lesvoletsbleus.fr - Ouvert d'avril à oct.

*Voir aussi ressources hôtelières à **Anglet***

BIDARRAY

✉ 64780 Pyrénées-Atlantiques - 696 hab. - Alt. 110 m - Carte régionale n° **2**-A3
Carte Michelin 342-D3 - Guide Vert Michelin Pays Basque et Navarre

Ostapé

CUISINE CLASSIQUE • ÉLÉGANT XXX Au sein d'un superbe domaine bucolique, entre de nobles murs du 17e s., cette table élégante revisite avec bonheur la gastronomie navarraise. Les recettes sont autant de variations autour des bons produits locaux, à l'unisson de cette grandiose nature basque !

Menu 39/75 € - Carte 61/76 €

rte d'Itxassou, 4 km au Nord par D349 - ✆ 05 59 37 91 91 - www.ostape.com - Ouvert de mars à nov. et fermé mardi midi et merc. midi sauf juil.-août

Ostapé

LUXE • PERSONNALISÉ Plusieurs maisons basques parsemées dans un paysage de collines verdoyantes – un domaine de 45 ha que l'on parcourt avec une golfette prêtée pour le séjour ! Avec des chambres spacieuses et raffinées, de belles prestations, une nature préservée et omniprésente, voilà bien un établissement à part...

20 suites – 180/570 € – 2 chambres – 25 €

rte d'Itxassou, 4 km au Nord par D349 – 05 59 37 91 91 – www.ostape.com – Ouvert de mars à nov.

Ostapé – voir les restaurants ci-dessus

BIDART

64210 Pyrénées-Atlantiques – 6 575 hab. – Alt. 40 m – Carte régionale n° **1**-A3
Carte Michelin 342-C4 – Guide Vert Michelin Pays Basque et Navarre

Table des Frères Ibarboure (Xabi et Patrice Ibarboure)

CUISINE MODERNE • ÉLÉGANT XXX Entièrement rénovée, la table des frères Ibarboure (Xabi au salé, Patrice en pâtisserie), propose une cuisine originale, technique, et réalisée avec talent. Le décor fait la synthèse parfaite entre modernité et élégance. Profitez de la ravissante terrasse tournée vers le parc. L'accueil est charmant.

→ Fleur de courgette du jardin à la langoustine, légumes du soleil grillés, basilic et jus de carapace. Déclinaison de cochon kintoa. Dégustation de grands crus de chocolat.

Menu 44 € (déj. en semaine), 65/105 € – Carte 90/115 €

Hostellerie des Frères Ibarboure, chemin Ttalienea, 4 km au Sud par D810, rte Ahetze et rte secondaire – 05 59 54 81 64 – www.freresibarboure.com – Fermé 2 semaines en mars et en nov., 3 semaines en janv., lundi sauf le soir de mai à mi-oct. et merc. de mi-sept. à mi-juil.

Ahizpak Le Restaurant des Sœurs

CUISINE MODERNE • CONVIVIAL X C'est ici le repaire de trois *ahizpak* ("sœurs", en basque) absolument charmantes ! La plus jeune d'entre elles, Yenofa, travaille de superbes produits du terroir basque au bon vouloir des arrivages et des saisons ; ses plats, en plus d'être fins et goûteux, témoignent d'une générosité sans faille. Pensez à réserver !

Formule 12 € – Carte environ 32 €

av. de Biarritz (Résidence Océanic) – 05 59 22 58 81 – Fermé merc. soir et dim.

L'Antre

CUISINE CRÉATIVE • BISTRO X En plein centre du bourg, un bistrot de poche tenu par un couple atypique : elle vient de la région lyonnaise, lui est Australien ! Après leur installation sur la côte basque, ils ont choisi cet Antre pour y proposer des assiettes créatives et bien dans l'air du temps, aux dressages bruts et aux saveurs marquées. On adore !

Formule 35 € – Menu 40/60 €

6 av. de la Grande-Plage – 05 59 47 78 92 – Fermé janv., mardi en hiver, dim. midi sauf juil.-août et lundi

Hostellerie des Frères Ibarboure

FAMILIAL • PERSONNALISÉ Beaucoup de fraîcheur et de calme dans les chambres de cette grande demeure basque, qui est aussi une étape gastronomique reconnue dans la région. Bel atout : l'écrin de verdure du parc. Petit-déjeuner gourmand servi, l'été, au bord de la piscine.

12 chambres – 119/219 € 139/279 € – 18 €

chemin Ttalienea, 4 km au Sud par D810, rte Ahetze et rte secondaire – 05 59 47 58 30 – www.freresibarboure.com – Fermé 2 semaines en mars et en nov. et 3 semaines en janv.

Table des Frères Ibarboure – voir les restaurants ci-dessus

Villa L'Arche

TRADITIONNEL • CONTEMPORAIN Une grande villa ornée de mosaïques bleues, comme une œuvre de Gaudí sur la falaise. L'intérieur arbore un style épuré et design ; on profite aussi d'une jolie piscine à débordement et d'un accès direct à la plage par un petit chemin...

10 chambres – 150/370 € 150/370 € – 1 suite – 15 €

chemin Camboénéa

– 05 59 51 65 95 – www.villalarche.com – Ouvert 14 fév.-12 nov.

Itsas Mendia

FAMILIAL • CONTEMPORAIN L'enseigne – "mer et montagne" en basque – ne ment pas ! Dans cet hôtel proche de l'Océan, on aperçoit les Pyrénées... Construit dans les années 1920 par l'arrière-grand-père de la propriétaire actuelle, l'établissement n'a rien d'un musée, comme en témoignent les chambres, résolument design.

15 chambres – 135/325 € 145/352 € – 14 €

11 av. de la Grande-Plage

– 05 59 54 90 23 – www.hotelbidart.com – Fermé 11 nov.-20 déc. et 2 janv.- 11 mars

Irigoian

MAISON DE CAMPAGNE • TRADITIONNEL Ferme du 17e s. aux colombages bleus, typiquement basque, près d'un golf et de la plage. Jolies chambres simples, spacieuses et habillées de teintes pastel. Accueil convivial.

5 chambres – 100/125 € 115/135 € – 10 €

1415 av. de Biarritz

– 05 59 43 83 00 – www.irigoian.com

BIELLE

64260 Pyrénées-Atlantiques – 416 hab. – Alt. 448 m – Carte régionale n° **2**-B3
Carte Michelin 342-J6 – Guide Vert Michelin Aquitaine

L'Ayguelade

FAMILIAL • PERSONNALISÉ Cet hôtel accueillant, situé sur la route d'Espagne, abrite des chambres à la fois fonctionnelles et coquettes (tissus et murs colorés, mobilier moderne), fort bien tenues. Restaurant traditionnel.

12 chambres – 64/89 € 64/89 € – 8,50 €

10 quartier de l'Ayguelade, 1 km par rte de Pau

– 05 59 82 60 06 – www.hotel-ayguelade.com – Fermé vacances de Noël à fin janv.

BIESHEIM – 68 Haut-Rhin → Voir Neuf-Brisach

BILLIERS

56190 Morbihan – 919 hab. – Alt. 20 m – Carte régionale n° **5**-C3
Carte Michelin 308-Q9

Domaine de Rochevilaine

CUISINE MODERNE • ÉLÉGANT XXX Envie de saveurs iodées, de fruits de mer savoureux, de poisson encore nimbé de l'écume de la marée ? Cette table est tout indiquée, qui fait un sacerdoce de respecter le produit, au-dessus de tout. Vue sur les flots.

→ Variation de saison autour de la langoustine. Homard de casier en différentes préparations. Paris-brest.

Menu 44 € (déj. en semaine), 79/140 € – Carte 80/95 €

Hôtel Domaine de Rochevilaine, à la Pointe de Pen Lan, 2 km par D5

– 02 97 41 61 61 – www.domainerochevilaine.com

Domaine de Rochevilaine

SPA ET BIEN-ÊTRE • PERSONNALISÉ Sur une pointe rocheuse fendant l'océan : l'âme du granit... alliée au luxe ! Le domaine consiste en un hameau (avec quelques bâtisses très anciennes), mêlant identité bretonne et décors ethniques - notamment au centre de balnéothérapie.

33 chambres - 194/525 € 194/525 € - 4 suites - 24 €

à la Pointe de Pen Lan, 2 km par D5 - 02 97 41 61 61 - www.domainerochevilaine.com

Domaine de Rochevilaine - voir les restaurants ci-dessus

BILLY

03260 Allier - 822 hab. - Alt. 250 m - Carte régionale n° **3**-C1
Carte Michelin 326-H5 - Guide Vert Michelin Auvergne

Auberge du Pont

CUISINE MODERNE • BISTRO Les fidèles de cette auberge surplombant l'Allier se pressent toujours à ses portes, en quête d'une cuisine du marché simple et goûteuse, agrémentée d'herbes fraîches, réalisée par un jeune chef plein d'entrain. Et pour couronner le tout, le prix sont attractifs.

Formule 17 € - Menu 20 € (déj. en semaine), 32/62 €

1 rte de Marcenat, D130 - 04 70 43 50 09 - www.auberge-du-pont-billy.fr - Fermé 1 semaine en mai, 3 semaines en août, 1 semaine en janv., dim. et lundi

BINIC

22520 Côtes-d'Armor - 3 780 hab. - Alt. 35 m - Carte régionale n° **5**-C1
Carte Michelin 309-F3 - Guide Vert Michelin Bretagne

Le Face à la Mer

POISSONS ET FRUITS DE MER • CONVIVIAL En bordure de plage, la salle de ce restaurant offre une vue imprenable sur les flots. Au menu, une cuisine marine réalisée avec des produits bien choisis : poissons et fruits de mer sont à la fête ! L'été, on propose une cuisine plus simple au rez-de-chaussée.

Formule 18 € - Menu 22 € (déj. en semaine), 32/59 € - Carte 40/58 €

8 bd Clemenceau (plage de la Banche) - 02 56 44 28 42 - www.lefacealamer.fr - Fermé 24 fév.-1 mars, dim. soir et lundi

Le Benhuyc

TRADITIONNEL • FONCTIONNEL Au cœur de la station, face au port de plaisance, une maison d'armateur datant de 1794, avec une véranda lumineuse en façade... Agréable ! Les chambres, contemporaines et fonctionnelles, raviront autant les clients d'affaires que les amoureux en goguette.

23 chambres - 68/135 € 68/170 € - 11 €

1 quai Jean-Bart - 02 96 78 79 79 - www.le-new-benhuyc.com

BIOT

06410 Alpes-Maritimes - 9 976 hab. - Alt. 80 m - Carte régionale n° **22**-E2
Carte Michelin 341-D6 - Guide Vert Michelin Côte d'Azur

Les Terraillers (Michaël Fulci)

CUISINE CRÉATIVE • ÉLÉGANT Aux commandes de cette authentique poterie du 16e s., reconvertie en charmant restaurant, Michaël Fulci concocte une cuisine créative aux accents du sud, raffinée et goûteuse, avec de beaux produits de saison. A déguster dans une salle élégante et chaleureuse, ornée des créations de maîtres verriers, ou sur la jolie terrasse.

→ Langoustines en chaud-froid rôties sur un lit de pastèque, tartare passion et caviar. Pigeon rôti aux girolles, les cuisses cuites au vin rouge. Soufflé au Grand Marnier, sorbet orange.

Menu 43 € (déj.), 74/120 € - Carte 105/120 €

11 rte du Chemin-Neuf (au pied du village) - 04 93 65 01 59 - www.lesterraillers.com - Fermé 28 oct.-29 nov., merc. et jeudi

Chez Odile

CUISINE PROVENÇALE • RUSTIQUE Peynet, peintre des années 1960, avait son rond de serviette dans cette auberge rustique élevée au rang d'institution locale. On est accueilli par Odile, joviale et passionnée. Le menu met à l'honneur les recettes régionales, accompagnées de vins locaux... et le tout se déguste en terrasse, bien sûr !

Formule 19 € – Carte 35/50 €

chemin des Bachettes (au village) – 04 93 65 15 63 – Fermé déc., janv., merc. et jeudi sauf juil.-août

BIOULE

82800 Tarn-et-Garonne – 1 097 hab. – Alt. 84 m – Carte régionale n° **15**-B2
Carte Michelin 337-F7

Les Boissières

CUISINE MODERNE • CONVIVIAL Des plats bien ficelés et maîtrisés, qui respectent les fondamentaux et mettent en avant de jolies saveurs : voici ce que vous propose le chef ! Vous aurez même droit à quelques touches asiatiques – un clin d'œil aux origines de sa compagne. Le tout se découvre, aux beaux jours, sur l'agréable terrasse avec ses colonnes en pierre...

Formule 20 € – Menu 23 € (déj. en semaine), 33/60 € – Carte environ 55 €

708 rte de Caussade – 05 63 24 50 02 – www.lesboissieres.com – Fermé 2 semaines en août, vacances de la Toussaint, 2 semaines en fév., sam. midi, dim. soir et lundi

Les Boissières

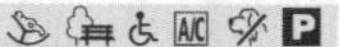

FAMILIAL • TRADITIONNEL Au cœur d'un joli parc, cette maison de maître en brique et pierre du pays a de l'allure, sans parler de l'étable du 18e s., rénovée avec soin. Les chambres, confortables, mélangent avec raffinement le rustique et le moderne. Cuisine au goût du jour au restaurant.

8 chambres – 90/130 € 90/130 € – 11 €

708 rte de Caussade – 05 63 24 50 02 – www.lesboissieres.com – Fermé 2 semaines en fév., 2 semaines en août, vacances de la Toussaint, sam. midi, dim. soir et lundi

Les Boissières – voir les restaurants ci-dessus

BIRIATOU – 64 Pyrénées-Atlantiques → Voir Hendaye

BIRKENWALD

67440 Bas-Rhin – 285 hab. – Alt. 295 m – Carte régionale n° **1**-A1
Carte Michelin 315-I5

Au Chasseur

CUISINE TRADITIONNELLE • COSY Installez-vous dans d'élégantes salles à manger boisées, ou dans la winstub relookée dans un style plus contemporain. Le chef-patron Yan Gass, qui préside à la destinée de cette affaire familiale depuis 4 générations, propose une savoureuse cuisine traditionnelle, teintée de quelques touches actuelles. Gibier en saison.

Menu 32 € – Carte 48/59 €

7 r. de l'Église – 03 88 70 61 32 – www.chasseurbirkenwald.com – Fermé 1er-12 juil., 23 déc.-23 janv., lundi et le midi sauf dim.

Au Chasseur

AUBERGE • PERSONNALISÉ Dans un charmant village, cette auberge régionale (dans la même famille depuis sa création en 1929) propose des chambres chaleureuses, certaines tournées vers les Vosges. Au petit-déjeuner, le Kougelhopf est un régal. L'espace bien-être complet (sauna, jacuzzi, hammam...) est très plaisant.

19 chambres – 90/115 € 115/155 € – 2 suites – 16 €

7 r. de l'Église – 03 88 70 61 32 – www.chasseurbirkenwald.com – Fermé 1er-12 juil. et 23 déc.-23 janv.

Au Chasseur – voir les restaurants ci-dessus

BISCARROSSE

✉ 40600 Landes – 14 174 hab. – Alt. 22 m – Carte régionale n° **2**-B2
Carte Michelin 335-E8 – Guide Vert Michelin Aquitaine

à Ispe 6 km au Nord par D652 et D305 – ✉ 40600 Biscarrosse

La Caravelle

AUBERGE • PERSONNALISÉ Un bel air de vacances règne sur cette maison blanche posée au bord du lac de Cazaux, au cœur de la pinède : des eaux claires, quelques palmiers, des transats et, pour la nuit, des chambres au décor simple et soigné. Restaurant traditionnel.

15 chambres – †85/145 € ††85/145 € – ☕10 €

5314 rte des Lacs – ✆ 05 58 09 82 67 – www.lacaravelle.fr – Ouvert 1er mars-1er nov.

à Biscarrosse-Plage 10 km au Nord-Ouest par D146 – ✉ 40600

Grand Hôtel de la Plage

LUXE • DESIGN Telle Aphrodite née de l'écume, cette belle architecture contemporaine semble émaner de l'Océan, dominant les flots de ses lignes originales et surtout de sa blancheur immaculée. Très design, épuré, chic, plein de charme : de la piscine à débordement au restaurant de la mer, l'établissement vaut le coup d'œil... et un séjour !

33 chambres ☕ – †130/495 € ††130/495 €

2 av. de la Plage – ✆ 05 58 82 74 00 – www.legrandhoteldelaplage.fr – Ouvert 1er avril- 31 oct.

BITCHE

✉ 57230 Moselle – 5 183 hab. – Alt. 300 m – Carte régionale n° **14**-D1
Carte Michelin 307-P4

Le Strasbourg (Lutz Janisch)

CUISINE MODERNE • ÉLÉGANT XXX Une véritable auberge du 21e s., sobre et épurée, bien en phase avec son époque. L'appétissante cuisine de Lutz Janisch s'inscrit dans le terroir local, dont on savoure gibier (en saison), agneau, légumes et fromages. Chambres sobres et fonctionnelles, certaines rénovées.

→ Filet de maquereau cuit sur la peau, perles de yuzu, tomate, sorbet concombre et bourrache. Homard grillé, shiitakés, pois gourmands et graines de moutarde. Variation surprise autour du chocolat.

Menu 40/80 € – Carte 65/75 €

13 chambres – †70/80 € ††90/120 € – ☕12 €

24 r. du Col.-Teyssier – ✆ 03 87 96 00 44 – www.le-strasbourg.fr – Fermé vacances de la Toussaint, 3 semaines en janv., dim. soir, mardi midi et lundi

BIZANET

✉ 11200 Aude – 1 558 hab. – Alt. 42 m – Carte régionale n° **12**-B3
Carte Michelin 344-I4

La Table du Château

CUISINE TRADITIONNELLE • AUBERGE XX Au cœur de ce village des Corbières, cette belle bâtisse abrite le restaurant d'un chef passionné et ennemi de la routine ! Il puise son inspiration dans le terroir local qu'il revisite avec gourmandise : viandes cathares, fromage de brebis, herbes fraîches... Jolie cave à vin vitrée et agréable patio-terrasse.

Formule 17 € – Menu 22 € (déj. en semaine), 32/46 € – Carte 19/65 €

16 r. de Paris – ✆ 04 68 93 51 19 – www.latableduchateau.fr – Fermé 5 fév.-20 mars, dim. soir de nov. à mars, lundi et mardi

BIZANOS - 64 Pyrénées-Atlantiques ➜ Voir Pau

BLAGNAC - 31 Haute-Garonne ➜ Voir Toulouse

BLAINVILLE-SUR-MER

✉ 50560 Manche - 1 610 hab. - Alt. 26 m - Carte régionale n° **17**-A2
Carte Michelin 303-C5

Le Mascaret (Philippe Hardy)

CUISINE CRÉATIVE • ÉLÉGANT XX Un patio, un jardin d'herbes aromatiques et une cuisine précise et créative, mêlant avec bonheur les saveurs "terre et mer" : cette maison de pays a un charme fou ! Et comme il s'agit d'une ancienne pension de jeunes filles, on peut y faire halte très agréablement, dans une chambre originale et baroque.

➜ Homard de Blainville et corail foisonné. Turbot ikejime cuit entier, décoction d'étrilles et légumes de notre jardin. Composition de fruits de saison, jeu de textures et de températures.

Menu 25 € (déj. en semaine), 44/93 € - Carte 75/135 €
5 chambres - 115/240 € 115/240 € - 17 €

1 r. de Bas - ✆ 02 33 45 86 09 - www.lemascaret.fr - Fermé 2-19 janv., dim. soir et lundi

BLANQUEFORT - 33 Gironde ➜ Voir Bordeaux

BLANZY - 71 Saône-et-Loire ➜ Voir Montceau-les-Mines

BLAYE

✉ 33390 Gironde - 4 769 hab. - Alt. 7 m - Carte régionale n° **2**-B1
Carte Michelin 335-H4

Le Gavroche

CUISINE TRADITIONNELLE • RUSTIQUE X Dans une ruelle de la ville, cette petite affaire familiale propose une solide cuisine de tradition. Côté décor, poutres et pierres apparentes composent un agréable intérieur rustique. Pensez à réserver.

Menu 16 € (déj. en semaine)/30 € - Carte 28/40 €

14 r. Neuve - ✆ 05 57 58 21 03 - Fermé 17-25 mars, 15-30 nov., lundi soir, jeudi soir et dim.

Clos Réaud de la Citadelle N

MAISON DE MAÎTRE • COSY Totalement transformée par Helena et Fernando, ses propriétaires, cette ancienne chartreuse (1742) a un charme fou : mobilier et bibelots chinés, grandes cheminées, et surtout des chambres charmantes, toutes différentes. Piscine, jacuzzi et sauna.

5 chambres - 115/130 € 115/170 €

8 r. des Maçons
- ✆ 06 99 44 43 34 - www.closreaud-citadelle.com

BLENDECQUES - 62 Pas-de-Calais ➜ Voir St-Omer

BLÉNOD-LÈS-PONT-À-MOUSSON - 54 Meurthe-et-Moselle ➜ Voir Pont-à-Mousson

BLÉRÉ

✉ 37150 Indre-et-Loire - 5 290 hab. - Alt. 59 m - Carte régionale n° **6**-A1
Carte Michelin 317-O5 - Guide Vert Michelin Châteaux de la Loire

Le Cheval Blanc

CUISINE CLASSIQUE • COSY XX Velouté de petits pois, jambon serrano et crème de chèvre ; pavé d'esturgeon à la mousseline de carottes… Au cœur de Bléré, dans cette demeure historique du 17e s. (qui abrite aussi de jolies chambres), le chef réalise une cuisine classique bien troussée, qui montre qu'il maîtrise son affaire. De quoi hennir de plaisir !

Formule 24 € - Menu 32 € (déj. en semaine), 50/65 €
- Carte 47/63 € dîner

8 chambres - 87/117 € 87/205 € - 12 €

5 pl. Charles-Bidault - 02 47 30 30 14 - www.lechevalblancblere.fr - Fermé 2-20 janv., lundi et mardi

à l'Ouest 6 km par D976 et rte secondaire - 37270 Athee sur Cher - 2 680 hab. - Alt. 90 m

La Boulaye

CUISINE MODERNE • ROMANTIQUE XX Il faut se perdre un peu dans la campagne pour trouver cette grange du 17e s., qui se révèle romantique et chaleureuse… C'est la maîtresse des lieux qui cuisine et ses plats sont très personnels ; on la sent inspirée par le terroir. Ses créations sont généreuses, aromatiques et colorées.

Formule 25 € - Menu 32/44 € - Carte 39/51 €

lieu-dit La Boulaye - 02 47 50 29 21 - www.laboulaye.fr - Ouvert 1er mars-15 nov. et fermé merc. midi, lundi sauf le soir en juil.-août et mardi

BLESLE

43450 Haute-Loire - 622 hab. - Alt. 520 m - Carte régionale n° **3**-B3
Carte Michelin 331-B2 - Guide Vert Michelin Auvergne

La Bougnate

CUISINE CLASSIQUE • AUBERGE X Elle a du charme cette Bougnate, paisible petite auberge de village aux volets bleus. En terrasse au pied de sa façade parcourue de vigne vierge, ou dans le décor rustique de sa salle, on apprécie une jolie cuisine locavore, concoctée dans le souci de la qualité. Et pour la nuit, les chambres ont le charme de la simplicité.

Formule 17 € - Menu 21 € (déj. en semaine), 31/36 €

14 chambres - 75/95 € 95/125 € - 11 €

pl. Vallat - 04 71 76 29 30 - www.labougnate.fr - Fermé 2 janv.-12 fév., lundi et mardi sauf début juin à mi-sept. et merc. de nov. à déc.

BLIENSCHWILLER

67650 Bas-Rhin - 324 hab. - Alt. 230 m - Carte régionale n° **1**-C1
Carte Michelin 315-I6

Le Pressoir de Bacchus

CUISINE MODERNE • COSY XX On se presse dans cette jolie maison de la route des vins : le week-end, il convient de réserver très à l'avance. Telle est la renommée de la cuisine de Sylvie Grucker, qui sait en effet accommoder la tradition régionale avec originalité et goût ! Et la carte des vins met à l'honneur les nombreux vignerons de la commune…

Formule 15 € - Menu 33/49 € - Carte 36/56 €

50 rte des Vins - 03 88 92 43 01 - Fermé lundi soir, merc. midi et mardi

Winzenberg

FAMILIAL • TRADITIONNEL Un hôtel familial aménagé dans une ancienne maison de vigneron. Derrière la belle façade fleurie, les chambres sont charmantes avec leur mobilier en bois peint. Un établissement très bien tenu.

10 chambres - 50/58 € 55/88 € - 8,50 €

58 rte des Vins - 03 88 92 62 77 - www.winzenberg.fr - Fermé 2 semaines mi-fév., 2 semaines mi-juil. et 24 déc.-3 janv.

BLOIS

✉ 41000 Loir-et-Cher – 46 351 hab. – Agglo. 66 430 hab. – Alt. 73 m
– Carte régionale n° **6**-A1
Carte Michelin 318-E6 – Guide Vert Michelin Châteaux de la Loire

L'Orangerie du Château (Jean-Marc Molveaux)

CUISINE MODERNE • ÉLÉGANT XXX Dans une dépendance du château (15e s.), avec une belle terrasse ouvrant sur le monument... L'esprit de la Renaissance n'est sans doute pas étranger à la cuisine, à la fois fine, légère et soignée.

➜ Asperges blanches de Sologne mimosa et anguille fumée. Ris de veau doré au sautoir, carottes, réduction pamplemousse et Campari. Rocher blésois choco-pralin.

Menu 41 € (semaine), 62/86 € – Carte 85/110 €

Plan : A1-e *1 av. du Dr-Jean-Laigret*
– ✆ 02 54 78 05 36 – www.orangerie-du-chateau.fr – Fermé 15 fév.-10 mars, dim. et lundi

Assa (Fumiko et Anthony Maubert)

CUISINE CRÉATIVE • ÉPURÉ XX Chaque matin ("assa" en japonais), le jeune chef, Anthony Maubert, et sa compagne, Fumiko (pâtissière de formation), réécrivent le menu du jour... La fraîcheur n'est pas le seul atout de leur table, audacieuse, pleine de savoir-faire et de saveurs ! Et même la vue sur la Loire s'imprègne d'une poésie toute japonaise...

➜ Cuisine du marché.

Menu 47/80 € – Carte environ 85 €

Hors plan *189 quai Ulysse-Besnard, au Sud par D952, rte de Tours*
– ✆ 02 54 78 09 01 – www.assarestaurant.com – Fermé 28 mai-12 juin, 24 sept.-16 oct., 7-22 janv., dim. soir, jeudi midi, lundi et mardi

Le Médicis

CUISINE MODERNE • CONVIVIAL XX Le décor, rénové dans un style contemporain, est bien en phase avec les créations dans l'air du temps que l'on retrouve dans l'assiette. La cuisine suit le marché et les saisons, comme en témoigne la carte renouvelée tous les deux mois : on passe un bon moment.

Formule 28 € – Menu 38/78 € – Carte 49/88 €
9 chambres – †79/130 € ††79/130 € – 1 suite – ☕ 12 €

Hors plan *2 allée François-1er*
– ✆ 02 54 43 94 04 – www.le-medicis.com – Fermé 23-30 juil., 22-29 oct., 2-24 janv., dim. soir de sept. à juin et lundi

Au Rendez-vous des Pêcheurs

CUISINE MODERNE • CONVIVIAL X Un ancien repaire de pêcheurs dont le décor cultive un bel esprit bistrotier ! Poissons de la Loire, légumes bio de maraîchers de la région : les assiettes mettent à l'honneur de bons produits, qui bénéficient de la longue expérience du chef.

Formule 25 € 🍷 – Menu 37 € (semaine), 59/70 € – Carte 75/91 €

Plan : A2-r *27 r. du Foix – ✆ 02 54 74 67 48 – www.rendezvousdespecheurs.com – Fermé 30 juil.- 20 août, 1er-15 janv., dim. et lundi*

Côté Loire - Auberge Ligérienne

CUISINE TRADITIONNELLE • AUBERGE X Cette auberge fut fondée au 16es. ! Poutres d'origine, vaisselier ancien, tables en bois verni, terrasse verdoyante et menu unique, évoluant au gré du marché et proposé à l'ardoise. Petites chambres rustiques à l'étage.

Formule 23 € – Menu 33 € – Carte 43/49 €
8 chambres – †62/105 € ††62/105 € – ☕ 12 €

Plan : A2-b *2 pl. de la Grève*
– ✆ 02 54 78 07 86 – www.coteloire.com – Fermé janv., dim. et lundi

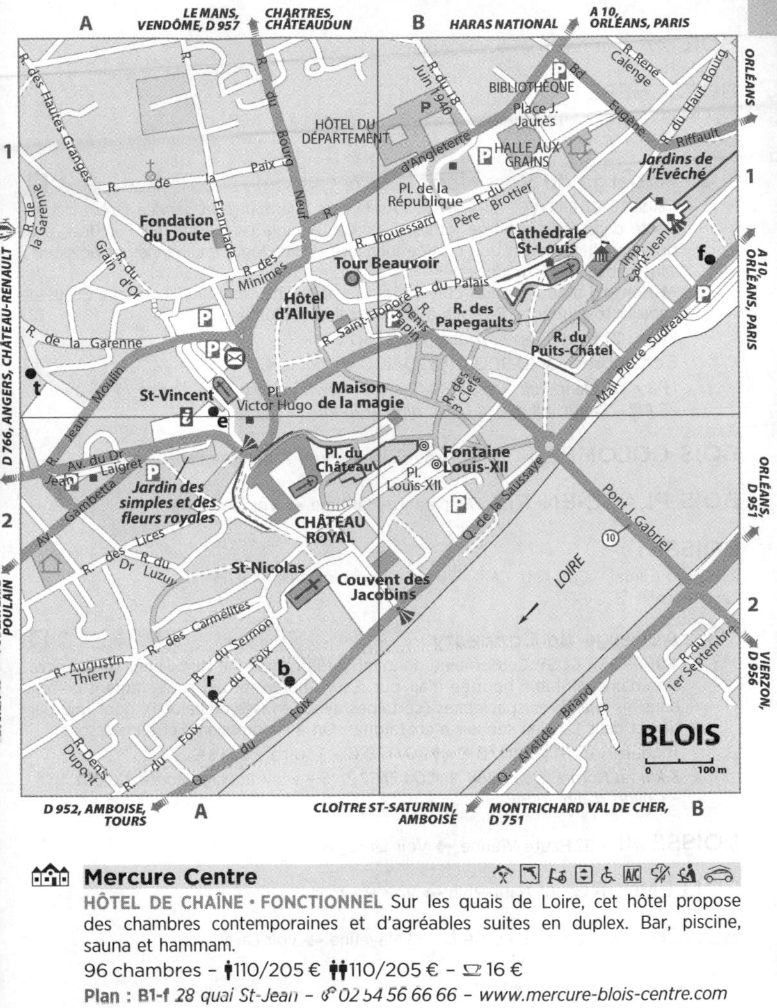

BLOIS

Mercure Centre

HÔTEL DE CHAÎNE • FONCTIONNEL Sur les quais de Loire, cet hôtel propose des chambres contemporaines et d'agréables suites en duplex. Bar, piscine, sauna et hammam.

96 chambres – 110/205 € 110/205 € – 16 €

Plan : B1-f *28 quai St-Jean – 02 54 56 66 66 – www.mercure-blois-centre.com*

La Maison du Carroir

HISTORIQUE • CLASSIQUE Construite au 19e s. derrière l'église St-Vincent, cette maison possède le charme des grandes demeures familiales... Les chambres, qui portent des prénoms anciens (Augustine, Victorine, Albertine, Amandine), sont vastes et se parent de mobilier chiné avec soin.

4 chambres – 100/115 € 105/115 €

Plan : A1-t *20 r. Ste-Catherine – 02 54 74 69 94 – www.lamaisonducarroir.com*

Le Clos Pasquier

MAISON DE CAMPAGNE • CONTEMPORAIN À l'orée de la forêt – au grand calme ! –, une belle demeure régionale (16e s.) dans un jardin soigné. Chambres jolies et cosy, alliant cachet de l'ancien et sobriété contemporaine.

4 chambres – 90/190 € 100/190 €

Hors plan *12 imp. de l'Orée-du-Bois, à 5 km par r. Albert-1er – 02 54 58 84 08 – www.leclospasquier.fr*

BOÉ - 47 Lot-et-Garonne ➜ Voir Agen

BOESCHEPE

✉ 59299 Nord - 2 191 hab. - Alt. 74 m - Carte régionale n° **16**-B2
Carte Michelin 302-E3

Auberge du Vert Mont (Florent Ladeyn)

CUISINE CRÉATIVE • BRANCHÉ X Ambiance champêtre et service (très) décontracté dans cette auberge familiale, nichée dans la campagne des Flandres, près de la frontière belge. Une cuisine locavore (fruits, légumes, viandes et poissons), sans oublier la bière locale !

➜ Homard d'Audresselles cuit au feu de bois. Chevreau bio, chou-rave et jus de chou lacto-fermenté. Pavlova à la matricaire odorante.

Menu 21 € (déj. en semaine), 40/60 €

5 chambres - 🚹70/100 € 🚹🚹70/100 € - ☕ 10 €

1318 r. du Mont-Noir - ✆ 03 28 49 41 26 - www.vertmont.fr - Fermé 15-23 avril, 28 juil.-21 août, 23 déc.-4 janv., dim. et lundi

BOIS-COLOMBES - 92 Hauts-de-Seine ➜ Voir Autour de Paris

BOIS-PLAGE-EN-RÉ - 17 Charente-Maritime ➜ Voir Île de Ré

BOISSET

✉ 15600 Cantal - 604 hab. - Alt. 426 m - Carte régionale n° **3**-A3
Carte Michelin 330-B6

Auberge de Concasty

AUBERGE • COSY Ce domaine donnant sur la campagne cantalienne offre l'occasion d'une véritable bouffée d'air pur. Esprit nature et bio au restaurant comme dans les chambres spacieuses (certaines avec terrasse ou balcon), dont une partie est dans l'ancien séchoir à châtaignes. On a l'impression d'être chez soi !

11 chambres - 🚹90/178 € 🚹🚹90/178 € - 1 suite - ☕ 18 €

3 km au Nord-Est par D64 - ✆ 04 71 62 21 16 - www.auberge-concasty.com - Ouvert d'avril à nov.

BOISSEUIL - 87 Haute-Vienne ➜ Voir Limoges

BOLLENBERG - 68 Haut-Rhin ➜ Voir Rouffach

BONCHAMP-LÈS-LAVAL - 53 Mayenne ➜ Voir Laval

BONDUES - 59 Nord ➜ Voir Lille

BONIFACIO - 2A Corse-du-Sud ➜ Voir Corse

BONLIEU

✉ 39130 Jura - 265 hab. - Alt. 785 m - Carte régionale n° **9**-B3
Carte Michelin 321-F7 - Guide Vert Michelin Franche-Comté Jura

La Poutre

CUISINE MODERNE • RUSTIQUE XX Au cœur du bourg, cette auberge familiale de 1740 cultive son charme rustique. Pour la petite histoire, sachez que la poutre qui soutient le plafond mesure 17 m et provient d'une grume de sapin de 3 m^3 ! Quant au chef, il vous régale d'une jolie cuisine d'aujourd'hui, savoureuse et raffinée.

Menu 32/90 € - Carte 55/90 €

25 Grande-Rue - ✆ 03 84 25 57 77 - www.aubergedelapoutre.com - Ouvert début mai à mi-oct. et fermé 1 semaine en juin, mardi et merc. hors saison et lundi en juil.-août

 **Les Alpages**

FAMILIAL • COSY Un établissement familial sur les hauteurs du village. Les chambres y sont fonctionnelles et bien tenues, et l'hiver, on s'installe confortablement au coin de la cheminée... Avant, bien entendu, d'aller gambader dans les alpages !

8 chambres – ½ P seult 80/86 €

1 chemin de la Madone
– ✆ 03 84 25 57 53 – www.hotel-lesalpages.com – Ouvert 1er fév.-31 oct.

BONNAT

✉ 23220 Creuse – 1 310 hab. – Alt. 330 m – Carte régionale n° **13**-C1
Carte Michelin 325-I3

 **L'Orangerie**

MAISON DE MAÎTRE • ÉLÉGANT Agréables salons, chambres confortables et douillettes, bon petit-déjeuner avec des cakes et des confitures maison, sans oublier le joli parc avec son court de tennis et son potager à la française... voici les atouts de cette imposante maison de village, située non loin du circuit automobile de Mornay.

30 chambres – 92/126 € 102/126 € – 14 €

3 bis r. de la Paix
– ✆ 05 55 62 86 86 – www.hotel-lorangerie.fr – Ouvert de mars à nov.

BONNE

✉ 74380 Haute-Savoie – 3 263 hab. – Alt. 457 m – Carte régionale n° **25**-F1
Carte Michelin 328-K3

Baud

CUISINE MODERNE • ÉLÉGANT XXX Imaginez de beaux produits frais mis en valeur par de jolies touches d'inventivité – ainsi ce dos de cabillaud en croûte de basilic citron... Le tout servi sur la terrasse donnant sur le jardin, par une équipe aimable.

Menu 29 € (déj.), 47/95 € – Carte 73/93 €

181 av. du Léman
– ✆ 04 50 39 20 15 – www.hotel-baud.com – Fermé dim. soir

Baud

TRADITIONNEL • CONTEMPORAIN À quelques minutes de la frontière suisse et des contreforts du Chablais, cet hôtel-restaurant séduit par son design élégant (salons cossus, miroirs imposants, chambres grand confort). On se régale de produits artisanaux dès le petit-déjeuner.

20 chambres – 155/405 € 155/405 € – 17 €

181 av. du Léman
– ✆ 04 50 39 20 15 – www.hotel-baud.com

Baud – voir les restaurants ci-dessus

au Pont-de-Fillinges 2,5 km à l'Est – ✉ 74250

Le Pré d'Antoine

CUISINE MODERNE • ÉLÉGANT XX Un élégant décor contemporain, un service de qualité : on ne regrette pas d'avoir franchi le seuil de cette belle maison montagnarde, légèrement en retrait de la route. Le chef, Bernard Binaud, met tout son savoir-faire au service d'une cuisine de saison, savoureuse et sans fioriture. Du beau travail !

Formule 25 € – Menu 48/65 € – Carte 58/79 €

15 rte de Chez-Radelet
– ✆ 04 50 36 45 06 – www.lepredantoine.com – Fermé 3 semaines en juil., première semaine de janv., dim. soir, mardi midi et lundi

BONNÉTAGE

⊠ 25210 Doubs - 872 hab. - Alt. 960 m - Carte régionale n° **9**-C2
Carte Michelin 321-K3

✿ L'Étang du Moulin (Jacques Barnachon)

CUISINE MODERNE • FAMILIAL XXX Si le décor est moderne, la cuisine fait la part belle au terroir, de l'entrée (où le foie gras est souvent à l'honneur) jusqu'au dessert. Produits de qualité, combinaisons de saveurs harmonieuses : on est conquis. Deux atouts enfin : la carte de vins, qui se révèle riche en bonnes surprises, et le service, aimable et efficace.

➜ Ragoût de morilles au vin jaune et à la crème fraîche de Bonnétage. Ris de veau au vinaigre balsamique et miel de sapin, navets confits au curry. Fraîcheur de gentiane, parfait glacé au bourgeon de sapin et ganache chocolat-gentiane.

Menu 49/149 € - Carte 65/105 €

Hôtel L'Étang du Moulin, 5 chemin de l'Étang-du-Moulin, 1,5 km par D236 et chemin privé - ✆ 03 81 68 92 78 - www.etang-du-moulin.fr
- Fermé 24-28 déc., 8-25 janv., dim. soir sauf vacances scolaires, merc. midi, lundi et mardi

Le Bistrot

CUISINE TRADITIONNELLE • BISTRO X Croûte forestière, entrecôte de veau, filet de truite, saucisse de Morteau : les produits et recettes de tradition sont au menu de cet agréable Bistrot, qui complète idéalement l'offre de restauration de l'Étang du Moulin. Une cuisine simple et bien réalisée : on en redemande !

Formule 14 € - Menu 18 € (déj. en semaine), 24/38 € - Carte 35/55 €

Hôtel L'Étang du Moulin, 5 chemin de l'Étang-du-Moulin, 1,5 km par D236 et chemin privé - ✆ 03 81 68 92 78 - www.etang-du-moulin.fr
- Fermé 24-28 déc., 8-25 janv., dim. soir sauf vacances scolaires, mardi midi et lundi

L'Étang du Moulin

FAMILIAL • PERSONNALISÉ La nature pour écrin ! Ce grand chalet se dresse au bord d'un étang dont seul le léger clapotis vient troubler le calme des environs... Les chambres ouvrent grand sur la nature (certaines avec balcon) et leur décor contemporain rend zen. Agréable espace bien-être.

18 chambres - †95/155 € ††115/225 € - ☕ 15 €

5 chemin de l'Étang-du-Moulin, 1,5 km par D236 et chemin privé
- ✆ 03 81 68 92 78 - www.etang-du-moulin.fr
- Fermé 24-28 déc., 8-25 janv., dim. sauf vacances scolaires et lundi

✿ **L'Étang du Moulin** • **Le Bistrot** - voir les restaurants ci-dessus

BONNEVILLE

⊠ 74130 Haute-Savoie - 12 575 hab. - Alt. 450 m - Carte régionale n° **25**-F1
Carte Michelin 328-L4 - Guide Vert Michelin Alpes du Nord

à Vougy 5 km à l'Est par D1205 - ⊠ 74130 - 1 497 hab. - Alt. 471 m

Le Bistro du Capucin

CUISINE TRADITIONNELLE • VINTAGE X Dans un décor typique du genre - lambris, affiches publicitaires rétro, tables à touche-touche - le chef de ce bistrot propose de bons plats mettant l'accent sur la région : tartare de féra, quasi de veau et son risotto de légumes... Composez vous-même votre menu ou optez pour les suggestions de la carte.

Menu 32 € - Carte 36/60 €

1520 rte de Genève, D1205 - ✆ 04 50 34 03 50 - www.lecapucingourmand.com
- Fermé 1er-28 août, 1er-9 janv., sam. midi, dim. et lundi sauf fériés

Le Capucin Gourmand

CUISINE CLASSIQUE • ÉLÉGANT XXX Dans une élégante salle aux tons café, on déguste une cuisine classique proposée à travers une petite carte et deux menus : homard vinaigrette, tartare de féra... Voilà bien un capucin gourmand !

Formule 35 € - Menu 45/64 €

1520 rte de Genève, D1205 - ✆ 04 50 34 03 50 - www.lecapucingourmand.com - Fermé 1er-28 août, 1er-9 janv., sam. midi, dim. et lundi sauf fériés

Le Bistro du Capucin - voir les restaurants ci-dessus

BONNIEUX

✉ 84480 Vaucluse - 1 358 hab. - Alt. 400 m - Carte régionale n° **22**-E1
Carte Michelin 332-E11 - Guide Vert Michelin Provence

La Bastide de Capelongue (Édouard Loubet)

CUISINE CRÉATIVE • ÉLÉGANT XXX De l'élégante salle, baignée de lumière, on aperçoit les champs de lavande ; Édouard Loubet s'en inspire pour créer ses superbes assiettes, magnifiées par les produits du Luberon, notamment les herbes et les fleurs. Et sa "Table du Chef" permet de s'installer directement... dans sa cuisine, avec vue sur les fourneaux !

➜ Truffe d'été en croûte, coulis de maïs à la mélisse et pop-corn. Carré d'agneau saisi en cocotte et fumé au thym, jus au serpolet. Soufflé parfumé au cèdre, glace au clou de girofle.

Menu 80 € (déj. en semaine), 140/210 € - Carte 125/175 €

Hôtel La Bastide de Capelongue, rte de Lourmarin (face au pont), 1,5 km par D232 et voie secondaire - ✆ 04 90 75 89 78 - www.capelongue.com - Ouvert 10 mars-4 nov. et fermé merc. sauf le soir en saison et mardi midi

L'Arôme

CUISINE PROVENÇALE • COSY XX Au pied du village, cette adresse respire l'intimité avec le terroir. De la salle voûtée du 14e s. à la terrasse, le décor frais et champêtre est des plus charmants. La cuisine elle-même cultive l'authenticité : en témoigne ce porc noir de Bigorre, confit de 8 heures, fruits de saison aux épices et vin de Maury...

Menu 31 € (déj.), 45/59 € - Carte 50/72 €

2 r. Lucien-Blanc - ✆ 04 90 75 88 62 - www.laromerestaurant.com - Fermé 8 janv.-31 mars, merc. et jeudi

Le Fournil

CUISINE PROVENÇALE • BRANCHÉ X Pittoresque et originale, cette maison adossée à la colline avec sa terrasse, sur une placette à l'ombre des platanes, et sa salle troglodyte au décor contemporain. Au menu : une cuisine méridionale mettant en valeur de beaux produits, notamment à travers le menu du soir, plus recherché qu'au déjeuner.

Formule 26 € - Menu 33 € (déj.), 51/56 €

pl. Carnot - ✆ 04 90 75 83 62 - www.lefournil-bonnieux.com - Fermé 20 nov.-8 fév., mardi d'oct. à mai, sam. midi de mai à oct. et lundi

La Bergerie

CUISINE TRADITIONNELLE • BISTRO X La Bastide de Capelongue version bistrot ! À l'unisson de la superbe vue dévoilée par la terrasse, la carte braque les projecteurs sur les produits de la région : tapenade, gigot d'agneau à la ficelle et plats en cocotte, indémodables marquises au chocolat et œufs à la neige. Et le savoir-faire de l'équipe n'est plus à prouver...

Formule 27 € - Menu 38 € - Carte 40/60 €

Hôtel La Bastide de Capelongue, rte de Lourmarin (face au pont), 1,5 km par D232 et voie secondaire - ✆ 04 90 75 89 78 - www.capelongue.com - Fermé dim. soir et lundi

 **La Bastide de Capelongue** 

LUXE • PERSONNALISÉ Au sommet des collines plantées de cèdres, ce petit hameau est un hymne à la Provence. La plupart des chambres, confortables et raffinées, jouissent d'une terrasse ou d'un balcon. Magnifique bassin de nage parmi la lavande. Idéal pour un bol d'air gorgé de soleil et de senteurs !

17 chambres – 140/560 € 140/560 € – 1 suite – 28 €

rte de Lourmarin (face au pont), 1,5 km par D232 et voie secondaire – ✆ 04 90 75 89 78 – www.capelongue.com – Ouvert 10 mars-4 nov.

✿✿ **La Bastide de Capelongue** • **La Bergerie** – voir les restaurants ci-dessus

 **Le Clos du Buis** 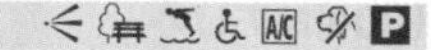

FAMILIAL • PERSONNALISÉ Cette jolie maison datant de 1850 – une ancienne boulangerie – accueille aujourd'hui des chambres confortables et bien tenues. Et, dans le charmant jardin, surprise : une belle cuisine est mise à votre disposition pour préparer votre repas !

8 chambres – 100/165 € 100/165 €

r. Victor-Hugo – ✆ 04 90 75 88 48 – www.leclosdubuis.com – Ouvert de mi-mars à mi-nov.

BONNOEUVRE

44540 Loire-Atlantique – 562 hab. – Alt. 46 m – Carte régionale n° **18**-B2
Carte Michelin 316-I2

 **Le Prieuré des Gourmands** 

TRADITIONNEL • CONTEMPORAIN Sur la place de l'église, un ancien prieuré du 16e s. transformé en hôtel-restaurant. Les chambres – confortables et épurées – donnent sur la campagne et un joli cours d'eau, pour des nuits au grand calme. Parfait pour une escapade au vert.

10 chambres – 80/160 € – 9 €

11 r. du Prieuré – ✆ 02 40 56 30 00 – www.prieuredesgourmands.com – Fermé 1 semaine en août et 1 semaine en janv.

BONNY-SUR-LOIRE

45420 Loiret – 1 977 hab. – Alt. 190 m – Carte régionale n° **6**-D2
Carte Michelin 318-O6

Restaurant des Voyageurs

CUISINE MODERNE • FAMILIAL XX Que les personnes de la région se rassurent, inutile d'être en voyage pour se régaler dans cette auberge ! On y savoure une cuisine gourmande, où les produits de saison s'accordent avec justesse. Et si vous n'êtes pas du coin, vous pourrez profiter des quelques chambres, toutes simples, pour la nuit.

Menu 20 € (déj. en semaine), 27/49 € – Carte 38/54 €

6 chambres – 61 € 61/75 € – 9 €

10 Grande-Rue – ✆ 02 38 27 01 45 – www.hotel-restaurant-des-voyageurs.fr – Fermé vacances de fév., 24 août-7 sept., dim. soir, mardi midi et lundi

LE BONO

56400 Morbihan – 2 111 hab. – Alt. 10 m – Carte régionale n° **5**-A3
Carte Michelin 308-N9 – Guide Vert Michelin Bretagne Sud

 **Alicia** 

FAMILIAL • FONCTIONNEL À la sortie du village, un hôtel avec terrasse donnant sur la rivière du Bono. Les chambres sont décorées dans un style contemporain classique ; préférez celles avec vue sur le port. Nouvel espace bien-être (jacuzzi, salle de massage).

21 chambres – 61/120 € 61/120 € – 10 €

1 r. du Gén.-de-Gaulle – ✆ 02 97 57 88 65 – www.hotel-alicia.com – Fermé de nov. à mars

Jacques Palut/Fotolia.com

ON AIME...

Le dynamisme de la **scène gastronomique bordelaise**, du petit bistrot de quartier aux grandes tables étoilées : la ville est de plus en plus savoureuse ! Les menus déjeuner pour se régaler sans se ruiner : **Symbiose**, **Tentazioni**, **Côté Rue**, **Garopapilles**, **l'Air de Famille**, et on en passe. **Le Pressoir d'Argent - Gordon Ramsay**, sa séduisante cuisine qui sublime la tradition et la région.

BORDEAUX

✉ 33000 Gironde – 241 287 hab. – Agglo. 851 071 hab. – Alt. 4 m – Carte régionale n° **2**-B1
Carte Michelin 335-H5 – Guide Vert Michelin Aquitaine

Restaurants

✿✿ La Grande Maison de Bernard Magrez

CUISINE CRÉATIVE • ÉLÉGANT XXXX Depuis l'été 2016, les équipes de Pierre Gagnaire sont aux fourneaux de cet hôtel particulier bordelais à l'élégance feutrée. Les savoureuses assiettes portent incontestablement la "patte" du chef, reconnaissable entre mille. Superbe carte des vins.

➜ Grosse langoustine, fondue d'oignons doux au cidre fermier et crêpe de sarrasin. Carré d'agneau de Pauillac frotté d'origan, crumble vert, ail rose et jambon ibaïama. Le grand dessert de Pierre Gagnaire.

Menu 65 € (déj. en semaine), 125/185 €
– Carte 200/255 €

6 chambres – 🚹315/590 € 🚹🚹315/590 € – ☕ 30 €

Plan : 2C1-g *10 r. Labottière*
– ✆ 05 35 38 16 16 – www.lagrandemaison-bordeaux.com
– Fermé dim. et lundi

✿✿ Le Pressoir d'Argent - Gordon Ramsay

CUISINE MODERNE • ÉLÉGANT XXXX Le restaurant doit son nom à la presse à homard Christofle – une pièce rarissime ! – qui trône dans la salle. Gordon Ramsay signe ici une carte alléchante, qui magnifie les produits du terroir aquitain ; elle est mise en œuvre de la plus belle des manières par un jeune chef israélien dont le talent se confirme d'année en année.

➜ Bœuf de Bazas en fin tartare et crème d'huître, caviar d'Aquitaine et pousses d'oxalis. Homard bleu à la presse. Vague croustillante au caramel, condiment acidulé et sorbet aux zestes.

Menu 175 €
– Carte 150/210 €

Plan : 3F2-g *InterContinental - Le Grand Hôtel, 2 pl. de la Comédie (1er étage)*
– ✆ 05 57 30 43 04 – www.bordeaux.intercontinental.com
– Fermé dim., lundi et le midi

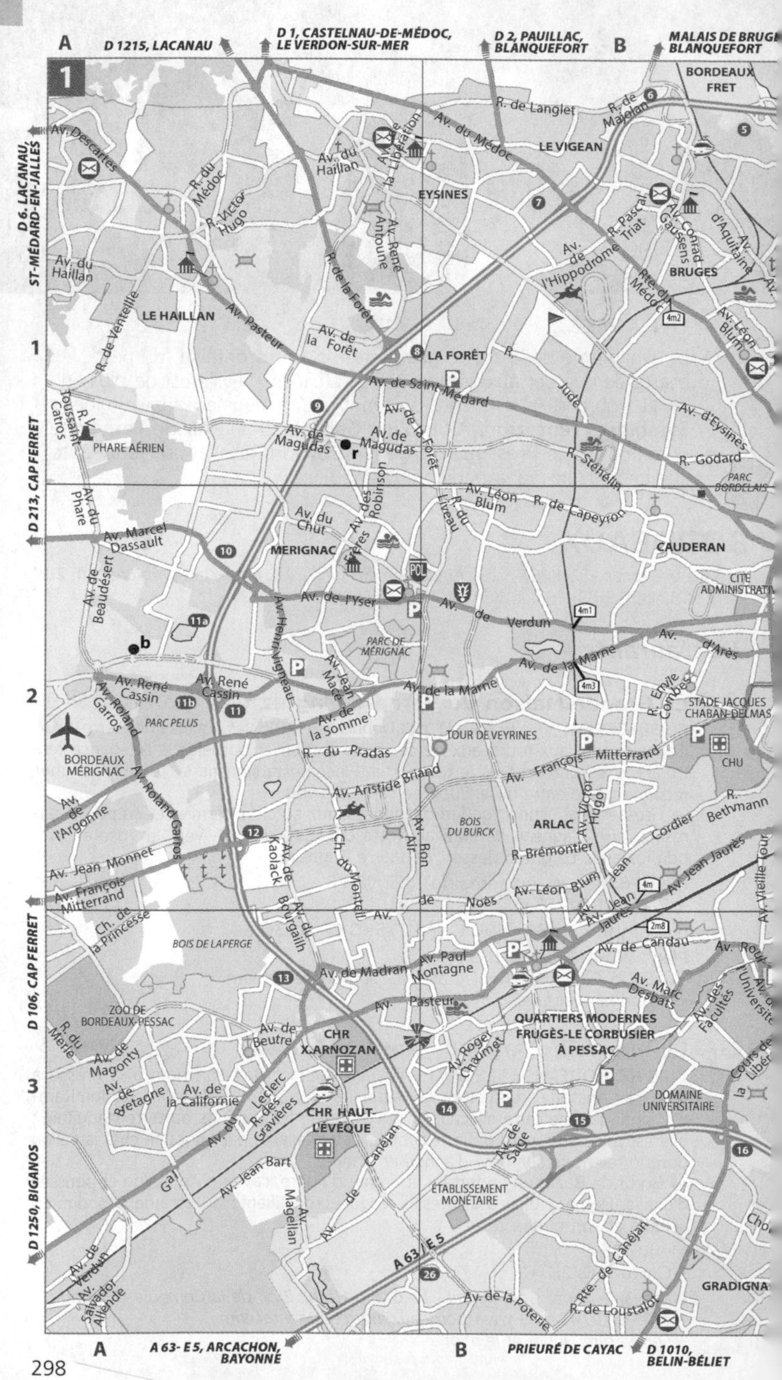
A
D 1215, LACANAU
D 1, CASTELNAU-DE-MÉDOC, LE VERDON-SUR-MER
D 2, PAUILLAC, BLANQUEFORT
B
MALAIS DE BRUG
BLANQUEFORT
1
BORDEAUX FRET
D 6. LACANAU, ST-MÉDARD-EN-JALLES
Av. Descartes
R. du Médoc
R. Victor Hugo
Av. du Haillan
Av. de la Libération
Av. du Médoc
R. de Langlet
R. de Majolan
LE VIGEAN
EYSINES
Av. René Antoune
R. de la Forêt
Av. de l'Hippodrome
R. Pascal Triat
Av. Conrad Gaussens
Av. d'Aquitaine
BRUGES
Rte. du Médoc
4m2
Av. Léon Blum
LE HAILLAN
R. de Ventellle
Av. Pasteur
Av. de la Forêt
LA FORÊT
R. Jude
Av. de Saint-Médard
Av. d'Eysines
R. V. Toussaint Carros
PHARE AÉRIEN
Av. de Magudas
Av. de la Forêt
R. Stéhelin
R. Godard
PARC BORDELAIS
D 213, CAP FERRET
Av. du Phare
Av. du Chut
Av. des Frères Robinson
R. du Liveau
Av. Léon Blum
R. de Capeyron
CAUDERAN
Av. Marcel Dassault
MERIGNAC
POL
CITÉ ADMINISTRATIV
Av. de Beaudésert
Av. de l'Yser
Av. de Verdun
4m1
Av. Henri Vigneau
PARC DE MÉRIGNAC
Av. d'Arès
Av. Jean Macé
Av. de la Marne
4m3
R. Emile Combes
2
Av. René Cassin
Av. Roland Garros
PARC PELUS
Av. de la Somme
STADE JACQUES CHABAN-DELMAS
R. du Pradas
TOUR DE VEYRINES
CHU
BORDEAUX MÉRIGNAC
Av. Aristide Briand
Av. François Mitterrand
Av. Victor Hugo
R. Bethmann
R. Cordier
Av. de l'Argonne
Av. de Kaolack
Ch. du Monteil
Av. Bon Air
BOIS DU BURCK
ARLAC
R. Brémontier
Av. Jean Monnet
Av. Jean Jaurès
4m
Av. François Mitterrand
Av. de Noès
Av. Léon Blum
Av. Vieille Tour
Av. de Bourgailh
Av. du Bourgailh
2m8
Ch. de la Princesse
BOIS DE LAPERGE
Av. de Candau
D 106, CAP FERRET
Av. de Madran
Av. Paul Montagne
Av. Roul
Av. de l'Université
Av. Marc Desbats
Av. Pasteur
ZOO DE BORDEAUX-PESSAC
QUARTIERS MODERNES FRUGÈS-LE CORBUSIER À PESSAC
Av. des Facultés
R. du Merle
Av. de Beutre
CHR X.ARNOZAN
Av. Roger Chaumet
Av. de Magonty
Cours de la Libér
3
Av. de Bretagne
Av. de la Californie
Av. du Gal Leclerc
R. des Gravières
CHR HAUT-L'ÉVÊQUE
DOMAINE UNIVERSITAIRE
Av. de Saige
D 1250, BIGANOS
Av. Jean Bart
Av. de Canéjan
Av. Magellan
ÉTABLISSEMENT MONÉTAIRE
A 63 / E 5
Av. de Verdun
Av. Salvador Allende
Rte. de Canéjan
GRADIGNA
Av. de la Poterie
R. de Loustalot
A
A 63- E 5, ARCACHON, BAYONNE
B
PRIEURÉ DE CAYAC
D 1010, BELIN-BÉLIET

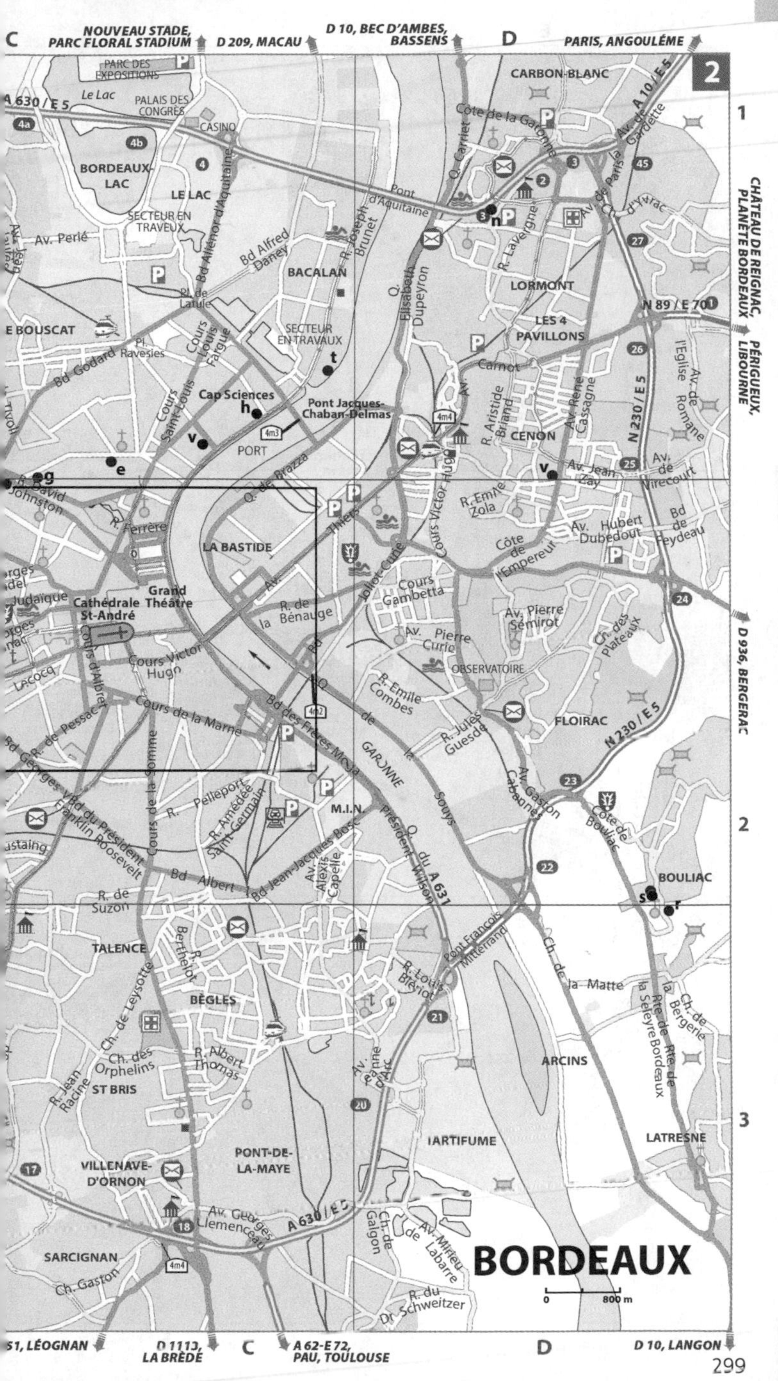
C
NOUVEAU STADE, PARC FLORAL STADIUM
D 209, MACAU
D 10, BEC D'AMBES, BASSENS
D
PARIS, ANGOULÊME
2
1
2
3
CHÂTEAU DE REIGNAC, PLANÈTE BORDEAUX
PÉRIGUEUX, LIBOURNE
D 936, BERGERAC
PARC DES EXPOSITIONS
Le Lac
PALAIS DES CONGRÈS
CASINO
A 630 / E 5
BORDEAUX-LAC
LE LAC
SECTEUR EN TRAVAUX
Av. Perlé
Bd Alfred Daney
BACALAN
R. Joseph Brunet
Pont d'Aquitaine
Q. Elisabeth Dupeyron
Q. Carriet
Côte de la Garonne
CARBON-BLANC
Av. de Paris
Av. de la Gardette
Ch. d'Yvrac
R. Lavergne
LORMONT
LES 4 PAVILLONS
N 89 / E 70
N 230 / E 5
A 10 / E 5
E BOUSCAT
Pl. de Latule
Bd Aliénor d'Aquitaine
Cours Louis Fargue
Pl. Ravesies
Bd Godard
SECTEUR EN TRAVAUX
Cap Sciences
Pont Jacques-Chaban-Delmas
Cours Saint-Louis
PORT
Av. Carnot
R. Aristide Briand
Av. René Cassagne
CENON
Av. Jean Zay
Av. de Virecourt
l'Eglise
Av. de Romane
R. David Johnston
R. Ferrère
Q. de Brazza
LA BASTIDE
Thiers
Cours Victor Hugo
R. Emile Zola
Av. Hubert Dubedout
Bd de Feydeau
Côte de l'Empereur
Grand Théâtre
Cathédrale St-André
Judaïque
R. de la Bénauge
Joliot-Curie
Cours Gambetta
Av. Pierre Sémirot
Ch. des Plateaux
Cours d'Albret
Cours Victor Hugo
Av. Pierre Curie
OBSERVATOIRE
R. Emile Combes
R. Jules Guesde
FLOIRAC
Cours de la Marne
R. de Pessac
Bd Georges V
Bd des Frères Moga
GARONNE
Q. de la Souys
Av. Gaston Cabannes
Côte de Bouliac
Cours de la Somme
R. Pelleport
R. Amédée Saint-Germain
M.I.N.
Bd du Président Franklin Roosevelt
Q. du Président Wilson
A 631
Bd Albert 1er
Bd Jean-Jacques Bosc
Av. Alexis Capelle
BOULIAC
R. de Suzon
TALENCE
R. Berthelot
Pont François Mitterrand
Ch. de la Matte
R. Louis Blériot
BÈGLES
Ch. de Leysotte
Ch. des Orphelins
R. Albert Thomas
R. Jean Racine
ST BRIS
Av. Jeanne d'Arc
ARCINS
Rte de la Seleyre
Rte de Bordeaux
Ch. de la Bergerie
IARTIFUME
LATRESNE
PONT-DE-LA-MAYE
VILLENAVE-D'ORNON
Av. Georges Clemenceau
A 630 / E 5
SARCIGNAN
Ch. Gaston
Ch. de Galgon
Av. Mirieu de Labarre
R. du Dr Schweitzer
BORDEAUX
0
800 m
LÉOGNAN
D 1113, LA BRÈDE
C
A 62-E 72, PAU, TOULOUSE
D
D 10, LANGON

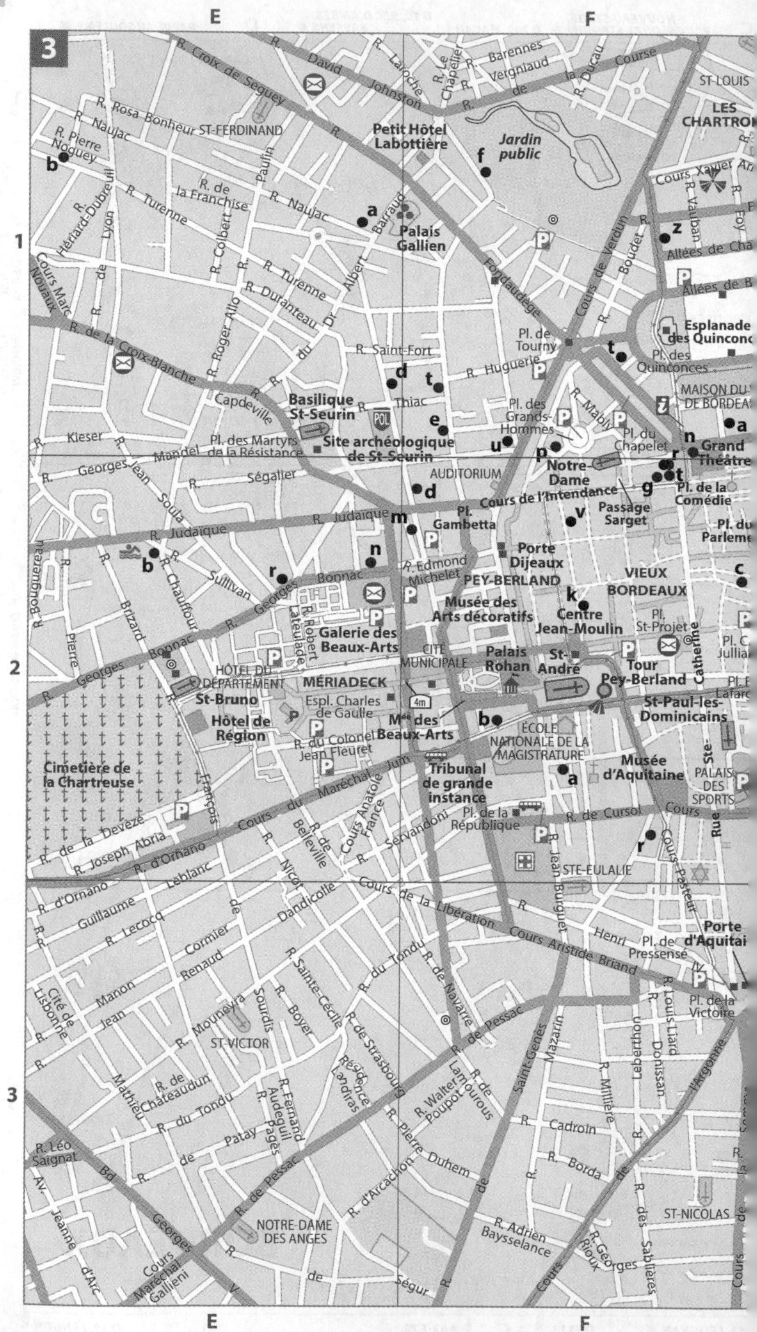

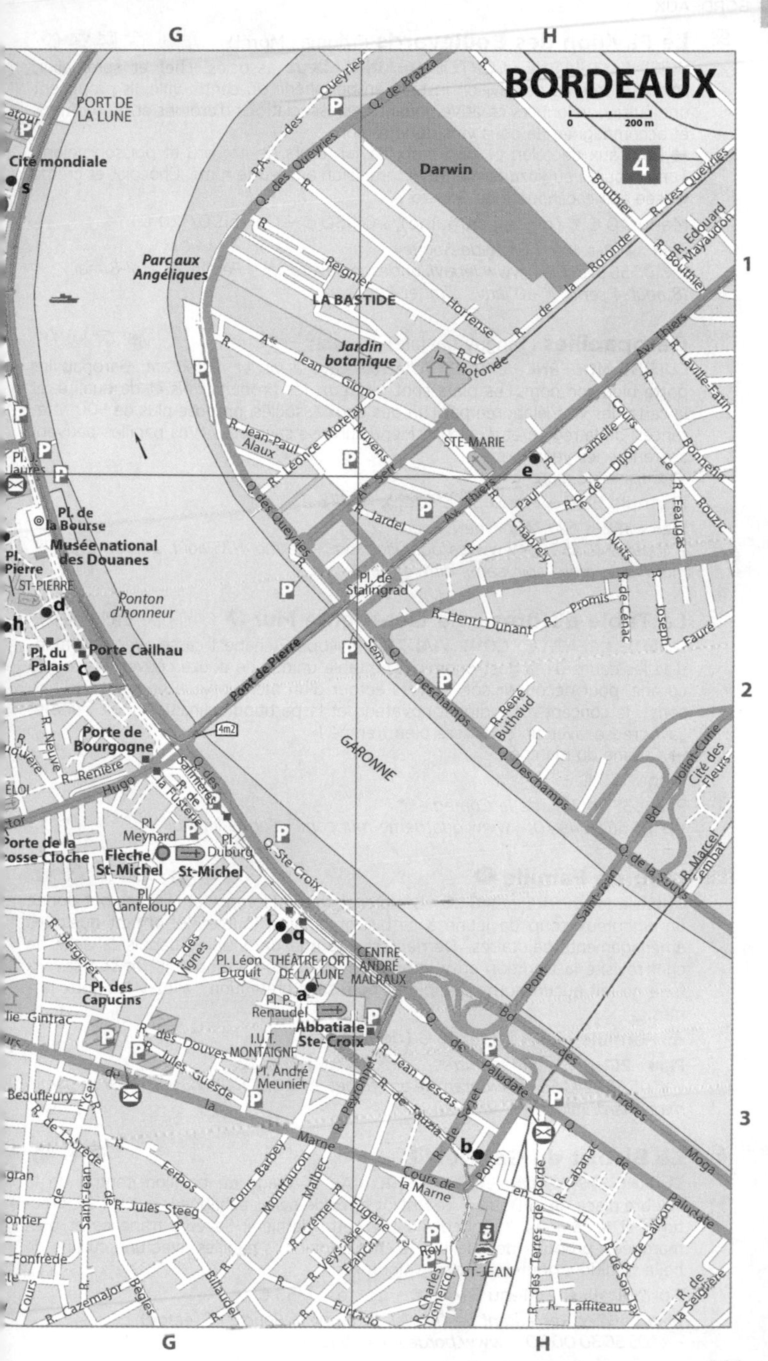
BORDEAUX
0
200 m
4
G
H
1
2
3
PORT DE LA LUNE
Cité mondiale
Darwin
Parc aux Angéliques
LA BASTIDE
Jardin botanique
STE-MARIE
Pl. de la Bourse
Musée national des Douanes
Pl. Pierre
ST-PIERRE
Ponton d'honneur
Pl. du Palais
Porte Cailhau
Porte de Bourgogne
Pont de Pierre
GARONNE
Pl. de Stalingrad
Pl. Meynard
Pl. Duburg
Porte de la Grosse Cloche
Flèche St-Michel
St-Michel
Pl. Canteloup
Pl. Léon Duguit
THÉÂTRE PORT DE LA LUNE
CENTRE ANDRÉ MALRAUX
Pl. des Capucins
Pl. P. Renaudel
Abbatiale Ste-Croix
I.U.T. MONTAIGNE
Pl. André Meunier
ST-JEAN
Q. des Queyries
Q. de Brazza
R. Reignier
R. Hortense
R. de la Rotonde
Av. Thiers
R. Jean-Paul Alaux
R. Léonce Motelay
Q. Deschamps
Q. de la Souys
Pont Saint-Jean
Q. Ste-Croix
Q. de Paludate
Bd des Frères Moga
Cours de la Marne
R. Henri Dunant
R. Promis
R. de Cénac
R. Joseph Fauré
R. René Buthaud
R. Bouthier
R. Edouard Mayaudon
R. Laville-Fatin
Cours Le Rouzic
R. Camelle
R. de Dijon
R. Paul Chabrely
R. Feaugas
R. Marcel Sembat
R. des Douves
R. Jules Guesde
R. Jean Descas
R. de Tauzia
R. Peyronnet
R. Bergeret
R. des Vignes
R. Neuve
R. Renière
R. de la Fusterie
Q. des Salinières
R. Jules Steeg
Cours Barbey
R. Montfaucon
R. Malbec
R. Crémer
R. Veysière
R. Eugène Le Roy
R. Francin
R. Charles Domercq
R. des Terres de Borde
R. Cabanac
R. de Saïgon
R. de Son Tay
R. Laffiteau
R. de la Seiglière
R. Billaudel
R. Furtado
R. Ferbos
R. Cazemajor
Cours de la Marne

✿ Le Pavillon des Boulevards (Thomas Morel)

CUISINE CRÉATIVE · CONTEMPORAIN XXX Deux associés, chef et sommelier, sont à la tête de ce Pavillon installé en périphérie du centre-ville. Ils proposent une cuisine volontiers créative, jouant des associations d'arômes et de parfums, et accompagnée de bons vins de la région.

→ Rouleaux de céleri et king crab, caviar, œufs de homard et poisson volant. Turbot, purée au yuzu fermenté et émulsion au beurre fumé. Chocolat et crème glacée à la cacahouète de Soustons.

Menu 40 € 🍷 (déj. en semaine), 90/130 € - Carte 90/120 €

Plan : 2C2-a *120 r. Croix-de-Seguey*
- ✆ 05 56 81 51 02 - www.lepavillondesboulevards.fr - Fermé 28 avril-8 mai, 18 août-4 sept., 1er-10 janv., dim. et lundi

✿ Garopapilles (Tanguy Laviale)

CUISINE MODERNE · ÉPURÉ X À la fois cave à vin et restaurant, Garopapilles porte bien son nom. Les plats sont goûteux, les produits frais et de qualité, et la carte des vins, élaborée par l'un des deux associés, propose plus de 500 références, de la région et d'ailleurs. Menu surprise savoureux. Vos papilles peuvent s'y rendre les yeux fermés !

→ Cuisine du marché.

Formule 28 € - Menu 35 € (déj.), 45/75 €

Plan : 3F2-d *62 r. Abbé-de-L'Epée*
- ✆ 09 72 45 55 36 - www.garopapilles.com - Fermé 4-25 août, 24 déc.-2 janv., mardi soir, merc. soir, sam., dim. et lundi

✿ La Table d'Hôtes - Le Quatrième Mur Ⓝ (Philippe Etchebest)

CUISINE CRÉATIVE · CONVIVIAL X Ici, Philippe Etchebest casse avec gourmandise les codes de la gastronomie. Une table unique de douze couverts face à la cuisine, pour découvrir son univers autour d'un menu unique en sept déclinaisons... le concept est ludique, novateur, et la partition culinaire réjouit : fine et savoureuse, avec un caractère bien trempé !

→ Cuisine du marché.

Menu 150 €

Plan : 3F1-n *2 pl. de la Comédie*
- ✆ 05 56 02 49 70 - www.quatrieme-mur.com - Fermé le midi

L'Air de Famille Ⓝ

CUISINE MODERNE · SIMPLE X Les propriétaires, Florence et Mickael, ont donné un vigoureux coup de jeune à ce bistrot familial, tout en lui offrant quelques aménagements salutaires. Derrière ses fourneaux, visibles depuis la salle, le chef revisite la tradition en y imprimant une once de modernité et son savoir-faire ne fait aucun doute. Simple et bon, sans prétention : allez-y les yeux fermés.

Formule 15 € - Menu 18 € (déj.)/33 €

Plan : 2C1-e *15 r. Albert-Pitres*
- ✆ 05 56 52 13 69 - lairdefamille.eresto.net - Fermé août, 22 déc.-4 janv., sam. midi, mardi midi, dim. et lundi

Le Bistrot du Gabriel Ⓝ

CUISINE TRADITIONNELLE · BISTRO X Au 1er étage du pavillon central de la célèbre place de la Bourse, ce bistrot offre de belles échappées sur les architectures et le fameux "miroir d'eau" de cette dernière. Saveurs franches et bien marquées, produits de qualité : le chef réjouit nos papilles avec une cuisine de belle tradition, goûteuse et sans fioritures.

Formule 18 € - Menu 31/45 € - Carte 47/55 €

Plan : 4G2-v *Restaurant Le Gabriel, 10 pl. de la Bourse (1er étage)*
- ✆ 05 56 30 00 30 - www.bordeaux-gabriel.fr

Influences

CUISINE MODERNE • SIMPLE X À deux pas de la place Gambetta, cette façade anodine réserve une très jolie surprise. Un sympathique couple franco-américain, Ronnie sous la toque (qui a travaillé en Californie, dans de solides établissements) et Aliénor, entre cuisine et service, propose des assiettes parfumées et savoureuses, aux influences française, américaine et italienne. La salle joue l'épure, mais nos papilles bondissent. Un conseil, réservez ! Menu imposé.

Formule 22 € – Menu 32/45 € – menu unique

Plan : 3F2-m *36 r. St-Sernin – 05 56 81 01 05 – www.restaurant-influences.com – Fermé vacances de fév., 2 semaines fin sept., sam. midi, lundi, mardi et merc.*

Racines by Daniel Gallacher

CUISINE CRÉATIVE • BISTRO X Le nom Racines évoque celles, écossaises, du chef, comme son côté autodidacte. De fait, il signe une cuisine inventive et pétillante, loin des conventions, et fait évoluer chaque semaine son menu au gré du marché... Ces Racines-là sont aussi solides que goûteuses : le restaurant ne désemplit pas.

Menu 19 € (déj.), 29/45 €

Plan : 3E2-n *59 r. Georges-Bonnac – 05 56 98 43 08 – Fermé 2 semaines en août, 24-30 déc., 1 semaine en janv., dim. et lundi*

Le Chapon Fin

CUISINE MODERNE • CLASSIQUE XXXX Une institution locale, qui ravit par son décor de rocaille créé en 1901, autant que par la finesse de sa cuisine, épurée et goûteuse, l'œuvre d'un jeune chef passionné. Quant à la sélection de bordeaux, elle est superbe ! Le plus : un beau salon près de la cave datant du 16e s...

Menu 35 € (déj.), 69/99 € – Carte 82/119 €

Plan : 3F1-p *5 r. Montesquieu – 05 56 79 10 10 – www.chapon-fin.com – Fermé 29 juil.-27 août, dim. et lundi*

Le Gabriel

CUISINE MODERNE • CLASSIQUE XX Cadre d'exception pour cet établissement installé dans le pavillon central de la célèbre place de la Bourse, face au miroir d'eau. Ses délicieux salons 18e s. se prêtent à la dégustation d'une cuisine créative. Joli moment en perspective...

Menu 75 € (déj.), 95/115 € – Carte 82/105 €

Plan : 4G2-v *10 pl. de la Bourse (2ème étage) – 05 56 30 00 70 – www.bordeaux-gabriel.fr – Fermé dim. et lundi*

Le Bordeaux - Gordon Ramsay

CUISINE TRADITIONNELLE • BRASSERIE XX Gordon Ramsay a beau être un chef de stature internationale, il n'a pas oublié ses racines britanniques... qu'il a insufflées dans la carte de cette brasserie historique du centre-ville bordelais : bœuf Wellington et autre *fish and chips* sont ici agrémentés avec les produits du terroir local.

Formule 29 € – Menu 39 € (déj. en semaine) – Carte 50/120 €

Plan : 3F2-r *InterContinental - Le Grand Hôtel, 2 pl. de la Comédie – 05 57 30 43 46 – www.bordeaux.intercontinental.com*

Côté Rue

CUISINE MODERNE • ÉLÉGANT XX Au rez-de-chaussée d'un hôtel particulier du 18e s., dans une grande salle mariant l'ancien et le moderne, on découvre le travail du jeune chef-patron Rudy Ballin : de jolies recettes bien équilibrées, pile dans l'air du temps, tout en saveurs plaisantes et en présentations soignées... pas de doute : il sait parler à nos papilles ! Une maison attachante.

Formule 25 € – Menu 31 € (déj. en semaine), 39/61 €

Plan : 4F2-r *4 r. Paul-Louis-Lande – 05 56 49 06 49 – www.cote-rue-bordeaux.fr – Fermé sam. midi, dim. et lundi*

Julien Cruège

CUISINE MODERNE • TENDANCE XX Typiquement bordelaise, cette maison de la Croix-Blanche cache un cadre contemporain séduisant et une terrasse qui est un havre de verdure en ville. Dans l'assiette, les recettes font la part belle au terroir et suivent le rythme des saisons.

Menu 21 € (déj. en semaine), 32/53 € – Carte 53/68 €

Plan : 3E1-b *245 r. de Turenne – ✆ 05 56 81 97 86 – www.juliencruege.fr – Fermé 1 semaine en fév., 3 semaines en août, 1 semaine vacances de Noël, sam., dim. et fériés*

L'Oiseau Bleu

CUISINE MODERNE • DESIGN XX Cette maison médocaine est l'ancien poste de police du quartier de la Bastide. Un couple sympathique y propose une cuisine bien dans l'air du temps, réglée sur le marché ; le pigeonneau au foin et le soufflé chaud en dessert sont les spécialités de la maison. Terrasse au calme, côté jardin. Décidément, un joli nid de gourmands !

Formule 23 € – Menu 28 € (déj. en semaine), 45/65 € – Carte 53/70 €

Plan : 4H1-e *127 av. Thiers – ✆ 05 56 81 09 39 – www.loiseaubleu.fr – Fermé 8-16 avril, 5-27 août, 23-30 déc., dim. et lundi*

La Tupina

CUISINE TRADITIONNELLE • RUSTIQUE XX Cette auberge joliment champêtre a tout le goût d'autrefois... Le truculent patron, pétri de patrimoine gastronomique, défend le terroir avec conviction, et l'on se régale de copieux plats du Sud-Ouest, mais aussi de viandes rôties et de légumes de saison – de beaux produits exposés à la vue des clients et qui mettent en appétit !

Menu 18 € (déj. en semaine)/74 € – Carte 45/80 €

Plan : 4G3-q *6 r. Porte-de-la-Monnaie – ✆ 05 56 91 56 37 – www.latupina.com – Fermé lundi*

Le Clos d'Augusta

CUISINE MODERNE • COSY XX Raviolis de langoustines, maïs à la vanille et voile de pistache ; carré de cochon, pulpe de carottes jaunes, crème aux haricots tarbais... Voici un aperçu de la cuisine proposée par le chef, qui fait tout maison, y compris le pain et les glaces ! Le tout à apprécier dans un cadre feutré et élégant, avec une jolie terrasse pour l'été.

Menu 26 € (déj. en semaine), 48/68 € – Carte 55/64 €

Plan : 1B2-a *339 r. Georges-Bonnac – ✆ 05 56 96 32 51 – www.leclosdaugusta.fr – Fermé 29 juil. -16 août, 23-30 déc., sam. midi, lundi midi, dim. et fériés*

Le Davoli

CUISINE MODERNE • COSY XX Le quartier St-Pierre, ses petites rues, ses bars, ses restaurants et... Le Davoli ! Une adresse où les gourmands apprécient des recettes alléchantes, entre classicisme et modernité, réalisées par un chef ayant travaillé dans de belles maisons. Cerise sur le gâteau : l'accueil, aux petits soins.

Formule 23 € – Menu 39/59 € – Carte environ 72 €

Plan : 4G2-h *13 r. des Bahutiers – ✆ 05 56 48 22 19 – www.ledavoli.com – Fermé 18-26 fév., 5-20 août et lundi*

C'Yusha

CUISINE MODERNE • CONVIVIAL X Cuisine actuelle relevée d'épices, de plantes et d'herbes, signée par un chef qui travaille seul, sous le regard des gourmands. Et cerise sur le gâteau : les légumes sont ceux de son potager. Côté cadre, le minimalisme et l'intimité (peu de couverts) priment. Au cœur du vieux Bordeaux, un lieu résolument contemporain.

Formule 19 € – Menu 34 € (déj. en semaine)/45 € – Carte environ 60 €

Plan : 4G2-c *12 r. Ausone – ✆ 05 56 69 89 70 – www.cyusha.com – Fermé 1 semaine à Pâques, 3 semaines en août, 1 semaine en janv., vend. midi, sam. midi, dim. et lundi*

Le Quatrième Mur

CUISINE MODERNE • BRASSERIE Au théâtre, le quatrième mur est celui, invisible, qui sépare le public de la scène. Un nom tout choisi pour cette table installée dans les ors du Grand théâtre ! Un produit de qualité, une cuisson précise, une garniture et un jus : Philippe Etchebest va à l'essentiel et nous régale en toute simplicité.

Formule 28 € – Menu 34 € (déj. en semaine)/50 €

Plan : 3F1-n *2 pl. de la Comédie*
– ✆ 05 56 02 49 70 – www.quatrieme-mur.com

Le 7 (N)

CUISINE MODERNE • DESIGN Comme son nom l'indique, ce restaurant est installé au septième étage de la Cité du Vin : il offre un panorama imprenable sur la Garonne et le centre-ville de Bordeaux. Au menu, une cuisine dans l'air du temps plutôt bien tournée, avec un joli choix de vins au verre.

Formule 25 € – Menu 65 € (dîner) – Carte 52/62 €

Plan : 2C1-t *4 esplanade de Pontac (à la Cité du Vin)*
– ✆ 05 64 31 05 40 – www.le7restaurant.com

Bistrot Glouton

CUISINE CLASSIQUE • BISTRO Avis aux gloutons : ce bistrot leur est dédié ! Atmosphère feutrée pour cet établissement qui joue habilement la carte bistrotière autour de plats gourmands : œufs en meurette, parmentier de joue de bœuf, agneau des Pyrénées... En été, profitez de l'agréable terrasse sur le trottoir, donnant sur une rue calme.

Formule 14 € – Menu 25/38 € – Carte environ 42 €

Plan : 3F2-b *15 r. des Frères-Bonie*
– ✆ 05 56 44 36 21 – www.gloutonlebistrot.com – Fermé 25 déc.-1er janv., dim. et lundi

Café du Théâtre by Hugo Lederer

CUISINE MODERNE • CONVIVIAL Du rouge, du noir, un grand comptoir... et une jolie cuisine du marché, soucieuse de révéler les saveurs des produits de saison. Pas de relâche pour le chef, formé dans plusieurs maisons estampillées Ducasse, qui assure un service tardif les soirs de spectacle – le Théâtre national de Bordeaux est à côté – et propose même des cours de cuisine. Bravo !

Formule 19 € – Menu 23 € (semaine)/35 €

Plan : 4G3-a *3 pl. Pierre-Renaudel*
– ✆ 05 57 95 77 20 – www.le-cafe-du-theatre.fr – Fermé le soir et week-ends

Comptoir Cuisine

CUISINE TRADITIONNELLE • TENDANCE Chic, un néobistrot avec ses cuisines ouvertes et ses deux salles conviviales autour du comptoir, ou plus intime au premier étage, sur la mezzanine ! La carte est alléchante, avec un choix de vins au verre étoffé. Une bonne adresse.

Formule 20 € – Carte 35/60 €

Plan : 3F2-t *2 pl. de la Comédie*
– ✆ 05 56 56 22 33 – www.comptoircuisine.com

Une Cuisine en Ville

CUISINE MODERNE • TENDANCE De Dax à Bordeaux, il n'y a qu'un pas que le chef, Philippe Lagraula, a franchi... pour le plus grand plaisir des Bordelais ! Dans son bistrot à la déco résolument dans l'air du temps, il met à l'honneur les produits de la région et fait même quelques emprunts à la tradition péruvienne, pays d'origine de son épouse...

Formule 17 € – Menu 19 € (déj.), 36/65 € – Carte 65/76 €

Plan : 3F1-t *77 r. du Palais-Gallien – ✆ 05 56 44 70 93*
– www.une-cuisine-en-ville.com – Fermé dim. et lundi

Dan

INFLUENCES ASIATIQUES • EXOTIQUE X Quatre mains pour une symphonie franco-asiatique ! Voilà la surprise que nous réserve Dan ("lampion" en mandarin). Fort d'une expérience de huit ans à Hong Kong, le chef associe le terroir français aux influences hongkongaises, à l'instar de ce cochon de Bigorre, aubergines à la sichuanaise et pickles de légumes.

Menu 32/85 €

Plan : 4G2-a *6 r. du Cancéra – ✆ 05 40 05 76 91 – www.danbordeaux.com – Fermé dim., lundi et le midi*

Hâ

CUISINE MODERNE • DESIGN X À quelques pas de la cathédrale Saint-André et de l'hôtel de ville, ce joli restaurant propose une cuisine du marché pile dans l'air du temps, équilibrée et goûteuse. Des plats marqués par les différentes expériences du chef, qui a grandi dans le Périgord et s'est formé auprès de grands noms (Amat, Piège, Ducasse...).

Formule 25 € – Menu 34 € (déj. en semaine)/60 €

Plan : 3F2-a *50 r. du Hâ – ✆ 05 57 83 77 10 – www.ha-restaurant.fr – Fermé sam. et dim.*

Miles

CUISINE CRÉATIVE • CONVIVIAL X Cette table conviviale et branchée, nichée dans une ruelle du centre-ville, ne désemplit pas. Le repas se dessine autour d'un menu unique, avec des recettes renouvelées chaque semaine au gré du marché. La consigne est donc simple : pensez à réserver et laissez-vous porter par l'inspiration du soir...

Menu 27 € (déj. en semaine)/48 €

Plan : 3F2-c *33 r. Cancera – ✆ 05 56 81 18 24 – www.restaurantmiles.com – Fermé sam. midi, dim. et lundi*

Soléna

CUISINE MODERNE • SIMPLE X Une cuisine traditionnelle d'une sobriété salutaire (trois ingrédients maximum par recette), simple et lisible, concoctée au gré des produits du marché : voici ce que propose le jeune chef du Soléna. Il invite même les clients à lui faire confiance pour leur proposer un menu-surprise *ad hoc*... Avis aux amateurs !

Menu 24 € (déj.), 43/74 €

Plan : 3E2-b *5 r. Chauffour – ✆ 05 57 53 28 06 – www.solena-restaurant.com – Fermé 19 fév.-6 mars, 6-21 août, merc. midi, lundi et mardi*

Symbiose N

CUISINE MODERNE • BISTRO X Tenue par quatre jeunes associés, cette Symbiose porte bien son nom ! Tout, ici, est marqué du sceau de l'évidence : les assiettes franches et rondement menées, le service convivial et décontracté, la clientèle majoritairement jeune et plutôt branchée, sans oublier la petite salle genre bistrot... et un rapport qualité-prix imbattable à midi. Courez-y !

Formule 17 € – Menu 20 € (déj.)/45 €

Plan : 4G1-s *4 quai des Chartrons – ✆ 05 56 23 67 15 – Fermé lundi soir et dim.*

Tentazioni N

CUISINE ITALIENNE • BISTRO X Une affaire petite par la taille... et grande par le plaisir de la dégustation, grâce au jeune couple italien qui y cuisine dans le respect des saveurs transalpines. La simplicité est de mise à midi, l'offre est plus ambitieuse et élaborée le soir : pigeon fumé aux feuilles de citronnier et artichauts, ris de veau au marsala et noix de pécan... On ne résiste pas à la t*entazioni*.

Formule 17 € – Menu 20 € (déj. en semaine), 39/65 €

Plan : 3F1-e *59 r. du Palais-Gallien – ✆ 05 56 52 62 12 – www.tentazioni-bordeaux.fr – Fermé 5-20 août, dim. et lundi*

Hôtels & maisons d'hôtes

InterContinental - Le Grand Hôtel

LUXE • COSY Sa façade néoclassique (1776), en parfaite harmonie avec celle du Grand Théâtre, est un petit joyau. Dans les chambres règne une atmosphère cossue, chatoyante et feutrée ; quant au spa de 1 000 m², il dispose d'une terrasse sur le toit offrant une vue imprenable sur Bordeaux. Un établissement de prestige, au cœur de la capitale du vin.

86 chambres ☕ - 🚹300/2200 € 🚻300/2200 € - 44 suites

Plan : 3F2-r *2 pl. de la Comédie*
- ✆ 05 57 30 44 44 - www.bordeaux.intercontinental.com

✿✿ **Le Pressoir d'Argent - Gordon Ramsay** • **Le Bordeaux - Gordon Ramsay** - voir les restaurants ci-dessus

Burdigala

BUSINESS • COSY Burdigala ? Le nom de l'ancienne cité gallo-romaine ayant donné naissance à la ville et... cet hôtel de grand confort, éminemment contemporain et en constante évolution, dont les chambres se révèlent feutrées et confortables. Burdigala version 21ᵉ s. !

74 chambres - 🚹195/415 € 🚻195/415 € - 8 suites - ☕18 €

Plan : 3E2-r *115 r. Georges-Bonnac*
- ✆ 05 56 90 16 16 - www.burdigala.com

Yndo

HÔTEL PARTICULIER • DESIGN Vu de l'extérieur, c'est un bel hôtel particulier du 18ᵉ s. Fort heureusement, l'intérieur n'est pas en reste : design et délicatement feutré, il est propice au repos... Les chambres sont confortables et ont chacune leur propre personnalité.

12 chambres - 🚹220/470 € 🚻600/780 € - ☕30 €

Plan : 3E1-d *108 r. Abbé-de-l'Epée*
- ✆ 05 56 23 88 88 - www.yndohotel.fr

Hôtel de Sèze

HISTORIQUE • ÉLÉGANT Dans cet hôtel du triangle d'or, élégance et classicisme jouent une partition sans fausse note. Les chambres y sont coquettes et joliment décorées ; pour se relaxer, on se rend à l'espace détente ou au fumoir. Idéal pour goûter à l'art de vivre bordelais !

53 chambres - 🚹152/260 € 🚻152/398 € - 2 suites - ☕19 €

Plan : 3F1-t *23 allées de Tourny*
- ✆ 05 56 14 16 16 - www.hotel-de-seze.com

Seeko'o

BUSINESS • CONTEMPORAIN Seeko'o ? Un "iceberg" en inuit. Rien de glacial ici, pourtant, mais un intérieur contemporain, épuré, pop, et des chambres rénovées avec beaucoup d'élégance.

45 chambres - 🚹160/424 € 🚻160/424 € - ☕16 €

Plan : 2C1-h *54 quai de Bacalan*
- ✆ 05 56 39 07 07 - www.seekoo-hotel.com

Hôtel des Quinconces Ⓝ

DEMEURE HISTORIQUE • PERSONNALISÉ À deux pas de la place du même nom, une demeure édifiée en 1834 dans le plus pur style bordelais. Grande verrière ouverte sur une courette avec jardin, chambres spacieuses - sept modernes et épurées, superbement rénovées, et deux davantage dans l'esprit des lieux... Du caractère.

9 chambres ☕ - 🚹279/522 € 🚻310/580 €

Plan : 3F1-z *22 cours du Maréchal-Foch*
- ✆ 05 56 01 18 88 - https://hoteldesquinconces.com

Le Boutique Hôtel

URBAIN • CONTEMPORAIN À deux pas de la place Gambetta, cet hôtel allie le charme sûr d'une architecture classique à... un décor contemporain et design. Ne manquez pas le bar à vins et son patio.

23 chambres – 200/550 € 200/550 € – 4 suites – 18 €

Plan : 3F1-u *3 r. Lafaurie-de-Monbadon – 05 56 48 80 40 – www.hotelbordeauxcentre.com*

Grand Hôtel Français

HISTORIQUE • FONCTIONNEL Dans un bel immeuble du 18e s., cet hôtel mise sur le caractère de l'ancien (parquet, meubles de style), mais aussi sur une allure plus contemporaine et joyeuse – pour cela, optez pour les chambres des 2e et 3e étages. Un mix qui a du cachet et ne manque pas de séduire !

35 chambres – 141/195 € 169/232 €

Plan : 3F2-v *12 r. du Temple – 05 56 48 10 35 – www.grand-hotel-francais.com – Fermé 23-27 déc.*

Majestic

FAMILIAL • FONCTIONNEL Un établissement de tradition dont les chambres, d'esprit feutré, célèbrent sobrement la musique classique. Point d'orgue de cette partition sans défaut : son emplacement, à deux pas du Grand Théâtre !

49 chambres – 97/235 € 138/235 € – 15 €

Plan : 3F1-a *2 r. Condé – 05 56 52 60 44 – www.hotel-majestic.com*

Vatel N

BUSINESS • FONCTIONNEL En retrait des quais, l'école hôtelière Vatel accueille aussi un hôtel : une cohabitation plutôt originale ! Les chambres, sobrement décorées, sont confortables, si bien que l'on passe un très agréable séjour.

12 chambres – 119/240 € 119/240 € – 16 €

Plan : 2C1-v *4 cours du Médoc – 05 56 11 01 11 – www.hotelvatel.fr*

La Maison Bord'Eaux

HISTORIQUE • CONTEMPORAIN De ce relais de poste du 18e s., proche du Palais-Gallien – l'ancien amphithéâtre romain –, le propriétaire a fait un lieu design, coloré et élégant. L'endroit est digne d'une demeure particulière, avec des chambres modernes et pleines de caractère.

14 chambres – 95/360 € 95/360 € – 16 €

Plan : 3E1-a *113 r. du Dr.-Albert-Barrau – 05 56 44 00 45 – www.lamaisonbord-eaux.com – Fermé 3 semaines en janv.*

Mama Shelter

URBAIN • DESIGN Mama Shelter, c'est un véritable concept : après Paris, Lyon et Marseille, il se décline en plein cœur de la métropole bordelaise. On retrouve avec plaisir cette déco très urbaine (béton brut, détails insolites et colorés, etc.) et cette ambiance éclectique (notamment au restaurant) qui font toute la saveur du concept !

97 chambres – 79/449 € 89/449 € – 17 €

Plan : 3F2-k *19 r. Poquelin-Molière – 05 57 30 45 45 – www.mamashelter.com*

Gare St-Jean

BUSINESS • CONTEMPORAIN À deux pas de la gare, un hôtel contemporain, coloré et bien insonorisé. Au petit-déjeuner, on savoure de bons cannelés, puis l'on saute dans le tramway, tout proche... pour aller découvrir la ville.

37 chambres – 89/260 € 89/260 € – 14 €

Plan : 4H3-b *15 r. Charles-Domercq – 05 56 91 72 16 – www.bestwestern-hotel-royal-st-jean.com*

Le Clos d'Émile Ⓝ

HÔTEL PARTICULIER • ÉLÉGANT Dans une rue calme du centre-ville, ce charmant hôtel particulier du 18e s. propose des chambres d'hôtes chaleureuses (tons taupe, beige, bordeaux) et soigneusement décorées. N'hésitez pas à aller y poser vos valises...

5 chambres ☕ - 🚹190/260 € 🚹🚹190/260 €

Plan : 3F1-f *3 bis r. Émile-Zola - ✆ 05 33 57 21 23 - www.leclosdemile.fr - Fermé 11-25 fév.*

Maison Fredon

HISTORIQUE • CONTEMPORAIN Face au restaurant La Tupina, cette demeure du 18e s. est un vrai petit bijou. Avec quelle passion son propriétaire a décoré chaque chambre, associant mobilier chiné et pièces de design, tons sobres et œuvres d'art colorées ! Une adresse où vous pourrez même piquer des idées déco...

5 chambres ☕ - 🚹99/250 € 🚹🚹99/250 €

Plan : 4G3-t *5 r. Porte-de-la-Monnaie - ✆ 05 56 91 56 37 - www.latupina.com*

PAR LA ROCADE A 630 :

à Blanquefort 3 km au Nord, sortie n° 6 - ✉ 33290 - 15 463 hab. - Alt. 17 m

Les Criquets

CUISINE MODERNE • FAMILIAL XX Cet élégant restaurant contemporain s'ouvre sur un joli jardin et une ravissante terrasse ; la carte suit savamment les saisons. Une agréable étape gastronomique aux portes de Bordeaux, disposant aussi de chambres fonctionnelles et confortables.

Formule 18 € - Menu 21 € (déj. en semaine), 35/75 € - Carte 51/75 €

21 chambres - 🚹90/165 € 🚹🚹130/190 € - ☕15 €

130 av. du 11-Novembre, D210 - ✆ 05 56 35 09 24 - www.lescriquets.com - Fermé dim. et lundi

à Lormont Nord-Est, sortie n°2 - ✉ 33310 - 21 128 hab. - Alt. 60 m

Le Prince Noir - Vivien Durand

CUISINE MODERNE • DESIGN XX Les écuries d'un château, un cube de verre et béton, une vue sur le pont d'Aquitaine : le cadre ne manque pas d'originalité ! Il se révèle en plus en harmonie avec la cuisine, inspirée du terroir du Sud-Ouest et parsemée de touches plus personnelles et contemporaines. Service cordial et professionnel.

→ Carpaccio de mulet au beurre meunière et caviar. Pigeon et maïs grand roux. Pavlova immaculé.

Formule 25 € - Menu 35 € (déj.), 82/97 €

Plan : 2D1-n *1 r. du Prince-Noir - ✆ 05 56 06 12 52 - www.leprincenoir-restaurant.fr - Fermé 30 juil.-20 août, 22 déc.-7 janv., sam., dim. et fériés*

à Cenon Est, sortie n° 25 - ✉ 33150 - 22 385 hab. - Alt. 50 m

La Cape

CUISINE CRÉATIVE • CONTEMPORAIN XX Une plaisante salle contemporaine, qui ouvre sur la paisible terrasse aménagée dans un jardin arboré : voilà qui n'est pas pour nous déplaire ! À la carte (renouvelée tous les mois), de belles saveurs du marché et une judicieuse sélection de vins bordelais.

Menu 28 € (déj.)/54 €

Plan : 2D1-v *9 allée de la Morlette - ✆ 05 57 80 24 25 - www.restaurantlacape.com - Fermé 4-27 août, 22 déc.-7 janv., sam., dim. et fériés*

à Bouliac Sud-Est, sortie n° 23 – ✉ 33270 – 3 160 hab. – Alt. 74 m

✿ Le Saint-James

CUISINE MODERNE • DESIGN XXX Un écrin design et baigné de lumière, dominant les environs... Voilà un bel endroit pour un repas de qualité, ancré dans la région : le chef, Nicolas Magie, originaire du Bordelais, rend un bel hommage aux produits aquitains, avec finesse, invention et en accord avec les vins du cru.

→ Foie gras grillé aux aiguilles de pin, fine feuille de pâte citron vert et tomate. Ris de veau rôti et laqué au jus, oignon doux flambé à la vodka et pomme de terre marinée aux câpres. Chocolat kalapaia, rhubarbe et tomate verte.

Menu 45 € (déj. en semaine), 75/150 € – Carte 110/210 €

Plan : 2D2-s *Hôtel Le Saint-James, 3 pl. Camille-Hostein (près de l'église) – ✆ 05 57 97 06 00 – www.saintjames-bouliac.com – Fermé 1er-23 janv., mardi midi, dim. et lundi*

Café de l'Espérance

CUISINE TRADITIONNELLE • BISTRO X Buffets d'entrées et de desserts, grillades au feu de bois accompagnées de frites, petits plats traditionnels... Ici, tout est fait maison. C'est simple, très frais, copieux et bon. Les nostalgiques des troquets de village vont apprécier !

Menu 18 € (déj. en semaine)/30 € – Carte 30/60 €

Plan : 2D3-r *10 r. de l'Esplanade – ✆ 05 56 20 52 16 – www.saintjames-bouliac.com*

Le Saint-James

LUXE • DESIGN Conçue par Jean Nouvel, cette maison surplombant la ville et les vignes – classées premières-côtes-de-bordeaux – s'inspire des séchoirs à tabac typiques de la région. L'épure, la lumière et le design dominent avec élégance et harmonie... Le Bordelais est à vous.

18 chambres – †195/695 € ††195/695 € – ☕ 25 €

Plan : 2D2-s *3 pl. Camille-Hostein (près de l'église) – ✆ 05 57 97 06 00 – www.saintjames-bouliac.com – Fermé 1er-23 janv.*

✿ **Le Saint-James** – voir les restaurants ci-dessus

à Martillac 9 km au Sud, sortie n° 18, D1113 et rte secondaire – ✉ 33650 – 2 800 hab. – Alt. 40 m

✿✿ La Grand'Vigne

CUISINE MODERNE • ROMANTIQUE XXXX Dans cette orangerie du 18e s., les assiettes ont le goût et les couleurs de la nature : l'œuvre d'un chef inspiré, Nicolas Masse, maître dans l'art d'associer saveurs et textures avec une remarquable précision, pour le plaisir des sens. Très belle carte des vins, notamment du château Smith Haut Lafitte.

→ Promenade au potager, tarte de jeunes poireaux crémeux et marinés. Ris de veau fermier, pomme de terre des vendangeurs et oignon doux de printemps. Sarment de vigne au chocolat grand cru.

Menu 95 € (déj.), 130/170 € – Carte 115/160 €

Hôtel Les Sources de Caudalie, chemin de Smith-Haut-Lafitte – ✆ 05 57 83 83 83 – www.sources-caudalie.com – Fermé 7-24 janv., merc. midi, jeudi midi, vend. midi, lundi et mardi

La Table du Lavoir

CUISINE DU TERROIR • RUSTIQUE X Un cadre original que cette superbe halle tout en bois (18e s.), sous laquelle on lavait autrefois les vêtements utilisés pour les vendanges ! La cuisine joue la carte de la bonne tradition. Où l'on retrouve l'atmosphère plaisante des auberges d'autrefois.

Formule 34 € – Menu 38/45 €

Hôtel Les Sources de Caudalie, chemin de Smith-Haut-Lafitte – ✆ 05 57 83 83 83 – www.sources-caudalie.com – Fermé 7-24 janv.

Les Sources de Caudalie

GRAND LUXE • ÉLÉGANT Au milieu des vignes, ce domaine superbe dédié au bien-être est le berceau de la vinothérapie. Bois brut, meubles chinés, plaisirs gastronomiques : le luxe sans ostentation, en harmonie avec la nature. Les luxueuses chambres, réparties dans plusieurs demeures au milieu des vignes, sont autant d'invitation à la détente... Superbe spa.

40 chambres – 300/590 € 300/590 € – 21 suites – 26 €

chemin de Smith-Haut-Lafitte – 05 57 83 83 83 – www.sources-caudalie.com – Fermé 7-24 janv.

La Grand'Vigne • La Table du Lavoir – voir les restaurants ci-dessus

Château Le Thil

HISTORIQUE • PERSONNALISÉ Cette superbe demeure, édifiée en 1737, au cœur d'un parc aux arbres centenaires et entourée des vignes du Château Le Thil (une des propriétés viticoles des Pessac Léognan) abrite plaisants salons et chambres charmantes. De ce havre, on goûte aux joies buissonnières, à pied ou à vélo, sur les chemins qui sillonnent entre les vignes. Bienfaisant.

11 chambres – 192/440 € 192/440 € – 18 €

chemin Le Thil – 05 57 83 83 83 – www.sources-caudalie.com – Ouvert d'avril à oct.

à Mérignac Ouest, sortie n° 9 – 33700 – 69 301 hab. – Alt. 35 m

Blisss

CUISINE CRÉATIVE • CONTEMPORAIN Un environnement improbable – un centre commercial au pied d'immeubles récents – et une belle surprise : Anthony Aycaguer, chef expérimenté, décline des assiettes modernes, "épurées et graphiques" selon ses propres termes, qui évoluent au gré du marché. C'est intéressant, bien réalisé : on se laisse séduire. Réservation impérative.

Menu 55 €

Plan : 1A1-r *98 av. de Magudas – 05 56 98 66 72 – www.blisss.fr – Fermé 22-31 déc., dim., lundi et le midi*

à l'aéroport de Bordeaux-Mérignac – 33700 Merignac

L'Iguane

CUISINE MODERNE • COSY Un cadre contemporain, feutré et élégant, pour une cuisine qui mêle teintes du temps et nuances exotiques, le tout accompagné d'une cave de 500 références aux jolies robes chatoyantes. De couleur et de piquant, le bistrot L'Olive de Mer n'en manque pas non plus, avec ses saveurs méditerranéennes et son atmosphère design.

Menu 32/75 €

Plan : 1A2-b *83 av. J.F.-Kennedy – 05 56 34 07 39 – www.liguane.fr – Fermé 30 juil.-4 sept., vend. soir, sam., dim. et fériés*

LES BORDES – 45 Loiret

➜ Voir Sully-sur-Loire

BORMES-LES-MIMOSAS

83230 Var – 7 839 hab. – Alt. 180 m – Carte régionale n° **21**-C3
Carte Michelin 340-N7 – Guide Vert Michelin Côte d'Azur

La Rastègue (Jérôme Masson)

CUISINE MODERNE • MÉDITERRANÉEN Priorité au goût ! Les cuisines, ouvertes sur la salle, permettent d'admirer le travail du chef, qui accommode de bons produits et arômes avec précision et équilibre. Aucun artifice, beaucoup de simplicité et surtout de saveurs, au gré d'un menu unique régulièrement renouvelé... Service attentionné.

➜ Soupe froide de courgette au basilic. Saint-pierre, garniture niçoise et bisque de langoustine. Comme une mousse au chocolat chaud, sorbet cacao et tuile au grué.

Menu 49 € – menu unique

48 bd du Levant, 2 km au Sud, quartier Le Pin – 04 94 15 19 41 – www.larastegue.com – Ouvert de mars à oct. et fermé lundi et le midi sauf dim.

Le Jardin

CUISINE TRADITIONNELLE • SIMPLE X Dans le village, tout près de l'église St-Trophyme, ce petit restaurant séduit d'abord par son cadre rustique et sa délicieuse terrasse avec fontaine et pergola... Aux fourneaux, un couple franco-anglais célèbre la tradition avec de beaux accents méridionaux. Tout est fait maison : on passe un super moment.

Formule 19 € – Menu 36 € – Carte 44/50 €

1 ruelle du Moulin – ✆ 04 94 71 14 86 – www.lejardinrestaurantbormes.com – Fermé de nov. à mi-fév., le midi de juil. à mi-sept. et lundi

au Sud 1 km – ✉ 83230 Bormes-les-Mimosas

Le Domaine du Mirage

TRADITIONNEL • FONCTIONNEL Dominant la baie, une belle bâtisse de style victorien entourée d'un jardin fleuri. Les chambres sont contemporaines, et la majorité d'entre elles offrent une vue panoramique sur les flots.

35 chambres – †123/189 € ††199/287 € – ☕14 €

38 r. Vue-des-Iles – ✆ 04 94 05 32 60 – www.domainedumirage.com – Ouvert 1er avril-30 sept.

au port 5 km au Sud par rte de la Favière puis D198

Cap 120

CUISINE CLASSIQUE • VINTAGE XX Ce restaurant, repris par une famille du Nord, permet de profiter d'une vue superbe sur le port de Bormes, avec ses centaines de yachts et de voiliers. Les recettes marient tradition et touches originales : cœur de ris de veau rôti et sorbet fraise, rhubarbe et pistache comptent parmi les spécialités maison.

Formule 21 € – Menu 30/49 € – Carte 35/69 €

quai d'Honneur – ✆ 04 94 92 73 56 – www.cap120.fr – Fermé janv., fév., mars, dim. soir, merc. et jeudi de sept. à juin, le midi en juil.-août sauf week-ends

BORNY – 57 Moselle → Voir Metz

BORT-L'ÉTANG – 63 Puy-de-Dôme → Voir Lezoux

LE BOSC

✉ 34490 Hérault – Carte régionale n° **12**-C2
Carte Michelin 339-F6

La Réserve

CUISINE MODERNE • CONVIVIAL XX Tout près du lac du Salagou, cette maison est le repaire d'un jeune chef originaire de Dunkerque, venu s'installer sous le soleil de l'Hérault... Avec talent et imagination, il concocte une cuisine au goût du jour, qui met bien en avant la fraîcheur des produits sélectionnés. Acclimatation réussie !

Formule 20 € – Menu 24 € (semaine), 34/70 € 🍷 – Carte 39/65 €

hameau de Cartels, 2 km au Sud - A75 sortie 54 direction Lac du Salagou – ✆ 04 67 88 50 22 – www.lareservedubosc.com – Fermé dim. soir, lundi soir et mardi

BOSSEY – 74 Haute-Savoie → Voir St-Julien-en-Genevois

LES BOSSONS – 74 Haute-Savoie → Voir Chamonix

BOUDES

✉ 63340 Puy-de-Dôme – 279 hab. – Alt. 466 m – Carte régionale n° **3**-B2
Carte Michelin 326-G10 – Guide Vert Michelin Auvergne

Le Boudes La Vigne

CUISINE MODERNE • AUBERGE XX Cette sympathique auberge, bâtie sur d'anciennes fortifications, se trouve au cœur de ce village de vignerons où l'on produit... le boudes, l'un des cinq crus des côtes d'Auvergne. Derrière les fourneaux, le chef réalise une cuisine généreuse et parfumée, bien en prise avec son époque. Chambres fonctionnelles à l'étage.

Formule 16 € - Menu 24 € (semaine), 32/60 €

6 chambres - 55/67 € 55/67 € - 8 €

pl. de la Mairie - 04 73 96 55 66 - www.leboudeslavigne.franceserv.com - Fermé 25 juin-5 juil., 27 août-6 sept., 8-25 janv., dim. soir, lundi et mardi sauf fériés

BOUGIVAL - 78 Yvelines → Voir Autour de Paris

LA BOUILLADISSE

13720 Bouches-du-Rhône - 6 022 hab. - Alt. 220 m - Carte régionale n° **21**-B3
Carte Michelin 340-I5

La Fenière

FAMILIAL • FONCTIONNEL Située à proximité de Cassis et Aix-en-Provence, cet hôtel constitue une bonne base arrière pour explorer le cœur de la Provence. Le restaurant vous accueille dans son patio ; on y concocte une sympathique cuisine élaborée à partir de produits frais.

12 chambres - 60/85 € 68/95 € - 9 €

8 r. J.-Pourchier - 04 42 72 38 38 - www.hotelfeniere.com

BOUILLAND

21420 Côte-d'Or - 201 hab. - Alt. 400 m - Carte régionale n° **4**-C2
Carte Michelin 320-I7 - Guide Vert Michelin Bourgogne

Auberge Saint-Martin

CUISINE TRADITIONNELLE • AUBERGE X Une accueillante auberge (18e s.), campagnarde à souhait, en plein cœur d'un petit village près de Beaune. On y propose une appétissante cuisine, à la fois traditionnelle et actuelle, avec des spécialités telles que le jambon persillé ou le coq au vin.

Menu 27 € (semaine)/35 € - Carte 33/43 €

17 rte de Beaune - 03 80 21 53 01 - www.auberge-saint-martin.net - Fermé 28 juin-6 juil., 14 déc.-5 fév., mardi et merc.

LA BOUILLE

76530 Seine-Maritime - 764 hab. - Alt. 5 m - Carte régionale n° **17**-D2
Carte Michelin 304-F5 - Guide Vert Michelin Normandie Vallée de la Seine

Le St-Pierre

CUISINE MODERNE • ÉLÉGANT XXX Dans un cadre plaisant, on profite d'assiettes joliment dressées, basées sur des produits frais et de qualité. C'est fin et bien réalisé ; le chef ne manque pas d'envie et d'idées originales, comme en témoigne son utilisation méticuleuse de différentes variétés de poivre.

Menu 25 € (semaine), 35/90 € - Carte 68/88 €

5 chambres - 80/110 € 80/110 € - 12 €

4 pl. du Bateau - 02 35 68 02 01 - www.le-saint-pierre.com - Fermé dim. soir, lundi et mardi

Les Gastronomes

CUISINE TRADITIONNELLE • COSY XX Foie gras en terrine, "Bouille Abaisse" revisitée (la spécialité de la maison !), tarte Tatin : dans cette maison de pays, installée à côté de l'église, les patrons concoctent une jolie cuisine traditionnelle et vous reçoivent avec chaleur.

Menu 23 € (semaine)/33 €

1 pl. du Bateau - 02 35 18 02 07 - www.lesgastronomes-labouille.eu - Fermé merc. et jeudi

BOUIN

✉ 85230 Vendée – 2 156 hab. – Alt. 5 m – Carte régionale n° **18**-A3
Carte Michelin 316-E6 – Guide Vert Michelin Pays de la Loire

Le Martinet

CUISINE TRADITIONNELLE • RUSTIQUE X Dans cet ancien grenier à sel du 17e s., le chef réalise une cuisine traditionnelle copieuse et généreuse. Produits de la mer fournis par son propre frère, pêcheur et ostréiculteur, légumes du potager de la maison et saveurs franches : gourmandise assurée !

Menu 20/40 €

9 r. des Jardins – ✆ 02 51 49 23 48 – www.restaurant-lemartinet.com – Fermé janv., dim. soir hors saison, lundi midi et mardi midi

Domaine Le Martinet

TRADITIONNEL • CONTEMPORAIN Dans un bourg tranquille du marais breton vendéen, cet hôtel est tenu par un jeune couple sympathique. Chambres coquettes et cosy dans la maison principale, un peu plus "vacances" dans les dépendances : dans les deux cas, un séjour très plaisant. Petit-déjeuner soigné.

23 chambres – †75/145 € ††75/180 € – ☕ 13 €

pl. du Gén.-Charette – ✆ 02 51 49 23 23 – www.domaine-lemartinet.com – Fermé de nov. à mars

BOULBON

✉ 13150 Bouches-du-Rhône – 1 497 hab. – Alt. 18 m – Carte régionale n° **22**-E1
Carte Michelin 340-D2 – Guide Vert Michelin Provence

La Bastide de Boulbon

HISTORIQUE • PERSONNALISÉ Au cœur d'un village, cette demeure bourgeoise (1850) aux allures de maison d'hôtes invite à la détente, avec son beau jardin aux platanes bicentenaires. Les chambres sont élégantes et épurées, et l'on profite d'une agréable piscine. Accueil aux petits soins.

8 chambres – †145/240 € ††145/240 € – ☕ 17 €

r. de l'Hôtel-de-Ville – ✆ 04 90 93 11 11 – www.labastidedeboulbon.com – Ouvert 1er avril-31 oct.

BOULIAC – 33 Gironde ➜ Voir Bordeaux

BOULIGNEUX – 01 Ain ➜ Voir Villars-les-Dombes

BOULOGNE-BILLANCOURT – 92 Hauts-de-Seine ➜ Voir Autour de Paris

BOULOGNE-SUR-MER

✉ 62200 Pas-de-Calais – 42 476 hab. – Agglo. 88 089 hab. – Alt. 58 m – Carte régionale n° **16**-A2
Carte Michelin 301-C3

La Matelote (Tony Lestienne)

CUISINE CLASSIQUE • COSY XxX Du nom du fameux plat de poisson cuisiné au vin, cette table est tout entière dédiée aux produits de la mer, travaillés dans les règles de l'art et de la tradition. De belles saveurs iodées au menu ! Le cadre, cossu et feutré, a tout d'une bonbonnière. L'été, profitez de la terrasse.

➜ Salade tiède de homard, sauce crustacés. Darne de turbot rôtie sur l'arête, sauce crème aux morilles. Framboises, petit beurre, sorbet framboise et poivron rouge, vinaigrette d'huile d'olive et vinaigre balsamique.

Formule 28 € – Menu 35 € (semaine), 65/82 € – Carte environ 70 €

Plan : A1-q *Hôtel La Matelote, 70 bd Ste-Beuve – ✆ 03 21 30 17 97 – www.la-matelote.com – Fermé 23 déc. à mi-janv. et jeudi midi*

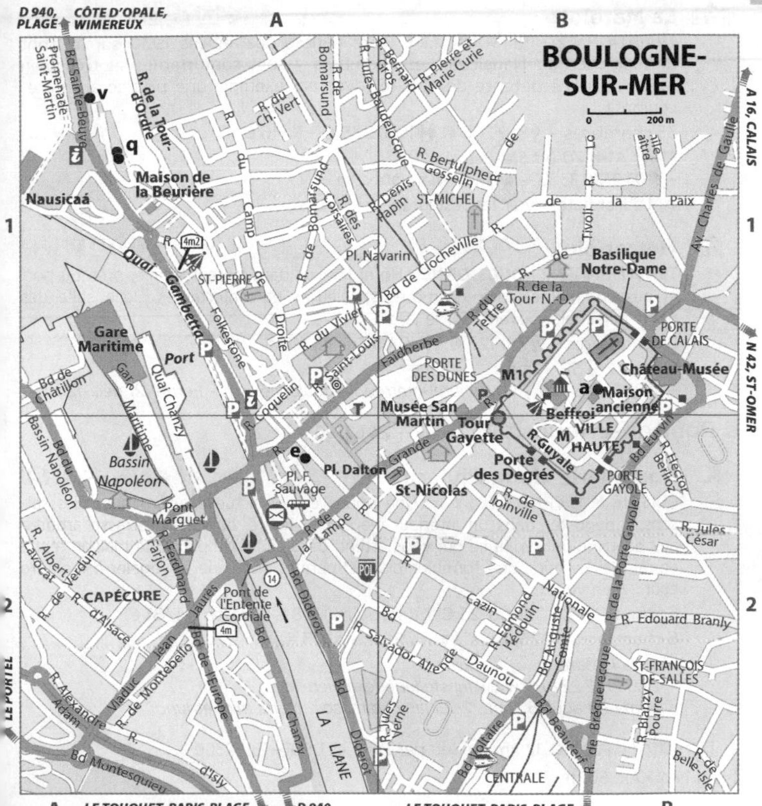

L'Îlot Vert

CUISINE MODERNE • CONVIVIAL ✗ Une bonne surprise que ce restaurant aux airs de bistrot chic, où œuvre un jeune chef formé dans de belles maisons : il signe une cuisine bien d'aujourd'hui – avec une pointe de créativité –, joliment tournée et savoureuse, aux prix mesurés. Sympathique terrasse fleurie côté cour.

Formule 25 € – Menu 33/66 €

Plan : B1-a *36 r. de Lille*

– ✆ 03 21 92 01 62 – www.lilotvert.fr – Fermé 18 août-3 sept., 24 déc.-7 janv., dim., lundi et merc.

Restaurant de la Plage

POISSONS ET FRUITS DE MER • CONVIVIAL ✗✗ Après une petite baignade, rien de mieux qu'un bon repas pour reprendre des forces ! Face à la plage, cette adresse fait honneur aux produits de la mer : filet de sole meunière aux pommes vapeur, noix de Saint-Jacques en saison... Avec, au dessert, des crêpes Suzette flambées en salle devant le client. Délicieux !

Menu 28 € (semaine), 37/55 € – Carte 47/89 €

Plan : A1-v *124 bd Ste-Beuve*

– ✆ 03 21 99 90 90 – www.restaurantdelaplage.fr – Fermé merc. soir, dim. soir et lundi

La Matelote

TRADITIONNEL • PERSONNALISÉ Fière bâtisse des années 1930 sur le front de mer, face au Nausicaa. Les chambres y sont confortables et très bien tenues. Espace détente de qualité (avec par exemple une piscine à contre-courant).

35 chambres - 88/265 € 105/265 € - 16 €

Plan : A1-q *70 bd Ste-Beuve*

- 03 21 30 33 33 - www.la-matelote.com

La Matelote - voir les restaurants ci-dessus

Métropole

TRADITIONNEL • FONCTIONNEL Hôtel familial dans le centre-ville, près du port et des commerces, aux chambres spacieuses et confortables. Jolie salle des petits-déjeuners, ouverte sur le jardin.

25 chambres - 75/125 € 75/155 € - 10 €

Plan : A2-e *51 r. Thiers*

- 03 21 31 54 30 - www.hotel-metropole-boulogne.com - Fermé 21 déc.-12 janv.

à Pont-de-Briques 5 km au Sud - 62360

Hostellerie de la Rivière

CUISINE MODERNE • COSY XxX Une bonne cuisine actuelle rythmée par les saisons, à déguster dans un intérieur élégant et feutré, ou sur la terrasse arborée aux beaux jours : voilà ce qui vous attend dans cette sympathique maison tenue en famille. Le midi, une formule "bistrot" permet même de se régaler à moindre coût... Bien vu !

Formule 18 € - Menu 23 € (semaine)/58 € - Carte 64/81 €

8 chambres - 75/85 € 85/99 € - 13 €

17 r. de la Gare

- 03 21 32 22 81 - www.lhostelleriedelariviere.fr

- Fermé 20 août-6 sept., 2-25 janv., dim. soir, mardi midi et lundi

à Hesdin-l'Abbé 12 km au Sud par D341 et D901 - 62360 -

1 884 hab. - Alt. 50 m

Le Berthier

CUISINE TRADITIONNELLE • CLASSIQUE XX Le général Berthier aurait séjourné au château pendant le siège de Boulogne par Napoléon. À l'époque, si le restaurant avait existé, sans doute aurait-il apprécié la belle véranda donnant sur le parc et la carte classique, au plus près des saisons.

Menu 34/49 € - Carte environ 51 €

Hôtel Cléry, r. du Château, au village

- 03 21 83 19 83 - www.berthier.najeti.fr - Fermé janv. et le midi

Cléry

DEMEURE HISTORIQUE • PERSONNALISÉ Un charmant château romantique construit à la fin du 18e s., flanqué d'un cottage et d'une fermette. Il compte un agréable salon de lecture, un parc fleuri et un jardin potager, sans oublier des chambres d'un élégant classicisme.

25 chambres - 113/300 € 113/300 € - 2 suites - 16 €

r. du Château, au village

- 03 21 83 19 83 - www.clery.najeti.fr - Fermé janv.

Le Berthier - voir les restaurants ci-dessus

LE BOULOU

66160 Pyrénées-Orientales - 5 573 hab. - Alt. 90 m - Carte régionale n° **12**-B3

Carte Michelin 344-I7

à Montesquieu-des-Albères 4 km à l'Est rte d'Argelès-sur-Mer par D618 – ✉ 66740 – 1 218 hab. – Alt. 260 m

Le Cabaret

CUISINE TRADITIONNELLE • AUBERGE X Des œuvres d'artistes locaux, des objets anciens, une jolie terrasse... mais surtout un patron magnifique, ex-brocanteur, qui déclame des vers d'Aragon et chante du Ferré tout en cuisinant au gré du marché et de la criée : une expérience atypique, hors du temps, et pour tout dire, franchement régénératrice.

Menu 32/42 € – menu unique

Les Trompettes-Hautes – ✆ 04 68 83 34 57 – Fermé mardi hors saison, dim., lundi, merc. et le midi

au Sud-Est 4,5 km par D900, D618 et rte secondaire – ✉ 66160 Le Boulou :

Relais des Chartreuses

AUBERGE • PERSONNALISÉ Une terrasse sous les tilleuls, une piscine, un jardin... et ce mas en pierre (17e s.), édifié à flanc de montagne, au milieu d'une pinède. Dans les chambres, épure contemporaine et cachet de l'ancien se marient à merveille ; au restaurant, les saveurs sont au rendez-vous (uniquement pour les résidents). Bel endroit !

14 chambres – †60/81 € ††66/189 € – 1 suite – ☕ 16 €

106 av. d'En-Carbouner – ✆ 04 68 83 15 88 – www.relais-des-chartreuses.fr – Ouvert 5 mars-2 janv.

BOURBON-L'ARCHAMBAULT

✉ 03160 Allier – 2 558 hab. – Alt. 367 m – Carte régionale n° **3**-B1
Carte Michelin 326-F3 – Guide Vert Michelin Auvergne

Le Talleyrand

CUISINE CLASSIQUE • TRADITIONNEL XX À la table de la Montespan et de Talleyrand, le classicisme français et la tradition bourbonnaise sont à l'honneur, dans un cadre raffiné mêlant poutres et pierres. Du caractère !

Formule 16 € – Menu 20 € (déj. en semaine), 28 € 🍷/38 €

Grand Hôtel Montespan-Talleyrand, pl. des Thermes – ✆ 04 70 67 00 24 – www.hotel-montespan.com – Ouvert 29 avril-20 oct.

Grand Hôtel Montespan-Talleyrand

HISTORIQUE • PERSONNALISÉ Mme de Sévigné et Talleyrand y logèrent, la Montespan y mourut... Cet hôtel, ancien couvent des Capucins, dont les fondations les plus anciennes datent du 11es., se situe au cœur de la station thermale. Décor de caractère et chambres spacieuses. Depuis la piscine, la vue sur le château des ducs de Bourbon est superbe !

39 chambres – †85/138 € ††138/176 € – 2 suites – ☕ 13 €

pl. des Thermes – ✆ 04 70 67 00 24 – www.hotel-montespan.com – Ouvert 29 avril-20 oct.

Le Talleyrand – voir les restaurants ci dessus

LA BOURBOULE

✉ 63150 Puy-de-Dôme – 1 819 hab. – Alt. 880 m – Carte régionale n° **3**-B2
Carte Michelin 326-D9 – Guide Vert Michelin Auvergne

L'Amuse Bouche

CUISINE MODERNE • BISTRO X Il est des couples qui se forment en cuisine... Elle a raccroché le tablier pour s'occuper de la salle, lui est resté derrière les fourneaux pour travailler des produits frais et servir bien plus qu'un amuse-bouche. Beaucoup de goût en cette adresse !

Formule 29 € – Menu 38/74 €

15 r. des Frères-Rozier – ✆ 04 73 21 68 85 – www.restaurant-lamusebouche.fr – Fermé de mi-nov. à mi-déc., lundi midi, jeudi et dim. soir hors saison, mardi et merc.

 **Le Parc des Fées**

TRADITIONNEL • CLASSIQUE Le meilleur hôtel de la ville a la Dordogne pour voisine ! Cette bâtisse de 1874 fait face à la rivière et dissimule sur l'arrière un joli parc. On y profite de chambres sobres et avenantes, d'un salon où il fait bon lire, d'un espace bien-être... Le tout très bien tenu.

42 chambres – †67/72 € ††87/92 € – ☕ 12 €

107 quai du Mar.-Fayolle – ✆ 04 73 81 01 77 – www.parcdesfees.com – Fermé 6 nov.-26 déc. et du lundi au jeudi en janv. hors vacances scolaires

Bourdeau ➜ Rattaché à LE BOURGET-DU-LAC

BOURG-ACHARD

✉ 27310 Eure – 3 405 hab. – Alt. 124 m – Carte régionale n° **17**-C2
Carte Michelin 304-E5 – Guide Vert Michelin Normandie Vallée de la Seine

L'Amandier

CUISINE MODERNE • ÉLÉGANT XXX De bien jolis fruits naissent de cet Amandier, dont le chef cuisine avec justesse et savoir-faire des produits de qualité – poissons et crustacés en tête. Les assiettes se dégustent avec plaisir et l'on passe un agréable moment... À l'heure de l'apéritif et du café, n'hésitez pas à profiter du jardin !

Formule 20 € – Menu 29/55 € – Carte 54/71 €

581 rte de Rouen – ✆ 02 32 57 11 49 – www.lamandier-bourgachard.fr – Fermé 27 août-3 sept., 22 janv.-1er fév., dim. soir, mardi et merc.

BOURG-CHARENTE – 16 Charente ➜ Voir Jarnac

LE BOURG-DUN

✉ 76740 Seine-Maritime – 415 hab. – Alt. 17 m – Carte régionale n° **17**-C1
Carte Michelin 304-F2 – Guide Vert Michelin Normandie Vallée de la Seine

Auberge du Dun (Pierre Chrétien)

CUISINE CLASSIQUE • INTIME XXX Cette petite maison provinciale vous accueille dans deux salles classiques et coquettes, dont l'une avec vue sur les cuisines. Depuis de nombreuses années, le chef et son épouse mettent toute leur passion au service de leurs hôtes ; les assiettes sont fines et savoureuses... Une adresse délicieuse dans son genre !

➜ Homard aux arômes de mangue et jus des carcasses. Saint-Jacques snackées et émulsion au vin jaune. Soufflé "Alexandre Le Grand" au confit d'orange.

Menu 30 € (semaine), 55/96 € – Carte 85/110 €

3 rte de Dieppe (face à l'église) – ✆ 02 35 83 05 84 – www.auberge-du-dun.fr – Fermé 2 semaines en oct., 1 semaine en janv., merc. sauf le midi du 1er mars au 15 oct., dim. soir et lundi

BOURG-EN-BRESSE

✉ 01000 Ain – 40 967 hab. – Agglo. 59 256 hab. – Alt. 251 m – Carte régionale n° **23**-B1
Carte Michelin 328-E3 – Guide Vert Michelin Bourgogne

Mets et Vins

CUISINE MODERNE • ÉPURÉ XX Ici œuvre un chef grand adepte des produits du terroir local et du "fait maison" (dont le pain et les sorbets), et qui sait s'extraire des sentiers battus de la tradition, poype de grenouilles, poulet au foin ... Une adresse qui sort du lot !

Formule 15 € – Menu 26/60 € – Carte 34/55 €

Plan : B2-b *11 r. de la République – ✆ 04 74 45 20 78 – www.restaurant-metsetvins.com – Fermé 9-18 juil., 27 août-5 sept., 2-11 janv., dim. soir, lundi et mardi*

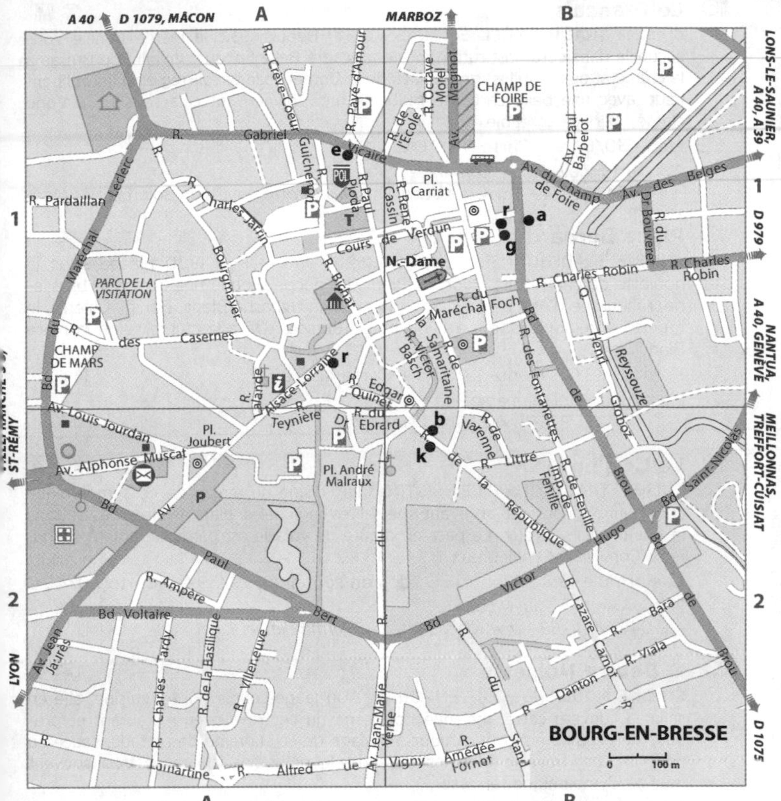

L'Auberge Bressane

CUISINE CLASSIQUE • TRADITIONNEL XXX Une table incontournable : la cuisine fait la part belle aux spécialités régionales (volaille de Bresse, cuisses de grenouille, écrevisses...) et les vieux millésimes abondent sur la carte des vins. Terrasse avec vue sur l'église de Brou.

Formule 26 € – Menu 39/78 €
– Carte 63/112 €

Hors plan *166 bd de Brou*
– ✆ 04 74 22 22 68 – www.aubergebressane.fr
– Fermé mardi

Chalet de Brou

CUISINE TRADITIONNELLE • VINTAGE XX La carte de ce restaurant familial mise toujours sur le terroir (grenouilles, poulet de Bresse, gâteau de foies de volaille et coulis de tomates fraîches), parfois réactualisé... Quant à la terrasse, elle reste charmante face à la superbe église de Brou !

Formule 16 € – Menu 19 € (semaine), 34/67 € – Carte 35/65 €

Hors plan *168 bd de Brou*
– ✆ 04 74 22 26 28 – auchaletdebrou.com – Fermé 24 déc.-1er janv., lundi soir, merc. soir et jeudi

Le Français

CUISINE TRADITIONNELLE • BRASSERIE XX Depuis 1932, la même famille vous accueille dans cette institution locale au cadre Belle Époque. Volaille de Bresse à la crème et aux morilles, grenouilles de la Dombes : le terroir régional est à l'honneur, avec une belle carte de fruits de mer l'hiver. Tout cela sous un plafond classé ! Service agréable.

Menu 30/64 € – Carte 40/70 €

Plan : A1-r *7 av. Alsace-Lorraine*
– ☎ 04 74 22 55 14 – www.brasserielefrancais.com – Fermé sam. soir, dim. et fériés

Place Bernard

CUISINE TRADITIONNELLE • BRASSERIE XX Une maison 1900 placée sous la houlette du chef étoilé Georges Blanc. Le décor évoque une luxueuse brasserie, rehaussée d'une fresque à la gloire de la dynastie Blanc. Dans l'assiette, le répertoire régional domine : volaille de Bresse AOP à la crème selon la mère Blanc...

Formule 19 € – Menu 32/57 € – Carte 42/70 €

Plan : B1-g *19 pl. Bernard*
– ☎ 04 74 45 29 11 – www.lespritblanc.com

La Coq'hote (N)

CUISINE TRADITIONNELLE • BISTRO X La cuisine du terroir de ce sympathique chef bourguignon met en avant spécialités régionales, plats inspirés des saisons et des produits locaux. Le pâté en croûte de volaille est particulièrement savoureux. Convivial et chaleureux.

Formule 13 € – Menu 15 € (déj. en semaine), 29/39 € – Carte 30/45 €

Plan : A1-e *15 r. Paul-Pioda*
– ☎ 04 74 47 10 66 – www.lacoqhote.fr – Fermé dim. et lundi

Ô Beurre Noisette

CUISINE MODERNE • CONTEMPORAIN X Un jeune couple (lui en cuisine, elle en salle) a converti cette ancienne boucherie du centre-ville en restaurant et propose une cuisine au goût du jour à l'image de ce suprême de pintade, sauce au miel. Le chef travaille bien les desserts, le point final du repas trop souvent négligé. Sympathique terrasse.

Formule 14 € – Menu 27/34 € – Carte 38/54 €

Plan : B2-k *16 r. de la République – ☎ 04 74 21 26 45 – Fermé dim. et lundi*

Le Griffon d'Or

TRADITIONNEL • PERSONNALISÉ La propriétaire, décoratrice, a entièrement rénové ce relais de poste du 18e s. : vieilles pierres et colombages se marient avec soin et élégance. Le petit-déjeuner sort du lot (confitures bio, miel, yaourts et fromages locaux) et l'accueil est charmant. Agréable espace bien-être. Une adorable bonbonnière.

17 chambres – †98/118 € ††120/165 € – ☕ 15 €

Plan : B1-a *10 r. du 4-septembre*
– ☎ 04 74 23 13 24 – www.hotelgriffondor.fr – Fermé 5-27 août, 23 déc.- 3 janv. et dim.

Hôtel de France

TRADITIONNEL • CONTEMPORAIN À deux pas de l'église Notre-Dame, un immeuble dont le hall a été restauré dans son esprit 1900 d'origine. La décoration des chambres mélange classicisme et teintes plus actuelles ; les parquets des couloirs craquent sous nos pieds et donnent du cachet à l'endroit...

44 chambres – †89/105 € ††94/110 € – 1 suite – ☕ 15 €

Plan : B1-r *19 pl. Bernard*
– ☎ 04 74 23 30 24 – www.bestwestern-hoteldefrance.com

à Péronnas 3 km au Sud-Ouest par D1083 – ✉ 01960 – 6 196 hab. – Alt. 281 m

✿ La Marelle (Didier Goiffon)

CUISINE CRÉATIVE • ÉLÉGANT XXX De la terre jusqu'au ciel, retrouvez sur la carte de cette Marelle une séduisante cuisine, inventive et voyageuse : le chef met en avant de beaux produits comme les Saint-Jacques ou le homard. Quant au cadre, il est chaleureux, mêlant rustique et contemporain.

➜ Crispy de homard, saumurade de lotte et sorbet au corail de crustacés. Ventre de volaille de Bresse rôti, jus grassouillet et la cuisse avec un jus crémée. Poire tapée au savagnin et aux morilles.

Formule 45 € - Menu 59/96 €

1593 av. de Lyon – ✆ 04 74 21 75 21 – www.lamarelle.fr – Fermé 2-12 janv., mardi midi, dim. et lundi

BOURGES

✉ 18000 Cher – 66 528 hab. – Agglo. 83 517 hab. – Alt. 153 m – Carte régionale n° **6**-C3
Carte Michelin 323-K4 – Guide Vert Michelin Limousin Berry

✿ Le Cercle (Pascal Chaupitre et Christophe Lot)

CUISINE MODERNE • DESIGN XX À l'écart du centre-ville, une maison bourgeoise revue et corrigée à la mode design. Bienvenue au Cercle, né fin 2011. Deux chefs expérimentés ont décidé d'y associer leurs talents. Leurs créations se révèlent savoureuses, précises, légères, bigarrées... Beau duo !

➜ Foie gras mi-cuit à la pomme. Pintade fermière en fricassée aux écrevisses, haricots verts et émulsion de savagnin. Crémeux de chocolat blanc au yaourt, dacquoise à la cacahouète et sorbet melon.

Menu 26 € (déj. en semaine), 55/95 € – Carte environ 70 €

Plan : B2-f *44 bd Lahitolle – ✆ 02 48 70 33 27 – www.restaurant-lecercle.fr – Fermé 22 avril-1er mai, 19 août-5 sept., 2-16 janv., dim. et lundi*

Le Beauvoir

CUISINE TRADITIONNELLE • ÉLÉGANT XXX Une table élégante et accueillante, avec une terrasse sur la cour à l'arrière. Le chef, Didier Guyot, concocte une appétissante cuisine traditionnelle où les produits frais ont la part belle. Une valeur sûre.

Menu 18 € (semaine), 30/55 € – Carte environ 60 €

Plan : D1-e *1 av. Marx-Dormoy – ✆ 02 48 65 42 44 – www.restaurant-lebeauvoir.com – Fermé août et dim. soir*

Les Petits Plats du Bourbon

CUISINE TRADITIONNELLE • BRASSERIE X Au cœur de l'hôtel de Bourbon, le "petit frère" des Petits Plats de Célestin (à Vierzon) décline un concept similaire : un esprit de brasserie chic et une bonne cuisine traditionnelle proposée à l'ardoise. Terrine de dinde aux marrons, paleron de bœuf, confit de cuisse de canard... On passe un bon moment.

Menu 18 € (déj. en semaine), 26/30 € – Carte 32/45 €

Plan : C1-b *Hôtel de Bourbon, 60-62 av. Jean-Jaurès – ✆ 02 48 70 79 90 – www.lespetitsplatsdubourbon.com – Fermé lundi midi et dim.*

Le Bourbonnoux

CUISINE MODERNE • CLASSIQUE XX Dans ce restaurant du quartier historique, les gourmands se régalent d'une appétissante cuisine traditionnelle : rognons de veau, ravioles de foie gras, gigolettes de pintade et sauce aux cèpes, etc. Des petits plats à savourer au beau milieu d'une collection de canards en porcelaine... pour un repas sans couacs !

Formule 14 € – Menu 20 € (déj. en semaine), 27/36 € – Carte 36/47 €

Plan : D2-a *44 r. Bourbonnoux – ✆ 02 48 24 14 76 – www.bourbonnoux.com – Fermé 1 semaine en fév., 2 semaines en août, sam. midi, dim. soir et vend.*

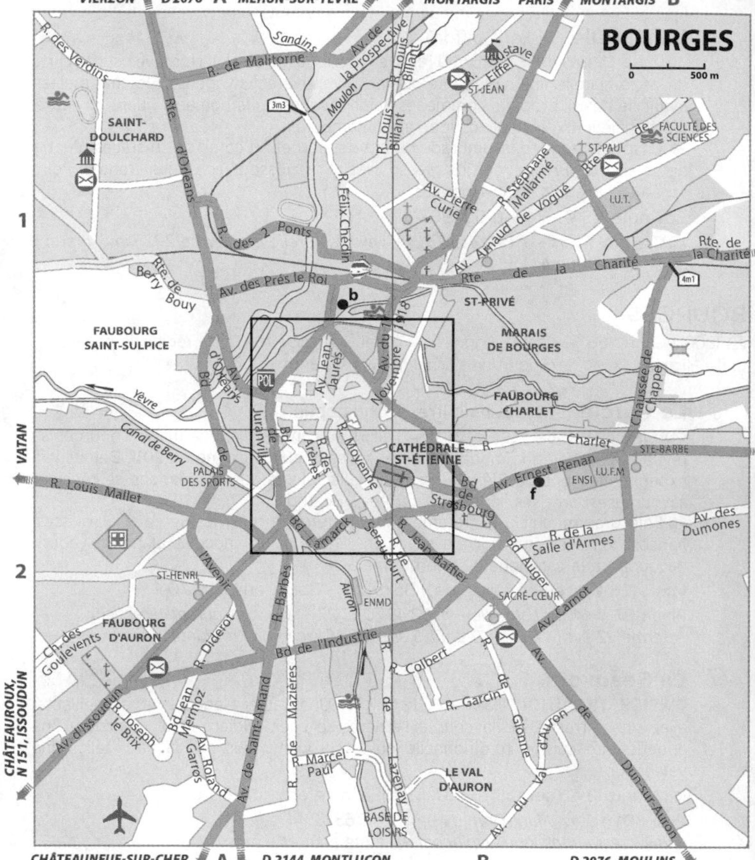

La Suite

CUISINE MODERNE • TENDANCE Changement de style pour l'ancien d'Antan Sancerrois : place à un bistrot contemporain chic, avec ses tables en bois brut et son comptoir face à la cuisine ouverte. Évolution aussi du côté de l'assiette, avec une cuisine un brin fusion : suprêmes de cailles en yakitori, taboulé de céréales et graines de couscous...

Formule 20 € – Menu 25 € (déj.) – Carte 38/48 €

Plan : D2-n *50 r. Bourbonnoux – ☎ 02 48 65 96 26 – www.lasuite-bourges.com – Fermé 17 juil.-5 août, dim. et lundi*

Au Rez-de-Chaussée

CUISINE MODERNE • BISTRO Voilà LA bonne petite adresse "bistronomique" que l'on espérait à Bourges ! On aime le décor atypique – œuvre d'art métallique, plaques publicitaires, mobilier vintage – et la cuisine du nouveau chef : généreuse, évoluant chaque jour au gré du marché, elle régale à petit prix... et dans une ambiance vraiment sympa.

Formule 13 € – Carte 36/44 €

Plan : D2-h *8 r. Porte-Jaune – ☎ 02 48 65 99 60 – Fermé 1 semaine en avril, 2 semaines en août, dim. et lundi*

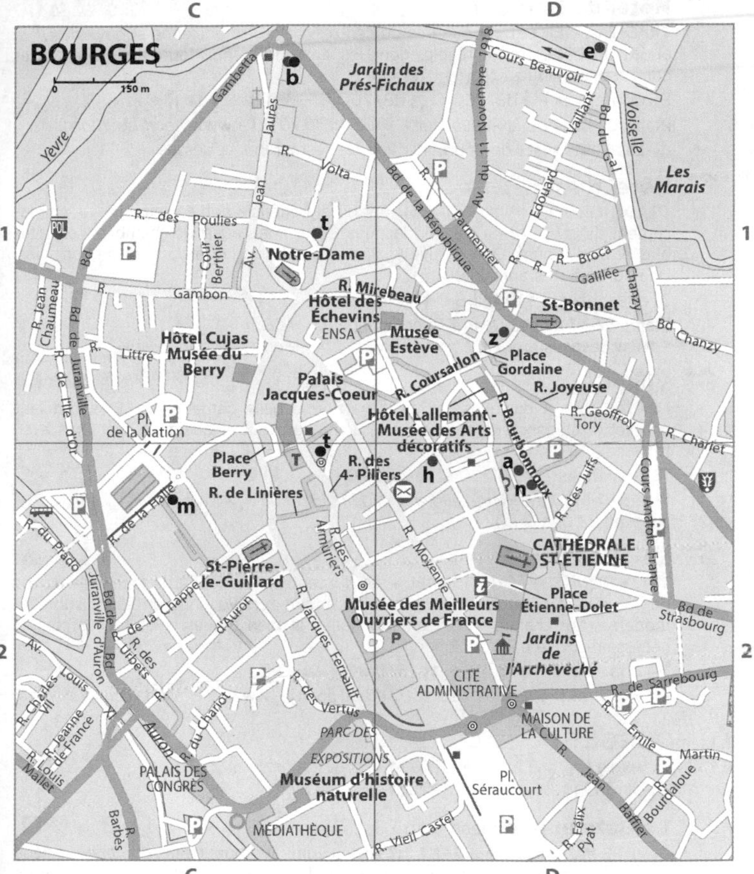

Entre Nous

CUISINE TRADITIONNELLE • BISTRO Dans ce quartier en pleine mutation, au cœur du vieux Bourges, une adresse sans prétention où l'on se régale d'une cuisine traditionnelle, réalisée dans les règles de l'art. Le chef-patron choisit ses produits avec soin, le service est efficace et décontracté : on passe un bon moment.

Menu 17 € (semaine)/28 € – Carte 31/43 €

Plan : C1-t *5 pl. de la Barre – 02 48 70 63 37 – Fermé dim. sauf en été et lundi*

La Prose

CUISINE MODERNE • DESIGN Voilà une prose qui ne plaira pas qu'aux lettrés ! Dans ce restaurant au cadre design, une chef passionnée propose une jolie cuisine pleine de fraîcheur : compression de gambas et chèvre frais aux herbes, magret de canard aux fruits rouges et poêlée de petits légumes au romarin... à accompagner d'un vin bien choisi.

Formule 18 € – Menu 22/35 € – Carte 29/58 €

Plan : D1-z *7 r. Jean-Girard – 02 48 70 70 30 – www.restaurant-la-prose.com – Fermé 2 semaines début juin, 1 semaine début oct., dim. et lundi*

Hôtel de Bourbon

TRADITIONNEL • ÉLÉGANT Près du centre-ville, cette ancienne abbaye du 17e s. abrite un hôtel très agréable, dont les chambres sont feutrées, élégantes et confortables. Un lieu chargé d'histoire !

55 chambres – 118/260 € 118/260 € – 3 suites – 17 €

Plan : C1-b *bd de la République – 02 48 70 70 00 – www.hotel-bourbon.fr*

Les Petits Plats du Bourbon – voir les restaurants ci-dessus

Hôtel d'Angleterre

TRADITIONNEL • PERSONNALISÉ Cet hôtel bénéficie non seulement d'un emplacement de choix, près du palais Jacques-Cœur, mais aussi de chambres confortables et bien tenues. On y trouve également un bar privé proposant de bons vins. Une adresse très agréable.

31 chambres – 104/158 € 124/164 € – 14 €

Plan : C2-t *1 pl. des Quatre-Piliers – 02 48 24 68 51 – www.bestwestern-angleterre-bourges.com – Fermé 22 déc.-8 janv.*

Villa C

LUXE • COSY À quelques pas de la gare, une belle demeure du 19e s. distillant une sobre élégance contemporaine... Joli salon feutré, quelques chambres avec terrasse.

12 chambres – 95/220 € 95/220 € – 14 €

Plan : A1-b *20 av. Henri-Laudier – 02 18 15 04 00 – www.hotelvillac.com – Fermé 23 déc.-2 janv.*

Le Christina

TRADITIONNEL • FONCTIONNEL Près du centre-ville, face à la jolie halle au blé du 19e s., cet hôtel familial a été entièrement rénové dans un esprit sobre et moderne. Les chambres sont fonctionnelles et bien tenues, avec tout le confort nécessaire... Une belle évolution !

64 chambres – 75/115 € 75/115 € – 10 €

Plan : C2-m *5 r. de la Halle – 02 48 70 56 50 – www.le-christina.com*

LE BOURGET-DU-LAC

73370 Savoie – 4 486 hab. – Alt. 240 m – Carte régionale n° **25**-F2
Carte Michelin 333-I4 – Guide Vert Michelin Alpes du Nord

Le Bateau Ivre (Jean-Pierre Jacob)

CUISINE MODERNE • ÉLÉGANT XXX Arthur Rimbaud aurait sans doute apprécié la vue de ce Bateau Ivre, les yeux rivés sur le lac et le mont Revard... La cuisine de Jean-Pierre Jacob, volontiers classique, bénéficie de bons produits, portés par les saisons. La salle est agréable.

→ Foie gras de canard en deux services. Omble chevalier à l'huile d'argan, consommé des arêtes au miso. Soufflé chaud au Grand Marnier, sorbet à la verveine.

Menu 42 € (déj. en semaine), 57/160 € – Carte 105/155 €

Hôtel Ombremont, 2 km au Nord par D1504 – 04 79 25 00 23 – www.hotel-ombremont.com – Fermé janv., mardi sauf le soir d'avril à oct., jeudi midi d'avril à oct. et lundi

Lamartine (Pierre Marin)

CUISINE MODERNE • COSY XXX Face au lac cher à Lamartine – qui lui dédiera l'un de ses plus célèbres poèmes en souvenir de ses amours passées ("Ô temps, suspends ton vol...") –, cette table est une valeur sûre de la région : un cadre chic et élégant, un service très agréable, et surtout une cuisine toujours inspirée et savoureuse.

→ Langoustines grillées, betteraves et vinaigre balsamique. Ris de veau doré au sautoir, courgettes, tagète anisata et jus à l'aubergine. Chocolat en biscuit, crémeux, croquant, glace vanille et confit de jus de framboise.

Menu 37 € (déj. en semaine), 58/98 € – Carte 75/105 €

rte du Tunnel, 3,5 km au Nord par D1504 – 04 79 25 01 03 – www.lamartine-marin.com – Fermé 22 déc.-25 janv., dim. soir, lundi et mardi sauf fériés

Atmosphères (Alain Périllat-Mercerot)

CUISINE CRÉATIVE • DESIGN XXX Atmosphère, atmosphère... La grande bâtisse domine le lac du Bourget, splendide écrin pour une cuisine qui, sans renier des bases classiques, dévoile des recettes créatives et des saveurs délicates. Un très beau travail ! Chambres séduisantes, épurées et colorées.

→ Foie gras de canard épais poêlé, jus citron et gentiane. Lavaret du lac cuit à basse température, blettes et pormonier. Carré chocolat gianduja, croustillant praliné et glace aux noisettes du Piémont.

Menu 38 € (déj. en semaine), 62/110 € - Carte 80/110 €

4 chambres - 140/170 € 140/170 € - 15 €

618 rte des Tournelles, 2,5 km au Nord-Ouest par D1504 et D42 - 04 79 25 01 29 - www.atmospheres-hotel.com - Fermé de mi-oct. à mi-nov., mardi midi et merc. midi en juil.-août, dim. de sept. à juin et lundi

Ageoca

CUISINE MODERNE • ÉLÉGANT XX Le jeune chef a été formé dans plusieurs maisons étoilées, et cela se sent ! Ses préparations sont visuellement très réussies, avec de jolis mariages de saveurs et une maîtrise technique incontestable. Les clients les plus veinards profiteront même, près des baies vitrées, d'une jolie vue sur le lac.

Formule 29 € - Menu 45/65 € - Carte 60/110 €

Le Savoy Hôtel, 600 rte du Tunnel - 04 79 26 40 00 - www.le-savoyhotel.com - Fermé 1er janv.-14 fév., mardi midi, dim. soir et lundi

Beaurivage

CUISINE MODERNE • FAMILIAL XX Il est des rivages difficiles à quitter ! Tel est le cas de ce restaurant dont la carte étoffée fait la part belle aux produits régionaux et aux poissons du lac. Aux beaux jours, profitez de l'agréable terrasse ombragée ; toute l'année, faites étape dans l'une des chambres, qui jouissent d'une jolie vue.

Formule 24 € - Menu 26 € (déj. en semaine), 38/70 € - Carte 52/74 €

4 chambres - 80/82 € 80/82 € - 10 €

11/1 bd du Lac - 04 79 25 00 38 - www.beaurivage-bourget-du-lac.com - Fermé nov., déc., janv., merc. midi en fév., mars et oct., dim. soir, merc. soir et jeudi

Chez Henry

CUISINE MODERNE • BRANCHÉ X La place est petite, le bistrot "de poche" mais joliment décoré (ampoules suspendues, carreaux de métro). Quant à la cuisine, elle est aussi goûteuse que riche en trouvailles, comme ce bœuf cru en gravlax ou le cheesecake façon tiramisu. Sans oublier le hamburger maison, un incontournable !

Menu 27/31 € - Carte 29/38 €

50 rte du Tunnel - 09 83 01 07 90 - Fermé août, dim., lundi et le midi

Ombremont

LUXE • PERSONNALISÉ Dans un superbe parc arboré face au lac et au massif des Bauges, une vaste demeure de 1930. Les chambres, au décor soigné (style contemporain ou raffinement bourgeois), jouissent presque toutes d'une vue magnifique. L'été, profitez de la belle piscine.

14 chambres - 185/210 € 185/340 € - 3 suites - 22 €

2 km au Nord par D1504 - 04 79 25 00 23 - www.hotel-ombremont.com - Fermé janv., lundi et mardi hors saison

Le Bateau Ivre - voir les restaurants ci-dessus

Le Savoy Hôtel

FAMILIAL • FONCTIONNEL Bienvenue dans ce petit hôtel-restaurant familial, installé non loin du centre nautique et du port. Les chambres sont fonctionnelles et sans prétention : on s'y sent bien, tout simplement.

10 chambres - 70/85 € 85/95 € - 9 €

600 rte du Tunnel - 04 79 26 40 00 - www.le-savoyhotel.com - Fermé 1er janv.-14 fév.

Ageoca - voir les restaurants ci-dessus

à Bourdeau 4 km au Nord par D1504 puis D13 – 73370 – 544 hab. – Alt. 315 m

Le Château de Bourdeau

DEMEURE HISTORIQUE • PERSONNALISÉ Installé sur la côte sauvage du lac du Bourget, ce superbe château du 11e s abrite des chambres amples, décorées par thèmes (Trappeur, Belle Époque, Lamartine, etc.), qui ont toutes une terrasse avec vue sur le lac. Cuisine voyageuse au restaurant.

6 chambres – 130/350 € 130/350 € – 1 suite

rte du Port – 04 79 62 12 83 – www.chateaubourdeau@gmail.com – fermé janv.

BOURGOIN-JALLIEU

38300 Isère – 27 366 hab. – Alt. 235 m – Carte régionale n° **23**-B2
Carte Michelin 333-E4 – Guide Vert Michelin Lyon et sa région

Domaine des Séquoias (Eric Jambon)

CUISINE MODERNE • ÉLÉGANT XXX On passe un agréable moment au sein de cette belle maison de maître, d'une élégance toute classique, où de grandes toiles contemporaines projettent leurs couleurs à travers la pièce. Les trois menus "mystère" mettent en scène des plats savoureux et originaux (7, 9 ou 11 plats), avec un souci permanent du bon produit. Autre atout : l'accueil est charmant.

➜ Potimarron, chocolat, noix du Dauphiné croustillantes et tsukemono de radis noir. Filet de veau, gratin dauphinois en textures et jus au sureau. Chocolat, praliné, figue rôtie et piment.

Menu 40 € (déj. en semaine), 70/130 €

Hôtel Domaine des Séquoias, 54 Vie-de-Boussieu, 2,5 km à l'Est par D1006 et rte de Boussieu – 04 74 93 78 00 – www.domaine-sequoias.com – Fermé 29 juil.-22 août, 1 semaine fin oct., 23 déc.-10 janv., dim. soir, mardi midi et lundi

Domaine des Séquoias

MAISON DE CAMPAGNE • PERSONNALISÉ Au grand calme d'un parc de trois hectares, cette belle demeure de 1840 vous accueille dans d'agréables chambres classiques – moulures, parquet – ou plus contemporaines dans l'annexe. Et, par beau temps, direction la piscine !

19 chambres – 125/260 € 125/260 € – 20 €

54 Vie-de-Boussieu, 2,5 km à l'Est par D1006 et rte de Boussieu – 04 74 93 78 00 – www.domaine-sequoias.com – Fermé 29 juil.-22 août, 1 semaine fin oct. et 23 déc.-10 janv.

Domaine des Séquoias – voir les restaurants ci-dessus

à La Grive 4,5 km à l'Ouest par D312 – 38300 Bourgoin Jallieu

L'Émulsion (Romain Hubert)

CUISINE MODERNE • ÉLÉGANT XX Une Émulsion comme on aimerait en goûter plus souvent ! Le cadre, contemporain et élégant, sert à merveille des recettes fines et précises, avec de remarquables variations de saveurs et de textures : il y a un vrai travail de chef dans l'assiette. Petite terrasse-patio sur l'arrière, parfaite pour les beaux jours.

➜ Saint-Jacques de la baie de Saint-Brieuc, poireaux et bacon. Veau de lait fumé, panais et truffe de Grignan. Tube craquant, agrumes et sirop d'érable.

Formule 18 € – Menu 26 € (déj. en semaine), 40/52 € – Carte 60/70 €

57 rte de Lyon – 04 74 28 19 12 – www.lemulsion-restaurant.com – Fermé 2 semaines en août, 22 déc.-2 janv., dim. et lundi

BOURG-ST-ANDÉOL

07700 Ardèche – 7 236 hab. – Alt. 36 m – Carte régionale n° **23**-B3
Carte Michelin 331-J7 – Guide Vert Michelin Ardèche Drôme

Le Clos des Oliviers

FAMILIAL • FONCTIONNEL Sur la place principale du village, cette maison ancienne, bien rénovée, abrite de petites chambres fonctionnelles et colorées. Celles de l'annexe sont plus calmes. Au restaurant, terrasse au milieu des oliviers et... saveurs du Sud.

32 chambres - 45/75 € 55/75 € - 8,50 €

20 pl. du Champ-de-Mars - 04 75 54 50 12 - www.closdesoliviers.fr - Fermé 20 déc.-4 janv.

BOURG-ST-MAURICE

73700 Savoie - 7 204 hab. - Alt. 850 m - Carte régionale n° **23**-D2
Carte Michelin 333-N4 - Guide Vert Michelin Alpes du Nord

L'Arssiban

CUISINE MODERNE • RUSTIQUE X Savez-vous ce qu'est un arssiban ? C'est ce "banc-coffre" en pin typique de la Savoie ! Telle est la pièce maîtresse du chaleureux décor de ce chalet : voûtes en pierre, tables en bois... Adepte inconditionnel des produits frais, le chef explore la tradition avec savoir-faire. Une sympathique adresse.

Formule 23 € - Menu 28/49 € - Carte 45/70 €

253 av. Antoine-Borrel - 04 79 07 77 35 - Fermé 17 juin-12 juil., 21 oct.-3 nov., merc. soir, dim. soir et lundi

Le Montagnole

CUISINE TRADITIONNELLE • FAMILIAL X Les propriétaires, tous deux artistes, exposent leurs œuvres picturales et poétiques dans la salle. Ce n'est pas la moindre coquetterie de ce restaurant pour lequel ils donnent beaucoup. Dans l'assiette : le goût de la tradition.

Formule 16 € - Menu 23/36 € - Carte 36/63 €

26 av. du Stade - 04 79 07 11 52 - www.restaurantlemontagnole.com - Fermé 30 mai-15 juin, 15 nov.-7 déc., merc. soir et mardi

L'Autantic

BUSINESS • PERSONNALISÉ Authentique, ce chalet en pierre et bois ! Les chambres, mêlant murs immaculés, bois et fer forgé, sont petites et bien tenues. Préférez celles avec terrasse ou balcon. Agréable piscine couverte.

29 chambres - 40/100 € 70/140 € - 12 €

69 rte d'Hauteville - 04 79 07 01 70 - www.hotel-autantic.fr

BOURGUEIL

37140 Indre-et-Loire - 3 879 hab. - Alt. 42 m - Carte régionale n° **6**-A2
Carte Michelin 317-J5 - Guide Vert Michelin Châteaux de la Loire

La Rose de Pindare

CUISINE MODERNE • COSY XX Anagramme de Pierre Ronsard - à deux lettres près -, La Rose de Pindare a conservé toute sa fraîcheur ! On s'installe dans une salle fleurie ou sur la terrasse pour déguster une cuisine dans l'air du temps, concoctée avec de beaux produits. Une bonne adresse.

Menu 21/45 € - Carte 26/57 €

4 pl. Hublin - 02 47 97 70 50 - www.larosedepindare.com - Fermé 1er-10 fév. et merc.

Le Moulin Bleu

CUISINE TRADITIONNELLE • RUSTIQUE X Envie de manger dans un lieu insolite ? Dans ce cas, poussez la porte de ce moulin angevin (15e s.) avec vue sur le vignoble de Bourgueil ! Dans une salle rustique, au charme désuet, on déguste une cuisine traditionnelle généreuse et goûteuse. Ambiance chaleureuse.

Formule 22 € - Menu 28/37 € - Carte 37/62 €

7 rte du Moulin-Bleu, 2 km au Nord par rte de Courléon - 02 47 97 73 13 - www.lemoulinbleu.com - Fermé janv., dim. soir, mardi soir et merc.

BOURGUIGNONS - 10 Aube → Voir Bar-sur-Seine

BOURGVILAIN

✉ 71520 Saône-et-Loire - 327 hab. - Alt. 280 m - Carte régionale n° **4**-C3
Carte Michelin 320-H11

Auberge Larochette

CUISINE MODERNE • AUBERGE XX Cette sympathique auberge, située au cœur d'un village à quelques kilomètres de Cluny, dévoile une cuisine fraîche et maîtrisée. La cheminée crépite en hiver, la terrasse ombragée permet de profiter de l'été. Accueil attentionné.

Menu 18 € (déj. en semaine), 26/45 € - Carte 40/60 €

Le Bourg - ✆ 03 85 50 81 73 - www.aubergelarochette.com - Fermé 2 semaines en fév., 2 semaines en nov., jeudi soir d'oct. à mars, dim. soir, mardi midi et lundi

BOURNEVILLE

✉ 27500 Eure - 944 hab. - Alt. 124 m - Carte régionale n° **17**-B3
Carte Michelin 304-D5

Risle Seine

CUISINE TRADITIONNELLE • RUSTIQUE X Au cœur du village, l'une de ces bonnes auberges qui cultivent le goût de cuisiner : feuilleté d'asperges vertes à la crème de ciboulette ; osso de veau à la crème et aux morilles ; sablé aux fraises et à la rhubarbe... La tradition, et plus encore.

Formule 15 € - Menu 19/34 € - Carte 21/38 €

5 pl. de la Mairie - ✆ 02 32 42 30 22 - www.risle-seine.com - Fermé vacances de la Toussaint, mardi et merc.

BOURRON-MARLOTTE

✉ 77780 Seine-et-Marne - 2 729 hab. - Alt. 71 m - Carte régionale n° **10**-C3
Carte Michelin 312-F5 - Guide Vert Michelin Île-de-France

Les Prémices

CUISINE CRÉATIVE • TENDANCE XXX Dans les dépendances du château de Bourron (fin 16e-début 17e s.), salle moderne et terrasse fleurie. Cuisine inventive fervente des produits exotiques ; belle carte de vins.

Menu 42 € (semaine), 60/75 € - Carte 80/105 €

12bis r. Blaise-de-Montesquiou - ✆ 01 64 78 33 00 - www.restaurant-les-premices.com - Fermé 1er-15 août, vacances de Noël, dim. soir, lundi et mardi

Château de Bourron

DEMEURE HISTORIQUE • PERSONNALISÉ À quelques kilomètres de Fontainebleau, une exceptionnelle propriété du 17e s., entourée de douves et ceinte d'un parc de 42 hectares. Un escalier en chêne mène à des chambres amples et confortables ; d'autres, plus modernes, sont situées dans une annexe. Un ensemble raffiné, où souffle le vent de l'histoire.

14 chambres - †180/520 € ††180/520 € - ☕ 16 €

16 av. de Montesquiou - ✆ 01 64 78 39 39 - www.bourron.fr

BOURTH

✉ 27580 Eure - 1 276 hab. - Alt. 182 m - Carte régionale n° **17**-C2
Carte Michelin 304-E9

Auberge Chantecler

CUISINE TRADITIONNELLE • RUSTIQUE XX Près de l'église, on repère aisément cette auberge avec sa façade en briques chaulées fleurie de géraniums en été. La carte rend hommage à la Normandie et à ses produits, avec en particulier deux spécialités : le foie gras poêlé à la normande, et le soufflé froid au calvados !

Formule 20 € - Menu 29/42 € - Carte 30/45 €

6 pl. de l'Église - ✆ 02 32 32 61 45 - www.auberge-chanteclerc.fr - Fermé dim. soir, merc. soir et lundi

BOUSSAC

✉ 23600 Creuse - 1 285 hab. - Alt. 376 m - Carte régionale n° **13**-C1
Carte Michelin 325-K2 - Guide Vert Michelin Limousin Berry

à Nouzerines 10 km au Nord-Ouest par D97 - ✉ 23600 - 249 hab. - Alt. 407 m

La Bonne Auberge

CUISINE TRADITIONNELLE • CHAMPÊTRE XX C'est une jolie petite auberge de village, avenante et pittoresque avec ses volets verts. Les gourmands y apprécient une bonne cuisine de tradition qui met à l'honneur les petits producteurs locaux. Et pour le repos, les chambres sont bien pratiques. Un endroit où l'on se rend avec plaisir !

Formule 17 € - Menu 22 € (semaine), 29/52 € - Carte 31/70 €

6 chambres - †65/89 € ††65/149 € - ☕ 10 €

1 r. des Lilas - ✆ 05 55 82 01 18 - www.la-bonne-auberge.net - Fermé 15 fév.-13 mars, 24 sept.-10 oct., mardi midi sauf fériés, dim. soir et lundi

BOUTERVILLIERS - 91 Essonne ➜ Voir Étampes

BOUZEL

✉ 63910 Puy-de-Dôme - 704 hab. - Alt. 320 m - Carte régionale n° **3**-C2
Carte Michelin 326-G8

L'Auberge du Ver Luisant

CUISINE TRADITIONNELLE • AUBERGE XX Voilà un ver luisant qui brille derrière les fourneaux ! Dans cette jolie maison de pays, on savoure une goûteuse cuisine traditionnelle, où transparaît tout l'amour du chef pour la gastronomie. Service attentionné et petits prix à la clé.

Menu 17 € (déj. en semaine), 32/50 €

2 r. du Breuil - ✆ 04 73 62 93 83 - Fermé 1 semaine vacances de Pâques, 16 août-5 sept., 2-10 janv., merc. soir, jeudi soir, dim. soir, lundi et mardi

BOUZE-LÈS-BEAUNE - 21 Côte d'Or ➜ Voir Beaune

BOUZIGUES - 34 Hérault ➜ Voir Mèze

BOZOULS

✉ 12340 Aveyron - 2 781 hab. - Alt. 530 m - Carte régionale n° **15**-D1
Carte Michelin 338-I4

Le Belvédère (Guillaume Viala)

CUISINE MODERNE • COSY X On se laisse volontiers entraîner vers ce Belvédère chaleureux qui domine le "trou de Bozouls", superbe cirque naturel. Guillaume Viala y prépare légumes, herbes et produits du terroir avec beaucoup d'intelligence, créant des mariages malins et pertinents, colorés et parfumés. De la belle ouvrage !

➜ Le "bouillon de cultures". Agneau allaiton de l'Aveyron. Le gourg d'enfer.

Formule 33 € - Menu 41 € (déj. en semaine), 67/101 €

9 chambres - †75/97 € ††79/97 € - ☕ 19 €

11 rte du Maquis-Jean-Pierre, rte de St-Julien - ✆ 05 65 44 92 66 - www.belvedere-bozouls.com - Fermé 12-29 mars, 5-30 nov., mardi midi, merc. midi, dim. soir et lundi

À la Route d'Argent

CUISINE TRADITIONNELLE • ÉLÉGANT XX Au rez-de-chaussée de l'hôtel, un restaurant à la décoration moderne et lumineux, où l'on déguste des plats traditionnels généreux et gourmands. Feuilleté aux asperges, ris d'agneau à l'aligot et endive braisée, etc. : la carte varie au gré du marché et les cuissons sont toujours justes... Médaille d'argent !

Menu 21 € (semaine), 32/56 €

Hôtel À la Route d'Argent, 1 rte de Gabriac - ✆ 05 65 44 92 27 - www.laroutedargent.com - Fermé janv., fév., dim. soir de sept. à juin, lundi sauf le soir en juil.-août et mardi midi

À la Route d'Argent

TRADITIONNEL • FONCTIONNEL Un hôtel-restaurant des années 1970 avec des chambres simples et pratiques, toutes en boiseries et couleurs chaudes, plus agréables encore côté piscine ; celles situées dans l'annexe offrent un confort similaire. Une maison sérieuse !

21 chambres - 55/70 € 60/70 € - 10 €

1 rte de Gabriac - 05 65 44 92 27 - www.laroutedargent.com - Fermé janv. et fév.

À la Route d'Argent - voir les restaurants ci-dessus

Hameau des Brunes

FAMILIAL • PERSONNALISÉ Avec sa tourelle, cette demeure du 18e s. est charmante, et la propriétaire est aux petits soins pour ses hôtes. Un jardin-verger ravissant, du mobilier ancien, des produits régionaux au petit-déjeuner et la campagne pour bel horizon : du caractère !

5 chambres - 93/158 € 93/158 €

hameau les Brunes, 5 km au Sud par D920 et rte secondaire - 05 65 48 50 11 - www.lesbrunes.com

BRACIEUX

41250 Loir-et-Cher - 1 281 hab. - Alt. 70 m - Carte régionale n° **6**-B1
Carte Michelin 318-G6 - Guide Vert Michelin Châteaux de la Loire

Le Rendez-vous des Gourmets

CUISINE TRADITIONNELLE • AUBERGE Cette auberge familiale est le repaire du chef Didier Doreau, qui travaille de beaux produits en respectant la tradition (lièvre à la royale, agneau confit aux herbes potagères, gratin d'agrumes, etc.). De fait, l'établissement s'est imposé comme un "rendez-vous des gourmets".

Formule 17 € - Menu 21 € (semaine), 27/65 € - Carte 44/73 €

20 r. Roger-Brun - 02 54 46 03 87 - Fermé vacances de printemps, vacances de la Toussaint, 23 déc.-15 janv., dim. soir, sam. midi et merc.

L'Orée des Châteaux

FAMILIAL • FONCTIONNEL Un petit hôtel minimaliste, très prisé par les touristes en route pour les châteaux de la Loire. En plus des chambres, confortables et accueillantes, on peut opter pour un petit appartement équipé.

21 chambres - 63/73 € 63/73 € - 8,50 €

9 bis rte de Blois - 02 54 46 40 19 - www.oree-des-chateaux.com

BRAM

11150 Aude - 3 308 hab. - Alt. 134 m - Carte régionale n° **12**-A2
Carte Michelin 344-D3 - Guide Vert Michelin Languedoc

au Nord rte de Castelnaudary : 4 km par D4, N6113 et rte secondaire - 11150 Bram

Château de la Prade

MAISON DE CAMPAGNE • PERSONNALISÉ De superbes magnolias, des platanes centenaires... Le parc est ravissant, tout comme cette demeure bourgeoise, classique et élégante sans ostentation. Au petit-déjeuner, on se régale de confitures maison et, à la table d'hôte, d'une cuisine du terroir. Le tout à deux pas du canal du Midi !

4 chambres - 80/100 € 95/125 €

- 04 68 78 03 99 - www.chateaulaprade.fr - Ouvert de mi-mars à mi-nov.

BRANNE

33420 Gironde - 1 292 hab. - Alt. 10 m - Carte régionale n° **2**-C1
Carte Michelin 335-J6

Le Caffé Cuisine

CUISINE TRADITIONNELLE • VINTAGE Simple, frais et sans chichi ! Le chef valorise les produits et le terroir : la côte de bœuf limousine, le quasi de veau de lait et quelques desserts de grand-mère figurent parmi les classiques. Ici, tout est chiné avec goût, et l'on prend l'apéritif dans le petit patio, avant de s'attabler à la terrasse ombragée, tout près du pont sur la Dordogne.

Menu 17 € (déj. en semaine)/30 € - Carte 40/55 €

7 pl. du Marché - 05 57 24 19 67 - Fermé dim. soir et lundi sauf fériés

BRANTÔME

24310 Dordogne - 2 181 hab. - Alt. 104 m - Carte régionale n° **2**-C1
Carte Michelin 329-E3 - Guide Vert Michelin Périgord Quercy

Le Moulin de l'Abbaye

CUISINE MODERNE • ÉLÉGANT Charme contemporain et intemporel, dépaysement en écoutant bruire la Dronne... et une cuisine au diapason : de superbes produits (langoustines, pigeon) travaillés avec finesse et créativité, dans le respect méticuleux des saisons. Une belle adresse, qui se distingue également par son bon rapport qualité-prix.

→ Foie gras du Périgord en deux services, prune, mirabelle et parfum de café. Pigeon, foie gras, betterave et condiment de fruits rouges. Dessert autour de la noix, de la noisette et de la truffe.

Menu 55 € (déj.), 70/110 € - Carte 65/105 €

Hôtel Le Moulin de l'Abbaye, 1 rte de Bourdeilles - 05 53 05 80 22 - www.moulinabbaye.com - Ouvert 29 mars-21 oct. et fermé lundi midi, merc. midi, jeudi midi et mardi

Charbonnel

CUISINE CLASSIQUE • ÉLÉGANT Pigeon, foie gras, cèpes et truffes... des produits du terroir joliment relevés à la sauce contemporaine, pour une cuisine pleine de goût ! Atmosphère cosy et, aux beaux jours, jolie terrasse donnant sur la Dronne.

Menu 37 € (semaine), 49/70 € - Carte 45/86 €

Hôtel Charbonnel, 57 r. Gambetta - 05 53 05 70 15 - www.lesfrerescharbonnel.com - Fermé 28 janv.-3 mars, 18 nov.-11 déc., dim. soir d'oct. à juin, jeudi soir de janv. à mars et lundi sauf juil.-août

Les Jardins de Brantôme

CUISINE DU TERROIR • CONVIVIAL Dans les Jardins de Brantôme s'épanouit une savoureuse cuisine du terroir. Le chef met un point d'honneur à privilégier les petits producteurs, et compose de séduisantes préparations, à l'instar de ce croustillant d'agneau, crème à l'ail et au thym... Quant au joli cadre rustique, il ne gâche rien !

Menu 32/36 € - Carte 45/61 €

Hôtel Les Jardins de Brantôme, 33-37 r. Pierre-de-Mareuil - 05 53 05 88 16 - www.lesjardinsdebrantome.com - Fermé mi-déc. à fin janv., le midi sauf dim., jeudi hors saison et merc.

Le Moulin de l'Abbaye

LUXE • PERSONNALISÉ Un ravissant moulin et sa maison de meunier : voilà un cadre bucolique qui laisse rêveur ! Les chambres, empreintes de douceur romantique, sont bercées par le murmure d'une cascade. Quiétude, quand tu nous tiens...

20 chambres - 125/425 € 125/425 € - 22 €

1 rte de Bourdeilles - 05 53 05 80 22 - www.moulinabbaye.com - Ouvert 29 mars-21 oct.

Le Moulin de l'Abbaye - voir les restaurants ci-dessus

Les Jardins de Brantôme

BOUTIQUE HÔTEL • CONTEMPORAIN Près du centre de la "Venise du Périgord", cette demeure du 18e s. a joui d'une belle réhabilitation : tons apaisants, matériaux de qualité, vieilles pierres et esprit d'aujourd'hui... avec un agréable salon (cheminée), un joli jardin et sa piscine. Une adresse où il fait bon séjourner.

7 chambres – 🚹115/185 € 🚹🚹115/185 € – ☕14 €

33 r. Pierre-de-Mareuil – ✆ 05 53 05 88 16 – www.lesjardinsdebrantome.com – Fermé mi-déc. à fin-janv.

🍴 **Les Jardins de Brantôme** – voir les restaurants ci-dessus

Moulin de Vigonac

TRADITIONNEL • PERSONNALISÉ Esprit romantique en ce moulin du 16es., bercé par la Dronne. Les chambres, confortables et bien tenues, sont joliment décorées. À la belle saison, on profite du parc et de la piscine... et, en toutes saisons, d'un accueil familial et chaleureux.

10 chambres – 🚹125/289 € 🚹🚹125/289 € – ☕17 €

1 km au Sud-Ouest par D939 et rte secondaire – ✆ 05 53 05 87 59 – www.moulindevigonac.com – Ouvert 15 mars-30 nov.

Charbonnel

FAMILIAL • CLASSIQUE Une maison de tradition qui épouse pleinement son époque : des chambres confortables et douillettes, une terrasse sur la Dronne et un restaurant traditionnel, le tout relooké avec fraîcheur... Une bonne étape!

17 chambres – 🚹80/150 € 🚹🚹80/150 € – ☕13 €

57 r. Gambetta – ✆ 05 53 05 70 15 – www.lesfrerescharbonnel.com – Fermé 28 janv.-3 mars et 18 nov.-11 déc.

🍴 **Charbonnel** – voir les restaurants ci-dessus

à Champagnac-de-Belair 6 km au Nord-Est par D78 et D83 – ✉ 24530 – 723 hab. – Alt. 135 m

✿ Le Moulin du Roc (Alain Gardillou)

CUISINE CLASSIQUE • ÉLÉGANT XXX On peut être un Roc et à la fois d'une grande délicatesse : preuve en est cette cuisine subtile, qui puise dans le terroir des saveurs sensibles... mais fortes. L'environnement verdoyant ajoute au plaisir du moment. Formule plus simple au déjeuner en semaine, à base de grillades (bœuf de Coutancie, volaille fermière).

➜ Légumes bio du potager aux truffes d'été. Chaud-froid aux truffes noires du Périgord. Tarte soufflée au citron vert et fraises du Périgord.

Menu 49 € (déj. en semaine), 85/125 € – Carte 82/126 €

– ✆ 05 53 02 86 00 – www.moulinduroc.com – Ouvert 30 mars-4 nov. et fermé mardi

Le Moulin du Roc

LUXE • HISTORIQUE Le lieu est magique : un luxueux moulin à huile sur la Dronne, entouré de verdure. Les chambres sont superbes et l'on se perd dans un dédale d'escaliers ou dans le jardin au bord de l'eau...

15 chambres – 🚹190/350 € 🚹🚹190/350 € – ☕20 €

– ✆ 05 53 02 86 00 – www.moulinduroc.com – Ouvert 30 mars -4 nov.

✿ **Le Moulin du Roc** – voir les restaurants ci-dessus

BRAS

✉ 83149 Var – 2 591 hab. – Alt. 280 m – Carte régionale n° **21**-C3
Carte Michelin 340-K5

Une Campagne en Provence

DEMEURE HISTORIQUE • À LA CAMPAGNE Idéale pour une retraite au plus près de la campagne, cette ancienne ferme des Templiers, remontant au 12es., se dresse parmi les prairies et les vignes. Chaleureux et charmant décor provençal. À la table d'hôte, cuisine régionale et vins de la propriété. Promenades à cheval sur le domaine en saison.

5 chambres - 110/135 € 150/195 €

Domaine Le Peyrourier, 3 km au Sud-Ouest par D28 et rte secondaire
- 04 98 05 10 20 - www.provence4u.com
- Ouvert 24 mars-12 nov.

BRASSEMPOUY

40330 Landes - 272 hab. - Alt. 120 m - Carte régionale n° **2**-B3
Carte Michelin 335-G13 - Guide Vert Michelin Aquitaine

L'Auberge du Laurier

CUISINE TRADITIONNELLE • AUBERGE Une jolie cuisine de tradition et de région : voici ce que l'on déguste dans cette auberge chaleureuse et lumineuse, dont la terrasse borde le jardin potager.

Formule 20 € - Menu 24/31 €

1459 rte d'Amou, 3 km au Nord, rte de St-Cricq-Chalosse par D21
- 05 58 75 08 05 - www.aubergedulaurier.fr
- Fermé mardi

La Petite Couronne

MAISON DE CAMPAGNE • CONTEMPORAIN Défenseurs de la planète, cette adresse est faite pour vous ! En pleine campagne, l'établissement, tout en bois, joue la carte écolo, et les chambres, confortables et bien tenues, respectent les normes environnementales. Petit-déjeuner copieux, servi face à la piscine.

11 chambres - 78/95 € 89/165 €

1459 rte d'Amou, 3 km au Nord, rte de St-Cricq-Chalosse par D21
- 05 58 79 38 37 - www.lapetitecouronne.fr
- Fermé 1 semaine en déc.

BRAY-ET-LU

95710 Val-d'Oise - 975 hab. - Alt. 28 m - Carte régionale n° **10**-A1
Carte Michelin 305-A6 et 106

Les Jardins d'Épicure

CUISINE MODERNE • ÉLÉGANT Épicure aurait-il célébré le plaisir d'un repas pris dans le décor pour le moins original de ces Jardins, avec leurs tables réparties autour d'une piscine, dans une grande verrière ouverte sur la verdure ? En cuisine, le nouveau chef travaille avec soin de beaux produits de saison, qu'il agrémente au goût du jour.

Menu 42/79 € Carte 68/102 €

16 Grande-Rue - 01 34 67 75 87 - www.lesjardinsdepicure.com
- Fermé dim. soir, mardi midi et lundi

Les Jardins d'Épicure

HÔTEL PARTICULIER • PERSONNALISÉ Installé dans un parc boisé à côté de l'Epte, cet élégant hôtel se répartit sur trois bâtiments de caractère, datant des années 1850.

19 chambres - 120/160 € 160/280 € - 15 €

16 Grande-Rue - 01 34 67 75 87 - www.lesjardinsdepicure.com

Les Jardins d'Épicure - voir les restaurants ci-dessus

BREBIÈRES - 62 Pas-de-Calais ➜ Voir Douai

BRÉHAT (ÎLE-DE) - 22 Côtes-d'Armor ➜ Voir Île-de-Bréhat

LA BREILLE-LES-PINS

✉ 49390 Maine-et-Loire - 592 hab. - Alt. 105 m - Carte régionale n° **18**-C2
Carte Michelin 317-J4

L'Orée des Bois

CUISINE TRADITIONNELLE • AUBERGE XX Au cœur du village, dans un bâtiment des années 1980, le restaurant joue la carte du classicisme, mêlant meubles de style Louis XIII et rustiques. Quant aux assiettes, elles embaument les parfums du terroir. Chambres simples et bien tenues pour l'étape.

Formule 15 € - Menu 18 € (semaine), 24/55 € - Carte 34/57 €
7 chambres - †61/74 € ††62/74 € - ☕ 9 €

2 r. Saumuroise - ✆ 02 41 38 85 45 - www.hotel-restaurant-loreedesbois.fr - Fermé 28 oct.-11 nov., 2-15 janv., dim. soir et merc.

BRÉLÈS

✉ 29810 Finistère - 885 hab. - Alt. 52 m - Carte régionale n° **5**-A1
Carte Michelin 308-C4

Auberge de Bel Air

CUISINE TRADITIONNELLE • AUBERGE X Une charmante ferme en granit, posée au bord de l'aber Ildut, avec un grand jardin et un étang. Dans l'assiette, une cuisine de la mer typique de la Bretagne, à l'image de ce filet de lieu jaune à la crème de homard. Quant au cadre, rustique, il prête à la tranquillité...

Formule 22 € - Menu 28/45 €
3 chambres ☕ - †85/110 € ††85/120 €

rte de Lanildut - ✆ 02 98 04 36 01 - www.restaubergedebelair.com - Fermé vacances de la Toussaint, janv., le soir hors saison, dim. soir et lundi

BREM-SUR-MER

✉ 85470 Vendée - 2 600 hab. - Alt. 13 m - Carte régionale n° **2**-A3
Carte Michelin 316-F8 - Guide Vert Michelin Pays de la Loire

Les Genêts (Nicolas Coutand)

CUISINE MODERNE • COSY XX Dans une maison bourgeoise rénovée avec originalité, ces Genêts ont permis l'éclosion d'un jeune chef talentueux, Nicolas Coutand : il honore les produits de la région à travers des assiettes légères, d'une grande finesse, proposées à des prix raisonnables. Formule "bistronomique" au déjeuner.

➜ Coques et langoustines au bouillon de basilic. Merlan de ligne, courgette, menthe et coriandre. Pêche, mélisse et Martini blanc.

Formule 21 € - Menu 25 € (déj. en semaine), 31/59 €

21 bis r. de l'Océan - ✆ 02 51 96 81 59 - www.restaurant-les-genets.fr - Fermé 24-30 juin, 1er-15 nov., 15-31 janv., lundi sauf le soir en saison, mardi hors saison et dim. soir

LA BRESSE

✉ 88250 Vosges - 4 282 hab. - Alt. 636 m - Carte régionale n° **14**-C3
Carte Michelin 314-J4 - Guide Vert Michelin Alsace Vosges

La Table d'Angèle

CUISINE MODERNE • CONTEMPORAIN X Ce bistrot contemporain, tenu par un couple sympathique, explore le terroir avec subtilité : les assiettes - truite de la Bresse et féra du Léman, poitrine de cochon confite - se révèlent soignées et savoureuses. Quant à l'accueil, il est impeccablement assuré par Angèle, la patronne.

Menu 20 € (déj. en semaine), 32/65 € - Carte 45/51 €

30 Grande-Rue - ✆ 03 29 25 41 97 - la-table-dangele.com - Fermé 20 juin-10 juil., 15 nov.-5 déc., dim. soir, lundi et mardi

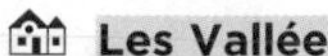

Les Vallées

TRADITIONNEL • FONCTIONNEL Au cœur du bourg (à proximité du plus grand domaine skiable des Vosges : la Bresse-Hohneck), un vaste complexe hôtelier fréquenté hiver comme été : chambres fonctionnelles et bien tenues, nombreux équipements (espaces pour séminaires, grande piscine avec sauna, hammam et jacuzzi, restaurant du terroir, etc.).

56 chambres - 70/126 € 70/126 € - 13 €

31 r. Paul-Claudel
- 03 29 25 41 39 - www.lesvallees-labresse.com

au Sud 3 km, rte de Cornimont par D486

Le Clos des Hortensias

CUISINE CLASSIQUE • BOURGEOIS XX Au cœur du Parc régional des Ballons des Vosges, une jolie salle bourgeoise, un accueil d'une gentillesse rare et des petits plats traditionnels sans esbroufe - aile de raie sauce ravigote, paleron de bœuf braisé, île flottante - assaisonnés avec justesse... Un Ballon d'or pour cette table vosgienne !

Menu 18 € (semaine), 25/43 €

51 rte de Cornimont
- 03 29 25 41 08
- Fermé 5-19 nov., lundi et le soir

BRESSIEUX

38870 Isère - 88 hab. - Alt. 510 m - Carte régionale n° **24**-E2
Carte Michelin 333-E6 - Guide Vert Michelin Lyon et sa région

Auberge du Château

CUISINE MODERNE • CONVIVIAL XX Christèle et Xavier Vanheule, passionnés de cuisine et de bons vins, donnent le meilleur d'eux-mêmes pour faire de leur auberge une belle maison. Les produits viennent des fermes environnantes et débordent de fraîcheur. Tout en contemplant les monts du Lyonnais, on se régale de plats savoureux aux parfums méridionaux...

Menu 32/68 €

67 montée du Château
- 04 74 20 91 01 - www.aubergedebressieux.fr - Fermé vacances de fév., 1 semaine en juin, vacances de la Toussaint, dim. soir, mardi et merc.

BRESSON - 38 Isère → Voir Grenoble

BREST

29200 Finistère - 139 676 hab. - Agglo. 199 463 hab. - Alt. 35 m
- Carte régionale n° **5**-A2
Carte Michelin 308-E4 - Guide Vert Michelin Bretagne Nord

Le M (Philippe Le Bigot)

CUISINE MODERNE • ÉLÉGANT XXX Des associations de saveurs harmonieuses, une vraie maîtrise dans la conception des plats... Dans cette belle maison typiquement bretonne, on déguste une goûteuse cuisine d'aujourd'hui, qui met à contribution les producteurs locaux (poisson, volaille, légumes...). L'été, on met le cap sur l'agréable terrasse. On M !

→ Ormeau sauvage, jus aux algues. Lieu jaune de ligne, petits pois au wasabi et jus de viande au bacon. Chocolat, framboises de Plougastel.

Formule 36 € - Menu 45 € (déj. en semaine), 58/105 €

Hors plan *22 r. du Cdt-Drogou*
- 02 98 47 90 00 - www.le-m.fr - Fermé 29 avril-8 mai, 19 août-12 sept., 1er-15 janv., dim. et lundi

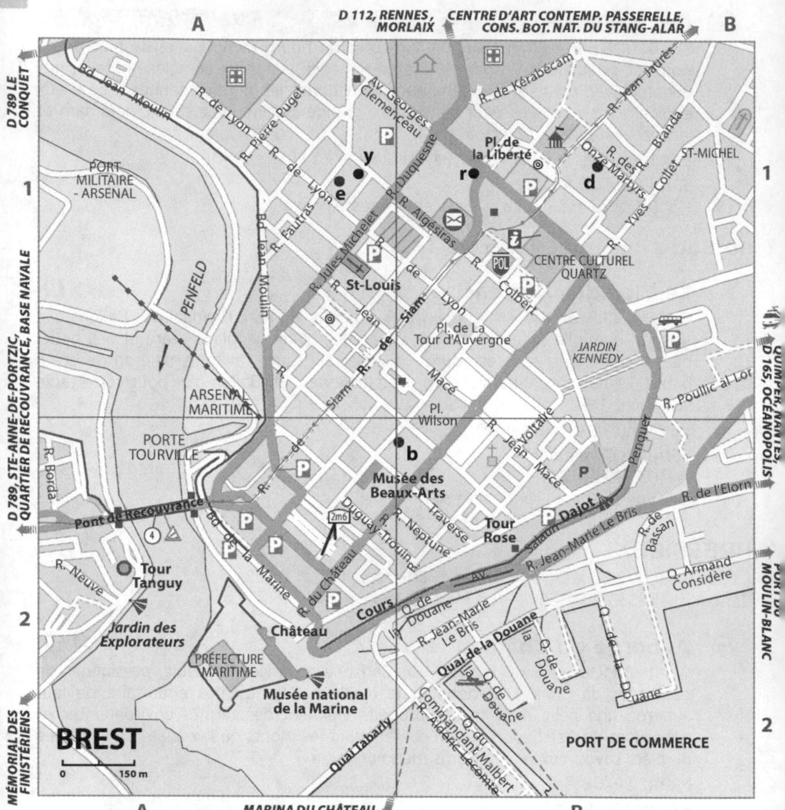

L'Imaginaire

CUISINE CRÉATIVE • TENDANCE XX Cadre contemporain pour cette adresse du centre-ville : depuis la salle, teintée de quelques touches rétro, une baie vitrée permet désormais d'observer les cuisiniers à l'œuvre ! On se laisse porter par le menu fixe, en 3, 6 ou 9 plats, proposé par le chef ; les préparations sont élaborées et pleines de saveurs.

Formule 22 € 🍷 – Menu 27 € 🍷 (déj. en semaine), 38/65 €

Plan : A1-e *23 r. de Fautras*
– ✆ 02 98 43 30 13 – www.restaurant-imaginaire.fr
– Fermé 6-27 août, 1er-16 janv., merc. soir, dim. soir et lundi

Globulle Rouge

CUISINE TRADITIONNELLE • BISTRO X Dans un quartier "arty" à souhait (musée des Beaux-Arts, galeristes, antiquaires), ce bistrot vintage et convivial affiche fièrement son mobilier de récup', ses banquettes usées et son sol en béton brut. À la carte, tradition et produits régionaux : terrine maison, rillettes de sardines, souris d'agneau, riz au lait...

Formule 17 € – Menu 20 € (déj. en semaine) – Carte 30/50 €

Plan : B2-b *27 r. Émile-Zola*
– ✆ 02 98 33 38 03
– Fermé 1 semaine vacances de Noël, sam. midi, dim. et lundi

Hinoki

CUISINE JAPONAISE • ÉPURÉ Un vrai restaurant japonais sur Brest ? Bingo ! Le Hinoki est tenu par un chef... breton, passionné par la cuisine de l'archipel. Sa technique : profiter de la pêche locale pour obtenir des poissons de première fraîcheur, et réaliser ses sushis et makis devant les regards admiratifs des clients attablés au comptoir !

Menu 60/85 €

Plan : B1-d *6 r. des Onze-Martyrs - 02 98 43 23 68 - www.sushinoki.fr - Fermé dim., lundi et le midi*

L'Amirauté

BUSINESS • FONCTIONNEL Un hôtel aux lignes élégantes, avec des chambres spacieuses, bien insonorisées et fonctionnelles, des salles de réunion et un garage privé, très utile dans le quartier ! De plus, rien à redire sur l'entretien : c'est professionnel et très sérieux.

84 chambres - 75/155 € 75/155 € - 15 €

Hors plan *41 r. Branda - 02 98 80 84 00 - www.oceaniahotels.com*

Océania

BUSINESS • CONTEMPORAIN Au cœur de Brest, entre la gare ferroviaire et le port, cet imposant immeuble abrite des chambres contemporaines, parfaitement insonorisées, ainsi qu'un restaurant. Pour la clientèle d'affaires, un espace séminaire confortable.

82 chambres - 79/150 € 79/180 € - 15 €

Plan : B1-r *82 r. de Siam (rue piétonne) - 02 98 80 66 66 - www.oceaniahotels.com*

La Paix

BUSINESS • CONTEMPORAIN En plein centre-ville, cet hôtel d'affaires propose des chambres de style contemporain, agréables et assez calmes. Les gourmands iront faire un tour du côté du restaurant, qui s'est spécialisé dans les viandes (grillées, en tartare, carpaccio).

28 chambres - 60/140 € 60/140 € - 14 €

Plan : A1-y *32 r. Algésiras - 02 98 80 12 97 - www.hoteldelapaix-brest.com - Fermé 17 déc.-2 janv.*

BRETENOUX

46130 Lot - 1 395 hab. - Alt. 136 m - Carte régionale n° **15**-C1
Carte Michelin 337-H2

au Port de Gagnac 6 km au Nord-Est par D940 et D14

Auberge du Vieux Port

CUISINE RÉGIONALE • COLORÉ Transmise de père en fils depuis trois générations, cette table de l'Auberge du Vieux Port est à l'image de l'établissement : conviviale et attrayante. On y savoure une bonne cuisine de terroir - mention spéciale pour les ris d'agneau et la flambée quercynoise. Jolie salle avec cheminée, bien agréable l'hiver venu.

Formule 14 € - Menu 17 € (semaine), 26/40 € - Carte 34/55 €
8 chambres - 65/100 € 65/100 € - 10 €

Port-de-Gagnac - 05 65 38 50 05 - www.auberge-vieuxport-lot.com - Fermé 1er-7 juil., 23-30 sept., 23 déc.-15 janv., sam. midi, dim. soir et lundi sauf du 14 juil.-31 août

Hostellerie Belle Rive

CUISINE TRADITIONNELLE • COLORÉ Ici, on apprécie une bonne cuisine de tradition dans une agréable salle chaleureuse et colorée... ou sur la terrasse fleurie, qui regarde la rivière. Quelques chambres personnalisées avec des touches printanières.

Formule 14 € - Menu 17 € (déj. en semaine), 27/32 € - Carte 26/51 €

Hostellerie Belle Rive, Port-de-Gagnac - 05 65 38 50 04 - www.bellerive-dordogne-lot.com - Fermé 22 déc.-7 janv., sam. midi et dim. soir juil.- août et le week-end de sept. à juin

Hostellerie Belle Rive

FAMILIAL • PERSONNALISÉ Une belle maison lotoise dressée sur les rives de la Cère. Les chambres y sont confortables, personnalisées avec de jolies notes printanières. Cuisine traditionnelle au restaurant.

10 chambres – 80/110 € 80/130 € – 10 €

Port-de-Gagnac – 05 65 38 50 04 – www.bellerive-dordogne-lot.com – Fermé 22 déc.-7 janv.

Hostellerie Belle Rive – voir les restaurants ci-dessus

BRÉTIGNOLLES-SUR-MER

85470 Vendée – 4 337 hab. – Alt. 14 m – Carte régionale n° **18**-A3
Carte Michelin 316-E8 – Guide Vert Michelin Pays de la Loire

J.-M. Pérochon (Jean-Marc Pérochon)

CUISINE MODERNE • FAMILIAL XXX Attablé derrière les grandes baies vitrées du restaurant, on admire les reflets du soleil sur l'Atlantique et les quelques gréements qui s'y découpent... Puis on découvre avec plaisir une cuisine savoureuse, sûre de ses fondamentaux, entre mer et terre (tourteau, langoustines, homard, poisson, volaille de Challans, etc.).

→ Sardine de Saint-Gilles-Croix-de-Vie, betterave nouvelle et citron confit. Homard, rhubarbe et poivre de Tasmanie. Baba citron vert.

Menu 35 € (déj. en semaine), 62/82 € – Carte 85/100 €

Hôtellerie des Brisants, 63 av. de la Grand'Roche – 02 51 33 65 53 – www.lesbrisants.com – Fermé 19 fév.-21 mars, 12 nov.-12 déc., lundi sauf le soir en juil.-août, dim. soir de sept. à juin et mardi midi

Hôtellerie des Brisants

FAMILIAL • CONTEMPORAIN Face à l'océan, cette agréable hôtellerie ne redoute nullement les brisants, ces grandes vagues nées au large et qui déferlent sur la côte... Les chambres se révèlent confortables, et l'on est accueilli avec simplicité et gentillesse.

14 chambres – 89/199 € 89/199 € – 13 €

63 av. de la Grand'Roche – 02 51 33 65 53 – www.lesbrisants.com – Fermé 19 fév.-21 mars et 12 nov.-12 déc.

J.-M. Pérochon – voir les restaurants ci-dessus

BRETTEVILLE-SUR-LAIZE

14680 Calvados – 1 780 hab. – Alt. 54 m – Carte régionale n° **17**-B2
Carte Michelin 303-C2

Château des Riffets

DEMEURE HISTORIQUE • CLASSIQUE Ce château du milieu du 19e s. est construit sur les ruines d'un ancien relais de chasse de Guillaume Le Conquérant. On s'y repose, au grand calme, dans des chambres qui ont du cachet : beaux parquets, mobilier d'époque, lits à baldaquin... En prime, le parc – où l'on peut voir gambader des lapins – est superbe ! Accueil de qualité.

3 chambres – 125 € 125/175 €

– 02 31 23 53 21 – www.chateau-des-riffets.com – Ouvert 30 mars -1er oct.

LE BREUIL-EN-AUGE

14130 Calvados – 1 019 hab. – Alt. 38 m – Carte régionale n° **17**-C2
Carte Michelin 303-N4 – Guide Vert Michelin Normandie Vallée de la Seine

Le Dauphin

CUISINE CLASSIQUE • COSY XX Avec ses colombages et sa charmante atmosphère, cet ancien relais de poste incarne la Normandie rêvée... Le jeune chef travaille de beaux produits avec passion (homards et ormeaux de la côte, par exemple) et maîtrise bien son sujet. On passe un moment agréable.

Formule 29 € – Menu 42/69 € – Carte 62/116 €

2 r. de l'Église – 02 31 65 08 11 – www.ledauphin-restaurant.com – Fermé dim. soir et lundi

BREUILLET - 17 Charente-Maritime ➜ Voir Royan

Voir Royan

BREUREY-LES-FAVERNEY - 70 Haute-Saône ➜ Voir Faverney

BRIANÇON

⊠ 05100 Hautes-Alpes - 12 392 hab. - Alt. 1 321 m - Carte régionale n° **21**-C1
Carte Michelin 334-H3 - Guide Vert Michelin Alpes du Sud

✿ Le Pêché Gourmand (Sharon et Jimmy Frannais)

CUISINE MODERNE • CONVIVIAL XX Un restaurant au bord de la Guisane, tenu par un jeune couple franco-australien amoureux de gastronomie. Sharon concocte une belle cuisine de saison, soignée et savoureuse, et Jimmy vous régale de ses pâtisseries, délicates et délicieuses. Péché gourmand et... péché mignon !

➜ Langoustines rôties, tartare en beignet de fleur de courgette, chutney de tomate. Ris de veau au beurre noisette, pommes grenailles cuites en bardes. Cigare mis en scène, cognac et tabac.

Menu 26 € (déj. en semaine), 38/75 € - Carte 70/85 €

Plan : A2-v *2 rte de Gap - ✆ 04 92 21 33 21 - www.peche-gourmand.com - Fermé 22 avril-21 mai, 11-26 nov., dim. et lundi*

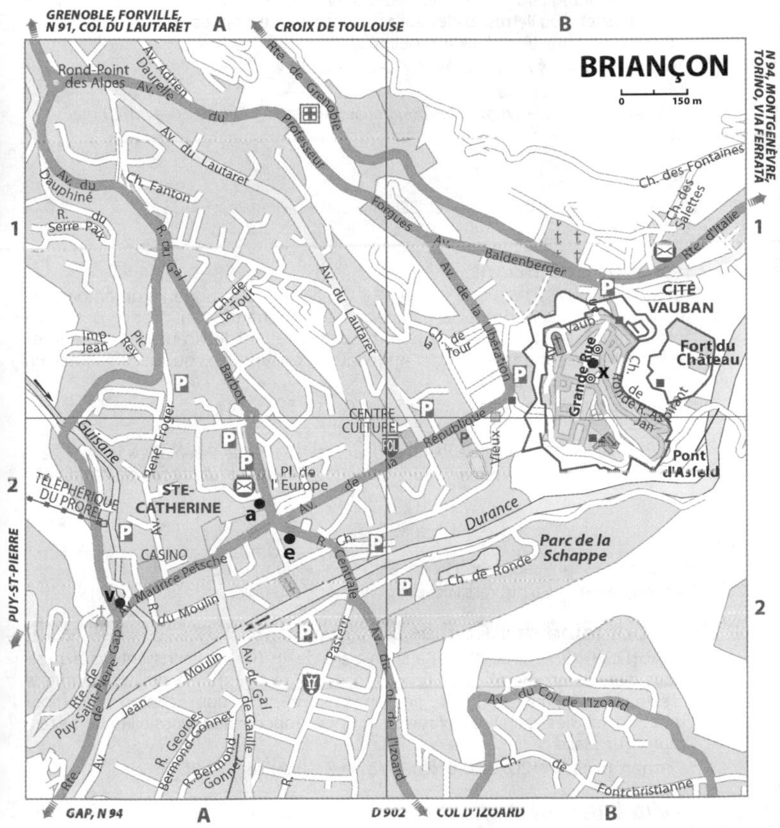

Au Plaisir Ambré

CUISINE MODERNE • CONTEMPORAIN XX Dans la cité Vauban, cette ancienne boucherie reste vouée aux bons produits. Fraîcheur : tel est le maître mot du chef, habile cuisinier qui sait révéler les meilleures saveurs. Un exemple ? Cette bavette Duroc de Batallé, purée de yacon au beurre fumé, carottes et jus au cumin... Vous avez dit plaisir ?

Formule 18 € – Menu 23 € (déj.), 32/43 €

Plan : B1-x *26 Grande-Rue*
– ✆ 04 92 52 63 46 – www.auplaisirambre.com – Fermé 2 semaines en juin, 3 semaines en nov., jeudi sauf juil.-août et merc.

Parc Hôtel

BUSINESS • FONCTIONNEL Entièrement rénové en 2015, cet imposant établissement a su conserver un esprit montagnard, tout en optant pour des chambres fonctionnelles et design. À noter une formule tout-inclus avec un brunch matinal et un accès à la piscine et au sauna.

69 chambres ☕ – 🚹79/354 € 🚹🚹89/397 €

Plan : A2-a *Central Parc*
– ✆ 04 92 20 37 47 – www.soleilvacances.com

La Chaussée

FAMILIAL • COSY D'emblée, on se sent bien dans cet hôtel familial transformé en "refuge montagnard" : meubles patinés par les ans, objets anciens, chambres coquettes et douillettes, belles salles de bains... Le bois est partout, donnant à ces lieux un caractère chaleureux et cosy.

16 chambres – 🚹70/95 € 🚹🚹80/105 € – ☕12 €

Plan : A2-e *4 r. Centrale*
– ✆ 04 92 21 10 37 – www.hotel-de-la-chaussee.com – Fermé 30 avril-20 mai et 20 oct.-11 nov.

BRIANT

✉ 71110 Saône-et-Loire – 226 hab. – Alt. 326 m – Carte régionale n° **4**-C3
Carte Michelin 320-E12

Auberge de Briant

CUISINE TRADITIONNELLE • AUBERGE XX La salle à manger, contemporaine et lumineuse, surplombe la campagne environnante. On profite des bons plats du chef, Filipe, mettant notamment en avant le bœuf de race charolaise... et des bons desserts d'Angélique, son épouse, qui assure aussi un accueil charmant !

Menu 20 € (semaine), 30/55 € – Carte 39/57 €

Le Bourg
– ✆ 03 85 25 98 69 – www.aubergedebriant.com – Fermé 2 semaines en janv., 2 semaines début juil., 1 semaine vacances de la Toussaint, dim. soir, mardi soir et merc.

BRIARE

✉ 45250 Loiret – 5 742 hab. – Alt. 135 m – Carte régionale n° **6**-D2
Carte Michelin 318-N6 – Guide Vert Michelin Châteaux de la Loire

Le Domaine des Roches

TRADITIONNEL • CLASSIQUE Dans un parc de 18 ha, où fleurissent les expositions d'art contemporain, cette ancienne demeure bourgeoise du 19e s. abrita le créateur des émaux de Briare : ambiance feutrée, tons doux, confort contemporain... En sus des chambres, plusieurs cottages fonctionnels. Possibilité de se restaurer sur place.

12 chambres – 🚹120/320 € 🚹🚹120/320 € – 1 suite – ☕20 €

2 r. de la Plaine
– ✆ 02 38 05 09 09 – www.domainedesroches-briare.fr

BRICQUEBEC

✉ 50260 Manche - 4 238 hab. - Alt. 145 m - Carte régionale n° **17**-A1
Carte Michelin 303-C3 - Guide Vert Michelin Normandie Cotentin

L'Hostellerie du Château

CUISINE TRADITIONNELLE • CLASSIQUE XX Plongez dans l'histoire en compagnie d'un chef de métier, qui met beaucoup de soin pour vous contenter : produits de qualité, recettes goûteuses, respect des cuissons... La tradition est entre de bonnes mains.

Menu 29/59 € - Carte 37/75 €

Cour du Château
- 02 33 52 24 49 - www.lhostellerie-bricquebec.com
- Fermé sam. midi , dim. soir et vend. d'oct. a mars

L'Hostellerie du Château

DEMEURE HISTORIQUE • CLASSIQUE Dans l'enceinte même du château médiéval de Bricquebec, au sein d'une belle bâtisse gothique, un établissement de tradition, aux chambres classiques et confortables, apprécié notamment par la clientèle étrangère. À voir : le restaurant occupe l'ancienne salle des chevaliers, avec colonnes en pierre, armures et cheminée.

17 chambres - †91/149 € ††91/149 € - 12 €

Cour du Château
- 02 33 52 24 49 - www.lhostellerie-bricquebec.com
- Fermé vend. et dim. d'oct. à mars

L'Hostellerie du Château - voir les restaurants ci-dessus

BRIDES-LES-BAINS

✉ 73570 Savoie - 523 hab. - Alt. 580 m - Carte régionale n° **25**-F2
Carte Michelin 333-M5 - Guide Vert Michelin Alpes du Nord

Golf-Hôtel

TRADITIONNEL • CLASSIQUE Au cœur de la vallée, un imposant hôtel datant des années 1920, où l'on profite de chambres contemporaines et chaleureuses. Dans la grande salle du restaurant, lumineuse, on peut opter pour une cuisine gourmande ou un menu diététique.

52 chambres - †89/199 € ††104/254 € - 2 suites

av. Greyffié-de-Bellecombe
- 04 79 55 28 12 - www.golf-hotel-brides.com
- Fermé 29 oct.-25 déc.

Mercure Grand Hôtel des Thermes

THERMAL • TENDANCE Immeuble du 19e s. directement relié aux thermes par une passerelle. Chambres amples, de style rétro-scandinave, et fitness. Le plus bel hôtel de la ville.

102 chambres - †99/236 € ††99/236 € - 17 €

Parc Thermal - 04 79 55 38 38 - www.mercure.com
- Fermé 1er nov.-20 déc.

Altis Val Vert

FAMILIAL • CONTEMPORAIN Au cœur de la ville, face à l'établissement thermal et proche du départ des œufs pour Méribel, cet établissement remis à neuf propose des chambres douillettes à la décoration originale. La cuisine, maîtrisée, apporte un plus.

28 chambres - †80/145 € ††115/215 €

30 r. Émile-Machet
04 79 55 22 62 www.altisvalvert.com
- Fermé fin oct. à mi- déc.

BRIE-COMTE-ROBERT - 77 Seine-et-Marne → Voir Autour de Paris

BRIGNOGAN-PLAGES

✉ 29890 Finistère - 740 hab. - Alt. 17 m - Carte régionale n° **5**-A1
Carte Michelin 308-F3

Hôtel de la Mer Ⓝ

SPA ET BIEN-ÊTRE • ÉCO-RESPONSABLE Ah, les merveilleux littoraux du Finistère-Nord... Cet Hôtel de la Mer, surplombant les récifs et la plage de la Côte des Légendes, a été transformé par un enfant du pays en un lieu délicieux : chambres spacieuses avec vue sur la mer, spa avec sauna, hammam et jacuzzi... C'est bien simple : on voudrait ne jamais repartir.

26 chambres - 70/130 € 100/250 € - 14 €

Côte des Légendes (plage des Chardons Bleus) - 02 98 43 18 47 - www.hoteldelamer.bzh

BRINDAS

✉ 69126 Rhône - 5 651 hab. - Alt. 326 m - Carte régionale n° **24**-E1
Carte Michelin 327-H5

La Maison de Franca

CUISINE ITALIENNE • BISTRO Le décor, montagnard, est un clin d'œil aux origines piémontaises du chef. Speck et San Daniele pour le jambon cru, antipasti en tous genres, pâtes aux truffes ou au pesto... Les produits sont en provenance directe du nord de l'Italie, et l'ambiance, très conviviale, donne envie de revenir souvent.

Menu 18 € (déj. en semaine)/33 € - Carte environ 35 €

pl. des Ormeaux - 04 78 45 88 84 - Fermé dim. et lundi

BRINON-SUR-SAULDRE

✉ 18410 Cher - 1 006 hab. - Alt. 147 m - Carte régionale n° **6**-C2
Carte Michelin 323-J1 - Guide Vert Michelin Limousin Berry

La Solognote

CUISINE MODERNE • AUBERGE Dans la longue rue menant à l'église, cette auberge bien connue des locaux a repris des couleurs, sous l'impulsion d'un jeune couple motivé. Ils ont gardé le cachet rustique des lieux et dépoussiéré l'assiette, avec des préparations simples et bien tournées. Un exemple ? Les asperges à l'œuf poché et sabayon - un délice.

Menu 17 € (déj. en semaine), 29/47 €

34 Grande-Rue - 02 48 58 50 29 - www.hotel-brinonsursauldre.fr - Fermé dim. soir, lundi midi , mardi midi et merc. midi

BRIOLLAY - 49 Maine-et-Loire → Voir Angers

BRION - 01 Ain → Voir Nantua

BRIONNE

✉ 27800 Eure - 4 312 hab. - Alt. 56 m - Carte régionale n° **17**-C2
Carte Michelin 304-E6 - Guide Vert Michelin Normandie Vallée de la Seine

Le Logis

CUISINE MODERNE • CONVIVIAL Porc ibérique bellota à la plancha, œuf cuit à 63°C : voici ce que vous réserve le chef, Alain Depoix, qui affectionne la nouveauté autant que les produits du cru - et plus encore les légumes de son propre potager, pour lequel il a engagé un jardinier. Une table qui respire la générosité !

Menu 22 € (déj. en semaine), 40/90 € - Carte 55/78 €

12 chambres - 85/120 € 98/120 € - 13 €

1 pl. St-Denis (angle r. Tragin) - 02 32 44 81 73 - www.lelogisdebrionne.com - Fermé 30 juil.-20 août, dim. soir et lundi

BRIOUDE

✉ 43100 Haute-Loire - 6 700 hab. - Alt. 427 m - Carte régionale n° **3**-C3
Carte Michelin 331-C2 - Guide Vert Michelin Auvergne

Poste et Champanne

CUISINE TRADITIONNELLE • FAMILIAL X La chef, membre des restauratrices d'Auvergne, ne conçoit pas sa cuisine sans convivialité et fait partager son savoir-faire à travers des plats typiquement régionaux, copieux et goûteux. Dès la première bouchée, on sait que la maison est sérieuse, généreuse et de qualité !

Formule 16 € - Menu 19 € (semaine), 28/52 € - Carte 43/53 €
16 chambres - †70/79 € ††79/89 € - ☕10 €

1 bd Dr-Devins
- ✆ 04 71 50 14 62 - www.hotel-de-la-poste-brioude.com
- Fermé 4-11 nov., vacances de fév., dim. soir et lundi midi

La Sapinière

FAMILIAL • PERSONNALISÉ Comme un air de campagne, en plein cœur de la cité. Cette construction récente s'intègre parfaitement à un joli parc boisé ; les grandes chambres adoptent elles aussi un esprit champêtre. Belle piscine couverte, jacuzzi, restaurant...

11 chambres - †98/128 € ††98/128 € - ☕13 €

av. Paul-Chambriard
- ✆ 04 71 50 87 30 - www.hotel-sapiniere-brioude.com
- Fermé fév.

BRISCOUS

✉ 64240 Pyrénées-Atlantiques - 2 655 hab. - Alt. 50 m - Carte régionale n° **1**-B3
Carte Michelin 342-D2

Maison Joanto

CUISINE MODERNE • CONTEMPORAIN X Joanto, c'est "Petit Jean" en basque... et pourtant, voilà bien une demeure qui ne mérite aucun diminutif ! Sa belle architecture traditionnelle, son décor plein de cachet, son ambiance chaleureuse, tout séduit, et plus encore sa cuisine, où le terroir basque explose de saveurs. Le rapport qualité-prix a tout... d'un grand.

Formule 13 € 🍷 - Menu 27 €
- Carte 28/66 €

chemin du Village
- ✆ 05 59 20 27 70 - www.maisonjoanto-restaurant.fr
- Fermé 2 semaines fin juin-début juil., dim. soir, mardi soir et merc.

BRISSAC

✉ 34190 Hérault - 621 hab. - Alt. 145 m - Carte régionale n° **12**-C2
Carte Michelin 339-H5

Jardin aux Sources

CUISINE CRÉATIVE • FAMILIAL XX Maison en pierre au cœur d'un pittoresque village. Jolie salle de restaurant voûtée avec vue sur les cuisines, ravissante terrasse et carte inventive. Chambres coquettes.

Formule 23 € 🍷 - Menu 35/75 € 🍷 - Carte environ 43 €
3 chambres ☕ - †85/95 € ††95/105 €

30 av. du Parc
- ✆ 04 67 73 31 16 - www.lejardinauxsources.com
- Fermé 3 semaines à la Toussaint, 3 semaines en janv., dim. soir, lundi et merc. hors saison

BRIVE-LA-GAILLARDE

✉ 19100 Corrèze – 46 961 hab. – Alt. 142 m – Carte régionale n° **13**-B3
Carte Michelin 329-K5 – Guide Vert Michelin Périgord Quercy

✿ La Table d'Olivier (Pierre Neveu)

CUISINE MODERNE • COSY Dans cette maison cosy œuvre un jeune couple passionné : elle, ancienne pâtissière, en salle, lui en tant que chef, tous les deux investis pour le plaisir des clients. La cuisine de Pierre (et non Olivier !) se révèle très gourmande, aussi fine que colorée... et le rapport qualité-prix est tout simplement renversant.

➜ Homard, betterave et framboise, tartare de bar. Lotte de Bretagne, ravioli de homard, carotte et yuzu. Macaron fraise et wasabi, sorbet shiso-fraise.

Menu 30 € (déj. en semaine), 46/68 € – Carte 65/75 €

Plan : A2-b *3 r. St-Ambroise – ✆ 05 55 18 95 95 – Fermé 30 août-15 sept., 1er-25 janv., merc. midi, lundi et mardi*

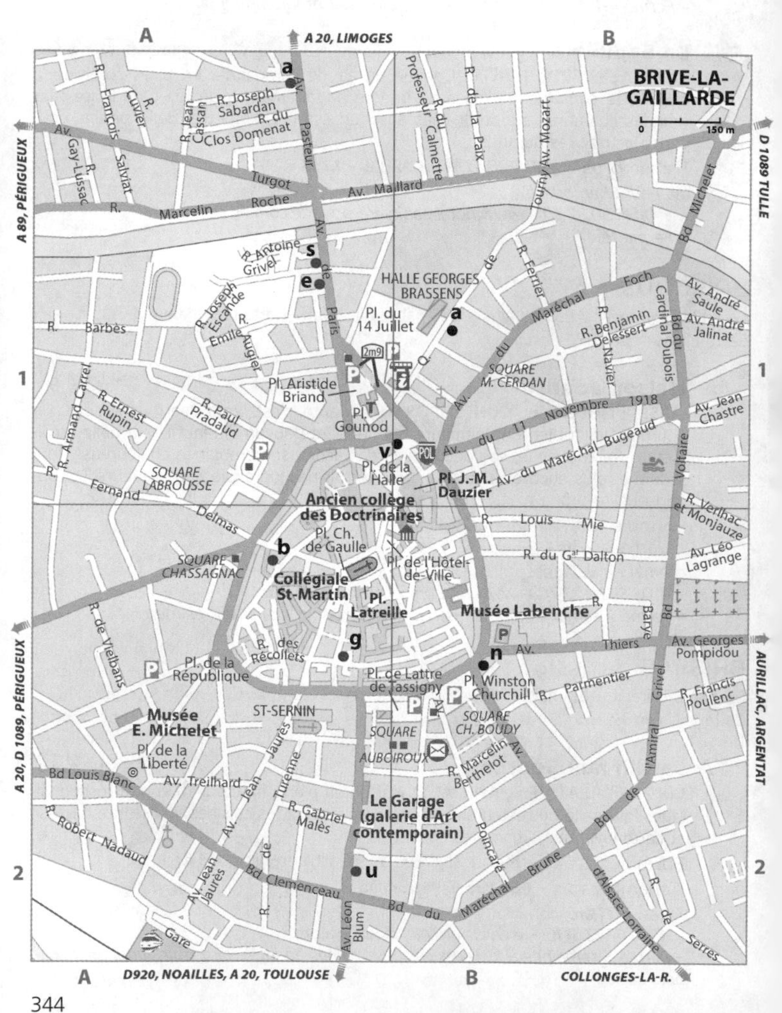

La Toupine

CUISINE MODERNE • TENDANCE XX Dans une maison typiquement locale, ce restaurant affirme son look minimaliste chic (inox, pierre et bois exotique). Au menu : galette de pieds de cochon panés et escalope de foie gras ; pavé de veau en croûte de noix et gratin de cèpes, etc. Une savoureuse cuisine du marché, entre tradition et modernité.

Formule 15 € - Menu 22 € (déj. en semaine), 30/43 € - Carte 38/45 €

Plan : A1-a *27 av. Pasteur - ✆ 05 55 23 71 58 - Fermé 1 semaine vacances de fév., 1 semaine en mai, 2 semaines en août, 1 semaine en nov., dim. et lundi*

En Cuisine

CUISINE MODERNE • BISTRO X Prenez un jeune chef passionné, travailleur, entouré d'une équipe à son image. Ajoutez une cuisine raffinée, où les saveurs sont franches et où la présentation des plats met d'emblée l'eau à la bouche. Vous y êtes presque... Saupoudrez le tout d'un service avec le sourire. Vous pouvez savourer !

Formule 25 € - Menu 32/43 €

Plan : A2-u *39 av. Edouard-Herriot - ✆ 05 55 74 97 53 - www.encuisine.net - Fermé dim. et lundi*

Bistrot C. Forget

CUISINE MODERNE • BISTRO X Sur une avenue menant au marché de Brive, le propriétaire de ce restaurant l'a transformé de fond en comble pour en faire un bistrot contemporain bien dans son époque ! Pari gagné dans le décor... et dans l'assiette, où l'on trouve une cuisine gourmande et bien réalisée, qui fait la part belle aux viandes du Limousin.

Formule 19 € - Menu 25/41 € - Carte 30/38 €

Plan : A1-e *53 av. de Paris - ✆ 05 55 74 32 47 - Fermé 21-30 déc., dim. et lundi*

Bistrot Chambon

CUISINE TRADITIONNELLE • BISTRO X L'ambiance est conviviale dans ce bistrot contemporain haut en couleurs. Le chef se met en quatre pour faire apprécier les spécialités du genre : sole meunière, tête de veau, pied de porc, etc. De bons produits frais, cuisinés avec soin et servis au pas de charge, affluence oblige !

Formule 17 € - Menu 20 € (déj.)/31 € - Carte 26/63 €

Plan : A2-g *8 r. des Échevins - ✆ 05 55 22 36 83 - www.bistrot-chambon.fr - Fermé dim. et lundi*

Chez Francis

CUISINE TRADITIONNELLE • BISTRO X Publicités rétro, objets en tout genre et dédicaces laissées par les clients : la parfaite ambiance d'un bistrot familial. On est tout à son aise pour déguster de bons produits et jolies recettes, avec en particulières de belles viandes limousines longuement maturées - un luxe !

Formule 19 € - Menu 22 € (semaine)/29 € - Carte 47/69 €

Plan : A1-s *61 av. de Paris - ✆ 05 55 74 41 72 - www.chezfrancis.fr - Fermé 1 semaine début juin, 1 semaine début sept., dim. et lundi*

Château de Lacan N

DEMEURE HISTORIQUE • CONTEMPORAIN Sur les hauteurs de Brive, un château du 12e s. qui marie avec bonheur l'ancien au contemporain. Matériaux de qualité jusque dans les chambres, dont certaines offrent une jolie vue sur le parc. Salles de réunion et de banquet.

15 chambres - 130/150 € 130/150 € - 12 €

Hors plan *r. Jean-Macé - ✆ 05 55 22 00 01 - www.hotelchateaulacan.fr*

La Truffe Noire

TRADITIONNEL • CLASSIQUE Au seuil de la vieille ville, cette grande maison régionale du 19e s. mêle avec élégance le charme des belles boiseries au raffinement contemporain. Les chambres, sobres et chic, offrent tout le confort nécessaire. Au restaurant, cuisine traditionnelle.

27 chambres - 79/120 € 89/140 € - 12 €

Plan : B1-v *22 bd Anatole-France - ✆ 05 55 92 45 00 - www.la-truffe-noire.com*

Le Quercy

BUSINESS • CONTEMPORAIN Un hôtel récent au cœur de Brive (l'une des portes des causses du Quercy). Les chambres ont été aménagées avec beaucoup de soin, dans un esprit design très coloré. Au dernier étage, on trouve même une suite-appartement très confortable... Esprit contemporain au programme !

48 chambres – 79/110 € 89/140 € – 1 suite – 12 €

Plan : B1-a *8 bis quai Tourny – 05 55 74 09 26 – www.hotelduquercy.com – Fermé 24 déc.-3 janv., dim. de nov. à mars*

Le Collonges

BUSINESS • FONCTIONNEL Un hôtel bien situé, en léger retrait du boulevard qui ceinture le centre-ville. Les chambres sont à la fois confortables et fonctionnelles, dans un esprit actuel ; on prend le petit-déjeuner en terrasse pendant les beaux jours.

28 chambres – 89/129 € 89/129 € – 10 €

Plan : B2-n *3 pl. Winston-Churchill – 05 55 74 09 58 – www.hotel-collonges.com*

à Lissac-sur-Couze 14 km à l'Ouest par D920 et D158 – 19600 – 764 hab. – Alt. 170 m

Château de Lissac

DEMEURE HISTORIQUE • PERSONNALISÉ Un lieu magique ! Le château, construit entre le Moyen-Âge et le 18e s., contemple le lac de Causse de son superbe parc planté de marronniers, de magnolias, de tilleuls... Les chambres sont décorées avec goût ; un vrai supplément d'âme.

5 chambres – 130/150 € 130/240 € – 14 €

au bourg – 06 08 14 95 97 – www.chateaudelissac.com – Ouvert début avril à mi-nov.

à Varetz 10 km au Nord-Ouest par D901 et D152 – 19240 – 2 370 hab. – Alt. 109 m

Château de Castel Novel

CUISINE MODERNE • ROMANTIQUE XXX Difficile de résister au charme de ce joli château... Dans un décor de caractère, on sert une cuisine d'aujourd'hui, qui met à l'honneur les produits du terroir – à la croisée du Limousin, du Périgord et du Quercy – au fil des saisons...

Formule 35 € – Menu 42 € (déj. en semaine), 65/119 € – Carte 88/168 €

– 05 55 85 00 01 – www.castelnovel.com – Ouvert de mi-avril à mi-nov. et fermé mardi midi, merc. midi et jeudi midi en juil.-août, lundi sauf le soir en juil.-août, sam. midi et dim. soir

Château de Castel Novel

DEMEURE HISTORIQUE • ÉLÉGANT Pour un séjour au calme, sur les pas de Colette... Cette dernière vécut ici, dans ce château fort en grès rose (13e-15e s.) si joliment romantique. Les chambres, très raffinées, donnent sur le ravissant parc. Du style, c'est indéniable !

35 chambres – 109/245 € 109/419 € – 2 suites – 22 €

– 05 55 85 00 01 – www.castelnovel.com – Ouvert de mi-avril à mi-nov.

Château de Castel Novel – voir les restaurants ci-dessus

BRIVEZAC – 19 Corrèze → Voir Beaulieu-sur-Dordogne

LE BROC

63500 Puy-de-Dôme – 666 hab. – Alt. 450 m – Carte régionale n° **3**-B2
Carte Michelin 326-G9

Le Diapason

CUISINE MODERNE • DESIGN XX Perché à côté d'un château du 14e s., dominant la plaine et l'autoroute, ce bâtiment ultra-moderne est le fief d'un chef savoyard au beau parcours. Ses assiettes font preuve d'une certaine inventivité ; on profite ensuite de quelques chambres très confortables, offrant une belle vue sur les environs.

Menu 28 € (déj. en semaine), 32/75 € - Carte environ 66 €

6 chambres - †115 € ††130 € - 16 €

r. du Clos-de-la-Chaux - 04 73 71 71 71 - www.lediapason.fr - Fermé 3 semaines en janv., 2 semaines en sept., dim. soir, mardi sauf le midi en saison et lundi

BROU

28160 Eure-et-Loir - 3 411 hab. - Alt. 150 m - Carte régionale n° **6**-B1
Carte Michelin 311-C6 - Guide Vert Michelin Normandie Vallée de la Seine

L'Ascalier

CUISINE TRADITIONNELLE • CONVIVIAL X Dans la région, tout le monde - ou presque - connaît cet Ascalier ! Et pour cause, cette adresse a plus d'un atout avec sa terrasse fleurie, son cadre, ses beaux produits régionaux, ses menus à prix doux... et bien entendu son "escalier" du 16e s. qui mène aux salles de l'étage.

Formule 15 € - Menu 21/34 € - Carte 24/48 €

9 pl. du Dauphin - 02 37 96 05 52 - Fermé dim. soir, lundi soir et mardi

BROUILLAMNON - 18 Cher

➔ Voir Charost

LES BROUZILS

85260 Vendée - 2 738 hab. - Alt. 64 m - Carte régionale n° **18**-B3
Carte Michelin 316-I6

Manoir de la Thébline

FAMILIAL • COSY Dans un grand parc verdoyant - avec un étang -, une jolie demeure du 15e, 16e et 19e s. Ici, tout est pensé pour la détente : billard, bibliothèque, piscine et, évidemment, des chambres de facture classique, spacieuses, coquettes et parfaitement tenues. Idéal pour un séjour découverte de la région.

3 chambres - †98/115 € ††98/155 €

2 km au Nord-Ouest par D7, rte de l'Herbergement - 06 77 71 67 25 - www.manoirthebline.com

BRUAILLES - 71 Saône-et-Loire

➔ Voir Louhans

BRUÈRE-ALLICHAMPS - 18 Cher

➔ Voir St-Amand-Montrond

BRUYÈRES-ET-MONTBÉRAULT - 02 Aisne

➔ Voir Laon

BRY-SUR-MARNE - 94 Val-de-Marne

➔ Voir Autour de Paris

BUELLAS

01310 Ain - 1 714 hab. - Alt. 225 m - Carte régionale n° **24**-E1
Carte Michelin 328-D3 - Guide Vert Michelin Lyon et sa région

L'Auberge Bressane de Buellas

CUISINE TRADITIONNELLE • AUBERGE X Dans cette auberge (une ex-boulangerie), on se régale de belles recettes du terroir avec un zeste de saveurs du Sud et une dose d'inventivité. On peut opter pour le restaurant traditionnel, d'un côté, ou pour l'Intimiste, de l'autre, où la proposition est plus ambitieuse, et le décor élégant et cosy. Dans les deux cas, le service est attentionné et les prix raisonnables.

Formule 15 € - Menu 24/48 € - Carte 29/47 €

10 rte de Buesle (pl. du Prieuré) - 04 74 24 20 20 - www.auberge-buellas.com - Fermé vacances de la Toussaint, dim. soir et merc.

 **L'Auberge Bressane de Buellas** Ⓝ 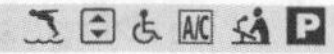

AUBERGE • CONTEMPORAIN Au centre du village, une maison familiale joliment aménagée, avec treize chambres colorées qui allient l'ancien et le moderne. Agréable piscine extérieure et jacuzzi.

13 chambres - 🚹80/195 € 🚹🚹95/195 € - ☕12 €

10 rte de Buesle (pl. du Prieuré) - ✆ 04 74 24 20 20 - www.auberge-buellas.com - Fermé vacances de la Toussaint

🍽 **L'Auberge Bressane de Buellas** - voir les restaurants ci-dessus

BUIS-LES-BARONNIES

✉ 26170 Drôme - 2 281 hab. - Alt. 365 m - Carte régionale n° **23**-B3
Carte Michelin 332-E8 - Guide Vert Michelin Alpes du Sud

 **Les Arcades-Le Lion d'Or** 

FAMILIAL • PERSONNALISÉ Passez sous les arcades de la place principale (15e s.) pour entrer dans l'hôtel... Les amateurs de couleurs vives apprécieront les chaleureuses chambres provençales. Aux beaux jours, il fait bon profiter de la terrasse, face à la piscine, ou du charmant jardin intérieur à l'ombre d'une glycine.

12 chambres - 🚹61/88 € 🚹🚹79/110 € - 1 suite - ☕11 €

pl. du Marché - ✆ 04 75 28 11 31 - www.hotelarcades.fr - Ouvert 26 mars-30 nov.

LE BUISSON-CORBLIN - 61 Orne ➜ Voir Flers

LE BUISSON-DE-CADOUIN

✉ 24480 Dordogne - 2 036 hab. - Alt. 63 m - Carte régionale n° **2**-C3
Carte Michelin 329-G6

🍽 **Auberge de l'Espérance** 

CUISINE TRADITIONNELLE • CONVIVIAL ✗ Âmes désespérées, courez dans cette adresse qui saura vous redonner foi en la vie ! L'accueil de la patronne n'est que sourire et chaleur, et la cuisine est pleine de jolies attentions, alliant fraîcheur et franche gourmandise. Voilà qui rappelle que les plaisirs simples sont parfois les plus marquants...

Formule 19 € - Menu 30 € (déj. en semaine), 37/46 € - Carte 50/66 €

3 av. des Sycomores - ✆ 05 53 74 23 66 - Fermé vacances de Février, mardi et merc. sauf juil.-août

à Paleyrac 4 km au Sud-Est par D25 et rte secondaire - ✉ 24480

 **Le Clos Lascazes** 

FAMILIAL • PERSONNALISÉ Ces trois maisons, issues de trois siècles différents, abritent des chambres confortables et lumineuses. On s'y repose au grand calme. Et durant la journée, du premier au dernier rayon de soleil, on profite du parc et de la piscine. Bon petit-déjeuner.

5 chambres - 🚹79/108 € 🚹🚹79/108 € - ☕12 €

- ✆ 05 53 74 33 94 - www.clos-lascazes.com - Ouvert d'avril à oct.

BULGNEVILLE

✉ 88140 Vosges - 1 505 hab. - Alt. 350 m - Carte régionale n° **14**-B3
Carte Michelin 314-D3

🍽 **La Marmite Beaujolaise** 

CUISINE MODERNE • AUBERGE ✗✗ S'il y a une chose qu'on ne peut reprocher au chef Rémi Lebouc, c'est de se reposer sur ses acquis ! Dans cette auberge du 18e s. installée au pied de l'église, au centre du village, il propose une cuisine de plus en plus créative au fil des ans, sans pour autant renier ses bases traditionnelles. Prix maîtrisés.

Ⓑ Menu 16 € (déj. en semaine), 23/44 € - Carte 43/58 €

34 r. de l'Hôtel-de-Ville - ✆ 03 29 09 16 58 - www.restaurant-lamarmitebeaujolaise.com - Fermé 24-30 sept., 1er-7 oct., 1er-6 janv., dim. soir, mardi soir et lundi

Benoit Breton

MAISON DE MAÎTRE • PERSONNALISÉ Antiquaire de son métier, monsieur Breton a donné une âme à sa maison : chambres spacieuses, meubles et bibelots raffinés. Petits-déjeuners campagnards devant la jolie cheminée.

4 chambres - 85/135 €

74 r. des Récollets - 03 29 09 21 72 - www.benoitbreton.fr

BURCIN

38690 Isère - 408 hab. - Alt. 520 m - Carte régionale n° **23**-C2
Carte Michelin 333-F5

Relais St-Hubert

CUISINE TRADITIONNELLE • TENDANCE X Sous l'œil de saint Hubert, patron des chasseurs, on se lance à la poursuite des bonnes saveurs dans cette chaleureuse ferme dauphinoise transformée en restaurant. Gibier, champignons et autres produits du cru : le jeune chef, passionné, nous régale d'une cuisine traditionnelle rythmée par les saisons.

Menu 19 € (déj. en semaine), 25/45 € - Carte 35/50 €

1 pl. de l'Eglise - 04 76 65 00 36 - www.relais-sthubert.com
- Fermé 30 juil.-21 août, 26-31 déc., 1er-9 janv., merc. soir, dim. soir, lundi et mardi

BURNHAUPT-LE-HAUT

68520 Haut-Rhin - 1 775 hab. - Alt. 300 m - Carte régionale n° **1**-A3
Carte Michelin 315-G10

Le Coquelicot

FAMILIAL • FONCTIONNEL Dans une zone commerciale, non loin d'axes routiers fréquentés, cet hôtel-restaurant dispose de chambres confortables et impeccablement tenues, dans un style hôtelier fonctionnel.

26 chambres - 85/95 € 85/95 € - 12 €

24 r. du Pont d'Aspach, au Pont d'Aspach, 1 km au Nord
- 03 89 83 10 10 - www.lecoquelicot.fr
- Fermé 23 déc.-7 janv.

BUSNES - 62 Pas-de-Calais

→ Voir Béthune

BUSSEAU-SUR-CREUSE

23150 Creuse - Ahun - Carte régionale n° **13**-C1
Carte Michelin 325-J4 - Guide Vert Michelin Limousin Berry

Le Viaduc

CUISINE MODERNE • RUSTIQUE XX Rustique et sympathique, cette petite auberge de pays domine la vallée de la Creuse et offre une belle vue sur le viaduc de style Eiffel... On y déguste une cuisine généreuse et bien réalisée.

Menu 14 € (déj. en semaine), 24/50 € - Carte 40/60 €

5 chambres - 48/65 € 48/95 € - 7 €

9 Busseau Gare - 05 55 62 57 20 - www.restaurant-leviaduc.com
- Fermé 1 semaine en juin, 1 semaine en oct., 2 semaines en janv., jeudi soir, dim. soir et lundi

Les maisons d'hôtes ne proposent pas les mêmes services qu'un hôtel : l'accueil, l'atmosphère, la décoration des lieux font son caractère et son charme, qui reflètent la personnalité de ses propriétaires.

LA BUSSIÈRE-SUR-OUCHE

✉ 21360 Côte-d'Or - 139 hab. - Alt. 320 m - Carte régionale n° **4**-C2
Carte Michelin 320-I6 - Guide Vert Michelin Bourgogne

1131

CUISINE MODERNE • HISTORIQUE XXX Dans le cadre exceptionnel de cette ancienne abbaye se joue une partition culinaire de haut vol... Guillaume Royer, le chef, met tout son talent au service du terroir bourguignon, qu'il magnifie dans des assiettes savoureuses et techniquement impeccables. Quant à la carte des vins, elle recèle bien des trésors !

➔ Chou braisé au lard du Morvan et à la truffe fraîche, comté millésimé. Omble de fontaine, bouillon de pochouse safrané, carottes en couleurs et purée au parfum de yuzu. Crémeux, sorbet et madeleine au miel de l'abbaye.

Menu 98/235 € - Carte 140/150 €

D33 - ✆ 03 80 49 02 29 - www.abbayedelabussiere.fr - Fermé 2 janv.-9 fév., lundi, mardi et le midi sauf dim.

Le Bistrot des Moines

CUISINE TRADITIONNELLE • HISTORIQUE X Un bistrot sympathique, où l'on retrouve les créations inspirées de Guillaume Royer, M.O.F. 2015, qui met en valeur le marché du jour et l'envie du moment. On se régale de cette cuisine de terroir pleine de saveurs, généreuse à souhait ; à plus forte raison lorsqu'il fait beau que l'on est installé en terrasse, face au parc...

Formule 29 € - Menu 32/39 €

Hôtel Abbaye de la Bussière, D33 - ✆ 03 80 49 02 29 - www.abbayedelabussiere.fr - Fermé 2 janv.-9 fév., lundi et mardi de nov. à mars et le soir sauf lundi et mardi d'avril à oct.

Abbaye de la Bussière

DEMEURE HISTORIQUE • GRAND LUXE Une abbaye cistercienne du 12e s. noyée dans la verdure. Si le cloître des moines a disparu, la quiétude reste entière : architectures gothiques, pièce d'eau, chambres luxueuses et... gourmandises !

17 chambres - †225/600 € ††225/600 € - 3 suites - ☕ 25 €

D33 - ✆ 03 80 49 02 29 - www.abbayedelabussiere.fr - Fermé 2 janv.-9 fév.

1131 • **Le Bistrot des Moines** - voir les restaurants ci-dessus

BUXY

✉ 71390 Saône-et-Loire - 2 135 hab. - Alt. 263 m - Carte régionale n° **4**-C3
Carte Michelin 320-I9

Aux Années Vins

CUISINE MODERNE • CLASSIQUE XX Dans les anciennes fortifications du village, cette auberge chic est une ode aux jolis nectars. La cuisine, plutôt actuelle, s'inspire de solides bases classiques, avec un beau choix de fromages affinés. L'hiver, on s'installe au coin du feu, l'été permet de profiter de l'agréable terrasse fleurie.

Formule 20 € - Menu 34/65 € - Carte 48/63 €

2 Grande-Rue - ✆ 03 85 92 15 76 - www.aux-annees-vins.com - Fermé 27 août-9 sept., vacances de fév., mardi et merc.

LES CABANNES

✉ 09310 Ariège - 340 hab. - Alt. 535 m - Carte régionale n° **15**-C3
Carte Michelin 343-I8

La Maison Lacube

VIANDES • BISTRO X Bienvenue à l'ambassade gourmande des produits ariégeois ! Au pied du plateau de Beille, en Haute-Ariège, veille le patron de ce petit établissement, éleveur de bœuf gascon, qui met à l'honneur sa production. Carte simple, produits locavores, convivialité et air vivifiant : le bonheur.

Formule 15 € - Menu 20/29 € - Carte 30/45 €

3 pl. des Platanes - ✆ 05 34 09 09 09 - www.lamaisonlacube.com - fermé 2 semaines en nov., dim. soir, lundi soir et mardi soir sauf vacances scolaires

CABESTANY - 66 Pyrénées-Orientales ➜ Voir Perpignan

CABOURG

✉ 14390 Calvados - 3 673 hab. - Alt. 3 m - Carte régionale n° **17**-B2
Carte Michelin 303-L4 - Guide Vert Michelin Normandie Vallée de la Seine

Le Balbec

CUISINE TRADITIONNELLE • ÉLÉGANT XXX La galerie, sur le front de mer, vous attend ; y retrouverez-vous le temps perdu ? Le restaurant du Grand Hôtel de Cabourg met toujours un point d'honneur à proposer des assiettes précises et raffinées, qui regorgent de belles saveurs.

Menu 69/105 € - Carte 78/105 €

Plan : A1-s *Grand Hôtel, prom. Marcel-Proust*
- ✆ 02 31 91 01 79 - www.sofitel.com
- Fermé le lundi et le mardi soir hors vacances scolaires et le midi sauf week-ends

Le Bouche à Oreille 

CUISINE TRADITIONNELLE • COSY XX Juste en face du marché de Cabourg, cette maison vit au rythme d'une famille de bons professionnels : père et fils réalisent aux fourneaux une honnête cuisine de tradition - huîtres de la région, foie gras, homard, sole meunière, soufflé au Grand Marnier... Le décor est chaleureux ; le service est aimable et souriant.

Formule 22 € - Menu 24 € (déj. en semaine), 31/39 € - Carte 45/87 €

Plan : A2-u *10 av. des Dunettes*
- ✆ 02 31 91 26 80 - www.boucheaoreille-cabourg.fr
- Fermé janv., dim. soir, mardi midi et lundi sauf vacances scolaires

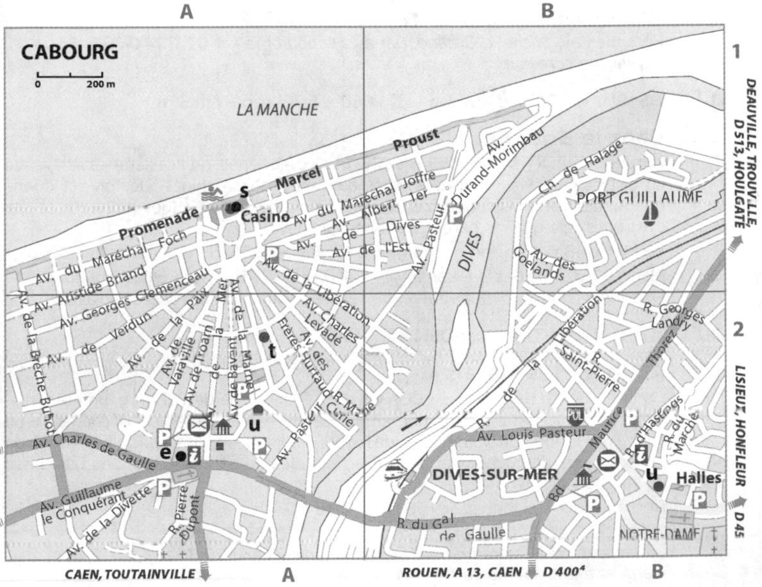

Le Baligan

POISSONS ET FRUITS DE MER • BISTRO Cannes à pêche, lithographies, fresques, etc. Dans ce bistrot au décor marin, on vous propose les produits de la criée locale : fraîcheur garantie ! Les spécialités du chef : symphonie de la mer (fruits de mer pour deux), bon'iau du pêcheur (marmite aux trois poissons et moules), bouillabaisse cabourgeaise... À déguster en terrasse aux beaux jours.

Menu 19 € (déj. en semaine), 32/58 € - Carte 39/62 €

Plan : A2-t *8 av. Alfred-Piat - 02 31 24 10 92 - www.lebaligan.fr - Fermé 3-27 déc., merc. sauf de juin à sept. et vacances scolaires*

Grand Hôtel

HISTORIQUE • BORD DE MER Ce palace du front de mer, hanté par le souvenir de Proust, joue la carte contemporaine : lignes épurées, mobilier haut de gamme... D'avril à septembre, la Plage propose salades et poissons sur une superbe terrasse posée sur le sable. Petit espace bien-être.

68 chambres - 160/770 € 160/770 € - 3 suites - 28 €

Plan : A1-s *prom. Marcel-Proust - 02 31 91 01 79 - www.sofitel.com*

Le Balbec - voir les restaurants ci-dessus

Les Bains de Cabourg Thalazur

SPA ET BIEN-ÊTRE • DESIGN Né en 2013, l'établissement a fait l'événement avec ses 10 000 m² de surface - dont 600 consacrés au spa - dans un parc de 6 ha face à la mer... Sa belle architecture moderne, ses volumes impressionnants, ses balcons ouvrant sur la plage (dans la plupart des chambres) : tout inspire bien-être et confort !

155 chambres - 139/700 € 139/700 € - 10 suites - 21 €

Hors plan *44 av. Charles-de-Gaulle - 02 50 22 10 00 - www.thalazur.fr/hotel-cabourg/ - Fermé 7-11 janv.*

Mercure Hippodrome

HÔTEL DE CHAÎNE • FONCTIONNEL Ces deux bâtiments récents - d'inspiration normande - jouxtent l'hippodrome. Certaines chambres donnent sur le champ de courses.

79 chambres - 85/275 € 85/275 € - 16 €

Hors plan *av. Michel-d'Ornano, par av. Hippodrome - 02 31 24 04 04 - www.mercure.com*

à Dives-sur-Mer Sud du plan - 14160 - 5 761 hab. - Alt. 3 m

Chez le Bougnat

CUISINE TRADITIONNELLE • BISTRO Cette ancienne quincaillerie est devenue un bistrot convivial. Vieilles affiches aux murs, objets chinés : le ton est donné pour une cuisine bistrotière généreuse, avec de bonnes viandes maturées et des classiques tels que les harengs pommes à l'huile.

Menu 18 € (déj. en semaine)/29 € - Carte 25/55 €

Plan : B2-u *27 r. Gaston-Manneville - 02 31 91 06 13 - www.chezlebougnat.fr - Fermé le soir du dim. au merc. de sept. à Paques sauf vacances scolaires*

au Hôme 2 km à l'Ouest par D514 - 14390

Au Pied des Marais

CUISINE TRADITIONNELLE • CONVIVIAL À la sortie de Cabourg, un établissement où l'on s'installe dans une ambiance chaleureuse, près de la cheminée ou dans la véranda. On y apprécie des plats traditionnels, des spécialités (dont de fameux pieds de cochon) et des grillades au feu de bois. Une table où l'on passe un vrai bon moment !

Formule 20 € - Menu 38/58 € - Carte 50/85 €

26 av. du Prés.-Coty 14390 Varanville - 02 31 91 27 55 - www.aupieddesmarais.com - Fermé 18 janv.-10 fév., 20-30 juin, 12-27 déc., mardi et merc. sauf le soir en juil.-août

CABRIÈRES-D'AVIGNON

✉ 84220 Vaucluse - 1 733 hab. - Alt. 167 m - Carte régionale n° **22**-E1
Carte Michelin 332-D10 - Guide Vert Michelin Provence

La Bastide de Voulonne

AUBERGE • PERSONNALISÉ Au milieu des vignes et des arbres fruitiers, une ravissante bastide de 1764. Chambres coquettes et soignées, possibilité de séjours à thèmes (huile d'olive, truffes...). Le soir, les produits du terroir sont à la fête avec le menu unique de la table d'hôte.

14 chambres - 112/159 € 139/225 € - 13 €

2133 rte des Beaumettes, 2,5 km au Sud-Ouest par D148 - ✆ 04 90 76 77 55 - www.bastide-voulonne.com - Ouvert d'avril à oct.

CABRIS - 06 Alpes-Maritimes ➜ Voir Grasse

LA CADIÈRE-D'AZUR

✉ 83740 Var - 5 514 hab. - Alt. 144 m - Carte régionale n° **21**-B3
Carte Michelin 340-J6 - Guide Vert Michelin Côte d'Azur

Hostellerie Bérard (Jean-François Bérard)

CUISINE MODERNE • CLASSIQUE XXX À la suite de son père René, Jean-François Bérard a repris le flambeau de la table familiale. Jus corsés et émulsions subtiles, produits de qualité (dont les légumes et herbes du jardin)... du beau travail au service du goût, entre héritage et nouveauté !

➜ Huître en velouté au foie gras, menthe poivrée et citron confit. Poulette de Bresse rôtie à la broche, jus aux pignons de pin torréfiés. Soufflé et crémeux au chocolat, chutney au citron confit et glace à l'anis étoilé.

Menu 37 € (déj. en semaine), 59/174 € - Carte 93/146 €

6 av. Gabriel-Péri - ✆ 04 94 90 11 43 - www.hotel-berard.com - Fermé 7 janv.-9 fév., mardi sauf le soir du 10 juil. au 15 sept. et lundi

Le Bistrot de Jef

CUISINE PROVENÇALE • CONVIVIAL X Un bistrot convivial et accueillant, où une jeune équipe dynamique assure notre bonheur. La cuisine sent bon la Provence et la Méditerranée, et ces couleurs du Sud prennent d'autant plus de relief dans la véranda, où l'on jouit d'une vue superbe sur la vallée environnante !

Formule 21 € - Menu 33 € - Carte 36/61 €

Hostellerie Bérard, 16 av. Gabriel-Péri - ✆ 04 94 90 11 43 - www.hotel-berard.com - Fermé 7 janv.-9 fév., jeudi sauf le soir du 1er juil. au 15 sept. et merc.

Hostellerie Bérard

FAMILIAL • PERSONNALISÉ Une de ces adresses de tradition de l'hôtellerie française... Elle réunit plusieurs maisons de ce joli village perché : charme des vieilles pierres, de l'esprit provençal et d'un accueil prévenant - sans compter les plaisirs gastronomiques -, sous l'égide de toute une famille animée par le désir de la qualité.

37 chambres - 106/225 € 106/387 € - 22 €

6 av. Gabriel-Péri - ✆ 04 94 90 11 43 - www.hotel-berard.com - Fermé 7 janv.-9 fév.

Hostellerie Bérard • **Le Bistrot de Jef** - voir les restaurants ci-dessus

CADILLAC

✉ 33410 Gironde - 2 743 hab. - Alt. 16 m - Carte régionale n° **2**-B2
Carte Michelin 335-J7 - Guide Vert Michelin Aquitaine

Château de la Tour

BUSINESS • CONTEMPORAIN Entre le château et la Garonne, au cœur d'un joli parc dominé par quatre cèdres de l'Atlas tricentenaires, cet hôtel propose des chambres contemporaines et fraîches (côté parc), plus plaisantes au premier étage. On se sent bien !

32 chambres - 82/117 € 97/232 € - 11 €

- ✆ 05 56 76 92 00 - www.hotel-restaurant-chateaudelatour.com

G. Gerault/hemis.fr

ON AIME...

La Manufacture, une double adresse : bistrot d'un côté, "gastro" cosy de l'autre ! **La Table de JF,**un comptoir convivial pour d'inoubliables soirées entre amis. **L'Accolade**, le rendez-vous de la jeunesse dans le quartier du Vaugueux. **Initial**, son cadre aussi tendance que sa cuisine. **L'Espérance**, entre tradition et air du temps, l'autre table du chef Stéphane Carbone...

CAEN

✉ 14000 Calvados - 106 538 hab. - Agglo. 196 369 hab. - Alt. 25 m
- Carte régionale n° **17**-B2
Carte Michelin 303-J4 - Guide Vert Michelin Normandie Cotentin

Restaurants

✿ Ivan Vautier

CUISINE MODERNE • DESIGN XxX Limpidité, précision, maîtrise : dans ce restaurant élégant, sobre et contemporain, les assiettes ont du style, et ce sans renier la nature et la saveur des produits, au contraire... Ivan Vautier a du talent et sa cuisine de saison en témoigne !

➜ Ormeaux étuvés au beurre d'algue, purée de ratte iodée. Suprêmes de pigeonneau poudrés de cacao et d'épices, cuisses rôties et farcies. Tarte moderne façon Tatin, glace à la crème de calvados.

Menu 36 € (déj. en semaine), 64/105 € - Carte 75/100 €

Plan : A2-v *Hôtel Ivan Vautier, 3 av. Henry-Chéron*
- ✆ 02 31 73 32 71 - www.ivanvautier.com
- Fermé dim. soir et lundi

✿ Stéphane Carbone

CUISINE CRÉATIVE • DESIGN XxX Non, cette cuisine ne peut passer "incognito" ! À deux pas du port de plaisance, la table de Stéphane Carbone est une valeur sûre, où la gastronomie se décline avec créativité et délicatesse. Le confort des lieux, élégants et contemporains, ajoute au plaisir du repas.

➜ Foie gras de canard mi-cuit, pâte de sésame noir et gelée granny smith. Ris de veau au sautoir, vitelotes à la florentine et sauce vin jaune. Chocolat manjari, tuile cacao, crémeux Caraïbes, espuma à la vanille de Tahiti.

Formule 26 € - Menu 29 € (déj. en semaine), 35/98 € - Carte environ 90 €

Plan : E2-u *14 r. de Courtonne*
- ✆ 02 31 28 36 60 - www.stephanecarbone.fr
- Fermé 5-20 août, sam. midi, dim. et lundi

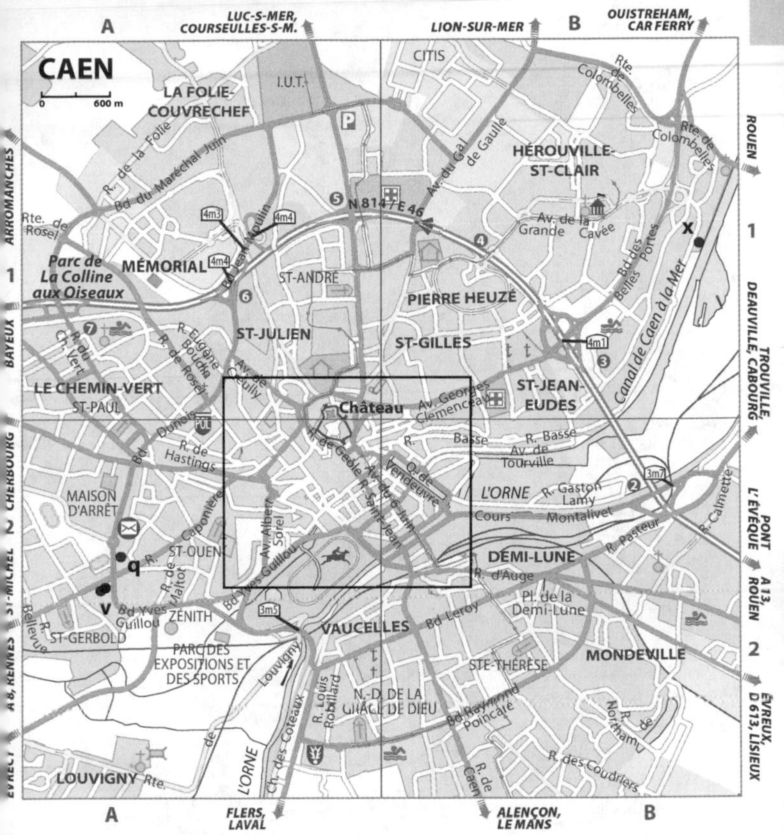

À Contre Sens (Anthony Caillot)

CUISINE MODERNE · COSY XX Dans son élégante salle du numéro 10, où dialoguent bois et pierre, ce restaurant continue de cultiver non pas le contresens, mais bien l'exactitude ! Anthony Caillot est un excellent cuisinier, dont le style est enlevé, précis et audacieux – sans dérouter. Attention, vu le succès de l'endroit, la réservation est impérative.

➜ Raviole de foie gras au boudin noir de la Manche, bouillon aux châtaignes. Saint-Jacques dorées au beurre de yuzu, chou-fleur râpé au vinaigre, algues et blé. Crème prise à la framboise et basilic, sablé pistache.

Menu 26 € (déj.), 44/64 € – Carte environ 65 €

Plan : D2-r *8-10 r. des Croisiers – ✆ 02 31 97 44 48 – www.acontresenscaen.fr*
– Fermé vacances de printemps, mi-juil. à mi-août, début janv., mardi midi, dim. et lundi

Initial (Yohann Lemonnier)

CUISINE CRÉATIVE · TENDANCE X Installé dans une ancienne boutique proche de l'Abbaye-aux-Hommes, ce restaurant est né de la volonté de deux jeunes associés. Leur crédo : une cuisine créative et variée, déclinée au dîner en 4, 6 ou 8 plats, qui répond à une philosophie limpide : passion et émotion ! Le tout accompagné de vins bien choisis, dont certains naturels.

➜ Cuisine du marché.

Formule 24 € – Menu 29 € (déj. en semaine), 45/75 €

Plan : C2-z *24 r. St-Manvieu ✆ 02 50 53 69 86 – www.initial-restaurant.com*
– Fermé 1 semaine en avril, août, 1er-15 janv., dim. et lundi

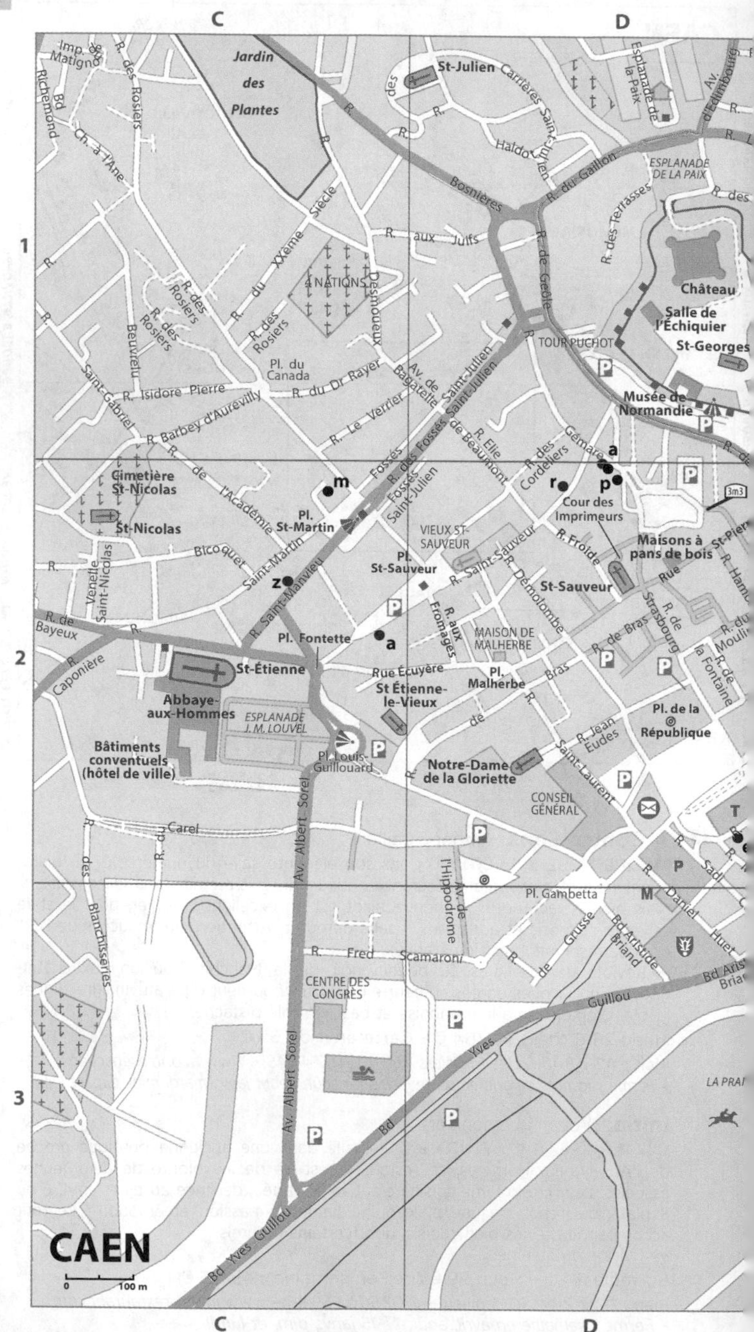
C
D
CAEN
1
2
3
Jardin des Plantes
St-Julien
Château
Salle de l'Échiquier
St-Georges
Musée de Normandie
TOUR PUCHOT
ESPLANADE DE LA PAIX
4 NATIONS
Pl. du Canada
Cimetière St-Nicolas
St-Nicolas
Pl. St-Martin
VIEUX ST-SAUVEUR
Pl. St-Sauveur
St-Sauveur
Cour des Imprimeurs
Maisons à pans de bois
Pl. Fontette
St-Étienne
Abbaye-aux-Hommes
ESPLANADE J. M. LOUVEL
Bâtiments conventuels (hôtel de ville)
Rue Écuyère
St Étienne-le-Vieux
MAISON DE MALHERBE
Pl. Malherbe
Pl. de la République
Pl. Louis-Guillouard
Notre-Dame de la Gloriette
CONSEIL GÉNÉRAL
Pl. Gambetta
CENTRE DES CONGRÈS
LA PRAI
Av. Albert Sorel
Bd Yves Guillou
100 m

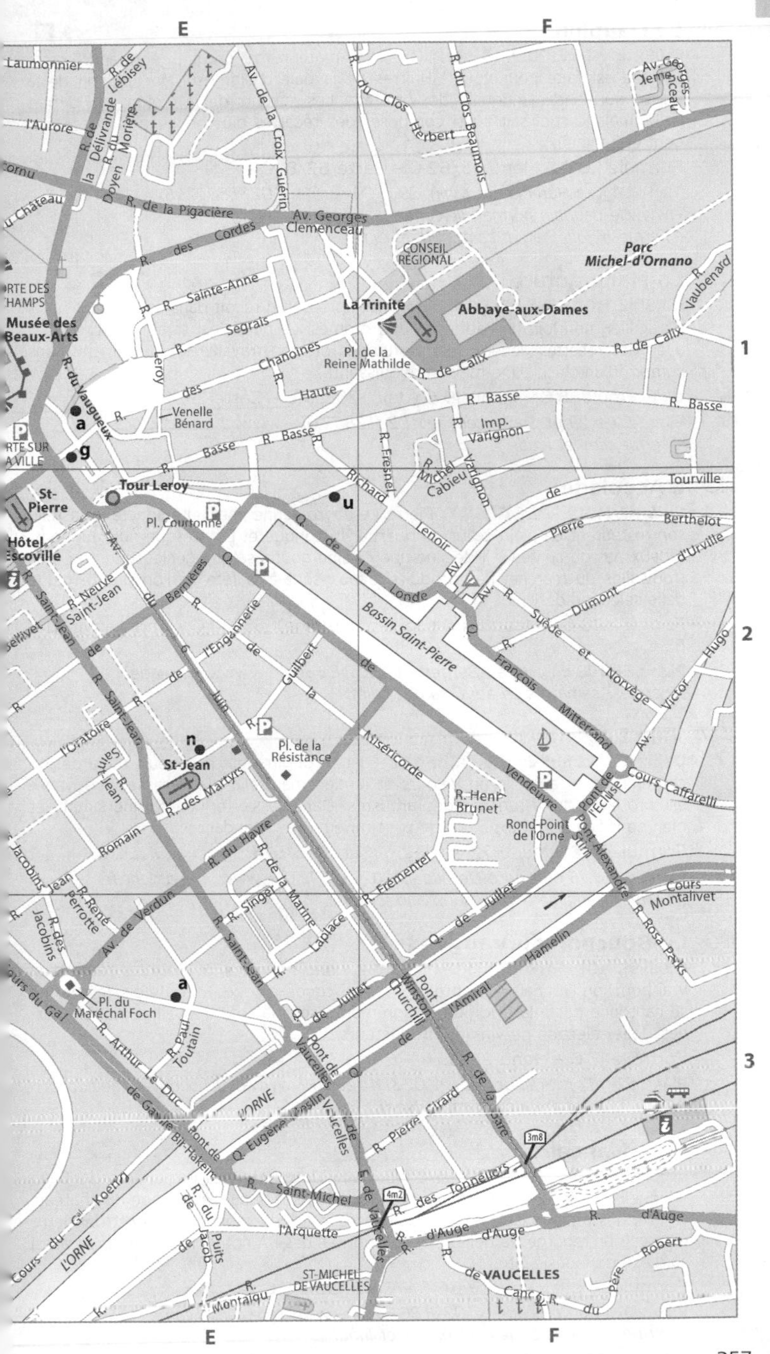

E
F
1
2
3
Laumonnier
R. de Lébisey
l'Aurore
R. de la Délivrande
R. du Doyen Morière
Av. de la Croix Guérin
R. du Clos Herbert
R. du Clos Beaumois
Av. Georges Clemenceau
R. de la Pigacière
R. des Cordes
Parc Michel-d'Ornano
CONSEIL RÉGIONAL
R. Vaubenard
R. Sainte-Anne
R. Segrais
La Trinité
Abbaye-aux-Dames
Musée des Beaux-Arts
R. Leroy
R. des Chanoines
Pl. de la Reine Mathilde
R. de Calix
R. du Vaugueux
R. Haute
R. Basse
Venelle Bénard
Imp. Varignon
R. Fresnel
R. Michel Cabieu
R. Varignon
R. Richard Lenoir
Tourville
Tour Leroy
St-Pierre
Pl. Courtonne
Av. de Tourville
Av. Pierre Berthelot
d'Urville
Hôtel Escoville
R. Neuve Saint-Jean
Q. de La Londe
R. Dumont
R. Suède et Norvège
Bassin Saint-Pierre
Q. François Mitterrand
Av. Victor Hugo
R. Saint-Jean
Av. du 6 Juin
Q. Bernières
R. de l'Engannerie
R. Guilbert
R. de la Miséricorde
R. de l'Oratoire
Pl. de la Résistance
Saint Jean
St-Jean
R. des Martyrs
R. Henri Brunet
Vendeuvre
Rond-Point de l'Orne
Pont de l'Écluse
Cours Caffarelli
Romain
R. du Havre
R. de la Marine
R. Frémentel
Pont Stirn
Pont Alexandre
Cours Montalivet
R. René Perrotte
R. des Jacobins
Av. de Verdun
R. Singer
R. Laplace
Q. de Juillet
Hamelin
R. Rosa Parks
Cours du Gal de Gaulle
Pl. du Maréchal Foch
R. Paul Toutain
Pont Winston Churchill
Q. de l'Amiral
R. Arthur Le Duc
Pont de Vaucelles
R. de la Gare
L'ORNE
Q. Eugène Boudin
Q. de Vaucelles
R. Pierre Girard
3m8
Pont de Bir-Hakeim
R. Saint-Michel
4m2
R. des Tonneliers
Cours du Gal Koenig
R. du Puits de Jacob
l'Arquette
R. de Vaucelles
R. d'Auge
ST-MICHEL DE VAUCELLES
VAUCELLES
R. Montaigu
R. du Père Robert
Cancale

Le Dauphin

CUISINE MODERNE • ROMANTIQUE XXX Amateurs de produits normands, cette adresse est faite pour vous ! Huîtres de la baie d'Isigny-sur-Mer, pigeon de la Suisse normande, andouille de Vire, etc. Les saveurs de la région ont la part belle, mais le chef sait aussi composer des recettes plus originales... Décor élégant et lumineux.

Formule 20 € - Menu 25/62 € - Carte 62/81 €

Plan : D1_2-a *Hôtel Le Dauphin, 29 r. Gémare - ✆ 02 31 86 22 26 - www.le-dauphin-normandie.com - Fermé 16 juil.-8 août, sam. midi et dim.*

La Manufacture

CUISINE MODERNE • ÉLÉGANT XX Le couple Bertin reçoit dans cet élégant hôtel particulier, non loin de l'abbaye aux Hommes. Le plaisir est total dans l'assiette, avec des recettes généreuses, parfumées et bien travaillées visuellement, sans l'ombre d'un chichi. Une maison réjouissante.

Formule 15 € - Menu 19 € (déj.), 26/39 € - Carte 29/42 €

Plan : C2-a *29 pl. St-Sauveur - ✆ 02 31 28 72 01 - www.la-manufacture-caen.fr - Fermé dim. et lundi*

L'Accolade

CUISINE MODERNE • COSY XX Pierre Lefebvre, jeune chef autodidacte, a installé son restaurant en plein cœur du quartier historique et pittoresque du Vaugueux, à deux pas du château. Il décline une cuisine goûteuse et ingénieuse, au gré des trouvailles du marché. Les produits locaux sont à la fête, et l'on profite d'une belle sélection de vins.

Formule 20 € - Menu 24 € (déj. en semaine), 35/60 € - Carte environ 55 €

Plan : E1-a *18 r. Porte-au-Berger - ✆ 02 31 80 30 44 - www.laccolade.fr - Fermé 3 semaines en août, sam. et dim.*

Villa Eugène

CUISINE MODERNE • BRANCHÉ XX Le décor, original et chaleureux, mêle design contemporain, fauteuils en velours et lumière naturelle ; la terrasse verdoyante est protégée de la rue par des arbustes. Dans l'assiette, une cuisine simple et bien dans l'air du temps... Délicieux et furieusement tendance!

Formule 17 € - Menu 22 € (déj.) - Carte 35/52 €

Plan : A2-q *75 bd André-Detolle - ✆ 02 31 75 12 12 - www.villa-eugene.fr - Fermé 1 semaine d'août, sam. midi et dim.*

Le Bouchon du Vaugueux

CUISINE MODERNE • BISTRO X Sous des dehors simples, ce bistrot a l'âme d'un vrai bouchon lyonnais (comptoir, repas au coude-à-coude) ; toutefois, le chef ne se cantonne pas à la tradition et agrémente ses plats de trouvailles plus modernes. Jolie sélection de vins de producteurs.

Formule 17 € - Menu 23/35 € - Carte 30/40 €

Plan : E1-g *12 r. Graindorge - ✆ 02 31 44 26 26 - www.bouchonduvaugueux.com - Fermé 23 sept. -8 oct., dim. et lundi*

Café Mancel

CUISINE MODERNE • CONVIVIAL X Le café du musée des Beaux-Arts de Caen - lequel vaut le détour - est une vraie gourmandise : sur l'esplanade du château, à l'abri des remparts élevés par Guillaume le Conquérant, le calme est délicieux, et la cuisine regorge de belles saveurs normandes ! À noter : le lieu organise aussi soirées jazz, poésie, etc.

Formule 18 € - Menu 25/36 € - Carte 30/45 €

Plan : D1-t *au Château - ✆ 02 31 86 63 64 - www.cafemancel.com - Fermé vacances de fév., dim. soir et lundi*

La Table de JF (N)

CUISINE TRADITIONNELLE • BISTRO Quelques tables hautes, des étagères à vin, une décoration d'objets vintage chinés ça et là : voici le décor convivial de JF, pour Jean-François ! Le jeune chef propose ici une cuisine de belle tradition, à prix d'ami : entrecôte béarnaise, poulet tandoori, tartes et îles flottantes... C'est simple et bon, et l'on a plaisir à se retrouver ici entre amis.

Formule 14 € - Menu 25 € - Carte environ 20 €

Plan : D2-e *87 r. de l'Oratoire - 09 81 03 37 68 - Fermé août, sam. et dim.*

Le Chef et sa Femme

CUISINE TRADITIONNELLE • CONVIVIAL Éric et Anne Darcy avaient envie de créer une petite affaire pour travailler tous les deux - et rien que tous les deux : ainsi est né Le Chef et sa Femme... On appréciera la charmante simplicité du décor et les doux parfums de la cuisine, inspirée par le marché. Qualité et petits prix font très bon ménage !

Formule 16 € - Menu 20 € (déj.)/26 €

Plan : E3-a *11 r. du 11-Novembre - 02 31 84 46 53 - Fermé 2 semaines en août, lundi soir, mardi soir, merc. soir et dim.*

Le Goût des Autres

CUISINE MODERNE • TENDANCE Au pied de l'église Saint-Jean, ce Goût des Autres est à l'image de son chef, Benoît Majorel : enjoué et plein d'allant ! Dans un décor sobre et épuré, on se régale de recettes parfumées et originales, où la fraîcheur domine. Le tout à des prix réjouissants : le menu déjeuner est la bonne affaire du secteur.

Formule 12 € - Menu 16 € (déj.), 29/39 € - Carte 23/47 €

Plan : E2-n *17 r. des Equipes-d'Urgence - 02 31 86 43 30 - www.legoutdesautrescaen.fr - Fermé 3 semaines en août, dim. et lundi*

Hôtels & maisons d'hôtes

Le Dauphin

TRADITIONNEL • PERSONNALISÉ Idéalement situé au cœur de Caen, à deux pas du château de Guillaume le Conquérant, l'établissement prend ses aises dans un ancien prieuré du 15e s. Les chambres associent charme des vieilles pierres et confort de notre temps ; on profite d'un superbe espace bien-être, le Spa du Prieuré...

37 chambres - 90/220 € 120/230 € - 16 €

Plan : D1_2-a *29 r. Gémare - 02 31 86 22 26 - www.le-dauphin-normandie.com*

Le Dauphin - voir les restaurants ci-dessus

Hôtel Moderne

URBAIN • PERSONNALISÉ Dans un immeuble datant des reconstructions de l'après-guerre, à deux pas du théâtre, cet hôtel offre un confort sûr ; tenues avec soin, les chambres jouent la carte du classique ou du contemporain.

42 chambres - 90/220 € 120/270 € - 16 €

Plan : D2-d *116 bd du Mar.-Leclerc - 02 31 86 04 23 - www.bestwestern-moderne-caen.com*

Ivan Vautier

TRADITIONNEL • DESIGN Certes un peu excentré, cet hôtel cultive le goût d'aujourd'hui avec réussite : on se sent bien dans son décor design et épuré, au chic "so international". L'adresse garde aussi le sens du terroir : dans le hall, la boutique fait la part belle aux produits de Normandie !

19 chambres - 120/247 € 140/267 € - 18 €

Plan : A2-v *3 av. Henry-Chéron - 02 31 73 32 71 - www.ivanvautier.com*

Ivan Vautier - voir les restaurants ci-dessus

Hôtel des Quatrans

BUSINESS • PERSONNALISÉ Au cœur de la ville, près du château, cet hôtel traditionnel abrite des chambres chaleureuses et très bien tenues – à préférer sur l'arrière pour plus de quiétude.

47 chambres – 59/119 € 59/119 € – 12 €

Plan : D2-p – *02 31 86 25 57 – www.hotel-des-quatrans.com*

Le Clos Saint-Martin (N)

MAISON DE MAÎTRE • PERSONNALISÉ Dans le centre historique de Caen, une jolie maison du 18e s. nichée au creux d'une cour… Avec leurs poutres, tomettes et boiseries, les chambres ne manquent pas de charme, et l'on peut en dire autant du bel escalier en pierre. Un lieu authentique et plaisant.

4 chambres – 108/138 € 108/138 €

Plan : C2-m *18 bis pl. St-Martin Caen – 07 81 39 23 67 – www.leclosaintmartin.com*

à Hérouville St-Clair 3 km au Nord-Est – 14200 – 21 411 hab. – Alt. 20 m

L'Espérance - Stéphane Carbone

CUISINE MODERNE • CONTEMPORAIN XX Installée sur le chemin de halage du canal reliant Caen et la mer, cette maison couleur rouille a été reprise par Stéphane Carbone, chef bien connu des Caennais. Les préparations se révèlent goûteuses et soignées, réalisées à base de produits frais de grande qualité ; on trouve toujours, au chapitre des classiques, la tête de veau sauce gribiche.

Formule 16 € – Menu 22 € (semaine), 32/45 € – Carte 40/53 €

Plan : B1-x *512 r. Abbé-Alix (au bord du canal) – 02 31 44 97 10 – www.stephanecarbone.fr – Fermé dim. soir, mardi soir et lundi*

à Bénouville 10 km au Nord-Est par D515 – 14970 – 2 099 hab. – Alt. 8 m

La Glycine

CUISINE TRADITIONNELLE • CONVIVIAL XX Face à l'église de Bénouville, cette auberge traditionnelle se révèle accueillante : derrière une jolie façade en pierre de Caen, on découvre une salle contemporaine et une cuisine valorisant l'esprit du terroir et les produits de la mer. La spécialité des lieux ? Le homard bleu gratiné à la sauce corail… Une étape de choix.

Menu 20 € (semaine), 30/62 € – Carte 37/74 €

11 pl. du Commando-N° 4 (face à l'église) – 02 31 44 61 94 – www.la-glycine.com – Fermé 1 semaine à Noël et dim. soir

Manoir Hastings

CUISINE MODERNE • COSY XX Bien à l'abri de cette belle bâtisse en pierre, datant du 17e s., le chef travaille de savoureux produits frais qu'il agrémente dans des plats généreux et goûteux ; l'intérieur est chaleureux, mariant l'ancien et la modernité. Pour l'étape, quatre chambres au décor romantique.

Formule 20 € – Menu 26 € (déj. en semaine), 32/44 € – Carte 46/66 €

4 chambres – 130/150 € 130/150 € – 12 €

18 av. de la Côte-de-Nacre – 02 31 44 62 43 – www.manoirdhastings.fr – Fermé lundi et mardi

La Glycine

AUBERGE • PERSONNALISÉ Près du fameux Pegasus Bridge (où débutèrent les opérations du D-Day), voici une base tout indiquée pour partir à l'exploration des plages du Débarquement. Rien de figé derrière les murs de cette maison en pierre couverte de glycine : toutes les chambres ont été rénovées avec soin (également une annexe moderne).

34 chambres – 72/75 € 82/85 € – 9 €

11 pl. du Commando-N° 4 (face à l'église) – 02 31 44 61 94 – www.la-glycine.com – Fermé 1 semaine à Noël et dim. soir

La Glycine – voir les restaurants ci-dessus

à Fleury-sur-Orne 4 km au Sud par D562A - ✉ 14123 - 4 660 hab. - Alt. 33 m

Auberge de l'Île Enchantée

CUISINE MODERNE • COSY XX L'ancien Chef de La Glycine (Bénouville) s'est lancé dans le grand bain avec cet ancien bar de pêcheurs situé en bordure de l'Orne. Fidèle à l'esprit de la maison, il propose une cuisine traditionnelle revisitée, qu'il fait évoluer au gré des saisons. Du sérieux.

Formule 17 € - Menu 19 € (semaine), 24/36 € - Carte 34/42 €

1 r. St-André (au bord de l'Orne) - ☎ 02 31 52 15 52 - www.ileenchantee.fr - Fermé 1 semaine vacances de fév., 2 semaines en août, dim. soir, lundi et mardi

CAËSTRE

✉ 59190 Nord - 1 910 hab. - Alt. 38 m - Carte régionale n° **16**-B2
Carte Michelin 302-D3

L'Auberge... N

CUISINE MODERNE • CONVIVIAL X Non loin d'Hazebrouck, un lieu qui fut autrefois une tannerie, puis un estaminet dans la plus pure tradition chti, jusqu'à devenir un restaurant moderne, où l'on met en valeur les produits de la région. Bons classiques du terroir, ambiance rustique, beau choix de bières.

Menu 19 € (semaine), 32/39 € - Carte 34/41 €

2590 rte de Bailleul - ☎ 03 28 40 25 25 - www.aubergecaestre.wordpress.com - fermé 25 déc.-2 janv., sam. midi, dim. soir et lundi

CAGNANO - 2B Haute-Corse ➜ Voir Corse

CAGNES-SUR-MER

✉ 06800 Alpes-Maritimes - 47 811 hab. - Alt. 20 m - Carte régionale n° **22**-E2
Carte Michelin 341-D6 - Guide Vert Michelin Côte d'Azur

Plans pages 362, 363

A l'ombre du pin N

CUISINE TRADITIONNELLE • BISTRO X Sur le front de mer, ce bistrot se distingue par son pin centenaire, qui transperce littéralement le plafond de la salle... et par la cuisine régionale, généreuse et soignée, que l'on y propose : salade niçoise et tomates de Cagnes-sur-Mer ; cèpe d'été rôti et pommes de terre de Manosque en gnocchis croustillants, etc.

Formule 25 € - Carte 50/70 €

Plan : B1-n *52 promenade de la Plage - ☎ 04 93 89 71 54 - Fermé 1 semaine en mai, 3 semaines en août, 1 semaine fin déc., dim. et lundi*

Domaine Cocagne

RESORT • CONTEMPORAIN Des palmiers, de la verdure, des chambres particulièrement adaptées aux familles, mais aussi un restaurant dont les assiettes sont concoctées par un jeune chef belge, et qu'on déguste dans la véranda, devant la piscine... Sud et tendance, ce beau pays de cocagne !

23 chambres - †129/400 € ††129/400 € - 10 suites

Hors plan *30 chemin du Pain-de-Sucre, 2 km par D 36 et rte secondaire - ☎ 04 92 13 57 77 - www.sandton.eu/cocagne/ - Fermé 1er nov.-23 mars*

au Haut-de-Cagnes - ✉ 06800

Château Le Cagnard

CUISINE MODERNE • ROMANTIQUE XX Une belle terrasse, une cuisine actuelle qui ne laisse guère de place au doute (minute de maigre, romanesco et condiments ; thon laqué au miso, pak choï et pamplemousse) : voici les atouts du lieu. Détail qui séduit : l'élégante salle à manger dispose d'un toit coulissant pour laisser entrer la lumière par beau temps...

Menu 68/80 € - Carte 79/86 €

Plan : C1_2-d *Hôtel Château Le Cagnard, 54 r. Sous-Barri - ☎ 04 93 20 73 22 - www.lecagnard.com - Fermé 1er janv.-12 fév., lundi et mardi d'oct. à déc. et le soir*

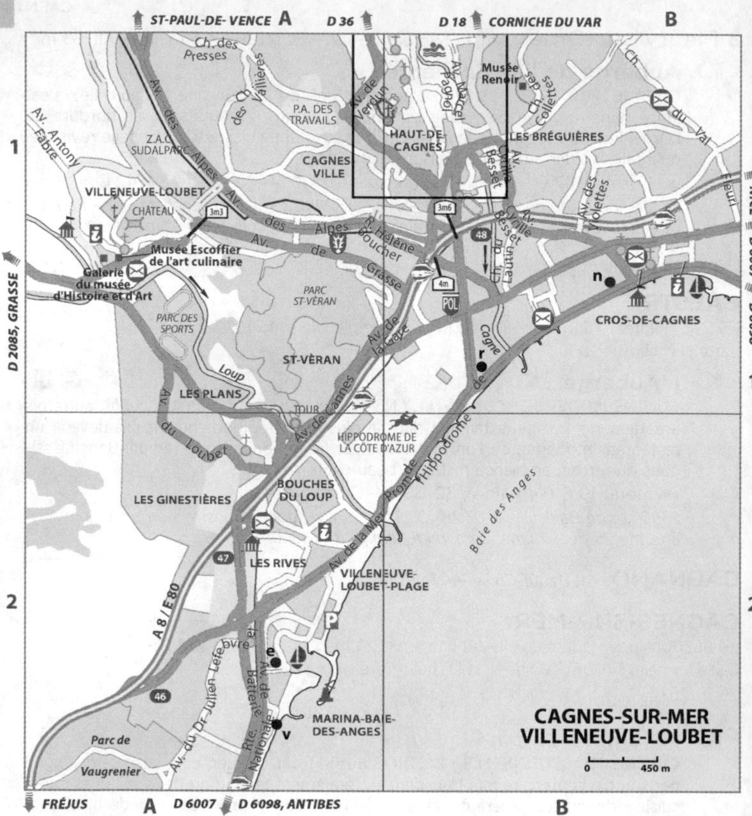

Fleur de Sel

CUISINE MODERNE • BISTRO Dans ce charmant restaurant d'esprit très Sud, on savoure une cuisine méditerranéenne fraîche, colorée et généreuse. Légumes du jardin en soupe à l'ancienne, langoustines en risotto crémeux… Les créations d'un chef expérimenté, qui ne manque pas d'inspiration.

Menu 37/69 € – Carte 49/83 €

Plan : C1_2-m *85 montée de la Bourgade*
– 04 93 20 33 33 – www.restaurant-fleurdesel.com
– Fermé 16-30 juin, 6-13 oct., 20-26 déc., 8-22 janv., jeudi d'oct. à avril, merc. sauf juil.-août et le midi

Josy-Jo

CUISINE PROVENÇALE • RUSTIQUE Un endroit rustique et chaleureux, tenu par Josy Bandecchi depuis 1970, autant dire depuis toujours. Ici, convivialité rime avec simplicité : service sans tralala, fameuses grillades (viandes de race cuites au feu de bois) et petits plats provençaux.

Carte 46/92 €

Plan : C1-a *2 r. Planastel*
– 04 93 20 68 76 – www.restaurant-josyjo.com
– Ouvert 1er mars-31 oct. et fermé lundi sauf juil.-août et le midi sauf dim.

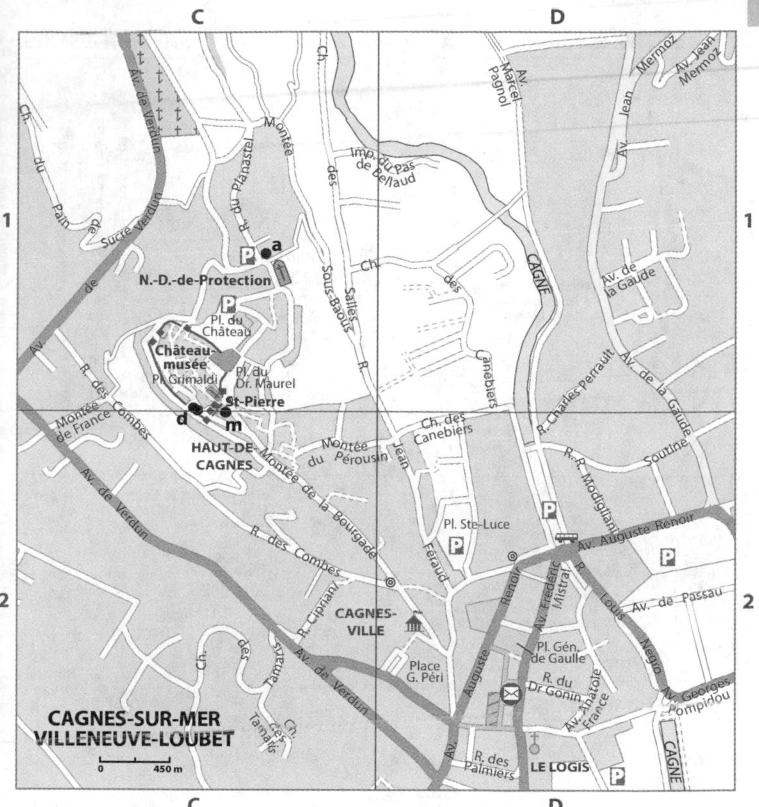

Château Le Cagnard

DEMEURE HISTORIQUE • ROMANTIQUE Perchée sur les remparts de ce bourg médiéval, cette belle bâtisse du 13e s. domine les environs. Chambres et parties communes sont empreintes de caractère et d'élégance, avec des touches provençales. Beauvoir, Saint-Exupéry, Pagnol : ils sont nombreux à s'être laissés séduire...

26 chambres – 🛉148/250 € 🛉🛉161/550 € – 2 suites – ☕ 23 €

Plan : C1_2-d *54 r. Sous-Barri – ✆ 04 93 20 73 22 – www.lecagnard.com – Fermé 1er janv.-12 fév.*

🍴 **Château Le Cagnard** – voir les restaurants ci-dessus

CAHORS

✉ 46000 Lot – 19 991 hab. – Alt. 135 m – Carte régionale n° **15**-B1
Carte Michelin 337-E5

L'Ô à la Bouche

CUISINE MODERNE • CONTEMPORAIN XX À la tête de cette attachante adresse, un couple de passionnés qui a sillonné les contrées lointaines avant de jeter l'ancre à Cahors. Jean-François concocte des plats gourmands, comme ce marbré de lapereau, déclinaison de betterave et crème au wasabi ; ou ce dos de cabillaud rôti, écrasée de pommes de terre et poivrons confits.

Formule 22 € – Menu 28/42 € – Carte 35/48 €

Plan : B2-a *56 allée Fénelon – ✆ 05 65 35 65 69 – www.loalabouche-restaurant.com – Fermé vacances de Pâques et de la Toussaint, dim. et lundi*

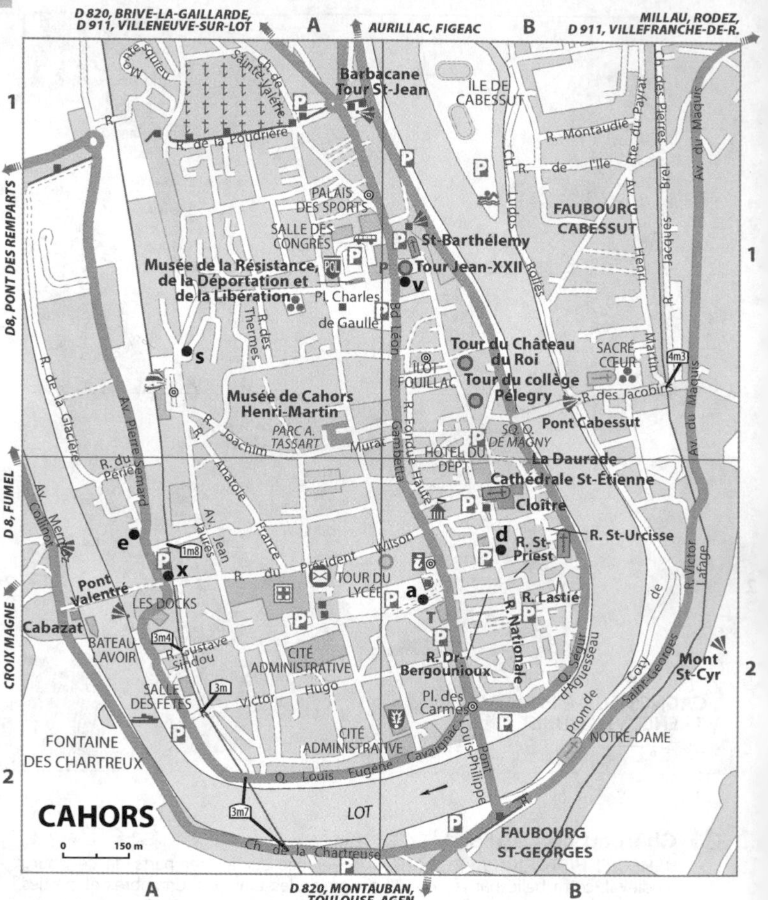

Le Balandre

CUISINE MODERNE • BOURGEOIS XXX Vitraux, belle hauteur sous plafond, moulures... Le cadre de ce restaurant, propriété familiale depuis 100 ans, vaut le détour ! Aux fourneaux, on trouve Alexandre, le fils de la famille : il revisite la cuisine traditionnelle avec brio. Et la cave, supervisée par son père Gilles, recèle des merveilles !

Menu 23 € (déj.), 48/65 € – Carte 50/61 €

Plan : A1-s *5 av. Charles-de-Freycinet – ✆ 05 65 53 32 00 – www.balandre.com – Fermé 18-27 mars, 10-28 nov., 7-13 janv., dim. sauf fériés et lundi*

Au Fil des Douceurs

CUISINE TRADITIONNELLE • CONVIVIAL XX Après 23 années passées dans son bateau-restaurant sur le Lot, le chef du Fil des Douceurs a posé pied à terre et pris ses quartiers dans cette petite maison colorée, au cadre contemporain, face au superbe pont de Valentré (14e s.). Sa bonne cuisine traditionnelle, à prix doux, nous fait toujours voyager !

Menu 20 € (semaine), 26/36 € – Carte 37/75 €

Plan : A2-x *32 av. André-Breton – ✆ 05 65 22 13 04 – Fermé dim. et lundi*

Le Marché

CUISINE MODERNE · CONTEMPORAIN XX Si vous allez au marché – mercredi et samedi matin – profitez-en pour déjeuner à côté ! Dans ce restaurant, où la carte change souvent, on ne sert que des produits frais. À apprécier dans un cadre à l'élégance toute contemporaine.

Formule 18 € – Menu 22 € (déj.), 36 € – Carte environ 50 €

Plan : B2-d *27 pl. Jean-Jacques-Chapou – ✆ 05 65 35 27 27 – www.restaurantlemarche.com – Fermé 1 semaine en avril, vacances de la Toussaint, dim. et lundi*

Divona

URBAIN · CONTEMPORAIN En bordure du Lot, à côté du pont de Valentré, cette construction contemporaine et épurée en béton, verre et pierre, propose des chambres sobres et confortables, tournées vers la rivière. La bar se pare d'un charme d'inspiration 1950. Jolie piscine couverte, et espace bien-être.

38 chambres – †129/359 € ††129/359 € – ☕ 14,50 €

Plan : A2-e *113 av. André-Breton – ✆ 05 65 21 18 39 – www.hoteldivona.fr*

Jean XXII

FAMILIAL · TRADITIONNEL Voici un point de chute pratique et calme, au pied de la tour Jean XXII. Les murs de ce palais (13e s.), édifié par la famille du pontife, abritent des chambres fonctionnelles et irréprochables, à petits prix. Vos bagages posés, partez à la découverte de la cité !

9 chambres – †62/74 € ††74/76 € – ☕ 8 €

Plan : B1-v *2 r. E.-Albe – ✆ 05 65 35 07 66 – www.hotel-jeanxxii.com – Fermé dim. de la Toussaint à Pâques*

à Mercuès 10 km au Nord par D811 – ✉ 46090 – 1 038 hab. – Alt. 133 m

Château de Mercuès

CUISINE MODERNE · CLASSIQUE XXX Ce superbe château du 13e s., posté sur les hauteurs de Cahors, abrite une table ô combien valeureuse : les produits de la région sont célébrés dans des préparations goûteuses, qui réactualisent la tradition de fort belle manière et s'accompagnent des bons vins de la propriété. Terrasse dans la cour d'honneur.

➜ Marbré de foie gras de canard à la truffe noire, condiments acidulés. Faux-filet de bœuf limousin, bonbons de blette et jus fumé aux sarments de vigne. Soufflé au fruit de la passion, sorbet de fruits exotiques.

Menu 89/149 € – Carte 95/115 €

Hôtel Château de Mercuès – ✆ 05 65 20 00 01 – www.chateaudemercues.com – Ouvert 23 mars-11 nov. et fermé dim. soir, lundi et le midi sauf dim.

Château de Mercuès

DEMEURE HISTORIQUE · ÉLÉGANT Ses imposantes tours rondes se dressent au-dessus de la vallée du Lot... La majesté de l'Histoire en ce château du 13e s., encore annobli par les interventions du designer François Champsaur, élégantes et inspirées. Appétissante formule au bistrot du Château, le midi.

24 chambres – †330/660 € ††330/660 € – 6 suites – ☕ 27 €

– ✆ 05 65 20 00 01 – www.chateaudemercues.com – Ouvert 23 mars-11 nov.

✿ **Château de Mercuès** – voir les restaurants ci-dessus

Le Mas Azemar

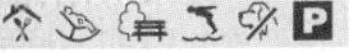

MAISON DE CAMPAGNE · PERSONNALISÉ Les propriétaires de cette maison de maître du 18es., ancienne dépendance du château de Mercuès, sont passionnés d'art et de mobilier ancien. Une belle atmosphère... Cuisine traditionnelle familiale dans un cadre chaleureux et rustique : poutres, murs en pierre, cheminée, etc. Une adresse authentique.

5 chambres ☕ – †127 € ††127 €

r. du Mas-de-Vinssou – ✆ 05 65 30 96 85 – www.masazemar.com

à Caillac 13 km au Nord, rte de Bergerac et D145 – ✉ 46140 – 603 hab. – Alt. 161 m

Le Vinois

CUISINE MODERNE • CONTEMPORAIN XX Au cœur du vignoble de Cahors, ne ratez pas cette étonnante auberge au décor résolument contemporain et sa goûteuse cuisine, actuelle et soignée, appuyée sur de solides bases classiques. La spécialité de la maison : le canard à la presse, réalisé sous vos yeux avec une authentique presse en argent du 18e s. Quelques chambres confortables.

Menu 26 € (déj. en semaine), 36/63 € – Carte environ 62 €

10 chambres – †85/129 € ††89/129 € – ☕ 13 €

pl. de la Croix (Le Bourg) – ☎ 05 65 30 53 60 – www.levinois.com – Fermé 29 oct.-12 fév., mardi midi, sam. midi, dim. et lundi

rte de Brive au Nord par D820 – ✉ 46000 Cahors :

La Garenne

CUISINE TRADITIONNELLE • AUBERGE XX Mangeoires, murs en pierre, charpentes apparentes, objets paysans… Ces anciennes écuries cultivent de glorieux temps oubliés ! Voilà qui se marie harmonieusement avec la cuisine du chef : des recettes tantôt classiques tantôt régionales, tels les magrets de canard ou les escalopes de foie gras poêlées au verjus…

Menu 19 € (déj. en semaine), 32/45 € – Carte 43/56 €

St-Henri, à 7 km – ☎ 05 65 35 40 67 – www.la-garenne-cahors.com – Fermé fév., 28 juin-5 juil., 15-22 nov., lundi soir, mardi soir et merc.

à Cieurac 8,5 km au Sud-Est par D6 – ✉ 46230 – 504 hab. – Alt. 247 m

La Table de Haute-Serre

CUISINE MODERNE • CONTEMPORAIN X Rôtissoire, rack à charcuterie, billot, machine à jambon et caisses de vins forment le nouveau décor de ce restaurant installé dans l'ancien chai d'un château. On savoure une cuisine ancrée dans la région, à l'instar de cette tarte fine aux légumes grillés, ou de ce mignon de cochon snacké, écrasé de pomme de terre…

Menu 29/79 € – Carte 29/54 €

Château de Haute-Serre – ☎ 05 65 20 80 20 – www.hauteserre.fr – Fermé 3 semaines en mars, 25 nov.-8 janv., jeudi hors saison, dim. soir et merc.

CAHUZAC-SUR-VÈRE

✉ 81140 Tarn – 1 119 hab. – Alt. 240 m – Carte régionale n° **15**-C2
Carte Michelin 338-D7

Château de Salettes

CUISINE MODERNE • ÉLÉGANT XXX Ce restaurant est installé dans un château du 13e s., en plein cœur d'un domaine viticole du gaillacois… Un emplacement de choix ! La cuisine, bien dans l'air du temps, est basée sur de beaux produits ; la jolie carte des vins propose les crus du Château de Salettes. Aux beaux jours, la terrasse ne manque pas de charme.

Menu 29 € (déj.), 46/90 € – Carte 67/76 €

3 km au Sud par D922 – ☎ 05 63 33 60 60 – www.chateaudesalettes.com – Fermé 26 fév.-6 mars, 22 oct.-4nov., 2-22 janv., dim. soir, mardi et merc. midi d'oct. à avril et lundi

Château de Salettes

DEMEURE HISTORIQUE • CONTEMPORAIN Pénétrez dans la cour pour découvrir ce beau château du 13e s. au milieu des vignes, remanié au fil du temps. À l'intérieur, une déco contemporaine et design, des chambres spacieuses avec murs en pierres apparentes… Charme et personnalité, en toute quiétude ! Agréable spa, tout nouveau.

16 chambres – †145/315 € ††145/315 € – 2 suites – ☕ 19 €

3 km au Sud par D922 – ☎ 05 63 33 60 60 – www.chateaudesalettes.com – Fermé 26 fevrier-6 mars, 22 oct.-4 nov. et 2-22 janv.

Château de Salettes – voir les restaurants ci-dessus

à Donnazac 5 km au Nord-Est par D922 et rte secondaire – ✉ 81170 – 78 hab. – Alt. 291 m

Les Vents Bleus

FAMILIAL • PERSONNALISÉ Au cœur du vignoble de Gaillac, une fière maison de maître (1844) flanquée d'un pigeonnier. Les chambres, aménagées dans le chai de la propriété, mêlent l'ancien et le confort d'aujourd'hui avec raffinement. Convivial et paisible !

5 chambres – †100/120 € ††100/130 €

rte de Caussade – ✆ 05 63 56 86 11 – www.lesventsbleus.com – Ouvert 1er avril-31 déc.

CAILLAC – 46 Lot ➜ Voir Cahors

CAIRANNE

✉ 84290 Vaucluse – 1 046 hab. – Alt. 136 m – Carte régionale n° **21**-A2
Carte Michelin 332-C8 – Guide Vert Michelin Provence

Côteaux et Fourchettes

CUISINE MODERNE • CLASSIQUE XX Jolie enseigne... Dans cet ancien caveau, le terroir s'exprime aussi bien par l'assiette – savoureuse – que par le flacon – excellent choix de vins locaux. Agréable décor contemporain, terrasse ouverte sur le vignoble.

Formule 21 € – Menu 26 € (déj. en semaine), 32/72 € – Carte 36/61 €

3340 rte de Carpentras, rte de Violès, croisement de la Courançonne (D8 et D975) – ✆ 04 90 66 35 99 – www.coteauxetfourchettes.com – Fermé dim. soir, lundi soir sauf en juil.-août et jeudi

Le Tourne au Verre

CUISINE MODERNE • BAR À VIN X Voilà un bar à vins coloré et convivial ! Restauration sur le pouce au déjeuner, spécialités maison le soir – foie gras, confit de joue de bœuf en daube – accompagnées d'une belle sélection de vins. Petite épicerie également (huiles d'olive, moutardes, épices, etc.). En saison, belle terrasse sous les platanes.

Menu 18 € (déj.) – Carte 25/50 €

rte de Ste-Cécile – ✆ 04 90 30 72 18 – www.letourneauverre.com – Fermé 10-30 janv., le soir de nov. à mars et lundi

CAJARC

✉ 46160 Lot – 1 133 hab. – Alt. 160 m – Carte régionale n° **15**-C1
Carte Michelin 337-H5

Jeu de Quilles

CUISINE MODERNE • BISTRO X Porc noir gascon, volaille du Gers, agneau et veau aveyronnais... Bien à l'inverse d'un chien dans un Jeu de Quilles, on se lèche les babines devant les délicieux produits dénichés par le chef ! Il les utilise à merveille dans des plats simples et nets, accompagnés de bons légumes bio... et de bons vins naturels.

Formule 20 € – Menu 28/38 €

7 bd Tour-de-Ville – ✆ 05 65 33 71 40 – Fermé 3 semaines en janv., 1 semaine en juin, dim. et lundi

L'Allée des Vignes

CUISINE CRÉATIVE • CONTEMPORAIN XX Aux commandes du restaurant, un chef passionné et plein de fougue fait partager sa vision de la gastronomie : créative et technique, soignée visuellement – gelées, billes, feuilles, fleurs... Le soir, la carte est déclinable en portions dégustation et demi-plats.

Formule 19 € – Menu 35/72 € – Carte 30/57 €

32 bd Tour-de-Ville – ✆ 05 65 11 61 87 – www.alleedesvignes.com – Fermé dim. soir, lundi et mardi

Cajarc Blue Hôtel

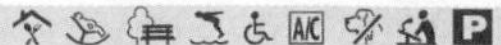

FAMILIAL • FONCTIONNEL Adresse détente dans ce village qui vit naître Françoise Sagan. Cet hôtel moderne est agréable à vivre, avec ses chambres confortables et bien tenues. Le Lot est à deux pas, et une aire de pique-nique a même été aménagée au bord de la rivière...

24 chambres – †59/125 € ††59/125 € – ☕ 11 €

380 av. François-Mitterrand, rte de Capdenac
– ✆ 05 65 40 65 35 – www.cajarcbluehotel.fr
– Ouvert avril-oct.

CALACUCCIA – 2B Haute-Corse ➜ Voir Corse

CALAIS

✉ 62100 Pas-de-Calais – 76 402 hab. – Agglo. 100 997 hab. – Alt. 5 m
– Carte régionale n° **16**-A1
Carte Michelin 301-E2

Au Côte d'Argent

POISSONS ET FRUITS DE MER • ÉLÉGANT XX Embarquement immédiat pour un voyage gourmand, riche en saveurs iodées ! Dans un cadre inspiré des cabines de bateau, les amateurs de poisson se régalent de la pêche locale : viennoise de cabillaud au basilic, soupe de moules du pays... Intéressante carte des vins, dont une belle sélection de bordeaux.

Formule 18 € – Menu 22 € (semaine), 32/42 € – Carte 34/68 €

Plan : A1-f *1 digue Gaston-Berthe*
– ✆ 03 21 34 68 07 – www.cotedargent.com
– Fermé 20 août-4 sept., merc. soir de sept. à mars, dim. soir et lundi

Histoire Ancienne

CUISINE TRADITIONNELLE • BISTRO X Au cœur du centre-ville, ce bistrot rétro n'est pas de l'histoire ancienne ! La cuisine traditionnelle et les plats canailles y conservent toute leur fraîcheur : tête de veau sauce gribiche, cassoulet, etc. C'est goûteux, généreux et pas onéreux.

Formule 19 € – Menu 22 € (semaine)/32 € – Carte 36/52 €

Plan : A2-x *20 r. Royale*
– ✆ 03 21 34 11 20 – www.histoire-ancienne.com
– Fermé lundi sauf le midi hors saison et dim.

Aquar'aile

POISSONS ET FRUITS DE MER • TRADITIONNEL XX L'atout de cet agréable restaurant, situé au 4e étage d'un immeuble ? Son panorama unique sur la Manche et les côtes anglaises ! La cuisine met en valeur la pêche locale : cocotte de homard, bar en croûte de sel, sole meunière... À déguster avec un bon vin issu de la carte (500 références) en regardant passer les bateaux.

Formule 26 € – Menu 33/48 € – Carte 50/85 €

Hors plan *255 r. Jean-Moulin (4e étage)*
– ✆ 03 21 34 00 00 – www.aquaraile.fr
– Fermé dim. soir

Le Channel

POISSONS ET FRUITS DE MER • CONTEMPORAIN XX À Calais, ce restaurant est une institution. Décor élégant, cuisine classique empreinte de modernité, produits de la mer issus de la pêche locale, et très belle carte des vins (cave ouverte sur la salle)... Voilà une plaisante escale avant la traversée du "channel" !

Formule 18 € – Menu 23/59 € – Carte 40/105 €

Plan : A2-e *3 bd de la Résistance*
– ✆ 03 21 34 42 30 – www.restaurant-lechannel.com
– Fermé dim. soir et mardi

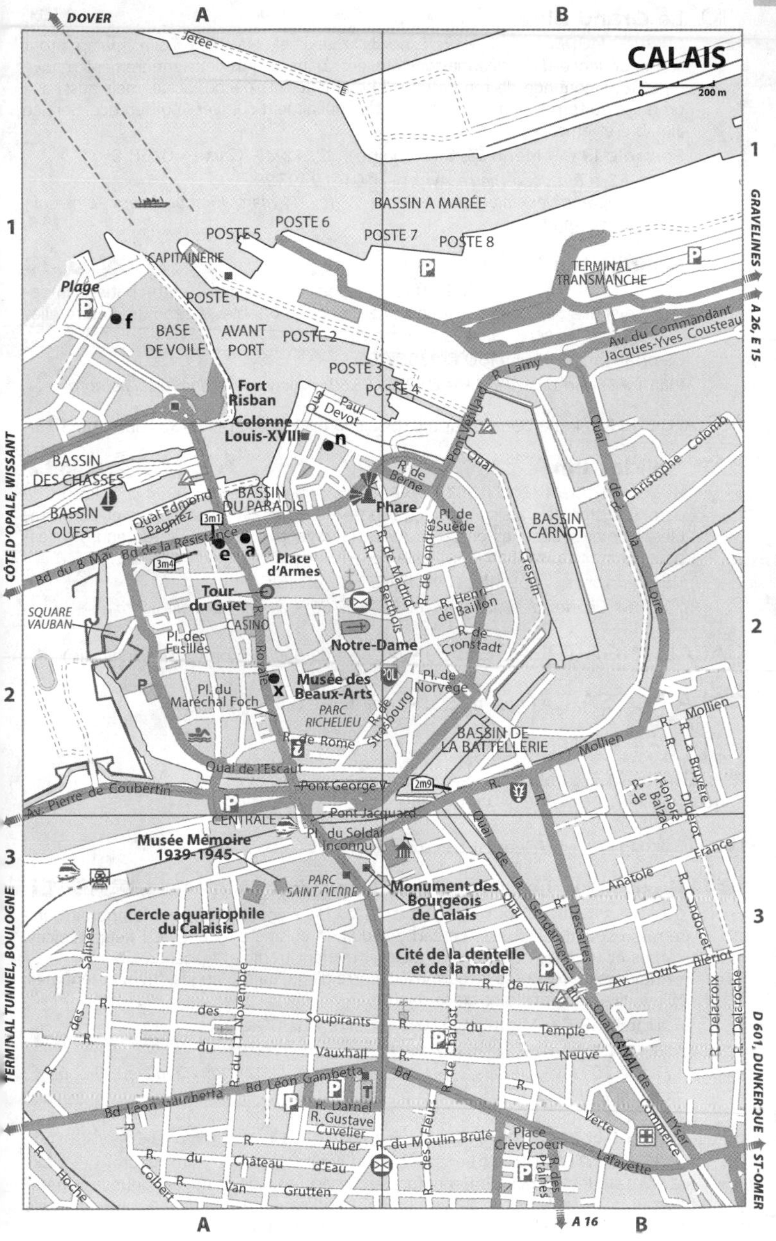
CALAIS
0
200 m
DOVER
A
B
1
2
3
GRAVELINES
A 26, E 15
CÔTE D'OPALE, WISSANT
TERMINAL TUNNEL, BOULOGNE
D 601, DUNKERQUE
ST-OMER
A 16
Jetée
BASSIN A MARÉE
POSTE 5
POSTE 6
POSTE 7
POSTE 8
CAPITAINERIE
TERMINAL TRANSMANCHE
Plage
POSTE 1
BASE DE VOILE
AVANT PORT
POSTE 2
POSTE 3
POSTE 4
Av. du Commandant Jacques-Yves Cousteau
R. Lamy
Fort Risban
Quai Paul Devot
Colonne Louis-XVIII
Pont Vétillard
BASSIN DES CHASSES
BASSIN DU PARADIS
R. de Berne
Phare
Quai Crespin
Quai de la Loire
R. Christophe Colomb
BASSIN OUEST
Quai Edmond Pagniez
Bd de la Résistance
Bd du 8 Mai
Pl. de Suède
BASSIN CARNOT
Place d'Armes
R. de Madrid
R. de Londres
R. Berthois
Tour du Guet
R. Henri de Baillon
SQUARE VAUBAN
CASINO
R. Royale
Pl. des Fusillés
Notre-Dame
R. de Cronstadt
Musée des Beaux-Arts
Pl. du Maréchal Foch
PARC RICHELIEU
R. de Strasbourg
Pl. de Norvège
BASSIN DE LA BATTELLERIE
R. Mollien
R. La Bruyère
R. de Rome
Quai de l'Escaut
Av. Pierre de Coubertin
Pont George V
CENTRALE
Pont Jacquard
R. Honoré de Balzac
R. Diderot
Musée Mémoire 1939-1945
Pl. du Soldat Inconnu
PARC SAINT PIERRE
Monument des Bourgeois de Calais
Quai de la Gendarmerie
R. Descartes
R. Anatole France
R. Condorcet
Cercle aquariophile du Calaisis
Cité de la dentelle et de la mode
R. de Vic
Av. Louis Blériot
R. des Salines
R. du 11 Novembre
R. des Soupirants
R. du Vauxhall
R. du Temple
R. Neuve
R. de Charost
Quai du CANAL de l'Ysar
R. Delacroix
E. Delacroix
Bd Léon Gambetta
R. Darnel
R. Gustave Cuvelier
R. Auber
R. du Moulin Brûlé
R. des Fleurs
Place Crèvecoeur
R. des Prairies
Bd Lafayette
R. Verte
R. Hoche
R. Colbert
R. du Château d'Eau
R. Van Grutten
3m1
3m4
2m9
f
n
e
a
x

Le Grand Bleu

CUISINE MODERNE • CONTEMPORAIN XX Le chef, Matthieu Colin, met à profit son expérience dans des maisons étoilées. Dans un intérieur entièrement rénové en 2016, il continue de rendre un joli hommage à la pêche locale, mais aussi aux produits du terroir, à travers des recettes qui aiment cultiver la différence. Service aimable et efficace.

Formule 19 € - Menu 22 € (semaine), 32/42 € - Carte 40/58 €

Plan : A2-n *8 r. Jean-Pierre-Avron - 03 21 97 97 98 - www.legrandbleu-calais.com - Fermé 28 fév.-14 mars, 16 août-7 sept., dim. soir, mardi soir et merc.*

Holiday Inn

BUSINESS • FONCTIONNEL En face du port de plaisance, cette bâtisse imposante dispose de chambres fonctionnelles et confortables. La moitié d'entre elles donnent sur la mer.

63 chambres - 80/160 € 80/160 € - 15 €

Plan : A2-a *bd des Alliés - 03 21 34 69 69 - www.holidayinn.fr/calais-nord*

à Coquelles 6 km a l'Ouest par av. R. Salengro - 62231 - 2 452 hab. - Alt. 5 m

Holiday Inn

HÔTEL DE CHAÎNE • FONCTIONNEL Ce complexe, créé en 1994 à 3 km de la gare Eurostar de Calais-Fréthun, propose des chambres spacieuses et confortables, joliment rénovées en 2016. Avant le voyage, il fait bon se détendre à l'espace forme : sauna, hammam, club de gym, squash, piscine couverte...

118 chambres - 99/135 € 117/150 € - 16 €

2099 av. Charles-de-Gaulle - 03 21 46 60 60 - www.hicoquelles.com

CALALONGA (PLAGE DE) - 2A Corse-du-Sud → Voir Corse (Bonifacio)

CALA-ROSSA - 2A Corse-du-Sud → Voir Corse (Porto-Vecchio)

CALLAS

83830 Var - 1 820 hab. - Alt. 398 m - Carte régionale n° **21**-C3
Carte Michelin 340-O4 - Guide Vert Michelin Côte d'Azur

rte de Muy 7 km au Sud-Est par D25 - 83830 Callas :

Hostellerie Les Gorges de Pennafort

CUISINE MODERNE • CONTEMPORAIN XXX Un élégant décor contemporain, une terrasse sous les tilleuls... Le cadre séduit, la cuisine plus encore : fleurs, épices, herbes et touches personnelles du chef marient tradition et générosité.

→ Raviolis de foie gras et parmesan. Carré d'agneau rôti au jus, thym et légumes. Millefeuille à la vanille et glace minute.

Formule 59 € - Menu 85/170 € - Carte 115/160 €

D25 - 04 94 76 66 51 - www.hostellerie-pennafort.com - Fermé 20 janv.-20 mars, 24 déc.-2 janv., dim. soir sauf du 22 juil. au 19 août, merc. midi et lundi

Hostellerie Les Gorges de Pennafort

LUXE • CONTEMPORAIN Le calme est envoûtant dans ce site naturel qui ravit l'œil : les gorges de Pennafort, escarpées, rouges et noyées sous la végétation... Un véritable cocon de verdure ! Confort aux couleurs de la Provence ; belle piscine et espace bien-être de l'autre côté de la route.

13 chambres - 210/290 € 210/290 € - 2 suites - 20 €

D25 - 04 94 76 66 51 - www.hostellerie-pennafort.com - Fermé 20 janv.-20 mars et 24 déc.-2 janv.

Hostellerie Les Gorges de Pennafort - voir les restaurants ci-dessus

CALVI - 2B Haute-Corse ➜ Voir Corse

CAMARET-SUR-MER

✉ 29570 Finistère - 2 570 hab. - Alt. 4 m - Carte régionale n° **5**-A2
Carte Michelin 308-D5 - Guide Vert Michelin Bretagne Nord

Thalassa

TRADITIONNEL • CONTEMPORAIN Thalassa, divinité marine de la mythologie grecque, veille sûrement sur cet hôtel idéalement situé sur le port. L'établissement a été entièrement rénové en 2013 : esprit contemporain et confort sont au rendez-vous. En façade, les chambres offrent une jolie vue sur la mer ; piscine et jacuzzi vous tendent les bras...

48 chambres - 75/142 € 75/161 € - 12 €

quai Styvel - 02 98 27 86 44 - www.hotel-thalassa.com - Ouvert d'avril à nov.

Hôtel de France

TRADITIONNEL • FONCTIONNEL Sur le quai, un hôtel familial aux chambres fonctionnelles, bien tenues et insonorisées. On a le choix entre la vue sur les bateaux ou un maximum de calme sur l'arrière du bâtiment. Fruits de mer au restaurant.

20 chambres - 70/135 € 70/135 € - 11 €

quai G.-Toudouze - 02 98 27 93 06 - www.hotel-france-camaret.com - Ouvert 1er avril-30 nov.

CAMBO-LES-BAINS

✉ 64250 Pyrénées-Atlantiques - 6 785 hab. - Alt. 67 m - Carte régionale n° **2**-A3
Carte Michelin 342-D4 - Guide Vert Michelin Pays Basque et Navarre

Auberge Chez Tante Ursule

CUISINE BASQUE • RUSTIQUE Il est des proches qu'on apprécie plus que d'autres... Chez Tante Ursule, on est sûr de se régaler de bonnes recettes régionales ! Au sein de cette maison basque du 19es., voisine du fronton, la salle a été aménagée dans un ancien atelier de menuiserie. Original et authentique.

Menu 28 € - Carte 34/47 €

fronton du Bas-Cambo, 2 km au Nord - 05 59 29 78 23 - www.auberge-tante-ursule.com - Fermé merc.

Le Bellevue

CUISINE MODERNE • TENDANCE La salle est claire, et la carte courte. Deux raisons de s'attarder dans ce restaurant décoré avec goût. La cuisine traditionnelle y est revisitée avec entrain et un sens aigu de la gourmandise, à l'image de cette terrine de pieds de porcs désossés, ou en dessert, ce soufflé chaud à l'eau de vie de poire.

Menu 15 € (déj. en semaine), 25/36 € - Carte 35/50 €

Hôtel Le Bellevue, r. des Terrasses - 05 59 93 75 75 - www.hotel-bellevue64.fr - Fermé 5 janv.-10 fév., 1 semaine en nov., jeudi soir sauf juil.-août, dim. soir et lundi

Le Bellevue

FAMILIAL • FONCTIONNEL Dans cette maison du 19es., bien rénovée, on trouve des suites familiales d'esprit contemporain, spacieuses et bien tenues. Jardin verdoyant et transats autour de la piscine. Pour une étape coquette.

7 suites - 60/115 € - 8 €

r. des Terrasses - 05 59 93 75 75 - www.hotel-bellevue64.fr - Fermé 8 janv.-12 fév.

Le Bellevue - voir les restaurants ci-dessus

CAMBRAI

✉ 59400 Nord - 32 897 hab. - Alt. 53 m - Carte régionale n° **16**-C3
Carte Michelin 302-H6

🍴 Maison Demarcq

CUISINE MODERNE · ÉLÉGANT XXX Cette demeure bourgeoise a été marquée par l'histoire de la ville : Napoléon y a séjourné – tout près de l'endroit où aurait été signée la fameuse Paix des Dames (1529). Le décor cultive un élégant classicisme, et la cuisine se révèle actuelle et soignée. Une belle adresse dans la capitale des "bêtises".

Formule 36 € 🍷 – Menu 47/72 € – Carte environ 53 €

Plan : A1-a *2 r. St-Pol*
– ✆ 03 27 37 77 78 – www.maisondemarcq.com – Fermé 15-25 en août, sam. midi, dim. soir et lundi

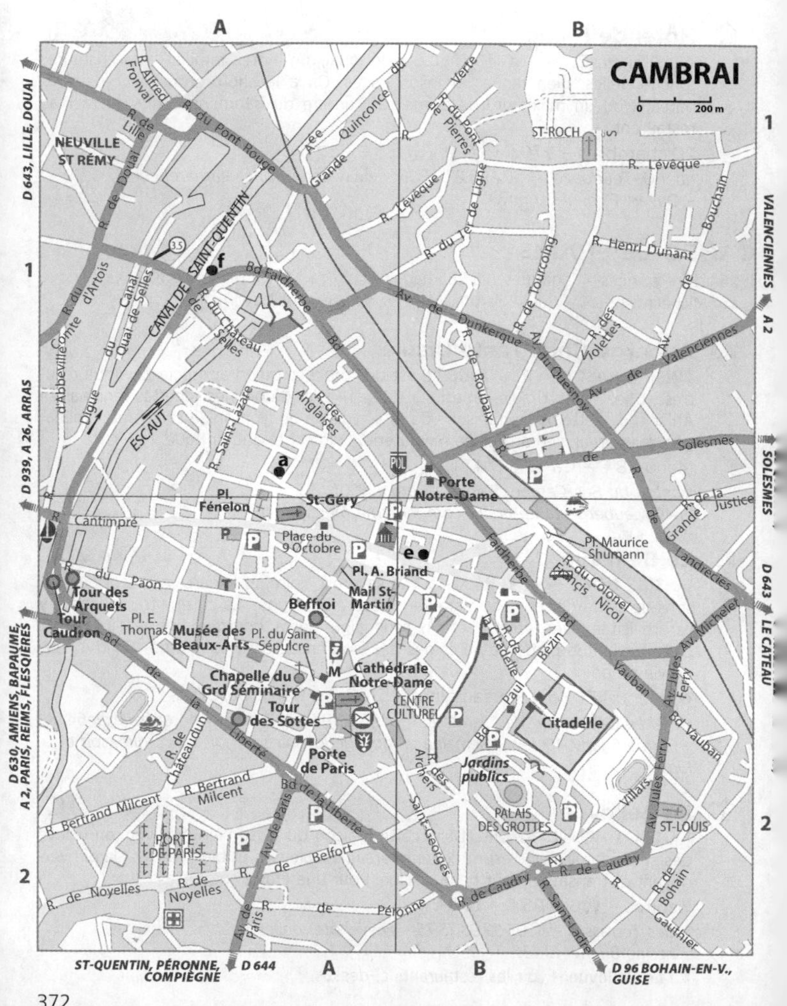

Au Fil de l'Eau

CUISINE TRADITIONNELLE • FAMILIAL XX Sympathique petit restaurant près d'une écluse du canal de St-Quentin. Ici, convivialité rime avec saveurs traditionnelles iodées. Pour cause, la propriétaire est originaire du Morbihan !

Formule 24 € – Menu 30/44 € – Carte 33/56 €

Plan : A1-f *1 bd Dupleix – ✆ 03 27 74 65 31*
– Fermé 26 fév.-7 Mars, 15 juil.-14 août, jeudi soir, dim. soir, lundi, mardi et merc.

Beatus

TRADITIONNEL • PERSONNALISÉ Légèrement excentré, cet hôtel familial est niché dans un joli parc fleuri. Ici, on vient et revient pour l'accueil chaleureux et les chambres au calme (les plus récentes étant en outre très cosy). Le soir, les résidents profitent du restaurant traditionnel.

31 chambres – 78/116 € 84/116 € – 12 €

Hors plan *718 av. de Paris, 1,5 km au Sud par D644 – ✆ 03 27 81 45 70*
– www.beatus-cambrai.com

Le Clos St-Jacques

FAMILIAL • PERSONNALISÉ "La maison aurait accueilli la confrérie de St-Jacques-de-Compostelle", dixit monsieur qui est un conteur né et ne manque pas d'anecdotes... Quant à madame, elle a su insuffler une âme "déco" à ce bel hôtel particulier, tout en préservant son cachet originel. En prime, le petit-déjeuner est excellent. Les hôtes sont ravis !

4 chambres – 90/110 € 100/120 €

Plan : B2-e *9 r. St-Jacques – ✆ 03 27 74 37 61 – www.leclosstjacques.com*
– Fermé 11-22 août

CAMON

✉ 09500 Ariège – 145 hab. – Alt. 349 m – Carte régionale n° **15**-C3
Carte Michelin 343-J6

L'Abbaye-Château de Camon

DEMEURE HISTORIQUE • PERSONNALISÉ Le temps semble s'être arrêté dans ce site enchanteur. L'abbaye s'adosse toujours à l'église mais les chambres n'ont plus rien de monacal, tandis que la beauté du jardin invite à la méditation. Le soir, on se dirige vers le cloître pour célébrer les sens autour d'un menu dégustation...

5 chambres – 130/180 € 140/200 € – 18 €

– ✆ 05 61 60 31 23 – www.chateaudecamon.com
– Ouvert de mi-avril au 31 oct.

CAMPAGNE – 24 Dordogne → Voir Bugue

CAMPLONG-D'AUDE

✉ 11200 Aude – 347 hab. – Alt. 126 m – Carte régionale n° **12**-B3
Carte Michelin 344-G4 – Guide Vert Michelin Languedoc

Le Clos de Mauzac (N)

CUISINE MODERNE • CONTEMPORAIN X En haut du village, une bâtisse d'inspiration traditionnelle, flanquée d'une petite tour à l'entrée. Le chef, passionné et locavore, réalise une cuisine actuelle, aux touches créatives. Les produits, d'une grande fraîcheur, se dégustent, aux beaux jours, sur la terrasse.

Formule 17 € – Menu 25 € (déj. en semaine)/45 € – Carte 40/79 €

chemin de Garrigue-Plane – ✆ 04 68 43 50 60
– Fermé 2 semaines en fév., lundi de juin à sept. et merc. d'oct. à mai

CAMPSEGRET

✉ 24140 Dordogne – 391 hab. – Alt. 130 m – Carte régionale n° **2**-C1
Carte Michelin 329-E6

La Libertie

FAMILIAL • CONTEMPORAIN Ouvrir une maison d'hôtes, tel était le rêve de ce couple de Suédois tombé sous le charme du Sud-Ouest… et passionné de gastronomie ! Leur choix s'est porté sur cette belle maison en pierre du pays de Bergerac, où ils proposent des chambres au charme simple (de plain-pied sur le joli jardin), ainsi que… d'intéressants cours de cuisine. Une certaine idée de La Libertie.

5 chambres ☕ – †95/105 € ††95/105 €

– ✆ 05 53 61 66 45 – www.lalibertie.com – Fermé 21 déc.-3 janv.

CANAPVILLE – 14 Calvados ➔ Voir Deauville

CANCALE

✉ 35260 Ille-et-Vilaine – 5 200 hab. – Alt. 50 m – Carte régionale n° **5**-D1
Carte Michelin 309-K2 – Guide Vert Michelin Bretagne Nord

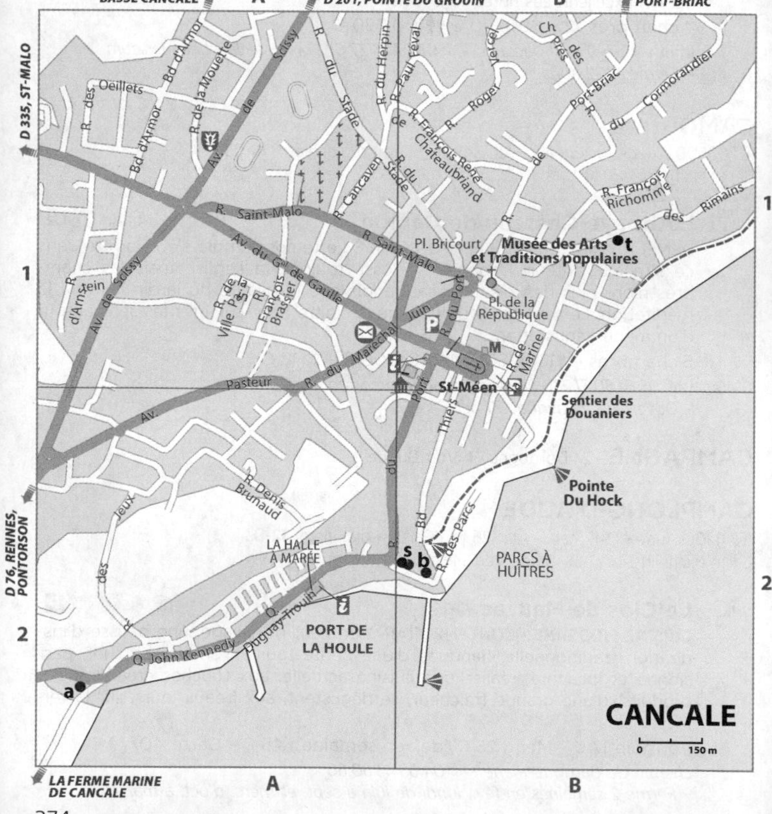

Le Coquillage (Hugo Roellinger)

POISSONS ET FRUITS DE MER • ÉLÉGANT XX Poissons et coquillages d'une grande fraîcheur, relevés de savants mélanges d'épices : la figure tutélaire d'Olivier Roellinger plane sur cette table, où il travaille désormais en collaboration avec son fils, Hugo. Charmantes salles à manger tournées vers la baie du Mont St-Michel et plaisant salon marin.

➜ Huîtres aux aromates. Solettes dorées, pomme de terre écrasée. La roulante des gourmandises.

Menu 68/139 €

Hors plan *Hôtel Les Maisons de Bricourt - Château Richeux, lieu-dit Le Buot, par rte du Mont-St-Michel : 7 km par D76, D155 et voie secondaire – ✆ 02 99 89 64 76 – www.maisons-de-bricourt.com – Fermé 7 janv.-7 fév. et 25 fév.-13 mars*

La Table Breizh Café

CUISINE CRÉATIVE • ÉPURÉ X À l'étage même d'une crêperie à laquelle elle est associée, cette table gastronomique est menée par un chef japonais ! Sa cuisine porte la marque de l'archipel (condiments, techniques de cuisson) et se révèle aussi soignée que séduisante ; la salle offre une superbe vue sur la baie du Mont-St-Michel. Belle expérience.

➜ Homard à la vinaigrette de sésame et au miso, nanbanzuke de poulet frit et de légumes marinés. Turbot poêlé, coulis de daïkon et salicornes, purée de prunes séchées. Crème au citron, meringue au yukari et sorbet yuzu.

Menu 38 € (déj. en semaine), 75/135 €

Plan : B2-b *7 quai Thomas (1er étage) – ✆ 02 99 89 56 46 – www.breizhcafe.com – Fermé janv., mardi et merc.*

Côté Mer

CUISINE TRADITIONNELLE • ÉLÉGANT XX Un charmant petit port, des maisons de pêcheurs, l'air iodé du large... À Cancale, impossible de ne pas regarder Côté Mer ! Dans ce restaurant, face à la baie, les poissons, coquillages et crustacés ont le vent en poupe à travers une cuisine goûteuse et soignée. Un bon rapport qualité-prix.

Formule 25 € – Menu 30/78 € – Carte 45/80 €

Plan : A2-a *4 r. Ernest-Lamort, rte de la corniche – ✆ 02 99 89 66 08 – www.restaurant-cotemer.fr – Fermé vacances de fév., 1 semaine fin juin, nov., dim. soir, mardi soir et merc. hors saison*

L'Ormeau

POISSONS ET FRUITS DE MER • TRADITIONNEL XX Ce restaurant au cadre élégant (une salle récemment rénovée, avec vue sur la flottille de pêche) comblera les amateurs de poisson et de fruits de mer. En effet, comment refuser un plateau d'huîtres de Cancale, un filet de saint-pierre ou... des ormeaux ?

Formule 25 € – Menu 30/49 € – Carte 36/87 €

Plan : B2-s *Hôtel Le Continental, 4 quai Thomas – ✆ 02 99 89 60 16 – www.hotel-cancale.com – Ouvert 10 mars-20 nov., fermé mardi et merc. sauf le soir en été*

Breizh Café

CUISINE BRETONNE • CONVIVIAL X Sur le port de Cancale, ce Breizh Café n'a qu'une devise : "La crêpe autrement." Et pour cause : il est né... au Japon ! Son patron, Bertrand Larcher, a le premier exporté la galette bretonne à Tokyo, et après plusieurs enseignes nippones, a récidivé au sein de la mère patrie. La qualité est au rendez-vous.

Carte 14/35 €

5 chambres ☕ – †108/128 € ††118/168 €

Plan : B2-b *7 quai Thomas (rez-de-chaussée) – ✆ 02 99 89 61 76 – www.breizhcafe.com – Fermé jeudi et vend. sauf vacances scolaires*

 **La Ferme du Vent** 

MAISON DE CAMPAGNE • ÉLÉGANT Sur le vaste domaine du château Richeux, au-dessus d'une anse dévoilant une vue splendide sur la baie du Mont-Saint-Michel, ces belles maisons en pierre locale abritent cinq chambres, dont les matériaux (bois brut, granit) réalisent la synthèse parfaite entre âme bretonne et design campagnard chic. Très bel espace de remise en forme. Enivrant.

5 chambres – 275/465 € 275/465 €

Hors plan *lieu-dit Le Buot, par rte du Mont-St-Michel : 7 km par D76, D155 et voie secondaire – 02 99 89 64 76 – www.maisons-de-bricourt.com – Fermé 7 janv.-7 fév. et 25 fév.-13 mars*

 **Les Maisons de Bricourt - Château Richeux**

DEMEURE HISTORIQUE • PERSONNALISÉ Au calme d'un vaste parc, accueillant potager, plantes aromatiques et animaux, dominant la baie du Mont-St-Michel, cette superbe villa de 1920 a été aménagée avec un sens aigu du raffinement. Léon Blum y séjourna. Un lieu pétri d'histoire et de charme...

11 chambres – 195/395 € 195/365 € – 2 suites – 25 €

Hors plan *Lieu-dit Le Buot, par rte du Mont-St-Michel : 7 km par D76, D155 et voie secondaire – 02 99 89 64 76 – www.maisons-de-bricourt.com – Fermé 7 janv.-7 fév. et 25 fév.-13 mars*

Le Coquillage – voir les restaurants ci-dessus

 **Hostellerie de la Motte Jean** 

MAISON DE CAMPAGNE • COSY Au jardin ou au bord de l'étang, profitez des plaisirs de la campagne cancalaise ! Corps de ferme de 1707 doté de chambres classiques et romantiques ; accueil charmant.

13 chambres – 100/120 € 110/150 € – 11 €

Hors plan *4 km à l'Ouest et D355 – 02 99 89 41 99 – www.hotel-mottejean.com – Fermé 1er oct.-1er avril*

 **Le Continental** 

FAMILIAL • FONCTIONNEL Une petite adresse sympathique : situation privilégiée face au port, chambres confortables et très bien tenues et, pour les gourmands, confitures maison au petit-déjeuner...

17 chambres – 85/145 € 110/185 € – 18 €

Plan : B2-s *4 quai Thomas – 02 99 89 60 16 – www.hotel-cancale.com – Ouvert 1er mars-20 nov.*

L'Ormeau – voir les restaurants ci-dessus

 **Le Manoir des Douets Fleuris et Le Chatelier**

DEMEURE HISTORIQUE • TRADITIONNEL Ce petit manoir abrite des chambres feutrées, façon "campagne chic". Les résidents peuvent profiter de l'âtre monumental au salon, et du calme du parc : voilà une demeure qui a une âme !

20 chambres – 73/199 € 83/199 € – 3 suites – 13 €

Hors plan *2 km à l'Ouest et D355 – 02 23 15 13 81 – www.manoirdesdouetsfleuris.com – Ouvert mars-nov.*

 **Les Rimains** 

MAISON DE MAÎTRE • COSY La famille Roellinger a fait de ce ravissant cottage des années 1930 – ceint d'un jardin surplombant la mer et longeant le chemin des douaniers –, une charmante maison d'hôtes. Chambres raffinées (meubles chinés).

4 chambres – 195/375 € 195/375 € – 25 €

Plan : B1-t *62 r. des Rimains – 02 99 89 64 76 – www.maisons-de-bricourt.com – Fermé de 7 janv.-13 mars*

CANCON

47290 Lot-et-Garonne – 1 330 hab. – Alt. 199 m – Carte régionale n° **2**-C2
Carte Michelin 336-F2

à St-Eutrope-de-Born 9 km au Nord-Est par D124 et D153 – ✉ 47210 – 697 hab. – Alt. 95 m

Domaine du Moulin de Labique

MAISON DE CAMPAGNE • TRADITIONNEL Tissus Liberty, toile de Jouy, meubles patinés par les ans... Un beau domaine au bord d'un ruisseau, dans un style "campagne chic" vraiment ravissant. Pour ne rien gâcher, les propriétaires sont très conviviaux et, au petit-déjeuner, rien de meilleur qu'une confiture maison ! Étang pour les amateurs de pêche.

5 chambres – 75/85 € 110/199 €

2 km au Nord-Est, rte de Villeréal – ✆ 05 53 01 63 90 – www.moulin-de-labique.net – Fermé 24-31 déc.

CANDÉ-SUR-BEUVRON

✉ 41120 Loir-et-Cher – 1 549 hab. – Alt. 70 m – Carte régionale n° **6**-A1
Carte Michelin 318-E7

Auberge de la Caillère

CUISINE MODERNE • ÉLÉGANT XX L'ancienne ferme (1788), agrandie et progressivement rénovée, est aujourd'hui un restaurant tout à fait remarquable ! Dans une veine plutôt actuelle, les assiettes proposées sont soignées et plaisantes, avec de belles variations de goût ; quant à la carte des vins, elle fait la part belle au Val de Loire.

Menu 35/75 €

36 rte de Montils – ✆ 02 54 44 03 08 – www.aubergedelacaillere.com – Fermé 1er janv.-13 fév., merc. soir et le midi du lundi au vend.

Auberge de la Caillère

TRADITIONNEL • PERSONNALISÉ Après avoir travaillé en Australie et au Canada, Aurélie et Éric ont repris en 2013 cet hôtel-restaurant de tradition. Entièrement rénovée, la fermette conserve un certain cachet, et les chambres – dans une extension plus récente – sont bien tenues.

16 chambres – 75/90 € 75/90 € – 12 €

36 rte de Montils – ✆ 02 54 44 03 08 – www.aubergedelacaillere.com – Fermé 1er janv.-13 fév.

Auberge de la Caillère – voir les restaurants ci-dessus

LE CANET – 13 Bouches-du-Rhône → Voir Aix-en-Provence

CANET-EN-ROUSSILLON

✉ 66140 Pyrénées-Orientales – 12 224 hab. – Alt. 11 m – Carte régionale n° **12**-B3
Carte Michelin 344-J6

à Canet-Plage – ✉ 66140

L'Horizon

CUISINE MÉDITERRANÉENNE • ÉLÉGANT XXX Envie d'admirer l'horizon ? Rendez-vous dans ce restaurant en bord de mer, d'où la vue est superbe ! En toute logique, les plats sont résolument méditerranéens.

Formule 24 € – Menu 30 € (déj. en semaine), 46/65 € – Carte 70/90 €

Hôtel les Flamants Roses, 1 voie des Flamants-Roses, au Sud par D81 – ✆ 04 68 51 60 60 – www.hotel-flamants-roses.com

Le Clos des Pins Ⓝ

CUISINE MODERNE • ÉLÉGANT XX Près du port de plaisance, cet hôtel moderne abrite un chef jeune et plein d'imagination. Avec les produits du cru, il mitonne une cuisine goûteuse et généreuse – exemple parfait : ce poulpe de roche et fregola sarda, une réussite –, impeccablement présentée par un maître d'hôtel compétent et impliqué.

Formule 23 € – Menu 29 € (déj. en semaine), 45/75 € – Carte 50/65 €

Hôtel Host et Vinum, 34 av. du Roussillon – ✆ 04 68 80 32 63 – www.hostetvinum.com – Fermé janv., dim. et lundi hors saison

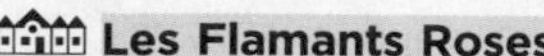

Les Flamants Roses

SPA ET BIEN-ÊTRE · CONTEMPORAIN Cet établissement récent borde la plage et est couplé à un centre de thalasso qui ravira les adeptes du genre : piscines intérieures, hammam et soins de qualité ! Quant aux chambres, ouvertes sur les flots ou le jardin, elles sont très chaleureuses.

63 chambres – 🚹120/450 € 🚹🚹120/450 € – 3 suites – ☕19 €

1 voie des Flamants-Roses, au Sud par D81 – ✆ 04 68 51 60 60 – www.hotel-flamants-roses.com

🍴 **L'Horizon** – voir les restaurants ci-dessus

Host et Vinum (N)

TRADITIONNEL · COSY Près du port de plaisance, dans un quartier résidentiel, cet ensemble avec jardin et piscine d'été, propose des chambres assez spacieuses et cosy. Côté assiette, le chef se défend rudement bien : produits du cru, qualité, générosité. Une jolie adresse.

16 chambres – 🚹87/230 € 🚹🚹87/230 € – 2 suites – ☕16 €

34 av. du Roussillon – ✆ 04 68 80 32 63 – www.hostetvinum.com – Fermé janv.

🍴 **Le Clos des Pins** – voir les restaurants ci-dessus

CANGEY

✉ 37530 Indre-et-Loire – 1 075 hab. – Alt. 85 m – Carte régionale n° **6**-A1
Carte Michelin 317-P4 – Guide Vert Michelin Châteaux de la Loire

Le Fleuray

MAISON DE CAMPAGNE · COSY Une ferme restaurée, si charmante avec son verger et sa piscine ! On vous accueille avec le sourire, et les chambres, coquettes, ont des noms de fleurs... Restaurant "Le Colonial" façon jardin d'hiver, avec une belle vue sur la campagne.

24 chambres – 🚹98/166 € 🚹🚹98/220 € – 1 suite – ☕15 €

7 km au Nord, par D74 rte de Dame-Marie-les-Bois – ✆ 02 47 56 09 25 – www.lefleurayhotel.com – Fermé 14 nov.-1er déc. et 19-27 déc.

W. Dieterich/imageBROKER/age fotostock

ON AIME...

Hésiter devant la magnifique carte des vins au **Pot de Vin**, qui porte bien son nom. S'enthousiasmer des recettes précises et subtiles de la **Villa Archange**. Aller s'attabler à **Da Laura** : les meilleures pâtes fraîches de Cannes ! Profiter de la vue sur la Croisette depuis la terrasse du **Park 45**...

CANNES

✉ 06400 Alpes-Maritimes - 73 744 hab. - Alt. 2 m - Carte régionale n° **22**-E2
Carte Michelin 341-D6 - Guide Vert Michelin Côte d'Azur

Restaurants

✿✿ La Palme d'Or

CUISINE CRÉATIVE • LUXE XXXX Dans le somptueux cadre Art déco du Martinez, on domine la Croisette et la baie de Cannes... tout en atteignant des hauteurs gastronomiques. Dans ce restaurant au luxe discret et raffiné, le chef, Christian Sinicropi, signe une cuisine très créative et sophistiquée, gorgée de soleil, qui mérite bien sa Palme d'Or !

➜ Les légumes en mouvement. L'agneau en mouvement. Le miel en mouvement.

Menu 70 € (déj.), 195/225 € - Carte 180/300 €

Plan : E2-n *Hôtel Grand Hyatt Martinez, 73 bd de la Croisette - ✆ 04 92 98 74 14 - www.cannesmartinez.grand.hyatt.com - Fermé janv.-fév., mardi sauf de juin à oct., dim. et lundi*

✿ Le Park 45

CUISINE MODERNE • CONTEMPORAIN XXX On exécute ici une cuisine toute de fraîcheur et de saveurs. Menu "veggie", produits de la pêche locale et légumes bio sont ici mis en valeur avec un plaisir évident. Le décor du restaurant, élégant et plein de couleurs, ajoute encore au plaisir du repas. Et depuis la terrasse, on apprécie la vue sur le parc...

➜ Poulpe de Méditerranée, burrata, piquillos et câpres de Sicile. Tartare de ventrêche de sériole, salade de cerises, le dos en cuisson douce et haricots coco. Calisson, financier, confit d'orange et marmelade de citron.

Formule 29 € - Menu 39 € (déj. en semaine), 55/140 € - Carte 80/135 €

Plan : D1-b *Le Grand Hôtel, 45 bd de la Croisette - ✆ 04 93 38 15 45 - www.grand-hotel-cannes.com - Fermé 8 déc.-31 janv., dim. et lundi de sept. à juin et le midi en juil.-août*

Amateurs de bons vins ? Le symbole ✿ signale une carte des vins particulièrement intéressante.

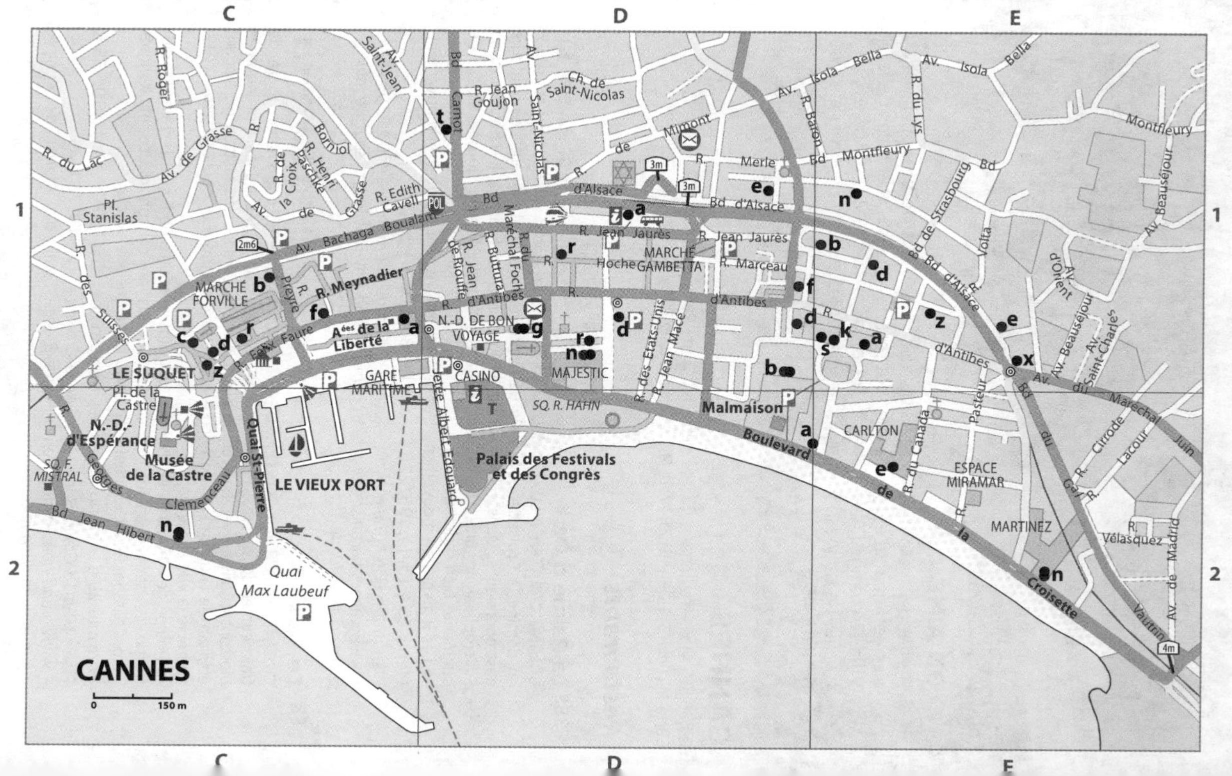
CANNES
0
150 m
C
D
E
1
2
Palais des Festivals et des Congrès
LE VIEUX PORT
Quai St-Pierre
Quai Max Laubeuf
Jetée Albert Edouard
LE SUQUET
Musée de la Castre
N.-D.-d'Espérance
Pl. de la Castre
SQ. F. MISTRAL
Bd Jean Hibert
R. Georges Clemenceau
MARCHÉ FORVILLE
R. Meynadier
Allées de la Liberté
GARE MARITIME
CASINO
N.-D. DE BON VOYAGE
MAJESTIC
SQ. R. HAHN
R. d'Antibes
R. Jean de Riouffe
R. Buttura
R. du Maréchal Foch
R. Jean Jaurès
MARCHÉ GAMBETTA
R. Hoche
R. Marceau
R. des Etats-Unis
R. Jean Macé
Boulevard de la Croisette
Malmaison
CARLTON
ESPACE MIRAMAR
MARTINEZ
R. du Canada
R. Pasteur
Bd d'Alsace
Bd de Strasbourg
Bd Carnot
Av. Saint-Nicolas
Ch. de Saint-Nicolas
R. Jean Goujon
R. de Mimont
R. Merle
Bd Montfleury
R. Baron
Av. Isola Bella
R. du Lys
Av. d'Orient
Av. Beauséjour
Av. Saint-Charles
Bd du Maréchal Juin
R. Lacour
R. Cirode
R. du Gal Vautrin
R. Vélasquez
Av. de Madrid
R. Volta
Av. Saint-Jean
R. Edith Cavell
Av. Bachaga Boualam
R. de Grasse
Av. de Grasse
R. Henri Paschke
R. Borniol
R. de la Croix
Av. de la Croix
R. Preyre
R. Félix Faure
R. Roger
Pl. Stanislas
R. des Suisses
R. du Lac
2m6
3m
4m
POL

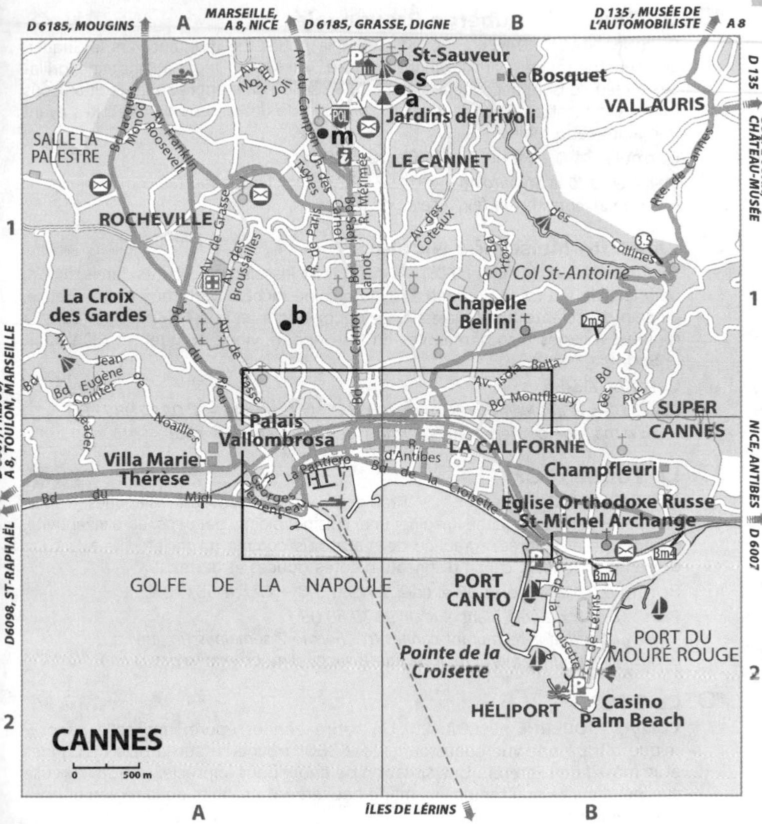

Fouquet's Cannes by Pierre Gagnaire

CUISINE TRADITIONNELLE • BRASSERIE XXX Fauteuils en velours, dorures et moulures… Au début de la Croisette, cette brasserie haut de gamme célèbre la belle tradition française sous l'œil toujours avisé de Pierre Gagnaire. À ceci près qu'ici, la terrasse sous le soleil est éminemment cannoise !

Formule 39 € – Menu 79 € – Carte 57/129 €

Plan : D1-n *Hôtel Majestic Barrière, 10 bd de la Croisette*
– ☎ 04 92 98 77 05 www.fouquets-cannes.fr
– Fermé 9 fév.-8 mars et 15-28 déc.

L'Affable

CUISINE TRADITIONNELLE • CHIC XX Dans le centre de Cannes, ce bistrot contemporain a le vent en poupe et dévoile de beaux atouts… au premier rang desquels sa carte, qui change avec le marché : grosses crevettes en tempura, quasi de veau aux petits légumes, sans oublier le soufflé au Grand Marnier, un best-seller de la maison.

Formule 25 € – Menu 29 € (déj.)/46 €
– Carte 73/97 €

Plan : D1-d *5 r. La Fontaine*
– ☎ 04 93 68 02 09 – www.restaurant laffable.fr
– Fermé août, sam. midi et dim.

Da Bouttau - Auberge Provençale

CUISINE TRADITIONNELLE • COSY XX Sur la petite rue montant vers le Suquet, une auberge fondée par Alexandre Bouttau... en 1860 ! Décor à l'ancienne, grillades au feu de bois, découpe et flambage en salle : on y apprécie la tradition sous toutes ces facettes. Et entre les plats, on regarde des photos de célébrités ayant fréquenté cette table...

Formule 24 € – Menu 33 € – Carte 55/100 €

Plan : C1-d *10 r. St-Antoine – ☎ 04 92 99 27 17 – www.dabouttau.com – Fermé 2 semaines en fév., 1 semaine à noël*

La Petite Maison de Nicole

CUISINE PROVENÇALE • MÉDITERRANÉEN XX Pissaladière, petits farcis niçois, beignets de fleurs de courgette... Une cuisine niçoise parfumée et généreuse, au sein du célèbre hôtel Majestic. Le décor ancre lui aussi résolument dans la région : voilages blancs, meubles en ferronnerie, vieux parquet, etc. On dirait le Sud !

Carte 60/134 €

Plan : D1-n *Hôtel Majestic Barrière, 10 bd de la Croisette – ☎ 04 92 98 77 00 – www.majestic-barriere.com – Fermé 11 fév.-10 mars et le midi*

La Toque d'Or

CUISINE CRÉATIVE • COSY XX Véritable amateur de saveurs asiatiques – mais pas seulement –, le chef imagine une cuisine pleine de peps et d'inventivité, savoureuse et colorée : gratinée de macaronis comme un millefeuille à la chair de crabe, ou encore canon d'agneau, patates douces et dattes...

Formule 20 € – Menu 30 € (déj.), 49/75 € – Carte 55/70 €

Plan : C1-b *11 r. Louis-Blanc – ☎ 04 93 39 68 08 – www.latoquedor-restaurant-cannes.fr – Fermé 2 semaines fin janv. à début fév., lundi et mardi midi de juin à sept., dim. et lundi d'oct. à mai*

Le 360°

CUISINE MODERNE • ÉLÉGANT XX Un cadre zen et épuré, une salle panoramique offrant une vue époustouflante – 360° oblige ! – sur la baie de Cannes et le massif de l'Esterel... Une situation de choix pour apprécier une savoureuse cuisine, dans l'air du temps, qui marie habilement produits de la région et horizons lointains.

Formule 32 € – Menu 42 € (déj.)/50 € – Carte 73/88 €

Plan : C2-n *Radisson Blu 1835 Hotel & Thalasso, 1 bd Jean-Hibert – ☎ 04 92 99 73 10 – www.restaurant-le-360.com*

Le Relais

CUISINE MÉDITERRANÉENNE • BRASSERIE XX Une atmosphère décontractée règne dans cette brasserie moderne rattachée au célébrissime Martinez... ou comment allier esprit palace et ambiance informelle. La carte marie habilement les influences locales, la tradition et des touches plus actuelles.

Formule 30 € 🍷 – Menu 36 € 🍷 (déj. en semaine) – Carte 72/100 €

Plan : E2-n *Hôtel Martinez, 73 bd de la Croisette – ☎ 04 92 98 74 12 – www.cannesmartinez.grand.hyatt.com – Fermé 1er fév.-4 mars*

Le Roof

CUISINE MODERNE • TENDANCE XX Au 5e étage de l'hôtel Five Seas, le jeune chef Arnaud Tabarec, passé par de prestigieuses maisons, propose une cuisine décomplexée, influencée par sa passion des voyages. Street food (fish & chips, pizza), pâtes et risotto, poulet rôti à partager... Formule pour la clientèle d'affaires au déjeuner. Terrasse sur le toit.

Formule 26 € – Menu 32 € (déj.) – Carte 40/70 €

Plan : D1-g *Hôtel Five Seas, 1 r. Notre-Dame – ☎ 04 63 36 05 06 – www.fiveseashotel.com – Fermé mi-déc. à fin janv.*

Relais des Semailles

CUISINE TRADITIONNELLE • RUSTIQUE XX Une vieille maison datant de la fin du 17e s., avec poutres apparentes, bibelots, cheminée et meubles anciens. L'atmosphère est cosy, apaisante, et recèle un charme indéfinissable, presque romantique... L'endroit idéal pour déguster de sympathiques plats traditionnels à l'accent provençal !

Menu 32/49 € – Carte 50/82 €

Plan : C1-z *9 r. St-Antoine – ✆ 04 93 39 22 32 – www.lerelaisdessemailles.fr – Fermé lundi midi*

Table 22 par Noël Mantel

CUISINE PROVENÇALE • CONTEMPORAIN XX Dans ce quartier très touristique, à deux pas du marché Forville, une équipe sérieuse et passionnée met en avant de bons produits et de jolies saveurs provençales : on n'oubliera pas de sitôt ce dos de cabillaud cuit à la fleur de sel, avec son jus de bouillabaisse et ses légumes du marché...

Menu 39/60 € – Carte 65/95 €

Plan : C1-c *22 r. St-Antoine – ✆ 04 93 39 13 10 – www.restaurantmantel.com – Fermé lundi midi et mardi midi de juin à oct., merc. de nov. à fév.*

Au Pot de Vin (N)

CUISINE TRADITIONNELLE • BISTRO X Cette cave-bistrot familiale se distingue par une salle joliment rétro, toute de bois vêtue. Derrière le superbe comptoir, le chef mitonne de bons petits plats de tradition basés sur le marché, qu'on peut arroser d'un vin tiré de la remarquable cave (près de 1 000 références, dont bordeaux, bourgognes, italiens, etc.). Prix raisonnables.

Carte 37/49 €

Plan : E1-d *20 r. Cdt-Vidal – ✆ 04 93 68 66 18 – www.aupotdevin.com – Fermé 1 semaine vacances de fév., 1 semaine début juil., 1 semaine vacances de la Toussaint, sam. et dim.*

Aux Bons Enfants

CUISINE RÉGIONALE • BISTRO X Le patron de ce sympathique bistrot vintage ? Un vrai passionné, qui cultive avec bonheur l'art de recevoir et concocte une belle cuisine provençale, ainsi que des plats canailles bien gourmands. Pas de téléphone, paiement en liquide, mais les lieux rendent bon enfant !

Formule 24 € – Menu 31 € (déj.) – Carte 36/47 €

Plan : C1-r *80 r. Meynadier – ✆ 06 18 81 37 47 – www.aux bons-enfants-cannes.com – Fermé 25 nov.-1er janv., lundi hors vacances scolaires et dim.*

Bistro Les Canailles

CUISINE TRADITIONNELLE • BISTRO X Ce bistrot est un rendez-vous apprécié des Cannois... Chic ? Oui, mais également décontracté et sympathique. Au comptoir, atmosphère de bar à vins autour de jolis nectars proposés au verre. Et à l'ardoise ? D'incontournables plats bistrotiers et canailles, ainsi qu'une jolie cuisine du marché, fraîche et tout simplement bonne.

Carte 31/52 €

Plan : E1-b *12 r. Jean-Daumas – ✆ 04 93 68 12 10 – www.bistro-lescanailles.com – Fermé dim. et lundi*

Caveau 30

CUISINE TRADITIONNELLE • BRASSERIE X Ce Caveau, au décor des années 1930, met à l'honneur les plats typiques de la brasserie française – fruits de mer compris ! En été, la vaste véranda devient une terrasse et l'on profite d'autant mieux de l'ambiance animée... Un lieu sympathique.

Formule 19 € – Menu 28/39 € – Carte 36/68 €

Plan : C1-f *45 r. Félix-Faure – ✆ 04 93 39 06 33 – www.lecaveau30.com*

Da Laura

CUISINE ITALIENNE • CONVIVIAL Quel bonheur de découvrir ce petit restaurant convivial aux parfums de l'Italie ! Pâtes fraîches, jambons maturés... pas de m'as-tu-vu, rien que du "delicioso" dans un cadre retro. Le chef passionné ne travaille que des produits frais autour d'une carte courte et appétissante. Service adorable et "cucina autentica" garantie !

Carte 28/80 €

Plan : D1-r *8 r. du 24-Août (angle r. Hoche) - 04 93 38 40 51*
- Fermé dim. et le soir sauf juil.-août

L'Antidote - Christophe Ferré

CUISINE TRADITIONNELLE • CONTEMPORAIN Une ancienne maison de maître du début du 20e s., que l'on rejoint en traversant une petite cour aménagée en terrasse pour les beaux jours. Au menu : une cuisine éminemment personnelle, concoctée par le chef au gré des trouvailles du marché. Tout cela dans une ambiance conviviale !

Menu 29 € (déj.), 31/39 € - Carte 25/60 €

Plan : E1-e *60 bd d'Alsace - 04 93 43 32 19 - www.lantidote-christopheferre.fr*
- Fermé de fin déc. à fin janv., lundi sauf le soir en saison et dim.

La Table du Chef

CUISINE TRADITIONNELLE • BISTRO Changement d'époque pour ce petit bistrot installé à deux pas de la rue d'Antibes. Dans sa cuisine ouverte, le jeune chef agrémente les produits du coin (marché de Forville, boucher, poissonnier...) dans des assiettes bien réalisées. Menu unique "surprise" le soir.

Formule 26 € - Menu 30/45 € - menu unique

Plan : D1-f *5 r. Jean-Daumas - 04 93 68 27 40*
- Fermé 1 semaine en juin, 1 semaine fin oct., mardi midi, dim. et lundi

Hôtels

Grand Hyatt Martinez

PALACE • ART DÉCO Un véritable monument ! Majestueusement dressée face à la Méditerranée, sa façade Art déco immaculée (1929) porte en elle l'histoire de la villégiature version Côte d'Azur et... du festival de cinéma. Des magnifiques chambres, revues par le designer Pierre-Yves Rochon, au spa, au dernier étage, jusqu'à la plage, confort exquis et prestations haut de gamme cultivent le mythe de la Croisette !

395 chambres - 240/1720 € 240/1720 € - 14 suites - 42 €

Plan : E2-n *73 bd de la Croisette - 04 93 90 12 34*
- www.cannesmartinez.grand.hyatt.com
- Fermé 1er fév.-4 mars

La Palme d'Or • **Le Relais** - voir les restaurants ci-dessus

Majestic Barrière

GRAND LUXE • ÉLÉGANT Face au palais des Festivals, son imposante façade toute blanche évoque le faste des Années folles. Les lieux rivalisent de luxe, de confort et de raffinement contemporain, pour un séjour chic et exclusif, bien à l'image de la cité azuréenne ! Et au restaurant de la plage, cuisine au feu de bois signée Mauro Colagreco...

259 chambres - 199/3769 € 199/3769 € - 90 suites - 42 €

Plan : D1-n *10 bd de la Croisette - 04 92 98 77 00*
- www.lemajestic-cannes.com
- Fermé 9 fév.-8 mars et 15-28 déc.

Fouquet's Cannes by Pierre Gagnaire • **La Petite Maison de Nicole** - voir les restaurants ci-dessus

InterContinental Carlton

HISTORIQUE • GRAND LUXE Faut-il encore présenter le Carlton ? Inauguré en 1913, l'établissement s'est hissé parmi les hôtels mythiques de la Riviera. L'histoire imprègne ses murs, où sont passés plusieurs générations d'hôtes illustres. Le classicisme est la marque des lieux !

304 chambres – 199/1365 € 199/1365 € – 39 suites – 30 €

Plan : E2-e *58 bd de la Croisette – 04 93 06 40 06 – www.carlton-cannes.com*

Five Seas

BOUTIQUE HÔTEL • CONTEMPORAIN À deux pas de la Croisette, cet hôtel, imaginé dans l'ancien bâtiment de la poste, cultive un charme indéniable : décor soigné, chambres personnalisées sur le thème du voyage, spa, piscine inox sur le toit... Une très agréable villégiature !

37 chambres – 185/1050 € 185/1050 € – 8 suites

Plan : D1-g *1 r. Notre-Dame – 04 63 36 05 05 – www.fiveseashotel.com – Fermé mi déc. à fin janv.*

Le Roof – voir les restaurants ci-dessus

Le Grand Hôtel

LUXE • DESIGN Un établissement de caractère sur la Croisette, au calme derrière un superbe îlot de verdure... On le sait, les années 1970 sont aujourd'hui à la mode, et les chambres jouent cette carte "revival" avec raffinement et élégance (mobilier design, tons vintage) : une réussite qui convertira même les plus rétifs.

72 chambres – 180/840 € 180/840 € – 3 suites – 36 €

Plan : D1-b *45 bd de la Croisette – 04 93 38 15 45 – www.grand-hotel-cannes.com – Fermé 8 déc.-31 janv.*

Le Park 45 – voir les restaurants ci-dessus

Gray d'Albion

BUSINESS • CONTEMPORAIN Entre la Croisette et la rue d'Antibes, cet hôtel est une valeur sûre pour tous ceux – hommes d'affaires ou touristes – qui sont en quête d'un haut niveau de confort et de prestations contemporaines. Beau restaurant de plage en saison.

176 chambres – 129/1819 € 129/1819 € – 24 suites – 29 €

Plan : D1-d *38 r. des Serbes – 04 92 99 79 79 – www.gray-dalbion.com – Fermé 15 déc.-9 mars*

JW Marriott

HÔTEL DE CHAÎNE • CONTEMPORAIN Photos noir et blanc d'acteurs mythiques, tons reposants : les chambres, très confortables, évoquent le cinéma... Et pour cause : face à la mer, ce bel hôtel contemporain a été créé en lieu et place de l'ancien palais des Festivals ! Pour se restaurer, un élégant steakhouse.

211 chambres – 189/959 € 189/959 € – 50 suites – 35 €

Plan : DE2-a *50 bd de la Croisette – 04 92 99 70 00 – www.jwmarriottcannes.fr*

Radisson Blu 1835 Hotel & Thalasso

HÔTEL DE CHAÎNE • CONTEMPORAIN À la pointe du vieux port, véritable figure de proue, l'hôtel domine la baie de Cannes. Les chambres allient grand confort, esprit contemporain et... vue sur le large : un cocktail séduisant. De plus, on dispose d'un accès (payant) aux thermes marins avec bain japonais, hammam, etc.

117 chambres – 165/1375 € 165/1375 € – 16 suites – 35 €

Plan : C2-n *2 bd Jean-Hibert – 04 92 99 73 10 – www.radissonblu.com/hotel-cannes*

Le 360° – voir les restaurants ci-dessus

Le Canberra

URBAIN • CONTEMPORAIN Une jolie bâtisse en plein centre-ville, avec son jardin verdoyant et sa piscine. Les chambres arborent un décor contemporain plutôt plaisant et se révèlent bien confortables. En saison, cuisine méditerranéenne au restaurant.

30 chambres – 🚹119/625 € 🚹🚹119/625 € – 5 suites – ☕ 22 €

Plan : E1-k *120 r. d'Antibes – ✆ 04 97 06 95 00 – www.hotel-cannes-canberra.com*

Cavendish

TRADITIONNEL • ÉLÉGANT Un hôtel de tradition au fonctionnement haut de gamme. Il est certes situé sur un boulevard très passant, mais les chambres sont bien insonorisées, leur décor soigné, et le service se révèle aux petits soins. Autres atouts : le bar à discrétion pour les résidents et le délicieux petit-déjeuner avec gâteaux maison !

34 chambres ☕ – 🚹110/310 € 🚹🚹110/310 €

Plan : D1-t *11 bd Carnot – ✆ 04 97 06 26 00 – www.cavendish-cannes.com – Fermé 15 déc.-13 mars*

Le Patio des Artistes

BUSINESS • CONTEMPORAIN Dans une ruelle tranquille du centre-ville, on découvre d'abord le joli patio, idéal pour un moment de détente, avant de gagner les chambres – toutes très confortables et chaleureuses. Autres atouts : l'espace bien-être et le toit-terrasse dominant la ville... Solaire !

64 chambres – 🚹100/450 € 🚹🚹100/450 € – ☕ 20 €

Plan : E1-z *6 r. de Bône – ✆ 04 97 06 99 00 – www.lepatiodesartistes.fr*

Splendid

TRADITIONNEL • CLASSIQUE À deux pas du palais des Festivals – un emplacement de choix –, ce bel hôtel (1871) cultive l'atmosphère de l'hôtellerie traditionnelle à la française. À noter que la plupart des chambres donnent sur le port de plaisance...

60 chambres – 🚹93/1100 € 🚹🚹93/1100 € – 2 suites – ☕ 19 €

Plan : C1-a *4 r. Félix-Faure – ✆ 04 97 06 22 22 – www.splendid-hotel-cannes.com – Fermé 7-22 janv.*

Villa Garbo

BOUTIQUE HÔTEL • CONTEMPORAIN Cette villa Belle Époque (1884) cultive un esprit intimiste et exclusif... Elle abrite non pas des chambres, mais de véritables appartements, avec salon et cuisine.

10 suites ☕ – 🚹🚹220/1070 € – 2 chambres

Plan : E1-x *64 bd d'Alsace – ✆ 04 93 46 66 00 – www.villagarbo-cannes.com – Fermé 8 déc.-13 mars*

America

BUSINESS • CONTEMPORAIN Dans une petite rue calme proche de la Croisette, cet hôtel a quelque chose de ces jolies maisons de vacances chic de la côte Est des États-Unis... Les chambres, sobres et dans l'air du temps, sont bien insonorisées. Good Morning America !

29 chambres – 🚹80/220 € 🚹🚹80/220 € – ☕ 15 €

Plan : D1-r *16 r. Notre Dame – ✆ 04 93 06 75 75 – www.hotel-america.com – Fermé 15 déc.-15 janv.*

Cézanne

BUSINESS • CONTEMPORAIN Un hôtel de bon standing niché derrière un joli jardin, qui l'isole de la circulation automobile sur le boulevard. Bien insonorisées et confortables, les chambres sont résolument modernes et colorées. Agréable espace bien-être avec sauna, hammam et cabines de soins.

28 chambres – 🚹139/499 € 🚹🚹139/599 € – ☕ 17 €

Plan : E1-n *40 bd d'Alsace – ✆ 04 92 59 41 00 – www.hotel-cezanne.com*

Château de la Tour

HÔTEL PARTICULIER • PERSONNALISÉ En périphérie de Cannes, un castel provençal (19e s.) dans un beau jardin, où l'on cultive l'art de la quiétude. Les chambres ont été décorées dans un style contemporain cossu et glamour, qui prête au confort. Et l'on peut profiter de la très belle terrasse du restaurant face à la piscine...

33 chambres – 84/560 € 84/560 € – 17 €

Hors plan *10 av. Font-de-Veyre – 04 93 90 52 52 – www.hotelchateaudelatour.com – Ouvert 12 mars-4 nov.*

Hôtel de Paris

TRADITIONNEL • PERSONNALISÉ Qu'il est beau, ce jardin, avec ses palmiers et sa piscine ! Quant à l'hôtel, il révèle un style atypique – principalement Belle Époque, avec des éléments moyenâgeux et baroques – et des chambres vraiment confortables.

43 chambres – 115/295 € 115/365 € – 7 suites – 18 €

Plan : D1-e *34 bd d'Alsace – 04 93 38 30 89 – www.hoteldeparis.fr – Fermé 10-27 déc.*

Okko

HÔTEL DE CHAÎNE • CONTEMPORAIN A deux pas de la gare, le Okko de Cannes se distingue par son blanc immaculé, son intérieur design et épuré, et un concept novateur : petit-déjeuner et verre de bienvenue sont inclus dans le prix des chambres (identiques mais confortables). Un vrai bon plan.

125 chambres – 110/650 € 130/670 €

Plan : D1-a *6 bis pl. de la Gare – 04 92 98 30 30 – www.okkohotels.com*

Hôtel de Provence

FAMILIAL • FONCTIONNEL Cet hôtel familial et convivial propose des chambres confortables. Préférez celles du côté sud, avec vue dégagée, et prenez votre petit-déjeuner en terrasse, au calme.

30 chambres – 77/140 € 101/340 € – 11 €

Plan : E1-s *9 r. Molière – 04 93 38 44 35 – www.hotel-de-provence.com – Fermé 14 janv.-2 mars*

Idéal Séjour

FAMILIAL • À THÈME Cette villa au calme, loin du centre-ville, pourrait vous surprendre... Cinéma, bande dessinée, commedia dell'arte : la propriétaire, passionnée de littérature, a laissé libre cours à son imagination pour décorer les chambres. Pour un séjour original !

16 chambres – 75/99 € 99/180 € – 12 €

Plan : A1-b *6 allée du Parc-des-Vallergues (par l'av. Jean-de-Lattre-de-Tassigny) – 04 93 39 16 66 – www.hotel-ideal-sejour.com – Fermé 9 janv.-13 fév.*

au Cannet 3 km au Nord – 06110 – 42 454 hab. – Alt. 80 m

Villa Archange (Bruno Oger)

CUISINE MODERNE • ÉLÉGANT Une jolie bâtisse du 18e s. décorée avec beaucoup de goût (parquets, tableaux, mobilier chiné...) : un antre charmant pour découvrir la cuisine de Bruno Oger, qui signe des plats très parfumés, savamment composés et extrêmement précis dans leur exécution. Voilà qui fait pousser des ailes à la gastronomie méridionale !

➜ Cappuccino de grenouilles, palourdes à l'échalote et au vin jaune. Jarret de veau cuisiné vingt-quatre heures, pommes purée au beurre demi-sel. Traou mad aux fraises des bois.

Menu 68 € (déj.), 110/350 € – Carte 145/275 €

Plan : A1-m *r. de l'Ouest (par av. Campon), D6285 – 04 92 18 18 28 – www.bruno-oger.com – Fermé 25 fév.-12 mars, dim., lundi et le midi sauf vend. et sam.*

Bistrot des Anges

CUISINE TRADITIONNELLE • CONTEMPORAIN Dans l'échelle séraphique, l'équipe de la Villa Archange pense brasserie : ici, décor moderne et ambiance conviviale, formules ensoleillées et chariot de douceurs... angéliques.

Formule 27 € – Menu 32/58 € – Carte 46/96 €

Plan : A1-m *r. de l'Ouest (par av. Campon), D6285*
– 04 92 18 18 28 – www.bruno-oger.com
– Fermé dim. soir de sept. à avril

Bistrot St-Sauveur

CUISINE TRADITIONNELLE • CONTEMPORAIN Fauteuils noirs, rideaux blancs : bienvenue dans l'univers de Claude Sutter, style épuré et séduisant, jamais tape-à-l'œil. La cuisine bistrotière du chef se déguste avec bonheur, de l'andouillette grillée à la tarte sablée à la banane. Les fonds mijotent, les viandes rassissent, et nos appétits vibrionnent. Le plus difficile est de choisir !

Menu 32/45 € – Carte 37/50 €

Plan : B1-s *87 r. St-Sauveur*
– 04 93 94 42 03 – www.bistrotsaintsauveur.fr
– Fermé 1 semaine en fév., 3 semaines en juil., dim. soir et lundi

Kashiwa

CUISINE JAPONAISE • ORIENTAL Ne vous fiez pas à l'enseigne : ce petit restaurant nippon (kashiwa signifie feuille de chêne), installé dans un ancien atelier de tapissier, offre une jolie palette de gastronomie japonaise (sushi, sashimi, soba etc.). Petite terrasse, et position privilégiée, proche du musée Pierre Bonnard. Une adresse sympathique.

Formule 15 € – Carte 25/115 €

Plan : B1-a *12 bd Gambetta*
– 09 53 97 99 67 – www.kashiwa.sitew.com
– Fermé dim. et lundi

LE CANNET – 06 Alpes-Maritimes → Voir Cannes

CAPBRETON

40130 Landes – 8 238 hab. – Alt. 6 m – Carte régionale n° **2**-A3
Carte Michelin 335-C13 – Guide Vert Michelin Aquitaine

La Cuisine

CUISINE MODERNE • CONVIVIAL Au centre du bourg, la cuisine est bel et bien à l'honneur : le chef, Johann Dubernet – secondé en salle par sa compagne Isabelle – signe des assiettes colorées, parfumées et visuelles : stick croustillant de langoustine à la bergamote ; pluma ibérique et purée d'igname au citron vert... Subtilité et gourmandise !

Formule 18 € – Menu 46 € – Carte 41/52 €

26 r. du Général-de-Gaulle
– 05 58 43 66 58 – www.restaurantlacuisine.fr
– Fermé lundi et mardi hors saison

quartier la Pêcherie

Le Regalty

POISSONS ET FRUITS DE MER • CLASSIQUE Au pied d'un immeuble moderne, une salle chaleureuse, en partie ouverte sur les cuisines. Un mur végétal borde la terrasse. Menu homard, belle carte des vins.

Menu 20/38 € – Carte 47/69 €

au port de plaisance (quai Mille-Sabords)
– 05 58 72 22 80 – www.leregalty.fr
– Fermé déc., dim. soir de sept. à juin, jeudi midi en juil.-aout et lundi

Le Fou à Pieds Rouges

CUISINE MODERNE • BISTRO ✗ En face du port, ce bistrot branché et plutôt cosy (banquettes avec coussins colorés, tables en bois blond) est le fief d'un chef californien et de son épouse française. Lui, en cuisine, compose des assiettes fraîches et spontanées, pas prétentieuses pour un sou, et ose par instants quelques associations originales.

Menu 27 € (déj.) – Carte 29/42 €

1 quai de la Pêcherie – ✆ 09 82 28 30 96 – www.lefouapiedsrouges.com – Fermé mi-fév. à mi-mars, merc. midi, jeudi midi, vend. midi, dim. soir, mardi sauf le soir en juil.-août et lundi

CAP COZ – 29 Finistère ➔ Voir Fouesnant

CAP-d'AGDE – 34 Hérault ➔ Voir Agde

CAP d'AIL

✉ 06320 Alpes-Maritimes – 4 711 hab. – Alt. 51 m – Carte régionale n° **22**-E2
Carte Michelin 341-F5 – Guide Vert Michelin Côte d'Azur

Voir plan de Monaco (Principauté de)

Marriott Riviera La Porte de Monaco

HÔTEL DE CHAÎNE • FONCTIONNEL À deux pas de la marina de Cap-d'Ail, la porte de l'établissement ouvre sur... Monaco ! Cet hôtel d'esprit international séduira la clientèle d'affaires comme les touristes soucieux d'un confort sûr. Les chambres les plus agréables donnent sur le port et la mer.

171 chambres – †149/649 € ††149/989 € – 15 suites – ☕ 26 €

Plan : A2-n *Port de Cap d'Ail – ✆ 04 92 10 67 67 – www.marriottportedemonaco.com*

CAP d'ANTIBES – 06 Alpes-Maritimes ➔ Voir Antibes

CAPDENAC-LE-HAUT – 46 Lot ➔ Voir Figeac

CAP-FERRET – 33 Gironde ➔ Voir Bassin d'Arcachon

CAPINGHEM – 59 Nord ➔ Voir Lille

CARANTEC

✉ 29660 Finistère – 3 151 hab. – Alt. 37 m – Carte régionale n° **5**-B1
Carte Michelin 308-H2 – Guide Vert Michelin Bretagne Nord

✿✿ Patrick Jeffroy

CUISINE CRÉATIVE • ÉLÉGANT ✗✗✗ C'est peu dire que la vue sur la baie de Morlaix y est superbe... Quel meilleur écrin pour l'une des plus belles cuisines bretonnes ! Patrick Jeffroy allie avec art classicisme et inventivité, mariant magnifiquement produits du terroir et pêche locale. Et la qualité du service rehausse encore le caractère du repas...

➔ Coquilles Saint-Jacques de la baie de Morlaix. Ris de veau au beurre de carotte et gingembre. Figue rôtie en crêpe dentelle.

Formule 49 € 🍷 – Menu 58 € 🍷 (déj. en semaine), 88/152 € – Carte 115/180 €

L'Hôtel de Carantec, 20 r. du Kelenn – ✆ 02 98 67 00 47 – www.hoteldecarantec.com – Fermé 23 déc.-6 fév., mardi sauf fériés et sauf le soir en saison, dim. soir hors saison et lundi

L'Hôtel de Carantec

LUXE • CONTEMPORAIN Cette charmante maison de 1936 surplombe la baie de Morlaix. Les chambres, contemporaines et épurées, donnent toutes sur la Manche (terrasses au 2e étage). Le jardin descend vers la mer et l'on peut s'y installer, serein, pour lire, boire un verre... avant de profiter de la très belle table de Patrick Jeffroy.

12 chambres - 98/195 € 120/236 € - 18 €

20 r. du Kelenn - 02 98 67 00 47 - www.hoteldecarantec.com
- Fermé 23 déc.-6 fév., dim. soir, lundi et mardi hors saison

Patrick Jeffroy - voir les restaurants ci-dessus

La Baie de Morlaix

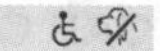

FAMILIAL • CONTEMPORAIN Un établissement bien situé, au cœur de la ville, dans une rue commerçante. Il abrite de petites chambres pratiques, tout en sobriété et bien tenues. La plage n'est pas très loin, on peut y descendre à pied.

17 chambres - 62/102 € 65/102 € - 9 €

17 bis r. Albert-Louppe - 02 98 67 07 64 - www.hotel-baiedemorlaix.com
- Fermé 3-15 oct. et 2-14 janv.

sjenner13/iStock

ON AIME...

Au bord du canal du Midi, le **Moulin de Trèbes** et ses faux airs de guinguette. Le charme du **Domaine d'Auriac**, une hostellerie de tradition au cœur d'un joli parc. La fougue de **Robert Rodriguez**, un bistrot atypique et convivial. Sans oublier les audaces de **Comte Roger**, une jolie table au cœur de la célèbre Cité...

CARCASSONNE

✉ 11000 Aude - 47 068 hab. - Alt. 110 m - Carte régionale n° **12**-B2
Carte Michelin 344-F3 - Guide Vert Michelin Roussillon Pays Cathare

Restaurants

✿✿ La Table de Franck Putelat

CUISINE MODERNE • DESIGN XXX Du grand art que celui de Franck Putelat ! Technique, inventivité, respect des produits (de grande qualité), effets visuels : sa cuisine est un concentré de justesse, de textures et de saveurs. Et le cadre très contemporain de cette villa, au pied de la citadelle, ajoute au caractère de l'expérience...

➜ Tartare-frite, huître Tabouriech, filet de bœuf et pommes de terre soufflées. Filet de bœuf "Bocuse d'Argent 2003". Tarte soufflée aux fraises mara des bois et persil.

Menu 48 € 🍷 (déj. en semaine), 85/165 € - Carte 105/150 €
7 chambres - 🚹210/240 € 🚹🚹270/330 € - ☕ 25 €

Hors plan *80 chemin des Anglais, au Sud de la Cité - ✆ 04 68 71 80 80 - www.franck-putelat.com - Fermé dim. et lundi*

🍴 Robert Rodriguez

CUISINE CLASSIQUE • VINTAGE XX Ce bistrot authentique, convivial et joliment rétro (objets chinés, vieux comptoir...), est incontournable à Carcassonne et pour cause : son chef fut un pionnier dans l'utilisation des produits bio et issus des circuits courts. Escargots de nos garrigues, pigeonneau élevé à l'ancienne et rôti sur une poêle de fonte... C'est toujours un régal : à découvrir absolument !

Formule 25 € - Menu 55 € (dîner)/85 €

Plan : B2-z *39 r. Coste-Reboulh - ✆ 04 68 47 37 80 - www.restaurantrobertrodriguez.com - Fermé dim. et lundi*

🍴 Brasserie à 4 Temps (N)

CUISINE TRADITIONNELLE • CONTEMPORAIN X Cette table estampillée Franck Putelat s'articule, comme son nom l'indique, autour des quatre saisons. Les classiques de brasserie y sont réinterprétés sans complexe : œuf parfait en meurette, ris de veau aux petits pois à la française, moelleux au chocolat... Les produits sont de qualité, les cuissons bien maîtrisées : essai transformé !

Menu 16 € (déj. en semaine)/31 € - Carte 32/55 €

Plan : B2-a *2 bd Barbès - ✆ 04 68 11 44 44 - www.brasseriea4temps.com/fr/*

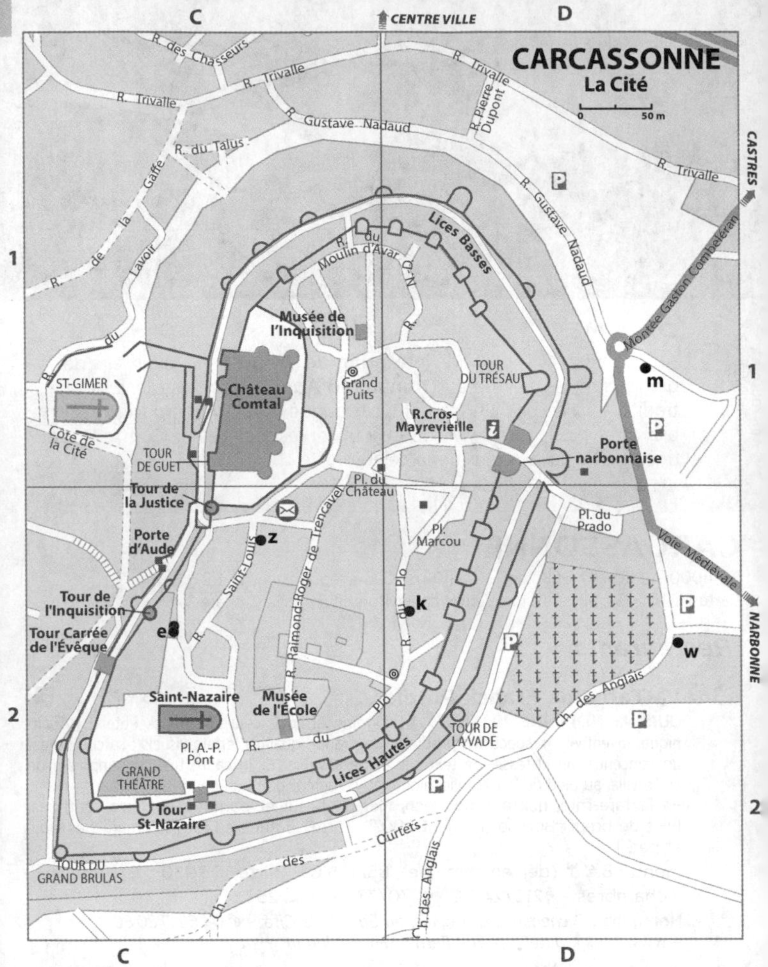

La Cantine de Robert - Côté Italie

CUISINE ITALIENNE · BISTRO Charcuteries, pâtes fraîches, pizzas à la farine bio : les saveurs italiennes sont à l'honneur chez Robert, dont la Cantine fait de l'œil à la maison mère. Mobilier rétro, bibelots et plaques émaillées composent un lieu gourmand plein de caractère.

Carte 30/65 €

Plan : B2-c *1 pl. de Lattre-de-Tassigny - ✆ 04 68 77 57 74 - restaurantrobertrodriguez.com - Fermé dim. et lundi*

à l'entrée de la Cité près porte Narbonnaise

Mercure Porte de la Cité

HÔTEL DE CHAÎNE · FONCTIONNEL Aux portes de la cité, un Mercure dans un quartier résidentiel. Certaines chambres donnent sur la piscine et les remparts tout proches.

80 chambres - 🚹106/185 € 🚹🚹106/230 € - ☕15 €

Hors plan *18 r. Camille-St-Saëns - ✆ 04 68 11 92 82 - www.mercure-carcassonne.fr*

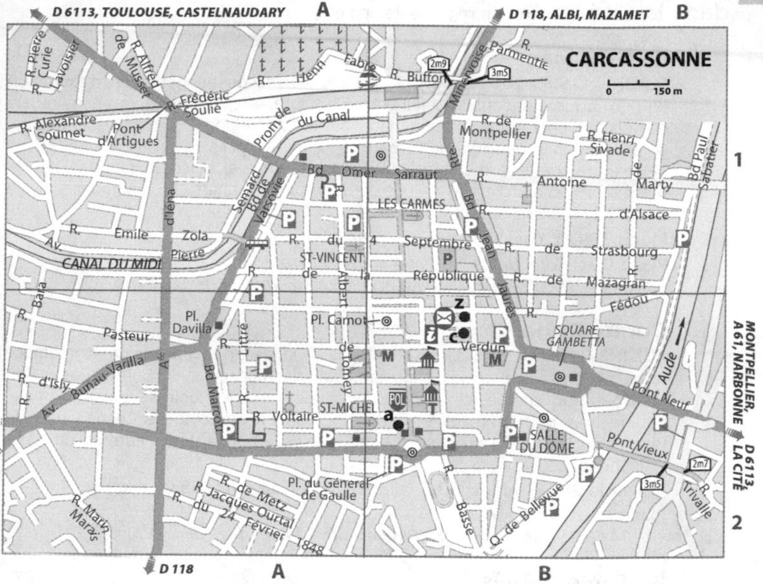

D 6113, TOULOUSE, CASTELNAUDARY — A — D 118, ALBI, MAZAMET — B

CARCASSONNE

0 — 150 m

A 61, TOULOUSE — LIMOUX — MONTPELLIER, A 61, NARBONNE — D 6113, LA CITÉ — D 118

Hôtel du Château

URBAIN · PERSONNALISÉ Dans un îlot de verdure à l'abri de l'agitation touristique, cette belle demeure mêle l'ancien et le design avec raffinement. Au programme : hammam, massage et farniente, au pied du défilé des remparts… Les petits plus : le petit-déjeuner qui met en avant les produits locaux et le bar ouvert 24h/24.

17 chambres – 147/320 € 147/320 € – 15 €

Plan : D1-m *2 r. Camille-St-Saëns*
– 04 68 11 38 38 – www.hotelduchateau.net

Pont Levis Hôtel - Franck Putelat

HISTORIQUE · DESIGN Au pied des remparts de la cité, l'adresse, née en 2013, prend ses aises dans l'ancien musée du Moyen-Âge. Désormais, la décoration est résolument tournée vers le 21e s. (acier, béton, etc.) même si dans certaines chambres, les lits sont suspendus par des chaînes… façon pont-levis !

12 chambres – 125/220 € 125/344 € – 16 €

Plan : D2-w *40 chemin des Anglais*
– 04 68 72 08 08 – www.pontlevishotel.com

Montmorency

FAMILIAL · DESIGN Une charmante maison de maître, dont la terrasse offre une vue imprenable sur les remparts de la Cité. Les chambres, contemporaines ou plus champêtres, sont toutes colorées et accueillantes.

29 chambres – 72/255 € 72/255 € – 1 suite – 15 €

Plan : D1-m *2 r. Camille-St-Saëns*
– 04 68 11 96 70 – www.hotelmontmorency.com

Petit déjeuner compris ? La tasse suit directement le nombre de chambres.

dans la Cité - Circulation réglementée en été

✿ La Barbacane

CUISINE CLASSIQUE • ÉLÉGANT XXX Dans ce décor néogothique d'exception (vitraux, armoiries, confessionnal en bois sculpté, etc.), Jérôme Ryon nous régale de jolies préparations en hommage au terroir régional. Produits de qualité, saveurs précises, équilibre de l'ensemble : un vrai plaisir.

➜ Foie gras de canard cuit au naturel, truite fumée et gelée de sangria. Filet de bœuf charolais au foie gras et joue de bœuf braisée, churros aux oignons. Soufflé chaud à la réglisse, sorbet fruits rouges.

Menu 39 € 🍷 (déj.), 85/150 € - Carte 100/140 €

Plan : C2-e *Hôtel De La Cité, pl. Auguste-Pierre-Pont*
- ✆ 04 68 71 98 71 - www.hoteldelacite.com - Fermé 19 fév.-22 mars

Comte Roger

CUISINE TRADITIONNELLE • TENDANCE XX Un décor tout en épure contemporaine, avec derrière un joli patio empreint de fraîcheur... ce Comte Roger sait recevoir ! On cuisine ici l'époque avec une certaine noblesse : par exemple, poulpe frais mariné, fèves et petits pois, ou encore côte de cochon noir de Bigorre au truffet à l'ail doux et boudin noir. La bonne petite adresse du cœur touristique.

Formule 24 € - Menu 30 € (déj.)/42 € - Carte 44/65 €

Plan : C2-z *14 r. St-Louis*
- ✆ 04 68 11 93 40 - www.comteroger.com - Fermé fév., dim. et lundi

La Table d'Alaïs 

CUISINE MODERNE • CONTEMPORAIN X Au cœur la cité médiévale, voici votre meilleur allié contre les pièges à touristes ! Au bout d'un escalier, on découvre deux salles décorées dans une veine contemporaine ; au bout, une cour-terrasse où l'on s'attable aux beaux jours. Tradition et modernité se côtoient à la carte, et les saveurs sont aussi au rendez-vous !

Menu 20/48 € - Carte 43/51 €

Plan : D2-k *32 r. du Plô*
- ✆ 04 68 71 60 63 - www.latabledalais.fr
- Fermé 4 janv.-4 fév., merc. et jeudi sauf juil.-août

Hôtel de La Cité 

GRAND LUXE • PERSONNALISÉ Luxe, douceur et quiétude au cœur de la cité. Les chambres dégagent une atmosphère chaleureuse - certaines dans un style médiéval - et, côté remparts, on profite du jardin et de la piscine, sans oublier le plaisant spa avec massages. Une belle manière de vivre Carcassonne...

52 chambres - 🚹180/435 € 🚹🚹180/435 € - 7 suites - ☕ 28 €

Plan : C2-e *pl. Auguste-Pierre-Pont - ✆ 04 68 71 98 71 - www.hoteldelacite.com*

✿ **La Barbacane** - voir les restaurants ci-dessus

à Aragon 12 km au Nord-Ouest par rte de Toulouse et D203 - ✉ 11600 - 427 hab. - Alt. 195 m

La Bergerie

CUISINE MODERNE • COSY XX Dans les premiers contreforts de la Montagne Noire, cette Bergerie joue la qualité et la générosité, autour d'une cuisine au goût du jour. Le menu unique (disponible en ligne) se déguste dans un intérieur sobre et élégant. Atmosphère conviviale, presque familiale.

Menu 30 € - menu unique

allée Pech-Marie
- ✆ 04 68 26 10 65 - www.labergeriearagon.com
- Fermé 18 fév.-3 mars, vacances de la Toussaint, dim., lundi et le midi sauf sam.

La Bergerie

AUBERGE • FONCTIONNEL À l'orée de ce pittoresque village perché, cette bâtisse méridionale domine le vignoble de Cabardès. L'accueil est sympathique et prévenant, tout en restant décontracté ; les chambres, bien agréables, donnent sur les vignes... Nul besoin de compter les moutons pour s'endormir dans cette Bergerie !

8 chambres - 90/120 € 100/130 € - 10 €

allée Pech-Marie

- 04 68 26 10 65 - www.labergeriearagon.com - Fermé 18 fév.-3 mars et vacances de la Toussaint

La Bergerie - voir les restaurants ci-dessus

au hameau de Montredon 4 km au Nord-Est - 11000 Carcassonne

Château Saint-Martin

CUISINE CLASSIQUE • RUSTIQUE XXX Amateurs de vieilles pierres, vous serez séduits par cette demeure très ancienne, flanquée d'une tour du 12e s. ! Au menu : des mets classiques et raffinés, aux ingrédients bien choisis et subtilement cuisinés. Un joli moment de gastronomie que l'on peut notamment partager sur la terrasse verdoyante et fleurie, bien au calme...

Formule 28 € - Menu 37/71 € - Carte 50/70 €

17 av. de St-Martin - 04 68 71 09 53 - www.chateausaintmartin.net

- Fermé 6-20 mars, 2 semaines en nov., 2-6 janv., dim. soir, lundi midi et merc.

La Bastide Saint-Martin

FAMILIAL • TRADITIONNEL Dans un hameau proche de Carcassonne, au cœur d'un parc paisible, cette jolie maison a des airs de bastide et ses chambres, dans une veine rustique et champêtre, sont charmantes... Le matin, on peut prendre son petit-déjeuner face à la piscine avant de faire son premier plongeon de la journée !

15 chambres - 89/149 € 89/149 € - 12 €

av. de St-Martin

- 04 68 47 44 41 - www.hotelbastidesaintmartin.com - fermé 5 janv.-1er fév. et nov.

à Trèbes 8 km à l'Est par N113 - 11800 - 5 498 hab. - Alt. 84 m

Le Moulin de Trèbes

CUISINE MODERNE • MAISON DE CAMPAGNE X Quel charme, cet ancien moulin ! Sa terrasse donne directement sur le canal du Midi, et son intérieur, dans un style de guinguette campagnarde (tomettes à l'ancienne, mobilier rétro) nous met du baume au cœur... Quant à la cuisine, elle se révèle simple et goûteuse, basée principalement sur des produits issus des circuits courts. Un vrai plaisir.

Formule 17 € - Carte 43/62 €

2 r. du Moulin

- 04 68 78 97 57 - www. lemoulindetrebes.com

- Fermé janv., dim. soir et lundi

à Cavanac 7 km au Sud par rte de St-Hilaire - 11570 - 898 hab. - Alt. 138 m

Château de Cavanac

CUISINE TRADITIONNELLE • RUSTIQUE XX En lieu et place des écuries du château, cette auberge se révèle très pittoresque. Mangeoires et poutres anciennes, cuisiniers "en vitrine" s'activant sous l'œil amusé des gourmands, et sympathique menu unique arrosé des vins du domaine : on cultive la tradition...

Menu 45 €

r. Etienne Guizard - 04 68 79 61 04 - www.chateau-de-cavanac.fr

- Fermé 8 janv.-7 mars, 13 nov.-1er déc., le midi sauf dim. et lundi

 **Château de Cavanac**

DEMEURE HISTORIQUE • PERSONNALISÉ Sur le domaine viticole du propriétaire, ce castel du 17e s. est ravissant. Les chambres portent des noms de fleurs et distillent, avec leur mobilier d'époque et leurs lits à baldaquin, un charme romantique et bucolique... Du cachet aux portes de Carcassonne.

22 chambres – 78/150 € 120/185 € – 4 suites – 13 €

– 04 68 79 61 04 – www.chateau-de-cavanac.fr – Fermé 8 janv.-7 mars et 13 nov.-1er déc.

Château de Cavanac – voir les restaurants ci-dessus

à Pezens 10 km au Nord-Ouest par rte de Toulouse – 11170 – 1 453 hab. – Alt. 117 m

L'Ambrosia (N)

CUISINE MODERNE • ÉLÉGANT XX Sur la route de Toulouse, faites une étape dans cette maison moderne : la cuisine du chef se révèle soignée, cohérente et bien dans l'air du temps, d'autant qu'il s'appuie sur des produits de qualité : bar, ris de veau, langoustine... Enfin, les prix sont plutôt mesurés.

Menu 25 € (déj. en semaine), 39/50 € – Carte 46/56 €

carrefour la Madeleine, sur D6113 – 04 68 24 92 53 – www.ambrosia-pezens.com – Fermé 25 juin-9 juil., 2-8 janv., merc. midi, dim. soir et lundi

à Moussoulens 14 km au Nord-Ouest par rte de Toulouse et D629 – 11170 – 1 013 hab. – Alt. 175 m

 **La Rougeanne**

MAISON DE CAMPAGNE • PERSONNALISÉ Une maison qui met le cap au sud, en regardant amoureusement la Malepère et les Pyrénées. Olivier, Tomette, Romarin... les chambres sentent bon la garrigue et évoquent les jours heureux des vacances familiales. On prend le petit-déjeuner dans la belle orangerie ou le jardin. Du soleil et du style !

5 chambres – 100/120 € 110/130 €

8 allée du Parc – 04 68 24 46 30 – www.larougeanne.com – Fermé déc.-mars

au Sud 3 km par D104 – 11000 Carcassonne :

Domaine d'Auriac

CUISINE CLASSIQUE • ROMANTIQUE XXX Une demeure distinguée, au cadre éminemment bourgeois : un décor qui sert à merveille une assiette tout en classicisme – mais relevée d'une pointe de modernité – et de belle facture. Quand le temps le permet, on s'installe sur la terrasse ouvrant sur le parc. Plaisirs intemporels...

→ Anchois de Collioure en habits de saison. Crépinette truffée de pied de cochon, pomme de terre écrasée, boudin et pomme. Soufflé au Grand Marnier.

Menu 50 € (déj. en semaine), 70/125 € – Carte 90/130 €

2535 rte de St-Hilaire – 04 68 25 72 22 – www.domaine-d-auriac.com – Fermé 1er-6 fév., 4-19 nov., 3-31 janv., dim. soir et lundi d'oct. à mai sauf fériés

Domaine d'Auriac

MAISON DE MAÎTRE • PERSONNALISÉ Un grand parc arboré, un golf 18 trous et cette très belle maison de maître du 19e s. en pierre blonde. Toutes différentes et confortables, les chambres jouent la carte du classicisme bourgeois ou de la simplicité méridionale... Certaines, très spacieuses, sont idéales pour les familles.

23 chambres – 150/450 € 150/450 € – 25 €

2535 rte de St-Hilaire – 04 68 25 72 22 – www.domaine-d-auriac.com – Fermé 1er-6 fév., 4-19 nov., 3-31 janv., dim. soir et lundi d'oct. à mai sauf fériés

Domaine d'Auriac – voir les restaurants ci-dessus

à Palaja 6 km au Sud par D42 - ✉ 11570 - 2 233 hab. - Alt. 125 m

Château de Palaja

MAISON DE MAÎTRE • CONTEMPORAIN Cette maison de maître du 18e s., transformée en hôtel de charme, dans une veine épurée, propose des chambres confortables et plutôt spacieuses. Pour un séjour détente, entre la piscine et le joli parc arboré. L'accueil est charmant.

12 chambres - 90/180 € 90/180 € - 12 €

7 r. Barri-del-Castel - ✆ 06 63 69 88 32 - www.chateau-palaja.fr

CARGÈSE - 2A Corse-du-Sud → Voir Corse

CARIGNAN

✉ 08110 Ardennes - 2 954 hab. - Alt. 174 m - Carte régionale n° **7**-C1
Carte Michelin 306-N5

La Gourmandière

CUISINE TRADITIONNELLE • ÉLÉGANT XXX Cette maison bourgeoise de 1890 choie ses convives : cuisine gourmande et généreuse, superbe carte des vins, et espace lounge. La chef est désormais épaulée par son fils Maxence, qui réalise de savoureuses pâtisseries, que l'on peut acheter à la boutique, située dans l'enceinte du restaurant. Ris de veau et foie gras sont les spécialités maison.

Formule 25 € - Menu 35/85 € - Carte 75/100 €

19 av. de Blagny - ✆ 03 24 22 20 99 - Fermé 2 semaines fin juin-début juil., 2 semaines fin sept.-début oct., 2 semaines janv., dim. soir et lundi sauf fériés

CARLA-BAYLE

✉ 09130 Ariège - 773 hab. - Alt. 354 m - Carte régionale n° **15**-B3

Auberge Pierre Bayle

CUISINE MODERNE • RUSTIQUE XX L'auberge emprunte son nom à un philosophe du 16e s. natif du village ; il y a fort à parier que Pierre Bayle aurait apprécié cette cuisine de produits locaux mâtinée de touches asiatiques. A l'étage, jolie vue panoramique sur les Pyrénées.

Formule 14 € - Menu 16 € (déj. en semaine), 36/44 € - Carte 40/50 €

- ✆ 05 61 60 63 95 - www.aubergepierrebayle.com - Fermé 28 déc.- fin janv., dim. soir, mardi soir et merc. soir de sept. à mars et lundi

CARNAC

✉ 56340 Morbihan - 4 212 hab. - Alt. 16 m - Carte régionale n° **5**-B3
Carte Michelin 308-M9 - Guide Vert Michelin Bretagne Sud

La Côte

CUISINE CRÉATIVE • TENDANCE XX Une salle dédiée au vin, une autre résolument contemporaine et ouvrant sur un jardin japonisant : cette ferme proche du site mégalithique de Kermario vit avec son temps. De même la carte, qui allie bons produits et imagination.

Menu 26 € (déj. en semaine), 39/83 €

Hors plan *3 impasse er Forn (alignements de Kermario), 2 km au Nord par D119 - ✆ 02 97 52 02 80 - www.restaurant-la-cote.com - Fermé 21-28 nov., 3 janv.-10 fév., dim. soir de sept. à juin, lundi et mardi*

Les Marquises

POISSONS ET FRUITS DE MER • CLASSIQUE XX Devant la plage, on se délecte d'un homard, d'une sole meunière ou de fruits de mer, que le chef agrémente selon son inspiration du moment. Les amateurs de rhum ne manqueront pas la boutique attenante, où plus de 300 références sont proposées.

Menu 36/71 € - Carte 56/80 €

Plan : B2-r *Hôtel Le Diana, 21 bd de la Plage - ✆ 02 97 52 05 38 - www.lediana.com - Ouvert 14 avril-28 sept. et fermé le midi sauf dim. et fériés*

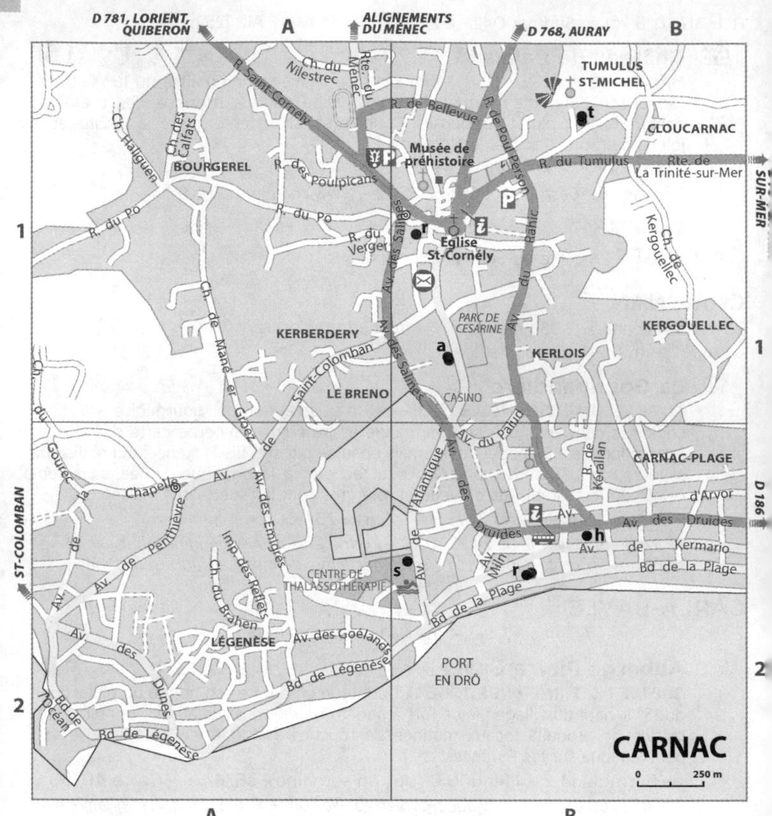

Tumulus

CUISINE MODERNE • CLASSIQUE XX La salle à manger, lumineuse, offre une vue panoramique sur le jardin et la piscine, mais aussi Carnac : voilà qui met en condition. Quant à l'assiette, elle régale avec des recettes actuelles où le poisson est en bonne place : bar rôti, velouté de coquillages au romarin, lotte braisée au combava...

Formule 25 € – Menu 45/85 € – Carte 51/64 €

Plan : B1-t *Hôtel Tumulus, chemin du Tumulus – ✆ 02 97 52 08 21 – www.hotel-tumulus.com – Fermé 11 nov.-10 fév., lundi midi et mardi midi*

La Calypso

POISSONS ET FRUITS DE MER • CONVIVIAL X Les habitués ne s'y trompent pas : dans ce charmant bistrot marin, poissons, coquillages et crustacés sont d'une grande fraîcheur. Dans l'une des salles, dont le décor est à l'unisson, on fait même griller les mets dans la cheminée. Face au parc à huîtres, une adresse authentique à souhait !

Carte 39/79 €

Hors plan *158 r. du Pô, zone ostréïcole du Pô – ✆ 02 97 52 06 14 – www.calypso-carnac.com – Fermé du 20 nov. à fin janv., dim. soir sauf vacances scolaires et lundi*

Côté Cuisine

CUISINE MODERNE • TENDANCE Dans l'enceinte de l'hôtel Lann Roz, un couple réalise à quatre mains une cuisine parfumée et bien goûteuse, qui met en valeur les produits régionaux de la plus belle des manières. On s'en régale au coin de la cheminée, en hiver, ou sur l'agréable terrasse aux beaux jours.

Formule 19 € - Menu 23 € (déj.), 31/40 € - Carte environ 55 €

Plan : B1-a *36 av. de la Poste*
- 02 97 57 50 35 - www.cotecuisine-carnac.fr - Fermé janv., mardi sauf 15 juin-15 sept. et lundi

Auberge le Râtelier

CUISINE TRADITIONNELLE • AUBERGE La façade en granit (19ᵉs.) de cette auberge est recouverte de vigne vierge. Une touche bucolique qui séduit, tout comme l'ambiance conviviale et la cuisine, régionale et axée sur le poisson. Chambres rustiques à l'étage.

Formule 20 € - Menu 24 € (semaine), 34/52 € - Carte 43/79 €

8 chambres - 54/73 € 54/73 € - 8 €

Plan : B1-r *4 chemin du Douet*
- 02 97 52 05 04 - www.le-ratelier.com - Fermé mi-nov. à mi-déc., janv., mardi et merc. d'oct. à Pâques, mardi midi et merc. midi en juin et sept.

Le Churchill

TRADITIONNEL • PERSONNALISÉ Winston Churchill a promis un jour du sang, de la sueur et des larmes... Rassurez-vous : rien de tout cela ici ! Cet hôtel totalement rénové est confortable et bien tenu, avec d'agréables chambres donnant sur la mer. Espace bien-être et piscine.

28 chambres - 75/285 € 75/285 € - 16 €

Hors plan *70 bd de la Plage, 1 km à l'Est par D186*
- 02 97 52 50 20 - www.lechurchill.com - Ouvert de fév. à mi nov.

Le Diana

TRADITIONNEL • CLASSIQUE Atmosphère cossue dans cet hôtel à l'architecture d'inspiration bretonne. Les chambres, plutot spacieuses, donnent sur l'océan ou - plus au calme - sur la cour, et leur entretien est impeccable. Pour se détendre, direction l'espace bien-être !

38 chambres - 133/385 € 149/385 € - 3 suites - 19 €

Plan : B2-r *21 bd de la Plage*
- 02 97 52 05 38 - www.lediana.com - Ouvert 14 avril-30 sept.

Les Marquises - voir les restaurants ci-dessus

Carnac Thalasso & Spa Resort

HÔTEL DE CHAÎNE • CONTEMPORAIN Accès direct à la thalasso, piscine d'eau de mer, spa moderne, fitness, tennis et chambres avenantes : voila un hôtel ressourçant ! Cuisine dans l'air du temps au Clipper, diététique aux Secrets de Cuisine.

211 chambres - 114/575 € 114/575 € - 16 €

Plan : B2-s *av. de l'Atlantique*
- 02 97 52 53 54 - hotel.thalasso-carnac.com - Fermé 3-16 déc.

Celtique

TRADITIONNEL • CONTEMPORAIN À proximité de la plage, cet hôtel abrite des chambres fonctionnelles. Agréable espace bien-être : piscine couverte, sauna, spa, hammam... Au restaurant, on sert une cuisine d'aujourd'hui.

49 chambres - 89/209 € 89/299 € - 6 suites - 16 €

Plan : B2-h *82 av. des Druides*
- 02 97 52 14 15 - www.hotel-celtique.com

Lann Roz

BOUTIQUE HÔTEL • CONTEMPORAIN Cette maison familiale, fondée en 1967, a su évoluer avec son temps : c'est aujourd'hui un bel hôtel design et contemporain. Dans les chambres, le blanc des murs contraste avec les multiples couleurs des fauteuils et canapés... Original !

15 chambres – †69/139 € ††69/139 € – ☕ 14 €

Plan : B1-a *36 av. de la Poste – ✆ 02 97 14 49 91 – www.lannroz.fr – Fermé 7 janv.-7 fév.*

Tumulus

MAISON DE MAÎTRE • PERSONNALISÉ Bien au calme, ce petit manoir des années 1920 est perché sur les hauteurs de Carnac. On loge dans des chambres confortables ; préférez les plus spacieuses, qui disposent d'une terrasse.

22 chambres – †75/185 € ††75/185 € – 2 suites – ☕ 16 €

Plan : B1-t *chemin du Tumulus – ✆ 02 97 52 08 21 – www.hotel-tumulus.com – Fermé 11 nov.-10 fév.*

Tumulus – voir les restaurants ci-dessus

CARNON-PLAGE

✉ 34280 Hérault – Carte régionale n° **12**-C2
Carte Michelin 339-I7 – Guide Vert Michelin Languedoc

Le Trident

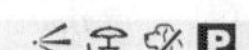

CUISINE MODERNE • CONTEMPORAIN XX Alors que le dieu des mers brandissait sa fourche lors de ses colères homériques, l'hôtel Neptune, sur le port de plaisance de Carnon, dévoile, lui, un Trident en forme de table amicale, autour de fringantes langoustines et asperges vertes, ou d'un vigoureux Saint-Pierre, attendri par sa fondue de poireaux. Terrasse face aux bateaux.

Formule 20 € – Menu 24 € (déj.)/34 €

Hôtel Neptune, au port de plaisance – ✆ 04 67 50 92 57 – www.restaurant-trident.fr – Fermé 16 déc.-9 janv., dim. soir sauf juil.-août, mardi midi sauf juil.-août et lundi midi

Neptune

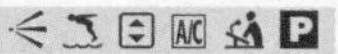

TRADITIONNEL • CONTEMPORAIN Pour vivre l'agglomération montpelliéraine côté mer, cet hôtel moderne jouit d'une situation avantageuse directement sur le port de plaisance de Carnon. Chambres lumineuses et confortables, belle piscine et plage à moins de cinq minutes.

53 chambres – †85/120 € ††85/140 € – ☕ 12 €

au port de plaisance – ✆ 04 67 50 88 00 – www.hotel-neptune.fr – Fermé 16 déc.-9 janv.

Le Trident – voir les restaurants ci-dessus

CAROMB

✉ 84330 Vaucluse – 3 117 hab. – Alt. 95 m – Carte régionale n° **22**-E1
Carte Michelin 332-D9

Le 6 à Table Ⓝ

CUISINE MODERNE • CONTEMPORAIN X Dans ce village paisible, une placette qui coule des jours heureux dans l'ombre de l'église : digne d'une carte postale de jadis ! Le chef travaille un maximum de produits de saison, locaux pour la plupart (figues, fromages, légumes), et fait preuve de soin et de finesse dans la préparation de ses assiettes. Le tout dans un intérieur moderne, d'esprit atelier, ou sur la terrasse.

Menu 32/52 € – Carte 32/45 €

6 pl. Nationale – ✆ 04 90 62 37 91 – www.pascal-poulain.com – Fermé 3 semaines en janv., lundi sauf le soir en saison et dim.

CARPENTRAS

✉ 84200 Vaucluse – 28 447 hab. – Alt. 102 m – Carte régionale n° **22**-E1
Carte Michelin 332-D9 – Guide Vert Michelin Provence

Chez Serge

CUISINE TRADITIONNELLE • BISTRO Serge Ghoukassian aime le vin (une passion et un métier, car il est un sommelier exigeant), les truffes et la gourmandise ; rien d'étonnant si son restaurant a autant de goût et de nez ! Le flacon séduit également : un joli décor de bistrot contemporain dans des murs du 16e s. parfaitement vieillis.

Menu 19 € (déj.)/39 € - Carte 35/75 €

Plan : B2-a *90 r. Cottier - 04 90 63 21 24 - www.chez-serge.com - Fermé 28 oct.-6 nov.*

à Beaumes-de-Venise 10 km au Nord par D7 puis D21 - 84190 - 2 387 hab. - Alt. 100 m

Le Clos Saint Saourde

MAISON DE CAMPAGNE • PERSONNALISÉ Isolé dans la campagne, un mas du 18e s. tout en raffinement et caractère ! On hésite entre les chambres taillées dans la roche - superbes - et l'agréable piscine avec une jolie vue sur les Dentelles de Montmirail. Un lieu idéal pour jouer aux Robinson provençaux...

5 chambres - 180/320 € 180/320 €

1769 rte de St-Véran, 3 km au Sud-Est par D21 et rte secondaire - 04 90 37 35 20 - www.leclossaintsaourde.com

à Mazan 7 km à l'Est par D942 - 84380 - 5 804 hab. - Alt. 100 m

L'Ingénue

CUISINE MODERNE • ÉLÉGANT Une cuisine à l'accent provençal, qui évolue très régulièrement : voilà ce qui vous attend dans cette belle demeure du 18e s., au cadre délicieux en salle (hauts plafonds à moulures) comme en terrasse, sous les platanes. L'été, un soir par semaine, on profite d'un chaleureux buffet champêtre.

Formule 19 € - Menu 25 € (déj.), 41/65 € - Carte 54/77 €

Hôtel Châteai de Mazan, pl. Napoléon - 04 90 69 62 61 - www.chateaudemazan.com - Fermé 2 janv.-9 mars, lundi hors saison et mardi

Château de Mazan

LUXE • PERSONNALISÉ Cette demeure de 1720 appartint au marquis de Sade. Moulures, tomettes, objets chinés, baignoires à l'ancienne : toute l'élégance d'une maison de famille provençale, noble et pure. À noter : les chambres en rez-de-jardin disposent d'une terrasse.

28 chambres - 125/315 € 125/315 € - 2 suites - 19 €

pl. Napoléon - 04 90 69 62 61 - www.chateaudemazan.com - Fermé 2 janv.-9 mars

L'Ingénue - voir les restaurants ci-dessus

CARROS

06510 Alpes-Maritimes - 11 497 hab. - Alt. 400 m - Carte régionale n° **22**-E2
Carte Michelin 341-E5 - Guide Vert Michelin Côte d'Azur

La Forge

CUISINE MODERNE • RUSTIQUE Le restaurant est installé dans l'ancienne forge de ce village médiéval niché dans l'un des vallons de l'arrière-pays niçois. Karine, en cuisine, revisite les classiques "à l'instinct", avec une touche féminine assumée (assaisonnements, présentations...). Son péché mignon ? La truffe et son menu spécial... À découvrir !

Formule 18 € - Menu 23 € (déj. en semaine), 35/65 € - Carte 38/62 €

av. Fernand-Barbary, à Carros-Village - 04 93 29 31 50 - www.restolaforge.com - Fermé 1 semaine en juin, vacances de Noël, mardi soir et merc. hors saison, lundi midi et mardi midi en juil.-août

LES CARROZ-D'ARÂCHES

✉ 74300 Haute-Savoie - Alt. 1 140 m - Carte régionale n° **25**-F1
Carte Michelin 328-M4 - Guide Vert Michelin Alpes du Nord

Les Servages

CUISINE MODERNE • ÉLÉGANT XXX Une chose est sûre : le chef aime son métier, et cette passion est communicative. Il réalise une cuisine actuelle, soignée et généreuse, avec des produits de superbe qualité : poissons frais, crustacés, etc. Son pageot de ligne et calamars, comme son cabillaud côtier, en sont de délicieux exemples... parmi une carte qui évolue régulièrement.

Menu 35/70 € - Carte 59/92 €

Hôtel les Servages d'Armelle, 841 rte des Servages - ✆ 04 50 90 01 62 - www.servages.com - Ouvert juil.-sept., déc.-avril et fermé mardi et merc. hors saison et lundi

La Croix de Savoie

CUISINE MODERNE • CONTEMPORAIN XX Envie d'un grand bol de Savoie ? C'est exactement ce que propose Edwige Tiret, la chef expérimentée du "gastro" de la Croix de Savoie. Elle a le chic pour revisiter intelligemment la tradition, au fil de son inspiration et des produits qu'elle a sélectionnés. Service attentionné.

Menu 37/75 € - Carte 65/71 €

768 rte du Pernand - ✆ 04 50 90 00 26 - www.lacroixdesavoie.fr

Les Servages d'Armelle

LUXE • MONTAGNARD Sur les hauteurs de la station, ce superbe chalet ancien a été transformé en un hôtel de grand charme. Une dizaine de chambres et de suites spacieuses, toutes en matériaux de prestige : vieux planchers, poutres, meubles polis par les ans... et vraies cheminées !

8 chambres - 135/595 € 135/595 € - 2 suites - 25 €

841 rte des Servages - ✆ 04 50 90 01 62 - www.servages.com - Ouvert juil.-sept. et déc.-avril

Les Servages - voir les restaurants ci-dessus

La Croix de Savoie

FAMILIAL • CONTEMPORAIN Derrière cette façade de bois, très contemporaine, se cache un hôtel "bioclimatique", où tout a été conçu dans le souci de l'environnement. Calme, écolo et high-tech ! Dans les chambres, lumineuses et bien équipées, les mariages de couleurs sont de mise ; on s'y sent comme chez soi. Préférez celles avec balcon donnant sur la vallée.

28 chambres - 106/274 € 106/274 € - 15 €

768 rte du Pernand - ✆ 04 50 90 00 26 - www.lacroixdesavoie.fr

La Croix de Savoie - voir les restaurants ci-dessus

CARRY-LE-ROUET

✉ 13620 Bouches-du-Rhône - 5 908 hab. - Alt. 5 m - Carte régionale n° **21**-B3
Carte Michelin 340-F6 - Guide Vert Michelin Provence

Le Madrigal

CUISINE PROVENÇALE • ÉLÉGANT XX Un madrigal, c'est historiquement une pièce musicale profane et galante. Et oui, ce Madrigal-là invite à la romance, en particulier sa terrasse qui offre une vue superbe sur la Grande Bleue ! Dans l'assiette, pieds et paquets d'agneau à la marseillaise, soupe de poisson ou poissons grillés... On se régale.

Formule 21 € - Menu 37 € - Carte 45/65 €

4 av. du Dr.-Gérard-Montus - ✆ 04 42 44 58 63 - www.restaurant-lemadrigal.com - Fermé 22-26 déc., dim. soir et lundi de sept. à avril

CARSAC-AILLAC

✉ 24200 Dordogne - 1 578 hab. - Alt. 80 m - Carte régionale n° **2**-D3
Carte Michelin 329-I6 - Guide Vert Michelin Périgord Quercy

La Villa Romaine

CUISINE MODERNE • RUSTIQUE XX En plus d'être un agréable hôtel, la Villa propose une cuisine actuelle réglée sur les saisons, réalisée avec les bons produits de la région (bio de préférence), et une jolie carte de vins naturels. On profite même d'une terrasse au cœur de la villa, pour prendre son repas aux beaux jours...

Menu 39 €

St-Rome, 3 km par rte de Gourdon - ✆ 05 53 28 52 07 - www.lavillaromaine.com - Ouvert 1er mai-3 nov. et fermé le midi

La Villa Romaine

FAMILIAL • PERSONNALISÉ Bâtie sur un site gallo-romain proche de la Dordogne, cette ancienne métairie a effectivement un petit air italien, avec ses cyprès ! Terrasses, jardin et piscine sont très agréables.

15 chambres - 127/207 € 127/207 € - 2 suites - 17 €

St-Rome, 3 km par rte de Gourdon - ✆ 05 53 28 52 07 - www.lavillaromaine.com - Fermé mi-fév. à mi-mars

La Villa Romaine - voir les restaurants ci-dessus

CARTERET - 50 Manche ➜ Voir Barneville-Carteret

CASCASTEL-DES-CORBIÈRES

11360 Aude - 231 hab. - Alt. 140 m - Carte régionale n° **12**-B3
Carte Michelin 344-H5

Domaine Grand Guilhem

MAISON DE CAMPAGNE • PERSONNALISÉ Cette demeure en pierre (19e s.), au cœur d'une exploitation viticole, a tout d'une maison de famille. Les chambres y sont coquettes et impeccablement tenues. Au petit-déjeuner, on se régale de bons produits locaux : miel, fruits, jambon cru, viennoiseries... Et le propriétaire vigneron peut faire déguster ses vins !

4 chambres - 95 € 110 €

1 chemin du Col-de-la-Serre - ✆ 04 68 45 86 67 - www.grandguilhem.fr

CASSEL

59670 Nord - 2 319 hab. - Alt. 175 m - Carte régionale n° **16**-B2
Carte Michelin 302-C3

Haut Bonheur de la Table (Eugène Hobraiche)

CUISINE MODERNE • FAMILIAL XX Sympathique et atypique, ce mini-restaurant (six tables à peine !) installé sur la grand-place du village. Le chef, ancien de chez Régis Marcon, réalise une cuisine en osmose avec les produits de saison, au gré d'assiettes colorées, toujours goûteuses. Service attentionné.

➜ Cuisine du marché.

Menu 39/50 €

18 Grand-Place - ✆ 03 28 40 51 03 - www.hautbonheurdelatable.com - Fermé 3-11 mars, 2 semaines en août, jeudi soir en automne-hiver, dim. soir, lundi soir, mardi soir et merc.

Fenêtre sur Cour

CUISINE MODERNE • COSY XX Fricassée de gambas, légumes croquants et pesto ; pluma de cochon ibérique... Le chef propose une cuisine au goût du jour, au gré des saisons. La salle en mezzanine sur l'arrière (et sa fenêtre sur cour) sert de terrasse aux beaux jours.

Formule 23 € - Menu 40/63 €

5 r. du Mar.-Foch - ✆ 03 28 42 03 19 - www.restaurant-fenetresurcour.com - Fermé merc. et le soir sauf vend. et sam.

CASSIS

✉ 13260 Bouches-du-Rhône – 7 333 hab. – Alt. 10 m – Carte régionale n° **21**-B3
Carte Michelin 340-I6 – Guide Vert Michelin Provence

✿✿ La Villa Madie (Dimitri Droisneau)

CUISINE MODERNE • DESIGN XXX Vue sur le large et les pins, cadre design et épuré, terrasse dominant la mer : un lieu exceptionnel, tourné tout entier vers la Grande Bleue, pour une cuisine qui sublime… les saveurs méditerranéennes. De superbes produits, une vraie finesse, des recettes à la fois subtiles et percutantes : un régal !

➜ Langoustines et caviar en deux services, bouillon thym citron et fenouillette. Loup flanqué d'une écume iodée au combava et poivre sansho. Tarte au citron.

Menu 95 € (déj. en semaine), 155/215 € – Carte 144/210 €

av. du Revestel (anse de Corton), au Sud-Est par D41A – ✆ 04 96 18 00 00 – www.lavillamadie.com – Fermé 2 janv.-8 fév., merc. sauf juil.-août et mardi

La Brasserie du Corton – voir les restaurants ci-dessus

La Presqu'île

CUISINE MODERNE • MÉDITERRANÉEN XX L'endroit, au bout d'une presqu'île entre Cassis et ses célèbres calanques, est tout simplement magique ! La villa, comme posée sur les rochers face au cap Canaille, s'encanaille dans l'assiette entre saveurs méditerranéennes et touches plus modernes.

Menu 39 € (déj. en semaine), 59/75 € – Carte 70/80 €

av. Notre-Dame - esplanade Port Miou, par rte des Calanques – ✆ 04 42 01 03 77 – www.restaurant-la-presquile.fr – Fermé 12 nov.-9 fév., le soir du lundi au jeudi en nov. et fév., lundi

La Brasserie du Corton

CUISINE MODERNE • ÉPURÉ X Intelligemment repensé (cuisine ouverte, réaménagement de la salle), l'espace brasserie de la Villa Madie joue toujours la carte de la simplicité et du marché, avec de séduisantes associations terre et mer. Aux beaux jours, on profite de la terrasse face à la jolie crique.

Menu 32 € (déj. en semaine) – Carte 54/62 €

Restaurant La Villa Madie, av. du Revestel (anse de Corton), Sud-Est par D41A – ✆ 04 96 18 00 00 – www.lavillamadie.com – Fermé 2 janv.-8 fév., sam. sauf juil.-août et dim.

Royal Cottage

FAMILIAL • CONTEMPORAIN Bâtisse moderne sur les hauteurs disposant de chambres sobres avec balcon ou terrasse. Préférez celles avec vue sur le port. Belle piscine au milieu d'une luxuriante végétation.

25 chambres – †110/325 € ††110/325 € – ☕ 14 €

6 av. du 11-Novembre – ✆ 04 42 01 33 34 – www.royal-cottage.com – Fermé 5-27 déc.

La Méduse

LUXE • DESIGN Cette demeure contemporaine, à deux pas du centre et en léger surplomb du port, propose cinq chambres au décor minimaliste mais aux vues spectaculaires. Le must ? Le grand jacuzzi sur le toit-terrasse face au Cap Canaille et au château de Cassis.

5 chambres ☕ – †200/390 € ††200/390 €

10 av. Amiral-Ganteaume – ✆ 09 67 08 27 59 – www.lameduse cassis.com – Ouvert mars-nov.

CASTAGNÈDE – 64 Pyrénées-Atlantiques ➜ Voir Salies-de-Béarn

CASTANET-TOLOSAN – 31 Haute-Garonne ➜ Voir Toulouse

CASTELGINEST

✉ 31780 Haute-Garonne – 9 369 hab. – Alt. 130 m – Carte régionale n° **15**-B2
Carte Michelin 343-G2

La Villa des Chimères

CUISINE MODERNE • RUSTIQUE XX Le jardin, avec ses marronniers et sa végétation luxuriante, permet de s'attabler pendant les beaux jours... et que dire de l'assiette ! Franck Groseil, le chef, mitonne une bonne cuisine dans l'air du temps, parfumée et soignée, à l'image de ce filet de rouget-barbet grillé, artichauts poivrade déglacés au jus de groseille...

Menu 18 € (déj. en semaine), 35/43 € – Carte 42/60 €

12 r. du Pont-Fauré – ✆ 05 61 70 96 44 – www.lavilladeschimeres.com – Fermé 2-16 janv., dim. soir, lundi et mardi

CASTELJALOUX

✉ 47700 Lot-et-Garonne – 4 638 hab. – Alt. 52 m – Carte régionale n° **2**-C2
Carte Michelin 336-C4 – Guide Vert Michelin Aquitaine

La Vieille Auberge

CUISINE CLASSIQUE • COSY XXX Charmante maison de pierre bordant une ruelle de la bastide. Le décor est bourgeois et, côté papilles, on se régale d'une cuisine classique, gourmande et soignée. Incontournables de la maison : foie gras poêlé aux fruits de saison, pigeonneau aux épices douces, et baba au rhum. En prime, la carte des vins propose un large choix de crus.

Menu 24 € (semaine), 34/70 € – Carte 48/78 €

11 r. Posterne – ✆ 05 53 93 01 36 – www.la-vieille-auberge-47.com – Fermé 19-26 fév., 2-16 juil., 26 nov.-10 déc., dim. soir, merc. soir hors saison et lundi

CASTELLANE

✉ 04120 Alpes-de-Haute-Provence – 1 541 hab. – Alt. 730 m – Carte régionale n° **21**-C2
Carte Michelin 334-H9 – Guide Vert Michelin Alpes du Sud

à la Garde 6 km par D559 et D4085 – ✉ 04120 – 77 hab. – Alt. 928 m

Auberge du Teillon

CUISINE MODERNE • RUSTIQUE XX Des produits au top, des assiettes qui débordent de saveurs : cette auberge décline une carte moderne, avec un bel accent du Sud : ris de veau au porto, poulpe et jambon d'agneau, baba à l'ananas... Accueil tout sourire et ambiance conviviale. À l'étage, quelques petites chambres fraîches, pratiques pour l'étape.

Formule 22 € – Menu 29/89 € – Carte 43/63 €

7 chambres – 65/80 € 65/80 € – 9 €

rte Napoléon – ✆ 04 92 83 60 88 – www.auberge-teillon.com – Ouvert 26 mars-10 nov. et fermé dim. soir hors saison, mardi midi en juil.-août et lundi

LE CASTELLET

✉ 83330 Var – 4 083 hab. – Alt. 252 m – Carte régionale n° **21**-B3
Carte Michelin 340-J6 – Guide Vert Michelin Côte d'Azur

La Goguette

CUISINE MODERNE • FAMILIAL X Le chef va chaque matin au port de Saint-Cyr ou de Sanary chercher son poisson.... ses viandes, quand à elles, viennent généralement d'Auvergne. Il n'y a que du bon dans l'assiette, jusqu'au rapport qualité-prix ! Tout cela dans le cadre délicieux d'une maison en pierre, au cœur d'un village piétonnier...

Menu 42/65 €

1 impasse de l'Homme-de-Paille (accès piétonnier) – ✆ 04 94 90 71 96 – Fermé vend. midi, mardi, merc., jeudi et le midi en juil.-août

au Circuit Paul Ricard 11 km au Nord par D226, D26 et DN8 – ✉ 83330 Le Beausset

✿✿✿ Christophe Bacquié

CUISINE MODERNE • LUXE XXXX Ah, les belles inspirations de Christophe Bacquié à l'hôtel du Castellet, cet endroit splendide, niché au cœur de la Provence ! Parvenu au faîte de son art, le chef (meilleur ouvrier de France en 2004) crée des assiettes époustouflantes, méticuleuses et inspirées, qui montrent un amour sincère de la région et une rigueur de tous les instants. Sans oublier une superbe terrasse d'été.

➜ Aïoli moderne, légumes de nos maraîchers et poulpe de Méditerranée. Pigeonneau au sang cuit en pâte à sel épicée, jus de myrte sauvage. Soufflé à la cazette, crème glacée aux grains de café torréfiés.

Menu 135/240 €

Hôtel & Spa du Castellet, 3001 rte des Hauts-du-Camp – ✆ 04 94 98 29 69 – www.hotelducastellet.com – Fermé 16 déc.-16 fév., mardi midi, merc. midi, jeudi midi, dim. et lundi

San Felice

CUISINE MODERNE • BISTRO XX La San Felice n'est pas qu'un roman de Dumas, c'est aussi – au sein de l'hôtel du Castellet – un bistrot chic et inventif ! Asperges au lard de Colonnata, agneau allaiton au jus de viande truffé et aux légumes d'hiver, baba au rhum : la carte est volontairement courte et met en avant de délicieux produits de saison.

Formule 45 € – Menu 55 €

Hôtel & Spa du Castellet, 3001 rte des Hauts-du-Camp – ✆ 04 94 98 29 58 – www.hotelducastellet.com – Fermé 16 déc.-13 fév.

Hôtel & Spa du Castellet

SPA ET BIEN-ÊTRE • PERSONNALISÉ Douze hectares de pinède dominant l'arrière-pays varois, avec la Méditerranée à l'horizon. Si tous les paradis sont perdus, l'hôtel du Castellet en a conservé le goût : coursives, bassins, parterres de lavande... et un nouveau spa de 700 m². Félicité à la provençale !

33 chambres – †240/495 € ††240/875 € – 9 suites – ☕ 42 €

3001 rte des Hauts-du-Camp – ✆ 04 94 98 37 77 – www.hotelducastellet.com – Fermé 16 déc.-13 fév.

✿✿✿ **Christophe Bacquié** • **San Felice** – voir les restaurants ci-dessus

CASTELNAUDARY

✉ 11400 Aude – 11 096 hab. – Alt. 175 m – Carte régionale n° **12**-A2
Carte Michelin 344-C3

Le Tirou

CUISINE RÉGIONALE • AUBERGE XX Une jolie ménagerie dans le jardin, des mets du terroir 100 % maison – le cassoulet, notamment, est délicieux –, des produits et des vins du cru : cette auberge champêtre et familiale a tout pour plaire... et l'on peut aussi acheter les conserves du chef. Difficile de faire plus authentique !

Menu 26 € (déj. en semaine), 35/46 € – Carte 45/68 €

90 av. Mgr-de-Langle – ✆ 04 68 94 15 95 – www.letirou.fr – Fermé 20-27 juin, 22 déc.-22 janv. et lundi

CASTELNAU-DE-LÉVIS – 81 Tarn ➜ Voir Albi

CASTELNAU-DE-MONTMIRAL

✉ 81140 Tarn – 1 037 hab. – Alt. 287 m – Carte régionale n° **15**-C2
Carte Michelin 338-C7

Le Ménagier

CUISINE CLASSIQUE • AUBERGE XX On a retrouvé monsieur Garrigues, étoilé à Toulouse (le Pastel) et chef du Carré des Feuillants à son ouverture, avec Alain Dutournier et il est en forme olympique ! Ici, priment les beaux produits. De la truffe entière en chou farci et ris de veau au mille-feuilles minute au fruit de la passion, ce n'est qu'un défilé de gourmandise, qui laisse baba.

Formule 18 € – Menu 23 €, 38 €

pl. des Arcades – ✆ 05 63 42 08 35 – www.lemenagier.com – Fermé 2 semaines en janv., 2 semaines en mars, mardi, merc. de déc. à mars et lundi

Hôtel des Consuls

FAMILIAL • PERSONNALISÉ Bienvenue dans l'un des plus beaux villages de France, avec sa pittoresque bastide du 13e s. ! Ses propriétaires ont entièrement rénové ce lieu chargé d'histoire (deux maisons anciennes de 1630) ; l'endroit se révèle un véritable havre de paix et de repos.

17 chambres – †63/66 € ††113/117 € – ☕ 11 €

pl. des Arcades – ✆ 05 63 33 17 44 – www.hoteldesconsuls.com – Fermé 20 déc.-20 mars

CASTELNAU-LE-LEZ – 34 Hérault → Voir Montpellier

CASTÉRA-VERDUZAN

✉ 32410 Gers – 938 hab. – Alt. 114 m – Carte régionale n° **15**-A2
Carte Michelin 336-E7

Le Florida

CUISINE TRADITIONNELLE • SIMPLE XX Cette maison traditionnelle, située à la sortie de la station thermale, rend un vibrant hommage au patrimoine. On s'y régale de spécialités locales, près d'un bon feu de cheminée, l'hiver, ou sur la terrasse ombragée et fleurie, l'été. Deux chambres spacieuses, joliment décorées, en font une étape appréciée.

Menu 18 € (déj. en semaine)/65 € – Carte 31/71 €
2 chambres ☕ – †125/175 € ††125/175 €

2 r. du Lac – ✆ 05 62 68 13 22 – www.restaurant-florida.fr – Fermé 5-13 mars, 25 juin-3 juil., 1er-9 oct., 1 semaine en janv., dim. soir d'oct. à Pâques, lundi et mardi

CASTERINO – 06 Alpes-Maritimes → Voir Tende

CASTILLON-DU-GARD – 30 Gard → Voir Pont-du-Gard

CASTRES

✉ 81100 Tarn – 41 529 hab. – Alt. 170 m – Carte régionale n° **15**-C2
Carte Michelin 338-F9

La Part des Anges

CUISINE MODERNE • BRANCHÉ X Une cuisine du marché mâtinée de saveurs contemporaines – combawa, badiane –, voilà ce que mitonne le chef de cette adresse installée non loin de l'Agout. Les petits producteurs des environs sont mis à l'honneur et les saveurs au rendez-vous !

Menu 18 € (déj. en semaine), 28/47 € 🍷 – Carte 36/45 €

Plan : B2-h *7 r. d'Empare – ✆ 05 63 51 65 25 – Fermé dim. et lundi*

Bistrot Saveurs

CUISINE MODERNE • COSY X Messieurs les Anglais... cuisinez les premiers ! Voilà ce qu'on pourrait s'exclamer en découvrant les assiettes de Simon Scott, dont l'expérience l'a mené de Londres à la Provence, avant de s'installer dans le Tarn. Il travaille des produits de belle qualité, et les prix sont vraiment raisonnables.

Formule 26 € 🍷 – Menu 35 € (dîner en semaine), 46/80 €

Plan : B1-a *5 r. Ste-Foy – ✆ 05 63 50 11 45 – www.bistrotsaveurs.com – Fermé 1 semaine en mars, 3 semaines en août, 1 semaine en nov., sam. et dim.*

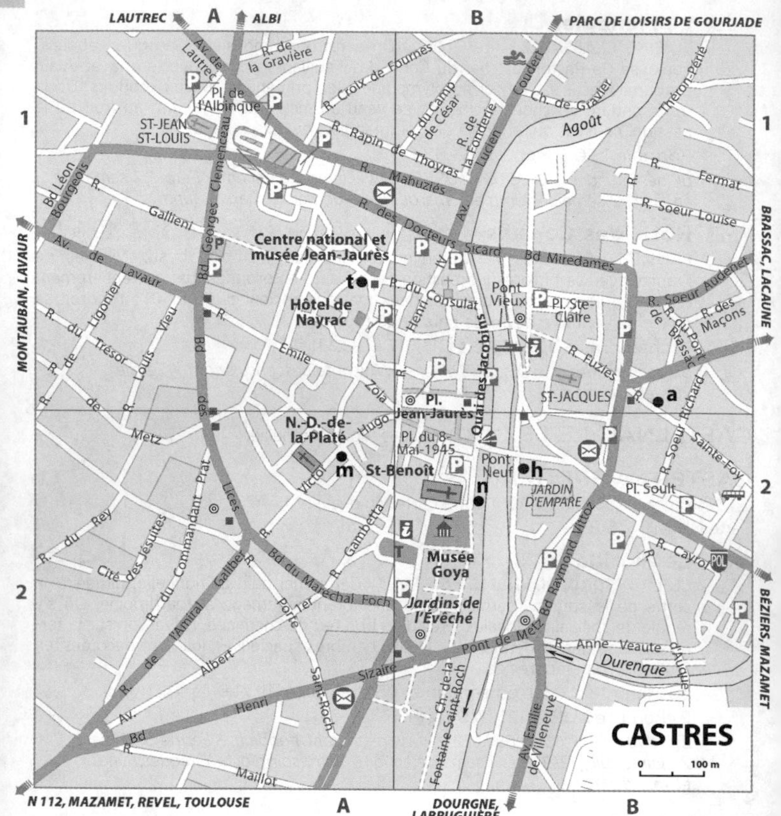

La Table du Sommelier

CUISINE TRADITIONNELLE · BISTRO Un néobistrot dédié au vin, juste en face du musée Jean-Jaurès... Côté déco, des casiers et des bouteilles, et, côté papilles, une cuisine du marché qui s'accorde avec de jolis nectars. Joli choix de vins au verre, et menu associant mets et thés. Avec en prime une boutique proposant près de 200 références de vins !

Formule 12 € – Menu 24/45 €
– Carte environ 35 €

Plan : A1-t *6 pl. Pélisson*
– 05 63 82 20 10 – www.latabledusommeliercastres.fr
– Fermé dim. et lundi

Grand Hôtel

BUSINESS · ÉLÉGANT À deux pas de la cathédrale, un vrai "Grand Hôtel" ! Ce lieu classique connaît une nouvelle jeunesse, ses propriétaires en ayant fait un endroit élégant, design et épuré... Bois précieux, matériaux choisis, excellente insonorisation : les chambres ont beaucoup de style, sans ostentation.

50 chambres – 82/110 € 82/110 € – 3 suites – 13 €

Plan : B2-n *11 r. de la Libération*
– 05 63 37 82 20 – www.grandhoteldecastres.com

Mercure L'Occitan

FAMILIAL • FONCTIONNEL Ce vaste hôtel-restaurant, bien insonorisé, propose des chambres climatisées. Pour la détente, on profite de la piscine et du sauna...

62 chambres – 94/124 € 99/140 € – 13 €

Hors plan *201 av. Ch.-de-Gaulle (rte de Mazamet par D612) – 05 63 35 34 20 – www.mercure.com – Fermé 22 déc.-1er janv.*

Renaissance

HISTORIQUE • PERSONNALISÉ Derrière cette belle façade à colombages du 17e s. se cache un hôtel éclectique et charmant : les chambres ont toutes leur style (Empire, Napoléon III, Savane, New York, etc.) et foisonnent de tableaux, meubles chinés et bibelots. Un lieu cosy !

22 chambres – 90/220 € 95/220 € – 2 suites – 14 €

Plan : A2-m *17 r. Victor-Hugo – 05 63 59 30 42 – www.hotel-renaissance.fr*

aux Salvages 5 km au Nord par D89 – 81100 Castres

Les Mets d'Adélaïde

CUISINE MODERNE • ÉLÉGANT XX Nulle envie de retourner à l'école ? Parions que vous allez changer d'avis ! Ces Mets d'Adélaïde prennent leurs aises dans l'ancienne école du village. Mais point de nostalgie : le décor est épuré et le chef délivre une jolie leçon de gastronomie d'aujourd'hui. L'accueil mérite aussi une bonne appréciation !

Formule 20 € – Menu 30/58 €

36 av. Georges-Alquier – 05 63 35 78 42 – Fermé dim. soir, lundi et mardi

CASTRIES – 34 Hérault → Voir Montpellier

LE CATELET

02420 Aisne – 199 hab. – Alt. 90 m – Carte régionale n° **19**-C1
Carte Michelin 306-B2

La Coriandre

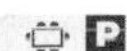

CUISINE TRADITIONNELLE • RUSTIQUE XX Entre St-Quentin et Cambrai, une auberge bien appréciée dans la région. Le chef, Sébastien Monatte, travaille au plus près des saisons et aime enrichir son répertoire gastronomique de notes méditerranéennes, tout en honorant les grands classiques, à l'image de ce succulent millefeuille à la vanille de Madagascar...

Formule 22 € – Menu 40/55 €

68 r. du Gén.-Augereau – 03 23 66 21 71 – www.restaurant-la-coriandre.com – Fermé 30 juil.-23 août, 2-8 janv., dim. soir et lundi

CAUDEBEC-EN-CAUX

76490 Seine-Maritime – 2 265 hab. – Alt. 6 m – Carte régionale n° **17**-C1
Carte Michelin 304-E4 – Guide Vert Michelin Normandie Vallée de la Seine

G.a. au Manoir de Rétival (David Goerne)

CUISINE MODERNE • CONVIVIAL XX Le Manoir est un somptueux écrin pour cette "table d'hôtes gastronomique" où l'on s'installe en cuisine, presque comme à la maison... On se délecte ensuite des préparations d'un jeune chef allemand mordu de gastronomie française : ses assiettes, inventives, ludiques et parfumées, laissent de beaux souvenirs !

→ Cuisine du marché.

Menu 85 € /149 €

2 r. St-Clair – 06 50 23 43 63 – www.restaurant-ga.fr – Fermé en janv., sam. midi, dim. soir, lundi, mardi et merc.

 **Manoir de Rétival** 

LUXE • PERSONNALISÉ Un charme indéniable se dégage de ce manoir, avec sa tourelle, ses colombages, son beau jardin et sa chapelle. Les chambres cultivent un bel esprit maison de famille (parquet, jonc de mer, mobilier chiné) et l'accueil est chaleureux.

5 chambres – 180/680 € 180/680 €

2 r. St-Clair – 06 50 23 43 63 – www.restaurant-ga.fr – Fermé 2 semaines en janv., dim., lundi et mardi

CAUSSADE

82300 Tarn-et-Garonne – 6 805 hab. – Alt. 109 m – Carte régionale n° **15**-C2
Carte Michelin 337-F7

à Monteils 3 km au Nord-Est par D17 – 82300 – 1 363 hab. – Alt. 120 m

Le Clos Monteils

CUISINE TRADITIONNELLE • RUSTIQUE Françoise et Bernard Bordaries ont fait de ce presbytère de 1771 un lieu convivial et intime, telle une maison de famille. Elle vous accueille avec gentillesse, tandis que lui s'active aux fourneaux. Son credo : cuisiner sur des bases simples et mettre en avant le produit avec des recettes vraiment bien ficelées. On se régale !

Formule 19 € – Menu 32/57 €

7 chemin du Moulin – 05 63 93 03 51 – Fermé 1er-15 nov., janv.-fév., dim. soir, merc. midi, lundi et mardi

CAUTERETS

65110 Hautes-Pyrénées – 941 hab. – Alt. 932 m – Carte régionale n° **15**-A3
Carte Michelin 342-L7

L'Abri du Benques

CUISINE MODERNE • TENDANCE Sur la route du pont d'Espagne, dans un cadre magique – entre montagne et torrents –, ce restaurant au décor contemporain propose une cuisine actuelle signée par un jeune chef du pays.

Menu 25/48 € – Carte 30/46 €

2 km au Sud par D920 au lieu-dit la Raillère – 05 62 92 50 15 – www.benques.com – Fermé lundi soir, mardi soir et merc. sauf vacances scolaires

Lion d'Or

FAMILIAL • PERSONNALISÉ Hôtel familial construit au 19es. (portes-fenêtres, balconnets en fer forgé...). Chambres douillettes à la décoration soignée (objets chinés). Confitures et tourtes maison au petit-déjeuner. Cuisine de tradition servie dans une salle à manger ancienne.

18 chambres – 80/155 € 80/162 € – 12 €

12 r. Richelieu – 05 62 92 52 87 – www.liondor.eu – Fermé 22 avril-12 mai et 7 oct. à fin nov.

Le Bois Joli

FAMILIAL • MONTAGNARD Au cœur de la station, bâtisse du 19e s. au cachet préservé. Chambres d'esprit chalet, très colorées et décorées suivant quatre thèmes : fleurs, animaux, arbres et monts.

14 chambres – 105/135 € 110/140 € – 12 €

1 pl. du Mar.-Foch – 05 62 92 53 85 – www.hotel-leboisjoli.com – Fermé 22 avril-2 juin et 13 oct.-5 déc.

CAVAILLON

84300 Vaucluse – 26 201 hab. – Alt. 75 m – Carte régionale n° **22**-E1
Carte Michelin 332-D10 – Guide Vert Michelin Provence

Maison Prévôt (Jean-Jacques Prévôt)

CUISINE MODERNE • ÉLÉGANT XXX Dans cette sympathique maison familiale, on célèbre avec passion le melon de Cavaillon – un menu entier lui est même dédié en saison. Truffes et légumes du pays occupent aussi une place de choix sur la carte, qui sait mettre de beaux produits en valeur. Un travail de qualité, sans fioritures, au service des saveurs !

→ Emincé de thon rouge, riz au lait au céleri branche, granny smith et badiane. Melon garni d'une bouillabaisse de homard mitonné au four. Pêches pochées, crémeux verveine, gelée framboise et sablé amande.

Menu 34 € (déj.), 56/95 € - Carte environ 80 €

353 av. de Verdun - 04 90 71 32 43 - www.maisonprevot.com - Fermé 2 semaines en mars et en oct., dim. et lundi sauf fériés

CAVALIÈRE

83980 Var - Le Lavandou - Alt. 4 m - Carte régionale n° **21**-C3
Carte Michelin 340-N7 - Guide Vert Michelin Côte d'Azur

Le Club de Cavalière & Spa

CUISINE MODERNE • ÉLÉGANT XXX Rougets en filets, pistou d'herbes et fenouil confit ; loup de pleine mer rôti sur la peau ; soufflé chaud aux fruits de la passion... De beaux produits de la mer (et quelques viandes), cuisinés avec finesse. À apprécier face aux flots !

Menu 49 € (déj.), 80/99 € - Carte 80/150 €

30 av. du Cap-Nègre - 04 98 04 34 34 - www.clubdecavaliere.com - Ouvert 4 mai-30 sept.

Smash Club

CUISINE CLASSIQUE • CONVIVIAL X Insolite, ce restaurant situé au cœur d'un club de tennis... Mais ne vous fiez pas aux apparences : on sert ici une délicieuse cuisine aux accents provençaux, à la fois généreuse et soignée, déjà plébiscitée par la population locale. Le menu change régulièrement mais certains classiques demeurent, dont un réjouissant baba au rhum.

Menu 38 €

av. du Golf (au tennis de Cavalière) - 04 94 05 84 31

Le Club de Cavalière & Spa

LUXE • TRADITIONNEL Une demeure élégante ouverte sur la plage. Du style, assurément : un vrai esprit bourgeois – très confortable – décliné dans une veine contemporaine. Piscine, spa, sauna, jacuzzi, fitness, bateau privé... Détente assurée !

32 chambres - 360/555 € 460/1270 € - 5 suites

30 av. du Cap-Nègre - 04 98 04 34 34 - www.clubdecavaliere.com - Ouvert 4 mai-30 sept.

Le Club de Cavalière & Spa - voir les restaurants ci-dessus

CAVANAC - 11 Aude → Voir Carcassonne

CAYRON - 32 Gers → Voir Beaumarchés

CEILLAC

05600 Hautes-Alpes - 296 hab. - Alt. 1 640 m - Carte régionale n° **21**-C1
Carte Michelin 334-I4 - Guide Vert Michelin Alpes du Sud

La Cascade

FAMILIAL • MONTAGNARD Dans ce village au cœur de la vallée, cette belle affaire familiale voisine les remontées mécaniques. Chambres et parties communes ont été rénovées dans un esprit de chalet de montagne : l'ensemble est coquet et chaleureux, parfait pour les nuits d'hiver !

21 chambres - 65/76 € 65/76 € - 10 €

au pied du Mélezet, 2 km au Sud-Est - 04 92 45 05 92 - www.hotel-la-cascade.com - Ouvert 1er juin -20 sept. et 20 déc.-30 mars

CEILLOUX

✉ 63520 Puy-de-Dôme - 171 hab. - Alt. 615 m - Carte régionale n° **3**-C2
Carte Michelin 326-I9

Domaine de Gaudon

FAMILIAL • HISTORIQUE Le Domaine de Gaudon, bordé d'un parc de 5 ha planté d'arbres centenaires et abritant plus de 400 espèces de plantes, vit en symbiose avec la nature. Quant à la bâtisse du 19e s., elle offre un décor délicieusement classique. Bel espace bien-être (jacuzzi, hammam, sauna...).

5 chambres - 95/120 € 95/120 €

4 km au Nord par D304
- ✆ 04 73 70 76 25 - www.domainedegaudon.fr

LA CELLE

✉ 83170 Var - 1 408 hab. - Alt. 260 m - Carte régionale n° **21**-C3
Carte Michelin 340-L5

Hostellerie de l'Abbaye de la Celle

CUISINE MÉDITERRANÉENNE • HISTORIQUE En cette demeure de charme, gérée par le groupe Ducasse, la cuisine méridionale éclate de saveurs. Rien d'extravagant, une certaine simplicité même, mais tous les produits - dont de beaux légumes - s'expriment avec justesse. On passe un délicieux moment sur la terrasse, à l'ombre de vieux marronniers...

→ Beignet d'anchois, condiment fenouil et citron. Poisson de petite pêche cuisiné dans un jus de bouillabaisse, rouille aux pistils de safran de Provence. Fraise et rhubarbe du potager.

Formule 40 € - Menu 50 € (déj. en semaine), 74/98 € - Carte 75/100 €

10 pl. du Gén.-de-Gaulle
- ✆ 04 98 05 14 14 - www.abbaye-celle.com
- Fermé 1er janv.-3 fév., mardi et merc. de mi-oct. à mi-avril

Hostellerie de l'Abbaye de la Celle

MAISON DE MAÎTRE • PERSONNALISÉ Cette ancienne hostellerie d'abbaye distille un bel esprit d'antan avec ses murs du 18e s. et son décor provençal bourgeois. Le matin, le soleil filtre à travers les grands arbres, et l'on découvre avec bonheur le jardin environnant, avec son potager et son conservatoire des vignes - 88 cépages différents !

10 chambres - 200/560 € 200/560 € - 24 €

10 pl. du Gén.-de-Gaulle
- ✆ 04 98 05 14 14 - www.abbaye-celle.com
- Fermé 1er janv.-3 fév., mardi et merc. de mi-oct. à mi-avril

Hostellerie de l'Abbaye de la Celle - voir les restaurants ci-dessus

LA CELLE-LES-BORDES

✉ 78720 Yvelines - 840 hab. - Alt. 125 m - Carte régionale n° **10**-B2
Carte Michelin 311-H4

L'Auberge de l'Élan

CUISINE TRADITIONNELLE • CONVIVIAL Au cœur de la vallée de Chevreuse, une maison de village où se mêlent déco rustique et objets modernes. Le chef et patron concocte une bonne cuisine du marché : ris de veau aux morilles, tournedos de bœuf Rossini... Voilà pour les plats incontournables ! Petite terrasse toute indiquée pour les beaux jours.

Formule 25 € - Menu 50/70 € - Carte 41/56 €

5 r. du Village (Les Bordes)
- ✆ 01 34 85 15 55 - www.laubergedelelan.fr
- Fermé 9-13 fév.,12-19 avril, 6-15 mai, 13-17 août, merc. soir, dim. soir, lundi et mardi

CELLES-SUR-BELLE

✉ 79370 Deux-Sèvres - 3 726 hab. - Alt. 117 m - Carte régionale n° **20**-B2
Carte Michelin 322-E7 - Guide Vert Michelin Poitou-Charentes

Hostellerie de l'Abbaye

CUISINE MODERNE • AUBERGE XX De la viande au poisson, les produits sont très frais et de qualité, et le chef démontre un vrai tour de main, revisitant la tradition au gré des saisons. Formule brasserie au déjeuner. Le tout à savourer dans une salle des plus chaleureuses ou sur la terrasse. Une bonne adresse.

Formule 14 € - Menu 34 € (déj. en semaine), 37/53 € - Carte 38/59 €

1 pl. des Époux-Laurant - ✆ 05 49 26 03 18 - www.hostellerie-de-abbaye.fr - Fermé 22-30 déc., sam. midi et dim. soir

Hostellerie de l'Abbaye

TRADITIONNEL • FONCTIONNEL Cette hostellerie traditionnelle s'épanouit au pied du clocher de la belle abbatiale (17e s.). Derrière ses murs en pierre, on découvre des chambres tout à fait contemporaines, fonctionnelles et confortables (certaines restent plus classiques).

21 chambres - †69/81 € ††69/180 € - ☕ 10 €

1 pl. des Époux-Laurant - ✆ 05 49 26 03 18 - www.hostellerie-de-abbaye.fr - Fermé 22-30 déc.

Hostellerie de l'Abbaye - voir les restaurants ci-dessus

CELLES-SUR-DUROLLE

✉ 63250 Puy-de-Dôme - 1 755 hab. - Alt. 660 m - Carte régionale n° **3**-C2
Carte Michelin 326-I7

Auberge du Palais

FAMILIAL • FONCTIONNEL Impossible de manquer cette auberge qui, sans être un palais, sait attirer l'attention ! Ainsi sa façade ocre, rappelant la terre d'Afrique, reste la meilleure des invitations. Les chambres y sont confortables et impeccablement tenues. Terroir revisité au restaurant.

13 chambres - †75/95 € ††75/95 € - ☕ 10 €

4 pl. du Palais - ✆ 04 73 51 89 15 - www.aubergedupalais.com - Fermé 22 janv.-18 fév. et 6-19 août

CELLETTES

✉ 41120 Loir-et-Cher - 2 547 hab. - Alt. 78 m - Carte régionale n° **6**-A1
Carte Michelin 318-F6

La Vieille Tour

CUISINE MODERNE • CONVIVIAL X La vieille tour de cette maison du 15e s., visible de loin, vous guidera vers cette halte gourmande. Là, le patron vous régalera d'une cuisine actuelle bien troussée, réalisée avec de bons produits, et régulièrement réinventée au fil des saisons. À votre Tour !

Formule 20 € - Menu 29/56 € - Carte 37/47 €

7 r. Nationale - ✆ 02 54 74 67 15 - www.restaurant-la-vieille-tour-blois.com - Fermé dim. soir, lundi soir et merc.

CELONY - 13 Bouches-du-Rhône ➜ Voir Aix-en-Provence

CENON - 33 Gironde ➜ Voir Bordeaux

CENTURI ➜ Voir Corse

CERCIÉ

✉ 69220 Rhône - 1 110 hab. - Alt. 222 m - Carte régionale n° **24**-E1
Carte Michelin 327-H3

L'Écume Gourmande (N)

CUISINE MODERNE • COSY XX Un vent de fraîcheur souffle sur le Beaujolais ! On doit cette adresse à un jeune chef passé par la maison de Paul Bocuse. Il mitonne une cuisine aux bases classiques, sagement inventive : de vraies sauces, des cuissons impeccables, un dessert très gourmand...

Menu 17 € (déj. en semaine), 28/41 €

35 Grande-Rue - ✆ 04 37 55 23 06 - www.ecume-gourmande.fr - Fermé 1 semaine à Noël, dim. soir, lundi et mardi

CERDON

✉ 45620 Loiret - 979 hab. - Alt. 145 m - Carte régionale n° **6**-C2
Carte Michelin 318-L6

Les Vieux Guays

FAMILIAL • PERSONNALISÉ Superbe relais de chasse des années 1950, dans un parc avec étang, piscine et tennis. Les chambres y sont confortables, bien tenues et décorées avec raffinement. Un cadre rustique, où l'on apprécie une cuisine de saison, inspirée par le terroir.

5 chambres ☕ - 🚹90 € 🚹🚹140 €

rte des Hauteraults, 3 km au Sud-Ouest par D65 et rte secondaire - ✆ 06 80 16 53 76 - www.lesvieuxguays.com - Fermé fév. et mars

CÉRET

✉ 66400 Pyrénées-Orientales - 7 663 hab. - Alt. 153 m - Carte régionale n° **12**-B3
Carte Michelin 344-H8

L'Atelier de Fred

CUISINE MÉDITERRANÉENNE • BISTRO X Une "place to be" dans la région depuis son ouverture. Le sens de l'accueil de Fred, la cuisine méditerranéenne goûteuse et gorgée de soleil de David, son associé... Tous les ingrédients sont réunis pour passer un bon moment. De plus, la carte est renouvelée régulièrement : une bonne raison de revenir !

Formule 20 € - Menu 25 € (déj. en semaine)/39 € - Carte 40/59 €

12 r. St-Férreol - ✆ 04 68 95 47 41 - Fermé 1 semaine fin juin, 20 déc.-début fév., dim. et lundi

Le Mas Trilles

MAISON DE CAMPAGNE • PERSONNALISÉ Niché dans un vallon, ce beau mas du 17e s. possède le sens de l'accueil, et ses chambres - la plupart avec terrasse ou jardin - cultivent un certain charme d'antan... Autres avantages : la piscine domine le Tech et, au petit-déjeuner, on se régale des fruits des vergers alentour.

11 chambres - 🚹85/229 € 🚹🚹85/229 € - ☕14 €

au Pont de Reynès, 3 km direction Amélie-les-Bains - ✆ 04 68 87 38 37 - www.le-mas-trilles.com - Ouvert 20 avril-15 oct.

CERGY - 95 Val-d'Oise ➜ Voir Autour de Paris (Cergy-Pontoise)

CERNAY

✉ 68700 Haut-Rhin - 11 723 hab. - Alt. 275 m - Carte régionale n° **1**-A3
Carte Michelin 315-H10

Hostellerie d'Alsace

CUISINE TRADITIONNELLE • CONVIVIAL XX Dans cette grande maison à colombages, le chef propose une cuisine d'aujourd'hui valorisant le terroir local : carré d'agneau rôti en croûte d'herbes, lasagnes de Saint-Jacques, etc. Pour l'étape, des chambres fonctionnelles et d'un bon rapport qualité-prix.

Menu 24/68 € - Carte 43/90 €

10 chambres - 60 € 76 € - 10 €

61 r. Poincaré - 03 89 75 59 81 - www.hostellerie-alsace.fr - Fermé 30 avril-6 mai, 16 juil.-5 août, 1er-7 janv., sam. et dim.

CERNAY-LA-VILLE - 78 Yvelines ➜ Voir Autour de Paris

CESSON - 22 Côtes-d'Armor ➜ Voir St-Brieuc

CESSON-SÉVIGNÉ - 35 Ille-et-Vilaine ➜ Voir Rennes

CESTAYROLS

81150 Tarn - 472 hab. - Alt. 233 m - Carte régionale n° **15**-C2
Carte Michelin 338-D7

Lou Cantoun

CUISINE TRADITIONNELLE • RUSTIQUE XX L'intérieur de cette maison de village, rustique aux touches actuelles, n'est pas dénué de charme, et la terrasse est très plaisante. Le potager du chef abonde les marmites en légumes frais. Une cuisine traditionnelle actualisée, goûteuse et colorée !

Formule 17 € - Menu 29/60 € - Carte 46/55 €

4 rte d'Albi (Le village) - 05 63 53 28 39 - www.bernardgisquet.fr - Fermé mardi et merc.

CEVINS

73730 Savoie - 709 hab. - Alt. 400 m - Carte régionale n° **25**-F2
Carte Michelin 333-L4

La Fleur de Sel

CUISINE MODERNE • CONVIVIAL XX Sur la route des stations, cette maison récente met en avant une appétissante cuisine de saison, servie par des produits de qualité. Côté décor, on joue la carte du contemporain chic, avec quelques œuvres d'artistes locaux et une belle cheminée qui crépite au milieu de la pièce... Délicieux.

Formule 23 € - Menu 32/72 € - Carte 62/84 €

15 rte du Portelin - 04 79 37 49 98 - www.restaurant-fleurdesel.fr - Fermé mardi soir, dim. soir et lundi

CHABANAIS

16150 Charente - 1 693 hab. - Alt. 151 m - Carte regionale n° **20**-C2
Carte Michelin 324-O4

Le Vieux Moulin Ⓝ

CUISINE TRADITIONNELLE • ÉLÉGANT XX Ce restaurant, aménagé dans un vieux moulin, nous accueille dans une salle épurée et lumineuse, avec sa monumentale cheminée pour les flambées hivernales. L'été, la terrasse bordant la rivière voisine permet de profiter de la jolie carte régionale, privilégiant les circuits courts.

Formule 13 € - Menu 16 € (déj. en semaine), 34/45 € - Carte 42/56 €

Etang du Bouchaud, 2 km à l'Est par rte de Limoges - 05 45 84 24 97 - www.levieuxmoulin-chabanais.com - Fermé 2 semaines en oct., 3 semaines en janv., lundi soir, mardi et merc.

CHABLIS

✉ 89800 Yonne – 2 291 hab. – Alt. 135 m – Carte régionale n° **4**-B1
Carte Michelin 319-F5 – Guide Vert Michelin Bourgogne

Hostellerie des Clos

CUISINE CLASSIQUE • ÉLÉGANT XXX Une certaine intimité règne dans ce clos, au décor élégant et feutré. On y déguste des vins de Chablis évidemment, et une cuisine empreinte de classicisme qui leur sied bien.

Menu 35 € (déj. en semaine), 45/96 € – Carte 50/99 €

Hostellerie des Clos, 18 r. Jules-Rathier – ☏ 03 86 42 10 63 – www.hostellerie-des-clos.fr – Fermé 22 déc.-27 janv.

Au Fil du Zinc

CUISINE MODERNE • BISTRO X Ryo Nagahama, chef japonais passé par les cases Robuchon et Alléno, revisite ici l'héritage bistrotier avec précision et créativité, et fait mouche avec de délicieux produits locaux : légumes d'un maraîcher de Noyers, cochon de la ferme de Clavisy, truites locales… le tout accompagné de bons chablis.

Formule 26 € – Menu 32 € (semaine), 55/60 €

18 r. des Moulins – ☏ 03 86 33 96 39 – www.restaurant-chablis.com – Fermé 3 semaines en mars, 2 semaines en nov., mardi et merc.

Hostellerie des Clos

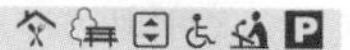

TRADITIONNEL • COSY Une agréable hostellerie au cœur de Chablis. On peut prendre ses aises au salon – avec feu de cheminée l'hiver – avant de gagner l'une des chambres, traditionnelles et cosy (préférez les plus récentes). En annexe, un sympathique bistrot servant des plats régionaux.

36 chambres – 🚹74/148 € 🚹🚹76/168 € – 4 suites – ☕ 14 €

18 r. Jules-Rathier – ☏ 03 86 42 10 63 – www.hostellerie-des-clos.fr – Fermé 22 déc.-27 janv.

Hostellerie des Clos – voir les restaurants ci-dessus

Hôtel du Vieux Moulin

TRADITIONNEL • PERSONNALISÉ Au cœur même du village de Chablis, cet hôtel, installé dans un moulin à grain du 18e s., réalise une subtile alliance de tradition (poutres, pierres) et de modernité (salles de bain design, écrans plats)… Une certaine idée du luxe, sans ostentation.

7 chambres – 🚹120/145 € 🚹🚹120/145 € – 2 suites – ☕ 12 €

18 r. des Moulins – ☏ 03 86 42 47 30 – www.larochewines.com

CHAGNY

✉ 71150 Saône-et-Loire – 5 704 hab. – Alt. 215 m – Carte régionale n° **4**-A3
Carte Michelin 320-I8

✿✿✿ Maison Lameloise (Eric Pras)

CUISINE MODERNE • ÉLÉGANT XXXX Entouré par une équipe de grande valeur, Éric Pras dévoile des créations subtiles et réinterprète avec brio les classiques qui ont fait la réputation de cette illustre maison… Au cœur de la gastronomie française, l'enseigne brille toujours d'un superbe éclat, pour un moment d'exception.

→ Langoustines marinées et croustillantes au riz soufflé, céleri, pomme verte, crème de moutarde et caviar. Homard dans l'esprit d'un bourguignon, queue rôtie et sauce civet. Chocolat et cassis, palet au cœur de guanaja.

Menu 82 € (déj.), 145/215 € – Carte 170/220 €

Hôtel Maison Lameloise, 36 pl. d'Armes – ☏ 03 85 87 65 65 – www.lameloise.fr – Fermé 20-28 fév., de mi-déc. à mi-janv., mardi et merc.

Pierre & Jean

CUISINE MODERNE • CONVIVIAL X Il ne s'agit pas du roman de Maupassant, mais de "la maison d'en face" du prestigieux Lameloise, du nom de ses fondateurs. Une "annexe" un rien canaille qui explore avec finesse la cuisine du moment et revisite les recettes des ancêtres. Les classiques de la maison : pâté en croûte tradition, entremets tout chocolat...

Formule 20 € - Menu 32/39 €
- Carte 41/56 €

2 r. de la Poste
- 03 85 87 08 67 - www.pierrejean-restaurant.fr
- Fermé de mi-déc. à mi-janv., lundi et mardi

Maison Lameloise

HISTORIQUE • ÉLÉGANT Cette haute maison bourguignonne - un ancien relais de poste datant du 15e s. - incarne la grande hôtellerie de tradition ! Les chambres à l'élégance toute classique, le restaurant qui vaut le voyage, le service dévoué aux clients : tout honore l'art de recevoir.

16 chambres - 160/380 € 160/400 € - 26 €

36 pl. d'Armes
- 03 85 87 65 65 - www.lameloise.fr
- Fermé 20-28 fév., de mi-déc. à mi-janv., mardi et merc.

Maison Lameloise - voir les restaurants ci-dessus

CHAILLY-SUR-ARMANÇON - 21 Côte-d'Or ➔ Voir Pouilly-en-Auxois

CHAINTRÉ

71570 Saône-et-Loire - 554 hab. - Alt. 284 m - Carte régionale n° **4**-C3
Carte Michelin 320-I12

La Table de Chaintré (Sébastien Grospellier)

CUISINE MODERNE • INTIME XX Un restaurant élégant et contemporain, au cœur du vignoble de Pouilly-Fuissé, du rouge cardinal sur les murs, de beaux produits du marché aux couleurs délicieuses, des recettes plutôt tendance, un menu unique renouvelé chaque semaine... Le tout accompagnée de beaux nectars de Bourgogne et du Beaujolais !

➔ Jambonnettes de grenouilles en émietté et en friture Japonaise, courgettes, vinaigrette à l'estragon et yuzu. Lièvre à la royale. Sablé framboise à la pistache et son sorbet.

Menu 38 € (déj. en semaine)/60 € - menu unique

72 pl. du Luminaire
- 03 85 32 90 95 - www.latabledechaintre.com
- Fermé 1er-6 sept., 2-9 janv., dim. soir, lundi et mardi

LA CHAISE-DIEU

43160 Haute-Loire - 630 hab. - Alt. 1 080 m - Carte régionale n° **3**-C3
Carte Michelin 331-E2 - Guide Vert Michelin Auvergne

L'Écho et l'Abbaye

CUISINE TRADITIONNELLE • RUSTIQUE XX On apprécie le contraste entre l'intérieur gris et blanc, contemporain, et la cuisine du patron, qui lorgne plutôt du côté de la tradition. Jetez un coup d'œil à la belle carte des vins, avec notamment un bon choix de bordeaux. Chambres sobres et rustiques.

Formule 19 € - Menu 29/48 €
- Carte 36/63 €

pl. de l'Écho
- 04 71 00 00 45 - www.echo-et-abbaye.com
- Ouvert 24 mars-4 nov. et fermé merc. sauf juil.-août

CHALLANGES - 21 Côte-d'Or ➔ Voir Beaune

CHALLANS

✉ 85300 Vendée - 19 668 hab. - Alt. 8 m - Carte régionale n° **18**-A3
Carte Michelin 316-E6 - Guide Vert Michelin Pays de la Loire

L'Apart

CUISINE MODERNE • TENDANCE Il est des destins tout tracés, comme celui de ce restaurant installé dans un ancien magasin de cuisines... Xavier Yvernogeau, le chef, y compose des assiettes bien d'aujourd'hui, pleines de fraîcheur et d'allant, en agençant de beaux produits ; son menu homard est l'un des "must" de la maison !

Formule 27 € - Menu 31/62 € - Carte 30/57 €

38 rte de Soullans - ✆ 02 51 68 00 66 - www.apart-restaurant-challans.fr - Fermé 1er-10 mai, 5-26 août, lundi soir, merc. soir et dim.

L'Antiquité

TRADITIONNEL • PERSONNALISÉ Une maison vendéenne avenante dans une rue tranquille, pour une étape sympathique. Les chambres donnent toutes sur le patio et la piscine et sont vraiment jolies (mobilier chiné ou patiné...) ; celles de l'annexe sont spacieuses et particulièrement soignées.

20 chambres - 59/195 € 59/195 € - 12 €

14 r. Galliéni - ✆ 02 51 68 02 84 - www.hotelantiquite.com - Fermé 22 déc.-2 janv.

à la Garnache 6,5 km au Nord-Est - ✉ 85710 - 4 761 hab. - Alt. 28 m

Le Petit St-Thomas

CUISINE MODERNE • ÉLÉGANT C'est une petite maison vendéenne aux volets bleus, mais l'image d'Épinal s'arrête là... car sa déco est résolument contemporaine ! Le chef s'absente le temps du marché pour sélectionner les meilleurs produits, avant de mitonner de belles recettes traditionnelles, parfois revisitées, toujours généreuses. On se régale...

Formule 20 € - Menu 30/58 € - Carte 45/66 €

25 r. de Lattre-de-Tassigny - ✆ 02 51 49 05 99 - www.restaurant-petit-st-thomas.com - Fermé 25 juin-12 juil., 2-20 janv., dim. soir, merc. soir et lundi

rte de St-Gilles-Croix-de-Vie - ✉85300 Challans

Château de la Vérie

CUISINE MODERNE • CLASSIQUE Boiseries sculptées, cheminées anciennes, tentures dans une veine 18e s., etc. Cet auguste château vendéen se prête à un moment élégant et romantique ! Au menu : une gastronomie d'aujourd'hui, qui puise directement aux sources des saisons.

Formule 19 € - Menu 26 € (déj. en semaine), 35/59 € - Carte 51/70 €

rte de Soullans, 2,5 km au Sud par D69 - ✆ 02 51 35 33 44 - www.chateau-de-la-verie.com - Fermé dim. soir, mardi midi et lundi

Château de la Vérie

DEMEURE HISTORIQUE • CLASSIQUE Une rivière, un étang, un parc immense (17 ha), et soudain apparaît ce beau château du 16e s. (classé monument historique), digne d'une rêverie romantique. Les chambres, d'esprit classique, sont agréables et douillettes... pour rêver encore.

21 chambres - 75/108 € 82/190 € - 12 €

- ✆ 02 51 35 33 44 - www.chateau-de-la-verie.com

Château de la Vérie - voir les restaurants ci-dessus

CHALLES-LES-EAUX - 73 Savoie ➔ Voir Chambéry

CHÂLONS-EN-CHAMPAGNE

✉ 51000 Marne - 45 002 hab. - Alt. 83 m - Carte régionale n° **7**-B2
Carte Michelin 306-I9 - Guide Vert Michelin Champagne Ardenne

✿ Jérôme Feck

CUISINE MODERNE • ÉLÉGANT XXX Jérôme Feck, qui a succédé à Jacky Michel aux fourneaux de la table gastronomique de l'hôtel d'Angleterre, perpétue l'héritage de cette table emblématique de la ville. Les beaux produits sont rehaussés de saveurs étudiées, tantôt jouant sur l'acidité, tantôt sur le fumé, le tout assorti d'une belle variété de textures. Aucune fausse note.

➜ Saint-pierre mariné au citron et gingembre, salade de haricots de Soissons. Filet de veau au sautoir, artichaut poivrade et condiments, jus au vinaigre de dattes. Sablé au beurre demi-sel, cacao et crème glacée au Baileys.

Menu 65/95 € – Carte 73/108 €

Plan : B1_2-g *Hôtel d'Angleterre, 19 pl. Mgr-Tissier – ✆ 03 26 68 21 51 – www.hotel-dangleterre.fr – Fermé 25 fév.-12 mars, 5-20 août, vacances de Noël, lundi midi, sam. midi, dim. et fériés*

Au Carillon Gourmand

CUISINE MODERNE • ÉLÉGANT XX Dans cette adresse chic et élégante, volontiers design, le carillon marque l'heure de la tradition revisitée. Accueil agréable et vaisselle de belle facture. Le menu affaire du midi est une aubaine.

Formule 32 € – Menu 39/63 € – Carte 47/62 €

Plan : B1-e *15 bis pl. Mgr-Tissier – ✆ 03 26 64 45 07 – www.carillongourmand.com – Fermé 24 fév.-5 mars, 3 semaines en août, dim. soir, merc. soir et lundi*

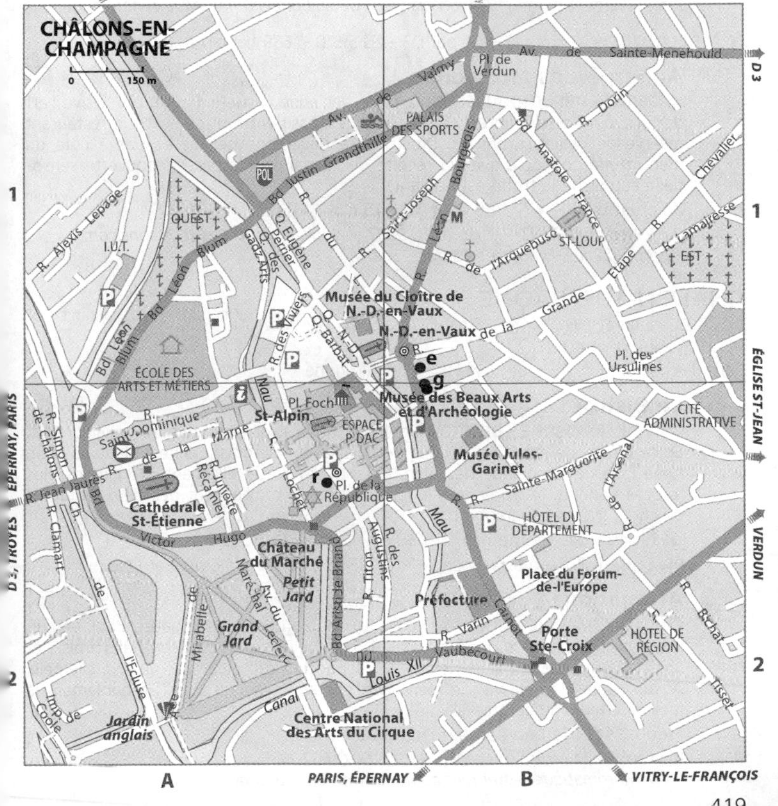

Les Temps Changent

CUISINE TRADITIONNELLE • BISTRO Un bistrot au cadre contemporain et élégant, où s'apprécie une bonne cuisine du marché, dans une ambiance chaleureuse. Alors oui, Les Temps Changent, et c'est très bien ainsi !

Formule 28 € – Menu 37 €

Plan : B1_2-g *Hôtel d'Angleterre, 1 r. Garinet – 03 26 66 41 09 – www.hotel-dangleterre.fr – Fermé 25 fév.-12 mars, 5-20 août, vacances de Noël, lundi midi, sam. midi, dim. et fériés*

Hôtel d'Angleterre

TRADITIONNEL • FONCTIONNEL Rien de perfide dans cette Albion, bien au contraire : les chambres sont très confortables, parfaitement tenues, de style classique ou chalet pour certaines... Et le personnel se révèle très aimable.

25 chambres – 100/180 € 110/220 € – 16 €

Plan : B1_2-g *19 pl. Mgr-Tissier – 03 26 68 21 51 – www.hotel-dangleterre.fr – Fermé 25 fév.-12 mars, 5-20 août, vacances de Noël et dim.*

Jérôme Feck • Les Temps Changent – voir les restaurants ci-dessus

Le Renard

FAMILIAL • DESIGN Sur la place de la République, un Renard rusé et résolument design ! Ici, les chambres ont adopté un style contemporain, sobre et épuré, et les bâtiments (datant du 15e s.) sont reliés entre eux par un patio, protégé par une grande verrière. Cuisine dans l'air du temps au restaurant.

38 chambres – 101/119 € 109/132 € – 11 €

Plan : A2-r *24 pl. de la République – 03 26 68 03 78 – www.le-renard.com*

à Matougues 11 km à l'Ouest par D3 – 51510 – 639 hab. – Alt. 82 m

Auberge des Moissons

AUBERGE • PERSONNALISÉ Dans cette ancienne ferme-auberge, on cultive l'art de recevoir. Les chambres, contemporaines, assurent tout confort ; le restaurant réserve de belles surprises... D'octobre à décembre, ne passez pas à côté du menu truffe concocté avec la récolte de la maison (l'espace découverte sensorielle autour de la truffe est édifiant).

35 chambres – 77/125 € 90/145 € – 11 €

8 rte Nationale, RD3 – 03 26 70 99 17 – www.auberge-des-moissons.com – Fermé 22 juil.-8 août et 22 déc.-13 janv.

CHALON-SUR-SAÔNE

71100 Saône-et-Loire – 44 985 hab. – Agglo. 74 327 hab. – Alt. 180 m
– Carte régionale n° **4**-C3
Carte Michelin 320-J9 – Guide Vert Michelin Bourgogne

Le Bistrot

CUISINE MODERNE • BISTRO Ce beau néobistrot est vraiment chaleureux... Entre terrine de canard aux foies de volaille et foie-gras, pannequet de saumon fumé farci de rémoulade de céleri, la carte, courte et alléchante, régale les plus féroces appétits. A noter que légumes et fruits proviennent des deux potagers du chef ; fraîcheur garantie !

Menu 20 € (semaine), 32/38 € – Carte 50/60 €

Plan : B2-e *31 r. de Strasbourg – 03 85 93 22 01 – Fermé dim. et lundi*

Aromatique

CUISINE CRÉATIVE • COSY Ici, c'est en couple que l'on Aromatise ! Lui, en cuisine, compose une cuisine créative et inspirée avec de bons produits frais... et une petite touche d'épices ; elle, en salle, accueille chaleureusement la clientèle. Aucun risque de déjà-vu : le menu est renouvelé chaque mois. Probablement la meilleure table du centre-ville.

Menu 24 € (déj. en semaine), 38/55 €

Plan : B2-t *14 r. de Strasbourg – 03 58 09 62 25 – www.aromatique-restaurant.com – Fermé dim. et lundi*

Chez Jules

CUISINE TRADITIONNELLE • CONVIVIAL Tradition ! Sur l'île St-Laurent, ce Jules très sympathique fait la part belle aux spécialités locales, à l'instar de ce poulet de Bresse aux morilles, ou des champignons de Paris farcis aux escargots de Bourgogne avec sauce crème persillée. On apprécie également l'ambiance animée.

Formule 15 € - Menu 20/33 € - Carte 31/44 €

Plan : B2-f *11 r. de Strasbourg - 03 85 48 08 34 - www.restaurant-chezjules.com - Fermé 1 semaine en août, dim. et jeudi*

Les Gourmands Disent (N)

CUISINE MODERNE • INTIME Dans la "rue des restaurants" de l'île St-Laurent, un duo de passionnés - lui est du Nord, elle de Saône-et-Loire - fait battre le cœur de cette petite adresse sympathique. Ils nous gratifient de préparations goûteuses, sans esbroufe, renouvelées régulièrement. Attention, amis gourmands : il y a peu de couverts, mieux vaut donc réserver... Qu'on se le dise !

Menu 20 € (déj. en semaine)/37 €

Plan : B2-m *59 r. de Strasbourg - 03 85 48 75 21 - Fermé dim. soir en hiver, lundi et mardi*

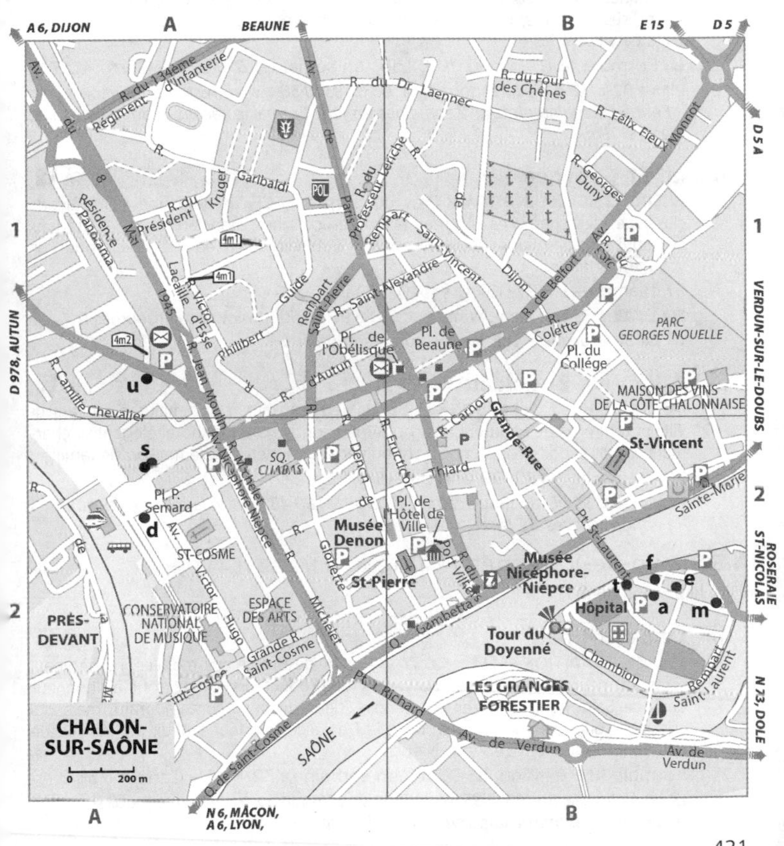

l'abc

CUISINE MODERNE • BRASSERIE X Quelques bonnes préparations de brasserie (croque-monsieur, burger, steak tartare...), mais aussi des plats bien de saison, plus élaborés, le tout préparé avec des produits de bonne qualité : on passe un bon moment dans cet ABC que l'on doit à Cédric Burtin, chef de l'Amaryllis, à St-Rémy. Terrasse plaisante.

Formule 16 € – Menu 19 € (déj.)/41 € – Carte 30/45 €

Plan : A2-d *5 r. Charles-Baudelaire (pl. de la Gare) – 03 85 49 23 02 – www.labc.restaurant.com*

Le St-Georges

CUISINE TRADITIONNELLE • BRASSERIE X Le St-Georges ? Une agréable brasserie, dont le chef – sous la houlette de Georges Blanc – concocte une cuisine traditionnelle faisant la part belle au terroir, ainsi qu'aux bons petits plats bistrotiers. Ne pas manquer l'incontournable volaille de Bresse, servie toute l'année !

Menu 21 € (déj. en semaine), 34/58 € – Carte 37/65 €

Plan : A2-s *Hôtel Le St-Georges, 32 av. Jean-Jaurès – 03 85 90 80 50 – www.le-saintgeorges.fr*

Parcours

CUISINE CRÉATIVE • CONVIVIAL X Dans une rue piétonne, tout près des quais de Saône, une agréable adresse. Le chef, sérieux et appliqué, maîtrise bien son sujet ; ses assiettes, bien dans l'air du temps, mettent en valeur de beaux produits de saison.

Formule 16 € – Menu 20 € (déj. en semaine), 28/55 € – Carte 41/51 €

Plan : B2-a *32 r. de Strasbourg – 03 85 93 91 38 – www.restaurantparcours.com – Fermé 1 semaine en fév., 2 semaines en juil., 1 semaine vacances de la Toussaint, merc. et dim.*

Le St-Georges

BUSINESS • CONTEMPORAIN Près de la gare SNCF, derrière une belle façade classique, des chambres feutrées et contemporaines, associant beaux matériaux et esprit design. Sans oublier l'espace séminaire bien équipé. Idéal pour un voyage d'affaires.

57 chambres – †97/127 € ††140/170 € – ☕ 15 €

Plan : A2-s *32 av. Jean-Jaurès – 03 85 90 80 50 – www.le-saintgeorges.fr*

Le St-Georges – voir les restaurants ci-dessus

À La Villa Boucicaut

BOUTIQUE HÔTEL • PERSONNALISÉ Un lieu reposant, à cinq minutes du centre-ville et tout près de la gare. Les propriétaires ont su créer un hôtel élégant et charmant, dont l'esprit évoque une bonbonnière aussi bien qu'une maison de famille.

20 chambres – †79/99 € ††79/99 € – ☕ 12 €

Plan : A1-u *33 bis av. Boucicaut – 03 85 90 80 45 – www.la-villa-boucicaut.fr – Fermé vacances de Noël*

à St-Loup-de-Varennes 7 km au Sud par N6 – ✉ 71240 – 1 135 hab. – Alt. 186 m

Le Saint-Loup

CUISINE TRADITIONNELLE • COSY XX Poulet de Bresse aux morilles, ris de veau, œufs en meurette... Recettes du terroir et producteurs locaux sont à l'honneur dans ce Saint-Loup entièrement rénové dans un style contemporain, mais qui conserve toutefois son joli plafond à la française ! Le tout à deux pas du musée de la photographie Nicéphore-Niépce.

Formule 18 € – Menu 22 € (déj. en semaine), 32/65 € – Carte 41/55 €

13 rte Nationale 6 – 03 85 44 21 58 – www.lesaintloup.fr – Fermé jeudi soir de oct. à mars, mardi soir, merc. soir, dim. soir et lundi

à St-Rémy 4 km à l'Ouest (rte du Creusot) N6, N80 et rte secondaire – ✉ 71100 – 6 558 hab. – Alt. 187 m

✿ L'Amaryllis (Cédric Burtin)

CUISINE CRÉATIVE • ÉLÉGANT XXX Bienvenue dans ce paisible moulin du 19e s., baigné par son bief. Cédric Burtin mène cette table bien connue dans la région, et laisse s'épanouir une cuisine empreinte d'inventivité, de fraîcheur, toujours maîtrisée et magnifiée par un dressage très travaillé. Le tout arrosé de bourgognes choisis avec soin...

→ Foie gras de canard, émulsion balsamique. Sphère de ris de veau braisé, réglisse et émulsion d'amandine. Moulin de Martorey en chocolat.

Menu 28 € (déj. en semaine), 60/105 € - Carte 90/110 €

chemin de Martorez - ✆ 03 85 48 12 98 - www.lamaryllis.com - Fermé 30 oct.-7 nov., 1er-9 janv., mardi midi, dim. soir et lundi

rte de Givry 4 km à l'Ouest sur D69 – ✉ 71880 Châtenoy-le-Royal

Auberge des Alouettes

CUISINE TRADITIONNELLE • AUBERGE XX Cette Auberge, reprise en 2016 par un couple venu d'Albertville, n'a rien d'un miroir aux alouettes ! L'intérieur est chaleureux et la cuisine célèbre la belle tradition à prix raisonnables : œuf en meurette, tête de veau sauce gribiche, croustillant de pied de cochon... et gibier en saison.

Formule 17 € - Menu 22/36 € - Carte 35/61 €

1 rte de Givry - ✆ 03 85 48 32 15 - www.aubergedesalouettes.fr - Fermé 2 semaines début août, 2 semaines fin janv., dim. soir, mardi soir et merc.

à Dracy-le-Fort 6 km au Nord-Ouest et D978 – ✉ 71640 – 1 279 hab. – Alt. 180 m

La Garenne

CUISINE TRADITIONNELLE • CONTEMPORAIN XX Une bien belle Garenne, où l'on se régale d'une volaille de Bresse au vin jaune, d'un pain perdu d'escargots et fondue de tomates, ou encore d'un palet au chocolat noir et au vin de Maury... Pour ne rien gâcher, le décor est sobre et élégant, avec quelques jolies reproductions des œuvres d'Alain Thomas.

Menu 22 € (déj. en semaine), 29/46 € - Carte 45/62 €

Hôtel Le Dracy, 4 r. du Pressoir - ✆ 03 85 87 81 81 - www.ledracy.com

Le Dracy

SPA ET BIEN-ÊTRE • CONTEMPORAIN Un environnement calme et verdoyant, une décoration contemporaine : cet hôtel satisfera les professionnels comme les clients de passage, notamment avec le spa nouvellement créé. Certaines chambres jouissent même d'une terrasse privative, face au jardin. Une parenthèse au vert bienvenue.

47 chambres - †99/165 € ††99/165 € - ☕ 13 €

4 r. du Pressoir - ✆ 03 85 87 81 81 - www.ledracy.com

La Garenne - voir les restaurants ci-dessus

à Sassenay 9 km au Nord-Est par D5, rte de Seurre – ✉ 71530 – 1 509 hab. – Alt. 178 m

Le Magny

CUISINE TRADITIONNELLE • RUSTIQUE XX Cette auberge de village est fort avenante et l'on y mange bien. Chou farci aux escargots de Bourgogne, filets de pigeonneau rôti, nem fondant au chocolat et espuma au café... Avec de beaux produits, le chef concocte une cuisine régionale alléchante et soignée ; à apprécier, en toute logique, dans un décor rustique.

Formule 16 € - Menu 25 € (semaine)/39 € - Carte environ 50 €

29 Grande-Rue - ✆ 03 85 91 61 58 - www.lemagny.com - Fermé 16-23 avril, 1er-20 août, 3-10 janv., dim. soir, mardi soir, merc. soir et lundi

à Fontaines 9 km au Nord par D906, rte de Chagny – 71150 – 1 946 hab. – Alt. 198 m

Ti-Coz

CUISINE MODERNE • CONTEMPORAIN À moins de dix kilomètres de Chalon-sur-Saône, un ancien relais routier dont la terrasse, à l'arrière, donne sur une écluse du canal du Centre... Produits frais, jolis visuels et associations de saveurs ambitieuses : voici ce qui vous attend dans l'assiette.

Formule 21 € – Menu 28/62 €

lieu-dit Le Gauchard – 03 85 46 65 65 – www.ticoz.restaurant – Fermé 2 semaines en août, dim. et lundi

CHAMAGNE – 88 Vosges → Voir Charmes

CHAMALIÈRES – 63 Puy-de-Dôme → Voir Clermont-Ferrand

CHAMANT

60300 Oise – 907 hab. – Alt. 90 m – Carte régionale n° **19**-B3
Carte Michelin 305-G5

L'Aunette Cottage

FAMILIAL • PERSONNALISÉ Nul besoin de partir en Angleterre pour goûter au charme d'un cottage ! Au cœur du village, cet hôtel dispose de chambres confortables, calmes et cosy. Le matin, on prend le petit-déjeuner devant la cheminée. Et dans la journée, on profite du joli jardin. Une bonne adresse.

14 chambres – 106/152 € 136/199 € – 12 €

9 r. A-de-Rothschild – 03 44 72 73 47 – www.launettecottage.com

CHAMBÉRY

73000 Savoie – 59 490 hab. – Agglo. 186 355 hab. – Alt. 270 m – Carte régionale n° **25**-F2
Carte Michelin 333-I4 – Guide Vert Michelin Alpes du Nord

La Maniguette

CUISINE MODERNE • RUSTIQUE Fort de son expérience, le chef Christophe Rochard mène de main de maître ce restaurant situé au pied du château. La vieille demeure est charmante – murs anciens, poutres massives – et la cuisine délicieuse : langoustines et couteaux rôtis ; volaille contisée de truffes, jus de cèpes... Menu renouvelé deux fois par mois.

Formule 18 € – Menu 32/67 € – Carte 40/48 €

Plan : A2-u *99 r. Juiverie – 04 79 62 25 26 – www.lamaniguette.fr – Fermé dim. et lundi*

Les Barjots

CUISINE TRADITIONNELLE • BRASSERIE Dans cette grande brasserie contemporaine tenue, entre autres, par deux anciens Barjots – surnom des membres de l'équipe de France de handball –, que les gourmands se rassurent : ça tourne rond ! À table, on savoure une bonne cuisine de brasserie, actuelle et bien ficelée. Spécialité : les viandes à la plancha.

Formule 18 € – Menu 29/39 € – Carte 30/82 €

Hors plan *688 av. Les Follaz (face au phare), 2 km au Nord-Ouest par D1A – 04 79 75 27 99 – www.brasserielesbarjots.fr – Fermé 3 semaines en août, mardi soir et lundi*

Le Carré des Sens

CUISINE MODERNE • BISTRO Joliment située sur l'une des places centrales de la ville, cette maison propose une cuisine traditionnelle revisitée par un jeune trentenaire, auparavant chef d'Ô Pervenches. Aux beaux jours, la terrasse est prise d'assaut.

Formule 17 € – Menu 19 € (déj. en semaine), 32/55 € – Carte 40/50 €

Plan : B2-a *32 pl. Monge – 04 79 65 98 07 – www.carredessens-chambery.com – Fermé dim. et lundi*

L'Émulsion

CUISINE MODERNE • CONVIVIAL La devanture en arc de pierre incite à pousser la porte... Bonne idée ! Voilà une table moderne et conviviale, orchestrée par un jeune chef passionné. Il prépare une alléchante cuisine du marché : rouget grillé, déclinaison de carottes, suprême de pintade contisé au pesto, artichauts en deux façons...

Formule 19 € – Menu 23 € (déj. en semaine), 41/59 €

Plan : A2-e *41 r. Jean-Pierre-Veyrat – 04 79 84 24 15 – www.restaurant-lemulsion.fr – Fermé 3 semaines en août, dim. et lundi*

Le Bistrot

CUISINE DU MARCHÉ • TRADITIONNEL Au menu de ce bistrot tout proche de la fontaine aux éléphants, du théâtre et de la cathédrale : pâté en croûte, poissons du lac, soupe de poule faisane et brioche façon pain perdu... Une cuisine du marché basée sur de jolis produits, rendus dans toute leur vérité. Tarifs intéressants.

Formule 15 € – Menu 32/46 € – Carte 40/56 €

Plan : B2-d *6 r. du Théâtre – 09 82 32 10 78 – www.restaurant-lebistrot.com – Fermé 24-30 déc., dim. et lundi*

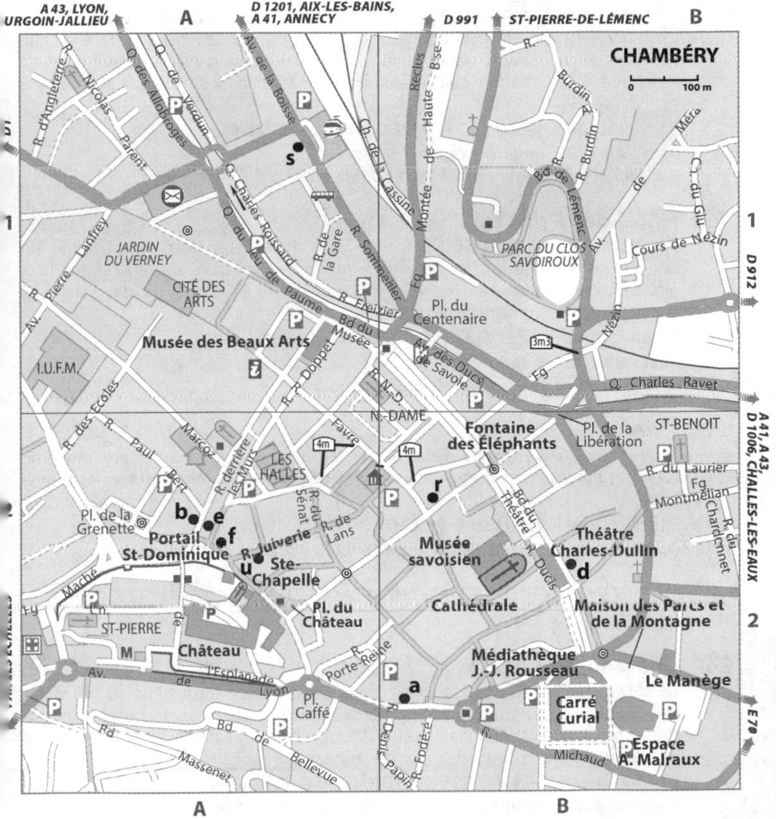

Ô Pervenches

CUISINE MODERNE • AUBERGE À deux pas du musée Jean-Jacques Rousseau, dans un vallon bucolique, ce restaurant est désormais le fief d'un jeune couple motivé. La cuisine, actuelle, est bien travaillée ; pour l'étape, des chambres fraîches et fonctionnelles. Terrasse pour les jours d'été.

Formule 15 € – Menu 18 € (déj. en semaine), 22/46 € – Carte 36/48 €
9 chambres – 70/85 € 70/118 € – 9 €

Hors plan *600 chemin des Charmettes*
– 04 79 33 34 26 – www.opervenches73.fr – Fermé 16-23 avril, 20 août-2 sept., 22 déc.-7 janv., mardi midi, dim. soir et lundi

Onze Grandes et Trois Petites

CUISINE MODERNE • CONVIVIAL Depuis sa réouverture, cette table récolte tous les suffrages, et pour cause ! A peine arrivé, le jeune chef propose une cuisine canaille et sans chichis, en utilisant surtout les bons produits des halles voisines. L'ambiance est franchement cordiale ; quant au nom mystérieux du restaurant, c'est une autre histoire...

Formule 17 € – Menu 38 € – Carte 40/87 €

Plan : A2-b *16 r. Jean-Pierre-Veyrat*
– 04 79 62 66 74 – www.onzegrandes.fr – Fermé 13-19 août, dim. et lundi

Petit Hôtel Confidentiel

HÔTEL PARTICULIER • ÉLÉGANT Ce joli hôtel de charme du centre-ville de Chambéry, installé dans un bâtiment du 15e s., diffuse l'atmosphère feutrée que seuls les siècles savent patiner : la vitre rencontre le parquet massif dans un esprit loft. C'est à la fois chaleureux et racé : les habitués espèrent qu'il restera confidentiel...

18 chambres – 180/750 € 280/750 € – 25 €

Plan : A2-f *10 r. de la Trésorerie*
– 04 79 26 24 17 – www.petithotelconfidentiel.com

Hôtel des Princes

FAMILIAL • PERSONNALISÉ Nul doute que vous serez reçu, ici, comme un prince ! Au cœur de la cité, cet ancien monastère est devenu un hôtel aux faux airs de chalet scandinave. Nouvel espace bien-être (massage, jacuzzi, sauna) et chambres cosy, régulièrement rénovées.

45 chambres – 77/108 € 77/108 € – 12 €

Plan : B2-r *4 r. de Boigne*
– 04 79 33 45 36 – www.hoteldesprinces.com

Mercure

A/C

BUSINESS • FONCTIONNEL Face à la gare, un hôtel à l'architecture moderne (verre et béton). Lumineuse salle de petit-déjeuner. Clientèle d'affaires et touristique.

81 chambres – 89/189 € 109/209 € – 19 €

Plan : A1-s *183 pl. de la Gare – 04 79 62 10 11 – www.mercure.com*

à Chambéry-le-Vieux 5 km au Nord par N 201 et rte secondaire (sortie Chambéry-le-Haut) – ✉ 73000

Château de Candie

DEMEURE HISTORIQUE • ÉLÉGANT Dans cette maison forte bâtie au 14e s. par des croisés, l'esprit chevaleresque a laissé place au sens de l'accueil. Les chambres, cosy, allient styles classique et contemporain. À noter : la superbe suite avec jacuzzi dans la tour, et la piscine, agréable à souhait.

21 chambres – 149/195 € 210/295 € – 4 suites

533 r. du Bois-de-Candie – 04 79 96 63 00 – www.chateaudecandie.com

à Barberaz 3 km à l'Est par N201 (sortie 19 : La Ravoire) – ✉ 73000 – 4 617 hab. – Alt. 315 m

La Maison Rouge

BUSINESS • DESIGN Orange, vert, rouge, cet hôtel récent voit la vie en technicolor ! Fauteuils Louis XVI revisités par Starck, écrans plats, grand spa, restaurant d'esprit lounge et quelques chambres familiales dans l'annexe voisine.

95 chambres – 69/118 € 69/118 € – 10 suites – 13 €

61 r. de la République – ✆ 04 79 60 05 00 – www.chambery-hotel.fr

à St-Alban-Leysse 4 km à l'Est par D1006 et rte secondaire – ✉ 73230 – 5 692 hab. – Alt. 285 m

L'Or du Temps

CUISINE MODERNE • CONVIVIAL XX Enseigne poétique pour cette table qui cultive le goût des produits les plus frais et des recettes dans l'air du temps. Les ingrédients sont bien travaillés, les présentations soignées, et les saveurs au rendez-vous. Sur la grande terrasse à l'ombre des mûriers, on oublie le temps qui passe...

Carte 24/46 €

Hôtel L'Or du Temps, 814 rte de Plainpalais – ✆ 04 79 85 51 28 – www.or-du-temps.com – Fermé 1er-8 mai, 10-31 août, 1er-10 janv., sam. midi, dim. soir et lundi

L'Or du Temps

FAMILIAL • TRADITIONNEL Au pied du massif des Bauges, au calme d'un quartier résidentiel, cette ancienne ferme accueille des chambres simples et colorées, bien tenues, bref : idéales pour une étape !

15 chambres – 75 € 75 € – 8 €

814 rte de Plainpalais – ✆ 04 79 85 51 28 – www.or-du-temps.com – Fermé 1er-8 mai, 10-31 août et 1er-5 janv.

L'Or du Temps – voir les restaurants ci-dessus

à Montagnole 5 km au Sud par D912 – ✉ 73000 – 830 hab. – Alt. 810 m

Domaine des Saints Pères N

MAISON DE CAMPAGNE • PERSONNALISÉ Cette charmante demeure bourgeoise, transformée avec goût en hôtel, dévoile une vue magique sur les montagnes, la plaine de Chambéry et le lac du Bourget. Les chambres oscillent entre mobilier d'époque (18e et 19e s.) et contemporain. Grand salon cheminée, restaurant sous charpente, très belle terrasse, piscine. Un lieu unique.

14 chambres – 149/169 € 149/345 € – 15 €

1540 rte de Chartreuse, col du Granier – ✆ 04 79 62 63 93 – www.domainedessaintsperes.com – Ouvert de début mai à mi-oct.

à Challes-les-Eaux 7 km au Sud-Ouest par D1006 et rte secondaire – ✉ 73190 – 5 229 hab. – Alt. 310 m

Château des Comtes de Challes

CUISINE MODERNE • CLASSIQUE XXX Cheminée gothique, poutres anciennes, rideaux épais : un décor cossu et chaleureux, qui se prête idéalement au banquet qui s'annonce ! On se régale d'une cuisine gastronomique empreinte de classicisme, valorisant les produits nobles et régionaux.

Formule 24 € – Menu 29 € (semaine), 46/62 € – Carte 66/85 €

247 montée du Château – ✆ 04 79 72 72 72 – www.chateaudescomtesdechalles.com – Fermé vacances de la Toussaint

Château des Comtes de Challes

DEMEURE HISTORIQUE • CLASSIQUE Dans le village de Challes-les-Eaux, on reconnaît ce château du 15e s. à ses deux tours en façade. Arbres centenaires, chapelle et, dans trois bâtiments différents, des chambres spacieuses alliant le cachet de l'histoire et le confort moderne. Et au chai, dégustation et vente de bons crus !

58 chambres - 94/114 € 128/268 € - 6 suites - 12 €

247 montée du Château - 04 79 72 72 72 - www.chateaudescomtesdechalles.com - Fermé vacances de la Toussaint

Château des Comtes de Challes - voir les restaurants ci-dessus

CHAMBOLLE-MUSIGNY

21220 Côte-d'Or - 304 hab. - Alt. 280 m - Carte régionale n° **4**-D1

Carte Michelin 320-J6 - Guide Vert Michelin Bourgogne

Le Millésime

CUISINE MODERNE • CONTEMPORAIN XX Dans cet ancien bistrot de village métamorphosé en restaurant contemporain, le jeune chef, aussi talentueux que sympathique, n'a pas son pareil pour vous mettre en appétit. Il prépare une cuisine actuelle, savoureuse et gourmande, à prix doux ; on l'accompagne de jolis vins de la région. Un bon Millésime !

Formule 20 € - Menu 32/65 € - Carte 43/72 €

1 r. Traversière - 03 80 62 80 37 - www.restaurant-le-millesime.com - Fermé 1er-15 août, 1er-15 janv., dim. et lundi

Le Chambolle

CUISINE BOURGUIGNONNE • TRADITIONNEL X Un lieu chaleureux et rustique (imposante cheminée) pour s'attabler autour de petits plats de terroir accompagnés de vins du village. Les spécialités maison : foie gras de canard aux griottines, sandre sauce à l'époisses, ou encore tarte au chocolat chaud ! Accueil tout sourire.

Menu 26/38 € - Carte 27/58 €

28 r. Caroline-Aigle - 03 80 62 86 26 - www.restaurant-lechambolle.com - Fermé 18 déc.-13 fév., dim. soir de déc. à mars, jeudi soir et merc.

LE CHAMBON-SUR-LIGNON

43400 Haute-Loire - 2 553 hab. - Alt. 967 m - Carte régionale n° **3**-D3

Carte Michelin 331-H3 - Guide Vert Michelin Ardèche Drôme

Bel Horizon

TRADITIONNEL • CONTEMPORAIN Atmosphère décontractée et... priorité aux loisirs, avec un centre de remise en forme très complet (jacuzzi, sauna, salle de sport, soins, etc.). Côté repos, des chambres d'esprit contemporain épuré (entièrement rénovées) et des chalets confortables. Cuisine actuelle au restaurant.

28 chambres - 94/135 € 94/135 € - 13 €

chemin de Molle - 04 71 59 74 39 - www.belhorizon.fr - Ouvert 20 mars-30 nov. et fermé dim. soir et lundi sauf juil.-août

à l'Est 3,5 km par D157 et D185 - 43400 Chambon-sur-Lignon :

Clair Matin

FAMILIAL • CONTEMPORAIN Ce chalet isolé est vraiment accueillant, et la vue sur les Cévennes des plus agréables. Pour l'anecdote, la salle à manger est chauffée avec un impressionnant poêle scandinave. Les chambres, quant à elles, ont été rénovées dans un style contemporain. Quiétude et air pur garantis !

25 chambres - 85/140 € 85/140 € - 13 €

Les Barandons - 04 71 59 73 03 - www.hotelclairmatin.com - Ouvert de mi-fév. à mi-nov. et fermé lundi et mardi hors saison

CHAMBRETAUD

85500 Vendée - 1 554 hab. - Alt. 214 m - Carte régionale n° **18**-B3

Carte Michelin 316-K6

La Table du Boisniard

CUISINE MODERNE • ROMANTIQUE Dans les anciennes granges de ce château du 15e s., La Table du Boisniard vous réserve des assiettes inventives et bien dans l'air du temps. Un exemple ? Le quasi de veau parfumé à la main de Bouddha... Une cuisine animée par l'envie de bien faire.

Formule 33 € - Menu 42/72 € - Carte 60/79 €

Hôtel Château du Boisniard - ✆ 02 51 67 50 01 - www.chateau-boisniard.com - Fermé 19 fév.-5 mars, 1er-8 janv., mardi midi, dim. soir et lundi

Château du Boisniard

DEMEURE HISTORIQUE • PERSONNALISÉ Tout près du Puy du Fou, un château du 15e s. avec ses étangs, ses chambres au charme bourgeois et ses belles maisons en châtaignier naturel construites sur pilotis, avec terrasse privative donnant sur le parc... Pour les amoureux d'échappées vertes !

27 chambres - †99/500 € ††140/520 € - ☕ 26 €

- ✆ 02 51 67 50 01 - www.chateau-boisniard.com - Fermé 19 fév.-5 mars et 1er-8 janv.

La Table du Boisniard - voir les restaurants ci-dessus

CHAMESOL

✉ 25190 Doubs - 384 hab. - Alt. 730 m - Carte régionale n° **9**-C2
Carte Michelin 321-K2

Mon Plaisir (Christian Pilloud)

CUISINE MODERNE • COSY À l'entrée du village, cette accueillante maison de pays est tout entière dédiée à votre plaisir : ambiance cosy (confortable salon, élégante salle à manger bourgeoise) et belle cuisine du chef, fine et harmonieuse.
➜ Cuisine du marché.

Menu 45/90 €

22 lieu-dit Journal - ✆ 03 81 92 56 17 - www.restaurant-mon-plaisir.com - Fermé 28 août-12 sept., 18-26 déc., dim. soir, lundi et mardi sauf fériés le midi

J.-L. Armand/Photononstop

ON AIME...

Le **Beurre Noisette**, où un couple rend hommage à la tradition. La cuisine goûteuse et généreuse de la **Télécabine**, avec son décor résolument montagnard. **Rocky Pop**, un hôtel atypique, bien loin des codes de l'hôtellerie traditionnelle. À Houches, le **refuge de Montenvers**, dont le restaurant offre une vue splendide sur la Mer de Glace...

CHAMONIX-MONT-BLANC

✉ 74400 Haute-Savoie – 8 997 hab. – Alt. 1 040 m – Carte régionale n° **23**-D1
Carte Michelin 328-O5 – Guide Vert Michelin Alpes du Nord

Restaurants

✿✿ Albert 1er (Pierre Maillet)

CUISINE CLASSIQUE • ÉLÉGANT XXXX Subtilité et exigence. Ici, les bases classiques sont interprétées avec finesse. Poisson du Léman, touches créatives, herbes du potager, assortis d'une carte des vins étoffée, avec une belle descente d'Yquem.

➜ Risotto à la truffe blanche d'Alba. Omble chevalier du lac Léman au miel de bourgeons de sapin et pain d'épice, carotte et citron confit. Soufflé chaud à la Chartreuse jaune, glace réglisse.

Formule 42 € – Menu 66 € (semaine), 92/156 € – Carte 110/175 €

Plan : D1-f *Hôtel Hameau Albert 1er, 38 rte du Bouchet – ✆ 04 50 53 05 09 – www.hameaualbert.fr – Fermé 6-24 mai, 4 nov.-6 déc., mardi midi, jeudi midi et merc.*

La Maison Carrier

CUISINE RÉGIONALE • RUSTIQUE XX Une ferme typique et conviviale, au sein du luxueux Hameau Albert 1er. Goûtez aux petits plats mitonnés, quenelle de brochet, élaborés avec de superbes produits du terroir, boudin noir. Généreux, nobles et savoureux, comme l'étaient les recettes de nos grands-mères...

Formule 22 € – Menu 27 € (déj. en semaine), 32/42 € – Carte 42/71 €

Plan : D1-r *Hôtel Hameau Albert 1er, 44 rte du Bouchet – ✆ 04 50 53 00 03 – www.hameaualbert.fr – Fermé 27 mai-15 juin, 4 nov.-6 déc., lundi sauf juil.-août et fériés*

Atmosphère

CUISINE TRADITIONNELLE • TENDANCE XX Dans le centre-ville, cette adresse qui surplombe l'Arve ne manque pas d'atmosphère : une salle claire et des produits travaillés avec justesse, entre tradition savoyarde et fine cuisine d'aujourd'hui. Belle sélection de vins. On est conquis.

Formule 21 € – Menu 25 € (déj.), 30/38 € – Carte 38/69 €

Plan : C1-n *123 pl. Balmat – ✆ 04 50 55 97 97 – www.restaurant-atmosphere.com*

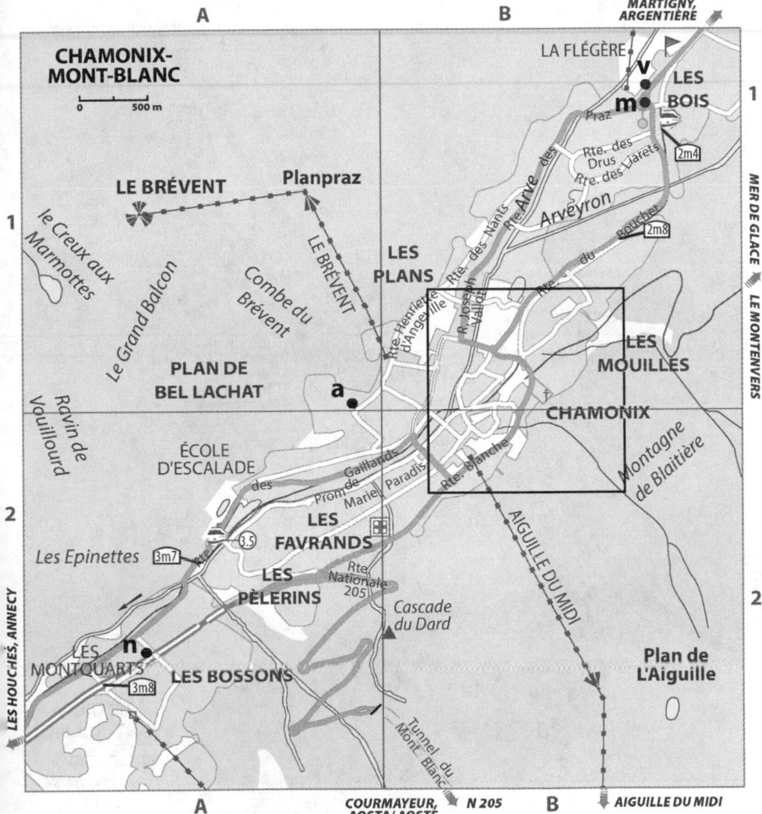

La Télécabine

CUISINE TRADITIONNELLE · MONTAGNARD XX Au-dessus de l'entrée, une télécabine (un "œuf", devrait-on plutôt dire) est suspendue : le décor est planté ! L'intérieur est résolument montagnard et la grande terrasse donne sur le massif du Mont-Blanc, en adéquation parfaite avec la cuisine proposée, goûteuse et généreuse.

Formule 22 € - Menu 27 € (déj. en semaine), 29/39 € - Carte 35/71 €

Plan : C1-g *27 r. de la Tour - ✆ 04 50 47 04 66 - www.restaurant-latelecabine.fr*

Le Matafan

CUISINE MODERNE · ÉLÉGANT XXX Une salle à manger chaleureuse - belle cheminée centrale ! - et une carte, qui évolue au gré de saisons, travaillée dans le respect des saveurs ; le service est convivial.

Formule 24 € - Menu 35/46 € - Carte 56/71 €

Plan : C1-a *Hôtel Mont-Blanc, 62 allée du Majestic - ✆ 04 50 53 05 64 - www.hotelmontblancchamonix.com - Fermé 11-29 nov.*

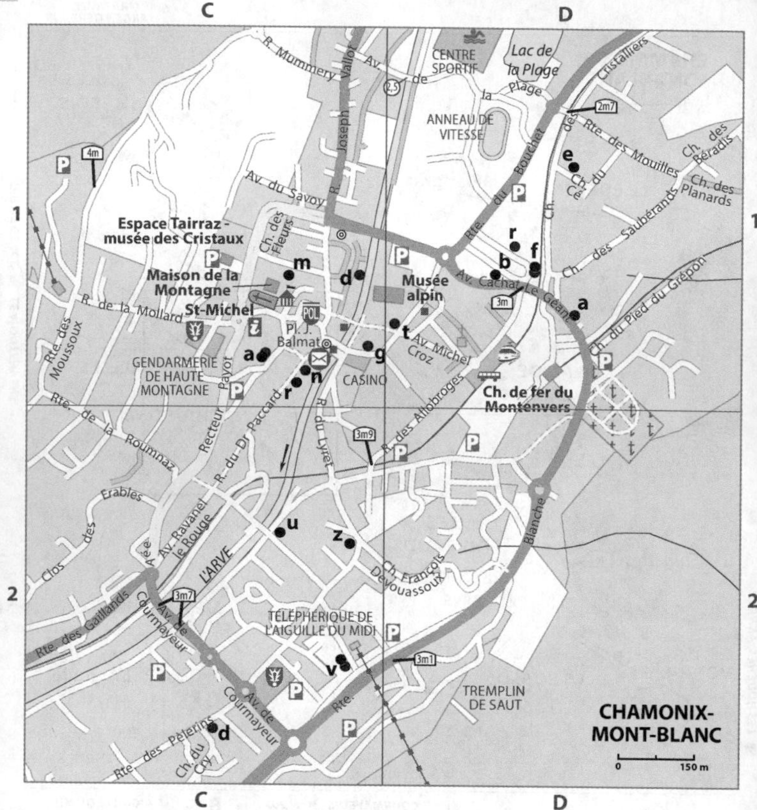

L'Impossible

CUISINE ITALIENNE · RUSTIQUE XX À la carte de cette chaleureuse ferme du 18e s., beaucoup d'herbes et d'épices pour une cuisine italienne qui met à l'honneur de superbes produits bio : escalope de loup de mer et sauce au safran ; carré d'agneau en croûte d'herbes farci à la truffe ; salade de gambas bio et pomme verte... Tout est possible !

Menu 36/90 €
– Carte 59/82 €

Plan : C2-d *9 chemin du Cry*
– ✆ 04 50 53 20 36 – www.restaurant-impossible.com
– Fermé nov., mardi hors saison et le midi en semaine

Le Cap Horn

CUISINE MODERNE · CONVIVIAL XX Un concept original, un restaurant à deux visages : sushi-bar d'un côté, cuisine au goût du jour de l'autre. La cuisine est goûteuse, simple et légère, et le service et l'ambiance sont agréablement décontractés. Où comment passer, sans ciller, du poisson cru à la terrine savoyarde...

Formule 23 € – Menu 33/42 € – Carte 40/70 €

Plan : C1-d *74 r. des Moulins*
– ✆ 04 50 21 80 80 – www.caphorn-chamonix.com

Akashon

CUISINE MODERNE • ÉPURÉ Le restaurant vous accueille dans un décor brut, dont les matériaux évoquent le passé industriel de la région. Au dîner, on se délecte de créations de cuisinier, exigeantes et finement réalisées. Joli souvenir d'une lotte, artichauts et gnocchis.

Carte 44/72 €

Plan : C2-v *Hôtel L'Héliopic, 50 pl. de l'Aiguille-du-Midi – 04 50 54 55 56 – www.heliopic-hotel-spa.com – Fermé 13-29 mai, nov. et le midi*

Beurre Noisette

CUISINE MODERNE • MONTAGNARD Ce couple de restaurateurs a posé toques et valises dans cet ancien bar à vin du centre de Chamonix, à la décoration montagnarde. Madame en cuisine et Monsieur en salle concoctent une cuisine traditionnelle au goût du jour, à l'instar de ce pot au feu en terrine et sauce gribiche.

Formule 20 € – Menu 24 € (déj. en semaine), 42/52 € – Carte 40/60 €

Plan : D1-t *11 r. Whymper – 04 50 53 33 25 – www.beurrenoisettechamonix.com – Fermé dim. soir et lundi*

Rèvolâ

CUISINE TRADITIONNELLE • SIMPLE Le rèvolâ ? En patois savoyard, c'est le repas servi aux ouvriers agricoles pendant les moissons... C'est avec cette idée d'une cuisine qui se partage que les deux associés, Jérôme et Éric, ont lancé ce restaurant ; leurs assiettes, traditionnelles ou plus inventives, font mouche à tous les coups. Réjouissant !

Menu 36/72 €

Plan : D1-a *263 av. Cachat-le-Géant – 06 30 69 27 55 – www.revola-chamonix.fr – Fermé 2 semaines en mai, 2 semaines en nov., lundi midi, mardi midi et dim.*

Hôtels

Hameau Albert 1er

LUXE • PERSONNALISÉ Ce véritable hameau associant plusieurs chalets constitue un délicieux havre montagnard, sous un beau tapis de neige l'hiver, tout en vert tendre aux beaux jours... Noblesse des matériaux (dont des boiseries de vieux chalets d'alpage) et chic contemporain, confort extrême et spa d'exception : un sommet de luxe !

37 chambres – 160/1750 € 160/1750 € – 5 suites – 25 €

Plan : D1-f *38 rte du Bouchet – 04 50 53 05 09 – www.hameaualbert.fr – Fermé 4 nov.-6 déc.*

Albert 1er • **La Maison Carrier** – voir les restaurants ci-dessus

Mont-Blanc

LUXE • ÉLÉGANT Renaissance de cet hôtel historique, après une rénovation de pied en cap. La décoratrice Sybille de Margerie a su mettre en valeur tous ses charmes, révélant la beauté des moulures anciennes et du grand escalier, et jouant partout la carte d'un chic à la fois contemporain et intemporel... À redécouvrir !

40 chambres – 198/920 € 198/920 € – 25 €

Plan : C1-a *62 allée du Majestic – 04 50 53 05 64 – www.hotelmontblancchamonix.com – Fermé 11-29 nov.*

Le Matafan – voir les restaurants ci-dessus

Grand Hôtel des Alpes

HISTORIQUE • ÉLÉGANT Ce "grand hôtel" mythique, bâti en 1840, a été merveilleusement restauré. Le résultat est à la fois intime et raffiné : hall cossu, bar feutré, élégants salons, chambres raffinées et des suites tout en bois rustique. Le tout au cœur de la station.

27 chambres – 175/558 € 175/558 € – 3 suites – 20 €

Plan : C1-r *75 r. du Dr-Paccard – 04 50 55 37 80 – www.grandhoteldesalpes.com – Fermé 2 avril-8 juin et 30 sept.-14 déc.*

Auberge du Bois Prin

FAMILIAL • PERSONNALISÉ Ce joli chalet perche sur les hauteurs de la station, offrant une vue imprenable sur Chamonix et le massif du Mont-Blanc... et c'est d'un calme olympien ! Les chambres, toutes de mobilier classique et de lambris, ont le goût de la simplicité ; deux suites plus contemporaines ont été aménagées dans un chalet voisin.

11 chambres – 190/335 € 220/335 € – 2 suites – 22 €

Plan : B1-a *69 chemin de l'Hermine, aux Moussoux*
– 04 50 53 33 51 – www.boisprin.com – Fermé 17 avril-11 mai et 23 oct.-7 déc.

L'Héliopic

TRADITIONNEL • DESIGN Au départ du téléphérique de l'aiguille du Midi, ces deux grands chalets de pierre et de bois nous plongent dans un décor contemporain, parsemé de clins d'œil à l'alpinisme des années 1950. Plaids, coussins et rideaux donnent aux chambres une délicieuse touche vintage ; on passe de longs moments dans le superbe spa...

102 chambres – 75/390 € 90/400 € – 16 €

Plan : C2-v *50 pl. de l'Aiguille-du-Midi*
– 04 50 54 55 56 – www.heliopic-hotel-spa.com – Fermé 13-29 mai et nov.

Akashon – voir les restaurants ci-dessus

Le Morgane

TRADITIONNEL • DESIGN La nature est ici pleinement respectée : engagement environnemental (zéro carbone), cadre épuré et beaux matériaux (bois brut, pierre, coton bio)... L'hôtel de montagne du 21e s. en quelque sorte ! En sous-sol, on trouve spa, hammam, sauna, et bassin de relaxation.

56 chambres – 90/450 € 100/500 € – 15 €

Plan : C2-u *145 av. de l'Aiguille-du-Midi*
– 04 50 53 57 15 – www.morgane-hotel-chamonix.com

Auberge du Manoir

FAMILIAL • COSY Un hôtel qui a su conserver son charme savoyard ! L'ensemble est décoré avec beaucoup de goût, mêlant boiseries et beaux tissus chaleureux... Au réveil, le petit-déjeuner privilégie les produits régionaux.

13 chambres – 100/151 € 126/270 € – 15 €

Plan : D1-b *8 rte du Bouchet*
– 04 50 53 10 77 – www.aubergedumanoir.com – Ouvert juin-sept. et de mi-déc. à mi-avril

Chalet Hôtel Hermitage

FAMILIAL • COSY Tout le charme de la tradition montagnarde, réinterprétée dans une veine contemporaine. Si certaines chambres offrent une très belle vue sur le massif, vous pouvez aussi opter pour les suites familiales, nichées dans deux chalets voisins. Jardin alpin de relaxation et accueil chaleureux.

21 chambres – 150/212 € 150/212 € – 7 suites – 18 €

Plan : D1-e *63 chemin du Cé*
– 04 50 53 13 87 – www.hermitage-paccard.com – Ouvert 1er juin-30 sept. et 21 déc.-2 avril

L'Oustalet

FAMILIAL • COSY Un hôtel sympathique, à la fois chaleureux et moderne, qui cultive totalement l'esprit montagne. Le petit-déjeuner est copieux et de qualité : charcuterie, fromage, œufs, bonnes viennoiseries et yaourt maison. Idéal en famille.

15 chambres – 100/155 € 118/200 € – 15 €

Plan : C2-z *330 r. du Lyret*
– 04 50 55 54 99 – www.hotel-oustalet.com – Fermé début mai à mi-juin et mi-oct. à mi-déc.

Le Faucigny

BOUTIQUE HÔTEL • COSY En centre-ville, un sympathique petit hôtel aux tons gris, sobre et contemporain ; au retour des pistes de ski, on profite du charmant salon-bibliothèque et de l'espace détente avec jacuzzi et sauna.

28 chambres – 65/260 € 80/275 € – 12 €

Plan : C1-m 118 pl. de l'Église – 04 50 53 01 17 – www.hotelfaucigny-chamonix.com – Fermé 14-30 mai et 5-29 nov.

à Argentière 10 km au Nord par D1506 – 74400 – Alt. 1 252 m

La Remise

CUISINE MODERNE • COSY XX Un chef britannique est aux commandes de cette Remise aussi chaleureuse que moderne, à l'ambiance très conviviale. On y trouve une belle sélection de viandes maturées et de jolis plats comme ce saumon fumé maison laqué au sirop d'érable, gel de whisky et salsa d'échalotes... So delicious !

Formule 17 € – Menu 27 € (déj. en semaine), 45/85 € – Carte 49/74 €

1124 rte d'Argentière – 04 50 34 06 96 – www.laremise.eu – Fermé 28 mai-16 juin, 11 nov.-1er déc. et lundi

Grands Montets

TRADITIONNEL • MONTAGNARD Non loin du téléphérique et au calme, ce beau chalet distille le charme patiné des demeures savoyardes d'antan. Chambres décorées dans un esprit montagnard cosy, mais aussi piscine couverte, fitness, hammam et jacuzzi... pour une atmosphère très cocooning.

36 chambres – 141/257 € 156/280 € – 6 suites

340 chemin des Arberons – 04 50 54 06 66 – www.hotel-grands-montets.com – Ouvert 15 juin-15 sept. et 22 déc.-22 avril

Montana

FAMILIAL • CONTEMPORAIN Un chalet vert à l'entrée de la station, à l'atmosphère familiale. Toutes les chambres ont été joliment rénovées dans un style montagnard, à la fois chic et contemporain. Piscine chauffée, jacuzzi, sauna et hammam offrent un parfait moment de détente.

13 chambres – 120/210 € 180/380 € – 6 suites – 18 €

24 clos du Montana – 04 50 54 14 99 – www.hotel-montana.fr – Ouvert 23 déc.-22 avril et 22 juin-23 sept.

aux Tines 4 km au Nord par D1506 et rte secondaire – 74400 Chamonix Mont Blanc

Excelsior

TRADITIONNEL • CONTEMPORAIN Réouvert à l'été 2015 après un changement de propriétaires, l'Excelsior nous présente un tout nouveau visage ! Les chambres confortables, la salle à manger en véranda, la terrasse et la piscine offrant une vue imprenable sur les montagnes... Une plaisante adresse.

78 chambres – 79/229 € 79/229 € – 1 suite – 17 €

251 chemin de St-Roch – 04 50 53 18 36 – www.hotelexcelsior-chamonix.com

au Lavancher 6 km au Nord par D1506 et rte secondaire – 74400 Chamonix Mont Blanc

Les Chalets de Philippe

CUISINE MODERNE • ÉLÉGANT XXX On découvre avec bonheur ces deux belles tables d'hôtes superbement décorées et fleuries. Le chef (un ancien de l'Auberge de l'Ill) régale les convives avec des créations dans l'air du temps : le point d'orgue d'un séjour d'exception ! Chaque semaine, est proposé un nouveau plat de cuisine bourgeoise (blanquette de veau etc.).

Formule 45 € – Menu 60 € (déj.), 80/160 € – Carte environ 90 €

Hôtel Les Chalets de Philippe, 700-718 rte du Chapeau – 06 07 23 17 26 – www.chaletsphilippe.com

Le Rosebud

CUISINE MODERNE • ÉLÉGANT XX Le voyage commence face aux montagnes que l'on aperçoit à travers les baies vitrées puis continue à table, entre spécialités régionales, grands classiques et saveurs du monde, presque toujours rehaussés d'herbes et d'épices. Mention spéciale pour le dos d'agneau fermier cuit sur l'os, en croûte parfumée...

Menu 35/62 € - Carte 44/69 €

Hôtel Le Jeu de Paume, 705 rte du Chapeau - ☎ 04 50 54 03 76 - www.jeudepaumechamonix.com - Ouvert 15 juin-15 sept., 20 déc.-20 avril et fermé mardi midi et merc. midi

Le Jeu de Paume

TRADITIONNEL • COSY En haut d'un hameau pris entre vallée et hauts sommets, cet hôtel possède de nombreux atouts : piscine couverte, sauna, jacuzzi, salons avec cheminée, billard... Son décor traditionnel "tout bois" est plutôt raffiné, et assure à la clientèle un repos sans faille.

23 chambres - †140/230 € ††140/240 € - ☕ 16 €

705 rte du Chapeau - ☎ 04 50 54 03 76 - www.jeudepaumechamonix.com - Ouvert 15 juin-15 sept. et 20 déc.-20 avril

Le Rosebud - voir les restaurants ci-dessus

Les Chalets de Philippe

LUXE • PERSONNALISÉ Insolite, unique, marquant... Voilà bien un hôtel exclusif ! Cet ensemble de superbes chalets, accrochés à flanc de montagne parmi les sapins, porte l'esprit savoyard à des sommets de charme et de luxe : bois ancien, objets rares, détails délicats, dans un esprit quasi baroque mais avec un goût toujours sûr... Enivrant !

20 chambres - †110/350 € ††130/370 € - ☕ 18 €

700-718 rte du Chapeau - ☎ 06 07 23 17 26 - www.chaletsphilippe.com

Les Chalets de Philippe - voir les restaurants ci-dessus

aux Praz-de-Chamonix 2,5 km au Nord - ✉ 74400 Chamonix Mont Blanc - Alt. 1 060 m

La Cabane des Praz

CUISINE MODERNE • TENDANCE XX Superbement rénovée, cette élégante cabane en rondins est à la fois chic et décontractée. L'ambiance est chaleureuse, que ce soit dans le salon avec cheminée ou sur la terrasse. En cuisine, le registre actuel rencontre la tradition et le terroir : tarte fine au reblochon, agneau fondant au miel... Efficace !

Formule 24 € - Menu 32/42 € - Carte 38/68 €

Plan : B1-v *23 rte du Golf - ☎ 04 50 53 23 27 - www.restaurant-cabane.com - Fermé 11 nov.-4 déc.*

Le Castel (N)

BOUTIQUE HÔTEL • TENDANCE Un ancien hôtel entièrement rénové avec goût, dans un esprit baroque chic du meilleur effet. Objets chinés pour le décor, chambres avec balcon donnant sur le massif du Mont-Blanc ou les Drus, cuisine italienne au restaurant : du caractère !

11 chambres - †90/300 € ††90/300 € - ☕ 15 €

Plan : B-m *100 rte de Tines - ☎ 04 50 21 12 12 - www.lecastel-chamonix.com - Fermé 11 nov.-12 déc.*

aux Bossons 3,5 km au Sud - ✉ 74400 Chamonix Mont Blanc - Alt. 1 005 m

Aiguille du Midi

TRADITIONNEL • MONTAGNARD Les propriétaires de cet hôtel, bâti en 1908, ont le souci de rénover régulièrement les chambres ; dans un style montagnard contemporain, sobres et bien aménagées, elles sont très confortables. Le salon panoramique offre une magnifique vue sur le glacier des Bossons.

40 chambres - †70/170 € ††80/215 € - ☕ 14 €

Plan : A2-n *479 chemin Napoléon - ☎ 04 50 53 00 65 - www.hotel-aiguilledumidi.com - Ouvert 23 déc.-1er avril et 26 mai-22 sept.*

Le Montenvers à la Mer de Glace accès par le train de la Mer de Glace

Refuge du Montenvers (N)

AUBERGE • CONTEMPORAIN Cette bâtisse en granite, perchée à 1913 mètres, et édifiée en 1880 pour héberger les premiers alpinistes est devenu un hôtel au calme, rénové avec goût dans l'esprit refuge. Le restaurant panoramique dévoile une vue splendide sur la mer de glace. Accessible uniquement par train, ou à pied pour les plus courageux ! Authentique.

19 chambres – ½ P seult 200/575 € – 5 suites

Hors plan – ✆ 04 50 53 87 70 – www.montenvers.terminal-neige.com – Fermé 1er-20 oct.

aux Houches 8,6 km au Sud – ✉ 74310 – 2 942 hab. – Alt. 1 004 m

Rocky Pop (N)

URBAIN • TENDANCE Atypique et convivial, cet hôtel branché sur le thème des mangas et des jeux vidéos vintage, propose des chambres récentes et bien tenues. Espace guinguette, terrain de boule, solarium, et amusante idée de corner sous forme de Food truck. They will "Rocky Pop" you.

148 chambres – 55/250 € 55/350 € – 11 €

1476 av. des Alpages – ✆ 04 85 30 00 00 – www.rockypop-chamonix.com – Fermé 13-29 mai et 3 semaines en nov.

CHAMOUILLE – 02 Aisne → Voir Laon

CHAMPAGNAC-DE-BELAIR – 24 Dordogne → Voir Brantôme

CHAMPAGNÉ

✉ 72470 Sarthe – 3 834 hab. – Alt. 53 m – Carte régionale n° **18**-D1
Carte Michelin 310-L6

Le Cochon d'Or

CUISINE TRADITIONNELLE • CLASSIQUE XX Le marché, les saisons, la tradition et le sens des produits : voilà le credo du chef, Thierry Janvier, qui concocte une cuisine traditionnelle et généreuse. Quelques exemples : le saumon fumé "maison", les noix de Saint-Jacques aux endives caramélisées, ou encore les rognons de veau à la moutarde... Et l'accueil est en or !

Formule 18 € – Menu 22 € (déj. en semaine), 32/37 € – Carte 44/59 €

49 rte de Paris, D323 – ✆ 02 43 89 50 08 – www.restaurant-cochondor.fr – Fermé 25 juil.-16 août, lundi et le soir sauf sam.

CHAMPAGNEUX – 73 Savoie → Voir St-Genix-sur-Guiers

CHAMPAGNEY – 70 Haute-Saône → Voir Ronchamp

CHAMPAGNOLE

✉ 39300 Jura – 7 908 hab. – Alt. 541 m – Carte régionale n° **9**-B3
Carte Michelin 321-F6 – Guide Vert Michelin Franche-Comté Jura

Le Bois Dormant

FAMILIAL • PERSONNALISÉ Dans un parc arboré, un hôtel au décor chaleureux. Bois blond, tons pastel... les chambres sont actuelles et pratiques ; il y a aussi une très jolie piscine côté jardin (avec jacuzzi, hammam et sauna) et un restaurant traditionnel.

40 chambres – 82/106 € 95/131 € – 12 €

rte de Pontarlier, 1,5 km – ✆ 03 84 52 66 66 – www.bois-dormant.com – Fermé 21-27 déc.

CHAMPAGNY-EN-VANOISE

✉ 73350 Savoie - 605 hab. - Alt. 1 240 m - Carte régionale n° **23**-D2
Carte Michelin 333-N5 - Guide Vert Michelin Alpes du Nord

L'Ancolie

FAMILIAL • TRADITIONNEL La fleur sauvage a prêté son nom à cet hôtel perché sur les hauteurs, dernier lieu de vie avant les pistes ! L'étape est toute trouvée pour les skieurs et les randonneurs, qui apprécieront là un hébergement à la fois fonctionnel et confortable, avec un restaurant d'esprit savoyard.

31 chambres - 52/131 € 71/166 € - 12 €

Les Hauts du Crey - 04 79 55 05 00 - www.hotel-ancolie.com - Ouvert 16 juin-2 sept. et 21 déc.-13 avril

Les Glières

FAMILIAL • MONTAGNARD Non loin de la télécabine, dans un groupement de chalets bordant la station, des chambres mignonnes et chaleureuses, où dominent le bois et la couleur rouge. Après une journée sportive, il fait bon s'installer devant la cheminée du salon...

18 chambres - 89/135 € 89/135 € - 13 €

à Planchamp - 04 79 55 05 52 - www.hotel-champagny-en-vanoise.com - Ouvert 1er juil.-25 août et 16 déc.-14 avril

CHAMPCEVINEL - 24 Dordogne → Voir Périgueux

CHAMPEIX

✉ 63320 Puy-de-Dôme - 1 314 hab. - Alt. 456 m - Carte régionale n° **3**-B2
Carte Michelin 326-F9 - Guide Vert Michelin Auvergne

à Montaigut-le-Blanc 3 km à l'Ouest par D996 - ✉ 63320 - 837 hab. - Alt. 500 m

Le Chastel Montaigu

DEMEURE HISTORIQUE • PERSONNALISÉ L'originalité de cette maison d'hôtes haut perchée : ses superbes chambres (lits à baldaquin) situées dans un donjon crénelé, avec vue plongeante sur les monts Dore et le Forez.

4 chambres - 140/150 € 150/160 €

au château - 04 73 96 28 49 - www.lechastelmontaigu.com - Ouvert d'avril à oct.

CHAMPIGNÉ

✉ 49330 Maine-et-Loire - 2 084 hab. - Alt. 25 m - Carte régionale n° **18**-C2
Carte Michelin 317-F3

au Nord-Ouest 3 km par D768 et D190

Château des Briottières

DEMEURE HISTORIQUE • CLASSIQUE Un raffinement très 18e s. règne dans ce château familial entouré d'un parc avec un étang. Chambres et salons sont décorés avec style et, le soir, on dîne aux chandelles.

17 chambres - 149/210 € 149/365 € - 20 €

voie Hercule-Charnacé, 4 km au Nord-Ouest par D768, D190 et rte secondaire - 02 41 42 00 02 - www.briottieres.com - Ouvert d'avril à nov.

CHAMPLIVE

✉ 25360 Doubs - 259 hab. - Alt. 404 m - Carte régionale n° **9**-C1
Carte Michelin 321-H3

Auberge du Château de Vaite

CUISINE TRADITIONNELLE • DESIGN XX Une ancienne ferme au cœur du village ? Oui, mais surtout un restaurant moderne, dont le mur végétal en fait une curiosité dans la région ! Dans l'assiette, on retrouve toujours la même cuisine traditionnelle bien tournée (truites, grenouilles, etc.). Thèmes décalés dans les chambres (blanc, nature, salle de jeux...).

Formule 11 € – Menu 13 € (déj. en semaine), 29/42 € – Carte 28/65 €
9 chambres – 62 € 72/82 € – 9 €

17 Grande-Rue – 03 81 55 20 66 – www.auberge-chateau-vaite.com – Fermé 22 déc.-20 janv. et lundi soir

CHAMP-SUR-LAYON

49380 Maine-et-Loire – 969 hab. – Alt. 74 m – Carte régionale n° **18**-C2
Carte Michelin 317-F5

La Table de la Bergerie (David Guitton)

CUISINE MODERNE • TENDANCE XX Pas de carte ici, mais un court menu branché sur les saisons. Le jeune chef se fournit chez les producteurs locaux (viande, poisson, fruits et légumes) pour composer des recettes fines et délicates, que l'on n'oubliera pas de sitôt ! Quelques vins au verre pour découvrir la production du domaine.

→ Foie gras poêlé aux pêches de vignes, oignon aigre-doux. Canette de Challans en deux cuissons, petits pois au lard et jus de cerise. Fraises de pays, craquant au thé et sorbet au cabernet.

Formule 19 € – Menu 23 € (déj. en semaine), 36/60 €

La Bergerie, 1,5 km à l'Ouest par D54 et rte secondaire – 02 41 78 30 62 – www.latable-bergerie.fr – Fermé 11-27 mars, 6-22 août, 20-29 janv., mardi sauf le soir de juin à août, dim. soir et lundi

CHAMPTOCEAUX

49270 Maine-et-Loire – 2 400 hab. – Alt. 68 m – Carte régionale n° **18**-B2
Carte Michelin 317-B4 – Guide Vert Michelin Châteaux de la Loire

Le Champalud

TRADITIONNEL • FONCTIONNEL Dans ce petit village des bords de Loire, on reconnaît cet hôtel sympathique à sa longue véranda verte faisant face à l'église. D'apparence moderne, il abrite des chambres ayant gardé un caractère classique et atypique, avec leurs poutres et leurs vieilles pierres. Restaurant et bar-brasserie pour les repas.

19 chambres – 75/125 € 75/125 € – 10 €

1 pl. du Chanoine-Bricard – 02 40 83 50 09 – www.lechampalud.com

CHANCELADE – 24 Dordogne → Voir Périgueux

CHANDAI

61300 Orne – 644 hab. – Alt. 200 m – Carte régionale n° **17**-C3
Carte Michelin 310-N2

L'Écuyer Normand

CUISINE MODERNE • AUBERGE XX Le pays du percheron n'est pas si loin et cet Écuyer – une jolie auberge en brique et pierre – pourrait très bien arborer sur son blason cet animal emblématique, qui incarne autant la puissance que la douceur : de fait, la carte exalte le goût du terroir avec finesse et élégance. Le chef est un vrai artisan... À cheval !

Formule 17 € – Menu 21 € (déj. en semaine), 31/45 € – Carte 48/58 €

23 rte de Paris, D926 – 02 33 24 08 54 – www.ecuyer-normand.com – Fermé merc. soir, dim. soir et lundi

CHANDOLAS

✉ 07230 Ardèche - 490 hab. - Alt. 115 m - Carte régionale n° **23**-A3
Carte Michelin 331-H7

Auberge les Murets

CUISINE TRADITIONNELLE • RUSTIQUE XX Des voûtes et... le terroir ! La cuisine du chef, préparée en toute simplicité, joue agréablement avec la tradition et, l'été, il fait bon s'installer sous le mûrier.

Menu 22/45 € - Carte 32/48 €

quartier Langarnayre, D104 - ✆ 04 75 39 08 32 - www.aubergelesmurets.com - Fermé 30 nov.-18 déc., 5 janv.-6 fév., lundi sauf le soir d'avril à oct. et mardi de nov. à mars

Auberge les Murets

AUBERGE • TRADITIONNEL Les vignes et la nature à perte de vue pour cette jolie ferme cévenole du 18e s., avec ses chambres pimpantes, dont trois plus spacieuses et contemporaines. Le petit-déjeuner pantagruélique propose un buffet de produits locaux. Bel espace détente : sauna, jacuzzi...

10 chambres - †80/95 € ††80/95 € - ☕ 12 €

quartier Langarnayre, D104 - ✆ 04 75 39 08 32 - www.aubergelesmurets.com - Fermé 30 nov.-18 déc. et 5 janv.-6 fév.

Auberge les Murets - voir les restaurants ci-dessus

CHANTEMERLE - 05 Hautes-Alpes → Voir Serre-Chevalier

CHANTILLY

✉ 60500 Oise - 10 861 hab. - Alt. 59 m - Carte régionale n° **19**-B3
Carte Michelin 305-F5 - Guide Vert Michelin Île-de-France

La Table du Connétable

CUISINE MODERNE • ÉLÉGANT XXXX Au sein de la luxueuse Auberge du Jeu de Paume, sur le domaine du château, cette table feutrée et distinguée cultive l'excellence : on y travaille de superbes produits dans une cuisine dans l'air du temps, précise et harmonieuse.

→ Maquereau brûlé et radis rose. Rouget de petit bateau croustillant au poivre de Sarawak. Miel du domaine de Chantilly.

Menu 95/175 € - Carte 120/185 €

Auberge du Jeu de Paume, 4 r. du Connétable - ✆ 03 44 65 50 00 - www.aubergedujeudepaumechantilly.fr - Fermé 3 semaines en août, 2 semaines en janv., mardi midi, merc. midi, jeudi midi, dim. et lundi

Auberge du Jeu de Paume

LUXE • ÉLÉGANT Beaucoup de raffinement dans ce luxueux établissement en bordure du Domaine de Chantilly, entre les Grandes Écuries et le château. Les chambres spacieuses et à l'élégance classique (avec vue sur la ville ou le parc), les deux restaurants, le spa de 600 m²... tout est princier.

78 chambres - †245/1200 € ††245/1200 € - 14 suites - ☕ 32 €

4 r. du Connétable - ✆ 03 44 65 50 00 - www.aubergedujeudepaumechantilly.fr

La Table du Connétable - voir les restaurants ci-dessus

Hôtel du Parc

URBAIN • DESIGN À deux pas du centre-ville, cet hôtel a bénéficié d'une véritable cure de jouvence ! L'ensemble est désormais contemporain et élégant ; les chambres sont sobres et confortables, avec quelques clins d'œil équestres - celles donnant sur le jardin sont les plus calmes.

57 chambres - †90/495 € ††90/495 € - ☕ 15 €

36 av. du Mar.-Joffre - ✆ 03 44 58 20 00 - www.hotel-parc-chantilly.com

Apremont 6 km au Nord par D606 – ✉ 60300 – 684 hab. – Alt. 118 m

Auberge La Grange aux Loups

CUISINE CLASSIQUE • AUBERGE XX Cette auberge villageoise doit sa renaissance à un couple passionné, qui a complètement rénové les lieux dans une veine contemporaine. Le chef revisite joyeusement les classiques et y met un soin de tous les instants ; ses savoureuses assiettes se dégustent sur la terrasse d'été, aux beaux jours.

Formule 28 € – Menu 32/99 € – Carte 51/87 €

4 chambres – 85 € 85 € – 10 €

8 r. du 11-Novembre – 03 44 25 33 79 – www.lagrangeauxloups.com – Fermé 5-11 mars, 30 avril-6 mai, 13-30 août, 1er-7 janv., dim. et lundi

rte d'Apremont au Nord-Est par D606

Donatello

CUISINE MODERNE • BISTRO X Au cœur du Dolce Chantilly Resort, ce Donatello continue son bonhomme de chemin... et s'est mis à l'heure de la bistronomie ! Dans un cadre toujours aussi plaisant – mise en place simple, jolie vue sur le golf –, on déguste une cuisine fraîche et bien réalisée, qui évolue au rythme des saisons.

Menu 40 € – Carte 49/61 €

Hôtel Dolce Chantilly, à 3 km – 03 44 58 47 83 – www.donatello-restaurant.fr – Fermé vacances de Noël, dim., lundi et le midi

Dolce Chantilly

BUSINESS • FONCTIONNEL Dans ce resort avec golf, espace détente et salles de séminaire, on se met au vert... Et dans les chambres de ce grand bâtiment d'inspiration classique, spacieuses et modernes, un fil rouge logique vers Chantilly : le cheval.

200 chambres – 135/155 € 185/265 €

à 3 km – 03 44 58 47 77 – www.dolcechantilly.com – Fermé vacances de Noël

Donatello – voir les restaurants ci-dessus

à Montgrésin 5 km au Sud-Est par D924A – ✉ 60560 Orry la Ville

Relais d'Aumale

CUISINE MODERNE • ÉLÉGANT XX La grande salle à manger – une lumineuse véranda au cadre cosy et feutré – n'attend plus que vous ! Vous y dégusterez la cuisine d'un jeune chef bien dans son époque, qui n'oublie jamais ses bases traditionnelles.

Menu 40 € – Carte 50/64 €

37 pl. des Fêtes-Delaunay – 03 44 54 61 31 – www.relais-aumale.fr – Fermé 1er-20 août, 23 déc.-2 janv., lundi midi, mardi midi, merc. midi et dim.

Relais d'Aumale

TRADITIONNEL • CLASSIQUE Cet ancien pavillon de chasse du duc d'Aumale se niche dans un jardin, à l'orée de la forêt de Chantilly. Les chambres sont confortables et ont été joliment décorées par Stafan Lauters, un designer suédois (tons passés, velours). Et l'on profite du calme !

22 chambres – 89/142 € 89/200 € – 2 suites – 14 €

37 pl. des Fêtes-Delaunay – 03 44 54 61 31 – www.relais-aumale.fr – Fermé 1er-20 août et 23 déc.-2 janv.

Relais d'Aumale – voir les restaurants ci-dessus

à Gouvieux 4 km à l'Ouest par D909 – ✉ 60270 – 9 192 hab. – Alt. 26 m

Château de la Tour

CUISINE MODERNE • ÉLÉGANT XXX Dans cette superbe bâtisse de style anglo-normand, hauts plafonds ouvragés et cheminées en pierre blanche servent de cadre à une cuisine au goût du jour : velouté de potiron, œufs de caille et chips de chorizo, dos de cabillaud rôti et spaghettis à la coriandre, pain perdu à la sauce caramel et beurre salé...

Menu 50/98 € – Carte 50/72 €

Hôtel Château de la Tour, chemin du Château-de-la-Tour – 03 44 62 38 38 – www.lechateaudelatour.fr

Château de la Tour

DEMEURE HISTORIQUE • PERSONNALISÉ Pour se mettre au vert pas trop loin de Paris, cette belle demeure du début du 20e s., cachée dans un joli parc de 8 ha, est tout indiquée. À l'intérieur, un salon très "british", avec fauteuil club, bar en bois et billard, et des chambres classiques et spacieuses.

47 chambres - 129/269 € 129/269 €

chemin du Château-de-la-Tour - 03 44 62 38 38 - www.lechateaudelatour.fr

Château de la Tour - voir les restaurants ci-dessus

rte de Creil 4 km au Nord - 60740 St-Maximin

Le Verbois

CUISINE MODERNE • COSY XXX À l'orée de la forêt, cet ancien relais de chasse (1886) a délaissé les oripeaux bourgeois pour un intérieur sobre et contemporain, toujours élégant. Dans la belle véranda cernée par le jardin, on se régale d'une cuisine au goût du jour, rythmée par les saisons.

Formule 35 € - Menu 39 € (déj. en semaine), 44/85 € - Carte 73/106 €

6 r. La Grande-Folie, D1016 - 03 44 24 06 22 - www.leverbois.com - Fermé 3 semaines en août, 2 semaines en janv., dim. soir et lundi

CHAOURCE

10210 Aube - 1 105 hab. - Alt. 150 m - Carte régionale n° **7**-B3
Carte Michelin 313-E5 - Guide Vert Michelin Champagne Ardenne

à Maisons-lès-Chaource 6 km au Sud-Est par D34 - 10210 - 175 hab. - Alt. 235 m

Aux Maisons

FAMILIAL • CONTEMPORAIN Au centre du village, la même famille tient cet hôtel-restaurant traditionnel depuis quatre générations ! Les chambres sont confortables, fonctionnelles et donnent sur la piscine ou les prairies, où gambadent parfois des chevaux. Le nouvel espace bien-être (jacuzzi, piscine couverte, sauna etc.) est une aubaine pour se détendre.

19 chambres - 93/130 € 93/150 € - 12 €

11 r. des AFN - 03 25 70 07 19 - www.logis-aux-maisons.com - Fermé dim. soir

CHAPAIZE

71460 Saône-et-Loire - 148 hab. - Alt. 211 m - Carte régionale n° **4**-C3
Carte Michelin 320-I10 - Guide Vert Michelin Bourgogne

La Table de Chapaize

CUISINE MODERNE • CONTEMPORAIN X L'église romane, bâtie vers l'an mil, est l'une des plus vieilles d'Europe et fait la réputation de ce village... mais elle a de la concurrence. Cette charmante maison, tenue par deux autodidactes, met les produits locaux à l'honneur ; tout est fait maison, y compris les glaces. Et le menu change tous les mois !

Formule 22 € - Menu 28/34 € - Carte 38/50 €

le Bourg - 03 85 38 07 18 - www.latabledechapaize.fr - Fermé 8 janv.-1er fév., mardi et merc. en hiver, lundi et jeudi

LA CHAPELLE-AUX-CHASSES

03230 Allier - 213 hab. - Alt. 225 m - Carte régionale n° **3**-C1
Carte Michelin 326-I2

Auberge de la Chapelle aux Chasses

CUISINE MODERNE • AUBERGE XX De cet ancien presbytère, les gourmands ont fait leur repaire ! Dans un cadre rustique, on déguste une appétissante cuisine du moment, qui évolue au gré des saisons : lasagnes de jarret de veau mijoté à la tomate, risotto aux langoustines et asperges... L'été, on profite de la terrasse ouverte sur le jardin.

Formule 19 € - Menu 24 € (déj. en semaine), 32/82 €

Le Bourg - 04 70 43 44 71 - www.aubergedelachapelleauxchasses.com - Fermé vacances de fév., de la Toussaint, dim. soir, mardi et merc.

LA CHAPELLE-D'ABONDANCE

✉ 74360 Haute-Savoie - 871 hab. - Alt. 1 020 m - Carte régionale n° **25**-F1
Carte Michelin 328-N3 - Guide Vert Michelin Alpes du Nord

Les Cornettes

CUISINE TRADITIONNELLE • CLASSIQUE XX Avis aux Pantagruel : le terme "généreux" semble avoir été inventé pour cette adresse, où l'on reprend son souffle, lorsqu'après une entrée à base de charcuteries (jambon cru, saucisson fumé, etc.), arrive la potée savoyarde... La qualité est au rendez-vous, c'est simple et bon, et l'ambiance est rustique à souhait !

Formule 20 € - Menu 26 € (semaine), 35/47 € - Carte 37/140 €

Hôtel Les Cornettes - ✆ 04 50 73 50 24 - www.lescornettes.com - Fermé avril et de mi-oct. à mi-déc.

L'Ensoleillé

CUISINE TRADITIONNELLE • MONTAGNARD XX Cet imposant chalet n'a pas volé son nom : il jouit de l'ensoleillement exceptionnel de la vallée. On y apprécie une bonne cuisine du terroir alpin, revisitée au fil des inspirations du chef. Formule brasserie le midi.

Formule 17 € - Menu 25 € (semaine), 35/46 € - Carte 40/65 €

Hôtel L'Ensoleillé - ✆ 04 50 73 50 42 - www.hotel-ensoleille.com - Ouvert de mi-mai à mi-sept. et de mi-déc. à mi-avril et fermé le mardi

Les Gentianettes

CUISINE MODERNE • CONVIVIAL XX La neige, la montagne, l'envie de paresser près de la cheminée autour de jolis plats... Ici, pas d'esbroufe, mais une cuisine traditionnelle pleine de finesse. Et côté carnotzet, honneur aux spécialités savoyardes (pierrade, raclette, fondue, etc.).

Formule 25 € - Menu 36/65 € - Carte 46/85 €

Hôtel Les Gentianettes, rte de Chevenne - ✆ 04 50 73 56 46 - www.gentianettes.fr - Ouvert de mi-juin à mi-sept. et de mi-déc. à fin mars et fermé lundi midi, mardi midi et merc. midi

Les Cornettes

TRADITIONNEL • MONTAGNARD Une affaire de famille depuis 1894 : cinq générations ont forgé cet hôtel-restaurant plein de vie, qui abrite même un musée savoyard ! Les chambres sont accueillantes et bien tenues, le restaurant honore le terroir local. Une corne d'abondance... Appartements dans le bâtiment annexe.

45 chambres - 🚹100/150 € 🚹🚹135/190 € - ☕ 14 €

- ✆ 04 50 73 50 24 - www.lescornettes.com - Fermé avril et de mi-oct. à mi-déc.

Les Cornettes - voir les restaurants ci-dessus

Les Gentianettes

FAMILIAL • MONTAGNARD Meubles en sapin sculpté, cloches de vache et objets anciens célébrant la vie montagnarde : ce chalet a du cachet ! Les chambres sont charmantes, bien équipées, et l'accueil et le service sont particulièrement agréables.

34 chambres - 🚹99/169 € 🚹🚹99/299 € - ☕ 14 €

rte de Chevenne - ✆ 04 50 73 56 46 - www.gentianettes.fr - Ouvert de mi-juin à mi-sept. et de mi-déc. à fin mars

Les Gentianettes - voir les restaurants ci-dessus

L'Ensoleillé

FAMILIAL • MONTAGNARD Aux commandes de ce chalet ? Une famille dynamique qui entretient de belles chambres spacieuses, au style contemporain et montagnard ; pour se remettre en forme, on profite d'un hammam et d'une piscine couverte. Un agréable moment !

35 chambres - 🚹100/160 € 🚹🚹110/210 € - ☕ 13 €

- ✆ 04 50 73 50 42 - www.hotel-ensoleille.com - Ouvert de mi-mai à mi-sept. et de mi-déc. à mi-avril

L'Ensoleillé - voir les restaurants ci-dessus

LA CHAPELLE-DES-MARAIS

✉ 44410 Loire-Atlantique - 4 028 hab. - Alt. 5 m - Carte régionale n° **18**-A2
Carte Michelin 316-C3 - Guide Vert Michelin Pays de la Loire

Le Penlys

CUISINE TRADITIONNELLE • AUBERGE De cet ancien "routier" au cœur d'un village de Brière, ses actuels propriétaires ont su faire un petit restaurant sans prétention, mais tout à fait sérieux : on y apprécie des recettes traditionnelles cuisinées sans chichis, dans une ambiance familiale qui va bien au décor, tout simple. Prix raisonnables.

Formule 16 € - Menu 19/33 €

41 r. de Penlys - ✆ 02 40 53 91 44 - www.restaurantlepenlys.com - Fermé 28 août-2 sept., 22 déc.-3 janv., lundi et le soir

LA CHAPELLE-EN-SERVAL

✉ 60520 Oise - 2 945 hab. - Alt. 104 m - Carte régionale n° **19**-B3
Carte Michelin 305-G6

L'Opéra

CUISINE MODERNE • ÉLÉGANT Un lieu superbe, au charme très classique : l'ancienne salle de bal du château, construite en rotonde et ornée de boiseries, lustres à pendeloques, etc. La cuisine gastronomique, fine et délicate, y magnifie de délicieux produits de saison.

Menu 75/105 € - Carte 73/120 €

Hôtel Mont Royal, Allée des Marronniers, 1 km à l'Est par D118, rte de Plailly - ✆ 03 44 54 50 91 - http://montroyal-chantilly.tiara-hotels.com - Fermé août, dim., lundi et le midi

Mont Royal

DEMEURE HISTORIQUE • HISTORIQUE Ce superbe château de 1909 se dresse au milieu d'un grand parc arboré et s'inspire des châteaux du 18e s. Dès l'entrée, hauts plafonds, miroirs et mobilier de style donnent le ton : luxe et raffinement. Un havre de paix !

102 chambres - †230/900 € ††230/900 € - 6 suites - ☕ 32 €

allée des Marronniers, 1 km à l'Est par D118, rte de Plailly - ✆ 03 44 54 50 50 - http://montroyal-chantilly.tiara-hotels.com

L'Opéra - voir les restaurants ci-dessus

LA CHAPELLE-ST-MESMIN - 45 Loiret → Voir Orléans

LA CHAPELLE-TAILLEFERT - 23 Creuse → Voir Guéret

CHARBONNIÈRES-LES-BAINS - 69 Rhône → Voir Lyon

CHARETTE

✉ 38390 Isère - 469 hab. - Alt. 250 m - Carte régionale n° **23**-B1
Carte Michelin 333-F3

Auberge du Vernay

CUISINE MODERNE • TRADITIONNEL Perdue en pleine campagne, au grand calme, cette ferme du 18e s. dégage une atmosphère campagnarde authentique et conviviale. On y déguste une cuisine imaginative et pleine de saveurs, réalisée par un chef qui prouve chaque jour qu'il a un beau parcours derrière lui...

Menu 15 € (déj. en semaine), 29/52 € - Carte 42/54 €

7 chambres - †70/76 € ††70/76 € - ☕ 9 €

2411 rte d'Optevoz, D52 - ✆ 04 74 88 57 57 - www.auberge-du-vernay.fr - Fermé dim. soir et lundi

CHARLEVILLE-MÉZIÈRES

✉ 08000 Ardennes - 48 615 hab. - Agglo. 60 668 hab. - Alt. 145 m
- Carte régionale n° **7**-B1
Carte Michelin 306-K4 - Guide Vert Michelin Champagne Ardenne

La Table d'Arthur R

CUISINE MODERNE • CONVIVIAL X Cette table à la mode propose deux formules. Recettes traditionnelles et beaux flacons dans la cave voûtée ; au rez-de-chaussée, bistrot contemporain et grands classiques (tête de veau, steak tartare, etc.). Soirées dégustations mets et vins (500 références). Décontracté et original !

Formule 15 € - Menu 29/34 € - Carte 32/51 €

Plan : B1-a *9 r. Bérégovoy*
- ✆ 03 24 57 05 64 - www.latabledarthur.fr - Fermé vacances de printemps, 3 semaines en août, lundi soir, merc. soir, dim. et fériés

La Papillote

CUISINE MODERNE • CONTEMPORAIN XX Tout près de la place Ducale, en face du théâtre, ce restaurant moderne propose une cuisine actuelle, où le terroir occupe une place de choix. Deux suites confortables pour l'étape.

Menu 22 € (déj. en semaine), 31/49 € - Carte 43/60 €

Plan : AB1-b *6 pl. du Théatre*
- ✆ 03 24 37 41 34 - www.lapapillote08.fr - Fermé 1 semaine en juin, 2 semaines en août, 1 semaine en oct., 1 semaine en janv., dim. soir, mardi soir et lundi

Amorini

CUISINE ITALIENNE • SIMPLE X Un petit restaurant italien, sur la place Ducale, avec un menu au diapason : antipasti, charcuterie, bonnes pâtes et vins transalpins. Il y a même une petite épicerie ouverte pendant le service ! Une reproduction des fresques de la Villa des Mystères à Pompéi orne les quatre murs de la salle-à-manger.

Carte 23/34 €

Plan : B1-t *46 pl. Ducale*
- ✆ 03 24 37 48 80 - Fermé 22 avril-7 mai, 3 semaines en août, dim., lundi et le soir sauf vend. et sam.

Le Dormeur du Val

URBAIN • DESIGN Ode à la poésie rimbaldienne dans cette ancienne imprimerie... Ici, le design et l'originalité arty sont de mise ; les chambres se font "Rime", "Strophe" ou "Poème".

17 chambres - †72/180 € ††72/180 € - ☕ 13 €

Plan : B1-d *32 bis r. de la Gravière*
- ✆ 03 24 42 04 30 - www.hotel-dormeur-du-val.com

à Montcy-Notre-Dame 4 km au Nord par D1 - ✉ 08090 -
1 650 hab. - Alt. 144 m

L'Auberge du Laminak

CUISINE MODERNE • AUBERGE XX Dans cette charmante auberge en lisière de forêt, le Pays basque - origine du chef - rencontre les beaux produits des Ardennes. Résultat, des recettes savoureuses, maîtrisées, tel ce pigeonneau désossé à l'ancienne, farci au foie gras, spécialité du chef...

Menu 17 € (déj. en semaine)/30 € - Carte 35/45 €

3 chambres ☕ - †75/95 € ††75/95 €

rte de Nouzonville
- ✆ 03 24 33 37 55 - www.auberge-ardennes.com - Fermé 9-31 août, dim. soir, mardi soir, merc. soir et lundi

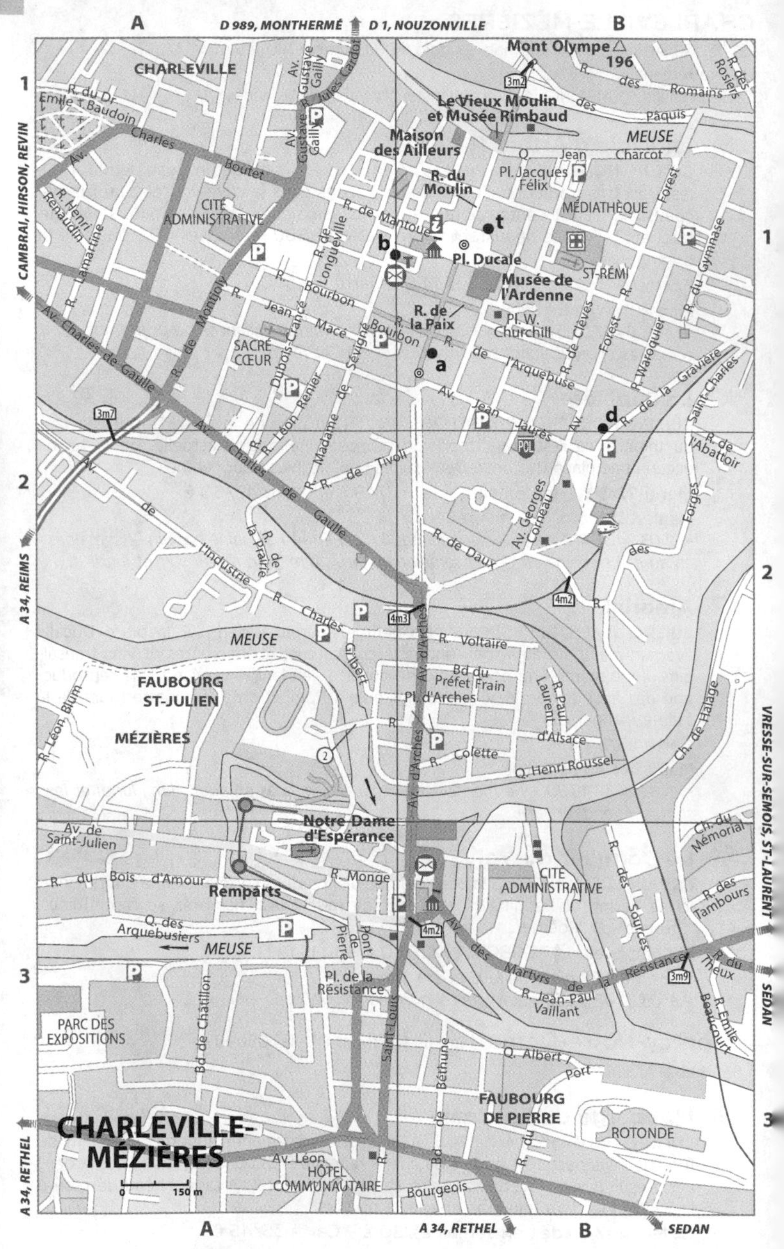

D 989, MONTHERMÉ
D 1, NOUZONVILLE
CAMBRAI, HIRSON, REVIN
A 34, REIMS
A 34, RETHEL
VRESSE-SUR-SEMOIS, ST-LAURENT
SEDAN
CHARLEVILLE
Mont Olympe
196
Le Vieux Moulin et Musée Rimbaud
Maison des Ailleurs
R. du Moulin
Pl. Ducale
Musée de l'Ardenne
R. de la Paix
Pl. Jacques Félix
MÉDIATHÈQUE
ST-RÉMI
Pl. W. Churchill
CITÉ ADMINISTRATIVE
SACRÉ CŒUR
MEUSE
FAUBOURG ST-JULIEN
MÉZIÈRES
Notre Dame d'Espérance
Remparts
Pl. d'Arches
Pl. de la Résistance
PARC DES EXPOSITIONS
FAUBOURG DE PIERRE
ROTONDE
HÔTEL COMMUNAUTAIRE
CHARLEVILLE-MÉZIÈRES
0
150 m

CHARLIEU

✉ 42190 Loire - 3 700 hab. - Alt. 265 m - Carte régionale n° **23**-A1
Carte Michelin 327-E3 - Guide Vert Michelin Bourgogne

Relais de l'Abbaye

CUISINE MODERNE • ÉPURÉ XX Ce Relais de facture moderne, ouvert sur les prés environnants, est bien ancré dans son terroir. Aux fourneaux, on trouve un jeune chef passionné de beaux produits, qui célèbre la production régionale (andouille de Charlieu, viande charolaise, fromage, etc.) dans des assiettes généreuses et soignées.

Menu 20 € (déj. en semaine), 26/95 € - Carte 39/98 €

415 rte du Beaujolais - ✆ 04 77 60 00 88 - www.relais-abbaye.fr

Relais de l'Abbaye

FAMILIAL • CONTEMPORAIN Un hôtel moderne à la sortie de la localité, avec sur l'arrière un grand jardin verdoyant (jeux pour les enfants). Deux générations de chambres coexistent : préférez les plus récentes, même si toutes sont bien tenues. Une bonne étape.

30 chambres - †60/210 € ††60/210 € - ☕ 13 €

415 rte du Beaujolais - ✆ 04 77 60 00 88 - www.relais-abbaye.fr

Relais de l'Abbaye - voir les restaurants ci-dessus

rte de Pouilly 2,5 km au Sud-Ouest par D487 et rte secondaire

L'Atelier Rongefer

CUISINE MODERNE • CONTEMPORAIN XX Carine et Fabien Gautier ont su marier l'esprit industriel de cette ancienne usine textile - poutrelles métalliques, verrière zénithale - et le confort d'un intérieur très contemporain : une vraie réussite. On y apprécie toujours une cuisine gastronomique vive et colorée, réglée sur les saisons, dont un menu homard.

Formule 16 € - Menu 35/72 € - Carte 46/73 €

22 r. Jean-Jaurès - ✆ 04 77 60 01 57 - www.atelierrongefer.fr
- Fermé 19 fév.-7 mars, 16 août-8 sept., dim. soir, mardi et merc.

CHARMES

✉ 88130 Vosges - 4 683 hab. - Alt. 282 m - Carte régionale n° **14**-C3
Carte Michelin 314-F2

à Chamagne 4 km au Nord par D9 - ✉ 88130 - 455 hab. - Alt. 265 m

Le Chamagnon

CUISINE MODERNE • CONTEMPORAIN X Dans le village de Claude Gellée dit Le Lorrain, ce bistrot chaleureux propose une cuisine privilégiant le terroir - fricassée de rognons de veau, tournedos de magret, menu truffe ou cèpes, etc. - comme la modernité - sashimis de thon, par exemple. Le point commun de tout cela ? La qualité des produits et de jolis vins !

Formule 12 € - Menu 25/60 € - Carte 41/56 €

236 r. du Patis - ✆ 03 29 38 14 74 - www.lechamagnon.fr
- Fermé 10-24 juil., 17 oct.-2 nov., mardi soir, merc. soir, dim. soir et lundi

à Vincey 4 km au Sud-Est par N57 - ✉ 88450 - 2 224 hab. - Alt. 297 m

Relais de Vincey

TRADITIONNEL • FONCTIONNEL Cet hôtel est dans la famille depuis les années 1960, et n'a pas cessé d'évoluer depuis ! Deux piscines (extérieure et intérieure), des chambres fonctionnelles (les plus récentes sont spacieuses et contemporaines), un court de tennis et des VTT à disposition... Cuisine traditionnelle au restaurant.

41 chambres - †64/106 € ††74/144 € - ☕ 13 €

33 r. de Lorraine - ✆ 03 29 67 40 11 - www.relaisdevincey.fr

CHARMES-SUR-RHÔNE

✉ 07800 Ardèche - 2 727 hab. - Alt. 112 m - Carte régionale n° **23**-B3
Carte Michelin 331-K4 - Guide Vert Michelin Ardèche Drôme

✿ Le Carré d'Alethius (Olivier Samin)

CUISINE MODERNE • TENDANCE XX Au cœur du village, cette table vit au rythme de la cuisine d'Olivier Samin, jeune chef expérimenté (ancien second d'Anne-Sophie Pic à Valence). Il compose ici une cuisine au gré du marché, avec un sacré sens de l'équilibre : cuissons précises, veloutés et crèmes d'une légèreté aérienne... Carrément délicieux !

➜ Boudin blanc à la truffe. Pigeon de la Drôme au miel de tournesol et sésame torréfié, légumes d'été cuits au foin. Coque meringuée pêche et abricot de la vallée de l'Eyrieux, fraîcheur verveine.

Formule 24 € - Menu 30 € (déj. en semaine), 50/98 €
9 chambres - †80/105 € ††80/125 € - ☕ 11 €

4 r. Paul-Bertois - ✆ 04 75 78 30 52
- www.lecarredalethius.com
- Fermé 12-26 fév., 20 août-3 sept., 1er-9 janv., dim. soir, mardi midi, merc. midi et lundi

CHAROLLES

✉ 71120 Saône-et-Loire - 2 757 hab. - Alt. 279 m - Carte régionale n° **4**-C3
Carte Michelin 320-F11 - Guide Vert Michelin Bourgogne

✿ Frédéric Doucet

CUISINE MODERNE • ÉLÉGANT XXX À force de passion et de travail, le chef a fait entrer de plain-pied cette maison dans le 21e s. On passe un beau moment en sa compagnie : techniques classiques et produits de tradition (dont le bœuf charolais, évidemment) se déclinent ici avec finesse et imagination.

➜ Œuf en meurette à ma façon. Entrecôte charolaise maturée 40 jours. Baba au rhum flambé devant vous.

Menu 45 € (semaine), 75/95 € - Carte 89/184 €

Hôtel de la Poste, 2 av. de la Libération (près de l'église) - ✆ 03 85 24 11 32
- www.hotel-laposte-doucet.com
- Fermé 1 semaine en fév., 2 semaines en nov., dim. soir et lundi

🍴 Le Bistrot du Quai Ⓝ

CUISINE TRADITIONNELLE • BISTRO X Dans cette nouvelle adresse, située face à la maison mère, de l'autre côté de la rue, le chef propose une cuisine traditionnelle et des viandes cuites à la broche. Menu du jour rythmé par les saisons, et menu charolais, mettant en avant les produits du terroir bourguignon. Terrasse surplombant le cours d'eau.

Formule 18 € - Menu 26/49 € - Carte 36/71 €

Hôtel de la Poste, 1 av. de la Libération (près de l'église) - ✆ 03 85 25 51 75
- www.hotel-laposte-doucet.com
- Fermé vacances de Noël, dim. midi, lundi soir et mardi

Hôtel de la Poste

LUXE • ÉLÉGANT Cet hôtel-restaurant jouit d'une solide réputation - méritée - dans la région. Les chambres, réparties dans plusieurs maisons, sont spacieuses et résolument contemporaines ; le petit-déjeuner, copieux, permet de découvrir les fromages et charcuteries locales !

17 chambres - †130/320 € ††130/320 € - ☕ 17 €

2 av. de la Libération (près de l'église) - ✆ 03 85 24 11 32
- www.hotel-laposte-doucet.com
- Fermé 1 semaine en fév., 2 semaines en nov., dim. soir et lundi

✿ **Frédéric Doucet** • 🍴 **Le Bistrot du Quai** - voir les restaurants ci-dessus

Le Clos de l'Argolay

MAISON DE MAÎTRE • PERSONNALISÉ Dans la "Petite Venise" charolaise, une belle demeure du 18e s. avec son jardin odorant, ses suites et son duplex rivalisant de charme. Au petit-déjeuner, on se régale du bon chèvre de la fromagerie familiale... quoi de plus bucolique ?

3 chambres - 95/105 € 115/125 €

21 quai de la Poterne - 06 75 25 03 47 - www.closdelargolay.fr - Fermé déc. et janv.

CHARQUEMONT

25140 Doubs - 2 599 hab. - Alt. 864 m - Carte régionale n° **9**-C2
Carte Michelin 321-K3

Au Bois de la Biche

CUISINE TRADITIONNELLE • CONVIVIAL XX Avis aux amoureux de la montagne : en pleine nature, cet hôtel-restaurant offre une vue incomparable sur la vallée du Doubs et le Jura suisse... La cuisine est à la hauteur, au cœur de belles saveurs de la région ! Et qui sait, entre deux bouchées, peut-être apercevrez-vous une biche sortant du bois ? Accueil charmant.

Menu 24 € (semaine), 37/48 € - Carte 31/73 €

3 chambres - 68 € 68 € - 8,50 €

rte de la Cendrée, 5 km au Sud-Est par D10E et rte secondaire - 03 81 44 01 82 - www.boisdelabiche.fr - Fermé 2 janv.-6 fév., dim. soir sauf juil.-août et lundi

CHARROUX

03140 Allier - 374 hab. - Alt. 420 m - Carte régionale n° **3**-B1
Carte Michelin 326-F5 - Guide Vert Michelin Auvergne

Ferme Saint-Sébastien

CUISINE MODERNE • AUBERGE XX Dans cette authentique ferme bourbonnaise du milieu du 19 e s., entièrement rénovée, il fait bon s'attabler autour des petits plats concoctés par la maîtresse des lieux... On y apprécie une cuisine d'aujourd'hui fleurant bon le terroir. Une bonne adresse.

Formule 17 € - Menu 27 € (semaine), 32/55 € - Carte environ 45 €

chemin de Bourion - 04 70 56 88 83 - www.fermesaintsebastien.fr - Fermé 25 juin-5 juil., 17 déc.-23 janv., dim. soir, mardi sauf juil.-août et lundi

La Table du Prince

CUISINE MODERNE • AUBERGE X Dans ce beau village médiéval, prenez place à la table du Prince, dans une maison dont les vieilles pierres et le décor racontent cinq siècles d'histoire (13e - 18e s.). On y propose une alléchante cuisine du marché, composée par un chef connaissant son métier sur le bout des doigts. Une délicieuse étape.

Formule 20 € - Menu 33/50 € - Carte 43/74 €

5 chambres - 82/160 € 89/160 €

1 r. Poulaillerie - 04 70 56 81 36 - www.maison-conde.com - Fermé 1er-15 oct., 2 janv.-20 fév., lundi et mardi d'oct. à Pâques, dim. soir de Pâques à sept., merc. et jeudi

CHARTRES

28000 Eure-et-Loir - 38 728 hab. - Agglo. 88 912 hab. - Alt. 142 m - Carte régionale n° **6**-B1
Carte Michelin 311-E5 - Guide Vert Michelin Île-de-France

Le Georges

CUISINE MODERNE • COSY XXX Cette table a su garder le goût feutré de la tradition. Le cadre est idéal pour la gastronomie classique que l'on vient y goûter. L'accent est mis sur de beaux produits, souvent locaux (menu sans choix, de 3 à 7 plats), et sur les grands crus.

➔ Tomates "collection". Volaille à la sauce Albufera. Soufflé chaud au Grand Marnier.

Menu 56/98 €

Plan : A2 c *Hôtel Le Grand Monarque, 22 pl. des Épars - 02 37 18 15 15 - www.monarque.fr - Fermé 25 fév.-12 mars, 10 juil.-31 août, 2-8 janv., dim., lundi et le midi sauf sam.*

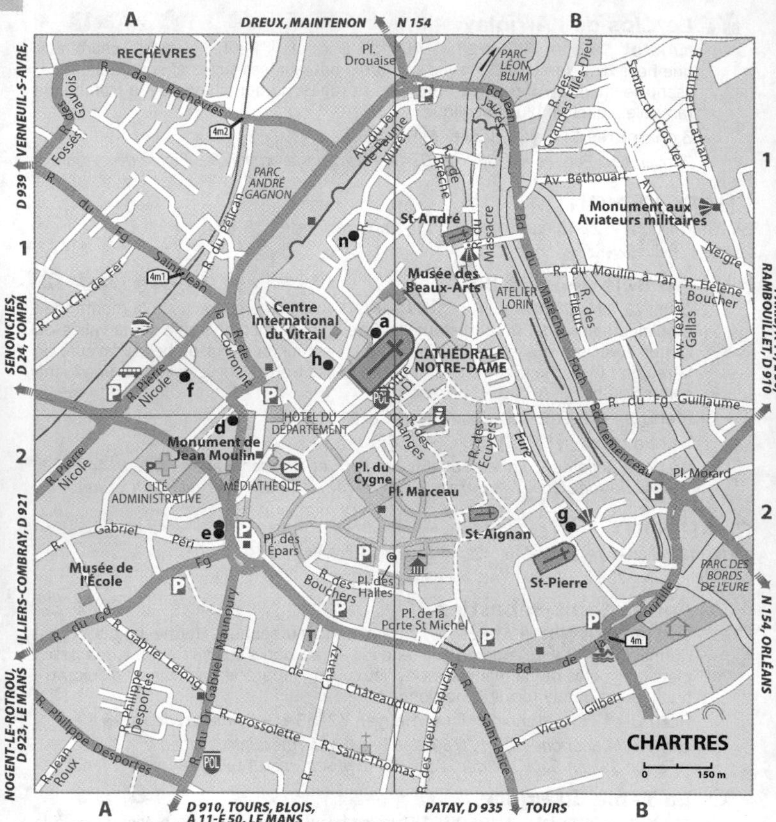

Le St-Hilaire

CUISINE MODERNE • INTIME XX À deux pas de l'église St-Pierre, cette vieille bâtisse du 16e s. abrite une petite salle moderne et intimiste ; on s'y installe pour goûter la savoureuse cuisine traditionnelle d'un jeune couple, qui célèbre les bons produits régionaux : ris de veau, fromage de la ferme, escargots du Perche... Priorité à la fraîcheur !

Formule 20 € – Menu 30/49 €

Plan : B2-g *11 r. du Pont St-Hilaire*
– 02 37 30 97 57 – www.restaurant-saint-hilaire.fr
– Fermé 2 semaines en août, 1 semaine début janv., dim. et lundi

Esprit Gourmand

CUISINE TRADITIONNELLE • BISTRO X Dans une petite rue proche de la cathédrale, cet accueillant bistrot, tenu par un couple épanoui et travailleur, a vraiment tout pour plaire. Cuisine traditionnelle à déguster dans le calme de la cour intérieure quand le temps le permet.

Menu 25 € (semaine)
– Carte 30/50 €

Plan : A1-h *6 r. du Cheval-Blanc*
– 02 37 36 97 84
– Fermé 31 mars-20 avril, 3 semaines en oct., dim. soir, lundi et mardi

La Cour du Monarque

CUISINE TRADITIONNELLE • BISTRO Il faut traverser le hall de l'hôtel du Grand Monarque pour entrer dans sa "Cour", une brasserie cosy très courue des Chartrains… On vient dans cette jolie salle sous verrière pour savourer une bonne cuisine de tradition, basée sur de beaux produits.

Formule 28 € – Menu 33 € (déj. en semaine) – Carte 30/70 €

Plan : A2-e *Hôtel Le Grand Monarque, 22 pl. des Épars – 02 37 18 15 07 – www.monarque.fr*

Le Cloître Gourmand

CUISINE CRÉATIVE • HISTORIQUE Juste en face du portail Nord de la cathédrale, ce Cloître est une jolie surprise ! Malgré son jeune âge, le chef se montre plein d'assurance : maîtrise des cuissons et des températures, alliances gustatives audacieuses, personnalité de l'ensemble… La salle à manger vaut aussi le coup d'œil, avec son plafond à la française, ses miroirs et ses murs en boiseries du 17e s.

Formule 26 € – Menu 33 €

Plan : A1-a *21 Cloître Notre-Dame – 02 37 21 49 13 – www.lecloitregourmand.fr – Fermé lundi, mardi et le midi sauf dim.*

Le Grand Monarque

SPA ET BIEN-ÊTRE • ÉLÉGANT L'hôtel de tradition par excellence, déjà recommandé par le guide Michelin 1900 ! Chambres spacieuses et élégantes – dont quatre, très cosy, sont installées sous les toits. Un tour au luxueux spa s'impose avant d'aller dîner au Georges.

58 chambres – 149/280 € 149/280 € – 6 suites – 17 €

Plan : A2-e *22 pl. des Épars – 02 37 18 15 15 – www.monarque.fr*

Le Georges • **La Cour du Monarque** – voir les restaurants ci-dessus

Jehan de Beauce

URBAIN • ART DÉCO Dans cet hôtel Art déco, situé dans le centre-ville de Chartres, les chambres évoquent l'élégance des années 1930 : tout simplement charmant ! Espace détente et massage au sous-sol.

34 chambres – 90/240 € 120/240 € – 1 suite – 16 €

Plan : A1-f *1 pl. Pierre-Semard – 02 37 21 01 41 – www.jehandebeauce.fr*

Le Bœuf Couronné

URBAIN • PERSONNALISÉ Existant depuis 1900, tenu par la même famille depuis 1953, cet établissement chartrais fait figure d'institution… Les chambres, de style classique, sont confortables et bien tenues ; on commence la soirée au bar avant de profiter du sympathique restaurant !

17 chambres – 77/96 € 89/121 € – 10 €

Plan : A2-d *15 pl. Châtelet – 02 37 18 06 06 – www.leboeufcouronne.com – Fermé 23 déc.-9 janv. et dim. soir de nov. à avril*

Maison Ailleurs

HÔTEL PARTICULIER • HISTORIQUE Au cœur de la ville, à deux pas de la cathédrale et du quartier piéton, cet ancien évêché reconverti en maison d'hôte de charme (adorable jardin de roses) offre trois chambres au confort moderne. Fermez les yeux, respirez : seul le tintement des cloches parviendra jusqu'à vous…

3 chambres – 125/179 € 135/179 €

Plan : A1-n *17 r. Muret – 06 09 47 75 48 – www.maisonailleurs.com*

LA CHARTRE-SUR-LE-LOIR

✉ 72340 Sarthe - 1 470 hab. - Alt. 55 m - Carte régionale n° **18**-D2
Carte Michelin 310-M8 - Guide Vert Michelin Pays de la Loire

Hôtel de France

TRADITIONNEL · PERSONNALISÉ Au bord du Loir, l'un de ces hôtels-restaurants traditionnels bien appréciés des touristes étrangers : il y règne en effet une authentique atmosphère vieille France. Les chambres, toutes rénovées, ne manquent pas de cachet - lits à baldaquin, mobilier chiné...

21 chambres - 89/135 € 89/165 € - 10 €

20 pl. de la République - 02 43 44 40 16 - www.lhoteldefrance.fr - Fermé 26 déc.-11 janv.

CHASSAGNE-MONTRACHET

✉ 21190 Côte-d'Or - 316 hab. - Alt. 200 m - Carte régionale n° **4**-A3
Carte Michelin 320-I8

Ed.Em (Edouard Mignot)

CUISINE MODERNE · INTIME XX Ed.Em ? La contraction d'Édouard et Émilie, qui ont investi les locaux de l'ancien restaurant Chassagne. Lui, jeune chef au bon parcours, allie personnalité et subtilité dans de savoureux menus, où la délicatesse est toujours au rendez-vous ; elle, pâtissière, garantit des fins de repas délicieuses. On accourt !

→ Émietté de tourteau breton sur un fine gelée de tomate, glace de tagète. Maigre de ligne aux coquillages, fines feuilles de gaudes à l'huile de pistache. Chocolat Caraïbes en déclinaison, crémeux et glace à la reine-des-prés.

Formule 29 € - Menu 35 € (semaine), 60/100 € - Carte 90/110 €

4 imp. des Chenevottes - 03 80 21 94 94 - www.restaurant-edem.com - Fermé 1 semaine en août, 1 semaine vacances de Noël, lundi et mardi

Château de Chassagne-Montrachet

DEMEURE HISTORIQUE · DESIGN Les amateurs d'œnotourisme se réjouiront de découvrir ce ravissant château (fin 18e s.) et de visiter ses magnifiques caves, datant des 11e et 14e s. Les belles chambres mêlent mobilier design et vieilles pierres ; expositions d'art contemporain dans les salons.

5 chambres - 295 € 295 €

5 chemin du Château - 03 80 21 98 57 - www.chateaudechassagnemontrachet.com - Fermé 23 déc.-2 janv.

CHASSELAY

✉ 69380 Rhône - 2 747 hab. - Alt. 220 m - Carte régionale n° **24**-E1
Carte Michelin 327-H4

Guy Lassausaie

CUISINE MODERNE · ÉLÉGANT XXXX Ce restaurant a été créée en 1906 par l'arrière-grand-père du chef, du temps où l'on jouait aux boules à côté de la maison, entre deux services... Aujourd'hui, Guy Lassausaie propose une cuisine d'une grande finesse, revisitant les classiques et magnifiant les saveurs. Et la carte des vins réserve de belles surprises !

→ Gâteau de tourteau et avocat, velouté de brebis à la menthe fraîche. Poitrine de pigeon rôti, navets et risotto d'épeautre aux noix. Tuile croustillante, crème citron et framboises, sorbet citron.

Menu 70/120 € - Carte environ 90 €

r. de Belle-Sise - 04 78 47 62 59 - www.guy-lassausaie.com - Fermé 12-22 fév. 5-30 août, mardi et merc.

CHASTELLUX-SUR-CURE - 89 Yonne → Voir Avallon

CHÂTEAU-ARNOUX-ST-AUBAN

✉ 04160 Alpes-de-Haute-Provence - 5 210 hab. - Alt. 440 m - Carte régionale n° **21**-C2
Carte Michelin 334-E8 - Guide Vert Michelin Alpes du Sud

La Bonne Étape (Jany Gleize)

CUISINE PROVENÇALE • ÉLÉGANT On y apprécie une partition classique, à la croisée de la tradition gastronomique française et des incontournables de la cuisine provençale. Le cadre – belle interprétation bourgeoise du répertoire local – ajoute à l'agrément du moment.

→ Calmar farci aux herbes vertes et au pignons de pin. Agneau de Sisteron rôti à feu d'enfer, jus à la sarriette. Crème glacée au miel de lavande dans sa ruche.

Menu 35 € (déj.), 75/115 € – Carte 75/105 €

chemin du Lac – 04 92 64 00 09 – www.bonneetape.com – Fermé 2 janv.-13 fév., lundi et mardi hors saison sauf fériés

Au Goût du Jour

CUISINE PROVENÇALE • VINTAGE Ne cherchez pas des plats particulièrement au goût du jour... Ici, le chef réalise une goûteuse cuisine du terroir. Dans l'assiette, les produits du marché et du jardin défilent au gré des saisons. Cadre tout en simplicité, aux couleurs de la Provence.

Formule 20 € – Carte 25/40 €

14 av. du Gén.-de-Gaulle – 04 92 64 48 48 – www.bonneetape.com/bistrot.html – Fermé 2 janv.-12 fév.

La Bonne Étape

FAMILIAL • CLASSIQUE Comment ne pas tomber sous le charme de cette demeure du 18e s. qui fleure bon la Provence ? Un beau jardin fleuri, un grand potager bio, des chambres spacieuses, du mobilier d'époque : une Bonne Étape dont on ne veut repartir !

18 chambres – 150/170 € 175/540 € – 24 €

chemin du Lac – 04 92 64 00 09 – www.bonneetape.com – Fermé 2 janv.-13 fév.

La Bonne Étape – voir les restaurants ci-dessus

La Magnanerie

FAMILIAL • PERSONNALISÉ En bordure d'une route de campagne, cette ancienne magnanerie aux couleurs du sud propose des chambres confortables et modernisées, autour d'une décoration à thème. Les tableaux d'amis dans les couloirs ajoutent un côté sympathique. Parking privé.

9 chambres – 78/110 € 78/110 € – 13 €

Les Fillières, 2 km au Nord par N85 – 04 92 62 60 11 – www.la-magnanerie.net – Fermé 11-21 mars, 9 oct.-15 nov. et 18-26 déc.

CHÂTEAUBOURG

35220 Ille-et-Vilaine – 6 819 hab. – Alt. 50 m – Carte régionale n° 5-D2
Carte Michelin 309-N6

Ar Milin' - Le Restaurant Panoramique

CUISINE TRADITIONNELLE • DESIGN Dans cet ancien moulin, on profite d'une vue panoramique sur la Vilaine et l'immense parc. Vous passerez devant la cuisine ouverte avant de rejoindre une salle au cadre moderne et coloré, cohabitant avec de vieilles poutres. Le menu change tous les mois.

Menu 35/50 € – Carte 33/47 €

30 r. de Paris – 02 99 00 30 91 – www.armilin.com – Fermé 23 déc.-2 janv., dim. soir d'oct. à mars et sam. midi

Ar Milin'

TRADITIONNEL • FONCTIONNEL Un authentique moulin en pierre du 19e s., un parc immense où sont disséminées de monumentales œuvres d'art contemporain... et des chambres cosy réparties dans deux bâtiments (préférez cependant celles du moulin) : une douce idée de la tranquillité !

32 chambres – 90/220 € 100/220 € – 13 €

30 r. de Paris – 02 99 00 30 91 – www.armilin.com – Fermé 23 déc.-2 janv. et week-ends d'oct. à mars

Ar Milin' - Le Restaurant Panoramique – voir les restaurants ci-dessus

CHÂTEAU-CHALON

✉ 39210 Jura - 153 hab. - Alt. 420 m - Carte régionale n° **9**-B3
Carte Michelin 321-D6 - Guide Vert Michelin Franche-Comté Jura

Le Relais des Abbesses

FAMILIAL • PERSONNALISÉ Les propriétaires ont craqué pour cette maison de village surplombant les vignes et la vallée. Les chambres, baptisées Agnès, Marguerite et Eugénie offrent une superbe vue sur la Bresse ; Violette fait les yeux doux à Château-Chalon... Du cachet !

5 chambres - 75/100 € 80/105 €

36 r. de la Roche - 03 84 44 98 56 - www.relais-des-abbesses.fr - Ouvert de mars à nov.

LE CHÂTEAU D'OLÉRON - 17 Charente-Maritime ➜ Voir Île d'Oléron

CHÂTEAU-D'OLONNE - 85 Vendée ➜ Voir Sables-d'Olonne

CHÂTEAUDUN

✉ 28200 Eure-et-Loir - 13 264 hab. - Alt. 140 m - Carte régionale n° **6**-B2
Carte Michelin 311-D7 - Guide Vert Michelin Châteaux de la Loire

Aux Trois Pastoureaux

CUISINE TRADITIONNELLE • CLASSIQUE XX Si Jean-François Lucchese est un ancien pâtissier, il se définit surtout comme un "artisan du goût", soucieux des associations d'ingrédients, des cuissons et des assaisonnements. Ses recettes pétillent de saveurs ! Le "menu médiéval" plonge droit dans la tradition...

Formule 24 € - Menu 32/65 € - Carte 36/77 €

31 r. André-Gillet - 02 37 45 74 40 - www.aux-trois-pastoureaux.fr - Fermé mardi midi, dim. et lundi

Entre Beauce et Perche

URBAIN • CONTEMPORAIN Entre Beauce et Perche en effet, voilà un hôtel sobre et engageant. Les chambres sont claires et fonctionnelles ; préférez celles situées côté jardin. L'ensemble convient à une étape touristique ou un voyage d'affaires. Bon point, le parking sécurisé.

65 chambres - 69/104 € 69/104 € - 10 €

9 La Varenne-Hodier, 3 km au Nord par rte de Chartres N10 - 02 37 66 30 00 - www.hotelchateaudunlogis.fr

CHÂTEAUFORT - 78 Yvelines ➜ Voir Autour de Paris

CHÂTEAU-GAILLARD

✉ 01500 Ain - 1 999 hab. - Alt. 253 m - Carte régionale n° **23**-B1
Carte Michelin 328-E5

La Villa L

CUISINE MODERNE • FAMILIAL XX Mélusine, Clochette et Morgane : ces trois fées prêtent leur nom aux attrayants menus de ce restaurant. Aux fourneaux, la chef réalise une cuisine inspirée, dans laquelle le terroir (ris de veau, filet mignon etc.) rencontre herbes et épices pour un dialogue goûteux ! Belle sélection de vins.

Formule 20 € - Menu 26 € (semaine), 42/78 € - Carte 40/61 €

130 chemin des Vignes - 04 74 39 96 86 - www.lavillal.fr - Fermé 2 semaines en mars, 2 semaines en nov., lundi et mardi

CHÂTEAU-GONTIER

✉ 53200 Mayenne - 11 528 hab. - Alt. 33 m - Carte régionale n° **18**-C1
Carte Michelin 310-E8 - Guide Vert Michelin Pays de la Loire

L'Aquarelle

CUISINE MODERNE • CONTEMPORAIN XX Croustillant d'avocat farci à la truite fumée et à l'aneth ; quasi de veau, jus réduit et légumes bio... Au bord de la Mayenne – visible de la salle et à portée de main en terrasse –, la carte navigue entre tradition et notes originales, au rythme des saisons. Une adresse qui a ses habitués.

Formule 12 € – Menu 15 € (déj. en semaine), 24/36 € – Carte 26/42 €

2 r. Félix-Marchand, 1 km au Sud par D267, rte de Ménil – 02 43 70 15 44 – www.restaurant-laquarelle.com – Fermé 1 semaine en nov., sam. midi, dim. soir et lundi

Parc Hôtel & Spa

FAMILIAL • PERSONNALISÉ Cette maison de maître du 19e s., entourée d'un parc arboré, propose des chambres classiques, mansardées au dernier étage (plus petites et modernes dans l'annexe). On profite de l'espace détente avec jacuzzi, hammam, fitness, salle de massage et piscine chauffée.

20 chambres – †85/155 € ††85/155 € – 1 suite – ☐ 12 €

46 av. Joffre, au Sud par N162 – 02 43 07 28 41 – www.parchotel.fr – Fermé 23 fév.-11 mars, 26 déc.-7 janv.

CHÂTEAUMEILLANT

18370 Cher – 2 011 hab. – Alt. 247 m – Carte régionale n° **6**-C3
Carte Michelin 323-J7 – Guide Vert Michelin Limousin Berry

La Goutte Noire

CUISINE MODERNE • CONVIVIAL XX Du nom du ruisseau qui coule dans le village, cette table ne manque pas d'attraits : une grande véranda très lumineuse, une cuisine qui explore le terroir avec goût et générosité (bons vins et fromages régionaux) et un accueil délicat. Chambres coquettes à l'étage.

Formule 15 € – Menu 27/34 € – Carte 49/78 €

7 chambres – †55/68 € ††55/68 € – ☐ 8 €

21 r. du Château – 02 48 96 98 87 – www.la-goutte-noire.fr – Fermé dim. soir et lundi sauf fériés

CHÂTEAUNEUF-DE-GADAGNE

84470 Vaucluse – 3 303 hab. – Alt. 90 m – Carte régionale n° **22**-E1
Carte Michelin 84-C10

La Maison de Celou

CUISINE MODERNE • COSY X Cette Maison, perchée sur les remparts du vieux village, incarne à merveille les douceurs provençales... et pour cause ! Un jeune chef talentueux y compose des assiettes enlevées, savoureuses : suprême de pintade, farce fine et gratin de macaronis ; sole meunière ; crêpe Suzette flambée en salle, devant vos yeux...

Menu 20 € (déj. en semaine), 32/45 € – Carte 43/83 €

impasse de l'Alouette (Portail du Thor) – 04 90 16 08 61 – www.lamaisondecelou.com – Fermé vacances de fév. et de la Toussaint, sam. midi et dim. midi en juil.-août, dim. soir et merc. soir de sept. à juin et lundi

CHÂTEAUNEUF-DU-PAPE

84230 Vaucluse – 2 199 hab. – Alt. 87 m – Carte régionale n° **22**-E1
Carte Michelin 332-B9 – Guide Vert Michelin Provence

Le Verger des Papes

CUISINE PROVENÇALE • RUSTIQUE X Belle situation pour ce restaurant adossé aux remparts du château et dont la terrasse réserve une vue à couper le souffle. La cuisine provençale est à l'honneur : biscuit de saumon cru bio mariné à l'huile d'olive, côte de taureau de Camargue grillée, vacherin au citron... Bons produits et vins de la vallée du Rhône.

Menu 22 € (déj. en semaine)/32 € – Carte 48/57 €

au château – 04 90 83 50 40 – www.vergerdespapes.com – Fermé 21 déc.-1er mars, dim. soir, lundi et mardi soir hors saison

Hostellerie Château des Fines Roches

DEMEURE HISTORIQUE • PERSONNALISÉ Étonnante vision... À la fois médiéval, provençal et maure, ce castel du 19e s. ceint de tours crénelées surgit tel un mirage au milieu du fameux vignoble ! Un lieu raffiné, propice – si l'on souhaite – à une certaine fantaisie.

11 chambres – 127/379 € 127/379 € – 19 €

1901 rte de Sorgues et voie privée – 04 90 83 70 23 – www.chateaufinesroches.com – Fermé dim. soir et lundi de mi-oct. à fin avril

CHÂTEAUNEUF-VILLEVIEILLE

06390 Alpes-Maritimes – 905 hab. – Alt. 600 m – Carte régionale n° **21**-D2
Carte Michelin 341-E5

La Parare

MAISON DE CAMPAGNE • PERSONNALISÉ Une superbe bergerie du 17e s., isolée parmi les oliviers et restaurée par un couple polyglotte : Sydney est franco-hollandais et Karin, suédoise ! Déco façon campagne chic, avec de discrètes touches asiatiques ; petite piscine et grand jardin pour flâner.

4 chambres – 140/190 € 140/190 €

67 Calade du Pastre – 04 93 79 22 62 – www.laparare.com – Fermé 13 nov.-20 déc.

CHÂTEAUROUX

36000 Indre – 44 479 hab. – Alt. 155 m – Carte régionale n° **6**-C3
Carte Michelin 323-G6 – Guide Vert Michelin Limousin Berry

Jeux 2 Goûts

CUISINE MODERNE • ÉLÉGANT XX Bien implanté dans sa région natale après plusieurs années passées dans de belles maisons parisiennes, Christophe Marchais chatouille les papilles de Châteauroux. Il prépare des assiettes goûteuses et créatives, stimulé par un lieu chargé d'histoire. La meilleure table de la ville.

Formule 17 € – Menu 26/50 € – Carte 33/48 €

Plan : AB1-t *42 r. Grande – 02 54 27 66 28 – www.jeux2gouts.fr – Fermé vacances de fév., 2 semaines en août, dim. et lundi*

Le Bistrot Gourmand

CUISINE TRADITIONNELLE • ÉPURÉ X Au cœur de la vieille ville, un restaurant au décor moderne, où l'on va comme en voisin, pour profiter, à prix justes, d'une côte de bœuf limousin, de rognons de veau ou de profiteroles au chocolat. La tradition est respectée, le goût au rendez-vous ! Aux beaux jours, direction le patio fleuri, sur l'arrière.

Formule 15 € – Menu 18 € (déj. en semaine), 26/35 € – Carte 30/65 €

Plan : A1-a *10 r. du Marché – 02 54 07 86 98 – www.lebistrotgourmand36.com – Fermé 2 semaines en fév., 3 semaines en août , dim., lundi et fériés*

Le P'tit Bouchon

CUISINE TRADITIONNELLE • RUSTIQUE X On apprécie son bon rapport qualité-prix, sa chaleur (le décor fourmille d'objets hétéroclites) et... ses propriétaires, grands épicuriens : le patron conseille les vins, son épouse tient la crèmerie attenante et, en cuisine, le fiston fait mijoter de jolis petits plats bistrotiers !

Formule 16 € – Menu 19 € (déj. en semaine), 23/29 € – Carte 23/36 €

Plan : A1-e *64 r. Grande – 02 54 61 50 40 – www.leptitbouchon.fr – Fermé 3 semaines en août, dim., lundi et fériés*

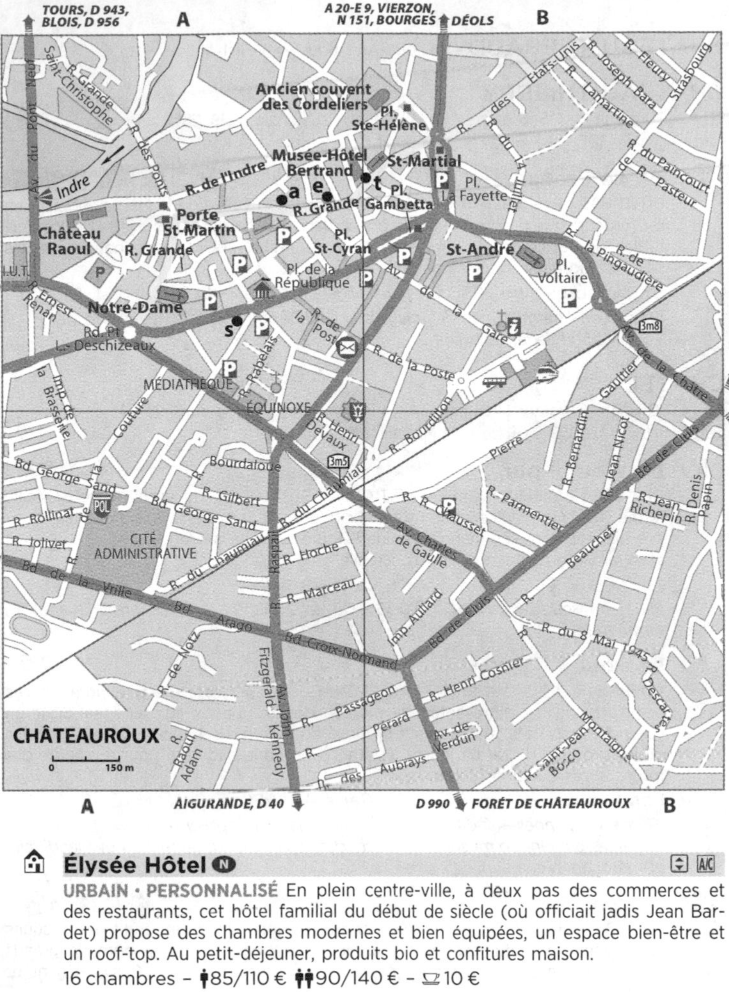

TOURS, D 943, BLOIS, D 956 — A — A 20-E 9, VIERZON, N 151, BOURGES — DÉOLS — B

CHÂTELLERAULT — A 20-E 9, LIMOGES, POITIERS — ST-AMAND-MONTROND, D 925 — D 943, MONTLUÇON

CHÂTEAUROUX

0 — 150 m

A — AIGURANDE, D 40 — D 990 — FORÊT DE CHÂTEAUROUX — B

Élysée Hôtel

URBAIN • PERSONNALISÉ En plein centre-ville, à deux pas des commerces et des restaurants, cet hôtel familial du début de siècle (où officiait jadis Jean Bardet) propose des chambres modernes et bien équipées, un espace bien-être et un roof-top. Au petit-déjeuner, produits bio et confitures maison.

16 chambres - 85/110 € 90/140 € - 10 €

Plan : A1-s *2 r. de la République - ✆ 02 54 22 33 66 - www.elysee-hotel-chateauroux.com*

CHÂTEAU-SUR-ALLIER

✉ 03320 Allier - 180 hab. - Alt. 180 m - Carte régionale n° **3**-B1
Carte Michelin 326-F2

Château Saint-Augustin

DEMEURE HISTORIQUE • PERSONNALISÉ Imaginez un cerf passant sous vos fenêtres... Dans ce château classé de 1730, au cœur d'une forêt de 1 000 ha, la nature n'a pas perdu ses droits. Dans les chambres, on se repose parmi les meubles d'époque et les tableaux de valeur. À table, on apprécie les produits du potager, mis en exergue par la cuisine traditionnelle et régionale. Une adresse historique et authentique.

4 chambres - 138/200 € 138/280 € - 1 suite - 14 €

St-Augustin, 4 km à l'Est par D13 et rte secondaire - ✆ 04 70 66 42 01 - www.chateau-saint-augustin.fr - Fermé 3-28 fév.

CHÂTEAU-THÉBAUD - 44 Loire-Atlantique ➜ Voir Nantes

CHÂTEAU-THIERRY

✉ 02400 Aisne - 14 546 hab. - Alt. 63 m - Carte régionale n° **19**-C3
Carte Michelin 306-C8 - Guide Vert Michelin Champagne Ardenne

Île de France

BUSINESS • PERSONNALISÉ Hôtel surplombant la vallée de la Marne. Mobilier en fer forgé, rustique ou plus contemporain dans les chambres, douillettes et confortables. Spa et centre de remise en forme. Au restaurant, la carte change avec les saisons ; agréable terrasse panoramique.

37 chambres - 95/150 € 95/165 € - 8 suites - 14 €

60 r. Léon-Lhermitte, rte de Soissons - ☎ 03 23 69 10 12 - www.hotel-iledefrance.com

CHÂTEL

✉ 74390 Haute-Savoie - 1 201 hab. - Alt. 1 180 m - Carte régionale n° **25**-F1
Carte Michelin 328-O3 - Guide Vert Michelin Alpes du Nord

Le Vieux Four

CUISINE TRADITIONNELLE • RUSTIQUE XX Rustique et chaleureuse, cette vieille ferme (1852) joue la carte de l'authenticité et ravit ses hôtes. On admire les figurines nichées dans les mangeoires de l'étable, tout en se régalant de petits plats savoyards ou d'une cuisine plus actuelle.

Formule 16 € - Menu 27/51 € - Carte 29/60 €

55 rte du Boude - ☎ 04 50 73 30 56 - Ouvert 2 déc.-14 avril, 16 juin-15 sept. et fermé lundi

La Poya

CUISINE TRADITIONNELLE • MONTAGNARD X La Poya ? C'est le nom de ces peintures locales représentant la montée des troupeaux aux alpages. Situé au cœur de la station, ce restaurant propose de savoureuses recettes traditionnelles où les produits du terroir jouent les stars. Une bonne adresse pour reprendre des forces après quelques descentes !

Formule 18 € - Menu 36/56 € - Carte 44/74 €

196 rte de Vonnes - ☎ 04 50 81 19 34 - www.lapoya.fr - Fermé 2 semaines en juin, de mi-sept. à mi-oct., dim. soir et lundi de mai à nov., jeudi midi et merc. de déc. à avril

Macchi

TRADITIONNEL • MONTAGNARD Derrière une jolie façade arborant des fresques tyroliennes, un hôtel charmant dont les chambres portent le nom de grands champions de ski alpin. Beau spa indien, piscine couverte... Cosy, élégant et dépaysant !

28 chambres - 182/304 € 360/600 € - 18 €

94 chemin de l'Etringa - ☎ 04 50 73 24 12 - www.hotelmacchi.com - Ouvert 15 juin-15 sept. et 20 déc.-15 avril

Fleur de Neige

TRADITIONNEL • MONTAGNARD En haut de la station, un hôtel dans l'esprit chalet bucolique des années 1960... Certaines chambres ont été décorées dans un style contemporain plutôt réussi. On profite pleinement de l'espace balnéo avec piscine, sauna et hammam, et d'une bonne cuisine traditionnelle au restaurant.

23 chambres - 77/260 € 110/260 € - 15 €

564 rte de Vonnes - ☎ 04 50 73 20 10 - www.hotel-fleurdeneige.fr - Ouvert de mi-juin à fin oct. et de mi-déc. à mi-avril

CHÂTEL-GUYON

✉ 63140 Puy-de-Dôme - 6 162 hab. - Alt. 430 m - Carte régionale n° **3**-B2
Carte Michelin 326-F7 - Guide Vert Michelin Auvergne

Spa Thermalia

THERMAL • CLASSIQUE Au bout d'une impasse en centre-ville, une grande villa du début du 20e s., au charme classique et dont les chambres sont confortables et bien insonorisées : tranquillité garantie ! Le spa (piscine, jacuzzis, massages, fitness...) est la clé de voûte de l'ensemble.

26 chambres – 78/103 € 83/108 € – 10 €

20 av. Baraduc – 04 73 86 00 11 – www.hotel-spa-thermalia.com

CHÂTELAILLON-PLAGE

17340 Charente-Maritime – 6 064 hab. – Alt. 3 m – Carte régionale n° **20**-A2
Carte Michelin 324-D3 – Guide Vert Michelin Poitou-Charentes

Les Flots

CUISINE MODERNE • BISTRO Une jolie maison bleu et blanc (1890) face à la plage. Deux options ici : le bistrot d'autrefois, plein de charme, et le bistrot contemporain avec sa somptueuse vue sur... les Flots ! Quel que soit votre choix, vous vous régalerez d'une bonne cuisine marine, faisant la part belle aux produits de saison et à la pêche locale.

Formule 24 € – Menu 30 € – Carte 31/61 €

Hôtel Les Flots, 52 bd de la Mer – 05 46 56 23 42 – www.les-flots.fr – Fermé mardi

Gaya - Cuisine de Bords de Mer

POISSONS ET FRUITS DE MER • DESIGN Un excellent repas autour de produits de la mer d'une fraîcheur et d'une qualité irréprochables. La carte est longue, les plats sont généreux, et l'esprit créatif de Pierre Gagnaire n'est jamais très loin...

Menu 35/65 € – Carte 35/90 €

Hôtel La Grande Terrasse Mgallery, av. de la Falaise, à la Falaise,1,5 km – 05 46 56 54 30 – www.la-grande-terrasse.com

La Grande Terrasse Mgallery

SPA ET BIEN-ÊTRE • CONTEMPORAIN Un superbe vaisseau à l'architecture contemporaine, qui surplombe la mer et laisse, au loin, deviner l'île de Ré. Les chambres, spacieuses, revisitent l'esprit des années 1950 à la sauce contemporaine : l'ensemble ne manque pas de classe.

72 chambres – 150/650 € 150/650 € – 25 €

av. de la Falaise, à la Falaise,1,5 km – 05 46 56 14 14 – www.la-grande-terrasse.com

Gaya - Cuisine de Bords de Mer – voir les restaurants ci-dessus

Les Flots

FAMILIAL • FONCTIONNEL Sur le front de mer, cet hôtel datant du 19e s., tenu en famille, a fait sa mue en 2015 : il accueille désormais de nouvelles chambres contemporaines et fonctionnelles, dont la plupart sont tournées vers l'océan. Agréable !

23 chambres – 89/319 € 89/319 € – 14 €

52 bd de la Mer – 05 46 56 23 42 – www.les-flots.fr

Les Flots – voir les restaurants ci-dessus

LE CHÂTELARD

73630 Savoie – 661 hab. – Alt. 750 m – Carte régionale n° **25**-F2
Carte Michelin 333-J7 – Guide Vert Michelin Alpes du Nord

Auberge Les Clarines

CUISINE RÉGIONALE • AUBERGE Au cœur du massif des Bauges, une ancienne ferme au cadre chaleureux... L'adresse est prisée des randonneurs – et de tous les bons vivants en général ! – qui s'y régalent d'une bonne cuisine régionale. Mention spéciale pour la truite à l'ache (une plante d'altitude). Chambres à la fois modernes et montagnardes.

Formule 16 € – Menu 22/34 € – Carte 26/48 €

6 chambres – 70/90 € 70/90 € – 11 €

Les Granges – 04 79 54 80 80 – www.hotel-les-clarines.fr – Fermé avril, nov., mardi hors vacances scolaires, dim. soir et lundi

CHÂTELLERAULT

✉ 86100 Vienne - 31 722 hab. - Alt. 52 m - Carte régionale n° **20**-C1
Carte Michelin 322-J4 - Guide Vert Michelin Poitou-Charentes

La Gourmandine

MAISON DE MAÎTRE • COSY Tout près du centre-ville, en retrait d'une avenue, cette maison de maître de 1905 nous accueille dans des chambres cosy et feutrées, décorées par thèmes : la Chinoise, la Boudoir, la Romance, la Baroque... Un établissement qui ne manque pas de cachet.

13 chambres - †108/158 € ††108/158 € - ☕ 14 €

22 av. du Président-Wilson - ✆ 05 49 21 05 85 - www.la-gourmandine.com - Fermé 2-12 janv.

CHÂTILLON - 92 Hauts-de-Seine → Voir Autour de Paris

CHÂTILLON-LE-DUC - 25 Doubs → Voir Besançon

CHÂTILLON-SUR-CHALARONNE

✉ 01400 Ain - 4 956 hab. - Alt. 177 m - Carte régionale n° **24**-E1
Carte Michelin 328-C4 - Guide Vert Michelin Lyon et sa région

La Tour

CUISINE TRADITIONNELLE • CHIC XX Derrière une belle façade à colombages, on s'installe dans un décor "classieux" et cosy, où les bibelots abondent. Dans l'assiette, volaille de Bresse aux morilles, noix de ris de veau doré au sautoir, vol-au-vent et ris de veau marquent les esprits des gourmets de passage...

Formule 19 € - Menu 26 € (semaine)/49 € - Carte 56/79 €

pl. de la République - ✆ 04 74 55 05 12 - www.hotel-latour.com - Fermé 2-19 janv., dim. soir et lundi

La Tour

HISTORIQUE • PERSONNALISÉ Charme et confort caractérisent cette superbe demeure du 14e s., dont le style oscille entre cabinet de curiosités et esprit déco : tissus choisis, ciels de lit, objets chinés, salles de bains parfois ouvertes, etc. L'accueil est professionnel et chaleureux. Une jolie adresse pour découvrir la Dombes et ses mille étangs...

32 chambres - †95/175 € ††109/195 € - ☕ 12 €

- ✆ 04 74 55 05 12 - www.hotel-latour.com - Fermé 2 -19 janv.

La Tour - voir les restaurants ci-dessus

à l'Abergement-Clémenciat 5 km au Nord-Ouest par D7 et D64C - ✉ 01400 - 767 hab. - Alt. 250 m

St-Lazare

CUISINE MODERNE • ÉLÉGANT XXX Cette maison est dans la famille depuis 1899 ! Aujourd'hui, père et fils cuisinent à quatre mains. Pas de carte mais un menu changeant à base de produits frais, à apprécier dans la lumineuse salle à manger. Et dans l'ancienne Épicerie de la grand-mère, on sert des formules rapides le midi... Sans omettre la terrasse ouverte sur un jardin méditerranéen !

Formule 19 € - Menu 29/120 € 🍷

le Bourg - ✆ 04 74 24 00 23 - www.lesaintlazare.fr - Fermé 1 semaine vacances de fév., 2 semaines en juil.-août, 1 semaine vacances de Noël, dim. soir, mardi et merc.

CHÂTILLON-SUR-INDRE

✉ 36700 Indre - 2 683 hab. - Alt. 115 m - Carte régionale n° **6**-B3
Carte Michelin 323-D5 - Guide Vert Michelin Limousin Berry

Auberge de la Tour

CUISINE TRADITIONNELLE • AUBERGE Ici, un chef artisan réalise une cuisine traditionnelle, revue au goût du jour. Parmi les incontournables : foie gras, souris d'agneau, Paris-Brest, le tout, agrémenté de gentillesse ! A déguster dans l'une des deux salles rustiques ou sur la belle terrasse, à l'été.

Menu 17/40 € – Carte 22/54 €

2 rte du Blanc – ✆ 02 54 38 44 20 – www.auberge-de-la-tour36.fr – Fermé 20 sept.-5 oct., 4-19 janv., mardi d'oct. à mars, dim. soir et lundi

La Poignardière

DEMEURE HISTORIQUE • CLASSIQUE Certaines demeures distillent un charme indéfinissable. Est-ce la promenade en barque sur l'étang, la beauté des arbres centenaires ou l'élégance sobre de cette demeure 1900 ? Est-ce la piscine intérieure, le hammam flambant neuf ? Sans doute un peu tout cela...

5 chambres – 115 € 125 €

3 km au Nord et à l'Est par D975 et D28 direction Le Tranger et rte secondaire – ✆ 02 54 38 78 14 – www.lapoignardiere.fr – Ouvert de mars à nov.

LA CHÂTRE

36400 Indre – 4 278 hab. – Alt. 210 m – Carte régionale n° **6**-C3
Carte Michelin 323-H7 – Guide Vert Michelin Limousin Berry

À l'Escargot

CUISINE TRADITIONNELLE • RUSTIQUE Pour la petite histoire, les parents de George Sand se seraient connus dans cet ancien relais de poste des 15e-16e s. Auraient-ils succombé à la sympathique cuisine traditionnelle qu'on sert aujourd'hui, et la sobriété toute rustique de la décoration ? Certainement !

Formule 18 € – Menu 25/41 € – Carte environ 46 €

pl. du Marché – ✆ 02 54 48 03 85 – www.auberge-escargot.com – Fermé 2 semaines fin fév., 2 semaines fin août, jeudi en hiver, dim. soir et lundi

à Pouligny-Notre-Dame 12 km au Sud par D940 – 36160 – 677 hab. – Alt. 376 m

Les Dryades

SPA ET BIEN-ÊTRE • CONTEMPORAIN Dans la mythologie grecque, les dryades étaient les nymphes protectrices de la forêt... Un nom tout trouvé pour ce bel hôtel contemporain donnant sur un golf 18 trous très verdoyant. Tons clairs et apaisants dans les chambres, spa très agréable.

80 chambres – 89/129 € 89/169 € – 5 suites – 13 €

28 r. du Golf – ✆ 02 54 06 60 60 – www.les-dryades.fr

CHAUBLANC – 71 Saône-et-Loire → Voir St-Gervais-en-Vallière

CHAUDES-AIGUES

15110 Cantal – 902 hab. – Alt. 750 m – Carte régionale n° **3**-B3
Carte Michelin 330-G5 – Guide Vert Michelin Auvergne

Serge Vieira

CUISINE CRÉATIVE • DESIGN Depuis son vaisseau contemporain (pierre, fer et verre), à l'aplomb d'une forteresse des 14 et 16e s., Serge Vieira joue dans la cour des grands. Sa cuisine, graphique et moderne, fait notamment la part belle aux herbes sauvages. Une adresse délicieuse, jusqu'aux superbes chambres avec vue sur les monts du Cantal.

→ Croquettes d'escargots, courgette au basilic thaï et huile pimentée. Pigeon rôti au céleri, purée de persil tubéreux et jus aux épices. Dacquoise noisette, crème diplomate à la citronnelle et myrtilles sauvages.

Menu 90/148 €

3 chambres – 250 € 250 € – 20 €

Château du Couffour, 2,5 km au Sud par rte de Rodez (D921) – ✆ 04 71 20 73 85 – www.sergevieira.com – Ouvert 30 mars-26 nov. et fermé mardi et merc.

CHAUMONT

52000 Haute-Marne – 22 674 hab. – Alt. 318 m – Carte régionale n° **7**-C3
Carte Michelin 313-K5 – Guide Vert Michelin Champagne Ardenne

Les Remparts

TRADITIONNEL • FONCTIONNEL En face d'un joli parc, des chambres confortables, agencées dans plusieurs immeubles, entièrement rénovés. Un côté "labyrinthe" qui fait le charme du lieu... À noter aussi, un petit salon et un bar où il fait bon siroter un cocktail.

17 chambres – 82/112 € 89/128 € – 14 €

Plan : A2-b *72 r. de Verdun – 03 25 32 64 40 – www.hotel-les-remparts.fr – Fermé dim.*

CHAUMONT-SUR-AIRE

55260 Meuse – 148 hab. – Alt. 250 m – Carte régionale n° **14**-A2
Carte Michelin 307-C5

Le Chantoiseau

FAMILIAL • CONTEMPORAIN À la sortie du village se trouve cette belle propriété ; prenez le temps d'observer le moulin et l'auberge familiale, datant de 1787 ! Dans l'annexe, bien plus récente, vous trouverez des chambres modernes et bien équipées, dont certaines donnent sur la rivière... Au restaurant, cuisine sans prétention.

10 chambres – 85/99 € 85/99 € – 12 €

1 km à l'Est sur rte de St-Mihiel – 03 29 70 66 46 – www.moulinhaut.fr – Fermé dim. soir et fériés

CHAUMONT-SUR-LOIRE

41150 Loir-et-Cher – 1 092 hab. – Alt. 69 m – Carte régionale n° **6**-A1
Carte Michelin 318-E7 – Guide Vert Michelin Châteaux de la Loire

Hostellerie du Château

TRADITIONNEL • PERSONNALISÉ Au pied du château féodal de Chaumont, une maison dont l'élégance tient dans la simplicité du décor, et dans la gentillesse des propriétaires. Les chambres sont bien entretenues ; certaines donnent sur la Loire ou sur la piscine à l'arrière, d'autres sur le village.

15 chambres – 77/90 € 81/99 € – 13 €

2 r. du Mar.-de-Lattre-de-Tassigny – 02 54 20 98 04 – www.hostellerie-du-chateau.com – Ouvert 17 mars-11 nov.

CHAUMONT-SUR-THARONNE

41600 Loir-et-Cher – 1 106 hab. – Alt. 122 m – Carte régionale n° **6**-C2
Carte Michelin 318-I6 – Guide Vert Michelin Châteaux de la Loire

Le Mousseau

MAISON DE CAMPAGNE • PERSONNALISÉ Magnifique gentilhommière du 19es. dans un immense parc au cœur de la Sologne sauvage. Les chambres sont cosy et soigneusement décorées : tissus choisis, mobilier de style... Une belle adresse.

4 chambres – 210/290 € 210/290 €

3 km par D922 et rte secondaire – 02 54 88 53 92 – www.demeure-lemousseau.com

CHAUMOUSEY – 88 Vosges ➔ Voir Épinal

CHAUSEY (ÎLES) – 50 Manche ➔ Voir Îles Chausey

CHAUSSENAC

15700 Cantal – 227 hab. – Alt. 692 m – Carte régionale n° **3**-A3
Carte Michelin 330-B3

La Fournio

FAMILIAL • TRADITIONNEL Cette maison appartenait à la grand-mère du propriétaire. La voilà qui revit, décorée dans un charmant style maison de campagne (poutres, meubles de famille, objets chinés). Un lieu délicieux, parfait pour un week-end en amoureux.

3 chambres - 75/95 € 80/150 €

Escladines - 04 71 69 02 68 - www.lafournio.fr

CHAUSSIN

39120 Jura - 1 693 hab. - Alt. 191 m - Carte régionale n° **9**-A2
Carte Michelin 321-C5

Chez Bach

CUISINE TRADITIONNELLE • FAMILIAL XX Soupière d'escargots de Bourgogne aux morilles, véritable poulet de Bresse cuit à basse température au vin jaune d'Arbois... Ce Bach-là décline un menu sur des bases traditionnelles avec un rien de tendance ; à déguster dans un cadre cossu.

Menu 20 € (semaine), 29/70 € - Carte 45/65 €

22 chambres - 69/80 € 97 € - 11 €

4 pl. Ancienne-Gare - 03 84 81 80 38 - www.hotel-bach.com - Fermé 20 déc.-10 janv., vend. soir sauf du 14 juil. au 31 août, dim. soir et lundi midi

CHAVAGNAC

15300 Cantal - 108 hab. - Alt. 1 095 m - Carte régionale n° **3**-B3
Carte Michelin 330-F4

Instants d'Absolu

TRADITIONNEL • PERSONNALISÉ Cet hôtel-restaurant, "écolodge" du bout du monde, cultive une vraie façon de vivre : ici, pas de téléphone ni de télévision, mais un observatoire ornithologique et un jacuzzi extérieur, face au lac. Les chambres n'utilisent que des matériaux bruts (bois, cuir, pierre). Espace bien-être, sauna et hammam.

11 chambres - 146/186 € 166/226 € - 1 suite - 16 €

Le Lac du Pêcher - Chavagnac - 04 71 20 83 09 - ecolodge-france.com - Fermé 20 mars-15 avril et 15 nov.-18 déc.

CHAVANOZ

38230 Isère - 4 486 hab. - Alt. 234 m - Carte régionale n° **23**-B1
Carte Michelin 333-E3

Aux Berges du Rhône

CUISINE MODERNE • ÉLÉGANT XX Sur les bords du Rhône, l'adresse offre l'occasion d'une expérience culinaire inventive et moderne. Gelée de lapin au basilic, épaule d'agneau en pastilla et jus au cumin, grenouilles en persillade... des exemples parmi d'autres d'un alléchant registre actuel. Pour faire une étape, des chambres confortables au décor épuré.

Formule 19 € - Menu 26 € (semaine), 39/82 € - Carte 54/71 €

7 chambres - 112/120 € 137/160 €

hameau de Grange-Rouge, 2 km au Sud-Est par D55 rte de Loyettes - 04 72 02 02 50 - www.antonin-restaurant.com - Fermé dim. soir, merc. soir et lundi

Se régaler sans se ruiner ? Repérez les Bib Gourmand. Ils vous aideront à dénicher les bonnes tables sachant marier cuisine de qualité et prix ajustés !

CHAVIGNOL - 18 Cher ➜ Voir Sancerre

CHAZELLES-SUR-LYON

✉ 42140 Loire - 5 150 hab. - Alt. 630 m - Carte régionale n° **23**-A2
Carte Michelin 327-F6 - Guide Vert Michelin Lyon et sa région

✿ Château Blanchard (Sylvain Roux)

CUISINE MODERNE • ÉLÉGANT XXX Séduisante, cette grande maison des années 1920, dont l'architecture s'inspire de la renaissance italienne : peintures mythologiques en façade, marbre, mosaïques... Dans l'élégante salle à manger, sous les hauts plafonds, on savoure de réjouissantes assiettes qui mettent en valeur les produits du terroir.

➜ Pressé de caille et de foie gras aux pignons de tournesol et lie-de-vin. Dos de bar breton aux cocos de Paimpol, coques et bigorneaux. Tarte au citron revisitée et sorbet orange-safran.

Menu 30 € (déj. en semaine), 55/85 € - Carte 55/75 €

36 rte de St-Galmier - ☏ 04 77 54 28 88 - www.hotel-chateau-blanchard.com - Fermé vacances de fév., 3 semaines en août, vend. soir, dim. soir et lundi

Château Blanchard

TRADITIONNEL • FONCTIONNEL Située à mi-chemin entre Lyon et St-Étienne, cette imposante villa des années 1920, entourée d'un parc, ne manque pas d'allure : architecture inspirée de la Renaissance italienne, haute façade blanche ornée de sgraffites, jardin verdoyant... Quelle élégance !

12 chambres - 🚹67/77 € 🚹🚹67/84 € - ☕ 8 €

36 rte de St-Galmier - ☏ 04 77 54 28 88 - www.hotel-chateau-blanchard.com - Fermé vacances de fév., 3 semaines en août et dim. soir

✿ **Château Blanchard** - voir les restaurants ci-dessus

CHAZEY-SUR-AIN

✉ 01150 Ain - 1 530 hab. - Alt. 235 m - Carte régionale n° **23**-B1
Carte Michelin 328-E5

Les Chalets de Maramour

TRADITIONNEL • À LA CAMPAGNE Un ensemble original à deux pas du parc du Cheval Rhône-Alpes : dix petits chalets en rondins de bois, tous équipés de kitchenettes et d'une petite terrasse, et recouverts d'un toit végétal. À l'intérieur, le décor est contemporain et sobre, et l'on est au calme : un bon plan !

10 chambres - 🚹69/78 € 🚹🚹79/90 € - ☕ 9 €

Le Luizard, 3 km au Sud par D62 et rte secondaire - ☏ 04 74 38 89 68 - www.hotelmaramour.com

à Ste-Julie 2 km au Sud-Est par D40 - ✉ 01150 - 962 hab. - Alt. 220 m

Les Chambres de la Renaissance

DEMEURE HISTORIQUE • CONTEMPORAIN Blotti à côté de l'église, ce beau château du 12e s. aux allures de maison d'hôtes abrite des chambres confortables, au design moderne. Les anciennes écuries ont été joliment aménagées. Renaissance assurée après une bonne nuit de sommeil !

21 chambres - 🚹68/140 € 🚹🚹78/180 € - ☕ 10 €

montée de l'Église - ☏ 04 74 37 13 07 - www.leschambresdelarenaissance.com

CHECY

✉ 45430 Loiret - 8 840 hab. - Alt. 112 m - Carte régionale n° **6**-C2
Carte Michelin 318-J4 - Guide Vert Michelin Châteaux de la Loire

Le Week-End

CUISINE MODERNE • CONVIVIAL XX Poisson en arrivage direct des Sables-d'Olonne, viande de Sologne, légumes de maraîchers locaux : la maison porte une vraie attention à la qualité des produits et sait les mettre en valeur ! Mention spéciale pour le beau plateau de fromages et la carte des vins, notamment du Val de Loire (dégustations et ventes à la cave).

Menu 27 € (déj. en semaine), 38/65 € - Carte environ 65 €

1 pl. du Cloître - ✆ 02 38 86 84 93 - www.restaurant-leweekend.com - Fermé 2 semaines en mars, 2 semaines en août, dim. soir, lundi et mardi

CHÉDIGNY

✉ 37310 Indre-et-Loire - 573 hab. - Alt. 75 m - Carte régionale n° **6**-B2
Carte Michelin 317-O5

Le Clos aux Roses Ⓝ

CUISINE MODERNE • AUBERGE X Il y a quelque chose d'apaisant, de rassérénant, à passer quelques heures dans cette jolie maison en pierre. La raison à cela ? La cuisine de la chef, Armelle Krause, basée sur de bons produits - laitages et volailles de producteurs locaux, par exemple - mais aussi l'emplacement du restaurant : en plein cœur d'un village fleuri qui n'a rien à envier à Giverny...

Menu 15 € (déj. en semaine), 30/40 € - Carte 47/73 €
5 chambres - 55 € 75 €

2 r. du Lavoir - ✆ 02 47 92 20 29 - www.leclosauxroses.com - Fermé 1 semaine en fév., 2 semaines fin oct., 24 déc.-1er janv., dim. soir, lundi et mardi

CHÉNÉRAILLES

✉ 23130 Creuse - 768 hab. - Alt. 537 m - Carte régionale n° **13**-C1
Carte Michelin 325-K4 - Guide Vert Michelin Limousin Berry

Le Coq d'Or

CUISINE MODERNE • FAMILIAL XX Une déco très... coquette, et pour cause : on trouve ici moults coqs rapportés des quatre coins du monde par les clients. Dans l'assiette ? Une cuisine fine et maîtrisée, alliant saveurs du terroir et créativité.

Formule 15 € - Menu 24 € (semaine), 31/55 € - Carte 37/60 €

7 pl. du Champ-de-Foire - ✆ 05 55 62 30 83 - www.restaurant-coqdor-23.com - Fermé 24 juin-5 juil., 23 sept.-4 oct., 1er-22 janv., mardi soir sauf juil. août, dim. soir, merc. soir et lundi

CHENONCEAUX

✉ 37150 Indre-et-Loire - 355 hab. - Alt. 62 m - Carte régionale n° **6**-A1
Carte Michelin 317-P5 - Guide Vert Michelin Châteaux de la Loire

Auberge du Bon Laboureur (Antoine Jeudi)

CUISINE MODERNE • ÉLÉGANT XXX Cette valeur sûre creuse un sillon très fertile : celui de la finesse et de la subtilité, au service du produit et des saisons. Le chef signe une cuisine sans fausse note, savoureuse et généreuse ; le tout accompagné d'un joli choix de vins. Une belle table dans un cadre élégant.

➜ Chartreuse de sandre, asperges et caviar de Sologne. Turbot sauvage rôti, girolles et pommes de terre nouvelles. Citron mousseux, amandes et pistaches, sorbet yuzu.

Formule 27 € - Menu 32 € (déj. en semaine), 56/108 € - Carte 60/115 €

6 r. Dr-Bretonneau - ✆ 02 47 23 90 02 - www.bonlaboureur.com - Fermé 8 janv.-10 fév., 11 nov.-20 déc. et mardi midi

Auberge du Bon Laboureur

TRADITIONNEL • COSY Près du "château des Dames", un véritable hameau de jolies maisonnettes couvertes de vigne vierge : chaque chambre y distille un charme particulier, comme si tout un pittoresque village se faisait demeure de famille...

17 chambres – 139/440 € 139/440 € – 9 suites – 19 €

6 r. Docteur-Bretonneau – 02 47 23 90 02 – www.bonlaboureur.com – Fermé 8 janv.-10 fév. et 11 nov.-20 déc.

Auberge du Bon Laboureur – voir les restaurants ci-dessus

La Roseraie

FAMILIAL • TRADITIONNEL Cet hôtel, tapissé de vigne vierge, ne manque pas de charme. Les chambres (progressivement rénovées) y sont coquettes et fleuries, comme le jardin, mais quoi de plus normal pour une Roseraie... Quant à la piscine, elle invite à la détente. Ambiance chaleureuse et familiale.

22 chambres – 65/138 € 65/138 € – 12 €

7 r. Dr-Bretonneau – 02 47 23 90 09 – www.hotel-chenonceau.com – Ouvert 22 mars-15 nov.

CHENÔVE – 21 Côte-d'Or ➜ Voir Dijon

CHERBOURG-EN-COTENTIN

50100 Manche – 37 121 hab. – Agglo. 83 652 hab. – Alt. 10 m – Carte régionale n° **17**-A1
Carte Michelin 303-C2 – Guide Vert Michelin Normandie Cotentin

Le Pily (Pierre Marion)

CUISINE CRÉATIVE • TENDANCE XX "Pily" ou Pierre en cuisine et Lydie en salle... Une histoire d'initiales, mais surtout une grande complicité : ce jeune couple a créé une jolie table contemporaine, entièrement dévouée au goût. La carte est conçue au plus près des saisons ; elle évolue tous les mois et met en avant les petits producteurs et pêcheurs locaux.

➜ Cuisine du marché.

Formule 30 € – Menu 46/115 €

Plan : A2-b *39 Grande-Rue – 02 33 10 19 29 – www.le-pily.com – Fermé 3 semaines en sept., 1 semaine en janv., dim. sauf le midi d'oct. à mai et lundi sauf le soir de juin à sept.*

Le Vauban

CUISINE MODERNE • TENDANCE XX Géré par un couple accueillant et dynamique, le Vauban propose des recettes bien dans l'air du temps, pleines de saveurs : légumes du maraîcher, viandes locales et produits de la mer sont cuisinés avec soin par le chef ; son épouse, en salle, assure le service avec gentillesse et dynamisme. On passe un excellent moment.

Formule 17 € – Menu 25/49 € – Carte 43/63 €

Plan : AB2-n *22 quai Caligny – 02 33 43 10 11 – www.levauban-cherbourg.fr – Fermé 2 semaines fin fév., 2 semaines fin août, sam. midi, dim. soir et lundi*

Café de Paris

POISSONS ET FRUITS DE MER • BRASSERIE XX Une vraie brasserie de la mer ! On y vient pour ses plateaux de fruits de mer et ses poissons de la pêche locale, que l'on dévore en profitant de la vue sur le port à l'étage – avec, à l'heure de la marée, le spectacle des chalutiers gorgés de poissons et crustacés... Vivifiant.

Formule 21 € – Menu 24/46 € – Carte 34/55 €

Plan : AB2-d *40 quai Caligny – 02 33 43 12 36 – www.restaurantcafedeparis.com – Fermé 3 semaines en mars, 3 semaines en nov., lundi midi et dim.*

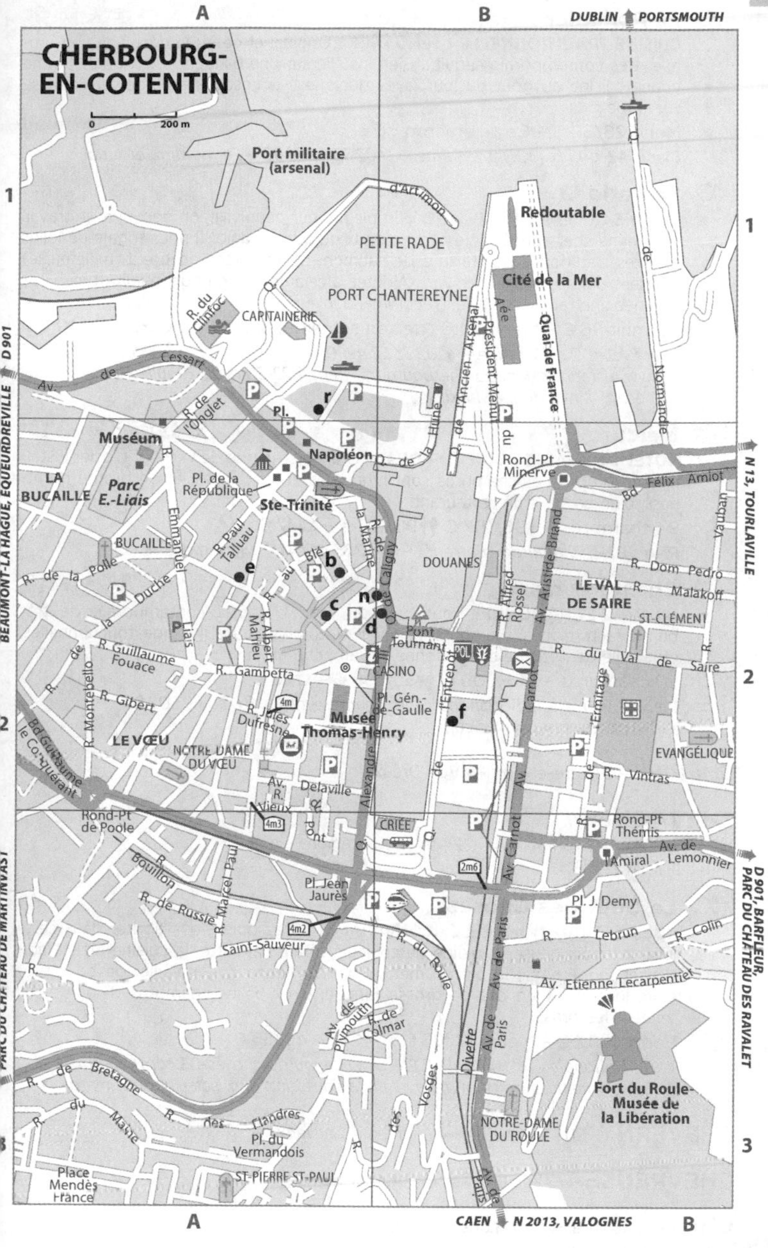
CHERBOURG-EN-COTENTIN
200 m
DUBLIN PORTSMOUTH
Port militaire (arsenal)
Redoutable
PETITE RADE
Cité de la Mer
PORT CHANTEREYNE
CAPITAINERIE
Quai de France
Muséum
Pl. Napoléon
LA BUCAILLE
Parc E.-Liais
Pl. de la République
Ste-Trinité
Rond-Pt Minerve
DOUANES
LE VAL DE SAIRE
ST-CLÉMENT
CASINO
Pl. Gén.-de-Gaulle
Musée Thomas-Henry
LE VŒU
NOTRE DAME DU VŒU
EVANGÉLIQUE
Rond-Pt de Poole
CRIÉE
Rond-Pt Thémis
Pl. Jean Jaurès
Pl. J. Demy
Fort du Roule-Musée de la Libération
NOTRE-DAME DU ROULE
Pl. du Vermandois
Place Mendès France
ST-PIERRE ST-PAUL
CAEN N 2013, VALOGNES
N 13, TOURLAVILLE
D 901, BARFLEUR, PARC DU CHÂTEAU DES RAVALET
BEAUMONT-LA HAGUE, EQUEURDREVILLE D 901

Le Pommier

CUISINE TRADITIONNELLE • TENDANCE Original et cosy : le décor de ce Pommier très contemporain séduit... Bien installé sur une banquette, on déguste une bonne cuisine au goût du jour, avec quelques suggestions à l'ardoise. Terrasse sur la rue.

Menu 26/32 € – Carte environ 36 €

Plan : A2-c *15 bis r. Notre-Dame – 02 33 53 54 60 – Fermé dim. et lundi*

Le Patio

CUISINE DU MARCHÉ • BISTRO En plein cœur de la ville, on découvre le travail d'un jeune chef autodidacte et amoureux du bon produit ! Il nous régale de jolies recettes traditionnelles (tartare de saumon, belles pièces de bœuf, millefeuille) réalisées dans les règles de l'art. Ajoutez à cela un bon rapport qualité-prix, vous obtenez une table tout à fait recommandable.

Formule 16 € – Menu 24 € (déj. en semaine), 28/36 € – Carte 30/40 €

Plan : A2-e *5 r. Christine – 02 33 52 49 10 – www.restaurant-lepatio-cherbourg.fr – Fermé 22-30 avril, 29 juil.-20 août, 23 déc.-1er janv., dim. et lundi*

Mercure

HÔTEL DE CHAÎNE • CONTEMPORAIN Grande structure de verre et d'acier installée sur le port. Les chambres sont modernes et spacieuses, et on profite du fitness, d'un bar et d'un restaurant.

94 chambres – 96/217 € 96/217 € – 17 €

Plan : B2-f *13 quai de l'Entrepôt – 02 33 44 01 11 – www.mercure.com*

Chantereyne

URBAIN • FONCTIONNEL Tout près du port, un hôtel contemporain de très bonne facture. Les chambres se révèlent aussi confortables que fonctionnelles, et la salle de petit-déjeuner donne sur un petit jardin.

50 chambres – 55/109 € 55/109 € – 10 €

Plan : A1-r *r. de la Brigantine (port Chantereyne) – 02 33 93 02 20 – www.hotelchantereyne.com*

CHERISY – 28 Eure-et-Loir → Voir Dreux

CHEVAGNES

03230 Allier – 673 hab. – Alt. 224 m – Carte régionale n° **3**-C1
Carte Michelin 326-I3

Le Goût des Choses

CUISINE TRADITIONNELLE • CONVIVIAL Venez donc vous abriter dans cette jolie salle lumineuse et pleine de couleurs ! Dans l'assiette, la cuisine mêle tradition et modernité ; le patron met un point d'honneur à travailler de bons produits locaux. Et en cas de grosse fatigue, deux belles chambres d'hôtes vous tendent les bras...

Formule 17 € – Menu 27/65 € – Carte 40/55 €

12 rte Nationale – 04 70 43 11 12 – www.legoutdeschoses-03.com – Fermé 1 semaine vacances de printemps et de la Toussaint, dim. soir, lundi et mardi

CHEVERNY – 41 Loir-et-Cher → Voir Cour-Cheverny

CHEVREUSE – 78 Yvelines → Voir Autour de Paris

CHILLE – 39 Jura → Voir Lons-le-Saunier

CHILLEURS-AUX-BOIS

45170 Loiret – 1 961 hab. – Alt. 125 m – Carte régionale n° **6**-C2
Carte Michelin 318-J3

Le Lancelot

CUISINE MODERNE • COSY XX Au centre du village, cette accueillante maison fleurie avec jardin et terrasse – et une belle collection de rosiers – est un véritable havre de tranquillité ! La patronne propose ses créations personnelles, avec une spécialité qui met l'eau à la bouche : le pithiviers fondant, coulis de fruits rouges, pistache...

Formule 19 € – Menu 29 € (semaine), 32/78 € – Carte 43/70 €

12 r. des Déportés
– 02 38 32 91 15 – www.restaurantlelancelot.com
– Fermé 26 fév.-12 mars, 6-27 août, mardi soir, merc. soir, dim. soir et lundi

CHINAILLON - 74 Haute-Savoie → Voir Grand-Bornand

CHINON

37500 Indre-et-Loire – 8 073 hab. – Alt. 40 m – Carte régionale n° **6**-A3
Carte Michelin 317-K6 – Guide Vert Michelin Châteaux de la Loire

L'Océanic

POISSONS ET FRUITS DE MER • COSY XXX Le vent de l'Océan souffle jusqu'à Chinon ! Comme l'enseigne l'indique, les produits de la mer sont ici à l'honneur. En cuisine, le chef prépare des poissons très frais, y ajoutant un zeste d'originalité. En saison, les menus homard, et Saint-Jacques, sont les spécialités maison. Bon rapport qualité-prix.

Formule 19 € 🍷 – Menu 29/44 € – Carte 42/94 €

Plan : B1-u *13 r. Rabelais*
– 02 47 93 44 55 – www.loceanic-chinon.com
– Fermé 22 fév.-8 mars, 28 août-6 sept., 1er-12 janv., dim. et lundi

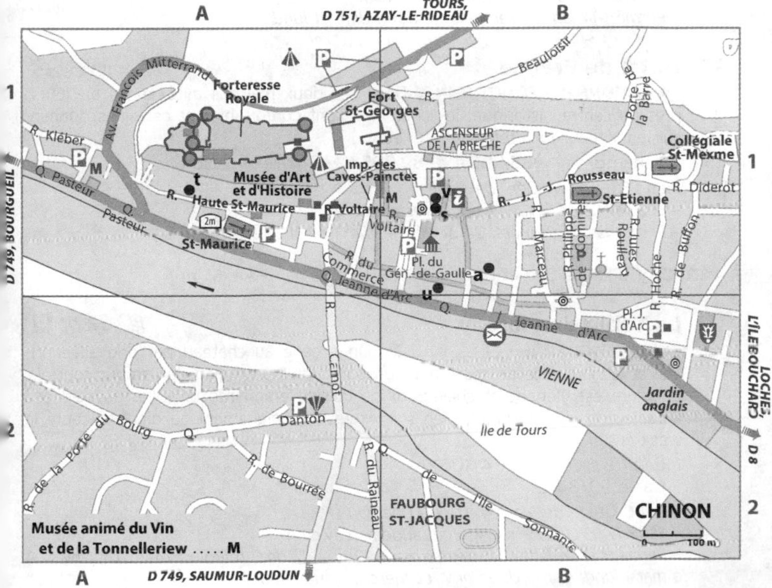

Au Chapeau Rouge

CUISINE DU TERROIR • CLASSIQUE XX Chapeau Rouge, comme celui que portaient les cochers des messageries royales. Le château de Chinon est, en effet, tout proche de ce restaurant devant lequel murmure une fontaine. On y déguste une belle cuisine fidèle aux saisons, avec des produits du terroir triés sur le volet. Menu truffe en hiver.

Menu 26 € (semaine), 30/44 €

Plan : B1-v *49 pl. du Gén.-de-Gaulle*
- ✆ 02 47 98 08 08 - www.auchapeaurouge.fr
- Fermé 2 semaines en fév., 2 semaines en oct., dim. soir, mardi midi et lundi

Les Années Trente

CUISINE MODERNE • ÉLÉGANT XX Ne vous fiez pas au nom de cet établissement ! Ici, point d'esprit années 1930 mais un décor chaleureux : tuffeau, poutres et même une cheminée... Les gourmands y apprécient une appétissante cuisine centrée sur les produits frais. Terrasse pour les beaux jours.

Formule 20 € 🍷 - Menu 27/48 €
- Carte 40/60 €

Plan : A1-t *78 r. Haute-Saint-Maurice*
- ✆ 02 47 93 37 18 - www.lesannees30.com
- Fermé 3 semaines en juin, 2 semaines fin nov., mardi et merc.

L'Ardoise

CUISINE MODERNE • BISTRO X Entièrement rénovée, cette Ardoise vous accueille dans un intérieur de bistrot chic. Passionné d'Asie, le chef signe des recettes bien ficelées, aux saveurs marquées. L'accueil et le service sont aux petits soins, et l'on profite même de deux terrasses de part et d'autre du restaurant.

Formule 16 € - Menu 28 €
- Carte 33/49 €

Plan : B1-a *42 r. Rabelais*
- ✆ 02 47 58 48 78 - lardoisechinon.com
- Fermé 1-14 janv., 1 semaine fin août, dim. et lundi

Hôtel de France

TRADITIONNEL • FONCTIONNEL Dans ces deux maisons mitoyennes du 16e s., près du centre historique, les chambres sont confortables et certaines donnent sur le château. Jolie terrasse intérieure.

28 chambres - †85/185 € ††89/195 € - 3 suites - ☕ 13 €

Plan : B1-s *47 pl. Gén.-de-Gaulle*
- ✆ 02 47 93 33 91 - www.bestwestern.com
- Fermé 19 fév.-11 mars, 24-31 déc. et dim. soir hors saison

à Marçay 9 km au Sud et D116 - ✉ 37500 - 499 hab. - Alt. 65 m

La Table de Marçay

CUISINE MODERNE • CLASSIQUE XXX On accède au château par une allée privée et la silhouette de ses tours transporte dans un roman de l'amour courtois. Le cadre est élégant et chaleureux, la cuisine empreinte de jolies saveurs et... auréolée de vins de Loire, bien sûr. Attention, uniquement au dîner, excepté le week-end.

Menu 48 € (dîner), 64/106 €
- Carte 58/84 €

Hôtel Château de Marçay, rte du Château
- ✆ 02 47 93 03 47 - www.chateaudemarcay.com
- Fermé 8 janv.-8 fév., 19 fév.-8 mars, 19 nov.-12 déc., mardi et merc. de janv.s à mars, lundi et mardi en nov. et merc. et jeudi en déc.

Château de Marçay

DEMEURE HISTORIQUE • PERSONNALISÉ De nobles tours rondes, une belle pierre blanche... ce château des 12e-15e s. a fière allure ! Tout autour : le calme d'un grand parc et des vignes (dégustations), en face desquelles se dresse une annexe. Centre équestre depuis peu... pour un séjour à l'image de la région.

28 chambres - 195/332 € 195/332 € - 4 suites - 19 €

rte du Château - 02 47 93 03 47 - www.chateaudemarcay.com - Fermé 8 janv.-8 fév., 19 fév.-8 mars, 19 nov.-12 déc.

La Table de Marçay - voir les restaurants ci-dessus

CHISSAY-EN-TOURAINE - 41 Loir-et-Cher

→ Voir Montrichard

CHISSEAUX

37150 Indre-et-Loire - 630 hab. - Alt. 58 m - Carte régionale n° **6**-A1
Carte Michelin 317-P5

Auberge du Cheval Rouge

CUISINE MODERNE • TRADITIONNEL XX Noble nom que celui de cette auberge située sur la route des châteaux de la Loire. La cuisine est occupée par un chef au beau parcours (le Meurice à Paris, le Richelieu sur l'île de Ré), qui signe des recettes appétissantes : terrine de pied de porc au foie gras, bouillon crémeux de homard et langoustines...

Formule 25 € - Menu 31/70 € - Carte 47/60 €

30 r. Nationale - 02 47 23 86 67 - www.auberge-duchevalrouge.com - Fermé janv., mardi et merc.

CHITENAY

41120 Loir-et-Cher - 1 051 hab. - Alt. 90 m - Carte régionale n° **6**-A1
Carte Michelin 318-F7

Auberge du Centre

TRADITIONNEL • PERSONNALISÉ À proximité des châteaux de la Loire, une engageante auberge de village dont la façade est couverte de vigne vierge. Chambres propres et mignonnes (motifs floraux, couleurs gaies) ; jardin arboré. Cuisine traditionnelle dans un cadre frais et cosy.

25 chambres - 78/126 € 89/154 € - 14 €

34 Grande-Rue (pl. de l'Église) - 02 54 70 42 11 - www.auberge-du-centre.com - Fermé fév.

CHOLET

49300 Maine-et-Loire - 53 853 hab. - Alt. 91 m - Carte régionale n° **18**-B2
Carte Michelin 317-D6 - Guide Vert Michelin Pays de la Loire

Le Pouce Pied

CUISINE MODERNE • SIMPLE X Un restaurant de poche un peu excentré, où les tables sont décorées de pouces-pieds ! La cuisine est alléchante et gorgée de saveurs, le tout à prix raisonnable.

Formule 19 € - Menu 32 €

Plan : B1-a *1 r. du Lait-au-Beurre - 02 41 58 50 03 - www.lepoucepied.com - Fermé 18-24 juin, sam. midi, dim. soir et lundi*

La Grange

CUISINE MODERNE • AUBERGE XX Côté pile, l'image d'Épinal, les poutres apparentes et la cheminée qui rappellent l'ancienne ferme du pays. Côté face, des touches de couleur, de l'épure et du design, bref : la modernité ! À cheval sur tout cela, bien en équilibre : la savoureuse cuisine du chef, inspirée et respectueuse des saisons.

Menu 20 € (semaine), 35/60 € - Carte 47/89 €

Hors plan *64 r. de St-Antoine - 02 41 62 09 83 - www.lagrangecholet.fr - Fermé dim. soir, merc. soir et lundi*

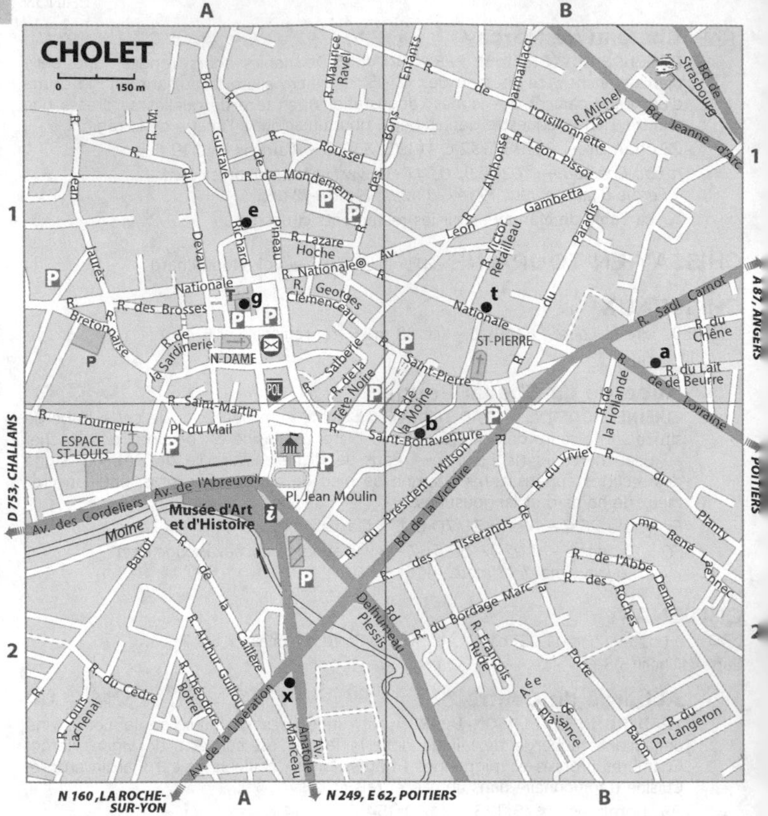

CHOLET

La Touchetière

CUISINE TRADITIONNELLE · RUSTIQUE XX Cette vieille auberge a su préserver son cachet rustique : poutres blanchies, cheminée allumée en hiver, terrasse fleurie... pour une cuisine traditionnelle teintée de modernité.

Menu 22 € (semaine), 33/55 € – Carte 36/55 €

Hors plan *41 r. du Dr-Roux – ✆ 02 41 62 55 03 – www.restaurant-cholet.com – Fermé 1 semaine en fév., 7-13 mai, 4-28 août, sam. midi, dim. soir et lundi*

L'Ourdissoir

CUISINE TRADITIONNELLE · INTIME X De beaux murs en pierre, témoins du travail des tisserands de la ville du mouchoir. Le chef propose un menu découverte selon son inspiration et les propositions du marché.

Formule 17 € – Menu 21 € (déj. en semaine), 32/59 € – Carte 46/52 €

Plan : B2-b *40 r. St-Bonaventure – ✆ 02 41 58 55 18 – lourdissoir.com – Fermé 1 semaine en mai, 3 semaines en août, dim. et lundi*

Mercure

HÔTEL DE CHAÎNE · PERSONNALISÉ Sur la place centrale de Cholet, l'ancien théâtre de la ville est devenu un hôtel contemporain, aux lignes élégantes. Les chambres sont confortables et bien équipées.

68 chambres – †97/209 € ††107/249 € – 2 suites – ☕ 16 €

Plan : A1-g *81 pl. Travot – ✆ 02 41 29 40 25 – www.hotel-mercure-cholet.com*

San Benedetto

BUSINESS • DESIGN C'est le plus ancien hôtel de la ville. Désormais, tout est très moderne, voire tendance, avec de beaux volumes. Les chambres, immaculées, sont ponctuées de touches colorées. Aux beaux jours, on prend le petit-déjeuner dans le joli patio.

50 chambres - 77/92 € 102/126 € - 14 €

Plan : A1-e *26 bd Gustave-Richard - 02 41 62 07 20 - www.sanbenedetto-hotel.com*

Park Hotel

TRADITIONNEL • FONCTIONNEL Chambres fonctionnelles et bien insonorisées, grande salle de réunion et petit-déjeuner buffet : une adresse pratique et bien tenue, près de la patinoire de Cholet et du parc de Moine.

72 chambres - 74/84 € 74/84 € - 10 €

Plan : A2-x *4 av. Anatole-Manceau - 02 41 62 65 45 - www.park-hotel-cholet.fr - Fermé 21 déc.-6 janv.*

Demeure l'Impériale

FAMILIAL • CLASSIQUE Accueil charmant dans cet hôtel particulier de 1860. Chambres lumineuses (fleurs, linge luxueux, parquet). Petit-déjeuner sous une verrière avec confiture et gâteaux maison.

4 chambres - 75/80 € 85/150 €

Plan : B1-t *28 r. Nationale - 02 41 58 84 84 - www.demeure-imperiale.com*

à Maulévrier 13 km au Sud-Est et D20 - 49360 - 3 147 hab. - Alt. 130 m

Château Colbert

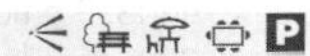

CUISINE MODERNE • ROMANTIQUE XXX Quelle allure ! Au sein de ce beau château classique, les hauts plafonds et les lustres en cristal Grand Siècle rehaussent encore l'expérience gastronomique. Le chef signe une cuisine actuelle bien maîtrisée, inspirée par le terroir et les légumes du potager...

Formule 24 € - Menu 32/80 € - Carte environ 62 €

pl. du Château - 02 41 55 51 33 - www.chateaucolbert.com - Fermé 24 fév.-12 mars, 22 déc.-9 janv. et dim. soir

Château Colbert

DEMEURE HISTORIQUE • PERSONNALISÉ Ce château du 17e s. veille jalousement sur ses chambres meublées d'ancien. Celles du 1er étage sont magnifiques et donnent sur un splendide jardin japonais. Une belle manière de prolonger le rêve...

20 chambres - 97/250 € 97/250 € - 1 suite - 12 €

pl. du Château - 02 41 55 51 33 - www.chateaucolbert.com - Fermé 24 fév.-12 mars, 22 déc.-9 janv. et dim. soir

Château Colbert - voir les restaurants ci-dessus

CHOMELIX

43500 Haute-Loire - 484 hab. - Alt. 910 m - Carte régionale n° **3**-C3
Carte Michelin 331-E2

Auberge de l'Arzon

CUISINE TRADITIONNELLE • FAMILIAL X Au cœur du village, cette bâtisse en pierre invite à un joli repas traditionnel, avec en vedette les champignons du pays. Le patron ramasse lui-même ses morilles ! Une dépendance située à l'arrière abrite des chambres très bien tenues.

Menu 29/34 €

9 chambres - 60/82 € 65/90 € - 8 €

pl. de la Fontaine - 04 71 03 62 35 - www.auberge-de-larzon.com - Ouvert de fin juin à début sept. et fermé le lundi soir

CHONAS-L'AMBALLAN - 38 Isère ➔ Voir Vienne

CHORGES

✉ 05230 Hautes-Alpes - 2 791 hab. - Alt. 864 m - Carte régionale n° **21**-C1
Carte Michelin 334-F5 - Guide Vert Michelin Alpes du Sud

Ax'Hôtel

SPA ET BIEN-ÊTRE • CONTEMPORAIN Né en 2010, un édifice entièrement habillé de bois clair, au calme, près de Gap. La décoration est contemporaine, rehaussée d'illustrations évoquant les beautés naturelles - à l'unisson des montagnes environnantes. Le superbe spa ajoute à l'intérêt de l'établissement, unique dans la région.

39 chambres - 87/117 € 87/117 € - 13 €

ZA La Grande-Ile - 04 92 21 45 17 - www.ax-hotel.com

CIBOURE - 64 Pyrénées-Atlantiques ➔ Voir St-Jean-de-Luz

CIEURAC - 46 Lot ➔ Voir Cahors

LA CIOTAT

✉ 13600 Bouches-du-Rhône - 35 631 hab. - Carte régionale n° **21**-B3
Carte Michelin 340-I6 - Guide Vert Michelin Provence

Vieux Port

BUSINESS • CONTEMPORAIN La Ciotat - dont la gare est entrée dans l'histoire en 1895 grâce à Louis Lumière - peut aussi s'enorgueillir de sa baie, de ses calanques et... de son hôtel du Vieux Port ! Des chambres spacieuses avec balcon, une piscine (avec jacuzzi) sur le toit, offrant une vue imprenable sur la mer : que demander de plus ?

62 chambres - 99/269 € 99/399 € - 1 suite - 16 €

252 quai François-Mitterrand - 04 42 04 00 00 - www.bestwestern-laciotat.com

au Liouquet 6 km à l'Est par D559 (rte de Bandol) - ✉ 13600 La Ciotat

La Table de Nans (Nans Gaillard)

CUISINE MÉDITERRANÉENNE • ÉPURÉ XX Nans Gaillard, enfant du pays et jeune chef exigeant, avait un rêve de gamin : ouvrir son adresse à la Ciotat, au bord de l'eau. C'est chose faite ! Sa cuisine, d'une très belle facture et fort savoureuse, rappelle qu'il a fait ses armes chez les grands. Depuis la terrasse, on se délecte devant les flots bleus : divin...

➔ Légumes de Provence cuits et crus, robiola frais. Saint-pierre doré à l'huile d'olive, mijoté de coquillages, blettes, pointes d'asperges et bouillon de bouillabaisse. Noisette du Piémont et soupçon de yuzu.

Formule 29 € - Menu 49 € (déj.), 80/105 € - Carte 70/110 €

126 corniche du Liouquet - 04 42 83 11 06 - www.latabledenans.com - Fermé 12-30 nov., 7-31 janv., dim. sauf le midi de sept. à mai, merc. et jeudi de sept. à mai et lundi de juin à août

Roche Belle

CUISINE PROVENÇALE • RUSTIQUE X Dans un chaleureux cadre provençal, une maisonnette couverte de vigne vierge et sa terrasse plantée d'oliviers. La cuisine est goûteuse, ensoleillée, et fleure bon le Midi.

Menu 22 € (déj. en semaine)/37 € - Carte 45/73 €

Corniche du Liouquet - 04 42 71 47 60 - www.roche-belle.fr - Fermé 20 fév.-12 mars, 21 oct.-5 nov., dim. et lundi

CLAIREFONTAINE-EN-YVELINES

✉ 78120 Yvelines - 822 hab. - Alt. 120 m - Carte régionale n° **10**-A2
Carte Michelin 311-H4

Les Terrasses de Clairefontaine

CUISINE MODERNE • CONTEMPORAIN XXX Situé au cœur de la Vallée de Chevreuse et de la forêt de Rambouillet, ce restaurant en bordure de l'étang de Clairefontaine propose une chaleureuse cuisine au goût du jour, avec une prédisposition (en saison) pour les truffes et les gibiers, et une jolie vue sur l'étang (en toutes saisons...).

Formule 35 € - Menu 49 € - Carte 80/95 €

1 r. de Rambouillet - ✆ 01 30 59 19 19 - www.lesterrassesdeclairefontaine.com - Fermé 3 semaines en août , vacances de Noël, dim. soir, lundi et mardi

CLAMECY

58500 Nièvre - 3 889 hab. - Alt. 144 m - Carte régionale n° **4**-B2
Carte Michelin 319-E7 - Guide Vert Michelin Bourgogne

Angélus

CUISINE MODERNE • BISTRO X Une maison à colombages au pied de l'église. On y savoure une bonne cuisine résolument centrée sur le produit (les fournisseurs sont choisis avec soin), à l'image de ce paleron de charolais fondant et sa crème légère à la moutarde. Aux beaux jours, on profite de la jolie terrasse.

Menu 25 € (semaine), 32/38 € - Carte 40/61 €

11 pl. St-Jean - ✆ 03 86 27 33 98 - www.restaurantlangelus.com - Fermé vacances de la Toussaint, de Noël, de fév., lundi sauf juil.-août, dim. soir et merc. soir

Deux Pièces Cuisine

CUISINE MODERNE • ROMANTIQUE X Une véritable petite bonbonnière dont l'origine remonte à 1396, où se côtoient bibelots, oursons et même coucou suisse... L'âme cosy des lieux a conquis la clientèle locale. Cuisine actuelle.

Menu 19 € (déj. en semaine)/22 €

7 r. de la Monnaie - ✆ 03 86 27 25 07 - www.2pieces-cuisine.fr - Fermé janv.-mars, 15 nov.-20 déc., dim. soir, mardi midi et lundi

Hostellerie de la Poste

FAMILIAL • TRADITIONNEL Au cœur de cette jolie bourgade, tout près du palais de justice, une grande bâtisse où l'on sait recevoir : chambres confortables (rustiques ou plus contemporaines), accueil dynamique et petit patio pour prendre le petit-déjeuner aux beaux jours...

24 chambres - †74/105 € ††74/120 € - 10 €

9 pl. Emile-Zola - ✆ 03 86 27 01 55 - www.hostelleriedelaposte.fr

CLARA - 66 Pyrénées-Orientales → Voir Prades

LES CLAUX - 05 Hautes-Alpes → Voir Vars

CLÉCY

14570 Calvados - 1 251 hab. - Alt. 100 m - Carte régionale n° **17**-B2
Carte Michelin 303-J6 - Guide Vert Michelin Normandie Cotentin

Au Site Normand

CUISINE MODERNE • COSY XX Le chef, sympathique et professionnel, revisite ici la tradition avec maîtrise, au rythme des saisons et du marché. Ses menus surprise se dégustent dans une salle à manger cosy qui ne manque pas de cachet : poutres peintes, cheminée... Service charmant.

Formule 25 € - Menu 36/67 €

2 r. des Chatelets - ✆ 02 31 69 71 05 - www.hotel-clecy.com - Fermé 18-31 déc., 1er-28 janv., dim. et lundi

Au Site Normand

TRADITIONNEL • CONTEMPORAIN C'est l'histoire d'un enfant du pays qui désirait ouvrir un hôtel-restaurant à son image : charmant et accueillant. Voilà qui est chose faite ! Les chambres, joliment rénovées dans un style moderne, se révèlent également confortables.

16 chambres – 75/135 € 75/135 € – 12 €

2 r. des Chatelets – 02 31 69 71 05 – www.hotel-clecy.com – Fermé 18-31 déc., 1er-28 janv.

Au Site Normand – voir les restaurants ci-dessus

CLÈRES

76690 Seine-Maritime – 1 354 hab. – Alt. 113 m – Carte régionale n° **17**-D1
Carte Michelin 304-G4 – Guide Vert Michelin Normandie Vallée de la Seine

à Frichemesnil 4 km au Nord-Est par D6 et D100 – 76690 – 420 hab. – Alt. 150 m

Au Souper Fin (Eric Buisset)

CUISINE MODERNE • ÉLÉGANT XX Des mariages de saveurs réfléchis et flatteurs, des produits de qualité, très frais, beaucoup de soin... L'enseigne ne ment pas et c'est logique, tant le chef et son épouse veillent à satisfaire toujours davantage leurs clients ! Cette excellente adresse propose aussi de jolies petites chambres... pour rester un jour de plus ?

→ Langoustines, mousseline de cresson et émulsion au vinaigre d'agrumes. Côte de veau au vin jaune et aux morilles. Millefeuille à la vanille Bourbon.

Formule 30 € – Menu 36 € (semaine), 52/60 € – Carte 65/75 €
4 chambres – 70/85 € 85/100 € – 12 €

1 rte de Clères – 02 35 33 33 88 – www.souperfin.fr – Fermé vacances de printemps, 6-30 août, vacances de Noël, dim. soir, merc. et jeudi

au Sud 2 km sur D155 – 76690 Clères :

Auberge du Moulin

CUISINE MODERNE • COSY XX Une sympathique auberge tournée vers un vieux moulin, bordé par une petite rivière dont le cours est ponctué de cressonnières. On prend plaisir à déguster la cuisine dans l'air du temps concoctée par Marc Halbourg, qui valorise joliment marée et terroir normands.

Formule 23 € – Menu 31/53 € – Carte 42/60 €

36 r. des Moulins-du-Tot – 02 35 33 62 76 – www.aubergedumoulin.org – Fermé 19 août-7 sept., dim. soir, lundi et mardi

CLERMONT

60600 Oise – 10 502 hab. – Alt. 125 m – Carte régionale n° **19**-B2
Carte Michelin 305-F4

à Étouy 7 km au Nord-Ouest par D151 – 60600 – 784 hab. – Alt. 85 m

L'Orée de la Forêt (Nicolas Leclercq)

CUISINE MODERNE • ÉLÉGANT XXX Une belle demeure bourgeoise de la fin du 19e s., dans un paisible parc arboré. L'intérieur, feutré et élégant, ne laisse pas de séduire ; le grand potager approvisionne la table en légumes frais. Il en résulte une belle cuisine, aux saveurs franches et harmonieuses. Et le millefeuille vanillé est divin !

→ Assiette comme un jardin d'herbes et fleurs. Pigeonneau rôti au barbecue et légumes du potager. Millefeuille vanillé.

Formule 38 € – Menu 58 € (semaine), 85/115 € – Carte environ 105 €

255 r. de la Forêt – 03 44 51 65 18 – www.loreedelaforet.fr – Fermé 22 juil.-22 août, 2-14 janv., sam. midi, dim. soir, vend. et fériés le soir

Ch. Martin/Getty Images

ON AIME...

Le Pré-Xavier Beaudiment, sa cuisine d'auteur sur la route de la Baraque. **L'Ostal**, où un enfant du pays réalise une jolie cuisine actuelle. **SmØrrebrØd**, un bistrot chic et moderne. Le **Saint Eutrope**, pour un moment de bistronomie dans un décor vintage. Enfin, **Apicius**, qui nous accueille sur le toit du marché St-Pierre...

CLERMONT-FERRAND

✉ 63000 Puy-de-Dôme – 141 569 hab. – Agglo. 261 926 hab. – Alt. 401 m – Carte régionale n° **3**-B2
Carte Michelin 326-F8 – Guide Vert Michelin Auvergne

Restaurants

✿ Apicius (Arkadiusz Zuchmanski)

CUISINE MODERNE • ÉPURÉ XxX Au cœur de la ville, à l'étage du marché Saint-Pierre, ce restaurant chic (tables espacées, salons privatifs) n'a pas sacrifié le goût à l'originalité du lieu : les produits, nobles, sont toujours rendus dans leur vérité. Au déjeuner, chariot de viandes et découpe en salle par le chef. A déguster sur la grande terrasse, l'été venu !

➜ Saint-Jacques en marinade de citron vert, huile d'olive et poivre timut. Lièvre à la royale, gnocchis à la truffe et cèpes. Confidentiel pour chocophiles.

Formule 39 € – Menu 67/115 €
– Carte 80/140 €

Plan : F2-b *pl. du Marché-St-Pierre (à l'étage)*
– ✆ 04 73 91 13 61 – www.apicius-clermont.com
– Fermé 1er-5 mai, 4 août-1er sept., dim., lundi et fériés

✿ Jean-Claude Leclerc

CUISINE MODERNE • ÉLÉGANT XxX Dans cet établissement proche du palais de justice, point de convocation à une audience, mais une invitation à l'épicurisme ! Voilà une table clermontoise très appréciée : tout en équilibre et très maîtrisées, les assiettes pétillent de saveurs... Atmosphère élégante et terrasse ombragée.

➜ Brochette d'escargots au beurre vert, ravioli de pomme de terre et salade à la truffe d'été. Homard aux morilles. Framboises gratinées, crème parfumée et jus glacé.

Menu 36 € (déj. en semaine), 55/105 €
– Carte 80/110 €

Plan : F2-k *12 r. St-Adjutor*
– ✆ 04 73 36 46 30 – www.restaurant-leclerc.com
– Fermé 18-26 fév., 6-14 mai, 12 août-4 sept., dim. et lundi

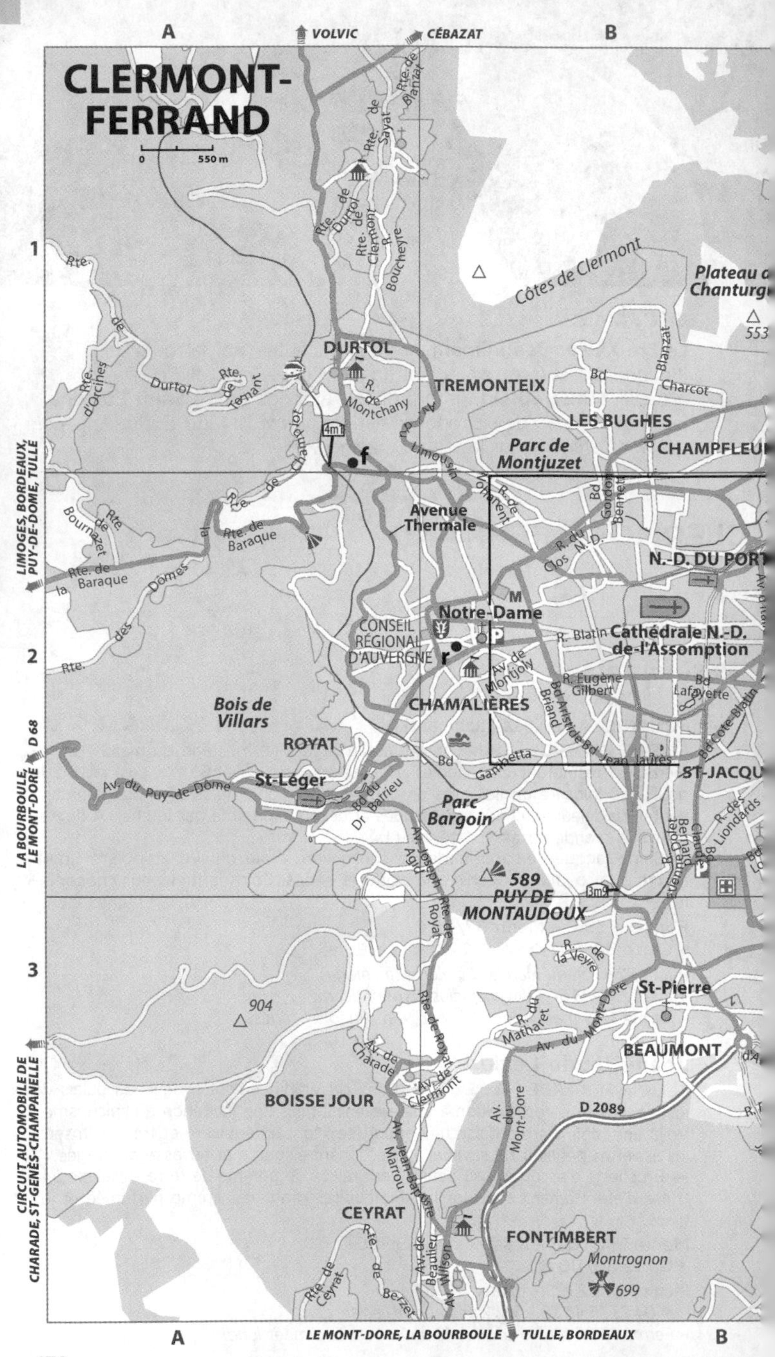

CLERMONT-FERRAND
0
550 m
A
B
VOLVIC
CÉBAZAT
LIMOGES, BORDEAUX, PUY-DE-DÔME, TULLE
LA BOURBOULE, LE MONT-DORE
D 68
CIRCUIT AUTOMOBILE DE CHARADE, ST-GENÈS-CHAMPANELLE
LE MONT-DORE, LA BOURBOULE
TULLE, BORDEAUX
1
2
3
Côtes de Clermont
Plateau de Chanturgue
553
DURTOL
TREMONTEIX
LES BUGHES
CHAMPFLEURI
Parc de Montjuzet
Avenue Thermale
N.-D. DU PORT
Notre-Dame
CONSEIL RÉGIONAL D'AUVERGNE
Cathédrale N.-D. de-l'Assomption
CHAMALIÈRES
Bois de Villars
ROYAT
St-Léger
Parc Bargoin
ST-JACQUES
589
PUY DE MONTAUDOUX
904
St-Pierre
BEAUMONT
BOISSE JOUR
D 2089
CEYRAT
FONTIMBERT
Montrognon
699

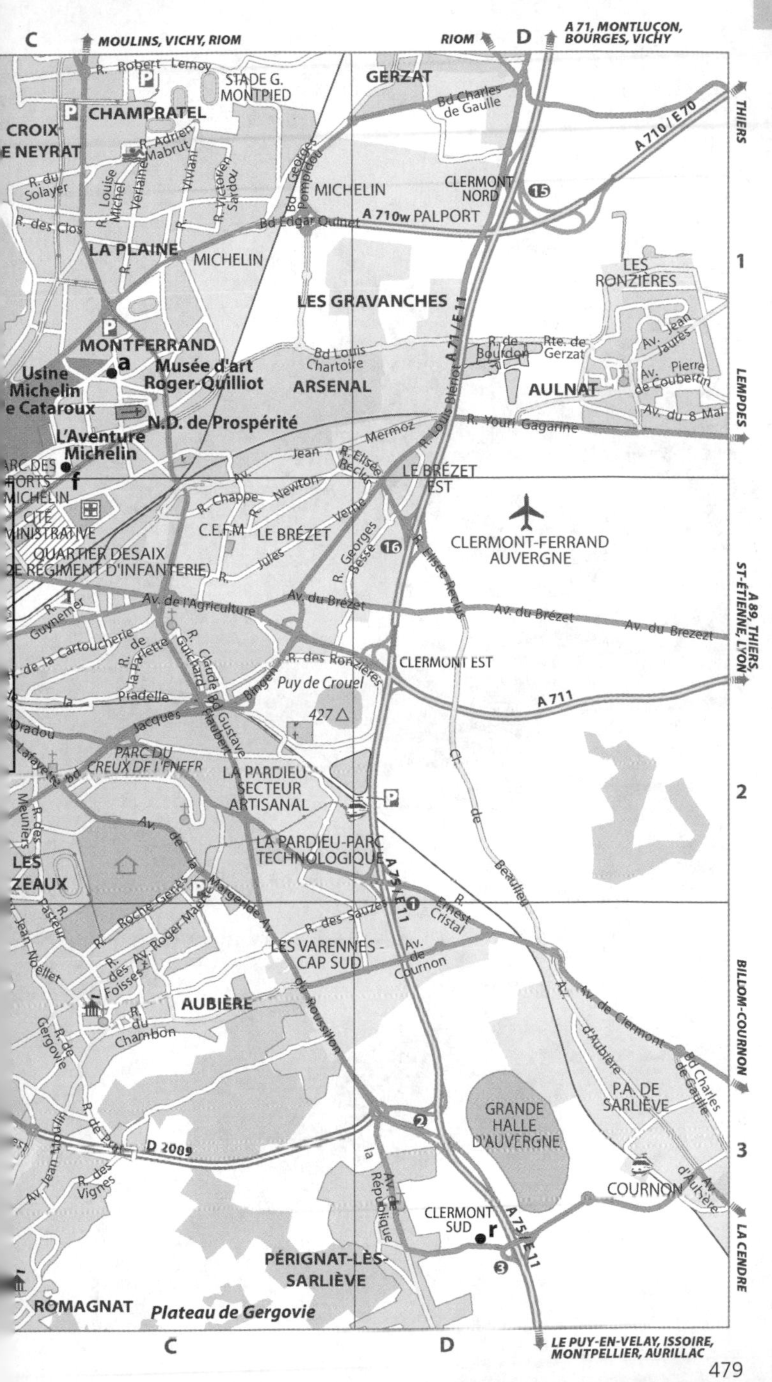
MOULINS, VICHY, RIOM
RIOM
A 71, MONTLUÇON, BOURGES, VICHY
THIERS
LEMPDES
A 89, THIERS, ST-ÉTIENNE, LYON
BILLOM-COURNON
LA CENDRE
LE PUY-EN-VELAY, ISSOIRE, MONTPELLIER, AURILLAC
GERZAT
CHAMPRATEL
CROIX DE NEYRAT
STADE G. MONTPIED
LA PLAINE
MICHELIN
LES GRAVANCHES
CLERMONT NORD
A 710w PALPORT
A 710 / E70
LES RONZIÈRES
MONTFERRAND
Usine Michelin de Cataroux
Musée d'art Roger-Quilliot
ARSENAL
AULNAT
N.D. de Prospérité
L'Aventure Michelin
LE BRÉZET EST
CITÉ ADMINISTRATIVE
QUARTIER DESAIX (92E RÉGIMENT D'INFANTERIE)
C.E.F.M
LE BRÉZET
CLERMONT-FERRAND AUVERGNE
CLERMONT EST
Puy de Crouel
427
A 711
PARC DU CREUX DE L'ENFER
LA PARDIEU-SECTEUR ARTISANAL
LA PARDIEU-PARC TECHNOLOGIQUE
LES ZEAUX
LES VARENNES - CAP SUD
AUBIÈRE
P.A. DE SARLIÈVE
GRANDE HALLE D'AUVERGNE
COURNON
CLERMONT SUD
D 2009
PÉRIGNAT-LÈS-SARLIÈVE
ROMAGNAT
Plateau de Gergovie
A 71 / E 11
A 75 / E 11
C
D
1
2
3

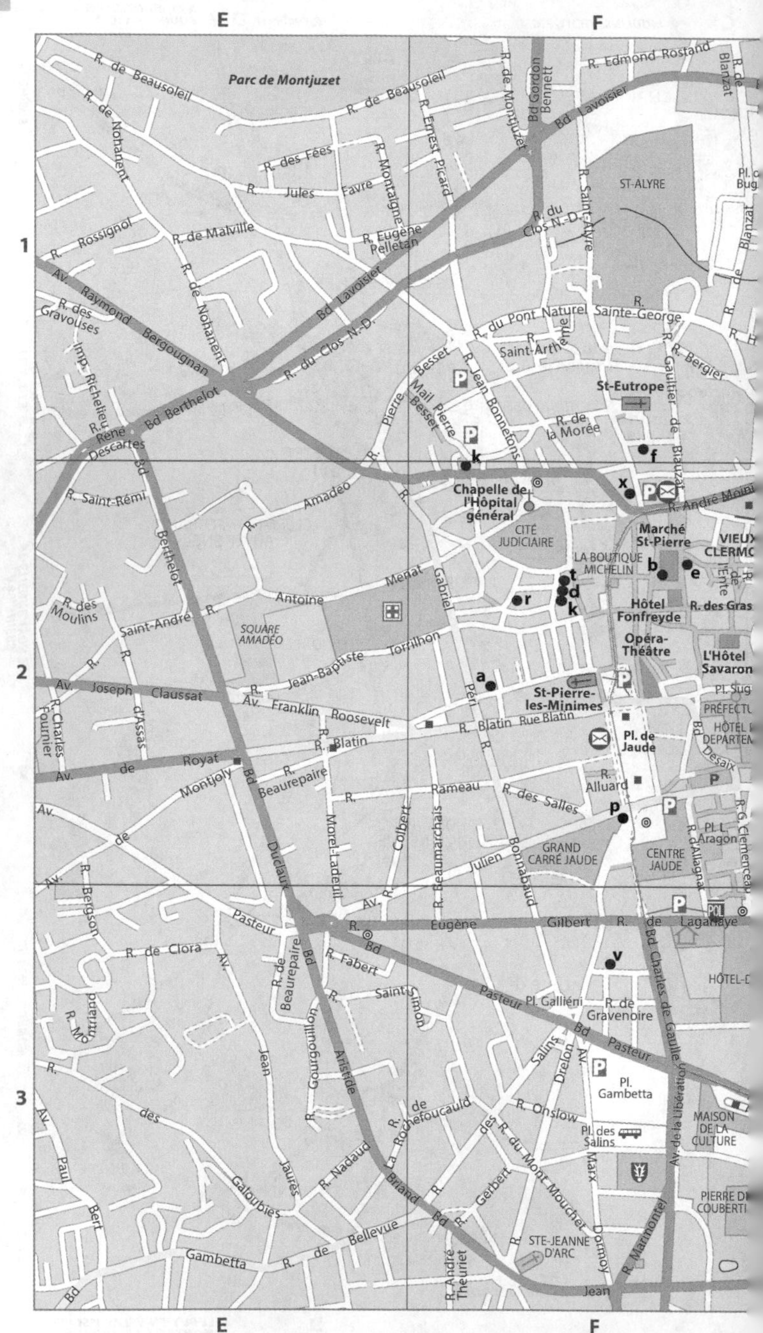
E
F
1
2
3
Parc de Montjuzet
ST-ALYRE
St-Eutrope
Chapelle de l'Hôpital général
CITÉ JUDICIAIRE
LA BOUTIQUE MICHELIN
Marché St-Pierre
Hôtel Fonfreyde
Opéra-Théâtre
L'Hôtel Savaron
St-Pierre-les-Minimes
Pl. de Jaude
SQUARE AMADÉO
GRAND CARRÉ JAUDE
CENTRE JAUDE
Pl. Gambetta
Pl. des Salins
MAISON DE LA CULTURE
STE-JEANNE D'ARC
Bd Lavoisier
Av. Raymond Bergougnan
Bd Berthelot
Av. Joseph Claussat
Av. Franklin Roosevelt
Av. de Royat
Bd Duclaux
R. Eugène Gilbert
Bd Pasteur
Bd Charles de Gaulle
Av. de la Libération
Bd Aristide Briand
Av. Julien
R. Blatin
R. des Salles
R. Rameau
R. Bonnabaud
R. Gabriel Péri
R. Morel-Ladeuil
R. de Nohanent
R. de Beausoleil
R. Montaigne
R. Ernest Picard
R. du Pont Naturel
R. Sainte-George
R. Saint-Alyre
R. Gaultier de Biauzat
R. Edmond Rostand
R. du Clos N.-D.
R. de la Morée
R. Jean Bonnefons
R. Pierre Besset
Mail Pierre Besset
R. Saint-Rémi
R. Amadéo
R. Antoine Mérat
R. Saint-André
R. Jean-Baptiste Torrilhon
R. de Montjoly
R. Beaurepaire
R. Colbert
R. Beaumarchais
R. Alluard
R. Fabert
R. Saint-Simon
R. de Gravenoire
R. Onslow
R. du Mont Mouchet
R. Dormoy
R. Marx
R. Marmontel
R. Gambetta
R. de Bellevue
R. Nadaud
R. Gerbert
R. André Theuriet
R. des Gravouses
R. Rossignol
R. de Malville
R. Jules Favre
R. Eugène Pelletan
R. des Fées
R. Bergier
R. de Clora
R. Bergson
R. Charles Fournier
R. d'Assas
R. des Moulins
Av. Paul Bert
R. Gaulier
R. des Gras
Pl. L. Aragon
R. d'Allagnat
Bd Desaix
R. G. Clemenceau
HÔTEL-D
PIERRE DE COUBERTI
PRÉFECTU
Pl. Gallieni
Av. Jean Jaurès
R. Gourgouillon
R. de La Rochefoucauld
a
b
d
e
f
k
p
r
t
v
x

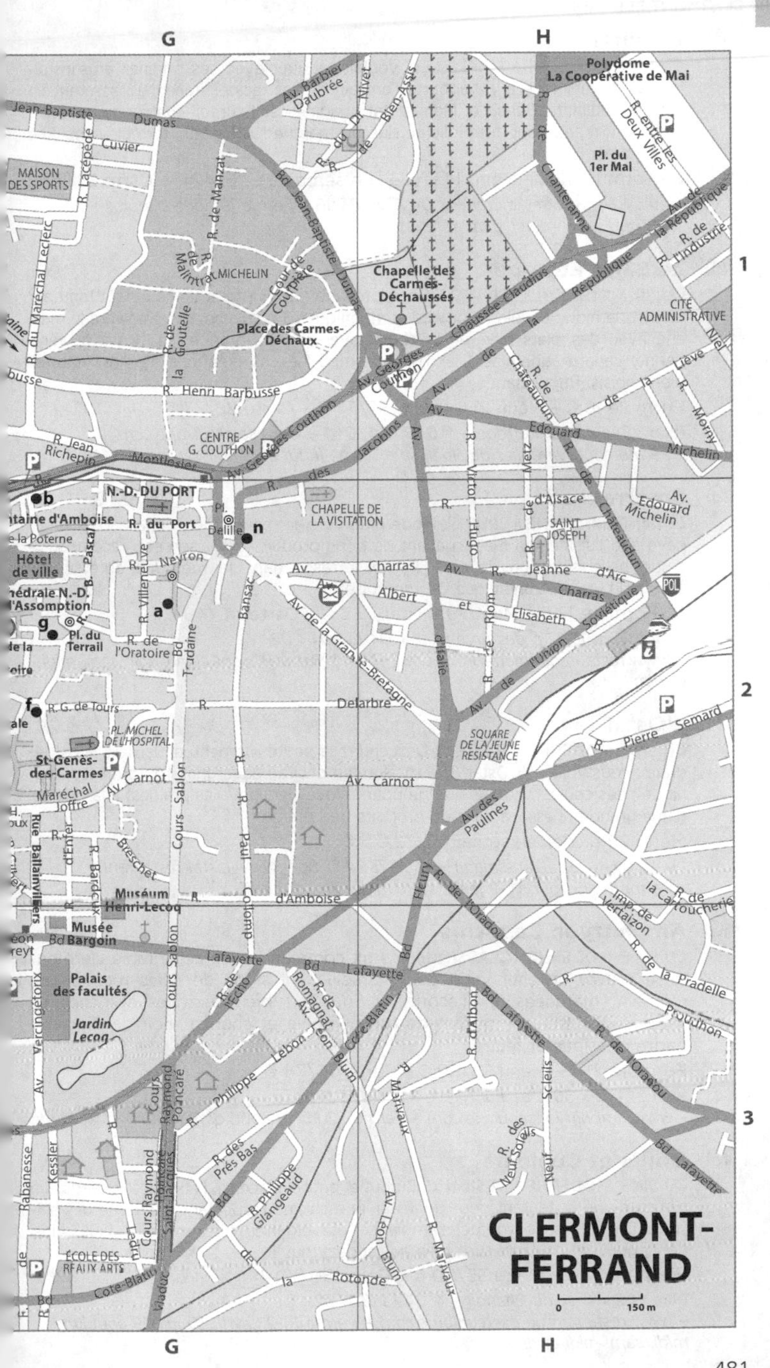
G
H
1
2
3
CLERMONT-FERRAND
0
150 m
Polydome
La Coopérative de Mai
R. entre les Deux Villes
Pl. du 1er Mai
R. de Chanteranne
Av. de la République
R. de l'Industrie
CITÉ ADMINISTRATIVE
Av. Barbier Daubrée
R. du Dr Nivet
R. de Bien-Assis
Jean-Baptiste Dumas
Bd Jean-Baptiste Dumas
Cuvier
R. Lacépède
MAISON DES SPORTS
R. du Maréchal Leclerc
R. de Manzat
R. de Malintrat
MICHELIN
Cour de Courpière
R. de la Goutelle
Place des Carmes-Déchaux
Chapelle des Carmes-Déchaussés
Chaussée Claudius
Av. Georges Couthon
R. Henri Barbusse
CENTRE G. COUTHON
R. Jean Richepin
Montlosier
Av. Georges Couthon
R. des Jacobins
Av. de la République
R. de Châteaudun
R. de la Lièvre
R. Morny
Av. Edouard Michelin
N.-D. DU PORT
R. du Port
Pl. Delille
CHAPELLE DE LA VISITATION
R. d'Alsace
R. Victor Hugo
R. de Metz
SAINT JOSEPH
Av. Edouard Michelin
Hôtel de ville
R. Neyron
R. Villeneuve
R. B. Pascal
Av. Charras
Av. Albert et Elisabeth
Av. Jeanne d'Arc
Av. de l'Union Soviétique
POL
Av. de la Grande-Bretagne
R. Bansac
R. de Riom
Av. d'Italie
Pl. du Terrail
R. de l'Oratoire
Bd Trudaine
R. G. de Tours
R. Delarbre
SQUARE DE LA JEUNE RESISTANCE
R. Pierre Semard
PL. MICHEL DE L'HOSPITAL
St-Genès-des-Carmes
Av. Carnot
Maréchal Joffre
R. d'Enfer
R. Bardoux
Breschet
Cours Sablon
R. Paul Collomp
Av. des Paulines
Bd Fleury
R. de l'Oradou
la Cartoucherie
R. de Vertaizon
Rue Ballainvilliers
Muséum Henri-Lecoq
Musée Bargoin
R. d'Amboise
Bd Lafayette
Palais des facultés
Jardin Lecoq
Av. Vercingétorix
R. de l'Echo
Romagnat
Av. Léon Blum
Bd Côte-Blatin
R. d'Albon
Bd Lafayette
R. de la Pradelle
Proudhon
R. de l'Oradou
Cours Raymond Poincaré
R. Philippe Lebon
R. Marivaux
R. Scleils
R. des Neuf Soleils
R. des Prés Bas
R. Philippe Glangeaud
Bd Lafayette
Rabanesse
Kessler
Cours Raymond Poincaré
Saint Jacques
Viaduc
ÉCOLE DES BEAUX ARTS
Côte-Blatin
R. de la Rotonde
Av. Léon Blum
R. Marivaux

L'Écureuil

CUISINE MODERNE • SIMPLE ✕ Lui voulait renouer avec ses origines en s'installant en Auvergne, elle y a apporté l'entrain de ses racines italiennes, assurant un service pétillant... Benoît et Monika ont imaginé cet Écureuil chaleureux et gourmand. Au menu : une bien jolie cuisine du marché ! Attention, formule simplifiée au déjeuner.

Formule 12 € - Menu 14 € (déj. en semaine), 26/42 € - Carte 32/51 €

Plan : F2-t *18 r. St-Adjutor - ✆ 04 73 37 83 86 - Fermé 19 août-2 sept., 23 déc.-6 janv., merc., dim. et fériés*

Le Saint Eutrope

CUISINE MODERNE • BISTRO ✕ On adore l'intérieur vintage de ce bistrot tenu par un sympathique couple de quadras britanniques. En cuisine, Harry célèbre le marché avec des plats bien sentis (betteraves-anchois-orange, seiches à la vénitienne, canard-aubergines), et l'on accompagne ces créations de vins "nature" bien choisis. Réjouissant !

Formule 18 € - Menu 21 € (déj.), 32/37 € - Carte 26/37 €

Plan : F1-f *4 r. St-Eutrope - ✆ 04 73 34 30 41 - www.sainteutrope.com - Fermé août, vacances de Noël, sam., dim., lundi et le soir sauf jeudi et vend.*

Smørrebrød

CUISINE MODERNE • ÉPURÉ ✕ Modernité, voici le maître mot, de la déco scandinave à la cuisine, qui met en avant de bons produits de saison et s'accompagne d'une belle sélection de vins. Petite terrasse dans la rue. Une adresse qui secoue la vie gastronomique clermontoise !

Formule 17 € - Menu 19 € (déj.)/33 € - Carte 40/48 €

Plan : G2-a *10-12 r. des Archers - ✆ 04 73 90 44 02 - www.restaurant-smorrebrod.com - Fermé 5 août-1er sept., lundi soir, sam. midi et dim.*

L'Ostal

CUISINE MODERNE • ÉPURÉ ✕✕ Descendez la petite rue pentue, derrière la cathédrale : vous voilà à "L'Ostal" - la maison, en occitan auvergnat. Ici, tout est volcanique ; des couleurs (tissus orange pour la lave, vert pour les prairies) à la cuisine, d'une grande finesse, à base de produits de la région.

Menu 29 € (déj. en semaine), 52/75 €

Plan : G2-b *16 r. Claussmann - ✆ 04 73 27 77 86 - www.lostal-restaurant.fr - Fermé 1er-15 août, 1er-9 janv., sam. midi, dim. et lundi*

Amphitryon Capucine

CUISINE MODERNE • CLASSIQUE ✕✕ Aux commandes de cette table clermontoise œuvre un chef venu de... Marseille ! Il signe de jolies recettes du moment, marquées par l'esprit du Sud, fort bien cuisinées et riches en saveurs, à l'instar de ce filet de turbot poêlé et chorizo "noir de Bigorre". Cadre classique et feutré.

Formule 21 € - Menu 33/62 € - Carte 56/74 €

Plan : F1_2-k *50 r. de Fontgiève - ✆ 04 73 31 38 39 - www.amphitryoncapucine.com - Fermé 22 juil.-8 août, dim. sauf fériés et lundi*

Goûts et Couleurs

CUISINE MODERNE • DESIGN ✕✕ Sur une petite place, à l'abri des regards, un sympathique restaurant pour déguster une cuisine respectant le rythme des saisons. Dans la salle voûtée, l'ambiance est bigarrée juste ce qu'il faut. Ainsi donc, goûts et couleurs sont bien au rendez-vous !

Formule 22 € - Menu 35/50 € - Carte 50/70 €

Plan : F2-r *6 pl. du Changil - ✆ 04 73 19 37 82 - www.restaurantgoutsetcouleurs.com - Fermé 16-22 avril, 30 juil.-19 août,lundi midi, sam. midi et dim.*

Pavillon Lamartine

CUISINE MODERNE • CHIC XX Près de la place de Jaude, poussez la grille de ce Pavillon et découvrez un restaurant à l'élégance toute contemporaine. La cuisine, savoureuse et gourmande, s'inscrit dans l'air du temps. Et qui sait ? Peut-être aurait-elle inspiré le poète Alphonse de Lamartine !

Formule 22 € - Carte 35/61 €

Plan : F2-a *17 r. Lamartine - ✆ 04 73 93 52 25 - www.pavillonlamartine.com - Fermé 8 avril-15 avril, 29 juil.-20 août, 23 déc.-30 déc., dim. et le soir sauf merc., jeudi et vend.*

Alfred

CUISINE MODERNE • BISTRO X Un espace ouvert sur deux niveaux façon loft, un escalier de fer en colimaçon et de beaux parquets : l'endroit a du style ! Dans l'assiette, Saint-Jacques d'Erquy et risotto d'orge au cantal, écume aux cèpes séchés : une cuisine originale, fraîche et maison, à prix raisonnable... Alfred gagne à être connu !

Formule 15 € - Menu 19 € (déj.)/37 € - Carte 34/46 €

Plan : F3-v *5 r. du Puits-Artésien - ✆ 04 73 35 32 06 - www.restaurant-alfred.fr - Fermé 1er-9 mai, 1er-22 août, 24 déc.-2 janv., dim. et lundi*

Bath's

CUISINE TRADITIONNELLE • CONVIVIAL X Dans une zone piétonne au pied du marché St-Pierre, il fait bon s'installer en terrasse... À l'intérieur, la cuisine traditionnelle est servie dans une ambiance de brasserie contemporaine. L'Espagne est à l'honneur avec un menu et des vins ibériques. Un lieu très vivant !

Formule 17 € - Menu 29/42 € - Carte 39/63 €

Plan : F2-e *pl. du Marché-St-Pierre - ✆ 04 73 31 23 22 - www.baths.fr - Fermé 1 semaine en mars, 18 août-6 sept., dim., lundi et fériés*

Le Comptoir des Saveurs

CUISINE MODERNE • CONVIVIAL X Les deux propriétaires de cette petite adresse du centre-ville préparent menus surprise et portions dégustations, inspirés par les produits du marché Saint-Pierre, tout proche. Plats à emporter.

Menu 22 € (déj.), 28/45 €

Plan : F2-x *5 r. Ste-Claire - ✆ 04 73 37 10 31 - www.le-comptoir-des-saveurs.fr - Fermé 2 semaines en août, 1 semaine en janv., mardi soir, merc. soir, dim. et lundi*

Il Visconti N

ITALIENNE • CONVIVIAL X Situé dans la vieille ville, ce bistrot moderne et confortable, propose une carte italienne, courte et alléchante. Les produits sont frais, sélectionnés, et le service efficace. La terrasse fleurie, aux accents méditerranéens, ajoute un charme indéniable, dès les beaux jours. La dolce vita au cœur de l'Auvergne !

Formule 15 € - Menu 17 € (déj. en semaine) - Carte 32/45 €

Plan : G2-g *9 r. du Terrail - ✆ 04 73 74 35 26 - www.ilvisconti.com - Fermé mardi midi, dim. et lundi*

L'Instantané

CUISINE MODERNE • CONVIVIAL X Ce bistrot contemporain situé dans le quartier des galeristes propose quelques instantanés de pure gourmandise, imaginés par un chef au beau parcours (Ritz, Lasserre, Plaza). Tronçons de canard rôti, fondant de bœuf cuit 12 heures, ballotine de cabillaud, poire croustillante choco-praliné... Un régal jusqu'au dessert !

Formule 14 € - Menu 27 € (dîner) - Carte 29/44 €

Plan : G2-f *2 r. Abbé-Girard - ✆ 04 73 91 97 19 - Fermé 2 semaines en août, 1 semaine à Noël, sam. et dim.*

L'En-but

CUISINE MODERNE • CONVIVIAL Menus "en avant", "grand chelem" ou "chistera" : les amateurs de rugby seront aux anges, d'autant que le restaurant est situé à l'intérieur même du stade Marcel-Michelin ! La cuisine, bien dans l'air du temps, met en avant les produits du Massif central.

Formule 22 € – Menu 27/60 € – Carte 47/68 €

Plan : C1-f *107 av. de la République (accès par la porte A puis par ascenseur porte 20) – 04 73 90 68 15 – www.lenbut.com – Fermé 30 juil.-14 août , sam. et dim.*

Le Duguesclin

CUISINE MODERNE • SIMPLE Ce petit restaurant, situé face aux vestiges de la maison d'octroi, propose un sympathique menu le midi (tartare de tomates, glace à l'huile d'olive ; filet de daurade, caviar d'aubergines), et des plats plus élaborés le soir (omble chevalier en croûte d'argile, mijoté de navet rave et citronnelle). Terrasse ombragée sur l'arrière.

Formule 18 € – Menu 21 € (déj. en semaine), 36/64 € – Carte 45/57 €

Plan : C1-a *3 pl. des Cordeliers – 04 73 25 76 69 – http://colombierx.wix.com/le-duguesclin-resto – Fermé 1 semaine vacances de fév., 3 semaines en août, 1 semaine vacances de la Toussaint, 25-31 déc., lundi soir, mardi soir, merc. soir et dim.*

La Suite

CUISINE TRADITIONNELLE • BISTRO La Suite du parcours de Jean-Claude Leclerc qui a ouvert cette adresse à côté de son restaurant éponyme. Dans un décor de bistrot urbain, on déguste une cuisine simple et goûteuse : œufs brouillés à la truffe, Saint-Jacques en coquilles parfumées, pot-au-feu et ses légumes d'hiver.

Formule 17 € – Menu 25/35 € – Carte 33/50 €

Plan : F2-d *16 r. St-Adjutor – 04 73 37 72 56 – www.restolasuite.com – Fermé dim.*

Hôtels

Mercure

HÔTEL DE CHAÎNE • CONTEMPORAIN Sur la place de Jaude, voilà un pied-à-terre de choix : grand hall lumineux, avec baie vitrée et chambres spacieuses. On s'y sent bien !

125 chambres – 130/220 € 130/220 € – 18 €

Plan : F2-p *1 av. Julien – 04 63 66 21 00 – www.mercure-clermont-ferrand-centre.com*

Hôtel des Puys

BUSINESS • FONCTIONNEL Si vous êtes perdu, demandez votre chemin aux Clermontois : ils connaissent tous la place Delille. Cet hôtel offre confort, modernité et... vue imprenable sur le puy de Dôme depuis la salle du petit-déjeuner, au 6e étage !

62 chambres – 79/139 € 79/179 € – 16 €

Plan : G2-n *16 pl. Delille – 04 73 91 92 06 – www.hotelvialatte.com*

Lafayette

BUSINESS • FONCTIONNEL Hall contemporain, chambres fonctionnelles (tons pastel, meubles de qualité) et bonne insonorisation caractérisent cet hôtel indépendant situé à 50 m de la gare.

48 chambres – 65/150 € 65/150 € – 11 €

Plan : H2-a *53 av. de l'Union-Soviétique – 04 73 91 82 27 – www.hotel-le-lafayette.com – Fermé 23 déc.-1er janv.*

à Chamalières 3,4 km à l'Ouest par D68 – ✉ 63400 – 17 480 hab. – Alt. 450 m

✿ Radio

CUISINE MODERNE • ÉLÉGANT XXX Dans ce bel hôtel qui a conservé son cachet Art déco, le restaurant plaira aux amateurs du style : lignes modernistes, alliance du verre et du miroir, sobriété du noir et blanc... Une source d'inspiration pour le chef ? Ses assiettes se révèlent esthétiques et recherchées, sans effets inutiles : de belles saveurs au menu.

➜ Langoustines bretonnes cuites au poêlon, pulpe de pois blonds à l'huile de sésame. Ris de veau doré et poudré de tourteau et de noisette, jus brun au gingembre. Pêche, verveine et amande.

Menu 30 € (déj. en semaine), 65/98 € – Carte 90/110 €

Plan : voir RoyatB1-w *Hôtel Radio, 43 av. Pierre-et-Marie-Curie – ✆ 04 73 30 87 83 – www.hotel-radio.fr – Fermé 27 oct.-7 nov., 1er-15 janv., lundi midi, sam. midi et dim.*

Ô Gré des Saveurs

CUISINE MODERNE • SIMPLE X C'est à une jolie pérégrination qu'invite cette enseigne, où se cache aussi – l'avez-vous vu ? – un ogre. Le chef, venu de Bretagne, propose une cuisine du marché généreuse. Généreux, l'homme l'est aussi : attaché à la transmission du savoir-faire, il forme de nombreux apprentis au "fait maison".

Formule 16 € – Menu 25/42 € – Carte 26/56 €

Plan : B2-r *22 r. du Pont-de-la-Gravière – ✆ 04 73 36 99 35 – www.ogredesaveurs.com – Fermé 1er-30 août, dim. soir, lundi et mardi*

Radio

FAMILIAL • ART DÉCO Héritage des années 1930, cet hôtel des hauteurs de Chamalières offre un beau témoignage du style Art déco – celui des années radio ! À l'exception des chambres, spacieuses, décorées de manière contemporaine.

24 chambres – 98/152 € 112/162 € – 15 €

Plan : voir RoyatB1-w *43 av. Pierre-et-Marie-Curie – ✆ 04 73 30 87 83 – www.hotel-radio.fr – Fermé 27 oct.-7 nov. et 1er-15 janv.*

✿ **Radio** – voir les restaurants ci-dessus

à Royat 3,4 km au Sud-Ouest par D68 – ✉ 63130 – 4 787 hab. – Alt. 450 m

La Flèche d'Argent Ⓝ

CUISINE MODERNE • ÉLÉGANT XX La Flèche d'argent, surnom des Mercedes-Benz en Formule 1, évoque le circuit automobile de Charade. Aymeric Barbary signe ici une cuisine fusion, riche de ses expériences anglaises comme de ses origines auvergnates, avec un penchant pour le végétal. Au final : de belles assiettes colorées, architecturées et pleines de saveurs.

Formule 25 € – Menu 32/60 € – Carte 48/104 €

Plan : AB1-e *Hôtel Princesse Flore, 5 pl. Allard – ✆ 04 73 35 63 63 – www.princesse-flore-hotel.com – Fermé lundi et mardi de juin à sept.*

La Belle Meunière

CUISINE MODERNE • ROMANTIQUE XXX En bord de Tiretaine, table où fusionnent produits de saison et touches asiatiques, dans un cadre – parquet, moulures, lustres – magnifié par des vitraux contemporains. Des personnages historiques (Coco Chanel, Georges Pompidou, etc.) inspirent le décor de certaines chambres.

Formule 22 € – Menu 34/79 € – Carte 43/86 €

4 chambres – 139/250 € 139/250 € – 16 €

Plan : A2-r *25 av. de la Vallée – ✆ 04 73 35 80 17 – www.la-belle-meuniere.com – Fermé sam. midi, dim. soir et lundi*

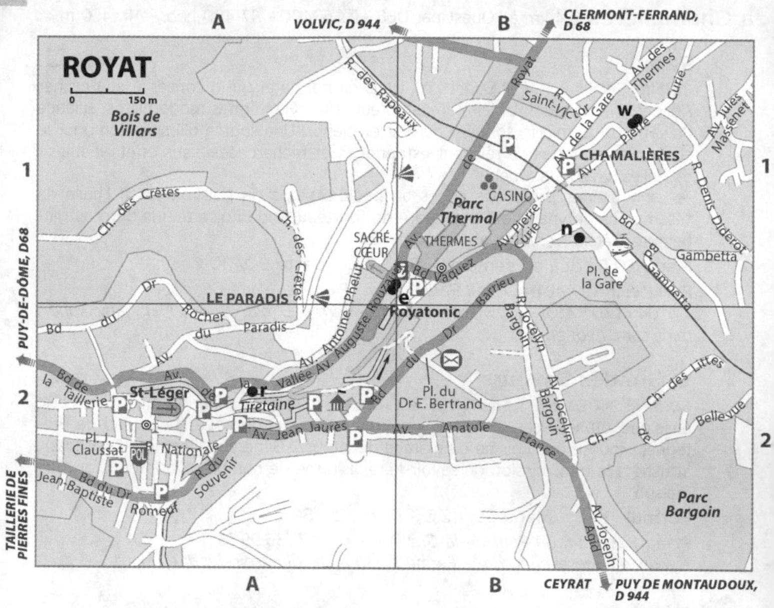

Princesse Flore

LUXE • CLASSIQUE Pour un séjour haut-de-gamme aux portes de Clermont-Ferrand, ce superbe immeuble (1883) évoque les fastes de la cité thermale à la Belle Époque : marbres et décors anciens... Chambres classiques et cosy.

32 chambres – 115/300 € 130/300 € – 11 suites – 20 €

Plan : AB1-e *5 pl. Allard – 04 73 35 63 63 – www.princesse-flore-hotel.com*

La Flèche d'Argent – voir les restaurants ci-dessus

Royal St-Mart

FAMILIAL • CLASSIQUE Depuis 1853, la même famille vous accueille dans cette demeure bourgeoise du Second Empire. Marbre et lustres à pampilles décorent les salons opulents. Avec ses grands arbres et ses transats, le jardin (sur lequel donnent certaines chambres) séduira curistes et nostalgiques.

50 chambres – 85/150 € 85/150 € – 12 €

Plan : B1-n *6 av. de la Gare – 04 73 35 80 01 – www.hotel-auvergne.com*

rte de la Baraque – 63830 Durtol

Le Pré - Xavier Beaudiment

CUISINE CRÉATIVE • ÉLÉGANT XXX Pas de carte chez Xavier Beaudiment, mais un menu unique élaboré selon l'inspiration du moment, avec la complicité de tout un réseau de petits producteurs et... des herbes sauvages de la région. Une "cuisine d'instinct", alliée à un vrai sens des saveurs, qui fait mouche ! Quelques jolies chambres contemporaines pour l'étape.

➜ Escargots des murailles, jus au tilleul de cueillette. Truite, sous bois et sabayon acide. Fraises et oxalis.

Menu 39 € (déj. en semaine), 79/129 €

Plan : A1-f *3 rte de la Baraque – 04 73 19 25 00 – www.restaurant-lepre.com – Fermé dim. soir, lundi et mardi*

à Pérignat-lès-Sarliève 8 km au Sud-Est par D2099 – ✉ 63170 – 2 626 hab. – Alt. 364 m

Gergovie

BUSINESS • CONTEMPORAIN Proche du Zénith et de la Grande Halle d'expositions, cet hôtel confortable propose des chambres bien équipées, avec balcon ou terrasse... D'où vous entendrez peut-être monter les rumeurs guerrières de la guerre des Gaules ! Restaurant traditionnel.

59 chambres – 82/200 € 82/200 € – 13 €

Plan : D3-r *25 allée du Petit-Puy – ✆ 04 73 79 09 95 – www.hotel-gergovie.com*

à Orcines 8 km à l'Ouest par D941 – ✉ 63870 – 3 296 hab. – Alt. 810 m

Auberge de la Baraque

CUISINE TRADITIONNELLE • BOURGEOIS XX Cette Baraque-là, tout comme les plats qu'on y prépare, n'est pas faite de bric et de broc ! Dans le cadre à l'ancienne – moulures, lustres à pampilles, tapis orientaux – de ce relais de diligence (1800), on apprécie une cuisine de qualité, savoureuse et bien présentée. Prix raisonnables et jolie carte des vins.

Formule 24 € – Menu 31/60 €

2 rte de Bordeaux – ✆ 04 73 62 26 24 – www.laubrieres.com – Fermé 9-19 avril, 9 juil.-2 août, 22-31 oct., lundi, mardi et merc.

Auberge de la Fontaine du Berger

CUISINE TRADITIONNELLE • AUBERGE X Cette maison de pays aux volets rouges regarde le puy de Dôme et le Pariou. On y apprécie une jolie cuisine où les produits frais ont la part belle, à l'image de ces nems de saumon fumé maison, de cette raviole de joue de porc au foie gras... et d'un succulent paris-brest maison ! Poissons en direct de Bretagne.

Formule 17 € – Menu 33/48 € – Carte 37/53 €

167 rte de Limoges – ✆ 04 73 62 10 52 – www.auberge.fr – Fermé 30 mai-5 juin, 28 août-3 sept., 22 déc.-15 janv., dim. soir, mardi soir et merc.

à Lempdes 10 km à l'Est par D771 – ✉ 63370 – 8 267 hab. – Alt. 330 m

B2K6

CUISINE MODERNE • CONVIVIAL X Ce sympathique bistrot est né de la rencontre de deux jeunes passionnés : Jérôme Bru, ancien second d'Anne-Sophie Pic, et Romain Billard, sommelier, passé également par de fameuses maisons. Au menu : une belle cuisine, rythmée par les saisons et les produits locaux, accompagnée des vins adéquats. Une belle complicité !

Menu 20 € (déj. en semaine), 33/54 € – Carte 49/57 €

6 r. du Caire, sortie Lempdes-centre – ✆ 04 73 61 74 71 – www.b2k6.fr – Fermé 6-14 mai, 6-28 août, 31 déc.-8 janv., dim. et lundi

CLERVAL

✉ 25340 Doubs – 1 054 hab. – Alt. 285 m – Carte régionale n° **9**-C2
Carte Michelin 321-I2 – Guide Vert Michelin Franche-Comté Jura

La Bonne Auberge

CUISINE TRADITIONNELLE • CONVIVIAL X Dans cette belle maison en pierre, à la sortie du village à deux pas du Doubs, on savoure de bons petits plats traditionnels ; les préparations sont maîtrisées, les produits de qualité, accompagnés d'une belle sélection de vins (200 références). Et les chambres, d'esprit contemporain, sont parfaites pour passer la nuit...

Formule 12 € – Menu 18 € (dîner en semaine)/25 € – Carte 30/48 €

6 chambres – 75/85 € 75/85 € – 9 €

2 rte de Besançon – ✆ 03 81 97 81 01 – www.hotellabonneauberge.com – Fermé 1 semaine en mars, 1 semaine en mai, 1 semaine en août, 1 semaine à Noël, sam. midi, dim. soir et vend.

CLÉRY-ST-ANDRÉ

✉ 45370 Loiret – 3 373 hab. – Alt. 94 m – Carte régionale n° **6**-C2
Carte Michelin 318-H5 – Guide Vert Michelin Châteaux de la Loire

Villa des Bordes

TRADITIONNEL • FONCTIONNEL Une demeure du 19ᵉ s. – ancienne institution religieuse – à l'orée du village. Entièrement rénovées en 2014, les chambres arborent un style fonctionnel et des tonalités douces. Cuisine traditionnelle au restaurant. Sachez que l'on peut louer des vélos pour aller se balader au bord de la Loire toute proche…

9 chambres – 55/90 € 70/90 € – 10 €

9 r. des Bordes – 02 38 46 94 60 – www.villadesbordes.com – Fermé 26 fév.-14 mars, 22 oct.-7 nov.

CLESSÉ

✉ 71260 Saône-et-Loire – 834 hab. – Alt. 240 m – Carte régionale n° **4**-C3
Carte Michelin 320-I11 – Guide Vert Michelin Bourgogne

Château de Besseuil

CUISINE MODERNE • CONTEMPORAIN XX Dans l'une des dépendances du château, ce restaurant met en valeur les produits bourguignons avec une patte moderne et créative – mention spéciale au bœuf charolais et au pigeon ! Les menus sont variés et la carte des vins de la côte mâconnaise est joliment fournie.

Menu 39/79 € – Carte 52/74 €

rte de Rousset – 03 85 36 92 49 – www.chateaudebesseuil.com – Fermé 8-23 janv., mardi soir, merc. midi, jeudi midi et vend. midi d'oct. à mars, mardi midi, dim. et lundi sauf juil.-août

Château de Besseuil

HISTORIQUE • CONTEMPORAIN Une superbe demeure du 16ᵉ s., posée en plein cœur d'un domaine viticole de quatre hectares où le silence est roi : un cadre idyllique ! Suites spacieuses dans le château, chambres plus design et épurées dans les dépendances.

14 chambres – 79/199 € 119/199 € – 6 suites – 14 €

rte de Rousset – 03 85 36 92 49 – www.chateaudebesseuil.com – Fermé 8-23 janv.

Château de Besseuil – voir les restaurants ci-dessus

CLICHY

– 92 Hauts-de-Seine → Voir Autour de Paris

CLIOUSCLAT

✉ 26270 Drôme – 655 hab. – Alt. 235 m – Carte régionale n° **23**-B3
Carte Michelin 332-C5

La Treille Muscate

CUISINE MODERNE • COSY X La terrasse, au cœur du village, dégage le charme de l'authenticité ; la salle voûtée est très cosy… Produits frais, saveurs régionales revisitées par le chef : l'assiette est au diapason. Tout est fait maison et cela se sent !

Formule 15 € – Menu 20 € (déj. en semaine), 32/41 € – Carte 29/51 €

Le village – 04 75 63 13 10 – www.latreillemuscate.com – Fermé 10 déc.-10 fév. et lundi

La Fontaine

CUISINE TRADITIONNELLE • BISTRO X Un bistrot de village sympathique. On aperçoit depuis la salle le chef s'activer en cuisine autour de produits du cru… Ici, on concocte une bonne cuisine régionale. Jolie terrasse sur la rue.

Formule 14 € – Menu 21 € (déj. en semaine), 30/39 € – Carte 35/45 €

Le village – 04 75 63 07 38 – www.lafontaine-cliousclat.fr – Fermé vacances de la Toussaint, de Noël, de fév., dim. soir et mardi soir de sept. à mi-juin et merc.

La Treille Muscate

FAMILIAL • COSY Cette belle bâtisse en pierre est tout imprégnée de douceur provençale : le jardin ouvre sur les vergers alentour, les chambres sont raffinées... La tranquillité avec l'accent du Sud.

11 chambres - 70/160 € 70/160 € - 2 suites - 12 €

Le village - 04 75 63 13 10
- www.latreillemuscate.com
- Fermé 10 déc.-10 fév.

La Treille Muscate - voir les restaurants ci-dessus

CLISSON

44190 Loire-Atlantique - 6 717 hab. - Alt. 34 m - Carte régionale n° **18**-B2
Carte Michelin 316-I5 - Guide Vert Michelin Pays de la Loire

Villa Saint-Antoine

CUISINE MODERNE • BRASSERIE Dans l'ancienne filature des bords de Sèvre nantaise, on s'accommode bien de cet intérieur de brasserie chic (banquettes en velours rouge, baies vitrées) et de la partition du chef, goûteuse, gourmande et particulièrement soignée. Sans oublier, bien sûr, le service assuré par une jeune équipe dynamique...

Formule 16 € - Menu 22 € (déj. en semaine), 25/42 € - Carte 35/50 €

Hôtel Villa St-Antoine, 8 r. St-Antoine - 02 40 85 46 46
- www.hotel-villa-saint-antoine.com

Villa Saint-Antoine

BUSINESS • COSY Au cœur de Clisson - cité connue pour son architecture d'inspiration toscane -, cette ancienne filature (18e s.) propose de belles chambres contemporaines rendant hommage à l'art italien. Terrasse au bord de l'eau, piscine et espace bien-être avec sauna et hammam.

43 chambres - 89/190 € 89/190 € - 15 €

8 r. St-Antoine - 02 40 85 46 46
- www.hotel-villa-saint-antoine.com

Villa Saint-Antoine - voir les restaurants ci-dessus

CLUNY

71250 Saône-et-Loire - 4 712 hab. - Alt. 248 m - Carte régionale n° **4**-C3
Carte Michelin 320-H11 - Guide Vert Michelin Bourgogne

Hostellerie d'Héloïse

CUISINE TRADITIONNELLE • COSY Les savoureuses recettes de la région - escargots de Bourgogne, jambon persillé, bœuf charolais et réduction au vin rouge du mâconnais... - font la réputation de cette hostellerie, qui propose aussi quelques plats plus actuels. Ici, il n'est pas question d'en mettre plein la vue, mais de bien faire, tout simplement !

Formule 21 € - Menu 28/52 € - Carte 35/47 €

7 rte de Mâcon - 03 85 59 05 65
- www.hostelleriedheloise.com
- Fermé 26 juin-11 juil., 3 semaines en janv., dim. soir, jeudi midi et merc.

Hostellerie le Potin Gourmand

TRADITIONNEL • PERSONNALISÉ Sur la Place du Champ de Foire, l'ancienne fabrique de poteries est devenu un hôtel d'une certaine élégance, dont les chambres sont décorées par thème : chalet de montagne, romantisme, ou encore médiéval. Cuisine de bistrot à midi, plus ambitieuse le soir.

12 chambres - 115/185 € 125/210 € - 13 €

4 pl. du Champ-de-Foire - 03 85 59 02 06 - www.potingourmand.com
- Fermé janv.

Hôtel de Bourgogne

TRADITIONNEL • CLASSIQUE En face de la célèbre abbaye, une maison de caractère où Lamartine avait jadis ses habitudes. Les chambres sont classiques, spacieuses et parfaitement tenues. À cela s'ajoute un accueil fort aimable. En résumé, la bonne adresse de la cité.

14 chambres – 89/136 € 99/136 € – 2 suites – 11 €

pl. de l'Abbaye – 03 85 59 00 58 – www.hotel-cluny.com – Fermé 1er déc.-9 fév. et 19-23 fév.

Maison Tandem (N)

MAISON DE MAÎTRE • COSY En plein cœur de la cité, non loin de l'abbaye, cette maison fut élevée en 1904 par le cuisinier du dernier empereur d'Autriche... Noble histoire ! C'est aujourd'hui une maison d'hôtes élégante et cosy, entre charme vintage et chic contemporain ; aux beaux jours, on prend son petit-déjeuner sur la terrasse, au-dessus du jardin.

4 chambres – 90/130 € 90/130 €

21 r. d'Avril – 06 67 27 82 46 – www.maison-tandem.com – Fermé 16 déc.-7 janv.

LA CLUSAZ

74220 Haute-Savoie – 1 818 hab. – Alt. 1 040 m – Carte régionale n° **25**-F1
Carte Michelin 328-L5 – Guide Vert Michelin Alpes du Nord

Le Cinq

CUISINE MODERNE • CONTEMPORAIN XXXX Cette table aux ambitions gastronomiques propose une carte courte, autour d'une cuisine au goût du jour. La salle est luxueuse, l'atmosphère "alpin chic" : le restaurant de La Clusaz.

Menu 95/120 € – Carte 83/109 €

Hôtel Au Cœur du Village, 26 Montée du Château – 04 50 01 50 01 – / www.hotel-aucoeurduvillage.fr/fr/restaurants-le-cinq-152 – Fermé de mi-avril à mi-déc., lundi, mardi et le midi

L'Ourson

CUISINE MODERNE • MONTAGNARD XX Sympathiques, motivés, travailleurs ; quelques qualités de ce couple (monsieur en cuisine, madame en salle), qui donne âme à ce restaurant typiquement savoyard, au gré d'une cuisine au goût du jour inspirée du terroir, servie dans une salle boisée. Charmant !

Formule 17 € – Menu 21 € (déj.), 35/58 € – Carte 50/80 €

27 passage du Mont-Blanc – 04 50 68 64 89 – www.resto-ourson-laclusaz.fr – Fermé 1 semaine en mai, 22 oct.-1er déc., dim. soir jeudi hors saison et merc.

Au Cœur du Village

LUXE • ÉLÉGANT Une harmonieuse variation sur les matières – bois, métal, grès – et les styles – design, alpestre : voici la principale réussite de cet hôtel, peut-être le meilleur de la station. Chambres chaleureuses, imposant spa avec piscine couverte, hammam, et sauna... une étape de choix.

36 suites – 330/860 € – 21 chambres

26 Montée du Château – 04 50 01 50 01 – www.hotel-aucoeurduvillage.fr – Fermé de mi-avril à début juil. et fin août à mi-déc.

Le Cinq – voir les restaurants ci-dessus

Beauregard

TRADITIONNEL • MONTAGNARD Un grand chalet typique, très confortable, au pied des pistes. Après une journée de ski, on se détend au salon ou dans la vaste piscine intérieure aux larges baies vitrées. Restauration pour les résidents.

95 chambres – 105/295 € 105/295 € – 15 €

90 sentier du Bossonet – 04 50 32 68 00 – www.hotel-beauregard.fr

Les Sapins

TRADITIONNEL • MONTAGNARD Le charme d'un joli chalet familial surplombant le village... Bois blond et tomettes au salon, accès direct aux pistes : rien ne manque - même pas l'espace bien-être - et l'on se sent bien. Un grand creux ? On se repaît de tartiflettes et de fondues en profitant de la vue sur les pentes enneigées.

24 chambres - 80/300 € 80/300 € - 13 €

105 chemin des Riffroids - 04 50 63 33 33 - www.clusaz.com - Ouvert 9 juin-16 sept. et 15 déc.-15 avril

CLUSES

74300 Haute-Savoie - 17 510 hab. - Alt. 486 m - Carte régionale n° **25**-F1
Carte Michelin 328-M4 - Guide Vert Michelin Alpes du Nord

Le St-Vincent

CUISINE MODERNE • TENDANCE XX Le chef de cette auberge moderne compose des plats soignés. Certaines assiettes portent l'empreinte de la cuisine savoyarde. Décor chaleureux.

Formule 20 € - Menu 32/44 € - Carte 41/55 €

14 r. du Faubourg-St-Vincent - 04 50 96 17 47 - www.le-saint-vincent.com - Fermé 3 semaines en août, sam. et dim.

COCURÈS - 48 Lozère → Voir Florac

COËX - 85 Vendée → Voir St-Gilles-Croix-de-Vie

COGNAC

16100 Charente - 18 717 hab. - Alt. 25 m - Carte régionale n° **20**-B3
Carte Michelin 324-I5 - Guide Vert Michelin Poitou-Charentes

La Maison (N)

CUISINE MODERNE • ÉLÉGANT XX Savoureuse cuisine de saison dans cette belle maison de Cognac, à apprécier, au choix, dans l'une des salles bourgeoises aux pierres apparentes, ou sur la terrasse donnant sur cour, à l'été. Le décor est frais et coloré, à l'image des assiettes.

Formule 27 € - Menu 32/84 € - Carte 58/66 €

Plan : B2-t *1 r. du 14 Juillet - 05 45 35 21 77 - www.restaurant-lamaison.cognac.fr - Fermé dim. soir*

Le Bistro de Claude

CUISINE TRADITIONNELLE • COSY X Vous ne connaissez pas Claude ? Son bistro est à son image : chaleureux, franc et... gourmand, avec de belles assiettes fort bien mijotées (ris de veau braisé au Cognac, entrecôte du Limousin à la plancha, etc.). Tout Cognac connaît Claude !

Menu 20 € (déj. en semaine), 25/35 €

Plan : A1-n *35 r. Grande - 05 45 82 60 32 - www.bistro-de-claude.com - Fermé 3 semaines en août, 1 semaine en janv., sam. et dim.*

François Premier

HISTORIQUE • CONTEMPORAIN Derrière sa belle façade de style Napoléon III, cet hôtel mythique du centre-ville a réouvert après plusieurs années de travaux. On y trouve de grandes chambres modernes et impeccablement tenues, une réception et un bar élégants et feutrés, une piscine au sous-sol : on voudrait ne jamais repartir !

31 chambres - 170/228 € 170/250 € - 4 suites - 20 €

Plan : B2-a *3 pl. François-1er - 05 45 80 80 80 - www.hotelfrancoispremier.fr*

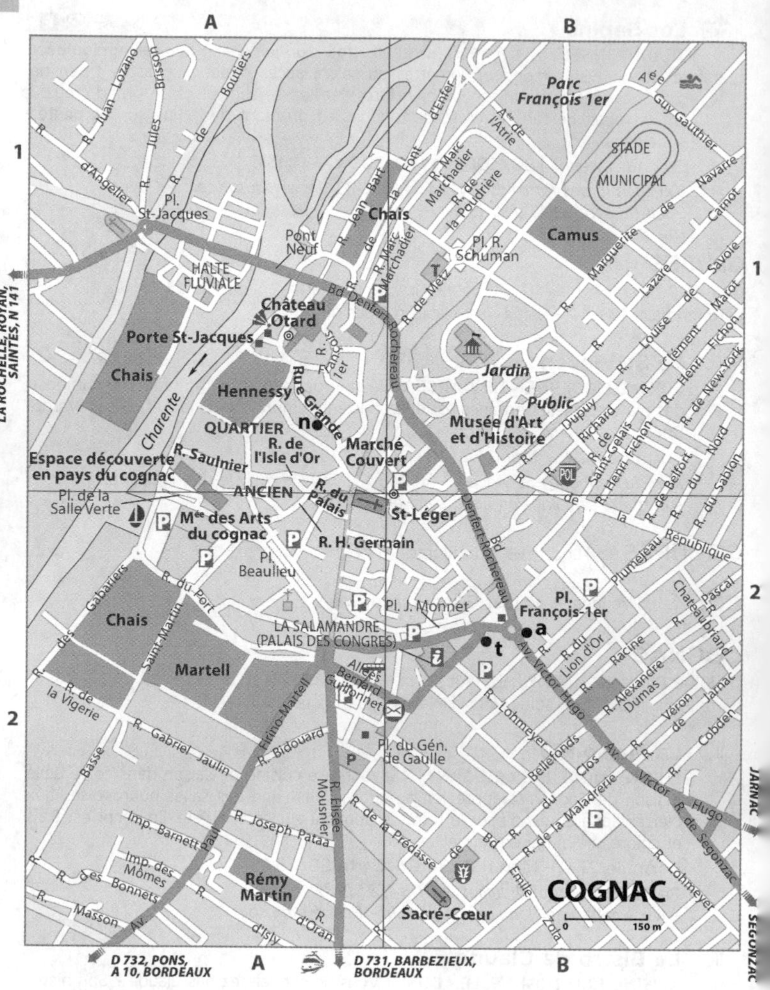

au Sud-Est 3 km au Sud-Est, rte d'Angoulême et rte de Rouillac (D5) – ✉ 16100 Châteaubernard :

La Table de l'Yeuse

CUISINE MODERNE • TENDANCE XX Dans cette jolie demeure bourgeoise dominant la Charente, le chef réalise une goûteuse cuisine de saison, sélectionnant herbes aromatiques du jardin, et produits locaux. Attractive formule bistrot au déjeuner !

Formule 25 € – Menu 29 € (semaine), 42/56 € – Carte 59/79 €

Hôtel de l'Yeuse, 65 r. de Bellevue (quartier l'Échassier) – ✆ 05 45 36 82 60 – www.yeuse.fr – Fermé 20 déc.-1er fév., dim. sauf soir du 14 juil. au 31 août, lundi hors saison et le midi

L'Yeuse

DEMEURE HISTORIQUE • ÉLÉGANT Atmosphère romantique en cette gentilhommière du 19e s. agrandie d'une aile moderne. Mobilier ancien et décor raffiné dans les chambres ; belle collection de cognacs dans le salon : beaucoup de charme !

21 chambres – 139/445 € 139/445 € – 3 suites – 20 €

65 r. de Bellevue (quartier l'Échassier) – 05 45 36 82 60 – www.yeuse.fr – Fermé 20 déc.-1er fév.

La Table de l'Yeuse – voir les restaurants ci-dessus

Domaine de l'Échassier

TRADITIONNEL • PERSONNALISÉ En périphérie de Cognac, une construction des années 1980, d'esprit classique. Les chambres sont spacieuses et calmes, certaines avec balcon ou terrasse face au joli jardin. Le restaurant gastronomique ouvre lui aussi sur la verdure... pour une cuisine rythmée par les saisons.

26 chambres – 85/135 € 105/155 € – 13 €

72 r. de Bellevue (quartier l'Échassier) – 05 45 35 01 09 – www.echassier.com – Fermé 25 oct.-4 nov., 21-30 déc., 22 fév.-4 mars et dim. d' oct. à avril

COGOLIN

83310 Var – 12 517 hab. – Alt. 20 m – Carte régionale n° **21**-C3
Carte Michelin 340-O6 – Guide Vert Michelin Côte d'Azur

La Grange des Agapes

CUISINE MODERNE • ÉLÉGANT XX Comme tout véritable passionné, Thierry Barot est au four et au moulin. Non content de proposer une cuisine savoureuse et d'appétissants menus thématiques (tout légumes, provençal, asperges, truffe...), il a ouvert une petite boutique-épicerie et donne des cours de cuisine... Quelles agapes !

Formule 18 € – Menu 23 € (déj. en semaine), 29/60 € – Carte 53/66 €

7 r. du 11-Novembre (pl. de la Mairie) – 04 94 54 60 97 – www.grangeagapes.com – Fermé 25 juil.-11 août, 23 déc.-5 janv., dim. et lundi

Grain de Sel

CUISINE TRADITIONNELLE • BISTRO X Au cœur de Cogolin, un jeune couple dirige ce bistrot de poche qui ne manque pas de sel. Julien est en cuisine – ouverte sur la salle – et réalise de bons plats traditionnels, où la Provence occupe une bonne place ; en salle, Émilie est aussi accueillante qu'efficace. Une agréable adresse !

Formule 23 € – Menu 30 € – Carte 40/55 €

6 r. du 11-Novembre (derrière la mairie) – 04 94 54 46 86 – www.graindesel-cogolin.fr – Fermé vend. midi en juil.-août, lundi sauf le soir en juil. août et dim.

COISE-ST-JEAN-PIED-GAUTHIER

73800 Savoie – 1 205 hab. – Alt. 292 m – Carte régionale n° **25**-F2
Carte Michelin 333-J4

Château de la Tour du Puits

DEMEURE HISTORIQUE • PERSONNALISÉ Ce gracieux château rebâti au 18e s. dresse sa tour en poivrière au milieu d'un superbe parc arboré. Chambres décorées avec soin (boutis, mobilier chiné...). Héliport. Fine cuisine actuelle réalisée avec de bons produits ; jolie terrasse sous une tonnelle.

13 chambres – 115/330 € 115/330 € – 26 €

1 km par rte du Puits – 04 79 28 88 00 – www.chateaupuit.fr – Fermé 4 nov.-30 déc.

COL BAYARD

✉ 05000 Hautes-Alpes – Gap – Alt. 1 248 m – Carte régionale n° **21**-C1
Carte Michelin 334-E5 – Guide Vert Michelin Alpes du Sud

à Laye 2,5 km au Nord par N85 – ✉ 05500 – 236 hab. – Alt. 1 170 m

La Laiterie du Col Bayard

CUISINE TRADITIONNELLE • AUBERGE X Tout près du col Bayard, une étape incontournable pour les amateurs de fromage ! Au menu, fondues, raclettes, plateau de plus de 60 fromages (la plupart des Alpes), mais aussi quelques plats régionaux comme les fameux tourtons du Champsaur et autres oreilles d'âne... une savoureuse plongée dans la tradition locale.

Menu 18/45 € – Carte 25/50 €

– ✆ 04 92 50 50 06 – www.laiterie-col-bayard.com – Fermé 4 nov.-19 déc., mardi soir, merc. soir et lundi sauf vacances scolaires

COL DE CUREBOURSE – 15 Cantal ➜ Voir Vic-sur-Cère

COL DE LA CROIX-FRY – 74 Haute-Savoie ➜ Voir Manigod

COL DE LA FAUCILLE – 01 Ain ➜ Voir Gex

COL DE LA SCHLUCHT

Vosges – Alt. 1 258 m – Carte régionale n° **14**-D3
Carte Michelin 314-K4

Le Collet

CUISINE MODERNE • MONTAGNARD XX Une "cuisine du terroir relookée", selon les propres mots du chef, qu'inspirent les choses "vraies", les légumes du potager et les produits de la ferme. Le goût des bonnes choses, dans un joli décor montagnard.

Formule 18 € – Menu 28/68 € – Carte 35/52 €

9937 rte de Colmar (au Collet), 2 km sur rte de Gérardmer – ✆ 03 29 60 09 57 – www.chalethotel-lecollet.com

Le Collet

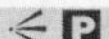

TRADITIONNEL • MONTAGNARD Un beau chalet, au cœur du parc régional des Ballons des Vosges. Les chambres, très douillettes, fourmillent de détails soignés (tissu des Vosges brodé, bois, pierre) et les environs... de sapins !

19 chambres – †95/125 € ††105/125 € – 6 suites – ☕ 15 €

9937 rte de Colmar (au Collet), 2 km sur rte de Gérardmer – ✆ 03 29 60 09 57 – www.chalethotel-lecollet.com

Le Collet – voir les restaurants ci-dessus

COLIGNY

✉ 01270 Ain – 1 198 hab. – Alt. 298 m – Carte régionale n° **23**-B1
Carte Michelin 328-F2

Au Petit Relais

CUISINE TRADITIONNELLE • COSY XX Ce Petit Relais propose une cuisine particulièrement goûteuse, assez sophistiquée, où se côtoient homard, poissons nobles, spécialités de la Bresse et vins choisis. La salle à manger est chaleureuse.

Menu 22 € (déj. en semaine), 32/77 € – Carte 50/105 €

Grande-Rue – ✆ 04 74 30 10 07 – www.aupetitrelais.fr – Fermé 7-18 avril, 16-27 sept., 3-6 déc., merc. soir de sept. à mi-juin, dim. soir et jeudi soir

LA COLLE-SUR-LOUP

✉ 06480 Alpes-Maritimes – 7 932 hab. – Alt. 90 m – Carte régionale n° **22**-E2
Carte Michelin 341-D5 – Guide Vert Michelin Côte d'Azur

✿ Alain Llorca

CUISINE PROVENÇALE • AUBERGE XXX Ceux qui se souviennent d'Alain Llorca au Moulin de Mougins connaissent sa sensibilité méditerranéenne, véritable ode à l'iode, empreinte de finesse et sensibilité. En clôture sucrée, d'appétissantes pâtisseries, préparées par son frère. Terrasse panoramique.

→ Fleur de courgette aux champignons et à la truffe, beurre de champignon. Selle d'agneau de Provence cuisinée au sautoir, gnocchis de pomme de terre poêlés au romarin. Fruits rouges au champagne rosé glacé.

Menu 42 € (déj.), 75/150 € - Carte 100/165 €

Hôtel Alain Llorca, 350 rte de St-Paul - ✆ 04 93 32 02 93 - www.alainllorca.com

Le Blanc Manger

CUISINE PROVENÇALE • CONVIVIAL X Ce restaurant méridional est l'antre de Brigitte Guignery, chef passionnée par la cuisine provençale, qui a à cœur de "donner du sens au goût". Sa cuisine porte autant sa marque que celle de la région, simple et sincère. Terrasse patio sur l'arrière, dès l'arrivée des beaux jours.

Carte 35/48 €

1260 rte de Cagnes - ✆ 04 93 22 51 20 - www.leblancmanger.fr
- Fermé 25 déc.-15 janv., dim. soir et jeudi soir sauf en saison, lundi, mardi et merc.

L'Atelier des Saveurs

CUISINE MODERNE • SIMPLE X C'est fort d'une solide expérience que Francis Scordel a créé cet Atelier des Saveurs, où la cuisine reste en effet un artisanat : soucieux de la fraîcheur des produits - au gré du marché et des herbes et fleurs du jardin -, le chef prône le fait maison... et le fait bien.

Formule 18 € - Menu 28/52 € - Carte 45/62 €

51 r. Georges-Clemenceau - ✆ 04 93 59 75 71 - http://restaurantscordel.com
- Fermé 15-30 oct., 19-30 nov., 1er-11 déc., lundi et mardi

Alain Llorca

TRADITIONNEL • ÉLÉGANT Un "hôtel de chef", idéal pour parfaire l'expérience de la cuisine d'Alain Llorca. Pour décor : un jardin à flanc de colline ; pour horizon : la campagne provençale et le village de St-Paul-de-Vence... Beaux volumes et matériaux de qualité font toute l'élégance des chambres.

10 chambres - †175/600 € ††175/600 € - ☕ 20 €

350 rte de St-Paul - ✆ 04 93 32 02 93 - www.alainllorca.com

✿ **Alain Llorca** - voir les restaurants ci-dessus

Marc Hély

FAMILIAL • MÉDITERRANÉEN Cette maison, un tantinet en retrait de la route de Cagnes, offre une jolie vue sur St-Paul-de-Vence et les monts alentour. Les chambres sont calmes, bien tenues et décorées dans un style provençal parfaitement accordé à cet environnement... L'accueil, très familial.

10 chambres - †80/100 € ††95/145 € - ☕ 12 €

535 rte de Cagnes - ✆ 04 93 22 64 10 - www.hotel-marc-hely.com - Fermé janv.

COLLIAS - 30 Gard → Voir Pont-du-Gard

COLLIOURE

✉ 66190 Pyrénées-Orientales - 3 046 hab. - Alt. 2 m - Carte régionale n° **12**-B3
Carte Michelin 344-J7

✿ La Balette

CUISINE MODERNE • COSY XXX Sur la route de Port-Vendres, tous les parfums de la région catalane se donnent rendez-vous dans les assiettes de ce restaurant baigné de soleil, qui regarde la belle Collioure les pieds dans l'eau... Respect des produits, poisson de première fraîcheur, intéressante carte des vins : cette table sort du lot.

→ Encornets cuits à basse température et chorizo ibérique. Rouget de la Côte Vermeille, émulsion d'oursins. Fraises et huile d'olive, confiture d'olives noires et olives cristallisées.

Formule 35 € 🍷 - Menu 52/108 € - Carte 82/115 €

Plan : B2-n *Hôtel Relais des Trois Mas, rte de Port-Vendres - ✆ 04 68 82 05 07 - www.relaisdestroismas.com - Fermé 6 janv.-24 mars, mardi d'oct. à avril et lundi de sept. à juin*

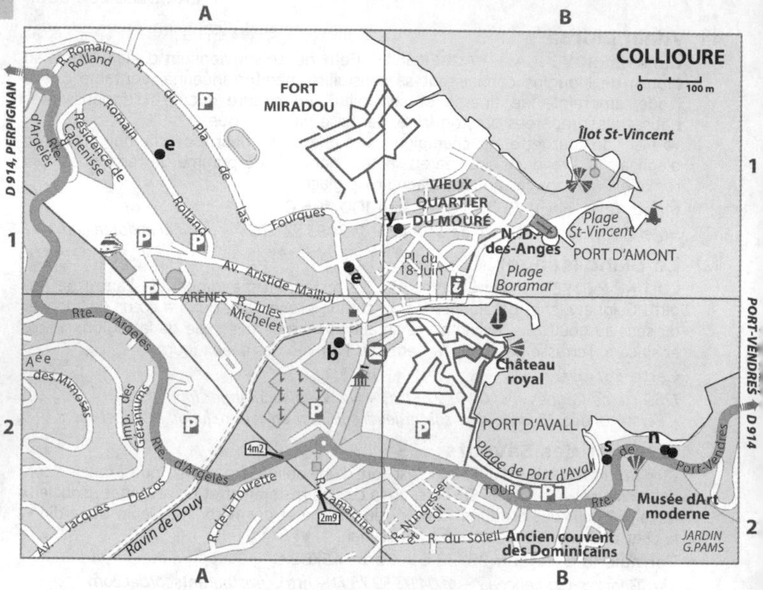

Le Neptune

CUISINE MODERNE • MÉDITERRANÉEN XX Exceptionnel ! Face au vieux port, un lieu magique avec ses terrasses nichées dans la roche, au cœur d'un beau jardin. Cuisine actuelle, qui louche vers la méditerranée, et jolies spécialités de la mer.

Menu 29 € (déj. en semaine), 39/99 € – Carte 52/93 €

Plan : B2-s *rte de Port-Vendres – 04 68 82 02 27 – www.leneptune-collioure.com – Fermé mardi et merc. de nov. à mars*

Le 5ème Péché

CUISINE MODERNE X Un chef tokyoïte passionné de mets français et de vins… et sa petite table du vieux Collioure : quand le Japon rencontre la Catalogne ! Alors bien sûr, on déguste ici une cuisine fusion, où le poisson ultrafrais est roi.

Formule 19 € – Menu 25 € (déj. en semaine), 39/62 €

Plan : B1-y *16 r. de la Fraternité – 04 68 98 09 76 – www.le5peche.com – Fermé fév., 2 semaines en nov., dim. et lundi*

Casa Païral

TRADITIONNEL • PERSONNALISÉ Une jolie demeure catalane du 19e s. avec son traditionnel patio à l'andalouse, son jardin planté de magnolias et d'essences méditerranéennes… Les chambres, plutôt sobres, sont néanmoins très soignées. Du caractère et un vrai parfum de vacances !

27 chambres – 87/325 € 87/325 € – 16 €

Plan : A2-b *imp. des Palmiers – 04 68 82 05 81 – www.hotel-casa-pairal.com – Ouvert 10 fév.-5 nov.*

Relais des Trois Mas

FAMILIAL • COSY De ces mas enchâssés dans la roche, la vue est imprenable sur la baie de Collioure et Notre-Dame-des-Anges ! Les chambres affichent un style contemporain, dans un esprit bord de mer ; la terrasse et sa magnifique piscine complètent ce décor paradisiaque.

21 chambres – 100/190 € 160/270 € – 2 suites – 21 €

Plan : B2-n *rte de Port-Vendres – 04 68 82 05 07 – www.relaisdestroismas.com – Fermé 6 janv.-24 mars*

La Balette – voir les restaurants ci-dessus

Madeloc

FAMILIAL • FONCTIONNEL Sur les hauteurs de la ville, dans un quartier résidentiel, un hôtel pratique et frais, avec des chambres agréables (certaines avec terrasse), un jacuzzi, une piscine panoramique et même un jardin à flanc de colline.

26 chambres - 80/180 € 95/235 € - 13 €

Plan : A1-e *24 r. Romain-Rolland - 04 68 82 07 56 - www.madeloc.com - Ouvert début fév.-11 nov.*

COLLOBRIÈRES

83610 Var - 1 921 hab. - Alt. 154 m - Carte régionale n° **21**-C3
Carte Michelin 340-M6 - Guide Vert Michelin Côte d'Azur

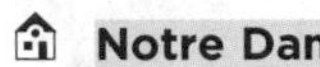

Notre Dame

AUBERGE • CONTEMPORAIN Au cœur du massif des Maures, on atteint le village par de jolies petites routes bordées de vignobles. La demeure (18e s.) n'est pas moins charmante ; elle revit sous l'égide de propriétaires passionnés (elle ancienne styliste de mode, lui ancien vigneron), qui en ont fait un vrai cocon, coloré et attachant...

16 chambres - 89/195 € 89/195 € - 12 €

15 av. de la Libération - 04 94 48 07 13 - www.hotel-collobrieres.com - Fermé 1er déc.-1er mars

COLLONGES-AU-MONT-D'OR - 69 Rhône → Voir Lyon

COLLONGES-LA-ROUGE

19500 Corrèze - 490 hab. - Alt. 230 m - Carte régionale n° **13**-C3
Carte Michelin 329-K5 - Guide Vert Michelin Périgord Quercy

Relais St-Jacques de Compostelle

CUISINE TRADITIONNELLE • CONVIVIAL X Dans cette bâtisse du 15e s., ancienne étape pour les pèlerins sur la route de Compostelle, on fait le plein de saveurs en découvrant les bons produits du terroir local - entre Dordogne, Corrèze et Lot - et l'on peut aussi profiter de l'une des jolies chambres pour passer la nuit.

Formule 21 € - Menu 27/42 € - Carte 35/52 €

10 chambres - 73/83 € 78/98 € - 8,50 €

05 55 25 41 02 - www.hotel-stjacques.com - Fermé de mi-nov. à mi-mars et merc.

ON AIME...

Quai 21, la nouvelle adresse gourmande d'un chef au beau parcours. **James**, un boutique-hôtel de caractère en plein centre-ville.

La Maison des Têtes, une belle demeure historique aménagée en brasserie. **Le Quatorze**, un hôtel design et confortable. **La Taverne Alsacienne**, pour une cuisine locale bien troussée. Et bien sûr, **JY'S**, la référence gastronomique de la ville...

COLMAR

✉ 68000 Haut-Rhin – 67 257 hab. – Agglo. 91 950 hab. – Alt. 194 m
– Carte régionale n° **1**-C2
Carte Michelin 315-I8 – Guide Vert Michelin Alsace Vosges

Restaurants

✿✿ JY'S (Jean-Yves Schillinger)

CUISINE CRÉATIVE • DESIGN XX JY'S pour Jean-Yves Schillinger ! Dans cette jolie maison de 1750 à la façade en trompe-l'œil officie ce chef inventif et bouillonnant d'idées. Décor contemporain signé Olivier Gagnère. Aux beaux jours, on profite de la terrasse au bord de la Lauch.

➜ Tomate mozzarella sur un concassé de tomates mi-confites. Omble chevalier confit à basse température, pois chiches, houmous et sauce curry vert. Cerises noires, orgeat, glace basilic et florentin aux amandes.

Menu 47 € (déj. en semaine), 78/114 €
– Carte 85/110 €

Plan : C3-g *17 r. de la Poissonnerie*
– ✆ 03 89 21 53 60 – www.jean-yves-schillinger.com
– Fermé 25 fév.-15 mars, 9-18 sept., dim. et lundi

✿ Girardin (Éric Girardin)

CUISINE MODERNE • ÉPURÉ XXX À l'attrait historique de cette superbe demeure bâtie au 17e s. sur les vestiges du mur d'enceinte de Colmar, s'ajoute la réjouissante cuisine d'Éric Girardin : intensité des saveurs, maîtrise des contrastes dans l'assiette, personnalité... A déguster dans un écrin minimaliste, au raffinement travaillé.

➜ Tourteau poché en rémoulade de céleri et pomme granny smith, nage glacée de crustacés. Carré de veau rôti, purée d'artichaut, condiment kumquat et jus de veau. Traditionnel millefeuille à la vanille Bourbon.

Menu 90/110 €
– Carte 80/135 €

Plan : C2-y *Hôtel La Maison des Têtes, 19 r. des Têtes*
– ✆ 03 89 24 43 43 – www.maisondestetes.com
– Fermé 20 fév.-15 mars, 29 août-14 sept., lundi midi, mardi midi, merc. et jeudi

L'Atelier du Peintre (Loïc Lefebvre)

CUISINE MODERNE • TENDANCE XX Dans cet Atelier élégant, une décoration cosy chic sert d'écrin à cette belle palette de saveurs contemporaines que réalise Loïc Lefebvre, chef talentueux, à l'évidente personnalité culinaire.

➜ Jaune d'œuf de poule confit, le blanc en émulsion fumée et salade de girolles. Bar sauvage rôti, tartare d'huîtres, tomate à la graine de passion et jus iodé. Sphère chocolat de Colombie et notes de poivre.

Menu 33 € (déj.), 47/85 € – Carte 75/85 €

Plan : C2-v *1 r. Schongauer*
– ✆ 03 89 29 51 57 – www.atelier-peintre.fr – Fermé 3 semaines en août, 2 semaines en fév., mardi midi, dim. et lundi sauf déc.

Aux Trois Poissons

POISSONS ET FRUITS DE MER • CONVIVIAL XX Cette belle maison à colombages (16e s.) de la "Petite Venise" est toujours fidèle au poste : une bonne nouvelle, car l'on ne voudrait pas se priver de son ambiance chaleureuse et de sa cuisine gourmande aux airs de... pêche miraculeuse ! Huîtres de Marennes-Oléron, sole, dorade, quenelles de brochet, etc.

Menu 26 € (déj. en semaine), 38/58 € – Carte 37/71 €

Plan : C3-t *15 quai de la Poissonnerie*
– ✆ 03 89 41 25 21 – www.aux-trois-poissons.fr – Fermé 2 semaines en août, dim. et lundi

Côté Cour

CUISINE TRADITIONNELLE • CONVIVIAL XX Au cœur de la vieille ville, on entre précisément... côté cour, dans cette ancienne maison du 16es. Cuisine traditionnelle et agréable patio terrasse pour les beaux jours.

Menu 29 € – Carte 35/50 €

Plan : C2-g *1 r. St-Martin (pl. de la Cathédrale)*
– ✆ 03 89 21 19 18 – www.cotecourcotefour.fr – Fermé dim.

La Maison des Têtes - Historique

CUISINE MODERNE • RÉGIONAL XX Dans le cœur historique de la ville, cette sublime façade Renaissance dissimule une authentique adresse de bouche ! L'adresse, aux mains d'Éric Girardin, marie cuisine au goût du jour et plats du terroir. Charme et caractère.

Menu 20 € (déj. en semaine), 45/75 € – Carte 45/70 €

Plan : C2-y *Hôtel La Maison des Têtes, 19 r. des Têtes*
– ✆ 03 89 24 43 43 – www.maisondestetes.com – Fermé 11 fév.-6 mars, dim. et lundi

Le Quai 21 (N)

CUISINE MODERNE • CONVIVIAL XX Embarquez sur les quais de la petite Venise pour une balade ponctuée de gourmandise, grâce à cette cuisine soignée, fleurant l'air de l'époque. Chaleureuse salle à l'étage, complétée d'un agréable patio terrasse. Esprit bistrot chic au rez-de-chaussée.

Formule 19 € – Menu 23 € (déj. en semaine)/45 € – Carte 53/59 €

Plan : C3-c *21 quai de la Poissonnerie*
– ✆ 03 89 58 58 58 – www.restaurant-quai21.fr – Fermé 1 semaine en fév., 2 semaines en août, 1 semaine vacances de la Toussaint, dim. et lundi

Le Théâtre

CUISINE CLASSIQUE • BRANCHÉ XX Face au théâtre, ce restaurant animé s'inspire des bistrots à l'ancienne et joue la carte de la tradition, avec de nombreux objets chinés et autres vieilles affiches publicitaires. Et dans l'assiette, les saveurs ne font pas dans la figuration !

Menu 33 € – Carte 30/50 €

Plan : C2-a *1 r. des Bains*
– ✆ 03 89 29 29 29 – www.restaurantletheatrecolmar.com

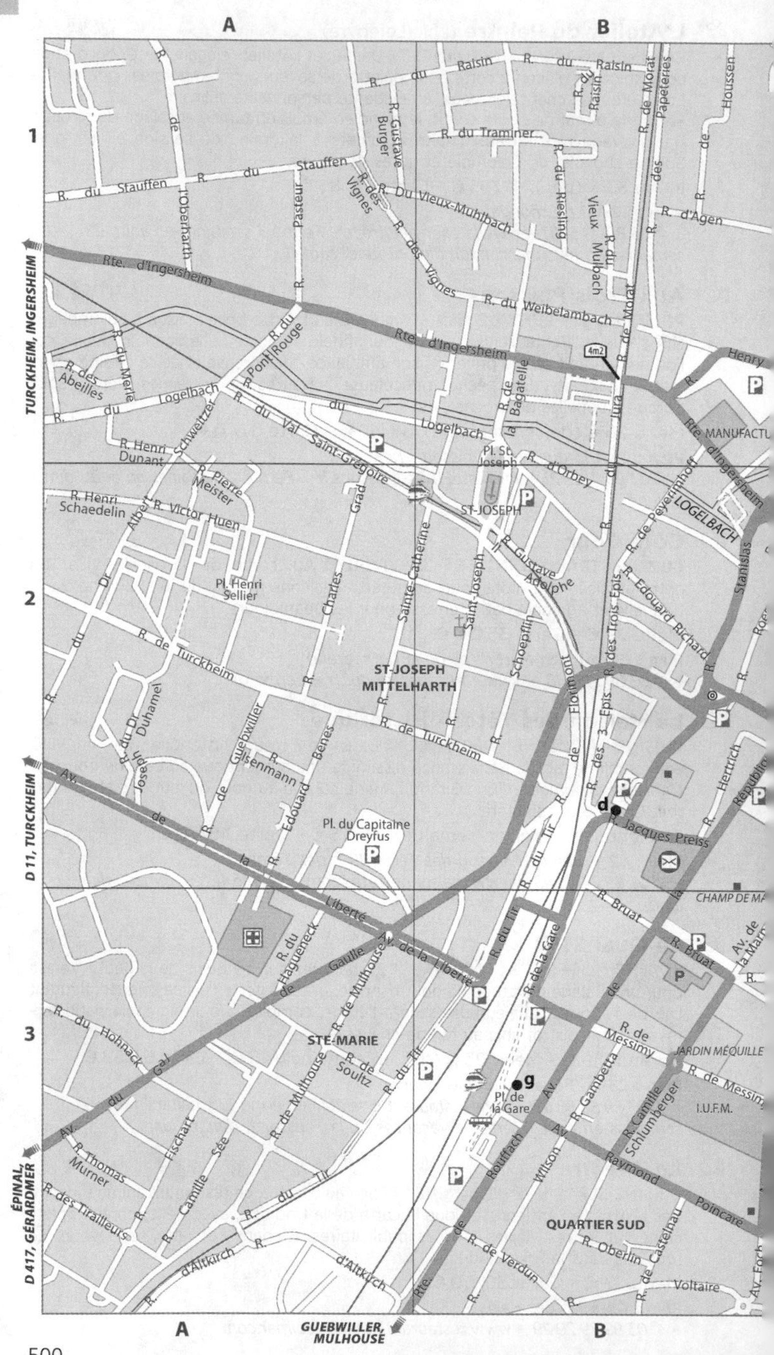
A
B
1
2
3
TURCKHEIM, INGERSHEIM
D 11, TURCKHEIM
ÉPINAL, D 417, GÉRARDMER
GUEBWILLER, MULHOUSE
R. du Stauffen
Rte. d'Ingersheim
R. du Raisin
R. du Traminer
R. Du Vieux-Muhlbach
R. des Vignes
R. du Weibelambach
R. du Logelbach
R. du Val Saint-Grégoire
Pl. St Joseph
ST-JOSEPH
R. d'Orbey
R. de Peyerimhoff
LOGELBACH
MANUFACTU
R. Victor Huen
Pl. Henri Sellier
R. de Turckheim
ST-JOSEPH MITTELHARTH
R. des Trois Epis
R. Edouard Richard
Pl. du Capitaine Dreyfus
Av. de la Liberté
R. Jacques Preiss
R. Bruat
CHAMP DE MA
STE-MARIE
R. de Messimy
JARDIN MÉQUILLE
I.U.F.M.
Pl. de la Gare
Av. Raymond Poincaré
QUARTIER SUD
R. de Verdun
R. Oberlin
R. d'Altkirch
R. des Tirailleurs
R. Thomas Murner
R. du Hohnack
Av. du Gal de Gaulle
R. de Mulhouse
R. du Tir
Rte. de Rouffach
4m2
d
g

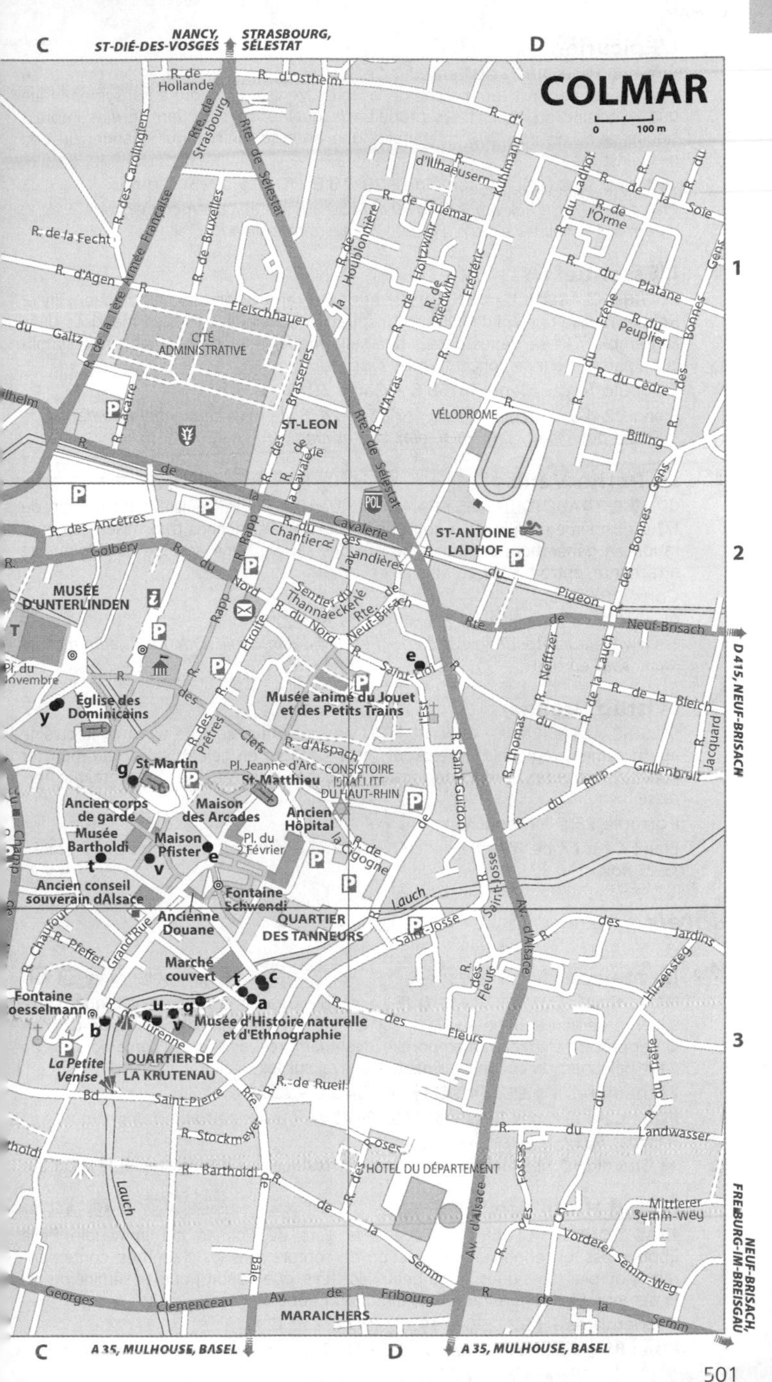
COLMAR
0 100 m
NANCY, ST-DIÉ-DES-VOSGES
STRASBOURG, SÉLESTAT
D 415, NEUF-BRISACH
NEUF-BRISACH, FREIBURG-IM-BREISGAU
A 35, MULHOUSE, BASEL
A 35, MULHOUSE, BASEL
CITÉ ADMINISTRATIVE
ST-LEON
VÉLODROME
ST-ANTOINE LADHOF
MUSÉE D'UNTERLINDEN
Église des Dominicains
Musée animé du Jouet et des Petits Trains
St-Martin
Pl. Jeanne d'Arc
St-Matthieu
CONSISTOIRE ISRAÉLITE DU HAUT-RHIN
Ancien corps de garde
Maison des Arcades
Ancien Hôpital
Musée Bartholdi
Maison Pfister
Pl. du 2 Février
Ancien conseil souverain dAlsace
Fontaine Schwendi
Ancienne Douane
QUARTIER DES TANNEURS
Marché couvert
Fontaine Roesselmann
Musée d'Histoire naturelle et d'Ethnographie
La Petite Venise
QUARTIER DE LA KRUTENAU
HÔTEL DU DÉPARTEMENT
MARAICHERS

L'Épicurien

CUISINE MODERNE • CONVIVIAL Ce bistrot à vin convivial – on mange au coude à coude – est tout proche de la Petite Venise. Un cadre aussi sympathique que la cuisine du chef et ses produits de qualité. La sélection de vins impressionne, avec environ 200 références. Une adresse idéale pour changer un peu des winstubs !

Menu 17 € (déj. en semaine), 29/38 € – Carte 39/51 € dîner

Plan : C3-a *11 r. Wickram – 03 89 41 14 50 – www.epicurien-colmar.com – Fermé 3 semaines en juin, 24 déc.-2 janv., dim. et lundi*

L'Essentiel N

CUISINE CLASSIQUE • CONTEMPORAIN De retour dans sa ville natale, Olivier Reither réalise une solide cuisine d'inspiration classique, très bien maîtrisée dans l'ensemble. Elle se déguste dans une salle moderne et décorée en toute simplicité : parfait pour se concentrer sur l'assiette.

Formule 14 € – Menu 35/58 € – Carte 39/60 €

Plan : B2-d *9 r. Jacques-Preiss – 03 89 24 16 14 – www.lessentielrestaurant.com – Fermé nov., janv., sam. midi, dim. soir et lundi*

La Petite Venise

CUISINE TRADITIONNELLE • FAMILIAL Dans la Petite Venise, cette maison du 17e s. du même nom invite à goûter des recettes alsaciennes transmises de génération en génération, préparées au gré des saisons. Une adresse nostalgique et attachante, entre bistrot et winstub.

Carte 28/45 €

Plan : C3-v *4 r. de la Poissonnerie – 03 89 41 72 59 – www.restaurantpetitevenise.com – Fermé 24 juin-8 juil., dim. midi, jeudi midi et merc. sauf en déc.*

Wistub Brenner

CUISINE ALSACIENNE • CONVIVIAL Dans cette authentique winstub, la cuisine est forcément régionale : presskopf (hure de porc en gelée), salade au munster pané, choucroute. Production locale, ambiance conviviale, et sympathique terrasse.

Formule 25 € – Menu 30 €

Plan : C3-u *1 r. de Turenne – 03 89 41 42 33 – www.wistub-brenner.fr – Fermé 13-23 nov.*

Hôtels

La Maison des Têtes

MAISON DE MAÎTRE • CLASSIQUE Le couple Girardin a rénové avec goût cette superbe demeure, bâtie au 17e s. sur les vestiges du mur d'enceinte de Colmar. On apprécie l'élégance intemporelle des chambres, ainsi que l'agréable salle de petit-déjeuner. Un cocon charmant, à cheval sur les siècles.

21 chambres – 190/340 € 190/340 € – 22 €

Plan : C2-y *19 r. des Têtes – 03 89 24 43 43 – www.maisondestetes.com – Fermé 11 fév.-11 mars*

Girardin • La Maison des Têtes - Historique – voir les restaurants ci-dessus

Grand Hôtel Bristol

TRADITIONNEL • CLASSIQUE Face à la gare de Colmar, cet immeuble Belle Époque est fort engageant. Beaucoup de confort dans les chambres, contemporaines ou plus classiques, et de beaux espaces, que ce soit pour les séminaires ou la détente. Et à l'heure du repas, direction l'Auberge.

91 chambres – 92/290 € 92/290 € – 17 €

Plan : B3-g *7 pl. de la Gare – 03 89 23 59 59 – www.grand-hotel-bristol.com*

Le Colombier

URBAIN • DESIGN Qui pourrait croire que cette bâtisse régionale du 15e s., pleine de charme avec son escalier Renaissance et son patio, dissimule... pareille modernité ? L'intérieur a été entièrement repensé par un designer italien et c'est une réussite.

43 chambres – 🚹109/275 € 🚹🚹109/275 € – 3 suites – ☕15 €

Plan : C3-u *7 r. de Turenne*
– ✆ 03 89 23 96 00 – www.hotel-le-colombier.fr

Hostellerie Le Maréchal

TRADITIONNEL • COSY Les chambres de ces maisons de la Petite Venise sont garnies de meubles de style (Louis XV, Louis XVI) et répondent aux noms évocateurs de Lully, Mozart, Bizet... Quant au petit-déjeuner, copieux à souhait, il ne joue pas les arlésiennes. Et le personnel se montre très à l'écoute des clients !

30 chambres – 🚹95/170 € 🚹🚹115/290 € – ☕18 €

Plan : C3-b *4 pl. des Six-Montagnes-Noires*
– ✆ 03 89 41 60 32 – www.le-marechal.com

James (N)

URBAIN • CONTEMPORAIN En léger retrait du centre-ville, cette construction moderne abrite un hôtel tout neuf, au style contemporain. Chambres confortables, excellent petit-déjeuner "terroir alsacien" et accueil charmant.

30 chambres – 🚹98/170 € 🚹🚹98/280 € – ☕17 €

Plan : D2-e *15 r. St-Eloi*
– ✆ 03 89 21 93 70 – www.james-hotel.com

St-Martin

FAMILIAL • PERSONNALISÉ Dans le quartier historique, ces quatre maisons des 14e et 17e s. s'ordonnent autour d'une cour intérieure avec tourelle et escalier à vis Renaissance. Les chambres, toutes différentes, ont le charme un peu rétro du style alsacien. Pittoresque... et idéalement situé pour découvrir la vieille ville !

40 chambres – 🚹85/130 € 🚹🚹85/180 € – ☕12 €

Plan : C2-e *38 Grand'Rue*
– ✆ 03 89 24 11 51 – www.hotel-saint-martin.com – Fermé 23-26 déc. et 1er janv.-18 mars

Quatorze

URBAIN • PERSONNALISÉ Un boutique-hôtel urbain et contemporain, en plein cœur de la vieille ville. Petit espace bien-être (hammam, sauna, massage). Produits bio au petit-déjeuner.

14 chambres – 🚹105/150 € 🚹🚹110/220 € – ☕16 €

Plan : C2-t *14 r. des Augustins*
– ✆ 03 89 20 45 20 – www.hotelquatorze.com

à Horbourg 4 km à l'Est par rte de Neuf-Brisach – ✉ 68180 Horbourg Wihr – 5 473 hab. – Alt. 188 m

L'Europe

BUSINESS • FONCTIONNEL Cet imposant hôtel de style néo-alsacien, situé en retrait de la ville, propose des chambres très confortables. Mention spéciale pour les deux belles suites design. Tout est parfaitement conçu pour l'organisation de séminaires. Mais aussi : piscine, restaurant etc.

120 chambres – 🚹80/250 € 🚹🚹80/250 € – ☕15 €

15 rte de Neuf-Brisach
– ✆ 03 89 20 54 00 – www.hotel-europe-colmar.com – Fermé janv.

à Wettolsheim 4,5 km à l'Ouest par D417 et D1bis II – ✉ 68920 – 1 682 hab. – Alt. 220 m

La Palette

CUISINE MODERNE • TENDANCE XX Le chef a beau être savoyard, on déguste ici une belle cuisine traditionnelle alsacienne qui ne dédaigne pas les clins d'œil à la modernité. La carte des vins est très complète et met à l'honneur les vignerons du village. Chambres claires et fraîches pour l'étape. Une bonne adresse.

Formule 19 € – Menu 32/69 € – Carte 50/64 €

16 chambres – 75/145 € – 11 €

9 r. Herzog – ✆ 03 89 80 79 14 – www.lapalette.fr – Fermé 2-9 janv., 26 fév.-12 mars, dim. soir, mardi midi et lundi

à Ingersheim 4 km au Nord-Ouest – ✉ 68040 – 4 624 hab. – Alt. 220 m

La Taverne Alsacienne

CUISINE TRADITIONNELLE • AUBERGE XX Dirigée par la famille Guggenbuhl depuis 1964, cette taverne à la façade rouge typique mérite amplement sa réputation. Même ceux qui ne connaissent rien à la cuisine alsacienne seront conquis par sa divine choucroute traditionnelle (entre autres délices) ; le tout accompagné de beaux vins d'Alsace !

Formule 14 € – Menu 19 € (déj. en semaine), 30/58 € – Carte 40/64 €

99 r. de la République – ✆ 03 89 27 08 41
– www.tavernealsacienne-familleguggenbuhl.com
– Fermé 24 juil.-16 août, 27 déc.-12 janv., jeudi soir, dim. soir et lundi

LA COLMIANE

✉ 06420 Alpes-Maritimes – Valdeblore – Alt. 1 500 m – Carte régionale n° **21**-D2
Carte Michelin 341-E3 – Guide Vert Michelin Côte d'Azur

Le Green

TRADITIONNEL • PERSONNALISÉ Dans l'arrière-pays niçois, à l'orée du Mercantour, se cache cet écolodge qui sort – littéralement – des sentiers battus. Ici, on est "green" à tous les niveaux : déco en bois récupéré, nature omniprésente, menu bio au restaurant. Toute une expérience !

6 chambres – 100/140 € 100/140 € – 15 €

rte du Télésiège – ✆ 04 93 03 00 00 – www.greenecolodge.com

COLOMBES – 92 Hauts-de-Seine

→ Voir Autour de Paris

COLOMBEY-LES-DEUX-ÉGLISES

✉ 52330 Haute-Marne – 665 hab. – Alt. 353 m – Carte régionale n° **7**-C3
Carte Michelin 313-J4 – Guide Vert Michelin Champagne Ardenne

Hostellerie la Montagne (Jean-Baptiste Natali)

CUISINE MODERNE • ÉLÉGANT XXX Dans ce paisible village cher à de Gaulle, les beaux produits de nos terroirs... mais surtout un savoir-faire sans nostalgie, car la cuisine est ici affaire d'invention. La gastronomie française à l'heure contemporaine – et de même pour le décor !

→ Raviolis de bœuf Wagyu aux huîtres, poudre d'agrumes et cerfeuil tubéreux. Cèpes rôtis au lard de Colonnata, bouillon au vieux parmesan. Pomme en brunoise, en mousse et en sorbet, pétales de meringue au thé matcha.

Menu 28 € (déj. en semaine), 60/100 € – Carte 95/130 €

10 r. Pisseloup – ✆ 03 25 01 51 69 – www.hostellerielamontagne.com – Fermé janv., lundi et mardi

À La Table du Général

CUISINE TRADITIONNELLE · BISTRO X Envie de déguster les plats préférés du général de Gaulle ? Poussez donc la porte de ce petit bistrot qui fait de la résistance pour proposer, intactes, les bonnes recettes de la tradition (blanquette de veau et daube de bœuf étaient les chouchous du grand homme). Un endroit sympathique où les prix le sont tout autant.

Formule 18 € - Menu 23 € (déj.)

57 r. du Général-de-Gaulle - ✆ 03 25 01 51 69 - www.latabledugeneral.fr - Fermé de mi-déc. à fin janv., lundi, mardi et le soir

Hostellerie la Montagne

LUXE · COSY Jardin et verger, demeure rénovée avec goût dans une veine contemporaine, chambres cosy et confortables : cette demeure en pierre cultive joliment les charmes de la France éternelle.

9 chambres - 105/170 € 105/190 € - 1 suite - 14 €

10 r. Pisseloup - ✆ 03 25 01 51 69 - www.hostellerielamontagne.com - Fermé janv., lundi et mardi

Hostellerie la Montagne - voir les restaurants ci-dessus

COLOMBIÈRES-SUR-ORB

34390 Hérault - 471 hab. - Alt. 172 m - Carte régionale n° **12**-B2
Carte Michelin 339-D7 - Guide Vert Michelin Languedoc

Granit N

CUISINE MODERNE · AUBERGE XX Au sein de la "Mécanique des Frères Bonano", un décor tout de granit et de bois. Dans l'assiette, des produits de saison fins et bien travaillés, à l'image de ces délicieux gambas "black tiger" dans un cannelloni aux petits légumes... Service professionnel et souriant.

Menu 37/87 €

5 chambres - 110/230 € 110/230 € - 3 suites

lieu-dit La Mécanique - ✆ 04 67 97 30 52 - www.lamecaniquedesfreresbonano.fr - Fermé lundi en saison, mardi et merc.

COLOMBIERS

34440 Hérault - 2 345 hab. - Alt. 25 m - Carte régionale n° **12**-B2
Carte Michelin 339-D9 - Guide Vert Michelin Languedoc Roussillon

Au Lavoir

CUISINE MÉDITERRANÉENNE · ÉLÉGANT XX Voisine du canal du Midi, cette belle maison jaune semble rayonner, particulièrement quand le soleil baigne son jardin verdoyant (avec terrasse). Pleinement inspirée par la Méditerranée, la cuisine fait la part belle au produit et embaume les parfums du Sud. N'hésitez pas à réserver l'une des élégantes chambres de l'étage.

Formule 23 € - Menu 30/36 € - Carte environ 44 €

4 chambres - 100/150 € 100/150 €

r. du Lavoir - ✆ 04 67 26 16 15 - www.au-lavoir.com

COLOMIERS - 31 Haute-Garonne → Voir Toulouse

COLROY-LA-ROCHE

67420 Bas-Rhin - 494 hab. - Alt. 475 m - Carte régionale n° **1**-A2
Carte Michelin 315 H6

Hostellerie La Cheneaudière

CUISINE MODERNE · ÉLÉGANT XXX Dans cet établissement élégant, les salles à manger affichent clairement un style cossu. La carte, courte et raffinée, fait d'alléchantes propositions : variations autour du foie gras, fricassée de homard, pigeon de ferme rôti et farci...

Menu 75/95 €

3 r. du Vieux-Moulin - ✆ 03 88 97 61 64 - www.cheneaudiere.com - Fermé le midi sauf week-ends et fériés

Hostellerie La Cheneaudière

SPA ET BIEN-ÊTRE • ÉLÉGANT À flanc de colline, cette imposante demeure d'esprit traditionnel se révèle chic et accueillante. Que ce soit dans les chambres spacieuses aux teintes apaisantes ou dans le superbe spa (2000 m2) sur le thème de la nature, on ressent comme un sentiment d'exclusivité...

32 chambres – 185/440 € 185/440 € – 6 suites – 25 €

3 r. du Vieux-Moulin – 03 88 97 61 64 – www.cheneaudiere.com

Hostellerie La Cheneaudière – voir les restaurants ci-dessus

COLY – 24 Dordogne → Voir Lardin-St-Lazare

LA COMBE – 73 Savoie → Voir Aiguebelette-le-Lac

COMBEAUFONTAINE

70120 Haute-Saône – 535 hab. – Alt. 259 m – Carte régionale n° **9**-B1
Carte Michelin 314-D6

Le Balcon

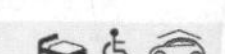

CUISINE TRADITIONNELLE • AUBERGE XX Digne héritier de son père, le jeune chef, Jean-Philippe Gauthier, perpétue la tradition de cette belle maison, avec ses incontournables – terrine de volaille campagnarde, ou encore le fameux poulet au vin jaune –, que l'on savoure dans une salle alliant caractère et authenticité. Délicieux !

Menu 30/67 € – Carte 42/72 €

14 chambres – 65/85 € 65/85 € – 9 €

2 Grande-Rue – 03 84 92 11 13 – www.le-balcon-70.fr – Fermé 25 juin-6 juil., 1er-4 oct., 26 déc.-21 janv., dim. soir, mardi midi et lundi sauf fériés

COMBLOUX

74920 Haute-Savoie – 2 079 hab. – Alt. 980 m – Carte régionale n° **25**-F1
Carte Michelin 328-M5 – Guide Vert Michelin Alpes du Nord

Aux Ducs de Savoie

FAMILIAL • MONTAGNARD Un vaste chalet tout en bois dans un superbe cadre alpin. Atmosphère conviviale et feutrée, piscine face au mont Blanc, sauna, jacuzzi et restaurant de tradition dans une salle panoramique : une sympathique villégiature.

50 chambres – 155/260 € 155/260 € – 18 €

253 rte du Bouchet – 04 50 58 61 43 – www.ducs-de-savoie.com – Ouvert de début juin à début oct. et de mi-déc. à mi-avril

Au Cœur des Prés

TRADITIONNEL • MONTAGNARD Sur les hauts de Combloux, un beau chalet traditionnel tenu en famille, avec des chambres fraîches et pimpantes, dans un esprit montagnard et bucolique. L'espace bien-être met à disposition sauna, hammam avec chromothérapie, etc. Les habitués sont nombreux et on les comprend !

30 chambres – 100/130 € 130/160 €

152 chemin du Champet – 04 50 93 36 55 – www.hotelaucoeurdespres.com – Ouvert de début juin à fin sept. et de mi-déc. à début avril

Le Coin Savoyard

TRADITIONNEL • MONTAGNARD Une ancienne ferme datant du 19e s., où règne une délicieuse atmosphère rustique. Elle abrite de confortables chambres, qui donnent toutes sur les monts. À l'heure du repas, spécialités régionales devant la cheminée ou sur la terrasse.

14 chambres – 90/130 € 108/170 € – 12 €

300 rte de la Cry (Cuchet) – 04 50 58 60 27 – www.coin-savoyard.com – Ouvert 10 juin-18 sept. et 16 déc.-9 avril

COMBOURG

✉ 35270 Ille-et-Vilaine - 5 813 hab. - Alt. 45 m - Carte régionale n° **5**-D2
Carte Michelin 309-L4 - Guide Vert Michelin Bretagne Nord

Hôtel du Château

FAMILIAL • COSY Une belle bâtisse ancienne au pied du château célébré par Chateaubriand... Les chambres ont été rénovées dans un style sobre et contemporain, ou plus bucolique ; au restaurant, on sert entre autres le célèbre chateaubriand.

32 chambres - †71/165 € ††83/165 € - ☕ 11 €

1 pl. Chateaubriand - ✆ 02 99 73 00 38 - www.hotelduchateau.com

COMPIÈGNE

✉ 60200 Oise - 40 732 hab. - Agglo. 70 441 hab. - Alt. 41 m - Carte régionale n° **19**-B2
Carte Michelin 305-H4

à Rethondes 10 km au Sud-Est par D973 - ✉ 60153 - 720 hab. - Alt. 38 m

Auberge du Pont de Rethondes

CUISINE MODERNE • ÉLÉGANT XXX Sa jolie façade traditionnelle exprime le charme de ce village des bords de l'Aisne. Elle cache une salle à l'atmosphère classique et feutrée (tables rondes, nappes blanches, mobilier de style, etc.), parfaite pour un repas porté par l'imagination du chef et les bons produits de la saison... Terrasse côté jardin.

Formule 26 € - Menu 32 € (semaine), 46/120 € 🍷 - Carte 65/132 €

21 r. du Mar.-Foch - ✆ 03 44 85 60 24 - www.aubergedupont-rethondes.fr - Fermé 16-31 juil., dim. soir, lundi et mardi

à Vieux-Moulin 10 km au Sud par D332 et D14 - ✉ 60350 - 637 hab. - Alt. 49 m

Auberge du Mont St-Pierre

CUISINE TRADITIONNELLE • AUBERGE XX À l'orée de la forêt, cette auberge des années 1930 a été rénovée dans un style plutôt contemporain : tons gris et blanc, rideaux, luminaires, etc. Belle quiétude en terrasse, pour déguster de bonnes assiettes rythmées par les saisons, à l'image de ce cœur de ris de veau escalopé aux morilles.

Formule 25 € - Menu 32/49 € - Carte 54/75 €

27 r. des Étangs - ✆ 03 44 85 60 00 - www.aubergedumontsaintpierre.fr - Fermé 3 semaines en août, vacances de fév., mardi soir, merc. soir, jeudi soir, dim. soir et lundi

au Meux 11 km à l'Ouest - ✉ 60880 - 2 145 hab. - Alt. 50 m

Auberge de la Vieille Ferme

CUISINE TRADITIONNELLE • AUBERGE X Dans ce petit village non loin de Compiègne, l'ancienne ferme est aujourd'hui un hôtel-restaurant très couru. En cuisine, tout est fait maison, et le jeune chef excelle dans la réinterprétation des grands classiques : sole meunière, tête de veau... avec, parfois, quelques influences plus exotiques. Très recommandable.

Formule 23 € - Menu 33 € - Carte 39/72 €

58 r. de la République - ✆ 03 44 41 58 54 - www.hotel-restaurant-oise.com - Fermé 3 semaines en août, 24 déc.- 3 janv., sam. midi, dim. soir et lundi

Auberge de la Vieille Ferme

AUBERGE • TRADITIONNEL Direction la vallée de l'Oise et cette ancienne ferme en briques rouges, aux chambres fonctionnelles et bien tenues, aménagées de part et d'autre des deux cours intérieures. L'ambiance, résolument familiale, vous réjouira !

14 chambres - †70/82 € ††86/102 € - ☕ 8 €

58 r. de la République - ✆ 03 44 41 58 54 - www.hotel-restaurant-oise.com - Fermé 3 semaines en août et 24 déc.-3 janv.

Auberge de la Vieille Ferme - voir les restaurants ci-dessus

COMPS-SUR-ARTUBY

✉ 83840 Var – 376 hab. – Alt. 898 m – Carte régionale n° **21**-C2
Carte Michelin 340-O3 – Guide Vert Michelin Alpes du Sud

Grand Hôtel Bain

FAMILIAL • TRADITIONNEL Inscrite dans le Livre des records, cette auberge traditionnelle, peinte d'une diligence, est exploitée par la même famille depuis... 1737 ! Chambres rustiques et bien tenues, terrasse sous les platanes.

17 chambres – 68 € 68 € – 10 €

av. de Fayet
– ✆ 04 94 76 90 06 – www.grand-hotel-bain.fr
– Ouvert 1er mars-11 nov.

CONCARNEAU

✉ 29900 Finistère – 18 557 hab. – Alt. 4 m – Carte régionale n° **5**-B2
Carte Michelin 308-H7 – Guide Vert Michelin Bretagne Sud

Le Flaveur

CUISINE MODERNE • INTIME XX Ce restaurant se niche dans une petite rue calme, légèrement en retrait du port de plaisance et de la ville close. Aux commandes, le jeune chef fait preuve d'une inventivité rafraîchissante, à l'image de ce lieu jaune, écume iodée, cromesquis d'huître et pamplemousse marin...

Formule 17 € – Menu 20 € (déj. en semaine), 28/53 €
– Carte 44/103 €

Plan : C2-a *4 r. Duquesne*
– ✆ 02 98 60 43 47
– Fermé 1 semaine fin nov., 2 semaines en janv., sam. midi, dim. soir et lundi

L'Amiral

POISSONS ET FRUITS DE MER • CONVIVIAL XX Un restaurant vraiment engageant, tout en boiseries sombres et allusions marines élégantes. Bien situé, face à la ville close, il propose tous les grands classiques d'une cuisine de la mer. Avec une spécialité : la grande cocotte de l'Amiral, une version chaude de l'incontournable plateau de fruits de mer !

Formule 18 € – Menu 21 € (semaine), 31/47 € – Carte 33/62 €

Plan : C1-t *1 av. Pierre-Guéguin – ✆ 02 98 60 55 23 – www.restaurant-amiral.com*
– Fermé 25 fév.-12 mars, 3 semaines en nov., dim. soir et lundi sauf juil.-août

La Coquille 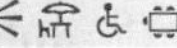

POISSONS ET FRUITS DE MER • TENDANCE XX Nouveau décor et nouvelle jeunesse pour cette véritable institution locale, située en plein milieu du port de pêche. Le décor est désormais contemporain, avec des matériaux naturels – parquet brut, murs de bois brossé ; quant à la cuisine, elle fait toujours la part belle aux produits de la mer et à la tradition.

Formule 20 € – Menu 30/47 € – Carte 44/92 €

Plan : B1-k *1 quai du Moros – ✆ 02 98 97 08 52 – www.lacoquille-concarneau.com*
– Fermé 3 semaines en nov., 1 semaine à Noël, 1 semaine en fév., dim. soir, merc. soir et lundi

Le Nautile

POISSONS ET FRUITS DE MER • TENDANCE XX Bienvenue dans cette brasserie chic et feutrée, dont la baie vitrée offre une vue imprenable sur l'océan ! La mer est également dans l'assiette, avec une cuisine mettant joliment en avant les poissons et les crustacés. Agréable terrasse.

Formule 18 € – Menu 22/40 €

Plan : A1-n *Hôtel Les Sables Blancs, plage des Sables-Blancs – ✆ 02 98 50 10 12*
– www.hotel-les-sables-blancs.com

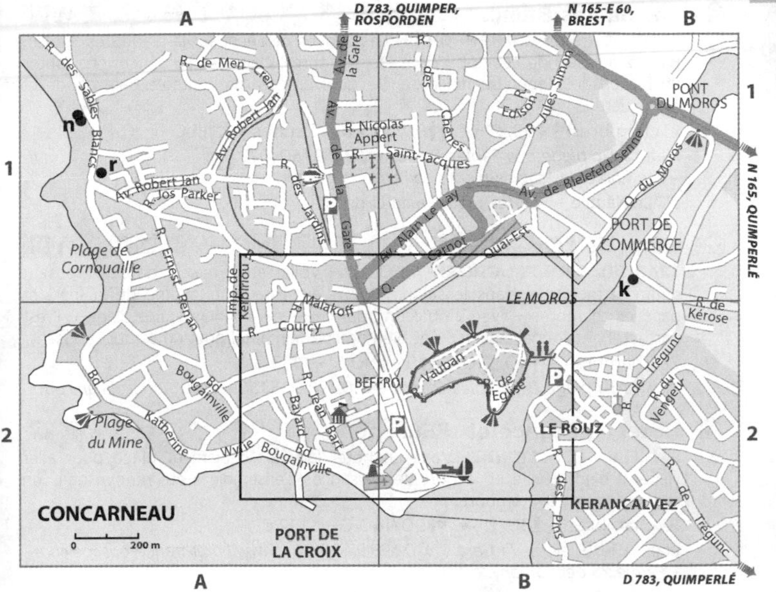

CONCARNEAU

A B

D 783, QUIMPER, ROSPORDEN

N 165-E 60, BREST

N 165, QUIMPERLÉ

D 783, QUIMPERLÉ

PONT DU MOROS
PORT DE COMMERCE
LE MOROS
LE ROUZ
KERANCALVEZ
BEFFROI
Plage de Cornouaille
Plage du Mine
PORT DE LA CROIX

0 200 m

CONCARNEAU

C D

0 100 m

Port de pêche
Porte aux vins
TOUR AUX VINS
TOUR NEUVE
HÉMÉRICA
Pl. St-Guénolé
Rue Vauban
VILLE CLOSE
Porte du Passage
TOUR DU PORT AUX CHIENS
TOUR DU MAJOR
Beffroi
Musée de la Pêche
TOUR DU MAURE
Maison du patrimoine
ESPL. DU PETIT CHÂTEAU
TOUR DU FER-A-CHEVAL
TOUR DU GOUVERNEUR
Pl. J. Jaurès
LES HALLES
CENTRE DES ARTS ET DE LA CULTURE
Port de plaisance
Plage de Rodel
Port de la Croix
Marinarium
MAISON DU PORT
GR 34

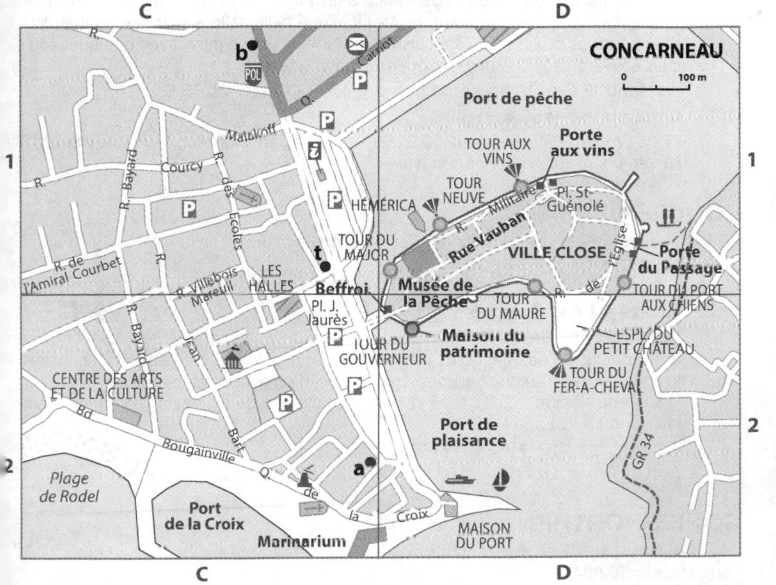

Les Sables Blancs

TRADITIONNEL • CONTEMPORAIN Les vagues déferlent sur la plage des Sables-Blancs, au pied de cet hôtel dont les chambres, claires et tendance, ont toutes un balcon qui donne sur le large. De quoi prendre un véritable bain d'iode et de lumière !

21 chambres – 99/215 € 99/275 € – 3 suites – 15 €

Plan : A1-n *plage des Sables-Blancs – 02 98 50 10 12 – www.hotel-les-sables-blancs.com*

Le Nautile – voir les restaurants ci-dessus

Hôtel de l'Océan

TRADITIONNEL • FONCTIONNEL L'Océan ! Voilà l'atout majeur de cet imposant bâtiment moderne. Dans le salon, comme au restaurant (cuisine de la mer) et dans les chambres – avec un balcon pour celles qui donnent sur la plage –, il est partout. Fonctionnel, spacieux et bien équipé : un hôtel pour un séjour reposant.

70 chambres – 90/210 € 90/210 € – 13 €

Plan : A1-r *plage des Sables-Blancs – 02 98 50 53 50 – www.hotel-ocean.com*

Hôtel de France et d'Europe

FAMILIAL • FONCTIONNEL Voici un hôtel familial, idéalement placé pour aller visiter à pied la ville et le port de plaisance ; l'ensemble a été rénové dans un style design et contemporain.

22 chambres – 80/115 € 90/140 € – 12 €

Plan : C1-b *9 av. de la Gare – 02 98 97 00 64 – www.hotel-france-europe.com – Fermé 23 déc.-31 janv.*

CONCHES-EN-OUCHE

27190 Eure – 5 076 hab. – Alt. 123 m – Carte régionale n° **17**-D2
Carte Michelin 304-F8 – Guide Vert Michelin Normandie Vallée de la Seine

La Grand'Mare

CUISINE MODERNE • AUBERGE Face à la grande mare de Conches, cette maison à colombages (19e s.) s'enorgueillit d'une belle salle à manger bourgeoise, avec boiseries sculptées. Côté cuisine, la tradition est de mise, avec quelques touches d'inventivité. Chambres modernes pour l'étape.

Menu 15 € (déj. en semaine), 25/45 € – Carte 45/75 €

9 chambres – 58 € 63 € – 9 €

13 av. Croix-de-Fer – 02 32 30 23 30 – www.lagrandmare.com – Fermé mardi soir et lundi sauf l'hôtel et dim. soir

CONCREMIERS

36300 Indre – 653 hab. – Alt. 82 m – Carte régionale n° **6**-B3
Carte Michelin 323-C7

Château de Forges

DEMEURE HISTORIQUE • PERSONNALISÉ Un authentique château fort, érigé à la fin du 15e s. par l'ancêtre des actuels propriétaires ! On remonte le temps lorsque l'on en franchit le porche couronné de mâchicoulis, avant de découvrir le superbe donjon... Et le confort des lieux n'a rien de médiéval (hammam, bain balnéo, etc.). Unique !

3 chambres – 162 € 174 €

1 km à l'Ouest par D53 – 02 54 37 40 03 – www.chateaudeforges.fr

CONDÉ-NORTHEN

57220 Moselle – 652 hab. – Alt. 208 m – Carte régionale n° **14**-C1
Carte Michelin 307-J4

La Grange de Condé

AUBERGE • CLASSIQUE Un ancien corps de ferme familial (1682) sur la route traversant le village. Les chambres y sont spacieuses avec des lits de belle ampleur. Pour se détendre, on profite du sauna, du jacuzzi ou du hammam. Cuisine traditionnelle au restaurant.

18 chambres – 135/320 € 135/320 € – 4 suites – 14 €

41 r. des Deux-Nieds – 03 87 79 30 50 – www.lagrangedeconde.com

CONDOM

32100 Gers – 6 835 hab. – Alt. 81 m – Carte régionale n° **15**-A2
Carte Michelin 336-E6

La Table des Cordeliers (Éric Sampietro)

CUISINE MODERNE • ÉLÉGANT Un endroit rare que cet ancien couvent niché dans la verdure, avec sa chapelle du 13e s. sous les voûtes de laquelle on prend place pour le repas... Le talentueux Éric Sampietro a su lui redonner ses lettres de noblesse : face à la finesse, l'inventivité et la justesse des assiettes, l'évidence est là, c'est un régal.

➜ Cuisine du marché.

Menu 60/90 €

1 r. des Cordeliers – 05 62 68 43 82 – www.latabledescordeliers.com – Fermé 3 semaines en janv., dim. et lundi

Côté Bistrot – voir les restaurants ci-dessus

Côté Bistrot

CUISINE MODERNE • BRANCHÉ Ce Côté Bistrot est une aubaine : un excellent rapport qualité-prix et des plats qui invitent à se lécher les babines, comme ces asperges en vinaigrette, mousseline au persil ; ce sandre rôti, fricassée de légumes, thym émulsionné ; ou encore le tiramisu à la pomme caramélisée et glace vanille.

Menu 24 €

Restaurant La Table des Cordeliers, 1 r. des Cordeliers – 05 62 68 43 84 – www.latabledescordeliers.com – Fermé 3 semaines en janv., dim. et lundi

Continental

BUSINESS • FONCTIONNEL La Baïse coule au pied de cet hôtel. Les chambres, joliment rénovées, donnent pour la plupart sur un joli jardin paysagé ; on profite aussi d'un sauna avec jets et d'un bassin de nage. Massages sur demande.

26 chambres – 57/150 € 57/150 € – 2 suites – 10 €

20 r. du Mar.-Foch – 05 62 68 37 00 – www.lecontinental.net – Fermé 16-28 déc.

Les Trois Lys

HÔTEL PARTICULIER • PERSONNALISÉ Cet élégant hôtel particulier du 18es. abrite des chambres confortables et personnalisées (certaines châtelaines, d'autres colorées dans un esprit colonial), et dispose d'une jolie piscine au calme.

12 chambres – 65/200 € 90/200 € – 10 €

38 r. Gambetta – 05 62 28 33 33 – www.lestroislys.com – Fermé janv.

CONDRIEU

69420 Rhône – 3 889 hab. – Alt. 150 m – Carte régionale n° **23**-B2
Carte Michelin 327-H7 – Guide Vert Michelin Lyon et sa région

Hôtellerie Beau Rivage

CUISINE CLASSIQUE • ÉLÉGANT Une table classique et soignée, où les mets tirent partie des produits régionaux : fleur de courgette farcie à la mousseline de brochet et beurre d'estragon, côte de bœuf cuite au foin et sauce à la fourme d'Ambert... Enfin, les baies vitrées et la terrasse permettent de profiter d'une vue exquise sur le fleuve.

Menu 40 € (déj. en semaine), 64/98 € – Carte 73/108 €

2 r. Beau-Rivage – 04 74 56 82 82 – www.hotel-beaurivage.com

Hôtellerie Beau Rivage

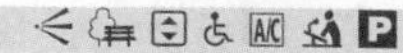

LUXE • CLASSIQUE Dans l'un des plus fameux vignobles des côtes du Rhône, cet hôtel familial semble rêvasser au bord du fleuve... Une douceur de vivre que l'on retrouve au jardin et dans les chambres, élégantes. Une belle manière de découvrir cette région viticole !

19 chambres - 115/340 € 115/340 € - 10 suites - 19 €

2 r. du Beau-Rivage - 04 74 56 82 82 - www.hotel-beaurivage.com

Hôtellerie Beau Rivage - voir les restaurants ci-dessus

CONILHAC-CORBIÈRES

11200 Aude - 926 hab. - Alt. 125 m - Carte régionale n° **12**-B3
Carte Michelin 344-H3

Auberge Côté Jardin

CUISINE MODERNE • AUBERGE XX Cette auberge a beau se trouver sur la nationale, elle n'en est pas moins en pleine nature. Le potager et le poulailler, situés à l'arrière, sont une source régulière de bons produits ! Quelques chambres pour l'étape.

Formule 18 € - Menu 29 € (déj. en semaine), 50/60 € - Carte 60/73 €

12 chambres - 79/155 € 79/155 € - 12 €

7 av. 113 - 04 68 27 08 19 - www.auberge-cotejardin.com - Fermé dim. soir d'oct. à avril, lundi sauf le soir en saison et mardi midi

CONLEAU - 56 Morbihan → Voir Vannes

CONNELLES

27430 Eure - 198 hab. - Alt. 15 m - Carte régionale n° **17**-D2
Carte Michelin 304-H6

Le Moulin de Connelles

CUISINE CLASSIQUE • ROMANTIQUE XXX Dans cet ancien et superbe moulin surplombant un petit bras de la Seine, on se croirait presque à Chenonceau. Ici, le décor comme l'assiette ne sont qu'élégance, classicisme de bon aloi et douceur feutrée... Un joli songe à faire tout éveillé !

Menu 45/75 €

40 rte d'Amfreville-sous-les-Monts - 02 32 59 53 33 - www.moulin-de-connelles.fr - Fermé le midi en semaine et lundi hors saison

Le Moulin de Connelles

LUXE • PERSONNALISÉ Sur un bras de la Seine, cet authentique manoir anglo-normand est un vrai joyau romantique ! Ses tourelles et colombages se reflètent dans le fleuve, le parc arboré est ravissant, l'accueil charmant, et les chambres d'un goût exquis. La délicatesse incarnée...

9 chambres - 99/250 € 99/250 € - 3 suites - 17 €

40 rte d'Amfreville-sous-les-Monts - 02 32 59 53 33 - www.moulin-de-connelles.fr - Fermé lundi d'oct. à avril

Le Moulin de Connelles - voir les restaurants ci-dessus

CONQUES

12320 Aveyron - 255 hab. - Alt. 350 m - Carte régionale n° **15**-C1
Carte Michelin 338-G3

Ste-Foy

AUBERGE • PERSONNALISÉ Au cœur de ce superbe et célèbre village niché dans les gorges de l'Ouche, cette demeure du 17e s. (belle façade à colombages) contemple la sublime abbatiale Ste-Foy. Aux beaux jours, le patio sent la glycine et il fait bon y entendre bruire la fontaine... un vrai plaisir. Le plus ? L'absence de télévision dans les chambres.

17 chambres - 85/187 € 85/187 € - 14 €

r. Principale - 05 65 69 84 03 - www.hotelsaintefoy.com - Ouvert de mi-avril à mi-oct.

au Sud 3 km sur D901 – ✉ 12320 Conques :

❀ Hervé Busset

CUISINE CRÉATIVE • ÉLÉGANT XXX Épure contemporaine et élégance au service d'une cuisine de chef créative, maîtrisée et soignée. Hervé Busset, passionné par les herbes, les plantes régionales et les beaux produits, n'a de cesse d'innover : il varie les garnitures et superpose les saveurs, poudres, émulsions, tout cela décliné sous la forme d'un menu-mystère... Une réussite !

➜ Crème au safran de l'Aveyron, soufflé d'esturgeon et caviar d'Aquitaine. Pigeon et caramel de berce. Crème glacée de mélilot, pêche de vigne et infusion à la verveine.

Menu 40 € (déj. en semaine), 62/110 € – Carte 75/85 €

Domaine de Cambelong – ✆ 05 65 72 84 77 – www.moulindecambelong.com – Ouvert 1er avril-31 oct. et fermé mardi midi, merc. midi, jeudi midi et lundi hors saison

Hervé Busset

AUBERGE • CONTEMPORAIN Dans l'un des derniers moulins à eau du 18e s. en bordure du Dourdou, les chambres jouent la carte du contraste, additionnant les couleurs, affichant un style résolument contemporain et design... Calme, reposant et singulier.

8 chambres – †150/270 € ††150/270 € – 1 suite – ☕ 20 €

Domaine de Cambelong – ✆ 05 65 72 84 77 – www.moulindecambelong.com – Ouvert 1er avril-31 oct.

❀ **Hervé Busset** – voir les restaurants ci-dessus

LE CONQUET

✉ 29217 Finistère – 2 681 hab. – Alt. 30 m – Carte régionale n° **5**-A2
Carte Michelin 308-C4 – Guide Vert Michelin Bretagne Nord

à la Pointe de St-Mathieu 4 km au Sud – ✉ 29217 Plougonvelin

Hostellerie de la Pointe St-Mathieu

CUISINE MODERNE • RUSTIQUE XX Vieilles pierres, cheminée monumentale et poutres se marient admirablement avec un mobilier franchement contemporain. Saint-Jacques, ormeaux, homard, foie gras de Bretagne : la chef met en valeur toute la noblesse du terroir. Avec, en prime, un chariot d'une quinzaine de desserts, qui clôt le repas en beauté !

Formule 26 € – Menu 34/78 € – Carte 52/101 €

7 pl. St-Tanguy – ✆ 02 98 89 00 19 – www.pointe-saint-mathieu.com – Fermé 12 nov.-4 déc., mardi midi, dim. soir et lundi

Hostellerie de la Pointe St-Mathieu

FAMILIAL • PERSONNALISÉ Phare, sémaphores, vestiges d'abbaye... Pas de doute, c'est bien la pointe ouest de la Bretagne, et ses paysages de tempête. Heureusement, cette maison de pays élégante et contemporaine, tout en teintes douces, est un refuge de choix !

33 chambres – †95/300 € ††95/300 € – ☕ 15 €

7 pl. St-Tanguy – ✆ 02 98 89 00 19 – www.pointe-saint-mathieu.com

Hostellerie de la Pointe St-Mathieu – voir les restaurants ci-dessus

Vent d'Iroise

TRADITIONNEL • CONTEMPORAIN Idéalement placé pour partir en balade sur les sentiers de la pointe St-Mathieu, cet hôtel récent conviendra à ceux qui recherchent un maximum de calme. Un style dépouillé et plaisant, pour communier avec la mer.

24 chambres – †49/147 € ††49/147 € – ☕ 10 €

r. du Lavoir – ✆ 02 98 89 45 00 – www.hotel-vent-iroise.com

LES CONTAMINES-MONTJOIE

✉ 74170 Haute-Savoie - 1 204 hab. - Alt. 1 164 m - Carte régionale n° **25**-F1
Carte Michelin 328-N6 - Guide Vert Michelin Alpes du Nord

L'Ô à la Bouche

CUISINE MODERNE · CONTEMPORAIN XX Un lieu, deux atmosphères, mais toujours l'eau à la bouche... Au rez-de-chaussée, cadre contemporain autour d'une cuisine gastronomique fraîche et goûteuse, concoctée par un chef qui affectionne les produits frais et le poisson ; au sous-sol (et seulement l'hiver), raclettes, fondues, grillades et convivialité toute montagnarde !

Menu 19 € (déj. en semaine), 34/49 €

510 rte Notre-Dame-de-la-Gorge - ✆ 04 50 47 81 67 - www.lo-contamines.com - Fermé 25 mai-15 juin, 8 nov.-15 déc. et lundi hors saison

Gai Soleil

FAMILIAL · TRADITIONNEL Un joli chalet dominant la station, superbement fleuri en saison, tout comme son agréable jardin. Les chambres, d'esprit montagne, sont simples et d'une tenue parfaite ; dans la salle rustique et chaleureuse du restaurant, on sert des petits plats traditionnels.

18 chambres - 105/125 € 120/150 €

288 chemin des Loyers - ✆ 04 50 47 02 94 - www.gaisoleil.com - Ouvert 15 juin-19 sept. et 16 déc.-13 avril

CONTEVILLE

✉ 27210 Eure - 962 hab. - Alt. 33 m - Carte régionale n° **17**-A3
Carte Michelin 304-C5 - Guide Vert Michelin Normandie Vallée de la Seine

Auberge du Vieux Logis

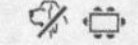

CUISINE CLASSIQUE · ÉLÉGANT XXX Une façade à colombages fleurie de géraniums en été, un décor mêlant modernité et cachet ancien (briques rouges, charpente apparente) : ce Vieux Logis sait vivre avec son temps ! Quant à la carte, elle cultive le classicisme, et fait notamment la part belle à la pêche locale : le turbot entier à l'arête est l'une des spécialités de la maison...

Menu 30/60 € - Carte environ 85 €

48 rte de l'Estuaire - ✆ 02 32 57 60 16 - Fermé 2 semaines en oct., 1 semaine en janv., mardi sauf juil.-août, dim. soir et lundi

CONTRES

✉ 41700 Loir-et-Cher - 3 576 hab. - Alt. 98 m - Carte régionale n° **6**-A1
Carte Michelin 318-F7

La Botte d'Asperges

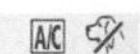

CUISINE MODERNE · AUBERGE X Avec son joli nom, ce restaurant joue la carte d'une cuisine savoureuse et faite dans les règles : fumaison de foie gras de canard, chutney de pommes ; dos de bar à la crème d'asperges et chorizo... Cerise sur le gâteau : le service et l'accueil sont aux petits soins !

Formule 20 € - Menu 25/46 € - Carte 40/50 €

52 r. Pierre-Henri-Mauger - ✆ 02 54 79 50 49 - www.labotte-dasperges.com - Fermé 2 semaines fin août, 2 semaines début janv., merc. soir, dim. soir et lundi

Le Manoir de Contres

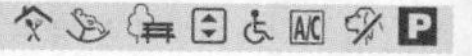

DEMEURE HISTORIQUE · PERSONNALISÉ Il ne s'agit pas ici d'être pour ou Contres ! Dans ce ravissant manoir (1818), près des châteaux de la Loire et à 20mn du zoo de Beauval, il suffit de poser ses bagages. Les chambres sont cossues, spacieuses et très confortables. Restauration traditionnelle à apprécier, aux beaux jours, sur la terrasse.

8 chambres - 115/145 € 150/195 €

23 r. des Combattants-en-Afrique-du-Nord - ✆ 02 54 78 45 39 - www.manoirdecontres.com - Fermé 21 janv.- 19 fév.

CONTREVOZ - 01 Ain → Voir Belley

CONTREXÉVILLE

✉ 88140 Vosges - 3 285 hab. - Alt. 342 m - Carte régionale n° **14**-B3
Carte Michelin 314-D3

Cosmos

SPA ET BIEN-ÊTRE • CLASSIQUE L'atmosphère vieille France de cet hôtel aux chambres confortables nous transporte à la Belle Époque. Un endroit idéal pour les adeptes de fitness et de balnéothérapie. Menus classiques et diététiques servis au restaurant.

77 chambres - 74/96 € 74/96 € - 6 suites - 13 €

13 r. de Metz - 03 29 07 61 61 - www.hotelcontrexeville.com - Ouvert mars-oct.

COQUAINVILLIERS - 14 Calvados → Voir Lisieux

COQUELLES - 62 Pas-de-Calais → Voir Calais

CORBEIL-ESSONNES - 91 Essonne → Voir Autour de Paris

CORDES-SUR-CIEL

✉ 81170 Tarn - 953 hab. - Alt. 279 m - Carte régionale n° **15**-C2
Carte Michelin 338-D6

Hostellerie du Vieux Cordes

HISTORIQUE • FONCTIONNEL Un monastère du 13e s. au cœur de la cité médiévale. Le bel escalier à vis, les chambres fraîches conservant leur petit cachet ancien, le joli patio et sa superbe glycine odorante, et surtout la terrasse avec sa superbe vue sur la vallée... Tout cela est bien agréable.

18 chambres - 68/148 € 68/148 € - 8,50 €

21 r. St-Michel
- 05 63 53 79 20 - www.hotelcordes.com - Fermé 1er janv.-13 fév.

CORDON

✉ 74700 Haute-Savoie - 985 hab. - Alt. 871 m - Carte régionale n° **25**-F1
Carte Michelin 328-M5 - Guide Vert Michelin Alpes du Nord

Les Roches Sweet Hôtel & Spa

TRADITIONNEL • PERSONNALISÉ Perché sur les hauteurs de Cordon, ce chalet est ravissant et la vue y est superbe ! Décor alpin chic et design, restaurant feutré, chambres douillettes et jolie piscine, idéale après une journée sur les pistes... Une certaine idée du luxe made in Savoie !

20 chambres - 120/240 € 140/340 € - 4 suites - 18 €

90 rte de la Scie
- 04 50 58 06 71 - www.les-roches-hotel.com

Le Chamois d'Or

TRADITIONNEL • CLASSIQUE Piscine, tennis, fitness, sauna, jacuzzi, billard, restaurant traditionnel. Dans ce fier chalet, tenu par la même famille depuis les années 1960, tout est pensé pour la détente. Quiétude et douceur dans les chambres et suites, dans un esprit montagnard élégant (tissus choisis).

27 chambres - 115/170 € 170/250 € - 1 suite - 18 €

4080 rte de Cordon
- 04 50 58 05 16 - www.hotel-chamoisdor.com - Ouvert de juin à mi-sept. et de mi-déc. à début avril

CORENC - 38 Isère → Voir Grenoble

CORMEILLES

✉ 27260 Eure - 1 156 hab. - Alt. 80 m - Carte régionale n° **17**-A3
Carte Michelin 304-C6 - Guide Vert Michelin Normandie Vallée de la Seine

Gourmandises

CUISINE MODERNE • CONVIVIAL Dans l'ancienne fromagerie du bourg, un bistrot dans lequel on ne s'ennuie pas une seule seconde. La cuisine est à l'image du chef, vive et pétillante, pleine de saveurs et d'idées, audacieuse sans jamais tomber dans la prétention ; elle s'arrose de bons vins nature bien choisis. Irrésistible.

Formule 16 € - Menu 21 € (déj. en semaine), 32/39 € - Carte 34/52 €

29 r. de l'Abbaye - ✆ 02 32 20 63 42 - Fermé 1 semaine en juin, 1 semaine en oct., 1 semaine en janv., merc. midi, lundi et mardi

L'Auberge du Président

AUBERGE • PERSONNALISÉ L'enseigne rend hommage au président René Coty qui fit halte dans l'auberge. La façade à colombages n'a pas changé depuis la IVe République, mais les chambres respirent la fraîcheur, dans une jolie veine cosy et romantique. On peut aussi profiter de l'espace détente (sauna, jacuzzi, fitness) et du restaurant du terroir.

15 chambres - 78/85 € 88/95 € - 13 €

70 r. de l'Abbaye - ✆ 02 32 57 80 37 - www.hotel-cormeilles.com - Fermé 3-10 janv.

CORMERY

✉ 37320 Indre-et-Loire - 1 766 hab. - Alt. 59 m - Carte régionale n° **6**-B2
Carte Michelin 317-N5 - Guide Vert Michelin Châteaux de la Loire

Auberge du Mail

CUISINE TRADITIONNELLE • COSY Dans cette maison de pays, proche de l'abbaye - célèbre pour ses macarons -, on déguste une cuisine de tradition avec de beaux produits frais. Mention spéciale pour la décoration, cossue et élégante, qui ne manque pas de cachet ! L'été, on s'installe sur la terrasse à l'ombre des tilleuls et de la glycine.

Formule 19 € - Menu 23 € (semaine), 33/50 € - Carte 28/56 €

2 pl. du Mail - ✆ 02 47 43 40 32 - www.aubergedumail-cormery.com - Fermé 16 oct.- 2 nov., 20-31 déc., le soir de mi-oct. à fin mars sauf vend. et sam., merc. et jeudi

CORRENÇON-EN-VERCORS - 38 Isère → Voir Villard-de-Lans

CORRÈZE

✉ 19800 Corrèze - 1 119 hab. - Alt. 455 m - Carte régionale n° **13**-C3
Carte Michelin 329-M3 - Guide Vert Michelin Limousin Berry

Mercure Corrèze La Seniorie

HÔTEL DE CHAÎNE • CONTEMPORAIN Sur les hauteurs du village, impossible de manquer cette élégante demeure du 19e s. L'ancien pensionnat recèle des chambres spacieuses.

29 chambres - 124/155 € 139/170 € - 17 €

11 r. St-Martial - ✆ 05 55 21 22 88 - www.mercure.com - Ouvert de mars à nov.

CORSE

Que dire sur l'île de Beauté qui n'ait déjà été dit ? Son histoire riche et mouvementée, la variété et la magnificence de ses paysages – villages au-dessus des criques, montagnes arborées – en font une perle rare au cœur de la Méditerranée. Les bons restaurants ne manquent pas sur l'île, proposant de nombreux produits issus de l'agriculture locale : élevage (porc, brebis, veau), mais aussi agrumes et olives... accompagnés, bien sûr des nombreux vins ensoleillés qui font la fierté des Corses.

Les spécialités culinaires :
veau corse, *brocciu* (fromage de chèvre), *fiadone* (gâteau typique de l'île), *figatellu* (saucisse à base de foie de porc), langouste aux spaghettis...

Et pour boire :
l'île peut s'enorgueillir d'une production viticole importante, avec près de **7000 hectares** cultivés. L'appellation la plus fameuse est certainement le patrimonio, mis en bouteille autour de Saint-Florent, mais d'autres se distinguent également : sartène, figari, ajaccio...

- 305 674 hab.
- Carte régionale n° 8
- Carte Michelin 345
- Guide Vert Michelin Corse

C. Moirenc/hemis.fr

ON AIME...

Seym, pour son atmosphère apaisante et ses assiettes pétillantes. **Mani**, près de la citadelle, le rendez-vous des épicuriens de la ville ! Enfin, sur la route des Sanguinaires, le **Palm Beach**, lieu idyllique où l'on se régale les pieds dans l'eau...

AJACCIO

✉ 20000 Corse-du-Sud - 66 245 hab. - Alt. 12 m - Carte régionale n° **8**-A3
Carte Michelin 345-B8

Restaurants

A Terrazza Ⓝ

CUISINE MODERNE · MÉDITERRANÉEN XX Lovée sous un grand pin parasol et des palmiers, cette charmante terrasse face à la mer, décorée d'un joli mobilier blanc, offre une vue somptueuse sur le golfe d'Ajaccio. Dans l'assiette, la cuisine dans l'air du temps s'inspire de la Méditerranée. Carte légère le midi, plus travaillée le soir.

Menu 95 € (dîner) - Carte 65/80 €

Hors plan *Hôtel Les Mouettes, 9 cours Lucien-Bonaparte - ✆ 04 95 50 40 41 - www.hotellesmouettes.fr - Ouvert 30 mars-4 nov., fermé merc. et dim.*

A Nepita

CUISINE MODERNE · CONVIVIAL X Dans ce petit établissement, un chef d'expérience concocte chaque jour un menu unique autour de deux plats au choix, au gré du marché et de ses envies. Fraîcheur et saveur !

Formule 28 € - Menu 33 € (déj.)/42 €

Plan : B1-f *4 r. San-Lazaro - ✆ 04 95 26 75 68 - Fermé août, 22 déc.-4 janv., 1 semaine vacances de fév., lundi soir, mardi soir, merc. soir, sam. midi et dim.*

Le Bistrot Gourmand

CUISINE TRADITIONNELLE · INTIME X Amuse-bouches et produits bien sélectionnés pour une cuisine aux parfums de la Méditerranée. Cadre intime et service prévenant.

Formule 29 € - Menu 39 €

Plan : A2-s *3 bd Pugliesi-Conti - ✆ 04 95 52 11 43 - Fermé dim. et lundi*

Un important déjeuner d'affaires ou un dîner entre amis ?
Le symbole ⇔ vous signale les salons privés.

AJACCIO

0 250 m

A B

D 61, ALATA, LES MILELLI

N 194, CORTE

N 193, PROPRIANO, SARTÈNE, MUSÉE MARC-PETIT

MARSEILLE, NICE, TOULON, GENOVA

111 POINTE LA PARATA, SENTIER DES CRÊTES

ÎLES SANGUINAIRES

SALINES
ST-JEAN
N.D. DE LORETTO
JARDINS DE L'EMPEREUR
PIETRINA
Lotissement La Pietra
BELVÉDÈRE
CHAPELLE IMPERIALE
ASSEMBLÉE DE CORSE
Pl. d'Austerlitz
Monument de Napoléon Premier
SACRÉ CŒUR
MUSÉE FESCH
MOUILLAGE DES CANNES
PORT CH. ORNANO
JETÉE DU MARGONAJO
MOUILLAGE DES CAPUCINS
MOUILLAGE DE LA VILLE
Jetée de la Citadelle
R. Paul Colonna d'Istria
Bonaparte
Charles
Biancarello
Montée Saint-Jean
Bd Napoléon
Av. Beverini Vico
Av. Napoléon III
Bd Sampiero
Q. L'Herminier
Cours
Ch. de l'Olivette
Av. de la Libération
Cours Grandval
Av. de Paris
Rossini
Bd Lantivy
Pascal
Bd Fred Scamaroni
Bd Albert
R. de Cacalovo
R. des Glycines
R. Henri Maillot
Vitullo
Torretta
1
2

Mani

CUISINE CORSE · CONVIVIAL X Situé non loin de la citadelle, dans une rue semi-piétonne, ce restaurant, avec terrasse et mange-debout fabriqués maison, est le rendez-vous des épicuriens de la cité. Recettes enlevées, tapas, instinct, fraîcheur et créativité : cette cuisine-là a toujours quelque chose à dire. Irrésistiblement corse, en somme. On applaudit des deux mains !

Carte 31/63 €

Plan : D2-b *7 r. du Roi-de-Rome*
– ✆ 04 95 50 10 42 – www.mani.fr
– Fermé sam. midi et dim. de nov. à avril

SeyM

CUISINE MODERNE · ÉLÉGANT X Ce petit restaurant éloigné de l'agitation du centre-ville distille, autour de sa cheminée, une atmosphère de quiétude bienheureuse. Confortablement installés, place à la gourmandise : produits frais, légumes du jardin, variations terre et mer se rencontrent et s'associent dans une assiette pétillante de saveurs.

Menu 29 €

Plan : A2-t *16 cours du Gén.-Leclerc*
– ✆ 04 95 70 20 52
– Fermé dim. et lundi

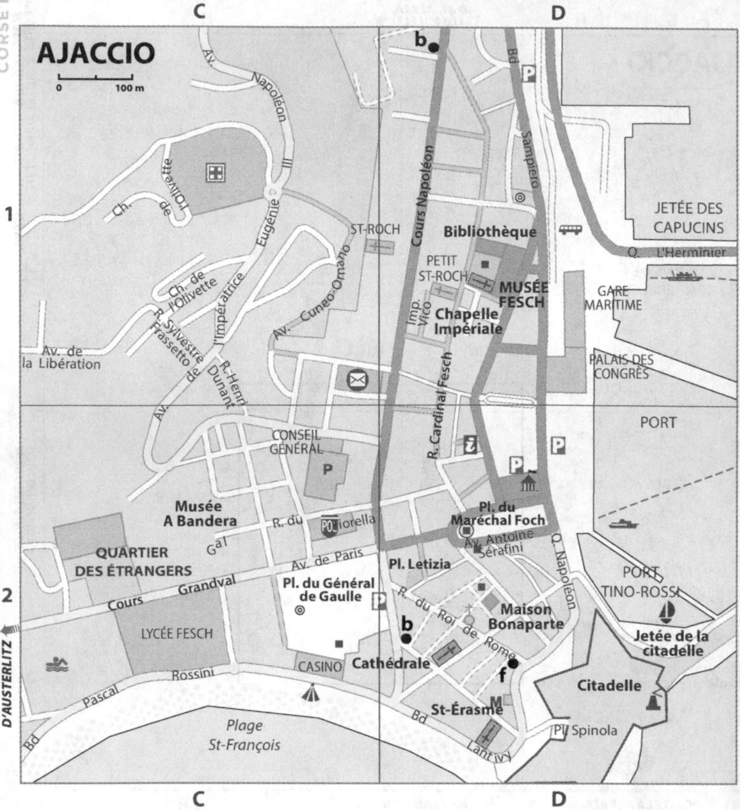

Hôtels

Les Mouettes

HÔTEL PARTICULIER • COSY A deux pas du centre ville, cette grande demeure rose de 1880 offre une vue superbe sur la piscine et la plage privée. Chambres sobres et spacieuses, la plupart avec loggia, pour rêver en regardant les mouettes. Et au soir venu, les pieds dans la mer, les yeux plantés dans les étoiles.

27 chambres – 100/700 € 100/700 € – 21 €

Hors plan *9 cours Lucien-Bonaparte – 04 95 50 40 40 – www.hotellesmouettes.fr – Ouvert 29 mars-4 nov.*

A Terrazza – voir les restaurants ci-dessus

Amirauté

HÔTEL DE CHAÎNE • FONCTIONNEL Vaste immeuble moderne en sortie de ville, vers l'aéroport. Les chambres y sont fonctionnelles. Piscine et terrasse tournées vers la mer.

129 chambres – 71/300 € 75/300 € – 12 €

Hors plan *20 bd Georges-Pompidou – 04 95 27 22 57 – www.corsica-hotels.fr*

San Carlu Citadelle

TRADITIONNEL · FONCTIONNEL Au cœur du vieil Ajaccio et à deux pas de la plage St-François, cet hôtel offre une vue superbe sur la citadelle et la mer. Les chambres, au décor épuré, disposent d'un équipement complet.

40 chambres - 59/200 € 59/250 € - 14 €

Plan : D2-f *8 bd Casanova - 04 95 21 13 84 - www.hotel-sancarlu.com*

Kallisté

TRADITIONNEL · URBAIN Cet édifice (19e s.) du cours Napoléon a conservé ses murs de brique et de granit et ses plafonds voûtés. Chambres petites et fonctionnelles, idéales pour une étape ou un court séjour.

45 chambres - 49/97 € 59/99 € - 9 €

Plan : D1-b *51 cours Napoléon - 04 95 51 34 45 - www.hotel-kalliste-ajaccio.com - Fermé fév.-mars*

Plaine de Cuttoli 15 km par rte de Bastia, rte de Cuttoli (D1) puis rte de Bastelicaccia - 20167 Mezzavia

U Licettu

CUISINE TRADITIONNELLE · RUSTIQUE XX Une villa dominant le golfe et noyée sous les fleurs, quelques chambres face au jardin, un accueil charmant, une cuisine corse copieuse et savoureuse (charcuteries maison, viandes rôties dans la cheminée, brocciu frais du matin même...) : autant de bonnes raisons de ne pas prendre le maquis !

Menu 42 €

5 chambres - 70/85 € - 8 €

- 04 95 25 61 57 - www.u-licettu.com - Fermé 1er janv.-15 fév., dim. soir et lundi

à Pisciatello 12 km par N196 - 20117 Cauro

Auberge du Prunelli

CUISINE TRADITIONNELLE · AUBERGE X Charcuterie, fromages et miel de la vallée, légumes du potager, petits plats mijotés des heures sur le coin du fourneau, tartes concoctées avec les fruits du verger... Nul doute : si cette auberge née en 1870 est perdue en dehors d'Ajaccio, c'est pour mieux retrouver la tradition corse ! Authentique et intemporel.

Formule 20 € - Menu 34 € - Carte 27/46 €

- 04 95 20 02 75 - www.auberge-du-prunelli.fr - Fermé mardi

rte des îles Sanguinaires - 20000 Ajaccio :

Palm Beach

CUISINE MODERNE · ÉLÉGANT XX Le restaurant embrasse le golfe d'Ajaccio, la Grande Bleue vient caresser sa terrasse... Dans ce lieu idyllique, on savoure une cuisine gastronomique raffinée, mettant en valeur les beaux produits du terroir. Chambres confortables face à la mer.

→ Croquembouche de cochon, tétragone, œuf confit et crème de carotte. Dorade cuite à basse température, beurre d'agrumes, gnocchis, persil et ail noir. Soufflé à la reine des reinettes, figue et huile de noisette.

Menu 69/119 € - Carte 75/110 €

14 chambres - 90/300 € 110/400 € - 20 €

à 5 km - 04 95 52 01 03 - www.palm-beach.fr - Ouvert d'avril à oct. et fermé le midi

Dolce Vita

LUXE · PERSONNALISÉ La vie est douce dans cet hôtel à fleur d'eau : beau jardin, piscine et plage privée. Chambres spacieuses et contemporaines, toutes avec vue sur la Méditerranée...

32 chambres - 95/600 € 95/600 € - 21 €

à 9 km - 04 95 52 42 42 - www.hotel-dolcevita.com - Ouvert d'avril à déc.

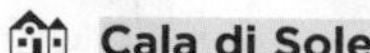

Cala di Sole

TRADITIONNEL • FONCTIONNEL Pour un séjour tonique les pieds dans l'eau : piscine, fitness, plongée, jet-ski et planche à voile. Chambres avec terrasse ou loggia donnant sur la mer. En saison, grillades et salades servies midi et soir à la paillotte de l'hôtel, située sur la plage.

31 chambres – †95/270 € ††135/270 € – ☕16 €

à 6 km – ✆ 04 95 52 01 36 – www.caladisole.fr – Ouvert d'avril à oct.

ALGAJOLA

✉ 20220 Haute-Corse – 320 hab. – Alt. 2 m – Carte régionale n° **8**-A1
Carte Michelin 345-C4

Stellamare

TRADITIONNEL • BORD DE MER Sur les hauteurs de la station, un beau jardin engageant. Chambres donnant sur la mer ou la montagne. Atmosphère familiale.

16 chambres ☕ – †106/163 € ††118/175 €

chemin Santa-Lucia – ✆ 04 95 60 71 18 – www.stellamarehotel.com – Ouvert 28 avril-7 oct.

AULLÈNE

✉ 20116 Corse-du-Sud – 184 hab. – Alt. 825 m – Carte régionale n° **8**-B3
Carte Michelin 345-D9

San Larenzu

AUBERGE • FAMILIAL En route pour le GR 20 ? Laurent propose des chambres bien tenues et… vend aussi sa charcuterie artisanale ! Bon petit-déjeuner (miel et confitures corses), sauna et jacuzzi… face aux montagnes. Pourquoi se priver ?

5 chambres – †70/75 € ††70/85 €

Pasta di Grano (près de la poste) – ✆ 04 95 74 24 83 – www.sanlarenzu.com – Ouvert 15 mars-30 nov.

BASTELICA

✉ 20119 Corse-du-Sud – 544 hab. – Alt. 800 m – Carte régionale n° **8**-B2
Carte Michelin 345-D7

Chez Paul

CUISINE TRADITIONNELLE • RUSTIQUE X Dans cette auberge, on se régale d'une bonne cuisine corse (charcuterie maison, daube de veau, cannellonis au brocciu) depuis quatre générations ! Dans l'assiette, c'est généreux et savoureux. Aux beaux jours, on profite de la terrasse avec vue plongeante sur le village et la vallée du Prunelli.

Formule 12 € – Menu 20/36 € – Carte 26/35 € dîner

quartier Stazzone – ✆ 04 95 28 71 59

Artemisia

BOUTIQUE HÔTEL • DESIGN Le charme de la différence ! Cet hôtel associe architecture contemporaine et esprit loft. Dans les chambres, les lits placés devant de grandes baies tutoient la montagne. Le patron, enfant du village, conseille balades et adresses d'artisanat. Recettes corses à l'heure du dîner. Détente absolue…

10 chambres – †96/158 € ††96/198 € – ☕15 €

Boccialacce, rte du Col de Scalella – ✆ 04 95 28 19 13 – www.hotel-artemisia.com – Fermé oct.-janv.

Elena_Danileiko/iStock

ON AIME...

Céder aux sirènes de la **Table du Marché St-Jean**, avec ses poissons et fruits de mer tout juste pêchés. Savourer les recettes dans l'air du temps du **Col Tempo**. Se régaler des bons produits corses de **La Corniche** à San-Martino-Di-Lota, un pittoresque village perché sur les hauteurs...

BASTIA

✉ 20200 Haute-Corse – 43 331 hab. – Alt. 18 m – Carte régionale n° **8**-B1
Carte Michelin 345-F3

Restaurants

L'Archipel

CUISINE MÉDITERRANÉENNE • MÉDITERRANÉEN XX Pâtes aux langoustes, loup en croûte de sel... Cette cuisine du Sud est très appétissante, et on la déguste dans un cadre magique, face à l'archipel toscan et presque les pieds dans l'eau. Une impression de bout du monde. L'une des plus belles terrasses de Bastia.

Carte 42/90 €

Hors plan - *Hôtel L'Alivi, rte du Cap Corse, 3 km au Nord - ✆ 04 95 55 00 10*
– www.hotel-alivi.com
– Ouvert 15 avril-30 sept. et fermé le midi

La Table du Marché St Jean

POISSONS ET FRUITS DE MER • BRASSERIE XX Une cuisine sympathique, une équipe dynamique... Cette Table a le charme de la vivacité. Poissons et fruits de mer extra-frais, petits plats préparés en toute simplicité, jolie terrasse sous les micocouliers et banc d'écailler : on passe un bon moment.

Menu 32/74 € – Carte 40/83 €

Plan : A2-a *pl. du Marché - ✆ 04 95 31 64 25*
– Fermé 15 déc.-5 janv. et dim.

Chez Huguette

POISSONS ET FRUITS DE MER • BISTRO X Un restaurant épuré, installé depuis 1969 face aux vieux port de Bastia. Cet agréable voisinage donne le ton à la cuisine, qui met à l'honneur fruits de mer et poisson frais... et pour cause : trois à quatre fois par semaine, on va directement se fournir chez les pêcheurs des environs !

Carte 42/74 €

Plan : A3-t *quai Sud, au Vieux-Port - ✆ 04 95 31 37 60 - www.chezhuguette.fr*
– Fermé 15 déc.-15 janv. , 1er avril-15 juin , 1er sept. -1er oct. , dim. et lundi sauf le midi de juin à août

Col Tempo

CUISINE MODERNE • BISTRO X Sur le quai de l'ancien port de Bastia, ce restaurant est le repaire "bistronomique" d'un jeune chef formé à bonne école, Clément Calendini. Il compose une cuisine savoureuse, avec de jolis accents méditerranéens, et basée sur de bons produits... Une belle surprise !

Carte 40/56 €

Plan : A2_3-b *r. de la Marine (au vieux Port) – ☎ 04 95 58 14 22 – Fermé 25 fév.-18 mars, 24-30 nov., dim. soir hors saison, lundi et le midi en juil.-août*

Hôtels

Hôtel des Gouverneurs

DEMEURE HISTORIQUE • CONTEMPORAIN Bel emplacement pour cette demeure, posée en bordure des remparts, et transformée en hôtel de caractère. Chambres sobres, certaines avec vues mer. Espace de remise (piscine intérieure, hammam, salle de massage). Pour un séjour au cœur de la citadelle, et une vue impressionnante sur la mer et les ports.

26 chambres – 135/550 € 135/550 €

Plan : B3-b *3 bis r. des Turquines (dans la Citadelle) – ☎ 04 95 47 10 10 – www.hoteldesgouverneurs.fr – Fermé 7-14 janv.*

L'Alivi

TRADITIONNEL • FONCTIONNEL La vie en bleu ! À 5mn du centre-ville, en direction du cap Corse, cet hôtel est une ode à la mer. Accès direct à la plage et vue plongeante sur les flots, qu'on paresse au solarium, crawle dans la piscine ou prenne l'air sur la terrasse de sa jolie chambre...

36 chambres – 98/250 € 118/250 € – 1 suite – 16 €

Hors plan – *rte du Cap Corse, 3 km au Nord – ☎ 04 95 55 00 00 – www.hotel-alivi.com – Ouvert 1er avril-31 oct.*

L'Archipel – voir les restaurants ci-dessus

Les Voyageurs

URBAIN • PERSONNALISÉ Entre le port et la gare, cet hôtel accueille les voyageurs – touristes et clientèle d'affaires – depuis plus d'un siècle ! Chaque chambre arbore un décor différent, sur le thème de l'ailleurs : bateau, espace, calèche, train, en ballon... Sympathique.

23 chambres – 78/131 € 82/161 € – 12 €

Plan : A1-r *9 av. du Mar.-Sébastiani – ☎ 04 95 34 90 80 – www.hotel-lesvoyageurs.com*

Pietracap

FAMILIAL • BORD DE MER Parc luxuriant, vue sur la mer... un havre de paix ! Les chambres sont plaisantes, et disposent toutes d'un balcon donnant sur la verdure et la mer. Au petit-déjeuner, goûtez les bonnes confitures d'orange maison (avec les agrumes du jardin).

36 chambres – 97/257 € 97/257 € – 14 €

Hors plan – *20 rte de San-Martino, 3 km au Nord sur D131 – ☎ 04 95 31 64 63 – www.pietracap.com – Ouvert avril-oct.*

à San-Martino-di-Lota 13 km au Nord par D80 et D131 – ✉ 20200 – 2 915 hab. – Alt. 350 m

La Corniche

CUISINE CORSE • AUBERGE XX Une maison chaleureuse accrochée à la montagne et donnant sur la mer, une belle terrasse sous les platanes... et une cuisine corse qui régale nos papilles, tels ces beignets de fromage corse ou cette côte d'agneau grillée aux légumes et aux herbes du maquis. Le tout accompagné de vieux millésimes de l'île. Réjouissant !

Formule 26 € – Menu 33/72 € – Carte 36/73 €

21 chambres – 60/138 € 60/138 € – 10 €

hameau de Castagneto – ☎ 04 95 31 40 98 – www.hotel-lacorniche.com – Fermé 1er janv.-10 fév., dim. soir de fin oct. à fin avril, lundi sauf le soir en juil.-août et mardi midi

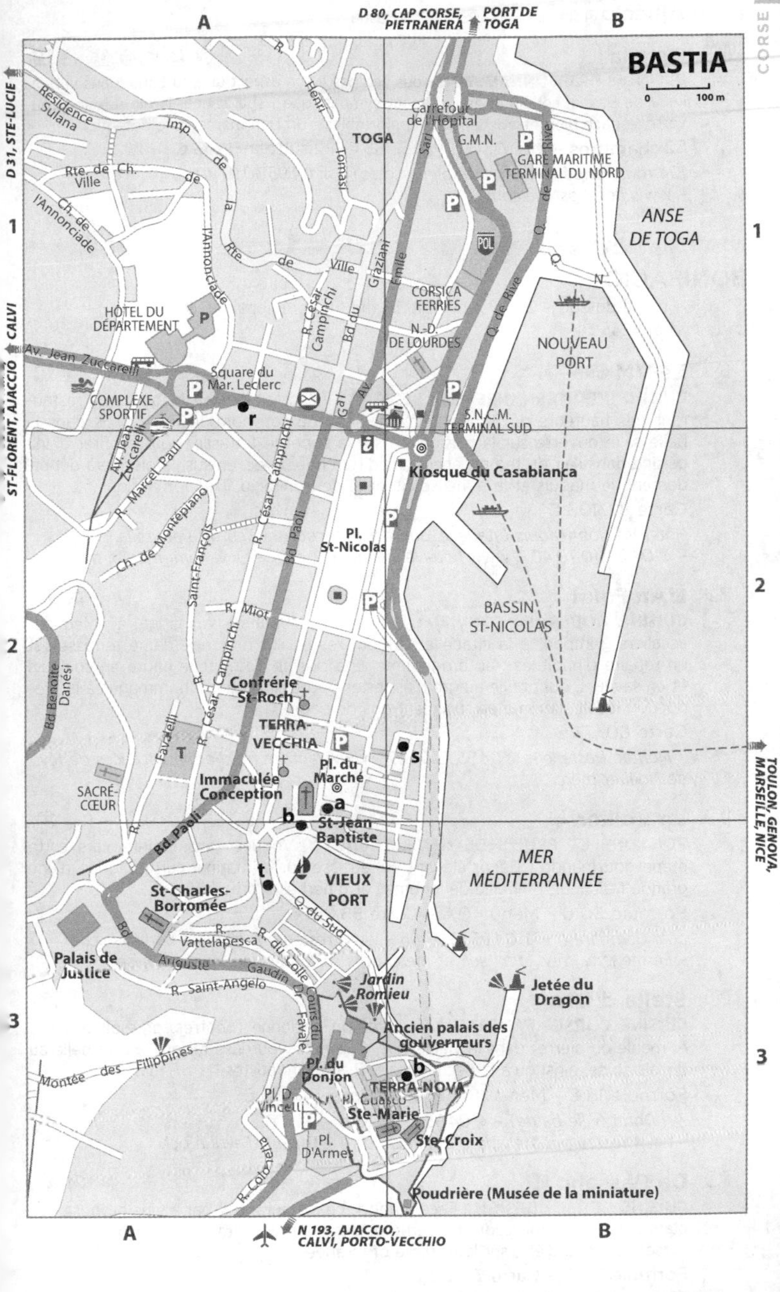

BASTIA

0 100 m
D 80, CAP CORSE, PIETRANERA
PORT DE TOGA
D 31, STE-LUCIE
ST-FLORENT, AJACCIO CALVI
TOULON, GENOVA, MARSEILLE, NICE
N 193, AJACCIO, CALVI, PORTO-VECCHIO
A
B
1
2
3
Résidence Sulana
Imp. de la Rte de Ville
R. Henri Tomasi
TOGA
Carrefour de l'Hôpital
G.M.N.
GARE MARITIME TERMINAL DU NORD
ANSE DE TOGA
Rte. de Ch. Ville
Ch. de l'Annonciade
l'Annonciade
Rte de Ville
R. César Campinchi
Bd du Graziani
Av. Emile Sari
Q. de Rive
Q. N
CORSICA FERRIES
N.-D. DE LOURDES
NOUVEAU PORT
HÔTEL DU DÉPARTEMENT
Av. Jean Zuccarelli
Square du Mar. Leclerc
COMPLEXE SPORTIF
r
Gal
S.N.C.M. TERMINAL SUD
Kiosque du Casabianca
Av. Jean Zuccarelli
R. Marcel Paul
Ch. de Montepiano
Saint-François
R. César Campinchi
Bd Paoli
Pl. St-Nicolas
R. Miot
BASSIN ST-NICOLAS
Bd Benoîte Danési
Confrérie St-Roch
TERRA-VECCHIA
Favalelli
T
R. César Campinchi
s
SACRÉ-CŒUR
Pl. du Marché
Immaculée Conception
a
b
St-Jean Baptiste
Bd. Paoli
t
VIEUX PORT
MER MÉDITERRANNÉE
St-Charles-Borromée
Q. du Sud
R. Vattelapesca
R. du Colle
Palais de Justice
Bd Auguste Gaudin
Dr Favale
Cours du
R. Saint-Angelo
Jardin Romieu
Jetée du Dragon
Ancien palais des gouverneurs
Montée des Filippines
Pl. du Donjon
b
TERRA-NOVA
Pl. D. Vincelli
Pl. Guasco
Ste-Marie
Ste-Croix
Pl. D'Armes
R. Colonel Feracci
Poudrière (Musée de la miniature)

rte d'Ajaccio 4 km au Sud – ✉ 20600 Bastia

Ostella

BUSINESS • PERSONNALISÉ Ne vous fiez pas à son aspect un peu banal dans la banlieue de Bastia, cet hôtel est vraiment sympathique : spa, sauna, jardin, piscine couverte, espace bien-être, chambres confortables... Un bon moment de détente.

52 chambres – 80/130 € 95/155 € – 2 suites – 13 €

104 route Impériale (av. Sampiero-Corso) – 04 95 30 97 70 – www.hotel-ostella.com

BONIFACIO

✉ 20169 Corse-du-Sud – 2 950 hab. – Alt. 55 m – Carte régionale n° **8**-B3
Carte Michelin 345-D11

Le VM N

CUISINE MÉDITERRANÉENNE • DESIGN XX VM pour Version Maquis : ce restaurant des hauteurs de Bonifacio n'a pas usurpé son nom. Installez-vous dans la belle salle ouverte sur la cuisine, ou sur la superbe terrasse, pour profiter d'une cuisine dans l'air du temps, ancrée méditerranée. Avec, en sus, la piscine à débordement, le maquis et la fameuse citadelle de Bonifacio. Très romantique.

Carte 82/103 €

Hôtel Version Maquis Citadelle, quartier Brancuccio - lieu-dit Padurella – 04 20 40 70 40 – www.hotelversionmaquis.com – Ouvert mi-mars à fin oct.

L'An Faim

CUISINE MODERNE • CONVIVIAL XX Installé au bout de la marina, au pied des escaliers grimpant à la citadelle, ce petit restaurant prolongé d'une terrasse est un repaire d'habitués : au programme, une cuisine du marché haute en couleurs et en saveurs, qui pétille au gré d'assiettes épurées. Autant d'hommages à la production locale, comme ce succulent dos de pagre.

Carte 60/77 €

7 Montée Rastello – 04 95 73 09 10 – www.lanfaim.fr – Fermé vacances de fév., de Noël et merc.

Le Voilier

POISSONS ET FRUITS DE MER • ÉLÉGANT XX Voguez sans crainte vers cette étape gourmande ! Décor élégant et terrasse sur la marina, cuisine iodée d'une grande fraîcheur, embellie de légumes et d'herbes aromatiques.

Formule 30 € – Menu 40 € – Carte 55/121 €

quai Comparetti – 04 95 73 07 06 – www.restaurant-levoilier-bonifacio.com – Fermé janv., fév., dim. soir et merc. hors saison et dim. midi en saison

Stella d'Oro

CUISINE CORSE • FAMILIAL XX Une maison ancienne (poutres, pressoir à olives et meule en pierre) dans la vieille ville. Cuisine savoureuse faisant la part belle au terroir corse, ainsi qu'à la pêche locale et aux langoustes.

Formule 18 € – Menu 29 € (déj.) – Carte 47/89 €

7 r. Doria (ville haute) – 04 95 73 03 63 – www.restaurant-stelladoro-bonifacio.com – Ouvert d'avril à oct.

Da Passano N

CUISINE CORSE • DESIGN X Face au port, ce restaurant et bar à vins propose des plats corses dans un cadre moderne et design, à déguster au chant des guitares corses les soirs d'été, sur la terrasse ombragée.

Formule 20 € – Carte 35/50 €

53 quai Jérôme-Comparetti – 04 95 28 10 90 – www.da-passano.com – fermé 5 nov.-10 déc., 10 janv.-10 mars, dim. soir et lundi hors saison

Version Maquis Citadelle

BOUTIQUE HÔTEL • DESIGN Sept bungalows fondus dans la nature, pour cet hôtel perdu sur les hauteurs de Bonifacio. La superbe piscine à débordement offre une vue dantesque sur la citadelle. Chambres d'exception, contemporaines et design, toutes avec terrasses, matériaux haut de gamme, et le maquis, partout autour. Un lieu d'exception qui invite à la contemplation.

14 chambres - 280/690 € 320/950 €

quartier Brancuccio - lieu-dit Padurella - 04 20 40 70 40 - www.hotelversionmaquis.com - Ouvert de mi-mars à fin oct.

Le VM - voir les restaurants ci-dessus

Genovese

BOUTIQUE HÔTEL • PERSONNALISÉ Dans les remparts du fort, un établissement au minimalisme chic et moderne, propice à la détente. Les chambres, décorées avec goût, sont réparties autour de la cour, orientées côté marina ou citadelle. Trois superbes suites sont aussi disponibles sur le port, où un chauffeur pourra vous conduire !

15 chambres - 140/420 € 140/420 € - 3 suites - 20 €

quartier de la Citadelle (ville haute) - 04 95 73 12 34 - www.hotel-genovese.com - Fermé 15 nov.-15 janv.

A Madonetta

TRADITIONNEL • FONCTIONNEL Un hôtel récent, situé à 200 m de la marina et assez calme. Chambres contemporaines et fonctionnelles, certaines avec mezzanine. Les tarifs restent raisonnables.

24 chambres - 75/220 € 75/280 € - 2 suites - 14 €

r. Paul-Nicolaï - 04 95 10 36 39 - www.amadonetta.com

Santa Teresa

TRADITIONNEL • PERSONNALISÉ Hôtel imposant surplombant les falaises. Chambres contemporaines très soignées ; certaines offrent une vue plongeante sur la Grande Bleue, avec la Sardaigne au loin !

42 chambres - 105/295 € 105/295 € - 17 €

quartier St-François (ville haute) - 04 95 73 11 32 - www.hotel-santateresa.com - Ouvert 7 avril-15 oct.

à Gurgazu 6 km au Nord-Est par rte de Santa-Manza – 20169 Bonifacio

Hôtel du Golfe

AUBERGE • FONCTIONNEL Cette affaire familiale nichée dans un site sauvage du golfe de Santa Manza, à 50 m de la mer, séduit les amateurs de quiétude et de simplicité. Les chambres sont impeccables, et la formule demi-pension proposée est intéressante.

9 chambres - 75/180 € 75/180 € - 8,50 €

Golfe Sant' Amanza - 04 95 73 05 91 - www.hoteldugolfe-bonifacio.com - Ouvert d'avril à mi nov.

au Nord-Est 10 km par rte de Porto-Vecchio (N198) et rte secondaire – 20169 Bonifacio :

U Capu Biancu

LUXE • PERSONNALISÉ Dans un splendide parc méditerranéen, au-dessus des eaux turquoise du golfe de Santa Manza, des suites luxueuses et des chambres ouvrant sur la mer ou le maquis, une piscine à débordement, un agréable espace détente... Nul doute : voilà un endroit idyllique !

41 chambres - 240/1065 € 240/1065 € - 30 €

Domaine de Pozzoniello, 10 km - 04 95 73 05 58 - www.ucapubiancu.com - Ouvert 29 avril-14 oct.

Version Maquis Santa Manza

BOUTIQUE HÔTEL • DESIGN Dans le calme du maquis corse, loin de la foule, une imposante demeure où l'on trouve de belles chambres confortables et climatisées. Le matin, on emprunte à pied le chemin menant à la mer, à une demi-heure de là… Dépaysement garanti !

10 chambres – 160/500 € 180/550 €

lieu-dit Canetto-Pertuso, 8 km – 04 95 71 05 30 – www.hotelversionmaquis.com – Ouvert début avril-début nov.

CAGNANO

20228 Haute-Corse – 170 hab. – Alt. 250 m – Carte régionale n° **8**-B1

Tra Di Noï

CUISINE MODERNE • ÉLÉGANT XX Tra Di Noï ("entre nous", en corse) met à l'honneur les produits de l'île, travaillés par le chef Clément Collet. Il compose des assiettes goûteuses et bien équilibrées, à l'image de ces aiguillettes de saint-pierre rôties, cébettes grillées et gnocchis au beurre d'algues.

Carte 67/78 €

Lieu-dit Misincu (en bord de mer), sur la D80 – 04 95 35 21 21 – www.hotel-misincu.fr – Ouvert mi- avril à mi-nov. et fermé le midi

Misincu

SPA ET BIEN-ÊTRE • BORD DE MER En bord de mer, cet hôtel restaurant de luxe au design épuré est agrémenté d'un joli spa, d'une piscine avec vue sur mer, et d'une plage privée. Copieux petit-déjeuner buffet.

24 chambres – 230/780 € 230/780 € – 5 suites

lieu-dit Misincu (en bord de mer), sur la D80 – 04 95 35 21 21 – www.hotel-misincu.fr – Ouvert mi- avril à mi-nov.

Tra Di Noï – voir les restaurants ci-dessus

CALACUCCIA

20224 Haute-Corse – 289 hab. – Alt. 830 m – Carte régionale n° **8**-A2
Carte Michelin 345-D5

Casa Balduina

AUBERGE • TRADITIONNEL Nichée dans un joli jardin, cette maison propose des chambres petites mais coquettes. Idéal pour une étape entre randonnée et canyoning. Les petits déjeuners sont servis sous la tonnelle.

5 chambres – 65/135 € 65/135 € – 12 €

lieu-dit Le Couvent (rte de Porto D84) – 04 95 48 08 57 – www.casabalduina.com – Ouvert 1er mai-15 oct.

CALVI

20260 Haute-Corse – 5 330 hab. – Alt. 23 m – Carte régionale n° **8**-A1
Carte Michelin 345-B4

La Table by La Villa

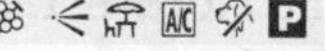

CUISINE MODERNE • ÉLÉGANT XXX Au sein de la Villa, dont le luxueux décor s'efface devant la majesté du panorama – la baie, la citadelle, les montagnes… –, cette Table cultive les beautés de l'île, et les produits régionaux de qualité, à déguster sur la superbe terrasse panoramique.

→ Aiguillettes de saint-pierre, tagliatelles de seiche et céleri "al vongole". Côte de veau Corse dorée au sautoir, croûte de noisette de Cervione. Soufflé au citron.

Menu 85 € – Carte 110/130 €

Hôtel La Villa, chemin de Notre-Dame-de-la-Serra, 1 km au Sud-Ouest par rte de l'Ile-Rousse – 04 95 65 83 60 – www.hotel-lavilla.com – Ouvert 26 avril-6 oct. et fermé le midi

U Fanale

CUISINE CORSE • FAMILIAL Sur la route de Porto, un endroit idéal si l'on cherche une bonne cuisine traditionnelle : jolis produits et poissons locaux sont travaillés avec une pointe de créativité... et les prix sont raisonnables ! La salle, simplement décorée, réserve une belle vue sur la baie et le phare de la Revelatta.

Menu 24/30 € - Carte 45/67 €

rte de Porto

- 04 95 65 18 82 - www.ufanale.com - Ouvert 1er avril-31 déc.

La Villa

GRAND LUXE • ÉLÉGANT La vieille ville et toute la baie semblent envier cette Villa juchée sur les hauteurs ! Ce complexe hôtelier à l'élégance épurée, digne d'un couvent, distille l'essence de l'Île de Beauté... Joli spa, centre de soins, salon de coiffure, fitness, trois piscines extérieures, une intérieure : un ensemble haut de gamme, pour un séjour reposant.

34 chambres - 430/1100 € 430/1100 € - 15 suites

chemin de Notre-Dame-de-la-Serra, 1 km au Sud-Ouest par rte de l'Ile-Rousse

- 04 95 65 10 10 - www.hotel-lavilla.com - Ouvert 26 avril-6 oct.

La Table by La Villa - voir les restaurants ci-dessus

Casa Bianca

TRADITIONNEL • CONTEMPORAIN Cherchez le platane centenaire ! Cette ancienne villa des années 1950, rénovée avec goût, propose quelques chambres claires et bien tenues, dont quatre suites. Préférez celles disposant d'un balcon.

7 chambres - 65/100 € 70/170 € - 4 suites - 12 €

chemin San-Francesco (rte du Stade)

- 04 95 60 08 33 - www.hotel-casa-bianca.com - Ouvert de mi-mars à début nov.

Hostellerie de l'Abbaye

DEMEURE HISTORIQUE • CLASSIQUE Cette ancienne abbaye franciscaine du 16e s., totalement remaniée, accueille un hôtel de tradition. Chambres confortables. Plaisante terrasse et jardinet.

43 chambres - 129/325 € 129/325 € - 19 €

montée de l'Abbaye (route de Santore)

- 04 95 65 04 27 - www.hostellerie-abbaye.com - Ouvert avril-oct.

L'Onda

FAMILIAL • FONCTIONNEL À proximité de la plage et de la pinède, ce petit immeuble moderne propose des chambres sobrement décorées, toutes avec balcon (préférez celles côté mer). Un chemin longe l'hôtel et mène à la plage. Parfait pour une étape.

24 chambres - 80/151 € 80/151 € - 12 €

av. Christophe-Colomb, rte de Bastia (N197)

- 04 95 65 35 00 - www.hotel-londa.com - Ouvert de mai à mi-oct.

au Sud 5 km par rte de l'aéroport et chemin privé - 20260 Calvi

La Signoria

CUISINE MODERNE • MÉDITERRANÉEN Dans cette belle demeure du 18e s., nichée dans une pinède, on dîne sur la terrasse donnant sur le jardin méridional, cadre approprié à cette cuisine terrienne et marine, toujours sincère.

Formule 50 € - Menu 70/125 € - Carte 85/110 €

rte de la Forêt-de-Bonifato

- 04 95 65 93 00 - www.hotel-la-signoria.com - Ouvert début avril à fin oct.

La Signoria

MAISON DE MAÎTRE · MÉDITERRANÉEN Nichée dans une pinède, cette demeure du 18e s. incarne à elle seule la Méditerranée : de l'ocre, du bleu, un mobilier corse d'époque, un beau jardin paysager et... des senteurs infinies, dans la plus grande quiétude ! Joli spa. Plusieurs villas et suites, idéales pour les familles.

21 chambres – 260/800 € 260/800 € – 8 suites

rte de la Forêt-de-Bonifato
– 04 95 65 93 00 – www.hotel-la-signoria.com
– Ouvert début avril à fin oct.

La Signoria – voir les restaurants ci-dessus

CENTURI

20238 Haute-Corse – 213 hab. – Alt. 228 m – Carte régionale n° **8**-B1
Carte Michelin 345-F2

Le Vieux Moulin

POISSONS ET FRUITS DE MER · AUBERGE XX Ce restaurant familial, fondé en 1961, surplombe le pittoresque petit port de Centuri. On y vient pour manger de la langouste grillée (avril-sept) ou aux pâtes, une bouillabaisse ou la pêche du jour. C'est frais et bon : les habitués ne s'y trompent pas.

Menu 40/95 € – Carte 50/120 €
18 chambres – 60/230 € 60/230 € – 12 €

au port
– 04 95 35 60 15 – www.le-vieux-moulin.net
– Fermé 15 déc.-15 janv. et le jeudi hors saison

CORTE

20250 Haute-Corse – 7 355 hab. – Alt. 396 m – Carte régionale n° **8**-B2
Carte Michelin 345-D6 – Guide Vert Michelin Corse

dans les Gorges de La Restonica Sud-Ouest sur D623 – 20250 Corte

Dominique Colonna

BOUTIQUE HÔTEL · ROMANTIQUE À l'entrée des gorges, dans l'arrière-pays de Corte, cet hôtel paisible, entre rochers et pins, ravira les amoureux de la nature. Confort idéal, jolies chambres et splendide terrasse qui surplombe les flots tumultueux de la rivière, où les moins frileux iront piquer une tête !

27 chambres – 120/350 € 120/350 € – 2 suites – 18 €

Vallée de la Restonica, à 2 km 20250 Corte
– 04 95 45 25 65 – www.dominique-colonna.com
– Ouvert avril-nov.

COTI-CHIAVARI

20138 Corse-du-Sud – 763 hab. – Alt. 625 m – Carte régionale n° **8**-A3
Carte Michelin 345-B9

Le Belvédère

FAMILIAL · FONCTIONNEL Véritable nid d'aigle dans le maquis, cette maison familiale offre une vue époustouflante sur le golfe d'Ajaccio ! C'est peu dire que l'on est ici accueilli "comme à la maison", en particulier au restaurant, où mère et filles proposent une cuisine des plus authentiques : daube de veau, travers de porc au miel, etc.

13 chambres – 60/75 € 60/75 € – 6 €

– 04 95 27 10 32 – www.lebelvederedecoti.com
– Ouvert 1er mars-11 nov.

ERBALUNGA

20222 Haute-Corse – Carte régionale n° **8**-B1
Carte Michelin 345-F3

Le Pirate

POISSONS ET FRUITS DE MER • MÉDITERRANÉEN XX Dans ce petit restaurant du port, le chef concocte une cuisine d'aujourd'hui, autour des produits de la mer. Charmante terrasse sur le port.

Menu 42 € (déj.), 75/195 € - Carte 80/95 €

au port - ✆ 04 95 33 24 20
- www.restaurantlepirate.com - Ouvert de mi-mars à fin oct. et fermé lundi et mardi hors saison

Castel Brando

MAISON DE MAÎTRE • ÉLÉGANT Dans cette maison de maître édifiée par un médecin des armées napoléoniennes, tout est ravissant : le jardin luxuriant et ses jolis palmiers, les chambres raffinées (certaines dans des villas annexes), les piscines, l'espace forme et massage, la véranda... Préférez les chambres côté jardin, plus calmes et plus amples. Charmant.

43 chambres - 105/290 € 105/290 € - 6 suites - 15 €

rte du Cap - ✆ 04 95 30 10 30
- www.castelbrando.com - Ouvert avril-nov.

ERSA

✉ 20275 Haute-Corse - 155 hab. - Alt. 454 m - Carte régionale n° **8**-B1
Carte Michelin 345-F2

Le Saint-Jean

AUBERGE • MÉDITERRANÉEN Au bout du cap Corse, cette maison de maître a été joliment rénovée ! Mexicaine, Maroc, Mer, etc. : les chambres, toutes différentes, dominent le maquis et le cap. La terrasse fait face à l'île de la Giraglia... Préférez les chambres avec terrasse et éviter les mansardées (sans vue).

9 chambres - 60/90 € 75/135 € - 9 €

Botticella - ✆ 04 95 47 71 71
- www.lesaintjean.net - Ouvert de début avril à fin oct.

FAVONE

✉ 20135 Corse-du-Sud - Conca - Carte régionale n° **8**-B3
Carte Michelin 345-F9

U Dragulinu

FAMILIAL • FONCTIONNEL Cet hôtel familial jouit d'un emplacement idyllique, idéal pour un séjour balnéaire. Chambres fonctionnelles ouvertes sur le parc ou la plage...

32 chambres - 100/230 € 100/230 €

- ✆ 04 95 73 20 30
- www.hoteludragulinu.com - Ouvert 1er mai-15 oct.

FELICETO

✉ 20225 Haute-Corse - 213 hab. - Alt. 350 m - Carte régionale n° **8**-A1
Carte Michelin 345-C4

Cas'Anna Lidia

MAISON DE CAMPAGNE • CONTEMPORAIN Ce joli petit hôtel borde le village, en surplomb de la vallée : on y jouit d'une vue superbe ! Dans les chambres, la décoration contemporaine côtoie tissus corses et mobilier cérusé. Une jolie étape pour les amateurs de repos.

10 chambres - 115/175 € 115/175 € - 15 €

au village - ✆ 04 95 61 81 24
- www.hoteldecharme-corse.com - Ouvert 1er mai-30 sept.

Mare e Monti

MAISON DE MAÎTRE • TRADITIONNEL Fortune faite dans la canne à sucre, les ancêtres de la famille revinrent de Porto Rico et édifièrent cette jolie maison de maître (1870), entre mer et montagne. Bel escalier, fresques et voûtes : un hôtel qui a du caractère. Et pour vous restaurer, installez-vous dans la salle à manger blanche du restaurant, ou sur la belle terrasse en bordure de piscine, sous une tonnelle en vignes.

16 chambres - 85/139 € 85/180 € - 13 €

- 04 95 63 02 00 - www.hotel-maremonti.com - Ouvert 24 avril-8 oct.

L'ÎLE-ROUSSE

20220 Haute-Corse - 3 347 hab. - Carte régionale n° **8**-A1
Carte Michelin 345-C4

Le Bistrot de la Place

CUISINE TRADITIONNELLE • RUSTIQUE Sur la place Paoli – si typique –, un restaurant rustique et chaleureux. On sert une sympathique cuisine traditionnelle et régionale, concoctée par le patron, et sa fille. Le fils vous accueille, en salle.

Carte 48/77 €

3 pl. Paoli - 04 95 60 12 90 - Fermé dim. soir et lundi

Liberata

BOUTIQUE HÔTEL • PERSONNALISÉ À deux pas de la mer, le regard est attiré par la grande façade ocre - aux volets verts ! - de cette attrayante demeure seigneuriale. On y pénètre par un lobby Art nouveau ; les chambres, sobrement contemporaines sont cosy, décorées en beige ou chocolat. Espace remise en forme.

22 chambres - 100/430 € 100/430 € - 18 €

La Marinella - 04 95 62 03 62 - www.hotel-liberata.com - Fermé de mi-déc. à fin fév.

Perla Rossa

HISTORIQUE • PERSONNALISÉ Au cœur de la cité balnéaire, cette belle maison du 18e s. a du caractère, avec ses grandes chambres contemporaines, lumineuses et épurées. Sur la terrasse, très belle vue sur la baie, pour s'émerveiller d'être en Corse !

8 chambres - 140/590 € 140/590 € - 1 suite - 18 €

30 r. Notre-Dame - 04 95 48 45 30 - www.hotelperlarossa.com - Ouvert de mi-avril à mi-oct.

Davia N

BOUTIQUE HÔTEL • CONTEMPORAIN En contre-bas de la route de Calvi, cet hôtel moderne, un peu caché, est délicat à trouver. Une fois installé dans les chambres insonorisées, tournées vers la mer, on apprécie le décor, contemporain et cosy, comme la plaisante piscine avec vue.

16 chambres - 135/300 € 135/300 € - 16 €

col de Fogata, rte de Calvi 20220 L'Île-Rousse - 04 95 60 87 09 - www.daviahotel.com - Ouvert d'avril à oct.

Santa Maria

HÔTEL DE CHAÎNE • CONTEMPORAIN Sur la langue de terre conduisant à la presqu'île de la Pietra (le joyau de l'Île-Rousse), un hôtel moderne bien agréable, avec des chambres confortables et raffinées dont la plupart donnent sur la mer ou le jardin méditerranéen. Accès direct à une petite plage aménagée.

57 chambres - 97/550 € 97/550 € - 15 €

rte du Port - 04 95 63 05 05 - www.hotelsantamaria.com

Cala di l'Oru

FAMILIAL · TRADITIONNEL Un hôtel décoré avec goût et proposant des chambres simples, donnant sur la mer ou la montagne. On apprécie le calme, les œuvres d'art, le jardin, la piscine et les prix relativement sages.

26 chambres – 55/145 € 55/145 € – 10 €

bd Pierre-Pasquini – 04 95 60 14 75 – www.hotel-caladiloru.com – Ouvert mars-oct.

à Monticello 4,5 km au Sud-Est par D63 – 20220 – 1 888 hab. – Alt. 220 m

A Pasturella

CUISINE MÉDITERRANÉENNE · FAMILIAL X Sur la place de ce beau village perché, ce restaurant propose une cuisine méditerranéenne, agrémentée de touches italiennes. Pour prolonger l'étape, de petites chambres, sobrement modernes.

Menu 36/63 € – Carte 35/45 €

12 chambres – 68/103 € 79/116 € – 12 €

pl. du Village – 04 95 60 05 65 – www.a-pasturella.com – Fermé de début nov. à mi-déc.,1 semaine vacances de fév., dim. soir de déc. à mars

A Piattatella

BOUTIQUE HÔTEL · PERSONNALISÉ Piattatella, ou "cachette" en langue corse. Un nom tout trouvé pour ce bel hôtel au décor contemporain, niché sur les hauteurs du village. Un parcours de remise en forme, un espace bien-être, deux belles piscines, les paysages de Balagne et ce parfait sentiment d'exclusivité : tout est là !

17 chambres – 148/378 € 148/378 € – 20 €

chemin St-François – 04 95 60 07 00 – www.apiattatella.com – Ouvert avril-oct.

à Pigna 8 km au Sud-Ouest par N197 et D151 – 20220 – 106 hab. – Alt. 400 m

A Mandria di Pigna

CUISINE CORSE · AUBERGE X Cette bergerie contemporaine est à l'image du village qui l'accueille : attachante ! Courgettes, tomates et herbes aromatiques du potager, agneau et cochon de lait, en grillades ou à la broche... le terroir corse est à l'honneur. Et la générosité, de mise !

Menu 32 € – Carte 40/68 €

– 04 95 32 71 24 – www.amandria.com – Ouvert d'avril à oct. et fermé lundi sauf juil.-août

Palazzu Pigna

DEMEURE HISTORIQUE · PERSONNALISÉ Au cœur de Pigna, cette belle maison de maître du 17e s. offre une vue superbe sur la plaine et la mer. Toutes les chambres sont empreintes de charme et de sérénité, et certaines ont même une terrasse. La table propose une cuisine simple. Belle terrasse panoramique.

5 chambres – 143/250 € 143/250 € – 2 suites – 16 €

– 04 95 47 32 78 – www.hotel-palazzu.com – Ouvert avril-oct.

au Golf du Reginu 12 km au Sud par rte de Bastia et D113

I Salti

CUISINE MODERNE · COSY X Dans la vallée du Reginu, non loin du golf, on emprunte un chemin sur quelques kilomètres avant de découvrir cette jolie maison au calme... L'ardoise annonce de beaux produits de Balagne, et met l'eau à la bouche. Confirmation ensuite dans l'assiette, soignée et colorée : un véritable carrefour de saveurs !

→ Cuisine du marché.

Carte 60/80 €

Moulin de Salti – 04 95 34 35 59 – Ouvert 16 avril-23 oct. et fermé le midi en juil.-août et lundi

LEVIE

✉ 20170 Corse-du-Sud - 718 hab. - Alt. 645 m - Carte régionale n° **8**-B3
Carte Michelin 345-D9

A Pignata

CUISINE TRADITIONNELLE • RUSTIQUE XX Dans ce restaurant rustique, en pleine nature, la cuisine familiale a le bon goût de la tradition... et de la simplicité, avec ce menu unique renouvelé tous les jours. Les produits sont d'une qualité exceptionnelle ; d'ailleurs, la charcuterie est fabriquée à partir des cochons de l'exploitation familiale !

Menu 52 €

Hôtel A Pignata, 5 km au Nord rte des sites Archéologiques de Cucuruzzu et Capula - ✆ 04 95 78 41 90 - www.apignata.com - Ouvert avril-déc. et fermé du lundi au jeudi de nov. à déc. hors vacances scolaire

La Pergola

CUISINE CORSE • RUSTIQUE X Dans cette discrète adresse, le chef concocte des spécialités corses (gigot d'agneau et cannellonis au brocciu, charcuterie, fiadone maison...) en utilisant des produits bien choisis : le résultat est simple et bon ! Mais ce n'est pas tout : par beau temps, on prend son repas sur la petite terrasse, sous... la pergola.

Formule 17 € - Menu 22 €

r. Sorba - ✆ 04 95 78 41 62 - Ouvert avril-oct.

A Pignata

AUBERGE • PERSONNALISÉ Pour se ressourcer au grand calme, plusieurs maisons en pierre de pays, en pleine forêt... Les chambres, élégantes (gris et bruns chauds), ouvrent sur la verdure du massif de Bavella ; deux d'entre elles sont même perchées dans les arbres !

18 chambres - 100/275 € 100/275 €

5 km au Nord rte des sites Archéologiques de Cucuruzzu et Capula - ✆ 04 95 78 41 90 - www.apignata.com - Ouvert avril-déc.

A Pignata - voir les restaurants ci-dessus

LUMIO

✉ 20260 Haute-Corse - 1 132 hab. - Alt. 150 m - Carte régionale n° **8**-A1
Carte Michelin 345-B4

Chez Charles

CUISINE CRÉATIVE • CONTEMPORAIN XXX Un restaurant au décor contemporain, une jolie terrasse : un cadre idéal pour déguster cette cuisine créative, qui respire la Méditerranée et le terroir corse. Les desserts sont particulièrement réussis.

Menu 78/140 € - Carte 95/105 €

Hôtel Chez Charles, rte de Calvi - ✆ 04 95 60 61 71 - www.hotelcorse-chezcharles.com - Ouvert 19 avril-4 nov. et fermé merc. midi

Chez Charles

FAMILIAL • CONTEMPORAIN Agréable escapade en cet hôtel au décor contemporain et design, ouvrant sur le golfe de Calvi et la montagne (chambres avec balcon, piscine à débordement), non loin de la route. Préférez les chambres avec vue mer.

29 chambres - 140/190 € 170/360 € - 20 €

rte de Calvi - ✆ 04 95 60 61 71 - www.hotelcorse-chezcharles.com - Ouvert 19 avril-4 nov.

Chez Charles - voir les restaurants ci-dessus

MARINE-D'ALBO

✉ 20217 Haute-Corse - 104 hab. - Alt. 110 m - Carte régionale n° **8**-B1
Carte Michelin 345-F3

Morganti

CUISINE TRADITIONNELLE • SIMPLE Un restaurant tout simple, avec une jolie terrasse ombragée de mûriers-platanes. Ici, on cuisine du poisson en arrivage direct de Balagne et du cap Corse, au gré de la pêche. Une affaire familiale depuis 5 générations !

Carte 45/64 €

Marina D'albu ✉ 20217 Ogliastro
– ✆ 04 95 37 85 10 – www.restaurantmorganti.com – Fermé 17 déc.-9 fév. et du dim. soir au vend. midi de début nov. à mars

MURO

✉ 20225 Haute-Corse – 232 hab. – Alt. 350 m – Carte régionale n° **8**-A1
Carte Michelin 345-C4

Casa Théodora

HISTORIQUE • PERSONNALISÉ Ce palazzo réhabilité du 16e s. porte le nom de l'éphémère (et unique) roi de l'histoire de la Corse, Théodore de Neuhoff, hôte des lieux en 1736. Architecture génoise, fresques et trompe-l'œil diffusent une atmosphère baroque. Petite piscine intérieure.

9 chambres – 115/180 € 115/180 € – 15 €

Piazza a u Duttore
– ✆ 04 95 61 78 32 – www.a-casatheodora.com – Ouvert mai-oct.

NONZA

✉ 20217 Haute-Corse – 72 hab. – Alt. 100 m – Carte régionale n° **8**-B1
Carte Michelin 345-F3

La Sassa N

CUISINE MÉDITERRANÉENNE • ROMANTIQUE Ce restaurant atypique, sans salle intérieure, se niche au pied de la tour paoline (18e s.), véritable un nid d'aigle, perché à 160 m de hauteur, offrant une vue exceptionnelle sur la côte du Cap Corse et le golfe de Saint-Florent. Les terrasses aux multiples recoins permettent d'apprécier une bonne cuisine méditerranéenne, aux accents corses.

Carte 44/74 €

au pied de la tour de Nonza
– ✆ 04 95 38 55 26 – www.lasassa.com – Ouvert mai-sept. et fermé les jours de mauvais temps

OLETTA

✉ 20232 Haute-Corse – 1 569 hab. – Alt. 250 m – Carte régionale n° **8**-B1
Carte Michelin 345-F4

La Dimora

MAISON DE CAMPAGNE • PERSONNALISÉ Matériaux nobles, authenticité et luxe contemporain discret... Dans l'arrière-pays, cette villa du 18e s. vous reçoit en ami ; la piscine, l'espace bien-être et le jardin invitent délicatement au farniente. Difficile d'imaginer derrière cette maison de caractère la ferme en ruine, qui appartint au Comte de Rolas...

15 chambres – 145/360 € 145/450 € – 2 suites – 23 €

rte de St-Florent, 3 km par D82
– ✆ 04 95 35 22 51 – www.ladimora.fr – Ouvert 26 avril-21 oct.

U Palazzu Serenu

LUXE • DESIGN Embrassant le golfe de St-Florent et les paysages du Nebbio, ce palais florentin (17e s.) est un joyau ! Œuvres d'art contemporain, grand style, et chambres au décor très moderne. Le chef propose une cuisine méditerranéenne fraîche et épurée (sur réservation), à déguster sur la splendide terrasse... Très belle piscine chauffée.

6 chambres – 180/580 € 180/580 € – 2 suites

– ✆ 04 95 38 39 39 – www.upalazzuserenu.com – Fermé 8 janv.-11 fév.

OLMETO

✉ 20113 Corse-du-Sud – 1 225 hab. – Alt. 320 m – Carte régionale n° **8**-A3
Carte Michelin 345-C9

à Olmeto-Plage 9 km au Sud-Ouest par D157 – ✉ 20113

Ruesco

TRADITIONNEL • FONCTIONNEL Dans une crique privée à l'issue d'une route étroite… Cet hôtel dispose de suites luxueuses et de chambres classiques ouvrant sur la mer et le jardin. La paillotte, entre piscine et plage, propose une carte simple mais aussi de la langouste et des poissons nobles.

26 chambres – 140/235 € 140/235 € – 2 suites – 14 €

Capicciolo – 04 95 76 70 50 – www.hotel-ruesco.com – Ouvert de mi-avril à fin sept.

au Sud 5 km par N196 et rte secondaire – ✉20113 Olmeto

La Verrière

CUISINE MODERNE • ÉLÉGANT XXX Il y a des trésors que l'on aimerait garder pour soi ; cette Verrière en fait partie ! Derrière les fourneaux, le chef s'inspire de sa Bretagne natale pour travailler de jolis produits de la mer, comme cet encornet, caviar d'aubergine, chutney de tomates et artichaut. Cadre élégant et jolie vue en terrasse.

Formule 45 € – Menu 64/110 € – Carte 57/73 €

Hôtel Marinca, lieu-dit Vitricella – 04 95 70 09 00 – www.hotel-marinca.com – Ouvert 1er mai-7 oct. et fermé le midi

Marinca

LUXE • PERSONNALISÉ Au bord d'une crique, dans un parc fleuri, avec trois piscines à débordement descendant vers la plage privée, cet hôtel est un véritable îlot de confort… Le décor mêle les influences (Maroc, Indonésie…) et les chambres offrent une superbe vue sur la mer !

50 chambres – 298/760 € 298/820 € – 4 suites – 28 €

lieu-dit Vitricella – 04 95 70 09 00 – www.hotel-marinca.com – Ouvert 1er mai-7 oct.

La Verrière – voir les restaurants ci-dessus

PATRIMONIO

✉ 20253 Haute-Corse – 724 hab. – Alt. 100 m – Carte régionale n° **8**-B1
Carte Michelin 345-F3

Vignoble

FAMILIAL • MÉDITERRANÉEN Au cœur du village, une belle maison de 1846 confortable et chaleureuse avec ses murs patinés, ses meubles en fer forgé et sa boutique permettant de découvrir les vins de l'exploitation familiale. Chambres à la propreté immaculée, et prix fort sages pour la région.

12 chambres – 60/110 € 60/110 € – 8 €

Santa Maria – 04 95 37 18 48 – www.hotel-du-vignoble.com – Ouvert 9 avril-15 oct.

PERI

✉ 20167 Corse-du-Sud – 1 832 hab. – Alt. 450 m – Carte régionale n° **8**-A2
Carte Michelin 345-C7

Chez Séraphin

CUISINE TRADITIONNELLE • FAMILIAL X Une maison corse typique dans un charmant village à flanc de montagne. La patronne y travaille de bons produits du terroir avec simplicité ; elle les agrémente des fruits, légumes et herbes du jardin. Inusable Séraphin !

Menu 50 €

au village – 04 95 25 68 94 – Ouvert début avril à début oct. et fermé lundi

PIANA

✉ 20115 Corse-du-Sud - 484 hab. - Alt. 420 m - Carte régionale n° **8**-A2
Carte Michelin 345-A6

Le Neptune

CUISINE TRADITIONNELLE • CONVIVIAL XXX Votre poisson, vous le désirez rôti, grillé ou vapeur ? Voilà la seule pensée qui doit vous préoccuper lorsque vous vous attablez au Neptune. Ne manquez pas la spécialité "Les Belles Pièces" (le poisson pêché dans le golfe), et la langouste grillée. A déguster sur la terrasse avec vue sur le golfe de Porto.

Carte 50/100 €

Hôtel Capo Rosso, rte des Calanques - ✆ 04 95 27 82 40 - www.caporosso.com - Ouvert début avril-20 oct.

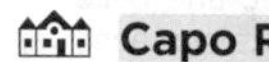

Capo Rosso

TRADITIONNEL • ÉLÉGANT Vue imprenable sur le golfe de Porto et les calanques depuis la piscine et les vastes chambres, toutes avec balcon et décorées dans un élégant style contemporain. Au restaurant panoramique, cuisine de qualité à base de pêche locale et de produits du terroir.

43 chambres ☕ - 🚹120/380 € 🚹🚹150/450 €

rte des Calanques - ✆ 04 95 27 92 40 - www.caporosso.com - Ouvert début avril-20 oct.

Le Neptune - voir les restaurants ci-dessus

Le Scandola

FAMILIAL • PERSONNALISÉ Au cœur d'un site exceptionnel, face à la presqu'île de Scandola. Une vue superbe dont on ne se lasse pas dans les chambres, elles-mêmes décorées avec soin et une pointe de romantisme...

19 chambres - 🚹80/160 € 🚹🚹80/215 € - ☕ 15 €

rte de Cargèse - ✆ 04 95 27 80 07 - www.hotelscandola.com - Ouvert 1er avril-15 oct.

PORTICCIO

✉ 20166 Corse-du-Sud - Carte régionale n° **8**-A3
Carte Michelin 345-B8

L'Arbousier

CUISINE CLASSIQUE • CLASSIQUE XXX Savourer des langoustines, du homard et des poissons de petits pêcheurs locaux en regardant la mer... quel délice ! Une institution locale.

Menu 85 € (dîner) - Carte 83/112 €

Hôtel Le Maquis, 585 bd Marie-Jeanne Bozzi - ✆ 04 95 25 05 55 - www.lemaquis.com - Fermé janv. et fév.

Le Maquis

LUXE • CLASSIQUE Cette demeure d'inspiration génoise, nichée dans un jardin luxuriant, est un petit bijou. Chambres spacieuses, décorées de mobilier ancien, avec une vue superbe sur la mer ; splendides piscines... Prenons le Maquis !

20 chambres - 🚹160/860 € 🚹🚹315/980 € - 5 suites - ☕ 28 €

585 bd Marie-Jeannne-Bozzi - ✆ 04 95 25 05 55 - www.lemaquis.com - Fermé janv. et fév.

L'Arbousier - voir les restaurants ci-dessus

Sofitel Thalassa

HÔTEL DE CHAÎNE • ÉLÉGANT Thalassa, déesse grecque de la mer, est bien la figure tutélaire de ce complexe hôtelier : situation isolée à la pointe du cap de Porticcio, institut de thalassothérapie, piscine à débordement, sports nautiques, chambres tournées vers la Méditerranée, et produits de la mer au restaurant lui aussi face aux flots...

96 chambres - 🚹200/1300 € 🚹🚹200/1300 € - 2 suites - ☕ 29 €

domaine de la Pointe - ✆ 04 95 29 40 40 - www.sofitel.com/hotel/ajaccio - Fermé 11 déc.-17 déc. et 2 janv.-13 fév.

à Agosta-Plage 2 km au Sud - ✉ 20128 Albitreccia

Radisson Blu

BUSINESS • CONTEMPORAIN Inauguré en 2012 face à la plage, l'établissement compte le plus grand nombre de chambres en Corse. Tout en lignes épurées et confort, elles ouvrent sur la baie d'Ajaccio – et les Sanguinaires à l'horizon – ou le maquis. Spa de 900 m², club enfants, salles de séminaires, restaurant, etc. De belles prestations.

165 chambres - 108/640 € 108/640 € - 5 suites - 20 €

- ☎ 04 95 77 97 97 - www.radissonblu.fr/resort-ajacciobay - Fermé 5 nov.-18 mars

Kallisté

TRADITIONNEL • FONCTIONNEL Une villa sur les hauteurs, avec une belle vue sur le golfe d'Ajaccio. Chambres sobres, meublées de teck, certaines avec terrasse. Grande piscine et jardin face à la mer.

7 chambres - 89/169 € 119/219 € - 12 €

rte du Vieux-Molini - ☎ 04 95 25 54 19 - www.hotel-kalliste-porticcio.com - Ouvert 1er avril-1er nov.

PORTO

✉ 20150 Corse-du-Sud - Ota - 544 hab. - Alt. 45 m - Carte régionale n° **8**-A2
Carte Michelin 345-B6

Le Belvédère

TRADITIONNEL • FONCTIONNEL Au pied de la tour de Porto, un hôtel en pierre rouge, à l'entrée discrète. Chambres confortables au style actuel, certaines avec vue sur le port et les montagnes.

20 chambres - 55/140 € 55/140 € - 10 €

à la Marine - ☎ 04 95 26 12 01 - www.hotelrestaurant-lebelvedere-porto.com - Ouvert 1er avril-31 oct.

Le Subrini

TRADITIONNEL • FONCTIONNEL Tout près de la mer, face à la tour génoise, un établissement créé dans les années 1980 mais respectant l'architecture locale avec sa façade en pierre. Décoration simple et chambres fonctionnelles avec vue sur la marina. Parking privé à deux pas.

24 chambres - 70/150 € 80/150 € - 9 €

à la Marine - ☎ 04 95 26 14 94 - www.hotels-porto.com - Ouvert 1er avril-31 oct.

Bella Vista

AUBERGE • COSY L'enseigne ne ment pas : la vue est belle, c'est incontestable, sur le Capo d'Orto... En outre, il règne dans ce petit hôtel une ambiance familiale. Chambres accueillantes et bon petit-déjeuner. L'une des adresses les plus plaisantes de Porto.

17 chambres - 70/140 € 75/155 € - 12 €

rte de Calvi - ☎ 04 95 26 11 08 - www.hotel-corse.com

Le Romantique

TRADITIONNEL • FONCTIONNEL Cet hôtel dispose de chambres spacieuses et bien tenues ; les balcons donnent tous sur une petite marina et un bois d'eucalyptus.

8 chambres - 75/98 € 75/98 € - 10 €

à la Marine - ☎ 04 95 26 10 85 - www.hotel-romantique-porto.com - Ouvert avril-10 oct.

PORTO-POLLO

✉ 20140 Corse-du-Sud - Alt. 140 m - Carte régionale n° **8**-A3
Carte Michelin 345-B9

Le Golfe

TRADITIONNEL • CONTEMPORAIN Un bâtiment récent juste à côté du port. Les chambres sont sobres et élégantes, avec une jolie vue sur le golfe de Valinco où l'on peut se promener avec le bateau de l'hôtel. Cuisine régionale et produits de la mer à la brasserie, véritable cantine du golfe.

16 chambres - 100/300 € 100/300 € - 4 suites

- 04 95 74 01 66 - www.hotel-porto-pollo.com - Ouvert d' avril à oct.

Les Eucalyptus

TRADITIONNEL • FONCTIONNEL Cet hôtel familial, situé en léger retrait de la route, domine le golfe de Valinco. De la plupart des chambres, on contemple la plage, toute proche...

32 chambres - 68/235 € 68/235 € - 12 €

- 04 95 74 01 52 - www.hoteleucalyptus.com - Ouvert mi-avril à mi-oct.

Schon & Probst/Picture

ON AIME...

Se laisser emporter par la beauté du **golfe de Santa Giulia**, et de sa plage. S'attabler au **Terraméa**, entre les arbres, et déguster de beaux poissons bien préparés. Sur la presqu'île de Benedettu, se régaler des plats italiens du **Grill**, à l'hôtel la Plage Casadelmar...

PORTO-VECCHIO

✉ 20137 Corse-du-Sud - 11 625 hab. – Alt. 40 m – Carte régionale n° **8**-B3
Carte Michelin 345-E10

Restaurants

✿✿ Casadelmar

CUISINE MODERNE • LUXE XXXX Dans le cadre ultracontemporain de ce superbe hôtel, cette table place la mer au cœur de tout : la vue sur la baie ensorcelle, et la cuisine semble plonger au sein même de la Méditerranée ! Fabio Bragagnolo met tout son talent et sa créativité au service des meilleurs produits, entre Corse et Italie. Une élégance d'orfèvre...

➔ Poissons et crustacés marinés à la moutarde de Crémone et au gingembre. Saint-pierre cuit à l'huile d'olive, lentilles corail, burrata et émulsion d'eau de tomate. Noisettes de Cervione, citron et fleur de lait.

Menu 130/205 € - Carte 130/155 €

Hôtel Casadelmar, 7 km par rte de la plage de Palombaggia - ☎ 04 95 72 34 34 - www.casadelmar.fr - Ouvert 13 avril-4 nov. et fermé dim. et le midi

Le Belvédère

CUISINE MODERNE • ROMANTIQUE XXX La mer vient flirter avec les tables, les monts se découpent sur le ciel lointain... la terrasse est idyllique ! Au cœur du golfe de Porto-Vecchio, cette enclave discrète joue la carte des beaux produits et de la gastronomie d'aujourd'hui.

Menu 55 € (déj. en semaine), 70/95 € - Carte 71/86 €

Hôtel Belvédère, 5 km par rte de la plage de Palombaggia - ☎ 04 95 70 54 13 - www.hbcorsica.com - Ouvert 29 avril-30 nov. et fermé lundi et mardi en oct. et nov.

Don Cesar

CUISINE MODERNE • ÉLÉGANT XXX Avec son décor luxueux et raffiné, et ses larges baies vitrées ouvertes sur la terrasse, le restaurant de l'hôtel Don Cesar ne manque pas de charme ! On y sert une cuisine entre France et Italie, soignée et pleine de saveurs, qui fait la part belle aux produits de la mer (déclinaison de calamars, bouillabaisse...).

Menu 60 € (dîner) - Carte 81/133 €

Hôtel Don César, r. du Cdt.-Quilici (au rond-point du centre commercial Leclerc prendre la direction de la clinique) - ☎ 04 95 76 09 09 - www.hoteldoncesar.com - Ouvert 15 mai-15 oct.

Terraméa

CUISINE MODERNE • TENDANCE XX Ah, le Terraméa ! Au milieu des arbres, sur les hauteurs de la baie de Porto-Vecchio, on comprend qu'il ait conquis le cœur des gourmands de cette partie de la Corse : on y mange de délicieux poissons bien préparés (sardines, saint-pierre, etc.) et de bons produits du terroir local.

Carte 47/66 €

7 km par rte de Palombaggia
– ✆ 04 95 50 03 94 – Ouvert avril-nov. et week-ends en déc. et janv. et fermé le midi et le dim. sauf juil.-août

La Table de Mina

CUISINE MODERNE • MÉDITERRANÉEN X Installé confortablement au bord de la piscine, sous un toit de tuiles, on profite de la jolie vue sur la mer... et on se délecte des préparations inventives, un brin exotiques, d'un chef qui a fait une bonne partie de sa carrière à la Réunion.

Menu 55 € – Carte 75/100 €

Hôtel Les Bergeries de Palombagia
– ✆ 04 95 70 03 23 – www.hotel-palombaggia.com – Ouvert mi-avril à mi-oct. et fermé lundi et le midi

Tamaricciu

POISSONS ET FRUITS DE MER • MÉDITERRANÉEN X Sur la sublime plage de Palombaggia, face à la mer turquoise, on déguste des pâtes fraîches, des poissons frais du jour et de délicieux desserts. Ambiance détendue le midi et plus raffinée le soir.

Carte 50/120 €

15 km par rte de la plage de Palombaggia
– ✆ 04 95 70 49 89 – Ouvert de mai à mi-oct. et fermé le soir sauf du 21 juin au 31 août

Hôtels & maisons d'hôtes

Casadelmar

GRAND LUXE • DESIGN Un long parallélépipède de bois, dans un parc planté de figuiers, de grenadiers et d'oliviers. Des lignes géométriques étudiées, des espaces design... et partout – notamment de la piscine à débordement –, une vue magique sur la baie de Porto-Vecchio : la Corse à l'heure contemporaine *"and so chic"* !

20 suites ☕ – 👥820/3100 € – 14 chambres

7 km par rte de la plage de Palombaggia
– ✆ 04 95 72 34 34 – www.casadelmar.fr
– Ouvert 13 avril-4 nov.

✿✿ **Casadelmar** – voir les restaurants ci-dessus

Don Cesar

LUXE • PERSONNALISÉ Dans cet hôtel créé en 2012 dans l'esprit méditerranéen, le luxe a donné rendez-vous au raffinement. Les chambres sont superbes et spacieuses (50 m² au minimum) et leurs balcons se tournent vers le golfe de Porto-Vecchio... pour rêver éveillé. Piscine, spa, jardin paysager, etc., ajoutent à la beauté des lieux.

39 chambres – 👤465/1800 € 👥465/1800 € – 2 suites – ☕ 35 €

r. du Cdt.-Quilici (au rond-point du centre commercial Leclerc prendre la direction de la clinique)
– ✆ 04 95 76 09 09 – www.hoteldoncesar.com
– Ouvert 15 mai-15 oct.

Don Cesar – voir les restaurants ci-dessus

Le Belvédère

LUXE • PERSONNALISÉ Franchissez le lourd portail en bois sculpté et pénétrez dans une oasis de verdure. Les chambres sont disséminées dans plusieurs pavillons : l'île de Beauté en toute tranquillité. Outre le restaurant gastronomique, jolie formule à la Brocherie (cabri et cochon de lait au feu de bois).

15 chambres - 120/350 € 120/350 € - 4 suites - 20 €

5 km par rte de la plage de Palombaggia - 04 95 70 54 13 - www.hbcorsica.com - Ouvert 29 avril-30 nov.

Le Belvédère - voir les restaurants ci-dessus

Les Bergeries de Palombaggia

LUXE • ÉLÉGANT Parmi les oliviers et les cyprès, plusieurs maisonnettes construites dans l'esprit des anciennes bergeries, mais très confortables… luxueuses même ! Matériaux bruts, vue sur la mer (en étage), etc. : pour une belle et discrète villégiature à deux pas de la célèbre plage de Palombaggia.

10 chambres - 240/695 € 240/695 € - 7 suites - 30 €

12 km par rte de Palombaggia
- 04 95 70 03 23 - www.hotel-palombaggia.com
- Ouvert mi-avril à fin-oct.

La Table de Mina - voir les restaurants ci-dessus

Golfe Hôtel

TRADITIONNEL • CONTEMPORAIN Sur la route du port, cet hôtel propose des chambres décorées avec soin (mobilier épuré, tons gris et blanc) disséminées autour de la piscine et du jardin. Produits du terroir, grillades et recettes du sud au restaurant.

45 chambres - 86/313 € 104/370 €

r. du 9-Septembre-1943
- 04 95 70 48 20 - www.golfehotel-corse.com
- Fermé vacances de Noël

Le Goéland

TRADITIONNEL • PERSONNALISÉ Cet hôtel agréable a le pied marin : lampes-tempêtes, meubles aux peintures patinées… mais aussi plage privée et ponton d'amarrage ! Le restaurant s'ouvre totalement sur le golfe et le jardin ; cuisine traditionnelle, au gré du marché et des saisons.

34 chambres - 150/520 € 150/520 €

à la Marina
- 04 95 70 14 15 - www.hotelgoeland.com
- Ouvert de début avril à début nov.

Alcyon

TRADITIONNEL • FONCTIONNEL Un établissement moderne en centre-ville, abritant des chambres fonctionnelles et bien rénovées. Certaines, plus spacieuses, peuvent convenir aux familles.

34 chambres - 80/240 € 123/320 € - 15 €

9 r. du Mar.-Leclerc (près de la poste)
- 04 95 70 50 50 - www.hotel-alcyon.com

San Giovanni

FAMILIAL • PERSONNALISÉ L'hôtel de loisirs par excellence, charmant et familial, au calme dans un très beau jardin fleuri. La plupart des chambres ont une terrasse ou un petit jardin privatif. Mieux vaut réserver ! Petit-déjeuner et cuisine traditionnelle servis sous la pergola.

30 chambres - 70/190 € 70/190 € - 15 €

rte d'Arca, 3 km au Sud-Ouest par D659
- 04 95 70 22 25 - www.hotel-san-giovanni.com
- Fermé 21 nov.-8 janv.

Les Jardins de Mathieu

MAISON DE CAMPAGNE • PERSONNALISÉ Une sympathique maison au cœur du maquis corse. Depuis les chambres, à l'épure toute contemporaine, on aperçoit le golfe de Porto-Vecchio... Piscine chauffée, jacuzzi, etc. Idéal pour se ressourcer dans un écrin de verdure ! Recettes du terroir et produits du potager autour de la table d'hôte.

4 chambres – 150/250 € 150/250 €

Pascialella de Muratello, 12 km à l'Ouest par D159 et rte secondaire – ✆ 04 95 26 78 41 – www.lesjardinsdemathieu.net – Ouvert 1er avril-15 nov.

au golfe de Santa Giulia 8 km au Sud par N198 et rte secondaire – ✉ 20137 Porto-Vecchio

U Santa Marina

CUISINE MODERNE • ROMANTIQUE XX La vue sur le golfe de Santa Giulia y est superbe, et le soir venu, on pourrait croquer le soleil couchant... Dans l'assiette, une cuisine goûteuse, personnelle, imaginée par un chef breton, qui s'est approprié le terroir corse, sans oublier ses racines celtes. Un savoureux moment, délicieusement romantique.

➜ Langoustines corses rôties, jus de carapaces, pomme, chouchen et mousseline d'oignon de Roscoff. Pêche du jour, bouillon de varech, sèches, petits pois et fèves. Citron en coque soufflée, espuma citron vert-bergamote et sorbet thym citron.

Menu 69/125 € – Carte 80/100 €

Marina di Santa Giulia (plage) – ✆ 04 95 70 45 00 – www.usantamarina.com – Ouvert 1er avril-25 nov. et fermé le midi

Les Hauts de Santa Giulia

CUISINE MODERNE • INTIME X La chef réalise ici une bonne cuisine à base de produits soigneusement sélectionnés, et parsème ses assiettes d'influences diverses (Méditerranée, principalement). Menu carte blanche renouvelé tous les jours ; jolie terrasse.

Menu 78 €

Les Hauts de Santa Giulia dans la résidence – ✆ 04 95 70 40 84 – Ouvert juin-sept. et fermé lundi et le midi

Moby Dick

TRADITIONNEL • CONTEMPORAIN Emplacement idyllique, sur la lagune, pour cet hôtel séparé du golfe aux couleurs polynésiennes par une plage de sable fin. Chambres spacieuses à choisir côté mer ou côté jardin. La cuisine méditerranéenne est à l'honneur !

45 chambres – 158/539 € 174/596 €

– ✆ 04 95 70 70 00 – www.sud-corse.com – Ouvert de mi-avril à mi-oct.

Alivi

BOUTIQUE HÔTEL • CONTEMPORAIN Pour passer ses vacances au calme, un hôtel contemporain entre mer et maquis, aux chambres reposantes avec une petite terrasse. Piscine circulaire face à la baie de Santa Giulia.

10 chambres – 180/475 € 180/475 €

Baie de Santa Giulia – ✆ 04 95 52 01 68 – www.santa-giulia.fr – Ouvert 13 avril-22 oct.

à Cala Rossa 10 km au Nord-Est par N198 et D468 – ✉ 20137 Lecci

Grand Hôtel de Cala Rossa

CUISINE MODERNE • MÉDITERRANÉEN XXX La grande salle à manger, avec ses arcades et ses voûtes, ouvre sur une agréable terrasse ombragée : l'endroit parfait pour déguster des préparations simples et gourmandes, servies avec décontraction par une équipe efficace.

Carte 93/107 €

– ✆ 04 95 71 61 51 – www.cala-rossa.com – Ouvert 15 avril-1er nov. et fermé le midi

Grand Hôtel de Cala Rossa

GRAND LUXE · PERSONNALISÉ À demeure d'exception, écrin splendide : un jardin luxuriant, un ponton privé sur la plage et un spa luxueux. Cet hôtel empreint de classicisme a quelque chose d'intemporel...

31 chambres – 190/1270 € 190/1270 € – 9 suites

– 04 95 71 61 51 – www.cala-rossa.com

– Ouvert 15 avril-1er nov.

Grand Hôtel de Cala Rossa – voir les restaurants ci-dessus

à la presqu'île du Benedettu 10 km au Nord-Est par N198 et D468

La Plage Casadelmar

POISSONS ET FRUITS DE MER · DESIGN XX La salle et la terrasse sont posées juste au-dessus d'une plage discrète du golfe de Porto-Vecchio. Comment se lasser de la vue sur la côte et la mer ? Au sein de ce bel hôtel contemporain, la cuisine, confiée à une chef d'origine sicilienne, se veut résolument transalpine. Une réussite.

Carte 59/91 €

Hôtel La Plage Casadelmar – 04 95 71 02 30 – www.laplagecasadelmar.fr

– Ouvert mai-mi oct.

La Plage Casadelmar

LUXE · ÉLÉGANT Fermez les yeux et imaginez une superbe plage de sable fin en accès direct... Tel est l'un des atouts de ce bel établissement niché sur un petit cap du golfe de Porto-Vecchio. Un lieu à part, dont le design contemporain cultive un minimalisme chic et apaisant...

12 chambres – 510/2300 € 510/2300 € – 3 suites

– 04 95 71 02 30 – www.laplagecasadelmar.fr

– Ouvert mai-mi oct.

La Plage Casa Del Mar – voir les restaurants ci-dessus

PROPRIANO

20110 Corse-du-Sud – 3 759 hab. – Alt. 5 m – Carte régionale n° **8**-A3
Carte Michelin 345-C9

Le Lido

CUISINE CORSE · MÉDITERRANÉEN XXX Une superbe escale face aux flots, un accueil prévenant, un menu unique et très bien ficelé pour une cuisine délicate et pleine de saveurs... Le Lido ? Le goût de la Corse, entre terre, mer et création contemporaine.

→ Tartare fumé de langouste corse. Homard doré à la pierre chaude. Pêche imprégnée de myrte, sorbet menthe aquatique, crème légère au chocolat blanc et au thym.

Menu 85/225 € – Carte 75/175 €

Hôtel Le Lido, 42 av. Napoléon-III – 04 95 76 06 37 – www.le-lido.com

– Ouvert de mai à sept. et fermé le midi

Chez Parenti

POISSONS ET FRUITS DE MER · CLASSIQUE XX Envie de poisson frais ou de homard ? Ce restaurant, tenu depuis 1935 par la famille Parenti, est exactement ce qu'il vous faut. Tartare de lotte aux légumes verts, sar grillé avec son jus de crustacés : de bons produits pleins de fraîcheur, à déguster confortablement installé sur la terrasse, face au port de plaisance.

Carte 56/108 €

10 av. Napoléon-III – 04 95 76 12 14 – www.chezparenti.fr

– Ouvert mi-mars-début nov. et fermé lundi sauf le soir en saison

Tempi Fà

CUISINE CORSE • BISTRO Tempi fà ou « au temps d'avant » en corse... C'est exactement là où ramène cette épicerie-bistrot ! On entre par la boutique, dont le décor original reproduit une place de village, avec un vrai marché local (charcuteries, fromages, vin de myrte, etc.). Et tous ces beaux produits sont proposés à la dégustation...

Menu 38 € - Carte environ 39 €

7 av. Napoléon-III - 04 95 76 06 52 - www.tempi-fa.com - Ouvert 1er avril-15 nov.

Terra Cotta

POISSONS ET FRUITS DE MER • COSY Dans ce charmant petit restaurant du port, le frère du patron fournit la pêche du jour. Pagre, liche, chapon, mustelle et autres poissons frais sont préparés avec grand soin.

Formule 26 € - Menu 55 € - Carte 50/65 €

31 av. Napoléon-III - 04 95 74 23 80 - Ouvert de fin avril à mi-oct. et fermé dim. sauf le soir en août

Miramar Boutique Hôtel

LUXE • PERSONNALISÉ Au cœur d'un parc luxuriant, cette villa aux murs chaulés offre une vue plongeante sur le golfe de Valinco. Beaucoup de charme : objets chinés, espace et raffinement... Carte simple et légère le midi ; poisson à la plancha, terroir corse et langouste grillée le soir.

21 chambres - 150/990 € 150/990 € - 5 suites - 22 €

rte de la Corniche - 04 95 76 06 13 - www.miramarboutiquehotel.com - Ouvert d'avril à oct.

Le Lido

AUBERGE • PERSONNALISÉ Sur une presqu'île, une maison les pieds dans l'eau, fondée en 1932... Bois exotique, objets chinés et mosaïques portugaises dans les chambres, qui donnent directement sur la plage ou sur le patio.

11 chambres - 140/300 € 140/300 € - 20 €

42 av. Napoléon-III - 04 95 76 06 37 - www.le-lido.com - Ouvert de mai à sept.

Le Lido - voir les restaurants ci-dessus

ST-FLORENT

20217 Haute-Corse - 1 605 hab. - Alt. 8 m - Carte régionale n° **8**-B1
Carte Michelin 345-E3

La Roya

CUISINE MODERNE • ÉLÉGANT Atmosphère contemporaine et raffinée, terrasse dans le joli jardin, face à la plage : un cadre idyllique au service d'une cuisine fine et créative, au goût du jour. Le personnel, souriant et attentionné, rend cette expérience plus agréable encore...

→ L'œuf en surprise mariné au shoyu. Poisson de pêche locale. L'éclair exotique façon tiramisu.

Menu 55/75 € - Carte 70/80 €

Hôtel La Roya, plage de la Roya, 1 km par rte de Calvi puis rte secondaire - 04 95 37 00 40 - www.hoteldelaroya.com - Ouvert 23 mars-21 oct.

L'Auberge du Pêcheur N

POISSONS ET FRUITS DE MER • MÉDITERRANÉEN Damien Muller, un marin pêcheur local, propriétaire de la poissonnerie Saint-Christophe, a ouvert dans la cour jardin de la maison de son enfance un restaurant... en plein air. À la carte, on se régale d'une soupe de poissons, mais aussi de sushis, d'un tartare de thon rouge, ou de la pêche du jour cuite à la plancha japonaise. Trois chefs se succèdent en cuisine. Une belle adresse bourrée d'iode !

Carte 51/74 €

rte de Bastia - 06 24 36 30 42 - www.aubergedupecheur.net - Ouvert fin avril-fin sept. et le midi

La Gaffe

POISSONS ET FRUITS DE MER • ÉLÉGANT XX Ici, les poissons frétillent presque dans l'assiette, et pour cause : le bateau d'un pêcheur local approvisionne chaque jour la Gaffe en produits de la mer et langoustes, à déguster sur la jolie terrasse. L'antre d'un restaurateur "militant et locavore", passionné de vins (plus de 800 références).

Formule 29 € - Menu 42 € (déj.)/62 € - Carte 70/120 €

promenade des Quais (quai des Pêcheurs)
- ✆ 04 95 37 00 12 - www.restaurant-saint-florent.com - Ouvert mi-mars à mi-nov. et fermé merc. sauf juin à sept.

Mathys (N)

CUISINE MODERNE • BISTRO X Façade rouge pour ce restaurant de Saint-Florent, devancé par une jolie terrasse ombragée par un mûrier-platane. Dans un esprit « restaurant de village », on sert ici une cuisine bourgeoise, méditerranéenne et corse, plus travaillée le soir. Convivialité, service souriant et jolie carte des vins complètent l'agréable tableau.

Carte 36/55 €

pl. Furnellu
- ✆ 04 95 37 20 73
- Fermé lundi hors saison

Demeure Loredana

BOUTIQUE HÔTEL • PERSONNALISÉ Une demeure de caractère qui rivalise de détails raffinés. La déco mêle les styles... avec style et, dans le salon douillet et cossu, on se prend à rêver de l'Empire des Indes. Et que dire de la vue sur la mer et de la piscine à débordement ?

18 chambres - 195/520 € 195/520 € - 5 suites - 23 €

promenade Vincenti (rte de Bastia)
- ✆ 04 95 37 22 22 - www.demeureloredana.com
- Ouvert 1er mai-25 oct.

La Roya

TRADITIONNEL • COSY Sur la plage de sable fin de la Roya (accès direct) et dans un jardin ravissant embaumant les senteurs méditerranéennes, cet hôtel récent est un havre de paix. Les lits sont si douillets qu'on pourrait ne plus quitter la chambre, mais la Corse est si belle... D'ailleurs, ici, on prête des vélos.

20 chambres - 140/450 € 140/600 € - 8 suites - 20 €

plage de la Roya, 1 km par rte de Calvi puis rte secondaire
- ✆ 04 95 37 00 40 - www.hoteldelaroya.com
- Ouvert 23 mars-21 oct.

La Roya - voir les restaurants ci-dessus

Dolce Notte

FAMILIAL • MÉDITERRANÉEN En bord de mer, une maison avec des chambres ouvrant sur les flots (balcon ou terrasse). Certaines arborent un style marin ; d'autres sont plus contemporaines (galets et bois flotté) et toutes sont plaisantes. Superbe vue sur le golfe de Saint-Florent, accès direct à la plage de galets et prêts gratuits de canoë et paddles.

20 chambres - 118/176 € 118/196 € - 9 €

rte de Bastia
- ✆ 04 95 37 06 65 - www.hotel-dolce-notte.com - Ouvert avril-oct.

La Florentine

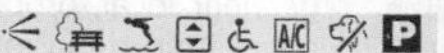

FAMILIAL • BORD DE MER Jardin fleuri, piscine chauffée, plage privée aménagée, chambres fraîches et confortables avec terrasse privative... Autant d'atouts pour ce sympathique établissement de bord de mer.

20 chambres - 120/290 € 120/290 € - 14 €

rte de Bastia
- ✆ 04 95 37 00 99 - www.hotellaflorentine.com - Ouvert avril-oct.

STE-LUCIE-DE-PORTO-VECCHIO

☒ 20144 Corse-du-Sud – Carte régionale n° **8**-B3
Carte Michelin 345-F9 – Guide Vert Michelin Corse

Le Rouf

POISSONS ET FRUITS DE MER • MÉDITERRANÉEN XX Ici, on sert principalement des produits de la mer, autour de la pêche du jour et des langoustes sur les trois terrasses, face au superbe golfe de Pinarello – plage de sable blanc, voiliers au mouillage, et ancienne tour génoise... Les amoureux de la Corse seront ravis, les amoureux tout court, aussi.

Carte 49/113 €

Marine de Pinarello, 3,5 km au Sud-Est par D168
– ✆ 04 95 71 50 48 – www.lerouf.com
– Ouvert de mi-avril à fin sept.

Le Pinarello

LUXE • CONTEMPORAIN Bel ensemble au luxe discret dans un cadre de rêve. Chambres et suites contemporaines, magnifique vue sur le golfe, centre de soins... et belle piscine sur le toit ! Au déjeuner, carte estivale, salades et charcuteries corses servies sur la terrasse face à la plage.

28 chambres – †212/1112 € ††242/1142 € – 5 suites – ☕ 27 €

Marine de Pinarello, 3,5 km au Sud-Est par D168
– ✆ 04 95 71 44 39 – www.lepinarello.com
– Ouvert de fin avril à début oct.

SANT'ANTONINO

☒ 20220 Haute-Corse – 114 hab. – Alt. 500 m – Carte régionale n° **8**-A1
Carte Michelin 345-C4

I Scalini

CUISINE CORSE • CONVIVIAL X Dans ce superbe village de Balagne, on accède à ce restaurant par un escalier étroit, avant de s'installer en terrasse sur le toit – réservation impérative ! De là-haut, la vue est tout simplement éblouissante, et l'on se régale des incontournables saveurs corses traditionnelles, ou de plats plus osés... Une adresse à part.

Carte 37/54 €

haut du village
– ✆ 04 95 47 12 92 – www.i-scalini.com
– Ouvert de mai à sept., fermé le merc. et dim. soir sauf juil.-août

SARTÈNE

☒ 20100 Corse-du-Sud – 3 363 hab. – Alt. 310 m – Carte régionale n° **15**-A3
Carte Michelin 345-C10

Rossi

FAMILIAL • PERSONNALISÉ Petit hôtel discret, pimpant et coloré, parfaitement situé entre Bonifacio et Propriano. Chambres personnalisées, façon années 1950, et petite piscine pour se rafraichir après une journée de découverte touristique. Le petit-déjeuner est frais et copieux.

16 chambres – †76/126 € ††92/168 € – ☕ 11 €

rte de Propriano
– ✆ 04 95 77 01 80 – www.hotelrossi-sartene.com
– Ouvert de Pâques à mi-oct.

Il fait beau ? Repérez le symbole et attablez-vous en terrasse...

Au Sud 25 km par rte de Bonifacio, au Domaine de Murtoli

La Table de la Ferme

CUISINE CORSE • CHAMPÊTRE XXX Au centre du gigantesque domaine de Murtoli, cette bâtisse récente a des allures de vieille ferme patinée. La table, confiée à Mathieu Pacaud, sublime les produits corses, tout en subtilité : poissons pêchés face au domaine, safran de la voisine, légumes du potager, herbes du maquis... sans oublier l'impressionnante carte des vins (plus de 600 références).

→ Bouillabaisse végétale et aiguillette de rouget au safran de la vallée de l'Ortollo. Langoustine aux herbes du domaine de Murtoli. Huile d'olive zinzale émulsionnée à la verveine, pêche jaune confite.

Menu 125/195 €

Vallée de l'Ortolo – 04 95 71 69 24 – www.murtoli.com – Ouvert mi-juin à mi-oct. et fermé le midi

La Grotte

CUISINE CORSE • CHAMPÊTRE XX Au-dessus du golf du domaine de Murtoli, en plein maquis, ce restaurant offre un cadre unique que son nom laisse présager. On dîne d'un menu corse en 5 plats, à la bougie, sur des bancs de bois, installés au cœur de la roche, ou sur l'une des superbes petites terrasses à la vue splendide. Difficile de rêver plus romantique. Réservation indispensable.

Menu 60 €

Vallée de l'Ortolo – 04 95 71 69 24 – www.murtoli.com – Fermé 20 fév.-20 mars et le midi

La Table de la Plage

CUISINE MÉDITERRANÉENNE • ROMANTIQUE XX Au bord de la plus jolie plage du domaine de Murtoli, ce restaurant au cadre exceptionnel se mérite. Poissons de pêche locale, langouste grillée, veau, bœuf ou agneau élevés sur le domaine : on se régale. Réservation indispensable pour pouvoir accéder à cette propriété très exclusive. Les prix ne sont pas tendres, mais le charme laisse sans voix.

Carte 95/150 €

Vallée de l'Ortolo – 04 95 71 69 24 – www.murtoli.com – Ouvert mi-mai à fin oct.

SOLENZARA

20145 Corse-du-Sud – 1 169 hab. – Carte régionale n° **8**-B3
Carte Michelin 345-F8

A Mandria

CUISINE TRADITIONNELLE • AUBERGE X L'adresse parfaite pour déguster une bonne cuisine typique de l'île, tant au niveau des viandes – comme cette côte de porc bien parfumée – que de ces belles langoustines fraîches et goûteuses. Quant au décor, il porte fièrement l'héritage de la Corse rurale : mobilier rustique, outils agricoles, charcuteries suspendues...

Menu 29/35 € – Carte 40/55 €

1 km au Nord par rte de Bastia (N198) – 04 95 57 41 95 – Ouvert de fév. à oct. et fermé dim. soir et lundi hors saison

La Solenzara

TRADITIONNEL • PERSONNALISÉ Grande demeure de style génois (18e s.) entourée d'un jardin. Chambres spacieuses, claires et sobres ; vue sur la mer à l'arrière. Espace bien-être, belle piscine à débordement.

35 chambres – 85/155 € 85/155 € – 14 €

quartier du Palais – 04 95 57 42 18 – lasolenzara.com – Ouvert début avril à fin oct.

Maison Rocca Serra

FAMILIAL • TRADITIONNEL Une grande villa dans un jardin parfaitement entretenu. Avec leur mobilier de famille ou chiné et leurs terrasses privatives, les chambres sont séduisantes… mais le must, c'est l'accès direct aux petites criques situées en contrebas : la Méditerranée est à soi !

4 chambres ☕ - 🚹100 € 🚹🚹100 €

Scaffa Rossa, 1,5 km au Nord par rte de Bastia (T10) - ✆ 04 95 57 44 41 - Fermé déc. et janv.

TOMINO

✉ 20248 Haute-Corse - 208 hab. - Alt. 250 m - Carte régionale n° **8**-B1
Carte Michelin 345-F2

Le Tomino Ⓝ

BOUTIQUE HÔTEL • ROMANTIQUE Comme suspendue sur les hauteurs de Macinaggio, cette étonnante construction contemporaine, habillée de bois, offre une vue superbe sur le village et la mer. Cinq chambres absolument superbes, et une vue de la terrasse panoramique à couper le souffle. Cuisine traditionnelle appétissante au restaurant pour les résidents, le soir. Un lieu pétri de charme, apaisant, idéal pour se ressourcer. Époustouflant.

5 chambres - 🚹195/380 € 🚹🚹195/380 € - ☕21 €

A Girasca - ✆ 04 95 46 35 98 - www.hotelletomino.fr - Ouvert de mi-avril à mi-oct.

ZONZA

✉ 20124 Corse-du-Sud - 2 637 hab. - Alt. 780 m - Carte régionale n° **8**-B3
Carte Michelin 345-E9

Le Tourisme

AUBERGE • FONCTIONNEL Cet ancien relais de diligences (1875) a conservé sa fontaine d'origine. Chambres sobres et colorées avec balcon. Jardin et belle piscine chauffée avec vue sur la forêt de Zonza. Accueil charmant.

16 chambres - 🚹90/159 € 🚹🚹90/159 € - ☕12 €

rte de Quenza - ✆ 04 95 78 67 72 - www.hoteldutourisme.fr - Ouvert d'avril à oct.

CORTE - 2B Haute-Corse ➜ Voir Corse

Voir Corse

COSNE-COURS-SUR-LOIRE

✉ 58200 Nièvre - 10 553 hab. - Carte régionale n° **4**-A2
Carte Michelin 319-A7 - Guide Vert Michelin Bourgogne

Au Bistrot d'Anatole

CUISINE CLASSIQUE • CONVIVIAL X Un bistrot contemporain dans une petite rue du centre-ville. On y savoure des classiques du genre comme ce pressé de poireaux, girolles et canard confit, ou ce médaillon de lotte rôti et caponata de légumes. L'accueil souriant et l'ambiance conviviale achèvent de nous convaincre de la sympathie de l'adresse !

Formule 18 € - Menu 21 € (déj. en semaine), 25/30 €

6 r. Anatole-France - ✆ 03 86 27 12 95 - www.chez-anatole.com - Fermé dim. soir, mardi soir, merc. soir et lundi

à Villechaud 4 km au Sud par D243 - ✉ 58200

Le Chat

CUISINE MODERNE • BISTRO X Comment un ancien bar de village - baptisé Le Chat depuis 1856, tout de même - se mue-t-il en bonne table ? Demandez donc au chef, aussi sympathique que travailleur, qui sait faire rimer créativité et convivialité. On en ronronne de plaisir.

Formule 21 € - Menu 25 € (déj. en semaine), 28/47 €

42 r. des Guérins - ✆ 03 86 28 49 03 - www.restaurant-lechat.fr - Fermé 1 semaine en sept., 1 semaine en janv., dim. soir, lundi et mardi

LE COTEAU - 42 Loire ➜ Voir Roanne

LA CÔTE-ST-ANDRÉ

✉ 38260 Isère - 4 737 hab. - Alt. 370 m - Carte régionale n° **23**-B2
Carte Michelin 333-E5 - Guide Vert Michelin Lyon et sa région

Hôtel de France

CUISINE MODERNE • ÉLÉGANT XXX Ce restaurant du cœur de la cité natale de Berlioz se révèle une table de qualité, où le chef compose de belles assiettes modernes en s'appuyant sur les meilleurs produits du terroir local. On se régale d'un homard en nage d'agrumes au sauternes et citrus, ou d'un pigeonneau en croûte d'herbes... Une bonne adresse.

Menu 27 € (déj. en semaine), 42/78 € - Carte 55/80 €

15 chambres - †58/87 € ††66/87 € - ☕ 10 €

16 pl. de l'Église - ✆ 04 74 20 25 99 - www.hoteldefrance-csa.fr - Fermé 1 semaine en mai, 1 semaine en juil., 1 semaine à Noël, sam. midi d'oct. à avril, dim. soir et lundi

COTI-CHIAVARI - 2A Corse-du-Sud ➜ Voir Corse

COTIGNAC

✉ 83570 Var - 2 292 hab. - Alt. 262 m - Carte régionale n° **21**-C3
Carte Michelin 340-L4

Le Mas de Cotignac

FAMILIAL • TENDANCE Une maison d'hôtes aux chambres joliment décorées, entourée d'oliviers. Les températures douces permettent de profiter de la piscine chauffée (jacuzzi, sauna). Table d'hôtes le soir, garnie des fruits et légumes du potager. Confitures maison et figues au sirop du jardin au petit-déjeuner.

4 chambres ☕ - †100/125 € ††125/150 €

2930 rte de Carcès - ✆ 06 80 30 36 55 - www.lemasdecotignac.fr

COTINIÈRE - 17 Charente-Maritime ➜ Voir Île d'Oléron

COUDEKERQUE-BRANCHE - 59 Nord ➜ Voir Dunkerque

COUËRON - 44 Loire-Atlantique ➜ Voir Nantes

COUILLY-PONT-AUX-DAMES

✉ 77860 Seine-et-Marne - 2 169 hab. - Alt. 50 m - Carte régionale n° **10**-C2
Carte Michelin 312-G2 - Guide Vert Michelin Île-de-France

Auberge de la Brie (Alain Pavard)

CUISINE MODERNE · ÉLÉGANT XX Parmi les atouts que compte cette coquette maison briarde : son cadre contemporain raffiné, sa délicieuse cuisine actuelle personnalisée et son accueil tout sourire.

➜ Tourteau, mousseline d'avocat, mangue, oignon rouge et jeunes pousses. Ris de veau braisé, jus de veau réduit, champignons et févettes. Chocolat guanaja, mousse légère, crème glacée, nougatine et craquant feuilleté.

Formule 41 € - Menu 57/86 € - Carte 75/105 €

14 av. Alphonse-Boulingre, D436 - ✆ 01 64 63 51 80 - www.aubergedelabrie.net - Fermé 20 avril-3 mai, 6-29 août, 24 déc.-3 janv., mardi midi, dim. et lundi

COUIZA

✉ 11190 Aude - 1 135 hab. - Alt. 228 m - Carte régionale n° **12**-B3
Carte Michelin 344-E5

Château des Ducs de Joyeuse

CUISINE MODERNE · RUSTIQUE XX Revisiter la tradition et célébrer la gourmandise : tel est le crédo du jeune chef de cette sympathique maison. En bon passionné, il privilégie les produits locaux (truite de Gesse, légumes et fromages bio des environs). Le passé rencontre le présent, et c'est une réussite !

Menu 36/85 € - Carte 55/90 €

allée Georges Roux - ✆ 04 68 74 23 50 - www.chateau-des-ducs.com - Ouvert 27 mars-1er nov. et fermé le midi sauf sam. et dim.

Château des Ducs de Joyeuse

DEMEURE HISTORIQUE · TRADITIONNEL Construit sous la Renaissance (16e s.), ce beau château fortifié n'en est pas moins totalement médiéval. Tours, pierres, poutres, baldaquins, salles voûtées... le tableau est complet. Et le parc, qui longe joliment la rivière, ne met pas moins en joie ! Insolite : le caveau de dégustation dans l'ancienne chapelle.

34 chambres - 🚹68/285 € 🚹🚹88/285 € - ☕16 €

allée Georges-Roux - ✆ 04 68 74 23 50 - www.chateau-des-ducs.com - Ouvert 27 mars-1er nov.

Château des Ducs de Joyeuse - voir les restaurants ci-dessus

COULANDON - 03 Allier ➜ Voir Moulins

COULANGES-LA-VINEUSE

✉ 89580 Yonne - 875 hab. - Alt. 193 m - Carte régionale n° **4**-B1
Carte Michelin 319-E5

J'MCA

CUISINE MODERNE · CONVIVIAL XX Une cuisine actuelle soignée, goûteuse et bien ficelée, qui laisse s'épanouir librement d'excellents produits : voilà ce qui vous attend dans cette maison familiale installée à deux pas de l'église et de la place du village. Quant au décor, avec tableaux contemporains et plantes vertes, il ne manque pas non plus de charme.

Formule 16 € - Menu 20 € (déj. en semaine), 25/41 € - Carte 34/43 €

12 r. André-Vildieu - ✆ 03 86 34 33 41 - www.jmca-restaurant.fr - Fermé 2 semaines en fév., 2 semaines en août, jeudi soir hors saison, dim. soir, mardi soir, merc. soir et lundi

COULOMBIERS

✉ 86600 Vienne – 1 136 hab. – Alt. 141 m – Carte régionale n° **20**-C2
Carte Michelin 322-H6

Auberge Le Centre Poitou

CUISINE TRADITIONNELLE • RUSTIQUE XX Depuis 1870, la même famille tient cet auberge qui fut autrefois un relais de poste et y cultive le sens de l'accueil. Dans l'assiette, on se régale d'une cuisine savoureuse, concoctée avec des produits soigneusement choisis, par Mathias, le fils, nouveau maître des fourneaux.

Formule 24 € – Menu 32/85 € – Carte 59/76 €

13 chambres – †55/95 € ††60/130 € – ☕ 12 €

39 r. Nationale – ✆ 05 49 60 90 15 – www.centre-poitou.com – Fermé 20 fév.-7 mars, 25-29 juin, 26 sept.-12 oct., mardi midi, dim. soir et lundi

COULON

✉ 79510 Deux-Sèvres – 2 250 hab. – Alt. 6 m – Carte régionale n° **20**-B2
Carte Michelin 322-C7 – Guide Vert Michelin Poitou-Charentes

Le Central

CUISINE MODERNE • AUBERGE XX Pour une escapade champêtre au cœur de la Venise verte : poutres blanchies, mobilier patiné par les ans... La cuisine navigue entre tradition et tendances, autour de quelques produits fétiches : anguilles, escargots, fromage de chèvre, etc. Une valeur sûre, petite boussole dans la géographie gourmande poitevine.

Formule 18 € – Menu 22 € (semaine), 31/45 € – Carte 42/59 €

Hôtel Le Central, 4 r. d'Autremont – ✆ 05 49 35 90 20 – www.hotel-lecentral-coulon.com – Fermé 15 fév.-9 mars, 1er-16 oct., dim. soir et lundi

Au Marais

TRADITIONNEL • FONCTIONNEL Face à l'embarcadère pour le Marais mouillé, deux anciennes maisons de bateliers transformées en hôtel. Agréables chambres mêlant classique et contemporain, certaines avec vue sur la Sèvre.

18 chambres – †72/83 € ††82/93 € – ☕ 9 €

46 quai Louis-Tardy – ✆ 05 49 35 90 43 – www.hotel-marais-poitevin.com – Fermé 1er nov. -31 mars

Le Central

AUBERGE • COSY Au cœur de ce charmant petit village de la Venise verte, des chambres chaleureuses, revues dans un esprit campagnard chic (mobilier patiné, ciels de lit ou boiseries, etc.) : cette maison familiale – depuis trois générations – a su évoluer avec son temps.

13 chambres – †68/74 € ††80/99 € – ☕ 10 €

4 r. d'Autremont – ✆ 05 49 35 90 20 – www.hotel-lecentral-coulon.com – Fermé 1 semaine fin fév.

Le Central – voir les restaurants ci-dessus

COUPELLE-VIEILLE

✉ 62310 Pas-de-Calais – 621 hab. – Alt. 147 m – Carte régionale n° **16**-A2
Carte Michelin 301-F4

Le Fournil

CUISINE TRADITIONNELLE • COSY X Les apparences sont parfois trompeuses ! Ainsi, Le Fournil n'est pas installé dans une ancienne boulangerie mais dans un relais de poste du 19e s. On y savoure une cuisine traditionnelle accompagnée de bons vins... Terrasse avec vue sur le jardin.

Formule 17 € – Menu 20/37 € – Carte 34/56 €

r. de St-Omer – ✆ 03 21 04 47 13 – www.restaurant-lefournil.com – Fermé mardi soir, dim. soir et lundi

COURBAN

✉ 21520 Côte-d'Or - 175 hab. - Alt. 262 m - Carte régionale n° **4**-C1
Carte Michelin 320-I2

Château de Courban

CUISINE MODERNE • ÉLÉGANT XXX Takashi Kinoshita fait des merveilles aux fourneaux de ce Château de Courban, où l'élégance est la règle. Il cisèle des plats créatifs, aussi colorés que parfumés, et met joliment en valeur les produits du terroir bourguignon... Une franche réussite.

➜ Foie gras de canard laqué en escalope, navet et fleur de noisette de Bourgogne. Filet de bœuf poêlé, mousseline de pomme de terre et réduction de pinot noir. Compotée d'abricots au romarin, pannacotta au miel d'acacia.

Menu 47/89 € - Carte 75/95 €

7 r. du Lavoir - ✆ 03 80 93 78 69 - www.chateaudecourban.com - Fermé le midi sauf dim.

Château de Courban

MAISON DE MAÎTRE • ÉLÉGANT Charmante, champêtre, authentique et confortable : telle est cette belle gentilhommière de 1837. Les jardins, la piscine à débordement et le spa ajoutent encore au cachet du lieu. Et l'on est reçu comme dans une maison de famille... Sympathique !

24 chambres - †99/399 € ††99/399 € - ☕ 19 €

7 r. du Lavoir - ✆ 03 80 93 78 69 - www.chateaudecourban.com

Château de Courban - voir les restaurants ci-dessus

COURCELLES-DE-TOURAINE

✉ 37330 Indre-et-Loire - 517 hab. - Alt. 85 m - Carte régionale n° **6**-A2
Carte Michelin 317-K4

au golf 7 km à l'Est dir. Ambillou puis Château La Vallière - ✉ 37330 Courcelles-de-Touraine :

Château des Sept Tours

DEMEURE HISTORIQUE • CLASSIQUE Ce beau château du 15^e^s., entouré d'un golf 18 trous, est impressionnant avec ses... sept tours ! Chambres agréables et fonctionnelles. Cuisine gastronomique servie dans une salle bourgeoise ou sous la véranda. Petite restauration au Club House, situé dans une ancienne chapelle.

22 chambres - †119/239 € ††119/239 € - ☕ 17 €

Le Vivier des Landes, D34 - ✆ 02 47 24 69 75 - www.7tours.com - Fermé 1er déc.-4 janv.

COURCELLES-SUR-VESLE

✉ 02220 Aisne - 366 hab. - Alt. 75 m - Carte régionale n° **19**-C2
Carte Michelin 306-D6

Château de Courcelles

CUISINE MODERNE • CLASSIQUE XXX Noble demeure que ce château hérité du Grand Siècle, fastueux sans être opulent, et recélant un beau jardin d'hiver, d'inspiration Second Empire. Ce décor prête à un élégant moment, autour de recettes inspirées par les tendances et accompagnées d'un impressionnant choix de vins.

Formule 55 € 🍷 - Menu 60/165 € 🍷 - Carte 115/137 €

8 r. du Château - ✆ 03 23 74 13 53 - www.chateau-de-courcelles.fr

Château de Courcelles

DEMEURE HISTORIQUE • CLASSIQUE De longues enfilades de fenêtres, des toits à la Mansart, des allées de buis taillé... la parfaite image d'un château français du 17e s., fréquenté en leurs temps par Crébillon, Rousseau ou encore Cocteau. Grand style dans les chambres et belles prestations.

15 chambres - †225/475 € ††225/475 € - 3 suites - ☕ 25 €

8 r. du Château - ✆ 03 23 74 13 53 - www.chateau-de-courcelles.fr

Château de Courcelles - voir les restaurants ci-dessus

P. Dureuil/Es Cuisine/

ON AIME...

Ce rassemblement de **tables étoilées** à très haute altitude : unique au monde ! Le **Montgomerie**, sa cuisine délicate et raffinée, son cadre intimiste. **Le Farçon**, véritable antidote local contre le bling-bling. Le **Koori** pour sa cuisine maîtrisée, aux doux accents japonais...

COURCHEVEL

✉ 73120 Savoie – Carte régionale n° **23**-D2
Carte Michelin 333-M5 – Guide Vert Michelin Alpes du Nord

à Courchevel 1850 - ✉ 73120 – Alt. 1 850 m

✿✿✿ Le 1947

CUISINE MODERNE • DESIGN XXXX 1947 : le millésime mythique du Cheval Blanc... et le nombre de superlatifs dont on aurait besoin pour célébrer cette table à sa juste valeur. Yannick Alléno y délivre une superbe partition de cuisine contemporaine, où la créativité et l'audace technique (avec, notamment, de sublimes sauces) sont tout entières guidées par la recherche des saveurs. Une leçon !

➜ Navet blanc en soupe freneuse moderne et Saint-Jacques en vapeur florale. Agneau élevé sous la mère, diamant noir en surprise, et crozets voilés de fontine. Charlotte savoyarde flambée à la gnole de coing.

Menu 395 €
- Carte 240/440 €

Plan : AB3-m *Hôtel Cheval Blanc, au Jardin Alpin*
- ✆ 04 79 00 50 50 – www.chevalblanc.com
- Ouvert 14 déc.-8 avril et fermé le midi

✿✿ Le Kintessence

CUISINE MODERNE • INTIME XXXX Qualité des ingrédients, harmonie des recettes, agencement des saveurs, esthétique des assiettes : cette cuisine séduit, qui joue avec subtilité l'alliance du terroir et de certains produits nobles (truffe d'alba, homard bleu). On apprécie également l'ambiance feutrée des lieux et la discrétion du service.

➜ Poireau cuit à l'étouffée, féra de lac fumée et grenobloise à l'angélique. Cochon noir ibérique, joue confite, raviole de tomme, truffe noire et livèche. Sorbet bière-pamplemousse et poivre de Tasmanie, crème à la citronnelle.

Menu 195/300 €
- Carte 185/275 €

Plan : B2-b *Hôtel le K2, 238 r. des Clarines*
- ✆ 04 79 40 08 80 – www.lek2palace.com
- Ouvert de mi-déc. à mi-avril et fermé lundi et le midi

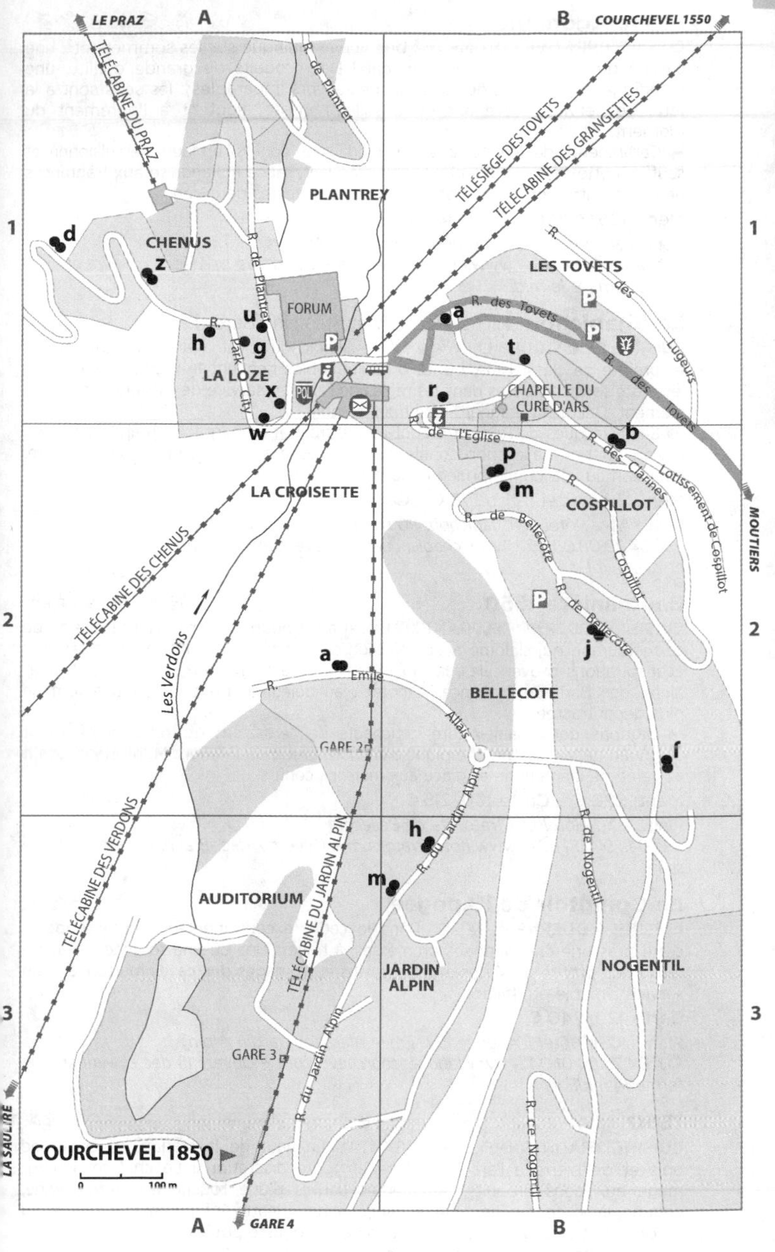

LE PRAZ
A
B
COURCHEVEL 1550
TÉLÉCABINE DU PRAZ
R. de Plantret
PLANTREY
TÉLÉSIÈGE DES TOVETS
TÉLÉCABINE DES GRANGETTES
CHENUS
FORUM
LES TOVETS
R. des Tovets
R. des Lugeurs
LA LOZE
Park City
CHAPELLE DU CURE D'ARS
R. de l'Eglise
R. des Clarines
Lotissement de Cospillot
MOUTIERS
LA CROISETTE
COSPILLOT
R. de Bellecôte
Cospillot
TÉLÉCABINE DES CHENUS
Les Verdons
R. Emile Allais
BELLECOTE
GARE 2
R. du Jardin Alpin
R. de Nogentil
TÉLÉCABINE DES VERDONS
TÉLÉCABINE DU JARDIN ALPIN
AUDITORIUM
JARDIN ALPIN
NOGENTIL
GARE 3
LA SAULIRE
COURCHEVEL 1850
0
100 m
GARE 4
1
2
3

✿✿ Le Montgomerie

CUISINE CRÉATIVE • INTIME XXXX Une vue magnifique sur les sommets et... une cuisine qui s'en approche également ! Des produits de grande qualité, une technique impeccable, des accords de saveurs imparables : les sens sont à la fête. Le service prévenant et la salle intimiste ajoutent à l'agrément du moment.

➜ Carabineros de Méditerranée en médaillons confits, épeautre émulsionné et soufflé. Lotte en cuisson lente, panais croquant, sauce hollandaise aux fragrances de berce. Citron et persil, macaron, crème aux zestes de citron.

Menu 195/300 € – Carte 185/275 €

Hors plan *Hôtel Le K2 Altitude, 356 rte de l'Altiport – ✆ 04 79 01 46 46 – www.lek2altitude.com – Ouvert de mi-déc. à mi-avril et fermé sam. et le midi*

✿✿ Le Chabichou (Michel Rochedy et Stéphane Buron)

CUISINE CLASSIQUE • ÉLÉGANT XXX Le Chabichou, c'est avant tout une cuisine empreinte de classicisme, où les produits nobles tiennent le premier rang et où les mets sont composés dans les règles de l'art : au service des saveurs, tout simplement. Décor montagnard, comme il se doit.

➜ Saint-Jacques de Roscoff en pot-au-feu froid et en carpaccio mariné au citron caviar. Poitrine de cochon confite et caramélisée à la verveine. Boule de sucre, émulsion au lait, crème brûlée et sorbet citronné.

Menu 70 € (déj.), 110/275 € – Carte 160/275 €

Plan : A1-z *Hôtel Le Chabichou, 90 rte des Chenus – ✆ 04 79 08 00 55 – www.chabichou-courchevel.com – Ouvert juil.-août et déc.-avril*

✿ Baumanière 1850

CUISINE MODERNE • ÉLÉGANT XXX Le ski alpin pourrait symboliser la cuisine de ce restaurant, qui slalome avec précision et élégance entre influences hivernales et inspirations provençales, la table étant affiliée au fameux Oustaù de Baumanière, des Baux-de-Provence. À noter : au déjeuner, on profite d'une formule plus décontractée.

➜ Oignons doux Saint-André, artichauts de Jérusalem et truffe noire. Gigot d'agneau de lait à la broche piqué d'anchois, gratin dauphinois. Mont-blanc, confit et gelée de clémentine et glace aux marrons confits.

Menu 220 € – Carte 160/215 €

Plan : B2-f *Hôtel Le Strato, rte de Bellecôte – ✆ 04 79 41 51 80 – www.hotelstrato.com – Ouvert 7 déc.-8 avril et fermé dim. soir*

Le Comptoir de l'Apogée

CUISINE MODERNE • LUXE XXX Dans le cadre exceptionnel de l'hôtel Apogée, cette brasserie chic tient ses promesses, à travers une cuisine soignée et savoureuse ; on profite aussi des excellents vins et fromages des caves maison, et d'un service aimable et efficace.

Carte 120/240 €

Plan : A2-a *Hôtel L'Apogée, 5 r. Emile Allais (au Jardin Alpin) – ✆ 04 79 04 01 04 – www.lapogeecourchevel.com – Ouvert 15 déc.-3 avril et fermé le midi*

1850

CUISINE TRADITIONNELLE • ÉLÉGANT XXX En haut de la station, ce chalet de bois et de pierre a l'art de séduire en toute discrétion ! Le chef rend hommage aux bons produits, agrémentés parfois d'une touche méditerranéenne, comme avec ce bar de ligne et langoustines, risotto de pommes de terre au citron confit et coques, et bâtonnets de chorizo juste poêlés.

Menu 70/125 € – Carte 90/165 €

Plan : A1-d *Hôtel La Sivolière, r. des Chenus – ✆ 04 79 08 08 33 – www.hotel-la-sivoliere.com – Ouvert 15 déc.-15 avril et fermé le midi*

PiùForTTé

CUISINE ITALIENNE • ÉLÉGANT XXX Pierre Gagnaire se met à l'italien ! Le chef signe une carte méditerranéenne, réalisée sous la houlette de Marco Garfagnini. De quoi se réchauffer au sortir des pistes.

Menu 175 € – Carte 170/350 €

Plan : B3-h *Hôtel les Airelles, au Jardin Alpin – ✆ 04 79 00 38 38 – Ouvert 15 déc.-8 avril et fermé le midi*

La Table du Lana

CUISINE MODERNE • ÉLÉGANT XXX Rénovée et redécorée, la table gastronomique du Lana conserve toujours un charme particulier. Au menu, on trouve une bonne cuisine actuelle se basant notamment sur des produits nobles. Belle carte des vins.

Carte 76/130 €

Plan : B2-p *Hôtel Le Lana, rte de Bellecôte – ✆ 04 79 08 01 10 – www.lelana.com – Ouvert de mi-déc. à mi-avril*

BFire

CUISINE MODERNE • TENDANCE XX Sur les hauteurs de la station, c'est ici le rendez-vous des saveurs italo-argentines et des belles viandes cuites au four à bois Josper, le tout supervisé par Mauro Colagreco (le Mirazur, à Menton)... Autant dire que vous êtes entre de bonnes mains ! C'est goûteux et généreux, et les saveurs sont au rendez-vous. Un mot enfin sur le service, élégant et efficace.

Menu 175/260 € – Carte 90/150 €

Plan : B2-j *Hôtel des Neiges, 422 r. de Bellecôte – ✆ 04 57 55 22 00 – Ouvert mi-déc. à mi-avril et fermé le midi*

Le Koori

CUISINE MODERNE • CONTEMPORAIN XX Également aux commandes du deuxième restaurant de l'Apogée, Jean-Luc Lefrançois partage ici sa passion du Japon et de sa culture – "koori", c'est la glace, en japonais. Les plats proposés, tout en épure et en délicatesse, doivent beaucoup à la tradition nipponne, sans oublier les rolls et sashimis réalisés dans les règles de l'art. Les amateurs seront ravis !

Carte 77/200 €

Plan : A2-a *Hôtel l'Apogée, 5 r. Emile-Allais (au Jardin Alpin) – ✆ 04 79 04 01 04 – www.lapogeecourchevel.com – Ouvert 15 déc.-3 avril et fermé le midi*

La Saulire

CUISINE TRADITIONNELLE • AUBERGE XX Un décor tout de bois blond, rehaussé de vieux objets montagnards... C'est dans ce cadre authentique et chaleureux qu'il faut être vu à Courchevel, en atteste le passage de la jet-set et des têtes couronnées ! Carte traditionnelle au déjeuner, plus sophistiquée au dîner, où la truffe du Périgord est à l'honneur.

Formule 40 € – Menu 35 € (déj.) – Carte 70/148 €

Plan : B1-t *pl. du Rocher – ✆ 04 79 08 07 52 – www.lasaulire.com – Ouvert 10 déc.-15 avril*

Cap Horn

CUISINE TRADITIONNELLE • MONTAGNARD X Un vieux chalet, une cheminée, des maquettes, un morceau du paquebot France : voilà pour le cadre, chaleureux, aux tonalités maritimes. La carte s'amuse au grand écart, du poulet fermier rôti aux plateaux de fruits de mer. Sans oublier un livre de cave de plus de 500 références, et une adresse bis, "Mille Sabords", proposant une cuisine italienne.

Carte 80/160 €

Hors plan *au dessus de l'altiport – ✆ 04 79 08 33 10 – www.maisontournier.com – Ouvert mi-décembre à début avril et fermé le soir*

Le Chabotté

CUISINE TRADITIONNELLE • CONVIVIAL Le Chabotté du Chabichou ? Une formule assez futée, créée dans une extension contemporaine construite... sous les pistes de ski. Après l'effort, le réconfort : tartiflette, raclette et viandes à la broche (entrecôte, gigot d'agneau, etc.).

Menu 32 € - Carte 45/70 €

Plan : A1-z *Hôtel Le Chabichou, 90 rte des Chenus - 04 79 01 46 86 - www.chabichou-courchevel.com - Fermé 15 avril-30 mai*

O'Boya

STEAKHOUSE • MONTAGNARD O'Boya, c'est le bœuf en savoyard. Un nom qui ne doit rien au hasard : la carte, très courte, ravira les amateurs de filets et autres côtes de bœuf... pratiquement toujours cuits à la cheminée ! Et il y a aussi du poisson, à l'instar de ce tartare de saumon minute d'une saisissante fraîcheur.

Menu 55 € - Carte 58/99 €

Plan : A1-g *r. Park-City - 04 79 04 23 17 - Ouvert 10 déc.-20 avril et fermé le midi*

Les Airelles

PALACE • PERSONNALISÉ Le palace des neiges par excellence. Derrière le ballet des voituriers en tenue de chasseur alpin et la magnifique façade de style austro-hongrois, tout n'est que luxe et raffinement : un superbe univers à la tyrolienne, ouaté comme un tapis de neige et... infiniment chaleureux. Quant au service, il est bien digne d'un tel établissement.

32 chambres - ½ P seult 990/2700 € - 15 suites

Plan : B3-h *au Jardin Alpin - 04 79 00 38 38 - www.airelles.fr - Ouvert 14 déc.-8 avril*

PiùForTTé - voir les restaurants ci-dessus

L'Apogée

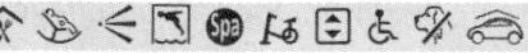

LUXE • MONTAGNARD La déco de cet établissement flambant neuf est signée par les fameux Joseph Dirand et India Mahdavi, au style inimitable : lignes rétro tout en rondeurs et notes colorées ! Après une journée sur les pistes - dont l'accès est direct -, le refuge se révèle aussi raffiné que cosy.

35 suites - ½ P seult 990/9200 € - 20 chambres

Plan : A2-a - *04 79 04 01 04 - www.lapogeecourchevel.com - Ouvert 15 déc.-3 avril*

Le Comptoir de l'Apogée • **Le Koori** - voir les restaurants ci-dessus

Cheval Blanc

PALACE • PERSONNALISÉ Du nom du célèbre château bordelais, un hôtel très "grand cru" ! Au sortir des pistes, on se réfugie avec plaisir dans ce chalet aménagé dans un superbe esprit contemporain, qui investit et réinvente tout l'imaginaire de l'hiver... Luxe et confort dans les moindres détails, avec un spa délicieux et deux restaurants pour toutes les envies.

32 chambres - 1770/2285 € 1950/2285 € - 4 suites

Plan : AB3-m *au Jardin Alpin - 04 79 00 50 50 - www.chevalblanc.com - Ouvert 14 déc.-8 avril*

Le 1947 - voir les restaurants ci-dessus

Le K2

PALACE • DESIGN C'est incontestablement l'un des joyaux de la station ! Personnel d'un grand professionnalisme et prestations d'excellence attendent les clients de ce vaste établissement, qui s'enorgueillit d'un superbe spa, d'une salle de cinéma, et de belles chambres au luxe sans ostentation. Un vrai paradis montagnard... Avec, l'après-midi, dégustation de pâtisseries de haut-vol au Sarkara.

35 chambres - 900/7700 € 900/7700 € - 9 suites

Plan : B2-b *238 r. des Clarines - 04 79 40 08 80 - www.lek2palace.com - Ouvert de mi-déc. à mi-avril*

Le Kintessence - voir les restaurants ci-dessus

Le K2 Altitude

GRAND LUXE • COSY Bois vieillis, tissus chauds, cheminées... Tout le charme des Alpes est ici rendu avec un grand raffinement : ainsi culmine ce K2 Altitude, véritable hameau de montagne constitué d'une collection de chalets. Équipements high-tech et confort absolu : un sommet pour les sports d'hiver.

32 chambres – 1100/6600 € 1100/6600 € – 18 suites

Hors plan *356 rte de l'Altiport – 04 79 01 46 46 – www.lek2altitude.com – Ouvert de mi-déc. à mi-avril*

Le Montgomerie – voir les restaurants ci-dessus

Le Lana

GRAND LUXE • CONTEMPORAIN L'un des premiers hôtels de la station ! Un soin tout particulier a été apporté aux décors – design et ultracossus – des chambres et des suites. Quant au spa, il est si agréable qu'il en ferait presque oublier les joies du ski...

55 chambres – ½ P seult 350/620 € – 30 suites

Plan : B2-p *rte de Bellecôte – 04 79 08 01 10 – www.lelana.com – Ouvert mi-déc. à mi-avril*

La Table du Lana – voir les restaurants ci-dessus

Le Strato

GRAND LUXE • CONTEMPORAIN À quelques pas du centre de la station, ce chalet associe luxe, grand confort et esprit sportif : spa de 800 m², mobilier design, pièces anciennes, décor mélangeant contemporain et baroque, vue sur la vallée et... accès direct aux pistes. Pour les rois de la glisse !

25 chambres – 830/4610 € 830/4610 € – 6 suites – 56 €

Plan : B2-f *rte de Bellecôte – 04 79 41 51 60 – www.hotelstrato.com – Ouvert 7 déc.-8 avril*

Baumanière 1850 – voir les restaurants ci-dessus

Annapurna

LUXE • MONTAGNARD Cet Annapurna-là n'a presque rien à envier à celui de l'Himalaya ! L'hôtel – le plus haut de la station – tutoie les cimes, dans un environnement immaculé. Décor d'esprit montagnard dans les chambres, qui dominent les pistes côté sud. Depuis la grande salle du restaurant ou sa terrasse, on admire la Saulire tout en reprenant des forces (cuisine traditionnelle).

63 chambres – 585/1485 € 600/1500 € – 8 suites

Hors plan *rte de l'Altiport (Plan : Z) – 04 79 08 04 60 – www.annapurna-courchevel.com – Ouvert de mi-déc. à mi-avril*

Le Chabichou

LUXE • PERSONNALISÉ Telle une hermine qui se pare de blanc l'hiver venu, un grand chalet immaculé comme la neige... Jolie osmose avec la montagne pour cet hôtel cossu, au décor très savoyard et chaleureux (omniprésence du bois). Et après une journée de ski, rien de tel pour se délasser qu'un passage au spa de 1 200 m² !

36 chambres – 328/1780 € 410/1780 € – 5 suites

Plan : A1-z *90 rte des Chenus – 04 79 08 00 55 – www.chabichou-courchevel.com – Ouvert juil.-août et déc.-avril*

Le Chabichou • **Le Chabotté** – voir les restaurants ci-dessus

Les Neiges (N)

LUXE • CONTEMPORAIN Cet hôtel, situé sur la piste de Bellecôte, diffuse l'élégance authentique d'un chalet de montagne. La plupart des chambres, chaleureuses et contemporaines, s'ouvrent sur un balcon. On s'y repose (spa, piscine), on s'y distrait (plaisante salle de cinéma), on y dîne enfin, à la brasserie Fouquet's. Idéal pour des séjours en famille.

36 chambres – 1400/4000 € 1600/6000 € – 6 suites

Plan : B2-j *422 r. de Bellecôte – 04 57 55 21 55 – www.lesneiges-courchevel.com – Ouvert mi-déc. à mi-avril*

BFire – voir les restaurants ci-dessus

Saint-Roch

LUXE • MONTAGNARD Un hôtel ostensiblement chic et moderne, au décor parfois détonant et à la personnalité bien affirmée ! Dans les chambres règne une ambiance de chalet feutré ; chacune d'entre elles possède son propre hammam et des équipements high-tech... Dépaysant !

24 chambres - ½ P seult 590/1180 € - 19 suites

Plan : B2-m *rte de Bellecôte*
- ✆ 04 79 08 02 66 - www.lesaintroch.com ou lesaintroch.com - Ouvert de mi-déc. à mi-avril

Les Suites de la Potinière

GRAND LUXE • ÉLÉGANT Luxe discret, raffinement et élégance en cet hôtel contemporain proche de la Croisette. Suites spacieuses dont certaines avec cheminée, œuvres d'art dans le hall, etc. Midi et soir, les skieurs peuvent se restaurer au séduisant bar-lounge.

12 chambres - †1000/3100 € ††1000/3100 € - 4 suites - ☕ 39 €

Plan : A1-u *r. de Plantret*
- ✆ 04 79 08 00 16 - www.suites-potiniere.com - Ouvert 15 déc.-13 avril

La Sivolière

GRAND LUXE • ÉLÉGANT Sur les hauteurs de la station, au grand calme, ce chalet de caractère distille un charme sûr. Décor contemporain et raffiné dans les espaces communs ; montagnard et cosy dans les chambres. Les must : le spa et la piscine face à la forêt.

23 chambres ☕ - †555/965 € ††590/1010 € - 12 suites

Plan : A1-d *r. des Chenus*
- ✆ 04 79 08 08 33 - www.hotel-la-sivoliere.com - Ouvert 15 déc.-15 avril

1850 - voir les restaurants ci-dessus

White 1921

TRADITIONNEL • DESIGN Au cœur de Courchevel 1850, ce petit dernier du groupe LVMH, dessiné par Jean-Michel Wilmotte, joue l'épure et le minimalisme autour d'une couleur référente : le blanc. Certaines chambres disposent de balcons ou terrasses, avec vue sur la Saulire au sud, ou sur la vallée au nord.

26 chambres ☕ - †300/1100 € ††300/1100 €

Plan : B1-r *80 r. du Rocher*
- ✆ 04 79 00 27 00 - www.white1921.com - Ouvert 15 déc.-8 avril

Hôtel des Trois Vallées

TRADITIONNEL • ÉLÉGANT À deux pas de l'animation du centre de "Courch'", cet hôtel a été entièrement rénové dans un esprit vintage, avec quelques éléments de mobilier rappelant les années 1950. Une décoration harmonieuse, des chambres confortables avec balcon... et les pistes juste devant la porte !

31 chambres ☕ - †350/1920 € ††350/1920 €

Plan : A1-h *r. Park-City*
- ✆ 04 79 08 00 12 - www.hoteldestroisvallees.com - Ouvert 11 déc.-fin avril

La Loze

TRADITIONNEL • MONTAGNARD Hôtel tourné vers les pistes, autrichien dans l'âme : bois couleur pain d'épice, chambres cosy ornées de frises et personnel en costume tyrolien. En rentrant du ski, les skieurs peuvent même profiter d'un bon goûter... Une certaine idée du bonheur !

28 chambres ☕ - †237/530 € ††237/1200 € - 1 suite

Plan : A1-w *r. Park-City*
- ✆ 04 79 08 28 25 - www.la-loze.com - Ouvert 8 déc.-21 avril

Les Monts Charvin 

FAMILIAL • COSY Un petit hôtel familial et authentique, au cœur même de la station : coquette décoration alpestre, salon avec feu de cheminée, tenue impeccable.

19 chambres – 65/450 € 65/450 € – 17 €

Plan : B1-a *impasse des Verdons – 04 79 04 19 10 – www.hotel-courchevel1850.com – Fermé 22 avril-4juin*

à Courchevel-Moriond 1650 4 km à l'Est

Manali

LUXE • CONTEMPORAIN Du nom d'un village himalayen, un luxueux chalet mâtiné d'exotisme : au gré des chambres, le bois montagnard rencontre des inspirations indiennes (frises sculptées) ou canadiennes (rondins de bois), et le restaurant décline le thème Bollywood. Dépaysement garanti !

32 chambres – 440/1310 € 450/1320 € – 5 suites

234 r. de la Rosière – 04 79 08 07 07 – www.hotelmanali.com

Le Portetta

TRADITIONNEL • MONTAGNARD Aux pieds des pistes, cet hôtel offre un décor montagnard on ne peut plus cosy, avec espace détente (fitness, hammam, spa, sauna, etc.), terrasse ensoleillée, accueil aimable... Un bien agréable refuge. Cuisine italienne (avec four à pizza) au restaurant.

38 chambres – ½ P seult 240/510 € – 6 suites

r. du Marquis – 04 79 08 01 47 – www.portetta.com – Ouvert 16 déc.-14 avril

au Praz (Courchevel 1300) 8 km à l'Est – 73120 St Bon Tarentaise

Azimut (François Moureaux)

CUISINE MODERNE • RÉGIONAL XX Une adresse sympathique, aux prix mesurés, où l'on déguste une cuisine très sûre, simple et actuelle, à base d'excellents produits. Le tout accompagné de bons vins du Jura – région où l'établissement prend ses quartiers d'été. Accueil très aimable.

→ Huîtres pochées, mousse de pommes de terre au curry et vin jaune. Féra du lac Léman, beurre de muscade, chou-fleur et sauce Mornay au beaufort. Parfait génépi, crème mandarine et sauce chocolat.

Menu 38 € (déj.), 55/100 € – Carte 60/95 €

273 r. de la Madelon (Immeuble l'Or Blanc) – 04 79 06 25 90 – www.restaurantazimut.com – Ouvert de mi-déc. à fin avril et fermé lundi midi et merc. midi

Le Bistrot du Praz 

CUISINE MODERNE • MONTAGNARD X Un ancien second du Cheval Blanc (à Courchevel) a repris les rênes de cette maison sympathique, située légèrement en retrait de la route. Dans l'assiette, on trouve une cuisine gourmande et soignée, qui oscille entre plats savoyards et créations plus exotiques ; le chef maîtrise bien son sujet et cela se sent !

Carte 43/87 €

– 04 79 08 41 33 – www.bistrotdupraz.fr – Fermé mai, 20 oct.-15 nov., dim. et lundi sauf 1er déc.-1er mai

Les Peupliers 

FAMILIAL • MONTAGNARD Cet hôtel familial situé à deux pas d'un petit lac abrite des chambres chaleureuses et lambrissées ; elles sont dotées de balcons côté sud. Accueil sympathique. Jolies boiseries savoyardes et plats traditionnels à La Table de mon Grand-Père.

35 chambres – 110/520 € 150/520 € – 20 €

– 04 79 08 41 47 – www.lespeupliers.com – Fermé mai-juin et les week-ends de sept. à nov.

à la Tania 12 km à l'Est – ✉ 73120

✿ Le Farçon (Julien Machet)

CUISINE MODERNE • MONTAGNARD XX Si l'agréable décor façon chalet (dû au père du chef, menuisier de son état) honore la Savoie, la cuisine explore un territoire de saveurs plus large, avec inventivité, soin et finesse. Pour une savoureuse escapade à l'écart de Courchevel.

➜ Gâteau de truite aux écrevisses, ratatouille minute et oxalis. Pigeon de Pornic, safran des Hurtières et aubergine frite. Chocolat au lait vivifié de framboise et sorbet au foin.

Menu 42 € (déj.), 65/110 €

Immeuble le Kalinka – ✆ 04 79 08 80 34 – www.lefarcon.fr – Ouvert de mi-juin à mi-sept. et de mi-nov. à fin avril et fermé lundi en été

COUR-CHEVERNY

✉ 41700 Loir-et-Cher – 2 786 hab. – Alt. 86 m – Carte régionale n° **6**-AB1
Carte Michelin 318-F6

Relais des Trois Châteaux

TRADITIONNEL • ÉLÉGANT Ce relais est idéal pour partir à la découverte des châteaux de Blois, Chambord et Cheverny, les joyaux de la Loire ! Une partie des chambres appartenait à un ancien presbytère ; l'ensemble est cosy et décoré avec goût, avec notamment de beaux objets faits à la main en Italie.

36 chambres – 🚹110/210 € 🚹🚹110/225 € – ☕ 16 €

1 pl. Victor-Hugo – ✆ 02 54 79 96 44 – www.relaisdestroischateaux.com

à Cheverny 1 km au Sud – ✉ 41700 – 1 006 hab. – Alt. 110 m

Château du Breuil

DEMEURE HISTORIQUE • PERSONNALISÉ Visitez Cheverny et logez au Breuil : un parc arboré de 45 ha préserve ce petit château du monde extérieur. Décor soigné ; quelques belles chambres dans l'ancien corps de ferme, côté verger. Cuisine traditionnelle au restaurant.

34 chambres – 🚹120/255 € 🚹🚹150/255 € – 5 suites – ☕ 16 €

23 rte de Fougères, 3 km à l'Ouest par D52 et voie privée – ✆ 02 54 44 20 20 – www.chateau-hotel-du-breuil.com – Fermé janv.

COURCOURONNES – 91 Essonne ➜ Voir Autour de Paris (Évry)

COURLANS – 39 Jura ➜ Voir Lons-le-Saunier

COURLAOUX – 39 Jura ➜ Voir Lons-le-Saulnier

COURSEULLES-SUR-MER

✉ 14470 Calvados – 4 165 hab. – Alt. 5 m – Carte régionale n° **17**-B2
Carte Michelin 303-J4 – Guide Vert Michelin Normandie Cotentin

Dégustation de l'Île Ⓝ

POISSONS ET FRUITS DE MER • CONTEMPORAIN X On doit à une famille d'ostréiculteurs l'ouverture de ce restaurant branché et bien pensé, qui met à l'honneur les huîtres et fruits de mer – on s'approvisionne directement auprès des bateaux ! – et d'autres bons produits normands. Le chef attache un soin particulier au dressage des assiettes, qui se révèlent aussi jolies que savoureuses.

rte de Ver-sur-Mer – ✆ 02 31 77 35 16 – www.restaurant-degustationdelile.fr – Fermé du 11 nov. au 12 fév., lundi soir et mardi

La Pêcherie

POISSONS ET FRUITS DE MER • VINTAGE X Derrière la façade à colombages, un intérieur vintage à souhait : horloges, portraits, poutres, jolie verrière... Poissons et crustacés sont à la fête, préparés par un chef qui aime son métier. Quelques chambres, coquettes et personnalisées, sont disponibles pour rester tout près de la plage.

Formule 15 € - Menu 20 € (semaine), 35/38 € - Carte 36/72 €
7 chambres - 65/120 € 65/180 € - 12 €
pl. du 6-Juin - 02 31 37 45 84 - www.la-pecherie.fr - Fermé 5-31 janv.

LA COURTEIX - 63 Puy-de-Dôme → Voir Pontgibaud

LA COURTINE

23100 Creuse - 680 hab. - Alt. 789 m - Carte régionale n° **13**-D2
Carte Michelin 325-K6

Au Petit Breuil

CUISINE DU TERROIR • AUBERGE XX Tenue par la même famille depuis sept générations, cette maison à l'entrée du village dévoile un intérieur moderne et lumineux, qui ouvre sur la verdure. Ris de veau, foie gras chaud et cèpes de la région : dans l'assiette, le terroir est à la fête. Chambres rénovées pour l'étape.

Formule 14 € - Menu 22 € (déj. en semaine), 28/46 € - Carte 25/43 €
9 chambres - 58/68 € 58/68 € - 9 €
rte de Felletin - 05 55 66 76 67 - Fermé 22 déc.-28 janv., vend. soir, dim. soir et lundi

COUTANCES

50200 Manche - 8 789 hab. - Alt. 91 m - Carte régionale n° **17**-A2
Carte Michelin 303-D5 - Guide Vert Michelin Normandie Cotentin

Côté Saint-Pierre

CUISINE MODERNE • CONVIVIAL X À côté de l'église St-Pierre - d'où le nom -, cette maison du 17e s. abrite un sympathique bistrot ! Suggestions à l'ardoise le midi et menus courts le soir mettent en valeur les recettes du chef où les produits de saison côtoient ceux du terroir normand. Cadre rustique.

Formule 15 € - Menu 25 € (dîner)/35 €
55 r. Geoffroy-de-Montbray - 02 33 47 94 78 - www.cote-saint-pierre.fr - Fermé dim. et lundi

Manoir de L'Ecoulanderie

FAMILIAL • HISTORIQUE Un enchantement ! Cette demeure blanche (17e s.) et son jardin, tout en fleurs et bassins, dominent la ville et sa superbe cathédrale. On peut même en admirer les tours effilées depuis la piscine ! "Sous-bois", "La Source", "La Suite" : les chambres sont idéales pour une romance au charme d'antan...

4 chambres - 140/180 € 160/220 €
r. de la Broche - 02 33 45 05 05 - www.ecoulanderie.com

à Gratot 4 km à l'Ouest et D244 - 50200 - 647 hab. - Alt. 83 m

Le Tourne-Bride

CUISINE TRADITIONNELLE • RUSTIQUE X Près des ruines romantiques du château de Gratot, ce restaurant - et bar-tabac - fait œuvre de tradition : le chef cultive les classiques (telles les tripes à la mode de Caen) avec bonhomie et fraîcheur. Une cuisine généreuse qui ravira les bons mangeurs, et que l'on peut même acheter à emporter !

Formule 14 € - Menu 20/40 € - Carte 38/61 €
85 r. d'Argouges - 02 33 45 11 00 - www.letournebridegratot.com - Fermé 25 fév.-12 mars, 2-19 juil., dim. soir et lundi

COUTENS - 09 Ariège ➜ Voir Mirepoix

LA CRAU

✉ 83260 Var - 16 749 hab. - Alt. 36 m - Carte régionale n° **21**-C3
Carte Michelin 340-L7

Auberge du Fenouillet

CUISINE MODERNE • TENDANCE Ici, le légume frais est roi ! Le chef tire haricots verts, courgettes et tomates de son potager personnel, et les agrémente dans des assiettes savoureuses, bien dans l'air du temps. On les accompagne d'un bon choix de vins régionaux, en profitant de l'agréable décor (plafond à la française, vue sur la cuisine...).

Formule 22 € - Menu 42/88 € - Carte 49/92 €

20 av. du Gén.-de-Gaulle - ✆ 04 94 66 76 74 - www.restaurant-fenouillet.com - Fermé dim. et lundi de sept. à juin et le midi en juil.-août

CRÈCHES-SUR-SAÔNE - 71 Saône-et-Loire ➜ Voir Mâcon

CRÉDIN

✉ 56580 Morbihan - 1 522 hab. - Alt. 124 m - Carte régionale n° **5**-C2
Carte Michelin 308-O6

La Maison Blanche aux Volets Bleus

FAMILIAL • PERSONNALISÉ Une Maison Blanche aux Volets Bleus dans un joli hameau... C'est dans cette atmosphère cosy que les Delanghe - un charmant couple de Belges - vous reçoivent. Passionnés de cuisine, ils organisent des ateliers culinaires... Esprit de famille à la table d'hôte.

4 chambres - ½ P seult 170/210 €

à Blézouan, 2,5 km à l'Est par D11 et rte secondaire - ✆ 02 97 38 58 61 - www.lamaisonblancheauxvoletsbleus.com - Fermé 2 semaines en déc., 3 semaines en janv. et 2 semaines en fév.

CRÉMIEU

✉ 38460 Isère - 3 328 hab. - Alt. 200 m - Carte régionale n° **23**-B2
Carte Michelin 333-E3 - Guide Vert Michelin Lyon et sa région

Au Pré d'Chez Vous

CUISINE MODERNE • CONVIVIAL Passé par de belles tables - dont la Pyramide, à Vienne, où il fut chef pâtissier -, François-Xavier Bouvet est revenu sur ses terres pour y charmer le terroir ! Les produits frais du coin jouent les stars dans les assiettes, ainsi ce duo de truite et esturgeon fumé, pomme de terre en salade et cardon... Desserts (évidemment!) à tomber.

Formule 29 € - Menu 38/43 €

21 r. Porcherie - ✆ 09 83 99 23 28 - Fermé merc. midi, jeudi midi, vend. midi, lundi, mardi

CRÉPON

✉ 14480 Calvados - 218 hab. - Alt. 52 m - Carte régionale n° **17**-B2
Carte Michelin 303-I4 - Guide Vert Michelin Normandie Cotentin

Ferme de la Rançonnière

CUISINE TRADITIONNELLE • RUSTIQUE Un cadre historique admirablement préservé : grande cheminée, belles voûtes en pierre... Le cadre idéal pour une cuisine traditionnelle et raffinée, appuyée sur les bons produits locaux : huîtres d'Asnelles, cochon de Bayeux...

Formule 25 € - Menu 32/44 € - Carte 36/63 €

rte d'Arromanches-les-Bains - ✆ 02 31 22 21 73 - www.ranconniere.fr - Fermé 7 janv.-9 fév.

Ferme de la Rançonnière

FAMILIAL • CLASSIQUE Charme et caractère ! Imaginez une ferme médiévale fortifiée qui aurait conservé tout son cachet : pierres robustes, poutres patinées, mobilier d'époque... Les chambres sont à l'avenant et dégagent un luxe discret et authentique. Au cœur du Bessin.

35 chambres – 60/200 € 60/270 € – 2 suites – 13 €

rte de Creully-Arromanches – 02 31 22 21 73
– www.ranconniere.fr – Fermé 7 janv.-9 fév.

Ferme de la Rançonnière – voir les restaurants ci-dessus

CREST

26400 Drôme – 8 211 hab. – Alt. 196 m – Carte régionale n° **23**-B3
Carte Michelin 332-D5 – Guide Vert Michelin Ardèche Drôme

Le Kléber (Sébastien Bonnet)

CUISINE MODERNE • ÉLÉGANT XXX Dans cette maison du centre-ville, on sait réveiller les papilles ! De l'entrée au dessert, le jeune chef redouble d'efforts pour satisfaire les gourmands avec des plats fins et goûteux, à déguster dans un cadre contemporain.

→ Terrine de foie gras. Suprême de pigeonneau fumé au bois de hêtre et jus à la verveine. Desserts en trois services.

Menu 35 € (déj. en semaine), 62/112 € – Carte 95/105 €

6 r. Aristide-Dumont – 04 75 25 11 69
– www.le-kleber.com – Fermé 2-13 sept., 2-11 janv., dim. soir, lundi et mardi

Len' K

CUISINE TRADITIONNELLE • SIMPLE X Dans la grande rue piétonne du centre-ville, cet ancien magasin de légumes a été métamorphosé en restaurant par le talentueux Sébastien Bonnet – chef du Kléber voisin. La tradition y règne, à l'image du pintadeau aux olives et son gratin dauphinois, spécialité de la maison. Petite terrasse dans la rue.

Formule 26 € – Menu 32/38 € – Carte environ 50 €

27 r. de la République – 04 75 25 77 02
– www.lenk.fr – Fermé 1 semaine en sept., 1 semaine en janv., sam. midi, dim. et lundi

La Saleine

FAMILIAL • FONCTIONNEL Entre la vallée du Rhône et le massif du Vercors, cet hôtel-restaurant est idéal pour sillonner la région. Les chambres, sobres et lumineuses, permettent de se reposer avant de repartir pour de nouvelles découvertes ! Restaurant traditionnel.

20 chambres – 72/80 € 84/92 € – 10 €

quartier Saleine, 1 km à l'Ouest par D93 – 04 75 57 90 68
– www.la-saleine.com

à La Répara-Auriples 8 km au Sud par D538 et D166 rte d'Autichamp –
26400 – 225 hab. – Alt. 350 m

Le Prieuré des Sources

MAISON DE CAMPAGNE • PERSONNALISÉ Zen, restons zen... Dans cet ancien prieuré, l'ambiance monacale a laissé place à une déco venue d'Asie. Les grandes et belles chambres, la salle voûtée ou la piscine donnant sur les champs sont autant d'invitations au repos. On y déguste une cuisine réalisée avec soin, et des produits frais. Authentique et exotique.

5 chambres – 125/235 € 125/235 € – 15 €

lieu-dit Bouchassagne – 04 75 25 03 46
– www.prieuredessources.com

CREST-VOLAND

73590 Savoie - 381 hab. - Alt. 1 230 m - Carte régionale n° **25**-F1
Carte Michelin 333-M3 - Guide Vert Michelin Alpes du Nord

Le Caprice des Neiges

CUISINE MODERNE • COSY Un restaurant de style savoyard, avec des baies vitrées donnant sur le massif des Aravis. Paleron de bœuf de 10h, parfait glacé à la polenta, sauce cacao : le chef trouve son inspiration entre terroir et tradition.

Menu 32/45 € - Carte 35/62 €

1175 rte des Saisies, à 1 km - 04 79 31 62 95 - www.hotel-capricedesneiges.com - Ouvert mi-mai à fin sept. et de mi- déc. à mi-avril et fermé le midi du lundi au jeudi

Le Caprice des Neiges

FAMILIAL • MONTAGNARD Un grand chalet fleuri en été, couvert de neige ouatée en hiver, à l'atmosphère chaleureuse et familiale. Les chambres sont habillées de bois brut et, après le ski, on se prélasse devant la cheminée. Sympathique caprice !

16 chambres - 73/145 € 73/145 € - 13 €

1175 rte des Saisies, à 1 km - 04 79 31 62 95 - www.hotel-capricedesneiges.com - Ouvert mi-mai à fin sept. et de mi-déc. à mi-avril

Le Caprice des Neiges - voir les restaurants ci-dessus

CRÉTEIL - 94 Val-de-Marne

→ Voir Autour de Paris

CREULLY

14480 Calvados - 1 738 hab. - Alt. 27 m - Carte régionale n° **17**-B2
Carte Michelin 303-I4 - Guide Vert Michelin Normandie Cotentin

Hostellerie St-Martin

CUISINE TRADITIONNELLE • RUSTIQUE Il a du caractère, ce restaurant, avec ses belles salles voûtées du 16e s., qui étaient autrefois les anciennes halles du village. La cuisine est traditionnelle : fruits de mer, feuilleté d'andouille, gibiers, etc.

Menu 18 € (semaine), 27/36 € - Carte 22/78 €

12 chambres - 64/81 € 64/81 € - 8 €

6 pl. Edmond-Paillaud - 02 31 80 10 11 - www.hostelleriesaintmartin.com - Fermé 23 déc.-14 janv.

LE CREUSOT

71200 Saône-et-Loire - 21 991 hab. - Agglo. 88 899 hab. - Alt. 348 m - Carte régionale n° **4**-C3
Carte Michelin 320-G9 - Guide Vert Michelin Bourgogne

Au Cochon Ventru N

CUISINE MODERNE • BISTRO Cet ancien café de quartier, transformé en restaurant, bénéficie du savoir-faire du chef-propriétaire Thomas Dossi, et de la chef Mélodie Daugy. Le binôme complice propose une carte au goût du jour réinterprétant quelques préparations traditionnelles, avec priorité au marché et aux saisons. Canaille à souhait !

Formule 17 € - Menu 28/37 € - Carte 40/47 €

2 r. du Mar.-Foch - 03 85 78 17 66 - www.aucochonventru.fr - Fermé lundi soir, mardi soir et dim.

à Montcenis 3 km à l'Ouest par D784 - 71710 - 2 188 hab. - Alt. 400 m

Le Montcenis

CUISINE MODERNE • COSY Du cachet dans le décor (cave voûtée, pierres et poutres) comme dans l'assiette. Le chef, Laurent Dufour, propose une cuisine généreuse et sincère, réalisée avec de beaux produits ; il change sa carte cinq fois par an, histoire de titiller les gourmands. Et l'hiver, il rend hommage à la truffe, sa passion !

Formule 18 € - Menu 25 € (déj. en semaine), 33/62 € - Carte 40/84 €

2 pl. du Champ-de-Foire - 03 85 55 44 36 - www.restaurantlemontcenis.fr - Fermé 15 juil.-14 août, dim. soir, lundi et mardi

à St-Sernin-du-Bois 2 km au Nord-Est par D138 – ✉ 71200 – 1 874 hab. – Alt. 447 m

Le Restaurant du Château

CUISINE MODERNE • TRADITIONNEL ✗ Logé dans une salle à manger voûtée, au pied du château (11e s.) et face au lac, ce restaurant allie le cachet "à l'ancienne" des lieux et certains éléments de mobilier plus contemporains. La cuisine, entre tradition et modernité, se déguste aux beaux jours sur la plaisante terrasse d'été... Un vrai plaisir.

Formule 17 € – Menu 30 €

2120 rte de St-Sernin – ✆ 03 85 78 28 42 – www.le-restaurant-du-chateau-st-sernin-du-bois.com – Fermé dim. soir, mardi soir et merc.

à Torcy 4 km au Sud par D28 – ✉ 71210 – 3 062 hab. – Alt. 310 m

Le Vieux Saule

CUISINE TRADITIONNELLE • CLASSIQUE ✗✗ Millefeuille de gigot d'agneau et pommes gourmandes, foie de veau poêlé et sauce aigre-douce, paris-brest à la façon du chef... On vient ici pour la tradition et l'on n'est pas déçu ! Une immersion canaille dans la France d'antan.

Menu 21 € (semaine), 37/58 € – Carte 50/72 €

lieu-dit le Vieux-Saule – ✆ 03 85 55 09 53 – www.restaurant-vieux-saule.com – Fermé 1 semaine en janv., 1 semaine début mai, 3 semaines fin juil.-début août, dim. soir et lundi

CREUTZWALD

✉ 57150 Moselle – 13 355 hab. – Alt. 210 m – Carte régionale n° **14**-C1
Carte Michelin 307-L3

Auberge Richebourg

CUISINE TRADITIONNELLE • TENDANCE ✗✗ Façade rouge vif et décor contemporain, cette table suit la tendance. Et dans l'assiette, c'est le même mouvement, inspiré des saisons ; on vous recommande le menu du jour servi à midi, à un prix imbattable (et la joue de bœuf, longuement mijotée, spécialité maison). Nombreux habitués.

Formule 14 € – Menu 29/48 € – Carte 46/57 €

17 r. de la Houve – ✆ 03 87 90 17 54 – www.aubergerichebourg.com – Fermé 17 juil.-4 août, mardi soir, dim. soir et lundi

CREUZIER-LE-VIEUX – 03 Allier → Voir Vichy

CRICQUEBOEUF – 14 Calvados → Voir Honfleur

CRILLON-LE-BRAVE

✉ 84410 Vaucluse – 473 hab. – Alt. 340 m – Carte régionale n° **22**-E1
Carte Michelin 332-D9 – Guide Vert Michelin Provence

Restaurant Jérôme Blanchet

CUISINE PROVENÇALE • ÉLÉGANT ✗✗✗ Niché au cœur d'un village tout en pierres, avec un grand morceau de Provence pour horizon (quelle vue depuis la terrasse !), ce restaurant très élégant cultive évidemment le goût du Sud. Les produits locaux sont à la carte, comme avec ce carpaccio de loup au piment d'Espelette, croustillant de petits gris et caviar...

Menu 75/105 € – Carte 82/95 €

Hôtel Crillon le Brave, pl. de l'Église – ✆ 04 90 65 61 61 – www.crillonlebrave.com – Fermé 26 nov.-21 déc., 2 janv.-29 mars et le midi

Crillon le Brave

LUXE • PERSONNALISÉ Un village perché, le mont Ventoux pour horizon et ces belles bastides en pierre... Les chambres sont tout imprégnées de Provence et le jardin à l'italienne descend jusqu'à la piscine... Une élégance rare ! Pour se restaurer, on choisit entre la table gastronomique et le bistrot.

29 chambres – 330/1015 € 330/1040 € – 7 suites

pl. de l'Église – 04 90 65 61 61 – www.crillonlebrave.com – Fermé 26 nov.-21 déc. et 2 janv.-29 mars

Restaurant Jérôme Blanchet – voir les restaurants ci-dessus

CRISENOY – 77 Seine-et-Marne ➔ Voir Melun

LE CROISIC

44490 Loire-Atlantique – 4 024 hab. – Alt. 6 m – Carte régionale n° **18**-A2
Carte Michelin 316-A4 – Guide Vert Michelin Pays de la Loire

Le Saint-Alys

CUISINE MODERNE • CONVIVIAL XX Face au port de plaisance, dans cette maison balayée par les vents, les papilles s'arriment aux bons petits plats du chef ! Ravioles de langoustines parfumées à l'estragon, carré d'agneau mi-fumé poêlé à l'ail rose, etc. Les présentations sont soignées et les saveurs tiennent le cap.

Menu 32/48 € – Carte 46/61 €

Plan : B1-d *3 quai Hervé-Rielle – 02 40 23 58 40 – Fermé 30 juin-8 juil., 6-19 oct., 19-25 déc., 31 janv.-13 fév., dim. soir, lundi en juil.-août, mardi soir et merc. d'oct. à juin*

L'Océan

POISSONS ET FRUITS DE MER • ÉLÉGANT XXX Quelle vue ! La verrière – de 30 m de long – face au large offre un panorama à couper le souffle. Ici, on savoure les produits de la mer "tout frais pêchés". Mention spéciale pour le bar en croûte de sel et la sole meunière. Et le soir, on dîne tout en regardant le soleil se coucher sur les flots...

Carte 44/179 €

Plan : A2-v *Hôtel L'Océan, à Port-Lin – 02 40 62 90 03 – www.restaurantlocean.com – Fermé 7 janv.-8 fév.*

Le Lénigo

POISSONS ET FRUITS DE MER • CONVIVIAL XX Face à la criée, embarquez dans ce restaurant tenu par toute une famille très sympathique. Atmosphère marine (bois vernis, hublots) et cuisine de la mer fraîche et soignée.

Menu 32/48 € – Carte 42/69 €

Plan : A1-b *11 quai Lénigo – 02 40 23 00 31 – www.le-lenigo.fr – Ouvert 15 fév.-2 nov. et fermé mardi sauf en août et lundi*

Le Bistrot de l'Océan

POISSONS ET FRUITS DE MER • BISTRO X Petit frère de L'Océan, le bistrot est également calé sur les horaires des marées. Toujours aussi frais, les poissons sont en revanche cuisinés avec plus de simplicité. Le tout à prix raisonnables.

Carte 31/66 €

Plan : A2-v *Hôtel l'Océan, à Port-Lin – 02 40 62 90 03 – www.restaurantlocean.com – Fermé 7 janv.-8 fév.*

Le Ty Mad

CUISINE FRANÇAISE • BISTRO X Sur le port du Croisic, en face de l'ancienne criée, voici l'endroit idéal pour se régaler de produits iodés – choucroute aux trois poissons, plateaux de fruits de mer –, mais pas seulement : bonnes volailles fermières et autres filets de bœuf sont aussi de la partie... C'est simple et frais : on passe un excellent moment.

Formule 18 € – Menu 21 € (semaine), 30/55 € – Carte 28/50 €

Plan : B1-f *3 quai de la Petite-Chambre – 02 40 23 02 77 – www.ty-mad.com – Fermé vend., jeudi soir et dim. soir*

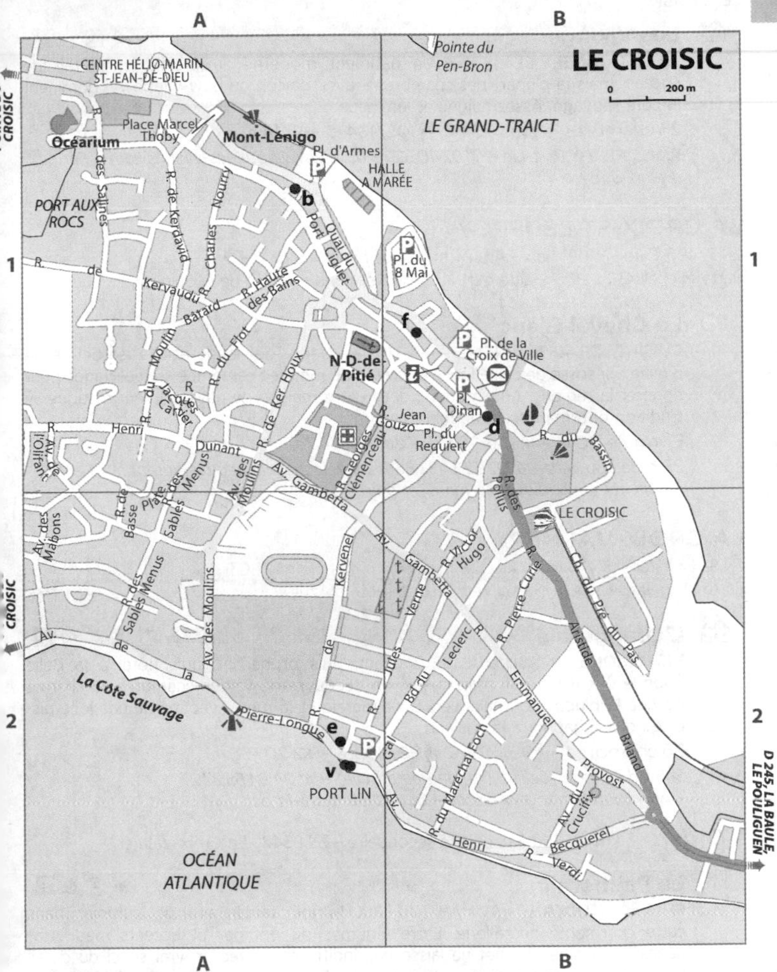

Le Fort de l'Océan

LUXE • ÉLÉGANT Un fortin en granit (18e s.) isolé sur la côte sauvage : dans les chambres très confortables et feutrées (joli décor à l'ancienne), on admire à loisir l'océan se déchaînant sur les chaos de rochers… et le contraste est délicieux.

9 chambres – 200/380 € 200/380 € – 24 €

Hors plan *pointe du Croisic – ✆ 02 40 15 77 77 – www.hotelfortocean.com – Fermé janv.*

L'Océan

FAMILIAL • CONTEMPORAIN Une situation unique pour cet hôtel, à même les rochers de la côte sauvage, magnifiquement illuminés le soir venu. Il abrite des chambres spacieuses, élégantes et confortables ; toutes disposent d'un grand balcon donnant sur les flots. Une séduisante adresse.

10 chambres – 120/475 € 120/475 € – 14 €

Plan : A2-v *à Port-Lin – ✆ 02 40 62 90 03 – www.restaurantlocean.com – Fermé 7 janv.-8 fév.*

Le Bistrot de l'Océan • **L'Océan** – voir les restaurants ci-dessus

Les Vikings

TRADITIONNEL • CLASSIQUE Un bâtiment moderne au Croisic, en retrait de l'océan, mais la plupart des chambres – avec balcon ou bow-window – dominent la côte sauvage. Assez soigné et lumineux.

23 chambres – 105/134 € 105/134 € – 14 €

Plan : A2-e *à Port-Lin – 02 40 62 79 05 – www.hotel-les-vikings.com – Fermé 4 janv.-3 fév.*

LA CROIX-ST-LEUFROY

27490 Eure – 1 091 hab. – Alt. 24 m – Carte régionale n° **17**-D2
Carte Michelin 304-H7 – Guide Vert Michelin Normandie Vallée de la Seine

Le Cheval Blanc

CUISINE TRADITIONNELLE • RUSTIQUE Nage de langoustines sorbet huile d'olive ; désossé de caille farcie et crème de morille ; camembert au calvados pour honorer la région... Aucun doute, dans cette maison de pays joliment rustique, la tradition gourmande est au rendez-vous !

Formule 20 € – Menu 29 € – Carte 38/47 €

27 r. de Louviers – 02 32 34 82 86 – www.lechevalblanc-restaurant.fr – Fermé 23 déc.-17 janv., dim. soir, mardi et merc.

LA CROIX-VALMER

83420 Var – 3 711 hab. – Alt. 120 m – Carte régionale n° **21**-C3
Carte Michelin 340-O6 – Guide Vert Michelin Côte d'Azur

L'Orangeraie

HISTORIQUE • PERSONNALISÉ Couvent, puis orphelinat, puis hôtel à la Belle Époque... Passé le hall majestueux, on découvre de vastes chambres au charme désuet, la plupart tournées vers la palmeraie et la mer. Avec même une jolie piscine pour échapper à la chaleur.

36 chambres – 99/279 € 99/399 € – 20 €

545 bd Georges-Selliez (rte de Ramatuelle) – 04 94 55 27 27 – www.hotel-lorangeraie.com – Ouvert 30 mars-14 oct.

à Gigaro 5 km au Sud-Est par rte secondaire – 83420 La Croix Valmer

La Palmeraie

CUISINE MODERNE • ROMANTIQUE Un joli savoir-faire de cuisinier dans cette charmante hostellerie. Entre légumes du potager et accents méditerranéens, la cuisine du chef ne laisse pas indifférent. Avec un vrai souci du détail (les dressages en témoignent !), il dévoile des saveurs marquées, précises, complémentaires. Jolie terrasse.

→ Les légumes du domaine. Bar de ligne en croûte de sel parfumé à l'origan sauvage. Chocolat noir andoa, framboises et noix de coco.

Menu 90 € – Carte 90/130 €

Hôtel Château de Valmer, 81 bd de Gigaro – 04 94 55 15 17 – www.chateauvalmer.com – Ouvert de mai à début oct. et fermé merc. et le midi

La Pinède-Plage

CUISINE MÉDITERRANÉENNE • MÉDITERRANÉEN Plaisir d'un repas en bord de mer, sur une plage privée – avec en prime une belle vue sur les îles d'Or –, autour d'une jolie cuisine méridionale, mêlant poisson, terroir provençal et spécialités italiennes... La carte est simplifiée au déjeuner (salades, grillades, etc.).

Carte 60/118 €

Hôtel La Pinède-Plage, 382 bd de Gigaro – 04 94 55 16 14 – www.pinedeplage.com – Ouvert mai à sept.

Château de Valmer

LUXE • MÉDITERRANÉEN Une belle allée de palmiers qui se fraie un chemin entre les vignes : la première image offerte par ce domaine viticole du 19e s. Tout y confirme l'impression liminaire : raffinement, lumière, esprit azuréen... et pour une nuit très romantique, deux magnifiques cabanes perchées dans les arbres !

41 chambres – 260/745 € 260/745 € – 29 €

81 bd de Gigaro – 04 94 55 15 15 – www.chateauvalmer.com – Ouvert de mai à début oct.

La Palmeraie – voir les restaurants ci-dessus

La Pinède-Plage

LUXE • BORD DE MER Cet hôtel-restaurant porte bien son nom : ombragé de pins parasols et directement sur la plage, face aux îles d'Or ! Un établissement avec beaucoup de charme et de belles chambres ouvertes sur le large... Impression d'être loin de tout : parfait pour les vacances.

29 chambres – 235/730 € 235/1145 € – 3 suites – 29 €

382 bd de Gigaro – 04 94 55 16 16 – www.pinedeplage.com – Ouvert fin avril à début oct.

La Pinède-Plage – voir les restaurants ci-dessus

CROLLES

38920 Isère – 8 371 hab. – Alt. 250 m – Carte régionale n° **25**-F2
Carte Michelin 333-I6

La Maison Haute

CUISINE MODERNE • CONVIVIAL Le chef, Thomas Chegaray (en basque, "maison haute" se dit "etchegaray"), concocte ici une cuisine paysanne généreuse, de saison et originale, dans une salle moderne ou sur la terrasse aux beaux jours. Œuf poché, coulis de poivron et lard ; quasi de veau, pommes de terre grenailles, champignons et jus de viande... Service très sympathique.

Formule 16 € – Menu 22/36 € – Carte 28/34 €

pl. de l'Église – 04 76 08 07 68 – Fermé 2 semaines en août, 1 semaine vacances de Noël, dim. et lundi

LE CROTOY

80550 Somme – 2 114 hab. – Alt. 1 m – Carte régionale n° **19**-A1
Carte Michelin 301-C6

Auberge de la Marine

CUISINE MODERNE • BISTRO Un jeune couple plein d'allant préside aux destinées de cette petite maison régionale, proche des quais. Dans l'assiette : Saint-Jacques et mousseline de pomme de terre, filet de turbotin et jus de moules au safran... Une cuisine simple et bien maîtrisée.

Menu 40/68 €

6 chambres – 85/115 € 85/115 € – 12 €

1 r. Florentin Lefils – 03 22 27 92 44 – www.aubergedelamarine.com – Fermé janv., 26 juin- 4 juil., 13-21 nov., merc. sauf le soir en juil.-août et mardi

Bellevue

POISSONS ET FRUITS DE MER • SIMPLE La table ne pouvait pas mieux porter son nom : la vue sur la baie de Somme est tout simplement superbe. En accord avec cette situation, le chef met en avant les beaux poissons et fruits de mer des environs (moules et coques de la baie, crevettes grises, mulet, etc.). Les amateurs seront ravis.

Menu 39/52 € – Carte 41/54 €

526 digue Jules-Noiret – 03 22 27 86 42 – www.bellevuelecrotoy.fr – Fermé de fin nov. à mi-déc., janv., merc. et jeudi sauf fériés

CROZANT

✉ 23160 Creuse - 465 hab. - Alt. 263 m - Carte régionale n° **13**-C1
Carte Michelin 325-G2 - Guide Vert Michelin Limousin Berry

Auberge de la Vallée

CUISINE TRADITIONNELLE • CONVIVIAL XX Viandes d'éleveurs locaux (agneau, veau, bœuf), fromages de la région (chèvre, surtout !) et légumes de son grand potager... Le chef aime les produits du terroir, et cela se sent : il en tire une délicieuse cuisine dans l'air du temps, que l'on apprécie dans un joli décor rustique. Une sympathique auberge de campagne !

Formule 17 € - Menu 23 € (semaine), 39/56 € - Carte 54/67 €

14 r. Guillaumin - ✆ 05 55 89 80 03 - www.laubergedelavallee.fr - Fermé vacances de fév., vacances de la Toussaint, mardi et merc. de sept. à avril

CROZET

✉ 01170 Ain - 2 086 hab. - Alt. 540 m - Carte régionale n° **25**-F1
Carte Michelin 328-J3

Jiva Hill Resort

CUISINE MODERNE • BRANCHÉ XXX Ce restaurant est décoré dans un style lodge, comme l'hôtel où il se situe ; sa terrasse panoramique face au mont Blanc impressionne... Un lieu dans l'air du temps, comme sa goûteuse cuisine - ainsi ce pigeon cuit sur coffre, toast d'abats et variation autour du petit pois. Sans oublier les savoureuses pâtisseries.

Menu 42 € (déj. en semaine), 78/165 € - Carte 95/115 €

rte d'Harée - ✆ 04 50 28 48 48 - www.jivahill.com - Fermé 2-18 janv.

Jiva Hill Resort

LUXE • DESIGN Raffinement, luxe et lignes contemporaines à 10mn de l'aéroport de Genève. Cet hôtel, pensé comme un lodge sud-africain, est placé sous le signe de la sophistication chic. Les amateurs d'art apprécieront notamment les 200 œuvres disséminées dans tout l'établissement !

33 chambres - †300/605 € ††300/605 € - ☕ 28 €

rte d'Harée - ✆ 04 50 28 48 48 - www.jivahill.com - Fermé 2-18 janv.

Jiva Hill Resort - voir les restaurants ci-dessus

CROZON

✉ 29160 Finistère - 7 619 hab. - Alt. 85 m - Carte régionale n° **5**-A2
Carte Michelin 308-E5 - Guide Vert Michelin Bretagne Sud

Le Mutin Gourmand

CUISINE MODERNE • AUBERGE XX Pas de mutinerie en vue parmi la clientèle de ce restaurant, qui occupe les locaux de l'ancienne poste de Crozon. On cuisine de bons produits frais de saison, avec quelques touches exotiques : tartare de thon rouge, citron confit et coriandre ; porc fermier de Landévennec... Avec un beau choix de vins !

Formule 18 € - Menu 29/72 € - Carte 48/77 €

Hôtel de la Presqu'île, pl. du Général de Gaulle - ✆ 02 98 27 06 51 - www.lemutingourmand.fr - Fermé 3 semaines fin fév.-début mars, 3 semaines fin oct.-début nov., dim. soir, lundi sauf le soir en saison et mardi midi hors saison

Hôtel de la Presqu'île

TRADITIONNEL • FONCTIONNEL Sur la place de l'église, où se tient un marché tous les matins, cette maison bretonne abritait autrefois la mairie de Crozon. C'est aujourd'hui un hôtel familial, décoré avec goût, proposant des petites chambres fraîches et fonctionnelles.

13 chambres - †60/70 € ††70/95 € - ☕ 11 €

pl. du Général de Gaulle - ✆ 02 98 27 29 29 - www.hotel-lapresquile.fr - Fermé 3 semaines fin fév.-début mars et 3 semaines fin oct.-début nov.

Le Mutin Gourmand - voir les restaurants ci-dessus

au Fret 5,5 km au Nord par D155 et D55 - ✉ 29160 Crozon

Hostellerie de la Mer

CUISINE MODERNE • TENDANCE XX Le chef propose une cuisine bien en phase avec l'époque, mariant à merveille le poisson de la pêche locale et le terroir breton, à l'image de cette royale de fenouil du Léon aux langoustines... Les cuissons sont précises et magnifient des produits bien choisis !

Formule 19 € - Menu 29/76 € - Carte 41/71 €

23 chambres - †58/130 € ††58/140 € - ☕ 12 €

11 quai du Fret - ✆ 02 98 27 61 90 - www.hostelleriedelamer.com - Fermé 1er janv.-6 fév., sam. midi, dim. soir et lundi sauf juil.-août

CRUIS

✉ 04230 Alpes-de-Haute-Provence - 646 hab. - Alt. 728 m - Carte régionale n° **21**-B2
Carte Michelin 334-D8 - Guide Vert Michelin Alpes du Sud

Auberge de l'Abbaye

CUISINE MODERNE • COSY X Une sympathique auberge familiale avec sa terrasse ombragée face à l'église. En cuisine, le chef concocte de bons petits plats où les produits du terroir sont à l'honneur. Parmi les spécialités : lasagnes de homard et pigeonneau à la royale. Chambres impeccablement tenues. Une adresse authentique !

Formule 23 € - Menu 33/48 €

8 chambres - †55/75 € ††55/75 € - ☕ 12 €

- ✆ 04 92 77 01 93 - www.auberge-abbaye-cruis.fr - Fermé 24 déc. au 13 fév.

CRUSEILLES

✉ 74350 Haute-Savoie - 4 315 hab. - Alt. 781 m - Carte régionale n° **25**-F1
Carte Michelin 328-J4 - Guide Vert Michelin Alpes du Nord

aux Avenières 6 km au Nord par D41 et rte secondaire - ✉ 74350 Cruseilles

Le M des Avenières Ⓝ

CUISINE TRADITIONNELLE • CONTEMPORAIN X Bâti en 1907, ce manoir baroque semble nimbé de mystère. Moins d'étrangeté côté bistrot, plus contemporain, proche des saisons, autour d'une carte courte et de produits locaux (dont la production du château). Même philosophie avec la carte des vins, volontiers nature ou bio.

Menu 43/57 € - Carte 49/69 €

1060 rte du Château, lieu-dit Chenaz - ✆ 04 50 44 02 23 - avenieres.com - Fermé 22 oct.-7 nov., 2-15 janv., le midi sauf du vend. au dim. et lundi soir

Château des Avenières- La Maison des Écureuils

DEMEURE HISTORIQUE • PERSONNALISÉ Bâti en 1907, ce manoir baroque semble nimbé de mystère. Son parc représentant un papillon, ses chambres de caractère - l'une d'elles dispose même d'un observatoire ! -, son annexe au chic très contemporain, sans parler de la vue imprenable sur la chaîne des Aravis. Bref, tout ici est romantique et romanesque.

14 chambres - †126/750 € ††126/750 € - 6 suites - ☕ 20 €

1060 rte du Château, lieu-dit Chenaz - ✆ 04 50 44 02 23 - www.avenieres.com - Fermé 22 oct.-7 nov. et 2-15 janv.

Le M des Avenières - voir les restaurants ci-dessus

au Nord 5 km par D1201 -✉74350 St-Blaise

La Clef des Champs

CUISINE TRADITIONNELLE • CONTEMPORAIN XX Juste en face de l'hôtel Rey, prenez la clef des champs ! Le cadre est chaleureux et la cuisine traditionnelle ; cannelloni de saumon, gibier en saison. Dans l'assiette, c'est généreux et gourmand, et l'été, on s'installe sur la petite terrasse.

Formule 21 € - Menu 25 € (déj. en semaine), 38/50 € - Carte 56/66 €

121 rte d'Annecy, au col du Mont-Sion - ✆ 04 50 44 13 11 - www.laclefdeschamps-restaurant.com - Fermé 9-30 janv., mardi midi, dim. soir et lundi

Rey

BUSINESS • FONCTIONNEL Séparé de la route par le jardin et le court de tennis, à deux pas de la maison du Père Noël, cet hôtel dispose de chambres fonctionnelles et bien tenues. Parfait pour un voyage d'affaires comme pour un séjour sportif.

30 chambres – 88/124 € 88/124 € – 11 €

131 rte d'Annecy, au col du Mont-Sion – 04 50 44 13 29 – www.hotel-rey.com

CRUZY

34310 Hérault – 1 001 hab. – Alt. 92 m – Carte régionale n° **12**-B2
Carte Michelin 339-C8

Le Terminus

CUISINE TRADITIONNELLE • BISTRO Terminus ! Tous les gourmands sont invités à descendre dans cette gare reconvertie en un petit bistrot convivial. Il est des arrêts indispensables, celui-ci en est un avec sa généreuse cuisine traditionnelle : croustillant de pied de cochon, purée maison, baba au rhum... Bon rapport saveurs-prix !

Formule 16 € – Menu 20 € (déj. en semaine), 32/38 € – Carte 32/46 €

av. de la Gare, 1,5 km au Sud-Est, rte de Quarante par D37 – 04 67 89 71 26 – www.leterminus-cote-gare.fr – Fermé 2 semaines en mars, vacances de la Toussaint, 1 semaine en janv., dim. sauf le midi de mai à sept., mardi midi de juil. à sept., mardi soir en mai-juin et lundi

CUBLAC

19520 Corrèze – 1 670 hab. – Alt. 100 m – Carte régionale n° **13**-B3
Carte Michelin 329-I5

Les Collines

MAISON DE CAMPAGNE • CONTEMPORAIN Installée au milieu des arbres, au sommet d'une... colline, cette belle demeure en pierre apparentes accueille les voyageurs dans de belles chambres spacieuses et personnalisées. La vue dégagée sur les environs, le grand jardin, la piscine : rien ne manque !

7 chambres – 78/144 € 78/144 € – 11 €

lieu-dit La Morétie, 4 km au Nord par D2 – 05 55 85 19 79 – www.hotel-restaurant-lescollines19.fr – Fermé 23 oct.-3 déc., 21 janv.-3 mars

CUCUGNAN

11350 Aude – 131 hab. – Alt. 310 m – Carte régionale n° **12**-B3
Carte Michelin 344-G5

Auberge du Vigneron

CUISINE TRADITIONNELLE • AUBERGE Terroir et tradition sont les deux piliers de cette agréable auberge : dans la salle, trois énormes tonneaux rappellent la vocation viticole des lieux. En terrasse, avec vue sur le vignoble, on déguste un dos de morue au jus de persil, ou un pintadeau en croûte, sauce aux morilles... En prime : quelques chambres joliment arrangées.

Formule 19 € – Menu 28 € – Carte 35/60 €

5 chambres – 90/100 € 90/120 € – 12 €

2 r. Achille-Mir – 04 68 45 03 00 – www.auberge-vigneron.com – Ouvert mars-nov. et fermé lundi

La Tourette

MAISON DE CAMPAGNE • PERSONNALISÉ Une jolie maison bourgeoise, nichée au cœur de ce village pittoresque, au calme. "Prune", "Indigo", "Turquoise" : la couleur est le leitmotiv des chambres. Au petit-déjeuner – servi l'été dans le joli patio à l'ombre d'un olivier –, on se régale de préparations maison. Cosy et chaleureux !

3 chambres – 90/110 € 100/120 €

4 passage de la Vierge – 06 09 64 60 47 – www.latourette.eu

CUCURON

✉ 84160 Vaucluse - 1 786 hab. - Alt. 350 m - Carte régionale n° **22**-E1
Carte Michelin 332-F11 - Guide Vert Michelin Provence

La Petite Maison de Cucuron (Eric Sapet)

CUISINE MODERNE • RUSTIQUE XX Il était une fois une petite maison jaune, près d'un étang, dans laquelle un excellent cordon bleu magnifiait les produits du marché. À sa table, tous revenaient aussi souvent qu'ils le pouvaient, y compris le samedi pour suivre les cours du chef. Gare à ceux qui oubliaient de réserver : l'adresse affichait souvent complet !

→ Rosace de tomate ananas, salade de queue de homard et vinaigrette vanille-passion. Lièvre à la royale en deux services. Tarte meringuée aux myrtilles sauvages d'Ardèche.

Menu 60/90 €

pl. de l'Étang - ✆ 04 90 68 21 99 - www.lapetitemaisondecucuron.com - Fermé lundi et mardi

Le Pavillon de Galon

HISTORIQUE • PERSONNALISÉ Un magnifique parc classé (jardin à la française, vignes, verger, buis, oliviers et autres arbres plusieurs fois centenaires...) entoure ce pavillon de chasse du 18e s. Un domaine très privé, aux chambres raffinées.

3 chambres ☕ - 🚹210/460 € 🚹🚹230/480 €

chemin de Galon - ✆ 06 13 39 17 31 - www.pavillondegalon.com

CUERS

✉ 83390 Var - 10 562 hab. - Alt. 140 m - Carte régionale n° **21**-C3
Carte Michelin 340-L6

Le Mas du Lingousto

CUISINE MODERNE • CONTEMPORAIN XXX Bons produits du marché et d'un petit potager "maison", recettes classiques revisitées avec générosité : voici les arguments de ce restaurant ancré dans sa région. Et n'oublions pas, bien sûr, la jolie terrasse en bordure de ruisseau...

Formule 29 € - Menu 39 € (déj. en semaine), 49/87 € - Carte 55/70 €

Hôtel le Mas du Lingousto, 934 av. Eugénie-et-Henri-Majastre, 2 km à l'Est par rte de Pierrefeu - ✆ 04 94 28 69 10 - www.lingousto.fr - Fermé dim. soir et lundi de mi-sept. à fin avril

Le Mas du Lingousto

MAISON DE CAMPAGNE • PERSONNALISÉ Une charmante bastide - rénovée en 2011 - au beau milieu des vignes. Les chambres y sont confortables et bien tenues ; certaines disposent même d'une terrasse. Piscine, fitness... Idéal pour goûter à l'art de vivre provençal !

15 chambres - 🚹120/170 € 🚹🚹120/170 € - ☕ 13 €

934 av. Eugénie-et-Henri-Majastre, 2 km à l'Est par rte de Pierrefeu - ✆ 04 94 28 69 10 - www.lingousto.fr

Le Mas du Lingousto - voir les restaurants ci-dessus

CUGNAUX

✉ 31270 Haute-Garonne - 17 004 hab. - Alt. 165 m - Carte régionale n° **15**-B2

Domaine de Dubac

MAISON DE CAMPAGNE • PERSONNALISÉ Cette maison de famille est nichée dans un parc, au milieu d'arbres séculaires... L'endroit a du caractère. Les belles chambres sont soigneusement décorées, toutes avec une mezzanine et une terrasse. Le matin, on se régale de gâteaux maison et d'œufs du poulailler, avant d'aller faire un plongeon dans la piscine !

3 chambres ☕ - 🚹95/105 € 🚹🚹105/165 €

80 rte de Tournefeuille - ✆ 05 61 92 58 42 - www.domainededubac.com

CUISEAUX

✉ 71480 Saône-et-Loire – 1 889 hab. – Alt. 280 m – Carte régionale n° **4**-D3
Carte Michelin 320-M11 – Guide Vert Michelin Bourgogne

Le Bistrot Gourmand Ⓝ

CUISINE BRESSANE • BISTRO "Plaisir et tradition", telle est la devise de ce Bistrot Gourmand qui porte bien son nom. Le chef, boucher et traiteur de son état, ne recherche ni l'esbroufe ni la modernité, mais interprète avec dévotion les classiques des terroirs bressan et jurassien. Une bonne table.

Menu 17 € (déj. en semaine), 29/48 € – Carte 37/55 €

8 pl. Puvis-de-Chavannes – ☎ 03 85 72 71 57 – www.lebistrotgourmand-cuiseaux.fr – Fermé 2 semaines en sept., lundi et le soir sauf vend. et sam., dim. sauf juil.-août

CUISERY

– 71 Saône-et-Loire → Voir Tournus

CULT

✉ 70150 Haute-Saône – 226 hab. – Alt. 270 m – Carte régionale n° **9**-B2
Carte Michelin 321-E3

Les Egrignes Ⓝ

FAMILIAL • PERSONNALISÉ Belle demeure de caractère (1849) entourée d'un parc fleuri et ombragé. Chambres très spacieuses, décorées avec raffinement, comme l'élégant salon. Délicieux petit-déjeuner.

3 chambres – 111/136 € 111/136 €

2 rte d'Hugier – ☎ 03 84 31 92 06 – www.les-egrignes.com – Ouvert 1er mars-30 sept.

CUQ-TOULZA

✉ 81470 Tarn – 690 hab. – Alt. 203 m – Carte régionale n° **15**-C2
Carte Michelin 338-D9

Cuq en Terrasses

CUISINE MODERNE • COSY Sur les hauteurs du village, cette charmante maison du 18e s. est un havre de paix : insolite jardin en terrasses, accueil familial... Le chef y met en valeur les produits du potager et la cuisine méditerranéenne ; depuis la véranda et la terrasse, on profite d'une vue imprenable sur la plaine du Lauragais.

Menu 39 €

5 chambres – 99/130 € 119/170 €

à Cuq-le-Château - 8 chemin du Château, 2,5 km au Sud par rte d'Aguts (D45) – ☎ 05 63 82 54 00 – www.cuqenterrasses.com – Ouvert 28 avril-28 oct. et fermé merc. et le midi

CURZAY-SUR-VONNE

✉ 86600 Vienne – 426 hab. – Alt. 125 m – Carte régionale n° **20**-C1
Carte Michelin 322-G6

Château de Curzay

DEMEURE HISTORIQUE • CLASSIQUE Superbe château (1710) au cœur d'un beau parc de 120 ha traversé par une rivière et abritant un haras. Chambres classiques au port tout aristocratique, bien-être et détente... Cuisine du marché au restaurant "Les Quatre Saisons".

20 chambres – 225/465 € 225/465 € – 2 suites – 27 €

rte de Jazeneuil – ☎ 05 49 36 17 00 – www.chateau-curzay.com – Fermé 5 nov.-28 déc. et 2 janv.-28 mars

CUTS

✉ 60400 Oise – 952 hab. – Alt. 79 m – Carte régionale n° **19**-C2
Carte Michelin 305-J3

Auberge Le Bois Doré

CUISINE TRADITIONNELLE • AUBERGE XX Sur la façade, une belle fresque en faïence représente l'établissement au début du 20e s. Voilà qui dit tout de l'esprit de cette maison plus que centenaire, où l'on cultive sans faillir la tradition gastronomique française !

Formule 17 € - Menu 20 € (déj. en semaine), 22/39 € - Carte 39/52 €

5 r. de la Ramée, D934
- 03 44 09 77 66 - www.leboisdore.fr - Fermé 16-30 juil., dim. soir, mardi soir et lundi

CUTXAN - 32 Gers → Voir Barbotan-les-Thermes

CUVES

50670 Manche - 294 hab. - Alt. 78 m - Carte régionale n° **17**-A2
Carte Michelin 303-F7

Le Moulin de Jean

CUISINE MODERNE • COSY XX Situé dans un site bucolique, cet ancien moulin donne dans le rustique chic, avec ses pierres et poutres apparentes, sa petite cheminée et sa mise en place soignée... Attablé, on admire la belle cave à vins, derrière une vitre, avant qu'arrive la spécialité de la maison : le pied de porc farci au boudin noir !

Formule 17 € - Menu 39/56 €

La Lande, 2 km au Nord-Est sur D48
- 02 33 48 39 29 - www.lemoulindejean.com - Fermé 2 semaines en janv. et lundi

CUZANCE

46600 Lot - 571 hab. - Alt. 233 m - Carte régionale n° **15**-C1
Carte Michelin 337-F2

Manoir de Malagorse

FAMILIAL • PERSONNALISÉ Ce domaine de 5 ha situé en pleine campagne vous promet un séjour mémorable : chambres personnalisées et salon-bibliothèque cosy logés dans une bâtisse régionale en pierre (19e s.). La table d'hôte met à l'honneur les fruits et légumes du Causse.

5 chambres - 160/200 € 160/290 €

4,5 km au Sud-Ouest par D103 rte de Rignac
- 06 89 33 54 45 - www.manoir-de-malagorse.fr
- Ouvert 1er avril-15 nov.

DACHSTEIN

67120 Bas-Rhin - 1 801 hab. - Alt. 160 m - Carte régionale n° **1**-A1
Carte Michelin 315-J5

Auberge de la Bruche

CUISINE MODERNE • AUBERGE XX On est immédiatement séduit par cette auberge fleurie, presque adossée à la porte du village et longée par un charmant ruisseau (la fameuse "Bruche"). Les plats, savoureux et bien pensés, achèvent de nous convaincre : pâté en croûte de canard, schniderspadles au foie gras...

Formule 18 € - Menu 32 € (semaine), 44/75 € - Carte 44/64 €

1 r. Principale
- 03 88 38 14 90 - www.auberge-bruche.com
- Fermé 1er-10 août, 27 déc.-5 janv., sam. midi, dim. soir et merc.

DAGLAN

✉ 24250 Dordogne - 571 hab. - Alt. 101 m - Carte régionale n° **2**-D2
Carte Michelin 329-I7 - Guide Vert Michelin Périgord Quercy

Le Petit Paris

CUISINE MODERNE • RUSTIQUE XX Au cœur d'un charmant village périgourdin, une table sympathique devancée par une grande terrasse. Ici, le chef - un enfant du pays - met un point d'honneur à valoriser les produits de sa région. Nem de confit de canard, sauce betterave-wasabi ; quasi de veau aux artichauts... Frais et savoureux !

Menu 29/32 €

au bourg - ✆ 05 53 28 41 10 - www.le-petit-paris.fr - Ouvert 10 fév.-11 nov. et fermé dim. soir de sept. à juin, sam. midi d'avril à juin et de sept. à nov., mardi et merc. en fév. et mars et lundi

DAMGAN

✉ 56750 Morbihan - 1 679 hab. - Carte régionale n° **5**-B3
Carte Michelin 308-P9

Hôtel de la Plage

TRADITIONNEL • CONTEMPORAIN Cet hôtel n'est séparé de la plage que par une petite rue. Les chambres, peu à peu redécorées dans un style épuré, donnent sur la mer. Salle de détente (sauna et soins). Par beau temps, petit-déjeuner en terrasse.

17 chambres - †85/180 € ††85/180 € - ☕ 14 €

38 bd de l'Océan - ✆ 02 97 41 10 07 - www.hotel-morbihan.com - Ouvert 9 fév.-4 nov.

DAMPIERRE-EN-YVELINES - 78 Yvelines ➜ Voir Autour de Paris

DAMPMART - 77 Seine-et-Marne ➜ Voir Autour de Paris

LES DAMPS - 27 Eure ➜ Voir Pont-de-L'Arche

DANIZY

✉ 02800 Aisne - 588 hab. - Alt. 54 m - Carte régionale n° **19**-C2
Carte Michelin 306-C5

Domaine Le Parc

FAMILIAL • CLASSIQUE Belle demeure du 18e s. nichée dans un magnifique parc boisé. Esprit classique et romantique dans les chambres, dont certaines regardent la vallée de l'Oise. Séduisante cuisine familiale concoctée par le sympathique propriétaire, originaire de Hollande.

5 chambres ☕ - †75/95 € ††75/95 €

r. du Quesny - ✆ 03 23 56 55 23 - www.domaineleparc.fr - Fermé 22 déc.-4 janv.

DANJOUTIN - 90 Territoire de Belfort ➜ Voir Belfort

DARDILLY - 69 Rhône ➜ Voir Lyon

DAX

✉ 40100 Landes - 20 485 hab. - Alt. 12 m - Carte régionale n° **2**-B3
Carte Michelin 335-E12 - Guide Vert Michelin Aquitaine

L'Amphitryon

CUISINE TRADITIONNELLE • CONTEMPORAIN XX Installé dans une maison centenaire aux pierres apparentes, l'Amphitryon propose une cuisine traditionnelle aux beaux accents marins... dans un cadre habillé de nombreuses essences de bois. Les assiettes sont généreuses et soignées : idéal pour faire le plein d'énergie !

Menu 30/42 € - Carte 42/60 €

Plan : C2-e *56 cours Mal.-Joffre - ✆ 05 58 74 58 05 - Fermé 25 juin-1er juil., 25 août-5 sept., janv., dim. soir, lundi et mardi*

La Tête de l'Art

CUISINE TRADITIONNELLE • CONVIVIAL X "Si l'art avait une tête, quelle serait-elle ?" Voilà une question digne de l'épreuve de philo au bac ! Rassurez-vous, ici, on ne vous demandera pas de disserter mais de savourer une agréable cuisine traditionnelle. Mention spéciale pour les viandes cuites à la broche et les poissons à la plancha. Terrasse sur cour.

Formule 15 € – Menu 20 € (déj.) – Carte 31/47 €

Plan : C2-v *2 pl. Camille-Bouvet (marché couvert) – ✆ 05 58 74 00 13 – Fermé 9-16 juil., 16-31 août, 31 déc.-15 janv., mardi soir, merc. soir, dim. soir et lundi*

Le Grand Hôtel

THERMAL • FONCTIONNEL Au cœur de la cité, cet établissement fera le bonheur des curistes. Ici, nul besoin de sortir pour faire ses soins : il suffit de descendre au sous-sol pour accéder aux thermes. Les chambres, simples et bien tenues, disposent pour certaines d'une kitchenette. Restauration traditionnelle.

128 chambres – 🚹62/106 € 🚹🚹71/138 € – 1 suite – ☕10 €

Plan : D1-f *r. de la Source – ✆ 05 58 90 53 00 – www.thermes-dax.com – Fermé 26 nov.-28 janv.*

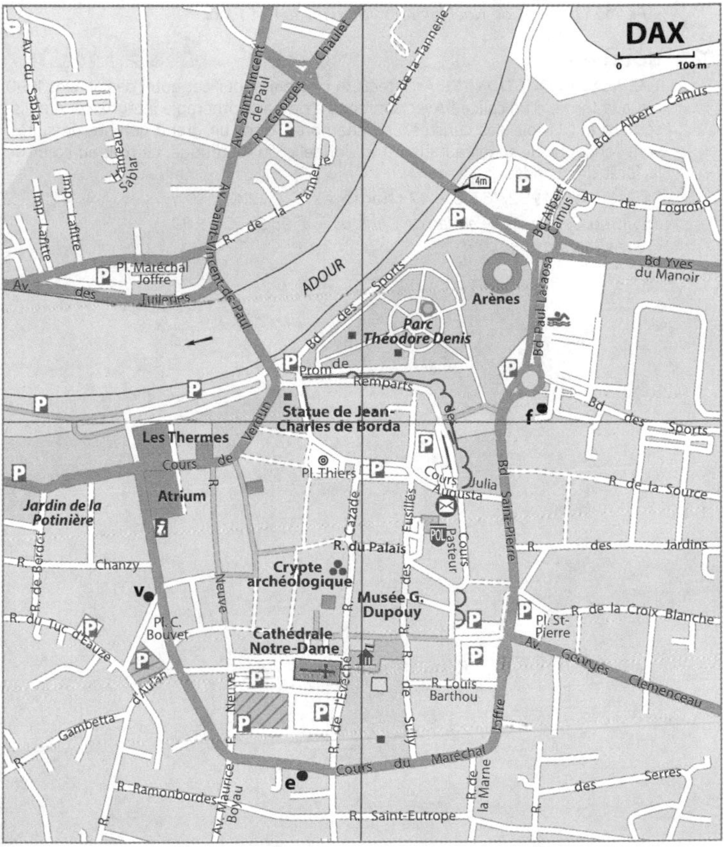

C D

DAX

1 1

2 2

C D

à Hinx 10 km à l'Est par D947 et D32 – ✉ 40180 – 1 874 hab. – Alt. 42 m

Au Ferléo

CUISINE MODERNE • TENDANCE L'acier corten qui orne la devanture du restaurant tranche dans le décor et annonce la couleur : il sera ici question de modernité et d'inventivité. Le chef renouvelle régulièrement sa carte, et met en valeur de beaux produits : Saint-Jacques, entrecôte de blonde d'Aquitaine, carré d'agneau... Bonne pioche !

Formule 13 € – Menu 16 € (déj. en semaine) – Carte 32/43 €

51 rte de Dax – 05 58 77 60 74 – Fermé dim. soir, mardi soir, merc. soir et lundi

à St-Paul-lès-Dax – ✉ 40990 – 13 189 hab. – Alt. 21 m

Le Moulin de Poustagnacq

CUISINE MODERNE • CONVIVIAL Envie de manger au bord de l'eau ? Dans ce cas, faites un tour dans cet ancien moulin ! Le chef travaille les produits frais et livre une cuisine traditionnelle teintée d'un joli accent régional. Aux beaux jours, installez-vous sur la terrasse face au lac. Ambiance bucolique garantie.

Menu 39/89 € – Carte 84/91 €

chemin de Poustagnacq – 05 58 91 31 03 – www.moulindepoustagnacq.com – Fermé vacances de Noël, mardi midi, dim. soir et lundi

Sourcéo

THERMAL • FONCTIONNEL Architecture originale pour cet hôtel des années 1990 qui a la forme d'un calice ! Avec son centre de balnéothérapie intégré, cet établissement fait la joie des curistes. Les chambres, dont un grand nombre de suites, sont fonctionnelles. Restauration traditionnelle ou diététique. Le tout au cœur de la forêt des Landes.

148 suites – 82/163 € – 47 chambres – 12 €

355 r. du Centre-Aéré, au lac de Christus – 05 58 90 66 00 – www.thermes-dax.com

Riou/SoFood/Photononstop

ON AIME...

Le **Normandy**, et son magnifique spa flambant neuf. Le travail à quatre mains d'un couple franco-coréen à **L'Essentiel**, synonyme de finesse et de précision. Enfin, le **Comptoir et la Table**, un bistrot gourmand qui évolue avec son temps...

DEAUVILLE

✉ 14800 Calvados – 3 725 hab. – Alt. 2 m – Carte régionale n° **17**-A3
Carte Michelin 303-M3 – Guide Vert Michelin Normandie Vallée de la Seine

Restaurants

✿ L'Essentiel (Mi-Ra et Charles Thuillant)

CUISINE MODERNE • ÉLÉGANT XX Ce bistrot contemporain célèbre le mariage réussi de l'Hexagone et de l'Asie. Mi-Ra – Coréenne – et Charles – Français – œuvrent à quatre mains à la ville comme en cuisine et concoctent des plats fusion de très belle facture... Une splendide invitation au voyage.

➜ Dorade, ponzu, condiment carotte-orange. Lotte rôtie au beurre de combava, girolles et condiment soubressade. Chocolat fumé.

Formule 25 € – Menu 35 € (déj.)/65 € – Carte 55/75 €

Plan : B2-f *29 r. Mirabeau – ✆ 02 31 87 22 11 – www.lessentiel-deauville.com – Fermé 2 semaines en janv., mardi et merc. hors saison sauf fériés*

✿ Maximin Hellio

CUISINE MODERNE • CONTEMPORAIN X Le chef Maximin Hellio tient ce petit restaurant intimiste, au cadre contemporain, où il propose une cuisine de l'instant, technique et créative ; on pourra même accompagner son repas d'un bon vin à prix raisonnable.

➜ Œuf de poule de Marans et citron. Homard bleu "de mon papa". Le plein de douceurs.

Formule 28 € – Menu 35 € (semaine), 60/125 € – Carte 100/135 €

Plan : B2-a *64 r. Gambetta – ✆ 02 31 49 19 89 – www.maximindeauville.fr – Fermé 25-28 juin, 5-9 nov., 8-25 janv., mardi sauf le soir du 17 juil. au 28 août et lundi*

La Flambée

CUISINE MODERNE • COSY XX Pourquoi "La Flambée" ? Sans doute à cause de la grande cheminée où l'on prépare de belles grillades sous vos yeux... mais l'adresse aurait aussi pu s'appeler "Le Homard", qui est son autre spécialité ! Derrière les fourneaux, le chef réalise des recettes soignées, qui vont à l'essentiel ; le service est aux petits soins...

Formule 22 € 🍷 – Menu 31/53 € – Carte 40/91 €

Plan : A2-t *81 r. du Gén.-Leclerc – ✆ 02 31 88 28 46 – www.laflambee-deauville.com*

Côté Royal

CUISINE TRADITIONNELLE • ÉLÉGANT XXX Une salle à manger élégante et cossue – haut plafond, boiseries, lustres et tentures – pour découvrir les plats du chef, qui agrémente la tradition d'éléments plus modernes. Il fait preuve d'un savoir-faire certain, si bien que l'on passe un bon moment.

Menu 65 €
– Carte 50/85 €

Plan : A2-y *Hôtel Royal-Barrière, bd Eugène-Cornuché – ✆ 02 31 98 66 33 – www.hotelsbarriere.com/fr/deauville/le-royal – Ouvert 28 avril à début nov. et fermé le midi*

La Belle Époque

CUISINE MODERNE • CHIC XXX Au cœur d'un grand hôtel chargé d'histoire, ce restaurant Belle Époque a des allures de brasserie chic, prolongée d'une lumineuse verrière ouvrant sur la cour fleurie. On y propose une cuisine actuelle de bonne facture ; le dimanche, on se presse pour le brunch. Quant à la cave à champagne vitrée... nous vous laissons la surprise !

Menu 36 € (déj.)/59 €
– Carte 49/70 €

Plan : A2-h *Hôtel Normandy-Barrière, 38 r. Jean-Mermoz – ✆ 02 31 98 66 22 – www.hotelsbarriere.com/fr/deauville/le-normandy*

Augusto Chez Laurent

POISSONS ET FRUITS DE MER • CONVIVIAL XX Connue pour ses spécialités de homard et de poisson, cette institution tient le cap de la cuisine iodée depuis plus de 35 ans ! On se régale dans un décor chic façon bateau. Un restaurant de référence à Deauville.

Formule 19 € – Menu 25 € (déj.), 37/59 € – Carte 48/85 €

Plan : B2-k *27 r. Désiré-Le-Hoc – ✆ 02 31 88 34 49 – www.restaurant-augusto.com – Fermé mardi sauf vacances scolaires et lundi*

Le Spinnaker 

CUISINE MODERNE • DESIGN XX Une valeur sûre que ce Spinnaker. Loin des sentiers battus, on s'installe dans un cadre moderne et épuré ; la cuisine de Frédéric Lesieur, au goût du jour, est savoureuse et soignée... et le service est aux petits oignons. On se régale !

Menu 30 € (déj. en semaine)/75 € – Carte 63/90 €

Plan : B1_2-v *52 r. Mirabeau – ✆ 02 31 88 24 40 – www.spinnakerdeauville.com – Fermé 1 semaine en nov. et en janv., lundi et mardi sauf juil.-août*

Le Bougnat (N)

CUISINE TRADITIONNELLE • CONVIVIAL X Ici, c'est jarret de porc caramélisé aux épices, rognon de veau à la Normande, sans oublier la mer et les huîtres de Normandie... Des réalisations canailles, autour d'une cuisine entre terroir et tradition. Le cadre porte l'empreinte bistrot. Terroir et tradition, à prix doux.

Formule 14 € – Menu 18/29 €

Plan : B2-b *7 r. Breney – ✆ 02 31 88 16 70 – www.chezlebougnat.fr – Fermé merc.*

L'Étoile des Mers

POISSONS ET FRUITS DE MER • CONVIVIAL X Sole, saint-pierre, turbot et dorade... Avis de pêche miraculeuse sur ce bistrot attachant, installé au fond d'une poissonnerie. Les produits de la mer, de première fraîcheur, sont cuits à la plancha et agrémentés avec talent par le jeune chef, un ancien client des lieux. Les amateurs seront conquis !

Formule 20 € – Carte 38/55 €

Plan : B2-t *74 r. Gambetta – ✆ 02 14 63 10 18 – Fermé 2-16 janv., 1 semaine en juin, 15-30 nov., mardi hors vacances scolaires, merc. pendant les vacances scolaires et le soir*

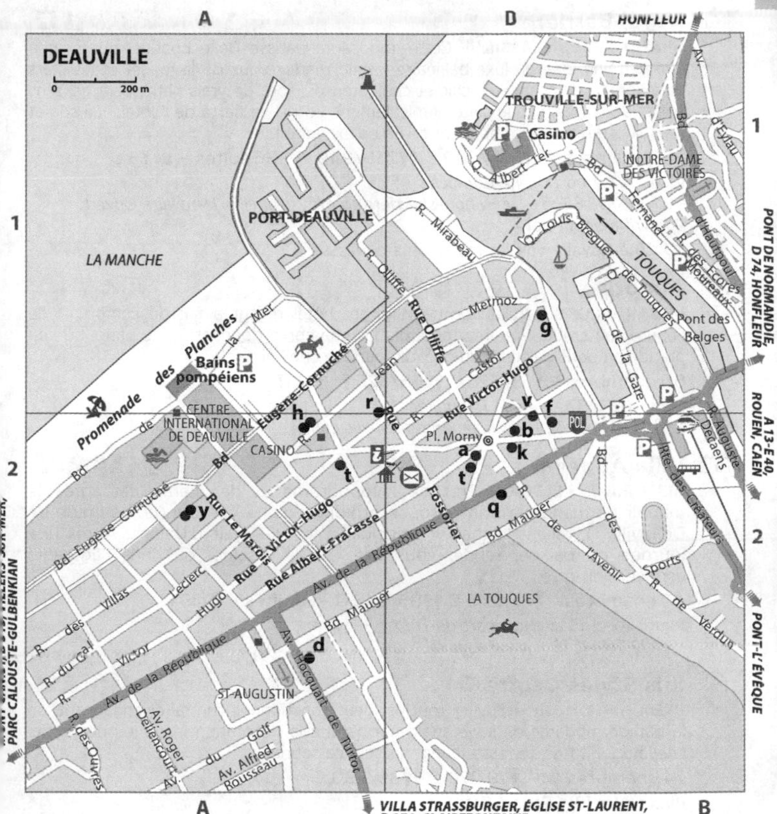

Le Comptoir et la Table

CUISINE TRADITIONNELLE • VINTAGE Bistrot vintage, comptoir en bois et… de la convivialité à revendre. Voilà le lieu idéal pour savourer des petits plats sans chichis, réalisés avec de beaux produits frais de qualité, notamment les spécialités aux truffes (toute l'année). Les clients sont fidèles.

Menu 20 € (déj. en semaine)/30 € – Carte 48/94 €

Plan : B1-g *1 quai de la Marine – ✆ 02 31 88 92 51 – www.lecomptoiretlatable.fr – Fermé 2 semaines en nov. et 2 semaines en janv.*

Hôtels & maisons d'hôtes

Normandy Barrière

GRAND LUXE • ÉLÉGANT Ce fier manoir anglo-normand, édifié en 1912, est devenu l'emblème de la station ! L'établissement a été entièrement rénové mais l'esprit des chambres, cosy et raffinées, demeure : toile de Jouy, boiseries… Pour se détendre, on peut profiter du magnifique Spa nouvellement créé. Un hôtel mythique.

257 chambres †259/1900 € ††259/1900 € – 14 suites – ☕ 35 €

Plan : A2-h *38 r. Jean-Mermoz – ✆ 02 31 98 66 22 – www.hotelsbarriere.com/fr/deauville/le-normandy*

La Belle Époque – voir les restaurants ci-dessus

Royal Barrière

GRAND LUXE • CLASSIQUE Cette imposante bâtisse Belle Époque, qui incarne une certaine idée du luxe balnéaire, est le rendez-vous de la jet-set et les stars de cinéma. Les chambres, chic et chaleureuses, sont de vrais petits palaces, sans parler de la magnifique suite "Amicalement Vôtre", la fierté de l'hôtel... Le spa et les salles de fitness complètent ce lieu d'exception.

209 chambres – 239/949 € 239/949 € – 36 suites – 35 €

Plan : A2-y *bd Eugène-Cornuché – 02 31 98 66 33 – www.hotelsbarriere.com/fr/deauville/le-royal – Ouvert 28 avril à début nov.*

Côté Royal – voir les restaurants ci-dessus

Almoria

URBAIN • COSY En plein centre-ville, cet hôtel récent a fait du confort et de l'épure son crédo. Préférez toutefois les chambres donnant sur le patio, où l'on prend son petit-déjeuner aux beaux jours. Accueil aimable.

60 chambres – 65/325 € 65/325 € – 13 €

Plan : B2-q *37 av. de la République – 02 31 14 32 32 – www.almoria-deauville.com*

Villa Augeval

HISTORIQUE • ÉLÉGANT Près de l'hippodrome et des haras, cet agréable manoir normand, un brin rétro, se prolonge d'une verrière (la pyramide de Deauville !), reliant le manoir principal à la villa Trait d'Union... Après une journée de balade, rendez-vous près de la piscine, ou dans l'agréable espace bien-être.

40 chambres – 85/245 € 95/245 € – 2 suites – 16 €

Plan : A2-d *15 av. Hocquart-de-Turtot – 02 31 81 13 18 – www.augeval.com*

Ibis Styles Centre (N)

URBAIN • FONCTIONNEL Ici, tout est neuf, fonctionnel, central et engageant, de la bâtisse moderne de style anglo-normand à la décoration façon jeu des petits chevaux... Fitness, terrasse lounge et service souriant.

74 chambres – 79/170 € 89/290 €

Plan : A1-r *10 r. Robert-Fossorier – 02 31 14 46 46 – www.accorhotels.com*

Manoir de Benerville

SPA ET BIEN-ÊTRE • PERSONNALISÉ Sur les hauteurs de Deauville, cette villa anglo-normande (1874) cultive un style romantique : du rose, des fleurs, la mer ou le joli parc en toile de fond... Avec les chambres, on vous propose même des soins pour encore mieux vous détendre. Le tout au grand calme ! Avis aux amoureux...

5 chambres – 190/310 € 190/310 €

Hors plan *chemin de Touques – 02 31 14 68 80 – www.manoirbenerville.com*

à Touques 2,5 km au Sud-Est – 14800 – 3 802 hab. – Alt. 10 m

L'Achillée

CUISINE MODERNE • CONVIVIAL XX Ils se sont rencontrés chez Hélène Darroze et l'assiette s'en ressent : ce jeune couple sympathique (madame en pâtisserie, monsieur en cuisine) cajole les produits (issus de petits producteurs bio), les saveurs, les plantes et les herbes, que le chef a à cœur de cueillir lui-même. Du frais et du (très) bon !

Formule 25 € – Menu 35/52 €

90 r. Louvel-et-Brière – 02 31 87 41 08 – www.lachillee.com – Fermé 20 juin-5 juil., 3-25 janv.,merc. et jeudi

à Canapville 6 km au Sud-Est par D677 – ✉ 14800 – 216 hab. – Alt. 10 m

Auberge du Vieux Tour

CUISINE TRADITIONNELLE • RUSTIQUE XX Une chaumière rustique près de la départementale, mais au calme et très accueillante ! Les patrons – de vrais passionnés – font surtout appel aux producteurs locaux et vous concoctent une sympathique cuisine de tradition : asperges à la polonaise, sole meunière avec une purée maison, tarte aux pommes, etc. Un régal !

Menu 29 € (semaine), 33/58 € – Carte 46/75 €

36 rte départementale 677 – ✆ 02 31 65 21 80 – www.levieuxtour.com – Fermé vacances de fév., 1 semaine en juin, 3-19 janv., mardi sauf juil.-août et merc. sauf fériés

au New Golf 3 km au Sud par D278 – ✉ 14800 Deauville :

Hôtel du Golf

RESORT • ÉLÉGANT Surplombant la côte et en pleine campagne, ce superbe hôtel typiquement normand (1929) est un havre de paix ! Les chambres, très spacieuses, ont été rénovées dans un style moderne et feutré ; l'ensemble ne manque pas d'élégance. Golf de 27 trous, vue sur la mer, restaurant et club-house, etc.

159 chambres – 🚹169/899 € 🚹🚹169/899 € – 11 suites – ☕ 29 €

– ✆ 02 31 14 24 00 – www.lhoteldugolf-deauville.com – Ouvert de mars à nov.

au Sud 6 km par D278 – ✉ 14800 Deauville :

Les Manoirs de Tourgéville

LUXE • PERSONNALISÉ En plein bocage du pays d'Auge, ce manoir est vraiment séduisant : chambres raffinées, apaisantes et spacieuses (nombreux duplex et triplex). Pour se détendre, il y a l'embarras du choix : piscine, vélo, massage, tennis, cinéma. Se lasser d'un tel endroit ? Impossible !

35 suites – 🚹🚹230/615 € – 22 chambres – ☕ 23 €

chemin de l'Orgueil – ✆ 02 31 14 48 68 – www.lesmanoirstourgeville.com

LA DÉFENSE – 92 Hauts-de-Seine ➜ Voir Autour de Paris

DELME

✉ 57590 Moselle – 1 098 hab. – Alt. 220 m – Carte régionale n° **14**-C2
Carte Michelin 307-J5

À la 12

CUISINE CRÉATIVE • CONTEMPORAIN XX La famille François tient les rênes de cette maison depuis sa création en 1954. Depuis 2016, Thomas (la troisième génération) et Laura, sa compagne, y insufflent jeunesse et motivation. Salle à manger ouverte sur la terrasse, cave à vin vitrée, cuisine créative, riche en produits régionaux, saisonnalité : ici, on a tout bon.

Formule 27 € – Menu 33/60 € – Carte 50/61 €

6 pl. de la République – ✆ 03 87 01 30 18 – www.ala12.fr – Fermé dim. soir, mardi soir et lundi

A la 12

AUBERGE • FONCTIONNEL Une auberge accueillante, tenue par la même famille depuis 1954 ! Les chambres, fonctionnelles et bien tenues, sont très appréciées par la clientèle d'affaires en semaine. À noter, quelques chambres familiales plus spacieuses.

15 chambres – 🚹67/81 € 🚹🚹67/81 € – ☕ 9 €

6 pl. de la République – ✆ 03 87 01 30 18 – www.ala12.fr – Fermé dim. soir

À la 12 – voir les restaurants ci-dessus

DERCHIGNY - 76 Seine-Maritime ➜ Voir Dieppe

DEUIL-LA-BARRE - 95 Val-d'Oise ➜ Voir Autour de Paris

LES DEUX-ALPES

✉ 38860 Isère – Carte régionale n° **23**-C2
Carte Michelin 333-J7 – Guide Vert Michelin Alpes du Nord

✿ Le P'tit Polyte

CUISINE MODERNE · RUSTIQUE XX Le P'tit Polyte a tout d'un grand ! Cette ancienne ferme d'alpage convertie en noble chalet réserve une expérience gastronomique de haute volée. Homard, mangue et yuzu ; pigeon de Pornic ; chocolat au lait et caramel... Les cuissons sont justes, les saveurs maîtrisées. Belle carte des vins et terrasse d'été.

➜ Foie gras poêlé au Sichuan, bouillon de fraise et ail noir. Omble chevalier fumé, carotte et oseille. Petit baba ananas, framboise et gingembre.

Menu 61/89 € – Carte 77/92 €

Plan : A2-n *Hôtel Chalet Mounier, 2 r. de la Chapelle – ✆ 04 76 80 56 90 – www.chalet-mounier.com – Ouvert 23 juin-25 août et 15 déc.-26 avril et fermé dim., lundi et le midi*

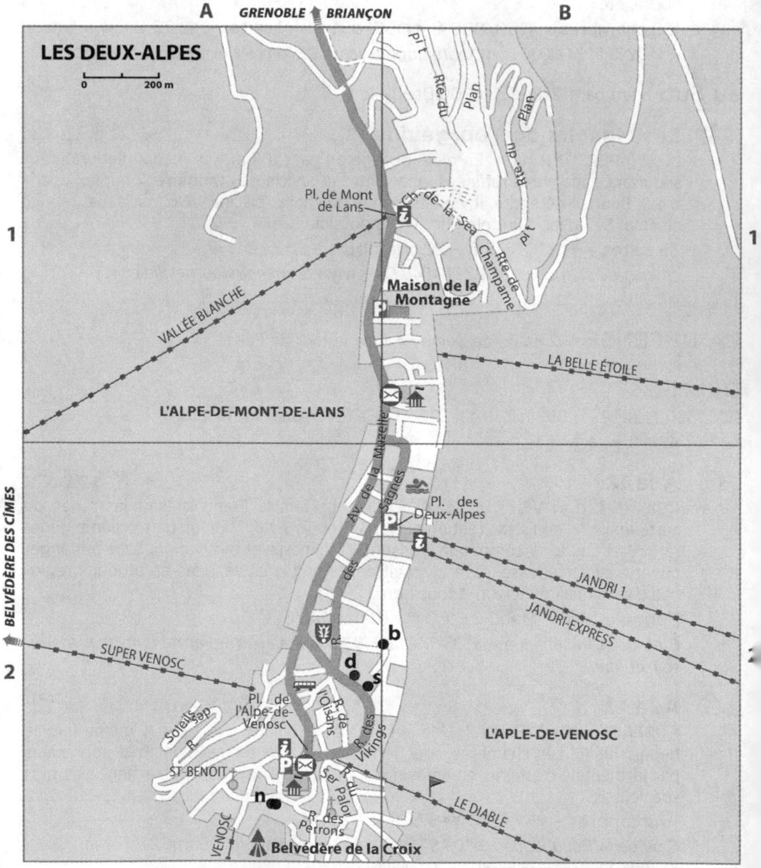

A GRENOBLE BRIANÇON B

LES DEUX-ALPES

0 200 m

Rte. du Plan
Pl. de Mont de Lans
Ch. de la Sea
Rte. de Champame
Maison de la Montagne
VALLÉE BLANCHE
LA BELLE ÉTOILE
L'ALPE-DE-MONT-DE-LANS
Av. de la Muzelle
des Sagnes
Pl. des Deux-Alpes
JANDRI 1
JANDRI-EXPRESS
BELVÉDÈRE DES CÎMES
SUPER VENOSC
b d s
Pl. de l'Alpe-de-Venosc
R. de l'Oisans
R. des Vikings
R. Soleil Sap
L'APLE-DE-VENOSC
ST-BENOIT
R. du Ser Palor
R. des Perrons
LE DIABLE
n
VENOSC
Belvédère de la Croix

A B

1 1

2

L'Entracte

CUISINE MODERNE • COSY Dans ce restaurant résolument alpin, fait de bois brut et de pierre, Benoît Lorlut compose une cuisine à son image : fine et légère, techniquement très au point, avec notamment un superbe travail sur les légumes. On va de réjouissance en réjouissance, d'autant que l'accueil est des plus agréables... Un Entracte qui fait le plus grand bien !

Formule 16 € - Menu 30 € - Carte 33/59 €

Plan : A2-d *19 r. des Vikings - 09 53 56 30 83 - Ouvert juil.-août, de déc. à avril et fermé merc. midi*

Le Diable au Cœur

CUISINE TRADITIONNELLE • CONVIVIAL Direction les cimes ! Empruntez le télésiège pour aller déjeuner dans ce diable de restaurant, perché à 2 400 m d'altitude. Dans le cadre agréable d'un chalet en bois clair, face à la Muzelle, la cuisine ne souffre pas du vertige : Tatin de queue de bœuf et patate douce ; travers de porc à la sauce barbecue...

Formule 27 € - Menu 32 € - Carte 30/50 €

Hors plan *7 r. des Gorges, au sommet du télésiège du Diable - 04 76 79 99 50 - www.lediableaucoeur.com - Ouvert 1er juil.-31 août, 3 déc.-29 avril et fermé le soir*

Chalet Mounier

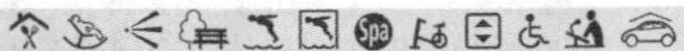

TRADITIONNEL • ÉLÉGANT Tout en haut des Deux-Alpes, sur le site d'une ferme d'alpage, l'aîné des hôtels de la station, né dans les années 1930 : les lieux ont la tradition de l'accueil chevillée au corps - des chevilles en bois, évidemment ! Tout pour un beau séjour à la montagne : grand confort, piscines, sauna, fitness...

43 chambres - 175/448 € 250/640 € - 18 €

Plan : A2-n *2 r. de la Chapelle - 04 76 80 56 90 - www.chalet-mounier.com - Ouvert 23 juin-25 août et 15 déc.-26 avril*

Le P'tit Polyte - voir les restaurants ci-dessus

Côte Brune

TRADITIONNEL • MONTAGNARD La famille Bel a mis - et met encore - beaucoup de soin dans la rénovation et l'entretien de cet hôtel situé aux pied des pistes. L'ensemble est chaleureux et accueillant, synthèse idéale entre rustique montagnard et confort moderne. Hammam, sauna et jacuzzi.

18 chambres - 75/130 € 115/192 €

Plan : AB2-b *6 r. Côtes-Brunes - 04 76 80 54 89 - www.hotel-cotebrune.fr - Ouvert 26 juin-28 août et 3 déc.-30 avril*

Les Mélèzes

FAMILIAL • MONTAGNARD L'expression "au pied des pistes" n'est pas galvaudée : on pourrait littéralement entrer dans l'hôtel les skis aux pieds ! Après avoir traversé un grand salon cosy, on découvre, à l'étage, des chambres où règnent le bois et, pour certaines, un agréable esprit contemporain.

32 chambres - 99/159 € 152/288 € - 2 suites

Plan : A2-s *17 r. des Vikings - 04 76 80 50 50 - www.hotelmelezes.com - Ouvert 16 déc.-23 avril*

DIEBOLSHEIM

67230 Bas-Rhin - 701 hab. - Alt. 163 m - Carte régionale n° **1**-B2
Carte Michelin 315-J7

Ambiance Jardin

FAMILIAL • PERSONNALISÉ De cette grange, les propriétaires ont fait une charmante maison d'hôtes, qui foisonne d'antiquités. Chambres aux tons pastel, spacieuses et cosy, et superbe jardin.

4 chambres - 78/88 € 88/98 €

12 r. de L'Abbé-Wendling - 03 88 74 84 85 - www.ambiance-jardin.com

DIEFMATTEN

68780 Haut-Rhin – 276 hab. – Alt. 300 m – Carte régionale n° **1**-A3
Carte Michelin 315-G10

Auberge du Cheval Blanc

CUISINE MODERNE • AUBERGE XXX La déclinaison de foie gras ? L'un des grands classiques de cette élégante maison alsacienne, où la cuisine gastronomique épouse les saisons – notamment autour de menus à thème (truffe, bouillabaisse, etc.) et de vins bien choisis. Pour l'étape, d'agréables chambres fonctionnelles.

Formule 17 € – Menu 23 € (déj. en semaine), 28/65 € – Carte 44/77 €
5 chambres – †65/72 € ††65/72 € – 12 €

17 r. Hecken – 03 89 26 91 08 – www.auchevalblanc.fr – Fermé 17 juil.-2 août, 2-10 janv., lundi et mardi sauf fériés le midi

DIEPPE

76200 Seine-Maritime – 30 086 hab. – Alt. 6 m – Carte régionale n° **17**-D1
Carte Michelin 304-G2 – Guide Vert Michelin Normandie Vallée de la Seine

Les Voiles d'Or (Tristan Arhan)

POISSONS ET FRUITS DE MER • SIMPLE XX Il n'est pas exagéré de dire qu'ici, le poisson est roi ! À la barre de cette table perchée sur la falaise du Pollet, un chef amoureux fou des beaux produits de la mer, qu'il travaille avec simplicité et raffinement. À noter : quelques chambres originales.

→ Mousseuse de petits pois, damier de raie et condiments au vinaigre. Lotte et queues de langoustines sautées et girolles fraîches. Poire confite à la cannelle farcie et voilée de caramel au beurre salé.

Menu 39 € (déj. en semaine)/59 € – Carte 75/85 €
3 chambres – †130 € ††150 €

Plan : B1-c *2 chemin de la Falaise, par rte du Tréport puis direction chapelle N.-D.-de-Bon-Secours – 02 35 84 16 84 – www.lesvoilesdor.fr – Fermé 17 déc.-16 janv., dim. soir, lundi et mardi*

Bistrot du Pollet

POISSONS ET FRUITS DE MER • BISTRO X Qu'on se le dise : dans ce bistrot, c'est la mer qui décide, et les plats dépendent directement des arrivages de la pêche locale. La qualité et la fraîcheur sont au rendez-vous, et quelle générosité dans les préparations !

Formule 23 € – Menu 30 € – Carte 32/50 €

Plan : B2-e *23 r. Tête-de-Bœuf – 02 35 84 68 57 – le-bistrot-du-pollet.zenchef.com – Fermé 1 semaine en mai, 2 semaines en sept. et en janv., dim. et lundi*

Comptoir à Huîtres

POISSONS ET FRUITS DE MER • VINTAGE X Loin de l'agitation du front de mer, le long des quais, ce comptoir a des allures de brasserie parisienne bien dans son jus. Après que l'on vous a présenté la pêche du jour, sans chichi, vient l'heure du choix. Quel poisson ? Entier, coupé ? À la plancha ? À moins que vous ne préfériez la carte des huîtres... Que de fraîcheur !

Formule 20 € – Carte 40/50 €

Plan : B2-a *12 cours de Dakar (quai de Norvège) – 02 35 84 19 37 – Fermé 2 semaines en mars, 3 semaines en août, dim. et lundi*

Mercure la Présidence

HÔTEL DE CHAÎNE • CONTEMPORAIN Près du casino et du centre de thalasso, des chambres décorées avec goût ; la moitié d'entre elles offrent une agréable vue sur les flots.

85 chambres – †98/195 € ††98/195 € – 17 €

Plan : A2-a *1 bd de Verdun – 02 35 84 31 31 – www.hotel-la-presidence.com*

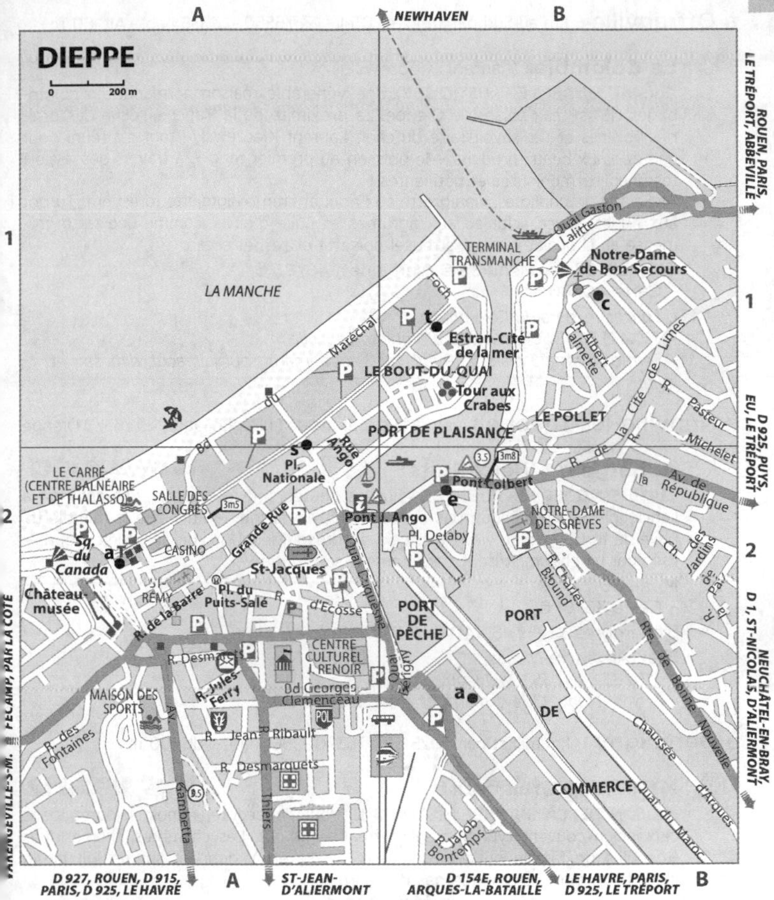

Hôtel de l'Europe

URBAIN • BORD DE MER Sur le front de mer, du bois, du béton et... de l'allure ! À l'intérieur, les chambres, grandes, colorées et meublées de rotin, regardent la Manche et ses flots aux couleurs sans cesse changeantes.

60 chambres – 🚹80/149 € 🚹🚹99/169 € – ☕10 €

Plan : B1-t *63 bd de Verdun – ✆ 02 32 90 19 19 – www.hotel-europe-dieppe.com – Ouvert 30 mars à mi-nov.*

à Martin-Église 6 km au Sud-Est par D1 – ✉ 76370 – 1 542 hab. – Alt. 11 m

Auberge du Clos Normand

CUISINE TRADITIONNELLE • RUSTIQUE XX Dans un jardin bordé par une rivière, cet ancien relais de poste (15e s.) est le repaire idéal des amateurs de cuisine traditionnelle ! Devant la grande cheminée en brique de Dieppe, on déguste huîtres, ris de veau et autres magrets... Quelques chambres calmes et feutrées dans les dépendances.

Menu 28/38 € – Carte 39/51 €

12 chambres – 🚹79 € 🚹🚹79 € – ☕10 €

22 r. Henri-IV – ✆ 02 35 40 40 40 – www.closnormand.fr – Fermé 15 fév.-9 mars, 13 nov.-7 déc., mardi midi, merc. midi et lundi

à Offranville 6 km au Sud par D927 et D54 - ✉ 76550 - 3 138 hab. - Alt. 80 m

✿ Le Colombier (Laurent Kleczewski)

CUISINE MODERNE • RUSTIQUE XX Une vénérable maison normande en colombages (16e s.) aux portes de Dieppe. La proximité de la Manche, l'écrin des prairies voisines et... le savoir-faire du chef, Laurent Kleczewski : tout est réuni pour une ode aux beaux produits – le poisson au premier rang –, à travers des assiettes fines, harmonieuses et pétillantes !

➜ Salade de pholiotes, vinaigrette aux noix et crème aigrelette forestière. Turbot aux figues, sauce acidulée aux agrumes et huile d'olive. Comme une tarte crémeuse au chocolat vanuari, streusel noisette et sorbet cacao.

Formule 27 € – Menu 33 € (semaine), 48/85 €
– Carte 60/80 €

r. Loucheur (parc du Colombier)
– ✆ 02 35 85 48 50 – www.lecolombieroffranville.fr
– Fermé 26 fév.-15 mars, 2-19 juil., 22-31 oct., mardi sauf juil.-août, dim. soir et merc.

à Neuville-lès-Dieppe 1,4 km à l'Est par av. de la République – ✉ 76370 Dieppe

Auberge du Vieux Puits

CUISINE MODERNE • AUBERGE X Sur les hauteurs, face à la mer, une auberge à l'ancienne qui ne manque pas de sel ! Huîtres d'Isigny gratinées à la mimolette, pavé de turbot rôti au vin blanc, pain perdu soufflé... Une cuisine généreuse, réalisée par un chef maîtrisant parfaitement sa partition.

Menu 30/50 €
– Carte 36/61 €

8 chambres ☕ – 🚹115/140 € 🚹🚹115/140 €

15 av. Alexandre-Dumas
– ✆ 02 35 84 47 35 – www.puys.fr
– Fermé 8 janv.-13 fév., mardi et merc. d'oct. à avril

à Derchigny 11 km à l'Est par D925 – ✉ 76370 – 561 hab. – Alt. 100 m

Manoir de Graincourt

MAISON DE CAMPAGNE • HISTORIQUE Pour l'anecdote, Renoir séjourna dans cet ancien couvent typiquement normand (19e s.). Les chambres, thématiques (meubles de famille ou chinés, beaux tissus, etc.), donnent sur un joli jardin clos ; l'ensemble ne manque pas de charme.

5 chambres ☕ – 🚹91/130 € 🚹🚹101/140 €

10 pl. Ludovic-Panel
– ✆ 02 35 84 12 88 – www.manoir-de-graincourt.fr

à Vasterival 11 km à l'Ouest par D75 – ✉ 76119 Varengeville sur Mer

La Terrasse

FAMILIAL • ROMANTIQUE Sur la falaise, cette maison du début du siècle (1902) est tenue par la même famille depuis quatre générations – bientôt cinq. Ici, le décor, c'est la mer : la moitié des chambres la contemplent, tout comme la terrasse en bois, avec ses transats, où l'on vient prendre le soleil...

21 chambres ☕ – 🚹65/130 € 🚹🚹110/130 €

rte de Vasterival
– ✆ 02 35 85 12 54 – www.hotel-restaurant-la-terrasse.com
– Ouvert mi-mars au 10 oct. et vacances de la Toussaint

DIEULEFIT

✉ 26220 Drôme – 3 061 hab. – Alt. 366 m – Carte régionale n° **23**-B3
Carte Michelin 332-D6 – Guide Vert Michelin Ardèche Drôme

au Poët-Laval 5 km à l'Ouest par D540 – ✉ 26160 – 919 hab. – Alt. 311 m

Les Hospitaliers

CUISINE MODERNE • CLASSIQUE XX Déguster un thon comme un tataki ou un tourteau en rillettes au pied de la Commanderie de l'ordre de Malte, c'est possible aux Hospitaliers, dans une salle élégante. L'immense terrasse, sur les toits, divulgue une vue à 360 degrés. L'assiette a du goût et de l'allure : une adresse décidément charmante.

Formule 20 € – Menu 35/62 € – Carte 53/63 €

– ✆ 04 75 46 22 32 – www.hotel-les-hospitaliers.com – Ouvert 24 mars-4 nov. et fermé lundi midi et mardi midi sauf juil.-août

Les Hospitaliers

AUBERGE • TRADITIONNEL Référence aux Hospitaliers qui, au 12e s., s'installèrent dans le village. L'établissement, composé d'un bel ensemble de maisons en pierre sèche, abrite des chambres de caractère. Cuisine de saison au restaurant.

20 chambres – 77/96 € 86/160 € – 14 €

– ✆ 04 75 46 22 32 – www.hotel-les-hospitaliers.com – Ouvert 24 mars-4 nov.

Les Hospitaliers – voir les restaurants ci-dessus

DIGNE-LES-BAINS

✉ 04000 Alpes-de-Haute-Provence – 16 304 hab. – Alt. 608 m – Carte régionale n° **21**-C2
Carte Michelin 334-F8 – Guide Vert Michelin Alpes du Sud

Le Grand Paris

CUISINE CLASSIQUE • VINTAGE XXX Une maison pleine de cachet, avec un petit côté "à l'ancienne" tout à fait plaisant. La chef revisite les recettes classiques de son père (jadis aux fourneaux) ; ses plats sont savoureux. Ici, la tradition se perpétue d'une bien jolie façon.

Formule 29 € – Menu 39/76 € – Carte 68/91 €

19 bd Thiers – ✆ 04 92 31 11 15 – www.hotel-grand-paris.com – Ouvert 1er avril-30 nov. et fermé lundi midi, mardi midi, merc. midi et jeudi midi hors saison

rte de Nice 2 km par N85 – ✉ 04000 Digne-les-Bains :

Villa Gaïa

FAMILIAL • VINTAGE Cette accueillante maison de maître du début du 18e s. a conservé son charme d'antan : un grand parc, une bibliothèque et des chambres de style rétro (sans TV, quel bonheur !). Un menu régional est même proposé pour les gourmands. A déguster sur la terrasse ombragée.

10 chambres – 79/130 € 95/150 € – 13 €

24 rte de Nice – ✆ 04 92 31 21 60 – www.hotel-villagaia-digne.com – Ouvert 20 avril-20 oct.

DIGOIN

✉ 71160 Saône-et-Loire – 8 005 hab. – Alt. 232 m – Carte régionale n° **4**-B3
Carte Michelin 320-D11 – Guide Vert Michelin Bourgogne

à Vigny-les-Paray 9 km au Nord-Est par D994 et D52 – ✉ 71160

Auberge de Vigny

CUISINE MODERNE • CHAMPÊTRE XX Dans cette ancienne salle de classe décorée avec soin, on sert désormais une cuisine qui joue habilement de la tradition et du passage des saisons. La carte est changée régulièrement ; la jolie terrasse donne sur le jardin et le potager... pour une douce étape champêtre.

Formule 20 € – Menu 27/43 € – Carte 38/48 €

– ✆ 03 85 81 10 13 – www.aubergedevigny.fr – Fermé 9-30 oct., 24 déc.-20 janv., dim. soir de nov. à mars, lundi et mardi

J.-D. Sudres/hemis.fr

ON AIME...

DZ'envies, sur la place des halles, où le chef fait son marché. **L'Auberge des Tilleuls**, un savoureux bistrot de campagne à Messigny-et-Vantoux. **William Frachot**, dont le remarquable sommelier met bien en valeur sa superbe carte des vins. Enfin, les bons produits de saison servis à **L'Essentiel**...

DIJON

✉ 21000 Côte-d'Or – 153 668 hab. – Agglo. 239 955 hab. – Alt. 245 m
– Carte régionale n° **4**-D1
Carte Michelin 320-K6 – Guide Vert Michelin Bourgogne

Restaurants

✿✿ William Frachot

CUISINE CRÉATIVE • CONTEMPORAIN XXX Un décor contemporain qui puise aux sources de la nature, très minéral et très végétal, orné notamment de troncs d'arbre... Un bel écrin pour la cuisine de William Frachot, éprise d'essentiel, inspirée, voyageuse et aboutie. Écorce des saveurs, saveurs corsées !

➜ Tête de veau croustillante et langoustines saisies, câpron, citron confit et crémeux aux herbes. Sole rôtie sur l'arête façon meunière. Soufflé au Grand Marnier, sorbet Grand Marnier et orange.

Menu 55 € (déj. en semaine), 92/152 €
– Carte 120/155 €

Plan : B2-a *Hostellerie du Chapeau Rouge, 5 r. Michelet*
– ✆ 03 80 50 88 88 – www.chapeau-rouge.fr
– Fermé 7-21 août, 1er-23 janv., dim. et lundi

✿ Stéphane Derbord

CUISINE MODERNE • ÉLÉGANT XXX Stéphane Derbord a donné son propre nom à son restaurant, et c'est justice : sa cuisine porte en effet sa marque, très personnelle, revisitant avec une subtile créativité le répertoire bourguignon. À la tête d'une équipe efficace, son épouse assure un service sympathique et appliqué. Une bien belle table !

➜ Foie gras de canard poêlé, sirop de coquelicot et pêche de vigne. Dos de pigeon de Corton frotté aux grains de vanille, la cuisse en consommé à la réglisse. Croquant au chocolat, ganache aux cerises de Fougerolles.

Menu 30 € (déj. en semaine), 55/105 €
– Carte 80/100 €

Plan : C3-b *10 pl. Wilson*
– ✆ 03 80 67 74 64 – www.restaurantstephanederbord.fr
– Fermé 18 fév.-7 mars, 5-22 août, 1er-4 janv., dim. et lundi

Loiseau des Ducs

CUISINE MODERNE • CHIC XX Près du palais ducal, cette table du groupe Loiseau s'abrite dans l'hôtel de Talmay, du 16e s. La cuisine, réalisée par un jeune chef formé à bonne école, associe racines bourguignonnes, touches créatives et suaves parfums ; le tout s'accompagne d'une très belle sélection de grands crus servis au verre !

➜ Langoustine marinée aux aromates, tomate ananas et sauge ananas. Ris de veau doré au sautoir et artichauts, jus de veau à la coriandre. Tartelettes aux fraises et chocolat, glace à l'aspérule odorante et coulis au foin.

Formule 25 € - Menu 35 € (déj. en semaine) - Carte 95/130 €

Plan : B2-u *3 r. Vauban - ✆ 03 80 30 28 09 - www.bernard-loiseau.com - Fermé 18 fév.-13 mars, 26 août-4 sept., dim. et lundi*

DZ'envies

CUISINE MODERNE • BRANCHÉ X Des envies ? Faites confiance à David Zuddas et à ses initiales ! Dans son restaurant aux airs de cantine branchée, le chef laisse s'exprimer son amour du métier et des beaux produits. On se souviendra de ces légumes bio du moment, et de ce dos de cabillaud et écrasé de pomme de terre aux herbes... Ses envies, notre plaisir !

Formule 17 € - Menu 21 € (déj.), 32/40 € - Carte 35/49 €

Plan : B1-a *12 r. Odebert - ✆ 03 80 50 09 26 - www.dzenvies.com - Fermé 1er-24 janv., dim. et fériés*

L'Essentiel Ⓝ

CUISINE MODERNE • CONVIVIAL X Le jeune chef-patron aux commandes de ce restaurant situé en léger retrait du centre touristique de la ville, concocte un menu carte rythmé par les saisons, aux saveurs marquées et harmonieuses. Les pressés préféreront le menu déjeuner attractif. Le tout, à déguster dans le patio, fort prisé aux beaux jours.

Formule 18 € - Menu 23 € (déj. en semaine), 32/39 € - Carte 47/57 €

Plan : B1-e *12 r. Audra - ✆ 03 80 30 14 52 - Fermé 11-27 fév., 3 semaines en août, dim., lundi et fériés*

So

CUISINE MODERNE • ÉPURÉ X Épaulé en salle par Rié, sa compagne, le chef japonais, So Takahashi, seul aux fourneaux après avoir œuvré dans de belles maisons, travaille les produits qu'il achète directement au marché voisin. Le résultat : une cuisine française traversée d'inspirations nippones, finement exécutée, légère et parfumée... So good !

Formule 15 € - Menu 18 € (déj.), 27/35 €

Plan : B2-v *15 r. Amiral-Roussin - ✆ 03 80 30 03 85 - Fermé 3 semaines en août, 1 semaine en janv., dim. et lundi*

La Dame d'Aquitaine

CUISINE MODERNE • ROMANTIQUE XXX Un lieu étonnant ! Cette crypte du 13e s. frappe l'imagination avec ses voûtes, ses jeux de lumière et, au milieu de la salle, un imposant piano à queue ; une ambiance éminemment intime et romantique... qui convient bien aux créations du chef : carpaccio de langoustines fumées, cassolette de lasagnes au foie gras, etc.

Carte 43/62 €

Plan : B2-m *23 pl. Bossuet - ✆ 03 80 30 45 65 - www.ladamedaquitaine.fr - Fermé le midi du 15 juil. au 30 août, lundi midi, mardi midi, merc. midi et dim.*

La Maison des Cariatides

CUISINE CRÉATIVE • BRANCHÉ XX Dans cette belle maison (1603) du quartier des antiquaires, la salle évoque... un loft très contemporain : le contraste séduit ! Le chef-patron de la Rôtisserie à Gevrey-Chambertin propose ici une cuisine à la carte, faisant la part belle aux bons produits, à prix mesurés. Une adresse agréable.

Formule 25 € - Menu 29 € (déj.)/55 € - Carte 40/65 €

Plan : C2-e *28 r. Chaudronnerie - ✆ 03 80 45 59 25 - www.thomascollomb.com - Fermé 2 semaines en août, 2 semaines en janv., dim. et lundi*

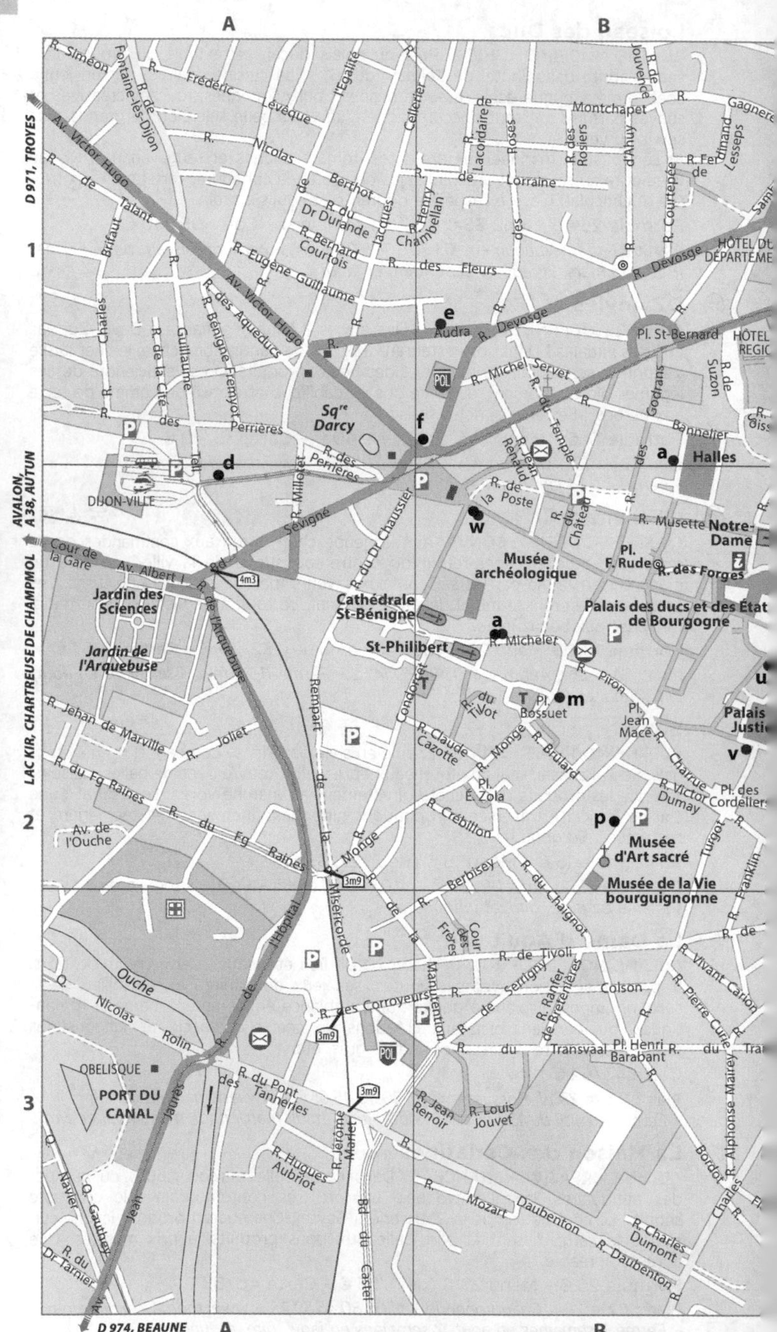

A
B
1
2
3
D 971, TROYES
AVALON, A 38, AUTUN
LAC KIR, CHARTREUSE DE CHAMPMOL
D 974, BEAUNE
R. Siméon
R. Frédéric
R. de Fontaine-lès-Dijon
R. de l'Égalité
Lévêque
R. Nicolas
Berthot
R. du Dr Durande
R. Bernard Courtois
R. Eugène Guillaume
R. de Jacques Cellerier
R. Henry Chambellan
R. de Lorraine
R. Lacordaire
R. des Roses
R. des Rosiers
R. Montchapet
R. de Jouvence
R. d'Ahuy
R. Gagnereaux
R. Ferdinand de Lesseps
R. Courtépée
R. des Fleurs
R. Devosge
HÔTEL DU DÉPARTEMENT
HÔTEL RÉGION
Pl. St-Bernard
R. de Suzon
Av. Victor Hugo
R. de Talant
R. Brifaut
R. Charles
R. des Aqueducs
R. Bénigne Frémyot
R. de la Cité
R. Guillaume Tell
R. des Perrières
Sqre Darcy
Audra
R. Michel Servet
R. du Temple
R. Jean Renaud
R. des Godrans
R. Bannelier
Halles
R. de la Poste
R. du Château
R. Musette
Notre-Dame
Pl. F. Rude
R. des Forges
DIJON-VILLE
R. Millotet
Sévigné
R. du Dr Chaussier
Cour de la Gare
Av. Albert Ier
Bd de l'Arquebuse
Jardin des Sciences
Jardin de l'Arquebuse
Musée archéologique
Cathédrale St-Bénigne
St-Philibert
R. Michelet
Palais des ducs et des États de Bourgogne
R. Piron
Pl. Jean Macé
Palais de Justice
R. Condorcet
R. du Tivoli
Pl. Bossuet
R. Claude Cazotte
R. Monge
R. Brûlard
R. Charrue
R. Victor Dumay
Pl. des Cordeliers
Pl. É. Zola
R. Crébillon
R. Jehan de Marville
R. Joliet
R. du Fg Raines
Av. de l'Ouche
Rempart de la Miséricorde
R. Turgot
Musée d'Art sacré
Musée de la Vie bourguignonne
R. Berbisey
R. du Chaignot
R. Franklin
Cour des Frères
R. de Tivoli
R. de la Manutention
R. Vivant Carion
R. de Serrigny
R. Ranfer de Bretenières
R. Colson
R. Pierre Curie
Bd de l'Hôpital
Ouche
Q. Nicolas Rolin
R. des Corroyeurs
R. du Transvaal
Pl. Henri Barabant
OBELISQUE
PORT DU CANAL
Av. Jean Jaurès
R. du Pont des Tanneries
R. Jérôme Marlet
R. Jean Renoir
R. Louis Jouvet
R. Alphonse Mairey
R. Bordot
R. Hugues Aubriot
Q. Navier
Q. Gauthey
R. du Dr Tarnier
Bd du Castel
R. Mozart
R. Daubenton
R. Charles Dumont
4m3
3m9
POL

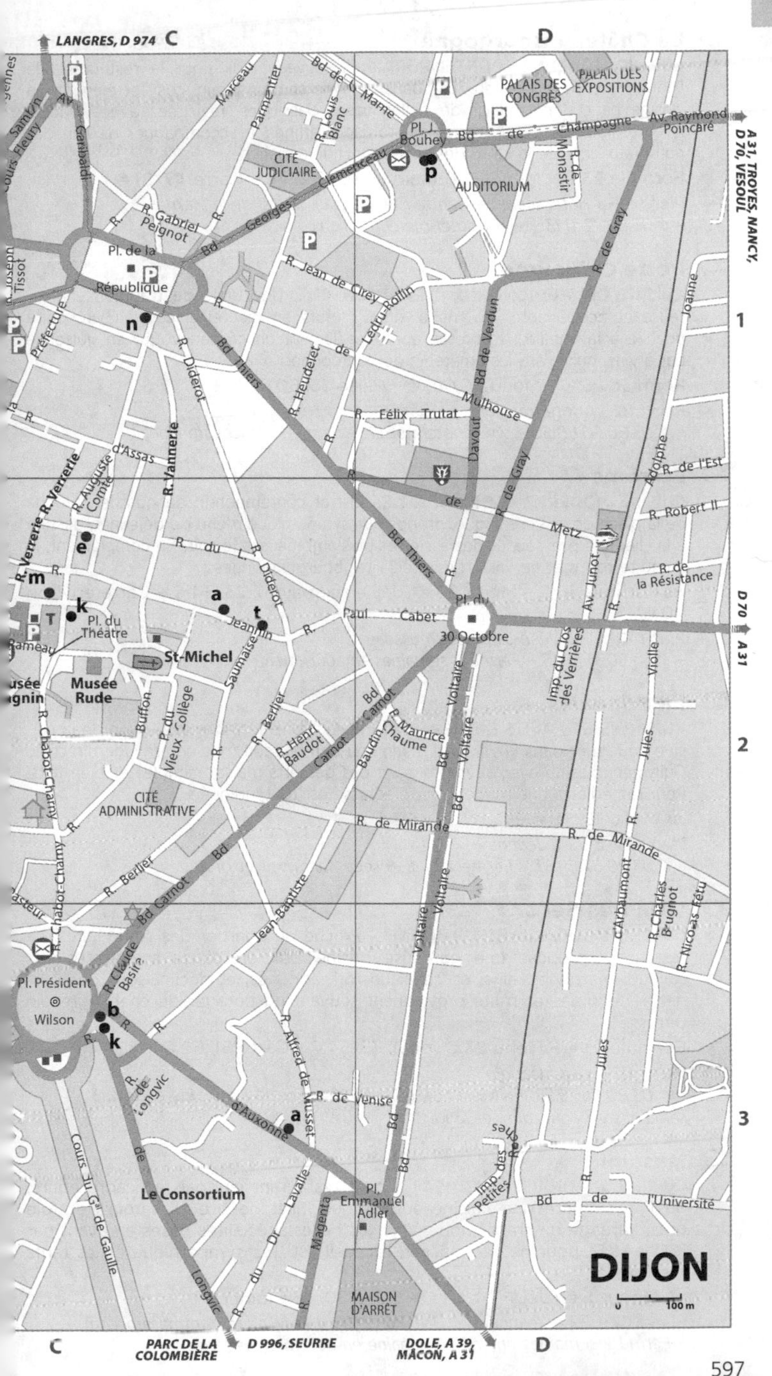
LANGRES, D 974
C
D
A 31, TROYES, NANCY, D 70, VESOUL
D 70 A 31
PARC DE LA COLOMBIÈRE
D 996, SEURRE
DOLE, A 39, MÂCON, A 31
1
2
3
PALAIS DES CONGRÈS
PALAIS DES EXPOSITIONS
AUDITORIUM
CITÉ JUDICIAIRE
Pl. J. Bouhey
Bd de Champagne
Av. Raymond Poincaré
Bd Georges Clemenceau
Pl. de la République
R. Jean de Cirey
Bd Thiers
Bd de Verdun
R. de Gray
R. de Mulhouse
R. Félix Trutat
Pl. du 30 Octobre
R. Paul Cabet
St-Michel
Musée Rude
Pl. du Théâtre
CITÉ ADMINISTRATIVE
Bd Carnot
R. de Mirande
Bd Voltaire
Pl. Président Wilson
Le Consortium
Pl. Emmanuel Adler
MAISON D'ARRÊT
Bd de l'Université
DIJON
0
100 m

Le Château Bourgogne

CUISINE MODERNE • CONTEMPORAIN XX Nouveau look pour le restaurant de l'hôtel Mercure rénové en 2017 dans un style contemporain, cosy et élégant. La cuisine peut s'enorgueillir de belles bases classiques, revisitées avec vivacité. Avec toujours le beau chariot de fromages affinés, à accompagner de l'un des nombreux crus de la carte des vins. Brunch le dimanche.

Formule 23 € – Menu 27 € (semaine), 35/69 € – Carte 47/81 €

Plan : D1-p *Hôtel Mercure-Centre Clemenceau, 22 bd de la Marne – ✆ 03 80 72 31 13 – www.hotel-mercure-dijon.com*

Porte Guillaume

CUISINE BOURGUIGNONNE • TRADITIONNEL XX Une table de tradition chaleureuse et accueillante. Au menu, donc : œufs en meurette, coq au vin, poire pochée à la vanille... L'adresse abrite également un caveau voûté en guise de bar à vins, qui ravira les amateurs de bourgogne.

Formule 25 € – Menu 30/45 € – Carte 35/60 €

Plan : B2-w *Hôtel du Nord, pl. Darcy – ✆ 03 80 50 80 50 – www.hotel-nord.fr – Fermé vacances de Noël*

L'Arôme N

CUISINE MODERNE • CONVIVIAL X Ce bistrot contemporain de quartier, proche de la place de la République, propose un sympathique menu du déjeuner, destiné à la clientèle pressée, et des assiettes plus ambitieuses le soir. En complément, le menu terroir met en valeur les spécialités bourguignonnes.

Formule 16 € – Menu 20 € (déj. en semaine), 23/34 € – Carte environ 40 €

Plan : C1-n *2 r. Jean-Jacques-Rousseau – ✆ 03 80 31 12 46 – Fermé 2 semaines en août, merc. midi et mardi*

La Fringale

POISSONS ET FRUITS DE MER • CONVIVIAL X Une véritable institution de la cuisine de la mer dans la ville. Au menu : du bon poisson frais en arrivage direct du Guilvinec, cuisiné avec savoir-faire, et des desserts maison simples et bien faits. Pour remédier à une fringale, cette adresse est tout indiquée !

Menu 18/38 € – Carte 43/123 €

Plan : C2-a *53 r. Jeannin – ✆ 03 80 67 69 37 – Fermé 28 juil.-8 sept., lundi soir et dim.*

L'Un des Sens N

CUISINE MODERNE • TRADITIONNEL X Proche du quartier des Antiquaires, ce restaurant propose une goûteuse cuisine, aux dressages soignés et aux saveurs marquées, ainsi ce cabillaud rôti, agrumes, et déclinaisons de courgette. Légumes et fruits proviennent souvent du potager du chef. Agréable terrasse.

Formule 19 € – Menu 23 € (déj.), 35/54 € – Carte 51/62 €

Plan : C2-m *3 r. Jeannin – ✆ 03 80 65 75 58 – www.lundesens-dijon.fr – Fermé 1 semaine en fév., 3 semaines en août, dim. et lundi*

Masami

CUISINE JAPONAISE • INTIME X Un petit restaurant japonais au cadre épuré, où l'on savoure une cuisine authentique. Filet de bœuf charolais et foie gras, karaage de crabe mou... Voici les belles spécialités mises en avant par le chef ! Et pour ne rien gâcher, l'accueil est très sympathique et les tarifs mesurés.

Menu 15 € (déj.), 24/54 € – Carte 30/56 € dîner

Plan : C2-t *79 r. Jeannin – ✆ 03 80 65 21 80 – www.restaurantmasami.com – Fermé 2 semaines en août, 1 semaine en déc., dim. et fériés*

Hôtels

Grand Hôtel de la Cloche

LUXE • ÉLÉGANT Il fait bon vivre dans cette bâtisse Belle Époque (1884), entièrement rénovée. Les chambres, aménagées dans un style contemporain chic, sont spacieuses et confortables. Cuisine actuelle au restaurant logé sous une lumineuse verrière, donnant sur une plaisante terrasse. Le brunch du dimanche est très couru !

88 chambres - 150/1600 € 180/1600 € - 5 suites - 23 €

Plan : AB1-f *14 pl. Darcy - 03 80 30 12 32 - www.hotel-lacloche.fr*

Hostellerie du Chapeau Rouge

TRADITIONNEL • CONTEMPORAIN Une élégante "hostellerie" créée en 1863, mais toujours pleine de fraîcheur avec ses chambres au décor soigné, certaines très contemporaines. Le must : profiter de l'espace bien-être - massage, sauna, hammam - avant un bon dîner.

25 chambres - 102/310 € 102/310 € - 3 suites - 18 €

Plan : B2-a *5 r. Michelet - 03 80 50 88 88 - www.chapeau-rouge.fr*

William Frachot - voir les restaurants ci-dessus

Mercure-Centre Clemenceau

HÔTEL DE CHAÎNE • CONTEMPORAIN Un hôtel de chaîne parfaitement adapté à la clientèle business, tout près de l'auditorium, des palais des congrès et des expositions. Les chambres sont fonctionnelles et spacieuses, dans une veine contemporaine. Garage apprécié, tout comme la piscine en été.

123 chambres - 89/259 € 89/259 € - 19 €

Plan : D1-p *22 bd de la Marne - 03 80 72 31 13 - www.hotel-mercure-dijon.com*

Le Château Bourgogne - voir les restaurants ci-dessus

Oceania Le Jura (N)

HÔTEL DE CHAÎNE • FONCTIONNEL Cette jolie bâtisse du 19es., située entre la gare et la Place Darcy, au pied du tramway, propose des chambres contemporaines et fonctionnelles, les plus agréables tournées vers la cour-jardin. Piscine intérieure et petit espace bien-être, logés à l'abri d'une verrière.

73 chambres - 91/189 € 91/189 € - 15 €

Plan : A2-d *14 av. du Mar.-Foch - 03 80 41 61 12 - www.oceaniahotels.com*

Hôtel des Ducs

TRADITIONNEL • FONCTIONNEL Gageons que les ducs de Bourgogne, du temps de leur domination dans la région, auraient goûté le repos en cette jolie adresse. Les chambres, spacieuses, et les prix, très raisonnables, en font une étape de choix, en plein cœur de la ville.

35 chambres - 72/140 € 72/140 € - 12 €

Plan : C2-k *5 r. Lamonnoye - 03 80 67 31 31 - www.hoteldesducs.com*

Hôtel du Nord

TRADITIONNEL • CLASSIQUE Atmosphère, Atmosphère ? Cet Hôtel du Nord-là, tenu par la même famille depuis quatre générations, est idéalement situé dans le cœur piétonnier du Dijon animé et commerçant. Chambres classiques et fonctionnelles.

27 chambres - 95/125 € 105/130 € - 13 €

Plan : B2-w *- 03 80 50 80 50 - www.hotel-nord.fr - Fermé vacances de Noël*

Porte Guillaume - voir les restaurants ci-dessus

Philippe Le Bon

TRADITIONNEL • COSY Dans le centre ancien, trois superbes hôtels particuliers des 15e et 18e s., blottis autour d'une jolie cour de style gothique. Les chambres, confortables et cosy, ont conservé un cachet rustique. Côté assiettes, on sert une cuisine traditionnelle et bourguignonne, teintée de notes actuelles.

41 chambres - 99/249 € 99/249 € - 15 €

Plan : B2-p *18 r. Ste-Anne - 03 80 30 73 52 - www.maisonphilippelebon.com*

Wilson

TRADITIONNEL • CLASSIQUE Des pierres apparentes, des poutres, une grande cheminée où le feu crépite en hiver et des chambres sobres et plaisantes, bien insonorisées : le charme de l'ancien – logique pour un relais de poste du 17e s. – et tout le confort moderne !

27 chambres – 78/126 € 78/126 € – 14 €

Plan : C3-k *1 r. de Longvic*
– 03 80 66 82 50 – www.wilson-hotel.com

à Messigny-et-Vantoux 10 km au Nord par D996, D903 puis D974 – 21380 – 1 603 hab. – Alt. 312 m

Auberge des Tilleuls

CUISINE TRADITIONNELLE • BISTRO X C'est une évidence : il souffle un vent nouveau sur cette auberge, reprise par un jeune couple. Le chef remet au goût du jour les bons plats bistrotiers qui ont fait l'histoire de la maison : joue de bœuf, œufs pochés en meurette, tourte au riesling, ris de veau à l'armagnac... Attention : c'est souvent complet !

Formule 18 € – Menu 21 € (déj.)/31 €

8 pl. de l'Église
– 03 80 35 45 22
– Fermé août, 2 semaines fin déc., mardi soir, merc. soir, jeudi soir, dim. et lundi

à Chenôve 6 km au Sud par av. Jean-Jaurès – 21300 – 14 165 hab. – Alt. 263 m

Auberge du Vieux Pressoir

CUISINE TRADITIONNELLE • BISTRO X Sur une jolie place du vieux village, précédé d'une agréable terrasse, cet ancien café devenu bistrot propose une cuisine bourguignonne canaille aux prix raisonnables. Une sympathique petite adresse.

Formule 17 € – Menu 20 € (déj. en semaine)/28 € – Carte 36/50 €

2 pl. Anne-Laprévoté
– 03 80 27 17 39 – www.aubergeduvieuxpressoir.com
– Fermé 3 semaines en août, lundi soir, mardi soir, merc. soir, jeudi soir et dim.

à Marsannay-la-Côte 8 km au Sud par av. Jean-Jaurès – 21160 – 5 208 hab. – Alt. 275 m

Les Gourmets

CUISINE TRADITIONNELLE • CLASSIQUE XXX En toute discrétion, cette table se cache à l'ombre du clocher de ce joli village de la côte de Nuits. Le chef met en avant les produits et les recettes de la région dans un menu Bourguignon qui porte bien son nom. Agréable terrasse pour les beaux jours.

Formule 20 € – Menu 32/52 €

8 r. Puits-de-Têt (près de l'église)
– 03 80 52 16 32 – www.les-gourmets.com
– Fermé fin juil.-début août, dim. soir, lundi et mardi sauf d'avril à sept.

à Talant 4 km – 21240 – 11 346 hab. – Alt. 354 m

La Bonbonnière

FAMILIAL • PERSONNALISÉ Dans un charmant village à quelques minutes du centre de Dijon, ce petit hôtel familial domine la ville et le lac Kir. Avec des chambres spacieuses, au calme et bien tenues, un agréable jardin, et un accueil sympathique.

23 chambres – 80/95 € 85/120 € – 11 €

Plan : Hors plan-x *24 r. des Orfèvres (au vieux village)*
– 03 80 57 31 95 – www.labonbonnierehotel.fr

à Velars-sur-Ouche 11 km à l'Ouest par N5 et A38 - ✉ 21370 - 1 697 hab. - Alt. 280 m

L'Auberge Gourmande

CUISINE TRADITIONNELLE • AUBERGE XX Cette auberge de campagne s'est offert un coup de jeune avec une nouvelle décoration, dans des tons gris et rouge : bien dans l'air du temps ! Les patrons - de vrais passionnés d'œnologie - savent dénicher de bons vins pour accompagner une généreuse cuisine traditionnelle.

Menu 23 € (semaine), 32/43 € - Carte 32/57 €

17 allée de la Cude
- ✆ 03 80 33 62 51 - www.auberge-velars.com - Fermé 14 août-14 sept., 2-19 janv., dim. soir, mardi et merc.

à Prenois 12 km au Nord-Ouest par D971 et D104 - ✉ 21370 - 387 hab. - Alt. 485 m

Auberge de la Charme (Nicolas Isnard et David Le Comte)

CUISINE CRÉATIVE • COSY XXX Le concept de menu à l'aveugle peut déconcerter, mais il fonctionne à merveille : on se laisse emporter par cette cuisine créative, aux saveurs et textures maîtrisées, qui s'offre même le luxe de quelques touches asiatiques par endroits, et reste toujours lisible. Du beau travail.

→ Tartare de Saint-Jacques, concombre et pomme granny smith. Joues de cochon confites, carottes, orange et coriandre. Soufflé du moment.

Menu 36 € 🍷 (déj. en semaine), 53/99 €

- ✆ 03 80 35 32 84 - www.aubergedelacharme.com
- Fermé dim. soir, lundi et mardi

à Hauteville-lès-Dijon 6 km au Nord par D107^F - ✉ 21121 - 1 223 hab. - Alt. 402 m

La Musarde

CUISINE TRADITIONNELLE • CONTEMPORAIN XX On peut musarder sans retenue dans cet hôtel-restaurant situé au calme, dans une ancienne ferme du 19e s. rénovée dans un esprit contemporain. En famille, on y joue pleinement la carte de la tradition : cocotte d'escargots façon bourguignonne, tournedos de filet de bœuf charolais et sauce au pinot noir... Savoureux !

Formule 22 € - Menu 32/65 € - Carte 42/67 €

13 chambres - 🚹60/85 € 🚹🚹65/95 € - ☕ 11 €

7 r. des Riottes - ✆ 03 80 56 22 82 - www.lamusarde.fr
- Fermé 24 déc.-9 janv., mardi midi, dim. soir et lundi

DINAN

✉ 22100 Côtes-d'Armor - 10 919 hab. - Alt. 92 m - Carte régionale n° **5**-C2
Carte Michelin 309-J4 - Guide Vert Michelin Bretagne Nord

La Fleur de Sel Ⓝ

CUISINE MODERNE • COSY X Dans une des vieilles rues du centre historique, une Fleur comme on les aime. La chef, forte d'une solide expérience, nous propose une cuisine goûteuse et créative juste ce qu'il faut : savoureux *tzukune* de crabe, aile de raie pochée accompagnée d'un beurre citronné, salade composée... le tout servi avec le sourire par son époux, en salle. Un délicieux moment.

Formule 16 € - Menu 30/42 € - Carte 27/51 €

Plan : B2-t *7 r. Ste-Claire - ✆ 02 96 85 15 14 - www.restaurantlafleurdesel.com*
- Fermé de mi-janv. à début fév., dim. soir et lundi

Le Cantorbery

VIANDES • RUSTIQUE Au menu, terrines de foie gras et autres assiettes de fruits de mer : cette maison de ville du 17e s. a le goût de la tradition ! Le décor est volontiers rustique ; dans l'une des salles, on fait même rôtir les grillades dans une grande cheminée en pierre...

Formule 16 € – Menu 34 € (déj.)/45 € – Carte 37/62 €

Plan : B2-n *6 r. Ste-Claire*
– ✆ 02 96 39 02 52
– Fermé 2 semaines fin fév.-début mars, 2 semaines en nov., dim. hors saison et merc.

Mercure

HÔTEL DE CHAÎNE • CONTEMPORAIN Face au port, le long de la Rance, un hôtel très confortable, aux chambres spacieuses et feutrées. Restaurant chaleureux, fitness et piscine.

52 chambres – 120/180 € 170/230 €

Plan : B1-b *26 quai des Talards (au port)*
– ✆ 02 96 87 02 02 – www.mercure.com

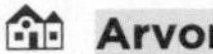

Arvor

HISTORIQUE • PERSONNALISÉ Un portail Renaissance sculpté donne accès à ce bâtiment du 17e s. qui fut autrefois un couvent, et cultive aujourd'hui un certain romantisme. Les chambres comme le salon sont décorés avec des meubles chinés chez les antiquaires.

24 chambres – 78/145 € 82/145 € – 12 €

Plan : B2-u *5 r. Auguste-Pavie*
– 02 96 39 21 22 – www.hotelarvordinan.com
– Fermé 15 janv.-11 fév.

Le d'Avaugour

TRADITIONNEL • CLASSIQUE Cette belle bâtisse en pierre du pays, adossée aux remparts de la ville, abrite de jolies chambres, décorées dans un style simple et romantique d'esprit breton. Aux beaux jours, on prend son petit-déjeuner dans le charmant jardin fleuri.

24 chambres – 100/200 € 100/300 € – 15 €

Plan : A2-r *1 pl. du Champ*
– 02 96 39 07 49 – www.avaugourhotel.com
– Ouvert 1er avril-5 nov.

La Maison Pavie

HISTORIQUE • PERSONNALISÉ Un charme indéniable ! Cette demeure du 15e s., classée monument historique, a été rénovée avec un goût sûr, dans un esprit contemporain mâtiné de références voyageuses (les chambres portent les noms d'Angkor, Vinh Long, Champassak...). Elle offre un cadre rare au cœur même du Dinan historique.

5 chambres – 65/165 € 75/165 €

Plan : B2-c *10 pl. St-Sauveur*
– 02 96 84 45 37 – www.lamaisonpavie.com

DINARD

35800 Ille-et-Vilaine – 9 846 hab. – Alt. 25 m – Carte régionale n° **5**-C1
Carte Michelin 309-J3 – Guide Vert Michelin Bretagne Nord

Au Bouchon Breton

CUISINE TRADITIONNELLE • BISTRO Charline et Jérôme ont métamorphosé cette ancienne crêperie du centre-ville de Dinard, et le résultat est ce Bouchon Breton où ils célèbrent la tradition bistrotière de belle manière. C'est savoureux, mitonné avec soin, et ils nous offrent même, il faut le noter, d'excellents desserts... Un vrai bon plan.

Formule 16 € – Menu 18 € (déj. en semaine)/30 €
– Carte 32/46 €

Plan : B1-z *20 r. du Mar.-Leclerc*
– 02 99 46 85 95 – www.au-bouchon-breton.com
– Fermé 1 semaine en juin, 1 semaine en nov., janv., jeudi sauf le soir en juil.-août et merc.

Didier Méril

CUISINE MODERNE • CONTEMPORAIN Si vous aimez les beaux paysages, installez-vous dans la salle panoramique de ce restaurant : la vue sur la baie du Prieuré y est superbe ! Les yeux rivés sur le large, les gourmands apprécient la cuisine plutôt créative du chef, à l'écoute des saisons. Chambres cosy à l'étage.

Formule 27 € – Menu 31 € (semaine), 52/90 €
– Carte 55/67 €

9 chambres – 65/320 € 65/320 € – 15 €

Plan : B2-n *1 pl. Gén.-de-Gaulle*
– 02 99 46 95 74 – www.restaurant-didier-meril.com

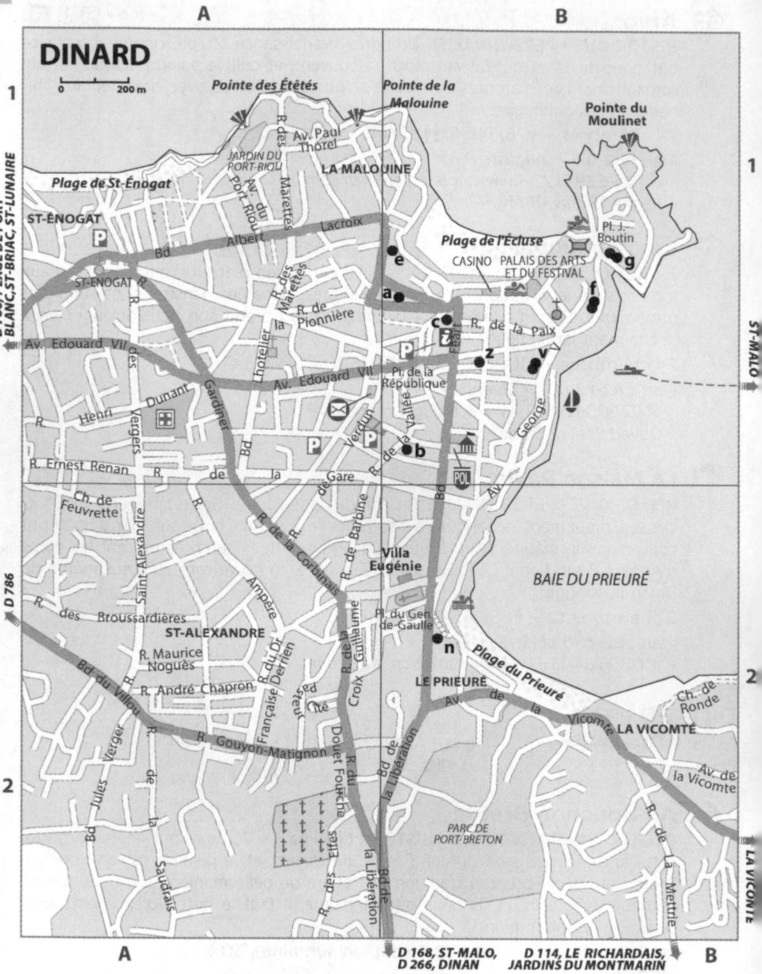

DINARD

℩O Le Blue B

⩤ ♿ 🅿

CUISINE TRADITIONNELLE • COSY XXX Moulures, grand miroir : l'élégance du Second Empire revue et corrigée par la décoratrice Chantal Peyrat. C'est dans ce cadre opulent qu'on savoure la belle cuisine du moment du chef et… la vue sur la mer.

Menu 45/52 € – Carte 50/87 €

Plan : B1-v *Grand Hôtel Barrière, 46 av. George-V*
– ✆ 02 99 88 26 26 – www.hotelsbarriere.com/fr/dinard/le-grand-hotel
– Ouvert 30 mars-4 nov. et 28 déc.-2 janv. et fermé le midi, mardi et merc. sauf vacances scolaires

À la réservation, faites-vous bien préciser le prix et la catégorie de la chambre.

Le Pourquoi Pas

CUISINE MODERNE • COSY XX Le restaurant de l'hôtel Castelbrac porte le nom du bateau du commandant Charcot, célèbre explorateur des zones polaires. En cuisine, le chef privilégie les produits du terroir local et de la pêche côtière, qu'il agrémente de manière ambitieuse ; ses présentations sont nettes et soignées. Et la salle s'ouvre désormais sur une spacieuse terrasse...

Menu 32 € (déj. en semaine), 55/115 € - Carte 74/111 €

Plan : B1-f *Hôtel Castelbrac, 17 av. George-V - 02 99 80 30 00 - www.castelbrac.com - Fermé 7-31 janv., dim. soir et lundi d'oct. à mars*

La Vallée

POISSONS ET FRUITS DE MER • CONTEMPORAIN XX Si la salle est agréable avec ses grandes baies vitrées, on ne résiste pas à la terrasse, orientée plein sud juste au-dessus de la pittoresque cale du Bec de la Vallée. Idéal pour déguster de beaux produits de la mer, cuisinés avec tout le respect qui leur est dû.

Formule 22 € - Menu 44 € - Carte 44/56 €

Plan : B1-g *Hôtel La Vallée, 6 av. George-V - 02 99 46 94 00 - www.hoteldelavallee.com - Fermé 8 janv.-13 fév., 24-27 déc., dim. soir, lundi, mardi sauf juil.-août et fériés*

Le Café Rouge

POISSONS ET FRUITS DE MER • BRASSERIE XX Toute la famille Leroux – père et mère, fils et belle-fille – s'active avec professionnalisme pour le plaisir des clients. Le banc d'écailler posé à l'entrée annonce l'esprit de la carte : cap sur des fruits de mer et poisson d'une belle fraîcheur ; la qualité est au rendez-vous.

Formule 17 € - Menu 20 € (déj. en semaine), 28/54 € - Carte 40/70 €

Plan : B1-c *3 bd Féart - 02 99 46 70 52 - Fermé 2 semaines en janv., 1 semaine en juin et en sept. et lundi sauf fériés*

Le Balafon

CUISINE MODERNE • BISTRO X Ce restaurant est installé dans une petite maison en granit, typique de l'architecture de la station. À l'intérieur, c'est un vrai bistrot : tables en bois, petites chaises, ardoises... On y sert une cuisine moderne et spontanée, faisant la part belle aux produits du marché. Convivial et sans prétention !

Formule 16 € - Menu 29/39 € - Carte 33/49 €

Plan : B1-b *31 r. de la Vallée - 02 99 46 14 81 - www.lebalafon-restaurant-com - Fermé 1 semaine en mars, 1 semaine en juin, 1 semaine en sept., 3 semaines fin nov.-début déc., jeudi soir hors saison, dim. soir et lundi*

Grand Hôtel Dinard

TRADITIONNEL • BORD DE MER Ce "grand hôtel" du 19e s., qui domine la promenade maritime du Clair-de-Lune, accueille les stars de cinéma lors du Festival du film britannique. Les chambres sont aménagées avec sobriété et classicisme.

88 chambres - 199/880 € 199/880 € - 1 suite - 25 €

Plan : B1-v *46 av. George-V - 02 99 88 26 26 - www.hotelsbarriere.com/fr/dinard/le-grand-hotel - Ouvert 30 mars-4 nov. et 28 déc.-2 janv.*

Le Blue B - voir les restaurants ci-dessus

Castelbrac

DEMEURE HISTORIQUE • ÉLÉGANT Cette demeure du 19e s., qui accueillait autrefois un muséum d'histoire naturelle, est installée juste au-dessus des flots : une situation exceptionnelle ! Les chambres, modernes et chaleureuses, offrent toutes une vue splendide sur la baie du Prieuré et St-Malo.

24 chambres - 274/410 € 274/410 € - 1 suite

Plan : B1-f *17 av. George-V - 02 99 80 30 00 - www.castelbrac.com - Fermé 7-31 janv.*

Le Pourquoi Pas - voir les restaurants ci-dessus

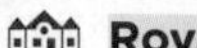

Royal Emeraude

DEMEURE HISTORIQUE · PERSONNALISÉ Agatha Christie aurait aimé ce bel hôtel en pierre et brique rouge de 1876, dont l'intérieur est vêtu de boiseries sombres, et de fauteuils clubs. Quatre thèmes décorent les chambres : paquebot, aviation, Orient Express et Indes britanniques.

47 chambres – 123/599 € 150/599 € – 21 €

Plan : B1-a *1 bd Albert-1er – ✆ 02 99 46 19 19 – www.royalemeraudedinard.com*

Novotel Thalassa

HÔTEL DE CHAÎNE · FONCTIONNEL Sur la pointe de St-Énogat, cet hôtel dispose d'un beau centre de thalassothérapie. Reposez-vous dans des chambres contemporaines. Cuisine diététique au restaurant.

106 chambres – 160/305 € 160/305 € – 19 €

Hors plan *1 av. du Château-Hébert – ✆ 02 99 16 78 10 – www.accorthalassa.com – Fermé 20 nov.-25 déc.*

Villa Reine Hortense

HISTORIQUE · CLASSIQUE Toute la splendeur de la Belle Époque revit dans cette villa typique de la "perle" de la Côte d'Émeraude. Les chambres, élégantes, portent les noms de reines et de princesses, et dévoilent de superbes vues sur la plage et la mer. Jardin coquet et accès direct à la plage. Comme un sentiment de privilège.

7 chambres – 185/278 € 185/435 € – 1 suite – 20 €

Plan : B1-e *19 r. de la Malouine – ✆ 02 99 46 54 31 – www.villa-reine-hortense.com – Ouvert de mi-avril à fin sept.*

La Vallée

FAMILIAL · CONTEMPORAIN Près de la plage de l'Écluse, une bâtisse de 1892 au charme typique des stations balnéaires... Les chambres, contemporaines, arborent une couleur différente selon l'étage (rouille, turquoise, vert anis) et ouvrent pour la plupart sur la mer.

23 chambres – 80/235 € 80/235 € – 15 €

Plan : B1-g *6 av. George-V – ✆ 02 99 46 94 00 – www.hoteldelavallee.com – Fermé 8 janv.-13 fév.*

La Vallée – voir les restaurants ci-dessus

à St-Lunaire 5 km à l'Ouest par D786 – ✉ 35800 – 2 279 hab. – Alt. 20 m

Le Décollé

POISSONS ET FRUITS DE MER · CONVIVIAL La carte fait la part belle aux produits de la mer, tandis que le sobre décor s'efface devant la vue superbe sur la Côte d'Émeraude... L'établissement jouit d'une situation privilégiée sur la pointe du Décollé ! En terrasse, le spectacle est total.

Formule 22 € – Menu 32/45 € – Carte 45/91 €

1 Pointe-du-Décollé – ✆ 02 99 46 01 70 – www.restaurantdudecolle.com – Fermé de mi-nov. à début fév., merc. et jeudi en fév. et mars, mardi sauf juil.-août et lundi

Villa Christilla

DEMEURE HISTORIQUE · PERSONNALISÉ Non loin d'une jolie plage, une villa construite à la fin du 19e s. par un marin cap-hornier. Tout l'esprit d'une maison de maître version bord de mer : un bel endroit, particulièrement dans les chambres nichées sous les toits ! Et ses propriétaires, originaires du Nord, sauront vous faire partager leur amour de la région...

4 chambres – 120/135 € 120/180 €

319 bd de la Plage – ✆ 02 99 16 62 71 – www.villa-christilla.fr – Ouvert de mi-mars à mi-nov.

DIOU - 36 Indre → Voir Issoudun

DIRAC - 16 Charente → Voir Angoulême

DISNEYLAND RESORT PARIS - 77 Seine-et-Marne → Voir Autour de Paris (Marne-La-Vallée)

DIVES-SUR-MER - 14 Calvados → Voir Cabourg

DIVONNE-LES-BAINS

01220 Ain - 9 100 hab. - Alt. 486 m - Carte régionale n° **25**-F1
Carte Michelin 328-J2 - Guide Vert Michelin Franche-Comté Jura

Le Rectiligne Ⓝ

CUISINE MODERNE • CONTEMPORAIN XX Au bord du lac, cette bâtisse blanche abrite un restaurant résolument contemporain. Côté déco, chaises signées Philippe Starck, mur d'eau, cave vitrée et, dans l'assiette, le même esprit moderne : cuissons à basse température et touches "d'ailleurs", à l'image de l'omble chevalier et sa purée de citron-céleri.

Formule 33 € - Menu 38 € (déj.), 58/98 € - Carte 82/96 €

2981 rte du Lac - 04 50 20 06 13
- www.lerectiligne.fr - Fermé dim. et lundi

Le Grand Hôtel

LUXE • ART DÉCO Ce "palace" de 1931 se dresse au cœur d'un parc (5 ha) planté d'immenses cèdres. Dans les chambres domine un cadre très Art déco. Piscine extérieure et tennis. Le tout à côté du casino et du golf.

121 chambres - 149/285 € 149/285 € - 12 suites - 19 €

av. des Thermes - 04 50 40 34 34
- www.domainedivonne.com

à Grilly 6 km au Sud par D15 - 01220 - 786 hab. - Alt. 515 m

Les Lumières de Genève

MAISON DE CAMPAGNE • COSY C'est indéniable : la vue sur Genève est lumineuse ! Perchée sur les hauteurs, cette imposante bâtisse de pierre dévoile une vue à couper le souffle sur le lac Léman, le jet d'eau de Genève et le Mont-Blanc. Les chambres, spacieuses et parfaitement tenues, se partagent ce somptueux panorama.

3 chambres - 145/175 € 145/175 €

2b chemin du Mont - 04 50 99 09 29
- www.lumieresdegeneve.com

DIZY - 51 Marne → Voir Épernay

DOLANCOURT

10200 Aube - 135 hab. - Alt. 112 m - Carte régionale n° **7**-B3
Carte Michelin 313-H4 - Guide Vert Michelin Champagne Ardenne

Moulin du Landion

FAMILIAL • PERSONNALISÉ Un moulin du 17e s., à proximité du parc d'attraction Nigloland. Les chambres sont confortables, avec des balcons donnant sur le parc ou la rivière. Et depuis le restaurant, les curieux pourront admirer la roue à aube et son mécanisme...

18 chambres - 70/154 € 70/154 € - 13 €

5 r. St-Léger - 03 25 27 92 17
- www.moulindulandion.com - Fermé 3 semaines en janv.

DOL-DE-BRETAGNE

✉ 35120 Ille-et-Vilaine – 5 557 hab. – Alt. 20 m – Carte régionale n° **5**-D2
Carte Michelin 309-L3 – Guide Vert Michelin Bretagne Nord

à Mont-Dol 3 km au Nord par D155 – ✉ 35120 – 1 128 hab. – Alt. 10 m

Château de Mont-Dol

MAISON DE CAMPAGNE • COSY Une délicieuse demeure bourgeoise du 19e s. située entre le Mont-St-Michel et St-Malo. Les chambres sont élégantes et cosy, avec leur mobilier de famille ou chiné ; l'accueil des propriétaires est véritablement charmant. Une maison qui sort de l'ordinaire !

5 chambres – 95/115 € 105/119 €

1 r. de la Mairie – ✆ 02 99 80 74 24 – www.chateaumontdol.com – Fermé 15 nov.-12 fév.

Le Jardin des Simples

MAISON DE CAMPAGNE • COSY Les chambres de ce magnifique presbytère, datant de 1773, ont gardé leur charme d'antan : parquets en chêne, beaux tissus, mobilier chiné... À table, les produits de la mer et les légumes du potager sont à l'honneur, sous la houlette d'un chef au beau parcours. Enchanteur, tout simplement !

5 chambres – 105/125 € 105/125 €

2 ruelle Chanoine-Descottes – ✆ 02 99 80 74 24 – www.jardin-des-simples.com – Fermé 12 nov.-12 fév.

DOLE

✉ 39100 Jura – 23 312 hab. – Alt. 220 m – Carte régionale n° **9**-B2
Carte Michelin 321-C4 – Guide Vert Michelin Franche-Comté Jura

La Chaumière (Joël Césari)

CUISINE CRÉATIVE • ÉLÉGANT Cachet des pierres apparentes et style contemporain : une élégante auberge du 21e s. La cuisine de Joël Césari, inventive et renouvelée au gré du marché, s'accompagne de beaux crus du Jura ou de vins naturels, choisis par un sommelier ravi de prodiguer ses conseils avisés...

➜ Tarte friable aux escargots, crème glacée à la gentiane et émulsion de persil. Poulette aux morilles et au vin jaune, carotte et gingembre. Crème brûlée au vin jaune, croquant aux morilles et glace au curry.

Formule 27 € – Menu 42 € (semaine), 70/110 € – Carte 95/120 €

Hors plan *Hôtel La Chaumière, 346 av. du Mar.-Juin, 3 km au Sud – ✆ 03 84 70 72 40 – www.lachaumiere-dole.fr – Fermé 29 oct.-5 nov., 23 déc.-15 janv., lundi midi, sam. midi et dim. sauf juil.-août*

Grain de Sel

CUISINE MODERNE • SIMPLE Un cadre plutôt zen, une terrasse ombragée et des recettes originales, soignées et savoureuses : le jeune chef fait des merveilles, et l'on a beau être au Grain de Sel, la note n'est pas salée ! Carte renouvelée régulièrement.

Formule 18 € – Menu 28/52 €

Plan : B2-b *67 r. Pasteur – ✆ 03 84 71 97 36 – www.restaurant-graindesel.fr – Fermé 2 semaines en avril, 3 semaines en oct., dim. soir sauf juil.-août, mardi midi et lundi*

Iida-Ya

CUISINE JAPONAISE • CONTEMPORAIN Confit de poitrine de porc sauce gingembre, sushis, makis ou tempura... Dans son restaurant zen et chic – et sous vos yeux –, le chef nippon concocte des mets raffinés, autour desquels se rencontrent (et s'apprécient) les cuisines française et japonaise. Belle carte de sakés. Adulé à Dole !

Formule 18 € – Menu 21 € (déj. en semaine), 28/62 € – Carte 30/60 €

Plan : B1-b *18 r. Arney – ✆ 03 84 70 98 73 – www.iida-ya.fr – Fermé vacances de Noël, dim. et lundi*

La Romanée

CUISINE TRADITIONNELLE • CONTEMPORAIN XX Dans cette ancienne boucherie (1717) pleine de charme, le jeune chef, originaire de Guérande, fait la part belle au... poisson, sans pour autant laisser les fous de viande au port. Salle au décor actuel, sobre et élégant.

Formule 17 € – Menu 20 € (déj. en semaine), 29/45 € – Carte 34/49 €

Plan : B2-n *13 r. des Vieilles-Boucheries – ✆ 03 84 79 19 05 – www.restaurant-laromanee.fr – Fermé 3 semaines en juil., vacances de Noël, dim. soir, mardi soir et merc.*

Au Moulin des Écorces

TRADITIONNEL • FONCTIONNEL Minimaliste et chic ! Ce moulin au bord du Doubs – où les écorces des arbres étaient broyées pour tanner le cuir – a été restauré avec beaucoup de goût et ses chambres cultivent un bel esprit contemporain. On peut aussi y déjeuner tranquillement sur la terrasse, bercé par le bruissement de l'eau, ou manger sur le pouce (côté bistrot).

18 chambres – †95/130 € ††100/166 € – ☕13 €

Plan : B2-a *14 allée du Pont-Roman – ✆ 03 84 72 72 00 – www.aumoulindesecorces.fr*

 **La Chaumière**

AUBERGE • PERSONNALISÉ Voilà une chaumière dont on n'a pas envie de repartir... C'est cosy, confortable et chaleureux ; toutes les chambres ont été rénovées dans un joli style contemporain. Personnel très attentionné. Une adresse idéale pour partir en escapade dans le Jura !

19 chambres – 85/140 € 95/140 € – 13 €

Hors plan *346 av. du Mar.-Juin, 3 km au Sud*
– 03 84 70 72 40 – www.lachaumiere-dole.fr
– Fermé 29 oct.-5 nov. et 23 déc.-15 janv.

La Chaumière – voir les restaurants ci-dessus

à Parcey 8 km au Sud par rte de Lons-le-Saunier – 39100 – 972 hab. – Alt. 197 m

Les Jardins Fleuris

CUISINE TRADITIONNELLE • CLASSIQUE XX Soupe de grenouilles aux parfums du moment ; caille désossée, galette de pommes de terre et morteau, soufflé glacé au Marc d'Arbois : ici les sens sont à la fête, les compliments fleurissent, et l'accueil est charmant. Terrasse sur l'arrière. Familial.

Menu 20 € (semaine), 30/50 €
– Carte 36/61 €

35 Route Nationale 5
– 03 84 71 04 84 – www.restaurant-jardins-fleuris.com
– Fermé 2-12 juil., 12 nov.-5 déc., dim. soir, lundi soir et mardi

à Sampans 6,5 km au Nord – 39100 – 1 083 hab. – Alt. 222 m

Château du Mont Joly (Romuald Fassenet)

CUISINE MODERNE • ÉLÉGANT XXX Une maison de maître (18e s.) fort bien nommée... L'élégance et le raffinement contemporain servent à merveille une belle cuisine, technique et maîtrisée, mettant en valeur les produits de la région. Prolongez votre séjour dans l'une des chambres.

→ Escargots et absinthe. Poularde de Bresse de Chapelle-Voland au vin jaune et morilles. Soufflé chaud de saison.

Menu 38 € (déj. en semaine), 68/108 €
– Carte environ 100 €

7 chambres – 100/200 € 100/200 € – 14 €

6 r. du Mont-Joly
– 03 84 82 43 43 – www.chateaumontjoly.com
– Fermé 1 semaine vacances de Noël, de début janv. à mi-mars, mardi et merc.

DOLUS-D'OLÉRON – 17 Charente-Maritime → Voir Île d'Oléron

DOMFRONT-EN-CHAMPAGNE

72240 Sarthe – 1 019 hab. – Alt. 131 m – Carte régionale n° **18**-C1
Carte Michelin 310-J6

Restaurant du Midi

CUISINE TRADITIONNELLE • FAMILIAL XX Terrine de campagne maison, ravioles d'escargots, tarte fine aux pommes et glace à la vanille... Dans cette auberge de village, le chef concocte des recettes traditionnelles dans les règles de l'art. Une adresse sympathique.

Formule 12 € – Menu 17 € (déj. en semaine), 26/38 €
– Carte 30/40 €

33 r. du Mans, D304
– 02 43 20 52 04 – www.restaurantdumidi.com
– Fermé mardi soir, merc. soir, jeudi soir, dim. soir et lundi

DOMMARTEMONT - 54 Meurthe-et-Moselle → Voir Nancy

DOMME

✉ 24250 Dordogne - 933 hab. - Alt. 250 m - Carte régionale n° **2**-D1
Carte Michelin 329-I7 - Guide Vert Michelin Périgord Quercy

L'Esplanade

CUISINE CLASSIQUE • ÉLÉGANT XXX Une belle demeure ancienne, perchée sur les remparts, avec une terrasse sous les tilleuls. La cuisine est sincère, sans artifice, et fait apprécier les saveurs franches de la tradition. Chambres bourgeoises, certaines avec une jolie vue sur la vallée de la Dordogne.

Menu 28 € (déj.), 40/52 € - Carte environ 52 €

15 chambres - 90/150 € 90/150 € - 16 €

2 r. Pontcarral - 05 53 28 31 41 - www.esplanade-perigord.com - Ouvert 30 mars-30 oct. et fermé lundi sauf le soir en saison et merc. midi

au Nord-Est 8 km par D46e et D50

Le Manoir du Rocher

MAISON DE CAMPAGNE • PERSONNALISÉ Le propriétaire, ancien photographe, a quitté Paris pour venir s'installer dans cet ancien relais de chasse en pleine campagne : riche idée ! Les lieux ont une élégance certaine : chambres personnalisées, mobilier chiné, salon avec cheminée, etc.

3 chambres - 140/180 € 140/180 €

rte de Turnac - 05 53 30 25 09 - www.lemanoirdurocher.fr - Fermé 15 nov.-15 fév.

DONCHERY - 08 Ardennes → Voir Sedan

DONNAZAC - 81 Tarn → Voir Cahuzac-sur-Vère

DONNEMARIE-DONTILLY

✉ 77520 Seine-et-Marne - 2 923 hab. - Alt. 89 m - Carte régionale n° **10**-D2
Carte Michelin 312-H5

La Croix Blanche

CUISINE MODERNE • ÉLÉGANT XX Aucun doute, vous allez marquer votre passage dans ce restaurant d'une croix blanche ! Derrière les fourneaux, le chef - originaire du coin - met un point d'honneur à n'utiliser que de beaux produits de saison. Dans l'assiette, le goût est au rendez-vous : une bonne adresse.

Formule 27 € - Menu 42/64 €

2 pl. du Marché - 01 64 60 67 86 - www.restaurantlacroixblanche.fr - Fermé 2 semaines en fév., 2 semaines fin juin-début juil., 1 semaine en oct., dim. soir, lundi soir, mardi soir et merc.

DONON (COL DU) - 67 Bas-Rhin → Voir Col du Donon

DONVILLE-LES-BAINS - 50 Manche → Voir Granville

DONZENAC

✉ 19270 Corrèze - 2 620 hab. - Alt. 204 m - Carte régionale n° **13**-B3
Carte Michelin 329-K4 - Guide Vert Michelin Périgord Quercy

Le Périgord

CUISINE TRADITIONNELLE • RUSTIQUE X À l'entrée du bourg, venez vous asseoir dans cet intérieur paré de bois massif, près de l'imposante cheminée. On vous fera goûter la spécialité de la maison : la tête de veau sauce gribiche, indémodable et toujours aussi bonne ! Du rustique comme on l'aime.

Formule 18 € - Menu 23/40 € - Carte 35/55 €

9 av. de Paris - 05 55 85 72 34 - Fermé vacances de fév. et de la Toussaint, dim. soir, lundi soir, mardi soir et merc.

DONZY

✉ 58220 Nièvre – 1 600 hab. – Alt. 188 m – Carte régionale n° **4**-A2
Carte Michelin 319-B7 – Guide Vert Michelin Bourgogne

Le Grand Monarque

AUBERGE • À LA CAMPAGNE Dans un paisible village, ancien relais de poste remontant au 16es. Les chambres sont desservies par un escalier à vis et certaines arborent murs en pierre et ciel de lit. Le restaurant conserve un authentique fourneau à charbon ; plats du terroir.

11 chambres – 49/85 € 59/85 € – 10 €

10 r. de l'Étape (près de l'église) – ✆ 03 86 39 35 44 – www.legrandmonarque-donzy.fr – Fermé 2 semaines en nov. et 2 semaines en janv.

DOUAI

✉ 59500 Nord – 40 736 hab. – Agglo. 504 353 hab. – Alt. 31 m – Carte régionale n° **16**-C2
Carte Michelin 302-G5

à Brebières 6,5 km au Sud-Ouest par D650 et D950 – ✉ 62117 – 4 899 hab. – Alt. 48 m

Air Accueil

CUISINE MODERNE • CONVIVIAL XXX Près de l'aérodrome de Vitry-en-Artois, cette vaste auberge est tout sauf une simple cantine ! C'est le monde de Franck Gilabert, grand passionné de jazz (la décoration et le fond sonore en attestent), qui régale sa clientèle d'une délicieuse cuisine où transparaît toute son expérience. Les saveurs décollent !

Formule 25 € – Menu 32/60 € – Carte 48/65 €

D950 – ✆ 03 21 50 01 02 – www.air-accueil-restaurant.com – Fermé 1 semaine vacances de fév., août, dim. soir, merc. soir et lundi

DOUAINS – 27 Eure ➜ Voir Vernon

DOUARNENEZ

✉ 29100 Finistère – 14 483 hab. – Alt. 25 m – Carte régionale n° **5**-A2
Carte Michelin 308-F6 – Guide Vert Michelin Bretagne Sud

Le Clos de Vallombreuse

CUISINE MODERNE • CLASSIQUE XX Cette jolie maison de maître distille un charme classique et bourgeois, en plus de proposer une cuisine de bonne facture : traditionnelle et bien exécutée, elle doit autant au marché qu'aux arrivages de la pêche locale.

Formule 16 € – Menu 25/70 € – Carte 27/63 €

Plan : A1-x *Hôtel Le Clos de Vallombreuse, 7 r. d'Estienne-d'Orves – ✆ 02 98 92 63 64 – www.closvallombreuse.com – Fermé 23 nov.-7 déc., mardi midi, dim. soir et lundi d'oct. à avril*

L'Insolite

CUISINE MODERNE • TENDANCE XX Plutôt séduisants, ce bar de ligne en carpaccio au citron vert et miel, et ce gigot d'agneau de lait en cuisson douce... Ici, le terroir s'offre des présentations originales, et les inventions sont légion. La faute aux deux jeunes chefs, passionnés et formés dans de belles maisons. À découvrir !

Formule 16 € – Menu 20 € (déj. en semaine), 38/70 € – Carte 44/97 €

Plan : A2-r *Hôtel de France, 4 r. Jean-Jaurès – ✆ 02 98 92 00 02 – www.lafrance-dz.com – Fermé 1 semaine en fév., 4-21 nov., 23-30 déc., dim. soir et lundi*

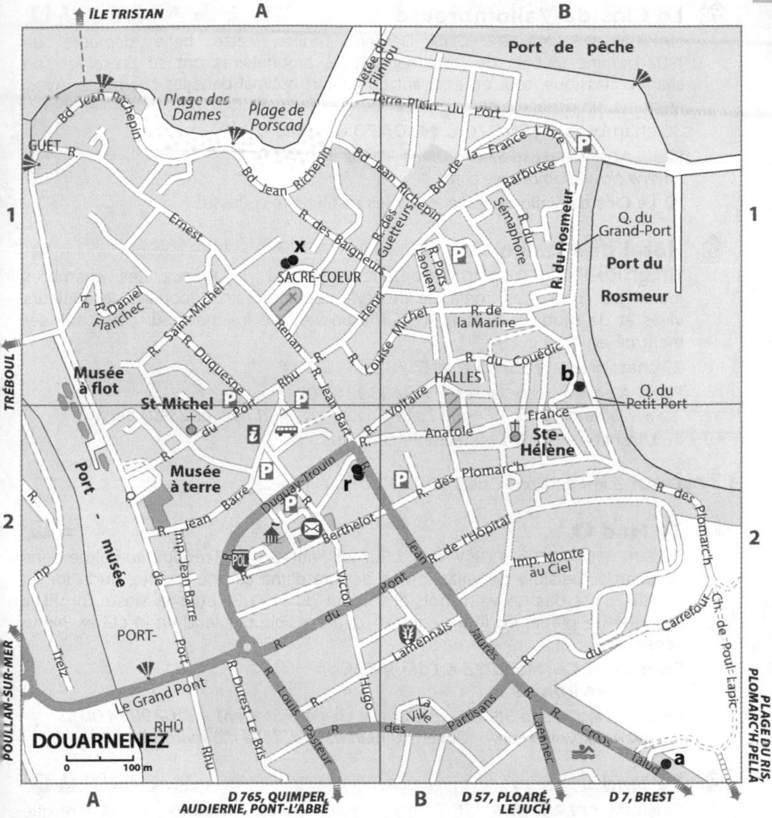

DOUARNENEZ

ÎLE TRISTAN
A
B
1
2
Port de pêche
Plage des Dames
Plage de Porscad
Jetée du Flimiou
Terre-Plein du Port
Bd Jean Richepin
GUET
Bd de la France Libre
Barbusse
R. du Sémaphore
R. du Rosmeur
Q. du Grand-Port
Port du Rosmeur
R. des Guetteurs
R. des Baigneurs
Ernest Renan
SACRÉ-COEUR
R. Pors Laouen
R. de la Marine
R. Louise Michel
Henri
R. Daniel Le Flanchec
R. Saint-Michel
R. Duquesne
R. du Couédic
HALLES
Q. du Petit-Port
Musée à flot
St-Michel
R. du Port Rhu
R. Jean Bart
R. Voltaire
R. Anatole France
Ste-Hélène
Port - musée
Musée à terre
R. Jean Barré
R. Duguay-Trouin
R. des Plomarc'h
R. Berthelot
R. de l'Hôpital
R. Jean Jaurès
Imp. Monte au Ciel
Imp. Jean Barre
R. du Pont
R. Victor Hugo
R. Lamennais
R. du Carrefour
Ch. de Poul-Lapic
R. du Treiz
PORT-RHÛ
Le Grand Pont
R. Durest Le Bris
R. Louis Pasteur
R. de la Ville
R. des Partisans
R. Laennec
R. Croas Talud
0 100 m
TRÉBOUL
POULLAN-SUR-MER
PLAGE DU RIS, PLOMARC'H PELLA
D 765, QUIMPER, AUDIERNE, PONT-L'ABBÉ
D 57, PLOARÉ, LE JUCH
D 7, BREST

Le Kériolet

CUISINE TRADITIONNELLE • CONVIVIAL Allez, on embarque ! Cuisine traditionnelle, produits du terroir et pêche locale en vue dans ce restaurant discrètement marin. Quelques chambres sont également à disposition, plutôt simples mais bien tenues.

Menu 14 € (déj. en semaine), 22/33 € – Carte 27/52 €
8 chambres – 55/65 € 55/65 € – 8 €
Plan : B2-a *29 r. Croas-Talud – ☎ 02 98 92 16 89 – www.hotel-keriolet.com – Fermé 1er-10 fév.*

Quai 29

CUISINE TRADITIONNELLE • BISTRO C'est un peu la version bistrot de L'Insolite, le restaurant de l'Hôtel de France ; d'ailleurs, les propriétaires sont les mêmes. Bien protégé par la baie vitrée, on nargue la tempête devant tapas, fruits de mer et formule à la plancha. Le tout servi par une jeune équipe motivée, dans une ambiance sympathique !

Formule 15 € – Menu 19 € (déj. en semaine), 23/35 € – Carte 25/45 €
Plan : B1-b *11 quai du Petit-Port – ☎ 09 81 92 96 22 – Ouvert début avril à début oct. et fermé mardi soir hors saison et merc.*

Le Clos de Vallombreuse

MAISON DE MAÎTRE • COSY Derrière l'église, cette belle demeure de 1902 domine la baie de Douarnenez ; les propriétaires ont su préserver son charme classique, tout en assurant un confort optimal dans les chambres. Avec, en prime, un espace bien-être avec sauna et jacuzzi !

30 chambres – 80/170 € 80/170 € – 13 €

Plan : A1-x *7 r. d'Estienne-d'Orves – 02 98 92 63 64 – www.closvallombreuse.com*

Le Clos de Vallombreuse – voir les restaurants ci-dessus

Hôtel de France

TRADITIONNEL • FONCTIONNEL Dans cet Hôtel de France, les chambres jouent les contrastes, mélange de style contemporain dépouillé, de couleurs vives et de mobilier breton. Il souffle un vent de fraîcheur sur cet établissement né en 1878...

22 chambres – 65/85 € 65/85 € – 10 €

Plan : A2-r *4 r. Jean-Jaurès – 02 98 92 00 02 – www.lafrance-dz.fr – Fermé 1 semaine en fév., 4-21 nov. et 23-30 déc.*

L'Insolite – voir les restaurants ci-dessus

à Tréboul 3 km au Nord-Ouest – 29100 Douarnenez

Ty Mad (N)

CUISINE MODERNE • CONVIVIAL X Sur les hauteurs de Tréboul, au calme dans un quartier paisible de villas, on se délecte d'une cuisine fraîche, où la loi du marché n'est pas un vain mot, ni l'amour du bio ! Et pour la sieste, profitez de la petite plage, en léger contrebas, accessible par le chemin côtier. Menu végan.

Formule 17 € – Menu 23 € (déj.)/39 € – Carte environ 49 €

Hôtel Ty Mad, plage St-Jean (près de la chapelle St-Jean) – 02 98 74 00 53 – www.hoteltymad.com – Ouvert 18 mars-12 nov. et fermé mardi

Ty Mad

FAMILIAL • PERSONNALISÉ Ty mad : bonne maison en breton. Il faut dire que l'hôtel a du charme avec ses matériaux naturels (pierre et bois) et sa décoration franchement zen ; même la cour a des allures de jardin japonais. Cuisine bio aux herbes fraîches et piscine à contre-courant : on se sent bien.

15 chambres – 79/230 € 79/230 € – 15 €

plage St-Jean (près de la chapelle St-Jean) – 02 98 74 00 53 – www.hoteltymad.com – Ouvert 18 mars-12 nov.

Ty Mad – voir les restaurants ci-dessus

DOUÉ-LA-FONTAINE

49700 Maine-et-Loire – 7 584 hab. – Alt. 75 m – Carte régionale n° **18**-C2
Carte Michelin 317-H5 – Guide Vert Michelin Châteaux de la Loire

Auberge Bienvenue

CUISINE TRADITIONNELLE • CLASSIQUE XX Ici, vous serez toujours le bienvenu ! Confortablement installé sous les poutres et les arcades de la grande salle, on est contraint... de constater que la tradition a toujours du bon, surtout en cuisine. Un conseil : ne passez pas à côté du bœuf au tanin d'Anjou.

Menu 18 € (déj. en semaine), 32/65 € – Carte 50/60 €

104 rte de Cholet (face au zoo) – 02 41 59 22 44 – www.aubergebienvenue.com – Fermé 20-27 sept., 22 déc.-15 janv., dim. soir et lundi

Auberge Bienvenue

AUBERGE • FONCTIONNEL Entre la Loire et les vignobles d'Anjou, cette auberge abrite des chambres calmes, spacieuses et bien tenues – plus contemporaines dans l'annexe. Piscine couverte, jacuzzi, salle de musculation... Un pied-à-terre idéal pour visiter le zoo local ou découvrir les roseraies.

11 chambres – 75/117 € 75/117 € – 4 suites – 12 €

104 rte de Cholet (face au zoo) – 02 41 59 22 44 – www.aubergebienvenue.com – Fermé 20-27 sept. et 22 déc.-15 janv.

Auberge Bienvenue – voir les restaurants ci-dessus

DOURGNE

81110 Tarn – 1 316 hab. – Alt. 250 m – Carte régionale n° **15**-C2
Carte Michelin 338-E10

Hostellerie de la Montagne Noire

CUISINE TRADITIONNELLE • SIMPLE Les deux fils du propriétaire ont pris le pouvoir en cuisine, dans ce restaurant situé au centre du village ; ils nous régalent de bonnes créations traditionnelles, simples et sans chichis. Et l'été, ça se passe sur la terrasse, à l'ombre des platanes...

Formule 14 € – Menu 17 € (semaine)/27 € – Carte 35/48 €

8 chambres – 57/65 € 60/65 € – 8 €

15 pl. des Promenades – 05 63 50 31 12 – www.hoteldourgne.fr – Fermé 1 semaine en fév., mardi midi sauf juil.-août, dim. soir et lundi

DOUVAINE

74140 Haute-Savoie – 5 509 hab. – Alt. 428 m – Carte régionale n° **25**-F1
Carte Michelin 328-K3

Ô Flaveurs (Jérôme Mamet)

CUISINE MODERNE • ROMANTIQUE Pierres apparentes, poutres, cheminée : un petit château du 15e s. authentique, élégant et romantique à souhait. Autour d'un menu surprise, on découvre la cuisine pleine de saveurs et de fraîcheur d'un chef inventif et talentueux, grâce à des produits de qualité, sélectionnés avec soin. Ô Flaveurs !

→ Foie gras de canard des Landes mi-cuit, gelée de betterave et chutney mangue-ananas. Saint-pierre de petite pêche, girolles et barigoule d'artichauts poivrade. Délice chocolat-menthe, glace fromage blanc.

Menu 46 € (déj. en semaine), 90/125 €

Château de Chilly, 2 km au Sud-Est par rte de Crépy – 04 50 35 46 55 – www.oflaveurs.com – Fermé mardi et merc.

DRACY-LE-FORT – 71 Saône-et-Loire → Voir Chalon-sur-Saône

DRAGUIGNAN

83300 Var – 40 054 hab. – Alt. 178 m – Carte régionale n° **21**-C3
Carte Michelin 340-N4 – Guide Vert Michelin Côte d'Azur

La Source Saint-Michel

HISTORIQUE • PERSONNALISÉ À l'écart de la ville, entre champs d'oliviers et allées de platanes, cette demeure bourgeoise toute blanche (19e s.) distille le charme d'antan : tomettes, mobilier d'époque, cheminées, etc. L'accueil charmant et les cours d'œnologie proposés permettent de s'initier à l'art de vivre de la région... et la belle piscine vous tend les bras !

4 chambres – 95/115 € 145/260 €

299 chemin de Seyran, au Nord direction centre hospitalier puis rte secondaire – 04 94 84 59 05 – www.lasourcesaintmichel.com – Fermé 15 oct.-6 janv.

à Flayosc 7 km au Sud-Ouest par D557 – ✉ 83780 – 4 365 hab. – Alt. 310 m

Le Nid

CUISINE MODERNE • CONVIVIAL Une adresse tenue par des gens charmants : Emilie est aux petits soins avec ses clients, et le chef réalise une cuisine de saison, pleine de fraîcheur et de goût. Il privilégie les circuits courts, et les producteurs locaux. Une adresse qui fait le plein tous les jours. Un nid de gourmandise.

Menu 29/49 € – Carte 42/57 €

37 bd Jean-Moulin – ✆ 04 94 68 09 96 – Fermé en janv., lundi et mardi

Le Cigalon

CUISINE MODERNE • SIMPLE C'est une maison jaune aux volets verts, située en retrait du village de Flayosc. Elle en salle, lui en cuisine offrent à ce lieu une chaleur qui va au-delà de la gourmandise. Foccacia comme une pissaladière, jambon cru, premières asperges... excepté le pain et les glaces, tout est fait sur place. On dirait le Sud.

Formule 23 € – Menu 31/47 € – Carte 48/64 €

5 bd du Grand-Chemin – ✆ 04 94 68 69 65 – http://lecigalonflayosc.wixsite.com/site – fermé jeudi sauf le soir en saison et merc.

DREUX

✉ 28100 Eure-et-Loir – 31 191 hab. – Alt. 82 m – Carte régionale n° **6**-B1
Carte Michelin 311-E3 – Guide Vert Michelin Normandie Vallée de la Seine

Le Saint-Pierre

CUISINE MODERNE • CONVIVIAL Dans une rue commerçante du centre-ville, tout près de l'église du même nom, le Saint-Pierre nous accueille dans un intérieur lumineux, entre gris et blanc ; on y propose une cuisine au goût du jour, assez généreuse. Service courtois.

Formule 15 € – Menu 25/32 € – Carte 30/57 €

19 r. Sénarmont – ✆ 02 37 46 47 00 – www.lesaint-pierre.com – Fermé lundi et mardi

à Chérisy 4,5 km par N12 – ✉ 28500 – 1 862 hab. – Alt. 88 m

Le Vallon de Chérisy

CUISINE TRADITIONNELLE • AUBERGE L'enseigne ? Un clin d'œil à une ode de Victor Hugo composée dans cette même auberge en 1821. Ici, la cuisine, copieuse et volontiers rustique, s'inspire des saisons et met en avant les produits locaux, en particulier les légumes et les herbes aromatiques... Gourmand et bon !

Menu 31/43 € – Carte 36/80 €

12 rte de Paris – ✆ 02 37 43 70 08 – www.le-vallon-de-cherisy.fr – Fermé 18-25 fév., 18 juil.-3 août, jeudi soir d'oct. à mars, dim. soir, mardi soir et merc.

à Ste-Gemme-Moronval 6 km au Nord-Est par N12, D912 et D308[1] – ✉ 28500 – 1 091 hab. – Alt. 79 m

L'Escapade

CUISINE CLASSIQUE • COSY Faites une escapade dans cette auberge champêtre vraiment accueillante : la carte met l'accent sur la fraîcheur et la tradition, et la terrasse est si plaisible...

Menu 38 € – Carte 62/94 €

pl. du Dr.-Charles-Jouve – ✆ 02 37 43 72 05 – www.aubergelescapade.fr – Fermé 16 août-7 sept., 1 semaine en janv., dim. soir, lundi soir et mardi

à Vernouillet 2 km au Sud par D311 – ✉ 28500 – 12 415 hab. – Alt. 97 m

Auberge de la Vallée Verte

CUISINE TRADITIONNELLE • RUSTIQUE XX Dans la famille depuis les années 1930, ce restaurant propose une cuisine de saison savoureuse, réalisée à partir de produits locaux ; côté décor, poutres apparentes, cheminée et jolis tableaux créent une atmosphère apaisante. On profite aussi de chambres simples et bien tenues (plus grandes dans l'annexe) et d'un jardin pour se ressourcer.

Menu 36/58 € – Carte 45/75 €

14 chambres – 90/120 € 90/120 € – 12 €

6 r. Lucien-Dupuis (près de l'église) – 02 37 46 04 04 – www.aubergevalleeverte.fr – Fermé 5-28 août, 24 déc.-8 janv., dim. et lundi

DRUSENHEIM

✉ 67410 Bas-Rhin – 5 092 hab. – Alt. 122 m – Carte régionale n° **1**-B1
Carte Michelin 315-L4

Auberge du Gourmet

CUISINE TRADITIONNELLE • AUBERGE XX Une auberge entourée d'un grand jardin l'isolant de la route. La cuisine, traditionnelle, est servie dans une salle chaleureuse. Les chambres – assez spacieuses, claires et fraîches – sont très bien tenues.

Menu 24/42 € – Carte 32/70 €

11 chambres – 49/55 € 58/65 € – 8 €

4 rte de Herrlisheim, 1 km au Sud-Ouest – 03 88 53 30 60 – www.auberge-gourmet.com – Fermé fin janv.-début fév., 1 semaine en juin, 3 semaines en août, sam. midi, mardi soir et merc.

DUCEY

✉ 50220 Manche – 2 485 hab. – Alt. 15 m – Carte régionale n° **17**-A3
Carte Michelin 303-E8 – Guide Vert Michelin Normandie Cotentin

Auberge de la Sélune

CUISINE MODERNE • CLASSIQUE XX Au bord de la Sélune – connue pour les saumons qui viennent y frayer –, un cadre classique, lumineux, et une cuisine actuelle rythmée par les saisons : ballotine de lapin aux pistaches, lieu jaune et beurre aux coquillages, tarte au chocolat... Les saveurs sont au rendez-vous et les prix restent mesurés !

Menu 18 € (déj. en semaine), 29/55 € – Carte 42/54 €

2 r. St-Germain – 02 33 48 53 62 – www.selune.com – Fermé fév., 2 semaines en oct., dim. soir et mardi soir de nov. à mars et merc. de fin sept. à début juil.

Moulin de Ducey

TRADITIONNEL • PERSONNALISÉ Entre Bief et Sélune, cet ancien moulin semble établi sur une île verdoyante... On y trouve des chambres confortables, à la déco sobre et épurée ; la salle du petit-déjeuner surplombe le vieux pont de pierre, d'où l'on peut pratiquer la pêche au saumon ! Possibilité de se restaurer sur place.

28 chambres – 75/165 € 75/165 € – 12 €

1 Grande-Rue – 02 33 60 25 25 – www.moulindeducey.com – Fermé 2 semaines vacances de Noël

Auberge de la Sélune

AUBERGE • FONCTIONNEL Sur les bords de la Sélune qui part se jeter dans la baie du Mont-Saint-Michel, une bonne option pour dormir un peu à l'écart du circuit touristique. Les chambres sont simples et bien tenues, côté route ou côté jardin et rivière.

20 chambres – 74/91 € 74/139 € – 10 €

2 r. St-Germain – 02 33 48 53 62 – www.selune.com – Fermé fév. et 2 semaines en oct.

Auberge de la Sélune – voir les restaurants ci-dessus

DUHORT-BACHEN

✉ 40800 Landes - 660 hab. - Alt. 72 m - Carte régionale n° **2**-B3
Carte Michelin 335-J12

Les Arcades

CUISINE TRADITIONNELLE • RUSTIQUE XX Dire que cette adresse porte haut les couleurs du terroir est un euphémisme ! Dans une ambiance champêtre ou installés sous les arcades, les gourmands dégustent de bonnes recettes traditionnelles. On propose même quelques plats d'inspiration tahitienne, où le patron a passé une grande partie de sa vie.

Menu 14 € (déj. en semaine), 27/32 € - Carte 30/40 €

232 pl. de la Mairie - ☎ 05 58 71 85 59 - www.restaurant-arcades.fr - Fermé merc. soir et jeudi soir en hiver, mardi soir, dim. soir et lundi

DUINGT

✉ 74410 Haute-Savoie - 904 hab. - Alt. 450 m - Carte régionale n° **25**-F1
Carte Michelin 328-K6 - Guide Vert Michelin Alpes du Nord

Comptoir du Lac

CUISINE MODERNE • DESIGN X Un restaurant aux airs de grande verrière indus' et contemporaine, cerné par la verdure, la montagne et le lac... Un endroit vraiment sympathique, pour une cuisine actuelle qui l'est elle aussi !

Formule 19 € - Menu 25 € (déj. en semaine), 35/45 € - Carte environ 58 €

410 allée de la Plage - ☎ 04 50 68 14 10 - www.closmarcel.fr - Fermé 4 nov.-20 déc., dim. soir et merc. de déc. à avril

Clos Marcel

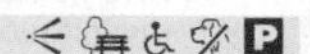

TRADITIONNEL • DESIGN Sur un site privilégié au bord du lac d'Annecy (ponton privé), une architecture repensée dans un esprit écologique, des chambres design et confortables : un Clos Marcel résolument 21e s.

14 chambres - †175/290 € ††175/290 € - 1 suite - ☕ 18 €

410 allée de la Plage - ☎ 04 50 68 67 47 - www.closmarcel.com - Fermé 4 nov.-20 déc.

Comptoir du Lac - voir les restaurants ci-dessus

DUNES

✉ 82340 Tarn-et-Garonne - 1 227 hab. - Alt. 120 m - Carte régionale n° **15**-B2
Carte Michelin 337-A7

Les Templiers

CUISINE MODERNE • FAMILIAL XX Au centre de cette jolie bourgade, dans une maison du 16e s. au charme préservé. Les grands principes du chef : "la tradition, qui garantit la qualité" et "l'innovation, qui préserve de la routine". Un gage d'authenticité et de surprise... L'été, on se régale en profitant de la terrasse sous les arcades.

Menu 22 € (déj. en semaine), 32/42 € - Carte 47/55 €

1 pl. des Martyrs - ☎ 05 63 39 86 21 - Fermé vacances de la Toussaint, dim. soir, lundi et mardi

DUNIÈRES

✉ 43220 Haute-Loire - 2 875 hab. - Alt. 760 m - Carte régionale n° **3**-D3
Carte Michelin 331-I2

La Tour

CUISINE DU TERROIR • FAMILIAL XX Les produits locaux (lentilles vertes du Puy, escargots de Grazac, pintade fermière, etc.) se transforment en mets alléchants sous l'impulsion du chef. C'est bon, soigné, généreux, avec en prime, un beau chariot de fromages auvergnats. Tout est sympathique, y compris les chambres, bien pratiques.

Formule 18 € - Menu 28/60 € - Carte 46/69 €

11 chambres - †64/70 € ††64/70 € - ☕ 10 €

7 ter rte du Fraisse, D61 - ☎ 04 71 66 86 66 - www.hotelrestaurantlatour.com - Fermé 10 fév.-5 mars, 25 août-3 sept., 12-18 nov., 31 déc.-8 janv., vend. soir d'oct. à juin, dim. soir et lundi

DUNKERQUE

✉ 59140 Nord – 89 160 hab. – Agglo. 175 788 hab. – Alt. 4 m – Carte régionale n° **16**-B1
Carte Michelin 302-C1

L'Auberge de Jules

POISSONS ET FRUITS DE MER • CONVIVIAL X Près du port de plaisance, un bistrot gourmand, convivial et... familial. La patronne accommode le poisson tout frais pêché par son frère : la fraîcheur est au rendez-vous ! Quant à son "jules", il s'occupe des desserts...

Formule 24 € – Menu 28/38 € – Carte 30/50 €

Plan : A2-a *9 r. de la Poudrière*
– ✆ 03 28 63 68 80 – Fermé 2 semaines en août, 1 semaine début janv., sam., dim. et fériés

Borel

BUSINESS • FONCTIONNEL Tout près du port de plaisance, cet hôtel est idéalement placé. On s'y repose dans des chambres parfaitement tenues, qui ont toutes été rénovées ces dernières années. Une bonne adresse pour un déplacement professionnel ou une escapade en ville.

48 chambres – 90/155 € 105/155 €

Plan : A2-u *6 r. L'Hermite*
– ✆ 03 28 66 51 80 – www.hotelborel.fr

à Malo-les-Bains – ✉ 59240

L'Hirondelle

FAMILIAL • FONCTIONNEL Au cœur de la petite station balnéaire, un sympathique hôtel familial, aux chambres contemporaines et sobres, aussi plaisantes que l'accueil réservé par les charmants propriétaires. Au restaurant, honneur aux produits de la mer.

50 chambres – 71/97 € 86/125 € – 10 €

Plan : B1-r *46 av. Général-Faidherbe – ✆ 03 28 63 17 65*
– www.hotelhirondelle.com

à Coudekerque-Branche – ✉ 59210 – 21 685 hab. – Alt. 1 m

Le Soubise

CUISINE CLASSIQUE • AUBERGE XXX Une table élégante, où l'on se régale d'une cuisine pleine d'authenticité et de générosité... à l'image du maître des lieux, Michel Hazebroucq. Connue et reconnue pour sa gentillesse, cette figure de Dunkerque a déjà passé plus de cinquante ans derrière les fourneaux. Une bien belle carrière !

Formule 28 € – Menu 32/58 €

Hors plan *49 rte de Bergues – ✆ 03 28 64 66 00 – www.restaurant-soubise.com*
– Fermé 19 avril-1er mai, 26 juil.-20 août, 20 déc.-7 janv., sam. et dim.

DURAS

✉ 47120 Lot-et-Garonne – 1 308 hab. – Alt. 122 m – Carte régionale n° **2**-C2
Carte Michelin 336-D1 – Guide Vert Michelin Aquitaine

Hostellerie des Ducs

CUISINE TRADITIONNELLE • TRADITIONNEL XX Dans la cuisine des ducs, le père et le fils s'activent aux fourneaux et vous concoctent des plats du terroir généreux et appétissants, avec de beaux produits. Le tout à accompagner d'un vin de Duras... forcément. Quant au grand-père, il prépare le pain maison. Classique et authentique ! Quelques chambres, de différents conforts.

Menu 18 € (déj. en semaine), 39/63 € – Carte 47/90 €

20 chambres – 62/135 € 93/192 € – 11 €

bd Jean-Brisseau – ✆ 05 53 83 74 58 – www.hostellerieducs-duras.com – Fermé lundi midi de juil. à sept., dim. soir et lundi d'oct. à juin et sam. midi

DUNKERQUE

0 200 m

A
B
1
2
3

MER DU NORD
Digue du Canal Exutoire
DIGUE DES ALLIÉS
DIGUE DE MER
About
MALO-LES-BAINS
PALAIS DES CONGRÈS
Av.
R. Léon Gambetta
SACRÉ-CŒUR
Pl. P. Asseman
CASINO KURSAAL
Av. Adolphe Geeraert
Poilus
r
Aquarium municipal de Dunkerque
R. du Maréchal Joffre
R. Wisse-Morne
Av. Gaspard Malo
R. Oscar Dellile
Casino
des
Av. de la Libération
ST-JEAN-BAPTISTE
Pl. Robert Prigent
Villa Ziegler
Bd de la République
R. Léon Blum
Av. Louis
R. Anatole France
R. Bergson
R. des Cytises
R. Jean-Jacques Rousseau
QUARTIER EXCENTRIC
Herbeaux
STE BERNADETTE
Villa Myosotis
Av. de Rosendaël
R. Marceau
R. Dubois
R. Parmentier
Av. du Stade
R. Alphonse Daudet
Pont de Rosendaël
Pont Emmery
EXUTOIRE DES WATERINGUES
Pont Carnot
R.
Capitainerie
CRIÉE
PORT DU GRAND LARGE
FRAC
Militaire
R. Marcel Sailly
LAAC
Av. des Bordées
Musée Dunkerque 1940
JARDIN JEAN HARP
Grand Large
R. Léon Bourgeois
C.E.F.R.A.L
Quai de la Cunette
PORT AUTONOME
Notre-Dame des-Dunes
Leughenaer
u
a
Pl. du Minck
R. Saint-Jean
R. Jules Hocquet
R. du Jeu de Paume
Pl. C. Valentin
Pl. du Général de Gaulle
R. des Sœurs Blanches
R. de la Porte d'Eau
Av. de l'Université
Musée portuaire
Bassin du Commerce
COMMUNAUTÉ URBAINE
St-Éloi
Beffroi
Pl. Jean Bart
R. Royer
2m3
R. des Fusiliers Marins
R. Nationale
R. Beaumont
R. des Séchelles
R. de l'Esplanade
R. de Marengo
R. de la Cunette
R. Louis Braille
R. François Bonneau
Av. Liem
Quai aux Fleurs
Rte de Furnes
Av. de la Libération
CANAL DE FURNES
R. des Ormeaux
R. de l'Ancienne Mairie
R. des Oliviers
R. des Aulnes
R. des Peupliers
R. des Violettes
R. Desaix
R. Van Aertselaer
Pont de Steendam
R. Jules Guesde
R. Gounod
R. Rabelais
R. Mozart
R. Béranger
Bd Vauban
R. Gutenberg
R. Victor Hugo
R. Montesquieu
R. Thomas Edison
R. Thiers
Quai aux Bois
R. Albert 1er
R. de Bergues
R. de l'Écluse
Quai de Mardyck
R. de Paris
ST-MARTIN
Pl. Vauban
Quai des Quatre Écluses
R. Vauban
R. du Canal de Bergues
R. de la Verrerie
R. de Lille
R. Louis Neuts
4m
BRAY-DUNES
FURNES
A 16, CALAIS
D 601, GRAVELINES
LOON-PLAGE
A 1, LILLE, D 601, CALAIS
BERGUES

DURTAL

✉ 49430 Maine-et-Loire - 3 377 hab. - Alt. 39 m - Carte régionale n° **18**-C2
Carte Michelin 317-H2 - Guide Vert Michelin Châteaux de la Loire

Restaurant des Plantes

CUISINE MODERNE • TENDANCE XX Au bord d'une voie passante, ce restaurant est le repaire d'un couple motivé et attentionné. Au long d'un menu unique renouvelé tous les mois, ils proposent une cuisine actuelle pleine de saveurs : maquereau et andouille, moutarde basilic, salicorne ; pièce de bœuf, tomates et légumes croquants, jus à l'orientale...

Menu 20 € (déj. en semaine), 32/60 €

54 av. d'Angers - ✆ 02 41 76 41 57
- www.restaurantdesplantes.com - Fermé dim. soir, mardi soir et merc.

DURY - 80 Somme → Voir Amiens

EAUCOURT-SUR-SOMME

✉ 80580 Somme - 419 hab. - Alt. 6 m - Carte régionale n° **19**-A1
Carte Michelin 301-E7

L'Auberge du Moulin

CUISINE TRADITIONNELLE • COSY XX Nicolas Vo Ngoc, chef autodidacte aux origines vietnamiennes, est un hôte surprenant ! Avec de bons produits locaux (fromage le Rollot, agneau d'Estran) et quelques pincées d'Asie, il revisite les plats de la région à sa sauce. On se régale en profitant de la superbe vue sur la vallée de la Somme...

Formule 12 € - Carte 27/54 €

lieu-dit du Moulin - ✆ 03 22 31 89 86
- www.auberge-moulin-eaucourt.fr - Fermé 2 semaines en janv., 2 semaines en fév., lundi et mardi

EAUZE

✉ 32800 Gers - 3 851 hab. - Alt. 164 m - Carte régionale n° **15**-A2
Carte Michelin 336-C6

La Vie en Rose

CUISINE TRADITIONNELLE • AUBERGE X L'intérieur de ce restaurant a du charme et invite à apprécier, en toute sérénité, une cuisine mettant à l'honneur le terroir. Vins de Gascogne et accueil convivial.

Menu 15 € 🍷 (semaine), 29/46 € - Carte 43/53 €

22 r. St-July - ✆ 05 62 09 83 29
- www.restaurant-la-vie-en-rose.com - Fermé vacances de printemps et de la Toussaint, mardi soir et merc.

EBERSMUNSTER

✉ 67600 Bas-Rhin - 494 hab. - Alt. 165 m - Carte régionale n° **1**-C1
Carte Michelin 315-J7

Restaurant des Deux Clefs

CUISINE TRADITIONNELLE • AUBERGE XX Ici, les poissons d'eau douce sont à l'honneur ; la grande spécialité de la maison est la matelote, que l'on déguste dans un restaurant au sobre décor alsacien, agrémenté d'une salle winstub.

Formule 22 € - Menu 37/40 € - Carte 42/53 €

23 r. du Gén.-Leclerc - ✆ 03 88 85 71 55
- www.restaurantauxdeuxclefs.fr - Fermé 2 semaines en juil., 24 déc.-10 janv., lundi et merc. sauf fériés

ECCICA-SUARELLA - 2A Corse-du-Sud ➜ Voir Corse

LES ÉCHELLES

✉ 73360 Savoie - Les Echelles - 1 217 hab. - Alt. 386 m - Carte régionale n° **23**-C2
Carte Michelin 333-H5 - Guide Vert Michelin Alpes du Nord

à St-Christophe-la-Grotte 5 km au Nord-Est par D1006 et rte secondaire - ✉ 73360 - 530 hab. - Alt. 425 m

La Ferme Bonne de la Grotte

FAMILIAL · COSY Cette ancienne ferme du 18es. adossée à une falaise est le point de départ d'une randonnée vers la superbe grotte de St-Christophe. Chambres coquettes et chaleureuses. Plats régionaux servis dans un charmant cadre rehaussé de meubles authentiquement savoyards.

4 chambres - 85/95 € 85/95 €

2027 rte du Pont-Romain - 04 79 36 59 05 - www.gites-savoie.com

ECLOSE

✉ 38300 Isère - 1 320 hab. - Alt. 500 m - Carte régionale n° **23**-B2
Carte Michelin 333-E5

Auberge d'Éclose

CUISINE TRADITIONNELLE · AUBERGE Une maison dauphinoise en pisé, nichée dans une rue calme du village. Le chef travaille avec maîtrise de bons produits frais, pour un résultat séduisant : une cuisine qui fleure bon le marché (avec une prédilection pour les volailles fermières, la truffe noire et le gibier en saison), fraîche et goûteuse !

Formule 15 € - Menu 18 € (déj. en semaine), 29/58 € - Carte 43/75 €

61 r. de la Sordelle - 04 74 27 98 98 - www.laubergedeclose.fr - Fermé 1 semaine en mai, 2 semaines en août, 1 semaine en déc., dim. soir et lundi

ÉCOLE-VALENTIN - 25 Doubs ➜ Voir Besançon

ÉCOUVIEZ

✉ 55600 Meuse - 497 hab. - Alt. 196 m - Carte régionale n° **14**-A1
Carte Michelin 307-D1

Les Épices Curiens

CUISINE MODERNE · SIMPLE En se baladant dans les parages, on passe facilement en Belgique sans s'en rendre compte... mais l'ancienne gare de ce village frontalier, transformée en un sympathique restaurant, saura vous retenir en France. On y déguste une cuisine inspirée et bien tournée, accompagnée de bons petits vins. Beaucoup de goût !

Formule 25 € - Menu 30/54 € - Carte 57/74 €

4 chambres - 59/85 € 79/85 € - 9 €

3b pl. de la Gare - 03 29 86 84 58 - www.lesepicescuriens.com - Fermé 1 semaine à Pâques, 2 semaines en août, 1 semaine vacances de la Toussaint, 1 semaine en janv., dim. soir sauf en été, lundi soir, mardi soir et merc.

ÉCULLY - 69 Rhône ➜ Voir Lyon

EGUISHEIM

✉ 68420 Haut-Rhin - 1 738 hab. - Alt. 210 m - Carte régionale n° **1**-C2
Carte Michelin 315-H8

Au Vieux Porche 

CUISINE TRADITIONNELLE • AUBERGE XX Cette demeure typique (1707) est installée sur le domaine viticole de la famille de la gérante. Son mari concocte de bons plats classiques et régionaux, mais il est également vigneron... Autant dire qu'on se délecte de bons vins locaux.

Menu 28/50 € – Carte 35/59 €

16 r. des Trois-Châteaux – ✆ 03 89 24 01 90 – www.auvieuxporche.fr – Fermé 15 fév.-15 mars, merc. sauf le soir de mai à sept. et mardi

La Grangelière 

CUISINE TRADITIONNELLE • COSY XX Des poules, il y en a partout dans cette sympathique auberge : sur les murs, les rideaux, les tables... un peu comme dans la salle à manger d'une grand-tante collectionneuse. D'ailleurs, il règne ici une authentique atmosphère familiale, et l'on se régale d'une cuisine du terroir gourmande et inspirée !

Menu 30/49 € – Carte 30/60 €

59 r. du Rempart-Sud – ✆ 03 89 23 00 30 – www.lagrangeliere.fr – Fermé jeudi de janv. à avril, dim. soir et merc.

Le Pavillon Gourmand 

CUISINE MODERNE • CONTEMPORAIN XX Cette maison de village (1683) a été entièrement refaite : le style scandinave y croise maintenant la pierre historique... mais ce vent de modernité souffle aussi dans l'assiette : carpaccio de Saint-Jacques aux agrumes, sandre soufflé au riesling, etc. Gourmand, assurément !

Menu 19 € (déj. en semaine), 24/67 € – Carte 28/58 €

101 r. du Rempart-Sud – ✆ 03 89 24 36 88 – www.pavillon-gourmand.fr – Fermé 6 fév.-14 mars, 3-11 juil., mardi et merc.

Auberge des Trois Châteaux

CUISINE TRADITIONNELLE • RUSTIQUE X Quel meilleur décor qu'Eguisheim pour un repas ancré dans la tradition ? Dans l'esprit de cette jolie cité, on met ici en avant les recettes de toujours et les bons produits de la région. Le tout à déguster dans une salle au décor alsacien... Évidemment !

Menu 20/37 € – Carte 33/51 €

10 chambres – 60/78 € 65/80 € – 9 €

26 Grand'Rue – ✆ 03 89 23 11 22 – www.auberge-3-chateaux.com – Fermé 1er janv.-14 fév., 1 semaine en nov., mardi soir et merc.

Hostellerie du Château 

FAMILIAL • PERSONNALISÉ Sur une petite place pittoresque, cette demeure à colombages cache un hôtel qui sort du lot : ses chambres, d'inspiration ethnique, sont lumineuses et très accueillantes. Un établissement idéal pour partir à la découverte de la vieille ville.

10 chambres – 76/154 € 76/154 € – 12 €

2 r. du Château – ✆ 03 89 23 72 00 – www.eguisheim-hostellerie-du-chateau.com – Fermé 7 janv.-22 fév.

EMBRUN

05200 Hautes-Alpes – 6 150 hab. – Alt. 871 m – Carte régionale n° **21**-C1
Carte Michelin 334-G5 – Guide Vert Michelin Alpes du Sud

Château La Robéyère 

DEMEURE HISTORIQUE • FONCTIONNEL Cette splendide bâtisse du 18e s., construite à même le roc, ouvre sur une cour intérieure et surplombe la vallée de la Durance. On y trouve des chambres chaleureuses, toutes refaites à neuf, ainsi qu'un petit espace bien-être avec sauna et bain scandinave en extérieur.

37 chambres – 72/127 € 82/137 € – 11 €

quartier La Robéyère – ✆ 04 92 51 90 78 – www.chateaularobeyere.com – Fermé 3 semaines en nov.

rte de Gap 3 km au Sud-Ouest par N94 – ✉ 05200 Embrun :

La Table de Paul

CUISINE TRADITIONNELLE • COSY XX Cannelloni de truite et brousse des Hautes-Alpes, petit carré d'agneau en croûte d'herbes fraîches… Une cuisine de tradition bien copieuse dans ce sympathique hôtel-restaurant, au décor très nature. Et l'on n'oublie pas la cave bien fournie, avec près de 300 vins référencés !

Formule 26 € – Menu 29/46 € – Carte 34/57 €

Hôtel Les Bartavelles, Clos des Pommiers, N94 – ✆ 04 92 43 20 69 – www.latabledepaul.com – Fermé 7-21 janv., dim. soir et lundi midi d'oct. à mai

Les Bartavelles

BUSINESS • MONTAGNARD Mélèze sculpté et pierres sèches locales : décor typé dans cette maison et ses trois bungalows… Chambre ou duplex, on a le choix ; quant au spa, il se révèle des plus agréables !

42 chambres – 🚹85/125 € 🚹🚹85/145 € – 1 suite – ☕ 12 €

Clos des Pommiers, N94 – ✆ 04 92 43 20 69 – www.bartavelles.com

La Table de Paul – voir les restaurants ci-dessus

ENGHIEN-LES-BAINS

– 95 Val-d'Oise → Voir Autour de Paris

ENNORDRES

✉ 18380 Cher – 212 hab. – Alt. 166 m – Carte régionale n° **6**-C2
Carte Michelin 323-K2

Les Chatelains

FAMILIAL • PERSONNALISÉ Au carrefour du Berry et de la Sologne, une ferme restaurée du 18e s. où le charme d'antan (mobilier d'antiquaire et esprit brocante) rivalise avec la gentillesse des propriétaires des lieux.

5 chambres ☕ – 🚹82/112 € 🚹🚹90/120 €

lieu-dit les Chatelains, D971, 7 km à l'Est par D171 – ✆ 02 48 58 40 37 – www.leschatelains.com

ENSISHEIM

✉ 68190 Haut-Rhin – 7 369 hab. – Alt. 217 m – Carte régionale n° **1**-A3
Carte Michelin 315-I9 – Guide Vert Michelin Alsace Vosges

La Villa du Meunier

CUISINE TRADITIONNELLE • ÉLÉGANT XXX Imaginez une ancienne maison de meunier, authentique à souhait, dont l'une des salles abrite une très jolie cheminée… parfaite pour les repas d'hiver. Côté assiette, on savoure les bonnes recettes traditionnelles du chef, qui évoluent au rythme des saisons. Et l'été, on s'installe en terrasse !

Formule 16 € – Menu 23 € (semaine), 33/68 € – Carte 34/67 €

Le Domaine du Moulin, 44 r. de la 1ère-Armée – ✆ 03 89 81 15 10 – www.hotel-domainedumoulin-alsace.com – Fermé sam. midi

Le Domaine du Moulin

FAMILIAL • FONCTIONNEL Le jardin, l'étang, la piscine et… cette grande maison récente et confortable, d'esprit alsacien, située au cœur du village. Dans les chambres, spacieuses et confortables, les meubles en bois, conçus sur mesure, évoquent l'univers des moulins.

65 chambres – 🚹111/190 € 🚹🚹128/210 € – ☕ 18 €

44 r. de la 1ère-Armée – ✆ 03 89 83 42 39 – www.hotel-domainedumoulin-alsace.com

La Villa du Meunier – voir les restaurants ci-dessus

ENTRAYGUES-SUR-TRUYÈRE

✉ 12140 Aveyron – 1 060 hab. – Alt. 236 m – Carte régionale n° **15**-C1
Carte Michelin 338-H3

Le Chou Rouge - Le Petit Chou

CUISINE MODERNE • BISTRO Sur la place centrale de la ville, au rez-de-chaussée d'une bâtisse traditionnelle, ce petit bistrot "à la parisienne" - déco personnalisée, mobilier et objets chinés - propose une belle cuisine du marché, volontiers locavore. Tout, ou presque, est fait maison ! En prime, quatre jolies chambres pour l'étape.

Menu 35/39 € - Carte environ 54 €

4 chambres - 85/120 € 85/120 €

3-4 pl. de la République - 05 65 48 58 03 - www.lepetitchou.fr - Fermé 2 semaines en mars, 2 semaines début oct., vacances de Noël, le midi du mardi au sam., dim. soir et lundi

La Rivière

BUSINESS • CONTEMPORAIN Cet hôtel des bords de la Truyère cultive son style local (toit en lauzes) et... le goût de l'époque : les chambres, lumineuses et épurées, se révèlent fort agréables à vivre, avec vue sur la rivière pour certaines. Produits régionaux au restaurant, ouvert sur la verdure.

31 chambres - 71/87 € 97/157 € - 12 €

60 av. du Pont-de-Truyère - 05 65 66 16 83 - www.hotellariviere.com - Fermé 2 semaines en fév. et 2 semaines en déc.

au Fel 10 km à l'Ouest par D107 et D573 – 12140 – 161 hab. – Alt. 530 m

Auberge du Fel

CUISINE TRADITIONNELLE • AUBERGE Dans cette agréable auberge, pounti, truffade, chevreau à l'oseille, poulet fermier et fricassée de chou vous attendent. Tout est fait maison et cela fleure bon le terroir ! Une halte sympathique dans ce joli petit village de vignerons.

Menu 23/33 €

Le Fel - 05 65 44 52 30 - www.auberge-du-fel.com - Ouvert 7 avril-4 nov. et fermé le midi

Auberge du Fel

FAMILIAL • COSY Dans un hameau surplombant le Lot, une maison coiffée de lauzes avec une agréable terrasse sous une treille ; les chambres sont joliment arrangées, confortables et impeccablement tenues. Et quel calme !

10 chambres - 64/99 € 64/99 € - 9 €

Le Fel - 05 65 44 52 30 - www.auberge-du-fel.com - Ouvert 7 avril-4 nov.

Auberge du Fel - voir les restaurants ci-dessus

ENTRECHAUX - 84 Vaucluse

→ Voir Vaison-la-Romaine

ENTZHEIM - 67 Bas-Rhin

→ Voir Strasbourg

ÉPAIGNES

27260 Eure – 1 529 hab. – Alt. 159 m – Carte régionale n° **17**-A3
Carte Michelin 304-C6

Auberge de la Houssaye

CUISINE TRADITIONNELLE • COSY C'est peu dire qu'on s'approvisionne ici en circuit (très) court : les propriétaires sont eux-mêmes éleveurs de volaille et producteurs de foie gras, entre autres ! Au menu, donc : une cuisine qui puise à la source du terroir, mais aussi originale et bien ficelée. Autre atout de l'auberge : des chambres soigneusement tenues.

Formule 14 € - Menu 17 € (déj. en semaine), 22/36 € - Carte 34/44 €

7 chambres - 64/74 € 64/74 € - 8,50 €

1 rte des Anglais - 02 32 20 46 83 - www.hotelepaignes.com - Fermé dim. soir, lundi et mardi

ÉPENOUX - 70 Haute-Saône ➜ Voir Vesoul

ÉPERNAY

✉ 51200 Marne - 23 176 hab. - Alt. 75 m - Carte régionale n° **7**-B2
Carte Michelin 306-F8 - Guide Vert Michelin Champagne Ardenne

Les Berceaux (Patrick Michelon)

CUISINE CLASSIQUE • ÉLÉGANT XXX Le chef Patrick Michelon cherche à faire ressortir le meilleur de la gastronomie champenoise, dans une veine classique. Une table plutôt bourgeoise, puisant dans le terroir local.

➜ Risotto crémeux aux cèpes et foie gras poêlé. Poularde de Bresse à la royale et truffe d'été. Crème gratinée citron aux fraises des bois.

Menu 45 € (déj. en semaine), 79/95 € - Carte environ 90 €

Plan : A2-a *Hôtel Les Berceaux, 13 r. des Berceaux - ✆ 03 26 55 28 84 - www.lesberceaux.com - Fermé 19 fév.-11 mars, 13-26 août, lundi et mardi*

La Grillade Gourmande

VIANDES • COSY XX Les spécialités de ce restaurant ? Rouelle de homard et foie gras, grillés à la cheminée, ris de veau à la bourgeoise... et des grillades préparées en salle, dans la cheminée ! Côté décor : la sobriété et l'élégance priment. Aux beaux jours, on profite du jardin d'été.

Menu 21 € (déj.), 33/59 € - Carte 33/58 €

Plan : B1-d *16 r. de Reims - ✆ 03 26 55 44 22 - www.lagrilladegourmande.com - Fermé vacances de fév., 3 semaines en août, 1 semaine à Noël, dim. et lundi*

Le Théâtre

CUISINE TRADITIONNELLE • BRASSERIE XX Près du théâtre, le rideau s'ouvre sur l'une des plus anciennes brasseries d'Épernay - début du 20e s. -, tout en moulures et hauts plafonds. Derrière les fourneaux, le chef fait rimer tradition et produits de saisons, comme avec ce rognon de veau à la moutarde de Meaux, classique de la maison. Idéal pour se restaurer en évoquant la dernière pièce !

Formule 20 € - Menu 26 € (déj. en semaine), 32/51 € - Carte 48/62 €

Plan : B1-f *8 pl. Pierre-Mendès-France - ✆ 03 26 58 88 19 - www.epernay-rest-letheatre.com - Fermé 17 fév.-11 mars, 13 juil.-3 août, 22-27 déc., dim. soir, mardi soir et merc.*

Cook'in

CUISINE MODERNE • CONVIVIAL X Ce restaurant est le lieu de rencontre entre les univers français (lui, en cuisine) et thaïlandais (elle, en salle). Le résultat est une élégante cuisine fusion, réalisée avec de beaux produits - légumes de producteurs, poissons sauvages, viandes de la région -, à des tarifs plutôt imbattables. Goûtez au tournedos de bœuf mariné à la coriandre.

Formule 16 € - Menu 20 € (déj.), 32/35 € - Carte 34/48 €

Plan : A1-d *18 r. Porte-Lucas - ✆ 03 26 54 89 80 - www.restaurant-cookin.com - Fermé 15-31 août, lundi soir, sam. midi et dim.*

Bistrot le 7

CUISINE TRADITIONNELLE • BISTRO XX Aux Berceaux, il y a aussi l'option Bistrot ! Foie gras maison, sole meunière, escargots persillés, picatta de veau... le 7 ou la simplicité dans le raffinement. À noter également la belle sélection de champagnes.

Formule 32 € - Menu 35 € - Carte 47/76 €

Plan : A2-a *Hôtel Les Berceaux, 13 r. des Berceaux - ✆ 03 26 55 28 84 - www.lesberceaux.com - Fermé 22 janv.-11 fév.*

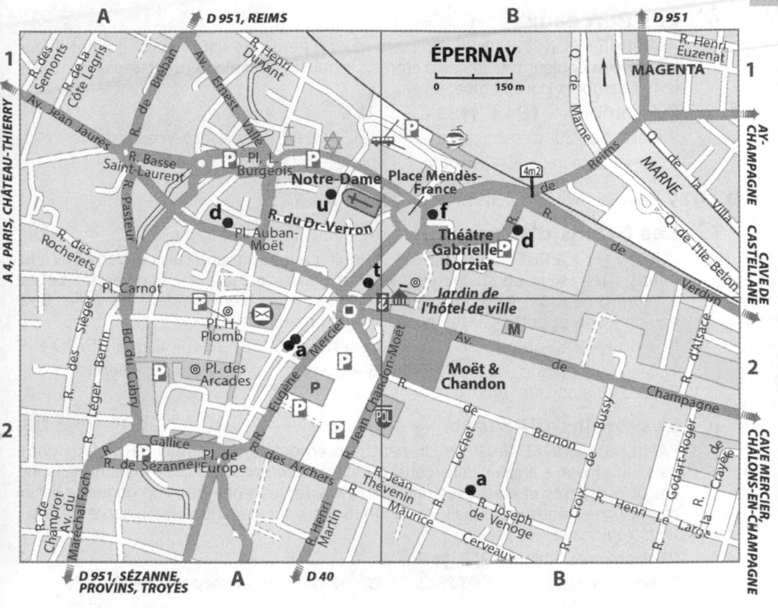

La Table Kobus

CUISINE MODERNE • BRASSERIE XX Un sympathique restaurant décoré dans un esprit de brasserie à l'ancienne – sa façade date tout de même de 1900 –, où l'on déguste une cuisine moderne, épousant le rythme des saisons. Les Sparnaciens s'y précipitent.

Formule 20 € – Menu 26 € (semaine), 42/61 €

Plan : A1-u *3 r. du Dr-Rousseau*
– ✆ 03 26 51 53 53 – www.latablekobus.com
– Fermé jeudi soir, dim. soir et lundi

La Villa Eugène

LUXE • PERSONNALISÉ Cette belle demeure bourgeoise appartenait à un certain Eugène... Mercier, de la célèbre maison champenoise ! À méditer au bar à champagne, puis dans les chambres Louis XVI ou plus modernes. On prend son petit-déjeuner sous une jolie verrière, face à la piscine et au jardin.

15 chambres – 🚹160/398 € 🚹🚹160/398 € – ☕ 21 €

Plan : Hors plan-v *84 av. de Champagne, 1 km à l'Est par D3*
– ✆ 03 26 32 44 76 – www.villa-eugene.com
– Fermé 1 semaine à Noël

Jean Moët & Spa

URBAIN • CONTEMPORAIN Un bel hôtel particulier situé en plein centre d'Épernay, non loin du théâtre et du jardin de l'Hôtel-de-Ville, où l'on "bulle" avec plaisir dans des chambres raffinées et confortables. Leurs noms ? Jéroboam, Salmanazar... On ne se refait pas !

12 chambres – 🚹140/210 € 🚹🚹140/260 € – ☕ 15 €

Plan : A1-t *7 r. Jean-Moët*
– ✆ 03 26 32 19 22 – www.hoteljeanmoet.com
– Fermé 31 déc.-31 janv.

Les Berceaux

AUBERGE • FONCTIONNEL Au cœur de la pétillante cité, voilà un hôtel qui annonce la couleur dès le hall d'entrée : le sol vitré révèle de mousseuses bouteilles... Chambres pour l'étape.

28 chambres – 84 € 99 € – 13 €

Plan : A2-a *13 r. des Berceaux – 03 26 55 28 84 – www.lesberceaux.com*

Les Berceaux • **Bistrot le 7** – voir les restaurants ci-dessus

à Dizy 3 km au Nord – 51530 – 1 562 hab. – Alt. 77 m

Les Grains d'Argent

CUISINE MODERNE • ÉLÉGANT XXX À look contemporain, cuisine dans l'air du temps ; tel est la combinaison gagnante de ce restaurant ! Et avec de belles saveurs de saison, le champagne de vigneron indépendant fait merveille. Une équipe jeune et enthousiaste, en cuisine comme en salle.

Formule 32 € – Menu 38 € (déj. en semaine), 68/98 € – Carte 65/90 €

1 allée du Petit-Bois – 03 26 55 76 28 – www.lesgrainsdargent.fr – Fermé 24 déc.-6 janv., dim. et lundi

Les Grains d'Argent

FAMILIAL • CONTEMPORAIN Un petit peu en dehors d'Épernay, face aux vignobles, il fait bon s'arrêter dans cette hôtellerie contemporaine. Les chambres sont plutôt plaisantes et c'est avec une certaine effervescence que l'on gagne le bar à champagne, feutré à souhait, ou la boutique pour constituer sa réserve de produits régionaux.

21 chambres – 114/121 € 114/125 € – 15 €

1 allée du Petit-Bois – 03 26 55 76 28 – www.lesgrainsdargent.fr – Fermé 24 déc.-6 janv.

Les Grains d'Argent – voir les restaurants ci-dessus

à Ay 4 km au Nord-Est par D201 – 51160 – 4 004 hab. – Alt. 76 m

Le Manoir des Charmes

FAMILIAL • PERSONNALISÉ Cette jolie maison bâtie en 1906 porte bien son nom. "Paradis", "Romance", "Songes", "Secrète", et "Plénitude" (tout un programme!) : chaque chambre a été décorée avec soin par la propriétaire. Quant au petit-déjeuner, il se prend sous une magnifique verrière. Que d'attentions !

5 chambres – 130/150 € 130/150 €

83 bd Charles-de-Gaulle – 03 26 54 58 49 – www.lemanoirdescharmes.com

à Vinay 6 km au Sud-Ouest par D40 et D951 – 51530 – 600 hab. – Alt. 102 m

Hostellerie La Briqueterie

CUISINE MODERNE • CLASSIQUE XXX À la sortie d'Épernay, sur la route de Sézanne, arrêtez-vous dans ce restaurant au cœur des vignes. Dans un décor cossu, on apprécie une cuisine gastronomique réalisée à partir de produits nobles (homard, ris de veau). Belle de carte de champagnes.

Menu 40 € (déj. en semaine), 85/120 € – Carte 95/115 €

4 rte de Sézanne – 03 26 59 99 99 – www.labriqueterie.fr – Fermé 1 semaine vacances de Noël et sam. midi

Hostellerie La Briqueterie

LUXE • PERSONNALISÉ Un havre de paix raffiné et cosy au cœur du vignoble ! Au salon, l'ambiance est feutrée, presque "british", parfait pour déguster une coupe de champagne en toute tranquillité. Dans les chambres, teintes douces et belles matières... pour faire de beaux rêves.

40 chambres – 210/480 € 210/480 € – 25 €

4 rte de Sézanne – 03 26 59 99 99 – www.labriqueterie.fr – Fermé 1 semaine vacances de Noël

Hostellerie La Briqueterie – voir les restaurants ci-dessus

à Avize 10 km au Sud-Est par D40 et D10 – ✉ 51190 – 1 814 hab. – Alt. 114 m

Les Avisés

CUISINE MODERNE • DESIGN Les avisés marqueront un arrêt au domaine Selosse. Stéphane Rossillon en cuisine, et sa femme au service, deux anciens de chez Anne-Sophie Pic, composent un menu unique, à base de produits sélectionnés, servis dans une charmante atmosphère "maison d'hôtes". Aux beaux jours, on profite de la grande terrasse... Carte des vins superbe.

Menu 39/62 €

59 r. de Cramant – ✆ 03 26 57 70 06
– www.selosse-lesavises.com – Fermé 1er-10 janv., 27 fév.-7 mars, 7-23 août, mardi et merc.

Les Avisés

LUXE • PERSONNALISÉ Au cœur de la côte des Blancs – berceau du chardonnay –, au sein même d'une célèbre maison de champagne, une demeure néoclassique confortable et élégante, dont la déco a été signée par l'architecte Bruno Borrione. Le must : une chambre avec vue sur le vignoble. Une personne avisée en vaut deux : voilà une adresse de charme !

10 chambres – 🚹250/390 € 🚹🚹250/390 € – ☕ 20 €

59 r. de Cramant – ✆ 03 26 57 70 06
– www.selosse-lesavises.com – Fermé 1er-10 anvier, 27 fév.-7mars , 7-23 août

Les Avisés – voir les restaurants ci-dessus

ÉPINAL

✉ 88000 Vosges – 32 006 hab. – Alt. 324 m – Carte régionale n° **14**-C3
Carte Michelin 314-G3

Les Ducs de Lorraine (Stéphane Ringer et Rémi Gornet)

CUISINE MODERNE • ÉLÉGANT La grande salle (avec des clins d'œil très mode), les tables soigneusement dressées, la fine gastronomie, le délicieux chariot de desserts : une belle image d'Épinal ! Rien de figé en cette table renommée, mais un travail de qualité, repas après repas.

→ Déclinaison de foies gras de canard. Tournedos de pigeon, jus au vieux porto. Grand chariot de desserts.

Menu 45 € (déj. en semaine), 75/115 € – Carte 110/200 €

5 av. de Provence – ✆ 03 29 29 56 00
– www.restaurant-ducsdelorraine.com – Fermé 30 juil.-21 août, 1er-8 janv. et dim.

In Extremis

CUISINE MODERNE • ÉPURÉ Excellente surprise que ce petit restaurant de poche (18 couverts à peine) déniché *in extremis* sur une petite place au pied de la basilique St-Maurice. Le jeune chef, Nicolas Grandclaude, y compose une carte concise avec des plats tout en finesse et en subtilité, qui magnifient de bons produits de saison.

Menu 23 € (déj. en semaine), 32/49 € – Carte environ 51 €

7 pl. de l'Atre – ✆ 03 29 35 46 41
– www.restaurant-inextremis.com – Fermé 2 semaines en mars, 2 semaines en août, mardi midi, dim. et lundi

Mercure

HÔTEL DE CHAÎNE • FONCTIONNEL À deux pas du musée d'Art et de la Moselle, cet immeuble abrite des chambres confortables. Agréables prestations : piscine, restaurant traditionnel, etc.

60 chambres – 🚹89/180 € 🚹🚹89/180 € – ☕ 18 €

13 pl. Émile-Stein – ✆ 03 29 29 12 91 – www.mercure.com

au Nord 3 km au Nord par D46 – ✉ 88000 Épinal :

La Fayette

BUSINESS • FONCTIONNEL Aux portes d'Épinal, dans une zone commerciale, cet hôtel moderne mérite attention : il recèle de beaux espaces, feutrés et confortables, un spa agréable (bassin à contre-courant, sauna, jacuzzi), le tout parfaitement tenu. Restaurant traditionnel.

57 chambres – 111/260 € 111/260 € – 1 suite – 13 €

3 r. Bazaine (Le-Saut-le-Cerf) – ☎ 03 29 81 15 15 – www.epinalhotellafayette.com

à Chaumousey 10 km à l'Ouest par D460 – ✉ 88390 – 879 hab. – Alt. 360 m

Le Calmosien

CUISINE TRADITIONNELLE • ÉLÉGANT XX Tout près de l'église de ce village vosgien – la campagne à 10mn d'Épinal –, une jolie maison de maître dont l'intérieur classique est parsemé de touches plus modernes (lustres, peintures). Quant à la cuisine, elle est de facture traditionnelle : sole meunière, carré d'agneau au thym, tarte fine aux pommes...

Menu 24/64 € – Carte 45/60 €

37 r. d'Épinal – ☎ 03 29 66 80 77 – www.calmosien.com – Fermé 8-23 juil., dim. soir et lundi

à Fontenay 13 km au Nord-Est par D420 – ✉ 88600 – 507 hab. – Alt. 390 m

La Grange

MAISON DE CAMPAGNE • PERSONNALISÉ Japonaise, africaine, indienne, mauresque... Chaque chambre invite au voyage, avec beaucoup de goût ! Ce n'est pas le moindre attrait de cette villa contemporaine, lumineuse et paisible, dont la charmante propriétaire prend grand soin.

5 chambres – 99 € 125/175 €

chemin de Framont – ☎ 06 98 40 27 72 – www.lagrange-vosges.com

ÉPINEAU-LES-VOVES – 89 Yonne → Voir Joigny

ERBALUNGA – 2B Haute-Corse → Voir Corse

ERMITAGE-DU-FRÈRE-JOSEPH – 88 Vosges → Voir Ventron

ERQUY

✉ 22430 Côtes-d'Armor – 3 891 hab. – Alt. 12 m – Carte régionale n° **5**-C1
Carte Michelin 309-H3 – Guide Vert Michelin Bretagne Nord

L'Escurial

CUISINE MODERNE • ÉLÉGANT XX Idéalement situé face à la plage et au port d'Erquy, cet Escurial perpétue l'esprit de la maison, avec une cuisine dans l'air du temps, valorisant de beaux produits. La mer est la vraie vedette des lieux, avec des menus dédiés au homard et aux Saint-Jacques. Un travail soigneux !

Formule 23 € – Menu 42 € (déj.), 47/97 €

29 bd de la Mer – ☎ 02 96 72 31 56 – restaurant-lescurial.fr – Fermé 3 semaines en janv., jeudi soir et dim. soir hors saison et lundi

Beauséjour

TRADITIONNEL • PERSONNALISÉ À 100 m de la plage, cet hôtel familial abrite des chambres plutôt petites, mais colorées, coquettes et bien tenues. À noter : la moitié donne sur le port de pêche. De plus, l'accueil est agréable !

15 chambres – 70/115 € 75/135 € – 12 €

21 r. de la Corniche – ☎ 02 96 72 30 39 – www.beausejour-erquy.com – Fermé 9 janv.-15 fév., 13-30 mars et 15 nov.-20 déc.

à St-Aubin 3 km au Sud-Est par rte secondaire - ✉ 22430 Erquy

Relais Saint-Aubin

CUISINE TRADITIONNELLE • RUSTIQUE XX Charmant et si bucolique, ce prieuré en pierre (17e s.) recouvert de vigne vierge ! Le jardin est ravissant et la déco – entre mobilier rustique et juke-box ! – est très originale ; quant à l'assiette, elle fait honneur aux viandes grillées et à de beaux poissons frais, sans oublier le menu dédié aux Saint-Jacques d'Erquy...

Formule 19 € - Menu 25 € (semaine), 30/40 € - Carte 30/65 €

3 chambres - 95/125 € 95/125 €

D68 - ✆ 02 96 72 13 22 - www.relais-saint-aubin.fr - Fermé 15 janv.-13 fév., 15 nov.-15 déc., mardi sauf juil.-août et lundi

ERSA - 2B Haute-Corse ➜ Voir Corse

ERSTEIN

✉ 67150 Bas-Rhin - 10 987 hab. - Alt. 150 m - Carte régionale n° **1**-B2
Carte Michelin 315-J6

Jean-Victor Kalt

CUISINE CLASSIQUE • ÉLÉGANT XXX Le chef aime son métier et le prouve : il élabore, au gré du marché, une belle cuisine classique et, lorsqu'il vient saluer ses hôtes, il prodigue de judicieux conseils. La carte des vins, avec ses 1400 références issues de nombreux vignobles de France, est tout simplement exceptionnelle.

Menu 28/68 € - Carte 54/82 €

41 av. de la Gare - ✆ 03 88 98 09 54 - www.jean-victor-kalt.fr - Fermé 30 juil.-20 août, dim. soir, lundi et mardi sauf fériés

ESCOURCE

✉ 40210 Landes - 656 hab. - Alt. 75 m - Carte régionale n° **2**-B2
Carte Michelin 335-E10

La Table d'Escource

CUISINE DU TERROIR • MAISON DE CAMPAGNE X Une grande bâtisse à colombages, non loin de la sortie de l'autoroute : voici le nouvel emplacement de cette adresse conviviale et joyeuse, menée par une patronne à l'énergie communicative. La gourmandise est toujours au menu, qui honore le terroir avec beaucoup de générosité et de goût.

Formule 14 € - Menu 29 € - Carte 31/52 €

rte d'Escource (Z.A Cap de Pin) - ✆ 05 58 04 31 15 - Fermé dim. soir et lundi soir

ESPALION

✉ 12500 Aveyron - 4 460 hab. - Alt. 342 m - Carte régionale n° **15**-D1
Carte Michelin 338-I3

Le Méjane

CUISINE MODERNE • CONVIVIAL XX Le Méjane, c'est d'abord un endroit agréable et feutré, d'une sobre élégance contemporaine. Et c'est surtout une cuisine qui ravit, soignée, franche et savoureuse : tartare de saumon d'Écosse et lentilles du Larzac ; pavé de cabillaud, jambon et émulsion de laguiole... sans oublier, pour le dessert, un délicieux baba au rhum.

Formule 22 € - Menu 31/65 €

r. Méjane - ✆ 05 65 48 22 37 - www.restaurant-mejane.fr - Fermé 5-12 juin, janv., merc. sauf juil.-août, dim. soir et lundi

La Tour

CUISINE CRÉATIVE · ÉLÉGANT XX Au rez-de-chaussée, les plats de bistrot sont à l'honneur – maquereau poché au Chablis, vol-au-vent d'écrevisses et d'escargots –, tandis que le restaurant principal se trouve à l'étage. Là-haut, le chef réalise une cuisine volontiers créative, dans laquelle les saveurs sont au rendez-vous. Le tout dans un cadre élégant, propice à la gourmandise...

Menu 36/49 €

3 pl. St-Georges – ✆ 05 65 44 03 30
– www.restaurant-la-tour.fr – Fermé 3 semaines en janv., merc. midi, dim. soir, lundi et mardi

ESPALY-ST-MARCEL – 43 Haute-Loire ➔ Voir Puy-en-Velay

ESPELETTE

✉ 64250 Pyrénées-Atlantiques – 2 101 hab. – Alt. 77 m – Carte régionale n° **2**-A3
Carte Michelin 342-D2 – Guide Vert Michelin Pays Basque et Navarre

Euzkadi

FAMILIAL · CONTEMPORAIN Dans la capitale du piment, une belle façade à la gloire du pays. La plupart des chambres arborent un style basque épuré : murs blancs et poutres. La piscine est agréable...

27 chambres – †54/68 € ††70/93 € – ☕ 10 €

285 Karrika-Nagusia – ✆ 05 59 93 91 88
– www.hotel-restaurant-euzkadi.com – Fermé 15 nov.-15 déc., 15 fév.-15 mars mardi hors saison et lundi

ESTAING

✉ 12190 Aveyron – 547 hab. – Alt. 313 m – Carte régionale n° **15**-D1
Carte Michelin 338-I3

 Le Manoir de la Fabrègues

TRADITIONNEL · PERSONNALISÉ Ce manoir en pierre était autrefois une maison d'estive, il est aujourd'hui une charmante maison d'hôtes ! Cinq chambres dans une veine plutôt classique, parfaitement entretenues, un salon chic avec une grande cheminée, un patio fleuri... Délicieux.

5 chambres ☕ – †70/95 € ††75/115 €

rte d'Espalion, 3 km – ✆ 05 65 66 37 78
– www.manoirattitude.com – Ouvert de début mars à fin nov.

ESTIVAREILLES – 03 Allier ➔ Voir Montluçon

ESTRABLIN – 38 Isère ➔ Voir Vienne

ESTRÉES-ST-DENIS

✉ 60190 Oise – 3 663 hab. – Alt. 70 m – Carte régionale n° **19**-B2
Carte Michelin 305-G4

Le Moulin Brûlé

CUISINE MODERNE · AUBERGE XX Nul incendie à déplorer dans cette ancienne épicerie, devenue un restaurant contemporain à l'âme rustique (poutres apparentes, cheminée). La cuisine du chef – originaire de Touraine – est rythmée par les saisons ; on la déguste dans une lumineuse véranda ouverte sur le jardin ! Bon choix de vins de Loire.

Formule 18 € – Menu 23/60 € – Carte 44/64 €

70 av. de Flandre – ✆ 03 44 41 97 10
– www.lemoulinbrule.fr – Fermé 2-11 mai, 8-31 août, 1er-8 janv., dim. soir, lundi et mardi

ÉTAMPES

✉ 91150 Essonne – 24 503 hab. – Alt. 80 m – Carte régionale n° **10**-B3
Carte Michelin 312-B5 – Guide Vert Michelin Île-de-France

à Boutervilliers 9 km à l'Ouest par D191 – ✉ 91150 – 424 hab. – Alt. 151 m

✿ Le Bouche à Oreille (Aymeric Dreux)

CUISINE MODERNE • ÉLÉGANT XXX Un intérieur moderne, dont les murs portent de beaux épis de blé en hommage à la campagne environnante... Mais surtout, les assiettes d'Aymeric Dreux, qui portent la gourmandise à une autre dimension : précises et maîtrisées, elles mettent en valeur de beaux produits dans toute la force de leur goût.

➜ Burger de homard et foie gras poêlé. Ris de veau cuit au sautoir, fricassée de cèpes bouchon et nougatine d'ail. Soufflé au Grand Marnier.

Formule 24 € – Menu 36/48 € – Carte 60/110 €

11 r. de la Chapelle – ✆ 01 64 95 69 50 – www.bao-restaurant.fr – Fermé dim. soir, lundi soir et mardi

ÉTANG-DE-HANAU – 57 Moselle ➜ Voir Philippsbourg

ÉTAPLES

✉ 62630 Pas-de-Calais – 11 087 hab. – Alt. 10 m – Carte régionale n° **16**-A2
Carte Michelin 301-C4

Aux Pêcheurs d'Étaples

POISSONS ET FRUITS DE MER • CONVIVIAL XX Au rez-de-chaussée, une grande poissonnerie ; au premier étage, un restaurant de poissons et fruits de mer... Difficile de faire plus frais ! Mention spéciale pour la bouillabaisse du pêcheur et le blanc de turbot grillé ou vapeur du chef. En prime : vue sur l'aérodrome du Touquet... entre ciel et mer.

Menu 23/49 € 🍷 – Carte 37/78 €

quai de la Canche – ✆ 03 21 94 06 90 – www.auxpecheursdetaples.fr – Fermé 31 déc.-22 janv. et dim. soir du 1er oct. au 25 mars

ÉTOGES

✉ 51270 Marne – 438 hab. – Alt. 177 m – Carte régionale n° **7**-B2
Carte Michelin 306-F9 – Guide Vert Michelin Champagne Ardenne

Le Château d'Étoges Ⓝ

CUISINE FRANÇAISE • ÉLÉGANT XXX Jolie cuisine mettant à l'honneur les produits de la région servie à l'Orangerie du château. Parmi les spécialités : tourte au foie gras et magret de canard à la pistache, millefeuille à la vanille bourbon et fève de Tonka...

4 r. Richebourg – ✆ 03 26 59 30 08 – www.etoges.com – Fermé 23 janv.-12 fév.

Le Château d'Étoges

DEMEURE HISTORIQUE • PERSONNALISÉ Vivez la vie de château... au moins pour quelques nuits ! Ce château familial du 17e s., lové au sein d'un parc aux arbres centenaires, dévoile de vastes intérieurs au charme désuet. Les chambres, avec leurs lits à baldaquins, sont meublées avec goût ; on profite d'un agréable spa.

27 chambres – †112/199 € ††129/320 € – 1 suite – ☕ 20 €

4 r. Richebourg – ✆ 03 26 59 30 08 – www.etoges.com – Fermé 22 janv.-13 fév.

Le Château d'Étoges – voir les restaurants ci-dessus

ÉTOUY - 60 Oise → Voir Clermont

ÉTRÉAUPONT

✉ 02580 Aisne - 907 hab. - Alt. 127 m - Carte régionale n° **19**-D1
Carte Michelin 306-F3

Le Clos du Montvinage

TRADITIONNEL • CLASSIQUE Dans ce village traversé par la N 2 (Laon-Maubeuge), une hôtellerie traditionnelle parfaite pour une étape : cette demeure du 19e s., typique de la région avec ses briques rouges et ses dépendances, abrite des chambres avenantes et bien tenues, plus calmes côté jardin. Restaurant, salle de billard, tennis, vélos, jeu de croquet...

20 chambres - 72/90 € 72/123 € - 12 €

8 r. Albert-Ledant - 03 23 97 91 10 - www.hotel-clos-du-montvinage.com - Fermé 6-19 août, 23 déc.-7 janv. et dim. soir

ÉTRETAT

✉ 76790 Seine-Maritime - 1 398 hab. - Alt. 8 m - Carte régionale n° **17**-C1
Carte Michelin 304-B3 - Guide Vert Michelin Normandie Vallée de la Seine

Domaine Saint Clair

CUISINE MODERNE • ÉLÉGANT XXX Au sein du beau Domaine Saint Clair et de son élégant manoir normand, se cache ce bon restaurant ! Le chef y réalise une cuisine bien tournée, soignée et généreuse ; on se souviendra notamment des associations homard et concombre, lotte et chorizo, framboise et romarin...

Menu 29 € (déj.), 35/75 € - Carte 75/93 €

Hôtel Domaine St-Clair, chemin de St-Clair - 02 35 27 08 23 - www.hoteletretat.com - Fermé le midi sauf week-ends

Domaine Saint Clair

DEMEURE HISTORIQUE • PERSONNALISÉ Sur les hauteurs, à l'issue d'un chemin tortueux, un lieu à part, où l'on renoue avec les plaisirs de la Belle Époque... Le domaine réunit un castel et une villa : autant d'espaces intimes et charmants, décorés dans un esprit baroque, canaille ou moderne ! Les échappées sur la côte invitent, elles, à la contemplation...

21 chambres - 90/270 € 90/370 € - 15 €

chemin de St-Clair - 02 35 27 08 23 - www.hoteletretat.com

Domaine Saint Clair - voir les restaurants ci-dessus

Dormy House

MAISON DE MAÎTRE • ÉLÉGANT Une situation idyllique : à flanc de falaise, cette demeure de charme domine Étretat et la falaise d'Amont... Les chambres, élégantes, se répartissent entre la villa de 1850 et plusieurs dépendances. Dans le jardin, la vue à travers les pins se révèle poétique tandis que résonnent, au loin, les rumeurs de la plage.

59 chambres - 115/340 € 115/340 € - 2 suites - 17 €

rte du Havre - 02 35 27 07 88 - www.dormy-house.com

ÉTUPES - 25 Doubs → Voir Sochaux

EU

✉ 76260 Seine-Maritime - 7 140 hab. - Alt. 19 m - Carte régionale n° **17**-D1
Carte Michelin 304-I1 - Guide Vert Michelin Normandie Vallée de la Seine

La Cour Carrée

TRADITIONNEL • PERSONNALISÉ Cette ancienne briqueterie, devenue ferme puis hôtel, est située au bord de la route de Dieppe, juste après la sortie d'Eu. On y trouve des chambres à thèmes - champêtre, ethnique, par exemple -, confortables et plutôt spacieuses. Le tout autour d'une cour carrée.

28 chambres - 75/95 € 99/115 € - 11 €

rte de Dieppe - 02 35 50 60 60 - www.hotel-courcarree-eu.fr

Manoir de Beaumont

FAMILIAL • PERSONNALISÉ À un saut de biche de la forêt d'Eu et à 5mn des plages, on vous accueille en amis. Les chambres, délicieusement rétro, le salon Louis XVI et le joli parc contribuent tous au charme du lieu. On se sent vraiment chez soi, d'autant que les prix sont très doux.

3 chambres - 49/69 € 57/69 €

rte de Beaumont, 3 km par D49 puis direction Ferme de Beaumont
- 02 35 50 91 91 - www.demarquet.eu
- Ouvert 15 mars-31 oct., fermé 1 semaine en juin et 1 semaine en sept.

EUGÉNIE-LES-BAINS

40320 Landes - 441 hab. - Alt. 65 m - Carte régionale n° **2**-B3
Carte Michelin 335-I12 - Guide Vert Michelin Aquitaine

Les Prés d'Eugénie - Michel Guérard

CUISINE CLASSIQUE • ÉLÉGANT Une signature à jamais associée à l'aventure de la Nouvelle Cuisine ! Une œuvre sensible, légère et inventive... une véritable ode aux saveurs, rendues dans une veine naturaliste. Mention spéciale pour la magie des lieux, occasion d'une véritable parenthèse bucolique.

→ Pomme de terre "Palace" au caviar. Opulente pintade de Chalosse sur les braises. Crêpe pralinée "à la paresseuse", voilée d'armagnac.

Menu 133 € (semaine), 198/250 € - Carte 155/220 €

pl. de l'Impératrice
- 05 58 05 06 07 - www.michelguerard.com - Fermé 7 janv.-15 mars, lundi soir et le midi en semaine sauf du 16 juil. au 26 août et sauf fériés

La Ferme aux Grives

CUISINE TRADITIONNELLE • AUBERGE Cette vieille auberge de village a retrouvé ses couleurs d'antan. Jardin potager, vieilles poutres et tomettes... Un cadre idéal pour savourer une cuisine du terroir joliment ressuscitée. Suites exquises, pour des nuits paisibles.

Menu 52/90 €

4 suites - 570/700 € - 45 €

pl. de l'Impératrice
- 05 58 05 05 06 - www.michelguerard.com
- Fermé 8 janv.-8 fév., mardi sauf le soir du 16 juil.-26 août et merc. sauf fériés

Les Prés d'Eugénie

GRAND LUXE • PERSONNALISÉ Les Prés du bonheur ! Loin d'être le simple écrin hôtelier de la célèbre table de Michel Guérard, cette demeure du 19e s., ainsi que ses annexes - le Couvent des Herbes et la "ferme thermale" -, dessinent un havre de charme, mêlant intimement raffinement et goût de la nature, plaisir et forme. Un lieu magique et hors du temps...

26 chambres - 360/700 € 360/700 € - 15 suites - 45 €

pl. de l'Impératrice
- 05 58 05 06 07 - www.michelguerard.com
- Fermé 7 janv.-15 mars

Les Prés d'Eugénie - Michel Guérard - voir les restaurants ci-dessus

La Maison Rose

MAISON DE CAMPAGNE • COSY À côté des thermes, cette maison à la façade rose a des allures de guesthouse ! Les chambres sont confortables et bien tenues. Fleurs fraîches et meubles en rotin ajoutent au romantisme des lieux.

26 chambres - 170/210 € 200/260 € - 5 suites - 20 €

- 05 58 05 06 07 - www.michelguerard.com
- Fermé 11 déc.-10 fév.

ÉVIAN-LES-BAINS

✉ 74500 Haute-Savoie – 8 822 hab. – Alt. 370 m – Carte régionale n° **25**-F1
Carte Michelin 328-M2 – Guide Vert Michelin Alpes du Nord

✿ Les Fresques

CUISINE MODERNE • LUXE XXXX Installez-vous dans l'élégante salle à manger de ce luxueux palace entièrement rénové, pour profiter des superbes fresques et d'une belle assiette au goût du jour. Les produits nobles y sont à la fête, travaillés avec raffinement et précision : bravo !

➜ Écrevisses du lac Léman, royale de foie gras et écume à la reine des prés. Omble chevalier meunière et risotto d'épeautre du pays de Sault. Fraises, vinaigre balsamique et Antésite.

Menu 75/185 € – Carte 85/110 €

Plan : B2-z *Hôtel Royal, 13 av. des Mateirons – ✆ 04 50 26 85 00 – www.evianresort.com – Fermé dim. et lundi sauf juil.-août et le midi*

Au Jardin d'Eden

CUISINE TRADITIONNELLE • BISTRO X Ce restaurant d'angle prolongé d'une petite terrasse en teck réunit bien des qualités : un chef-patron au beau parcours – dont 15 ans passés au Grand Véfour –, un retour aux sources à Évian (sans jeu de mots), une cuisine généreuse et surtout traditionnelle, attentive aux produits et aux saisons, un service attentionné.

Formule 19 € – Menu 32/55 € – Carte 44/61 €

Plan : A1-d *1 av. Gén.-Dupas – ✆ 04 50 38 62 26 – Fermé mardi midi, dim. soir et lundi*

Instant Gourmand

CUISINE MODERNE • ÉPURÉ X Dans ce restaurant de poche vibrionne un jeune chef au talent sûr, passionné par les produits de saison et le bio, au gré de préparations aux intitulés gourmands, dont certaines laissent poindre ses origines lorraines. Accueil toujours souriant !

Formule 19 € – Menu 23 € – Carte 31/46 €

Plan : A1-a *10 r. de l'Église – ✆ 04 50 04 74 98 – Fermé dim. et lundi*

ÉVIAN-LES-BAINS

A B

MUSÉE PRÉLUDE, PRÉ CURIEUX, AMPHION-LES-B., THONON-LES-B.
Lac Léman
PORT DES MOUETTES
MONTREUX
0 150 m
DOUANE
Jardin anglais
N.-D.-de-l'Assomption
Casino
Villa Lumière
Parc Thermal
PLAGE
Théâtre
Place Ch. Cottet
Nationale
Pl. de la Libération
Nouvel établissement thermal
Av. de la Gare
Bd Jean Jaurès
PALAIS DES FESTIVITÉS ET CONGRÈS
D 24
Ch. des Roses
Av. de Ch. du Georgillet
Ch. du Nant d'Enfer
Av. de Neuvecelle
NEUVECELLE
Av. d'Évian
Bd de la Détanche
Av. des Larringes
Mémises
Imp. des Mémises
Fléry
Av. du Royal
Av. des Mateirons
Léman
Ch. de Chez Constantin
Bd
Nouvelle Rte. du Stade
Ch. de Passerat
Ch. des Noisetiers
Av. de la Dent d'Oche
Av. de la Verniaz
R. du Pré des Portes
1
2

A B

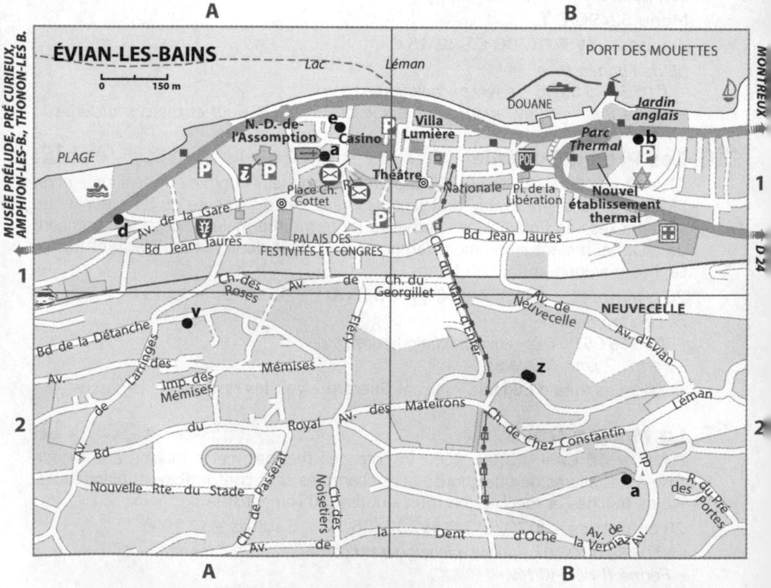

Royal

PALACE • HISTORIQUE Ce luxueux palace né en 1909, véritable mythe, a fait peau neuve pour retrouver l'esprit villégiature des années 1930, cet art de vivre à la française, entre fresques et coupole. Son splendide parc, sa vue imparable sur le lac et les montagnes, ont un goût d'éternité !

118 chambres – 238/1010 € 340/1280 € – 32 suites – 35 €

Plan : B2-z *13 av. des Mateirons – 04 50 26 85 00 – www.evianresort.com*

Les Fresques – voir les restaurants ci-dessus

Ermitage

LUXE • ÉLÉGANT C'est une belle et grande maison, blottie dans un écrin de verdure sur les hauteurs du lac Léman. À l'intérieur, le style épuré joue des matériaux naturels (bois précieux, ardoise, galets, etc.) dans un esprit chic décontracté. Côté papilles, La Table propose une cuisine aux influences méditerranéennes.

80 chambres – 168/640 € 168/775 € – 6 suites – 30 €

Plan : B2-a *1230 av. du Léman – 04 50 26 85 00 – www.hotel-ermitage-evian.com*

Hilton

HÔTEL DE CHAÎNE • CONTEMPORAIN Un bâtiment imposant, au cadre design et ultracontemporain. La majorité des chambres disposent d'un balcon face au lac. Un endroit parfait pour le farniente chic, avec en prime une belle piscine et un superbe espace fitness.

165 chambres – 139/375 € 139/400 € – 5 suites – 25 €

Plan : B1-b *27 quai Paul-Léger – 04 50 84 60 00 – www.evianlesbains.hilton.com*

Le Littoral

TRADITIONNEL • COSY Pour trouver cet hôtel des années 1990, cherchez le casino, il est situé juste à côté. L'ensemble est cosy et chaleureux, dans un esprit montagne contemporain (bois et boutis dans les chambres) : comme une invitation au cocooning... Difficile à décliner, tant l'accueil est chaleureux !

30 chambres – 95/124 € 95/124 € – 12 €

Plan : A1-e *9 av. de Narvik – 04 50 75 64 00 – www.hotel-littoral-evian.com – Fermé 2-13 mars et 31 oct.-26 nov.*

L'Oasis

FAMILIAL • PERSONNALISÉ Sur les hauteurs d'Évian, un hôtel charmant aux chambres coquettes et cosy, dont certaines font face au lac. Le jardin est bien agréable et de la terrasse, où l'on prend le petit-déjeuner en saison, la vue est magnifique ! Accueil aimable.

16 chambres – 80/210 € 80/210 € – 14 €

Plan : A2-v *11 bd Bennevy – 04 50 75 13 38 – www.oasis-hotel.com – Ouvert 10 avril-30 sept.*

à Maxilly-sur-Léman 4 km à l'Est par D1005 – 74500 – 1 323 hab. – Alt. 450 m

La Maison de Mathilde

FAMILIAL • PERSONNALISÉ Mathilde Jacquier (fille d'un célèbre pêcheur du Léman) tient cette jolie maison d'hôtes à la situation exceptionnelle : les pieds dans l'eau, avec plage privée et transats... En cuisine, son beau parcours lui permet de réaliser une cuisine régionale savoureuse, et un petit déjeuner entièrement maison. On aime !

4 chambres – 80/100 € 110/130 €

lieu-dit Le Torrent - 1345 rte Départementale – 04 50 83 07 10 – www.lamaisondemathilde.com

ÉVOSGES

01230 Ain - 144 hab. - Alt. 750 m - Carte régionale n° **23**-C1
Carte Michelin 328-F5

L'Auberge Campagnarde

CUISINE TRADITIONNELLE • AUBERGE X L'auberge porte bien son nom, avec sa salle à manger champêtre à souhait et sa terrasse fleurie. Les produits sont frais et la cuisine, à la fois généreuse et féminine (ici, les hommes sont en salle), a l'accent du terroir ! Ah, les cuisses de grenouilles au beurre persillé...

Formule 20 € - Menu 34/70 €

11 chambres - †76/156 € ††76/156 € - ☕ 10 €

Le village - ✆ 04 74 38 55 55 - www.auberge-campagnarde.com - Ouvert de mars à déc. et fermé mardi soir et merc.

ÉVREUX

27000 Eure - 49 461 hab. - Alt. 64 m - Carte régionale n° **17**-D2
Carte Michelin 304-G7 - Guide Vert Michelin Normandie Vallée de la Seine

La Gazette

CUISINE MODERNE • TENDANCE XX Une valeur sûre que ce restaurant dont le décor mêle harmonieusement le contemporain et l'ancien, entre teintes claires et poutres centenaires... Aux fourneaux, Xavier Buzieux s'attache à mettre en valeur les petits producteurs locaux et à suivre les saisons. De quoi faire parler les gazettes !

Formule 21 € - Menu 26/54 € - Carte 45/57 €

7 r. St-Sauveur - ✆ 02 32 33 43 40 - www.restaurant-lagazette.fr - Fermé 3 semaines en août, sam. midi, dim. et lundi

Best Western Palais des Congrès

BUSINESS • FONCTIONNEL Près du palais des congrès, à la sortie de la ville, cet établissement contemporain se révèle agréable : beaux espaces, déco design et colorée, restaurant proposant une carte traditionnelle... Le meilleur hôtel des environs.

60 chambres - †79/129 € ††79/139 € - ☕ 14 €

bd de Normandie - ✆ 02 32 38 77 77 - www.bw-evreux.com

ÉVRON

53600 Mayenne - 7 127 hab. - Alt. 114 m - Carte régionale n° **18**-C1
Carte Michelin 310-G6 - Guide Vert Michelin Pays de la Loire

rte de Mayenne 6 km par D7

Au Relais du Gué de Selle

AUBERGE • FONCTIONNEL Sur une route de campagne, cette ancienne ferme (1843) devenue hôtel-restaurant est parfaite pour un séjour en famille : des chambres de tous les styles (certaines en duplex), un lac pour pêcher, une piscine chauffée... et des cabanes perchées dans les arbres où l'on peut même dormir ! Sympathique formule bistrot du mardi au samedi.

27 chambres - †88/129 € ††99/230 € - ☕ 12 €

rte de Mayenne - ✆ 02 43 91 20 00 - www.relais-du-gue-de-selle.com - Fermé 23 fév.-12 mars, 22 oct.-6 nov., 22 déc.-8 janv., vend. soir, dim. soir et lundi du 15 sept. au 31 mai

ÉVRY - 91 Essonne → Voir Paris, Environs

EYBENS - 38 Isère → Voir Grenoble

EYGALIÈRES

13810 Bouches-du-Rhône - 1 778 hab. - Alt. 134 m - Carte régionale n° **22**-E1
Carte Michelin 340-E3 - Guide Vert Michelin Provence

Bistrot l'Aubergine

CUISINE MODERNE • BISTRO X Une belle terrasse, un décor de bistrot cosy, des produits de qualité cuisinés sans chichis. Il n'en faut pas plus pour passer un agréable moment... Dans l'assiette, c'est frais et parfumé, telle cette belle tranche de thon en croûte d'épices bien relevée. Attention, carte réduite au déjeuner l'été, avec de copieuses salades.

Carte 38/61 €

4 chambres – 165/180 € 165/180 € – 15 €

34 av. Jean-Jaurès – 04 90 95 98 89 – www.laubergine-eygalieres.com – Ouvert de mars à mi-nov. et fermé merc. sauf le soir en juil.-août

La Bastide d'Eygalières

MAISON DE CAMPAGNE • MÉDITERRANÉEN Une charmante bastide aux volets bleus. Les chambres, de style provençal, sont des plus calmes. Joli jardin avec piscine, donnant sur les Alpilles. Au restaurant, la cuisine privilégie les légumes et les produits bio.

15 chambres – 78/183 € 90/183 € – 1 suite – 14 €

rte Orgon (D24B) et chemin de Pestelade – 04 90 95 90 06 – www.hotellabastide.com

Mas du Pastre

MAISON DE CAMPAGNE • PERSONNALISÉ Cette ancienne bergerie a l'âme d'une "guesthouse" un peu insolite : décoration provençale à l'ancienne, meubles et bibelots chinés, jardin aux essences d'Eygalières, et bassin à poisson rouge !

12 chambres – 165/190 € 165/190 € – 2 suites – 15 €

quartier St-Sixte, 1,5 km par rte Orgon (D24B) – 04 90 95 92 61 – www.masdupastre.com – Fermé 15 nov.-1er mars

EYMET

24500 Dordogne – 2 645 hab. – Alt. 54 m – Carte régionale n° **2**-C2
Carte Michelin 329-D8 – Guide Vert Michelin Périgord Quercy

La Cour d'Eymet

CUISINE CLASSIQUE • BOURGEOIS XX Sur la rue principale du bourg, une maison de style régional, flanquée d'une petite cour où l'on dresse quelques tables aux beaux jours. Les gourmands s'y régalent d'une cuisine soignée à base d'excellents produits. Enfin, le tout est accompagné de bons petits vins du pays.

Formule 19 € – Menu 22 € (déj. en semaine), 25/45 € – Carte 39/68 €

2 chambres – 80 € 100 €

32 bd National – 05 53 22 72 83 – Fermé 15 fév.-15 mars, fin juin à début juil., dim. soir, lundi, mardi, merc. sauf d'avril à oct.

EYRAGUES – 13 Bouches-du-Rhône → Voir St-Rémy-de-Provence

LES EYZIES-DE-TAYAC

24620 Dordogne – 806 hab. – Alt. 70 m – Carte régionale n° **2**-C3
Carte Michelin 329-H6 – Guide Vert Michelin Périgord Quercy

Le Bistro des Glycines

CUISINE MODERNE • CONTEMPORAIN X L'un des atouts indéniables de cet excellent hôtel : son bistrot ! Dans la jolie salle en véranda, joliment décorée (tables en bois brut, chaises de style "shaker"...), on se régale de plats dans l'air du temps, à bon rapport qualité-prix : œuf bio cuit en cocotte, tomates du potager, oignons et jambon noir de Bigorre... Miam.

Menu 19 € (déj. en semaine)/31 € – Carte 31/52 €

Hôtel Les Glycines, 4 av. de Laugerie, rte de Périgueux – 05 53 06 97 07 – www.les-glycines-dordogne.com – Fermé 4-13 mars, 11 nov.-28 déc., dim. soir, lundi et mardi de janv. à mars et le soir en saison

Le 1862

CUISINE MODERNE • CHIC XXX Des assiettes colorées et originales, aux cuissons impeccables et réalisées avec des produits de qualité, dont les légumes du potager : voici ce qui vous attend au 1862, la table principale de l'hôtel Les Glycines. Un exemple ? Ce foie gras de canard du Périgord, confit aux fraises, rhubarbe du jardin et hibiscus…

Menu 62/110 € – Carte 78/105 €

Hôtel Les Glycines, 4 av. de Laugerie, rte de Périgueux – 05 53 06 97 07 – www.les-glycines-dordogne.com – Fermé 4-13 mars, 11 nov.-28 déc., dim., lundi et mardi de janv. à mars et le midi

Au Vieux Moulin

CUISINE TRADITIONNELLE • AUBERGE XX Une roue à aubes, le doux bruissement de l'eau et un décor rustique à souhait… Ce moulin est charmant et l'on y savoure une cuisine de tradition goûteuse et bien tournée. Aux beaux jours, on dresse les tables au bord de la rivière pour un repas des plus bucoliques.

Menu 30/70 € – Carte 40/100 €

20 chambres – †75/90 € ††75/90 € – ☕ 12 €

2 r. du Moulin-Bas – 05 53 06 94 33 – www.moulindelabeune.com – Ouvert mi avril-mi oct. et fermé mardi midi, merc. midi et sam. midi

Les Glycines

TRADITIONNEL • CONTEMPORAIN Cet ancien relais de poste au bord de la Vézère embaume la nature avec son parc, sa tonnelle de glycine et son potager. Les chambres se révèlent charmantes et confortables, en particulier les junior suites et les "écolodges". Spa avec petit bassin et salles de soins.

26 chambres – †129/409 € ††129/409 € – ☕ 17 €

4 av. de Laugerie, rte de Périgueux – 05 53 06 97 07 – www.les-glycines-dordogne.com – Fermé 4-13 mars, 11 nov.-28 déc., dim., lundi et mardi de janv. à mars

Le Bistro des Glycines • **Le 1862** – voir les restaurants ci-dessus

ÈZE

✉ 06360 Alpes-Maritimes – 2 435 hab. – Alt. 390 m – Carte régionale n° **22**-E2
Carte Michelin 341-F5 – Guide Vert Michelin Côte d'Azur

✿✿ La Chèvre d'Or

CUISINE CRÉATIVE • LUXE XXX Perchée sur ce nid d'aigle qu'est Èze, la table gastronomique du célèbre Château de la Chèvre d'Or jouit d'une situation paradisiaque, face à l'azur de la mer et du ciel… Pendant ce temps, en cuisine, Arnaud Faye confirme son grand talent avec une cuisine éminemment subtile, qui s'ancre superbement dans le terroir régional.

→ Melon rôti sans cuisson, homard fumé à l'hysope et barbajuans des pinces. Agneau, panisse gourmande aux cébettes grillées et jus à la feuille de citronnier. Vision d'un citron de pays, basilic.

Menu 85 € (déj. en semaine), 150/250 € – Carte 200/270 €

Hôtel Château de la Chèvre d'Or, r. du Barri (accès piétonnier) – 04 92 10 66 61 – www.chevredor.com – Ouvert 8 mars-4 nov. et fermé lundi midi, mardi midi, merc. midi en juil.-août et lundi en mars

Château Eza

CUISINE MODERNE • ROMANTIQUE XXX Évidemment, il y a le panorama éblouissant, ces variations du paysage en contrebas, le massif qui plonge ses forêts de pins dans la Méditerranée. Mais il y a aussi une cuisine de qualité, des saveurs harmonieuses, des cuissons précises, et la vue depuis la terrasse, à couper le souffle, mais pas l'appétit !

Menu 52 € (déj.), 62/120 € – Carte 113/135 €

Hôtel Château Eza, r. de la Pise (accès piétonnier) – 04 93 41 12 24 – www.chateaueza.com – Fermé 1er nov.-21 déc., lundi et mardi de janv. à mars

LAVAZZA
TORINO, ITALIA, 1895

Les Remparts

CUISINE PROVENÇALE • ROMANTIQUE XX Une cuisine méridionale chic, servie le midi en saison sur une terrasse sublime, posée en bordure de falaise et offrant une vue magique sur la Grande Bleue, St-Jean-Cap-Ferrat, la baie des Anges... Pour un déjeuner d'exception !

Carte 66/149 €

Hôtel Château de la Chèvre d'Or, r. du Barri (accès piétonnier) - ✆ 04 92 10 66 61 - www.chevredor.com - Ouvert 7 mars-11 nov. et fermé le soir

L'Alchimie

CUISINE MODERNE • SIMPLE X Le jeune chef, originaire du village, est passé par de belles maisons (La Réserve à Beaulieu, Mirazur à Menton), et cela se sent... ou plutôt cela se goûte ! Sa courte carte, à forte connotation méridionale, met en avant légumes de saison, herbes et plantes aromatiques : on passe un bon moment.

Formule 18 € 🍷 - Menu 41 € (dîner)/65 € - Carte 50/65 €

197 av. de Verdun - ✆ 04 93 41 12 79 - www.restaurant-lalchimie.com - Fermé 2 semaines en fév., dim. et lundi

Château de la Chèvre d'Or

DEMEURE HISTORIQUE • ÉLÉGANT Exceptionnel, divin, enchanteur... Un îlot céleste, agrippé aux rochers en surplomb de la Méditerranée. La plupart des chambres, disséminées dans le village, jouissent d'une vue splendide, tout comme les restaurants. Un petit paradis sur terre... au-dessus de la mer !

32 chambres - 320/1900 € 320/1900 € - 8 suites - 35 €

r. du Barri (accès piétonnier) - ✆ 04 92 10 66 66 - www.chevredor.com - Ouvert 7 mars-11 nov.

✿✿ **La Chèvre d'Or** • **Les Remparts** – voir les restaurants ci-dessus

Château Eza

DEMEURE HISTORIQUE • ÉLÉGANT Dans cette demeure du 14e s. perchée entre ciel et mer, la vue sur la côte est littéralement... époustouflante ! Quant à la décoration des chambres, elle mêle charme des pierres anciennes et raffinement contemporain : c'est élégant et subtil. Et l'on vit le mythe de la Riviera...

12 chambres - 200/1200 € 200/1200 € - 2 suites - 30 €

r. de la Pise (accès piétonnier) - ✆ 04 93 41 12 24 - www.chateaueza.com - Fermé 1er nov.-21 déc.

Château Eza – voir les restaurants ci-dessus

au Col d'Èze 3 km au Nord-Ouest – ✉06360 Eze

ÈZE-BORD-DE-MER

✉ 06360 Alpes-Maritimes - Eze - Carte régionale n° **22**-E2
Carte Michelin 341-F5 - Guide Vert Michelin Côte d'Azur

✿ La Table de Patrick Raingeard

CUISINE CRÉATIVE • LUXE XXX Dans le cadre luxueux de l'hôtel Cap Estel, cerné par la mer, Patrick Raingeard rend un bel hommage à la Méditerranée et ses rives : la qualité des produits, l'exécution soignée, la pointe d'inventivité qui rehausse l'ensemble, les légumes du potager... et la terrasse, fort agréable ; tout ici est idyllique et confidentiel.

➜ Raviole d'artichaut poivrade au jus de veau, lard guanciale et cèpes, émulsion à l'oursin. Pintade de Bresse à la truffe, brandade de cuisses confites. Rectiligne de framboises, croustillant sésame et sorbet framboise-sureau.

Formule 52 € - Menu 65 € (déj. en semaine), 125/160 € - Carte 105/140 €

Hôtel Cap Estel, 1312 av. Raymond-Poincaré - ✆ 04 93 76 29 29 - www.capestel.com - Fermé 1er janv.-7 mars, 3-23 août, dim. soir, lundi et mardi midi en mars, oct., nov. et déc. sauf fériés et le midi de mi-mai à mi-sept.

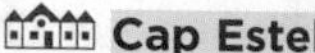

Cap Estel

GRAND LUXE • ÉLÉGANT Sur une presqu'île privée, cette villa enchanteresse, construite par un prince russe à la fin du 19e s, cultive l'art du luxe discret. Ses salons magnifiques, ses chambres et suites somptueuses, son spa, son parc et sa piscine à débordement au-dessus de la mer... tout invite à un séjour de rêve, à l'abri des regards.

18 suites - 580/10900 € - 10 chambres

1312 av. Raymond-Poincaré - 04 93 76 29 29 - www.capestel.com - Fermé 1er janv.-7 mars et 3-23 août

La Table de Patrick Raingeard - voir les restaurants ci-dessus

FALAISE

14700 Calvados - 8 294 hab. - Alt. 132 m - Carte régionale n° **17**-B2
Carte Michelin 303-K6 - Guide Vert Michelin Normandie Cotentin

Ô Saveurs

CUISINE MODERNE • CLASSIQUE XX Cette adresse fait le bonheur des habitués, et pour cause : le jeune chef-patron signe une cuisine délicate et colorée, respectant le produit et utilisant au maximum les herbes de la région... Pour un résultat goûteux et maîtrisé ! Quelques chambres sobres et bien tenues pour l'étape.

Menu 21 € (semaine), 30/65 € - Carte 38/70 €
15 chambres - 60/110 € 60/110 € - 8 €

38 r. Georges-Clemenceau - 02 31 90 13 14 - www.hoteldelaposte-osaveurs.com - Fermé 1er-23 janv., sam. midi, dim. soir et lundi

La Fine Fourchette

CUISINE MODERNE • ROMANTIQUE XX Sur le boulevard principal de Falaise, on se presse pour découvrir la cuisine de terroir "moderne et actuelle" de la jeune chef-patronne. Quant au service, il est assuré avec le sourire par une jeune équipe motivée. Une Fine Fourchette, assurément.

Formule 15 € - Menu 19/60 € - Carte 38/62 €

52 r. Georges-Clemenceau - 02 31 90 08 59 - www.finefourchette-falaise.fr - Fermé 2 semaines en janv. et mardi sauf le soir en saison

L'Attache

CUISINE TRADITIONNELLE • AUBERGE XX À la sortie de la ville, sur la route de Caen, on découvre cette maison bien avenante. Le chef, passionné de plantes et de légumes oubliés (panais, blettes, cerfeuil tubéreux...), a même publié des livres sur le sujet. Son credo : tradition, fraîcheur et simplicité ! De quoi s'attacher très vite à cette adresse.

Menu 20/62 € - Carte 50/70 €

rte de Caen, 1,5 km au Nord par N158 - 02 31 90 05 38 - Fermé 8-30 sept., mardi et merc. sauf fériés

FALICON

06950 Alpes-Maritimes - 1 920 hab. - Alt. 396 m - Carte régionale n° **22**-E2
Carte Michelin 341-E5 - Guide Vert Michelin Côte d'Azur

Parcours Live

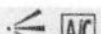

CUISINE MODERNE • CONTEMPORAIN XX Du restaurant, bien situé au cœur du village perché de Falicon, le regard parcourt les vallons environnants, Nice et même la Méditerranée... Mais le spectacle est aussi en cuisine, dont l'activité est retransmise "en live" par un écran. Voilà qui exprime l'esprit de la carte : créative et fondée sur les produits locaux, ainsi ce carré d'agneau en écrin de pistache.

Formule 25 € - Menu 45/85 €

1 pl. Marcel-Eusebi (près de la mairie) - 04 93 84 94 57 - www.restaurant-parcours.com - Fermé 2 semaines en juil., 1 semaine en janv., dim. soir, lundi et mardi

FARROU - 12 Aveyron ➜ Voir Villefranche-de-Rouergue

LA FAUCILLE (COL DE) - 01 Ain ➜ Voir Col de la Faucille

LE FAUGA

✉ 31410 Haute-Garonne - Alt. 200 m - Carte régionale n° **15**-B2
Carte Michelin 343-F4

Le Château de la Mandre

CUISINE TRADITIONNELLE • COSY XX Dans cette imposante bâtisse bourgeoise, le chef - ancien du Maupertu à Paris - concocte une belle cuisine traditionnelle. En témoignent ce croustillant d'œuf mollet ou les suprêmes de Perdreau, et leur embeurrée de chou vert et noisettes. Les saisons passent, les saveurs les suivent. Une bonne adresse !

Menu 20 € (déj. en semaine)/39 €

4 r. Cazaleres - ✆ 05 61 56 74 94 - www.lechateaudelamandre.com
- Fermé 30 juil.-24 août, 21 déc.-4 janv., dim. soir, mardi soir et lundi

FAUGÈRES

✉ 07230 Ardèche - 110 hab. - Alt. 328 m - Carte régionale n° **23**-A3
Carte Michelin 331-G7

Domaine de Chalvêches

LUXE • PERSONNALISÉ Ceux qui recherchent le silence et la nature adoreront cet hôtel moderne dont les chambres, disséminées dans le jardin, allient luxe et personnalisation. L'un des atouts de l'établissement est son exceptionnelle piscine, avec une superbe vue sur les bois et les collines alentours...

5 chambres - ♦205/455 € ♦♦205/455 € - 5 suites - ☕ 22 €

- ✆ 04 75 35 76 16 - www.domaine-chalveches.fr - Fermé 15 déc.-28 fév.

FAULQUEMONT

✉ 57380 Moselle - 5 418 hab. - Alt. 275 m - Carte régionale n° **14**-C1
Carte Michelin 307-K4

au Nord 3 km par rte de St-Avold et golf - ✉ 57380 Faulquemont

Toya (Loïc Villemin)

CUISINE MODERNE • DESIGN XXX Toya ? Un célèbre lac volcanique au nord du Japon et... cette table tendance zen (grande ouverte sur la verdure) pour une éruption de saveurs ! Beaux produits, technique soignée, inspiration maîtrisée, etc. Le jeune chef, Loïc Villemin, sait associer savoir-faire, sagesse et finesse.

➜ Langoustine, sarrasin, jus de foin fermenté et bisque de langoustine. Lieu jaune, bouillon de bœuf, algues, graines de colza et raviole de chou-rave aux anchois. Mirabelles et girolles, glace caramel au beurre salé.

Menu 42 € (déj. en semaine), 75/120 € - Carte 58/68 €

Hostellerie du Chambellan, av. Jean-Monnet (au golf de Faulquemont)
- ✆ 03 87 89 34 22 - www.toya-restaurant.fr - Fermé 1 semaine en juil., 22-31 déc., dim. soir, lundi et mardi

Hostellerie du Chambellan

BUSINESS • FONCTIONNEL Juste à côté du golf de Faulquemont, ce bâtiment récent propose des chambres à la fois sobres, contemporaines et confortables, dont certaines ont vue sur les greens. Deux options pour se restaurer : fine gastronomie au Toya, ou cuisine de brasserie et pizzas à la Mezzanine.

44 chambres - ♦80/99 € ♦♦90/105 € - ☕ 11 €

av. Jean-Monnet (au golf de Faulquemont)
- ✆ 03 87 00 10 80 - www.lechambellan.fr
- Fermé 1 semaine en juil. et 22-31 déc.

Toya - voir les restaurants ci-dessus

FAVERGES

✉ 74210 Haute-Savoie – 6 970 hab. – Alt. 507 m – Carte régionale n° **23**-C1
Carte Michelin 328-K6 – Guide Vert Michelin Alpes du Nord

Le Chalet d'Eglantine

CUISINE MODERNE • FAMILIAL XX De beaux produits, des cuissons et des techniques maîtrisées, de la recherche et du caractère : la cuisine du chef est gourmande et pleine de saveurs, à l'image de ce filet de lieu jaune accompagné d'asperges et d'une mousse de chou-fleur. Quant au cadre, d'esprit montagnard, il ne manque pas de chaleur. Chambres confortables pour l'étape.

Formule 20 € – Menu 32/50 € – Carte 56/80 €
27 chambres – †78/90 € ††92/120 € – ☕ 11 €
1006 r. du Champ-Canon, rte d'Albertville – ✆ 04 50 44 50 05 – www.hotelflorimont.com – Fermé 2 déc.-10 janv., dim. soir, lundi midi et sam.

au Tertenoz 4 km au Sud-Est par D12 et rte secondaire – ✉ 74210 Seythenex

Au Gay Séjour

CUISINE TRADITIONNELLE • ÉLÉGANT XX Cette ferme-auberge du 17e s. a fière allure : belle vue sur la vallée, salle élégante... et cuisine alléchante qui met en valeur la production locale, à l'instar de cette féra de nos lacs alpins, écrasé de pomme de terre et crème au tamié de l'Abbaye.

Formule 35 € – Menu 42/88 € – Carte 50/75 €
10 chambres – †89/109 € ††112/132 € – ☕ 15 €
58 rte de Tertenoz – ✆ 04 50 44 52 52 – www.hotel-gay-sejour.com – Fermé dim. soir et lundi

FAVERNEY

✉ 70160 Haute-Saône – 930 hab. – Alt. 235 m – Carte régionale n° **9**-B1
Carte Michelin 314-E6 – Guide Vert Michelin Franche-Comté Jura

à Breurey-lès-Faverney 3 km au Sud-Est par D434 et D6 – ✉ 70160 – 601 hab. – Alt. 233 m

Château de la Presle

DEMEURE HISTORIQUE • GRAND LUXE Vous rêvez d'un week-end de charme à la campagne ? Ce château du 19es., dans un parc de 6 ha, devrait vous plaire ! Les chambres sont ravissantes (toile de Jouy, style gustavien, etc.), sans parler du salon avec piano, du billard sous les combles et de l'espace bien-être. Cuisine bourgeoise servie dans une salle élégante.

5 chambres ☕ – †110/135 € ††120/155 €
3 r. Louis-Pergaud – ✆ 03 84 91 41 70 – www.chateaudelapresle.com

FAVIÈRES

✉ 80120 Somme – 462 hab. – Alt. 1 m – Carte régionale n° **19**-A1
Carte Michelin 301-C6

La Clé des Champs Ⓝ

CUISINE MODERNE • CONTEMPORAIN XX Un jeune couple de professionnels a transformé cette auberge en un restaurant des plus recommandables. On ne ménage pas sa peine pour faire plaisir au client, et le résultat est là, à l'image de ce réjouissant carrelet de nos côtes, raviole ouverte, purée de haricots verts et jus de coques... une affaire qui roule.

Formule 22 € – Menu 26 € (déj. en semaine), 32/49 € – Carte 36/44 €
13 r. des Frères-Caudron – ✆ 03 22 27 88 00 – www.restaurant-lacledeschamps.com – Fermé 2 semaines en juin, 2 semaines en nov., 2 semaines en mars, merc. et jeudi

Les Saules

TRADITIONNEL • PERSONNALISÉ Envie d'une étape au calme, après avoir visité le parc ornithologique du Marquenterre ? Ces Saules sont tout indiqués ! Les chambres, bien équipées, ont vue sur le jardin ou la campagne environnante. Espace spa avec jacuzzi, hammam, sauna...

21 chambres – 89/124 € 89/165 € – 13 €

1075 r. des Forges – 03 22 27 04 20 – www.hotel-baie-somme.com

FAVONE – 2A Corse-du-Sud ➜ Voir Corse

FAYENCE

83440 Var – 5 602 hab. – Alt. 350 m – Carte régionale n° **21**-C3
Carte Michelin 340-P4 – Guide Vert Michelin Côte d'Azur

La Table d'Yves

CUISINE MODERNE • ÉLÉGANT Les vignes et le village de Fayence pour décor ! L'été, on s'installe sur la terrasse de cette jolie maison en laissant le temps filer... Douce quiétude et agréables saveurs : Yves Merville concocte de bonnes recettes aux accents du terroir, avec de jolis produits du marché. On se régale !

Menu 32/62 € – Carte 43/78 €

1357 rte de Fréjus, 2 km par D563 – 04 94 76 08 44 – www.latabledyves.com – Fermé jeudi sauf le soir en saison et merc.

La Farigoulette

CUISINE TRADITIONNELLE • RUSTIQUE Des murs en pierre, des poutres... et une collection de cocottes anciennes (une passion du chef) : cette ancienne bergerie, postée sur les hauteurs du vieux village, cultive le sens de la tradition ! Au menu, de bonnes recettes du terroir cuisinées avec des produits frais.

Menu 21 € (semaine), 31/41 € – Carte 38/60 €

1 pl. du Château – 04 94 84 10 49 – Fermé 7-21 janv., 24 fév.-14 mars, 9-19 oct., mardi et merc.

Le Temps des Cerises

CUISINE TRADITIONNELLE • CONVIVIAL Une terrasse sous la tonnelle, des cuisines ouvertes sur la salle et des tableaux peints par le père du chef : l'ambiance est chaleureuse et provençale, même si ce dernier est d'origine hollandaise ! Tarte tatin de foie gras, tartare d'huîtres, rognon de veau : on y chante "le temps des cerises" sans nostalgie.

Menu 33 € (déj.)/43 € – Carte environ 51 €

2 pl. de la République – 04 94 76 01 19 – www.restaurantletempsdescerises.fr – Fermé 8 nov.-19 déc., mardi et merc.

à l'Ouest par rte de Seillans (D19) et rte secondaire – 83440 Fayence :

Le Castellaras (Quentin Joplet)

CUISINE PROVENÇALE • CONVIVIAL Cette maison, avec son jardin arboré à flanc de colline avec le village pour toile de fond, propose une table aux couleurs de la Provence, inspirée par le marché et les saisons - ainsi ce tartare de bar, mangue et betterave. Quelques chambres pour l'étape.

➜ Œuf de poule mollet sur un lit de pois chiches bio de Rocbarron. Pigeonneau fermier cuit sur coffre. Soufflé chaud au parfum de saison.

Menu 45 € (déj.), 65/89 € – Carte environ 80 €

5 chambres – 120 € 150 €

461 chemin Peymeyan, à 4 km – 04 94 76 13 80 – www.restaurant-castellaras.com – Fermé 2 janv.-13 fév., le midi en semaine en juil.-août, mardi de sept. à juin et lundi

L'Escourtin

CUISINE TRADITIONNELLE • RUSTIQUE XX L'Escourtin, c'est ce panier utilisé pour ramasser la pâte, après la presse des olives. La carte est dans le ton de cet ancien moulin à huile : rustique et provençale. Parmi les classiques indémodables : fleurs de courgettes en farce de gamberoni, casserole de homard rôti aux légumes de saison, soufflé au Grand Marnier.

Formule 26 € – Menu 39/56 € – Carte 47/80 €

9 chambres – 60/98 € 70/178 € – 1 suite – 11 €

Hôtel Moulin de la Camandoule, chemin de Notre-Dame, à 2 km – ✆ 04 94 76 00 84 – www.camandoule.com – Fermé lundi midi et mardi midi en juil.-août, jeudi sauf le soir de mai à sept. et merc. sauf le soir en juil.-août

LE FAYET – 74 Haute-Savoie → Voir St-Gervais-les-Bains

FÉCAMP

76400 Seine-Maritime – 19 344 hab. – Alt. 15 m – Carte régionale n° **17**-C1
Carte Michelin 304-C3 – Guide Vert Michelin Normandie Vallée de la Seine

La Marée

POISSONS ET FRUITS DE MER • CONVIVIAL XX Cette Marée se trouve au premier étage d'une maison donnant grand sur le port : qui dit mieux ? Le chef fait la preuve de son savoir-faire à travers une cuisine de la mer pleine de fraîcheur et exécutée dans les règles : pot de hareng traditionnel, sole et pommes de terre vapeur... On fait le plein d'iode !

Formule 19 € – Menu 24 € (semaine)/30 € – Carte 34/56 €

Plan : A1-v *77 quai Bérigny (1er étage) – ✆ 02 35 29 39 15 – www.restaurant-maree-fecamp.fr – Fermé janv., jeudi soir, dim. soir et lundi hors saison*

Le Vicomté

CUISINE TRADITIONNELLE • BISTRO X Non loin des riches façades du palais Bénédictine, une petite maison qui cultive la bonhomie et la simplicité : affiches humoristiques, vieilles photos... sans oublier le patron en salle avec son grand tablier. Beaucoup de cœur dans l'accueil comme dans la cuisine de la patronne, inspirée du marché !

Menu 21 €

Plan : A1-e *4 r. du Président-René-Coty – ✆ 02 35 28 47 63 – Fermé 1 semaine à Pâques, 2 semaines en août, 2 semaines en déc., dim., merc. et fériés*

La Marine

POISSONS ET FRUITS DE MER • CONTEMPORAIN X Une adresse simple et sympathique, menée par une équipe soucieuse du plaisir des clients. L'enseigne dit tout : priorité au poisson et aux fruits de mer ! La salle de l'étage réserve une petite vue sur le port de plaisance.

Menu 15 € (semaine), 22/36 € – Carte 30/45 €

Plan : A1-d *23 quai de la Vicomté – ✆ 02 35 28 15 94 – Fermé 1 semaine en juin, 2 semaines en janv., mardi soir de sept. à juin et merc.*

Le Grand Pavois

LUXE • BORD DE MER Sa façade moderne pavoise sur les quais : une situation idéale ! Les prestations sont de qualité : décor contemporain et boisé, confort (excellente literie, bonne insonorisation), accueil aimable... et le petit-déjeuner se prend face aux bateaux. L'un des meilleurs hôtels de la région.

35 chambres – 89 € 103/229 € – 17 €

Plan : A1-r *15 quai de la Vicomté – ✆ 02 35 10 01 01 – www.hotel-grand-pavois.com*

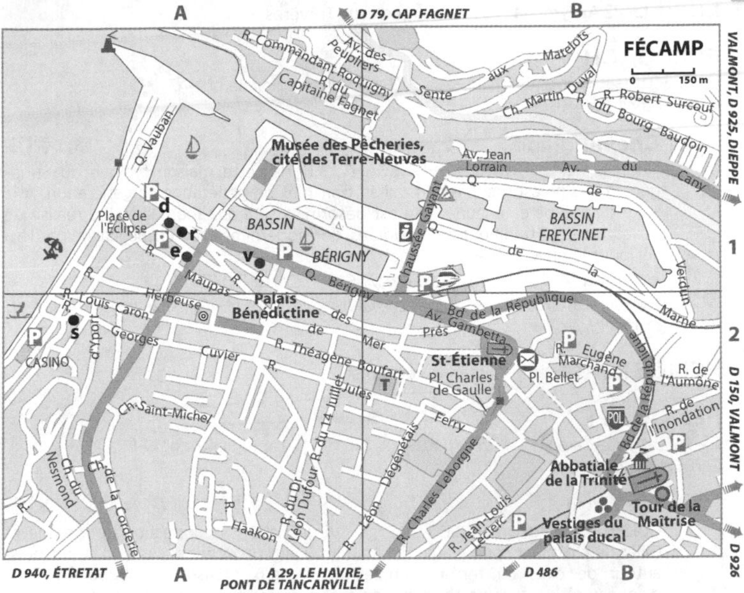

A D 79, CAP FAGNET B

FÉCAMP

0 150 m

VALMONT, D 925, DIEPPE

1

R. Commandant Roquigny
Av. des Peupliers
R. du Capitaine Fagnet
Sente aux Matelots
Ch. Martin Duval
R. Robert Surcouf
R. du Bourg Baudoin
Q. Vauban
Musée des Pêcheries, cité des Terre-Neuvas
Av. Jean Lorrain
Q.
Av. de Cany
Place de l'Éclipse
BASSIN BÉRIGNY
Q. Bérigny
Chaussée Gayant
Q.
BASSIN FREYCINET
Q. de la Marne
Verdun
R. Maupas
R. Herbeuse
Palais Bénédictine
R. des Prés
R. de la Mer
Bd de la République
Av. Gambetta
R. Louis Caron
R. Georges Cuvier
R. Alexandre Legros
R. Théagène Boufart
R. Jules Ferry
St-Étienne
Pl. Charles de Gaulle
Pl. Bellet
R. Eugène Marchand
R. de l'Aumône
R. de l'Inondation
Bd de la République
CASINO
Ch. Saint-Michel
Ch. du Nesmond
Ch. de la Corderie
R. Haakon
R. du Dr Léon Dufour
R. du 14 Juillet
R. Léon Dégénétais
R. Charles Leborgne
R. Jean-Louis Leclerc
Abbatiale de la Trinité
Tour de la Maîtrise
Vestiges du palais ducal

2

D 150, VALMONT

D 926

D 940, ÉTRETAT A A 29, LE HAVRE, PONT DE TANCARVILLE D 486 B

Hôtel d'Angleterre 

TRADITIONNEL • BORD DE MER Un hôtel accueillant, non loin de la plage : les chambres, gaies et cosy, sont agréables après une journée de baignade. Au rez-de-chaussée, on trouve un pub très fréquenté et une crêperie non moins sympathique !

25 chambres – 🚹75/103 € 🚻75/103 € – 2 suites – ☕ 8,50 €

Plan : A2-s *91 r. de la Plage*

– ✆ 02 35 28 01 60 – www.hotelfecampangleterre.fr

FEILLENS

✉ 01570 Ain – 3 225 hab. – Alt. 186 m – Carte régionale n° **23**-B1

Carte Michelin 328-C2

La Feillentine

CUISINE TRADITIONNELLE • CONVIVIAL ✗ Juste à côté de l'église du village, entrez donc dans la cour de cette bâtisse en pierres apparentes, installez-vous sur la terrasse ombragée et laissez-vous servir... Au menu : une cuisine traditionnelle et goûteuse, réalisée par un jeune chef qui a déjà acquis une belle expérience dans la région.

Menu 18 € (déj. en semaine), 30/44 € – Carte 37/49 €

210 rte de l'Église

– ✆ 03 85 30 03 53 – www.lafeillentine.fr

– Fermé août, sam. midi, dim. soir, mardi soir, merc. soir et lundi

Ne confondez pas les couverts ✗ et les étoiles ✿ !
Les couverts définissent une catégorie de confort et de service, tandis que l'étoile couronne uniquement la qualité de la cuisine, quel que soit le standing de la maison.

LE FEL - 12 Aveyron ➜ Voir Entraygues-sur-Truyères

FELDBACH

✉ 68640 Haut-Rhin - 446 hab. - Alt. 410 m - Carte régionale n° **1**-A3
Carte Michelin 315-H11

Cheval Blanc

CUISINE TRADITIONNELLE • ÉLÉGANT XX Dans cette maison typique du Sundgau, la cuisine est une passion qui se transmet de génération en génération. À la suite de son père, le jeune chef est désormais seul aux fourneaux. Il y réalise de belles recettes traditionnelles teintées de modernité, avec un penchant particulier pour le gibier... Très beau choix de vins.

Menu 14 € (déj. en semaine)/56 € - Carte 30/54 €

1 r. Bisel - ☎ 03 89 25 81 86 - www.cheval-blanc-feldbach.fr - Fermé 26 fév.-14 mars, sept., mardi et merc.

FELICETO - 2B Haute-Corse ➜ Voir Corse

FENOUILLET

✉ 31150 Haute-Garonne - 5 060 hab. - Alt. 125 m - Carte régionale n° **15**-B2
Carte Michelin 343-G2

Le Virgil

CUISINE TRADITIONNELLE • COSY XX "Virgil", c'est la contraction de Virginie et Gilles, le charmant couple aux commandes. Dans un intérieur cosy, on se retrouve autour de plats du terroir, simples et copieux : cassoulet toulousain, selle d'agneau rôtie au jus de thym et son gratin dauphinois... Goûteux et gourmand !

Formule 17 € 🍷 - Menu 25 € 🍷 (déj. en semaine), 30/37 € - Carte environ 45 €

40 r. Jean-Jaurès - ☎ 05 61 09 14 72 - www.levirgil.com - Fermé 2-20 août, sam. midi, dim. soir, mardi soir, merc. soir et lundi

FÈRE-EN-TARDENOIS

✉ 02130 Aisne - 3 191 hab. - Alt. 180 m - Carte régionale n° **19**-C3
Carte Michelin 306-D7

Château de Fère

HISTORIQUE • GRAND LUXE Non loin se dressent les vestiges du château d'Anne de Montmorency. En pleine forêt et au grand calme, cette belle demeure du 16e s. est chargée d'histoire, mais vit au présent : piscine, spa, chambres confortables...

27 chambres - 🚹220/720 € 🚻220/720 € - 2 suites - ☕ 25 €

rte de Fismes, 3 km au Nord par D967 - ☎ 03 23 82 21 13 - www.chateaudefere.com - Ouvert avril-déc.

FERNEY-VOLTAIRE

✉ 01210 Ain - 8 844 hab. - Alt. 430 m - Carte régionale n° **25**-F1
Carte Michelin 328-J3 - Guide Vert Michelin Franche-Comté Jura

L'Amuse Bouche

CUISINE MODERNE • CONTEMPORAIN X Il est des lieux où l'on se sent bien dès la porte franchie ; tel est le cas du restaurant de l'hôtel de France. Ici, le chef propose une cuisine plutôt actuelle, qui change au gré des saisons, et célèbre les produits des marchés du pays de Gex, du Léman et de Bresse. Aux beaux jours, on profite de la terrasse ombragée.

Formule 28 € - Menu 33 € (déj. en semaine) - Carte 52/75 €

14 chambres - 🚹79/110 € 🚻99/125 € - ☕ 11 €

1 r. de Genève - ☎ 04 50 40 63 87 - www.hotelfranceferney.com - Fermé 31 juil.-17 août, 21 déc.-7 janv., sam. midi, dim. et lundi

FERRALS-LES-CORBIÈRES

✉ 11200 Aude - 1 173 hab. - Alt. 60 m - Carte régionale n° **12**-B3
Carte Michelin 344-H4

En Catimini

CUISINE MODERNE • CLASSIQUE XX L'archétype de l'hôtel particulier (1884) avec son grand escalier, ses moulures, et même un patio. Une mère et sa fille y concoctent "des plats qui voyagent", où les produits régionaux rencontrent le wasabi ou le lait de coco... A déguster sur la jolie terrasse, accompagnés des vins choisis par le patron sommelier.

Formule 19 € - Menu 39/89 € - Carte 44/102 €

16 pl. de la République - ✆ 04 68 41 62 53 - www.en-catimini.fr - Fermé 1er janv.- 31 mars, 1 semaine début sept., sam. midi, dim. soir et lundi sauf août

FERRETTE

✉ 68480 Haut-Rhin - 779 hab. - Alt. 470 m - Carte régionale n° **1**-A3
Carte Michelin 315-H12

à Moernach 5 km à l'Ouest par D473 - ✉ 68480 - 593 hab. - Alt. 470 m

Aux Deux Clefs

CUISINE MODERNE • TRADITIONNEL X Jolie maison à colombages typique du Sundgau. Salle à manger cossue ornée de tableaux et carte traditionnelle. Accueillantes chambres fonctionnelles dans l'annexe voisine.

Menu 13 € (déj. en semaine), 19/75 € - Carte 36/74 €

7 chambres - 48/85 € 65/85 € - 11 €

218 r. Hennin-Blenner - ✆ 03 89 40 80 56 - www.aux2clefs.com - Fermé 2 semaines en juil., 1 semaine en nov., 2 semaines en fév., merc. et jeudi

à Lutter 8 km au Sud-Est par D23 - ✉ 68480 - 277 hab. - Alt. 428 m

L'Auberge Paysanne

CUISINE TRADITIONNELLE • FAMILIAL XX Non loin de la frontière suisse, une maison pleine d'âme (vieilles photos, poêle en faïence, etc.), tenue en famille. Le chef, d'origine méditerranéenne, concocte une cuisine traditionnelle aux légères fragrances du Sud. Besoin de repos ? L'ancienne ferme voisine vous réserve d'agréables chambres d'esprit campagnard.

Menu 14 € (déj. en semaine), 28/50 € - Carte 31/56 €

15 chambres - 62/92 € 62/92 € - 10 €

1 r. de Wolschwiller - ✆ 03 89 40 71 67 - www.auberge-hostellerie-paysanne.com - Fermé 1er-16 juil., 24 déc.-15 janv., dim. soir de fin oct. à fin mars, mardi midi et lundi

LA FERRIÈRE-AUX-ÉTANGS - 61 Orne → Voir Flers

FERRIÈRES-EN-GÂTINAIS

✉ 45210 Loiret - 3 618 hab. - Alt. 96 m - Carte régionale n° **6**-D2
Carte Michelin 318-N3 - Guide Vert Michelin Bourgogne

L'Abbaye

TRADITIONNEL • FONCTIONNEL Cet hôtel doit son nom à l'abbaye bénédictine de St-Pierre-et-St-Paul. L'ensemble est rustique, exceptées certaines chambres récemment rénovées. Parfait pour un court séjour dans la région. Des fresques rappellent le combat de Pépin le Bref contre un lion dans les douves de Ferrières.

31 chambres - 60/89 € 60/125 € - 10 €

carrefour des Trois-Platanes - ✆ 02 38 96 53 12 - www.hotel-abbaye.fr - fermé 24-31 déc.

LA FERTÉ-BEAUHARNAIS

✉ 41210 Loir-et-Cher - 515 hab. - Alt. 101 m - Carte régionale n° **6**-C2
Carte Michelin 318-I6 - Guide Vert Michelin Châteaux de la Loire

Auberge le Beauharnais

CUISINE TRADITIONNELLE • AUBERGE Dans un petit bourg de Sologne, cette auberge est tenue en famille : père et fils composent une cuisine de saison fidèle à ses racines, mais tournée vers la modernité. Côté produits, ils privilégient les livraisons de petits fournisseurs (légumes, poissons de la Loire, viandes), pour notre plus grand plaisir.

Formule 15 € - Menu 21 € (déj. en semaine), 28/48 € - Carte 36/46 €

18 r. Napoléon-III - ✆ 02 54 83 64 36 - www.aubergelebeauharnais-restaurant-41.fr - Fermé 3 semaines en août, mardi et merc.

Château de la Ferté Beauharnais

DEMEURE HISTORIQUE • PERSONNALISÉ Ce château fut la résidence de la famille de Beauharnais, et notamment de Joséphine, première épouse de Napoléon. On s'y repose dans des chambres de style (parquet, moulures, cheminée). Grand parc où il fait bon se promener.

4 chambres - †145 € ††145 €

172 r. du Prince-Eugène - ✆ 02 54 83 72 18 - www.chateaudebeauharnais.com

LA FERTÉ-BERNARD

✉ 72400 Sarthe - 8 935 hab. - Alt. 90 m - Carte régionale n° **18**-D1
Carte Michelin 310-M5 - Guide Vert Michelin Pays de la Loire

Restaurant du Dauphin

CUISINE MODERNE • TENDANCE Cette jolie demeure du 16e s. au pied de la porte St-Julien propose une cuisine maison et dans l'air du temps, avec quelques touches exotiques - ce ceviche de thon au lait de coco-gingembre en est un bon exemple -, à déguster dans une salle aux tons gris et framboise. Belle sélection de vins au verre.

Formule 18 € - Menu 22 € (déj. en semaine), 32/85 € - Carte 46/60 €

3 r. d'Huisne (accès piétonnier) - ✆ 02 43 93 00 39 - www.restaurant-du-dauphin.com - Fermé 1 semaine vacances de Pâques, 3 semaines en août, 1 semaine vacances de la Toussaint, jeudi soir, dim. soir et lundi

Au Bistronome

CUISINE TRADITIONNELLE • BISTRO L'intérieur, lumineux et haut de plafond, est décoré à la façon d'un bistrot contemporain. Même philosophie dans l'assiette, qui met en avant la tradition avec notamment de bonnes grillades au charbon de bois - côte de bœuf, entrecôte, andouillette, thon, sole... - préparées directement dans la salle. Simple et généreux !

Formule 19 € - Menu 23 € (déj. en semaine) - Carte 39/75 €

11 r. Bourgneuf - ✆ 02 43 93 21 58 - Fermé 1 semaine en avril, 3 semaines en août, 1 semaine en oct., lundi soir, mardi soir, merc. soir et dim.

LA FERTÉ-ST-AUBIN

✉ 45240 Loiret - 7 293 hab. - Alt. 114 m - Carte régionale n° **6**-C2
Carte Michelin 318-I5 - Guide Vert Michelin Châteaux de la Loire

L'Orée des Chênes

CUISINE MODERNE • RUSTIQUE Au sein d'un domaine de 70 ha, voici la maison solognote dans toute sa splendeur : cheminée, salle à manger à colombages et tomettes au sol, esprit campagnard chic... La cuisine, bien réalisée, évolue avec les saisons et nous laissera un très bon souvenir.

Formule 29 € - Menu 43/60 € - Carte 50/84 €

3,5 km au Nord-Est par rte de Marcilly - ✆ 02 38 64 84 00 - www.loreedeschenes.com

L'Orée des Chênes

MAISON DE CAMPAGNE • PERSONNALISÉ Un agréable parc, un étang, une piscine et... ces jolies maisons solognotes, avec des chambres accueillantes, feutrées, chics et bucoliques. Quiétude, verdure et confort !

26 chambres - 116/171 € 116/182 € - 17 €

3,5 km au Nord-Est par rte de Marcilly - 02 38 64 84 00 - www.loreedeschenes.com

L'Orée des Chênes - voir les restaurants ci-dessus

LA FERTÉ-ST-CYR

41220 Loir-et-Cher - 1 055 hab. - Alt. 82 m - Carte régionale n° **6**-C2
Carte Michelin 318-H6

La Diligence

TRADITIONNEL • CONTEMPORAIN Ne manquez pas cette Diligence ! Sur l'axe principal de la ville, sa façade a du cachet ; derrière, le petit jardin à la française a beaucoup de charme. Les chambres, parées de couleurs vives, se révèlent confortables et bien entretenues.

11 chambres - 75/95 € 95/115 € - 13 €

13 r. du Bourg - 02 54 87 90 14 - www.hotel-la-diligence.com

FEURS

42110 Loire - 7 997 hab. - Alt. 343 m - Carte régionale n° **23**-A2
Carte Michelin 327-E5 - Guide Vert Michelin Lyon et sa région

Chalet de la Boule d'Or

CUISINE TRADITIONNELLE • FAMILIAL XX Au menu de ce restaurant traditionnel, une cuisine bien maîtrisée et sûre de ses classiques : filet de bœuf et gratin dauphinois aux morilles, homard thermidor, rognons à la moutarde, etc. Les habitués vous le diront : il ne faut pas manquer de profiter du menu déjeuner, à l'excellent rapport qualité-prix.

Formule 14 € - Menu 19 € (semaine), 30/47 € - Carte 43/61 €

42 r. Cassin (rte de Lyon) - 04 77 26 20 68 - Fermé 1 semaine en fév., 1 semaine en avril, 24 juil.-13 août, merc. soir, dim. soir et lundi

Etésia

TRADITIONNEL • FONCTIONNEL À la sortie de la ville, cet hôtel fonctionnel de plain pied est très bien tenu. L'accueil sympathique des propriétaires ajoute à l'intérêt de l'étape, comme le jardin arboré. Bon rapport qualité-prix.

15 chambres - 61/68 € 67/74 € - 10 €

4 chemin des Monts, rte de Roanne - 04 77 27 07 77 - www.hoteletesia.fr

FEYTIAT - 87 Haute-Vienne → Voir Limoges

FIGEAC

46100 Lot - 9 783 hab. - Alt. 214 m - Carte régionale n° **15**-C1
Carte Michelin 337-I4

La Dînée du Viguier

CUISINE CLASSIQUE • HISTORIQUE XX Au cœur de la cité médiévale, dans l'ancienne salle des gardes du château du Viguier : haut plafond de poutres peintes, cheminée au manteau sculpté... et cuisine d'un beau classicisme : carpaccio de homard aux légumes, ravioles de foie de canard, tourte quercynoise (foie gras, morilles, truffes)...

Formule 24 € - Menu 33/48 € - Carte 65/83 €

4 r. Boutaric - 05 65 50 08 08 - www.ladineeduviguier.fr - Fermé 12-27 nov., 14 janv.-5 fév., dim. soir, sam. midi et lundi

La Cuisine du Marché

CUISINE TRADITIONNELLE • AUBERGE XX La vieille ville est un bel écrin pour ce restaurant agréable, dont le nom est déjà un manifeste ! On utilise de bons produits du marché pour réaliser une cuisine simple et goûteuse, mâtinée de quelques touches espagnoles – origines du chef obligent.

Formule 19 € – Menu 32/52 € – Carte 44/60 €

15 r. de Clermont – ✆ 05 65 50 18 55 – www.lacuisinedumarchefigeac.com – Fermé 4 janv.-13 fév., lundi midi et dim.

Le Pont d'Or

BUSINESS • FONCTIONNEL Cet hôtel borde le Célé, face à la vieille ville. Les chambres y sont confortables ; préférez celles avec vue sur la rivière. Sauna, piscine et fitness sur le toit. Agréable bar à vins.

35 chambres – †76/166 € ††76/176 € – ☕ 14 €

2 av. Jean-Jaurès – ✆ 05 65 50 95 00 – www.hotelpontdor.com

Le Quatorze

HÔTEL PARTICULIER • CONTEMPORAIN Sur une petite place au cœur du vieux Figeac, ce joli hôtel accueille quatorze chambres confortables et simplement décorées, avec un beau mobilier – frêne, châtaignier – et tout le confort nécessaire. Au petit-déjeuner, on profite des bons produits bio du terroir.

14 chambres – †69/108 € ††69/108 € – ☕ 13 €

14 pl. de l'Estang – ✆ 05 65 14 08 92 – www.le-quatorze.fr – Fermé 14 déc.-14 janv., vend., sam. et dim. du 16 nov. au 24 fév.

Le Champollion

URBAIN • CONTEMPORAIN Une maison médiévale sur la jolie place Champollion, face au "moucharabieh typographique" (2009) qui rehausse la façade du musée éponyme. Chambres simples et épurées, avec futons à la façon japonaise.

10 chambres – †53/56 € ††60/62 € – ☕ 8 €

3 pl. Champollion – ✆ 05 65 34 04 37

à Capdenac-le-Haut 5 km à l'Est par D840 – ✉ 46100

Le Relais de la Tour

FAMILIAL • PERSONNALISÉ Cette maison villageoise du 15e s., entièrement restaurée, fait face à une tour médiévale qui surplombe la vallée du Lot. Esprit contemporain dans les chambres et plats du terroir au restaurant.

11 chambres ☕ – †61/65 € ††73/100 €

pl. Lucter – ✆ 05 65 11 06 99 – www.lerelaisdelatour.fr – Fermé vacances de fév. et de la Toussaint

FITOU

✉ 11510 Aude – 1 030 hab. – Alt. 38 m – Carte régionale n° **12**-B3
Carte Michelin 344-I5

Le Toit Vert

CUISINE MODERNE • VINTAGE X Sur les hauteurs d'un village viticole, cette maison récente a été conçue avec des matériaux écologiques : le restaurant doit son nom à son toit végétalisé. Le décor est vintage, un peu bohème, et dans l'assiette, les saisons font la ronde, au gré d'une carte courte, qui change chaque semaine. Appétissant.

Carte 27/56 €

chemin les Pujades – ✆ 04 68 70 47 38 – www.letoitvert.com – Ouvert de mi-mars à mi-déc., fermé le midi sauf dim. et lundi de mi-juin à mi-sept., merc. midi, lundi et mardi hors saison

FLAGEY-ÉCHEZEAUX - 21 Côte-d'Or → Voir Vougeot

FLAINE

✉ 74300 Haute-Savoie - 1 890 hab. - Alt. 1 600 m - Carte régionale n° **25**-F1
Carte Michelin 328-N4 - Guide Vert Michelin Alpes du Nord

Totem

BOUTIQUE HÔTEL • DESIGN Cet hôtel tendance, imaginé dans une veine industrielle (mur en béton mis à nu), et qui s'affranchit avec gourmandise des codes de l'hôtellerie (ainsi ces jeux d'arcade vintage dans la réception) offre un hébergement très confortable, augmenté d'un spa, avec massage et fitness.

96 chambres - 350/400 € 400/950 €

Flaine Forum - 04 30 05 03 40 - www.terminal-neige.com - Ouvert mi déc.-mi avril

FLAMANVILLE

✉ 50340 Manche - 1 707 hab. - Alt. 74 m - Carte régionale n° **17**-A1
Carte Michelin 303-A2 - Guide Vert Michelin Normandie Cotentin

Bel Air

TRADITIONNEL • COSY Une jolie dépendance du château, appréciée pour son grand calme. Les chambres, toutes différentes, sont propres et coquettes, dans un esprit province. Accueil charmant.

11 chambres - 99/120 € 99/120 € - 12 €

2 r. du Château - 02 33 04 48 00 - www.hotelbelair-normandie.com - Fermé 20 déc.-15 fév.

FLAVIGNY-SUR-MOSELLE

✉ 54630 Meurthe-et-Moselle - 1 717 hab. - Alt. 240 m - Carte régionale n° **14**-B2
Carte Michelin 307-I7

La Brunerie

MAISON DE CAMPAGNE • ART DÉCO Sise dans un petit village, non loin de la Moselle, cette ancienne ferme métamorphosée en maison bourgeoise propose des chambres confortables, et décorées avec goût. On apprécie la promenade dans le jardin, une brasse en piscine. Avis aux amateurs : le patron propose dégustations de vins et cours de cuisine ! Table d'hôte sur réservation.

4 chambres - 145/165 € 145/195 €

63 r. de Nancy - 06 08 58 14 67 - www.labrunerie.fr - Fermé en fév.

FLAYOSC - 83 Var → Voir Draguignan

LA FLÈCHE

✉ 72200 Sarthe - 15 025 hab. - Alt. 33 m - Carte régionale n° **18**-C2
Carte Michelin 310-I8 - Guide Vert Michelin Pays de la Loire

Le Moulin des Quatre Saisons (Camille Constantin)

CUISINE MODERNE • TENDANCE XXX Au centre de la ville, Cupidon semble veiller sur ce beau moulin du 17e s. posé sur les eaux du Loir ! Un cadre enchanteur… pour une cuisine actuelle, rythmée par les saisons et accompagnée de beaux vins, certains d'Autriche - pays d'origine de la propriétaire.

→ Sphère de foie gras mi-cuit, chapelure de pain d'épice et pistaches. Dos de bar meunière aux saveurs du sud. Soufflé au Cointreau et sa glace, tuile craquante.

Formule 27 € - Menu 35 € (déj. en semaine), 45/94 € - Carte 70/100 €

r. Gallieni - 02 43 45 12 12 - www.camilleconstantin.com - Fermé vacances de fév. et de la Toussaint, merc. soir, dim. soir et lundi

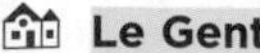

Le Gentleman

TRADITIONNEL • PERSONNALISÉ Sens de l'accueil, élégance et raffinement : un véritable hôtel de gentlemen ! Les chambres, toutes personnalisées, rivalisent de style et de confort ; le salon-bibliothèque, avec son canapé, ses boiseries et sa cheminée, est également plein de charme.

14 chambres - 75/109 € 85/129 € - 12 €

17 r. de la Tour-d'Auvergne - 02 43 45 89 36 - www.legentleman.fr

FLERS

61100 Orne - 14 736 hab. - Alt. 270 m - Carte régionale n° **17**-B2
Carte Michelin 310-F2 - Guide Vert Michelin Normandie Cotentin

Au Bout de la Rue

CUISINE MODERNE • COSY XX Gagnez le Bout de la Rue pour découvrir cette maison tenue par un jeune couple dynamique, Anaïs en salle et Yohan aux fourneaux. Ce dernier, passé par de belles maisons, signe des recettes pétillantes et maîtrisées : panacotta de pont-l'évêque, tartare de bœuf coupé au couteau... Du joli travail.

Formule 20 € - Menu 25/49 € - Carte 31/50 €

60 r. de la Gare - 02 33 65 31 53 - www.auboutdelarue.com - Fermé 30 avril-13 mai, 6-26 août, 2-9 janv., merc. soir, sam. midi et dim.

L'Atelier

CUISINE MODERNE • TENDANCE XX Dans un cadre contemporain et épuré, on apprécie une cuisine du marché déclinée au gré d'une carte resserrée, avec quelques créations plus élaborées le soir venu... Et, plus non négligeable, le chef donne même des cours de cuisine !

Formule 13 € - Menu 24 € (dîner)/29 €

115 r. Schnetz, à l'Ouest - 02 33 65 23 89 - www.restaurantlatelier.net - Fermé 22 juil.-6 août, dim. et lundi

Ibis Styles

HÔTEL DE CHAÎNE • FONCTIONNEL Non loin de la petite gare de Flers, cet hôtel fera le bonheur de la clientèle d'affaires et des touristes de passage. Accueil sympathique. Une étape de choix !

58 chambres - 80/110 € 95/135 €

23 r. Jacques-Durmeyer - 02 33 98 45 45 - ibisstyles.com

au Buisson-Corblin 4 km à l'Est par D924 - 61100 Flers

Auberge des Vieilles Pierres

CUISINE MODERNE • AUBERGE XX Sous l'égide d'un couple de bons professionnels, cette auberge a su conquérir le cœur des gourmands de la région. On y déguste des recettes bien dans l'air du temps qui prennent leur origine dans la cuisine traditionnelle ; le tout rythmé par les saisons. Une bonne adresse.

Formule 18 € - Menu 28/69 € - Carte 44/56 €

- 02 33 65 06 96 - www.aubergedesvieillespierres.fr - Fermé 3 semaines en août, vacances de fév., dim. soir, mardi soir et lundi

à La Ferrière-aux-Étangs 10 km au Sud-Est par D18 et D825 - 61450 - 1 496 hab. - Alt. 304 m

Auberge de la Mine (Hubert Nobis)

CUISINE MODERNE • ÉLÉGANT XXX Ce tout petit coin de Normandie connut la prospérité après la découverte d'un filon de fer... Dans l'ancienne cantine des mineurs, Hubert Nobis cultive toujours les richesses de la terre avec une main de velours : technique éprouvée, parfums équilibrés... le terroir normand cuisiné comme un trésor.

→ Saint-Jacques selon la saison. Ris de veau piqué à l'andouille de Vire. Sarrasin, chocolat et crème glacée au foin.

Formule 21 € - Menu 27 € (déj. en semaine), 41/101 € - Carte environ 75 €

le Gué-Plat, à 3 km par rte de Dompierre - 02 33 66 91 10 - www.aubergedelamine.com - Fermé 9-31 juil., 2-23 janv., dim. soir, lundi et mardi

FLEURIE

⊠ 69820 Rhône - 1 259 hab. - Alt. 320 m - Carte régionale n° **24**-E1
Carte Michelin 327-H2 - Guide Vert Michelin Lyon et sa région

Auberge du Cep

CUISINE RÉGIONALE • COSY XX Bienvenue dans cette maison emblématique du Beaujolais. Aux fourneaux, le jeune chef fait chanter le terroir régional, et ses spécialités parlent d'elles-mêmes : pâté en croûte, volaille fermière au fleurie (l'un des dix crus du Beaujolais) ou soufflé vanille... De beaux moments gourmands en perspective.

Formule 20 € - Menu 32/58 € - Carte 64/78 €

pl. de l'Église - ✆ 04 74 04 10 77 - www.aubergeducep.com - Fermé 24-30 sept., 2-15 janv., dim. soir et lundi

FLEURVILLE

⊠ 71260 Saône-et-Loire - 499 hab. - Alt. 174 m - Carte régionale n° **4**-C3
Carte Michelin 320-J11 - Guide Vert Michelin Bourgogne

Château de Fleurville

DEMEURE HISTORIQUE • CLASSIQUE Dans son ravissant parc, un petit château du 17e s. en pierre bourguignonne, flanqué d'une jolie tour. Tissus tendus et meubles anciens ajoutent au caractère des chambres. Autres agréments : la piscine, l'espace bien-être, le tennis et le restaurant gastronomique.

15 chambres - 130/160 € 160/360 € - 18 €

r. du Glamont - ✆ 03 85 27 91 30 - www.chateau-de-fleurville.com - Ouvert mi-mars à mi-nov.

à Mirande 3 km au Nord-Ouest par D55 rte de Lugny - ⊠ 71260

La Marande (Philippe Michel)

CUISINE MODERNE • ÉLÉGANT XX "Marander" en patois local signifie... aller manger. En cette belle maison bourgeoise, à l'élégance contemporaine, la cuisine est avant tout un art : le chef fait montre de maîtrise et de délicatesse à travers des assiettes particulièrement graphiques. Cerise(s) sur le gâteau : le beau choix de bourgognes et la superbe terrasse !

→ Etuvée d'escargots, cube de foie gras à la rhubarbe et aux myrtilles sauvages. Pigeon rôti, pomme de terre délicatesse et légumes. Financier aux agrumes, marmelade vanlllée et sorbet pamplemousse.

Menu 30 € (déj. en semaine), 44/90 € - Carte environ 68 €

5 chambres - 90/120 € 90/120 € - 12 €

lieu-dit Mirande - ✆ 03 85 33 10 24 - www.hotel-restaurant-la-marande.com - Fermé vacances de la Toussaint, 3 semaines en janv., mardi sauf le soir en juil.-août et lundi

FLEURY-SUR-ANDELLE

⊠ 27380 Eure - 1 889 hab. - Alt. 29 m - Carte régionale n° **17**-D2

Château de Bonnemare

DEMEURE HISTORIQUE • CLASSIQUE Renaître à l'époque de la Renaissance, telle est l'expérience unique à laquelle invite cet ensemble : le châtelet d'entrée, les dépendances, la chapelle, le château lui-même, tout transporte au milieu du 16e s. ! Décors historiques, fresques, tableaux et mobilier des 17e et 18e s. : l'art de vivre dans la permanence...

5 chambres - 120/210 € 130/210 €

à Bonnemare, 990 chemin de Bacqueville, 3,5 km par D321 et rte secondaire - ✆ 02 32 49 03 73 - www.bonnemare.com - Fermé 1er déc.-14 fév.

FLEURY-SUR-ORNE - 14 Calvados ➜ Voir Caen

FLORAC

✉ 48400 Lozère - 1 958 hab. - Alt. 542 m - Carte régionale n° **12**-C1
Carte Michelin 330-J9

L'Adonis

CUISINE MODERNE • CONVIVIAL XX De bons produits cévenols (pélardon et châtaignes du cru, agneau et bœuf de Lozère, truite d'élevage local, coupétade...) pour une cuisine actuelle ; un service très attentionné et une jolie sélection de vins régionaux : un Adonis tout en gourmandise, feutré et accueillant.

Formule 23 € - Menu 28/55 € - Carte 44/54 €

Hôtel Gorges du Tarn, 48 r. Pêcher - ☎ 04 66 45 00 63 - www.hotel-gorgesdutarn.com - Ouvert de Pâques à la Toussaint et fermé merc. et jeudi

Gorges du Tarn

FAMILIAL • TRADITIONNEL Une sympathique auberge de village à l'entrée (ou à la sortie) des célèbres gorges du Tarn. Les chambres, très coquettes, ont été joliment décorées par une artiste locale. Du cachet !

23 chambres - 🚹69/98 € 🚹🚹69/98 € - ☕ 11 €

48 r. Pêcher - ☎ 04 66 45 00 63 - www.hotel-gorgesdutarn.com - Ouvert de Pâques à la Toussaint et fermé merc.

L'Adonis - voir les restaurants ci-dessus

à Cocurès 5,5 km au Nord-Est par D806 et D998 - ✉ 48400 - 201 hab. - Alt. 600 m

La Lozerette

CUISINE MODERNE • ÉLÉGANT XX Dans cette charmante auberge, la propriétaire est sommelière : elle se fera un plaisir de vous guider dans l'accord de votre nectar avec la cuisine du chef, concoctée à base des meilleurs produits régionaux. Le plateau de fromages est superbe... Savoureux !

Menu 22 € (semaine), 29/56 € - Carte 37/43 €

- ☎ 04 66 45 06 04 - www.lalozerette.com - Ouvert 23 mars-11 nov. et fermé lundi midi hors saison, mardi sauf le soir en saison et merc. midi

La Lozerette

FAMILIAL • PERSONNALISÉ Dans ce hameau cévenol, une jolie demeure avec des chambres d'esprit chalet, lumineuses et toutes avec un petit balcon en bois. Une déco simple mais vraiment mignonne, pour un lieu attachant.

20 chambres - 🚹67/100 € 🚹🚹67/100 € - ☕ 10 €

- ☎ 04 66 45 06 04 - www.lalozerette.com - Ouvert 23 mars-11 nov.

La Lozerette - voir les restaurants ci-dessus

FLUMET

✉ 73590 Savoie - 810 hab. - Alt. 920 m - Carte régionale n° **25**-F1
Carte Michelin 333-M3 - Guide Vert Michelin Alpes du Nord

Cœur de Marie

FAMILIAL • PERSONNALISÉ Les mains vertes sauront que le "cœur de Marie" est une jolie fleur ancienne... Doux auspices pour ce chalet de 1810, qui se révèle très cosy, tout en bois doré, rideaux brodés et bibelots choisis. À l'étage, au coin du feu, la table d'hôtes honore les spécialités savoyardes.

5 chambres ☕ - 🚹59/69 € 🚹🚹72/89 €

aux Glières, 3664 route des Aravis, 5 km au Nord par D909 rte de la Giettaz - ☎ 04 79 31 38 84 - www.chalet-marie.com - Fermé en mai et en nov.

FOIX

✉ 09000 Ariège - 9 721 hab. - Alt. 375 m - Carte régionale n° **15**-C3
Carte Michelin 343-H7

Phoebus

CUISINE MODERNE • CONVIVIAL XX Ici, le chef donne la priorité aux produits régionaux et concocte des recettes dans l'air du temps, déclinées dans une carte variée et bien composée. En prime, les gourmands profitent de la vue imprenable sur l'Ariège et le château : un vrai décor de carte postale !

Formule 19 € - Menu 29/89 € - Carte 42/56 €

3 cours Irénée-Cros - ✆ 05 61 65 10 42
- www.ariege.com/le-phoebus - Fermé de mi-juil. à mi-août, sam. midi, dim. soir et lundi

FONT-ROMEU-ODEILLO-VIA

✉ 66120 Pyrénées-Orientales - 2 003 hab. - Alt. 1 800 m - Carte régionale n° **12**-A3
Carte Michelin 344-D7

La Chaumière

CUISINE CATALANE • AUBERGE XX Rangez les skis ! À l'entrée de la station, on ne résiste pas à cette sympathique chaumière où le bois domine. Au menu : une belle sélection de mets catalans et de vins régionaux. Le patron est un amoureux des bonnes choses (viandes de choix, légumes locaux) et a même créé... une cave à jambons!

Formule 17 € - Menu 23 € (déj. en semaine), 32/65 € - Carte 46/63 €

96 av. Emmanuel-Brousse - ✆ 04 68 30 04 40
- www.restaurantlachaumiere.fr - Ouvert de juil. à sept., de déc. à avril et fermé lundi

Le Grand Tétras

TRADITIONNEL • MONTAGNARD Au cœur de la station, cet hôtel familial est vraiment plaisant. Les chambres sont décorées dans un esprit contemporain et montagnard, certaines avec balcon et vue sur les Pyrénées... et il y a même un jacuzzi extérieur et une piscine couverte sur le toit.

32 chambres - †95/153 € ††95/153 € - ☕ 11 €

14 av. Emmanuel-Brousse - ✆ 04 68 30 01 20
- www.hotelgrandtetras.fr

FONTAINEBLEAU

✉ 77300 Seine-et-Marne - 14 637 hab. - Alt. 75 m - Carte régionale n° **10**-C3
Carte Michelin 312-F5 - Guide Vert Michelin Île-de-France

L'Axel (Kunihisa Goto)

CUISINE MODERNE • ÉLÉGANT XX Kunihisa Goto, le chef japonais de l'Axel, peut être fier de son travail : sa maison affiche souvent complet ! Il revisite magnifiquement la gastronomie française (oursins, soupe de truffes, langoustines), avec finesse et subtilité, au plus près des saisons. Et côté Fuumi, son annexe, les plats japonais sont cuisinés au teppanyaki devant vos yeux.

→ Œuf translucide, lasagne d'oignons doux, comté et sauce truffe. Ris de veau en croûte de sésame, chou-fleur et sauce shiso. Bulle de sucre soufflé, crumble noisette, fraises et fleur d'oranger.

Menu 35 € (déj. en semaine), 60/105 € - Carte 100/150 €

Plan : A2-t *43 r. de France - ✆ 01 64 22 01 57*
- www.laxel-restaurant.com - Fermé 3 semaines en août, 2 semaines en janv., merc. midi, lundi et mardi

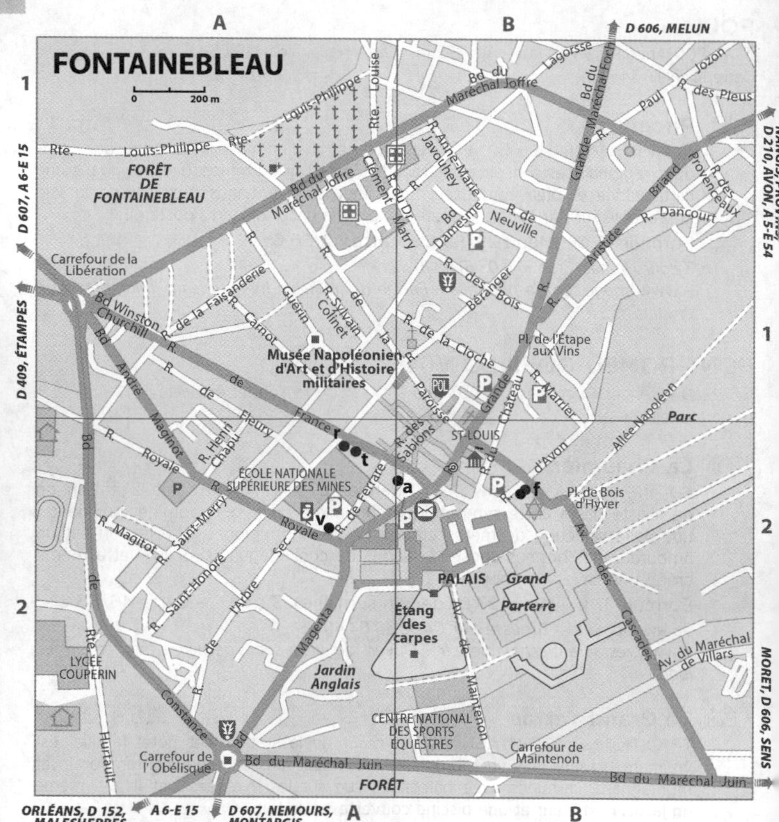

La Table du Parc

CUISINE MODERNE · CONTEMPORAIN XX Mise en avant de la production locale, célébration de la tradition et du terroir : tel est le pari de cette Table du Parc, dont la cuisine a été confiée à une chef allemande au beau parcours. Ses assiettes sont justes et bien maîtrisées : on passe un bon moment.

Formule 25 € – Menu 32 € (déj. en semaine), 47/58 € – Carte 50/75 €

Plan : B2-f *Hôtel La Demeure du Parc, 6 r. d'Avon – ✆ 01 60 70 20 00 – www.lademeureduparc.fr – Fermé dim. soir, lundi et mardi*

Fuumi (N)

CUISINE JAPONAISE · CONVIVIAL X Ce jeune restaurant japonais, situé dans le centre-ville de Fontainebleau n'est autre que l'annexe de l'Axel, le restaurant étoilé du chef patron Kunihisa Goto, et de son épouse Vanessa. En ce lieu convivial se dégustent plats traditionnels japonais, parfumés et généreux, mais aussi gyozas et ramen. Réservation (très) fortement conseillée.

Formule 20 € – Menu 38/85 € – Carte 31/69 €

Plan : A2-r *39 r. de France – ✆ 01 60 72 10 32 – www.restaurant-fuumi.com – Fermé 1 semaine en fév., 3 semaines en août, sam. midi, lundi midi et dim.*

Aigle Noir

HISTORIQUE • CLASSIQUE Tout près du château, cet hôtel particulier construit au 18e s. cultive une ambiance feutrée et élégante. Les chambres ont été décorées avec soin, en particulier avec quelques beaux meubles de style Empire.

49 chambres – 115/190 € 115/190 € – 4 suites – 20 €

Plan : AB2-a *27 pl. Napoléon-Bonaparte – 01 60 74 60 00 – www.aiglenoirhotel.com*

La Demeure du Parc

BOUTIQUE HÔTEL • DESIGN Ambiance design et contemporaine dans cet élégant boutique-hôtel du centre-ville. Les chambres, épurées et lumineuses, jouent sur les matières – bois, notamment –, et certaines d'entre elles disposent d'un balcon ou d'un petit jardin privatif.

20 chambres – 120/190 € 160/398 € – 7 suites – 18 €

Plan : B2-f *6 r. d'Avon – 01 60 70 20 00 – www.lademeureduparc.fr*

La Table du Parc – voir les restaurants ci-dessus

Hôtel de Londres

TRADITIONNEL • PERSONNALISÉ Cet hôtel, face au château, existe depuis le 16e s. Chambres amples et insonorisées, élégamment décorées : beaux tissus, meubles rustiques et de style, gravures de chasse. Un conseil : optez pour celles qui donnent sur le château !

16 chambres – 110/190 € 140/240 € – 17 €

Plan : A2-v *1 pl. du Gén.-de-Gaulle – 01 64 22 20 21 – www.hoteldelondres.com – Fermé 23 déc.-1er janv.*

FONTAINE-DE-VAUCLUSE

84800 Vaucluse – 644 hab. – Alt. 75 m – Carte régionale n° **22**-E1
Carte Michelin 332-D10 – Guide Vert Michelin Provence

Philip

CUISINE TRADITIONNELLE • FAMILIAL Au pied de la célèbre fontaine d'où jaillit la Sorgue, cette adresse sait jouer de ses charmes bucoliques, en particulier en terrasse... Père et fille (la maison est dans la famille depuis 1926 !) travaillent à quatre mains de beaux produits : truites fraîches, asperges, truffes, fraises... Bon rapport qualité-prix.

Menu 32/51 € – Carte 49/73 €

chemin de la Fontaine – 04 90 20 31 81 – Ouvert 1er avril-30 sept. et fermé le soir sauf du 16 juin au 31 août

Chez Dominique

CUISINE RÉGIONALE • COSY Bienvenue chez Dominique ! Ici, le prénom est féminin, car c'est bien une "cheffe" qui œuvre en cuisine. Parmi ses spécialités : la souris d'agneau confite aux épices douces, et la marmite de Saint-Jacques et crevettes. Aux beaux jours, prenez place sur le balcon donnant sur la Sorgue.

Menu 29/44 € – Carte 35/45 €

6 pl. de la Colonne – 04 90 20 33 26 – http://chezdominique.wifeo.com – Fermé merc. et jeudi de nov. à avril

Hôtel du Poète

TRADITIONNEL • MÉDITERRANÉEN Ce charmant moulin du 19e s. est entouré d'un jardin luxuriant, traversé par la Sorgue. Chambres aux notes provençales : "Temps des Cerises", "Transhumance", "Brin de lavande", etc. On prend le petit-déjeuner au bord de l'eau.

24 chambres – 98/325 € 98/325 € – 17 €

– 04 90 20 34 05 – www.hoteldupoete.com – Ouvert de mars à nov.

FONTAINES - 71 Saône-et-Loire ➜ Voir Chalon-sur-Saône

FONTAINE-SOUS-JOUY

✉ 27120 Eure - 801 hab. - Alt. 35 m - Carte régionale n° **17**-D2
Carte Michelin 304-H7

Clos de Mondétour

MAISON DE CAMPAGNE • ÉLÉGANT Dans ce petit village tranquille de la vallée de l'Eure, au sein d'un jardin arboré, trône cette belle demeure du 16e s. restaurée avec goût. Toile de Jouy, objets chinés, superbe cheminée dans le salon : il y règne un esprit familial plein de charme, que prolonge le petit-déjeuner proustien (confiture, financier et madeleine maison).

4 chambres - 100/150 € 100/150 €

17 r. de la Poste - ✆ 06 71 13 11 57 - www.closdemondetour.com

FONTENAI-SUR-ORNE - 61 Orne ➜ Voir Argentan

FONTENAY - 88 Vosges ➜ Voir Épinal

FONTENAY-LE-COMTE

✉ 85200 Vendée - 13 609 hab. - Alt. 21 m - Carte régionale n° **18**-B3
Carte Michelin 316-L9 - Guide Vert Michelin Pays de la Loire

Le Vieux Pressoir

CUISINE TRADITIONNELLE • CLASSIQUE XX Depuis de longues années, ce Vieux Pressoir fait honneur aux bonnes spécialités régionales, comme en témoignent ce samoussa d'escargot ou cette savoureuse andouillette au vin de Pisotte. Le tout à apprécier dans une salle confortable.

Formule 18 € - Menu 27/41 € - Carte 32/53 €

5 r. du Dr-René-Laforge - ✆ 02 51 69 47 90 - www.levieux-pressoir.com
- Fermé 28 juil.-20 août, 26 déc.-2 janv., mardi soir, merc. soir, dim. soir et lundi

Le Rabelais

TRADITIONNEL • FONCTIONNEL Une bâtisse de style vendéen en léger retrait du centre-ville, proposant des chambres fonctionnelles et bien tenues. Le confort et le bien-être règnent jusque dans l'espace détente, et l'on profite aussi d'une jolie piscine aux beaux jours !

54 chambres - 85/110 € 90/160 € - 10 €

19 r. de l'Ouillette - ✆ 02 51 69 86 20 - www.le-rabelais.com

à Velluire 11 km au Sud par D938ter et D68 - ✉ 85770 - 654 hab. - Alt. 9 m

Auberge de la Rivière

CUISINE MODERNE • AUBERGE XXX Le frémissement de la rivière toute proche, le lierre qui court sur la façade, les oies et les canards qui gambadent : cette auberge vendéenne invite à la rêverie et à la gourmandise. Sur la terrasse, on savoure de beaux produits, accompagnés d'herbes aromatiques et de subtils assaisonnements... Chambres coquettes pour l'étape.

Formule 25 € - Menu 32/62 € - Carte 58/74 €

11 chambres - 60/96 € 76/106 € - 12 €

2 r. du Port-de-la-Fouarne - ✆ 02 51 52 32 15 - www.hotel-riviere-vendee.com
- Fermé 19 fév.-15 mars, 19 nov.-6 déc., dim. soir d'oct. à mars, mardi midi de sept. a juin et lundi

FONTENOY-LA-JOÛTE

✉ 54122 Meurthe-et-Moselle - 291 hab. - Alt. 310 m - Carte régionale n° **14**-C2
Carte Michelin 307-K8 - Guide Vert Michelin Lorraine

L'Imprimerie

CUISINE MODERNE • TRADITIONNEL Il était une fois un petit village connu pour sa passion du livre... Quoi de plus naturel que l'ancienne imprimerie se transforme en haut lieu de culture des sens ? Ici, on propose une cuisine moderne sous forme de menus surprises ; menu unique à midi (imbattable!), plus élaboré en soirée. Petit musée de l'imprimerie, et terrasse aux beaux jours.

Formule 13 € - Menu 36/52 €

39 r. de la Division-Leclerc - ✆ 03 83 89 57 15 - www.restaurantlimprimerie.com - Fermé mardi et merc.

FONTETTE - 89 Yonne ➔ Voir Vézelay

FONTEVRAUD-L'ABBAYE

✉ 49590 Maine-et-Loire - 1 539 hab. - Alt. 75 m - Carte régionale n° **18**-C2
Carte Michelin 317-J5 - Guide Vert Michelin Châteaux de la Loire

Fontevraud Le Restaurant

CUISINE CRÉATIVE • DESIGN Au cœur du domaine de l'abbaye de Fontevraud, le chef Thibaut Ruggeri (Bocuse d'Or 2013) enchante avec une cuisine créative misant sur les produits du terroir local (volaille de Racan, fromage de Ste-Maure...) ainsi que les herbes et légumes du potager du domaine. Côté vins, le Val de Loire est à l'honneur !

➔ Cuisine du marché.

Menu 58/105 €

Fontevraud L'Hôtel, 38 r. St-Jean-de-L'Habit - ✆ 02 46 46 10 10 - www.fontevraud.fr - Fermé 2-25 janv., dim. soir, lundi, mardi et le midi sauf dim.

La Licorne

CUISINE MODERNE • ÉLÉGANT Pas de vraie licorne dans cette demeure du 18e s. (tuffeau, poutres) mais la terrasse et le jardin fleuri sont délicieux. On y savoure des recettes traditionnelles cuisinées avec soin et une touche d'originalité, avec l'aide du verger et du potager pour l'approvisionnement en fruits et légumes frais !

Formule 19 € - Menu 26/72 € - Carte 55/85 €

allée Ste-Catherine - ✆ 02 41 51 72 49 - www.lalicorne-restaurant-fontevraud.fr - Fermé 15 déc.-26 janv., dim. soir et lundi d'oct. à avril

Le Plantagenêt

CUISINE MODERNE • CONTEMPORAIN Dans l'une des pièces, une grande fresque représente Aliénor d'Aquitaine, femme de pouvoir et épouse illustre d'Henri II Plantagenêt... Pour autant, cette table ne regarde pas vers le passé ! La cuisine est actuelle, soignée, et respecte le rythme des saisons. Par beau temps, on profite d'une jolie terrasse.

Formule 18 € - Menu 28 € (dîner) - Carte 29/50 €

Hostellerie La Croix Blanche, 7 pl. des Plantagenêts - ✆ 02 41 51 71 11 - www.hotel-croixblanche.com - Fermé 23-26 déc.

Fontevraud L'Hôtel

HISTORIQUE • CONTEMPORAIN Après quelques années de fermeture, l'hôtel du prieuré St-Lazare, au sein même de la célèbre abbaye de Fontevraud, accueille de nouveau les voyageurs ! Un cadre unique, habilement mis en valeur à travers un style contemporain affirmé, dont la sobriété respecte parfaitement l'esprit monacal des lieux. Élégant et apaisant...

54 chambres - †139/210 € ††139/210 € - ☕ 16 €

38 r. St-Jean-de-L'Habit - ✆ 02 46 46 10 10 - www.fontevraud.fr

Fontevraud Le Restaurant - voir les restaurants ci-dessus

 **Hostellerie La Croix Blanche** 

AUBERGE • PERSONNALISÉ On vient depuis plus de trois cents ans dans cette auberge, située juste en face de la célèbre abbaye royale (12e s.). Les chambres sont modernes et confortables, et certaines se distinguent par un décor moins standardisé (sur les thèmes de l'abbaye, de la France ou de l'Angleterre, de la chasse, etc.).

24 chambres - 69/150 € 69/169 € - 14 €

5 pl. des Plantagenêts - 02 41 51 71 11 - www.hotel-croixblanche.com - Fermé 23-26 déc.

Le Plantagenêt - voir les restaurants ci-dessus

FONTJONCOUSE

11360 Aude - 145 hab. - Alt. 298 m - Carte régionale n° **12**-B3
Carte Michelin 344-H4 - Guide Vert Michelin Languedoc Roussillon

Auberge du Vieux Puits (Gilles Goujon)

CUISINE CRÉATIVE • DESIGN Le produit est la star de cette cuisine ludique et inspirée, qui porte certaines émotions gustatives à l'incandescence. Saisons, terroir, invention : Gilles Goujon excelle dans l'équilibre des saveurs et la maîtrise des techniques culinaires ; il s'est, en outre, entouré d'une équipe efficace et proche du client.

→ Œuf de poule pourri de truffes, briochine tiède et cappuccino à boire. Rouget barbet, pomme bonne bouche fourrée d'une brandade en "bullinada". Citron de Menton cassant, sorbet citrus bergamote et kumquat.

Menu 115 € (déj. en semaine), 175/205 € - Carte 165/190 €

8 chambres - 255/325 € 255/325 € - 27 €

5 av. St-Victor - 04 68 44 07 37 - www.aubergeduvieuxpuits.fr - Ouvert 30 mars-2 déc. et fermé mardi sauf le soir du 16 juil. au 26 août, dim. soir de sept. à juin et lundi

La Maison des Chefs

FAMILIAL • PERSONNALISÉ Dans ce village niché au cœur des reliefs audois, cette maison traditionnelle est située à quelques pas de l'Auberge du Vieux Puits. On y trouve six petites chambres charmantes, avec leurs tomettes vertes et orange, leurs murs multicolores et leur mobilier rustique.

6 chambres - 165 € 165 € - 27 €

r. de l'Église (au bourg) - 04 68 44 07 37 - www.aubergeduvieuxpuits.fr - Ouvert 30 mars-2 déc. et fermé mardi sauf du 16 juil. au 26 août, dim. de sept. à juin et lundi

FONTVIEILLE

13990 Bouches-du-Rhône - 3 653 hab. - Alt. 20 m - Carte régionale n° **22**-E1
Carte Michelin 340-D3 - Guide Vert Michelin Provence

Le Patio

CUISINE PROVENÇALE • MÉDITERRANÉEN Cette jolie bergerie du 18e s. s'égaye d'un bien agréable patio planté d'acacias et de palmiers. La spécialité ? Le gigot d'agneau cuit au foin de Crau, et la cuisse de lapereau confite à l'huile d'olive des Baux... La Provence dans tous ses états !

Formule 21 € - Menu 32 € (déj.), 45/51 € - Carte 59/72 €

117 rte du Nord - 04 90 54 73 10 - www.lepatio-alpilles.com - Fermé vacances de fév., de la Toussaint, dim. soir hors saison, mardi sauf le midi hors saison et merc.

Villa Regalido

LUXE • PERSONNALISÉ Ce vieux moulin à huile, blotti au cœur d'un jardin fleuri, rappelle les photos sépia de notre enfance. La plupart des chambres, sobres et élégantes, sont prolongées par un balcon... et l'on prend son petit-déjeuner sur une belle terrasse verdoyante.

15 chambres - 99/329 € 99/329 € - 18 €

r. Frédéric-Mistral - 04 90 54 60 22 - www.villa-regalido.com

Hostellerie de la Tour

FAMILIAL • FONCTIONNEL Près de la tour des Abbés, un peu à l'extérieur du centre-ville, une sympathique auberge familiale. Les chambres, fonctionnelles et confortables, entourent la piscine et le coquet jardin. Formule demi-pension à prix doux.

12 chambres – 72/92 € 80/95 € – 12 €

3 r. Plumelets – 04 90 54 72 21 – www.hotel-delatour.com – Ouvert 1er avril-31 oct.

FORBACH

57600 Moselle – 21 740 hab. – Agglo. 85 322 hab. – Alt. 222 m – Carte régionale n° **14**-C1
Carte Michelin 307-M3

Le Schlossberg

CUISINE TRADITIONNELLE • ÉLÉGANT XX Deux tourelles en pierre, un porche et quelques créneaux : le bâtiment a des allures de petit château et il jouxte le parc du Schlossberg, face auquel il dévoile une belle terrasse. La cuisine, bien que traditionnelle, se pare de touches contemporaines. Accueil chaleureux.

Menu 22 € (déj. en semaine), 34/56 € – Carte 57/70 €

13 r. du Parc – 03 87 87 88 26 – www.restaurantleschlossberg.com – Fermé 24 juil.-11 août, dim. soir, mardi soir et merc. sauf fériés

à Stiring-Wendel 3 km au Nord-Est par D603 – 57350 – 12 430 hab. – Alt. 240 m

La Bonne Auberge (Lydia Egloff)

CUISINE CRÉATIVE • ÉLÉGANT XXX L'antre de deux sœurs de talent, Lydia et Isabelle Egloff : la première œuvre en cuisine, où elle signe des recettes imprégnées d'une sensibilité artistique, tandis que la seconde supervise un service au grand charme. Une serre en guise de jardin d'hiver, une salle lumineuse et originale, une belle carte des vins : l'enseigne dit la vérité !

→ Foie gras d'oie truffé à la pâte de figue, brioche aux céréales torréfiées. Viennoise de rognon de veau au Picon bière et endives à la chicorée. Brûlé-glacé à la violette, sirop de chocolat au lait.

Menu 48 € (déj. en semaine), 75/130 € – Carte 85/110 €

15 r. Nationale – 03 87 87 52 78 – Fermé 14-30 août, 27 déc.-3 janv., sam. midi, dim. soir et lundi

à Rosbrück 6 km au Sud-Ouest – 57800 – 759 hab. – Alt. 200 m

Auberge Albert Marie

CUISINE TRADITIONNELLE • AUBERGE XXX Une salle un tantinet bourgeoise, un plafond à caissons, des boiseries sombres... et la nouvelle génération qui toque aux fourneaux. Soupe de poissons marseillaise, pomme de ris de veau au foin : la tradition – savoureuse – enchante depuis quarante ans, hôtes de passage comme habitués.

Menu 23 € (déj. en semaine)/38 € – Carte 48/78 €

1 r. Nationale – 03 87 04 70 76 – Fermé sam. midi, dim. soir et lundi

FORCALQUIER

04300 Alpes-de-Haute-Provence – 4 910 hab. – Alt. 550 m – Carte régionale n° **21**-B2
Carte Michelin 334-C9 – Guide Vert Michelin Provence

Les Terrasses de la Bastide

CUISINE PROVENÇALE • CONVIVIAL X Entendez-vous les cigales chanter ? Installés sur la belle terrasse, face au jardin, les gourmands se régalent d'une bonne cuisine méditerranéenne. La spécialité du chef : les pieds et paquets. Et si d'aventure le temps n'était pas de la partie, réfugiez-vous dans la salle décorée sur le thème de l'olive.

Formule 21 € – Menu 29/36 € – Carte 31/51 €

quartier Beaudine, rte de Banon – 04 92 73 32 35 – www.lesterrassesdelabastide.fr – Fermé 25 nov.-18 déc., lundi et mardi sauf le soir le saison

La Bastide Saint Georges

SPA ET BIEN-ÊTRE • PERSONNALISÉ Beaucoup de charme en ce domaine ! Les chambres sont décorées avec goût – et au naturel : bois, pierre, lin –, la plupart avec terrasse. Piscine, spa et massages. Idéal pour un séjour farniente.

25 chambres – 135/350 € 135/350 € – 2 suites – 20 €

rte de Banon, 2 km par D950 – 04 92 75 72 80 – www.bastidesaintgeorges.com – Ouvert 12 mars-12 nov.

à l'Est 4 km par D4100 et rte secondaire – 04300 :

Auberge Charembeau

FAMILIAL • À LA CAMPAGNE Une ferme du 18e s. dans un charmant parc vallonné. On s'y repose, au grand calme, dans des chambres de style provençal. Tennis, piscine : comme une invitation à la détente...

25 chambres – 90/156 € 90/190 € – 15 €

Lieu-dit Charambau, rte de Niozelles – 04 92 70 91 70 – www.charembeau.com – Ouvert 1er mars-15 nov.

à Mane 4 km au Sud par D4100 – 04300 – 1 376 hab. – Alt. 500 m

Le Cloître

CUISINE CRÉATIVE • DESIGN XXX Dans le Cloître de l'ancien couvent des Minimes, le chef Jérôme Roy voue un véritable culte... aux mariages de saveurs. Sa cuisine, volontiers créative, nous emmène de surprise en surprise ; on passe un excellent moment sur la terrasse ombragée. Difficile de repartir !

➜ Fricassée de couteaux aux girolles, pesto d'aiguilles de pin. Côtelettes d'agneau de Provence rôties au beurre de lavande. Trois chocolats et trois olives.

Menu 75/135 €

Hôtel Le Couvent des Minimes & Spa, chemin des Jeux-de-Maï – 04 92 74 77 77 – www.couventdesminimes-hotelspa.com – Fermé 1er janv.-10 fév., lundi, mardi et le midi sauf sam. et dim.

Le Couvent des Minimes & Spa

LUXE • PERSONNALISÉ Somptueux écrin que cet ancien couvent des Minimes de 1862, niché au cœur de la campagne. Les chambres, au décor sobre ou plus design, y sont ravissantes. Profitez des senteurs provençales du jardin, de l'imposant spa signé L'Occitane, ou du sympathique bistrot "Le Pesquier", ouvert tous les jours. Délicieux.

46 chambres – 245/1785 € 245/1785 € – 3 suites – 31 €

chemin des Jeux-de-Maï – 04 92 74 77 77 – www.couventdesminimes-hotelspa.com – Fermé 1er janv.-10 fév.

Le Cloître – voir les restaurants ci-dessus

Mas du Pont Roman

TRADITIONNEL • PERSONNALISÉ Suivez la route bordée de platanes, près d'un vieux pont roman, vous trouverez ce mas en pierre du 18e s. au cœur d'un joli jardin. Les chambres, de style provençal, sont ravissantes et bien tenues. Terrain de pétanque et piscine viendront à bout des plus stressés.

10 chambres – 80/100 € 100/145 € – 10 €

chemin de Châteauneuf, rte d'Apt – 04 92 75 49 46 – www.maspontroman.com

LA FORÊT-FOUESNANT

29940 Finistère – 3 273 hab. – Alt. 19 m – Carte régionale n° **5**-B2
Carte Michelin 308-H7 – Guide Vert Michelin Bretagne Sud

Auberge Saint-Laurent

CUISINE TRADITIONNELLE • AUBERGE XX Il est bon, parfois, de se délasser loin des circuits touristiques, et de s'attarder dans une auberge aux petites salles rustiques cosy et intimes. Le chef aime travailler le foie gras et la langoustine du Guilvinec ; sa cuisine est traditionnelle mais teintée de notes plus actuelles.

Formule 15 € - Menu 27/44 € - Carte 38/56 €

6 rte de Beg-Menez, 2 km par rte de Concarneau, par la côte - ✆ 02 98 56 98 07 - https://fr-fr.facebook.com/aubergedusaintlaurent - Fermé lundi et mardi sauf juil.-août

FORGES-LES-EAUX

✉ 76440 Seine-Maritime - 3 905 hab. - Alt. 161 m - Carte régionale n° **17**-D1
Carte Michelin 304-J4 - Guide Vert Michelin Normandie Vallée de la Seine

Forges Hôtel Ⓝ

RESORT • CONTEMPORAIN Cette grande bâtisse, propriété du groupe Partouche, située dans un parc face au Casino, offre tout le confort de chambres contemporaines, sobres et de bon goût, mais aussi le charme d'un étang (promenade en barques, barbecue), des courts de tennis, un vaste spa et fitness, une piscine intérieure, un mini-club...

87 chambres - †111/151 € ††217/277 € - 2 suites

av. des Sources - ✆ 02 32 89 50 57 - www.forgeshotel.com - fermé 8-20 janv.

FORT-MAHON-PLAGE

✉ 80120 Somme - 1 215 hab. - Alt. 2 m - Carte régionale n° **19**-A1
Carte Michelin 301-C5

Auberge Le Fiacre

AUBERGE • PERSONNALISÉ Idéal pour se mettre au vert et découvrir la baie de Somme ! Dans cet ancien relais de poste du Marquenterre, on apprécie les chambres douillettes et le joli jardin. Sans oublier la piscine, même si la mer n'est pas très loin.

12 chambres - †95/145 € ††95/145 € - 2 suites - ☕ 16 €

à Routhiauville, 2 km au Sud-Est par rte de Rue - ✆ 03 22 23 47 30 - www.hotel-le-fiacre.fr - Fermé 1 semaine vacances de Noël et en janv.

LA FOSSETTE (PLAGE DE) - 83 Var ➜ Voir Le Lavandou

FOUDAY

✉ 67130 Bas-Rhin - 358 hab. - Carte régionale n° **1**-A2
Carte Michelin 315-H6 - Guide Vert Michelin Alsace Vosges

Julien

CUISINE TRADITIONNELLE • ÉLÉGANT XX Personnel en costume traditionnel, décor typique des Vosges (tout en bois) : on célèbre ici le folklore local dans ce qu'il a de meilleur. Dans une ambiance animée mais raffinée, on dévore de goûteuses - et copieuses - préparations régionales : choucroute, rognons et ris de veau, bouchées à la reine... Réjouissant !

Menu 24 € (semaine), 32/59 € - Carte 32/55 €

rte de Strasbourg, D1420 - ✆ 03 88 97 30 09 - www.hoteljulien.com - Fermé 8 janv.-2 fév., mardi et merc.

Julien

SPA ET BIEN-ÊTRE • PERSONNALISÉ Un bien beau chalet, impressionnant dans son magnifique parc fleuri traversé par la Bruche. Les chambres sont raffinées, mariant la chaleur du bois à la richesse des étoffes, certaines avec jacuzzi. Le spa est superbe ! Succès oblige, pensez à réserver à l'avance.

68 chambres - †163/270 € ††163/270 € - ☕ 20 €

rte de Strasbourg, D1420 - ✆ 03 88 97 30 09 - www.hoteljulien.com - Fermé 8 janv.-2 fév.

Julien - voir les restaurants ci-dessus

FOUESNANT

✉ 29170 Finistère - 9 437 hab. - Alt. 30 m - Carte régionale n° **5**-B2
Carte Michelin 308-G7 - Guide Vert Michelin Bretagne Sud

au Cap Coz 2,5 km au Sud-Est par rte secondaire - ✉ 29170 Fouesnant

Belle-Vue

POISSONS ET FRUITS DE MER • ÉLÉGANT XX De la salle du restaurant, on peut apercevoir la plage, les eaux cristallines et les arbres courbés par le vent... Féérique ! Au menu : une cuisine au goût du jour, orientée poissons et fruits de mer, que le chef travaille avec précision, en n'oubliant jamais d'y mettre une touche personnelle.

Formule 18 € - Menu 29/48 € - Carte 35/75 €

Hôtel Belle-Vue, 30 descente Belle-Vue - ✆ 02 98 56 00 33 - www.hotel-belle-vue.com - Ouvert 1er mars-30 oct. et fermé lundi et mardi

La Pointe du Cap Coz

CUISINE MODERNE • CLASSIQUE XX Une petite maison blanche qui semble posée sur l'océan... C'est là, presque au bout du monde, qu'on apprécie la cuisine du chef, à la fois ambitieuse et bien maîtrisée. Elle valorise les produits de la pêche et du terroir, avec des présentations soignées et des cuissons précises. En un mot : délicieux !

Menu 33/74 € - Carte 47/89 €

Hôtel La Pointe du Cap Coz, 153 av. de la Pointe-du-Cap-Coz - ✆ 02 98 56 01 63 - www.hotel-capcoz.com - Fermé 24 nov.-1er déc., 1er janv.-10 fév., dim. soir et lundi soir de sept. à juin, merc. en juil.-août, lundi midi et mardi midi

Belle-Vue

TRADITIONNEL • FONCTIONNEL Quelle vue sur la baie de la Forêt-Fouesnant ! Les chambres, parfaitement tenues, sont pimpantes avec leurs couleurs claires et, bien entendu, elles donnent sur les flots ou le jardin. S'installer en terrasse face à la plage est un vrai bonheur... et l'accueil est charmant.

17 chambres - 🚹74/116 € 🚹🚹77/116 € - ☕ 13 €

30 descente Belle-Vue - ✆ 02 98 56 00 33 - www.hotel-belle-vue.com - Ouvert 1er mars-30 oct.

Belle-Vue - voir les restaurants ci-dessus

La Pointe du Cap Coz

TRADITIONNEL • FONCTIONNEL Ses chambres sont décorées sobrement, dans un esprit bord de mer (certaines sont plus petites et plus simples), mais l'essentiel est ailleurs : cette bâtisse bretonne se dresse à l'extrémité de la pointe du Cap-Coz, cette bande de sable prise entre l'Atlantique et l'anse de Port-la-Forêt !

17 chambres - 🚹95/105 € 🚹🚹95/105 € - ☕ 15 €

153 av. de la Pointe-du-Cap-Coz - ✆ 02 98 56 01 63 - www.hotel-capcoz.com - Fermé 24 nov.-1er déc. et 1er janv.-10 fév.

La Pointe du Cap Coz - voir les restaurants ci-dessus

à Beg-Meil 5 km au Sud par D45 - ✉ 29170

Bistrot Chez Hubert

CUISINE TRADITIONNELLE • RUSTIQUE XX Un bistrot de famille : c'est l'arrière-grand-mère du chef qui le fonda en 1903. La cuisine bourgeoise y a toujours cours : poisson, gibier en saison et, en spécialité, pied de porc désossé farci au foie gras. La tradition est respectée ! En prime, une formule tapas est proposée au bar, pour les amateurs.

Formule 18 € - Carte 37/56 €

16 r. des Glénan - ✆ 02 98 94 98 04 - www.bistrotchezhubert.fr - Fermé 11-27 mars, 17 juin-4 juil. , 2 semaines fin nov. , lundi et mardi

FOUGÈRES

✉ 35300 Ille-et-Vilaine - 20 040 hab. - Alt. 115 m - Carte régionale n° **5**-D2
Carte Michelin 309-O4 - Guide Vert Michelin Bretagne Nord

Haute Sève

CUISINE MODERNE • DESIGN XX Derrière une façade à colombages, une salle à l'ambiance intime et feutrée. Le chef sait cuisiner les bons produits du terroir et propose, au fil des saisons, des accords terre et mer bien au diapason de la nature bretonne.

Formule 22 € - Menu 29/45 € - Carte 38/48 €

37 bd Jean-Jaurès
- 02 99 94 23 39 - www.lehauteseve.fr - Fermé 20 juil.-20 août, dim. et lundi

Hôtel des Voyageurs

TRADITIONNEL • CONTEMPORAIN Cet établissement centenaire, tout de brique rouge vêtu, est situé au cœur de la ville haute. Les chambres, entièrement rénovées, sont chaleureuses et agréables. Un ensemble confortable.

30 chambres - 62/168 € 62/168 € - 11 €

10 pl. Gambetta - 02 99 99 08 20 - www.hotel-fougeres.fr

FOURAS

✉ 17450 Charente-Maritime - 4 047 hab. - Alt. 5 m - Carte régionale n° **20**-A2
Carte Michelin 324-D4 - Guide Vert Michelin Poitou-Charentes

Le Grand Hôtel des Bains

FAMILIAL • COSY Cet ancien relais de poste (1896), à 50 m de la plage, vit une nouvelle jeunesse ! Ses propriétaires en ont fait un charmant hôtel, avec des chambres cosy et feutrées (préférez celles qui donnent sur le patio). Agréable espace bien-être.

34 chambres - 66/135 € 66/135 € - 12 €

15 r. du Gén.-Bruncher
- 05 46 84 03 44 - www.grandhotel-desbains.fr - Fermé janv.

FOURMIES

✉ 59610 Nord - 12 340 hab. - Alt. 200 m - Carte régionale n° **16**-D3
Carte Michelin 302-M7

Château de la Marlière (N)

MAISON DE MAÎTRE • ÉLÉGANT Construit en 1841 par Théophile Legrand, un pionnier de l'industrie textile, cette belle demeure bourgeoise impressionne avec son joli parc de 2 ha... Les chambres, élégantes, offrent un confort et un calme absolus ; de bons produits régionaux (charcuterie, maroilles) sont à disposition au petit-déjeuner. Une expérience hors du temps.

16 chambres - 90/150 € 90/150 €

62 r. Théophile-Legrand
- 03 27 58 88 00 - www.chateaudelamarliere.com

FOURNET-BLANCHEROCHE

✉ 25140 Doubs - 361 hab. - Alt. 970 m - Carte régionale n° **9**-C2
Carte Michelin 321-K3

La Ferme Morin La Ronde Fontaine (N)

MAISON DE CAMPAGNE • MONTAGNARD En plein massif du Jura, à 915 m d'altitude, un havre de paix et de nature. Chambres boisées, bons plats régionaux (terrine maison, rôti de porc aux morilles et vins jaune) à la table d'hôtes... Marcheurs, préparez-vous : le GR 5 passe juste devant la porte.

5 chambres - 40/48 € 51/59 €

3 Les Louisots
- 03 81 68 87 04 - wwww.lafermemorin.fr

FOURQUEUX - 78 Yvelines ➔ Voir Autour de Paris (St-Germain-en-Laye)

FOUSSEMAGNE

✉ 90150 Territoire de Belfort - 914 hab. - Alt. 350 m - Carte régionale n° **9**-D1
Carte Michelin 315-G11

Le Relais d'Alsace

CUISINE TRADITIONNELLE • AUBERGE XX Tout en pans de bois, ce relais de poste ne peut mentir sur son âge : plus d'un siècle ! Une équipe jeune et dynamique le fait aujourd'hui revivre avec beaucoup de fraîcheur. La carte explore la tradition - mais pas seulement - en privilégiant les produits locaux. Une alliance de choc !

Formule 16 € - Menu 29/39 € - Carte 32/48 €

28 r. d'Alsace - ✆ 03 84 19 40 06 - Fermé 2 semaines fin sept., 1 semaine en janv., dim. soir sauf été, lundi et mardi

FOX-AMPHOUX

✉ 83670 Var - 486 hab. - Alt. 530 m - Carte régionale n° **21**-C3
Carte Michelin 340-L4

La Table de Fanette

CUISINE MODERNE • MAISON DE CAMPAGNE X Perdu en pleine nature, ce mas en pierres du 17e s., entouré d'oliviers et de chênes truffiers, propose une cuisine du marché aux accents provençaux, mettant en valeur (en saison) les truffes du domaine. Chambres au grand calme pour le repos (pas de réseau téléphonique ni de wifi).

Menu 33/79 € - Carte environ 41 €

5 chambres ☕ - 🚹109/149 € 🚻109/149 €

Le Petit-Pouvet - ✆ 04 94 80 72 03 - www.tabledefanette.com - Fermé 1er-15 oct., 23-29 janv., dim. soir et lundi

FRÉHEL

✉ 22240 Côtes-d'Armor - 1 547 hab. - Alt. 72 m - Carte régionale n° **5**-C1
Carte Michelin 309-H3 - Guide Vert Michelin Bretagne Nord

Le Victorine

CUISINE TRADITIONNELLE • COSY XX Sur la place du village, un restaurant traditionnel tenu en famille. Le chef, alsacien, fait honneur à ses origines en réalisant une cuisine généreuse et rythmée par les saisons. Les spécialités ? Foie gras maison, ris de veau à la normande... et choucroute en hiver !

Formule 15 € - Menu 17 € (déj. en semaine), 24/41 € - Carte 28/51 €

3 pl. Chambly - ✆ 02 96 41 55 55 - www.levictorine.net - Fermé fin janv.-début fév., 3 semaines fin oct.-mi nov., dim. soir et lundi

FRÉJUS

✉ 83600 Var - 53 511 hab. - Alt. 20 m - Carte régionale n° **21**-C3
Carte Michelin 340-P5 - Guide Vert Michelin Côte d'Azur

L'Amandier

CUISINE MODERNE • COSY XX Ravioles de Saint-Jacques et poireaux au curry ; confit de joue de bœuf à la provençale, polenta crémeuse ; biscuit chaud au chocolat... Les jolies recettes proposées par ce couple charmant ont l'accent méridional. Une excellente adresse à prix sages !

Formule 22 € - Menu 30/42 € - Carte 39/52 €

Plan : D1_2-v *19 r. Marc-Antoine-Desaugiers - ✆ 04 94 53 48 77 - www.restaurant-lamandier.com - Fermé 1 semaine en juin, 3 semaines en nov., 1 semaine en janv., lundi midi, merc. midi et dim.*

Mercure Thalassa Port Fréjus

SPA ET BIEN-ÊTRE • FONCTIONNEL Au bord de la Marina, un vaste hall moderne aux tons pastel, et de grandes chambres fonctionnelles. Thalassothérapie.

116 chambres - 🚹79/330 € 🚻79/330 € - 1 suite - ☕19 €

Plan : A2-t *16 quai Dei-Caravello - ✆ 04 94 52 55 00 - www.thalassa.com*

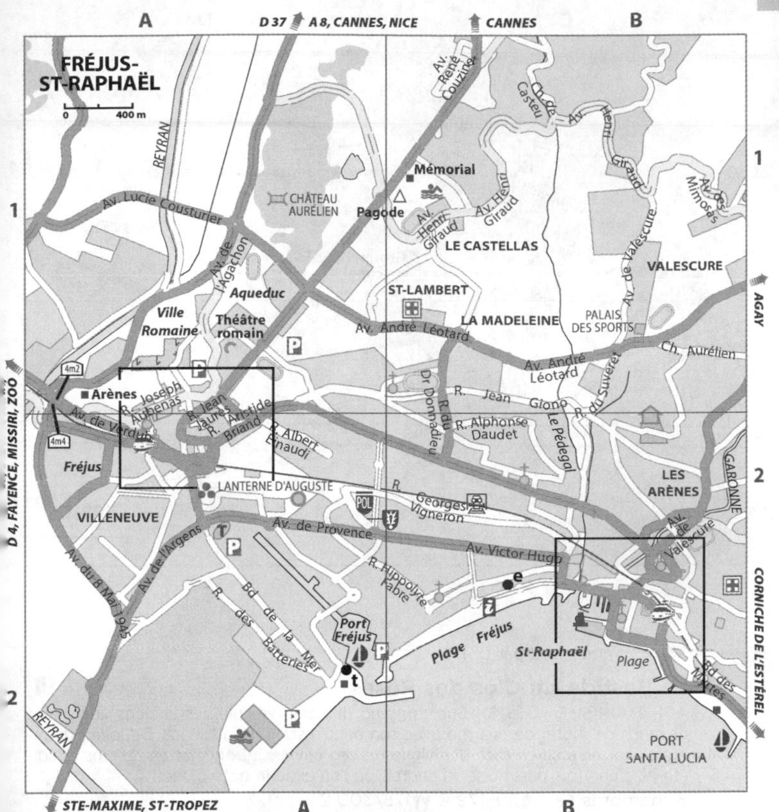

L'Aréna

TRADITIONNEL • PERSONNALISÉ Chambres cosy (tissus régionaux, mobilier peint, faïence…), jolie terrasse donnant sur la verdure, piscine bleu azur : un concentré de Provence dans cette agréable maison proche des arènes. Cuisine du Sud au restaurant.

25 chambres – 77/175 € 85/235 € – 7 suites – 17 €

Plan : C2-r *145 r. du Gén.-de-Gaulle*
– 04 94 17 09 40 – www.hotel-frejus-arena.com
– Fermé 29 oct.-26 nov.

à Fréjus-Plage ✉ 83600 Fréjus

Le Mérou Ardent

POISSONS ET FRUITS DE MER • BISTRO Un sympathique restaurant du front de mer tenu par un jeune couple. Comme l'indique le nom du restaurant, la carte met à l'honneur les recettes de la mer : soupe de poisson, huîtres, sardines poêlées à la fleur de sel, aïoli de morue… Aux beaux jours, service en terrasse, avec la plage en ligne de mire.

Menu 20/37 € – Carte 25/56 €

Plan : B2-e *157 bd de la Libération – 04 94 17 30 58 – Fermé 1 semaine en fév., 2 semaine en mars, 3 semaines en nov., 1 semaine en déc., sam. midi, lundi midi et jeudi midi en juil.-août, merc. et jeudi de sept. à juin*

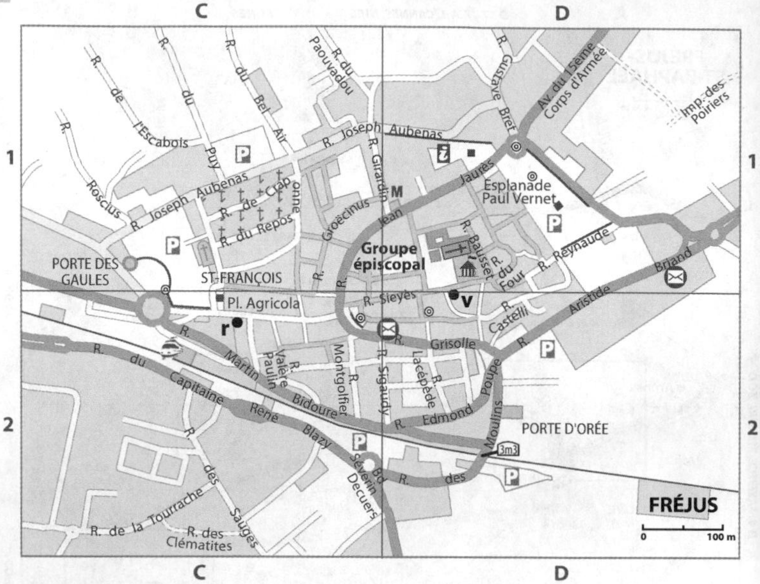

au Nord 3 km au Nord par D37

La Bastide du Clos des Roses

AGRITOURISME · DESIGN Sur un grand domaine viticole, les anciens chais sont devenus cet hôtel de charme avec son petit restaurant attenant. De jolies chambres, une terrasse en face des vignes et des oliviers... Dégustation de vins et soirée jazz une fois par mois. Un endroit où l'on aime la note bleue !

8 chambres – 119/179 € 175/300 €

1609 rte de Malpasset – 04 94 53 32 31 – www.clos-des-roses.com – Fermé 22 déc.-13 janv.

FRÉLAND

68240 Haut-Rhin – 1 373 hab. – Alt. 425 m – Carte régionale n° **1**-C2
Carte Michelin 315-H7

Restaurant du Musée (N)

CUISINE MODERNE · ÉPURÉ XX Il n'a pas fallu longtemps à Alain Schmitt, le chef, pour prendre ses marques dans cet ancien moulin posé au bord de l'Ure, et qui incarne à merveille l'âme alsacienne... Ses recettes, au goût du jour, mettent en avant le terroir et revisitent habilement la tradition. C'est simple et gourmand, et c'est surtout maîtrisé de bout en bout.

Formule 12 € – Menu 19 € (déj. en semaine), 27/37 € – Carte 45/64 €

2 r. de la Rochette – 03 89 47 24 18 – www.restaurantmusee.fr – Fermé 23 juil.-6 août, dim. soir, merc. soir et lundi

La Haute Grange

FAMILIAL · PERSONNALISÉ Un indéniable cachet ! Adossée à une colline, cette maison ancienne est bucolique et charmante. Les propriétaires l'ont décorée avec soin, mêlant raffinement contemporain et patine des ans. Après une nuit sereine – les chambres sont épurées et toutes différentes –, on savoure un délicieux petit-déjeuner.

4 chambres – 95/135 € 110/150 €

la Chaude Côte – 03 89 71 90 06 – www.lahautegrange.fr – Fermé 1er janv.-16 mars

LE FRENEY-D'OISANS

✉ 38142 Isère - 252 hab. - Alt. 926 m - Carte régionale n° **23**-C2
Carte Michelin 333-J7

à Mizoën 4 km au Nord-Est par N91 et D1091 - ✉ 38142 - 197 hab. - Alt. 1 100 m

Panoramique

TRADITIONNEL • MONTAGNARD Un authentique Panoramique ! Perché sur les hauteurs du village, cet imposant chalet semble tutoyer les sommets... Les balcons sont fleuris en été, l'accueil est charmant (les propriétaires sont d'anciens libraires) et le bois prête sa chaleur à toutes les chambres. La montagne apprivoisée...

9 chambres - 83/88 € 105/117 €

rte des Aymes - ✆ 04 76 80 06 25 - www.hotel-panoramique.com - Ouvert 13 mai-30 sept. et 26 déc.-15 avril

LE FRENZ - 68 Haut-Rhin ➜ Voir Kruth

FRESNAY-EN-RETZ

✉ 44580 Loire-Atlantique - 1 249 hab. - Alt. 15 m - Carte régionale n° **18**-A2
Carte Michelin 316-E5

Le Colvert

CUISINE MODERNE • COSY XX Nul besoin de se hausser du col pour pénétrer dans ce restaurant gastronomique, qui a opéré une jolie mue : fini la salle rustique, place à un décor contemporain intime et... à des saveurs qui aiment flirter avec la nouveauté. Dans l'annexe, Chez P'tit Père, priorité aux petits plats traditionnels et aux bons vins.

Formule 15 € - Menu 20 € (déj. en semaine), 30/56 € - Carte 43/68 €

14 rte de Pornic - ✆ 02 40 21 46 79 - www.lecolvert.fr - Fermé 10 août-8 sept., mardi soir, merc. soir, jeudi soir, dim. soir et lundi

LE FRET - 29 Finistère ➜ Voir Crozon

FRICHEMESNIL - 76 Seine-Maritime ➜ Voir Clères

FUISSÉ - 71 Saône-et-Loire ➜ Voir Mâcon

FURSAC - 23 Creuse ➜ Voir La Souterraine

LA FUSTE - 04 Alpes-de-Haute-Provence ➜ Voir Manosque

FUTEAU - 55 Meuse ➜ Voir Ste-Menehould (51 Marne)

FUVEAU

✉ 13710 Bouches-du-Rhône - 9 638 hab. - Alt. 283 m - Carte régionale n° **23**-B3
Carte Michelin 340-I5

Villa Rampale (N)

URBAIN • CONTEMPORAIN À mi-chemin entre Marseille et Aix, au calme absolu, niché dans un grand domaine, cette maison à la devanture moderne propose de belles chambres spacieuses (dont deux avec terrasse). Très belle piscine et solarium au dessus de la maison. Cuisine du marché au restaurant.

5 chambres - 110/245 € 110/245 €

19 chemin de Fina (accès chemin du Bœuf) - ✆ 04 42 58 05 87 - www.domaine-rampale.com - Fermé 2 semaines en oct.

LA GACILLY

✉ 56200 Morbihan - 2 205 hab. - Alt. 22 m - Carte régionale n° **5**-C2
Carte Michelin 308-S8 - Guide Vert Michelin Bretagne Sud

Les Jardins Sauvages

CUISINE MODERNE • CONTEMPORAIN XX La Grée des Landes, hôtel écolo made by Yves Rocher, se devait d'avoir un restaurant en accord avec ses principes. C'est chose faite avec ces Jardins Sauvages, où traçabilité et produits locavores (potager bio) dominent.

Formule 25 € - Menu 31 € (déj. en semaine), 42/72 € - Carte 57/64 €

Hôtel La Grée des Landes, Cournon, 1,5 km au Sud-Est - ✆ 02 99 08 50 50 - www.lagreedeslandes.com - Fermé 7-14 janv.

La Grée des Landes

SPA ET BIEN-ÊTRE • CONTEMPORAIN Un vrai concept que cet "éco-hôtel spa" Yves Rocher : architecture bioclimatique et matériaux bruts (lin, coton, chêne). Soins esthétiques et repos total face à la vallée de l'Aff.

32 chambres - †115/210 € ††115/210 € - ☕ 18 €

Cournon, 1,5 km au Sud-Est - ✆ 02 99 08 50 50 - www.lagreedeslandes.com - Fermé 1 semaine en janv.

Les Jardins Sauvages - voir les restaurants ci-dessus

GAILLAC

✉ 81600 Tarn - 15 077 hab. - Alt. 143 m - Carte régionale n° **15**-C2
Carte Michelin 338-D7

La Table du Sommelier

CUISINE TRADITIONNELLE • RUSTIQUE X Avec une telle enseigne, nul doute, c'est Bacchus que l'on célèbre dans ce "bistrot-boutique" situé sous les arcades de la place du marché. Les accords mets-vins y sont à l'honneur, bien sûr ! Et l'on ne rechigne pas devant la cuisine du chef, honnête, typiquement bistrot, qui ne triche pas sur la qualité des produits.

Formule 14 € - Menu 18 € (semaine), 20/47 € 🍷 - Carte environ 39 €

34 pl. du Griffoul - ✆ 05 63 81 20 10 - www.latabledusommelier.com - Fermé dim. et lundi

Vigne en Foule

CUISINE MODERNE • CONVIVIAL X Un sympathique bar-restaurant dans lequel la vigne règne en maître : près de 200 références s'offrent à votre choix. Menu du jour au déjeuner, choix plus étoffé le soir. Belle cuisine de bistrot revisitée, à déguster sur l'agréable terrasse, dès le printemps...

Formule 14 € - Menu 17 € (déj. en semaine), 25/29 € - Carte 30/53 €

80 pl. de la Libération - ✆ 05 63 41 79 08 - www.vigneenfoule.fr - Fermé 24 juin-9 juil., 15-23 oct., 25 fév.-5 mars, dim. et lundi

Domaine de Perches

MAISON DE MAÎTRE • COSY Il est des lieux qui traversent les époques sans se démoder : c'est le cas de cette maison de maître, située à quelques kilomètres du centre de Gaillac. Ici, le mobilier ancien côtoie celui d'aujourd'hui, les chambres sont raffinées, élégantes et offrent une jolie vue sur les vignes. Champêtre !

4 chambres ☕ - †155/215 € ††155/215 €

lieu-dit Perches, 2083 rte de Laborie, 7 km au Nord-Ouest par D4 - ✆ 05 63 56 58 24 - www.domainedeperches.com - Fermeture 15 janv.-28 fév.

GAILLARD - 74 Haute-Savoie ➜ Voir Annemasse

GAILLON

✉ 27600 Eure - 7 059 hab. - Alt. 15 m - Carte régionale n° **17**-D2
Carte Michelin 304-I7 - Guide Vert Michelin Normandie Vallée de la Seine

à St-Aubin-sur-Gaillon 2 km au Sud – ✉ 27600 – 1 841 hab. – Alt. 130 m

L'Atelier de Jacques

CUISINE MODERNE • DESIGN X Une brasserie des temps modernes, à la fois conviviale et contemporaine dans son bâtiment cubique et lumineux. Ravioles de homard, assiette du boucher, superbes légumes, etc. L'adresse plaira aux amateurs de cuisine traditionnelle revisitée et de produits de saison ! Service tout sourire.

Formule 12 € – Menu 19 € (dîner), 21/39 € – Carte 26/45 €

r. du Bois-de-Saint-Paul (ZA des Champs-Chouette), sortie 17 par A13 – ✆ 02 32 54 06 33 – www.erisay-brasserie.fr – Fermé 29 juil.-26 août, 22 déc.-1er janv., le soir du lundi au jeudi, sam. midi et dim.

GAMBSHEIM

✉ 67760 Bas-Rhin – 4 647 hab. – Alt. 130 m – Carte régionale n° **1**-B1
Carte Michelin 315-L4

Fleur de Sureau

CUISINE MODERNE • CONTEMPORAIN XX Cette Fleur de Sureau a poussé face à la gare ! À ceci près que son jardinier est un chef qui a fait ses classes auprès de Jean-Georges Klein, à l'Arnsbourg, et qu'il y réalise une cuisine du marché soignée et savoureuse. À noter, un menu surprise avec des plats plus créatifs. Une adresse pour ceux qui ont la main verte... ou pas.

Formule 18 € – Menu 22 € (déj. en semaine)/48 € – Carte 40/71 €

22 r. du Chemin-de-Fer – ✆ 03 88 21 85 22 – www.fleurdesureau.fr – Fermé 1 semaine en mars, 1 semaine en juil., 1 semaine en août, sam. midi, mardi et merc.

GAP

✉ 05000 Hautes-Alpes – 40 225 hab. – Alt. 735 m – Carte régionale n° **21**-C1
Carte Michelin 334-E5 – Guide Vert Michelin Alpes du Sud

Le Pasturier

CUISINE TRADITIONNELLE • CLASSIQUE XX Dans une rue piétonne assez animée, le Pasturier a tout du bon petit restaurant traditionnel : le chef est un sérieux professionnel qui privilégie les produits frais et les approvisionnements locaux. Ses spécialités : noisette d'agneau du pays, tarte à la confiture d'aubergines et coriandre... Sympathique terrasse sur l'arrière.

Menu 33/48 € – Carte 51/62 €

18 r. Pérolière – ✆ 04 92 53 69 29 – www.restaurantlepasturier.com – Fermé mardi midi, dim. soir et lundi

Le Bouchon

CUISINE MODERNE • BISTRO X Des assiettes généreuses et fort bien cuisinées, mettant en valeur des produits de belle qualité (bio et productions locales) : cette table s'impose pour un savoureux repas, et l'ambiance sympathique donne envie de revenir... notamment pour le lièvre à la royale, spécialité du chef (en saison, bien sûr).

Carte 35/60 €

4 La Placette – ✆ 04 92 46 02 43 – www.lebouchon-gap.fr – Fermé 2 semaines en mai, 27 août-4 sept., 23 déc.-2 janv., dim. et lundi

La Menthe Poivrée

CUISINE MODERNE • TRADITIONNEL X Un joli petit restaurant au plafond voûté, avec une agréable terrasse au calme. L'adresse est prisée dans la ville et on le comprend : la formule déjeuner offre un excellent rapport qualité-prix et, le soir, le chef met en valeur des produits plus nobles à travers une cuisine plus ambitieuse. Réussite dans les deux cas.

Formule 17 € – Menu 20 € (déj.), 31/44 €

20 bis r. du Centre – ✆ 09 52 77 55 73 – Fermé vacances de printemps, 3 semaines en sept., 26 déc.-3 janv., dim. soir en saison et lundi

 **Avantici Citotel** 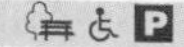

URBAIN · TRADITIONNEL Aux portes de Gap, sur la route Napoléon, un hôtel très fonctionnel, auquel sa propriétaire insuffle un petit supplément d'âme : l'entretien est extrêmement soigné et l'ensemble très fleuri. En outre, le jardin où l'on peut prendre le petit-déjeuner se révèle charmant.

28 chambres - 55/119 € 59/129 € - 10 €

5 chemin des Matins-Calmes (prés de la piscine), 2,5 km au Sud rte de Sisteron - 04 92 51 57 82 - www.avantici-citotel.com

à La Bâtie-Neuve 10 km au Nord-Est par N94 - 05230 -
2 468 hab. - Alt. 852 m

 **La Pastorale** 

MAISON DE CAMPAGNE · PERSONNALISÉ Sortez de Gap... et des sentiers battus ! Il faut emprunter de petites routes en lacets pour rallier cette ferme du 16e s. Le trajet est digne d'une pastorale et la bâtisse va bien à cet environnement : entre ses murs épais et biscornus, on découvre des chambres au charme champêtre, à l'unisson du calme alentour.

8 chambres - 89/109 € 89/109 € - 10 €

Les Brès, 4 km au Nord-Est par D214 et D614 - 04 92 50 28 40 - www.lapastorale.net - Ouvert début mai à fin oct.

GARABIT (VIADUC DE) - 15 Cantal → Voir Viaduc de Garabit

LA GARDE - 04 Alpes-de-Haute-Provence → Voir Castellane

LA GARDE - 48 Lozère → Voir St-Chély-d'Apcher

LA GARDE-GUÉRIN

48800 Lozère - Carte régionale n° **12**-C1
Carte Michelin 330-L8

 **Auberge Régordane** 

DEMEURE HISTORIQUE · CLASSIQUE Au cœur d'un village fortifié entouré de lande et interdit à la circulation, cette demeure seigneuriale (16e s.) mêle charme des vieilles pierres et esprit monacal : on remonte le temps... Au restaurant, on admire la salle voûtée et son superbe cantou (cheminée) ; cuisine du terroir.

16 chambres - 69/80 € 69/80 € - 11 €

Prévenchères - 04 66 46 82 88 - www.regordane.com - Ouvert 15 avril-30 sept.

LA GARENNE-COLOMBES - 92 Hauts-de-Seine → Voir Autour de Paris

GARGAS

84400 Vaucluse - 2 920 hab. - Alt. 275 m - Carte régionale n° **22**-E1
Carte Michelin 332-F10

La Coquillade - Gourmet 

CUISINE MODERNE · LUXE XXX On est un peu au royaume de Bacchus dans ce restaurant situé au cœur d'un domaine viticole : les gourmets honorent les vins du cru et... tous les produits de la terre provençale, auxquels la carte fait la part belle. À l'image de l'hôtel, le décor ne manque pas de superbe (colonnes, charpente).

Menu 80/135 € - Carte environ 125 €

Hôtel Coquillade - Provence Village, hameau le Perrotet, 4,5 km au Sud-Ouest par D83 - 04 90 74 71 71 - www.coquillade.fr - Ouvert 13 avril-13 oct. et fermé le midi, merc. sauf juil.-août et mardi

La Coquillade - Bistrot

CUISINE TRADITIONNELLE • ÉLÉGANT Dans le bistrot chic ou dans le jardin au milieu du vignoble l'été... Un fil très rouge, donc, pour cette adresse gourmande : le travail des saisons et le sens du terroir – au sein d'un hôtel qui vaut le coup d'œil !

Menu 42 € – Carte 45/65 €

Hôtel Coquillade - Provence Village, hameau Le Perrotet, 4,5 km au Sud-Ouest par D83 – 04 90 74 71 71 – www.coquillade.fr – Ouvert 16 mars-11 nov. et fermé le midi

Coquillade - Provence Village

GRAND LUXE • PERSONNALISÉ Un hameau provençal dont les origines remontent au 11e s. : tel est le cadre de ce luxueux domaine hôtelier. Les chambres, réparties au sein de petits mas provençaux, expriment la quintessence des lieux (vieilles pierres, charpentes). On profite même d'un superbe spa, ouvert en 2015... Vendange de plaisirs !

46 chambres – 170/595 € 200/595 € – 17 suites – 25 €

hameau Le Perrotet, 4,5 km au Sud-Ouest par D83 – 04 90 74 71 71 – www.coquillade.fr – Ouvert 16 mars-11 nov.

La Coquillade - Gourmet • **La Coquillade - Bistrot** – voir les restaurants ci-dessus

GARIDECH

31380 Haute-Garonne – 1 727 hab. – Alt. 180 m – Carte régionale n° **15**-C2
Carte Michelin 343-H2

Le Club

CUISINE TRADITIONNELLE • RUSTIQUE Ici, le goût de la tradition est roi ! Sur la route d'Albi, en pleine campagne (l'une des salles offre une belle vue sur les champs), le cadre est résolument classique, et la cuisine honore les beaux produits du terroir et les saisons. Mention particulière pour le service, souriant et dynamique.

Formule 17 € – Menu 20 € (déj. en semaine), 32/40 € – Carte 48/60 €

7 rte d'Albi – 05 61 84 20 23 – www.leclubchampetre.com – Fermé 3 semaines en août, sam. midi, dim. soir et lundi

GARNACHE – 85 Vendée → Voir Challans

GARONS – 30 Gard → Voir Nîmes

GARREVAQUES – 81 Tarn → Voir Revel

GASNY

27620 Eure – 3 094 hab. – Alt. 36 m – Carte régionale n° **17**-D2
Carte Michelin 304-J7

Auberge du Prieuré Normand

CUISINE TRADITIONNELLE • AUBERGE Depuis La Roche-Guyon, en suivant les boves crayeuses, votre route vous mènera à Gasny, où cette auberge familiale anime joliment la place centrale. Produits de qualité, sauces sapides, saveurs franches : la cuisine du chef – un sérieux professionnel – est généreuse et soignée !

Formule 25 € – Menu 32/52 € – Carte 55/65 €

1 pl. de la République – 02 32 52 10 01 – www.aubergeduprieurenormand.com – Fermé 21-28 déc., mardi soir et merc.

GASSIN

✉ 83580 Var - 2 658 hab. - Alt. 200 m - Carte régionale n° **21**-C3
Carte Michelin 340-O6 - Guide Vert Michelin Côte d'Azur

Bello Visto

CUISINE TRADITIONNELLE • AUBERGE XX Un établissement situé au cœur d'un joli village perché, occupé par les Maures jusqu'au 10e s. Installez-vous sur la superbe terrasse avec vue sur les îles d'Hyères et les sommets alpins pour déguster les spécialités maison : mitonnée de petits poulpes de roche, gnocchis à la truffe, soufflé au Grand Marnier...

Menu 32/51 € - Carte 58/90 €

9 chambres - †70/220 € ††70/220 € - ☕15 €

pl. dei Barri - ✆ 04 94 56 17 30 - www.bellovisto.eu - Ouvert 23 mars-4 nov. et fermé merc. soir et jeudi d'oct. à mai

La Verdoyante

CUISINE TRADITIONNELLE • RUSTIQUE XX Posée au cœur des vignes, cette ancienne ferme rustique jouit d'un très beau panorama... Mais la Verdoyante ne serait rien sans la passion du couple qui en tient les rênes ! Dans un décor coquet ou sur la charmante terrasse, on se régale d'une délicieuse cuisine provençale aux parfums de garrigue.

Menu 30/59 € - Carte 45/89 €

866 chemin vicinal de Coste-Brigade - ✆ 04 94 56 16 23 - www.la-verdoyante.fr - Ouvert de Pâques à mi-oct. et fermé mardi midi et lundi

GAUJAC

✉ 30330 Gard - 1 107 hab. - Alt. 90 m - Carte régionale n° **12**-D2
Carte Michelin 339-M4

La Maison

CUISINE MODERNE • BISTRO X On se sent bien, un peu comme à La Maison, dans cette ancienne demeure de vignerons ! Dans les salles, magnifiques écrins de pierre, on savoure une goûteuse cuisine du marché, réalisée par madame. Monsieur, lui, s'occupe de la belle sélection de vins qui comprend notamment des crus du village. Le tout à petits prix.

Menu 35 €

r. du Presbytère - ✆ 04 66 39 33 08 - www.lamaison.gaujac.com - Fermé mardi midi, merc. midi, jeudi midi, sam. midi et dim.

GAVARNIE

✉ 65120 Hautes-Pyrénées - 133 hab. - Alt. 1 350 m - Carte régionale n° **15**-A3
Carte Michelin 342-L8

à Gèdre 9 km au Nord par D921 - ✉ 65120 - 247 hab. - Alt. 1 000 m

Brèche de Roland

TRADITIONNEL • CONTEMPORAIN Au pied des cirques de Gavarnie et de Troumouse, auberge familiale aménagée dans une maison de pays ; les chambres, modernes et bien équipées, sont idéales pour prendre un bon repos avant de partir à la découverte de la nature environnante. Recettes du terroir au restaurant.

24 chambres - †96/113 € ††96/113 € - 1 suite - ☕11 €

le village - ✆ 05 62 92 48 54 - www.gavarnie-hotel.com - Fermé 12 mars-7 avril et 21 oct.-26 déc.

GAZERAN - 78 Yvelines → Voir Rambouillet

GÈDRE - 65 Hautes-Pyrénées → Voir Gavarnie

GÉMENOS

✉ 13420 Bouches-du-Rhône - 6 179 hab. - Alt. 150 m - Carte régionale n° **21**-B3
Carte Michelin 340-I6 - Guide Vert Michelin Provence

Les Arômes

CUISINE DU MARCHÉ • MÉDITERRANÉEN XX Le restaurant a déménagé d'Aubagne à Gémenos, pour cette maison des années 1930 regardant la Sainte-Baume. L'âme d'aubergiste des hôtes, elle, n'a pas changé et Yannick Besset, le chef, régale toujours avec sa cuisine régionale où les produits de saison mêlent leurs arômes à ceux de la garrigue.

Formule 28 € – Menu 33/55 €

230 av. du 2ème Cuirassier – ✆ 09 80 73 06 60 – www.lesaromesgemenos.fr – Fermé mardi soir, merc. soir, dim. et lundi

Relais de la Magdeleine

DEMEURE HISTORIQUE • CLASSIQUE C'est toute la noblesse provençale qui s'exprime dans cette demeure du 18e s. : mobilier ancien, tableaux, tissus... même le chant des cigales semble élégant !

29 chambres – 119/269 € 119/269 € – 16 €

40 av. du 2ème-Cuirassier, au rond-point de la Fontaine – ✆ 04 42 32 20 16 – www.relais-magdeleine.com – Ouvert 15 mars-15 nov.

GÉNÉRAC

30510 Gard – 4 036 hab. – Alt. 72 m – Carte régionale n° **12**-C2
Carte Michelin 339-L6

L'Instant du Sud

CUISINE MODERNE • COSY X Une jolie maison en pierre au cœur de ce village proche du Parc naturel régional de Camargue. Une terrasse sous les canisses, une petite salle à l'atmosphère intime : l'endroit est accueillant et les assiettes du chef achèvent de nous séduire. Bien tournées et actuelles, elles révèlent un excellent rapport qualité-prix !

Formule 17 € – Menu 24 € (déj. en semaine), 26/35 €

39 Grand-Rue – ✆ 04 66 02 03 93 – www.instantdusud.fr – Fermé 2 semaines en août, mardi soir, merc. soir, jeudi soir, dim. et lundi

GENESTON

44140 Loire-Atlantique – 3 643 hab. – Alt. 28 m – Carte régionale n° **18**-B2
Carte Michelin 316-G5

Le Pélican

CUISINE MODERNE • CONVIVIAL XX Comme le Pélican, ouvrez grand le bec et profitez d'une savoureuse cuisine, mêlant tradition et modernité. L'exemple parfait : un magret de canard cuit à basse température, avec écrasé de pomme de terre fumée... Délicieux et à petit prix : ce Pélican a tout compris !

Formule 22 € – Menu 28/50 €

13 pl. Georges-Gaudet – ✆ 02 40 04 77 88 – www.restaurantlepelican.fr – Fermé 2 semaines en fév., 3 semaines en août, dim. soir, lundi et mardi

GENEUILLE – 25 Doubs → Voir Besançon

GÉNIN (LAC) – 01 Ain → Voir Oyonnax

GENNES

49350 Maine-et-Loire – 2 211 hab. – Alt. 28 m – Carte régionale n° **18**-C2
Carte Michelin 317-H4 – Guide Vert Michelin Châteaux de la Loire

L'Aubergade

CUISINE MODERNE • AUBERGE XX Le chef de cette auberge concocte une cuisine au goût du jour, centrée autour du produit, dans une salle élégante et décorée avec beaucoup de goût. Une très bonne adresse familiale.

Menu 29/75 € – Carte 60/64 €

7 av. des Cadets – ✆ 02 41 51 81 07 – www.restaurant-aubergade.fr – Fermé vacances de fév. et de la Toussaint, lundi soir en hiver, mardi et merc.

GENNEVILLIERS Hauts-de-Seine ➔ Voir Autour de Paris

GENSAC

✉ 33890 Gironde - 812 hab. - Alt. 78 m - Carte régionale n° **2**-C1
Carte Michelin 335-L6

au Sud-Ouest 2 km par D18 et D15^{E1} - ✉ 33350 Ste Radegonde

Château de Sanse

MAISON DE CAMPAGNE • FONCTIONNEL Dominant la campagne et les vignobles, cette belle demeure (18e s.) en pierre blonde est au grand calme ! Parc, piscine chauffée, restaurant, chambres spacieuses : une bonne idée pour l'étape.

14 chambres - 99/189 € 99/189 € - 2 suites - 12 €

lieu-dit Sanse - 05 57 56 41 10 - www.chateaudesanse.com - Fermé 1er nov.- 15 mars

GÉRARDMER

✉ 88400 Vosges - 8 276 hab. - Alt. 669 m - Carte régionale n° **14**-C3
Carte Michelin 314-J4

Le Pavillon Pétrus

CUISINE MODERNE • ÉLÉGANT XXX À l'unisson de l'ambiance feutrée des parties communes (bar, billard, fumoir), la salle de ce Pavillon est spacieuse et élégante – lustres de Murano, fauteuils en velours... On y découvre une belle cuisine gastronomique, tel ce loup de ligne à la peau, minute de courgette et caviar d'aubergine. Que de saveurs !

Menu 48/92 € - Carte 55/85 €

Plan : A2-f *Le Grand Hôtel, pl. du Tilleul - 03 29 63 06 31 - www.grandhotel-gerardmer.com - Fermé 12-20 nov., jeudi midi, mardi et merc.*

Côté Lac

CUISINE MODERNE • ÉLÉGANT XXX Sa grande terrasse toise évidemment le lac... Belle situation pour ce restaurant très confortable, dont la carte affectionne les bons produits (le chef met un soin particulier dans le choix de ses viandes) et les vins d'Alsace. Une valeur sûre de la gastronomie locale.

Menu 22 € (déj. en semaine), 27/35 € - Carte 42/70 €

Plan : A2-e *esplanade du Lac - 03 29 63 22 28 - www.hotel-beaurivage.fr - Fermé lundi sauf vacances scolaires*

La P'tite Sophie

CUISINE MODERNE • COSY XX L'annexe des Jardins de Sophie, avec son cadre boisé et contemporain, n'a pas à rougir de la comparaison avec son grand frère ! On y met en valeur une bonne cuisine du marché – pâté en croûte de canard, jarret de veau cuit 48h, tartelette à la rhubarbe caramélisée –, et l'accueil y est particulièrement sympathique.

Formule 14 € - Menu 19 € (déj. en semaine)/30 € - Carte 41/47 €

Plan : B2-t *40 r. Charles-de-Gaulle - 03 29 41 76 96 - www.compagnie-des-hotels-des-lacs.fr - Fermé jeudi soir, dim. soir et lundi*

Le Grand Hotel et Spa

SPA ET BIEN-ÊTRE • PERSONNALISÉ Né au 19e s., il cultive sans faillir l'âme de la station vosgienne. Des chambres spacieuses classiques ou contemporaines, de superbes suites tout en bois dans un chalet indépendant, un spa magnifique, trois restaurants... Un fleuron en matière d'accueil et de confort.

62 chambres - 98/155 € 115/240 € - 14 suites - 22 €

Plan : A2-f *pl. du Tilleul - 03 29 63 06 31 - www.grandhotel-gerardmer.com - Fermé 12-20 nov.*

Le Pavillon Pétrus - voir les restaurants ci-dessus

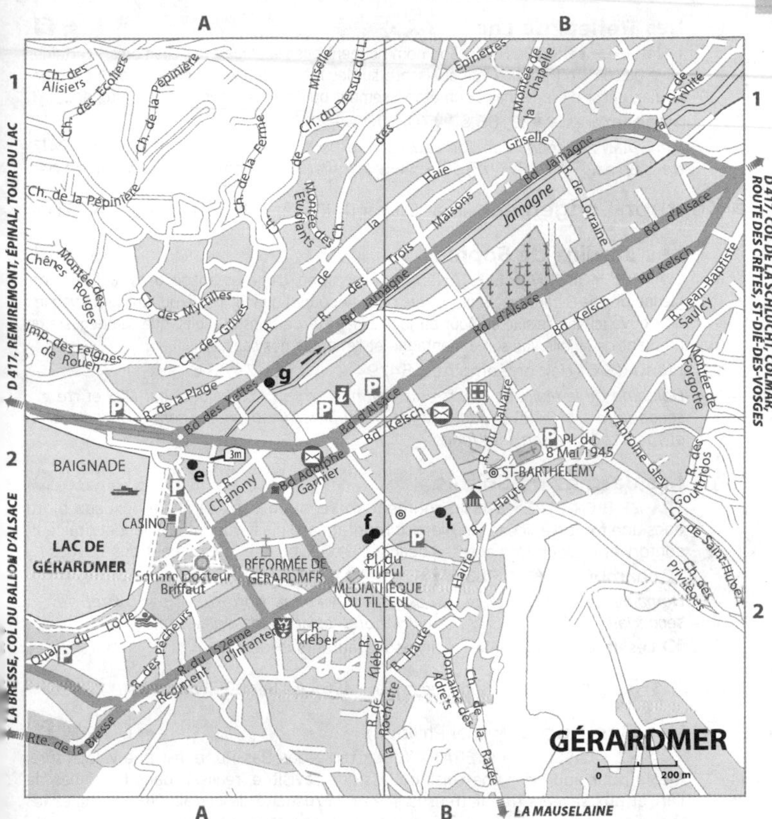

Le Manoir au Lac

LUXE • CLASSIQUE Dans son parc escarpé dominant le lac, cet imposant chalet de 1830 fut jadis fréquenté par Maupassant... qui aurait pu écrire un roman sur la beauté du panorama. À l'intérieur, tout n'est que raffinement et confort : mobilier de style, épais édredons sur chaque lit, piscine couverte, etc. Une adresse de charme !

11 chambres - 180/390 € 180/390 € - 1 suite - 20 €

Hors plan *59 chemin de la Droite-du Lac, 1 km à l'Ouest par D417, rte d'Épinal*
- 03 29 27 10 20 - www.manoir-au-lac.com
- Fermé 12 nov.-3 déc.

La Jamagne

TRADITIONNEL • FONCTIONNEL Un hôtel-restaurant de tradition, tenu par la même famille depuis 1905. L'établissement est confortable, parfaitement tenu et il sait vivre avec son temps - comme en témoigne son agréable spa, avec une belle piscine traitée à l'ozone.

48 chambres - 60/160 € 70/160 € - 12 €

Plan : A1-g *2 bd de la Jamagne*
- 03 29 63 36 86 - www.jamagne.com
- Fermé 11 nov.-14 déc.

 **Les Reflets du Lac** 

FAMILIAL • FONCTIONNEL Son nom ne ment pas : la plupart des chambres – certaines avec balcon – offrent une vue apaisante sur les reflets du lac… Accueil simple et sympathique, décor d'esprit chalet : un établissement où l'on vient volontiers se détendre.

20 chambres – 70/85 € 70/100 € – 10 €

Hors plan *201 chemin du Tour-du-Lac, au bout du lac, 2,5 km à l'Ouest par D417, rte d'Épinal – 03 29 60 31 50 – www.lesrefletsdulac.com – Fermé 13 nov.-14 déc.*

à Xonrupt-Longemer 6 km à l'Est par D417 – 88400 – 1 555 hab. – Alt. 714 m

Les Jardins de Sophie 

CUISINE MODERNE • ÉLÉGANT XXX À l'occasion d'une escapade dans la forêt vosgienne depuis Gérardmer, vous ne serez pas dépourvu quand l'heure du repas sera venue : on trouve ici une cuisine au goût du jour basée sur de bons produits, que l'on déguste en profitant de la jolie vue sur la montagne et l'étendue des sapins.

Menu 35 € (déj. en semaine), 54/94 € – Carte 71/83 €

Domaine de la Moinaudière, rte du Valtin, 4 km au Nord-Ouest par D23 et rte secondaire – 03 29 63 37 11 – www.hotel-lesjardinsdesophie.com – Fermé mardi et merc. hors saison sauf fériés

Les Jardins de Sophie 

SPA ET BIEN-ÊTRE • COSY Sentiment d'exception dans ce chalet luxueux blotti dans une forêt d'épicéas… Ici, l'esprit montagnard n'est que raffinement et douceur, confort et chaleur. Une adresse délicieuse pour profiter pleinement des Vosges !

32 chambres – 130/185 € 155/289 € – 17 €

Domaine de la Moinaudière, rte du Valtin, 4 km au Nord-Ouest par D23 et rte secondaire – 03 29 63 37 11 – www.hotel-lesjardinsdesophie.com

Les Jardins de Sophie – voir les restaurants ci-dessus

aux Bas-Rupts 4 km au Sud-Ouest par D486 – 88400 Gerardmer

Les Bas-Rupts (Michel Philippe)

CUISINE CLASSIQUE • ÉLÉGANT XXX La table des Bas-Rupts est une valeur sûre, idéale pour apprécier une cuisine classique revisitée, réalisée dans les règles de l'art et aux saveurs très flatteuses. Même la rusticité de certains mets – telles les tripes au riesling – se fait raffinement… Superbe carte des vins.

→ Tripes au riesling à la crème et moutarde. Côtelette de caille des Vosges farcie au foie gras. Ruches glacées au miel de montagne, crème à la vanille.

Menu 39 € (déj. en semaine), 52/98 € – Carte 80/115 €

Hôtel Les Bas-Rupts, 181 rte de la Bresse – 03 29 63 09 25 – www.bas-rupts.com – Fermé mardi midi sauf fériés et sauf vacances scolaires

Les Bas-Rupts 

LUXE • COSY Un parfait décor pour un séjour de charme à la montagne : boiseries, cheminées, salons confortables, objets anciens, tableaux, piscine intérieure, etc. – sans compter l'accueil exquis. On ne peut quitter les lieux sans nostalgie…

21 chambres – 160/240 € 160/340 € – 4 suites – 24 €

181 rte de la Bresse – 03 29 63 09 25 – www.bas-rupts.com

Les Bas-Rupts – voir les restaurants ci-dessus

Auberge de la Poulcière 

AUBERGE • COSY Une auberge en pleine nature, cernée par les jonquilles au printemps… Entre ses murs de 1775, âme rustique et confort contemporain se conjuguent avec charme. Chaque chambre dispose d'une kitchenette, mais vous pouvez aussi profiter du restaurant : le patron ne jure que par les produits frais !

7 chambres – 95/140 € 95/140 € – 2 suites – 12 €

10 chemin du Bouchot – 03 29 42 04 33 – www.auberge-poulciere.com – Fermé 15 oct.-20 déc.

au Valtin 14 km au Nord-Est par D417 et D23 – ✉ 88230 – 86 hab. – Alt. 751 m

Auberge du Val Joli

CUISINE TRADITIONNELLE • COSY XX Au creux de la vallée, cette petite hostellerie met le terroir et la tradition à l'honneur ! Pâté lorrain, truite du vivier – meunière ou fumée minute – au bleu : voici les bonnes spécialités du restaurant, dont l'intérieur a été entièrement rénové. Pour l'étape, quelques chambres confortables et personnalisées.

Formule 18 € – Menu 22 € (semaine), 39/56 € – Carte 30/60 €

10 chambres – 59/124 € 59/124 € – 10 €

12 bis le Village – 03 29 60 91 37 – www.levaljoli.com – Fermé 8-18 janv., dim. soir, mardi midi et lundi hors vacances scolaires

GERMAGNY

✉ 71460 Saône-et-Loire – 209 hab. – Alt. 265 m – Carte régionale n° **4**-C3
Carte Michelin 320-H9

Les Vignes

CUISINE RÉGIONALE • TRADITIONNEL X Escargots de Bourgogne en persillade, volaille de Bresse en deux services, pavé de bœuf charolais : voici les spécialités de la maison ! Dans cette auberge de village à la salle à manger rafraîchie, on sert une cuisine traditionnelle et régionale bien alléchante. Et la viande bovine provient d'un abattoir tout proche.

Menu 14 € (déj. en semaine), 22/36 € – Carte 27/34 €

Le Bourg – 03 85 49 23 23 – www.lesvignes-germagny.fr – Fermé mardi soir, dim. soir et merc.

GERMIGNY-L'ÉVÊQUE – 77 Seine-et-Marne → Voir Meaux

GÉTIGNÉ – 44 Loire-Atlantique → Voir Clisson

LES GETS

✉ 74260 Haute-Savoie – 1 260 hab. – Alt. 1 170 m – Carte régionale n° **25**-F1
Carte Michelin 328-N4 – Guide Vert Michelin Alpes du Nord

Crychar (N)

CUISINE TRADITIONNELLE • CONVIVIAL X Installez-vous dans l'une des deux salles en bois blond pour déguster un tartare de thon ou un magret de canard, à accompagner d'un verre de vin (plus de 250 références). Magnifique buffet de fromages. Vue imprenable sur la montagne, et les pistes.

Menu 45 € (dîner) – menu unique

136 imp. de la Grange-Neuve, par rte de la Turche – 04 50 75 80 50 – www.crychar.com – fermé 8 avril-15 juin, 2 sept.-10 déc. et le midi

La Marmotte et La Tapiaz

RESORT • COSY Après une journée de ski, détendez-vous près de la cheminée avant de vous faire dorloter dans le superbe spa (750 m²). En sus de la partie traditionnelle de l'établissement, on propose des chambres en vieux bois, très confortables, avec leur poêle à bois, ainsi que quelques suites luxueuses.

58 chambres – 80/407 € 112/570 € – 5 suites

61 r. du Chêne – 04 50 75 80 33 – www.hotel-marmotte.com – Fermé de mi-avril à début mai et de fin oct. à mi-déc.

Le Labrador

TRADITIONNEL • COSY Sympathique halte près de la cheminée du salon, dans ce chalet à la décoration typiquement savoyarde. À l'étage, les chambres sont habillées de bois, confortables et bien tenues. Au petit-déjeuner, le patron sert les œufs de sa propre ferme !

20 chambres – 90/210 € 120/420 € – 1 suite – 16 €

266 rte du Léry – 04 50 75 80 00 – www.labrador-hotel.com – Ouvert mi-juin à mi-sept. et mi-déc. à mi-avril

Alpina

FAMILIAL · COSY Non loin du téléphérique, ce beau chalet familial rénové domine le bourg... Les chambres, au cadre alpin contemporain épuré, proposent de jolies vues sur la vallée. Le restaurant, réservé aux résidents, se révèle sympathique : cadre cosy et cuisine aux accents du pays.

39 chambres – 75/206 € 85/230 € – 13 €

55 imp. de la Grange-Neuve
– ✆ 04 50 75 80 22 – www.hotelalpina.fr
– Ouvert 25 mai-25 sept. et 2 déc.-15 avril

Crychar

BOUTIQUE HÔTEL · MONTAGNARD Un petit chalet au pied des pistes, chaleureux et confortable. Le feu crépite dans le salon ; les chambres, tout en bois clair, sont pimpantes et jouissent d'un balcon, et le beau spa se révèle idéal pour la relaxation. Un concentré de Savoie !

18 chambres – 75/220 € 90/450 € – 2 suites – 17 €

136 imp. de la Grange-Neuve, par rte de la Turche
– ✆ 04 50 75 80 50 – www.crychar.com
– Fermé 8 avril-15 juin et 2 sept.-10 déc.

Crychar – voir les restaurants ci-dessus

GEVREY-CHAMBERTIN

✉ 21220 Côte-d'Or – 3 082 hab. – Alt. 275 m – Carte régionale n° **4**-D1
Carte Michelin 320-J6 – Guide Vert Michelin Bourgogne

Chez Guy

CUISINE TRADITIONNELLE · CONTEMPORAIN XX On peut être moderne en apparence et fidèle à la tradition sur le fond ! La preuve avec ce restaurant au cadre contemporain... dont la cuisine est enracinée dans le terroir : cocotte de joue de bœuf au pinot noir, carottes confites à la cardamome... Sans oublier la remarquable cave qui met toute la Bourgogne à l'honneur.

Formule 18 € – Menu 24 € (déj. en semaine), 32/52 €
– Carte 44/76 €

3 pl. de la Mairie – ✆ 03 80 58 51 51
– www.chez-guy.fr – Fermé vacances de Noël, dim. et lundi

Bistrot Lucien

CUISINE TRADITIONNELLE · BISTRO X Avec ses pierres apparentes, ses banquettes et son superbe bar en bois, ce bistrot est le complément idéal de l'hôtel qui l'accueille. Au programme, une belle cuisine bourguignonne : jambon persillé maison, escargots en cassolette au beurre persillé, tartes aux fruits maison... Superbe carte des vins.

Menu 28/38 € – Carte 45/71 €

Hôtel La Rôtisserie du Chambertin, 6 r. du Chambertin
– ✆ 03 80 34 33 20 – www.rotisserie-chambertin.com
– Fermé 1er-14 janv., dim. soir et lundi

La Table d'Hôte

CUISINE MODERNE · RUSTIQUE X Toute une partie de la Rôtisserie du Chambertin accueille cette Table aux faux airs de chalet alpin... Là, Lucie et Thomas Collomb proposent un concept culinaire original : les 20 couverts ont rendez-vous tous les soirs à 20h tapantes pour déguster une cuisine entre rustique et gastronomique, en 7 plats au plus près du produit. Atypique et gourmand !

Menu 70 €

6 r. du Chambertin – ✆ 03 80 34 33 20
– www.thomascollomb.fr – Fermé 1er-14 janv., lundi, mardi et le midi

La Rôtisserie du Chambertin

HISTORIQUE • CONTEMPORAIN Cette accueillante bâtisse en pierre située au sud de la ville propose de belles chambres élégantes et joliment décorées, dont un duplex, et un beau salon avec sa cheminée monumentale pour les longues soirées d'hiver... Des soirées dégustations de vins sont proposées aux hôtes, en soirée dans la cave.

9 chambres – 130/154 € 245/340 € – 18 €

6 r. du Chambertin – 03 80 34 33 20
– www.thomascollomb.fr – Fermé 1er-14 janv.

Bistrot Lucien • **La Table d'Hôte** – voir les restaurants ci-dessus

GEX

01170 Ain – 11 141 hab. – Alt. 626 m – Carte régionale n° **25**-F1
Carte Michelin 328-J3 – Guide Vert Michelin Franche-Comté Jura

COL DE LA FAUCILLE 11,6 km au Nord par D1005 – 01170 Gex – Alt. 1 320 m

La Mainaz

CUISINE CRÉATIVE • CONTEMPORAIN Le jeune chef signe ici une cuisine créative, parfois osée, jouant sur le sucré/salé, la terre et mer, utilisant toujours des produits de prime saveur. Les assiettes sont inventives, et les textures travaillées.

Menu 100/145 € – Carte 110/160 €

rte du col de la Faucille, 1 km au Sud par D1005 – 04 50 41 31 10
– www.la-mainaz.com – Fermé 15 juin-3 juil., 25 oct.-9 déc. et ouvert du jeudi soir au dim. midi

La Mainaz

LUXE • CONTEMPORAIN Atout incontestable de ce grand chalet en bois : la vue exceptionnelle sur le Léman et les Alpes ! L'hôtel a été rénové de la tête aux pieds : le style montagnard a cédé la place à un esprit alpin chic, jusque dans les chambres, très bien équipées. Au petit-déjeuner, priorité aux fromages de la région.

21 chambres – 189/239 € 189/339 € – 2 suites – 24 €

rte du col de la Faucille, 1 km au Sud par D1005 – 04 50 41 31 10
– www.la-mainaz.com – Fermé 15 juin-3 juil. et 25 oct.-9 déc.

La Mainaz – voir les restaurants ci-dessus

GIEN

45500 Loiret – 14 617 hab. – Alt. 162 m – Carte régionale n° **6**-C2
Carte Michelin 318-M5 – Guide Vert Michelin Châteaux de la Loire

Côté Jardin (Arnaud Billard)

CUISINE CRÉATIVE • DESIGN Sur la rive gauche de la Loire, on s'installe Côté Jardin ! Ici, la fraîcheur vient autant de la brise que des produits sélectionnés avec soin. Au piano, Arnaud Billard signe une savoureuse cuisine du marché, tout en subtiles associations d'ingrédients. La finesse est autant aromatique que visuelle...

→ Cuisine du marché.

Formule 29 € – Menu 42/80 €

14 rte de Bourges – 02 38 38 24 67 – www.cote-jardin-restaurant.com
– Fermé 15 avril-4 mai, 19 août-7 sept., dim. soir, mardi et merc.

Le P'tit Bouchon

CUISINE TRADITIONNELLE • CONVIVIAL Un vrai repaire bistronomique ! Le chef travaille avec soin de jolis produits de saison, et n'hésite pas à les accompagner d'huiles bien parfumées (notamment à la noisette) et de condiments ou d'épices en tout genre : graines de moutarde, mayonnaise au curry, piment d'Espelette, etc. On ne boude pas son plaisir.

Formule 18 € – Menu 27/30 €

66 r. Bernard-Palissy – 02 38 67 84 40 – www.ptitbouchon.fr – Fermé 5-11 mars, 30 avril-10 mai, 13-31 août, 13-19 nov., dim. et lundi

L'Olivier

CUISINE MÉDITERRANÉENNE • FAMILIAL Une petite adresse rafraîchissante, menée par un duo complémentaire : Céline pour le salé et Stéphane pour le sucré. Tout est fait minute et les recettes révèlent une belle générosité – le tout avec un accent méridional, le couple s'étant formé dans le sud de la France, d'où le nom choisi pour leur premier restaurant...

Formule 15 € – Menu 29 € – Carte 34/48 €

22 quai Lenoir – 02 38 38 13 45 – Fermé 2 semaines en août, jeudi soir et dim. soir de sept. à juin, jeudi de juin à sept. et merc.

GIF-SUR-YVETTE – 91 Essonne → Voir Autour de Paris

GIGARO – 83 Var → Voir La Croix-Valmer

GIGNAC

34150 Hérault – 5 905 hab. – Alt. 53 m – Carte régionale n° **12**-C2
Carte Michelin 339-G7

Restaurant de Lauzun (Matthieu de Lauzun)

CUISINE MODERNE • CONTEMPORAIN Face à l'esplanade, une maison menée tambour battant par un jeune chef passionné. Décor sobre et soigné à l'image de la cuisine, séduisante et festive, avec ses belles associations de saveurs – originales et bien pensées – et ses assiettes très graphiques. Bon choix de vins locaux.
→ Pressé de jarret de veau, de pomme et de foie gras, vinaigrette de pomme. Bœuf d'Aubrac, petit chou farci de joue de bœuf et de foie gras, pâte de gingembre. Sphère à casser garnie de fraises, de citron et de tagète.

Formule 31 € – Menu 52/83 €

3 bd de l'Esplanade – 04 67 57 50 83 – Fermé 2 semaines en fév., 1 semaine en juin, 2 semaines en oct., sam. midi, dim., lundi et fériés

GIGONDAS

84190 Vaucluse – 534 hab. – Alt. 313 m – Carte régionale n° **22**-E1
Carte Michelin 332-D9 – Guide Vert Michelin Provence

L'Oustalet

CUISINE MODERNE • TENDANCE Dans ce village de vignerons, une jolie maison en pierre dont la terrasse déborde sur une placette nantie de vieux platanes. La carte des vins, d'une exceptionnelle variété, accompagne divinement des plats raffinés, d'une extrême élégance. Et n'oublions pas les belles chambres d'hôtes !

Formule 35 € – Menu 39/145 € – Carte 51/94 €

3 chambres – 130/210 € 130/210 € – 15 €

pl. du village – 04 90 65 85 30 – www.loustalet-gigondas.com – Fermé 3 déc.-10 janv., dim. sauf le soir en juil.-août et lundi

Les Florets

AUBERGE • PERSONNALISÉ Situation rare pour cette hostellerie fondée en 1870 au pied des Dentelles de Montmirail, au cœur du vignoble du Gigondas... Colorées et tranquilles, les chambres sont charmantes, et l'on ne résiste pas à la terrasse du restaurant ombragée de majestueux platanes (produits du terroir, recettes actuelles et vins du domaine).

15 chambres – 105/120 € 120/185 € – 17 €

1243 rte des Florêts – 04 90 65 85 01 – www.hotel-lesflorets.com – Fermé de janv. à mi-mars

GILLY-LÈS-CÎTEAUX – 21 Côte-d'Or → Voir Vougeot

GIMBELHOF – 67 Bas-Rhin → Voir Lembach

LA GIMOND

42140 Loire – 283 hab. – Alt. 625 m – Carte régionale n° **23**-A2
Carte Michelin 327-F6

Le Vallon du Moulin

CUISINE TRADITIONNELLE • FAMILIAL XX Au cœur du village, ce sympathique restaurant contemporain propose une bonne cuisine – saumon fumé au bois d'hêtre ; rôti de pintade aux champignons – qui suit le rythme des saisons. Preuve d'authenticité : le pain est fait maison avec la farine du moulin voisin !

Menu 25 € (déj. en semaine), 32/56 €

– 04 77 30 97 06 – www.le-vallon-du-moulin.com – Fermé vacances de fév., 18-31 août, dim. soir, lundi, mardi soir et merc.

GIMONT

32200 Gers – 2 922 hab. – Alt. 180 m – Carte régionale n° **15**-B2
Carte Michelin 336-H8

Villa Cahuzac

CUISINE MODERNE • CLASSIQUE XX Une longue galerie scandée de douze piliers, avec de larges baies ouvertes sur un patio verdoyant : tel est le cadre original de ce restaurant, aux allures d'élégant jardin d'hiver. La cuisine valorise les produits du terroir local, avec une formule bistronomique à prix doux à midi et des plats plus élaborés le soir.

Formule 16 € – Menu 20 € (déj. en semaine)/40 €

Hôtel Villa Cahuzac, 1 av. de Cahuzac – 05 62 62 10 00 – www.villacahuzac.com – Fermé 1 semaine en déc., 1 semaine en janv. et dim. soir

Villa Cahuzac

BUSINESS • PERSONNALISÉ Maison typique de la région (1885) avec des chambres pratiques et soignées (lambris et parquet). Celles du 1er étage ouvrent sur un corridor qui plonge sur le patio fleuri.

11 chambres – 80 € 90 €

1 av. de Cahuzac – 05 62 62 10 00 – www.villacahuzac.com – Fermé 1 semaine en déc. et 1 semaine en janv.

Villa Cahuzac – voir les restaurants ci-dessus

GINCLA

11140 Aude – 47 hab. – Alt. 570 m – Carte régionale n° **12**-B3
Carte Michelin 344-E6

Hostellerie du Grand Duc

CUISINE MODERNE • RUSTIQUE XX À la table de l'Hostellerie du Grand Duc, on passe de toute évidence un bon moment. Derrière les fourneaux, la chef compose de belles assiettes dans l'air du temps, qui font la part belle aux produits de la région. Une vraie tournée des grands ducs !

Formule 27 € – Menu 32/87 € – Carte 38/64 €

2 rte de Boucheville – 04 68 20 55 02 – www.hostelleriedugrandduc.com – Ouvert 1er avril-28 oct.

Hostellerie du Grand Duc

MAISON DE CAMPAGNE • PERSONNALISÉ Cette belle maison de maître (18e s.) recouverte de lierre est charmante. Toile de Jouy, mobilier chiné, poutres, pierres apparentes : les chambres ont toutes leur propre style. Sans parler du beau jardin... et de cette précieuse quiétude que rien ne vient troubler.

12 chambres – 70/90 € 85/110 € – 13 €

2 rte de Boucheville – 04 68 20 55 02 – www.hostelleriedugrandduc.com – Ouvert 1er avril-28 oct.

Hostellerie du Grand Duc – voir les restaurants ci-dessus

GIRMONT-VAL-D'AJOL - 88 Vosges ➔ Voir Remiremont

➔ Voir Remiremont

GISORS

✉ 27140 Eure - 11 369 hab. - Alt. 60 m - Carte régionale n° **17**-D2
Carte Michelin 304-K6 - Guide Vert Michelin Normandie Vallée de la Seine

Le Cappeville

CUISINE TRADITIONNELLE • SIMPLE XX Tête de veau sauce tartare, duo de cuisses de grenouilles et escargots sur lit de ravioles du Royans, etc. : au cœur de la capitale du Vexin normand, le terroir prend un coup de jeune et la carte suit les saisons. Une formule sympathique dans un cadre classique.

Formule 17 € 🍷 - Menu 31/52 € - Carte 53/72 €

17 r. Cappeville - ✆ 02 32 55 11 08 - www.lecappeville.com - Fermé merc. et jeudi

à Bazincourt-sur-Epte 6 km au Nord par D14 - ✉ 27140 - 757 hab. - Alt. 55 m

Château de la Rapée

DEMEURE HISTORIQUE • ROMANTIQUE Sommes-nous en Normandie ou... en Angleterre ? À la lisière d'un domaine dédié à l'élevage des chevaux, ce manoir aux allures de cottage anglais tutoie le bocage environnant. Les chambres cultivent le classicisme (de même que le restaurant) : une valeur sûre pour les amateurs de confort bourgeois et de quiétude.

12 chambres - 90/110 € 98/160 € - ☕ 14 €

2 km à l'Ouest par rte secondaire - ✆ 02 32 55 11 61 - www.hotelrapee.com - Fermé 15 fév.-9 mars et 16 août-1er sept.

GIVERNY

✉ 27620 Eure - 514 hab. - Alt. 17 m - Carte régionale n° **17**-D2
Carte Michelin 304-I6 - Guide Vert Michelin Normandie Vallée de la Seine

Le Jardin des Plumes

CUISINE CRÉATIVE • ÉPURÉ XXX On connaît l'inspiration naturaliste d'Éric Guérin à St-Joachim ; cette adresse créée à Giverny est dans l'ordre des choses : où mieux proposer que dans ce fief de l'impressionnisme de nouvelles sensations visuelles et... gustatives ? L'expérience est pleine de finesse et, de plus, la demeure, entre Art déco et vintage, est charmante pour un week-end.

➔ Cuisine du marché.

Menu 48 € (semaine)/95 € - Carte 80/90 €

8 chambres - 195/300 € 195/300 € - ☕ 17 €

1 r. du Milieu - ✆ 02 32 54 26 35 - www.jardindesplumes.fr - Fermé 11 nov.-7 déc., lundi et mardi

GIVORS

✉ 69700 Rhône - 19 554 hab. - Alt. 156 m - Carte régionale n° **23**-B2
Carte Michelin 327-H6 - Guide Vert Michelin Lyon et sa région

à Loire-sur-Rhône 5 km par N86, rte de Condrieu - ✉ 69700 - 2 538 hab. - Alt. 140 m

Mouton-Benoît

CUISINE MODERNE • CONTEMPORAIN XX Au bord de la route, cet établissement fondé en 1822 abritait autrefois les fourneaux des "mères" Dumas. En hiver, on y déguste la spécialité du chef : le lièvre à la royale selon la recette immortalisée par le sénateur Couteaux... il y a plus d'un siècle ! Enfin, de délicieux desserts viennent conclure ce repas.

Menu 32 € (déj. en semaine), 44/57 € - Carte 45/60 €

1167 rte de Beaucaire - ✆ 04 78 07 96 36 - www.restaurant-moutonbenoit.co - Fermé 2 semaines en août, sam. midi, dim. soir, lundi et mardi

GLAINE-MONTAIGUT

✉ 63160 Puy-de-Dôme - 549 hab. - Alt. 350 m - Carte régionale n° **3**-C2
Carte Michelin 326-H8

Auberge de la Forge

CUISINE MODERNE • AUBERGE Face à l'église romane, cette sympathique auberge est l'exacte reproduction de l'ancienne forge du village : murs en pisé, poutres apparentes, soufflet pour attiser le feu de la cheminée ! Le chef régale avec de belles assiettes : linguines d'escargots à la tomate, suprême de pintade fermière fumée...

Menu 17 € (déj. en semaine), 24/47 € – Carte 28/44 €

pl. de l'Église – 04 73 73 41 80 – www.aubergedelaforgeglainemontaigut.com – Fermé 2-22 oct., dim. soir et merc.

GODEWAERSVELDE

59270 Nord – 2 030 hab. – Alt. 45 m – Carte régionale n° **16**-B2
Carte Michelin 302-D3

L'Estaminet du Centre

CUISINE DU TERROIR • BISTRO Un estaminet typique et convivial, où l'on se régale encore et toujours de bonnes recettes traditionnelles : harengs, flamiche au maroilles, carbonade... Le chef fait parler avec précision ce terroir qu'il aime tant ! Et en salle, Béatrice, l'âme de la maison, conseille avec chaleur les novices sur la gastronomie du Nord...

Menu 32/36 € – Carte 30/43 €

11 rte de Steenvoorde – 03 28 42 21 72 – Fermé 23-29 août, 23 déc.-4 janv., lundi, mardi et merc.

GOLFE DE SANTA-GIULIA – 2A Corse-du-Sud → Voir Corse (Porto-Vecchio)

GOLFE-JUAN

06220 Alpes-Maritimes – Vallauris – Carte régionale n° **22**-E2
Carte Michelin 341-D6 – Guide Vert Michelin Côte d'Azur

Nounou

POISSONS ET FRUITS DE MER • TRADITIONNEL Nounou vit sur la plage ! Près des baies vitrées, la vue sur le rivage est superbe et, dans l'assiette, on se régale de spécialités telles que la soupe de poissons, la bouillabaisse ou encore la bourride. Une bonne adresse pour les amateurs de saveurs iodées.

Menu 42/76 € – Carte 60/185 €

bd des Frères-Roustan (à la plage) – 04 93 63 71 73 – www.nounou.fr

à Vallauris 2,5 km au Nord-Ouest par D135 – 06220 – 26 302 hab. – Alt. 120 m

Café Llorca

CUISINE MÉDITERRANÉENNE • CONTEMPORAIN Le chef Alain Llorca a composé lui-même la carte de ce grand café moderne, situé non loin de la mairie. Attablé en terrasse, l'œil courant sur la pittoresque place, on se délecte de sa cuisine, aux fiers accents du Sud.

Formule 20 € – Menu 26 € (déj.)/32 € – Carte 41/53 €

pl. Paul-Isnard – 04 93 33 11 33 – www.cafellorcavallauris.com – Fermé dim. et lundi

GORBIO

06500 – 1 306 hab. – Alt. 360 m – Carte régionale n° **22**-E2
Carte Michelin 341-F5

Le Beau Séjour 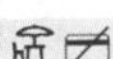

CUISINE PROVENÇALE • AUBERGE Dans ce village situé sur les hauteurs entre Menton et Monaco, quatre générations se sont succédées à la tête de ce Beau Séjour. Décor joliment patiné (porcelaines, voilages, photos anciennes) et, dans l'assiette, pâtes maison et fruits et légumes du jardin.

Menu 29 € (déj.)/47 € – Carte 39/60 €

20 pl. de la République – 04 93 41 46 15 – Ouvert 1er avril-31 oct. et fermé merc. et le soir sauf en juil.-août

GORDES

✉ 84220 Vaucluse - 1 961 hab. - Alt. 372 m - Carte régionale n° **22**-E1
Carte Michelin 332-E10 - Guide Vert Michelin Provence

✿ Les Bories

CUISINE MODERNE • ÉLÉGANT XXX Un cadre idyllique, à la fois secret et grand ouvert sur la garrigue... Les saveurs provençales prennent ici toute leur dimension : parfums sublimés, textures équilibrées, accords harmonieux... le travail du chef est très délicat.

➜ Gamberoni, fleur de courgette farcie et pistou d'oseille. Selle et carré d'agneau de Provence, légumes farcis et jus corsé. Biscuit chocolat et noix de pécan, tube au grué de cacao, crémeux guanaja et sorbet chocolat.

Menu 70/110 € - Carte 95/105 €

Hôtel Les Bories & Spa, rte de l'Abbaye de Sénanque, 2 km - ✆ 04 90 72 00 51 - www.hotellesbories.com - Fermé 7 janv.-10 fév. et le midi sauf dim.

✿ Pèir

CUISINE CRÉATIVE • ÉLÉGANT XXX Pierre Gagnaire élabore et retouche régulièrement la carte de ce restaurant... qui porte son prénom ! Saveurs percutantes, parfums enchanteurs : avec de magnifiques produits, l'équipe en place fait chanter la Provence avec beaucoup d'élégance et de finesse.

➜ Gambero rosso ocre Roussillon, brunoise d'encornets, figues sèches et chorizo de taureau. Pâté chaud de veau fermier, mesclun, sarrasin, légumes fanes et infusion de navet à la moutarde de Crémone. Le grand dessert.

Menu 75 € (déj.)/145 € - Carte 200/280 €

Hôtel La Bastide de Gordes, r. de la Combe - ✆ 04 90 72 12 12 - www.bastide-de-gordes.com - Ouvert de mai à oct. et fermé sam. midi en juil.-août, mardi et merc. sauf juil.-août et lundi

La Citadelle

CUISINE TRADITIONNELLE • ÉLÉGANT XX Le soir, on s'installe dans la belle salle à manger bourgeoise, très 18e s., ou sur la terrasse panoramique, devant le soleil qui se couche sur le Luberon. On se régale d'assiettes à la gloire de la Provence, ses produits nobles et ses saveurs : asperges, tomates de pays, homard, selle d'agneau rôti...

Carte 60/125 €

Hôtel la Bastide de Gordes, r. de la Combe - ✆ 04 90 72 12 12 - www.bastide-de-gordes.com - Ouvert de mai à oct.

La Bastide de Gordes

PALACE • CLASSIQUE Cette bastide, dressée à flanc de rocher face aux Alpilles, a rouvert ses portes après d'importants travaux. Plus qu'une simple rénovation, c'est une métamorphose : intérieur somptueux, évoquant avec goût l'esprit des châteaux de famille du 18e s. - tableaux, mobilier chiné -, piscines invitant à la détente...

34 chambres - †230/1130 € ††230/1130 € - 6 suites - ☕ 35 €

r. de la Combe - ✆ 04 90 72 12 12 - www.bastide-de-gordes.com - Ouvert 19 avril-27 oct.

✿ **Pèir** • **La Citadelle** - voir les restaurants ci-dessus

Les Bories & Spa

LUXE • CLASSIQUE Les "bories", ce sont ces cabanes en pierres sèches des anciens bergers de Provence... Un modèle pour l'architecture de ce luxueux établissement, qui semble vivre en communion avec la garrigue, entre lavandes et oliviers. Lumière, raffinement...

32 chambres - †320/540 € ††320/540 € - 2 suites - ☕ 24 €

rte de l'Abbaye de Sénanque, 2 km - ✆ 04 90 72 00 51 - www.hotellesbories.com - Fermé 7 janv.-10 fév.

✿ **Les Bories** - voir les restaurants ci-dessus

Le Jas de Gordes

BOUTIQUE HÔTEL · MÉDITERRANÉEN Posté à l'entrée du village, un mas en pierre sèche frais et charmant. Les chambres, totalement rénovées dans une veine contemporaine, disposent d'une terrasse sur le jardin, où embaument les fleurs et les plantes aromatiques. Agréable piscine.

21 chambres ☕ – 🚹185/284 € 🚹🚹204/366 €

1,5 km par rte de Cavaillon – ✆ 04 90 72 00 75 – www.jasdegordes.com – Ouvert 17 mars- 3 nov.

rte d'Apt 2 km à l'Est par D2 – ✉ 84220 Gordes :

La Ferme de la Huppe

CUISINE PROVENÇALE · COSY XX Pigeon fermier en cocotte et jus de cuisson réduit à la truffe noire, "trofie al pesto genovese" : la cuisine provençale est ici à l'honneur, avec quelques plats transalpins en clin d'œil aux origines ligures de la patronne... Saveurs bien marquées, cuissons maîtrisées, service aux petits soins : on se régale !

Menu 39 €

Hôtel La Ferme de la Huppe, Les Pourquiers, 5 km par D156 rte de Goult – ✆ 04 90 72 12 25 – www.lafermedelahuppe.com – Ouvert 1er avril au 15 oct. et fermé le midi

Carcarille

CUISINE PROVENÇALE · MÉDITERRANÉEN X Dans cette chaleureuse maison familiale, le temps est comme suspendu ! Sur la belle terrasse, on se régale d'une goûteuse cuisine régionale dans laquelle tout est fait maison : gibelotte de lapin et son jus au thym ; rouget au rôti et petits légumes au pistou ; biscuit et crémeux au citron avec sa marmelade...

Formule 21 € – Menu 26 € (déj. en semaine), 35/60 € – Carte 47/79 €

Hôtel Auberge de Carcarille, rte d'Apt, 4 km par D 2 – ✆ 04 90 72 02 63 – www.carcarille.com – Fermé 16 déc.-16 mars

Carcarille

FAMILIAL · MÉDITERRANÉEN Passé l'allée de cyprès, on découvre cette jolie maison en pierre sèche qui embaume le bon air de la Provence. Chaque chambre ouvre sur un balcon ou une terrasse, la piscine est entourée d'oliviers... et les cigales chantent tout l'été.

20 chambres – 🚹83/200 € 🚹🚹83/200 € – ☕ 15 €

rte d'Apt, 4 km par D2 – ✆ 04 90 72 02 63 – www.carcarille.com – Fermé 16 déc.-16 mars

Carcarille – voir les restaurants ci-dessus

La Ferme de la Huppe

FAMILIAL · PERSONNALISÉ Jolie fermette du 18e s. en pierre sèche. Les chambres fleurent bon le lin et la lavande, comme un rêve provençal. Très jolie piscine parmi les arbustes.

11 chambres ☕ – 🚹105/125 € 🚹🚹140/235 €

5 km par D156 rte de Goult – ✆ 04 90 72 12 25 – www.lafermedelahuppe.com – Ouvert 1er avril au 15 oct.

La Ferme de la Huppe – voir les restaurants ci-dessus

rte des Imberts 4 km au Sud-Ouest par D2 – ✉ 84220 Gordes :

Le Mas Tourteron

CUISINE PROVENÇALE · RUSTIQUE XX Ce joli mas et sa terrasse sous les mûriers dégagent un charme à la Pagnol. Le credo du lieu : une "cuisinière dans sa maison", laquelle régale de recettes provençales aussi soignées que délicieuses. Un petit conseil : laissez-vous tenter par les pieds et paquets à la marseillaise, un modèle du genre...

Menu 62/68 € – Carte 68/91 €

chemin de St-Blaise – ✆ 04 90 72 00 16 – www.mastourteron.com – Ouvert 11 mars-6 nov. et fermé le midi sauf dim. et fériés et juil.-août, lundi et mardi

L'Estellan

CUISINE PROVENÇALE • FAMILIAL Un restaurant au charme poétique et rétro, dans un mas en pierre. On se régale de pieds et paquets au vin du Luberon et de tagliatelles faites maison, le tout accompagné d'ail, d'olives et de plantes aromatiques... Une goûteuse cuisine provençale.

Menu 26 € (déj. en semaine), 39/52 € – Carte 54/69 €

Hôtel Mas de la Senancole, Hameau les Imberts – ☎ 04 90 72 04 90 – www.restaurant-estellan.com – Fermé 2 janv.-8 fév., lundi et mardi de nov. à mars

Mas de la Senancole

FAMILIAL • CLASSIQUE La Sénancole coule à proximité de ce petit mas en pierre. Chambres ornées de bois peint et fer forgé, certaines avec terrasse. Jardin bien fleuri.

20 chambres – †99/154 € ††99/231 € – ☕ 14 €

Hameau les Imberts – ☎ 04 90 76 76 55 – www.mas-de-la-senancole.com – Fermé 4 janv.-8 fév.

L'Estellan – voir les restaurants ci-dessus

GORGES DE LA RESTONICA – 2B Haute-Corse → Voir Corse (Corte)

GOSNAY – 62 Pas-de-Calais → Voir Béthune

LA GOUESNIÈRE

✉ 35350 Ille-et-Vilaine – 1 759 hab. – Alt. 22 m – Carte régionale n° **5**-D1
Carte Michelin 309-K3

La Gouesnière

CUISINE MODERNE • TRADITIONNEL Ce restaurant a de nouveau le vent en poupe. À côté des classiques – coquillages, crustacés, poissons meunière –, on sert aussi des recettes plus fines et créatives, concoctées avec un soin particulier. Une cuisine généreuse, qui flatte aussi bien l'œil que le palais : un vrai plaisir.

→ Nage de homard au bouillon iodé, marinière de coques et de couteaux. Tourte d'agneau de pré salé, foie gras et girolles, râpée de truffe. Soufflé à la verveine façon mojito.

Menu 39 € (déj. en semaine), 55/104 € – Carte 75/130 €

Hôtel Maison Tirel-Guérin, 1, lieu-dit Le Limonay (à la gare), 1,5 km par D76, rte de Cancale – ☎ 02 99 89 10 46 – www.tirelguerin.com – Fermé 3-22 déc. et merc.

Maison Tirel-Guérin

TRADITIONNEL • FONCTIONNEL Face à la gare, dans un environnement pourtant sans attrait, cet ancien relais de poste ne manque pas de séduire : accueil prévenant, espace et confort, piscine couverte... Une adresse familiale d'excellente tenue.

47 chambres – †80/265 € ††80/265 € – 2 suites – ☕ 18 €

1, lieu-dit Le Limonay (à la gare), 1,5 km par D76, rte de Cancale – ☎ 02 99 89 10 46 – www.tirelguerin.com – Fermé 3-22 déc.

La Gouesnière – voir les restaurants ci-dessus

GOULT

✉ 84220 Vaucluse – 1 139 hab. – Alt. 258 m – Carte régionale n° **22**-E1
Carte Michelin 332-E10 – Guide Vert Michelin Provence

La Bartavelle

CUISINE PROVENÇALE • RUSTIQUE Le petit Marcel Pagnol et son père bien-aimé auraient apprécié cette salle voûtée avec ses superbes carreaux de terre cuite. Dans une ambiance chaleureuse, on se régale (par exemple) d'un marbré de foie gras de canard aux artichauts et vinaigrette au jus de viande, ou d'un turbot, accompagné de son velouté de cocos frais. Du bel ouvrage !

Formule 39 € – Menu 46 €

r. du Cheval-Blanc – ☎ 04 90 72 33 72 – Fermé 1er janv.-10 mars, le midi, mardi et merc.

Le Carillon

CUISINE MODERNE • ÉLÉGANT X Face au carillon de la grande place de Goult, ce restaurant a été entièrement rénové en 2013. Le menu, où l'on trouve de bons plats de saison, évolue tous les mois et demi. Fraîche terrasse ombragée.

Formule 20 € – Menu 25 € (déj.), 37/49 € – Carte 45/65 €

av. du Luberon – ✆ 04 90 72 15 09 – www.lecarillon-restaurant.com – Fermé 20 déc.-16 fév., mardi sauf le midi en juil.-août et merc.

GOUMOIS

✉ 25470 Doubs – 172 hab. – Alt. 490 m – Carte régionale n° **9**-C2
Carte Michelin 321-L3 – Guide Vert Michelin Franche-Comté Jura

Taillard

CUISINE CLASSIQUE • VINTAGE XXX La vue sur la vallée est très agréable et la cuisine du terroir concoctée par le chef – savoureuse et très raffinée – n'a rien à lui envier ! Une maison familiale et de tradition.

Menu 25 € (déj. en semaine), 40/85 € – Carte 55/82 €

3 rte de la Corniche – ✆ 03 81 44 20 75 – www.hotel-taillard.fr – Ouvert de mi-mars au 8 nov. et fermé merc. soir d'oct. à avril, lundi midi et merc. midi sauf fériés

Taillard

FAMILIAL • PERSONNALISÉ Situé à flanc de colline, un hôtel familial (1875) plaisant avec un très joli jardin, pour les amoureux de la nature. Les chambres, classiques ou plus contemporaines à l'annexe, sont confortables et soignées (meubles chinés, tableaux, etc.).

15 chambres – 92/200 € 92/200 € – 4 suites – 15 €

3 rte de la Corniche – ✆ 03 81 44 20 75 – www.hotel-taillard.fr – Ouvert de mi-mars au 8 nov.

Taillard – voir les restaurants ci-dessus

GOURDON

✉ 46300 Lot – 4 297 hab. – Alt. 250 m – Carte régionale n° **15**-B1
Carte Michelin 337-E3

Hostellerie de la Bouriane

CUISINE TRADITIONNELLE • CLASSIQUE XX Cette belle maison de famille quercynoise, tenue par la même famille depuis 1898, a l'élégance et le charme des demeures anciennes. La cuisine, traditionnelle, tire le meilleur des produits de la région (agneau de Quercy, cailles, fromage de Rocamadour), avec une grande spécialité : le tournedos Rossini. Très belle carte des vins.

Menu 32/48 € – Carte 43/88 €

pl. du Foirail – ✆ 05 65 41 16 37 – www.hotellabouriane.fr – Fermé 16-25 oct., 20 janv.-20 mars, le midi sauf dim., dim. soir et lundi d'oct. à avril

Hostellerie de la Bouriane

FAMILIAL • CLASSIQUE Cette maison cultive le sens de l'hospitalité depuis 1898 ! Les chambres ont un côté "vieille France" que le patron assume totalement... et qui fait le charme de la maison. Un point de chute parfait pour partir à la découverte de ce village médiéval remarquablement préservé.

20 chambres – 90/135 € 90/135 € – 14 €

pl. du Foirail – ✆ 05 65 41 16 37 – www.hotellabouriane.fr – Fermé 16-25 oct., 20 janv.-20 mars, dim. soir et lundi d'oct. à avril

Hostellerie de la Bouriane – voir les restaurants ci dessus

GOURETTE

✉ 64440 Pyrénées-Atlantiques – Alt. 1 400 m – Carte régionale n° **2**-B3
Carte Michelin 342-K7 – Guide Vert Michelin Aquitaine

Boule de Neige

FAMILIAL • TRADITIONNEL Les atouts de cet hôtel : sa situation au pied des pistes, face aux sommets, et ses petites chambres de style chalet (la moitié avec mezzanine). Restaurant contemporain décoré de rondins de bois et de pierres apparentes. Cuisine traditionnelle ; snack à midi.

22 chambres – †55/75 € ††65/110 € – ☕ 9 €

(accès piétonnier) – ✆ 05 59 05 10 05 – www.hotel-bouledeneige.com – Ouvert 24 juin-3 sept. et 15 déc. à mi-avril

GOUVIEUX – 60 Oise ➜ Voir Chantilly

GOUY-ST-ANDRÉ – 62 Pas-de-Calais ➜ Voir Hesdin

GRAMAT

✉ 46500 Lot – 3 611 hab. – Alt. 305 m – Carte régionale n° **15**-C1
Carte Michelin 337-G3

Le Relais des Gourmands

CUISINE TRADITIONNELLE • FAMILIAL XX Laissez-vous séduire par la cuisine traditionnelle et canaille du chef britannique Carl Jenner, qui se sent comme un *fish in the water* derrière les fourneaux de cette jolie maison familiale. Aux beaux jours, on savoure un gigot d'agneau fermier du Quercy braisé au citron confit, en terrasse, sous les marronniers.

Formule 19 € – Menu 23 € (déj. en semaine), 25/47 € – Carte 37/75 €

16 chambres – †72/87 € ††74/89 € – ☕ 10 €

2 av. de la Gare – ✆ 05 65 38 83 92 – www.relais-des-gourmands.com – Fermé 11 fév.-5 mars, 8-22 oct., 20 déc.-6 janv., dim. soir et lundi sauf en juil.-août

Hostellerie du Causse

TRADITIONNEL • CONTEMPORAIN À l'écart du centre, cette bâtisse récente propose des chambres modernes et fonctionnelles, en bonne partie de plain pied. Au restaurant, cuisine traditionnelle.

31 chambres – †70/75 € ††75/90 € – ☕ 10 €

rte de Cahors, 2 km par rte de Cahors – ✆ 05 65 10 60 60 – www.hostellerieducausse.com

Moulin de Fresquet

HISTORIQUE • PERSONNALISÉ Ce moulin où cohabitent trois époques (14e, 18e et 19e s.) se dresse au sein d'un jardin baigné par un bief. Meubles, tableaux, tapisseries et objets anciens habillent les chambres, bien décorées et très cosy. Joli jardin.

5 chambres ☕ – †76/89 € ††83/119 €

1 km par rte de Figeac – ✆ 05 65 38 70 60 – www.moulindefresquet.com – Ouvert 27 avril-3 oct.

GRAMBOIS

✉ 84240 Vaucluse – 1 244 hab. – Alt. 390 m – Carte régionale n° **21**-B2
Carte Michelin 332-G11

L'Auberge des Tilleuls

CUISINE PROVENÇALE • FAMILIAL XX Au pied du village, une bâtisse ancienne précédée d'une terrasse sous les tilleuls. La salle est contemporaine et il fait bon y déguster les agréables spécialités régionales préparées par le chef, qui utilise exclusivement des produits frais, légumes et fruits de la région. Petites chambres classiques.

Formule 25 € – Menu 35/55 € – Carte 56/82 €

5 chambres ☕ – †85 € ††85 €

au Moulin du Pas, 1,5 km par D122 – ✆ 04 90 77 93 11 – www.tilleuls.com – Fermé vacances de fév., 21-29 déc., lundi et mardi

LE GRAND-BORNAND

74450 Haute-Savoie – 2 175 hab. – Alt. 934 m – Carte régionale n° **25**-F1
Carte Michelin 328-L5 – Guide Vert Michelin Alpes du Nord

Confins des Sens

CUISINE MODERNE • INTIME XX La spécialité de la maison ? La délicieuse soupe de foie gras au muscat, avec une compotée d'oignons rouges et ses cromesquis. Un bel hommage au terroir, avec la touche de créativité qui fait la différence ; le tout est mis en scène par deux chefs en cuisine. Le troisième associé s'occupe de la salle.

Menu 25 € (déj. en semaine), 43/79 € – Carte environ 61 €

Le Villavit – 04 50 69 94 25 – www.confins-des-sens.com – Fermé 3 semaines en juin, 3 semaines en nov., dim. soir et merc.

L'Héliantis N

CUISINE MODERNE • CONTEMPORAIN XX Prenez un jeune couple, monsieur aux pianos, madame aux desserts, ajoutez une cuisine moderne, matinée de touches japonaises, saupoudrez de sourire et de motivation, et vous obtiendrez cette charmante adresse, où l'on ne s'ennuie jamais, comme l'indique ce foie gras poêlé, asperge verte, rhubarbe et fraise, qui longtemps, étonne les papilles… !

Formule 25 € – Carte 59/68 €

621 rte de la Vallée-du-Bouchet – 04 50 02 29 87 – www.restaurant-heliantis.fr – fermé 2 semaines en nov., dim. soir, mardi midi et lundi

Les Écureuils

FAMILIAL • MONTAGNARD À deux pas de la télécabine (parfait pour les skieurs), un chalet dans un style contemporain, chic et original à la fois, dont les chambres décorées de bois clair ont conservé l'esprit montagnard. Le sauna offre même une jolie vue sur l'extérieur…

16 chambres – 90/240 € 100/250 € – 1 suite

431 rte de la Vallée-du-Bouchet, à la télécabine de la Joyère – 04 50 02 20 11 – www.hotel-les-ecureuils.com – Ouvert de juin à sept. et de mi-déc. à début avril

Le Delta

FAMILIAL • MONTAGNARD À la périphérie du village, à côté de la patinoire et du stand de tir du biathlon, un petit hôtel récent aux chambres chic et montagnardes, certaines en duplex. Les amateurs de glisse apprécieront la présence d'une boutique de vente et location de skis.

15 chambres – 74/110 € 82/115 € – 4 suites – 10 €

136 rte de la Patinoire – 04 50 02 26 25 – www.hotel-delta74.com – Ouvert de juin à sept. et de déc. à avril

Les Fermes de Pierre et Anna

FAMILIAL • MONTAGNARD Authentique ! Tel est ce confortable chalet du 18e s. Le golf et les pistes de ski de fond sont à deux pas, tandis que la quiétude et la douceur de vivre sont ici même, chez Pierre et Anna.

8 chambres – 107/151 € 121/173 € – 13 €

4722 rte de la Vallée-du-Bouchet, 5 km à l'Est par D4e – 04 50 51 54 99 – www.fermes-pierre-anna.com – Fermé 16 avril-5 mai et 27 oct.-15 déc.

Le Chalet 1864

FAMILIAL • MONTAGNARD C'est le dernier chalet, au bout de la route : la promesse d'un nouvel horizon ! Les chambres, vastes et confortables, jouent des matériaux bruts, pierre et bois. En soirée, un chef Meilleur Ouvrier de France cuisine pour les hôtes. Le plus ? Aucune télévision ne vous distraira de votre méditation…

5 chambres – 300/480 € 300/735 €

2645 rte de Lormay, 8 km à l'Est par D4e – 04 50 02 28 50 – www.chalet1864.com – Ouvert mi-juin à fin sept. et de début déc. à mi-avril

au Chinaillon 5,5 km au Nord par D4 – ✉ 74450 Le Grand Bornand

Les Cimes

FAMILIAL · PERSONNALISÉ Au cœur de la station du Chinaillon, ce chalet entièrement rénové cultive un esprit atypique, proche d'une maison d'hôtes. Les chambres sont élégantes avec leurs murs entièrement tapissés de bois et ornés de motifs peints à la main. De véritables cocons de montagne ! Spa et bar lounge.

5 chambres – 99/129 € 129/179 € – 3 suites – 18 €

16 Rouet de la Floria – 04 50 27 00 38 – www.hotel-les-cimes.com – Fermé 15 avril-15 juin et 15 sept.-1er déc. sauf vend. et sam.

GRANDCAMP-MAISY

✉ 14450 Calvados – 1 693 hab. – Alt. 5 m – Carte régionale n° **17**-B2
Carte Michelin 303-F3 – Guide Vert Michelin Normandie Cotentin

La Trinquette

CUISINE TRADITIONNELLE · CONTEMPORAIN XX Le jeune chef passionné de cette table historique, cosy et chaleureuse, vous propose de déguster une cuisine d'une incomparable fraîcheur... avec l'impression de goûter moules, Saint-Jacques, sole ou turbot, au sortir de la barque du pêcheur ! Agréable véranda-salon d'un côté de la maison, et terrasse de l'autre.

Menu 27/42 € – Carte 30/55 €

7 r. Joncal – 02 31 22 64 90 – www.restaurant-la-trinquette.com – Fermé 6 déc.-20 janv., lundi et mardi

La Marée

POISSONS ET FRUITS DE MER · CONVIVIAL XX Un ancien bar de pêcheur contemporain, décoré de belles photos ayant pour thème la mer, avec, à l'étage, une vue plongeante sur le port... et, dans l'assiette, une cuisine d'une grande fraîcheur.

Formule 17 € – Menu 21/27 € – Carte 43/67 €

5 quai Henri-Chéron – 02 31 21 41 00 – www.restolamaree.com – Fermé 1er janv.-9 fév. et dim. soir hors vacances scolaires

LA GRANDE-MOTTE

✉ 34280 Hérault – 8 629 hab. – Alt. 1 m – Carte régionale n° **12**-C2
Carte Michelin 339-J7

L'Essentiel N

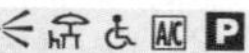

CUISINE MODERNE · CONTEMPORAIN XX Une cuisine appétissante, simple et gourmande, qui va... à l'Essentiel : voici ce qui vous attend dans cet élégant restaurant, dont la carte évolue au gré des saisons et des inspirations du chef. Atout de taille : la vue panoramique sur la mer Méditerranée...

Formule 24 € – Menu 29 € (déj. en semaine), 45/59 €

52 allé du Levant, direction Grau-du-Roi – 04 67 29 93 00 – www.hp-lagrandemotte.fr – Fermé lundi et mardi

Les Corallines

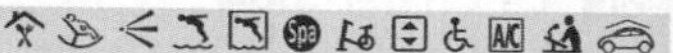

SPA ET BIEN-ÊTRE · CONTEMPORAIN Sur le bord de mer, un complexe hôtelier moderne avec centre de thalassothérapie et spa. Chambres avec balcon, belle piscine et terrasse panoramique face au littoral. Au restaurant, cadre contemporain pour une cuisine aux parfums méditerranéens.

39 chambres – 139/202 € 139/210 € – 3 suites – 17 €

615 allée de la Plage (Le Point Zéro) – 04 67 29 13 13 – www.thalasso-grandemotte.com – Fermé 23 déc.-11 janv.

Hôtel de la Plage

TRADITIONNEL • CONTEMPORAIN Cet hôtel, à l'architecture typique de la station (bétons arrondis, blanc omniprésent) a été superbement rénové. Les chambres, élégantes, disposent de larges baies vitrées donnant sur la mer ; on profite aussi d'un espace bien-être et d'une plage privée.

29 chambres – 130/300 € 130/300 € – 2 suites – 25 €

52 allé du Levant, direction Grau-du-Roi – 04 67 29 93 00 – www.hp-lagrandemotte.fr

L'Essentiel – voir les restaurants ci-dessus

GRAND-FOUGERAY

35390 Ille-et-Vilaine – 2 431 hab. – Alt. 40 m – Carte régionale n° **5**-D2
Carte Michelin 309-L8

Les Palis

BUSINESS • CONTEMPORAIN Avec sa grande façade blanche (18e s.) sur la place centrale du village, l'établissement a tout de l'hôtel-restaurant d'autrefois, et pourtant... On y découvre des chambres très contemporaines (dont l'une avec un lit rond !), un espace bien-être avec sauna, jacuzzi, etc. Le tout à mi-chemin entre Nantes et Rennes.

16 chambres – 95/160 € 95/160 € – 11 €

15 pl. de l'Église – 02 99 08 30 80 – www.hotelcharmebretagne.com

LE GRAND-VILLAGE-PLAGE – 17 Charente-Maritime

→ Voir Île d'Oléron

GRANE

26400 Drôme – 1 858 hab. – Alt. 175 m – Carte régionale n° **23**-B3
Carte Michelin 332-C5

La Demeure de Grâne

CUISINE TRADITIONNELLE • AUBERGE XX Sur la place de l'église, cette sympathique auberge propose une cuisine traditionnelle. Aux beaux jours, préférez la terrasse à l'ombre des platanes. Chambres pour l'étape.

Formule 17 € Menu 22/45 €

7 chambres – 68 € 68 € – 7 €

2 pl. du Champs de Mars – 04 75 62 60 64 – www.lademeuredegrane.com – Fermé mardi midi, merc. midi, dim. soir, et lundi

GRANGES-LÈS-BEAUMONT – 26 Drôme

→ Voir Romans-sur-Isère

GRANVILLE

50400 Manche – 13 350 hab. – Alt. 10 m – Carte régionale n° **17**-A2
Carte Michelin 303-C6 – Guide Vert Michelin Normandie Cotentin

L'Edulis

CUISINE MODERNE • DESIGN XX Le décor tout en sobriété du restaurant (taupe, gris, blanc cassé) contraste avec l'assiette, vive et créative ! La jeune équipe en place propose une cuisine bien actuelle, au plus près des saisons : terrine de lapin à la sauge, foie gras et légumes ; dos de cabillaud confit aux deux céleris... Miam !

Formule 20 € – Menu 37/57 €

8 r. de l'Abreuvoir – 02 14 13 45 88 – www.restaurantledulis.com – Fermé lundi et mardi

La Citadelle

POISSONS ET FRUITS DE MER • CLASSIQUE XX Un jeune couple sympathique est à la barre de cette adresse qui se démarque sur le port de Granville. On admire les petits bateaux de plaisance en partance pour les îles, tout en dégustant homards de Chausey et autres crustacés... Cap sur les produits de la mer !

Formule 23 € – Menu 31/80 € – Carte 36/56 €

34 r. du Port – 02 33 50 34 10 – www.restaurant-la-citadelle.fr – Fermé mardi d'oct. à mars et merc.

Le Bistro'Nomik

CUISINE MODERNE • CONVIVIAL X Voilà une adresse qui se démarque de la trilogie moules-frites-coquillages, que l'on trouve à Granville. Face au port, cette maison en pierre à l'agréable terrasse n'est autre que l'annexe de La Citadelle. On y goûte une cuisine dans l'air du temps, une formule midi qui change tous les jours, sous l'impulsion d'un jeune chef motivé.

Formule 23 € – Menu 30 € – Carte 32/70 €

12 r. du Port – ☎ 02 33 59 60 37 – Fermé jeudi

Mercure Le Grand Large

HÔTEL DE CHAÎNE • FONCTIONNEL Dans le centre de Granville, cet hôtel perché sur la falaise dévoile un panorama somptueux sur la Manche ! Sobriété feutrée dans les chambres.

66 chambres – †79/174 € ††115/206 € – ☕ 16 €

5 r. de la Falaise – ☎ 02 33 91 19 19 – www.mercure-granville.com

à St-Pair-sur-Mer 4 km au Sud par D911 – ✉ 50380 – 4 005 hab. – Alt. 30 m

Le Pont Bleu

POISSONS ET FRUITS DE MER • CONVIVIAL XX Poisson d'une petite pêche locale, maraîchers de proximité : dans ce restaurant, situé à 50 m des plages et animé par un couple de passionnés, on affectionne les produits frais. La cuisine, résolument iodée, n'en oublie pas les légumes, dont ceux d'Annie Bertin, une amie.

Formule 22 € – Menu 28/57 € – Carte 44/73 €

6 r. du Pont-Bleu – ☎ 02 33 51 88 30 – www.lepontbleu.com – Fermé 2 semaines en nov., 2 semaines en janv., merc. et jeudi sauf juil.-août

à Donville-les-Bains 1,5 km au Nord par D911 et D468 – ✉ 50350 – 3 181 hab. – Alt. 40 m

Hôtel de la Baie

THERMAL • CONTEMPORAIN Sur la côte juste au nord de Granville, cet établissement au décor contemporain et épuré – ouvert en 2013 – a de quoi séduire touristes et curistes... puisqu'il est relié au centre de thalassothérapie. Les chambres sont nettes et disposent d'aménagements de choix : douche à l'italienne, literie de qualité...

74 chambres – †105/350 € ††85/350 € – 2 suites – ☕ 15 €

r. de l'Ermitage – ☎ 02 33 90 31 10 – www.previthal.com – Fermé 8-12 janv.

GRASSE

✉ 06130 Alpes-Maritimes – 50 409 hab. – Alt. 250 m – Carte régionale n° **22**-E2
Carte Michelin 341-C6 – Guide Vert Michelin Côte d'Azur

La Bastide St-Antoine (Jacques Chibois)

CUISINE PROVENÇALE • ÉLÉGANT XXXX Pour fêter les vingt ans de son havre provençal, Jacques Chibois – l'un des chefs de file de la "cuisine du soleil" – en a renouvelé tous les postes-clés (sommelier, responsable de clientèle, etc.). Une équipe dynamique au service d'assiettes qui célèbrent pêle-mêle agrumes, herbes, huile d'olive, et autres délices de la région... Un bonheur !

➜ Papillon de langoustines en émulsion de pulpe d'orange à l'huile d'olive et au basilic. Mitonné de homard aux grosses crevettes et parmesan. Symphonie de pamplemousses, d'oranges et de citrons, granité et sorbet Campari.

Menu 66 € (déj. en semaine), 155 € 🍷/205 € – Carte 170/235 €

Hôtel La Bastide St-Antoine, 48 av. Henri-Dunant (quartier St-Antoine), 1,5 km au Sud par D6185 rte de Cannes – ☎ 04 93 70 94 94 – www.jacques-chibois.com – Fermé nov.

La Bastide St-Antoine

LUXE • ÉLÉGANT Cette imposante bastide du 18e s. trône dans un parc magnifique, doublé d'une immense oliveraie aménagée en restanques. L'image même de la Provence éternelle ! Luxueux mais sans ostentation, l'établissement cultive l'élégance aussi bien que la discrétion : la promesse d'un séjour enchanteur...

11 chambres – †220/465 € ††220/465 € – 5 suites – ☕ 31 €

48 av. Henri-Dunant (quartier St-Antoine), 1,5 km au Sud par D6185 rte de Cannes – ✆ 04 93 70 94 94 – www.jacques-chibois.com – Fermé nov.

✿ **La Bastide St-Antoine** – voir les restaurants ci-dessus

Élixir

BUSINESS • CONTEMPORAIN Les vertus de cet Élixir situé aux portes de la cité des parfumeurs : des chambres contemporaines confortables et bien aménagées (complètement rénovées en 2013), une agréable piscine, un espace bien-être (jacuzzi, massages) et un restaurant traditionnel. Parfait pour une étape à Grasse.

63 chambres – †99/192 € ††115/252 € – ☕ 16 €

r. Martine-Carol (quartier St-Claude), 2,5 km au Sud par D6185 rte de Cannes – ✆ 04 93 70 70 70 – www.bestwestern-elixir-grasse.com

à Magagnosc 5 km à l'Est, rte de Nice – ✉ 06520

Au Fil du Temps

CUISINE MODERNE • FAMILIAL XX Au fil du temps, du marché, des saisons... et avec toutes les couleurs de l'époque. Dans cette maison qui domine le pays de Grasse, on déguste une cuisine où le terroir provençal s'exprime avec une belle fraîcheur.

Menu 39/55 € – menu unique

83 av. Auguste-Renoir – ✆ 04 93 36 20 64 – www.restaurantaufildutemps.com – Fermé 1er-13 juil., vacances de la Toussaint, le midi en juil.-août, merc. et dim.

au Val du Tignet 8 km au Sud-Ouest par D2562, rte de Draguignan – ✉ 06530 Le Tignet

Madesens

CUISINE MODERNE • CONTEMPORAIN XX En bord de route à la sortie de Peymeinade, cette maison propose une cuisine bistronomique bien troussée, dans un décor entre rustique (tommettes, cheminée) et industriel (chaises, éclairage). On passe un bon moment, en particulier grâce à l'agréable terrasse.

Formule 18 € – Carte 36/94 €

291 rte de Draguignan – ✆ 04 93 66 12 33 – www.madesens.fr – Fermé 15 janv.-13 fév., lundi et mardi hors saison

à Cabris 5 km à l'Ouest par D4 – ✉ 06530 – 1 300 hab. – Alt. 550 m

Auberge du Vieux Château

CUISINE RÉGIONALE • ROMANTIQUE XX Un charmant restaurant, niché sur une placette médiévale offrant une vue magnifique sur les alentours. On profite d'un décor de vieilles pierres en terrasse, ou l'on se réfugie dans la jolie salle provençale ; en cuisine, le marché et la Méditerranée sont à l'honneur, déclinés dans d'appétissantes assiettes

Menu 34 € (déj. en semaine), 49/59 €

4 chambres – †69/139 € ††69/139 € – ☕ 9 €

pl. Mirabeau – ✆ 04 93 60 50 12 – www.aubergeduvieuxchateau.com – Fermé 2 semaines en déc., 3 semaines en janv., mardi sauf le soir en juil.-août et lundi

Auberge de la Chèvre d'Or

CUISINE TRADITIONNELLE • AUBERGE X À l'entrée du village, voici une sympathique auberge où déguster une cuisine traditionnelle généreuse : tranche épaisse de saumon fumé maison, rognons de veau sautés à la graine de moutarde... Sans oublier la jolie terrasse.

Formule 20 € – Menu 28/38 € – Carte 40/53 €

– ✆ 04 93 60 54 22 – www.lachevredor.fr

GRATOT - 50 Manche ➔ Voir Coutances

LE GRAU-D'AGDE - 34 Hérault ➔ Voir Agde

LE GRAU-DU-ROI

✉ 30240 Gard - 8 372 hab. - Alt. 2 m - Carte régionale n° **12**-C2
Carte Michelin 339-J7

Le Dauphin

POISSONS ET FRUITS DE MER • BISTRO X Sur les quais, un bistrot de la mer tenu par une authentique famille de restaurateurs-pêcheurs – la propriétaire s'occupe du service, son fils œuvre en cuisine et son époux possède un chalutier ! On s'y régale d'un poulpe à la plancha, ou de la fameuse rouille à la Graulenne. Difficile d'espérer poisson plus frais.

Formule 17 € – Menu 23/30 € – Carte 34/48 €

48 quai Gén.-de-Gaulle – ✆ 04 66 53 91 44 – www.restaurantledauphin.fr – Fermé de mi-nov. à mi-fév. et lundi sauf en été

Splendid

TRADITIONNEL • CONTEMPORAIN Face à la mer, un hôtel moderne avec des balcons à tous les étages. Depuis les chambres, la vue est splendide ; n'hésitez pas à demander les plus récentes, lumineuses et confortables. Un ensemble propre, bien tenu, où l'on est bien accueilli.

51 chambres – †75/180 € ††75/180 € – ☕ 13 €

bd Mar.-Alphonse-Juin – ✆ 04 66 51 41 29 – www.splendid-camargue.com

à Port Camargue 3 km au Sud par D62B – ✉ 30240 Le Grau du Roi

L'Amarette

POISSONS ET FRUITS DE MER • ÉLÉGANT XX Près de la plage, ce restaurant dispose d'une terrasse en étage qui offre une belle vue sur la baie d'Aigues-Mortes. Agréable cuisine de la mer.

Formule 27 € – Menu 44/55 € – Carte 45/78 €

8 av. Jean-Lasserre – ✆ 04 66 51 47 63 – www.l-amarette.com – Fermé 16-23 avril, 22-28 oct., 17 déc.-27 janv., merc. de sept. à juin et lundi en juil.-août

Spinaker

CUISINE MODERNE • COSY XX Une cuisine dans l'air du temps à savourer dans une salle moderne ou sur la superbe terrasse ouverte sur la marina et ses bateaux de plaisance.

Menu 49 € – Carte 50/90 €

Hôtel Spinaker, pointe de la Presqu'île – ✆ 04 66 53 36 37 – www.spinaker.com – Fermé janv.-fév.

Les Bains de Camargue

SPA ET BIEN-ÊTRE • CONTEMPORAIN Détente face aux dunes et à la mer : cet ensemble hôtelier comprend un centre de thalassothérapie et la plupart de ses chambres regardent les flots (toutes avec balcon). Cuisine traditionnelle et recettes allégées au restaurant, perché au 6e étage.

87 chambres – †102/272 € ††102/272 € – ☕ 16 €

227 rte des Marines – ✆ 04 66 73 60 60 – www.thalazur.fr

Spinaker

TRADITIONNEL • PERSONNALISÉ Un hôtel avec ponton privé est amarré à la marina, au bout de la presqu'île. Toutes les chambres donnent sur le jardin, sur le port, et... sur la jolie piscine bordée de palmiers.

16 chambres – †100/190 € ††100/190 € – 7 suites – ☕ 20 €

pointe de la Presqu'île – ✆ 04 66 53 36 37 – www.spinaker.com – Fermé janv. et fév.

Spinaker – voir les restaurants ci-dessus

L'Oustau Camarguen

AUBERGE • PERSONNALISÉ Un petit mas camarguais qui a le goût de la Provence : fer forgé, terre cuite, bois patiné... Les chambres sont assez spacieuses et jouissent de terrasses ou de jardins privatifs au calme. Quant au restaurant, il se révèle agréable : on y sert une cuisine régionale à proximité de la piscine.

32 chambres – 🚹85/169 € 🚹🚹85/217 € – 8 suites – ☕15 €

3 rte des Marines – ✆ 04 66 51 51 65 – www.oustaucamarguen.com – Ouvert 23 mars-4 nov.

GRAUFTHAL - 67 Bas-Rhin ➔ Voir La Petite-Pierre

GRAY

✉ 70100 Haute-Saône – 5 504 hab. – Alt. 220 m – Carte régionale n° **9**-B2
Carte Michelin 314-B8 – Guide Vert Michelin Franche-Comté Jura

à Rigny 5 km au Nord-Est par D70 et D2 – ✉ 70100 – 599 hab. – Alt. 196 m

Château de Rigny

DEMEURE HISTORIQUE • CLASSIQUE Dans cette demeure du 17e s., nichée au cœur d'un magnifique parc à l'anglaise, le temps semble s'être arrêté. Mobilier d'époque dans les chambres – certaines plus modernes –, superbe salle des gardes, salon avec tapisseries... renvoient 400 ans en arrière !

28 chambres – 🚹98/150 € 🚹🚹98/240 € – ☕13 €

70 r. des Époux-Blanchot – ✆ 03 84 65 25 01 – www.chateau-de-rigny.com

tashka2000/Fotolia.com

ON AIME...

L'Amélyss, une table pleine de fraîcheur et d'envie. **La Table du 20**, avec ses incontournables viandes maturées et sa belle carte des vins. **Chavant**, où l'on célèbre depuis 1852 l'art de vivre à la française. **Zdank**, pour les assiettes créatives et le menu mystère concocté par son jeune chef. Enfin, **MadaM**, pour une bonne cuisine de produits dans une villa Belle Époque...

GRENOBLE

✉ 38000 Isère - 160 779 hab. - Agglo. 508 201 hab. - Alt. 213 m
- Carte régionale n° **23**-C2
Carte Michelin 333-H6 - Guide Vert Michelin Alpes du Nord

Restaurants

Gillio

CUISINE TRADITIONNELLE • SIMPLE Dans un quartier commerçant du centre-ville, Gillio abrite en cuisine un jeune chef discret, originaire de la vallée du Grésivaudan. Sa cuisine, basée sur des produits frais directement issus du marché, séduit surtout par sa simplicité. Originalité de la carte : une savoureuse purée aux pommes de terre brûlées... Miam !

Formule 23 € - Menu 27 € - Carte environ 34 €

Plan : E3-a *16 r. Condorcet*
- ✆ 09 52 15 42 32 - www.restogillio.com - Fermé 3 semaines en août, 1er-10 janv., sam. midi et dim.

Auberge Napoléon

CUISINE MODERNE • CLASSIQUE La maison entretient le souvenir de Napoléon Bonaparte, son hôte le plus célèbre, par touches subtiles. Mais dans l'assiette, point de nostalgie impériale ! Une cuisine classique relevée de pointes créatives, à l'instar du foie gras au cacao.

Menu 49/75 € - Carte 65/85 €

Plan : F2-b *7 r. Montorge*
- ✆ 04 76 87 53 64 - www.auberge-napoleon.fr - Fermé 1er-8 janv., 1er-17 mai, 14-31 août, 28 oct.-1er nov., dim. et le midi

La Brasserie du Fantin Latour

CUISINE MODERNE • TENDANCE À la Brasserie du Fantin Latour, Stéphane Froidevaux joue la carte de la convivialité. On retrouve la passion du chef pour les beaux produits et l'originalité : tout est aromatique, parfumé, et quelles sauces ! Une version "bis" très gourmande.

Formule 25 € - Menu 30 € (déj.)/35 € - Carte 38/63 €

Plan : G2-a *1 r. Gén.-Beylié*
- ✆ 04 76 24 38 18 - www.fantin-latour.fr - Fermé dim. soir et lundi soir

Le Fantin Latour - Stéphane Froidevaux

CUISINE CRÉATIVE • TENDANCE XXX Une grande sensibilité, beaucoup de personnalité... On se laisse porter par la cuisine de Stéphane Froidevaux, inspirée et toujours sincère. La gastronomie de montagne (fleurs, plantes sauvages) est pour ainsi dire réinventée ! Et le cachet de cet hôtel particulier du 19e s. séduit tout autant...

Menu 50 € (dîner), 75/85 €

Plan : G2-a *1 r. Gén.-Beylié – ✆ 04 76 24 38 18 – www.fantin-latour.fr – Fermé dim., lundi et le midi sauf sam.*

La Brasserie du Fantin Latour – voir les restaurants ci-dessus

MadaM

CUISINE MODERNE • VINTAGE XX Située dans une très belle maison de maître de la fin 19e.s de style art déco, cette table propose une cuisine moderne, mettant en valeur les produits de la région grenobloise et de Bretagne, région d'origine du chef de cuisine. Joli choix de vins à prix sages. Véranda et terrasse.

Menu 32 € (semaine), 49/89 € – Carte 64/74 €

Plan : E3-b *34 r. Thiers – ✆ 04 76 50 12 50 – www.restaurant-madam.fr – Fermé vacances de Noël, 3 semaines en août, dim. soir, lundi et mardi*

Badine

CUISINE MODERNE • CONVIVIAL XX Cette ancienne bâtisse bourgeoise révèle une table de bon aloi, tenue par un jeune chef plein d'entrain. Ici, on ne badine pas avec la qualité des produits (superbes copeaux de légumes de saison !). À déguster aux beaux jours sur la jolie terrasse envahie de glycine.

Menu 28 € (déj.), 32/70 € – Carte 49/70 €

Plan : AB2-n *168 cours Berriat – ✆ 04 76 21 95 33 – www.restaurant-badine.com – Fermé 2 semaines en août, sam. et dim.*

La Girole

CUISINE TRADITIONNELLE • CLASSIQUE XX Dans une rue commerçante, un restaurant familial avec une salle en pierres apparentes. On y apprécie les recettes traditionnelles du chef, dont la spécialité est la préparation des champignons. Avis aux amateurs en saison ! Accueil et service aux petits soins.

Formule 20 € – Menu 26 € (déj.)/38 € – Carte 44/58 €

Plan : F2-r *15 r. Dr-Mazet – ✆ 04 76 43 09 70 – www.lagirole.com – Fermé août, sam. midi, dim. et lundi*

Lesdiguières

CUISINE TRADITIONNELLE • CLASSIQUE XX À la table de l'école hôtelière, professeurs et élèves révisent leurs classiques par le biais d'un menu réglé sur les saisons. Côté décor, la tradition est aussi de mise : nappage blanc, couverts en argent, etc.

Formule 18 € – Menu 26 € (déj.), 33/43 €

20 chambres – 🚹73/93 € 🚹🚹73/93 € – 1 suite – ☕ 9 €

Plan : B3-t *122 cours de la Libération – ✆ 04 38 70 19 50 – www.hotellesdiguieres.com – fermé vacances scolaires, vend., sam. et dim.*

Marie Margaux

POISSONS ET FRUITS DE MER • CONVIVIAL XX Carpaccio de Saint-Jacques, filet de bar à la crème de langoustines : cette avenante maison familiale met en avant une cuisine chaleureuse, où le poisson tient la vedette. Quant à la salle, elle a été joliment rénovée dans un style moderne (fauteuils en cuir noir et blanc, carrelage). Plats plus simples le midi.

Menu 39 € (dîner)/46 € – Carte 45/60 €

Plan : F3-m *12 r. Marcel-Porte – ✆ 04 76 46 46 46 – www.lemariemargaux.fr – Fermé 9-31 août, dim. soir, lundi et mardi*

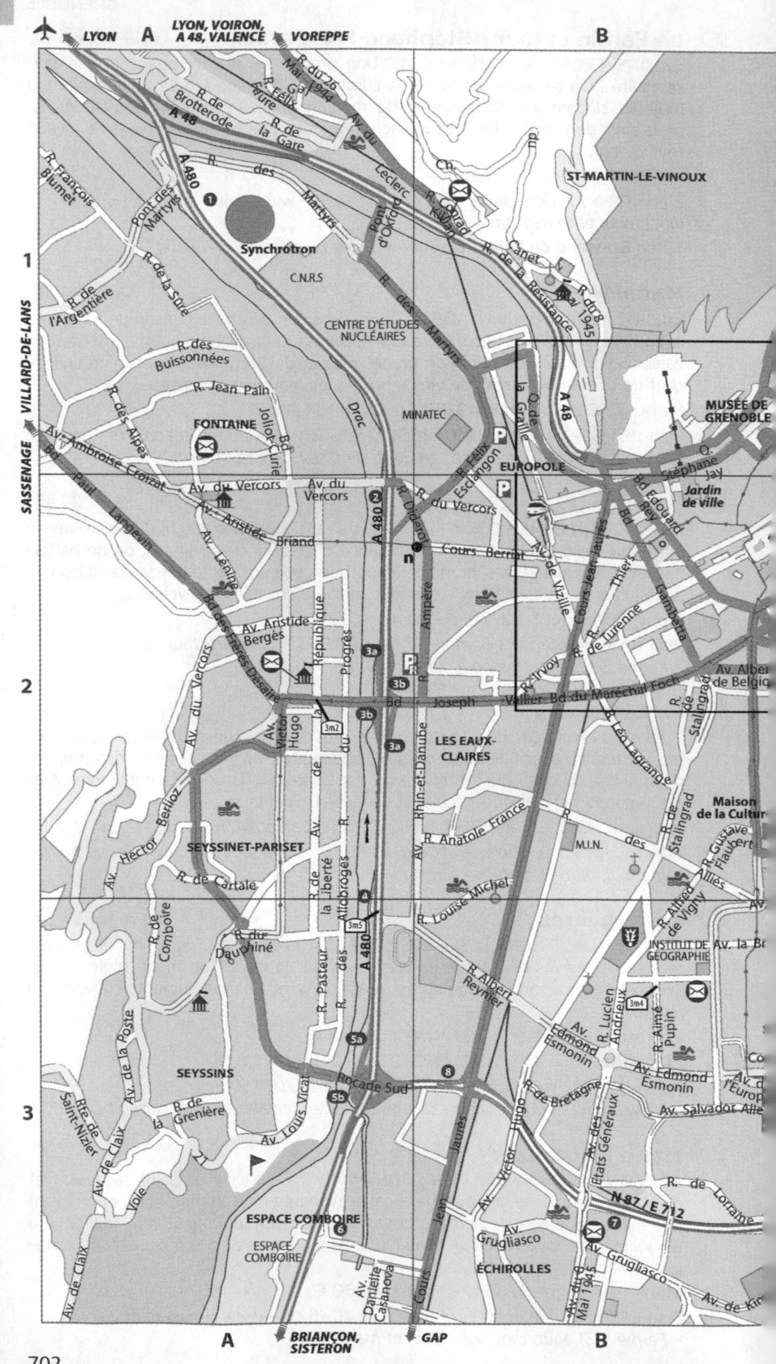

LYON
A
LYON, VOIRON, A 48, VALENCE
VOREPPE
B
R. du 26 Mai 1944
R. Félix Faure
R. Gal
R. de Brotterode
R. de la Gare
A 48
A 480
R. des Martyrs
R. François Blumet
Pont des Martyrs
Synchrotron
C.N.R.S
Pont d'Oxford
Av. du Leclerc
Ch.
R. Conrad Kilian
R. de la Résistance
Canet
R. du 8 Mai 1945
ST-MARTIN-LE-VINOUX
1
R. de la Sûre
R. de l'Argentière
R. des Martyrs
CENTRE D'ÉTUDES NUCLÉAIRES
R. des Buissonnées
R. Jean Pain
R. des Alpes
Bd Joliot Curie
FONTAINE
Drac
MINATEC
Q. de la Graille
A 48
MUSÉE DE GRENOBLE
SASSENAGE
VILLARD-DE-LANS
Av. Ambroise Croizat
Bd Paul Langevin
Av. du Vercors
Av. du Vercors
Av. Aristide Briand
R. Félix Esclangon
EUROPOLE
R. du Vercors
R. Diderot
Q. Stéphane Jay
Jardin de ville
Bd Edouard Rey
Cours Berriat
n
Av. Lénine
Av. de Vizille
Cours Jean-Jaurès
Bd Thiers
Gambetta
Ampère
Bd des Frères Désaire
Av. Aristide Bergès
R. de la République
Progrès
R. de Turenne
R. Irvoy
3a
3b
2
Av. du Vercors
Bd Joseph Vallier
Bd du Maréchal Foch
Av. Albert de Belgique
R. de Stalingrad
Av. Victor Hugo
3m2
3b
3a
LES EAUX-CLAIRES
R. Léo Lagrange
Av. Rhin-et-Danube
Av. Hector Berlioz
R. du Progrès
R. de la Liberté
R. des Allobroges
R. Anatole France
R. des Alliés
M.I.N.
R. de Stalingrad
Maison de la Culture
R. Gustave Flaubert
SEYSSINET-PARISET
R. de Cartale
R. Louise Michel
R. de Comboire
R. du Dauphiné
4
3m5
A 480
R. Alfred de Vigny
INSTITUT DE GÉOGRAPHIE
Av. la Bi
R. Pasteur
R. Albert Reynier
Av. de la Poste
3m4
R. Lucien Andrieux
R. Aimé Pupin
Av. Edmond Esmonin
Av. Edmond Esmonin
SEYSSINS
5a
8
Rocade Sud
5b
Rte de Saint-Nizier
R. de la Grenière
Av. Louis Vicat
R. de Bretagne
Av. Salvador Allende
Av. de l'Europe
3
21
Av. de Claix
Voie
Av. Victor Hugo
Av. des États Généraux
R. de Lorraine
N 87 / E 712
ESPACE COMBOIRE
6
ESPACE COMBOIRE
Av. Grugliasco
7
Av. Grugliasco
Av. de Claix
Av. Danielle Casanova
Cours Jean Jaurès
ÉCHIROLLES
Av. du 8 Mai 1945
Av. de Kimberley
A
BRIANÇON, SISTERON
GAP
B

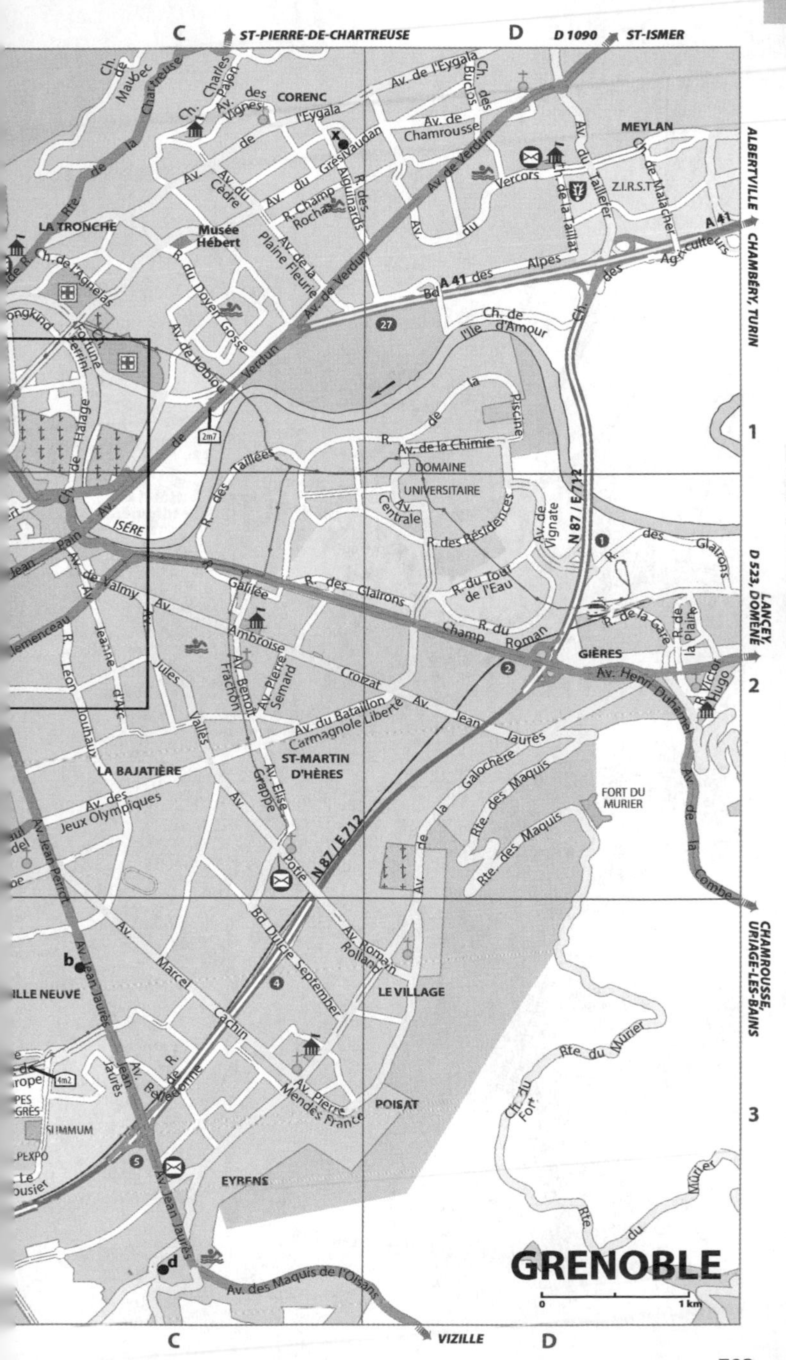
C
ST-PIERRE-DE-CHARTREUSE
D
D 1090
ST-ISMER
CORENC
MEYLAN
Z.I.R.S.T.
LA TRONCHE
Musée Hébert
ALBERTVILLE
CHAMBÉRY, TURIN
A 41
DOMAINE UNIVERSITAIRE
ISÈRE
N 87 / E 712
LANCEY, D 523, DOMÈNE
GIÈRES
1
2
LA BAJATIÈRE
ST-MARTIN D'HÈRES
FORT DU MURIER
CHAMROUSSE, URIAGE-LES-BAINS
LE VILLAGE
VILLE NEUVE
POISAT
SUMMUM
EYBENS
3
GRENOBLE
0
1 km
VIZILLE
C
D

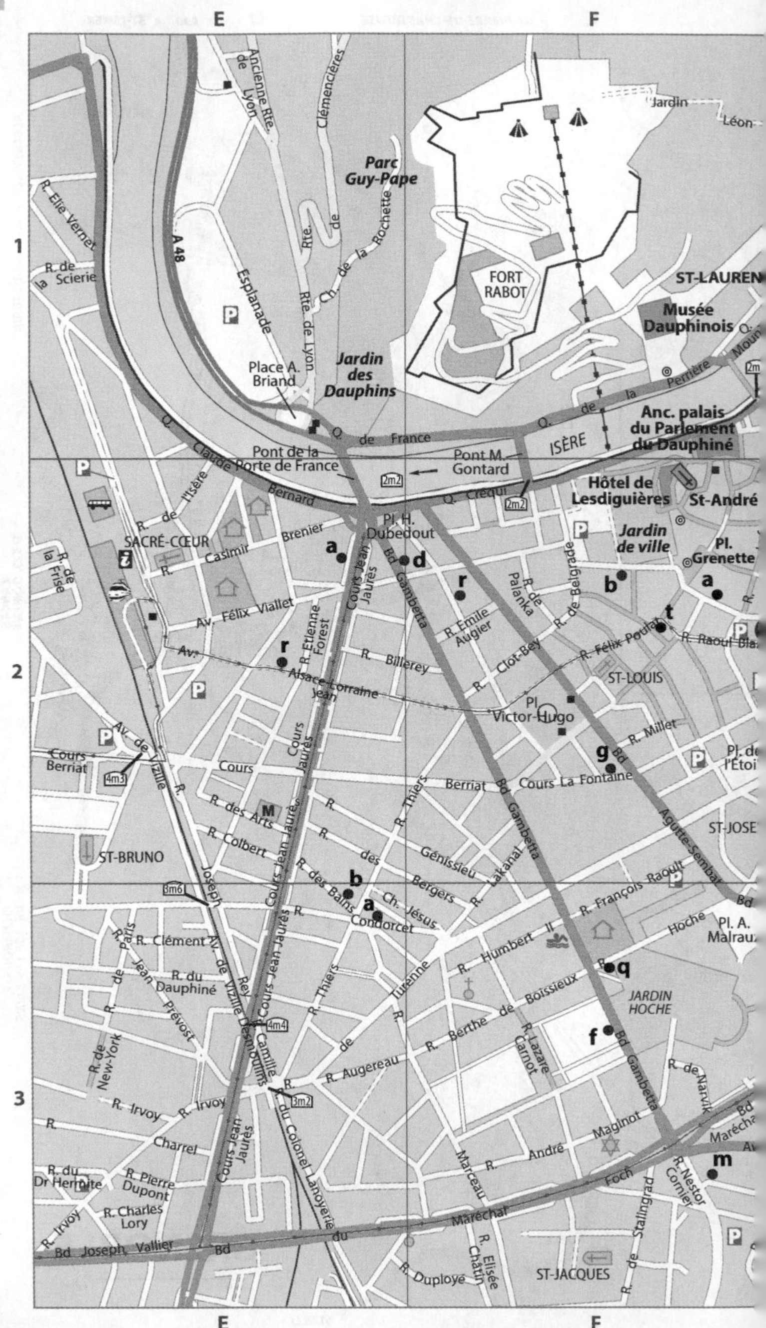
E
F
1
2
3
Parc Guy-Pape
Jardin des Dauphins
Place A. Briand
FORT RABOT
ST-LAUREN
Musée Dauphinois
Anc. palais du Parlement du Dauphiné
Hôtel de Lesdiguières
St-André
Jardin de ville
Pl. Grenette
ISÈRE
Pont de la Porte de France
Pont M. Gontard
Pl. H. Dubedout
SACRÉ-CŒUR
ST-LOUIS
Pl. Victor-Hugo
ST-BRUNO
JARDIN HOCHE
ST-JACQUES
Pl. A. Malraux
ST-JOSE
Pl. de l'Étoi
A 48
Q. de France
Q. Claude Bernard
Q. Créqui
Q. de la Perrière
Cours Jean Jaurès
Bd Gambetta
Av. Alsace-Lorraine
Av. Félix Viallet
Cours Berriat
Bd Joseph Vallier
Bd du Maréchal Foch
Av. de Vizille
Bd Agutte-Sembat
2m2
4m3
3m6
4m4
3m2

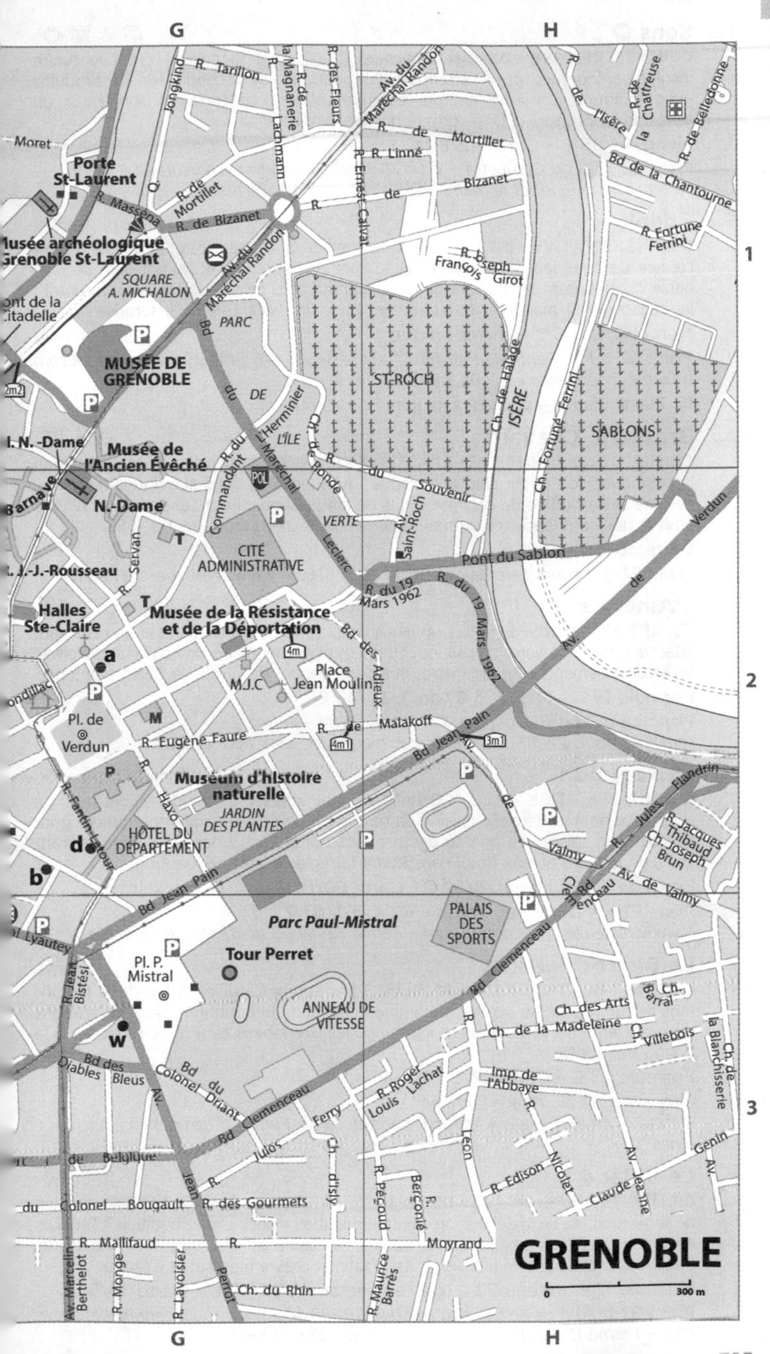
G
H
1
2
3
GRENOBLE
0
300 m
Porte St-Laurent
Musée archéologique Grenoble St-Laurent
SQUARE A. MICHALON
MUSÉE DE GRENOBLE
PARC DE L'ÎLE VERTE
ST-ROCH
SABLONS
ISÈRE
Musée de l'Ancien Évêché
N.-Dame
CITÉ ADMINISTRATIVE
Halles Ste-Claire
Musée de la Résistance et de la Déportation
Place Jean Moulin
M.J.C
Pl. de Verdun
Muséum d'histoire naturelle
JARDIN DES PLANTES
HÔTEL DU DÉPARTEMENT
Parc Paul-Mistral
Tour Perret
Pl. P. Mistral
PALAIS DES SPORTS
ANNEAU DE VITESSE
Pont du Sablon
Bd Jean Pain
Bd Clemenceau
Av. de Valmy
Av. du Maréchal Randon
Bd du Maréchal Leclerc
R. du 19 Mars 1962
Bd des Adieux
R. de Malakoff
R. Eugène Faure
R. Haxo
R. Fantin-Latour
R. J.-J.-Rousseau
R. Servan
R. Masséna
R. de Mortillet
R. de Bizanet
R. Tarillon
R. Jongkind
R. Lachmann
R. de la Magnanerie
R. des Fleurs
R. Linné
R. Ernest Calvat
R. Joseph François Girot
R. Fortuné Ferrini
Bd de la Chantourne
R. de l'Isère
R. de la Chartreuse
R. de Belledonne
Ch. de Halage
Ch. Fortuné Ferrini
Ch. de Ronde
R. du Souvenir
Av. Saint-Roch
R. du Commandant L'Herminier
Av. de Verdun
R. Jules Flandrin
R. Jacques Thibaud
Ch. Joseph Brun
Bd des Diables Bleus
Bd du Colonel Driant
Av. Jean Perrot
R. Jean Bistési
R. de Belgique
R. du Colonel Bougault
R. des Gourmets
R. Mallifaud
R. Moyrand
Ch. du Rhin
R. Lavoisier
R. Monge
Av. Marcelin Berthelot
R. Maurice Barrès
R. Pécoud
R. Bergonié
Ch. d'Isly
R. Jules Ferry
R. Roger Louis Lachat
R. Léon
Imp. de l'Abbaye
R. Edison
R. Nicolet
Av. Jeanne
Claude Genin
Ch. de la Madeleine
Ch. des Arts
Ch. Barral
Ch. Villebois
Ch. de la Blanchisserie
Moret
Pont de la Citadelle
Bd Maréchal Lyautey
Barnave
P
T
M
a
b
d
w
POL
2m2
4m
4m1
3m1

Sens (N)

CUISINE CRÉATIVE • DESIGN XX Michael Breuil, dont la cuisine créative (voire insolite) a toujours attiré l'attention des gourmets, se recentre sur les produits, avec toujours la même énergie communicative ! La terrasse donne sur un agréable jardin public. Une adresse qui fait sens..sation.

Menu 48/88 € – Carte 42/80 €

Plan : F3-f *50 bd Gambetta – ☎ 04 76 95 03 58 – www.michaelbreuil.fr – Fermé dim., lundi et le midi*

Zdank

CUISINE CRÉATIVE • INTIME XX Dans le quartier de la préfecture, ce restaurant est l'œuvre de deux jeunes cuisiniers qui se sont rencontrés à l'école hôtelière de Grenoble. Ils proposent notamment un menu surprise dans un style créatif et surprenant ; les cuissons sont maîtrisées et les saveurs au rendez-vous. Une belle surprise !

Menu 80/120 € 🍷 – menu unique

Plan : G2-d *14 r. Fantin-Latour (au 1er étage) – ☎ 04 76 54 13 93 – www.zdank.com – Fermé 2 semaines en août, sam., dim. et le midi*

Zdank Bistrot – voir les restaurants ci-dessous

Brasserie Chavant

CUISINE TRADITIONNELLE • BRASSERIE X En plein centre-ville, cette adresse en impose avec son décor chic et baroque ! Au menu, les bons classiques du genre, comme cette poêlée de calamar et jus de langoustine... Pour l'anecdote : Chavant était le nom des ancêtres du maître des lieux, restaurateurs depuis 1852.

Carte 38/60 €

Plan : F2-g *2 cours Lafontaine – ☎ 04 76 87 61 83 – www.brasserie-chavant.fr*

L'Amélyss

CUISINE MODERNE • ÉPURÉ X Un jeune couple a fait de cette adresse un restaurant attachant, qui bouleverse un peu les codes. Les plats sont pleins de fraîcheur et d'envie, les assaisonnements sont millimétrés et les associations de saveurs subtiles... Au top !

Formule 19 € – Menu 23 € (déj.), 36/43 €

Plan : E2-d *3 bd Gambetta – ☎ 04 76 42 35 84 – Fermé 3 semaines août, 22-30 déc., lundi soir, mardi soir, sam. midi et dim.*

L'Exception

CUISINE TRADITIONNELLE • CONVIVIAL X Une adresse qui ne désemplit pas ; on s'y presse pour cette belle cuisine de terroir, préparée avec soin, notamment pour le gibier, en saison. La qualité des produits utilisés est indéniable. Saveurs franches, générosité et prix doux constituent la règle de cette Exception.

Formule 17 € – Menu 28/52 € – Carte 50/67 €

Plan : E2-a *4 cours Jean-Jaurès – ☎ 04 76 47 03 12 – www.restaurant-lexception.com – Fermé 22 juil.-19 août, sam. midi et dim.*

Le Bistrot Parisien

CUISINE TRADITIONNELLE • FAMILIAL X Les époux Cartillier ont cédé le restaurant à leur fille et au second pour une carte dans la continuité, aux inspirations du sud. Demeure ce lieu indémodable, où les Grenoblois aiment se retrouver à la bonne franquette.

Formule 23 € – Carte 27/56 €

Plan : E2-r *34 av. Alsace-Lorraine – ☎ 04 76 46 10 16 – www.lebistrot-parisien.com – Fermé 1er janv., sam., dim. et fériés*

Le Village

CUISINE TRADITIONNELLE • DE QUARTIER X Est-ce à cause de la cuisine du chef, de sa passion, ou de la décoration – entre inspiration industrielle et tradition ? Toujours est-il que ce Village a beaucoup de succès. La cuisine est travaillée avec soin et justesse. Grand classique de la maison : tarte tatin et chèvre frais, sur lit d'oseille.

Formule 17 € – Menu 22 € (déj. en semaine), 33/48 € – Carte 38/50 €

Plan : G2-b *20 r. de Strasbourg – ☎ 04 76 87 88 44 – www.levillagegrenoble.sitew.com – Fermé 15 juil.-14 août, 23 déc.-8 janv., dim. et lundi*

Zdank Bistrot

CUISINE TRADITIONNELLE • BISTRO La partie bistrot du Zdank mérite aussi qu'on s'y attarde. Au programme, ambiance conviviale et sans façon, bons petits plats du marché et joli choix de vins régionaux. Très recommandable !

Formule 18 € – Menu 45 € (déj.) – Carte 47/78 €

Plan : G2-d *restaurant Zdank, 14 r. Fantin-Latour – 04 76 54 13 93 – Fermé 2 semaines en août, sam. et dim.*

Hôtels

Park Hôtel

LUXE • ÉLÉGANT En bordure du parc Paul-Mistral, cet hôtel a été magnifiquement rénové par ses propriétaires. Que ce soit dans les chambres, spacieuses et bien équipées, ou dans les parties communes, que d'élégance et que de raffinement ! Avec, en prime, un petit espace détente (hammam et fitness).

33 chambres – 129/249 € 169/299 € – 5 suites – 19 €

Plan : G3-w *10 pl. Paul-Mistral – 04 76 85 81 23 – www.park-hotel-grenoble.fr*

Le Grand Hôtel

URBAIN • DESIGN À deux pas de la maison natale de Stendhal, ce "grand hôtel" marie à merveille luxe et design. Pour accéder aux chambres, sobres et contemporaines, on emprunte le magnifique escalier d'époque. Un conseil : ne manquez pas le petit-déjeuner, les fromages sont délicieux !

66 chambres – 99/349 € 99/349 € – 1 suite – 19 €

Plan : F2-a *5 r. de la République – 04 76 51 22 59 – www.grand-hotel-grenoble.fr*

Okko

HÔTEL DE CHAÎNE • DESIGN Un bâtiment ultra-moderne, un intérieur dans lequel le béton ciré côtoie touches industrielles et mobilier de designer : quel caractère ! Grand confort dans les chambres (Nespresso, TV grand écran, etc.) et les parties communes, du salon à l'espace de lecture... Formule "tout inclus" du petit-déjeuner aux aperitivi, chaque soir, avec produits régionaux.

138 chambres – 79/205 € 95/225 €

Plan : F3-q *23 r. Hoche – 04 85 19 00 10 – www.okkohotels.com*

Europe

TRADITIONNEL • CLASSIQUE Au cœur du vieux Grenoble, l'hôtel le plus ancien de la ville (1820) propose des chambres au style sobre et agréable, et très bien tenues. Et le sourire et l'amabilité de la patronne ajoutent encore au plaisir du séjour !

39 chambres – 64/92 € 64/92 € – 10 €

Plan : F2-t *22 pl. Grenette – 04 76 46 16 94 – www.hoteleurope.fr*

à Corenc 3,5 km – 38700 – 3 965 hab. – Alt. 450 m

La Corne d'Or

CUISINE MODERNE • DESIGN Depuis la terrasse, le panorama sur Grenoble et la chaîne de Belledonne est pour le moins enchanteur. Le chef, rejoint par son fils, est toujours passionné de botanique. Il invente des recettes embaumant l'humus, le fenouil sauvage, l'ail des ours, la berce, le serpolet et tant d'autres... Ah, les bienfaits des hauteurs !

Formule 24 € – Menu 30 € (déj. en semaine), 38/90 €

Hors plan *159 rte de Chartreuse, 3,5 km au Nord par D512 – 04 38 86 62 36 – www.cornedor.fr – Fermé 15-31 août, 1er janv.-9 janv., dim. soir, mardi midi et lundi*

Le Provence

POISSONS ET FRUITS DE MER • CONVIVIAL XX Ici, le chef fait lui-même son marché, d'où les suggestions à l'ardoise ; on peut aussi le voir travailler en cuisine via un écran. Sa spécialité : de grosses pièces de poissons cuites entières (pageot, pagre, denti, bar...). Le soleil de la Provence en direct et cuisine à l'huile d'olive !

Menu 29 € (déj. en semaine), 49/75 € – Carte 46/75 €

Plan : C1-x *28 av. du Grésivaudan – 04 76 90 03 38 – www.leprovence.fr – Fermé sam. midi, dim. sauf fériés et lundi*

à Eybens

5 km – 38320 – 10 153 hab. – Alt. 230 m

La Table du 20

CUISINE TRADITIONNELLE • CONVIVIAL X Situé au rez-de-chaussée d'un hôtel des années 1980, ce bistrot convivial fait le plein sans difficulté. Deux compères sont à l'origine de ce succès : Franck, au piano, propose une belle cuisine canaille, pleine de peps et de saveurs, tandis que Luc, sommelier, a toujours le vin qu'il vous faut... Plaisir garanti !

Formule 18 € – Menu 26 € (déj.), 49/61 € – Carte 32/54 €

Plan : C3-b *20 av Jean Jaurès – 04 76 24 76 93 – www.latabledu20.fr – Fermé 11-27 août, 22 déc.-3 janv., sam. et dim.*

Château de la Commanderie

TRADITIONNEL • PERSONNALISÉ Cette ancienne commanderie des Templiers a gardé le charme d'antan – meubles ancestraux, portraits de famille, tapisseries d'Aubusson –, ce qui n'empêche pas certaines chambres d'être contemporaines. Quant au restaurant, il célèbre la tradition et le terroir...

42 chambres – 107/167 € 107/187 € – 17 €

Plan : C3-d *17 av. d'Échirolles – 04 76 25 34 58 – www.commanderie.fr – Fermé 23 déc.-6 janv.*

à Bresson

8 km au Sud par D269c, av. Jean-Jaurès – 38320 – 685 hab. – Alt. 300 m

Chavant

CUISINE CLASSIQUE • ÉLÉGANT XXX Un nouveau chef s'est installé dans cette auberge tenue par la famille Chavant depuis 1852. Au menu : une cuisine qui donne le sourire, à l'image de ce homard, avocat, kumquat, avec une mention spéciale au turbot, truffe et sauce au vin jaune. Pour le reste, fumoir, cave à vins, piscine, chambres spacieuses...

Menu 45 € (déj. en semaine), 54/120 € – Carte 52/98 €

6 chambres – 95/120 € 140/160 € – 16 €

2 r. Émile-Chavant – 04 76 25 25 38 – www.chavanthotel.com – Fermé 12-20 août, sam. midi et dim. soir

à Seyssins

6,5 km – 38180 – 7 074 hab. – Alt. 330 m

L'Atelier des Gourmets

CUISINE MODERNE • TRADITIONNEL X Entre ici, gourmet, cet endroit est le tien ! Gâteau de foies de volaille, bisque d'écrevisse, carré de porcelet breton confit huit heures. L'âme du Dauphiné résonne toute entière dans ce restaurant à la décoration épurée. Le chef est également passionné de vin, et conseille la clientèle avec talent.

Menu 26 € (déj.) – Carte 43/60 €

8 r. Dr-Schweitzer – 04 76 21 62 61 – www.atelierdesgourmets.fr – Fermé 9 août-1er sept., 28 déc.-5 janv., merc. soir, sam. midi, dim. et lundi

GRÉOUX-LES-BAINS

✉ 04800 Alpes-de-Haute-Provence – 2 645 hab. – Alt. 386 m – Carte régionale n° **21**-B2
Carte Michelin 334-D10 – Guide Vert Michelin Alpes du Sud

La Crémaillère

THERMAL • CLASSIQUE À deux pas des thermes troglodytiques, cet hôtel, confortable et chic, est idéal pour se ressourcer. Chambres contemporaines et lumineuses, avec balcon ou loggia. Au restaurant, cuisine "santé nature" pour les curistes. Quant à l'accueil et le service, ils sont tout simplement délicieux...

50 chambres – 110/155 € 110/165 € – 14 €

776 av. des Thermes, rte de Riez – 04 92 70 40 04 – www.mascremailleregreoux.com – Ouvert 25 mars-15 déc.

Villa Borghèse

TRADITIONNEL • CLASSIQUE Cette Villa Borghèse, tapissée de vigne vierge, abrite de grandes chambres traditionnelles avec loggia. Sauna, espace beauté et club de bridge. Cuisine provençale au restaurant.

65 chambres – 80/198 € 101/198 € – 14 €

av. des Thermes – 04 92 78 00 91 – www.hotel-villaborghese.com – Ouvert 10 mars-11 nov.

Les Alpes

FAMILIAL • CONTEMPORAIN Ce petit hôtel familial, au pied du château des Templiers, dispose de chambres confortables, certaines avec terrasse. Au restaurant, on apprécie les recettes provençales.

26 chambres – 79/169 € 79/169 € – 12 €

19 av. des Alpes – 04 92 74 24 24 – www.hoteldesalpes04.fr – Fermé mi-déc. à fin janv.

Le Verdon

TRADITIONNEL • FONCTIONNEL Cet hôtel abrite des chambres fonctionnelles et bien tenues, avec un balcon donnant sur le village ou la garrigue. Agréable jardin avec terrain de pétanque. Recettes dans l'air du temps au restaurant.

64 chambres – 75/95 € 75/95 € – 12 €

43 av. du Colombier – 04 92 70 40 03 – www.hotel-le-verdon.fr – Ouvert 5 mars-24 nov.

GRESSE-EN-VERCORS

✉ 38650 Isère – 393 hab. – Alt. 1 205 m – Carte régionale n° **23**-C2
Carte Michelin 333-G8 – Guide Vert Michelin Alpes du Nord

Le Chalet

CUISINE TRADITIONNELLE • RUSTIQUE XX Maison forte durant le Moyen Âge, couvent jusqu'en 1905, ce "chalet" est devenu un hôtel-restaurant sous l'impulsion de la famille Prayer, autour de deux valeurs primordiales : tradition et générosité. En témoignent les assiettes goûteuses, tels ce saumon fumé maison ou le gigot d'agneau cuit sept heures, et son gratin du Vercors...

Formule 15 € – Menu 19 € (semaine), 30/45 € – Carte 30/55 €

Hôtel Le Chalet, Le Village – 04 76 34 32 08 – www.hotellechalet.fr – Ouvert 8 mai-14 oct., 22 déc.-11 mars et fermé merc. midi hors vacances scolaires

Le Chalet

FAMILIAL • CONTEMPORAIN L'âme du Vercors et de la montagne, déclinée avec fraîcheur et simplicité : un vrai chalet d'aujourd'hui, tenu par une famille animée par le désir de bien faire. Les chambres, dans un style montagnard contemporain, sont jolies et accueillantes ; l'ensemble est impeccablement tenu.

31 chambres – 68/78 € 82/92 € – 12 €

Le Village – 04 76 34 32 08 – www.hotellechalet.fr – Ouvert 8 mai-14 oct. et 22 déc.-11 mars

Le Chalet – voir les restaurants ci-dessus

GRÈZES

✉ 46320 Lot – 170 hab. – Alt. 312 m – Carte régionale n° **15**-C1
Carte Michelin 337-G4

Le Grézalide

FAMILIAL • PERSONNALISÉ Au cœur de ce village du Quercy, une adresse qui vous entraîne sur les chemins de l'art avec ses chambres dédiées à des artistes (Dalí, Rodin...) et son espace exposition. Une cuisine aux accents du terroir vous attend dans une jolie salle à manger voûtée.

19 chambres – 75/90 € 90/150 € – 13 €

– 05 65 11 20 40 – www.grezalide.com – Ouvert de début avril à mi-oct.

GRIESHEIM-PRÈS-MOLSHEIM

✉ 67870 Bas-Rhin – 2 155 hab. – Alt. 179 m – Carte régionale n° **1**-A2
Carte Michelin 315-J6

Auberge de la Chèvrerie

CUISINE MODERNE • ÉLÉGANT XX Tout est fait maison (jusqu'à l'excellent pain, aux glaces et aux sorbets) par un chef appliqué, qui s'approvisionne en fromage auprès de la chèvrerie voisine tenue par son frère... Une auberge bien sympathique, perchée dans un village en pleine nature.

Formule 14 € – Menu 17 € (déj. en semaine), 32/64 € – Carte 45/55 €

1 r. des Puits – 03 88 38 83 59 – www.chevrerie.com – Fermé 2 semaines en fév., 2 semaines en août, dim. soir, lundi et mardi

GRIGNAN

✉ 26230 Drôme – 1 562 hab. – Alt. 198 m – Carte régionale n° **23**-B3
Carte Michelin 332-C7 – Guide Vert Michelin Ardèche Drôme

Le Clair de la Plume

CUISINE MODERNE • ÉLÉGANT XX Le Clair de la Plume... ou le raffinement côté Sud ! Le chef, Julien Allano, sait faire partager sa passion du bon : sa cuisine se révèle très expressive et à la fois limpide, sans artifices inutiles, car centrée sur l'authenticité des produits. Un vrai plaisir.

→ Topinambour, truffe de Grignan et noisettes. Pigeon, betterave et pomme verte. Tendre ganache chocolat, framboises et sorbet.

Menu 39 € (déj. en semaine), 59/135 € – Carte 80/90 €

Hôtel Le Clair de la Plume, 2 pl. du Mail – 04 75 91 81 30 – www.clairplume.com – Fermé de mi-nov. à mi-déc., mardi midi, merc. midi et lundi

Le Bistro Chapouton

CUISINE TRADITIONNELLE • BISTRO XX Le "côté bistro", à 400 m du Clair de la Plume. On se régale ici d'une cuisine franche, savoureuse et bien pensée, à l'instar de ce cabillaud, haricots blancs et chorizo, ou de l'excellent baba au rhum, concocté par un champion du monde des desserts glacés.

Formule 25 € – Menu 30 € – Carte 37/55 €

Hôtel Le Clair de la Plume, 200 rte de Montélimar – 04 75 00 01 01 – www.chapouton.com – Fermé 7 janv.-10 fév., mardi soir, merc. soir et jeudi

La Table des Délices

CUISINE PROVENÇALE • ÉLÉGANT XXX La maison, des années 1980, est sur la route de la grotte où Mme de Sévigné aimait se retirer. Le chef concocte une goûteuse cuisine régionale, dans un esprit gastronomique. Belle carte des vins.

Formule 25 € – Menu 30/95 € – Carte 50/64 €

50 chemin de Bessas, 1 km par D541 rte de Montélimar – 04 75 46 57 22 – www.latabledesdelices.com – Fermé 15-25 nov., 1er-8 janv., mardi soir hors saison, dim. soir et lundi

Manoir de la Roseraie

CUISINE MODERNE • ÉLÉGANT XxX Une rotonde, une verrière et une terrasse donnant sur le joli parc : un lieu indéniablement cossu. Le chef s'approvisionne en priorité chez les producteurs locaux et concocte une cuisine gastronomique dans l'air du temps.

Menu 45/85 € - Carte 61/80 €

Hôtel Manoir de la Roseraie, 1 chemin des Grands-Prés, rte de Valréas - ✆ 04 75 46 58 15 - www.manoirdelaroseraie.com - Ouvert 23 avril-28 oct. et fermé merc. et midi en semaine

Le Poème de Grignan

CUISINE MODERNE • INTIME X Tout un poème, cette maison de village avec ses porcelaines anciennes et ses fleurs ! Ici, tout est soigné, goûteux, fait sur place... et sent bon la Provence. Une invitation aux plaisirs de la région.

Menu 29 € (déj. en semaine), 42/57 €

r. St-Louis - ✆ 04 75 91 10 90 - www.lepoemedegrignan.com - Fermé 2 semaines en nov., 1 semaine en mars, mardi et merc.

Manoir de la Roseraie

DEMEURE HISTORIQUE • CLASSIQUE Dans un village du Tricastin, ce manoir du 19e s. doit son nom à sa roseraie. Il fait bon se promener dans le joli parc ou faire quelques brasses dans la piscine. Les chambres sont spacieuses et confortables, dans une veine classique.

21 chambres - 170/295 € 170/415 € - 20 €

1 chemin des Grands-Prés, rte de Valréas - ✆ 04 75 46 58 15 - www.manoirdelaroseraie.com - Ouvert 23 avril-28 oct.

Manoir de la Roseraie - voir les restaurants ci-dessus

Le Clair de la Plume

HISTORIQUE • PERSONNALISÉ Le nom de cet hôtel aurait plu à Mme de Sévigné, qui résida à Grignan ! Cette demeure provençale du 18e s. propose des chambres ravissantes avec leur mobilier chiné - et plus encore lorsqu'elles donnent sur le joli jardin de curé.

12 chambres - 129/495 € 195/495 € - 4 suites - 25 €

2 pl. du Mail - ✆ 04 75 91 81 30 - www.clairplume.com

Le Clair de la Plume • **Le Bistro Chapouton** - voir les restaurants ci-dessus

La Bastide de Grignan

FAMILIAL • CONTEMPORAIN À 800 m du château de Grignan, cette demeure récente est entourée de chênes truffiers. Dans les chambres, coquettes et provençales, vous passerez des nuits calmes. Agréable piscine dans le jardin.

22 chambres - 70/135 € 70/135 € - 10 €

120 chemin de Bessas, 1 km par D541 rte de Montélimar - ✆ 04 75 90 67 09 - www.labastidedegrignan.com - Fermé 17-28 déc.

Le Pré de l'Aube

MAISON DE CAMPAGNE • ÉLÉGANT Une grande bastide du 17e s., tout en vielles pierres, au cœur d'un hameau entouré de champs de lavande... L'aménagement intérieur, élégant et soigné, met bien en valeur la noblesse provençale des lieux, et le calme comme le confort sont complets.

5 chambres - 145/175 € 145/205 €

hameau le Fraysse, 6 km au Nord-Ouest par D4 - ✆ 04 75 92 44 84 - www.lepredelaube.com - Ouvert de Pâques à la Toussaint

GRILLY - 01 Ain ➔ Voir Divonne-les-Bains

GRIMAUD

✉ 83310 Var - 4 065 hab. - Alt. 105 m - Carte régionale n° **21**-C3
Carte Michelin 340-O6 - Guide Vert Michelin Côte d'Azur

Les Santons

CUISINE CLASSIQUE • COSY XXX Une belle auberge provençale pleine de caractère, avec ses poutres apparentes, ses compositions florales et sa collection de santons... L'assiette, jamais ennuyeuse, alterne entre cuisine classique et plats actuels joliment travaillés : en témoigne cette crème glacée de petits pois, écrevisses laquées au vinaigre d'hibiscus.

Menu 39 € (déj.)/59 € - Carte 75/95 €

743 rte Nationale - ✆ 04 94 43 21 02 - www.restaurant-les-santons.fr - Fermé 15-30 nov., le midi en semaine en juil.-août, dim. soir et lundi hors saison

Le Mûrier

CUISINE MODERNE • MÉDITERRANÉEN XX C'est un couple franco-japonais qui préside à la destinée de cette villa escortée par trois mûriers centenaires. La carte, courte et alléchante, propose de bons plats aux inspirations méditerranéennes : beignets de gambas en tempura et sauce soja, marmite du pêcheur façon Marseillaise... À déguster sur la terrasse en été.

Menu 34 € - Carte 47/69 €

177 rte de Ste-Maxime, 1,5 km par D14 - ✆ 04 94 56 31 62 - www.restaurant-lemurier.fr - Fermé 20 fév.-15 mars, dim. soir d'oct. à Pâques et lundi

Fleur de Sel

CUISINE MODERNE • CONVIVIAL X Sur les hauteurs de ce pittoresque village, au détour d'une ruelle, l'ancienne boulangerie du village s'est muée en une séduisante Fleur de Sel... Un jeune couple dynamique y propose une cuisine gourmande et dans l'air du temps. Agréable terrasse à l'ombre d'un bel olivier.

Formule 17 € - Menu 39/49 € - Carte 54/60 €

4 pl. du Cros - ✆ 04 94 43 21 54 - https://fleurdeselgrimaud.wixsite.com/fleur-de-sel-grimaud - Ouvert avril à mi-oct. et fermé sam. midi et lundi

Le Verger Maelvi

MAISON DE CAMPAGNE • À LA CAMPAGNE Un agréable mas champêtre avec son pavillon tout de bois vêtu, au fond du jardin. Les chambres se révèlent coquettes et décorées avec soin ; l'été, odeurs de glycine et copieux petit-déjeuner sous l'agréable pergola, face à la piscine chauffée.

11 chambres - 98/200 € 125/600 € - 1 suite - 17 €

2 km à l'Ouest par D14, rte de Collobrières - ✆ 04 94 55 57 80 - www.hotel-grimaud.com - Ouvert 7 avril-16 oct.

La Boulangerie

FAMILIAL • NATURE Sur les hauteurs du village, un agréable petit mas niché dans la verdure. Les chambres, simples et confortables, portent le sceau de la Provence ; l'ambiance est détendue et familiale. Résultat : le bien-être est au rendez-vous !

10 chambres - 119/132 € 122/154 € - 1 suite - 12 €

2 km à l'Ouest par D14, rte de Collobrières - ✆ 04 94 43 23 16 - www.hotel-laboulangerie.com - Ouvert 30 avril-9 oct.

LA GRIVE - 38 Isère ➔ Voir Bourgoin-Jallieu

GROISY

✉ 74570 Haute-Savoie - 3 465 hab. - Alt. 690 m - Carte régionale n° **25**-F1
Carte Michelin 328-K4

Auberge de Groisy

CUISINE CLASSIQUE • COSY XX Une jolie ferme du 19e s. revue à la mode d'aujourd'hui : pierres apparentes et poutres pour le cachet. Un endroit charmant pour déguster une cuisine bien dans son temps, gourmande à souhait, qui valorise les produits de la région. Enfin, un vrai artisan cuisinier ! Coup de cœur assuré.

Menu 20 € (déj. en semaine), 33/81 € – Carte 44/72 €

– 04 50 68 09 54 – www.auberge-groisy.com – Fermé 1er-15 juil., dim. soir, lundi et mardi

GROSROUVRE – 78 Yvelines ➜ Voir Montfort-L'Amaury

GRUISSAN

11430 Aude – 4 873 hab. – Alt. 2 m – Carte régionale n° **12**-B3
Carte Michelin 344-J4

L'Estagnol

CUISINE TRADITIONNELLE • RUSTIQUE X Face à l'étang, cette authentique maison de pêcheur a fait du poisson la star de ses assiettes ! Les produits sont toujours frais et souvent locaux. Quant à l'ambiance, elle est décontractée et méridionale à souhait.

Formule 15 € – Menu 25/32 € – Carte 30/60 €

quai de l'Étang – 04 68 49 01 27 – Fermé 1 semaine en fév., lundi et le soir en hiver sauf sam.

La Maison de Gruissan N

MAISON DE MAÎTRE • ÉPURÉ Dans le vieux village, à deux pas de la place du marché, cette maison de maître de la fin du 19e s. a été rénovée dans le souci de préserver l´architecture et les matériaux d'origine ; carreaux de ciment, tomettes en terre cuite, mobilier chiné, etc. A la belle saison, les petits déjeuners sont servis dans la petite cour ombragée. Une jolie maison dans l'un des seuls villages côtiers (partiellement) préservé des environs.

5 chambres – †65/90 € ††65/90 €

16 av. du Général-Azibert – 06 58 55 89 44 – www.chambre-hote-gruissan.fr – Fermé janv.

GRUSON – 59 Nord ➜ Voir Lille

LE GUA

17600 Charente-Maritime – 2 074 hab. – Alt. 3 m – Carte régionale n° **20**-B3
Carte Michelin 324-E5

Le Moulin de Châlons

CUISINE MODERNE • MAISON DE CAMPAGNE XX Aux fourneaux de cette belle maison historique (en fait, un ancien moulin à marée), on trouve un jeune chef appliqué et sérieux. Huîtres et homard sont en bonne place dans ses préparations ; il renouvelle son menu chaque semaine au gré des arrivages et du marché. Chambres bien tenues pour l'étape.

Formule 19 € – Menu 31 € /100 € – Carte 56/88 €

10 chambres – †90/130 € ††110/150 € – 14 €

à Châlons, 1 km à l'Ouest par rte de Royan – 05 46 22 82 72 – www.moulin-de-chalons.com – Fermé dim. soir du 1er oct.-15 mai

GUEBWILLER

68500 Haut-Rhin – 11 297 hab. – Alt. 300 m – Carte régionale n° **1**-A3
Carte Michelin 315-H9

Domaine du Lac

BUSINESS • DESIGN Deux hôtels en un ! Le Lac, avec de petites chambres colorées, design et fonctionnelles ; les Rives, plus confortables et cosy, dans une belle veine contemporaine. Vue sur le lac ou le ruisseau à l'arrière.

63 chambres – †77/110 € ††90/199 €

244 r. de la République, vers Buhl – 03 89 76 15 00 – www.domainedulac-alsace.com

à Murbach 5 km au Nord-Ouest par D40[II] – ✉ 68530 – 145 hab. – Alt. 420 m

Le Jardin des Saveurs

CUISINE MODERNE • ÉLÉGANT XX Un coin de nature vosgienne... et de gourmandise ! Sous l'œil du propriétaire – cuisinier de formation –, le chef travaille de beaux produits et concocte des plats réjouissants, qui font la part belle aux saisons et au bio. Le tout à petits prix. Voilà un Jardin rafraîchissant où l'on aimerait prendre racine...

Formule 18 € – Menu 22 € (déj. en semaine), 32/78 € – Carte 40/55 €

Hôtel Le St-Barnabé – ☎ 03 89 62 14 14 – www.le-stbarnabe.com – Fermé 26 fév.-16 mars, 2-13 juil., 8-26 janv., dim. soir, jeudi midi et merc.

Le St-Barnabé

TRADITIONNEL • CLASSIQUE En plein cœur de la forêt et au milieu d'un jardin verdoyant, cette maison alsacienne est charmante... Les chambres sont décorées avec soin dans un style coloré et reposant ; quant au spa, il se révèle très plaisant !

26 chambres – †89/155 € ††89/155 € – ☕ 15 €

53 r. de Murbach – ☎ 03 89 62 14 14 – www.le-stbarnabe.com – Fermé 26 fév.-16 mars et 8-26 janv.

Le Jardin des Saveurs – voir les restaurants ci-dessus

Le Schaeferhof

MAISON DE CAMPAGNE • CLASSIQUE Cette métairie du 17e s. est tout simplement superbe ! Partout, la propriétaire, amoureuse du beau, a imprimé sa patte. Mobilier chiné, tissus raffinés... chaque détail a été soigneusement pensé. Du cachet et une âme authentique ! Avec, en prime, une appétissante table d'hôte (produits majoritairement bio) et un espace bien-être.

5 chambres ☕ – †180/200 € ††210/260 €

6 r. de Guebwiller – ☎ 03 89 74 98 98 – www.schaeferhof.fr – Fermé 5 janv.-25 mars

à Rimbach-près-Guebwiller 11 km à l'Ouest par D5[I] – ✉ 68500 – 218 hab. – Alt. 550 m

L'Aigle d'Or

CUISINE TRADITIONNELLE • RUSTIQUE X Cette maison célèbre toujours le terroir et la tradition, mais la jeune génération entend la faire entrer dans la modernité : quelques plats et dressages plus contemporains sont désormais à la carte. Chambres sobres pour prolonger l'étape.

Formule 12 € – Menu 22/40 € – Carte 27/53 €

15 chambres – †40/55 € ††55/85 € – ☕ 10 €

5 r. Principale – ☎ 03 89 76 89 90 – www.hotelaigledor.com – Fermé lundi sauf fériés

GUENROUËT

✉ 44530 Loire-Atlantique – 3 308 hab. – Alt. 30 m – Carte régionale n° **18**-A2
Carte Michelin 316-E2

Le Relais St-Clair

CUISINE FRANÇAISE MODERNE • ROMANTIQUE XXX Dans cette bâtisse fleurie qui surplombe le canal de Nantes à Brest, on privilégie les menus et les produits locaux (poissons, coquillages). Belle carte des vins. À l'étage inférieur, sous les glycines, formule brasserie (grillades et buffets) au Jardin de l'Isac.

Formule 28 € 🍷 – Menu 32/101 € 🍷 – Carte 47/78 €

31 r. de l'Isac, rte de Nozay – ☎ 02 40 87 66 11 – www.relais-saint-clair.com – Fermé 1er-14 mars, 20 nov.-4 déc., dim. soir et lundi

Le Paradis des Pêcheurs

CUISINE TRADITIONNELLE • RUSTIQUE XX Dans son hameau de l'arrière-pays nazairien, cette grande auberge des années 1930 respire le charme provincial : poutres et cheminée, abords verdoyants (on peut se promener dans le parc attenant) et, dans l'assiette, des recettes traditionnelles qui font le bonheur des habitués.

Formule 14 € - Menu 28 € (semaine), 39/45 € - Carte environ 43 €

au Cougou, 5 km au Nord-Ouest par D102 - ✆ 02 40 87 64 10 - www.restaurant-leparadisdespecheurs.fr - Fermé vacances de fév., de la Toussaint, dim. soir, lundi soir, mardi soir, jeudi soir et merc.

GUER

✉ 56380 Morbihan - 6 292 hab. - Alt. 40 m - Carte régionale n° **5**-C2
Carte Michelin 308-N7

Auberge Tiegezh (Baptiste Denieul)

CUISINE MODERNE • CONTEMPORAIN XX Tiegezh, c'est "famille" en breton, tout est dit ! Baptiste Denieul, jeune chef talentueux, vous accueille avec sa compagne Marion dans un intérieur élégant et raffiné... bien à l'image de sa cuisine. Il travaille poissons, légumes et produits fermiers avec maîtrise et délicatesse : un régal, tout simplement !

➜ Homard grillé sur sarrasin. Ris de veau gratiné aux agrumes. Meringues craquante aux fruits exotiques et algues bretonnes.

Formule 25 € - Menu 36 € (déj. en semaine), 54/88 €

7 pl. de la Gare - ✆ 02 97 22 00 26 - www.aubergetiegezh.fr - Fermé 3-12 janv., 29 août-7 sept., lundi et mardi

Tiegezh fait sa Béa - voir les restaurants ci-dessous

Tiegezh fait sa Béa

CUISINE TRADITIONNELLE • BISTRO X Accolé à sa maison-mère l'Auberge Tiegezh, ce bistrot contemporain est toutefois complètement indépendant dans les faits. On trouve à la carte de nombreuses crêpes et galettes, mais aussi des préparations plus classiques réalisées avec de bons produits ; le tout est servi avec le sourire.

Formule 13 € - Menu 15 € (déj. en semaine) - Carte 24/45 €

Auberge Tiegezh, 7 pl. de la Gare - ✆ 02 97 22 00 26 - www.aubergetiegezh.fr - Fermé 3-12 janv., 29 août-7 sept., dim. et lundi

GUÉRANDE

✉ 44350 Loire-Atlantique - 16 127 hab. - Alt. 54 m - Carte régionale n° **18**-A2
Carte Michelin 316-B4 - Guide Vert Michelin Pays de la Loire

La Tête de l'Art

CUISINE MODERNE • COSY X Avant de franchir les remparts de Guérande, faites donc une halte dans les dépendances de ce manoir du 13e s. Le chef signe des plats savoureux et enlevés, tels ce bouillon de homard et ses ravioles aux saveurs asiatiques, ou ce filet de bœuf poêlé et son jus de bœuf à l'huile de truffe. Succès mérité pour cette table !

Carte 25/40 €

11 r. de Porte-Calon (au manoir de Porte Calon, perpendiculaire à la r. Gustave Flaubert) - ✆ 02 40 88 53 40 - www.restaurantlatetedelart.fr - Fermé 2 semaines en avril, 1 semaine en oct., 1 semaine en nov., mardi soir hors saison, dim. et lundi

Hôtel de la Cité

BUSINESS • CONTEMPORAIN Un hôtel à 1 km de la cité, dans une zone d'activités. Literie moelleuse, matériaux contemporains (résine, stuc), photos graphiques... Une adresse où l'on se sent bien !

60 chambres - 69/145 € 69/145 € - 12 €

2 pl. Dolgellau (av. Gustave-Flaubert) - ✆ 02 40 22 02 20 - www.hotel-guerande.com

La Guérandière 

FAMILIAL • PERSONNALISÉ Cette demeure pleine de charme, au pied des remparts, a été construite en 1870 puis abandonnée au début de la Première Guerre mondiale. Elle offre aujourd'hui des chambres cosy et colorées, dont plusieurs possédant une cheminée. L'été, petit-déjeuner servi dans le jardin ou sous la verrière.

5 chambres – 67/87 € 67/99 € – 10 €

5 r. Vannetaise – 02 40 62 17 15 – www.guerandiere.com

GUÉRET

23000 Creuse – 13 342 hab. – Alt. 457 m – Carte régionale n° **13**-C1
Carte Michelin 325-I3 – Guide Vert Michelin Limousin Berry

Le Coq en Pâte

CUISINE CLASSIQUE • ÉLÉGANT XXX Dans cette maison bourgeoise et cossue (19e s.), on sert une belle cuisine classique qui varie selon les saisons. Mais rassurez-vous : le homard du vivier et le filet de bœuf sont aussi des résidents permanents ! On les accompagne d'un des nombreux bordeaux présents sur la carte... Un agréable moment gastronomique.

Menu 18 € (semaine), 28/60 € – Carte 46/90 €

2 r. de Pommeil
– 05 55 41 43 43 – www.restaurant-lecoqenpate.com – Fermé dim. soir et lundi soir

à La Chapelle-Taillefert

8 km au Sud par D940 – 23000 – 406 hab. – Alt. 497 m

Influence

CUISINE MODERNE • ÉPURÉ X Le patron de cette petite maison de village a la passion des beaux produits, volaille fermière, distillerie Philippe Marais, bœuf limousin de Courtille ; fort de sa longue expérience, il les met en valeur dans des assiettes gourmandes et bien maîtrisées.

Formule 13 € – Menu 24/42 € – Carte 28/36 €

1 r. des Remparts
– 05 55 81 98 32 – www.restaurant-influence.com – Fermé 11-18 mars, 30 juil.-13 août, 24 déc.-7 janv., dim. (sauf les 2 premiers de chaque mois) et lundi

GUÉRY (LAC DE) – 63 Puy-de-Dôme ➜ Voir Mont-Dore

GUÉTHARY

64210 Pyrénées-Atlantiques – 1 274 hab. – Alt. 15 m – Carte régionale n° **2**-A3
Carte Michelin 342-C4 – Guide Vert Michelin Pays Basque et Navarre

Brikéténia (Martin et David Ibarboure)

CUISINE MODERNE • ÉLÉGANT XXX Dans cette demeure basque des années 1930, père et fils signent une cuisine de grande qualité : assaisonnements subtils, effets de transparence ou de contraste, produits choisis à leur parfaite maturité... Un vrai travail sur le naturel, mis de surcroît en valeur par un service charmant.

➜ Œuf cuit à 64°, marmelade de champignons, sauce suprême truffée, artichauts et jambon bellota. Ris de veau laqué, fleur de courgette, abricots et amandes. Profiteroles chocolat vanille, croustillant noisette.

Menu 35 € (déj. en semaine), 58/98 € – Carte 75/95 €

Hôtel Brikéténia, 142 r. de l'Église
– 05 59 26 51 34 – www.briketenia.com – Fermé 12 nov.- 3 déc. et mardi sauf le soir du 15 juil. au 15 sept.

Briket' Bistrot

CUISINE MODERNE • TENDANCE L'hôtel de la famille Ibarboure accueille aussi ce sympathique bistrot, indépendant du restaurant gastronomique. Les produits basques dominent la carte, accompagnés de quelques mets exotiques – txangurro gratiné ; canette laquée aux épices, sésame et pak-choï – et les prix sont raisonnables.

Carte environ 32 €

Hôtel Brikéténia, 142 r. de l'Église
– ✆ 05 59 26 51 34 – www.briketenia.com
– Fermé de nov. à Pâques, lundi et mardi

Gétaria

CUISINE MODERNE • CONVIVIAL Le jeune chef de ce bistrot contemporain a été sacré vice-champion du monde de pâté en croûte en 2015... voilà qui en jette ! Le pâté est donc évidemment en bonne place à la carte, aux côtés de produits bien travaillés : persillé de Wagyu et palets de pomme de terre fumée ; pêche plate pochée à la verveine...

Formule 19 € – Menu 24 € (déj. en semaine) – Carte 43/59 €

360 av. du Général-de-Gaulle
– ✆ 05 59 51 24 11 – www.getaria.fr
– Fermé 2 semaines en fév., mardi et merc. sauf le soir en juil.-août et lundi midi en juil.-août

Villa Catarie

FAMILIAL • PERSONNALISÉ Ravissante demeure basque de 1830, à deux pas du port et des plages. Chambres cosy, aux tons pastel. L'été, petit-déjeuner servi au jardin. Il règne ici un esprit familial.

15 chambres – 90/265 € 90/265 € – 12 €

415 av. du Gén.-de-Gaulle
– ✆ 05 59 47 59 00 – www.villa-catarie.com

Balea

FAMILIAL • COSY Des bâtiments en brique rouge, installés en U autour de la cour ; une fresque murale, peinte par des enfants... oui, nous sommes bien dans une ancienne école ! Les propriétaires en ont fait un hôtel agréable, aux chambres confortables et sobrement décorées.

26 chambres – 69/159 € 69/179 € – 10 €

106 r. Adrien Lahourcade
– ✆ 05 59 26 08 39 – www.baleahotel.com

Brikéténia

FAMILIAL • ÉPURÉ Sur le site d'une ancienne briqueterie (d'où "Brikéténia"), ce relais de poste du 17e s., blanc et rouge, offre une vue dégagée sur les environs. Refaites à neuf, les chambres allient confort et esprit contemporain : idéal si l'on veut profiter du (bon) restaurant.

14 chambres – 85/210 € 85/210 € – 12 €

142 r. de l'Église
– ✆ 05 59 26 51 34 – www.briketenia.com
– Fermé 12 nov - 3 déc.

Brikéténia • **Briket' Bistrot** – voir les restaurants ci-dessus

Arguibel

MAISON DE MAÎTRE • PERSONNALISÉ Superbe villa de style néobasque, à l'intérieur très raffiné, mariant objets design, meubles traditionnels et toiles d'artistes contemporains... Chaque chambre a sa personnalité.

5 chambres – 129/215 € 185/275 € – 17 €

1146 chemin de Laharraga
– ✆ 05 59 41 90 46 – www.arguibel.fr – Fermé 4 janv.-14 fév.

LE GUÉTIN

✉ 18150 Cher - Carte régionale n° **6**-D3
Carte Michelin 323-O5

Auberge du Pont-Canal

CUISINE TRADITIONNELLE • FAMILIAL X Dans cette petite auberge familiale jouxtant le pont de l'Allier, la tradition est à l'honneur... Ris de veau, cuisses de grenouilles et friture font la fierté de la maison. Le jeune chef travaille les beaux produits avec générosité et simplicité. L'été, on s'attable sur la jolie terrasse avec vue sur la rivière.

Menu 14 € (déj. en semaine), 23/33 € - Carte 26/50 €

37 r. des Écluses - ✆ 02 48 80 40 76 - www.auberge-du-pont-canal.fr - Fermé dim. soir et lundi

GUEWENHEIM

✉ 68116 Haut-Rhin - 1 335 hab. - Alt. 323 m - Carte régionale n° **1**-A3
Carte Michelin 315-G10

La Gare

CUISINE TRADITIONNELLE • CONVIVIAL XX Une très contemporaine institution locale (depuis 1874) ! Ou comment mixer élégance, peps et convivialité ; mêler brasserie sur le pouce et joli repas traditionnel sur la belle terrasse verdoyante... Ou comment présenter l'une des plus belles cartes des vins de France - rien que ça - tout en restant simple.

Menu 11 € (déj. en semaine), 33/48 € - Carte 40/60 €

2 r. de Soppe - ✆ 03 89 82 51 29 - Fermé 16 fév.-3 mars, 24 juil.-13 août, mardi soir et merc.

GUICHE

✉ 64520 Pyrénées-Atlantiques - 942 hab. - Alt. 98 m - Carte régionale n° **2**-B3
Carte Michelin 342-E1 - Guide Vert Michelin Aquitaine

Le Gantxo

CUISINE MODERNE • CONTEMPORAIN X Bienvenue en terre basque ! Ce Gantxo - du nom d'une passe de pelote - donne directement sur le "trinquet", l'aire de jeu du célèbre sport local. En cuisine, le chef revisite la cuisine basque de façon très personnelle ; il compose des plats bien au goût du jour, souvent copieux, toujours goûteux !

Formule 13 € 🍷 - Menu 29/34 € - Carte environ 37 €

quartier du Port (au Trinquet) - ✆ 05 59 56 46 63 - www.restaurant-le-gantxo.fr - Fermé mardi sauf juil.-août, dim. soir et lundi

GUIDEL

✉ 56520 Morbihan - 11 069 hab. - Alt. 38 m - Carte régionale n° **5**-B2
Carte Michelin 308-K8

La Table D'eux - Laurent Le Berrigaud

CUISINE MODERNE • CONVIVIAL XX Ce bistrot du front de mer, à l'esprit contemporain, est tenu par un jeune couple passionné - et cela se sent ! Le chef propose une cuisine du marché dans un esprit locavore. On se régale par exemple d'une cocotte de Saint-Jacques et crème de cèpes. Enfin, l'accueil est chaleureux : décidément, une excellente adresse !

Formule 16 € - Menu 20 € (déj. en semaine), 28/40 € - Carte 54/79 €

La Falaise, rte côtière D152 - ✆ 02 97 32 42 07 - www.laurentleberrigaud.com - Fermé 2-15 janv., mardi de sept. à mars et merc.

GUILLESTRE

✉ 05600 Hautes-Alpes - 2 323 hab. - Alt. 1 000 m - Carte régionale n° **21**-C1
Carte Michelin 334-H5 - Guide Vert Michelin Alpes du Sud

Dedans Dehors

CUISINE TRADITIONNELLE • RUSTIQUE X Une ruelle médiévale dessert cette cave voûtée : tartines, salades et cuisine du terroir à la plancha, le tout agrémenté de fleurs et d'herbes folles. Un bistrot éclectique !

Carte 33/45 €

ruelle Sani – ✆ 04 92 44 29 07
– Ouvert de juin à août

à Mont-Dauphin 6 km au Nord-Ouest par D37 – ✉ 05600 –

151 hab. – Alt. 1 050 m

La Maison du Guil

MAISON DE CAMPAGNE • DESIGN Au-dessus des gorges du Guil, un ancien prieuré du 16^{e}s. restauré avec inspiration : entre vieilles pierres et mobilier design de qualité, le charme est au rendez-vous.

4 chambres ☕ – 🚹120/130 € 🚻120/130 €

La Font d'Eygliers – ✆ 04 92 50 16 20 – www.lamaisonduguil.com

GUILLIERS

✉ 56490 Morbihan – 1 394 hab. – Alt. 86 m – Carte régionale n° **5**-C2
Carte Michelin 308-Q6

Au Relais du Porhoët

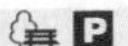

CUISINE TRADITIONNELLE • AUBERGE XX Des pierres apparentes, une cheminée monumentale, quelques notes colorées : une âme rustique mais nullement écrasante, pour une cuisine régionale généreuse et bien tournée, dont les prix tout doux font aussi plaisir.

Formule 11 € – Menu 16 € (semaine), 24/49 € – Carte 28/46 €

11 pl. de l'Église – ✆ 02 97 74 40 17 – www.aurelaisduporhoet.com
– Fermé 2 semaines en janv., dim. soir et lundi sauf en juil.-août

Au Relais du Porhoët

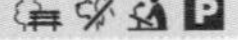

AUBERGE • CLASSIQUE Une discrète auberge de village, dont les habitués taisent comme un secret l'entretien sans défaut et les tarifs très compétitifs. La plupart des chambres, classiques, donnent sur l'église.

12 chambres – 🚹47/59 € 🚻51/67 € – ☕ 8,50 €

11 pl. de l'Église – ✆ 02 97 74 40 17 – www.aurelaisduporhoet.com
– Fermé 2 semaines en janv.

Au Relais du Porhoët – voir les restaurants ci-dessus

GUILVINEC

✉ 29730 Finistère – 2 702 hab. – Alt. 5 m – Carte régionale n° **5**-A2
Carte Michelin 308-F8 – Guide Vert Michelin Bretagne

Le Poisson d'Avril

CUISINE MODERNE • CONVIVIAL X Dans le port de pêche, à quelques mètres de la criée, ce restaurant est tenu par un jeune couple sympathique : ambiance conviviale garantie ! Le terroir local et le poisson de la pêche sont les deux piliers d'une cuisine goûteuse et soignée, dans laquelle tout est fait maison. En prime, quelques chambres avec terrasse.

Formule 16 € – Menu 30/55 €
– Carte 38/53 €

4 chambres – 🚹89/105 € 🚻89/145 € – ☕ 8,50 €

19 r. de Men-Meur – ✆ 02 98 58 23 83 – www.lepoissondavril.fr
– Fermé 2 semaines en juin, 2 semaines en nov., de mi-janv. à mi-fév., dim. soir d'oct. à mars, lundi et mardi

GUINGAMP

✉ 22200 Côtes-d'Armor – 7 003 hab. – Alt. 81 m – Carte régionale n° **5**-B1
Carte Michelin 309-D3 – Guide Vert Michelin Bretagne Nord

Le Clos de la Fontaine

CUISINE TRADITIONNELLE • CLASSIQUE XX Le patron est passionné par le poisson et ne transige pas : dans votre assiette, toute la fraîcheur de la pêche côtière, cuisinée sans chichis et mise en valeur par des sauces délicates et des cuissons précises. Quelques plats rendent aussi hommage au terroir breton, comme le kouign patatez, le traou mad, etc.

Formule 18 € – Menu 30/49 € – Carte 40/55 €

9 r. du Gén.-de-Gaulle – ✆ 02 96 21 33 63 – Fermé 10 juil.-1er août, 22 janv.-4 fév., dim. soir, mardi soir et lundi

La Boissière

CUISINE TRADITIONNELLE • TENDANCE X Auparavant installée en périphérie, la Boissière a investi les murs d'un ancien bar à vins du centre-ville. Ses propriétaires y ont insufflé un esprit de brasserie contemporaine, en mêlant l'ancien décor avec des éléments plus modernes ; ils proposent une bonne cuisine de bistrot, agrémentée de quelques plats canailles.

Formule 15 € – Menu 18 € (déj.), 24/42 € – Carte 27/55 €

5 r. St-Nicolas, dir. Tréguier, Plouisy – ✆ 02 96 21 06 35
– www.restaurantlaboissiere.com – Fermé vacances de fév., fin août à début sept., dim. et lundi

La Demeure

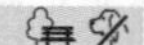

MAISON DE MAÎTRE • PERSONNALISÉ Au cœur de la ville, cette belle maison de maître (18e s.) transformée en boutique hôtel hébergea un temps la gendarmerie. Les chambres, élégantes et personnalisées (tissus choisis, atmosphère feutrée), sont d'esprit classique ou bord de mer chic. Salon de thé so british !

10 chambres – 🚹75/145 € 🚹🚹85/145 € – ☕10 €

5 r. du Gén.-de-Gaulle – ✆ 02 96 44 28 53
– www.demeure-vb.com – Fermé 1er-22 août, 26 déc.-4 janv. et dim. d'oct. à avril

GUJAN-MESTRAS – 33 Gironde ➜ Voir Bassin d'Arcachon

GUNDERSHOFFEN

✉ 67110 Bas-Rhin – 3 629 hab. – Alt. 180 m – Carte régionale n° **1**-B1
Carte Michelin 315-J3

Le Cygne

CUISINE MODERNE • CONVIVIAL XXX Cette noble demeure alsacienne a su évoluer avec son temps : on y découvre aujourd'hui une carte de bistrot modernisée, où les bons produits alsaciens sont toujours à l'honneur. La spécialité maison ? Le filet de sandre croûté au raifort et sa choucroute caramélisée… Bon rapport qualité-prix.

Formule 25 € – Menu 32/55 € – Carte 45/60 €

35 Gd'Rue – ✆ 03 88 72 96 43
– www.aucygne.fr – Fermé 19 fév.-5 mars, 17 juil.-6 août, dim. soir, lundi et jeudi

Les Jardins du Moulin

CUISINE MODERNE • COSY XX Ce restaurant s'intègre idéalement dans l'environnement du Moulin : à travers les baies vitrées de l'élégante salle à manger, on admire le jardin et la magnifique terrasse… On se régale de créations actuelles, bien tournées et rythmées par les saisons.

Formule 28 € – Menu 49 € (déj. en semaine)/90 €

Hôtel le Moulin, 7 r. du Moulin – ✆ 03 88 07 52 70
– www.les-jardins-du-moulin.fr – Fermé 15 fév.-1er mars, 2-9 janv., sam. midi, mardi et merc.

Le Moulin

MAISON DE CAMPAGNE • PERSONNALISÉ Au bout d'un petit chemin, quelques maisons alsaciennes superbement restaurées ; un ancien moulin entouré d'un parc, avec une rivière où folâtrent quelques cygnes... On se prélasse dans de belles chambres spacieuses et très calmes, décorées avec goût, que l'on ne quitte qu'à regret. Absolument charmant !

11 chambres - 98/350 € 98/350 € - 2 suites - 23 €

7 r. du Moulin - 03 88 07 33 30
- www.hotellemoulin.com - Fermé 15 fév.-1er mars et 2-9 janv.

Les Jardins du Moulin - voir les restaurants ci-dessus

GURGAZU - 2A Corse-du-Sud ➜ Voir Corse (Bonifacio)

HABÈRE-POCHE

74420 Haute-Savoie - 1 340 hab. - Alt. 945 m - Carte régionale n° **25**-F1
Carte Michelin 328-L3

Auberge du Bois Noir

CUISINE TRADITIONNELLE • MONTAGNARD L'équipe du Tiennolet (à Habère-Poche également) a déménagé dans cette ancienne ferme située juste au pied des pistes. Au menu : une véritable ode à la région, avec de bonnes spécialités savoyardes pendant l'hiver...

Formule 14 € - Menu 17 € (déj. en semaine), 30/44 € - Carte 38/51 €

113 rte du Bois Noir - 04 50 94 23 26 - Fermé juin, 15 oct.-15 nov., dim. soir, mardi soir, merc. sauf vacances de Noël et fév., et merc. en juil.-août

La Fontaine d'Argence

FAMILIAL • MONTAGNARD Au cœur de la Vallée verte, une ferme savoyarde restaurée avec goût ; on y trouve des chambres spacieuses et bien tenues. À la table d'hôte, on apprécie la cuisine de madame, à base de produits bio, et le miel de monsieur, apiculteur à ses heures. Bain nordique face aux montagnes.

5 chambres - 72/102 €

2 chemin d'Argence, à 2 km par D12 et D40 - 06 89 29 17 30
- www.lafontainedargence.net

HAGETMAU

40700 Landes - 4 593 hab. - Alt. 96 m - Carte régionale n° **2**-B3
Carte Michelin 335-H13 - Guide Vert Michelin Aquitaine

Les Lacs d'Halco

CUISINE TRADITIONNELLE • ÉLÉGANT Un endroit unique : le restaurant prend ses aises dans une rotonde entièrement vitrée et posée à fleur d'eau, dans l'écrin naturel d'un étang aux rives verdoyantes... Et la cuisine n'est pas en reste, célébrant les beaux produits du terroir avec finesse et féminité !

Formule 20 € - Menu 38 €, 46/62 € - Carte 45/63 €

Hôtel les Lacs d'Halco, 3 km au Sud-Ouest par rte de Cazalis - 05 58 79 30 79
- www.hotel-des-lacs-dhalco.fr

Le Jambon

CUISINE TRADITIONNELLE • CLASSIQUE Émincé de magret de canard, caille farcie au foie gras, turbot en papillote, soufflé au Grand Marnier, etc. Le propriétaire concocte une généreuse cuisine traditionnelle et landaise. Cadre raffiné.

Formule 16 € - Menu 29/40 € - Carte 34/49 €

Hôtel le Jambon, 245 av. Carnot - 05 58 79 32 02
- www.hotel-restaurant-lejambon.com - Fermé vend. soir, dim. soir et lundi

Les Lacs d'Halco

TRADITIONNEL • PERSONNALISÉ Dans un cadre naturel préservé, tout au bord d'un étang, une belle architecture contemporaine, dont la structure de verre, bois et métal semble se diluer sur les flots... Chic et design, les chambres ouvrent ou sur la forêt ou sur le plan d'eau. Que de quiétude !

19 chambres – 110/130 € 110/230 € – 15 €

3 km au Sud-Ouest par rte de Cazalis – 05 58 79 30 79 – www.hoteldeslacsdhalco.fr

Les Lacs d'Halco – voir les restaurants ci-dessus

Le Jambon

BUSINESS • FONCTIONNEL Cette grande maison du centre-ville héberge des chambres spacieuses, lumineuses, bien insonorisées et d'une tenue scrupuleuse ; toutes donnent sur l'espace piscine joliment fleuri. Un bon plan !

7 chambres – 65/80 € 70/80 € – 10 €

245 av. Carnot – 05 58 79 32 02 – www.hotel-restaurant-lejambon.com – Fermé vend. soir, dim. soir et lundi

Le Jambon – voir les restaurants ci-dessus

HAGONDANGE

57300 Moselle – 9 343 hab. – Alt. 160 m – Carte régionale n° **14**-B1
Carte Michelin 307-I3

Quai des Saveurs (Frédéric Sandrini)

CUISINE MODERNE • TENDANCE XxX Depuis plusieurs années, Frédéric Sandrini prend plaisir à bousculer la tradition gastronomique locale avec une cuisine imaginative, en mouvement constant. Le tout dans un joli cadre contemporain plutôt sobre. Trois menus surprise à découvrir.

→ Tourteau, caviar, mayonnaise au yuzu et émulsion dashi. Homard bleu en trois services. Soufflé chaud à l'eau de vie de mirabelle.

Menu 45 € (déj. en semaine), 65/90 €

69 r. de la Gare – 03 87 71 24 98 – www.quaidessaveurs.com – Fermé 7-16 mars, 16 août-1er sept., dim. soir, mardi midi et lundi

HAGUENAU

67500 Bas-Rhin – 34 761 hab. – Alt. 150 m – Carte régionale n° **1**-B1
Carte Michelin 315-K4

Le Jardin

CUISINE MODERNE • ÉLÉGANT XxX À l'unisson, père et fils ont composé une carte sagement actuelle, sans jamais oublier les classiques de la maison : soupe de poisson, carpaccio de thon, chateaubriand avec sauce béarnaise... Quant au décor, il se pare de belles notes classiques, avec notamment un superbe plafond Renaissance.

Menu 21 € (déj. en semaine), 32/86 € – Carte environ 50 €

16 r. de la Redoute – 03 88 93 29 39 – www.lejardinhaguenau.fr – Fermé 27 fév.-13 mars, 1er-15 août, mardi et merc.

Grains de Sel

CUISINE MODERNE • COSY X Après 16 ans passés au Cheval Blanc, à Lembach, Gilles Schnoering a franchi le pas et ouvert son propre restaurant tout près de la halle aux Houblons. Au fil d'une courte carte de saison, il dévoile une cuisine fraîche et bien réalisée, qui doit beaucoup à la qualité des produits utilisés. Judicieux accords mets et vins.

Formule 23 € – Menu 31 € (déj. en semaine)/50 € – Carte 48/62 €

113 Grd-Rue – 03 88 90 83 82 – www.restaurant-grainsdesel.fr – Fermé 2 semaines en juil., vacances de Noël, 1 semaine en avril, dim. et lundi

HAMBACH

57910 Moselle – 2 786 hab. – Alt. 230 m – Carte régionale n° **14**-C1
Carte Michelin 307-N4

Hostellerie St-Hubert

FAMILIAL • FONCTIONNEL Au sein d'un complexe de loisirs verdoyant – plan d'eau pour se baigner, camping et terrain de tennis –, cet hôtel-restaurant dispose de chambres spacieuses et bien tenues, progressivement rénovées. Parfait pour les séminaires et les fêtes de famille.

53 chambres – 62/80 € 82/100 € – 4 suites – 9 €

30 r. de la Forêt - La Verte Forêt – 03 87 98 39 55 – www.hostellerie-saint-hubert.com – Fermé 2 semaines en déc.

HAMBYE

50450 Manche – 1 168 hab. – Alt. 111 m – Carte régionale n° **17**-A2
Carte Michelin 303-E6 – Guide Vert Michelin Normandie Cotentin

à l'Abbaye 3,5 km au Sud par D51 – 50450 Hambye :

Auberge de l'Abbaye

CUISINE MODERNE • ÉLÉGANT XX À deux pas des ruines romantiques de l'abbaye de Hambye, cet hôtel-restaurant plutôt classique a été repris par un jeune couple. Le chef y avait commencé son apprentissage (poursuivi dans de bonnes maisons) ; il signe une cuisine savoureuse et sans superflu, aux solides bases traditionnelles. De nouvelles litanies gourmandes !

Formule 18 € – Menu 29/72 € – Carte 46/61 €

7 chambres – 56/70 € 62/97 € – 9 €

5 rte de l'Abbaye – 02 33 61 42 19 – www.aubergedelabbayehambye.com – Fermé 22 oct.-5 nov., dim. soir sauf juil.-août et lundi

HARDELOT-PLAGE

62152 Pas-de-Calais – Neufchatel Hardelot – Carte régionale n° **16**-A2
Carte Michelin 301-C4

Hôtel du Parc

BUSINESS • FONCTIONNEL Les bâtiments de ce complexe hôtelier ont un petit côté chalet et se fondent parfaitement dans le style de cette jolie station de la Côte d'Opale. Quant aux chambres, elles sont spacieuses et lumineuses ; la moitié d'entre elles disposent d'un balcon. Au restaurant, cuisine traditionnelle dans un cadre feutré.

80 chambres – 80/165 € 80/165 € – 1 suite – 16 €

– 03 21 33 22 11 – www.parc.najeti.fr

Les Jardins d'Hardelot

TRADITIONNEL • COSY Créé en 2012, l'hôtel se trouve à seulement 500 m de la plage. On s'y repose dans des chambres très cosy et chaleureuses ; certaines familiales. Appétissant buffet au petit-déjeuner... avant la première baignade de la journée.

39 chambres – 116/156 € 116/156 € – 13 €

451 av. François-1er – 03 21 32 50 40 – www.lesjardinsdhardelot.fr

HATTSTATT

68420 Haut-Rhin – 805 hab. – Alt. 200 m – Carte régionale n° **1**-A2
Carte Michelin 315-H8 – Guide Vert Michelin Alsace Lorraine

L'Altévic

CUISINE MODERNE • DESIGN X Dans ce jeune restaurant souffle un vent de nouveauté ! Avec tout le talent et toute l'expérience qu'on lui connaît, Jean-Christophe Perrin propose une cuisine dans l'air du temps, inspirée par le marché, dans laquelle un beau produit de saison suffit souvent à faire recette... Réjouissant !

Formule 17 € – Menu 22 € (déj.), 32/78 € – Carte 56/80 €

4 r. Wiggensbach – 03 89 78 83 56 – www.restaurant-laltevic.fr – Fermé mardi soir, dim. soir et lundi

HAUTE-GOULAINE - 44 Loire-Atlantique → Voir Nantes

HAUTELUCE

✉ 73620 Savoie - 781 hab. - Alt. 1 150 m - Carte régionale n° **23**-D1
Carte Michelin 333-M3 - Guide Vert Michelin Alpes du Nord

La Ferme du Chozal

CUISINE MODERNE • CONVIVIAL Ce restaurant cultive un style montagnard typique : la cuisine n'en n'est pas moins actuelle et appétissante, réalisée avec de beaux produits du terroir. Tubes croustillants au beaufort, soufflé chartreuse, poire confite au caramel... Et une remarquable carte des vins des Alpes françaises, suisses et italiennes !

Menu 32/120 € - Carte 50/77 €

- 04 79 38 18 18 - www.lafermeduchozal.com - Ouvert de mi- juin à fin sept., mi-déc. à mi-avril et fermé dim. soir et lundi et midi en semaine sauf en haute saison

La Ferme du Chozal

FAMILIAL • MONTAGNARD Voilà comment une ancienne ferme - un beau chalet - devient un hôtel très agréable avec sa piscine extérieure chauffée, ses chambres douillettes habillées de bois blond et son espace bien-être complet... Le tout au calme. Une bonne adresse !

12 chambres - 130/255 € 130/380 € - 2 suites - 19 €

- 04 79 38 18 18 - www.lafermeduchozal.com - Ouvert de juin à début oct. et de mi-déc. à mi-avril

La Ferme du Chozal - voir les restaurants ci-dessus

HAUTERIVES

✉ 26390 Drôme - 1 886 hab. - Alt. 299 m - Carte régionale n° **24**-E2
Carte Michelin 332-D2 - Guide Vert Michelin Ardèche Drôme

Le Relais

AUBERGE • PERSONNALISÉ Les visiteurs du "Palais idéal" édifié par le facteur Cheval pourront faire étape dans cette solide maison à la façade en galets roulés. Chambres bien tenues et trois roulottes au fond du jardin. Petits plats traditionnels servis dans la salle rustique ou en terrasse.

16 chambres - 77/82 € 77/82 € - 9 €

1 pl. Gén.-de-Miribel - 04 75 68 81 12 - www.hotel-relais-drome.com - Fermé dim. soir et lundi sauf juil.-août

HAUTEVILLE-LÈS-DIJON - 21 Côte-d'Or → Voir Dijon

StockFood/hemis.fr

ON AIME...

Le Bouche à Oreille, pour le travail de son jeune chef passionné. Le restaurant de **Jean-Luc Tartarin**, pour son décor chic et ses assiettes ô combien raffinées. **Le Belvédère**, à quelques kilomètres, où l'on profite d'une cuisine gourmande et d'une vue magique sur les falaises normandes. Enfin, les **Enfants Sages**, le nouvel endroit tendance du centre-ville...

LE HAVRE

✉ 76600 Seine-Maritime – 172 807 hab. – Agglo. 237 409 hab. – Alt. 4 m – Carte régionale n° **17**-C2
Carte Michelin 304-A5 – Guide Vert Michelin Normandie Vallée de la Seine

Restaurants

✿✿ Jean-Luc Tartarin

CUISINE MODERNE • TENDANCE XXX Saveurs harmonieuses, technique précise, originalité et inspiration : Jean-Luc Tartarin signe une cuisine belle et passionnée – avec, en particulier, de formidables sauces ! –, où le modernisme du Havre rencontre l'âme du terroir normand : un alliage séduisant. Le décor, chic et classieux, ajoute encore à notre plaisir...

➜ Brochette de langoustines fumées à la braise de romarin. Ris de veau croustillant aux morilles. Millefeuille à la vanille.

Formule 40 € – Menu 69/198 € – Carte 100/195 €

Plan : F2-t *73 av. Foch – ✆ 02 35 45 46 20 – www.jeanluc-tartarin.com – Fermé 27 juil.-10 août, 2-15 janv., dim. et lundi*

La Petite Auberge

CUISINE TRADITIONNELLE • COSY XX Cette petite auberge à colombages, installée non loin de la mer, est tenue par un couple qui a misé sur l'authenticité : bien vu ! Le chef s'autorise quelques touches actuelles, une pincée d'épices au détour de certains plats, mais il reste globalement fidèle aux saveurs régionales. Difficile de ne pas craquer.

Formule 25 € – Menu 32/43 € – Carte 45/74 €

Plan : E1-r *32 r. Ste-Adresse – ✆ 02 35 46 27 32 – www.lapetiteauberge-lehavre.fr – Fermé merc. midi, dim. soir et lundi*

Le Bouche à Oreille Ⓝ 

CUISINE MODERNE • CONVIVIAL X Sous des faux airs de banal restaurant de quartier, on découvre une table de grande valeur. Le chef mitonne des plats généreux, francs et goûteux, dans un style volontairement traditionnel, mais pas dénué de personnalité ; en salle, son épouse se montre sympathique et efficace, prodiguant de judicieux conseils pour le choix des vins.

Formule 17 € – Menu 22/32 €

Plan : F2-k *19 r. Paul-Doumer – ✆ 02 35 45 44 60 – Fermé 3 semaines en août, dim. et lundi*

L'Orchidée

CUISINE MODERNE • CONVIVIAL Pour vous donner une idée, la spécialité du chef est le Paris-Le Havre, sorte de paris-brest revisité... le reste de la carte est à l'avenant : de bons plats traditionnels remis au goût du jour, que l'on déguste dans un intérieur coloré et agréable, paré de tableaux contemporains. Une bonne petite adresse du port.

Formule 18 € – Menu 24/30 €

Plan : G3-s *41 r. du Gén.-Faidherbe – 02 76 25 38 03 – Fermé sam. midi, dim. soir, mardi soir et lundi*

Les Enfants Sages N

CUISINE MODERNE • VINTAGE Propulsée par un duo de professionnels chevronnés, cette maison est devenue en un clin d'œil un incontournable du centre du Havre. L'explication de ce phénomène ? Un cuisine dans l'air du temps, fraîche et bien réalisée, à déguster dans deux salles à manger impeccablement vintage ou sur l'agréable terrasse... Il n'en fallait pas davantage.

Formule 16 € – Carte 33/52 €

Plan : F3-n *20 r. Gustave-Lennier – 02 35 46 44 08 – www.restaurant-lesenfantssages.com – Fermé dim.*

Hôtels

Pasino

BUSINESS • CONTEMPORAIN Témoin de la reconstruction du Havre par Auguste Perret, cette bâtisse classée se découvre par un grand hall desservant aussi le casino et La Brasserie, dont la terrasse donne sur le bassin du Commerce. Les chambres sont confortables, avec un mobilier de qualité, et bien tenues. Les joueurs – et les autres – apprécieront.

45 chambres – †110/250 € ††110/350 € – 17 €

Plan : G2-b *pl. Jules-Ferry (au casino) – 02 35 26 00 00 – www.pasinohotellehavre.com*

Vent d'Ouest

TRADITIONNEL • PERSONNALISÉ Tout près de l'église St-Joseph, signée Perret, un hôtel plein de cachet dont les chambres ont été rénovées dans un style de "yacht club" : meubles cirés, tableaux de marine, fauteuils en cuir patiné... Agréable espace bien-être, avec hammam et salles de massages.

35 chambres – †120/180 € ††120/180 € – 15 €

Plan : F2-a *4 r. Caligny – 02 35 42 50 69 – www.ventdouest.fr*

Art Hôtel

URBAIN • DESIGN Face à l'espace Oscar-Niemeyer et son célèbre Volcan (malicieusement rebaptisé "pot de yaourt" par les Havrais), cet hôtel typique des années 1950 allie sobriété, confort et touches arty. Pour l'anecdote, l'ascenseur est très surprenant ! À découvrir...

31 chambres – †79/169 € ††79/169 € – 14 €

Plan : F2-g *147 r. Louis-Brindeau – 02 35 22 69 44 – www.art-hotel.fr*

Les Voiles

URBAIN • BORD DE MER Envie de mettre les voiles ? Les chambres et la salle du petit-déjeuner sont tournées vers le large et offrent une vue privilégiée sur la plage. La décoration intérieure, inspirée du yachting, ajoute encore à ces promesses du départ.

16 chambres – †[illegible] € ††85/199 € – 12 €

Plan : A2-e *3 pl. Clemenceau, à Ste-Adresse 76310 – 02 35 54 68 90 – www.hotel-lesvoiles.com*

HEGENEY

67360 Bas-Rhin - 415 hab. - Alt. 175 m - Carte régionale n° **1**-B1
Carte Michelin 315-K3

Belle Vue

CUISINE TRADITIONNELLE • AUBERGE XX Dans cet ancien relais de poste à la décoration typiquement alsacienne, on profite des belles créations de saison d'un jeune chef bien inspiré. Carbonara de rognons de veau relevés à la moutarde de Mietesheim, paleron de veau mijoté 24h et fins macaronis gratinés... Bon rapport qualité-prix.

Formule 14 € - Menu 17 € (déj. en semaine), 26/44 € - Carte 36/53 €

1 rte de Haguenau - 03 88 09 32 28 - www.hegeney-bellevue.fr
- Fermé 2 semaines vacances de fév., 3 semaines en août, sam. midi, mardi soir et merc.

HENDAYE

64700 Pyrénées-Atlantiques - 16 783 hab. - Alt. 30 m - Carte régionale n° **2**-A3
Carte Michelin 342-B4 - Guide Vert Michelin Pays Basque et Navarre

Serge Blanco

SPA ET BIEN-ÊTRE • CONTEMPORAIN Envie de tout plaquer ? À la tête de cet hôtel et de son centre de thalasso, le célèbre rugbyman Serge Blanco. Les chambres font face à la plage ou au port (quelques-unes sur cour). Parfait pour un séjour détente.

80 chambres - 120/172 € 168/302 € - 10 suites - 14 €

125 bd de la Mer - 05 59 51 35 35 - www.thalassoblanco.com - Fermé 3 semaines en déc.

Villa Goxoa

FAMILIAL • CONTEMPORAIN Entre plage et port de plaisance, cette belle maison blanche abrite un élégant "éco-hôtel". Décor épuré dans les chambres, dont le nom en basque évoque la nature (eau, montagne, etc.). Et pour être définitivement zen, on peut profiter des massages proposés par le propriétaire ostéopathe.

7 chambres - 100/140 € 130/180 € - 10 €

32 av. des Magnolias - 05 59 20 32 43 - www.villa-goxoa.com

à Biriatou 4 km au Sud-Est par D811 - 64700 - 1 193 hab. - Alt. 60 m

Les Jardins de Bakéa

CUISINE CLASSIQUE • CONVIVIAL XX La table des Jardins de Bakéa offre une belle vue sur la montagne et une jolie terrasse sous les platanes. Ici, on savoure une cuisine qui va à l'essentiel, à l'image de cette appétissante salade de fonds d'artichaut avec du jambon de pays ou cette nage de fraises à la menthe, rafraîchissante à souhait.

Formule 29 € - Menu 38 € (semaine), 53/74 € - Carte 55/85 €

1134 chemin Herri-Alde - 05 59 20 02 01 - www.bakea.fr - Fermé 20 nov.-6 déc. et 15 janv.-7 fév., mardi sauf le soir d'avril à mi-nov. et lundi

Les Jardins de Bakéa

FAMILIAL • À LA CAMPAGNE Maison régionale du début du 20ᵉs., abritant des chambres traditionnelles ou plus contemporaines. Joli jardin. Idéal pour un séjour au calme.

21 chambres - 63/155 € 78/155 € - 13 €

1134 chemin Herri-Alde - 05 59 20 02 01 - www.bakea.fr - Fermé 20 nov.-6 déc. et 15 janv.-7 fév.

Les Jardins de Bakéa - voir les restaurants ci-dessus

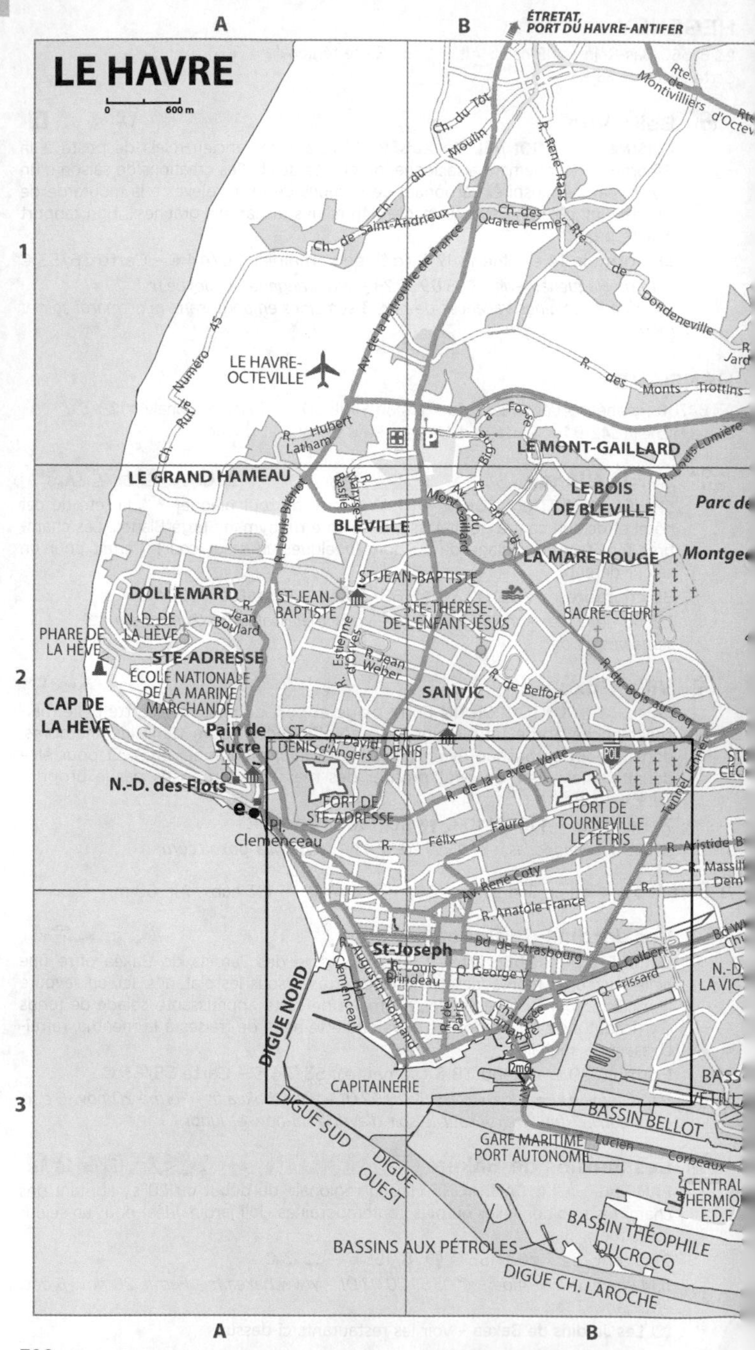
LE HAVRE
0
600 m
A
B
1
2
3
ÉTRETAT, PORT DU HAVRE-ANTIFER
Rte. de Montivilliers
Ch. du Tôt
Ch. du Moulin
R. René Raas
Ch. de Saint-Andrieux
Ch. des Quatre Fermes
Rte. de Dondeneville
Av. de la Patrouille de France
LE HAVRE-OCTEVILLE
R. des Monts Trottins
Ch. Rue Numéro 45
R. Hubert Latham
LE MONT-GAILLARD
R. Louis Lumière
LE GRAND HAMEAU
R. Maryse Bastié
R. Louis Blériot
Av. du Mont Gaillard
LE BOIS DE BLÉVILLE
BLÉVILLE
LA MARE ROUGE
ST-JEAN-BAPTISTE
DOLLEMARD
R. Jean Boulard
ST-JEAN-BAPTISTE
STE-THÉRÈSE-DE-L'ENFANT-JÉSUS
SACRÉ-CŒUR
N.-D. DE LA HÈVE
PHARE DE LA HÈVE
STE-ADRESSE
R. Estienne d'Orves
R. Jean Weber
ÉCOLE NATIONALE DE LA MARINE MARCHANDE
SANVIC
R. de Belfort
R. du Bois au Coq
CAP DE LA HÈVE
Pain de Sucre
ST-DENIS
R. David d'Angers
ST-DENIS
POL
N.-D. des Flots
R. de la Cavée Verte
FORT DE STE-ADRESSE
FORT DE TOURNEVILLE LE TÉTRIS
Tunnel Jenner
Pl. Clemenceau
R. Félix Faure
R. Aristide B
Av. René Coty
R. Anatole France
St-Joseph
Bd de Strasbourg
R. Augustin Normand
Bd Clemenceau
R. Louis Brindeau
Q. George V
Q. Colbert
Q. Frissard
DIGUE NORD
R. de Paris
Chaussée Lamandé
CAPITAINERIE
DIGUE SUD
DIGUE OUEST
BASSIN BELLOT
GARE MARITIME PORT AUTONOME
Lucien Corbeaux
BASSIN THÉOPHILE DUCROCQ
BASSINS AUX PÉTROLES
DIGUE CH. LAROCHE
A
B

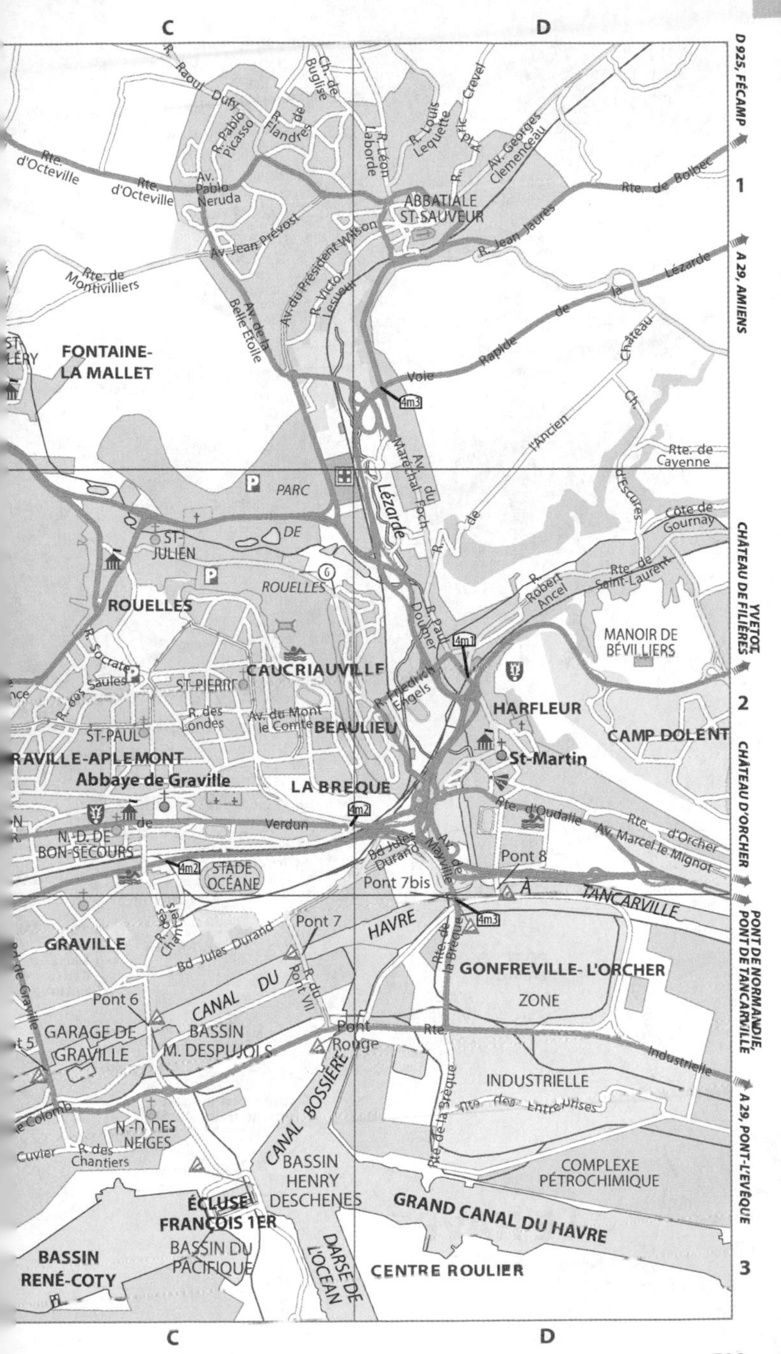
C
D
D 925, FÉCAMP
1
A 29, AMIENS
YVETOT, CHÂTEAU DE FILIÈRES
2
CHÂTEAU D'ORCHER
PONT DE NORMANDIE, PONT DE TANCARVILLE
A 29, PONT-L'EVÊQUE
3
FONTAINE-LA MALLET
ABBATIALE ST-SAUVEUR
PARC DE ROUELLES
ST-JULIEN
ROUELLES
CAUCRIAUVILLE
ST-PIERRE
ST-PAUL
BEAULIEU
HARFLEUR
St-Martin
CAMP DOLENT
MANOIR DE BÉVILLIERS
GRAVILLE-APLEMONT
Abbaye de Graville
LA BREQUE
N.-D. DE BON-SECOURS
STADE OCÉANE
GRAVILLE
Pont 6
Pont 7
Pont 7bis
Pont 8
CANAL DU HAVRE
À TANCARVILLE
GONFREVILLE- L'ORCHER
ZONE INDUSTRIELLE
GARAGE DE GRAVILLE
BASSIN M. DESPUJOLS
Pont Rouge
CANAL BOSSIÈRE
N-D DES NEIGES
BASSIN HENRY DESCHENES
COMPLEXE PÉTROCHIMIQUE
GRAND CANAL DU HAVRE
ÉCLUSE FRANÇOIS 1ER
BASSIN DU PACIFIQUE
DARSE DE L'OCÉAN
BASSIN RENÉ-COTY
CENTRE ROULIER
Rte. d'Octeville
Av. Pablo Neruda
Av. Jean Prévost
Rte. de Montivilliers
Av. de la Belle Etoile
Av. du Président Wilson
R. Victor Lesueur
Rte. de Bolbec
R. Jean Jaurès
Voie Rapide de la Lézarde
Av. du Maréchal Foch
Lézarde
Rte. de Cayenne
Côte de Gournay
Rte. de Saint-Laurent
R. Robert Ancel
R. Paul Doumer
R. Friedrich Engels
Av. du Mont le Comte
R. des Londes
Verdun
Bd Jules Durand
Av. de Maville
Rte. d'Oudalle
Rte. d'Orcher
Av. Marcel le Mignot
Rte. de la Brèque
Rte. Industrielle
Rte. des Entreprises
4m1
4m2
4m3

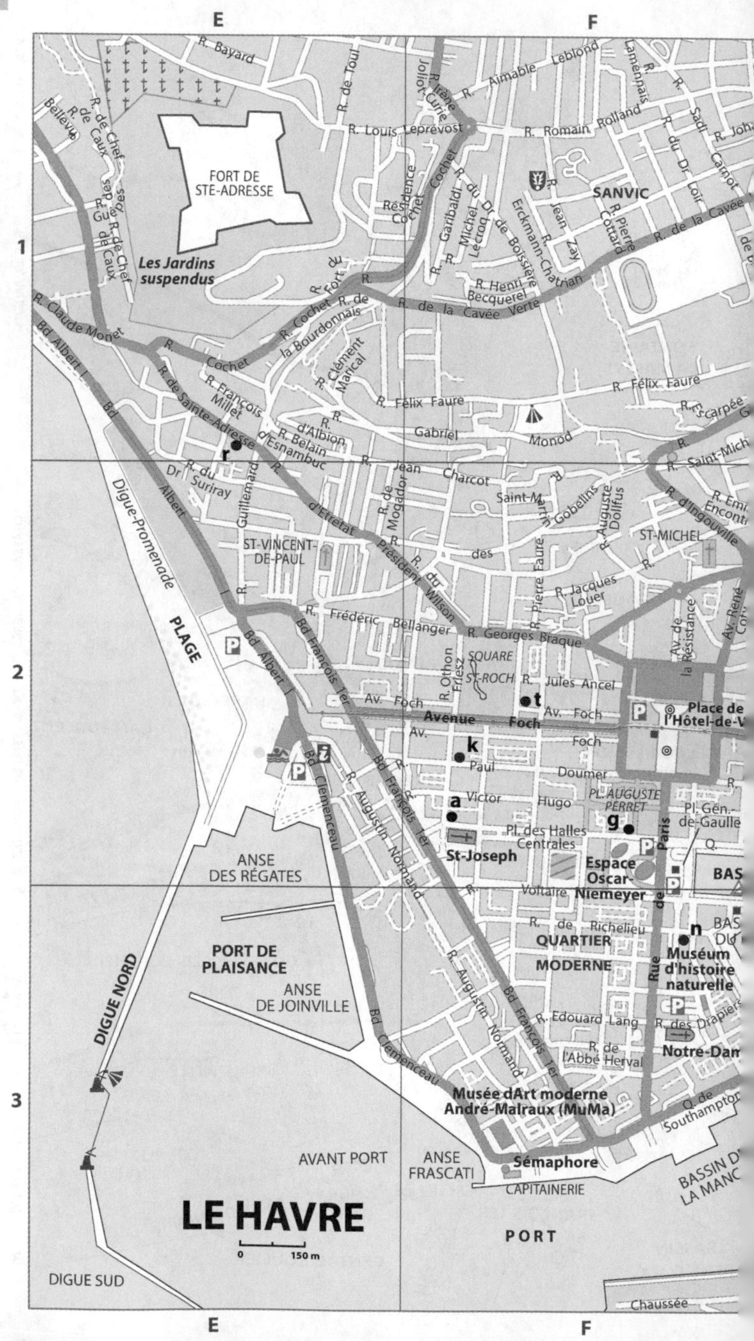
LE HAVRE
FORT DE STE-ADRESSE
Les Jardins suspendus
SANVIC
ST-VINCENT-DE-PAUL
ST-MICHEL
PLAGE
Digue-Promenade
SQUARE ST-ROCH
Avenue Foch
Place de l'Hôtel-de-V
PL. AUGUSTE PERRET
Pl. des Halles Centrales
St-Joseph
Espace Oscar-Niemeyer
Pl. Gén.-de-Gaulle
QUARTIER MODERNE
Muséum d'histoire naturelle
Notre-Dam
ANSE DES RÉGATES
PORT DE PLAISANCE
ANSE DE JOINVILLE
DIGUE NORD
AVANT PORT
ANSE FRASCATI
Musée dArt moderne André-Malraux (MuMa)
Sémaphore
CAPITAINERIE
BASSIN DE LA MANC
PORT
DIGUE SUD
0 150 m
E
F
1
2
3

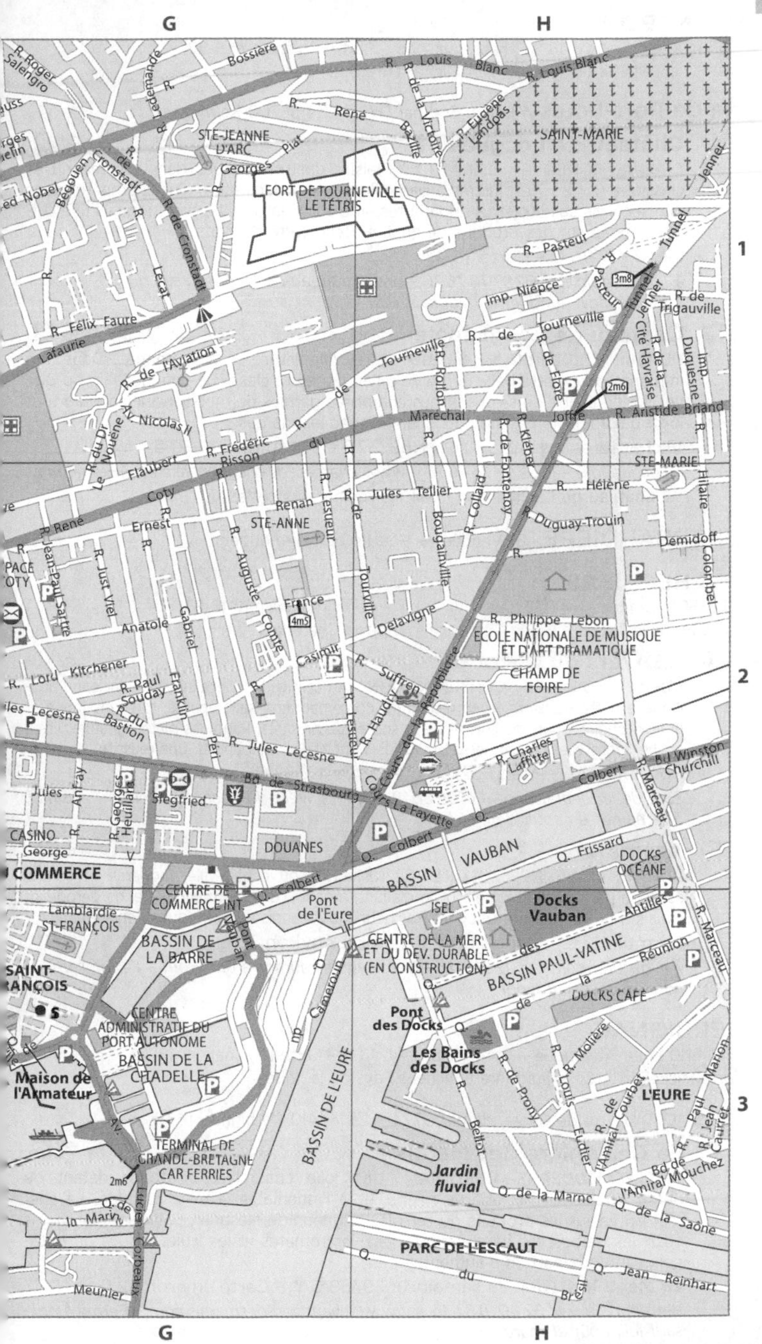
G
H
1
2
3
R. Louis Blanc
R. Louis Blanc
R. Roger Salengro
Bossière
R. Ledemandé
R. René
R. de la Victoire
Bazille
R. Eugène Landoas
SAINT-MARIE
Jenner
STE-JEANNE D'ARC
Georges Piat
FORT DE TOURNEVILLE LE TÉTRIS
R. de Cronstadt
R. Bégouen
Lecat
R. Pasteur
Tunnel Jenner
3m8
Imp. Niépce
R. de Trigauville
R. Félix Faure
Lafaurie
R. de l'Aviation
R. de Tourneville
R. Rollon
R. de Flere
R. de la Cité Havraise
Imp. Duquesne
2m6
Av. Nicolas II
Maréchal Joffre
R. Aristide Briand
R. du Dr Le Nouëne
R. Frédéric Bisson
Flaubert
R. de Fontenoy
R. Kléber
R. Collard
STE-MARIE
Hilaire
R. Hélène
R. René Coty
Ernest Renan
R. Jules Tellier
R. Duguay-Trouin
STE-ANNE
R. Lesueur
R. de Tourville
R. Bougainville
Demidoff
Colombel
R. Jean-Paul Sartre
R. Just Viel
R. Anatole France
R. Auguste Comte
Gabriel
4m5
R. Philippe Lebon
ÉCOLE NATIONALE DE MUSIQUE ET D'ART DRAMATIQUE
Delavigne
Casimir
R. Suffren
CHAMP DE FOIRE
R. Lord Kitchener
R. Paul Souday
Franklin
R. du Bastion
Jules Lecesne
R. Haudry
Cours de la République
Péri
R. Jules Lecesne
R. Charles Laffitte
Bd Winston Churchill
R. Marceau
Bd de Strasbourg
Siegfried
Cours La Fayette
Q. Colbert
R. Georges Heuillard
Jules Ancelot
CASINO
George V
DOUANES
BASSIN VAUBAN
Q. Frissard
DOCKS OCÉANE
U COMMERCE
CENTRE DE COMMERCE INT.
Q. Colbert
Pont de l'Eure
ISEL
Docks Vauban
Antilles
R. Marceau
Lamblardie
ST-FRANÇOIS
BASSIN DE LA BARRE
Pont Vauban
CENTRE DE LA MER ET DU DEV. DURABLE (EN CONSTRUCTION)
BASSIN PAUL-VATINE
Réunion
DOCKS CAFÉ
SAINT-FRANÇOIS
CENTRE ADMINISTRATIF DU PORT AUTONOME
Q. du Cameroun
Pont des Docks
Les Bains des Docks
BASSIN DE LA CITADELLE
Maison de l'Armateur
R. de Prony
R. Louis Eudier
R. Molière
L'EURE
R. de l'Amiral Courbet
R. Paul Marion
R. Jean Caurret
BASSIN DE L'EURE
TERMINAL DE GRANDE-BRETAGNE CAR FERRIES
Belfort
Jardin fluvial
Q. de la Marne
Bd de l'Amiral Mouchez
Q. de la Saône
2m6
Q. de la Marine
Lucien Corbeaux
PARC DE L'ESCAUT
Q. du Brésil
Q. Jean Reinhart
Meunier

HENNEBONT

✉ 56700 Morbihan - 15 582 hab. - Alt. 15 m - Carte régionale n° **5**-B2
Carte Michelin 308-L8 - Guide Vert Michelin Bretagne Sud

rte de Port-Louis 4 km au Sud par D781 - ✉ 56700 Kervignac

Château de Locguénolé

CUISINE MODERNE • ÉLÉGANT XXX Plaisirs gastronomiques dans un décor très classique (tapisseries, lustres à pampilles, chandeliers, etc.), plus champêtre dans une seconde salle (pierres apparentes, vue sur le jardin). Le chef signe ici une cuisine fondée sur des produits de qualité. Belle carte des vins.

Menu 49/99 € - Carte 75/125 €

à Locguénolé - ✆ 02 97 76 76 76 - www.chateau-de-locguenole.com - Fermé janv., lundi et le midi sauf dim.

Château de Locguénolé

DEMEURE HISTORIQUE • GRAND LUXE Villégiature à la bretonne... Dans son immense parc, cette belle demeure à l'architecture classique domine la ria du Blavet. De l'enfilade de salons et des chambres garnies de mobilier ancien, on a tout loisir d'admirer le paysage qui change avec les marées...

18 chambres - 🚹159/370 € 🚹🚹159/370 € - 4 suites - ☕ 21 €

à Locguénolé - ✆ 02 97 76 76 76 - www.chateau-de-locguenole.com - Fermé janv.

Château de Locguénolé - voir les restaurants ci-dessus

L'HERBAUDIÈRE - 85 Vendée

→ Voir Île de Noirmoutier

LES HERBIERS

✉ 85500 Vendée - 16 032 hab. - Alt. 110 m - Carte régionale n° **18**-B3
Carte Michelin 316-J6 - Guide Vert Michelin Poitou Charentes

L'Envers du Décor (N)

CUISINE MODERNE • CONTEMPORAIN X Au centre de la localité, cette ancienne boulangerie a été transformée en restaurant contemporain : salle épurée, tons gris taupe et orange brique, pour une cuisine de saison et de produits. Parmi les plats signature, l'œuf poché, tagliatelles d'encornets et piquillos vient titiller vos papilles. Une réussite.

Formule 23 € - Menu 32/54 € - Carte 47/62 €

23 r. de la Bienfaisance - ✆ 09 86 19 30 21 - envers-du-decor.fr - Fermé 1er-15 mai, 3 semaines en août, dim. et lundi

Aroma (N)

CUISINE MODERNE • COLORÉ X Ce restaurant du centre-ville, moderne et coloré, est tenu par un jeune couple plein d'allant, auteur d'une carte évolutive, ne dérogeant jamais à la sacro-sainte trilogie : fraîcheur, gourmandise et... produits vendéens !

Formule 17 € - Menu 28/42 € - Carte environ 35 €

7 r. du Brandon - ✆ 02 51 91 05 48 - www.restaurant-aroma.com - Fermé sam. midi, dim. soir et lundi

HERBIGNAC

✉ 44410 Loire-Atlantique - 6 445 hab. - Alt. 18 m - Carte régionale n° **18**-A2
Carte Michelin 316-C3 - Guide Vert Michelin Pays de la Loire

au Sud 6 km rte de Guérande par D774 - ✉ 44410 Herbignac

La Chaumière des Marais

CUISINE MODERNE • RUSTIQUE XX Une jolie chaumière brièronne datant du début du 19e s., aux abords fleuris, et à l'indéniable charme rustique. Le chef met en valeur les produits du terroir - pigeons de Mesquer, par exemple - mais aussi les herbes, les fleurs (capucines), les tomates et les fruits rouges du potager... Un doux parfum d'authenticité !

Menu 18 € (déj. en semaine), 29/68 € 🍷 - Carte environ 52 €

Kermoureau - ✆ 02 40 91 32 36 - www.lachaumieredesmarais.com - Fermé lundi sauf juil.-août et mardi

HÉRÉPIAN - 34 Hérault ➔ Voir Bédarieux

HÉROUVILLE - 95 Val-d'Oise ➔ Voir Autour de Paris

HÉROUVILLE-ST-CLAIR - 14 Calvados ➔ Voir Caen

HESDIN

✉ 62140 Pas-de-Calais - 2 201 hab. - Alt. 27 m - Carte régionale n° **16**-A2
Carte Michelin 301-F5

L'Écurie

CUISINE TRADITIONNELLE • ÉLÉGANT XX À deux pas de l'hôtel de ville, un sympathique restaurant mettant en avant de bons plats traditionnels, francs et sans fioritures. Saumon fumé "maison", escalope de foie gras chaud au pain d'épice perdu : c'est simple et bon, à déguster dans une ambiance conviviale et sans prétention.

Formule 17 € - Menu 25/30 €

17 r. Jacquemont - ✆ 03 21 86 86 86
- www.restaurant-lecurie.com
- Fermé dim. soir, lundi et mardi

Trois Fontaines

AUBERGE • FONCTIONNEL En périphérie de la petite ville, cet hôtel propose des chambres bien aménagées, qui donnent toutes sur le jardin. Préférez celles de l'extension, décorées dans un style scandinave chaleureux (lambris, mobilier rustique).

16 chambres - 65 € 65/75 € - 9 €

16 rte d'Abbeville - ✆ 03 21 86 81 65
- www.hotel-les3fontaines.com - Fermé 19 déc.-7 janv.

à Gouy-St-André 14 km à l'Ouest par N39 et D137 - ✉ 62870 -

639 hab. - Alt. 100 m

Le Clos de la Prairie

CUISINE MODERNE • COSY XX En pleine campagne, ce charmant restaurant dégage une douceur bucolique. Derrière les fourneaux, le chef concocte, avec maîtrise, des plats au goût du jour qui suivent le rythme des saisons. L'été, profitez de la terrasse qui donne sur... la prairie, au calme.

Menu 45 € - Carte environ 54 €

17 r. de St-Rémy - ✆ 03 21 90 39 58
- www.leclosdelaprairie.com - Fermé 23-30 déc., merc. et le midi sauf dim.

Le Clos de la Prairie

MAISON DE CAMPAGNE • COSY Dans un corps de ferme du 19e s. entouré de 12 ha de prairies, cet établissement domine la vallée de l'Authie. Les chambres, dans un style "campagne chic" (mobilier cérusé, boutis, rideaux en lin...), sont toutes de plain-pied et s'ouvrent sur la nature.

8 chambres - 95/120 € 120/185 € - 15 €

17 r. de St-Rémy - ✆ 03 21 90 39 58
- www.leclosdelaprairie.com - Fermé 23-30 déc.

Le Clos de la Prairie - voir les restaurants ci-dessus

Pour bien utiliser votre guide, consultez son mode d'emploi situé en pages d'introduction : symboles, classements, abréviations et autres signes n'auront plus de mystère pour vous !

HESDIN-L'ABBÉ - 62 Pas-de-Calais ➜ Voir Boulogne-sur-Mer

HÉSINGUE - 68 Haut-Rhin ➜ Voir St-Louis

HEUDICOURT-SOUS-LES-CÔTES - 55 Meuse ➜ Voir St-Mihiel

HEUGUEVILLE-SUR-SIENNE

✉ 50200 Manche - 541 hab. - Alt. 15 m - Carte régionale n° **17**-A2
Carte Michelin 303-C5

Athome

CUISINE MODERNE · AUBERGE Un jeune couple originaire de la région s'est installé dans ce presbytère du 18ᵉ s. Lionel, en cuisine, s'appuie sur une solide expérience (séjours en Australie et au Japon) et de bons produits locaux – maraîcher bio, pêche artisanale – ; Edwige, en salle, se révèle aussi souriante qu'efficace. Succès mérité !

Menu 20 € (déj. en semaine), 32/53 €

16 r. de la Sienne - ✆ 02 33 47 19 61 - Fermé 11-26 juin, 24 sept.-9 oct., 8-24 janv., dim. soir, lundi et mardi

HEYRIEUX

✉ 38540 Isère - 4 633 hab. - Alt. 220 m - Carte régionale n° **23**-B2
Carte Michelin 333-D4

L'Alouette

CUISINE TRADITIONNELLE · TENDANCE Voilà un restaurant contemporain bien agréable avec son sol en béton ciré, ses œuvres d'art (à vendre !), son piano à queue et son joli jardin. Le chef concocte une cuisine de saison, fine et goûteuse. Pour accompagner cela, la cave offre un choix de plus de 450 références. Belles chambres contemporaines pour l'étape.

Formule 23 € - Menu 42 € (semaine), 48/60 € - Carte 48/72 €

4 chambres - 150/250 € 150/250 € - 20 €

475 rte de Crémieu, à 3 km, rte de St-Jean-de-Bournay - ✆ 04 78 40 06 08 - www.restaurant-alouette.com - Fermé 1 semaine en mai, 24 juil.-23 août, 23 déc.-4 janv., sam. midi, dim. soir et lundi

HIERES-SUR-AMBY

✉ 38118 Isère - 1 237 hab. - Alt. 216 m - Carte régionale n° **23**-B1
Carte Michelin 333-E3 - Guide Vert Michelin Lyon et sa région

Le Val d'Amby

CUISINE TRADITIONNELLE · CONVIVIAL Sur la place du village, cette jolie maison en pierre abrite le talent d'un ancien compagnon du Tour de France, qui réalise une bonne cuisine traditionnelle, traversée d'influences méridionales. On cède aisément aux cannelloni de homard et sa crème de crustacés. Les propriétaires sont charmants.

Menu 27 € (déj. en semaine), 31/65 € - Carte 53/78 €

13 chambres - 62/79 € 73/90 € - 10 €

2 pl. de la République - ✆ 04 74 82 42 67 - www.hotel-levaldamby.com - Fermé 7-22 avril, 5-19 août, 23-28 déc., dim. soir et merc.

HILLION

✉ 22120 Côtes-d'Armor - 4 094 hab. - Alt. 28 m - Carte régionale n° **5**-C1
Carte Michelin 309-G3

aux Ponts-Neufs 5 km à l'Est par D46 puis D786 – ✉ 22400

La Cascade

CUISINE MODERNE • ÉLÉGANT XX En jetant un coup d'œil par les larges baies vitrées de ce restaurant cosy et feutré, on peut se laisser captiver par l'étang des Ponts-Neufs et la verdure qui l'entoure... En cuisine, le chef sait capter l'air du temps et privilégie le meilleur de la pêche de la baie, qu'il associe aux produits du terroir breton.

Formule 18 € – Menu 24 € (déj. en semaine), 38/52 € – Carte 46/70 €

4 r. des Ponts-Neufs – ✆ 02 96 32 82 20 – www.restaurant-lacascade-22.fr – Fermé mardi soir, merc. soir et jeudi soir de mi-sept. à mi-juin, dim. soir et lundi

HINX – 40 Landes ➔ Voir Dax

HOCHSTATT – 68 Haut-Rhin ➔ Voir Mulhouse

HOHRODBERG

✉ 68140 Haut-Rhin – Alt. 750 m – Carte régionale n° **1**-A2
Carte Michelin 315-G8

Panorama

FAMILIAL • FONCTIONNEL Quel panorama ! Face à la vallée de Munster, une sympathique bâtisse hôtelière avec des chambres confortables – les plus anciennes évoquent l'Alsace, mais préférez les plus récentes, mêlant bois et pierre de jolie façon.

32 chambres – †76/98 € ††91/113 € – ☕13 €

3 rte de Linge-Hohrodberg – ✆ 03 89 77 36 53 – www.hotel-panorama-alsace.com

LE HOHWALD

✉ 67140 Bas-Rhin – 507 hab. – Alt. 570 m – Carte régionale n° **1**-C1
Carte Michelin 315-H6

La Forestière

MAISON DE CAMPAGNE • CONTEMPORAIN Sur les hauteurs de cette petite station de montagne, avec la forêt toute proche, une grande maison très tranquille : espace, modernité, confort... et saveurs, car ses charmants propriétaires sont passionnés par la cuisine alsacienne et le gibier !

5 chambres ☕ – †82/102 € ††97/117 €

10 A chemin-du-Eck – ✆ 03 88 08 31 08 – www.laforestiere-alsace.fr – Fermé 1 semaine en fév., 1 semaine en avril et 1 semaine en juil.

HOLNON – 02 Aisne ➔ Voir St-Quentin

LE HÔME – 14 Calvados ➔ Voir Cabourg

Sandrine Boyer

ON AIME...

L'Auberge de la Source, ou le style chic campagnard dans toute sa splendeur. Le **P'tit Mareyeur**, dont le chef-patron ne manque pas d'imagination. Près du port, la convivialité gourmande du **Fleuron**. L'ambiance chaleureuse, au coin du feu ou en terrasse, des **Maisons de Léa**. L'esprit d'invention du talentueux Alexandre Bourdas, au **SaQuaNa**...

HONFLEUR

✉ 14600 Calvados – 7 440 hab. – Alt. 5 m – Carte régionale n° **17**-A3
Carte Michelin 303-N3 – Guide Vert Michelin Normandie Vallée de la Seine

Restaurants

✿✿ SaQuaNa (Alexandre Bourdas)

CUISINE CRÉATIVE • DESIGN XX SaQuaNa pour "saveurs, qualité, nature" ou encore "poisson" (*sakana*) en nippon : telle est la formule magique d'Alexandre Bourdas, chef à la personnalité bien affirmée. Jamais à court de fulgurances, il signe une cuisine d'auteur bluffante, millimétrée, très intuitive et inventive, qui mène de découvertes en découvertes : ça déménage !

➜ Pascade à l'huile de truffe et ciboulette. Lotte pochée au citron vert, livèche, coriandre, bouillon noix de coco et huile de combava. Nougatine cacao, chocolat blanc et truffe, crème de châtaignes grillées.

Menu 90/130 €

Plan : A1-u *22 pl. Hamelin – ✆ 02 31 89 40 80 – www.alexandre-bourdas.com – Fermé lundi, mardi et merc.*

Le Bréard

CUISINE MODERNE • ÉLÉGANT XX Cadre contemporain et cuisine subtile au menu de ce restaurant, situé dans une ruelle pavée proche de l'église Ste-Catherine. Le chef associe de belles saveurs avec créativité et générosité !

Menu 33/63 € – Carte 48/69 €

Plan : A1-e *7 r. du Puits – ✆ 02 31 89 53 40 – www.restaurant-lebreard.com – Fermé 5-12 mars, 8-23 janv., mardi midi, merc. midi, jeudi midi et lundi*

La Fleur de Sel

CUISINE MODERNE • TRADITIONNEL XX Dans une rue du quartier historique, Vincent Guyon, ancien de la Ferme Saint-Siméon, réalise un travail admirable : cuissons bien maîtrisées, belles inspirations dans la construction visuelle des plats... L'ensemble dégage une vraie assurance, celle d'un chef qui sait où il va. Sans oublier le service, impeccable !

Menu 32/75 €

Plan : A1-v *17 r. Haute – ✆ 02 31 89 01 92 – www.lafleurdesel-honfleur.com – Fermé 1 semaine en juil., janv., lundi et mardi*

HONFLEUR

La Ferme St-Siméon

CUISINE MODERNE • CLASSIQUE XXXX L'intérieur de style normand, élégant et luxueux, le parc arboré avec sa roseraie, la terrasse offrant une superbe vue sur l'estuaire de la Seine : c'est enchanteur, bien sûr, mais pas de quoi nous détourner de l'assiette ! Le chef signe en effet une belle cuisine contemporaine, précise et finement exécutée, avec en particulier de savoureux poissons.

Menu 55 € (déj. en semaine), 80/140 € – Carte 130/160 €

Hors plan *Hôtel La Ferme St-Siméon, 20 r. Adolphe-Marais – ✆ 02 31 81 78 00 – www.fermesaintsimeon.fr*

Entre Terre et Mer

CUISINE MODERNE • CONVIVIAL XX Sur une place près du Vieux-Bassin, ce restaurant navigue entre terre et mer dans l'assiette comme dans le décor, avec des photos de vaches, de moutons et de poissons. Un cadre apaisant et chaleureux, pour une cuisine marquée du sceau de l'authenticité normande.

Menu 32/63 € – Carte 57/87 €

Plan : A1-t *12-14 pl. Hamelin – ✆ 02 31 89 70 60 – www.entreterreetmer-honfleur.com – Fermé 3 semaines en janv.*

L'Absinthe

CUISINE MODERNE • COSY XX Envie d'un poisson très frais cuisiné avec soin ? Cette ancienne maison de pêcheur sur le port (15e-17e s.) est l'endroit idéal pour cela. Le décor mêle esprit rustique et élégance, et l'on apprécie la terrasse aux beaux jours...

Formule 20 € – Menu 27/60 € – Carte 61/120 €

Plan : B2-b *10 quai de la Quarantaine – ✆ 02 31 89 39 00 – www.absinthe.fr – Fermé 15 nov.-15 déc.*

Le Manoir des Impressionnistes N

CUISINE MODERNE • COSY XX Des fournisseurs triés sur le volet – bateaux d'Honfleur pour le poisson, nombreux producteurs bio en circuit court – pour une cuisine au goût du jour, réalisée par une équipe sérieuse et impliquée : dans l'assiette aussi, ce Manoir fait forte impression...

Menu 48/79 € – Carte 67/94 €

Hors plan *Hôtel Le Manoir des Impressionnistes, r. Adolphe-Marais – ✆ 02 31 81 63 00 – www.manoirdesimpressionnistes.com*

Tourbillon

CUISINE FRANÇAISE MODERNE • COSY XX Le restaurant, installé dans plusieurs pièces en enfilade, dévoile un esprit chaleureux et du meilleur goût ! La cuisine, bien parfumée et colorée, se base sur de bons produits : on passe un agréable moment de gourmandise...

Menu 24 € (déj.) – Carte 40/80 €

Plan : A1-a *Hôtel Les Maisons de Léa, pl. Ste-Catherine – ✆ 02 31 14 49 40 – www.restaurant-honfleur-lesmaisonsdelea.com – Fermé mardi midi, merc. midi et lundi*

Au P'tit Mareyeur

POISSONS ET FRUITS DE MER • AUBERGE X Cette maison ancienne, qu'on reconnaît à sa façade bleu marine, est emmenée tambour battant par un jeune chef débordant d'énergie. À l'étage, il nous accueille dans une salle cossue et chaleureuse ; on y retrouve toutes ses préparations de la mer avec, comme spécialité, la bouillabaisse honfleuraise. Des saveurs bien marquées, un pur plaisir !

Menu 29 € (déj.)/39 € – Carte 39/70 €

Plan : A1-s *4 r. Haute – ✆ 02 31 98 84 23 – Fermé 27 juin-5juil., 3 janv.-3 fév., mardi et merc. sauf juil.-août*

L'Endroit

CUISINE MODERNE • BRANCHÉ X Bistronomique et novateur : tel est cet Endroit niché dans les ruelles tortueuses de Honfleur. En amoureux des beaux produits, le chef nous gratifie de beaux poissons frais, de légumes et volailles de fournisseurs locaux, qu'il travaille dans les règles de l'art. Soirées jazz les premiers vendredis du mois.

Formule 26 € – Menu 32 € – Carte 35/102 €

Plan : A2-e *3 r. Charles-et-Paul-Bréard – ✆ 02 31 88 08 43 – www.restarantlendroithonfleur.com – Fermé lundi et mardi d'oct. à mi-avril*

L'Ecailleur

CUISINE MODERNE • ÉLÉGANT X Larguez les amarres ! Ce restaurant face au Vieux-Bassin évoque une vraie cabine de paquebot (boiseries, cordages, hublots, etc.). Le chef est un ancien autodidacte qui sait laisser libre cours à son imagination, à partir de produits de qualité. Il propose une agréable traversée...

Menu 31/48 € – Carte 40/60 €

Plan : A2-a *1 r. de la République – ✆ 02 31 89 93 34 – www.lecailleur.fr – Fermé 2 semaines déc., 2 semaines juin, mardi hors saison, merc. et jeudi*

Le Fleuron

CUISINE MODERNE • BISTRO Ce petit restaurant, situé non loin du port, a conservé son âme d'ancienne demeure. Son jeune chef nous propose une cuisine gourmande : poisson d'un bateau de Honfleur, bœuf de race, porc basque... Ici, on aime les beaux produits, et on le fait savoir ! A déguster, aux beaux jours, sur la petite terrasse.

Menu 28 € - Carte 35/70 €

Plan : A2-r *12 r. Montpensier - 02 31 14 93 94 - Fermé mardi*

Hôtels & maisons d'hôtes

La Ferme St-Siméon

LUXE • PERSONNALISÉ Haut lieu de l'histoire de la peinture, l'auberge que fréquentaient les impressionnistes est devenue un hôtel magnifique ! Le parc domine l'estuaire – et ses lumières changeantes –, les chambres, au calme, réinventent le style rustique... version luxe. Intemporel comme un tableau.

30 chambres - 195/850 € 195/850 € - 4 suites - 28 €

Hors plan *20 r. Adolphe-Marais - 02 31 81 78 00 - www.fermesaintsimeon.fr*

La Ferme St-Siméon - voir les restaurants ci-dessus

Les Maisons de Léa

TRADITIONNEL • COSY En plein cœur de la ville, juste devant l'église Ste-Catherine, cette bâtisse est composée de plusieurs maisons élégantes, joliment décorées par thèmes (Campagne, Romance, Baltimore, Capitaine). Le confort est total, l'accueil est charmant : incontournable, tout simplement !

33 chambres - 155/420 € 155/420 € - 9 suites - 18 €

Plan : A1-a *pl. Ste-Catherine - 02 31 14 49 49 - www.lesmaisonsdelea.com*

Tourbillon - voir les restaurants ci-dessus

Le Manoir des Impressionnistes

TRADITIONNEL • PERSONNALISÉ Colombages peints, fenêtres à croisillons, toitures asymétriques, petit parc : ce manoir du 18e s. pourrait inspirer un peintre. On accède aux chambres, très cosy, par un bel escalier de bois, la mer est en contrebas : si romantique...

10 chambres - 190/485 € 190/485 € - 21 €

Hors plan *r. Adolphe-Marais - 02 31 81 63 00 - www.manoirdesimpressionnistes.com*

Le Manoir des Impressionnistes - voir les restaurants ci-dessus

L'Écrin

HISTORIQUE • PERSONNALISÉ Écrin précieux que ce véritable petit musée rempli d'objets d'art et d'ornements anciens, assurément atypique ! Dans les chambres cohabitent les styles et les détails d'époque, de la jolie mansarde au grand lit à baldaquin ; l'une d'entre elles a même servi jadis de décor au film "La chambre verte", de Truffaut... Petit-déjeuner servi face au jardin.

30 chambres - 120/165 € 149/265 € - 3 suites - 15 €

Plan : A2-g *19 r. Eugène-Boudin - 02 31 14 43 45 - www.hotel-ecrin-honfleur.com*

La Maison de Lucie

MAISON DE MAÎTRE • COSY L'âme de la poétesse et romancière Lucie Delarue Mardrus flotte sur ces lieux, dont elle fut propriétaire. Boiseries, canapés en cuir, bibliothèque : la maison ne manque pas de style, et propose toute une gamme de chambres décorées avec le meilleur goût... Un doux séjour.

9 chambres - 170/200 € 170/200 € - 3 suites - 14 €

Plan : A1-f *44 r. des Capucins - 02 31 14 40 40 - www.lamaisondelucie.com - Fermé 18-22 déc. et 2-13 janv.*

L'Absinthe

HISTORIQUE • PERSONNALISÉ La "fée verte" se fait reposante dans cet ancien presbytère du 16e siècle... Matériaux anciens et teintes douces dessinent un cadre plaisant (plus contemporain dans l'annexe, une maison faisant face aux quais) qui pourra... envoûter.

9 chambres ☕ - 🚹135/270 € 🚹🚹135/270 € - 2 suites

Plan : B2-v *1 r. de la Ville - ✆ 02 31 89 23 23 - www.absinthe.fr - Fermé de mi-nov. à mi-déc.*

Mercure

HÔTEL DE CHAÎNE • FONCTIONNEL Mercure proche du centre, aux chambres colorées et fonctionnelles. Pour le calme, préférez celles sur l'arrière.

56 chambres - 🚹99/149 € 🚹🚹99/149 € - ☕16 €

Plan : B2-q *r. des Vases - ✆ 02 31 89 50 50 - www.mercure-honfleur.com*

À L'École Buissonnière

URBAIN • PERSONNALISÉ Cette école-là possède un cachet fou ! À deux pas du Vieux-Bassin, les salles de classe 1900 sont devenues des chambres délicieuses. La cour avec ses colombages, la superbe cuisine ouverte pour le petit-déjeuner gourmand, le salon de thé... Une leçon de plaisir.

5 chambres ☕ - 🚹120/150 € 🚹🚹160/220 €

Plan : A2-m *4 r. de la Foulerie - ✆ 06 16 18 43 62 - www.a-lecole-buissonniere.com*

à Barneville-la-Bertran 5 km au Sud-Ouest par D62 et D279 - ✉ 14600 - 131 hab. - Alt. 48 m

Auberge de la Source

MAISON DE CAMPAGNE • ÉLÉGANT À l'entrée du village, cette jolie maison en brique rouge et sa longère à colombages semblent incarner l'idéal champêtre : un jardin et ses beaux arbres fruitiers ; des bassins où fraient truites et esturgeons ; des chambres d'esprit nature et cosy... et un restaurant aux airs d'auberge chic. Charmant !

14 chambres - 🚹115/300 € 🚹🚹115/300 € - 1 suite - ☕19 €

chemin du Moulin - ✆ 02 31 89 25 02 - www.auberge-de-la-source.fr

au Nord-Ouest 3 km par rte de Trouville - ✉ 14600 Vasouy :

La Chaumière

MAISON DE CAMPAGNE • BORD DE MER Cette jolie ferme normande du 17e s. se dresse face à l'estuaire de la Seine, dans un parc qui dévale jusqu'à la mer. Après avoir goûté de bonnes grillades, on remonte vers les belles chambres, luxueuses, où le bois chaleureux domine... Exquis !

9 chambres - 🚹235/550 € 🚹🚹235/550 € - 1 suite - ☕16 €

Vasouy, rte du Littoral, par D513 - ✆ 02 31 81 63 20 - www.hotel-chaumiere.fr

à Cricqueboeuf 9 km par rte de Trouville - ✉ 14113 - 300 hab. - Alt. 25 m

Manoir de la Poterie & Spa

LUXE • PERSONNALISÉ Face à la mer ! Dans cette solide bâtisse d'inspiration normande se télescopent les styles baroque, Directoire, marin ou contemporain. Côté vue, vous avez le choix entre l'estran ou la campagne. Et le restaurant se prête à un moment romantique.

23 chambres - 🚹170/255 € 🚹🚹170/325 € - 1 suite - ☕22 €

chemin Paul-Ruel - ✆ 02 31 88 10 40 - www.manoirdelapoterie.fr

Petit déjeuner compris ? La tasse ☕ suit directement le nombre de chambres.

à Villerville 10 km par rte de Trouville – ✉ 14113 – 694 hab. – Alt. 10 m

Le Bellevue

MAISON DE MAÎTRE • PERSONNALISÉ Cette demeure bien nommée – face à la mer – fut, à la fin du 19e s., la villégiature du directeur de l'Opéra-Comique de Paris. Parmi les chambres, confortables, certaines ont vue sur la Manche, et le restaurant met à l'honneur les produits de la côte normande. Séjour marin en vue !

22 chambres – 95/195 € 115/265 € – 4 suites – 14 €

12 r. du Gén.-Leclerc, rte d'Honfleur – ✆ 02 31 87 20 22 – www.bellevue-hotel.fr – Fermé 4 janv.-12 fév.

L'HÔPITAL-ST-BLAISE

✉ 64130 Pyrénées-Atlantiques – 74 hab. – Alt. 145 m – Carte régionale n° **2**-B3
Carte Michelin 342-H5 – Guide Vert Michelin Pays Basque et Navarre

Auberge du Lausset

CUISINE TRADITIONNELLE • SIMPLE X Profitez d'une visite de l'église romane classée (13es.) de ce village pour faire escale dans cette auberge ! Si son décor n'a rien de particulier, l'assiette, en revanche, met bien en valeur les spécialités du terroir. Tout est fait maison. L'été, arrivez assez tôt, la terrasse est prise d'assaut.

Formule 16 € – Menu 28 € – Carte 29/43 €

Le Bourg – ✆ 05 59 66 53 03 – Fermé 1 semaine en déc., 2 semaines en sept., merc. hors saison et mardi sauf juil.-août

HORBOURG – 68 Haut-Rhin ➜ Voir Colmar

HOSSEGOR

✉ 40150 Landes – 3 819 hab. – Alt. 4 m – Carte régionale n° **2**-A3
Carte Michelin 335-C13 – Guide Vert Michelin Aquitaine

Jean des Sables

CUISINE CRÉATIVE • DESIGN XX Cadre épuré pour ce restaurant de plage du chef Jean Coussau : béton ciré, murs clairs, vivier, vue sur l'Océan... La cuisine est créative et met à l'honneur de belles pièces de poisson de retour de pêche de Capbreton, simplement grillées au four à bois... On se régale ! Accueil et service aux petits soins.

Formule 33 € – Menu 60/78 € – Carte 56/102 €

121 bd de la Dune – ✆ 05 58 72 29 82 – www.jeandessables.com – Fermé 2 janv.-10 fév., mardi midi et jeudi midi en juil.-août, mardi de sept. à juin et lundi

Les Hortensias du Lac

FAMILIAL • PERSONNALISÉ Trois belles maisons entourées d'une pinède, au bord du lac marin... Dans les chambres, luxe décontracté et décoration d'inspiration 1930. On profite d'un beau jardin planté de pins des Landes et, au réveil, d'un délicieux petit-déjeuner. Un lieu plein de charme.

20 chambres – 105/299 € 105/299 € – 5 suites – 22 €

1578 av. du Tour-du-Lac – ✆ 05 58 43 99 00 – www.hortensias-du-lac.com – Ouvert de mi-mars à mi-nov.

Villa Seren

LUXE • TENDANCE Cette belle bâtisse, mélange de bois et de béton, s'intègre bien dans son environnement. L'intérieur, superbement décoré, accueille entre autres du mobilier d'artisans de la région ; les chambres, spacieuses et confortables, offrent une vue imprenable sur le lac d'Hossegor.

27 chambres – 99/460 € 99/460 € – 2 suites – 18 €

1111 av. du Touring-Club-de-France – ✆ 05 58 58 00 55 – www.villaseren.fr – Fermé 2 semaines en janv.

202

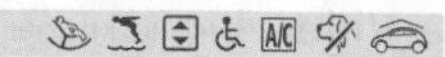

BUSINESS • TENDANCE Une jolie villa immaculée, où règne une ambiance assez jeune, et où défile en saison tout le milieu du surf professionnel. Les chambres sont spacieuses et cosy, toutes avec balcon. Terrasse agréable. *The place to be à Hossegor !*

23 chambres - 120/250 € 120/460 € - 2 suites - 14 €

202 av. du Golf - 05 58 43 22 02 - www.hotel202.fr - Fermé 2 janv.-13 fév.

à Saubion 6 km à l'Est par D33 - 40230 - 1 372 hab. - Alt. 17 m

Les Échasses

LUXE • DESIGN Ces Échasses consistent en plusieurs "lodges" installée autour d'un étang : des maisonnettes en bois, confortables et design, avec poêle à bois et grandes baies vitrées donnant sur une terrasse au-dessus de l'eau... Une expérience insolite et tout à fait délicieuse.

8 chambres - 250/350 € 250/350 € - 10 €

701 rte des Bruyères - 06 51 96 55 54 - www.lesechasses.fr

HOUAT (ÎLE D') - 56 Morbihan → Voir Île d'Houat

LES HOUCHES - 74 Haute-Savoie → Voir Chamonix-Mont-Blanc

HOUDAN

78550 Yvelines - 3 464 hab. - Alt. 104 m - Carte régionale n° **10**-A2
Carte Michelin 311-F3 - Guide Vert Michelin Île-de-France

La Poularde

CUISINE TRADITIONNELLE • CONVIVIAL XX Une authentique adresse de tradition, dont certains pourront juger le décor trop classique et désuet, mais dont on ne peut nier la qualité de la table : le chef honore les recettes de toujours et les produits nobles, tels le homard et les truffes en saison. Mention spéciale également pour la belle collection de whiskys.

Formule 22 € - Menu 29 € (semaine), 45 € /58 € - Carte 66/124 €

24 av. de la République, rte de Maulette D912 - 01 30 59 60 50 - www.alapoularde.com - Fermé 19-28 fév., 6-22 août, dim. soir, lundi et mardi

Le Donjon

CUISINE TRADITIONNELLE • CLASSIQUE XX Du château médiéval ne subsiste que le donjon, voisin de ce restaurant. Cuisine traditionnelle rythmée par les saisons, servie dans une salle classique, de bon confort.

Formule 25 € - Menu 39/95 €

14 r. d'Epernon (près de l'église) - 01 30 59 79 14 - www.restaurant-ledonjon.fr - Fermé 1 semaine en mars, 2 semaines en août, 1 semaine en nov., dim. soir, jeudi soir et lundi

HOULGATE

14510 Calvados - 1 965 hab. - Alt. 11 m - Carte régionale n° **17**-B2
Carte Michelin 303-L4 - Guide Vert Michelin Normandie Vallée de la Seine

L'Éden

CUISINE TRADITIONNELLE • COSY XX Deux atmosphères pour cet Éden, une salle cosy ou une véranda - façon jardin d'hiver - avec vue sur les cuisines. Derrière les fourneaux, le chef mitonne avec soin des recettes traditionnelles, justes et généreuses, et dévoile même une affection particulière pour les agrumes... On fait le plein de couleurs et de parfums.

Formule 22 € - Menu 26 € (semaine), 32/43 € - Carte 56/85 €

7 r. Henri-Fouchard - 02 31 24 84 37 - www.eden-houlgate.com - Fermé 1 semaine en oct., 8 janv.-6 fév., mardi de sept. à juin et lundi

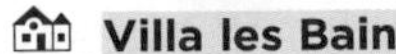

Villa les Bains

HÔTEL PARTICULIER • COSY Cet hôtel est devenu l'adresse tendance de Houlgate, en plein cœur de la station. Les chambres, de bon confort, sont réparties sur deux bâtiments séparés par un patio ; celles du dernier étage offrent une très belle vue sur la mer. Rien de tel pour déconnecter !

17 chambres - †85/160 € ††85/160 € - ☕ 12 €

31 r. des Bains - ✆ 02 31 24 80 40
- www.hotelhoulgate.fr
- Fermé 13-23 nov. et 15-25 janv.

HOUX

✉ 28130 Eure-et-Loir - 793 hab. - Alt. 108 m - Carte régionale n° **6**-C1
Carte Michelin 311-F4

La Bergerie de l'Aqueduc

MAISON DE MAÎTRE • ROMANTIQUE Cette maison de charme de la fin du 17e s., tenue par un couple d'artistes (les amateurs d'art lyrique reconnaîtront Jean-Philippe Lafont, baryton de renommée internationale), diffuse une atmosphère de romantisme et de raffinement, avec son grand salon accueillant billard et piano. Piscine à eau salée et grange privatisable pour des événements.

4 chambres ☕ - †145/235 € ††185/355 €

9 r. de l'Aqueduc - ✆ 06 07 68 75 22
- www.labergeriedelaqueduc.fr

HUNINGUE - 68 Haut-Rhin → Voir St-Louis

HUSSEREN

✉ 68470 Haut-Rhin - 978 hab. - Alt. 460 m - Carte régionale n° **1**-A3
Carte Michelin 315-F9

Cuisines et Jardins

CUISINE CLASSIQUE • ÉLÉGANT XX À l'abri d'une bâtisse du 19e s. surplombant les Jardins de Wesserling, le chef Serge Burckel s'inspire des classiques de la région pour concocter une savoureuse cuisine de saison. À déguster aux beaux jours sur la belle terrasse ombragée de tilleuls.

Menu 21 € (déj. en semaine), 25/65 € - Carte environ 70 €

24 r. du Parc - ✆ 03 69 07 37 12
- www.cuisinesetjardins.com
- Fermé janv., 1 semaine en nov., mardi et merc. d'oct. à mai, mardi soir, merc. soir et dim. soir de juin à sept. et lundi

HYÈRES

✉ 83400 Var - 56 502 hab. - Alt. 40 m - Carte régionale n° **21**-C3
Carte Michelin 340-L7 - Guide Vert Michelin Côte d'Azur

Plans pages 744, 745

La Colombe

CUISINE TRADITIONNELLE • ÉLÉGANT XXX Filet de rouget grondin, bouillon d'étrilles et croûtons à la rouille... Tel est l'ancrage provençal de la carte ! C'est en sérieux professionnels que Pascal et Nadège Bonamy ont hissé leur restaurant au rang des bonnes tables de la région. Au pied du massif des Maurettes, la finesse des assiettes ne ment pas.

Formule 18 € - Menu 32/68 € - Carte 62/90 €

Plan : A1-b *663 rte de Toulon (à la Bayorre), 2,5 km à l'Ouest - ✆ 04 94 35 35 16*
- www.restaurantlacolombe.com
- Fermé dim. soir de sept. à juin, mardi midi en juil.-août, sam. midi et lundi

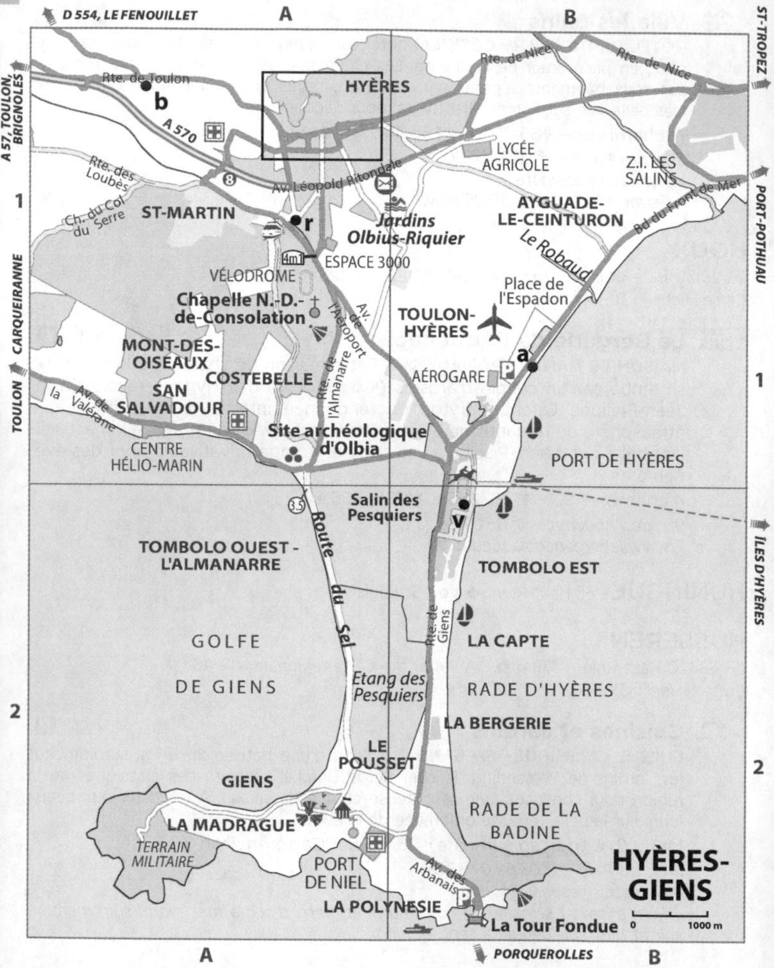

Carte Blanche

CUISINE DU MARCHÉ • SIMPLE Cette adresse confidentielle ne s'offre qu'aux piétons : petits choix de plats sur l'ardoise, produits frais de saison, terrasse pour les beaux jours… Le chef donne carte blanche à votre gourmandise, et en salle madame assure le service avec efficacité. Chut, c'est exquis, ne le dites à personne !

Carte 36/47 €

Plan : C_D2-a *3 r. des Porches – ✆ 04 94 23 51 56 – www.restaurantcarteblanche.fr – Fermé 10 jours en juin, 1er-25 oct. , dim., lundi et mardi d'oct. à mai*

Envie de partir à la dernière minute ? Visitez les sites Internet des hôtels pour bénéficier de promotions tarifaires.

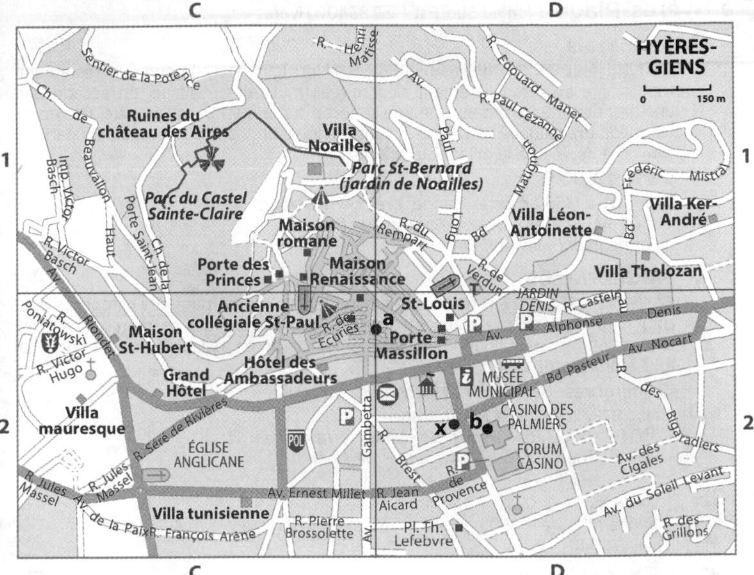

Le Baraza

CUISINE TRADITIONNELLE • BISTRO Faites vos jeux dans ce bistrot faisant face au casino ! On vous y sert une cuisine du marché bien ficelée, appuyée sur des produits de qualité et accompagnée de vins bien choisis. Un conseil : goûtez au tartare de bœuf et frites maison, un classique indétrônable du chef !

Formule 19 €
- Carte 39/53 €

Plan : D2-x *2 av. Ambroise-Thomas*
- *04 94 35 21 01*
- *www.baraza.fr*
- *Fermé dim. et lundi*

Casino des Palmiers

URBAIN • FONCTIONNEL Au cœur de Hyères, un bâtiment datant de la fin du 19e s. accueille le casino de la ville et… l'hôtel qui l'accompagne ! Les chambres, colorées et confortables, disposent d'une terrasse avec, côté sud, une belle vue sur la ville et l'île de Porquerolles.

15 chambres - 96/209 € 96/209 € - 13 €

Plan : D2-b *1 av. Ambroise-Thomas*
- *04 94 12 80 80*
- *www.hotelcasinohyeres.com*

Ibis Styles

HÔTEL DE CHAÎNE • FONCTIONNEL Face à la gare, ce bâtiment du 19e s. est surmonté d'une belle terrasse panoramique. Les chambres, d'esprit zen, se révèlent agréables.

41 chambres - 109/140 € 119/160 €

Plan : A1-r *45 av. Edith-Cavell*
- *04 94 00 67 77*
- *www.ibis.com*

à Hyères-Plage 5 km au Sud-Est – ✉ 83400 Hyeres

Le Marais

CUISINE MÉDITERRANÉENNE • DESIGN Non loin de l'aéroport, un restaurant tendance – avec régulièrement des soirées musicales – auquel on accède par une grande terrasse offrant une vue superbe sur la mer. Dans l'assiette, les recettes méditerranéennes et italiennes sont à l'honneur : risotto à la meule de parmesan, côte de veau à la milanaise, tiramisu...

Carte 40/80 €

Plan : B1-a *1366 bd de la Marine, près de l'aéroport*
– ✆ 09 54 12 72 09 – www.lemaraisplage.fr
– Fermé début janv. à fin mars

Méditerranée

FAMILIAL • BORD DE MER Un petit hôtel familial en bordure de l'hippodrome, à cinquante mètres de la plage et du port de plaisance. Les chambres sont bien tenues, et l'on peut louer des vélos pour partir en balade aux alentours. Le tout à prix plutôt sage...

15 chambres – 73/118 € 73/118 € – 9 €

Plan : B2-v *8 av. de la Méditerranée*
– ✆ 04 94 00 52 70 – www.hotel-lemediterranee.com
– Fermé 1er déc.-8 fév. hors vacances de Noël

IGÉ

✉ 71960 Saône-et-Loire – 860 hab. – Alt. 265 m – Carte régionale n° **4**-C3
Carte Michelin 320-I11

La Table d'Igé

CUISINE MODERNE • ROMANTIQUE Les équipes de Georges Blanc ont su conserver le style médiéval et châtelain des lieux (tentures murales, belle et imposante cheminée, pierres et poutres), tout en rafraîchissant l'ensemble. Côté cuisine, c'est à la page et de saison, avec célébration de belles viandes charolaises et bourguignonnes et spécialités bressanes chères au grand chef...

Menu 55/70 € – Carte 59/78 €

Hôtel Château d'Igé, 252 r. du Château
– ✆ 03 85 33 33 99 – www.chateaudige.com
– Fermé le midi du merc. au vend., lundi et mardi

La Véranda d'Igé

CUISINE TRADITIONNELLE • CHIC Votre plongée dans l'ambiance médiévale du Château d'Igé pourrait bien vous mener à la Véranda, un bistrot plutôt chic ouvert sur la terrasse et le jardin. Terroir de qualité et belle tradition sont à la carte, avec notamment un joli choix de plats à partager : pâté en croûte, friture du batelier sauce tartare, etc. Que du bon.

Menu 25 € (déj. en semaine) – Carte 32/67 €

Hôtel Château d'Igé, 252 r. du Château
– ✆ 03 85 33 33 99 – www.chateaudige.com

Château d'Igé

DEMEURE HISTORIQUE • CLASSIQUE En ce château fort (1235) du Mâconnais, caractère et charme vont de pair. Les chambres ne manquent pas de cachet, comme l'attestent les tentures, baldaquins et autres voûtes. Quant au jardin avec sa roseraie et sa source, il est tout simplement magnifique !

13 chambres – 89/359 € 89/359 € – 4 suites – 20 €

252 r. du Château
– ✆ 03 85 33 33 99 – www.chateaudige.com

La Table d'Igé • La Véranda d'Igé – voir les restaurants ci-dessus

IGUERANDE

✉ 71340 Saône-et-Loire – 1 005 hab. – Alt. 280 m – Carte régionale n° **4**-B3
Carte Michelin 320-E12 – Guide Vert Michelin Bourgogne

La Colline du Colombier

CUISINE MODERNE • CHIC En pleine campagne, dominant la Loire, une ferme restaurée dans un style certes champêtre... mais chic et épuré ! Un lieu nature et design, pour déguster une cuisine du terroir raffinée. Et pour prolonger l'étape, on s'installe dans les fameuses "cadoles" sur pilotis !

Menu 45 € – Carte 83/132 €

lieu-dit le Colombier, 3,5 km au Sud-Ouest par D9 et rte secondaire – 03 85 84 07 24 – www.troisgros.com – Ouvert de mi-mars à fin nov. et fermé mardi sauf juil.-août et merc.

ÎLE AUX MOINES

56780 Morbihan – 606 hab. – Alt. 16 m – Carte régionale n° **5**-A3

Carte Michelin 308-N9 – Guide Vert Michelin Bretagne Sud

Les Embruns

CUISINE TRADITIONNELLE • RUSTIQUE Par mer agitée, il n'est pas rare que ce restaurant soit balayé par les embruns ! Quoi de plus normal sur cette jolie île... où le plaisir des yeux s'allie au plaisir des papilles. Ici, pas de chichi, on savoure tourteaux, poissons frais, huîtres et fruits de mer dans une ambiance conviviale... esprit insulaire oblige !

Menu 21/30 € – Carte 27/40 €

r. du Commerce – 02 97 26 30 86 – www.restaurantlesembruns.com – Fermé 1er-20 oct., fév. et merc. sauf juil.-août

L'ÎLE BOUCHARD

37220 Indre-et-Loire – 1 638 hab. – Alt. 41 m – Carte régionale n° **6**-A3

Carte Michelin 317-L6 – Guide Vert Michelin Châteaux de la Loire

Auberge de l'Île

CUISINE MODERNE • COSY Sur cette île, au milieu de la Vienne, on jouerait volontiers les Robinson Crusoé... À condition de pouvoir manger dans cette auberge tous les jours ! On y savoure de bons produits, cuisinés avec soin, dans un cadre contemporain, ou en terrasse pour regarder passer les bateaux.

Menu 32/54 €

3 pl. Bouchard – 02 47 58 51 07 – www.aubergedelile.fr – Fermé 2 janv.-7 fév., mardi et merc.

à Sazilly 7 km à l'Ouest par D760 – 37220 – 244 hab. – Alt. 40 m

Auberge du Val de Vienne

CUISINE MODERNE • COSY Sur la route de Chinon, faites une halte gourmande dans cet ancien relais de poste (1870) au cœur du vignoble ! On y apprécie une cuisine traditionnelle actualisée, à base de beaux produits travaillés avec inventivité. Mention spéciale pour le carpaccio de cèpes et foie gras. Belle carte des vins.

Formule 18 € – Menu 22 € (semaine), 32/42 € – Carte 51/60 €

30 rte de Chinon – 02 47 95 26 49 – www.aubergeduvaldevienne.com – Fermé 1 semaine fin nov., 3 semaines en janv., dim. soir et lundi de juin a sept. et jeudi soir hors saison

ÎLE-D'AIX

17123 Charente-Maritime – 249 hab. – Alt. 10 m – Carte régionale n° **20**-A2

Carte Michelin 324-C3 – Guide Vert Michelin Poitou-Charentes

Chez Joséphine

POISSONS ET FRUITS DE MER • TENDANCE Au restaurant de l'hôtel Napoléon, le chef réalise une jolie cuisine d'aujourd'hui, dans laquelle les produits de la mer tiennent le haut de l'affiche, à l'instar des huîtres de l'île d'Aix ou des tartares de poissons frais... La terrasse est un bonheur, le soir.

Formule 25 € – Menu 35/42 € – Carte 32/55 €

Hôtel Napoléon, 1 r. Gourgaud – 05 46 84 00 77 – www.hotel-ile-aix.com – Ouvert 23 mars- 3 nov.

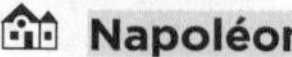

Napoléon

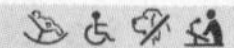

DEMEURE HISTORIQUE • CONTEMPORAIN Vingt minutes de bateau et... la quiétude d'une île préservée. Dans cette jolie maison ancienne rénovée dans un bel esprit contemporain, les chambres sont douillettes et confortables. Ici, la défaite de Napoléon eût semblé plus douce.

18 chambres – 🚹80/140 € 🚹🚹80/180 € – ☕12 €

1 r. Gourgaud – ✆ 05 46 84 00 77 – www.hotel-ile-aix.com – Ouvert 23 mars-3 nov.

🍴 **Chez Joséphine** – voir les restaurants ci-dessus

ÎLE DE BATZ

✉ 29253 Finistère – 482 hab. – Alt. 30 m – Carte régionale n° **5**-B1

Carte Michelin 308-G2 – Guide Vert Michelin Bretagne Nord

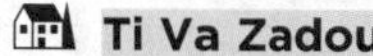

Ti Va Zadou

FAMILIAL • PERSONNALISÉ O me da gar, ti va zadoù ! (Que je t'aime, maison de mes pères !) De l'embarcadère, on aperçoit la demeure avec ses volets bleus, à droite de l'église. Comment résister à son authentique charme breton, et à ses chambres adorables, parfaitement tenues, face aux flots ? Un paradis pour les amoureux de la mer Celtique...

4 chambres ☕ – 🚹55 € 🚹🚹70 €

au bourg – ✆ 02 98 61 76 91 – www.tivazadou-iledebatz.fr – Ouvert 1er fév.-11 nov.

ÎLE-DE-BRÉHAT

Côtes-d'Armor – Carte régionale n° **5**-C1

Carte Michelin 309-D1 – Guide Vert Michelin Bretagne Nord

Bellevue

HISTORIQUE • COSY Dominant l'embarcadère du Port-clos – lieu emblématique de l'île de Bréhat –, on trouve cette belle maison de pays largement centenaire (1904). Les chambres ont été rénovées avec goût et sobriété, et certaines d'entre elles disposent d'une terrasse avec vue sur la pointe de l'Arcouest...

19 chambres – 🚹76/210 € 🚹🚹76/210 € – ☕12 €

Port-Clos – ✆ 02 96 20 00 05 – www.hotel-bellevue-brehat.com – Fermé 5 nov.-24 déc. et 2 janv.-12 fév.

ÎLE DE GROIX

Morbihan – Carte régionale n° **5**-B2

Carte Michelin 308-K9 – Guide Vert Michelin Bretagne Sud

Le Sémaphore de la Croix

MAISON DE CAMPAGNE • PERSONNALISÉ L'isolement de ce sémaphore du 19e s. le pare de romantisme. Chambres raffinées, certaines d'inspiration marine ; préférez celles avec terrasse. Jardin fleuri et vue superbe sur l'océan font de cette adresse un véritable petit coin de paradis. Mais chut, on ne vous a rien dit !

5 chambres ☕ – 🚹165 € 🚹🚹165/205 €

Le Sémaphore - Locmaria-plage, les Sables Rouges – ✆ 06 21 55 16 41 – www.semaphoredelacroix.fr – Ouvert de mi-avril à mi-oct.

ÎLE DE NOIRMOUTIER

Vendée – Alt. 8 m – Carte régionale n° **18**-A2

Carte Michelin 316-C6 – Guide Vert Michelin Pays de la Loire

L'Herbaudière

✉ 85330 Vendée – Noirmoutier en l Ile – Carte régionale n° **18**-A2

✿✿ La Marine (Alexandre Couillon)

CUISINE CRÉATIVE • DESIGN XXX Il est des tables, qui longtemps, hantent vos papilles. Alexandre Couillon, humble et talentueux, habité par ses compositions subtiles, imagine des assiettes au raffinement insensé, magnifiant des produits de la mer d'une irréprochable fraîcheur. Menu unique, plaisir multiple. Cinq chambres, avec vue sur le port, permettent de prolonger le bonheur.

→ Huître noire "Erika". Lieu jaune de ligne, noisettes et feuilles de choux, un lait d'amande. Balade dans le bois de la Chaize.

Menu 78 € (déj.), 98/165 €

5 chambres - 🚹180/227 € 🚹🚹180/255 € - ☕24 €

3 r. Marie-Lemonnier (sur le port)

- ✆ 02 51 39 23 09 - www.alexandrecouillon.com - Fermé déc.-janv., dim. soir, mardi et merc.

La Table d'Élise - voir les restaurants ci-dessous

La Table d'Élise

POISSONS ET FRUITS DE MER • BISTRO X Cette table marine – l'annexe du restaurant gastronomique La Marine – honore les beaux produits iodés. On reconnaît le sens des saveurs et la précision d'exécution du chef, version bistrot et sans façon... Un vrai bon moment en perspective !

Formule 23 € - Menu 32 €

5 r. Marie-Lemonnier (sur le port)

- ✆ 02 28 10 68 35 - www.alexandrecouillon.com - Fermé déc.-janv., dim. soir, mardi et merc.

Noirmoutier-en-l'Île

✉ 85330 Vendée - 4 627 hab. - Alt. 8 m - Carte régionale n° **18**-A2

Fleur de Sel

POISSONS ET FRUITS DE MER • CONVIVIAL XX Cette maison a le pied marin, bien sûr, mais pas seulement ! S'il met en avant la pêche locale – charlotte de chair de crabe aux herbes potagères, dos de lieu jaune vapeur en croûte de piquillos – le chef agrémente aussi sa carte de bons produits du terroir, et de quelques touches méditerranéennes. Service tout sourire.

Menu 29 € (semaine), 39/44 € - Carte 38/64 €

Hôtel Fleur de Sel, 10 r. des Saulniers

- ✆ 02 51 39 09 07 - www.fleurdesel.fr - Ouvert d'avril à fin sept., fermé le midi en semaine hors saison

L'Étier

POISSONS ET FRUITS DE MER • AUBERGE XX Une maison basse typique de l'île, dont l'intérieur est plaisant ; la véranda, dans un style moderne, donne sur l'étier – un chenal d'eau de mer – de l'Arceau. On y déguste de beaux produits de la pêche locale : homard grillé, turbot sauvage cuit sur l'arête... Une cuisine de bon artisan, fraîche et savoureuse à souhait.

Formule 19 € - Menu 28/58 € - Carte 50/61 €

rte de L'Épine, 1 km au Sud-Ouest

- ✆ 02 51 39 10 28 - www.restaurant-letier.fr - Fermé déc., janv., mardi sauf juil.-août et lundi

Le Grand Four

CUISINE MODERNE • COSY X Après une visite du château de Noirmoutier-en-l'Île, arrêtez-vous dans cette belle maison bourgeoise du 18e s. au cadre feutré et cossu. Dans ce Grand Four mijote une savoureuse cuisine du moment qui fait la part belle aux produits de l'Atlantique : huîtres de Noirmoutier, sole de l'Herbaudière, etc. De jolis arômes !

Menu 33/84 € - Carte 61/88 €

1 r. de la Cure (derrière le château)

- ✆ 02 51 39 61 97 - www.legrandfour.com - Fermé 27 nov.-11 déc., 8-31 janv., jeudi midi et dim. soir hors saison et lundi

L'Ilot Bleu

CUISINE MODERNE · CONVIVIAL Qu'on se le dise : la bistronomie arrive à Noirmoutier ! Une jeune chef célèbre ici le circuit court et le bio : elle se fournit auprès des petits fermiers vendéens, trouve ses légumes chez les maraîchers locaux et son poisson à la criée de l'île. L'ardoise, allèchante, change tous les jours, les assiettes sont fraîches et précises : cet Ilot va vous plaire.

Formule 21 € – Menu 37 €

13 r. du Robinet Noirmoutier-en-l'Île – ✆ 09 73 28 00 40
– Fermé mi-nov. à fin fév., merc. hors saison et jeudi

Le Petit Banc

CUISINE TRADITIONNELLE · BISTRO Originaires de la région lyonnaise, Véronique et Gilles ont investi cette jolie maison de pays située au pied du château. En plus de l'intérieur style "bouchon" (parquet, tables et chaises chinées), une bonne partie des produits (jésus et autres saucissons, saint-marcellin) viennent tout droit des halles de Lyon. Ambiance à la bonne franquette.

Menu 26 €

7 r. des Douves – ✆ 02 28 10 93 21
– Fermé 1 semaine en mai, 1 semaine en août, 1 semaine en déc., 1 semaine en fév., dim. et le midi

Général d'Elbée

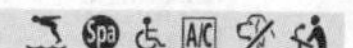

DEMEURE HISTORIQUE · CONTEMPORAIN Cette demeure historique du 18e s. a été métamorphosée en un hôtel contemporain du dernier chic. Déco de grande qualité, chambres cosy et confortables, ravissant salon-bibliothèque, sans oublier le spa et la piscine extérieure avec vue sur le château éclairé, la nuit... Une véritable renaissance !

25 chambres – 110/420 € 110/420 € – 5 suites – 18 €

2 pl. d'Armes – ✆ 02 51 39 10 29 – www.generaldelbee.fr
– Fermé janv.

Fleur de Sel

FAMILIAL · BORD DE MER Un lieu paisible et verdoyant, entre practice de golf, piscine et chambres coquettes au décor soigné, d'esprit marin ou cosy, salon au coin de la cheminée... Ici, calme, confort et détente passent avant tout. Parfait pour un week-end au vert !

34 chambres – 86/169 € 99/224 €

10 r. des Saulniers – ✆ 02 51 39 09 07 – www.fleurdesel.fr
– Ouvert d'avril à fin sept.

Fleur de Sel – voir les restaurants ci-dessus

La Villa en l'Ile

FAMILIAL · CONTEMPORAIN Sur la route de la plage – mais au calme –, cet établissement a été entièrement rénové. Les chambres, décorées dans un style contemporain, sont fonctionnelles et bien tenues. Entre le sauna et le jacuzzi, la location de VTT et les massages, c'est sûr, vous allez décompresser !

22 chambres – 62/115 € 62/115 € – 12 €

38 av. de la Victoire – ✆ 02 51 39 06 82 – www.lavillaenlile.com
– Fermé janv.

au Bois de la Chaize 2 km à l'Est – ✉ 85330 Noirmoutier en l Ile

Les Prateaux

TRADITIONNEL · CLASSIQUE Une jolie maison dans la pinède et non loin de la plage ! Les chambres, spacieuses et souvent de plain-pied, sont classiques et très confortables (lits king size). Une douceur de vivre qui ravit les nombreux habitués et autres amateurs de grand air.

20 chambres – 99/145 € 99/212 € – 16 €

8 allée du Tambourin – ✆ 02 51 39 12 52 – www.lesprateaux.com
– Fermé 12 nov.-31 mars

ÎLE DE PORQUEROLLES

✉ 83400 Var – Carte régionale n° **21**-C3
Carte Michelin 340-M7 – Guide Vert Michelin Côte d'Azur

✿ Le Mas du Langoustier

CUISINE MODERNE • CLASSIQUE XXX Dans ce mas coupé du monde, avec pour seul vis-à-vis la flore méditerranéenne et la mer, les saveurs prennent sans doute un relief particulier... mais la qualité d'exécution et la générosité des recettes sont bien réelles, et le plaisir évident.

→ Œuf parfait, senteurs des sous-bois, terre reconstituée et tartare de lentin de chêne. Turbot rôti, câpres, citron confit, pieds et paquets grillés, raviole de tomate confite. Crémeux au citron, marmelade citron-estragon.

Menu 95/155 € – Carte 100/140 €

Hôtel Le Mas du Langoustier, 3,5 km à l'Ouest du port – ✆ 04 94 58 34 83 – www.langoustier.com – Ouvert de fin avril à début oct. et fermé lundi et mardi

Le Mas du Langoustier

LUXE • MÉDITERRANÉEN Un petit coin de paradis à la pointe de l'île... Cette belle demeure de style provençal abrite des chambres spacieuses et fraîches. Le vrai luxe ? Le calme et la végétation méditerranéenne d'un site unique ! Navettes régulières avec le continent... qui semble si loin.

47 chambres – ½ P seult 160/385 € – 2 suites

3,5 km à l'Ouest du port – ✆ 04 94 58 30 09 – www.langoustier.com – Ouvert de fin avril à début oct.

✿ **Le Mas du Langoustier** – voir les restaurants ci-dessus

Auberge des Glycines

TRADITIONNEL • MÉDITERRANÉEN Au cœur du village, un sympathique petit coin de Provence, agréable pour un séjour sur l'île. L'accueil est chaleureux et le décor coloré ; la tradition est à l'honneur au restaurant, et se savoure dans un patio ombragé par un vieux figuier et une belle glycine... Doux moments !

11 chambres ☕ – 🚹120/340 € 🚹🚹120/340 €

pl. d'Armes – ✆ 04 94 58 30 36 – www.auberge-glycines.com – Fermé 12 nov.-11 déc.

Villa Ste-Anne

FAMILIAL • FONCTIONNEL À côté de la petite église, sur la placette du village, une maison traditionnelle proposant des chambres agréables – simples et classiques dans le bâtiment principal, plus grandes et plus calmes dans l'aile à l'arrière. Au restaurant, la carte met en avant les recettes régionales.

25 chambres – 🚹100/200 € 🚹🚹110/290 € – ☕ 12 €

24 pl. d'Armes – ✆ 04 98 04 63 00 – www.sainteanne.com – Ouvert avril-nov.

Laurent Hamels/Fotolia.com

ON AIME...

Le Chat Botté, un arrêt chic et séduisant pour explorer la pointe de l'île et le bois de Trousse-Chemise. **L'Écailler** (La Flotte), où les spécialités de la mer se dégustent sur la terrasse, face au port. Les nombreux **bons hôtels de St-Martin-en-Ré**, à quelques encablures du port...

ÎLE DE RÉ

Charente-Maritime – Carte régionale n° **20**-A2
Carte Michelin 324-B2 – Guide Vert Michelin Poitou-Charentes

Ars-en-Ré

✉ 17590 Charente-Maritime – 1 282 hab. – Alt. 4 m – Carte régionale n° **20**-A2

Ô de Mer

CUISINE MODERNE • ÉLÉGANT Les propriétaires ? Un couple, ayant trouvé son coin de paradis à Ars. Philosophie de la maison ? Accueillir, faire plaisir et partager... autour d'une cuisine du marché qui respecte les saisons et s'accompagne d'une belle sélection de bordeaux. Parmi les plats signatures : cœur de ris de veau braisé et jus corsé, filets de sole en croûte feuilletée.

Menu 25 € (déj. en semaine) – Carte 55/75 €

5 r. Thiers – ✆ 05 46 29 23 33 – www.odemerbistrotgourmand.fr – Fermé 20 nov.-20 déc., 10 janv.-10 fév., dim. soir et mardi midi hors saison et lundi

Le Bois-Plage-en-Ré

✉ 17580 Charente-Maritime – 2 353 hab. – Alt. 5 m – Carte régionale n° **20**-A2

L'Océan

MAISON DE CAMPAGNE • COSY Cette vieille maison de pays, du cœur du village, fut jadis la première pension de famille de l'île. Côté déco, courtepointes et tissus brodés distillent le charme intemporel des habitations rhétaises. Les chambres, coquettes, sont plus spacieuses côté piscine.

29 chambres – †85/177 € ††85/177 € – ☕ 14 €

172 r. St-Martin – ✆ 05 46 09 23 07 – www.re-hotel-ocean.com – Fermé 6 janv.-2 mars et 12 nov.-26 déc.

Les Bois Flottais

FAMILIAL • PERSONNALISÉ Un petit hôtel à l'écart de l'agitation du village. Tomettes, lambris, bibelots marins... Ici, les chambres ont un décor très insulaire ; toutes de plain-pied, elles donnent même sur l'une des piscines. Délicieux produits "maison" – confitures, financiers... – au petit-déjeuner.

19 chambres – †82/165 € ††82/165 € – ☕ 14 €

chemin des Mouettes – ✆ 05 46 09 27 00 – www.lesboisflottais.com – Ouvert 23 mars-4 nov.

La Flotte

✉ 17630 Charente-Maritime – 2 849 hab. – Alt. 4 m – Carte régionale n° **20**-A2

Le Richelieu

CUISINE MODERNE • CLASSIQUE XXX Vue sur le jardin et sur la mer pour cette table classique et élégante où l'on s'installe dans une salle panoramique. Derrière les fourneaux, le chef réalise une agréable cuisine du moment faisant la part belle aux saveurs iodées ; les produits sont frais et travaillés avec précision. Plats diététiques le soir.

Formule 50 € – Menu 55 € (dîner) – Carte 55/85 € déjeuner

Hôtel Richelieu, 44 av. de la Plage – ✆ 05 46 09 60 70 – www.hotel-le-richelieu.com – Fermé 1er-22 déc., le midi d'oct. à mars et lundi midi et mardi midi d'avril à juin

L'Écailler

POISSONS ET FRUITS DE MER • ÉLÉGANT XX Sur le joli petit port, une maison d'armateur datant de 1652 ! À l'intérieur, c'est chaleureux et soigné, avec des boiseries, une cheminée et du parquet ancien. Quant aux recettes, elles honorent la pêche locale... Aux beaux jours, on profite de la terrasse. Sur l'île, la table de référence, réputée pour l'excellente qualité de ses poissons.

Menu 43 € (déj.), 64/78 € – Carte 55/110 €

3 quai de Sénac – ✆ 05 46 09 56 40 – www.lecailler-iledere.com – Ouvert 14 fév.-11 nov. et fermé mardi sauf juil.-août et lundi

Chai nous comme Chai vous

CUISINE MODERNE • TENDANCE X On se sent un peu comme chez soi dans ce restaurant de poche coquet et convivial. Au menu, une jolie cuisine de la mer, des vins bien choisis, une touche d'inventivité et de sympathiques petites attentions... Réservez !

Carte 36/59 €

1 r. de la Garde – ✆ 05 46 09 49 85 – www.chainouscommechaivous.com – Fermé 12 nov.-14 fév., merc. sauf vacances scolaires et jeudi

Le Richelieu

SPA ET BIEN-ÊTRE • BORD DE MER Face à l'océan, une maison rhétaise, immaculée comme il se doit et portant le nom du cardinal qui fut gouverneur de l'île. Les chambres sont raffinées, dans un esprit classique ou bord de mer chic ; on profite aussi d'un espace thalassothérapie très complet, d'un espace fitness et d'un spa. Un beau moment de détente.

28 suites – ††400/626 € – 19 chambres – ☕ 22 €

44 av. de la Plage – ✆ 05 46 09 60 70 – www.hotel-le-richelieu.com – Fermé 1er-22 déc.

Le Richelieu – voir les restaurants ci-dessus

Rivedoux-Plage

✉ 17940 Charente-Maritime – 2 295 hab. – Alt. 2 m – Carte régionale n° **20**-A2

La Marée

TRADITIONNEL • BORD DE MER Un hôtel face à la mer avec des chambres d'esprit cosy et épuré, dont la moitié donne sur les flots... Et pour les amateurs d'eau douce, la piscine et le jacuzzi sont bien agréables. Parfait pour prendre un grand bol d'air frais !

26 chambres – †67/229 € ††67/229 € – ☕ 14 €

321 av. Albert-Sarrault, rte de St-Martin – ✆ 05 46 09 80 02 – www.hoteldelamaree.com – Fermé 6-27 janv.

St-Clément-des-Baleines

✉ 17590 Charente-Maritime – 632 hab. – Alt. 2 m – Carte régionale n° **20**-A2

Le Chat Botté

CUISINE MODERNE • ÉLÉGANT XX On apprécie la cuisine contemporaine d'un jeune chef qui conserve les grands classiques de la maison, à l'instar de ce bar en croûte... Joli jardin verdoyant et terrasse.

Menu 27 € (déj. en semaine), 40/79 € – Carte 66/96 €

20 r. de la Mairie – ✆ 05 46 29 42 09 – www.restaurant-lechatbotte.com – Fermé 12 nov.-13 fév., mardi en fév., mars, oct., nov. et merc.

 Le Chat Botté 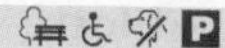

FAMILIAL • COSY Dans cette maison de 1933, la troisième génération s'active pour satisfaire les clients, à l'image du petit-déjeuner servi dans l'adorable jardin ou du centre de beauté, agréable à souhait. Une adresse dédiée à la détente et au bien-être !

20 chambres – 🚹90/170 € 🚹🚹115/249 € – 3 suites – ☕13 €

2 pl. de l'Église – ✆ 05 46 29 21 93 – www.hotelchatbotte.com – Fermé 20 nov.-23 déc. et 7 janv.-9 fév.

St-Martin-de-Ré

✉ 17410 Charente-Maritime – 2 402 hab. – Alt. 14 m – Carte régionale n° **20**-A2

Les Embruns Ⓝ 

POISSONS ET FRUITS DE MER • CONVIVIAL X Lolotte, la patronne de ce pittoresque restaurant, est une femme de caractère, aussi passionnée que sincère, et sa cuisine lui ressemble. L'ardoise fait la part belle au retour de la pêche et au marché, avec des assiettes généreuses que l'on déguste dans un décor de carte postale – bateau, rames, épuisette... Une adresse qui ne triche pas !

Formule 20 € – Menu 30 € – Carte 40/65 €

6 passage Chay-Morin – ✆ 05 46 66 46 31 – www.lesembruns-iledere.com – Fermé 2 semaines fin novembre-début décembre, 2 semaines fin janvier-début février, lundi midi et merc. midi hors saison et mardi

L'Avant Port 

POISSONS ET FRUITS DE MER • BISTRO X Cette jolie maison du 17e s. située à l'entrée du port s'est muée en bistrot chic, dont on profite de la lumineuse verrière et d'une – ô combien – plaisante terrasse en été. Un cadre branché pour une cuisine au goût du jour, dans laquelle le produit passe avant tout : poisson extrafrais, légumes de l'île...

Formule 28 € – Menu 49 € – Carte 54/69 €

8 quai Daniel-Rivaille – ✆ 05 46 68 06 68 – www.lavantport.com – Fermé 11 nov.-20 déc., 7 janv.-15 fév., dim. soir, mardi midi et lundi hors saison et dim. en saison

Hôtel de Toiras et Villa Clarisse 

BOUTIQUE HÔTEL • CLASSIQUE Une maison d'armateur au charme douillet et bourgeois : décoration soignée, à la fois luxueuse et cosy, accueil particulièrement attentionné... et, côté Villa Clarisse, des chambres plus épurées et modernes, mais tout aussi agréables. Une adresse pleine de charme.

11 chambres – 🚹220/525 € 🚹🚹220/900 € – 9 suites – ☕26 €

1 quai Job-Foran – ✆ 05 46 35 40 32 – www.hotel-de-toiras.com

La Baronnie Hôtel & Spa 

HISTORIQUE • PERSONNALISÉ Au cœur d'un beau jardin, ces deux hôtels particuliers du 18e s., restaurés avec goût dans un esprit bourgeois, permettent de se reposer au grand calme. Douceur de vivre, service aux petits soins : un véritable havre de paix et de sérénité.

22 chambres – 🚹159/445 € 🚹🚹159/445 € – ☕19 €

17-21 r. Baron-de-Chantal – ✆ 05 46 09 21 29 – www.hotel-labaronnie.com – Ouvert 9 fév.-11 mars, 30 mars-25 nov.

Le Clos St-Martin

SPA ET BIEN-ÊTRE • CONTEMPORAIN En retrait de l'agitation du port, une belle maison dans un beau jardin verdoyant, à l'abri des regards. Spa haut de gamme, piscines extérieures chauffées, chambres d'esprit rhétais d'une élégance sobre et très nature... et brunch le dimanche.

33 chambres – 🚹140/580 € 🚹🚹140/580 € – ☕25 €

87 cours Pasteur – ✆ 05 46 01 10 62 – www.le-clos-saint-martin.com – Fermé 20 nov.-26 déc.

La Jetée

TRADITIONNEL · CONTEMPORAIN Sur le port, au cœur de l'animation, un hôtel d'esprit contemporain. Les chambres sont avant tout fonctionnelles et néanmoins chaleureuses ; certaines plus design que les autres. En prime, il y a un joli patio, où l'on prend son petit-déjeuner aux beaux jours.

24 chambres - 85/155 € 85/205 € - 14 €

quai Georges-Clemenceau - 05 46 09 36 36 - www.hotel-lajetee.com

Ste-Marie-de-Ré

17740 Charente-Maritime - 3 382 hab. - Alt. 9 m - Carte régionale n° **20**-A2

Atalante

POISSONS ET FRUITS DE MER · CONTEMPORAIN XX Ici, la cuisine fait la part belle aux produits de la mer, à l'image de cette marinière de moules et de coques ou de ce filet de maigre poêlé... Menu du jour attractif, et salle en véranda tournée vers les flots. À conseiller aux amateurs de saveurs iodées !

Formule 28 € - Menu 36/56 € - Carte 50/83 €

Hôtel Atalante, r. Port-Notre-Dame - 05 46 30 22 44 - www.iledere.relaisthalasso.com - Fermé 26 nov.-9 déc.

L'Ile sous le Vent

POISSONS ET FRUITS DE MER · COSY X Cette jolie maison de plain-pied, typique de l'île de Ré, abrite une salle intimiste sous charpente, où l'on déguste produits de la mer et belles pâtisseries (le chef était pâtissier). On se régale d'un menu unique, tandis que la mer, au loin, fredonne.

Menu 32 €

Hôtel L'Ile sous le Vent, 17 bis r. du Petit-Labat - 05 46 09 60 53 - www.ilesouslevent.com - Fermé 11 nov.-15 fév., dim., lundi et merc.

Atalante

SPA ET BIEN-ÊTRE · BORD DE MER Face à la mer, un hôtel au grand calme. Mobilier contemporain et esprit cosy dans les chambres, en adéquation avec la vocation de l'établissement, axé sur la thalassothérapie et la détente... En prime, deux piscines, dont une couverte.

97 chambres - 99/615 € 99/615 € - 20 €

r. Port-Notre-Dame - 05 46 30 22 44 - www.thalasso-iledere.com - Fermé 26 nov.-9 déc.

Atalante - voir les restaurants ci-dessus

Les Vignes de la Chapelle

TRADITIONNEL · CONTEMPORAIN Face aux vignes et à la mer, cet hôtel de style local est écorespectueux (matériaux naturels, panneaux solaires, etc.) et cultive un bel esprit nature. Les chambres sont de plain-pied avec terrasse. Et pour une détente maximale, on file à l'espace bien-être... Tranquillité, sobriété et confort !

17 suites - 119/550 € - 2 chambres - 16 €

5 r. de la Manne - 05 46 30 20 30 - www.lesvignesdelachapelle.com - Ouvert 30 mars-4 nov.

L'Ile sous le Vent

FAMILIAL · COSY Une belle et grande maison de plain-pied, bien dans l'esprit de l'île. Les chambres, feutrées et décorées avec goût, sont de véritables îlots de sérénité, sans même parler du jardin ou de la piscine...

10 chambres - 60/135 € 60/135 € - 11 €

17 bis r. du Petit-Labat - 05 46 09 60 53 - www.ilesouslevent.com - Fermé 11 nov.-15 fév.

L'Ile sous le Vent - voir les restaurants ci-dessus

ÎLE DE SEIN

⊠ 29990 Finistère - 230 hab. - Carte régionale n° **5**-A2
Carte Michelin 308-B6 - Guide Vert Michelin Bretagne Sud

 Ar Men

FAMILIAL • FONCTIONNEL La dernière maison en sortant du bourg, sur la route du phare. Les amoureux de la mer et du calme apprécieront les chambres océanes, presques nues, avec vue sur le large. Tout aussi efficace, la cuisine, qui change au gré de la pêche (ragoût de homard sur réservation). Pain maison, aux algues !

10 chambres - 52/80 € 62/80 € - 9 €

rte du Phare - 02 98 70 90 77 - www.hotel-armen.net - Fermé 5 nov.-23 fév. et 12-23 mars

ÎLE DES EMBIEZ

⊠ 83140 Var - Carte régionale n° **21**-B3
Carte Michelin 340-J7 - Guide Vert Michelin Côte d'Azur

Le Garlaban

POISSONS ET FRUITS DE MER • MÉDITERRANÉEN XX Le Garlaban ? Ainsi s'appelait le bateau de Paul Ricard, qui fonda ce restaurant à l'emplacement de l'ancien Yacht Club, face au port de plaisance. La mer est à l'honneur : spécialités de poissons (loup en croûte de sel, par exemple), vivier de crustacés, que l'on dévore dans une ambiance marine... ou sur la délicieuse terrasse.

Carte 53/109 €

Île des Embiez - 04 94 32 11 56 - www.lesilespaulricard.com - Ouvert mai-sept. et fermé du lundi au jeudi midi

Hélios

FAMILIAL • CONTEMPORAIN Rien que dix minutes de traversée pour rejoindre cette charmante petite île... Les chambres sont lumineuses et actuelles, toutes résolument modernes ; le spa, avec cabines de soins et hammam, fera la joie des corps harrassés. L'été, cuisine en forme de buffet sur la belle terrasse.

60 chambres - 172/262 € 185/275 € - 1 suite

Île des Embiez - 04 94 10 66 10 - www.lesilespaulricard.com - Ouvert d'avril à oct.

ÎLE D'OLÉRON

Charente-Maritime - Carte régionale n° **20**-A2
Carte Michelin 324-C4 - Guide Vert Michelin Poitou-Charentes

La Cotinière

⊠ 17310 Charente-Maritime - St Pierre d Oleron - Carte régionale n° **20**-A2

 Face aux Flots 

FAMILIAL • FONCTIONNEL Un petit hôtel de bord de mer sympathique, avenant et tenu par un couple charmant. Les chambres sont fonctionnelles et impeccables (dont quatre avec un petit balcon), et celles du 2e étage ont une très jolie vue sur les flots... évidemment !

22 chambres - 65/135 € 65/140 € - 11 €

24 r. du Four - 05 46 47 10 05 - www.hotel-faceauxflots-oleron.com - Ouvert 10 fév.-4 nov.

Île de Lumière 

FAMILIAL • FONCTIONNEL Des chambres dans de petits pavillons, sur un site assez sauvage... façon motel. La majorité d'entre elles dispose d'une terrasse privative donnant sur la mer, les dunes ou la piscine : c'est sobre, bien tenu et vraiment calme.

43 chambres - 82/168 € 82/168 €

69 av. des Pins - 05 46 47 10 80 - www.moteliledelumiere.com - Ouvert 31 mars-3 sept.

à la Ménounière 2 km au Nord par rte secondaire ✉ 17310 St-Pierre-d'Oléron

Saveurs des Îles

CUISINE MODERNE • FAMILIAL Atypique, ce restaurant ethnique avec sa terrasse zen et apaisante ! Les plats créatifs de Patrick Daudu se teintent de petites touches asiatiques et mettent en avant la pêche de la Cotinière et les maraîchers bio des parages, tandis que Cécile, son épouse, vous accueille avec le sourire. Et au déjeuner, profitez d'une formule sans gluten, vegan et detox...

Menu 40 € (dîner), 57/75 €

18 r. de la Plage - 05 46 75 86 68 - www.saveursdesiles.fr - Ouvert 27 avril-4 nov. et fermé dim. soir sauf en juil.-août, lundi midi et mardi midi de sept. à juin

Dolus-d'Oléron

✉ 17550 Charente-Maritime - 3 253 hab. - Alt. 7 m - Carte régionale n° **20**-A2

à la Rémigeasse 2 km à l'Ouest par rte secondaire - ✉ 17550 Dolus d Oleron

Le Grand Large

LUXE • BORD DE MER Ce fleuron de la villégiature balnéaire des années 1960 a retrouvé sa belle jeunesse en 2011, grâce à ses propriétaires. Tombés sous le charme, ils ont quitté leur Luberon pour Oléron, et bien leur en a pris ! Design, nature et trendy : un lieu chic au bord de l'eau, entre embruns, air du large et évocation de la douceur des sixties.

28 chambres - 140/400 € 140/400 € - 19 €

2 av. de l'Océan - 05 46 75 77 77 - www.le-grand-large.fr - Ouvert avril-oct.

à Vert-Bois 4 km au Sud par D26 et D126 - ✉ 17550

Le Vert-Bois

FAMILIAL • PERSONNALISÉ Sous l'impulsion de ses enthousiastes propriétaires, cet hôtel entièrement rénové propose des chambres cosy à l'atmosphère balnéaire... que l'on retrouve à la piscine ou à plage de Vert-Bois, située à 900 mètres. Et l'accueil est charmant !

23 chambres - 60/80 € 70/130 € - 12 €

104 chemin St-James - 05 46 36 87 66 - www.hotel-vert-bois-oleron.com - Ouvert de Pâques à la Toussaint

St-Trojan-les-Bains

✉ 17370 Charente-Maritime - 1 341 hab. - Alt. 5 m - Carte régionale n° **20**-A2

L'Albatros

POISSONS ET FRUITS DE MER • CONVIVIAL Ce petit restaurant aux allures de bistrot propose une cuisine traditionnelle tournée vers les produits de la mer, et privilégie les producteurs locaux : sole meunière ou grillée, suprême de volaille aux langoustines... Installez-vous sur l'agréable terrasse ombragée, les pieds dans l'eau et les papilles en vacances !

Formule 19 € - Menu 33/75 € - Carte 47/90 €

Hôtel L'Albatros, 11 bd du Dr-Pineau - 05 46 76 00 08 - www.albatros-hotel-oleron.com - Ouvert 10 fév.-4 nov.

L'Écume N

CUISINE MODERNE • CONVIVIAL Il n'a fallu que quelques années au jeune chef de cette maison pour l'imposer parmi les meilleures tables d'Oléron. Tout le mérite en revient à sa cuisine, moderne et assez créative, avec des emprunts à l'Asie et l'utilisation parcimonieuse d'épices, le tout basé sur de bons produits frais. Avec, par-dessus le marché, des desserts très réussis.

Formule 15 € - Menu 21/39 € - Carte 35/43 €

2 r. de la République - 05 46 75 34 66 - www.restaurant-lecume-oleron.fr - Fermé 2 semaines en juin, 2 semaines en oct., 1 semaine en janv., sam. midi, dim. soir et lundi hors vacances scolaires

 **Novotel Thalassa Oléron** 

HÔTEL DE CHAÎNE • BORD DE MER Face à la plage, un hôtel intégré au centre de thalassothérapie dédié à la détente, au bien-être et à la diététique. Toutes les chambres ont un balcon.

104 chambres – 🚹95/350 € 🚹🚹95/350 € – ☕18 €

plage de Gatseau, 2,5 km au Sud – ✆ 05 46 76 02 46 – www.thalassa.com – Fermé 12 nov.-26 déc.

 **Les Cleunes Oléron** 

FAMILIAL • CONTEMPORAIN Sur le front de mer, une grande maison vendéenne avec sa piscine donnant sur l'Océan... Les chambres sont confortables et chaleureuses ; plus spacieuses côté mer. Et que dire de l'espace bien-être avec sauna et hammam... Idéal pour décompresser !

41 chambres – 🚹72/275 € 🚹🚹72/275 € – ☕12 €

25 bd de la Plage – ✆ 05 46 76 03 08 – www.hotel-les-cleunes.com

 **L'Albatros** 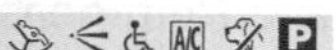

FAMILIAL • DESIGN Un hôtel "les pieds dans l'eau" et au grand calme, façon mer d'huile ! Les chambres ont été rénovées dans un esprit frais et contemporain et l'on s'y sent vraiment bien.

13 chambres – 🚹98/128 € 🚹🚹115/240 € – ☕13 €

11 bd du Dr-Pineau – ✆ 05 46 76 00 08 – www.albatros-hotel-oleron.com – Ouvert 10 fév.-4 nov.

🍴 **L'Albatros** – voir les restaurants ci-dessus

 **Mer et Forêt** 

FAMILIAL • FONCTIONNEL Dans un quartier résidentiel et calme, un hôtel balnéaire avec des chambres fonctionnelles et très bien tenues donnant sur la forêt de pins ou sur la mer. Vous préférez l'eau douce au grand large ? Pas de problème : la piscine vous tend les bras.

43 chambres – 🚹59/201 € 🚹🚹59/201 € – ☕12 €

16 bd Pierre-Wiehn – ✆ 05 46 76 00 15 – www.hotel-ile-oleron.com – Ouvert de Pâques à oct.

Le Château-d'Oléron

✉ 17480 Charente-Maritime – 4 063 hab. – Alt. 9 m – Carte régionale n° **20**-A2

🍴 **Les Jardins d'Aliénor** 

CUISINE MODERNE • COSY XX Dans ce village ostréicole à l'écart du tumulte, Marc Le Reun montre qu'il a de l'inspiration à revendre ! Ses assiettes font la part belle aux saveurs marines, avec notamment deux menus autour des huîtres et du homard ; on en profite dans un intérieur cosy et confortable, ou, aux beaux-jours, sur la jolie petite terrasse.

Formule 25 € – Menu 49/93 € – Carte 53/89 €

8 chambres ☕ – 🚹99/212 € 🚹🚹99/212 €

11 r. du Mar.-Foch – ✆ 05 46 76 48 30 – www.lesjardinsdalienor.com – Fermé dim. soir d'oct. à mars, le midi en juil.-août, mardi sauf le soir en saison et lundi

Le Grand-Village-Plage

✉ 17370 Charente-Maritime – 1 040 hab. – Alt. 6 m – Carte régionale n° **20**-A2

🍴 **Le Relais des Salines** 

POISSONS ET FRUITS DE MER • BISTRO X Le patron, sympathique et décontracté, n'est sans doute pas étranger à l'atmosphère qui règne dans cette ancienne cabane ostréicole. Il cultive ici un esprit de bistrot marin, avec une terrasse côté marais salants ; à l'ardoise, on trouve une cuisine copieuse et généreuse qui met avant de belles saveurs iodées. Une vraie perle !

Carte 36/43 €

port des Salines – ✆ 05 46 75 82 42 – www.lerelaisdessalines.com – Ouvert de mi-mars à mi-nov. et fermé lundi sauf vacances scolaires

St-Denis-d'Oléron

✉ 17650 Charente-Maritime – 1 357 hab. – Alt. 9 m

Le Jour du Poisson (N)

CUISINE MODERNE • COSY Dans un joli village au Nord de l'île, un couple a fait de cette ancienne moulerie un restaurant charmant. Comme son nom l'indique, le poisson est la star de la carte... mais pas que : on fait volontiers des associations terre-mer (émincé de tête de veau et crevette, poêlée de ris d'agneau et sole). Une cuisine fine et ciselée : on comprend pourquoi c'est souvent complet !

Carte 29/36 €

3 r. de l'Ormeau – ✆ 05 46 75 76 21
– Fermé de fin nov. à mi-fév., jeudi midi hors saison, mardi et merc.

L'ÎLE-D'OLONNE – 85 Vendée → Voir Les Sables-d'Olonne

ÎLE D'OUESSANT

Finistère – Carte régionale n° **5**-A1
Carte Michelin 308-A4 – Guide Vert Michelin Bretagne Sud

Ty Korn

POISSONS ET FRUITS DE MER • BISTRO À Ouessant, tout le monde connaît cette adresse voisine de l'église de Lampaul. Des fruits de mer, des poissons fraîchement pêchés ; c'est convivial et généreux. Un restaurant devenu un rendez-vous incontournable sur l'île pour les amateurs de qualité !

Carte 32/49 €

au bourg de Lampaul – ✆ 02 98 48 87 33
– Fermé 11 nov.-5 déc., 7-30 janv., dim. et lundi sauf fériés

Ti Jan Ar C' Hafé

MAISON DE CAMPAGNE • PERSONNALISÉ À l'entrée du bourg de Lampaul, un vrai petit hôtel de charme, point de chute parfait pour visiter l'île. Les chambres sont ravissantes, colorées et du meilleur goût. Tout est délicieux : la terrasse, le calme, la nature pleine de poésie...

5 chambres – 79/99 € 79/99 € – 10 €

Kernigou – ✆ 06 70 89 29 23
– www.tijan.fr – Fermé 11 nov.-26 déc. et 4 janv.-1er mars

ÎLE D'YEU

Vendée – Carte régionale n° **18**-A3
Carte Michelin 316-BC7 – Guide Vert Michelin Pays de la Loire

Port-Joinville

✉ 85350 Vendée – 4 703 hab. – Carte régionale n° **18**-A3

Les Bafouettes (N)

CUISINE MODERNE • TRADITIONNEL Dans cette petite rue près du port, les façades blanches et les volets colorés ne laissent aucun doute : on est bien sur l'île d'Yeu ! Le chef belge, installé ici depuis belle lurette, équilibre parfaitement sa carte entre poissons et viandes ; il agrémente même ses assiettes d'épices, souvenirs de ses différents voyages à l'étranger. Sans doute la meilleure table de l'île.

Formule 19 € – Menu 27 € (déj.), 35/85 € – Carte 54/64 €

8 r. Gabriel-Guist'hau – ✆ 02 51 59 38 38
– www.lesbafouettes.com
– Fermé 2 semaines en oct., 7 janv.-5 fév., dim. soir d'avril à juin et de sept. à oct., dim. de nov. à mars et lundi

 **L'Escale** 

FAMILIAL • FONCTIONNEL En retrait du port, une Escale typique de l'île avec sa façade blanche ; les chambres y sont simples et très bien tenues, certaines en rez-de-jardin. Petit plus appréciable sur l'Île d'Yeu, la possibilité de louer des vélos. Bref, tout cela fleure bon les vacances !

29 chambres – †60/100 € ††80/135 € – ☕10 €

14 r. de La Croix-de-Port – ✆ 02 51 58 50 28 – www.yeu-escale.fr – Fermé 2 janv.- 25 fév.

L'ILE-ROUSSE - 2B Haute-Corse → Voir Corse

LAS ILLAS - 66 Pyrénées-Orientales → Voir Maureillas-las-Illas

ILLE-SUR-TÊT

✉ 66130 Pyrénées-Orientales – 5 375 hab. – Alt. 141 m – Carte régionale n° **12**-B3
Carte Michelin 344-G6

Saveurs des Orgues 

CUISINE MODERNE • SIMPLE Tendez l'oreille... non pas pour entendre le chant des orgues, mais le tintement des casseroles, des couverts et des assiettes ! C'est à un joli moment de gastronomie qu'invite cette table, entre terre et mer. Les saveurs sont au rendez-vous, et l'accueil est tout sourire !

Formule 17 € – Menu 30/55 € – Carte 57/67 €

1 r. Guttemberg – ✆ 04 68 84 10 48 – Fermé 30 juin-14 juil., dim. soir, jeudi soir et lundi

Les Buis

MAISON DE MAÎTRE • ÉLÉGANT Comment ne pas succomber au charme de cette demeure bourgeoise de 1896 à la façade ornée de balcons ouvragés ? Flânez entre le salon ancien, l'espace bibliothèque ou la salle à manger, puis gravissez le grand escalier qui mène aux chambres, meublées avec goût. Ravissant jardin à l'arrière.

5 chambres ☕ – †85/135 € ††95/145 €

37 r. Carnot – ✆ 04 68 57 67 43 – www.lesbuis.com

ILLHAEUSERN

✉ 68970 Haut-Rhin – 670 hab. – Alt. 173 m – Carte régionale n° **1**-C2
Carte Michelin 315-I7

✿✿✿ **Auberge de l'Ill** (Marc Haeberlin)

CUISINE CLASSIQUE • LUXE Ce n'était, à l'origine, qu'une petite auberge sur les rives de l'Ill, appréciée pour sa matelote au riesling. Au fil du 20e s., la famille Haeberlin a su l'élever au rang d'institution, et voilà bien un fief de la grande tradition : celle qui a inspiré et inspirera encore des générations de cuisiniers, et qui conserve intacts la fraîcheur et le souffle de l'excellence.

→ Terrine de foie gras d'oie. Mousseline de grenouilles "Paul Haeberlin". La pêche "Haeberlin".

Menu 132 € (déj.)/188 € – Carte 120/300 €

Hôtel des Berges, 2 r. de Collonges-au-Mont-d'Or – ✆ 03 89 71 89 00 – www.auberge-de-l-ill.com – Fermé 11 fév.-14 mars, 1er-9 janv., lundi et mardi

Hôtel des Berges 

LUXE • PERSONNALISÉ Ce délicieux refuge est niché au bord de l'eau, dans le parc de l'Auberge de l'Ill. Dans ces deux bâtiments rappelant les anciens séchoirs à tabac de la région, les chambres ont un cachet fou – meubles chinés, boiseries, tableaux, sculptures... Un magnifique ensemble, désormais doté d'un spa nature (800 m²).

17 chambres – †210/580 € ††210/580 € – 2 suites – ☕28 €

4 r. de Collonges-au-Mont-d'Or – ✆ 03 89 71 87 87 – www.hoteldesberges.com – Fermé 11 fév.-14 mars, 1er-9 janv., lundi et mardi

✿✿✿ **Auberge de l'Ill** – voir les restaurants ci-dessus

ILLKIRCH-GRAFFENSTADEN - 67 Bas-Rhin ➔ Voir Strasbourg

ILLZACH - 68 Haut-Rhin ➔ Voir Mulhouse

INGERSHEIM - 68 Haut-Rhin ➔ Voir Colmar

INGRANDES-DE-TOURAINE

✉ 37140 Indre-et-Loire - 537 hab. - Alt. 48 m - Carte régionale n° **6**-A2
Carte Michelin 317-K5 - Guide Vert Michelin Châteaux de la Loire

Vincent Cuisinier de Campagne

CUISINE MODERNE • CONVIVIAL XX Tout est dans le titre... En plein cœur des vignes, on est accueilli en ami dans cette jolie maison, qui cultive une ambiance de ferme à la fois chic et simple (tomettes, pierres et poutres apparentes, natures mortes aux murs). Légumes, volailles, œufs sont produits sur place : qualité garantie !

Formule 18 € - Menu 26/40 €

La Galottière - ✆ 02 47 96 17 21 - www.vincentcuisinierdecampagne.blogspot.com - Fermé 2 semaines en déc.

IRANCY

✉ 89290 Yonne - 285 hab. - Alt. 190 m - Carte régionale n° **4**-B1
Carte Michelin 319-E5 - Guide Vert Michelin Bourgogne

Le Soufflot

CUISINE MODERNE • BISTRO X Dans le centre-ville d'Irancy, ce bistrot convivial propose une carte au goût du jour, courte et savoureuse (avec une prédilection du chef pour les légumes) et une belle carte de vins mettant la Bourgogne à l'honneur.

Menu 32/38 €

33 r. Soufflot - ✆ 03 86 42 39 00 - Fermé 3 semaines en janv., lundi et le soir sauf vend. et sam.

IRISSARRY

✉ 64780 Pyrénées-Atlantiques - 861 hab. - Alt. 170 m - Carte régionale n° **2**-B3
Carte Michelin 342-E3

Art'zain

CUISINE DU MARCHÉ • CONTEMPORAIN X Artzain signifie "berger" en basque - hommage du propriétaire à son père. Située au centre du village, cette ancienne grange, entièrement réhabilitée dans un style rustique et design (le mobilier est l'œuvre de l'artisan basque Alki), propose une cuisine de saison volontiers locavore. Une bonne adresse.

Formule 15 € - Menu 31/57 € - Carte environ 36 €

le bourg - ✆ 05 59 37 23 83 - www.restaurant-art-zain.fr - Fermé 3 semaines en fév., 1 semaine en juil., dim. soir, lundi et mardi

ISBERGUES - 62 Pas-de-Calais ➔ Voir Aire-sur-la-Lys

L'ISLE-ADAM

✉ 95290 Val-d'Oise - 11 804 hab. - Alt. 28 m - Carte régionale n° **10**-B1
Carte Michelin 305-E6 - Guide Vert Michelin Île-de-France

Le Relais Fleuri

CUISINE TRADITIONNELLE • AUBERGE X Cette table adamoise connaît une clientèle d'habitués de longue date. Dans un décor aux notes désuètes, on apprécie une vraie cuisine traditionnelle, concoctée avec des produits frais. Agréable terrasse sous les tilleuls.

Formule 28 € - Menu 38/78 €

61 bis r. St-Lazare - ✆ 01 34 69 01 85 - Fermé août, le soir sauf vend. et sam.

La Villa de l'Écluse

LUXE • COSY Dans le cadre verdoyant des berges de l'Oise, non loin de la plage de l'Isle-Adam, cette belle villa des années 1940, en pierres apparentes, a été transformée en hôtel après 18 mois de travaux ! Les chambres sont de vrais cocons contemporains ; on déguste son petit-déjeuner sous la véranda ou en terrasse... Charmant !

15 chambres - 95/105 € 130/230 € - 13 €

chemin Pierre-Terver - 01 34 73 26 96 - www.lavilladelecluse.fr

L'ISLE-D'ABEAU

38080 Isère - 16 040 hab. - Alt. 265 m - Carte régionale n° **23**-B2
Carte Michelin 333-E4 - Guide Vert Michelin Lyon et sa région

Le Relais du Çatey

CUISINE CLASSIQUE • TENDANCE XX Décor et éclairage contemporains soulignent le cachet préservé de cette maison dauphinoise de 1774. Rognon de veau juste poêlé et beurre mousseux au poivre de Sarawak ; mirabelles en tarte fine... Plats classiques et pointes d'inventivité.

Menu 28 € (déj. en semaine), 42/67 € - Carte 51/72 €

7 chambres - 70/90 € 70/90 € - 11 €

10 r. Didier - 04 74 18 26 50 - www.le-relais-du-catey.com - Fermé 4-28 août, 28 déc.-7 janv., dim. et lundi

L'ISLE-JOURDAIN

32600 Gers - 8 345 hab. - Alt. 116 m - Carte régionale n° **15**-B2
Carte Michelin 336-I8

L'Échappée Belle

CUISINE MODERNE • CONVIVIAL X La table de L'Échappée Belle est à l'image de l'établissement : dans l'air du temps ! On y déguste une bonne cuisine du marché, réalisée par Thierry Lair, jeune chef gersois, formé par Bernard Bach au Puits Saint-Jacques, à l'instar de ce pot au feu au bouillon de citronnelle et os à moelle. Un lieu tendance... mais pas seulement.

Menu 19 € (déj. en semaine), 28/40 € - Carte 34/60 €

2 pl. Gambetta - 05 62 07 50 05 - www.echappee-belle.fr

L'Échappée Belle

TRADITIONNEL • CONTEMPORAIN À deux pas de Toulouse et aux portes du Gers, la façade ultramoderne de cet hôtel cache des chambres résolument contemporaines. Il fait bon se détendre dans le joli salon ou dans le patio. Idéal pour une échappée... belle !

27 chambres - 78/168 € 78/168 € - 12 €

2 pl. Gambetta - 05 62 07 50 00 - www.echappee-belle.fr

L'Échappée Belle - voir les restaurants ci-dessus

à Pujaudran 8 km à l'Est par N124 - 32600 - 1 423 hab. - Alt. 302 m

Le Puits St-Jacques (Bernard Bach)

CUISINE CRÉATIVE • ÉLÉGANT XXX Cette maison gersoise, jadis relais sur la route de Compostelle, abrite une salle à manger raffinée et un patio à l'atmosphère méridionale. Cuisine séduisante et inspirée, osant les nouvelles tendances.

→ Foie gras de canard confit, gelée de champignon et légumes légèrement fumés. Pied de cochon farci de poulpe et braisé, gambas à la plancha et jus de crustacés. Véritable chocolat liégeois, glace au chocolat mi-amer.

Menu 34 € (déj. en semaine), 75/125 € - Carte 105/120 €

av. Victor-Capoul - 05 62 07 41 11 - www.lepuitssaintjacques.fr - Fermé 2-18 janv., dim. soir, lundi et mardi

L'ISLE-SUR-LA-SORGUE

84800 Vaucluse - 19 240 hab. - Alt. 57 m - Carte régionale n° **22**-E1
Carte Michelin 332-D10 - Guide Vert Michelin Provence

Le Vivier

CUISINE MODERNE • TENDANCE XX Voilà une belle table contemporaine : sa terrasse face à la Sorgue et ses rives verdoyantes est un plaisir pour les yeux, plus encore ses assiettes, très graphiques et soignées. Le chef mêle saveurs et textures avec délicatesse et subtilité.

➜ Pressé de foie gras et anguille fumée au pedro ximenez. Pithiviers de pigeon du Comtat, cèpes et foie gras. Dessert tout chocolat.

Formule 26 € - Menu 32 € (déj. en semaine), 58/85 € - Carte 65/85 €

800 cours Fernande-Peyre, rte de Carpentras - ✆ 04 90 38 52 80 - www.levivier-restaurant.com - Fermé 19 fév.-13 mars, 2 semaines en nov., 1 semaine en janv., dim. soir de fin sept. à début juin, sam. midi, lundi et mardi

La Prévôté

CUISINE TRADITIONNELLE • INTIME XX Dans un couvent du 17es. ouvrant sur un bras de la Sorgue, on savoure une cuisine basée sur des produits frais, dans un cadre raffiné (cheminée, poutres apparentes). Chambres très joliment décorées.

Formule 24 € - Menu 42/79 € - Carte 50/65 €

5 chambres - 135/220 € 135/220 €

4 bis r. Jean-Jacques-Rousseau (derrière l'église) - ✆ 04 90 38 57 29 - www.la-prevote.fr - Fermé 26 fév.-17 mars, 12-30 nov., merc. sauf le soir en juil.-août, mardi sauf le midi en juil.-août et lundi

Le Petit Henri

CUISINE MODERNE • ÉLÉGANT XX La table du Grand Hôtel Henri est dans le prolongement direct de l'établissement qui l'accueille : décor soigné, avec cheminée centenaire et lustres chatoyants, terrasse ombragée de mûriers-platanes autour d'une fontaine... et jolie cuisine de saison à dominante régionale.

Formule 23 € - Menu 29 € (déj. en semaine), 42/67 € - Carte environ 58 €

Grand Hôtel Henri, 1cours René-Char - ✆ 04 90 38 10 52 - www.grandhotelhenri.com - Fermé 22 janv.-7 fév.

Café Fleurs

CUISINE MODERNE • ROMANTIQUE XX Deux salles au décor provençal clair et soigné, une agréable terrasse extérieure avec vue sur la Sorgue : joli cadre pour une cuisine actuelle au charme typiquement méridional. Bonne sélection de vins au verre.

Formule 21 € - Menu 26 € (déj.), 37/47 € - Carte 48/73 €

9 r. Théodore-Aubanel - ✆ 04 90 20 66 94 - www.cafefleurs.com - Fermé janv., 1 semaine en fév., mardi sauf de mi-juin à mi-sept. et merc.

Le Jardin du Quai

CUISINE PROVENÇALE • BISTRO X Avec son jardin ombragé, ses vieux arbres et son intérieur provençal, ce bistrot a quelque chose du charme d'antan. On y propose un menu unique réalisé avec les produits du marché, pour une cuisine goûteuse et soignée, respectueuse des saisons. Bon et sans esbroufe !

Menu 37 € (déj. en semaine), 40/45 €

91 av. Julien-Guigue (près de la gare) - ✆ 04 90 20 14 98 - www.danielhebet.com - Fermé 23 déc.-3 janv., mardi et merc. sauf de mai à oct.

La Balade des Saveurs

CUISINE TRADITIONNELLE • COSY X Un jeune couple sympathique - Benjamin et Sophie Fabre - règne sur ce restaurant plein de fraîcheur, dont la terrasse borde le cours pittoresque de la Sorgue. Les recettes cultivent aussi bien le caractère que la douceur de la Provence. Cette Balade des Saveurs est aussi... une ballade des gens heureux.

Formule 15 € - Menu 18 € (déj.), 28/38 € - Carte 45/57 €

3 quai Jean-Jaurès - ✆ 04 90 95 27 85 - www.balade-des-saveurs.com - Fermé 1 semaine en avril et en nov., 3 semaines en janv., mardi sauf le soir de juin à sept. et lundi

Le Carré d'Herbes

CUISINE RÉGIONALE • BISTRO Pas évident de trouver ce restaurant dans le renfoncement d'une cour... peuplée d'antiquaires. Dans la salle, objets et mobilier chinés dessinent un lieu atypique – sans parler de la terrasse, des plus agréables ! Au menu : une cuisine de saison aux saveurs méridionales.

Formule 19 € – Menu 33 € – Carte environ 42 €

13 av. des 4-Otages – ✆ 04 90 38 23 97 – www.lecarredherbes.eu – Fermé 4 semaines en déc.-janv., jeudi sauf le soir en juil.-août et merc.

Grand Hôtel Henri

BOUTIQUE HÔTEL • PERSONNALISÉ Au cœur de la ville des antiquaires, on tombe immédiatement sous le charme de cette vénérable maison rénovée en 2015. Escalier en marbre de Carrare, chambres élégamment décorées de lampes et miroirs anciens, tableaux et fauteuils... Un havre de confort, jusqu'au bar à l'ambiance jazzy.

17 chambres – 137/399 € 137/399 € – 19 €

1 cours René-Char – ✆ 04 90 38 10 52 – www.grandhotelhenri.com – Fermé 22 janv.-7 fév.

Le Petit Henri – voir les restaurants ci-dessus

Artishow

LUXE • DESIGN Mondrian, Cézanne, Vasarely, etc. : tels sont les noms des chambres de cet hôtel particulier transformé par un marchand d'art. Superbe salon avec cheminée, piscine intérieure et ambiance bucolique : l'endroit ne laissera personne indifférent.

5 chambres – 250/520 € 250/520 €

9 r. Denfert-Rochereau – ✆ 04 32 61 07 95 – www.maisonartishow.com

Le Clos Violette

FAMILIAL • PERSONNALISÉ Dans cette maison raffinée de 1769, les chambres n'ont jamais aussi bien porté leurs noms : la "Sarah Bernhardt" avec son décor de théâtre, la "Sade" et ses gravures coquines, etc. Au petit-déjeuner, on se régale des confitures et gâteaux maison. Piscine intérieure s'ouvrant sur le jardinet.

5 chambres – 165/250 € 180/280 €

1 r. Pasteur – ✆ 04 90 92 69 32 – www.le-clos-violette.fr

La Maison sur la Sorgue

LUXE • PERSONNALISÉ Un très bel hôtel particulier, décoré sur le thème des voyages. Les chambres ont toutes leur cachet : baignoire sur pieds, loggia, vue sur l'église... Délicieux patio et piscine.

4 chambres – 280/410 € 280/410 €

6 r. Rose-Goudard – ✆ 06 87 32 58 68 – www.lamaisonsurlasorgue.com

rte d'Apt 6 km au Sud-Est par D901– ✉84800 Lagnes

Le Mas des Grès

CUISINE PROVENÇALE • COSY Aux beaux jours, les tables prennent leurs aises sous la treille ou sous les platanes... Une bouffée de fraîcheur dans ce mas très avenant, qui propose chaque jour sur son ardoise un menu du marché plein de couleurs : poivrons confits et chèvre frais, petits farcis provençaux, gigot d'agneau rôti au feu de bois...

Menu 30 € (déj.)/40 €

1651 RD 901 – ✆ 04 90 20 32 85 – www.masdesgres.com – Ouvert 27 mars-11 nov. et fermé le midi sauf juil.-août

Le Mas des Grès

MAISON DE CAMPAGNE • COSY Ce mas provençal restauré avec goût invite à la détente : jardin, terrasse ombragée, aire de jeux pour les enfants, petit espace fitness... et des chambres coquettes, décorées avec soin. Cerise sur le gâteau : le petit-déjeuner est fort bon.

14 chambres – 95/190 € 95/260 € – 15 €

1651 RD 901 – 04 90 20 32 85 – www.masdesgres.com – Ouvert 23 mars-11 nov.

Le Mas des Grès – voir les restaurants ci-dessus

L'ISLE-SUR-SEREIN

89440 Yonne – 697 hab. – Alt. 190 m – Carte régionale n° **4**-B2
Carte Michelin 319-H6

Auberge du Pot d'Étain

CUISINE TRADITIONNELLE • AUBERGE XX Bonne cuisine aux accents régionaux, exceptionnelle sélection de bourgognes (2 500 références, 40 000 bouteilles), chambres coquettes et colorées : une auberge sympathique dans la bucolique vallée du Serein... à deux tours de roue de l'A6 !

Menu 29/50 € – Carte 48/65 €

9 chambres – 65/98 € 65/98 € – 10 €

24 r. Bouchardat – 03 86 33 88 10 – www.potdetain.com – Fermé 2 semaines en oct., janv., dim. soir sauf juil.-août, mardi midi et lundi

ISPE – 40 Landes → Voir Biscarrosse

LES ISSAMBRES

83380 Var – Carte régionale n° **21**-C3
Carte Michelin 340-P5 – Guide Vert Michelin Côte d'Azur

à la calanque des Issambres – 83380 Les Issambres

Chante-Mer

CUISINE TRADITIONNELLE • SIMPLE X Un nom tout trouvé pour ce restaurant à 300 m du front de mer ! Derrière les fourneaux, un enfant du pays concocte de généreuses recettes traditionnelles. Tout est frais et garanti "maison". Les plats évoluent constamment : seule prime ici la loi du marché.

Menu 28/48 € – Carte 40/75 €

pl. Ottaviani (au village provençal) – 04 94 96 93 23 – www.chantemer.com – Fermé lundi midi et mardi midi

ISSIGEAC

24560 Dordogne – 753 hab. – Alt. 106 m – Carte régionale n° **2**-C2
Carte Michelin 329-E7 – Guide Vert Michelin Périgord Quercy

La Brucelière

CUISINE MODERNE • RUSTIQUE X Avec ses murs en moellons et son mobilier en bois, sa vaisselle et sa poterie achetées au village, cette authentique auberge de campagne ne manque pas de charme. Le chef met un point d'honneur à cuisiner des produits frais à travers des recettes simples et bonnes. Jolie terrasse sur le jardin, à l'arrière.

Formule 23 € – Menu 31/35 € – Carte environ 38 €

5 chambres – 55/75 € 65/80 €

pl. de la Capelle – 05 53 73 89 61 – www.labruceliere.com – Fermé vacances de fév., 1 semaine en juil., vacances de la Toussaint, mardi et merc.

Le Relais de l'Ancienne Gare

CUISINE TRADITIONNELLE • BISTRO À la circonférence de cette jolie cité médiévale recroquevillée autour de son église gothique, le type même de la bonne petite adresse de campagne, avec son décor sans surprise et sa cuisine traditionnelle tout simplement franche et bonne. De plus, les prix sont raisonnables et l'engagement des patrons évident.

Menu 28 € (déj. en semaine), 34/45 € - Carte 36/62 €

rte d'Eymet - ✆ 05 53 58 70 29 - www.relais-anciennegare.com - Fermé 23-30 juin, 8 janv.-10 fév., dim. soir, lundi midi et jeudi

ISSOIRE

✉ 63500 Puy-de-Dôme - 14 578 hab. - Alt. 400 m - Carte régionale n° **3**-B2
Carte Michelin 326-G9 - Guide Vert Michelin Auvergne

L'Atelier Yssoirien (Dorian Van Bronkhorst)

CUISINE MODERNE • BRANCHÉ Cet Atelier sait vivre avec son temps ! Il dévoile à ses clients un intérieur spacieux, ainsi qu'une déco "nature" avec tables en bois brut et lumière naturelle. Le jeune chef décline de belles assiettes goûteuses, aussi précises dans les saveurs que dans les textures et les cuissons ; le tout est servi par une jeune équipe à la bonne humeur communicative.

→ Foie gras poêlé aux fruits rouges, meringue et émulsion au lait d'amande. Volaille du bourbonnais en deux cuissons, artichauts rôtis, citrons confits et lard paysan. Tarte au chocolat, sabayon au café et glace au café blanc.

Menu 25 € (déj. en semaine), 37/75 € - Carte 50/65 €

39 bd Triozon-Bayle - ✆ 04 73 89 44 47 - www.atelier-yssoirien.com - Fermé 1 semaine en janv., 1 semaine en oct., dim. et lundi sauf fériés

La Table d'Arthur

CUISINE MODERNE • BISTRO Nougat frais de chèvre, tartine de noix et crème de poivron ; daurade royale, risotto de quinoa aux agrumes et écume de gingembre : ce bistrot contemporain du cœur de la vieille ville, tout proche de l'abbatiale Saint-Austremoine, propose une cuisine actuelle de bon aloi.

Menu 17 € (déj. en semaine), 31/70 € - Carte 47/65 €

35 r. St-Antoine - ✆ 04 73 54 95 06 - www.tabledarthur.com - Fermé 1 semaine en juin, 3 semaines en sept., 1 semaine en janv., jeudi soir, dim. soir et lundi

Le Pariou

BUSINESS • FONCTIONNEL Un peu excentré, cet hôtel-restaurant - bâtisse de 1950 - est idéal pour une étape dans cette localité connue pour abriter l'un des joyaux de l'art roman auvergnat, l'abbatiale St-Austremoine. Chambres avec mobilier design et tons colorés, plus spacieuses dans l'annexe. Agréable jardin.

54 chambres - †64/78 € ††76/104 € - ☕ 11 €

18 av. Kennedy, 1 km au Nord - ✆ 04 73 55 90 37 - www.hotel-pariou.com - Fermé 22 déc.-7 janv.

à St-Rémy-de-Chargnat 7 km au Sud-Est par D999 - ✉ 63500 - 552 hab. - Alt. 400 m

Château de la Vernède

DEMEURE HISTORIQUE • PERSONNALISÉ Un joli château remanié en 1850, ancien relais de chasse de la reine Margot, où meubles d'époque côtoient tableaux anciens et pièces rares. Beaucoup de goût et de romantisme !

5 chambres ☕ - †75/115 € ††80/120 €

- ✆ 04 73 71 07 03 - www.chateauvernedeauvergne.com - Ouvert avril-nov.

à Sarpoil 10 km au Sud-Est par D999 – ✉ 63490 Saint Jean en Val

✿ La Bergerie (Cyrille Zen)

CUISINE MODERNE • ÉLÉGANT XXX Point d'habitudes moutonnières en cette Bergerie, mais du soin apporté à chaque assiette, de subtils mariages de saveurs, de textures, de couleurs... Une cuisine du terroir à la fois fine et gourmande ! Et peut-être connaissez-vous déjà le chef, Cyrille Zen, ancien finaliste de l'émission Top Chef.

➜ Foie gras de canard mi-cuit, cœur coulant au fil des saisons. Lotte aux pommes de terre, olives noires et truffes. Vacherin revisité abricot et praliné nougatine.

Menu 27 € (déj. en semaine), 42/90 € – Carte 60/75 €

– ☎ 04 73 71 02 54 – www.labergeriedesarpoil.com – Fermé 7-16 mai, 2-11 juil., janv., dim. soir, lundi soir, mardi et merc.

à Perrier 5 km à L'Ouest par D996 – ✉ 63500 – 888 hab. – Alt. 415 m

La Cour Carrée

CUISINE MODERNE • CONTEMPORAIN XX Cette ancienne maison de vigneron s'ouvre sur... une cour carrée ! Le chef met le savoir-faire des petits producteurs en avant et signe une jolie cuisine du marché. Chambres élégantes et confortables où dominent le bois et la pierre.

Menu 32/38 €

3 chambres – †98 € ††98 € – ☕13 €

17 av. du Tramot – ☎ 04 73 55 15 55 – www.cour-carree.com – Fermé 2 semaines en nov. et en janv., dim. soir, lundi soir et le midi sauf dim.

ISSOUDUN

✉ 36100 Indre – 12 270 hab. – Alt. 130 m – Carte régionale n° **6**-C3
Carte Michelin 323-H5 – Guide Vert Michelin Limousin Berry

La Cognette

CUISINE CLASSIQUE • ÉLÉGANT XXX Dans *La Rabouilleuse*, Balzac évoque La Cognette, qui le lui rend bien. Ce joli boudoir, tout à la gloire du grand écrivain, célèbre aussi le classicisme culinaire, les plats du terroir. Sympathique menu "Instant" sur lequel le chef improvise tous les jours, au gré du marché. Tout un roman !

Formule 26 € – Menu 39/98 €

Plan : A1-z *bd Stalingrad – ☎ 02 54 03 59 59 – www.la-cognette.com – Fermé 3 semaines en janv., dim. soir de sept. à juin, mardi midi et lundi*

La Cognette

FAMILIAL • PERSONNALISÉ Répondants aux noms de Lamartine, Napoléon, Liszt, etc., les chambres de ce charmant hôtel, souvent de plain-pied sur le jardin, ne manquent pas de style ! Dans l'annexe, elles sont plus simples et plus contemporaines, mais tout aussi agréables...

16 chambres – †130/250 € ††130/250 € – 3 suites – ☕15 €

Plan : A1-e *r. des Minimes – ☎ 02 54 03 59 59 – www.la-cognette.com*

La Cognette – voir les restaurants ci-dessus

Les 3 Rois

TRADITIONNEL • COSY Cet hôtel-restaurant du centre-ville, créé au 19e s., a été entièrement rénové ces dernières années sous l'impulsion de ses nouveaux propriétaires. Les chambres, contemporaines et cosy, sont décorées par thème : Chalet, Nature... Cuisine de tradition au restaurant.

13 chambres – †70/90 € ††80/110 € – ☕10 €

Plan : A1-s *3 r. Pierre-Brossolette – ☎ 02 54 21 00 65 – www.les3rois.fr – Fermé dim. soir et lundi*

à Diou 12 km au Nord par D918 – ✉ 36260 – 243 hab. – Alt. 130 m

L'Aubergeade

CUISINE MODERNE • ÉLÉGANT XX En amoureux des bons vins, le chef vous propose un tour du monde des jolis crus et vous fait aussi découvrir le très local reuilly. Pour ne rien gâcher, il concocte de bons petits plats dans l'air du temps. Et l'été, on profite de la terrasse !

Formule 24 € – Menu 34/44 € – Carte 43/60 €

rte d'Issoudun – ✆ 02 54 49 22 28 – aubergeade-36.com – Fermé merc. soir et dim. soir

à St-Valentin 11 km à l'Ouest par D8 et D12 – ✉ 36100 – 283 hab. – Alt. 151 m

Au 14 Février

CUISINE MODERNE • ÉLÉGANT XX Au cœur du "village des amoureux", une vraie surprise que cette table tenue par... toute une équipe japonaise. Les saveurs nipponnes et françaises se mêlent avec art : un mariage très réussi, un amour de cuisine fusion ! Quant au cadre, raffiné, et au charmant service, ils se prêtent à un dîner... à deux.

→ Poêlée de foie gras de canard. Homard breton rôti. Dôme de chocolat blanc.

Menu 48/87 €

2 r. du Portail – ✆ 02 54 03 04 96 – www.au14fevrier.fr – Fermé 2 semaines en sept. et en janv., merc. midi, jeudi midi, dim. soir, lundi et mardi

IS-SUR-TILLE

✉ 21120 Côte-d'Or – 4 436 hab. – Alt. 284 m – Carte régionale n° **4**-C2
Carte Michelin 320-K4

Auberge Côté Rivière

CUISINE TRADITIONNELLE • RUSTIQUE XX Cette grange à houblon n'a rien perdu de son cachet d'antan... Selon la saison, on aime se réchauffer près de la belle cheminée ou prendre le frais dans le joli parc. Le chef mitonne de bons plats traditionnels : cassolette d'escargots au vin rouge ; pigeon, foie gras poêlé, pomme mousseline et truffe de Bourgogne...

Formule 17 € – Menu 26 € (déj. en semaine), 32/52 €

3 r. des Capucins – ✆ 03 80 95 65 40 – www.auberge-cote-riviere.com – Fermé 20-30 août , 24 déc.-5 janv., dim. soir et lundi

Auberge Côté Rivière

TRADITIONNEL • PERSONNALISÉ On enjambe la Tille pour entrer dans cette charmante maison bourgeoise entourée d'un grand parc. Les chambres se révèlent claires et accueillantes, les plus grandes d'entre elles pouvant accueillir des familles. Au petit-déjeuner, une douce surprise : pain, croissants et confitures sont fait maison !

10 chambres – †85/135 € ††85/135 € – ☕ 12 €

3 r. des Capucins – ✆ 03 80 95 65 40 – www.auberge-cote-riviere.com – Fermé 20-30 août, 24 déc.-5 janv. et dim. soir

Auberge Côté Rivière – voir les restaurants ci-dessus

ISSY-LES-MOULINEAUX – 92 Hauts-de-Seine → Voir Autour de Paris

ISTRES

✉ 13800 Bouches-du-Rhône – 43 463 hab. – Alt. 32 m – Carte régionale n° **21**-A3
Carte Michelin 340-E5 – Guide Vert Michelin Provence

Le N°7 by Gaëlle et Sylvain Devaux

CUISINE MODERNE • INTIME XX Au cœur d'Istres, une agréable terrasse sous les platanes ! Le chef concocte une cuisine voyageuse où les épices parlent de goûts lointains... et où les jolis produits proviennent des nouvelles halles voisines. Décor contemporain.

Formule 18 € – Menu 31 € (déj.)/69 €

7 av. Hélène-Boucher – ✆ 04 90 55 25 30 – Fermé 1 semaine début janv. et dim.

ITTERSWILLER

✉ 67140 Bas-Rhin – 257 hab. – Alt. 235 m – Carte régionale n° **1**-C1
Carte Michelin 315-I6

Winstub Arnold

CUISINE ALSACIENNE • WINSTUB XX Cette winstub met à l'honneur les "elsässische spezialitäten" : kougelhopf, choucroute et tant de plats régionaux ! Soulevez donc le couvercle en fonte qui protège le baeckeofe servi en cocotte...

Formule 19 € – Menu 23 € (semaine), 30/38 € – Carte 30/60 €

Hôtel Arnold, 98 rte des Vins – ✆ 03 88 85 50 58 – www.hotel-arnold.com – Fermé dim. soir et lundi de nov. à mai

Arnold

TRADITIONNEL • COSY Sur la route des vins, deux bâtisses à colombages dans un village de carte postale ! Le panorama est superbe : la plupart des chambres dominent le vignoble, les villages de la plaine d'Alsace et la Forêt-Noire... Décor chaleureux et agréable espace bien-être (bassin de nage, hammam, sauna).

36 chambres – †108/158 € ††108/158 € – 1 suite – ☕ 13 €

98 rte des Vins – ✆ 03 88 85 50 58 – www.hotel-arnold.com

Winstub Arnold – voir les restaurants ci-dessus

ITXASSOU

✉ 64250 Pyrénées-Atlantiques – 2 059 hab. – Alt. 39 m – Carte régionale n° **2**-A3
Carte Michelin 342-D5 – Guide Vert Michelin Pays Basque et Navarre

Haraneko Borda (N)

CUISINE RÉGIONALE • CHAMPÊTRE X Jambon maison persillé, boudin au piment d'Espelette, pieds de cochon ravigote, merlu de ligne de St-Jean-de-Luz... Le Pays basque est ici la langue dominante : tous les produits de la carte sont produits sur place ou dans les fermes avoisinantes (10 km maximum !), et révélés dans des assiettes aussi simples que réjouissantes.

Carte 25/45 €

3 r. Gerastoko Bidéa, à Basaburu – ✆ 05 59 15 09 68 – Fermé janv.-fév. et du lundi au jeudi

Restaurant du Fronton

CUISINE TRADITIONNELLE • RUSTIQUE X Comme la pelote semble aimantée par la *chistera* (le gant en paille des joueurs), le jeune chef, Benat Bonnet, a naturellement rejoint l'établissement familial – 3e génération – après avoir fait ses classes dans plusieurs établissements de renom. Les recettes du terroir et les produits locaux y trouvent une belle vitalité !

Menu 23/32 € – Carte 44/53 €

pl. du Fronton – ✆ 05 59 29 75 10 – www.hotelrestaurantfronton.com – Fermé 12-17 nov., 1er janv.-15 fév. et merc.

Hôtel du Fronton

FAMILIAL • FONCTIONNEL Une maison basque adossée au fronton de pelote du village, avec les monts d'Itxassou en ligne de mire : quelle meilleure situation pour profiter de l'identité de la région ? Les chambres sont fonctionnelles et bien tenues : les plus jolies se trouvent dans l'annexe, toute récente.

20 chambres – †65/70 € ††65/90 € – ☕ 8 €

pl. du Fronton – ✆ 05 59 29 75 10 – www.hotelrestaurantfronton.com – Fermé 12-17 nov., 1er janv.-15 fév. et merc.

Restaurant du Fronton – voir les restaurants ci-dessus

Le Chêne

AUBERGE • TRADITIONNEL Face à l'église du village et au décor des monts alentour, cette auberge accueille les voyageurs depuis 1696 ! À la fois simples et coquettes, les chambres sont tenues avec grand soin. Cuisine basque au restaurant.

15 chambres – †52/75 € ††52/75 € – ☕ 8 €

(près de l'église) – ✆ 05 59 29 75 01 – www.lechene-itxassou.com – Fermé janv., mardi sauf de juil. à oct. et lundi

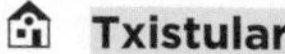

Txistulari

FAMILIAL · FONCTIONNEL L'hôtel est tout proche de la petite route conduisant au Pas de Roland et jouit d'un environnement calme et verdoyant. Les chambres sont tenues avec soin - celles de l'aile récemment construite étant plus contemporaines. Cuisine traditionnelle au restaurant.

22 chambres - 49/57 € 57/86 € - 9 €

rte d'Errobi, D249 - 05 59 29 75 09 - www.txistulari.fr - Fermé 24 fév.-4 mars et 14 déc.-7 janv.

JANVRY - 91 Essonne → Voir Autour de Paris

JARNAC

16200 Charente - 4 448 hab. - Alt. 26 m - Carte régionale n° **20**-B3
Carte Michelin 324-I5 - Guide Vert Michelin Poitou-Charentes

Restaurant du Château

CUISINE MODERNE · BRASSERIE XX Des airs de brasserie chic et contemporaine au cœur de Jarnac, ville natale et pays de cœur de François Mitterrand. On se délecte ici d'une cuisine du moment, fine et savoureuse, réalisée avec de beaux produits par un jeune chef plein d'allant.

Formule 21 € - Menu 24 € (déj. en semaine), 46/58 € - Carte 75/90 €

15 pl. du Château - 05 45 81 07 17 - www.restaurant-du-chateau.com - Fermé dim. soir, merc. soir et lundi

Ligaro

BOUTIQUE HÔTEL · ÉLÉGANT Juste en face de l'église St-Pierre, cette maison bourgeoise du 17e s. - l'une des plus vieilles de Jarnac - a été superbement rénovée, mêlant ancien et contemporain, ambiance feutrée et confort. Le tout d'une sobre élégance très séduisante !

10 chambres - 129/250 € 129/250 € - 16 €

74 Grand-Rue - 05 45 32 71 38 - www.hotel-ligaro.com

à Bourg-Charente 6 km à l'Ouest par N141 et rte secondaire - 16200 - 851 hab. - Alt. 14 m

La Ribaudière (Thierry Verrat)

CUISINE CRÉATIVE · DESIGN XXX Une grande villa contemporaine, avec un jardin qui descend en pente douce vers la Charente... La terrasse est superbe, la salle très originale - blanche et pop ! Dans le même ton, le chef signe une belle cuisine, où l'invention cultive le naturel. La force tranquille.

→ Tartare de bœuf, raviole de jaune d'œuf et caviar. Saumon de fontaine du gouffre de Gensac brûlé au fer, praliné aux noisettes de pays. Cognac du terroir à la barrique.

Menu 49/110 € - Carte 85/115 €

2 pl. du Port - 05 45 81 30 54 - www.laribaudiere.com - Fermé vacances de fév., 21 oct.-6 nov., mardi midi, dim. soir et lundi

à Bassac 7 km au Sud-Est par N141 et D22 - 16120 - 541 hab. - Alt. 20 m

L'Essille

CUISINE TRADITIONNELLE · CONVIVIAL XX A deux pas d'une abbaye bénédictine, se concocte une cuisine dans l'air du temps. On accède au restaurant par un beau salon agrémenté de bouteilles de cognac - près de 200 références, l'une des plus belles collections de la région ! Chambres spacieuses et pratiques.

Menu 19 € (déj. en semaine), 35/56 € - Carte 50/62 €

19 chambres - 73/78 € 73/100 € - 11 €

r. de Condé - 05 45 81 94 13 - www.hotel-restaurant-essille.com - Fermé sam. midi et dim. soir

LA JARRIE - 17 Charente-Maritime ➜ Voir La Rochelle

Voir La Rochelle

JASSANS-RIOTTIER - 01 Ain ➜ Voir Villefranche-sur-Saône

JAUSIERS - 04 Alpes-de-Haute-Provence ➜ Voir Barcelonnette

JERSEY (ÎLE DE) - JSY Jersey ➜ Voir Île de Jersey

JOIGNY

✉ 89300 Yonne – 9 672 hab. – Alt. 79 m – Carte régionale n° **4**-B1
Carte Michelin 319-D4 – Guide Vert Michelin Bourgogne

✿✿ La Côte Saint-Jacques (Jean-Michel Lorain)

CUISINE MODERNE • ÉLÉGANT XXXX D'une petite couturière audacieuse à son petit-fils globe-trotter, la Côte St-Jacques s'est imposée comme une institution de la gastronomie bourguignonne ! La noblesse des produits, la générosité des assiettes, le caractère intemporel de certaines recettes : une histoire culinaire écrite au fil de l'Yonne toute proche...

➜ Huîtres spéciales en petite terrine océane. Poularde de Bresse à la vapeur de champagne. Glace à la rose en tulipe croustillante et pétales de rose cristallisés.

Menu 79 € (déj. en semaine), 94/238 € – Carte 135/220 €

Plan : A1-r *Hôtel La Côte St-Jacques, 14 fg de Paris*
– ✆ 03 86 62 09 70 – www.cotesaintjacques.com
– Fermé mardi midi et lundi

Le Rive Gauche

CUISINE MODERNE • CLASSIQUE XX Atout charme de cette maison contemporaine dirigée par Catherine Lorain, sœur de Jean-Michel : la terrasse face aux rives de l'Yonne, mais la salle offre également de belles échappées sur la verdure. La carte met à l'honneur les saveurs régionales et la créativité. Spécialité : escargots en persillade et gnocchis aux herbes.

Formule 26 € 🍷 – Menu 32/51 € – Carte 50/58 €

Plan : A1-s *Hôtel Le Rive Gauche, r. du Port-au-Bois*
– ✆ 03 86 91 46 66 – www.hotel-le-rive-gauche.fr
– Fermé dim. soir d'oct. à fin juin

La Côte Saint-Jacques

LUXE • PERSONNALISÉ Au bord de l'Yonne, cet hôtel luxueux offre de nombreux agréments : moments de détente à la piscine et au spa avec piscine couverte, hammam, sauna et jacuzzi ; sommeil réparateur dans des chambres raffinées, et beaux plaisirs gastronomiques...

31 chambres – †160/640 € ††160/640 € – 1 suite – ☕ 35 €

Plan : A1-r *14 fg de Paris*
– ✆ 03 86 62 09 70 – www.cotesaintjacques.com
– Fermé lundi

✿✿ **La Côte Saint-Jacques** – voir les restaurants ci-dessus

Le Rive Gauche

BUSINESS • FONCTIONNEL Sur la rive gauche de l'Yonne, cet établissement construit dans les années 1990 propose des chambres spacieuses, bien équipées et lumineuses, toutes rénovées dans un style contemporain. Le tout au sein d'un grand parc avec plan d'eau...

42 chambres – †95/150 € ††95/150 € – ☕ 14 €

Plan : A1-s *r. du Port-au-Bois*
– ✆ 03 86 91 46 66 – www.hotel-le-rive-gauche.fr

Le Rive Gauche – voir les restaurants ci-dessus

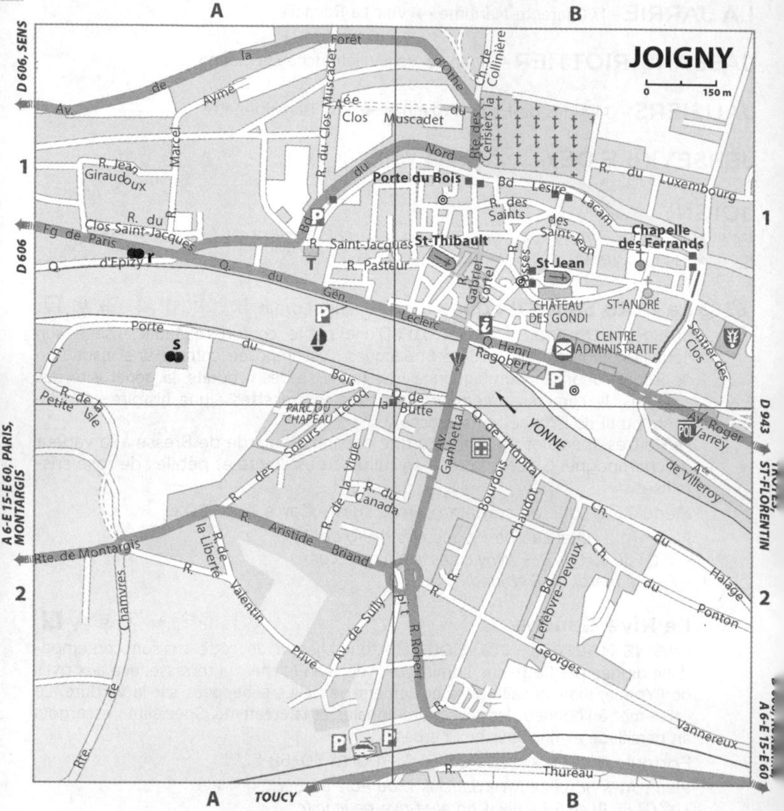

JONGIEUX

✉ 73170 Savoie – 306 hab. – Alt. 300 m – Carte régionale n° **23**-C1
Carte Michelin 333-H3

✿✿ Les Morainières (Michaël Arnoult)

CUISINE CRÉATIVE · ROMANTIQUE XXX Superbement rénovée en 2015 – grande baie vitrée dominant le coteau planté de vignes et la vallée du Rhône, intérieur élégant et moderne –, la table de Mickaël Arnoult mérite plus que jamais un détour ! Sa cuisine est fine sans être prétentieuse, créative sans être déroutante : il impose son style sans difficulté.

➜ Féra du lac Léman cuite au sel, petit pois, citron et mélisse. Ris de veau doré, mousseline de cébettes et sparassis crépu. Lait bio de nos fermes environnantes, épeautre et vanille.

Menu 55 € (déj. en semaine), 90/135 € – Carte 105/135 €

rte de Marétel – ☎ 04 79 44 09 39 – www.les-morainieres.com – Fermé 26 déc.-17 janv., lundi et mardi

Le symbole ✿ vous garantit des nuits au calme : juste le chant des oiseaux au petit matin...

Château de la Mar

DEMEURE HISTORIQUE • ÉLÉGANT Des chambres confortables et décorées avec soin – portant les noms de cépages locaux –, un mobilier d'époque (Louis XIII et Louis XV), des plafonds à la française, un jacuzzi dans les vignes, une belle piscine : voilà ce qui vous attend dans ce superbe petit château datant de 1244... et qui cache bien son âge !

5 chambres – 220/300 € 220/300 €

Aimavigne – 06 26 56 99 33 – www.chateau-de-la-mar.fr – Ouvert 1er avril-15 oct.

JOSSELIN

56120 Morbihan – 2 486 hab. – Alt. 58 m – Carte régionale n° **5**-C2
Carte Michelin 308-P7 – Guide Vert Michelin Bretagne Sud

Hôtel du Château

AUBERGE • FONCTIONNEL Cet hôtel-restaurant des bords de l'Oust, créé en 1958, fait face au château des Rohan. Les chambres sont simples et bien tenues, et la moitié d'entre elles donne sur les puissantes murailles. Cuisine traditionnelle dans une salle d'esprit médiéval ou sur la terrasse tournée vers la forteresse.

35 chambres – 77/117 € 91/117 € – 11 €

1 r. du Gén.-de-Gaulle – 02 97 22 20 11 – www.hotel-chateau.com – Fermé 17 nov.-15 janv., dim. soir et lundi d'oct. à mars

JOUCAS

84220 Vaucluse – 329 hab. – Alt. 263 m – Carte régionale n° **22**-E1
Carte Michelin 332-E10

Xavier Mathieu

CUISINE CRÉATIVE • MÉDITERRANÉEN XXX Grandi à Marseille, Xavier Mathieu a la Provence chevillée au corps. Recherche, technique, précision... mais surtout sens des saveurs et inspiration : chaque plat est une variation sur les origines. À découvrir dans le cadre privilégié d'une luxueuse bastide dans la garrigue.

→ Soupe au pistou. Gigot d'agneau de Provence étouffé dans son sable chaud d'haricots blancs. Illusion d'œufs.

Menu 80/170 € – Carte 100/200 €

Hostellerie Le Phébus & Spa, rte de Murs – 04 90 05 78 83 – www.lephebus.com – Ouvert 1er avril-15 nov. et fermé mardi midi, merc. midi et jeudi midi

La Table du Mas

CUISINE MODERNE • ÉLÉGANT XXX Venez découvrir la cuisine inventive du chef, Xavier Burelle, qui revisite la Provence avec brio et n'hésite pas à la saupoudrer de quelques saveurs venues d'ailleurs. Belle et grande terrasse ouverte sur la campagne.

Menu 69/98 € – Carte 98/148 €

Hôtel Le Mas des Herbes Blanches, lieu-dit Toron, 2,5 km rte de Murs – 04 90 05 79 79 – www.herbesblanches.com – Ouvert 22 mars-3 déc.

Le Café de la Fontaine

CUISINE PROVENÇALE • RÉGIONAL X La carte de ce Café joue une partition traditionnelle aux influences méditerranéennes : volaille rôtie au citron, tarte aux fruits du marché, etc. Aux beaux jours, le service est assuré sur la terrasse où trône une... fontaine ; par mauvais temps, retour dans les salons de l'hôtel !

Menu 30 € – Carte 45/75 €

Hostellerie Le Phébus & Spa, rte de Murs – 04 90 05 78 83 – www.lephebus.com – Ouvert 1er avril-15 nov. et fermé le soir

Le Mas des Herbes Blanches

LUXE • TENDANCE Une architecture tout en pierres sèches, l'ombre des oliviers sous le soleil du Sud, une superbe piscine... et surtout un panorama grandiose sur la vallée du Luberon. Adossé au plateau de Vaucluse, ce mas est un sommet de Provence !

33 chambres – 209/349 € 429/579 € – 15 suites – 26 €

lieu-dit Toron, 2,5 km rte de Murs – 04 90 05 79 79 – www.herbesblanches.com – Ouvert 22 mars-3 déc.

La Table du Mas – voir les restaurants ci-dessus

Hostellerie Le Phébus & Spa

LUXE • CLASSIQUE Phébus... l'autre nom d'Apollon – et ce séjour que le dieu de la Beauté n'aurait sans doute pas renié ! Nichée dans la verdure, cette demeure provençale domine le Luberon ; la plupart des chambres jouissent d'un balcon, d'une terrasse voire d'une minipiscine privée. Si loin du monde des hommes...

17 chambres – 230/410 € 230/410 € – 12 suites – 30 €

rte de Murs – 04 90 05 78 83 – www.lephebus.com – Ouvert 1er avril-15 nov.

Xavier Mathieu • **Le Café de la Fontaine** – voir les restaurants ci-dessus

Le Mas du Loriot

FAMILIAL • COSY Une maison traditionnelle entourée de lavande, avec le Luberon en toile de fond. Les chambres sont confortables et colorées, et l'on profite de confitures maison au petit-déjeuner. Il y a même un local de rangement pour les cyclistes : ça tombe bien, le mont Ventoux est tout proche !

9 chambres – 88/166 € 88/166 € – 14 €

4 km rte de Murs – 04 90 72 62 62 – www.masduloriot.com – Fermé 15 nov.-15 déc. et 4 janv.-1er mars

JOUILLAT

23220 Creuse – 426 hab. – Alt. 396 m – Carte régionale n° **13**-C1
Carte Michelin 325-I3 – Guide Vert Michelin Limousin Berry

La Maison Verte

MAISON DE CAMPAGNE • CONTEMPORAIN Isolée en pleine verdure, cette ferme du 19e s. ne pourrait être plus au calme ! Jardin, potager, piscine, grandes chambres au décor soigné préservant l'âme des lieux et cuisine traditionnelle préparée par le propriétaire : on se sent bien.

4 chambres – 80/100 € 90/150 €

2 Lombarteix, 2 km au Nord par D940 et rte secondaire – 05 55 51 93 34 – www.chambres-hotes-creuse.com

JOUX

69170 Rhône – 650 hab. – Alt. 520 m – Carte régionale n° **23**-A1
Carte Michelin 327-F4

Le Tilia

CUISINE TRADITIONNELLE • AUBERGE XX Tilia ? C'est le nom latin du... tilleul, dont un spécimen quadri-centenaire trône en face du restaurant. Le chef, qui a notamment travaillé à Boston et en Australie, met en valeur les herbes de son potager et perpétue la tradition lyonnaise : pigeon en habit vert, cannelloni de foie gras aux truffes...

Formule 20 € – Menu 28/80 € – Carte 49/72 €

pl. du Plaisir – 04 74 05 19 46 – www.letilia.com – Fermé 2 semaines en août, 2 semaines en janv., mardi en hiver, dim. soir et lundi

JOUY

28300 Eure-et-Loir – 1 941 hab. – Alt. 120 m – Carte régionale n° **6**-B1
Carte Michelin 311-F4

La Parenthèse

CUISINE TRADITIONNELLE • AUBERGE Au cœur du village de Jouy, un jeune couple a transformé cette longère en un agréable restaurant. Le chef nous régale d'assiettes goûteuses et précises – il affectionne notamment les cuissons à basse température –, avec des desserts très aboutis. Il ressort de cette maison une impression générale de sérieux et de savoir-faire : c'est tout bon !

Formule 17 € – Menu 26/36 € – Carte 38/45 €

10 pl. de l'Église – 02 37 32 41 26
– Fermé 2 semaines en fév., 3 semaines en août, dim. soir, lundi, mardi

JUAN-LES-PINS

06160 Alpes-Maritimes – Alt. 2 m – Carte régionale n° **22**-E2
Carte Michelin 341-D6 – Guide Vert Michelin Côte d'Azur

La Passagère

CUISINE CRÉATIVE • LUXE Une cuisine élégante, qui met en valeur les mille et une pépites du terroir méditerranéen, une finesse et un raffinement de tous les instants, une exécution sans faille... On se délecte de ces créations sur la terrasse, en profitant de l'exceptionnelle vue sur la mer et l'Esterel.

→ Fleur de courgette, aigo boulido au parfum de marjolaine. Selle d'agneau en croûte d'olives, gnocchis moelleux aux sucs de persil et d'anchois fumé. Soufflé au citron, sorbet kalamensi.

Formule 48 € – Menu 55 € (déj. en semaine), 90/130 € – Carte 95/110 €

Plan : B2-d *Hôtel Belles Rives, 33 bd Édouard-Baudoin*
– 04 93 61 02 79 – www.bellesrives.com
– Fermé 2 janv.-9 mars, le midi en saison, lundi et mardi hors saison

Bistrot Terrasse

CUISINE MODERNE • CONTEMPORAIN Ce bistrot chic joue la carte des belles saveurs méditerranéennes (filet de dorade rôti, ravioles de bœuf à la sauge...) Jolie vitrine de pâtisseries et menu "détox" conçu avec une naturopathe. Agréable terrasse entourée de palmiers.

Formule 29 € – Menu 39 € – Carte 39/60 €

Plan : B2-f *Hôtel Juana, la Pinède, 19 av. G.-Gallice*
– 04 93 61 08 70 – www.hotel-juana.com
– Fermé 21 oct.-28 déc., dim. soir et merc. hors saison

Cap Riviera

CUISINE TRADITIONNELLE • MÉDITERRANÉEN Sa terrasse, qui offre une vue superbe sur le massif de l'Esterel et la mer Méditerranée, n'est pas le moindre de ses atouts ! Car on retient aussi ce restaurant pour son cadre clair et lumineux, et cette cuisine aux accents du Sud (poisson, salades, etc.), bien parfumée et réalisée avec de bons produits.

Formule 28 € – Menu 42 €

Plan : B2-c *13 bd Édouard-Baudoin – 04 93 61 22 30 – www.cap-riviera.fr*
– Fermé 5 nov.-28 déc. et 9 janv.-2 mars

Belles Rives

LUXE • ART DÉCO Un petit joyau Art déco où vécut Francis Scott Fitzgerald. Bar d'époque classé, chambres joliment décorées (mobilier 1930) – préférez celles côté mer –, restaurant de charme, ponton et plage privés... Élégance et nostalgie.

38 chambres – 150/1500 € 150/2250 € – 5 suites – 32 €

Plan : B2-d *33 bd Édouard-Baudoin – 04 93 61 02 79 – www.bellesrives.com*
– Fermé 2 janv.-9 mars

La Passagère – voir les restaurants ci-dessus

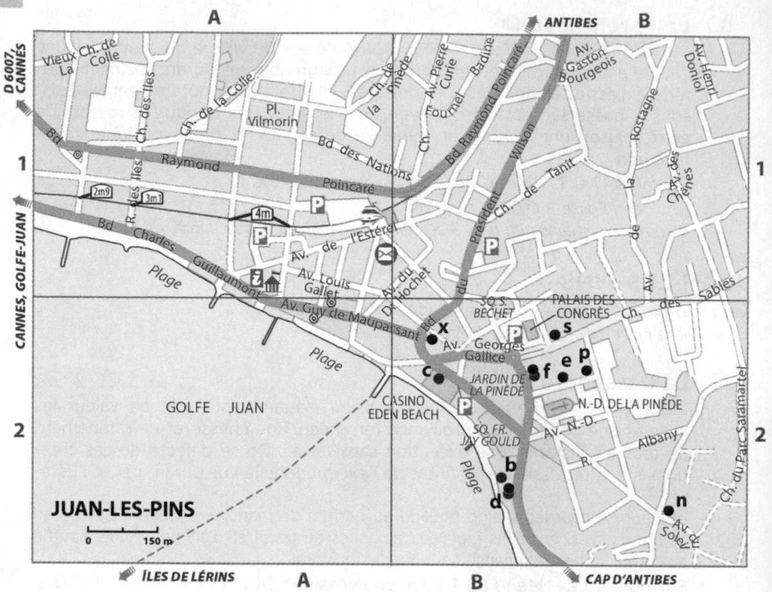

Juana

LUXE • ART DÉCO Luxueux hôtel des années 1930 où l'on sait cultiver l'art de recevoir. Jolies chambres Art déco, équipements haut de gamme, belle piscine et, pour l'anecdote, magnifique ascenseur en bois… Le charme fou de la French Riviera !

37 chambres – 🚹140/760 € 🚹🚹140/1300 € – 3 suites – ☕ 27 €

Plan : B2-f *la Pinède, 19 av. G.-Gallice*
– ✆ 04 93 61 08 70 – www.hotel-juana.com
– Fermé 21 oct.-28 déc.

Bistrot Terrasse – voir les restaurants ci-dessus

AC Hotel Ambassadeur

HÔTEL DE CHAÎNE • CONTEMPORAIN Style contemporain de bon ton dans les chambres, salles de séminaire et restaurants, plage privée, etc. Ce vaste complexe hôtelier a de quoi séduire vacanciers… et clientèle d'affaires, d'autant plus qu'il se situe juste en face du palais des congrès.

196 chambres – 🚹99/350 € 🚹🚹99/350 € – 25 suites – ☕ 25 €

Plan : B2-s *50-52 chemin des Sables*
– ✆ 04 92 93 74 10 – www.marriott.fr/hotels/travel/jlpar-ac-hotel-ambassadeur-an
– Fermé 2 semaines fin déc.

La Villa Cap d'Antibes

BOUTIQUE HÔTEL • CONTEMPORAIN Le jardin de cette grande villa 1900 est ravissant avec ses palmiers et ses oliviers. Mais il y a aussi la jolie piscine, l'accueil délicieux, ces chambres à la fois sobres et élégantes, le bar et le salon d'esprit balinais où il fait bon musarder… Un bel endroit, au calme.

26 chambres – 🚹80/229 € 🚹🚹90/450 € – ☕ 19 €

Plan : B2-n *23 av. Saramartel*
– ✆ 04 92 93 48 00 – www.hotel-villa-juan.com
– Ouvert de mi-mars à fin oct.

Ste-Valérie

FAMILIAL • PERSONNALISÉ De belles villas made in Méditerranée ! Les chambres, au nom de fleurs, sont toutes différentes (méridionales, modernes ou joliment rétro) et donnent sur le jardin luxuriant et sa petite piscine. Accueil sympathique.

24 chambres – 180/650 € 180/650 € – 2 suites – 20 €

Plan : B2-p *r. de l'Oratoire*
– 04 93 61 07 15 – www.hotel-sainte-valerie.fr
– Ouvert 13 avril-8 oct.

Mademoiselle

BOUTIQUE HÔTEL • PERSONNALISÉ Gold, Afrique, nuages, relais de chasse, romantique, sous-bois scandinave... Un cadavre exquis ? Non, simplement les thèmes des chambres de cet hôtel atypique, situé au cœur de la ville. Rêverie et enchantement sont au programme !

14 chambres – 92/173 € 101/252 € – 13 €

Plan : B2-x *12 av. Dr-Dautheville*
– 04 93 61 31 34 – www.hotelmademoisellejuan.com

Juan Beach

FAMILIAL • FONCTIONNEL Une villa en bleu et blanc... très bord de mer. L'accueil est chaleureux ; on pose ses valises dans des chambres modernes et épurées, où la blancheur dominante est égayée par des rideaux et dessus de lit turquoise. Agréable piscine.

26 chambres – 79/210 € 89/365 € – 3 suites – 15 €

Plan : B2-e *5 r. de l'Oratoire*
– 04 93 61 02 89 – www.hoteljuanbeach.com
– Ouvert de mi-mars à oct.

JUGY – 71 Saône-et-Loire → Voir Tournus

JUIGNÉ-SUR-LOIRE – 49 Maine-et-Loire → Voir Angers

JULIÉNAS

69840 Rhône – 861 hab. – Alt. 276 m – Carte régionale n° **24**-E1
Carte Michelin 327-H2 – Guide Vert Michelin Lyon et sa région

Chez la Rose

FAMILIAL • FONCTIONNEL Un agréable hôtel, avec une jolie terrasse et une petite piscine. Les chambres ont fait l'objet d'une rénovation complète ; certaines affichent même un décor tendance ! Au restaurant, les spécialités de la région sont à l'honneur. Une bonne étape dans ce village viticole du Beaujolais.

10 chambres – 69/150 € 69/150 € – 5 suites – 12 €

pl. du Marché
– 04 74 04 41 20 – www.chez-la-rose.fr
– Fermé 26 déc.-26 mars

Les Vignes

FAMILIAL • FONCTIONNEL Un agréable petit hôtel implanté au cœur des vignes, à flanc de coteau ! L'accueil y est aimable, les chambres soignées et aux prix doux, et la terrasse parfaite pour prendre le petit-déjeuner aux beaux jours...

22 chambres – 58/89 € 77/89 € – 10 €

à 0,5 km rte de St-Amour
– 04 74 04 43 70 – www.hoteldesvignes.com
– Fermé début déc.-22 janv.

JULLIÉ

✉ 69840 Rhône – 431 hab. – Alt. 370 m – Carte régionale n° **24**-E1
Carte Michelin 327-H2

Domaine de la Chapelle de Vâtre

FAMILIAL • À LA CAMPAGNE Au sommet d'une colline couverte de vignes, ce beau domaine viticole beaujolais domine la plaine de la Saône. Les propriétaires, d'origine britannique, ont su marier avec goût et simplicité le style contemporain et les vieilles pierres. Au programme : piscine à débordement et découverte des chais...

3 chambres ☕ – 🚹70/100 € 🚻85/115 €

*Le Bourbon, 2 km au Sud par D68 et D68^e^*
– ✆ 04 74 04 43 57 – www.vatre.com
– Fermé 22 déc.-4 janv.

JUMIÈGES

✉ 76480 Seine-Maritime – 1 778 hab. – Alt. 25 m – Carte régionale n° **17**-C2
Carte Michelin 304-E5 – Guide Vert Michelin Normandie Vallée de la Seine

L'Auberge des Ruines

CUISINE MODERNE • COSY XX Le sympathique chef revisite le terroir normand avec enthousiasme : truite de Saint-Wandrille, barbue aux orties et rhubarbe, soufflé à la bénédictine... Il y a du travail et du soin dans ces assiettes, les herbes sauvages sont de la partie (Marc Veyrat n'y trouverait rien à redire !), on se régale dans un décor feutré où sont exposées quelques toiles. Délicieux.

Menu 33/67 € 🍷 – Carte 33/48 €

17 pl. de la Mairie
– ✆ 02 35 37 24 05 – www.auberge-des-ruines.fr
– Fermé janv., dim. soir, merc. et jeudi

Domaine Le Clos des Fontaines

SPA ET BIEN-ÊTRE • PERSONNALISÉ Entre la célèbre abbaye de Jumièges et la Seine, ces quatre magnifiques pavillons normands allient pierre, brique et colombages, au calme d'un grand jardin avec fontaine, piscine et spa... Les chambres, vastes et lumineuses, rendent hommage à des artistes (Monet, Corneille) ou des lieux (Normandie, Fez, Kyoto...). Belle adresse !

19 chambres – 🚹107/277 € 🚻107/277 € – ☕15 €

191 r. des Fontaines
– ✆ 02 35 33 96 96 – www.leclosdesfontaines.com
– Fermé 17 déc.-6 janv.

JUNGHOLTZ

✉ 68500 Haut-Rhin – 910 hab. – Alt. 332 m – Carte régionale n° **1**-A3
Carte Michelin 315-H9

Les Violettes

LUXE • PERSONNALISÉ Dans un cadre verdoyant, une bâtisse imposante aux airs de chalet, dont les chambres et suites, d'esprit alsacien raffiné, se révèlent très confortables (moins cossues à la Gentilhommière). Superbe spa (avec espace fitness et grotte à sel), restaurant... Détente.

57 chambres ☕ – 🚹164/397 € 🚻189/422 € – 4 suites

rte de Thierenbach, 1 km à l'Ouest
– ✆ 03 89 76 91 19 – www.les-violettes.com

JUVIGNAC – 34 Hérault

➔ Voir Montpellier

JUVIGNY-SOUS-ANDAINE

✉ 61140 Orne – 995 hab. – Alt. 200 m – Carte régionale n° **17**-B3
Carte Michelin 310-F3 – Guide Vert Michelin Normandie Cotentin

Au Bon Accueil

CUISINE CRÉATIVE • AUBERGE XX L'enseigne ne ment pas ! Dans ce restaurant tenu par un jeune couple, on vous accueille à bras ouverts. Et si le cadre est classique, la cuisine bouscule les habitudes : le chef aime revisiter les recettes du terroir, en y apposant son style original et créatif... Pour prolonger le séjour, on profite de l'hôtel.

Formule 16 € - Menu 20 € (semaine), 32/58 € - Carte 47/62 €
4 chambres - 59/65 € 59/69 € - 11 €

23 pl. St-Michel - 02 33 38 10 04
- www.aubonaccueil-normand.com - Fermé 2 semaines fin juin-début juil., dim. soir et lundi

KATZENTHAL

68230 Haut-Rhin - 535 hab. - Alt. 280 m - Carte régionale n° **1**-C2
Carte Michelin 315-H8

À l'Agneau

CUISINE MODERNE • VINTAGE XX Cette jolie maison au décor typiquement alsacien est douce... comme un agneau. On y savoure une cuisine du marché et des spécialités régionales réalisées par un chef, Thierry Hohly, passé par de belles maisons. Le tout accompagné des vins du cru. Pour l'étape, des chambres actuelles joliment rénovées.

Formule 16 € - Menu 21 € (déj. en semaine), 27/52 € - Carte 33/61 €
11 chambres - 68/79 € 79/83 € - 13 €

16 Grand'Rue - 03 89 80 90 25
- www.agneau-katzenthal.com - Fermé 5 fév.-2 mars, 4-16 juil., 12-23 nov., jeudi sauf le soir de juil. à mi-oct. et déc. et merc.

Riou/SoFood/Photononstop

ON AIME...

Se régaler des grands classiques intemporels, choucroute, baeckeoffe, tarte à l'oignon, à la **Winstub de l'Hôtel Chambard**. Profiter des bons produits locaux (et souvent bio !) de **l'Alchémille**. Aller à la rencontre des bons crus régionaux au **Côté Vigne**, un bistrot de vignerons dans le village de Kientzheim...

KAYSERSBERG

✉ 68240 Haut-Rhin – 2 701 hab. – Alt. 242 m – Carte régionale n° **1**-C2
Carte Michelin 315-H8 – Guide Vert Michelin Alsace Vosges

Restaurants

✿✿ 64° Le Restaurant (Olivier Nasti)

CUISINE MODERNE • TENDANCE XXX Découpes, cuissons (à 64° C !), assaisonnements, jeux de textures et d'ingrédients : tout est soigneusement réglé dans la cuisine d'Olivier Nasti, fou de chasse et de gibier. Harmonieux, savoureux, bref : imparable.

➜ Œuf cuit à 64°, petits pois extra, champignons du moment, vinaigrette à l'huile de sapin et oxalis. Chevreuil sauce rouennaise et boule de céleri. Coque meringuée au cacao, chocolat guanaja en émulsion, caramel à la fleur de sel.

Menu 85 € 🍷 (déj. en semaine), 129/185 € – Carte 120/210 €

Hôtel Chambard, 9 r. du Gén.-de-Gaulle – ✆ 03 89 47 64 64 – www.lechambard.fr
– Fermé 9 janv.-3 fév., mardi sauf le soir de Pâques à déc., merc. midi et lundi

✿ L'Alchémille (Jérôme Jaegle)

CUISINE MODERNE • TENDANCE X Jérôme Jaegle, chef alsacien au beau parcours a ouvert son propre restaurant sur ses terres. Son objectif : organiser la rencontre entre la technique culinaire et le végétal, en s'appuyant sur les producteurs locaux... à 100% ! Difficile de trouver plus locavore.

➜ Cuisine du marché.

Formule 24 € – Menu 49 € (semaine), 59/79 €

53 rte de Lapoutroie – ✆ 03 89 27 66 41 – www.lalchemille.fr
– Fermé 29 janv.-27 fév., mardi sauf le soir en déc., dim. soir et lundi

La Vieille Forge

CUISINE TRADITIONNELLE • AUBERGE XX Dans un décor contemporain, frère et sœur cuisinent à quatre mains de bien jolies symphonies gastronomiques. Bavarois d'asperges, pointes d'asperges vertes, jambon cru ; terrine de viande, gelée au céleri et pomme verte etc. Frais et maîtrisé : courez-y !

Formule 15 € – Menu 31/78 € – Carte 46/75 €

1 r. des Écoles – ✆ 03 89 47 17 51 – www.vieilleforge-kb.com
– Fermé 24 juin-10 juil., 12-20 nov., 1er-17 janv., mardi et merc.

Winstub

CUISINE ALSACIENNE • RUSTIQUE La seconde table du Chambard, version winstub. Ici, Olivier Nasti revisite tout ce que le terroir alsacien peut offrir : baeckeoffe et choucroute, tarte à l'oignon, presskopf... Sans oublier cette délicieuse tête de veau et ses pommes de terre écrasées à la muscade : goûteux et généreux, une ode à la gourmandise ! Avec gibier, été comme hiver.

Formule 27 € - Menu 32 € - Carte 40/70 €

Hôtel Chambard, 9 r. du Gén.-de-Gaulle - 03 89 47 10 17 - www.lechambard.fr - Fermé 10-31 janv.

Au Lion d'Or

CUISINE TRADITIONNELLE • CONVIVIAL Cette maison de 1521, tenue par la même famille depuis 1724, a beaucoup de cachet, et l'on y déguste de savoureux plats traditionnels. De beaux produits et l'envie de bien faire : c'est bon ! L'hiver, on se réchauffe au coin de la cheminée. Menu végétarien.

Menu 22/35 € - Carte 24/58 €

66 r. du Gén.-de-Gaulle - 03 89 47 11 16 - www.auliondor.fr - Fermé mardi sauf le midi de mai à oct. et merc.

Flamme & Co

CUISINE ALSACIENNE • DESIGN Une adresse où la tarte flambée est érigée en concept, et même en concept branché. Four à bois éclairé par des spots fluo, fauteuils zébrés... Et des créations telle que cette flammée foie gras et anguille fumée, ou encore ce pluma ibérique, chorizo, poivron et oignon rouge. Surprenant !

Formule 17 € - Menu 26 € - Carte 29/47 €

Hôtel Chambard, 9 r. du Gén.-de-Gaulle - 03 89 47 16 16 - www.flammeandco.fr - Fermé 10-31 janv. et mardi sauf juil.-août

Hôtels

Chambard

TRADITIONNEL • PERSONNALISÉ Véritable institution dans la cité, le Chambard a fière allure : derrière sa belle façade traditionnelle (18e s.) se cache un décor ultra-contemporain, chic et tendance. Quant aux gourmands, ils ont le choix entre un restaurant de haute gastronomie ou une charmante winstub... et partout un très grand confort.

27 chambres - 224/372 € 224/372 € - 5 suites - 28 €

9 r. du Gén.-de-Gaulle - 03 89 47 10 17 - www.lechambard.fr - Fermé 10-31 janv.

64° Le Restaurant • **Winstub** • **Flamme & Co** - voir les restaurants ci-dessus

Les Remparts et Les Terrasses

FAMILIAL • FONCTIONNEL Dans un quartier résidentiel calme, un hôtel familial où le sens de l'accueil n'est pas un vain mot. Les chambres sont fonctionnelles et assez spacieuses, la plupart avec un joli balcon fleuri en saison ; au petit-déjeuner, on se régale de bons produits locaux. De quoi se sentir à la maison !

40 chambres - 64/84 € 68/99 € - 10 €

4 r. Flieh - 03 89 47 12 12 - www.lesremparts.com

à Kientzheim 3 km à l'Est par D28 - 68240 - 729 hab. - Alt. 225 m

Côté Vigne

CUISINE MODERNE • RÉGIONAL Maison à colombage du 16e s. siècle, située face à une belle fontaine en pierre rouge, mobilier contemporain, vins bio du domaine familial et cuisine alsacienne du marché, le tout tenu par un jeune couple charmant. Et même une petite terrasse, installée aux beaux jours.

Formule 13 € - Menu 29/46 € - Carte 38/58 €

30 Grand-Rue - 03 89 22 14 13 - www.cote-vigne.fr - Fermé sam. midi, dim. soir et lundi

Hostellerie Schwendi

CUISINE TRADITIONNELLE • RUSTIQUE XX Envie d'un cadre original ? Rendez-vous dans ce restaurant où l'on dîne dans l'ancienne cave à vin de l'auberge. Gratin de poissons, langoustines au coulis de langoustines : ici, le chef privilégie le meilleur de la gastronomie régionale. En été, on se régale sur la place. Pittoresque à souhait !

Menu 27/68 € – Carte 31/66 €

2 pl. Schwendi – ✆ 03 89 47 30 50
– www.schwendi.fr – Fermé 2 janv.-17 mars, mardi midi, jeudi midi et merc.

Hostellerie Schwendi

FAMILIAL • COSY Cette grande maison à pans de bois a vraiment bonne mine sur la petite place du village. L'ambiance est familiale et l'on se sent bien dans ses chambres rustiques et pimpantes. L'annexe "La maison Germaine" est tout aussi agréable.

29 chambres – †79/120 € ††88/120 € – ☕ 12 €

2 pl. Schwendi – ✆ 03 89 47 30 50 – www.schwendi.fr – Fermé 2 janv.-17 mars

Hostellerie Schwendi – voir les restaurants ci-dessus

L'Abbaye d'Alspach

FAMILIAL • PERSONNALISÉ Faire étape dans ce couvent du 11e s. sera l'occasion de découvrir une charmante bourgade médiévale et de profiter du style rustique et cossu d'un hôtel familial. De surcroît, le petit-déjeuner fait la part belle aux produits locaux !

31 chambres – †103/152 € ††103/250 € – 5 suites – ☕ 13 €

2 r. Mar.-Foch – ✆ 03 89 47 16 00
– www.hotel-abbaye-alspach.com – Fermé 3 janv.-15 mars

KEMBS-LOÉCHLÉ

✉ 68680 Haut-Rhin – Alt. 245 m – Carte régionale n° **1**-B3
Carte Michelin 315-J11

Les Écluses

CUISINE TRADITIONNELLE • CONVIVIAL XX Non loin du canal de Huningue et de la "Petite Camargue" alsacienne, on déguste une cuisine traditionnelle qui fait la part belle au poisson, dans une atmosphère chaleureuse et familiale.

Formule 14 € – Menu 17 € (semaine), 28/40 € – Carte 34/54 €

8 r. Rosenau – ✆ 03 89 48 37 77
– www.lesecluses.fr – Fermé vacances de la Toussaint, 2-15 janv., merc. soir, jeudi soir d'oct. à avril, dim. soir et lundi

Le Petit Kembs

CUISINE MODERNE • COSY X Cette jolie maison de village à colombages abrite un intérieur cosy et chaleureux, à l'image des propriétaires des lieux. Dans l'assiette, une trilogie de foie gras, un filet de mignon de veau aux pétales de munster et lard grillé, ou encore un truffon pailleté et chocolat amer... Tout est fait maison : on se régale !

Formule 16 € – Menu 22 € (déj. en semaine), 30/45 € – Carte 52/79 €

49 r. Mar.-Foch – ✆ 03 89 48 17 94
– www.lepetitkembs.fr – Fermé 7-25 fév., 20 août-10 sept., sam. midi, lundi et merc.

KERVIGNAC

✉ 56700 Morbihan – 6 525 hab. – Alt. 22 m – Carte régionale n° **5**-B2
Carte Michelin 308-L8

Chai l'amère Kolette

CUISINE TRADITIONNELLE • CONTEMPORAIN XX Entre Hennebont et Port-Louis, cette maison mérite que l'on s'y attarde. Dans sa cuisine visible depuis la salle, le chef propose des recettes élaborées au gré du marché, avec le souhait de ne pas surcharger les préparations pour une meilleure lisibilité, mais avec des touches très personnelles. Une sympathique pause gourmande.

Formule 17 € - Menu 25 € (déj. en semaine), 29/55 € - Carte 35/60 €

Parc d'activités de Kernous, 3 km rte de Port-Louis par D194 et D781 - ✆ 02 97 36 28 74 - Fermé 2 semaines en août, 1 semaine début janv., mardi soir, merc. soir et dim.

KIENTZHEIM - 68 Haut-Rhin → Voir Kaysersberg

KILSTETT

✉ 67840 Bas-Rhin - 2 564 hab. - Alt. 130 m - Carte régionale n° **1**-B1
Carte Michelin 315-L4

Au Cheval Noir

CUISINE TRADITIONNELLE • AUBERGE XX C'est au galop qu'on se rend au Cheval Noir ! Derrière la façade de cette maison à colombages (18e s.), deux frères travaillent les beaux produits en tandem. Une cuisine traditionnelle à déguster dans de jolies salles... si tant est qu'on descende de sa monture.

Menu 17 € (déj. en semaine), 30/52 € - Carte 47/57 €

1 r. du Sous-Lieutenant-Maussire - ✆ 03 88 96 22 01 - www.restaurant-cheval-noir.fr - Fermé 2 semaines en juil., 1 semaine en août, 2 semaines en janv., dim. soir, lundi et mardi

KLINGENTHAL

✉ 67530 Bas-Rhin - Carte régionale n° **1**-A2
Carte Michelin 315-I6 - Guide Vert Michelin Alsace Vosges

À l'Étoile

CUISINE TRADITIONNELLE • CONVIVIAL XX Nichée dans un petit village alsacien, sur la route du Mont Sainte-Odile, cette auberge traditionnelle datant de 1920 est aujourd'hui tenue par la 4ème génération. On y déguste une cuisine traditionnelle du marché, proposée à l'ardoise. Quatre chambres douillettes pour l'étape, et terrasse en été.

Formule 16 € - Menu 20 € (déj. en semaine), 29/42 € - Carte 36/63 €
4 chambres - 110/150 € 110/150 €

7 pl. de l'Étoile - ✆ 03 88 95 82 90 - www.restaurantaletoile.fr - Fermé 1 semaine en fév. et en août, 24-30 déc., lundi et le soir sauf vend. et sam.

LE KREMLIN-BICÊTRE - 94 Val-de-Marne → Voir Autour de Paris

KRUTH

✉ 68820 Haut-Rhin - 948 hab. - Alt. 498 m - Carte régionale n° **1**-A3
Carte Michelin 315-F9

à Frentz 5 km à l'Ouest par D 13bis - ✉ 68820 - 962 hab. - Alt. 498 m

Les Quatre Saisons

CUISINE MODERNE • COSY X Christelle aux fourneaux ; Frédéric choisissant avec soin de jolis crus... Ce couple à la ville forme ici un duo gourmand et gagnant. Dans ce chalet douillet, on se régale d'une délicieuse cuisine de saison, sans fausse note !

Formule 13 € - Menu 30/39 € - Carte 30/41 €

Hôtel Les Quatre Saisons, 3 rte du Frentz - ✆ 03 89 82 28 61 - www.hotel4saisons.com - Fermé 26 juin-3 juil., 13-26 nov., 3-16 janv., mardi et merc.

 **Les Quatre Saisons** 

FAMILIAL · COSY On se croirait dans un petit chalet familial au cœur de la forêt : tout est soigné, mignon, accordé avec goût. Les chambres ? De petits nids douillets et chaleureux. Le petit-déjeuner ? Un pur délice, avec des confitures maison, de la charcuterie, du fromage... Et ici, même les prix sont doux.

9 chambres – 66/80 € 96/120 €

3 rte du Frentz – 03 89 82 28 61
– www.hotel4saisons.com – Fermé 26 juin-3 juil., 13-26 nov. et 3-16 janv.

Les Quatre Saisons – voir les restaurants ci-dessus

LABARDE - 33 Gironde → Voir Margaux

LABAROCHE

68910 Haut-Rhin – 2 221 hab. – Alt. 750 m – Carte régionale n° **1**-C2
Carte Michelin 315-H8

 **La Rochette** 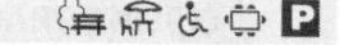

CUISINE MODERNE · COSY XX Une belle découverte que ce restaurant contemporain ! Ici, on régale en famille : aux fourneaux, père et fils réalisent des plats savoureux et fins, telle une réconfortante matelote au riesling... et un deuxième fils œuvre en salle en tant que sommelier. Une histoire de famille.

Formule 14 € – Menu 18 € (déj. en semaine), 32/65 €
– Carte 42/60 €

Hôtel La Rochette, 500 lieu-dit La Rochette – 03 89 49 80 40
– www.larochette-hotel.fr – Fermé 3 semaines en mars, 2 semaines en nov., lundi et mardi

 **La Rochette** 

AUBERGE · CONTEMPORAIN Au cœur des Ballons des Vosges, cette grosse maison tenue en famille cultive le sens de l'accueil ! Les chambres sont très plaisantes, dans un esprit épuré où domine le bois clair ; quant au restaurant, il réserve son lot de gourmandises...

11 chambres – 80/95 € 80/100 € – 12 €

500 lieu-dit La Rochette – 03 89 49 80 40
– www.larochette-hotel.fr – Fermé 3 semaines en mars et 12-28 nov.

La Rochette – voir les restaurants ci-dessus

LABASTIDE-DE-VIRAC

07150 Ardèche – 262 hab. – Alt. 207 m – Carte régionale n° **23**-A3
Carte Michelin 331-I7 – Guide Vert Michelin Ardèche Drôme

 **Le Mas Rêvé** 

HISTORIQUE · PERSONNALISÉ À un kilomètre de l'un des plus stupéfiants belvédères donnant sur les gorges, ce joli mas du 16e s. superbement restauré par un sympathique couple flamand, est un concentré de charme provençal : pigeonnier, mobilier d'époque, petit jardin à la française, piscine... Avec accès à pied aux gorges de l'Ardèche !

5 chambres – 130/160 € 130/160 €

3 km à l'Est par D217 et rte secondaire – 04 75 38 69 13
– www.lemasreve.com – Ouvert 1er mai-30 sept.

LACABARÈDE

81240 Tarn – 301 hab. – Alt. 325 m – Carte régionale n° **15**-C2
Carte Michelin 338-H10

Demeure de Flore

MAISON DE MAÎTRE · PERSONNALISÉ Passé l'allée bordée de grands arbres, on découvre cette jolie maison de maître (1890), face à la Montagne noire. Le propriétaire, italien, en a fait un hôtel charmant... Une déco florentine, colorée et atypique, des chambres cosy et confortables : le Sud par voie express !

10 chambres – ½ P seult 105/150 € – 1 suite

106 Grand'rue – ✆ 05 63 98 32 32 – www.demeuredeflore.com

LACAVE

✉ 46200 Lot – 280 hab. – Alt. 130 m – Carte régionale n° **15**-C1
Carte Michelin 337-F2

✿ Château de la Treyne

CUISINE CLASSIQUE · HISTORIQUE XXX Quel lieu splendide ! La Dordogne serpente au pied de ce superbe château tout environné de verdure. La vue de la terrasse laisse rêveur... On apprécie d'autant plus le repas, dans une veine classique, élégante et soignée.

➜ Foie gras de canard épicé cuit au torchon, croustillant au pain d'épice. Homard bleu rôti aux pommes de terre de Noirmoutier, jus de viande au beurre de corail. Délice aux pêches autour du miel du château.

Menu 50 € (déj.), 96/130 € – Carte 120/145 €

Hôtel Château de la Treyne, 3 km à l'Ouest par D23, D43 et voie privée – ✆ 05 65 27 60 60 – www.chateaudelatreyne.com – Ouvert 21 mars-10 nov. et 23 déc.-5 janv. et fermé le midi du mardi au vend.

✿ Pont de l'Ouysse (Daniel et Stéphane Chambon)

CUISINE CLASSIQUE · ROMANTIQUE XXX Stéphane en cuisine, Mathieu en salle : les deux frères maintiennent avec passion l'âme généreuse de cette maison des bords de l'Ouysse, dans la famille depuis cinq générations. La cuisine se révèle fine et savoureuse : on travaille avec soin les meilleurs produits du Sud-Ouest. Charmante terrasse sous les tilleuls.

➜ Fricassée d'écrevisses à la tomate, ail et persil plat. Pied de porc truffé, crème de pomme de terre. Sphère chocolat, crémeux framboise, biscuit streusel et gelée à la citronnelle.

Menu 40 € (déj. en semaine), 60/92 € – Carte 75/180 €

Hôtel Pont de l'Ouysse – ✆ 05 65 37 87 04 – www.lepontdelouysse.com – Ouvert 30 mars-4 nov. et fermé lundi sauf le soir en saison et mardi midi sauf fériés

Château de la Treyne

DEMEURE HISTORIQUE · ÉLÉGANT Une situation idyllique, en surplomb de la Dordogne qui lui prête ses reflets... Vivre est un art en ce château des 14e-17e s. ! Le parc abrite un jardin à la française et une chapelle romane (expositions, concerts), les chambres sont somptueuses.

14 chambres – †200/530 € ††200/1200 € – 3 suites – ☕ 28 €

3 km à l'Ouest par D3, D43 et voie privée – ✆ 05 65 27 60 60 – www.chateaudelatreyne.com – Ouvert 21 mars-10 nov. et 23 déc.-5 janv.

✿ **Château de la Treyne** – voir les restaurants ci-dessus

Pont de l'Ouysse

LUXE · PERSONNALISÉ Une séduisante demeure du 19e s., dans un jardin baigné par l'Ouysse, qui a creusé ce vallon escarpé et verdoyant... Beaucoup de charme dans les chambres, mêlant goût de l'ancien et esprit champêtre, et belle attention portée aux clients.

19 chambres – †100/210 € ††100/288 € – ☕ 17 €

– ✆ 05 65 37 87 04 – www.lepontdelouysse.com – Ouvert 30 mars-4 nov. et fermé lundi hors saison sauf fériés

✿ **Pont de l'Ouysse** – voir les restaurants ci-dessus

LAC DE LA LIEZ - 52 Haute-Marne ➔ Voir Langres

LAC DE PONT - 21 Côte-d'Or ➔ Voir Semur-en-Auxois

LACQ

✉ 64170 Pyrénées-Atlantiques - 730 hab. - Alt. 112 m - Carte régionale n° **2**-B3
Carte Michelin 342-I2

Auberge Panacau

CUISINE TRADITIONNELLE • COSY XX Sur la route de Lacq, faites donc étape dans cette maison rouge ! Derrière les fourneaux, la chef concocte de bons petits plats traditionnels... depuis trois décennies. Un conseil : réservez, c'est souvent complet. Prix raisonnables.

Menu 15 € (semaine), 24/35 € - Carte 35/50 €

12 RD817 - ✆ 05 59 60 02 27 - Fermé 3 semaines en août, vacances de Noël, sam. et le soir

LACROIX-FALGARDE - 31 Haute-Garonne ➔ Voir Toulouse

LADOIX-SERRIGNY - 21 Côte-d'Or ➔ Voir Beaune

LAGARDE-D'APT

✉ 84400 Vaucluse - 38 hab. - Alt. 1 100 m - Carte régionale n° **21**-B2
Carte Michelin 332-F10

Le Bistrot de Lagarde (Lloyd Tropeano)

CUISINE MODERNE • AUBERGE X Le genre de découverte qui marque pour longtemps... Le lieu est perdu, au cœur du plateau d'Albion (1 100 m), sur une ancienne base militaire de lancement de missiles nucléaires ! C'est aujourd'hui un petit havre de délices, porté par l'inspiration d'un jeune chef talentueux, Lloyd Tropeano (ancien de Régis Marcon). Partez à sa rencontre !

➔ Soupe au pistou de nos "Mamés". Selle et poitrine d'agneau aux senteurs de garrigue, réduit d'aubergines aux pignons et épeautre. Cerises du Luberon à la verveine et fève tonka.

Menu 30 € (déj. en semaine), 58/82 €

rte d'Apt, 1 km par D34 - ✆ 04 90 74 57 23 - http://lebistrotdelagarde.free.fr - Ouvert d'avril à nov. et fermé 1 semaine en sept., lundi et mardi

LAGARDE-ENVAL

✉ 19150 Corrèze - 806 hab. - Alt. 480 m - Carte régionale n° **13**-C3
Carte Michelin 329-L4

Auberge du Pays

CUISINE TRADITIONNELLE • RUSTIQUE X Très sympathique, ce restaurant familial qui fait aussi bar-tabac. La cuisine du terroir tulliste est à l'honneur : millassou, mique, tête de veau le mercredi et farcidure le jeudi... C'est généreux et goûteux, une véritable adresse à l'ancienne ! Huit chambres à disposition pour l'étape.

Formule 12 € - Menu 17 € (déj. en semaine), 26/34 € - Carte 36/59 €

rte de l'Étang - ✆ 05 55 27 16 12 - www.aubergedupays.fr - Fermé sept.

LAGORCE

✉ 07150 Ardèche - 1 142 hab. - Alt. 120 m - Carte régionale n° **23**-A3
Carte Michelin 331-I7

les Tilleuls (N)

CUISINE TRADITIONNELLE • CONVIVIAL X Dans cette belle demeure en pierre dans un village pittoresque de l'Ardèche, une cuisine "tradi" axée sur la région et les saisons. C'est généreux, et bien accompagné de vins locaux. Agréable terrasse avec vue sur les massifs environnants.

Formule 18 € - Menu 22/42 € - Carte 39/55 €

pl. du 14-juillet - ✆ 04 75 37 72 12 - www.restaurant-lestilleuls.com - Ouvert de mi-mars à oct., fermé dim. soir et lundi

LAGRASSE

✉ 11220 Aude – 557 hab. – Alt. 108 m – Carte régionale n° **12**-B3
Carte Michelin 344-G4

Hostellerie des Corbières

CUISINE RÉGIONALE • SIMPLE X Le relais de poste du village a fait peau neuve pour laisser place à un restaurant bien dans son époque, tenu par un jeune couple accueillant. Le savoir-faire du chef fait honneur au terroir et aux beaux produits locaux ! L'été, profitez de la terrasse. Quelques chambres toutes simples pour la nuit.

Formule 17 € – Menu 23/36 € – Carte 40/53 €

6 chambres – †70/95 € ††70/107 € – ☕ 8 €

9 bd de la Promenade – ✆ 04 68 43 15 22 – www.hostellerie-des-corbieres.com – Fermé 18-26 fév., 25 juin-6 juil., 21-29 oct., 12-30 nov. et jeudi

LAGUIOLE

✉ 12210 Aveyron – 1 239 hab. – Alt. 1 004 m – Carte régionale n° **15**-D1
Carte Michelin 338-J2

Gilles Moreau

CUISINE MODERNE • ÉLÉGANT XX Le chef Gilles Moreau réalise une cuisine moderne bien ficelée. Sa patte ? Partir de recettes traditionnelles et les réactualiser au maximum. Et ça fonctionne ! Les desserts ne sont pas en reste. Terrasse sur l'arrière.

Formule 18 € – Menu 26 € (déj.), 32/59 €

Hôtel Gilles Moreau, 2 allée de l'Amicale – ✆ 05 65 44 31 11 – www.gilles-moreau.fr – Ouvert 31 mars-5 nov. et fermé 26 juin-4 juil., mardi, merc. hors saison et mardi midi en juil.-août

La Ba (N)

CUISINE MODERNE • ÉPURÉ X "La" pour Laguiole, "Ba" pour... Buenos Aires, d'où est originaire l'épouse du chef. Une union alléchante ! Au programme, une cuisine de bonne qualité, bien réalisée, avec un menu renouvelé tous les jours, et des prix imbattables ; on peut même commander quelques tapas pour l'apéritif. Ajoutez à cela l'accueil détendu et spontané, vous obtenez une adresse au poil.

Formule 16 € – Menu 22 €

4 chambres

4 r. Bardière – ✆ 05 65 51 68 30 – www.la-ba.fr – Fermé 1 semaine debut oct., jeudi midi et merc.

Gilles Moreau

FAMILIAL • FONCTIONNEL Une maison de tradition à l'âme hospitalière. Les chambres portent des noms ancrés dans la région (lieux, fleurs, monts...), les plus calmes et les plus confortables donnant sur le jardin. De la verdure, le grand air de l'Aubrac et une jolie piscine.

20 chambres – †59/169 € ††59/169 € – ☕ 13 €

2 allée de l'Amicale – ✆ 05 65 44 31 11 – www.gilles-moreau.fr – Ouvert 31 mars-5 nov. et fermé 26 juin-4 juil., mardi et merc. sauf juil.-août

Gilles Moreau – voir les restaurants ci-dessus

La Ferme de Moulhac

FAMILIAL • CONTEMPORAIN Calme, air pur et repos garantis dans cette ferme familiale. Pour l'anecdote, le propriétaire est un "vrai" agriculteur, toujours en activité. Les chambres mêlent joliment l'ancien et le moderne ; on profite de massages dans l'espace bien-être. Authentique et sympathique !

5 chambres ☕ – †92/136 € ††92/136 €

2,5 km au Nord-Est par rte secondaire – ✆ 05 65 44 33 25 – www.fermedemoulhac.fr – Fermé 16 nov.-18 déc. et 2 janv.-5 fév.

au Golf 12 km à l' Ouest par D541, D213 et rte secondaire

Domaine de Mezeyrac

CUISINE MODERNE • AUBERGE XX La courte carte décline une jolie sélection de plats au goût du jour, bien assaisonnés et cuits avec précision. Tartare de lieu noir, dos de cabillaud cuit à la fleur de sel : le chef, venu de Corse, a un faible pour le travail du poisson. Les amateurs apprécieront !

Menu 29/53 € - Carte 39/53 €

- ✆ 05 65 44 41 41 - www.hotel-laguiole.com - Fermé le midi en semaine en sept. et oct.

Domaine de Mezeyrac

MAISON DE CAMPAGNE • TRADITIONNEL Elle a du charme et du cachet, cette bâtisse régionale installée en pleine nature ! Ses propriétaires l'ont réaménagée dans une veine contemporaine (en particulier les suites, dans un élégant style scandinave). Piscine et parcours de golf neuf trous.

7 chambres - †69/149 € ††79/149 € - 4 suites - ☕ 11 €

- ✆ 05 65 44 41 41 - www.hotel-laguiole.com

Domaine de Mezeyrac - voir les restaurants ci-dessus

LA LAUPIE - 26 Drôme

→ Voir Montélimar

LAMAGDELAINE - 46 Lot

→ Voir Cahors

LAMALOU-LES-BAINS

✉ 34240 Hérault - 2 610 hab. - Alt. 200 m - Carte régionale n° **12**-B2
Carte Michelin 339-D7

à Combes 10 km à l'Ouest par D908 et D180 - ✉ 34240 - 344 hab. - Alt. 480 m

Auberge de Combes

CUISINE MODERNE • AUBERGE X Dans cette auberge perchée sur les hauteurs de la vallée de l'Orb, on tire le meilleur du terroir et des produits de saison. Dans l'assiette comme dans le paysage, la suavité brute domine... Excellent rapport qualité-prix.

Menu 25 € 🍷 (déj. en semaine), 32/59 € - Carte environ 50 €

- ✆ 04 67 95 66 55 - www.aubergedecombes.fr - Fermé 1 semaine début fév., janv., mardi de sept. à mai, dim. soir et lundi

LAMASTRE

✉ 07270 Ardèche - 2 382 hab. - Alt. 375 m - Carte régionale n° **23**-B2
Carte Michelin 331-J4 - Guide Vert Michelin Ardèche Drôme

Château d'Urbilhac

FAMILIAL • PERSONNALISÉ Ce petit château de style néo-Renaissance (bâti au 16e s. et restauré au 19e s.) est prisé pour son parc de 30 ha dominant la vallée du Doux. Belle piscine. À la table d'hôte, on apprécie les recettes provençales de la maîtresse des lieux.

5 chambres ☕ - †180/250 € ††180/250 €

rte de Vernoux, 2 km au Sud-Est par rte de Vernoux-en-Vivarais - ✆ 04 75 06 42 11 - www.chateaudurbilhac.fr

LAMBALLE

✉ 22400 Côtes-d'Armor - 13 304 hab. - Alt. 55 m - Carte régionale n° **5**-C2
Carte Michelin 309-G4 - Guide Vert Michelin Bretagne Nord

Les Caps

BUSINESS • CONTEMPORAIN Un intérieur actuel, avec mobilier design et couleurs vives, des chambres spacieuses et bien équipées, un accueil chaleureux... Une adresse bien dans son époque !

33 chambres - 65/95 € 75/105 € - 9 €

14 r. de la Ville-es-Lan

- ✆ 02 96 31 16 37 - www.hoteldescaps.fr - fermé 22 déc.-1er janv.

à la Poterie 3,5 km à l'Est par D28 - ✉ 22400 Lamballe

Le Manoir des Portes

CUISINE MODERNE • RUSTIQUE XX Dans ce restaurant joliment rustique, on savoure une cuisine du marché déclinée sur l'ardoise. L'idéal : la déguster aux beaux jours, sur l'agréable terrasse...

Formule 28 € - Menu 36/60 €

- ✆ 02 96 31 13 62 - www.manoirdesportes.com - Fermé sam. midi, dim. soir et lundi midi

Le Manoir des Portes

FAMILIAL • PERSONNALISÉ Ce manoir du 16e s. tout en pierre ouvre sur un beau jardin fleuri, nanti d'un verger et d'un potager. Les chambres allient éléments anciens (mansardes), décoration très colorée et grand calme. Centre équestre à proximité.

15 chambres - 72/96 € 101/125 € - 13 €

- ✆ 02 96 31 13 62 - www.manoirdesportes.com

Le Manoir des Portes - voir les restaurants ci-dessus

LAMOTTE-BEUVRON

✉ 41600 Loir-et-Cher - 4 767 hab. - Alt. 114 m - Carte régionale n° **6**-C2
Carte Michelin 318-J6 - Guide Vert Michelin Châteaux de la Loire

Tatin

CUISINE TRADITIONNELLE • AUBERGE XX C'est ici que les sœurs Tatin inventèrent leur fameuse tarte aux pommes "renversée". Preuve en est : le fourneau de l'époque, fièrement exposé au bar. Et la tradition perdure... La cuisine du chef respecte les belles recettes d'hier !

Formule 22 €
- Menu 29 €

14 chambres - 66/76 € 66/91 € - 10 €

5 av. de Vierzon (face à la gare)

- ✆ 02 54 88 00 03 - www.hotel-tatin.fr - Fermé avril, 30 juil.-14 août, dim., lundi et le midi

LAMOTTE-WARFUSEE

✉ 80800 Somme - 674 hab. - Alt. 90 m - Carte régionale n° **19**-B2
Carte Michelin 301-I8

Le Saint-Pierre

CUISINE TRADITIONNELLE • RUSTIQUE XX À côté de l'église, le Saint-Pierre vous mène au paradis sans passer par le purgatoire... On s'y régale d'une appétissante cuisine traditionnelle, aux saveurs simples et marquées, que le chef fait évoluer au gré des saisons. Accueil sympathique.

Formule 15 € - Menu 25/31 €
- Carte 45/51 €

3 r. Delambre

- ✆ 03 22 42 26 66 - Fermé le soir de nov. à mars sauf vend. et sam. et lundi

LAMOURA

✉ 39310 Jura - 594 hab. - Alt. 1 156 m - Carte régionale n° **9**-B3
Carte Michelin 321-F8 - Guide Vert Michelin Franche-Comté Jura

L'Anversis (N)

CUISINE DU TERROIR • MONTAGNARD X Ici, priorité à la Nature, avec un grand N. Pas d'entourloupes chichiteuses : le patron assure la traçabilité de tous les produits. Cuisine du goût et de l'essentiel, 350 références de vins, et petite terrasse pour l'été. C'est l'endroit où vous devez venir manger si vous êtes dans le coin !

Menu 27/39 €

239 chemin de l'Anversis (la combe du lac) - ☎ 03 84 41 20 91 - www.lanversis.com - fermé 1 semaine en août, dim. soir et lundi

LAMPAUL-PLOUARZEL

✉ 29810 Finistère - 2 100 hab. - Alt. 34 m - Carte régionale n° **5**-A1
Carte Michelin 308-C4

Auberge du Vieux Puits

CUISINE TRADITIONNELLE • AUBERGE XX Elle a du charme cette maison bretonne au centre du village... et le puits est toujours là ! Foie gras breton (maison), lieu de la mer d'Iroise, homard à la lampaulaise, etc. Une cuisine traditionnelle qui profite à plein des bons produits issus de la pêche locale, travaillés avec passion.

Formule 18 € - Menu 29/56 € - Carte 35/60 €

pl. de l'Église - ☎ 02 98 84 09 13 - www.aubergeduvieuxpuits.com - Fermé 2 semaines en mars, mi- sept. à début oct., dim. soir, sam. midi et lundi

LANARCE

✉ 07660 Ardèche - 183 hab. - Alt. 1 180 m - Carte régionale n° **23**-A3
Carte Michelin 331-G5

Le Provence

CUISINE TRADITIONNELLE • FAMILIAL XX À mi-chemin entre Aubenas et Le Puy-en-Velay, faites étape dans ce sympathique restaurant ! On y apprécie une cuisine gourmande et généreuse axée sur les produits du terroir : agneau provenant de l'élevage familial, charcuteries, cèpes, myrtilles, etc. Une bonne adresse.

Menu 18 € (déj. en semaine), 22/41 € - Carte 26/39 €

N102 - ☎ 04 66 69 46 06 - www.hotel-le-provence.com - Ouvert 1er mars-12 nov.

Le Provence

FAMILIAL • FONCTIONNEL La pleine montagne ardéchoise, pays des volcans et des sources : les amoureux de la nature seront comblés. On profite ici de chambres fonctionnelles et bien insonorisées, ainsi que du bel espace de remise en forme sous verrière (spa, bassin de nage à contre-courant, salle de massage etc.).

18 chambres - †60/90 € ††60/90 € - ☕ 10 €

N102 - ☎ 04 66 69 46 06 - www.hotel-le-provence.com - Ouvet 1er mars-12 nov.

Le Provence - voir les restaurants ci-dessus

LANDÉDA

✉ 29870 Finistère - 3 590 hab. - Alt. 52 m - Carte régionale n° **5**-A1
Carte Michelin 308-D3

Le Vioben

POISSONS ET FRUITS DE MER • CONVIVIAL X Poissons de la pêche artisanale, homards et autres fruits de mer sont servis à quelques mètres de la plage, dans un cadre décontracté et contemporain... Cette adresse a la cote localement, et l'on comprend aisément pourquoi !

Formule 17 € - Menu 25/75 € - Carte 28/93 €

30 Ar Palud (port de l'Aber Wrac'h) - ☎ 02 98 04 96 77 - www.vioben.com - Fermé de mi-nov. à mi-déc., de mi-janv. à début fév., sam. midi, dim. soir et lundi sauf juil.-août

LANDSER - 68 Haut-Rhin → Voir Mulhouse

LANGEAC

✉ 43300 Haute-Loire - 3 758 hab. - Alt. 505 m - Carte régionale n° **3**-C3
Carte Michelin 331-C3 - Guide Vert Michelin Auvergne

Entre Nous

CUISINE MODERNE • CONTEMPORAIN Si son nom témoigne de la bonne entente de la brigade, ce sympathique restaurant vous accueille comme si vous étiez de la famille. Le chef y réalise une cuisine actuelle, à base de produits (de préférence) régionaux. Petite terrasse sur l'arrière, et quelques chambres à l'étage.

Formule 13 € - Menu 24/32 €

28 av. de la Grae - ☎ 04 71 77 08 88 - fermé 3 semaines en janv., 1 semaine en juin, 1 semaine en sept., dim. soir et lundi

LANGEAIS

✉ 37130 Indre-et-Loire - 4 248 hab. - Alt. 41 m - Carte régionale n° **6**-A2
Carte Michelin 317-L5 - Guide Vert Michelin Châteaux de la Loire

Au Coin des Halles

CUISINE MODERNE • COSY Dans la rue qui mène au château de Langeais, arrêtez-vous dans cette jolie maison en tuffeau. Le décor est agréable et la cuisine, inventive et boostée par les produits du terroir, fait mouche ! Aux beaux jours, on profite de l'agréable terrasse. Accueil charmant en prime.

Formule 18 € - Menu 32/55 € - Carte 56/69 €

9 r. Gambetta - ☎ 02 47 96 37 25 - www.aucoindeshalles.com - Fermé de mi-janv. à mi-fév., merc. et jeudi

à St-Patrice-Côteaux-sur-Loire 10 km à l'Ouest par rte de Bourgueil -

✉ 37130 - 668 hab. - Alt. 39 m

Château de Rochecotte

CUISINE MODERNE • ÉLÉGANT Dans cet élégant château du Siècle des lumières, proche des vignobles de Bourgueil, la cuisine se décline dans un esprit gastronomique : feuillantine de langoustine et foie gras, tournedos de lotte au safran... À l'aune de son décor 18e s.

Formule 38 € - Menu 51 € - Carte 55/73 €

43 r. Dorothée de Dino - ☎ 02 47 96 16 16 - www.chateau-de-rochecotte.fr - Fermé 15 fév.-6 mars

Château de Rochecotte

DEMEURE HISTORIQUE • CLASSIQUE Le souvenir de la duchesse de Dino et de Talleyrand plane sur cette élégante demeure aristocratique. De l'enfilade des magnifiques salons, aux chambres intimes et raffinées, en passant par le superbe parc, les plaisirs du 18e s. restent intacts !

34 chambres - 155/305 € 155/335 € - 3 suites - 21 €

43 r. Dorothée-de-Dino - ☎ 02 47 96 16 16 - www.chateau-de-rochecotte.fr - Fermé 22 janv.-11 fév.

Château de Rochecotte - voir les restaurants ci-dessus

LANGOËLAN

✉ 56160 Morbihan - 395 hab. - Alt. 197 m - Carte régionale n° **5**-B2
Carte Michelin 308-L6

L'Atelier Bistrot

CUISINE MODERNE • CONVIVIAL A 5 mn de Guéméné, dans un paisible village breton, cette jolie maison en pierre abrite un charmant bistrot-auberge. Aux commandes, un jeune couple bourlingueur et passionné, de retour au pays. Les spécialités ne trompent pas : ballottin de foie gras à l'andouille de Guéméné, salade d'oreilles de cochon et œuf poché, etc. On se régale !

Formule 13 € - Carte 28/39 €

24 r. Duchelas - ☎ 02 97 51 37 81 - fermé lundi et mardi

LANGOGNE

✉ 48300 Lozère - 2 903 hab. - Alt. 913 m - Carte régionale n° **12**-C1
Carte Michelin 330-L6 - Guide Vert Michelin Languedoc

Domaine de Barres

BUSINESS · ÉLÉGANT Au cœur d'un parc de 25 ha, avec un golf 9 trous, une noble demeure du 18e s., entièrement réaménagée par l'architecte Jean-Michel Wilmotte, qui a signé jusqu'au mobilier : un vrai contraste derrière la belle façade tout en pierre !

20 chambres - 80/129 € 80/129 € - 13 €

rte de Mende, 2 km - 04 66 46 08 37
- www.domainedebarres.com - Ouvert de avril à mi-nov.

LANGON

✉ 33210 Gironde - 7 396 hab. - Alt. 10 m - Carte régionale n° **2**-B2
Carte Michelin 335-J7 - Guide Vert Michelin Aquitaine

Claude Darroze

CUISINE CLASSIQUE · BOURGEOIS XXX Cet établissement familial sait perpétuer les traditions : on se délecte d'une cuisine classique, ponctuée de clins d'œil au Sud-Ouest, accompagnée de bons bordeaux (600 appellations). Les petits plus appréciables : l'agréable terrasse sous les platanes et les chambres dont certaines ont été refaites récemment.

Menu 32 € (déj. en semaine), 40/92 €
- Carte 75/110 €

15 chambres - 90/125 € 100/125 € - 13 €

95 cours du Gén.-Leclerc - 05 56 63 00 48
- www.darroze.com - Fermé 24-30 déc., 18 fév.-20 mars, dim. soir et lundi du 15 oct. au 15 mai

à St-Macaire 2 km au Nord - ✉ 33490 - 2 089 hab. - Alt. 15 m

Abricotier

CUISINE TRADITIONNELLE · FAMILIAL XX À deux pas de la cité médiévale, cette maison régionale ravit par son atmosphère décontractée, sa terrasse ombragée par des mûriers centenaires pour un repas au calme. Chambres simples mais spacieuses.

Menu 23/44 € - Carte 41/68 €

3 chambres - 67 € 70 € - 8 €

2 r. François-Bergoeing (D1113) - 05 56 76 83 63
- www.restaurant-labricotier.com - Fermé 12-20 mars, 12 nov.-13 déc., mardi soir et lundi

LANGRES

✉ 52200 Haute-Marne - 7 850 hab. - Alt. 466 m - Carte régionale n° **7**-C3
Carte Michelin 313-L6 - Guide Vert Michelin Champagne Ardenne

Le Cheval Blanc

CUISINE MODERNE · COSY XX Inutile de se cabrer : ce restaurant n'a que des bonnes choses à vous offrir ! Le chef n'hésite pas à rehausser les recettes traditionnelles de jolies touches d'inventivité, à travers des menus "côté mer" et "côté terre". Une cuisine parfaitement au diapason de la salle à manger, relookée dans un style actuel.

Menu 22 € (déj. en semaine), 38/50 €
- Carte 52/97 €

4 r. de l'Estres - 03 25 87 07 00
- www.hotel-langres.com - Fermé nov. et merc. midi

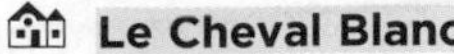

Le Cheval Blanc

AUBERGE • PERSONNALISÉ Le lieu est chargé d'histoire ! En effet, c'est dans cette église que Bossuet reçut le sous-diaconat. La Révolution en fit une auberge et depuis, on vient se reposer dans des chambres de caractère, plus fonctionnelles à l'annexe.

23 chambres – 80/110 € 85/150 € – 13 €

4 r. de l'Estres – 03 25 87 07 00
– www.hotel-langres.com – Fermé nov.

Le Cheval Blanc – voir les restaurants ci-dessus

LANGUIMBERG

57810 Moselle – 174 hab. – Alt. 290 m – Carte régionale n° **14**-C2
Carte Michelin 307-M6

Chez Michèle (Bruno Poiré)

CUISINE MODERNE • ÉLÉGANT XX Ancien café de village, puis auberge familiale (entièrement rénovée)... et enfin table gastronomique reconnue dans la région : une jolie trajectoire pour ce restaurant dorénavant tenu par Bruno Poiré, le fils de Michèle, qui signe une cuisine d'aujourd'hui généreuse et précise. Excellent rapport qualité-prix.

→ Sphère de foie gras en écrin de chocolat au kirsch. Rosette de veau cuit délicatement, étuvée de légumes du moment. Baba au vieux rhum, agrumes et vanille.

Formule 25 € – Menu 45/100 € – Carte 70/85 €

57 r. Principale – 03 87 03 92 25
– www.chezmichele.fr – Fermé 3-11 juil., 15-31 oct., 2-31 janv., lundi soir en hiver, mardi et merc.

LANNILIS

29870 Finistère – 5 422 hab. – Alt. 48 m – Carte régionale n° **5**-A1
Carte Michelin 308-D3

Les Oliviers

CUISINE TRADITIONNELLE • CONVIVIAL X Ces Oliviers-là se plaisent en terre bretonne. Le chef, originaire de Montpellier, travaille des produits du Sud (taureau de Camargue AOC, par exemple), mais aussi de délicieux poissons et toute une variété de légumes oubliés, toujours avec une pointe d'originalité ; en salle, la patronne assure le service avec une gentillesse de tous les instants.

Formule 15 € – Menu 20 € (semaine)/40 € – Carte 40/60 €

6 r. Carellou – 02 98 04 19 94
– www.les-oliviers-lannilis.fr – Fermé vacances de Noël, mardi sauf juil. août, sam. midi et lundi

LANNION

22300 Côtes-d'Armor – 19 869 hab. – Alt. 12 m – Carte régionale n° **5**-B1
Carte Michelin 309-B2 – Guide Vert Michelin Bretagne Nord

L'Anthocyane

CUISINE MODERNE • TENDANCE XX Un chef expérimenté veille aux destinées de ce restaurant au cadre contemporain et cosy ; il y propose une cuisine du marché autour de courts menus établis au plus près des saisons. Imagination, précision technique, respect des saveurs : trois règles d'or pour un repas qui ne laisse pas indifférent !

Menu 25 € (déj. en semaine), 36/68 €

25 av. Ernest-Renan – 02 96 38 30 49
– www.lanthocyane.com – Fermé 2 semaines en mars, 1 semaine fin juin, 2 semaines en oct., dim. soir et lundi

à La Ville-Blanche 5 km par D786, rte de Tréguier – ✉ 22300 Rospez

La Ville Blanche (Jean-Yves Jaguin)

CUISINE MODERNE • ÉLÉGANT XXX On vient ici pour se faire plaisir ! Dans cette jolie longère, une belle clientèle d'habitués se donne rendez-vous pour savourer une cuisine fine et parfumée, subtilement relevée par les herbes aromatiques du jardin potager. Le décor, d'esprit contemporain, semble à l'unisson de l'inspiration du chef…
→ Huîtres chaudes au bouillon de poule, flan de foie gras et galette de blé noir. Homard breton rôti au four au beurre salé et ragoût des pinces. Parfait glacé à la menthe et chocolat, tuiles à la réglisse.

Menu 37 € (semaine), 50/85 € – Carte environ 80 €

– ☎ 02 96 37 04 28 – www.la-ville-blanche.com – Fermé 25 juin-9 juil., 8-15 oct., 24-31 déc., 3 semaines en janv., merc. sauf août, dim. soir et lundi

LANS-EN-VERCORS

✉ 38250 Isère – 2 652 hab. – Alt. 1 120 m – Carte régionale n° **23**-C2
Carte Michelin 333-G7 – Guide Vert Michelin Alpes du Nord

Le Bois des Mûres (N)

CUISINE TRADITIONNELLE • CONTEMPORAIN X Lovée au cœur de la verdure, cette adresse séduit par le soin apporté aux préparations goûteuses, à l'instar du suprême de poulet jaune fermier, farci aux grenouilles persillées. Agréable terrasse pour l'été et menu déjeuner à prix imbattable !

Formule 15 € – Menu 18 € (déj. en semaine), 24/30 €

995 av. Léopold-Fabre – ☎ 04 76 95 48 99 – Fermé avril, 13 nov.-15 déc., lundi et mardi

LAON

✉ 02000 Aisne – 25 282 hab. – Alt. 181 m – Carte régionale n° **19**-D2
Carte Michelin 306-D5

Zorn - La Petite Auberge

CUISINE MODERNE • TENDANCE XX Cette belle auberge contemporaine affiche souvent complet : c'est en effet une valeur sûre de la région ! Un succès mérité pour le chef, Willy Marc Zorn, qui fait montre d'une vraie finesse d'exécution en concoctant de belles assiettes de saison, tout en saveurs franches. Excellent rapport qualité-prix.

Formule 23 € – Menu 33/59 € – Carte environ 70 €

45 bd Brossolette – ☎ 03 23 23 02 38 – www.zorn-lapetiteauberge.com – Fermé 1 semaine vacances de fév., 2 semaines en août, lundi soir, sam. midi et dim. sauf fériés

La Maison des 3 Rois 

FAMILIAL • PERSONNALISÉ De l'industrie à l'hôtellerie, il n'y a parfois qu'un pas que le propriétaire des lieux a franchi. Au cœur de la vieille ville, ces deux maisons – dont la partie la plus ancienne remonte au 14e s. – conjuguent charme et douceur. Et certaines chambres offrent une jolie vue sur les toits…

5 chambres – †75/120 € ††85/130 €

17 r. St-Martin – ☎ 03 23 20 74 24 – www.lamaisondes3rois.com

à Samoussy 13 km à l'Est par D977 – ✉ 02840 – 376 hab. – Alt. 84 m

Le Relais Charlemagne

CUISINE CLASSIQUE • AUBERGE XXX Berthe au Grand Pied, mère de Charlemagne, serait née à Samoussy, d'où l'enseigne de cette table classique, cachant un agréable jardin sur l'arrière. Parmi les grandes spécialités de la carte, on compte la salade de homard aux agrumes, le foie gras poêlé en aigre-doux et les ris de veau aux morilles.

Formule 28 € – Menu 35 € (semaine), 50/65 € – Carte 57/69 €

4 rte de Laon – ☎ 03 23 22 21 50 – www.lerelaischarlemagne.fr – Fermé 1er-15 août, merc. soir, dim. soir, fériés le soir et lundi

à Chamouille 13 km par D967 – ✉ 02860 – 288 hab. – Alt. 112 m

Hôtel du Golf de l'Ailette

BUSINESS • FONCTIONNEL Sur les rives du lac d'Ailette, entre calme et verdure... Dans ce bâtiment des années 1990, les chambres sont spacieuses et contemporaines, toutes avec un balcon donnant sur l'eau. Golf, sports nautiques : côté détente, rien ne manque !

58 chambres – †69/199 € ††69/199 € – ☕ 15 €

23 r. du Chemin-des-Dames (parc nautique de l'Ailette), 0,5 km au Sud par D 967 – ✆ 03 23 24 84 85 – www.ailette.fr

à Bruyères-et-Montbérault 8 km au Sud par D519 – ✉ 02860 – 1 545 hab. – Alt. 86 m

Le Château de Breuil

CUISINE TRADITIONNELLE • CONTEMPORAIN XX Ce château, ancienne propriété d'un écrivain (les temps ont bien changé), sis au cœur d'un domaine de 1 hectare, impressionne par la tenue de ses chambres... et de sa gastronomie : la jeune chef y concocte une cuisine du moment, fraîche et gourmande.

Menu 23 € (déj. en semaine)/47 €

4 chambres ☕ – †130 € ††190 €

lieu-dit Le Breuil – ✆ 03 23 21 15 34 – www.chateaudebreuil.fr – Fermé dim. soir et lundi

LAPALISSE

✉ 03120 Allier – 3 076 hab. – Alt. 280 m – Carte régionale n° **3**-C1
Carte Michelin 326-I5 – Guide Vert Michelin Auvergne

Auberge du Moulin Marin

TRADITIONNEL • CONTEMPORAIN En face d'un grand moulin (1854) – qui abrite la partie restaurant, d'esprit traditionnel –, un bâtiment récent au bord de la Besbre. On s'y repose dans des chambres contemporaines et confortables, bercé par le doux clapotis de l'eau.

16 chambres – †75/117 € ††84/117 € – ☕ 12 €

rte de Varennes-sur-Tèche, 2 km au Nord-Est par D990 et D124 – ✆ 04 70 99 08 53 – www.moulin-marin.com

LAPOUTROIE

✉ 68650 Haut-Rhin – 1 887 hab. – Alt. 420 m – Carte régionale n° **1**-A2
Carte Michelin 315-H8

Les Alisiers

CUISINE MODERNE • ÉLÉGANT XX La table des Alisiers dispose d'une belle salle panoramique au décor épuré. Ici, on savoure une cuisine qui valorise les produits locaux et se démarque du registre local en mêlant influences et saveurs. De quoi vous donner envie de revenir !

Formule 30 € – Menu 38 €

Hôtel Les Alisiers, lieu-dit Faudé, 3 km au Sud-Ouest par rte secondaire – ✆ 03 89 47 52 82 – www.alisiers.com – Fermé janv., lundi et mardi d'oct. à mars

Les Alisiers

FAMILIAL • PERSONNALISÉ À 700 m d'altitude, nichée dans un coin de nature avec une vue époustouflante sur la vallée, cette ancienne ferme du pays welche (datée de 1819) est bourrée de charme ! Les chambres sont chaleureuses et l'on s'y sent très bien.

12 chambres – †67/150 € ††67/180 € – ☕ 13 €

lieu-dit Faudé, 3 km au Sud-Ouest par rte secondaire – ✆ 03 89 47 52 82 – www.alisiers.com – Fermé janv., lundi et mardi d'oct. à mars

Les Alisiers – voir les restaurants ci-dessus

Faudé

FAMILIAL • FONCTIONNEL Dans un jardin bordé par une rivière, un hôtel et son restaurant : une vraie maison de tradition, aux chambres confortables et bien tenues.

29 chambres – †86/98 € ††86/108 € – 2 suites – ☕13 €

28 r. du Gén.-Dufieux – ✆ 03 89 47 50 35 – www.faude.com

LAQUENEXY

✉ 57530 Moselle – 1 092 hab. – Alt. 300 m – Carte régionale n° **14**-C1
Carte Michelin 307-I4

Les Jardins Fruitiers de Laquenexy

CUISINE MODERNE • SIMPLE X Au cœur d'un jardin abritant plus de mille variétés d'arbres fruitiers, ce restaurant – doublé d'une boutique gourmande – s'avère aussi insolite que sympathique ! On y savoure une cuisine légère et bien ficelée, qui fait évidemment la part belle aux fruits et légumes du potager. Une jolie graine...

Menu 25 € (déj.) – Carte environ 29 €

4 r. Bourger-et-Perrin – ✆ 03 87 35 01 00 – www.jardinsfruitiersdelaquenexy.com – Ouvert avril-oct. et fermé lundi, mardi et le soir

LAQUEUILLE

✉ 63820 Puy-de-Dôme – 354 hab. – Alt. 1 000 m – Carte régionale n° **3**-B2
Carte Michelin 326-D9

au Nord-Est 2 km par D922 et rte secondaire – ✉ 63820 Laqueuille :

Auberge de Fondain

AUBERGE • TRADITIONNEL Pour se mettre au vert, une demeure bourgeoise (1903) en pleine nature. Les chambres sont douillettes, rénovées dans un esprit maison de campagne. Espace forme. Cuisine traditionnelle (plats auvergnats) au restaurant.

5 chambres – †60/80 € ††60/80 € – ☕10 €

Fondain – ✆ 04 73 22 01 35 – www.auberge-fondain.com – Fermé nov.

LARAGNE-MONTÉGLIN

✉ 05300 Hautes-Alpes – 3 579 hab. – Alt. 571 m – Carte régionale n° **21**-B2
Carte Michelin 334-C7

L'Araignée Gourmande

CUISINE TRADITIONNELLE • FAMILIAL XX Installez-vous dans cet intérieur moderne et lumineux pour découvrir le talent de Thierry Chouin : si le chef breton affectionne particulièrement les plats à base de poisson, il ne dédaigne pas l'agneau et la pomme (tous deux de la région), qu'il célèbre dans des assiettes bien tournées. De beaux hommages à la tradition.

Formule 16 € – Menu 30/40 € – Carte 40/79 €

8 r. de la Paix – ✆ 04 92 65 13 39 – www.laraignee-gourmande.fr – Fermé dim. soir, mardi soir et merc.

LE LARDIN-ST-LAZARE

✉ 24570 Dordogne – 1 811 hab. – Alt. 86 m – Carte régionale n° **2**-D1
Carte Michelin 329-I5

à Coly 6 km au Sud-Est par D74 et D62 – ✉ 24120 – 221 hab. – Alt. 113 m

Manoir d'Hautegente

CUISINE MODERNE • CLASSIQUE XXX La table du Manoir est à la hauteur de l'écrin qui l'accueille ! Assis dans la belle salle à manger en pierres apparentes, où trône une imposante cheminée, on déguste une cuisine élaborée et pleine de trouvailles. Et aux beaux jours, direction la pergola au bord du bief !

Menu 49/83 €

– ✆ 05 53 51 68 03 – www.manoir-hautegente.com – Ouvert 7 avril-31 oct. et fermé mardi midi, merc. midi, lundi sauf le soir en août

La Table de Jean

CUISINE TRADITIONNELLE • BISTRO Ici, on cultive l'identité locale ! Dans la salle, d'esprit bistrot, des photos retracent l'histoire du village. On apprend ainsi que Jean en a été le maire – et qu'il était visiblement un proche des patrons. Au menu : une cuisine de tradition simple et bonne, agrémentée de quelques herbes du jardin.

Menu 16 € (déj.)/30 €

– 05 53 51 68 08 – Fermé lundi midi, merc. midi et mardi

Manoir d'Hautegente

DEMEURE HISTORIQUE • CLASSIQUE Dans un parc traversé par une rivière, un moulin du 14^e^s. tapissé de vigne vierge. La beauté du site, les meubles anciens et le bar installé dans l'ancienne forge dégagent un charme véritable. Un joli écrin...

17 chambres – 95/275 € 95/275 € – 16 €

– 05 53 51 68 03 – www.manoir-hautegente.com – Ouvert 7 avril-31 oct.

Manoir d'Hautegente – voir les restaurants ci-dessus

LARGENTIÈRE

07110 Ardèche – 1 789 hab. – Alt. 240 m – Carte régionale n° **23**-A3
Carte Michelin 331-H6 – Guide Vert Michelin Ardèche Drôme

à Sanilhac 7 km au Sud par D312 – 07110 – 452 hab. – Alt. 420 m

Auberge de la Tour de Brison

AUBERGE • TRADITIONNEL De cette accueillante auberge bâtie à flanc de colline, la vue plonge sur la vallée et sur le plateau du Coiron. Chambres actuelles, jardin et spa de nage chauffé et couvert (sauf l'été). Au restaurant, cadre chaleureux, terrasse panoramique et recettes du terroir.

14 chambres – 80/125 € 80/163 € – 10 €

à la Chapelette – 04 75 39 29 00 – www.belinbrison.com – Ouvert 1er avril-31 oct.

LARMOR-BADEN

56870 Morbihan – 905 hab. – Alt. 10 m – Carte régionale n° **5**-A3
Carte Michelin 308-N9 – Guide Vert Michelin Bretagne Sud

Auberge du Parc Fétan

FAMILIAL • FONCTIONNEL À proximité de la baie et des sentiers côtiers, un hôtel convivial et parfaitement tenu, doté de chambres plutôt petites, simples et claires, la plupart ouvrant sur le golfe du Morbihan. Produits de la mer et cuisine traditionnelle dans une ambiance bistrot.

24 chambres – 45/85 € 45/145 € – 10 €

17 r. de Berder – 02 97 57 04 38 – www.hotel-parcfetan.com – Ouvert 10 mars-13 nov.

LARMOR-PLAGE

56260 Morbihan – 8 125 hab. – Alt. 4 m – Carte régionale n° **5**-B2
Carte Michelin 308-K8 – Guide Vert Michelin Bretagne Sud

Les Mouettes

CUISINE MODERNE • CONVIVIAL Depuis la salle à manger et la terrasse, la vue sur l'Atlantique et l'île de Groix est tout simplement imprenable... Dans l'assiette, on trouve de bons produits bien travaillés, et particulièrement des poissons (dorade, saint-pierre, etc.) et des fruits de mer d'une grande fraîcheur. Service efficace et ambiance sympathique.

Formule 22 € – Menu 28/48 € – Carte 41/84 €

20 chambres – 109/116 € 127/134 € – 13 €

r. de Rennes, Anse de Kerguélen, 1,5 km à l'Ouest – 02 97 65 50 30 – www.lesmouettes.com

 **Les Rives du Ter**

BUSINESS • FONCTIONNEL Cet hôtel récent bordant le Ter abrite des chambres spacieuses, au style épuré, avec terrasse ou balcon donnant sur l'étang, bien au calme. Une bonne option pour profiter des jolies plages des environs.

58 chambres – 99/180 € 99/180 € – 16 €

15 bd Jean-Monnet – 02 97 35 33 50 – www.lesrivesduter.com

LARNAC – 30 Gard → Voir St-Ambroix

LAROQUE-DES-ALBÈRES

66740 Pyrénées-Orientales – 2 132 hab. – Alt. 100 m – Carte régionale n° **12**-B3
Carte Michelin 344-I7 – Guide Vert Michelin Languedoc Roussillon

Côté Saisons

CUISINE MODERNE • BISTRO C'est au Ritz, à Paris, que le couple s'est rencontré. Elle était en salle, lui en cuisine, comme aujourd'hui dans leur restaurant. Une bâtisse du 19ᵉ s. avec un jardin fleuri et une jolie terrasse pour être toujours… Côté Saisons, à l'instar des recettes, savoureuses et bien ficelées ! De plus, le service est tout sourire.

Menu 33/40 € – Carte 40/50 €

5 chambres – 65/120 € 65/120 €

10 av. de la Côte-Vermeille – 04 34 12 36 51 – www.cotesaisons.com
– Fermé 14-29 nov., janv., jeudi sauf le soir en juil.-août et merc.

LARRAU

64560 Pyrénées-Atlantiques – 195 hab. – Alt. 636 m – Carte régionale n° **2**-B3
Carte Michelin 342-G6 – Guide Vert Michelin Pays Basque et Navarre

Etchemaïté

CUISINE TRADITIONNELLE • RUSTIQUE Dans ces contrées montagneuses aux confins du Pays basque, une maison traditionnelle tout simplement charmante… d'autant qu'on s'y régale : tatin de foie gras aux pommes, poêlée d'anguilles persillées, épaule d'agneau braisé et garbure de haricots-maïs… C'est simple, goûteux et généreux !

Menu 20 € (semaine), 26/56 € – Carte 43/57 €

Le Bourg – 05 59 28 61 45 – www.hotel-etchemaite.fr
– Fermé 7 janv.-19 fév., dim. soir et lundi du 16 nov. au 14 mai

Etchemaïté

AUBERGE • TRADITIONNEL Simplicité et accueil familial d'une auberge de montagne, dans un hameau de la pittoresque Haute-Soule. Les chambres, confortables et bien tenues, méritent un détour dans ce coin aux airs de bout du monde…

17 chambres – 60/90 € 60/90 € – 10 €

Le Bourg – 05 59 28 61 45 – www.hotel-etchemaite.fr
– Fermé 7 janv.-19 fév., dim. soir et lundi du 6 nov. au 14 mai

Etchemaïté – voir les restaurants ci-dessus

LASCABANES

46800 Lot – 200 hab. – Alt. 180 m – Carte régionale n° **15**-B1
Carte Michelin 337-D5

Le Domaine de Saint-Géry

CUISINE TRADITIONNELLE • ROMANTIQUE Autoproclamé "cuisinier-paysan", Patrick Duler ne plaisante pas avec l'origine de ses produits : une grande partie de ce qui est dans l'assiette – jambon de porc noir, truffe, foie gras – vient directement de ses propres champs ! Ses préparations, simples et soignées, révèlent l'âme d'un chef véritablement passionné.

Menu 48/209 €

– 05 65 31 82 51 – www.saint-gery.com – Ouvert 15 avril-1ᵉʳ nov., 30 déc.-28 fév. et fermé le midi

Le Domaine de Saint-Géry

MAISON DE CAMPAGNE • CLASSIQUE Vous voici sur les terres du seigneur de St-Géry... ou plutôt de ses descendants. Au cœur du Quercy, ce domaine de 70 ha permet de se ressourcer dans de confortables chambres campagnardes. Ici, le blé est même ramassé à la main pour faire le pain. Authentique !

5 chambres – 137/385 € 137/385 € – 29 €

– ✆ 05 65 31 82 51 – www.saint-gery.com – Ouvert 1er avril-1er nov. et 30 déc.-28 fév.

LASCELLE

✉ 15590 Cantal – 304 hab. – Alt. 760 m – Carte régionale n° **3**-B3
Carte Michelin 330-D4

Lac des Graves

TRADITIONNEL • FONCTIONNEL Randonneurs, kayakistes et adeptes du VTT apprécieront ce vaste parc aménagé au bord d'un lac. Chalets et cubes en bois au bord de l'eau, roulottes bohème parmi les ânes et les moutons : un hébergement simple, mais surtout très original !

24 chambres – 59/81 € 59/81 € – 9 €

Jaulhac – ✆ 04 71 47 94 06 – www.lacdesgraves.com

LASSEUBE

✉ 64290 Pyrénées-Atlantiques – 1 745 hab. – Alt. 188 m – Carte régionale n° **2**-B3
Carte Michelin 342-J3 – Guide Vert Michelin Aquitaine

La Ferme Dagué

FAMILIAL • FONCTIONNEL Avec sa superbe cour fermée, cette ferme béarnaise du 18e s. a beaucoup de cachet ! Les chambres sont fonctionnelles et bien tenues, le petit-déjeuner copieux.

5 chambres – 50/66 € 59/69 €

chemin Croix-de-Dagué – ✆ 05 59 04 27 11 – www.ferme-dague.com – Ouvert 30 avril-15 oct.

LASTOURS

✉ 11600 Aude – 161 hab. – Carte régionale n° **12**-B2
Carte Michelin 344-F3

Le Puits du Trésor (Jean-Marc Boyer)

CUISINE MODERNE • COSY Jean-Marc Boyer est un véritable passionné : lors de balades en solitaire dans les collines environnantes, il déniche l'inspiration pour sa cuisine... Herbes aromatiques, asperges sauvages ou ail des ours viennent ainsi agrémenter des plats colorés, pleins de saveurs et bien maîtrisés. Une réussite !

→ Foie gras à l'anguille fumée, pomme granny smith caramélisée. Pigeon rôti sur le coffre, polenta au café et girolles. Tarte soufflée à la fraise.

Menu 47/93 €

21 rte des Quatre-Châteaux – ✆ 04 68 77 50 24 – www.lepuitsdutresor.com – Fermé 19 fév.-6 mars, 22 oct.-6 nov., dim. soir, lundi et mardi

L'Auberge du Diable au Thym – voir les restaurants ci-dessus

L'Auberge du Diable au Thym

CUISINE TRADITIONNELLE • BISTRO Œuf poché et son amourette de salade, velouté de châtaignes aux quenelles de faisan, ou encore épaule d'agneau confite aux gousses d'ail rose de Lautrec... Dans cette seconde adresse, Jean-Marc Boyer recompose chaque jour sa carte au gré des arrivages, et son talent fait mouche à tous les coups. Réjouissant !

Formule 18 € – Menu 23 €

21 rte des Quatre-Châteaux – ✆ 04 68 77 50 24 – www.lepuitsdutresor.com – Fermé 19 fév.-6 mars, 22 oct.-6 nov., dim. soir, lundi et mardi sauf juil.-août

LATILLÉ

✉ 86190 Vienne – 1 531 hab. – Alt. 150 m – Carte régionale n° **20**-C1
Carte Michelin 322-G5

La Gentilhommière

FAMILIAL • CLASSIQUE Elle porte bien son nom, cette Gentilhommière de 1785 aux superbes atours : tentures, boiseries, mobilier et objets anciens parent des chambres Art déco, Empire ou encore Directoire... Un véritable répertoire de styles, d'un grand raffinement ! Quant au parc, il dégage une douce quiétude...

5 chambres – 100/110 € 100/110 €

1 pl. Robert-Gerbier – ✆ 05 49 36 34 20 – www.gentilhommiere.fr

LATTES – 34 Hérault ➔ Voir Montpellier

LAUBACH

✉ 67580 Bas-Rhin – 318 hab. – Alt. 205 m – Carte régionale n° **1**-B1
Carte Michelin 315-K3

La Merise (N) (Cédric Deckert)

CUISINE MODERNE • ÉLÉGANT XXX En cette maison alsacienne, située dans un cadre champêtre, le chef Cédric Deckert concocte des recettes d'un très beau classicisme, jamais ennuyeuses, aux produits choisis avec soin. En salle, son épouse Christine, assure à la tête d'une brigade féminine un ballet très professionnel, et prodigue de judicieux conseils sur le vin.

➔ Déclinaison de langoustines et caviar de hareng. Poitrine de pigeon rôtie, carottes et pruneaux, jus infusé au foin et fleurs de notre prairie. Millefeuille à la vanille, fraises et framboises.

Menu 23 € (déj. en semaine), 38/85 € – Carte 40/65 €

7 r. d'Eschbach – ✆ 03 88 90 02 61 – www.lamerise.alsace – Fermé 26 fév.-12 mars, 1er-22 août, lundi soir, mardi et merc.

LAURIS

✉ 84360 Vaucluse – 3 787 hab. – Alt. 250 m – Carte régionale n° **22**-E1
Carte Michelin 332-E11

Le Champ des Lunes

CUISINE MODERNE • DESIGN XX Jérôme Faure, qui obtint sa première étoile à l'âge de 30 ans à peine, est désormais le moissonneur en chef de ce Champ des Lunes. Sa cuisine, résolument moderne, gravite autour de beaux produits du Luberon. Marché oblige, sa carte évolue toutes les semaines ; les belles saveurs, elles, sont toujours au rendez-vous.

➔ Taureau de Camargue en gravlax et huître, betterave, rose et cardamome noire. Homard à la Chartreuse, pomme de terre et verveine, abricot de Provence. Crémeux citron, miel et huile d'olive, fraises à l'hibiscus.

Menu 38 € (déj. en semaine), 50/120 €

Hôtel Domaine de Fontenille, rte de Roquefraîche – ✆ 04 13 98 00 00 – www.domainedefontenille.com – Fermé 7 janv.-13 fév., dim. soir, lundi et mardi hors saison

La Cuisine d'Amélie

CUISINE MODERNE • BISTRO X Sur les terrasses sud de la bastide, ce bistrot décline une carte de petites bouchées à partager, intitulées des "touches de goûts", salées ou sucrées, réalisées autour de produits de la région : c'est original et bien exécuté.

Carte 25/37 €

Hôtel Domaine de Fontenille, rte de Roquefraîche – ✆ 04 13 98 00 00 – www.domainedefontenille.com – Fermé 7 janv.-13 fév., merc. et jeudi hors saison et mardi en juil.-août

Domaine de Fontenille

LUXE • ÉLÉGANT Sur le versant sud du Luberon, dominant la plaine de la Durance, cette belle bastide provençale a su conserver son charme d'antan ! L'art contemporain est ici partout ; les chambres lumineuses marient parfaitement couleurs régionales et modernité. Et pendant ce temps, tout autour, les platanes centenaires montent la garde...

16 chambres – 158/460 € 158/460 € – 3 suites – 19 €

rte de Roquefraîche – 04 13 98 00 00 – www.domainedefontenille.com – Fermé 7 janv.-13 fév.

Le Champ des Lunes • **La Cuisine d'Amélie** – voir les restaurants ci-dessus

LAUTREC

81440 Tarn – 1 784 hab. – Alt. 294 m – Carte régionale n° **15**-C2
Carte Michelin 338-E8 – Guide Vert Michelin Midi-Pyrénées

Le Clos d'Adèle

CUISINE TRADITIONNELLE • BISTRO Une bâtisse ancienne (poutres, pierres apparentes) au cœur de la ville historique, une bonne cuisine du marché réalisée avec des produits d'excellente qualité, et des saveurs qui sautent aux papilles... Avec, à l'arrivée, une addition plutôt raisonnable. Que demander de plus ?

Menu 19/36 € – Carte 30/42 €

6 pl. du Monument – 05 81 43 61 91 – Fermé 1 semaine en sept., 19 janv.-9 fév., jeudi midi, merc. hors saison et dim. soir

LAVAL

53000 Mayenne – 50 073 hab. – Alt. 65 m – Carte régionale n° **18**-C1
Carte Michelin 310-E6 – Guide Vert Michelin Pays de la Loire

Bistro de Paris

CUISINE MODERNE • BISTRO On s'attend presque à voir Émile Gallé entrer dans cette élégante salle Art nouveau ! Au cœur du quartier historique de Laval, ce bistrot chic propose des plats dans l'air du temps, au rythme des saisons. Les incontournables : tête et foie de veau ravigote, boudin blanc aux escargots et soufflé au Grand Marnier.

Menu 18 € (déj. en semaine), 28/70 € – Carte environ 51 €

Plan : B1-k *67 r. du Val-de-Mayenne – 02 43 56 98 29 – www.lebistro-de-paris.com – Fermé 24 juil.-16 août, sam. midi, dim. soir et lundi*

À la Bonne Auberge

CUISINE MODERNE • DESIGN Sur la route de Rennes, on repère cette bâtisse à ses murs entièrement tapissés de vigne vierge, mais les gourmands la connaissent pour sa bonne cuisine : escalopine de lotte et langoustines aux agrumes, soufflé au Grand Marnier, etc. Un travail bien fait ! Quelques chambres bien tenues pour prolonger l'étape.

Menu 18 € (semaine), 26/47 € – Carte 44/50 €

17 chambres – 73/82 € 84/93 € – 10 €

Hors plan *170 r. de Bretagne, à l'Ouest – 02 43 69 07 81 – www.alabonneauberge.com – Fermé août, sam. midi et dim.*

L'Antiquaire

CUISINE MODERNE • AUBERGE Amis chineurs, ici, vous ne trouverez ni livres anciens, ni toiles du 19e s., ni objets des années 1930... mais vous n'y perdrez pas au change ! Cet Antiquaire-là est tout à fait plaisant et accueillant, et dans l'assiette, on apprécie une cuisine généreuse et teintée de créativité.

Formule 15 € – Menu 28/52 € – Carte 34/53 €

Plan : A2-e *64 r. de Vaufleury – 02 43 53 66 76 – www.restaurant-lantiquaire.fr – Fermé 30 avril-14 mai, 3 semaines en juil., 1 semaine en janv., sam. midi, dim. soir et lundi*

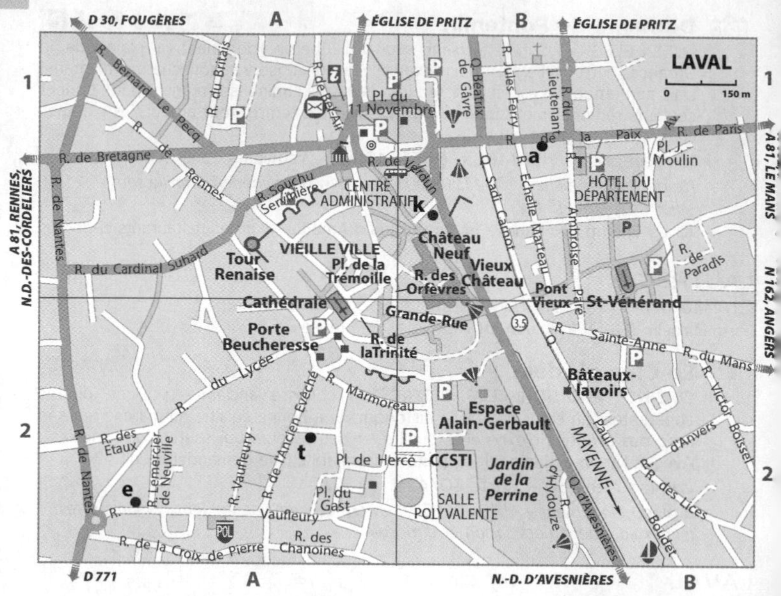

Perier du Bignon

HISTORIQUE • PERSONNALISÉ Ce bel hôtel particulier du 18ᵉ s. (classé) s'élève sur les hauteurs de la ville. Les chambres y sont cosy, raffinées et toutes différentes : coquettes et bourgeoises pour certaines, plus contemporaines pour d'autres. Spa, avec hammam et sauna.

36 chambres – 132/370 € 132/370 € – 6 suites – 14 €

Plan : A2-t *7 r. du Marchis – ☎ 02 43 49 90 00 – www.hotelperierdubignon.fr*

Hôtel de Paris

URBAIN • PERSONNALISÉ Sur l'une des principales artères de la ville, à deux pas de la Mayenne, un hôtel né en 1830, mais détruit en 1944 et reconstruit à l'après-guerre. Les chambres, spacieuses et bien insonorisées, ont bénéficié d'un récent rafraîchissement. L'ensemble est parfaitement tenu.

50 chambres – 66/185 € 72/195 € – 10 €

Plan : B1-a *22 r. de la Paix – ☎ 02 43 53 76 20 – www.hotel-laval.fr – Fermé 22 déc.-3 janv.*

à Bonchamp-lès-Laval 6 km à l'Est par D57 et rte secondaire – ✉ 53960 – 5 865 hab. – Alt. 82 m

L'Alliance des Saveurs

CUISINE MODERNE • TENDANCE XXX Ce restaurant, installé dans un quartier pavillonnaire à quelques minutes de Laval, porte bien son nom ! Le chef y compose de belles assiettes entre innovation et tradition, en s'appuyant principalement sur les producteurs locaux.

Formule 23 € – Menu 27 € (déj. en semaine), 39/71 € – Carte environ 83 €

7 chambres – 135/205 € 145/225 €

23 chemin du Préfet, 6 km à l'Est par D57 et rte secondaire – ☎ 02 43 90 05 14 – www.lalliancedessaveurs.fr – Fermé 19-25 fév., 6-21 août, 24-30 déc., sam. midi, dim. soir et lundi

LAVALETTE

✉ 31590 Haute-Garonne - 710 hab. - Alt. 209 m - Carte régionale n° **15**-C2
Carte Michelin 343-H3

Auberge de la Forge

CUISINE MODERNE • COSY X Nichée dans un petit village de la région toulousaine, cette Auberge est le repaire d'un jeune chef talentueux... et bien occupé : il partage son temps entre les fourneaux et la salle ! Ses recettes regorgent de belles saveurs, de notes épicées, et s'appuient sur des produits de première fraîcheur.

Menu 21 € (déj. en semaine), 37/47 € - menu unique

8 r. Jean-Parisot (face à l'église) - ✆ 05 61 84 76 00 - Fermé dim. soir, lundi et mardi

LE LAVANCHER - 74 Haute-Savoie ➜ Voir Chamonix

LE LAVANDOU

✉ 83980 Var - 5 246 hab. - Alt. 1 m - Carte régionale n° **21**-C3
Carte Michelin 340-N7 - Guide Vert Michelin Côte d'Azur

Planches & Gamelles

CUISINE MODERNE • BISTRO X La carte indique "bouchon provençal, guinguette et vinothèque" : voilà qui annonce la couleur ! Cette sympathique maison, installée face au port de plaisance, propose une chouette cuisine du pays, simple et fraîche, accompagnée d'un bon choix de vins locaux. Bon rapport qualité-prix.

Formule 19 € - Menu 26/38 € - Carte 35/66 €

46 quai Baptistin-Pins - ✆ 09 86 28 65 28 - www.planchesetgamelles.fr - Fermé mardi, merc. hors saison et le midi en saison

Le Relais du Vieux Sauvaire (N)

CUISINE MODERNE • CONVIVIAL X Au bout d'une route sinueuse, sur les collines au-dessus du Lavandou, au milieu des pins et de la garrigue : ce lieu exceptionnel se mérite ! La Provence est là dans toute sa splendeur, et tout particulièrement dans ce potager fertile où le chef pioche de quoi composer des assiettes goûteuses et généreuses, qui se recomposent au gré des saisons.

Menu 45 €

6 chambres ☕ - 🚹155/175 € 🚹🚹155/175 €

rte des Crêtes - Corniche de la Pierre d'Avenoun - ✆ 04 94 22 02 32 - www.relaisduvieuxsauvaire.com - Fermé 7 nov.-30 mars, dim. soir, mardi soir de sept. à juin, mardi midi en juil.-août et lundi

Baptistin

URBAIN • CONTEMPORAIN Face au port, cet hôtel récent joue la carte de la modernité : formes cubiques et équipements de qualité, ambiance feutrée... Les chambres sont confortables et la plupart d'entre elles disposent d'une terrasse ou d'un balcon.

14 chambres - 🚹95/330 € 🚹🚹95/330 € - ☕ 12 €

quai Baptistin-Pins - ✆ 04 98 00 44 51 - www.baptistin-hotel-lavandou.com

à St-Clair 2 km par rte de St-Tropez - ✉ 83980 Le Lavandou

Bistr'eau Ryon

CUISINE MODERNE • MÉDITERRANÉEN X Un joli bistr'eau contemporain, avec une appétissante terrasse face à la plage... Le chef, homme d'expérience, fait varier ses recettes chaque jour en fonction du marché ; on se régale de ses propositions fines et savoureuses !

Formule 22 € - Menu 31 € - Carte 45/65 €

bd de la Baleine - ✆ 04 94 15 26 97 - www.bistreauryon.com - Fermé nov. et janv., dim. soir, lundi, mardi et merc. hors saison

Les Tamaris - Chez Raymond

POISSONS ET FRUITS DE MER • RUSTIQUE Beignets de courgette, seiche de Méditerranée... et surtout la fameuse bouillabaisse cuite au feu de bois, une rareté : sous la houlette de Raymond, son truculent patron, cette véritable institution locale met à l'honneur les poissons de la pêche du jour. Et l'on ne résiste pas à la terrasse face à la mer...

Carte 40/90 €

bd de la Baleine - 04 94 71 07 22 - Ouvert de mi-mars à fin oct. et fermé mardi

Roc Hôtel

FAMILIAL • FONCTIONNEL Un hôtel situé juste à côté de la plage, les pieds dans l'eau... Les chambres, avec leur terrasse, sont lumineuses : pour un séjour tonique, choisissez-les face au large !

29 chambres - 90/241 € 90/241 € - 2 suites - 12 €

5 bd des Dryades - 04 94 01 33 66 - www.roc-hotel.com - Ouvert de fin mars à mi-oct.

Méditerranée

FAMILIAL • FONCTIONNEL Soleil et plaisirs de la Méditerranée vous attendent au bout de cette plage de sable fin ! Les chambres sont contemporaines et fonctionnelles ; optez pour celles regardant la mer. Agréable ambiance familiale.

18 chambres - 89/102 € 89/158 € - 14 €

5 r. des Dryades - 04 94 01 47 70 - www.hotel-med.fr - Ouvert 25 mars-20 oct.

à Aiguebelle 4,5 km par rte de St-Tropez - 83980 Le Lavandou

L'Empreinte by Fabricio (N)

CUISINE MODERNE • ÉLÉGANT Le chef d'origine brésilienne qui avait régalé huit années durant ses clients au Sanglier Paresseux dans l'arrière pays se lance dans une nouvelle aventure culinaire, avec une cuisine métissée et pleine de goûts, servie dans un écrin contemporain lumineux.

Formule 27 € - Menu 39/75 € - Carte 55/65 €

av. des Trois-Dauphins - 04 94 05 76 98 - www.empreinte-restaurant.com - Fermé janv.,dim. soir et lundi et le midi en juil.-août sauf dim.

Le Grand Pavois

TRADITIONNEL • CONTEMPORAIN En face de la plage d'Aiguebelle, cet hôtel moderne offre tout le confort nécessaire. Dans les chambres, le décor donne dans le minimalisme contemporain ; toutes disposent d'une terrasse ou d'un balcon.

18 chambres - 70/150 € 70/150 € - 10 €

av. des Trois-Dauphins - 04 98 04 35 00 - www.legrandpavois83.com - Ouvert fév.-nov.

Les Alcyons

TRADITIONNEL • FONCTIONNEL Dans la mythologie grecque, les alcyons - ces oiseaux marins fabuleux - étaient présage de mer calme... Un heureux augure pour cet hôtel situé sur l'avenue bordant la plage, et dont la plupart des chambres profitent d'une terrasse toisant la Méditerranée. Accueil attentionné.

24 chambres - 65/170 € 65/170 € - 9 €

av. des Trois-Dauphins - 04 94 05 84 18 - www.hotellesalcyons.com - Ouvert début avril à fin-oct.

Beau Soleil

FAMILIAL • FONCTIONNEL Aiguebelle ("belle eau") et beau soleil : l'essentiel pour des vacances réussies ! Profitez ici de chambres bien tenues et confortables, en particulier au 1er étage où l'on peut opter pour une terrasse face à la mer. Cuisine traditionnelle au restaurant, avec une agréable terrasse sous les mûriers.

15 chambres - 60/150 € 60/180 € - 8 €

av. des Trois-Dauphins - 04 94 05 84 55 - www.hotel-lavandou.com - Ouvert de Pâques à début oct.

LAVARDIN - 41 Loir-et-Cher ➜ Voir Montoire-sur-le-Loir

LAVAUDIEU

✉ 43100 Haute-Loire - 234 hab. - Alt. 465 m - Carte régionale n° **3**-C3
Carte Michelin 331-C2 - Guide Vert Michelin Auvergne

Court La Vigne

CUISINE TRADITIONNELLE • RUSTIQUE ✗ Cherchez le cloître médiéval, cette charmante bergerie du 15e s. est juste à deux pas. Tout y est plaisant, le bar, la cheminée, la cour... Des vins bio locaux accompagnent une cuisine du terroir tout en simplicité.

Menu 27 € - Carte environ 30 €

- ✆ 04 71 76 45 79 - Fermé 20 déc.-28 fév., merc. en juil.-août et mardi

LES LAVAULTS - 89 Yonne ➜ Voir Quarré-les-Tombes

LAVAUR

✉ 81500 Tarn - 10 592 hab. - Alt. 140 m - Carte régionale n° **29**-C2
Carte Michelin 338-C8

à Ambres 3 km au Nord par D87 - ✉ 81500 - 973 hab. - Alt. 190 m

Chez John

CUISINE MODERNE • CONTEMPORAIN ✗✗ Un chef anglais réinterprétant avec brio le terroir local ? Bienvenue Chez John. On s'installe dans une salle à la décoration moderne et épurée pour se délecter d'une cuisine attentive aux saisons et aux détails. Son rapport qualité/prix assez imbattable attire une clientèle d'habitués. Chez John, ou l'anti-Brexit.

Menu 18 € (déj. en semaine), 30/48 € - Carte 45/55 €

465 rte de Gaillac - ✆ 05 63 57 64 85 - Fermé 2 semaines en sept., 2 semaines en janv., sam. midi, dim. soir et lundi

LAVELANET

✉ 09300 Ariège - 6 245 hab. - Alt. 512 m - Carte régionale n° **15**-C3
Carte Michelin 343-J7

à Nalzen 6 km à l'Ouest par D117 - ✉ 09300 - 137 hab. - Alt. 632 m

Les Sapins

CUISINE TRADITIONNELLE • RUSTIQUE ✗ Au bord d'une forêt de sapins, cette maison familiale aux airs de chalet abrite un restaurant chaleureux, joliment décoré dans des tons gris et rouge. On vient y apprécier le goût de la tradition, et les saveurs de produits bien frais... La simplicité même !

Menu 16 € 🍷 (déj. en semaine), 25/52 € - Carte 37/63 €

Conte - ✆ 05 61 03 03 85 - www.restaurant-lessapins.com - Fermé dim. soir, lundi et mardi sauf juil.-août et fériés

LAVENTIE

✉ 62840 Pas-de-Calais - 4 957 hab. - Alt. 18 m - Carte régionale n° **16**-B2
Carte Michelin 301-J4

Le Cerisier (Eric Delerue)

CUISINE MODERNE • COSY ✗✗✗ Au cœur du pays de l'Alloeu, dont l'emblème est... un cerisier, les amateurs de bonne chère connaissent bien cette adresse ! Finesse et inventivité caractérisent la cuisine du chef dont les menus thématiques ("La promenade du pêcheur", "Le voyage gastronomique", etc.) invitent à un tour d'horizon... gustatif.

➜ Foie gras poêlé aux cerises. Saint-Jacques rôties, pain d'épice et endives caramélisées. Biscuit Sacher, crème légère au chocolat au lait et glace au lait.

Menu 37/80 € - Carte 90/120 €

3 r. de la Gare - ✆ 03 21 27 60 59 - www.lecerisier.com - Fermé 1 semaine en août, merc. soir, sam. midi, dim. soir et lundi

LAVOUX - 86 Vienne → Voir Poitiers

LAYE - 05 Hautes-Alpes → Voir Col Bayard

LECTOURE

✉ 32700 Gers - 3 724 hab. - Alt. 155 m - Carte régionale n° **15**-B2
Carte Michelin 336-F6

L'Auberge des Bouviers

CUISINE TRADITIONNELLE • RUSTIQUE X Au cœur de cette localité gersoise, l'établissement préserve si bien l'esprit "auberge" qu'il faudrait en classer la recette : des murs chaleureux (poutres et pierres), un accueil convivial, et surtout une cuisine généreuse et savoureuse, concoctée par un chef très engagé ! L'avenir appartient encore aux auberges de France...

Formule 17 € - Menu 21 € (déj. en semaine)/32 € - Carte 46/58 €

8 r. Montebello - ✆ 05 62 68 95 13 - Fermé 26 juin-6 juil., 4-7 sept., 27 nov.-6 déc., 8-18 janv., lundi sauf le soir en juil.-août, sam. midi et dim. soir

Restaurant de Bastard

CUISINE MODERNE • CLASSIQUE XX Le changement dans la continuité ! Arrivés en 2015, les nouveaux propriétaires de cette maison gersoise ont fait confiance à l'ancien second pour assurer le rôle de chef. La philosophie des lieux est inchangée : avec de bons produits locaux, on réalise une cuisine actuelle légèrement créative et toujours soignée.

Formule 20 € - Menu 28 € (dîner en semaine), 38/64 € - Carte 31/71 €

r. Lagrange - ✆ 05 62 68 82 44 - www.hotel-de-bastard.com - Fermé 24 déc.-31 janv., lundi et mardi midi hors saison et dim. soir

Hôtel de Bastard

MAISON DE MAÎTRE • ÉLÉGANT En plein centre de la cité gersoise, ce bel hôtel particulier du 18e s. abrite des chambres coquettes et confortables - celles du 2e étage sont mansardées et climatisées. L'accueil souriant et professionnel ajoute à l'agrément des lieux.

24 chambres - †70/150 € ††70/150 € - 2 suites - ☕ 13 €

r. Lagrange - ✆ 05 62 68 82 44 - www.hotel-de-bastard.com - Fermé 24 déc.-31 janv.

Restaurant de Bastard - voir les restaurants ci-dessus

LEGÉ

✉ 44650 Loire-Atlantique - 4 490 hab. - Alt. 56 m - Carte régionale n° **18**-B3
Carte Michelin 316-G6

Villa des Forges

FAMILIAL • PERSONNALISÉ Alliance des vieilles pierres et du design le plus contemporain dans cet ancien corps de ferme du 18e s. rénové par son propriétaire architecte. Le nom des chambres : Monte Cristo, Ali Baba, Clark Kent, James Bond... On y est accueilli en héros ! Une agréable étape aux portes de la Vendée.

5 chambres - †80/100 € ††80/100 € - ☕ 8 €

Les Forges - ✆ 02 40 26 36 58 - www.villadesforges.com

LÈGE-CAP-FERRET - 33 Gironde → Voir Bassin d'Arcachon

LEMBACH

✉ 67510 Bas-Rhin - 1 600 hab. - Alt. 190 m - Carte régionale n° **1**-B1
Carte Michelin 315-K2

✿✿ Auberge du Cheval Blanc (Pascal Bastian)

CUISINE CRÉATIVE • ÉLÉGANT XXXX Ce noble relais de poste (18e s.), aujourd'hui mené par Carole et Pascal Bastian, allie charme alsacien et raffinement contemporain : c'est un plaisir que de voir vivre ainsi de telles institutions... Le chef maîtrise aussi bien le classicisme que l'inventivité, sa carte est riche et pleine de finesse : autant de caractère séduit !

→ Foie gras d'oie aux senteurs de pinot noir, chutney d'oignon confit et gel de poire williams. Filet de canard de Challans, cerise et amande, crémeux de céleri. Le grand dessert du Cheval Blanc.

Menu 68/120 € – Carte 100/115 €

Hôtel Auberge du Cheval Blanc, 4 r. de Wissembourg – ✆ 03 88 94 41 86 – www.au-cheval-blanc.fr – Fermé vend. midi, lundi et mardi

Auberge du Cheval Blanc

AUBERGE • PERSONNALISÉ De nouvelles chambres spacieuses et contemporaines, un salon cossu et confortable, un beau spa avec sa piscine couverte et son sauna : on se sent toujours aussi bien dans cette auberge alsacienne – un ancien relais de poste du 18e s. – située au cœur du village.

21 chambres – †160/300 € ††160/300 € – ☕ 18 €

4 r. de Wissembourg – ✆ 03 88 94 41 86 – www.au-cheval-blanc.fr

✿✿ **Auberge du Cheval Blanc** – voir les restaurants ci-dessus

à Gimbelhof 10 km au Nord par D3, D925 et rte forestière – ✉ 67510 Lembach

Gimbelhof

CUISINE TRADITIONNELLE • RUSTIQUE X Cette auberge forestière du "pays des trois frontières", au cœur du massif vosgien, séduira les amoureux de la nature. Ambiance rustique ; cuisine régionale. Pour l'étape, chambres confortables et très bien tenues.

Menu 14 € (semaine), 28/40 € – Carte 19/49 €

8 chambres – †58/69 € ††76/93 € – ☕ 8 €

– ✆ 03 88 94 43 58 – www.gimbelhof.com – Fermé 1 semaine en fév. et 15 nov.-25 déc., lundi et mardi

LEMPDES – 63 Puy-de-Dôme → Voir Clermont-Ferrand

LENCLOÎTRE

✉ 86140 Vienne – 2 468 hab. – Alt. 71 m – Carte régionale n° **39**-C1
Carte Michelin 322-H4 – Guide Vert Michelin Poitou Vendée Charentes

à Savigny-sous-Faye 10 km au Nord par D757, D14 et D72 – ✉ 86140 – 379 hab. – Alt. 120 m

Le Savignois Ⓝ

CUISINE MODERNE • AUBERGE X Cette auberge à l'ameublement rustique propose une cuisine de saison fraîche et goûteuse, dans laquelle se lisent certaines influences méridionales. En salle, le service est souriant et attentionné. Une adresse sympathique.

Menu 17 € (déj. en semaine)/32 € – Carte environ 41 €

2 r. du Lavoir – ✆ 09 82 57 71 84 – Fermé vacances de la Toussaint, de fév., mardi et merc

LENS

✉ 62300 Pas-de-Calais – 31 398 hab. – Agglo. 504 353 hab. – Alt. 38 m – Carte régionale n° **16**-B2
Carte Michelin 301-J5

L'Atelier de Marc Meurin

CUISINE MODERNE • TENDANCE XX Étonnant, le bâtiment dessine un cercle tout en verre : son architecture se marie parfaitement au Louvre-Lens voisin ! Loin d'être un simple restaurant de musée, cet Atelier confié aux bons soins de Marc Meurin, fameux chef étoilé de Busnes, met à l'honneur les produits de la région. Tout indiqué en cas de visite...

Formule 25 € – Menu 32/39 € – Carte 40/59 €

97 r. Paul-Bert (au Louvre-Lens) – ✆ 03 21 18 24 90 – www.atelierdemarcmeurin.fr – Fermé dim. soir et mardi

ꟷ Les Jardins de l'Arcadie

CUISINE TRADITIONNELLE • BRANCHÉ X L'emplacement du restaurant – en bordure d'autoroute – ne dissuade pas les clients... et pour cause ! Un chef expérimenté officie en ces lieux et propose une cuisine actuelle sans chichis, fraîche et cohérente. La salle joue la carte du design en noir et blanc. Tous aux Jardins !

Formule 20 € – Menu 26 € (semaine)/35 € – Carte 39/58 €

26 r. de L'Écluse – ✆ 03 21 70 20 61 – www.lesjardinsdelarcadie.com – Fermé 30 juil.-13 août, 24 déc.-2 janv., dim. soir, lundi, mardi soir, merc. soir et sam. midi

LENT

✉ 01240 Ain – 1 426 hab. – Alt. 256 m – Carte régionale n° **23**-B1
Carte Michelin 328-E4 – Guide Vert Michelin Lyon et sa région

Auberge Lentaise

CUISINE MODERNE • AUBERGE XX Au centre du village, où trône une petite tour de l'horloge, cette auberge est sans conteste la bonne adresse du coin : le jeune couple qui dirige l'endroit propose une cuisine de qualité, au goût du jour, préparée avec des produits frais et locaux, et servis à l'intérieur ou en terrasse... Une belle découverte !

Menu 28 € (déj. en semaine), 32/67 €

Grande-Rue – ✆ 04 74 21 55 05 – www.auberge-lentaise.fr – Fermé 25 avril-18 mai, 3-10 sept., 26-30 déc., dim. soir, lundi et mardi

LEPUIX-GY – 90 Territoire de Belfort ➜ Voir Giromagny

LESCAR – 64 Pyrénées-Atlantiques ➜ Voir Pau

LESPONNE – 65 Hautes-Pyrénées ➜ Voir Bagnères-de-Bigorre

LEUCATE

✉ 11370 Aude – 4 402 hab. – Alt. 21 m – Carte régionale n° **12**-B3
Carte Michelin 344-J5

Le Grand Cap (Erwan Houssin)

CUISINE MODERNE • DESIGN XX Au bout du chemin qui mène au phare, profitez de la vue splendide sur la mer et la côte... et laissez-vous porter par une séduisante cuisine à l'accent marin : des amuse-bouche aux mignardises, chaque assiette dévoile son lot de produits d'exception et de beaux jeux sur les saveurs et les textures. Un belle partition gourmande.

➜ Huîtres de Leucate légèrement fumées, servies tièdes et foie gras poché au rancio sec. Loup de pêche côtière cuit en vapeur d'agrumes et coques. Cube pistache aux agrumes, sorbet kalamensi.

Menu 34 € (déj. en semaine), 55/85 € – Carte 80/130 €

chemin du Phare – ✆ 04 68 48 13 73 – www.restaurant-grand-cap.fr – Fermé 1 semaine en juin, 1 semaine en nov., 3 semaines en janv., lundi soir et jeudi soir de nov. à mars, dim. soir, mardi et merc.

Jardin des Filoche

CUISINE TRADITIONNELLE • RUSTIQUE XX Un agréable restaurant – avec une terrasse fleurie et un jardin – où l'on travaille en famille et dans la bonne humeur. Dans la salle, vue sur les cuisines et les bons plats traditionnels du chef... idéal pour les curieux ! Quant au choix de crus locaux, il est des plus judicieux.

Menu 30/34 €

64 av. Jean-Jaurès – ✆ 04 68 40 01 12 – Fermé de nov. à fév., le midi sauf dim. et fériés, dim. soir, lundi et mardi en mars, oct. et nov.

35 B

CUISINE MODERNE • CONTEMPORAIN Une belle et bonne cuisine du marché, mettant à l'honneur les produits de saison : flan de foie gras aux langoustines, fondant de pintade farcie aux champignons de foies de volaille, etc. Les assiettes sont colorées, les cuissons maîtrisées et les saveurs bien marquées. Une jolie adresse !

Menu 18 € (déj. en semaine)/32 € - Carte 40/60 €

35 bis pl. de la République - 04 68 33 92 60 - Ouvert de mars à oct. et fermé mardi soir sauf juil.-août et merc.

LEUGNY

89130 Yonne - 357 hab. - Alt. 225 m - Carte régionale n° **4**-B1
Carte Michelin 319-D5

La Borde

HISTORIQUE • PERSONNALISÉ La grille en fer forgé ouvre sur un domaine enchanteur, où tout est remarquable : le confort et le raffinement de la bâtisse historique (14e-16e s.), le charme de l'orangerie aménagée en jardin d'hiver, la merveille du parc avec son potager et son arboretum, la quiétude de l'espace bien-être... Un lieu d'exception.

5 chambres - 325/600 € 325/600 €

à La Borde, 2 km à l'Ouest par D52 - 03 86 47 69 01 - www.lbmh.fr - Fermé 17 déc. au 3 janv.

LEUTENHEIM

67480 Bas-Rhin - 855 hab. - Alt. 119 m - Carte régionale n° **1**-B1
Carte Michelin 315-M3

Auberge Au Vieux Couvent

CUISINE TRADITIONNELLE • AUBERGE Au fin fond de la forêt, une maison à colombages (fin du 17e s.) simple et rustique... Le chef, Damien Hirschel, y relève le pari d'une cuisine traditionnelle pleine d'à-propos, dans laquelle les spécialités régionales et les produits du potager sont mis à l'honneur. On fait volontiers halte dans cette auberge !

Formule 12 € - Menu 33/44 € - Carte 35/54 €

à Koenigsbruck, 4 km au Nord par D163 - 03 88 86 39 86 - www.auberge-au-vieux-couvent.fr - Fermé 25 avril-1er mai, 18 août-6 sept., 26 déc.-3 janv., dim. soir lundi et mardi

LEVALLOIS-PERRET - 92 Hauts-de-Seine → Voir Autour de Paris

LEVERNOIS - 21 Côte-d'Or → Voir Beaune

LEVIE - 2A Corse-du-Sud → Voir Corse

LÉZARDRIEUX

22740 Côtes-d'Armor - 1 564 hab. - Alt. 30 m - Carte régionale n° **5**-C1
Carte Michelin 309-D2 - Guide Vert Michelin Bretagne Nord

Auberge du Trieux

CUISINE TRADITIONNELLE • AUBERGE Attaché à faire vivre son auberge, le chef, originaire du pays, propose une cuisine du terroir mâtinée de quelques touches actuelles. Une adresse chaleureuse.

Formule 13 € - Menu 22/50 € - Carte 28/41 €

1 imp. du Four-Neuf - 02 96 20 10 70 - www.auberge-du-trieux.com - Fermé vacances de fév., de la Toussaint, de Noël, mardi soir, merc. et jeudi d'oct. à avril

LEZOUX

✉ 63190 Puy-de-Dôme - 5 864 hab. - Alt. 340 m - Carte régionale n° **3**-C2
Carte Michelin 326-H8 - Guide Vert Michelin Auvergne

Les Voyageurs

CUISINE TRADITIONNELLE • FAMILIAL XX Un hôtel-restaurant tout simple en apparence... En cuisine, la chef, Annabelle Pillière, rend un joli hommage à la tradition, avec des recettes aussi efficaces que gourmandes, fondées sur le produit. Ambiance champêtre!

Menu 15 € (déj. en semaine), 20/42 € - Carte 33/45 €

17 chambres - †50/62 € ††58/66 € - ☕10 €

2 pl. de la Mairie - ✆ 04 73 73 10 49 - www.hotel-logisvoyageurs.com - Fermé 11 août-2 sept. et 26 déc.-2 janv., vend. soir, dim. soir et sam.

à Bort-l'Étang 8 km au Sud-Est par D223 et D309 - ✉ 63190 - 630 hab. - Alt. 420 m

Château de Codignat

CUISINE MODERNE • ROMANTIQUE XXX Le chef signe une cuisine originale, marquée par le jeu subtil des saveurs. Quant au décor, il est élégant, avec une pointe de faste qui rappelle l'atmosphère des buffets châtelains d'antan... On passe un beau moment en ces lieux.

→ Œuf bio, quinoa, fleur de courgette farcie au chèvre et sabayon au basilic. Filet de bœuf charolais, foie gras rôti et sauce au vin rouge. Palette colorée de légumes du potager aux saveurs sucrées et glacées.

Menu 57/120 € - Carte 100/110 €

1 km à l'Ouest - ✆ 04 73 68 43 03 - www.codignat.com - Ouvert 28 mars-3 nov. et fermé le midi du lundi au vend. sauf fériés

Château de Codignat

DEMEURE HISTORIQUE • PERSONNALISÉ Les chambres évoquent Barbe-Bleue, Louis XI, Jacques Cœur, etc. Dans toutes, on a l'impression d'être plongé au cœur d'un conte médiéval. Imprimés soyeux, balustres dorées, dais sculptés : ce château du 15e s. n'a rien d'un ogre, mais d'une fée !

14 chambres - †180/480 € ††180/670 € - 5 suites - ☕25 €

1 km à l'Ouest - ✆ 04 73 68 43 03 - www.codignat.com - Ouvert 28 mars-3 nov.

Château de Codignat - voir les restaurants ci-dessus

à l'Ouest 5 km par N 89 ✉63190 Seychalles

Chante Bise

CUISINE TRADITIONNELLE • RUSTIQUE X "La cigale, ayant chanté tout l'été, se trouva fort dépourvue quand la bise fut venue..." Contrairement à la fable de La Fontaine, ici, point de pénurie ! Toute l'année, les gourmands apprécient une agréable cuisine traditionnelle. Accueil chaleureux et menu déjeuner au tarif imbattable.

Menu 13 € (déj. en semaine), 23/31 € - Carte 30/42 €

à Courcourt - ✆ 04 73 62 91 41 - www.restaurant-chantebise63.com - Fermé 20 fév.- 9 mars, 27 août-14 sept., merc. soir, dim. soir et lundi

LIBOURNE

✉ 33500 Gironde - 24 595 hab. - Alt. 7 m - Carte régionale n° **2**-B1
Carte Michelin 335-J5 - Guide Vert Michelin Aquitaine

Bord d'Eau

CUISINE TRADITIONNELLE • CHAMPÊTRE XX Cette appétissante cuisine traditionnelle et régionale, s'apprécie dans une grande salle véranda, ménageant une jolie vue sur la Dordogne. Il faut dire que la maison, sur pilotis, borde la rivière...

Menu 20 € (semaine), 35/56 € - Carte environ 45 €

5 Poinsonnet, 2 km à l'Ouest, rte de Blaye par D670 ✉ 33126 Fronsac - ✆ 05 57 51 99 91 - Fermé 17 fév.-4 mars, 22-29 sept., 17-30 nov., dim. soir, lundi et mardi

Mercure

URBAIN • CONTEMPORAIN Sur les quais, face à la Dordogne, cet hôtel de chaîne constitue une base idéale pour découvrir les vignobles de la région. Petit-déjeuner dans le patio.

78 chambres – 79/170 € 79/170 € – 3 suites – 16 €

Plan : A2-t *3 quai Souchet – 05 57 25 64 18 – www.mercure-libourne-saint-emilion.com*

à La Rivière 6 km à l'Ouest par D670 – 33126 – 388 hab. – Alt. 6 m

Château de La Rivière

DEMEURE HISTORIQUE • PERSONNALISÉ Un château de la Renaissance restauré par Viollet-le-Duc. Les chambres, spacieuses et confortables, cultivent évidemment leur esprit... châtelain. Au petit-déjeuner, on se régale de pâtisseries maison et, pour le cachet, on visite les caves souterraines du domaine.

5 chambres – 137/265 € 137/265 €

à La Rivière, 9 km au Nord-Ouest par D670 et rte secondaire – 05 57 55 56 51 – www.chateau-de-la-riviere.com – Fermé 15 déc.-15 janv.

LIÈPVRE

68660 Haut-Rhin – 1 737 hab. – Alt. 272 m – Carte régionale n° **1**-C1
Carte Michelin 315-H7

à La Vancelle (Bas-Rhin) 2,5 km au Nord-Est par D167 – 67730 – 396 hab. – Alt. 400 m

Auberge Frankenbourg (Sébastien Buecher)

CUISINE MODERNE • AUBERGE XX Dans cette auberge née au début du 20e s. officient deux frères pleins d'allant : Sébastien réalise une cuisine de produits goûteuse et élégante, tandis que Guillaume mène le jeu en salle. Le décor mêle boiseries et esprit zen, et quelques chambres permettent de prolonger l'étape...

→ Œuf en cuisson douce, truffe tuber melanosporum, blettes au miel de truffe, artichaut et émulsion de volaille. Pigeon d'Alsace. Tarte melba.

Menu 41 € (semaine), 64/94 €
– Carte 70/85 €

11 chambres – 82 € 92 € – 15 €

13 r. du Gén.-de-Gaulle – 03 88 57 93 90 – www.frankenbourg.com – Fermé 15 fév.-8 mars, 27 juin-13 juil., 12-16 nov., merc. et jeudi

LIESSIES

59740 Nord – 533 hab. – Alt. 165 m – Carte régionale n° **16**-D3
Carte Michelin 302-M7

Le Carillon

CUISINE TRADITIONNELLE • RUSTIQUE XX Une terrasse avec platanes, des poutres apparentes, une cave à vins pour emporter un peu de l'endroit avec soi : cette maison a des atouts à faire valoir ! On y propose une bonne cuisine traditionnelle, ainsi qu'une restauration d'appoint (salades, flamiche au maroilles), dans un décor rustique et chaleureux... Nord oblige !

Formule 29 € – Menu 33/50 €
– Carte 43/57 €

1 r. Roger-Salengro (face à l'église) – 03 27 61 80 21
– www.le-carillon.com
– Fermé 21 fév.-3 mars, 22-29 août, 14-28 nov., lundi soir, mardi soir, jeudi soir, dim. soir et merc.

LIFFRE

✉ 35340 Ille-et-Vilaine – 7 267 hab. – Alt. 95 m – Carte régionale n° **5**-D2
Carte Michelin 309-M5

L'Escu de Runfao

CUISINE MODERNE • ÉLÉGANT XXX Raviole de crustacés, jeunes légumes et herbes fraîches ; turbot rôti aux coquillages et asperges ; soufflé au Grand Marnier... On vient ici pour déguster une bonne cuisine de saison, ponctuée de touches créatives et fondée sur des produits de qualité. Belle salle à manger moderne, tournée vers la terrasse et le parc.

Menu 27 € (déj. en semaine), 34/59 € – Carte 65/85 €

Hôtel La Reposée, La Quinte, sortie 26 sur A84 – ✆ 02 99 68 31 51 – www.hotel-la-reposee.com – Fermé 25 fév.-5 mars, 5-25 août, sam. midi et dim. soir

Hôtel La Reposée

BUSINESS • FONCTIONNEL Près de l'autoroute, certes, mais dans un joli parc verdoyant. Avec ses chambres bien tenues et sa salle de séminaire, cette grande bâtisse d'inspiration bretonne est sympathique et bien pratique.

25 chambres – †75/90 € ††88/135 € – ☕ 12 €

La Quinte, sortie 26 sur A84 – ✆ 02 99 68 31 51 – www.hotel-la-reposee.com – Fermé 25 fév.-5 mars, 5-25 août

L'Escu de Runfao – voir les restaurants ci-dessus

Jacques Palut/Fotolia.com

ON AIME...

Gabbro, sa bonne cuisine du marché et son ambiance conviviale. Le **Vagabond**, pour la cuisine paysanne et locavore de **Nicolas Pourcheresse**. Enfin, la jeune génération qui régale : Florent Ladeyn à **Bloempot**, attachante cantine flamande, et Steven Ramon au **Rouge Barre**, avec sa terrasse sur les toits...

LILLE

✉ 59000 Nord – 233 897 hab. – Agglo. 1 037 939 hab. – Alt. 10 m
– Carte régionale n° **16**-C2
Carte Michelin 302-G4 – Guide Vert Michelin Nord Pas-de-Calais

Restaurants

La Table

CUISINE MODERNE • DESIGN XXX Cette table, l'une des plus prestigieuses de la métropole lilloise, a confié ses fourneaux à un jeune chef de talent. Thibaut Gamba, originaire des Vosges, dévoile toute une panoplie de techniques piochées en France et à l'étranger (New York, la Norvège), avec un travail très pointu autour du poisson. C'est fin, frais et créatif : pari tenu haut la main !

➜ Homard d'Audresselles, coulis de roquette du jardin au cumin. Turbot rôti. Déclinaison tout chocolat.

Formule 32 € – Menu 47 € (déj. en semaine), 79/95 €

Plan : 4G2-k *Hôtel Clarance, 32 r. de la Barre – ☎ 03 59 36 35 59 – www.clarancehotel.com – Fermé sam. midi, dim. soir et lundi*

Gabbro

CUISINE TRADITIONNELLE • BISTRO X Une petite salle conviviale, un accueil chaleureux, une envie manifeste de partager... mais surtout, une cuisine fidèle au marché, goûteuse et gourmande, avec une spécialité : la terrine de foie selon la recette du grand-père du chef. Voici les ingrédients du succès de ce Gabbro lillois, que l'on doit à deux – jeunes – anciens de la Laiterie.

Formule 23 € – Menu 29/42 €

Plan : 5J1-e *55 r. St André – ☎ 03 20 39 05 51 – Fermé 21 avril-6 mai, 4-19 août, 22 déc.-7 janv., lundi soir, sam. et dim.*

Question de standing : n'attendez pas le même service dans un X ou un 🏠 que dans un XXXXX ou un 🏨.

L'Hermitage Gantois

CUISINE MODERNE • ROMANTIQUE XXX Tout près du centre-ville, l'ancien hospice (1460) abrite une table superbe, qui flotte entre des ogives en brique rouge et or, des tableaux anciens et un sol en marbre noir. La modernité et de mise dans l'assiette, avec une originalité notable : de bons accords mets et bières des Flandres, sur les conseils du sommelier de la maison !

Formule 40 € 🍷 – Menu 54 € 🍷/78 €

Plan : 5J3-a *Hôtel L'Hermitage Gantois, 224 r. de Paris – ✆ 03 20 85 30 30 – www.hotelhermitagegantois.com – Fermé 22 juil. -21 août , sam. midi , dim. et lundi*

La Laiterie

CUISINE MODERNE • ÉLÉGANT XXX Dans un quartier légèrement excentré, l'occasion d'une échappée gourmande. Au menu, bons produits et excellents vins (bourgognes et bordeaux) à déguster au calme de la terrasse extérieure, dans le cadre sobre et élégant de la bâtisse, ou encore à la table d'hôtes, en face des fourneaux du chef.

Menu 39 € (déj. en semaine), 58/118 € – Carte 75/95 €

Plan : 3E1-s *138 av. de l'Hippodrome, à Lambersart ✉ 59130 – ✆ 03 20 92 79 73 – www.lalaiterie.fr – Fermé dim. soir et lundi*

Clément Marot

CUISINE TRADITIONNELLE • CONVIVIAL XX Pour l'anecdote, cette maison est tenue par... Clément Marot (lointain descendant de son homonyme, le poète cadurcien) et François Vandeweghe. Les deux chefs sont l'âme de ce classique de la gastronomie lilloise, un lieu idéal pour ceux qui aiment faire rimer cuisine traditionnelle et convivialité.

Formule 23 € – Menu 32/43 € – Carte 52/134 €

Plan : 5J2-n *16 r. de Pas – ✆ 03 20 57 01 10 – www.clement-marot.com – Fermé dim.*

Jour de Pêche

POISSONS ET FRUITS DE MER • COSY XX En centre-ville, un restaurant à l'atmosphère intime et cosy, repris par un jeune couple sympathique. Comme le nom le laisse penser, le poisson est à l'honneur, décliné à travers une carte courte et réjouissante. À déguster en terrasse, si toutefois le climat l'autorise.

Formule 20 € – Menu 24 € (déj. en semaine), 39/53 € 🍷 – Carte 45/60 €

Plan : 5J2 e-b *2 r. de Pas – ✆ 03 20 57 60 59 – www.jour-de-peche.fr*

Le Court Debout

CUISINE CLASSIQUE • INTIME XX Le chef travaille de beaux poissons frais, des viandes fermières maturées, ou encore une délicieuse tarte au chocolat... Dans un intérieur Art déco, ou sur la jolie terrasse-véranda, sa goûteuse cuisine fait le bonheur des gourmands que nous sommes... Une jolie adresse, où l'on se régale à prix doux.

Formule 25 € 🍷 – Menu 35 € – Carte 50/78 €

Plan : 5J2-k *24 r. du Court-Debout – ✆ 06 34 55 06 76 – www.restaurant-lecourtdebout.com – Fermé 1 semaine en fév., 2 semaines en août, 1 semaine vacances de Noël, dim. et lundi*

Les Toquées

CUISINE MODERNE • COSY XX Cette table des bords de la Deule, fondée par un couple passionné de cuisine, accueille désormais aux fourneaux Adrien Demametz, jeune Normand au parcours intéressant (Jardin des Plumes, Grenouillère...), passé par Top Chef. Chambres d'hôtes dans l'annexe.

Formule 25 € – Menu 35 € (déj. en semaine), 50/70 € – Carte 55/80 €
6 chambres

Plan : 3E2-u *110 quai Géry-Legrand – ✆ 03 20 00 12 46 – www.lestoquees.com – Fermé 2 semaines en août, 1ère semaine de janv., dim. et lundi*

Monsieur Jean

CUISINE MODERNE · ÉLÉGANT XX Façade flamande, magnifique escalier, mur en brique orné de sculptures en pierre : une demeure au puissant charme du Nord... C'est l'adresse lilloise de Marc Meurin (doublement étoilé à Busnes), dans laquelle on savoure de belles recettes actuelles, travaillées avec soin et joliment présentées : effiloché de bar à la marjolaine, râble de lapin et chou rouge...

Formule 25 € – Menu 32/39 € – Carte 44/63 €

Plan : 5J2-v *12 r. de Paris – ✆ 03 28 07 70 72 – www.restaurant-monsieurjean.fr – Fermé 31 juil.-20 août et dim. soir*

Rouge Barre

CUISINE MODERNE · CONVIVIAL XX Au cœur du vieux Lille, Steven Ramon confirme – après l'aventure Top Chef en 2014 – qu'il faudra désormais compter sur lui. Dans un intérieur intimiste, ce ch'ti pur et dur esquisse des assiettes pétillantes et inspirées, qui magnifient de beaux produits. Terrasse à l'étage. Irrésistible !

Formule 21 € – Menu 28 € (déj. en semaine)/70 € – Carte 45/65 €

Plan : 5J1-m *50 r. de la Halle – ✆ 03 20 67 08 84 – www.rougebarre.fr – Fermé lundi et dim.*

Bloempot

CUISINE MODERNE · BRANCHÉ X Florent Ladeyn, dont l'Auberge du Vert Mont rend un si bel hommage au terroir régional, récidive avec cette "cantine flamande" revendiquée. Décor atypique (un ancien atelier de menuiserie), bons produits nature et recettes originales : rafraîchissant ! Attention, il n'y a pas de téléphone ici, les réservations se font par le site internet ou sur place.

Formule 20 € 🍷 – Menu 25 € 🍷 (déj. en semaine), 40/60 €

Plan : 5J2-t *22 r. des Bouchers – www.bloempot.fr – Fermé mardi soir, dim. et lundi*

L'Estaminet Gantois

CUISINE FLAMANDE · BISTRO X Le second restaurant de l'Hermitage Gantois recrée l'ambiance typiquement nordiste des estaminets d'antan... Grands classiques du Nord – flamiche au maroilles, welsh, potjevleesch, carbonade et autres moules-frites –, joli choix de bières locales, service rapide et décontracté : la simplicité est de rigueur, pour notre plus grand plaisir.

Menu 28 € – Carte 26/46 €

Plan : 5J3-a *Hôtel L'Hermitage Gantois, 224 r. de Paris – ✆ 03 20 85 30 30 – www.hotelhermitagegantois.com*

Le Vagabond Ⓝ

CUISINE CRÉATIVE · BRANCHÉ X Nicolas Pourcheresse, le chef le plus "hype" des Hauts-de-France, sert ici une version débridée et créative de la cuisine paysanne, avec des produits directement piochés dans son potager. Utilisation judicieuse des légumes et des céréales, variété des techniques de cuisson : son style n'appartient qu'à lui. Plus qu'un repas, une véritable expérience !

Menu 75 € – menu surprise unique

Plan : 3F1-a *112 r. St-André – www.le-vagabond.net – Fermé dim., mardi et le midi*

Oui

CUISINE MODERNE · DESIGN X Une cuisine moderne et goûteuse, sagement créative : voici ce qui vous attend dans cette sympathique adresse du Vieux Lille. Les Lillois (et en particulier les jeunes) sont au rendez-vous, séduits par le contenu de l'assiette, mais aussi par l'ambiance lounge et décontractée qui règne ici.

Formule 27 € – Menu 39/55 € 🍷 – Carte 35/60 €

Plan : 5J2-s *13 r. des Bouchers – ✆ 03 20 38 52 67 – www.leoui.fr – Fermé 2 semaines en août, sam. midi, dim. et lundi*

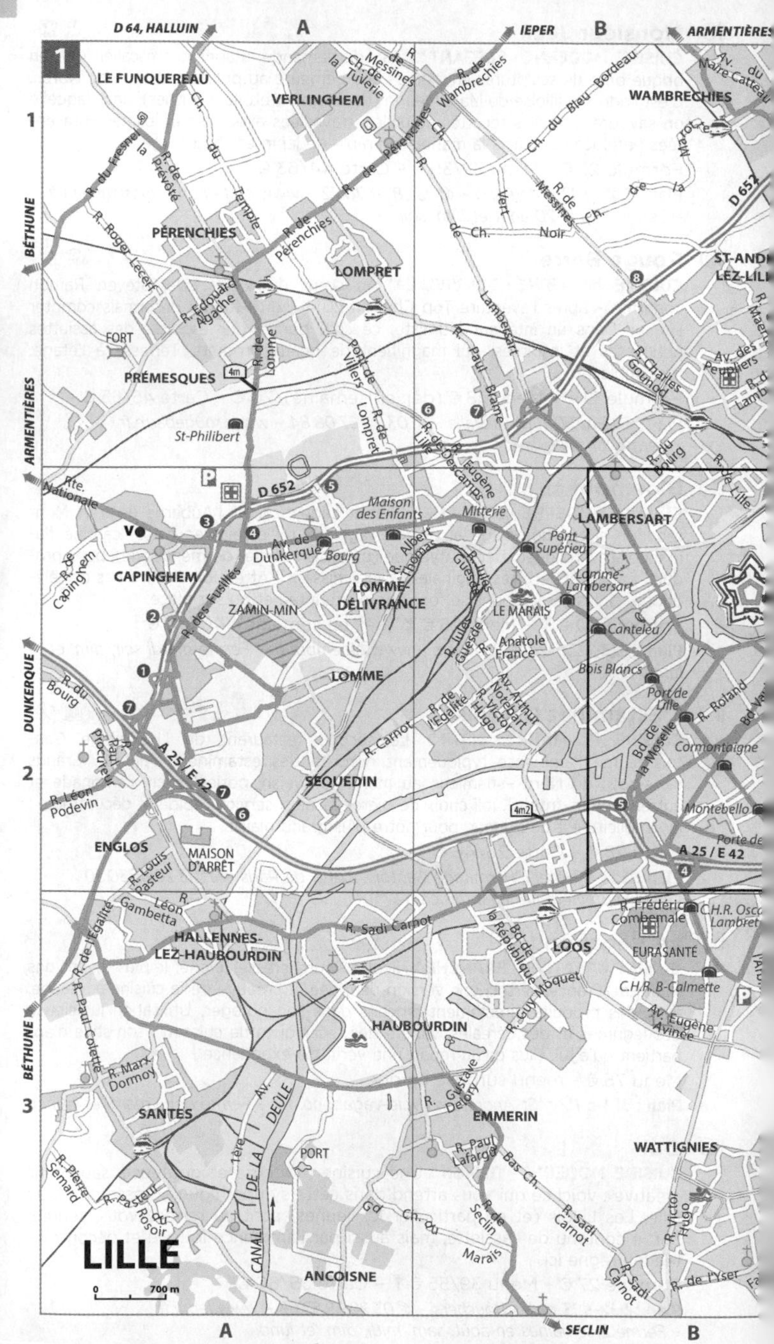

D 64, HALLUIN
IEPER
ARMENTIÈRES
A
B
1
2
3
LILLE
LE FUNQUEREAU
VERLINGHEM
WAMBRECHIES
PÉRENCHIES
LOMPRET
ST-ANDRÉ-LEZ-LILLE
FORT
PRÉMESQUES
St-Philibert
BÉTHUNE
ARMENTIÈRES
DUNKERQUE
D 652
Maison des Enfants
Mitterie
LAMBERSART
CAPINGHEM
Bourg
LOMME-DÉLIVRANCE
ZAMIN-MIN
LE MARAIS
Lomme-Lambersart
Canteleu
Bois Blancs
LOMME
Port de Lille
Cormontaigne
SEQUEDIN
Montebello
A 25 / E 42
ENGLOS
MAISON D'ARRÊT
HALLENNES-LEZ-HAUBOURDIN
LOOS
EURASANTÉ
C.H.R. B-Calmette
HAUBOURDIN
SANTES
EMMERIN
WATTIGNIES
PORT
CANAL DE LA DEÛLE
ANCOISNE
SECLIN
700 m

MEHEN
C
OOSTENDE
KORTRIJK, GENT
D
KORTRIJK
2
R. Pavé Stratégique
D 652
A 22 / E 17
Av. de la Marne
MARCQ-EN-BARŒUL
MARQUETTE-LEZ-LILLE
CROIX
Croix-Centre
WASQUEHAL
Wasquehal-Hôtel de Ville
Av. de Flandre
Wasquehal-Pavé de Lille
LA MADELEINE
BABYLONE
LE SART
R. de la Couture
ST-MAURICE PELLEVOISIN
LA TIR À LOQUES
St-Maurice Pellevoisin
Mons Sarts
Mairie de Mons
Fort de Mons
Ferme d'En Haut
Flers
Gare Lille Flandres
Lille-Europe
Caulier
FIVES
St-Maurice
Mairie de Lille
PALAIS DES BEAUX ARTS
Lille Grand Palais
Gare St-Sauveur
Marbrerie
HELLEMMES
Hellemmes
Lezennes
Pont de Bois
Porte de Valenciennes
Porte de Douai
Porte d'Arras
Hôtel de Ville
Triolo
Cité Scientifique Professeur Gabillard
Quatre Cantons - Grande Stade
A 17, TOURNAI
TOURNAI, BRUXELLES
A 1 / E 17
A 27 / E 42
N 227
RONCHIN
FACHES-THUMESNIL
LESQUIN
C.R.T.
A 23
ST-AMAND-LES-EAUX
C
PARIS
D
VALENCIENNES
1
2
3

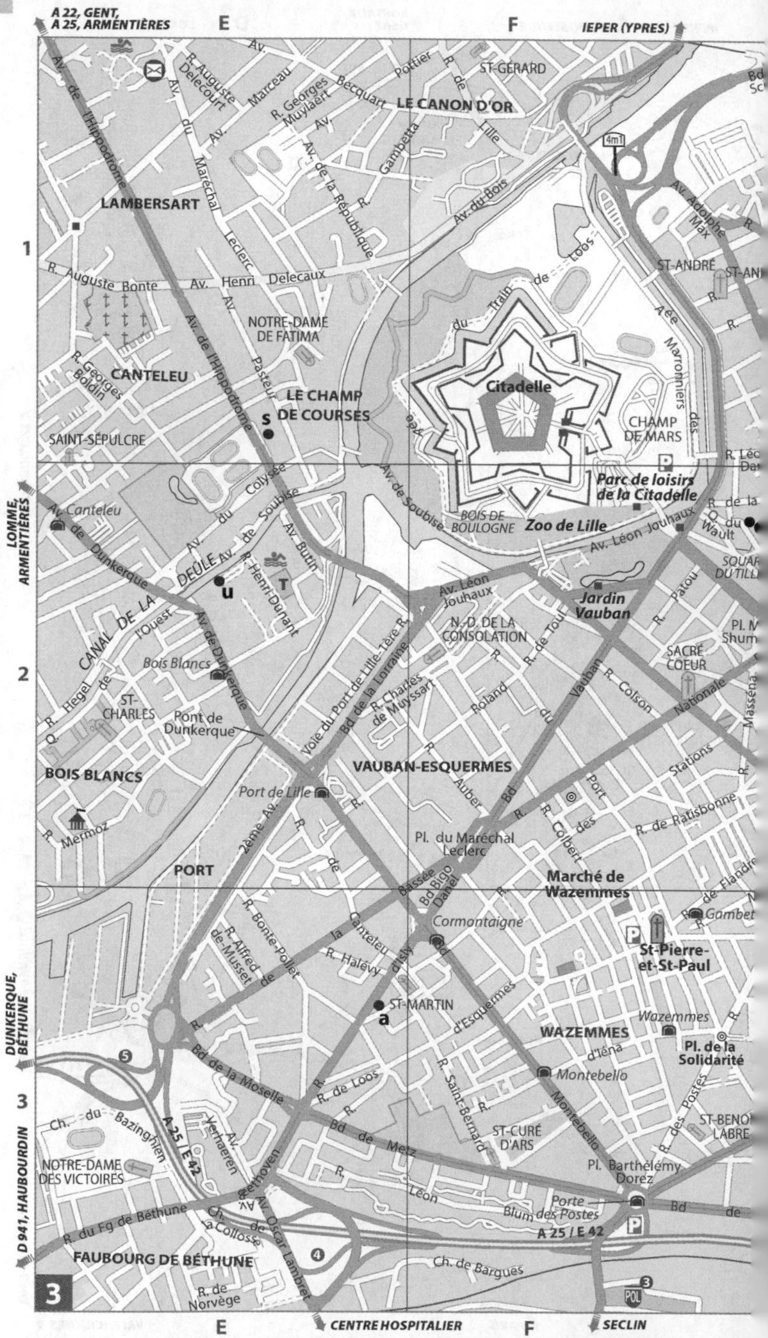
A 22, GENT, A 25, ARMENTIÈRES
IEPER (YPRES)
LOMME, ARMENTIÈRES
DUNKERQUE, BÉTHUNE
D 941, HAUBOURDIN
CENTRE HOSPITALIER
SECLIN
LAMBERSART
LE CANON D'OR
ST-GÉRARD
CANTELEU
LE CHAMP DE COURSES
NOTRE-DAME DE FATIMA
SAINT-SÉPULCRE
Citadelle
CHAMP DE MARS
Parc de loisirs de la Citadelle
Zoo de Lille
BOIS DE BOULOGNE
Jardin Vauban
N.-D. DE LA CONSOLATION
SACRÉ COEUR
ST-CHARLES
BOIS BLANCS
Bois Blancs
Pont de Dunkerque
VAUBAN-ESQUERMES
Port de Lille
PORT
Pl. du Maréchal Leclerc
Marché de Wazemmes
Cormontaigne
St-Pierre-et-St-Paul
ST-MARTIN
WAZEMMES
Wazemmes
Pl. de la Solidarité
Montebello
ST-CURÉ D'ARS
NOTRE-DAME DES VICTOIRES
Pl. Barthélémy Dorez
Porte des Postes
FAUBOURG DE BÉTHUNE
CANAL DE LA DEÛLE
Av. de l'Hippodrome
Av. du Maréchal Leclerc
Av. Henri Delecaux
R. Auguste Bonte
Av. de la République
Av. de Dunkerque
Av. Léon Jouhaux
Bd Vauban
Bd de la Moselle
Bd de Metz
R. Léon Blum
A 25 / E 42
Ch. de Bargues
Av. Oscar Lambret
R. du Fg de Béthune
Gambetta
ST-ANDRÉ
ST-BENOÎT LABRE
E
F
1
2
3

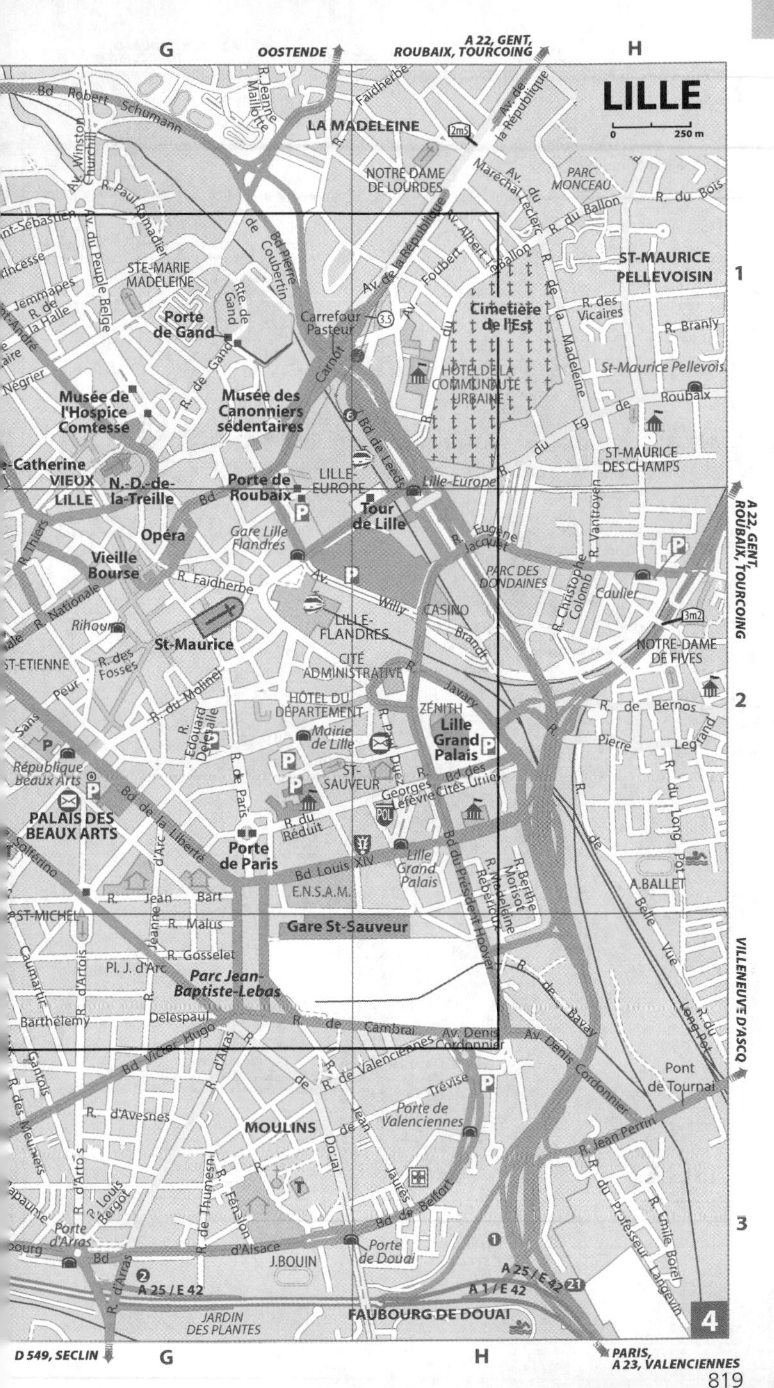
LILLE
0
250 m
G
H
OOSTENDE
A 22, GENT, ROUBAIX, TOURCOING
A 22, GENT, ROUBAIX, TOURCOING
VILLENEUVE D'ASCQ
PARIS, A 23, VALENCIENNES
D 549, SECLIN
1
2
3
4
LA MADELEINE
NOTRE DAME DE LOURDES
PARC MONCEAU
ST-MAURICE PELLEVOISIN
STE-MARIE MADELEINE
Porte de Gand
Carrefour Pasteur
Cimetière de l'Est
HÔTEL DE LA COMMUNAUTÉ URBAINE
Musée de l'Hospice Comtesse
Musée des Canonniers sédentaires
ST-MAURICE DES CHAMPS
VIEUX LILLE
N.-D.-de-la-Treille
Porte de Roubaix
LILLE-EUROPE
Lille-Europe
Tour de Lille
Opéra
Gare Lille Flandres
Vieille Bourse
PARC DES DONDAINES
CASINO
LILLE-FLANDRES
St-Maurice
CITÉ ADMINISTRATIVE
NOTRE-DAME DE FIVES
ST-ETIENNE
HÔTEL DU DÉPARTEMENT
ZÉNITH
Lille Grand Palais
Mairie de Lille
ST-SAUVEUR
République Beaux Arts
PALAIS DES BEAUX ARTS
Porte de Paris
Lille Grand Palais
E.N.S.A.M.
A.BALLET
ST-MICHEL
Gare St-Sauveur
Parc Jean-Baptiste-Lebas
Pont de Tournai
MOULINS
Porte de Valenciennes
Porte d'Arras
Porte de Douai
J.BOUIN
A 25 / E 42
A 1 / E 42
JARDIN DES PLANTES
FAUBOURG DE DOUAI
Bd Robert Schumann
Bd Pierre de Coubertin
Av. de la République
Av. Maréchal Leclerc
R. du Ballon
R. du Bois
Bd de Leeds
Av. Willy Brandt
R. Faidherbe
R. Nationale
Bd de la Liberté
Bd Louis XIV
Bd du Président Hoover
R. de Cambrai
Av. Denis Cordonnier
Bd Victor Hugo
Bd de Belfort
R. de Valenciennes
R. Jean Perrin
R. du Professeur Langevin
R. Émile Borel
R. de Bavay
R. du Long Pot
R. Pierre Legrand
R. de Bernos
R. Christophe Colomb
R. Eugène Jacquet
R. des Vicaires
R. Branly
St-Maurice Pellevoisin
Roubaix
R. Jeanne Maillotte
R. Paul Ramadier
Av. du Peuple Belge
Av. Winston Churchill
R. de la Halle
R. de Gand
Rte. de Gand
R. Thiers
R. du Molinel
R. des Fosses
Rihour
R. Jean Bart
R. Malus
R. Gosselet
Pl. J. d'Arc
Barthélemy
Delespaul
Gantois
R. des Meuniers
R. d'Artois
R. Louis Bergot
R. d'Arras
R. de Thumesnil
R. Fénelon
R. d'Avesnes
R. de Paris
R. du Réduit
R. Paul Duez
R. Javary
Bd des Cités Unies
Georges Lefèvre
R. Berthe Morisot
R. Madeleine Rebérioux
Av. Foubert
Av. Albert 1er
R. de la Madeleine
Fg de Roubaix
R. Vantroyen
Caulier
R. de Jemmapes
Trévise
R. de Jean Jaurès
R. de Douai
Bd d'Alsace
Sans Peur
Solférino
Caumartin
R. Edouard Delesalle
R. Faidherbe
Carnot
Belle Vue

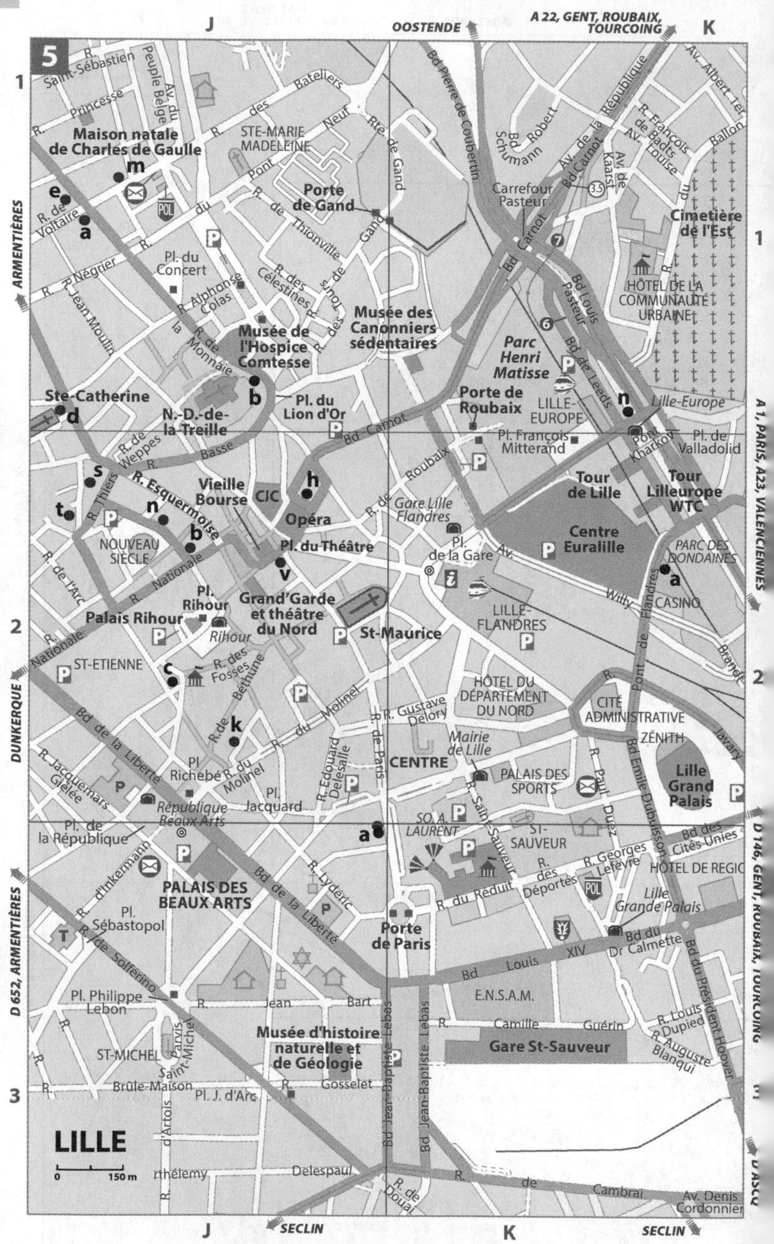
5
LILLE
J
K
OOSTENDE
A 22, GENT, ROUBAIX, TOURCOING
ARMENTIÈRES
DUNKERQUE
D 652, ARMENTIÈRES
A 1, PARIS, A23, VALENCIENNES
D 146, GENT, ROUBAIX, TOURCOING
SECLIN
Maison natale de Charles de Gaulle
Musée de l'Hospice Comtesse
Musée des Canonniers sédentaires
Porte de Gand
Ste-Catherine
N.-D.-de-la-Treille
Vieille Bourse
Opéra
Pl. du Théâtre
Grand'Garde et théâtre du Nord
Palais Rihour
St-Maurice
Porte de Roubaix
Tour de Lille
Tour Lilleurope WTC
Centre Euralille
Cimetière de l'Est
Parc Henri Matisse
Lille-Europe
Gare Lille Flandres
CENTRE
Lille Grand Palais
PALAIS DES BEAUX ARTS
Porte de Paris
Musée d'histoire naturelle et de Géologie
Gare St-Sauveur
HÔTEL DU DÉPARTEMENT DU NORD
CITÉ ADMINISTRATIVE
HÔTEL DE LA COMMUNAUTÉ URBAINE
Mairie de Lille
PALAIS DES SPORTS
E.N.S.A.M.
0 150 m

La Royale

CUISINE MODERNE • BISTRO La Royale, c'est une antique maison en briques (1890) transformée en un charmant bistrot contemporain. Déco un brin rétro, ambiance chaleureuse, service décontracté : c'est peu de dire qu'on se sent bien ! Le chef mitonne une cuisine du marché savoureuse, et l'on conclut son repas avec sa spécialité : le paris-brest. Bon choix de vins sur ardoise.

Formule 25 € – Menu 32/40 €

Plan : 5J1-d *37 r. Royale – 03 20 42 10 11 – www.la-royale-lille.com – Fermé dim., lundi soir, mardi soir et merc. soir*

SOlange

CUISINE MODERNE • BISTRO Ce petit bistrot contemporain excentré bénéficie de l'énergie communicative de Christophe Pirotais, ancien de Top chef, adepte d'une cuisine décomplexée et dans l'air du temps, servie dans une ambiance décontractée.

Formule 19 € – Menu 23 € (déj. en semaine), 28/37 €

Plan : 3E3-a *59 r. d'Isly – 09 86 37 22 50 – www.solange-restaurant.fr – Fermé dim. et lundi*

Hôtels & maisons d'hôtes

Barrière Lille

LUXE • CONTEMPORAIN Dans ce grand bâtiment de verre, on peut aller au théâtre, au casino et... regagner en un clin d'œil son hôtel – l'un des derniers-nés du groupe Barrière (2010). Espace, lumière, luxe sans ostentation, restaurant chic et brasserie contemporaine : de très séduisantes prestations.

125 chambres – 125/565 € 125/565 € – 17 suites – 20 €

Plan : 5K2-a *777 bis Pont-de-Flandres 59777 – 03 28 14 45 00 – www.hotel-barriere-lille.com*

L'Hermitage Gantois

LUXE • PERSONNALISÉ Fondé vers 1460, cet ancien hospice est aujourd'hui un bel hôtel. Architectures historiques, nouveau classicisme contemporain, cours et patios intérieurs... de quoi se convertir en ermite ! Le restaurant gastronomique ne manque pas d'élégance, tandis que l'estaminet cultive joliment l'esprit du Nord.

86 chambres – 164/485 € 164/485 € – 3 suites – 23 €

Plan : 5J3-a *224 r. Pierre-Mauroy – 03 20 85 30 30 – www.hotelhermitagegantois.com*

L'Hermitage Gantois • **L'Estaminet Gantois** – voir les restaurants ci-dessus

Couvent des Minimes Alliance

HISTORIQUE • FONCTIONNEL Un lieu chargé d'histoire, à deux pas de la citadelle. Dans ce joli couvent du 17e s., on profite de chambres spacieuses et élégantes... Une belle idée du bien-être et de la détente ! Au restaurant, mariage réussi du contemporain et de l'ancien autour d'une carte dans l'air du temps ; piano-bar.

80 chambres – 100/280 € 100/300 € – 3 suites – 19 €

Plan : 3F2-d *17 quai du Wault 59800 – 03 20 30 62 62 – www.alliance-lille.com*

Crowne Plaza

BUSINESS • CONTEMPORAIN De vastes chambres contemporaines, d'esprit zen et très bien équipées, certaines avec une vue superbe sur Lille et son beffroi. Le choix de salles de réunion et l'emplacement, face à la gare TGV, conviendront parfaitement à la clientèle d'affaires.

121 chambres – 90/300 € 90/300 € – 15 €

Plan : 5K1-n *335 bd Leeds – 03 20 42 46 46 – www.lille-crowneplaza.com*

Clarance

LUXE • DESIGN Installé dans un hôtel particulier du 18e s., cet établissement est pour le moins atypique ! L'Albatros, le Cygne, le Balcon ou le Flacon : les chambres, claires et lumineuses, ont pour thème des poèmes de Baudelaire ; la décoration a été en partie réalisée par des artistes et artisans locaux.

18 chambres – 🚹200/450 € 👥200/450 € – 1 suite – ☕ 21 €

Plan : 4G2-k *32 r. de la Barre – ✆ 03 59 36 35 59 – www.clarancehotel.com*

✿ **La Table** – voir les restaurants ci-dessus

Mercure Lille Centre Grand Place

HÔTEL DE CHAÎNE • CONTEMPORAIN Un bel immeuble en plein centre-ville, derrière l'Opéra. Chambres rénovées dans un esprit contemporain.

101 chambres – 🚹79/245 € 👥79/245 € – ☕ 18 €

Plan : 5J2-h *2 bd Carnot ✉ 59800 – ✆ 03 20 14 71 47 – www.mercure-lille-centre-grand-place.com*

Why

URBAIN • DESIGN Dans un immeuble des années 1970 (avec une façade entièrement percée de grandes fenêtres ovales), un hôtel résolument design, décoré avec soin et sens du confort : parquet en chêne, grands lits avec couettes, douches à l'italienne, etc. On peut se restaurer à midi et profiter du bar le soir. Why not ?

46 chambres – 🚹109/600 € 👥109/800 € – ☕ 15 €

Plan : 5J2-c *7 bis square Morisson – ✆ 03 20 50 30 30 – www.why-hotel.com*

Hôtel de la Treille

TRADITIONNEL • COSY Idéalement placé pour flâner dans le quartier du Vieux-Lille, cet hôtel familial propose des chambres cosy et contemporaines, décorées avec goût et bien agencées ; certaines d'entre elles offrent une jolie vue sur la cathédrale.

40 chambres – 🚹80/180 € 👥90/210 € – ☕ 16 €

Plan : 5J1-b *7/9 pl. Louise-de-Bettignies – ✆ 03 20 55 45 46 – www.hoteldelatreille.com*

à Bondues – ✉ 59910 – 9 952 hab. – Alt. 37 m

✿ Val d'Auge (Christophe Hagnerelle)

CUISINE MODERNE • ÉLÉGANT XXX Ce Val vous tend les bras : le chef fait parler son expérience et réalise une cuisine de saison précise et goûteuse, sans esbroufe, avec une pointe d'inventivité. On s'y régale à la carte ou grâce à la formule déjeuner, au rapport qualité-prix imbattable... Le tout dans une ambiance contemporaine et feutrée !

→ Œuf cocotte à la truffe. Lièvre à la royale. Tarte fine au pamplemousse et endives.

Formule 35 € 🍷 – Menu 55 € 🍷 (déj. en semaine), 52 € 🍷/77 € 🍷 – Carte 85/100 € dîner

Hors plan *805 av. du Gén.-de-Gaulle – ✆ 03 20 46 26 87 – www.valdauge.com – Fermé 4-11 mars, 29 avril-6 mai, 29 juil.-20 août, 23-30 déc., dim. sauf fériés, sam. midi et lundi*

La Carte

CUISINE MODERNE • CONTEMPORAIN XX En face de la mairie, l'Auberge de l'Harmonie est devenue La Carte. Si la façade rouge attire forcément les regards, l'intérieur a également son charme, dans une veine contemporaine – avec notamment, au mur, des tableaux de cartes à jouer. La cuisine, pile dans l'air du temps, tire le meilleur de bons produits frais.

Formule 19 € – Menu 26 € (déj.), 39/59 € – Carte 40/60 €

Hors plan *pl. Abbé-Bonpain – ✆ 03 20 23 17 02 – www.restaurant-lacarte.fr – Fermé dim. soir, mardi soir, jeudi soir et lundi*

à Marcq-en-Baroeul - ✉ 59700 - 39 291 hab. - Alt. 15 m

✿ Le Marcq (N) (Abdelkader Belfatmi)

CUISINE MODERNE • SIMPLE X À peine trentenaire, le chef de ce Marcq a fréquenté plusieurs maisons étoilées dans la région lilloise et en Belgique. Ses assiettes parlent pour lui : cuissons bien maîtrisées, franchise et netteté des saveurs, variété des influences - avec, en particulier, quelques touches asiatiques et orientales... On se régale, tout simplement.

➜ Langoustines, vinaigrette aux agrumes et crème d'avocat. Lieu jaune, fenouil et beurre blanc. Dame blanche, sauce au chocolat manjari.

Menu 42/65 € - Carte 50/85 €

Plan : 2C1-a *944 av. de la République - ✆ 03 20 00 80 48 - www.lemarcq.fr - Fermé août, lundi soir, merc. soir, sam. midi et dim.*

La Salle à Manger

CUISINE MODERNE • CONTEMPORAIN XX Voilà une maison qui a su évoluer avec son temps, comme en témoigne cette salle à manger contemporaine, avec table d'hôtes face à la cuisine, et cette terrasse verdoyante. Le chef y cuisine en fonction du marché et de ses envies, avec quelques spécialités bien à lui : l'agneau de lait confit aux légumes, ou encore les nems au chocolat...

Formule 28 € - Menu 32 € (déj. en semaine), 42/68 € - Carte 45/64 € dîner

Plan : 2D1-u *287 bd Clemenceau - ✆ 03 20 65 21 19 - www.restaurant-lasalleamanger.com - Fermé 13-27 août, 1 semaine en janv., sam. midi, dim. et lundi*

à Gruson - ✉ 59152 - 1 144 hab. - Alt. 52 m

L'Arbre

CUISINE MODERNE • CONVIVIAL XX Cette maison, tout de rouge vêtue, est installée sur un passage mythique de la course Paris-Roubaix. Mais bien loin de "l'Enfer du Nord", on profite ici d'une cuisine goûteuse et dans l'air du temps ; quant au service, il se révèle efficace et décontracté.

Formule 27 € - Menu 38 € (déj. en semaine), 50 € 🍷/87 € - Carte 55/80 €

Hors plan *1 pavé Jean-Marie-Leblanc (croisement chemin de Bourghelles), 1 km à l'Est par D90 - ✆ 03 20 79 55 33 - www.larbre.com - Fermé dim. soir et lundi*

à Capinghem - ✉ 59160 - 2 073 hab. - Alt. 50 m

La Marmite de Pierrot

CUISINE TRADITIONNELLE • BISTRO X Ne dit-on pas que dans le cochon, tout est bon ? Les amateurs de produits tripiers et de cochonnailles se sentiront chez eux dans ce bistrot à l'ancienne (bar en bois, tables au coude-à-coude, banquettes en velours). Pierrot, son truculent patron, défend le terroir régional avec toujours autant de passion ! Une véritable institution.

Formule 29 € - Menu 30/36 €

Plan : 1A2-v *93 r. Poincaré - ✆ 03 20 92 12 41 - www.pierrot-de-lille.com - Fermé 5-12 fév., 30 avril-8 mai, 24 juil.-15 août, dim. soir, mardi soir, merc. soir, jeudi soir et lundi*

LIMAY

✉ 78520 Yvelines - 16 144 hab. - Alt. 16 m - Carte régionale n° **10**-A1
Carte Michelin 311-G2

Au Vieux Pêcheur

CUISINE TRADITIONNELLE • COSY XX En face du vieux pont de Limay, sur les quais de Seine. Plusieurs salles et plusieurs ambiances (contemporaine ou plus feutrée) pour déguster une cuisine traditionnelle soignée.

Formule 30 € - Menu 39/74 €

5 quai Albert-1er - ✆ 01 30 92 77 78 - www.au-vieux-pecheur.com - Fermé 3 semaines en août, merc. soir, dim. soir et lundi

LIMERAY - 37 Indre-et-Loire ➜ Voir Amboise

LIMOGES

✉ 87000 Haute-Vienne - 134 577 hab. - Agglo. 183 860 hab. - Alt. 300 m
- Carte régionale n° **13**-B2
Carte Michelin 325-E6 - Guide Vert Michelin Limousin Berry

Le Vanteaux

CUISINE MODERNE • ÉLÉGANT XX Son chef se définit comme un "agitateur de gourmandises" ! On apprécie sa cuisine qui revisite les classiques régionaux (langoustines, ris de veau)... À noter : le chariot de mini-desserts pour bien conclure le repas et la jolie sélection de vins au verre. L'été, on s'installe sur le toit, à l'ombre des canisses.

Menu 27 € (déj. en semaine), 32/47 € - Carte 63/76 € dîner

Hors plan *162 bd de Vanteaux - ✆ 05 55 49 01 26 - www.levanteaux.com - Fermé 9-23 avril, 7-14 mai, 30 juil.-15 août, 1er-8 janv., dim. soir et lundi*

Amphitryon

CUISINE MODERNE • COSY XX Cette jolie maison à pans de bois, au cœur du pittoresque "village" des Bouchers, est désormais le fief du chef Olivier Polla. Il propose à ses clients une cuisine moderne tournée vers le produit, mijotée au gré de ses inspirations. Un plaisir pour les papilles.

Formule 23 € - Menu 28/80 € - Carte 53/95 €

Plan : A2-d *26 r. de la Boucherie - ✆ 05 55 33 36 39 - www.amphitryon-limoges.fr - Fermé dim. et lundi*

Le Cheverny

CUISINE MODERNE • TENDANCE XX En restaurateurs expérimentés, Didier et Marie-Christine Palard ont fait de ce Cheverny limougeaud - installé dans une ancienne usine de fabrication de chaussures - un véritable havre de gourmandise. On s'y régale des viandes de la région (bœuf limousin, veau de lait, agneau), à déguster dans la salle élégante, ou sur la grande terrasse.

Formule 19 € - Menu 25 € (déj. en semaine), 30/75 € - Carte 24/75 €

Hors plan *57 av. Baudin - ✆ 05 55 34 50 01 - www.lecheverny.fr - Fermé 1 semaine en mai et en nov., lundi, sam. midi et dim. soir*

Philippe Redon

CUISINE MODERNE • ÉLÉGANT XX Vous aimez la cuisine vivante ? Vous allez être servi... Ici, on réalise des recettes qui oscillent entre bistronomie, air du temps et esprit gastronomique à l'ancienne... avec une prédilection pour les produits sur-mesure (volailles, huîtres etc.). Avec en prime, des conseils avisés sur le vin.

Formule 20 € - Menu 58 € - Carte 35/45 €

Plan : A2-f *14 r. Adrien-Dubouché - ✆ 05 55 79 37 50 - Fermé dim. et lundi*

La Cuisine du Cloître

CUISINE MODERNE • ÉPURÉ X Au pied de la cathédrale, cet ancien cloître du 17e s. a du cachet ! Au gré de son envie et des saisons, le chef compose une bonne cuisine du marché. Les cuissons sont maîtrisées, les produits de qualité : une expérience sympathique.

Formule 19 € - Menu 23 € (déj. en semaine), 35/55 €

Plan : B2-r *6 r. des Allois - ✆ 05 55 10 28 29 - www.la-cuisine-du-cloitre.fr - Fermé 1 semaine en oct., 2 semaines en janv., mardi midi, dim. soir et lundi*

La Table du Couvent

VIANDES • HISTORIQUE X L'ancien réfectoire du couvent des Carmélites a retrouvé sa vocation première ! Côte de bœuf, bavette ou entrecôte limousine (maturées sur place) sont grillées dans l'âtre, où mijotent aussi de jolies cocottes... Le chef officie dans la sacristie, où l'on peut aussi se sustenter. Un véritable atelier gourmand !

Menu 17 € (déj. en semaine), 25/42 € - Carte 25/55 €

Plan : A2-s *15 r. Neuve-des-Carmes - ✆ 05 55 32 30 66 - www.latableducouvent.com - Fermé 2 semaines en août, dim. soir, mardi midi et lundi*

Chez Alphonse

CUISINE TRADITIONNELLE • BISTRO ✗ Pourquoi Alphonse ? Parce que chaque jour, comme ses prédecesseurs avant lui, le chef de ce charmant bistrot "fonce aux halles" pour faire son marché... La belle tradition est donc à l'honneur : terrines diverses, crépinette de pied de porc, généreuses pièces de bœuf et pot-au-feu se dégustent sur des nappes à carreaux. Gargantuesque !

Formule 16 € – Menu 21 € (déj. en semaine) – Carte 25/50 €

Plan : A2-e *5 pl. de la Motte – ☎ 05 55 34 34 14 – www.chezalphonse.fr – Fermé dim. et fériés*

La Maison des Saveurs

CUISINE TRADITIONNELLE • DE QUARTIER ✗ Foie gras, magrets fermiers, médaillon de veau cuit au sautoir... Les produits régionaux sont à l'honneur dans cette agréable maison, sous la houlette d'un chef membre de l'association des "Toques Blanches" du Limousin.

Formule 16 € 🍷 – Menu 28/45 € – Carte 55/74 €

Plan : A1-d *74 av. Garibaldi – ☎ 05 55 79 30 74 – Fermé 16-30 juil., sam. midi, dim. soir et lundi*

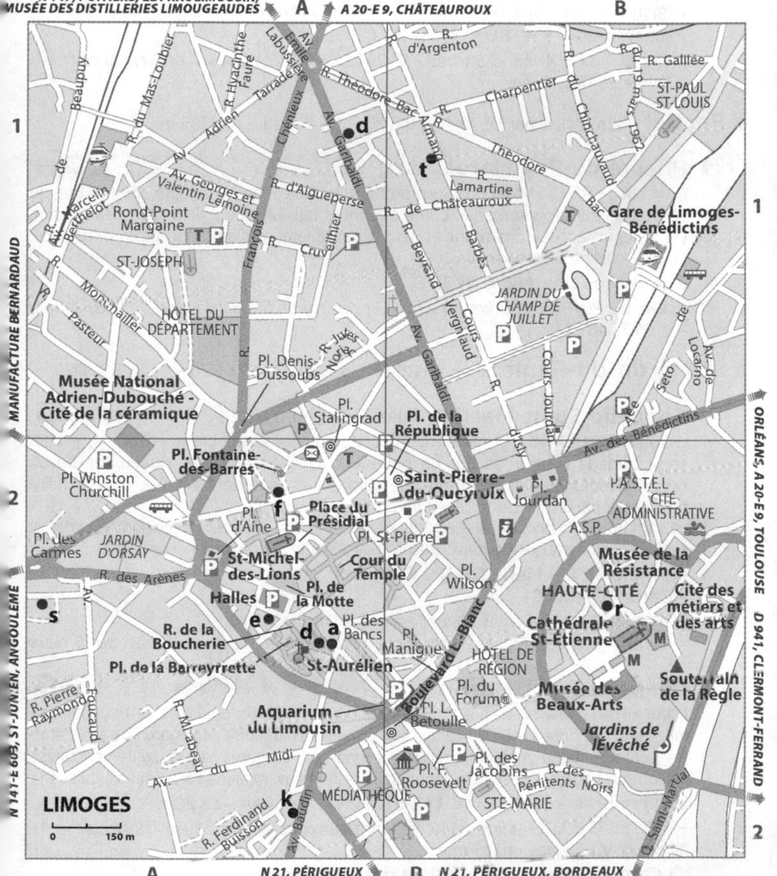

Les Petits Ventres

CUISINE TRADITIONNELLE • CONVIVIAL Atmosphère bon enfant garantie dans cette maison du 17e s., autour d'une cuisine traditionnelle qui fait la part belle aux saisons et aux produits de la région. L'accueillante patronne a su s'entourer d'une équipe jeune et dynamique.

Formule 17 € – Menu 22/34 € – Carte 36/49 €

Plan : A2-a *20 r. de la Boucherie – 05 55 34 22 90 – www.les-petits-ventres.fr – Fermé dim. et lundi*

Richelieu

BUSINESS • CONTEMPORAIN Un hôtel près de la mairie, deux bâtiments, mais dans chaque cas, des chambres contemporaines raffinées, chaleureuses et de grand confort. Accueil très sympathique.

44 chambres – 85/380 € 100/380 € – 2 suites – 15 €

Plan : A2-k *40 av. Baudin – 05 55 34 22 82 – www.hotel-richelieu.com*

Art Hôtel Tendance

FAMILIAL • PERSONNALISÉ Un petit hôtel proche de la gare, situé dans un quartier calme. Les plus jolies chambres ? Canada, Grèce et Inde. Dépaysement garanti et tenue impeccable ! Et l'accueil est convivial.

16 chambres – 59/80 € 59/85 € – 9 €

Plan : B1-t *37 r. Armand-Barbès – 05 55 77 31 72 – www.arthoteltendance.fr – Fermé 26 déc.-2 janv.*

à Feytiat 7 km à l'Est par D979 – 87220 – 6 147 hab. – Alt. 365 m

Prieuré du Puy Marot

FAMILIAL • PERSONNALISÉ Surplombant la vallée de la Valoine, ce prieuré du 12e s., plusieurs fois remanié, coule des jours paisibles au milieu d'un beau jardin. Du style, un accueil charmant et ce petit supplément d'âme qui fait la différence. Le soir, cuisine traditionnelle.

3 chambres – 85 € 95 €

8 allée du Puy-Marot, 2 km au Nord-Est par rte de St-Just-le-Martel (D98) – 05 55 48 33 97

à St-Martin-du-Fault 13 km à l'Ouest par N141, D941 et D20 – 87510 Nieul

Chapelle Saint-Martin (Gilles Dudognon)

CUISINE MODERNE • CLASSIQUE Dans ce petit castel cossu et raffiné, le chef et sa brigade (renforcée par un pâtissier) sélectionnent avec rigueur de beaux produits régionaux. Ils en tirent une cuisine classique de caractère, qu'ils n'hésitent pas à parsemer de touches inventives.

→ Lamproie à la bordelaise. Carré de veau fermier du Limousin au poêlon, légumes et cèpes à l'unilatéral, jus goûteux. Ruche "Saint-Martin" comme un nougat glacé.

Formule 39 € – Menu 55/129 €
– Carte 70/100 €

– 05 55 75 80 17 – www.chapellesaintmartin.com
– Fermé 2 janv.-8 fév., dim. soir, merc. midi, lundi et mardi du 1er nov. au 15 mars

Chapelle Saint-Martin

LUXE • HISTORIQUE Nichée dans un grand parc, tout près d'un bois, cette gentilhommière en constante évolution cultive son élégance bourgeoise : chambres parées d'étoffes colorées, beau mobilier, tentures fleuries et luxueuses suites contemporaines... Sculptures, photos signées : le propriétaire, esthète averti, aime l'art. Tout s'explique !

10 chambres – 125/310 € 125/790 € – 4 suites – 20 €

– 05 55 75 80 17 – www.chapellesaintmartin.com – Fermé 2 janv.-8 fév. et le dim. soir du 1er nov. au 15 mars

Chapelle Saint-Martin – voir les restaurants ci-dessus

à Boisseuil 12 km au Sud-Est par A20 – ✉ 87220 – 2 844 hab. – Alt. 350 m

Le Lanaud

CUISINE DU TERROIR • SIMPLE Cette vaste construction de bois et de verre surplombant la campagne, s'ouvre sur une impressionnante terrasse en bois avec vue panoramique. Attablons-nous. Tout ici tourne autour de la vache, des banquettes... à l'assiette, authentique et généreuse : cœur d'entrecôte, noix de bœuf fumée, côte cuite sur pierre de sel... Un coup de cœur.

Formule 14 € – Menu 17 € (déj. en semaine) – Carte environ 36 €

Pôle de Lanaud
– ☎ 05 55 06 46 08 – 1 semaine en juil., 1 semaine en fév., lundi et mardi soir, merc. et jeudi soir sauf de mai à oct.

LIMOUX

✉ 11300 Aude – 10 275 hab. – Alt. 172 m – Carte régionale n° **12**-B3
Carte Michelin 344-E4

Tantine et Tonton

CUISINE MODERNE • CLASSIQUE XX Tantine et Tonton ont changé d'air, et décidé de s'installer sous les hauts plafonds à moulures du Grand Hôtel Moderne et Pigeon. Dans ce décor délicieusement rétro – vieux parquets, lustres et grands miroirs – ou sur la terrasse ombragée, ils proposent une bonne cuisine dans l'air du temps : on passe un agréable moment !

Formule 19 € – Menu 21 € (déj. en semaine), 32/55 €

Grand Hôtel Moderne et Pigeon, 1 pl. Gén.-Leclerc (près de la poste)
– ☎ 04 68 31 21 95 – www.tantinetonton.fr
– Fermé 1er-10 janv., lundi soir et dim.

Grand Hôtel Moderne et Pigeon

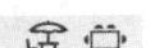

HISTORIQUE • PERSONNALISÉ Dans cette demeure du 16e s., les siècles se suivent et ne se ressemblent pas. Ancienne résidence des parents de Madame du Barry, couvent... puis hôtel, les lieux ne manquent ni d'âme ni de cachet : superbe escalier, fresques, vitraux, ciels de lit ou baldaquins, etc. Une adresse que l'on quitte à regret.

13 chambres – 86/135 € 101/150 € – 1 suite – 13 €

1 pl. du Gén.-Leclerc (près de la poste)
– ☎ 04 68 31 00 25 – www.grandhotelmodernepigeon.fr
– Fermé 1er-10 janv.

Tantine et Tonton – voir les restaurants ci-dessus

LINGOLSHEIM – 67 Bas-Rhin → Voir Strasbourg

LE LIOUQUET – 13 Bouches-du-Rhône → Voir La Ciotat

LIRAC

✉ 30126 Gard – 088 hab. – Alt. 80 m – Carte régionale n° **12**-D2
Carte Michelin 339-N4

La Dame de Thé

DEMEURE HISTORIQUE • CLASSIQUE Plafonds voûtés, pierres apparentes, tapisseries en tous genres : cette belle bâtisse du 17e s., autrefois caserne royale puis relais de poste, a su conserver son âme ! Les chambres, chaleureuses et joliment meublées, portent le noms d'écrivaines de renom : Colette, George Sand, la marquise de Sévigné... Délicieux

4 chambres – 90/145 € 95/150 €

24 r. du Pont-de-Nizon – ☎ 04 66 82 08 58 – www.damedethe.com
– Ouvert 1er mai-30 sept.

LISIEUX

✉ 14100 Calvados - 20 881 hab. - Alt. 51 m - Carte régionale n° **17**-C2
Carte Michelin 303-N5 - Guide Vert Michelin Normandie Vallée de la Seine

L'Espérance

TRADITIONNEL • FONCTIONNEL Cette bâtisse normande à colombages a beau être l'un des plus anciens hôtels de Lisieux, ses chambres n'en sont pas moins contemporaines et cossues. Les groupes de pèlerins apprécient notamment la grande salle Art déco et la cuisine traditionnelle tout en simplicité. Un établissement bien tenu.

90 chambres - †79/107 € ††89/199 € - ☕ 11 €

16 bd Ste-Anne - ✆ 02 31 62 17 53 - www.lisieux-hotel.com - Ouvert mi-avril à fin oct.

Mercure

HÔTEL DE CHAÎNE • FONCTIONNEL En périphérie de Lisieux, cet établissement dispose de chambres confortables. L'été, on profite de la terrasse du restaurant et de la piscine.

69 chambres - †90/120 € ††90/120 € - ☕ 17 €

177 r. Roger-Aini, à 2,5 km au rond-point de l'Espérance, rte de Paris - ✆ 02 31 61 17 17 - www.hotellisieux.com

à Coquainvilliers 4 km au Nord par D48 - ✉ 14130 - 866 hab. - Alt. 36 m

Sogni D'Italia

CUISINE ITALIENNE • CONVIVIAL X Poussez donc la porte de cette petite maison normande à colombages, située en bord de route, et offrez-vous... un véritable plongeon dans l'Italie gourmande. Le chef réalise ses pâtes fraîches lui-même et s'approvisionne directement dans la péninsule. Son plat fétiche : l'osso-buco aux légumes, écorce de citron et risotto au parmesan... *Delizioso !*

Formule 13 € - Menu 16 € (déj. en semaine), 25/33 € - Carte 36/60 €

Le Bourg, D48 - ✆ 02 31 62 29 20 - www.sogni-italia.onlc.fr - Fermé 1 semaine vacances de Pâques, 2 semaines en juil., vacances de Noël, mardi soir et merc. sauf juil.-août et dim. soir

LISSAC-SUR-COUZE - 19 Corrèze ➔ Voir Brive-la-Gaillarde

LISSES - 91 Essonne ➔ Voir Paris, Environs (Évry)

LISTRAC-MEDOC

✉ 33480 Gironde - 2 641 hab. - Alt. 40 m - Carte régionale n° **2**-B1
Carte Michelin 335-G4

Les Cinq Sens du Château Mayne Lalande

MAISON DE CAMPAGNE • PERSONNALISÉ Dans un environnement préservé - entre vignes et nature -, cette belle demeure médocaine a été rénovée avec goût. Cachet des vieilles pierres et charme du contemporain : les chambres ont du style. Excellent petit-déjeuner, dégustation des vins de la propriété, piscine...

5 chambres - †81/155 € ††102/180 € - ☕ 11 €

7 rte du Mayne - ✆ 05 56 58 27 63 - www.chateau-mayne-lalande.com - Fermé 18 déc.-30 janv.

LIVRY-GARGAN - 93 Seine-Saint-Denis ➔ Voir Paris, Environs

LA LLAGONNE - 66 Pyrénées-Orientales ➔ Voir Mont-Louis

LLO - 66 Pyrénées-Orientales ➔ Voir Saillagouse

LOCHES

✉ 37600 Indre-et-Loire - 6 321 hab. - Alt. 80 m - Carte régionale n° **6**-B3
Carte Michelin 317-O6 - Guide Vert Michelin Châteaux de la Loire

La Galerie B

CUISINE MODERNE • BISTRO Une petite rue pavée de la vieille ville, une façade sobre… Poussez donc la porte de cette galerie, où le peintre à ses fourneaux, métisse sa cuisine d'ingrédients exotiques, à l'image de ce cabillaud, écume de yuzu et purée de topinambours vanillée.

Menu 17 € (déj. en semaine)/33 €
- Carte 30/67 €

26-28 Grande-Rue – 02 36 05 45 32
– www.restaurant-lagalerieb.fr – Fermé 15 oct.-15 nov.

La Maison de l'Argentier du Roy

HISTORIQUE • PERSONNALISÉ Une maison en tuffeau dans la partie médiévale de la ville, pour un voyage hors du temps. Les chambres, thématiques, se nomment Belle Époque, Jacques Cœur, Gîte du Chevalier et Bibliothèque de Balzac.

5 chambres – 89/128 € 112/178 €

21 r. St-Ours – 02 47 91 62 86
– www.argentier-du-roy.com

LOCQUIREC

29241 Finistère – 1 356 hab. – Alt. 15 m – Carte régionale n° **5**-B1
Carte Michelin 308-J2 – Guide Vert Michelin Bretagne Nord

Le Grand Hôtel des Bains

POISSONS ET FRUITS DE MER • CLASSIQUE Sans surprise, cuisine orientée mer (mais pas seulement !) dans cette table du Grand Hôtel des Bains, sous la direction d'un chef de métier. Saumon fumé, filet de bœuf à la sauce bordelaise, soufflé au Grand Marnier : les assiettes sont joliment travaillées, dressées avec soin : idéal pour se remettre d'une journée de bateau… ou de farniente.

Menu 40/64 € – Carte 48/74 €

15 bis r. de l'Église – 02 98 67 41 02
– www.grand-hotel-des-bains.com – Fermé le midi

Restaurant du Port

CUISINE MODERNE • TENDANCE Après une balade sur la pointe de Locquirec, l'heure des délices sonne avec ce bistrot contemporain sur le port ! Le chef propose une carte courte, collant le plus près possible aux produits de saison, et fait un carton plein : préparations précises, cuissons maîtrisées, présentations soignées… Excellent rapport plaisir-prix.

Formule 17 € – Menu 25 € (déj. en semaine), 30/38 €
- Carte 45/60 €

6 chambres – 110 € 117 € – 12 €

5 pl. du Port – 02 98 15 32 98
– www.restaurantduport-locquirec.fr – Fermé vacances de fév., 2 semaines en oct., merc. et jeudi

Le Grand Hôtel des Bains

SPA ET BIEN-ÊTRE • ÉLÉGANT Nostalgie, nostalgie, c'est ici que Michel Lang tourna *L'Hôtel de la Plage*. Aucun vestige des années 1970 néanmoins, plutôt un style élégant très Nouvelle-Angleterre : parquets cirés, beaux matériaux, tonalités miel, gris perle, bleu rétro… Face à la baie, spa et restaurant sont tout aussi chic.

36 chambres – 139/299 € 139/299 € – 17 €

15 r. de l'Église – 02 98 67 41 02
– www.grand-hotel-des-bains.com

Le Grand Hôtel des Bains – voir les restaurants ci-dessus

LOCRONAN

✉ 29180 Finistère – 819 hab. – Alt. 105 m – Carte régionale n° **5**-A2
Carte Michelin 308-F6 – Guide Vert Michelin Bretagne Sud

Comptoir des Voyageurs

CUISINE MODERNE • CONVIVIAL Le décor, avec ses nombreux objets évoquant le voyage – photos, maquettes d'avions, valises... – ne laisse pas planer le doute : les jeunes propriétaires de ce restaurant sont plutôt du genre... globe-trotters ! Le chef compose une cuisine goûteuse et généreuse avec les produits d'ici : poissons, coquillages, escargots...

Formule 17 € – Menu 21 € (déj. en semaine), 29/51 € – Carte 34/59 €

pl. de l'Église – ✆ 02 98 91 70 74
– www.comptoir-des-voyageurs.fr – Fermé de mi-janv. à mi-fév., lundi et mardi de nov. à avril

au Nord-Ouest 3 km par rte secondaire – ✉ 29550 Plonévez-Porzay :

Manoir de Moëllien

HISTORIQUE • CONTEMPORAIN Des pierres grises, une silhouette mystérieuse : un très joli manoir du 17e s., planté dans son grand parc en pleine campagne. Les chambres sont aménagées dans les dépendances, bien au calme, décorées dans un style plus campagnard que châtelain. Les résidents apprécient l'imposant restaurant.

18 chambres – †88/148 € ††88/148 € – ☕ 12 €

– ✆ 02 98 92 50 40 – www.manoirmoellien.fr – Ouvert 1er avril-15 oct.

LODÈVE

✉ 34700 Hérault – 7 381 hab. – Alt. 165 m – Carte régionale n° **12**-C2
Carte Michelin 339-E6

Paix

FAMILIAL • FONCTIONNEL Relais de poste converti en hôtel familial (5e génération), aux portes des Grands Causses. Les chambres, fonctionnelles, arborent un style provençal coloré et gai. Au restaurant, on sert une cuisine régionale accompagnée de vins du Languedoc. Une bonne adresse.

25 chambres – †70/80 € ††80/150 € – ☕ 8 €

11 bd Montalangue – ✆ 04 67 44 07 46
– www.hotel-dela-paix.com – Fermé fév., 15-30 nov. et dim. soir d'oct. à juin

LOGONNA-DAOULAS

✉ 29460 Finistère – 2 120 hab. – Alt. 45 m – Carte régionale n° **5**-A2
Carte Michelin 308-F5

Le Domaine de Moulin Mer

MAISON DE CAMPAGNE • PERSONNALISÉ Sur la route du littoral, cette demeure de 1920, posée dans un beau jardin fleuri planté de palmiers et de magnolias, n'est que raffinement et bon goût : objets d'art, mobilier Empire et Napoléon III... Le jacuzzi, dans le jardin, et l'espace bien-être avec sauna et hammam, achèvent de séduire !

5 chambres ☕ – †95/115 € ††125/185 €

34 rte de Moulin-Mer, 1 km par D333 – ✆ 02 98 07 24 45
– www.domaine-moulin-mer.com

LOIRÉ

✉ 49440 Maine-et-Loire – 879 hab. – Alt. 39 m – Carte régionale n° **18**-B2
Carte Michelin 317-D3

✿ Auberge de la Diligence (Michel Cudraz)

CUISINE MODERNE • RUSTIQUE XXX Vieilles pierres et terrasse au jardin : un charmant écrin pour une ambitieuse cuisine contemporaine, relevée par les herbes du potager et quelques notes d'Asie, passion du chef.

➜ Ravioles de langoustines cuites vapeur, bisque au saté. Ris de veau snacké aux baies birmanes et petits légumes, crème épaisse. Chou craquelin, crème mascarpone au pralin d'orge, sorbet rhubarbe-eau de rose.

Formule 34 € – Menu 48/92 €
– Carte 55/80 €

4 r. de la Libération
– ✆ 02 41 94 10 04 – www.diligence.fr
– Fermé 21 avril-2 mai, 4-28 août, 31 déc.-9 janv., dim. soir, lundi et mardi

LOIRE-SUR-RHÔNE – 69 Rhône ➜ Voir Givors

LOMENER – 56 Morbihan ➜ Voir Ploemeur

LA LONDE-LES-MAURES

✉ 83250 Var – 8 234 hab. – Alt. 24 m – Carte régionale n° **21**-C3
Carte Michelin 340-M7 – Guide Vert Michelin Côte d'Azur

Cédric Gola

CUISINE MODERNE • BISTRO XX Cette ancienne épicerie des années 1930 abrite aujourd'hui ce bistrot joliment rétro (beau carrelage d'époque, haut plafond, vieux comptoir...). On y propose une cuisine fine, marquée par le Sud et les saisons, avec notamment un menu truffe qui mérite toute votre attention...

Menu 43/78 €

22 av. Georges-Clemenceau
– ✆ 04 94 66 97 93 – www.restaurant-cedric-gola.com – Fermé 1 semaine en juin, 25 nov.-26 déc., le midi sauf le dim. de sept. à juin, mardi sauf en juil.-août et lundi

LA LONGEVILLE – 25 Doubs ➜ Voir Montbenoît

LONGJUMEAU – 91 Essonne ➜ Voir Paris, Environs

LONGNES

✉ 78980 Yvelines – 1 448 hab. – Alt. 130 m – Carte régionale n° **10**-A1
Carte Michelin 311-F2

Le Pigeonnier

CUISINE TRADITIONNELLE • CHAMPÊTRE X Impossible de se tromper d'adresse avec ce restaurant voisin... d'un pigeonnier ! Sous la belle charpente de la salle, au décor un brin rustique, la carte fait honneur à la tradition : on déguste par exemple une tête de veau sauce gribiche, ou un duo de pigeon et foie gras rôti... Tout simplement bon.

Menu 28 € (semaine), 39/66 €
– Carte 56/83 €

7 rte de Bréval
– ✆ 01 30 42 41 60 – www.lepigeonnier78.fr – Fermé dim. soir, mardi midi et lundi sauf fériés

Un classement passé en rouge désigne une maison particulièrement charmante : .

LONGUYON

✉ 54260 Meurthe-et-Moselle – 5 394 hab. – Alt. 213 m – Carte régionale n° **14**-B1
Carte Michelin 307-E2

à Rouvrois-sur-Othain (Meuse) 7,5 km au Sud par D618 – ✉ 55230 – 202 hab. – Alt. 223 m

La Marmite

CUISINE TRADITIONNELLE • RUSTIQUE XX Qu'on se le dise, ici, on mange de la viande ! Dans cette Marmite, des plats authentiques, concoctés avec de bons produits locaux ; le chef fait lui-même ses salaisons. Une ambiance rustique à souhait pour se régaler d'une tête de veau maison, sauce rémoulade, ou du tartare de bœuf au couteau. Accueil tout sourire.

Menu 15 € (déj. en semaine) – Carte 37/61 €

11 rte Nationale – ✆ 03 29 85 90 79
– Fermé première semaine de janv., première semaine de sept., dim. soir, lundi et mardi

LONS – 64 Pyrénées-Atlantiques ➔ Voir Pau

LONS-LE-SAUNIER

✉ 39000 Jura – 17 311 hab. – Alt. 255 m – Carte régionale n° **9**-B3
Carte Michelin 321-D6 – Guide Vert Michelin Franche-Comté Jura

La Comédie

CUISINE TRADITIONNELLE • CONTEMPORAIN XX Derrière ses fourneaux, le chef célèbre l'art culinaire, et fait honneur aux produits de la mer. Cassolette de moules de bouchot, plancha de queues de langoustes, et poissons sauvages entiers proposés à la carte... Goûteux et extrafrais !

Menu 24/38 € – Carte 45/65 €

65 pl. de la Comédie – ✆ 03 84 24 20 66
– www.restaurant-lacomedie.com – Fermé 2 semaines en avril, 3 semaines en août, dim. et lundi

à Chille 3 km au Nord, rte de Besançon puis D157 – ✉ 39570 – 290 hab. – Alt. 330 m

Au Verbe Aimer

CUISINE MODERNE • TRADITIONNEL XX Cet élégant restaurant contemporain propose de bonnes recettes dans l'air du temps : pavé de truite de la "Petite Montagne", volaille de Bresse de la Maison Roussel... Accueil aimable, et clientèle d'habitués.

Formule 15 € – Menu 20 € (déj. en semaine), 29/58 € – Carte 49/57 €
32 chambres – †69/165 € ††69/165 € – ☕ 12 €

186 chemin du Pin – ✆ 03 84 47 55 44
– www.hotelparenthese.com – Fermé 21-30 déc., dim. sauf juil.-août, sam. midi et lundi midi

à Courlans 6 km au Sud-Ouest par D678,rte de Chalon-sur-Saône – ✉ 39570 – 943 hab. – Alt. 227 m

Auberge de Chavannes

CUISINE MODERNE • ÉLÉGANT XX Une auberge contemporaine ô combien chaleureuse ! L'assiette est joliment créative ; ainsi la bouillabaisse comme à Marseille et le poulet au vin jaune et morilles. Une bonne adresse.

Formule 20 € – Menu 28 € (déj. en semaine), 42/88 € – Carte 52/62 €

1890 av. de Châlon – ✆ 03 84 43 24 34
– www.auberge-de-chavannes.com – Fermé en nov., dim. soir d'oct. à mai, sam. midi, lundi midi et mardi midi

Auberge de Chavannes

TRADITIONNEL • CONTEMPORAIN Entre Bresse et Jura, une agréable maison traditionnelle. Les chambres, décorées sur le thème du voyage – Afrique, Méditerranée, Océanie, Asie, etc. –, sont assez spacieuses, confortables, et la jolie terrasse permet de profiter de la belle saison. En prime, l'accueil est très chaleureux.

10 chambres – †98/138 € ††118/138 € – ☕ 12 €

1890 av. de Châlon – ✆ 03 84 43 24 34
– www.auberge-de-chavannes.com – Fermé 3 semaines en nov., 1 semaine en janv., dim. soir sauf en saison

Auberge de Chavannes – voir les restaurants ci-dessus

à Courlaoux 8 km au Sud-Ouest par D678, rte de Chalon-sur-Saône – ✉ 39570 – 1 036 hab. – Alt. 230 m

L'Épicurien

CUISINE MODERNE • CONTEMPORAIN XX Un Épicurien contemporain et décontracté, où la cuisine se révèle particulièrement généreuse : cuisse de canard confite au four dans son jus de bœuf corsé ; suprême de volaille cuit sur sa peau, truffé à la morteau, infusion au vin jaune et morilles... Et l'été, on se fait une place en terrasse !

Formule 16 € – Menu 20 € (déj. en semaine), 29/55 € – Carte 50/59 €

1 r. des Perroux – ✆ 03 84 24 63 91
– www.restaurant-lepicurien.fr – Fermé 1 semaine en avril, 1 semaine en juin, 1 semaine en août, 1 semaine en oct., 1 semaine en janv., dim. soir, lundi et mardi

LE LONZAC

✉ 19470 Corrèze – 793 hab. – Alt. 450 m – Carte régionale n° **13**-C2
Carte Michelin 329-L3

Auberge du Rochefort

CUISINE TRADITIONNELLE • RUSTIQUE X Cette maison à colombages semble tout droit sortie d'une carte postale. L'accueil est à la hauteur de la cuisine, soignée, qui revisite les grands classiques régionaux comme la tête de veau sauce gribiche – avec, hors-saison, une proposition de menu plus simple. Pour prolonger l'étape, quelques chambres assez confortables.

Menu 15 € (déj. en semaine), 27/37 € – Carte environ 35 €

6 chambres – †45/60 € ††45/60 € – ☕ 7 €

36 av. de la Libération – ✆ 05 55 97 93 42
– www.auberge-du-rochefort.fr – Fermé 16-22 oct., 25-31 déc. et le soir sauf vend. et sam.

LORAY

✉ 25390 Doubs – 487 hab. – Alt. 745 m – Carte régionale n° **9**-C2
Carte Michelin 321-I4 – Guide Vert Michelin Franche-Comté Jura

Robichon

CUISINE TRADITIONNELLE • FAMILIAL XX Robuste maison régionale située au centre du bourg. Cuisine de tradition servie dans une salle contemporaine (boiseries claires et mobilier coloré). Petites chambres traditionnelles pour l'étape. Au P'tit Bichon, décor façon chalet franc-comtois, plats régionaux, grillades et menu du jour.

Formule 15 € – Menu 25/45 € – Carte 32/60 €

10 chambres – †55 € ††55 € – ☕ 7 €

22 Grande-Rue – ✆ 03 81 43 21 67
– www.hotel-robichon.com – Fermé sam. midi et dim. soir

LORGUES

✉ 83510 Var - 9 116 hab. - Alt. 200 m - Carte régionale n° **21**-C3
Carte Michelin 340-N5 - Guide Vert Michelin Côte d'Azur

Bruno (Benjamin Bruno)

CUISINE CLASSIQUE • AUBERGE XXX Une maison doit tant à ses propriétaires... Ce mas provençal, c'est toute la générosité de la famille Bruno – les parents et leurs deux fils –, sous l'égide de la truculente figure paternelle, connue pour son culte de la truffe : toute l'année, un menu est dédié au précieux tubercule (d'hiver et d'été). Une adresse délicieuse et pleine de caractère !

➜ Pomme de terre cuite au four et crème de truffe. Épaule d'agneau de lait des Pyrénées confite au four, jus à l'ail et au thym, mousseline de pomme de terre. Douceurs créatives de Damien.

Menu 78/195 €

6 chambres ☕ - 🚹160/320 € 🚹🚹160/320 €

2350 rte des Arcs, Campagne-Mariette, 3 km au Sud-Est par rte des Arcs - ✆ 04 94 85 93 93 - www.restaurantbruno.com - Fermé dim. soir et lundi du 15 sept. au 15 juin

L'Estellan

CUISINE DU MARCHÉ • FAMILIAL X Cette maisonnette, installée face aux vignes, est désormais le lieu d'expression d'un jeune couple bien dans son métier ! Ces deux-là ont déjà une solide expérience et savent où ils vont : avec de beaux produits régionaux, ils composent une cuisine moderne et savoureuse, déclinée à l'ardoise. Une étape sympathique.

Menu 30 € - Carte 45/74 €

1000 rte de St-Antonin, 1 km à l'Est par D50 - ✆ 09 83 43 99 15 - www.estellanlorgues.com - Fermé vacances de Noël, janv., le midi en juil.-août sauf dim., lundi, mardi, merc. midi et jeudi midi

Villa de Lorgues (N)

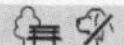

MAISON DE CAMPAGNE • ROMANTIQUE Cette maison de village de la fin du 18^{e}s. propose à l'étage des chambres spacieuses (certaines avec lit à baldaquin), dans le plus pur style provençal, agrémentées d'un magnifique jardin avec petite piscine. Espace bien-être, et caveau de dégustation. Un véritable havre de paix.

5 chambres ☕ - 🚹145/190 € 🚹🚹155/200 €

7 r. de la Bourgade - ✆ 06 61 47 67 02 - www.villadelorgues.com

au Nord-Ouest 8 km par rte de Salernes, D10 et rte secondaire - ✉ 83510 :

Le Jardin de Benjamin

CUISINE MODERNE • ROMANTIQUE XXX Benjamin Collombat n'a pas tardé à trouver ses marques dans cette belle demeure à l'atmosphère mi-provençale mi-toscane. Sa cuisine, réglée sur les saisons, célèbre le terroir haut-varois de superbe manière : légumes du potager, fromages locaux, vins du domaine... Quant au service, il se révèle agréable et appliqué.

➜ Pomme de terre fumée, crème de lard et ail noir. Truite cuite vapeur, concombre mariné et beurre blanc à la passion. Chocolat croustillant et crémeux, grué caramélisé, glace chocolat et whisky.

Menu 55 € (déj. en semaine), 85/170 € - Carte 90/115 €

Hôtel Château de Berne, rte de Salernes - ✆ 04 94 60 49 79 - www.chateauberne.com - Fermé 1er janv.-13 fév.

Le Bistrot de Benjamin (N)

CUISINE TRADITIONNELLE • CONVIVIAL X Sous l'œil bienveillant de son patron, Benjamin Collombat, le chef assure une partition canaille et ensoleillée, à base de bons produits – en particulier les légumes du potager bio maison. Bourride de cabillaud, langue de bœuf sauce gribiche : c'est frais et décomplexé, et ça s'arrose des bons vins du domaine. Le tout à prix doux !

Formule 22 € - Menu 30 € - Carte 42/58 €

Hôtel Château de Berne, rte de Salernes - ✆ 04 94 60 43 51 - www.chateauberne.com - Fermé 1er janv.-13 fév. et le soir hors saison

Château de Berne

SPA ET BIEN-ÊTRE · PERSONNALISÉ C'est au terme d'un long chemin serpentant à travers la garrigue, que se découvre la parenthèse bénie d'un domaine viticole de 500 ha. On partage son temps entre les chambres provençales (avec vue sur les vignes), les belles piscines intérieure et extérieure, le spa, les cours de cuisine, les dégustations de vin, les concerts...

25 chambres - 330/830 € 330/1140 € - 2 suites - 29 €

rte de Salernes - 04 94 60 49 79 - www.chateauberne.com - Fermé 1er janv.-13 fév.

Le Jardin de Benjamin • **Le Bistrot de Benjamin** - voir les restaurants ci-dessus

LORIENT

56100 Morbihan - 57 662 hab. - Agglo. 114 755 hab. - Alt. 4 m - Carte régionale n° **5**-B2
Carte Michelin 308-K8 - Guide Vert Michelin Bretagne Sud

Henri et Joseph (Philippe Le Lay)

CUISINE CRÉATIVE · ÉLÉGANT XX Ni Henri ni Joseph, mais le chef en personne annonce le menu, défini au gré du marché et des saisons. Pas de choix à la carte, mais les associations de textures et de saveurs, créatives et maîtrisées, ravissent nécessairement. Décor contemporain au style sûr.

➜ Tartelette de rouget, réduction à l'orange et safran de Bretagne. Filet de veau à la truffe d'été, aubergine fondante et jeunes légumes. Transparence au citron yuzu, céleri et fraises.

Formule 31 € - Menu 48 € (déj.), 58/108 €

Plan : B2-z *4 r. Léo-le-Bourgo - 02 97 84 72 12 - www.henrietjoseph.fr - Fermé dim., lundi et mardi*

Le Sabayon

CUISINE MODERNE · CONVIVIAL X Le chef lorientais David Vincent revisite ici la tradition au fil du marché et de son inspiration, avec de beaux jeux de textures et des saveurs qui tombent juste : son cabillaud et risotto de tomates confites, accompagné d'un jus de coquillages au porto blanc, en est un bon exemple... Service impeccable.

Formule 27 € - Menu 31/60 € - Carte 41/59 €

Plan : B1-e *26 bis r. Blanqui - 02 97 21 19 79 - www.lesabayon.fr - Fermé 6-23 août, merc. midi, sam. midi et dim.*

Le Tire Bouchon

CUISINE TRADITIONNELLE · COSY X Dans ce Tire Bouchon, proche de l'arsenal, on ne fait pas que déboucher des bouteilles ! Les gourmands viennent surtout ici pour se régaler d'une goûteuse cuisine de saison. Un bon moment à savourer dans une salle coquette à souhait : grande cheminée, poutres... Accueil souriant.

Formule 16 € - Menu 18 € (déj. en semaine), 30/59 € - Carte 39/67 €

Plan : B2-k *45 r. Jules-Le-Grand - 02 97 84 71 92 - restaurantalorient.com - Fermé 2 semaines fin juin-début juil., 1 semaine en sept., 1 semaine en janv., sam. midi, lundi et mardi*

Le Yachtman

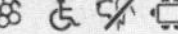

POISSONS ET FRUITS DE MER · CONVIVIAL XX Sans surprise, les produits de la mer - poissons de la criée, notamment - ont la part belle dans cette jolie adresse située non loin du port de plaisance. Simplicité et justesse sont de mise dans l'assiette ; quant à la salle, elle joue la carte de l'épure et de l'intime.

Formule 18 € - Menu 22 € (semaine), 32/43 € - Carte 34/49 €

Plan : B2-u *14 r. Poissonnière - 02 97 21 31 91 - www.leyachtmanlorient.fr - Fermé dim.*

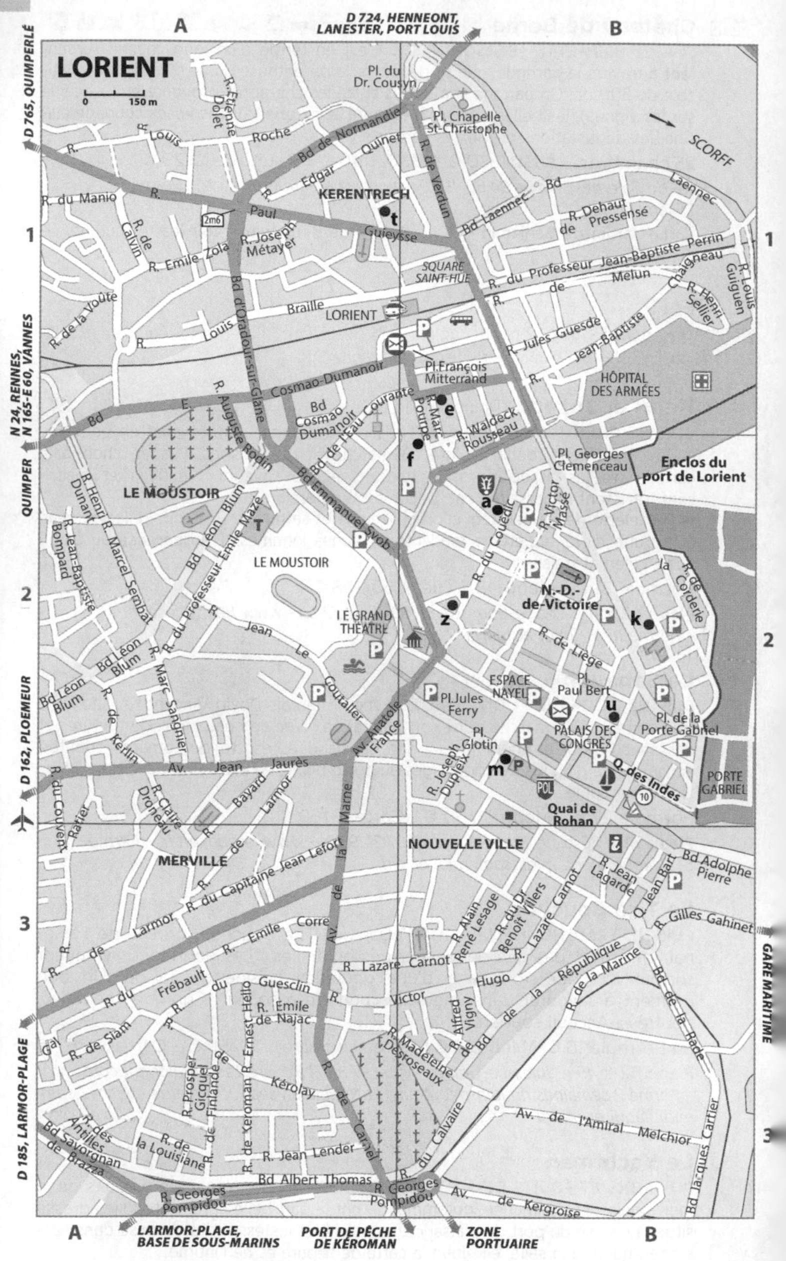
LORIENT
0 150 m
D 724, HENNEONT, LANESTER, PORT LOUIS
D 765, QUIMPERLÉ
N 24, RENNES, N 165-E 60, VANNES
QUIMPER
D 162, PLOEMEUR
D 185, LARMOR-PLAGE
LARMOR-PLAGE, BASE DE SOUS-MARINS
PORT DE PÊCHE DE KÉROMAN
ZONE PORTUAIRE
GARE MARITIME
SCORFF
KERENTRECH
LE MOUSTOIR
MERVILLE
NOUVELLE VILLE
SQUARE SAINT-HUE
LORIENT
HÔPITAL DES ARMÉES
Enclos du port de Lorient
N.-D.-de-Victoire
LE GRAND THÉATRE
ESPACE NAYEL
PALAIS DES CONGRÈS
PORTE GABRIEL
Quai de Rohan
Q. des Indes
Pl. du Dr. Cousyn
Pl. Chapelle St-Christophe
Pl. François Mitterrand
Pl. Georges Clemenceau
Pl. Paul Bert
Pl. de la Porte Gabriel
Pl. Jules Ferry
Pl. Glotin
Bd de Normandie
Bd d'Oradour-sur-Glane
Bd Cosmao-Dumanoir
Bd Emmanuel Svob
Bd Léon Blum
Bd Laennec
Bd Adolphe Pierre
Bd de la Rade
Bd Jacques Cartier
Bd Albert Thomas
Bd Savorgnan de Brazza
Bd de l'Eau Courante
Av. Jean Jaurès
Av. Anatole France
Av. de la Marne
Av. de l'Amiral Melchior
Av. de Kergroise
R. de Verdun
R. Paul Guieysse
R. Edgar Quinet
R. Louis Roche
R. Etienne Dolet
R. du Manio
R. de Calvin
R. Emile Zola
R. Joseph Métayer
R. Louis Braille
R. de la Voûte
R. Dehaut de Pressensé
R. du Professeur Jean-Baptiste Perrin
R. de Melun
R. Chaigneau
R. Henri Sellier
R. Louis Guiguen
R. Jules Guesde
R. Jean-Baptiste
R. Auguste Rodin
R. Marc Pourpe
R. Waldeck Rousseau
R. Victor Massé
R. du Couëdic
R. de la Corderie
R. de Liège
R. Henri Dunant
R. Jean-Baptiste Bompard
R. Marcel Sembat
R. du Professeur Emile Mazé
R. Jean Le Coutaller
R. Marc Sangnier
R. de Kerlin
R. du Couvent
R. Ratier
R. Claire Droneau
R. Bayard
R. de Larmor
R. du Capitaine Jean Lefort
R. Emile Corre
R. du Frébault
R. du Guesclin
R. Emile de Najac
R. Ernest Hello
R. Lazare Carnot
R. Alain René Lesage
R. du Dr Benoît Villers
R. Victor Hugo
R. de la République
R. de la Marine
R. Alfred de Vigny
R. Joseph Dupleix
R. Jean Lagarde
Q. Jean Bart
R. Gilles Gahinet
R. de Siam
R. Gay
R. Prosper Gicquel
R. de Finlande
R. de Kerolay
R. de Keroman
R. Madeleine Désroseaux
R. de Carnel
R. du Calvaire
R. Jean Lender
R. des Antilles
R. de la Louisiane
R. Georges Pompidou
a
e
f
k
m
t
u
z
A
B
1
2
3

Le Jardin Gourmand

CUISINE MODERNE · CONVIVIAL Surprise : derrière la façade de granit s'épanouit un joli lieu contemporain, ouvert sur la verdure. C'est le repaire d'une jeune chef passionnée par les produits bretons (poissons, andouille de Guéméné, saucisse de Molène...), auxquels elle consacre aussi des livres, en vente sur place. Belle initiation !

Formule 28 € – Menu 46 € (déj. en semaine), 54/62 €

Plan : A1-t *46 r. Jules-Simon – 02 97 64 17 24 – www.tropmad.bzh – Fermé 1 semaine en sept., vacances de la Toussaint, merc. et jeudi hors saison, dim. soir, lundi et mardi*

Mercure

HÔTEL DE CHAÎNE · CONTEMPORAIN Face au palais des congrès, cet hôtel est idéalement situé pour découvrir Lorient. Chambres chaleureuses. Clientèle d'affaires et touristique.

58 chambres – 88/219 € 88/219 € – 16 €

Plan : B2-m *31 pl. Jules-Ferry – 02 97 21 35 73 – www.accorhotels.com*

Escale Océania

URBAIN · FONCTIONNEL Un jeune couple dynamique a repris récemment cet hôtel idéalement situé en centre-ville, entre la gare et le palais des congrès. L'accueil est chaleureux ; les chambres, confortables et bien insonorisées, sont très fonctionnelles.

32 chambres – 69/149 € – 13 €

Plan : B2-a *30 r. Ducouëdic – 02 97 64 13 27 – www.oceaniahotels.com – Fermé 22 déc.-2 janv.*

Cléria

BUSINESS · FONCTIONNEL À quelques mètres seulement de la gare, bienvenue dans l'intérieur cosy de ce Cléria ! Les chambres, fonctionnelles, sont décorées dans une veine contemporaine ; l'ensemble est régulièrement rénové.

33 chambres – 59/110 € 75/140 € – 10 €

Plan : B2-f *27 bd Mar.-Franchet-d'Esperey – 02 97 21 04 59 – www.hotel-cleria.com*

au Nord-Ouest 3,5 km par D765 – 56100 Lorient :

L'Amphitryon (Olivier Beurné)

POISSONS ET FRUITS DE MER · DESIGN Jean-Paul Abadie a laissé les clés de son restaurant à son fidèle sommelier, ainsi qu'au chef Olivier Beurné. Une carte courte et ludique, attentive aux beaux produits de la mer.

→ Cuisine du marché.

Menu 39/99 €

Hors plan *127 r. du Col.-Müller – 02 97 83 34 04 – www.amphitryon-abadie.com – Fermé dim.*

à Quéven 7 km au Nord-Ouest de Lorient par D765 – 56530 – 8 707 hab. – Alt. 50 m

Manoir des Éperviers

MAISON DE CAMPAGNE · PERSONNALISÉ Dans un grand et élégant parc non loin de Lorient, on est accueilli à bras ouverts dans cette maison d'hôtes cosy, décorée avec goût. Les chambres, qui portent des noms de bateaux – soling, dragon, requin, optimist, melges –, sont confortables et très chic. Espace bien-être.

5 chambres – 120/150 € 130/190 €

1 r. Pierre-Mendès-France – 06 77 45 63 44 – www.manoir-des-eperviers.com – Fermé 1 semaine à Noël

LORIOL-SUR-DRÔME

✉ 26270 Drôme – Alt. 100 m – Carte régionale n° **23**-B3
Carte Michelin 332-B5

 **Les Olivers**

Les Oliviers

BUSINESS • FONCTIONNEL Avec son jardin planté d'oliviers, cette bâtisse des années 1970 porte bien son nom. Et pour se délasser, rien de mieux que la grande piscine à débordement ! Chambres fonctionnelles, restaurant régional.

62 chambres – 90/131 € 90/131 € – 12 €

r. Louis-d'Arbalestier – 04 75 61 00 55 – www.hotel-les-oliviers.fr

LORMONT – 33 Gironde ➜ Voir Bordeaux

LORP-SENTARAILLE – 09 Ariège ➜ Voir St-Girons

LOUDÉAC

✉ 22600 Côtes-d'Armor – 9 641 hab. – Alt. 155 m – Carte régionale n° **5**-C2
Carte Michelin 309-F5 – Guide Vert Michelin Bretagne Nord

 **Les Voyageurs**

TRADITIONNEL • FONCTIONNEL Bienvenue aux voyageurs ! L'hôtel affiche un style contemporain de bon aloi, l'ensemble est fort bien tenu et le restaurant traditionnel tombe à point nommé pour les résidents. Une bonne adresse de l'Argoat.

30 chambres – 71/99 € 73/99 € – 10 €

10 r. de Cadélac – 02 96 28 00 47 – www.hoteldesvoyageurs.fr

LOUDUN

✉ 86200 Vienne – 6 740 hab. – Alt. 120 m – Carte régionale n° **20**-C1
Carte Michelin 322-G2

 **Renaudot**

BUSINESS • CONTEMPORAIN Né à Loudun, Théophraste Renaudot fut le créateur de la "Gazette", en 1631, qui en fit pour l'histoire le créateur de la presse écrite en France. Cet hôtel feutré et moderne lui rend hommage, et propose aux voyageurs des chambres confortables, à la décoration soignée.

29 chambres – 92/186 € 92/186 € – 12 €

40 av. de Leuze – 05 49 98 09 38 – www.hotelrenaudot.com

LOUÉ

✉ 72540 Sarthe – 2 225 hab. – Alt. 112 m – Carte régionale n° **18**-C1
Carte Michelin 310-I7

Ricordeau

CUISINE MODERNE • ÉLÉGANT XXX Installez-vous sur l'agréable terrasse dressée dans le parc, au bord de la Vègre, et laissez-vous tenter par la bonne cuisine gastronomique du chef. Des plats au goût du jour, sérieux et appliqués, réalisés avec de très bons produits, dont la célèbre volaille de Loué !

Formule 28 € – Menu 44/60 € – Carte 67/79 €

13 r. de la Libération – 02 43 88 40 03 – www.hotel-ricordeau.fr – Fermé 1 semaine vacances de fév. et de la Toussaint, dim. soir, lundi et mardi

 **Ricordeau**

AUBERGE • CLASSIQUE Cet ancien relais de diligence, qui date de la fin du 19e s., est situé dans le centre de Loué. Les chambres, classiques et bien tenues, sont décorées dans un style campagne chic plutôt agréable.

13 chambres – 95/145 € 95/145 € – 15 €

13 r. de la Libération – 02 43 88 40 03 – www.hotel-ricordeau.fr – Fermé 1 semaine vacances de fév. et de la Toussaint

Ricordeau – voir les restaurants ci-dessus

LOUHANS-CHÂTEAURENAUD

✉ 71500 Saône-et-Loire - 6 349 hab. - Alt. 179 m - Carte régionale n° **4**-D3
Carte Michelin 320-L10 - Guide Vert Michelin Bourgogne

Le Moulin de Bourgchâteau

CUISINE TRADITIONNELLE • ROMANTIQUE XX Qu'il a du caractère, ce moulin du 18e s. ! La salle, juste au-dessus de l'eau, séduit avec ses rouages, ses poutres et ses vieilles pierres. Sur la carte, parmi les spécialités traditionnelles comme la volaille de Bresse, on trouve quelques recettes italiennes telles ces délicieuses pâtes maison... origines du chef obligent.

Formule 21 € - Menu 25 € (déj. en semaine)/68 € - Carte 49/63 €

r. Guidon, rte de Chalon - ✆ 03 85 75 37 12 - www.bourgchateau.com - Fermé 20 déc.-13 janv., mardi midi et lundi

à Ratte 5 km au Nord-Est par D678 - ✉ 71500 - 388 hab. - Alt. 201 m

Le Chaudron

CUISINE TRADITIONNELLE • AUBERGE X L'auberge peut sembler modeste sur cette route qui traverse le hameau, pourtant le cadre est chaleureux. Dans le chaudron du chef, passé notamment chez Georges Blanc, de belles recettes telles que : cuisses de grenouilles comme dans les Dombes, poulette de Bresse à la crème, tête de veau sauce gribiche...

Formule 13 € - Menu 26/45 €

71 rte de Louhans (au bourg) - ✆ 03 85 75 57 81 - www.lechaudron-restaurant.fr - Fermé dim. soir, lundi soir et mardi

à Bruailles 8 km au Sud-Est par D972 - ✉ 71500 - 975 hab. - Alt. 198 m

La Ferme de Marie-Eugénie

MAISON DE CAMPAGNE • COSY Cette ferme du 18e s., tout en poutres et torchis, décorée avec goût, est reposante à souhait. Les chambres jouent le contraste : pierre de Bourgogne, bois massif, mobilier contemporain... L'endroit étant un peu isolé, la généreuse table d'hôte constitue une vraie bonne option.

4 chambres - †135 € ††135 €

225 allée de Chardenoux - ✆ 03 85 74 81 84 - www.lafermedemarieeugenie.fr - Fermé 23-28 déc.

LOURDES

✉ 65100 Hautes-Pyrénées - 14 361 hab. - Alt. 420 m - Carte régionale n° **15**-A3
Carte Michelin 342-L6

Alexandra

CUISINE MODERNE • DESIGN X Cette discrète maison à la façade rouge est un vrai petit miracle ! Cuisine goûteuse servie dans deux univers singuliers : l'un intime et cosy ; l'autre contemporain et décalé.

Formule 10 € - Menu 15 € (déj. en semaine)/21 € - Carte 30/44 €

Plan : B2-p *3 r. du Fort - ✆ 05 62 94 31 43 - Fermé dim. soir et lundi*

Gallia et Londres

HISTORIQUE • ÉLÉGANT Ce bel hôtel situé à deux pas des Sanctuaires a réussi sa mue : chambres confortables et décorées avec goût, espace bien-être, sans sacrifier au style 19e s. qui constitue son identité. Sans doute le plus bel hôtel de la ville !

82 chambres - †109/169 € ††149/192 € - 3 suites - 16 €

Plan : B2-c *26 av. Bernadette-Soubirous - ✆ 05 62 94 35 44 - www.hotelsvinuales.com - Ouvert 7 avril-15 oct.*

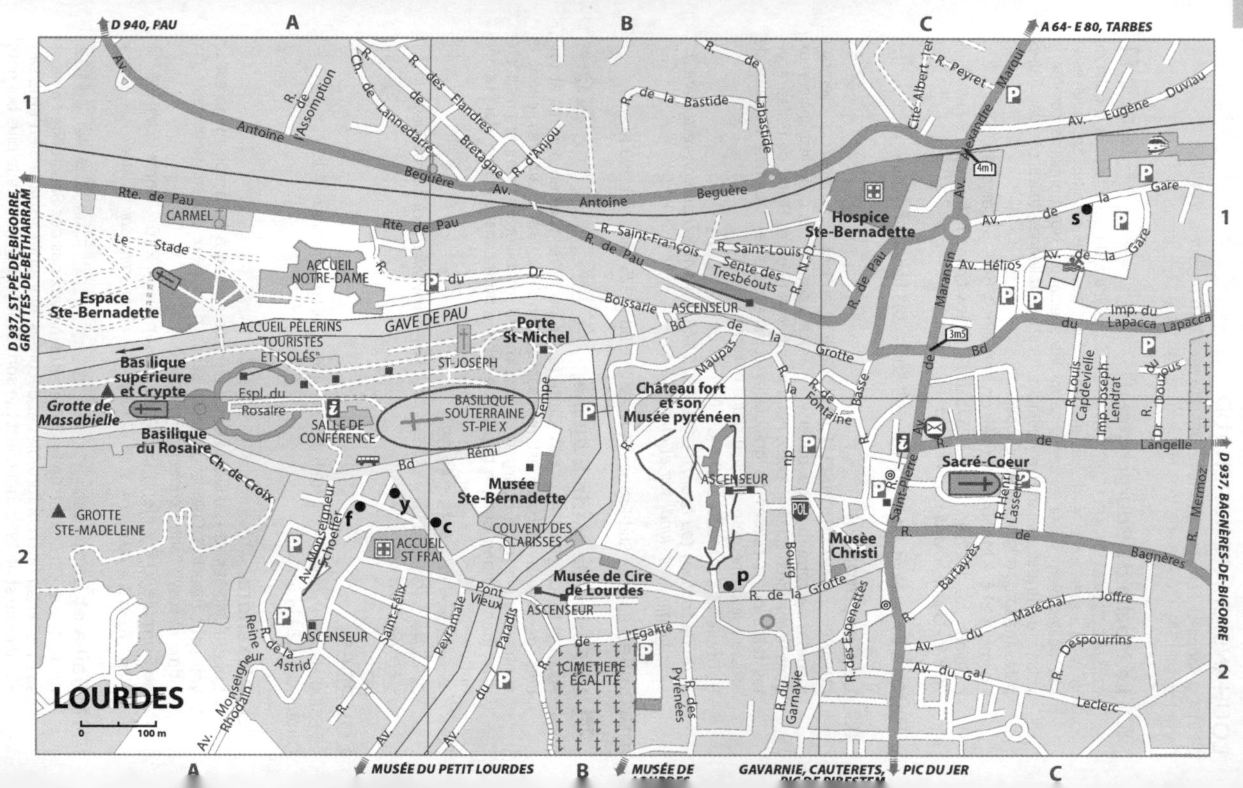
LOURDES
D 940, PAU
A 64- E 80, TARBES
D 937, ST-PÉ-DE-BIGORRE, GROTTES-DE-BÉTHARRAM
D 937, BAGNÈRES-DE-BIGORRE
MUSÉE DU PETIT LOURDES
GAVARNIE, CAUTERETS,
PIC DU JER
Espace Ste-Bernadette
Bas lique supérieure et Crypte
Grotte de Massabielle
Basilique du Rosaire
GROTTE STE-MADELEINE
CARMEL
ACCUEIL NOTRE-DAME
ACCUEIL PÈLERINS "TOURISTES ET ISOLÉS"
GAVE DE PAU
ST-JOSEPH
Porte St-Michel
BASILIQUE SOUTERRAINE ST-PIE X
SALLE DE CONFÉRENCE
Espl. du Rosaire
Musée Ste-Bernadette
COUVENT DES CLARISSES
ACCUEIL ST FRAI
Château fort et son Musée pyrénéen
Musée de Cire de Lourdes
ASCENSEUR
CIMETIÈRE ÉGALITÉ
Hospice Ste-Bernadette
Musée Christi
Sacré-Coeur
Av. Antoine Beguère
Rte. de Pau
R. de Pau
R. Saint-François
R. Saint-Louis
Sente des Tresbéouts
Bd de la Grotte
R. de la Grotte
Av. Maransin
Av. Alexandre Marqui
Av. de la Gare
Av. Hélios
Bd du Lapacca
R. de Bagnères
R. Saint-Pierre
R. de Langelle
R. Mermoz
Av. du Maréchal Joffre
R. Despourrins
Av. du Gal Leclerc
R. des Espénettes
R. du Garnavie
R. du Bourg
R. des Pyrénées
R. de l'Egalité
Av. Peyramale
Av. du Paradis
Pont Vieux
Av. Monseigneur Schoepfer
Av. Monseigneur Rhodain
R. de la Reine Astrid
Bd Rémi Sempé
Ch. de Croix
R. de la Bastide
R. de Labastide
R. des Flandres
R. de Bretagne
R. d'Anjou
Ch. de Lannedarré
R. de l'Assomption
R. Peyret
Cité Albert 1er
Av. Eugène Duviau
R. Louis Capdevielle
Imp. Joseph Lendrat
Imp. du Lapacca
R. du Dr Douzous
R. Henri Lasserre
R. Bartayrès
R. de la Fontaine
R. Basse
R. Maupas
R. Boissarie
Le Stade
0 100 m

Grand Hôtel Moderne

HISTORIQUE • CLASSIQUE Cette construction de 1896, édifiée par un membre de la famille de Bernadette Soubirous, conserve son lustre d'antan : magnifique façade et décor intérieur classique. Cuisine traditionnelle servie dans la salle ornée de boiseries style Majorelle.

106 chambres – 116/286 € 136/286 € – 5 suites – 12 €

Plan : A2-y *21 av. Bernadette-Soubirous – 05 62 94 12 32 – www.grandhotelmoderne.com – Ouvert Pâques-fin oct.*

Beauséjour

TRADITIONNEL • CLASSIQUE Façade 1900, jardin avec jolie vue sur le château et les toits de la ville, intérieur cossu et chambres avenantes caractérisent cet hôtel-restaurant sympathique, jouxtant la gare.

45 chambres – 88/195 € 165/195 € – 13 €

Plan : C1-s *16 av. de la Gare – 05 62 94 38 18 – www.hotel-beausejour.com*

Méditerranée

URBAIN • CONTEMPORAIN Un grand immeuble un peu excentré, sur les rives du gave de Pau. L'établissement arbore un style très contemporain et fonctionnel. Autre atout : les chambres offrent une vue dégagée sur la ville et ses abords.

171 chambres – 55/81 € 70/101 € – 11 €

Hors plan *23 av. du Paradis – 05 62 94 72 15 – www.lourdeshotelmed.com – Ouvert 30 mars-27 oct.*

Panorama

URBAIN • CONTEMPORAIN Aux portes du sanctuaire, cet hôtel-restaurant a été entièrement repensé. Résultat : une décoration contemporaine, de la luminosité et de beaux espaces. Les chambres y sont confortables et bien tenues. Peut-être le meilleur hôtel de la ville dans sa catégorie.

106 chambres – 69/279 € 89/299 € – 2 suites – 15 €

Plan : A2-f *11 r. Ste-Marie – 05 62 94 33 04 – www.hotelsvinuales.com*

LOURMARIN

84160 Vaucluse – 1 145 hab. – Alt. 224 m – Carte régionale n° **22**-E1
Carte Michelin 332-F11 – Guide Vert Michelin Provence

Auberge La Fenière (Reine Sammut)

CUISINE PROVENÇALE • ÉLÉGANT XXX Dans un parc verdoyant face au Grand Luberon, une cuisine fine signée par une "reine" des saveurs, Reine Sammut, et sa fille Nadia. Le duo s'est orienté vers une cuisine entièrement sans gluten, avec des farines triées sur le volet et un menu centré sur les huiles d'olive de Méditerranée...

→ Carpaccio de saint-pierre à l'huile d'olive, émulsion de poutargue de Martigues. Échine et poitrine de cochon confites, houmous et pois chiches grillés, jus parfumé à la sauge. Paris-lourmarin.

Menu 45/130 € – Carte 100/120 €

16 chambres – 100/150 € 130/280 € – 20 €

D943, 2 km par rte de Cadenet – 04 90 68 11 79 – www.aubergelafeniere.com – Fermé 3 janv.-10 fév., lundi et mardi

Bistrot La Cour de Ferme – voir les restaurants ci-dessus

Le Moulin de Lourmarin

CUISINE PROVENÇALE • CONVIVIAL XX Dans le cadre de l'ancien moulin – sous les voûtes en pierre de la salle à manger ou sur la belle terrasse –, on se régale d'une cuisine du marché volontiers provençale, élaborée avec soin.

Formule 26 € – Menu 36/54 € – Carte 55/75 €

Hôtel Le Moulin de Lourmarin, r. du Temple – 04 90 68 06 69 – www.moulindelourmarin.fr – Fermé janv., mardi hors saison et lundi

Bistrot La Cour de Ferme

CUISINE PROVENÇALE • RUSTIQUE Tartare végétal betterave et oignons rouge ; pêche du jour, spaghetti de courgettes, pistou et roquette ; clafoutis aux fruits de saison : cet ancien relais de poste du 19e s. propose une goûteuse cuisine du terroir méditerranéen, servie dans une ambiance chaleureuse, ou sur la belle terrasse fleurie.

Menu 38 € – Carte 65/75 €

Auberge la Fenière, D943, 2 km par rte de Cadenet – 04 90 68 11 79 – www.aubergelafeniere.com – Ouvert 14 avril-7 oct. et fermé jeudi midi et merc.

Le Moulin de Lourmarin

HISTORIQUE • MÉDITERRANÉEN Un hôtel de charme dans un moulin à huile du 18e s., au cœur de ce ravissant village. Les chambres sont confortables et décorées dans le style provençal.

17 chambres – 90/260 € 100/340 € – 2 suites – 18 €

r. du Temple – 04 90 68 06 69 – www.moulindelourmarin.fr – Fermé janv.

Le Moulin de Lourmarin – voir les restaurants ci-dessus

La Bastide de Lourmarin

BOUTIQUE HÔTEL • PERSONNALISÉ Derrière les murs de cette bastide se cachent de belles suites et des chambres thématiques (zen, romantique, etc.). Mobilier contemporain, objets chinés, touches ethniques et équipements de pointe créent un style tendance. Agréable spa.

19 chambres – 87/398 € 87/398 € – 15 €

rte de Cucuron – 04 90 07 00 70 – www.hotelbastide.com – Fermé 4 janv.-13 fév.

Mas de Guilles

AUBERGE • PERSONNALISÉ Au milieu des vignes, cette ancienne ferme du 17e s. abrite de jolies chambres contemporaines. Dans une jolie salle voûtée ou sur la grande terrasse, on déguste un bon foie gras de canard poêlé, spécialité de la maison... Parfait pour un séjour au grand calme.

26 chambres – 90/256 € 90/340 € – 20 €

107 rte de Vaugines, à 2 km – 04 90 68 30 55 – www.guilles.com – Ouvert début avril-fin oct.

LE LOUROUX

37240 Indre-et-Loire – 514 hab. – Alt. 86 m – Carte régionale n° **6**-B3
Carte Michelin 317-N6

Aux Délices du Prieuré

CUISINE MODERNE • BISTRO Au cœur du bourg et à l'entrée du prieuré – que l'on peut visiter –, on pousse avec plaisir la porte de cette petite maison. Le chef réalise ici une cuisine du marché goûteuse et toute en fraîcheur : foie gras maison, onglet de veau, vacherin revisité... Une adresse attachante.

Formule 15 € – Menu 27 € (déj.)/33 €

2 r. du Château – 02 47 92 94 27 – www.aux-delices-du-prieure.com – Fermé 1 semaine en fév., 2 semaines en août, 1 semaine en oct., lundi et le soir sauf vend. et sam.

LOUVIERS

27400 Eure – 18 251 hab. – Alt. 15 m – Carte régionale n° **17**-D2
Carte Michelin 304-H6 – Guide Vert Michelin Normandie Vallée de la Seine

à St-Étienne-du-Vauvray 7 km au Nord-Est par N154 et D77 – ✉ 27430 – 897 hab. – Alt. 13 m

La Ferme de la Haute Crémonville

CUISINE TRADITIONNELLE • CHAMPÊTRE X Cette superbe ferme normande, tout en colombages, semble incarner le rêve d'une vie à la campagne ! Bonjour veaux, vaches, cochons et... recettes traditionnelles : la terrine du chef sent bon le terroir, la poule au pot embaume, les volailles sont cuites au feu de bois... De généreux plats mijotés à la sauce champêtre.

Menu 31 € – Carte 33/51 €

rte de Crémonville, 2,5 km au Sud-Ouest par D77 et rte secondaire – ✆ 02 32 59 14 22 – www.restaurant-ferme-haute-cremonville.com – Fermé 3-11 mars, 4-26 août, merc. soir, sam. midi et dim.

LOUVROIL – 59 Nord ➜ Voir Maubeuge

LE LUC

✉ 83340 Var – 10 502 hab. – Alt. 160 m – Carte régionale n° **21**-C3
Carte Michelin 340-M5 – Guide Vert Michelin Côte d'Azur

Le Gourmandin

CUISINE TRADITIONNELLE • RUSTIQUE XX Dans cette véritable bonbonnière provençale, la tradition est maîtresse aux fourneaux : fleurs de courgettes farcies à la mousse de rascasse ; carré d'agneau rôti en croûte de tapenade... sans oublier les pieds et paquets à la provençale, grand classique de la maison. Des assiettes aussi jolies que généreuses.

Menu 32/50 € – Carte 50/62 €

8 pl. L.-Brunet – ✆ 04 94 60 85 92 – www.legourmandin.com – Fermé 25 fév.-10 mars, 28 août-23 sept., dim. soir, jeudi soir et lundi

LUCELLE

✉ 68480 Haut-Rhin – 37 hab. – Alt. 640 m – Carte régionale n° **1**-A3
Carte Michelin 315-H12

au Nord-Est : 4,5 km par D41 et rte secondaire – ✉ 68480 Lucelle :

Le Petit Kohlberg

FAMILIAL • TRADITIONNEL En pleine campagne, un hôtel-restaurant au grand calme. Les chambres, confortables et bien tenues, ont été rénovées récemment ; quant à la salle à manger, elle est grande ouverte sur le joli parc, fleuri et boisé.

34 chambres – †75/102 € ††75/122 € – ☕ 12 €

– ✆ 03 89 40 85 30 – www.petitkohlberg.com – Fermé vacances de fév., 20-26 août, vacances de la Toussaint et 1 semaine vacances de Noël

LA LUCERNE-D'OUTREMER

✉ 50320 Manche – 867 hab. – Alt. 70 m – Carte régionale n° **17**-A2
Carte Michelin 303-D7

Le Courtil de la Lucerne

CUISINE TRADITIONNELLE • FAMILIAL XX Installé dans l'ancien presbytère d'un petit village normand, ce restaurant, sobrement décoré, propose de bonnes recettes traditionnelles : marmite de poisson, parmentier de canard, etc. Aux beaux jours, on profite de la terrasse.

Formule 15 € – Menu 18 € (semaine), 28/32 € – Carte 30/39 €

17 r. de la Libération (Le Bourg) – ✆ 02 33 61 22 02 – www.le-courtil-de-la-lucerne.fr – Fermé 2 semaines en janv., lundi soir de sept. à avril, dim. soir, mardi soir et merc.

LUCEY - 54 Meurthe-et-Moselle ➔ Voir Toul

LUCHÉ-PRINGÉ

✉ 72800 Sarthe - 1 583 hab. - Alt. 34 m - Carte régionale n° **18**-C2
Carte Michelin 310-J8 - Guide Vert Michelin Pays de la Loire

Auberge du Port des Roches

CUISINE TRADITIONNELLE • CLASSIQUE XX Une terrasse et un jardin au fil de l'eau, une salle champêtre et une cuisine traditionnelle pétrie d'authenticité : faites fi de toute morosité dans cette sympathique auberge des bords du Loir ! Pour l'étape, des chambres fraîches et colorées.

Menu 34 €

11 chambres - 74/95 € 78/135 € - 8 €

au port des Roches, 2,5 km à l'Est par D13 et D214 - 02 43 45 44 48 - Fermé 4 fév.-6 mars, 20-24 août, 1 semaine vacances de la Toussaint, 2-10 janv., dim. soir, mardi midi et lundi

LUCHON - 31 Haute-Garonne ➔ Voir Bagnères-de-Luchon

LUCINGES

✉ 74380 Haute-Savoie - 1 647 hab. - Alt. 700 m - Carte régionale n° **25**-F1
Carte Michelin 328-k3

Le Bonheur dans Le Pré

CUISINE MODERNE • BISTRO X Dans cette vieille ferme en pleine nature, on joue à fond la carte de l'authenticité ! En cuisine, le chef compose un menu unique à partir de beaux produits locaux. Le tout bien accompagné d'un vin du coin. Dès lors, comment ne pas être convaincu que... le Bonheur est dans Le Pré ! Belle carte des vins.

Menu 31/38 €

7 chambres - 83 € 83 € - 10 €

2011 rte de Bellevue, 2,5 km au Nord-Est par D183 - 04 50 43 37 77 - www.lebonheurdanslepre.com - Fermé 1 semaine fin août, 1 semaine fin oct., dim., lundi et le midi

LUÇON

✉ 85400 Vendée - 9 313 hab. - Alt. 8 m - Carte régionale n° **18**-B3
Carte Michelin 316-I9 - Guide Vert Michelin Pays de la Loire

Au Fil des Saisons

CUISINE TRADITIONNELLE • AUBERGE XX Au fil des saisons, on s'installe dans la salle, simple et coquette, ou bien on file dans la véranda ou au jardin... En toute saison, on prend le temps de savourer des petits plats d'aujourd'hui, frais et parfumés. Et pour l'étape, les chambres sont agréables et confortables.

Formule 15 € - Menu 28/42 €

6 chambres - 65/79 € 65/79 € - 8,50 €

55 rte de la Roche-sur-Yon - 02 51 56 11 32 - www.aufildessaisons-vendee.fr - Fermé 2 semaines fin août-début sept., 2 semaines début janv., sam. midi, dim. soir et lundi

La Mirabelle

CUISINE TRADITIONNELLE • CONVIVIAL XX C'est à un joli repas qu'invite cette maison vendéenne postée sur la route des Sables-d'Olonne, et flanquée d'une terrasse fleurie. La tradition y est reine, et les beaux produits du terroir cuisinés avec un réel savoir-faire et une pointe d'originalité. On croque dans cette Mirabelle !

Formule 21 € - Menu 27/72 € - Carte 46/71 €

89 bis r. de-Gaulle, rte des Sables-d'Olonne - 02 51 56 93 02 - www.restaurant-lamirabelle.com - Fermé 2 semaines en nov., 3 semaines en janv., dim. soir, lundi soir et mardi sauf fériés

à Moreilles 11 km au Sud-Est par D949 et D137 – ✉ 85450 – 369 hab. – Alt. 5 m

Château de l'Abbaye et Le Portail en Marais Poitevin

DEMEURE HISTORIQUE • COSY Tissus tendus, mobilier ancien, salons élégants : cette belle demeure, couverte de vigne vierge, semble transporter dans un roman du 19e s. ! Une petite tête dans la piscine avant de profiter de la table d'hôte ? Idéal pour un séjour en amoureux.

5 chambres – 89/219 € 89/359 € – 15 €

– 02 51 56 17 56 – www.chateau-moreilles.com

LUC-SUR-MER

✉ 14530 Calvados – 3 160 hab. – Alt. 10 m – Carte régionale n° **17**-B2
Carte Michelin 303-J4 – Guide Vert Michelin Normandie Cotentin

Hôtel des Thermes et du Casino

TRADITIONNEL • FONCTIONNEL Une adresse tonique directement sur la promenade, à proximité des thermes et du casino, comme son nom l'indique. Les chambres avec balcon ont vue sur la mer ; c'est tellement bien situé !

48 chambres – 90/150 € 90/150 € – 12 €

5 r. Guyemer – 02 31 97 32 37 – www.hotelresto-lesthermes.com – Ouvert 15 mars-31 oct.

LUC-SUR-ORBIEU

✉ 11200 Aude – 1 135 hab. – Alt. 46 m – Carte régionale n° **12**-B3
Carte Michelin 344-H3

La Luciole

CUISINE TRADITIONNELLE • BISTRO X Le chef a réalisé un rêve d'enfant en rachetant ce café sur la petite place du village... Autodidacte passionné, il réalise avec sa fille une cuisine simple et goûteuse, faisant la part belle aux produits locaux. À déguster en terrasse, à l'ombre des arbres centenaires !

Menu 23/44 € – Carte 33/55 €

3 pl. de la République – 04 68 40 87 74 – www.restaurantluciole.fr – Fermé sam. midi, dim. soir et merc.

LE LUDE

✉ 72800 Sarthe – 3 889 hab. – Alt. 48 m – Carte régionale n° **18**-D2
Carte Michelin 310-J9 – Guide Vert Michelin Pays de la Loire

La Renaissance

CUISINE MODERNE • AUBERGE XX Des produits sarthois et angevins, mais aussi le serpolet, la cardamome, le pavot, la mangue... Ce restaurant traditionnel est à la page, avec sa cuisine qui explore de nouveaux mariages de saveurs. Accueil sympathique.

Formule 14 € – Menu 20 € (semaine), 32 €/43 € – Carte 49/62 €

8 chambres – 71/85 € 71/85 € – 10 €

2 av. de la Libération – 02 43 94 63 10 – www.renaissancelelude.com – Fermé 20-26 août, 14-28 oct., dim. soir, mardi midi et lundi

LUGON-ET-L'ÎLE-DU-CARNEY

✉ 33240 Gironde – 1 195 hab. – Alt. 36 m – Carte régionale n° **2**-B1
Carte Michelin 335-I5

Manoir d'Astrée

FAMILIAL • ÉLÉGANT Ici, tout n'est que vigne, calme et vallons ombragés. Ce manoir du 18e s., protégé des rumeurs du monde, propose des chambres feutrées, nommées d'après une reine ou un astre, Aliénor, Astrée, Adélaïde... Dans le parc, une piscine d'été achève de transformer votre séjour en parenthèse de volupté.

4 chambres – 110/195 € 115/200 €

lieu-dit Pellet (r. du 8-mai-1945), 2 km au Nord par D138 – 05 57 25 24 25 – www.manoirdastree-bordeaux.com – Fermé de mi-déc. à début mars

LUMBRES

✉ 62380 Pas-de-Calais - 3 801 hab. - Alt. 45 m - Carte régionale n° **16**-A2
Carte Michelin 301-F3

Hôtel du Golf

BUSINESS • CONTEMPORAIN Au départ du parcours de golf de l'Aa, cet hôtel récent (2008) dominent les greens et la forêt. Grand calme, confort et espace dans les chambres, aménagées avec soin. Parfait pour les golfeurs, mais aussi la clientèle business.

54 chambres - 86/220 € 86/220 € - 16 €

chemin des Bois, 2 km au Nord-Ouest par D225, au golf de l'Aa - ✆ 03 21 11 42 42 - www.golf.najeti.fr

LUMIO - 2B Haute-Corse ➜ Voir Corse

LUNÉVILLE

✉ 54300 Meurthe-et-Moselle - 19 325 hab. - Alt. 224 m - Carte régionale n° **14**-C2
Carte Michelin 307-J7

Les Pages

TRADITIONNEL • FONCTIONNEL Un hôtel au bord de la Meurthe, juste en face du château (l'ancienne école des Pages est située juste à côté de l'hôtel). Plusieurs catégories de chambres sont proposées : préférez celles du bâtiment principal, plus actuelles. Bistrot attenant.

37 chambres - 70/120 € 70/120 € - 12 €

5 quai des Petits-Bosquets - ✆ 03 83 74 11 42 - www.hotel-les-pages.fr

Domaine de Stanislas (N)

MAISON DE MAÎTRE • ÉLÉGANT Situé à un jet de pierre du château (le "petit Versailles" de Lorraine), cette demeure de 1855 aux chambres bourgeoises (parquet en chêne, cheminée en marbre), ouvertes sur un joli jardin agrémenté d'arbres centenaires, ne manque pas d'élégance. Equipements modernes et charme de l'ancien. Table d'hôtes avec plats lorrains, sur réservation.

5 chambres - 95/119 € 95/119 €

23 r. de la Tour-Blanche - ✆ 03 83 77 47 20 - www.ledomainedestanislas.com

à Moncel-lès-Lunéville 3 km à l'Est par rte de St-Dié (D590) - ✉ 54300 - 626 hab. - Alt. 234 m

Relais St-Jean

CUISINE TRADITIONNELLE • CONVIVIAL X Ce restaurant de la vallée de la Meurthe propose trois salles aux tons différents selon votre humeur du jour. Le chef compose une cuisine traditionnelle soignée, dont on pourra se régaler sur la terrasse à l'arrière. Une adresse agréable !

Formule 16 € - Menu 21/36 € - Carte 25/51 €

22 av. de l'Europe - ✆ 03 83 74 08 65 - www.lerelaissaintjean.fr - Fermé 23 juil.-5 août, dim. soir, mardi soir et lundi

au Sud 5 km par rte de Rambervillers, puis av. G. Pompidou et cités Ste-Anne - ✉ 54300 Lunéville

Château d'Adoménil (Cyril Leclerc)

CUISINE TRADITIONNELLE • LUXE XXX Dans cette belle demeure, les tentures et les boiseries sombres sont agrémentées de touches baroques et contemporaines. Un décor de rêve pour déguster une cuisine traditionnelle, rehaussée de touches actuelles ; les cuissons sont justes et les saveurs bien au rendez-vous. Et la carte des vins n'est pas en reste...

➜ Grenouilles, œuf bio et nage crémeuse aux influences thaïes. Poitrine de pigeonneau de terroir Lorrain. Litchi et citron vert en bulle satinée.

Menu 72 € (semaine), 100/145 €

- ✆ 03 83 74 04 81 - www.adomenil.com - Fermé vacances de fév., 2 semaines en juil. et en janv., dim. soir et mardi de sept. à mai, lundi et le midi en semaine

Château d'Adoménil

DEMEURE HISTORIQUE • PERSONNALISÉ On a forcément une bonne raison de loger dans cette belle demeure du 18e s., que ce soit pour son parc boisé, ses chambres bourgeoises ou son cachet historique indéniable. N'en n'oubliez pas pour autant le restaurant !

9 chambres – 195/385 € 195/385 € – 5 suites – 26 €

– *03 83 74 04 81 – www.adomenil.com*

– Fermé vacances de fév., 2 semaines en juil. et en janv., dim. et mardi de sept. à mai et lundi

Château d'Adoménil – voir les restaurants ci-dessus

LURE

70200 Haute-Saône – 8 324 hab. – Alt. 290 m – Carte régionale n° **9**-C1
Carte Michelin 314-G6 – Guide Vert Michelin Franche-Comté Jura

à Roye 2 km à l'Est par rte de Belfort – 70200 – 1 492 hab. – Alt. 301 m

Le Saisonnier

CUISINE MODERNE • MAISON DE CAMPAGNE XX Dans la traversée du village, cette ancienne ferme n'attire pas particulièrement l'attention, et pourtant. Désormais menée par un jeune chef au beau parcours, elle propose une réjouissante cuisine du marché ; on prend son repas dans une salle moderne, ou sur l'agréable terrasse à l'arrière... Sympathique.

Formule 20 € – Menu 32/78 € – Carte 45/72 €

56 r. de la Verrerie, N19 – 03 84 30 46 00 – www.restaurant-lesaisonnier.fr

– Fermé dim. soir, merc. soir et lundi

LUSIGNY-SUR-OUCHE

21360 Côte-d'Or – 109 hab. – Alt. 369 m – Carte régionale n° **4**-A3
Carte Michelin 320-I7

La Saura

FAMILIAL • COSY Un ancien relais de poste en bordure de la route de Beaune ; les chambres, chaleureuses et parfaitement entretenues, se trouvent dans les anciennes écuries de la propriété. Dehors, on se repose au calme d'un grand jardin arboré avec piscine... Une halte pour le moins charmante !

4 chambres – 110/125 € 115/145 €

au village, par D970 – 03 80 20 17 46 – www.la-saura.com

– Fermé 16 déc.-28 fév.

LUSSAC-LES-CHÂTEAUX

86320 Vienne – 2 320 hab. – Alt. 104 m – Carte régionale n° **20**-D2
Carte Michelin 322-K6 – Guide Vert Michelin Poitou-Charentes

Les Orangeries

CUISINE MODERNE • RUSTIQUE XX Voilà une adresse où le terme "écolo-responsable" a un sens : on y cuisine presque exclusivement des produits bio, venant soit du potager, soit des producteurs fermiers de la région, et la carte des vins est dans le même esprit. Un respect des saisons et du marché qui se retrouve dans l'assiette ! Ici, même les chambres sont "durables", c'est dire !

Formule 20 € – Menu 25/39 €

11 chambres – 75/165 € 85/180 € – 4 suites – 14 €

12 av. du Dr-Dupont – 05 49 84 07 07 – www.lesorangeries.fr

– Fermé 2 semaines en janv. et en fév., sam. midi et lundi sauf juil.-août

LUTTER - 68 Haut-Rhin ➜ Voir Ferrette

LUXÉ - 16 Charente ➜ Voir Mansle

LUXEUIL-LES-BAINS

✉ 70300 Haute-Saône - 6 917 hab. - Alt. 305 m - Carte régionale n° **9**-C1
Carte Michelin 314-G6 - Guide Vert Michelin Franche-Comté Jura

Le Clos Rebillotte

MAISON DE MAÎTRE · CONTEMPORAIN Faites vos jeux ! Au cœur de la cité thermale, près du casino, cet établissement propose d'agréables chambres contemporaines. Quelques touches de couleurs, beaucoup de velours et un mobilier stylé... Voilà un hôtel qui cultive sa différence.

21 chambres - 🚹62/107 € 🚹🚹62/107 € - ☕10 €

16 r. des Thermes - ✆ 03 84 93 90 90 - www.clos-rebillotte.com

LUYNES

✉ 37230 Indre-et-Loire - 5 154 hab. - Alt. 60 m - Carte régionale n° **6**-B2
Carte Michelin 317-M4 - Guide Vert Michelin Châteaux de la Loire

Le XII de Luynes

CUISINE MODERNE · CONTEMPORAIN X Une salle peut en cacher une autre ! Outre une terrasse face au château, ce relais de poste du 17e s. abrite une grande salle aux racines rustiques, mais aussi une deuxième plus petite, troglodytique et très intime. Avis aux âmes romantiques... D'autant que la cuisine se révèle originale, joliment ficelée et savoureuse.

Formule 18 € - Menu 25 € (déj. en semaine), 32/69 € 🍷 - Carte 51/59 €

9 chambres - 🚹79/119 € 🚹🚹79/119 € - ☕10 €

12 r. de la République - ✆ 02 47 26 07 41 - www.le-douze.com
- Fermé 30 sept.-11 oct., 21 janv.-6 fév., dim. soir, mardi midi et lundi

Le Louis 13

CUISINE MODERNE · ÉLÉGANT XXX Une grande salle à manger cossue, des salons intimes... pour une agréable cuisine de saison. Cette table gastronomique cultive son élégance bourgeoise avec raffinement.

Formule 39 € 🍷 - Menu 49/82 € - Carte 59/80 € dîner

Hôtel Domaine de Beauvois, 4 km au Nord-Ouest par D49 - ✆ 02 47 55 38 77
- www.restaurant-louis13.fr

Domaine de Beauvois

DEMEURE HISTORIQUE · CLASSIQUE Vaste manoir des 16e et 17e s. au cœur d'un parc arboré avec un étang. Les chambres et leurs belles tentures murales confirment une impression d'élégant classicisme, tout comme le restaurant.

35 chambres - 🚹137/169 € 🚹🚹214/269 € - ☕23 €

4 km au Nord-Ouest par D49 - ✆ 02 47 55 50 11 - www.beauvois.fr

Le Louis 13 - voir les restaurants ci-dessus

LUZ-ST-SAUVEUR

✉ 65120 Hautes-Pyrénées - 983 hab. - Alt. 710 m - Carte régionale n° **15**-A3
Carte Michelin 342-L7 - Guide Vert Michelin Pyrénées Toulouse Gers

L'Atelier (N)

CUISINE MODERNE · CONVIVIAL X Étonnant parcours que celui du chef, qui fut moniteur de ski et installateur de remontées mécaniques dans une autre vie ! Après s'être formé auprès de quelques bons chefs, il a installé sa table dans l'atelier de couture familial : il y décline des plats bien maîtrisés, à l'image de ce filet de bœuf, pommes grenaille et une excellente béarnaise maison...

Formule 14 € - Menu 28 € - Carte 38/53 €

12 av. de St-Sauveur - ✆ 05 62 92 85 22 - www.latelier-luz.com
- Fermé 2 semaines en juin, 19 nov.-11 déc., lundi et mardi sauf vacances de fév. et vacances de Noël

LUZY

Nièvre - 1 983 hab. - Alt. 275 m - Carte régionale n° **4**-B3
Carte Michelin 319-G11 - Guide Vert Michelin Bourgogne

La Table de Jérôme

CUISINE CRÉATIVE • CONVIVIAL XX Installé dans les murs de l'ancien Hôtel du Centre, dans un décor à son goût – tout de bois, de verre et de pierre –, Jérôme Raymond décline une cuisine moderne et inventive, renouvelée tous les deux mois. Belle carte des vins (500 références) faisant la part belle à la Bourgogne.

Formule 19 € - Menu 46 € (déj. en semaine)/88 € - Carte 47/83 €

Hôtel du Morvan, 26 r. de la République - 03 86 30 00 66 - www.hotelrestaurantdumorvan.fr - Fermé 27 août-4 sept., 12-20 nov., 2-23 janv., mardi midi, dim. soir et lundi

Hôtel du Morvan

FAMILIAL • DESIGN Rouvert huit ans après sa fermeture, cet ancien hôtel-restaurant se pare aujourd'hui d'une déco contemporaine et de couleurs vives : une renaissance ! Les chambres ne manquent pas de charme... et l'accueil est tout aussi délicieux. Au Morvan, cuisine de bistrot à petit prix, à midi et le soir.

14 chambres - 70/150 € 70/150 € - 12 €

26 r. de la République - 03 86 30 00 66 - www.hotelrestaurantdumorvan.fr - Fermé 27 août-4 sept., 12-20 nov., 2-23 janv.

La Table de Jérôme - voir les restaurants ci-dessus

LYON

Lyon, ce sont d'abord les « bouchons », ces chaleureux estaminets des vieux quartiers, où l'on vient déguster les vins régionaux et la cuisine locale, dans une ambiance... typiquement lyonnaise. C'est aussi, plus généralement, une offre pléthorique de bons restaurants, qui fait dire aux connaisseurs qu'il est presque impossible de mal manger dans la capitale des Gaules. C'est enfin ce projet de Cité Internationale de la Gastronomie, dans le cadre du Grand Hôtel-Dieu, qui devrait voir le jour en 2019.

Les spécialités culinaires :
tablier de sapeur, saucisson truffé ou pistaché, cervelle de canut, quenelles de brochet, bugnes, cardons à la moelle, volaille de Bresse...

Et pour boire :
du vin, bien sûr ! Les côtes-du-rhône septentrionaux (saint-joseph, crozes-hermitage, condrieu, etc.) sont les stars incontestées des tables lyonnaises, mais les beaujolais y ont aussi leur place.

✉ 69000 (Rhône)

- 491 268 hab. – Agglo. 1 567 537 hab. – Alt. 175 m
- Carte régionale n°24-E1
- Carte Michelin 327-I5
- Guide Vert Michelin Lyon et sa région

Paris 458 km – Genève 151 km – Grenoble 106 km
Marseille 314 km

Lisovskaya/iStock

INDEX DES RESTAURANTS

A

B

C

D

E

F-G

I-J

K-L

M

N-O

P

R-S

© O. Decker/Michelin

T

V-Z

INDEX DES HÔTELS

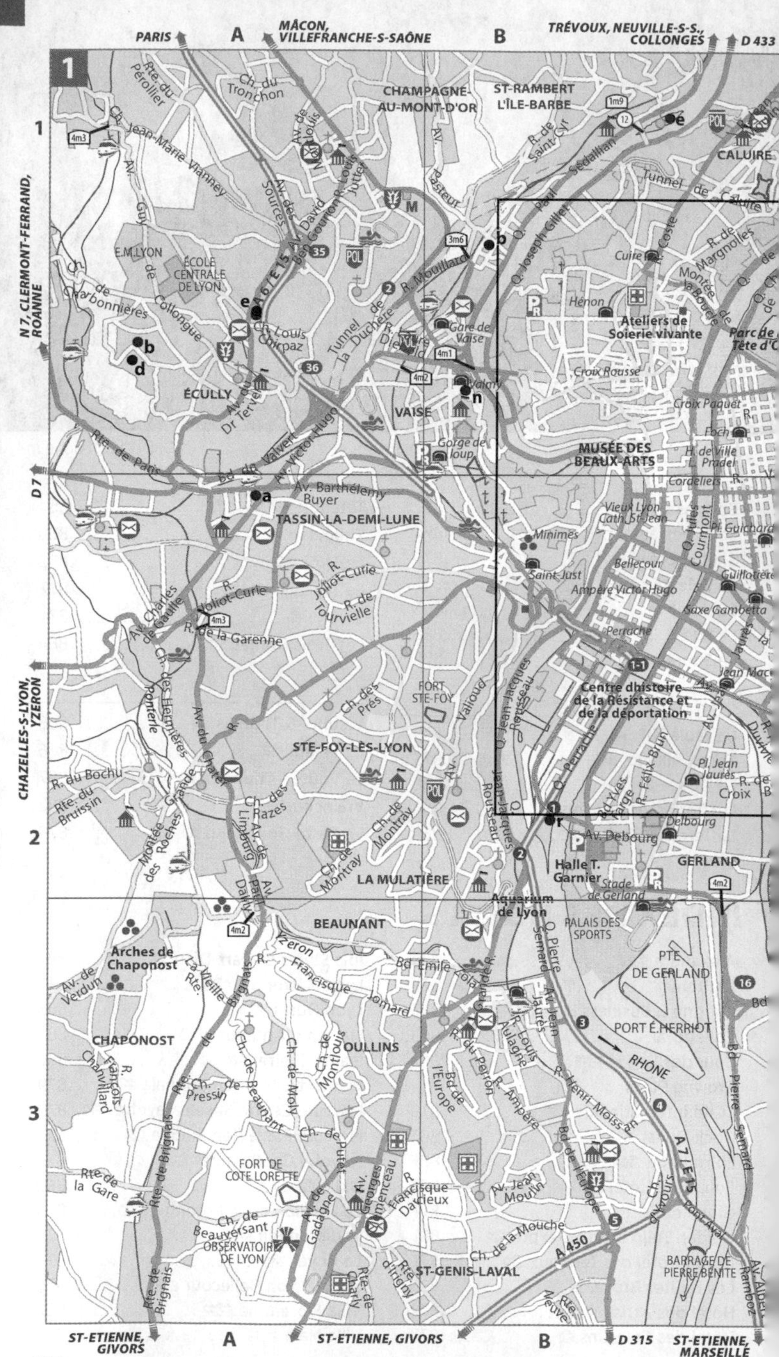

PARIS
A
MÂCON, VILLEFRANCHE-S-SAÔNE
B
TRÉVOUX, NEUVILLE-S-S., COLLONGES
D 433
N 7, CLERMONT-FERRAND, ROANNE
D 7
CHAZELLES-S-LYON, YZERON
CHAMPAGNE-AU-MONT-D'OR
ST-RAMBERT L'ÎLE-BARBE
CALUIRE
E.M.LYON
ÉCOLE CENTRALE DE LYON
ÉCULLY
VAISE
Ateliers de Soierie vivante
MUSÉE DES BEAUX-ARTS
TASSIN-LA-DEMI-LUNE
FORT STE-FOY
STE-FOY-LÈS-LYON
Centre dhistoire de la Résistance et de la déportation
LA MULATIÈRE
Halle T. Garnier
GERLAND
Aquarium de Lyon
BEAUNANT
PALAIS DES SPORTS
PTE DE GERLAND
Arches de Chaponost
CHAPONOST
OULLINS
PORT É.HERRIOT
RHÔNE
FORT DE COTE LORETTE
OBSERVATOIRE DE LYON
ST-GENIS-LAVAL
BARRAGE DE PIERRE BÉNITE
A 450
A7/E15
ST-ETIENNE, GIVORS
ST-ETIENNE, GIVORS
D 315
ST-ETIENNE, MARSEILLE

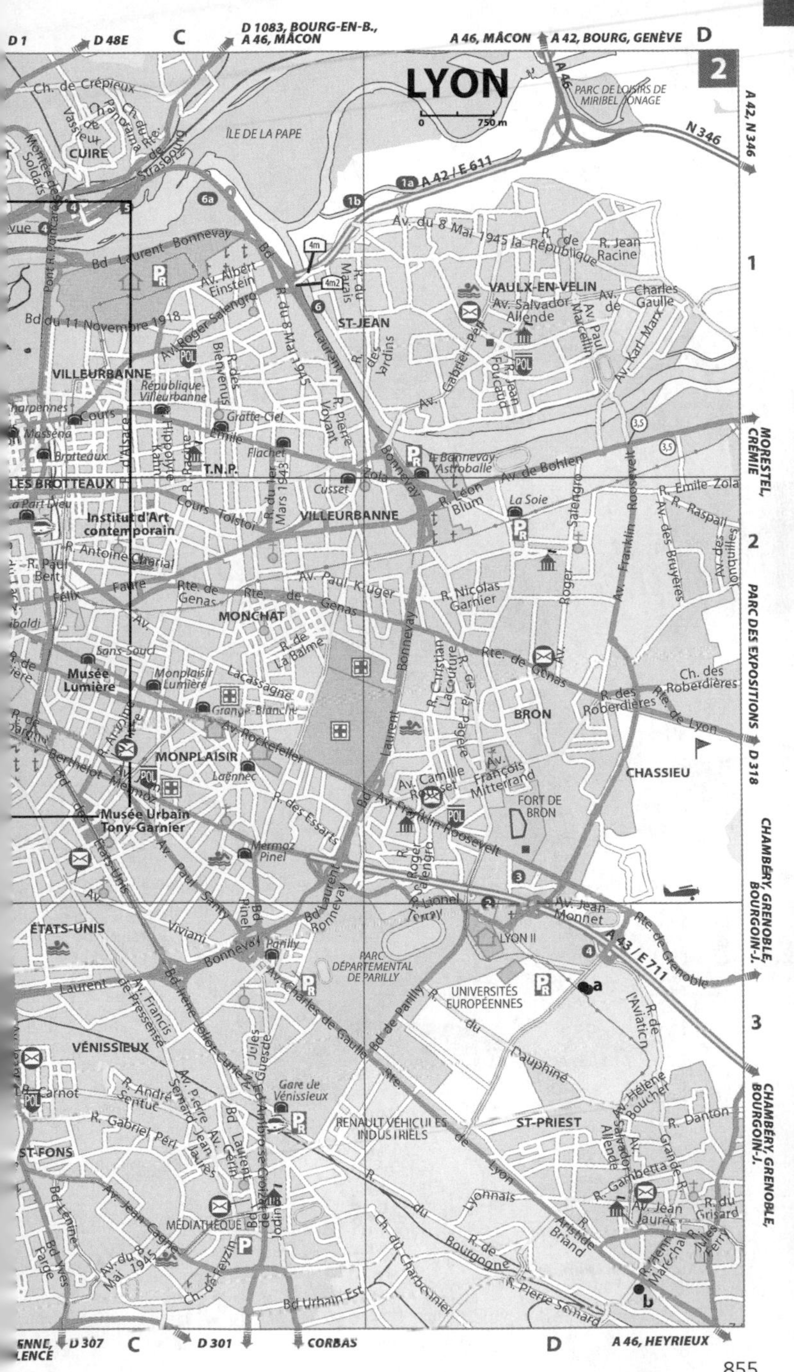
LYON
2
D 1
D 48E
C
D 1083, BOURG-EN-B.,
A 46, MÂCON
A 46, MÂCON
A 42, BOURG, GENÈVE
D
A 42, N 346
MORESTEL, CRÉMIE
PARC DES EXPOSITIONS
D 318
CHAMBÉRY, GRENOBLE, BOURGOIN-J.
D 307
D 301
CORBAS
A 46, HEYRIEUX
1
2
3
PARC DE LOISIRS DE MIRIBEL JONAGE
ÎLE DE LA PAPE
CUIRE
VAULX-EN-VELIN
ST-JEAN
VILLEURBANNE
LES BROTTEAUX
Institut d'Art contemporain
MONCHAT
BRON
CHASSIEU
Musée Lumière
MONPLAISIR
Musée Urbain Tony-Garnier
FORT DE BRON
ÉTATS-UNIS
LYON II
PARC DÉPARTEMENTAL DE PARILLY
UNIVERSITÉS EUROPÉENNES
VÉNISSIEUX
ST-PRIEST
RENAULT VÉHICULES INDUSTRIELS
ST-FONS
MÉDIATHÈQUE
A 42 / E 611
A 43 / E 711
N 346
Bd Laurent Bonnevay
Bd du 11 Novembre 1918
Av. du 8 Mai 1945
Cours Émile Zola
Cours Tolstoï
Rte. de Genas
Av. Franklin Roosevelt
Av. Jean Monnet
Rte. de Grenoble
Av. Charles de Gaulle
Bd de Parilly
R. du Dauphiné
Rte. de Lyon
Bd Urbain Est
Ch. du Charbonnier
R. de Bourgogne
R. Pierre Sémard

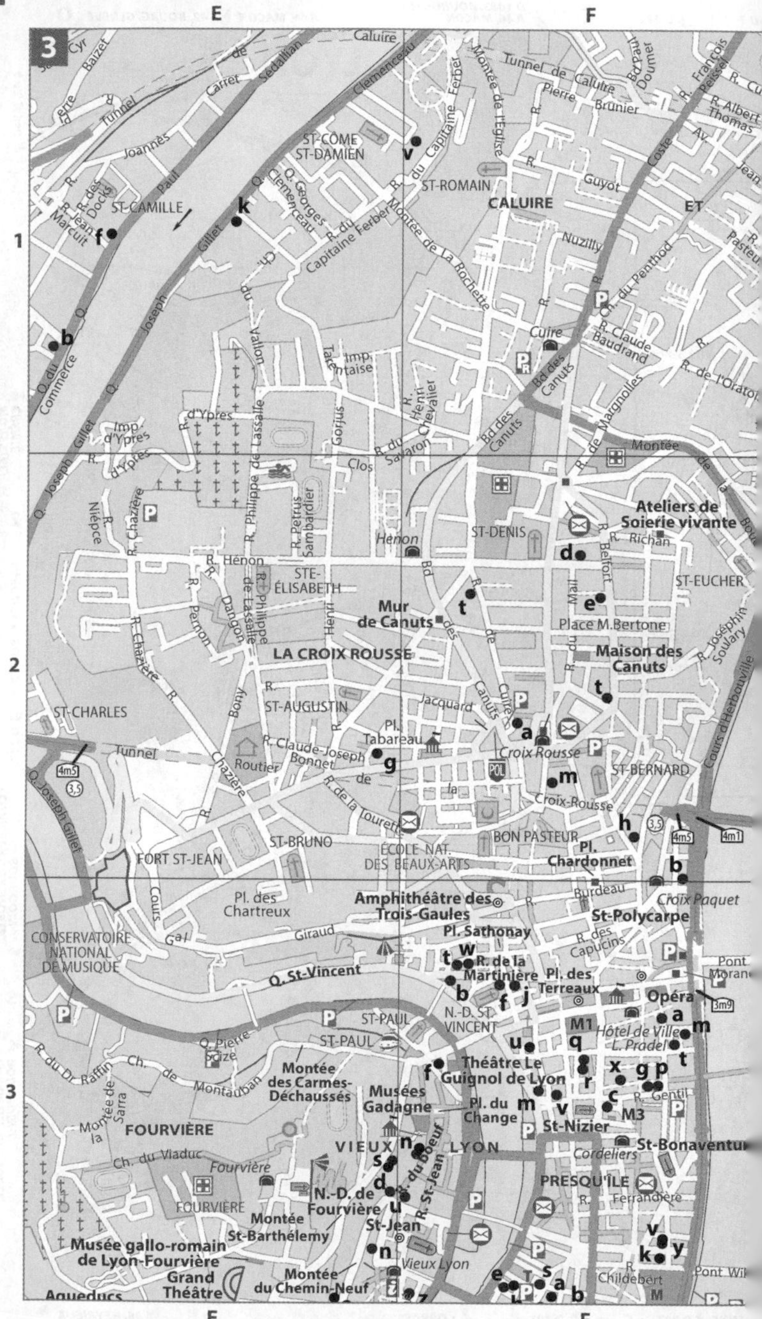
E
F
3
1
2
3
CALUIRE
ET
ST-CÔME
ST-DAMIEN
ST-ROMAIN
ST-CAMILLE
Cuire
Hénon
ST-DENIS
Ateliers de
Soierie vivante
STE-
ÉLISABETH
ST-EUCHER
Mur
de Canuts
Place M.Bertone
LA CROIX ROUSSE
Maison des
Canuts
ST-CHARLES
ST-AUGUSTIN
Pl.
Tabareau
Croix Rousse
ST-BERNARD
Routier
BON PASTEUR
ST-BRUNO
ÉCOLE NAT.
DES BEAUX-ARTS
Pl.
Chardonnet
FORT ST-JEAN
Pl. des
Chartreux
Amphithéâtre des
Trois-Gaules
Croix Paquet
St-Polycarpe
CONSERVATOIRE
NATIONAL
DE MUSIQUE
Pl. Sathonay
R. de la
Martinière
Pl. des
Terreaux
Q. St-Vincent
Opéra
ST-PAUL
N.-D. ST.
VINCENT
Hôtel de Ville
L. Pradel
Théâtre Le
Guignol de Lyon
Montée
des Carmes-
Déchaussés
Musées
Gadagne
Pl. du
Change
St-Nizier
FOURVIÈRE
VIEUX LYON
Cordeliers
St-Bonaventure
PRESQU'ILE
Fourvière
N.-D. de
Fourvière
Montée
St-Barthélemy
St-Jean
Musée gallo-romain
de Lyon-Fourvière
Vieux Lyon
Grand
Théâtre
Montée
du Chemin-Neuf
Aqueducs

G H

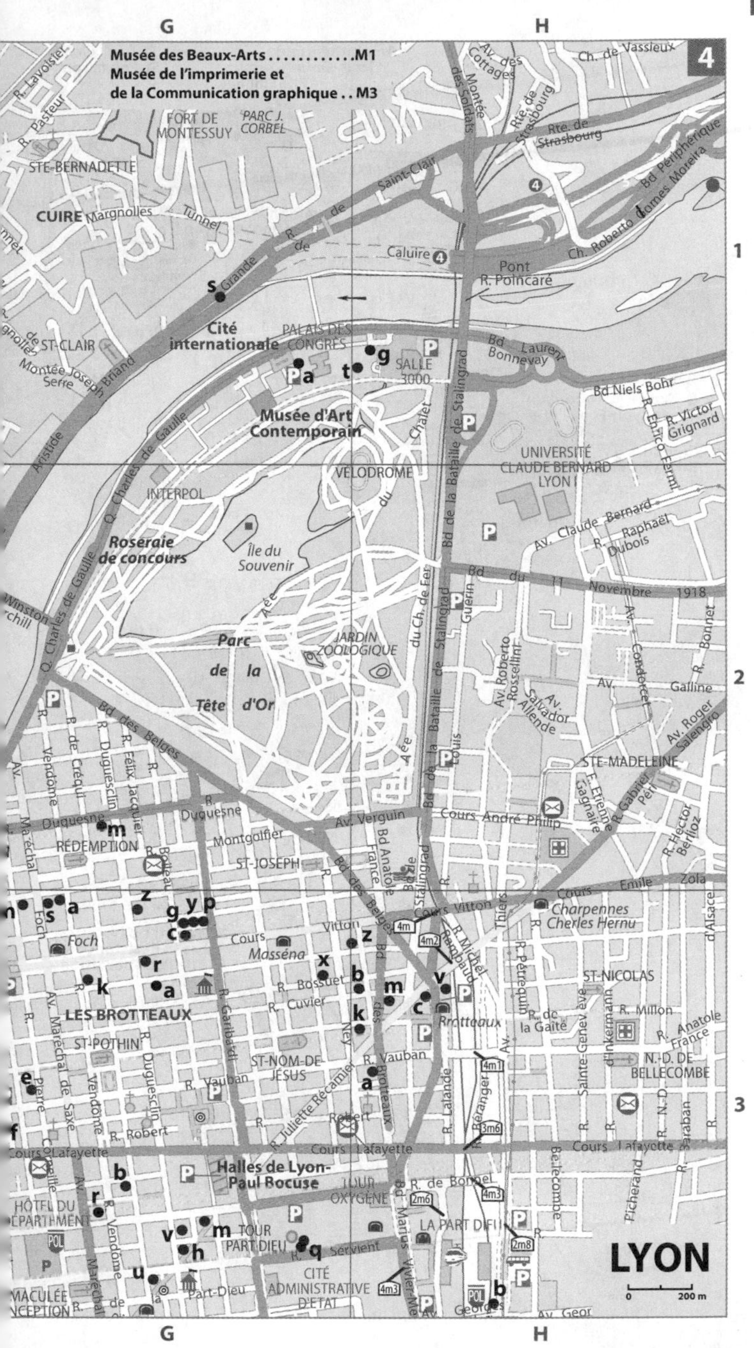
Musée des Beaux-Arts M1
Musée de l'imprimerie et de la Communication graphique . . M3
4
FORT DE MONTESSUY
PARC J. CORBEL
STE-BERNADETTE
CUIRE
Cité internationale
PALAIS DES CONGRÈS
SALLE 3000
Musée d'Art Contemporain
VÉLODROME
INTERPOL
Roseraie de concours
Île du Souvenir
Parc de la Tête d'Or
JARDIN ZOOLOGIQUE
UNIVERSITÉ CLAUDE BERNARD LYON I
Pont R. Poincaré
Caluire
Bd Laurent Bonnevay
Bd Niels Bohr
Bd du 11 Novembre 1918
Bd de la Bataille de Stalingrad
Q. Charles de Gaulle
Bd des Belges
RÉDEMPTION
ST-JOSEPH
STE-MADELEINE
Cours André Philip
Av. Verguin
Cours Vitton
Cours Emile Zola
Charpennes Cherles Hernu
ST-NICOLAS
N.-D. DE BELLECOMBE
Foch
Masséna
LES BROTTEAUX
ST-POTHIN
ST-NOM-DE-JÉSUS
Brotteaux
Cours Lafayette
Halles de Lyon-Paul Bocuse
TOUR OXYGÈNE
LA PART DIEU
TOUR PART DIEU
HÔTEL DU DÉPARTEMENT
CITÉ ADMINISTRATIVE D'ETAT
LYON
0 200 m

1
2
3

G H

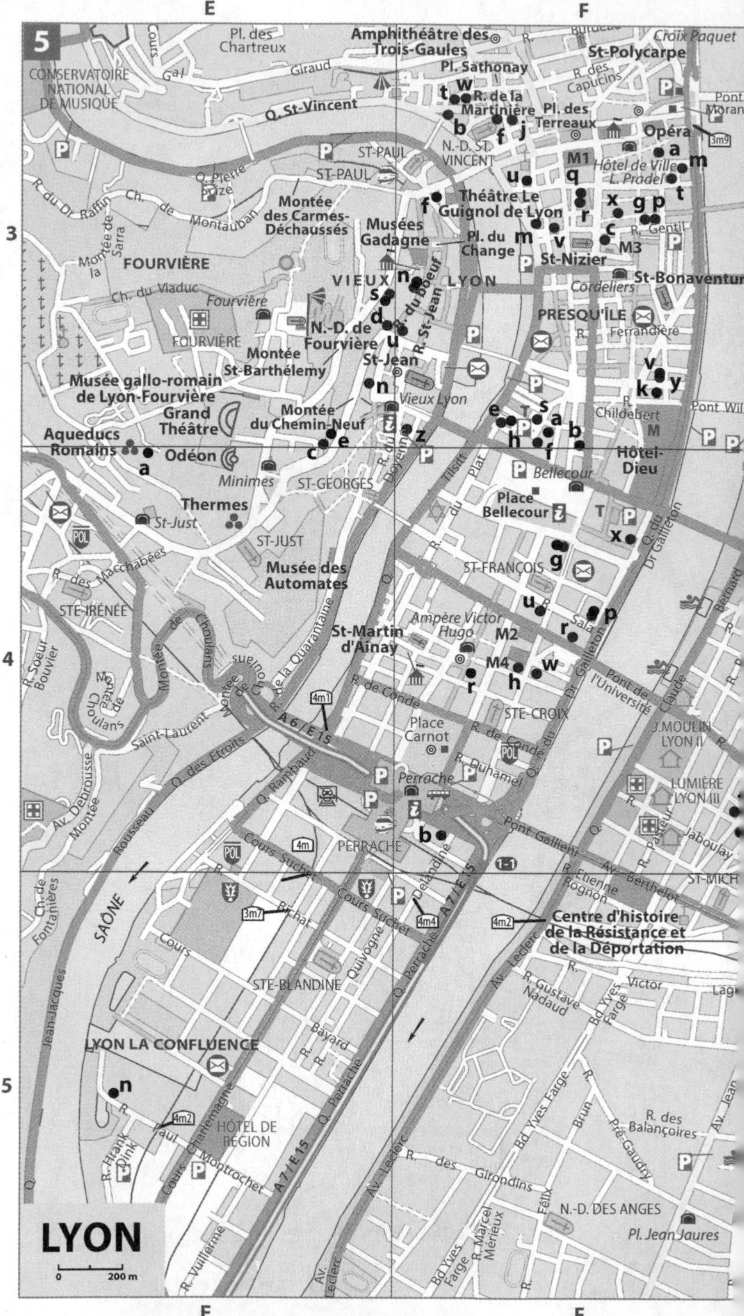

LYON
5
Amphithéâtre des Trois-Gaules
Pl. Sathonay
St-Polycarpe
Croix Paquet
CONSERVATOIRE NATIONAL DE MUSIQUE
Pl. des Chartreux
Q. St-Vincent
R. de la Martinière
Pl. des Terreaux
Opéra
Hôtel de Ville L. Pradel
N.-D. ST. VINCENT
ST-PAUL
Théâtre Le Guignol de Lyon
Montée des Carmes-Déchaussés
Musées Gadagne
Pl. du Change
St-Nizier
FOURVIÈRE
VIEUX LYON
St-Bonaventure
Cordeliers
PRESQU'ÎLE
N.-D. de Fourvière
Montée St-Barthélemy
St-Jean
Musée gallo-romain de Lyon-Fourvière
Grand Théâtre
Vieux Lyon
Montée du Chemin-Neuf
Aqueducs Romains
Odéon
Minimes
ST-GEORGES
Bellecour
Place Bellecour
Hôtel-Dieu
Thermes
St-Just
ST-JUST
Musée des Automates
ST-FRANÇOIS
STE-IRÉNÉE
St-Martin d'Ainay
Ampère Victor Hugo
STE-CROIX
Place Carnot
Perrache
PERRACHE
J.MOULIN LYON II
LUMIÈRE LYON III
Pont Gallieni
Centre d'histoire de la Résistance et de la Déportation
SAÔNE
STE-BLANDINE
LYON LA CONFLUENCE
HÔTEL DE RÉGION
N.-D. DES ANGES
Pl. Jean Jaures
A6/E15
A7/E15
0 200 m

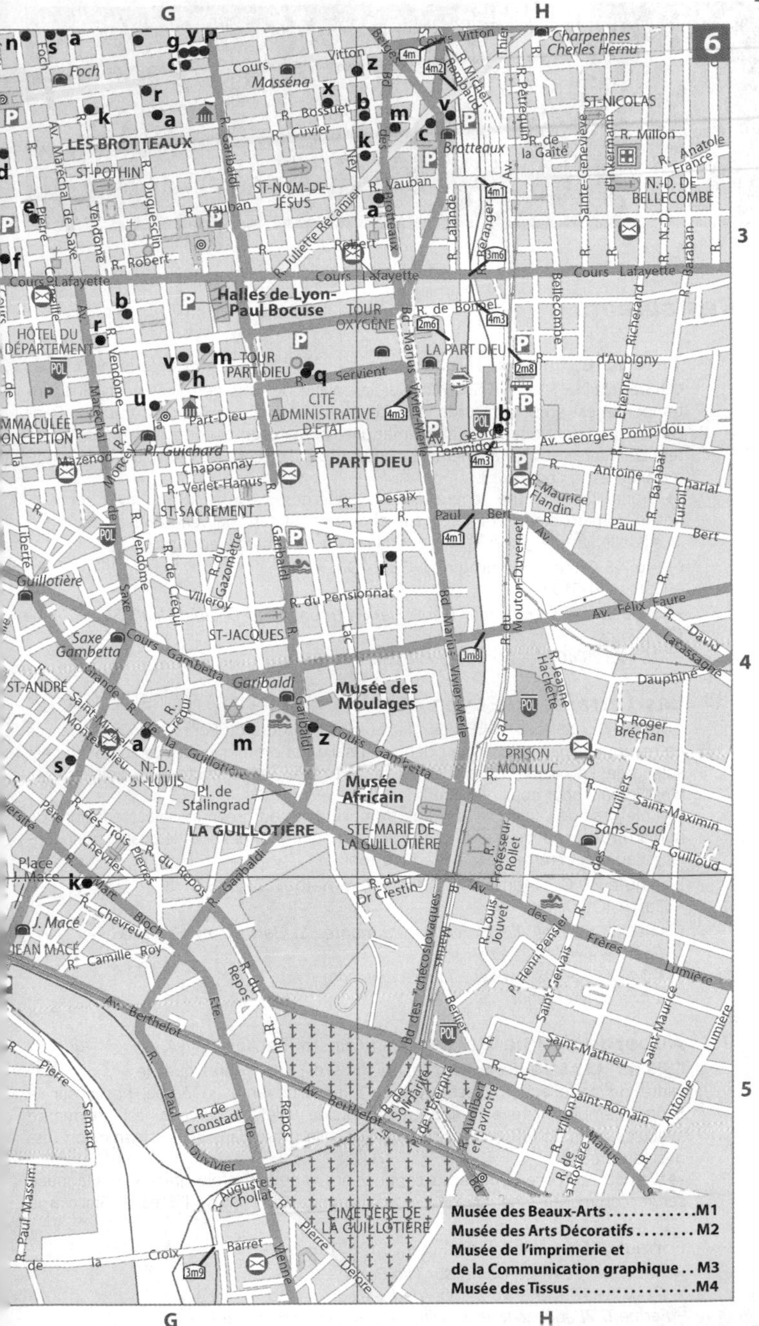
G
H
6
3
4
5
Charpennes
Cherles Hernu
Cours Vitton
Foch
Cours Masséna
R. Bossuet
R. Cuvier
LES BROTTEAUX
ST-POTHIN
ST-NOM-DE-JÉSUS
R. Vauban
R. Robert
R. Garibaldi
R. Juliette Récamier
Bd des Brotteaux
Brotteaux
ST-NICOLAS
R. Millon
R. de la Gaîté
R. Anatole France
N.-D. DE BELLECOMBE
R. Pétrequin
Cours Lafayette
Halles de Lyon-Paul Bocuse
TOUR OXYGÈNE
HÔTEL DU DÉPARTEMENT
TOUR PART DIEU
R. Servient
CITÉ ADMINISTRATIVE D'ÉTAT
LA PART DIEU
R. de Bonnel
Bellecombe
d'Aubigny
Part-Dieu
Pl. Guichard
IMMACULÉE CONCEPTION
Mazenod
Av. Georges Pompidou
PART DIEU
Chaponnay
R. Verlet-Hanus
ST-SACREMENT
R. Desaix
Paul Bert
R. Maurice Flandin
Bd Marius Vivier-Merle
R. Vendôme
Av. Maréchal de Saxe
R. Duguesclin
Liberté
Guillotière
R. de Créqui
R. du Gazomètre
Villeroy
R. du Pensionnat
ST-JACQUES
Av. Félix Faure
R. David
Lacassagne
Dauphiné
Saxe Gambetta
Cours Gambetta
Garibaldi
ST-ANDRÉ
Grande R. de la Guillotière
Musée des Moulages
R. Jeanne Hachette
R. Roger Bréchan
PRISON MONTLUC
N.-D. ST-LOUIS
Pl. de Stalingrad
Musée Africain
LA GUILLOTIÈRE
STE-MARIE-DE LA GUILLOTIÈRE
R. Saint-Maximin
Sans-Souci
R. Guilloud
Professeur Rollet
R. des Tuiliers
Place J. Macé
R. Marc Bloch
R. Chevreul
R. du Repos
R. du Dr Crestin
Av. des Frères Lumière
J. Macé
JEAN MACÉ
R. Camille Roy
R. Louis Jouvet
R. Henri Pensier
Saint-Gervais
Bd des Tchécoslovaques
Av. Berthelot
R. Pierre Semard
R. Paul Duvivier
R. de Cronstadt
R. Saint-Mathieu
Saint-Romain
Saint-Maurice
R. Audibert et Lavirotte
R. Villon
R. Marius
R. de la Rosière
R. Auguste Chollat
CIMETIÈRE DE LA GUILLOTIÈRE
R. Pierre Delore
R. Paul Massimi
R. de la Croix Barret
Vienne
Musée des Beaux-Arts M1
Musée des Arts Décoratifs M2
Musée de l'imprimerie et
de la Communication graphique . . M3
Musée des Tissus M4

Vieux-Lyon · Vaise

5° - 9° ARRONDISSEMENT

P. Jacques / hemis.fr

Restaurants

✿ Têtedoie (Christian Têtedoie)

CUISINE MODERNE · DESIGN XXX Sur la colline de Fourvière, cet écrin ultracontemporain est un balcon sur la ville. Christian Têtedoie y explore la tradition française avec talent : son plat emblématique, homard en cocotte et cromesquis de tête de veau, est tout bonnement exquis. Côté Terrasse de l'Antiquaille, la méditerranée est à l'honneur !

➜ Grenouilles, panure légère à l'ail, asperges vertes, citron caviar et sarriette. Homard bleu rôti en cocotte, chou-rave et tête de veau braisée. Soufflé à la faisselle, crème glacée à l'huile d'olive noire, rhubarbe et hibiscus.

Menu 45 € (déj. en semaine), 68/140 €
- Carte 84/110 €

Plan : 5E3-c *4 r. Professeur Pierre Marion (montée du Chemin-Neuf) ✉ 69005*
Ⓜ Minimes
- ✆ 04 78 29 40 10 - www.tetedoie.com

✿ Les Terrasses de Lyon

CUISINE CLASSIQUE · ÉLÉGANT XXX Sur les hauteurs de Fourvière, ces Terrasses ne manquent pas de charme : depuis la salle panoramique, la vue sur la ville est splendide. La cuisine, classique, fait la part belle aux produits du terroir... ce qui n'est jamais pour nous déplaire !

➜ Foie gras de canard, muesli aux framboises et au green masala. Médaillons de homard rôtis, cappuccino de cocos de Paimpol et coppa. Soufflé chaud au chocolat kalapaia et crème glacée à la fève tonka.

Formule 39 € - Menu 49 € (déj. en semaine), 89/115 €
- Carte 105/130 €

Plan : 3E3-s *Hôtel Villa Florentine, 25 montée St-Barthélémy ✉ 69005*
Ⓜ Fourvière
- ✆ 04 72 56 56 02 - www.villaflorentine.com
- Fermé dim. et lundi

✿ Auberge de l'Île Barbe (Jean-Christophe Ansanay-Alex)

soir, P

CUISINE CLASSIQUE · ROMANTIQUE XXX C'est peu dire que le cadre de cette auberge est idyllique : la verdoyante île Barbe, posée sur la Saône, semble un rêve champêtre en pleine ville. La demeure est charmante avec ses murs de 1621 ; quant à la cuisine, elle puise dans le classicisme son respect du produit...

➜ Velouté de cèpe comme un cappuccino, vapeur de foie gras. Selle d'agneau servie comme au dîner de gala du patrimoine mondial de l'Unesco. Glace à la réglisse.

Formule 50 € - Menu 98 € (déj.), 128/158 €

Plan : 1B1-e *pl. Notre-Dame, sur l'Île Barbe ✉ 69009*
- ✆ 04 78 83 99 49 - www.aubergedelile.com
- Fermé 6-21 août, 2-16 janv., dim. soir, mardi midi et lundi

✿ Les Loges

CUISINE MODERNE • ROMANTIQUE XXX Un cadre enchanteur : sous une verrière contemporaine, une cour florentine cernée par trois étages de galeries. On y dîne à la lueur des bougies et le temps semble s'arrêter ! La cuisine, moderne et inventive, s'appuie sur de très beaux produits, et joue brillamment sur les contrastes de saveurs. La magie opère...

→ Escalope de foie gras de canard et racines confites dans une orange lutée. Pigeonneau, pain croustillant de champignons et fruit épicé. Grands crus de cacao, parfums de sous-bois.

Menu 105/135 € – Carte 90/175 €

Plan : 3F3-n *Hôtel Cour des Loges, 6 r. du Bœuf ✉ 69005 Ⓜ Vieux Lyon – ✆ 04 72 77 44 44 – www.courdesloges.com*
– Fermé août et le midi sauf dim.

✿ Au 14 Février (Tsuyoshi Arai)

CUISINE CRÉATIVE • ÉLÉGANT XX Ce qui change, c'est l'adresse : le 14 février a déménagé rue du Bœuf, au cœur du vieux Lyon. Ce qui ne change pas, c'est le talent et l'imagination du chef, Tsuyoshi Arai : il magnifie de remarquables produits (pigeonneau de la maison Masse, bœuf wagyu) en jouant sur les textures et l'amertume... Quant au service, il est toujours d'une extrême gentillesse.

→ Menu surprise.

Menu 92 € – menu unique

Plan : 5F3-e *36 r. du Bœuf Ⓜ Vieux Lyon – ✆ 04 78 92 91 39 – www.au14fevrier.com*
– Fermé 3 semaines en août, 2 semaines en janv., dim., lundi et le midi sauf sam.

✿ Jérémy Galvan

CUISINE CRÉATIVE • COSY X "Cuisine d'instinct", menu "Interlude", "Lâchez-prise" ou "Parfum" ? La carte donne le ton de la cuisine : originale, créative, ludique, elle sort des sentiers battus mais toujours dans le respect des saisons et de la nature. Quant à la salle à manger, récemment rénovée, elle se révèle très confortable : une réussite !

→ Cuisine du marché.

Menu 33 € (déj.), 65/85 € – Carte 70/90 €

Plan : 5F3-u *29 r. du Bœuf ✉ 69005 Ⓜ Vieux-Lyon – ✆ 04 72 40 91 47 – www.jeremygalvanrestaurant.com*
– Fermé 1 semaine en avril, 3 semaines en août, 1 semaine vacances de Noël, merc. midi, sam. midi, dim. et lundi

L'Ouest

CUISINE TRADITIONNELLE • BRASSERIE X Parmi les brasseries de Paul Bocuse, celle-ci est tout bonnement immense ! La carte rend hommage à la tradition qui a fait la réputation du grand chef (foie de veau à la Lyonnaise, poulet de Bresse rôti à la broche, sole meunière, etc.). Décor design et jolie terrasse côté Saône.

Formule 24 € – Menu 27 € (semaine) – Carte 35/67 €

Plan : 3E1-b *1 quai du Commerce ✉ 69009 Ⓜ Gare de Vaise – ✆ 04 37 64 64 64 – www.brasseries-bocuse.com*

Café-Épicerie

CUISINE MODERNE • BRANCHÉ X Dans le cadre merveilleux de la Cour des Loges, un Café-Épicerie où règne une atmosphère de bistrot branché : mobilier moderne, jolie salle voûtée, et la cuisine réalisée sous l'œil de la clientèle... On vient y apprécier des petits plats bien tournés dont le choix change chaque jour.

Formule 17 € – Carte 41/62 €

Plan : 3F3-n *Hôtel Cour des Loges, 2 r. du Bœuf ✉ 69005 Ⓜ Vieux Lyon – ✆ 04 72 77 44 44 – www.courdesloges.com*

Cinq Mains

CUISINE MODERNE • BISTRO Dans ce quartier très touristique en bord de Saône, cette maison en pierre apparente est désormais le fief de Grégory Cuilleron, entouré de son frère et d'un ami. La cuisine penche nettement du côté bistronomique et moderne, et s'accompagne d'une sélection de petits vins bien choisis – la passion des trois associés.

Menu 19 € (déj. en semaine)/31 € – Carte 32/49 € dîner

Plan : 5F3-z *12 r. Mgr-Lavarenne ✉ 69005 Ⓜ Vieux Lyon – ✆ 04 37 57 30 52 – Fermé de mi-août à mi-sept.*

Le Tiroir Ⓝ

CUISINE MODERNE • TENDANCE Dans ce quartier populaire de Vaise en voie de boboïsation accélérée, un Tiroir ouvert par un chef... qui ne veut pas être mis dans une case ! Il assume les influences diverses de sa cuisine, qui évolue au fil du marché et de ses envies du moment. Les produits sont bien travaillés, dressés avec soin, servis avec le sourire : on passe un bon moment.

Formule 18 € – Menu 22/45 €

Plan : 1B1-n *20 Grande-Rue-de-Vaise ✉ 69009 Ⓜ Valmy – ✆ 04 78 64 75 96 – Fermé 3 semaines en août, lundi soir, mardi soir, sam. et dim.*

Les Bouchons

Daniel et Denise Saint-Jean

CUISINE LYONNAISE • BOUCHON LYONNAIS À deux pas de la cathédrale St-Jean, ce bouchon emblématique du Vieux Lyon est tenu par le chef Joseph Viola (Meilleur Ouvrier de France en 2004), déjà connu pour son Daniel et Denise du 3e arrondissement. Au menu de cet opus, une cuisine lyonnaise non moins gourmande, généreuse et goûteuse : on se regale !

Formule 21 € – Menu 33/50 € – Carte 35/54 €

Plan : 5E3-n *32 r. Tramassac ✉ 69005 Ⓜ Vieux Lyon – ✆ 04 78 42 24 62 – www.daniel-et-denise.fr – Fermé 30 déc.-4 janv., dim. et lundi*

Hôtels

Villa Florentine

HISTORIQUE • ROMANTIQUE Sur la colline de Fourvière, ce beau bâtiment Renaissance, devenu couvent et agrandi aux 18e-19e s., jouit d'une vue incomparable sur la ville. Les chambres dévoilent un raffinement rare. Voilà bien l'un des établissements les plus agréables de la ville...

30 chambres – †195/1200 € ††195/1200 € – ☕ 25 €

Plan : 3E3-s *25 montée St-Barthélémy ✉ 69005 Ⓜ Fourvière – ✆ 04 72 56 56 56 – www.villaflorentine.com*

Les Terrasses de Lyon – voir les restaurants ci-dessus

Cour des Loges

LUXE • PERSONNALISÉ Voûtes, galeries, passages... tout le charme de la Renaissance au cœur du vieux Lyon, l'élégance contemporaine en prime. Ces cinq bâtiments anciens, reliés entre eux par des traboules, forment un ensemble cossu, sans même parler du bistrot et du restaurant gastronomique.

60 chambres ☕ – †224/924 € ††248/948 € – 4 suites

Plan : 3F3-n *6 r. du Bœuf ✉ 69005 Ⓜ Vieux Lyon – ✆ 04 72 77 44 44 – www.courdesloges.com*

Les Loges • Café-Épicerie – voir les restaurants ci-dessus

Villa Maïa

LUXE • ÉLÉGANT Imposant bâtiment de béton aux lignes épurées, perché sur la colline de Fourvière, Villa Maïa, dessiné par Jean-Michel Wilmotte, est l'hôtel de tous les superlatifs : sol en marbre, bar bibliothèque, et somptueuses chambres d'esprit zen, ouvertes sur les toits de Lyon... jusqu'aux Alpes ! Piscine couverte, fitness etc. Le luxe absolu.

35 chambres - 450/545 € 450/1475 € - 2 suites

Plan : 5E3-e *8 r. du Professeur-Pierre-Marion 69005 Minimes - 04 78 16 01 01 - www.villa-maia.com*

Lyon Ouest

BUSINESS • CONTEMPORAIN Un hôtel moderne dans un quartier en plein développement, sur les quais de Saône. Les chambres sont spacieuses et bien agencées ; certaines d'entre elles offrent une jolie vue sur la rivière. Le tout à deux pas de plusieurs restaurants et d'un complexe de cinémas.

102 chambres - 69/210 € 69/210 € - 15 €

Plan : 3E1-f *50 quai Professeur Paul-Sédaillan 69009 Gare de Vaise - 04 72 66 01 01 - www.hotellyonouest.com*

Fourvière Hôtel

DEMEURE HISTORIQUE • DESIGN Sur la colline de Fourvière, à deux pas du théâtre antique, cet hôtel en briques rouges et pierres dorées a investi un ancien couvent du 19e s. : réception dans la magnifique chapelle, quand les chambres et le restaurant s'articulent autour du cloître. Une expérience presque mystique !

75 chambres - 109/310 € 109/310 € - 1 suite - 20 €

Plan : 5E3-a *23 r. Roger Radisson 69005 Fourvière - 04 74 70 07 00 - www.fourviere-hotel.com*

Dock Ouest

URBAIN • CONTEMPORAIN Un hôtel bien situé dans ce quartier flambant neuf, juste en face du "fast-food" de Paul Bocuse et d'un cinéma. Dans cet environnement accueillant, les chambres sont sobres et confortables (avec un coin kitchenette). Petit-déjeuner gourmand.

43 chambres - 75/242 € 75/242 € - 13 €

Plan : 1B1-b *39 r. des Docks 69009 Gare de Vaise - 04 78 22 34 34 - www.dockouest.com*

Collège

BUSINESS • PERSONNALISÉ Pupitres, cheval d'arçon, cartes géographiques : tout ici évoque l'école d'antan, dans un esprit design. Les chambres, dont certaines sont équipées d'un balcon ou d'une terrasse, sont d'une blancheur immaculée ; on peut aussi profiter du sympathique bar à goneries - les tapas lyonnaises !

40 chambres - 89/249 € 89/249 € - 16 €

Plan : 3F3-f *5 pl. St-Paul 69005 Vieux Lyon - 04 72 10 05 05 - www.college-hotel.com*

Presqu'Île · Croix-Rousse

1°-2°-4° ARRONDISSEMENTS

P. Jacques / hemis.fr

Restaurants

✿✿ Mère Brazier (Mathieu Viannay)

CUISINE MODERNE · ÉLÉGANT XXX Figure tutélaire de la cuisine lyonnaise, Eugénie Brazier (1895-1977) s'est sans doute penchée sur le berceau de Mathieu Viannay, Meilleur Ouvrier de France. Il insuffle son talent et son inspiration au cœur de cette maison emblématique, entre classicisme de haute volée et esprit de création. Quelle belle continuité !

➜ Artichaut et foie gras. Pain de brochet croustillant aux écrevisses. Soufflé au Grand-Marnier.

Formule 70 € 🍷 – Menu 100/160 € – Carte 140/180 €

Plan : 3F2-a *12 r. Royale ✉ 69001 Ⓜ Hôtel de Ville – ✆ 04 78 23 17 20 – www.lamerebrazier.fr – Fermé 10-18 fév., 3-26 août, sam. et dim.*

✿ Les Trois Dômes

CUISINE MODERNE · CONTEMPORAIN XXX Au dernier étage de l'hôtel, une cuisine pleine de hauteur, jouant sur de somptueux accords mets et vins. D'une terrine de pot-au-feu de foie gras à un gigotin d'agneau du Limousin, les classiques sont revisités sans faute. Quant à la salle, élégante et épurée, elle offre une vue sur Lyon tout simplement magique...

➜ Quenelles de brochet, sauce écrevisse et pousses d'épinard. Filet de bœuf Salers, foie gras chaud, artichauts violets et sauce au vin rouge. Macaron au chocolat nyangbo, glace au safran.

Menu 47 € (déj.), 81/125 € – Carte 100/180 €

Plan : 5F4-p *Hôtel Sofitel Lyon Bellecour, 20 quai Gailleton (8ème étage) ✉ 69002 Ⓜ Bellecour – ✆ 04 72 41 20 97 – www.les-3-domes.com – Fermé août, dim. et lundi*

✿ Prairial (Gaëtan Gentil)

CUISINE MODERNE · ÉPURÉ X Gaëtan Gentil a repris au printemps 2015 ce restaurant de la Presqu'île, avec son cadre agréable, agrémenté d'un mur végétal... Il y décline une "gastronomie décomplexée" : une cuisine de l'instant, résolument créative, au cœur de laquelle domine le végétal.

➜ Cuisine du marché.

Menu 34 € (déj. en semaine), 53/88 €

Plan : 4F3-e *11 r. Chavanne ✉ 69001 Ⓜ Cordeliers – ✆ 04 78 27 86 93 – www.prairial-restaurant.com – Fermé 6 -12 mars, 1er-7 mai, 28 août-17 sept., dim. et lundi*

Balthaz'art

CUISINE MODERNE · BISTRO X Presque au sommet de la Croix-Rousse, ce restaurant – l'ancien QG du PCF – se mérite ! Le rouge est omniprésent (comme il se doit), et l'œil se pose sur des reproductions de Picasso ou Modigliani : il y a de la fantaisie et de la beauté dans la déco comme dans l'assiette... et la carte change tous les deux mois.

Menu 17 € (déj. en semaine), 29/34 € – Carte 33/46 €

Plan : 3F2-m *7 r. des Pierres-Plantées ✉ 69001 Ⓜ Croix-Rousse – ✆ 04 72 07 08 88 – www.restaurantbalthazart.com – Fermé 2 semaines en août, 24 déc.-1er janv., mardi midi, merc. midi, dim. et lundi*

Le Bistrot des Voraces

CUISINE TRADITIONNELLE • BISTRO X Êtes-vous simplement gourmand... ou franchement vorace ? Dans tous les cas, ce bistrot de quartier de la Croix-Rousse saura vous combler : son chef, Cédric Blin, a fait ses classes aux Crayères (à Reims) du temps de Gérard Boyer et chez Jean-Paul Lacombe, avant de se lancer ici en solo... Comme il a bien fait : le rapport plaisir-prix est excellent !

Menu 25 €

Plan : 3F2-t *13 r. d'Austerlitz ✉ 69004 Ⓜ Croix-Rousse - ✆ 04 72 07 71 86 - www.bistrotdesvoraces.fr - Fermé 3 semaines en août, sam., dim. et féries*

L'Ourson qui Boit

CUISINE MODERNE • CONVIVIAL X Le Tout-Lyon est fan de cet ourson ! C'est qu'il est craquant avec son décor de bistrot contemporain épuré comme une estampe... Un signe ? Le chef, Akira Nishigaki, a fait ses classes dans de belles maisons françaises. Résultat, la tradition lyonnaise et l'excellence japonaise fusionnent à prix imbattables ! Réservez à l'avance...

Formule 20 € - Menu 32 €

Plan : 3F2-b *23 r. Royale ✉ 69001 Ⓜ Croix-Paquet - ✆ 04 78 27 23 37 - Fermé 4 semaines en juil.-août, 2 semaines en déc., sam. soir, merc., dim. et fériés*

Augusto

CUISINE ITALIENNE • COSY X Difficile de ne pas s'enthousiasmer devant le travail d'Augusto, le jeune chef brésilien - très investi - aux commandes de ce restaurant... italien ! De beaux produits, une exécution précise, des assiettes parfumées et colorées comme il se doit : séduisant jusque dans les détails, sans parler de l'accueil, charmant.

Formule 17 € - Menu 19 € (déj.), 26/29 € - Carte 33/46 € dîner

Plan : 5F3-g *6 r. Neuve ✉ 69002 Ⓜ Cordelier - ✆ 04 72 19 44 29 - augusto-restaurant-lyon.fr - Fermé 3 semaines en août, dim. et lundi*

Substrat

CUISINE MODERNE • BISTRO X "Produits de la cueillette et vins à boire" : voici la promesse de cette table entre maison de campagne et atelier d'artisan... La promesse est tenue : ail des ours, airelles, cèpes, bolets et autres myrtilles accompagnent des assiettes savoureuses et débordantes de nature, accompagnées de beaux cépages. On se régale !

Formule 19 € - Menu 22 € (déj. en semaine), 33/44 € - Carte environ 40 €

Plan : 3F2-d *7 r. Pailleron ✉ 69004 Ⓜ Hénon - ✆ 04 78 29 14 93 - www.substrat-restaurant.com - Fermé 1 semaine en mars, 3 semaines en août et dim.*

Le Canut et les Gones

CUISINE MODERNE • BISTRO X Une ambiance unique, entre bistrot et brocante - bar en formica, parquet au sol, tapisserie vintage, collection d'horloges anciennes aux murs -, une cuisine moderne et bien rythmée par les saisons, une carte des vins garnie de plus de 300 références... Dans un coin peu fréquenté de la Croix-Rousse, une adresse à découvrir absolument.

Formule 18 € - Menu 21 € (déj. en semaine)/32 €

Plan : 3F2-e *29 r. Belfort ✉ 69004 Ⓜ Croix-Rousse - ✆ 04 78 29 17 23 - www.lecanutetlesgones.com - Fermé dim. et lundi*

Brasserie Léon de Lyon

CUISINE TRADITIONNELLE • ÉLÉGANT XX Cette institution lyonnaise, fondée en 1904, a conservé son cadre cossu et son atmosphère conviviale. Pâté en croûte maison à l'ancienne, quenelle de brochet cuite au four, tarte aux pralines roses de Saint-Genix : difficile de résister à cette bonne cuisine, dans la droite ligne de la tradition lyonnaise !

Formule 25 € - Menu 29 € - Carte 43/55 €

Plan : 5F3-r *1 r. Pleney (angle r. du Plâtre) ✉ 69001 Ⓜ Hôtel de Ville - ✆ 04 72 10 11 12 - www.leondelyon.com*

L'Éclat

CUISINE CRÉATIVE · COSY XX En bordure des quais de Saône, ce restaurant au cadre cosy et feutré, où officie le jeune chef de cuisine Vincent Leleu, propose une cuisine sagement créative, qui se renouvelle selon son inspiration et les saisons, autour de menus imposés.

Menu 30 € (déj. en semaine), 45/75 €

Plan : 5F3-m *13 quai de la Pêcherie ✉ 69001 Ⓜ Cordeliers – ✆ 04 72 02 00 30 – Fermé 3 semaines en août, dim. et lundi*

Le Passage

CUISINE CLASSIQUE · CHIC XX Un Passage chaleureux, fait de boiseries, de tapisseries pourpres et de lustres en cristal. Honneur à la cuisine classique : saumon fumé maison, marbré de foie gras aux figues, escalope de ris de veau poêlée. Jolie terrasse dans le patio.

Menu 42 € – Carte 50/70 €

Plan : 5F3-r *8 r. Plâtre ✉ 69001 Ⓜ Hôtel de Ville – ✆ 04 78 28 11 16 – www.le-passage.com – Fermé dim., lundi et fériés*

La Tassée

CUISINE TRADITIONNELLE · ÉLÉGANT XX Une institution locale, tenue par la même famille depuis trois générations. Les incontournables de la maison : raie au beurre noisette, volaille fermière au vinaigre, gras double sauté à la lyonnaise… Ici, on cultive l'art de mêler tradition, terroir et esprit contemporain sans perdre son âme !

Menu 25 € (déj. en semaine), 32/81 € – Carte 43/82 €

Plan : 5F4-u *20 r. de la Charité ✉ 69002 Ⓜ Bellecour – ✆ 04 72 77 79 00 – www.latassee.fr – Fermé 3 semaines en août, sam. en juil. et dim.*

Brasserie Georges

CUISINE TRADITIONNELLE · BRASSERIE XX "Bonne bière et bonne chère depuis 1836" : un slogan qui ne se dément pas ! La bière est effectivement brassée sur place ; on apprécie le cadre Art déco jalousement préservé et la spécialité de choucroute – un hommage aux origines alsaciennes du fondateur… Une véritable institution pour tous les Lyonnais.

Menu 23/28 € – Carte 30/51 €

Plan : 5F4-b *30 cours de Verdun ✉ 69002 Ⓜ Perrache – ✆ 04 72 56 54 54 – www.brasseriegeorges.com*

Le Vivarais

CUISINE TRADITIONNELLE · CLASSIQUE XX Avant 1789, le pays de Vivarais couvrait l'actuelle Ardèche, au sud de Lyon ; plus de deux siècles plus tard, ce terroir est toujours vivant ! Ici, le patron et sa fille cuisinent à quatre mains, proposant pâté en croûte maison, fond d'artichaut des Mères lyonnaises au foie gras et quenelles… Appétissant chariot de pâtisseries.

Formule 23 € – Menu 29/39 € – Carte 37/57 €

Plan : 5F3-r *1 pl. Gailleton ✉ 69002 Ⓜ Bellecour – ✆ 04 78 37 85 15 – www.restaurant-levivarais.fr – Fermé dim.*

Victoire & Thomas

CUISINE CRÉATIVE · CHIC X Le concept imaginé par Victoire et Thomas : une "cuisine de partage" fusion et créative, sous forme de plats et de planches, accompagnée de vins prestigieux sélectionnés soigneusement par leurs soins. Tout cela est servi dans le cadre étonnant d'un ancien atelier de soierie, tout en pierres apparentes et matériaux de qualité (bois, verre, laiton)… La classe.

Formule 18 € – Menu 22 € – Carte 39/49 €

Plan : 5F3-m *27 r. de l'Arbre-Sec ✉ 69001 Ⓜ Hôtel de Ville – ✆ 04 81 11 86 19 – www.victoire-thomas.com – Fermé dim. et lundi*

L'Institut

CUISINE MODERNE • ÉLÉGANT Place Bellecour, le restaurant d'application de l'Institut Paul-Bocuse n'a rien d'une école ! Dans un décor très contemporain signé Pierre-Yves Rochon, avec des cuisines ouvertes sur la salle, les élèves délivrent une prestation exigeante. Les assiettes, fort bien maîtrisées, méritent une bonne note.

Carte environ 51 €

Plan : 5F4-g *Hôtel Le Royal, 20 pl. Bellecour 69002 Bellecour – 04 78 37 23 02 – www.institutpaulbocuse.com – Fermé 6-28 août, 24 déc.-8 janv., dim. et lundi*

Curnonsky

CUISINE MODERNE • VINTAGE On passe un moment convivial dans ce bistrot-cave du plateau de la Croix-Rousse, emmené par un jeune chef autodidacte : il propose une cuisine simple et efficace, aux saveurs bien marquées. Tout est fait maison avec des produits d'une grande fraîcheur... Le tout à des prix imbattables ! À noter aussi : 320 références de vins.

Formule 17 € – Menu 19 € (déj. en semaine)/32 € – Carte 38/42 €

Plan : 3F2-t *14 r. Pelletier 69004 Hénon – 04 78 27 47 23 – Fermé août et lundi midi*

Cercle Rouge

FUSION • BISTRO Cette petite façade vitrée, sise dans une rue animée proche de l'Opéra, dissimule un jeune bistrot, proposant une cuisine fusion aux influences asiatiques, sud-américaines, britanniques... à la belle maîtrise technique. Atmosphère très conviviale.

Formule 16 € – Menu 19/35 €

Plan : 5F3-t *36 r. de l'Arbre-Sec 69001 Hôtel de Ville – 04 78 28 41 98 – cercle-rouge.fr – Fermé 1er-15 août, dim. et lundi*

La Voûte - Chez Léa

CUISINE LYONNAISE • TRADITIONNEL L'un des plus vieux restaurants de Lyon ! Une équipe dynamique accueille la clientèle avec le sourire ; dans cette chaleureuse atmosphère, on perpétue avec brio la tradition (saucisson chaud, tablier de sapeur, poulet au vinaigre de vin vieux, cervelle de canut...). Une valeur sûre !

Menu 21 € (déj. en semaine)/30 € – Carte 37/61 €

Plan : 5F3-e *11 pl. Antonin-Gourju 69002 Bellecour – 04 78 42 01 33 – www.lavoutechezlea.com – Fermé 2 semaines en août et dim.*

Les Boulistes

CUISINE TRADITIONNELLE • BISTRO Sur le plateau de la Croix-Rousse, ce restaurant situé sur une place (haut lieu de la pétanque... d'où le nom !) propose une cuisine traditionnelle et authentique à prix doux, dont de nombreuses cocottes (cassolette d'escargots). A déguster dans un cadre bistrot, ou sur la terrasse, installée dès les beaux jours et prise d'assaut, l'été venu !

Formule 17 € – Menu 25 € – Carte 30/40 €

Plan : 3E2-g *9 pl. Tabareau 69004 Croix-Rousse – 04 78 28 44 13 – www.lesboulistes.fr – Fermé 1 semaine en mai, vacances de Noël, dim. et lundi*

La Bijouterie

CUISINE CRÉATIVE • CONVIVIAL Cette Bijouterie n'a rien d'ostentatoire : le chef, tatoué et barbu, propose une cuisine pleine de vivacité, aux touches asiatiques. Les produits sont de qualité, les circuits courts privilégiés. Au déjeuner, menu 100% dim sum. Simple et convivial.

Formule 16 € – Menu 46 €

Plan : 3F3-f *16 r. Hippolyte-Flandrin 69001 Hôtel de Ville – 04 78 08 14 03 – www.labijouterierestaurant.fr – Fermé août, 1 semaine vacances de Noël, dim. et lundi*

Fond Rose

CUISINE TRADITIONNELLE • BRASSERIE Une maison bourgeoise des années 1920 transformée en brasserie chic par le groupe Bocuse, avec sa terrasse entourée d'arbres centenaires : une certaine idée de la quiétude. La cuisine se révèle généreuse et savoureuse, dans la tradition des bords de Saône : grenouilles, quenelles, etc. Une certaine idée du goût !

Formule 27 € – Menu 31 € (déj. en semaine) – Carte 40/70 €

Plan : 3F1-v *23 chemin de Fond-Rose ✉ 69300 Caluire-et-Cuire – ✆ 04 78 29 34 61 – www.brasseries-bocuse.fr*

Le Sud

CUISINE MÉDITERRANÉENNE • BRASSERIE Il y a quelque chose de l'élégance grecque dans le décor blanc et bleu de cette brasserie Bocuse située à deux pas de la place Bellecour. Ce n'est pas un hasard : ici, c'est le Sud – pastilla de volaille cannelle et coriandre ; souris d'agneau en couscous ; morue fraîche en aïoli... Et ça l'est plus encore en été, en terrasse.

Formule 24 € – Menu 27 € (déj. en semaine) – Carte 35/60 €

Plan : 5F4-x *11 pl. Antonin-Poncet ✉ 69002 Ⓜ Bellecour – ✆ 04 72 77 80 00 – www.brasseries-bocuse.com*

Le Centre by Georges

VIANDES • BRASSERIE Georges Blanc, le célèbre chef de Vonnas, est à l'initiative de cette brasserie contemporaine. L'adresse est dédiée à la viande – de belles viandes : charolais, bœuf Wagyu, côtelettes d'agneau de Sisteron ou encore volaille de Bresse –, accompagnées d'un grand choix de garnitures et de sauces. Avis aux carnivores !

Formule 20 € – Menu 24 € (déj. en semaine)/32 € – Carte 40/75 €

Plan : 3F3-y *14 r. Grolée ✉ 69002 Ⓜ Cordeliers – ✆ 04 72 04 44 44 – www.lespritblanc.com*

Le Potager des Halles

CUISINE TRADITIONNELLE • CONVIVIAL Une table sympathique, entre quais de la Saône et halles de la Martinière. Cadre contemporain et cuisine actuelle rythmée par les saisons à l'étage, ambiance bistrot au rez-de-chaussée, autour d'assiettes à partager façon tapas. Deux atmosphères pour le prix d'une !

Menu 19 € (déj. en semaine)/36 € – Carte environ 46 €

Plan : 3F3-t *3 r. de la Martinière ✉ 69001 Ⓜ Hôtel de Ville – ✆ 04 72 00 24 84 – www.lepotagerdeshalles.com – Fermé 3 semaines en août, dim. et lundi*

Thomas

CUISINE TRADITIONNELLE • BISTRO Dans ce bistrot contemporain, la cuisine navigue entre tradition (la spécialité est le pain perdu) et des préparations plus actuelles. En face, le Bistrot et le Bouchon viennent compléter l'offre de restauration du chef-patron Thomas Ponson.

Formule 18 € – Menu 22 € (déj.), 36/47 €

Plan : 5F4-w *6 r. Laurencin ✉ 69002 Ⓜ Bellecour – ✆ 04 72 56 04 76 – www.restaurant-thomas.com – Fermé 24 déc.-2 janv., sam. et dim.*

Le Nord

CUISINE TRADITIONNELLE • BRASSERIE La plus petite des brasseries Bocuse, avec véranda sur la rue et salons privatifs à l'étage. En cuisine, la brigade a été à bonne école : la fraîcheur des produits est un dogme, et la tradition rime avec générosité et saveur. Salade lyonnaise, saucisson chaud pistaché en brioche, escargots de Bourgogne, etc. : une valeur sûre.

Formule 24 € – Menu 27 € (semaine)/33 € – Carte 36/62 €

Plan : 5F3-p *18 r. Neuve ✉ 69002 Ⓜ Hôtel de Ville – ✆ 04 72 10 69 69 – www.nordsudbrasseries.com*

Café Terroir

CUISINE DU TERROIR • CONVIVIAL X Dénicher les meilleurs produits de la région et en faire de belles assiettes gourmandes : tel est le crédo des deux jeunes patrons de ce Café Terroir, installé près du théâtre des Célestins. Les classiques maison : parmentier de volaille fermière de l'Ain, saucisson chaud pistaché, cervelle de canut...

Menu 21 € (déj. en semaine) - Carte 29/40 €

Plan : 5F3-f *14 r. d'Amboise ✉ 69002 Ⓜ Bellecour - ✆ 09 53 36 08 11 - www.cafeterroir.fr - Fermé dim. sauf le soir de sept. à avril et lundi*

L'Ébauche

CUISINE MODERNE • BISTRO X À deux pas des quais de Saône et des halles de la Martinière, ce repaire bistronomique est l'œuvre d'un jeune chef qui a été à bonne école (Mathieu Viannay, Guy Savoy, Pierre Gagnaire à Londres). Il décline une cuisine du marché simple et franche, avec par exemple un délicieux pâté en croûte... déjà un classique de la maison !

Formule 15 € - Menu 20 € (déj. en semaine)/30 €

Plan : 3F3-b *4 r. de la Martinière ✉ 69001 Ⓜ Hôtel de Ville - ✆ 04 78 58 12 58 - Fermé dim. midi, mardi midi et lundi*

L'Atelier des Augustins

CUISINE MODERNE • CONTEMPORAIN X Passé par de belles maisons et ancien chef des ambassades de France à Londres et à Bamako, Nicolas Guilloton a quitté les ors protocolaires pour créer cet Atelier empreint de sobriété, mais où la cuisine reste une affaire capitale : il signe de jolies recettes, colorées et pleines de parfum, d'une belle modernité !

Formule 20 € - Menu 41 € (dîner) - Carte 42/61 €

Plan : 3F3-j *11 r. des Augustins ✉ 69001 Ⓜ Hôtel de Ville - ✆ 04 72 00 88 01 - www.latelierdesaugustins.com - Fermé 1 semaine en mai, 2 semaines en août, 1 semaine à Noël, sam. midi, dim. et lundi*

Maison Villemanzy

CUISINE TRADITIONNELLE • BISTRO X Perchée sur les pentes de la Croix-Rousse, cette maison offre en terrasse une vue splendide sur la ville. On y déguste les recettes familiales de la maison, à l'instar du gâteau de foies de volaille à la Lyonnaise, ou de la cassolette d'andouillette, dont raffolent les habitués... Prix aimables.

Formule 16 € - Menu 29 €

Plan : 3F2-h *25 montée St-Sébastien ✉ 69001 Ⓜ Croix-Paquet - ✆ 04 72 98 21 21 - www.maison-villemanzy.com - Fermé 3-20 août, 23 déc.-7 janv., lundi midi et dim.*

La Terrasse St-Clair

CUISINE TRADITIONNELLE • BISTRO X Hommage à la Fanny - tant redoutée des boulistes ! - dans ce restaurant sympathique et convivial, aux allures de guinguette. Bonne cuisine de tradition, terrasse sous les platanes et... terrain de pétanque évidemment.

Formule 19 € - Menu 29 €

Plan : 4G1-s *2 Grande-Rue-St-Clair ✉ 69300 Caluire-et-Cuire - ✆ 04 72 27 37 37 - www.terrasse-saint-clair.com - Fermé 5-22 août, 23 déc.-7 janv., dim. et lundi*

Brasserie des Confluences Ⓝ

CUISINE MODERNE • CONTEMPORAIN X Cette brasserie contemporaine ouverte début 2015 est aussi celle du Musée des Confluences, à l'architecture moderne de verre, béton et inox. Rassurez-vous, ce n'est pas ce qu'on sert ici : la cuisine, au goût du jour, revisite la tradition avec gourmandise. Ainsi ce pâté en croûte, foie gras et volaille ou le vol au vent, sauce Nantua.

Formule 24 € - Menu 49 € - Carte 40/60 €

Plan : 1B2-r *86 quai Perrache (au musée des Confluences) ✉ 69002 - ✆ 04 72 41 12 34 - www.museedesconfluences-restauration.com - Fermé dim. soir et lundi*

Les bouchons

Daniel et Denise Croix-Rousse

CUISINE LYONNAISE · BOUCHON LYONNAIS Ce Daniel et Denise Croix-Rousse – le troisième du genre, après la rue de Créqui et le quartier St-Jean – rencontre le même succès que ses grands frères ! Il faut dire que Joseph Viola n'a pas son pareil pour proposer une cuisine lyonnaise fraîche et soignée, dans un délicieux décor de bouchon...

Formule 21 € – Menu 33/50 € – Carte 38/51 €

Plan : 3F2-a *8 r. de Cuire ✉ 69004 Ⓜ Croix-Rousse – ✆ 04 78 28 27 44 – www.daniel-et-denise.fr – Fermé dim. et lundi*

Le Garet

CUISINE LYONNAISE · BOUCHON LYONNAIS Une véritable institution bien connue des amateurs de cuisine lyonnaise : tête de veau, tripes, quenelles ou andouillettes se dégustent en toute convivialité dans un cadre exemplaire du genre. Le tout est complété par une ardoise du jour avec des plats du marché, aux prix raisonnables.

Menu 20 € (déj.)/28 € – Carte 25/43 €

Plan : 3F3-a *7 r. du Garet ✉ 69001 Ⓜ Hôtel de Ville – ✆ 04 78 28 16 94 – Fermé 28 juil.-28 août, sam. et dim.*

Le Bouchon des Filles

CUISINE LYONNAISE · BISTRO À côté de la charmante place Sathonay, dans une petite rue pavée, une poignée de Filles tiennent ce bouchon de carte postale, aussi mignon que chaleureux. Côté cuisine, elles revisitent des plats de tradition lyonnaise avec une pointe de légèreté : c'est simple, frais, goûteux et généreux !

Menu 26/29 €

Plan : 3F3-z *20 r. Sergent-Blandan ✉ 69001 Ⓜ Hôtel de Ville – ✆ 04 78 30 40 44 – Fermé vacances de Noël et le midi sauf sam. et dim.*

La Meunière

CUISINE LYONNAISE · BOUCHON LYONNAIS Œuf meurette, quenelle de brochet, tête de veau sauce gribiche et tablier de sapeur : la plupart des spécialités du bouchon lyonnais sont au rendez-vous de cette vénérable maison. Le tout mis en orbite par deux associés – Franck Delhoum et Olivier Canal – déjà connus des gourmets de la région !

Formule 17 € – Menu 19 € (déj. en semaine), 29/36 € – Carte 29/46 €

Plan : 5F3-x *11 r. Neuve ✉ 69001 Ⓜ Hôtel de Ville – ✆ 04 78 28 62 91 – Fermé 3 semaines en août, dim. et lundi*

Le Musée

CUISINE LYONNAISE · BOUCHON LYONNAIS Un bouchon sincère et authentique ! Nappes à carreaux, tables au coude-à-coude, et une sacrée ambiance : le décor est planté. En cuisine, le jeune chef réalise les classiques avec un vrai savoir-faire : saucisson pistaché brioché fait maison (il est aussi boulanger), langue d'agneau sauce ravigote... Que du bon !

Menu 24 € (déj.)/29 € – Carte environ 31 €

Plan : 5F3-c *2 r. des Forces ✉ 69002 Ⓜ Cordeliers – ✆ 04 78 37 71 54 – Fermé août, 24 déc.-2 janv., sam. soir, dim. et lundi*

Le Poêlon d'or

CUISINE LYONNAISE · BISTRO On ne sait si le chef utilise effectivement un poêlon d'or ; en tout cas, il doit avoir un secret pour si bien revisiter le terroir lyonnais, et proposer une cuisine aussi goûteuse et parfaitement ficelée. Du gâteau de foie de volaille et coulis de tomate, à la quenelle de brochet en gratin et sauce béchamel... À découvrir !

Formule 18 € – Menu 20 € (déj.), 27/34 € – Carte 27/50 €

Plan : 5F4-h *29 r. des Remparts-d'Ainay ✉ 69002 Ⓜ Ampère – ✆ 04 78 37 65 60 – www.lepoelondor-restaurant.fr – Fermé 4-26 août, sam. et dim.*

Hôtels

Sofitel Lyon Bellecour

HÔTEL DE CHAÎNE • CONTEMPORAIN Un Sofitel luxueux et élégant, de facture contemporaine, où la soie – fierté des célèbres canuts lyonnais – est à l'honneur ! Pour l'anecdote, Bill Clinton a séjourné dans la suite présidentielle. Deux options à l'heure des repas : les Trois Dômes ou le Silk (carte internationale, cadre zen).

135 chambres – 205/1200 € 205/1200 € – 29 suites – 26 €

Plan : 5F4-p *20 quai Gailleton ✉ 69002 Ⓜ Bellecour – ✆ 04 72 41 20 20 – www.sofitel.com*

Les Trois Dômes – voir les restaurants ci-dessus

Lyon Métropole

BUSINESS • FONCTIONNEL Avis aux sportifs : cet hôtel abrite une piscine olympique et de nombreux équipements (fitness, courts de tennis, superbe spa, etc.). Un vrai resort urbain ! Au restaurant, la carte met les produits de la mer à l'honneur.

174 chambres – 129/300 € 129/300 € – 20 €

Plan : 3E1-k *85 quai Joseph Gillet ✉ 69004 – ✆ 04 72 10 44 44 – www.lyonmetropole.com*

Le Royal

LUXE • ÉLÉGANT Inauguré en 1912, le Royal séduit alors par son confort et son raffinement. Cent ans plus tard, cette institution n'a rien perdu de son charme et de son chic... Moulures, toiles de Jouy, mobilier bourgeois : l'élégance, tout simplement.

72 chambres – 140/500 € 160/500 € – 5 suites – 25 €

Plan : 5F4-g *20 pl. Bellecour ✉ 69002 Ⓜ Bellecour – ✆ 04 78 37 57 31 – www.sofitel.com*

L'Institut – voir les restaurants ci-dessus

Carlton

BUSINESS • ÉLÉGANT Entièrement restauré en 2013, cet illustre établissement téléporte ses hôtes dans une atmosphère 1930, tout en dominantes de rouges. Les chambres sont spacieuses et bien aménagées, et l'ascenseur d'époque est magnifique. Le mariage du confort et du charme !

80 chambres – 155/530 € 155/530 € – 25 €

Plan : 5F3-v *4 r. Jussieu ✉ 69002 Ⓜ Cordeliers – ✆ 04 78 42 56 51 – www.mgallery.com*

Globe et Cécil

TRADITIONNEL • PERSONNALISÉ Un hôtel de la fin du 19e s. à deux pas de la place Bellecour, avec des chambres charmantes (parquet et cheminée dans certaines) et bien tenues. Le grand hall et le salon offrent un confort de premier ordre.

60 chambres – 116/220 € 126/270 € – 18 €

Plan : 5F3_4-b *21 r. Gasparin ✉ 69002 Ⓜ Bellecour – ✆ 04 78 42 58 95 – www.globeetcecilhotel.com*

Novotel Confluence

HÔTEL DE CHAÎNE • CONTEMPORAIN Dans ce quartier flambant neuf des bords de Saône, un hôtel à l'architecture contemporaine. Chambre agréables et restaurant design avec terrasse sur la rivière.

147 chambres – 83/250 € 133/300 € – 3 suites – 17 €

Plan : 5E5-n *3 r. Paul-Montrochet ✉ 69002 Ⓜ Perrache – ✆ 04 37 23 64 00 – www.accorhotels.com*

Grand Hôtel des Terreaux

TRADITIONNEL • COSY Chambres décorees avec goût, petite piscine intérieure sous des voûtes anciennes et service attentif : ce relais de poste du 19e s. est propice à un séjour rasséréнant, au cœur de la ville.

53 chambres – 95/175 € 115/275 € – 17 €

Plan : 3F3-u *16 r. Lanterne ✉ 69001 Ⓜ Hôtel de Ville – ✆ 04 78 27 04 10 – www.hotel-lyon-grandhoteldesterreaux.fr*

Hôtel des Artistes

BUSINESS • FONCTIONNEL Impossible de manquer les trois coups depuis cet hôtel voisin du théâtre des Célestins, en plein centre-ville ! Et quand l'heure du repos a sonné, on file dans une chambre fraîche et bien entretenue.

45 chambres – 70/150 € 90/190 € – 14 €

Plan : 5F3-h *8 r. Gaspard-André ✉ 69002 Ⓜ Bellecour – ✆ 04 78 42 04 88 – www.hotel-des-artistes.fr*

Mercure Plaza République

BUSINESS • FONCTIONNEL Un agréable hôtel de chaîne situé tout près des quais du Rhône, dont les chambres affichent un style épuré et contemporain. Clientèle business et touristique.

82 chambres – 109/250 € 109/250 € – 19 €

Plan : 5F3-k *5 r. Stella ✉ 69002 Ⓜ Cordeliers – ✆ 04 78 37 50 50 – www.mercure.com*

Alexandra

BOUTIQUE HÔTEL • COSY Idéalement situé entre Bellecour et Perrache, un hôtel aux chambres cosy et feutrées, et à l'accueil charmant. L'agréable patio fleuri est apprécié aux beaux jours pour le petit-déjeuner ou pour prendre un verre, en fin de journée.

34 chambres – 119/329 € 119/329 € – 18 €

Plan : 5F4-r *49 r. Victor-Hugo ✉ 69002 Ⓜ Ampère – ✆ 04 78 37 75 79 – www.hotel-alexandra-lyon.fr*

Hôtel des Célestins

TRADITIONNEL • PERSONNALISÉ Entre la place Bellecour et les Célestins, un hôtel situé dans un immeuble d'habitation. Original ! Chambres agréables, dont trois jolies junior suites au 5e étage, avec grande douche à l'italienne.

29 chambres – 81/169 € 81/169 € – 11 €

Plan : 5F3-a *4 r. des Archers ✉ 69002 Ⓜ Bellecour – ✆ 04 72 56 08 98 – www.hotelcelestins.com*

Les Brotteaux · La Part-Dieu · La Guillotière · Gerland

3e-6e-7e-8e ARRONDISSEMENTS

P. Jacques / hemis.fr

Restaurants

✿✿ Le Neuvième Art (Christophe Roure)

CUISINE CRÉATIVE • DESIGN XXX Dans sa nouvelle adresse lyonnaise, Christophe Roure a préservé le meilleur. Subtile inventivité, précision dans les mariages de saveurs, intelligence des textures : c'est de l'art ! Aucune faute de goût non plus dans la très belle carte des vins, avec près de 400 références.

➜ Végétalisation monochrome d'un aspic de crabe et d'oursin. Saint-Jacques fraîches et truffe noire melanosporum comme un œuf à la neige. Soupe de pêche blanche, bulle de verveine et granité sphérique.

Formule 48 € – Menu 90/150 € – Carte 105/145 €

Plan : 4H3-b *173 r. Cuvier ✉ 69006 Ⓜ Brotteaux – ✆ 04 72 74 12 74 – www.leneuviemeart.com – Fermé 11-26 fév., 5-28 août, dim. et lundi*

✿ Pierre Orsi

CUISINE CLASSIQUE • BOURGEOIS XXXX Venez profiter de l'élégance et du confort cossu d'une opulente maison bourgeoise ! La grande tradition est à l'honneur dans l'assiette – foie gras, homard, turbot au beurre citronné, pigeonneau en cocotte – et le verre n'est pas en reste : la carte des vins, avec ses 1 000 références, est tout simplement exceptionnelle.

➜ Ravioles de foie gras de canard au jus de porto et truffes. Homard en carapace "Pierre Orsi". Crêpe Suzette au beurre d'orange.

Menu 60 € (déj. en semaine), 115 € 🍷/135 € 🍷 – Carte 85/175 €

Plan : 4G3-e *3 pl. Kléber ✉ 69006 Ⓜ Masséna – ✆ 04 78 89 57 68 – www.pierreorsi.com – Fermé dim. et lundi sauf fériés*

✿ Le Gourmet de Sèze (Bernard Mariller)

CUISINE CLASSIQUE • ÉLÉGANT XXX Son déménagement – un saut de puce dans la rue de Sèze – n'a en rien entamé l'appétit de ce Gourmet ! Dans un intérieur spacieux et chaleureux, on continue de profiter de l'inventivité et du sens du détail du chef, Bernard Mariller ; il rend toujours un bel hommage à ses maîtres, parmi lesquels Robuchon et Chavent.

➜ Saint-Jacques d'Erquy. Pied de cochon à la lyonnaise retravaillé. Citron revisité.

Formule 38 € – Menu 58/125 €

Plan : 4GH3-z *125 r. de Sèze ✉ 69006 Ⓜ Masséna – ✆ 04 78 24 23 42 – www.le-gourmet-de-seze.com – Fermé 15-18 fév., 29 juil.-24 août, dim., lundi et fériés*

✿✿ Takao Takano

CUISINE CRÉATIVE • DESIGN XX Comment ne pas tomber sous le charme du travail de Takao Takano ? Avec les meilleurs produits, il concocte pour ses clients une cuisine limpide, tout en originalité et en finesse. On se laisse bercer par l'harmonie et la subtilité de ses compositions : c'est exquis, tout simplement.

➜ Langoustines bretonnes saisies, œuf fermier fumé et battu. Cochon du Cantal et cèpes cuits au charbon de bois, condiment de l'oreille et du pied. Chocolat noir cru et cuit, pâte de citron et caramel au beurre demi-sel..

Menu 35 € (déj.), 65/100 €

Plan : 4G3-n *33 r. Malesherbes ✉ 69006 Ⓜ Foch – ✆ 04 82 31 43 39 – www.takaotakano.com – Fermé 3 semaines en août, sam. et dim.*

✿ Maison Clovis (Clovis Khoury)

CUISINE MODERNE • CONTEMPORAIN X Mobilier en bois exotique, tons gris métallisé : l'endroit est design et élégant, sans être guindé. Fin cuisinier, Clovis Khoury signe des créations de saison franchement originales et au moins aussi savoureuses, dans lesquelles infusent ses origines libanaises...

➜ Oursin d'Islande servi dans sa coque, cuisses de grenouilles et raviole de champignons. Lotte confite et marinée servie dans l'esprit d'un tajine. Soufflé chocolat grand cru et menthe poivrée.

Formule 32 € – Menu 59/95 € – Carte 60/110 €

Plan : 4H3-m *19 bd Brotteaux ✉ 69006 Ⓜ Brotteaux – ✆ 04 72 74 44 61 – www.maisonclovis.com – Fermé 6-14 mai, 5-27 août, 1er-7 janv., dim. et lundi*

✿ Le Passe Temps (Younghoon Lee)

CUISINE CRÉATIVE • ÉPURÉ X M. Lee, originaire de Séoul, a apporté un peu de son pays natal dans le quartier des Brotteaux : avec un sens aigu de l'esthétisme et des saveurs, il réinterprète la cuisine française en l'habillant de touches coréennes. Sa spécialité, le foie gras aux racines et légumes dans un bouillon de soja, est tout simplement délicieuse !

➜ Cuisine du marché.

Menu 33 € (déj. en semaine), 60/85 €

Plan : 4G3-y *52 r. Tronchet ✉ 69006 Ⓜ Masséna – ✆ 04 72 82 90 14 – www.lepassetemps-restaurant.com – Fermé 3 semaines en août, dim., lundi et fériés*

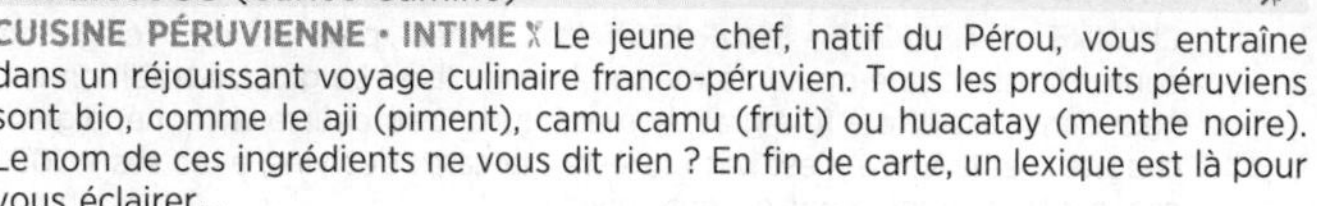

Miraflores (Carlos Camino)

CUISINE PÉRUVIENNE • INTIME Le jeune chef, natif du Pérou, vous entraîne dans un réjouissant voyage culinaire franco-péruvien. Tous les produits péruviens sont bio, comme le aji (piment), camu camu (fruit) ou huacatay (menthe noire). Le nom de ces ingrédients ne vous dit rien ? En fin de carte, un lexique est là pour vous éclairer...

➜ Ceviche liménien saisonnier. Poisson et viande selon la saison. Douceurs finales.

Menu 70/110 €

Plan : 4G3-p *60 r. Garibaldi ✉ 69006 Ⓜ Massena – ✆ 04 37 43 61 26 – www.restaurant-miraflores.com – Fermé en août, dim., lundi et le midi*

Saku Restaurant Ⓝ

CUISINE MODERNE • SIMPLE Saku, c'est le surnom du chef de cette adresse abritée derrière une devanture discrète. Lui et son épouse, Japonais tous deux, proposent une réjouissante cuisine française bien dans l'air du temps, parsemée de touches nipponnes. Les produits frais, toujours de saison, mais surtout le soin apporté aux assiettes : on passe un très bon moment.

Formule 14 € – Menu 18 € (déj.), 28/38 € – Carte 40/50 €

Plan : 6G4-m *27 r. Rachais ✉ 69007 Ⓜ Garibaldi – ✆ 04 78 69 45 31 – Fermé merc. midi et dim.*

33 Cité

CUISINE TRADITIONNELLE • BRASSERIE Trois chefs de talent – Mathieu Viannay (MOF en 2004), Christophe Marguin et Frédéric Berthod (passé par la "case" Bocuse) – se sont associés pour créer cette brasserie sympathique et gourmande, ouvrant sur le parc de la Tête-d'Or. Au menu : les belles spécialités du genre !

Formule 22 € – Menu 27 € – Carte 33/58 €

Plan : 4H1-t *33 quai Charles-de-Gaulle ✉ 69006 – ✆ 04 37 45 45 45 – www.33cite.com – Fermé 3 semaines en août*

Ani Ⓝ

CUISINE CRÉATIVE • BRANCHÉ Située entre la Part-Dieu et les bords du Rhône, la troisième adresse lyonnaise du chef-patron Gaby Didonna ne laisse pas indifférent : cuisine ouverte, avec possibilité de manger au comptoir, cadre de loft industriel et dans l'assiette, une cuisine créative, autour des produits de la mer, bien exécutée et savoureuse. Une réussite.

Formule 23 € – Menu 32 € – Carte 83/106 €

Plan : 6G3-u *199 r. de Créqui ✉ 69003 Ⓜ Place Guichard – ✆ 09 67 23 51 33 – Fermé dim. et lundi*

Imouto

FUSION • DESIGN Originaire du Vietnam, Gaby Didonna a ouvert son Imouto ("petite sœur", en japonais) dans un quartier populaire de Lyon. Il y cuisine en duo, avec Guy Kendell, son second australien. Résultat : de savoureuses recettes fusion, entre tradition française et influences nippones. Goûteux et toujours bluffant !

Formule 23 € – Menu 32 €

Plan : 6F4-n *21 r. Pasteur ✉ 69007 Ⓜ Guillotière – ✆ 04 72 76 99 53 – Fermé dim. et lundi*

Jour de Marché

CUISINE MODERNE • BISTRO Ce petit restaurant bistronomique, situé à deux pas des quais, porte bien son nom : le menu évolue jour après jour en fonction du marché, et séduit par son tempérament ludique, presque primesautier. Le service, attentionné, apporte la touche finale. Réjouissant !

Menu 22 € (déj.), 33/40 € – Carte 36/49 €

Plan : 4G3-d *14 r. Molière ✉ 69006 Ⓜ Foch – ✆ 04 78 24 74 59 – Fermé lundi soir, mardi soir, sam. midi, dim.*

M Restaurant

CUISINE DU MARCHÉ • BRANCHÉ X Voilà un lieu qui met de bonne humeur : pan de mur orangé, fauteuils design, tables en chêne brut, on s'y sent bien... En cuisine, la partition est dirigée par un ancien de Léon de Lyon, qui a su adapter son savoir-faire et son sérieux à l'air du temps, et proposer notamment un appétissant menu du marché : on M !

Formule 19 € – Menu 27/37 € – Carte 43/51 €

Plan : 4G3-s *47 av. Foch ✉ 69006 Ⓜ Foch – ✆ 04 78 89 55 19 – www.mrestaurant.fr – Fermé 1 semaine en fév., 3 semaines en août, sam. et dim.*

La Table 101

CUISINE MODERNE • CONTEMPORAIN X À côté des halles Paul-Bocuse, une table où les bons produits sont à la fête ! Dans l'assiette, le résultat est sans appel : une cuisine goûteuse, avec une touche créative maîtrisée. On est enthousiasmé jusqu'au dernier coup de fourchette, et l'addition, légère, achève de nous convaincre. Belle carte des vins.

Formule 22 € 🍷 – Menu 32/48 € – Carte 46/56 €

Plan : 4G3-m *101 r. Moncey ✉ 69003 Ⓜ Place Guichard – ✆ 04 78 60 90 23 – www.latable101.fr – Fermé 17-25 fév., 28 juil.-20 août, sam., dim. et fériés*

L'Art et la Manière

CUISINE TRADITIONNELLE • BISTRO X Un bistrot qui célèbre l'amitié, la cuisine du marché et ces vins gouleyants que l'on boit à prix doux. Une belle manière de découvrir le quartier de la Guillotière. Les habitués sont nombreux, pensez à réserver !

Formule 21 € – Menu 31 € – Carte 37/46 €

Plan : 6G4-a *102 Gde-Rue de la Guillotière ✉ 69007 Ⓜ Saxe-Gambetta – ✆ 04 37 27 05 83 – www.art-et-la-maniere.fr – Fermé 3 semaines en août, sam. et dim.*

Danton

CUISINE MODERNE • CONVIVIAL X Alexis Pouly, originaire des environs de Roanne, a travaillé dans de belles maisons avant de créer ce néobistrot convivial. Ses recettes vont à l'essentiel, dans une belle version canaille et gourmande (avec une carte des vins faisant honneur à la région, mais pas que). Sa marotte ? Les cuissons à basse température...

Formule 22 € – Menu 28/48 € – Carte 32/50 €

Plan : 6H4-r *8 r. Danton ✉ 69003 Ⓜ Part Dieu – ✆ 04 37 48 00 10 – Fermé août, 1 semaine vacances de Noël, sam., dim. et fériés*

Les Bonnes Manières

CUISINE LYONNAISE • BISTRO X Attention à respecter les Bonnes Manières ! Règle n° 1 : bien choisir parmi de délicieux plats de bouchon lyonnais : andouillette à la fraise de veau ou tête de veau sauce ravigote ? Règle n° 2 : se régaler en profitant de l'ambiance animée et conviviale. Règle n° 3 : en sortant, prévoir de revenir au plus tôt !

Formule 15 € – Menu 26 € – Carte 31/37 €

Plan : 6G4-a *104 Gde-Rue de la Guillotière ✉ 69007 Ⓜ Saxe-Gambetta – ✆ 09 84 03 64 90 – www.les-bonnesmanieres.fr – Fermé 3 semaines en août, lundi soir, sam. et dim.*

Le Kitchen Café

CUISINE MODERNE • BRANCHÉ X Dans le quartier des facultés Louis Lumière et Jean Moulin, ce Kitchen Café s'annonce comme un "must". Le cadre est minimaliste, avec huit petites tables carrées ; on savoure des assiettes faisant la part belle aux produits bio – notamment légumes – de la région... et de délicieux desserts !

Formule 20 € – Menu 30 €

Plan : 6F4-b *34 r. Chevreul ✉ 69007 Ⓜ Jean Macé – ✆ 06 03 36 42 75 – www.lekitchencafe.com – Fermé lundi, mardi et le soir*

Sauf Imprévu 

CUISINE TRADITIONNELLE • SIMPLE Félix Gagnaire mène cet accueillant bistrot dont l'œil est rivé sur la tradition. Terrine "Marguerite" en hommage à son arrière-grand-mère, cocos de Paimpol aux coquillages, côte de bœuf grillée avec frites maison : la clientèle se régale de ces plats gourmands et copieux. Tout est frais et fait maison, tout tombe juste… et les prix sont raisonnables !

Formule 22 € – Menu 26 € – Carte environ 34 €

Plan : 4G3-e *40 r. Pierre-Corneille ✉ 69006 Ⓜ Foch – ✆ 04 78 52 16 35 – Fermé 3 semaines en août, sam., dim. et le soir sauf jeudi*

Celest

MODERNE • CONTEMPORAIN Au 32e étage du "crayon", Celest domine tout Lyon… Dans un décor élégant, on découvre une cuisine au goût du jour, rythmée par les saisons et teintée de quelques influences méditerranéennes.

Formule 27 € – Menu 35 € (déj.)/65 € – Carte 41/95 €

Plan : 6G3-q *Hôtel Radisson Blu, 129 r. Servient (32ème étage) ✉ 69003 Ⓜ Part-Dieu – ✆ 04 78 63 55 46 – www.celest-bar-restaurant.com – Fermé 3 semaines en août, 24-30 déc., sam. midi et dim.*

Cazenove

CUISINE TRADITIONNELLE • COSY Un décor "so British", avec une ronde de sculptures en bronze et fauteuils Chesterfield… Dans cette atmosphère très chaleureuse, le jeune chef, d'origine chinoise, propose une cuisine de bistrot chic, classique et maîtrisée. L'adresse fait régulièrement salle comble !

Menu 38/80 € – Carte 52/117 €

Plan : 4G3-k *75 r. Boileau ✉ 69006 Ⓜ Masséna – ✆ 04 78 89 82 92 – www.le-cazenove.com – Fermé août, sam. et dim.*

Le Zeste Gourmand

CUISINE MODERNE • ÉPURÉ Une déco épurée, bien dans l'air du temps (dalles anthracite, murs blancs et jaunes, tableaux abstraits grand format…) et une cuisine au diapason : maîtrisée et savoureuse, basée sur des produits de qualité. À noter aussi un service en salle très avenant, avec de judicieux conseils sur le choix du vin : toujours précieux !

Formule 19 € – Menu 22 € (déj.), 42/62 € – Carte 42/69 €

Plan : 6G3-x *93 r. Bossuet ✉ 69006 Ⓜ Masséna – ✆ 04 78 26 07 97 – www.lezestegourmand.fr – Fermé sam. midi, dim. et lundi*

L'Alexandrin

CUISINE MODERNE • TRADITIONNEL Végétarien, répertoire lyonnais revisité, ou pure création : chaque menu propose une variation gourmande, à base beaux produits frais. Nouveauté : la table d'hôte de quatre convives située en cuisine, au cœur de l'action.

Formule 28 € – Menu 38 € (déj. en semaine), 60/115 €

Plan : 4G3-h *83 r. Moncey ✉ 69003 Ⓜ Place Guichard – ✆ 04 72 61 15 69 – www.lalexandrin.fr – Fermé 5-28 août, dim. et lundi*

Café Sillon

CUISINE MODERNE • BISTRO Retour gagnant pour Mathieu Rostaing-Tayard ! Après un tour du monde à la découverte des saveurs – de l'Italie au Pérou –, le jeune chef a créé ce restaurant aussi convivial qu'un bistrot de quartier. Son pari : partager ses recettes autour d'une cuisine de l'instant, fraîche et saisonnière, qui ne s'endort jamais !

Menu 18 € (déj.), 23/45 €

Plan : 6G4-s *46 av. Jean-Jaurès ✉ 69007 Ⓜ Saxe Gambetta – ✆ 04 78 72 09 73 – www.cafe-sillon.com – Fermé 1er-22 janv., sam. midi, dim. et lundi*

Le Splendid

CUISINE TRADITIONNELLE • BRASSERIE Cette brasserie chic et confortable est marquée de l'empreinte de Georges Blanc (le grand chef de Vonnas). On lui doit les orientations de cette généreuse cuisine du terroir : grenouilles, volaille de Bresse, quenelles de brochet, etc. Aux murs, de grandes fresques murales évoquent les fameuses "mères" lyonnaises... La filiation, toujours !

Menu 24 € (déj. en semaine), 26/57 € – Carte 41/69 €

Plan : 4H3-c *3 pl. Jules-Ferry ✉ 69006 Ⓜ Brotteaux – ✆ 04 37 24 85 85 – www.lespritblanc.com*

L'Est

CUISINE TRADITIONNELLE • BRASSERIE Le charme ferroviaire ! Dans cette ancienne gare devenue une brasserie vivante et conviviale, des trains miniatures tournent au-dessus des têtes... Les grandes cuisines sont ouvertes sur la salle ; il en sort des plats du marché voyageurs et savoureux. L'une des brasseries "cardinales" de Paul Bocuse.

Formule 24 € – Menu 27 € (semaine) – Carte 35/61 €

Plan : 4H3-v *14 pl. Jules-Ferry (gare des Brotteaux) ✉ 69006 Ⓜ Brotteaux – ✆ 04 37 24 25 26 – www.brasseries-bocuse.com*

La Toscane

CUISINE ITALIENNE • BISTRO Une cuisine traditionnelle italienne à peine francisée, savoureuse, qui se fonde sur des produits frais et respecte les saisons ; le tout exécuté avec brio par un chef qui connaît son métier (un ancien de chez Georges Blanc). Le cadre, coloré et agréable, sait se faire discret, et le service est très sympathique.

Formule 18 € – Menu 22 € (déj. en semaine)/26 € – Carte 34/54 €

Plan : 4G2-m *26 bis r. Duquesne ✉ 69006 Ⓜ Foch – ✆ 04 78 93 20 91 – Fermé 1 semaine en fév., 2 semaines en août, dim. et lundi*

En Mets Fais ce Qu'il te Plaît

CUISINE MODERNE • BISTRO Plutôt bohème, ce restaurant ne se soucie guère des apparences : ses propriétaires japonais nous accueillent un peu comme à la maison... mais que l'on ne s'en formalise pas : dans l'assiette, on découvre de beaux produits, des sauces et cuissons millimétrées, des saveurs subtiles... D'une désarmante sincérité qui fait craquer !

Menu 28/52 €

Plan : 6F4-f *43 r. Chevreul ✉ 69007 Ⓜ Jean Macé – ✆ 04 78 72 46 58 – www.enmetsfaiscequilteplait.com – Fermé 3 semaines en août, vacances de Noël, sam. midi, dim. et fériés*

Le Bouchon Sully

CUISINE LYONNAISE • BISTRO Un petit bistrot ouvert par Julien Gautier (propriétaire du M Restaurant voisin) dans un esprit de bouchon modernisé : gâteau de foies de volaille, foie de veau en persillade et tête de veau sauce ravigote sont à l'ardoise, pour notre plus grand plaisir. C'est gourmand et bien exécuté : on en redemande.

Formule 18 € – Menu 22 € – Carte 30/41 €

Plan : 4G3-a *20 r. Sully ✉ 69006 Ⓜ Foch – ✆ 04 78 89 07 09 – www.lebouchonsully.com – Fermé 1er-8 mai, 31 juil.-22 août, sam. et dim.*

Bernachon Passion

CUISINE TRADITIONNELLE • SIMPLE On ne présente plus la célèbre chocolaterie lyonnaise Bernachon, dont le fils du fondateur a épousé l'aînée de Paul Bocuse. Les petits-enfants du grand chef sont aux commandes ! Au menu, de bonnes recettes traditionnelles (telles les quenelles de brochet et le pâté en croûte) et des pâtisseries... Bernachon, évidemment.

Menu 30 € – Carte 36/54 €

Plan : 4G3-r *42 cours Franklin-Roosevelt ✉ 69006 Ⓜ Foch – ✆ 04 78 52 23 65 – www.bernachon.com – Fermé 23 juil.-22 août, dim., lundi, fériés et le soir*

Le Café du Peintre

CUISINE LYONNAISE • BISTRO Ici règnent l'esprit bouchon et la grande tradition régionale. L'ambiance est familiale, animée et chaleureuse : en cuisine, Florence prépare une cuisine digne des mères lyonnaises (terrine maison, quenelles de brochet, tête de veau braisée au vin rouge) tandis que son fils Maxime assure l'animation en salle. Belle sélection de crus servis au pot lyonnais.

Menu 22 € (déj.) – Carte 26/47 €

Plan : 6H3-a *50 bd des Brotteaux ✉ 69006 Ⓜ Brotteaux – ✆ 04 78 52 52 61 – www.lecafedupeintre.com – Fermé 1 semaine en fév., 1 semaine mai, 3 semaines en août, sam., dim. et le soir sauf jeudi et vend.*

L'Argot

VIANDES • DE QUARTIER Belle idée que celle de Philippe et Audrey, les propriétaires des lieux : le client choisit sa pièce de viande dans l'armoire vitrée – bœuf limousin, de Galice, d'Aubrac, agneau de l'Aveyron, charcuteries basques... – et le chef l'accompagne de la garniture du jour. Simple et savoureux : une véritable boucherie !

Carte 32/59 €

Plan : 4H3-k *132 r. Bugeaud ✉ 69006 Ⓜ Brotteaux – ✆ 04 78 24 57 88 – Fermé dim., lundi et le soir sauf jeudi et vend.*

L'Âme Sœur

CUISINE MODERNE • SIMPLE On aime l'animation de ce repaire "bistronomique", qui emprunte son nom à un vin de Côte-Rôtie, produit par un ami du chef. La cuisine, au goût du jour, justifie le succès de l'endroit ; des menus à thèmes sont proposés selon les saisons : truffe, gibier, asperges... C'est savoureux et servi avec le sourire !

Menu 24/54 € – Carte 30/52 €

Plan : 4G3-v *209 r. Dugesclin ✉ 69003 Ⓜ Place Guichard – ✆ 04 78 42 47 78 – www.restaurantlamesoeur.fr – Fermé août, lundi soir, sam. et dim.*

Chez Terra

CUISINE JAPONAISE • AUBERGE Encore un chef japonais installé à Lyon... mais celui-ci a choisi d'honorer non la cuisine française mais nippone ! Il a recréé une vraie izakaya, l'un de ces bistrots simples et conviviaux que l'on trouve partout au Japon. Au menu : salades, sashimis, ragoût, sushis... C'est fin, soigné et plein de saveurs.

Formule 12 € – Menu 15 € (déj.), 25/55 € – Carte 20/43 € dîner

Plan : 4G3-z *81 r. Duguesclin ✉ 69006 Ⓜ Foch – ✆ 04 78 89 05 04 – Fermé 3 semaines en août, vacances de Noël, dim. et lundi*

Clos...Bis

CUISINE MODERNE • BAR À VIN Bonne nouvelle ! Voilà l'annexe "bar à vins" de Clovis Khoury (d'où le Clos... bis), située à deux pas de la maison mère. Installez-vous sur la grande table en chêne, et dégustez un verre de vin (500 références) accompagné de charcuterie, ou le menu du jour (escargots, seiche à la plancha) pour les grignoteurs ambitieux.

Formule 20 € – Menu 24 € (déj.), 28/39 € – Carte 31/39 €

Plan : 4H3-m *19 bd des Brotteaux ✉ 69006 Ⓜ Brotteaux – ✆ 04 78 24 26 49 – Fermé sam. et dim.*

Le Suprême

CUISINE CLASSIQUE • TRADITIONNEL Cette adresse va enchanter les Lyonnais. Un couple franco-coréen ayant travaillé chez Daniel Boulud, à New York, vient d'ouvrir ce bistrot éloigné des quartiers touristiques. On y sert une excellente cuisine bourgeoise, dont le gallinacé est l'invité d'honneur : gâteau de foie blond, suprême de volaille de Bresse...

Carte 38/54 €

Plan : 6G4-z *106 cours Gambetta ✉ 69007 Ⓜ Garibaldi – ✆ 04 78 72 32 68 – Fermé 3 semaines en août, 1 semaine en mars, sam. midi, dim. et lundi*

Les Apothicaires

CUISINE CRÉATIVE • BISTRO Tabata, jeune chef d'origine brésilienne et ex-Top Chef, a rencontré Ludovic Mey dans l'une des brasseries lyonnaises de Paul Bocuse. Ces deux-là ne se quittent plus ; dans une ambiance joyeuse de bistrot bobo (bibliothèque, banquettes), ils proposent une cuisine simple et bonne à midi, plus élaborée – voire créative – le soir.

Formule 22 € – Menu 26 € (déj.)/52 €

Plan : 4G3-k *23 r. de Sèze ✉ 69006 Ⓜ Foch – ✆ 04 26 02 25 09 – www.lesapothicairesrestaurant.com – Fermé 31 juil.-23 août et 25 déc.-3 janv., sam. et dim.*

Bouchons

Daniel et Denise Créqui

CUISINE LYONNAISE • BOUCHON LYONNAIS Joseph Viola – Meilleur Ouvrier de France – règne sur ce petit bouchon au décor moderne. Il propose des recettes traditionnelles parfaitement réalisées, à base de superbes produits, avec quelques suggestions de saison. Son plat fétiche ? Le pâté en croûte au ris de veau et foie gras...

Formule 21 € – Menu 33/50 € – Carte 39/52 €

Plan : 4G3-b *156 r. de Créqui ✉ 69003 Ⓜ Place Guichard – ✆ 04 78 60 66 53 – www.daniel-et-denise.fr – Fermé sam. et dim.*

Hôtels

Marriott Cité Internationale

HÔTEL DE CHAÎNE • CONTEMPORAIN Entre le Rhône et le parc de la Tête-d'Or, cet imposant hôtel en verre et brique rouge porte désormais la "griffe" Marriott. Les chambres sont toujours bien équipées, spacieuses et contemporaines ; on profite de grandes salles de réunions et d'un espace fitness.

199 chambres – †90/600 € ††90/600 € – 5 suites – ☕ 24 €

Plan : G1-a *70 quai Charles-de-Gaulle ✉ 69006 – ✆ 04 78 17 50 50 – www.marriottlyon.com*

Crowne Plaza Cité Internationale

HÔTEL DE CHAÎNE • CONTEMPORAIN Un immeuble contemporain au sein de la Cité internationale (quartier d'affaires) dessinée par Renzo Piano, avec des chambres lumineuses, chaleureuses et bien conçues. Esprit bistronomique au restaurant.

156 chambres – †79/440 € ††79/440 € – 7 suites – ☕ 22 €

Plan : 4H1-g *22 quai Charles-de-Gaulle ✉ 69006 – ✆ 04 78 17 86 86 – www.crownplaza.com/lyonciteintl*

Radisson Blu Ⓝ

BUSINESS • CONTEMPORAIN Hôtel d'affaires dont la réception se trouve au 32e étage du "crayon" ! Dans certaines chambres, la vue sur la ville est exceptionnelle. Trois ans de rénovation ont apporté un vent de fraîcheur bienvenu.

245 chambres – †130/235 € ††130/325 € – ☕ 25 €

Plan : 6G3-q *129 r. Servient ✉ 69003 Ⓜ Part-Dieu – ✆ 04 78 63 55 00 – www.radissonblu.com/hotel-lyon*

Celest – voir les restaurants ci-dessus

Mercure Centre Saxe Lafayette

HÔTEL DE CHAÎNE • CONTEMPORAIN Cet ancien garage, bâti en 1932, est situé entre la Part-Dieu et les quais du Rhône. Chambres spacieuses et élégantes, piscine intérieure avec fitness.

156 chambres – †115/300 € ††115/300 € – ☕ 17 €

Plan : 4G3-r *29 r. Bonnel ✉ 69003 Ⓜ Place Guichard – ✆ 04 72 61 90 90 – www.mercure-lyon-saxe-lafayette.com*

Okko

BUSINESS • DESIGN L'ancienne préfecture abrite ce nouvel établissement au mobilier design, qui regarde la colline de Fourvière. Le petit-déjeuner est de qualité (charcuterie et fromages lyonnais), les softdrinks sont compris dans le prix des chambres, aux draps en lin froissé. Salon de détente pour boire un verre.

85 chambres – 110/180 € 110/230 €

Plan : 4G3-f *14 bis quai Gén.-Sarrail ✉ 69006 Ⓜ Foch – ✆ 04 28 00 02 50 – http://lyonlafayette.okkohotels.com/*

Mama Shelter

BUSINESS • DESIGN Comme ses cousines de Paris et Marseille, cette Mama Shelter met en avant une déco branchée (béton brut, objets design, détails décalés...) et des chambres résolument contemporaines, tendance minimaliste. Quant au brunch, le dimanche, il ravira les amateurs !

156 chambres – 69/269 € 69/269 € – 17 €

Plan : 6G4_5-k *13 r. Domer ✉ 69007 Ⓜ Jean Macé – ✆ 04 78 02 58 58 – www.mamashelter.com*

Ibis Styles La Part-Dieu

HÔTEL DE CHAÎNE • FONCTIONNEL Jouxtant la gare de la Part-Dieu, des chambres fonctionnelles et colorées, une insonorisation parfaite, et un parking public directement au sous-sol. Accueil aimable.

99 chambres – 79/199 € 89/209 €

Plan : 6H3-b *54 r. de la Villette ✉ 69003 Ⓜ Gare Part-Dieu – ✆ 04 72 68 25 40 – www.ibis-styles-lyon.com*

Autour de Lyon

M. Crichton/Gallery Stock/Photononstop

à Collonges-au-Mont-d'Or 12 km au Nord par bords de Saône (D433, D51) – ✉ 69660 – 3 961 hab. – Alt. 176 m

✿✿✿ Paul Bocuse

CUISINE CLASSIQUE • ÉLÉGANT XXXXX Temple de la grande cuisine, institution du service à l'ancienne... Le restaurant de Paul Bocuse est un véritable monument. Classique parmi les classiques, chaque assiette incarne l'une des plus belles pages de la gastronomie française. Le grand chef est entré dans l'Histoire : quel meilleur hommage que ces trois étoiles portées depuis 1965 !

➜ Soupe aux truffes V.G.E. Rouget en écailles de pommes de terre. Baba au rhum.

Menu 170/275 €
– Carte 152/251 €

Plan : 1B1 *40 quai de la Plage – ✆ 04 72 42 90 90 – www.bocuse.fr*

à St-Cyr-au-Mont-d'Or 10 km au Nord par rte de St-Cyr - ✉ 69450 - 5 482 hab. - Alt. 320 m

Le Comptoir Saint-Cyr

CUISINE MODERNE • AUBERGE X D'une salade d'été à un crémeux au chocolat, une bonne cuisine au goût du jour, préparée avec soin et générosité. On sent une vraie rigueur dans la sélection des produits. Le tout servi dans la chaleureuse ambiance d'une charmante auberge de village !

Formule 18 € - Menu 32 € - Carte 33/55 €

17 rte de Lyon - ✆ 04 78 83 30 52 - www.lecomptoirrestaurant.fr - Fermé dim. soir

L'Ermitage

BOUTIQUE HÔTEL • DESIGN Cet hôtel ne manque pas d'atouts : vue extraordinaire sur Lyon et les Monts-d'Or, cadre design et épuré pour une sérénité à son zénith. Dans la "cuisine à manger", on savoure de belles spécialités lyonnaises... Et la terrasse suspendue est superbe !

26 chambres - 99/299 € 99/299 € - 17 €

chemin de l'Ermitage, 2,5 km au sommet du Mont-Cindre - ✆ 04 72 19 69 69 - www.ermitage-college-hotel.com

à St-Priest 13 km au Sud-Est par D318 - ✉ 69800 - 44 446 hab. - Alt. 208 m

Le Cocon

CUISINE MODERNE • CONTEMPORAIN XX Au sein d'un hôtel très high-tech, cette table joue à 100% la carte du locavore : les fruits et légumes viennent majoritairement des productions locales (nombreux produits bio)... et du potager maison ! De jolies présentations, une cuisine bien appliquée : une bonne adresse.

Formule 20 € - Menu 34 € - Carte 28/56 €

Plan : 2D3-a *Hôtel Golden Tulip Lyon Eurexpo, 160 cours du 3ème-Millénaire - ✆ 04 37 25 21 07 - www.lecocon-restaurant.com - Fermé 3 semaines en août, vacances de Noël, vend. soir, sam. et dim.*

Le Restaurant

CUISINE TRADITIONNELLE • BISTRO X Ce restaurant-bistrot au cadre simple et contemporain est situé à deux minutes chrono de la rocade Est de l'agglomération lyonnaise. Habitués et voyageurs de passage y dégustent une généreuse cuisine de tradition qui évolue tous les mois : gâteau de foie blond de volaille, paleron de veau braisé et légumes primeurs...

Formule 27 € - Menu 29/31 € - Carte 42/53 €

Plan : 2D3-b *9 bis av. de la Gare - ✆ 04 78 21 14 43 - www.le-restaurant69.fr - Fermé lundi soir, mardi soir, merc. soir, sam. et dim.*

Golden Tulip Lyon Eurexpo

BUSINESS • CONTEMPORAIN Une architecture impressionnante, véritable millefeuille de pierre, de bois et de verre ! Sur le site du parc technologique, cet hôtel labellisé Haute Qualité Environnementale offre espace, clarté et confort optimal. Très innovant.

133 chambres - 70/380 € 70/380 € - 2 suites - 17 €

Plan : 2D3-a *160 cours du 3ème-Millénaire - ✆ 04 37 25 25 25 - www.goldentuliplyoneurexpo.com*

Le Cocon - voir les restaurants ci-dessus

à Tassin-la-Demi-Lune 5 km à l'Ouest (A6, sortie n° 36) - ✉ 69160 - 21 743 hab. - Alt. 220 m

Brasserie Halles 9

CUISINE MODERNE • BRASSERIE X Dans un quartier dynamique de Tassin, cette brasserie joue une réjouissante partition entre grands classiques - filets de harengs marinés, tartare de bœuf et de saumon, pot-au-feu... - et préparations plus modernes. L'ambiance décontractée et le cadre chic et design ajoutent au charme de l'endroit.

Formule 26 € - Menu 29/39 € - Carte 38/58 €

Plan : 1A2-a *3 promenade des Tuileries (angle av. Général-Leclerc) - ✆ 04 78 36 99 99 - www.halles9.com - Fermé dim. et lundi*

à Ecully 7 km à l'Ouest (A6, sortie n° 36) – 69130 – 18 028 hab. – Alt. 240 m

Saisons

CUISINE MODERNE • ÉLÉGANT XxX Les saisons sont à l'honneur dans ce château du 19e s., qui abrite l'école hôtelière internationale patronnée par Paul Bocuse. Sous la responsabilité du chef Davy Tissot, arrivé ici en 2016, les étudiants (en cuisine, pâtisserie, boulangerie, service en salle...) composent une partition savoureuse : on passe un très bon moment.

Menu 45 € (déj.), 69/78 €

Plan : 1A1-b *Château du Vivier, 1A chemin de Calabert – 04 26 20 97 57 – www.institutpaulbocuse.com – Fermé août, 1 semaine en déc. et janv., sam. et dim.*

Vraincourt (N)

CUISINE MODERNE • COSY XX Installez-vous dans la salle à manger lumineuse, en véranda, tournée côté terrasse et jardin. Une carte courte pour une cuisine au goût du jour ; sole meunière, yuzu, coriandre et crème de pomme de terre... Cosy et feutré.

Formule 27 € – Menu 32 € (déj.), 45/70 € – Carte 42/66 €

Plan : 1A1-e *Hôtel Maison d'Anthouard, 2 rte de Champagne – 04 69 16 36 06 – www.ma-hotel.com – Ouvert de sept. à mai et fermé sam. midi et dim.*

Maison d'Anthouard

MAISON DE MAÎTRE • COSY Située non loin de l'autoroute, cette belle maison de maître aurait appartenu au général d'Anthouard, de l'armée napoléonienne... Cela explique peut-être les dimensions "impériales" de l'escalier, qui distribue fièrement des chambres élégantes et feutrées.

16 chambres – †120/180 € ††160/220 € – 17 €

Plan : 1A1-e *2 rte de Champagne – 04 78 36 56 89 – www.ma-hotel.com*

Vraincourt – voir les restaurants ci-dessus

Les Hautes Bruyères

MAISON DE CAMPAGNE • PERSONNALISÉ Charme patiné, authenticité et sérénité – pourtant, l'effervescence lyonnaise n'est pas loin ! Cette demeure de jardinier (19e s.), jadis rattachée au château voisin, cultive avec raffinement son esprit "maison de famille". Avec, en prime, une charmante chambre-roulotte dans le jardin.

5 chambres – †120/200 € ††120/250 € – 15 €

Plan : 1A1-d *5 chemin des Hautes-Bruyères – 06 08 48 69 50 – www.lhb-hote.fr*

à Charbonnières-les-Bains 8 km au Nord-Ouest et N7 – 69260 – 4 988 hab. – Alt. 233 m

La Rotonde

CUISINE MODERNE • ÉLÉGANT XxxX Moment de gastronomie dans ce beau domaine aux portes de la ville, à l'étage du casino Le Lyon vert, bel héritage de la période Art déco. La carte est empreinte de classicisme, mêlant recettes indémodables (le grand répertoire lyonnais n'est pas oublié) et influences plus originales.

➜ Pâté en croûte "Champion du Monde 2013". Lotte de petit bateau aux coquillages, émulsion marinière. Finger praliné au citron, noisettes et crème glacée au chocolat gianduja.

Formule 37 € – Menu 45 € (déj.), 78/135 € – Carte 95/125 €

20 av. du Casino (Domaine du Lyon Vert) 69260 La Tour de Salvagny – 04 78 87 00 97 – www.restaurant-rotonde.com – Fermé 30 juil.-23 août, mardi midi, sam. midi, dim. et lundi

Le Pavillon de la Rotonde

LUXE • ÉLÉGANT À deux pas du casino et dans un beau parc arboré, cet hôtel luxueux mêle contemporain et discrètes touches Art déco. Certaines chambres disposent d'un hammam et d'une terrasse... et l'on sert un copieux brunch le dimanche ! Une très belle adresse en périphérie de Lyon.

16 chambres – 150/570 € 150/570 € – 22 €

3 av. Georges-Bassinet – 04 78 87 79 79 – www.pavillon-rotonde.com – Fermé 30 juil.-23 août

La Rotonde – voir les restaurants ci-dessus

à Dardilly 13 km au Nord-Ouest par A6 puis D307 rte de Paris – ✉ 69570 – 8 580 hab. – Alt. 338 m

Bol d'Air

CUISINE TRADITIONNELLE • CONVIVIAL Dans cette jolie bâtisse de tradition, installée face à la mairie, le chef travaille de beaux produits frais en fonction du marché, déclinant sans complexe une cuisine canaille comme on l'aime, goûteuse et généreuse. Et l'hiver, c'est le cassoulet de Castelnaudary qui est à la carte – le patron est un Chaurien ! Fameux.

Formule 16 € – Menu 20 € (déj.) – Carte 28/49 €

77 av. de Verdun – 04 78 66 14 55 – www.restoboldair.com – Fermé 3 semaines en août, vacances de Noël, lundi soir, sam. et dim.

à Limonest 13 km au Nord par A6 et D42 – ✉ 69760 – 3 491 hab. – Alt. 390 m

Charme & Business Hôtel N

TRADITIONNEL • COSY En périphérie lyonnaise, aux portes du Beaujolais, cette ancienne auberge rénovée dévoile une atmosphère feutrée où matériaux bruts et mobiliers cosy se côtoient avec goût. L'espace bien être et la plaisante terrasse pour les repas d'été sont fort appréciés.

16 chambres – 95/135 € 95/135 € – 18 €

133 rte du Mont-Verdun – 04 78 35 94 97 – www.cbhlyon.com

à La Tour-de-Salvagny 18 km au Nord-Ouest par A6 et D306 – ✉ 69890 – 3 991 hab. – Alt. 356 m

Entre Terre & Mer N

CUISINE MODERNE • CONVIVIAL Cette agréable petite adresse bénéficie de l'énergie communicative d'un duo féminin (Cécile en cuisine, Stéphanie en salle), et d'une cuisine du marché fraîche et légère, sans chichis ni superflu, respectueuse de produits travaillés avec soin. Sympathique formule au déjeuner, cuisine plus ambitieuse le soir. Terrasse appréciable.

Formule 14 € – Menu 16 € (déj. en semaine)/30 €

20 r. de Lyon – 04 78 48 05 32 – Fermé mardi soir, merc. soir, dim. et lundi

LYONS-LA-FORÊT

✉ 27480 Eure – 743 hab. – Alt. 88 m – Carte régionale n° **17**-D2
Carte Michelin 304-I5 – Guide Vert Michelin Normandie Vallée de la Seine

✿ La Licorne Royale

CUISINE MODERNE • ÉLÉGANT XX Des produits de qualité, une technique soignée, des associations de saveurs équilibrées et subtiles, au service du goût : la promesse d'un repas délicieux, de surcroît dans un cadre intime et charmant, associant avec réussite rustique et contemporain.

➜ Truite vapeur servie froide, croquant de légumes et jus de betterave rouge. Aile de raie mijotée aux condiments, compotée de tomates fraîches. Tarte fine sablée au café, chocolat noir intense.

Formule 49 € – Menu 59/92 € – Carte 80/100 €

Hôtel La Licorne, 27 pl. Isaac-Bensarade – ✆ 02 32 48 24 24 – www.hotel-licorne.com – Fermé merc. et le midi sauf sam. et dim.

Le Bistrot du Grand Cerf

CUISINE TRADITIONNELLE • BISTRO X Ce néobistrot rustique a vraiment du cachet. Des poutres, de la brique et une jolie terrasse dans la cour pavée, pour une cuisine bistrotière – *of course* – résolument tournée vers le terroir : voici ce que vous attend ici. Cerf, cerf, ouvre-moi !

Formule 20 € – Menu 29/45 € – Carte 47/58 €

Hôtel Le Grand Cerf, 31-32 pl. Isaac-Bensarade – ✆ 02 32 49 50 50 – www.grandcerf.fr – Fermé lundi et mardi

Le Grand Cerf

AUBERGE • PERSONNALISÉ Sur la pittoresque place du village, célèbre pour sa halle du 18e s., ce Grand Cerf – arborant de beaux colombages – abrite des chambres au charme champêtre, voire "forestier", avec leur décor de branchages et même de bois de cerf ! Insolite et très cosy... À noter : on peut accéder au délicieux spa de l'hôtel La Licorne.

15 chambres ☕ – 🚹190/385 € 🚹🚹190/385 € – 4 suites

31-32 pl. Isaac-Bensarade – ✆ 02 32 49 50 50 – www.grandcerf.fr

Le Bistrot du Grand Cerf – voir les restaurants ci-dessus

La Licorne

HISTORIQUE • PERSONNALISÉ Au cœur du joli village de Lyons, non loin de la forêt domaniale, cette authentique Licorne normande dissimule de jolis secrets : ses chambres sont d'un raffinement très contemporain (douches à l'italienne, baignoires sur pieds...) et le spa Nuxe est une petite merveille (ah, la cabine de soins, perchée dans une cabane) !

16 chambres ☕ – 🚹255/400 € 🚹🚹255/400 € – 5 suites

27 pl. Isaac-Bensarade – ✆ 02 32 48 24 24 – www.hotel-licorne.com

✿ **La Licorne Royale** – voir les restaurants ci-dessus

LYS-ST-GEORGES

✉ 36230 Indre – 255 hab. – Alt. 200 m – Carte régionale n° **6**-C3
Carte Michelin 323-G7 – Guide Vert Michelin Limousin Berry

Auberge La Forge

CUISINE TRADITIONNELLE • RUSTIQUE XX Cheminée, tomettes, poutres apparentes et tonnelle ombragée : rien ne manque dans cette auberge champêtre, étape sympathique sur le circuit "George Sand"... surtout si vous êtes amateur de saveurs du terroir. Les producteurs locaux sont à l'honneur.

Menu 22 € (déj. en semaine), 33/52 € – Carte 48/67 €

7 r. du Château – ✆ 02 54 30 81 68 – www.restaurantlaforge.com – Fermé 3-10 juil., 26 sept.-14 oct., 2-19 janv., dim. soir, mardi sauf juil.-août et lundi

MACHILLY

✉ 74140 Haute-Savoie – 1 045 hab. – Alt. 525 m – Carte régionale n° **25**-F1
Carte Michelin 328-K3

Le Refuge des Gourmets (Jean-Marie et Hubert Chanove)

CUISINE CRÉATIVE • ÉLÉGANT XXX Ce restaurant cossu, d'inspiration Belle Époque, est un vrai refuge de gourmets ! Le chef et son fils concoctent une jolie cuisine moderne aux touches créatives, inspirée des produits locaux. Cette partition à quatre mains s'articule autour d'une saison ou d'un produit (chasse, homard, morilles, truffe noire...).

→ Omble chevalier du lac Léman cuit au sel, framboise, sapin et tomate. Homard rôti, petits pois et jeunes pousses, sauce marjolaine. Fraises et estragon dans une nage, sponge cake à la fraise.

Formule 28 € - Menu 46/95 € - Carte 100/120 €

90 rte des Framboises - ✆ 04 50 43 53 87 - www.refugedesgourmets.com - Fermé 19-28 fév., 13-31 août, dim. soir, mardi midi et lundi

LA MACHINE (COL DE) - 26 Drôme → Voir St-Jean-en-Royans

MÂCON

✉ 71000 Saône-et-Loire - 33 456 hab. - Alt. 175 m - Carte régionale n° **4**-C3
Carte Michelin 320-I12 - Guide Vert Michelin Bourgogne

Pierre (Christian Gaulin)

CUISINE CLASSIQUE • ÉLÉGANT XXX Une grande cheminée, des pierres apparentes, des poutres... et dans l'assiette, même élégance : Christian Gaulin marie classicisme, terroir et modernité... avec goût. Un hommage subtil rendu à la Bresse et à la Bourgogne.

→ Homard breton et truffe fraîche aux petits légumes, pointes d'asperges vertes épicées. Tournedos charolais au foie gras poêlé, sauce périgourdine et variation de légumes. Soufflé chaud aux griottines confites, sorbet et sauce à la liqueur.

Menu 29 € (déj. en semaine), 52/98 € - Carte 75/95 €

Plan : B2-k *7 r. Joseph Dufour - ✆ 03 85 38 14 23 - www.restaurant-pierre.com - Fermé 1 semaine en mars, 25 juin-18 juil., dim. soir, lundi et mardi*

Épikure (N)

CUISINE MODERNE • CONVIVIAL X La nouvelle adresse de Julien Ducoté, que l'on a connu étoilé dans son restaurant de Boulogne-Billancourt, lorgne du côté "bistrot chic", tant par le cadre (pierres apparentes, sol en béton ciré) que l'assiette, avec 2 ou 3 menus à choix, pour une cuisine au plus près des saisons, subtile et actuelle. Le pâté en croûte au foie gras est appelé à devenir un classique.

Formule 16 € - Menu 19 € (déj.), 29/39 €

Plan : B2-d *74 r. Joseph-Dufour - ✆ 03 85 38 24 53 - Fermé 2 semaines en août, dim. et lundi*

Le Poisson d'Or

CUISINE MODERNE • CONTEMPORAIN XXX Père et fils concoctent depuis plusieurs années une ambitieuse cuisine d'aujourd'hui, à apprécier dans une élégante salle à manger contemporaine tournée vers le port de plaisance et les bords de Saône, et sur la terrasse, prisée aux beaux jours.

Menu 27 € (déj. en semaine), 32/82 € - Carte 60/87 €

Hors plan *allée du Parc, au Nord par les bords de Saône - ✆ 03 85 38 00 88 - www.lepoissondor.com - Fermé 9-22 avril, 22 août-5 sept., 2-10 janv., dim. soir, mardi et merc.*

L'Ambroisie

CUISINE MODERNE • CONVIVIAL X Le classique de la maison ? Un filet de bœuf fumé au bois de pommier et sa poêlée de champignons forestiers. La carte est "bistronomique" - comme le revendique le patron - et évolue en fonction des saisons. Côté service, amabilité et attention sont de mise dans ce décor chaleureux.

Menu 17 € (déj. en semaine), 29/50 € - Carte 42/64 €

Hors plan *103 r. Marcel-Paul (rd-pt de l'Europe), au Sud - ✆ 03 85 38 12 21 - www.lambroisie.fr - Fermé dim.*

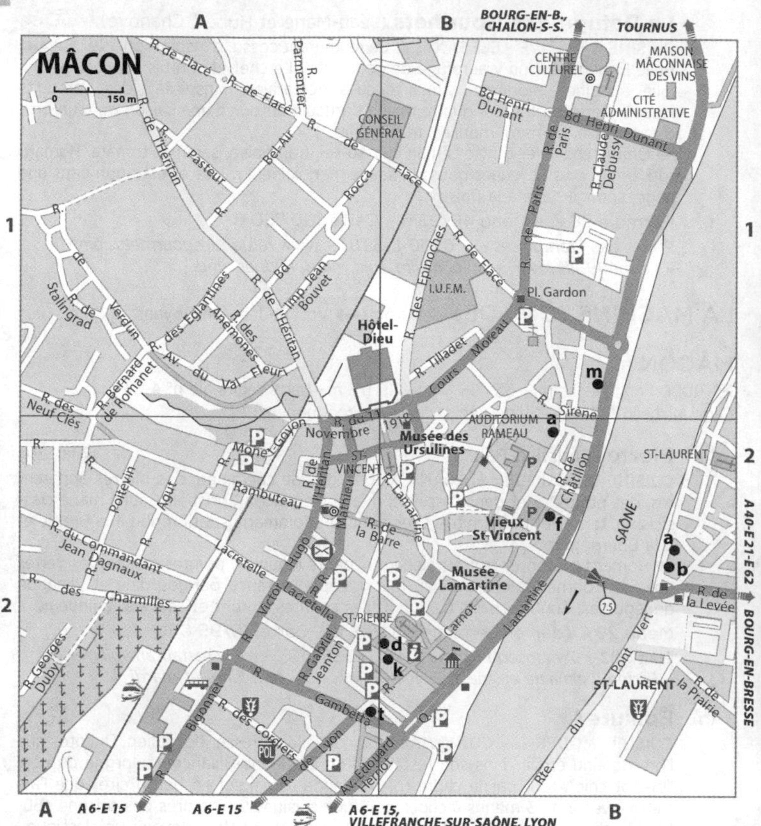

L'Ethym'Sel

CUISINE TRADITIONNELLE • DESIGN Tout près des quais, un joli restaurant contemporain et reposant, où il fait bon s'attabler. On découvre une carte bien étoffée, au service d'une cuisine au goût du jour et d'inspiration traditionnelle. De quoi se laisser séduire, d'autant que contrairement aux plats, les prix ne font pas d'étincelles...

Formule 17 € – Menu 19 € (semaine), 34/54 €
– Carte 43/51 €

Plan : A2-t *10 r. Gambetta*
– ✆ 03 85 39 48 84 – Fermé 22 juil.-6 août, mardi soir et merc. de sept. à juin, dim. sauf le midi de sept. à juin et lundi en juil.-août

L'Ardoise

CUISINE DU TERROIR • CONVIVIAL Les produits régionaux sont ici à l'honneur ! Aux manettes, le chef, Stéphane Chevauchet, concocte avec maîtrise toute une série de jolis plats du terroir, du jambon persillé à la cassolette de poulet de Bresse, en passant par le tournedos charolais... Le service est soigné et plein de gentillesse.

Menu 15 € (déj. en semaine), 26/32 € – Carte 31/40 €

Plan : B2-f *19 r. Franche*
– ✆ 03 85 31 62 26 – Fermé 2 semaines en août, 1er-9 janv., dim. et lundi

Ma Table en Ville

CUISINE MODERNE • ÉPURÉ X Voilà peut-être l'archétype du bistrot du XXIe s. Dans un intérieur urbain et sobre, avec son éclairage composé d'ampoules suspendues à une ancienne tuyauterie, on choisit son plat et son vin sur une... tablette ! Le chef, épaulé par son épouse, a le souci du bon produit et réalise une cuisine séduisante et goûteuse.

Formule 19 € – Menu 25 € (déj. en semaine), 39/58 € – Carte 37/51 €

Plan : B2-a *50 r. de Strasbourg – ✆ 03 85 30 99 91 – www.matableenville.fr – Fermé 1 semaine en mars, 1 semaine en juin, 1 semaine en sept. et 1 semaine en déc.*

Hôtel d'Europe et d'Angleterre

BOUTIQUE HÔTEL • COSY Fondé en 1804, très couru entre les deux guerres – avec un restaurant trois étoiles ! –, ce fameux hôtel des bords de Saône a été rénové du sol au plafond. Décor feutré et cosy dans le hall, que l'on retrouve aussi dans les chambres, offrant pour certaines une vue plaisante sur la rivière. Accueil charmant et tenue exemplaire : c'est une petite résurrection.

37 chambres – 82/229 € 82/229 € – 15 €

Plan : B1-m *92 quai Jean-Jaurès – ✆ 03 85 38 27 94 – www.hotel-europeangleterre-macon.com*

à St-Laurent-sur-Saône (01Ain) – ✉ 01750 – 1 783 hab. – Alt. 176 m

L'Autre Rive

CUISINE MODERNE • ÉLÉGANT XX Nous voici sur "l'autre rive" de la Saône, face à Mâcon, où la vue sur les quais est imprenable ! On appréciera aussi le décor du restaurant, jouant sur des tons pastel, très tendance. Le chef est passionné par les vins – qu'il aime conseiller en salle – et sa cuisine honore les viandes du terroir comme les produits de la mer.

Formule 21 € – Menu 29/42 € – Carte 34/49 €

Plan : B2-a *143 quai Bouchacourt – ✆ 03 85 39 01 02 – www.lautrerive.fr – Fermé 18 août-3 sept., 22-30 déc., mardi midi, dim. soir et lundi*

Le Saint-Laurent

CUISINE TRADITIONNELLE • BRASSERIE X Cette brasserie chic et rétro accueillit Mitterrand et Gorbatchev ! S'assirent-ils dans un coin de la grande terrasse, admirant la Saône et le vieux pont qui l'enjambe à cet endroit ? Se régalèrent-ils d'une poêlée de grenouilles en persillade ou d'un poulet de Bresse ? D'une jolie cuisine canaille, c'est certain.

Menu 22 € (déj. en semaine), 25/57 € – Carte 39/59 €

Plan : B2-b *1 quai Bouchacourt – ✆ 03 85 39 29 19 – www.lespritblanc.com*

à Sennecé-lès-Mâcon 7,5 km au Nord – ✉ 71000 Macon

Auberge de la Tour

CUISINE TRADITIONNELLE • RUSTIQUE XX Le patron de cette auberge – un passionné du terroir – concocte une généreuse cuisine régionale, et l'établissement a tout le charme d'une vieille maison de province. Volaille de Bresse, chevreuil ou sanglier en civet et autre pigeonneau en crapaudine s'accompagnent d'un beau choix de vins du Mâconnais.

Formule 16 € – Menu 22 € (déj. en semaine), 26/53 € – Carte 34/51 €

604 r. Vrémontoise – ✆ 03 85 36 02 70 – www.auberge-tour.fr – Fermé 12 fév.-6 mars, 4-11 juin, 16-29 oct., dim. soir, mardi midi et lundi

Auberge de la Tour

AUBERGE • TRADITIONNEL Une sympathique auberge familiale et rustique, tout près de la tour de guet (la curiosité du village). Les chambres sont impeccablement tenues. L'occasion d'une étape viticole : la cave de la commune se trouve juste en face.

24 chambres – 65/75 € 76/82 € – 12 €

604 r. Vrémontoise – ✆ 03 85 36 02 70 – www.auberge-tour.fr – Fermé 12 fév.-6 mars, 4-11 juin, 16-29 oct., dim. soir et lundi

Auberge de la Tour – voir les restaurants ci-dessus

à Crèches-sur-Saône 8 km au Sud par N6 – ✉ 71680 – 2 930 hab. – Alt. 180 m

Hostellerie du Château de la Barge

TRADITIONNEL • PERSONNALISÉ Cette vaste demeure du 17e s. est cernée par un joli parc avec piscine, au pied des vignes. On vient s'y reposer dans une atmosphère qui balance entre classicisme et modernité. Cuisine au goût du jour ambitieuse au restaurant, complétée d'une carte bistrot, plus accessible.

21 chambres – †100/130 € ††120/180 € – 4 suites – ☕ 15 €

rte des Bergers, 1 km au Nord-Ouest par D89 – ☎ 03 85 23 93 23 – www.chateaudelabarge.fr – Fermé 23-27 déc.

à Davayé 5 km au Sud-Ouest par D54 et D89 – ✉ 71960 – 670 hab. – Alt. 225 m

Auberge de la Patte d'Oie

CUISINE TRADITIONNELLE • SIMPLE X Estelle et David sont aux commandes de cet ancienne auberge de 1868, devenu restaurant ouvrier par la suite, situé sur la route de la Roche de Solutré (à 6 km). Généreuse et savoureuse cuisine traditionnelle concoctée par Estelle, qui permet de faire vite oublier les nuisances sonores du TGV jouxtant le restaurant !

Formule 15 € – Menu 21 € (déj. en semaine), 25/30 € – Carte 34/47 €

La Patte-d'Oie – ☎ 03 85 35 86 50 – www.lapattedoie.net – Fermé 24 avril-4 mai, 5-19 août, lundi soir, mardi soir et merc.

à Fuissé 8,5 km au Sud-Ouest par D172 puis D54 – ✉ 71960 – 379 hab. – Alt. 290 m

L'O des Vignes (Sébastien Chambru)

CUISINE MODERNE • TENDANCE XX Une charmante maison du début du 20e s., typique de la région. On y déguste une cuisine de haut vol, réalisée par un chef humble et sympathique. Superbes produits de la région, finesse et précision des assiettes... Dans le petit bar à vins adjacent, choucroute, blanquette et charcuteries régionales sont à l'ardoise.

→ Poulpe rôti et ravioli grillé façon "nippon". Saint-pierre snacké, petits pois, carotte et jus de racines. Abricot poché, financier.

Menu 27 € (déj.), 46/70 € – Carte 65/80 €

5 chambres ☕ – †90/130 € ††90/130 €

r. du Bourg – ☎ 03 85 38 33 40 – www.lodesvignes.fr – Fermé vacances de la Toussaint, 2-17 janv., mardi et merc.

LA MADELAINE-SOUS-MONTREUIL – 62 Pas-de-Calais → Voir Montreuil

MAGAGNOSC – 06 Alpes-Maritimes → Voir Grasse

MAGESCQ

✉ 40140 Landes – 1 995 hab. – Alt. 28 m – Carte régionale n° **2**-B2
Carte Michelin 335-D12 – Guide Vert Michelin Aquitaine

Relais de la Poste (Jean Coussau)

CUISINE CLASSIQUE • ÉLÉGANT XXX Une valeur très sûre : de père en fils, on cultive ici le classicisme de main de maître. Une partition exécutée dans les règles de l'art, au service de produits superbes et de saveurs pleines de naturel. Pour un grand repas, face à la pinède.

→ Foie gras de canard chaud aux raisins. Tournedos de bœuf de Chalosse, rossini de cèpes, sauce béarnaise et pommes soufflées. Citron en trompe-l'oeil, marmelade citron et kumquat, crémeux et sorbet citron.

Menu 58 € (semaine), 93/127 € – Carte 106/127 €

24 av. de Maremne – ☎ 05 58 47 70 25 – www.relaisposte.com – Fermé 11 nov.-14 déc., 2-11 janv., jeudi midi en juil.-août, mardi sauf le soir en juil.-août et lundi

Côté Quillier

CUISINE MODERNE • BISTRO X Un élégant bistrot, entièrement dévolu à une bonne cuisine du marché ! Croustillant de pied de cochon, boudin noir sauce moutarde et purée de pommes de terre agria, tiramisu de fruits rouges, etc. On se régale sur la terrasse, avant de rejoindre le jardin où vous attend un jeu... de quilles. Ambiance conviviale.

Formule 22 € - Menu 27/37 € - Carte 30/51 €

26 av. de Maremne - ✆ 05 58 47 79 50 - www.relaisposte.com - Fermé 11 nov.-14 déc. et 1er-11 janv.

Relais de la Poste

MAISON DE CAMPAGNE • PERSONNALISÉ Des tapis de fleurs, un verger, des ceps de vignes, de belles allées de pins, une superbe piscine... On ne se lasse pas de ce parc de 8 ha, ni des chambres d'ailleurs, spacieuses et très confortables. Un castel landais plein de caractère.

14 chambres - †220/520 € ††220/520 € - 2 suites - ☕ 25 €

24 av. de Maremne - ✆ 05 58 47 70 25 - www.relaisposte.com - Fermé 11 nov.-14 déc., 2-11 janv., lundi et mardi sauf juil.-août

✿✿ **Relais de la Poste** - voir les restaurants ci-dessus

MAÎCHE

✉ 25120 Doubs - 4 233 hab. - Alt. 777 m - Carte régionale n° **9**-C2

Carte Michelin 321-K3 - Guide Vert Michelin Franche-Comté Jura

à Mancenans-Lizerne 2,5 km à l'Est par D464 et D272 - ✉ 25120 - 188 hab. - Alt. 720 m

Au Coin du Bois

CUISINE TRADITIONNELLE • ÉLÉGANT XX Une maison à la fois simple et soignée, entourée de sapins et avec une agréable terrasse. Le chef signe une cuisine soignée, réalisée avec de bons produits frais.

Formule 18 € - Menu 31/62 € - Carte 33/70 €

4 r. Sous-le-Rang, La Lizerne - ✆ 03 81 64 00 55 - www.restaurant-aucoindubois.com - Fermé 1er 5 fév., 30 avril-13 mai, 3-9 sept., dim. soir, lundi soir et merc.

MAILLANE - 13 Bouches-du-Rhône ➜ Voir St-Rémy-de-Provence

MAINTENON

✉ 28130 Eure-et-Loir - 4 296 hab. - Alt. 109 m - Carte régionale n° **6**-C1

Carte Michelin 311-F4 - Guide Vert Michelin Île-de-France

Café Vauban

CUISINE MODERNE • ÉLÉGANT XX Un sympathique restaurant que ce Café Vauban, qui a fait de la bistronomie son cheval de bataille ! Avec des produits pleins de fraîcheur, l'équipe en place réalise une bonne cuisine dans l'air du temps. Grande terrasse pour les beaux jours.

Formule 23 € - Menu 30 € - Carte 34/49 €

1 r. de la Ferté - ✆ 02 34 40 00 50 - www.castelmaintenon.com

Castel Maintenon

RESORT • ÉLÉGANT Difficile de rivaliser avec ce grand établissement, situé à deux pas du château de Maintenon, comprenant hôtel, restaurant, spa de 1000 m^2, golf et même une piscine d'eau de mer avec nage à contre-courant. Les chambres sont spacieuses ; bonne bistronomie au restaurant.

78 chambres - †130/180 € ††140/190 € - 4 suites - ☕ 18 €

1 r. de la Ferté - ✆ 02 34 40 14 14 - www.castelmaintenon.com

Café Vauban - voir les restaurants ci-dessus

MAISONS-ALFORT - 94 Val-de-Marne ➜ Voir Autour de Paris

MAISONS-LAFFITTE - 78 Yvelines ➜ Voir Autour de Paris

MAISONS-LÈS-CHAOURCE - 10 Aube ➜ Voir Chaource

MALAUCÈNE

✉ 84340 Vaucluse - 2 804 hab. - Alt. 333 m - Carte régionale n° **21**-B2
Carte Michelin 332-D8 - Guide Vert Michelin Provence

La Chevalerie

CUISINE TRADITIONNELLE • RUSTIQUE X Près de l'église, une imposante bâtisse du 16e s. au charme simple : jardin de curé abondamment fleuri, terrasse couverte de glycine, décor provençal (chaises paillées, crépis ocre, etc.). Sans chichis, le chef joue la carte de la générosité : pissaladière de rouget, pieds et paquets, confit d'agneau en croûte d'herbes...

Formule 23 € - Menu 32/70 € - Carte 48/72 €

53 pl. de l'Église (Les Remparts) - ✆ 04 90 65 11 19 - www.la-chevalerie.net - Fermé 1er-15 déc., 2-15 janv., mardi et merc. de janv. à mars, dim. soir et lundi

Le Domaine des Tilleuls

FAMILIAL • TRADITIONNEL Une magnanerie du 18e s. décorée dans le style provençal et très appréciée des randonneurs et des cyclistes. Préférez les chambres donnant sur le parc planté de platanes et de... tilleuls !

19 chambres - 🚹77/119 € 🚹🚹77/119 € - ☕13 €

rte du Mont-Ventoux - ✆ 04 90 65 22 31 - www.hotel-domainedestilleuls.com - Ouvert de fin mars à début nov.

MALBUISSON

✉ 25160 Doubs - 856 hab. - Alt. 900 m - Carte régionale n° **9**-C3
Carte Michelin 321-H6 - Guide Vert Michelin Franche-Comté Jura

Le Bon Accueil (Marc Faivre)

CUISINE MODERNE • COSY XX Bon accueil et art de recevoir depuis quatre générations ! On fait une belle étape dans cette maison régionale, chaleureuse et confortable. À l'heure des repas, plaisirs de haute gastronomie : Marc Faivre signe une cuisine fine et savoureuse, où le terroir révèle une belle fraîcheur.

➜ Tarte fine à la saucisse de Morteau, étuvée de poireau et œuf poché. Pigeon rôti, foie gras de canard et artichauts. Sorbet à la gentiane, macaronade au pamplemousse.

Menu 48/88 € - Carte 80/105 €

10 chambres - 🚹90/120 € 🚹🚹90/140 € - ☕14 €

32 Grande-Rue - ✆ 03 81 69 30 58 - www.le-bon-accueil.fr - Fermé 4-14 juin, 29 oct.-14 nov., 17 déc.-16 janv., dim. soir sauf août, mardi midi et lundi

Le Lac

FAMILIAL • VINTAGE Postée sur la rue principale de Malbuisson, cette imposante maison cache un jardin qui descend vers le lac... L'établissement est dans la même famille depuis trois générations et ne cesse d'évoluer, mêlant esprit rétro et modernité - le tout fort bien tenu. Copieux petit-déjeuner, pâtisseries maison au salon de thé, fondues et raclettes au bien nommé Restaurant du Fromage.

53 chambres - 🚹62/78 € 🚹🚹76/194 € - 3 suites - ☕12 €

65 Grande-Rue - ✆ 03 81 69 34 80 - www.hotel-le-lac.fr - Fermé 20-28 oct. et 12 nov.-7 déc.

Les Rives Sauvages Ⓝ

SPA ET BIEN-ÊTRE • CONTEMPORAIN Sur les rives (peu sauvages !) du lac Saint-Point, au cœur d'une nature préservée, l'ambiance est au zen et à l'épure. Chambres spacieuses et confortables, spa "Cinq Mondes" de 300 m2 avec sa terrasse solarium offrant une superbe vue sur le lac.

16 suites - 🚹🚹144/180 €

65 Grande-Rue - ✆ 03 81 69 34 80 - www.les-rives-sauvages.com

La Poste

FAMILIAL • À LA CAMPAGNE Un sympathique petit hôtel familial, dont les chambres arborent un style champêtre, une partie donnant sur le lac de St-Point, bien au calme. Cuisine du terroir au restaurant.

10 chambres – 57 € 62/70 € – 12 €

61 Grande-Rue – 03 81 69 79 34 – www.hotel-le-lac.fr – Fermé 12 nov.-13 déc.

LA MALÈNE

48210 Lozère – 153 hab. – Alt. 450 m – Carte régionale n° **12**-C1
Carte Michelin 330-H9

au Nord-Est 5,5 km sur D907bis – 48210 Ste-Énimie :

Château de la Caze

CUISINE MODERNE • ROMANTIQUE XX On s'attable dans l'élégante salle à manger du château – parquets, cheminée, fauteuils à hauts dossiers – pour déguster un tartare de daurade royale aux agrumes, ou encore un loup de Méditerranée, risotto au jambon serrano et fenouil croquant… La carte est appétissante et les saveurs bien présentes.

Menu 23 € (déj.), 35/82 € – Carte 50/65 €

rte des Gorges-du-Tarn – 04 66 48 51 01 – www.chateaudelacaze.com – Ouvert d'avril à début nov. et fermé lundi et mardi hors saison

Château de la Caze

DEMEURE HISTORIQUE • PERSONNALISÉ Sur les rives du Tarn, un superbe château fortifié construit au 15e s. Mobilier ancien, tours crénelées, baldaquins et vieilles pierres : rien ne manque ! Une atmosphère résolument châtelaine au cœur d'une nature préservée.

8 chambres – 135/150 € 135/265 € – 8 suites – 16 €

rte des Gorges-du-Tarn – 04 66 48 51 01 – www.chateaudelacaze.com – Ouvert d'avril à début nov. et fermé lundi et mardi hors saison

Château de la Caze – voir les restaurants ci-dessus

MALICORNE-SUR-SARTHE

72270 Sarthe – 1 915 hab. – Alt. 39 m – Carte régionale n° **18**-C2
Carte Michelin 310-I8 – Guide Vert Michelin Pays de la Loire

La Petite Auberge

CUISINE TRADITIONNELLE • RUSTIQUE X L'été, on s'attable en terrasse, à fleur d'eau, et l'hiver, on se réfugie auprès de la belle cheminée du 13e s., dans un cadre délicieusement vieille France. Popcorn de foie gras et crème de maïs ; noix de Saint-Jacques au yuzu… Les produits du terroir sont joliment agrémentés : une petite auberge comme on les aime !

Formule 21 € – Menu 32/59 € – Carte 40/47 €

5 pl. Duguesclin – 02 43 94 80 52 – www.petite-auberge-malicorne.fr – Fermé 23 déc.-28 fév., le soir sauf sam. de sept. à avril, mardi soir en mai et juin et lundi

MALLEMORT

13370 Bouches-du-Rhône – 5 972 hab. – Alt. 120 m – Carte régionale n° **21**-B2
Carte Michelin 340-G3

Moulin de Vernègues

SPA ET BIEN-ÊTRE • CONTEMPORAIN Adossé au golf du Pont-Royal, cet ancien moulin à grain abrite des chambres sobres et fonctionnelles, dont certaines ont gardé le cachet de l'ancien (vieilles pierres). Le joli spa avec sauna et hammam, ainsi que l'espace fitness, en font une étape très appréciable.

100 chambres – 204/264 € 204/264 €

Domaine et golf de Pont-Royal – 04 90 59 12 00 – www.moulindevernegues.com

MALLING

✉ 57480 Moselle - 624 hab. - Alt. 158 m - Carte régionale n° **14**-B1
Carte Michelin 307-I2

à Petite Hettange 1 km à l'Est sur D654 - ✉ 57480

Olmi

CUISINE CLASSIQUE • CONTEMPORAIN XX Prenez un chef aux origines italiennes, le retour de la fille prodigue en pâtisserie et du fils en sommellerie, et vous obtiendrez la renaissance de cette auberge, sise dans les murs d'un ancien relais routier. Cuisine classique, pasta et terrasse sous les arbres : une affaire familiale comme on les aime !

Menu 25 € (déj. en semaine), 45/72 € - Carte 46/80 €

11 rte Nationale - ✆ 03 82 50 10 65 - www.olmi-restaurant.fr
- Fermé 18 août-2 sept., jeudi soir, dim. soir, lundi et mardi

MALO-LES-BAINS - 59 Nord ➜ Voir Dunkerque

MANCENANS-LIZERNE - 25 Doubs ➜ Voir Maîche

MANCEY - 71 Saône-et-Loire ➜ Voir Tournus

MANDELIEU

✉ 06210 Alpes-Maritimes - 22 696 hab. - Alt. 4 m - Carte régionale n° **22**-E2
Carte Michelin 341-C6 - Guide Vert Michelin Côte d'Azur

Plans pages 893, 894

Bessem Ⓝ

CUISINE MODERNE • CONTEMPORAIN XX Un chef au beau parcours - passé par Courchevel, notamment - a totalement transformé cet ancien restaurant à grillades. Dans la lumineuse salle tournée vers la terrasse et le jardin, on se délecte de plats frais et goûteux : maquereau à l'escabèche, cabillaud cuit meunière avec poireaux et pommes de terre safranées...

Menu 37 € (déj.), 47/135 € 🍷 - Carte 52/89 €

Plan : A1-a *183 av. de la République - ✆ 04 93 49 71 23*
- www.bessem-restaurant.com - Fermé lundi et mardi

La Napoule - ✉ 06210

✿✿ L'Oasis (Stéphane, Antoine et François Raimbault)

CUISINE CRÉATIVE • LUXE XXXX Luxuriant patio, cadre élégant, délicieuses recettes méridionales aux accents orientaux, caravane des desserts, ateliers gourmands (cuisine, pâtisserie, œnologie) : cette oasis fraternelle n'a rien d'un mirage !

➜ Soleil levant de poisson cru "Souvenir d'Osaka". Loup en croûte dorée exquisé d'estragon. Caravane des desserts.

Formule 49 € - Menu 69 € (déj.), 89/282 € - Carte 145/280 €

Plan : C2-r *r. J.-H.-Carle - ✆ 04 93 49 95 52 - www.oasis-raimbault.com - Fermé de mi-déc. à fin janv., dim. et lundi*

Le Bistrot de l'Oasis Ⓝ

CUISINE PROVENÇALE • CONVIVIAL X Les frères Raimbault ont installé leur restaurant dans cette demeure provençale séduisante, dont la façade ocre domine le port. Sur la terrasse aux allures de guinguette, vous vous laisserez porter par une cuisine de tradition bien troussée, réalisée à partir des produits de la région. À noter aussi que la carte des vins recèle de jolies surprises.

Menu 33 € - Carte 35/68 €

Plan : D1-m *Hôtel Ermitage de l'Oasis, 26 av. Henri-Clews - ✆ 04 92 97 31 10*
- www.oasis-raimbault.com
- Fermé de mi-déc. à fin janv., mardi et merc.

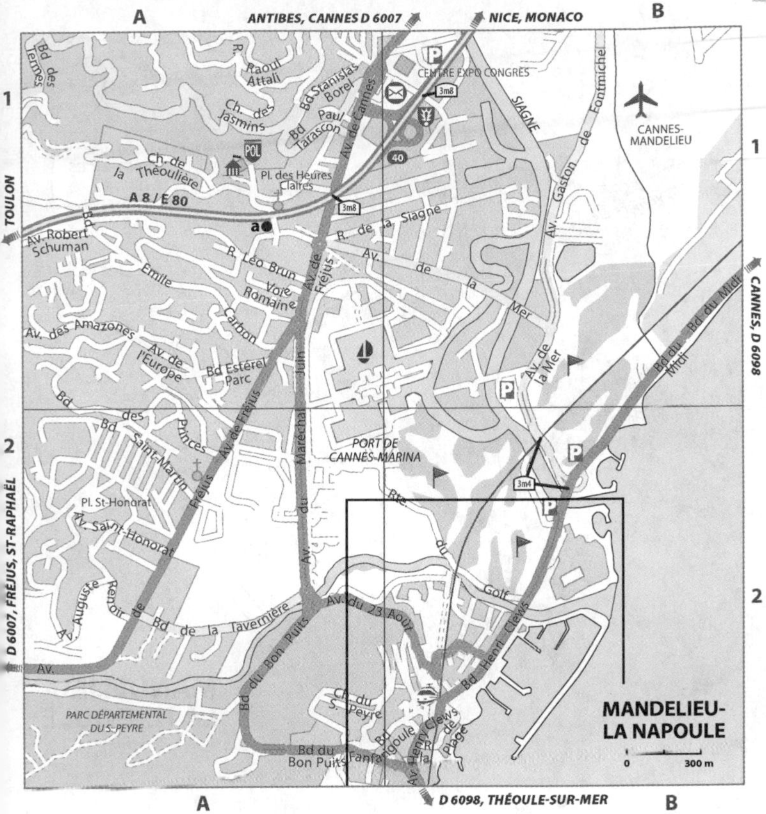

Les Bartavelles

CUISINE TRADITIONNELLE • SIMPLE XX Le restaurant fait face au château de La Napoule. Derrière les fourneaux, le chef propose une généreuse cuisine traditionnelle. Côté ambiance, vous choisirez entre la bonne ambiance de bistrot de l'intérieur, ou le calme de la terrasse sous les platanes. Bon choix de vins au verre.

Formule 18 € – Menu 30/42 € – Carte 35/63 €

Plan : C2-f *1 pl. du Château – ✆ 04 93 49 95 15*
– www.restaurantlesbartavelles.com
– Fermé vacances de la Toussaint, 2 semaines en janv., mardi et merc. de mi-sept. à Pâques

La Brocherie

POISSONS ET FRUITS DE MER • TRADITIONNEL XX Une bonne adresse de poissons et fruits de mer ; les premiers arrivent de l'Atlantique ou de la pêche locale, les seconds sont fournis par l'un des meilleurs écaillers. La vue de la terrasse est vraiment magnifique !

Formule 29 € – Menu 40 € – Carte 55/92 €

Plan : D1-g *11 av. Henri-Clews (au port) – ✆ 04 93 49 80 73*
– www.restaurantlabrocherie.com

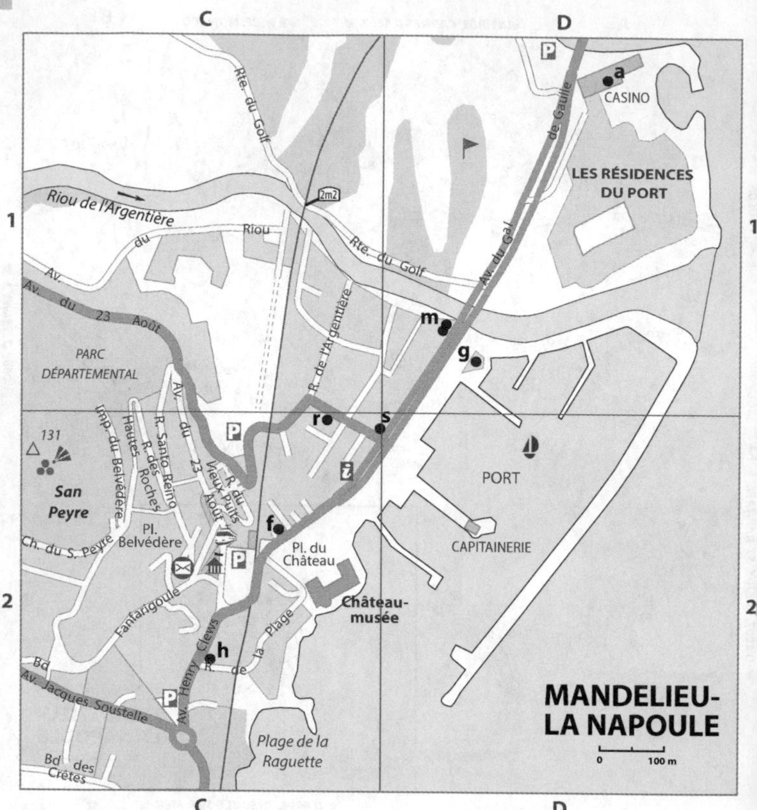

La Palméa

POISSONS ET FRUITS DE MER · FAMILIAL XX Place au poisson et aux saveurs du Sud dans ce restaurant situé sur l'avenue du port de plaisance. L'accueil est prévenant, et de la véranda, on contemple les bateaux.

Menu 35/68 € – Carte 49/84 €

Plan : CD2-s *198 av. Henri-Clews*
– ✆ 04 92 19 22 50 – www.restaurant-palmea.com
– Fermé dim. soir et lundi

La Rotonde Ⓝ

CUISINE TRADITIONNELLE · CONTEMPORAIN XX À l'entrée de la station, le restaurant est tenu par un couple sérieux et sympathique. Dans une salle en demi-rotonde, avec vue sur la mer, on se régale de douceurs traditionnelles comme on les aime : salade d'artichauts et pecorino truffé, sole meunière, ou encore pavlova aux fruits rouges...

Formule 21 € – Menu 26 € (déj.)/39 € – Carte 47/68 €

Plan : C2-h *391 av. du 23-Août*
– ✆ 04 93 49 82 60 – www.restaurantlarotonde.com
– Fermé lundi soir, mardi soir, merc. soir et dim. de sept. à juin et ouvert le soir du lundi au sam. et vend. et sam. midi en juil.-août

Pullman Royal Casino

HÔTEL DE CHAÎNE • CONTEMPORAIN Hors saison, c'est l'hôtel idéal pour le business et lorsqu'arrivent les beaux jours, c'est une possibilité d'hébergement grand confort. Les chambres sont modernes et plaisantes, la piscine et la plage sont sympathiques : on passe un bien agréable séjour.

213 chambres – 140/760 € 140/760 € – 2 suites – 25 €

Plan : D1-a *605 av. Gén.-de-Gaulle, D6098 – 04 92 97 70 00 – www.pullman-mandelieu.com*

L'Ermitage de l'Oasis

MAISON DE MAÎTRE • ÉLÉGANT Cette demeure de la baie de Cannes d'inspiration italienne, à la façade ocre et brique, est l'ancien relais d'hiver des moines des îles de Lérins. Les chambres y sont confortables ; certaines d'entre elles contemplent la mer, d'autres donnent sur le golf ou la rivière Riou.

33 chambres – 130/420 € 130/420 € – 2 suites – 21 €

Plan : D1-m *26 av. Henri-Clews – 04 93 49 95 56 – www.ermitagedeloasis.fr – Ouvert mi-mars à mi-nov.*

Le Bistrot de l'Oasis – voir les restaurants ci-dessus

MANE – 04 Alpes-de-Haute-Provence → Voir Forcalquier

MANIGOD

74230 Haute-Savoie – 1 007 hab. – Alt. 950 m – Carte régionale n° **25**-F1
Carte Michelin 328-L5

rte du col de la Croix-Fry 5 ,5 km – 74230 Manigod

La Maison des Bois - Marc Veyrat

CUISINE CRÉATIVE • MONTAGNARD XXXX Marc Veyrat is back ! Et il demeure un grand cuisinier. Créatif en diable, il joue des saveurs et des textures, magnifie la nature locale (fleurs, herbes de la montagne) pour une partition minérale et pastorale. Il est véritablement le phénix des hôtes de ces bois. Plus que jamais, l'ombre d'un chapeau plane sur Manigod...

→ Œuf à la berce et à l'oxalis. Truite du lac Léman, saveurs d'épicéa. L'avalanche des desserts.

Menu 295 € (déj.)/395 €

Hôtel La Maison des Bois - Marc Veyrat, au Col de la Croix-Fry – 04 50 60 00 00 – www.marc-veyrat.fr – Fermé 15 avril-31 mai, 2-20 sept., 28 oct.-13 déc., jeudi midi, lundi, mardi et merc.

La Table de Marie-Ange

CUISINE TRADITIONNELLE • INTIME XX La terrasse panoramique face aux Aravis est tout simplement magique, et il est difficile de quitter la Table de Marie-Ange... On s'y régale d'une jolie cuisine pétrie d'authenticité régionale et concoctée avec de beaux produits. Le pain est même fait dans un vrai four à bois, c'est dire !

Menu 66 € – Carte 70/89 €

Chalet Hôtel Croix-Fry, 4910 rte du Col de la Croix-Fry – 04 50 44 90 16 – www.hotelchaletcroixfry.com – Ouvert 22 déc.-8 avril, 30 juin-9 sept. et fermé mardi midi, merc. midi et lundi

Chalet Hôtel Croix-Fry

LUXE • COSY Dans un cadre idyllique, au milieu des alpages, un beau chalet tenu par la même famille depuis des décennies (accueil charmant). Magnifiquement restauré, il révèle un bel intérieur montagnard... Un lieu superbe !

8 chambres – 190/200 € 200/540 € – 1 suite – 23 €

4910 rte du Col de la Croix-Fry – 04 50 44 90 16 – www.hotelchaletcroixfry.com – Ouvert 22 déc.-8 avril et 30 juin-9 sept.

La Table de Marie-Ange – voir les restaurants ci-dessus

La Maison des Bois - Marc Veyrat

LUXE · MONTAGNARD Prolonger l'expérience gastronomique unique par une nuit en altitude, c'est possible... Ce petit hameau savoyard aux chambres luxueuses offre une vue fastueuse sur les massifs alpins. Marc Veyrat a réalisé la maison de ses rêves, sur les terres de son enfance.

4 chambres – 🚹400 € 🚹🚹750/1200 € – 4 suites – ☕ 90 €

au Col de la Croix-Fry – ✆ 04 50 60 00 00 – www.marc-veyrat.fr – Fermé 15 avril-31 mai, 2-20 sept., 28 oct.-13 déc., lundi, mardi et merc.

✿✿✿ **La Maison des Bois - Marc Veyrat** – voir les restaurants ci-dessus

Les Sapins

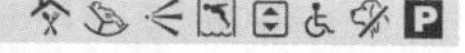

FAMILIAL · MONTAGNARD Un chalet situé sur le col de la Croix Fry, à deux pas des remontées mécaniques. Les chambres mêlent style contemporain et esprit montagnard. Au restaurant, on apprécie autant les spécialités savoyardes que la superbe vue depuis la terrasse. Parfait pour prendre un grand bol d'air !

23 chambres ☕ – 🚹92/336 € 🚹🚹104/348 €

6762 rte du Col de la Croix-Fry – ✆ 04 50 44 90 29 – www.les-sapins.fr – Fermé 15 avril-2 mai et 18 oct.-19 nov.

MANOM – 57 Moselle

➜ Voir Thionville

MANOSQUE

✉ 04100 Alpes-de-Haute-Provence – 21 941 hab. – Alt. 387 m – Carte régionale n° **21**-B2
Carte Michelin 334-C10 – Guide Vert Michelin Provence

✿ Dominique Bucaille

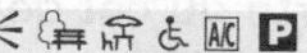

CUISINE MODERNE · TENDANCE XX Une bastide du 18e s. sur le site d'anciennes cultures maraîchères... La salle, contemporaine et élégante, la terrasse face au jardin, le potager : tout est charmant. Et plus encore la cuisine, signée par Dominique Bucaille et sa fille Julia, qui mettent très joliment en valeur les saveurs de la Provence.

➜ Légumes de Provence mijotés en cocotte, melba de tomate du pays et herbes fines. Pigeonneau laqué au caramel de truffe, pastilla de béatilles et jus de presse. Jeu de textures autour des fruits de nos vergers.

Formule 55 € – Menu 89/120 € – Carte 90/105 €

715 av. des Savels – ✆ 04 92 77 59 37 – www.restaurant-bucaille.com – Fermé fin fév. à début mars, dim. soir sauf juil.-août, lundi et mardi

Le Bistronomique

♿ A/C

CUISINE CLASSIQUE · CONTEMPORAIN XX Ne vous fiez pas à l'emplacement un peu improbable de ce restaurant, dans une zone d'affaires : il se trouve en effet qu'on y déguste une généreuse cuisine de tradition, dans laquelle tout est fait maison à partir d'excellents produits. Cerise sur le gâteau : le service, aimable et efficace.

Formule 22 € – Menu 49 € (dîner)/70 € – Carte 60/70 €

180 av. Régis-Ryckebush – ✆ 04 92 72 41 86 – www.bistronomiquerestaurant.fr – Fermé dim.

Sens & Saveurs

CUISINE MODERNE · MÉDITERRANÉEN XX D'abord monastère, puis filature, ensuite entrepôt à grains au 17es. et enfin théâtre : la grande salle voûtée de ce restaurant a traversé les époques sans prendre une ride. Le rideau se lève désormais sur un lieu à l'ambiance familiale, où le chef réalise des recettes à l'accent méridional.

Formule 18 € – Menu 29/60 € – Carte 51/63 €

43 bd des Tilleuls – ✆ 04 92 75 00 00 – www.sensetsaveurs.com – Fermé 20 fév.- 9 mars, 28 août-14 sept., jeudi soir, dim. soir et lundi

Pré St-Michel

TRADITIONNEL • MÉDITERRANÉEN Cette bâtisse régionale abrite des chambres spacieuses, de style provençal. Préférez celles avec terrasse privative. En prime, vue sur les toits de Manosque.

24 chambres – 67/200 € 67/200 € – 13 €

435 montée de la Mort-d'Imbert, 1,5 km au Nord par bd M.-Bret et rte de Dauphin – 04 92 72 14 27 – www.presaintmichel.com

Les Monges

FAMILIAL • À LA CAMPAGNE Une imposante bergerie en pierre sur les hauteurs, au grand calme. Les chambres sont fonctionnelles et bien tenues. Au petit-déjeuner, on apprécie les confitures maison, et la vue sur un champ de lavandin. Jolie piscine et petit potager, où les hôtes, en saison, peuvent se servir en tomates.

5 chambres – 75/95 € 75/95 €

3627 rte d'Apt, 4 km au Nord-Ouest par D907 et rte secondaire – 04 92 72 68 41 – www.lesmonges.com – Ouvert 28 avril-1er oct.

LE MANS

72000 Sarthe – 143 813 hab. – Agglo. 210 527 hab. – Alt. 80 m – Carte régionale n° **18**-D1
Carte Michelin 310-K6 – Guide Vert Michelin Pays de la Loire

Le Beaulieu (Olivier Boussard)

CUISINE MODERNE • ÉLÉGANT XXX Des produits d'excellente qualité, des jus savamment réduits, un nombre limité d'ingrédients... que le chef décline joliment au gré de vos envies, en deux, trois, ou quatre plats ! La technique et l'épure au service des saveurs, dans ce Beaulieu élégant et feutré.

→ Ravioles de langoustine au caviar d'Aquitaine et jus de coquillages. Pinces de homard au bouillon de crustacés et la queue rôtie au beurre demi-sel de Guérande. Éclair au chocolat au poivre Timut et son craquelin.

Formule 29 € – Menu 55 € (déj.), 69/88 €

Plan : B2-r *34 bis pl. de la République (1er étage) – 02 43 87 78 37 – www.restaurantlebeaulieu.com – Fermé 3-21 août, sam., dim. et fériés*

L'Auberge de Bagatelle (N) (Jean-Sébastien Monné)

CUISINE MODERNE • DESIGN XX Un jeune couple franco-belge chaleureux offre une nouvelle vie gastronomique à cette ancienne auberge au charme bucolique : sachez-le, ici se déguste désormais une cuisine soignée, pleine de saveurs et de gourmandise ! On passe un excellent moment.

→ Saumon gravlax, fraise, framboise et betteraves. Quasi de veau à la florentine, polenta au parmesan et jus de veau. Confit de mirabelles sous voile de prunes.

Formule 27 € – Menu 33 € (déj. en semaine), 45/78 € – Carte 70/100 €

Hors plan *489 av. Bollée – 02 43 85 25 73 – www.aubergedebagatelle.fr – Fermé 3 semaines en août, lundi et mardi*

Le Grenier à Sel

CUISINE MODERNE • ÉLÉGANT XX À l'entrée de la cité Plantagenêt, cet ancien grenier à sel a été repris en 2014 par deux associés, avec un mot d'ordre : se faire plaisir et faire plaisir aux clients ! Au menu, de beaux produits – homard, turbot, foie gras... – et des saveurs appuyées... le tout accompagné de jolis vins du Rhône, de Loire et de Bordeaux.

Formule 21 € – Menu 40/58 € – Carte 48/55 €

Plan : A2-t *26 pl. de l'Éperon – 02 43 23 26 30 – Fermé 26 juil.-16 août, merc. soir, sam. midi et dim.*

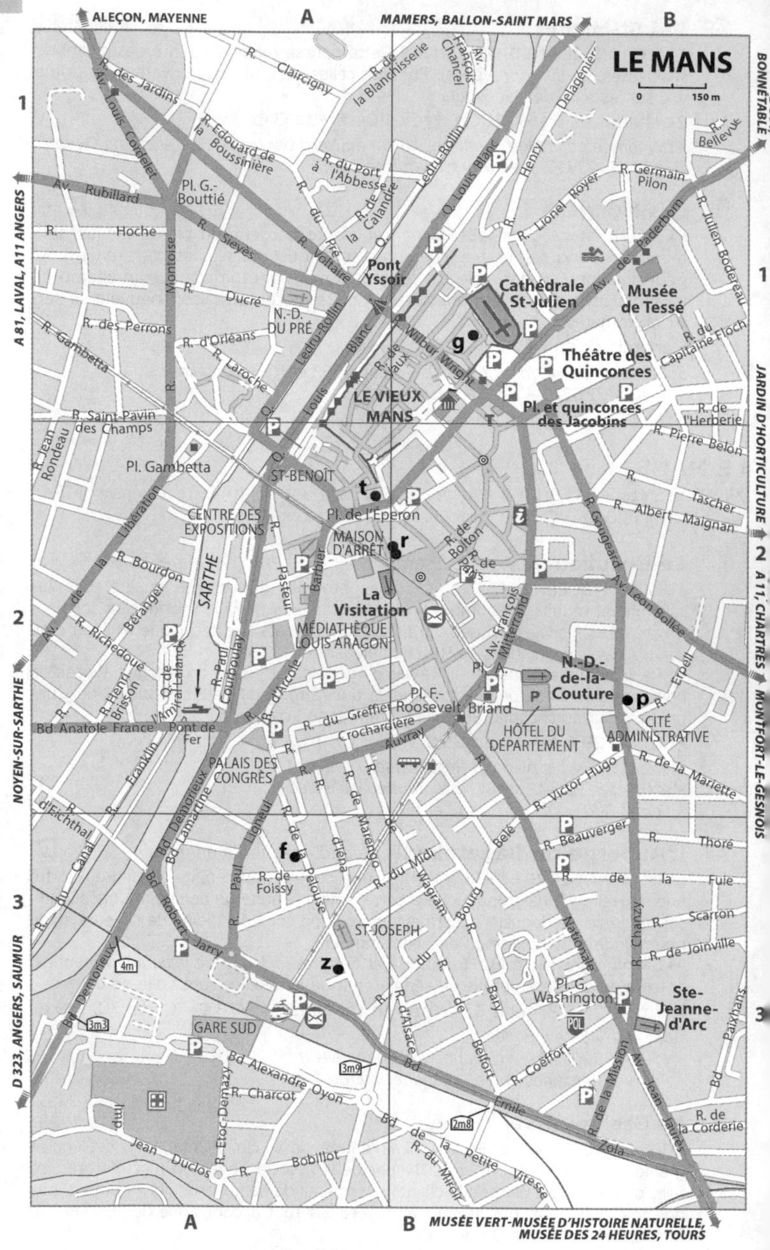
LE MANS
0
150 m
A
B
1
2
3
ALEÇON, MAYENNE
MAMERS, BALLON-SAINT MARS
BONNÉTABLE
JARDIN D'HORTICULTURE
A 11, CHARTRES
MONTFORT-LE-GESNOIS
A 81, LAVAL, A11 ANGERS
NOYEN-SUR-SARTHE
D 323, ANGERS, SAUMUR
MUSÉE VERT-MUSÉE D'HISTOIRE NATURELLE,
MUSÉE DES 24 HEURES, TOURS
Pont Yssoir
Cathédrale St-Julien
Musée de Tessé
Théâtre des Quinconces
Pl. et quinconces des Jacobins
LE VIEUX MANS
N.-D. DU PRÉ
ST-BENOÎT
Pl. Gambetta
Pl. G.-Bouttié
CENTRE DES EXPOSITIONS
SARTHE
Pl. de l'Eperon
MAISON D'ARRÊT
La Visitation
MÉDIATHÈQUE LOUIS ARAGON
N.-D.-de-la-Couture
HÔTEL DU DÉPARTEMENT
CITÉ ADMINISTRATIVE
Pl. F.-Roosevelt
Pl. A. Briand
PALAIS DES CONGRÈS
Pont de Fer
ST-JOSEPH
Pl. G. Washington
Ste-Jeanne-d'Arc
GARE SUD
g
t
r
p
f
z
Av. Rubillard
R. Hoche
R. Ducré
R. des Perrons
R. Gambetta
R. d'Orléans
R. Laroche
R. Saint-Pavin des Champs
R. Jean Rondeau
R. des Jardins
Av. Louis Cordelet
R. Edouard de la Boussinière
R. Sieyès
R. Voltaire
R. Montoise
R. Claircigny
R. de la Blanchisserie
Av. François Chancel
R. du Port à l'Abbesse
R. de la Calandre
R. du Pré
Q. Ledru-Rollin
Q. Louis Blanc
R. Henry Delagenière
R. Lionel Royer
R. Germain Pilon
R. Bellevue
Av. de Paderborn
R. Julien Bodereau
R. du Capitaine Floch
R. Wilbur Wright
R. de Vaux
R. de l'Herberie
R. Pierre Belon
R. Tascher
R. Albert Maignan
R. Gougeard
Av. Léon Bollée
Av. François Mitterrand
R. de Bolton
R. de Paris
R. Barbier
R. Pasteur
Av. de la Libération
R. Bourdon
R. Béranger
R. Richedoué
R. Henri Brisson
Q. de l'Amiral Lalande
R. Paul Courboulay
R. d'Arcole
Bd Anatole France
R. du Greffier
R. Crochardière
R. Auvray
R. Victor Hugo
R. de la Mariette
R. Erpell
R. Franklin
R. du Canal
R. d'Eichthal
Bd Demorieux
Bd Lamartine
R. Paul Ligneul
R. de la Pelouse
R. de Foissy
R. d'Iéna
R. de Marengo
R. du Midi
R. de Wagram
R. du Bourg
R. Nationale
R. Bélé
R. Beauverger
R. Thoré
R. de la Fuie
R. Scarron
R. de Joinville
R. Chanzy
R. Bary
R. de Belfort
R. Coëffort
R. de la Mission
Av. Jean Jaurès
R. Paixhans
R. de la Corderie
Bd Robert Jarry
R. d'Alsace
Bd Emile Zola
Bd Alexandre Oyon
R. Charcot
R. Etoc-Demazy
R. Jean Duclos
R. Bobillot
Bd de la Petite Vitesse
R. du Miroir
4m
3m3
3m9
2m8
POL

Le Pont Rouge

CUISINE TRADITIONNELLE · AUBERGE XX De franches salutations lorsqu'on arrive : ici, on sait recevoir... Le chef, un homme de métier, travaille des produits de belle fraîcheur dans des assiettes aussi goûteuses que généreuses. Avec des maisons comme celle-là, la tradition est entre de bonnes mains !

Formule 25 € – Menu 44/50 €

Hors plan *chemin des Perrays – ✆ 02 43 85 05 87 – www.lepontrouge.fr – Fermé 1 semaine en mai, 2 semaines en août, 1 semaine en déc., sam. midi, dim. et fériés*

Le Tablier de Jaurès

CUISINE MODERNE · TENDANCE X Non loin du centre-ville, cet agréable restaurant est niché dans une ancienne cordonnerie, à deux pas du tramway. Après dix ans passés dans l'agriculture, le patron revient à ses premières amours et compose une belle cuisine dans l'air du temps, où le terroir est en bonne place. Service sympathique.

Formule 20 € 🍷 – Menu 25 € 🍷 (déj. en semaine), 39/55 € – Carte environ 45 €

Hors plan *138 av. Jean-Jaurès – ✆ 02 43 78 93 81 – letablierdejaures.fr – Fermé mardi soir, dim. soir et merc.*

Mercure Centre

HÔTEL DE CHAÎNE · CONTEMPORAIN Ce bel immeuble néoclassique (19e s.) abritait autrefois... le siège des Mutuelles du Mans. Son atout principal ? Un bon niveau de confort, près du centre-ville.

73 chambres – †74/199 € ††74/199 € – ☕ 16 €

Plan : B2-p *19 r. Chanzy – ✆ 02 43 40 22 40 – www.mercure.com*

Chantecler

TRADITIONNEL · FONCTIONNEL Un hôtel traditionnel entre gare et centre-ville. Mention spéciale à la salle des petits-déjeuners, aux airs de jardin d'hiver. On séjourne dans des chambres sobres et particulièrement bien tenues, et un parking est à la disposition des clients : pratique !

35 chambres – †86/250 € ††102/350 € – ☕ 12 €

Plan : A3-f *50 r. de la Pelouse – ✆ 02 43 14 40 00 – www.hotelchantecler.fr – Fermé 3 semaines en août et 24 déc.-1er janv.*

Le Charleston

TRADITIONNEL · FONCTIONNEL Un petit hôtel aux tarifs mesurés, à deux pas de la gare. Les chambres, fonctionnelles et bien tenues, ont été entièrement rénovées. L'été, les petits-déjeuners sont servis dans la cour fleurie.

31 chambres – †52/78 € ††56/84 € – ☕ 9 €

Plan : A3-z *18 r. Gastelier – ✆ 02 43 24 87 46 – www.lecharlestonhotel.com – Fermé vacances de Noël*

à Arnage 10 km au Sud – ✉ 72230 – 5 111 hab. – Alt. 42 m

Auberge des Matfeux

CUISINE MODERNE · ÉLÉGANT XXX Des motifs abstraits aux murs, une vaisselle signée par un artiste local : l'élégance du restaurant annonce celle de l'assiette. Avec une solide maîtrise technique, le chef compose de savoureux plats dans l'air du temps, qui gardent toujours un œil sur la tradition. Très belle carte des vins.

Menu 43/79 € – Carte 49/98 €

289 av. Nationale, au Sud par D147 – ✆ 02 43 21 10 71 – www.aubergedesmatfeux.fr – Fermé 22 avril-1 mai, 15 juil.-21 août, 28 oct.-1 nov., 2-8 janv., dim. et lundi

MANSLE

✉ 16230 Charente – 1 639 hab. – Alt. 65 m – Carte régionale n° **20**-C2
Carte Michelin 324-L4 – Guide Vert Michelin Poitou-Charentes

à Luxé 6 km à l'Ouest par D739 – ✉ 16230 – 725 hab. – Alt. 70 m

Auberge du Cheval Blanc

CUISINE TRADITIONNELLE • CLASSIQUE XX Sur la place de la gare, cette sympathique auberge centenaire vous invite à déguster une cuisine généreuse et soignée, qui met en valeur les produits régionaux dans le respect du cycle des saisons. Le tout servi avec le sourire !

Formule 15 € – Menu 23 € (déj. en semaine), 39/54 € – Carte 39/50 €

r. du Cheval-Blanc (à la gare) – ✆ 05 45 22 23 62 – www.auberge-cheval-blanc.com – Fermé 29 janv.-28 fév., 3-11 sept., dim. soir, lundi et mardi

MANTES-LA-JOLIE

✉ 78200 Yvelines – 44 985 hab. – Alt. 34 m – Carte régionale n° **10**-A1
Carte Michelin 311-G2 – Guide Vert Michelin Île-de-France

Rive Gauche

CUISINE MODERNE • COSY XX Au pied de la collégiale, faites une halte dans ce restaurant cosy et chaleureux ! Son chef-patron y propose une cuisine fine et goûteuse, qui évolue au fil du marché et porte discrètement la marque de ses nombreux voyages – Hong Kong, Californie, Australie... Service attentionné.

Menu 19 € (déj. en semaine) – Carte environ 50 €

1 r. du Fort – ✆ 01 30 92 30 16 – Fermé vacances de févier, 3 semaines en août, sam. midi, dim. et lundi

à Mantes-la-Ville 2 km au Sud-Est par N183 – ✉ 78711 – 19 858 hab. – Alt. 36 m

Le Moulin de la Reillère

CUISINE CLASSIQUE • ÉLÉGANT XXX Belle auberge aménagée dans un ancien moulin du 18e s. Un cadre bourgeois, avec sa terrasse et son ravissant jardin fleuri ; une cuisine classique bien réalisée.

Formule 19 € – Menu 38 € – Carte 40/68 €

171 rte de Houdan – ✆ 01 30 92 22 00 – www.lemoulindelareillere.fr – Fermé 1 semaine en mai, 3 semaines en août, 1 semaine en janv., sam. midi, dim. soir et lundi

MANTES-LA-VILLE – 78 Yvelines ➜ Voir Mantes-la-Jolie

MARÇAY – 37 Indre-et-Loire ➜ Voir Chinon

LES MARCHES

✉ 73800 Savoie – 2 526 hab. – Alt. 328 m – Carte régionale n° **25**-F2
Carte Michelin 333-I5

Le K'ozzie

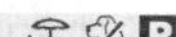

CUISINE MODERNE • COSY X Ce restaurant accueillant – et cosy ! – est le repaire de Maude et Sébastien, qui se sont rencontrés en Australie, pays des "Aussies" ou... "Ozzies". Sébastien concocte des plats fins et délicats, au fil de son inspiration ; à midi, on se régale à petit prix.

Menu 20 € (déj. en semaine), 38/51 € – Carte 49/56 €

20 rte de Francin – ✆ 04 79 36 91 76 – www.lekozzie.com – Fermé 25 juin-15 juil., 24 déc.-13 janv., mardi midi, dim. et lundi

MARCIAC

✉ 32230 Gers – 1 261 hab. – Alt. 150 m – Carte régionale n° **15**-A2
Carte Michelin 336-C8

La Villa Toscane

TRADITIONNEL • CONTEMPORAIN Inauguré en 2014, l'hôtel a été créé dans une ancienne école et offre assurément une belle leçon de chic et de confort, des chambres, décorées avec soin – dans une veine cosy et légèrement baroque –, à l'espace bien-être, avec bassin de nage, sauna, hammam, etc. Une véritable invitation à l'école buissonnière...

13 chambres – 135/210 € 135/210 € – 1 suite – 18 €

41 r. St-Pierre – 05 62 08 22 22 – www.lavillatoscane-marciac.fr – Ouvert avril-oct.

La Baguenaude

MAISON DE CAMPAGNE • PERSONNALISÉ Les amoureux du jazz pourront baguenauder vers cette jolie maison du 19e s., ils ne seront pas déçus ! Décoration éclectique et élégante, cour intérieure, fontaine : lénifiant.

4 chambres – 85/190 € 85/190 €

9 r. de Juillac – 05 62 09 57 03 – www.labaguenaude.fr – Fermé 6 mars-6 avril et 20 déc.-5 janv.

MARCOLÈS

15220 Cantal – 583 hab. – Alt. 710 m – Carte régionale n° **3**-A3
Carte Michelin 330-C6

Auberge de la Tour (Renaud Darmanin)

CUISINE MODERNE • RUSTIQUE XXX Une charmante bâtisse en pierre datant du 17e s., avec sa tour d'angle et son escalier à vis... Le chef travaille uniquement de très beaux produits frais et réalise une cuisine fine et goûteuse, mariant avec talent le terroir à des épices d'ici et d'ailleurs.

→ Foie gras poché au vin de Marcillac, pommes reinettes et pinot gris. Paleron de bœuf cuit douze heures, chanterelles grises, cèpes et girolles. Pomme mystérieuse.

Formule 22 € – Menu 40/83 €

8 chambres – 70 € 70/140 € – 12 €

pl. de la Fontaine – 04 71 46 99 15 – www.aubergedela-tour.com – Fermé vacances de fév., vacances de la Toussaint, mardi et merc.

MARCQ-EN-BAROEUL – 59 Nord → Voir Lille

MARGAUX

33460 Gironde – 1 541 hab. – Alt. 16 m – Carte régionale n° **2**-B1
Carte Michelin 335-G4

à Labarde 5 km au Sud par D2 – 33460 – 582 hab. – Alt. 14 m

Château Giscours N

HISTORIQUE • ROMANTIQUE En plein cœur du domaine viticole de Margaux, le Château Giscours est une véritable pépite ! Dans l'ancienne écurie, on a aménagé des chambres d'un charme fou, élégantes et rustiques, parfaites pour un séjour au grand calme. Visite des chais offerte pour les résidents.

3 chambres – 99/175 € 165/175 €

10 rte de Giscours – 05 57 97 09 09 – www.chateau-giscours.fr – Fermé le dim. de nov. à mars

à Arcins 6 km au Nord-Ouest par D2 – 33460 – 461 hab. – Alt. 10 m

Le Lion d'Or

CUISINE TRADITIONNELLE • BISTRO X Sur la route du Médoc, une auberge de village (19e s.) au cadre patiné par les ans – boiseries, casiers à bouteilles... On y savoure une jolie cuisine du marché et de copieux plats du terroir, autour desquels se réunissent de nombreux vignerons des parages. Ambiance garantie !

Menu 18 € – Carte 32/58 €

11 rte de Pauillac – 05 56 58 96 79 – www.leliondor-arcins.fr – Fermé 23 déc.-9 janv., dim. et lundi sauf fériés

MARGÈS

✉ 26260 Drôme - 1 076 hab. - Alt. 282 m - Carte régionale n° **24**-E2
Carte Michelin 332-D3

Auberge Le Pont du Chalon

FAMILIAL • CONTEMPORAIN Ambiance chaleureuse et familiale dans cet hôtel à l'esprit contemporain, niché derrière un rideau de platanes. Dans les chambres, joliment meublées, les nuits sont douces... Et côté restaurant, la tradition est de mise - avec une jolie terrasse sous la pergola.

12 chambres - 72/130 € 87/130 € - 11 €

50 rte des Dauphins, 2 km au Sud par D538 - ✆ 04 75 45 62 13 - www.pontduchalon.com - Fermé 19-27 fév. et 14 avril-1er mai

MARIGNY-ST-MARCEL

✉ 74150 Haute-Savoie - 680 hab. - Alt. 404 m - Carte régionale n° **25**-F1
Carte Michelin 328-I6

Blanc

CUISINE TRADITIONNELLE • CONTEMPORAIN XX Cette auberge familiale propose deux options alléchantes : un restaurant contemporain et élégant, bénéficiant d'une carte travaillée, avec de beaux produits, ou la brasserie boisée au décor de chalet, où priment les spécialités fromagères savoyardes (tout comme les grenouilles et la perche). Plaisant dans les deux cas.

Formule 21 € - Menu 33/120 €
- Carte 46/82 €

90 av. Sindeldorf - ✆ 04 50 01 09 50 - www.blanc-hotel-restaurant.fr - Fermé 26 déc.-9 janv.

Blanc

TRADITIONNEL • MONTAGNARD À mi-chemin entre Annecy et Aix-les-Bains, cet hôtel-restaurant dispose de deux types de chambres : montagnard contemporain (bois brut, couleurs décalées, etc.) à la Forge, plus classiques dans l'hôtel (préférez les premières). Autre atout : l'espace bien-être.

23 chambres - 95/150 € 95/180 € - 13 €

90 av. Sindeldorf - ✆ 04 50 01 09 50 - www.blanc-hotel-restaurant.fr - Fermé 26 déc.-9 janv.

Blanc - voir les restaurants ci-dessus

MARINE-D'ALBO - 2B Haute-Corse ➜ Voir Corse

MARINGUES

✉ 63350 Puy-de-Dôme - 2 990 hab. - Alt. 315 m - Carte régionale n° **3**-C2
Carte Michelin 326-G7 - Guide Vert Michelin Auvergne

Le Carrousel (Olivier Said)

CUISINE MODERNE • BOURGEOIS XX Le chef-patron, originaire de Béziers, réalise une jolie cuisine moderne avec de franches inspirations sudistes. Produits de qualité, cuissons et assaisonnements impeccables, bon rapport qualité-prix... les raisons ne manquent pas de grimper dans ce Carrousel !

➜ Foie gras de canard de Limagne en gelée de figue à l'ail noir confit de Billom. Bar de ligne rôti aux chipirons snackés, poivronade et sauce vierge au pistou. Farandole de desserts façon "Carrousel ".

Menu 28 € (déj. en semaine), 35/78 €
- Carte environ 80 €

14 r. du Pont-de-Morge - ✆ 04 73 68 70 24 - www.restaurant-lecarrousel.com - Fermé 2 semaines en juil. et en janv., dim. soir, lundi soir, mardi et merc.

Le Clos Fleuri

CUISINE TRADITIONNELLE • CONTEMPORAIN XX Décor actuel dans cette maison tenue par la même famille depuis trois générations ; on admire le beau jardin tout en savourant une bonne cuisine traditionnelle. Et au déjeuner, une formule bistrot dans une salle ayant accueilli le tournage du film *Uranus*, avec Gérard Depardieu !

Formule 15 € - Menu 27/50 €
- Carte 30/52 €

45 chambres - 55/59 € 63 € - 10 €

rte de Clermont - 04 73 68 70 46
- www.hotelleclosfleuri.com - Fermé 18 fév.-7 mars, 29 juil.-6 août, vend. soir et dim. soir de sept. à juin et lundi sauf le soir en juil.-août

MARLENHEIM

67520 Bas-Rhin - 4 090 hab. - Alt. 195 m - Carte régionale n° **1**-A1
Carte Michelin 315-I5

Le Cerf (Michel Husser et Joël Philipps)

CUISINE MODERNE • ÉLÉGANT XXX On profite ici d'une cuisine bien maîtrisée, avec quelques plats régionaux revisités avec finesse (choucroute, bouchées à la reine), et d'autres puisant leur inspiration dans les voyages (bouillon de sashimi de bœuf). Une valeur sûre de la gastronomie alsacienne, dont on ne se lasse pas !

→ Presskopf de tête de veau poêlé dans une feuille de brick croustillante, sauce gribiche. Bouchée à la reine de mon arrière grand-père Paul Wagner. Vacherin glacé aux fruits rouges d'Alsace.

Menu 47 € (déj. en semaine), 69/85 €
- Carte 70/100 €

30 r. du Gén.-de-Gaulle - 03 88 87 73 73
- www.lecerf.com - Fermé 2 semaines en janv., mardi et merc.

Le Cerf

TRADITIONNEL • PERSONNALISÉ Cet ancien relais de poste ne manque pas d'élégance : jolie cour fleurie, espace détente avec sauna, hammam et massages, chambres raffinées (d'esprit alsacien ou contemporain), accueil très professionnel... Un cerf doux comme un agneau !

16 chambres - 75/150 € 95/290 € - 2 suites - 21 €

30 r. du Gén.-de-Gaulle - 03 88 87 73 73
- www.lecerf.com - Fermé 2 semaines en janv.

Le Cerf - voir les restaurants ci-dessus

MARLY-LE-ROI - 78 Yvelines → Voir Autour de Paris

MARMANDE

47200 Lot-et-Garonne - 17 748 hab. - Alt. 30 m - Carte régionale n° **2**-C2
Carte Michelin 336-C2 - Guide Vert Michelin Aquitaine

Boat aux Saveurs

CUISINE MODERNE • ÉLÉGANT XX Dans cette élégante chartreuse transformée en restaurant, les gourmands se régalent d'une cuisine inventive. La jeune chef met un point d'honneur à se fournir chez les producteurs locaux. L'atmosphère est délicieusement familiale, et l'on aime s'attarder sur la belle terrasse au calme, à l'arrière de la maison. Petit potager.

Menu 25 € (déj. en semaine), 44/64 €
- Carte 66/77 €

36-38 av. Jean-Jaurès - 05 53 64 20 35
- www.restaurantboatauxsaveurs.fr - Fermé dim. soir, mardi midi, sam. midi et lundi

MARMANHAC

15250 Cantal – 703 hab. – Alt. 650 m – Carte régionale n° **3**-B3
Carte Michelin 330-C4

Château de Sédaiges

DEMEURE HISTORIQUE • PERSONNALISÉ Un vrai château de conte de fées, bel exemple d'architecture néo-gothique, dans un parc plein de noblesse. Escalier monumental en bois, superbes tapisseries des Flandres ; les chambres ont le charme reposant du temps jadis...

5 chambres – 140/170 € 160/170 €

– ✆ 04 71 47 30 01 – www.chateausedaiges.com – Ouvert 1er mai-30 sept.

MARQUAY

24620 Dordogne – 571 hab. – Alt. 175 m – Carte régionale n° **2**-D3
Carte Michelin 329-H6 – Guide Vert Michelin Périgord Quercy

Maison de Marquay

FAMILIAL • COSY Un havre de paix au cœur du bourg... Derrière les murs en pierre du jardin, on se prélasse au bord de la piscine et on profite du grand confort des lieux, où dialoguent joliment l'ancien et le moderne. Accueil très agréable ! Monsieur, ancien chef cuisinier, œuvre rien que pour vous à la table d'hôte.

5 chambres – 85/120 € 95/130 €

Le Bourg – ✆ 05 53 59 53 59 – www.maisondemarquay.fr – Ouvert 15 mars-20 nov.

MARSANNAY-LA-CÔTE – 21 Côte-d'Or ➔ Voir Dijon

J.-D. Sudres/hemis.fr

ON AIME...

AM Par Alexandre Mazzia, où le chef affirme sa personnalité culinaire et célèbre le végétal et la mer. **Madame Jeanne**, pour une cuisine méditerranéenne artisanale, tout en circuits courts. À l'écart du tumulte, **l'Hôtel 96**, un établissement à l'âme artiste. Enfin, la **Pergola**, pour déguster les assiettes dans l'air du temps d'une jeune chef inspirée...

MARSEILLE

✉ 13000 Bouches-du-Rhône - 858 120 hab. - Agglo. 1 049 835 hab. - Alt. 2 m - Carte régionale n° **21**-B3
Carte Michelin 340-H6 et 114-28 - Guide Vert Michelin Provence

Restaurants

✿✿✿ Le Petit Nice (Gérald Passédat)

POISSONS ET FRUITS DE MER • ÉLÉGANT XXXX "Ma cuisine est d'ici, du Sud, définitivement." Le style Passédat, c'est la Provence et le mistral, la vie du port et le goût du voyage, la liberté dans l'ancrage ! Et plus encore la Méditerranée, "mon potager"... On redécouvre les richesses de cette mer rêvée, ainsi qu'un magnifique symbole : la bouillabaisse.

➜ Anémone de mer en trois services : au caviar, en royale et en beignet. Loup Lucie Passédat. Souplesse de pêche, infusion au safran du midi.

Menu 100 € (déj. en semaine), 200/370 €
- Carte 245/320 €

Plan : 1A3-d *Hôtel Le Petit Nice, anse de Maldormé (hauteur 160 Corniche J.-F.-Kennedy) ✉ 13007 - ✆ 04 91 59 25 92 - www.passedat.fr - Fermé merc. midi de mi-nov. à mi-mars, dim. et lundi*

✿ Alcyone

CUISINE MODERNE • LUXE XXXX Lionel Lévy, à la barre de cet Alcyone (du nom de la fille du dieu Éole) né en 2013 au sein du fameux Hôtel-Dieu, fait un fier capitaine. Son idée : proposer une cuisine résolument méditerranéenne, balayée par les épices et faisant la part belle aux poissons locaux, tout cela dans une ambiance chic et sobre. Le cap est tenu !

➜ Consommé de "Bouille-Abaisse". Pêche du jour. Chocolat araguani, parfum d'ail noir et sorbet cacao.

Menu 99 € (semaine)/189 € 🍷
- Carte 120/160 €

Plan : 3F1-v *Intercontinental-Hôtel Dieu, 1 pl. Daviel ✉ 13002 - ✆ 04 13 42 43 43 - www.marseille.intercontinental.com - Fermé 18-26 fév., 5-20 août, 1er-7 janv., dim., lundi et le midi*

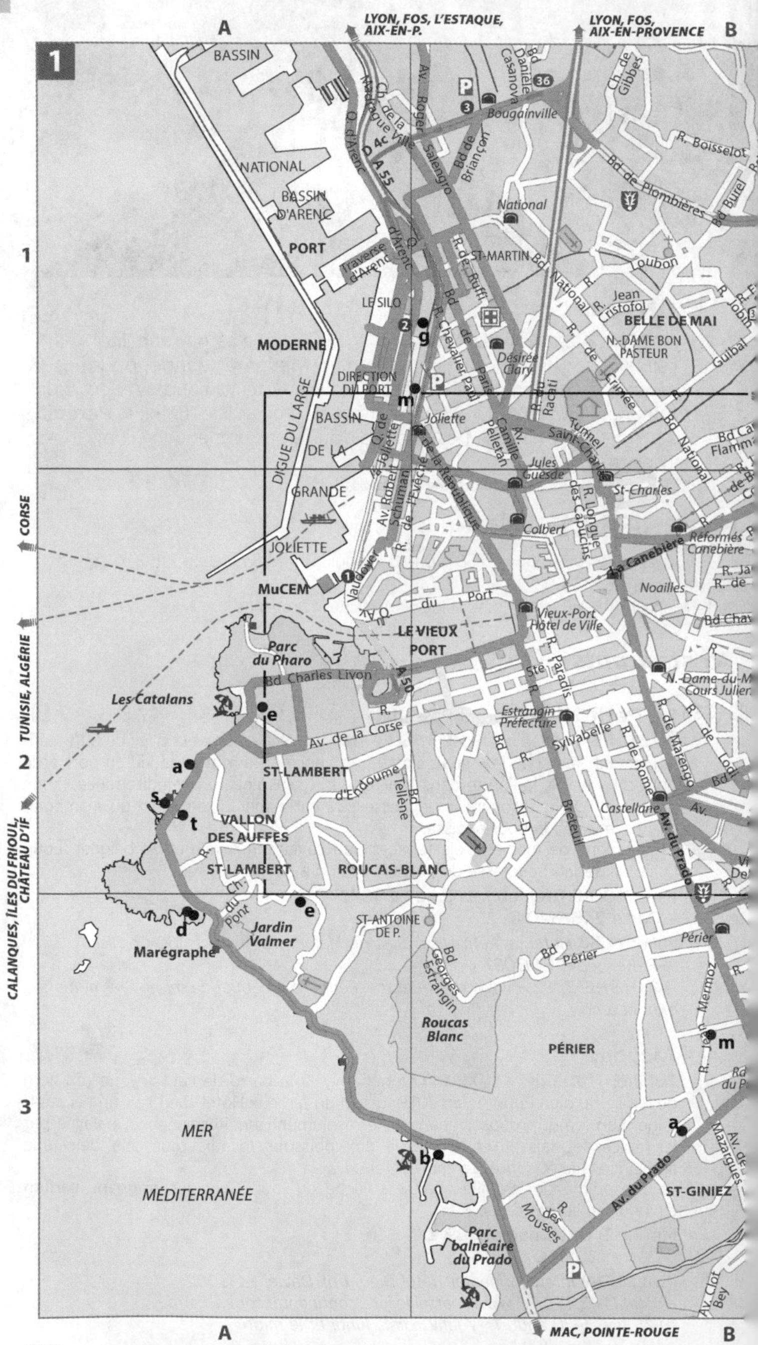

A
B
LYON, FOS, L'ESTAQUE, AIX-EN-P.
LYON, FOS, AIX-EN-PROVENCE
1
BASSIN
NATIONAL
BASSIN D'ARENC
PORT
MODERNE
LE SILO
DIRECTION DU PORT
BASSIN DE LA GRANDE JOLIETTE
DIGUE DU LARGE
MuCEM
LE VIEUX PORT
Parc du Pharo
Bd Charles Livon
Les Catalans
ST-LAMBERT
VALLON DES AUFFES
ROUCAS-BLANC
Jardin Valmer
Marégraphe
ST-ANTOINE DE P.
Roucas Blanc
PÉRIER
ST-GINIEZ
MER
MÉDITERRANÉE
Parc balnéaire du Prado
Bougainville
National
ST-MARTIN
BELLE DE MAI
N.-DAME BON PASTEUR
Désirée Clary
Joliette
Jules Guesde
St-Charles
Colbert
Réformés Canebière
La Canebière
Noailles
Vieux-Port Hôtel de Ville
N.-Dame-du-M Cours Julien
Estrangin Préfecture
Castellane
Périer
Av. du Prado
Av. de la Corse
R. Sylvabelle
R. de Rome
R. Paradis
R. Breteuil
Bd Perier
R. Jean Mermoz
R. des Mousses
Av. Robert Schuman
R. de la République
Bd Boisselot
Bd de Plombières
Av. Roger Salengro
Bd de Briançon
Bd National
Tunnel Saint-Charles
R. Longue des Capucins
Bd Georges Estrangin
Av. de Mazargues
Av. Clot Bey
Q. d'Arenc
D 4c
A 55
A 50
CORSE
TUNISIE, ALGÉRIE
CALANQUES, ÎLES DU FRIOUL, CHÂTEAU D'IF
MAC, POINTE-ROUGE
2
3

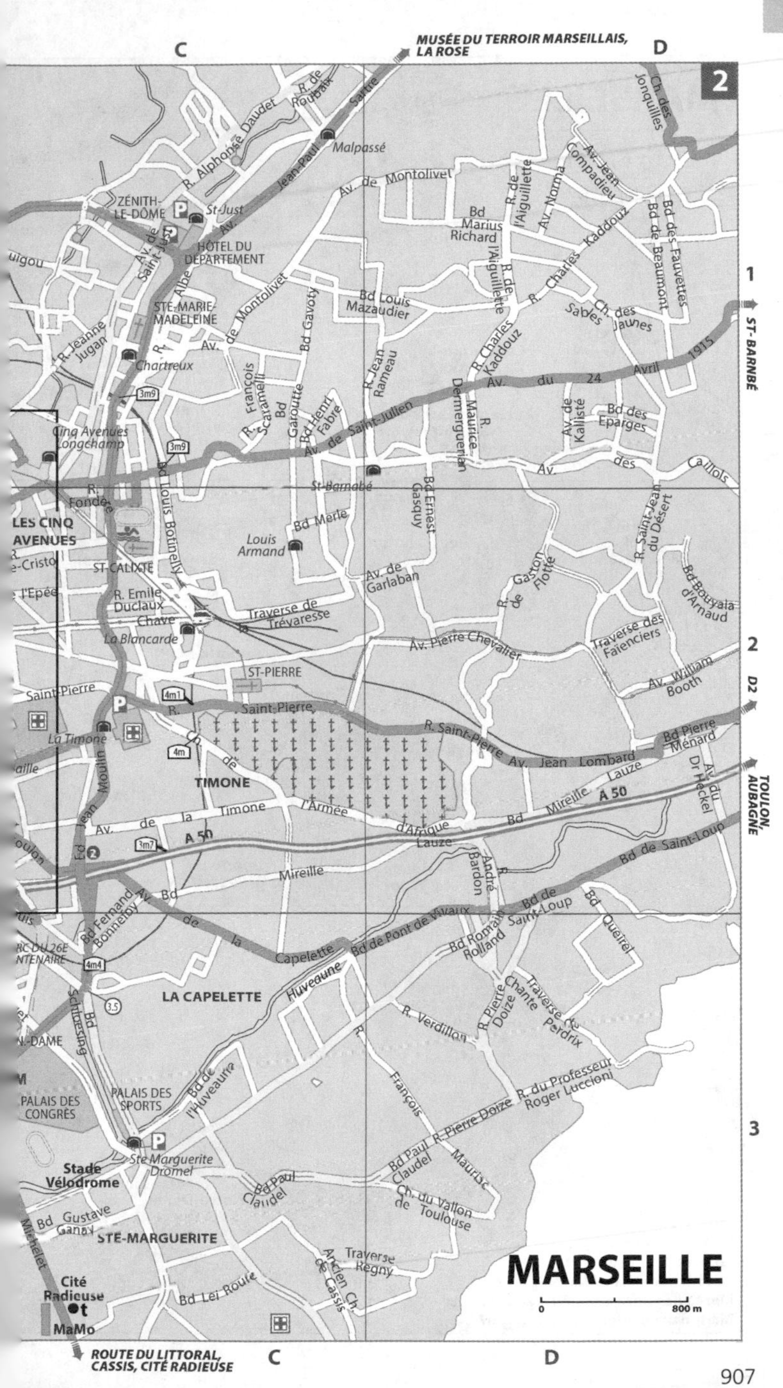
MUSÉE DU TERROIR MARSEILLAIS, LA ROSE
C
D
2
1
2
3
ST-BARNBÉ
D2
TOULON, AUBAGNE
ROUTE DU LITTORAL, CASSIS, CITÉ RADIEUSE
MARSEILLE
0
800 m
Malpassé
St-Just
ZÉNITH-LE-DÔME
HÔTEL DU DÉPARTEMENT
STE-MARIE-MADELEINE
Chartreux
Cinq Avenues Longchamp
LES CINQ AVENUES
ST-CALIXTE
La Blancarde
ST-PIERRE
La Timone
TIMONE
St-Barnabé
Louis Armand
LA CAPELETTE
PALAIS DES CONGRÈS
PALAIS DES SPORTS
Ste Marguerite Dromel
Stade Vélodrome
STE-MARGUERITE
Cité Radieuse
MaMo
A 50
Av. de Montolivet
Bd Louis Mazaudier
Av. du 24 Avril 1915
Av. de Saint-Julien
Av. des Caillols
Bd Louis Botinelly
Av. de Garlaban
Traverse de Trévaresse
Av. Pierre Chevalier
R. Saint-Pierre
Av. Jean Lombard
Av. de la Timone
Bd Mireille Lauze
Bd de Saint-Loup
Bd de Pont de Vivaux
Bd Romain Rolland
R. Verdillon
Bd de l'Huveaune
R. Pierre Doize
R. du Professeur Roger Luccioni
Bd Paul Claudel
Ch. du Vallon de Toulouse
Bd Gustave Ganay
Bd Lei Roure
Traverse Regny
Ancien Ch. de Cassis
Bd Schloesing
Bd Fernand Bonnefoy
Bd Jean Moulin
Ch. de l'Armée d'Afrique
Av. William Booth
Traverse des Faïenciers
Bd Bouyala d'Arnaud
R. Saint-Jean du Désert
R. de Gaston Flotte
Bd Ernest Gasquy
Bd Merle
R. Maurice Dermerguerian
R. Charles Kaddouz
Ch. des Sables Jaunes
Bd de Beaumont
Bd des Fauvettes
Ch. des Jonquilles
Av. Jean Compadieu
Av. Norma
R. de l'Aiguillette
Bd Marius Richard
R. Alphonse Daudet
R. de Roubaix
Av. Jean-Paul Sartre
Av. de Saint-Just
R. Jeanne Jugan
R. Fondère
R. Emile Duclaux
Bd Pierre Ménard
Av. du Dr Heckel
Bd Queirel
R. Pierre Chante Doize
Traverse de Perdrix
R. François Mauriac
R. François Scaramelli
Bd Garoutte
Bd Henri Fabre
R. Jean Rameau
Bd Gavoty
Av. de Kalliste
Bd des Eparges
R. André Bardon
Capelette
Huveaune
Michelet

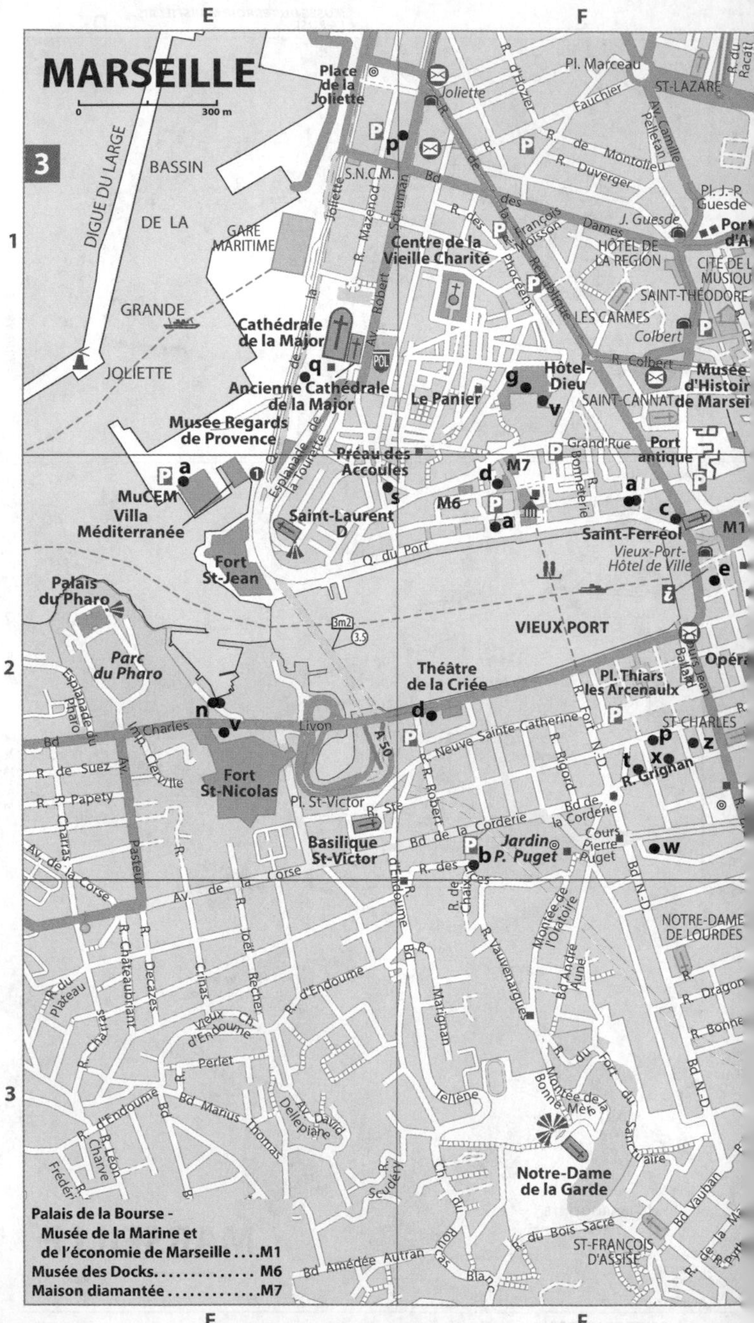
E
F
MARSEILLE
0
300 m
3
1
2
3
DIGUE DU LARGE
BASSIN
DE LA
GRANDE
JOLIETTE
GARE MARITIME
Place de la Joliette
Joliette
S.N.C.M.
R. Mazenod
Av. Robert Schuman
Bd des Dames
R. de la République
R. d'Hozier
Pl. Marceau
Fauchier
R. de Montolieu
R. Duverger
Av. Camille Pelletan
ST-LAZARE
R. du Racati
Pl. J.-P. Guesde
J. Guesde
Porte d'Aix
HÔTEL DE LA RÉGION
CITÉ DE LA MUSIQUE
SAINT-THÉODORE
LES CARMES
Colbert
R. Colbert
R. des Phocéens
R. François Moisson
Centre de la Vieille Charité
Cathédrale de la Major
Ancienne Cathédrale de la Major
Musée Regards de Provence
Le Panier
Hôtel-Dieu
SAINT-CANNAT
Musée d'Histoire de Marseille
Grand'Rue
Port antique
Préau des Accoules
Esplanade de la Tourette
Q. de la Tourette
MuCEM
Villa Méditerranée
Saint-Laurent
M7
M6
M1
R. Bonneterie
Saint-Ferréol
Vieux-Port-Hôtel de Ville
Q. du Port
Fort St-Jean
Palais du Pharo
Parc du Pharo
Esplanade du Pharo
VIEUX PORT
Théâtre de la Criée
Pl. Thiars
les Arcenaulx
Cours Jean Ballard
Opéra
ST-CHARLES
R. Neuve Sainte-Catherine
R. Fort N.-D.
R. Rigord
R. Grignan
Bd Charles Livon
A 50
Imp. Clerville
R. de Suez
R. Papety
R. Charras
Av. Pasteur
Fort St-Nicolas
Pl. St-Victor
R. Ste
R. Robert
Bd de la Corderie
Cours Pierre Puget
Jardin P. Puget
Basilique St-Victor
R. des Chaix
R. d'Endoume
Av. de la Corse
R. Châteaubriant
R. Decazes
R. Crinas
R. Joël Recher
R. du Plateau
Vieux Ch. d'Endoume
Perlet
Bd Marius Thomas
Av. David Dellepiane
R. Léon Charve
R. Frédéric
Bd Marignan
R. Vauvenargues
Montée de l'Oratoire
Bd André Aune
Bd N.-D.
NOTRE-DAME DE LOURDES
R. Dragon
R. Bonnefoy
Tellène
Montée de la Bonne Mère
R. du Fort du Sanctuaire
Notre-Dame de la Garde
R. Scudéry
Ch. du Roucas Blanc
R. du Bois Sacré
ST-FRANÇOIS D'ASSISE
Bd Amédée Autran
Bd Vauban
Palais de la Bourse - Musée de la Marine et de l'économie de Marseille M1
Musée des Docks. M6
Maison diamantée M7

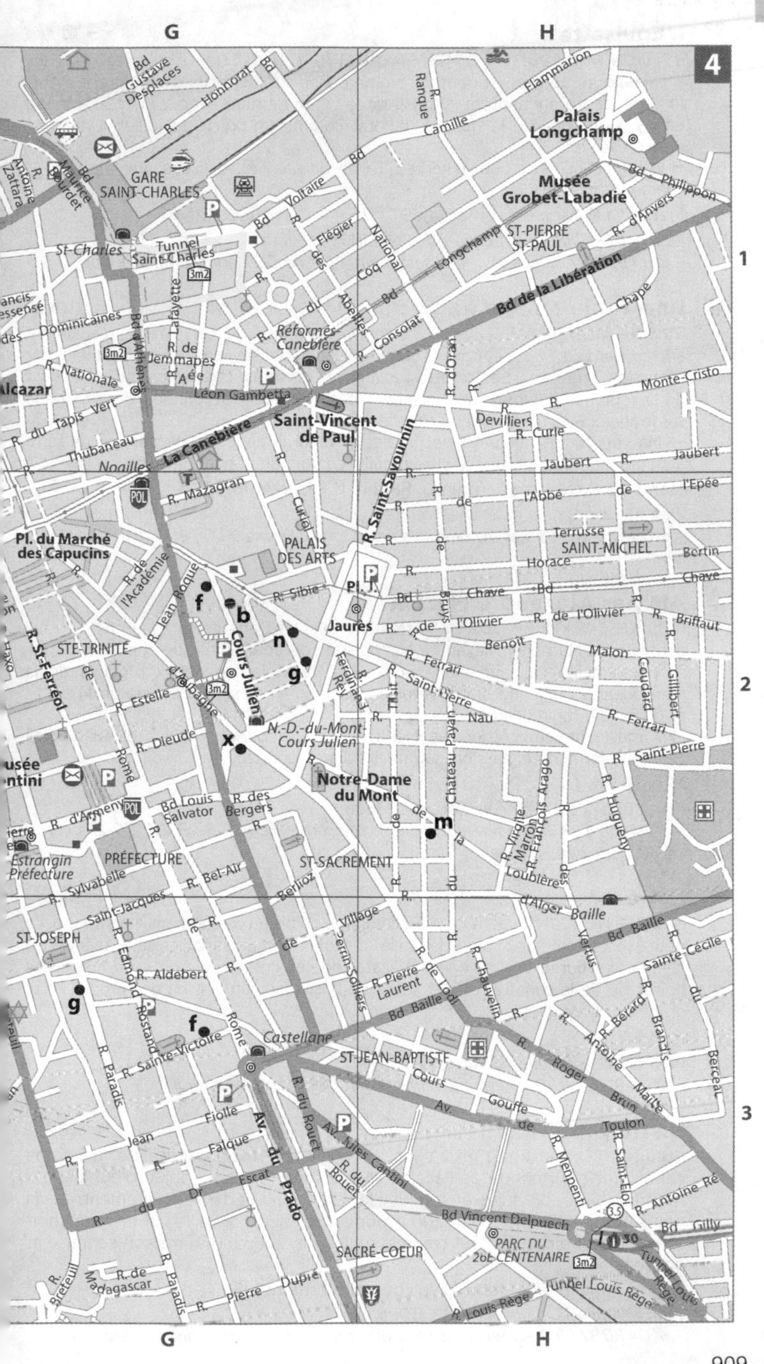
G
H
4
1
2
3
Palais Longchamp
Musée Grobet-Labadié
GARE SAINT-CHARLES
St-Charles
Tunnel Saint-Charles
ST-PIERRE ST-PAUL
Bd de la Libération
Réformés-Canebière
Alcazar
La Canebière
Noailles
Saint-Vincent de Paul
R. Saint-Savournin
Pl. du Marché des Capucins
PALAIS DES ARTS
Pl. J. Jaurès
SAINT-MICHEL
STE-TRINITÉ
R. St-Ferréol
Cours Julien
N.-D.-du-Mont-Cours Julien
Notre-Dame du Mont
PRÉFECTURE
Estrangin Préfecture
ST-SACREMENT
ST-JOSEPH
Castellane
ST-JEAN-BAPTISTE
Av. du Prado
SACRÉ-COEUR
PARC DU 26E CENTENAIRE
Bd Vincent Delpuech
Tunnel Louis Rège
Bd Baille
Av. de Toulon
R. Paradis
R. de Rome
R. Sainte-Victoire
Bd Voltaire
Bd National
R. Consolat
Bd Longchamp
Bd Chave
R. Ferrari
R. Saint-Pierre
R. Breteuil
R. Edmond Rostand
R. Jean Roque
R. d'Aubagne
R. Sibié
R. Curiol
R. Château Payan
R. de Lodi
R. Chauvelin
R. Roger Brun
R. Menpenti
R. Saint-Eloi
Av. Jules Cantini
R. du Rouet
3m2

L'Épuisette

POISSONS ET FRUITS DE MER • MÉDITERRANÉEN XXX Une Épuisette dans les rochers, quoi de plus évident ? Comme posée sur les récifs du vallon des Auffes – un cadre enchanteur –, cette table vit en intimité avec la mer... Le menu Fanny, signature de la maison, éblouit comme un soleil de juillet. Une délicieuse escale.

➜ Langoustine en croûte d'herbes. Tajine de homard. Calisson aux marrons et confit d'orange acidulé.

Menu 70 € (déj. en semaine), 95/125 € – Carte 100/125 €

Plan : 1A2-s *158 Vallon des Auffes ✉ 13007*
– ✆ 04 91 52 17 82 – www.l-epuisette.com – Fermé 5-27 août, dim. et lundi

Une Table au Sud (Ludovic Turac)

CUISINE MODERNE • ÉLÉGANT XXX Aux commandes de cette table résolument ancrée dans le Sud : Ludovic Turac, tout jeune cuisinier passé notamment par l'émission Top Chef. Ses recettes, inventives et sûres, cultivent avec art l'esprit de la région – légumes provençaux et pêche locale – à l'unisson du panorama sur le Vieux Port et la "Bonne Mère" !

➜ Ma version de l'aïoli. Rouget barbet au naturel, gnocchis de pomme de terre agria au vieux parmesan. Le citron feuille comme une tarte au citron.

Menu 36 € (déj. en semaine), 58/145 € – Carte 95/130 €

Plan : 3F2-c *2 quai du Port (1er étage) ✉ 13002*
– ✆ 04 91 90 63 53 – www.unetableausud.com – Fermé 2-10 janv., dim. soir et lundi

AM par Alexandre Mazzia

CUISINE CRÉATIVE • DESIGN X Attention, talent ! Dans cette zone chic et résidentielle de Marseille, Alexandre Mazzia suit son bonhomme de chemin et affine sa personnalité culinaire : une dominante végétale, de beaux produits de la mer, quelques influences africaines (il a vécu au Congo jusqu'à l'âge de 14 ans)... et une seule règle : l'audace !

➜ Anguille fumée et chocolat. Merlu de ligne, aubergine brûlée et jus animal. Mirabelle fermentée, passion, safran et huile de chorizo.

Menu 39 € (déj.), 92/110 € – menu unique

Plan : 2B3-a *9 r. François-Rocca ✉ 13008*
– ✆ 04 91 24 83 63 – www.alexandremazzia.com – Fermé 18-29 juil., 20-27 oct., 24-30 déc., dim. et lundi

L'Arôme

CUISINE MODERNE • SIMPLE X Dans une rue colorée typiquement marseillaise, ce petit restaurant aux airs de salle d'école décline une cuisine méditerranéenne, savoureuse et soignée, à l'instar de ces cromesquis de veau aux olives noires ou de la canette rôtie et purée de basilic. Ici, on cuisine des produits bio, et locaux. Un sans faute.

Menu 28 €

Plan : 4G2-g *9 r. des 3 Rois ✉ 13006*
– ✆ 04 91 42 88 80 – Fermé 2 semaines en août, dim. et le midi

Bistro du Cours

CUISINE MODERNE • BISTRO X Sur le cours Julien, on profite de la cuisine canaille et gourmande de l'ancien second de la maison, aujourd'hui chef : il maîtrise bien son sujet et renouvelle son menu-carte régulièrement, au fil des saisons. Présent en salle, le propriétaire vous conseille sur le vin à choisir pour accompagner tout ça de la meilleure façon... Une maison sérieuse et accueillante.

Formule 17 € – Menu 20 € (déj. en semaine)/32 €

Plan : 4G2-b *13 cours Julien ✉ 13006*
– ✆ 04 86 97 59 11 – www.bistroducours.com – Fermé août, dim. et lundi

La Cantinetta

CUISINE ITALIENNE · TRATTORIA X Depuis l'enfance, Pierre-Antoine Denis est un fougueux passionné de la cuisine transalpine. Secondé par Luigi, un vieil Italien qui confectionne les pâtes, il se rend régulièrement dans la péninsule pour dénicher les meilleurs producteurs. Chaleureuse et gourmande, sa Cantinetta est une vraie trattoria !

Carte 27/42 €

Plan : 4G2-f *24 cours Julien ✉ 13006 – ✆ 04 91 48 10 48 – www.restaurantlacantinetta.fr – Fermé dim.*

Madame Jeanne (N)

CUISINE MÉDITERRANÉENNE · TENDANCE X Au cœur de Marseille, dans un décor moderne, Madame Jeanne propose une cuisine méditerranéenne saine, à l'esprit artisanal, qui privilégie les circuits courts. Excellents accords mets et vin naturels (belle cave de près de 500 références). Goûteux et bien ficelé.

Formule 24 € – Carte 28/45 €

Plan : 3F2-x *84 r. de Grignan ✉ 13001 – ✆ 04 86 26 54 16 – www.maisonbuon.com – Fermé 1 semaine en août et dim.*

Le Malthazar

CUISINE MÉDITERRANÉENNE · BRASSERIE X On fait volontiers halte dans cette brasserie située tout près du Vieux Port. Ici, point de très haute gastronomie, mais toujours beaucoup de gourmandise : blanquette de veau mijotée en cocotte, fricassée de blancs de seiche à l'ail et poivrons rouges... servis par une équipe jeune et souriante !

Formule 19 € – Menu 22 € (déj. en semaine)/32 € – Carte 38/57 € dîner

Plan : 3F2-z *19 r. Fortia ✉ 13001 – ✆ 04 91 33 42 46 – www.malthazar.fr*

Otto

CUISINE MÉDITERRANÉENNE · CONVIVIAL X Attenzione, italien survolté ! Dans le quartier du Prado, le petit frère de la Cantinetta fait déjà salle comble et comble les gosiers, avec une formule éprouvée : de bons petits plats méditerranéens aux accents italiens. Caponata d'aubergines, bruschetta de sardines fumées etc. Terrasse en saison.

Carte 26/41 €

Plan : 1B3-m *150 r. Jean-Mermoz ✉ 13008 – ✆ 04 91 71 16 52 – Fermé 2 semaines en août et dim.*

Schilling

CUISINE MODERNE · SIMPLE X Que fait un jeune Écossais, originaire d'un village de pêcheurs, en arrivant par hasard à Marseille ? Il ouvre un restaurant. Le Schilling, installé entre le Vieux Port et le Panier, célèbre la rencontre entre la Méditerranée et l'Écosse au gré d'une cuisine parfumée... et d'une jolie carte de whiskys !

Formule 20 € – Menu 31 € – Carte 34/42 €

Plan : 3E2-s *37 r. Caisserie ✉ 13002 – ✆ 04 91 01 81 39 – Fermé vacances de Noël et merc.*

Les Trois Forts

CUISINE MODERNE · ÉLÉGANT XXX Tout Marseille est là : le Vieux Port et sa myriade de mâts, les quais qui fourmillent au loin, le ciel azuré... Au 7e étage du Sofitel, le panorama est sublime. L'assiette rend également un bel hommage à la cité phocéenne, entre inspirations provençales et saveurs d'ailleurs. Beau moment !

Menu 50 € (déj. en semaine), 75/95 € – Carte 75/100 €

Plan : 3E2-n *Hôtel Sofitel Vieux Port, 36 bd Charles-Livon ✉ 13007 – ✆ 04 91 15 59 56 – www.sofitel-marseille-vieuxport.com – Fermé 1 semaine mi-août, dim. et lundi*

Albertine

CUISINE MÉDITERRANÉENNE • COSY XX Au sein des docks de Marseille nouvellement aménagés, le chef Gérald Passédat rend hommage à sa mère Albertine, dans un décor chaleureux de bastide contemporaine, autour d'une cuisine subtile. La terre rencontre la mer pour une sarabande gastronomique de haute volée, à l'image de la daurade royale comme une carbonara.

Formule 25 € – Menu 39 € (déj.), 49/79 €

Plan : 1B1-m *r. des Docks (au Docks Village, Entrée D) 13002 – 04 91 35 75 15 – www.passedat.fr – Fermé 2 semaines en août, 1 semaine en déc., 1 semaine en fév., dim. et lundi*

Chez Fonfon

POISSONS ET FRUITS DE MER • CONVIVIAL XX Fraîcheur : le maître mot de cette institution familiale fondée en 1952 par Alphonse, dit "Fonfon". Bourride et bouillabaisse sont encore et toujours au menu, réalisées avec le poisson sorti tout droit des "pointus" en bois que l'on aperçoit en face dans le petit port. L'adresse niche en effet dans le beau vallon des Auffes...

Carte 51/86 €

3 chambres – 100/180 € 100/180 € – 10 €

Plan : 1A2-t *140 Vallon-des-Auffes 13007 – 04 91 52 14 38 – www.chez-fonfon.com*

Michel - Brasserie des Catalans

POISSONS ET FRUITS DE MER • VINTAGE XX Ambiance 100 % rétro dans cette institution (1946) de la plage des Catalans. Ici, la bouillabaisse – marseillaise, évidemment – est une religion... autant qu'un délice ! Au menu, donc, la pêche du jour, d'une remarquable fraîcheur : admirez le poisson exposé dans le "pointu" à l'entrée.

Carte 54/107 €

Plan : 1A2-e *6 r. des Catalans 13007 – 04 91 52 30 63 – www.restaurant-michel.com – Fermé 23 déc.-10 janv.*

Péron

CUISINE MODERNE • MÉDITERRANÉEN XX Sur la Corniche, cette bâtisse accrochée à la roche offre une vue à couper le souffle sur la baie de Marseille, ses îles, le château d'If... Un vent chargé d'embruns méditerranéens souffle sur la carte : bouillabaisse, chipirons farcis, etc. Amis locavores, cette table est pour vous !

Menu 55 € (déj. en semaine), 72/84 € – Carte 74/97 €

Plan : 1A2-a *56 Corniche J.-F.-Kennedy 13007 – 04 91 52 15 22 – www.restaurant-peron.com*

Le Relais 50

CUISINE PROVENÇALE • DESIGN XX Carrelage, appliques, chaises, etc. : ce Relais joue la carte "revival" avec malice et élégance. Au menu, une cuisine créative qui puise dans les traditions de la Méditerranée, et que l'on peut savourer sans se ruiner. Autre attrait : la terrasse sur le Vieux-Port, avec la "Bonne Mère" en ligne de mire !

Formule 20 € – Menu 25 € (déj. en semaine), 41/65 € – Carte 46/53 €

Plan : 3F2-a *Hôtel Résidence du Vieux Port, 18 quai du Port 13002 – 04 91 52 52 50 – www.relais50.com – Fermé dim. et lundi*

Le Môle Passedat - La Table

CUISINE MÉDITERRANÉENNE • DESIGN X Le grand chef marseillais Gérald Passédat signe ici une cuisine de bistrot chic face à la Méditerranée, sa muse gastronomique... que l'on savoure dans l'assiette, avec notamment la pêche du moment en antiboise, risotto d'épeautre et légumes sautés de saison. Une jolie occasion de profiter de la superbe enceinte du Mucem.

Menu 55 € (déj.)/75 € – Carte environ 80 €

Plan : 3E2-a *1 espl. du J4 (toit terrasse MuCEM) 13002 – 04 91 19 17 80 – www.passedat.fr – Fermé dim. soir et mardi*

Le Ventre de l'Architecte - Le Corbusier

CUISINE MODERNE • DESIGN Au sein de la Cité radieuse de Le Corbusier, ce restaurant et ses chambres attirent les aficionados du "fada" : voilà bien un monument historique du modernisme, jusqu'au mobilier signé Prouvé et Jacobsen. En cuisine, on trouve le chef Jérôme Caprin, passé par de belles maisons marseillaises. Un régal pour les férus d'architecture.

Menu 29 € (déj. en semaine)/61 €

21 chambres - 79/158 € 130/158 € - 11 €

Plan : 2C3-t *280 bd Michelet (Cité Radieuse, 3ème étage) 13008 - 04 91 16 78 00 - www.hotellecorbusier.com - Fermé 3 semaines en août, 1 semaine en janv., dim. et lundi*

Le Café des Épices

CUISINE MODERNE • BISTRO Derrière l'hôtel de ville, un restaurant que l'on découvre par sa grande terrasse bordée d'oliviers. Le chef propose une cuisine saine et fraîche, volontiers voyageuse : ravioles de Saint-Jacques et bouillon d'épices, poitrine de veau caramélisée et purée de patates douces... Une table réjouissante !

Menu 24 € (déj.)/45 € - Carte 37/55 €

Plan : 3F2-d *4 r. Lacydon 13002 - 04 91 91 22 69 - www.cafedesepices.com - Fermé sam. soir, dim., lundi et fériés*

Le Goût des Choses

CUISINE TRADITIONNELLE • COSY Le (vrai) goût des choses... Une jolie ambition pour ce sympathique restaurant, tenu par un couple de professionnels installés ici après de nombreuses expériences à travers le monde. Au menu, produits du marché et réminiscences de saveurs lointaines.

Formule 17 € - Menu 22 € (déj. en semaine)/38 € - Carte environ 47 €

Plan : 4G2-x *4 pl. Notre-Dame-du-Mont 13006 - 04 91 48 70 62 - www.legoutdeschoses.fr - Fermé 23-27 déc., lundi et mardi*

L'Embarcadère

CUISINE MODERNE • TENDANCE Cette nouvelle brasserie, moderne et chic, a pris ses quartiers sur la place des Voûtes de la Major : elle valorise les beaux produits locaux, terre et mer, accordant une attention particulière à la pêche de méditerranée et à la viande de petits producteurs. Bon rapport qualité-prix. Ouvert 7 jours sur 7.

Formule 18 € - Menu 25 € (déj. en semaine) - Carte 32/52 €

Plan : 3E1-q *pl. Albert-Londres 13002 - 09 67 58 05 19 - www.brasserielembarcadere.fr*

L'Escapade Marseillaise

CUISINE PROVENÇALE • CONVIVIAL La clientèle d'affaires de Marseille a trouvé ici un repaire idéal ! La jeune équipe entretient dans cette Escapade une ambiance détendue et "pro" à la fois ; la cuisine porte clairement l'empreinte de la Provence, tant au niveau de la patte du chef que du choix des produits. Et par beau temps, direction la vaste terrasse...

Formule 17 € - Menu 38/50 € - Carte 41/50 €

Plan : 4G3-g *134 r. Paradis 13006 Estrangin Préfecture - 04 91 31 61 69 - www.lescapademarseillaise.com - Fermé 1 semaine en fév., lundi soir, mardi soir, merc. soir et dim.*

La Pergola

CUISINE MODERNE • CONVIVIAL Une ancienne fabrique de billard, transformée en restaurant ; une chef, Coline Faulquier, formée à l'école du Bristol et du Castelet, son compagnon en salle ; dans l'assiette, une cuisine marseillaise inspirée et colorée, et tous les jours, un menu du marché à prix doux. Petite terrasse. Et quelle énergie !

Formule 23 € - Menu 30 € (déj.), 45/65 €

Hors plan *175 chemin de la Madrague-Ville 13002 - 06 26 16 36 00 - www.lapergolamarseille.fr - Fermé 2 semaines en août, lundi soir, mardi soir, sam. et dim.*

La Poule Noire

CUISINE MODERNE • COSY La Poule noire se mérite ! Dissimulée derrière une étroite entrée, ce restaurant, fréquenté par les habitués, joue la fraîcheur et la nouveauté (le menu du jour change quotidiennement). La surprise des propriétaires, Sophie et Frank ? Une élégante mini-terrasse de douze places, habillée de bois clair.

Formule 17 € – Menu 20 € (déj. en semaine), 42/60 € – Carte 26/46 €

Plan : 3F2-p *61 r. Sainte ✉ 13001 – ☎ 04 91 55 68 86 – www.restaurant-lapoulenoire.com – Fermé 3 semaines en août, lundi soir, mardi soir, sam. midi et dim.*

Lacaille (N)

CUISINE MODERNE • BISTRO Une jeune couple gère sans stress cette affaire, qui incarne parfaitement le renouveau marseillais. Esprit de bistrot de quartier, cuisine simple et gourmande renouvelée au fur et à mesure des saisons, il n'en fallait pas plus pour que ça cartonne ! Mention spéciale pour le service, qui est à l'image de l'assiette : tout sourire.

Menu 32 €

Plan : 4G2-n *42 r. des 3-Mages ✉ 13006 – ☎ 09 86 33 20 33 – Fermé 3 semaines en août, le midi et lundi*

Lauracée

CUISINE MODERNE • CONTEMPORAIN C'est bien clair, le patron de cette maison en retrait du Vieux-Port ne sert que des produits frais : "je ne sais pas faire autre chose !" Sa cuisine a l'accent du Sud... Quant au cadre, entièrement modernisé – murs taupe, nouveau mobilier –, il se révèle aussi bien agréable.

Formule 19 € – Menu 23 € (déj. en semaine), 38/54 € – Carte 46/90 €

Plan : 3F2-t *96 r. de Grignan ✉ 13001 – ☎ 04 91 33 63 36 – www.lelauracee.com – Fermé août, lundi soir, sam. midi et dim.*

Le Poulpe

CUISINE MÉDITERRANÉENNE • CONVIVIAL Avec sa belle terrasse donnant sur le Vieux-Port, cette adresse de Michel Portos fleure bon la Méditerranée... Le chef met un point d'honneur à favoriser les produits locaux (presque tous achetés à moins de 200 km de Marseille) et les valorise dans des plats simples et goûteux.

Formule 19 € – Menu 22 € (déj. en semaine)/37 € – Carte 39/58 €

Plan : 3F2-a *82 quai du Port ✉ 13002 – ☎ 04 95 09 15 91 – www.lepoulpe-marseille.com/ – Fermé mardi et merc. de nov. à mars*

Saisons

CUISINE MODERNE • CONVIVIAL Un duo de choc est aux commandes de l'ancien restaurant Axis, joliment rebaptisé Saisons : Julien Diaz, jeune chef de retour de Corse, et Guillaume Bonneaud, sommelier. Trente couverts environ, une déco épurée (bois, fer, matériaux bruts), accords mets et vins pointus, produits corses et italiens...

Formule 24 € – Menu 29 € (déj.), 55/85 €

Plan : 4G3-f *8 r. Ste-Victoire ✉ 13006 – ☎ 09 51 89 18 38 – www.restaurant-saisons.com – Fermé 1 semaine en janv., 3 semaines en août, lundi soir, sam. et dim.*

Sépia (N)

CUISINE MODERNE • TENDANCE Dans les jardins de la colline de Puget, proche de Notre-Dame-de-la-Garde, cette sympathique adresse ne désemplit pas : les habitués y apprécient l'atmosphère chaleureuse, et la cuisine au goût du marché.

Menu 36 € (dîner) – Carte 28/35 € déjeuner

Plan : 3F2-b *2 r. Vauvenargues ✉ 13007 – ☎ 09 83 82 67 27 – Fermé 1 semaine en avril, 2 semaines fin août, vacances de Noël, dim. et lundi*

Tabi No Yume

CUISINE JAPONAISE • SIMPLE Tabi No Yume ou rêves de voyage. Un jeune chef originaire d'Osaka, installé depuis quelques années en Provence, applique avec finesse ses techniques traditionnelles nippones aux produits de la mer méditerranée. Commandez le menu Omakase au comptoir !

Formule 17 € – Menu 33/89 € – Carte 30/70 €

1 bd Ste-Anne ✉ 13008 – ☎ 04 91 22 09 33 – Fermé 1 semaine en août, 1 semaine vacances de Noël, dim. midi et lundi

Hôtels

Intercontinental-Hôtel Dieu

GRAND LUXE • CONTEMPORAIN Sous l'œil bienveillant de la Bonne Mère" qu'il toise en droite ligne, cet ancien et fameux hôpital est devenu hôtel en 2013. Derrière la monumentale façade (18-19e s.), les lieux rivalisent d'espace, de sobriété et d'élégance – avec tous les services d'un établissement de luxe. Voilà qui fera date !"

191 chambres – 219/700 € 219/700 € – 3 suites – 29 €

Plan : 3F1-g *1 pl. Daviel ✉ 13002 – ☎ 04 13 42 42 42 – www.marseille.intercontinental.com*

Alcyone – voir les restaurants ci-dessus

Palm Beach

BUSINESS • CONTEMPORAIN Sous la route de la Corniche, un grand vaisseau moderne face à la mer... La piscine d'eau de source qui regarde la baie, les chambres à la fois design et d'esprit marin, les nombreuses terrasses qui contemplent la Méditerranée : tout invite au repos.

160 chambres – 150/400 € 150/400 € – 22 €

Plan : 1B3-b *200 Corniche J.-F.-Kennedy ✉ 13007 – ☎ 04 91 16 19 00 – www.nhhotels.com – Ouvert 1er juin-31 oct.*

Radisson Blu Vieux Port

HÔTEL DE CHAÎNE • FONCTIONNEL Imposant et moderne : tel est ce Radisson Blu installé sur le Vieux Port, à côté du théâtre de la Criée. Toutes les prestations d'un grand hôtel international : chambres spacieuses et confortables, équipements de qualité, restaurant, petite piscine sur le toit et... boulodrome, Marseille oblige !

188 chambres – 140/395 € 140/395 €

Plan : 3F2-d *38 quai Rive-Neuve ✉ 13007 – ☎ 04 88 44 52 00 – www.radissonblu.com/hotel-marseille*

Sofitel Vieux Port

LUXE • CONTEMPORAIN Sur les hauteurs du Pharo, dominant les forts, la passe... et tout le Vieux Port ! Plus d'une vingtaine de chambres jouissent d'une terrasse ouvrant sur le bassin. Le grand confort au cœur du mythe marseillais.

134 chambres – 216/570 € 223/570 € – 3 suites – 27 €

Plan : 3E2-n *36 bd Charles-Livon ✉ 13007 – ☎ 04 91 15 59 00 – www.sofitel-marseille-vieuxport.com*

Les Trois Forts – voir les restaurants ci-dessus

C2

LUXE • DESIGN Légèrement en retrait du vieux port, cet ancien hôtel particulier (1860) est à la pointe de la branchitude phocéenne ! Il abrite des chambres design et luxueuses ainsi qu'un salon-bar, et accueille régulièrement des expos photos ou des concerts de jazz... Incontournable.

20 chambres – 199/499 € 199/499 € – 27 €

Plan : 3F2-w *48 r. Roux-de-Brignoles ✉ 13006 – ☎ 04 95 05 13 13 – www.c2-hotel.com*

Grand Hôtel Beauvau

LUXE • HISTORIQUE Cet élégant hôtel du Vieux-Port, où Chopin, Lamartine et Cocteau posèrent leurs valises, serait le premier de Marseille (1816). Les chambres, spacieuses, fourmillent de détails réjouissants (tête de lit en cordage, tissus colorés, mobilier Napoléon III), et l'ensemble possède un charme indéniable.

71 chambres – 99/299 € 105/499 € – 2 suites – 25 €

Plan : 3F2-e *4 r. Beauvau 13001*
– 04 91 54 91 00 – www.sofitel.com

Le Petit Nice

LUXE • PERSONNALISÉ Sur la Corniche, ces architectures néoclassiques des années 1910 semblent lancer des œillades à la mer et à ses îles immaculées. Toute la lumière du Sud, toute la magie du site de Marseille, que l'on admire à loisir dans le plus grand confort...

16 chambres – 250/610 € 250/1490 € – 37 €

Plan : 1A3-d *anse de Maldormé (hauteur 160 Corniche J.-F.-Kennedy) 13007*
– 04 91 59 25 92 – www.passedat.fr

Le Petit Nice – voir les restaurants ci-dessus

Golden Tulip Euromed

BUSINESS • BORD DE MER Au cœur du nouveau quartier des docks, en pleine expansion, cet hôtel aux courbes pures propose des chambres spacieuses et lumineuses, face au port. Métro, tramway, salle de concert et théâtre à proximité. Une alternative novatrice à l'hôtellerie traditionnelle.

202 chambres – 98/225 € 98/225 € – 8 suites – 19 €

Plan : 1B1-g *6 pl. Henri-Verneuil 13002*
– 04 88 91 22 70 – www.goldentulipmarseilleeuromed.com

New Hotel Bompard

MAISON DE MAÎTRE • PERSONNALISÉ Idéal pour qui souhaite fuir la foule, cet établissement du début du 19e s. est perché sur les hauteurs de la Corniche, dans un beau jardin fleuri et arboré. Au choix : des chambres modernes ou provençales (dans un mas séparé). À noter : l'accès peut s'avérer difficile par les ruelles étroites environnantes.

50 chambres – 110/240 € 120/280 € – 12 €

Plan : 1A3-e *2 r. Flots-Bleus 13007*
– 04 91 99 22 22 – www.new-hotel.com

New Hotel of Marseille

URBAIN • CONTEMPORAIN Orné d'œuvres d'artistes contemporains marseillais, très design, ce New Hotel possède une vraie personnalité. On découvre des chambres spacieuses, certaines avec balcon. Dernier atout : un bel emplacement près du Pharo.

100 chambres – 150/245 € 160/295 € – 16 €

Plan : 3E2-v *71 bd Charles-Livon 13007*
– 04 91 31 53 15 – www.newhotelofmarseille.com

Résidence du Vieux Port

URBAIN • PERSONNALISÉ Une décoration fort inspirée, en hommage aux années 1950. Les amateurs de Prouvé, Perriand ou Lurçat seront aux anges ! Les chambres, qui marient confort et simplicité, offrent une magnifique vue sur le Vieux-Port et Notre-Dame-de-la-Garde.

51 chambres – 160/400 € 178/418 € – 4 suites – 18 €

Plan : 3F2-a *18 quai du Port 13002*
– 04 91 91 91 22 – www.hotel-residence-marseille.com

Le Relais 50 – voir les restaurants ci-dessus

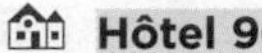

Hôtel 96

MAISON DE CAMPAGNE • CONTEMPORAIN Aux portes des Calanques, cette charmante maison familiale, agrémentée d'un jardin au calme et d'une piscine, se fond avec bonheur dans le bucolique quartier de Mazargues. Chambres spacieuses et buffet de petit-déjeuner pantagruélique. Un vrai coup de cœur.

13 chambres – †89/185 € ††99/185 € – ☕14 €

Hors plan *96 av. de la Soude ✉ 13009 – ☎ 04 91 71 90 22 – www.hotel96.com – Fermé 1 semaine en janv.*

Mama Shelter

URBAIN • DESIGN Vous aimez tout ce qui est branché ? Dans ce cas, cet hôtel ultramoderne, créé en 2012 dans un quartier populaire de la cité phocéenne, est tout indiqué ! Sous la signature de Philippe Starck, la déco joue une carte design assumée : murs et plafonds en béton brut, aplats de blanc, mobilier minimaliste...

125 chambres – †69/299 € ††69/449 € – 1 suite – ☕17 €

Plan : 4H2-m *64 r. de la Loubière ✉ 13006 – ☎ 04 84 35 20 00 – www.mamashelter.com*

La Joliette

BUSINESS • PERSONNALISÉ Juste en face des docks rénovés, dans un quartier de la Joliette en pleine mutation, on embarque dans cet hôtel dont le décor s'inspire du thème des paquebots et des voyages en mer. Petite salle de fitness et hammam au sous-sol.

64 chambres – †110/450 € ††110/450 € – ☕15 €

Plan : 3EF1-p *49 av. Robert-Schuman ✉ 13002 – ☎ 04 96 11 49 49 – www.hotel-joliette.com*

aux Goudes 12 km au Sud par rte des Goudes – ✉ 13008

L'Esplaï du Grand Bar des Goudes

POISSONS ET FRUITS DE MER • SIMPLE X Ce restaurant de poissons, ancré dans le pittoresque village des Goudes, est pris d'assaut : la truculence du patron n'a d'égal que la fraîcheur des produits et le professionnalisme du personnel en marinière. Sous la pergola en bois, face au petit port, on se régale d'une soupe de poisson, de bourride ou de rougets, tout juste pêchés. Réservez !

Carte 46/62 €

28-29 r. Désirée-Pélaprat ✉ 13008 – ☎ 04 91 73 43 69 – grandbardesgoudes.com – Fermé 8 janv.-13 fév., lundi et mardi de mi-nov. à mi-fév. et merc.

MARTEL

✉ 46600 Lot – 1 620 hab. – Alt. 225 m – Carte régionale n° **15**-C1
Carte Michelin 337-F2

Relais Ste-Anne

CUISINE MODERNE • TRADITIONNEL XX Charmant, tel est l'adjectif qui vient immédiatement à l'esprit en entrant dans ce restaurant ! Un écrin de pierre où, l'hiver venu, les gourmands s'installent devant la cheminée. On s'y régale d'une cuisine dans l'air du temps où le foie gras et le magret ont la part belle. Accueil et service aux petits soins.

Menu 30 € – Carte environ 50 €

r. du Pourtanel – ☎ 05 65 37 40 56 – www.relais-sainte-anne.com – Ouvert de mi-avril à mi-nov. et fermé le midi sauf dim. et fériés

Saveurs des Halles

CUISINE RÉGIONALE • CONVIVIAL X Ravioles de Saint-Jacques aux petits légumes ; tourte de confit de canard aux cèpes ; moelleux au chocolat, coulis à l'orange... Une cuisine simple et bonne qui va à l'essentiel : voilà ce que l'on trouve dans cette petite adresse pleine de charme, tenue par un couple de trentenaires originaires d'Agen et du Pays basque.

Menu 28/75 € – Carte 41/75 €

r. Sans-Lys – ☎ 05 65 37 35 66 – Fermé 12 nov.-31 janv., merc. et jeudi hors saison

Relais Ste-Anne

FAMILIAL • CLASSIQUE Ce charmant relais, ceint d'un beau parc fleuri où se dresse une chapelle, est un ancien pensionnat de jeunes filles. Chambres de tailles diverses, toutes au grand calme.

16 chambres – 🛉49/275 € 🛉🛉85/275 € – 5 suites – ☕13 €

r. du Pourtanel – ✆ 05 65 37 40 56 – www.relais-sainte-anne.com – Ouvert de mi-avril à mi-nov.

Relais Ste-Anne – voir les restaurants ci-dessus

MARTIGNARGUES

✉ 30360 Gard – 420 hab. – Alt. 120 m – Carte régionale n° **12**-C2
Carte Michelin 339-K4

La Maison du Passage

LUXE • PERSONNALISÉ Une demeure du 13e s. au cœur d'un superbe petit village. Ses propriétaires, éminemment sympathiques, en ont fait l'objet de leur reconversion : après une rénovation d'un grand soin, elle est devenue luxueuse maison d'hôtes, mêlant charme de l'ancien et grand confort. Mention spéciale pour la terrasse avec vue à 360° et jacuzzi !

5 chambres ☕ – 🛉120/285 € 🛉🛉130/295 €

127 r. de l'Église – ✆ 04 66 25 62 91 – www.lamaisondupassage.fr – Fermé 4 janv.- 15 mars

MARTIGUES

✉ 13500 Bouches-du-Rhône – 48 870 hab. – Alt. 1 m – Carte régionale n° **21**-B3
Carte Michelin 340-F5 – Guide Vert Michelin Provence

Le Bouchon à la Mer

CUISINE PROVENÇALE • COSY XX Au bord du canal, la terrasse de ce charmant restaurant martégal n'est pas loin de flotter sur les eaux ! Au son d'un clapotis, on découvre une cuisine variée, d'inspiration provençale : soupe de favouilles, dos de loup poêlé aux échalotes et jeunes poireaux, moelleux au chocolat... Et la note est légère.

Carte 45/60 €

19 quai Lucien-Toulmond – ✆ 04 42 49 41 41 – www.lebouchonalamer.fr – Fermé dim. soir, mardi midi et lundi

Le Garage

CUISINE MODERNE • TENDANCE XX Pour ce jeune chef, la cuisine était tout sauf une voie de garage ! Il suffit de le voir dresser ses assiettes – les cuisines sont ouvertes sur la salle – pour reconnaître le travail d'un passionné. Soucieux du bon produit (dans un démarche locavore assumée), il aime créer, surprendre... et séduire.

Menu 27 € (déj. en semaine), 37/49 € – Carte environ 47 €

20 av. Frédéric-Mistral – ✆ 04 42 44 09 51 – www.restaurantmartigues.com – Fermé 30 juil.-20 août, 31 déc.-14 janv., dim. et lundi

Gusto Caffe

CUISINE ITALIENNE • TRATTORIA X Devant le port de plaisance du canal Baussengue, une sympathique trattoria où serveurs et clients s'interpellent dans une ambiance joyeuse et très... italienne ! Pâtes maison (spaghettis, gnocchis, etc.), *prosciutto di parma* découpé à la trancheuse, grands classiques transalpins... Tout simplement irrésistible.

Formule 17 € – Menu 20 € (déj.)/33 € – Carte 30/48 €

4 quai Paul-Doumer – ✆ 04 42 43 97 85 – www.restaurantmartigues.com – Fermé 23 déc.-mi janv., dim. et lundi

MARTILLAC - 33 Gironde ➔ Voir Bordeaux

MARTIN-ÉGLISE - 76 Seine-Maritime ➔ Voir Dieppe

LA MARTRE

✉ 83840 Var - 205 hab. - Alt. 984 m - Carte régionale n° **21**-C2
Carte Michelin 340-O3

Château de Taulane

LUXE • CLASSIQUE Château du 18e s. situé en pleine nature, au cœur d'un superbe golf : un lieu plein de caractère, comme hors du temps. Chambres spacieuses et confortables (rénovées dans le manoir), piscine couverte, salle de fitness, soins esthétiques.

43 chambres - 135/215 € 165/430 € - 3 suites

Le Logis du Pin, au golf, 4 km au Nord-Est par D6085 - ✆ 04 93 40 60 80 - www.chateau-taulane.com - Ouvert d'avril à oct.

MARTRES-TOLOSANE

✉ 31220 Haute-Garonne - 2 288 hab. - Alt. 268 m - Carte régionale n° **15**-B3
Carte Michelin 343-E5

Le Castet

CUISINE MODERNE • ÉLÉGANT XX Qui pourrait croire que ce lieu contemporain, situé en retrait du centre-ville, fut jadis le café de la gare ? Le chef, ancien chef pâtissier de Gilles Goujon, mise sur le beau produit, et une indéniable technique. On en sort régalé. Excellent rapport qualité/prix. Précipitez-vous !

Menu 19 € (déj. en semaine), 32/85 € - Carte 50/110 €

44 av. de la Gare - ✆ 05 61 98 80 20 - www.hotelcastet.fr - Fermé merc. soir d'oct. à juin, dim. soir et lundi

MARVEJOLS

✉ 48100 Lozère - 4 882 hab. - Alt. 650 m - Carte régionale n° **12**-C1
Carte Michelin 330-H7

L'Auberge Domaine de Carrière

CUISINE MODERNE • BRANCHÉ XX Épuré, design... Un lieu contemporain et tendance, dans les anciennes écuries du domaine. La carte n'est pas en reste, puisque le chef concocte une cuisine fraîche et dans l'air du temps, déclinée autour de trois menus uniques. Pour prolonger l'étape, les chambres sont élégantes et spacieuses.

Menu 21/42 €

5 chambres - 100 € 100 €

av. Montplaisir, 2 km à l'Est par D1 - ✆ 04 66 32 47 05 - www.domainedecarriere.com - Fermé dim. soir, lundi et mardi

MASSANGIS

✉ 89440 Yonne - 398 hab. - Alt. 265 m - Carte régionale n° **4**-B2
Carte Michelin 319-G6

Carpe Diem

MAISON DE CAMPAGNE • PERSONNALISÉ De ce corps de ferme (18e-19e s.) situé dans un paisible village, les propriétaires ont fait un lieu charmant, cosy et élégant : mobilier de famille, boiseries et parquet, jardin fleuri... À la table d'hôte, cuisine traditionnelle et classicisme de bon aloi.

5 chambres - 66/90 € 75/110 €

53 Grande-Rue - ✆ 03 86 33 89 32 - www.chambre-hote-de-charme-bourgogne.com - Fermé 20 janv.-16 fév.

MASSIGNAC

✉ 16310 Charente – 397 hab. – Alt. 240 m – Carte régionale n° **20**-C3
Carte Michelin 324-N5 – Guide Vert Michelin Poitou-Charentes

Dyades au Domaine des Étangs

CUISINE MODERNE • ÉLÉGANT XXX Cette élégante table propose une cuisine fine et goûteuse, qui met en avant les herbes, fleurs, fruits et légumes du potager ; le tout est servi dans le cadre raffiné et luxueux des anciennes écuries du château.
➜ Pousses et racines du Domaine des Étangs. Bœuf limousin, poireaux grillés et jus à la moelle. Vanille et framboise, sorbet litchi.

Formule 30 € – Menu 35 € (déj. en semaine), 59/98 €

– ✆ 05 45 61 85 00 – www.restaurant-dyades.com
– Fermé 16 déc.-28 fév.

Domaine des Étangs

DEMEURE HISTORIQUE • PERSONNALISÉ Le cadre, un parc de 1000 ha entre verdure et étangs, est exceptionnel. On y trouve de belles chambres composites, sept suites dans le superbe château du 11e s., ainsi que des thermes aménagés dans les anciennes caves. Nouveau spa dans le moulin et galerie d'art. Élégance et faste n'ont jamais fait si bon ménage !

29 chambres – †500/3000 € ††500/3000 € – 14 suites

– ✆ 05 45 61 85 00 – www.domainedesetangs.com – Fermé 16 déc.-28 fév.

Dyades au Domaine des Étangs – voir les restaurants ci-dessus

LES MATELLES

✉ 34270 Hérault – 1 967 hab. – Alt. 42 m – Carte régionale n° **12**-C2
Carte Michelin 339-H6

Le Pic Saint-Loup

CUISINE MODERNE • AUBERGE X Cet ancien chai transformé en restaurant propose une cuisine au goût du jour, soignée et locavore. Concept original : ici, le chef change tous les trois ou quatre mois, mais c'est volontaire ! Dans un esprit pop-up, le patron laisse les fourneaux à de nouveaux-venus ; à charge pour eux de faire leurs preuves, et respecter l'esprit de la maison !

Formule 17 € – Menu 20 € (déj. en semaine)/35 € – Carte 30/50 €

176 rte de Montpellier – ✆ 04 67 84 35 18 – www.lepicsaintloup.fr – Fermé dim. soir, lundi et mardi

MATIGNICOURT-GONCOURT

✉ 51300 Marne – 143 hab. – Alt. 114 m – Carte régionale n° **7**-C2
Carte Michelin 306-k10

Ô Délices des Papilles

CUISINE TRADITIONNELLE • COSY XX À la sortie du village, faites donc une halte Ô Délices des Papilles. Dans un intérieur contemporain et boisé, on célèbre la production locale (asperges, petits pois, rhubarbe, escargots...) au gré de délicieux petits plats de tradition. Et côté vin, faites confiance à l'expérience du sommelier !

Menu 27/65 € – Carte 61/83 €

11 r. du Château-d'Eau – ✆ 03 26 72 51 60 – www.odelicesdespapilles.fr – Fermé 25 avril-1er mai, 19 août-4 sept., 2-12 janv., lundi et mardi

MATOUGUES – 51 Marne ➜ Voir Châlons-en-Champagne

MAUBEC

✉ 84660 Vaucluse – Maubec – 1 883 hab. – Alt. 120 m – Carte régionale n° **22**-E1
Carte Michelin 332-D10

La Bastide du Bois Bréant

MAISON DE CAMPAGNE • COSY Au milieu d'une chênaie, cette bastide a préservé son âme. On opte pour des chambres d'inspiration provençale, trois cabanes perchées dans les arbres, ou même une roulotte tout confort ! Jacuzzi et sauna ; menu unique le soir, réservé aux résidents.

13 chambres - 170/320 € 170/320 €

501 chemin du Puits-de-Grandaou - 04 90 05 86 78 - www.hotel-bastide-bois-breant.com

MAUBEUGE

59600 Nord - 30 347 hab. - Agglo. 112 054 hab. - Alt. 134 m - Carte régionale n° **16**-D2
Carte Michelin 302-L6 - Guide Vert Michelin Nord Pas-de-Calais

L'Atelier 117

BUSINESS • CONTEMPORAIN Un hôtel contemporain situé légèrement à l'extérieur de la ville ; on y dort dans de petites chambres parfaitement équipées : iDock, grand écran, bonne literie... Et au restaurant, une sympathique carte de style brasserie, avec une formule "salad bar".

42 chambres - 70/140 € 70/140 € - 12 €

117 av. Jean-Jaurès - 03 27 62 15 00 - www.latelier117.com

au Sud par rte d'Avesnes-sur-Helpe - 59330 Beaufort

Le Relais de Beaufort

CUISINE TRADITIONNELLE • AUBERGE XX Une auberge contemporaine ornée de sculptures et d'œuvres d'art, dont quelques toiles du chef, artiste à ses heures... et surtout une généreuse cuisine traditionnelle : fricassée de Saint-Jacques à la crème d'ail, carré d'agneau rôti au romarin...

Menu 32/49 € - Carte 35/70 €

8 km au Sud par N2 - 03 27 63 50 36 - www.relaisdebeaufort.fr - Fermé 15 août-3 sept., dim. soir, mardi soir et lundi

à Louvroil 3 km au Sud par N2 - 59720 - 6 673 hab. - Alt. 133 m

La Table d' Éric

CUISINE TRADITIONNELLE • CONTEMPORAIN X Un jeune couple est à la tête de cette sympathique affaire, qui n'est autre que l'ancienne boucherie familiale ! Tous deux restaurateurs de métier, ils composent une cuisine de belle fraîcheur, au plus près des saisons. Ambiance conviviale.

Formule 18 € - Menu 22 € (déj. en semaine), 26/35 € - Carte 41/48 €

21 rte d'Avesnes - 03 27 61 44 56 - latablederic.com - Fermé 1 semaine en avril, 2 semaines en août, 24-31 déc., mardi soir, sam. midi, dim. soir et lundi

MAULÉVRIER - 49 Maine-et-Loire → Voir Cholet

MAUROUX - 46 Lot → Voir Puy-l'Évêque

MAUSSANE-LES-ALPILLES

13520 Bouches-du-Rhône - 2 203 hab. - Alt. 32 m - Carte régionale n° **22**-E1
Carte Michelin 340-D3 - Guide Vert Michelin Provence

Le Clos St-Roch

CUISINE DU MARCHÉ • RÉGIONAL XX Tatin d'artichauts marinés, dorade royale ou crémeux au chocolat au lait et poire Williams pochée : cette cuisine dans l'air du temps, d'inspiration méditerranéenne, est l'œuvre d'un chef ayant longtemps travaillé aux États-Unis. L'hiver, demandez une table à côté de la cheminée et, l'été, profitez de la terrasse !

Formule 23 € - Menu 30 € - Carte 41/54 €

87 av. de la Vallée-des-Baux - 04 90 98 77 15 - www.leclossaintroch.com - Fermé vacances de fév., mars, 1 semaine vacances de Noël, merc. et jeudi

Ou Ravi Prouvençau

CUISINE PROVENÇALE • RUSTIQUE XX Jean-François Richard, en cuisine depuis 40 ans, concocte une cuisine aussi authentique que généreuse, servie dans cette gracieuse maison méridionale : daube, pieds et paquets marseillais, mais aussi soupe au pistou (en été) et carré d'agneau à l'ail et sauge... A l'arrière, la terrasse est incontournable.

Formule 25 € - Menu 32 € (déj. en semaine)/57 € 🍷 - Carte 51/67 €

34 av. de la Vallée-des-Baux - ✆ 04 90 54 31 11 - www.restaurantalpilles.fr - Fermé 19-28 juin, 17 déc.-17 janv., mardi et merc.

Aux Ateliers

CUISINE TRADITIONNELLE • BISTRO X Ce bistrot détendu et chaleureux ne désemplit pas : le chef, un Normand amoureux des Alpilles, taquine votre gourmandise au gré d'une savoureuse cuisine sans afféterie : dos de cabillaud rôti, légumes au pistou ; épaule d'agneau confite, riz au lait... Terrain de pétanque à l'extérieur.

Formule 25 € - Menu 30 € 🍷 (déj. en semaine) - Carte 30/45 €

115 av. de la Vallée-des-Baux - ✆ 04 90 49 96 58 - Fermé janv., 1 semaine en oct., 1 semaine en nov., lundi et mardi

Le Pré des Baux

FAMILIAL • FONCTIONNEL Les chambres de plain-pied entourent la piscine et le jardin méridional, au calme. Petit-déjeuner (fruits frais, confitures artisanales) servi sur les terrasses privatives.

10 chambres - 🚹100/145 € 🚹🚹100/145 € - ☕14 €

r. du Vieux-Moulin - ✆ 04 90 54 40 40 - www.lepredesbaux.com - Ouvert 23 avril-30 oct.

Val Baussenc

TRADITIONNEL • RÉGIONAL Une maison au décor provençal qui magnifie avec originalité la pierre calcaire des Baux. Les chambres, presque toutes avec terrasse ou balcon, profitent du calme de la campagne environnante. Petite salle à manger, treille et cuisine aux couleurs du Sud.

25 chambres - 🚹90/152 € 🚹🚹90/167 € - ☕13 €

122 av. de la Vallée-des-Baux - ✆ 04 90 54 38 90 - www.valbaussenc.com - Ouvert 1er mars-31 oct.

au Paradou 2 km à l'Ouest par D17, rte d'Arles - ✉ 13520 - 1 853 hab. - Alt. 21 m

Nancy Bourguignon

CUISINE MODERNE • MÉDITERRANÉEN XX Légumes primeurs provençaux, poisson de ligne... Dans ce charmant restaurant, la chef, autodidacte et passionnée, concocte de fines et subtiles recettes, très parfumées. Agréable terrasse entourée de végétation méditerranéenne.

Menu 55 € - Carte 53/94 €

Hôtel Du Côté des Olivades, lieu-dit de Bourgeac - ✆ 04 90 54 56 78 - www.ducotedesolivades.com - Fermé mardi midi et lundi

La Table du Hameau (N)

CUISINE MODERNE XX Le chef, Stephan Paroche, organise ici la rencontre entre les Alpilles et la Méditerranée : ses assiettes, fraîches et colorées, regorgent de bons produits locaux et suivent les saisons. Une partition résolument gourmande à midi, plus ambitieuse et "technique" le soir : tout le monde y trouvera son bonheur. Le tout dans un décor campagne chic bien agréable...

Menu 35 € (déj. en semaine), 69/89 €

285 chemin de Bourgeac - ✆ 04 90 54 10 30 - www.hameaudesbaux.com - Fermé 1er janv.-15 mars, mardi et merc.

Le Bistrot du Paradou

CUISINE PROVENÇALE • BISTRO Cette maison aux volets bleus est une véritable institution locale. Aïoli, volaille de Bresse à la broche, tête de veau sauce ravigote et tartes maison : on y célèbre le répertoire provençal avec des plats généreux et goûteux, à dévorer dans une ambiance joyeuse et bon enfant. Attention, menu unique !

Menu 53 € (déj.)/59 €

57 av. de la Vallée-des-Baux - 04 90 54 32 70 - Fermé vacances de fév., vacances de Noël et mardi soir, merc. soir et jeudi soir hors saison, dim. et lundi

B design & Spa

LUXE • DESIGN La modernité au service du confort et du bien-être résume l'esprit de cet hôtel, à l'entrée de la propriété. Vastes suites dessinées par un designer, terrasses, espace de remise de forme. Pour un beau séjour au calme...

15 chambres - 180/585 € 180/585 € - 14 suites - 22 €

lieu-dit de Bourgeac - 04 90 54 58 66 - www.hotelbdesign.com

Hameau des Baux (N)

MAISON DE CAMPAGNE • PERSONNALISÉ Niché au pied des Alpilles, cet hôtel au calme prend ses aises sur cinq hectares de nature préservée, dans un esprit de village provençal. Vous en ferez de même, dans l'une des 22 chambres au mobilier design, à l'authenticité préservée et au luxe discret. Piscine, tennis.

14 chambres - 205/290 € 205/290 € - 8 suites - 29 €

285 chemin de Bourgeac - 04 90 54 10 30 - www.hameaudesbaux.com - Fermé 1er janv.-15 mars

La Table du Hameau – voir les restaurants ci-dessus

Du Côté des Olivades

MAISON DE CAMPAGNE • MÉDITERRANÉEN Cette bastide contemporaine, nichée au milieu des oliviers, abrite des chambres de style provençal. Agréable piscine et remarquable petit-déjeuner.

10 chambres - 125/215 € 125/325 € - 22 €

lieu-dit de Bourgeac - 04 90 54 56 78 - www.ducotedesolivades.com

Nancy Bourguignon – voir les restaurants ci-dessus

MAUZAC-ET-ST-MEYME-DE-ROZENS

24150 Dordogne - 898 hab. - Alt. 49 m - Carte régionale n° **2**-C3
Carte Michelin 329-F6

La Métairie

MAISON DE CAMPAGNE • CLASSIQUE Un hôtel charmant et romantique, installé dans une maison du 19e s., au cœur d'un superbe parc de 3 ha. Les chambres ont beaucoup de classe et, le plus souvent, une terrasse privative. Restaurant au cadre rustique pour une cuisine s'inspirant du terroir.

10 chambres - 135/330 € 135/330 € - 1 suite - 20 €

lieu-dit Millac - 05 53 22 50 47 - www.la-metairie.com - Ouvert 1er avril-1er nov.

MAXILLY-SUR-LÉMAN

- 74 Haute-Savoie → Voir Évian-les-Bains

MAYENNE

53100 Mayenne - 13 260 hab. - Alt. 124 m - Carte régionale n° **18**-C1
Carte Michelin 310-F5 - Guide Vert Michelin Pays de la Loire

L'Éveil des Sens (Nicolas Nobis)

CUISINE MODERNE • TENDANCE Des cuissons et assaisonnements précis, une créativité bien maîtrisée, des produits de qualité : cette table réveille les papilles et y laisse une empreinte durable. Décor sobre et moderne.

→ Foie gras, bœuf confit et gelée de pot-au-feu. Saint-pierre, étuvée de chou-rave et coquillages. Ganache chocolat, croquant noisette et glace au café blanc.

Formule 22 € - Menu 25 € (déj. en semaine), 43/73 €

429 bd Paul-Lintier - 02 43 30 42 17 - www.restaurant-leveildessens.fr - Fermé mardi midi, dim. soir et lundi

rte de Laval au Sud par N162 – ✉ 53100 Mayenne :

La Marjolaine

CUISINE TRADITIONNELLE • ÉLÉGANT XXX Au sein de ce domaine verdoyant, dans un cadre élégant – dont une agréable terrasse –, une cuisine qui honore la tradition à travers des recettes telles que ces escargots de Cornille, bouillon de foie gras ou encore cette langue de bœuf braisée et jus de truffe.

Formule 18 € – Menu 21 € (semaine), 33/48 € – Carte 44/70 €

au domaine du Bas-Mont, à 6,5 km
– ✆ 02 43 00 48 42 – www.lamarjolaine.fr
– Fermé 30 juil.-5 août, 24-30 déc., vend. soir, sam. midi et dim. soir de fin sept. à Pâques

Beau Rivage

CUISINE TRADITIONNELLE • AUBERGE XX Au bord de la Mayenne, avec une jolie terrasse, l'adresse a des airs de guinguette, et c'est avec plaisir que l'on atteint les rivages de la gourmandise grâce à l'appétissante cuisine traditionnelle du chef... et sa rôtissoire, où l'on voit cuire doucement brochettes de poisson, gigots de lotte, pigeons et autres cailles.

Formule 15 € – Menu 19/42 € – Carte 32/56 €
8 chambres – †68 € ††81/92 € – ☕ 9 €

rte de St-Baudelle, à 4 km
– ✆ 02 43 00 49 13 – www.restaurantbeaurivage.com
– Fermé dim. soir et lundi

La Marjolaine

TRADITIONNEL • PERSONNALISÉ Près de Mayenne, mais en pleine nature : dans le parc aux arbres centenaires coule une rivière... On peut loger dans le joli château (17e s.) ou dans les différents pavillons disséminés dans la verdure. Les chambres arborent des styles variés, du classique au contemporain avec sauna privatif ! Espace détente, prêt de vélos.

41 chambres – †65/140 € ††65/140 € – ☕ 11 €

au domaine du Bas-Mont, à 6,5 km
– ✆ 02 43 00 48 42 – www.lamarjolaine.fr
– Fermé 30 juil.-5 août et 24-30 déc.

La Marjolaine – voir les restaurants ci-dessus

MAZAMET

✉ 81200 Tarn – 10 173 hab. – Alt. 241 m – Carte régionale n° **15**-C2
Carte Michelin 338-G10

La Villa de Mazamet

MAISON DE MAÎTRE • ÉLÉGANT Les propriétaires ? Deux Anglais tombés amoureux du Sud et de cette très belle maison de maître (1935), avec son grand escalier en pierre, ses moulures, ses cheminées en marbre, etc. Les chambres, spacieuses et lumineuses, sont raffinées ; l'accueil est charmant... Une superbe adresse.

5 chambres ☕ – †120/200 € ††120/200 €

4 r. Pasteur
– ✆ 05 63 97 90 33 – www.villademazamet.com
– Ouvert 1er avril-31 oct.

MAZAN – 84 Vaucluse

→ Voir Carpentras

MAZAYE

✉ 63230 Puy-de-Dôme – 719 hab. – Alt. 760 m – Carte régionale n° **3**-B2
Carte Michelin 326-E8

Auberge de Mazayes

CUISINE TRADITIONNELLE • RUSTIQUE X Au cœur du parc des volcans, cette ancienne étable séduit d'abord par son décor champêtre et la patine authentique de ses salles à manger. Pour notre plus grand bonheur, l'assiette célèbre l'Auvergne : feuilleté au Cantal, truffade, etc. Quelques chambres coquettes pour une étape avant de partir à l'assaut de la chaîne des Puys.

Formule 17 € - Menu 26 € (semaine), 32/37 € - Carte 30/50 €

15 chambres - 92/104 € 104 €

à Mazayes-Basses - 04 73 88 93 30 - www.auberge-mazayes.com - Fermé 17 déc.-28 janv., dim. soir, lundi soir et mardi soir d'avril à août, lundi midi et mardi midi

MAZEROLLES - 40 Landes → Voir Mont-de-Marsan

MAZIÈRES-EN-GÂTINE

79310 Deux-Sèvres - 990 hab. - Alt. 190 m - Carte régionale n° **20**-B1
Carte Michelin 322-E5

à Verruyes 3 km au Sud-Est par D24 - 79310 - 923 hab. - Alt. 189 m

Côté Plage (N)

CUISINE MODERNE • CONVIVIAL X Ce restaurant situé au bord du joli plan d'eau de Verruyes accueille l'enthousiasme d'un jeune couple, qui propose une cuisine au goût du jour, dont quelques touches rappellent leur Normandie natale.

Formule 20 € - Menu 26 €

Etang Prieuré St-Martin - 05 49 63 21 35 - Fermé du lundi au jeudi sauf en juil.-août

MEAULNE

03360 Allier - 774 hab. - Alt. 185 m - Carte régionale n° **3**-B1
Carte Michelin 326-C3 - Guide Vert Michelin Auvergne

Manoir du Mortier

HISTORIQUE • PERSONNALISÉ En pleine nature, à l'orée d'une forêt, manoir familial du 18e s. joliment restauré. Ciels de lit, tentures, objets anciens : les chambres sont très romantiques. Repas sur réservation, servi devant la cheminée ou en terrasse. Et même, pour les cavaliers, un box pour accueillir leur monture !

4 chambres - 130/220 € 130/220 €

Le Mortier, 5 km à l'Est par D312 - 06 30 34 06 40 - www.manoirdumortier.fr - Ouvert avril à fin déc.

MEAUX

77100 Seine-et-Marne - 53 526 hab. - Alt. 51 m - Carte régionale n° **10**-C1
Carte Michelin 312-G2 - Guide Vert Michelin Île-de-France

La Grignotière

CUISINE TRADITIONNELLE • COSY XX Rénovée dans un style contemporain, cette Grignotière séduit avec son intérieur cosy et sa cheminée en état de marche... Au fil de l'année, on se régale par exemple d'huîtres, de coquillages et de beaux plateaux de fruits de mer, ou, pour les carnivores, de ris de veau aux morilles et de foie gras poêlé. Plaisant !

Formule 29 € - Menu 39/57 € - Carte 68/88 €

36 r. de la Sablonnière - 01 64 34 21 48 - Fermé août, sam. midi, mardi et merc.

à Germigny-l'Évêque 8 km au Nord-Est par D405 et D97 - ✉ 77910 - 1 331 hab. - Alt. 49 m

Le Gonfalon

CUISINE MODERNE • ÉLÉGANT XXX Fraîcheur et charme inondent la terrasse romantique de cette auberge en bord de Marne. On y apprécie une cuisine d'aujourd'hui, ambitieuse et joliment présentée, servie l'hiver au coin du feu, dans une salle cosy et intime... Au calme côté rivière, les chambres se révèlent bien confortables.

Formule 30 € - Menu 35 € (semaine), 56/80 € - Carte 60/90 €
8 chambres - 85/155 € 90/175 € - 12 €

2 r. de l'Église - 01 64 33 16 05 - www.restaurantgonfalon.com - Fermé 22 janv.-9 fév., 1er-22 août, dim. soir, lundi et mardi

LES MÉES

✉ 04190 Alpes-de-Haute-Provence - 3 629 hab. - Alt. 410 m - Carte régionale n° **21**-B2
Carte Michelin 334-D8

La Marmite du Pêcheur

CUISINE MODERNE • CONTEMPORAIN XX Au pied des Pénitents, ces célèbres rochers pointus, les gourmands n'ont pas à faire profil bas ! Dans cet ancien moulin, on se régale de spécialités de poisson et de produits de la mer (bouillabaisse sur commande). La roue à aubes trône toujours dans la salle à manger aux tons sable.

Formule 20 € - Menu 25 € (déj. en semaine), 39/59 € - Carte 52/96 €

bd des Tilleuls - 04 92 34 35 56 - www.lamarmitedupecheur.com - fermé mardi et merc.

HandmadePictures /Fotolia.com

ON AIME...

La cuisine authentique du **Refuge**, à Leutaz. L'esprit trappeur du **Lodge Park**, "the place to be" pour l'apéritif ! Les remarquables spécialités savoyardes du **Vieux Megève**. Le **Chalet Zannier**, un lieu unique et intimiste, dans un cadre naturel. Enfin, le **1920**, et ses préparations tout en délicatesse...

MEGÈVE

✉ 74120 Haute-Savoie - 3 292 hab. - Alt. 1 113 m - Carte régionale n° **25**-F1
Carte Michelin 328-M5 - Guide Vert Michelin Alpes du Nord

Restaurants

✿✿ 1920

CUISINE MODERNE • ÉLÉGANT XXX Au sein du Four Seasons Hotel Megève, le 1920 continue de célébrer les plaisirs de la table à grand renfort de produits nobles et recettes originales, sans oublier les grands classiques à la française. Le tout accompagné d'une belle carte des vins où les célèbres crus de la famille sont à l'honneur.

➜ Langoustines de casier croustillantes et marinées, cresson et caviar. Darne de turbot cuite sur l'arête, pommes de terre grenaille au lard et persillade. Soufflé tradition "Rothschild", granité à l'orange.

Menu 95 € (déj.), 155/210 €
- Carte 125/205 €

Hors plan *Hôtel Four Seasons Megève, 373 chemin des Follières*
- ✆ 04 50 21 12 11 - www.fourseasons.com/megeve
- Ouvert 15 déc.-15 avril et 1er juin-30 sept. et fermé mardi midi, dim. soir et lundi sauf vacances scolaires

✿ La Table de l'Alpaga

CUISINE MODERNE • ÉLÉGANT XX Qu'il est doux de s'attabler dans cet endroit chic. La carte, appétissante, révèle la volonté du chef : raconter une histoire de la cuisine savoyarde, conter les saveurs oubliées, subjuguer les produits régionaux... Un délicieux programme !

➜ Écrevisses du lac Léman, déclinaison de tomates. Volaille de Bresse, carotte et jus de sauge. Chartreuse, citron confit et meringue au thé matcha.

Menu 105/135 €
- Carte 100/125 €

Hors plan *Hôtel Alpaga, 66 allée des Marmousets, rte du Prariand, 1,5 km par D1212 et rte secondaire*
- ✆ 04 50 91 48 70 - www.alpaga.com
- Ouvert de mi-juin à mi-sept. et de déc. à mi-avril et fermé merc. midi, jeudi midi, vend. midi, lundi et mardi

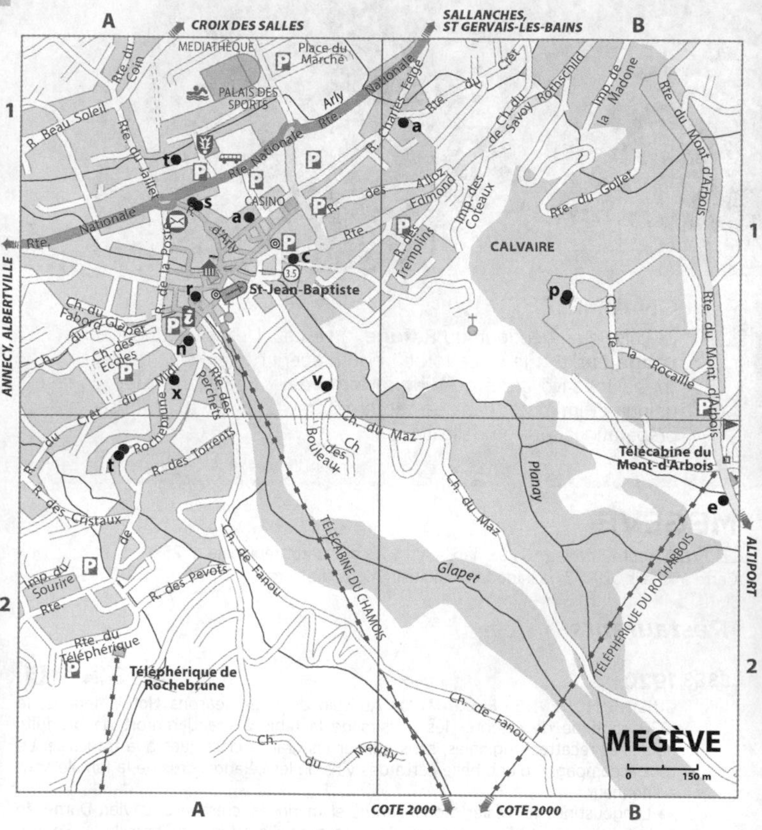

Beef Lodge

CUISINE CLASSIQUE • ÉLÉGANT XX Un vrai repaire de carnivores, au décor très "animal" : trophées, peaux de bête, cuir... Dans la lignée des steakhouses américains, on y propose des viandes de grande qualité, sélectionnées – et maturées – avec soin : bœuf Black Angus ou Simmental, premium du Texas... Au déjeuner, formule plus simple.

Carte 58/97 €

Plan : A1-s *Hôtel Lodge Park, 100 r. d'Arly – ☎ 04 50 93 05 03 – www.lodgepark.com – Ouvert 22 déc.-1er avril et fermé le midi*

Flocons Village

CUISINE TRADITIONNELLE • AUBERGE XX La deuxième adresse d'Emmanuel Renaut, le chef bien connu des Flocons de Sel (Leutaz). Ces Flocons-ci jouent la carte de la simplicité et de la franchise, avec une cuisine actuelle soignée et des bons plats du terroir.

Menu 32 € – Carte 40/60 €

Plan : A1-a *75 r. St-François – ☎ 04 50 78 35 01 – www.floconsdesel.com*

La sélection des hôtels et des restaurants change tous les ans.
Chaque année, changez de guide MICHELIN !

Le St-Nicolas

CUISINE MODERNE • RUSTIQUE Cuisine goûteuse réalisée à partir de produits bien choisis, plats travaillés avec soin – y compris sur l'esthétique des dressages –, comme par exemple cette exceptionnelle tourte au foie gras... St-Nicolas est clairement la bonne affaire de la station.

Menu 32 € – Carte 29/66 €

Plan : A2-t *Hôtel Au Coin du Feu, 252 rte de Rochebrune – 04 50 21 04 94 – www.coindufeu.com – fermé le midi – Ouvert de mi-juin à mi sept. et de mi-déc. à mi-avril*

Le Restaurant Alpin

CUISINE SAVOYARDE • MONTAGNARD Dans une salle tout en bois, au son d'un limonaire, on se régale de délicieuses fondues (savoyarde, bourguignonne, suisse ou chablaisienne...) et d'autres belles spécialités alpines. Qualité des produits, professionnalisme du service : on passe un bon moment.

Carte 62/72 €

Hors plan – *Hôtel Les Fermes de Marie, 163 chemin de la Riante-Colline, par D1212 – 04 50 93 03 10 – www.fermesdemarie.com – Fermé 1er avril-31 mai et le midi, ouvert uniquement le sam. soir en été et en automne*

Le Vieux Megève

CUISINE SAVOYARDE • RUSTIQUE Authenticité montagnarde : le credo de ce Vieux Megève, une institution familiale depuis 1965. Fondues bourguignonne et savoyarde, brasérade, reblochonnade et charcuteries en tous genres : les portions sont généreuses, sans pour autant négliger le goût. Et l'ambiance est rustique à souhait...

Carte 35/68 €

Plan : A1-c *58 pl. de la Résistance – 04 50 21 16 44 – www.restaurant-vieux-megeve.fr – Ouvert 1er juil.-31 août, 10 déc.-30 mars et fermé lundi en hiver, mardi midi en janv. et mars*

Hôtels

Four Seasons Megève

GRAND LUXE • ART DÉCO Trois ans de travaux, 55 chambres dont 14 suites (allant jusqu'à 150 m²), où le bois prédomine, dans un esprit chalet aux touches art déco. Le magnifique spa de 1500 m² propose coiffeur, barbier, salles de massage et fitness, piscine extérieure et intérieure... Le super luxe à deux pas de l'héliport (au cas où il n'y aurait pas de neige !), et du golf, pour l'été.

41 chambres – 750/1500 € 865/1875 € – 14 suites – 42 €

Hors plan *373 chemin des Follières – 04 50 21 12 11 – www.fourseasons.com/megeve – Ouvert 15 déc.-15 avril et 1er juin-30 sept.*

1920 – voir les restaurants ci-dessus

Le Fer à Cheval

LUXE • MONTAGNARD Pourquoi le Fer à Cheval ? En hommage au forgeron du village, qui bâtit ce superbe chalet en 1938. Ici, l'esprit alpin est sublimé : entre bois et objets montagnards, tout n'est que chaleur et raffinement... Autres atouts : un spa grandiose et deux tables au choix, gastronomique ou savoyarde ! Belle carte des vins.

38 chambres – 290/585 € 345/855 € – 15 suites

Plan : B1-a *36 rte Crêt-d'Arbois – 04 50 21 30 39 – www.feracheval-megeve.com – Ouvert de fin juin à début sept. et de mi-déc. à début avril*

Les Fermes de Marie

LUXE • PERSONNALISÉ On se verrait bien vivre dans ce hameau de fermes savoyardes reconstituées. Les chambres sont délicieusement montagnardes, boisées, décorées avec goût dans le style de la famille Sibuet, reconnaissable entre mille... Et le spa est superbe. Un véritable paradis des neiges !

70 chambres – 331/1831 € 362/1862 € – 10 suites

Hors plan *163 chemin de la Riante-Colline, par D1212 – 04 50 93 03 10 – www.fermesdemarie.com – Fermé avril et mai*

Le Restaurant Alpin – voir les restaurants ci-dessus

Lodge Park

LUXE • PERSONNALISÉ Atypique, chic et hors du temps : ce Lodge Park est tout cela à la fois. L'ambiance ? Celle d'une maison de trappeur dans le Grand Nord. Trophées de chasse, peaux de bêtes aux murs, cornes et bustes bovins... depuis les chambres, élégantes et chaleureuses, jusqu'au superbe spa "Pure Altitude" !

49 chambres - 238/1828 € 266/1856 € - 10 suites

Plan : A1-s *100 r. d'Arly - 04 50 93 05 03 - www.lodgepark.com - Ouvert 22 déc.-1er avril*

Beef Lodge - voir les restaurants ci-dessus

M de Megève

LUXE • MONTAGNARD L'esprit savoyard et le grand confort se sont donné rendez-vous dans cet imposant chalet du cœur de Megève ! Le bois y est omniprésent, notamment dans les chambres, chic et chaleureuses ; on profite également d'un superbe spa, d'un hammam et d'une piscine avec jacuzzi.

22 suites - 350/1250 € - 20 chambres - 28 €

Plan : A1-x *15 rte de Rochebrune - 04 50 21 41 09 - www.mdemegeve.com - Ouvert 21 déc.- 3 avril*

Alpaga

LUXE • MONTAGNARD Ce hameau de chalets très chic cultive sa différence à l'écart de la station : les chambres sont superbes dans leur esprit épuré - et néanmoins chaleureux -, loin des chalets les plus traditionnels. Mention spéciale pour le délicieux spa et son bain suédois avec vue sur le massif du Mont-Blanc...

22 chambres - 345/980 € 900/2900 € - 5 suites

Hors plan *66 allée des Marmousets, rte du Prariand, 1,5 km par D1212 et rte secondaire - 04 50 91 48 70 - www.alpaga.com - Ouvert de mi-juin à mi-sept. et de déc. à mi-avril*

La Table de l'Alpaga - voir les restaurants ci-dessus

Chalet du Mont d'Arbois

LUXE • MONTAGNARD Sous l'égide de la famille Rothschild, trois grands chalets très chic, chaleureux et raffinés, avec une vue sublime sur les sommets : toute la féerie de Megève. Ou l'art d'apprécier le luxe d'une piscine intérieure-extérieure chauffée à 30° C. Au restaurant, on propose une cuisine du terroir d'une indéniable qualité.

42 chambres - 345/620 € 415/750 € - 9 suites - 32 €

Plan : B1-p *447 chemin de la Rocaille, par rte Edmond-de-Rothschild - 04 50 21 25 03 - www.edrh-montdarbois.com - Fermé 16 avril-14 déc.*

Le Chalet Zannier

LUXE • MONTAGNARD Un ensemble de trois superbes chalets savoyards, possédant un joli centre de détente avec piscine, hammam et sauna. L'esprit de luxe montagnard règne dans les chambres, sobres et chic, jamais tape-à-l'œil, et dans les nombreux services (navette privée vers la station).

8 chambres - 550/4000 € 550/4000 € - 4 suites

Hors plan *367 rte du Crêt - 04 50 21 01 01 - www.zannierhotels.com - Ouvert mi-déc. à mi-avril*

Mont-Blanc

LUXE • GRAND LUXE Le mythique doyen des hôtels megèvans, magnifiquement illuminé le soir venu : le "21e arrondissement de Paris" selon Cocteau, qui y a laissé son empreinte. Du faste, un bar à champagne, le charme des sports d'hiver... la belle vie, très mondaine, en plein cœur de la station !

38 chambres - 188/1308 € 216/1336 € - 11 suites

Plan : A1-r *29 r. Ambroise-Martin (pl. de l'Église) - 04 50 21 20 02 - www.hotelmontblanc.com - Ouvert 8 déc.-7 avril*

Chalet St-Georges

TRADITIONNEL · PERSONNALISÉ Des livres anciens sont disséminés un peu partout... Consultez-les dans le ravissant salon à l'atmosphère "so British", ou lové dans votre lit. Côté papilles : une cuisine traditionnelle (cocotte de rognon de veau ; poulet fermier rôti à la broche ; poissons).

21 chambres - 228/452 € 250/614 € - 3 suites

Plan : A1-n *159 r. Mgr-Conseil - 04 50 93 07 15 - www.chaletsaintgeorges.com - Ouvert de début juil. à mi-sept. et de mi-déc. à mi-avril*

Au Coin du Feu

FAMILIAL · COSY Des cheminées, de jolis motifs floraux habillant toutes les chambres : une atmosphère authentique, familiale et chic. Petit espace bien-être avec salle de massage. Spécialités traditionnelles et fromagères servies dans une élégante taverne montagnarde.

22 chambres - 85/580 € 85/580 € - 18 €

Plan : A2-t *252 rte de Rochebrune - 04 50 21 04 94 - www.coindufeu.com - Ouvert de mi-juin à mi sept. et de mi-déc. à mi-avril*

Le St-Nicolas - voir les restaurants ci-dessus

La Chaumine 

FAMILIAL · MONTAGNARD À 300 m du village et de la télécabine du Chamois, une ferme du 19e s. joliment restaurée à la mode savoyarde. On entre par un petit salon coquet, typiquement megèvan, un vrai cocon de montagne. Les chambres sont douillettes et... très au calme !

11 chambres - 113/133 € 90/135 € - 12 €

Plan : A1-v *36 chemin des Bouleaux (par chemin du Maz) - 04 50 21 37 05 - www.hotel-lachaumine-megeve.com - Ouvert de mi-juin à mi-sept. et de mi-déc. à mi-avril*

La Ferme du Golf 

TRADITIONNEL · COSY Au pied des remontées mécaniques, un sympathique hôtel - jadis une ferme - avec des chambres bien tenues, plus calmes côté vallée. Dans un joli salon décoré à l'écossaise, on dispute une partie de billard non loin de la cheminée. Quelques duplex pour les familles.

19 chambres - 99/399 € 99/399 € - 15 €

Plan : B2-e *3048 rte Edmond-de-Rothschild - 04 50 21 14 62 - www.edrh-montdarbois.com - Ouvert juil. à mi- sept. et mi-déc. à mi-avril*

La Grange d'Arly 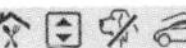

FAMILIAL · PERSONNALISÉ Hôtel familial impeccablement tenu. Les chambres sont assez spacieuses (quelques-unes mansardées ou en duplex) et le bois naturel domine. Une valeur simple et sûre ! Au restaurant, cuisine traditionnelle et spécialités savoyardes.

22 chambres - 124/230 € 138/375 €

Plan : A1-t *10 r. des Allobroges - 04 50 58 77 88 - www.grange-darly.com - Ouvert de fin juin à début-sept. et de mi-déc. à fin mars*

à Leutaz 4 km au Sud-Ouest par rte du Bouchet - 74120 Megeve

Flocons de Sel (Emmanuel Renaut)

CUISINE CRÉATIVE · ÉLÉGANT XXX Plusieurs chalets au-dessus de Megève... Suivez les sommets, vous rencontrerez Emmanuel Renaut. Voilà bien un grand cuisinier, habité par la passion de la montagne : si ses recettes possèdent une vraie signature, elles apparaissent aussi infiniment proches de la nature !

→ Jaune d'œuf de poule fumé, champignons de Paris au café. Omble chevalier de nos lacs, bouillon de chignin-bergeron et jeunes pousses de sapin. Tarte tiède au chocolat fumé, crème glacée aux bois de nos montagnes.

Menu 120 € (déj.), 165/240 € - Carte 140/270 €

Hôtel Flocons de Sel, 1775 rte du Leutaz - 04 50 21 49 99 - www.floconsdesel.com - Fermé 16 avril-1er juin, 5 nov.-7 déc., mardi et merc.

La Sauvageonne - Chez Nano

CUISINE TRADITIONNELLE · COSY XX Comme prévu, cette Sauvageonne marque les esprits par son extravagance. L'ambiance est très showbiz : bar lounge avec DJ, salon fumoir, et une clientèle d'habitués qui sont ici chez eux... À l'étage, on déguste une cuisine française préparée avec de beaux produits, complétée par une courte carte asiatique.

Menu 60 € – Carte 63/93 €

– ☎ 04 50 91 90 81 – www.restaurant-sauvageonne.com – Ouvert 10 déc.-15 avril et fermé le midi

Le Refuge

CUISINE TRADITIONNELLE · AUBERGE XX Un charmant Refuge, typique et convivial, sur les hauteurs de la station. On y sert une vraie cuisine de chef, fine et goûteuse, et les incontournables savoyards bien sûr. Parmi les spécialités : œuf pochée aux lentilles vertes du Puy ; carré d'agneau à la rôtisserie ; soufflé au Grand Marnier.

Menu 30 € (déj.) – Carte 39/68 €

2615 rte du Leutaz – ☎ 04 50 21 23 04 – www.refuge-megeve.com – Fermé début mai à mi-juin, début oct. à mi-nov., dim. soir, lundi, mardi et merc. hors saison

Flocons de Sel

LUXE · DESIGN Les Flocons de Sel sont aussi un hôtel charmant ! Les chambres, réparties dans trois chalets, dévoilent le meilleur du chic montagnard : bois omniprésent, grands lits, salles de bains design... Le spa (avec sauna et hammam), la piscine couverte et le bain suédois achèvent d'en faire un lieu à part.

10 chambres – †180/2000 € ††180/2000 € – 6 suites – ☕ 25 €

1775 rte du Leutaz, 4 km au Sud-Ouest par rte du Bouchet – ☎ 04 50 21 49 99 – www.floconsdesel.com – Fermé 16 avril-1er juin et 5 nov.-7 déc.

✿✿✿ **Flocons de Sel** – voir les restaurants ci-dessus

MEILLONNAS

✉ 01370 Ain – 1 310 hab. – Alt. 271 m – Carte régionale n° **23**-B1

Carte Michelin 328-F3 – Guide Vert Michelin Lyon et sa région

Auberge Au Vieux Meillonnas

CUISINE TRADITIONNELLE · AUBERGE X Dans ce charmant village, cette ferme bressane offre un cadre délicieusement champêtre : carreaux en ciment, pierres et poutres, grand jardin... sans parler des plats, très joliment ficelés. Le chef maîtrise un large répertoire, authentiquement régional ou plus moderne, et son menu surprise permet de démultiplier les plaisirs !

Menu 19 € (déj. en semaine), 26/40 € – Carte 31/62 €

108 rte du Mollard – ☎ 04 74 51 34 46 – www.auvieuxmeillonnas.fr – Fermé 1 semaine vacances de printemps, 16 août-8 sept., mardi soir, dim. soir et merc.

MEISENTHAL

✉ 57960 Moselle – 700 hab. – Alt. 380 m – Carte régionale n° **14**-D2

Carte Michelin 307-P5

Auberge des Mésanges

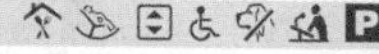

AUBERGE · TRADITIONNEL Au cœur du parc naturel des Vosges du Nord, une auberge familiale dans une maison centenaire postée à la lisière de la forêt. Au programme : des petites chambres toutes simples et une cuisine traditionnelle au restaurant (tartes flambées le soir). Parfait pour visiter le centre international d'Art verrier.

20 chambres – †59/77 € ††65/77 € – ☕ 10 €

2 r. des Vergers – ☎ 03 87 96 92 28 – www.aubergedesmesanges.fr – Fermé 18 fév.-5 mars et 23 déc.-3 janv.

MÉJANNES-LÈS-ALÈS - 30 Gard ➜ Voir Alès

MELLE

✉ 79500 Deux-Sèvres - 3 640 hab. - Alt. 138 m - Carte régionale n° **20**-C2
Carte Michelin 322-F7 - Guide Vert Michelin Poitou-Charentes

Les Glycines

CUISINE MODERNE • COSY XX La jolie véranda de ce restaurant couvert de glycines dissimule un décor contemporain et cossu. On y revisite les plats régionaux - cassolette d'escargots, filet mignon de porc, tarte au café liégeois - et il y a un menu du jour à la brasserie. Chambres coquettes.

Formule 22 € - Menu 29/45 € - Carte 42/60 €

7 chambres - 65/80 € 65/80 € - 9 €

5 pl. René-Groussard - ✆ 05 49 27 01 11 - www.hotel-lesglycines.com - Fermé 8-21 janv., vend. soir, sam. midi de nov. à fevrier et dim. soir

La Table de L'Argentière

CUISINE MODERNE • COSY XX Un cadre séduisant, cosy et feutré - tendance mais sans excès -, pour cette Table qui propose une cuisine dans l'air du temps et, au déjeuner en semaine, une formule brasserie.

Formule 14 € - Menu 22 € (semaine), 32/49 € - Carte 44/56 €

à St-Martin, 2 km sur rte de Niort - ✆ 05 49 29 13 74 - www.restaurantlargentiere.fr - Fermé dim. soir et lundi

MELUN

✉ 77000 Seine-et-Marne - 40 503 hab. - Agglo. 107 705 hab. - Alt. 43 m - Carte régionale n° **10**-C2
Carte Michelin 312-E4 - Guide Vert Michelin Île-de-France

La Bodega

CUISINE ESPAGNOLE • CONVIVIAL X On vient ici pour retrouver l'esprit de l'Espagne, en particulier celle des Asturies, d'où est originaire la famille propriétaire. Au menu, des produits de belle qualité, de succulentes recettes ibériques - paella bodega, bacalao aïoli, chipirones fritos, etc. - et quelques plats plus actuels. On est comblé !

Formule 21 € - Carte 34/67 €

18 quai Hippolyte-Rossignol - ✆ 01 64 37 10 57 - www.bodega-melun.fr - Fermé 12 août-4 sept., 23 déc.-2 janv., sam. midi, dim. et lundi

à Crisenoy 10 km au Nord par D636 - ✉ 77390 - 659 hab. - Alt. 89 m

Auberge de Crisenoy

CUISINE TRADITIONNELLE • ÉLÉGANT XX Au cœur d'un petit village, cette auberge a une belle âme : pierre brute, poutres, cheminée... autour d'une cuisine marquée du sceau de la tradition. Une adresse qui compte une clientèle fidèle d'habitués.

Menu 26 € (déj. en semaine), 36/54 € - Carte 48/60 €

23 r. Grande - ✆ 01 64 38 83 06 - Fermé 1 semaine en mars , 3 semaines en août, 24-30 déc., dim. soir, lundi et mardi

à Vaux-le-Pénil 3 km au Sud-Est - ✉ 77000 - 10 730 hab. - Alt. 60 m

La Table St-Just

CUISINE MODERNE • ÉLÉGANT XXX Belle atmosphère dans cette ancienne ferme dépendant du château de Vaux-le-Pénil, où dominent les pierres et les poutres apparentes - dont une haute charpente en chêne dans la salle principale. Au menu, une cuisine gastronomique dans l'air du temps.

Formule 33 € - Menu 54/115 € - Carte 75/92 €

Plan : B2-s *r. de la Libération (près du château) - ✆ 01 64 52 09 09 - www.restaurant-latablesaintjust.com - Fermé 21 avril-1er mai, 7-29 août, 24 déc.-3 janv., dim., lundi et fériés*

MENDE

⊠ 48000 Lozère - 11 542 hab. - Alt. 731 m - Carte régionale n° **12**-C1
Carte Michelin 330-J7

Restaurant de France

CUISINE MODERNE · ROMANTIQUE XX Tourte au ris de veau, côtes d'agneau d'Auxillac, financier aux prumes... Le chef concocte une bonne cuisine du marché qui fait la part belle aux produits du terroir, et l'équipe compétente et motivée rend ce moment agréable. Un lieu sympathique !

Menu 28/59 € - Carte environ 42 €

Hôtel de France, 9 bd Lucien-Arnault - ✆ 04 66 65 00 04 - www.hoteldefrance-mende.com - Fermé 24 déc.-9 janv., lundi midi hors saison et sam. midi

Hôtel de France

FAMILIAL · CONTEMPORAIN Un toit de lauze, des pierres : cette maison des années 1730 se révèle fort accueillante. Fer forgé, bois wengé, tomettes, chambres aux lignes épurées : tout est charmant. On profite même d'un solarium, avec une superbe vue sur les toits et les collines environnantes... Tout neuf, six nouvelles chambres dans la Grande Maison !

38 chambres - †98/135 € ††105/150 € - 7 suites - ☕ 15 €

9 bd Lucien-Arnault - ✆ 04 66 65 00 04 - www.hoteldefrance-mende.com - Fermé 24 déc.-9 janv.

Restaurant de France - voir les restaurants ci-dessus

à Chabrits 5 km à l'Ouest par D42 - ⊠ 48000 Mende

La Safranière

CUISINE MODERNE · FAMILIAL XX Une étape gourmande sur les premières marches du Gévaudan, sur le site d'une ancienne exploitation de safran. Dans un décor frais et coloré, on apprécie une jolie cuisine de saison ; les vins et fromages de la région sont à l'honneur.

Formule 20 € - Menu 25 € (semaine), 30/50 €

52 r. du Lavoir - ✆ 04 66 49 31 54 - www.restaurant-la-safraniere.fr - Fermé 19 fév.-19 mars, 3-10 sept., merc. midi sauf juil.-août, dim. soir et lundi

MÉNERBES

⊠ 84560 Vaucluse - 1 019 hab. - Alt. 224 m - Carte régionale n° **22**-E1
Carte Michelin 332-E11 - Guide Vert Michelin Provence

Les Saveurs Gourmandes

CUISINE MÉDITERRANÉENNE · INTIME X Le chef, ancien professeur de cuisine en école hôtelière, s'est installé dans une maison en partie troglodytique, au cœur du village. Il travaille d'excellents produits de la région à grand renfort d'épices et d'herbes, avec un sens aigu du dosage. Nos papilles sont à la fête... d'autant que l'addition est plutôt mesurée.

Menu 32 € - Carte 47/67 €

51 r. Kléber - ✆ 04 32 50 20 53 - www.restaurantlessaveursgourmandes.com - Fermé 2-31 janv., lundi soir, mardi soir, merc. soir et jeudi soir hors saison, le midi sauf sam. et dim. hors saison et dim. soir

La Véranda

CUISINE MODERNE · BISTRO X Quelques spécialités : sole meunière, daurade royale en cuisson lente au four, entrecôte Black Angus à la sauce marchand de vin... Dans cette ancienne droguerie transformée en restaurant, sur les hauteurs de Ménerbes, la carte va du bistrot, le midi, à des plats plus élaborés le soir. Avec une ambiance conviviale en prime.

Menu 39 € (dîner)/65 € - Carte environ 60 €

av. Marcellin-Poncet - ✆ 04 90 72 33 33 - www.cafe-veranda.com - Fermé 23-26 déc., dim. soir de mi-oct. à fév. et lundi

La Bastide de Marie

LUXE • PERSONNALISÉ Cette superbe bastide au cœur des vignes incarne l'esprit de la Provence. Pierres apparentes, meubles anciens, tissus nobles, coins et recoins... font le caractère de chaque chambre. Romantique et charmant, idéal pour se retrouver !

14 chambres - 204/674 € 228/698 € - 6 suites

64 chemin des Peirelles (rte de Bonnieux) - 04 90 72 30 20 - www.labastidedemarie.com - Fermé 4 janv.-30 mars

La Bastide de Soubeyras

MAISON DE CAMPAGNE • PERSONNALISÉ Cette belle demeure en pierre sèche, perchée sur une colline, domine le village. Ravissantes chambres d'esprit bastide ; jardin et piscine pour le farniente.

5 chambres - 115/200 € 115/200 €

chemin des Alafoux, 2,5 km au Nord par rte des Beaumettes - 04 90 72 94 14 - www.bastidesoubeyras.com

MÉNESTÉROL - 24 Dordogne → Voir Montpon-Ménestérol

MÉNESTREAU-EN-VILLETTE

45240 Loiret - 1 471 hab. - Alt. 122 m - Carte régionale n° **6**-C2
Carte Michelin 318-J5 - Guide Vert Michelin Châteaux de la Loire

Le Relais de Sologne

CUISINE MODERNE • CONTEMPORAIN XX Cette auberge a beau avoir été rénovée dans un esprit très contemporain, elle garde son âme d'antan ! Le chef y tient tout particulièrement, lui qui signe une cuisine dans l'air du temps, avec du gibier en saison - Sologne oblige -, et agrémentée de notes exotiques...

Menu 31/52 € - Carte 57/70 €

63 pl. du 8-Mai-1945 - 02 38 76 97 40 - www.le-relais-de-sologne.com - Fermé 2 semaines en fév., 1 semaine en août, 1 semaine vacances de Noël, dim. soir, lundi soir, mardi soir et merc.

La Ferme des Foucault

MAISON DE CAMPAGNE • PERSONNALISÉ Ancienne ferme à colombages nichée au cœur de la forêt. Ses chambres, coquettes et très spacieuses, sont meublées dans un style rustique ; l'une d'elles dispose d'une terrasse.

3 chambres - 95 € 100 €

Les Foucault, au Nord-Est par D17, D64 et rte secondaire - 02 38 76 94 41 - www.ferme-des-foucault.com - Fermé 11 nov.-1er mars sauf Noël et jour de l' An

LE MÉNIL - 88 Vosges → Voir Le Thillot

LA MÉNOUNIÈRE - 17 Charente-Maritime → Voir Île d'Oléron

MENTHON-ST-BERNARD

74290 Haute-Savoie - 1 898 hab. - Alt. 482 m - Carte régionale n° **25**-F1
Carte Michelin 328-K5 - Guide Vert Michelin Alpes du Nord

Le Confidentiel

CUISINE MODERNE • COSY X Parmi tous les restaurants (dont de grosses cylindrées !) qui entourent le lac, cette maison fait office de petit poucet... au grand talent. Dans une mini-salle se succèdent des plats d'une efficacité incontestable, où la franchise des saveurs va de pair avec une ambiance conviviale et détendue. Maintenant que vous êtes dans la confidence, courez-y. Un coup de cœur.

Menu 32 €

24 rte des Moulins - 04 50 44 00 68 - www.restaurant-leconfidentiel.fr - Fermé 1 semaine en avril, 15-31 août, 1 semaine en janv., dim. et lundi

Le Viù

CUISINE MODERNE • TENDANCE De la couleur, une vue imprenable sur le lac... Un restaurant chic, trendy et cosy, au service d'une cuisine fine et goûteuse : aiguillettes de saint-pierre confit a l'huile d'agrumes ; poitrine de pigeon rôti sur le coffre, jus de genièvre et polenta à la gentiane.

Formule 29 € – Menu 34 € (déj. en semaine)/49 €

Hôtel Palace de Menthon, 665 rte des Bains – 04 50 64 83 01 – www.palacedementhon.com

Palace de Menthon

DEMEURE HISTORIQUE • ÉLÉGANT Entre lac et montagne, cet imposant hôtel de 1906 a un vrai cachet et cultive avec élégance l'art de recevoir... Le parc verdoyant et délicieux, les chambres confortables (préférez celles situées côté lac, plus récentes), les restaurants, la belle piscine couverte creusée dans la roche, le sauna, le hammam : tout invite à la détente !

66 chambres – 149/320 € 149/320 € – 6 suites – 25 €

665 rte des Bains – 04 50 64 83 00 – www.palacedementhon.com

Le Viù – voir les restaurants ci-dessus

La Vallombreuse

DEMEURE HISTORIQUE • PERSONNALISÉ Tout le cachet et la patine de l'ancien dans cette belle maison du 16e s. Les chambres sont grandes et joliment arrangées, dans un esprit classique ou savoyard ; le beau jardin est un véritable havre de tranquillité. Coup de foudre garanti !

5 chambres – 99/150 € 99/150 €

534 rte des Moulins, 700 m à l'Est par rte du Col de Bluffy – 04 50 60 16 33 – www.la-vallombreuse.com

MENTON

06500 Alpes-Maritimes – 28 563 hab. – Alt. 12 m – Carte régionale n° **22**-E2
Carte Michelin 341-F5 – Guide Vert Michelin Côte d'Azur

Mirazur (Mauro Colagreco)

CUISINE CRÉATIVE • CONTEMPORAIN Un lieu d'exception ! C'est d'abord un bel écrin, perché sur la corniche, grand ouvert sur l'azur de la Méditerranée et du ciel... C'est surtout une table excellente, portée par un chef inspiré : l'Argentin Mauro Colagreco signe un hymne unique aux plantes aromatiques, aux fleurs, aux légumes de son potager, aux agrumes, etc. Les saisons, la région sont illuminées.

→ Carpaccio de gamberoni de San Remo, vinaigrette au citron de Menton et pomme granny smith. Poisson de la pêche du jour, ail noir, osmanthus et cébette. "Naranjo en flor" : crème de safran, espuma d'amandes et sorbet orange.

Menu 65 € (déj. en semaine), 110/210 €

Plan : B1-m *30 av. Aristide-Briand – 04 92 41 86 86 – www.mirazur.fr – Fermé 17 déc.-6 fév., mardi sauf le soir en juil.-août et lundi*

Le Bistrot des Jardins

CUISINE TRADITIONNELLE • TRADITIONNEL "Ma ville est un jardin, mon restaurant est un jardin", revendique le chef, quarante ans aux fourneaux tout de même... Nul doute, cet homme de métier sait cuisiner les produits – et l'esprit – du terroir méditerranéen ! Le repas est d'autant plus convivial en terrasse, aux airs de... jardin en ville.

Formule 25 € – Menu 33 € (déj. en semaine), 40/48 € – Carte 45/64 €

Plan : C1-e *14 av. Boyer – 04 93 28 28 09 – www.lebistrotdesjardins.com – Fermé 4 déc.-9 janv., dim. soir et lundi*

Napoléon

TRADITIONNEL • CONTEMPORAIN Un hôtel très Riviera ! Dans une atmosphère élégante et contemporaine, les chambres rendent de charmants hommages à leurs hôtes illustres (Cocteau, Sutherland) et leur décoration est très soignée. Certaines, avec terrasse, donnent sur la mer : que demander de plus ?

44 chambres – 85/338 € 85/461 € – 14 €

Plan : B1-a *29 Porte-de-France – 04 93 35 89 50 – www.napoleon-menton.com*

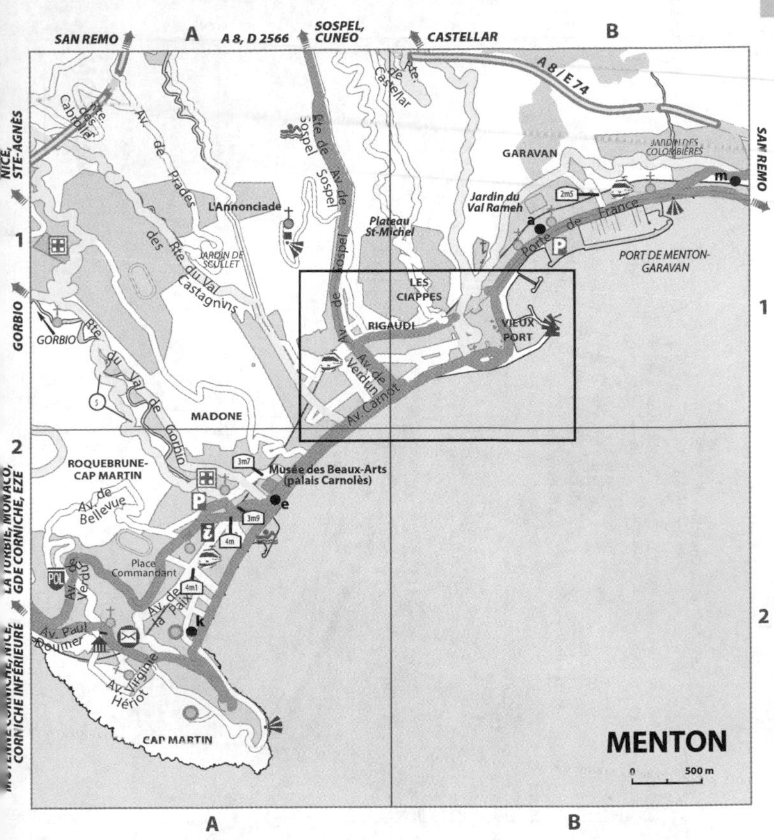

Prince de Galles

FAMILIAL • CONTEMPORAIN Comment imaginer que ce beau bâtiment rose (19e s.) fut jadis une caserne de carabiniers des princes de Monaco ? C'est aujourd'hui un agréable hôtel, au confort très contemporain, où chaque chambre semble tutoyer la Méditerranée...

63 chambres - 69/247 € 69/247 € - 14 €

Plan : A2-e *4 av. Gén.-de-Gaulle - 04 93 28 21 21 - www.princedegalles.com*

Princess et Richmond

FAMILIAL • CONTEMPORAIN Un hôtel familial bien tenu, situé en face de la plage de galets. Chambres actuelles, sobres, quelques-unes braquées sur la Grande Bleue, solarium et jacuzzi sur le toit. Terrasse fleurie.

43 chambres - 80/210 € 80/210 € - 2 suites - 12 €

Plan : C2-s *617 promenade du Soleil - 04 93 35 80 20 - www.princess-richmond.com - Fermé 15 oct.-20 déc.*

Ibis Styles

HÔTEL DE CHAÎNE • CONTEMPORAIN Des lignes épurées, des touches très colorées, un sympathique esprit contemporain : telle est la signature de cet hôtel situé au cœur de Menton.

43 chambres - 80/140 € 90/150 € - 4 suites

Plan : D1-t *10 r. de Villarey - 04 92 10 95 25 - www.ibisstyles.com*

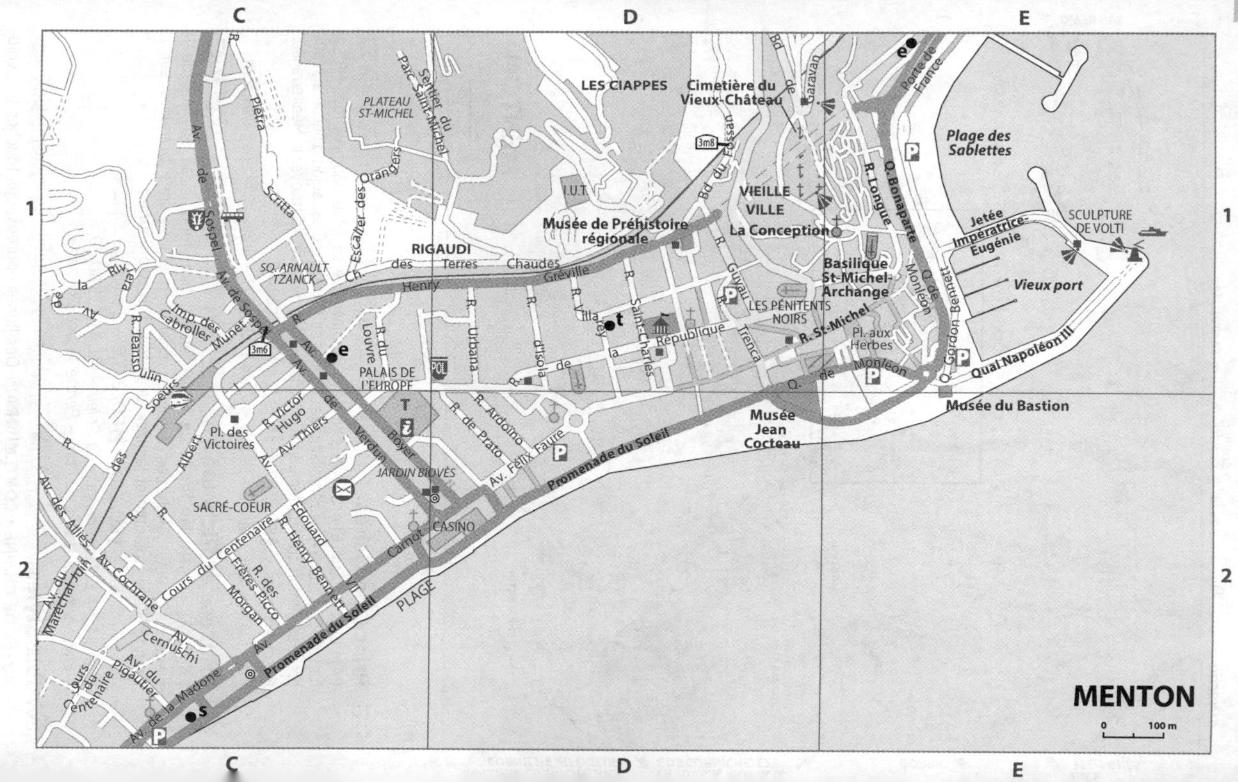
MENTON
0 100 m
LES CIAPPES
Cimetière du Vieux-Château
PLATEAU ST-MICHEL
Sentier du Parc Saint-Michel
RIGAUDI
VIEILLE VILLE
La Conception
Musée de Préhistoire régionale
Basilique St-Michel-Archange
LES PÉNITENTS NOIRS
Pl. aux Herbes
Plage des Sablettes
Jetée Impératrice-Eugénie
Vieux port
SCULPTURE DE VOLTI
Quai Napoléon III
Musée du Bastion
Musée Jean Cocteau
Promenade du Soleil
PLAGE
CASINO
JARDIN BIOVÈS
PALAIS DE L'EUROPE
SACRÉ-COEUR
SQ. ARNAULT TZANCK
Pl. des Victoires
I.U.T.
Q. Bonaparte
R. Longue
Porte de France
Bd de Garavan
Bd du Fossan
Q. de Monléon
Q. Gordon Bennett
R. St-Michel
R. Guyau
R. Trenca
R. de la République
R. Saint-Charles
R. Villarey
R. d'Isola
R. Urbana
R. du Louvre
Ch. des Terres Chaudes
R. Henry Gréville
Av. de Sospel
R. Pietra
R. Scritta
Escalier des Orangers
Av. de la Riviera
R. Jeansoulin
Imp. des Cabrolles
R. Muner
Av. Boyer
Av. de Verdun
R. Victor Hugo
Av. Thiers
Av. Albert
R. des Soeurs
R. Ardoïno
R. de Prato
Av. Félix Faure
Av. Carnot
Av. Edouard VII
R. Henry Bennett
R. des Frères Picco
R. Morgan
Cours du Centenaire
Av. Cochrane
Av. des Alliés
Av. du Maréchal Juin
Av. Cernuschi
Av. du Pigautier
Av. de la Madone
3m6
3m8
C
D
E
1
2

Palm Garavan

FAMILIAL • CONTEMPORAIN Sur le front de mer, entre vieille ville et... Italie, cet hôtel se révèle agréable et d'un bon rapport qualité-prix : la simplicité domine dans le décor, tout blanc et relevé de pièces de mobilier design bien choisies. Préférez évidemment les chambres côté mer, les plus agréables...

19 chambres - 75/158 € 75/158 € - 7 €

Plan : E1-e *3 Porte-de-France - 04 93 78 80 67 - www.hotelpalm.fr - Fermé 18 oct.-15 nov.*

LES MENUIRES

73440 Savoie - St Martin de Belleville - Alt. 1 400 m - Carte régionale n° **25**-F2
Carte Michelin 333-M6 - Guide Vert Michelin Alpes du Nord

Chalet Hôtel Kaya

LUXE • PERSONNALISÉ À 2 000 m d'altitude, cet hôtel donne directement sur les pistes. Les chambres déclinent un style épuré et contemporain, rehaussé par la chaleur du bois. Le spa et la piscine sont bien agréables, tout comme le restaurant, qui joue dans la tendance.

50 chambres - 169/409 € 169/409 € - 4 suites - 25 €

à Reberty - 04 75 75 21 91 - www.hotel-kaya.com - Ouvert 19 déc.-22 avril

L'Ours Blanc

FAMILIAL • MONTAGNARD Venez vous réchauffer auprès de cet Ours Blanc, un grand chalet familial des années 1990, situé sur les pistes. Salon avec cheminée, chambres de style montagnard avec un balcon, carte actuelle et alléchante.

53 chambres - ½ P seult 100/160 €

à Reberty - 04 79 00 61 66 - www.hotel-ours-blanc.com - Ouvert 15 déc.-14 avril

MERCATEL - 62 Pas-de-Calais ➜ Voir Arras

MERCUER - 07 Ardèche ➜ Voir Aubenas

MERCUÈS - 46 Lot ➜ Voir Cahors

MÉREAU - 18 Cher ➜ Voir Vierzon

MÉRIBEL

73550 Savoie - Carte régionale n° **25**-F2
Carte Michelin 333-M5 - Guide Vert Michelin Alpes du Nord

L'Ekrin by Laurent Azoulay

CUISINE MODERNE • LUXE XXX Dans ce chalet feutré, dont le luxe le dispute à l'élégance, cet Ekrin trouve parfaitement sa place : on y prend l'apéritif au coin du feu, avec en fond de jolies notes échappées du piano. Puis on se délecte de la cuisine de Laurent Azoulay, fine et délicate... Irrésistible !

➜ Truffe noire en croûte de truffe. Poulette de la cour d'Armoise, cuisse en boudin truffé, sauce Albufera et suprême truffé sous la peau cuit au foin. "Ekrin" de chocolat.

Menu 95/195 € - Carte 125/240 €

Plan : A1-b *Hôtel Le Kaïla, rte de la Montée - 04 79 41 69 35 - www.lekaila.com - Ouvert de mi-déc. à début avril et fermé le midi*

Le Cèpe

CUISINE TRADITIONNELLE • COSY X Cette adresse chaleureuse est tenue par un couple motivé et attentionné. Au menu, des plats goûteux mijotés en cocotte, de très beaux poissons frais livrés en direct depuis les lacs voisins... et, bien sûr, plusieurs recettes à base de cèpes cueillis dans les montagnes environnantes. Gourmand et généreux !

Formule 23 € - Menu 26 € (déj. en semaine)/32 € - Carte 52/79 €

Plan : B1-y *Immeuble Les Merisiers (Le Plateau) - 04 79 22 46 08 - Ouvert juil.-août et de déc. à avril*

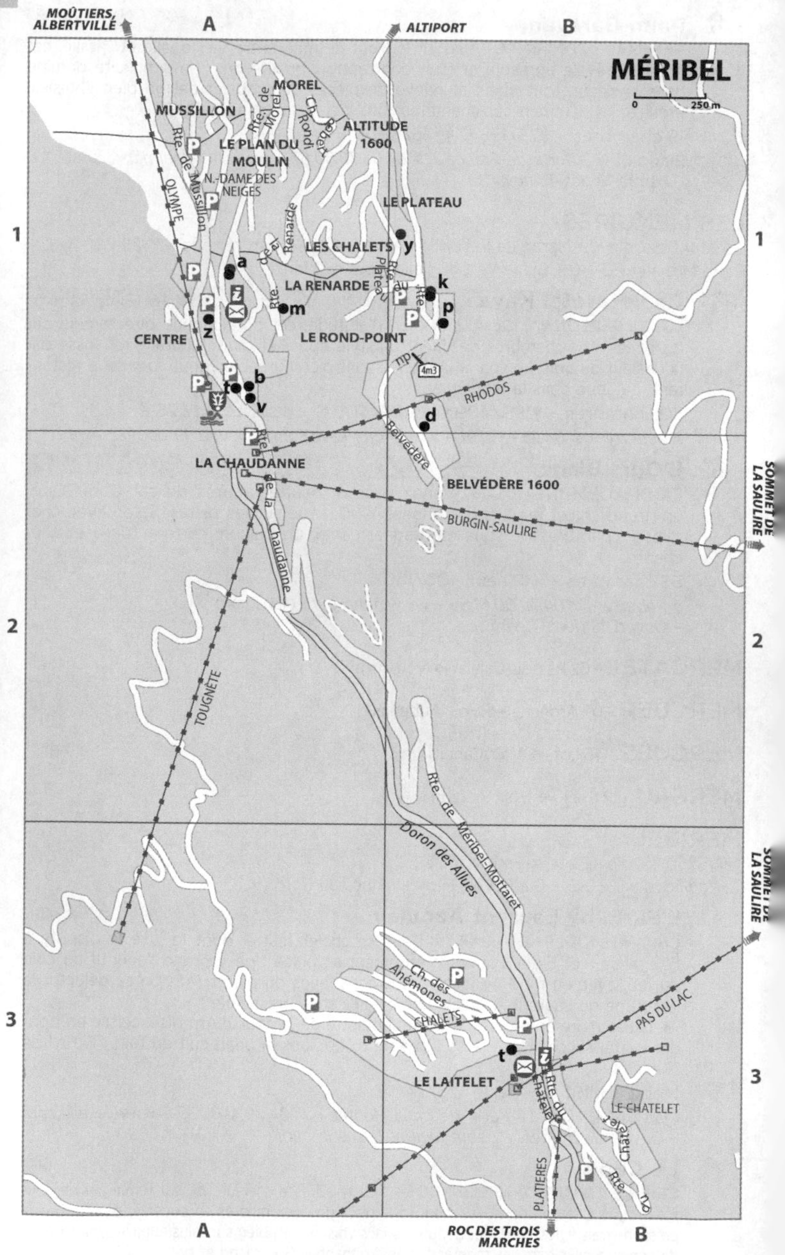
MÉRIBEL
0
250 m
MOÛTIERS, ALBERTVILLE
ALTIPORT
A
B
1
2
3
MOREL
MUSSILLON
LE PLAN DU MOULIN
ALTITUDE 1600
N.-DAME DES NEIGES
LE PLATEAU
LES CHALETS
LA RENARDE
CENTRE
LE ROND-POINT
LA CHAUDANNE
BELVÉDÈRE 1600
RHODOS
BURGIN-SAULIRE
TOUGNÈTE
SOMMET DE LA SAULIRE
Rte. de Mussillon
OLYMPE
Rte. de Morel
Ch. Rondi
Rte. de la Renarde
Rte. du Plateau
Rte. de la Chaudanne
Belvédère
Rte. de Méribel-Mottaret
Doron des Allues
Ch. des Anémones
CHALETS
PAS DU LAC
LE LAITELET
LE CHATELET
Rte. du Chatelet
PLATIERES
ROC DES TROIS MARCHES

Le Grand Cœur & Spa

CUISINE MODERNE • CLASSIQUE XXX Avec ses arcades et ses boiseries claires, la grande salle a de l'allure, et le midi, en terrasse, on peut rêver face à la piste olympique... La cuisine est gourmande et raffinée, tout à l'honneur de superbes produits. Très belle carte des vins.

Menu 80 € (dîner)/98 € - Carte 58/179 €

Plan : A1-a *Hôtel Le Grand Cœur & Spa, chemin du Grand-Cœur - ☎ 04 79 08 60 03 - www.legrandcoeur.com - Ouvert 22 déc.-2 avril*

Le Plantin

CUISINE MODERNE • CONVIVIAL XX Un très beau chalet, tout en bois sablé, pierre, objets agrestes et touches contemporaines. La cuisine, savoureuse et généreuse, met en avant les produits nobles : crustacés, ris de veau, bœuf Wagyu... À déguster avec l'un des grands crus de la cave.

Formule 36 € - Menu 70 € - Carte 65/175 €

Hors plan *rte de la Tania, 3,5 km au Nord-Ouest par D90 - ☎ 04 79 04 12 11 - www.leplantin.com - Ouvert 12 déc.-15 avril*

Le Blanchot

CUISINE MODERNE • COSY XX Dans ce chalet, bordé par les pistes et le golf, le chef signe une délicieuse cuisine traditionnelle aux accents régionaux. Foie gras poêlé, omble chevalier, risotto au vieux parmesan, macarons au caramel... On se régale, bien installé dans la salle, cosy, ou en terrasse, face à la forêt. Belle carte des vins.

Menu 41 € - Carte 50/75 €

Hors plan *3,5 km par rte de l'Altiport - ☎ 04 79 00 55 78 - www.leblanchot.com - Ouvert juil.-août et de mi-déc. à mi-avril et fermé lundi soir hors vacances scolaires*

Le Bistrot de l'Orée

CUISINE DU TERROIR • BRANCHÉ X Dans un cadre contemporain, design et coloré, on se régale d'une cuisine de bistrot : plats régionaux, spécialités fromagères... et même pizzas. Pour un repas ou un en-cas, voilà un endroit bien sympathique !

Carte 32/60 €

Plan : B1-k *rte du Belvédère (au rd-pt des Pistes) - ☎ 04 79 00 31 29 - www.meribel-oree.com - Ouvert de début juin à fin oct., mi-déc. à mi-avril; fermé le soir et le week-end en juin et de début sept. à fin oct.*

Le 80 Ⓝ

CUISINE TRADITIONNELLE • COSY X Au 80, attablé sous quelques montgolfières, on cultive fièrement un esprit classique et traditionnel, autour d'une cuisine gourmande et bien tournée, à l'instar du poulet fermier, ou de l'œuf meurette, classiques de la maison. Partez donc sur les traces de Jules Verne !

Carte 50/104 €

Plan : A1-v *Hôtel La Chaudanne, rte de la Montée - ☎ 04 79 41 69 79 - www.chaudanne.com - Ouvert mi-déc. à mi-avril*

Le Kaïla

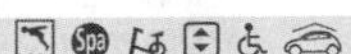

LUXE • CONTEMPORAIN S'il fallait illustrer l'expression "luxe montagnard" à l'aide d'un exemple, on pourrait allégrement choisir ce grand chalet, situé au cœur du village de Méribel. On ronronne de plaisir à la découverte de ses chambres chaleureuses, aux matériaux nobles (bois alpin, lauze), et du superbe petit-déjeuner... Un must !

24 chambres - †480/1280 € ††930/1280 € - 16 suites

Plan : A1-b *rte de la Montée - ☎ 04 79 41 69 20 - www.lekaila.com - Ouvert de mi-déc. à début avril*

✿ **L'Ekrin by Laurent Azoulay** - voir les restaurants ci-dessus

 **Allodis** 

LUXE • MONTAGNARD Au bout de la route conduisant au belvédère, ce joli chalet domine la station et donne directement sur les pistes. Les chambres, à la décoration alpestre ou contemporaine, permettent de se reposer au grand calme. Restauration traditionnelle.

29 chambres ☕ - †399/490 € ††598/1196 € - 13 suites

Plan : B1-d *au Belvédère*
- ✆ 04 79 00 56 00 - www.hotelallodis.com - Ouvert de mi-déc. à mi-avril

Le Grand Cœur & Spa

LUXE • MONTAGNARD Romantisme et luxe se sont donné rendez-vous dans cet hôtel de 1952, l'un des plus anciens de la station. Bois blond et belles étoffes donnent aux chambres un charme indéniable. Les suites se parent, quant à elles, d'un style plus contemporain. Accueil prévenant.

34 chambres ☕ - †275/825 € ††300/1020 € - 9 suites

Plan : A1-a *chemin du Grand-Cœur*
- ✆ 04 79 08 60 03 - www.legrandcoeur.com - Ouvert 22 déc.-2 avril

Le Grand Cœur & Spa - voir les restaurants ci-dessus

 **L'Hélios** 

LUXE • DESIGN Sur les hauteurs de Méribel, ce chalet - en pierre et mélèze de Sibérie - met le plus grand domaine skiable du monde à vos pieds ! Dans les chambres règne une atmosphère contemporaine, nordique ou savoyarde des plus raffinées. Quant au spa, c'est l'endroit rêvé pour se détendre. Que demander de plus ?

11 chambres ☕ - †364/655 € ††364/655 € - 7 suites

Plan : A1-m *rte de la Renarde*
- ✆ 04 79 24 22 42 - www.lhelios.com - Ouvert début juil.-fin août et déc.-avril

 **Le Yéti** 

TRADITIONNEL • MONTAGNARD Voilà un bien chaleureux "home" des neiges ! Dans les chambres, la décoration - boiseries et tissus coordonnés - est cosy à souhait. À l'instar du salon, où il fait bon s'asseoir pour lire ou converser au coin du feu. Terrasse plein sud, idéale à l'heure du déjeuner.

30 chambres - ½ P seult 208/350 €

Plan : B1-p *rte du Belvédère, au rd-pt des Pistes*
- ✆ 04 79 00 51 15 - www.hotel-yeti.com - Ouvert 15 déc.-15 avril

 **Le Savoy**

TRADITIONNEL • MONTAGNARD Cet hôtel est situé en face de l'office de tourisme, en plein cœur de la station : pratique ! Les chambres, contemporaines, sont de bon confort. Après une journée sur les pistes, vous pourrez vous détendre au petit espace bien-être ou profiter du beau restaurant sous charpente.

38 chambres ☕ - †240/500 € ††240/500 € - 5 suites

Plan : A1-z *pl. du Centre (rte de la Montée)*
- ✆ 04 79 55 55 50 - www.hotel-savoy-meribel.com
- Ouvert début déc. à début avril

 **L'Orée du Bois** 

TRADITIONNEL • MONTAGNARD Sur les hauteurs de la station, dominant la vallée et les pistes, ce grand chalet familial est accueillant et confortable ; ses chambres cultivent l'esprit savoyard. En hiver, on apprécie les flambées dans la cheminée du salon. Cuisine soignée à la Table de l'Orée.

35 chambres ☕ - †135/220 € ††190/320 €

Plan : B1-k *rte du Belvédère, au rd-pt des Pistes - ✆ 04 79 00 50 30*
- www.meribel-oree.com - Ouvert de mi-déc. à mi-avril

La Chaudanne

FAMILIAL • MONTAGNARD Voilà un hôtel fonctionnel, bien équipé, aux chambres rénovées d'une touche sobre et contemporaine. On prendra le temps de déguster un plat au restaurant le 80, dont la carte est supervisée par Laurent Azouley.

64 chambres - 220/1095 € 220/1095 €

Plan : A1-v *rte de la Montée - 04 79 08 61 76 - www.chaudanne.com - Ouvert mi-déc. à mi-avril*

Le 80 - voir les restaurants ci-dessus

Le Tremplin

FAMILIAL • CONTEMPORAIN A 50 mètres du départ des pistes, ce petit hôtel entièrement rénové abrite quarante chambres décorées dans un esprit contemporain. Petit espace bien-être et piscine extérieure chauffée. Un bon "tremplin" pour un séjour dans les Trois-Vallées.

40 chambres - 200/325 € 230/440 € - 25 €

Plan : A1-t *rte Albert-Gacon - 04 79 08 89 17 - www.hoteltremplin.com - Ouvert déc.-avril*

à Méribel-Mottaret 6 km - 73550

Alpen Ruitor

TRADITIONNEL • MONTAGNARD Juste au pied des pistes, ce grand chalet chic et cossu a subi une belle cure de jouvence ! Le décor très cosy rend toujours hommage à l'Autriche - fresques, mobilier, costumes du personnel -, les chambres sont élégantes et confortables. Côté cuisine, spécialités savoyardes ou viandes argentines.

43 chambres - 215/535 € 260/535 € - 1 suite

Plan : B3-t *Le Laitelet - 04 79 00 48 48 - www.alpenruitor.com - Ouvert de mi-déc. à mi-avril*

MÉRIGNAC - 33 Gironde → Voir Bordeaux

MÉRIGNIES

59710 - 2 828 hab. - Alt. 44 m - Carte régionale n° **16**-C2

Carte Michelin 302-G4

L'Engrenage

CUISINE TRADITIONNELLE • DESIGN XX Ce restaurant, installé au centre d'un golf et à l'intérieur chaleureux (poutres apparentes, décoration d'architecte d'intérieur) met tout de suite à l'aise. Le plaisir se poursuit dans l'assiette, avec une cuisine dans l'air du temps, goûteuse et bien réalisée. La carte évolue trois fois par an.

Formule 31 € - Menu 39/63 € - Carte 40/58 €

1245 av. du Golf - 03 20 79 37 95 - www.merigniesgolf.com - Fermé 3 semaines en août, sam. midi et mardi

MERKWILLER-PECHELBRONN

67250 Bas-Rhin - 936 hab. - Alt. 160 m - Carte régionale n° **1**-B1

Carte Michelin 315-K3

Auberge Baechel-Brunn

CUISINE MODERNE • COSY XX Thomas aux fourneaux, Esther en salle : chez les Limmacher, la cuisine est une histoire familiale ! Côté assiette, la finesse est au rendez-vous, entre grands classiques et recettes nouvelles. Côté cadre, la grange d'antan a laissé place à l'épure contemporaine.

Formule 16 € - Menu 19 € (déj. en semaine), 48/75 € - Carte 56/69 €

5 chambres - 85 € 85/95 €

3 rte de Soultz - 03 88 80 78 61 - www.baechel-brunn.com - Fermé 2 semaines en août, 2 semaines en janv., 1 semaine en mai, dim. soir, lundi et mardi

MERLETTE - 05 Hautes-Alpes ➜ Voir Orcières

➜ Voir Orcières

MEROUX - 90 Territoire de Belfort ➜ Voir Belfort

MÉRY-SUR-OISE - 95 Val-d'Oise ➜ Voir Autour de Paris, (Cergy-Pontoise)

MESNIL-ST-PÈRE

✉ 10140 Aube - 462 hab. - Alt. 131 m - Carte régionale n° **7**-B3
Carte Michelin 313-G4 - Guide Vert Michelin Champagne Ardenne

Au Vieux Pressoir

CUISINE TRADITIONNELLE • RUSTIQUE XXX Sur la route du lac d'Orient, cette maison à colombages, typique de la Champagne humide, a conservé son charme simple et rustique. Les spécialités maison jonglent avec la tradition : salade de homard bleu, pigeonneau pané à la pistache, sphère chocolat fruits rouges... Avec, en prime, une belle sélection de vins de Bordeaux.

Menu 49/95 € - Carte 68/135 €

5 r. du 28-août-1944 - ✆ 03 25 41 27 16 - www.auberge-du-lac.fr - Fermé 2-22 janv. et le midi du lundi au jeudi

Le Bistr'auberge Ⓝ

CUISINE TRADITIONNELLE • TENDANCE X Terrine de canard, andouillette de Troyes, millefeuille à la vanille et fruits de saison... les gourmands se pressent dans cette accueillante "Bistr'auberge" à la gloire du terroir.

Formule 20 € - Menu 29 €

5 r. du 28-août-1944 - ✆ 03 25 41 27 16 - Fermé 2-22 janv., le soir et lundi midi

Auberge du Lac

AUBERGE • CLASSIQUE Cette auberge, dans une jolie maison à colombages, est tenue par la même famille depuis deux générations. Une fidélité confirmée par la tenue impeccable des chambres ! Au petit- déjeuner, on déguste des confitures maison...

56 chambres - 🚹80/128 € 🚹🚹85/225 € - ☕ 15 €

5 r. du 28-août-1944 - ✆ 03 25 41 27 16 - www.auberge-du-lac.fr - Fermé 2-22 janv. et dim. soir de mi-novembre à mi-mars

Au Vieux Pressoir • **Le Bistr'auberge** - voir les restaurants ci-dessus

MESQUER

✉ 44420 Loire-Atlantique - 1 877 hab. - Alt. 6 m - Carte régionale n° **18**-A2
Carte Michelin 316-B3

La Vieille Forge

CUISINE MODERNE • RUSTIQUE XX Dans cette ancienne forge du 18e s., le piano a remplacé l'enclume ! Mais tout comme le forgeron, Ludovic Favrel ne ménage pas sa peine, toujours à la recherche des bons produits (telles les huîtres de Kercabellec) et des meilleures saveurs... le tout à petit prix.

Formule 15 € - Menu 19 € (déj. en semaine), 32/60 € - Carte 41/53 €

32 r. d'Aha - ✆ 02 40 42 62 68 - www.vieilleforge.fr - Fermé 1 semaine en juin, 1 semaine en oct., 2 semaines en janv., lundi soir, mardi soir, merc. de sept. à juin, dim. soir de nov. à avril, mardi midi et lundi en juil.-août

MESSANGES

✉ 40660 Landes - 948 hab. - Alt. 8 m - Carte régionale n° **2**-A2
Carte Michelin 335-C12

La Maison de la Prade

FAMILIAL • PERSONNALISÉ Près d'une plage sauvage et cerné par une forêt de pins, un bâtiment Art déco réaménagé en hôtel contemporain. Chambres spacieuses et claires ; terrasse au bord de la piscine.

16 chambres - 🚹105/165 € 🚹🚹105/300 € - ☕ 14 €

16 av. de l'Océan - ✆ 05 58 48 38 96 - www.lamaisondelaprade.com - Ouvert de mars à nov.

MESSERY

✉ 74140 Haute-Savoie - 2 235 hab. - Alt. 428 m - Carte régionale n° **25**-F1
Carte Michelin 328-K2

L'Atelier des Saveurs

CUISINE TRADITIONNELLE • CONVIVIAL XX Quel amateur de vin ne trouverait pas son bonheur ici, dans ce "temple" dédié à Bacchus ? Ici, les bouteilles tapissent littéralement les murs du sol au plafond - il y a aussi une boutique -, tandis que l'assiette se pare de belles saveurs traditionnelles réinterprétées par un chef passionné... Menu-carte à l'ardoise. Convivial et gourmand !

Menu 34 € (semaine), 38/60 €

7 chemin Sous-les-Prés
- ✆ 04 50 94 73 40 - www.atelier-saveurs-messery.com - Fermé vacances de la Toussaint, mardi midi, dim. et lundi

MESSIGNY-ET-VANTOUX - 21 Côte-d'Or ➔ Voir Dijon

MÉTABIEF

✉ 25370 Doubs - 1 149 hab. - Alt. 960 m - Carte régionale n° **9**-C3
Carte Michelin 321-I6 - Guide Vert Michelin Franche-Comté Jura

Étoile des Neiges

FAMILIAL • FONCTIONNEL Hôtel familial très bien tenu dans une station prisée, été comme hiver, des "vététistes", randonneurs et skieurs. Jolies chambres lambrissées avec balcon fleuri. Cuisine régionale soignée à déguster dans une sobre salle habillée de bois.

23 chambres - †64/105 € ††64/105 € - ☕ 8 €

4 r. du Village
- ✆ 03 81 49 11 21 - www.hoteletoiledesneiges.fr

METZ

✉ 57000 Moselle - 117 619 hab. - Agglo. 286 818 hab. - Alt. 173 m
- Carte régionale n° **14**-B1
Carte Michelin 307-I4

Le Magasin aux Vivres (Christophe Dufossé)

CUISINE MODERNE • ÉLÉGANT XXXX La meilleure table de Metz ne doit pas son nom au hasard : nous sommes ici dans une ancienne citadelle militaire, transformée en bel hôtel contemporain ! Les vivres d'aujourd'hui sont des produits nobles de grande qualité : foie gras, homard, truffe, Saint-Jacques, etc. Le tout préparé avec soin et une touche de créativité.

➔ Caviar de France "Perle Noire". Bar en croûte de sel. Tarte au citron

Formule 38 € - Menu 85 € (semaine)/125 € - Carte 135/155 €

Plan : C2-y *Hôtel La Citadelle, 5 av. Ney*
- ✆ 03 87 17 17 17 - www.citadelle-metz.com - Fermé 26 fév.-12 mars, 23 juil.-6 août, sam. midi, dim. et lundi

El Theatris

CUISINE TRADITIONNELLE • BRASSERIE XX Dans l'un des plus beaux quartiers de la ville, tout contre l'Opéra-Théâtre, une salle oblongue où se déploient colonnes et miroirs monumentaux... La plus petite des salles à manger est l'ancien bureau du Marquis de Lafayette. Dans l'assiette, on revisite les classiques de brasserie, dont un superbe veau de lait... Belle terrasse.

Formule 22 € - Menu 29/57 € 🍷 - Carte 42/56 €

Plan : C1-r *2 pl. de la Comédie*
- ✆ 03 87 56 02 02 - www.eltheatris.fr - Fermé 1er-10 janv. et dim. soir

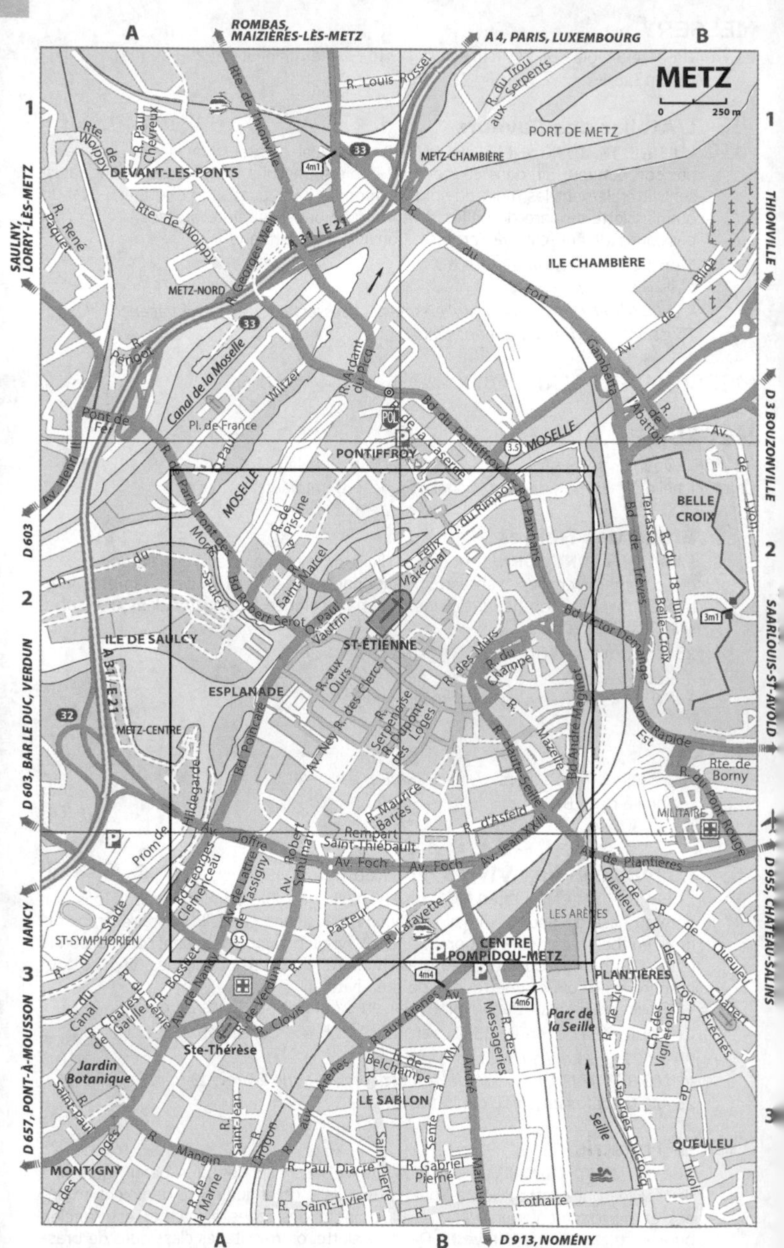
METZ
0
250 m
A
B
1
2
3
ROMBAS, MAIZIÈRES-LÈS-METZ
A 4, PARIS, LUXEMBOURG
THIONVILLE
D 3 BOUZONVILLE
SARLOUIS-ST-AVOLD
D 955, CHATEAU-SALINS
D 913, NOMÉNY
D 657, PONT-À-MOUSSON
NANCY
D 603, BAR LE DUC, VERDUN
D 603
SAULNY, LORRY-LÈS-METZ
DEVANT-LES-PONTS
PORT DE METZ
METZ-CHAMBIÈRE
ILE CHAMBIÈRE
METZ-NORD
PONTIFFROY
BELLE CROIX
ILE DE SAULCY
ST-ÉTIENNE
ESPLANADE
METZ-CENTRE
MILITAIRE
ST-SYMPHORIEN
LES ARÈNES
CENTRE POMPIDOU-METZ
PLANTIÈRES
Parc de la Seille
Ste-Thérèse
Jardin Botanique
LE SABLON
QUEULEU
MONTIGNY
MOSELLE
Canal de la Moselle
Pl. de France
A 31 / E 21
Seille
R. Louis Rossel
R. du Trou aux Serpents
Rte. de Thionville
Rte. de Woippy
R. Paul Chevreux
R. René Paquet
R. Georges Weill
R. Pengot
Wiltzer
R. Ardant du Picq
R. de la Caserne
Bd du Pontiffroy
R. du Fort
Gambetta
Av. de Blida
R. de l'Abattoir
Av. de Lyon
Pont de Fer
Av. Henri II
R. de Paris
Pont des Morts
Q. Paul
R. de la Piscine
R. Saint-Marcel
Ch. du Saulcy
Bd Robert Sérot
Q. Paul Vautrin
Q. Félix Maréchal
Q. du Rimport
Bd Paixhans
Bd de Trèves
Terrasse
R. du 18 Juin
Belle-Croix
Bd Victor Demange
R. aux Ours
R. des Clercs
R. Serpenoise
R. Dupont des Loges
R. des Murs
R. du Champé
R. Mazelle
Bd André Maginot
R. Haute-Seille
Voie Rapide Est
Rte. de Borny
R. du Pont Rouge
Bd Poincaré
Av. Ney
Hildegarde
R. Maurice Barrès
Rempart Saint-Thiébault
R. d'Asfeld
Av. Joffre
Prom de
Bd Georges Clemenceau
Av. de Lattre de Tassigny
Av. Robert Schuman
Av. Foch
Av. Jean XXIII
Av. de Plantières
R. de Queuleu
R. de Queuleu
R. des Trois Évêchés
R. Chabert
R. du Stade
Pasteur
R. Lafayette
R. aux Arènes
Av.
R. des Messageries
R. de Vic
Ch. des Vignerons
R. Georges Ducrocq
R. du Canal
R. Charles de Gaulle
R. du Génie
R. Bossuet
Av. de Nancy
R. de Verdun
R. Clovis
R. de Belchamps
Sente à My
R. André Malraux
R. Saint-Paul
R. des Loges
R. Mangin
R. Saint-Jean
R. Dupont
R. Drogon
R. Paul Diacre
R. Saint-Pierre
R. Gabriel Pierné
R. Saint-Livier
R. de la Marne
R. des
Lothaire
Tivoli
33
32
3.5
4m1
3m1
4m4
4m6
POL

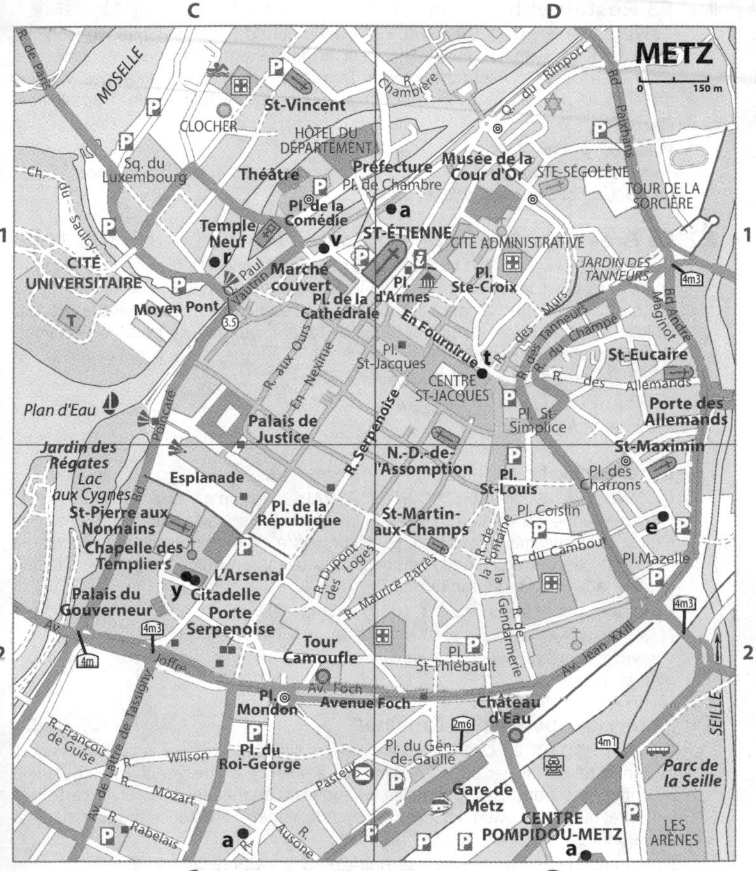

Le Pampre

CUISINE MODERNE • ÉLÉGANT XX Une cuisine moderne et inventive, réalisée par un chef adepte des nouvelles techniques de cuisine, et servie dans un cadre contemporain par Madame et sa fille, qui propose un choix de vins astucieux. Bon à savoir : un menu végétarien est proposé à chaque service.

Formule 25 € – Menu 32/57 € – Carte 48/64 €

Plan : C1-v *31 pl. de Chambre – ☎ 03 87 50 16 20 – www.lepampre.fr – Fermé 27 août-13 sept., 1er-18 janv., lundi midi, merc. midi et mardi*

La Voile Blanche by Éric Maire

CUISINE MODERNE • DESIGN X Au premier étage du Centre Pompidou-Metz, ce restaurant design propose une cuisine du marché, sous forme d'une carte qui s'adapte aux saisons. Atypique et agréable.

Formule 20 € 🍷 – Menu 35 € 🍷 (semaine)/60 € 🍷 – Carte 38/59 €

Plan : D2-a *1 Parvis des Droits-de-l'Homme (au Centre Pompidou-Metz, 1er étage par ascenseur) – ☎ 03 87 66 66 45 – www.voile-blanche.fr – Fermé dim. soir, lundi soir et mardi*

83 Restaurant

CUISINE ITALIENNE • CONVIVIAL À 10mn à pied du Centre Pompidou-Metz, ce restaurant sympathique met à l'honneur la gastronomie italienne, à travers des produits triés sur le volet (charcuteries, burrata, pâtes, poissons sauvages, viandes de race). Et pour accompagner tout cela, une belle sélection de vins transalpins !

Carte 45/60 €

Plan : D2-e *83 r. Mazelle – 03 87 75 20 20 – www.83restaurant.com – Fermé 2 semaines en août, 1 semaine vacances de Noël, lundi soir, sam. midi et dim.*

La Brasserie Christophe Dufossé

CUISINE TRADITIONNELLE • CONVIVIAL Christophe Dufossé, du Magasin aux Vivres, s'est lancé dans cette nouvelle aventure avec le même entrain qu'au premier jour. Le programme : aller toujours à l'essentiel en respectant le produit. Quiche lorraine, râpée de truffe, roquette tendre, poitrine de porc de Lorraine... Tout simplement délicieux.

Formule 26 € – Menu 32 € – Carte environ 37 €

Hors plan *Hôtel La Citadelle, 5 av. Ney – 03 87 17 17 17 – www.citadelle-metz.com*

Le GourMetz

CUISINE TRADITIONNELLE • CONTEMPORAIN Non loin de la gare ferroviaire, cette ancienne chocolaterie se découvre d'abord par sa façade vitrée entourée d'inox, délicieusement seventies. Le décor, truffé de figurines comics, annonce la modernité décontractée de la cuisine : bar sauvage en sauce vierge, foie de veau déglacé au vinaigre de framboise...

Formule 19 € – Menu 25 € (déj.) – Carte 30/40 €

Plan : C2-a *11 r. Pasteur – 03 87 52 25 34 – www.gourmetz.fr – Fermé 3 semaines en juil., mardi soir, merc. soir, sam. midi, dim. et lundi*

Thierry "Saveurs et Cuisine"

CUISINE MODERNE • COSY Au sein de la vieille ville, on vous accueille dans cet ancien hôtel particulier du 16ᵉ s. Dans une ambiance de bistrot chic, le chef mêle les influences françaises, orientales, asiatiques, caribéennes, etc. Et la carte des vins met aussi en avant les crus du monde entier ! Agréable terrasse dans la petite cour.

Formule 26 € – Menu 33 € (semaine)/43 € – Carte 39/66 €

Plan : D1-a *5 r. des Piques, "Maison de la Fleure de Ly" – 03 87 74 01 23 – www.restaurant-thierry.fr – Fermé 25 fév.-11 mars, merc. et dim.*

La Citadelle

LUXE • CONTEMPORAIN Ce luxueux hôtel du centre-ville a su marier les contrastes : ses spacieuses chambres prennent leurs aises dans... un bâtiment militaire du 16ᵉ s. ! L'ensemble, aménagé dans un esprit contemporain feutré, est parfait pour un week-end chic à Metz.

68 chambres – 175/290 € 220/465 € – 21 €

Plan : C2-y *5 av. Ney – 03 87 17 17 17 – www.citadelle-metz.com*

Le Magasin aux Vivres • **La Brasserie Christophe Dufossé** – voir les restaurants ci-dessus

Novotel Centre

HÔTEL DE CHAÎNE • CONTEMPORAIN L'hôtel est directement accessible depuis un parking public, près de la cathédrale et du centre commercial St-Jacques. Chambres spacieuses et très calmes.

120 chambres – 88/195 € 88/195 € – 17 €

Plan : D1-t *pl. des Paraiges – 03 87 37 38 39 – www.accorhotels.com*

à Borny 3 km à l'Est par D955 et rte de Strasbourg – ✉ 57070 Metz

Le Jardin de Bellevue

CUISINE MODERNE • FAMILIAL XXX Une belle clientèle plébiscite cette maison centenaire de la périphérie messine (à 2 km du centre Pompidou), tenue par Nathalie et Philippe Jung. Lui, en cuisine, travaille des produits frais et propose des plats attractifs, au goût du jour. Elle, comme la jeune équipe qui l'entoure, assure un accueil charmant et souriant !

Menu 31 € (déj. en semaine), 47/73 € – Carte 72/84 €

58 r. Claude-Bernard (près du Technopole Metz 2000) – ☎ 03 87 37 10 27 – www.lejardindebellevue.com – Fermé 23 avril-9 mai, 20 août-4 sept., 27 déc.-3 janv., sam. midi, dim. soir, mardi soir et lundi

à Plappeville 7 km par av. Henri II – ✉ 57050 – 2 085 hab. – Alt. 280 m

La Vigne d'Adam

CUISINE MODERNE • CONTEMPORAIN X Au cœur du village, cette ancienne maison de vigneron a été transformée en un restaurant-bar à vins contemporain. La cuisine épouse les saisons pour des noces gastronomiques aux invités prestigieux : lièvre à la royale à l'automne, menu truffe en hiver, asperges au printemps et homard en été ! Plus de 700 références de vins. Coup de cœur.

Menu 28 € (semaine), 31/90 € – Carte 36/78 €

50 r. du Gén.-de-Gaulle – ☎ 03 87 30 36 68 – www.lavignedadam.com – Fermé mi-août à début sept., vacances de Noël, dim. et lundi

METZERAL

✉ 68380 Haut-Rhin – 1 105 hab. – Alt. 480 m – Carte régionale n° **1**-A2
Carte Michelin 315-G8

Les Clarines d'Argent

CUISINE TRADITIONNELLE • AUBERGE XX Dans ce restaurant, à côté d'un étang, la truite tout juste pêchée se retrouve directement dans votre assiette. À part ça, le chef concocte une bonne cuisine traditionnelle, à apprécier dans un cadre rustique. Accueil aimable, et chambres pour l'étape.

Formule 15 € – Menu 24/68 € – Carte 31/75 €

23 chambres – 🚹60/100 € 🚹🚹80/150 € – ☕ 12 €

12 r. Altenhof – ☎ 03 89 77 61 48 – www.aux-deux-clefs.com – Fermé lundi

MEUCON – 56 Morbihan

→ Voir Vannes

MEUDON – 92 Hauts-de-Seine

→ Voir Autour de Paris

MEURSAULT

✉ 21190 Côte-d'Or – 1 503 hab. – Alt. 243 m – Carte régionale n° **4**-A3
Carte Michelin 320-I8 – Guide Vert Michelin Bourgogne

Le Chevreuil

CUISINE TRADITIONNELLE • CONTEMPORAIN XX Côté cuisine, on se régale encore avec la fameuse "terrine chaude de la mère Daugier", spécialité de la maison depuis 1870 (et secret bien gardé !) ; le chef réalise aussi de savoureux plats au goût du jour, tout en équilibre de saveurs. Côté décor, c'est résolument moderne et dynamique... Un cocktail gagnant !

Formule 22 € – Menu 25/63 € – Carte 52/70 €

10 chambres – 🚹75/85 € 🚹🚹80/99 € – ☕ 11 €

pl. de l'Hôtel-de-Ville – ☎ 03 80 21 23 25 – www.lechevreuil.fr – Fermé 1er-26 fév., 12-19 août, 16-30 déc., jeudi midi, merc. et dim.

Château de Cîteaux-La Cueillette

SPA ET BIEN-ÊTRE • CONTEMPORAIN Un joli château du 19e s. dans cette localité célèbre pour ses vins blancs ! Les chambres y sont spacieuses et contemporaines, et il fait bon se ressourcer au spa : sauna, hammam, jacuzzi et soins de fruitithérapie.

19 chambres – 155/185 € 195/365 € – 19 €

18 r. de Cîteaux – 03 80 20 62 80 – www.lacueillette.com

LE MEUX – 60 Oise ➜ Voir Compiègne

MEYLAN – 38 Isère ➜ Voir Grenoble

MEYMAC

✉ 19250 Corrèze – 2 449 hab. – Alt. 702 m – Carte régionale n° **13**-C2
Carte Michelin 329-N2 – Guide Vert Michelin Limousin Berry

Chez Françoise

CUISINE TRADITIONNELLE • RUSTIQUE Dans cette maison rustique (16e s.), la patronne met à l'honneur les spécialités corréziennes : farcidure, millassou, tourtous, confits... C'est généreux et goûteux ! Et que dire de cette magnifique carte de grands vins, de Cahors à Bordeaux ? Des chambres bien tenues et spacieuses permettent de prolonger l'étape.

Menu 14 € (déj. en semaine), 29/35 € – Carte 30/154 €

6 chambres – 70 € 70 € – 10 €

24 r. Fontaine-du-Rat – 05 55 95 10 63 – www.chezfrancoise.fr – Fermé 24 déc.-6 fév., dim. soir et lundi

MEYRONNE

✉ 46200 Lot – 286 hab. – Alt. 130 m – Carte régionale n° **15**-C1
Carte Michelin 337-F2

La Terrasse

CUISINE TRADITIONNELLE • CLASSIQUE La terrasse, qui domine la Dordogne, est parfaite pour un dîner romantique, et l'hiver on peut se réfugier sous les voûtes médiévales de cette ancienne place forte du 11e s. Au menu : une cuisine aux parfums bien marqués, avec quelques clins d'œil aux saveurs du Sud. Charmant !

Formule 20 € – Menu 30/56 € – Carte 42/69 €

pl. de l'Église – 05 65 32 21 60 – www.hotel-la-terrasse.com – Ouvert 17 mars-1er nov. et fermé mardi et merc. midi

La Terrasse

DEMEURE HISTORIQUE • PERSONNALISÉ Pour se rêver en seigneur du Lot, un château du 11e s. dressé fièrement au-dessus de la Dordogne. Vieilles pierres, poutres et bon confort : charme et caractère, en toute simplicité !

11 chambres – 85/145 € 85/145 € – 4 suites – 13 €

pl. de l'Église – 05 65 32 21 60 – www.hotel-la-terrasse.com – Ouvert 17 mars-1er nov.

La Terrasse – voir les restaurants ci-dessus

MÈZE

✉ 34140 Hérault – 11 196 hab. – Alt. 20 m – Carte régionale n° **12**-C2
Carte Michelin 339-G8

Le Coquillou

CUISINE MODERNE • SIMPLE Située sur le port, cette sympathique adresse bénéficie de l'enthousiasme d'un jeune chef, qui concocte une cuisine moderne et soignée, aux accents du sud, à l'instar de ce tataki de magret de canard, ou du dos de cabillaud, accompagné de son rouleau de légumes de saison.

Formule 17 € – Menu 21 € (déj. en semaine), 32/44 € – Carte 46/59 €

14 bis quai Augustin-Descournout – 04 67 18 87 50 – www.restaurant-le-coquillou.fr – Fermé 1 semaine en juin, 2 semaines en déc., mardi midi, merc. midi et lundi, ouvert lundi soir en juil.-août

Les Palmiers

CUISINE MODERNE • ÉLÉGANT X On monte quelques marches pour accéder à la terrasse de ce restaurant bordé de palmiers. Tout, dans cette maison du 18e s., respire l'élégance (mobilier en rotin, pierre de pays au sol), et le restaurant ne fait pas exception : on s'y régale des créations fines et pétillantes, basées sur de bons produits frais.

Formule 19 € – Menu 23 € (déj. en semaine), 36/67 € – Carte environ 55 € dîner

5 chambres – 74/117 € 82/125 €

31 bis av. de Montpellier – 04 34 53 55 65 – www.villa-lespalmiers.fr – Fermé 2 semaine vacances de fév., 1 semaine à Pâques, 1 semaine vacances de la Toussaint, 1 semaine vacances de Noël, sam. midi, merc. soir et dim.

Hôtel de la Pyramide

FAMILIAL • MÉDITERRANÉEN Cette jolie demeure provençale est nichée au cœur d'un petit parc. Les chambres, très confortables, ont été décorées tout en épure (murs blancs, mobilier en fer forgé), et bénéficient de balcons ouverts sur l'étang de Thau. Quelques chambres contemporaines (aluminium et verre) face à l'étang.

26 chambres – 70/110 € 70/170 € – 1 suite – 10 €

8 promenade Sergent-Jl.-Navarro – 04 67 46 61 50 – www.hoteldelapyramide.fr – Fermé 1 semaine en nov. et de mi-déc. à fin janv.

à Bouzigues 4 km au Nord-Est par D613 et rte secondaire – 34140 – 1 758 hab. – Alt. 3 m

La Côte Bleue

POISSONS ET FRUITS DE MER • CLASSIQUE XX À la bien nommée Côte Bleue, on déguste une sympathique cuisine de la mer (dont les fameuses huîtres de Bouzigues). Aux beaux jours, il fait bon s'installer sous les pins de la terrasse !

Formule 25 € – Menu 29 € (déj. en semaine)/45 € – Carte 50/72 €

Hôtel La Côte Bleue, av. Louis-Tudesq – 04 67 78 30 87 – www.la-cote-bleue.fr – Fermé 15-25 nov., 11 janv.-11 fév. et merc. hors saison

La Côte Bleue

FAMILIAL • CLASSIQUE Au bord de l'étang de Thau, une grande piscine, des chambres agréables et assez spacieuses (avec balcon)... et les flots pour horizon. Une belle invitation au farniente et à la détente !

32 chambres – 75/120 € 75/120 € – 11 €

av. Louis-Tudesq – 04 67 78 30 87 – www.la-cote-bleue.fr

La Côte Bleue – voir les restaurants ci-dessus

À La Voile Blanche

FAMILIAL • PERSONNALISÉ Au bord de l'étang, ses parcs à huîtres et son petit port, une maison au décor contemporain. Certaines chambres ont une terrasse. Côté restaurant, ambiance décontractée et cuisine méridionale privilégiant poissons et coquillages à la plancha.

8 chambres – 100/228 € 100/228 € – 9 €

1 av. Louis-Tudesq – 04 67 78 35 77 – www.alavoileblanche.com

MÉZÉRIAT

01660 Ain – 2 137 hab. – Alt. 192 m – Carte régionale n° **24**-E1

Le Petit Mézériat

CUISINE MODERNE • CONTEMPORAIN X Dans un petit village, proche de Vonnas, un jeune couple a donné un coup de jeune à cet ancien restaurant, qui séduit autant pour ses formules déjeuner, autour de plats traditionnels, que par sa composition du soir, ambitieuse et actuelle, privilégiant toujours les circuits courts.

Formule 15 € – Menu 32/56 € – Carte 31/54 €

204 Grande-Rue – 04 74 25 26 08 – www.le-petit-mezeriat.fr – Fermé 1 semaine en mars, 1semaine en juin, 2 semaines en août, mardi soir, merc. soir, jeudi soir, dim. soir et lundi

MÉZIDON

✉ 14270 Calvados - 4 945 hab. - Alt. 25 m - Carte régionale n° **17**-B2
Carte Michelin 303-L5

Le Saint-Pierre

CUISINE MODERNE • DESIGN XX Acidulé, vitaminé, élégant... Tel est ce Saint-Pierre ! Le décor comme la cuisine sont à l'avenant ; le jeune chef ose par exemple le steak tartare de canard, les rillettes de lapin aux poires, etc. Ses recettes sont soignées, les produits choisis. En bref, une adresse très recommandable.

Formule 12 € - Menu 33 € - Carte 34/40 €

74 pl. Charles-de-Gaulle - ✆ 02 31 40 47 94 - www.lesaint-pierre.fr - Fermé 24 déc.-2 janv., sam. midi, dim. soir et lundi midi

Le Saint-Pierre

TRADITIONNEL • CONTEMPORAIN Résolument design ! Transformation réussie pour cette imposante bâtisse qui affiche désormais des couleurs flashy ou profondes, lignes épurées et toiles abstraites, ainsi que des chambres sobres et confortables.

13 chambres - 63 € 76 € - 12 €

74 pl. Charles-de-Gaulle - ✆ 02 31 40 47 94 - www.lesaint-pierre.fr - Fermé 24 déc.-2 janv.

Le Saint-Pierre - voir les restaurants ci-dessus

MÉZOS

✉ 40170 Landes - 860 hab. - Alt. 23 m - Carte régionale n° **2**-B2
Carte Michelin 335-E10

La Maison de Mézos

FAMILIAL • PERSONNALISÉ Dans un petit village landais, coquette maison à l'ambiance familiale, entre hôtel et chambre d'hôtes (mobilier chiné). Pavillon et roulottes dans le grand jardin. Piscine.

14 chambres - 80/95 € 95/130 €

av. de l'Océan - ✆ 05 58 42 61 38 - www.hotel-mezos.com - Ouvert 1er avril-30 sept.

MÉZY-MOULINS

✉ 02650 Aisne - 526 hab. - Alt. 81 m - Carte régionale n° **19**-C3
Carte Michelin 306-D8

Le Moulin Babet

CUISINE TRADITIONNELLE • AUBERGE XX Cet ancien moulin à eau tout en pierre (19e s.) profite du seul voisinage de la verdure et du Surmelin, affluent de la Marne. En terrasse au bord du cours d'eau ou dans la grande salle, à la fois rustique et élégante, la cuisine de tradition prend des accents bucoliques. Et dans les chambres, pas un bruit...

Formule 23 € - Menu 35/69 € - Carte 58/82 €

7 chambres - 72/94 € 72/94 € - 10 €

8 r. du Moulin-Babet, à Moulins , N3 - ✆ 03 23 71 44 72 - www.hotel-moulinbabet.com - Fermé 20-31 août, 24-31 déc., dim. soir (sauf hôtel), mardi et merc.

MIEUSSY

✉ 74440 Haute-Savoie - 2 255 hab. - Alt. 636 m - Carte régionale n° **25**-F1
Carte Michelin 328-M4 - Guide Vert Michelin Alpes du Nord

Vacca Park

TRADITIONNEL • CONTEMPORAIN Au milieu des pâturages et des pistes, un chalet moderne avec des chambres coquettes et chaleureuses, ainsi qu'un restaurant traditionnel et savoyard. Pour l'anecdote, il y a une photo de vache (presque grandeur nature) sur chaque porte... Et oui, en latin, vacca signifie "vache" !

15 chambres - 86/158 € 86/254 € - 12 €

2 rte du Col de la Ramaz (plateau de Sommand), Praz-de-Lys 1 420 m - 04 50 34 20 88 - www.vaccapark.com - Fermé 3 avril-27 mai et 4 nov.-15 déc.

MILHAC-D'AUBEROCHE

24330 Dordogne - 584 hab. - Alt. 165 m - Carte régionale n° **2**-C1
Carte Michelin 329-G5

La Vieille Forge

CUISINE MODERNE • AUBERGE X Certes, le village est reculé et cette ancienne forge est plutôt rustique... mais dans l'assiette, quelle belle surprise : de la cuisine, de la vraie ! Tout est soigné, glacé au jus, assaisonné finement, cuit avec justesse ; les produits sont de qualité, les recettes originales : le chef, Vincent Cardoso, sait réchauffer les cœurs.

Menu 32/46 € - Carte 41/48 €

Le Bourg - 05 53 04 11 27 - Fermé 15 fév.-6 mars, dim. soir et lundi

MILLAU

12100 Aveyron - 22 064 hab. - Alt. 372 m - Carte régionale n° **15**-D2
Carte Michelin 338-K6

Cévenol Hôtel

BUSINESS • FONCTIONNEL Cet hôtel, situé dans un quartier proche du Tarn, à cinq minutes du centre-ville, a bénéficié d'une belle rénovation. Ses chambres, fonctionnelles, bien équipées et soigneusement tenues, se révèlent agréables. Cuisine traditionnelle au restaurant.

42 chambres - 60/100 € 60/100 € - 10 €

115 r. Rajol - 05 65 60 74 44 - www.cevenol-hotel.fr - Fermé 14 déc.-7 janv.

au Sud 2 km au Sud par D41 rte de St-Affrique - 12100 Millau

Château de Creissels

DEMEURE HISTORIQUE • HISTORIQUE Un château du 12e s. sur un piton rocheux à l'écart de Millau, auquel on accède par une petite route. Les chambres mêlent avec élégance meubles anciens et style contemporain, avec du cachet dans la bâtisse principale, un esprit plus actuel dans son extension. La propriété ne manque pas de charme...

26 chambres - 80/143 € 92/165 € - 12 €

pl. du Prieur - 05 65 60 16 59 - www.chateau-de-creissels.com - Fermé janv., fév. ,dim. soir de nov. à mars

MILLY-LA-FORÊT

91490 Essonne - 4 785 hab. - Alt. 68 m - Carte régionale n° **10**-B3
Carte Michelin 312-D5 - Guide Vert Michelin Île-de-France

à Auvers (S.-et-M.) 4 km au Sud par D948 - 77123 Noisy sur Ecole

Auberge d'Auvers Galant

CUISINE TRADITIONNELLE • RUSTIQUE XX Cet ancien relais de poste du 19e s. doit une bonne partie de son charme au jeune couple de professionnels qui en a repris les rênes il y a quelques années. Leurs assiettes font la part belle à la tradition tout en se parant de touches plus actuelles, et tout (ou presque) est fait maison : on passe un bon moment.

Formule 23 € - Menu 27 € (semaine), 40/55 € - Carte 55/77 €

7 r. d'Auvers - 01 64 24 51 02 - www.aubergedauversgalant.com - Fermé 2 semaines en fév., 3 semaines en août, lundi et mardi

MINERVE

✉ 34210 Hérault - 131 hab. - Alt. 227 m - Carte régionale n° **12**-B2
Carte Michelin 339-B8

Relais Chantovent

CUISINE TRADITIONNELLE • AUBERGE X Une charmante petite auberge en pays cathare... Ici, point de voiture ; les gourmands, tels des pèlerins, viennent à pied pour déguster poêlée de champignons, dos de canette, et autres délicieux plats réalisés avec les produits des marchés locaux. Le must : la terrasse et sa vue plongeante sur la vallée du Briant.

Menu 22/62 € - Carte 36/56 €

5 chambres - †45 € ††53 € - ☕ 8 €

17 Grand'Rue - ✆ 04 68 91 14 18 - www.relaischantovent-minerve.fr - Fermé 24 déc.-31 janv., dim. soir, mardi soir et merc.

MIRAMAR - 06 Alpes-Maritimes → Voir Théoule-sur-Mer

MIRAMBEAU

✉ 17150 Charente-Maritime - 1 475 hab. - Alt. 59 m - Carte régionale n° **20**-B3
Carte Michelin 324-G7

Château de Mirambeau

CUISINE CLASSIQUE • ROMANTIQUE XXX Beaux produits, préparations savoureuses, sauces intenses : au sein de ce château néogothique du 19e s., cette table gastronomique propose une partition classique enthousiasmante, dans une atmosphère feutrée et intimiste. Et depuis la terrasse, on profite d'une jolie vue sur l'estuaire de la Gironde... Tout l'art de vivre à la française.

→ Langoustines en spaghettis croustillants, nougatine coulante d'ail et d'orange. Homard au court-bouillon, beurre de corail, gnocchis de mogettes. Comme un vacherin framboise, litchi et rose, glace litchi.

Menu 60/110 € - Carte 80/105 €

Hôtel Château de Mirambeau, 1 av. des Comtes-Duchatel - ✆ 05 46 04 91 20 - www.chateaumirambeau.com - Ouvert 5 avril-3 nov. et fermé lundi soir et mardi soir sauf juil.-août et le midi en semaine sauf fériés

Château de Mirambeau

LUXE • HISTORIQUE Charme et élégance caractérisent ce superbe château du 19e s. Un agréable spa est venu s'ajouter au parc immense, aux fastueux salons, ainsi qu'à la piscine couverte. Un havre de plénitude.

36 chambres - †210/515 € ††210/1000 € - 4 suites - ☕ 25 €

1 av. des Comtes-Duchatel - ✆ 05 46 04 91 20 - www.chateaumirambeau.com - Ouvert 5 avril-3 nov.

Château de Mirambeau - voir les restaurants ci-dessus

MIRANDE - 71 Saône-et-Loire → Voir Fleurville

MIREBEL

✉ 39570 Jura - 247 hab. - Alt. 580 m - Carte régionale n° **9**-B3
Carte Michelin 321-E6

Le Bouchon du Château

CUISINE MODERNE • BISTRO XX En passant par Mirebel, arrêtez-vous dans ce restaurant. Le chef, passé par de belles maisons, revisite les bonnes recettes du temps jadis avec vitalité et gourmandise (foie gras, escargots etc.). Un délice !

Formule 14 € - Menu 18 € (déj. en semaine), 29/48 € - Carte 45/60 €

34 r. de Viseney - ✆ 03 84 25 18 60 - www.lebouchonduchateau.com - Fermé 2 semaines en août, 24 déc.-2 janv., mardi soir, merc. soir, jeudi soir, sam. midi, dim. soir et lundi

MIREPOIX

✉ 09500 Ariège - 3 148 hab. - Alt. 308 m - Carte régionale n° **15**-C3
Carte Michelin 343-J6

La Maison des Consuls

HISTORIQUE • PERSONNALISÉ L'hôtel est situé sur une ravissante place de cette cité médiévale : un emplacement de choix ! Les chambres, bien tenues, sont décorées dans un esprit "antiquaire", avec de jolis meubles chinés ; on retrouve cet esprit sous la verrière où l'on prend son petit-déjeuner.

7 chambres - 99/150 € 110/170 € - 12 €

6 pl. du Mar.-Leclerc - 05 61 68 81 81 - www.maisondesconsuls.com

à Coutens 4 km à l'Ouest par D119 - 09500 - 166 hab. - Alt. 283 m

Clos Saint-Martin

CUISINE MODERNE • AUBERGE En bordure de la route menant à Mirepoix, cette bâtisse traditionnelle en pierres apparentes abrite une table sympathique, où la jeune chef réalise une cuisine au goût du jour, utilisant 85% de produits locaux.

Formule 12 € - Menu 20/31 € - Carte 30/44 €

chemin du Cazal - 05 61 60 45 70 - Fermé en oct., 25 juin-5 juil., dim. soir, lundi soir, mardi soir, merc. et jeudi

MIRMANDE

26270 Drôme - 532 hab. - Alt. 204 m - Carte régionale n° **23**-B3
Carte Michelin 332-C5 - Guide Vert Michelin Ardèche Drôme

La Capitelle

CUISINE MODERNE • AUBERGE Cette Capitelle ne manque pas d'atouts : une courte ardoise changée tous les deux ou trois jours, garnie de produits de qualité (locaux, autant que possible) ; des recettes traditionnelles remises au goût du jour ; des cuissons maîtrisées ; une jolie salle à manger voûtée, où trône une imposante cheminée...

Menu 20 € (semaine)/32 € - Carte 36/44 €

Le Rempart - r. du Boulanger - 04 75 63 02 72 - www.lacapitelle.com - Fermé nov., 22-27 déc., dim. soir et lundi sauf juil.-août

Hôtel de Mirmande

FAMILIAL • PERSONNALISÉ Jolie reconversion pour cette ancienne épicerie transformée en un charmant hôtel. Vous y découvrirez de spacieuses chambres à la déco cosy : coussins, boutis, meubles et objets en bois cérusé... Une adresse sympathique.

9 chambres - 70/140 € 70/140 € - 13 €

Le village - 04 75 63 13 18 - www.hotelmirmande.fr

La Capitelle

TRADITIONNEL • RÉGIONAL Cette ancienne magnanerie, située au cœur du vieux village, fut la résidence du cubiste André Lhote. Les meubles d'antiquaire, dans les chambres, et la cheminée monumentale, dans la salle voûtée, ajoutent au cachet de cette demeure de caractère. Belle vue sur les vergers et les collines depuis la terrasse.

11 chambres - 70/99 € 90/155 € - 12 €

Le Rempart - r. du Boulanger - 04 75 63 02 72 - www.lacapitelle.com - Fermé nov., 22-27 déc., 1er-23 janv., dim. soir et lundi sauf juil.-août

La Capitelle - voir les restaurants ci dessus

MISSILLAC

44780 Loire-Atlantique - 5 134 hab. - Alt. 44 m - Carte régionale n° **18**-A2
Carte Michelin 316-D3 - Guide Vert Michelin Pays de la Loire

Le Montaigu

CUISINE MODERNE • ÉLÉGANT Au sein du domaine de la Bretesche, une grande et belle salle à manger bourgeoise - poutres, vieux chandeliers - dont les fenêtres donnent sur le parc et le plan d'eau. La carte fleure bon le terroir régional : lieu jaune de ligne du Croisic, échine de porc d'Argoat...

Menu 56/105 € - Carte 65/105 €

Hôtel du Domaine de la Bretesche, rte de la Baule - 02 51 76 86 96 - www.bretesche.fr - Fermé 3 janv.-8 fév. et le midi sauf dim.

Domaine de La Bretesche

DEMEURE HISTORIQUE • PERSONNALISÉ Dans les dépendances du château de Missillac, dont les jolies tours se reflètent dans le lac contigu, un établissement cossu et feutré : mobilier de style et détails tendance, salon dans les anciennes écuries, espace bien-être... à deux pas du golf 18 trous (club-house). Bonne cuisine de bistrot au Club.

30 chambres - 166/600 € 166/600 € - 6 suites - 24 €

rte de la Baule - 02 51 76 86 96 - www.bretesche.fr

Le Montaigu - voir les restaurants ci-dessus

MITTELBERGHEIM

67140 Bas-Rhin - 657 hab. - Alt. 220 m - Carte régionale n° **1**-C1
Carte Michelin 315-I6

Am Lindeplatzel

CUISINE TRADITIONNELLE • CONVIVIAL XX Au cœur d'un charmant village alsacien, cette ancienne maison de vigneron est aujourd'hui un restaurant très attachant. Thierry et Sylvie, les propriétaires, y proposent une bonne cuisine traditionnelle, avec une pointe d'exotisme par instants. Les produits du terroir alsacien sont à la fête... et nos estomacs aussi !

Menu 28/52 € - Carte 36/50 €

71 r. Principale
- 03 88 08 10 69 - www.am-lindeplatzel.fr - Fermé 17 mai-1er juin, 1er-17 août, 8-30 nov., 1er-12 fév., merc. et jeudi

Gilg

CUISINE TRADITIONNELLE • AUBERGE XX Route des vins, Mittelbergheim, Gilg : accès direct au charme authentique de l'Alsace ! Dans cette maison rhénane rustique à souhait, ouverte en 1641, on découvre de bonnes spécialités du terroir et autres plats bourgeois, revisités à la sauce du chef, comme ce feuilleté chaud du vigneron... Fameux !

Menu 19 € (déj. en semaine), 38/56 € - Carte 45/63 €

16 chambres - 68/98 € 68/98 € - 10 €

1 r. Rotland
- 03 88 08 91 37 - www.hotel-gilg.com - Fermé 25 juin-11 juil., 7-31 janv., mardi et merc.

MITTELHAUSEN

67170 Bas-Rhin - 556 hab. - Alt. 185 m - Carte régionale n° **1**-B1
Carte Michelin 315-J4

À l'Étoile

CUISINE TRADITIONNELLE • AUBERGE X Dans la chaleureuse salle à manger décorée de boiseries, c'est toute l'Alsace qui vous donne rendez-vous. Entendez par là toutes ses saveurs, ses vins et son terroir, comme ce pot-au-feu à l'alsacienne, dos de porcelet farci sur lit de choucroute, pressé de tête de porc et vinaigrette moutardée.

Formule 17 € - Menu 24/48 € - Carte 36/55 €

21 r. de la Hey
- 03 88 51 28 44 - www.hotel-etoile.fr - Fermé 8 juil.-1er août, 1er-15 janv., dim. soir et lundi

À l'Étoile

AUBERGE • FONCTIONNEL Nous voilà dans le pays de la Zorn, également appelé "pays de l'or vert", autrement dit du houblon ! Cette maison de pays (1888) a conservé son charme traditionnel alsacien, tandis que l'annexe, plus récente, ose le style contemporain. Agréable espace bien-être ; bon rapport qualité-prix.

31 chambres - 72/83 € 79/103 € - 12 €

21 r. de la Hey - 03 88 51 28 44 - www.hotel-etoile.fr - Fermé 8 juil.-1er août et 1er-15 janv.

À l'Étoile - voir les restaurants ci-dessus

MITTELWIHR

✉ 68630 Haut-Rhin - 838 hab. - Alt. 210 m - Carte régionale n° **1**-C2
Carte Michelin 315-H8

Le Mittelwihr

FAMILIAL • CONTEMPORAIN Sur la route des vins, cette maison colorée propose des chambres reposantes, au cœur du village vigneron. Détail important, elles sont climatisées, car il peut faire chaud en Alsace ! Petit-déjeuner vraiment copieux, servi dans une salle coquette.

15 chambres - †78/122 € ††94/122 € - ☕ 12 €

19 rte du Vin
- ✆ 03 89 49 09 90 - www.hotelmittelwihr.fr
- Fermé fév.

MIZOËN - 38 Isère ➔ Voir Freney-d'Oisans

MOËLAN-SUR-MER

✉ 29350 Finistère - 6 947 hab. - Alt. 58 m - Carte régionale n° **5**-B2
Carte Michelin 308-J8 - Guide Vert Michelin Bretagne Sud

Le Raphaël

CUISINE MODERNE • ROMANTIQUE XX On a réellement l'impression de dîner à fleur d'eau dans le cadre atypique de cet ancien moulin à la grâce pastorale. La cuisine terre et mer suit la tendance actuelle, au gré du cycle des saisons, les produits travaillés sont de grande qualité, et le service est aux petits oignons...

Menu 49/104 € - Carte 68/99 €

Hôtel Les Moulins du Duc, rte des Moulins, 2 km au Nord-Ouest par rte secondaire
- ✆ 02 98 96 52 52 - www.hotel-moulins-du-duc.com
- Ouvert 1er mars-30 nov. et fermé le midi sauf du jeudi au dim.

Manoir de Kertalg

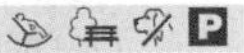

DEMEURE HISTORIQUE • PERSONNALISÉ Une altière demeure du 19e s. dans un superbe parc forestier. Proportions monumentales, richesse des matériaux, chambres spacieuses et raffinées : un bel exemple de classicisme. Le peintre Brann, propriétaire des lieux, y expose ses œuvres d'inspiration surréaliste.

7 chambres - †138/290 € ††138/290 € - ☕ 18 €

Le Guily, rte de Riec-sur-Belon, 3 km à l'Ouest par D24 et chemin privé
- ✆ 02 98 39 77 77 - www.manoirdekertalg.com
- Ouvert 27 avril-4 nov.

Les Moulins du Duc

MAISON DE CAMPAGNE • PERSONNALISÉ Quel charme bucolique, quelle fraîcheur ! Une rivière serpente, des canards s'ébattent dans l'étang. Beaucoup de poésie naturelle pour ce moulin du 16e s. où les chambres sont réparties dans de petits cottages en pierre à travers le domaine. Un lieu hors du temps...

21 chambres - †81/350 € ††81/680 € - 5 suites - ☕ 19 €

rte des Moulins, 2 km au Nord-Ouest par rte secondaire
- ✆ 02 98 96 52 52 - www.hotel-moulins-du-duc.com
- Ouvert 1er mars-30 nov.

Le Raphaël - voir les restaurants ci-dessus

MOERNACH - 68 Haut-Rhin ➜ Voir Ferrette

MOIRAX - 47 Lot-et-Garonne ➜ Voir Agen

MOISSAC

✉ 82200 Tarn-et-Garonne - 12 408 hab. - Alt. 76 m - Carte régionale n° **15**-B2
Carte Michelin 337-C7

Le Florentin

CUISINE TRADITIONNELLE • BISTRO Dans le département - et au-delà -, la réputation du Florentin n'est plus à faire ! Son chef est un amoureux du beau produit (sélectionné auprès des fournisseurs locaux) et de la tradition. Dans l'assiette, c'est gourmand et goûteux à souhait. La terrasse offre une vue imprenable sur la belle abbatiale.

Formule 18 € - Menu 24/56 € - Carte 33/61 €

8 pl. Roger-Delthil - ✆ 05 63 04 19 18 - www.leflorentin-bistrotgourmand.fr - Ouvert 1er mars-fin oct. et fermé le soir de mars à mi-avril

Le Moulin de Moissac

HISTORIQUE • FONCTIONNEL Sur les bords du Tarn, ce moulin du 15e s. abrite des chambres confortables, déclinées selon trois thématiques : "nature", "haussmannien" et "terre inconnue". Les plus spacieuses offrent une jolie vue sur la rivière et, pour la détente, on profite d'un spa très complet.

36 chambres - 105/150 € 105/180 € - 14 €

esplanade du Moulin - ✆ 05 63 32 88 88 - www.lemoulindemoissac.com

au Nord 9 km par D7 - ✉ 82400 St-Paul-Espis

Le Manoir St-Jean

DEMEURE HISTORIQUE • PERSONNALISÉ Cette belle maison de maître (19e s.), à la décoration très soignée - mobilier chiné, trompe-l'œil, etc. -, a du cachet et une âme... Les chambres sont toutes différentes et décorées par thèmes (Asie, Venise, Toscane...). Le jardin se révèle agréable, comme la jolie piscine.

9 suites - 160/220 € - 1 chambre - 15 €

à St-Jean-de-Cornac - ✆ 05 63 05 02 34 - www.manoirsaintjean.com - Fermé 20 déc.-10 janv.

MOISSAC-BELLEVUE - 83 Var ➜ Voir Aups

MOISSIEU-SUR-DOLON

✉ 38270 Isère - 699 hab. - Alt. 350 m - Carte régionale n° **23**-B2
Carte Michelin 333-C5

Domaine de la Colombière

TRADITIONNEL • PERSONNALISÉ Cette demeure bourgeoise de 1820 est entourée d'un parc arboré, où l'on trouve aussi un beau pigeonnier et une piscine... Les vastes chambres sont bien équipées, et décorées sur le thème des peintres célèbres. Du cachet !

20 chambres - 80/129 € 109/199 € - 1 suite - 14 €

45 Montée des Remparts (Château de Moissieu) - ✆ 04 74 79 50 23 - www.lacolombiere.com

MOLITG-LES-BAINS

✉ 66500 Pyrénées-Orientales - 222 hab. - Alt. 607 m - Carte régionale n° **12**-B3
Carte Michelin 344-F7

Château de Riell

CUISINE MODERNE • ÉLÉGANT XXX Dans ce restaurant raffiné, ouvert sur la forêt, Monsieur Nouveau, le nouveau chef, puise dans les produits du riche terroir catalan pour imaginer une cuisine vive et pleine de goût ; que l'on déguste en terrasse, en contemplant la cime enneigée du mont Canigou, au loin...

Menu 59/85 € – Carte 80/90 €

Hôtel Château de Riell
– ✆ 04 68 05 04 40 – www.chateauderiell.com
– Ouvert 30 mars-11 nov. et fermé mardi et le midi sauf week-ends, fériés et juil.-août

Café Casals

CUISINE TRADITIONNELLE • ÉLÉGANT XX Dans ce restaurant aux couleurs du Sud et de la Catalogne, où trône le portrait de Pablo Casals (qui était habitué des lieux), curistes et gourmands peuvent ripailler ensemble. Deux types de cuisine sont proposés, signés Michel Guérard : "Santé Nature" – réservé aux résidents –, ou "d'Appétit", pour les gourmands.

Formule 29 € – Menu 35 €

Le Grand Hôtel
– ✆ 04 68 05 00 50 – www.grandhotelmolitg.com
– Ouvert 26 mars-3 déc. et fermé dim.

Château de Riell

DEMEURE HISTORIQUE • PERSONNALISÉ Malgré ses faux airs de nid d'aigle, ce château se révèle baroque et chaleureux. Les chambres sont décorées avec goût et originalité, la luxuriance du parc est un vrai bonheur, et l'on prend son petit-déjeuner dans une datcha... sans parler de la vue sur le Canigou !

19 chambres – 165/500 € 165/500 € – 22 €

– ✆ 04 68 05 04 40 – www.chateauderiell.com
– Ouvert 30 mars-11 nov.

Château de Riell – voir les restaurants ci-dessus

Le Grand Hôtel

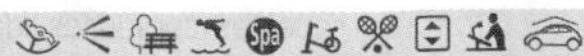

THERMAL • CLASSIQUE Un hôtel thermal raffiné et apaisant : les tons clairs dominent dans les chambres, paisibles et chaleureuses, et le jardin s'épanouit dans un beau décor de rocailles naturelles. Fait remarquable, le marbre des Pyrénées s'impose partout dans les bains.

38 chambres – 100/230 € 100/230 € – 5 suites – 14 €

– ✆ 04 68 05 00 50 – www.grandhotelmolitg.com
– Ouvert 1er avril-9 déc.

Café Casals – voir les restaurants ci-dessus

MOLLÉGÈS

✉ 13940 Bouches-du-Rhône – 2 551 hab. – Alt. 55 m – Carte régionale n° **22**-E1
Carte Michelin 340-E3

Mas du Capoun

CUISINE MODERNE • ÉLÉGANT XX Mas raffiné où l'on mange dans une salle lumineuse et épurée ou, en été, sous la charpente d'une superbe grange restaurée. Belle cuisine actuelle, réalisée à partir de produits frais. Chambres confortables avec terrasse privative.

Formule 19 € – Menu 25 € (déj. en semaine)/39 €

6 chambres – 85/95 € 95/105 €

166 av. des Paluds
– ✆ 04 90 26 07 12 – www.masducapoun.com
– Fermé 2 semaines en oct., de mi-fév. à mi-mars, mardi soir, sam. midi et merc.

MOLLKIRCH

✉ 67190 Bas-Rhin - 940 hab. - Alt. 320 m - Carte régionale n° **1**-A2
Carte Michelin 315-I5

Fischhutte

TRADITIONNEL • FONCTIONNEL Au cœur de la vallée de la Magel, cette ancienne ferme tenue par la même famille depuis 1950 propose des chambres confortables et sobrement décorées, dont certaines offrent une vue sur la forêt vosgienne... Tranquillité garantie ! Au restaurant, carte régionale avec gibier en saison.

18 chambres - 🚹82/100 € 🚹🚹95/180 € - ☕14 €

30 rte de la Fischhutte, 3,5 km, rte de Grendelbruch - ✆ 03 88 97 42 03 - www.fischhutte.com - Fermé 3-18 avril, 23 juil.-8 août et 2-17 janv.

MOLSHEIM

✉ 67120 Bas-Rhin - 9 227 hab. - Alt. 180 m - Carte régionale n° **1**-A1
Carte Michelin 315-I5

Diana

BUSINESS • CONTEMPORAIN Un hôtel ouvert en 1975 et agrémenté de nombreuses œuvres d'art. Chambres actuelles avec mobilier et déco design. Pour le bien-être : spa, superbe fitness, jardin. Au restaurant, carte dans l'air du temps et belle cave.

62 chambres - 🚹98/180 € 🚹🚹98/180 € - 2 suites - ☕15 €

14 r. Ste-Odile - ✆ 03 88 38 51 59 - www.hotel-diana.com

LES MOLUNES

✉ 39310 Jura - 151 hab. - Alt. 1 274 m - Carte régionale n° **9**-B3
Carte Michelin 321-F8

Le Pré Fillet

CUISINE TRADITIONNELLE • VINTAGE XX Au beau milieu des champs et des bois, un restaurant simple et authentique. Derrière les fourneaux, le chef concocte de bonnes recettes copieuses, dans lesquelles le terroir se taille la part du lion ; on les déguste dans une salle ouverte sur la nature. Et l'accueil est aux petits oignons !

Formule 13 € 🍷 - Menu 25/49 € - Carte 20/69 €

Hôtel Le Pré Fillet, rte des Moussières - ✆ 03 84 41 62 89 - www.hotel-leprefillet.com - Fermé 22 avril-2 mai, 15-19 juin, 18 oct.-4 déc., dim. soir, lundi et 1er mardi du mois

Le Pré Fillet

FAMILIAL • PERSONNALISÉ Pour un séjour très "nature", une hôtellerie de moyenne montagne dans laquelle on est accueilli avec beaucoup de gentillesse et de prévenance. Les chambres sont bien tenues ; sauna et jacuzzi offrent une belle vue sur la campagne... Duplex disponible pour les familles.

15 chambres - 🚹65 € 🚹🚹72 € - ☕10 €

rte des Moussières - ✆ 03 84 41 62 89 - www.hotel-leprefillet.com - Fermé 22 avril-2 mai, 15-19 juin, 18 oct.-4 déc., dim. soir et lundi

Le Pré Fillet - voir les restaurants ci-dessus

MONACO (PRINCIPAUTE DE) → Voir en fin de guide

MONCEL-LÈS-LUNÉVILLE - 54 Meurthe-et-Moselle → Voir Lunéville

MONDRAGON

✉ 84430 Vaucluse - 3 856 hab. - Alt. 40 m - Carte régionale n° **21**-A2
Carte Michelin 332-B8

La Beaugravière

CUISINE PROVENÇALE • AUBERGE XX Une jolie cuisine provençale, des préparations maison – y compris le pain et les glaces –, une belle carte de vins de la région : tout cela se déguste paisiblement à l'ombre des arbres, en saison. L'hiver, la truffe noire du Vaucluse est à l'honneur... à condition, évidemment, d'y mettre le prix.

Menu 19 € (déj. en semaine), 33/150 € - Carte 53/83 €

9 chambres - 98/125 € 98/125 € - 14 €

N7 - 04 90 40 82 54 - www.beaugraviere.com - Fermé 15-30 sept., dim. soir et lundi

MONEIN

64360 Pyrénées-Atlantiques - 4 466 hab. - Alt. 154 m - Carte régionale n° **2**-B3
Carte Michelin 342-I3 - Guide Vert Michelin Aquitaine

L'Auberge des Roses

CUISINE MODERNE • RUSTIQUE X Une auberge en pierre dans un nid de verdure, près des vignes de Jurançon. Le cadre est chaleureux et la terrasse champêtre à souhait ! Voilà qui est sympathique pour apprécier une appétissante et fraîche cuisine : piments doux farcis à la morue, dos de merlu au beurre blanc citronné, crème brûlée au miel et pignons de pin...

Menu 30 € - Carte 32/54 €

chemin de Cambus (quartier Loupien) - 05 59 21 45 63 - auberge-des-roses.com - Fermé 2 semaines en fév., 3 semaines fin juin-début juil., dim. soir et lundi

MONESTIER

24240 Dordogne - 379 hab. - Alt. 100 m - Carte régionale n° **2**-C1
Carte Michelin 329-C7

Les Fresques

CUISINE MODERNE • CLASSIQUE XXX Classique, feutré, élégant : le cadre sied à la dégustation d'une cuisine raffinée et parfumée, où brillent les produits nobles (truffe en saison) et les vins locaux, à commencer par ceux du vignoble de la propriété.

→ Salade de homard, fraises et escalope de foie de canard poêlée. Pigeon cuit en cocotte, cannelloni gourmand, jus café et noix. Rencontre entre la noisette, la framboise et le verjus.

Menu 45 € (déj.), 70/110 € - Carte 94/107 €

Hôtel Château des Vigiers, au golf des Vigiers - 05 53 61 50 00 - www.vigiers.com - Ouvert 5 avril-1er déc. et fermé dim. soir et merc.

Château des Vigiers

LUXE • PERSONNALISÉ En bordure du golf et dans un beau parc arboré, ce château du 16e s. est si paisible... Les chambres affichent un style élégant et classique, tandis que, dans l'annexe – une jolie bâtisse aux airs de séchoir à tabac –, elles sont plus contemporaines... Raffinement et verdure !

80 chambres - 100/350 € 100/350 € - 26 €

au golf des Vigiers - 05 53 61 50 00 - www.vigiers.com - Ouvert de mars à mi-déc.

Les Fresques - voir les restaurants ci-dessus

MONESTIER-DE-CLERMONT

38650 Isère - 1 420 hab. - Alt. 825 m - Carte régionale n° **23** C2
Carte Michelin 333-G8 - Guide Vert Michelin Alpes du Nord

Au Sans Souci

CUISINE TRADITIONNELLE • RUSTIQUE X Digne héritier de la famille Maurice – maîtresse des lieux depuis 1934 –, c'est aujourd'hui Julien qui œuvre aux fourneaux, avec une envie intacte de bien faire. Ravioles du Vercors aux cèpes et écrevisses, filet d'omble chevalier du pays au gratin dauphinois, etc. : les saveurs sont au rendez-vous !

Formule 17 € - Menu 20 € (semaine), 28/45 € - Carte 26/50 €

16 chambres - 56 € 68/72 € - 9 €

Le Bourg, à St-Paul-lès-Monestier, 2 km au Nord-Ouest par D8 - 04 76 34 03 60 - www.au-sans-souci.com - Fermé 17 déc.-2 fév., dim. soir et lundi

LE MONÊTIER-LES-BAINS - 05 Hautes-Alpes ➜ Voir Serre-Chevalier

MONNAIE

✉ 37380 Indre-et-Loire - 4 228 hab. - Alt. 113 m - Carte régionale n° **6**-B2
Carte Michelin 317-N4

L'Épicurien

CUISINE MODERNE • CONVIVIAL XX Un restaurant sur l'axe principal du bourg. La cuisine est actuelle, presque sophistiquée, et réalisée avec de bons produits.

Formule 19 € - Menu 27/45 € - Carte 43/57 €

53 r. Nationale - ✆ 02 47 56 10 34 - www.restaurant-lepicurien.com - Fermé jeudi soir, dim. soir et lundi

MONPAZIER

✉ 24540 Dordogne - 506 hab. - Alt. 180 m - Carte régionale n° **2**-C2
Carte Michelin 329-G7 - Guide Vert Michelin Périgord Quercy

Eléonore

CUISINE MODERNE • ÉLÉGANT XX Une table élégante dans un joli petit château et un menu carte qui change chaque jour, au gré de l'inspiration du chef. Ce dernier travaille de bons produits périgourdins, et cela se sent !

Menu 32/50 €

Hôtel Edward 1er, 5 r. St-Pierre - ✆ 05 53 22 44 00 - www.restauranteleonore.com - Ouvert de mi-mars à mi-nov., fermé merc. sauf juil.-août et le midi

Bistrot 2

CUISINE MODERNE • BISTRO X Une partie de l'équipe de l'Edward 1er a investi ce bistrot contemporain. Ici, les gourmands apprécient les classiques du genre. Et à la belle saison, on profite de la terrasse à l'ombre de la glycine.

Menu 20 € (déj. en semaine), 22/28 € - Carte environ 33 €

Foirail Nord - ✆ 05 53 22 60 64 - www.bistrot2.fr - Ouvert avril-fin oct. et fermé vend. sauf juil.-août

Edward 1er

DEMEURE HISTORIQUE • PERSONNALISÉ Une belle gentilhommière du 19e s. et... les joies de la vie de château ! Tout est charmant, romantique et raffiné : moulures, meubles de style, ciels de lit et... chambres avec vue sur la nature, le jardin ou le village.

17 chambres - 🚹61/210 € 🚹🚹86/225 € - ☕14 €

5 r. St-Pierre - ✆ 05 53 22 44 00 - www.hoteledward1er.com - Ouvert de mi-mars à mi-nov.

Eléonore - voir les restaurants ci-dessus

MONTAGNAC - 34 Hérault ➜ Voir Pézenas

MONTAGNAC

✉ 04500 Alpes-de-Haute-Provence - 418 hab. - Alt. 614 m - Carte régionale n° **21**-C2
Carte Michelin 334-E10 - Guide Vert Michelin Alpes du Sud

La Maison du Bois Doré

FAMILIAL • CONTEMPORAIN Pour vivre loin de tout... Cette ancienne ferme apicole est entourée de champs de lavande et de chênes truffiers. Décor zen et moderne dans les chambres, avec terrasse. Au petit-déjeuner, ne passez pas à côté de la confiture et du miel maison.

4 chambres ☕ - 🚹79 € 🚹🚹89 €

Lieu-dit Plan-de-Croix, 2 km au Nord-Ouest par D11, rte de Riez et chemin secondaire - ✆ 04 92 78 05 87 - www.lamaisonduboisdore.fr - Ouvert d'avril à oct.

MONTAGNAT

✉ 01250 Ain - 1 893 hab. - Alt. 262 m - Carte régionale n° **23**-B1
Carte Michelin 328-E3

Au Pot de Grès

CUISINE TRADITIONNELLE • AUBERGE X Cette jolie maison de campagne dissimule une terrasse fleurie, où l'on déguste aux beaux jours les spécialités de la carte, comme cette poulette de Bresse à la crème. La carte est courte et appétissante, les produits de Bresse scrupuleusement sélectionnés et l'accueil adorable.

Formule 16 € – Menu 27 € (semaine), 32/49 € – Carte 42/61 €

2013 rte du Village – ☎ 04 74 51 67 05
– Fermé 27 août-17 sept., mardi soir, merc. soir, dim. soir et lundi

MONTAGNIEU - 38 Isère

→ Voir La Tour-du-Pin

MONTAGNOLE - 73 Savoie

→ Voir Chambéry

MONTAGNY-LÈS-BEAUNE - 21 Côte-d'Or

→ Voir Beaune

MONTAGUDET

✉ 82110 Tarn-et-Garonne - 201 hab. - Alt. 180 m - Carte régionale n° **15**-B1
Carte Michelin 337-C6

La Table du Belvédère (N)

CUISINE MODERNE • RUSTIQUE XX De retour dans la région de son enfance (il est originaire d'Auch), Roland Garreau se montre en pleine forme et met en valeur le terroir régional avec de jolies inspirations : gravelax de saumon mariné à la betterave et vodka, pickles et mascarpone ; filet de bar rôti, julienne de patates douces et céleri...

Formule 24 € – Menu 34/59 € – Carte 61/90 €

2 km au Nord par D60
– ☎ 05 63 95 51 10 – www.lebelvedere.biz

Le Belvédère

MAISON DE CAMPAGNE • TRADITIONNEL Au cœur de la forêt, à seulement 10 mn du magnifique village de Lauzerte, cet établissement propose des chambres fonctionnelles et bien tenues. Pour se détendre, on profite de la piscine à débordement, offrant une très jolie vue sur la vallée...

22 chambres – †71/250 € ††71/250 € – 7 suites – ☕15 €

2 km au Nord par D60
– ☎ 05 63 95 51 10 – www.lebelvedere.biz

La Table du Belvédère – voir les restaurants ci-dessus

MONTAIGU

✉ 85600 Vendée - 5 149 hab. - Alt. 40 m - Carte régionale n° **18**-B3
Carte Michelin 316-I6

La Robe (Xavier Giraudet)

CUISINE MODERNE • COSY X La Robe... n'est plus seulement l'indispensable des élégantes, Ici, elle est aussi le "must have" des gourmands ! Derrière les fourneaux, le chef concocte une cuisine bien dans l'air du temps – le menu change tous les jours –, soignée et savoureuse, à apprécier dans un cadre sobre et contemporain. Agréable !

→ Foie gras de Vendée cuit au vin rouge épicé, gelée de pomme au verjus et épine-vinette. Ris de veau doré au beurre mousseux, céleri-rave glacé, noix et beurre d'herbes. Pomme cuite au cidre façon tatin, sorbet granny smith.

Formule 24 € – Menu 29 € (déj. en semaine), 40/68 € – Carte 50/70 €

3 pl. Reveillère-Lepeaux – ☎ 02 51 47 79 27 – www.restaurant-la-robe.com
– Fermé 6-27 août, merc. soir, sam. midi, dim. soir et lundi

à St-Georges-de-Montaigu 4 km au Sud par D137 – ✉ 85600 – 4 217 hab. – Alt. 40 m

Le Petit St-Georges

CUISINE DU MARCHÉ • CONTEMPORAIN X Repris en 2013 par un couple expérimenté, venu de St-Michel-Mont-Mercure, le Petit St-Georges est devenu un bistrot sobre et épuré. En cuisine, monsieur propose une cuisine de saison pleine d'à-propos, privilégiant les produits du terroir vendéen, avec une prédilection pour les poissons… et la tartelette d'escargots. En salle, madame assure un service impeccable.

Formule 14 € – Menu 17 € (semaine), 28/31 € – Carte environ 36 €

5 r. Durivum – ☎ 02 51 42 03 17 – www.lepetitstgeorges.com – Fermé 2 semaines en mars, 3 semaines en août, mardi soir sauf juil.-août, dim. soir et lundi

MONTAIGUT-LE-BLANC – 63 Puy-de-Dôme ➜ Voir Champeix

MONTAILLEUR

✉ 73460 Savoie – 678 hab. – Alt. 415 m – Carte régionale n° **24**-F2
Carte Michelin 333-K4

Suites de la Tour

MAISON DE CAMPAGNE • ROMANTIQUE Cette charmante maison d'hôte haut-de-gamme dissimule quelques surprises (le miroir au-dessus du lit, une rareté !) que les voyageurs apprécieront. La seule évocation du nom des chambres – Tentation, Romantique, Sensuelle – invite à les rejoindre. Jacuzzi personnel dans les cinq chambres.

5 chambres – †210/290 € ††210/290 €

400 impasse de Pacoret – ☎ 04 79 37 91 59 – www.suites-de-la-tour.com

MONTANGES

✉ 01200 Ain – 343 hab. – Alt. 602 m – Carte régionale n° **23**-C1
Carte Michelin 328-H4

L'Auberge du Pont des Pierres

CUISINE MODERNE • CONVIVIAL X Cette auberge, créée par un enfant du pays, ne désemplit pas ! Le jeune chef ne manque pas de talent pour cuisiner les produits de saison, souvent locaux, selon ses envies. Tout est fait maison (pain et glace compris) et l'on se régale… à petits prix. Jolie carte de vignerons indépendants.

Formule 20 € – Menu 33/38 € – Carte environ 41 €

754 r. Paul-de-Vanssay – ☎ 04 50 56 36 35 – www.pontdespierres.fr – Fermé 1 semaine en mai, 2 semaines en sept., 2 semaines en janv., mardi et merc.

MONTARCHER

✉ 42380 Loire – 67 hab. – Alt. 1 160 m – Carte régionale n° **23**-A2
Carte Michelin 327-C7 – Guide Vert Michelin Lyon et sa région

Le Clos Perché

CUISINE CRÉATIVE • AUBERGE XX Il était une fois une auberge qui jouait à chat perché sur les hauts plateaux du Forez, à 1150 mètres d'altitude. C'est ici, à l'entrée de ce minuscule village, que Julien Magne a posé ses valises. Derrière les fourneaux, ce jeune chef réalise une cuisine colorée, inventive et ludique, pour laquelle on se fait volontiers souris !

Menu 33/45 € – Carte 44/55 €

4 chambres – †70 € ††70 €

Le bourg – ☎ 04 77 50 00 08 – www.leclosperche.blogspot.com – Fermé merc. sauf juil.-août et mardi

MONTAREN-ET-ST-MÉDIERS - 30 Gard ➜ Voir Uzès

MONTARGIS

✉ 45200 Loiret - 13 997 hab. - Alt. 95 m - Carte régionale n° **6**-D2
Carte Michelin 318-N4 - Guide Vert Michelin Châteaux de la Loire

La Gloire (Jean-Claude Martin)

CUISINE MODERNE • ÉLÉGANT XXX Cette Gloire, datant de 1910, n'a rien de dépassée : ce restaurant, littéralement recouvert d'orchidées, vous réserve un accueil charmant ! Derrière les fourneaux, le chef revisite la tradition gastronomique de manière subtile et généreuse ; en témoigne la savoureuse caravane des desserts ! Chambres confortables pour l'étape.

➜ Salade de homard, vinaigrette de crustacés. Ris et rognons de veau, pomme golden au calvados. Chariot de desserts.

Menu 32 € (déj. en semaine), 44/60 € - Carte 65/105 €

8 chambres - 68 € 68/95 € - 8,50 €

74 av. du Gén.-de-Gaulle - 02 38 85 04 69 - www.lagloire-montargis.com - Fermé 18 fév.-17 mars, 12 août-2 sept., mardi et merc.

L'Orangerie du Lac

CUISINE TRADITIONNELLE • CLASSIQUE XX Nul besoin d'être amateur d'agrumes pour apprécier la généreuse cuisine traditionnelle de ce restaurant. Les gourmands s'installent dans l'une des jolies petites salles ou sous la véranda aux allures de jardin d'hiver. Une sympathique halte en Gâtinais !

Formule 30 € - Menu 40/47 € - Carte environ 49 €

57 r. Jean-Jaurès - 02 38 93 33 83 - www.restaurant-orangerie-montargis.com - Fermé 15-30 juil., dim. soir, lundi et mardi

à Amilly 5 km au Sud par D943 - ✉ 45200 - 12 672 hab. - Alt. 110 m

Le Saint-Martin

CUISINE MODERNE • COSY XX C'est ici que l'on retrouve Marc Delion, qui avait fait les belles heures de la Clé des Champs à Courtenay. Dans cette jolie petite maison qui brille comme un sou neuf, on renoue avec des recettes savoureuses et inspirées.

Formule 19 € - Menu 30/37 €

60 r. de la Mairie - 02 38 90 01 26 - Fermé 5-12 mars, 6-20 août, 20-26 déc., dim. soir, merc. soir et lundi

rte de Ferrières au Nord par N7 et rte secondaire - ✉ 45210 Fontenay-sur-Loing :

Domaine de Vaugouard

DEMEURE HISTORIQUE • CLASSIQUE Joli château du 18e s. situé au cœur d'un parcours de golf. Les chambres, plus grandes dans les dépendances, distillent un délicat charme bourgeois et permettent de se ressourcer en toute quiétude, avant de faire quelques brasses, putts ou smashs.

42 chambres - 90/240 € 90/240 € - 16 €

chemin des Bois - 02 38 89 79 00 - www.vaugouard.com - Fermé 22 déc.-2 janv.

MONTAUBAN

✉ 82000 Tarn-et-Garonne - 58 826 hab. - Alt. 98 m - Carte régionale n° **15**-B2
Carte Michelin 337-E7

Au Fil de l'Eau

CUISINE MODERNE • TENDANCE XX En léger retrait du Tarn, cette maison régionale cache un restaurant coloré. Outre la carte de saison, le chef propose des menus du marché, renouvelés plusieurs fois par semaine au fil de ses trouvailles. Généreux et savoureux !

Formule 15 € - Menu 17 € (déj. en semaine), 29/58 € - Carte 42/57 €

Plan : B1-e *14 quai Dr-Lafforgue - 05 63 66 11 85 - www.aufildeleau82.com - Fermé 1 semaine en fév. et en juil., dim. et lundi*

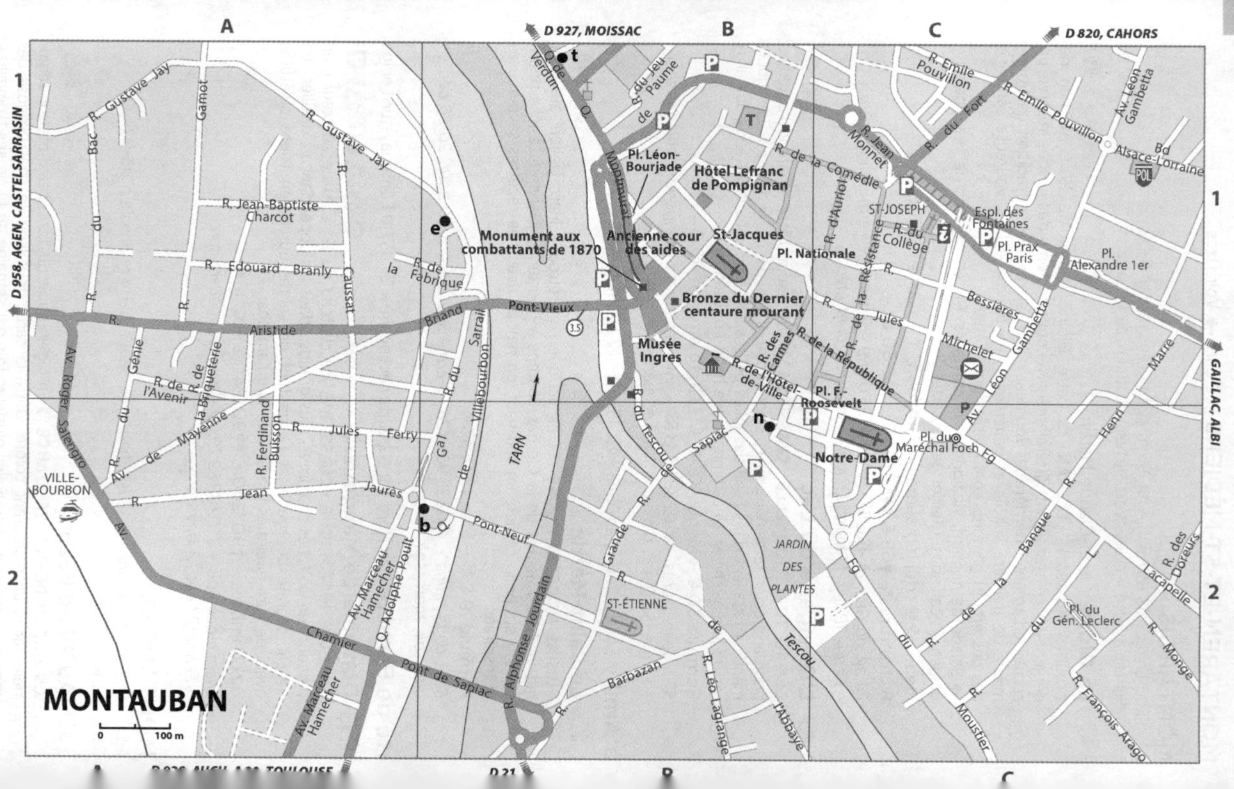
MONTAUBAN
0
100 m
D 927, MOISSAC
D 820, CAHORS
GAILLAC, ALBI
D 958, AGEN, CASTELSARRASIN
D 21
A
B
C
1
2
Hôtel Lefranc de Pompignan
St-Jacques
Pl. Nationale
Pl. Léon-Bourjade
Ancienne cour des aides
Monument aux combattants de 1870
Bronze du Dernier centaure mourant
Musée Ingres
Notre-Dame
Pl. F.-Roosevelt
Pl. du Maréchal Foch
Espl. des Fontaines
Pl. Prax Paris
Pl. Alexandre 1er
ST-JOSEPH
ST-ÉTIENNE
JARDIN DES PLANTES
VILLE-BOURBON
TARN
Tescou
Pont-Vieux
Pont-Neuf
Pont de Sapiac
R. Aristide Briand
Av. Roger Salengro
Av. Marceau Hamecher
Q. Adolphe Poult
R. Alphonse Jourdain
R. Gustave Jay
R. du Bac
R. Jean-Baptiste Charcot
R. Edouard Branly
R. Caussat
R. de la Fabrique
R. Gamot
R. du Génie
R. de la Briqueterie
R. de l'Avenir
Av. de Mayenne
R. Ferdinand Buisson
R. Jules Ferry
R. Jean Jaurès
R. du Gal Sarrail
R. de Villebourbon
Chamier
Q. de Verdun
R. du Jeu de Paume
Q. Montmurat
R. de la Comédie
R. d'Auriol
R. de la Résistance
R. du Collège
R. Jules Bessières
R. de la République
R. des Carmes
R. de l'Hôtel-de-Ville
R. du Tescou
R. de Sapiac
R. Grande
R. de Barbazan
R. Léo Lagrange
R. de l'Abbaye
R. Emile Pouvillon
R. du Fort
R. Jean Monnet
Av. Léon Gambetta
Bd Alsace-Lorraine
Michelet
R. Henri Marre
Fg du Moustier
R. de la Banque
R. Lacapelle
R. des Doreurs
Pl. du Gén. Leclerc
R. du L
R. Monge
R. François Arago
b
e
n
t
3.5
POL
T

La Cave O Délices

CUISINE MODERNE • SIMPLE X Ne vous fiez pas à la façade du restaurant : plus que jamais, c'est à l'intérieur que ça se passe ! Fier de ses origines italiennes, le chef dévoile une cuisine moderne, aux touches méridionales, qui se déguste avec plaisir. Agréable salle voûtée en sous-sol.

Formule 16 € - Menu 20 € (déj. en semaine), 26/42 € - Carte 37/54 €

Plan : B2-n *10 pl. F.-Roosevelt - ✆ 05 63 63 69 69 - www.cave-o-delices.fr - Fermé en juil., 2 semaines en déc., dim. et lundi*

Abbaye des Capucins Spa & Resort

HISTORIQUE • CONTEMPORAIN Pour apaiser corps et esprit... Ce couvent classé (1630), proche du centre-ville, s'est mué en un hôtel d'un grand raffinement, harmonieux mariage de murs anciens - la brique domine - et de décors contemporains. Des chambres au spa, le confort et la quiétude ne sont pas de vains mots...

81 chambres - †89/299 € ††89/299 € - 4 suites - ☕ 17 €

Plan : B1-t *6-8 quai de Verdun - ✆ 05 63 22 00 00 - www.abbayedescapucins.fr*

à Montech 13 km au Sud-Ouest par D928 - ✉ 82700 - 6 158 hab. - Alt. 100 m

Bistrot Constant

CUISINE TRADITIONNELLE • TENDANCE X La pimpante maison éclusière, installée au bord du canal latéral à la Garonne, abrite aujourd'hui un bistrot de chef de très bonne tenue. Côte de cochon fermier confite, gratin de macaronis ; tête de veau, langue et cervelle pochée : du grand classique effectué dans les règles de l'art, comme on l'aime !

Formule 19 € - Menu 23 € (déj. en semaine), 32/38 €

25 r. de L'Usine - ✆ 05 63 24 63 02 - www.maisonconstant.com

MONTAULIEU - 26 Drôme ➔ Voir Nyons

MONTAUROUX

✉ 83440 Var - 6 218 hab. - Alt. 364 m - Carte régionale n° **21**-C3
Carte Michelin 340-P4 - Guide Vert Michelin Côte d'Azur

Le Carré d'Ange

CUISINE MODERNE • ROMANTIQUE XX Une jolie auberge provençale, lumineuse et modernisée, où la cuisine du sud est savoureuse et mâtinée de soleil... Il n'y a qu'à voir ce homard bleu servi froid, accompagné de sa crème légère de lingots blancs bio. À déguster aux beaux jours sur la jolie terrasse. Un nouveau départ réussi !

Menu 36 € (déj. en semaine), 60/86 € - Carte 52/81 €

2169 quartier Narbonne, au Sud-Est du village, par CD37 - ✆ 04 94 47 71 65 - www.restaurant-carredange.fr - Fermé 10 janv.-10 fév., dim. soir hors saison, mardi midi et lundi

MONTBARD

✉ 21500 Côte-d'Or - 5 350 hab. - Alt. 221 m - Carte régionale n° **4**-C2
Carte Michelin 320-G4 - Guide Vert Michelin Bourgogne

à St-Rémy 3 km à l'Ouest par D905 - ✉ 21500 - 725 hab. - Alt. 207 m

La Mirabelle

CUISINE TRADITIONNELLE • RUSTIQUE X Sur une petite place non loin du canal, cette ancienne grange à sel est devenue un restaurant au cadre rustique et convivial. Gilles Muzel, le chef, élabore des recettes tout en finesse : meurette d'escargots de Bourgogne à la saucisse de Morteau, dos de sandre rôti et beurre au pinot noir... Saurez-vous choisir ?

Menu 20 € (semaine), 31/56 € - Carte 52/67 €

1 r. de la Bronne - ✆ 03 80 92 40 69 - Fermé 16 août-5 sept., 23 déc.-12 janv., dim. soir, mardi soir et merc.

MONTBAZON

⊠ 37250 Indre-et-Loire - 4 140 hab. - Alt. 59 m - Carte régionale n° **6**-B2
Carte Michelin 317-N5 - Guide Vert Michelin Châteaux de la Loire

Domaine de la Tortinière

CUISINE MODERNE · ÉLÉGANT XX Sur la terrasse, face au superbe parc qui s'étend en contrebas, on profite d'une cuisine actuelle et attrayante, réalisée à quatre mains par deux chefs expérimentés. Des produits de qualité, un cadre enchanteur : que demander de mieux ?

Formule 29 € - Menu 37/83 € - Carte 59/70 €

Hôtel Domaine de la Tortinière, 10 rte de Ballan, 2 km au Nord par D910 et D287 - ✆ 02 47 34 35 00 - www.tortiniere.com - Fermé 21 déc.-13 fév.

Château d'Artigny

DEMEURE HISTORIQUE · GRAND LUXE Cet imposant château, dont le parc boisé et les jardins à la française surplombent l'Indre, fut créé dans les années 1920 par le parfumeur Coty, qui rendit ainsi un superbe hommage à l'architecture du 18e s. Des chambres au restaurant, le classicisme et le faste des lieux cultivent l'art de vivre à française !

56 chambres - †109/550 € ††109/550 € - 2 suites - ☕ 24 €

92 r. de Monts, 2 km au Sud-Ouest par D17 - ✆ 02 47 34 30 30 - www.artigny.fr

Domaine de la Tortinière

DEMEURE HISTORIQUE · PERSONNALISÉ Ce château du Second Empire se dresse au cœur d'un parc dominant l'Indre. Les chambres ont beaucoup de charme, certaines dans un style contemporain, et offrent une magnifique vue sur la vallée. Et aux beaux jours vous attend une agréable piscine.

27 chambres - †115/195 € ††115/340 € - 5 suites - ☕ 22 €

10 rte de Ballan, 2 km au Nord par D910 et D287 - ✆ 02 47 34 35 00 - www.tortiniere.com - Fermé 19 déc.-13 fév.

Domaine de la Tortinière - voir les restaurants ci-dessus

à l'Ouest 2 km, au lieu-dit Moulin Fleuri - ⊠ 37250 Montbazon

Le Moulin Fleuri

CUISINE MODERNE · AUBERGE XX Voilà un moulin (16e s.) où fleurissent les bons petits plats ! Au bord de l'Indre, les gourmands se délectent d'une cuisine dans l'air du temps, bien ficelée, goûteuse et généreuse. Le tout accompagné d'une belle carte des vins. Chambres, côté rivière ou jardin, pour prolonger l'étape.

Formule 24 € - Menu 33/57 €

10 chambres - †79/96 € ††79/96 € - ☕ 11 €

lieu-dit Moulin Fleuri - ✆ 02 47 26 01 12 - www.moulin-fleuri.com - Fermé 13-26 fév., 23-29 oct., 2-15 janv., jeudi sauf le soir en juil.-août et merc.

MONTBÉLIARD

⊠ 25200 Doubs - 25 521 hab. - Agglo. 106 439 hab. - Alt. 325 m - Carte régionale n° **9**-C1
Carte Michelin 321-K1 - Guide Vert Michelin Franche-Comté Jura

Le St-Martin (Olivier Prévôt-Carme)

CUISINE MODERNE · INTIME XXX Olivier Prévôt-Carme signe une cuisine riche de parfums, où le produit est roi. Pas de superflu, mais une justesse des recettes, cuissons et assaisonnements qui rehausse la saveur de chaque ingrédient. Rien de prétentieux, rien de compliqué... que du plaisir !

➜ Déclinaison autour du foie gras. Volaille de Bresse au vin jaune, risotto au vieux comté. Chariot des desserts.

Menu 29 € (déj.)/78 € - Carte 59/77 €

Plan : D1-u *1 r. du Gén.-Leclerc - ✆ 03 81 91 18 37 - www.le-saint-martin.fr - Fermé 19-25 mars, 7-13 mai, 23 juil.-15 août, sam. midi, dim. et lundi*

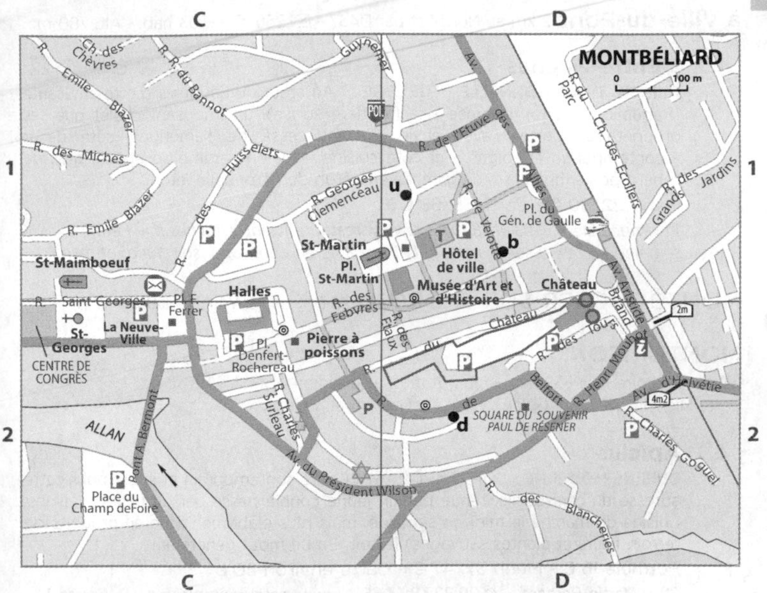

Bristol

BUSINESS • PERSONNALISÉ Une situation centrale, des chambres modernes et confortables, une piscine couverte et un parking fermé (bien utile dans cette ville largement piétonne) : sur le papier, ce Bristol a tout pour plaire ; l'étape se révèle en effet agréable.

48 chambres - †70/90 € ††70/95 € - ☕11 €

Plan : D1-b *2 r. de Velotte - ✆ 03 81 94 43 17 - www.hotel-bristol-montbeliard.com - Fermé 24 déc.-2 janv.*

La Balance

URBAIN • COSY Cette élégante demeure du 16e s., avec ses beaux volumes et ses charmants détails anciens - là un parquet d'origine, ici une belle mosaïque du 19e s. - a rouvert en 2014 après une rénovation particulièrement soignée. Souci du détail, esprit cosy… et âme historique.

45 chambres - †65/85 € ††65/85 € - ☕11 €

Plan : D2-d *40 r. de Belfort - ✆ 03 81 96 77 41 - www.hotellabalance.com*

MONTBENOÎT

✉ 25650 Doubs - 401 hab. - Alt. 804 m - Carte régionale n° **9**-C2
Carte Michelin 321-I5 - Guide Vert Michelin Franche-Comté Jura

à La Longeville 5,5 km au Nord par D131 - ✉ 25650 - 758 hab. - Alt. 900 m

Le Crêt l'Agneau

FAMILIAL • TRADITIONNEL Au milieu des pâturages, cette ferme du 17e s., tenue par un couple dynamique, distille le charme douillet des maisons de la région. Des chambres, très soignées, au petit-déjeuner (yaourts maison, comté et viennoiseries), en passant par la table d'hôte, on se régale !

5 chambres ☕ - †95 € ††110/120 €

Les Auberges - 1, le Crêt l'Agneau - ✆ 06 89 93 24 49 - www.lecret-lagneau.com

à Ville-du-Pont 2 km au Nord-Est par D437 – ✉ 25650 – 303 hab. – Alt. 780 m

L'Entre-Roches

CUISINE TRADITIONNELLE • AUBERGE XX Au cœur du Saugeais (cette amusante "République" autoproclamée à la frontière suisse), un imposant chalet que ses propriétaires portent avec envie, n'ayant cessé de l'amender, côté décor – contemporain et soigné – et côté cuisine – melon caramélisé et foie gras de canard poêlé, brochette de gambas en bâton de citronnelle, etc.

Menu 22/80 € – Carte 35/69 €

1 r. Principale – ✆ 03 81 38 10 92 – www.restaurant-entre-roches.fr – Fermé 1 semaine en fév., 1 semaine en juil., 1 semaine en août, dim. soir, lundi et mardi

MONTBOUCHER-SUR-JABRON – 26 Drôme ➔ Voir Montélimar

MONTBRISON

✉ 42600 Loire – 15 689 hab. – Alt. 391 m – Carte régionale n° **23**-A2
Carte Michelin 327-D6 – Guide Vert Michelin Lyon et sa région

Apicius

CUISINE MODERNE • CONTEMPORAIN X Cadre contemporain et épuré pour cette adresse du centre-ville, tenue par un jeune couple passé par de belles maisons. Cuisine du marché le midi en semaine, mais plus élaborée (riche en produits du terroir, fleurs et plantes sauvages) le soir. En un mot : généreux !

Formule 16 € – Menu 37/47 € – Carte environ 50 €

29 r. Martin-Bernard – ✆ 09 82 38 34 65 – www.restaurantapicius.net – Fermé 1 semaine en avril, 3 semaines en août, 1 semaine en janv., lundi soir, mardi soir, merc., sam. midi et dim.

à Savigneux 2 km à l'Est par D496 – ✉ 42600 – 3 432 hab. – Alt. 382 m

Marytel

BUSINESS • CONTEMPORAIN Cet hôtel moderne, en périphérie de la ville, propose des chambres fonctionnelles avec douches à l'italienne. Expositions d'œuvres d'artistes locaux... et la fameuse fourme de Montbrison (fromage bleu) au petit-déjeuner. Une bonne étape, notamment pour la clientèle d'affaires.

45 chambres – †71/87 € ††77/97 € – ☕ 10 €

95 rte de Lyon – ✆ 04 77 58 72 00 – www.hotel-marytel.com

MONTBRON

✉ 16220 Charente – 2 101 hab. – Alt. 141 m – Carte régionale n° **39**-C3
Carte Michelin 324-N5

Moulin de la Tardoire

CUISINE MODERNE • CONTEMPORAIN XX L'ancien moulin à farine est aujourd'hui un restaurant bucolique et charmant, installé entre rivière et verdure. Le chef, Matthieu Brudo, propose une cuisine de saison fine et bien réalisée, faisant la part belle au terroir : escargots charentais, truite de Magnac, pigeonneau et magrets de canard de Nontron... Savoureux !

Menu 19 € (déj. en semaine), 32/49 € – Carte 40/60 €

lieu-dit La Forge, 1,5 km au Nord-Est par D16 et rte secondaire – ✆ 05 45 66 41 46 – www.moulindelatardoire.fr – Fermé 1 semaine en nov., 3 semaines en janv., lundi soir et mardi soir de sept. à mai, dim. soir et lundi midi

MONTBRUN-LES-BAINS

✉ 26570 – 421 hab. – Alt. 600 m – Carte régionale n° **23**-C3
Carte Michelin 332-F8 – Guide Vert Michelin Ardèche Drôme

L'O des Sources

CUISINE TRADITIONNELLE · BISTRO X Ne vous laissez pas intimider par le lieu et son château ! Au cœur d'un parc de 4 ha, tout près des anciens thermes, ce bistrot moderne propose une cuisine traditionnelle de bon aloi, à prix sage. Aux beaux jours, installez-vous sur la terrasse, face au mont Ventoux. En sus, une jolie sélection de vins, disponibles à la vente.

Formule 16 € - Menu 24/37 € - Carte 30/40 €

(à côté des thermes)
- ✆ 04 75 27 11 09 - www.o-des-sources.com
- Fermé de fin nov. à mi-mars et lundi hors saison

MONTCEAU-LES-MINES

✉ 71300 Saône-et-Loire - 18 956 hab. - Agglo. 89 795 hab. - Alt. 285 m
- Carte régionale n° **4**-C3
Carte Michelin 320-G9 - Guide Vert Michelin Bourgogne

Jérôme Brochot

CUISINE MODERNE · ÉLÉGANT XXX Le chef Jérôme Brochot travaille intelligemment ses classiques pour élaborer des mets sagement inventifs. Ancrage régional, générosité et gourmandise sont à l'honneur. Pour le déjeuner, installez-vous à la table d'hôte avec vue sur les cuisines...

Formule 23 € - Menu 29 € (semaine), 55/110 € - Carte 70/110 €

7 pl. Beaubernard
- ✆ 03 85 67 95 30 - www.jeromebrochot.com
- Fermé sam. midi, dim. soir et lundi

à Blanzy 2 km au Sud-Est par D980 - ✉ 71450 - 6 457 hab. - Alt. 288 m

Le Plessis

CUISINE TRADITIONNELLE · FAMILIAL XX Œufs en meurette, escargots de Bourgogne : on vient ici pour... la tradition. Le chef concocte une cuisine gourmande et goûteuse, qui met en valeur les produits régionaux. Et l'été, il fait bon paresser sur la terrasse en jetant un coup d'œil au plan d'eau, un peu plus loin en face.

Carte 29/40 €

33 rte de Mâcon
- ✆ 03 85 57 46 08 - www.restaurant-le-plessis.com
- Fermé 1 semaine en avril, 2 semaines en août et en janv., dim. soir et lundi

MONTCENIS - 71 Saône-et Loire → Voir Creusot

MONTCHAUVET

✉ 78790 Yvelines - 267 hab. - Alt. 100 m - Carte régionale n° **10**-A2
Carte Michelin 311-F2

La Jument Verte

CUISINE TRADITIONNELLE · AUBERGE XX Un cadre digne du roman éponyme de Marcel Aymé : maison à pans de bois, terrasse sur la place du village et intérieur rustique (pierres, poutres, cheminée). Plats traditionnels.

Formule 25 € - Menu 33/45 € - Carte 42/54 €

6 pl. de l'Église
- ✆ 01 30 93 43 60
- Fermé vacances de fév. et 1er-15 sept.

Un important déjeuner d'affaires ou un dîner entre amis ?
Le symbole ⇔ vous signale les salons privés.

MONTCHENOT - 51 Marne ➜ Voir Reims

MONTCUQ

✉ 46800 Lot - 1 258 hab. - Alt. 205 m - Carte régionale n° **15**-B1
Carte Michelin 337-D5

Four

FAMILIAL • DESIGN Dans ce village médiéval, cette demeure de caractère allie authenticité et style contemporain. Les chambres personnalisées, avec mobilier design, draps en lin et petites terrasses, ont un charme fou. Recettes à base de truffe (en saison) à la table d'hôte. Jolie vue sur le village médiéval.

4 chambres - 145/195 € 145/195 €

4 r. de Montmartre - ✆ 05 65 21 23 08 - www.4ruemontmartre.com

MONTCY-NOTRE-DAME - 08 Ardennes ➜ Voir Charleville-Mézières

MONT-DAUPHIN-GARE - 05 Hautes-Alpes ➜ Voir Guillestre

MONT-DAUPHIN - 05 Hautes-Alpes ➜ Voir Guillestre

MONT-DE-MARSAN

✉ 40000 Landes - 31 009 hab. - Alt. 43 m - Carte régionale n° **2**-B2
Carte Michelin 335-H11 - Guide Vert Michelin Aquitaine

Les Clefs d'Argent (Christophe Dupouy)

CUISINE CRÉATIVE • FAMILIAL XX Les Clefs d'Argent ? Un restaurant en or, où décoration et cuisine rivalisent de goût. Épure contemporaine pour l'une ; couleurs et inventivité pour l'autre. Le chef signe des préparations originales et soignées, dont la clef est le beau produit landais... et la patronne distille sa bonne humeur en salle !

➜ Foie gras de canard et champignons blonds en tartelette, verjus au sirop d'érable. Paleron de bœuf Wagyu, petits pois et carottes à la française. Rhubarbe, hibiscus et fraises.

Menu 25 € (déj. en semaine), 66/100 €

333 av. des Martyrs-de-la-Résistance - ✆ 05 58 06 16 45 - www.clefs-dargent.com - Fermé 3 semaines en août, 23-30 déc., 2-8 janv., dim. sauf fériés et lundi

Villa Mirasol

CUISINE MODERNE • COSY XX La Villa Mirasol a confié les destinées de sa table au chef landais Armando Nogueira, l'ancien de la Table du Lavoir, aux Sources de Caudalie. Les plats s'articulent autour d'un menu-carte au prix alléchant. Carpaccio de truite, suprême de volaille farci et miel d'arbousier... Produits frais garantis !

Formule 17 € - Menu 21 € (déj. en semaine), 30/40 € - Carte 38/55 €

Hôtel Villa Mirasol, 2 bd Ferdinand-de-Candau - ✆ 05 58 44 14 14 - www.villamirasol.fr - Fermé 1 semaine en nov., 2 semaines en janv., dim. soir et lundi

Richelieu

CUISINE TRADITIONNELLE • BRASSERIE X En plein centre, cet hôtel-restaurant de tradition est la propriété de la même famille depuis 1900 ! La salle arbore de faux airs de brasserie, et la cuisine joue la carte des produits du Sud-Ouest et des recettes indémodables...

Formule 21 € - Menu 26 € (semaine), 36/49 € - Carte environ 60 €

Hôtel Richelieu, 3 r. Wlérick - ✆ 05 58 06 10 20 - www.hotel-richelieu-montdemarsan.com - Fermé 1 semaine en janv., vend. soir en août, dim. soir et sam.

Villa Mirasol

HÔTEL PARTICULIER • ÉLÉGANT Sur l'une des rives de la Midouze, cet hôtel particulier datant de la Belle Époque ne manque pas d'attraits : un bel intérieur tout de boiseries ciselées et de mobilier chiné, des chambres bien équipées et confortables... sans oublier la terrasse donnant sur la rivière.

5 chambres - 120/130 € 135/145 € - 2 suites - 15 €

2 bd Ferdinand-de-Candau - 05 58 44 14 14 - www.villamirasol.fr

Villa Mirasol - voir les restaurants ci-dessus

Le Renaissance

BUSINESS • PERSONNALISÉ En périphérie de Mont-de-Marsan, derrière une grande façade blanche d'inspiration classique, un intérieur contemporain et des chambres spacieuses et confortables. Restaurant dans l'air du temps, grande terrasse et piscine pour les beaux jours.

30 chambres - 80/84 € 87/120 € - 11 €

225 av. de Villeneuve, 2 km - 05 58 51 51 51 - www.le-renaissance.com

Richelieu

BUSINESS • FONCTIONNEL L'histoire ne dit pas si Richelieu aurait apprécié les sculptures du musée Despiau-Wlérick tout proche ! Dans cet hôtel, au cœur de la vieille ville, les chambres sont petites mais très bien tenues. Idéal pour une escapade dans la capitale landaise.

21 chambres - 64/80 € 74/94 € - 11 €

3 r. Wlérick - 05 58 06 10 20 - www.hotel-richelieu-montdemarsan.com - Fermé 1 semaine en janv.

Richelieu - voir les restaurants ci-dessus

à Mazerolles 6,5 km à l'Est par D1 et rte secondaire - 40090 - 675 hab. - Alt. 84 m

Auberge de la Pouillique

CUISINE MODERNE • RUSTIQUE En chemin pour une partie de pelote basque au trinquet, nombreux sont ceux à s'arrêter dans cette ancienne ferme du 19ᵉs. Ici, point de fronton mais des plats traditionnels qui ravissent les gourmands. En hiver, on s'installe près de la cheminée ; l'été, sur la terrasse face au jardin. Prix raisonnables.

Formule 16 € - Menu 24/42 € - Carte 40/46 €

656 chemin de la Pouillique - 05 58 75 22 97 - www.restaurant-auberge-lapouillique.com - Fermé 1er-16 sept., mardi soir, merc. soir, dim. soir et lundi

MONT-DOL - 35 Ille-et-Vilaine → Voir Dol-de-Bretagne

LE MONT-DORE

Puy-de-Dôme - 1 347 hab. - Alt. 1 050 m - Carte régionale n° **3**-B2
Carte Michelin 326-D9 - Guide Vert Michelin Auvergne

La Golmotte

CUISINE TRADITIONNELLE • AUBERGE Authenticité garantie dans cette auberge postée sur la route de Clermont-Ferrand ! La salle est une ancienne étable : voyez notamment l'auge qui fait office de présentoir à vins. Au menu : des produits frais, bien cuisinés, et des assiettes copieuses. Le tout à petits prix...

Menu 19/39 € - Carte 32/47 €

Hors plan *Le Barbier, 2,5 km au Sud-Est par D983 - 04 73 65 05 77 - www.aubergelagolmotte.com - Fermé 30 sept.-18 oct., dim. soir, lundi et mardi sauf vacances scolaires*

Le 1050

CUISINE DU TERROIR · BISTRO La cuisine est à l'image du décor : chaleureuse, généreuse, montagnarde. Les spécialités régionales, parfois servies dans leur récipient de cuisson, sont à l'honneur : chou farci, potée auvergnate, viande de Salers...

Carte 30/45 €

Plan : B2-a *Hôtel de Russie, 3 r. Favart*
– ✆ 04 73 65 05 97 – www.lerussie.com
– Fermé 12 nov.-15 déc. et le midi en semaine hors saison

Hôtel de Russie

FAMILIAL · CONTEMPORAIN Au cœur du Mont-Dore, tout près des thermes, ce petit hôtel est décoré dans un esprit montagnard "branché" qui fait mouche à tous les coups. Accueil sympathique, chambres actuelles bien équipées : un incontournable de la station.

33 chambres – 61/119 € 61/119 € – 11 €

Plan : B2-a *3 r. Favart*
– ✆ 04 73 65 05 97 – www.lerussie.com

Le 1050 – voir les restaurants ci-dessus

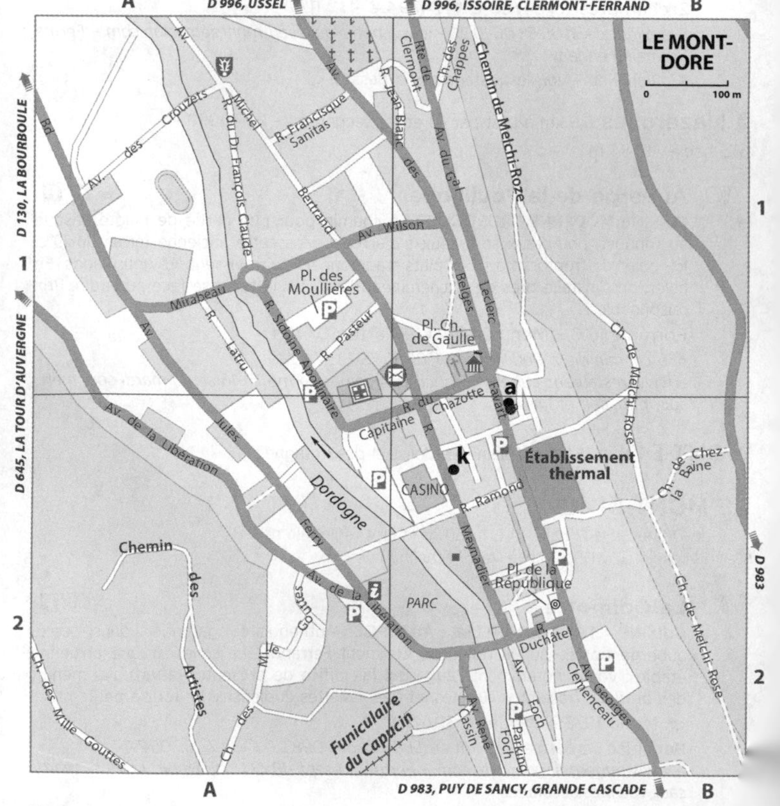

Parc

FAMILIAL • CONTEMPORAIN Un immeuble centenaire au cœur de cette station thermale où déjà à l'Antiquité, on venait prendre les eaux. Belle hauteur sous plafond, moulures, salle de jeux... Chambres fonctionnelles et bien tenues, plus spacieuses et résolument contemporaines dans l'aile adjacente.

59 chambres – 60/64 € 71/76 € – 9 €

Plan : B2-k *11 r. Meynadier – 04 73 65 02 92 – www.hotelduparc-montdore.com – Ouvert 2 mai-8 oct. et 25 déc.-20 mars*

Les Charmettes

FAMILIAL • FONCTIONNEL Les propriétaires sont amoureux de leur hôtel, et cela se voit jusque dans le mobilier en bois... percé de cœurs ! À trois minutes du centre-ville, cette petite maison en pierre dispose d'un jardin et d'un parking. Un établissement agréable.

19 chambres – 51/57 € 58/73 € – 7 €

Hors plan *30 av. Georges-Clemenceau – 04 73 65 05 49 – www.hotellescharmettes.com – Fermé 3 semaines fin mai début juin et 5 nov.-21 déc.*

au pied du Puy de Sancy 3 km par D983 – ✉ 63240 Le Mont Dore – Alt. 1 885 m

Le Puy Ferrand

FAMILIAL • MONTAGNARD Skier au saut du lit, c'est possible dans ce grand chalet situé au pied des pistes ! Les chambres se révèlent confortables, dans un style contemporain ; sport et nature sont bien représentés avec le magasin de ski attenant. Une bonne option pour profiter du Massif central.

27 chambres – 80/110 € 85/139 € – 12 €

– 04 73 65 18 99 – www.hotel-puy-ferrand.com – Fermé 1er nov.-15 déc.

MONTECH – 82 Tarn-et-Garonne

→ Voir Montauban

MONTEILS – 82 Tarn-et Garonne

→ Voir Caussade

MONTÉLIMAR

Drôme – 37 193 hab. – Alt. 90 m – Carte régionale n° **23**-B3
Carte Michelin 332-B6 – Guide Vert Michelin Ardèche Drôme

Aux Gourmands

CUISINE TRADITIONNELLE • BISTRO X Sur la place du Marché, ce bistrot est bien connu des amateurs de vins ! La carte compte près de 600 références (grandes maisons et petits propriétaires), qui vont bien à la cuisine, d'esprit traditionnel. Le tout dans un décor au diapason : casiers à bouteilles contre les murs et tables collées serrées.

Formule 31 € – Menu 39 € (déj.), 49/99 €

Plan : B1-f *8 pl. du Marché – 04 75 01 16 21 – www.aux-gourmands.fr – Fermé 26 août-6 sept., dim. et lundi*

Le Moderne

CUISINE MODERNE • BISTRO X Ce sympathique jeune couple, coincé entre un restaurant marocain et un japonais, ne démérite pas pour proposer une cuisine au goût du jour : en témoignent la côte de cochon, généreuse et servie rosée, mais aussi la tatin d'abricot, à déguster en terrasse dès les beaux jours.

Menu 17 € (déj. en semaine), 27/37 € – Carte 33/59 €

Plan : A1-a *25 bd Aristide-Briand – 04 75 01 31 90 – www.restaurant-lemoderne.fr – Fermé 18 fév.-8 mars, 1 semaine en mai, 26 août-2 sept., dim. soir, lundi et mardi*

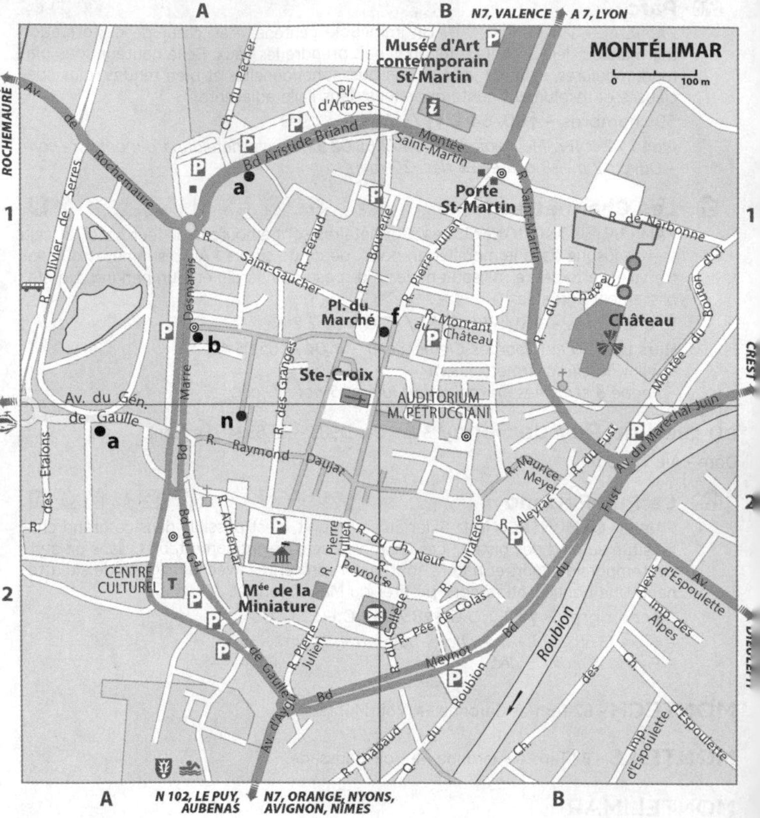

Petite France

CUISINE TRADITIONNELLE • CLASSIQUE X À moins d'être initié, ce restaurant ne se trouve pas facilement : il faut aller le dénicher dans une impasse de la vieille ville. Dans la salle voûtée et chaleureuse, on déguste une cuisine traditionnelle… made in Petite France. Ambiance familiale.

Formule 16 € – Menu 24/38 €
– Carte 35/67 €

Plan : A2-n *34 imp. Raymond-Daujat*
– ✆ 04 75 46 07 94
– Fermé 15 juil.-21 août, 23 déc.-2 janv., dim. et lundi

Hôtel du Parc

TRADITIONNEL • COSY Cet hôtel a été construit dans les années 1860, en même temps que la gare toute proche. Il dispose de charmantes petites chambres, bien tenues. Aux beaux jours, on prend son petit-déjeuner en terrasse… non loin du parc de Montélimar.

16 chambres – †56/134 € ††56/134 € – ☕ 9 €

Plan : A2-a *27 av. Charles-de-Gaulle*
– ✆ 04 75 01 00 73
– www.hotelduparc-montelimar.com

Sphinx

TRADITIONNEL • CLASSIQUE La jolie cour, la chaleur des parquets et boiseries confèrent un charme indéniable à cet hôtel particulier (17e s.) situé sur les allées provençales, au cœur de la vie montilienne, et à la fois assez tranquille. Bon niveau de confort.

24 chambres – 68/83 € 85/106 € – 10 €

Plan : A1-b *19 bd Marre-Desmarais*
– ☎ 04 75 01 86 64 – www.sphinx-hotel.fr – Fermé 23 déc.-13 janv.

au Sud 9 km au Sud par N7 et D844, rte Donzère – ✉ 26780 Malataverne :

Le Domaine du Colombier (Cyril Fressac)

CUISINE MODERNE • ÉLÉGANT XxX Sur les ruines d'un hermitage monastique, on aime s'installer dans les salles en enfilade – voûtées, à la décoration soignée – et sur l'apaisante terrasse de ce restaurant. La cuisine, fine et ancrée dans son époque, révèle des cuissons millimétrées et une technique solide : nos papilles sont ravies !

➜ Gigolettes de grenouilles cuites au beurre, girolles d'Ardèche et émulsion de persil. Pigeon cuit à basse température, cuisse et abats laqués, légumes. Beignet de ganache au chocolat coulant, glace à la vanille Bourbon.

Menu 38 € (déj. en semaine), 61/96 € – Carte 90/105 €

270 Chemin de Malombre, rte de Donzère
– ☎ 04 75 90 86 86 – www.domaine-colombier.com – Fermé 2-21 janv. et mardi du 10 oct. au 24 avril

Le Domaine du Colombier

LUXE • PERSONNALISÉ Imaginez une bastide du 15e s. au cœur de la Drôme provençale. Une adresse de charme où les chambres rivalisent de douceur et d'authenticité. À cela s'ajoutent un parc arboré, une belle piscine et un accueil aux petits soins. Tout est si paisible, propice à une agréable échappée !

22 chambres – 125/365 € 125/365 € – 2 suites – 18 €

270 chemin de Malombre, rte de Donzère
– ☎ 04 75 90 86 86 – www.domaine-colombier.com – Fermé 2-21 janv.

Le Domaine du Colombier – voir les restaurants ci-dessus

Le Trésor des Templiers

MAISON DE CAMPAGNE • PERSONNALISÉ Cette vieille ferme fortifiée du 18e s. offre une vue dégagée sur les vignes et les montagnes. Les cinq chambres tranchent avec l'atmosphère "vieilles pierres" du bâtiment : style oriental pour la Mirage, américain pour l'Évasion, etc. Piscine avec pool house. Plats traditionnels à la table d'hôte et copieux petit-déjeuner.

5 chambres – 135/185 € 135/185 € – 15 €

245 rte de Donzère
– ☎ 09 61 23 13 68 – www.letresordestempliers.com – Fermé 24 déc.-2 janv. et 15 janv.-28 fév.

à St-Marcel-lès-Sauzet 7 km au Nord-Est par D6 – ✉ 26740 – 1 205 hab. – Alt. 110 m

Le Prieuré

CUISINE TRADITIONNELLE • AUBERGE XX Ce Prieuré se trouve, comme il se doit, à côté de l'église ! Dans la salle de cette maison en pierre trône une collection de coqs et autres gallinacés. En leur compagnie, on déguste une généreuse cuisine régionale, avec notamment un menu dedié à la truffe durant l'hiver. Agréable terrasse ombragée.

Formule 21 € – Menu 25 € (semaine), 40/54 € – Carte 38/67 €

au village
– ☎ 04 75 46 78 68 – www.restau-le-prieure.com – Fermé mardi du 14 nov. au 30 avril, dim. soir et lundi

à La Laupie 11 km au Nord-Est par D129 puis D6 – ✉ 26740 – 811 hab. – Alt. 143 m

La Laùpio

FAMILIAL • PERSONNALISÉ Au milieu des champs et de grands arbres, cette belle ferme d'esprit provençal a été entièrement réhabilitée par ses propriétaires. Vieilles pierres, joli décor, espace et confort : les chambres séduisent. Fruits du verger, jus pressés et confitures maison au petit-déjeuner.

5 chambres – 90/115 € 90/115 €

15 impasse des Marronniers – 04 75 92 39 01 – www.lalaupio-chambresdhotes.fr

MONTENACH – 57 Moselle ➔ Voir Sierck-les-Bains

MONTENACH – 57 Moselle ➔ Voir Sierck-les-Bains

MONTENDRE

✉ 17130 Charente-Maritime – 3 218 hab. – Alt. 90 m – Carte régionale n° **20**-B3
Carte Michelin 324-H8 – Guide Vert Michelin Poitou-Charentes

La Quincaillerie

CUISINE MODERNE • BISTRO Un bel escalier et une galerie de style Eiffel, du parquet... Isabelle et Frédéric Milan ont eu un coup de cœur pour cette ancienne quincaillerie au cœur de Montendre. La carte est courte, car ce chef-artisan revendiqué travaille uniquement des produits frais et fait son marché chaque matin. Saveurs et générosité !

Formule 18 € – Menu 22 € (déj. en semaine), 32/65 € – Carte 46/84 €

30 r. de l'Hôtel-de-Ville – 05 46 70 42 41 – www.restaurant-laquincaillerie.fr – Fermé 1 semaine en fév., 1 semaine en sept., dim. soir de sept. à juin, mardi sauf le midi hors saison et lundi

LE MONTENVERS ➔ Rattaché à CHAMONIX-MONT-BLANC

MONTESQUIEU-DES-ALBÈRES – 66 Pyrénées-Orientales ➔ Voir Le Boulou

MONTESQUIOU

✉ 32320 Gers – 579 hab. – Alt. 214 m – Carte régionale n° **15**-A2
Carte Michelin 336-D8

Maison de la Porte Fortifiée

MAISON DE CAMPAGNE • PERSONNALISÉ Deux belles maisons anciennes situées près de la porte fortifiée (13ᵉs.) du village. Les chambres, décorées de mobilier chiné, ont beaucoup de charme, et la journée commence avec l'odeur des croissants frais. Table d'hôte aux saveurs d'ici et d'ailleurs.

4 chambres – 70/90 € 90/130 €

r. Nationale, près de la porte fortifiée – 05 62 70 97 06 – www.porte-fortifiee.eu – Fermé 2 janv.-29 mars

MONTEUX

✉ 84170 Vaucluse – 12 537 hab. – Alt. 42 m – Carte régionale n° **22**-E1
Carte Michelin 332-C9 – Guide Vert Michelin Provence

Le Saule Pleureur

CUISINE MODERNE • ÉLÉGANT Un beau jardin fleuri, une grande villa... On oublie immédiatement la route toute proche pour jouir de l'essentiel : une cuisine aux couleurs provençales, généreuse et gorgée de soleil, qui fait la part belle aux saveurs méditerranéennes.

Formule 26 € – Menu 37 € (semaine), 48/70 € – Carte 44/74 €

145 chemin de Beauregard, 2 km au Sud-Ouest sur la voie rapide Avignon-Carpentras – 04 90 62 01 35 – www.le-saule-pleureur.com – Fermé mardi midi, dim. soir et lundi

MONTFAUCON - 25 Doubs → Voir Besançon

MONTFORT-L'AMAURY

✉ 78490 Yvelines - 2 965 hab. - Alt. 185 m - Carte régionale n° **10**-A2
Carte Michelin 311-G3 - Guide Vert Michelin Île-de-France

St-Laurent

HÔTEL PARTICULIER · ÉLÉGANT À vous de choisir votre décor : le superbe hôtel particulier du 17e s., les chambres plus récentes du pavillon situé dans le jardin, ou le grand luxe de la Résidence. Et au petit-déjeuner, il est vivement recommandé de goûter le cake fait maison et les viennoiseries de la boulangerie voisine...

19 chambres - 75/190 € 75/190 € - 12 €

2 pl. Lebreton
- 01 34 57 06 66 - www.hotelsaint-laurent.com - Fermé 29 juil.-19 août

à Grosrouvre 3 km à l'Ouest par D172 - ✉ 78490 - 937 hab. - Alt. 120 m

Auberge du Chasseur

CUISINE TRADITIONNELLE · BISTRO Un jeune couple sympa et dynamique rythme le quotidien de cette auberge du centre du village. Ils y servent une cuisine de tradition avec quelques petites touches plus modernes : c'est gourmand, et la carte évolue quotidiennement au gré des trouvailles du marché du jour. Jolie carte des vins.

Formule 17 € - Menu 20 € (déj. en semaine) - Carte 29/51 €
4 chambres - 80/90 € 90/100 € - 10 €

1 rte de la Surie
- 01 34 57 02 19 - www.aubergeduchasseur.fr - Fermé 1er-21 août, merc. midi, dim. soir et lundi

MONTFURON

✉ 04110 Alpes-de-Haute-Provence - 211 hab. - Alt. 669 m - Carte régionale n° **21**-B2
Carte Michelin 334-C9

Chez Éric

CUISINE TRADITIONNELLE · BISTRO Sur la place d'un charmant village, cette maison en pierre sèche a tout ce qu'il faut là où il faut, de la terrasse ombragée à la déco de bistrot. Pour couronner le tout, les petits plats provençaux se révèlent goûteux. Soupe de pistou, joues de cochon braisées, baba au rhum crème fouettée : miam, n'est-ce pas ?

Menu 38 €

pl. Daniel-Viguier
- 04 92 77 75 32 - Fermé lundi et mardi

MONTGENEVRE

✉ 05100 Hautes-Alpes - 536 hab. - Alt. 1 850 m - Carte régionale n° **21**-C1
Carte Michelin 334-I3 - Guide Vert Michelin Alpes du Sud

Anova

FAMILIAL · MONTAGNARD Tout près de la frontière italienne, on passe d'agréables moments dans cet imposant chalet contemporain. On y profite notamment d'une flopée de services bien pensés - skishop et casiers à skis, location de VTT, salle de jeux, espace spa - et de chambres confortables.

37 chambres - 130/250 € 130/490 € - 3 suites - 15 €

pl. de l'Obélisque
- 04 92 54 48 04 - www.anova-hotel.com - Ouvert 2 juil.-9 sept. et 2 déc.-15 avril

MONTGIBAUD

✉ 19210 Corrèze - 236 hab. - Alt. 460 m - Carte régionale n° **13**-B2
Carte Michelin 329-J2

Le Tilleul de Sully

CUISINE MODERNE • CONVIVIAL X C'est là, à l'ombre du vieux tilleul, que se trouve cette auberge de campagne. Fleurs de courgette, choux pommelés, groseilles, etc., abondent dans le potager et le chef sait les préparer ! Une savoureuse cuisine du terroir corrézien, gourmande et généreuse, à déguster devant la cheminée ou dehors, face aux arbres fruitiers.

Formule 23 € - Menu 31/49 € - Carte 39/53 €

- ✆ 05 55 98 01 96 - Fermé 1 semaine en juin, 1 semaine en sept., 20 déc.-18 janv., mardi hors saison, dim. soir et lundi sauf fériés

MONTGRÉSIN - 60 Oise → Voir Chantilly

LES MONTHAIRONS - 55 Meuse → Voir Verdun

MONTHIEUX

✉ 01390 Ain - 655 hab. - Alt. 295 m - Carte régionale n° **24**-E1
Carte Michelin 328-C5 - Guide Vert Michelin Lyon et sa région

Le Gouverneur

HÔTEL DE CHAÎNE • CONTEMPORAIN Cet hôtel en pleine campagne n'est autre que l'ancien domaine du gouverneur de la Dombes (14e s.). Parfait pour des activités de plein air comme le golf (9 et 18 trous) ou la pêche grâce aux nombreux étangs. Chambres fonctionnelles et confortables : préférez celles du bâtiment principal.

53 chambres - †105/165 € ††115/185 € - ☕ 15 €

lieu-dit le Breuil, D6 - ✆ 04 72 26 42 00 - www.domainedugouverneur.fr - Fermé 23 déc.-4 janv.

MONTHION - 73 Savoie → Voir Albertville

MONTICELLO - 2B Haute-Corse → Voir Corse (Ile Rousse)

MONTIGNAC

✉ 24290 Dordogne - 2 801 hab. - Alt. 77 m - Carte régionale n° **2**-D1
Carte Michelin 329-H5 - Guide Vert Michelin Périgord Quercy

Hostellerie la Roseraie (N)

CUISINE MODERNE • FAMILIAL XX Avec sa charmante terrasse, le lieu a beaucoup de cachet ; quant au chef, il propose une cuisine un brin complexe mais toujours bien travaillée, avec de judicieux mariages de saveurs. Service aimable et agréable.

Menu 31/55 €

Hostellerie la Roseraie, 11 pl. d'Armes - ✆ 05 53 50 53 92 - www.laroseraie-hotel.com - Ouvert 25 mars-28 nov. et fermé jeudi

Hôtel de Bouilhac (N)

HISTORIQUE • COSY Un hôtel particulier du 17e s., inscrit aux monuments historiques, à quelques pas seulement des célébrissimes grottes de Lascaux... L'architecture est typique de la région (hauts plafonds, moulures, parquets massifs) et les chambres ne manquent pas de charme.

10 chambres - †105/125 € ††185/245 € - ☕ 17 €

av. du Pr.-Faurel - ✆ 05 53 51 21 46 - www.hoteldebouilhac-montignac.fr - Fermé 1 semaine en fév.

Hostellerie la Roseraie

TRADITIONNEL • CLASSIQUE Au cœur du village médiéval, une demeure du 19e s. sur les bords de la Vézère. Les chambres sont coquettes et portent des noms de roses ; deux jolies suites familiales sont installées dans une maison au bord de l'eau...

17 chambres – 80/114 € 90/216 € – 3 suites – 14 €

11 pl. d'Armes – 05 53 50 53 92 – www.laroseraie-hotel.com – Ouvert 25 mars-28 nov.

Hostellerie la Roseraie – voir les restaurants ci-dessus

MONTIGNY-LA-RESLE

89230 Yonne – 600 hab. – Alt. 155 m – Carte régionale n° **4**-B1
Carte Michelin 319-F4

Le Soleil d'Or

CUISINE TRADITIONNELLE • FAMILIAL XX Une chose est sûre, le chef connaît ses gammes : il travaille avec beaucoup de soin et de justesse, modernisant la tradition de fort belle manière. Biscuit de brochet aux écrevisses, sauce au safran de l'Yonne ; feuilleté de ris de veau aux champignons... sans oublier l'incontournable tête de veau ! Quelques chambres aménagées à l'arrière.

Formule 18 € – Menu 32/52 € – Carte 54/79 €

3 rte d'Auxerre, N77 – 03 86 41 81 21 – www.lesoleil-dor.com – Fermé dim. soir de nov. à mai et lundi midi

Le Soleil d'Or

AUBERGE • FONCTIONNEL Ancien relais de poste situé en bordure de route nationale. Les chambres, fonctionnelles et climatisées, sont aménagées façon "motel" dans les granges situées sur l'arrière. Il fait bon se détendre dans le petit salon orné de boiseries. Restaurant traditionnel.

16 chambres – 72 € 86 € – 12 €

3 rte d'Auxerre, N77 – 03 86 41 81 21 – www.lesoleil-dor.com – Fermé dim. soir de nov. à mai

Le Soleil d'Or – voir les restaurants ci-dessus

MONTIGNY-SUR-LOING

77690 Seine-et-Marne – 2 716 hab. – Alt. 82 m – Carte régionale n° **10**-C3
Carte Michelin 312-F5

Le DIV'20

CUISINE CRÉATIVE • BISTRO X Ce discret bistrot contemporain propose une bonne cuisine inventive, comme le prouve ce suprême de pintade à la crème réglisse et légumes méditerranéens. On fait le plein de goûts et de saveurs, avec d'autant plus de plaisir que le service est efficace et chaleureux.

Formule 16 € – Menu 20 € (déj. en semaine), 28/67 € – Carte 33/69 €

20 r. du Loing – 01 64 45 76 79 – www.restaurantlediv20.fr – Fermé dim. soir, lundi et mardi

MONTJEAN-SUR-LOIRE

49570 Maine-et-Loire – 3 067 hab. – Alt. 44 m – Carte régionale n° **18** B2
Carte Michelin 317-D4 – Guide Vert Michelin Châteaux de la Loire

Le Fief des Cordellers

FAMILIAL • CLASSIQUE Toute la douceur angevine imprègne cet ancien couvent du 15e s., qui domine la Loire et la vallée (belvédère dans le parc). Chambres de bon confort, au mobilier classique. La propriétaire des lieux expose même ses propres toiles dans la maison !

4 chambres – 69/89 € 89/140 € – 9 €

lieu-dit Bellevue – 02 41 43 96 09 – http://logis.lefiefdescordeliers.com

MONTLIVAULT

✉ 41350 Loir-et-Cher - 1 366 hab. - Alt. 77 m - Carte régionale n° **6**-B2
Carte Michelin 318-F6

La Maison d'à Côté (Christophe Hay)

CUISINE MODERNE · TENDANCE XX Le chef, Christophe Hay, peut savourer la réussite de cette Maison d'à Côté... Tout y séduit : l'accueil chaleureux – l'équipe de cuisine n'hésite pas à venir en salle pour présenter les plats –, la générosité des assiettes, leur créativité tout en subtilité, la mise en avant des bons produits de la Loire...

➜ Anguille de Loire caramélisée, chou-fleur, sésame noir et vadouvan. Carpe de Loire à la "Chambord", truffe d'été, écrevisses et sauce au vin de Cheverny. Génoise au miel, amande et sorbet crème fraîche.

Menu 42 € (déj. en semaine), 70/131 € - Carte 65/130 €
12 chambres - 85/105 € 125/175 € - 10 €

17 r. de Chambord - 02 54 20 62 30 - www.lamaisondacote.fr - Fermé 1 semaine en nov., janv., mardi de sept. à avril et merc.

Côté Bistro - voir les restaurants ci-dessus

Côté Bistro

CUISINE TRADITIONNELLE · BISTRO X La carte de ce bistrot, composée par Christophe Hay, met en valeur les bons producteurs de la Loire et fait la part belle à la tradition. C'est exécuté simplement, sans chichis : on se régale ! Quant à la décoration, entre esprit loft et industriel, parée de bois et de fer, elle se révèle particulièrement accueillante.

Formule 22 € - Menu 30 € - Carte environ 42 €

17 r. de Chambord - 02 54 20 62 30 - www.lamaisondacote.fr - Fermé 1 semaine en nov., janv., mardi de sept. à avril et merc.

MONT-LOUIS

✉ 66210 Pyrénées-Orientales - 179 hab. - Alt. 1 565 m - Carte régionale n° **12**-A3
Carte Michelin 344-D7

à la Llagonne 3 km au Nord par D118 - ✉ 66210 - 230 hab. - Alt. 1 600 m

La Table du Capil (N)

CUISINE TRADITIONNELLE · FAMILIAL X Aux commandes de cette auberge, Fabrice Dubos, ancien chef de Dutournier, qui a ouvert et tenu pour lui le Pinxo, puis le Pois Gourmand. Il réalise une partition d'aubergiste, sorte de cuisine familiale réinterprétée, à base de produits locaux. Ici tout est garanti "maison" ! Une bonne adresse.

Menu 17 € (déj.)/27 € - Carte 30/45 €

6 Carrer de la Quillane - 04 68 04 94 48 - www.hotel-corrieu.fr - Ouvert mi-déc. à fin mars, vacances de printemps et mi-juin à fin sept.

Corrieu

AUBERGE · FONCTIONNEL Cette grande bâtisse de style régional se révèle être l'hôtel familial par excellence, avec les Pyrénées en toile de fond. Deux types de chambres : simples et sobres pour les moins chères ; plus confortables pour les "lodges" mansardés. Une bouffée d'oxygène !

20 chambres - 69/160 € 69/160 € - 3 suites - 11 €

6 Carrer de la Quillane - 04 68 04 22 04 - www.hotel-corrieu.fr - Ouvert mi-déc. à fin mars, vacances de printemps et mi-juin à fin sept.

La Table du Capil - voir les restaurants ci-dessus

MONTLOUIS-SUR-LOIRE

✉ 37270 Indre-et-Loire - 10 574 hab. - Alt. 60 m - Carte régionale n° **6**-B2
Carte Michelin 317-N4 - Guide Vert Michelin Châteaux de la Loire

La Cave

CUISINE MODERNE • RUSTIQUE X À la recherche d'un lieu atypique ? Ce restaurant troglodytique, sur les rives de la Loire, est tout indiqué ! En cuisine, le chef signe une cuisine dans l'air du temps qui valorise joliment le terroir. Ses plats sont généreux et goûteux à souhait. Vins du domaine ; ambiance chaleureuse.

Formule 18 € - Menu 23 € (déj. en semaine), 31/50 € - Carte 42/59 €

69 quai Albert-Baillet - ✆ 02 47 45 05 05 - www.restaurant-la-cave.com - Fermé 3 semaines en fév.-mars, dim. soir, mardi soir et merc.

Château de la Bourdaisière

HISTORIQUE • PERSONNALISÉ Ce superbe château des 14e-16e s. porte le cachet de l'histoire - il vit naître Gabrielle d'Estrées, la favorite d'Henri IV - mais il vit surtout au rythme de la nature : son parc de 55 ha abrite de superbes collections de végétaux, dont plus de 600 variétés de tomates (menu spécial au restaurant). Le temps passe autrement en ces lieux...

29 chambres - 110/350 € 110/350 € - 16 €

25 r. de la Bourdaisière - ✆ 02 47 45 16 31 - www.chateaulabourdaisiere.com - Fermé 4 janv.-18 mars et 15 nov. -26 déc.

MONTLUÇON

✉ 03100 Allier - 37 289 hab. - Alt. 220 m - Carte régionale n° **3**-B1
Carte Michelin 326-C4 - Guide Vert Michelin Auvergne

Grenier à Sel

CUISINE MODERNE • ÉLÉGANT XXX Au cœur de Montluçon, voilà bien une charmante demeure : murs du 15e s. recouverts de lierre, décor raffiné (parquet, moulures...). Les beaux produits sont travaillés avec soin. L'été, profitez de la terrasse, c'est un petit coin de paradis !

Menu 25 € (semaine), 39/60 € - Carte 62/93 €

8 chambres - 95/140 € 120/165 € - 14 €

Plan : B2-n *pl. des Toiles - ✆ 04 70 05 53 79 - www.legrenierasel.com - Fermé 19 fév.-13 mars, 1er-8 mai, 5-13 nov., sam. midi, dim. soir et lundi sauf le soir en juil.-août*

Le Safran d'Or

CUISINE TRADITIONNELLE • CLASSIQUE XX Ici, tout est fait maison, même le pain ! En cuisine, le chef concocte une agréable cuisine traditionnelle. Le tout avec un bon rapport qualité-prix, ce qui fait de ce restaurant une adresse... en or !

Formule 19 € - Menu 28/50 € - Carte 55/64 €

Plan : B2-u *12 r. Place-des-Toiles - ✆ 04 70 05 09 18 - Fermé sept., dim. soir, mardi soir et lundi*

Les Enfants Terribles

CUISINE MODERNE • BISTRO X Foie gras de canard, cervelle d'agneau aux câpres, omelette norvégienne... Le chef, un enfant du pays, réalise une belle cuisine de tradition et sait choyer sa clientèle. Un conseil : revenez-y souvent, la carte change tous les jours au gré des saisons et du marché !

Menu 32 € - Carte 27/46 €

Plan : A2-t *7 r. Porte-St-Pierre - ✆ 06 59 45 90 96 - Fermé dim., lundi et le midi*

Hôtel des Bourbons

BUSINESS • CONTEMPORAIN Face à la gare et à deux pas du château des ducs de Bourbon, cet établissement à la belle façade fin 19e s. est idéal pour une étape dans la cité médiévale. Chambres de bon confort.

42 chambres - 69/75 € 72/84 € - 9 €

Plan : A2-a *47 av. Marx-Dormoy - ✆ 04 70 05 28 93 - www.hotel-des-bourbons.com*

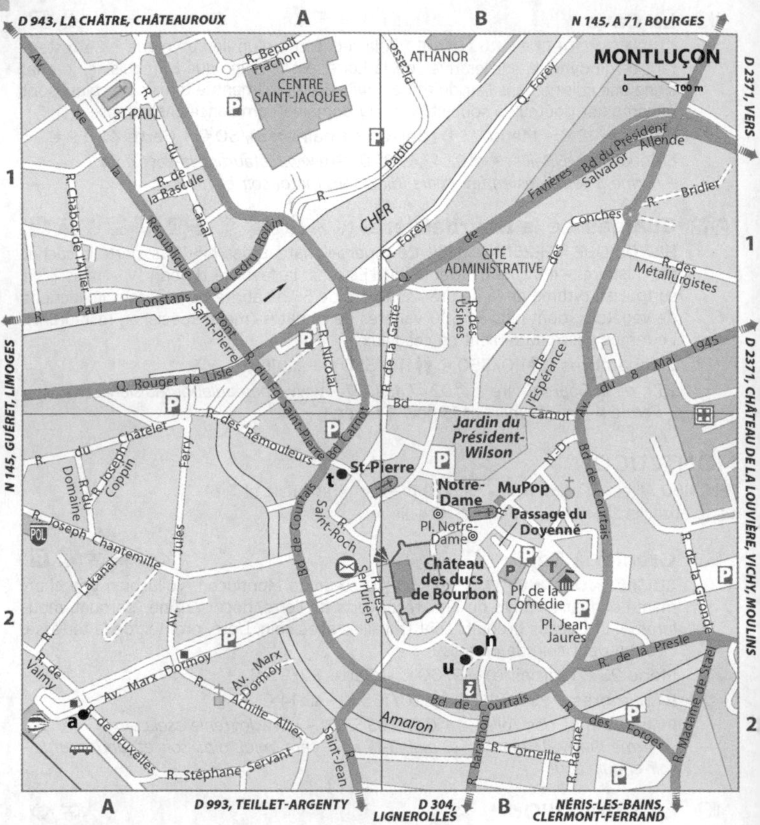

à St-Victor 7 km au Nord par D2144 – ✉ 03410 – 2 107 hab. – Alt. 212 m

Le Jardin Délice

CUISINE MODERNE • TENDANCE Une belle cuisine du marché, colorée et généreuse, servie dans un décor des plus agréables – une salle avec de grandes baies vitrées et sa terrasse ouvrant sur le jardin –, voilà un délicieux programme ! Le service est sérieux et professionnel, et quelques chambres permettent de faire étape.

Formule 19 € – Menu 28/59 € – Carte 39/74 €

6 rte de Paris – ✆ 04 70 28 80 64 – www.jardindelice.fr – Fermé 1 semaine en juin, 2 semaines en juil., vacances de la Toussaint, vacances de fév., dim. soir, lundi midi et merc.

Le Jardin Délice

BUSINESS • FONCTIONNEL Au nord de Montluçon, un hôtel en bordure de route, dont les chambres donnent sur la campagne ou le jardin... Un endroit parfait pour qui recherche un peu de verdure !

20 chambres – †55/58 € ††71/110 € – ☕ 9 €

6 rte de Paris – ✆ 04 70 28 80 64 – www.jardindelice.fr – Fermé 1 semaine en juin, 2 semaines en juil., vacances de la Toussaint et vacances de fév.

Le Jardin Délice – voir les restaurants ci-dessus

à Estivareilles 10 km au Nord par D2144 – ✉ 03190 – 1 116 hab. – Alt. 200 m

Le Lion d'Or

CUISINE CLASSIQUE • TRADITIONNEL XX Une bâtisse centenaire bordant la route nationale. De belles poutres font le caractère de la salle, tandis que la terrasse donne sur un parc arboré. Derrière les fourneaux, le chef signe une cuisine généreuse et goûteuse d'inspiration classique. Quelques chambres pour prolonger le séjour.

Formule 18 € – Menu 28 € (semaine), 32/60 € – Carte 39/68 €

23 rte de Paris – ✆ 04 70 06 00 35 – www.hotel-leliondor.net – Fermé 26 fév.-14 mars, 20-29 août, dim. soir, lundi soir et mardi

MONTMARAULT

✉ 03390 Allier – 1 508 hab. – Alt. 480 m – Carte régionale n° **3**-B1
Carte Michelin 326-E5

France

CUISINE MODERNE • CLASSIQUE XX Dans cet ancien couvent de 1850, la litanie des prières a laissé place à une toute autre musique... Derrière le piano, le chef joue une bien jolie partition, où la cuisine traditionnelle actualisée est à l'honneur. Chambres confortables, idéales pour l'étape.

Formule 24 € – Menu 33/68 € – Carte 29/66 €

8 chambres – †63/80 € ††63/115 € – ☕ 11 €

1 r. Marx-Dormoy – ✆ 04 70 07 60 26 – www.hoteldefrance-montmarault.com – Fermé 9-16 avril, 12 nov.-4 déc., dim. soir et lundi

MONTMÉLARD

✉ 71520 Saône-et-Loire – 336 hab. – Alt. 522 m – Carte régionale n° **4**-C3
Carte Michelin 320-G12

Le Saint-Cyr

CUISINE TRADITIONNELLE • AUBERGE XX Des plats traditionnels avec une pointe de modernité, voici ce que l'on trouve dans son assiette ici : rumsteck charolais et jus corsé au pinot noir ; ravioles d'escargots de Bourgogne... C'est tout simplement bon, et le tout se déguste avec vue sur la campagne bourdonnaise. Chambres chaleureuses et reposantes.

Formule 15 € – Menu 17 € (déj. en semaine), 26/45 € – Carte 27/45 €

9 chambres – †55/70 € ††63/160 € – ☕ 8 €

Le Bourg – ✆ 03 85 50 20 76 – www.lesaintcyr.fr – Fermé 2 semaines en janv., vacances de fév., vend. soir et dim. soir de nov. à mars, lundi midi et mardi midi

MONTMERLE-SUR-SAÔNE

✉ 01090 Ain – 3 811 hab. – Alt. 170 m – Carte régionale n° **24**-E1
Carte Michelin 328-B4

Émile Job

CUISINE CLASSIQUE • TRADITIONNEL XXX Il y a fort à parier que vous apprécierez les grands classiques qui valorisent le terroir : grenouilles, poissons de lac, poulette de Bresse, etc. Le tout à savourer dans un agréable cadre bourgeois. Aux beaux jours, on s'installe sur la terrasse qui donne sur la Saône.

Formule 22 € 🍷 – Menu 32 € (semaine), 39/60 € – Carte 40/100 €

14 chambres – †67/77 € ††77/87 € – ☕ 10 €

12 r. du Pont – ✆ 04 74 69 33 92 – www.hotelemilejob.com – Fermé 26 fév.-15 mars, 23 déc.-24 janv., dim. soir de janv. à juin et de sept. à nov., mardi midi et lundi

MONTMEYRAN

✉ 26120 Drôme - 2 869 hab. - Alt. 189 m - Carte régionale n° **23**-B3
Carte Michelin 332-C5

La Grande Maison

MAISON DE CAMPAGNE · ÉLÉGANT Une belle maison bourgeoise héritée du 19e s. Ses propriétaires, anciens architectes, ont mené une superbe restauration, insufflant au caractère des lieux un esprit contemporain des plus séduisants : parquets peints, bois brut, détails déco... Et leur accueil, en particulier autour des repas (recettes régionales), est charmant !

5 chambres ☕ - 🚹95/150 € 🚹🚹95/240 €

quartier les Granges - ✆ 04 75 59 31 68 - www.lagrandemaisondrome.com - Fermé 10 déc.-10 janv.

MONTMIRAIL - 84 Vaucluse ➔ Voir Vacqueyras

MONTMORENCY - 95 Val-d'Oise ➔ Voir Autour de Paris

MONTMORILLON

✉ 86500 Vienne - 6 155 hab. - Alt. 100 m - Carte régionale n° **20**-D2
Carte Michelin 322-L6 - Guide Vert Michelin Poitou-Charentes

Le Lucullus

CUISINE MODERNE · COSY XX Général romain au 1er s. av. J.-C., Lucullus est passé à la postérité en raison du faste de sa table... Heureux présage ! Installez-vous dans ce cadre cosy et feutré pour déguster une cuisine ciselée mettant joliment en valeur les produits locaux, réinterprétés avec finesse. Jolie terrasse aux beaux jours. Chambres pour l'étape.

Menu 27/65 €

35 chambres - 🚹54 € 🚹🚹68 € - ☕ 8,50 €

4 bd de Strasbourg - ✆ 05 49 84 09 09 - www.hoteldefrance-lelucullus.fr - Fermé vacances de la Toussaint, dim. soir, lundi et mardi

Bistrot de Lucullus

CUISINE TRADITIONNELLE · SIMPLE X La salle a été refaite dans un esprit sobre et contemporain, mais l'assiette préfère la tradition : une cuisine bien tournée, où les saveurs se révèlent franches et goûteuses.

Menu 14 € (semaine) - Carte 25/37 €

4 bd de Strasbourg - ✆ 05 49 84 09 09 - www.hoteldefrance-lelucullus.fr - Fermé vend. soir, dim. midi et sam.

MONTNER

✉ 66720 Pyrénées-Orientales - 328 hab. - Alt. 127 m - Carte régionale n° **12**-B3
Carte Michelin 344-H6

Auberge du Cellier (Pierre-Louis Marin)

CUISINE MODERNE · AUBERGE XX Dans cette charmante maison locale, Pierre-Louis Marin - un enfant du pays revenu aux sources - s'approvisionne surtout chez les petits producteurs locaux et concocte une cuisine délicate, sincère et éclatante de saveurs. Un régal pour les yeux et les papilles ! Quant aux chambres, elles sont simples mais agréables.

➔ Foie gras mi-cuit maison, tuiles de pain et chutney ananas. Homard et foie gras poêlé, beurre au vinaigre blanc. Soufflé brûlant-glacé.

Menu 23 € (déj. en semaine), 39/76 € - Carte 65/80 €

4 chambres - 🚹65 € 🚹🚹79 € - ☕ 10 €

1 r. Ste-Eugénie - ✆ 04 68 29 09 78 - www.aubergeducellier.com - Fermé 23 avril-2 mai, 18-27 juin, 22 oct.-14 nov., lundi d'oct. à avril, mardi et merc.

B. Rieger/hemis.fr

ON AIME...

La délicieuse cuisine du marché de **Leclere**, au cœur de l'Écusson. Les menus mystère du **Pastis**, qui nous réservent de belle surprises. **Anga**, où trois jeunes associés choisissent avec soin leurs produits. La salle à manger du **Cellier Morel**, installée sous de superbes voûtes du 13e s...

MONTPELLIER

✉ 34000 Hérault - 275 318 hab. - Agglo. 414 047 hab. - Alt. 27 m - Carte régionale n° **12**-C2
Carte Michelin 339-I7 - Guide Vert Michelin Languedoc

Restaurants

La Réserve Rimbaud (Charles Fontes)

CUISINE MODERNE • ÉLÉGANT XXX Des compositions judicieuses, centrées sur le produit, pleines de fraîcheur et gorgées de soleil ! Cette table rend hommage au Sud... et prend tout son sens sur la belle terrasse au bord du Lez, sous les platanes.
➜ Filet de bœuf en tartare et en carpaccio, huîtres de l'étang de Thau, avocat et anguille fumée. Filet de veau piqué au citron confit et aux olives noires, polenta et artichaut. Chocolat, café et framboises.

Formule 32 € - Menu 40 € (déj. en semaine)/95 € - Carte 75/90 €

Plan : C1-w *820 av. St-Maur - ✆ 04 67 72 52 53 - www.reserve-rimbaud.com - Fermé sam. midi, dim. soir et lundi*

Anga

CUISINE MODERNE • ÉPURÉ X Anga signifie vapeur en suédois. Ici, on cuisine au four vapeur à haute pression (un poisson est cuit en 2 secondes !) et l'effet est époustouflant : les aliments conservent leurs valeurs nutritives, leurs goûts et textures. Que ceux qui préfèrent un carré d'agneau au four se rassurent : chez Anga, on est aussi très ouvert... à la tradition !

Menu 21 € (déj.), 32/45 €

Plan : E2-m *19 r. du Palais-des-Guilhem - ✆ 04 67 60 61 65 - Fermé 2 semaines en avril, 2 semaines en oct., sam., dim. et lundi*

L'Artichaut

CUISINE MODERNE • CONVIVIAL X Emmené par un chef à la passion communicative, voici le temple de la cuisine de saison. Les recettes du marché s'y déclinent sous forme d'un menu-carte renouvelé régulièrement. Produits frais, préparations maison, vins régionaux : un restaurant qui fera fondre les cœurs... d'Artichaut.

Formule 21 € - Menu 24 € (déj. en semaine), 32/43 € - Carte 44/52 €

Plan : E2-n *15 bis r. St-Firmin - ✆ 04 67 67 91 86 - www.artichaut-restaurant.com - Fermé 1 semaine en avril, 3 semaines en août, 1 semaine en janv., dim. et lundi*

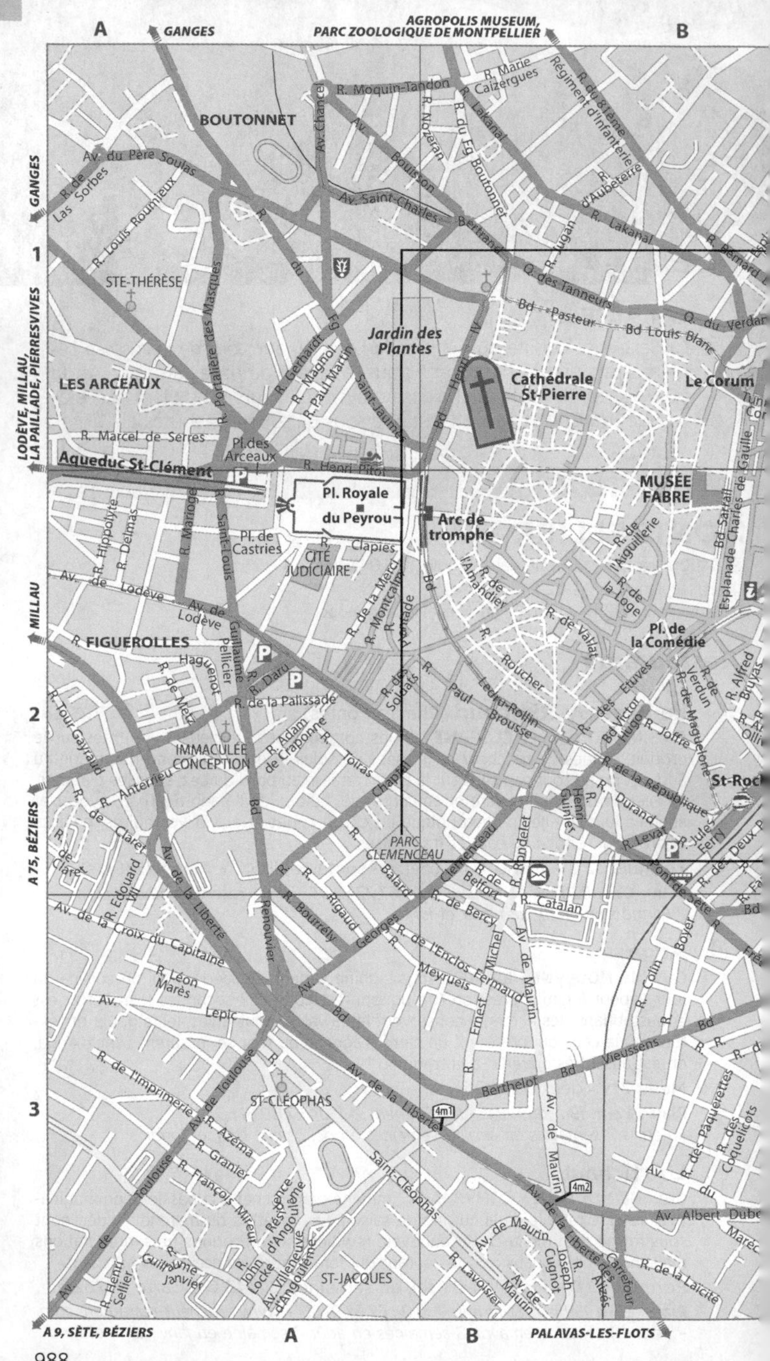
A
GANGES
AGROPOLIS MUSEUM, PARC ZOOLOGIQUE DE MONTPELLIER
B
BOUTONNET
LES ARCEAUX
STE-THÉRÈSE
Jardin des Plantes
Cathédrale St-Pierre
Le Corum
Aqueduc St-Clément
Pl. Royale du Peyrou
Arc de triomphe
MUSÉE FABRE
CITÉ JUDICIAIRE
FIGUEROLLES
Pl. de la Comédie
IMMACULÉE CONCEPTION
PARC CLEMENCEAU
St-Roch
ST-CLÉOPHAS
ST-JACQUES
LODÈVE, MILLAU, LA PAILLADE, PIERRESVIVES
MILLAU
A 75, BÉZIERS
A 9, SÈTE, BÉZIERS
PALAVAS-LES-FLOTS
1
2
3
Av. de Lodève
Av. de la Liberté
Av. de Toulouse
Bd Berthelot
Bd Vieussens
Av. de Maurin
Av. Albert Dubout
Bd Louis Blanc
Bd Pasteur
Q. des Tanneurs
Bd Henri IV
Av. Saint-Charles
R. Moquin-Tandon
Esplanade Charles de Gaulle
Bd Victor Hugo
R. de la République
Bd Renouvier
Av. Georges Clemenceau
4m1
4m2

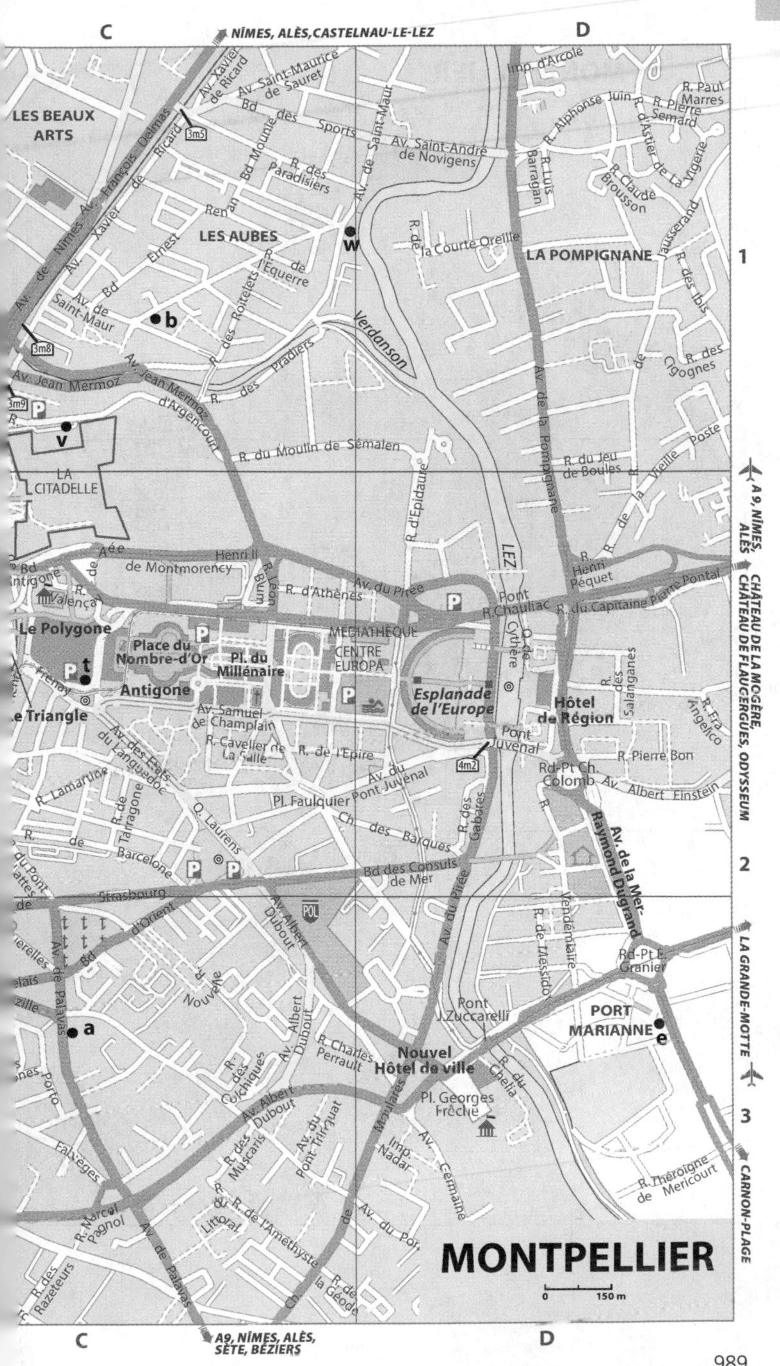

MONTPELLIER
NÎMES, ALÈS, CASTELNAU-LE-LEZ
A9, NÎMES, ALÈS
CHÂTEAU DE LA MOGÈRE, CHÂTEAU DE FLAUGERGUES, ODYSSEUM
LA GRANDE-MOTTE
CARNON-PLAGE
A9, NÎMES, ALÈS, SÈTE, BÉZIERS
LES BEAUX ARTS
LES AUBES
LA POMPIGNANE
LA CITADELLE
Le Polygone
Place du Nombre-d'Or
Pl. du Millénaire
Antigone
Le Triangle
MÉDIATHÈQUE
CENTRE EUROPA
Esplanade de l'Europe
Hôtel de Région
PORT MARIANNE
Nouvel Hôtel de ville
Pl. Georges Frêche
Verdanson
LEZ
Av. de la Pompignane
Av. du Pirée
Bd des Consuls de Mer
Av. de la Mer-Raymond Dugrand
Av. de Palavas
Av. Jean Mermoz
Av. Albert Dubout
0 150 m

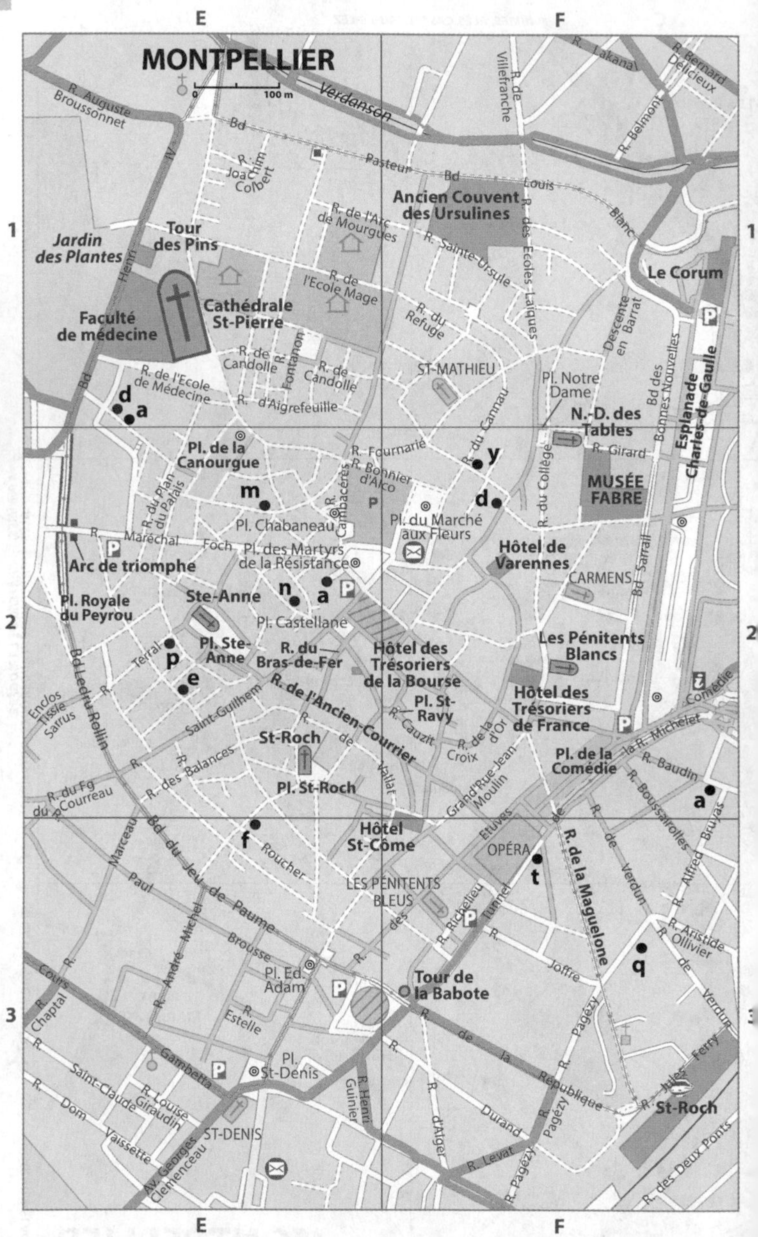
E
F
MONTPELLIER
0
100 m
1
2
3
R. Auguste Broussonnet
Verdanson
R. Lakanal
R. Bernard Délicieux
R. de Villefranche
R. Belmont
Bd Pasteur
Bd Louis Blanc
R. Joachim Colbert
Ancien Couvent des Ursulines
Jardin des Plantes
Tour des Pins
R. de l'Arc de Mourgues
R. Sainte-Ursule
R. des Écoles Laïques
Le Corum
Bd Henri IV
Faculté de médecine
Cathédrale St-Pierre
R. de l'École Mage
R. du Refuge
Descente en Barrat
Bd des Bonnes Nouvelles
Esplanade Charles-de-Gaulle
R. de Candolle
R. Fontanon
R. de l'École de Médecine
R. d'Aigrefeuille
ST-MATHIEU
Pl. Notre Dame
N.-D. des Tables
d
a
Pl. de la Canourgue
R. Fournarié
R. Bonnier d'Alco
R. du Cannau
y
R. Girard
MUSÉE FABRE
m
R. du Plan du Palais
R. Cambacérès
Pl. du Marché aux Fleurs
d
R. du Collège
Pl. Chabaneau
R. Maréchal Foch
Pl. des Martyrs de la Résistance
Hôtel de Varennes
Arc de triomphe
CARMENS
Bd Sarrail
n
a
Ste-Anne
Pl. Royale du Peyrou
Pl. Castellane
Les Pénitents Blancs
Pl. Ste-Anne
R. du Bras-de-Fer
Hôtel des Trésoriers de la Bourse
p
R. Terral
e
R. de l'Ancien-Courrier
Hôtel des Trésoriers de France
Comédie
Enclos Tissié Sarrus
Bd Ledru Rollin
R. Saint-Guilhem
Pl. St-Ravy
R. Cauzit
R. de la Croix d'Or
R. de la Vallat
St-Roch
Pl. de la Comédie
R. Michelet
R. Baudin
R. des Balances
Grand'Rue Jean Moulin
R. Boussairolles
a
R. du Fg du Courreau
Pl. St-Roch
R. Alfred Bruyas
f
Hôtel St-Côme
R. Roucher
R. des Étuves
R. de la Maguelone
R. de Verdun
OPÉRA
t
R. Marceau
Bd du Jeu de Paume
R. Paul Brousse
LES PÉNITENTS BLEUS
R. Richelieu
Tunnel
R. Aristide Ollivier
q
R. André Michel
R. Joffre
Pl. Ed. Adam
Tour de la Babote
Cours Gambetta
R. Chaptal
R. Estelle
R. de la République
R. Pagézy
R. Jules Ferry
R. Saint-Claude
R. Louise Giraudin
Pl. St-Denis
R. Henri Guinier
R. Durand
St-Roch
R. Dom Vaissette
ST-DENIS
R. d'Alger
R. Levat
Av. Georges Clemenceau
R. des Deux Ponts

Cellier-Morel

CUISINE CRÉATIVE • ÉLÉGANT XXX C'est l'histoire d'une amitié, celle de deux gourmets ! Dans la Maison de la Lozère, sous de superbes voûtes du 13e s., on déguste une cuisine multifacettes – tantôt classique, tantôt plus créative – et toujours goûteuse. Une valeur sûre, notamment côté desserts !

Formule 38 € – Menu 59/95 €

Plan : F2-d *27 r. de l'Aiguillerie (Maison de la Lozère) – ✆ 04 67 66 46 36 – www.celliermorel.com – Fermé 1er-15 août, lundi midi, merc. midi et dim.*

1789

CUISINE CLASSIQUE • TENDANCE XX Avec l'aide précieuse du chef Clément Bruno, grand amateur de truffe, le jeune patron a composé une carte appétissante autour de trois variétés du "diamant noir" : brumale, aestivum, et mélanosporum. La spécialité de la maison : la pomme de terre cuite au four et crème de truffe... Les amateurs seront ravis !

Formule 27 € – Menu 32 € (déj.), 40/65 € – Carte 54/80 €

Plan : E2-a *2 impasse Périer – ✆ 04 67 02 17 89 – www.1789-restaurant.com – Fermé dim. et lundi*

Le Petit Jardin

CUISINE MODERNE • CLASSIQUE XX Qu'il est doux de venir s'attabler dans ce restaurant prisé des Montpelliérains ! On y profite de petits plats joliment tournés, qui évoluent au fil des saisons ; le "must" est évidemment de s'installer sur la terrasse, nichée dans un... Petit Jardin très calme, et abritée par de grands parasols blancs.

Menu 39/55 € – Carte 48/101 €

Plan : E1-d *20 r. J.-J.-Rousseau – ✆ 04 67 60 78 78 – www.petit-jardin.com – Fermé 22 déc.-9 janv., dim. et lundi de nov. à mars*

Terminal #1

CUISINE MODERNE • BRANCHÉ X Les frères Pourcel ont réhabilité cet ancien chai, situé sur la route de l'aéroport. La vaste salle à manger mêle joliment pierre, acier et bois, dans un esprit d'atelier chic ; la carte met en avant les produits locaux et s'autorise quelques touches exotiques. Service aimable et efficace.

Menu 26 € (déj. en semaine), 29/89 € – Carte 54/95 €

Hors plan *1408 av. de la Mer – ✆ 04 99 58 38 38 – www.terminalpourcel.com – Fermé août, dim. et lundi*

L'Idée Saveurs

CUISINE MODERNE • SIMPLE X Dans le centre historique de la ville, cette table de poche – 20 couverts – affiche souvent complet... et pour cause : le chef-patron, M. Juste, y concocte des plats goûteux et bien ficelés, et choisit ses produits avec la plus grande attention. Un restaurant qui ne manque pas de suite dans les Idées !

Formule 27 € – Menu 30/37 €

Plan : E2-f *5 r. du Four-des-Flammes – ✆ 04 67 29 88 62 – Fermé 2 semaines en sept., 2 semaines en janv., mardi midi, merc. midi, jeudi midi, dim. et lundi*

La Factory

CUISINE MODERNE • BRANCHÉ X La décoration mi-Art déco, mi entrepôt industriel donne à cette Factory un look résolument à part. Côté assiette, on retrouve une bonne cuisine dans l'air du temps, entre touches lyonnaises et bourguignonnes – quenelle de brochet, œufs en meurette – et belles viandes d'ailleurs : bœuf Angus, cochon de bigorre... Miam !

Menu 32 € – Carte 34/61 €

Plan : D3-e *598 av. Raymond-Dugrand (Port Marianne) – ✆ 04 67 20 20 60 – www.lafactory-restaurant.fr – Fermé 23 déc.-2 janv., sam. sauf en juil.-août et dim.*

Leclere

CUISINE MODERNE · INTIME "Une cuisine d'arrivage" : c'est en ces termes que le jeune chef talentueux qualifie sa façon de mettre en valeur les produits, en privilégiant fraîcheur et circuits courts (poissons venus de Sète, framboises de Dordogne). L'endroit ne désemplit pas et c'est amplement mérité.

Formule 20 € – Menu 26 € (déj.), 35/39 €

Plan : E2-e *41 r. de la Valfère – 04 67 56 90 23 – www.restaurantleclere.com – Fermé vacances de fév., de la Toussaint et de Noël, mardi midi, merc. midi et lundi de sept. à juin, tous les midis en juil.-août et dim.*

Pastis

CUISINE MODERNE · INTIME À deux pas de la promenade du Peyrou, on se faufile dans l'étroite rue Terral pour accéder à ce restaurant de poche. Et pour peu que vous aimiez les surprises, vous allez être conquis par le menu "les yeux fermés", variant au gré du marché et de l'inspiration du chef. Jolie terrasse au pied de l'église.

Formule 25 € – Menu 38/55 €

Plan : E2-p *3 r. Terral – 04 67 66 37 26 – www.pastis-restaurant.com – Fermé 1 semaine en avril, 3 semaines en août, 1 semaine fin déc., dim. et lundi*

Hôtels & maisons d'hôtes

Crowne Plaza Corum

HÔTEL DE CHAÎNE · CONTEMPORAIN Un hôtel d'affaires récent, face au centre des congrès. Les chambres se révèlent confortables et élégantes, avec des références originales – et colorées – à l'Asie, l'Afrique, etc. Réussi !

140 chambres – 99/350 € 99/350 € – 4 suites – 23 €

Plan : C1-v *190 r. d'Argencourt – 04 67 72 22 22 – www.crowneplaza.com/montpellier*

Pullman Centre

HÔTEL DE CHAÎNE · CONTEMPORAIN Au sein du quartier d'affaires dessiné par l'architecte catalan Ricardo Bofill, cet hôtel est résolument contemporain. De belles prestations : chambres spacieuses, salles de séminaire, piscine et restaurant sur le toit... et service attentionné.

86 chambres – 140/310 € 140/310 € – 2 suites – 26 €

Plan : C2-t *1 r. des Pertuisanes – 04 67 99 72 72 – www.pullmanhotels.com*

Le Métropole (N)

HISTORIQUE · CONTEMPORAIN Cet établissement datant de 1898 aurait été la résidence de la reine Hélène d'Italie. Chambres fonctionnelles, bar contemporain et agréable jardin-terrasse ombragé. Piscine, hammam, petit fitness. À noter, la situation en cœur de ville, et la proximité de la gare.

96 chambres – 104/289 € 104/289 € – 2 suites – 15 €

Plan : F3-q *3 r. Clos-René – 04 67 12 32 32 – www.oceaniahotels.com*

Baudon de Mauny

HISTORIQUE · PERSONNALISÉ Beautés d'hier et d'aujourd'hui... Dallage ancien, portes sculptées, hauts plafonds, mais aussi mobilier design et aménagement très contemporain : au cœur de la ville, cet hôtel particulier du 18e s. arbore une mine superbe !

9 chambres – 145/345 € 145/345 € – 17 €

Plan : F2-y *1 r. de la Carbonnerie – 04 67 02 21 77 – www.baudondemauny.com – Fermé fév.*

Grand Hôtel du Midi

BUSINESS • URBAIN À un entrechat de la place de la Comédie, face au théâtre, ce bel immeuble du début du 20e s. (vitraux, mosaïques) a été entièrement rénové sur le thème de la danse contemporaine. Les chambres sont chaleureuses et élégantes : une vraie réussite !

41 chambres – 🚹99/250 € 🚹🚹109/250 € – 3 suites – ☕17 €

Plan : F3-t *22 bd Victor-Hugo – ✆ 04 67 92 69 61 – www.grandhoteldumidimontpellier.com*

Aragon

TRADITIONNEL • CLASSIQUE Dans une rue calme, un petit hôtel confortable, avec des détails charmants : meubles de style, cheminées, fenêtres à espagnolette... Le petit-déjeuner sous la verrière est agréable.

12 chambres – 🚹74/190 € 🚹🚹88/190 € – ☕12 €

Plan : F2-a *10 r. Baudin – ✆ 04 67 10 70 00 – www.hotel-aragon.fr – Fermé 15 déc.-15 janv.*

Le Guilhem

TRADITIONNEL • CLASSIQUE Près du Peyrou, cinq maisons des 16e et 17e s. mêlant caractère et esprit cosy : portes anciennes, alcôves, jolis imprimés... Certaines chambres toisent les tours de la cathédrale, alors que l'une est aménagée dans l'ancienne cave voûtée. Ainsi donc, de la terre au ciel, il n'y a qu'un pas !

35 chambres – 🚹85/240 € 🚹🚹85/240 € – ☕12 €

Plan : E1-a *18 r. J.-J. Rousseau – ✆ 04 67 52 90 90 – www.leguilhem.com*

Ulysse

FAMILIAL • CONTEMPORAIN Heureux qui comme Ulysse... Dans un quartier pavillonnaire, cet hôtel sympathique propose des chambres chaleureuses et impeccablement tenues. Copieux petit-déjeuner.

28 chambres – 🚹90/160 € 🚹🚹90/160 € – ☕13 €

Plan : C1-b *338 av. de St-Maur – ✆ 04 67 02 02 30 – www.hotel-ulysse.fr*

Clos de l'Herminier

FAMILIAL • PERSONNALISÉ Cultivez les charmes d'antan dans cette ancienne propriété vinicole du 19e s., isolée dans un quartier en construction. On oublie la ville dans le joli parc arboré (avec piscine), les chambres aux notes champêtres et autour du petit-déjeuner, avec confitures maison...

4 chambres ☕ – 🚹90 € 🚹🚹110/130 €

Hors plan *201 r. du Mas-de-Nègre (face au stade Yves du Manoir), 3 km au Sud-Ouest par av. de Toulouse – ✆ 04 67 07 98 88 – www.closdelherminier.com*

Mon Jardin en Ville

URBAIN • CONTEMPORAIN Joli métissage architectural pour cette bâtisse de 1892 et ses extensions contemporaines ! À 10mn de la place de Comédie, dans un parc boisé de 2500 m^2, cet élégant établissement – décor baroque et design – est parfait pour se reposer après une visite de la ville. Ne passez pas à côté du petit-déjeuner maison !

3 chambres ☕ – 🚹108/140 € 🚹🚹126/160 €

Plan : C3-a *23 av. de Palavas – ✆ 06 16 24 20 77 – www.monjardinenville.com*

à Castries 8 km au Nord par D66 et D613 – ✉ 34160 – 6 017 hab. – Alt. 70 m

Disini Ⓝ

CUISINE MODERNE • CONVIVIAL XX Au sein d'un imposant hôtel niché au milieu des chênes, cette table fait forte impression. Dans une grande salle à manger lumineuse, ou sur la terrasse à l'abri des frondaisons, on déguste la cuisine d'une jeune chef talentueuse : des assiettes colorées, "architecturées" avec précision, mais surtout pleines de saveurs et de parfums... Accueil aimable et professionnel.

Formule 19 € – Menu 24 € (déj. en semaine), 29/69 € – Carte 33/54 €

1 r. des Carrières – ✆ 04 67 41 97 86 – www.disini-hotel.com

Disini

BOUTIQUE HÔTEL • PERSONNALISÉ Disini ou "ici" en balinais... Dans une forêt de chênes verts, cet hôtel récent mêle touches ethniques (Asie et Afrique) et confort high-tech, dans une ambiance feutrée et reposante. Entretien irréprochable et accueil sympathique.

15 chambres – 104/354 € 104/354 € – 1 suite – 15 €

1 r. des Carrières – 04 67 41 97 86 – www.disini-hotel.com

Disini – voir les restaurants ci-dessus

à Castelnau-le-Lez 7 km au Nord par D66 et D613 – 34170 – 19 157 hab. – Alt. 60 m

Domaine de Verchant

CUISINE MODERNE • ÉLÉGANT XX Un lieu contemporain pour une cuisine dans l'air du temps. On sert les vins du domaine. Petit dernier, le restaurant la Plage propose une carte de brasserie de bel aloi, face aux vignes et à la piscine à débordement. Dépaysement assuré.

Menu 68/98 € – Carte 98/120 €

1 bd Philippe-Lamour, par r. de la Vieille-Poste – 04 67 07 26 00 – www.domainedeverchant.com – Fermé mardi sauf août et merc.

Domaine de Verchant

LUXE • DESIGN Une allée de platanes mène à cette belle propriété viticole du 16e s. cernée par les vignes... Les chambres sont superbes (design italien, équipements high-tech, charpente et vieilles pierres), le spa exquis, et la piscine à débordement ne connaît d'autre horizon que la mer de vignes.

26 chambres – 260/900 € 260/900 € – 5 suites – 28 €

1 bd Philippe-Lamour, par r. de la Vieille-Poste – 04 67 07 26 00 – www.domainedeverchant.com

Domaine de Verchant – voir les restaurants ci-dessus

à Baillargues 8 km au Nord par D66 et D613 – 34670 – 6 909 hab. – Alt. 23 m

Golf Hôtel de Massane

RESORT • FONCTIONNEL Vaste complexe hôtelier doté de nombreux équipements pour les loisirs et la détente. Les chambres, spacieuses et colorées, regardent pour certaines la piscine. Salle à manger contemporaine tournée vers le golf ; cuisine actuelle et vins régionaux.

32 chambres – 119/135 € 139/163 € – 12 €

au golf de Massane – 04 67 87 87 87 – www.massane.com

à Lattes 5 km Sud par D986 – 34970 – 15 963 hab. – Alt. 3 m

Le Mazerand

CUISINE CLASSIQUE • ÉLÉGANT XXX Cette propriété, dont l'origine remonte au 17e s., marie avantageusement vieilles pierres et décor moderne. On y déguste une cuisine régionale goûteuse, comme cette poêlée de girolles ou ce filet de bœuf d'Aubrac... en terrasse si les cieux sont cléments.

Formule 25 € – Menu 31/68 € – Carte 43/85 €

Mas de Causse, CD172 – 04 67 64 82 10 – www.le-mazerand.com – Fermé 17 fév.-5 mars, sam. midi, dim. soir et lundi

Le Bistrot d'Ariane

CUISINE TRADITIONNELLE • BISTRO X Sur le port, un grand et chaleureux bistrot (comptoir en bois, luminaires anciens) dont la cuisine canaille et bistrotière fait le bonheur des habitués. Les patrons annotent – avec pertinence – la carte des vins, où dominent les crus régionaux.

Formule 18 € – Menu 22 € (déj.)/41 € – Carte 35/50 €

5 r. des Chevaliers-de-Malte, à Port Ariane – 04 67 20 01 27 – www.bistrot-ariane.fr – Fermé 22 déc.- 6 janv., merc. soir et dim.

Sensation

CUISINE CRÉATIVE • CONTEMPORAIN Sensation, impression, émotion... Tout ce que recherche ce jeune chef très créatif (pâtissier de formation – on le ressent), qui s'est lancé ici avec sa compagne. Et pour les amateurs de plats plus traditionnels (salade de gésiers, souris d'agneau, etc.), direction le Bistronomik, juste à côté !

Menu 39/47 €

2 r. des Consuls, à Port Ariane – 04 67 50 39 31 – www.restaurantsensation.fr – Fermé sam. midi, dim. et lundi

à Juvignac 6 km à l'Ouest, rte de Millau – 34990 – 8 755 hab. – Alt. 32 m

Hôtel du Golf Montpellier Juvignac

BUSINESS • FONCTIONNEL Après avoir testé la régularité de votre swing sur le parcours 18 trous, cap sur cet hôtel dont la majorité des chambres (certaines avec terrasse) ouvrent sur les greens. Un ensemble de standing – golf oblige –, lumineux et très confortable !

46 chambres – 90/150 € 90/150 € – 40 suites – 14 €

38 av. des Hameaux-du-Golf (au golf international) – 04 67 45 90 00 – www.qualityhotelgolfmontpellier.com/

Vichy Thermalia Spa Hôtel

SPA ET BIEN-ÊTRE • CONTEMPORAIN Cet hôtel du groupe Vichy a été fondé en 2014 à proximité des sources de Fontcaude, dont l'eau – naturellement chaude – est utilisé pour les soins thermaux. Son principal atout est sans doute son immense spa, avec ses nombreux équipements ultra-modernes.

48 chambres – 95/265 € 95/265 € – 41 suites – 16 €

1292 allée des Thermes – 04 67 41 04 20 – www.juvignac-vichy-thermalia-spa-hotel.fr

à St-Gély-du-Fesc 13 km au Nord-Ouest par D986 – 34980 – 9 625 hab. – Alt. 95 m

Le Clos des Oliviers

CUISINE MODERNE • CLASSIQUE Du goût, de la simplicité, des produits de qualité bien travaillés : on apprécie ici une bonne cuisine, sans complications inutiles, et on se fait plaisir ! À noter : la carte des vins est réalisée avec le caviste voisin. L'été, on profite de la terrasse à l'ombre des canisses.

Formule 20 € – Menu 25 € (déj. en semaine), 38/67 € – Carte 40/58 €

53 r. de l'Aven – 04 67 84 36 36 – www.clos-des-oliviers.com – Fermé dim. soir et lundi

MONTRABÉ – 31 Haute-Garonne → Voir Toulouse

MONTREDON – 11 Aude → Voir Carcassonne

MONTREUIL

62170 Pas-de-Calais – 2 132 hab. – Alt. 54 m – Carte régionale n° **16**-A2
Carte Michelin 301-D5

Château de Montreuil

CUISINE CLASSIQUE • ÉLÉGANT On sert ici une cuisine de saison, qui navigue entre classicisme et touches plus actuelles, dans une salle à manger confortable, au décor feutré.

Formule 28 € – Menu 37 € (déj.), 78/100 € – Carte environ 78 €

Hôtel Château de Montreuil, 4 chaussée des Capucins – 03 21 81 53 04 – www.chateaudemontreuil.com – Fermé 15 déc.-31 janv., mardi midi et lundi sauf juil.-août et jeudi midi

Anecdote

CUISINE TRADITIONNELLE • BISTRO X Alexandre Gauthier, chef de la Grenouillère, revient ici aux fondamentaux : bouillon de crevettes grises, entrecôte béarnaise, crêpes Suzette, tarte Tatin... avec même certains plats en hommage à son père. Bons produits, belles présentations, saveurs et générosité : une table loin d'être anecdotique.

Formule 19 € – Menu 24 € (déj.) – Carte 39/65 €

1 r. des Juifs (pl. de l'Église) – ✆ 03 21 86 65 80
– www.anecdote-restaurant.com – Fermé 2 semaines en janv. , merc. en juil.-août, dim. et lundi de sept. à juin

Le Bistronome

CUISINE MODERNE • BISTRO X L'ancien Atelier 26 a été repris par le chef François Granderie, qui en a fait un Bistronome à son image : sobre et chaleureux. Il mise tout sur la simplicité et met en avant de bons produits frais, dans des recettes au goût du jour avec un solide ancrage dans la tradition. Et en prime, les prix sont raisonnables !

Formule 15 € – Menu 26 € – Carte environ 34 €

26 r. d'Hérambault – ✆ 03 21 06 04 23
– www.restaurant-le-bistronome.fr – Fermé merc. et mardi soir

Château de Montreuil

LUXE • PERSONNALISÉ Dans la partie haute de la ville, une grande et élégante demeure toute blanche (années 1920) dans un jardin clos, à l'abri des remparts... et du monde extérieur. Beaucoup de calme et de raffinement en ces lieux, dans une veine "so British".

9 chambres – 🚹150/285 € 🚹🚹150/285 € – 1 suite – ☕ 19 €

4 chaussée des Capucins – ✆ 03 21 81 53 04
– www.chateaudemontreuil.com – Fermé 15 déc.-31 janv. et lundi sauf juil.-août et fériés

Château de Montreuil – voir les restaurants ci-dessus

Coq Hôtel

TRADITIONNEL • FONCTIONNEL Cette maison bourgeoise dresse sa belle façade en brique rouge sur une placette du centre. Les chambres sont spacieuses et coquettes : parfait pour une étape dans cette petite ville médiévale.

19 chambres – 🚹90/125 € 🚹🚹90/125 € – ☕ 12 €

2 pl. de la Poissonnerie – ✆ 03 21 81 05 61
– www.coqhotel.fr – Fermé de mi-déc. à début fév.

à Attin 4 km au Nord-Ouest par N39 – ✉ 62170 – 722 hab. – Alt. 11 m

Au Bon Accueil

CUISINE TRADITIONNELLE • BISTRO X On ne compte plus ces anciennes auberges auxquelles de jeunes associés offrent une seconde jeunesse... Ici encore, le pari est gagnant ! Dans un intérieur de bistrot contemporain, on savoure une bonne cuisine faite maison, qui célèbre les produits du marché. Le tout à prix doux : que demander de plus ?

Menu 22/35 €

52 RN39 – ✆ 03 21 06 93 55
– www.au-bon-accueil-attin.fr – fermé 2 semaine en fév., 2 semaines en juin, 2 semaines en nov., dim. soir et lundi

Le guide MICHELIN est aussi sur la Toile :
retrouvez toute la sélection sur www.restaurant.michelin.fr

à La Madelaine-sous-Montreuil 3 km à l'Ouest par D139 et rte secondaire – ✉ 62170 – 167 hab. – Alt. 7 m

✿✿ La Grenouillère (Alexandre Gauthier)

CUISINE MODERNE • DESIGN XXX L'écrin est splendide : deux chapiteaux métalliques aux lignes épurées couronnent une salle ouverte sur la nature et les fourneaux ! Le chef alchimiste Alexandre Gauthier asticote les saveurs au gré d'assiettes tranchantes. Autant d'instantanés de créativité, où le produit chante les louanges des saisons. Ébouriffant.

➜ Grenouilles grillées. Pigeon au blé vert. Bulle du marais.

Menu 95/135 €
– Carte 80/105 €

19 r. de la Grenouillère – ✆ 03 21 06 07 22
– www.lagrenouillere.fr – Fermé 2 semaines en mars et en janv., lundi midi et jeudi midi de sept. à juin, mardi sauf le soir en juil.-août, merc. midi sauf juil.-août et merc. soir de nov. à mars

La Grenouillère

AUBERGE • DESIGN De l'hôtel-restaurant familial – une ancienne ferme picarde dans les champs –, Alexandre Gauthier a fait... un lieu d'avant-garde. À l'image de sa cuisine tout en recherches, les chambres jouent une carte très contemporaine, notamment les "huttes" créées dans le jardin par l'architecte Patrick Bouchain, au luxe sauvage !

12 chambres – 140/280 € 140/280 € – 23 €

19 r. de la Grenouillère – ✆ 03 21 06 07 22
– www.lagrenouillere.fr – Fermé 2 semaines en mars et en janv.

✿✿ **La Grenouillère** – voir les restaurants ci-dessus

au Moulinel 8 km à l'Ouest par D139 – ✉ 62170

Auberge du Moulinel

CUISINE TRADITIONNELLE • AUBERGE XX Un petit air de campagne chic, non loin du Touquet. Soufflé au Grand Marnier, salade de homard... Le chef réalise une alléchante cuisine traditionnelle. Tout est fait maison, y compris le pain et les glaces !

Formule 20 € – Menu 31 € (semaine), 46/63 €
– Carte 68/78 €

116 chaussée de l'Avant-Pays – ✆ 03 21 94 79 03
– www.aubergedumoulinel.com – Fermé 3 semaines en janv., lundi et mardi sauf juil.-août et dim. soir

MONTREUIL – 93 Seine-Saint-Denis

➜ Voir Autour de Paris

MONTREVEL-EN-BRESSE

✉ 01340 Ain – 2 452 hab. – Alt. 215 m – Carte régionale n° **23**-B1
Carte Michelin 328-D2 – Guide Vert Michelin Lyon et sa région

Le Comptoir

CUISINE TRADITIONNELLE • BISTRO X Envie d'un verre au Comptoir ? Ce café de village joue la carte de la nostalgie, façon bouchon lyonnais : banquettes, affiches, miroirs et... spécialités bistrotières, sans oublier quelques plats régionaux. Vous y reviendrez forcément !

Formule 17 € – Menu 21 € (semaine), 24/34 €
– Carte 28/39 €

9 Grande-Rue – ✆ 04 74 25 45 53
– www.restaurant-lecomptoir.fr – Fermé dim. soir et lundi soir sauf juil.-août, mardi soir et merc.

MONTRICHARD

⊠ 41400 Loir-et-Cher - 3 383 hab. - Alt. 62 m - Carte régionale n° **6**-A1
Carte Michelin 318-E7 - Guide Vert Michelin Châteaux de la Loire

à Chissay-en-Touraine 4 km à l'Ouest par D176 - ⊠ 41400 - 1 171 hab. - Alt. 63 m

Château de Chissay

DEMEURE HISTORIQUE • CLASSIQUE Louis XI, le général de Gaulle : ce château du 15ᵉs. a accueilli d'illustres personnages ! Chambres classiques ; la troglodytique et le duplex du donjon ne manquent pas d'originalité... Au restaurant : voûtes, boiseries, mobilier Louis XIII et... cuisine actuelle.

32 chambres - †140/310 € ††140/310 € - 2 suites - ☕ 17 €

- ✆ 02 54 32 32 01 - www.chateaudechissay.com - Ouvert avril-nov.

MONTRICOUX

⊠ 82800 Tarn-et-Garonne - 1 149 hab. - Alt. 113 m - Carte régionale n° **15**-C2
Carte Michelin 337-F7

Les Gorges de l'Aveyron

CUISINE MODERNE • CONVIVIAL XXX Au cœur d'un parc verdoyant baigné par l'Aveyron, cette villa cossue est une véritable invitation à savourer une cuisine de saison agréable et bien ficelée. La grande terrasse se révèle incontournable aux beaux jours.

Menu 15 € (déj. en semaine), 34/75 €
5 chambres - †85/160 € ††85/160 € - ☕ 13 €

169 rte des Georges de l'Aveyron - ✆ 05 63 24 50 50 - www.lesgorgesaveyron.com - Fermé mars, 2-31 janv., mardi sauf du 15 juin au 15 sept. et lundi

Le Délice des Papilles (N)

CUISINE TRADITIONNELLE • CONTEMPORAIN X Ici, on se délecte d'une bonne cuisine traditionnelle, à l'instar de ce ballotin de pigeon, farci au foie gras et truffe d'été, ou du carpaccio de langoustines. Six chambres à l'étage, et grande terrasse. Pour l'anecdote, on tourna ici quelques scènes du Vieux Fusil, avec Romy Schneider.

Formule 12 € - Menu 15 € (déj. en semaine), 27/60 € - Carte 36/50 €
6 chambres - †53/65 € ††53/65 € - ☕ 7 €

Le Bugarel-Bruniquel - ✆ 05 63 20 30 26 - www.ledelicesdespapilles.fr - fermé 15-28 fév., 2-15 nov., lundi et mardi

MONTROND-LES-BAINS

⊠ 42210 Loire - 5 280 hab. - Alt. 356 m - Carte régionale n° **23**-A2
Carte Michelin 327-E6 - Guide Vert Michelin Lyon et sa région

Carré Sud

CUISINE TRADITIONNELLE • FAMILIAL XX Agneau en croûte de persillade, soufflé glacé au Grand Marnier... En dépit de son jeune âge, le chef cuisine sans complexe : ses préparations, plutôt traditionnelles, se révèlent bien tournées. Menu dégustation le soir et le week-end ; agréable jardin.

Menu 18 € (déj. en semaine), 28/52 € - Carte 22/44 €

55 av. de la gare - ✆ 04 77 54 42 71 - www.carre-sud.fr - Fermé 2 semaines en sept., 2 semaines en mars, dim. soir et merc.

MONTS

⊠ 37260 Indre-et-Loire - 7 697 hab. - Alt. 50 m - Carte régionale n° **6**-B2
Carte Michelin 317-M5

Au Carrousel des Saveurs

CUISINE TRADITIONNELLE • CONVIVIAL X Le jeune chef, après un parcours dans de belles maisons, a posé ses valises dans cette petite auberge familiale des bords de l'Indre pour en faire... un carrousel de jolies saveurs ! Au coin de la cheminée, on se régale d'une bonne cuisine du marché, réalisée avec de bons produits. Très bon rapport qualité-prix.

Formule 21 € – Menu 26/49 €

2 r. Jean-Colin – ✆ 02 47 26 76 86 – www.aucarrouseldessaveurs.fr – Fermé 3-16 juil., 2-23 janv., dim. soir et lundi

LE MONT-ST-MICHEL

✉ 50170 Manche – 36 hab. – Alt. 10 m – Carte régionale n° **17**-A3
Carte Michelin 303-C8 – Guide Vert Michelin Normandie Cotentin, Bretagne

La Mère Poulard Ⓝ

CUISINE TRADITIONNELLE • AUBERGE XX On ne présente plus la fameuse Mère Poulard, véritable institution fondée en 1888 dans le prestigieux cadre du Mont-Saint-Michel. La décoration rend hommage à l'histoire des lieux (cheminée d'époque, photos d'artistes dédicacées) ; on profite de bons plats du terroir, en tête desquels la célébrissime omelette de la maison... Une halte s'impose !

Menu 38/58 € – Carte 52/76 €

27 chambres – †140/280 € ††140/280 € – ☕ 19 €

Gde-Rue – ✆ 02 33 89 68 68 – www.mere-poulard.com

à la Digue 2 km au Sud sur D976 – ✉ 50170 Le Mont-St-Michel

Le Relais Saint-Michel

TRADITIONNEL • CONTEMPORAIN Pour les touristes et les pélerins d'aujourd'hui, une étape confortable... face à la silhouette du Mont : dans ce relais contemporain (1995), la quasi totalité des chambres ouvrent par de grandes baies – et avec balcon ou terrasse – sur l'étendue des herbus et l'abbaye. Restaurant panoramique.

39 chambres – †230/525 € ††230/525 € – ☕ 19 €

– ✆ 02 33 89 32 00 – www.relais-st-michel.fr

Mercure

HÔTEL DE CHAÎNE • FONCTIONNEL Tous les avantages de la chaîne Mercure juste à côté du Couesnon, à l'amorce de la voie d'accès au Mont. Un ensemble confortable et bien tenu.

100 chambres – †104/178 € ††109/183 € – ☕ 15 €

– ✆ 02 33 60 14 18 – www.hotelmercure-montsaintmichel.com

Le Relais du Roy

TRADITIONNEL • FONCTIONNEL À l'entrée de la digue, une ancienne ferme de la fin du 18ᵉ s. toute en pierre, et son extension plus récente. Les chambres, fonctionnelles et bien tenues, ouvrent pour certaines (les plus calmes) sur le Couesnon.

27 chambres – †98/135 € ††134/204 € – ☕ 12 €

– ✆ 02 33 60 14 25 – www.le-relais-du-roy.com – Fermé 28 déc.-15 mars

MONTSALVY

✉ 15120 Cantal – 882 hab. – Alt. 800 m – Carte régionale n° **3**-B3
Carte Michelin 330-C6 – Guide Vert Michelin Auvergne

L'Auberge Fleurie

CUISINE MODERNE • AUBERGE XX Avis aux amateurs : ici, on a la passion du terroir et des bons vins ! Quenelle de saumon aux moules sur bisque de langoustine, côtelette de porc fermier "Lou Téchou" à la graine de moutarde... Dans cette auberge couverte de vigne vierge, le chef revisite joliment la tradition. Quelques chambres à l'étage.

Formule 15 € – Menu 17 € (déj. en semaine), 27/36 € – Carte 36/61 €

7 chambres – †50/70 € ††50/70 € – ☕ 9 €

pl. du Barry – ✆ 04 71 49 20 02 – www.auberge-fleurie.com – Ouvert de mi-mars à mi-nov. et fermé dim. soir et lundi sauf juil.-août

MONT-SAXONNEX

✉ 74130 Haute-Savoie - 1 626 hab. - Alt. 1 000 m - Carte régionale n° **25**-F1
Carte Michelin 328-L4 - Guide Vert Michelin Alpes du Nord

Jalouvre

FAMILIAL • COSY Bien au calme dans un village de montagne, un hôtel confortable et avenant, dont les chambres sont décorées dans un bel esprit de chalet contemporain - certaines ont un balcon donnant sur la vallée. Côté cuisine, carte de spécialités régionales.

14 chambres - †75/80 € ††90/95 € - ☕ 10 €

45 rte Gorge-du-Cé - ✆ 04 50 96 90 67 - www.lejalouvre.com

MONTSOREAU

✉ 49730 Maine-et-Loire - 447 hab. - Alt. 77 m - Carte régionale n° **18**-C2
Carte Michelin 317-J5 - Guide Vert Michelin Pays de la Loire

Diane de Méridor

CUISINE MODERNE • ÉLÉGANT XX Une grande salle avec vue sur la Loire... Des murs en tuffeau et quelques touches contemporaines s'accordant parfaitement avec la cuisine dans l'air du temps du chef. Le tout ponctué de quelques recettes régionales. Voilà une adresse qui sait conjuguer passé et présent !

Formule 19 € - Menu 29/43 € - Carte environ 57 €

12 quai Philippe-de-Commines - ✆ 02 41 51 71 76 - http://dianedemeridor.com - Fermé 4-24 janv., mardi et merc.

La Marine de Loire

LUXE • PERSONNALISÉ Un hôtel de charme décoré avec goût : les chambres, aux noms poétiques, sont confortables et bien tenues. Il fait bon se promener dans le jardin d'agrément, avant d'aller se prélasser dans l'espace bien-être, avec hammam et cabines de soins...

11 chambres - †140/160 € ††140/220 € - 4 suites - ☕ 15 €

9 av. de la Loire - ✆ 02 41 50 18 21 - www.hotel-lamarinedeloire.com

MOOSCH

✉ 68690 Haut-Rhin - 1 700 hab. - Alt. 390 m - Carte régionale n° **1**-A3
Carte Michelin 315-G9

Aux Trois Rois

CUISINE MODERNE • VINTAGE XX Pâté en croûte, tête de veau... Ici, les éternels bistrotiers sont rois, mais ils partagent volontiers leur couronne avec les produits de la mer. À l'ardoise, des propositions sans cesse renouvelées et des vins qui sont de vraies petites trouvailles : un royaume du goût, de la qualité et de la convivialité !

Menu 38/65 € - Carte 47/62 €

35 r. du Gén.-de-Gaulle - ✆ 03 89 82 34 66 - www.aux-trois-rois.com - Fermé 2 semaines fin juin-début juil., 28 déc.-8 janv., lundi et mardi

MORBECQUE

✉ 59190 Nord - 2 576 hab. - Alt. 17 m - Carte régionale n° **16**-B2
Carte Michelin 302-D3

Au Cœur d'Artichaut

CUISINE MODERNE • ÉLÉGANT XX Sis dans une jolie maison en brique, ce restaurant contemporain, ouvert par un jeune couple originaire du village, propose une cuisine dans l'air du temps, attentive aux produits et aux saisons, à déguster dans la belle salle à manger sous véranda. Service attentionné.

Formule 16 € - Menu 19/44 € - Carte 40/52 €

8 av. des Flandres - ✆ 03 28 48 09 21 - www.aucoeurdartichaut.fr - Fermé 19-28 fév., 6-29 août, lundi soir, dim. soir et merc.

MOREILLES - 85 Vendée ➔ Voir Luçon

MORESTEL

✉ 38510 Isère - 4 303 hab. - Alt. 220 m - Carte régionale n° **23**-C2
Carte Michelin 333-F3 - Guide Vert Michelin Lyon et sa région

Auberge du Fouron

CUISINE MODERNE • SIMPLE Des herbes aromatiques, des fleurs comestibles, des légumes du potager et des épices en tous genres : la recette du bonheur selon cette auberge. On se laisse donc facilement tenter par un pavé de merlu rôti au jus de viande et côtes de blettes, ou un jubilé de cerises et blanc-manger... Fameux !

Formule 17 € - Menu 25 € (déj. en semaine), 36/50 € - Carte 22/46 € dîner

254 chemin de Malissole, N75, rte de Bourg - ✆ 04 74 80 28 69 - www.aubergedufouron.com - Fermé 6-16 avril, 1er-8 janv., sam. midi de sept. à juin, mardi en juil. et août, dim. soir et lundi

MORET-SUR-LOING

✉ 77250 Seine-et-Marne - 4 305 hab. - Alt. 50 m - Carte régionale n° **10**-C3
Carte Michelin 312-F5 - Guide Vert Michelin Île-de-France

Hostellerie du Cheval Noir

TRADITIONNEL • PERSONNALISÉ À l'entrée de la cité médiévale, un ancien relais de poste dont les chambres, confortables et bien équipées (mini-bar, écran plat, wifi) sont régulièrement rénovées.

11 chambres - 90/175 € 115/300 € - 16 €

47 av. Jean-Jaurès - ✆ 01 60 70 80 20 - www.chevalnoir.fr

MOREY-ST-DENIS

✉ 21220 Côte-d'Or - 691 hab. - Alt. 275 m - Carte régionale n° **4**-D1
Carte Michelin 320-J6

Castel de Très Girard

CUISINE MODERNE • CONTEMPORAIN Dans ce restaurant où règne une douce atmosphère contemporaine, le chef réalise une belle cuisine, faite de fraîcheur de saison, de saveurs du terroir et de modernité... L'art de la conjugaison ! Sans oublier la très belle carte des vins.

Formule 18 € - Menu 22 € (déj. en semaine), 35/39 € - Carte 49/74 €

7 r. de Très-Girard - ✆ 03 80 34 33 09 - www.castel-tres-girard.com - Fermé 1er-27 janv.

Castel de Très Girard

MAISON DE MAÎTRE • ÉLÉGANT Au cœur d'un village viticole typiquement bourguignon, ce Castel est installé dans un ancien pressoir datant du 17e s. Les chambres, cossues et spacieuses, sont idéales pour se prélasser, tout comme la belle terrasse, le jardin et la piscine...

8 chambres - 190/300 € 190/300 € - 16 €

7 r. de Très-Girard - ✆ 03 80 34 33 09 - www.castel-tres-girard.com - Fermé 1er-27 janv.

Castel de Très Girard - voir les restaurants ci-dessus

MORGAT

✉ 29160 Finistère - Crozon - 7 535 hab. - Carte régionale n° **5**-A2
Carte Michelin 308-E5 - Guide Vert Michelin Bretagne Nord

Saveurs et Marée

POISSONS ET FRUITS DE MER • BRASSERIE Une cuisine "dans le vent" pour cette maison conviviale, au cœur de la station balnéaire. Marée et saveurs sont au rendez-vous avec des spécialités comme le poisson au beurre blanc, la marmite de homard, etc.

Formule 17 € - Menu 23 € (déj. en semaine), 32/58 € - Carte 30/49 €

52 bd de la Plage - ✆ 02 98 26 23 18 - www.saveurs-et-maree.com - Fermé de mi-janv. à mi- fév., dim. soir et lundi sauf en saison

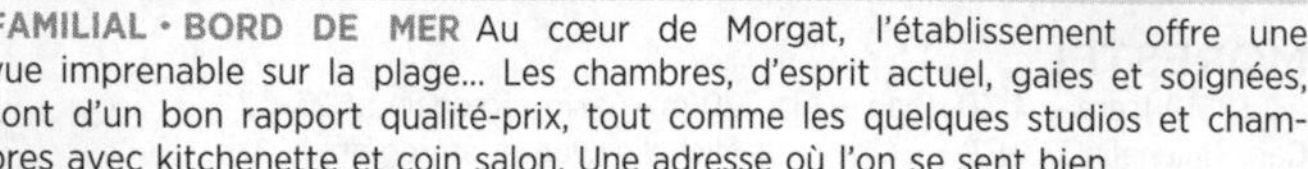

Hôtel de la Baie

FAMILIAL • BORD DE MER Au cœur de Morgat, l'établissement offre une vue imprenable sur la plage... Les chambres, d'esprit actuel, gaies et soignées, sont d'un bon rapport qualité-prix, tout comme les quelques studios et chambres avec kitchenette et coin salon. Une adresse où l'on se sent bien.

25 chambres – 53/98 € 56/98 € – 10 €

46 bd de la Plage – ✆ 02 98 27 07 51
– www.hoteldelabaie-crozon-morgat.com – Fermé 2 semaines en déc.

MORLAIX

29600 Finistère – 14 837 hab. – Alt. 7 m – Carte régionale n° **5**-B1
Carte Michelin 308-H3 – Guide Vert Michelin Bretagne Nord

Le Viaduc

CUISINE TRADITIONNELLE • COSY XX Cette maison compte parmi les plus vieilles du secteur de l'église St-Mélaine. Les spécialités du chef, dont le père était boucher : la viande, les abats et le célèbre kig-ha-farz, le pot-au-feu breton. Mais il y a aussi du poisson, bien sûr !

Formule 17 € – Menu 25/33 € – Carte 37/53 €

3 rampe St-Mélaine – ✆ 02 98 63 24 21
– www.le-viaduc.com – Fermé dim. soir et lundi sauf juil.-août

L'Evidence

CUISINE MODERNE • BISTRO X Un bistrot contemporain au cadre coloré – orange, noir, blanc –, situé dans le vieux Morlaix, et qui s'impose... comme une Évidence ! On y déguste une cuisine dans l'air du temps, qui évolue au fil des saisons ; le chef propose une formule attractive pour déjeuner. Spécialité de la maison : le pigeonneau rôti au chou.

Formule 16 € – Menu 22 € (déj. en semaine), 27/70 € – Carte environ 51 €

4 r. Basse – ✆ 02 98 15 58 25
– www.levidence.eu – Fermé 1 semaine en janv., 1 semaine en mai, 1 semaine en sept., dim. et lundi

L'Hermine 

CUISINE BRETONNE • RUSTIQUE X Poutres, tables en bois ciré, objets rustiques : une crêperie bien sympathique dans un pittoresque quartier piétonnier, avec une petite terrasse... On peut choisir parmi une cinquantaine de crêpes au sarrasin et au froment, avec une spécialité : la Godaille, une galette au thon, au beurre d'ail et aux algues.

Carte 11/30 €

35 r. Ange-de-Guernisac – ✆ 02 98 88 10 91
– www.restaurantmorlaix.com – Fermé dim.

Cozy Hôtel

BUSINESS • CONTEMPORAIN En léger retrait de la route, une construction cubique des années 1970, qui abrite des chambres fonctionnelles, joliment rénovées dans un style contemporain. L'accueil est sympathique et les prix raisonnables.

30 chambres – 55/95 € 55/95 € – 10 €

3 km par rte de Plouigneau Est sur D712 – ✆ 02 98 88 08 68
– www.hotel-morlaix.com – Fermé 16 déc.-2 janv.

MORNAC-SUR-SEUDRE

17113 Charente-Maritime – 822 hab. – Alt. 5 m – Carte régionale n° **20**-A3
Carte Michelin 324-D5 – Guide Vert Michelin Poitou-Charentes

Les Basses Amarres

CUISINE MODERNE • BISTRO Dans ce petit bourg typique de l'estuaire de la Seudre, marqué par la tradition ostréicole, ce bistrot marin rend un hommage sincère à la pêche locale et, plus généralement, aux produits de la région. On se régale au gré d'un menu renouvelé tous les mois, dans une ambiance sympa et décontractée.

Menu 29/34 € - Carte 42/58 €

5 r. des Basses-Amarres (au port) - 05 46 22 63 31 - www.restaurant-mornac.com - Fermé 1 semaine en oct., 1 semaine en nov., 1 semaine vacances de Noël, 2 semaines en janv.-fév., lundi et mardi sauf juil.-août

MORSBRONN-LES-BAINS

67360 Bas-Rhin - 702 hab. - Alt. 200 m - Carte régionale n° **1**-B1
Carte Michelin 315-K3

La Source des Sens

CUISINE MODERNE • CONTEMPORAIN Le cadre est résolument contemporain - mobilier design et vue sur les fourneaux via un écran plasma - et la cuisine se fait volontiers créative : foie gras à la plancha et rhubarbe rôtie au miel, lotte bretonne dans un bouillon de coques au lait de coco... Des recettes qui ont du sens !

Menu 18 € (déj. en semaine), 28/105 € - Carte 53/67 €

19 rte d'Haguenau - 03 88 09 30 53 - www.lasourcedessens.fr - Fermé dim. soir, mardi midi et lundi

La Source des Sens

SPA ET BIEN-ÊTRE • CONTEMPORAIN Un hôtel-restaurant très agréable dans cette station thermale du nord de l'Alsace. Chambres tendance au design sobre - plus calmes sur l'arrière du bâtiment -, espace bien-être complet avec un magnifique spa de 2 000 m^2 : tous les sens sont flattés.

32 chambres - 148/277 € 166/295 €

19 rte d'Haguenau - 03 88 09 30 53 - www.lasourcedessens.fr - Fermé 2 semaines en juil. et en janv.

La Source des Sens - voir les restaurants ci-dessus

MORTAGNE-AU-PERCHE

61400 Orne - 3 994 hab. - Alt. 260 m - Carte régionale n° **17**-C3
Carte Michelin 310-M3 - Guide Vert Michelin Normandie Vallée de la Seine

Restaurant du Tribunal

CUISINE MODERNE • ÉLÉGANT Le décor, élégant et cossu, ne manque pas d'attrait, mais c'est la cuisine qui interpelle : les produits du terroir, travaillés avec entrain et inventivité, épousent la tendance... Les spécialités régionales ne sont pas oubliées, tels le boudin noir (la grande spécialité de Mortagne) et la teurgoule !

Formule 15 € - Menu 31/55 € - Carte 36/53 €

4 pl. du Palais - 02 33 25 04 77 - www.hotel-tribunal.fr - Fermé de fin déc. à mi-janv.

Hôtel du Tribunal

AUBERGE • PERSONNALISÉ Une ravissante maison fleurie (13e-18e s.), parfaite pour partir à la découverte de la cité et des collines du Perche. Classiques ou joliment contemporaines, les chambres allient fraîcheur et confort. Avec en prime un accueil très sympathique.

21 chambres - 64/80 € 67/155 € - 12 €

4 pl. du Palais - 02 33 25 04 77 - www.hotel-tribunal.fr - Fermé de fin déc. à mi-janv.

Restaurant du Tribunal - voir les restaurants ci-dessus

au Pin-la-Garenne 9 km au Sud par rte Bellême sur D938 – ✉ 61400 – 715 hab. – Alt. 158 m

La Croix d'Or

CUISINE TRADITIONNELLE • AUBERGE XX Une auberge accueillante comme une maison de famille... La demeure appartenait déjà à l'arrière-grand-mère du chef ! Après avoir fait ses classes dans de grands établissements, il est revenu au pays avec son épouse – originaire du Sud-Ouest comme l'indique son accent chantant – ; ensemble, ils ont créé un véritable repaire gourmand. La tradition a du bon !

Formule 14 € – Menu 17 € (déj. en semaine), 27/47 € – Carte 31/58 €

6 r. de la Herse – ✆ 02 33 83 80 33 – lacroixdor.free.fr – Fermé vacances de fév. et de la Toussaint, mardi et merc.

MORTEAU

✉ 25500 Doubs – 6 827 hab. – Alt. 780 m – Carte régionale n° **9**-C2
Carte Michelin 321-J4 – Guide Vert Michelin Franche-Comté Jura

Jacques Alexandre

CUISINE TRADITIONNELLE • CONVIVIAL X Le chef, Laurent Gagliardi, semble avoir trouvé son rythme de croisière : son sympathique bistrot fait le plein grâce à une cuisine simple et généreuse, bien maîtrisée techniquement. L'ambiance, plutôt branchée, fait le reste...

Formule 18 € – Menu 28/40 € – Carte 29/56 €

34 Grande-Rue – ✆ 03 81 43 14 19 – www.jacques-alexandre.com – Fermé dim. et lundi

Auberge de la Roche

CUISINE TRADITIONNELLE • CONVIVIAL XX Une table de tradition, nichée dans la verte campagne du Haut-Doubs. Madame et Monsieur Feuvrier mettent tout leur cœur à satisfaire les clients, elle en salle, assurant un accueil très attentif ; lui aux fourneaux, jouant la carte du classicisme et des généreuses saveurs franc-comtoises...

Menu 27/85 € 🍷 – Carte 66/93 €

9 r. du Pont-de-la-Roche, 3 km au Sud-Ouest par D437 ✉ 25570 – ✆ 03 81 68 80 05 – www.aubergedelaroche.com – Fermé 1 semaine en juil., 1 semaine en janv., mardi soir, dim. soir et lundi

La Guimbarde

URBAIN • CONTEMPORAIN Un imposant édifice du 19e s. en plein centre-ville. Les chambres, de style contemporain, sont spacieuses et bien tenues, et l'on peut profiter de l'espace bien-être (jacuzzi, sauna, fitness). Le week-end, piano-bar au salon... sans guimbarde !

25 chambres – †59/110 € ††64/110 € – ☕ 8,50 €

10 pl. Carnot – ✆ 03 81 67 14 12 – www.la-guimbarde.com

MORZINE

✉ 74110 Haute-Savoie – 2 893 hab. – Alt. 960 m – Carte régionale n° **25**-F1
Carte Michelin 328-N3 – Guide Vert Michelin Alpes du Nord

L'Atelier

CUISINE MODERNE • TRADITIONNEL XX Au sein de l'hôtel Samoyède, un cadre montagnard chic, pour une cuisine inspirée directement par les produits du marché, rehaussée de jolies influences exotiques et déclinée à travers une courte carte et un menu dégustation.

Menu 45/85 € – Carte 62/70 €

Plan : A2-g *Hôtel Le Samoyède, 9 pl. de l'Office-du-Tourisme – ✆ 04 50 79 00 79 – www.hotel-lesamoyede.com – Ouvert de mi-déc. à mi-avril et fermé mardi et le midi*

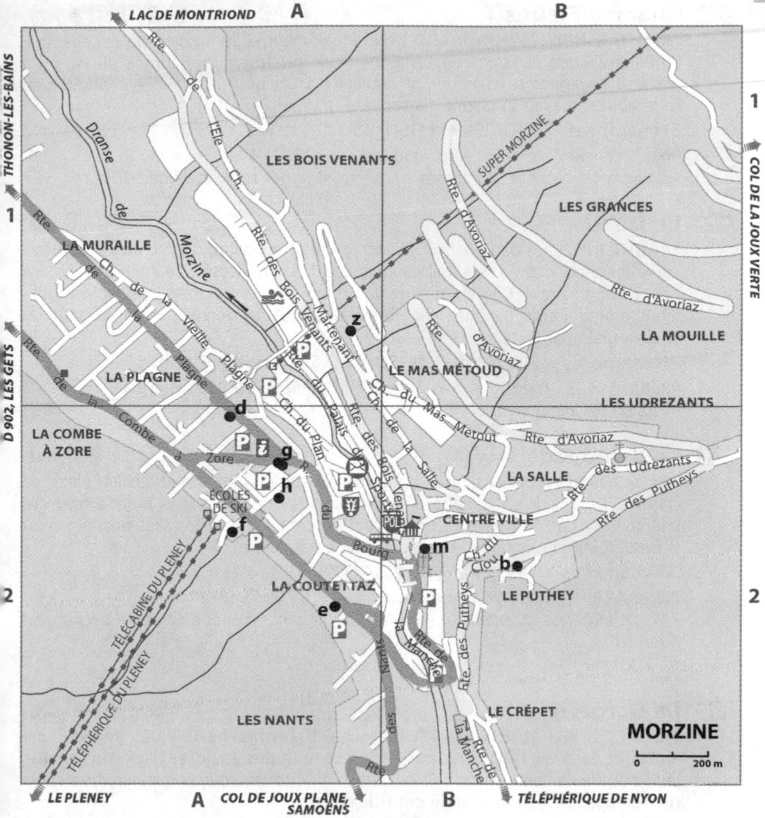

La Ferme de la Fruitière

FROMAGES, FONDUES-RACLETTES • CONVIVIAL X Dans cette salle boisée, une belle cheminée crépite sous vos yeux ; vous attendez l'arrivée de votre Berthoud, entre autres spécialités fromagères. Tournez la tête : à travers la vitre, la cave d'affinage de la fruitière voisine affiche ses meules d'Abondance, tommes et reblochons... Au cœur de la tradition !

Menu 32 € – Carte 45/87 €

Plan : A2-d *337 rte de la Plagne – ☎ 04 50 79 77 70 – www.alpage-morzine.com – Ouvert 20 juin-15 sept et 15 déc.-15 avril, fermé lundi fin juin et début sept.*

Les Vents d'Anges

CUISINE TRADITIONNELLE • SIMPLE X Laissez les vents vous porter jusqu'à cette petite adresse du "bas" de Morzine, à deux pas de la mairie. Le chef, originaire de Bretagne, réalise une cuisine goûteuse et maîtrisée, qu'il agrémente volontiers d'agrumes ; il propose aussi quelques plats nordiques, un clin d'œil aux origines picardes de sa compagne.

Carte 32/62 €

Plan : B2-m *10 chemin du Moulin – ☎ 04 50 37 66 71 – Fermé vacances de la Toussaint,15 mai début juin et ouvert du jeudi au dim. à l'inter saison*

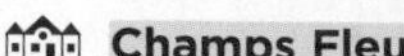

Champs Fleuris

TRADITIONNEL • MONTAGNARD Hôtel idéalement situé au pied du téléphérique du Pléney. Dans le salon crépite la cheminée et, après une journée de ski, on a plaisir à regagner sa chambre, si douillette ! On pourra également profiter de l'agréable spa avec sa piscine sensorielle.

51 chambres - 120/250 € 150/550 € - 16 €

Plan : A2-f *247 rte du Téléphérique - 04 50 79 14 44 - www.hotel-champs-fleuris.com - Ouvert 24 juin-4 sept. et 17 déc.-10 avril*

Le Dahu

TRADITIONNEL • MONTAGNARD Contrairement au dahu, dont la légende a traversé les siècles (avec ses pattes plus courtes d'un côté), ce grand chalet n'a rien d'imaginaire ! L'hôtel domine la vallée et dévoile une atmosphère joliment montagnarde dans les chambres, ainsi qu'une bonne cuisine au goût du jour au restaurant.

29 chambres - 100/200 € 150/400 € - 8 suites - 18 €

Plan : A1-z *293 chemin du Mas-Métout - 04 50 75 92 92 - www.dahu.com - Ouvert 22 juin-3 sept. et 16 déc.-8 avril*

Le Samoyède

TRADITIONNEL • ÉLÉGANT Au cœur de la station, un grand chalet plein de charme. Du skieur en solitaire à la famille nombreuse, tout le monde trouvera une chambre à son goût ; en bois blond ou contemporaines, elles donnent pour la plupart sur la montagne. Un cocon chic et chaleureux !

30 chambres - 70/144 € 134/374 € - 1 suite

Plan : A2-g *9 pl. de l'Office-du-Tourisme - 04 50 79 00 79 - www.hotel-lesamoyede.com - Ouvert de mi-juin à mi-sept. et de mi-déc. à mi-avril*

L'Atelier - voir les restaurants ci-dessus

La Bergerie

TRADITIONNEL • MONTAGNARD Un chalet sympathique où règne une ambiance familiale : chambres cosy et presque toutes équipées d'une kitchenette, jeux pour les enfants et piscine chauffée. À l'intérieur ou en terrasse, bon choix de fromages savoyards pour le petit-déjeuner.

29 chambres - 150/525 € 180/525 € - 2 suites - 18 €

Plan : A2-h *103 rte du Téléphérique - 04 50 79 13 69 - www.hotel-bergerie.com - Ouvert de fin juin à mi-sept. et fin déc. à mi-avril*

Chalet Philibert

TRADITIONNEL • MONTAGNARD Chalet rénové dans le respect de l'authenticité savoyarde, avec de beaux matériaux anciens (bois, pierre) glanés dans les fermes voisines. Les chambres sont confortables et chaleureuses ; celles de l'annexe sont plus sommaires (peu de mobilier et pas de téléphone) et privatisables sur demande.

26 chambres - 89/250 € 89/375 €

Plan : B2-b *480 rte des Putheys - 04 50 79 25 18 - www.chalet-philibert.com - Ouvert 15 juin-15 sept. et 1er déc.-20 avril*

La Clef des Champs

FAMILIAL • MONTAGNARD Un chalet au pied des pistes, dont les balcons en bois semblent découpés dans une fine dentelle. Les chambres accueillantes, de style montagnard, sont joliment arrangées et très bien tenues ; pour la relaxation, un petit détour s'impose par le hammam et le grand jacuzzi… Idéal pour les familles.

30 chambres - 100/160 € 100/225 € - 15 €

Plan : A2-e *40 Taille de Mas du Château (av. Joux-Plane) - 04 50 79 10 13 - www.clefdeschamps.com - Ouvert 1er juil.-1er sept. et 22 déc.-10 avril*

MOSNAC - 17 Charente-Maritime → Voir Pons

MOSNES

✉ 37530 Indre-et-Loire - 764 hab. - Alt. 70 m - Carte régionale n° **6**-A1
Carte Michelin 317-P4

Domaine des Thômeaux

DEMEURE HISTORIQUE • PERSONNALISÉ Ce château tourangeau en brique et tuffeau abrite des chambres thématiques sur les villes du monde. Détente et loisirs garantis avec le spa et le parc Fantasy Forest. La salle à manger est vraiment grande ! On y sert une cuisine traditionnelle, teintée de saveurs du monde.

34 chambres - 80/185 € 80/225 € - 16 €

12 r. des Thômeaux - 02 47 30 40 14 - www.domainedesthomeaux.fr - Fermé dim.

LA MOTHE-ACHARD

✉ 85150 Vendée - 2 870 hab. - Alt. 20 m - Carte régionale n° **18**-B3
Carte Michelin 316-G8

Domaine de Brandois

CUISINE MODERNE • DESIGN XX Moulures, parquet et mobilier design : on est immédiatement saisi par le charme châtelain et le raffinement contemporain de l'endroit. Dans l'assiette, on découvre une cuisine sobre, basée sur de bons produits, qui mêle habilement la tradition et l'air du temps... Un moment agréable !

Formule 25 € - Menu 30/50 € - Carte environ 44 €

La Forêt, proche du potager extraordinaire - 02 51 06 24 24 - www.domainedebrandois.com - Fermé sam. midi et dim. soir

Domaine de Brandois

DEMEURE HISTORIQUE • PERSONNALISÉ Au cœur d'un immense parc boisé, en pleine nature, ce petit château du 19e s. et ses dépendances cultivent l'art de la convivialité. Patine du temps, charme historique et... élégance résolument contemporaine et design. Centre équestre dans le domaine. Du style !

26 chambres - 99/210 € 99/210 € - 12 €

La Forêt, proche du potager extraordinaire - 02 51 06 24 24 - www.domainedebrandois.com

Domaine de Brandois - voir les restaurants ci-dessus

MOUANS-SARTOUX

✉ 06370 Alpes-Maritimes - 9 544 hab. - Alt. 120 m - Carte régionale n° **22**-E2
Carte Michelin 341-C6 - Guide Vert Michelin Côte d'Azur

Le Relais de la Pinède N

CUISINE MODERNE • CONTEMPORAIN X Cette étonnante maison en rondins renaît grâce à un jeune chef précis et imaginatif : figue en fine tartelette, chou rouge et chèvre frais ; loup de mer, semoule de chou-fleur et émulsion curcuma... À déguster à l'intérieur ou sur la terrasse sous les pins.

Formule 22 € - Menu 26 € (déj. en semaine), 36/62 € - Carte environ 50 €

rte de La Roquette-sur-Siagne, 1,5 km par D409 - 04 93 75 28 29 - lerelaisdelapinede.fr - Fermé sam. midi, dim. soir et lundi

Mon Petit Resto N

CUISINE MODERNE • COSY X Tout près du château datant des 15e et 16e s., cette petite maison accueille le travail d'un chef aguerri. Avec le meilleur de la production locale (légumes du marché, poissons, mais aussi viande et pain), il compose des assiettes soignées et savoureuses.

Formule 22 € - Menu 32 € (déj. en semaine), 45/72 € - Carte 59/74 €

1 r. du Château - 04 93 06 00 43 - www.monpetitresto.fr - Fermé 15 déc.-15 janv., dim. et lundi

MOUDEYRES

✉ 43150 Haute-Loire - 105 hab. - Alt. 1 177 m - Carte régionale n° **3**-C3
Carte Michelin 331-G4

Le Pré Bossu

TRADITIONNELLE • AUBERGE XX Cette chaumière aux volets rouges, de pierre vêtue, et agrémentée d'un jardin, propose de déguster une cuisine traditionnelle à base de produits de la région, dans une salle à manger aux poutres apparentes. Quelques chambres spacieuses à l'étage.

Menu 17/32 €

6 chambres - †78/108 € ††78/108 € - ☕ 11 €

- ☎ 04 71 05 10 70 - www.leprebossu.com - Fermé mars, nov., vacances de Noël et lundi

MOUGINS

✉ 06250 Alpes-Maritimes - 18 391 hab. - Alt. 260 m - Carte régionale n° **22**-E2
Carte Michelin 341-C6 - Guide Vert Michelin Côte d'Azur

Paloma

CUISINE CRÉATIVE • ÉLÉGANT XXX Cette colombe - "paloma" en espagnol - s'est posée au pied du village de Mougins... pour le plus grand plaisir des gastronomes. Dans un cadre baroque, ou sur la belle terrasse, on apprécie une belle cuisine méridionale, qui maîtrise aussi bien la tradition que la création.

➜ Foie gras en cocotte lutée. Marinière de homard breton. Soufflé du moment.

Formule 49 € - Menu 98/185 € - Carte 145/270 €

47 av. du Moulin-de-la-Croix - ☎ 04 92 28 10 73 - www.restaurant-paloma.com - Fermé dim. et lundi

Le Candille

CUISINE MODERNE • ÉLÉGANT XXX Une table élégante, avec une belle vue en terrasse... Ici, le chef et sa brigade réalisent une cuisine subtile, avec d'excellents produits du marché, en faisant régulièrement des clins d'œil aux traditions asiatiques. Fraîcheur, finesse et précision : une belle expérience !

➜ Crespeou, concassé de tomate cœur-de-bœuf et brisures d'olive taggiasche. Homard rôti, ragoût de girolles et jus de mer infusé à la cardamome fumée. Chocolat noir et cœur coulant comme un millefeuille.

Menu 49 € (déj.), 98/135 € - Carte 90/120 €

Hôtel Le Mas Candille, bd C.-Rebuffel - ☎ 04 92 28 43 43 - www.lemascandille.com - Fermé 2 janv.-2 fév., lundi et mardi sauf le soir de mai à sept.

L'Amandier de Mougins

CUISINE PROVENÇALE • MÉDITERRANÉEN XX Aux portes de ce village cher à Picasso, une maison pleine de fraîcheur et d'élégance. Au piano, un chef au beau parcours joue une savoureuse partition : saumon surprise en crustacé, merlu de ligne à la florentine, mousseline de patate douce légèrement vanillée... avec même un menu spécial en hommage à Roger Vergé. Superbe terrasse.

Formule 22 € 🍷 - Menu 29 € (déj.), 32/55 € - Carte 56/77 €

48 av. Jean-Charles-Mallet (au vieux village) - ☎ 04 93 90 00 91 - www.amandier.fr

La Place de Mougins

CUISINE CRÉATIVE • ÉLÉGANT XX Sur la place du village, évidemment ! Dans ce charmant restaurant règne une atmosphère chic et cosy, tandis qu'en cuisine, c'est l'ébullition autour d'un chef créatif et passionné ; chaque mois, il met en valeur un produit de saison, magnifiant la truffe, l'asperge, etc.

Formule 29 € - Menu 39 € (déj.), 65/130 € - Carte 100/170 €

41 pl. du Cdt-Lamy (au vieux village) - ☎ 04 93 90 15 78 - www.laplacedemougins.com - Fermé 7-12 fév., 22 nov.-7 déc., mardi et merc. de sept. à juin

Le Clos St-Basile

CUISINE MODERNE • MÉDITERRANÉEN XX Un bien agréable cadre provençal que celui de cette maison tenue par un jeune couple, tous deux passés par de belles maisons. Le chef excelle dans la confection d'une cuisine du marché savoureuse et inventive ; la patronne, sommelière, a d'excellents vins à vous conseiller. Enfin, la belle terrasse est idéale pour les beaux jours !

Formule 22 € – Menu 27 € (déj. en semaine), 42/65 € – Carte 60/78 €

351 av. St-Basile – 04 92 92 93 03 – www.clossaintbasile.fr – fermé 25 juin-4 juil., 29 oct.-8 nov., 7-31 janv., mardi et merc. hors saison

Le Mas Candille

LUXE • PERSONNALISÉ Ce superbe mas du 18e s. et sa bastide récente ne sont que douceur et quiétude : chambres raffinées, suites mêlant élégamment le contemporain à l'esprit Sud, spa complet et parc immense aux doux effluves méridionaux...

39 chambres – 195/1455 € 195/1455 € – 6 suites – 30 €

bd C.-Rebuffel – 04 92 28 43 43 – www.lemascandille.com – Fermé 2 janv.-2 fév.

Le Candille – voir les restaurants ci-dessus

Royal Mougins Golf Resort

LUXE • CONTEMPORAIN Un hôtel contemporain dont les vingt-neuf suites accueillent surtout une clientèle privilégiée, qui vient profiter du golf privé, l'un des plus exigeants et sélects au monde. Et n'oublions pas la superbe terrasse du restaurant, qui domine les greens...

29 suites – 150/450 € – 28 €

424 av. du Roi – 04 92 92 49 69 – www.royalmougins.fr – Fermé janv. et fév.

Hôtel de Mougins

TRADITIONNEL • MÉDITERRANÉEN Le jardin fleure bon l'oranger, la lavande et le romarin... Au détour d'une senteur, on trouve refuge dans quatre charmantes bastides, dont une datant du 18e s. Les chambres affichent un style provençal chic – très apprécié de la clientèle étrangère – et la piscine est délicieuse !

50 chambres – 109/659 € 109/659 € – 1 suite – 20 €

205 av. du Golf, 2,5 km par rte d'Antibes – 04 92 92 17 07 – www.hotel-de-mougins.com – Fermé 1er-28 janv.

Le Mas du Golf

BUSINESS • CONTEMPORAIN Dans un jardin parsemé d'essences méridionales, cette bâtisse moderne propose des chambres simples et fonctionnelles (murs clairs, peintures unies, mobilier design), dont certaines bénéficient d'une terrasse. Agréable piscine.

24 chambres – 79/149 € 79/189 € – 13 €

348 av. de la Valmasque, D35D – 04 92 28 88 20 – www.lemasdugolf.com – Fermé 1er déc.-4 janv.

MOULIN-DE-MALFOURAT – 24 Dordogne → Voir Bergerac

LE MOULINEL – 62 Pas-de-Calais → Voir Montreuil

MOULINS

03000 Allier – 19 762 hab. – Alt. 240 m – Carte régionale n° **3**-C1
Carte Michelin 326-H3 – Guide Vert Michelin Auvergne

Le Bistrot de Guillaume

CUISINE MODERNE • CONVIVIAL X En plein cœur de Moulins, la petite salle claire et intimiste donne déjà le "la", et l'on s'y attable sans se faire prier. Mais le meilleur est encore à venir : dans sa petite cuisine, le chef-patron compose des préparations à la fois fines et bien pensées, qui sont un ravissement pour les papilles.

Menu 21 € (déj. en semaine)/31 € – Carte 42/56 €

Plan : B2-b *13 r. de Pont – 04 43 51 23 82 – Fermé juin, dim. soir et lundi*

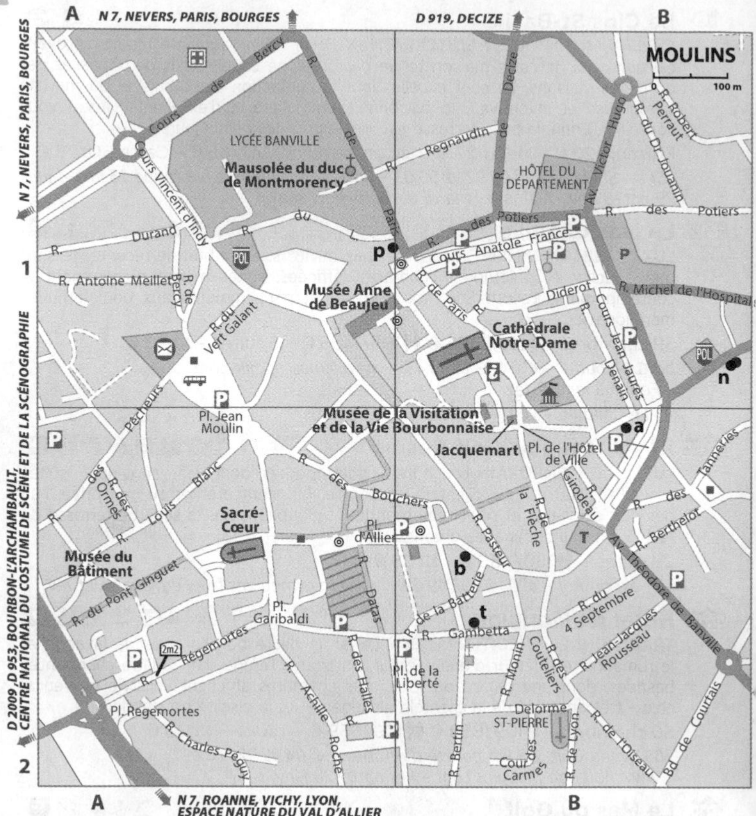

Le Clos de Bourgogne

CUISINE MODERNE • DESIGN XX On revient volontiers dîner dans cette gentilhommière du 18e s. ! L'intérieur, récemment modernisé, se révèle bien agréable ; à la carte, on retrouve de bons petits plats bien dans l'air du temps, qui sont régulièrement renouvelés en fonction de la saison.

Formule 20 € – Menu 28 € (déj. en semaine), 32/80 € – Carte 57/72 €

Plan : B1-n *Hôtel Le Clos de Bourgogne, 83 r. de Bourgogne – ✆ 04 70 44 03 00 – www.clos-de-bourgogne.com – Fermé 3 semaines en août, 2 semaines en déc., dim. sauf le midi en saison et lundi*

Le Trait d'Union

CUISINE MODERNE • TENDANCE XX Trait d'union entre l'agréable cadre contemporain (fauteuils design, tableaux modernes, fleurs et soliflores) et la cuisine du jeune chef (fraîche, sérieuse et bien présentée), ce restaurant est dans le ton !

Menu 23 € (déj. en semaine)/42 € – Carte 48/77 €

Plan : B2-t *16 r. Gambetta – ✆ 04 70 34 24 61 – www.traitdunion-restaurant.fr – Fermé 15-23 fév., 15-31 juil., dim. et lundi*

9/7 Olivier Mazuelle

CUISINE MODERNE • TENDANCE Au n° 97, le décor est zen et épuré (murs vert pastel, tables en bois, plantes...). Le jeune chef signe une cuisine soignée, à la mode des bistrots gourmands : de bons produits, de belles saveurs !

Formule 27 € – Menu 29/39 € – Carte 35/53 €

Plan : B2-a *97 r. d'Allier*
– 04 70 35 01 60 – www.restaurant-9-7.com
– Fermé sam. midi, lundi soir et dim.

Hôtel de Paris

TRADITIONNEL • ÉLÉGANT À 100 m de la cathédrale, cet hôtel-restaurant, créé en 1834, fait figure d'institution ! Il se distingue notamment par de très jolies chambres (mobilier de style, moulures...) et une salle de réception aménagée dans une superbe chapelle du 19e s. Bel endroit !

30 chambres – 128/260 € 128/260 € – 2 suites – 16 €

Plan : AB1-p *21 r. de Paris*
– 04 70 44 00 58 – www.hoteldeparis-moulins.com

Le Clos de Bourgogne

DEMEURE HISTORIQUE • PERSONNALISÉ Un superbe hôtel particulier du 18e s., installé au cœur d'un écrin de verdure, et légèrement excentré du centre-ville. Les chambres sont spacieuses et confortables ; on y accède par un magnifique escalier d'époque. Quel charme !

11 chambres – 120/170 € 120/170 € – 13 €

Plan : B1-n *83 r. de Bourgogne*
– 04 70 44 03 00 – www.clos-de-bourgogne.com
– Fermé 3 semaines en août, 2 semaines en déc.

Le Clos de Bourgogne – voir les restaurants ci-dessus

Le Parc

FAMILIAL • CLASSIQUE Tout près de la gare et d'un petit parc, cet établissement est tenu par la même famille depuis plusieurs générations. Les chambres sont claires, les salles de bains très colorées.

25 chambres – 65/92 € 65/92 € – 11 €

Hors plan *31 av. du Gén.-Leclerc*
– 04 70 44 12 25 – www.hotel-moulins.com
– Fermé 22 déc.-7 janv.

à Coulandon 8 km au Sud-Ouest par D945 – 03000 – 660 hab. – Alt. 250 m

Montégut

CUISINE TRADITIONNELLE • CONVIVIAL Même si l'orthographe est différente, Roméo – famille des Montaigu – et Juliette n'auraient certainement pas boudé ce restaurant ! Ici, les produits régionaux sont à l'honneur... Et l'été, on profite de la jolie terrasse pour manger au grand air !

Formule 17 € – Menu 21 € (semaine), 26/59 € – Carte 38/57 €

26 rte du Chalet
– 04 70 46 00 66 – www.hotel-lechalet.fr
– Fermé 19 déc.-10 janv

La Grande Poterie

FAMILIAL • PERSONNALISÉ Dans cette ancienne grange du milieu du 19e s., la douceur de vivre se niche partout. On profite de la quiétude des chambres, décorées avec soin, ou du parc fleuri, au bord de la piscine... La table d'hôte honore les spécialités auvergnates. Réservez !

4 chambres – 80/85 € 95 €

9 r. de la Grande-Poterie, 4 km au Sud-Ouest par D925 et rte secondaire
– 04 70 44 30 39 – www.lagrandepoterie.com – Ouvert 15 mars-30 oct.

MOULON

✉ 33420 Gironde - 988 hab. - Alt. 8 m - Carte régionale n° **2**-C1
Carte Michelin 335-J5

5 Lasserre

MAISON DE CAMPAGNE · DESIGN Au grand calme, cette ferme a été rénovée luxueusement dans un esprit contemporain chic... Les chambres sont grandes et très raffinées ; la piscine à débordement offre une jolie vue sur la campagne, et il y a même une vraie salle de cinéma. Un lieu d'exception !

5 chambres - 180/380 € 180/380 €

5 lieu-dit La Serre ✉ 33330 - ✆ 05 57 51 46 77 - www.5lasserre.com

MOUMOUR

✉ 64400 Pyrénées-Atlantiques - 849 hab. - Alt. 210 m - Carte régionale n° **2**-B3
Carte Michelin 342-I3

Château de Lamothe

DEMEURE HISTORIQUE · PERSONNALISÉ Cette ancienne résidence d'été des évêques d'Oloron, dont les origines remontent au 13e s., s'épanouit dans un vaste jardin verdoyant, face aux Pyrénées... Un cadre superbe : abondance d'antiquités et de tentures, salle de cinéma, fitness, etc. Le patron signe en outre une jolie cuisine classique, acompagnée de vins choisis avec goût.

5 chambres - 225/300 € 225/300 €

14 r. de l'Embarry - ✆ 06 88 28 38 61 - www.chateau-de-lamothe.eu

MOURIÈS

✉ 13890 Bouches-du-Rhône - 3 470 hab. - Alt. 13 m - Carte régionale n° **22**-E1
Carte Michelin 340-E3

Terriciaë

FAMILIAL · RÉGIONAL Cet hôtel pimpant propose des chambres fonctionnelles et confortables - esprit provençal -, dont deux duplex et deux junior suites, donnant pour certaines sur la grande piscine. Jardin d'oliviers et terrasse. Tenue impeccable.

31 chambres - 90/150 € 99/204 € - 12 €

rte de Maussane, D17 - ✆ 04 90 97 06 70 - www.hotel-terriciae.fr
- Fermé 22 déc.-7 janv.

Le Vallon du Gayet

AUBERGE · TRADITIONNEL Agréable auberge familiale dans un mas au pied des Alpilles. Les chambres, confortables, sont toutes de plain-pied et donnent sur le parc. Préférez celles - plus spacieuses - dans le pavillon. Au restaurant, on apprécie des grillades et pizzas cuites au feu de bois.

29 chambres - 112/130 € 112/130 € - 12 €

rte de Servannes - ✆ 04 90 47 50 63 - www.levallondegayet.com
- Fermé 15 déc.-15 janv.

MOUSSEY

- 10 Aube → Voir Troyes

MOUSSOULENS

- 11 Aude → Voir Carcassonne

MOUSTIERS-STE-MARIE

✉ 04360 Alpes-de-Haute-Provence - 686 hab. - Alt. 631 m - Carte régionale n° **21**-C2
Carte Michelin 334-F9 - Guide Vert Michelin Alpes du Sud

✿ La Bastide de Moustiers

CUISINE PROVENÇALE • ROMANTIQUE XXX En cette belle bastide – propriété d'Alain Ducasse –, on déguste une cuisine méditerranéenne et légumière pleine des senteurs du marché et du superbe potager, dont deux jardiniers s'occupent à plein temps (ne manquez pas le jardin des simples attenant). Une cure de jouvence, autant qu'un joli résumé de la Provence.

➜ Pois chiches de Sainte-Croix-du-Verdon, genévrier et racines. Courgette du potager au son de blé, pâte de citron et truite confite. Pêches blanches rôties au miel et à la bière de Moustiers-Sainte-Marie.

Menu 60/90 € – Carte 80/100 €

Hôtel La Bastide de Moustiers, chemin de Quinson, au Sud du village, par D952 et rte secondaire – ✆ 04 92 70 47 47 – www.bastide-moustiers.com – Ouvert 1er mars-31 oct. et fermé mardi et merc. de mi-oct. à mi-avril sauf fériés

La Ferme Ste-Cécile

CUISINE MODERNE • ROMANTIQUE XX Poussez la grille et empruntez la belle allée pavée… au bout de laquelle cette ancienne ferme du 18e s. fait le bonheur des gourmands ! Derrière les fourneaux, le chef concocte avec délicatesse et subtilité une savoureuse cuisine du Sud, accompagnée d'une belle carte des vins. L'une des meilleures tables de Moustiers.

Formule 30 € – Menu 39 €

1,5 km par rte de Castellane – ✆ 04 92 74 64 18 – www.ferme-ste-cecile.com – Fermé 15 nov.-mi-mars, dim. soir et lundi

La Treille Muscate

CUISINE PROVENÇALE • TENDANCE XX Au pied des falaises, voilà un sympathique bistrot provençal, où l'on se régale d'une cuisine à l'accent du Sud, à l'instar de la spécialité maison, les "pieds et paquets comme les faisait Mémé Antoinette". Aux beaux jours, on profite de la terrasse, à l'ombre d'un platane qui fêtera bientôt ses 200 ans.

Menu 27 €, 34/55 € – Carte 53/77 €

pl. de l'Église – ✆ 04 92 74 64 31 – www.restaurant-latreillemuscate.fr – Fermé 1er déc.-5 fév., merc. soir et jeudi sauf juil.-août

Les Santons

CUISINE TRADITIONNELLE • COSY X Claude Terrier et Sylvie De Backer ont voulu leur fief tout en contrastes : le moderne (chaises bariolées, tableaux contemporains) y côtoie l'ancien (poutres et plafonds boisés) ; la cuisine est traditionnelle, ancrée dans la région, mais ne recule pas devant quelques touches plus actuelles. Goûteux et charmant !

Menu 37/67 € – Carte 47/80 €

pl. Pomey (près de l'église) – ✆ 04 92 74 66 48 – www.lessantons.com – Fermé de mi-nov. à début fév., mardi sauf juil.-août et lundi

La Bastide de Moustiers

AUBERGE • PERSONNALISÉ Un petit chemin, une grille en fer forgé, des arbres fruitiers, des vieilles pierres, des faïences régionales, des draps en lin, un grand potager aromatique, un âne, des chevaux, un poney… Plus qu'un inventaire à la Prévert, le charme irrésistible d'une bastide du 17e s. !

11 chambres – †220/275 € ††270/900 € – 2 suites – ☕ 24 €

chemin de Quinson, au Sud du village, par D952 et rte secondaire – ✆ 04 92 70 47 47 – www.bastide-moustiers.com – Ouvert 1er mars-31 oct. et fermé mardi et merc. de mi-oct. à mi-avril sauf fériés

✿ **La Bastide de Moustiers** – voir les restaurants ci-dessus

Les Restanques de Moustiers

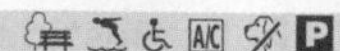

FAMILIAL • FONCTIONNEL Cette bâtisse domine la vallée. On s'y repose dans des chambres sobres et bien tenues ; celles du rez-de-chaussée disposent d'une terrasse. Le matin, on prend son petit-déjeuner dans la salle, ornée de faïences locales, ou sur la jolie terrasse.

20 chambres – 🚹100/135 € 🚹🚹100/135 € – ☕10 €

rte des Gorges-du-Verdon, à 500 m par rte de Castellane – ✆ 04 92 74 93 93 – www.hotel-les-restanques.com – Ouvert 24 mars-3 nov.

La Ferme Rose

MAISON DE CAMPAGNE • PERSONNALISÉ Sympathique ambiance guesthouse dans cette ancienne ferme située au pied du village. Meubles chinés, bibelots et collections diverses en font un petit musée vivant au charme incroyable ! Une adresse pour les chineurs... et les autres.

12 chambres – 🚹85/159 € 🚹🚹85/159 € – ☕12 €

chemin de Peyrengue, au Sud du village, par rte Ste-Croix-du-Verdon – ✆ 04 92 75 75 75 – www.lafermerose.com – Ouvert avril-oct.

Le Clos des Iris

FAMILIAL • RÉGIONAL Un hôtel, au milieu des fleurs, où il fait bon poser ses valises dans les jolies chambres provençales et s'installer sur sa terrasse privative pour profiter du soleil. Le charme d'une maison à la campagne... Accueil au diapason.

9 chambres – 🚹75/82 € 🚹🚹75/145 € – ☕12 €

chemin de Quinson, au Sud du village, par D952 et rte secondaire – ✆ 04 92 74 63 46 – www.closdesiris.fr – Ouvert 10 mars-18 nov.

Le Colombier

FAMILIAL • FONCTIONNEL Hôtel situé à 400 m du charmant village. Les chambres sont coquettes et colorées, la plupart avec terrasse. Beau jardin avec petite piscine (à contre-courant) et jacuzzi.

21 chambres – 🚹80/145 € 🚹🚹80/150 € – 1 suite – ☕11 €

quartier Saint-Michel, à 500 m par rte de Castellane – ✆ 04 92 74 66 02 – www.le-colombier.com – Ouvert 8 avril-4 nov.

MOÛTIERS

✉ 73600 Savoie – 3 705 hab. – Alt. 480 m – Carte régionale n° **25**-F2
Carte Michelin 333-M5 – Guide Vert Michelin Alpes du Nord

Le Coq Rouge

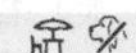

CUISINE MODERNE • FAMILIAL XX Inutile de se lever au chant du coq pour goûter à la cuisine traditionnelle de ce restaurant ! Derrière les fourneaux, le chef travaille les produits frais avant de retourner à ses pinceaux... Passionné de peinture, il a décoré la salle – cosy – avec ses toiles.

Formule 16 € – Menu 34/46 € – Carte 42/81 €

115 pl. A.-Briand – ✆ 04 79 24 11 33 – www.lecoqrouge.fr – Fermé lundi soir, jeudi soir, et dim.

MOUTIERS-AU-PERCHE

✉ 61110 Orne – 436 hab. – Alt. 190 m – Carte régionale n° **17**-C3
Carte Michelin 310-O4

Villa Fol Avril

MAISON DE CAMPAGNE • COSY Un vrai hôtel de charme au cœur du parc naturel du Perche... Telle une maison de campagne cosy et feutrée, cet ancien relais de poste (19e s.) associe matériaux naturels (bois, chaux, terre cuite, lin), mobilier chiné et tons apaisants. Au restaurant, la tradition est à l'honneur. Idéal pour une échappée bucolique !

12 chambres – 🚹90/180 € 🚹🚹90/180 € – ☕13 €

2 r. des Fers-Chauds – ✆ 02 33 83 22 67 – www.villafolavril.fr – Fermé 1er janv.-9 fév.

MOUTIERS-SOUS-CHANTEMERLE

✉ 79320 Deux-Sèvres - 614 hab. - Alt. 190 m - Carte régionale n° **20**-B1
Carte Michelin 322-C4

Le Domaine de Chantemerle

TRADITIONNEL • FONCTIONNEL Sur la route du Puy du Fou, arrêtez-vous dans cet ancien relais de chasse du 19e s., au cœur d'un parc de 2 ha. Les chambres sont confortables et spacieuses (quelques familiales), l'ambiance évoque une maison d'hôtes. Idéal pour se ressourcer au grand calme.

7 chambres - †65/85 € ††70/89 € - ☕ 9 €

30 r. de la Vendée - ☎ 05 49 74 19 18 - www.hotel-chantemerle.com

MUHLBACH-SUR-MUNSTER

✉ 68380 Haut-Rhin - 738 hab. - Alt. 460 m - Carte régionale n° **1**-A2
Carte Michelin 315-G8

Perle des Vosges

CUISINE MODERNE • ÉLÉGANT XX Le chef, formé dans de grandes maisons, est une perle ! Ses assiettes, gorgées de saveurs, copieuses et joliment présentées, honorent la région et les grands classiques de la gastronomie française. Et l'été, on file en terrasse...

Formule 18 € - Menu 25/59 € - Carte 40/51 €

22 rte Gaschney - ☎ 03 89 77 61 34 - www.perledesvosges.net - Fermé 16-23 mars,1 semaine début juil., janv. et lundi midi

Perle des Vosges

FAMILIAL • FONCTIONNEL Au pied du Hohneck, cet hôtel tenu en famille - les deux fils ont repris le flambeau, mais leur mère n'est jamais loin - est bien agréable : les chambres, spacieuses et pratiques, donnent très souvent sur les Vosges ; on se détend au fitness panoramique et... l'on se régale au restaurant !

45 chambres - †68/145 € ††68/145 € - ☕ 11 €

22 rte Gaschney - ☎ 03 89 77 61 34 - www.perledesvosges.net - Fermé 16-23 mars, 1 semaine début juil. et janv.

Perle des Vosges - voir les restaurants ci-dessus

MUIDES-SUR-LOIRE

✉ 41500 Loir-et-Cher - 1 330 hab. - Alt. 82 m - Carte régionale n° **6**-B2
Carte Michelin 318-G5

Auberge du Bon Terroir

CUISINE TRADITIONNELLE • RUSTIQUE XX Dans cette auberge de village, la patronne - une véritable passionnée de gastronomie ! - concocte une agréable cuisine traditionnelle, où les herbes du potager tiennent une bonne place. Son mari, maître-sommelier de son état, vous accueille tout sourire. Charmante terrasse à l'ombre des tilleuls.

Formule 24 € - Menu 34/60 € - Carte 47/64 €

20 r. du 8-Mai-1945 - ☎ 02 54 87 59 24 - www.auberge-bon-terroir.fr - Fermé 12 nov.-2 déc., 2 semaines en janv., dim. soir, lundi et mardi sauf juil.-août

Château de Colliers

DEMEURE HISTORIQUE • HISTORIQUE Au bout de l'allée bordée de tilleuls, de frênes et de marronniers... ce beau château de la Loire (18e s.). Peintures classées, mobilier de style dans les chambres : du cachet !

5 chambres ☕ - †146/174 € ††146/174 €

rte de Blois, RD951 - ☎ 02 54 87 50 75 - www.chateau-colliers.com

MULHOUSE

✉ 68100 Haut-Rhin – 111 167 hab. – Agglo. 247 517 hab. – Alt. 240 m – Carte régionale n° **1**-A3

Carte Michelin 315-I10 – Guide Vert Michelin Alsace Vosges

Il Cortile (Stefano D'Onghia)

CUISINE ITALIENNE • ÉLÉGANT XXX Autodidacte passionné par les saveurs de son pays natal, Stefano D'Onghia cosigne avec son fils des assiettes vibrantes de couleurs et de parfums, en une réinterprétation très personnelle de la cuisine de la Botte. En outre, la carte de vins transalpins et la terrasse sont enchanteresses… → Langoustines grillées, gel et granité à la pastèque, composition de fruits rouges. Homard bleu grillé, involtinis de concombre à la ricotta citronnée, émulsion limoncello. Sphère mascarpone et fraise et sorbet fraise-basilic.

Menu 40 € (déj. en semaine), 95/110 € – Carte 110/120 €

Plan : D1-a *11 r. des Franciscains – ✆ 03 89 66 39 79 – www.ilcortile-mulhouse.fr – Fermé 30 avril-7 mai, 12-27 août, 8-22 janv., dim. et lundi*

L'Estérel

CUISINE MODERNE • CONVIVIAL XX Et oui, Mulhouse aussi possède son Estérel… Dans ce restaurant posté sur la route qui monte au zoo, on savoure une agréable cuisine du marché 100 % maison, 100% saisons. L'été, on profite de la terrasse ombragée… et prise d'assaut, comme il se doit !

Formule 17 € – Menu 27 € (semaine)/57 € – Carte 56/71 €

Plan : B2-t *83 av. de la 1ère-Division-Blindée – ✆ 03 89 44 23 24 – www.esterel-weber.fr – Fermé vacances de fév., 1 semaine en mai, 2 semaines fin août, 1 semaine vacances de la Toussaint, dim. soir, merc. soir et lundi*

La Table de Michèle

CUISINE MODERNE • COSY XX Michèle Brouet est une figure de la gastronomie locale. Sa table est à son image, généreuse et enjouée, tout comme l'atmosphère de la maison, très chaleureuse avec son décor d'objets hétéroclites et de bouquets de fleurs. Gourmandise et plaisir sont au rendez-vous !

Formule 19 € – Menu 25 € (déj.) – Carte 47/65 €

Plan : E1-t *16 r. de Metz – ✆ 03 89 45 37 82 – www.latabledemichele.fr – Fermé 15-31 août, sam. midi, dim. et lundi*

Chez Auguste

CUISINE TRADITIONNELLE • BISTRO X Derrière sa façade boisée et joliment rétro, cette maison conviviale est un lieu de ralliement pour les amateurs de plats de tradition. C'est soigné, goûteux, et servi avec le sourire : on en redemande.

Formule 20 € – Menu 25 € – Carte 28/39 €

Plan : E2-a *11 r. Poincaré – ✆ 03 89 46 62 71 – www.chezauguste.com – Fermé dim. et lundi*

Le 4

CUISINE MODERNE • CONVIVIAL X Le 4, comme le croisement des initiales de Lionel et Tatiana, le jeune couple à la tête de ce petit restaurant du cœur de Mulhouse. Leurs plats sont colorés et inventifs, et font de réguliers clins d'œil aux produits et épices découverts lors de leurs nombreux voyages à l'autre bout du monde… Rafraîchissant !

Formule 16 € – Menu 19 € (déj. en semaine) – Carte environ 50 €

Plan : D1-b *5 r. Bonbonnière – ✆ 03 89 44 94 11 – www.restaurantle4.com – Fermé dim. soir et lundi*

Le Petit Paris

CUISINE MODERNE • BISTRO X Dans une rue piétonne du centre-ville, on découvre d'abord la terrasse d'été entourée de fleurs. À l'intérieur, dans un décor sobre et contemporain, on profite d'une cuisine actuelle bien maîtrisée, au gré de menus renouvelés plusieurs fois dans l'année.

Formule 21 € – Menu 26 € (déj. en semaine), 39/43 € – Carte 45/60 €

Plan : E1-r *12 r. de Moselle – ✆ 03 89 61 17 85 – www.lepetitparis.pro – Fermé dim. et fériés*

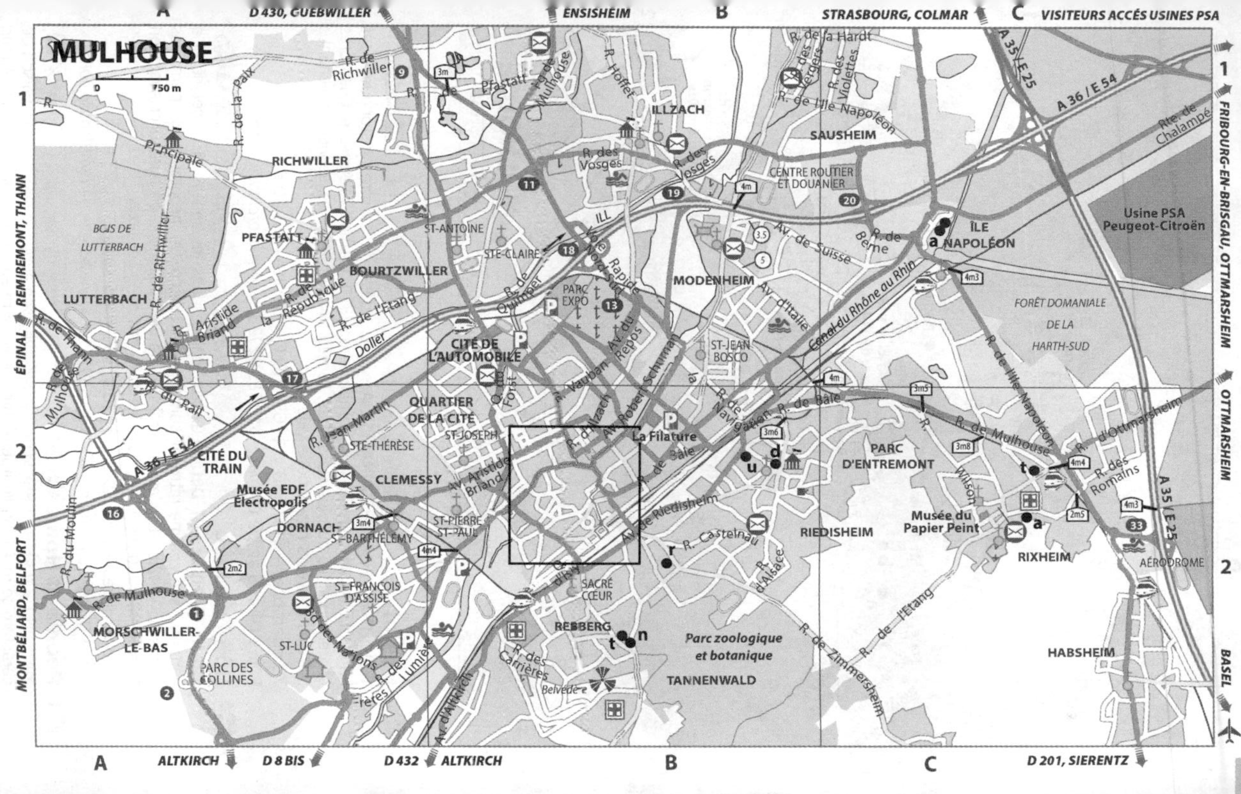

MULHOUSE
0
750 m
D 430, GUEBWILLER
ENSISHEIM
STRASBOURG, COLMAR
VISITEURS ACCÈS USINES PSA
FRIBOURG-EN-BRISGAU, OTTMARSHEIM
OTTMARSHEIM
BASEL
ÉPINAL REMIREMONT, THANN
MONTBÉLIARD, BELFORT
ALTKIRCH
D 8 BIS
D 432
ALTKIRCH
D 201, SIERENTZ
Usine PSA Peugeot-Citroën
A 36 / E 54
A 35 / E 25
Rte de Chalampé
FORÊT DOMANIALE DE LA HARTH-SUD
AÉRODROME
ÎLE NAPOLÉON
SAUSHEIM
CENTRE ROUTIER ET DOUANIER
ILLZACH
MODENHEIM
ST-JEAN BOSCO
PARC D'ENTREMONT
RIEDISHEIM
RIXHEIM
HABSHEIM
Musée du Papier Peint
Parc zoologique et botanique
TANNENWALD
REBBERG
SACRÉ CŒUR
La Filature
PARC EXPO
CITÉ DE L'AUTOMOBILE
QUARTIER DE LA CITÉ
ST-JOSEPH
CLEMESSY
ST-PIERRE ST-PAUL
STE-THÉRÈSE
ST-BARTHÉLEMY
ST-FRANÇOIS D'ASSISE
ST-LUC
DORNACH
Musée EDF Électropolis
CITÉ DU TRAIN
PARC DES COLLINES
MORSCHWILLER-LE-BAS
BOURTZWILLER
ST-ANTOINE
STE-CLAIRE
RICHWILLER
PFASTATT
LUTTERBACH
BOIS DE LUTTERBACH
R. de la Hardt
R. des Vergers
R. des Violettes
R. de l'Ile Napoléon
R. de Mulhouse
R. d'Ottmarsheim
R. des Romains
R. Wilson
R. de Zimmersheim
R. de l'Étang
Canal du Rhône au Rhin
Av. de Suisse
Av. d'Italie
R. de Bâle
R. de Berne
R. de la Navigation
Av. Robert Schuman
Voie Rapide Nord-Sud
R. de Quimper
Av. du Repos
R. Vauban
R. d'Illzach
R. Hoffet
R. des Vosges
ILL
Av. de Riedisheim
R. Castelnau
R. d'Alsace
Av. d'Altkirch
Av. Aristide Briand
R. Jean Martin
R. des Carrières
Belvédère
Bd des Nations
R. des Lumières
R. de Richwiller
R. de Thann
R. du Rail
R. du Moulin
R. de la Paix
R. Principale
R. de la République
R. Aristide Briand
Doller
R. de Pfastatt
R. de Mulhouse

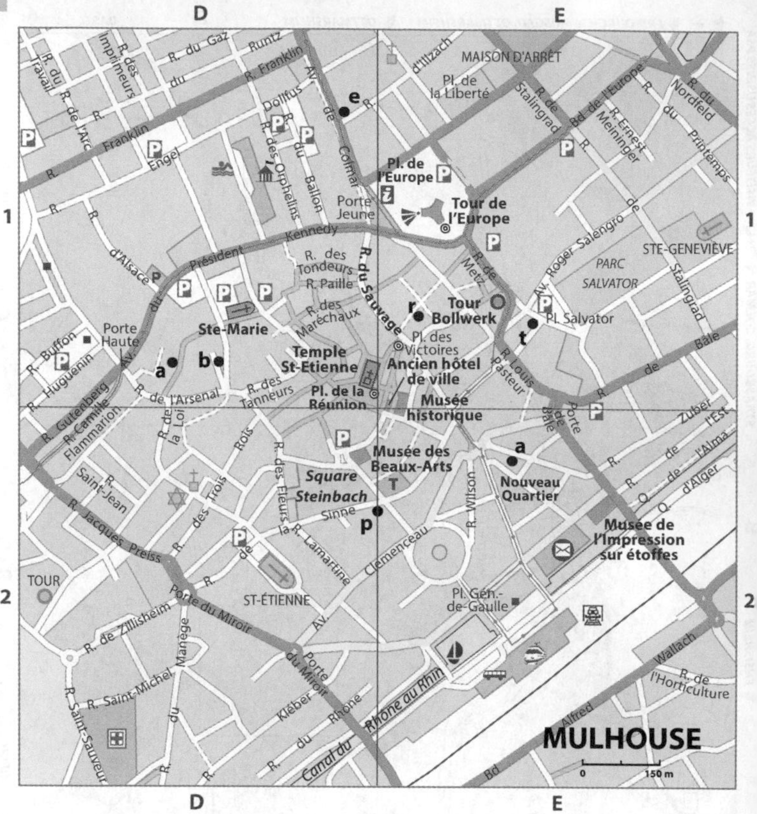

Bristol

TRADITIONNEL · PERSONNALISÉ À deux pas du centre historique, cet hôtel familial, installé dans un immeuble de 1870, est une valeur sûre. Chambres contemporaines ou plus classiques, toutes très confortables, service prévenant : l'un des meilleurs hôtels de la ville.

79 chambres – 60/150 € 69/210 € – 6 suites – 10 €

Plan : D1-e *18 av. de Colmar – 03 89 42 12 31 – www.hotelbristol.com*

Hôtel du Parc

TRADITIONNEL · ART DÉCO Luxueux palace dans les années 1930, cet hôtel a conservé son charme rétro et son esprit Art déco. Un incontournable parmi les hôtels de la ville ! Et c'est un vrai lieu de vie également, en particulier avec son Charlie's Bar, où résonnent tous les soirs des mélodies jazzy…

74 chambres – 135/220 € 280/350 € – 2 suites – 23 €

Plan : DE2-p *26 r. Sinne – 03 89 66 12 22 – www.hotelduparc-mulhouse.com*

Peonia at Home N

MAISON DE MAÎTRE · PERSONNALISÉ Avec son agréable jardin, cette maison de caractère se révèle un véritable puits de verdure au cœur de la ville… À l'intérieur, l'ancien rencontre le design (mobilier Starck) jusque dans les chambres, bien équipées et confortables. Petit-déjeuner soigné.

5 chambres – 120/135 € 135/140 €

Plan : B2-r *48 bd Gambetta – 03 89 81 71 05 – www.peonia.fr*

Villa Éden

MAISON DE MAÎTRE • PERSONNALISÉ Sur les hauteurs de Mulhouse, cette belle villa bourgeoise ne manque pas de superbe : toit à la Mansart, beau jardin, superbes volumes, nombreuses œuvres d'art contemporain, etc. Les chambres, très confortables, déclinent chacune une thématique originale, de l'esprit chalet... aux notes rock ! Un nouvel Eden...

5 chambres – 170/195 € 170/195 €

Plan : B2-n *99 av. de la 1ère-Division-Blindée – 03 89 44 50 72 – www.villa-eden.fr*

à Illzach 3 km au Nord – 68110 – 14 448 hab. – Alt. 239 m

La Closerie

CUISINE MODERNE • ÉLÉGANT XX Dans cette maison centenaire baignée de verdure, à l'élégance toute naturelle, on ne plaisante pas avec la gastronomie ! La belle carte des vins accompagne une cuisine sincère, qui évolue au gré des saisons.

Menu 31 € (déj.), 52/78 € – Carte 55/105 €

Plan : C1-a *6 r. Henry-de-Crousaz – 03 89 61 88 00 – www.closerie.fr – Fermé 29 juil.-21 août, 23 déc.-2 janv., sam. midi, lundi soir et dim.*

La Bistronomie – voir les restaurants ci-dessous

La Bistronomie

CUISINE TRADITIONNELLE • DESIGN X Imaginez une maison centenaire noyée dans la verdure... cachant une extension ultra-contemporaine, tout en hautes verrières ! C'est là que se cache cette Bistronomie, qui propose un menu attrayant autour de produits de saison.

Menu 31 € – Carte 30/65 €

Plan : C1-a *Restaurant La Closerie, 6 r. Henry-de-Crousaz – 03 89 61 88 00 – www.closerie.fr – Fermé 29 juil.-21 août, 23 déc.-2 janv., dim., lundi et le midi*

à Baldersheim 8 km au Nord-Est par D201 – 68390 – 2 600 hab. – Alt. 226 m

Au Cheval Blanc

TRADITIONNEL • CLASSIQUE La tradition est de mise dans cet établissement couvert de géraniums aux beaux jours. Parfaitement tenues, les chambres dégagent fraîcheur et confort, et se révèlent particulièrement lumineuses.

80 chambres – 79/150 € 79/165 € – 3 suites – 14 €

27 r. Principale – 03 89 45 45 44 – www.hotel-cheval-blanc.com – Fermé 24 déc.- 2 janv.

à Rixheim 3 km au Sud-Est par D66 – 68170 – 13 773 hab. – Alt. 240 m

Le 7ème Continent (Laurent Haller)

CUISINE MODERNE • ÉLÉGANT XX Un véritable continent gastronomique ! Le chef, Laurent Haller, est un passionné : cours de cuisine, menus à thème... tout est bon pour partager son amour de la bonne chère. Quant à sa carte, renouvelée tous les mois, elle est une véritable ode au marché et aux produits.

→ Cuisine du marché.

Menu 32 € (déj. en semaine), 58/88 € – Carte environ 75 €

Plan : C2-t *35 av. du Gén.-de-Gaulle – 03 89 64 24 85 – www.le7emecontinent.com – Fermé sam. midi, dim. soir et lundi*

La Grange à Élise

FAMILIAL • TRADITIONNEL Rose, Lys, Iris... Les chambres de cette charmante demeure – une ancienne grange – évoquent un joli jardin fleuri. Objets chinés, boutis, bibelots et confort douillet : cet esprit "maison de poupée" ravira les amateurs !

5 chambres – 81 € 108 €

Plan : C2-a *66 Grand'rue Pierre-Braun – 03 89 54 20 71 – www.grange-elise.com*

à Riedisheim 2 km au Sud-Est par D56 et D432 – ✉ 68400 – 12 102 hab. – Alt. 225 m

Maison Kieny

CUISINE MODERNE • ÉLÉGANT XXX Dans ce chaleureux relais de poste (1850) non loin de Mulhouse, se transmettent depuis six générations les secrets de la bonne cuisine alsacienne ! L'histoire de la maison s'écrit au présent, et le plaisir est au rendez-vous dans l'assiette.

→ Œuf fermier poché et anguille fumée, croûte de kougelhopf. Noix de ris de veau braisée, artichaut et sucs de viande à l'écorce de citron. Le chocolat en textures.

Menu 35 € (semaine), 49/109 € – Carte 75/110 €

Plan : B2-d *7 r. du Gén.-de-Gaulle – ✆ 03 89 44 07 71 – www.restaurant-kieny.com – Fermé 26 fév.-6 mars, 30 avril-8 mai, 28 juil.-15 août, dim. soir, lundi et mardi*

Auberge de la Tonnelle

CUISINE TRADITIONNELLE • CONVIVIAL XX Dans un quartier résidentiel un peu excentré, cette auberge ravit ses habitués : ils y savourent une cuisine classique accompagnée de jolis crus (bourgognes et vins de petits producteurs) ; l'été, on les retrouve sur la terrasse.

Menu 33/73 € – Carte 47/86 €

Plan : B2-u *61 r. du Mar.-Joffre – ✆ 03 89 54 25 77 – www.aubergedelatonnelle.fr – Fermé dim. soir*

à Landser 11 km au Sud-Est par rte parc zoologique, Bruebach, D 21 et D 6 BIS – ✉ 68440 – 1 558 hab. – Alt. 230 m

L'Ambroise N

CUISINE MODERNE • COSY XX Dans ce village alsacien, un jeune chef de retour au pays (ancien du Quinze Lionel Flury, à Paris) signe une cuisine aux petits oignons, dans le respect absolu des saisons et du marché. Agréable terrasse au calme pour les beaux jours.

Formule 20 € – Menu 39/43 € – Carte 44/54 €

3 pl. de la Paix – ✆ 03 89 81 43 99 – www.lambroise.com – Fermé en août, mardi soir, sam. midi et merc.

à Hochstatt 7 km au Sud-Ouest par D8III – ✉ 68720 – 2 071 hab. – Alt. 286 m

Au Cheval Blanc

CUISINE MODERNE • FAMILIAL XX Dans ce petit village aux portes du Sundgau, on se délecte de plats soignés et gourmands, réalisés par le chef au fil de son inspiration et du marché. Une adresse pour le moins appétissante…

Menu 27 € (déj. en semaine), 40/60 € – Carte 51/63 €

55 Grande-Rue – ✆ 03 89 06 27 77 – www.au-cheval-blanc-hochstatt.com – Fermé 24 déc.-3 janv., dim. soir, lundi soir, mardi soir et merc.

MUNSTER

✉ 68140 Haut-Rhin – 4 645 hab. – Alt. 400 m – Carte régionale n° **1**-A2
Carte Michelin 315-G8

Verte Vallée

CUISINE MODERNE • ÉLÉGANT XXX Cube de foie gras et chou farci à la compotée de figues ; canette de Loué rôtie, flocons d'avoines torréfiés et jus à la myrtille… Le chef concocte une savoureuse cuisine d'aujourd'hui et le sommelier se fait un plaisir de vous parler de ses jolis crus.

Menu 31/54 € – Carte 50/57 €

Hôtel Verte Vallée, 10 r. A. Hartmann (parc de la Fecht) – ✆ 03 89 77 15 15 – www.vertevallee.com – Fermé 7 janv.-1er fév.

À l'Agneau d'Or

CUISINE TRADITIONNELLE • CONVIVIAL XX Escargots du val d'Orbey et galettes de pied de cochon ; tartare de truite saumonée à la tomme de montagne... Dans cette chaleureuse maison régionale, le chef revisite à sa façon la tradition et le terroir. Gibier en saison.

Carte 41/60 €

2 r. St-Grégoire - ☎ 03 89 77 34 08 - www.martinfache.com - Fermé lundi et mardi

Verte Vallée

FAMILIAL • ÉLÉGANT Dans un grand jardin bordant la Fecht, cette bâtisse est un îlot de quiétude et de détente. Les chambres, classiques ou contemporaines, sont spacieuses et cosy... Et pour barboter sereinement dans la piscine à jets, il y a même une garderie d'enfants.

103 chambres - †73/135 € ††93/180 € - 7 suites - ☕17 €

10 r. A.-Hartmann (parc de la Fecht) - ☎ 03 89 77 15 15 - www.vertevallee.com - Fermé 7 janv.-1er fév.

Verte Vallée - voir les restaurants ci-dessus

à Wihr-au-Val 6 km à l'Est par D417 - ✉ 68230 - 1 270 hab. - Alt. 330 m

La Nouvelle Auberge (Bernard Leray)

CUISINE CLASSIQUE • AUBERGE XX Dans cette Nouvelle Auberge, élégante et attachante, les propriétaires jouent un délicieux "double jeu" culinaire ! Gastronomie à l'étage, avec une fine cuisine classique parfaitement maîtrisée par le chef ; bistrot alsacien au rez-de-chaussée... et ses savoureuses spécialités régionales.

➜ Soupe d'escargots de la Weiss, jus de persil aillé et consommé de bœuf. Pigeon au jus, fleischnaka comme un chou farci et foie gras chaud. Meringue, mousse et crémeux de différents chocolats, glace chicorée.

Menu 42/90 € - Carte 65/90 €

9 rte Nationale - ☎ 03 89 71 07 70 - www.nauberge.com - Fermé 12-22 mars, dim. soir, lundi et mardi

MURAT

✉ 15300 Cantal - 1 893 hab. - Alt. 930 m - Carte régionale n° **3**-B3
Carte Michelin 330-F4 - Guide Vert Michelin Auvergne

à l'Est 4 km par N122, rte de Clermont-Ferrand

Le Jarrousset

CUISINE MODERNE • CONVIVIAL XX Dans un environnement verdoyant, cette auberge traditionnelle cultive le goût des produits locaux : le chef s'approvisionne auprès d'un réseau de fermes sélectionnées avec soin. Quant à l'ambiance, chapeau : le décor est épuré et moderne, et le mobilier et la vaisselle ont été réalisés par des artisans locaux.

Menu 15 € 🍷 (déj. en semaine), 29/75 € 🍷 - Carte environ 51 €

- ☎ 04 71 20 10 69 - www.restaurant-le-jarrousset.com - Fermé janv., dim. soir, mardi, merc. sauf juil.-août et lundi

LA MURAZ

✉ 74560 Haute-Savoie - 1 059 hab. - Alt. 630 m - Carte régionale n° **25**-F1
Carte Michelin 328-K4

L'Angélick

CUISINE CRÉATIVE • DESIGN XX Un restaurant gastronomique, où le chef travaille de bons produits du terroir et ose des mariages audacieux. On se délecte d'un poulpe et tartare de champignons, dans une salle au décor épuré et design. Ici, on n'aime pas la routine... À découvrir !

Menu 49/85 €

160 Centre-Village - ☎ 04 50 94 51 97 - www.angelick.fr - Fermé 12-29 août, 23 déc.-8 janv., dim., lundi, mardi et le midi en semaine

La Brasserie - voir les restaurants ci-dessous

La Brasserie

CUISINE TRADITIONNELLE • BISTRO X Le midi en semaine, la Brasserie ouvre ses portes aux gourmands de passage ; on y fait dans la simplicité, avec une bonne cuisine de bistrot et une carte des vins minimaliste, composée de coups de cœur des propriétaires.

Menu 15 € (déj. en semaine)/29 €

Restaurant L'Angélick, 160 Centre-Village – 04 50 94 51 97 – www.angelick.fr – Fermé 12-29 août, 23 déc.-8 janv., sam., dim. et le soir en semaine

MURBACH

– 68 Haut-Rhin → Voir Guebwiller

MUR-DE-BARREZ

✉ 12600 Aveyron – 783 hab. – Alt. 790 m – Carte régionale n° **15**-D1
Carte Michelin 338-H1

Comptoir du Barrez

CUISINE TRADITIONNELLE • CONVIVIAL XX Au programme de ce Comptoir, une cuisine du terroir aveyronnais copieuse et bien tournée, proposée par un couple sympathique. Et pour parfaire ce moment gourmand, on profite de la terrasse et du jardin dès les premiers beaux jours.

Formule 13 € – Menu 15 € (déj. en semaine), 24/42 € – Carte 26/41 €

av. du Carladez – 05 65 66 00 76 – www.aubergedubarrez.com – Fermé 1er janv.-13 fév., mardi midi sauf du 1er juil. au 30 sept. et lundi midi

Auberge du Barrez

FAMILIAL • FONCTIONNEL On est accueilli à bras ouverts dans cette maison située à l'écart du centre-ville, entourée d'un joli jardin et d'un potager. Les chambres sont fraîches et bien tenues (certaines avec terrasse) et, à l'heure du repas, la table réserve de jolis plaisirs...

18 chambres – 65/74 € 65/95 € – 10 €

av. du Carladez – 05 65 66 00 76 – www.aubergedubarrez.com – Fermé 1er janv.-13 fév.

Comptoir du Barrez – voir les restaurants ci-dessus

MÛR-DE-BRETAGNE

✉ 22530 Côtes-d'Armor – 2 078 hab. – Alt. 225 m – Carte régionale n° **5**-C2
Carte Michelin 309-E5 – Guide Vert Michelin Bretagne Nord

Auberge Grand'Maison (Christophe Le Fur)

CUISINE CRÉATIVE • DESIGN XXX En revenant à une partition qui lui ressemble, Christophe Le Fur fait à nouveau la preuve de son grand talent. Sur des bases classiques irréprochables, il se fend d'une cuisine d'une gourmandise extrême, où l'invention est toujours au service du goût. Quel plaisir !

→ Langoustines cuisinées comme un kig-ha-farz. Tourte de pigeon et foie gras à partager, servie et découpée à la Russe. "Breizh-touch" gourmand et tellement "bretonnant".

Menu 30 € (déj. en semaine), 58/90 €

5 chambres – 63/93 € 76/106 €

1 r. Léon-le-Cerf – 02 96 28 51 10 – www.auberge-grand-maison.com – Fermé 26 fév.-13 mars, 2-10 juil., 8-23 oct., 1er-7janv., dim. soir, lundi et mardi

MURET-LE-CHÂTEAU

✉ 12330 Aveyron – 345 hab. – Alt. 540 m – Carte régionale n° **15**-C1
Carte Michelin 338-H4

L'Auberge du Château

CUISINE MODERNE • FAMILIAL XX Dans ce village de l'Aveyron, face à la mairie, l'adresse est bien connue des gourmands, qui s'y régalent d'une cuisine qui donne la priorité aux herbes, à la fraîcheur et aux produits bio, sur lesquels le chef ne transige pas ! Dans l'assiette, couleurs et saveurs sont au rendez-vous. Terrasse joliment fleurie.

Formule 28 € - Menu 33 € (déj. en semaine), 43/65 €

7 chambres - 85/95 € 98/108 € - 12 €

Le Bourg - 05 65 47 71 57 - www.laubergeduchateau.com - Fermé janv., fév., dim. soir, lundi, mardi, et merc. sauf juil.-août

MURO - 2B Haute-Corse ➜ Voir Corse

LE MUY

83490 Var - 9 389 hab. - Alt. 27 m - Carte régionale n° **21**-C3
Carte Michelin 340-O5 - Guide Vert Michelin Côte d'Azur

au Nord 3 km par rte de Callas

Château des Demoiselles

LUXE • PERSONNALISÉ Ce pourrait être un hôtel de charme d'un beau standing, et c'est une maison d'hôtes au cœur d'un domaine viticole... De la majestueuse allée d'entrée bordée de platanes, jusqu'aux chambres de la demeure - une superbe bastide de 1830 -, s'incarne tout l'art de vivre de la Provence !

5 chambres - 135/155 € 140/165 €

2040 rte de Callas - 04 94 99 50 31 - www.chateaudesdemoiselles.com - Fermé juin-sept.

NAJAC

12270 Aveyron - 711 hab. - Alt. 315 m - Carte régionale n° **15**-C1
Carte Michelin 338-D5

Château de Longcol

TRADITIONNEL • CONTEMPORAIN Ce petit hameau comprenant quatre bâtiments (dont un ancien corps de ferme) a été bâti face à la piscine à débordement, et à la vallée de l'Aveyron. Préférez les chambres tournées vers la piscine. Le restaurant propose une cuisine au goût du jour.

11 chambres - 165/225 € 165/225 € - 15 €

à La Fouillade, 6 km au Nord-Est par D39 et D638 - 05 65 81 56 04 - www.chateaudelongcol.com - ouvert avril-oct.

NALZEN - 09 Ariège ➜ Voir Lavelanet

R. Mattes/mauritius images/age fotostock

ON AIME...

La Villa 1901, pour son mobilier vintage et son ambiance délicieusement Belle époque. Le **Transparence – la Table de Patrick Fréchin**, retour gagnant du chef à deux pas de la place Stanislas. **La Maison dans le Parc**, pour profiter de la cuisine-vérité de Françoise Mutel et de la belle terrasse. Et, bien entendu, les fameuses **bergamotes**, la spécialité locale !

NANCY

✉ 54000 Meurthe-et-Moselle – 104 321 hab. – Agglo. 277 094 hab. – Alt. 206 m – Carte régionale n° **14**-B2
Carte Michelin 307-I6 – Guide Vert Michelin Lorraine

Restaurants

✿ La Maison dans le Parc (Françoise Mutel)

CUISINE MODERNE • DESIGN XX L'une des meilleures tables dans les parages. Le long corridor d'entrée, aux pierres savamment éclairées, instaure une ambiance solennelle ; la salle est chic. Pourtant, la cuisine de Françoise Mutel illumine par... sa simplicité. Car cette autodidacte passionnée sait cuisiner l'essentiel : le goût ! Belle terrasse face au parc.

➜ Ris de veau au poireau frit. Tataki de filet de bœuf Black Angus. Le jardin de saison.

Menu 39 € (déj. en semaine), 69/127 €

Plan : D1-n *3 r. Ste-Catherine*
– ✆ 03 83 19 03 57 – www.lamaisondansleparc.com
– Fermé 2-9 mai, 15-22 août, 1er-17 janv., dim. soir, lundi et mardi

✿ Transparence "La Table de Patrick Fréchin" Ⓝ

CUISINE MODERNE • CONTEMPORAIN XX Après le Grenier à Sel où Patrick Fréchin fut étoilé de 2006 à 2011, le voici en toute Transparence : on peut le voir travailler derrière sa verrière d'atelier ! Ses assiettes, impeccablement exécutées, mettent en valeur la production maraîchère locale ; finesse et gourmandise sont au rendez-vous. Que demander de plus ?

➜ Saint-Jacques et haddock, gâteau d'endives au combava. Pavé de skrei cuit dans un bouillon de queue de bœuf, truffes et poireaux. Baba "Stanislas", clémentine et safran lorrain.

Menu 29 € (semaine)/60 €
– Carte 60/70 €

Plan : C1-d *28 r. Stanislas*
– ✆ 03 83 32 20 22 – www.restaurant-transparence.fr
– Fermé 1er-15 août, 1er-8 janv., dim. et lundi

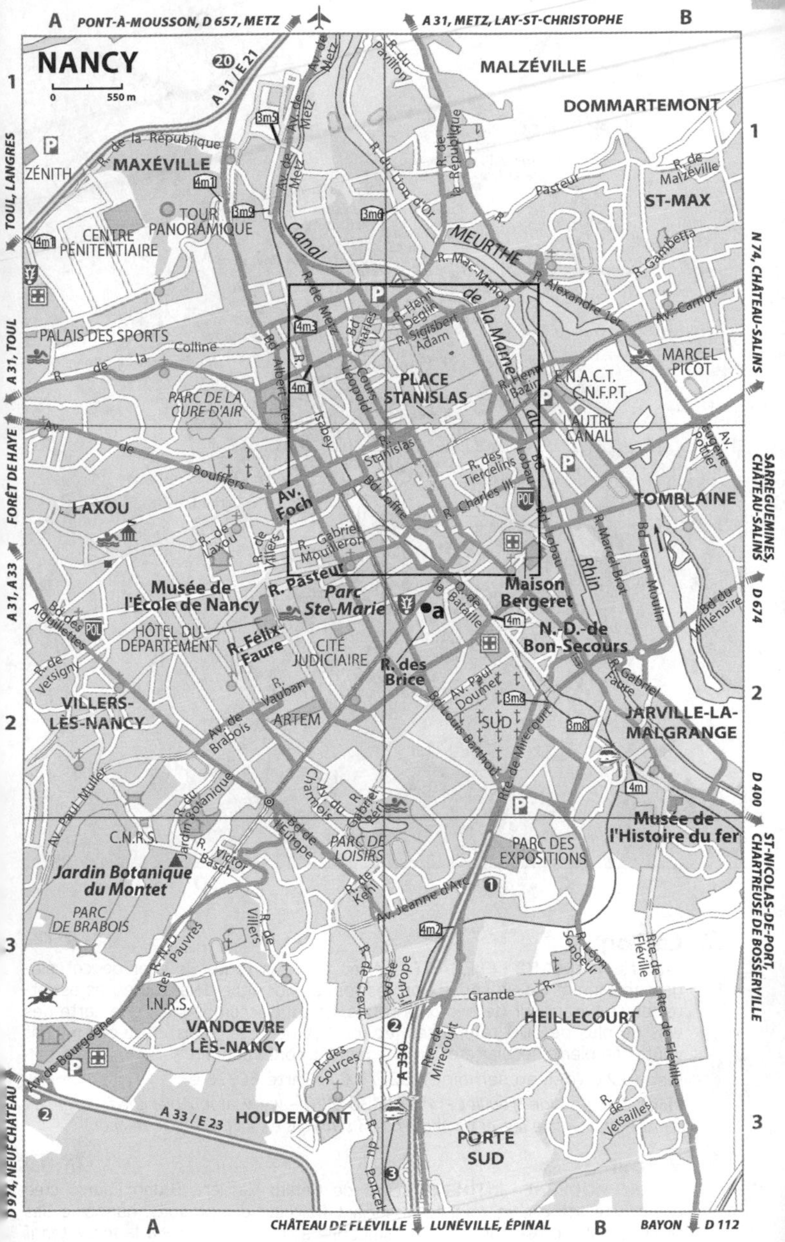

NANCY
0
550 m
A
PONT-À-MOUSSON, D 657, METZ
A 31, METZ, LAY-ST-CHRISTOPHE
B
MALZÉVILLE
DOMMARTEMONT
MAXÉVILLE
ZÉNITH
TOUR PANORAMIQUE
CENTRE PÉNITENTIAIRE
ST-MAX
MEURTHE
Canal de la Marne au Rhin
PALAIS DES SPORTS
PARC DE LA CURE D'AIR
PLACE STANISLAS
E.N.A.C.T. C.N.F.P.T.
L'AUTRE CANAL
MARCEL PICOT
LAXOU
TOMBLAINE
Musée de l'École de Nancy
R. Pasteur
Parc Ste-Marie
Maison Bergeret
N.-D.-de Bon-Secours
HÔTEL DU DÉPARTEMENT
R. Félix-Faure
CITÉ JUDICIAIRE
R. des Brice
VILLERS-LÈS-NANCY
ARTEM
SUD
JARVILLE-LA-MALGRANGE
C.N.R.S.
Jardin Botanique du Montet
PARC DE LOISIRS
PARC DES EXPOSITIONS
Musée de l'Histoire du fer
PARC DE BRABOIS
I.N.R.S.
VANDŒUVRE LÈS-NANCY
HEILLECOURT
HOUDEMONT
PORTE SUD
A 33 / E 23
A 330
Av. Foch
TOUL, LANGRES
A 31, TOUL
FORÊT DE HAYE
A 31, A 33
D 974, NEUFCHÂTEAU
N 74, CHÂTEAU-SALINS
SARREGUEMINES, CHÂTEAU-SALINS
D 674
D 400
ST-NICOLAS-DE-PORT, CHARTREUSE DE BOSSERVILLE
CHÂTEAU DE FLÉVILLE
LUNÉVILLE, ÉPINAL
BAYON
D 112

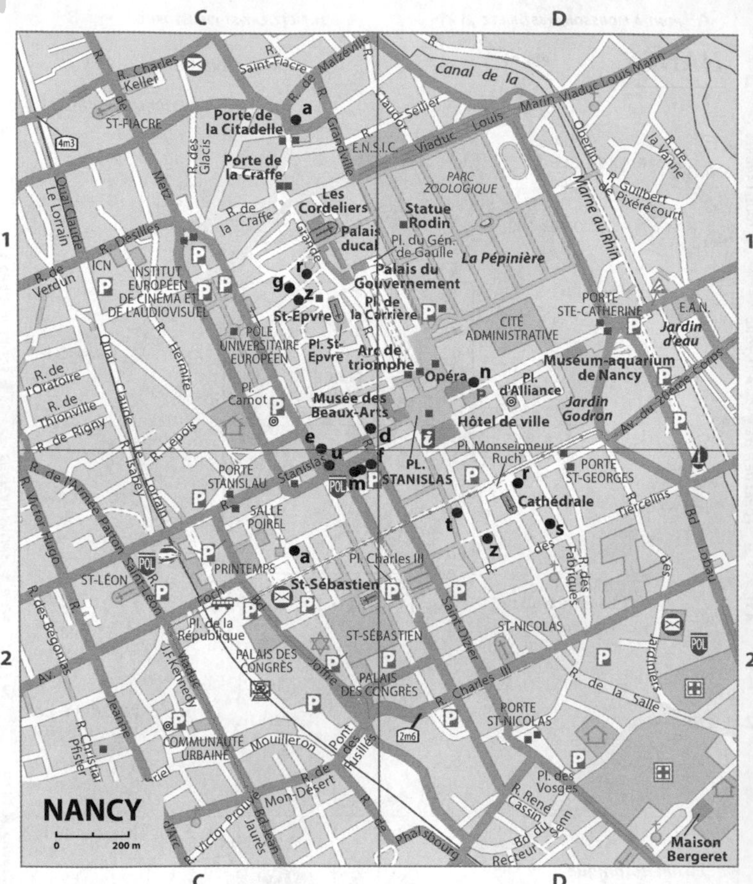

La Toq'

CUISINE MODERNE · ÉLÉGANT XX Avec ou sans toque, le chef de cet élégant restaurant est un sérieux professionnel, qui signe de savoureuses assiettes en se basant sur de beaux produits. Le tout accompagné d'une carte des vins de plus de 300 références, et toc ! À déguster dans un décor mêlant voûtes en pierre séculaire et aménagement contemporain.

Menu 22 € (déj. en semaine), 32/75 € – Carte 60/75 €

Plan : C1-z *1 r. Mgr-Trouillet – ✆ 03 83 30 17 20 – www.latoqueblanche.fr – Fermé 1 semaine vacances de fév. et de printemps, 3 semaines en août, dim. soir et lundi*

V Four

CUISINE MODERNE · INTIME X Disciple de Gérard Vessière, Bruno Faonio crée une cuisine actuelle et soignée, associant fraîcheur des produits, harmonie des saveurs, belles présentations... Sa compagne assure le service – à la fois attentif et souriant. Inutile de dire qu'on joue souvent à guichets fermés et qu'il vaut mieux réserver !

Formule 21 € – Menu 32/68 € – Carte 50/78 €

Plan : C1-r *10 r. St-Michel – ✆ 03 83 32 49 48 – www.levfour.fr – Fermé dim. soir et lundi*

Le Cap Marine

POISSONS ET FRUITS DE MER · ÉLÉGANT XXX Cette institution nancéienne – née il y a 60 ans – a pris un nouveau cap avec une rénovation complète, de la salle aux fourneaux. On découvre un décor chic et contemporain, tout en tons chocolat et bois blond, et une belle cuisine de la mer, ainsi la sole de ligne dorée au beurre et les grenouilles sautées aux herbes fraîches... Un régal.

Menu 32 € (semaine), 42/70 € – Carte 66/87 €

Plan : C1_2-e *60 r. Stanislas – ✆ 03 83 37 05 03 – www.restaurant-capmarine.fr – Fermé 2 semaines en août, 24 déc.-2 janv., sam. midi, dim. et fériés*

Le Capu

CUISINE CLASSIQUE · TENDANCE XX Une table en vue dans la ville : ici, on apprécie le décor, au chic contemporain affirmé, rehaussé de notes baroques comme la cuisine, inventive et généreuse – ainsi le foie gras de canard confit, au macaron de Nancy. Et après un passage en semaine, on revient bruncher le dimanche !

Formule 29 € – Menu 38/62 € – Carte 55/72 €

Plan : C2-m *31 r. Gambetta – ✆ 03 83 35 26 98 – www.lecapu.com – Fermé vacances de fév., 2 semaines en août, dim. sauf le midi de sept. à juin et lundi*

Les Agaves

CUISINE MÉDITERRANÉENNE · CONVIVIAL XX Cap au Sud pour ce restaurant élégant qui flirte avec l'esprit bistrot. Le chef mêle influences méditerranéennes, provençales et italiennes (le foie de veau à la Vénitienne est une spécialité) ; même la carte des vins fait la cour aux crus transalpins. La Botte en Lorraine !

Formule 27 € – Menu 32 € – Carte 46/59 €

Plan : C2-u *2 r. des Carmes – ✆ 03 83 32 14 14 – www.les-agaves-nancy.fr – Fermé 1er-15 août, lundi soir, merc. soir et dim.*

Les Petits Gobelins

CUISINE MODERNE · CONVIVIAL XX C'est dans une rue piétonne derrière la cathédrale, au pied d'une demeure du 18e s., qu'on déniche cet agréable restaurant familial, territoire de la famille Grosse : Patrice, chef, met l'accent sur le choix des produits et l'originalité des recettes, telle cette morille farcie d'une fine purée, et son œuf cocotte. Miam !

Formule 19 € – Menu 26/52 € – Carte 36/66 €

Plan : D2-z *18 r. de la Primatiale – ✆ 03 83 35 49 03 – www.lespetitsgobelins.fr – Fermé dim. et lundi*

Madame

CUISINE MODERNE · CONVIVIAL XX En face de la citadelle, c'est un plaisir de revenir dans ce restaurant éminemment sympathique. La cuisine est pensée au jour le jour, au fil des saisons et du marché. C'est bon, stimulant, on ne s'ennuie jamais. Merci Madame !

Formule 22 € – Menu 27/55 € – Carte 29/56 €

Plan : C1-a *52 r. Henri-Deglin – ✆ 03 83 22 37 18 – www.madamerestaurant.fr – Fermé 29 mai-8 juin, 9-15 oct., 8-24 janv., sam. midi, dim. et lundi*

La Poule Ange

CUISINE MODERNE · TENDANCE X Quand on dit que la valeur n'attend pas le nombre des années... Le tout jeune Jérémy Grosdidier, "ancien" de l'Excelsior et du Jules Verne, à Paris, a créé ce restaurant qui revisite les classiques avec dynamisme. Du même propriétaire, essayez son bistrot canaille, "Le Coq En Fer". Là encore, une réussite !

Menu 20/44 €

Plan : D2-t *74 r. St-Julien – ✆ 03 83 34 19 62 – www.restaurantgroseille.com – Fermé dim.*

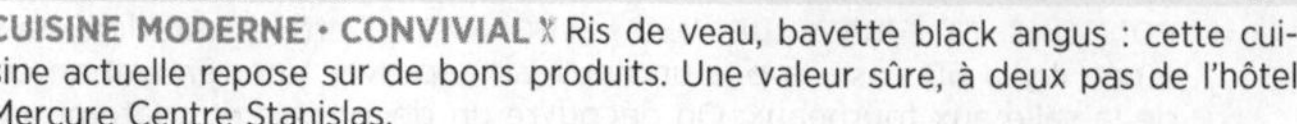

CUISINE MODERNE • CONVIVIAL Ris de veau, bavette black angus : cette cuisine actuelle repose sur de bons produits. Une valeur sûre, à deux pas de l'hôtel Mercure Centre Stanislas.

Formule 19 € – Menu 25/38 € – Carte 35/48 €

Plan : C2-f *27 r. Gambetta*
– ✆ 03 83 35 81 33 – Fermé 2 semaines en juil. et dim.

Hôtels & maisons d'hôtes

Hôtel d'Haussonville

HISTORIQUE • CLASSIQUE Les amateurs de demeures classées seront comblés par ce splendide hôtel particulier du 16e s. Ici, tout n'est que raffinement : cheminées et parquets d'époque, beau salon avec piano à queue, antiquités... Quel charme !

7 chambres – †149/239 € ††149/239 € – ☕ 17 €

Plan : C1-g *9 r. Mgr-Trouillet*
– ✆ 03 83 35 85 84 – www.hotel-haussonville.fr
– Fermé 1er-12 janv.

Crystal

FAMILIAL • CONTEMPORAIN Voilà un établissement idéalement situé ! Quelques minutes suffisent pour rejoindre la gare ou le Palais des Congrès à pied, aller au musée ou faire les magasins. Les chambres sont agréables et bien tenues, avec un mobilier contemporain et de bons équipements ; préférez celles qui sont rénovées.

58 chambres – †49/229 € ††49/229 € – ☕ 15 €

Plan : C2-a *5 r. Chanzy*
– ✆ 03 83 17 54 00 – www.bwcrystal.com
– Fermé 23 déc.-2 janv.

Hôtel des Prélats

FAMILIAL • PERSONNALISÉ Cet hôtel particulier du 17e s., adossé à la cathédrale, est idéalement situé pour visiter la ville. Les chambres, spacieuses, rivalisent de classicisme et de raffinement (lits à baldaquin, vitraux, objets chinés), et la junior suite vaut le détour...

41 chambres – †99/249 € ††119/249 € – ☕ 13 €

Plan : D2-r *56 pl. Mgr-Ruch*
– ✆ 03 83 30 20 20 – www.hoteldesprelats.com
– Fermé vacances de Noël

Mercure Centre Stanislas

HÔTEL DE CHAÎNE • FONCTIONNEL Au cœur de Nancy, l'établissement est tout proche de la célèbre place Stanislas. Chambres fonctionnelles et grand parking privé souterrain.

80 chambres – †81/200 € ††81/200 € – ☕ 17 €

Plan : C2-m *5 r. des Carmes*
– ✆ 03 83 30 92 60 – www.mercure-nancy-centre-stanislas.com

Maison de Myon

HÔTEL PARTICULIER • PERSONNALISÉ Dans cette demeure du 18e s., proche de la cathédrale, tout est du meilleur goût : chambres et salons mêlent meubles anciens et design, tissus élégants, œuvres d'art, objets précieux, etc. Même l'ancienne écurie s'est transformée en belle bibliothèque ! On propose aussi cours de cuisine, dégustations de vins, table d'hôte...

5 chambres ☕ – †115 € ††140 €

Plan : D2-s *7 r. Mably*
– ✆ 03 83 46 56 56 – www.maisondemyon.com
– Fermé 26 fév.-11 mars

La Villa 1901

MAISON DE MAÎTRE · DESIGN À 15 mn à pied du centre de Nancy, cette demeure de 1901 distille une ambiance rare... À son charme de maison de ville, intime et confidentielle, s'ajoute un aménagement au design vintage. Un sommet de style jusque dans les détails ! Beau jardin sur l'arrière et excellent petit-déjeuner. Ah, une dernière chose : tous les objets et bibelots sont à vendre... y compris les tapis !

5 chambres – 145/165 € 165/185 €

Plan : B2-a *63 av. du Général-Leclerc - 06 30 03 21 62 - www.lavilla1901.fr*

NANS-SOUS-STE-ANNE

25330 Doubs - 139 hab. - Alt. 367 m - Carte régionale n° **9**-B2
Carte Michelin 321-G5

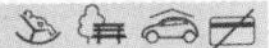

À l'Ombre du Château

DEMEURE HISTORIQUE · VINTAGE Une élégante bâtisse en pierre de taille, entourée de rhododendrons et d'un jardin ombragé. À l'intérieur, couleurs chaleureuses, ambiance raffinée (pierre, bois, cuir, tissus), et cinq chambres spacieuses et romantiques... Terrasse pour les beaux jours.

5 chambres – 85/105 € 100/115 €

6 r. du Château - 03 81 53 19 73 - www.alombreduchateau.fr - Fermé 18 fév.-6 mars et 25 oct.-8 nov.

G. Rigoulet/hemis.fr

ON AIME...

Déjeuner chez **Clémence**, en bord de Loire, dans la grande tradition nantaise : c'est ici qu'a été inventé le beurre blanc ! Savourer l'air du temps chez **Lulu Rouget**, dont le déménagement n'a rien changé à sa qualité. Plonger dans les douces saveurs iodées de **L'Océanide**, et se réjouir des élans créatifs de l'**U.Ni**. Profiter de la cuisine du marché proposée à la **Raffinerie**...

NANTES

⊠ 44000 Loire-Atlantique - 298 029 hab. - Agglo. 612 782 hab. - Alt. 8 m
- Carte régionale n° **18**-B2
Carte Michelin 316-G4 - Guide Vert Michelin Bretagne Sud

Restaurants

✿ L'Atlantide 1874 - Maison Guého (Jean-Yves Guého)

CUISINE MODERNE • DESIGN XXX Désormais installée dans une belle maison du 19e s. surplombant la Loire, cette Atlantide recèle toujours de beaux trésors : Jean-Yves Guého signe une cuisine très exacte et d'une belle finesse, qui fait la part belle au poisson. Intéressante carte de vins de Loire. Quelques chambres pour l'étape.

➜ Grenouilles meunières, brandade d'anguille de Loire fumée et lait d'ail des ours. Sole rôtie aux épices cantonaises, caramel de gingembre, gnocchis et pak-choï. Soufflé flambé au Grand Marnier.

Formule 32 € - Menu 40 € (déj. en semaine), 70/100 €
- Carte 80/115 €

4 chambres - †110/150 € ††110/150 € - ☕ 15 €

Plan : 1B2-a *5 r. de l'Hermitage ⊠ 44100*
- ✆ 02 40 73 23 23 - www.restaurant-atlantide.net
- Fermé 1er-21 août, 1er-7 janv., dim. et fériés

Le Rive Gauche

CUISINE MODERNE • TRADITIONNEL XX Direction la rive gauche de la Loire, au sud de l'île Beaulieu, où le fleuve prend des accents presque champêtres... Autre atout de cette ancienne guinguette : une terrasse sur l'arrière, face à la verdure d'un jardin ensoleillé. Au menu : une cuisine soignée, associée à un joli choix de vins du Val de Loire.

Formule 21 € - Menu 32/75 €
- Carte 45/59 €

Plan : 2C2-e *10 Côte-St-Sébastien*
- ✆ 02 40 34 38 52 - www.lerivegauche-restaurant.com
- Fermé 1er-5 janv., sam. midi, dim. midi et lundi

L'Instinct Gourmand

CUISINE TRADITIONNELLE • SIMPLE X Plutôt de bon goût, ce bistrot "sans étiquette" qui trace son sillon loin de tout formalisme : ici, la simplicité et la fraîcheur sont les seuls mots d'ordre. Le menu, présenté à l'ardoise, est réalisé chaque jour au gré du marché et réserve de savoureuses surprises... Pari gagnant.

Formule 15 € - Menu 17 € (déj. en semaine)/32 €

Plan : 4G2-g *14 r. St-Léonard - 02 40 47 41 64 - www.linstinctgourmand.com - Fermé 1 semaine en mai, 2 semaines fin août-début sept., vacances de Noël, dim., lundi et fériés*

L'Abélia

CUISINE MODERNE • INTIME XX Légèrement excentrée du centre-ville, cette demeure bourgeoise du début du 20e s., restaurée avec goût (parquet, tomettes, pierres apparentes, jardin d'hiver...), jouit d'une clientèle fidèle. Il faut dire que la carte honore la région nantaise, entre légumes du marché et poisson de la côte !

Formule 27 € - Menu 37 € (semaine), 39/55 €

Plan : 2C2-t *125 bd des Poilus - 02 40 35 40 00 - www.restaurantlabelia.com - Fermé 1 semaine en mai, 30 juil.-24 août, 1er-14 janv., dim. et lundi*

Analude

CUISINE MODERNE • TENDANCE XX Derrière l'ancien palais de justice, ce restaurant contemporain, doublé d'une épicerie gourmande, est l'une des adresses en vogue dans la ville, et c'est justice. Son chef, Christophe Levet, est un autodidacte, qui travaille les produits du marché selon son inspiration, à grand renfort d'herbes et d'épices. Une réussite !

Formule 19 € - Menu 23 € (déj. en semaine), 51/67 € - Carte 41/48 €

Plan : 3F2-g *2 r. de la Bastille - 02 53 55 65 46 - www.analude.fr - Fermé 27 juil. -21 août, 1 semaine vacances de Noël, mardi soir, sam., dim., lundi et fériés*

Félix

CUISINE TRADITIONNELLE • BRASSERIE XX Tout près de la cité des congrès, le type même de la grande brasserie contemporaine qui n'a pas oublié ses classiques : produits frais, tartares, huîtres, service 7j/7, ambiance... En prime, une jolie vue sur le canal St-Félix.

Formule 18 € - Menu 27 € - Carte 35/51 €

Plan : 4H2-a *1 r. Lefèvre-Utile - 02 40 34 15 93 - www.brasseriefelix.com*

La Cigale

CUISINE TRADITIONNELLE • BRASSERIE XX Véritable institution que cette brasserie née en 1895, face à l'opéra : son décor classé (céramiques, miroirs) illustre toute l'ivresse ornementale du Modern Style. Pour un repas plein de superbe !

Formule 16 € - Menu 19 € (déj. en semaine)/31 € - Carte 34/61 €

Plan : 3F2-d *4 pl. Graslin - 02 51 84 94 94 - www.lacigale.com*

Maison Baron Lefèvre

CUISINE TRADITIONNELLE • CONVIVIAL XX Le genre de maison qui a tout compris : décor à la pointe du goût d'aujourd'hui (un ancien entrepôt de maraîchers en brique, bois et métal), bons produits, cocottes en fonte et plats de tradition... Ce Baron-là achète même des bêtes entières (cochon, veau) pour préparer ses boudins, terrines, etc. Verdict : salle comble !

Formule 16 € - Menu 19 € (déj. en semaine)/26 € - Carte 32/59 €

Plan : 4H3-n *33 r. de Rieux - 02 40 89 20 20 - www.baron-lefevre.fr - Fermé 1er-15 août, dim. et lundi*

L'Océanide

POISSONS ET FRUITS DE MER • VINTAGE XX Filets cuits sur la peau ou coquilles dorées au beurre : cette Océanide-là est bien nymphe de la mer. C'est en voisin que le chef va faire ses achats au célèbre marché de Talensac, et la fraîcheur du poisson, parfaitement travaillé, ne trompe pas ! Cadre agréable au charme désuet.

Menu 22 € (déj. en semaine), 32/72 € - Carte 38/65 €

Plan : 4G1-n *2 r. Paul-Bellamy - 02 40 20 32 28 - www.restaurant-oceanide.com - Fermé 27 juil.-20 août, dim. et lundi*

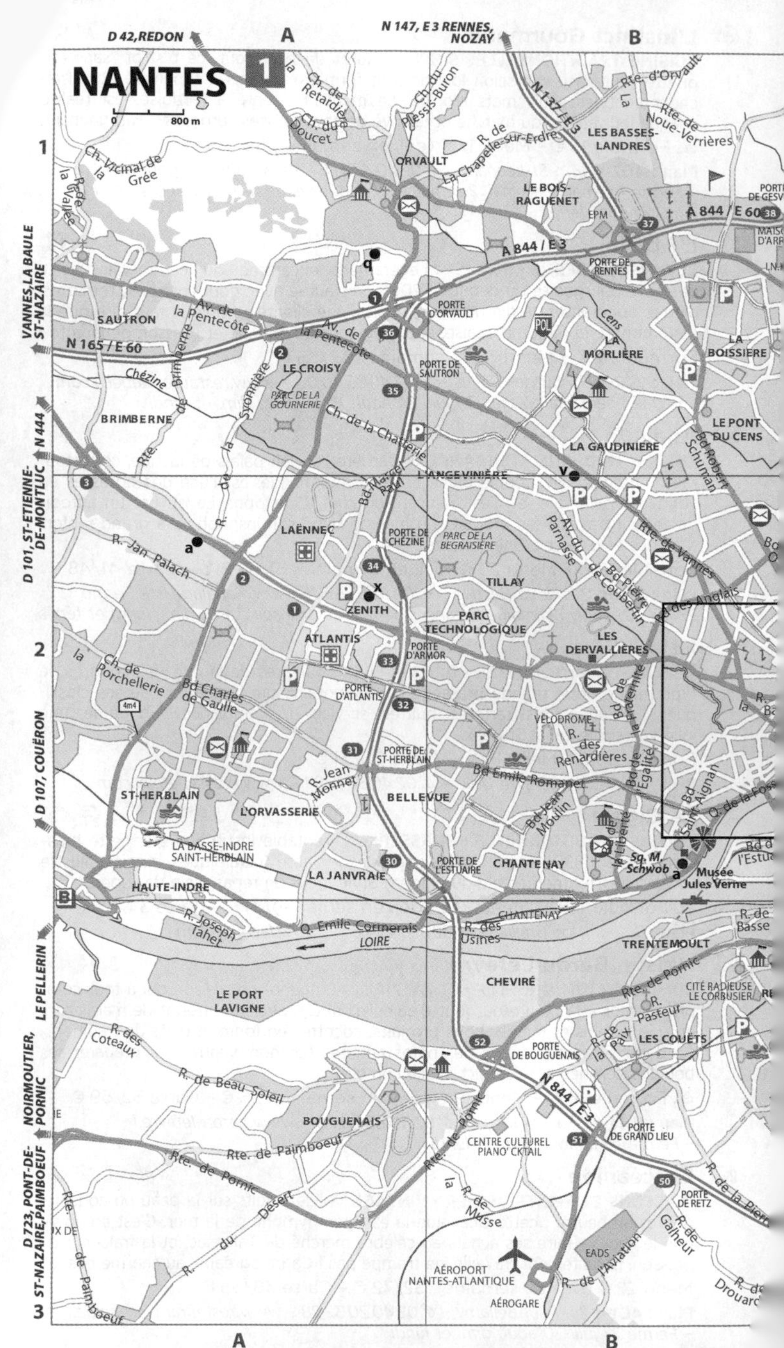

NANTES
1
D 42, REDON
N 147, E 3 RENNES, NOZAY
VANNES, LA BAULE ST-NAZAIRE
N 165 / E 60
N 444
D 101, ST-ETIENNE-DE-MONTLUC
D 107, COUËRON
LE PELLERIN
NOIRMOUTIER, PORNIC
D 723, PONT-DE-ST-NAZAIRE, PAIMBOEUF
ORVAULT
LES BASSES-LANDRES
LE BOIS-RAGUENET
A 844 / E 3
A 844 / E 60
N 137 / E 3
PORTE DE RENNES
PORTE D'ORVAULT
PORTE DE SAUTRON
SAUTRON
LE CROISY
PARC DE LA GOURNERIE
BRIMBERNE
LA MORLIÈRE
LA BOISSIÈRE
LE PONT DU CENS
LA GAUDINIÈRE
L'ANGEVINIÈRE
LAËNNEC
PORTE DE CHÉZINE
PARC DE LA BEGRAISIÈRE
TILLAY
ZENITH
PARC TECHNOLOGIQUE
ATLANTIS
PORTE D'ARMOR
LES DERVALLIÈRES
PORTE D'ATLANTIS
VÉLODROME
PORTE DE ST-HERBLAIN
ST-HERBLAIN
L'ORVASSERIE
BELLEVUE
LA BASSE-INDRE SAINT-HERBLAIN
HAUTE-INDRE
LA JANVRAIE
PORTE DE L'ESTUAIRE
CHANTENAY
Sq. M. Schwob
Musée Jules Verne
LOIRE
TRENTEMOULT
CHEVIRÉ
LE PORT LAVIGNE
CITÉ RADIEUSE LE CORBUSIER
LES COUËTS
PORTE DE BOUGUENAIS
N 844 / E 3
BOUGUENAIS
CENTRE CULTUREL PIANO' CKTAIL
PORTE DE GRAND LIEU
PORTE DE RETZ
EADS
AÉROPORT NANTES-ATLANTIQUE
AÉROGARE
Av. de la Pentecôte
Ch. de la Chatterie
Bd Marcel Paul
R. Jan Palach
Bd Charles de Gaulle
Ch. de la Porchellerie
R. Jean Monnet
Bd Émile-Romanet
R. des Renardières
Bd de la Fraternité
Bd de l'Égalité
Bd de la Liberté
Bd Jean Moulin
Bd Saint-Aignan
Q. de la Fosse
Rte. de Vannes
Bd Pierre de Coubertin
Av. du Parnasse
Bd des Anglais
Bd Robert Schuman
Q. Emile Cornerais
R. Joseph Tahet
R. des Usines
Rte. de Pornic
R. de la Paix
R. Pasteur
R. des Coteaux
R. de Beau Soleil
Rte. de Paimboeuf
R. du Désert
R. de Paimboeuf
R. de la Musse
R. de l'Aviation
R. de Galheur
R. de la Pierre
R. de Drouard
Ch. Vicinal de Grée
R. de la Vallée
Ch. de la Retardière
Ch. du Doucet
Ch. du Plessis-Buron
R. de La Chapelle-sur-Erdre
Rte. d'Orvault
Rte. de la Noue-Verrières
Rte. de Brimberne
R. de la Syonnière
Chézine
Cens
0 800 m

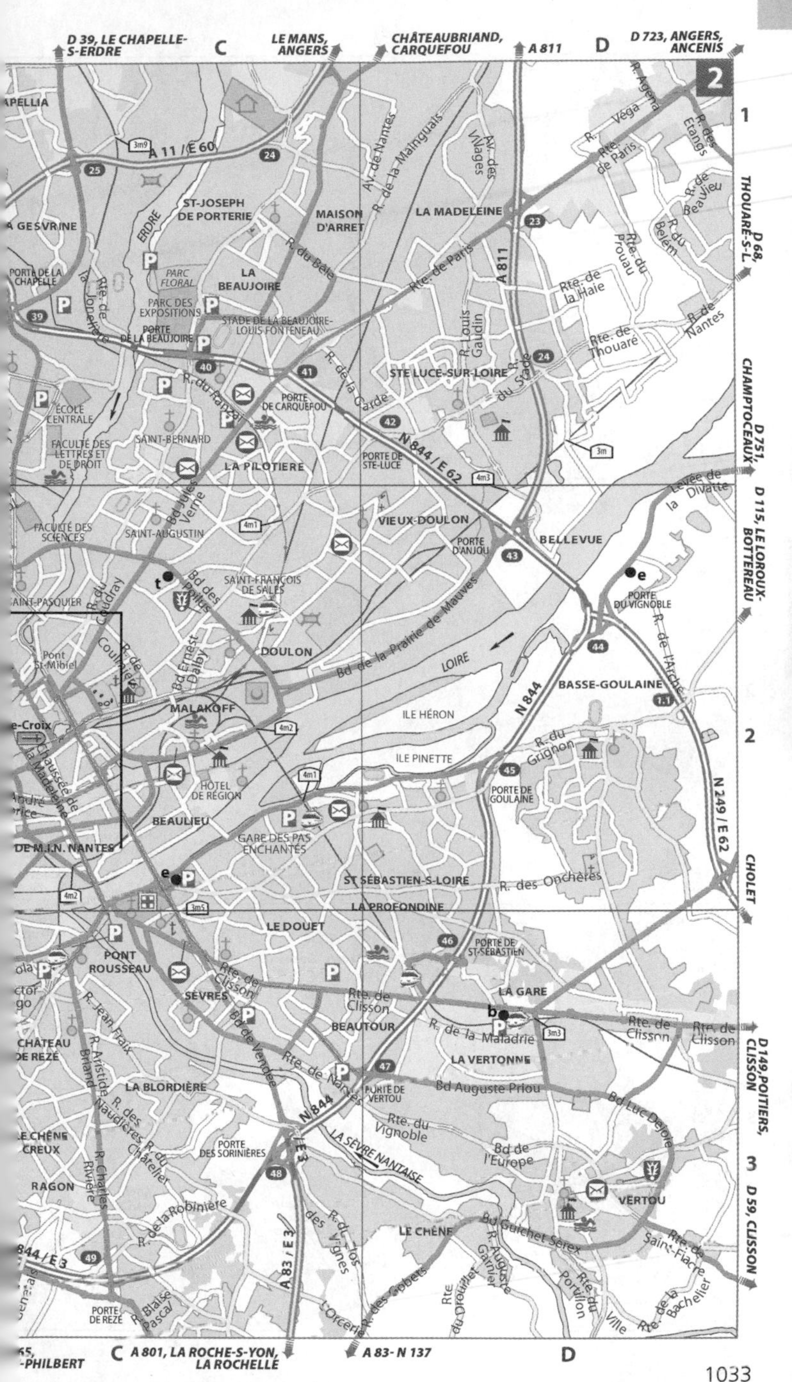
D 39, LE CHAPELLE-S-ERDRE
C
LE MANS, ANGERS
CHÂTEAUBRIAND, CARQUEFOU
A 811
D
D 723, ANGERS, ANCENIS
2
1
2
3
D 68, THOUARÉ-S-L.
D 751, CHAMPTOCEAUX
D 115, LE LOROUX-BOTTEREAU
CHOLET
D 149, POITIERS, CLISSON
D 59, CLISSON
C
A 801, LA ROCHE-S-YON, LA ROCHELLE
A 83 - N 137
D
A 11 / E 60
ST-JOSEPH DE PORTERIE
MAISON D'ARRET
LA MADELEINE
LA GESVRINE
LA BEAUJOIRE
PARC FLORAL
PARC DES EXPOSITIONS
STADE DE LA BEAUJOIRE-LOUIS FONTENEAU
PORTE DE LA BEAUJOIRE
PORTE DE LA CHAPELLE
ÉCOLE CENTRALE
FACULTÉ DES LETTRES ET DE DROIT
SAINT-BERNARD
LA PILOTIERE
PORTE DE CARQUEFOU
PORTE DE STE-LUCE
STE LUCE-SUR-LOIRE
N 844 / E 62
FACULTÉ DES SCIENCES
SAINT-AUGUSTIN
VIEUX-DOULON
PORTE D'ANJOU
BELLEVUE
SAINT-FRANÇOIS DE SALES
DOULON
PORTE DU VIGNOBLE
LOIRE
BASSE-GOULAINE
ILE HÉRON
ILE PINETTE
MALAKOFF
HÔTEL DE RÉGION
PORTE DE GOULAINE
BEAULIEU
GARE DES PAS ENCHANTÉS
ST SÉBASTIEN-S-LOIRE
LA PROFONDINE
LE DOUET
PORTE DE ST-SÉBASTIEN
PONT ROUSSEAU
SÈVRES
LA GARE
BEAUTOUR
LA VERTONNE
CHÂTEAU DE REZÉ
LA BLORDIÈRE
PORTE DE VERTOU
LE CHÊNE CREUX
PORTE DES SORINIÈRES
LA SÈVRE NANTAISE
RAGON
VERTOU
LE CHÊNE
PORTE DE REZÉ
DE M.I.N. NANTES
Pont St-Mihiel
Bd Jules Verne
Bd des Poilus
Bd Ernest Dalby
Bd de la Prairie de Mauves
Rte. de Paris
R. du Bêle
Av. de Nantes
R. de la Mainguais
Av. des Villages
R. Véga
R. Agena
R. des Etangs
R. de Beaulieu
R. du Belem
Rte. du Prouau
Rte. de la Haie
Rte. de Thouaré
R. de Nantes
R. Louis Gaudin
R. du Stade
R. de la Garde
R. du Ranzay
Rte. de la Jonelière
R. de Coulmiers
R. du Goudray
Levée de la Divatte
R. de l'Arche
N 844
N 249 / E 62
R. du Grignon
R. des Onchères
Rte. de Clisson
R. de la Maladrie
Rte. de Nantes
Bd de Vendée
Bd Auguste Priou
Bd Luc Dejoie
Rte. du Vignoble
Bd de l'Europe
R. Jean Fraix
R. Aristide Briand
R. des Naudières
R. du Châtelier
R. Charles Rivière
R. de la Robinière
R. des Vignes
R. du Los
A 83 / E 3
Bd Guichet Sérex
R. Auguste Garnier
Rte. de Saint-Fiacre
Rte. du Portillon
Rte. du Drouillet
R. des Gobets
L'Orcerie
Rte. de la Bachelier
R. Blaise Pascal
Chaussée de la Madeleine
ERDRE

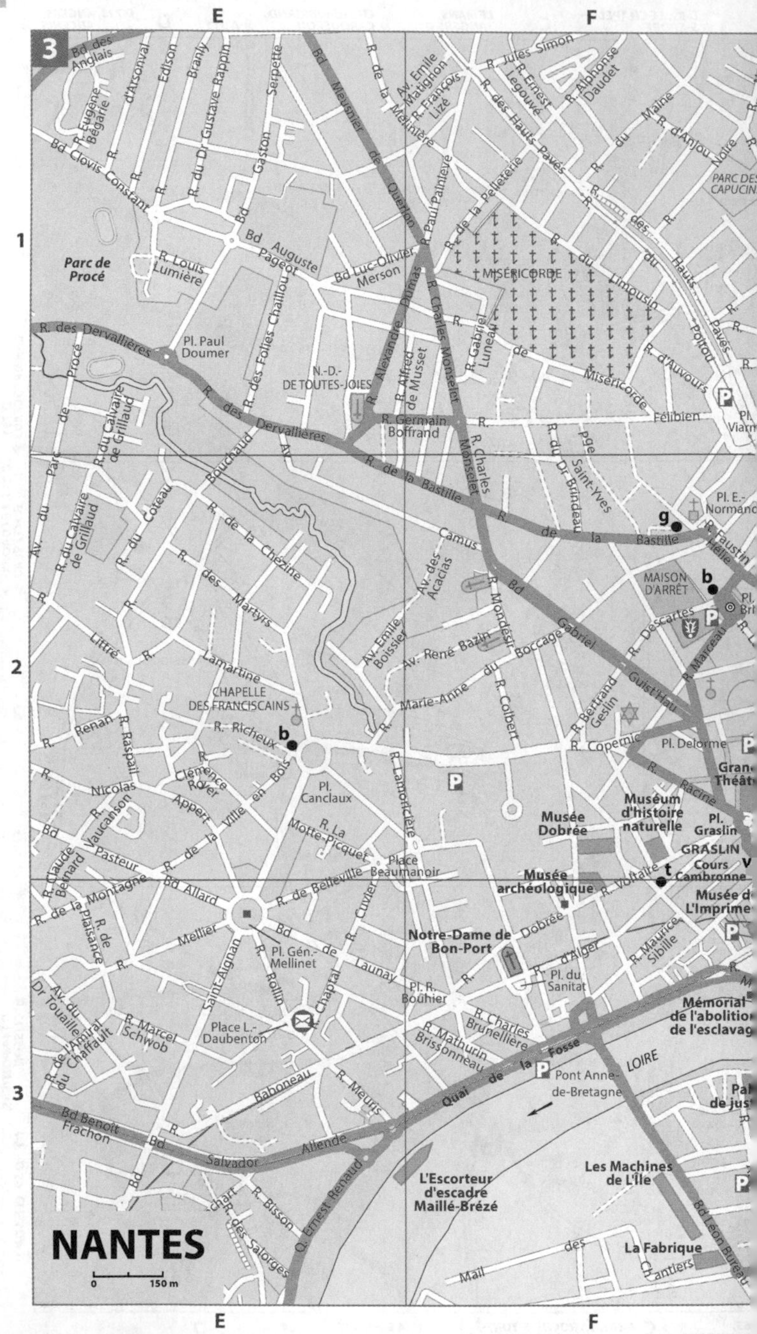
NANTES
3
E
F
1
2
3
Parc de Procé
Bd des Anglais
Bd Clovis Constant
R. Louis Lumière
Bd Auguste Pageot
Bd Luc-Olivier Merson
Pl. Paul Doumer
R. des Dervallières
N.-D.-DE TOUTES-JOIES
R. Germain Boffrand
R. de la Bastille
MISÉRICORDE
R. du Limousin
R. de Miséricorde
R. Félibien
R. d'Auvours
R. Poitou
PARC DES CAPUCINS
R. d'Anjou
R. Noire
R. du Maine
R. des Hauts Pavés
R. Jules Simon
R. Ernest Legouvé
R. Alphonse Daudet
Av. Emile Matignon
R. François Lizé
R. de la Pelleterie
R. Paul Painlevé
R. de la Mélinière
Bd Meusnier de Querlon
R. Alexandre Dumas
R. Charles Monselet
R. Gabriel Luneau
R. Alfred de Musset
R. du Dr Brindeau
pge Saint-Yves
Pl. E.-Normand
R. Faustin Hélie
MAISON D'ARRÊT
R. Descartes
R. Marceau
Bd Gabriel Guist'Hau
R. Mondésir
Av. des Acacias
Av. Emile Boissier
Av. René Bazin
R. du Boccage
R. Marie-Anne du Boccage
R. Colbert
R. Bertrand Geslin
R. Copernic
Pl. Delorme
R. Racine
Muséum d'histoire naturelle
Pl. Graslin
GRASLIN
Cours Cambronne
Musée Dobrée
Musée archéologique
R. Voltaire
Musée de L'Imprimerie
R. Maurice Sibille
Notre-Dame de Bon-Port
R. Dobrée
R. d'Alger
Pl. du Sanitat
Pl. R. Bouhier
R. Charles Brunellière
R. Mathurin Brissonneau
Quai de la Fosse
LOIRE
Pont Anne-de-Bretagne
Mémorial de l'abolition de l'esclavage
Les Machines de L'Île
L'Escorteur d'escadre Maillé-Brézé
La Fabrique
Mail des Chantiers
Bd Léon Bureau
R. de la Chézine
R. des Martyrs
R. Lamartine
CHAPELLE DES FRANCISCAINS
R. Richeux
Pl. Canclaux
R. de la Ville en Bois
R. Clémence Royer
R. Appert
R. Nicolas
R. Vaucanson
R. Renan
R. Raspail
R. Littré
R. du Coteau
R. Bouchaud
R. du Calvaire de Grillaud
Av. du Parc de Procé
R. des Folies Chaillou
Bd Pasteur
Bd Allard
R. de Belleville
R. La Motte-Picquet
Place Beaumanoir
R. Lamoricière
R. Cuvier
R. de la Montagne
R. Claude Bernard
R. de Plaisance
R. Mellier
Pl. Gén.-Mellinet
Bd de Launay
R. Saint-Aignan
R. Rollin
R. Chaptal
Place L.-Daubenton
R. Marcel Schwob
Av. du Dr Touaille
R. de l'Amiral du Chaffault
R. Baboneau
R. Meuris
Bd Benoît Frachon
Bd Salvador Allende
Q. Ernest Renaud
R. Bisson
R. des Salorges
R. Camus
0
150 m
b
g
t

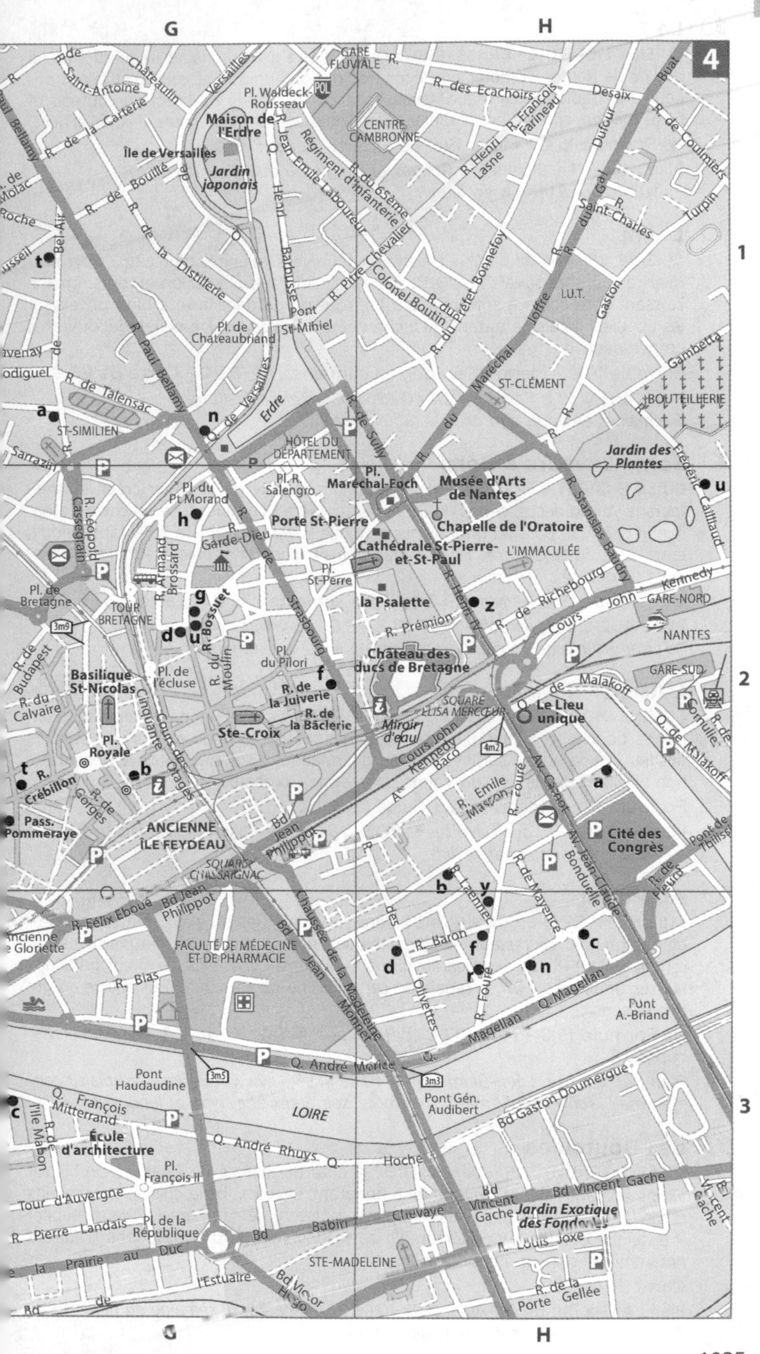
G
H
4
1
2
3
Maison de l'Erdre
Île de Versailles
Jardin japonais
CENTRE CAMBRONNE
GARE FLUVIALE
ST-CLÉMENT
BOUTEILLERIE
Jardin des Plantes
HÔTEL DU DÉPARTEMENT
Pl. Maréchal-Foch
Musée d'Arts de Nantes
Chapelle de l'Oratoire
Porte St-Pierre
Cathédrale St-Pierre-et-St-Paul
L'IMMACULÉE
la Psalette
Château des ducs de Bretagne
GARE-NORD
NANTES
GARE-SUD
Le Lieu unique
Basilique St-Nicolas
Pl. Royale
Ste-Croix
R. de la Juiverie
R. de la Bâclerie
Miroir d'eau
ANCIENNE ÎLE FEYDEAU
Cité des Congrès
FACULTÉ DE MÉDECINE ET DE PHARMACIE
LOIRE
École d'architecture
Jardin Exotique des Fondoves
STE-MADELEINE
ST-SIMILIEN
TOUR BRETAGNE
Pl. de Bretagne
Pl. du Pilori
Pl. de l'écluse
I.U.T.
Pont Haudaudine
Pont Gén. Audibert
Pont A.-Briand
Q. André Morice
Q. Magellan
Bd Gaston Doumergue
Bd Vincent Gache
Pl. de la République
Pl. François II
Pass. Pommeraye
Cours John Kennedy
R. Paul Bellamy
R. de Strasbourg
R. du Maréchal Joffre
R. Stanislas Baudry
Chaussée de la Madeleine
Bd Jean Philippot
R. Félix Eboué
R. Crébillon
3m9
4m2
3m5
3m3
G
H

Le 1

CUISINE MODERNE · BRASSERIE XX On peut être dans un nouveau quartier (celui de l'île de Nantes), arborer un décor très design, ludique et coloré, et faire honneur à la tradition : cabillaud sauce hollandaise, tartare de bœuf au couteau et frites maison, côte de bœuf sauce béarnaise… Une belle brasserie d'aujourd'hui !

Formule 16 € – Menu 19/31 € – Carte 32/81 €

Plan : 4G3-c *1 r. Olympe-de-Gouges (à l'angle du quai F.-Mitterrand) – 02 40 08 28 00 – www.leun.fr*

L'U.ni

CUISINE CRÉATIVE · COSY XX Histoires d'univers, d'unité, d'unicité… Son premier restaurant (ouvert fin 2011), Nicolas Guiet l'a voulu sur un mode singulier. Laissant libre cours à son imagination, tout en gardant la tête bien posée sur les épaules, il cuisine autant qu'il cherche à surprendre. De belles découvertes en perspective.

Formule 19 € – Menu 23 € (déj. en semaine), 42/63 € – Carte 61/68 €

Plan : 4H3-y *36 r. Fouré – 02 40 75 53 05 – Fermé 1er-16 mai, 3 semaines en août, dim. midi, lundi et mardi*

Song, Saveurs & Sens

CUISINE CRÉATIVE · COSY X Nhung Phung a changé de vie pour créer son restaurant. Autodidacte, certes, mais vraie cuisinière ! La faute à ses racines vietnamiennes ? À sa passion pour la gastronomie ? À sa sensibilité ? Sa table séduit, entre Asie du Sud-Est et France, tradition et modernité, épices subtiles et produits de qualité…

Formule 15 € – Menu 19 € (déj. en semaine)/35 € – Carte 42/56 €

Plan : 4G2-a *5 r. Santeuil – 02 40 20 88 07 – www.restaurant-song.fr – Fermé 1 semaine en mai, 3 semaines en août, dim. et lundi*

L'Atelier d'Alain

CUISINE MODERNE · CONVIVIAL X Alain Ruffault a créé son Atelier dans l'ancienne boucherie de ses parents, aujourd'hui métamorphosée. Signes distinctifs des lieux : une bonne cuisine, à la fois gourmande et soignée, et de la décontraction ! Belle carte de vins du Val de Loire et de Bordeaux.

Formule 19 € – Menu 25 € – Carte 25/74 €

Plan : 4H3-d *24 r. des Olivettes – 02 40 84 38 66 – www.atelieralain.fr – Fermé août, sam. midi et dim.*

Au Plaisir

CUISINE MODERNE · CONVIVIAL X Dans l'une des rues du vieux Nantes, au cœur de l'animation, ce restaurant sympathique tient sa promesse : le plaisir est au rendez-vous ! Ris de veau caramélisé à la façon du chef, filet de bœuf grillé aux huîtres bretonnes… On se régale de cette cuisine de caractère, qui évolue au gré des saisons.

Formule 15 € – Menu 17 € (déj. en semaine), 28/48 € – Carte environ 39 €

Plan : 4G2-h *10 r. Léon-Blum – 02 40 89 41 56 – www.restaurant-au-plaisir.com – Fermé 5 août-3 sept., mardi soir, merc. soir, jeudi soir, dim. et lundi*

Les Bouteilles

CUISINE TRADITIONNELLE · BISTRO X À côté du marché de Talensac, un bistrot à vins épatant : décor sympathique honorant Bacchus, belle cuisine de produits (charcuteries italiennes, plats canailles, poisson de la marée…) sans oublier – enseigne oblige – une mémorable carte des vins (700 appellations !) faisant notamment honneur à la Bourgogne.

Carte 30/60 €

Plan : 4G1-a *11 r. de Bel-Air – 02 40 08 27 65 – Fermé 1 semaine en fév., 3 semaines en août, sam. midi, dim. et lundi*

La Raffinerie

CUISINE MODERNE • BISTRO X Tables aux coudes à coudes, look de petit bistrot et cuisine ouverte face au public invitent à la curiosité. En guise d'acteur principal, un jeune chef talentueux épuise le terroir de sa région : poissons de criée, légumes de pleine terre, pigeonneaux... Percutant et raffiné !

Menu 21 € (déj. en semaine)/31 € – Carte 33/48 €

Plan : 4H3-r *54 r. Fouré – ✆ 02 40 74 81 05 – www.restaurantlaraffinerie.fr – Fermé sam. et dim.*

Lamaccotte

CUISINE MODERNE • TENDANCE X Un décor original pour une cuisine qui ne l'est pas moins : les produits du réputé marché de Talensac, tout proche, irriguent les inspirations du chef, qui propose un menu unique, et des accords mets et vins, pleins de peps. Frais et convivial.

Formule 18 € – Menu 21 € (déj.), 40/50 €

Plan : 4G1-t *63 r. Bel-Air – ✆ 02 85 37 42 30 – Fermé 1 semaine en mai, 3 semaines en août, 1 semaine en janv., sam. midi, dim. et lundi*

Le Bouchon

CUISINE MODERNE • BISTRO X Sa bonne cuisine dans l'air du temps, réinventée jour après jour ; son intérieur joliment décoré (tomettes au sol, poutres anciennes, miroirs) ; sa terrasse incontournable, véritable havre de verdure en plein cœur de la ville... On comprend mieux pourquoi cette adresse est aussi prisée des Nantais !

Formule 14 € – Menu 30 € – Carte 35/47 €

Plan : 4G2-u *7 r. Bossuet – ✆ 02 40 20 08 44 – Fermé sam. midi, dim. et lundi*

Le Canclaux

CUISINE MODERNE • BISTRO X Grande-Bretagne, Suisse, Espagne, Maroc... Pendant 20 ans, Henri Berthaud a exercé son métier de chef aux quatre coins du monde. En 2013, il s'est associé à son frère pour créer cette table sympathique, où il mitonne une cuisine du marché agrémentée de saveurs exotiques. Sans chichi, et tout simplement bon !

Formule 22 € – Menu 26 € (déj. en semaine)/35 €

Plan : 3E2-b *7 pl. Canclaux – ✆ 09 52 76 27 62 – www.lecanclaux.com – Fermé août, vacances de Noël, lundi soir, mardi soir, merc. soir, sam. et dim.*

Le Gressin

CUISINE TRADITIONNELLE • RUSTIQUE X Dans ce quartier proche de la Cité des congrès, se trouve ce vrai bon petit restaurant familial, tenu par deux frères sympathiques. On fait son choix dans un menu-carte tourné vers la tradition, avec notamment la spécialité de la maison : le sandre au beurre blanc nantais !

Formule 15 € – Menu 27/36 €

Plan : 4H3-f *40 bis r. Fouré – ✆ 02 40 48 26 24 – Fermé 3 semaines en août, lundi soir, sam. midi et dim.*

Les Chants d'Avril

CUISINE TRADITIONNELLE • BISTRO X Christophe François est le type même du chef passionné... et passionnant. Il cultive ici l'esprit de bistrot en toute simplicité : vieux parquet, comptoir en formica, bibelots... Côté cuisine, idem : il décline un menu unique au gré de son humeur et du marché du jour, en utilisant de beaux produits de la région. Rafraîchissant !

Formule 20 € – Menu 23/28 €

Plan : 4H2-b *2 r. Laennec – ✆ 02 40 89 34 76 – www.leschantsdavril.fr – Fermé vacances de fév., vacances de printemps, 3 semaines en août, 25 déc.-1er janv., lundi soir, mardi soir, merc. soir, sam. et dim.*

LuluRouget

CUISINE MODERNE • CONVIVIAL Il y a du mouvement chez LuluRouget : l'adresse est désormais installée à deux pas des célèbres Machines de l'île. Pas d'inquiétude en ce qui concerne l'assiette, la prestation est identique : précise, savoureuse, respectueuse du produit... dans une ambiance conviviale.

Formule 20 € - Menu 25 € (déj. en semaine), 45/65 €

pl. Albert-Camus - 02 40 47 47 98 - Fermé 3 semaines en août, dim. et lundi

Hôtels

Radisson Blu

BUSINESS • DESIGN Un beau bâtiment classique dont le fronton central reste sculpté des mots Palais de Justice" : c'est bel et bien dans un ancien tribunal – en activité jusqu'en 2000 – qu'a été créé ce Radisson Blu ! Esprit contemporain, grand confort et belles prestations seront les juges de vos nuits."

137 chambres - 139/500 € 139/500 € - 5 suites - 19 €

Plan : 3F2-b *6 pl. Aristide-Briand - 02 72 00 10 00 - www.radissonblu.com/hotel-nantes*

Mercure Centre

HÔTEL DE CHAÎNE • FONCTIONNEL Derrière la belle façade du 19e s., un hall sous verrière, un lounge bar flambant neuf et des chambres confortables et bien équipées.

161 chambres - 79/179 € 79/179 € - 5 suites - 19 €

Plan : 4G2-b *4 r. du Couëdic - 02 51 82 10 00 - www.mercure.com*

Océania Hôtel de France

URBAIN • PERSONNALISÉ Après de longs travaux, cet hôtel particulier du 18e s., dont le porche est classé monument historique, a rouvert ses portes. Et il n'a rien perdu de son charme ! Les fresques murales et hauts plafonds sont toujours d'actualité ; les chambres, bien rénovées dans un style contemporain, sont particulièrement agréables.

72 chambres - 99/244 € 99/244 € - 15 €

Plan : 3F2-f *24 r. Crébillon - 02 40 73 57 91 - www.oceaniahotels.com*

Sozo Hotel

HISTORIQUE • PERSONNALISÉ Né en 2012 près de la gare, cet hôtel a été créé dans une ancienne chapelle du 19e s. ! Chambres dans les absidioles ou le chœur, vitraux pour fenêtre, clés de voûte en guise de tête de lit et, partout, un aménagement des plus design... Le cachet d'un monument historique associé à l'épure contemporaine : unique !

23 chambres - 109/347 € 109/347 € - 1 suite - 17 €

Plan : 4H2-u *16 r. Frédéric-Cailliaud - 02 51 82 40 00 - www.sozohotel.fr*

Graslin

TRADITIONNEL • PERSONNALISÉ Près de l'opéra, cet hôtel propose deux catégories de chambres, décorées dans un esprit contemporain alliant fonctionnalité et notes Art déco.

47 chambres - 55/150 € 60/150 € - 13 €

Plan : 3F2-v *1 r. Piron - 02 40 69 72 91 - www.hotel-graslin.com*

L'Hôtel

BUSINESS • DESIGN Accueil très aimable dans cet Hôtel où l'on prend facilement ses aises. Vue sur le château en façade, le jardin à l'arrière ; décor contemporain aux notes rétro (références aux fifties), salon feutré : une agréable villégiature au cœur de la ville.

31 chambres - 79/169 € 90/169 € - 13 €

Plan : 4H2-z *6 r. Henri-IV - 02 40 29 30 31 - www.nanteshotel.com*

Okko

URBAIN • DESIGN Sur un boulevard passant, ce bâtiment du début du 20e s. – ancienne fabrique à chaussures – a été choisi pour accueillir le premier des hôtels Okko, nouvelle chaîne hôtelière à vocation "urbaine". Design, espace, confort : un concept réussi !

80 chambres – 100/180 € 120/200 €

Plan : 4G2-f *15 bis r. de Strasbourg – 02 52 20 00 70 – www.okkohotels.com*

Belfort

FAMILIAL • FONCTIONNEL Non loin des quais de la Loire, cet établissement a tout du petit hôtel moderne d'aujourd'hui, à la fois fonctionnel et coloré. Au dernier étage, certaines chambres jouissent d'un balcon dominant la ville.

62 chambres – 62/96 € 62/102 € – 11 €

Plan : 4H3-c *1 r. de Belfort – 02 40 47 05 57 – www.hotel-belfort-nantes.fr*

Pommeraye

BUSINESS • FONCTIONNEL Une situation idéale en centre-ville – à côté du célèbre passage Pommeraye et des boutiques de la rue Crébillon – pour cet hôtel contemporain élégant et feutré, tenu avec soin. À noter : produits bio et locaux au petit-déjeuner.

50 chambres – 69/139 € 69/139 € – 12 €

Plan : 4G2-t *2 r. Boileau – 02 40 48 78 79 – www.hotel-pommeraye.com*

Voltaire Opéra

BUSINESS • FONCTIONNEL Tout près de la place Graslin et du cours Cambronne, cette ancienne pension de famille (datant de 1855) est aujourd'hui un hôtel résolument contemporain. Les chambres sont confortables et bien tenues ; petit-déjeuner gourmand, avec confitures artisanales.

40 chambres – 58/144 € 58/144 € – 12 €

Plan : 3F2_3-t *10 r. Gresset (quartier Graslin) – 02 40 73 31 04 – www.hotelvoltaireoperanantes.com*

ENVIRONS

à Sucé-sur-Erdre 16 km au Nord, sortie n° 23 et D37 – 44240 – 6 707 hab. – Alt. 14 m

Les Arbres Rouges

URBAIN • DESIGN Dans un quartier résidentiel, une grande maison d'architecte à la décoration pointue, véritable précis de savoir-vivre contemporain. Piscines intérieur-extérieur, matériaux de qualité, équipements high-tech... Un certain luxe, sans ostentation.

5 chambres – 99/119 € 118/150 €

570 rte de Carquefou – 02 51 81 15 00 – www.lesarbresrouges.com

au Bord de l'Erdre 11 km par D178 ou sortie n° 24 autoroute A11 et rte de la Chantrerie

Manoir de la Régate

CUISINE MODERNE • CONVIVIAL XXX Une élégante demeure toute blanche et couverte de vigne vierge (19e s.), dans un cadre très bucolique. L'escapade charme aux portes de Nantes. Au menu, une gastronomie d'aujourd'hui, qui évolue au gré des saisons. Agréable terrasse.

Menu 23 € (semaine), 37/80 € – Carte 50/67 €

Hôtel de la Régate, 155 rte de Gachet 44300 Nantes – 02 40 18 02 97 – www.manoirdelaregate.com – Fermé dim. soir et fériés

Auberge du Vieux Gachet

CUISINE MODERNE • CONVIVIAL XX Cette ancienne ferme – entièrement rénovée en 2013 – rappelle la campagne d'antan, à deux pas de la ville : au bord de l'Erdre, face aux flots, la vue se révèle très nature. La carte a le parfum de la tradition : croustillant de homard à la sauce armoricaine, mignon de porc en croûte au romarin et citron confit...

Menu 22 € (déj. en semaine), 40/65 € – Carte 53/124 €

rte de Gachet ✉ 44470 Carquefou – ☎ 02 40 25 10 92 – www.aubergeduvieuxgachet.com – Fermé dim. soir et lundi

La Régate

HÔTEL DE CHAÎNE • CONTEMPORAIN Près de l'Erdre, au calme, le bâtiment (2009) respecte les dernières normes environnementales et a reçu l'Écolabel européen. Toit végétalisé, panneaux solaires, structure de béton aux motifs de bambou... La planète est zen, les clients aussi !

42 chambres – †95/200 € ††95/200 € – ☐ 14 €

155 rte de Gachet ✉ 44300 Nantes – ☎ 02 40 50 22 22 – www.hotel-nantes-laregate.com

Manoir de la Régate – voir les restaurants ci-dessus

rte des Bords de Loire par D751, sortie 44 Porte du Vignoble

La Divate

CUISINE TRADITIONNELLE • RUSTIQUE XX Alors qu'on flâne au fil de la Loire, cette ancienne maison de pêcheurs tombe à point nommé pour une pause repas : anguilles et grenouilles en persillade, sandre au beurre blanc... Le bon goût de la tradition ! Côté décor, pierres, poutres et vieux objets de pêche parfont le spectacle des flots paisibles...

Formule 16 € – Menu 20 € (semaine), 30/37 € – Carte 46/53 €

Hors plan *28 Levée-de-la-Divate, à Boire-Courant, 11 km – ☎ 02 40 54 19 66 – www.restaurantladivate.com.sitew.com – Fermé vacances de fév., 3 semaines en juil., lundi soir en hiver, dim. soir, mardi soir et merc.*

Clémence

CUISINE TRADITIONNELLE • CONVIVIAL XX C'est en cette auberge ligérienne que Clémence Lefeuvre (1860-1932) créa le fameux beurre blanc ! Le chef lui rend un savoureux hommage, mêlant tradition, produits frais et invention. Une bonne étape sur la route des bords de Loire.

Formule 15 € 🍷 – Menu 21 € 🍷 (semaine), 33/56 € – Carte 37/48 €

Hors plan *91 levée de la Divatte, à 15 km, à la Chebuette – ☎ 02 40 36 03 18 – www.restaurantclemence.com – Fermé 30 juil.-12 août, merc. soir, dim. soir et lundi*

Villa Mon Rêve

CUISINE MODERNE • ÉLÉGANT XX Dans un grand jardin protégé par une levée de la Loire, une jolie maison bourgeoise de la fin du 19e s., au cadre élégant et feutré. Une nouvelle direction en a repris les rênes : le chef cale ses recettes sur les saisons et les produits frais ; une jolie suite...

Formule 23 € – Menu 36/60 € – Carte 47/68 €

Plan : 2D2-e *2 Levée-de-la-Divate, à 9 km – ☎ 02 40 03 55 50 – www.villa-mon-reve.com – Fermé dim. soir, lundi et mardi*

à Haute-Goulaine 14 km au Sud-Est par D119 – ✉ 44115 – 5 602 hab. – Alt. 41 m

Manoir de la Boulaie (Laurent Saudeau)

CUISINE CRÉATIVE • ÉLÉGANT XXX Dans ce beau domaine des années 1920, Laurent Saudeau signe une cuisine à forte personnalité, entre recherche et complexité, mêlant produits d'ici et épices d'ailleurs. D'un bout à l'autre du repas, la maîtrise technique est totale ; on se régale dans un décor surprenant, entre classicisme et couleurs vives...

→ Tomate, homard, poulpe grillé sur la braise et pastèque marinée au vinaigre de grenade. Bar aux coquillages, ail noir d'Aomori et pak-choï, jus au galanga. Galet des îles à la noix de coco, chocolat, banane et passion.

Menu 59 € (déj. en semaine), 88/150 € – Carte 110/125 €

33 r. de la Chapelle-St-Martin – ☎ 02 40 06 15 91 – www.manoir-de-la-boulaie.fr – Fermé 29 juil.-23 août, 23 déc.-10 janv., dim. soir, lundi et mardi

à Vertou 10 km par D59 sortie porte de Vertou – ✉ 44120 – 23 104 hab. – Alt. 32 m

Le Laurier Fleuri

CUISINE MODERNE · TRADITIONNEL XX Un jeune couple fait souffler un vent de renouveau sur cet ancien relais de diligence d'aspect très traditionnel ! C'est après un solide parcours dans des maisons de renom que le chef a repris les rênes des fourneaux. On sent dans chaque assiette un réel travail et une vraie envie de surprendre et de faire plaisir...

Formule 17 € – Menu 21 € (semaine), 31/45 € – Carte 28/59 €
10 chambres – 68 € 85 €

Plan : 2D3-b *460 rte de Clisson – ✆ 02 51 79 01 01 – www.lelaurierfleuri.fr – Fermé 4-27 août, dim. et lundi*

à Château-Thébaud 18 km au Sud-Est par D149, D74 et D63 – ✉ 44690 – 2 959 hab. – Alt. 58 m

Auberge La Gaillotière

CUISINE TRADITIONNELLE · RUSTIQUE XX Pour un tête-à-tête avec le vignoble nantais... Les alignements de ceps viennent presque caresser les murs de cet ancien chai ! Anjou, muscadet, bourgueil, etc. : le Val de Loire est aussi à l'honneur à la carte. Quant à la cuisine, du terroir, généreuse et soignée, elle finit de convertir aux bienfaits de la région.

Menu 15 € (déj. en semaine), 23/29 €

La Gaillotière – ✆ 02 28 21 31 16 – www.auberge-la-gaillotiere.fr – Fermé 29 juil.-20 août, 29 janv.-19 fév., dim. et lundi

à St-Fiacre-sur-Maine 10 km au Sud-Est par D59 – ✉ 44690 – 1 143 hab. – Alt. 46 m

La Demeure de Saint-Fiacre

FAMILIAL · PERSONNALISÉ Cette Demeure est l'œuvre de Thomas, un jeune Allemand qui a entièrement rénové cette bâtisse ancienne, au cœur des vignes du muscadet sur lie. Espaces et volumes ne manquent pas de séduire, alliant vieilles pierres et aménagements très contemporains. Et au petit-déjeuner, on profite des œufs et du miel maison... Avis aux amateurs !

3 chambres – 100/120 € 125/135 €

Les Gras-Moutons – ✆ 02 40 43 46 33 – www.lademeure.fr

à Coueron 15 km par D107, sortie porte de l'Estuaire – ✉ 44220 – 20 255 hab. – Alt. 13 m

Le François II

CUISINE TRADITIONNELLE · CONVIVIAL XX L'enseigne rend hommage au duc de Bretagne, père d'Anne, mort à Couëron. Ici, la tradition est reine, et le couple de propriétaires – d'origine bretonne – sait la faire vivre ! Le chef aime s'approvisionner dans la région et travaille en véritable artisan : tout est fait maison. Une adresse attachante.

Formule 15 € – Menu 17 € (déj. en semaine), 25/57 € – Carte 40/50 €

Hors plan *5 pl. Aristide-Briand – ✆ 02 40 38 32 32 – www.francois2.com – Fermé 3-11 mars, 1er-9 mai, 23 juil.-15 août, 1er-5 janv., lundi, mardi et le soir sauf vend. et sam.*

à St-Herblain 8 km à l'Ouest – ✉ 44800 – 44 337 hab. – Alt. 8 m

Les Caudalies

CUISINE MODERNE · COSY XX Savez-vous que les caudalies mesurent la durée de persistance aromatique du vin en bouche ? Un véritable programme pour cette table gastronomique tenue par un couple complémentaire : lui chef, elle sommelière. Au menu : de beaux accords mets-vins, pour une cuisine elle-même inventive et soignée.

Menu 22 € (semaine), 29/54 € – Carte 36/62 €

Plan : 1B1_2-v *229 rte de Vannes, sortie N° 35 – ✆ 02 40 94 35 35 – www.restaurant-lescaudalies.com – Fermé 1er-21 août, 24 fév.-6 mars, merc. soir, dim. et lundi*

Les Pellières

CUISINE TRADITIONNELLE • RUSTIQUE XX Un petit coin de campagne dans une zone aujourd'hui urbanisée, tout près du Zénith... On remonte le temps dans cette ferme du 16e s. (avec une extension en bois et verre), où l'on déguste une cuisine de tradition très généreuse, valorisant produits du terroir, herbes et légumes du potager, au plus près des saisons.

Formule 16 € – Menu 19 € (déj. en semaine)/26 € – Carte 31/47 €

Plan : 1A2-x *esplanade Georges-Brassens (parking P1 du Zénith) – 02 40 65 08 88 – www.baron-lefevre.fr – Fermé lundi soir et dim.*

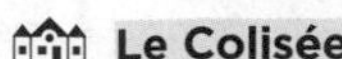

Le Colisée

BUSINESS • CONTEMPORAIN Ne vous arrêtez pas à l'environnement de cet hôtel-restaurant, créé en 2012 dans une zone industrielle à côté de la voie rapide menant à St-Nazaire ! Ce Colisée n'est certes pas à Rome, mais il dispose de chambres spacieuses et très fonctionnelles. Bel espace détente.

48 chambres – 96/116 € 106/126 € – 2 suites

Plan : 1A2-a *29 r. Bobby-Sands – 02 28 27 07 00 – www.hotel-lecolisee.com*

à Orvault 6 km par N137 sortie porte de Rennes – 44700 – 25 305 hab. – Alt. 45 m

Hôtel du Parc

TRADITIONNEL • FONCTIONNEL Parfait pour une étape, un petit hôtel familial fort bien tenu et sympathique, entouré d'un parc boisé qui invite à la promenade (ou, pourquoi pas, au jogging). Petite restauration proposée le soir.

30 chambres – 59/99 € 59/99 € – 8,50 €

Plan : 1A1-q *92 r. de la Garenne – 02 40 63 04 79 – www.hotel-du-parc-nantes.com – Fermé 27 déc.-2 janv.*

NANTHEUIL

24800 Dordogne – 958 hab. – Alt. 210 m – Carte régionale n° **2**-C1
Carte Michelin 329-G3

Domaine de la Brugère

MAISON DE MAÎTRE • ÉLÉGANT Le charme intact d'une superbe demeure provinciale ! Le parc verdoyant traversé par une rivière, la longue façade couverte de vigne vierge, les décors admirablement préservés (parquets, carreaux de ciment, papiers peints à l'ancienne... jusqu'à la robinetterie rétro) : tout semble intemporel. Et la table d'hôte est fort séduisante !

3 chambres – 90/120 € 100/140 €

Lieu-dit la Brugère, 3,5 km au Nord-Est par D81 – 05 53 62 03 57 – www.labrugere.com – Fermé 15 fév.-1er mars

NANTUA

01130 Ain – 3 534 hab. – Alt. 479 m – Carte régionale n° **23**-C1
Carte Michelin 328-G4 – Guide Vert Michelin Franche-Comté Jura

L'Embarcadère

CUISINE CLASSIQUE • TENDANCE XX Les atouts de cet Embarcadère gourmand ? Sa situation près du lac bien entendu, sans oublier sa vue panoramique, mais surtout sa cuisine ! Entre spécialités du terroir bressan et quenelles de brochet de Nantua, on apprécie le travail propre et méticuleux du chef, ainsi que la fraîcheur des produits utilisés.

Formule 21 € – Menu 27 € (semaine), 50/77 € – Carte 47/73 €

50 chambres – 69/84 € 69/84 € – 11 €

13 av. du Lac – 04 74 75 22 88 – www.hotelembarcadere.com – Fermé 20 déc.-3 janv.

à Brion 5 km au Nord-Ouest par D1084 et D979 – ✉ 01460 – 514 hab. – Alt. 475 m

Bernard Charpy

POISSONS ET FRUITS DE MER • CLASSIQUE XX Une haute charpente, des tons gris et lavande, de grandes baies ouvrant sur la verdure... Le ton est contemporain, mais la cuisine cultive le meilleur de la tradition. Mention spéciale au choix de poissons à l'ardoise, changeant régulièrement (carrelet, turbot, barbue, etc.). Une bonne adresse locale.

Formule 24 € – Menu 32/61 € – Carte 43/78 €

r. Croix-Chalon – ✆ 04 74 76 24 15 – www.restaurant-bernard-charpy.fr – Fermé 7-13 mai, 6 août-4 sept., 23 déc.-2 janv., sam. midi, dim. soir, mardi soir et lundi

LA NAPOULE – 06 Alpes-Maritimes ➜ Voir Mandelieu

NARBONNE

✉ 11100 Aude – 52 855 hab. – Alt. 13 m – Carte régionale n° **12**-B3
Carte Michelin 344-J3

La Table Saint-Crescent (Lionel Giraud)

CUISINE CRÉATIVE • ÉLÉGANT XXX On oublie vite l'environnement peu guilleret, en bordure de route, pour se concentrer sur l'essentiel : un lieu plaisant, contemporain et raffiné, dans un ancien oratoire médiéval ; une cuisine inventive, passionnée, respectueuse de l'âme des produits et accompagnée de bons vins régionaux. Cette table séduit !

➜ Maquereau laqué au yuzu, raviole de pomme de terre confite à l'huile d'olive. Poulpe cuit sur la braise, sucs de poissons de roche, purée d'une garniture aromatique. Fraises des bois, pain de Gênes moelleux à la fleur d'oranger.

Menu 35 € (déj. en semaine), 60/90 € – Carte 70/110 €

Hors plan *au Palais du Vin au Sud par rte de Perpignan – ✆ 04 68 41 37 37 – www.la-table-saint-crescent.com – Fermé 30 sept.-17 oct., mardi sauf en juil.-août et en déc., dim. soir et lundi*

Gaïa

CUISINE MODERNE • BRANCHÉ X L'ancienne partie restauration du Botafogo est désormais un restaurant à part entière : déco moderne (carreaux de ciment, tabourets industriels, tables en bois blond, cuisine ouverte) et bonne cuisine actuelle réalisée par un chef attentif aux saisons et à la qualité des produits.

Formule 18 € – Menu 21 € (déj. en semaine), 24/29 € – Carte 40/60 €

Plan : A2-a *8 av. des Pyrénées – ✆ 04 68 48 36 86 – www.gaia-narbonne.fr – Fermé dim. de sept. à juin, sam. midi et mardi en juil.-août et lundi*

Le Petit Comptoir

CUISINE TRADITIONNELLE • VINTAGE XX Un bistrot au cachet 1930 où l'on célèbre les bons produits (charcuterie et poissons notamment) et la cuisine... bistrotière. La riche cave – 350 références, essentiellement régionales – et le bar à vins feront le bonheur des amateurs de nectars !

Formule 17 € – Menu 21/32 € – Carte 35/60 €

Plan : A2-b *4 bd Mar-Joffre – ✆ 04 68 42 30 35 – www.petitcomptoir.com – Fermé mi- juil. à mi-août, 1 semaine en janv., dim. et lundi*

La Table des Cuisiniers Cavistes

CUISINE TRADITIONNELLE • BISTRO X Cuisiniers et cavistes, même combat ! Dans une ambiance de bar à vins, avec quelques tables formées de tonneaux en bois, cette table privilégie le marché et les produits locaux labellisés, dans l'assiette comme dans le verre. Les saveurs sont mises en valeur avec simplicité : on passe un bon moment.

Menu 21 € (déj.), 32/80 € 🍷 – Carte 49/67 €

Plan : A2-f *4 pl. Lamourguier – ✆ 04 68 32 96 45 – www.cuisiniers-cavistes.com – Fermé dim. et lundi*

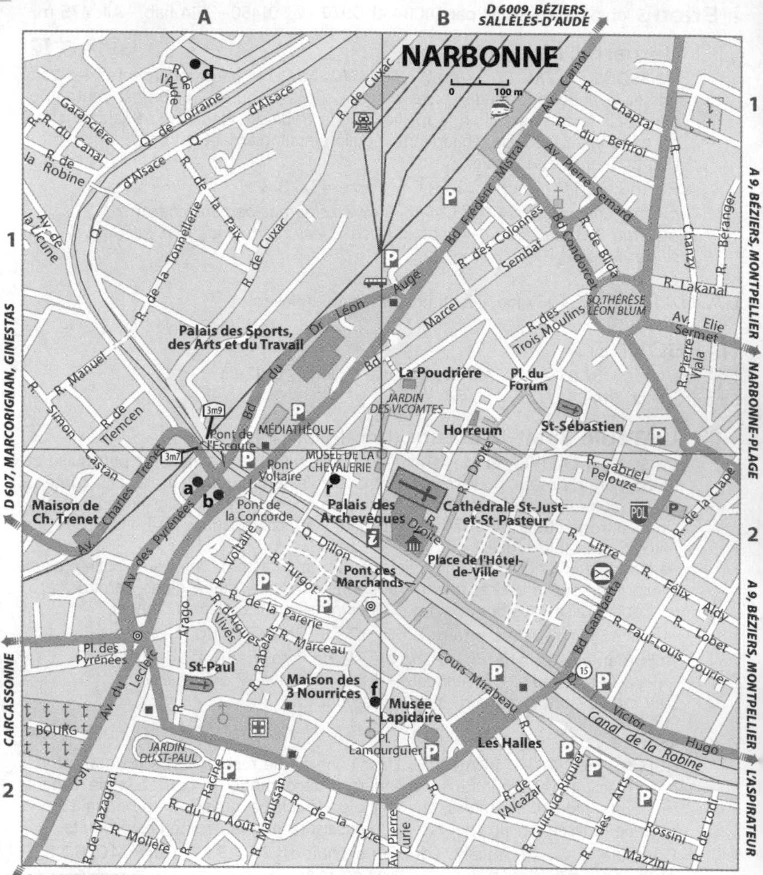

NARBONNE

Clarion Suites Île du Gua

BUSINESS • CONTEMPORAIN Entendez-vous le clapotis de l'eau ? Sur les rives du canal de la Robine – classé au patrimoine mondial de l'Unesco –, cet hôtel associe architecture en bois, jardin aquatique et vue sur la verdure (toutes les chambres jouissent d'une terrasse). Avec, dans un moulin datant du 11e s., une brasserie !

54 chambres – 🚹120/260 € 🚹🚹120/260 € – ☕15 €

Plan : A1-d *28 r. de l'Aude – ✆ 04 68 41 44 14 – www.moulindugua.com*

La Résidence

TRADITIONNEL • PERSONNALISÉ Jean Marais, Louis de Funès, Georges Brassens, Michel Serrault... un prestigieux livre d'or ! Salons aux notes baroques, grand escalier en marbre : l'esprit de cet immeuble du 19e s. a été préservé, tout en actualisant peu à peu les chambres. Entre passé et présent, un établissement dans l'air du temps.

26 chambres – 🚹70/102 € 🚹🚹70/155 € – ☕12 €

Plan : A2-r *6 r. du 1er-Mai – ✆ 04 68 32 19 41 – www.hotel-laresidence-narbonne.fr*

Le Clos des Chevaliers

DEMEURE HISTORIQUE • PERSONNALISÉ Belle surprise que cet îlot de quiétude et de verdure. Les propriétaires, artistes dans l'âme, ont créé de toutes pièces des chambres insolites : mobilier argenté dans l'une, œuvres en métal dans l'autre, etc. Toutes disposent d'un accès direct sur le jardin. Un Clos original et décalé !

5 chambres - 120/135 € 120/135 €

Hors plan *21 impasse Hélène-Boucher, Les Hauts-de-Narbonne (5 km au Sud) - 04 68 41 50 79 - www.leclosdeschevaliers.com*

à l'Hospitalet 10 km à l'Est par D168, rte de Narbonne-Plage – 11100 Narbonne

L'Art de Vivre

CUISINE MODERNE • AUBERGE XX Dans ce domaine viticole niché au cœur de la garrigue, entre ville et mer, une table qui met toutes les chances de son côté : beaux produits locaux (bio, majoritairement), plats colorés et parfumés, cuissons justes et visuels très soignés... Une adresse sérieuse.

Menu 27/79 €

rte de Narbonne-Plage - 04 68 45 28 50 - www.chateau-hospitalet.com - Fermé 22 déc.-15 janv., sam. midi, dim. et lundi sauf juil. et août

Château l'Hospitalet

TRADITIONNEL • COSY En pleine garrigue et au cœur d'un domaine viticole, ce complexe hôtelier cultive l'art de l'hospitalité. Les chambres arborent un agréable style contemporain et tout invite à la détente : expos d'art, boutiques d'artisanat, restaurant valorisant les vins du domaine... Un lieu qui bouge !

38 chambres - 135/258 € 198/258 € - 15 €

rte de Narbonne-Plage - 04 68 45 28 50 - www.chateau-hospitalet.com - Fermé 22 déc.-15 janv.

L'Art de Vivre – voir les restaurants ci-dessus

LA NARTELLE - 83 Var → Voir Ste-Maxime

NASBINALS

48260 Lozère - 513 hab. - Alt. 1 180 m - Carte régionale n° **12**-B1
Carte Michelin 330-G7

La Borie de l'Aubrac

FAMILIAL • DESIGN Il est d'ici, elle est de Barcelone, et, après un joli parcours hôtelier, ils ont eu envie d'ouvrir leur maison d'hôtes de charme. Cette ferme sur le plateau de l'Aubrac était le lieu idéal : ils en ont fait un havre raffiné, mêlant habilement vieilles pierres et épure contemporaine. Une réussite !

5 chambres - 80/120 € 100/140 €

La Grange des Enfants, 4,5 km au Sud par D900 et rte secondaire - 04 66 45 76 97 - www.borie-aubrac.com

NATZWILLER

67130 Bas-Rhin - 568 hab. - Alt. 500 m - Carte régionale n° **1**-C1
Carte Michelin 315-H6

Auberge Metzger

CUISINE TRADITIONNELLE • ÉLÉGANT XX Cuissons précises, produits de qualité, accompagnements soignés : Yves Metzger mitonne une cuisine régionale tout simplement délicieuse... et bon marché ! Une raison de plus pour faire étape dans cette auberge accueillante de la vallée de la Bruche.

Formule 17 € - Menu 23/32 € - Carte 37/60 €

55 r. Principale - 03 88 97 02 42 - www.hotel-aubergemetzger.com - Fermé 1 semaine en juil., 20-25 déc., 3-27 janv., dim. soir et lundi

Auberge Metzger

AUBERGE • COSY Cette jolie maison fleurie fait l'unanimité et cela se comprend ! L'accueil est charmant, les chambres spacieuses et confortables, la tenue exemplaire, les prix mesurés. On quitte les lieux avec regret...

15 chambres - 88/98 € 88/98 € - 15 €

55 r. Principale - 03 88 97 02 42 - www.hotel-aubergemetzger.com - Fermé 1 semaine en juil., 20-25 déc., 3-27 janv., dim. soir et lundi

Auberge Metzger - voir les restaurants ci-dessus

NAUCELLE

12800 Aveyron - 1 980 hab. - Alt. 490 m - Carte régionale n° **15**-C1
Carte Michelin 338-G5

L'Aromatique

CUISINE MODERNE • COSY X Les jolies histoires commencent souvent ainsi : un jeune couple, passé par de prestigieuses maisons, décide de redonner de l'allant à une ancienne pizzeria - et y parvient ! Décor chaleureux, produits frais et menu unique le midi (cuisine plus travaillée le soir et le week-end). Ici, tout est fait maison !

Formule 14 € - Menu 17 € (déj. en semaine), 28/42 €

7 bd Eugène-Viala - 05 65 42 49 64 - www.laromatique-naucelle.fr - Fermé 22 mai-12 juin, 20 nov.-6 déc., 23-26 déc.. Ouvert le midi du merc. au dim., vend. soir et sam. soir

NÉAC

33500 Gironde - 399 hab. - Alt. 39 m - Carte régionale n° **2**-C1
Carte Michelin 335-J5

La Maison de Tournefeuille

MAISON DE MAÎTRE • ÉLÉGANT Cette maison pleine de caractère (1870) surplombe les prestigieux vignobles de St-Émilion et Pomerol. Les chambres ne manquent ni de goût ni de raffinement, et les amateurs du divin breuvage se réjouiront du domaine viticole, de la visite de la cave, ou des dégustations proposées. L'adresse de charme par excellence !

5 chambres - 100/120 € 120/130 €

Château de Tournefeuille - 06 47 23 20 29 - www.chateau-tournefeuille.com

NEAUPHLE-LE-CHÂTEAU

78640 Yvelines - 3 134 hab. - Alt. 185 m - Carte régionale n° **10**-A2
Carte Michelin 311-H3 - Guide Vert Michelin Île de France

Domaine du Verbois

TRADITIONNEL • PERSONNALISÉ On ferait bien une halte romantique dans cette belle demeure bourgeoise de la fin du 19e s. : terrasse entourée de balustrades dominant la vallée de la Mauldre, jardin bien tenu, chambres cosy - préférez celles du 1er étage. Le classique a du bon !

21 chambres - 99/159 € 99/159 € - 12 €

38 av. de la République - 01 34 89 11 78 - www.hotelverbois.com - Fermé 2 semaines en août

Le Clos St-Nicolas

FAMILIAL • CLASSIQUE Atmosphère familiale dans cette belle et noble maison de 1830. Chambres d'esprit classique, aux teintes variées (jaune, vert, rouge). Agréable véranda pour le petit-déjeuner.

5 chambres - 102 € 117 €

33 r. St-Nicolas - 01 34 89 76 10 - www.clos-saint-nicolas.com

NÉGREVILLE

50260 Manche - 817 hab. - Alt. 70 m - Carte régionale n° **17**-A1
Carte Michelin 303-C3

au Nord-Est 5 km par D146 et D62 - 50260 Négreville

Château de Pont Rilly

DEMEURE HISTORIQUE • PERSONNALISÉ C'est au bout d'une longue allée que se dévoilent ce superbe château du 18e s. et son grand jardin à la française... Boiseries, cheminée en pierre de Valognes, mobilier ancien et belle cuisine rustique où l'on prend le petit-déjeuner : un cadre plein de quiétude et de caractère !

3 chambres - 130 € 150 €

- 02 33 40 47 50 - www.chateau-pont-rilly.com

NÉRONDES

18350 Cher - 1 561 hab. - Alt. 200 m - Carte régionale n° **6**-D3
Carte Michelin 323-M5

Le Lion d'Or

CUISINE TRADITIONNELLE • AUBERGE XX Sur une place du village, ce Lion d'Or se tient avenant et fier. Entrez donc : l'accueil est charmant, et le décor rustique et coquet. Aux odeurs qui s'échappent des cuisines, nos papilles s'affolent déjà : c'est que le chef cuisine la tradition avec finesse et goût. De quoi rugir de plaisir !

Menu 21 € (semaine), 33/42 €

10 chambres - 63 € 63 € - 9 €

6 pl. de L'Hôtel-de-Ville - 02 48 74 87 81 - www.lion-dor.net
- Fermé 27 janv.-24 fév., merc. midi, dim. soir et lundi

NESTIER

65150 Hautes-Pyrénées - 160 hab. - Alt. 500 m - Carte régionale n° **15**-A3
Carte Michelin 342-O6

Relais du Castéra

CUISINE TRADITIONNELLE • FAMILIAL XX Une auberge de tradition, tenue par le même couple de professionnels depuis de longues années. Les recettes, qui mettent à l'honneur le terroir et les produits de qualité, sont alléchantes. Quelques chambres, confortables et simplement arrangées, pour l'étape.

Menu 20 € (déj. en semaine), 32/55 € - Carte 36/58 €

6 chambres - 70/80 € 70/90 € - 12 €

pl. du Calvaire - 05 62 39 77 37 - www.hotel-castera.com - Fermé 2-30 janv., dim. soir, mardi midi et lundi

LE NEUBOURG

27110 Eure - 4 098 hab. - Alt. 130 m - Carte régionale n° **17**-C2
Carte Michelin 304-F7 - Guide Vert Michelin Normandie Vallée de la Seine

La Longère

CUISINE MODERNE • TENDANCE X Cette ancienne longère normande, reconvertie en restaurant sous l'impulsion d'un jeune couple passionné, propose une savoureuse cuisine du marché, déclinée au fil des saisons, dans un cadre de bistrot contemporain.

Formule 20 € - Menu 30/69 € - Carte 46/57 €

1 C r. du Dr-Couderc - 02 32 60 29 83 - www.restaurant-la-longere.fr - Fermé dim. soir et lundi

NEUF-BRISACH

68600 Haut-Rhin - 1 950 hab. - Alt. 197 m - Carte régionale n° **1**-C2
Carte Michelin 315-J8

à Biesheim 3 km au Nord par D468 - 68600 - 2 533 hab. - Alt. 189 m

Aux Deux Clefs

FAMILIAL • CLASSIQUE Cette belle maison régionale est presque aussi fleurie que son jardin ! Les chambres, assez spacieuses, sont fonctionnelles et bien tenues. Deux clefs pour les affamés, une brasserie traditionnelle et un restaurant d'esprit plus gastronomique.

25 chambres - 67/116 € 67/116 € - 11 €

50 Grand-Rue - 03 89 30 30 60 - www.deux-clefs.com

NEUFCHÂTEL-EN-BRAY

✉ 76270 Seine-Maritime - 4 761 hab. - Alt. 99 m - Carte régionale n° **17**-D1
Carte Michelin 304-I3 - Guide Vert Michelin Normandie Vallée de la Seine

Les Airelles

CUISINE MODERNE • CLASSIQUE XX Dans cette avenante demeure traditionnelle du centre-ville, le registre culinaire est actuel, mais n'oublie pas le terroir : trou normand, croustillant de Neufchâtel, camembert... En été, on s'attarde sur la terrasse fleurie, et il y a même quelques chambres.

Menu 17 € (semaine), 26/45 € - Carte 40/55 €

14 chambres - 65/72 € 72 € - 10 €

2 passage Michu (près de l'église) - ☎ 02 35 93 14 60 - www.les-airelles-neufchatel.com - Fermé vacances de fév. et vacances de la Toussaint, dim. soir, lundi midi et mardi midi sauf juil.-août

NEUFCHÂTEL-SUR-AISNE

✉ 02190 Aisne - 414 hab. - Alt. 59 m - Carte régionale n° **19**-D2
Carte Michelin 306-G6

Le Jardin

CUISINE TRADITIONNELLE • AUBERGE XX Un authentique restaurant familial et, comme disent certains citadins, "provincial". Loin des modes, on y apprécie des recettes de toujours 100 % maison (jusqu'au pain et aux sorbets). Spécialités : ris de veau aux morilles, filet de bœuf au ratafia et... le croustillant de Picardie (un parfait glacé à la confiture de lait).

Formule 19 € - Menu 29/65 € - Carte 51/66 €

22 r. Principale - ☎ 03 23 23 82 00 - www.restaurant-le-jardin.com - Fermé 1 semaine en mai, 2 semaines en sept., 2 semaines en janv., dim. soir, lundi et mardi

NEUILLÉ-LE-LIERRE

✉ 37380 Indre-et-Loire - 827 hab. - Alt. 92 m - Carte régionale n° **6**-B2
Carte Michelin 317-O3

Auberge de la Brenne

CUISINE TRADITIONNELLE • RUSTIQUE XX Andouillette et sa tarte à l'échalote, lapin délicatement mijoté dans une sauce au sauvignon : la tradition et les bons produits ont trouvé leur repaire tourangeau. Accueil charmant. À 50 m du restaurant, maison des années 1900 disposant de chambres confortables.

Formule 20 € - Menu 32/68 € - Carte 51/73 €

5 chambres - 78/125 € 89/125 € - 13 €

19 r. de la République - ☎ 02 47 52 95 05 - www.auberge-brenne.com - Fermé dim. soir de mi-sept. à mi-juin, mardi et merc.

NEUVILLE-BOSC

✉ 60119 Oise - 528 hab. - Alt. 139 m - Carte régionale n° **19**-A3
Carte Michelin 305-D5

Le Clos des Vignes

MAISON DE CAMPAGNE • PERSONNALISÉ Au cœur du Vexin, entre prés et étangs, ce corps de ferme abrite aujourd'hui un hôtel de charme quasi confidentiel... Les chambres sont de vrais cocons, spécialement les grandes suites (L'Indonésienne, La Nature, La Nuptiale, etc.), sans oublier la piscine, le sauna, les jacuzzis... Idéal pour un séjour à deux.

6 suites - 260/380 € - 4 chambres - 15 €

13 r. des Vignes - ☎ 03 44 22 36 90 - www.leclosdesvignes.fr

NEUVILLE-DE-POITOU

✉ 86170 Vienne - 5 331 hab. - Alt. 116 m - Carte régionale n° **20**-C1
Carte Michelin 322-H4

St-Fortunat

CUISINE MODERNE • COSY XX Dans le centre de Neuville, un restaurant familial et intime. Fabien et Aurélie Dupont y accueillent leurs fidèles clients avec une cuisine rythmée par les saisons. Mention spéciale au menu, pour son excellent rapport qualité/prix. A déguster, aux beaux jours, sur l'agréable terrasse !

Formule 15 € - Menu 29/54 € - Carte 39/55 €

4 r. Bangoura-Moridé - 05 49 54 56 74 - www.saintfortunat.com - Fermé dim., lundi et fériés

La Roseraie

FAMILIAL • PERSONNALISÉ Julie et Simon, originaires de Neuville, vous accueillent dans cette maison de maître bourgeoise (mi-19e s.), où les roses fleurissent en façade et dans le jardin. Cinq chambres lumineuses et une chaleureuse table d'hôte, qui bénéficie des beaux produits de Simon, agriculteur (terrine maison, etc.). Terrasse ombragée et chauffée.

5 chambres - †75/90 € ††85/95 €

78 r. Armand-Caillard - 05 49 59 57 19 - www.laroseraiefrance.fr

NEUVILLE-LÈS-DIEPPE - 76 Seine-Maritime ➔ Voir Dieppe

NÉVACHE

05100 Hautes-Alpes - 361 hab. - Alt. 1 640 m - Carte régionale n° **21**-C1
Carte Michelin 334-H2 - Guide Vert Michelin Alpes du Sud

Le Chalet d'En Hô

FAMILIAL • MONTAGNARD Là-haut dans la montagne... Environnement naturel privilégié pour ce chalet, qui a tout d'un petit cocon d'altitude : quiétude, décor de bois très chaleureux, mais aussi sauna et jacuzzi pour récupérer après une randonnée en été - ou un tour de ski de fond en hiver ! Restaurant traditionnel.

14 chambres - †102/158 € ††140/158 € - 15 €

hameau des Chazals - 04 92 20 12 29 - www.chaletdenho.fr - Ouvert 9 juil.-23 sept. et 22 déc.-31 mars

NEVERS

58000 Nièvre - 34 485 hab. - Agglo. 59 444 hab. - Alt. 194 m - Carte régionale n° **4**-A2
Carte Michelin 319-B10 - Guide Vert Michelin Bourgogne

Jean-Michel Couron

CUISINE CRÉATIVE • COSY XX Une valeur sûre de la gastronomie nivernaise, menée depuis de longues années par le chef Jean-Michel Couron, dont la cuisine associe bons produits, jolis visuels et notes d'invention. L'intérieur a été entièrement repensé dans une veine contemporaine, et l'on peut dîner sous les voûtes du 14e s. d'un ancien cloître !

Formule 24 € - Menu 37/59 € - Carte 59/74 €

Plan : B1-r *21 r. St-Étienne - 03 86 61 19 28 - www.jm-couron.com - Fermé 12-28 fév., 23 juil.-15 août, dim. soir, lundi et mardi*

Comptoir St-Sébastien

CUISINE TRADITIONNELLE • BISTRO X Au cœur de la ville, la petite salle n'est pas sans rappeler l'intérieur d'un bistrot parisien... Même esprit dans la cuisine, simple et généreuse, qui révèle de belles saveurs : escargots sautés aux champignons des bois, entrecôte charolaise à la sauce au poivre, etc. Une franche réussite.

Formule 15 € - Menu 20 € (déj.), 27/30 € - Carte 24/56 €

Plan : B1-c *9 pl. St-Sébastien - 03 86 36 26 44 - www.comptoirsaintsebastien.com - Fermé dim. soir*

Mercure Pont de Loire

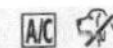

HÔTEL DE CHAÎNE • FONCTIONNEL Hôtel bien situé au bord de la Loire. Chambres agréables, dont certaines donnent sur le fleuve. Repas dans la salle panoramique ou sur la terrasse.

59 chambres - †68/152 € ††98/152 € - 15 €

Plan : B2-a *quai Médine - 03 86 93 93 86 - www.mercure.com*

Diane

URBAIN · CLASSIQUE Dans cette demeure ancienne, tout près de la gare, les chambres sont vastes, bien entretenues et meublées avec soin. La salle du petit-déjeuner occupe une tour du 14e s.

29 chambres – 83/101 € 83/101 € – 14 €

Plan : A2-b *38 r. du Midi – 03 86 57 28 10 – www.bestwestern.fr – Fermé 21 déc.-7 janv.*

rte d'Orléans par D907 – 58640 Varennes-Vauzelles :

Le Bengy

CUISINE MODERNE · CONVIVIAL XX Sur un rond-point à deux pas du circuit Nevers-Magny-Cours, ce restaurant a pignon sur rue ! On s'y rend avec plaisir : le chef et son équipe concoctent une bonne cuisine avec des produits de qualité, et font évoluer la carte chaque mois. Une bonne adresse.

Formule 17 € – Menu 20 € (semaine), 24/34 € – Carte 36/52 €

Hors plan *25 rte de Paris, à 4,5 km par D907 – 03 86 38 02 84 – www.le-bengy-restaurant.com – Fermé 15 fév.-1er mars, 29 juil.-21 août, 1er-5 janv., dim. et lundi*

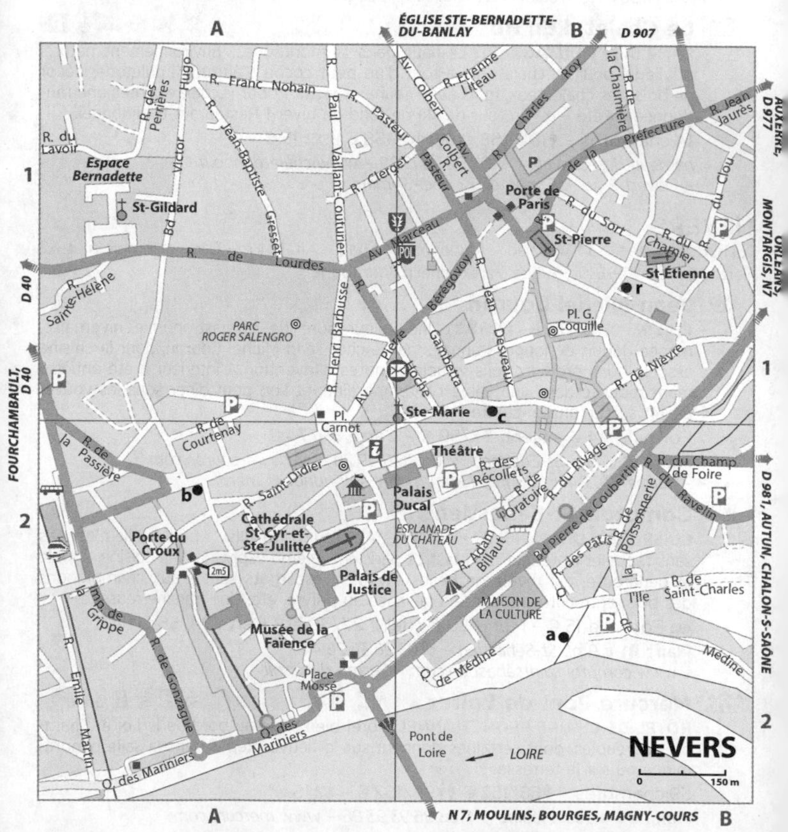

au Nord-Est 4 km par D207

La Fontaine Cavalier

CUISINE MODERNE • AUBERGE X Au menu de cet ancien corps de ferme transformé en restaurant, une savoureuse cuisine de produits : terrine de canard au foie gras vinaigrette, carré de veau en croûte de basilic et pignons de pin torréfiés, cheesecake aux fruits rouges... Le tout à prix raisonnables. Belle terrasse ouverte sur la nature.

Menu 19 € (déj. en semaine), 29/39 € - Carte 30/50 €

Hors plan ✉ *58130 Urzy - ✆ 03 86 57 41 71 - www.fontaine-cavalier.com - Fermé lundi soir, mardi soir et merc.*

à Sauvigny-les-Bois 10 km au Sud-Est par D978 et D18 - ✉ 58160 - 1 519 hab. - Alt. 210 m

Moulin de l'Étang

CUISINE TRADITIONNELLE • CONVIVIAL XX Une ancienne ferme de la fin du 19e s., voisine d'un étang cerné par les bois... Ce cadre champêtre est à l'unisson de la cuisine du chef, qui cultive le goût du produit frais et de la tradition : fricassée d'escargots aux artichauts, turbot rôti au thym, filet de bœuf aux jeunes légumes... Agréable terrasse face à la nature.

Formule 21 € - Menu 26 € (semaine), 32/52 €

64 rte de l'Étang - ✆ 03 86 37 10 17 - www.moulindeletang.fr - Fermé une semaine en fév., 30 juil.-20 août, merc. soir, dim. soir et lundi

rte de Moulins 3 km au Sud par N7 - ✉ 58000 Challuy :

La Gabare

CUISINE TRADITIONNELLE • RUSTIQUE XX Sur la route de Lyon, une ancienne ferme simple en apparence, mais champêtre et élégante, avec sur l'arrière une charmante terrasse arborée. Le chef fait profession de tradition et donne sa préférence au poisson, dont il soigne particulièrement la cuisson - en particulier avec sa spécialité, le saumon de douze heures.

Formule 22 € - Menu 28 € - Carte 35/60 €

Hors plan *171 rte de Lyon - ✆ 03 86 37 54 23 - Fermé en juil., dim. et merc.*

NÉVEZ

✉ 29920 Finistère - 2 648 hab. - Alt. 40 m - Carte régionale n° **5**-B2
Carte Michelin 308-I8

au Port-de-Kerdruc 3 km à l'Est par D77 et rte secondaire ✉ 29920 Nevez

Le Bistrot de l'Écailler 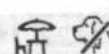

POISSONS ET FRUITS DE MER • BISTRO X Un joli bistrot marin assis sur le petit port de Kerdruc, au bord de l'Aven. À la carte, de beaux fruits de mer la propriétaire est la fille d'un célèbre ostréiculteur de la région -, une sole meunière ou une belle entrecôte accompagnée de non moins belles frites maison. Et en bonus, une terrasse bien abritée !

Menu 45 € - Carte 42/52 €

au port - ✆ 02 98 06 78 60 - Ouvert de mi-avril à mi-sept. et fermé mardi et merc. sauf le soir en juil. août

à Raguenès-Plage 4 km au Sud par rte secondaire - ✉ 29920

Ar Men Du

CUISINE MODERNE • TENDANCE XX À vos pieds, la lande sauvage est battue par l'océan, et à quelques encablures, les rochers de l'îlot de Raguenès brillent au soleil. Quant à l'assiette, elle rend un hommage appuyé, émouvant, au terroir. Soin d'exécution, produits de qualité : c'est tout bon.

➜ Tartare de bar de ligne. Turbot en croûte de pomme de terre. Fraises.

Menu 49/130 € - Carte 75/115 €

47 r. des Îles - ✆ 02 98 06 84 22 - www.men-du.com - Fermé 4 nov.-14 déc., 7 janv.-1er mars, mardi midi et merc. midi

TRADITIONNEL • PERSONNALISÉ Sur une lande sauvage cernée par l'océan (site classé), cette maison néobretonne vibre avec les éléments : décor des chambres façon clipper, vue sur les flots et l'île Raguenès... Bol d'air et évasion garantis !

17 chambres – 🚹90/215 € 🚹🚹125/215 € – ☕14 €

47 r. des Îles – ✆ 02 98 06 84 22 – www.men-du.com – Fermé 4 nov.-14 déc. et 7 janv.-1er mars

❀ **Ar Men Du** – voir les restaurants ci-dessus

NÉVILLE

✉ 76460 Seine-Maritime – 1 238 hab. – Alt. 80 m – Carte régionale n° **17**-C1
Carte Michelin 304-E3

 **Nature et Lin** 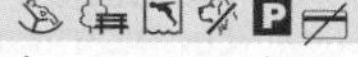

MAISON DE CAMPAGNE • PERSONNALISÉ Rosaline, Élise, Aurore, etc. : chaque chambre porte le nom d'une variété de lin. Hommage aux cultures environnantes mais aussi aux matériaux naturels, au blanc et à l'écru... Cette ancienne ferme respire le bien-être – et la piscine couverte est délicieuse ! Pour le petit-déjeuner, pain aux graines de lin, bien sûr.

4 chambres ☕ – 🚹130/140 € 🚹🚹150/160 €

9 r. de la Bergerie – ✆ 02 35 57 07 66 – www.nature-lin.com

NEYRAC-LES-BAINS

✉ 07380 Ardèche – Carte régionale n° **23**-A3
Carte Michelin 331-H5 – Guide Vert Michelin Ardèche Drôme

Brioude 

CUISINE MODERNE • TRADITIONNEL X Près des thermes, cette auberge familiale vous régale depuis 1887 d'une cuisine soignée et locavore : carpaccio de truite d'Ardèche, tartine de légumes croquants ; bœuf fin gras du Mézenc longuement braisé, carottes confites au miel... Terrasse sous les platanes.

Formule 21 € – Menu 31/75 €

Meyras – ✆ 04 75 36 41 07 – www.hotel-levant.com
– Fermé 22 fév.-3 mars, 21 nov.-10 déc., merc. de nov. à mars, dim. soir, lundi et mardi

NÉZIGNAN-L'ÉVÈQUE – 34 Hérault ➔ Voir Pézenas

Cyril Comtat/Fotolia.com

ON AIME...

Le talent des deux frères à la tête du restaurant **Flaveur**. La **Merenda**, pour savourer de bons petits plats de la région dans un décor à l'ancienne. **Peixes**, emmené par Armand Crespo, pour une cuisine méditerranéenne à picorer entre amis. Les préparations très délicates de **l'Aromate**. Enfin, le célèbre **Chantecler**, ses salles superbes et ses produits d'exception...

NICE

✉ 06000 Alpes-Maritimes - 343 895 hab. - Agglo. 944 022 hab. - Alt. 6 m
- Carte régionale n° **22**-E2
Carte Michelin 341-E5 et 115-J26 - Guide Vert Michelin Côte d'Azur

Restaurants

✿✿ Le Chantecler

CUISINE CRÉATIVE · ÉLÉGANT XXXX Deux salles superbes, deux décors (Régence ou Louis XV) : c'est déjà un régal pour les yeux ! Les mets, fins et délicats, ne sont pas en reste : sélectionnant les meilleurs produits, Jean-Denis Rieubland fait montre d'une superbe ambition dans la création. Les sens sont à la fête...

→ Langoustines rôties au piment d'Espelette, cromesquis de tête de veau aux feuilles de roquette. Ris de veau clouté au chorizo, girolles poêlées et macaronis dorés. Gourmandise au caramel beurre salé et aux cacahouètes.

Menu 130/230 € - Carte 160/185 €

Plan : 3F3-k *Hôtel Le Negresco, 37 promenade des Anglais*
- ✆ 04 93 16 64 00 - www.lenegresco.com
- Fermé janv., dim., lundi et le midi

✿✿ Flaveur (Gaël et Mickaël Tourteaux)

CUISINE CRÉATIVE · ÉLÉGANT XX Passion, fraîcheur et personnalité résument cette table créée par deux frères qui associent leurs talents en cuisine. Mariages d'ingrédients très étudiés, jeux sur les textures, recherche et finesse, sans oublier ces épices et parfums qui nous emmènent aux quatre coins du monde... Qui pourrait résister à de telles flaveurs ?

→ Rouget de Méditerranée, feuille de riz, fenouil et cébette. Pèche niçoise du jour, amandes fraîches, tomates vertes et bouillon au vadouvan. Ananas pain de sucre, tapioca, vanille, coriandre et vieux rhum.

Formule 58 € - Menu 75/130 €

Plan : 4G2-x *25 r. Gubernatis*
- ✆ 04 93 62 53 95 - www.flaveur.net
- Fermé 2 semaines fin août, sam. midi, dim. et lundi

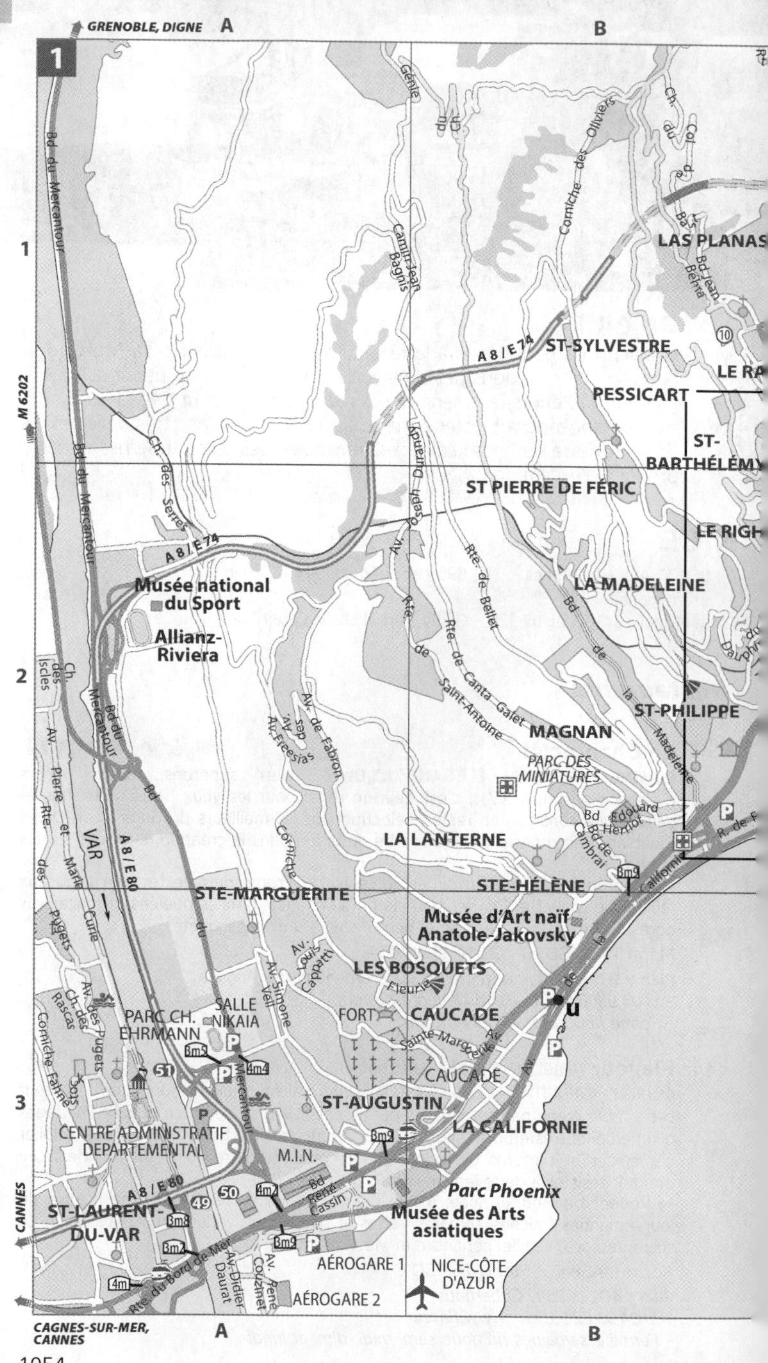
GRENOBLE, DIGNE
A
B
1
M 6202
CANNES
CAGNES-SUR-MER, CANNES
LAS PLANAS
ST-SYLVESTRE
PESSICART
ST-BARTHÉLÉMY
ST PIERRE DE FÉRIC
LE RIGH
LA MADELEINE
ST-PHILIPPE
MAGNAN
PARC DES MINIATURES
LA LANTERNE
STE-HÉLÈNE
STE-MARGUERITE
Musée national du Sport
Allianz-Riviera
Musée d'Art naïf Anatole-Jakovsky
LES BOSQUETS
SALLE NIKAIA
PARC CH. EHRMANN
FORT
CAUCADE
ST-AUGUSTIN
LA CALIFORNIE
CENTRE ADMINISTRATIF DEPARTEMENTAL
M.I.N.
Parc Phoenix
Musée des Arts asiatiques
ST-LAURENT-DU-VAR
AÉROGARE 1
AÉROGARE 2
NICE-CÔTE D'AZUR
A 8 / E 74
A 8 / E 80
VAR
Bd du Mercantour
Corniche des Oliviers
Av. Joseph Durandy
Rte. de Bellet
Rte. de Canta Galet
Rte. de Saint-Antoine
Bd de la Madeleine
Bd Edouard Herriot
Bd de Cambrai
Av. de Fabron
Av. des Freesias
Corniche
Av. Simone Veil
Av. Louis Cappatti
Av. Sainte-Marguerite
Av. de la Californie
Bd René Cassin
Rte. du Bord de Mer
Av. Didier Daurat
Av. René Couzinet
Ch. des Serres
Av. Pierre et Marie Curie
Rte. des Pugets
Av. des Pugets
Ch. des Rascas
Corniche Fahnestock
Ch. des Isles
Camin Jean Bagnis
Bd Jean Béhra
3
2

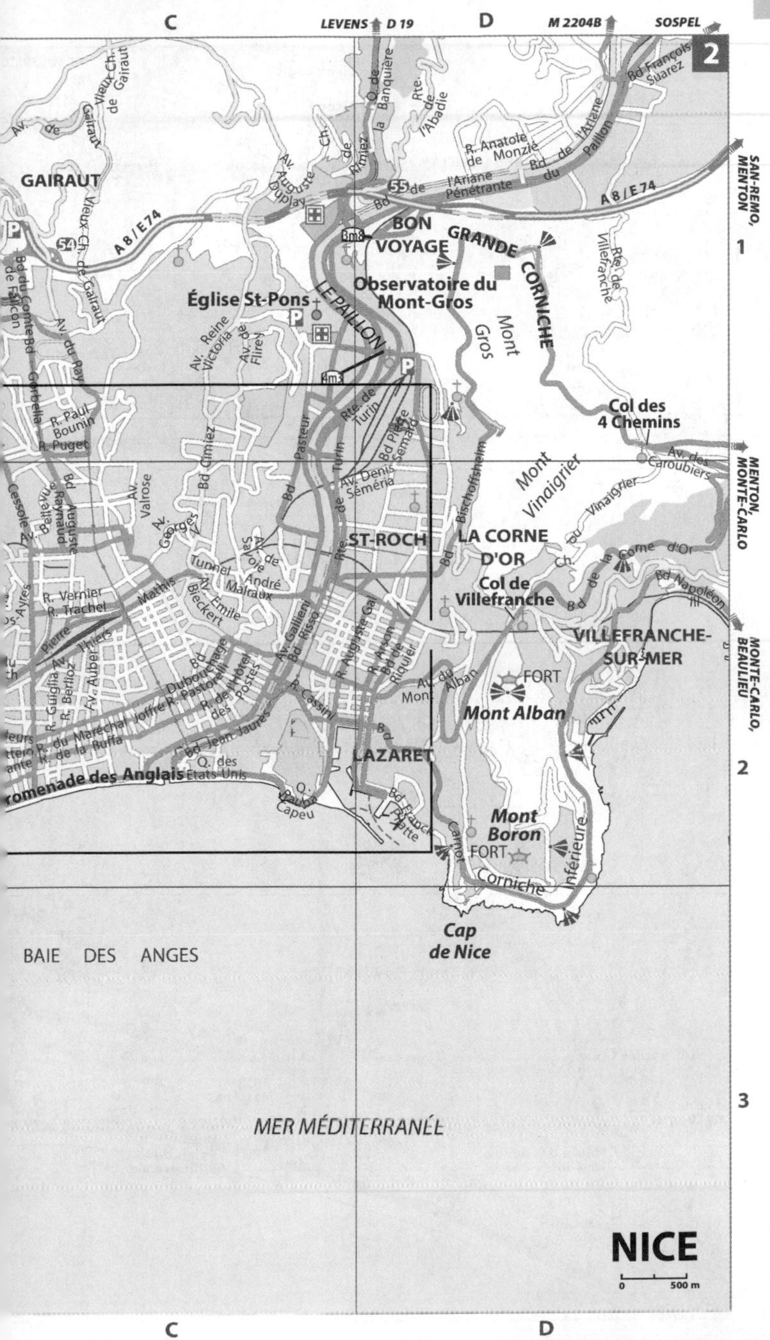

NICE
GAIRAUT
BON VOYAGE
GRANDE CORNICHE
Observatoire du Mont-Gros
Église St-Pons
LE PAILLON
Mont Gros
Col des 4 Chemins
Mont Vinaigrier
ST-ROCH
LA CORNE D'OR
Col de Villefranche
VILLEFRANCHE-SUR-MER
Mont Alban
LAZARET
Promenade des Anglais
Mont Boron
Cap de Nice
BAIE DES ANGES
MER MÉDITERRANÉE
LEVENS D 19
M 2204B
SOSPEL
SAN-REMO, MENTON
MENTON, MONTE-CARLO
MONTE-CARLO, BEAULIEU
A 8 / E 74

E F

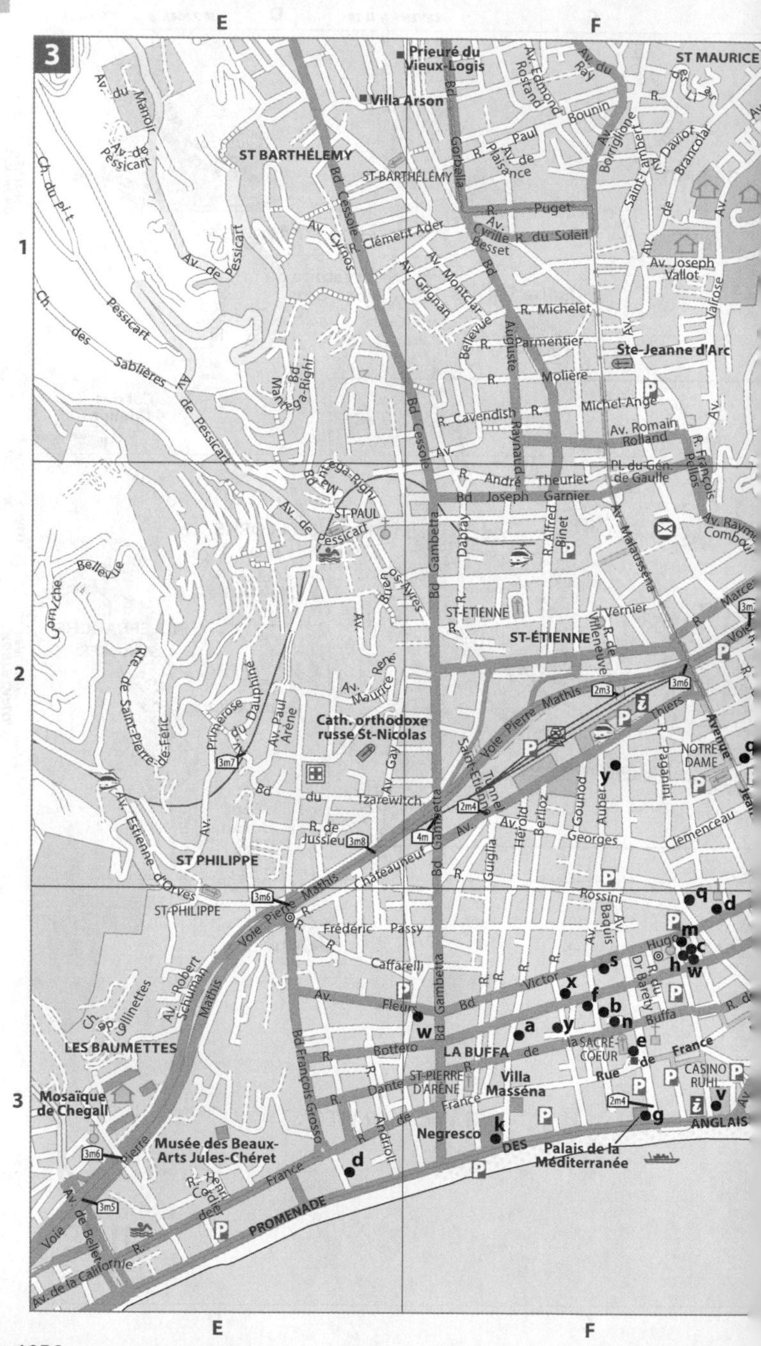
3
Prieuré du Vieux-Logis
Villa Arson
ST MAURICE
ST BARTHÉLEMY
ST-BARTHÉLEMY
Ste-Jeanne d'Arc
PL du Gén. de Gaulle
ST-PAUL
ST-ÉTIENNE
Cath. orthodoxe russe St-Nicolas
ST PHILIPPE
ST-PHILIPPE
NOTRE DAME
LES BAUMETTES
LA BUFFA
SACRÉ-CŒUR
ST-PIERRE D'ARÈNE
Villa Masséna
CASINO RUHL
Mosaïque de Chegall
Musée des Beaux-Arts Jules-Chéret
Negresco
Palais de la Méditerranée
PROMENADE DES ANGLAIS
Bd Gambetta
Bd Cessole
Bd Joseph Garnier
Av. Malausséna
Bd du Tzarewitch
Av. de Pessicart
Bd François Grosso
Voie Pierre Mathis
Bd Victor Hugo
R. de France
Av. de la Californie

1 2 3

E F

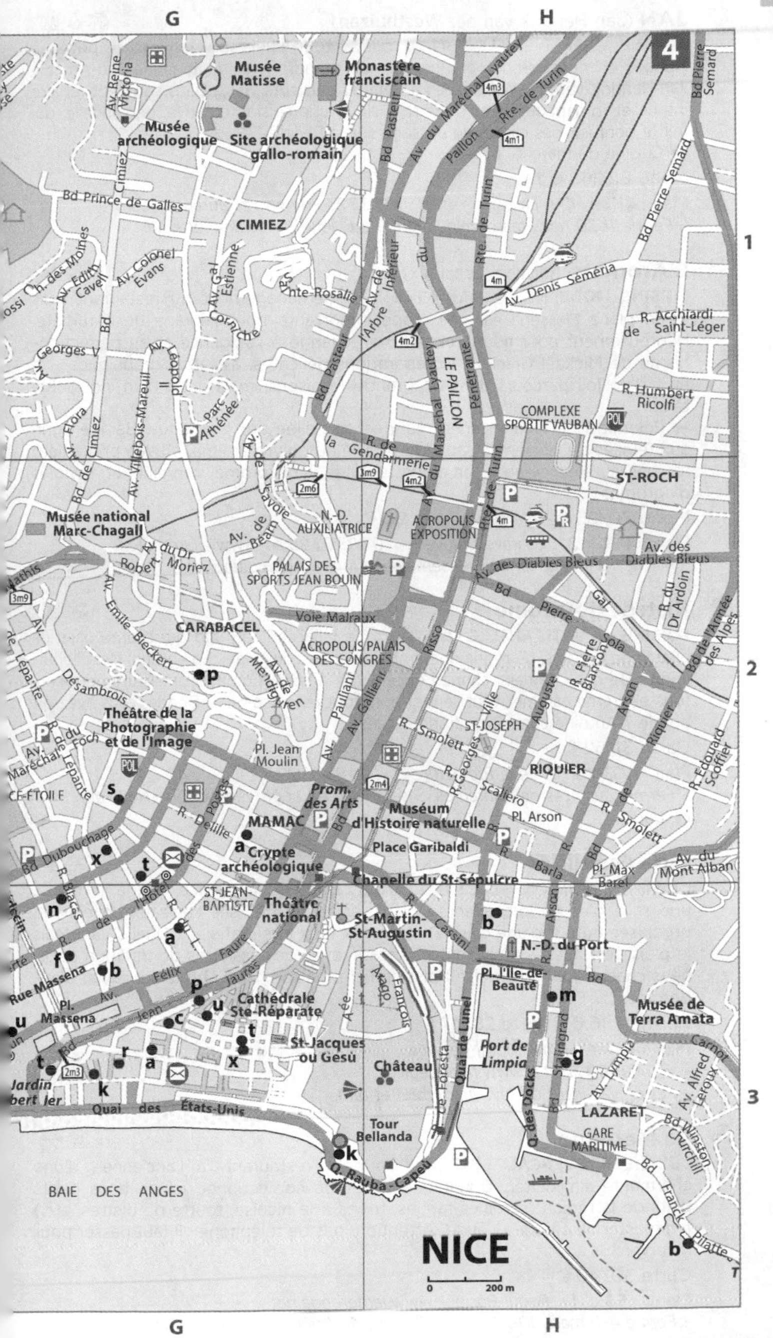
G
H
4
1
2
3
Musée Matisse
Monastère franciscain
Musée archéologique
Site archéologique gallo-romain
CIMIEZ
Bd Prince de Galles
Av. Reine Victoria
Bd Pasteur
Av. du Maréchal Lyautey
Rte. de Turin
Paillon
Av. Denis Séméria
Bd Pierre Semard
R. Acchiardi de Saint-Léger
R. Humbert Ricolfi
COMPLEXE SPORTIF VAUBAN
LE PAILLON
Pénétrante du Paillon
R. de Gendarmerie
ST-ROCH
Musée national Marc-Chagall
N.-D. AUXILIATRICE
ACROPOLIS EXPOSITION
Av. des Diables Bleus
PALAIS DES SPORTS JEAN BOUIN
CARABACEL
Voie Malraux
ACROPOLIS PALAIS DES CONGRES
Bd Pierre Sola
Théâtre de la Photographie et de l'Image
ST-JOSEPH
RIQUIER
Pl. Jean Moulin
Prom. des Arts
MAMAC
Muséum d'Histoire naturelle
Pl. Arson
Crypte archéologique
Place Garibaldi
Chapelle du St-Sépulcre
Pl. Max Barel
Av. du Mont Alban
ST-JEAN-BAPTISTE
Théâtre national
St-Martin-St-Augustin
N.-D. du Port
Pl. l'Ile-de-Beauté
Musée de Terra Amata
Rue Massena
Pl. Massena
Cathédrale Ste-Réparate
St-Jacques ou Gesù
Château
Port de Limpia
Quai de Lunel
Jardin Albert Ier
Quai des États-Unis
Tour Bellanda
Q. Rauba-Capeù
LAZARET
GARE MARITIME
Bd Franck Pilatte
Bd Winston Churchill
BAIE DES ANGES
NICE
0
200 m

JAN (Jan Hendrik van der Westhuizen)

CUISINE CRÉATIVE · ÉLÉGANT XX Tour à tour chef sur des yachts privés à Monaco et reporter-photographe pour un grand magazine, le jeune Sud-Africain Jan Hendrik van der Westhuizen a déjà eu plusieurs vies... Dans son petit repaire intime et romantique, près du port, il signe une cuisine créative, personnelle, qui fait le bonheur des clients de passage sur la Riviera !

➜ Cuisine du marché.

Menu 82/168 €

Plan : 4H3-b *12 r. Lascaris – ✆ 04 97 19 32 23 – www.restaurantjan.com – Fermé 11-30 nov., mardi midi, merc. midi, jeudi midi, dim. et lundi*

L'Aromate (Mickaël Gracieux)

CUISINE MODERNE · ROMANTIQUE XX Le déménagement du restaurant près de la place Masséna est une étape importante pour l'équipe de l'Aromate. Heureusement pour nous, cela n'a rien changé à l'exigence et au perfectionnisme de Mickaël Gracieux : préparations délicates, assiettes graphiques – le fruit d'un joli parcours dans de grandes maisons, mais aussi d'un indéniable talent.

➜ Pélamide de Méditerranée marinée et grillée aux aromates. Bar de ligne aux feuilles de citronnier, sabayon soufflé au poivre et lime, étuvée printanière au basilic. Pêche jaune en cocotte lutée, consommé verveine et ravioles d'agrumes.

Menu 70/95 € – Carte environ 90 €

Plan : 4G2-v *2 r. Gustave Deloye – ✆ 04 93 62 98 24 – www.laromate.fr – Fermé 1 semaine en août, 2 semaines en janv., dim., lundi et le midi*

Bistrot d'Antoine

CUISINE TRADITIONNELLE · BISTRO X C'est l'accent du Sud qui chante dans ce bistrot de copains, où règne une ambiance très conviviale. En cuisine, c'est l'ébullition ! De ces calamars, chorizo et endives, à cette pomme rôtie, purée de marrons et crème caramel, tout sent si bon, tout est si soigné... Bondé, vous avez dit bondé ? Antoine connaît un franc succès.

Carte 31/52 €

Plan : 4G3-x *27 r. de la Préfecture – ✆ 04 93 85 29 57 – Fermé vacances de printemps, 3 semaines en août, vacances de Noël, dim. et lundi*

Fine Gueule (N)

CUISINE TRADITIONNELLE · TENDANCE X Dans le vieux Nice, face à la mairie, une salle d'esprit loft, avec sa pierre apparente et ses carreaux de ciment, organisée autour d'une cuisine vitrée aux faux airs d'atelier... Quel style ! Mais le plaisir est aussi – et surtout – gustatif, avec des assiettes de tradition déclinées chaque jour à l'ardoise : pissaladière maison, thon "brûlé" et caviar d'aubergines...

Formule 16 € – Carte 28/47 €

Plan : 4G3-r *2 r. de l'Hôtel-de-Ville – ✆ 04 93 80 21 64 – www.finegueule.fr – Fermé vacances de fév., lundi midi et dim.*

La Merenda

CUISINE PROVENÇALE · BISTRO X Un petit restaurant "à l'ancienne", d'une charmante simplicité... Dominique Le Stanc confectionne ici de bons petits plats de la région (sardines farcies, tripes à la niçoise, tourte de blettes, etc.) à déguster au coude-à-coude. Attention, pas de téléphone : il faut passer pour réserver !

Carte 30/40 €

Plan : 4G3-a *4 r. Raoul-Bosio – www.lamerenda.net – Fermé 4-11 mars, 10-24 juin, 13-26 juil., 3-17 déc., sam., dim. et fériés*

Olive et Artichaut

CUISINE RÉGIONALE • BISTRO X Originaire de Nice, le jeune chef est venu s'installer dans la région avec son épouse, bretonne, après plusieurs expériences à l'étranger. Il met les produits locaux à l'honneur dans une cuisine très gourmande, "entre mer et montagne" : tarte fine façon pissaladière au boudin noir rôti, pavé d'ombrine et beurre monté aux citrons du pays...

Menu 32 € - Carte 31/50 €

Plan : 4G3-t *6 r. Ste-Réparate - ☎ 04 89 14 97 51 - www.oliveartichaut.com - Fermé 18-26 juin, 23 oct.-1er nov., lundi et mardi*

L'Âne Rouge

CUISINE MÉDITERRANÉENNE • ÉLÉGANT XXX C'est directement sur le port de Nice que l'on trouve Michel Devillers, chef amoureux du poisson, qui rend un hommage quotidien à la Méditerranée et à ses trésors. Les produits viennent en direct de petits pêcheurs et sont travaillés avec finesse... Cet Âne-là a le pied marin. Belle carte des vins.

Formule 22 € - Menu 27/48 € - Carte 59/76 €

Plan : 4H3-m *7 quai Deux-Emmanuel - ☎ 04 93 89 49 63 - www.anerougenice.com - Fermé jeudi midi et merc.*

Le Rolancy's

POISSONS ET FRUITS DE MER • ÉLÉGANT XXX Atmosphère feutrée dans ce restaurant, idéal pour déguster de bons menus autour du homard ou du turbot, de grands classiques tels que la sole meunière, mais aussi du gibier en saison... Si l'on ajoute que Jacques Rolancy, Meilleur Ouvrier de France, sélectionne de superbes poissons, on comprendra qu'on tient là une valeur sûre !

Formule 29 € - Menu 44/69 € - Carte 45/101 €

Plan : 3F3-q *22 r. Alphonse-Karr - ☎ 04 93 16 00 48 - www.les-viviers-nice.com - Fermé dim. et feriés*

Le Bistrot des Viviers - voir les restaurants ci-dessus

La Réserve de Nice

CUISINE MODERNE • CHIC XX À l'écart de la ville, cette belle demeure jouit d'une situation exceptionnelle, en surplomb de la mer, face à la baie des Anges et au ballet des ferries reliant la Corse. Avec ses accents Art déco, la salle a l'allure d'un paquebot... et l'on embarque pour une croisière gastronomique raffinée, ancrée en Méditerranée.

Formule 35 € - Menu 38 € (déj. en semaine), 58/85 € - Carte 79/133 €

Plan : 4H3-b *60 bd Franck Pilatte - ☎ 04 97 08 14 80 - www.lareservedenice.com - Fermé 2 semaines en nov., dim. et lundi d'oct. à mars*

Le Bistro Gourmand

CUISINE MODERNE • CONTEMPORAIN XX Une jolie adresse contemporaine, lumineuse avec son décor où le blanc domine... La cuisine n'en a que plus de couleur : pensée au gré du marché, elle mêle sans complexe bons produits et créativité.

Formule 23 € - Menu 27 € (déj. en semaine), 38/75 € - Carte 54/72 €

Plan : 4G3-t *3 r. Desboutin - ☎ 04 92 14 55 55 - www.lebistrogourmand.fr - Fermé 1 semaine vacances de Noël, merc. et dim.*

Les Deux Canailles

CUISINE MODERNE • CONTEMPORAIN XX Ces Deux Canailles niçoises vont tambour battant, sous la houlette d'un chef japonais qui ne manque ni d'expérience ni de passion. La cuisine ? Méridionale et épurée, fraîche et d'une belle finesse, elle se pare de jolies touches nippones. Bilan : un bon moment !

Formule 23 € - Menu 29 € (déj. en semaine), 49/68 € - Carte 40/81 €

Plan : 4G3-b *6 r. Chauvain - ☎ 09 53 83 91 99 - www.lesdeuxcanailles.com - Fermé dim. et sam. midi*

Les Épicuriens

CUISINE TRADITIONNELLE · BRASSERIE XX Un digne représentant de la bistronomie ! Dans cette brasserie contemporaine, on déguste une bonne cuisine traditionnelle avec quelques jolis clins d'œil à la région. Sur la terrasse face à un petit square, on accompagne son repas d'un beau choix de vins au verre : tous les épicuriens seront satisfaits.

Formule 20 € – Menu 27 € (déj.)/40 € – Carte 35/60 €

Plan : 4G2-t *6 pl. Wilson – ✆ 04 93 80 85 00 – Fermé dim.*

Keisuke Matsushima

CUISINE CRÉATIVE · ÉPURÉ XX Le décor est minimaliste, à la japonaise, mais la cuisine est bien française ! Passionné par la gastronomie de l'Hexagone, Keisuke Matsushima la revisite au fil de son inspiration ; l'interprétation séduit, d'autant que le repas s'accompagne d'une belle carte des vins. Menu à prix attractif au déjeuner.

Formule 23 € – Menu 30 € (déj.), 48/99 € – Carte 80/100 €

Plan : 3F3-e *22 ter r. de France – ✆ 04 93 82 26 06 – www.keisukematsushima.com – Fermé lundi midi, sam. midi et dim.*

Le Mesclun

CUISINE MODERNE · BISTRO XX Toujours aussi agréable, ce bistrot géré par deux excellents professionnels ! L'un compose une cuisine de saison bien soignée avec de beaux produits, tandis que l'autre nous prodigue, en salle, des conseils avisés pour le choix du vin. L'ambiance est chaleureuse, les habitués se régalent... et nous avec.

Formule 25 € – Menu 45/72 € – Carte 60/85 €

Plan : 1B3-u *215 av. de la Californie – ✆ 04 93 83 81 21 – www.le-mesclun-nice.com – Fermé 21 déc.-23 janv. et dim.*

Le Séjour Café

CUISINE MODERNE · COSY XX Des étagères garnies de livres, de bibelots et de plantes vertes, des tableaux et des photos aux murs... On se croirait dans la salle de séjour d'une jolie maison particulière ! Et que dire du charme exercé par la cuisine, inspirée par le marché et mitonnée avec soin ? On aimerait vivre ici...

Formule 16 € – Carte 31/56 €

Plan : 3F3-w *11 r. Grimaldi – ✆ 04 97 20 55 35 – www.lesejourcafe.fr – Fermé 2 semaines en fév., 3 semaines en nov., dim. et lundi*

Les Sens

CUISINE MODERNE · CONTEMPORAIN XX Une agréable salle aux allures de loft new-yorkais, avec ses murs en brique rouge, ses moulures et ses ampoules nues... Maki de rouget, becquet d'agneau braisé au four, soufflé au citron du pays : tout est fait maison dans ces assiettes bien tournées, qui flirtent avec la bistronomie. À essayer d'urgence.

Formule 18 € – Menu 24 € (semaine)/38 € – Carte 43/57 €

Plan : 4G3-n *37 r. Pastorelli – ✆ 09 81 06 57 00 – www.les-sens-nice.fr – Fermé merc. soir, sam. midi et dim.*

Agua

POISSONS ET FRUITS DE MER · BISTRO X Ce petit bistrot, près du port de Nice, est tenu par deux frères, Alexis et Serge. Le premier, aux fourneaux, réalise une appétissante cuisine de la mer où la pêche du jour a la part belle. Le résultat est à l'image de ce loup de ligne cuit à la plancha, aux artichauts : plein de fraîcheur et bien parfumé ! Ambiance conviviale.

Formule 19 € – Carte 50/75 €

Plan : 4H3-g *41 bd Stalingrad – ✆ 04 97 19 08 15 – www.restaurant-agua.fr – Fermé dim. et lundi*

Bar des Oiseaux

CUISINE TRADITIONNELLE • BISTRO Dans cette petite maison d'angle, le programme d'Armand Crespo ne manquera pas de réjouir les gourmands. La belle tradition (brandade, bourride) côtoie à la carte de bonnes pâtes artisanales : ravioles et volaille farcie, linguine de la mer, etc. Tout cela est proposé à prix doux, dans un décor inspiré par le pop art : on gazouille de plaisir.

Formule 20 € – Carte 30/42 €

Plan : 4G3-u *5 r. St-Vincent – 04 93 80 27 33 – Fermé vacances de printemps, 3 semaines en août, vacances de Noël, dim. et lundi*

Café Léa

CUISINE MODERNE • CONVIVIAL Ce bistrot, convivial propose une cuisine du marché parfumée, au gré de petits plats goûteux : on ne citera que ce risotto au gorgonzola et poires, ou ces joues de cochon et légumes du marché, tendres et fondantes...

Formule 20 € – Menu 24 € (déj. en semaine) – Carte 30/50 €

Plan : 4G3-a *31 r. Gioffredo – 09 83 56 57 59 – Fermé sam., dim. et le soir sauf merc., jeudi et vend.*

Carré Llorca

CUISINE PROVENÇALE • CONTEMPORAIN Dans une ruelle du vieux Nice, un cadre contemporain sur trois niveaux, avec une étonnante cave vitrée... et une carte, courte, aux francs accents méridionaux : tagliatelles et encornets à la carbonara, dorade rose entière, ou encore planches de charcuterie pour l'apéritif. Pas de doute, le Sud est dans l'assiette !

Formule 18 € – Menu 26 € (déj. en semaine) – Carte 35/50 €

Plan : 4G3-c *3 r. de la Préfecture – 04 93 92 95 86 – www.carrellorca.com – Fermé dim. et lundi*

Comptoir du Marché

CUISINE TRADITIONNELLE • BISTRO Le nom de ce joli bistrot rétro dit tout du travail du jeune chef, Loïs Guenzati, dont les créations sont pleines des couleurs et des parfums du marché. Gravlax de saumon mariné à la betterave, foie de veau rôti et oignons confits, magret de canard à la plancha... Comme prévu, le restaurant fait souvent salle comble !

Carte 30/45 €

Plan : 4G3-p *8 r. du Marché – 04 93 13 45 01 – Fermé 1 semaine vacances de printemps, 3 semaines en août, 1 semaine vacances de Noël, dim. et lundi*

L'Atelier

CUISINE RÉGIONALE • BISTRO Originaire de Vendée, le jeune chef de cette maison doit être un peu "fada" ! Pensez-donc, oser revisiter la socca, cette indétrônable galette réalisée à base de farine de pois chiche... Et pourtant, quel succès ! Saint-pierre, bavette de bœuf Angus et gibier en saison, belle carte des vins : c'est frais et bon, on se régale.

Formule 20 € – Menu 25 € (déj.) – Carte 50/55 €

Plan : 4G2-a *17 r. Gioffredo – 04 93 85 50 74 – Fermé 1 semaine en avril, 1er-15 juil., 1 semaine à Noël, dim. et lundi*

L'École de Nice

CUISINE MODERNE • BISTRO En association avec une célèbre galerie de la ville, des œuvres de l'École de Nice – fameux courant d'art moderne – ornent la salle de cet agréable bistrot. La cuisine, traditionnelle, se pare de quelques touches japonaises, et s'accompagne de bons vins de propriétaires. Le tout à prix doux !

Formule 18 € – Menu 22 € (déj. en semaine)/28 € – Carte 30/50 €

Plan : 3F3-n *16 r. de la Buffa – 04 93 81 39 30 – www.lecoledenice.com – Fermé sam. midi et dim.*

Le Bistrot des Viviers

POISSONS ET FRUITS DE MER • BISTRO Ce Bistrot est attaché au fameux restaurant de la mer, Le Rolancy's. On profite ici, avec plus de simplicité, de l'expertise de la maison mère et de la qualité de ses poissons et fruits de mer, venus directement de Vendée et de Bretagne... Air marin au menu !

Formule 20 € – Menu 35 € (dîner en semaine) – Carte 34/72 €

Plan : 3F3-q *Restaurant le Rolancy's, 22 r. A.-Karr – 04 93 16 00 48 – www.les-viviers-nice.com – Fermé dim. et fériés*

Le Canon

CUISINE MODERNE • BISTRO Séduisante adresse que ce Canon, proposant une cuisine à la fois simple et exigeante : sashimi de pélamide au citron Meyer, gigot d'agneau de lait rôti... Des fournisseurs locaux triés sur le volet, quelques clins d'œil à la Méditerranée, de jolis vins 100 % nature conseillés par le patron, un séduisant cadre de bistrot vintage : on se régale.

Carte 25/55 €

Plan : 3F3-y *23 r. Meyerbeer – 04 93 79 09 24 – www.lecanon.fr – Fermé 2 semaines en fév., 15 août-4 sept., merc. midi, sam. et dim.*

Mon Petit Café

CUISINE MODERNE • CHIC Le petit frère du Séjour Café vous accueille dans un intérieur bleu vénitien, en clin d'œil aux origines de la patronne. Le marché est ici mis en valeur avec enthousiasme, au gré de plats déclinés sur ardoise : fraîcheur de tourteau, avocat et céleri rémoulade, filet de courbine aux salsifis et beurre aux herbes... Tout cela dans une ambiance chaleureuse.

Carte 31/58 €

Plan : 3F3-c *11 bis r. Grimaldi – 04 97 20 55 36 – Fermé 20 nov.-10 déc., dim. et lundi*

Peixes N

POISSONS ET FRUITS DE MER • MÉDITERRANÉEN Près de la mairie et de l'opéra, le dernier-né des restaurants d'Armand Crespo se prénomme Peixes – à prononcer "pêche". Dans une jolie petite salle au carrelage blanc et bleu, très "Méditerranée", on picore une cuisine axée sur la mer et servie sous forme de tapas, en continu de midi à 22h. Et l'on repart avec de bien jolis souvenirs...

Carte 32/41 €

Plan : 4G3-k *4 r. de l'Opéra – 04 93 85 96 15 – Fermé vacances de printemps, 3 semaines en août, 1 semaine à Noël, dim. et lundi*

Hôtels & maisons d'hôtes

Le Negresco

PALACE • GRAND LUXE Bâti en 1912 par Henri Negresco, cet établissement mythique regorge d'œuvres d'art exceptionnelles et cultive la démesure dans un choc des styles qui n'appartient qu'à lui. De l'emphase, de la majesté et des restaurants tout aussi somptueux... Cet "hôtel-musée" est assurément unique !

117 chambres – 155/3000 € 155/3000 € – 7 suites – 30 €

Plan : 3F3-k *37 promenade des Anglais – 04 93 16 64 00 – www.lenegresco.com*

Le Chantecler – voir les restaurants ci-dessus

Boscolo Exedra

LUXE • DESIGN Une façade Belle Époque éclatante pour un vaisseau grandiose et immaculé, tout en luxe et sobriété... Comment résister au spa, à la piscine, à l'inspiration italienne de la cuisine ? Le Boscolo Exedra, ou l'art de vivre la Côte d'Azur à l'heure internationale et urbaine !

109 chambres – 200/980 € 200/980 € – 3 suites – 35 €

Plan : 3F3-d *12 bd Victor-Hugo – 04 97 03 89 89 – www.nice.boscolohotels.com*

Hyatt Regency Palais de la Méditerranée

HÔTEL DE CHAÎNE • CONTEMPORAIN Un véritable palais dédié à la Méditerranée... Derrière sa grandiose façade Art déco, on découvre un ensemble éminemment contemporain. Les grandes suites, la vue imprenable sur les flots (dans certaines chambres), le piano-bar feutré... Toute l'allure d'une villégiature *made in* promenade des Anglais !

178 chambres – 179/429 € 179/429 € – 9 suites – 28 €

Plan : 3F3-g *13 promenade des Anglais – 04 93 27 12 34 – www.nice.regency.hyatt.com*

La Pérouse

LUXE • PERSONNALISÉ Une ligne d'horizon qui suit les courbes de la baie des Anges, des terrasses en surplomb de la Méditerranée, un beau jardin planté de citronniers... On est aux anges dans cette demeure un peu secrète, qui cultive une charmante simplicité, arrimée au rocher du château !

54 chambres – 149/1550 € 149/1550 € – 2 suites – 24 €

Plan : 4G3-k *11 quai Rauba-Capéu 06300 – 04 93 62 34 63 – www.hotel-la-perouse.com*

AC by Marriott

HÔTEL DE CHAÎNE • CONTEMPORAIN Sobriété contemporaine : telle est la marque de ce grand hôtel, dont l'architecture moderne (lignes géométriques, verre fumé) cache des chambres d'une grande neutralité, tout en blanc et beige. Magnifique vue depuis le toit-terrasse.

141 chambres – 149/489 € 169/509 € – 2 suites – 21 €

Plan : 3E3-d *59 promenade des Anglais (entrée par r. Honorée-Sauvan) – 04 93 97 90 90 – www.achotelnice.com*

Excelsior

BOUTIQUE HÔTEL • PERSONNALISÉ Voiture, bateau, train et avion : à chaque étage sa thématique ! Les voyageurs de tout poil aimeront faire escale dans cet hôtel à quelques pas de la gare : derrière une belle façade fin 19e, la décoration, colorée, originale et aboutie, transporte de plaisir...

42 chambres – 79/379 € 89/459 €

Plan : 3F2-y *19 av. Durante – 04 93 88 18 05 – www.excelsiornice.com*

Spity Hôtel

URBAIN • DESIGN Attention, concept ! Cet hôtel est l'œuvre de la designer Matali Crasset, connue pour son style hyper original. Un décor insolite, ludique et coloré, des chambres épurées et hyper-connectées, un toit-terrasse avec bassin et une plage privée : l'endroit ne laisse pas indifférent...

38 chambres – 102/252 € 119/269 € – 1 suite

Plan : 3F3-w *3 av. des Fleurs – 04 97 07 26 26 – www.spityhotel.com*

Mercure Centre Notre-Dame

HÔTEL DE CHAÎNE • FONCTIONNEL L'atout principal de ce Mercure ? Son emplacement idéal, en plein cœur de Nice. Mais n'oublions pas les chambres confortables et la piscine, bar et fitness sur le toit.

197 chambres – 82/265 € 132/345 € – 1 suite – 19 €

Plan : 3F2-q *28 av. Notre-Dame – 04 93 13 36 36 – www.mercure.com*

Mercure Promenade des Anglais

HÔTEL DE CHAÎNE • CONTEMPORAIN Très belle situation, sur la promenade des Anglais. Les lieux sont agréables (esprit design, touches colorées) avec de jolies échappées sur le front de mer.

124 chambres – 95/500 € 95/500 € – 19 €

Plan : 3F3-v *2 r. Halévy – 04 93 82 62 22 – www.mercure.com*

Petit Palais

TRADITIONNEL · PERSONNALISÉ Ce "Petit Palais", où vécut Sacha Guitry, se dresse sur la colline de Cimiez. Certaines chambres offrent une vue plongeante sur la baie des Anges ! On profite à loisir du calme des lieux, qui distillent un agréable charme bourgeois...

25 chambres – 🚹110/145 € 🚹🚹150/295 € – ☕ 20 €

Plan : 4G2-p *17 av. Émile-Bieckert – ✆ 04 93 62 19 11 – www.petitpalaisnice.fr*

Villa Victoria

TRADITIONNEL · ÉLÉGANT Dans un immeuble ancien du quartier chic de la ville, des chambres lumineuses, gaies, colorées et originales. Mais le principal atout de l'hôtel, c'est son grand jardin méditerranéen, où l'on prend le petit-déjeuner aux beaux jours ! On y trouve même un terrain de pétanque...

38 chambres – 🚹80/280 € 🚹🚹80/300 € – ☕ 15 €

Plan : 3F3-s *33 bd Victor-Hugo – ✆ 04 93 88 39 60 – www.villa-victoria.com*

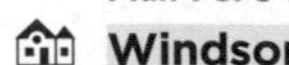

Windsor

BOUTIQUE HÔTEL · INSOLITE Un hôtel dédié à l'art contemporain : un grand nombre de ses chambres ont été décorées par des artistes (Ben, Basserole, François Morellet, etc.). Avis aux amateurs ! Mention spéciale pour le jardin planté de bambous et de bougainvillées, où l'on dîne les soirs d'été...

57 chambres – 🚹92/215 € 🚹🚹92/215 € – ☕ 14 €

Plan : 3F3-f *11 r. Dalpozzo – ✆ 04 93 88 59 35 – www.hotelwindsornice.com*

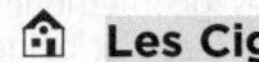

Les Cigales

FAMILIAL · FONCTIONNEL Derrière la façade raffinée de cet hôtel particulier niçois ? Des chambres colorées et fonctionnelles, mansardées au dernier étage. L'ensemble impeccablement tenu.

19 chambres – 🚹85/145 € 🚹🚹95/155 € – ☕ 11 €

Plan : 3F3-b *16 r. Dalpozzo – ✆ 04 97 03 10 70 – www.hotel-les-cigales.fr – Fermé 13-27 déc. et 10-24 janv.*

Villa Rivoli

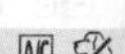

FAMILIAL · COSY De cet hôtel particulier Belle Époque, devenu un temps pension de famille, la propriétaire a fait un hôtel charmant. Toile de Jouy, antiquités, boutis : un joli esprit bonbonnière règne sur les lieux... Agréable terrasse pour le petit-déjeuner.

26 chambres – 🚹72/169 € 🚹🚹83/189 € – ☕ 12 €

Plan : 3F3-a *10 r. Rivoli – ✆ 04 93 88 80 25 – www.villa-rivoli.com*

à l'Aire St-Michel 9 km au Nord par bd de Cimiez

Au Rendez-vous des Amis

CUISINE PROVENÇALE · AUBERGE ✕ Accueil chaleureux et ambiance amicale... évidemment ! Un couple très aimable vous donne ici rendez-vous : elle signe les entrées et les desserts, lui les plats chauds. L'ensemble donne un véritable amour de cuisine niçoise ! Et l'été, on profite de la terrasse à l'ombre d'un tilleul...

Formule 22 € – Menu 29 € – Carte 38/52 €

Hors plan *176 av. Rimiez ✉ 06100 Nice – ✆ 04 93 84 49 66 – www.rdvdesamis.fr – Fermé 26 fév.-15 mars, 22 oct.-14 nov., mardi sauf juil.-août et merc.*

à St-Roman-de-Bellet 13 km au Nord par bd Carlone et rte de Canta Galet – ✉ 06200

Villa Kilauea

MAISON DE CAMPAGNE · COSY Sur les hauteurs de Nice, une charmante villa et son parc de 6000 m². Les chambres marient style provençal et touches plus actuelles ; elles disposent toutes d'une petite terrasse. Dehors, au calme, on profite de la vue sur la chapelle de Bellet, les collines de Gattières et le Mercantour... Un régal !

4 chambres ☕ – 🚹135/185 € 🚹🚹135/230 €

6 chemin du Candeu – ✆ 06 25 37 21 44 – www.villakilauea.com – Fermé vacances de Noël

NIEDERBRONN-LES-BAINS

✉ 67110 Bas-Rhin - 4 346 hab. - Alt. 190 m - Carte régionale n° **1**-B1
Carte Michelin 315-J3

L'Atelier du Sommelier

CUISINE MODERNE • CONTEMPORAIN XX Sur les hauteurs de la ville, à l'orée de la forêt, ce restaurant est dédié à Bacchus : il vous sera possible de repartir avec sous le bras une ou deux bouteilles de vins d'Alsace - mais aussi d'ailleurs. Le chef compose une bonne cuisine actuelle avec les plantes et les fleurs du jardin.

Formule 19 € - Menu 25 € (déj. en semaine), 35/59 € - Carte 40/65 €

35 r. des Acacias (proche du complexe sportif), à 2 km - ✆ 03 88 09 06 25 - www.atelierdusommelier.com - Fermé 3 semaine début janv., dim. soir, lundi et mardi

Muller

SPA ET BIEN-ÊTRE • CONTEMPORAIN Cet hôtel-restaurant est tenu par la même famille depuis sa fondation, en 1871 ! Au grand calme, on y profite de chambres spacieuses et bien équipées, ainsi que d'une gamme de services de premier ordre : grand spa avec piscine intérieure, sauna et hammam, salle de jeux...

42 chambres - 73/90 € 90/159 € - 4 suites - 11 €

16 av. de la Libération - ✆ 03 88 63 38 38 - www.hotelmuller.com

NIEDERSCHAEFFOLSHEIM

✉ 67500 Bas-Rhin - 1 374 hab. - Alt. 185 m - Carte régionale n° **1**-B1
Carte Michelin 315-K4

Au Bœuf Rouge

CUISINE MODERNE • ÉLÉGANT XXX Aucun doute que ce restaurant, géré par la même famille depuis 1880, est une institution locale. On y déguste une cuisine au goût du jour et rythmée par les saisons, à l'image de cette selle de veau de lait et ris de veau croustillant, girolles et cosses truffées... Accueil chaleureux.

Menu 41 € (semaine), 47/85 € - Carte 64/85 €

39 r. du Gén.-de-Gaulle - ✆ 03 88 73 81 00 - www.boeufrouge.com - Fermé 13-28 fév.-16 juil.-7 août, mardi midi, dim. soir et lundi

Au Bœuf Rouge

TRADITIONNEL • PERSONNALISÉ Cette hostellerie traditionnelle, tenue par la même famille depuis 1880, n'est pas figée dans le passé, loin de là ! Aux chambres principales, classiques et bien tenues, s'ajoutent désormais six chambres contemporaines et lumineuses, qui portent le nom de personnalités alsaciennes.

19 chambres - 95/160 € 100/160 € - 15 €

39 r. du Gén.-de-Gaulle - ✆ 03 88 73 81 00 - www.boeufrouge.com - Fermé 26 fév.-14 mars et 9 juil.-2 août

Au Bœuf Rouge - voir les restaurants ci-dessus

NIEDERSTEINBACH

✉ 67510 Bas-Rhin - 128 hab. - Alt. 225 m - Carte régionale n° **1**-B1
Carte Michelin 315-K2 - Guide Vert Michelin Alsace Lorraine

Au Cheval Blanc

CUISINE TRADITIONNELLE • TRADITIONNEL XX L'âme d'une winstub... et le goût du pays porté avec amour : quiche lorraine, truite du vivier au riesling, mousse au kirsch, etc. Même esprit côté décor, tout en boiseries et composé de deux "stuben", ces salles rustiques typiquement régionales. Enfin, mention spéciale pour l'accueil, tout à fait exemplaire !

Menu 30/60 € - Carte 32/69 €

Hôtel Au Cheval Blanc, 11 r. Principale - ✆ 03 88 09 55 31 - www.hotel-cheval-blanc.fr - Fermé 21 juin-5 juil., 26 nov.-6 déc., 30 janv.-8 mars et jeudi

Au Cheval Blanc

TRADITIONNEL • PERSONNALISÉ Toute une famille passionnée tient les rênes de ce Cheval Blanc posté sur l'axe principal du village. Derrière la façade à colombages, on trouve des chambres coquettes et confortables, dont certaines ont conservé un décor alsacien typique, ainsi que d'autres plus contemporaines.

31 chambres – 51/102 € 79/127 € – 2 suites – 13 €

11 r. Principale – 03 88 09 55 31 – www.hotel-cheval-blanc.fr – Fermé 21 juin-5 juil., 26 nov.-6 déc. et 30 janv.-8 mars

Au Cheval Blanc – voir les restaurants ci-dessus

à Wengelsbach 5 km au Nord-Ouest par D190 – 67510

Au Wasigenstein

CUISINE TRADITIONNELLE • AUBERGE X Une auberge de montagne toute simple, située dans un vallon de la forêt vosgienne. Gibier, atmosphère rustique (trophées de chasse), terrasse... un lieu prisé des randonneurs.

Menu 13 € (déj. en semaine), 22/32 € – Carte 19/39 €

32 r. Principale – 03 88 09 50 54 – www.restaurantwasigenstein.com – Fermé de mi-janv. au 1er mars, merc. et jeudi en hiver, lundi et mardi

NIEUIL

16270 Charente – 924 hab. – Alt. 150 m – Carte régionale n° **20**-C2
Carte Michelin 324-N4

à l'Est 2 km par D739 et rte secondaire – 16270 Nieuil

La Grange aux Oies

CUISINE MODERNE • TENDANCE XX Dans les écuries du Château de Nieuil, ce restaurant associe déco tendance et vieilles pierres. La cuisine met en avant herbes aromatiques et légumes du potager. Les menus "tout compris" et "végétarien" remportent les suffrages, et se dégustent sur la belle terrasse face au château. Les habitués, nombreux, ne s'y trompent pas. Un plaisir.

Formule 26 € – Menu 56 € – Carte 50/70 €

dans le parc du château – 05 45 71 81 24 – www.grange-aux-oies.com – Fermé 3-13 avril, 5 nov.-1er déc., 2-10 janv., mardi sauf le soir de Pâques à la Toussaint, dim. soir et lundi

Château de Nieuil

DEMEURE HISTORIQUE • VINTAGE Cet ancien domaine de chasse royal appartient à la même famille depuis 1937 ; le château se dresse fièrement dans un vaste parc arboré, au grand calme. Piscine, tennis, jardin à la française, belles chambres de style Empire et Art déco... Détente et élégance !

12 chambres – 117/225 € 130/275 € – 2 suites – 15 €

– 05 45 71 36 38 – www.chateaunieuilhotel.com – Ouvert de mai à fin sept. et week-ends d'oct. à avril

P. Jacques/hemis.fr

ON AIME...

Se laisser porter par la cuisine tout en fraîcheur de **Skab**. Admirer les dressages millimétrés et la superbe cave à fromages de Jérôme **Nutile**, au Mas de Boudan. Enfin, se pâmer devant les plats de Michel Kayser au restaurant **Alexandre**, à Garons...

NÎMES

✉ 30000 Gard - 151 075 hab. - Agglo. 184 557 hab. - Alt. 39 m - Carte régionale n° **12**-C3
Carte Michelin 339-L5 - Guide Vert Michelin Languedoc

Restaurants

✿ Jérôme Nutile - Le Mas de Boudan

CUISINE MODERNE • ÉLÉGANT XXX C'est dans un quartier d'affaires du sud de Nîmes que Jérôme Nutile a décidé d'enchanter le terroir, au gré d'une déambulation de saveurs. Maîtrise technique, sens esthétique, superbe cave à fromages : les bonnes surprises se multiplient tout au long du repas.

➜ Foie gras de canard poêlé sur la roche volcanique, pêche relevée à la verveine fraîche. Filet de bœuf Aubrac au foie gras et raisins de corinthe, paleron en raviole. Ananas aux zestes de citron vert, espuma au lait de coco.

Menu 45 € (déj. en semaine), 64/165 € - Carte 115/160 €

3 chambres - †140/305 € ††140/305 € - 1 suite - ☕ 18 €

Hors plan *351 chemin Bas-du-Mas-de-Boudan (au Parc Georges-Besse)*
- ✆ 04 66 40 65 65 - www.jerome-nutile.com
- Fermé 5-13 fév., 29 août-5 sept., 22 oct.-7 nov., mardi et merc.

✿ Skab

CUISINE MODERNE • CONTEMPORAIN XXX Derrière les arènes, ce repaire de gourmandise associe un sommelier et un chef passionnés. Dans l'assiette, une cuisine pleine de fraîcheur et de vivacité ! Dès les premiers rayons de soleil, on s'installe dans le patio à l'ombre des érables.

➜ Cuisine du marché.

Formule 31 € - Menu 35 € (déj.), 69/89 € - Carte 90/115 €

Plan : D2-b *7 r. de la République - ✆ 04 66 21 94 30 - www.restaurant-skab.fr*
- Fermé 3 semaines en août, 2 semaines en janv., dim. et lundi

Pour bien utiliser votre guide, consultez son mode d'emploi situé en pages d'introduction : symboles, classements, abréviations et autres signes n'auront plus de mystère pour vous !

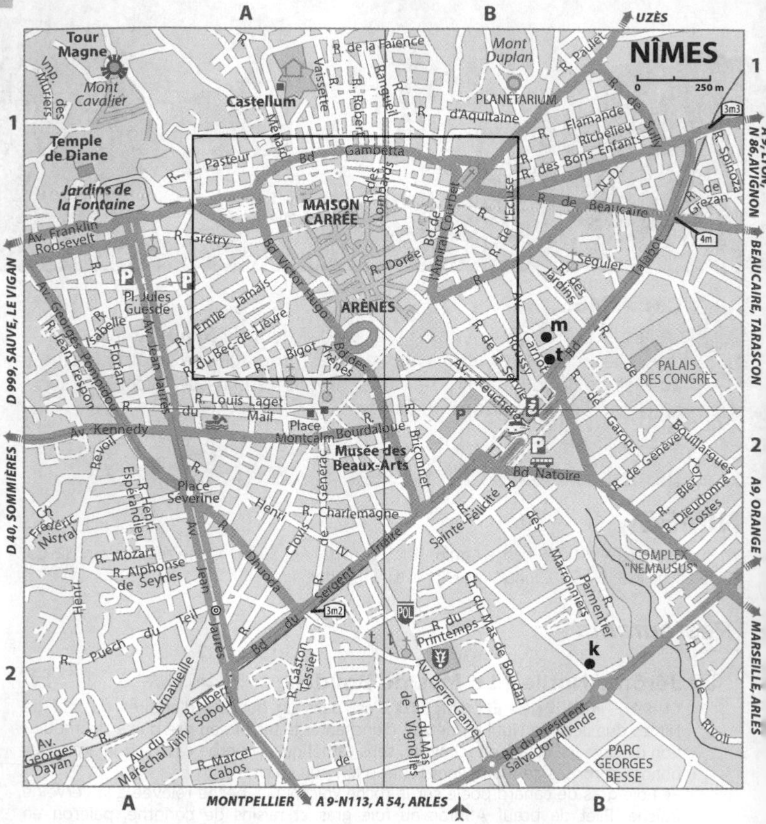

Aux Plaisirs des Halles

CUISINE TRADITIONNELLE · CONVIVIAL XX Pour l'hiver, une salle moderne habillée de bois ; pour l'été, un joli patio ; toute l'année, une cuisine du marché simple et bien tournée. Admirez la belle galerie de photos sur les murs : celles des vignerons languedociens qui composent l'impressionnante carte des vins !

Menu 18 € (déj. en semaine), 24/44 € – Carte 51/78 €

Plan : C1-r *4 r. Littré*
– ✆ 04 66 36 01 02 – www.auxplaisirsdeshalles.com
– Fermé 1 semaine en avril, 4-19 oct., 4-19 janv., mardi soir en hiver, dim. sauf le midi en hiver et lundi

Tendances Lisita

CUISINE MODERNE · CLASSIQUE XX Manger en terrasse face aux arènes de Nîmes et, la nuit venue, voir le monument s'illuminer... C'est tous les sens en éveil que l'on s'attable ici. Au menu, une cuisine régionale gorgée de soleil, soignée et généreuse, accompagnée d'un joli choix de vins. Plaisir des pupilles et des papilles !

Formule 26 € – Menu 32/58 € – Carte 57/67 €

Plan : C2-h *2 bd des Arènes*
– ✆ 04 66 67 29 15 – www.lelisita.com – Fermé dim. et lundi sauf juil.-août

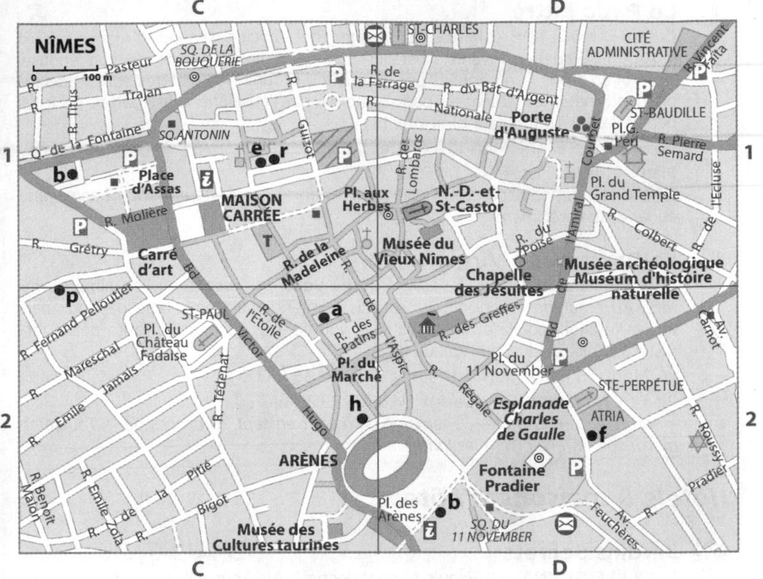

Vincent Croizard

CUISINE CRÉATIVE • ÉLÉGANT XXX Dans une rue étroite près du Carré d'Art, il faut d'abord sonner à la porte de cette discrète maison de ville. Surprise : celle-ci cache une salle lumineuse et contemporaine, ouverte sur un patio. Atmosphère feutrée et jolie cuisine créative, osant des mariages inédits.

Formule 23 € – Menu 28 € (déj. en semaine), 48/80 € – Carte 78/100 €

Plan : C2-p *17 r. des Chassaintes – ✆ 04 66 67 04 99 – www.restaurantcroizard.com – Fermé 24 déc.-8 janv., 28 août-12 sept., lundi et mardi*

L'Imprévu

CUISINE TRADITIONNELLE • CONTEMPORAIN XX Faites face à L'Imprévu et vous verrez que le hasard a du bon ! Une grande terrasse sur une jolie place à deux pas de la Maison Carrée, une salle colorée avec un patio intérieur, une bonne cuisine traditionnelle à l'accent du Sud : cette brasserie contemporaine a fait provision d'atouts.

Formule 18 € – Menu 21 € (semaine)/33 € – Carte 35/50 €

Plan : C1-b *6 pl. d'Assas – ✆ 04 66 38 99 59 – www.l-imprevu.com – Fermé vacances de fév., vacances Noël, mardi et merc. en hiver*

Le Bistr'Au - Le Mas de Boudan

CUISINE MODERNE • BISTRO X Jérôme Nutile propose ici une ardoise composée au gré du marché ; ses préparations revisitent les classiques et fleurent bon la bistronomie. À déguster au comptoir, avec un œil sur les fourneaux, ou au calme de la terrasse, qui offre une belle échappée sur le jardin et un platane multi-centenaire...

Formule 19 € – Menu 23 € – Carte 29/51 €

Hors plan *351 chemin Bas-du-Mas-de-Boudan (au Parc Georges-Besse) – ✆ 04 66 40 60 75 – www.jerome-nutile.com – Fermé 26 août-2 sept., 28 oct.-4 nov., 25 fév.-4 mars et dim.*

Le Patio Littré

CUISINE MODERNE · SIMPLE Le jeune chef, ancien second d'Alain Passard (L'Arpège, Paris), est venu s'installer dans la région d'origine de son épouse. Bien lui en a pris ! Imprégnées par le souci du produit, ses recettes sont tout simplement épatantes. Quant au patio annoncé par l'enseigne, il est parfait pour les beaux jours... Tout cela à petit prix !

Formule 17 € – Menu 19 € (déj.)/32 € – Carte 35/55 €

Plan : C1-e *10 r. Littré – 04 66 67 22 50 – www.restaurant-patio-littre-nimes.com – Fermé 1 semaine en sept., 2 semaines en janv., lundi et mardi*

Le Passage de Virginie

CUISINE TRADITIONNELLE · CONVIVIAL Voilà un passage où l'on aime s'arrêter... Au cœur de la vieille ville, sa cuisine méridionale embaume de doux parfums. Au choix pour s'attabler : la salle voûtée, très cosy, ou la toute petite terrasse. Un bistrot du Sud typique et animé.

Menu 15 € (déj. en semaine) – Carte 35/50 €

Plan : C2-a *15 imp. Fresque – 04 66 38 29 26 – Fermé vacances de fév., 1 semaine en mai et en sept., vacances de la Toussaint, mardi soir en hiver, dim. et lundi*

Hôtels & maisons d'hôtes

Jardins Secrets

LUXE · PERSONNALISÉ Exquis et confidentiel... Au cœur de la ville, cet hôtel est une parenthèse : au sein d'un jardin semé de mille essences, le décor, imaginé par une propriétaire pleine de talents, puise dans tous les raffinements du 18e s. Le spa est très beau.

10 chambres – 250/550 € 250/550 € – 4 suites – 28 €

Plan : B1-m *3 r. Gaston-Maruejols – 04 66 84 82 64 – www.jardinssecrets.net*

Novotel Atria Nîmes Centre

HÔTEL DE CHAÎNE · FONCTIONNEL Comme son nom l'indique, ce Novotel est au cœur de la ville, à deux pas des arènes et du centre des congrès. Grand garage très pratique.

112 chambres – 90/200 € 130/250 € – 7 suites – 17 €

Plan : D2-f *5 bd de Prague – 04 66 76 56 56 – www.novotel.com*

Vatel

BUSINESS · CONTEMPORAIN Rien ne le laisse soupçonner, mais c'est ici que les élèves de l'école hôtelière voisine se forment ! Cet immeuble contemporain est très agréable pour jouer au client : ambiance feutrée, chambres modernes, espace bien-être... et même deux restaurants : gastronomique et bistrot. Des bonnes notes en vue !

42 chambres – 138/159 € 150/170 € – 4 suites – 16 €

Hors plan *140 r. Vatel, par av. Kennedy – 04 66 62 57 57 – www.hotelvatel.fr*

L'Orangerie

FAMILIAL · PERSONNALISÉ Un hôtel familial dans un quartier d'affaires, rien de tel pour se sentir comme à la maison lors d'un déplacement professionnel ! Dans cette maison des années 1980, avec jardin et piscine, le décor des chambres varie : provençal, contemporain, exotique...

37 chambres – 71/199 € 71/199 € – 13 €

Plan : B2-k *755 r. Tour-de-l'Évêque – 04 66 84 50 57 – www.hotel-orangerie-nimes.fr*

La Maison de Sophie

HÔTEL PARTICULIER • PERSONNALISÉ Hall en marbre, bel escalier, vitraux d'époque, salons cosy, bibliothèques... Sophie vous accueille dans sa maison, une demeure bourgeoise imprégnée par l'esprit des années 1900 !

5 chambres – 171/331 € 232/352 €

Plan : B1-t *31 av. Carnot – 04 66 70 96 10 – www.hotel-nimes-gard.com – Fermé 22 déc.-3 janv. et 23 fév.-2 mars*

à Garons 9 km au Sud par D42 et D442 – 30128 – 4 726 hab. – Alt. 90 m

Alexandre (Michel Kayser)

CUISINE MODERNE • ÉLÉGANT XXXX Dès le printemps, le jardin dévoile tous ses charmes, sous la lumière filtrée par des cèdres du Liban centenaires... Diaphane et émouvante : telle est aussi la cuisine de Michel Kayser, qui signe des assiettes à la fois créatives et très maîtrisées.

→ Île flottante aux truffes de Provence sur un velouté de cèpes des Cévennes. Poitrine de pigeon rôtie, fricassée de jeunes légumes parfumés à l'origan et jus à l'huile d'argan. L'écrin de gourmandises "Alexandre".

Formule 58 € – Menu 88 € (semaine), 128/184 € – Carte 120/170 €

2 r. Xavier-Tronc – 04 66 70 08 99 – www.michelkayser.com – Fermé 20 fév.-14 mars, 27 août-12 sept., dim. sauf le midi et mardi de sept. à juin et lundi

Le Mas de l'Espérance

LUXE • ÉLÉGANT Dans un parc environné de pins, d'oliviers et d'arbres fruitiers – les propriétaires sont aussi arboriculteurs –, cette auguste demeure de 1780 vaut le coup d'œil ! Beaux volumes, esprit cosy, terrasses privatives dans chaque chambre – et même un lodge indonésien avec bain à remous privatif...

5 chambres – 175/410 € 175/410 €

lieu-dit St-Bénézet, 10 km au Sud par D42 et rte secondaire – 04 66 70 01 51 – www.mas-esperance.com

à Uchaud 15 km au Sud-Ouest par D107, N113 et N106 – 30620 – 4 230 hab. – Alt. 26 m

Le Huit

LUXE • PERSONNALISÉ Face à l'église, une façade discrète cache ce petit havre de paix et de confort... Murs anciens, chambres spacieuses, décor contemporain, belles salles de bains et invitations à la détente (espace bien-être, piscine). Un ensemble de grande qualité, d'une tenue parfaite.

4 chambres – 195/350 € 195/350 €

8 pl. de l'Église – 04 66 77 93 69 – www.le-huit.com – Ouvert de mars à oct.

NIORT

79000 Deux-Sèvres – 58 311 hab. – Alt. 24 m – Carte régionale n° **20**-B2
Carte Michelin 322-D7 – Guide Vert Michelin Poitou-Charentes

La Belle Étoile

CUISINE TRADITIONNELLE • CLASSIQUE XXX Changement de génération dans cette Belle Étoile, reprise par le fils des anciens propriétaires : rénovation de qualité (bois, cuivre, argent), cuisine nature réalisée par deux cheffes au beau parcours, sans oublier le bar à vins installé sur la terrasse...

Formule 22 € – Menu 40/65 € – Carte 59/74 €

Hors plan *115 quai Maurice-Métayer, près du périphérique Ouest : 2,5 km – 05 49 73 31 29 – www.la-belle-etoile.fr – Fermé 2 semaines en août, sam. midi, dim. soir et lundi*

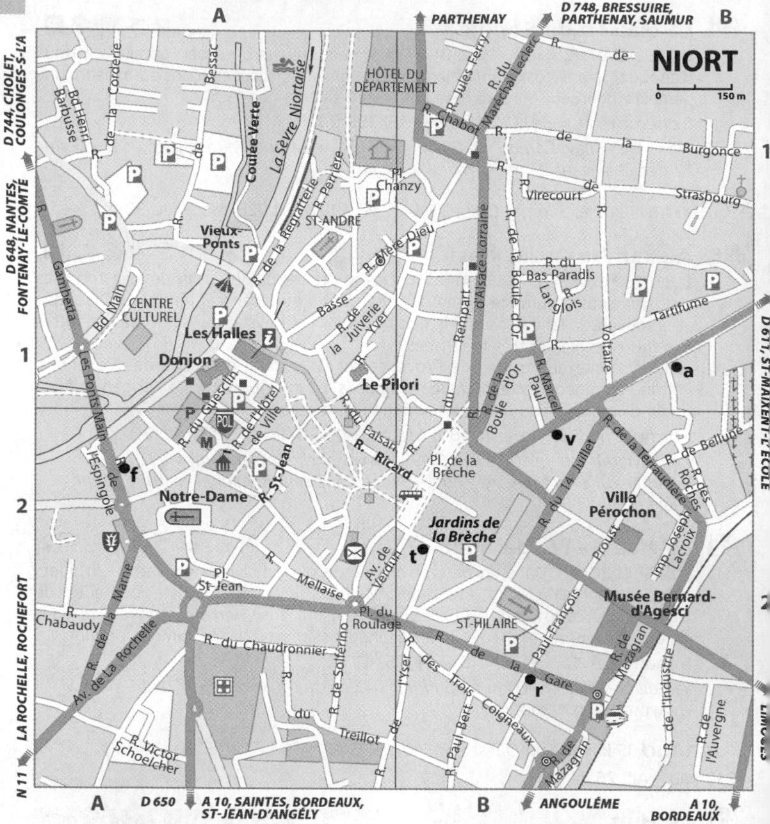

Hôtel de la Brèche

BUSINESS • FONCTIONNEL Un hôtel entièrement rénové en 2012, à deux pas de l'office de tourisme. Les chambres arborent des tons apaisants et allient confort et fonctionnalité. Une bonne adresse, idéale pour découvrir la vieille ville ou la Coulée verte (sur les berges de la Sèvre Niortaise).

47 chambres – 82/149 € 91/149 € – 2 suites – 12 €

Plan : B2-t *9 av. Jacques-Bujault – ☎ 05 49 35 11 11 – www.niorthoteldelabreche.com*

Mercure

HÔTEL DE CHAÎNE • FONCTIONNEL Des chambres soignées et de bonne ampleur dans cet hôtel contemporain à deux pas du centre-ville. Restaurant sous une verrière, chaleureux et moderne.

99 chambres – 80/150 € 80/150 € – 15 €

Plan : B1-a *80 bis av. de Paris – ☎ 05 49 24 29 29 – www.mercure.com*

La Chamoiserie

LUXE • PERSONNALISÉ Une très belle demeure de famille de la fin du 19e s. Joli parquet, moulures pleines de charme et ravissant jardin ; les chambres sont décorées dans le style contemporain en vogue.

16 chambres – 88/138 € 98/138 € – 12 €

Plan : A2-f *10 r. de l'Espingole – ☎ 05 49 78 07 07 – www.hotelparticulierniort.com – Fermé 22 déc.-7 janv. et week-ends d'oct. à avril*

Ibis Styles

BUSINESS • FONCTIONNEL Un établissement central, pratique pour sillonner la ville. Les chambres sur rue sont spacieuses et cosy, d'autres donnent sur le petit jardin.

39 chambres – 75/125 € 85/135 €

Plan : B2-v *32 av. de Paris – 05 49 24 22 21 – www.ibis.fr*

Moka

BUSINESS • FONCTIONNEL En plus de sa proximité (100 m) avec la gare de Niort, ce Moka dispose de nombreux atouts qui en font une étape de choix : un intérieur moderne, des chambres fonctionnelles et bien équipées, un bon buffet sucré-salé pour le petit-déjeuner... Onctueux !

33 chambres – 60/90 € 60/90 € – 10 €

Plan : B2-r *84 r. de la Gare – 05 49 76 15 15*
– www.mokahotelniort.com – Fermé 22 déc.-1er janv.

Sandrina

FAMILIAL • FONCTIONNEL Adresse familiale du centre proposant des chambres fonctionnelles, colorées et d'une tenue irréprochable. Parking fermé à disposition.

18 chambres – 59/63 € 59/63 € – 8 €

Hors plan *43 av. St-Jean-d'Angély, 200 m au Sud par D106E – 05 49 79 28 42*
– www.hotel-sandrina.com – Fermé 22 déc.-6 janv.

à Bessines 3 km au Sud-Ouest par D611 – 79000 – 1 640 hab. – Alt. 20 m

L'Adress...

CUISINE CRÉATIVE • DESIGN XX Un long parallélépipède de verre prolongé par une belle terrasse face à la verdure : voilà pour le cadre, moderne et élégant ! Quant à la cuisine du chef, elle ne souffre d'aucun reproche : recettes qui font mouche, cuissons parfaitement ajustées, belles associations de saveurs... Impeccable, tout simplement.

Formule 16 € – Menu 35/70 € – Carte 48/62 €

1 r. des Iris – 05 49 79 41 06
– www.restaurant-ladress.fr – dim. et lundi

à St-Liguaire 4,5 km à l'Ouest par D9 et rte secondaire – 79000 Niort

Auberge de la Roussille

CUISINE MODERNE • AUBERGE XXX On tombe forcément sous le charme de cette belle maison d'éclusier, installée dans le cadre bucolique des bords de Sèvre... un environnement enchanteur qui ne saurait masquer l'essentiel : la cuisine du chef, soignée et bien calibrée, dans laquelle les produits sont au top et agrémentés sans superflu. Un vrai bonheur.

Menu 22 € (déj. en semaine), 34/69 € – Carte environ 64 €

impasse de la Roussille – 05 49 06 98 38
– www.laroussille.com – Fermé 19 fév.-1er mars, dim. et mardi sauf le midi hors saison et lundi

à St-Symphorien 7 km au Sud par rte de St-Jean-d'Angély, D650 et D174 – 79270 – 1 886 hab. – Alt. 28 m

Auberge de Crespé

CUISINE TRADITIONNELLE • RUSTIQUE X Cuisine traditionnelle confectionnée selon le marché et les saisons ; on grille la côte de bœuf à la cheminée dans la salle à manger rustique. Agréable terrasse dominant le parc.

Formule 19 € – Menu 24 € – Carte 28/79 €

99 rte d'Aiffres – 05 49 32 97 61 – facebook auberge de crespe – Fermé mardi soir, dim. et lundi

NISSAN-LEZ-ENSERUNE

✉ 34440 Hérault - 3 926 hab. - Alt. 21 m - Carte régionale n° **12**-B2
Carte Michelin 339-D9

Résidence

FAMILIAL • TRADITIONNEL Près du cœur du village, cette imposante demeure bourgeoise du 19e s. abrite des chambres confortables, rehaussées pour certaines de mobilier chiné et de cheminées d'époque. Côté restaurant, cuisine au goût du jour et terrasse ombragée face à la piscine.

23 chambres - 70/95 € 70/140 € - 10 €

35 av. Cave - 04 67 37 00 63 - www.hotel-residence.com
- Fermé 22 déc.-3 janv.

NITRY

✉ 89310 Yonne - 368 hab. - Alt. 240 m - Carte régionale n° **4**-B1
Carte Michelin 319-G5

Auberge La Beursaudière

HISTORIQUE • PERSONNALISÉ Les dépendances de ce prieuré du 12es. ne manquent pas de caractère : pierres apparentes, tomettes et poutres dans les chambres, pigeonnier médiéval... Authentique ! Cuisine du terroir servie en costume régional, dans un cadre joliment rustique. Belle cave.

11 chambres - 85/125 € 85/125 € - 13 €

9 chemin de Ronde - 03 86 33 69 69 - www.beursaudiere.com
- Fermé 3 semaines en janv. (sauf restaurant)

NOAILHAC

✉ 81490 Tarn - 869 hab. - Alt. 222 m - Carte régionale n° **15**-C2
Carte Michelin 338-G9

Hostellerie d'Oc

CUISINE TRADITIONNELLE • RUSTIQUE Au cœur du village, un petit restaurant de campagne au charme rustique... Et dans l'assiette, une cuisine régionale simple et copieuse.

Menu 14 € (déj. en semaine), 20/37 € - Carte 26/48 €

av. Charles-Tailhades - 05 63 50 50 37 - www.restaurant-noailhac.fr
- Fermé 3-20 sept., 6 janv.-2 fév., merc. soir et lundi

NOAILHAC

✉ 19500 Corrèze - 378 hab. - Alt. 400 m - Carte régionale n° **13**-B3
Carte Michelin 329-K5

La Bastidie

CUISINE MODERNE • COSY Volaille rôtie a la pancetta, artichauts, ail des ours et oignons en royale : cet exemple (parmi tant d'autres !) montre que le chef de cette maison maîtrise bien son sujet. Il propose des menus courts et fait évoluer sa cuisine au gré des saisons. À noter aussi les quatre chambres spacieuses, pleines de charme et décorées avec goût. Une étape bien agréable.

Formule 21 € - Menu 24 € (déj. en semaine), 38/59 €

4 chambres - 100/145 € 115/155 € - 11 €

1 r. des Écoles - 05 55 88 22 88 - www.la-bastidie.fr - Fermé janv.-mi-fév., dim. soir, lundi et mardi

NOCÉ - 61 Orne → Voir Bellême

NŒUX-LES-MINES

✉ 62290 Pas-de-Calais - 12 570 hab. - Alt. 29 m - Carte régionale n° **16**-B2
Carte Michelin 301-I5

Le Cercle

CUISINE MODERNE • COSY XX Des assiettes maîtrisées, une cuisine au goût du jour pas piquée des hannetons : qu'il fait bon s'asseoir autour de ce Cercle ! Les produits sont de qualité et le menu change tous les jours ; quant au cadre, à la fois chic et cosy, il se pare d'élégants tableaux contemporains. Service souriant.

Formule 21 € – Menu 28 € (semaine)/41 € – Carte 37/59 €

Hôtel La Maison Rouge, 374 r. Nationale – 03 21 61 65 65 – www.hotel-lamaisonrouge.com

L'Atelier des Saveurs

CUISINE MODERNE • TRADITIONNEL XX Créée par un jeune couple de la région, cette table est une bonne surprise ! Le chef se livre à un joli travail autour du goût ; il travaille de beaux produits et fait preuve d'un savoir-faire indéniable. Une expérience d'autant plus agréable que le décor est intime et chaleureux.

Formule 17 € – Menu 21 € (semaine), 29/43 €

94 r. Nationale – 03 21 26 74 74 – www.restaurant-latelierdessaveurs.fr – Fermé 1 semaine en avril, 3 semaines en août, 1 semaine en janv., dim. soir, merc. soir et lundi

La Maison Rouge

TRADITIONNEL • CONTEMPORAIN Dans cette ancienne localité minière située entre Béthune et Lens, cette imposante Maison Rouge – tout en briques – abrite un confortable hôtel-restaurant. Les chambres, spacieuses et fonctionnelles, sont parfaites pour un séjour dans la région, entre le Musée de la mine voisin et le Louvre-Lens à 15 km.

40 chambres – 110/140 € 110/140 € – 13 €

374 r. Nationale – 03 21 61 65 65 – www.hotel-lamaisonrouge.com

Le Cercle – voir les restaurants ci-dessus

NOGARO

32110 Gers – 1 964 hab. – Alt. 98 m – Carte régionale n° **15**-A2
Carte Michelin 336-B7

Solenca

CUISINE TRADITIONNELLE • CONVIVIAL X Les beaux produits du terroir gersois sont ici à l'honneur, mais pas seulement eux : homard et autres ingrédients nobles ont les faveurs du chef, qui sait les mettre en valeur à travers des recettes bien pensées, généreuses et soignées. Le cadre est aussi sympathique avec sa haute charpente apparente.

Menu 14 € (déj. en semaine), 18/54 € – Carte 29/61 €

rte d'Auch – 05 62 09 09 08 – www.solenca.com

Solenca

BUSINESS • PERSONNALISÉ Une étape sympathique et conviviale au cœur du pays gersois. Les chambres sont fonctionnelles et actuelles, relevées de couleurs vives. Agréable piscine entourée d'un jardin arboré. L'établissement est certifié Ecolabel.

49 chambres – 79/87 € 79/87 € – 11 €

rte d'Auch – 05 62 09 09 08 – www.solenca.com

Solenca – voir les restaurants ci-dessus

NOGENT-LE-ROI

28210 Eure-et-Loir – 4 116 hab. – Alt. 93 m – Carte régionale n° **6**-B1
Carte Michelin 311-F4 – Guide Vert Michelin Île-de-France

Le Relais des Remparts

CUISINE TRADITIONNELLE • AUBERGE XX Cette maison ne manque pas d'atouts : une cuisine traditionnelle et goûteuse, un service aimable et efficace, un cadre agréable et des tarifs abordables... d'autant que le chef réalise tout lui-même, y compris le pain ! Une adresse sympathique.

Formule 17 € – Menu 20 € (semaine), 30/39 € – Carte 34/49 €

2 r. du Marché-aux-Légumes – 02 37 51 40 47 – www.restaurant-relais-des-remparts.com – Fermé 4-10 fév., 5-30 août, mardi soir, dim. soir et lundi

NOGENT-SUR-SEINE

10400 Aube - 5 955 hab. - Alt. 67 m - Carte régionale n° **7**-A2
Carte Michelin 313-B3 - Guide Vert Michelin Champagne Ardenne

Beau Rivage

CUISINE MODERNE • FAMILIAL XXX On accoste au Beau Rivage pour ses atouts : une salle lumineuse ouverte sur une terrasse bordant la Seine, une cuisine de saison embellie d'épices et d'herbes du jardin et, pour les amateurs, le passionnant musée dédié à Camille Claudel. Chambres pour l'étape.

Formule 22 € - Menu 28/52 € - Carte 53/70 €

10 chambres - 82 € 92 € - 10 €

20 r. Villiers-aux-Choux (près de la piscine) - 03 25 39 84 22
- www.hotel-beaurivage-nogentsurseine.com
- Fermé 15 fév.-7 mars, 16 août-5 sept., dim. soir, mardi midi et lundi

NOIRLAC - 18 Cher ➔ Voir St-Amand-Montrond

NOIRMOUTIER (ÎLE DE) - 85 Vendée ➔ Voir Île de Noirmoutier

NOIZAY

37210 Indre-et-Loire - 1 151 hab. - Alt. 56 m - Carte régionale n° **6**-B2
Carte Michelin 317-O4

Château de Noizay

CUISINE MODERNE • INTIME XXX Pour dîner au château, quoi de mieux que ses charmants salons bourgeois avec leurs boiseries d'époque ? Ici, la cuisine joue la carte de la modernité et de la créativité, avec de doux intitulés : herbes fraîches en fine gelée, canette laquée au miel et orange, cuisinée de champignons des bois...

Formule 35 € - Menu 45 € (déj. en semaine), 68/120 € - Carte 82/91 €

124 promenade de Waulsort - 02 47 52 11 01 - www.chateaudenoizay.com
- Fermé mi-janv. à mi-mars

Château de Noizay

DEMEURE HISTORIQUE • CLASSIQUE Grand escalier, vitraux, armures : ce château du 16e s., niché dans un parc, domine le village et son vignoble. Les chambres sont confortables et joliment meublées. Préférez celles, plus récentes, dans le Pavillon de l'Horloge. Idéal pour un séjour romantique.

19 chambres - 190/400 € 190/400 € - 25 €

124 promenade de Waulsort - 02 47 52 11 01 - www.chateaudenoizay.com
- Fermé mi-janv. à mi-mars

Château de Noizay - voir les restaurants ci-dessus

NONANCOURT

27320 Eure - 2 297 hab. - Alt. 117 m - Carte régionale n° **17**-D2
Carte Michelin 304-H9 - Guide Vert Michelin Normandie Vallée de la Seine

Relais du Vieux Château

CUISINE MODERNE • AUBERGE X Une simple auberge traditionnelle, bien tranquille sur son bord de route normand ? Que nenni ! Un jeune chef fait ici souffler un vent de fraîcheur sur la tradition. Produits de qualité, cuissons et sauces dans les règles, recettes renouvelées avec tact : tout est mis en œuvre pour révéler un maximum de saveurs, à prix doux...

Formule 20 € - Menu 27 € - Carte 27/47 €

39 av. Victor-Hugo - 02 32 58 00 74 - www.lervc.com - Fermé 1 semaine en mars, en août et en sept., merc. soir, dim. soir et lundi

NONZA - 2B Haute-Corse ➔ Voir Corse

NOTRE-DAME-DE-BELLECOMBE

73590 Savoie - 483 hab. - Alt. 1 150 m - Carte régionale n° **25**-F1
Carte Michelin 333-M3 - Guide Vert Michelin Alpes du Nord

La Ferme de Victorine

CUISINE TRADITIONNELLE • CONVIVIAL Une ferme plus vraie que nature ; l'hiver, depuis la jolie salle rustique, on aperçoit même les vaches dans l'étable... Le chef est un passionné du terroir savoyard, toujours à la recherche des meilleurs fromages et charcuteries. Une table éminemment sympathique et très gourmande !

Formule 25 € – Menu 31/59 € – Carte 44/69 €

Le Planay, 3 km à l'Est par rte des Saisies – 04 79 31 63 46 – www.la-ferme-de-victorine.com – Fermé juin, mi-nov. à mi-déc., merc. et jeudi en saison

LE NOUVION-EN-THIÉRACHE

02170 Aisne – 2 727 hab. – Alt. 185 m – Carte régionale n° **19**-D1
Carte Michelin 306-E2

La Paix

CUISINE TRADITIONNELLE • CLASSIQUE Briques, miroirs et bibelots : un décor agréable, au service d'une appétissante cuisine ! Installé ici depuis plus de trente ans, Didier Pierrart honore la tradition des bons petits plats avec un savoir-faire qui ne se dément pas. Sa spécialité : le pavé de bœuf au maroilles...

Formule 22 € – Menu 26 € (semaine), 31/48 € – Carte 57/73 €

37 r. Jean Vimont-Vicary – 03 23 97 04 55 – www.hotel-la-paix.fr – Fermé 13 fév.-2 mars, 14 août-2 sept., 23 déc.-3 janv. et dim.

La Paix

TRADITIONNEL • PERSONNALISÉ Un hôtel-restaurant de qualité, où l'on profite à la fois du gîte et du couvert avec plaisir. L'ensemble est parfaitement tenu, l'accueil charmant et les prix mesurés. Et dernier atout : les chambres sont peu à peu rénovées dans un style plus actuel.

16 chambres – 72/88 € 72/88 € – 11 €

37 r. Jean-Vimont-Vicary – 03 23 97 04 55 – www.hotel-la-paix.fr – Fermé 17 fév.-5 mars, 14-31 août, 22 déc.-3 janv. et dim.

La Paix – voir les restaurants ci-dessus

NOUZERINES – 23 Creuse → Voir Boussac

NOVES

13550 Bouches-du-Rhône – 5 610 hab. – Alt. 42 m – Carte régionale n° **22**-E1
Carte Michelin 340-E2 – Guide Vert Michelin Provence

Auberge de Noves

CUISINE CLASSIQUE • VINTAGE Cette auberge se révèle tout à fait charmante, et sa terrasse sous les arbres idyllique ! À l'image du lieu, la cuisine donne dans le beau classicisme : le chef vous régalera, par exemple, d'un foie gras, d'un tartare de bœuf au couteau, etc. Belle carte des vins de plus de 350 références.

Menu 50 € (déj. en semaine), 75/125 € – Carte 74/126 €

rte de Châteaurenard, 2 km par D28 – 04 90 24 28 28 – www.aubergedenoves.com – Fermé 2 janv.-12 fév., lundi et mardi d'oct. à mai

Auberge de Noves

TRADITIONNEL • CLASSIQUE Au bout d'un petit chemin, cette noble demeure du 19e s. dévoile son vaste parc : une certaine idée de l'art de vivre provençal, dans une veine classique. Les chambres sont élégantes et personnalisées ; certaines d'entre elles sont nichées dans l'ancienne chapelle.

23 chambres – 165/390 € 165/490 € – 2 suites – 25 €

rte de Châteaurenard, 2 km par D28 – 04 90 24 28 28 – www.aubergedenoves.com – Fermé 2 janv.-12 fév.

Auberge de Noves – voir les restaurants ci-dessus

NOYAL-MUZILLAC

✉ 56190 Morbihan - 2 530 hab. - Alt. 52 m - Carte régionale n° **5**-C3
Carte Michelin 308-Q9

Manoir de Bodrevan

AUBERGE · PERSONNALISÉ Ce pavillon de chasse du 16e s. en pierre est envahi de verdure. Les chambres tirent leur cachet de ce cadre rustique et élégant. Accueil cordial et calme assuré. Menu du jour, poissons et produits de la mer préparés par le maître des lieux selon le marché.

6 chambres - †96/159 € ††96/159 € - ☕13 €

Lieu-dit Bodrevan, 2 km au Nord-Est par D153 et rte secondaire - ✆ 02 97 45 62 26 - www.manoir-bodrevan.com - Fermé 23-27 décembre

NOYALO

✉ 56450 Morbihan - 781 hab. - Carte régionale n° **5**-A3
Carte Michelin 308-O9

L'Hortensia

CUISINE MODERNE · TENDANCE XX Cette ancienne ferme en pierre du 19e s., parée de toiles et d'un mobilier contemporains, a un certain cachet. La cuisine, qui fait la part belle aux produits de la mer et au terroir breton, se révèle savoureuse et bien maîtrisée. Pour l'étape, des chambres coquettes décorées sur le thème de l'hortensia.

Menu 22 € 🍷 (déj. en semaine), 33/62 €

7 chambres - †72/100 € ††72/100 € - ☕10 €

18 r. Ste-Brigitte - ✆ 02 97 43 02 00 - www.restaurantlhortensia.com - Fermé dim. soir et lundi

NOYAL-SUR-VILAINE - 35 Ille-et-Vilaine ➜ Voir Rennes

NOYANT-DE-TOURAINE - 37 Indre-et-Loire ➜ Voir Ste-Maure-de-Touraine

NOYERS

✉ 89310 Yonne - 629 hab. - Alt. 175 m - Carte régionale n° **4**-B1
Carte Michelin 319-G5 - Guide Vert Michelin Bourgogne

Les Millésimes

CUISINE TRADITIONNELLE · RUSTIQUE X Ce restaurant champêtre et élégant se tient derrière la boucherie-charcuterie familiale. Le terroir et les vins bourguignons sont à l'honneur... ainsi que les produits maison ! Jambon persillé, tourte à l'époisses et pommes de terre, filet mignon de porc et jus aux oignons nouveaux...

Menu 26 € (semaine), 28/35 €

14 pl. de l'Hôtel-de-Ville - ✆ 03 86 82 82 16 - www.maison-paillot.com - Fermé fév., le soir du dim. au vend. sauf en juil.-août, et lundi

NOYON

✉ 60400 Oise - 13 808 hab. - Alt. 52 m - Carte régionale n° **19**-C2
Carte Michelin 305-J3

Dame Journe

CUISINE TRADITIONNELLE · AUBERGE XX Dans la capitale des fruits rouges, les gourmands ont rendez-vous avec Dame Journe. Dans un cadre très classique, on apprécie une vraie cuisine traditionnelle : saumon fumé maison, rognons de veau, chariot de desserts... Une adresse appréciée dans la ville.

Menu 19 € (déj. en semaine), 23/64 € - Carte 45/62 €

2 bd Mony - ✆ 03 44 44 01 33 - www.restaurant-damejourne-noyon.fr - Fermé 19-25 sept., dim. soir, mardi soir, merc. soir, jeudi soir et lundi

Le Cèdre

TRADITIONNEL • FONCTIONNEL Au cœur de la cité, une longue bâtisse en briques rouges, datant de 1989 mais en harmonie avec l'architecture environnante. Les chambres, chaleureuses et bien équipées, offrent pour la plupart une vue sur la cathédrale, située juste en face.

35 chambres – 67/85 € 75/93 € – 10 €

8 r. de l'Évêché – 03 44 44 23 24 – www.hotel-lecedre.com

NOZAY

44170 Loire-Atlantique – 4 022 hab. – Alt. 50 m – Carte régionale n° **18**-B2
Carte Michelin 316-G2

La Pierre Bleue

CUISINE MODERNE • CONVIVIAL XX Vous cherchez Éric Meunier ? Il est dans sa cuisine, évidemment ! Travailleur infatigable, discret autant que passionné, voilà un chef qui aime son métier, et cela se sent dans ses assiettes. Créations de saison, plats mijotés en hiver, fumaisons maison... Cette Pierre Bleue est une pépite.

Formule 16 € – Menu 29/40 € – Carte environ 42 €

22 r. Alexis-Letourneau – 02 40 79 30 49 – www.restaurantlapierrebleue.com – Fermé 16-29 juil., 1er-15 janv., dim. soir, lundi soir et merc.

NUEIL-LES-AUBIERS

79250 Deux-Sèvres – 5 628 hab. – Carte régionale n° **20**-B1
Carte Michelin 316-M6

Le Moulin de la Sorinière

CUISINE MODERNE • CONVIVIAL XX Les grandes baies vitrées de cette ancienne grange donnent sur un jardin bien agréable, source d'inspiration pour un chef amoureux des produits de saison. Après le repas, une balade digestive près de la rivière s'impose.

Formule 16 € – Menu 19 € (semaine), 29/35 € – Carte environ 38 €

2 km au Sud-Ouest par D33, rte de Cerizay et C3 – 05 49 72 39 20 – www.hotel-moulin-soriniere.com – Fermé 9-22 avril, 1er-7 janv., dim. soir et lundi

Le Moulin de la Sorinière

TRADITIONNEL • FAMILIAL Ce vieux moulin du 19e s. a conservé son charme bucolique ; la rivière traverse le jardin et le potager, et les chambres ont des noms de fleurs. Pour les effeuiller au grand calme...

8 chambres – 67/72 € 67/78 € – 9 €

2 km au Sud-Ouest par D33, rte de Cerizay et C3 – 05 49 72 39 20 – www.hotel-moulin-soriniere.com – Fermé 9-22 avril et 1er-7 janv.

Le Moulin de la Sorinière – voir les restaurants ci-dessus

NUITS-ST-GEORGES

21700 Côte-d'Or – 5 578 hab. – Alt. 243 m – Carte régionale n° **4**-D1
Carte Michelin 320-J7 – Guide Vert Michelin Bourgogne

La Cabotte

CUISINE MODERNE • BISTRO X Une cuisine actuelle, fine et gourmande à prix doux, de la convivialité à revendre, un cadre rustique modernisé avec poutres, pierres apparentes et mobilier contemporain... Et même une carte de vins bourguignons étoffée et judicieuse : cette Cabotte en a dans la caboche, et l'on se régale !

Formule 20 € – Menu 30/59 € – Carte 43/64 €

24 Grande-Rue – 03 80 61 20 77 – www.restaurantlacabotte.fr – Fermé dim. et lundi

La Gentilhommière

TRADITIONNEL • FONCTIONNEL Vieilles pierres et toits de tuiles vernissées : un beau pavillon de chasse du 16e s., dans un écrin de verdure, non loin du fameux village viticole. Au choix : de jolies chambres fonctionnelles, dont certaines plus originales (Afrique, Oriental, Pop Art...).

31 chambres – 95/200 € 95/200 € – 15 €

13 vallée de la Serrée, rte Concoeur-Meuilley, 2 km à l'Ouest – 03 80 61 12 06 – www.lagentilhommiere.fr – Fermé de mi-déc. à mi-janv.

NYONS

26110 Drôme – 6 641 hab. – Alt. 271 m – Carte régionale n° **23**-B3
Carte Michelin 332-D7 – Guide Vert Michelin Ardèche Drôme

Une Autre Maison

POISSONS ET FRUITS DE MER • INTIME Dans cette belle maison ancienne au fond d'un divin jardin, le chef concocte une bonne cuisine du marché, et notamment de jolis plats de poisson. Les résidents de l'hôtel sont ravis et les autres aussi !

Formule 18 € – Menu 21 € (déj.) – Carte 36/50 €

Hôtel Une Autre Maison, pl. de la République – 04 75 26 43 09 – www.uneautremaison.com – Fermé de mi-déc. à mi-janv. et le midi sauf du mardi au sam. en saison

D'un Goût à l'Autre

CUISINE MODERNE • SIMPLE Un tout petit restaurant dans la rue la plus animée de la ville, créé par un jeune couple ayant fait ses classes dans de belles maisons sur la côte. Dès la lecture de la carte, nos papilles sont en éveil, d'autant que le chef privilégie au maximum les produits bio. D'un goût à l'autre, les assiettes sont fort bien composées...

Formule 20 € – Menu 26 € (déj.), 31/45 € – Carte 37/48 €

21 r. des Déportés – 04 75 26 62 27 – www.dungoutalautre.fr – Fermé dim. soir et lundi

Le Verre à Soie

FUSION • CONVIVIAL Après une carrière chez Christian Têtedoie (Lyon), Fei-Hsin et Jérome Lamy ont décidé de reprendre ce Verre à Soie. Lui œuvre toujours comme sommelier, proposant de séduisants accords mets et vins, mettant en valeur la jolie cuisine de son épouse, inspirée par ses origines taïwanaises. Un beau mariage franco-asiatique !

Formule 20 € – Menu 25 € (déj.) – Carte 25/40 €

12 pl. des Arcades – 04 75 26 15 18 – Fermé 1 semaine à Noël, jeudi soir, mardi et merc.

Une Autre Maison

FAMILIAL • PERSONNALISÉ Confort, bien-être et élégance : une Maison d'un Autre siècle (fin du 19e s.), vraiment charmante ! Les chambres sont ravissantes et toutes différentes ; la piscine et le jardin tout bonnement délicieux.

10 chambres – 85/165 € 85/165 € – 15 €

pl. de la République – 04 75 26 43 09 – www.uneautremaison.com – Fermé de mi-déc. à mi-janv.

Une Autre Maison – voir les restaurants ci-dessus

rte de Gap 7 km par D94 – 26110 Condorcet – 26110

La Charrette Bleue

CUISINE TRADITIONNELLE • RUSTIQUE Impossible de manquer ce relais de poste du 18e s. avec sa charrette bleue devant l'entrée du restaurant ! Joli hommage à René Barjavel, dont l'œuvre du même nom racontait son enfance au pays. L'esprit de la région habite le décor (terrasse sous les canisses) comme la cuisine, soignée et gourmande. Prix doux.

Formule 20 € – Menu 30/49 € – Carte 36/56 €

5 chemin Barjavel (La Bonté) – 04 75 27 72 33 – www.lacharrettebleue.net – Fermé 21 oct.-6 nov., 7 janv.-6 fév., dim. soir d'oct. à mars, mardi de sept. à juin et merc.

rte d'Orange 4 km par D94 – ✉ 26110 Nyons :

La Bastide des Monges

FAMILIAL • MÉDITERRANÉEN "Nyons me paraît être le paradis terrestre" disait Jean Giono. Voilà une phrase qui aurait trouvé écho chez les sœurs de cet ancien couvent du 18e s. Les chambres, de style provençal, donnent sur le jardin ou les vignes. Accueil charmant.

10 chambres – 70/199 € 70/199 € – 13 €

– ✆ 04 75 26 99 69 – www.bastidedesmonges.com

à Montaulieu 14 km à l'Est par D94, D64 et D501 – ✉ 26110 – 81 hab. – Alt. 510 m

Les Terrasses

MAISON DE CAMPAGNE • PERSONNALISÉ C'est l'histoire d'un village en ruine revenu à la vie grâce à une bande d'amis. Parmi eux, un couple a restauré cette bâtisse où le charme le dispute à l'authenticité : déco chinée, terrasses et jardins suspendus... Une adresse hors du temps où l'on met la cuisine régionale et les côtes-du-rhône à l'honneur.

3 chambres – 180/250 € 200/280 €

au village – ✆ 04 75 27 42 91 – www.lesterrasses-montaulieu.fr – Ouvert 15 avril-15 nov.

OBERHASLACH

✉ 67280 Bas-Rhin – 1 754 hab. – Alt. 270 m – Carte régionale n° **1**-A1
Carte Michelin 315-H5

Hostellerie St-Florent

CUISINE TRADITIONNELLE • AUBERGE XX Il a vraiment du charme, ce restaurant, avec ses jolies boiseries et ses lampes rétro. Dans l'assiette, jarret de porc sur lit de choucroute, foie gras de canard et chutney de fruits de saison, munster flambé au marc de gewurztraminer... on profite d'une bonne cuisine traditionnelle et de quelques spécialités alsaciennes.

Formule 12 € – Menu 28/40 € – Carte 34/45 €

28 r. du Nideck – ✆ 03 88 50 94 10 – www.hostellerie-saint-florent.com – Fermé 9-23 juil., 5-14 nov., 22-29 janv., sam. midi, dim. soir et lundi sauf le soir d'avril à oct.

Hostellerie St-Florent

AUBERGE • TRADITIONNEL Il règne une ambiance très chaleureuse dans cette maison alsacienne, nichée entre les vignes, au cœur de ce village fleuri du Nideck. Les chambres sont à prix très doux et les jolis chemins aux alentours n'attendent que les randonneurs !

20 chambres – 50/55 € 57/82 € – 12 €

28 r. du Nideck – ✆ 03 88 50 94 10 – www.hostellerie-saint-florent.com – Fermé 9-23 juil., 5-14 nov. et 22-29 janv.

Hostellerie St-Florent – voir les restaurants ci-dessus

OBERNAI

✉ 67210 Bas-Rhin – 10 822 hab. – Alt. 185 m – Carte régionale n° **1**-A2
Carte Michelin 315-I6

La Fourchette des Ducs (Nicolas Stamm)

CUISINE CRÉATIVE • ÉLÉGANT XXXX L'hiver, atmosphère cosy (boiseries et poutres apparentes) ; l'été, fraîcheur contemporaine dans une salle ouverte sur la cour intérieure... Et en toute saison, des assiettes de haute volée, dans lesquelles de bons produits sont travaillés avec une pointe de créativité, pour de succulents coups de fourchette.

→ Dos de sandre, choucroute d'Alsace et raviole d'escargots gros gris de Cleurie au raifort. Volaille d'Alsace en deux services. Paris-brest en éclair, crème pralinée à la noisette et glace à la vanille Bourbon.

Menu 125/160 € – Carte 130/205 €

Plan : B1_2-e *6 r. de la Gare – ✆ 03 88 48 33 38 – www.lafourchettedesducs.com – Fermé 18-24 juin, 20 août-5 sept., 1er-10 janv., dim. soir, lundi et le midi sauf dim.*

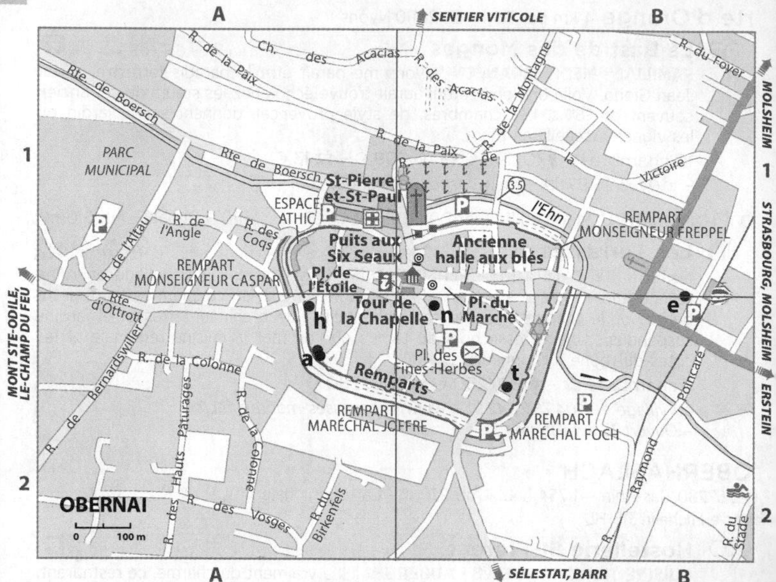

Le Bistro des Saveurs (Thierry Schwartz)

CUISINE CRÉATIVE • RUSTIQUE XX Poutres apparentes, cheminée : le cadre est raffiné... et en cuisine, le jeune chef fait des merveilles : avec de bons produits bio ou achetés à des petits producteurs locaux, il concocte des plats remarquables de saveurs et d'imagination. Le tout s'arrose d'un bon vin, choisi parmi les 1200 références de la carte !

→ L'œuf dans l'œuf. Voiture de tranche parée de viande rouge, volaille, gibier ou poisson. Chocolat et cerfeuil, baba bouchon ivre de Biersky.

Menu 45 € (déj. en semaine), 75/120 €

Plan : B2-t *35 r. de Sélestat – ☎ 03 88 49 90 41 – www.bistro-saveurs.fr – Fermé 11-22 mars, 15-30 juil., 1er-8 janv., dim. sauf en déc. et lundi*

Le Restaurant

CUISINE MODERNE • ÉLÉGANT XXX Voilà, dans les faubourgs de la ville, une imposante maison alsacienne où les générations se succèdent depuis la création de l'établissement en 1954. Dans l'élégante salle à manger – boiseries couleur miel, plafond à caissons, lustre en cristal –, on se régale d'une bonne cuisine actuelle, fine et bien réalisée.

Menu 58/77 € – Carte 64/74 €

Hors plan *Hôtel Le Parc, 169 rte d'Ottrott, à l'Ouest par D426 – ☎ 03 88 95 50 08 – www.hotel-du-parc.com – Fermé 23 juin-10 juil., 22 déc.-10 janv., lundi et le midi*

Le Jardin des Remparts

CUISINE MODERNE • ÉLÉGANT XXX Une adresse de caractère ! Décorée dans un style classique et luxueux, elle propose des plats traditionnels ou plus créatifs : velouté d'escargots, foie gras à la rhubarbe, etc. Agréable terrasse au pied des remparts et belle carte des vins (400 références !).

Menu 52/65 € – Carte 65/82 €

Plan : A2-a *Hôtel À la Cour d'Alsace, 3 r. de Gail – ☎ 03 88 95 07 00 – www.cour-alsace.com – Fermé 29 juil.-7 sept., 24 déc.-23 mars, vend. soir, sam. soir et dim. midi*

Le Caveau de Gail

CUISINE ALSACIENNE • TRADITIONNEL XX Ce Caveau est en fait une sorte de winstub de luxe ! La cuisine traditionnelle y est à l'honneur, avec de belles allusions au terroir alsacien : truite aux amandes, choucroute aux trois poissons, crème brûlée au marc de gewurztraminer, etc.

Formule 21 € – Menu 35 € – Carte 40/64 €

Plan : A2-a *Hôtel À la Cour d'Alsace, 3 r. de Gail – 03 88 95 07 00 – www.cour-alsace.com – Fermé 24 déc.-26 janv. et sam. midi*

La Stub

CUISINE ALSACIENNE • WINSTUB X Le bois qui décore les murs de cette Stub a été récupéré dans d'anciennes fermes ; un cadre chaleureux avec ses alcôves et son poêle en faïence, pour déguster tartare de hareng "grand-mère", pied de porc farci, quenelles de brochet...

Carte 35/50 €

Hors plan *Hôtel Le Parc, 169 rte d'Ottrott, à l'Ouest par D426 – 03 88 95 50 08 – www.hotel-du-parc.com – Fermé 23 juin-10 juil., 22 déc.-10 janv., dim., lundi et le soir*

À l'Agneau d'Or

CUISINE ALSACIENNE • WINSTUB X Près des remparts, une maison typiquement alsacienne, tant d'apparence que de philosophie. Le décor est éminemment chaleureux, avec du mobilier en bois, des plafonds traditionnels et des chaises typiques de l'artisanat local ; quant à l'assiette, elle cultive le goût des bonnes recettes régionales.

Formule 10 € – Menu 29/39 € – Carte 28/52 €

Plan : A2-h *99 r. du Gén.-Gouraud – 03 88 95 28 22 – Fermé sam. midi, dim. soir et lundi*

Le Parc

SPA ET BIEN-ÊTRE • ÉLÉGANT Dans cette grande demeure à pans de bois, les chambres et suites adoptent un style régional ou contemporain. Superbe piscine intérieure dans le spa ; toutes sortes de massages sont proposés, dont l'Alsacien aux essences des Vosges !

55 chambres – 139/240 € 139/240 € – 7 suites – 24 €

Hors plan *169 rte d'Ottrott, à l'Ouest par D426 – 03 88 95 50 08 – www.hotel-du-parc.com – Fermé 23 juin-9 juil. et 22 déc.-10 janv.*

Le Restaurant • **La Stub** – voir les restaurants ci-dessus

À la Cour d'Alsace

TRADITIONNEL • PERSONNALISÉ On pénètre d'abord dans la cour intérieure, non loin du centre historique de la ville. Là, dans cette ancienne propriété des barons de Gail, confort et douceur de vivre sont au rendez-vous. Idéal pour une étape gastronomique ou culturelle. Agréable espace bien-être.

49 chambres – 136/284 € 136/284 € – 4 suites – 20 €

Plan : A2-a *3 r. de Gail – 03 88 95 07 00 – www.cour-alsace.com – Fermé 24 déc.-26 janv.*

Le Jardin des Remparts • **Le Caveau de Gail** – voir les restaurants ci-dessus

Le Colombier

URBAIN • CONTEMPORAIN Au cœur de la vieille ville, cette bâtisse régionale propose des chambres confortables et sobrement décorées, dont celles du 4e étage offrent une jolie vue sur les toits. Également une annexe, Pavillon 7, juste en face.

47 chambres – 89/185 € 89/185 € – 6 suites – 13 €

Plan : B2-n *6 r. Dietrich – 03 88 47 63 33 – www.hotel-colombier.com*

à Ottrott 4 km à l'Ouest par D426 – ✉ 67530 – 1 559 hab. – Alt. 268 m

À l'Ami Fritz

CUISINE ALSACIENNE • ÉLÉGANT XxX M. Fritz, c'est le chef-patron, mais l'enseigne fait aussi référence au roman d'Erckmann et Chatrian (1854), dont le héros sacrifie tout à la bonne chère. Un sacré patronage pour une cuisine très savoureuse, dans un décor qui porte également haut le charme de la région !

Formule 25 € – Menu 33/72 €
– Carte 40/67 €

Hôtel À l'Ami Fritz, Ottrott-le-Haut – ☎ 03 88 95 80 81
– www.amifritz.com – Fermé 2 semaines en janv. et merc.

Hostellerie des Châteaux

CUISINE CLASSIQUE • ÉLÉGANT XxX Un cadre feutré et intime, pour une cuisine classique avec quelques touches plus actuelles : escalope de foie poêlée aux pommes caramélisées, cappuccino de champignons de nos sous-bois, dos de cabillaud sur choucroute croquante...

Menu 69 € (dîner)/95 €
– Carte 61/93 €

Hostellerie des Châteaux, 11 r. des Châteaux (Ottrott-le-Haut) – ☎ 03 88 48 14 14
– www.hostellerie-chateaux.fr – Fermé janv.

Le Châtelain

CUISINE MODERNE • CONTEMPORAIN XxX Un restaurant qui ouvre sur les bois... En terrasse ou dans la jolie salle contemporaine, on savoure une cuisine non dénuée de créativité, et réglée sur les saisons. Idéal pour se restaurer au vert !

Formule 39 € – Menu 55/85 €
– Carte 72/89 €

Hôtel Le Clos des Délices, 17 rte de Klingenthal, 1 km au Nord-Ouest par D426
– ☎ 03 88 95 81 00
– www.leclosdesdelices.com – Fermé le midi du lundi au jeudi

Hostellerie des Châteaux

SPA ET BIEN-ÊTRE • ÉLÉGANT Cet imposant hôtel vous invite à un grand moment de détente : spa et soins très complets, superbe piscine intérieure, deux restaurants, formule brunch le dimanche... Dans les chambres, spacieuses, l'esprit contemporain se marie au style alsacien. Le chic même !

55 chambres – †149/299 € ††149/349 € – 11 suites – ☕ 24 €

11 r. des Châteaux (Ottrott-le-Haut) – ☎ 03 88 48 14 14
– www.hostellerie-chateaux.fr – Fermé janv.

Hostellerie des Châteaux – voir les restaurants ci-dessus

Le Clos des Délices

TRADITIONNEL • PERSONNALISÉ Dans un grand parc, on remarque d'abord la jolie façade tapissée de verdure... puis on paresse agréablement dans une chambre raffinée, colorée et bien insonorisée. Espace bien-être.

20 chambres – †109/279 € ††109/279 € – 1 suite – ☕ 21 €

17 rte de Klingenthal, 1 km au Nord-Ouest par D426 – ☎ 03 88 95 81 00
– www.leclosdesdelices.com

Le Châtelain – voir les restaurants ci-dessus

À l'Ami Fritz

TRADITIONNEL • PERSONNALISÉ Une maison régionale avec beaucoup de charme. Le décor des chambres est très soigné, dans une veine contemporaine agréable à vivre ; quatre d'entre elles, spacieuses et design, sont situées dans le pavillon voisin, complété d'un agréable espace bien-être. Un bel ensemble.

24 chambres – †115/155 € ††115/250 € – 2 suites – ☕ 16 €

Ottrott-le-Haut – ☎ 03 88 95 80 81
– www.amifritz.com – Fermé 2 semaines en janv.

À l'Ami Fritz – voir les restaurants ci-dessus

OBERSTEINBACH

⊠ 67510 Bas-Rhin - 233 hab. - Alt. 239 m - Carte régionale n° **1**-B1
Carte Michelin 315-K2

Anthon

CUISINE MODERNE • COSY XXX Georges Flaig représente la quatrième génération aux fourneaux de cette ravissante maison à colombages, datant de 1860. Nulle nostalgie chez lui : sa cuisine est moderne et savoureuse, et met volontiers en avant les producteurs des environs : bœuf de Highland du Windstein, truite de Wingen...

Menu 26/54 € - Carte 45/64 €

13 chambres - 65/110 € 85/159 € - 12 €

40 r. Principale - 03 88 09 55 01
- www.restaurant-anthon.fr - Fermé janv., mardi et merc.

OBJAT

⊠ 19130 Corrèze - 3 574 hab. - Alt. 131 m - Carte régionale n° **13**-B3
Carte Michelin 329-J4 - Guide Vert Michelin Limousin Berry

La Tête de L'Art

CUISINE TRADITIONNELLE • SIMPLE X Afin de marier l'art avec le goût, ce restaurant familial expose des toiles d'artistes locaux. En cuisine, le chef prépare des recettes traditionnelles rehaussées d'une pointe d'originalité. Une enseigne appréciée dans la région.

Formule 15 € - Menu 18 € (déj. en semaine), 22/35 € - Carte environ 37 €

53 av. Jean-Lascaux - 05 55 25 50 42
- www.tete-de-lart.fr - Fermé 2 semaines fin juin-début juil., 1 semaine vacances de la Toussaint, merc. soir sauf juil.-août, dim. soir et lundi

OFFENDORF

⊠ 67850 Bas-Rhin - 2 397 hab. - Alt. 125 m - Carte régionale n° **1**-B1

À la Forêt du Rhin

CUISINE TRADITIONNELLE • RUSTIQUE X Au piano, père et fils jouent une partition à quatre mains, dans laquelle le marché et le terroir sont les thèmes dominants. Pendant ce temps, en salle, l'épouse du premier et mère du second veille à ce que la musique plaise aux gourmands. Une histoire de famille !

Formule 12 € - Menu 29/45 € - Carte 25/50 €

2 r. Principale - 03 88 96 54 04
- www.foret-du-rhin.com - Fermé 2 semaines en sept., mardi soir, merc. soir, lundi

OFFRANVILLE - 76 Seine-Maritime → Voir Dieppe

OGNES - 02 Aisne → Voir Chauny

OINVILLE-SOUS-AUNEAU

⊠ 28700 Eure-et-Loir - 335 hab. - Alt. 150 m - Carte régionale n° **6**-C1
Carte Michelin 311-G5

Moulin de Lonceux

MAISON DE CAMPAGNE • PERSONNALISÉ En pleine campagne, on vient se ressourcer dans la quiétude de cet ancien moulin du 18e s, dont les chambres cultivent un esprit authentique. Au petit-déjeuner, ne passez pas à côté des gâteaux dont la farine est fabriquée sur place. Charmant !

5 chambres - 80/130 € 80/130 €

Hameau de Lonceux - 06 70 00 60 45
- www.moulin-de-lonceux.com

OIZON

✉ 18700 Cher - 696 hab. - Alt. 230 m - Carte régionale n° **6**-C2
Carte Michelin 323-L2

Les Rives de l'Oizenotte

CUISINE TRADITIONNELLE • CONVIVIAL XX Sur la terrasse avec vue sur l'étang, ou dans la salle joliment décorée sur le thème de la pêche, on déguste une bonne cuisine traditionnelle, qui met en valeur les produits de la région. De quoi laisser sa gourmandise partir à la dérive...

Menu 33/45 €

à l'étang de Nohant, 1 km à l'Est
- ✆ 02 48 58 06 20 - www.lesrivesdeloizenotte.fr
- Fermé 25 juin-4 juil., 28 août-5 sept., 17 déc.-19 janv., dim. soir, lundi et mardi

OLÉRON (ÎLE D') - 17 Charente-Maritime ➔ Voir Île d'Oléron

OLETTA - 2B Haute-Corse ➔ Voir Corse

OLIVET - 45 Loiret ➔ Voir Orléans

OLLIOULES

✉ 83190 Var - 13 267 hab. - Alt. 52 m - Carte régionale n° **21**-B3
Carte Michelin 340-K7 - Guide Vert Michelin Côte d'Azur

L'Atelier du Vigneron

CUISINE CLASSIQUE • ROMANTIQUE XXX Cet Atelier-là est à l'image de son sympathique patron : original et exubérant. Meubles de famille, tableaux anciens, touches rococo... Ce décor foisonnant sert d'écrin à une cuisine de tradition de très bonne facture. Essayez notamment le tournedos Rossini, l'une des spécialités de la maison.

Formule 28 € - Menu 30/45 € - Carte 57/67 €

348 av. de la Résistance
- ✆ 04 94 62 42 34 - www.atelier-du-vigneron.fr - Fermé 18 fév.-10 mars, merc. midi, dim. soir et lundi

La Promesse

CUISINE MODERNE • CONVIVIAL XX Ce restaurant cosy et chaleureux est une halte, la promesse d'un instant suspendu au milieu des vignes. Valérie Costa réalise là une cuisine savoureuse et élégante, avec un incontournable : le homard, crème de crustacés et émulsion coco-yuzu. Très jolie cave, qui ne compte pas moins de 400 références.

Menu 45/79 € - Carte 71/81 €

724 chemin de la Tourelle (domaine de Terrebrune) - ✆ 04 94 98 79 39
- www.restaurant-lapromesse.fr - Ouvert de mars à nov. et fermé dim. soir et lundi

OLMETO PLAGE - 2A Corse-du-Sud ➔ Voir Corse, Olmeto

OLORON-STE-MARIE

✉ 64400 Pyrénées-Atlantiques - 10 824 hab. - Alt. 224 m - Carte régionale n° **2**-B3
Carte Michelin 342-I5 - Guide Vert Michelin Aquitaine

Alysson

BUSINESS • FONCTIONNEL En bordure d'un axe passant, ce hôtel récent abrite des chambres spacieuses et fonctionnelles (certaines avec baignoire balnéo), rénovées de pied en cap ces dernières années. Le restaurant s'ouvre sur le jardin. Idéal pour la clientèle d'affaires.

47 chambres - †85/120 € ††85/150 € - 1 suite - ☕ 12 €

24 bd des Pyrénées - ✆ 05 59 39 70 70 - www.alysson-hotel.fr

OMIÉCOURT

✉ 80320 Somme - 240 hab. - Alt. 85 m - Carte régionale n° **19**-B2
Carte Michelin 301-K9

Château d'Omiécourt

DEMEURE HISTORIQUE • PERSONNALISÉ Dans ce château de famille, entouré d'un parc de 16 ha, on est accueilli par la 5e génération ! Il fait bon se reposer dans les chambres ("1900", "Louis XVI", etc.) au beau mobilier chiné. À noter, le bel espace bien-être (sauna, hammam, jacuzzi...), parfait pour un week-end détente.

5 chambres ☕ - 🚹95/135 € 🚹🚹148/220 €

4 r. du Bosquet - ✆ 06 59 35 50 53
- www.chateau-omiecourt.com

OMONVILLE-LA-PETITE

✉ 50440 Manche - 147 hab. - Alt. 33 m - Carte régionale n° **17**-A1
Carte Michelin 303-A1 - Guide Vert Michelin Normandie Cotentin

La Fossardière

FAMILIAL • TRADITIONNEL Dans un paisible hameau, en retrait du village où repose Jacques Prévert, un hôtel qui ne ressemble pas à un hôtel... Les chambres sont réparties dans des petites maisons de pays, toutes plus mignonnes les unes que les autres. Reposant !

8 chambres - 🚹70/92 € 🚹🚹70/92 € - ☕11 €

au hameau de la Fosse - ✆ 02 33 52 19 83
- www.lafossardiere.fr - Ouvert 15 mars-15 oct.

ONET-LE-CHÂTEAU - 12 Aveyron ➜ Voir Rodez

ONZAIN

✉ 41150 Loir-et-Cher - 3 478 hab. - Alt. 69 m - Carte régionale n° **6**-A1
Carte Michelin 318-E6

✿✿ Domaine des Hauts de Loire

CUISINE CLASSIQUE • ÉLÉGANT XXXX Dans cet élégant pavillon de chasse du 19e s., du gibier bien sûr (automne-hiver), mais aussi des poissons de la Loire, de beaux légumes et fruits de saison... D'excellents produits et une exécution très fine, avec comme but ultime : le goût.

➜ Anguille poêlée, mie de pain dorée aux graines de céleri. Bœuf poché au vin de Montlouis, légumes et copeaux de truffe. Framboises au cassis, sorbet citron et basilic, coulis de framboise.

Formule 49 € 🍷 - Menu 79/165 € - Carte 115/170 €

79 r. Gilbert-Navard, rte de Mesland, 3 km au Nord-Ouest par D1 et voie privée
- ✆ 02 54 20 72 57
- www.domainehautsloire.com - Fermé 16-25 déc., 1er-18 janv., jeudi midi, lundi, mardi et merc.

Domaine des Hauts de Loire

LUXE • PERSONNALISÉ Dans son parc forestier à mi-chemin entre Chenonceaux, Amboise et Blois, ce castel plus que centenaire (1860) exprime l'âme noble de la région. Objets anciens, imprimés chatoyants, beaux volumes, charpente apparente dans certaines chambres : le savoir-vivre à la ligérienne.

20 chambres ☕ - 🚹250/990 € 🚹🚹250/990 € - 11 suites

79 r. Gilbert-Navard, rte de Mesland, 3 km au Nord-Ouest par D1 et voie privée
- ✆ 02 54 20 72 57 - www.domainehautsloire.com - Fermé 16-25 déc. et 1er-18 janv.

✿✿ **Domaine des Hauts de Loire** - voir les restaurants ci-dessus

ORADOUR-SUR-GLANE

✉ 87520 Haute-Vienne – 2 464 hab. – Alt. 275 m – Carte régionale n° **13**-B2
Carte Michelin 325-D5 – Guide Vert Michelin Limousin Berry

Le Milord

CUISINE TRADITIONNELLE • BRASSERIE X Ici règne une atmosphère résolument familiale (le fils de la maison a repris l'affaire). On propose des plats régionaux mijotés. Agréable.

Formule 13 € – Menu 16 € (déj.), 21/29 € – Carte 22/44 €

10 av. du 10-Juin – ✆ 05 55 03 10 35
– www.restaurantlemilordtraiteur.fr
– Fermé 23 déc.-7 janv., 10-15 fév. et le soir

ORANGE

✉ 84100 Vaucluse – 29 482 hab. – Alt. 97 m – Carte régionale n° **22**-E1
Carte Michelin 332-B9 – Guide Vert Michelin Provence

Au Petit Patio

CUISINE PROVENÇALE • TRADITIONNEL XX À la lisière de la vieille ville, une allée discrète mène à ce petit patio préservé du bruit et du passage. Quelques tables y prennent leurs aises aux beaux jours, mais vous pouvez préférer la salle, élégante et confortable. Le chef aime travailler les produits de Provence et le poisson : jolie palette !

Formule 19 € 🍷 – Menu 29/40 € – Carte 41/56 €

Plan : A2-b *58 cours Aristide-Briand*
– ✆ 04 90 29 69 27
– Fermé 20 août-2 sept., 17 déc.-9 janv., merc. soir, jeudi soir et dim.

Le Parvis

CUISINE PROVENÇALE • FAMILIAL XX Fidèle à sa Provence natale, Jean-Michel Berengier concocte, avec les produits de la région, une cuisine du terroir fine et goûteuse. Résultat ? Des saveurs et de l'émotion dans chaque assiette, que ce soit avec le menu autour de la truffe en saison ou les produits tripiers à l'automne... Et tout est fait maison !

Formule 18 € – Menu 21 € (déj. en semaine), 31/52 € – Carte environ 48 €

Plan : B2-e *55 cours Pourtoules – ✆ 04 90 34 82 00*
– www.restaurant-leparvis-orange.com – Fermé 3-11 sept.,12 nov.-4 déc., 21 janv.-4 fév., dim. et lundi

Arène Külm

HISTORIQUE • CLASSIQUE L'hôtel de référence à Orange, agréablement situé sur une place piétonne au cœur de la cité (le bâtiment date du 19e s.). Il offre un bon rapport qualité-prix compte tenu de ses prestations : chambres spacieuses et bien équipées, deux jacuzzis, piscine, etc.

39 chambres – 🚹100/190 € 🚹🚹120/270 € – ☕ 14 €

Plan : A1-a *pl. Langes – ✆ 04 90 11 40 40*
– www.hotel-arene.fr

Lou Cigaloun

FAMILIAL • COSY À deux pas du théâtre antique, cet établissement familial a bénéficié en 2013 d'une véritable cure de jouvence, optant pour un décor à la fois sobre et chaleureux. Aux beaux jours, on prend son petit-déjeuner côté patio. Une agréable étape.

24 chambres – 🚹52/82 € 🚹🚹68/129 € – 3 suites – ☕ 10 €

Plan : B1-x *4 r. Caristie – ✆ 04 90 34 10 07*
– www.hotel-loucigaloun.com

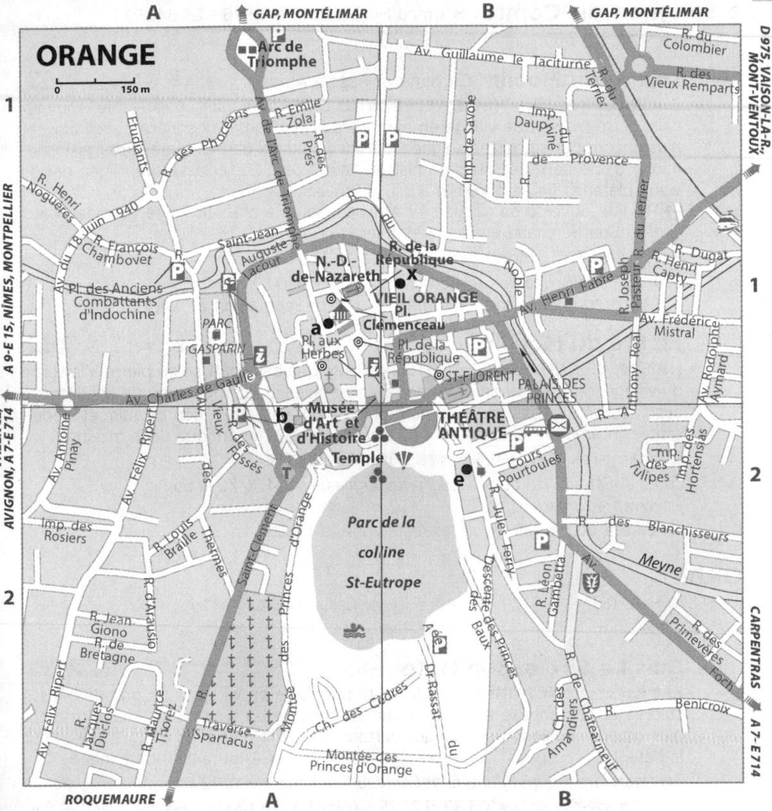

ORANGE

A GAP, MONTÉLIMAR B GAP, MONTÉLIMAR

0 150 m

Arc de Triomphe
Av. Guillaume le Taciturne
R. du Colombier
R. des Vieux Remparts
R. du Terrier
R. Emile Zola
R. des Prés
R. des Phocéens
Etudiants
Av. de l'Arc de Triomphe
Imp. de Savoie
Imp. du Dauphiné
R. de Provence
R. Henri Noguères
Av. du 18 Juin 1940
R. François Chambovet
Saint-Jean
R. Auguste Lacour
R. de la République
R. du Noble
R. Dugat
R. Henri Capty
Av. Henri Fabre
R. Joseph Pasteur
R. du Terrier
N.-D.-de-Nazareth
VIEIL ORANGE
Pl. Clemenceau
Pl. des Anciens Combattants d'Indochine
PARC GASPARIN
Pl. aux Herbes
Pl. de la République
ST-FLORENT
PALAIS DES PRINCES
Av. Frédéric Mistral
Anthony Real
Av. Rodolphe Aymard
Av. Charles de Gaulle
Av. Antoine Pinay
Av. Félix Ripert
R. des Vieux Fossés
Musée d'Art et d'Histoire
THÉÂTRE ANTIQUE
Temple
Cours Pourtoules
Imp. des Tulipes
Imp. des Hortensias
Imp. des Rosiers
R. Louis Braille
R. des Thermes
Saint-Clément
R. des Princes d'Orange
Parc de la colline St-Eutrope
R. Jules Ferry
R. des Blanchisseurs
Av. de la Meyne
R. Léon Gambetta
Descente des Princes des Baux
R. d'Arausio
R. Jean Giono
R. de Bretagne
R. Félix Ripert
R. Jacques Duclos
R. Maurice Thorez
Traverse Spartacus
Montée des Princes d'Orange
Ch. des Cèdres
R. du Dr Rassat
Allée
R. de Châteauneuf
Ch. des Amandiers
R. Benicroix
R. des Primevères
Av. Foch
D 975, VAISON-LA-R., MONT-VENTOUX
A 9-E 15, NÎMES, MONTPELLIER
VALENCE, AVIGNON, A 7-E 714
CARPENTRAS A 7-E 714
ROQUEMAURE A B

au Nord 4 km au Nord par N7 et rte secondaire – ✉ 84100 Orange :

Le Mas des Aigras - Table du Verger

CUISINE PROVENÇALE • CONTEMPORAIN XX Un charmant mas en pierre, installé tranquillement au milieu des vignes et des champs. Le chef y prépare une goûteuse cuisine de saison, simple et bonne, avec des produits bien choisis. S'il fait beau, direction l'agréable terrasse. Pour l'étape, quelques chambres décorées dans un esprit contemporain.

Menu 22 € (déj. en semaine), 31/39 € - Carte 46/70 €

9 chambres – 🚹85/120 € 🚹🚹85/160 € – ☕15 €

Hors plan *chemin des Aigras (Russamp Est) – ✆ 04 90 34 81 01 – www.masdesaigras.com – Fermé vacances de fév., de la Toussaint et de Noël, lundi midi, merc. midi et sam. midi de juil. à sept., lundi soir, mardi et merc. d'oct. à déc. et mardi de mai à juin*

La sélection de ce guide s'enrichit avec vous : vos découvertes et vos commentaires nous intéressent ! Coup de coeur ou coup de colère, écrivez-nous sur notre site Michelin Restaurants : restaurant.michelin.fr

à Sérignan-du-Comtat 8 km au Nord par N7 et D976 – ✉ 84830 – 2 474 hab. – Alt. 80 m

✿ Le Pré du Moulin (Caroline et Pascal Alonso)

CUISINE TRADITIONNELLE • ÉLÉGANT XX D'abord moulin, puis école communale, cette maison de village en pierre séduit par son atmosphère bucolique... et plus encore par sa cuisine soignée, déclinée en deux parties : une carte gastronomique d'une part, des plats de bistrot d'autre part. La terrasse ombragée par de vieux platanes fleure bon, elle aussi, la Provence !

➜ Raviole ouverte de gambas et artichaut sauté à cru. Mitonnée de pigeon aux truffes. Soufflé chaud au Grand Marnier.

Formule 33 € – Menu 38/85 € – Carte 50/140 €

cours J.-Esteve, rte de Ste-Cécile-les-Vignes – ✆ 04 90 70 14 55 – www.predumoulin.com – Fermé dim. soir de sept. à juin et lundi

Le Pré du Moulin

MAISON DE CAMPAGNE • CONTEMPORAIN Une belle bâtisse en pierre à la sortie du village, dans un jardin paysager avec piscine. Les chambres jouent le contraste avec leur style design et contemporain. Un ensemble confortable et séduisant – notamment pour profiter du savoir-faire gastronomique de la maison...

12 chambres – †85/199 € ††85/199 € – ☕ 20 €

cours J.-Esteve, rte de Ste-Cécile-les-Vignes – ✆ 04 90 70 14 55 – www.predumoulin.com

✿ **Le Pré du Moulin** – voir les restaurants ci-dessus

ORBEY

✉ 68370 Haut-Rhin – 3 647 hab. – Alt. 550 m – Carte régionale n° **1**-A2
Carte Michelin 315-G8

Bois Le Sire et son Motel

FAMILIAL • FONCTIONNEL Sur la route principale du village, une grande bâtisse colorée et son annexe aux airs de motel. Dans cette dernière, les chambres sont plus grandes et plus calmes, mais partout elles sont pratiques et agréables. Pour la détente, un espace forme (piscine, hammam...). Restaurant traditionnel.

36 chambres – †69/108 € ††69/108 € – 1 suite – ☕ 12 €

20 r. Ch.-de-Gaulle – ✆ 03 89 71 25 25 – www.bois-le-sire.fr – Fermé 7 janv.-8 fév.

ORCIÈRES

✉ 05170 Hautes-Alpes – 701 hab. – Alt. 1 446 m – Carte régionale n° **21**-C1
Carte Michelin 334-F4 – Guide Vert Michelin Alpes du Sud

à Merlette 5 km au Nord par D76 – ✉ 05170 Orcieres

Les Gardettes

CUISINE BIO • RUSTIQUE X Dans cet hôtel-restaurant créé par ses parents dans la ferme familiale, le chef porte haut la continuité, en utilisant les bons produits bio du Champsaur : œufs, saumon, agneau... en osmose avec son terroir ! Côté chambres, beaucoup de simplicité ; savoureuses confitures maison au petit-déjeuner.

Menu 27/37 € – Carte 24/48 €

15 chambres – †55/109 € ††55/109 € – ☕ 8 €

station de Merlette – ✆ 04 92 55 71 11 – www.gardettes.com – Ouvert 30 juin-2 sept. et 22 déc.-22 avril

ORCINES – 63 Puy-de-Dôme ➜ Voir Clermont-Ferrand

ORCIVAL

✉ 63210 Puy-de-Dôme – 230 hab. – Alt. 840 m – Carte régionale n° **3**-B2
Carte Michelin 326-E8 – Guide Vert Michelin Auvergne

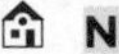

Notre Dame

FAMILIAL • FONCTIONNEL Face à la basilique, vous apprécierez l'ambiance familiale qui règne dans cet établissement, dont les chambres sont simples et parfaitement tenues. Cuisine régionale servie dans un décor de bistrot auvergnat. Une adresse sympathique.

6 chambres - 59/90 € 64/90 € - 10 €

- 04 73 65 82 02 - www.hotelnotredame-orcival.com

ORGEVAL - 78 Yvelines → Voir Autour de Paris

ORGON

13660 Bouches-du-Rhône - 3 109 hab. - Alt. 90 m - Carte régionale n° **22**-E1
Carte Michelin 340-F3 - Guide Vert Michelin Provence

Le Potager du Mas

CUISINE TRADITIONNELLE • MÉDITERRANÉEN XX Le potager, c'est le cœur de cette table ensoleillée : fruits et légumes sont cultivés sur la propriété (en bio), les autres ingrédients provenant de petits producteurs locaux. Agneau des Alpilles en habit d'herbes et pignons, asperge verte de Provence sur velouté à l'huile de truffe et œuf mollet... De belles saveurs !

Formule 30 € - Menu 35 € (déj. en semaine), 68/86 € - Carte 88/94 €

Hôtel Le Mas de la Rose, rte d'Eygalières, 4 km au Sud-Ouest par D24b - 04 90 73 08 90 - www.lepotagerdumas.com - Ouvert 1er avril-13 nov. et fermé dim. soir sauf juil.-août, mardi midi et lundi

Le Mas de la Rose

MAISON DE CAMPAGNE • PERSONNALISÉ Dans un site bucolique, d'anciennes bergeries (17e s.) joliment réaménagées en adresse de charme. Les chambres, décorées avec soin, ont l'accent de la Provence... Superbe jardin paysager avec piscine.

11 chambres - 190/450 € 190/450 € - 3 suites - 28 €

rte d'Eygalières, 4 km au Sud-Ouest par D24b - 04 90 73 08 91 - www.mas-rose.com - Ouvert 1er avril-3 nov.

Le Potager du Mas - voir les restaurants ci-dessus

ORLÉANS

45000 Loiret - 114 977 hab. - Agglo. 273 118 hab. - Alt. 100 m - Carte régionale n° **6**-C2
Carte Michelin 318-I4 - Guide Vert Michelin Châteaux de la Loire

Le Lièvre Gourmand (Tristan Robreau)

CUISINE MODERNE • ÉLÉGANT XXX Des fournisseurs choisis avec soin, des jeux de saveurs et de textures qui interpellent, un concept original - pour le plat principal, un même produit est décliné en deux propositions -, etc. Cette maison du 19e s., en bord de Loire, vit avec son époque et se révèle d'autant plus délicieuse...

→ Crabe en mue frit et casquinha. Risotto de pâtes au haddock, oursin, rouille et céleri. Soufflé banane-passion.

Menu 39 € (déj.), 49/74 €

Plan : E3-q *28 quai du Châtelet - 02 38 53 66 14 - www.lelievregourmand.com - Fermé 7-22 mai, 3-18 sept., 8-24 janv., lundi midi, merc. midi et mardi*

La Dariole

CUISINE MODERNE • TENDANCE X Une véritable bonbonnière que cette maison à colombages (15e s.) près de la cathédrale : tissus, fleurs, poutres, pierres apparentes... Le décor se prête à un bon repas et, de fait, le chef fait mouche à chaque plat : soin, tradition, pointe d'originalité. Une bonne adresse.

Formule 23 € - Menu 28 €

Plan : E2-v *25 r. Étienne-Dolet - 02 38 77 26 67 - Fermé 10-31 août, sam., dim. et le soir sauf mardi et vend.*

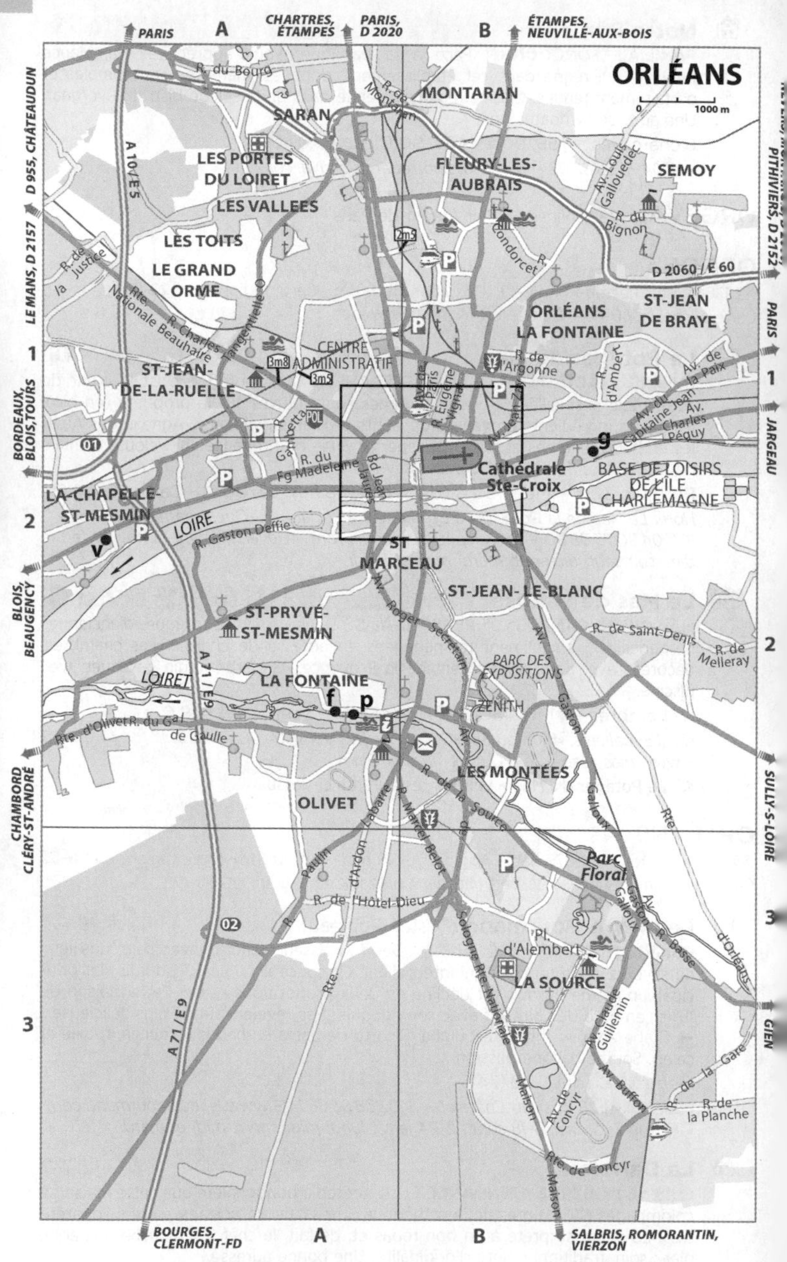
ORLÉANS
0
1000 m
PARIS
CHARTRES, ÉTAMPES
PARIS, D 2020
ÉTAMPES, NEUVILLE-AUX-BOIS
PITHIVIERS, D 2152
PARIS
JARGEAU
SULLY-S-LOIRE
GIEN
SALBRIS, ROMORANTIN, VIERZON
BOURGES, CLERMONT-FD
CHAMBORD CLÉRY-ST-ANDRÉ
BLOIS, BEAUGENCY
BORDEAUX, BLOIS,TOURS
LE MANS, D 2157
D 955, CHÂTEAUDUN
A
B
1
2
3
SARAN
MONTARAN
LES PORTES DU LOIRET
LES VALLEES
LES TOITS
LE GRAND ORME
FLEURY-LES-AUBRAIS
SEMOY
ORLÉANS LA FONTAINE
ST-JEAN DE BRAYE
ST-JEAN-DE-LA-RUELLE
CENTRE ADMINISTRATIF
LA-CHAPELLE-ST-MESMIN
Cathédrale Ste-Croix
BASE DE LOISIRS DE L'ÎLE CHARLEMAGNE
ST MARCEAU
ST-JEAN-LE-BLANC
ST-PRYVÉ-ST-MESMIN
LA FONTAINE
PARC DES EXPOSITIONS
ZENITH
LES MONTÉES
OLIVET
Parc Floral
LA SOURCE
LOIRE
LOIRET
R. du Bourg
R. de Montaran
Av. Louis Gallouedec
R. du Bignon
Condorcet
D 2060 / E 60
R. de Justice
Rte. Nationale
R. Charles Beauhaire
Tangentielle
A 10 / E 5
R. de l'Argonne
R. d'Amberl
Av. de la Paix
Av. du Capitaine Jean
Av. Charles Péguy
Av. de Paris
R. Eugène Vignat
Av. Jean Zay
R. Gambetta
R. du Fg Madeleine
Bd Jean Jaurès
R. Gaston Deffie
Av. Roger Secrétain
R. de Saint-Denis
R. de Melleray
Av. Gaston Galloux
A 71 / E 9
Rte. d'Olivet
R. du Gal de Gaulle
R. de la Source
R. Labarre
R. Marcel Belot
R. Paulin
R. d'Ardon
R. de l'Hôtel Dieu
Sologne
Rte. Nationale
Pl. d'Alembert
Av. Claude Guillemin
Av. Buffon
Av. de Concyr
Rte. de Concyr
Maison
R. de la Gare
R. de la Planche
R. Basse d'Orléans
Rte.
2m5
3m8
3m5
01
02
v
f
p
g

L'Hibiscus

CUISINE MODERNE • SIMPLE X La rue est piétonne et animée, la façade est discrète. Poussez la porte : produits frais, recettes originales, cuisine moderne, le tout emmené par un jeune chef et une patronne débordant de vitalité. On se régale d'un tourteau sur mousse d'avocat ou d'un grondin sur lit de fenouil émincé, à des prix très raisonnables.

Formule 26 € - Menu 31/56 €

Plan : E2-h *175 r. de Bourgogne*
- ✆ 02 38 72 74 11 - www.hibiscus-restaurant.com - Fermé 1 semaine en juin, lundi et mardi

La Parenthèse

CUISINE TRADITIONNELLE • CONVIVIAL X Avec sa façade à colombages rouges, cette bâtisse de 1597 fait de l'œil aux gourmands ! Assiettes copieuses, produits frais, jus et sauces bien cuisinés... Les saveurs sont au rendez-vous de cette jolie Parenthèse, portée par l'enthousiasme d'une jeune équipe.

Formule 16 € - Menu 31/40 €

Plan : D3-a *26 pl. du Châtelet*
- ✆ 02 38 62 07 50 - www.restaurant-la-parenthese.com - Fermé 31 juil.-21 août, dim. et lundi

Eugène

CUISINE MODERNE • COSY XX Désormais, dans le Loiret, les cigales se font entendre ! Ici, les plus beaux produits de saison servent une cuisine aux saveurs méridionales : le chef, Alain Gérard, puise son inspiration dans le Sud, d'où est originaire son épouse. Au final : des plats soignés, goûteux et fins. Le cadre est cosy (mobilier chic, tons pastel...).

Formule 16 € - Menu 22 € (déj. en semaine), 28/53 € - Carte 40/65 €

Plan : D2-u *24 r. Ste-Anne*
- ✆ 02 38 53 82 64 - www.restauranteugene.fr - Fermé 31 juil.-18 août, 24 déc.-5 janv., sam. et dim.

Brasserie Éric Lecerf

CUISINE TRADITIONNELLE • BRASSERIE X Nouvelle vie pour Éric Lecerf, après trente années passées dans la galaxie Joël Robuchon à Paris. Une forme de retour aux sources pour ce natif du Loiret, dont la belle expérience s'épanouit dans cette élégante brasserie contemporaine. Sa spécialité résume l'ensemble de la carte : le pâté en croûte de veau et foie gras.

Formule 20 € - Menu 25 € (déj.)/35 € - Carte 32/54 €

Plan : E3-e *12 r. des Halles*
- ✆ 02 38 54 20 00 - www.brasserie-eric-lecerf.fr - Fermé dim.

De Sel et d'Ardoise

CUISINE MODERNE • BISTRO X Un petit bistrot contemporain, tenu par un jeune couple du métier. Lui, le Normand, est le sel ; elle, l'Ardennaise, est l'ardoise ! Pour vingt couverts au coude-à-coude, ils déclinent une séduisante cuisine de saison, qui doit beaucoup aux légumes bio que leur fournissent les maraîchers des environs. Menu à petit prix à midi.

Formule 17 € - Menu 20 € (déj.) - Carte 34/50 €

Plan : D1-a *44 r. du Faubourg-Bannier*
- ✆ 02 34 50 23 40 - Fermé 1 semaine en juin, 15 août-5 sept., merc. soir, dim. et lundi

Hikari

CUISINE JAPONAISE • ÉPURÉ X Avec Hikari ("lumière" en japonais), la cuisine du pays du Soleil-Levant brille à Orléans ! Les mets, de qualité, sont cuisinés dans les règles de l'art nippon : subtilité, saveurs au diapason... Une adresse où l'on prend le temps de la dégustation.

Menu 36/56 €

Plan : E3-b *28 r. Poterne*
- ✆ 02 38 62 28 00 - Fermé dim., lundi et le midi

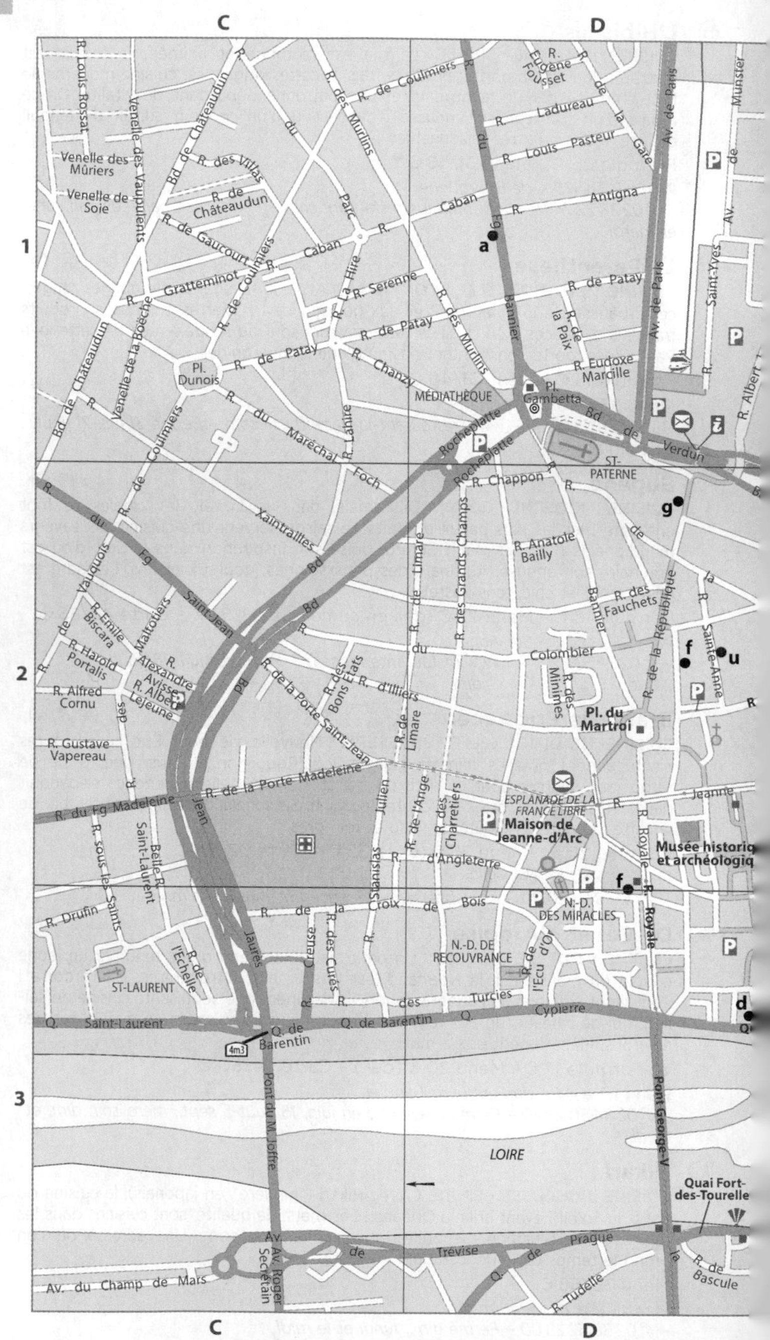
C
D
1
2
3
R. Louis Rossat
Venelle des Mûriers
Venelle de Soie
Venelle des Vaupulents
Bd de Châteaudun
R. des Villas
R. de Châteaudun
R. de Gaucourt
R. de Coulmiers
R. Gratteminot
Venelle de la Boëche
Pl. Dunois
R. du Maréchal Foch
R. des Murlins
R. du Parc
R. Caban
R. La Hire
R. Serenne
R. de Patay
R. Chanzy
R. Lahire
MÉDIATHÈQUE
R. du Fg Bannier
R. Eugène Fousset
R. Ladureau
R. Louis Pasteur
R. Antigna
R. de la Gare
Av. de Paris
R. de la Paix
R. Eudoxe Marcille
Pl. Gambetta
Bd de Verdun
Av. de Munster
Av. Saint-Yves
R. Albert
Bd Rocheplatte
ST-PATERNE
R. Chappon
R. du Fg Saint-Jean
R. de Vauquois
R. de Coulmiers
R. Xaintrailles
R. Emile Biscara
R. Harold Portalis
R. Alfred Cornu
R. Gustave Vapereau
R. Alexandre Avisse
R. Albert Lejeune
R. des Maltotiers
R. de la Porte Saint-Jean
R. des Bons États
R. d'Illiers
R. du Colombier
R. de Limare
R. des Grands Champs
R. Anatole Bailly
R. des Fauchets
R. Bannier
R. de la République
R. Sainte-Anne
R. des Minimes
Pl. du Martroi
R. du Fg Madeleine
R. de la Porte Madeleine
Bd Jean Jaurès
R. Stanislas Julien
R. de l'Ange
R. des Charretiers
ESPLANADE DE LA FRANCE LIBRE
Maison de Jeanne-d'Arc
R. Jeanne
R. Royale
Musée historiq
et archéologiq
R. d'Angleterre
R. sous les Saints
R. Saint-Laurent
R. Belle
R. Drufin
R. de la Croix de Bois
R. Creuse
R. des Curés
N.-D. DES MIRACLES
N.-D. DE RECOUVRANCE
R. de l'Écu d'Or
R. de l'Échelle
ST-LAURENT
R. des Turcies
Q. Saint-Laurent
Q. de Barentin
Q. Cypierre
4m3
Pont du M. Joffre
Pont George-V
LOIRE
Quai Fort-des-Tourelle
Av. Roger Secrétain
Av. de Trévise
Q. de Prague
R. de la Bascule
Av. du Champ de Mars
R. Tudelle
a
g
f
u
d

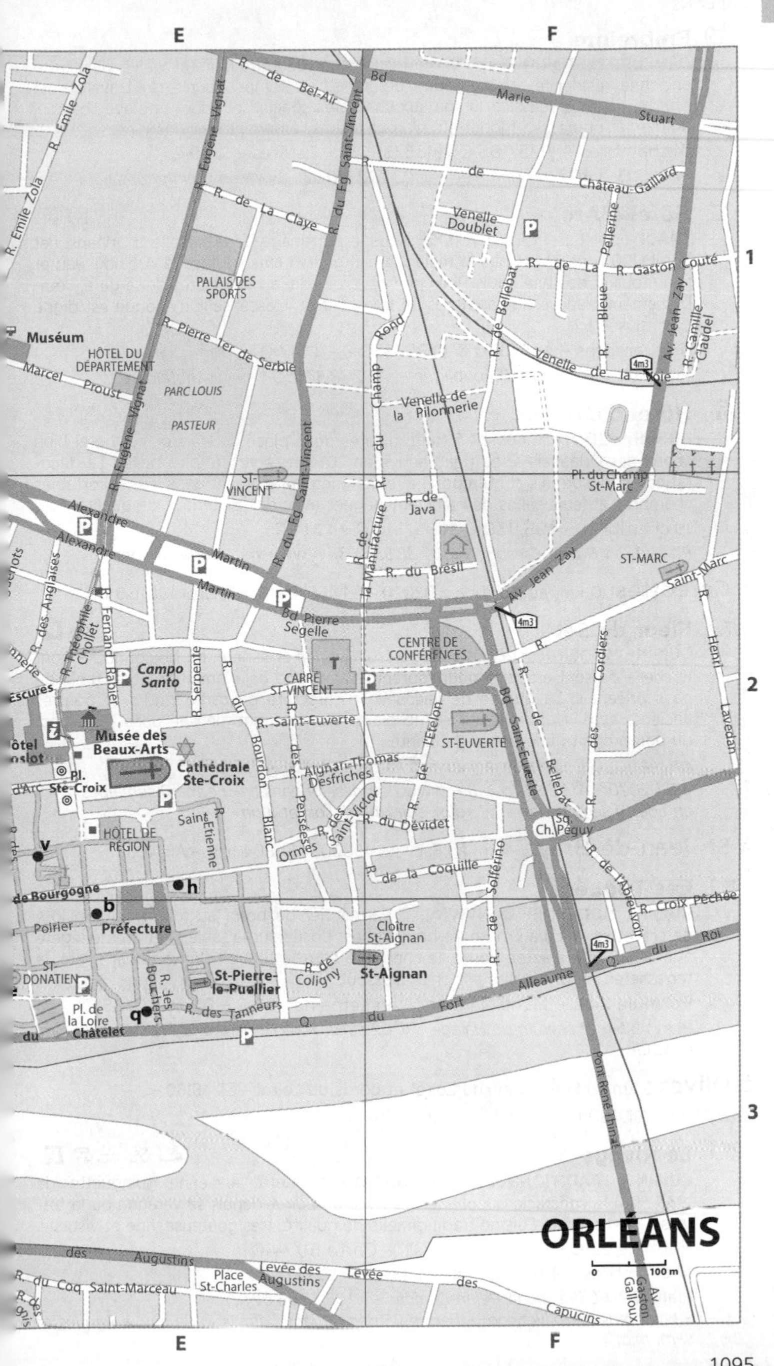
E
F
1
2
3
ORLÉANS
0
100 m
Bd Marie Stuart
R. de Bel-Air
R. Eugène Vignat
R. du Fg Saint-Vincent
R. Émile Zola
R. de La Claye
R. de Château-Gaillard
Venelle Doublet
R. de La
R. Gaston Couté
R. Pellerine
R. Bleue
R. de Bellebat
Av. Jean Zay
R. Camille Claudel
Venelle de la Voie
4m3
PALAIS DES SPORTS
R. Pierre 1er de Serbie
Muséum
HÔTEL DU DÉPARTEMENT
Marcel Proust
PARC LOUIS PASTEUR
R. du Champ Rond
Venelle de la Pilonnerie
Pl. du Champ St-Marc
ST-VINCENT
R. de Java
R. de la Manufacture
R. du Brésil
ST-MARC
Saint-Marc
Alexandre Martin
Bd Pierre Segelle
R. des Anglaises
R. Théophile Chollet
R. Fernand Rabier
Campo Santo
R. Serpente
CENTRE DE CONFÉRENCES
CARRÉ ST-VINCENT
R. du Bourdon Blanc
R. Saint-Euverte
R. de l'Etelon
ST-EUVERTE
Bd Saint-Euverte
R. de Bellebat
R. des Cordiers
R. Henri Lavedan
Escures
Hôtel Groslot
Musée des Beaux-Arts
Cathédrale Ste-Croix
Pl. Ste-Croix
R. Aignan-Thomas Desfriches
R. des Pensées
R. des Saint-Victor
R. du Dévidet
Sq. Ch. Péguy
Saint Étienne
HÔTEL DE RÉGION
Ormes
R. de la Coquille
R. de Solférino
R. de l'Abreuvoir
R. Croix Pêchée
de Bourgogne
Poirier
Préfecture
Cloître St-Aignan
St-Aignan
R. de Coligny
ST-DONATIEN
St-Pierre-le-Puellier
R. des Bouchers
R. des Tanneurs
Pl. de la Loire
du Châtelet
Q. du Fort Alleaume
Q. du Roi
Pont René Thinat
des Augustins
R. du Coq Saint-Marceau
Place St-Charles
Levée des Augustins
Levée des Capucins
Av. Gaston Galloux
v
b
h
q

Empreinte

DEMEURE HISTORIQUE • CONTEMPORAIN Lovée entre Loire et vieille ville, cette ancienne résidence aristocratique du 10e s., un temps Bourse du travail, s'est offerte une mue réussie, du spa aux chambres spacieuses (dont une avec balcon, au dernier étage). La modernité n'a pas effacé l'empreinte de l'histoire.

31 chambres – †135/195 € ††135/395 € – 2 suites – ☕ 19 €

Plan : D3-d *80 r. du Châtelet – ✆ 02 38 75 10 52 – www.empreintehotel.com*

Hôtel d'Arc

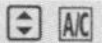

TRADITIONNEL • PERSONNALISÉ Sous le patronage de la pucelle d'Orléans, cet hôtel (1902) ne craint pas le mélange des genres avec sa façade Art nouveau et son mobilier de style Louis-Philippe ! Au cœur de la ville et près de la gare, l'établissement dispose de chambres de bon confort. L'ascenseur d'époque est digne d'un musée !

35 chambres – †95/350 € ††95/350 € – ☕ 17 €

Plan : D2-g *37 r. de la République – ✆ 02 38 53 10 94 – www.hoteldarc.fr*

Hôtel d'Orléans

URBAIN • CONTEMPORAIN Situé tout près de la place du Martroi, cet hôtel bien connu des Orléanais a fait peau neuve en 2014 et repart de plus belle ! La décoration est désormais contemporaine et soignée, notamment dans les confortables chambres et leurs salles de bains aménagées avec des matériaux de qualité.

19 chambres – †95/130 € ††95/130 € – ☕ 14 €

Plan : D2-f *6 r. A.-Crespin – ✆ 02 38 53 35 34 – www.hoteldorleans.com*

à Cercottes 10 km au Nord par D2020 – ✉ 45520 – 1 411 hab. – Alt. 139 m

Fleur de Sel

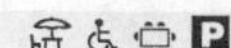

CUISINE MODERNE • CONVIVIAL XX Trois jeunes et sérieux professionnels – dont le chef – se sont associés pour reprendre avec une belle ambition cette table du pays orléanais. La qualité de l'accueil, le caractère du cadre (murs et poutres anciens revus avec fraîcheur) et le plaisir d'une cuisine pensée dans le respect du bon produit : une triade gagnante.

Menu 16 € (semaine), 22 € 🍷/32 € – Carte 40/50 €

68, D2020 – ✆ 02 38 75 41 11 – www.fleurdeselorleans.fr – Fermé 2 semaines en août, 1 semaine en janv., dim. soir, mardi soir et lundi

à St-Jean-de-Braye 4 km à l'Est – ✉ 45800 – 19 804 hab. – Alt. 108 m

Les Toqués

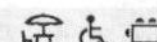

CUISINE MODERNE • CONVIVIAL XX Parmentier de bœuf au foie gras, papillote de crevettes, baba au rhum (la bouteille est posée sur la table...) et crème légère à la vanille, etc. Pas de doute, le chef en a sous la toque ! Bon à savoir : l'été, la terrasse en bord de Loire est prise d'assaut.

Formule 24 € – Menu 24 € (déj. en semaine)/35 € – Carte 40/55 €

Plan : B2-g *71 chemin de Halage – ✆ 02 38 86 50 20 – Fermé 18 août-4 sept., dim. et lundi*

à Olivet 5 km au Sud par av. du Loiret et bords du Loiret – ✉ 45160 – 21 192 hab. – Alt. 100 m

Le Rivage

CUISINE TRADITIONNELLE • ROMANTIQUE XXX Cette ancienne guinguette de 1933 offre le spectacle bucolique des rives du Loiret depuis sa véranda ou la terrasse à fleur d'eau. Cuisine traditionnelle de qualité, très goûteuse, fine et visuelle.

Formule 22 € – Menu 29/89 € 🍷 – Carte 51/74 €

17 chambres – †75/130 € ††75/130 € – ☕ 13 €

Plan : A2-f *635 r. de la Reine-Blanche – ✆ 02 38 66 02 93 – www.lerivage-olivet.com – Fermé 25 déc.-21 janv., dim. soir de nov. à Pâques et sam. midi*

Le Pavillon Bleu

CUISINE MODERNE • ROMANTIQUE XX Esprit guinguette pour cette bâtisse de 1903 des bords du Loiret, où il fait bon s'installer à l'ombre de vieux platanes... Pour l'anecdote, la salle est aménagée dans un ancien hangar à bateaux. Côté assiettes, les techniques sont maîtrisées, les assaisonnements équilibrés : c'est savoureux. Très bon choix de vins.

Formule 29 € - Menu 39 € - Carte 67/91 €

6 chambres - 72/92 € 72/92 € - 13 €

Plan : A2-p *351 r. de la Reine-Blanche - 02 38 66 14 30 - www.lepavillonbleu-restaurant.com - Fermé dim. soir et lundi*

à la Chapelle-St-Mesmin 4 km à l'Ouest-(Plan : AY) - 45380 - 10 117 hab. - Alt. 101 m

Côté Saveurs

CUISINE MODERNE • ÉLÉGANT XX À l'entrée d'Orléans, on déguste une cuisine fine, franche et savoureuse, qui réserve son lot de belles surprises, tel ce carré d'agneau fumé à la bruyère de Sologne, blettes à l'ail et parmesan. Belle carte des vins (400 références).

Formule 23 € - Menu 32/36 € - Carte 47/64 €

Plan : A2-v *55 rte d'Orléans - 02 38 72 29 51 - www.cotesaveurs.com - Fermé 4-15 mars, 5-20 août, 23 déc.-2 janv., dim. et lundi*

ORNANS

25290 Doubs - 4 329 hab. - Alt. 355 m - Carte régionale n° **9**-B2

Carte Michelin 321-G4 - Guide Vert Michelin Franche-Comté Jura

Le Courbet

CUISINE MODERNE • CONVIVIAL XX Au cœur de la "Petite Venise" franc comtoise, ne manquez pas cette ravissante maison surplombant la Loue. Deux salles s'offrent à vous (bistrot ou classique), et l'on peut même s'installer sur la petite terrasse (au rez-de-chaussée) pour déguster une cuisine du marché délicieuse et pleine de fraîcheur !

Formule 16 € - Menu 29/42 € - Carte 42/58 €

34 r. Pierre-Vernier - 03 81 62 10 15 - www.restaurantlecourbet.com - Fermé 15 fév.-9 mars, 24 déc.-16 janv., mardi soir, dim. soir et lundi

La Table de Gustave N

CUISINE RÉGIONALE • BRASSERIE X Une carte courte avec de grands classiques de la région (salade comtoise, croûte aux morilles, fondue au comté) et quelques belles viandes (filet de bœuf, souris d'agneau), le tout dans un décor contemporain agréable : une bonne adresse.

Formule 15 € - Menu 24/32 €

Hôtel La Table de Gustave, 11 r. Jacques-Gervais - 03 81 62 16 79 - www.latabledegustave.fr

La Table de Gustave

URBAIN • CONTEMPORAIN Le nom est un clin d'œil à Gustave... Courbet, bien sûr ! Né à Ornans, le célèbre peintre réaliste aimait sa ville natale, et la peignait à l'occasion ; ce sympathique hôtel-restaurant, confortable et bien pratique, est situé à quelques pas seulement du musée qui lui est consacré.

28 chambres - 62/90 € 62/90 € - 10 €

11 r. Jacques-Gervais - 03 81 62 16 79 - www.latabledegustave.fr

La Table de Gustave - voir les restaurants ci-dessus

à Saules 6 km au Nord-Est par D492 – ✉ 25580 – 226 hab. – Alt. 585 m

La Griotte

CUISINE TRADITIONNELLE • AUBERGE X Un clocher et des champs alentour, une véranda plongeant sur un jardin verdoyant... cette ferme revêt de forts jolis atours ! Tradition, saveurs de saison et spécialités régionales : voilà bien une belle Griotte, tendre et goûteuse. Cerise sur le gâteau : l'accueil souriant et l'addition sans acidité.

Menu 16 € (déj. en semaine), 25/39 € – Carte 32/50 €

3 r. des Cerisiers
– ✆ 03 81 57 17 71 – www.lagriotte.fr
– Fermé de fin janv. à mi-mars, 27 août-12 sept., mardi de sept. à juin, merc. soir, dim. soir et lundi

ORPIERRE

✉ 05700 Hautes-Alpes – 329 hab. – Alt. 682 m – Carte régionale n° **21**-B2
Carte Michelin 334-C7 – Guide Vert Michelin Alpes du Sud

aux Bégües 4,5 km au Sud-Ouest – ✉ 05700

Le Céans

FAMILIAL • FONCTIONNEL Au sein d'un hameau du massif des Baronnies, deux bâtiments principaux et plusieurs pavillons dispersés dans un parc agreste descendant jusqu'à la rivière, le Céans. Les chambres associent esprit campagne et fonctionnalité, et l'on profite d'une imposante piscine (17m). Cuisine traditionnelle au restaurant.

18 chambres – †55/70 € ††65/107 € – ☕ 9 €

rte des Princes-d'Orange
– ✆ 04 92 66 24 22 – www.le-ceans.fr.st
– Ouvert 15 mars-31 oct. et fermé merc. du 15 mars au 15 avril

ORTHEVIELLE

✉ 40300 Landes – 904 hab. – Alt. 20 m – Carte régionale n° **2**-B3
Carte Michelin 335-E13

La Ferme d'Orthe

CUISINE TRADITIONNELLE • CONVIVIAL X Grande cheminée pour griller la côte de bœuf, poutres solides, gros tonneau en guise de table et murs en pierre : le cadre a été rénové, mais ce restaurant de campagne a su garder son âme. À l'unisson de l'atmosphère, les plats servis sont simples et réjouissants : confit maison, parillada, foie gras...

Formule 10 € – Menu 12 € (déj. en semaine)/33 € – Carte 20/30 €

9 r. de la Fontaine
– ✆ 05 58 73 01 03 – www.lafermedorthe.fr
– Fermé 7-23 avril, 25 août-10 sept., 22 déc.-8 janv., mardi soir et merc. soir sauf août, dim. soir et lundi

ORTHEZ

✉ 64300 Pyrénées-Atlantiques – 10 859 hab. – Alt. 55 m – Carte régionale n° **2**-B3
Carte Michelin 342-H4 – Guide Vert Michelin Aquitaine

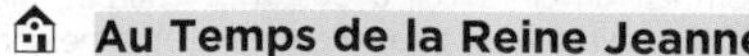

Au Temps de la Reine Jeanne

FAMILIAL • FONCTIONNEL Face à la maison et au musée Jeanne-d'Albret, mère d'Henri IV, des maisons du 14ᵉs. organisées autour d'un joli patio. Préférez les chambres les plus récentes ! Petit espace fitness ; recettes traditionnelles au restaurant, rustique à souhait.

30 chambres – †55/78 € ††55/78 € – ☕ 9 €

44 r. Bourg-Vieux – ✆ 05 59 67 00 76 – www.reinejeanne.com

ORVAULT - 44 Loire-Atlantique → Voir Nantes

OSTHOUSE

✉ 67150 Bas-Rhin - 911 hab. - Alt. 155 m - Carte régionale n° **1**-B2
Carte Michelin 315-J6

À l'Aigle d'Or

CUISINE CLASSIQUE • AUBERGE XxX Accroché à un coin de cette jolie maison de village, un magnifique aigle en fer forgé semble annoncer : "Vous êtes arrivé !" À l'intérieur, on se régale d'une bonne cuisine classique servie dans un cadre alsacien bourgeois et chaleureux. Côté Winstub, plats traditionnels et ambiance plus familiale.

Formule 11 € - Menu 34 € (semaine), 59/90 € - Carte 42/72 €

14 r. de Gerstheim - ✆ 03 88 98 06 82 - www.hotelalaferme.com - Fermé vacances de fév., 3 semaines en août, vacances de Noël, lundi et mardi

À la Ferme

MAISON DE CAMPAGNE • PERSONNALISÉ Calme et sérénité, dans cette ferme du 18e s. et ses séchoirs. Les chambres sont spacieuses et cosy, certaines disposent même d'un balcon ; le beau jardin et la terrasse sont l'endroit parfait pour un petit-déjeuner ensoleillé...

15 chambres - 94/99 € 99/210 € - 17 €

10 r. du Château - ✆ 03 90 29 92 50 - www.hotelalaferme.com

OSTWALD - 67 Bas-Rhin → Voir Strasbourg

OTTROTT - 67 Bas-Rhin → Voir Obernai

OUCHAMPS

✉ 41120 Loir-et-Cher - 756 hab. - Alt. 92 m - Carte régionale n° **6**-A1
Carte Michelin 318-E7

Relais des Landes

TRADITIONNEL • PERSONNALISÉ Dans cette belle gentilhommière du 17e s. entourée d'un grand parc avec plan d'eau, des chambres confortables, et même des duplex avec terrasse privative... On est au calme ! Dîner dans la salle champêtre (cheminée, fresque) ou la véranda donnant sur le jardin.

28 chambres - 82/139 € 82/245 € - 14 €

1,5 km au Nord sur D7 - ✆ 02 54 44 40 40 - www.relaisdeslandes.com - Ouvert 3 mars-11 nov.

OUCHES - 42 Loire → Voir Roanne

OUCQUES

✉ 41290 Loir-et-Cher - 1 513 hab. - Alt. 127 m - Carte régionale n° **6**-B2
Carte Michelin 318-E5

Le Commerce

CUISINE MODERNE • COLORÉ XX Voilà un commerce qui tourne bien ! Le chef concocte des recettes bien ficelées avec de beaux produits, pour un résultat flatteur au palais et doux pour le porte-monnaie... Jolie salle au décor contemporain. Chambres confortables et colorées pour prolonger l'étape.

Formule 20 € - Menu 27/65 € - Carte 65/80 €

12 chambres - 84/88 € 90/98 € - 13 €

9 r. de Beaugency - ✆ 02 54 23 20 41 - www.hotel-commerce-oucques.com - Fermé 1 semaine en mars, 22 déc.-5 janv., dim. soir et lundi

OUESSANT (ÎLE D') - 29 Finistère → Voir Île d'Ouessant

OUISTREHAM

✉ 14150 Calvados - 9 253 hab. - Carte régionale n° **17**-B2
Carte Michelin 303-K4 - Guide Vert Michelin Normandie Cotentin

La Table d'Hôtes

CUISINE MODERNE • ÉLÉGANT XX Ce restaurant est le repaire d'un jeune couple passé par de belles maisons. Joli symbole, Yoann Lavalley a racheté les fourneaux sur lesquels il a fait son apprentissage... Il y conçoit des assiettes délicates et finement travaillées. Poisson du jour, viande locale, fromages normands... Les saveurs éclatent en bouche.

Formule 20 € - Menu 32/47 € - Carte 50/61 €

10 av. du Gén.-Leclerc - ✆ 02 31 97 18 44 - www.latabledhotes-caen.com - Fermé 1 semaine en avril, 2 semaines début juil., dim. soir, mardi soir et merc.

La Mare Ô Poissons

CUISINE MODERNE • CONTEMPORAIN XX Dans cette Mare plutôt design, la mer et les produits du terroir normand sont à l'honneur. Au programme, pas d'esbroufe, mais une cuisine à la page, réalisée par un chef sympathique et travailleur.

Formule 17 € - Menu 27/44 €

- ✆ 02 31 25 32 91 - www.restaurant-mareopoissons.com - Fermé dim. soir et lundi midi

à Riva-Bella - ✉ 14150 Ouistreham

Riva Bella Thalazur

SPA ET BIEN-ÊTRE • FONCTIONNEL En bord de plage, à deux pas du casino, ce complexe hôtelier fait partie d'un grand centre de thalassothérapie. Il affiche un décor résolument contemporain et relaxant, surtout dans les chambres donnant sur la mer. Parfait pour les amateurs de séjour "detox".

86 chambres - †114/244 € ††114/244 € - 3 suites - ☕ 16 €

bd du Cdt-Kieffer - ✆ 02 31 96 40 40 - www.thalazur.fr/hotel-rivabella - Fermé 1 semaine en déc.

LES OURSINIÈRES - 83 Var → Voir Pradet

OUSSON-SUR-LOIRE

✉ 45250 Loiret - 740 hab. - Alt. 158 m - Carte régionale n° **6**-D2
Carte Michelin 318-N6

Le Clos du Vigneron

CUISINE MODERNE • CONVIVIAL XX Tons pastel, nappes claires, tableaux colorés, etc. Il règne une élégance simple et champêtre dans cette maison à colombages. On y apprécie une cuisine de saison et surtout... de fraîcheur, faisant la part belle au poisson.

Formule 23 € - Menu 33/51 € - Carte 36/53 €

18 rte Nationale 7 - ✆ 02 38 31 43 11 - www.hotel-clos-du-vigneron.com - Fermé 18 août-10 sept., 22 déc.-15 janv., dim. soir, lundi midi, mardi soir et merc.

Le Clos du Vigneron

FAMILIAL • FONCTIONNEL Ses propriétaires choient ce Clos très fleuri et parfaitement tenu. Les chambres se répartissent entre un bâtiment au fond du jardin - où elles sont toutes de plain-pied et assez indépendantes - et une maison voisine, d'esprit plus contemporain. Une bonne étape.

11 chambres - †76 € ††76 € - ☕ 11 €

18 rte Nationale 7 - ✆ 02 38 31 43 11 - www.hotel-clos-du-vigneron.com - Fermé 18 août-10 sept. et 22 déc.-15 janv.

Le Clos du Vigneron - voir les restaurants ci-dessus

OUZOUER-SUR-LOIRE

✉ 45570 Loiret - 2 722 hab. - Alt. 140 m - Carte régionale n° **6**-C2
Carte Michelin 318-L5

L'Abricotier

CUISINE TRADITIONNELLE • CLASSIQUE XX Ici, point d'abricotier mais un beau conifère sous lequel on se restaure à la belle saison ! Dans cette auberge familiale, le chef concocte une appétissante cuisine traditionnelle : croustillant de ris de veau, escalope de sandre au sésame, parmentier de canard au porto... Une bonne adresse.

Formule 18 € - Menu 26/45 € - Carte 46/52 €

106 r. Gien - ☎ 02 38 35 07 11 - Fermé 2 semaines en août, merc. soir, dim. soir et lundi

OZENAY - 71 Saône-et-Loire ➜ Voir Tournus

OZOIR-LA-FERRIÈRE - 77 Seine-et-Marne ➜ Voir Autour de Paris

PAILHEROLS

✉ 15800 Cantal - 136 hab. - Alt. 1 000 m - Carte régionale n° **3**-B3
Carte Michelin 330-E5

L'Auberge des Montagnes

CUISINE TRADITIONNELLE • AUBERGE X Dans cette ferme située au cœur de ce village isolé, le chef cuisine exclusivement des produits locaux finement choisis. Le terroir est à l'honneur, revisité avec grand soin ! En hiver, le paysage est féerique et invite à la promenade ; cela tombe bien, car la cuisine est très généreuse. Un véritable concentré de Cantal...

Menu 29 € (semaine), 31/43 € - Carte 29/43 €

Le Bourg - ☎ 04 71 47 57 01 - www.auberge-des-montagnes.com
- Fermé 16-30 mars, 14 oct.-7 déc., 7-12 janv., mardi sauf le soir de déc. à mars, merc. midi de déc. à mars et lundi

Le Clos des Gentianes

TRADITIONNEL • COSY Un environnement superbe, des chambres calmes et agréables, un soin tout particulier apporté à la décoration : une bouffée d'air pur ! En prime, le spa "Fleur de Montagne" est accessible gratuitement pour les clients de l'hôtel (à 300 m).

10 chambres - 🚹90/112 € 🚹🚹90/112 € - ☕ 13 €

Le Bourg - ☎ 04 71 47 57 01 - www.auberge-des-montagnes.com
- Fermé 16-30 mars, 14-26 oct., 4 nov.-8 déc. et 7-12 janv.

L'Auberge des Montagnes

AUBERGE • COSY Ce qui frappe d'abord dans cette charmante adresse perdue en pleine montagne, c'est la gentillesse de l'accueil. On vous reçoit en famille et tout est prévu pour un séjour parfait : de jolies chambres, un spa avec piscine, des jeux...

14 chambres - 🚹66/83 € 🚹🚹66/83 € - ☕ 11 €

Le Bourg - ☎ 04 71 47 57 01 - www.auberge-des-montagnes.com
- Fermé 16-30 mars et 14 oct.-7 déc.

L'Auberge des Montagnes - voir les restaurants ci-dessus

PAIMPOL

✉ 22500 Côtes-d'Armor - 7 199 hab. - Alt. 15 m - Carte régionale n° **5**-C1
Carte Michelin 309-D2 - Guide Vert Michelin Bretagne Nord

La Vieille Tour

CUISINE TRADITIONNELLE • VINTAGE XX Un bel exemple du rustique d'aujourd'hui ! La cuisine joue avec la tradition : cabillaud aux asperges et espuma d'andouille fumée, hamburger de tourteaux... Et pour cause, les propriétaires (monsieur aux fourneaux, madame en salle) animent cette belle adresse depuis plus de 40 ans !

Formule 21 € - Menu 25 € (déj. en semaine), 30/50 € - Carte 42/70 €

13 r. de l'Église - ☎ 02 96 20 83 18 - Fermé 19-25 mars, 20 juin-5 juil., 14 nov.-1er déc., dim. soir et merc. soir sauf juil.-août et lundi

Restaurant de la Marne

CUISINE MODERNE • TENDANCE XX En bordure du centre touristique de Paimpol, on trouve cette auberge en pierre datant du 19e s., tenue par un jeune couple. Lui, en cuisine, élabore des recettes très inventives et pleines d'allant, où la recherche visuelle occupe une place importante ; elle, en salle, assure un service rapide et efficace !

Formule 21 € – Menu 29 € (semaine), 39/85 € – Carte 62/103 €

9 chambres – 55/100 € 55/100 € – 10 €

30 r. de la Marne – 02 96 16 33 41 – www.hoteldelamarne-paimpol.fr – Fermé 25 juin-2 juil., 1er-15 oct., 8-30 janv., sam. midi hors saison, dim. soir et lundi

à Ploubazlanec 3,5 km au Nord par D789 – 22620 – 3 029 hab. – Alt. 60 m

Les Agapanthes

FAMILIAL • COSY Au cœur d'un petit village sur les hauteurs de Paimpol, cette maison régionale (datant de 1768) accueillait autrefois une épicerie-café. On y propose des chambres cosy et bien tenues, dont certaines ont vue sur la mer. Très agréable jardin.

20 chambres – 72/110 € 72/140 € – 10 €

1 r. Adrien-Rebours – 02 96 55 89 06 – www.hotel-les-agapanthes.com – Fermé 15 janv.-10 mars

à la Pointe de l'Arcouest 6 km au Nord – 22620 Ploubazlanec

Le 360°

CUISINE MODERNE • FAMILIAL XX Un restaurant... panoramique, comme son nom le suggère ! Depuis la véranda et la terrasse, la vue sur Bréhat est tout simplement magnifique. Dans un cadre contemporain, on découvre une bonne cuisine de brasserie "marine" – salades, fruits de mer, homard et bar du vivier, Saint-Jacques en saison... et quelques plats actuels.

Formule 13 € – Menu 20/40 € – Carte 37/53 €

Hôtel Les Terrasses de Bréhat, Pointe de l'Arcouest – 02 96 55 77 92 – www.lesterrassesdebrehat.fr – Fermé 22 déc.-15 janv. et le midi hors saison

Les Terrasses de Bréhat

Cet établissement, fondé en 1892, jouxte l'embarcadère et fait face à l'île de Bréhat. Les chambres, confortables et accessibles par des coursives en bois, portent le nom de villes-escales : Gustavia, Le Cap, Bergen, Kayar... La garantie d'une nuit voyageuse !

35 chambres – 60/120 € 90/225 € – 15 €

Pointe de L'Arcouest – 02 96 55 77 92 – www.lesterrassesdebrehat.fr – Fermé 22 déc.-15 janv.

Le 360° – voir les restaurants ci-dessus

PAIMPONT

35380 Ille-et-Vilaine – 1 656 hab. – Alt. 159 m – Carte régionale n° **5**-C2

Carte Michelin 309-I6 – Guide Vert Michelin Bretagne Nord

La Corne de Cerf

MAISON DE CAMPAGNE • PERSONNALISÉ Une longère décorée dans l'esprit d'une maison d'artistes, à deux pas de la forêt de Brocéliande. On apprécie les chambres, lumineuses et printanières, ainsi que le vaste jardin (2500 m²). Au petit-déjeuner, pains, brioches et confitures maison.

3 chambres – 65 € 65 €

Le Cannée, 2 km au Sud par D71 – 02 99 07 84 19 – www.corneducerf.bcld.net – Ouvert 15 mars-15 déc.

LE PALAIS - 56 Morbihan ➔ Voir Belle-Ile-en-Mer

PALAJA - 11 Aude ➔ Voir Carcassonne

PALAVAS-LES-FLOTS

✉ 34250 Hérault - 6 281 hab. - Alt. 1 m - Carte régionale n° **12**-C2
Carte Michelin 339-I7

Le St-Georges

CUISINE MODERNE • CONVIVIAL X Dans son restaurant, situé à deux pas du casino, Paul Courtaux ne joue pas à la roulette avec nos papilles. Il réalise une cuisine pétillante et savoureuse, à l'instar de ce dos de merlu à la plancha, pommes de terre confites, citron, basilic et aïoli. Mention spéciale au baba au rhum servi tiède (miam !) et à l'accueil charmant.

Formule 20 € - Menu 32/65 € - Carte 41/49 €

4 bd du Mar.-Foch (à côté du casino, rive droite) - ✆ 04 67 68 31 38 - www.restaurant-st-georges.fr - Fermé lundi et mardi

L'Escale

CUISINE MODERNE • CONVIVIAL XX L'élégante salle à manger et la véranda offrent une belle perspective sur la plage. Le chef choisit ses produits avec soin, comme en témoigne cette galantine de caille aux trompettes noires ou ce tournedos d'espadon. On travaille ici entre amis, et on accueille de la même façon ! Une escale de choix dans la ville.

Formule 19 € - Menu 23 € (semaine), 35/55 € - Carte 48/91 €

5 bd Sarrail (rive gauche) - ✆ 04 67 68 24 17 - www.restaurant-escale-palavas-les-flots.com - Fermé 2-26 janv., merc. et dim. soir de sept. à juin, merc. midi et jeudi midi en juil.-août

PALEYRAC - 24 Dordogne ➔ Voir Buisson-de-Cadouin

LA PALUD-SUR-VERDON

✉ 04120 Alpes-de-Haute-Provence - 337 hab. - Alt. 930 m - Carte régionale n° **21**-C2
Carte Michelin 334-G10 - Guide Vert Michelin Alpes du Sud

Hôtel des Gorges du Verdon

FAMILIAL • COSY C'est toujours un plaisir de faire une halte dans cet hôtel de charme, à l'écart du vacarme... On s'y repose dans de belles chambres colorées et design (dont quelques beaux duplex familiaux). Beau spa "Cinq Mondes" avec hammam, fitness, salles de massage, sauna et jacuzzi.

27 chambres - †160/350 € ††160/350 € - 3 suites - ☕ 18 €

1 km par rte de la Maline Sud - ✆ 04 92 77 38 26 - www.hotel-des-gorges-du-verdon.fr - Ouvert mi-avril à mi-oct.

PAMIERS

✉ 09100 Ariège - 15 518 hab. - Alt. 280 m - Carte régionale n° **15**-C3
Carte Michelin 343-H6

Restaurant Deymier

CUISINE MODERNE • COSY XX Le personnel, dynamique, nous propose une table dans une salle chaleureuse et joliment décorée... Un début prometteur. En pleine maîtrise de son sujet, le chef fait la part belle au terroir et revisite à sa façon quelques fameuses recettes. Harmonie des saveurs, exécution sans défaut : on se régale à petit prix !

Formule 15 € - Menu 18 € (déj. en semaine), 28/54 € - Carte 43/61 €

1 r. Bernard-Saisset - ✆ 05 61 60 08 11 - Fermé dim. et lundi

Hôtel de France

FAMILIAL • FONCTIONNEL Si vous êtes en route vers Andorre ou les stations de ski des Pyrénées, n'hésitez pas à vous arrêter dans cet hôtel proche du centre-ville. Ses chambres sont contemporaines, sobres et bien tenues. Une halte sympathique.

31 chambres - 🚹70/80 € 🚹🚹70/80 € - ☕12 €

5 cours Joseph-Rambaud - ✆ 05 61 60 20 88 - www.hotel-de-france-pamiers.com

LE PARADOU - 13 Bouches-du-Rhône ➔ Voir Maussane-les-Alpilles

PARAMÉ - 35 Ille-et-Vilaine ➔ Voir St-Malo

PARAY-LE-MONIAL

✉ 71600 Saône-et-Loire - 9 133 hab. - Alt. 245 m - Carte régionale n° **4**-B3
Carte Michelin 320-E11 - Guide Vert Michelin Bourgogne

L'Apostrophe

CUISINE MODERNE • COSY XX L'Apostrophe, deuxième chapitre ! Le couple Garrivier décline une cuisine moderne et enlevée, en phase avec les saisons ; qu'on se rassure, le chef a toujours une belle pièce de bœuf charolais en réserve, à savourer sur la terrasse côté jardin aux beaux jours... Quelques jolies chambres bien équipées pour l'étape.

Menu 28/67 € - Carte 41/62 €

14 chambres - 🚹65/75 € 🚹🚹85/95 € - ☕12 €

27 av. de la Gare - ✆ 03 85 25 45 07 - www.restaurantlapostrophe.fr
- Fermé 8-23 avril, 19 août-3 sept., dim. et lundi

à Poisson 8 km au Sud par D34 - ✉ 71600 - 572 hab. - Alt. 300 m

La Poste et Hôtel La Reconce

CUISINE MODERNE • COSY XX Le Restaurant de la Poste est aujourd'hui emmené par un jeune chef originaire du village, avec l'aide de sa compagne. Son ambition est claire : régaler ses convives avec une cuisine dans l'air du temps, et célébrer les bons produits locaux - cette entrecôte charolaise, avec ses légumes de saison, en témoigne ! Chambres coquettes et bien tenues pour l'étape.

Menu 16 € (déj. en semaine), 28/48 € - Carte 38/54 €

7 chambres - 🚹60/80 € 🚹🚹70/100 € - ☕12 €

Le bourg (face à l'église) - ✆ 03 85 81 10 72 - www.hotelreconce.com
- Fermé 19 fév.-12 mars, dim. soir, mardi midi et lundi

PARÇAY-MESLAY - 37 Indre-et-Loire ➔ Voir Tours

PARC du FUTUROSCOPE - 86 Vienne ➔ Voir Poitiers

PARCEY - 39 Jura ➔ Voir Dole

PARENTIS-EN-BORN

✉ 40160 Landes - 5 772 hab. - Alt. 32 m - Carte régionale n° **2**-B2
Carte Michelin 335-E8 - Guide Vert Michelin Aquitaine

Chez Flo

CUISINE MODERNE • BISTRO X Un restaurant convivial, avec des photos, des dessins, des objets personnels du patron... Dans l'esprit du lieu, la cuisine est généreuse : sous la houlette d'un jeune chef passionné, tout est fait maison, avec des produits régionaux. Quelques chambres toutes simples pour l'étape.

Formule 13 € 🍷 - Menu 23 € - Carte environ 28 €

6 chambres - 🚹45 € 🚹🚹45 € - ☕7 €

9 r. St-Barthélémy - ✆ 05 58 78 40 21 - Fermé 25 déc.-1er janv., dim. et lundi

PARIS
ET SES ENVIRONS

Lorsqu'il s'agit des plaisirs de la table, quel bonheur d'être Parisien ! Ce n'est pas un hasard si c'est ici-même qu'a été forgé le concept de restaurant : Paris, plus qu'aucune cité au monde, bat au rythme de sa vie gastronomique. Grandes brasseries centenaires, palaces aux ors inoubliables, tables coréennes, argentines, italiennes, japonaises, maisons historiques ou tout juste apparues, grande tradition française ou créativité : mille surprises vous attendent sur les deux rives de la Seine.

- Carte régionale n° 10 et 11
- Carte Michelin 301-E7 et 101
- Plan de l'agglomération parisienne

Blend Images/hemis.fr

TOUS LES RESTAURANTS

DE A À Z...

A

C

© O. Decker/Michelin

© O. Decker/Michelin

G

H

I

J

© O. Decker/Michelin

LES TABLES À NE PAS MANQUER

TOUTES LES ÉTOILES

✿✿✿ Une cuisine unique. Vaut le voyage !

✿✿ Une cuisine d'exception. Vaut le détour !

Une cuisine d'une grande finesse. Vaut l'étape !

BIB GOURMAND

Nos meilleurs rapports qualité-prix

DES TABLES... SELON VOS ENVIES !

LES TABLES PAR TYPE DE CUISINE

Cuisine argentine

Cuisine basque

Cuisine bourguignonne

Cuisine bretonne

Cuisine chinoise

Cuisine classique

Cuisine coréenne

Cuisine créative

Cuisine créole

Cuisine danoise

Cuisine du Sud-Ouest

Cuisine du monde

Cuisine du terroir

Cuisine flamande

Cuisine grecque

Cuisine indienne

Cuisine israélienne

Cuisine italienne

Cuisine japonaise

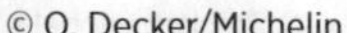

Cuisine libanaise

Cuisine lyonnaise

Cuisine méditerranéenne

Cuisine moderne

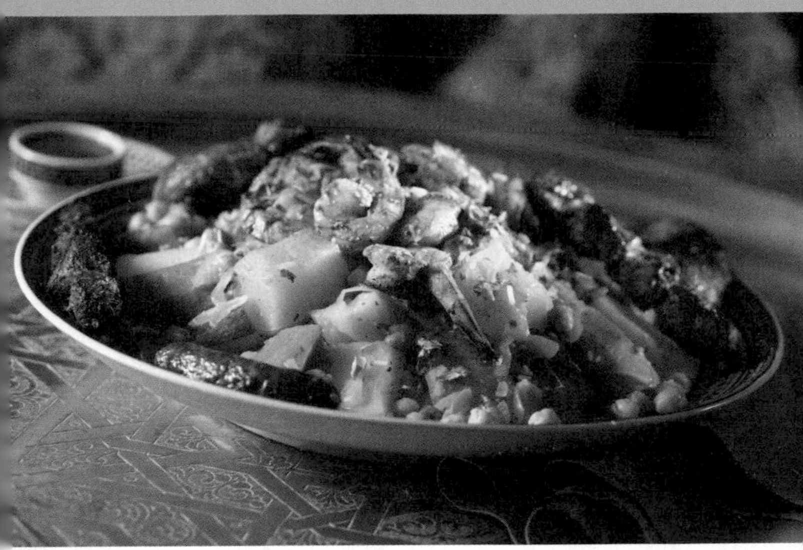

© Lauri Patterson/iStock

Cuisine nord-africaine

Cuisine portugaise

Cuisine péruvienne

Cuisine russe

Cuisine sud-est asiatique

Cuisine thaïlandaise

Cuisine traditionnelle

© O. Decker/Michelin

Cuisine vietnamienne

Cuisine végétarienne

Grillades

Poissons et fruits de mer

Viandes

RESTAURANTS À MOINS DE 30 €

TABLES EN TERRASSE

© Adam Wasilewski/iStock

RESTAURANTS AVEC SALONS PARTICULIERS

© O. Decker/Michelin

© O. Decker/Michelin

INDEX DES HÔTELS

A

B

C

D

E

F

G

H

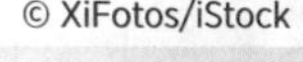

I

J

K

L

M

N

O

P

Q

R

© Jzhuk/Fotolia.com

S

T

V

W

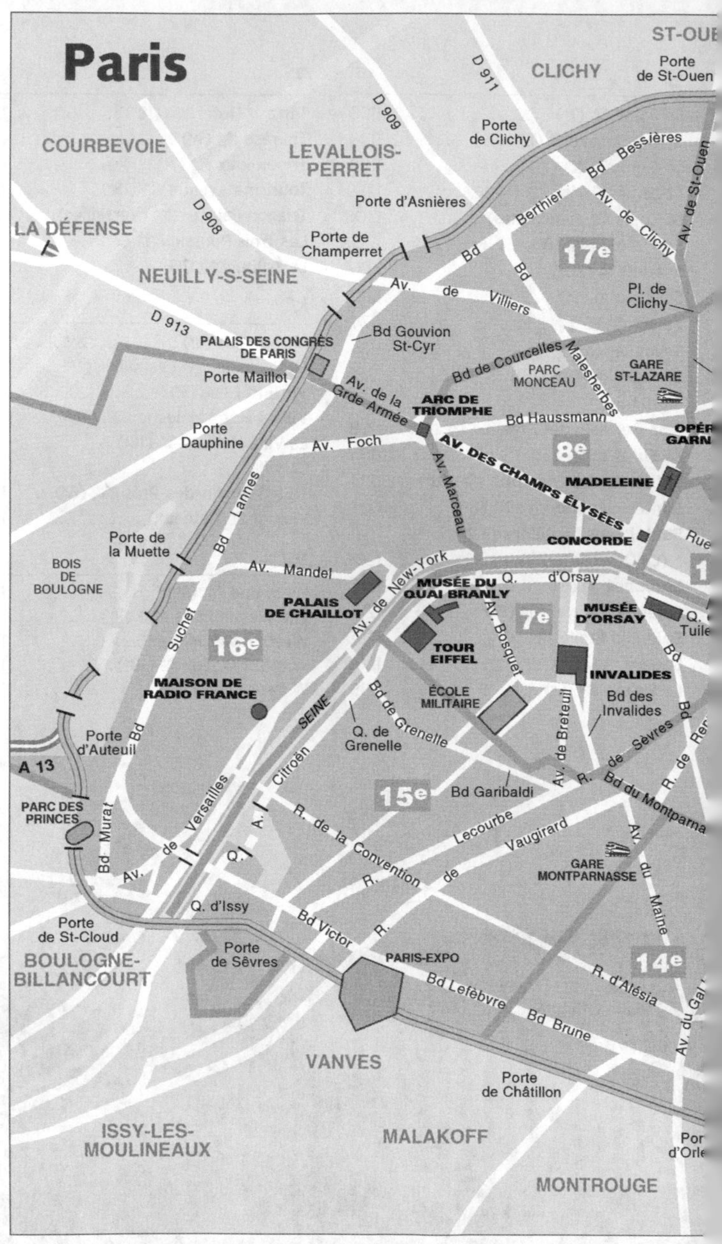
Paris
COURBEVOIE
LEVALLOIS-PERRET
CLICHY
Porte de St-Ouen
Porte de Clichy
Porte d'Asnières
LA DÉFENSE
Porte de Champerret
NEUILLY-S-SEINE
D 911
D 909
D 908
D 913
Bd Bessières
Bd Berthier
Av. de Clichy
Av. de St-Ouen
17e
Av. de Villiers
Pl. de Clichy
PALAIS DES CONGRÈS DE PARIS
Porte Maillot
Bd Gouvion St-Cyr
Bd de Courcelles
Malesherbes
PARC MONCEAU
GARE ST-LAZARE
Av. de la Grde Armée
ARC DE TRIOMPHE
Bd Haussmann
Porte Dauphine
Av. Foch
AV. DES CHAMPS ÉLYSÉES
8e
Av. Marceau
MADELEINE
CONCORDE
Bd Lannes
Porte de la Muette
BOIS DE BOULOGNE
Av. Mandel
Av. de New-York
MUSÉE DU QUAI BRANLY
Q. d'Orsay
PALAIS DE CHAILLOT
Av. Bosquet
7e
MUSÉE D'ORSAY
Suchet
16e
TOUR EIFFEL
INVALIDES
MAISON DE RADIO FRANCE
ÉCOLE MILITAIRE
Bd des Invalides
SEINE
Bd de Grenelle
Q. de Grenelle
Av. de Breteuil
R. de Sèvres
Porte d'Auteuil
A 13
Citroën
Bd Garibaldi
Bd du Montparna
15e
PARC DES PRINCES
Bd Murat
Av. de Versailles
R. de la Convention
Lecourbe
R. de Vaugirard
GARE MONTPARNASSE
Av. du Maine
Q. d'Issy
Porte de St-Cloud
Bd Victor
Porte de Sèvres
BOULOGNE-BILLANCOURT
PARIS-EXPO
14e
R. d'Alésia
Bd Lefèbvre
Bd Brune
VANVES
Porte de Châtillon
ISSY-LES-MOULINEAUX
MALAKOFF
MONTROUGE

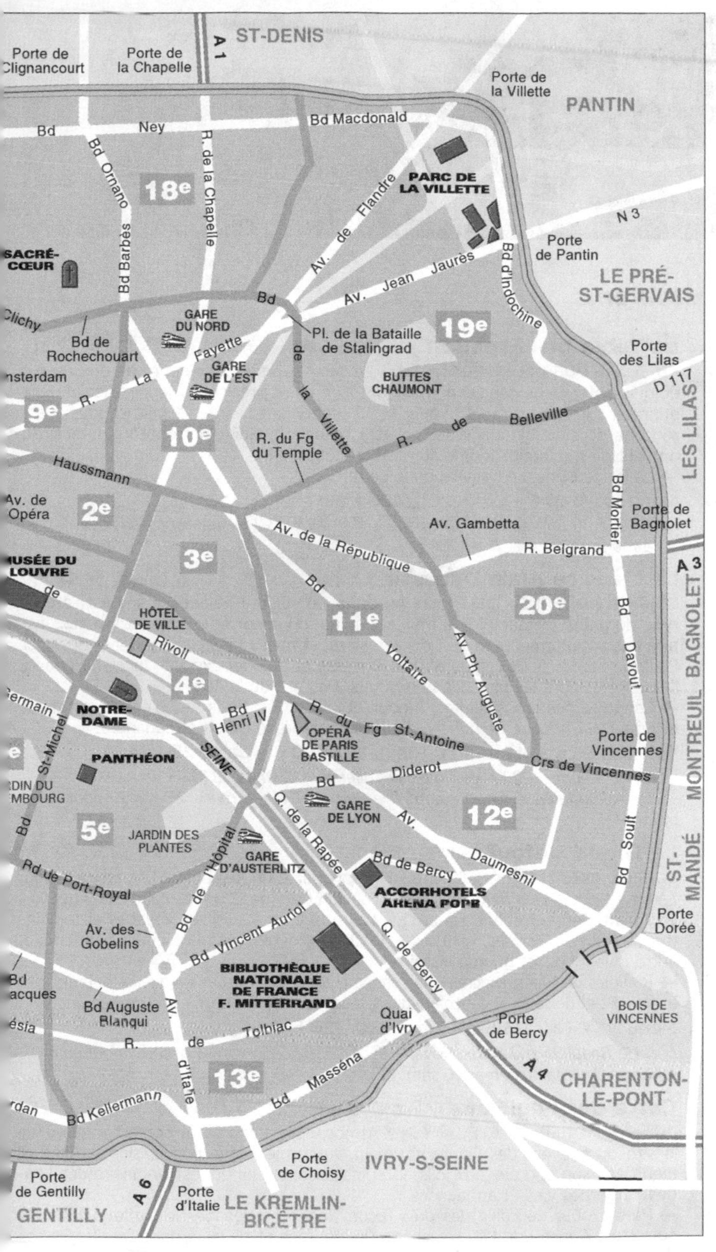
ST-DENIS
A 1
Porte de Clignancourt
Porte de la Chapelle
Porte de la Villette
PANTIN
Bd Macdonald
Bd Ney
Bd Ornano
R. de la Chapelle
18e
PARC DE LA VILLETTE
Av. de Flandre
N 3
Porte de Pantin
LE PRÉ-ST-GERVAIS
Bd d'Indochine
Av. Jean Jaurès
Bd Barbès
SACRÉ-CŒUR
GARE DU NORD
Bd de Rochechouart
Pl. de la Bataille de Stalingrad
19e
Porte des Lilas
GARE DE L'EST
R. La Fayette
R. de la Villette
BUTTES CHAUMONT
D 117
LES LILAS
9e
10e
R. de Belleville
R. du Fg du Temple
Haussmann
Bd Mortier
Av. de Opéra
2e
Av. Gambetta
Porte de Bagnolet
Av. de la République
R. Belgrand
3e
A 3
MUSÉE DU LOUVRE
Bd Voltaire
11e
20e
HÔTEL DE VILLE
R. de Rivoli
Av. Ph. Auguste
Bd Davout
BAGNOLET
4e
NOTRE-DAME
Bd Henri IV
R. du Fg St-Antoine
OPÉRA DE PARIS BASTILLE
Porte de Vincennes
Crs de Vincennes
MONTREUIL
PANTHÉON
SEINE
Bd Diderot
Bd St-Michel
JARDIN DU LUXEMBOURG
GARE DE LYON
12e
Q. de la Rapée
Av. Daumesnil
5e
JARDIN DES PLANTES
GARE D'AUSTERLITZ
Bd de l'Hôpital
Bd de Bercy
Bd Soult
ST-MANDÉ
Bd de Port-Royal
ACCORHOTELS ARENA POPB
Porte Dorée
Av. des Gobelins
Bd Vincent Auriol
Q. de Bercy
BIBLIOTHÈQUE NATIONALE DE FRANCE F. MITTERRAND
Bd St-Jacques
Bd Auguste Blanqui
Av. d'Italie
Quai d'Ivry
Porte de Bercy
BOIS DE VINCENNES
R. de Tolbiac
A 4
13e
Bd Masséna
CHARENTON-LE-PONT
Bd Kellermann
Porte de Choisy
IVRY-S-SEINE
Porte de Gentilly
A 6
Porte d'Italie
LE KREMLIN-BICÊTRE
GENTILLY

Palais-Royal · Louvre · Tuileries · Les Halles

1er ARRONDISSEMENT

Gabriela Tulian/Moment Open/Getty Images

Restaurants

✿✿ La Table de l'Espadon

CUISINE MODERNE • ÉLÉGANT XXXXX La salle, submergée d'ors et de drapés, est éblouissante. Dans cet écrin magique, la cuisine précise du jeune Nicolas Sale étincèle. Choisissez l'appât, puis le fil, enfin la touche : l'annonce des plats regorge de clins d'œil à la pêche et à l'espadon. Goût, personnalité, intensité : un vent de modernité souffle sur le Ritz. Superbe !

➜ La langoustine. Le homard bleu. Le miel.

Menu 195/340 € - Carte 200/420 €

Hôtel Ritz, 15 pl. Vendôme Ⓜ Opéra - ☎ 01 43 16 33 74 - www.ritzparis.com - Fermé le midi

✿✿ Le Meurice Alain Ducasse

CUISINE MODERNE • LUXE XXXXX Au cœur du célèbre palace, ce lieu est l'archétype du grand restaurant à la française avec son décor éminemment luxueux, inspiré des appartements royaux de Versailles, et revisité avec talent par le designer Philippe Starck. Sous l'égide d'Alain Ducasse et du chef exécutif Jocelyn Herland, l'assiette célèbre les plus beaux produits. De l'art, du style !

➜ Langoustines croustillantes, fenouil et citron. Bar de ligne à l'écaille, artichaut et riquette. Chocolat de notre manufacture, grué de cacao et coriandre.

Formule 85 € - Menu 110 € (déj.), 130/380 € - Carte 250/345 €

Hôtel Le Meurice, 228 r. de Rivoli Ⓜ Tuileries - ☎ 01 44 58 10 55 - www.alainducasse-meurice.com/fr - Fermé 17 fév.-5 mars, 28 juil.-27 août, sam. et dim.

✿✿ Le Grand Véfour (Guy Martin)

CUISINE CRÉATIVE • CLASSIQUE XXXX Bonaparte et Joséphine, Lamartine, Hugo, Sartre... Depuis plus de deux siècles, l'ancien Café de Chartres cultive la légende ! Guy Martin en entretient aujourd'hui l'aura : influencé par les voyages et la peinture - couleurs, formes, textures -, le chef "croque" ses plats comme un artiste, entre invention... et grande histoire.

➜ Ravioles de foie gras, crème foisonnée truffée. Parmentier de queue de bœuf aux truffes. Palet noisette et chocolat au lait, glace au caramel brun et sel de Guérande.

Menu 115 € (déj.)/315 € - Carte 230/320 €

17 r. de Beaujolais Ⓜ Palais Royal - ☎ 01 42 96 56 27 - www.grand-vefour.com - Fermé 3 semaines en août, sam. et dim.

✿✿ Carré des Feuillants (Alain Dutournier)

CUISINE MODERNE • ÉLÉGANT XXXX Atmosphère élégante et contemporaine, sur le site du couvent des Feuillants. Alain Dutournier signe une cuisine raffinée et bien dans son époque, aux jolis accents gascons - lui qui est originaire des Landes. Superbes vins et armagnacs.

➜ Pâté croûte de caille des prés façon Rossini, tapenade de truffe et crumble noisettes. Agneau de lait, cousinage de légumes et ris cuits dans l'argile. Fraises des bois en pavlova, sorbet à la rose, gelée de litchis.

Menu 68 € (déj.)/198 € - Carte 130/160 €

14 r. de Castiglione Ⓜ Tuileries - ☎ 01 42 86 82 82 - www.carredesfeuillants.fr - Fermé août, sam. et dim.

✿✿ Sur Mesure par Thierry Marx

CUISINE CRÉATIVE • DESIGN XxX Voilà bien un travail d'orfèvre, millimétré et "sur mesure" : Thierry Marx confirme son talent de grand faiseur ; chaque assiette révèle le geste d'un chercheur inlassable, parfois malicieux, toujours exact. Une expérience en soi, à laquelle contribue l'étonnant décor, immaculé et éthéré.

➜ Risotto de soja. Bœuf wasabi. Saint-honoré

Menu 85 € (déj. en semaine), 190/250 €

Hôtel Mandarin Oriental, 251 r. St-Honoré Ⓜ Concorde - ✆ 01 70 98 71 25 - www.mandarinoriental.fr/paris - Fermé dim. et lundi

✿✿ Kei (Kei Kobayashi)

CUISINE MODERNE • ÉLÉGANT XxX Enfant au Japon, Kei Kobayashi découvre la gastronomie française à la télévision. Une révélation ! La majorité venue, il gagne l'Hexagone pour une formation dans les plus grandes maisons. Ce parcours s'incarne aujourd'hui chez lui, dans des menus métissés, finement composés, qu'il renouvelle régulièrement selon son inspiration.

➜ Jardin de légumes croquants, saumon fumé d'Écosse, émulsion de citron et crumble d'olives. Bar de ligne en écaille croustillante, réduction de vin rouge épicée et anguille fumée. Vacherin aux agrumes et au basilic.

Menu 58 € (déj.), 105/199 €

5 r. du Coq-Héron Ⓜ Louvre Rivoli - ✆ 01 42 33 14 74 - www.restaurant-kei.fr - Fermé vacances de printemps, 3 semaines en août, vacances de Noël, jeudi midi, dim. et lundi

✿ Les Jardins de l'Espadon

CUISINE MODERNE • ROMANTIQUE XxX Principale nouveauté du Ritz réinventé : cette véranda rétractable, bordée de verdure, à laquelle on accède par une galerie fleurie, et dorée. À midi, on y déguste les jolies préparations de Nicolas Sale : carte courte, cuisine inventive et réglée sur les saisons, service irréprochable... Une réussite.

➜ Cannelloni de langoustine, chou pointu et sauce au vin de Meursault. Merlan de ligne et crème de charlotte grenobloise. Chocolat de Madagascar, textures de meringue et sauce chocolat frappé.

Formule 95 € - Menu 120/145 €

Hôtel Ritz, 15 pl. Vendôme Ⓜ Opéra - ✆ 01 43 16 33 74 - www.ritzparis.com - Fermé sam., dim. et le soir

✿ Le Baudelaire

CUISINE MODERNE • ÉLÉGANT XxX On se sent parfaitement à son aise dans ce restaurant raffiné, niché au cœur d'un jeune palace arty et feutré célébrant le nouveau chic parisien... Le chef Guillaume Goupil (ancien second de Stéphanie Le Quellec au Prince de Galles) y compose une belle cuisine au goût du jour, tout en maîtrise : suaves instants...

➜ Escargots en "casse-croûte" glacés au jus, gnocchettis de pomme de terre à l'ail doux. Ris de veau croustillant parfumé à la bruyère de Sologne, girolles aux abricots. Chocolat Macaé, meringue cacao.

Formule 54 € - Menu 58 € (déj.), 105/210 € 🍷 - Carte 93/122 €

Hôtel Le Burgundy, 6-8 r. Duphot Ⓜ Madeleine - ✆ 01 71 19 49 11 - www.leburgundy.com - Fermé le midi en août, sam. midi et dim.

✿ Restaurant du Palais Royal

CUISINE CRÉATIVE • ÉLÉGANT XX Dans un cadre exceptionnel - sous les arcades longeant le Palais Royal -, on trouve cet élégant restaurant où officie le jeune chef Philip Chronopoulos, ancien de l'Atelier de Joël Robuchon - Étoile. Il signe une cuisine percutante et tout en raffinement, à la créativité bien maîtrisée : royal, c'est le mot...

➜ Poulpe au piment fumé, pommes grenaille caramélisées. Cabillaud confit à l'huile d'argan, citron rôti et pousses d'épinard. Baba au rhum, chantilly et glace au gingembre.

Menu 55 € (déj.)/148 € - Carte 100/160 €

110 galerie de Valois Ⓜ Palais Royal - ✆ 01 40 20 00 27 - www.restaurantdupalaisroyal.com - Fermé 18 fév.-5 mars, dim. et lundi

La Dame de Pic

CUISINE CRÉATIVE • DESIGN XX Le restaurant parisien d'Anne-Sophie Pic, à deux pas du Louvre. On reconnaît bien le sens des saveurs de la chef valentinoise, l'exactitude de ses créations, sa capacité à associer des ingrédients inédits, à l'image de ces cuisses de grenouilles en fricassée au thé Lapsang Souchong, ou de l'agneau rôti à la chartreuse et légumes primeurs.

→ Berlingots au coulant de brillat-savarin fumé, champignons des bois à la fève tonka. Saint-pierre rôti meunière aux baies de la passion, tomates anciennes et sauge. Chocolat aux arômes de citron et glace moelleuse.

Menu 59 € (déj. en semaine), 105/135 €

20 r. du Louvre Ⓜ Louvre Rivoli – ✆ 01 42 60 40 40 – www.anne-sophie-pic.com – Fermé 11-19 août

Yam'Tcha (Adeline Grattard)

CUISINE CRÉATIVE • ÉLÉGANT XX C'est dorénavant rue St-Honoré (à 50 m de sa précédente adresse) qu'œuvre Adeline Grattard. Sens du produit remarquable, associations simples et saisissantes – entre France et Asie – pensées en accord avec une sélection d'excellents thés : la jeune chef, formée à l'Astrance et à Hong Kong, cultive la limpidité avec brio !

→ Homard rôti , jus de crustacés et pâtisson. Bar de ligne cuit vapeur, tétragone et sauce aux agrumes. Variation de pêche et de fleur d'oranger, soupe d'oseille et sorbet orgeat.

Menu 70 € (déj. en semaine)/150 €

121 r. St-Honoré Ⓜ Louvre Rivoli – ✆ 01 40 26 08 07 – www.yamtcha.com – Fermé août, vacances de Noël, dim., lundi et mardi

Jin

CUISINE JAPONAISE • ÉLÉGANT X Un écrin de choix pour la gastronomie japonaise, en plein cœur de Paris ! Jin, c'est d'abord – et surtout – le savoir-faire de Takuya Watanabe, chef originaire de Niseko ; il réalise sous vos yeux de délicieux sushis et sashimis, avec des poissons venus de Bretagne, d'Oléron et d'Espagne... Toute la carte est un régal.

→ Cuisine du marché.

Menu 95 € (déj.), 145/195 €

6 r. de la Sourdière Ⓜ Tuileries – ✆ 01 42 61 60 71 – Fermé 2 semaines en août, vacances de Noël, dim. et lundi

Café des Abattoirs

VIANDES • BISTRO X Le pari de Michel Rostang ? Créer un bistrot à viande en clin d'œil à celui que son aïeul tenait jadis à Pont-de-Beauvoisin, dans l'Isère. De beaux morceaux de choix, tendres et bien maturés – veau du Limousin, agneau de l'Aveyron, bœuf Black Angus –, à accompagner des délicieuses sauces maison... On se régale.

Formule 22 € – Menu 32/45 €

10 r. Gomboust Ⓜ Pyramides – ✆ 01 76 21 77 60 – www.cafedesabattoirs.com

Zen

CUISINE JAPONAISE • ÉPURÉ X Cette table japonaise séduisante associe un décor contemporain rafraîchissant et une authentique cuisine nippone : la carte, étoffée, est fidèle aux classiques sushis, grillades et autres tempuras, les grandes spécialités de la maison étant les gyozas et le chirashi. Idéal pour un déjeuner sur le pouce ou un dîner zen...

Menu 20 € (déj. en semaine), 35/55 € – Carte 19/58 €

8 r. de L'Échelle Ⓜ Palais Royal – ✆ 01 42 61 93 99 – www.restaurantzenparis.fr – Fermé 3 semaines en août, 31 déc.-5 janv.

Mee

CUISINE CORÉENNE • ÉPURÉ X Le jeune patron a ouvert ce bistrot avec une idée en tête : proposer une cuisine coréenne de qualité à prix serrés. Pari tenu ! On se régale de bouchées (ravioles, beignets), de soupes et de bons plats – basse-côte de bœuf, échine de porc, seiche – préparés avec soin. C'est goûteux et relevé : on se régale.

Menu 15 € – Carte environ 27 €

5 r. d'Argenteuil Ⓜ Palais Royal – ✆ 01 42 86 11 85

Macéo

CUISINE MODERNE · CLASSIQUE XXX Macéo, c'est d'abord un hommage du patron à Maceo Parker, grand saxophoniste américain et ancien acolyte de James Brown... C'est aussi un cadre Second Empire et une cuisine de saison, inventive et moderne. Menu végétarien et carte de vins du monde.

Menu 35 € (déj.)/45 € – Carte 50/58 €

15 r. Petits-Champs Ⓜ Bourse – ✆ 01 42 97 53 85 – www.maceorestaurant.com – Fermé sam. midi et dim.

Le Dalí

CUISINE MÉDITERRANÉENNE · CHIC XX Le "deuxième" restaurant du Meurice, situé au cœur de la vie du palace, à la fois lieu de rendez-vous et... table soignée, qui propose une agréable cuisine de saison aux doux accents méditerranéens, comme les grands classiques de la cuisine de palace. Le beau décor classique rend hommage à Dalí, qui fut un hôte fidèle des lieux.

Formule 68 € 🍷 – Menu 84 € 🍷 – Carte 60/130 €

Hôtel Le Meurice, 228 r. de Rivoli Ⓜ Tuileries – ✆ 01 44 58 10 44 – www.dorchestercollection.com/fr/paris/le-meurice/

Camélia

CUISINE MODERNE · ÉLÉGANT XX Faire simple, se concentrer sur la saveur de très beaux produits, s'inspirer des classiques de la gastronomie française et les rehausser d'une touche d'Asie : tel est le credo de Thierry Marx pour ce Camélia, un lieu élégant, apaisant, zen... Une réussite indéniable.

Menu 65 € (déj. en semaine)/98 € – Carte 80/115 €

Hôtel Mandarin Oriental, 251 r. St-Honoré Ⓜ Concorde – ✆ 01 70 98 74 00 – www.mandarinoriental.fr/paris

Le Lulli

CUISINE MODERNE · ÉLÉGANT XX Décoration végétale et peintures contemporaines : la belle décoration incite à profiter de l'instant ! Le chef, Jean-Baptiste Orieux, y propose une cuisine actuelle et raffinée, réalisée à partir de produits locaux et de saison. Quant au service, aimable et pro, il achève de nous convaincre.

Formule 29 € – Menu 38 € – Carte 44/74 €

Grand Hôtel du Palais Royal, 4 r. de Valois Ⓜ Palais Royal – ✆ 01 42 96 72 20 – www.grandhoteldupalaisroyal.com – Fermé 31 juil.-27 août, le soir, sam., dim. et fériés

Loulou

CUISINE ITALIENNE · COSY XX Le nouveau restaurant italien du musée des Arts décoratifs enchante les jardins du Louvre. C'est chic, cosy, et savoureux – vitello tonnato, poulpe tiède aux agrumes, osso bucco à la milanaise, tarte choco-caramel, etc. Le service, stylé et professionnel, comme l'élégante terrasse, ajoutent à l'exquise expérience.

Carte 40/65 €

107 r. Rivoli (musée des Arts Décoratifs) Ⓜ Palais Royal – ✆ 01 42 60 41 96

Le Roch Ⓝ

CUISINE MODERNE · CHIC XX Cette table est à l'image de l'hôtel qui l'accueille : ici, le luxe joue la carte de la simplicité, pour le meilleur ! On se sent à son aise dans ce cadre chic et chaleureux, élégant sans être guindé ; côté cuisine, bonne nouvelle, le plaisir est également de mise avec des assiettes franches et goûteuses, avec une légère dominante méridionale. C'est tout bon.

Formule 31 € – Menu 36 € (déj.) – Carte 48/79 €

Hôtel Le Roch, 28 r. St-Roch Ⓜ Tuileries – ✆ 01 73 04 59 09 – www.leroch-hotel.com – Fermé 3 semaines en août

Clover Grill

GRILLADES • TENDANCE XX D'appétissantes viandes maturées – noire de la Baltique, bœuf de Bavière, blonde d'Aquitaine, Black Angus – trônent en vitrine comme autant de pierres précieuses, à dévorer d'abord du regard... avant de les engloutir pour de bon ! De l'entrée au dessert, tout est cuit à la braise ou à la broche, ce qui donne à ce moment une saveur particulière. Une réussite.

Menu 69 € – Carte 50/130 €

6 r. Bailleul Ⓜ Louvre-Rivoli – ✆ 01 40 41 59 59 – www.jeanfrancoispiege.com – Fermé en août

Le First

CUISINE MODERNE • ÉLÉGANT XX À deux pas des Tuileries, au sein du Westin, un véritable écrin aux éclairages veloutés – la griffe Jacques Garcia –, où la cuisine revisite la tradition avec respect. L'été, direction la terrasse dressée dans la cour, si paisible...

Menu 54 € 🍷 – Carte 58/71 €

Hôtel The Westin Paris, 234 r. de Rivoli Ⓜ Tuileries – ✆ 01 44 77 10 40 – www.lefirstrestaurant.com/fr/

Kinugawa Vendôme

CUISINE JAPONAISE • DESIGN XX Cette table japonaise bien connue s'est métamorphosée sous l'égide du tandem Gilles & Boissier, qui en a repensé le décor, mêlant esprit contemporain et esthétique nippone : une élégante réussite. Au menu : de belles spécialités, tout en fraîcheur et maîtrise. Comptoir à sushis à l'étage.

Formule 37 € – Menu 65 € 🍷/89 € – Carte 41/80 €

9 r. du Mont-Thabor Ⓜ Tuileries – ✆ 01 42 60 65 07 – www.kinugawa.fr – Fermé 2 semaines en août

Saudade

CUISINE PORTUGAISE • EXOTIQUE XX Pour un repas au Portugal... en plein Paris ! Gardienne des traditions, Maria De Fatima n'a pas son pareil pour préparer viande de porc aux palourdes, "caldo verde" (soupe au chou) et "arroz doce" (riz au lait à la cannelle). Sans oublier le plat national, la morue, proposée sous toutes ses formes.

Menu 24 € 🍷 (déj. en semaine) – Carte 31/54 €

34 r. des Bourdonnais Ⓜ Pont Neuf – ✆ 01 42 36 03 65 – www.restaurantsaudade.com – Fermé août et dim.

Mumi

CUISINE MODERNE • COSY X Derrière Mumi (hommage au Museum Mile de New York) il y a Thibault Passinge, ancien sommelier de Porte 12 (Paris 10e). Il a réuni autour de lui une équipe solide : le chef grec Angelo Vagiotis, qui travaille tout en finesse et en précision, avec une maîtrise certaine des jeux de saveurs et, pour les nectars, Mathieu Arenas. Service agréable et bon rapport qualité-prix.

Formule 29 € – Menu 35/60 €

14 r. Sauval Ⓜ Chatelet – ✆ 01 40 26 27 54 – www.restaurantmumi.com – Fermé dim. et lundi

Baltard au Louvre

CUISINE MODERNE • COSY X Installée dans l'ancien pavillon Baltard, avec une vue imprenable sur l'église St-Eustache, voici la dernière adresse de l'équipe de Zébulon et de Pirouette (dans le 1er également). Jeux de textures, beaux produits, élégance des assiettes : une partition de qualité, dans un esprit brasserie haut-de-gamme qui ne manque pas d'aficionados...

Formule 22 € – Menu 30 € (déj.)/45 €

9 r. Coquillère Ⓜ Les Halles – ✆ 09 83 32 01 29 – Fermé dim. soir

Champeaux

CUISINE TRADITIONNELLE • BRASSERIE Le restaurant Champeaux, immortalisé par Zola, était situé place de la Bourse, non loin des Halles. Devenue brasserie contemporaine sous la canopée, il appartient à la galaxie Ducasse. Pâté en croûte, œufs mimosa, bavette, blanquette : les classiques sont bien là, goûteux. La carte murale reproduit les annonces de départ de train : soufflé chaud annoncé à 13h15 !

Formule 28 € - Menu 34 € (déj.) - Carte 32/70 €

La Canopée (Forum des Halles-Porte Rambuteau) Ⓜ Les Halles - 01 53 45 84 50 - www.restaurant.champeaux.com

Sequana

CUISINE MODERNE • CONVIVIAL Eugénie, Sénégalaise, en cuisine, conserve de son enfance le souvenir de plats familiaux ; Philippe excelle au pain et à la pâtisserie. Dans l'assiette, une cuisine virevoltante et d'une fraîcheur absolue, à l'instar de l'ormeau et l'artichaut, la sole et la fleur d'oranger... Le tout en bordure de Seine (ou Sequana, en Celte).

Formule 24 € - Menu 32 € (déj. en semaine), 50/70 €

72 quai des Orfèvres Ⓜ Pont Neuf - 01 43 29 78 81 - www.sequana.paris - Fermé sam. midi, dim. et lundi

JanTchi

CUISINE CORÉENNE • SIMPLE Jantchi signifie "fête" en coréen. Prenez place dans la (petite) file d'attente sur le trottoir de la rue Thérèse. Ici, pas de réservation mais de grands classiques de la cuisine coréenne : kounmandou (raviolis frits au porc et légumes), bibimbap et barbecue coréen. Simple, convivial, authentique : une fête, vous dit-on !

Formule 13 € - Carte 26/35 €

6 r. Thérèse Ⓜ Pyramides - 01 40 15 91 07 - www.jantchi.com - Fermé dim.

Enyaa Ⓝ

CUISINE JAPONAISE • ÉPURÉ Déroutant et enthousiasmant, ce restaurant japonais du quartier du Palais-Royal ! Le chef compose une cuisine nipponne avec de bons produits français. Il utilise volontiers le Binchōtan (un charbon de bois blanc) pour ses cuissons, et révèle des préparations savoureuses, très sobres, voire franchement épurées. Belle carte de champagnes et sakés.

Menu 29 € (déj.), 58/88 € - Carte 33/70 €

37 r. de Montpensier Ⓜ Pyramides - 01 40 26 78 25 - www.enyaa-paris.com - Fermé 2 semaines en août, lundi

Odette Ⓝ

CUISINE MODERNE • COSY A deux pas des Halles, au sein du luxueux hôtel Albar, la famille Rostang montre avec cette "auberge urbaine" qu'elle n'a pas perdu la main. Odette nous régale à grands coups de belles pièces à partager, bar en croûte feuilleté - succès garanti -, côte de veau, pintade rôtie, et d'assiettes efficaces, le tout sous la responsabilité d'un chef au style bien marqué.

Formule 22 € - Carte 31/61 €

Hôtel Maison Albar Paris Céline, 25 r. du Pont-Neuf Ⓜ Châtelet - 01 44 88 92 78 - www.restaurant-odette.com

Balagan Ⓝ

CUISINE ISRAÉLIENNE • TENDANCE Balagan signifie "joyeux bazar" en hébreu, et ce nom préfigure l'ambiance de jubilation gourmande qui règne ici. Dans l'assiette, un florilège de saveurs méditerranéennes savamment agencées : une cuisine généreuse et parfumée, avec une belle maîtrise des épices, piments et herbes... Intéressante carte des vins, issue des vignobles de nombreux pays.

Formule 24 € - Menu 29 € (déj. en semaine) - Carte 42/56 €

9 r. d'Alger Ⓜ Tuileries - 01 40 20 72 14 - www.balagan-paris.com - Fermé dim. midi

Kunitoraya

CUISINE JAPONAISE • VINTAGE Vieux zinc, miroirs et faïence métro : le Paris des soupers 1900... pour une cuisine nippone soignée à base d'udon, pâtes maison réalisées avec une farine de blé importée du Japon !

Formule 23 € – Menu 32 € (déj. en semaine), 52 € – Carte environ 40 €

5 r. Villedo Ⓜ Pyramides – ✆ 01 47 03 07 74 – www.kunitoraya.com – Fermé 2 semaines en août, vacances de Noël, dim. soir et lundi

Les Cartes Postales

CUISINE TRADITIONNELLE • ÉPURÉ Galette de crabe à la vinaigrette de pamplemousse, turbot mi-cuit mi-cru façon japonaise, croustillant de marron glacé : voilà la savoureuse cuisine française relevée de notes nippones que signe Yoshimasa Watanabe, chef arrivé du Japon il y a une trentaine d'années. Intéressante formule et demi-portions à la carte.

Formule 30 € – Menu 50 € – Carte 45/80 €

7 r. Gomboust Ⓜ Pyramides – ✆ 01 42 61 02 93 – Fermé 3 semaines en août, vacances de Noël, lundi soir, sam. midi et dim.

L'Absinthe

CUISINE TRADITIONNELLE • BISTRO Un bistrot néorétro plein d'allure, qui rappelle l'époque où la "fée verte" était en vogue (zinc, carrelage ancien, horloge monumentale). Dans l'assiette, plats traditionnels de saison et spécialités de la maison : pâté en croûte et foie gras, ravioles de Romans à la crème de langoustines...

Formule 25 € – Menu 45 € – Carte 48/66 €

24 pl. Marché-St-Honoré Ⓜ Pyramides – ✆ 01 49 26 90 04 – www.restaurantabsinthe.com – Fermé sam. midi et dim.

Pirouette

CUISINE MODERNE • CONVIVIAL À deux pas de la nouvelle "canopée" des Halles, sur une petite place tranquille avec terrasse, une adresse contemporaine aux airs de loft gourmand. Le chef François-Xavier Ferrol joue avec les recettes traditionnelles de la cuisine française, y ajoutant espièglerie et pirouettes, à l'instar de ces gnocchis cacahuète croustillants et fondants, chorizo et cèpes.

Formule 20 € – Menu 45/65 €

5 r. Mondétour Ⓜ Châtelet-Les Halles – ✆ 01 40 26 47 81 – www.restaurantpirouette.com – Fermé 3 semaines en août et dim.

L'Ardoise

CUISINE TRADITIONNELLE • CONVIVIAL Avec ses murs recouverts d'ardoise, ce restaurant porte bien son nom. Voilà un sympathique hommage rendu à l'esprit bistrotier, hommage qui prévaut également dans l'assiette, à l'instar de ce délicieux filet de bœuf sauce bordelaise et pommes anna. Générosité et parfums : on se régale !

Formule 34 € – Menu 38 €

28 r. du Mont-Thabor Ⓜ Concorde – ✆ 01 42 96 28 18 – www.lardoise-paris.com – Fermé dim. midi

La Régalade St-Honoré

CUISINE TRADITIONNELLE • VINTAGE Bruno Doucet régale toujours les épicuriens du quartier des Halles avec des recettes à la gloire du terroir et du marché. Après avoir patienté avec la délicieuse terrine du chef, régalez-vous de girolles poêlées au jus de viande et œuf poché, ou d'un pigeonneau rôti à la broche... sans oublier l'emblématique riz au lait et soufflé chaud.

Menu 39 €

106 r. St-Honoré Ⓜ Louvre Rivoli – ✆ 01 42 21 92 40

Zébulon

CUISINE MODERNE • CONVIVIAL À deux pas du Palais-Royal, la deuxième adresse des associés à l'origine de Pirouette, dans le 1er arrondissement. Ils font à nouveau mouche avec de bonnes recettes classiques revisitées – poêlée de cèpes, palombes déclinaison de pommes de terre – servies dans une belle salle aux allures de loft.

Formule 22 € – Menu 28 € (déj.), 45/65 € – Carte 46/68 €

10 r. de Richelieu Ⓜ Palais Royal – ✆ 01 42 36 49 44 – www.zebulon-palaisroyal.com – Fermé 4-28 août et dim.

Bistrot Mavrommatis

CUISINE GRECQUE • CONVIVIAL Un petit temple grec à deux pas de l'église de la Madeleine : épicerie au rez-de-chaussée, taverne à l'étage (photos du pays), nombreuses spécialités pour se restaurer à bon compte.

Formule 25 € – Menu 30 €

18 r. Duphot (1er étage) Ⓜ Madeleine – ✆ 01 42 97 53 04 – www.mavrommatis.com – Fermé 3 semaines en août, sam., dim., fériés et le soir

Nodaïwa

CUISINE JAPONAISE • ÉPURÉ Cette petite adresse, dont la maison-mère est située à Tokyo, est spécialisée dans un produit atypique... l'anguille ! Elle est travaillée méticuleusement et assaisonnée avec du soja ou du sancho, un poivre asiatique. La grande majorité de la clientèle est japonaise, ce qui en dit long sur la qualité de la cuisine.

Menu 22/88 €

272 r. St-Honoré Ⓜ Palais Royal – ✆ 01 42 86 03 42 – www.nodaiwa.com – Fermé 1er-20 août, 30 déc.-10 janv. et dim.

Crudus 

CUISINE ITALIENNE • ÉPURÉ Dans ce petit restaurant italien, priorité aux produits bio... Des saveurs naturelles à déguster dans un décor simple et avenant (parquet, murs blancs, tables en plexiglas).

Formule 29 € – Menu 39 € (déj.) – Carte 44/62 €

21 r. St-Roch Ⓜ Pyramides – ✆ 01 42 60 90 29 – Fermé août, sam. midi, dim. et fériés

Sanukiya

CUISINE JAPONAISE • ÉPURÉ Savez-vous ce que sont les udon ? Pour le découvrir, rendez-vous dans ce restaurant de poche : ces nouilles japonaises à base de farine de blé sont la spécialité de cette petite table nippone ! Elles s'accompagnent de galettes de légumes et de crevettes, d'algues, de beignets nature... Simple et authentique.

Carte 13/26 €

9 r. d'Argenteuil Ⓜ Pyramides – ✆ 01 42 60 52 61 – Fermé 3 semaines en août et 31 déc.-5 janv.

Lescure

CUISINE TRADITIONNELLE • CONVIVIAL Une auberge familiale et conviviale tout près de la grandiose place de la Concorde, voilà qui est original ! On trouve ici de quoi se rasséréner, en dégustant, au coude-à-coude à la table commune, de copieuses recettes traditionnelles : pâté en croûte, canard confit, poule au pot farcie...

Menu 26 € 🍷 (semaine) – Carte 26/41 €

7 r. Mondovi Ⓜ Concorde – ✆ 01 42 60 18 91 – www.lescure1919.fr – Fermé août, 23 déc.-3 janv., sam. et dim.

Gwadar

CUISINE INDIENNE • EXOTIQUE Niché sur une banquette en velours, dans un cadre cosy et sobre, on voit défiler de beaux petits plats indo-pakistanais... Et l'on salive en attendant son poulet tandoori...

Menu 16 € (déj.), 21/26 € – Carte 25/40 €

39 r. St-Roch Ⓜ Pyramides – ✆ 01 42 96 28 24 – www.restaurantgwadar.com – Fermé dim.

AG Les Halles

CUISINE MODERNE • CONVIVIAL Chair de tourteau, avocat, courgette et pomelos; quasi de veau aux pêches : on s'installe sous la belle verrière pour déguster les plats soignés d'un chef d'origine libanaise né au Libéria, véritable bourlingueur des saveurs. Ne manquez pas le dessert signature, le No Cheese cake au yuzu et sirop au basilic. Petite terrasse sur rue.

Formule 24 € – Menu 30 € (déj.), 42/60 € – Carte 34/50 €

14 r. Mondétour Ⓜ *Les Halles – 01 42 61 37 17 – http://ag-restaurant.fr/les-halles/ – Fermé dim.*

Taokan - St-Honoré

CUISINE CHINOISE • COSY Tao, c'est la voie, le chemin ; Kan, signifie "prendre soin" : TaoKan, le lieu où l'on honore les saveurs de la gastronomie cantonaise, mâtinée de touches taïwanaises – ainsi ces raviolis pékinois grillés, pavé de cabillaud vapeur, julienne de gingembre et sauce au thé blanc (Bai cha xie yu). On se régale !

Menu 28 € (déj.), 38/70 € – Carte 35/67 €

1 r. Mont-Thabor Ⓜ *Tuileries – 01 42 61 97 88 – www.taokan.fr – Fermé dim. midi*

Hôtels

Ritz

GRAND LUXE • HISTORIQUE L'hôtel mythique revit après 4 ans de travaux et son luxe laisse toujours rêveur. En 1898, César Ritz inaugura, dans l'écrin légendaire de la place Vendôme, "l'hôtel parfait" : Proust, Hemingway, Coco Chanel en furent les hôtes, séduits par le raffinement incomparable... d'un palace de 28 000m² ! Tout y est splendide, du Bar Hemingway au spa de 1500 m² ou à la suite Mansard, avec sa grande terrasse plongeant sur la place Vendôme, et dévoilant une vue panoramique à 360° sur tout Paris. La légende continue.

71 chambres – 1300/3100 € 1300/3100 € – 71 suites – 60 €

15 pl. Vendôme Ⓜ *Opéra – 01 43 16 33 74 – www.ritzparis.com*

La Table de l'Espadon • **Les Jardins de l'Espadon** – voir les restaurants ci-dessus

Le Meurice

PALACE • HISTORIQUE L'un des premiers hôtels de luxe parisiens, né en 1835. Face aux frondaisons du jardin des Tuileries, les lieux sont fastueux, dans un esprit très classique auquel le designer Philippe Starck a su apporter une touche contemporaine. Un spa superbe, un bar très intime, etc. Le Meurice ou l'art du raffinement.

136 chambres – 695/4000 € 695/4000 € – 24 suites – 58 €

228 r. de Rivoli Ⓜ *Tuileries – 01 44 58 10 10 – www.dorchestercollection.com/fr/paris/le-meurice/*

Le Meurice Alain Ducasse • **Le Dalí** – voir les restaurants ci-dessus

Mandarin Oriental

PALACE • ÉLÉGANT Le vaisseau amiral du groupe hongkongais à Paris. Fidèle à ses principes, celui-ci a signé un établissement d'un extrême raffinement, à la croisée de l'élégance française et de la délicatesse... orientale. Jeux de lignes, d'espace, de quiétude, etc. Au cœur de la capitale, un palace capital !

98 chambres – 995/1500 € 995/1500 € – 40 suites – 47 €

251 r. St-Honoré Ⓜ *Concorde – 01 70 98 78 88 – www.mandarinoriental.fr/paris*

Sur Mesure par Thierry Marx • **Camélia** – voir les restaurants ci-dessus

Costes

LUXE • PERSONNALISÉ Partout des recoins intimes – avec confidents en poirier et fauteuils crapauds –, des chambres raffinées jusque dans les détails (linge avec monogramme, superbe collection de tableaux, élégants meubles chinés, etc.), un restaurant décoré par Jacques Garcia : ce palace très chic et feutré reste le repaire de la jet-set !

84 chambres – 500/700 € 500/700 € – 2 suites – 35 €

239 r. St-Honoré Ⓜ *Concorde – 01 42 44 50 00 – www.hotelcostes.com*

Le Burgundy

GRAND LUXE • DESIGN Luxueux, feutré et arty... Dans cet hôtel de standing, le chic parisien se décline de manière artistique : meubles design et œuvres d'art contemporain - spécialement créées - émaillent les lieux. Une réussite...

51 chambres - 350/940 € 350/940 € - 8 suites

6-8 r. Duphot Madeleine - 01 42 60 34 12 - www.leburgundy.com

Le Baudelaire - voir les restaurants ci-dessus

Hôtel de Vendôme

LUXE • GRAND LUXE Dans ce noble bâtiment du 18e s., les meubles anciens et le marbre côtoient les équipements les plus confortables, et l'élégance joue la carte de la discrétion et du beau classicisme. Quant au restaurant, il évoque un boudoir parisien chic et confidentiel...

29 chambres - 380/590 € 580/920 € - 9 suites - 29 €

1 pl. Vendôme Opéra - 01 55 04 55 00 - www.hoteldevendome.com

Renaissance Paris Vendôme

BUSINESS • COSY Immeuble du 19e s. métamorphosé en boutique-hôtel contemporain. Bois, tons miel et chocolat : les chambres sont élégantes et très confortables ! Et l'on paresse avec ravissement dans le joli bar chinois...

97 chambres - 329/1658 € 329/1658 € - 15 suites - 30 €

4 r. du Mont-Thabor Tuileries - 01 40 20 20 00 - www.renaissanceparisvendome.fr

Castille Paris

LUXE • PERSONNALISÉ Côté "Opéra", un précieux décor contemporain ; côté "Rivoli", un cadre noir et blanc très graphique, en écho à la maison Chanel voisine. Dans les deux cas, un hôtel très haute couture !

94 chambres - 230/800 € 230/800 € - 14 suites - 30 €

33 r. Cambon Madeleine - 01 44 58 44 58 - www.castille.com

The Westin Paris

LUXE • PERSONNALISÉ Entre Tuileries et place Vendôme, cet hôtel haussmannien édifié en 1878 mêle charme historique (fastueux salons Napoléon III) et touches contemporaines... Et pour ne rien gâter, certaines chambres ont vue sur les Tuileries ! Agréable spa.

348 chambres - 300/850 € 300/850 € - 80 suites

3 r. de Castiglione Tuileries - 01 44 77 11 11 - www.thewestinparis.fr

Le First - voir les restaurants ci-dessus

Regina

HISTORIQUE • VINTAGE Année après année, cet hôtel 1900 préserve son décor Art nouveau et sa belle atmosphère rétro ! Entièrement rénovées en 2015, les chambres (certaines avec une belle vue du Louvre à la tour Eiffel, ou plus calmes côté patio) mêlent touches contemporaines et culture classique... Un charme indémodable.

72 chambres - 310/695 € 310/695 € - 27 suites - 38 €

2 pl. des Pyramides Tuileries - 01 42 60 31 10 - www.regina-hotel.com

Le Roch N

BOUTIQUE HÔTEL • ÉLÉGANT "Un hôtel pensé comme une maison", telle est la philosophie des lieux ! Ici, tout repose sur une atmosphère chaleureuse, ainsi que sur un sens de l'accueil chic et décontracté. Déco signée Sarah Lavoine, chambres tout confort : impeccable à tout point de vue.

31 chambres - 350/450 € 350/450 € - 6 suites - 37 €

28 r. St-Roch Tuileries - 01 70 83 00 00 - www.leroch-hotel.com

Le Roch - voir les restaurants ci-dessus

Nolinski

LUXE • ÉLÉGANT Entre l'Opéra et la Comédie Française, un hôtel très chic, lieu d'art et de vie à la française, dont l'élégance haussmannienne illumine l'avenue. Marbre de carrare, mobilier chic, chambres lumineuses : rien n'a été laissé au hasard, jusqu'au splendide spa (hammam, massages, etc.) et la grande piscine couverte. Pour se sustenter, filez à la Brasserie Réjane.

36 chambres - 380/850 € 380/1200 € - 9 suites - 25 €

16 av. Opéra Ⓜ Pyramides - 01 42 86 10 10 - www.nolinskiparis.com

Maison Albar Paris Céline Ⓝ

LUXE • CONTEMPORAIN Tout près des Halles, un hôtel contemporain tout en sobriété. Chambres agréables (la "1923", avec sa vue panoramique sur Paris, sort du lot), état d'esprit chic et plutôt décontracté, spa avec bassin de nage et fitness... Une adresse de qualité.

59 chambres - 280/899 € 280/899 € - 1 suite - 25 €

25 r. du Pont-Neuf Ⓜ Châtelet - 01 44 88 92 60 - www.maisonalbar-celine.com

Odette - voir les restaurants ci-dessus

Grand Hôtel du Palais Royal

LUXE • CONTEMPORAIN Voisin du Palais-Royal, du ministère de la Culture et du Conseil d'État, cet immeuble du début du 18e s. est impeccablement situé ! À l'intérieur, de l'élégance mais point de faste : les chambres jouent la sobriété avec leurs meubles contemporains et leurs murs blancs. Hammam, fitness et salon de coiffure.

64 chambres - 390/1200 € 390/1200 € - 4 suites - 34 €

4 r. de Valois Ⓜ Palais Royal - 01 42 96 15 35
- www.grandhoteldupalaisroyal.com

Le Lulli - voir les restaurants ci-dessus

Cambon

TRADITIONNEL • PERSONNALISÉ Entre le jardin des Tuileries et la rue St-Honoré, cet hôtel compte de nombreux fidèles : accueil charmant, plaisantes chambres mêlant mobilier contemporain et tableaux anciens...

56 chambres - 225/650 € 225/650 € - 19 €

3 r. Cambon Ⓜ Concorde - 01 44 58 93 93 - www.hotelcambon.com

Opéra Richepanse

URBAIN • ÉLÉGANT Tchaïkovski avait ses habitudes dans ce bel hôtel, dont l'intérieur Art déco a fait place à un style contemporain du plus bel effet. Les chambres, confortables et très bien équipées, donnent pour certaines sur la Madeleine. Entretien impeccable.

37 chambres - 250/500 € 250/500 € - 2 suites - 22 €

14 r. Chevalier-de-St-George Ⓜ Madeleine - 01 42 60 36 00
- www.richepanse.com

Molière

TRADITIONNEL • CONTEMPORAIN Entre Palais-Royal et Opéra, dans une petite rue calme, cet hôtel de tradition entièrement relooké cultive le souvenir de Molière, né dans le quartier. Les chambres, chaleureuses, invitent au cocooning. Agréable espace bien-être, avec hammam et sauna. Et la comédie française n'est pas loin, profitez-en !

26 chambres - 320/450 € 320/650 € - 3 suites - 17 €

21 r. Molière Ⓜ Palais Royal - 01 42 96 22 01 - www.hotel-moliere.fr

Thérèse

URBAIN • PERSONNALISÉ Une adresse charmante, nichée entre le Palais-Royal et l'avenue de l'Opéra. Son décor se révèle très cosy et chic, avec par exemple des pièces de mobilier inspirées des années 1950 et des références néo-industrielles... Une réussite !

40 chambres - 200/400 € 200/400 € - 15 €

5 r. Thérèse Ⓜ Pyramides - 01 42 96 10 01 - www.hoteltherese.com

Britannique

TRADITIONNEL · COSY Créé par une famille anglaise sous le règne de Victoria, cet hôtel à deux pas de la Seine superpose les influences impériales. Chambres au décor chaleureux ; charmant salon. So British !

39 chambres - 175/219 € 207/379 € - 14 €

20 av. Victoria Ⓜ Châtelet - ✆ 01 42 33 74 59 - www.hotel-britannique.fr

Hôtel Odyssey

URBAIN · DESIGN Un voyage dans l'espace tout en restant dans le quartier des Halles, voilà qui est original ! La décoration - signée Ora-Ïto - évoque un vaisseau spatial... et les chambres portent des noms évocateurs : "Cocoon", "Odyssey", "Galileo", etc. Les amateurs de design - et les autres - pousseront des "Oh !"

29 chambres - 109/337 € 109/337 € - 16 €

19 r. Hérold Ⓜ Sentier - ✆ 01 42 36 04 02 - www.hotelodysseyparis.com

Hôtel du Continent

TRADITIONNEL · ÉLÉGANT Près des Tuileries, cet hôtel à taille humaine a été entièrement relooké en 2013 par Christian Lacroix, sur le thème des six continents. Élégance, jeux sur les couleurs, cachet de l'ensemble : on parcourt ce nouveau monde avec bonheur...

25 chambres - 160/400 € 220/400 € - 12 €

30 r. Mont-Thabor Ⓜ Tuileries - ✆ 01 42 60 75 32 - www.hotelcontinent.com

Bourse · Sentier

2e ARRONDISSEMENT

tbralnina/iStock

Restaurants

✿✿ Passage 53 (Shinichi Sato)

CUISINE CRÉATIVE · INTIME XX Dans ce passage couvert où les concepts branchés (restos, cavistes) ont progressivement remplacé les petites boutiques d'antan, une adresse rare... Au gré du marché, le chef japonais Shinichi Sato - formé à l'Astrance - délivre des compositions d'une netteté imparable et millimétrées. Un superbe panorama de cuisine contemporaine !

→ Langoustines, crème et gelée de kombu, lamelles de radis. Turbot et déclinaison de cèpes. Dessert autour du citron.

Menu 60 € (déj.), 120/160 €

53 passage des Panoramas Ⓜ Grands Boulevards - ✆ 01 42 33 04 35 - www.passage53.com - Fermé 2 semaines en août, dim. et lundi

✿ Pur' - Jean-François Rouquette

CUISINE CRÉATIVE · ÉLÉGANT XXX Pure réjouissance à l'heure du dîner : décor contemporain très élégant et mets créatifs concoctés par le chef qui accorde avec soin d'excellents produits. Beau, savoureux et raffiné !

→ Ormeaux dorés au beurre d'algues, artichaut poivrade, vadouvan et tobiko. Ris de veau croustillant, sauce blanquette aux baies de genièvre. Déclinaison aux trois chocolats dans l'esprit d'une feuille de cacaoyer.

Menu 145/275 € - Carte 95/245 €

Hôtel Park Hyatt Paris-Vendôme, 5 r. de la Paix Ⓜ Opéra - ✆ 01 58 71 10 60 - www.paris-restaurant-pur.fr - Fermé août et le midi

Saturne (Sven Chartier)

CUISINE CRÉATIVE • BRANCHÉ XX Saturne : dieu de l'agriculture et anagramme de "natures". Le credo du chef, Sven Chartier : de très bons produits au service d'une cuisine volontiers créative, que l'on découvre au fil d'un menu unique, dans un décor tendance scandinave (mobilier en bois blond, béton ciré). Oui, on peut faire branché et très savoureux !

➜ Cuisine du marché.

Menu 45 € (déj.)/85 €

17 r. N.-D.-des-Victoires Ⓜ Bourse – ✆ 01 42 60 31 90 – www.saturne-paris.fr – Fermé vacances de Noël, sam. et dim.

Sushi B

CUISINE JAPONAISE • ÉPURÉ X Aux abords de l'agréable square Louvois, ce restaurant de poche (8 places seulement) mérite que l'on s'y attarde. Pour le cadre, zen et dépouillé, bien sûr... mais surtout pour constater par soi-même le grand talent du chef : en excellent artisan, il ne travaille que des produits de qualité et de première fraîcheur, avec une précision chirurgicale.

➜ Cuisine du marché.

Menu 58 € (déj. en semaine), 95/160 €

5 r. Rameau Ⓜ Bourse – ✆ 01 40 26 52 87 – www.sushi-b-fr.com – Fermé 2 semaines en août et mardi

Circonstances

soir,

CUISINE TRADITIONNELLE • CONVIVIAL X Tout près du métro Grands Boulevards, ce bistrot a été créé par deux associés expérimentés, dont l'objectif est simple : réaliser une bonne cuisine du marché avec de bons produits. Ainsi ces ravioles de crevettes "menthe coriandre", émulsion lait de coco, la brandade de morue à l'huile d'olive, ou la mousse au chocolat noir. Pari réussi.

Formule 30 € – Menu 36/45 €

174 r. Montmartre Ⓜ Grands Boulevards – ✆ 01 42 36 17 05 – www.circonstances.fr – Fermé 3 semaines en août, lundi soir, mardi soir, sam. et dim.

Pascade

CUISINE MODERNE • BISTRO X Alexandre Bourdas, chef fameux installé à Honfleur, rend hommage dans cette "cantine-auberge" à sa région d'origine, l'Aveyron, à travers l'une de ses spécialités : la pascade, une délicieuse crêpe déclinée tout au long du menu en salé et sucré, et garnie de bons produits, version gastronomique. Un régal !

Menu 33 € – Carte 38/51 €

14 r. Daunou Ⓜ Opéra – ✆ 01 42 60 11 00 – www.alexandre-bourdas.com – Fermé dim. et lundi

Le Céladon

CUISINE MODERNE • ÉLÉGANT XXX Décor très raffiné au Céladon, entre style Régence, tableaux anciens et notes orientales (vases en céladon : porcelaine chinoise vert pâle). Sur de belles bases classiques, le chef concocte une cuisine dans l'air du temps.

Formule 45 € – Menu 55 € – Carte 85/110 €

Hôtel Westminster, 15 r. Daunou Ⓜ Opéra – ✆ 01 42 61 77 42 – www.leceladon.com – Fermé août, sam., dim. et fériés

Drouant

CUISINE TRADITIONNELLE • ÉLÉGANT XXX Un lieu mythique : on y décerne le prix Goncourt depuis 1914 ! Sous la houlette d'Antoine Westermann, les plats de tradition se parent de modernité. Élégant décor cossu.

Menu 45 € (déj. en semaine) – Carte 70/100 €

16 pl. Gaillon Ⓜ Quatre Septembre – ✆ 01 42 65 15 16 – www.drouant.com

Le Versance

CUISINE MODERNE • ÉLÉGANT XXX Un cadre épuré où poutres, vitraux et mobilier design font des étincelles. La cuisine du chef globe-trotter n'est pas en reste : ceviche de thon et son mi-cuit, bouillon de poule, verveine citron et combawa... En face, une épicerie fine propose sandwiches maison, et produits rigoureusement sélectionnés.

Formule 36 € - Menu 43 € (déj.) - Carte 75/90 €

16 r. Feydeau Ⓜ Bourse
- ✆ 01 45 08 00 08 - www.leversance.fr
- Fermé 1er-22 août, 22 déc.-3 janv., sam. midi, dim. et lundi

Mori Venice Bar

CUISINE ITALIENNE • ÉLÉGANT XX La gastronomie vénitienne est méconnue, et le chef, passionné, la défend avec goût ! Starck a signé le décor, évoquant le raffinement et le secret propres à Venise... Véranda face à la Bourse et comptoir pour prendre un verre autour de quelques antipasti ou d'une délicieuse glace maison.

Menu 44 € (déj.), 60/90 € - Carte 75/110 €

2 r. du Quatre-Septembre Ⓜ Bourse
- ✆ 01 44 55 51 55 - www.mori-venicebar.com
- Fermé sam. midi et dim.

Les Orchidées Ⓝ

CUISINE MODERNE • ÉLÉGANT XX Sur la célèbre rue de la Paix, à deux pas de la place Vendôme, Jean-François Rouquette (qui œuvre chez Pur', près de la Madeleine) signe une cuisine inspirée, à base de produits sélectionnés avec une rigueur irréprochable. À déguster sous la verrière ou en terrasse, à la belle saison... entouré d'orchidées.

Formule 55 € - Carte 67/120 €

Hôtel Park Hyatt Paris-Vendôme, 5 r. de la Paix Ⓜ Opéra - ✆ 01 58 71 10 60
- www.parisvendome.park.hyatt.com - Fermé le soir

La Fontaine Gaillon

POISSONS ET FRUITS DE MER • ÉLÉGANT XX Ce bel hôtel particulier du 17e s., qui appartient au comédien Gérard Depardieu, est une vraie fontaine de plaisirs... Cadre feutré (avec une belle collection d'estampes et de dessins), terrasse au pied de la fontaine, cuisine valorisant la mer et plaisante sélection de vins.

Menu 55 € (déj.) - Carte 67/86 €

pl. Gaillon Ⓜ Quatre Septembre - ✆ 01 47 42 63 22
- www.restaurant-la-fontaine-gaillon.com - Fermé sam. midi, dim.

Brasserie Gallopin

CUISINE TRADITIONNELLE • BRASSERIE XX Face au palais Brongniart, une véritable institution, créée en 1876 par un certain... Gallopin. Après Arletty et Raimu, Parisiens et touristes s'y pressent pour son beau décor victorien (boiseries en acajou, verrière Belle Époque, etc.) et sa cuisine bistrotière bourgeoise : tête de veau, pavé de turbot de Noirmoutier, omelette norvégienne flambée à l'eau de vie de framboise.

Formule 22 € - Menu 29 € - Carte 35/71 €

40 r. N.-D.-des-Victoires Ⓜ Bourse - ✆ 01 42 36 45 38 - www.gallopin.com

Vaudeville

CUISINE TRADITIONNELLE • BRASSERIE XX Grande brasserie Art déco, dans la pure tradition parisienne. Fruits de mer, tagliatelles fraîches aux morilles et beaufort, tête de veau sauce ravigote, andouillette ou choucroute royale sont à la carte... Le jour, "cantine" de nombreux journalistes, et le soir, "relâche" des sorties de théâtres !

Formule 25 € - Menu 32 € - Carte 35/50 €

29 r. Vivienne Ⓜ Bourse - ✆ 01 40 20 04 62 - www.vaudevilleparis.com

Caffè Stern

CUISINE ITALIENNE • ÉLÉGANT Dans le passage des Panoramas, l'ancien atelier de gravure Stern a été reconverti en trattoria chic, sans rien perdre de son cachet de l'époque. À la carte, on trouve une cuisine italienne bien troussée et volontiers originale : taglionis à l'aneth, foie "alla veneziana", ou encore pizza à la vapeur...

Formule 32 € – Menu 75/115 € – Carte 65/85 €

47 passage des Panoramas Ⓜ Grands Boulevards – ✆ 01 75 43 63 10 – www.caffestern.fr – Fermé 11 août-3 sept., 23 déc.-7 janv., dim. et lundi

Erh-La Maison du Saké Ⓝ

CUISINE MODERNE • ÉLÉGANT E, R et H comme Eau, Riz, Hommes : intitulé mystérieux pour cette table atypique, qui compagnonne avec une boutique de sakés et un bar à whisky. Le chef japonais y réalise une jolie partition, et décoche quelques impressionnantes flèches gourmandes ; il maîtrise son sujet tout au long des sept plats qui composent le menu unique. Du caractère !

Formule 48 € – Menu 85 €

11 r. Tiquetonne Ⓜ Étienne Marcel – ✆ 01 45 08 49 37 – www.restaurant-erh.com – Fermé dim. et le midi sauf vend. et sam.

Spoon Ⓝ

CUISINE DU MONDE • DESIGN L'ancien Terroir Parisien a laissé la place à Spoon, géré par le groupe d'Alain Ducasse. Le concept culinaire est simple : proposer une cuisine du monde, avec des recettes ethniques revisitées. Chine, Mexique, Thaïlande, Inde, Maghreb, ou encore Brésil, Japon ou Tahiti... un véritable tour du monde.

Menu 32 € (déj. en semaine) – Carte 33/49 €

25 pl. de la Bourse Ⓜ Bourse – ✆ 01 83 92 20 30 – www.spoon.restaurant.com – Fermé sam. midi et dim.

Bissac

CUISINE TRADITIONNELLE • BISTRO Damien Boudier, ancien chef du restaurant Loiseau Rive Droite, réalise ici une belle cuisine de tradition : têtes de cèpes farcies, jeunes pousses de salade et jambon de Bayonne ; filet de rascasse, "échaudés" à l'encre de seiche et chanterelles... Le tout dans un décor de bistrot de luxe qui ne manque pas de cachet.

Formule 18 € – Menu 30 € – Carte 45/65 €

10 r. de la Bourse Ⓜ Bourse – ✆ 01 49 27 01 90 – www.bissac.fr – Fermé 3 semaines en août, sam. midi et dim.

La Bourse et la Vie

CUISINE TRADITIONNELLE • BISTRO Ce bistrot tenu par un chef américain connaît un franc succès. Sa recette ? Des plats biens français, sagement revisités par le maître des lieux, des produits de qualité et des saveurs ô combien plaisantes...

Carte 35/53 €

12 r. Vivienne Ⓜ Bourse – ✆ 01 42 60 08 83 – www.labourselavie.com – Fermé 3 semaines en août, sam. et dim.

A Noste

CUISINE MODERNE • ÉPURÉ Julien Duboué rend hommage à son Sud-Ouest natal avec cet A Noste ("Chez nous" en patois gascon) double-face. Au rez-de-chaussée, il revisite les tapas façon landaise, dans une ambiance animée ; en haut, à la Table, il laisse aller ses élans créatifs dans une atmosphère plus cosy. Dans les deux cas, on se régale !

Formule 29 € – Menu 38 € (déj. en semaine), 49/60 €

6 bis r. du Quatre-Septembre (1er étage) Ⓜ Bourse – ✆ 01 47 03 91 91 – www.a-noste.com – Fermé 29 juil.-23 août et 24 déc.-4 janv., dim. et fériés

Bistro Volnay

CUISINE MODERNE • BISTRO Miroirs, comptoir en bois, banquettes moelleuses… Cet élégant bistrot revisite l'esprit des années 1930. Le jeune chef compose des recettes actuelles, goûteuses et bien réalisées ; à l'instar du tartare de veau et langoustines, en hommage à M. Senderens. On accompagne son repas d'une belle sélection de vins au verre, avec près de 400 références.

Formule 35 € – Menu 40 € (déj.)/65 € – Carte 42/63 €

8 r. Volney Ⓜ Opéra – ☎ 01 42 61 06 65 – www.bistro-volnay.fr – Fermé 2 semaines en août, 24 déc.-2 janv., sam. et dim.

Le Moderne

CUISINE MODERNE • CONVIVIAL À deux pas du palais Brongniart aujourd'hui déserté par les boursicoteurs, ce Moderne permet de se replonger dans l'ambiance toujours affairée du quartier : le midi, l'endroit est bondé, et le soir venu, il se fait intime… Au menu : de beaux produits frais, cuisinés avec goût. Recettes et vins français sont bien cotés !

Formule 29 € – Menu 32/45 € – Carte 45/61 €

40 r. N.-D.-des-Victoires Ⓜ Bourse – ☎ 01 53 40 84 10 – www.le-moderne.fr – Fermé 3 semaines en août, sam. et dim.

Aux Lyonnais

CUISINE LYONNAISE • BISTRO Dans ce bistrot fondé en 1890, on se régale d'une savoureuse cuisine qui explore la gastronomie lyonnaise. Cadre délicieusement rétro : zinc, banquettes, miroirs biseautés, moulures…

Formule 28 € – Menu 35 € – Carte 42/60 €

32 r. St-Marc Ⓜ Richelieu Drouot – ☎ 01 42 96 65 04 – www.auxlyonnais.com – Fermé août, sam. midi, dim. et lundi

Liza

CUISINE LIBANAISE • ORIENTAL Originaire de Beyrouth, Liza Asseily met ici la cuisine de son pays à l'honneur. Dans un décor contemporain parsemé de touches orientales, on opte pour un chich taouk, ou pour un kafta méchouiyé (agneau, houmous et tomates confites)… Le soir, les menus dégustation sont servis à la libanaise, c'est à dire avec une générosité proverbiale : un régal !

Formule 21 € – Menu 38 € (dîner)/48 € – Carte 35/65 €

14 r. de la Banque Ⓜ Bourse – ☎ 01 55 35 00 66 – www.restaurant-liza.com – Fermé dim. soir

Chez Georges

CUISINE TRADITIONNELLE • VINTAGE À deux pas de la place des Victoires, un vrai bistrot parisien dans son jus rétro ! Au menu : une solide cuisine traditionnelle et des vins bien choisis, à savourer au coude-à-coude. Accueil et service chaleureux.

Carte 34/76 €

1 r. du Mail Ⓜ Bourse – ☎ 01 42 60 07 11 – Fermé août, vacances de Noël, sam. et dim.

Silk & Spice

CUISINE THAÏLANDAISE • EXOTIQUE Atmosphère feutrée et belles saveurs d'inspiration thaïe. Gambas et crevettes dans une réduction à la citronnelle, bœuf mijoté au curry vert : les grands classiques de la maison !

Formule 19 € – Menu 32/48 € – Carte 28/50 €

6 r. Mandar Ⓜ Sentier – ☎ 01 44 88 21 91 – www.silkandspice.fr – Fermé sam. midi et dim.

La Marée Jeanne

POISSONS ET FRUITS DE MER • CONVIVIAL À deux pas de la rue Montorgueil, derrière une belle devanture bleue, ce restaurant, dont la cuisine-comptoir (carrelage bleu avec banc d'écailler) a été conçue par le bras droit de Jean Nouvel, propose une cuisine axée sur le poisson et les coquillages. Service détendu et atmosphère conviviale.

Formule 18 € – Carte 34/58 €

3 r. Mandar Ⓜ Sentier – ☎ 01 42 61 58 34 – www.lamareejeanne.com – Fermé dim.

Monsieur K

CUISINE THAÏLANDAISE • CONVIVIAL Si le chef n'est pas un véritable passionné de l'Asie, on ne s'y connaît pas : il a consacré 16 voyages en Thaïlande à goûter à toutes les cuisines, du nord au sud du pays, pour pouvoir reproduire à l'identique les meilleurs plats. Le garçon est un perfectionniste pour la bonne cause : son pad thaï est savoureux.

Formule 21 € – Menu 27 € (déj.), 30/39 € – Carte 30/55 €

10 r. Marie-Stuart Ⓜ Sentier – ✆ 01 42 36 01 09 – www.kapunkaparis.com – Fermé 1 semaine en août et dim.

L'Oseille Ⓝ

CUISINE MODERNE • ÉPURÉ Pour l'allure, c'est le bistrot chic dans toute sa splendeur, avec comptoir, cave vitrée, chaises en bois et banquettes de rigueur. Dans l'assiette, le chef fait défiler les saisons sous la forme d'une carte courte, avec petites entrées à partager, et de généreux plats et desserts. Gourmandise et simplicité sont les maîtres-mots de cette adresse.

Formule 23 € – Menu 29 € (déj.)/36 € – Carte 27/43 €

3 r. St-Augustin Ⓜ Bourse – ✆ 01 45 08 13 76 – www.loseille-bourse.com – Fermé sam. et dim.

Frenchie

CUISINE MODERNE • CONVIVIAL Drôlement *Frenchy*, le jeune chef Grégory Marchand, lui qui a fait ses classes dans plusieurs grandes tables anglo-saxonnes, avant de prendre ses quartiers dans le Sentier, où son petit restaurant ne désemplit pas. La "faute" à sa cuisine, très contemporaine et... drôlement *savoury !*

Menu 45 € (déj.)/74 €

5 r. du Nil Ⓜ Sentier – ✆ 01 40 39 96 19 – www.frenchie-restaurant.com – Fermé 6-21 août, 25 déc.-3 janv., lundi midi, mardi midi, merc. midi, sam. et dim.

L'Apibo

CUISINE MODERNE • BISTRO Dans son petit bistrot du quartier Montorgueil, le chef signe une belle cuisine de produits, originale et délicate, tel ce superbe morceau de poitrine de cochon entièrement désossé.

Formule 20 € – Menu 28 € (déj.), 39/55 €

31 r. Tiquetonne Ⓜ Etienne Marcel – ✆ 01 55 34 94 50 – www.restaurant-lapibo.fr – Fermé dim. midi de juin à août et lundi midi, sam. midi et dim. soir

Les Affamés

CUISINE MODERNE • SIMPLE A deux pas de la place de la Bourse, cette micro "cantine gastronomique" propose une cuisine fraîche et savoureuse, à l'instar de ce thon rouge grillé et crumble panko, très visuel et épuré, servi à l'assiette par le patron. Chaleureux et savoureux.

Formule 22 € – Menu 25 € (déj.)/35 € – Carte 38/75 €

7 r. St-Augustin Ⓜ Bourse – ✆ 01 42 60 22 80 – Fermé sam. midi, lundi soir et dim.

Hôtels

Park Hyatt Paris-Vendôme

LUXE • ÉLÉGANT Ed Tuttle a conçu un hôtel conforme à ses rêves, sur la célèbre rue de la Paix : collection d'art contemporain et classicisme à la française, mobilier mêlant avec subtilité le style Louis XVI et les années 1930, spa et équipements high-tech, restaurants pour toutes les envies... Le grand luxe !

110 chambres – †830/1400 € ††830/1400 € – 43 suites – ☕ 38 €

5 r. de la Paix Ⓜ Opéra – ✆ 01 58 71 12 34 – www.parisvendome.park.hyatt.com

✿ **Pur' - Jean-François Rouquette** • **Les Orchidées** – voir les restaurants ci-dessus

Westminster

LUXE • CLASSIQUE Né en 1809 et aujourd'hui bicentenaire, c'est en 1846 qu'il prit le nom de son plus fidèle client, le duc de Westminster. Ce dernier avait le goût du raffinement à la française ! À noter, le week-end, Céladon devient Petit Céladon : carte plus simple et service décontracté.

85 chambres - 250/550 € 250/550 € - 17 suites - 24 €

13 r. de la Paix Opéra - 01 42 61 57 46 - www.hotel-westminster-opera-paris.fr

Le Céladon - voir les restaurants ci-dessus

Édouard VII

LUXE • PERSONNALISÉ Chatoiement des tissus et raffinement dans les chambres "Couture", tandis que les "Edouard VII" se veulent plus sobres… Partout règne une véritable élégance et les suites sont superbes. Bar cosy très plaisant.

59 chambres - 230/550 € 350/1360 € - 10 suites

39 av. de l'Opéra Opéra - 01 42 61 86 11 - www.edouard7hotel.com

123 Sébastopol

URBAIN • PERSONNALISÉ Cet hôtel atypique est entièrement dédié au 7e art. Dans l'entrée sont inscrits les noms de Belmondo, Lelouch, Morricone ; aux étages, on trouve de la moquette rouge, des extraits de script et des bandes de film… Mais les confortables chambres, elles, ne sont pas une fiction !

63 chambres - 170/280 € 190/350 €

123 bd Sébastopol Réaumur Sébastopol - 01 40 39 61 23 - www.astotel.com

L'Horset Opéra

TRADITIONNEL • CLASSIQUE Dans cet hôtel à deux pas du palais Garnier, l'atmosphère est très feutrée ; dans les chambres, classicisme de bon goût (tentures et tissus assortis, boiseries chaleureuses).

54 chambres - 190/285 € 220/345 € - 16 €

18 r. d'Antin Opéra - 01 44 71 87 00 - www.hotelhorsetopera.com

La Maison Favart

LUXE • ÉLÉGANT Il règne une atmosphère intemporelle dans cet hôtel (1824) où séjourna le peintre Francisco de Goya. Les chambres - certaines tournées vers l'Opéra-Comique - sont agréables, et le sous-sol abrite un délicieux espace détente (fitness, sauna, table massante). Une adresse de charme.

39 chambres - 499/1900 € 499/1900 € - 6 suites - 24 €

5 r. Marivaux Richelieu Drouot - 01 42 97 59 83 - www.lamaisonfavart.com

Bachaumont

URBAIN • CONTEMPORAIN Idéalement situé entre la rue Montmartre et la rue Montorgueil, cet hôtel typiquement parisien du début du 20e s., un temps transformé en clinique, renaît avec élégance (porche en verre et fer forgé, couloir en marbre etc.). Les chambres, contemporaines, sont confortables. Cuisine dans l'air du temps, au restaurant. Petit fitness au sous-sol.

49 chambres - 200/400 € 200/700 € - 4 suites

18 r. Bachaumont Sentier - 01 81 66 47 00 - www.hotelbachaumont.com

Hôtel de Noailles

URBAIN • CONTEMPORAIN Élégance très contemporaine et design derrière une jolie façade 1900. Chambres zen et épurées, ouvertes pour la plupart sur le patio (avec balcon aux 5e et 6e étages).

56 chambres - 180/600 € 200/600 € - 5 suites - 20 €

9 r. de la Michodière Quatre Septembre - 01 47 42 92 90 - www.hotelnoailles.com

Gramont Opéra

URBAIN • COSY Un charmant hôtel près de l'Opéra-Comique… Imprimés floraux, teintes mauve et chocolat : frais, harmonieux et vraiment joli. Duplex avec terrasse donnant sur les toits.

25 chambres - 100/165 € 115/315 € - 14 €

22 r. Gramont Richelieu Drouot - 01 42 96 85 90 - www.hotel-gramont-opera.com

Le Haut Marais · Temple

3e ARRONDISSEMENT

Michael Talalaev/Moment Open/getty Images

Restaurants

Raw

CUISINE MODERNE · COSY X Raw, comme la "raw-food", autrement dit... la cuisine crue. Le concept de William Pradeleix (chef de Will, Paris 12) joue le cru contre le cuit, afin de conserver l'apport en vitamines des aliments. L'expérience n'est pas simplement intellectuelle, le goût est là ! Pour preuve, ces coques, beurre d'agrumes et rhubarbe en pickles... Qui l'eût cru ?

Carte 30/40 €

57 r. de Turenne Ⓜ Chemin Vert – ✆ 01 77 18 37 50 – Fermé mardi midi, dim. et lundi

Ambassade d'Auvergne

CUISINE DU TERROIR · CONVIVIAL XX La carte célèbre les classiques d'une province riche de saveurs (saucisse sèche, lentilles vertes du Puy, l'incontournable aligot), mais s'enrichit de nouveaux produits, aveyronnais notamment, comme l'ail noir, ou ce bœuf de Salers maturé quarante jours.

Formule 23 € – Menu 33 € – Carte 35/62 €

22 r. du Grenier-St-Lazare Ⓜ Rambuteau – ✆ 01 42 72 31 22 – www.ambassade-auvergne.com

Soon Grill

CUISINE CORÉENNE · CONVIVIAL XX Ouvert en 2015, ce restaurant célèbre la gastronomie coréenne de bien belle manière. Les incontournables sont au rendez-vous – bibimbap servi dans un bol de pierre brûlant, raviolis grillés, bœuf mariné sauce soja –, mais on trouve aussi à la carte quelques préparations plus méconnues. C'est fin et parfumé : un régal !

Formule 16 € – Menu 21 € 🍷 (déj. en semaine), 49/69 € – Carte 40/65 €

78 r. des Tournelles Ⓜ Chemin Vert – ✆ 01 42 77 13 56 – www.soon-grill.com

Auberge Nicolas Flamel Ⓝ

CUISINE CLASSIQUE · CHIC XX Cette auberge, la plus ancienne de Paris (1407), est classée monument historique : un cadre idéal pour le premier restaurant d'Alan Geaam. Cet autodidacte propose une cuisine tout en maîtrise, à base de produits nobles (langoustine, maigre, ris de veau, pigeon...) avec accords de saveurs bien pensés, cuissons au poil et assaisonnements de qualité.

Formule 20 € – Menu 25 (déj. en semaine)/42 € – Carte 45/70 €

51 r. Montmorency Ⓜ Rambuteau – ✆ 01 42 71 77 78 – www.auberge-nicolas-flamel.fr

Elmer

CUISINE MODERNE · BRANCHÉ X Tout près de République, on aime cette table chic où officie Simon Horwitz, jeune chef au riche parcours (Oustau de Baumanière, Pierre Gagnaire, voyages en Asie et en Amérique latine). Il compose une partition savoureuse et pleine de mordant, avec notamment de belles viandes cuites à la braise ou en rôtissoire.

Formule 24 € – Menu 28 € (déj.) – Carte 49/65 €

30 r. Notre-Dame-de-Nazareth Ⓜ Temple – ✆ 01 43 56 22 95 – elmer-restaurant.fr – Fermé 3 semaines en août, 1 semaine vacances de Noël, sam. midi, dim. et lundi

Breizh Café - Le Marais

CUISINE BRETONNE • SIMPLE X Après avoir conquis le Japon avec ses crêperies nouvelle mode (farines bio, bons produits), Bertrand Larcher a ramené en France des crêpiers nippons ! Ils défendent joliment le slogan maison : "La crêpe autrement." Un exemple ? La basquaise : asperges, tomate, chorizo, basilic et fromage fondu. Voilà qui ne tombe pas à plat !

Carte 25/38 €

109 r. Vieille-du-Temple Ⓜ St-Sébastien Froissart – ✆ 01 42 72 13 77 – www.breizhcafe.com – Fermé lundi

Des Gars dans la Cuisine

CUISINE MODERNE • TENDANCE X À deux pas du Marais gay, les gars sont aux commandes et c'est tant mieux : Gil Rosinha en cuisine et Jean-Jacques Delaval en salle forment un duo aussi enjoué que professionnel. La cuisine croque notre époque avec gourmandise ; l'ambiance est branchée et chaleureuse. La belle image d'un restaurant fédérateur et plein de vie !

Menu 17 € (déj. en semaine)/23 € – Carte 46/66 €

72 r. Vieille-du-Temple Ⓜ Chemin Vert – ✆ 01 42 74 88 26 – www.desgarsdanslacuisine.com

Pramil

A/C

CUISINE MODERNE • BISTRO X Des pierres apparentes, un sol en béton ciré, beaucoup de sobriété : le décor met d'autant mieux en valeur la belle générosité de la cuisine du marché d'Alain Pramil, un autodidacte passionné qui, dans une autre vie, était professeur de physique. Jolis vins, prix doux et accueil chaleureux : dans le mille, Pramil !

Formule 24 € – Menu 33 € – Carte 38/48 €

9 r. Vertbois Ⓜ Temple – ✆ 01 42 72 03 60 – www.pramil.fr – Fermé 1er-4 mai, 13-27 août, 24-28 déc., dim. midi et lundi

Au Bascou

A/C

CUISINE BASQUE • SIMPLE X Dans ce bistrot, véritable institution parisienne, la cuisine chante avec les chauds accents de la terre basque, mais pas seulement. Si de nombreux produits viennent du "pays" (piperades, chipirons, fricassée d'escargots), on se s'interdit pas des assiettes plus actuelles, ni du gibier en saison (lièvre à la royale).

Formule 18 € – Menu 25 € (déj.), 30/60 € – Carte 36/46 €

38 r. Réaumur Ⓜ Arts et Métiers – ✆ 01 42 72 69 25 – www.au-bascou.fr – Fermé août, 1 semaine à Noël, sam. et dim.

Le Mazenay

CUISINE CLASSIQUE • BRASSERIE X Ici, l'accent est mis sur la belle cuisson, le bon jus et le beau produit. Pas de tintamarre inutile quand on se régale du homard breton en soupe glacée ou d'un pigeon rôti entier. Mais le chef n'a qu'une hâte : que commence la saison du gibier ! Grouse d'Écosse rôtie, lièvre à la royale... Une adresse pour bons vivants.

Formule 19 € – Menu 39/55 €

46 r. de Montmorency Ⓜ Rambuteau – ✆ 06 42 83 79 52 – www.lemazenay.com – Fermé 3 semaines en août, sam. midi, dim. et lundi

Atelier Vivanda - Marais

A/C

VIANDES • BISTRO X Vivanda, troisième ! Situé dans une rue du Haut-Marais, cette adresse aligne sa carte sur les deux précédentes : hommage aux belles viandes donc (bœuf persillé Black Angus en tête), dans un cadre associant boucherie et bistrot. Réservation conseillée : les 20 places sont disputées.

Menu 39 € – Carte 32/47 €

82 r. des Archives Ⓜ Arts et Métiers – ✆ 01 42 71 48 07 – www.ateliervivanda.com – Fermé lundi et mardi

Anahi

CUISINE ARGENTINE · TENDANCE Depuis son ouverture, c'est LA table à ne pas manquer dans le haut Marais. On y goûte des viandes exceptionnelles, cuites à la braise et assaisonnées d'une excellente marinade aux herbes... Pour la petite histoire, le lieu était une boucherie dans les années 1920, comme le rappelle l'élégante verrière Art déco du plafond, et les faïences d'époque.

Carte 50/110 €

49 r. Volta Ⓜ Temple – ✆ 01 83 81 38 00 – www.anahi-paris.com – Fermé 21 juil.-21 août et le midi

Hôtels

Pavillon de la Reine

LUXE · HISTORIQUE L'élégance du Paris historique, tout en noble discrétion. Passé les voûtes de la place des Vosges, première illumination à la vision de la belle cour verdoyante. Et le ravissement continue avec les chambres, feutrées et raffinées. Le luxe sans ostentation !

56 chambres – 297/890 € 297/890 € – 5 suites – 35 €

28 pl. des Vosges Ⓜ Bastille – ✆ 01 40 29 19 19 – www.pavillon-de-la-reine.com

Les Bains

URBAIN · PERSONNALISÉ Tel le phénix, les Bains renaissent toujours. Ils prennent aujourd'hui la forme d'un hôtel de caractère, mêlant habilement les styles (contemporain, design, Art déco) jusque dans les chambres, confortables et bien insonorisées. On profite aussi d'un bar à cocktails, de salons privés et... d'un club avec piscine !

37 chambres – 294/800 € 294/800 € – 2 suites – 20 €

7 r. du Bourg-L'Abbé Ⓜ Réaumur-Sébastopol – ✆ 01 42 77 07 07 – www.lesbains-paris.com

Le Petit Moulin

LUXE · PERSONNALISÉ Christian Lacroix a imaginé le décor "couleur du temps" de cet hôtel du Marais. C'est inédit, raffiné... entre tradition et modernité. Baignoires à pieds, tons flashy : chaque chambre est un bijou !

17 chambres – 185/495 € 185/495 € – 16 €

29 r. du Poitou Ⓜ St-Sébastien Froissart – ✆ 01 42 74 10 10 – www.hoteldupetitmoulin.com

Jules et Jim

URBAIN · CONTEMPORAIN Ne cherchez pas de lien avec le film de François Truffaut... sinon un affichage branché, voire hipster ! Cette ancienne usine du Marais, transformée en hôtel, est l'un des derniers repaires urbains à la mode. Atypiques et confortables, les chambres sont une belle démonstration du goût contemporain, version jeune et épicurienne...

23 chambres – 200/400 € 200/400 € – 20 €

11 r. des Gravilliers Ⓜ Arts et Métiers – ✆ 01 44 54 13 13 – www.hoteljulesetjim.com

Little Palace

URBAIN · FONCTIONNEL Un Little Palace "so charming", mêlant avec bonheur les styles vintage, contemporain et un mobilier coloré de type scandinave... Les chambres chaleureuses sont à choisir de préférence aux 6e et 7e étages – pour profiter de la belle vue sur Paris !

49 chambres – 165/265 € 195/390 € – 4 suites – 15 €

4 r. Salomon-de-Caus Ⓜ Réaumur-Sébastopol – ✆ 01 42 72 08 15 – www.littlepalacehotel.com

Hôtel du Vieux Saule

BUSINESS • CONTEMPORAIN Dans une petite rue du haut Marais, on découvre un hôtel familial à l'intérieur zen et coloré ; les chambres y sont petites mais joliment décorées. Il fait bon se détendre au sauna ou dans le salon donnant sur la cour. Puis, direction la place des Vosges et le musée Carnavalet !

26 chambres – †105/155 € ††135/290 € – ☕12 €

6 r. de Picardie Ⓜ Filles du Calvaire
– ✆ 01 42 72 01 14 – www.hotelvieuxsaule.com

Jacques de Molay

FAMILIAL • COSY On découvre d'abord cette façade originale, en bois peint, et le nom de l'hôtel : Jacques de Molay, dernier maître de l'ordre des Templiers, au 13e s. Les chambres, élégantes et contemporaines, ne négligent pas le charme de l'ancien, avec leurs belles poutres apparentes.

23 chambres – †149/315 € ††169/315 € – ☕13 €

94 r. des Archives Ⓜ République
– ✆ 01 42 72 68 22 – www.hotelmolay.fr

Île de la Cité • Île St-Louis • Le Marais • Beaubourg

4e ARRONDISSEMENT

Nikada/iStock

Restaurants

✿✿✿ L'Ambroisie (Bernard Pacaud)

CUISINE CLASSIQUE • LUXE XXXX L'ambroisie n'est-elle pas la nourriture des dieux de l'Olympe ? Sans conteste, la cuisine de Bernard Pacaud touche à l'absolu : éclat des saveurs, science des produits, perfection d'exécution. Un classicisme imparable ! Le tout dans l'écrin royal d'un hôtel particulier de la place des Vosges (17e s.). Nourritures immortelles...

➜ Feuillantine de langoustines aux graines de sésame, sauce au curry. Escalopines de bar à l'émincé d'artichaut, nage réduite au caviar. Tarte fine sablée au cacao amer, glace à la vanille Bourbon.

Carte 210/340 €

9 pl. des Vosges Ⓜ St-Paul – ✆ 01 42 78 51 45 – www.ambroisie-paris.com
– Fermé 18 fév.-5 mars, 29 avril-6 mai, 5-26 août, dim. et lundi

✿ Benoit

CUISINE CLASSIQUE • BISTRO XX Alain Ducasse supervise ce bistrot chic et animé, l'un des plus anciens de Paris... fondé en 1912 ! La cuisine, réalisée dans les règles de l'art, célèbre les trésors de la cuisine française ; on se régale dans une ambiance animée et chaleureuse. Une authentique et belle maison.

➜ Langue de bœuf Lucullus, cœur de romaine à la crème moutardée. Filet de sole Nantua, épinards crémés. Savarin à l'armagnac, chantilly.

Menu 39 € (déj.) – Carte 70/115 €

20 r. St-Martin Ⓜ Châtelet-Les Halles
– ✆ 01 42 72 25 76 – www.benoit-paris.com

Restaurant H (Hubert Duchenne)

CUISINE CRÉATIVE • COSY X Une bonne adresse de bouche près de Bastille ? Si, si ! Voilà "H" comme Hubert Duchenne, jeune chef passé chez Akrame Benallal et Jean-François Piège. Vingt couverts, à peine, pour se régaler d'un menu unique (ce jour-là, par exemple, moules, crème de persil et salicorne). Une cuisine inventive et maîtrisée.

➜ Cuisine du marché.

Menu 36 € (déj. en semaine), 60/80 €

13 r. Jean-Beausire Ⓜ Bastille – ✆ 01 43 48 80 96 – www.restauranth.com – Fermé 3 semaines en août, 1 semaine vacances de Noël, dim. et lundi

Bofinger

CUISINE TRADITIONNELLE • BRASSERIE XX Institution de la vie parisienne au remarquable décor alsacien : coupole, marqueteries, miroirs, peintures signées Hansi. Le charme de cette brasserie créée en 1864 opère toujours.

Carte 41/77 €

5 r. de la Bastille Ⓜ Bastille – ✆ 01 42 72 87 82 – www.bofingerparis.com

GrandCœur

CUISINE MODERNE • COSY XX Les poutres et la pierre, les grands miroirs et le mobilier éclectique, sans oublier l'incontournable terrasse : cette maison installée dans une jolie cour pavée impose son style d'entrée. La cuisine, imaginée par Mauro Colagreco (également associé), agrémente la tradition française d'un peu d'international. Un plaisir !

Formule 23 € – Menu 30 € (déj. en semaine) – Carte 44/80 €

41 r. du Temple Ⓜ Rambuteau – ✆ 01 58 28 18 90 – www.grandcoeur.paris – Fermé dim. soir et lundi

Claude Colliot

CUISINE MODERNE • CONTEMPORAIN X Chez Claude Colliot, point d'énoncés pompeux, mais une cuisine de saison qui traite les produits de qualité avec tous les égards. Les légumes proviennent directement du potager du chef, situé dans le Loiret. Léger, sain et savoureux.

Menu 55 € (dîner) – Carte 29/47 € déjeuner

40 r. des Blancs-Manteaux Ⓜ Rambuteau – ✆ 01 42 71 55 45 – www.claudecolliot.com – Fermé 2 semaines en août, dim. et lundi

Thaï Spices Ⓝ

CUISINE THAÏLANDAISE • COSY X Entre le quai des Célestins et le village St-Paul officie un chef, Willy Lieu, qui fut le cuisinier personnel de Jacques Chirac ! Chez lui, la cuisine thaïe est à l'honneur, en version authentique : les grands classiques sont au rendez-vous – pad thaï, tom yam –, généreux et pleins de saveurs, relevés comme il se doit. Tarifs plutôt modérés et service agréable.

Formule 12 € – Menu 14/19 € – Carte 35/40 €

5-7 r. de l'Ave-Maria Ⓜ Sully Morland – ✆ 01 42 78 65 49 – Fermé août, sam. midi et dim.

Au Bourguignon du Marais

CUISINE BOURGUIGNONNE • BISTRO X Dans le quartier du Marais, une enseigne qui dit vrai : on savoure ici de bons petits plats régionaux, tout en générosité. Incontournable bœuf bourguignon, escargots à l'ail et au persil... et jolie carte de vins 100 % bourguignonne !

Formule 20 € – Menu 25 € (déj.) – Carte 40/64 €

52 r. François-Miron Ⓜ St-Paul – ✆ 01 48 87 15 40

Les Fous de l'Île

CUISINE TRADITIONNELLE • BISTRO X Au cœur de l'île St-Louis, un néobistrot qui fait rimer saveurs et bonne humeur. Chapeau aussi à la déco, entre casiers en bois et collection de poules. Régalé, mais pas plumé !

Formule 21 € – Menu 26 € (déj. en semaine), 30/21 € – Carte 37/45 €

33 r. des Deux-Ponts Ⓜ Pont Marie – ✆ 01 43 25 76 67 – www.lesfousdelile.com

Isami

CUISINE JAPONAISE • ÉPURÉ Isami est renommé auprès des Japonais, qui savent où se rendre pour manger "comme chez eux"... Derrière son bar, Katsuo Nakamura réalise en effet des merveilles de sushis et de chirashis, démontrant une maîtrise fascinante des couteaux au service de produits ultrafrais. Un must parmi les adresses nippones de la capitale.

Carte 45/95 €

4 quai d'Orléans Ⓜ Pont Marie - ✆ 01 40 46 06 97 - Fermé août, vacances de Noël, dim. et lundi

Baffo

CUISINE ITALIENNE • TRATTORIA Originaire de la Maremme (au sud de la Toscane) et passionné de cuisine, Fabien Zannier a décidé de changer de vie pour rendre hommage aux saveurs de son enfance. De là cette petite table italienne forte en goût, où priment les produit frais et bio. L'occasion d'un "pranzo con i baffi", un repas à s'en lécher les moustaches !

Menu 60 € - Carte 53/108 €

12 r. Pecquay Ⓜ Rambuteau - ✆ 07 61 88 73 04 - www.baffo.fr
- Fermé 6-30 août, 24 déc.-11 janv., mardi midi, merc. midi, dim. et lundi

Tavline Ⓝ

CUISINE ISRAÉLIENNE • VINTAGE Un petit bout de Tel-Aviv entre Saint-Paul et Hôtel de Ville, un zeste de Maroc, un soupçon de Liban. Telle est la recette de Tavline, où les épices, provenant du "Shuk Ha'Carmel", le plus grand marché de Tel-Aviv, agrémentent une cuisine fine, dont ce mémorable memoulaïm (oignons farcis d'agneau), recette héritée de la mère du chef.

Carte 28/36 €

25 r. du Roi-de-Sicile Ⓜ St-Paul
- ✆ 09 86 55 65 65 - www.tavline.fr
- Fermé août, dim. et lundi

Hôtels

Jeu de Paume

HISTORIQUE • PERSONNALISÉ Au cœur de l'île St-Louis, cette halle du 17e s., jadis vouée au jeu de paume, s'est muée en hôtel de caractère. Poutres apparentes, belle hauteur sous plafond : une sobre élégance contemporaine dans les chambres.

28 chambres - 160/335 € 240/450 € - 2 suites - 18 €

54 r. St-Louis-en-l'Ile Ⓜ Pont Marie
- ✆ 01 43 26 14 18 - www.jeudepaumehotel.com

Bourg Tibourg

LUXE • COSY Un hôtel entièrement décoré par Jacques Garcia. Néogothique, oriental... chaque chambre a son propre univers, tout en luxe et raffinement. Une petite perle en plein Marais.

30 chambres - 220/320 € 290/400 € - 1 suite - 20 €

19 r. du Bourg-Tibourg Ⓜ Hôtel de Ville - ✆ 01 42 78 47 39
- www.bourgtibourg.com

Duo

URBAIN • CONTEMPORAIN Un passé préservé (escalier classé, cave voûtée du 16e s.) et une atmosphère résolument contemporaine, douce et design : un beau Duo gagnant tenu par la même famille depuis 1918.

58 chambres - 100/140 € 160/550 € - 2 suites - 17 €

11 r. du Temple Ⓜ Hôtel de Ville
- ✆ 01 42 72 72 22 - www.duoparis.com

 **Beaubourg**

URBAIN • FONCTIONNEL Juste derrière le Centre Pompidou ! Cet hôtel dispose de chambres accueillantes et bien insonorisées, plus grandes et souvent dotées de poutres dans le bâtiment donnant sur la rue.

28 chambres - 95/180 € 95/180 €

11 r. Simon-Le-Franc Ⓜ Rambuteau - ✆ 01 42 74 34 24 - www.hotelbeaubourg.com

 **Hôtel de Lutèce**

TRADITIONNEL • FONCTIONNEL Un emplacement idéal sur l'île St-Louis, pour les amoureux du Paris historique. Boiseries, poutres et tomettes au salon ; petites chambres cosy et fonctionnelles, tout en sobriété.

23 chambres - 125/230 € 150/275 € - 14 €

65 r. St-Louis-en-l'Ile Ⓜ Pont Marie - ✆ 01 43 26 23 52 - www.hoteldelutece.com

Castex

TRADITIONNEL • CLASSIQUE La clientèle américaine, entre autres, apprécie la mise en scène Grand Siècle de cette demeure. Petites chambres soignées (tomettes, mobilier Louis XIII et rustique).

30 chambres - 199/219 € 219/245 € - 13 €

5 r. Castex Ⓜ Bastille - ✆ 01 42 72 31 52 - www.castexhotel.com

Quartier Latin · Jardin des Plantes · Mouffetard

5e ARRONDISSEMENT

mauinow1/iStock

Restaurants

Tour d'Argent

CUISINE MODERNE • LUXE XXXXX Révolution de velours pour cette institution datant de 1582 ! Le chef Philippe Labbé propose une cuisine moderne, vivante, réactualisant les classiques, avec finesse, et une inspiration intacte. Service élégant, et cave exceptionnelle de 400 000 bouteilles. Une main de tradition dans un gant de modernité.

→ Quenelle de brochet André Terrail, hommage au grand-père. Caneton de Challans Mazarine. Crêpes "mademoiselle".

Menu 105 € (déj.), 350/360 € - Carte 185/330 €

15 quai de la Tournelle Ⓜ Maubert Mutualité - ✆ 01 43 54 23 31 - www.tourdargent.com - Fermé 3 semaines en août, dim. et lundi

Mavrommatis

CUISINE GRECQUE • ÉLÉGANT XX Le chef chypriote Andreas Mavrommatis célèbre terroirs grecs et cuisine méditerranéenne. C'est soigné et parfumé, à la fois simple et subtil : un véritable enchantement. De quoi faire bronzer vos papilles !

→ Découverte des mézédés. Encornets farcis, crevettes obsiblues grillées, fenouil au curcuma. Tarte vanille et châtaigne.

Formule 34 € - Menu 42 € (dîner en semaine)/79 € - Carte 55/79 €

42 r. Daubenton Ⓜ Censier Daubenton - ✆ 01 43 31 17 17 - www.mavrommatis.com - Fermé août, mardi midi, merc. midi, dim. et lundi

Alliance (Toshitaka Omiya)

CUISINE MODERNE • CONTEMPORAIN XX Ce restaurant célèbre l'Alliance de Shawn et Toshi, deux anciens de l'Agapé (respectivement maître d'hôtel et cuisinier), désormais complices dans cette nouvelle aventure. Le second, aux fourneaux, ne donne pas dans l'esbroufe ou l'artificiel : il esquisse de vrais éclairs de simplicité, à la fois subtils et bien exécutés : on en redemande.

➜ Pommes de terre "Allians", échalote et champignons. Rouget des côtes vendéennes, chou rouge et betterave fumée. Parfait aux noisettes et citron.

Menu 46 € (déj.), 90/110 € - Carte 75/105 €

5 r. de Poissy Ⓜ Maubert Mutualité - ✆ 01 75 51 57 54 - www.restaurant-alliance.fr - Fermé 6-24 août, 1er-7 janv., sam. et dim.

Kokoro

CUISINE MODERNE • CONVIVIAL X Un jeune couple franco-japonais (tous deux anciens de chez Passard) travaille d'arrache-pied dans cette adresse à deux pas du métro Cardinal-Lemoine. Leur cuisine, réglée sur les saisons, se révèle à la fois fine, intelligente et subtile, et réserve de belles surprises... Kokoro, c'est "cœur" en japonais !

Formule 20 € - Menu 25 € (déj.)/34 € - Carte 31/50 €

36 r. des Boulangers Ⓜ Cardinal Lemoine - ✆ 01 44 07 13 29 - www.restaurantkokoro.blogspot.fr - Fermé lundi midi, sam. et dim.

Atelier Maître Albert

CUISINE TRADITIONNELLE • CONVIVIAL XX Une cheminée médiévale et des rôtissoires cohabitent avec un bel intérieur design signé J.-M. Wilmotte. Guy Savoy a imaginé la carte, avec des produits d'une qualité indéniable. Imaginez une volaille à la peau croustillante, son jus parfumé...

Formule 28 € - Menu 35/70 € - Carte 40/60 €

1 r. Maître-Albert Ⓜ Maubert Mutualité - ✆ 01 56 81 30 01 - www.ateliermaitrealbert.com - Fermé 2 semaines en août, vacances de Noël, sam. midi et dim. midi

La Truffière

CUISINE MODERNE • INTIME XX Au cœur du vieux Paris, cette maison du 17e s. a du caractère. Les assiettes, visuellement soignées, sont franchement créatives : le chef aime surprendre et cela se sent. Menu truffe toute l'année, et remarquable carte des vins, avec pas moins de... 4600 références, françaises et mondiales.

Menu 40 € (semaine), 65/120 € - Carte 106/152 €

4 r. Blainville Ⓜ Place Monge - ✆ 01 46 33 29 82 - www.latruffiere.com - Fermé mardi midi en juil.-août, dim. et lundi

L'Initial

CUISINE MODERNE • TRADITIONNEL XX Le chef japonais, au palmarès étincelant (Robuchon Tokyo, Bernard Loiseau à Saulieu), propose une cuisine française d'une remarquable précision réalisée autour d'un menu sans choix rythmé par les saisons. Rapport qualité/prix imbattable (même le soir !) et service aux petits soins.

Formule 36 € - Menu 48 €

9 r. de Bièvre Ⓜ Maubert Mutualité - ✆ 01 42 01 84 22 - www.restaurant-linitial.fr - Fermé 3 semaines en août, 1 semaine à Noël, mardi midi, dim. et lundi

Kitchen Ter(re) Ⓝ

CUISINE MODERNE • CONTEMPORAIN X William Ledeuil façonne un kaléidoscope de l'épure et du goût, où brillent des pâtes de haut-vol (réalisées par l'artisan Roland Feuillas à base d'épeautre, blé dur, engrain ou barbu du Roussillon), mais aussi un bouillon thaï , anguille, pomme de terre, ou encore un cappuccino, pommes au tamarin et glace au caramel... Absolument moderne, absolument gourmand.

Formule 26 € - Menu 30 € - Carte environ 47 €

26 bd St-Germain Ⓜ Maubert Mutualité - ✆ 01 42 39 47 48 - www.zekitchengalerie.fr - Fermé dim. et lundi

La Rôtisserie d'Argent

CUISINE TRADITIONNELLE · BISTRO Les propriétaires de la Tour d'Argent ont transformé cet ancien bouchon lyonnais en bistrot parisien de haute volée. La rôtissoire, bien visible, annonce le programme : bonnes viandes à la broche (poulet de Challans, pigeon, canette), grands classiques français, etc. Cuissons justes, portions généreuses, ambiance détendue ; et voilà le travail.

Carte 35/70 €

19 quai de la Tournelle Ⓜ Maubert Mutualité – ✆ 01 43 54 17 47 – www.tourdargent.com/la-rotisserie-dargent

AT

CUISINE CRÉATIVE · DESIGN A deux pas des quais de Seine et de la Tour d'Argent, ce petit restaurant au décor minimaliste cultive l'âme japonaise : le chef Tanaka, passé chez Pierre Gagnaire, aime la fraîcheur et la précision ; il tient sa clientèle en haleine avec des assiettes créatives et variées. Salle voûtée au sous-sol.

Menu 55 € (déj.)/105 €

4 r. Cardinal-Lemoine Ⓜ Cardinal Lemoine – ✆ 01 56 81 94 08 – www.atushitanaka.com – Fermé lundi midi et dim.

L'Agrume

CUISINE MODERNE · CONVIVIAL Ici, on mise sur les saisons, la fraîcheur des produits (le poisson vient de Bretagne et les primeurs des meilleures adresses) et une exécution pleine de finesse. L'assiette pétille de saveurs. Un bon bistrot de chef !

Formule 23 € – Menu 26 € (déj.)/48 € – Carte 45/65 €

15 r. des Fossés-St-Marcel Ⓜ St-Marcel – ✆ 01 43 31 86 48 – www.restaurantlagrume.fr – Fermé août, 22 déc.-6 janv., dim. et lundi

Au Moulin à Vent

CUISINE TRADITIONNELLE · BISTRO Depuis 1946, rien n'a changé dans ce bistrot parisien... ou si peu. Le joli décor rétro s'est patiné avec les ans et la cuisine traditionnelle s'est enrichie de spécialités de viandes : steack au couteau, côte de bœuf, etc. Bien sympathique.

Formule 25 € – Menu 29 € (déj. en semaine) – Carte 44/67 €

20 r. des Fossés-St-Bernard Ⓜ Jussieu – ✆ 01 43 54 99 37 – www.au-moulinavent.com – Fermé août, lundi midi, sam. midi et dim.

Ciasa Mia

CUISINE ITALIENNE · AUBERGE Le jeune chef est originaire de l'Italie et réalise une cuisine à son image, généreuse, authentique et sincère. Bien installé devant la cheminée, on profite pleinement de ses créations originales. Tout est fait maison, du pain jusqu'aux desserts.

Menu 35 € (déj.), 65/82 € – Carte 80/90 €

19 r. Laplace Ⓜ Maubert Mutualité – ✆ 01 43 29 19 77 – www.ciasamia.com – Fermé 2 semaines en août, une semaine à Noël, sam. midi et dim.

Les Papilles

CUISINE TRADITIONNELLE · BISTRO Bistrot, cave et épicerie : une adresse attachante, où l'on fait pitance entre casiers à vins et étagères garnies de conserves. Le soir, on vous propose un menu unique où les suggestions gourmandes affolent les papilles.

Formule 28 € – Menu 35 € – Carte 45/55 € déjeuner

30 r. Gay-Lussac Ⓜ Luxembourg – ✆ 01 43 25 20 79 – www.lespapillesparis.com – Fermé 20 juil.-20 août, vacances de Noël, dim. et lundi

Les Délices d'Aphrodite

CUISINE GRECQUE · TAVERNE Dans ce sympathique restaurant aux allures de taverne, on se croirait presque en Grèce ! Poulpe mariné, caviar d'aubergines, moussaka, etc. Cette cuisine fraîche et ensoleillée tire le meilleur parti de produits de qualité.

Formule 25 € – Carte 35/55 €

4 r. Candolle Ⓜ Censier Daubenton – ✆ 01 43 31 40 39 – www.mavrommatis.fr

Officina Schenatti

CUISINE ITALIENNE • CONTEMPORAIN X Ivan Schenatti, originaire de Lombardie, a choisi cette rue proche de la Seine pour y installer son "officina" – son atelier –, au décor mêlant pierre et mobilier design. Il concocte une savoureuse cuisine des régions italiennes, tels ces raviolis maison farcis aux girolles... Le tout accompagné de bons vins transalpins !

Formule 19 € – Menu 35/69 € – Carte 45/68 €

15 r. Frédéric-Sauton Ⓜ Maubert Mutualité – ✆ 01 46 34 08 91 – www.officinaschenatti.com – Fermé 3 semaines en août, 24-28 déc., lundi midi et dim.

Bibimbap

CUISINE CORÉENNE • CONVIVIAL X Êtes-vous plutôt ssambap ou bap ? Pour en décider, courez vite au Bibimbap, petit restaurant typiquement coréen. Vive, très fraîche, soignée, diététique (pour les initiés : fondée sur l'énergie), sa cuisine est un vrai plaisir ! Côté surprise, ces petites sonnettes, sur chaque table, permettant d'appeler le serveur...

Carte 29/38 €

32 bd de l'Hôpital Ⓜ Gare d'Austerlitz – ✆ 01 43 31 27 42 – www.bibimbap.fr

Beige

CUISINE JAPONAISE • SIMPLE X Ce charmant restaurant japonais, situé au cœur du Quartier Latin, est un izakaya, spécialisé dans la cuisine en petites portions. Il excelle dans ce domaine : les préparations, délicates et savoureuses, s'accompagnent d'élégants sakés. Service souriant et attentionné. Pas de réservations.

Formule 19 € – Carte 17/29 €

31 r. de la Parcheminerie Ⓜ St-Michel – ✆ 01 46 33 75 10 – Fermé 3 semaines en août, vacances de Noël, dim. et lundi

Hôtels

La Lanterne

BOUTIQUE HÔTEL • COSY Au cœur du Quartier Latin, entre la cathédrale Notre-Dame et le Panthéon, ce boutique hôtel fort chic propose des chambres confortables (dont quatre dans un petit jardin intérieur). Le plus ? La piscine et l'espace bien-être (hammam, douche sensorielle), rares dans le secteur.

26 chambres – †210/620 € ††210/620 € – 1 suite – ☕ 19 €

12 r. de la Montagne-Ste-Geneviève Ⓜ Maubert Mutualité – ✆ 01 53 19 88 39 – www.hotel-la-lanterne.com

Les Dames du Panthéon

BOUTIQUE HÔTEL • COSY Le Panthéon, la Sorbonne, le jardin du Luxembourg : pas de doute, nous sommes en plein cœur du Quartier latin ! Face au "temple des grands hommes", le décor des chambres s'inspire... de femmes françaises ayant marqué l'histoire : Duras, Gréco, Sand ou encore Piaf. Un hôtel romanesque et raffiné.

35 chambres – †200/450 € ††200/450 € – ☕ 18 €

19 pl. du Panthéon Ⓜ Luxembourg – ✆ 01 43 54 32 95 – www.hoteldupantheon.com

Monge

BOUTIQUE HÔTEL • COSY Cet hôtel de charme, situé dans le Quartier Latin, devant les arènes de Lutèce, a conservé le charme des maisons bourgeoises du 19e s. (salons en enfilade, moulures, parquet...). La décoration des chambres, entre faune et flore, louche du côté du Jardin des Plantes. Toute l'élégance à la parisienne.

30 chambres – †196/350 € ††196/350 € – ☕ 18 €

55 r. Monge Ⓜ Place Monge – ✆ 01 43 54 55 55 – www.hotelmonge.com

Le Lapin Blanc

BOUTIQUE HÔTEL · PERSONNALISÉ Comme Alice, l'héroïne de Lewis Carroll, laissez-vous emporter par ce Lapin Blanc ! Les chambres, modernes et feutrées, rappellent par petites touches (papiers peints, téléphones, interrupteurs) le style "so british" de l'époque victorienne... Quelle élégance !

27 chambres - 135/520 € 145/520 € - 17 €

41 bd St-Michel Ⓜ Luxembourg - ✆ 01 53 10 27 77 - www.hotel-lapin-blanc.com

Seven

BOUTIQUE HÔTEL · DESIGN Surprise ! Une fois franchie la porte de ce bâtiment très parisien, on découvre un hôtel ultradesign et presque fantasmagorique. Lumières bleutées, plafonds figurant un ciel nuageux, lits en lévitation, transparences : une expérience ultime.

35 chambres - 167/337 € 167/337 € - 21 €

20 r. Berthollet Ⓜ Les Gobelins - ✆ 01 43 31 47 52 - www.sevenhotelparis.com

Hôtel des Grands Hommes

BOUTIQUE HÔTEL · CLASSIQUE Bel emplacement près du Panthéon pour cet hôtel plein de charme. Les chambres, très bien tenues et aménagées dans un style Empire, ont beaucoup de caractère. Et on peut en dire autant de la vue des terrasses (au 6e étage) et balcons (au 5e et 2e) !

30 chambres - 185/340 € 195/450 € - 14 €

17 pl. du Panthéon Ⓜ Luxembourg - ✆ 01 46 34 19 60 - www.hoteldesgrandshommes.com

Atmosphères

BOUTIQUE HÔTEL · PERSONNALISÉ Un hôtel tout en lignes épurées et mobilier design dernier cri. Dès le hall, on découvre une belle exposition de photos de Thierry des Ouches ; du salon à l'espace détente (avec sauna et fitness), en passant par les chambres, le confort est total. Une réussite.

56 chambres - 150/400 € 150/600 €

31 r. des Écoles Ⓜ Maubert Mutualité - ✆ 01 43 26 56 02 - www.hotelatmospheres.com

Select

BUSINESS · FONCTIONNEL Lorsque l'on pénètre dans le hall de cet hôtel très... sélect, on est saisi par son allure ! Les chambres marient avec habileté pierres et poutres historiques avec un mobilier plus contemporain et fonctionnel. Une adresse de qualité.

65 chambres - 160/324 € 185/456 € - 10 €

1 pl. de la Sorbonne Ⓜ Cluny La Sorbonne - ✆ 01 46 34 14 80 - www.selecthotel.fr

Jardin de Cluny

URBAIN · PERSONNALISÉ Les voyageurs soucieux de leur environnement apprécieront cet hôtel certifié Écolabel. L'élégance et le confort des chambres ne sont en rien sacrifiés ; la salle voûtée où l'on sert le petit-déjeuner a beaucoup de charme.

39 chambres - 130/250 € 220/360 € - 17 €

9 r. du Sommerard Ⓜ Maubert Mutualité - ✆ 01 43 54 22 66 - www.hoteljardindecluny.com

Albe Saint-Michel

URBAIN · CONTEMPORAIN Notre-Dame, le Quartier latin, l'île St-Louis... Paris est à vous ! Outre ces atouts géographiques, cet hôtel se révèle très agréable avec son style tout en clarté. Les chambres ne sont pas très grandes mais on s'y sent vraiment bien.

43 chambres - 130/230 € 140/260 € - 15 €

1 r. de la Harpe Ⓜ St-Michel - ✆ 01 46 34 09 70 - www.hotelalbestmichel.com

Le Petit Paris

BOUTIQUE HÔTEL · PERSONNALISÉ Design et ludique, pop et noble à la fois... Les chambres épousent avec raffinement l'époque médiévale, les seventies, les années 1920, les styles Louis XV ou Napoléon III, le tout en technicolor !

20 chambres - 180/420 € 240/500 € - 16 €

214 r. St-Jacques Ⓜ Luxembourg - ✆ 01 53 10 29 29 - www.hotelpetitparis.com

Résidence Henri IV

HISTORIQUE · CLASSIQUE Le souvenir du bon roi Henri plane sur cet hôtel entièrement rénové ces dernières années. Avec leurs ciels de lits, leurs boiseries claires et leurs tissus fleuris, les chambres sont à la fois classiques et contemporaines. Et le quartier est si beau...

13 chambres - 120/299 € 120/299 € - 11 €

50 r. des Bernardins Ⓜ Maubert Mutualité - ✆ 01 44 41 31 81 - www.residencehenri4.com

Sorbonne

URBAIN · DESIGN Couleurs très vives ou aplats de noir profond, mobilier design ou fauteuils Louis XVI habillés d'imprimés flashy, hall gris brillant : le Sorbonne est entré dans le 21e s. Chaque étage célèbre un thème photographique : la Sorbonne, les voyages, l'art, l'Orient...

38 chambres - 90/390 € 90/390 € - 14 €

6 r. Victor-Cousin Ⓜ Cluny La Sorbonne - ✆ 01 43 54 58 08 - www.hotelsorbonne.com

St-Germain-des-Prés · Odéon · Jardin du Luxembourg

6e ARRONDISSEMENT

I. Rasmussen/Design Pics / Photononstop

Restaurants

✿✿✿ Guy Savoy

CUISINE CRÉATIVE · LUXE XXXX Guy Savoy, acte II, dans l'Hôtel de la Monnaie, sur les bords de Seine. Le cadre est somptueux - six salles parées d'œuvres contemporaines prêtées par François Pinault -, et l'hôte fidèle à lui-même : sincère et passionné, inventif sans excès, d'une générosité sans faille. Irrésistible !

➜ Soupe d'artichaut à la truffe noire, brioche feuilletée aux champignons et aux truffes. Paleron maturé et basse côte persillée de bœuf Wagyu en "bœuf-aubergines". Abricot et jasmin, sablé au muesli.

Menu 395 € - Carte 210/335 €

11 quai de Conti Ⓜ St-Michel - ✆ 01 43 80 40 61 - www.guysavoy.com - Fermé août, vacances de Noël, sam. midi, dim. et lundi

✿ Hélène Darroze

CUISINE MODERNE · CONTEMPORAIN XXX Heritière d'une famille de cuisiniers du Sud-Ouest, Hélène Darroze trouve dans ce terroir (Aquitaine, Landes, Pays basque...) la matière première de sa cuisine. Voilà pour l'inné. C'est ensuite l'acquis qui fait la différence : son expérience, son insatiable curiosité, et ce mélange de talent et d'intuition qui la caractérise.

➜ Huître, caviar et haricots maïs du Béarn. Homard tandoori, carotte, agrumes et coriandre fraîche. Baba au bas-armagnac, framboises, poivres de Tasmanie et de Sarawak.

Menu 58 € (déj.), 98/185 €

4 r. d'Assas Ⓜ Sèvres Babylone - ✆ 01 42 22 00 11 - www.helenedarroze.com - Fermé dim. et lundi

PARIS

✿ Relais Louis XIII (Manuel Martinez)

CUISINE CLASSIQUE · ÉLÉGANT XXX À deux pas de la Seine, cette maison historique du vieux Paris marie l'époque Louis XIII avec des éléments contemporains (cave vitrée, sculptures modernes) : un très élégant écrin pour la cuisine de Manuel Martinez, tenante d'un noble classicisme culinaire. Bon rapport qualité-prix au déjeuner.

→ Quenelle de bar, mousseline de champignons et glaçage au champagne. Canard challandais rôti aux épices et tourte au foie gras. Millefeuille à la vanille de Taithi.

Menu 65 € (déj.), 95/145 € – Carte environ 130 €

8 r. des Grands-Augustins Ⓜ Odéon – ✆ 01 43 26 75 96 – www.relaislouis13.com – Fermé 1 semaine en mai, août, 1 semaine en janv., dim. et lundi

✿ Emporio Armani Caffè

CUISINE ITALIENNE · CONTEMPORAIN XX Au 1er étage de la boutique installée au cœur de ce quartier très chic de la rive gauche, ce "caffè" se révèle une excellente surprise. Le chef, ancien second du Casadelmar, à Porto-Vecchio, compose une cuisine italienne élégante et raffinée, riche de produits nobles. C'est frais, goûteux, terriblement maîtrisé : de la belle ouvrage.

→ Bagna verde di carciofini violetti, verdurine, cuore di bottarga sarda. Mezzo maniche alla crema di zucca mantovana, fonduta di parmigiano e menta. Gelato all'amaretto con crumble alla vaniglia.

Formule 40 € – Menu 50/90 € – Carte 79/110 €

149 bd St-Germain Ⓜ St-Germain des Prés – ✆ 01 45 48 62 15 – www.mori.paris – Fermé 6-20 août

✿ Le Restaurant

CUISINE MODERNE · ÉLÉGANT XX Le "Restaurant" de "L'Hôtel", dont le décor est lui aussi signé Jacques Garcia. Le chef y trousse des assiettes parfumées, bien dans l'air du temps, basées sur d'excellents produits ; son épouse, Johanna, réalise de son côté de savoureuses pâtisseries. Un duo gagnant !

→ Tourteau de Loctudy, mousse avocat et yuzu. Ris de veau "crousti-moelleux" et petits pois à la française. Meringue italienne, biscuit craquant, crémeux et zeste de citron.

Formule 45 € – Menu 55 € (déj.), 110/190 € 🍷 – Carte 40/47 €

Hôtel L'Hôtel, 13 r. des Beaux-Arts Ⓜ St-Germain des Prés – ✆ 01 44 41 99 01 – www.l-hotel.com – Fermé août, 24 déc.-7 janv., mardi midi, merc. midi, dim. et lundi

✿ Quinsou (Antonin Bonnet)

CUISINE CRÉATIVE · TENDANCE X En face de la fameuse école Ferrandi chante désormais un pinson (Quinsou en occitan), dont les vocalises gastronomiques réjouissent les palais délicats, du 6e arrondissement et au-delà. Antonin Bonnet, l'ancien chef du Sergent Recruteur fait gazouiller le produit. Une délicieuse adresse.

→ Cuisine du marché.

Menu 35 € (déj.), 48/65 €

33 r. de l'Abbé-Grégoire Ⓜ St-Placide – ✆ 01 42 22 66 09 – Fermé août, 2 semaines à Noël, dim. et lundi

✿ Ze Kitchen Galerie (William Ledeuil)

CUISINE CRÉATIVE · CONTEMPORAIN X William Ledeuil insuffle ici sa passion pour les saveurs de l'Asie du Sud-Est (Thaïlande, Vietnam, Japon) où il puise son inspiration. Galanga, ka-chaï, curcuma, wasabi, gingembre... Autant d'herbes, de racines, d'épices et de condiments du bout du monde qui relèvent avec brio les recettes classiques françaises.

→ Thon rouge, vinaigrette sésame, grenade et griotte. Agneau de pré salé, condiment miso-harissa. Glace chocolat blanc , wasabi, fraise et pistache.

Formule 41 € – Menu 48 € (déj.), 85/98 €

4 r. des Grands-Augustins Ⓜ St-Michel – ✆ 01 44 32 00 32 – www.zekitchengalerie.fr – Fermé 3 semaines en août, 1 semaine en janv., sam. et dim.

La Méditerranée

POISSONS ET FRUITS DE MER • MÉDITERRANÉEN XX Dans ce restaurant face au théâtre de l'Odéon, des fresques évoquent la Méditerranée et la cuisine de la mer chante avec l'accent du Sud. Un soin tout particulier est apporté au choix des produits, comme dans ces spécialités maison : bouillabaisse, carpaccio de bar, dorade laquée au miel...

Formule 29 € - Menu 36 € - Carte 57/71 €

2 pl. Odéon Ⓜ Odéon - ✆ 01 43 26 02 30 - www.la-mediterranee.com - Fermé 24-31 déc.

Le Timbre

CUISINE MODERNE • BISTRO X Un jeune chef au parcours varié (Australie, Belgique...) est à la tête de ce bistrot charmant - tables en bois, banquettes, petite cuisine ouverte - où l'on se régale à la bonne franquette. Il propose une cuisine du marché originale et goûteuse, que l'on accompagne de bons vins, pour la plupart bio ou naturels.

Formule 24 € - Menu 28 € (déj.), 36/54 €

3 r. Ste-Beuve Ⓜ Notre-Dame des Champs - ✆ 01 45 49 10 40 - www.restaurantletimbre.com - Fermé août, 1er-6 janv., mardi midi, dim. et lundi

Boutary

CUISINE MODERNE • CHIC XX Poussez donc la porte de ce restaurant, repris par une famille qui élève depuis plusieurs générations son caviar en Bulgarie du sud. On y apprécie, dans un esprit chic, le travail d'un chef nippo-coréen au beau parcours... avec dégustation du caviar à la royale, sur le dos de la main ! Accueil agréable.

Formule 29 € - Menu 35 € (déj.)/79 € - Carte 60/74 €

25 r. Mazarine Ⓜ Odéon - ✆ 01 43 43 69 10 - www.boutary-restaurant.com - Fermé août, sam. midi, dim. et lundi

Alcazar

CUISINE MODERNE • BRASSERIE XX On doit la décoration de cet Alcazar à l'architecte et décoratrice Lola Gonzalez. Le végétal domine, donnant à l'ensemble l'élégance intemporelle d'un grand jardin d'hiver ; en cuisine, on compose toujours une alléchante carte de brasserie contemporaine, tel ce beau poulet rôti fermier et frites maison, ou cette épaule d'agneau confite... Brunch le dimanche.

Formule 29 € - Menu 34 € (déj.) - Carte 55/65 €

62 r. Mazarine Ⓜ Odéon - ✆ 01 53 10 19 99 - www.alcazar.fr

Les Bouquinistes

CUISINE MODERNE • CONTEMPORAIN XX Face aux bouquinistes des quais de la Seine, cette adresse siglée Guy Savoy dévoile un décor moderne et branché, façon loft new-yorkais. Tout en discutant littérature, on se régale d'une rémoulade d'endives, œuf parfait et mimolette, d'un cochon de lait confit aux lentilles mijotées, ou d'une île flottante à la noisette... Tout un roman !

Formule 29 € - Menu 36 € (déj.), 44/78 € - Carte 50/66 €

53 quai des Grands-Augustins Ⓜ St-Michel - ✆ 01 43 25 45 94 - www.lesbouquinistes.com - Fermé 2 semaines en août et vacances de Noël

La Rotonde

CUISINE TRADITIONNELLE • BRASSERIE XX À deux pas des théâtres de la rue de la Gaîté, cette Rotonde incarne depuis plus d'un siècle l'essence même de la brasserie parisienne. Un décor typique - très 1930 - avec cuivre et banquettes rouges, et des plats classiques du genre, tartare de bœuf et sole meunière en tête... Et l'on vous accueille jusqu'à 1h du matin !

Formule 25 € 🍷 - Menu 46 € - Carte 29/83 €

105 bd Montparnasse Ⓜ Vavin - ✆ 01 43 26 68 84 - www.rotondemontparnasse.com

Caméléon d'Arabian

CUISINE ITALIENNE • TRADITIONNEL XX À deux pas du boulevard Montparnasse, la fameuse adresse de Jean-Paul Arabian vit à l'heure italienne – linguine aux girolles, vitello tonnato ; saltimbocca de veau a la romana – et ce n'est pas pour nous déplaire. Bonne nouvelle pour les habitués, le "must" des lieux est toujours à la carte : le châteaubriant de foie de veau – délicieux.

Formule 33 € – Menu 38 € (déj.) – Carte 52/78 €

6 r. Chevreuse Ⓜ Vavin – ✆ 01 43 27 43 27 – Fermé 3 semaines en août, sam. midi et dim.

KGB

CUISINE MODERNE • CONTEMPORAIN X KGB pour Kitchen Galerie Bis. Il y règne le même esprit qu'à la maison mère, à mi-chemin entre galerie d'art et restaurant peu conventionnel. On s'y régale de "zors d'œuvres" – déclinaisons de hors-d'œuvre façon tapas –, de pâtes ou de plats cuisinés mêlant tradition hexagonale et assaisonnements asiatiques.

Formule 29 € – Menu 36 € (déj.), 55/66 € – Carte 51/72 €

25 r. des Grands-Augustins Ⓜ St-Michel – ✆ 01 46 33 00 85 – www.zekitchengalerie.fr – Fermé 1er-20 août, dim. et lundi

Yoshinori Ⓝ

CUISINE MODERNE • INTIME X Le petit dernier de Yoshinori Morié, loin de balbutier, étincelle ! Le chef japonais nous régale d'une cuisine raffinée, végétale, esthétique, déclinée sous forme d'un menu de saison. Ainsi le tartare de veau de lait de Corrèze, chou-fleur, coques d'Utah Beach. Autant d'hymnes, non dissimulés, à l'élégance et à la gourmandise. Agréable formule du midi. Un coup de cœur.

Formule 35 € – Menu 50 € (déj.)/70 €

18 r. Grégoire-de-Tours Ⓜ Odéon – ✆ 09 84 19 76 05 – Fermé 1 semaine en fév., 3 semaines en août, 1 semaine début janv., dim. et lundi

Toyo

CUISINE CRÉATIVE • ÉPURÉ X Dans une autre vie, Toyomitsu Nakayama était le chef privé du couturier Kenzo ; aujourd'hui, il excelle dans l'art d'assembler les saveurs et les textures. Thon rouge en salade ; curry façon Toyo ; espuma de banane, glace au caramel et poudre baobab... Une cuisine fraîche et parfumée, servie par une équipe attentive et discrète : impeccable.

Menu 39 € (déj.), 49/99 €

17 r. Jules-Chaplain Ⓜ Vavin – ✆ 01 43 54 28 03 – www.restaurant-toyo.com – Fermé 3 semaines en août, lundi midi et dim.

Le Christine

CUISINE MODERNE • CONTEMPORAIN X C'est dans une ruelle plutôt calme que l'on découvre la façade du restaurant, avenante et colorée ; à l'intérieur, on trouve deux salles à manger coquettes. La cuisine, pile dans l'air du temps, se démarque par l'attention portée à chaque plat et par une fraîcheur de tous les instants. Merci Christine !

Formule 22 € – Menu 28 € (déj.), 37/49 €

1 r. Christine Ⓜ St-Michel – ✆ 01 40 51 71 64 – www.restaurantlechristine.com – Fermé sam. midi et dim. midi

Aux Prés

CUISINE MODERNE • BISTRO X Un bistrot germanopratin ouvertement vintage (banquettes rouges, miroirs fumés, papier peint floral) et une cuisine voyageuse signée Cyril Lignac, dont la créativité garde toujours un pied dans le(s) terroir(s) français. Et le dimanche, le brunch rencontre un franc succès...

Menu 38 € (déj. en semaine)/49 €

27 r. du Dragon Ⓜ St-Germain des Prés – ✆ 01 45 48 29 68 – www.restaurantauxpres.com

The Butchers of Paname

VIANDES • CONTEMPORAIN Ce restaurant a été ouvert par deux traders en viande, basés à Rungis : vous l'avez deviné, les plaisirs carnés sont au programme ! Viandes de bœuf maturées et de grande qualité (pastrami maison, faux-filet d'Angus d'Écosse) forment l'essentiel de la carte, avec aussi une poignée de gourmands desserts comme ce cheesecake au caramel et beurre salé.

Formule 20 € - Menu 25 € (déj. en semaine) - Carte 47/67 €

9 r. de l'École-de-Médecine Ⓜ Odéon - ✆ 01 42 39 99 49
- Fermé 2 semaines en août et dim.

Casa Bini

CUISINE ITALIENNE • MÉDITERRANÉEN Une trattoria chaleureuse dans une rue calme de St-Germain-des-Prés. Dans une salle aux couleurs de la Toscane, on déguste des plats pleins de saveurs, tels ces linguine *al granchio* (aux tourteaux), ou cet *affogato* à la glace vanille maison. Et soudain le quartier des éditeurs prend des airs de *dolce vita*...

Formule 25 € - Menu 29 € - Carte 40/60 €

36 r. Grégoire-de-Tours Ⓜ Odéon
- ✆ 01 46 34 05 60 - www.casabini.fr

Teppanyaki Ginza Onodera

CUISINE JAPONAISE • INTIME Dans cette salle intimiste, on s'installe face au teppanyaki - une plaque chauffante utilisée dans la cuisine japonaise - et l'on salive d'avance ! Bar cuit à la vapeur et sauce au safran, bœuf Simmental et riz à l'œuf, oignons et légumes au vinaigre... On se régale !

Menu 55 € (déj. en semaine), 85/150 €

6 r. des Ciseaux Ⓜ Mabillon
- ✆ 01 42 02 72 12 - Fermé dim.

La Marlotte

CUISINE TRADITIONNELLE • RUSTIQUE Non loin du Bon Marché, une auberge chaleureuse et conviviale, où l'on croise éditeurs et hommes politiques. La vocation des lieux est d'honorer la belle tradition : harengs pommes à l'huile, terrine de foies de volaille, raie à la grenobloise, boudin noir et andouillette, etc. Généreux et de saison.

Formule 25 € - Menu 29 € (déj. en semaine)/34 € - Carte 34/60 €

55 r. du Cherche-Midi Ⓜ St-Placide
- ✆ 01 45 48 86 79 - www.lamarlotte.com
- Fermé 1 semaine en août

Semilla

CUISINE MODERNE • BRANCHÉ Une bonne "graine" (*semilla* en espagnol) que ce bistrot né à l'initiative des patrons de Fish La Boissonnerie, juste en face. Ambiance conviviale, déco branchée et, dans la cuisine ouverte sur la salle, une équipe jeune et passionnée, qui travaille avec des fournisseurs triés sur le volet. Gourmand et bien ficelé !

Formule 24 € - Carte 51/77 €

54 r. de Seine Ⓜ Odéon
- ✆ 01 43 54 34 50 - www.semillaparis.com
- Fermé 2 semaines en août et 23 déc.-2 janv.

Yen

CUISINE JAPONAISE • ÉPURÉ Un restaurant au décor très épuré pour amateurs de minimalisme zen. On s'y régale d'une cuisine japonaise soignée, tout en variations, et préparée directement sous vos yeux ébahis : sushi, tempura, soba, nouilles de sarrasin chaudes ou froides... Mets authentiques et service rigoureux.

Formule 48 € - Menu 90 € (dîner) - Carte 40/90 €

22 r. St-Benoît Ⓜ St-Germain-des-Prés - ✆ 01 45 44 11 18 - www.yen-paris.fr
- Fermé 2 semaines en août et dim.

La Maison du Jardin

CUISINE TRADITIONNELLE · BISTRO À deux pas du Luxembourg, un aimable bistrot dont le credo est d'explorer la tradition avec bonté et simplicité : piquillos farcis, dorade rôtie à la peau, tarte feuilletée aux pommes... et, atout non négligeable, bouteilles à prix sages.

Formule 22 € - Menu 35 €

27 r. Vaugirard Ⓜ Rennes - ✆ 01 45 48 22 31 - http://restaurant-lamaisondujardin.fr - Fermé 3 semaines en août, sam. midi et dim.

Atelier Vivanda - Cherche Midi

VIANDES · BISTRO Bienvenue dans l'un des bistrots à viande d'Akrame Benallal ! De superbes pièces de boucher sont évidemment au programme : hampe et persillé de Black Angus, suprême de volaille, ou côte de porc ibérique, sont travaillés avec amour et bien accompagnés de gratin dauphinois, pommes dauphine, purée, etc. Férocement bon.

Menu 39 € - Carte 32/47 €

20 r. du Cherche-Midi Ⓜ Sèvres Babylone
- ✆ 01 45 44 50 44 - www.ateliervivanda.com
- Fermé dim. et lundi

Allard

CUISINE TRADITIONNELLE · BISTRO On pénètre par la cuisine dans cette véritable institution, qui fait désormais partie du groupe Ducasse. Servis dans un décor 1900 pur jus, les plats hésitent entre registre bistrotier et plats canaille : escargots au beurre aux fines herbes, pâté en croûte, sole meunière, profiteroles...

Menu 34 € (déj.) - Carte 60/94 €

41 r. St-André-des-Arts Ⓜ St-Michel
- ✆ 01 43 26 48 23 - www.restaurant-allard.fr

Le Bar des Prés Ⓝ

CUISINE MODERNE · DESIGN Aux commandes de ce Bar, voisin de son restaurant Aux Prés, Cyril Lignac a installé un chef japonais aux solides références. Au menu, sushis et sashimis de grande fraîcheur, mais aussi quelques plats bien dans l'air du temps : tartare de dorade, petits pois mentholés ; galette craquante, tourteau au curry Madras... Cocktails réalisés par un mixologiste.

Menu 40 € - Carte 42/65 €

25 r. du Dragon Ⓜ St-Germain des Prés - ✆ 01 43 25 87 67
- www.lebardespres.com

L'Épi Dupin

CUISINE MODERNE · CONVIVIAL Le chef, François Pasteau, a mis en place une démarche écologique et locavore : achat de fruits et légumes en Île-de-France, traitement des déchets organiques, eau filtrée sur place, etc. Un respect de la nature et du "bien-vivre" que l'on retrouve dans ses assiettes, qui revisitent joliment la tradition de nos campagnes.

Formule 30 € - Menu 42 €

11 r. Dupin Ⓜ Sèvres Babylone
- ✆ 01 42 22 64 56 - www.epidupin.com
- Fermé 1er-24 août, lundi, sam. et dim.

La Ferrandaise

CUISINE TRADITIONNELLE · BISTRO Dans ce joli restaurant près du Luxembourg, on honore le Puy-de-Dôme. Le patron a même imaginé un partenariat avec des éleveurs de vaches ferrandaises ! Le chef concocte une cuisine franche et savoureuse : hure de veau et cochon sauce gribiche ; pièce de veau de lait "Ferrandaise"...

Formule 16 € - Menu 37/55 €

8 r. de Vaugirard Ⓜ Odéon - ✆ 01 43 26 36 36 - www.laferrandaise.com - Fermé le soir en août, lundi midi, sam. midi et dim.

Marco Polo

CUISINE ITALIENNE • BRASSERIE X Sénateurs venus en voisins, éditeurs du quartier, people... Cette maison, fondée par Renato Bartolone en 1977, attire du beau monde. La raison de ce succès, c'est cette cuisine italienne franche et sincère, sans esbroufe, avec un large choix de *pasta* – comme ces spaghetti à l'ail, huile d'olive, piment et poutargue... Pour en profiter, mieux vaut réserver.

Formule 21 € – Menu 36 € – Carte 40/65 €

8 r. de Condé Ⓜ Odéon – ✆ 01 43 26 79 63 – www.restaurant-marcopolo.com

Le Cherche Midi

CUISINE ITALIENNE • BISTRO X Un authentique bistrot italien ! Pâtes fraîches fabriquées dans l'atelier à l'étage, superbes charcuteries affinées (ce jambon de Parme !), mortadelle, bresaola, mais aussi vins transalpins et café aussi serré que les tables... Quant à la mozzarella, bien crémeuse, elle arrive par avion deux à trois fois par semaine.

Carte 39/58 €

22 r. du Cherche-Midi Ⓜ Sèvres Babylone – ✆ 01 45 48 27 44 – www.lecherchemidi.fr – Fermé 24 déc.-1er janv.

Shu

CUISINE JAPONAISE • ÉPURÉ X Il faut se baisser pour passer par la porte qui mène à cette cave du 17e s. Dans un décor minimaliste, on découvre une cuisine japonaise authentique et bien maîtrisée, où la fraîcheur des produits met en valeur kushiage, sushis et sashimis.

Menu 42/68 €

8 r. Suger Ⓜ St-Michel – ✆ 01 46 34 25 88 – www.restaurant-shu.com – Fermé vacances de printemps, 3 semaines en août, dim. et le midi

Fish La Boissonnerie

CUISINE MODERNE • BISTRO X Ca fait près de vingt ans que ce restaurant honore Bacchus de la plus belle des manières. 300 références de vins (bourgognes, champagnes, côtes-du-rhône) accompagnent une cuisine du marché attrayante et bien dans l'air du temps : soupe de brocolis, burrata et menthe ; côte de cochon, pommes grenaille et oignons rôtis...

Formule 17 € – Menu 29 € (déj.) – Carte 37/57 €

69 r. de Seine Ⓜ Odéon – ✆ 01 43 54 34 69 – www.laboissonnerie.com – Fermé en août et 23 déc.-2 janv.

Anicia

CUISINE CRÉATIVE • CONTEMPORAIN X Natif de Haute-Loire, François Gagnaire sélectionne soigneusement les petits producteurs de là-bas, et s'offre une excellente matière première pour sa cuisine : lentille verte du Puy, limousine des Monts-du-Velay, fin gras du Mézenc, fromage de vache aux artisous, bière Vellavia... Ses assiettes sont gourmandes et superbement présentées : on se régale.

Formule 24 € – Menu 29 € (déj. en semaine), 49/95 € 🍷 – Carte 56/69 €

97 r. du Cherche-Midi Ⓜ St-Placide – ✆ 01 43 35 41 50 – www.anicia-bistrot.com – Fermé 2 semaines en août, 24-30 déc., dim. et lundi

Le Bon Saint-Pourçain 

CUISINE MODERNE • BISTRO X Planqué derrière l'église St-Sulpice, en plein cœur de St-Germain-des-Prés, cet ancien restaurant bougnat montre du soin et la passion. La cuisine du chef lorgne vers la tradition bistrotière revisitée : c'est tout simplement délicieux, sans doute grâce à l'utilisation exclusive de bons produits du marché. Réservez !

Carte 47/67 €

10 bis r. Servandoni Ⓜ Mabillon – ✆ 01 42 01 78 24 – Fermé 3 semaines en août, 1 semaine à Noël, dim. et lundi

Wadja

CUISINE TRADITIONNELLE • BISTRO Tables serrées, vieux zinc, miroirs, lithographies années 1930 : pas de doute, c'est un bistrot. Un seul menu le midi, d'un bon rapport qualité-prix ; le soir, l'ardoise s'épanouit entre une salade de carpaccio de poulpe et soubressade, et une tarte meringuée au citron de Sicile.

Formule 22 € – Menu 23/42 € – Carte 44/54 €

10 r. de la Grande-Chaumière Vavin
– 01 46 33 02 02 – www.wadjarestaurant.fr
– Fermé 3 semaines en août, 1 semaine à Noël, sam., dim. et fériés

Cézembre

CUISINE MODERNE • CONTEMPORAIN Cézembre, c'est une île côtière inhabitée de la baie de Saint-Malo... et le nom choisi par le chef, breton d'origine, pour son restaurant installé à deux pas du boulevard Saint-Germain. La cuisine, déclinée sous forme de menu unique (option poisson ou viande), est soignée et généreuse ; la déco, avec poutres, briques et pierre, joue la carte de la modernité.

Formule 25 € – Menu 29 € (déj. en semaine)/52 €

17 r. Grégoire-de-Tours Odéon
– 01 42 38 25 08 – cezembrerestaurant.com
– Fermé 2 semaines en août, 2 semaines en avril, vacances de Noël, lundi et mardi

Invictus

CUISINE TRADITIONNELLE • BISTRO Le bistrot de Christophe Chabanel, à deux pas du jardin du Luxembourg, fait salle comble. À la carte, hareng et pommes de terre, petits oignons et pommes vertes ; bouillon de canette et foie gras ; millefeuille tiède à la vanille : un régal.

Carte 45/65 €

5 r. Ste-Beuve Notre-Dame des Champs – 01 45 48 07 22 – Fermé sam. midi et dim. midi

Bistrot Buci Mazarine

CUISINE TRADITIONNELLE • CONTEMPORAIN Dans ce quartier très touristique, un restaurant signé Alain Dutournier. Façade en verre et acier, façon atelier, salle contemporaine et cuisine aux doux accents du Sud-Ouest : pâté en croûte de petit gibier au foie gras, authentique cassoulet "signature", fine tourtière landaise à la glace et pruneau à l'armagnac...

Menu 20 € (déj.)/29 € – Carte 34/40 €

82 r. Mazarine Odéon – 01 43 54 02 11 – Fermé août, dim. et lundi

Sur la Braise

VIANDES • CONTEMPORAIN Carnivore, tu es ici chez toi. Les viandes de bœuf les plus réputées – Blonde de Galice, Black Angus, Wagyu... – sont grillées dans un four à braise et accompagnées de frites maison ou de légumes. Dans l'assiette, la simplicité est de mise : tout le plaisir est dans la qualité des produits et dans la précision des cuissons !

Formule 39 € – Menu 49/69 € – Carte 50/100 €

19 r. Bréa Vavin
– 01 43 27 08 80 – www.surlabraise.com
– Fermé 1er-24 août et dim.

L'Altro

CUISINE ITALIENNE • CONTEMPORAIN L'Italie à la carte, dans un décor qui navigue entre loft new-yorkais et bistrot (banquettes noires, carrelage blanc aux murs, cuisines vitrées). L'ambiance est décontractée : idéal pour savourer de bonnes pasta et des antipasti, arrosés de petits vins transalpins.

Formule 17 € – Menu 22 € (déj. en semaine) – Carte 35/60 €

16 r. du Dragon St-Germain des Prés – 01 45 48 49 49 – www.laltro.fr
– Fermé 1 semaine en août

Azabu

CUISINE JAPONAISE • ÉPURÉ Une bonne adresse japonaise au décor sobre et contemporain. On mange à table ou au comptoir, face au teppanyaki. Parmi les spécialités, le king crab à la plancha, le zensai bento (un assortiment d'entrées), le bar grillé ou le bœuf Wagyu au radis râpé.

Menu 19 € (déj. en semaine), 45/68 € - Carte 41/71 €

3 r. André-Mazet Ⓜ Odéon - ✆ 01 46 33 72 05 - www.azabu.fr - Fermé 2 semaines en août, dim. midi et lundi

Taokan - St-Germain

CUISINE CHINOISE • BRANCHÉ Au cœur de St-Germain-des-Prés, on pousse la porte de ce joli restaurant pour célébrer la cuisine chinoise, et particulièrement cantonaise : incontournables dim-sum, poisson à la vapeur, magret de canard au miel, émincé de poulet caramélisé... De belles présentations, de bons produits : une vraie ambassade !

Menu 24 € (déj.)/70 € - Carte 43/66 €

8 r. du Sabot Ⓜ St-Germain des Prés
- ✆ 01 42 84 18 36 - www.taokan.fr
- Fermé 4-18 août et dim. midi

Le Comptoir du Relais

CUISINE TRADITIONNELLE • BISTRO Dans ce sympathique bistrot de poche des années 1930, Yves Camdeborde régale ses clients d'une généreuse cuisine traditionnelle. Le midi, on sert des plats de brasserie tandis que le soir, un menu unique plus raffiné vous est proposé.

Menu 60 € (dîner en semaine) - Carte 29/65 €

Hôtel Relais St-Germain, 5 carr. de l'Odéon Ⓜ Odéon - ✆ 01 44 27 07 50
- www.hotelrsg.com

Café Trama

CUISINE TRADITIONNELLE • VINTAGE Cette table a tous les atours du bistrot branché, du décor vintage - banquettes en moleskine, mobilier chiné, appliques, beau bar en marbre blanc - à la cuisine, entre marché bien troussé (ceviche de mulet, encornets snackés et risotto à l'encre) et grands classiques (croque-monsieur, tartare de bœuf...). Un programme réjouissant.

Carte 34/52 €

83 r. du Cherche-Midi Ⓜ St-Placide - ✆ 01 45 43 33 71
- Fermé 3 semaines en août, 24 déc.-3 janv., 1 semaine en fév., dim. et lundi

La Cantine du Troquet - Cherche Midi Ⓝ

CUISINE TRADITIONNELLE • BISTRO La quatrième Cantine du Troquet de la rive gauche parisienne. Comme d'habitude, l'osmose est complète entre la déco (murs en brique et pierre apparente, tables au coude-à-coude) et l'assiette, qui célèbre la tradition de fort belle manière. Couteaux à la plancha, onglet de bœuf sauce vin rouge... C'est généreux, soigné, goûteux. Maintenant, à table !

Carte 29/50 €

79 r. du Cherche-Midi Ⓜ St Placide - ✆ 01 43 27 70 06
- www.lacantinedutroquet.com - Fermé 2 semaines en août, sam. et dim.

Sagan Ⓝ

CUISINE JAPONAISE • ÉPURÉ Près de l'Odéon, un restaurant de poche (quinze couverts) que l'on doit au propriétaire de Lengué, dans le 5e arrondissement. Dans un décor feutré, intimiste et sans fioriture, on déguste une cuisine japonaise inventive et souvent surprenante : ratatouille à la japonaise, tataki de thon, sashimi de cheval, pigeonneau au poivre japonais... Belle carte des vins.

Carte 30/60 €

8 r. Casimir Delavigne Ⓜ Odéon - ✆ 06 69 37 82 19 - Fermé 3 semaines en août, 2 semaines à Noël, dim., lundi et le midi

Un Dimanche à Paris

CUISINE MODERNE • CONTEMPORAIN Drôle d'adresse que ce "concept store", à la fois restaurant, salon de thé, boutique et école de cuisine. Des recettes actuelles y sont habilement rehaussées de quelques touches cacaotées, à l'image de ce jus accompagnant un quasi de veau. Mention spéciale pour les pâtisseries, à choisir dans les locaux qui abritaient autrefois l'imprimerie de Marat...

Formule 25 € – Menu 29 € (déj. en semaine), 37/62 € – Carte 40/64 €

4 cours du Commerce-St-André Ⓜ Odéon – ✆ 01 56 81 18 18 – www.un-dimanche-a-paris.com – Fermé 1er-22 août, mardi midi, dim. soir et lundi

Sauvage Ⓝ

CUISINE MODERNE • BAR À VIN Caviste, restaurant ? Les deux, mon capitaine ! Le patron, mordu de vin et de beaux produits du terroir, a fusionné ses passions en ouvrant cette maison hybride et attachante. Déco vintage, cuisine nature à souhait, lorgnant souvent sur le végétal, avec d'excellents produits comme arme de délectation massive, le tout à prix raisonnables... N'en jetez plus.

Carte 41/60 €

60 r. du Cherche-Midi Ⓜ St-Placide – ✆ 01 42 22 17 30 – Fermé 1 semaine en fév., 3 semaines en août, 1 semaine en déc., dim. et lundi

Breizh Café - Odéon Ⓝ

CUISINE BRETONNE • CONTEMPORAIN L'emplacement, déjà, est rêvé : un immeuble en pierre de taille à même le carrefour de l'Odéon. Voici la cadette des crêperies de Bertrand Larcher, ce Breton passé par le Japon avant de venir s'installer en France. Dans l'assiette, galettes et crêpes sont à la fête, à grand renfort de farine bio, produits artisanaux... sans oublier de bons cidres et sakés.

Formule 20 € – Carte 26/52 €

1 r. de l'Odéon Ⓜ Odéon – ✆ 01 42 49 34 73 – www.breizhcafe.com

Hôtels

L'Hôtel

BOUTIQUE HÔTEL • PERSONNALISÉ C'est à "L'Hôtel" que mourut en 1900 le grand Oscar Wilde. Le décor, signé Jacques Garcia, n'est pas sans rappeler les fastes de l'art pour l'art, avec des allusions aux styles baroque, Empire, oriental... Esthétique et atypique.

20 chambres – 305/1150 € 305/1150 €

13 r. des Beaux-Arts Ⓜ St-Germain des Prés – ✆ 01 44 41 99 00 – www.l-hotel.com

Le Restaurant – voir les restaurants ci-dessus

Relais Christine

HISTORIQUE • ÉLÉGANT Une demeure historique ! Salons chic (marbre de Carrare, parquet), chambres élégantes et toutes différentes, espace bien-être niché dans la cave voûtée... On vous prête même des vélos ou une petite citadine pour un tour de la capitale.

42 chambres – 355/720 € 355/720 € – 6 suites – 28 €

3 r. Christine Ⓜ St-Michel – ✆ 01 40 51 60 80 – www.relais-christine.com

Relais St-Germain

HÔTEL PARTICULIER • PERSONNALISÉ Au carrefour de l'Odéon, l'animation ne cesse jamais. Raison de plus pour trouver refuge dans cet hôtel raffiné. Poutres patinées, étoffes chatoyantes et meubles anciens lui donnent un réel cachet. De vraies chambres d'écrivains...

22 chambres – 295/460 € 295/460 €

9 carr. de l'Odéon Ⓜ Odéon – ✆ 01 44 27 07 97 – www.hotelrsg.com

Le Comptoir du Relais – voir les restaurants ci-dessus

L'Abbaye

LUXE • CLASSIQUE Un hôtel d'un charme rare. Installé dans un ancien couvent du 17e s., il propose des chambres très raffinées, à la fois classiques et lumineuses. Dans la cour verdoyante coule une fontaine, tout est si calme... Personnel attentif et prévenant.

40 chambres - 200/600 € 200/600 € - 4 suites - 18 €

10 r. Cassette St-Sulpice - 01 45 44 38 11 - www.hotel-abbaye.com

Esprit St-Germain

BOUTIQUE HÔTEL • CONTEMPORAIN Tout près de l'église Saint-Sulpice, l'élégance et le confort ont rendez-vous : tableaux orientalistes et moquette léopard dans le salon-bibliothèque, style feutré jusque dans les chambres, où une réelle attention est portée à votre bien-être.

23 chambres - 325/920 € 325/920 € - 5 suites - 24 €

22 r. St-Sulpice Mabillon - 01 53 10 55 55 - www.espritsaintgermain.com

Hôtel d'Aubusson

LUXE • COSY Cet hôtel particulier conserve ce raffinement propre au 17e s. avec son salon, ses beaux parquets, ses tapisseries d'Aubusson... Paradoxalement, les chambres sont d'une sobre modernité. Et selon les jours, on organise des soirées jazz au Café Laurent, où résonnent encore les solos de trompette de Boris Vian !

49 chambres - 290/790 € 290/790 € - 25 €

33 r. Dauphine Odéon - 01 43 29 43 43 - www.hoteldaubusson.com

Le Six

URBAIN • CONTEMPORAIN Un hôtel contemporain parfaitement situé, entre le jardin du Luxembourg, St-Germain-des-Prés et Montparnasse. Les chambres, sobres et bien agencées, rendent hommage en photo aux légendes du quartier ; petit spa bien aménagé.

37 chambres - 209/600 € 209/600 € - 4 suites - 19 €

14 r. Stanislas Notre-Dame des Champs - 01 42 22 00 75 - www.hotel-le-six.com

Bel Ami St-Germain des Prés

URBAIN • CONTEMPORAIN Une ancienne imprimerie, d'où sortit le premier exemplaire de Bel Ami, le célèbre roman de Maupassant. Une adresse pour urbains chic, avec un bar tendance et des chambres à la mode 1970 revisitées. Espace fitness et soins, brunch le week-end.

108 chambres - 229/660 € 229/660 € - 7 suites - 29 €

7 r. St-Benoit St-Germain des Prés - 01 42 61 87 17 - www.hotel-bel-ami.com

Madison

TRADITIONNEL • ÉLÉGANT Camus aimait fréquenter cet établissement, probablement à cause de son emplacement idéal, au cœur de St-Germain-des-Prés. Les chambres ont toutes été rénovées dans un style contemporain assez composite ; certaines ont vue sur l'église.

47 chambres - 195/700 € 195/700 € - 3 suites - 25 €

143 bd St-Germain St-Germain des Prés - 01 40 51 60 00 - www.hotel-madison.com

La Villa St-Germain-des-Prés

BOUTIQUE HÔTEL • CONTEMPORAIN À mi-chemin entre les Beaux-Arts et l'église St-Germain, cet hôtel discret n'est pas sans évoquer une demeure de famille, version contemporaine : beau parquet en chêne massif, mobilier moderne, étoffes précieuses, lumières douces... Vous êtes ici chez vous.

31 chambres - 170/575 € 170/575 € - 16 €

29 r. Jacob St-Germain des Prés - 01 43 26 60 00 - www.villa-saintgermain.com

Pas de Calais

TRADITIONNEL • PERSONNALISÉ La légende dit que Sartre et Beauvoir auraient séjourné ici, peut-être appréciaient-ils cette rue tranquille ? L'hôtel, dans la même famille depuis 1922, propose des chambres confortables et un joli salon avec mur végétal.

38 chambres – 190/470 € 190/470 € – 15 €

59 r. des Saints-Pères St-Germain des Prés – 01 45 48 78 74 – www.hotelpasdecalais.com

Luxembourg Parc

TRADITIONNEL • CLASSIQUE Nul besoin d'être parisien pour apprécier la poésie du jardin du Luxembourg. L'hôtel est juste en face ! Délicieusement bourgeois, son décor classique ravira les amateurs d'élégance feutrée. Détente assurée dans le salon, près de la cheminée.

23 chambres – 350/400 € 350/550 € – 15 €

42 r. Vaugirard St-Sulpice – 01 53 10 36 50 – www.hotelluxparc.com

Récamier

LUXE • COSY Un petit bijou d'hôtel, très Rive Gauche. La décoration évoque le style inspiré et composite des années 1940 : moquette panthère, moulures, matières et papiers peints précieux. Un sens du détail et du confort que l'on retrouve dans les chambres ; certaines donnent sur l'église Saint-Sulpice.

24 chambres – 280/550 € 280/550 € – 22 €

3 bis pl. St-Sulpice St-Sulpice – 01 43 26 04 89 – www.hotelrecamier.com

La Belle Juliette

BOUTIQUE HÔTEL • ÉLÉGANT Chaque étage de l'hôtel est décoré selon un thème différent : Madame Récamier au 1er (la fameuse Juliette), l'Italie au 2e, Chateaubriand au 3e, etc. Un cadre qui marie l'ancien au moderne en restant toujours chaleureux. Un endroit de caractère !

39 chambres – 190/520 € 190/600 € – 6 suites – 22 €

92 r. du Cherche-Midi Vaneau – 01 42 22 97 40 – www.labellejuliette.com

Odéon St-Germain

TRADITIONNEL • COSY Un hôtel très bien situé derrière l'Odéon. Les murs sont du 16e s. mais le style, intemporel, est signé Jacques Garcia : tentures en soie, mobilier opulent, ciels de lit damassés... Un confort et un charme indéniables.

27 chambres – 120/210 € 149/450 € – 14 €

13 r. St-Sulpice Odéon – 01 43 25 70 11 – http://hotelparisodeonsaintgermain.com

Hôtel des Académies et des Arts

URBAIN • COSY Dans cette rue où vécut Modigliani, les corps blancs de Jérôme Mesnager et les sculptures de Sophie de Watrigant se déclinent avec élégance. Les chambres, bien que relativement petites, sont chaleureuses et cosy.

20 chambres – 149/370 € 149/370 € – 16 €

15 r. de la Grande-Chaumière Vavin – 01 43 26 66 44 – www.hoteldesacademies.com

Legend

URBAIN • CONTEMPORAIN Entre la gare Montparnasse et St-Germain-des-Près, un hôtel à la décoration résolument design, avec des chambres confortables. Un pied-à-terre idéal pour les personnes arrivant du Grand Ouest... et les autres. Bon petit-déjeuner.

38 chambres – 99/350 € 99/350 € – 16 €

151 bis r. de Rennes Montparnasse – 01 45 48 97 38 – www.legendhotelparis.com

Apostrophe

URBAIN • CONTEMPORAIN Osant un design singulier, toutes les chambres de cet hôtel hors normes racontent une histoire : ici des voilages imprimés de photographies, là un papier peint insolite... Avec, détail notable, des salles de bains ouvertes sur les chambres.

16 chambres - 99/299 € 109/353 € - 12 €

3 r. Chevreuse Ⓜ Vavin - 01 56 54 31 31 - www.apostrophe-hotel.com

Tour Eiffel • École Militaire • Invalides

7e ARRONDISSEMENT

Lawton/SoFood/Photononstop

Restaurants

Arpège (Alain Passard)

CUISINE CRÉATIVE • ÉLÉGANT XXX Bois précieux, décor de verre signé Lalique : préférez l'élégante salle contemporaine au caveau, et dégustez l'éblouissante cuisine "légumière" d'un chef-poète du terroir, amoureux des produits et cultivant son beau jardin – en l'occurrence, ses trois potagers spécialement créés dans l'Ouest de la France !

➜ Fines ravioles potagères multicolores, consommé aux légumes. Corps-à-corps de volaille haute couture. Tarte aux pommes bouquet de roses.

Menu 175 € (déj.), 320/380 € - Carte 225/305 €

84 r. de Varenne Ⓜ Varenne - 01 47 05 09 06 - www.alain-passard.com - Fermé sam. et dim.

Sylvestre

CUISINE MODERNE • ÉLÉGANT XXX Tout près des Invalides, Sylvestre Wahid n'a pas tardé à gagner les cœurs des gourmets de la capitale. La salle à manger sert d'écrin feutré à cet authentique artiste : tout au long d'une symphonie gourmande et délicate, il nous emporte vers de savoureux territoires... Magique.

➜ Fenouil bulbe aux algues cuit à la braise, anchois et ricotta. Pigeon des Costières au raisin muscat, blettes et chia. Citron de Menton, coque de meringue à la laitue de mer.

Menu 175/250 € - Carte 155/200 €

79 r. St-Dominique (1er étage) Ⓜ La Tour Maubourg - 01 47 05 79 00 - www.thoumieux.fr - Fermé août, dim., lundi et le midi

L'Atelier de Joël Robuchon - St-Germain

CUISINE CRÉATIVE • DESIGN X Un long comptoir flanqué de hauts tabourets, une petite salle confidentielle, des tons rouge et noir, une semi-pénombre étudiée... et de brillantes assiettes (plus de 80 plats différents !), ciselées avec une précision d'orfèvre. Cet Atelier contemporain signé Joël Robuchon – le premier d'une longue série – est un must du genre.

➜ Caviar sur un œuf de poule mollet et friand au saumon fumé. Merlan frit Colbert avec un beurre aux herbes. Soufflé passion, fraicheur d'ananas et sorbet piña colada.

Menu 189 € - Carte 80/170 €

5 r. de Montalembert Ⓜ Rue du Bac - 01 42 22 56 56 - www.joel-robuchon.net - Accueil de 11h30 à 15h30 et de 18h30 à minuit. Réservations uniquement pour certains services : se renseigner.

✿ Le Jules Verne

CUISINE MODERNE • DESIGN XXX Au 2e étage de la tour Eiffel, son décor design atteint des hauteurs, vue magique sur Paris en prime ! Le patrimoine français est à l'honneur : grands plats et vins d'excellence paraissent ici autant de symboles... À noter : les réservations se font uniquement par Internet.

➜ Foie gras de canard confit, melon et poivre. Homard au four, petit épeautre aux courgettes. Écrou croustillant au chocolat de notre manufacture à Paris.

Menu 105 € (déj. en semaine), 190/230 €

2ème étage Tour Eiffel (Ascenseur privé pilier sud) Ⓜ Bir-Hakeim - ✆ 01 45 55 61 44 - www.lejulesverne-paris.com

✿ Les Climats

CUISINE MODERNE • VINTAGE XX Mosaïques au sol, luminaires en laiton, marbres verts d'Estours : l'ancienne Maison des Dames des Postes (qui hébergea les opératrices des PTT) ne manque pas de cachet. Sous l'égide du jeune chef, Julien Boscus, la cuisine française n'y a rien de téléphoné : beaux produits et accords créatifs reconnectent tous les sens... et la carte de vins de Bourgogne est remarquable, avec près de 2000 références.

➜ Homard bleu en deux services, purée d'abricot au vin de Viré-Clessé, girolles et thé vert. Ris de veau doré au sautoir crousti-fondant, boulgour au jus de veau relevé d'Angostura. Pavlova aux fruits rouges.

Menu 45 € (déj.)/130 € - Carte 110/130 €

41 r. de Lille Ⓜ Rue du Bac - ✆ 01 58 62 10 08 - www.lesclimats.fr - Fermé 3 semaines en août, 1er-15 janv., dim. et lundi

✿ Divellec

POISSONS ET FRUITS DE MER • CHIC XX Désormais à la barre de cette institution parisienne, le chef Mathieu Pacaud (Hexagone et Histoires à Paris) met son talent au service d'une impeccable cuisine de la mer, fidèle à l'histoire des lieux. Les délices se succèdent dans l'assiette, porteuse du vent du large : le Divellec est bien de retour !

➜ Calque de bar, bonbons de pomme verte et baies roses. Navarin de homard, minestrone de basilic, vuletta croustillante. Soufflé au chocolat.

Menu 49 € (déj. en semaine), 90/210 € - Carte 85/160 €

18 r. Fabert Ⓜ Invalides - ✆ 01 45 51 91 96 - www.divellec-paris.fr

✿ Loiseau rive Gauche

CUISINE TRADITIONNELLE • ÉLÉGANT XX À deux pas du Palais-Bourbon, la cuisine ciselée du chef Maxime Laurenson célèbre les terroirs français (Auvergne, Savoie...). Les végétariens trouveront ici leur compte avec le menu "Légumes en fête". Boiseries, chaises Louis XV et étonnante table design (la n° 20). Finesse et justesse d'exécution, notes florales : il n'y a pas que les légumes qui sont à la fête...

➜ Huître perle blanche, jus de kiwi et laitue de mer. Cabillaud de nos côtes, jus à l'oursin violet et jeunes carottes. Fraîcheur au jasmin, mûres.

Menu 42 € (déj.), 70/90 € - Carte 80/100 €

5 r. Bourgogne Ⓜ Assemblée Nationale - ✆ 01 45 51 79 42 - www.bernard-loiseau.com - Fermé 2 semaines en août, dim. et lundi

✿ David Toutain

CUISINE MODERNE • DESIGN XX David Toutain continue de déployer son imagination, porté par une identité culinaire de plus en plus précise. La finesse, la créativité, la palette d'expressions révèlent sagesse et singularité ; il confirme aussi une affinité particulière avec le végétal, et fait évoluer ses menus surprise au gré du passage des saisons. Tout un programme !

➜ Cuisine du marché.

Menu 55 € (déj.), 80/140 €

29 r. Surcouf Ⓜ Invalides - ✆ 01 45 50 11 10 - www.davidtoutain.com - Fermé 6-19 août, sam. et dim.

✿ Le Violon d'Ingres (Christian Constant)

CUISINE TRADITIONNELLE • ÉLÉGANT XX On se bouscule toujours chez Christian Constant, pour qui l'art du restaurant est bien loin d'être un simple violon d'Ingres ! Ses recettes révèlent l'âme d'un authentique cuisinier, dans la droite ligne de la belle tradition, et leur mise en œuvre le savoir-faire d'une équipe de talent. La rénovation récente du décor est l'occasion de redécouvrir cette table...

➜ Fine gelée d'araignée de mer, crémeux de tourteau à l'infusion d'herbes. Ris de veau braisé au vin jaune, poêlée de girolles. Traditionnel millefeuille, crème légère à la vanille.

Formule 45 € - Menu 49 € (déj. en semaine)/120 € - Carte 76/90 €

135 r. St-Dominique Ⓜ École Militaire - ✆ 01 45 55 15 05 - www.maisonconstant.com

✿ ES (Takayuki Honjo)

CUISINE MODERNE • ÉPURÉ XX Une adresse tenue par Takayuki Honjo, jeune chef japonais adepte de cuisine française. Dès les premières bouchées, son talent saute aux papilles ! Foie gras et oursins, pigeon et cacao : toutes les associations fonctionnent sans fausse note, il dompte les saveurs et n'oublie jamais l'harmonie de l'ensemble. Limpide.

➜ Cuisine du marché.

Menu 42 € (déj.)/105 €

91 r. de Grenelle Ⓜ Solférino - ✆ 01 45 51 25 74 - www.es-restaurant.fr - Fermé 3 semaines en août, mardi midi, dim. et lundi

✿ Garance (Guillaume Iskandar)

CUISINE CRÉATIVE • DESIGN XX Deux Guillaume (Muller et Iskandar), anciens de l'Arpège, sont aux commandes de ce bistrot contemporain près des Invalides. On se régale de belles assiettes où le produit est roi (les légumes, par exemple, sont issus de leur potager dans le Limousin) et l'inspiration et le savoir-faire du cuisinier palpables. Et Garance fait de nous des enfants du paradis...

➜ Cuisine du marché.

Menu 39 € (déj.), 68/90 € - Carte 75/90 €

34 r. St-Dominique Ⓜ Invalides - ✆ 01 45 55 27 56 - www.garance-saintdominique.fr - Fermé sam. et dim.

✿ Auguste (Gaël Orieux)

CUISINE MODERNE • ÉLÉGANT XX Ambiance feutrée, miroirs, murs blancs sculptés et jolis fauteuils... Auguste sied bien à la cuisine de Gaël Orieux, un chef passionné et amoureux des produits. Ses plats ? Une quête d'harmonie et d'inventivité, mêlant finement la terre et la mer. Prix étudiés le midi, grand jeu le soir.

➜ Huîtres creuses en gelée d'eau de mer, mousse raifort et poire comice. Ris de veau croustillant, cacahouètes caramélisées, girolles, abricots secs et vin jaune. Millefeuille parfumé à la fève tonka.

Menu 38 € (déj.), 88/154 € 🍷 - Carte 100/120 €

54 r. de Bourgogne Ⓜ Varenne - ✆ 01 45 51 61 09 - www.restaurantauguste.fr - Fermé 1er-15 août, sam. et dim.

✿ Nakatani (Shinsuke Nakatani)

CUISINE MODERNE • INTIME XX Le chef japonais Shinsuke Nakatani (ancien de chez Hélène Darroze) vole de ses propres ailes ! Avec un sens aigu de l'assaisonnement, des cuissons et de l'esthétique des plats, il compose une belle cuisine française au gré des saisons. Tout cela est servi par un personnel discret et efficace : impeccable !

➜ Consommé de légumes. Bœuf Wagyu. Sorbet ananas et banane, écume de thym citron, fruits de la passion.

Menu 40 € (déj.), 68/135 € - menu unique

27 r. Pierre-Leroux Ⓜ Vaneau - ✆ 01 47 34 94 14 - www.restaurant-nakatani.com - Fermé 3 semaines en août, dim. et lundi

Gaya Rive Gauche par Pierre Gagnaire

POISSONS ET FRUITS DE MER · COSY Avec son décor signé Violaine Jeantet, cette adresse – la seconde de Pierre Gagnaire à Paris – se révèle cosy et raffinée : boiseries en sapelli, mur en écailles de métal... Quant à la cuisine, elle met à l'honneur les produits de la mer avec originalité, mais sans exubérance.

→ Carpaccio de daurade royale et râpée de poivrade. Fricassée de homard bleu à la verveine, côtes de blette , fregola et abricot. "Paley-Guimet", compote de rhubarbe, groseille et grenade.

Formule 48 € – Menu 65 € (déj.) – Carte 75/110 €

44 r. du Bac Ⓜ Rue du Bac
– ✆ 01 45 44 73 73 – www.pierre-gagnaire.com
– Fermé 3 semaines en août, vacances de Noël, dim. et lundi

Aida (Koji Aida)

CUISINE JAPONAISE · ÉLÉGANT Le cadre, typiquement japonais, est sobre et élégant : on s'assied au comptoir (neuf places !) ou dans la petite salle privée, avec tatami. Cuissons, assaisonnements, découpes, températures : tout est précis et sublime l'expression du produit ; sushis, huîtres et homard sont préparés sous vos yeux par un chef virtuose...

→ Sashimi. Teppanyaki. Wagashi.

Menu 160/280 €

1 r. Pierre-Leroux Ⓜ Vaneau
– ✆ 01 43 06 14 18 – www.aida-paris.net
– Fermé 1 semaine en mars, 3 semaines en août, lundi et le midi

Pertinence Ⓝ (Kwen Liew et Ryunosuke Naito)

CUISINE MODERNE · DESIGN C'est tout près du Champ-de-Mars que Ryu, Japonais, et Kwen, Malaisienne, ont ouvert cette maison tout en épure – lattes de bois clair et chaises Knoll –, à leur image. Ryu compose une cuisine du marché aux saveurs intenses, offrant un délicieux lifting à la tradition française. Quelque chose nous dit qu'il n'a pas fini de nous surprendre.

→ Coquillages à l'étuvée parfumés au gingembre, amandes de mer, coques et couteaux. Bar rôti, mousseline de pomme de terre et sauce au vin jaune. Tarte à la mangue et fruits de la passion.

Formule 29 € – Menu 38 € (déj. en semaine)/85 € – Carte 65/120 €

29 r. de l'Exposition Ⓜ École Militaire
– ✆ 01 45 55 20 96 – www.restaurantpertinence.com
– Fermé août, dim. et lundi

Au Bon Accueil

CUISINE MODERNE · BISTRO À l'ombre de la tour Eiffel, dans une rue calme, un bistrot au chic discret où l'on sert une appétissante cuisine du marché, sensible au rythme des saisons. Poulpe grillé, pommes de terre écrasées, sauce aïoli ; selle d'agneau rôtie et épaule confite...

Formule 28 € – Menu 36/55 € – Carte 63/84 €

14 r. Monttessuy Ⓜ Alma Marceau
– ✆ 01 47 05 46 11 – www.aubonaccueilparis.com
– Fermé 3 semaines en août, sam. et dim.

Chez les Anges

CUISINE CLASSIQUE · ÉLÉGANT Une salle élégante pour une cuisine goûteuse et sincère, entre tradition et modernité : langoustines, cheveux d'ange et rémoulade de céleri rave, ou encore sole meunière et volaille de Bresse... Et en accompagnement, une belle carte de vins et whiskys.

Menu 36/55 € – Carte 61/83 €

54 bd de la Tour-Maubourg Ⓜ La Tour Maubourg
– ✆ 01 47 05 89 86 – www.chezlesanges.com
– Fermé 3 semaines en août, sam. et dim.

Le Clos des Gourmets

CUISINE MODERNE • TENDANCE X Dans ce néobistrot épuré et chaleureux, le chef, en véritable amateur de bonne chère, a le souci de bien faire. Persillé de lapin en gelée parfumée à l'estragon, poulette du Gers rôtie et ses pommes grenaille, tête de cochon croustillante à la vinaigrette d'herbes... Une cuisine franche et pleine de jolies saveurs !

Menu 30 € (déj.), 35/42 € - Carte 43/69 €

16 av. Rapp Ⓜ Alma Marceau - ✆ 01 45 51 75 61 - www.closdesgourmets.com - Fermé 1er-25 août, dim. et lundi

Les Cocottes - Tour Eiffel

CUISINE TRADITIONNELLE • TENDANCE X Une création gourmande de Christian Constant, juste à côté de sa maison mère, Le Violon d'Ingres. Le concept ? Il propose ici une cuisine de bistrot joliment revisitée et servie... dans des cocottes : velouté de légumes d'autrefois, terrine de campagne, côte de veau rôtie, etc. Très convivial, d'autant qu'on sert non-stop de 12h à 22h !

Formule 23 € - Menu 28 € (déj. en semaine) - Carte 34/59 €

135 r. St-Dominique Ⓜ École Militaire - ✆ 01 45 50 10 28 - www.maisonconstant.com

La Laiterie Sainte-Clotilde

CUISINE TRADITIONNELLE • VINTAGE X Une ancienne laiterie (fin du 19e s.) où l'on cultive un esprit bobo-nostalgique : chaises en formica, grande banquette rouge, et une cuisine mi-bistrot, mi-ménagère. Au menu : soupe de tomate à l'origan sauvage, compotée d'avocat ; quasi de veau et fenouil braisé à l'orange ; gâteau au chocolat... À déguster d'une traite !

Formule 24 € - Menu 28 € (déj.) - Carte 35/41 €

64 r. de Bellechasse Ⓜ Solférino - ✆ 01 45 51 74 61 - Fermé 30 juil.-24 août, vacances de Noël, sam. midi et dim.

20 Eiffel

CUISINE TRADITIONNELLE • CLASSIQUE X Dans une rue calme à deux pas de la Tour Eiffel, ce restaurant vous accueille dans un cadre sobre mais lumineux. Dans l'assiette, on trouve une cuisine traditionnelle, exécutée à quatre mains ; les belles saveurs sont au rendez-vous, comme avec ce filet de lieu jaune sauvage et potimarron.

Formule 24 € - Menu 32 € - Carte 47/55 €

20 r. de Monttessuy Ⓜ Alma Marceau - ✆ 01 47 05 14 20 - www.restaurant20eiffel.fr - Fermé 2 semaines en août et dim.

Pottoka

CUISINE BASQUE • CONVIVIAL X Sébastien Gravé, le chef-patron, est originaire du Sud-Ouest et vénère le rugby et les bons produits basques... Merlu et bonite de la criée de St-Jean-de-Luz, porc Ibaiona, sous forme de tapas à partager : c'est gourmand et généreux, avec quelques jolies touches contemporaines pour couronner le tout.

Formule 23 € - Menu 28 € (déj. en semaine), 37/65 €

4 r. de l'Exposition Ⓜ École Militaire - ✆ 01 45 51 88 38 - www.pottoka.fr - Fermé 3 semaines en août

Petrossian - Le 144

POISSONS ET FRUITS DE MER • CHIC XXX Un nom mythique pour les amateurs de caviar depuis 1920, quand les frères Petrossian, d'origine arménienne, se lancèrent dans son importation. À l'étage de la boutique, le restaurant honore l'histoire de la maison : caviar, saumon fumé, coupes du tsar, tartare de bœuf en Napoléon, œuf Petrossian... Une valeur sûre.

Menu 39 € (déj.), 95/170 € - Carte 55/95 €

144 r. de l'Université Ⓜ Invalides - ✆ 01 44 11 32 32 - www.petrossian.fr - Fermé août et dim.

La Ferme St-Simon

CUISINE MODERNE • COSY XX Cette institution s'est réinventée en club de gentlemen (salle feutrée, fauteuils en cuir, banquettes capitonnées) et séduit la clientèle des ambassades et de l'Assemblée nationale. On s'y laisse porter par une belle cuisine de saisons, qui allie fraîcheur et créativité : pâté en croûte de volaille et foie gras, ou encore ris de veau braisé au vin jaune...

Menu 39 € - Carte 60/95 €

6 r. St-Simon Ⓜ Rue du Bac - ✆ 01 45 48 35 74 - www.fermestsimon.com - Fermé 3 semaines en août, sam. midi et dim.

Thiou Ⓝ

CUISINE THAÏLANDAISE • ÉLÉGANT XX Apiradee Thirakomen ("Thiou" est son surnom) a emmené avec elle tout le personnel thaï de son ancienne adresse, et rayonne aujourd'hui en face du dôme des Invalides. La cuisine est goûteuse et préparée avec de bons produits frais : ravioles de crevettes, phad thaï, ou encore le mystérieux - et vorace ! - "tigre qui pleure"... Un vrai bonheur.

Formule 29 € - Carte 52/91 €

94 bd de la Tour-Maubourg Ⓜ La Tour Maubourg - ✆ 01 76 21 78 84 - www.restaurant-thiou.fr - Fermé 3 semaines en août et sam. midi

Brasserie Thoumieux by Sylvestre

CUISINE MODERNE • BRASSERIE XX Banquettes rouges et miroirs, actrices et hommes du monde : cette brasserie de 1923 marie Belle Époque et actualité ! Foie gras de canard poêlé aux figues, "big burger XXL", volaille jaune des Landes rôtie : la carte fait de jolies œillades à l'esprit des lieux. Un régal !

Formule 22 € - Menu 29 € (déj. en semaine) - Carte 50/80 €

Hôtel Thoumieux, 79 r. St-Dominique Ⓜ La Tour Maubourg - ✆ 01 47 05 79 00 - www.thoumieux.fr

D'Chez Eux

CUISINE DU SUD-OUEST • RUSTIQUE XX Poulet rôti "coucou de Rennes" aux girolles, confit de canard, cassoulet, gibiers à l'automne... De copieuses assiettes inspirées du Sud-Ouest et concoctées avec de beaux produits, dans une ambiance d'auberge provinciale avec serveurs en tablier de bougnat. La recette séduit depuis plus de 50 ans et n'a pas pris une ride !

Formule 29 € - Menu 34 € (déj. en semaine) - Carte 42/93 €

2 av. Lowendal Ⓜ École Militaire - ✆ 01 47 05 52 55 - www.chezeux.com

Café de l'Esplanade

CUISINE MODERNE • DESIGN XX Un Café des frères Costes ? Forcément tendance ! Décor signé Jacques Garcia - en phase avec l'hôtel des Invalides tout proche - et carte d'esprit brasserie chic, savoureuse quoiqu'un peu chère. Oubliez les horaires contraignants : on ouvre sans interruption entre 8h et 2h !

Carte 44/104 €

52 r. Fabert Ⓜ La Tour Maubourg - ✆ 01 47 05 38 80

Arnaud Nicolas Ⓝ

CUISINE MODERNE • CONVIVIAL XX Un charcutier sachant cuisiner ne court pas les rues, et surtout pas celles de ce secteur résidentiel du 7ème arrondissement (à deux pas de la Tour Eiffel, tout de même) ! Présent au Boudoir, sa première affaire, le chef patron s'approprie pâté en croûte et terrine, pour imaginer une haute couture charcutière. A déguster dans un cadre sobre et élégant. A l'entrée du restaurant, un coin boutique permet de prolonger l'expérience culinaire.

Formule 32 € - Menu 35 € (déj. en semaine), 62/80 € 🍷 - Carte 47/68 €

46 av. de la Bourdonnais Ⓜ École Militaire - ✆ 01 45 55 59 59 - www.arnaudnicolas.paris - Fermé dim.

Les Fables de La Fontaine

CUISINE MODERNE • BISTRO "Rien ne sert de courir, il faut partir à point". À l'encontre de la morale du *Lièvre et la Tortue,* courez découvrir ces Fables gourmandes. La salle à manger, aussi petite que lumineuse, a des airs de bistrot contemporain ; quant à la cuisine, elle se révèle plutôt moderne, avec un net penchant pour les produits de la mer.

Formule 28 € – Menu 75 € – Carte 50/75 €

131 r. St-Dominique Ⓜ École Militaire – ☎ 01 44 18 37 55 – www.lesfablesdelafontaine.net

Philippe Excoffier

CUISINE MODERNE • COSY Philippe Excoffier, chef d'origine savoyarde, a posé sa toque dans un arrondissement où les ambassades sont partout. Il concocte une cuisine gourmande et canaille, à l'instar de ce ris de veau aux champignons des bois, ou de cette cassolette de homard et tatin d'artichauts... Bon rapport qualité-prix.

Formule 27 € – Menu 41/65 € – Carte 66/82 €

18 r. de l'Exposition Ⓜ École Militaire – ☎ 01 45 51 78 08 – www.philippe-excoffier.fr – Fermé 3 semaines en août, lundi midi et dim.

Tomy & Co

CUISINE MODERNE • CONVIVIAL Cette adresse porte l'empreinte de Tomy Gousset (Meurice, Taillevent), qui affiche son talent sans complexes. Il joue une partition gastro-bistrot ancrée dans son temps, jonglant entre simplicité et sophistication, avec une démarche locavore sincère (bons légumes bio de l'Essonne, par exemple). Pensez à réserver à l'avance...

Formule 27 € – Menu 47/68 €

22 r. Surcouf Ⓜ Invalides – ☎ 01 45 51 46 93 – Fermé en août, 23-30 déc., 1 semaine en fév., sam. et dim.

L'Ami Jean Ⓝ

CUISINE MODERNE • BISTRO Passionné du beau produit de saison, Stéphane Jégo sert une cuisine pleine de générosité et de saveurs. Des plats au caractère bien trempé ! Réservation indispensable.

Menu 35 € (déj.), 55/80 € – Carte 66/81 €

27 r. Malar Ⓜ La Tour Maubourg – ☎ 01 47 05 86 89 – www.lamijean.fr – Fermé août, 23 déc.-2 janv., dim. et lundi

Racines des Prés Ⓝ

CUISINE MODERNE • BRANCHÉ Cette adresse du cœur de Saint-Germain-des-Prés ne désemplit pas, et pour cause, tout y est à sa place : cuisine-comptoir, ambiance vintage décontractée, plats de bistrot bien tournés, à l'image de cet œuf parfait aux champignons de Paris et noisettes. Le tout accompagné de vins choisis, issus de petites cuvées de vignerons. Un coup de maître – et de cœur.

Formule 29 € – Menu 33 € (déj. en semaine) – Carte 42/65 €

1 r. de Gribeauval Ⓜ Rue du Bac – ☎ 01 45 48 14 16 – www.racinesdespres.com – Fermé 12-26 août, 24 déc.-1er janv., sam. midi et dim.

L'Affable

CUISINE MODERNE • BISTRO L'Affable, forcément, vous accueille avec amabilité ! L'ambiance est conviviale dans ce bistrot des quartiers chic, qui joue une jolie carte rétro et régale avec savoir-faire : œuf parfait, entrecôte d'Argentine et pommes pont-neuf, ou encore mont-blanc maison... Un conseil : réservez, c'est souvent complet.

Formule 29 € – Carte 55/80 €

10 r. de St-Simon Ⓜ Rue du Bac – ☎ 01 42 22 01 60 – www.laffable.fr – Fermé 3 semaines en août, 25 déc.-1er janv., sam. et dim.

Café Max

CUISINE TRADITIONNELLE • BISTRO Un restaurant discret à l'atmosphère rococo, où se pressent les habitués, dont de nombreux hommes politiques. La carte est résolument traditionnelle : oreilles de cochon sur salade de lentilles, rognon de veau grillé à la sauce moutarde, andouillette et boudin ; une ode aux – véritables – nourritures terrestres !

Carte 31/64 €

7 av. de la Motte-Picquet École Militaire – 01 47 05 57 66 – Fermé 3 semaines en août, vacances de Noël, sam. et dim.

Bistrot Belhara

CUISINE TRADITIONNELLE • BISTRO Belhara ? Un site célèbre pour ses vagues superbes sur la côte basque. C'est par ce clin d'œil que le chef de ce bistrot rend hommage à ses origines... mais on ne saurait résumer à cela son impressionnant parcours (Guérard, Loiseau, Ducasse, etc.) : converti à la mode bistrot, Thierry Dufroux fait des merveilles en revisitant les classiques. En haut de la vague !

Formule 24 € – Menu 34 € (déj.), 38/52 € – Carte 40/65 €

23 r. Duvivier École Militaire
– 01 45 51 41 77 – www.bistrotbelhara.com
– Fermé 3 semaines en août, 1 semaine en fév., dim. et lundi

Fontaine de Mars

CUISINE TRADITIONNELLE • BISTRO Un parfait bistrot des années 1930 (restauré à l'identique), rétro et convivial... Presque une image d'Épinal, ce qui n'est pas pour déplaire aux touristes ! La carte donne dans la vraie tradition : boudin, andouillette, filet de bœuf sauce béarnaise, magret de canard, cassoulet, etc. En un mot : à l'ancienne !

Carte 38/93 €

129 r. St-Dominique École Militaire – 01 47 05 46 44
– www.fontainedemars.com

L'Escudella

CUISINE MODERNE • CONVIVIAL L'Escudella, c'est évidemment... l'assiette, en occitan ! Paul-Arthur Berlan, le jeune chef, est passé par de belles maison (Michel Sarran, Yannick Alléno) ; il fait ici la liaison entre le terroir francilien et les saveurs languedociennes. De beaux produits frais, des plats bien ficelés : il s'en sort avec les honneurs.

Menu 46 € – Carte 40/56 €

41 av. de Ségur Ségur – 09 82 28 70 70 – www.escudella.fr
– Fermé 2 semaines en août, 24 déc.-4 janv., sam. et dim.

Le P'tit Troquet

CUISINE TRADITIONNELLE • BISTRO Ce P'tit Troquet, niché dans une ruelle commerçante du 7e arrondissement, est absolument charmant : salle de bistrot rétro, comptoir en zinc avec percolateur, luminaires du début du 20e s., bibelots et banquettes... Parfait pour déguster tatin d'endives, bœuf bourguignon ou crème brûlée dans une ambiance conviviale !

Formule 18 € – Menu 25 € (déj.)/35 € – Carte 43/58 €

28 r. de l'Exposition École Militaire – 01 47 05 80 39 – www.leptittroquet.fr
– Fermé 2 semaines en janv., 3 semaines en août, lundi midi ,sam. midi et dim.

L'Affriolé

CUISINE MODERNE • TENDANCE Ardoise du jour, menu du mois... Le chef suit de près les arrivages du marché. Le décor, contemporain et chaleureux, ne manque pas d'attirer l'œil ! Formule déjeuner pour les hommes (et les femmes) pressés.

Menu 25 € (déj.)/39 € – Carte environ 47 €

17 r. Malar Invalides – 01 44 18 31 33 – www.laffriole.fr – Fermé 3 semaines en août, dim. et lundi

Florimond

CUISINE TRADITIONNELLE • BISTRO Florimond – du nom du jardinier de Monet à Giverny – a l'esprit bistrotier et convivial... Pour faire honneur à ce prénom chantant, le chef agrémente sa cuisine du terroir (nombreux produits de Corrèze, sa région d'origine) de beaux légumes. Et ce fils de charcutier fait lui-même ses saucisses, boudins et conserves !

Formule 20 € – Menu 38 € (semaine)/54 €

19 av. de La Motte-Picquet Ⓜ École Militaire – 01 45 55 40 38 – www.leflorimond.com – Fermé sam. et dim.

Le Récamier

CUISINE TRADITIONNELLE • CONVIVIAL Installez-vous sur la belle terrasse d'été de ce sympathique restaurant, situé à deux pas du Bon Marché et de l'hôtel Lutétia, dans une rue calme et piétonne. Ce jour-là, au menu : soufflé au fromage, filet de bœuf sauce au poivre, soufflé Grand Marnier... Une cuisine traditionnelle goûteuse et bien troussée.

Carte 35/50 €

4 r. Récamier Ⓜ Sèvres Babylone – 01 45 48 86 58

Le Petit Varenne

CUISINE MODERNE • BISTRO A l'angle de deux rues, ce bistrot tendance, un brin vintage, incite à la curiosité gourmande. Dans l'assiette, on s'amuse, au gré d'une carte courte et attrayante, bien en phase avec la mouvance moderne actuelle : tartare de veau, maquereau, gigot d'agneau etc.

Formule 28 € – Menu 32 € (déj.) – Carte 37/59 €

57 r. de Bellechasse Ⓜ Varenne – 01 42 73 60 72 – Fermé 1er-21 août, vacances de Noël, dim. et lundi

Clover

CUISINE MODERNE • CONVIVIAL Une mini-salle sobre et épurée, au fond de laquelle trois cuisiniers s'agitent aux fourneaux : bienvenue dans la nouvelle adresse de poche de Jean-François Piège, en plein cœur de St-Germain-des-Prés. Au fil d'un menu rondement mené, on se régale d'une cuisine fine, colorée et forte en saveurs. Réservation indispensable.

Menu 35 € (déj. en semaine), 45/73 €

5 r. Perronet Ⓜ St-Germain-des-Près – 01 75 50 00 05 – www.clover-paris.com – Fermé 8-22 août, dim. et lundi

Chez Graff

CUISINE TRADITIONNELLE • BISTRO Tables en bois massif, grand miroir et vieilles photos : un bistrot dans l'esprit des années 1960, relooké façon 2013 ! On y propose une bonne cuisine française – ceviche de bar, bavette d'aloyau au miso, paris-brest glacé sont les incontournables de cette maison – et des assiettes de charcuterie et fromage. Ambiance conviviale garantie.

Formule 24 € – Menu 28 € (déj. en semaine) – Carte 35/45 €

62 r. de Bellechasse Ⓜ Solférino – 01 45 51 33 42 – Fermé dim. et lundi

Les Botanistes

CUISINE TRADITIONNELLE • BISTRO Foie gras de canard mi-cuit au torchon ; chipirons au piment d'Espelette et leur risotto d'épeautre au chorizo ; paleron de bœuf carottes, cumin et orange... De beaux spécimens de cuisine bistrotière, dans leur environnement naturel : banquettes, tables en bois, etc. Sympathique et convivial !

Carte 35/60 €

11 bis r. Chomel Ⓜ Sèvres-Babylone – 01 45 49 04 54 – www.lesbotanistes.com – Fermé août, dim. et fériés

Savarin la Table Ⓝ

CUISINE MODERNE • TENDANCE Né à Béziers et d'origine algérienne, Mehdi Kebboul a la passion de la cuisine chevillée au corps. Il se distingue avec des assiettes précises, mais aussi par l'utilisation judicieuse de fruits dans les plats salés, et le travail du gibier. Le talent fait le reste et on passe un excellent moment en sa compagnie, d'autant que les tarifs sont raisonnables.

Formule 28 € – Menu 35/50 €

34 r. de Bourgogne Ⓜ Varenne – ✆ 09 86 59 19 67 – www.savarin-latable.fr – Fermé sam. midi et dim.

L'Inconnu

CUISINE MODERNE • ÉPURÉ Dans sa première adresse, l'ancien second du Passage 53 concocte une cuisine d'inspiration italienne, aux accents français, sans oublier le Japon, sa terre natale. Carpaccio de maquereau, gelée de concombre et granny-smith ; cabillaud poêlé, consommé de crevettes, courgette : inédit, créatif et d'une grande liberté.

Menu 30 € (déj.), 60/80 €

4 r. Pierre-Leroux Ⓜ Vanneau – ✆ 01 53 69 06 03 – www.restaurant-linconnu.fr – Fermé en août, dim. soir et lundi

Jaïs

CUISINE MODERNE • BISTRO Deux frères Jaïs (en cuisine) et Yanice (en salle) régalent les gourmets, venus pousser la porte de ce bistrot chic (l'ancien Petit Thiou). Au menu : une savoureuse cuisine de saison, une grande convivialité, et quelques vins nature pour arroser le tout. Un bonheur.

Formule 27 € – Menu 32 € (déj.) – Carte 45/62 €

3 r. Surcouf Ⓜ La Tour Maubourg – ✆ 01 45 51 98 16 – Fermé août, sam. midi et dim.

Plume

CUISINE MODERNE • CONVIVIAL Le jeune chef, né à Tunis, ajoute un peu de diversité et beaucoup de talent à cette petite rue voisine du Bon Marché, fort appréciée des chefs nippons. On s'installe dans ce bistrot de poche, au coude-à-coude, pour apprécier une cuisine bien troussée, dans l'air du temps, à l'image de ce thon cerise graffiti et salicorne.

Menu 27 € (déj. en semaine), 45/65 € – Carte 48/70 €

24 r. Pierre-Leroux Ⓜ Vanneau – ✆ 01 43 06 79 85 – www.restaurantplume.com – Fermé en août, dim. et lundi

Café Constant

CUISINE TRADITIONNELLE • BISTRO Cette annexe de Christian Constant conjugue recettes bistrotières et prix doux : œufs mimosa, tartare de saumon, huîtres et bar au gingembre, parmentier de cuisse de canard croisé au vin rouge, pommes gaufrettes, etc. Simple, gourmand, convivial... et sans réservation : premier arrivé, premier servi !

Formule 18 € – Menu 26 € (déj. en semaine)/36 € – Carte 38/54 €

139 r. St-Dominique Ⓜ École Militaire – ✆ 01 47 53 73 34 – www.maisonconstant.com

Marzo Ⓝ

PIZZA • PIZZERIA Vous rêvez de douceurs napolitaines, et la distance vous décourage ? Marzo est l'adresse qu'il vous faut. Petites entrées de saison pour se mettre en jambes – bresaola, salade d'épinards et parmesan –, irrésistibles *pizze* – margherita, sorrentina... –, produits de première fraîcheur, ambiance chaleureuse : l'adresse est atypique et vaut vraiment son pesant de mozzarella.

Carte 29/55 €

5 r. Paul-Louis-Courier Ⓜ Rue du Bac – ✆ 01 43 35 08 05 – www.marzo-paris.com

Hôtels

Le Cinq Codet

LUXE • DESIGN A deux pas des Invalides, cet hôtel design a tout pour plaire : un emplacement rêvé, un mobilier chic et confortable, des équipements dernier-cri, plus de 400 œuvres d'art contemporain... sans oublier la belle terrasse patio. Concierge et voiturier.

59 chambres - 239/550 € 239/550 € - 8 suites

5 r. Louis-Codet École-Militaire
- 01 53 85 15 60 - www.le5codet.com

Juliana

LUXE • ÉLÉGANT Ce tout nouvel hôtel se distingue par son incontestable élégance - lustre monumental, miroirs extravagants, statues ethniques, console en nacre... Les chambres répondent à la double exigence du bon goût et d'un confort optimal (toilettes japonaises). Belle façade aux fenêtres fleuries en été.

45 chambres - 350/800 € 450/900 € - 5 suites

10-12 r. Cognacq-Jay Alma-Marceau
- 01 44 05 70 00 - www.hoteljuliana.paris

Le Narcisse Blanc

LUXE • CONTEMPORAIN Jolie reconversion pour cet ancien bâtiment administratif de l'armée, devenu hôtel raffiné, dont la décoration Art nouveau rend hommage à Cléo de Mérode, danseuse et icône de la Belle Époque, surnommée "joli petit narcisse". Elle aura donc inspiré Nadar, Lautrec, Proust... et ce charmant établissement. Agréable spa.

34 chambres - 250/1000 € 250/1000 € - 3 suites - 38 €

19 bd de la Tour-Maubourg La Tour Maubourg - 01 40 60 44 32
- www.lenarcisseblanc.com

Montalembert

HISTORIQUE • PERSONNALISÉ Un noble bâtiment Belle Époque (1926) idéalement situé entre la Seine, le musée d'Orsay et St-Germain-des-Prés - la terrasse du restaurant, côté rue, voisine les éditions Gallimard... Décoration chic et moderne, chambres de bon standing, et entièrement rénové en 2016 par le décorateur Pascal Allaman.

44 chambres - 340/1390 € 340/1390 € - 6 suites

3 r. Montalembert Rue du Bac - 01 45 49 68 68
- www.hotelmontalembert-paris.fr

Duc de St-Simon

LUXE • PERSONNALISÉ Passé le petit porche apparaît la courette pavée, puis c'est l'émerveillement devant ce bel hôtel particulier du 18e s. Tentures, boiseries, gravures, mobilier d'antiquaire : une vraie demeure bourgeoise d'autrefois, où le charme le dispute à la quiétude !

29 chambres - 295/560 € 295/560 € - 5 suites - 19 €

14 r. St-Simon Rue du Bac - 01 44 39 20 20
- www.hotelducdesaintsimon.com

Le Bellechasse

LUXE • PERSONNALISÉ Un bel hôtel entièrement décoré par Christian Lacroix. Le créateur a signé des chambres design aux touches colorées, résolument contemporaines, souvent oniriques : un "voyage dans le voyage" très mode et plein de caractère !

33 chambres - 159/470 € 159/470 € - 21 €

8 r. de Bellechasse Musée d'Orsay
- 01 45 50 22 31 - www.lebellechasse.com

Le Saint

BOUTIQUE HÔTEL · PERSONNALISÉ Au cœur du Carré Rive gauche, quartier célèbre pour ses antiquaires et ses galeries d'art, cet hôtel particulier respire l'élégance et le bien-être : parquet, meubles anciens et tons doux dans les chambres, salle de fitness avec hammam et soins...

54 chambres – 370/1260 € 370/1260 € – 25 €

3 r. Pré-aux-Clercs Ⓜ Rue du Bac

– ✆ 01 42 61 01 51 – www.lesaint-hotelaparis.com

Thoumieux

BOUTIQUE HÔTEL · ÉLÉGANT Élégance, tons bruns ou vert amande : la décoratrice, India Mahdavi, a imaginé des chambres décalées, tout en imprimés chatoyants, et des salles de bains en marbre aux formes courbes. Un style unique, à voir et à vivre...

15 chambres – 190/210 € 220/350 € – 22 €

79 r. St-Dominique Ⓜ La Tour Maubourg

– ✆ 01 47 05 79 00 – www.thoumieux.fr

Brasserie Thoumieux by Sylvestre – voir les restaurants ci-dessus

St-Germain

HISTORIQUE · COSY Papiers peints dans l'esprit de la toile de Jouy, lustres à pendeloques, mobilier ancien... Cet hôtel dégage une atmosphère douce et cosy, à deux pas du Bon Marché, des ministères et de St-Germain-des-Prés. Confortable et plaisant.

29 chambres – 109/350 € 109/350 € – 12 €

88 r. du Bac Ⓜ Rue du Bac

– ✆ 01 49 54 70 00 – www.hotel-saint-germain.fr

Muguet

FAMILIAL · CLASSIQUE Dans une rue peu passante, à deux pas des Invalides, un hôtel chaleureux entièrement rénové, où règne une sympathique atmosphère familiale. Le plus : certaines chambres donnent sur un jardinet fleuri, au calme.

40 chambres – 100/190 € 120/290 € – 14 €

11 r. Chevert Ⓜ École Militaire

– ✆ 01 47 05 05 93 – www.hotelparismuguet.com

St-Dominique

FAMILIAL · ÉLÉGANT À deux pas des Invalides, cet ancien couvent du 17e s. a été entièrement réhabilité : on y trouve désormais des chambres coquettes et bien équipées (peignoirs, cafetière expresso, etc.), la majorité d'entre elles donnant sur la cour. Très plaisant !

32 chambres – 150/620 € 150/620 € – 20 €

62 r. St-Dominique Ⓜ Invalides – ✆ 01 44 18 10 10 – www.hotelstdominique.com

Londres Eiffel

FAMILIAL · PERSONNALISÉ Ce petit hôtel est si douillet avec ses beaux tissus choisis (Liberty, toile de Jouy, etc.), et il y règne un sympathique esprit familial ! Autre atout de taille : le calme, tout près de la très vivante rue St-Dominique...

30 chambres – 185/235 € 205/265 € – 14 €

1 r. Augereau Ⓜ École Militaire – ✆ 01 45 51 63 02 – www.londres-eiffel.com

Signature St-Germain des Prés

URBAIN · PERSONNALISÉ Un hôtel idéalement situé, à deux pas du Bon Marché et des autres prestigieuses boutiques de la rue de Sèvres. Les chambres arborent des lignes modernes et personnalisées, avec du mobilier contemporain inspiré des années 1950 : un ensemble chic !

26 chambres – 170/270 € 180/390 € – 14 €

5 r. Chomel Ⓜ Sèvres Babylone – ✆ 01 45 48 35 53

– www.signature-saintgermain.com

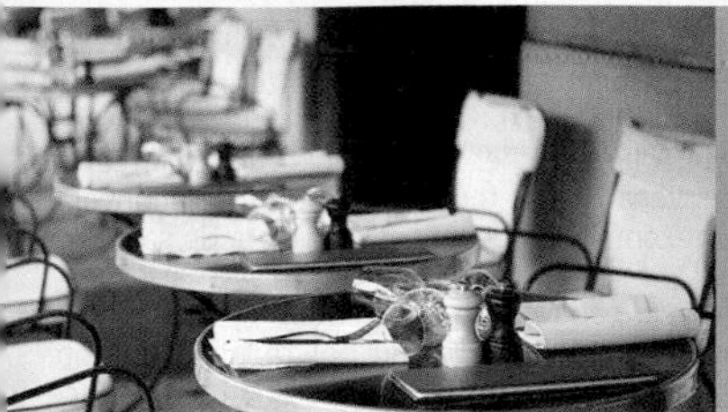

Champs-Élysées · Concorde · Madeleine

8e ARRONDISSEMENT

encrier/iStock

Restaurants

✿✿✿ Alain Ducasse au Plaza Athénée

CUISINE CRÉATIVE · LUXE XXXXX Dans un magnifique écrin, Alain Ducasse donne ses lettres de noblesse au concept de "naturalité" – son graal de cuisinier – et touche à la vérité même du produit. Fondées sur la trilogie poisson-légumes-céréales (le respect de la nature, là encore), certaines recettes sont hors du commun, et la quête semble infinie...

→ Lentilles vertes du Puy et caviar, délicate gelée d'anguille fumée. Homard du Cotentin, les œufs émulsionnés, courgette grillée et cassis. Fontainebleau de lait de soja, cacahouètes des Hautes-Pyrénées.

Menu 210 € 🍷 (déj.)/390 € – Carte 245/395 €

Hôtel Plaza Athénée, 25 av. Montaigne Ⓜ Alma Marceau – ✆ 01 53 67 65 00 – www.alain-ducasse.com – Fermé 20 juil.-27 août, 21-30 déc., lundi midi, mardi midi, merc. midi, sam. et dim.

✿✿✿ Le Cinq

CUISINE MODERNE · LUXE XXXXX Après de magnifiques années passées chez Ledoyen, Christian Le Squer a repris les rênes de cette maison de renom. La majesté du décor inspiré du Grand Trianon reste entière, les serveurs en costume jouent toujours un ballet étourdissant, et le savoir-faire du cuisinier fait le reste, dans la droite ligne de la plus belle tradition !

→ Langoustines bretonnes raidies, mayonnaise tiède. Bar de ligne au caviar et lait ribot. Croquant de pamplemousse confit et cru.

Menu 145 € (déj.), 210/330 € – Carte 250/450 €

Hôtel Four Seasons George V, 31 av. George V Ⓜ George V – ✆ 01 49 52 71 54 – www.restaurant-lecinq.com

✿✿✿ Épicure

CUISINE MODERNE · LUXE XXXXX Moment d'exception au sein du Bristol. Face au jardin, on découvre une salle lumineuse, d'une élégance sobre et racée, où brillent l'art de vivre à la française et... la cuisine d'Éric Frechon, toute de classicisme et de fraîcheur. Ce technicien virtuose fait preuve d'une liberté exigeante à l'égard de la grande tradition, pour les plus belles saveurs !

→ Macaronis farcis, truffe noire, artichaut et foie gras gratinés au vieux parmesan. Poularde de Bresse en vessie, suprêmes au vin jaune, écrevisses et girolles. Citron de Menton givré au limoncello et citron confit, aux saveurs de poire.

Menu 145 € (déj.)/340 € – Carte 170/380 €

Hôtel Bristol, 112 r. du Faubourg-St-Honoré Ⓜ Miromesnil – ✆ 01 53 43 43 40 – www.lebristolparis.com

✿✿✿ Alléno Paris au Pavillon Ledoyen (Yannick Alléno)

CUISINE MODERNE • LUXE XXXXX Reprise par Yannick Alléno, cette institution parisienne – dans un élégant pavillon des jardins des Champs-Élysées – écrit une nouvelle page de son histoire. Le chef réalise un tour de force en imprimant d'emblée sa signature, parvenant avec toute sa maestria à renouveler la grande cuisine, en magnifiant par exemple jus et sauces à travers de savantes extractions. Tout est marquant !

➜ Asperges vertes rôties à l'huile fumée, papaye au safran, olives de Kalamata et sauce au poivre. Pigeon de Pornic, consommé double au poivre noir fermenté et saucisson de béatilles. Meringue au charbon de bois et cardamome, glace fleur d'oranger.

Menu 145 € (déj.), 340/580 € – Carte 190/385 €

8 av. Dutuit (carré Champs-Élysées) Ⓜ Champs-Elysées Clemenceau – ✆ 01 53 05 10 00 – www.yannick-alleno.com – Fermé 2 semaines en août, sam. midi et dim.

✿✿✿ Pierre Gagnaire

CUISINE CRÉATIVE • ÉLÉGANT XXXX Le cadre contemporain, chic et feutré, s'efface devant l'avalanche de mets, d'inventivité, de curiosité, d'ouverture d'esprit... Grand amateur de jazz et d'art, Pierre Gagnaire fait chanter saveurs, couleurs et textures ! Une fête pour les sens.

➜ Le jardin marin. Canard de Challans au chocolat. Le grand dessert de Pierre Gagnaire.

Menu 90 € (déj.), 155/310 € – Carte 320/400 €

6 r. Balzac Ⓜ George V – ✆ 01 58 36 12 50 – www.pierregagnaire.com – Fermé 2 semaines en août, 1 semaine à Noël, sam. et dim.

✿✿ Le Taillevent

CUISINE CLASSIQUE • LUXE XXXXX Son nom évoque l'élégance, la discrétion, l'exigence, le style... Depuis 1946, Taillevent est incontournable dans le paysage de la haute gastronomie française, cultivant un classicisme brillant – et nullement figé.

➜ Boudin de homard bleu "tradition Taillevent". Bar de ligne cuit à l'étuvée, poireaux, champagne et caviar oscietre. Crêpes Suzette flambées.

Menu 104 € 🍷 (déj.)/198 € – Carte 160/250 €

15 r. Lamennais Ⓜ Charles de Gaulle-Etoile – ✆ 01 44 95 15 01 – www.taillevent.com – Fermé 28 juil.-27 août, sam., dim. et fériés

✿✿ Le Gabriel

CUISINE MODERNE • ÉLÉGANT XXXX Le restaurant se niche dans le cadre élégant de la Réserve – parquet Versailles, cuir de Cordoue patiné à l'or... Jérôme Banctel, chef habitué des grandes maisons parisiennes, y décline une superbe cuisine classique revisitée, mâtinée de touches asiatiques et exécutée dans les règles de l'art : une réussite !

➜ Cœur d'artichaut de Macau en impression de sakura et de coriandre fraîche. Pigeon de Vendée, cacao et sarrasin croustillant. Grains de café meringués, crème glacée au sirop de merisier.

Menu 95 € (déj. en semaine), 180/250 € – Carte 160/240 €

Hôtel La Réserve, 42 av. Gabriel Ⓜ Champs Elysées Clemenceau – ✆ 01 58 36 60 50 – www.lareserve-paris.com – Fermé sam. midi

✿✿ Le Clarence

CUISINE MODERNE • LUXE XXXX Ce superbe hôtel particulier de 1884 situé à proximité des Champs-Elysées accueille le talent singulier de Christophe Pelé (ancien chef de la Bigarrade, à Paris), artiste de l'association terre et mer. Quant à la somptueuse carte des vins, elle donne le vertige... avant même de boire un verre !

➜ Bar de ligne. Saint-pierre et ris de veau. Desserts du Clarence.

Menu 90 € (déj.), 190/320 €

31 av. F.-D.-Roosevelt Ⓜ Franklin D. Roosevelt – ✆ 01 82 82 10 10 – www.le-clarence.paris – Fermé mardi midi, dim. et lundi

✿✿ Le Grand Restaurant - Jean-François Piège

CUISINE MODERNE • ÉLÉGANT XXX Jean-François Piège a trouvé ici l'écrin parfait pour le "laboratoire de grande cuisine" dont il rêvait depuis tant d'années. Pour les quelques chanceux attablés en salle (25 couverts au maximum), il compose des assiettes fines et légères, dans lesquelles l'émotion affleure à chaque instant. Le talent, tout simplement !

➜ Ma version du gâteau de foie blond façon Lucien Tendret, sauce aux queues d'écrevisses et truffe noire. Mijoté de homard en feuilles de cassis sur les carapaces, concentré des baies et foie gras. Blanc à manger.

Menu 85 € (déj.), 216/616 € – Carte 175/285 €

7 r. d'Aguesseau Ⓜ Madeleine – ✆ 01 53 05 00 00 – www.jeanfrancoispiege.com – Fermé 30 juil.-21 août, sam. et dim.

✿ Laurent

CUISINE CLASSIQUE • ÉLÉGANT XXXXX Classique, la cuisine d'Alain Pégouret cultive les codes de la tradition bleu-blanc-rouge et séduit une clientèle d'habitués – et de célébrités – de longue date ! Le décor néoclassique (pilastres, colonnes, frontons, chapiteaux antiques) se pare désormais de peintures et de tissus muraux plus actuels.

➜ Araignée de mer, ses sucs en gelée, et crème de fenouil. Turbot nacré à l'huile d'olive, bardes et légumes verts dans une fleurette iodée. Glace vanille minute.

Menu 95/159 € – Carte 155/245 €

41 av. Gabriel Ⓜ Champs Elysées Clemenceau – ✆ 01 42 25 00 39 – www.le-laurent.com – Fermé 23 déc. 3 janv., sam. midi, dim. et fériés

✿ Lasserre

CUISINE CLASSIQUE • LUXE XXXX L'un des temples de la gastronomie parisienne... L'élégance du décor (avec son fameux toit ouvrant), les arts de la table, la qualité du service, tout concourt à magnifier la grande cuisine. Et la partition culinaire, composée sous la houlette du chef Michel Roth, est parfaitement en phase avec ce prestigieux héritage.

➜ Macaroni, truffe noire et foie gras de canard. Canard de Challans, pêche de vigne farcie et rôtie, jus d'une sangria. Crêpes Suzette.

Menu 60 € (déj.), 190/340 € – Carte 165/275 €

17 av. F.-D.-Roosevelt Ⓜ Franklin D. Roosevelt – ✆ 01 43 59 02 13 – www.restaurant-lasserre.com – Fermé août, mardi midi, merc. midi, sam. midi, dim. et lundi

✿ L'Écrin Ⓝ

CUISINE MODERNE • ÉLÉGANT XXXX Le célèbre hôtel de Crillon (18e s.) vous accueille dans une salle "cachée", intimiste et intemporelle, pensée dans les moindres détails. La cuisine de Christopher Hache est axée sur la lisibilité, la saisonnalité et la saveur. La carte, tout en harmonie et en élégance, est digne des lieux.

➜ Tomate bavaroise. "Tourtatouille" moderne. Meringue pépite.

Menu 195/260 €

Hôtel Crillon, 10 pl. de la Concorde Ⓜ Concorde – ✆ 01 44 71 15 30 – www.rosewoodhotels.com/fr/hotel-de-crillon – Fermé mardi, merc. et le midi

✿ Apicius

CUISINE CLASSIQUE • ÉLÉGANT XXXX Installé dans un somptueux hôtel particulier du 18e s. aux airs de petit palais, Apicius est la création de Jean-Pierre Vigato, chantre de la belle tradition et d'une "cuisine vérité" à la gloire du produit. Une chose est sûre : le temps passe, Apicius demeure !

➜ Foie gras de canard poêlé et grillé en aigre-doux. Ris de veau rôti, feuilles et jeunes pousses. Soufflé au chocolat guanaja, chantilly sans sucre.

Menu 140 € (déj.), 180/220 € – Carte 125/215 €

20 r. d'Artois Ⓜ St-Philippe du Roule – ✆ 01 43 80 19 66 – www.restaurant-apicius.com – Fermé août, sam., dim. et fériés

PARIS

✿ Le George

CUISINE ITALIENNE · ÉLÉGANT XXX Aux fourneaux du George depuis septembre 2016, Simone Zanoni y imprime sa patte culinaire, dont l'empreinte a évidemment la forme de la botte transalpine... La cuisine garde ses accents méditerranéens, et mise toujours sur la légèreté et les petites portions. À déguster dans un superbe intérieur, ou sous la haute véranda installée dans la cour.

➜ Tarte Tatin d'oignon, glace au parmesan. Cabri de 36 heures. Déclinaison de noisettes et de citron.

Formule 65 € - Menu 110 € - Carte 50/95 €

Hôtel Four Seasons George V, 31 av. George-V Ⓜ George V - ✆ 01 49 52 72 09 - www.legeorge.com

✿ Il Carpaccio

CUISINE ITALIENNE · ÉLÉGANT XXX On y accède par un couloir orné de milliers de coquillages, qui évoque les nymphées du baroque italien... Même ravissement dans la salle, qui a tout d'un élégant jardin d'hiver. Un bel écrin, donc, pour apprécier une cuisine où resplendit le soleil de l'Italie : beaux produits et saveurs affirmées au menu.

➜ Poulpe grillé et en carpaccio. Noix de veau cuite en calzone au foin. Tiramisu.

Formule 59 € - Menu 120/145 € - Carte 95/135 €

Hôtel Le Royal Monceau, 37 av. Hoche Ⓜ Charles de Gaulle-Etoile - ✆ 01 42 99 88 12 - www.leroyalmonceau.com - Fermé 1er-21 août, dim. et lundi

✿ La Scène

CUISINE MODERNE · ÉLÉGANT XXX Au cœur de l'élégant hôtel Prince de Galles, cette Scène braque les projecteurs sur les cuisines, séparées de la salle par un simple comptoir de marbre blanc. Elles sont le domaine de la talentueuse Stéphanie Le Quellec, dont la cuisine harmonieuse et précise, tout en apparente simplicité, fait bien des heureux... Belle carte de vins, bourgognes en particulier.

➜ Caviar osciètre, pain mi-perdu et mi-soufflé, pomme Pompadour. Pigeon des Costières rôti, figues, noix et légèreté de pomme de terre ratte. Vanille en crème glacée, esprit d'une omelette norvégienne.

Menu 125/185 € - Carte 125/165 €

Hôtel Prince de Galles, 33 av. George V Ⓜ George V - ✆ 01 53 23 78 50 - www.restaurant-la-scene.fr - Fermé août, dim., lundi et le midi

✿ Lucas Carton

CUISINE MODERNE · HISTORIQUE XXX L'histoire continue pour Lucas Carton, la fameuse enseigne de la place de la Madeleine. Le jeune chef, Julien Dumas, sait rendre le meilleur de beaux produits - mention spéciale pour l'agneau de lait ! - et ses assiettes, bien équilibrées, sont portées par un irrésistible souffle méditerranéen.

➜ Chou-fleur croustillant. Sarrasin et merlan croustillant. Pomme verte et cardamome.

Menu 89 € (semaine), 142/175 € - Carte 135/225 €

9 pl. de la Madeleine Ⓜ Madeleine - ✆ 01 42 65 22 90 - www.lucascarton.com - Fermé 3 semaines en août, dim. et lundi

✿ Copenhague Ⓝ

CUISINE DANOISE · CONTEMPORAIN XXX Sur les Champs-Élysées, la Maison du Danemark joue merveilleusement son rôle d'ambassade culinaire du Grand Nord, avec ce restaurant sobre, à la cuisine aiguisée, où s'épanouissent assaisonnements maîtrisés et notes acidulées. Une gastronomie tatouée aux influences scandinaves.

➜ Maquereau, concombre et raifort. Poulet, ramslog et moule. Topinambour, poire et chocolat blanc.

Menu 55 € (déj.)/115 € - Carte 55/70 €

142 av. des Champs-Élysées (Maison du Danemark - 1er étage) Ⓜ George V - ✆ 01 44 13 86 26 - www.restaurant-copenhague-paris.fr - Fermé en août, sam., dim. et fériés

Le Chiberta

CUISINE CRÉATIVE • ÉPURÉ XXX Lumière tamisée, décor feutré et dépouillé conçu par J.-M. Wilmotte (tons sombres, insolites "murs à bouteilles") : l'écrin chic d'une cuisine inventive supervisée par Guy Savoy, avec entre autres un menu du marché renouvelé chaque semaine. Bon à savoir : une carte d'huîtres est disponible au comptoir. Avis aux amateurs !

➜ Salade de homard, vinaigrette de corail. Filet de bœuf charolais à la truffe, girolles et pommes noisette, jus truffé. Terrine d'orange et de pamplemousse au thé earl grey.

Menu 49 € (déj.), 110/165 € - Carte 90/140 €

3 r. Arsène-Houssaye Ⓜ Charles de Gaulle-Etoile - ✆ 01 53 53 42 00 - www.lechiberta.com - Fermé 3 semaines en août, sam. midi et dim.

Helen

POISSONS ET FRUITS DE MER • ÉLÉGANT XXX Une valeur sûre parmi les restaurants de poisson des beaux quartiers. Au menu : uniquement des pièces sauvages issues de la pêche quotidienne de petits bateaux - quelle qualité ! -, mises en valeur avec un respect et une précision tout à fait particuliers. Tout est franc et évident, c'est excellent.

➜ Carpaccio de daurade royale au citron caviar. Bar de ligne aux olives taggiasche. Saint-honoré.

Menu 48 € (déj.)/138 € - Carte 76/162 €

3 r. Berryer Ⓜ George V - ✆ 01 40 76 01 40 - www.helenrestaurant.com - Fermé 3 semaines en août, 24 déc.-2 janv., sam. midi, dim. et lundi

Penati al Baretto (Alberico Penati)

CUISINE ITALIENNE • CLASSIQUE XXX Alberico Penati aura d'emblée imposé sa table italienne, née mi-2014, parmi les meilleures de la capitale ! Conformément à la plus belle tradition transalpine, la générosité et le raffinement distinguent chaque recette ; les assiettes débordent de saveurs en explorant tous les terroirs de la Botte. Succulent voyage...

➜ Purée de potiron de Mantoue aux fruits de mer, sauce salmoriglio. Thon rouge de Méditerranée aux tomates sautées, sauce aux câpres. Cassata sicilienne.

Formule 39 € - Menu 49 € (déj.) - Carte 75/120 €

9 r. Balzac Ⓜ George V - ✆ 01 42 99 80 00 - www.penatialbaretto.eu - Fermé sam. midi et dim.

L'Arôme

CUISINE MODERNE • CHIC XXX En salle, Éric Martins vous conseille des vins en parfaite harmonie avec les plats de Thomas Boullault. Ce dernier réalise une cuisine française raffinée et inventive, accordant la toute première place aux produits de saison. Chic, chaleureux et... plein d'arômes !

➜ Pressé de tourteau breton, avocat, riz koshihikari et eau de tomate. Onglet de bœuf Black Angus rôti aux herbes, aubergine fumée et jus épicé. Pannacotta aux framboises et parfumée à la rose, aloe vera et sorbet litchi.

Menu 59 € (déj.), 79/159 € - Carte 65/105 €

3 r. St-Philippe-du-Roule Ⓜ St-Philippe-du-Roule - ✆ 01 42 25 55 98 - www.larome.fr - Fermé 1 semaine en fév., 3 semaines en août, sam. et dim.

L'Orangerie

CUISINE MODERNE • ÉLÉGANT XX Entre le restaurant La Galerie et la jolie cour de l'hôtel Four Seasons George V, cette table de poche (18 couverts seulement) présente une carte courte et de saison ; la tradition est ici mise au goût du jour harmonieusement, par le biais d'élégantes notes parfumées, et d'un travail délicat sur les saveurs.

➜ Langoustines à la nage, tartare d'algues et crémeux de noisettes torréfiées. Pigeon en croûte de son, navet, olives noires et truffe. Fleur de vacherin, framboises et menthe poivrée.

Formule 75 € - Menu 95/125 € - Carte 100/145 €

Hôtel Four Seasons George V, 31 av. George-V Ⓜ George V - ✆ 01 49 52 72 24 - www.lorangerieparis.com

PARIS

✿ 114, Faubourg

CUISINE MODERNE • ÉLÉGANT XX Au sein du Bristol, une brasserie *so chic*, au décor chatoyant (colonnes dorées, motifs floraux, grand escalier, etc.), pour une prestation dans les règles de l'art : on retrouve à la carte les beaux classiques du genre, cuisinés avec soin et beaucoup de goût.

➜ Œuf king-crab, mayonnaise au gingembre et citron. Ris de veau braisé au bâton de cannelle. Soufflé au chocolat guanaja, crème glacée au cognac.

Formule 56 € – Menu 114 € (déj.) – Carte 80/165 €

Hôtel Bristol, 114 r. du Faubourg-St-Honoré Ⓜ Miromesnil
– ✆ 01 53 43 44 44 – www.lebristolparis.com
– Fermé en août, sam. midi et dim. midi

✿ Le 39V (Frédéric Vardon)

CUISINE MODERNE • DESIGN XX La température monte au 39 de l'avenue George-V ! Au 6e étage de ce bel immeuble haussmannien – sur les toits de Paris –, dans un décor épuré, on s'enfièvre pour les belles saveurs : le chef signe une cuisine raffinée, sur de solides bases classiques, avec pour clef de voûte d'excellents produits...

➜ Œuf bio cuit mollet, royale et émulsion de champignons, mouillettes. Macaronis gratinés, ragoût de truffe melanosporum. Soufflé au chocolat, sauce au piment d'Espelette.

Formule 40 € – Menu 95/195 € 🍷 – Carte 95/155 €

39 av. George V (6ème étage - entrée par le 17 r. Quentin-Bauchart) Ⓜ George V
– ✆ 01 56 62 39 05 – www.le39v.com
– Fermé août, sam. et dim.

✿ Akrame (Akrame Benallal)

CUISINE CRÉATIVE • DESIGN XX Akrame Benallal a posé ses valises et ses couteaux dans ce lieu bien protégé des regards, derrière une immense porte cochère. Au fil d'un menu unique bien troussé, il fait preuve d'une grande inventivité pour donner le meilleur de produits d'excellente qualité ; les assiettes sont travaillées avec beaucoup de soin. Bien sûr, le succès est au rendez-vous !

➜ Cuisine du marché.

Menu 65 € (déj.), 130/160 €

7 r. Tronchet Ⓜ Madeleine
– ✆ 01 40 67 11 16 – www.akrame.com
– Fermé 2 semaines en août, 1 semaine vacances de Noël, sam. et dim.

✿ Dominique Bouchet

CUISINE CLASSIQUE • ÉLÉGANT XX C'est le genre d'adresse que l'on a envie de recommander à tous ses proches : atmosphère contemporaine et intime joliment rénovée, service alerte, cuisine du marché savoureuse et bien troussée...

➜ Charlotte de king crab, pastèque, avocat et mangue. Parmentier de homard, beurre blanc au caviar. Soufflé au Grand Marnier.

Formule 52 € – Menu 60 € (déj.) – Carte 77/116 €

11 r. Treilhard Ⓜ Miromesnil
– ✆ 01 45 61 09 46 – www.dominique-bouchet.com
– Fermé 2 semaines en août, sam. et dim.

✿ L'Atelier de Joël Robuchon - Étoile

CUISINE CRÉATIVE • DESIGN X Paris, Londres, Las Vegas, Tokyo, Taipei, Hong Kong, Singapour et encore une fois Paris... Destin franco-international pour ces Ateliers qui collent à l'époque ! Le grand chef signe là un beau concept : long comptoir avec tabourets, tons rouge et noir... et recettes millimétrées, entre France, Espagne et Asie.

➜ Langoustine en ravioli truffé à l'étuvée de chou vert. Côtelettes d'agneau de lait à la fleur de thym. Chocolat tendance, crémeux onctueux au chocolat araguani, sorbet cacao et biscuit Oréo.

Menu 49 € (déj.), 99/199 € – Carte 100/210 €

133 av. des Champs-Élysées (Publicis Drugstore niveau -1)
Ⓜ Charles de Gaulle-Étoile – ✆ 01 47 23 75 75 – www.joel-robuchon.com

Pomze

CUISINE MODERNE • ÉPURÉ XX Adresse originale que cette Pomze, qui invite à un "voyage autour de la pomme" ! De l'épicerie (où l'on trouve cidre et calvados) au restaurant, le "fruit défendu" est le fil rouge de la maison. La cuisine se révèle créative et voyageuse, avec d'originaux accords mets-cidres... et un excellent rapport qualité-prix.

Menu 36 € - Carte 48/62 €

109 bd Haussmann (1er étage) Ⓜ St-Augustin
- ✆ 01 42 65 65 83 - www.pomze.com
- Fermé 22 déc.-2 janv., sam. sauf le soir de sept. à juin et dim.

Kisin Ⓝ

CUISINE JAPONAISE • SIMPLE X Quand un chef de Tokyo arrive à Paris, il ouvre un restaurant, sitôt ses valises posées, et nos papilles frémissent d'aise. Ici, on déguste produits japonais, et vrais *udon*, fabriquées devant le client. Une cuisine naturelle, sans additif, qui nous vient tout droit du pays du Soleil-Levant. Sain et goûteux.

Menu 30/45 € - Carte 28/36 €

9 r. de Ponthieu Ⓜ Franklin D. Roosevelt - ✆ 01 71 26 77 28 - www.udon-kisin.fr
- Fermé 2 semaines août et dim.

Mandoobar

CUISINE CORÉENNE • SIMPLE X Dans une petite salle, raviolis et tartare de bœuf sont travaillés directement sous vos yeux par le chef, Kim Kwang-Loc, qui se révèle aussi agile que précis dans ses préparations. Il réalise une cuisine coréenne fine et parfumée, sans fausse note et joliment relevée... Nul doute, sa table sort du lot !

Carte 19/32 €

7 r. d'Edimbourg Ⓜ Europe
- ✆ 01 55 06 08 53 - www.mandoobar.fr
- Fermé août, 1 semaine à Noël, dim., lundi et fériés

La Cour Jardin

CUISINE MÉDITERRANÉENNE • ÉLÉGANT XXX On est d'abord émerveillé de découvrir cette cour somptueusement fleurie et arborée, dont les murs se parent de lierre, vigne vierge et géraniums... Puis vient l'assiette : la cuisine, signée par Alain Ducasse, est estivale, légère et parfumée ; les produits sont d'une grande fraîcheur et les saveurs sont au rendez-vous. Service irréprochable.

Carte 76/124 €

Hôtel Plaza Athénée, 25 av. Montaigne Ⓜ Alma Marceau - ✆ 01 53 67 66 65
- www.dorchestercollection.com/paris/hotel-plaza-athenee - Ouvert de mi-mai à mi-sept.

Maison Blanche

CUISINE MODERNE • DESIGN XXX Prenez vos quartiers sur le toit du théâtre des Champs-Élysées, dans ce grand loft design en duplex qui domine Paris, face à la Tour Eiffel ! Cuisine contemporaine aux saveurs méditerranéennes, empreintes du parcours international du chef.

Formule 48 € - Menu 69/125 € - Carte 78/132 €

15 av. Montaigne Ⓜ Alma Marceau - ✆ 01 47 23 55 99 - www.maison-blanche.fr
- Fermé sam. midi et dim. midi

Le V

CUISINE MODERNE • ÉLÉGANT XXX Au cœur de l'hôtel Vernet, la salle vaut le coup d'œil pour sa superbe verrière ouvragée de la fin du 19e s., signée Gustave Eiffel, typique du charme Belle Époque... La cuisine s'inspire joliment de l'air du temps, sans oublier les classiques.

Menu 39 € (déj.), 50/95 € - Carte 68/95 €

Hôtel Vernet, 25 r. Vernet Ⓜ Charles de Gaulle-Etoile - ✆ 01 44 31 98 00
- www.hotelvernet.com - Fermé août, sam. midi et dim.

Okuda

soir,

CUISINE JAPONAISE • ÉLÉGANT XX Vingt-trois couverts, un décor sobre et élégant, des hôtesses en kimono traditionnel et un silence d'or : c'est dans cet écrin que l'on déguste depuis 2013 les créations "kaiseki" du célèbre chef japonais Toru Okuda.

Menu 85 € (déj.)/198 €

7 r. de la Trémoille Ⓜ Alma Marceau - ✆ 01 40 70 19 19 - www.okuda.fr - Fermé 2 semaines en août, mardi midi et lundi

La Pagode de Cos Ⓝ

CUISINE CLASSIQUE • ÉLÉGANT XX Le nom est un hommage à Cos d'Estournel, l'un des premiers châteaux du bordelais à exporter sa production jusqu'aux Indes, et dont les chais étaient surmontés de... pagodes ! La partition culinaire est soignée, dans une veine française revisitée à l'aide de produits de premier choix : ravioles de langoustines et vinaigrette à la coriandre, coquelet à la bordelaise...

Menu 67 € (déj.) - Carte 80/140 €

Hôtel La Réserve, 42 av. Gabriel Ⓜ Champ Elysées Clemenceau - ✆ 01 58 36 60 50 - www.lareserve-paris.com

Brasserie d'Aumont Ⓝ

CUISINE MODERNE • BRASSERIE XX La Brasserie d'Aumont déploie son atmosphère Art déco, dans deux salles en enfilade, complétées d'un comptoir pour la consommation de coquillages et crustacés. Mise en place simple, mais de qualité, et classiques de brasserie remis au goût du jour. Petite carte de vins, belle référence au verre. Agréable terrasse. Chic et bon.

Formule 44 € - Carte 65/120 €

Hôtel Crillon, 10 pl. de la Concorde Ⓜ Concorde - ✆ 01 44 71 15 15 - www.rosewoodhotels.com/fr/hotel-de-crillon

Tosca Ⓝ

CUISINE ITALIENNE • COSY XX Toute l'Italie semble s'être donnée rendez-vous dans ce restaurant de petite capacité, au mobilier chic. Ici tout le monde parle italien, et d'abord l'assiette : la cuisine, ensoleillée, met en avant des produits de qualité - viandes, huile d'olive, fromage... Plutôt classique le midi, plus soignée le soir, souvent inspirée.

Formule 35 € - Menu 48 € - Carte 52/80 €

Hôtel Splendide Royal, 18 r. du Cirque Ⓜ Miromesnil - ✆ 01 43 87 10 10 - www.splendideroyal.fr - Fermé dim. et lundi

Le Relais Plaza

CUISINE CLASSIQUE • ÉLÉGANT XX Au sein du Plaza Athénée, la cantine chic et feutrée des maisons de couture voisines. Comment résister au charme de cette brasserie au beau décor 1930, inspiré du paquebot Normandie ? Une ambiance unique pour une cuisine qui joue la carte de la belle tradition. Si parisien...

Formule 54 € - Menu 64 € - Carte 80/135 €

Hôtel Plaza Athénée, 21 av. Montaigne Ⓜ Alma Marceau - ✆ 01 53 67 64 00 - www.dorchestercollection.com/paris/hotel-plaza-athenee - Fermé de fin juil. à fin août

Matsuhisa

CUISINE JAPONAISE • DESIGN XX Le chef Nobu Matsuhisa est connu pour être l'inventeur du style péruvo-japonais. Il confie ici au maître sushi Hideki Endo le soin de sublimer les produits japonais - mais aussi français -, comme ces huîtres croustillantes au caviar, wasabi et sauce aïoli. Tout cela dans l'écrin somptueux du Royal Monceau.

Carte 60/350 €

Hôtel Le Royal Monceau, 37 av. Hoche Ⓜ Charles de Gaulle-Etoile - ✆ 01 42 99 98 80 - www.leroyalmonceau.com - Fermé sam. midi et dim. midi

Les 110 de Taillevent

CUISINE TRADITIONNELLE • COSY XX Sous l'égide de la prestigieuse maison Taillevent, une brasserie très chic, qui joue la carte des associations mets et vins. Une réussite, aussi bien le choix remarquable de 110 vins au verre, que la cuisine, traditionnelle et bien tournée (pâté en croûte, bavette sauce au poivre, etc.). Cadre élégant et chaleureux.

Menu 44 € - Carte 52/92 €

195 r. du Faubourg-St-Honoré Ⓜ Charles de Gaulle-Etoile – ✆ 01 40 74 20 20 – www.les-110-taillevent-paris.com – Fermé 5-27 août

Bistrot du Sommelier

CUISINE TRADITIONNELLE • CONVIVIAL XX On vient dans ce bistrot de Philippe Faure-Brac, meilleur sommelier du monde en 1992, pour sa cuisine du marché, ses caves d'une richesse indescriptible (1000 appellations et 35 pays représentés !) et ses "vendredis du vigneron".

Formule 35 € - Menu 55 € (déj.), 70 € 🍷/120 € 🍷 - Carte 54/70 €

97 bd Haussmann Ⓜ St-Augustin – ✆ 01 42 65 24 85 – www.bistrotdusommelier.eu – Fermé 30 juil.-24 août, sam. et dim.

Le 68 - Guy Martin

CUISINE MODERNE • ÉLÉGANT XX Guy Martin, chef du Grand Véfour, à Paris, pilote cette table installée au sein de la maison Guerlain. La courte carte met en avant les produits de la saison, et intègre par petites touches des ingrédients utilisées dans le monde des cosmétiques – hibiscus, mélisse, vanille, tonka, gingembre, épices, etc.

Formule 35 € 🍷 - Menu 48 € - Carte 49/59 €

68 av. des Champs-Élysées Ⓜ Franklin D. Roosevelt – ✆ 01 45 62 54 10 – www.le68guymartin.com – Fermé dim.

Le Marché du Lucas

CUISINE TRADITIONNELLE • CLASSIQUE XX À l'étage du restaurant Lucas Carton, dans un plaisant décor Art Nouveau, le chef Julien Dumas joue la simplicité et la gourmandise, autour d'un menu du jour annoncé verbalement. Côte de porc fermier aux olives noires, boudin noir... un repas d'une belle tenue.

Menu 45 €

Restaurant Lucas Carton, 9 pl. de la Madeleine Ⓜ Madeleine – ✆ 01 42 65 56 66 – www.lucascarton.com – Fermé 3 semaines en août, dim. et lundi

Kinugawa Matignon

CUISINE JAPONAISE • ÉLÉGANT XX La seconde adresse du restaurant Kinugawa Vendôme n'a rien à envier à son aînée : on retrouve ici le même souci de précision, la cuisine d'inspiration japonaise – presque fusion – servie dans un cadre intimiste. Les puristes s'installent au bar à sushi. Très tendance !

Formule 45 € - Menu 65/89 € - Carte 38/101 €

1 bis r. Jean-Mermoz Ⓜ Franklin D. Roosevelt – ✆ 01 42 25 04 23 – www.kinugawa.fr – Fermé 2 semaines en août, sam. et dim.

Crom'Exquis

CUISINE MODERNE • COSY XX A la tête de ce Crom'Exquis œuvre Pierre Meneau, fils de Marc – chef fameux de L'Espérance, près de Vézelay. Au menu : une cuisine au goût du jour, réalisée avec des produits de bonne qualité, comme cette langoustine juste rôtie à l'huile d'olive et au vinaigre de Xérès.

Formule 39 € - Menu 39 € (déj.), 59/79 € - Carte 56/85 €

22 r. d'Astorg Ⓜ St-Augustin – ✆ 01 42 65 10 74 – www.cromexquis.com – Fermé en août, sam. et dim.

Les Cocottes - Arc de Triomphe

CUISINE TRADITIONNELLE · DESIGN XX Après la Tour Eiffel, les Cocottes de Christian Constant ont traversé la Seine et trouvé un nid douillet au sein de l'hôtel Sofitel - Arc de Triomphe. Le chef y décline son concept de bons petits plats mijotés dans des cocottes en fonte : ravioles de langoustine, pommes de terre caramélisées farcies au pied de porc... Indéniablement miam !

Formule 29 € – Menu 34 € (déj.) – Carte 39/60 €

Hôtel Sofitel Arc de Triomphe, 2 r. Bertie-Albrecht M Charles de Gaulle-Etoile – 01 53 89 50 53 – www.lescocottes-arcdetriomphe.com

Marius et Janette

POISSONS ET FRUITS DE MER · MÉDITERRANÉEN XX Un élégant décor façon yacht, des filets de pêche, etc. Ici, les produits de la mer sont évidemment à l'honneur ; la carte est renouvelée chaque jour, au gré des arrivages...

Menu 68 € – Carte 91/180 €

4 av. George-V M Alma Marceau – 01 47 23 41 88 – www.mariusjanette.com

Maxan

CUISINE MODERNE · ÉLÉGANT XX C'est donc ici, à deux pas de l'avenue George-V, que l'on retrouve Maxan, autrefois installé près de Miromesnil. On découvre un décor élégant et discret, tout en camaïeu de gris, et on renoue non sans plaisir avec cette cuisine du marché bien parfumée.

Formule 35 € – Menu 40 € – Carte 48/82 €

3 r. Quentin-Bauchart M George V – 01 40 70 04 78 – www.rest-maxan.com – Fermé 2 semaines en août, sam. midi et dim.

Nolita

CUISINE ITALIENNE · DESIGN XX Un restaurant chic, au sein du MotorVillage (showroom d'un grand groupe auto italien). Le chef puise dans la grande tradition italienne et compose une carte à se lécher les babines : linguine aux sardines, risotto au jambon italien et champignons, foie de veau à la vénitienne... sans oublier un excellent tiramisu !

Menu 39 € (déj. en semaine) – Carte 58/85 €

1 av. Matignon (Motor Village - 2ème étage) M Franklin D. Roosevelt – 01 53 75 78 78 – www.nolitaparis.fr – Fermé 2 semaines en août, sam. midi et dim. soir

Le Gaigne

CUISINE MODERNE · ÉLÉGANT XX Derrière l'église Saint-Augustin, le Gaigne (d'après le surnom donné par Frédéric Anton, chef du Pré Catelan, à Mickaël Gaignon) propose une sympathique cuisine d'inspiration traditionnelle, qui évolue au gré des saisons. De bons produits, une exécution soignée : c'est gagné pour le Gaigne !

Formule 34 € – Menu 45 € (semaine), 69/105 € – Carte 67/85 €

2 r. de Vienne M St-Augustin – 01 45 22 23 62 – www.restaurantlegaigne.fr – Fermé août, 24 déc.-1er janv., sam. et dim.

Mini Palais

CUISINE MODERNE · TENDANCE XX Au Grand Palais se cache ce Mini Palais, dédié aux plaisirs... du palais ! Honneur aux beaux produits, à la générosité et à la simplicité ; en complément, carte d'en-cas pour grignoter de midi à minuit et salon de thé. La terrasse est plaisante.

Formule 29 € – Carte 35/75 €

Au Grand Palais - 3 av. Winston-Churchill M Champs-Elysées Clemenceau – 01 42 56 42 42 – www.minipalais.com

Diep

CUISINE CHINOISE · EXOTIQUE XX Du rouge, du noir, des alcôves et des panneaux sculptés : l'Asie dans le décor, tout comme dans l'assiette, où l'on trouve des spécialités de Hong Kong et de Canton, mais aussi certains plats thaïlandais et vietnamiens. Avis aux amateurs : poissons et crustacés sont à l'honneur !

Carte 40/80 €

55 r. Pierre-Charon M George V – 01 45 63 52 76 – www.diep.fr

Shirvan (N)

CUISINE MODERNE • CONTEMPORAIN X Ce restaurant rénové, proche du pont de l'Alma, porte la signature d'Akrame Benallal. Pas de nappage ici, mais couverts design, timbales en grès, et une cuisine, nourrie aux influences de "la route de la soie", du Maroc à l'Inde, en passant par l'Azerbaïdjan. Une gastronomie métissée riche en épices... Service efficace et quasi continu.

Formule 28 € - Menu 32 € (déj. en semaine) - Carte 41/87 €

5 pl. de l'Alma Ⓜ Alma Marceau - ✆ 01 47 23 09 48 - www.shirvancafemetisse.fr

Manko

CUISINE PÉRUVIENNE • ÉLÉGANT X Le chef star péruvien Gaston Acurio et le chanteur Garou ont eu un enfant : il s'appelle Manko. Ce restaurant, bar lounge et cabaret du sous-sol du Théâtre des Champs-Elysées propose des recettes péruviennes mâtinées de touches asiatiques et africaines. Une cuisine de partage bien ficelée.

Menu 65 € - Carte 40/80 €

15 av. Montaigne Ⓜ Alma Marceau - ✆ 01 82 28 00 15 - www.manko-paris.com - Fermé sam. midi et dim.

Néva Cuisine (N)

CUISINE MODERNE • ÉLÉGANT X La Néva n'est plus seulement un fleuve russe passant à Saint-Pétersbourg, c'est aussi un restaurant du huitième arrondissement tenu par deux associés, Beatriz Gonzalez en cuisine, et Yannick Tranchant en pâtisserie, qui signent une cuisine au goût du jour maîtrisée, comme le ris de veau crousti-fondant au big green egg. Frais et de bonne qualité.

Formule 38 € - Menu 45 €

2 r. de Berne Ⓜ Europe - ✆ 01 45 22 18 91 - www.nevacuisineparis.com - Fermé 3 semaines en août, sam. et dim.

Bistro Brute (N)

CUISINE CRÉATIVE • BRANCHÉ X Sain, créatif, récréatif et responsable : voici la "bistrosophie" de ce restaurant qui n'a de brutal que le nom. L'assiette favorise les circuits courts et colle au plus près des saisons ; on se laisse séduire par les jeux de textures et de saveurs et par la fraîcheur de l'ensemble. La petite carte des vins, exclusivement bio et naturels, vient couronner le tout.

Formule 29 € - Menu 35 € (déj.), 48/65 €

36 r. de Berri Ⓜ St-Philippe-du-Roule - ✆ 01 42 25 02 76 - www.bistrobrute.com - Fermé sam. et dim.

Komatsubaki (N)

CUISINE JAPONAISE • ÉPURÉ X Ce petit restaurant à la devanture discrète offre une plénitude zen, accentuée par un design épuré et la présence de bois d'Hinoki, cedre japonais aux senteurs subtiles. On pratique ici les sushis réalisés minute, une cuisine à quatre mains où le poisson, les crustacés, les fruits de mer et les légumes ont la part belle. Spécialité du chef, un menu végétalien.

Formule 18 € - Menu 60/120 €

3 r. d'Artois Ⓜ St-Philippe-du-Roule - ✆ 01 42 25 26 78 - komatsubaki-paris.com - Fermé sam. midi, dim. midi et lundi

24 - Le Restaurant

CUISINE MODERNE • TENDANCE X À deux pas du rond-point des Champs-Elysées, cet établissement propose des assiettes bien travaillées, qui n'ont pas besoin d'en mettre plein la vue pour égayer notre gourmandise : en témoigne le filet de bœuf charolais... L'accueil est aussi souriant que professionnel, et le rapport qualité prix excellent.

Formule 29 € - Menu 33 € (déj.), 70/100 € 🍷 - Carte 62/80 €

24 r. Jean-Mermoz Ⓜ Franklin D. Roosevelt - ✆ 01 42 25 24 24 - www.24lerestaurant.fr - Fermé en août, sam. et dim.

Marloe

CUISINE MODERNE • BISTRO Ce restaurant, repris par l'équipe de l'Arôme voisin, a des allures de bistrot chic et cosy (tons rouge, blanc et noir, miroirs anciens, etc.). La cuisine ne déçoit pas : cœur de saumon fumé impérial et beurre aux algues, bœuf Black Angus au jus de cassis... Des plats sans esbroufe, nets et précis !

Carte 38/73 €

12 r. du Cdt.-Rivière Ⓜ St-Philippe-du-Roule – ✆ 01 53 76 44 44 – www.marloe.fr – Fermé 1 semaine en fév., 3 semaines en août, sam. et dim.

La Maison de L'Aubrac

VIANDES • CONTEMPORAIN Depuis 1997, Christian Valette, éleveur de bovins à Laguiole, tient à deux pas des Champs-Élysées cette ambassade des produits de l'Aubrac. Ses délicieuses pièces de bœuf, cuisinées de toutes les manières (carpaccio, tartare, burger), s'accompagnent d'un aligot et de bons vins du Languedoc ou du Roussillon... À table !

Carte 34/117 €

37 r. Marbeuf Ⓜ Franklin D. Roosevelt – ✆ 01 43 59 05 14 – www.maison-aubrac.com

Le Boudoir

CUISINE TRADITIONNELLE • BISTRO Meilleur Ouvrier de France en charcuterie, le jeune chef a travaillé dans de belles maisons et exprime aujourd'hui dans ce Boudoir son amour du... boudin. Oui, la charcuterie peut être un art : voyez le pâté en croûte de volaille et foie gras ! Terrines et autres saucisses sont créées sur place. Décor sobre et élégant.

Formule 32 € – Menu 35 € (déj.)/62 € – Carte 45/65 €

25 r. du Colisée Ⓜ Franklin D. Roosevelt – ✆ 01 43 59 25 29 – www.boudoirparis.fr – Fermé 2 semaine en août, sam. et dim.

Makoto Aoki

CUISINE MODERNE • BISTRO Makoto Aoki, chef japonais, réalise une cuisine on ne peut plus française – et de belle tenue ! Brioche aux morilles et ventrêche du Pays basque, filet de bœuf de l'Aubrac et poêlée de légumes de saison, baba au rhum : gourmandise assurée.

Formule 25 € – Menu 38/68 € – Carte 65/85 €

19 r. Jean-Mermoz Ⓜ Mirosmenil – ✆ 01 43 59 29 24 – Fermé 3 semaines en août, 25 déc.-8 janv., sam. midi, lundi soir et dim.

Juvia

CUISINE MODERNE • ÉLÉGANT Dans une rue du 8e arrondissement très chic et commerçante, cette adresse se découvre d'abord par sa terrasse animée. On y goûte ensuite une cuisine dans l'air du temps, bien réalisée, où des recettes originales sont servies par de bons produits frais. Il y a du soin et de la franchise là-dedans : on passe un très bon moment.

Formule 29 € – Menu 38 € – Carte 43/71 €

105 r. du Faubourg-St-Honoré Ⓜ St-Philippe-du-Roule – ✆ 09 66 82 41 08 – www.restaurant-juvia.com – Fermé sam. midi, dim.

Le Sushi Okuda

CUISINE JAPONAISE • ÉPURÉ Ce bar à sushis, attenant au restaurant Okuda, rappelle les izakayas (les bars) japonais, tant par le cèdre du Japon qui habille les murs que par l'étroitesse du lieu et la fraîcheur des poissons. Menus dépaysants.

Menu 95 € (déj.), 125/155 €

18 r. Boccador Ⓜ Alma Marceau – ✆ 01 47 20 17 18 – www.sushiokuda.com – Fermé 2 semaines en août, mardi midi et lundi

Lazare

CUISINE TRADITIONNELLE • BRASSERIE Au cœur de la fameuse gare St-Lazare, on doit à Éric Frechon l'idée de cette élégante brasserie "ferroviaire" qui respecte les canons du genre : œufs mimosa, quenelles de brochet ou maquereaux au vin blanc, la belle tradition française est sur les rails ! Sympathique et très animé.

Carte 35/90 €

parvis de la gare St-Lazare, r. Intérieure Ⓜ St-Lazare – ✆ 01 44 90 80 80 – www.lazare-paris.fr

Le Percolateur

CUISINE TRADITIONNELLE • BISTRO Ce sympathique établissement ne brille pas seulement par sa collection de percolateurs – on s'y régale aussi d'une sympathique cuisine de bistrot, à l'instar de cette terrine maison, ou du dos de saumon "Whis.Er.So.Se", pour whisky, sirop d'érable, soja et sésame... les habitués en redemandent.

Formule 16 € – Menu 23/30 € – Carte 37/63 €

20 r. de Turin Ⓜ Rome – ✆ 01 43 87 97 59 – www.lepercolateur.fr – Fermé 2 semaines en août, sam. midi et dim.

Hôtels

Plaza Athénée

PALACE • CLASSIQUE Palace parisien par excellence, inauguré en 1911, le Plaza Athénée vit merveilleusement le passage des années. Rien n'altère la primauté de l'établissement, véritable sommet de luxe et d'élégance à la française. Un brillant classicisme, des services d'exception, dont le somptueux Spa Christian Dior : le mythe continue...

154 chambres – †990/2150 € ††990/2150 € – 54 suites – ☕ 60 €

25 av. Montaigne Ⓜ Alma Marceau – ✆ 01 53 67 66 65 – www.dorchestercollection.com/paris/hotel-plaza-athenee

✿✿✿ **Alain Ducasse au Plaza Athénée** • **La Cour Jardin** • **Le Relais Plaza** – voir les restaurants ci-dessus

Four Seasons George V

PALACE • ÉLÉGANT Ce palace mythique, né en 1928, s'est paré des splendeurs et raffinements du 18e s. Ses chambres, luxueuses et spacieuses, ses collections d'œuvres d'art, son spa superbe et sa belle cour intérieure – sans parler de son histoire gastronomique – : voilà bien un ensemble d'exception !

185 chambres – †1090/1350 € ††1090/1350 € – 59 suites – ☕ 59 €

31 av. George-V Ⓜ George V – ✆ 01 49 52 70 00 – www.fourseasons.com/paris

✿✿✿ **Le Cinq** • ✿ **Le George** • ✿ **L'Orangerie** – voir les restaurants ci-dessus

Crillon Ⓝ

PALACE • GRAND LUXE Saluons la renaissance d'un chef-d'œuvre de l'architecture du 18e s., dont la façade, magnifiant la place de la Concorde, a conservé sa fastueuse ornementation. Chambres luxueuses, appartements à thème (dont l'un d'eux, confié à Karl Lagerfeld). L'art de vivre à la française, dans sa pure et intemporelle splendeur. Un palace mythique.

124 chambres – †1350/2500 € ††1350/2500 € – 43 suites – ☕ 60 €

10 pl. de la Concorde Ⓜ Concorde – ✆ 01 44 71 15 00 – www.rosewoodhotels.com/fr/hotel-de-crillon

✿ **L'Écrin** • **Brasserie d'Aumont** – voir les restaurants ci-dessus

Le Bristol

PALACE • GRAND LUXE Ce palace de 1925, agencé autour d'un magnifique jardin, a conservé toute sa superbe. Les luxueuses chambres de style Louis XV ou Louis XVI cohabitent avec des suites (Lune de miel, Impériale, etc.) aux impressionnantes proportions. Non moins exceptionnelle, la piscine dominant Paris...

148 chambres – †950/1300 € ††950/1300 € – 42 suites – ☕ 65 €

112 r. du Faubourg-St-Honoré Ⓜ Miromesnil – ✆ 01 53 43 43 00 – www.lebristolparis.com

✿✿✿ **Épicure** • ✿ **114, Faubourg** – voir les restaurants ci-dessus

La Réserve

PALACE • ÉLÉGANT Parquet Versailles, larges canapés, corniches dorées à l'or fin : c'est vers le chic parisien de la Belle Époque que lorgne ce superbe hôtel particulier du 19es., décoré par Jacques Garcia. Suites avec vue sur les jardins de l'Élysée, le Grand Palais ou la Tour Eiffel.

26 suites – 1900/16700 € – 14 chambres – 56 €

42 av. Gabriel Ⓜ Champs Elysées Clemenceau – 01 58 36 60 50 – www.lareserve-paris.com

Le Gabriel • **La Pagode de Cos** – voir les restaurants ci-dessus

Le Royal Monceau

PALACE • DESIGN Ce palace du 21e s., décoré par Philippe Starck, se joue des codes en vigueur : galerie d'art, librairie, salle de cinéma high-tech, spa superbe... Depuis 2016, il accueille un nouveau restaurant : Matsuhisa, concept du chef emblématique Nobu Matsuhisa.

108 chambres – 850/1400 € 1500/2500 € – 41 suites – 58 €

37 av. Hoche Ⓜ Charles de Gaulle-Etoile – 01 42 99 88 12 – www.leroyalmonceau.com

Il Carpaccio • **Matsuhisa** – voir les restaurants ci-dessus

Prince de Galles

GRAND LUXE • ART DÉCO Ce fleuron légendaire de l'Art déco parisien irradie de son élégance l'avenue George-V. Construit en 1928, nimbé d'une nouvelle fraîcheur, le charme des lieux reste intact, des chambres, luxueuses et raffinées, au bar "Les Heures", où le temps suspend son vol, face au patio classé.

115 chambres – 650/1020 € 950/1950 € – 44 suites – 38 €

33 av. George-V Ⓜ George V – 01 53 23 77 77 – www.hotelprincedegalles.fr

La Scène – voir les restaurants ci-dessus

Fouquet's Barrière

LUXE • ART DÉCO Né dans le sillage de la mythique brasserie, ce luxueux hôtel a été décoré par Jacques Garcia : styles Empire et Art déco, foisonnement d'acajou, de soie, de velours, associés à des équipements high-tech et un spa superbe. La carte de la mythique brasserie est signée Pierre Gagnaire. Une authentique expérience parisienne.

48 chambres – 630/2100 € 630/2100 € – 33 suites – 49 €

46 av. George-V Ⓜ George V – 01 40 69 60 00 – www.lefouquets-paris.com

Champs-Élysées Plaza

URBAIN • PERSONNALISÉ Élégance et espace, harmonie des couleurs, mélange des styles, service attentionné, fitness... Cet hôtel est un concentré de luxe feutré et cossu.

39 chambres – 290/490 € 290/490 € – 10 suites – 32 €

35 r. de Berri Ⓜ George V – 01 53 53 20 20 – www.champselyseesplaza.com

Vernet

HISTORIQUE • ÉLÉGANT Un immeuble des Années folles dans une petite rue près des Champs-Élysées... qui abrite un hôtel entièrement rénové ! Il se dégage de ces lieux un je-ne-sais-quoi de très parisien, du hall d'entrée lumineux aux chambres, dont on appréciera le décor soigné et feutré.

41 chambres – 690/2200 € 690/2200 € – 9 suites – 25 €

25 r. Vernet Ⓜ Charles de Gaulle-Etoile – 01 44 31 98 00 – www.hotelvernet.com

Le V – voir les restaurants ci-dessus

Buddha-Bar Hotel

LUXE • PERSONNALISÉ On connaissait le Buddha-Bar, adresse parisienne très branchée ; voici le Buddha-Bar Hotel, créé dans un hôtel particulier du 18e s. Entre boiseries anciennes et décor néo-asiatique, l'ensemble se révèle très glamour et raffiné ! Inédit et exclusif.

37 chambres – 330/1100 € 330/1100 € – 19 suites – 35 €

4 r. d'Anjou Ⓜ Madeleine – 01 83 96 88 88 – www.buddhabarhotelparis.com

Hilton Opéra

HÔTEL DE CHAÎNE • CONTEMPORAIN Entièrement rénové en 2015, cet hôtel renoue avec son passé Belle Époque : hall avec colonnes en marbre et plafond ouvragé à la feuille d'or, grand salon majestueux, avec verrière et fresques... quant aux chambres, lumineuses et contemporaines, elles se révèlent très confortables.

257 chambres – 229/500 € 400/1000 € – 11 suites – 29 €

108 r. St-Lazare Ⓜ Saint-Lazare – 01 40 08 44 44 – www.parisopera.hilton.com

Sofitel le Faubourg

LUXE • CONTEMPORAIN Élégant hôtel dans deux demeures des 18e et 19e s. Les chambres ont été entièrement redessinées en 2014 dans un style moderne et épuré, toujours élégant ; on profite d'un salon sous verrière, ainsi que d'un joli fitness avec hammam et salles de massages.

120 chambres – 336/950 € 336/950 € – 29 suites – 36 €

15 r. Boissy-d'Anglas Ⓜ Concorde – 01 44 94 14 14 – www.sofitel-paris-lefaubourg.com

San Régis

LUXE • GRAND LUXE Hôtel particulier de 1850 remanié avec goût : un bel escalier (vitraux et statues) conduit aux chambres, ravissantes, au style classique-revisité. Le restaurant sous verrière occupe un luxueux salon aux tonalités claires et cultive la tradition.

30 chambres – 275/815 € 380/2050 € – 12 suites – 35 €

12 r. J.-Goujon Ⓜ Champs-Elysées Clemenceau – 01 44 95 16 16 – www.hotel-sanregis.fr

Sofitel Arc de Triomphe

LUXE • DESIGN Rénové de A à Z, ce grand hôtel impeccablement situé ne manque pas d'allure : un grand hall clair prolongé par un salon tout en design et en élégance, des chambres spacieuses et décorées sobrement, où l'on séjourne en toute tranquillité... Un bel établissement.

122 chambres – 390/600 € 390/1150 € – 2 suites – 34 €

14 r. Beaujon Ⓜ Charles de Gaulle-Etoile – 01 53 89 50 50 – www.sofitel.com/1296

Les Cocottes - Arc de Triomphe – voir les restaurants ci-dessus

Bedford

URBAIN • TRADITIONNEL Cet hôtel fondé en 1848 perpétue avec élégance une certaine idée de la tradition hôtelière. Les chambres sont d'un raffinement discret – préférez celles qui ont été récemment rénovées, plus confortables. Une adresse d'un bon rapport qualité-prix pour le quartier.

131 chambres – 240/280 € 260/360 € – 10 suites – 21 €

17 r. de l'Arcade Ⓜ Madeleine – 01 44 94 77 77 – www.hotel-bedford.com

Splendide Royal Ⓝ

HÔTEL PARTICULIER • GRAND LUXE Ce palace de poche, installé dans un hôtel particulier, ancienne demeure de Pierre Cardin, séduira les amoureux du luxe discret, avec ses six suites de 65 m^{2}et six juniors suites de 40 m^2, raffinées et élégantes. Charmant et familial.

6 chambres – 660/950 € 850/1200 € – 6 suites – 35 €

18 r. du Cirque Ⓜ Miromesnil – 01 43 87 10 10 – www.splendideroyal.fr

Tosca – voir les restaurants ci-dessus

Marquis Faubourg Saint-Honoré

HISTORIQUE • ÉLÉGANT Inauguré en 2013, ce boutique-hôtel doit son nom au marquis de La Fayette, le "héros des deux mondes", qui vécut dans cet hôtel particulier du 18e s. De vastes chambres, une décoration chic et sobre, de luxueuses salles de bains : l'adresse ne manque ni de charme ni de panache !

10 suites – 1100/1480 € – 5 chambres – 39 €

8 r. d'Anjou Ⓜ Madeleine – 01 44 80 00 00 – www.marquisfaubourgsainthonore.com

Marignan Champs-Elysées

LUXE • CONTEMPORAIN Un luxe discret : voilà le parti pris de cet ancien hôtel particulier, voisin des Champs-Élysées. Toutes les chambres révèlent une décoration élégante et épurée, avec parquet en chêne, mobilier chic des années 1950 et 1960, grandes literies... Du style et de la subtilité !

45 chambres - 270/880 € 270/880 € - 5 suites - 40 €

12 r. de Marignan Ⓜ Franklin D. Roosevelt - 01 40 76 34 56 - www.hotelmarignanelyseesparis.com

Hôtel de Sers

HÔTEL PARTICULIER • ÉLÉGANT Le marquis de Sers ne reconnaîtrait pas son hôtel particulier de la fin du 19e s. Il faut dire qu'il mélange les styles avec succès : si le hall a conservé son caractère d'origine, les chambres, elles, sont résolument contemporaines et tendance. Un "baby palace" élégant...

45 chambres - 350/690 € 500/800 € - 7 suites - 30 €

41 av. Pierre-1er-de-Serbie Ⓜ George V - 01 53 23 75 75 - www.hoteldesers.com

La Maison Champs-Élysées

HISTORIQUE • DESIGN Un hôtel très particulier, où le faste du Second Empire côtoie les lignes épurées d'un design contemporain dû à Martin Margiela. Salon blanc, fumoir noir, équipements dernier cri, restaurant très graphique : une signature.

51 chambres - 250/530 € 250/1000 € - 6 suites - 32 €

8 r. Jean-Goujon Ⓜ Franklin D Roosevelt - 01 40 74 64 94 - www.lamaisonchampselysees.com

Le Pavillon des Lettres

URBAIN • ÉLÉGANT Un hôtel littéraire en plein cœur de Paris ? Vingt-six chambres pour les vingt-six lettres de l'alphabet, chacune portant le nom d'un écrivain et déclinant son œuvre dans leur décoration. Élégant et subtil : parfait pour réviser ses classiques et découvrir la ville autrement.

26 chambres - 200/350 € 200/530 € - 26 €

12 r. des Saussaies Ⓜ Miromesnil - 01 49 24 26 26 - www.pavillondeslettres.com

Hôtel du Ministère

BOUTIQUE HÔTEL • PERSONNALISÉ Un hôtel à deux pas du ministère de l'Intérieur, du palais de l'Élysée et du faubourg St-Honoré. Les chambres – confortables et très fonctionnelles – rendent hommage aux années 1970, ce qui ne manquera pas de plaire aux amateurs... ou aux nostalgiques. Accueil charmant.

42 chambres - 170/576 € 190/576 € - 5 suites - 19 €

31 r. de Surène Ⓜ Madeleine - 01 42 66 21 43 - www.ministerehotel.com

François 1er

BOUTIQUE HÔTEL • PERSONNALISÉ Marbre de Carrare, moulures, objets chinés, meubles anciens et tableaux à foison : Pierre-Yves Rochon a imaginé un cadre luxueux et raffiné. Deux types de chambres s'offrent à vous, selon votre humeur : classiques (avec toile de Jouy), ou plus épurées. Copieux petit-déjeuner (buffet).

38 chambres - 230/390 € 270/520 € - 2 suites - 22 €

7 r. Magellan Ⓜ George V - 01 47 23 44 04 - www.the-paris-hotel.com

Hôtel Monsieur

URBAIN • PERSONNALISÉ A quelques encablures du théâtre des Mathurins, cet hôtel tout récent rend un hommage discret au monde du théâtre et à l'une de ses figures tutélaires, Sacha Guitry. Les chambres sont confortables et vraiment chaleureuses – certaines ont même une terrasse. Petit espace fitness.

29 chambres - 189/320 € 189/320 € - 2 suites - 20 €

62 r. des Mathurins Ⓜ Havre-Caumartin - 01 43 87 17 11 - www.hotelmonsieur.com

Le 123 Elysées

URBAIN · CONTEMPORAIN Mélange des genres, des couleurs et des matières, croquis de stylistes : les chambres de cet hôtel ont du cachet. Pratique pour un séjour shopping dans un faubourg très... mode.

41 chambres - 210/320 € 210/365 €

123 r. du Faubourg-St-Honoré St-Philippe-du-Roule - 01 53 89 01 23 - www.astotel.com

Le Mathurin

URBAIN · PERSONNALISÉ La devise de la maison : "Le luxe d'être chez soi." Et l'on aimerait faire de cet hôtel, garni de livres, feutré, élégant et apaisant, son home sweet home !

51 chambres - 220/350 € 250/450 € - 3 suites - 24 €

43 r. des Mathurins Havre Caumartin - 01 44 94 20 94 - www.le-mathurin.com

Le A

URBAIN · PERSONNALISÉ "A" comme rue d'Artois, Alphabet (il y a 26 chambres) et évidemment Art : cet hôtel moderne et design, imaginé par le plasticien Hyber et l'architecte Méchiche, accueille aussi des expositions. Les chambres, comme les salons, jouent l'épure... avec un "e" majuscule !

26 chambres - 219/679 € 219/689 € - 1 suite - 25 €

4 r. d'Artois St-Philippe-du-Roule - 01 42 56 99 99 - www.hotel-le-a.com

Le Marianne

URBAIN · ÉLÉGANT Cette séduisante Marianne se cache dans un immeuble haussmannien, tout près des Champs-Élysées. L'hôtel a des allures de maison particulière ; les chambres, confortables, se parent de matériaux nobles (marbre, laiton) et de beaux dégradés de couleurs.

31 chambres - 170/710 € 180/720 € - 19 €

11 r. Paul-Baudry St-Philipe-du-Roule - 01 45 04 30 30 - www.lemarianne.com

Le Swann

URBAIN · PERSONNALISÉ Bienvenue du côté de chez Swann ! Cet hôtel datant de 1889 a accueilli de nombreux artistes et écrivains au long des années ; les chambres rénovées sont confortables et chacune porte le nom d'un personnage de Proust... Très tendance et délicieusement parisien.

81 chambres - 129/359 € 159/359 € - 7 suites - 15 €

15 r. de Constantinople Europe - 01 45 22 80 80 - www.hotel-leswann.com

West-End

URBAIN · PERSONNALISÉ Lithographies anciennes, copies de tableaux de maîtres et équipements dernier cri vous attendent dans ces chambres classiques, souvent très colorées. Agréable salon.

49 chambres - 229/499 € 299/699 €

7 r. Clément-Marot Alma Marceau - 01 47 20 30 78 - www.hotel-west-end.com

Atlantic

URBAIN · FONCTIONNEL Aquarelles, maquettes de bateaux et déclinaisons de bleu dans les chambres... De subtiles notes marines qui invitent au voyage ! Cela donne un charme certain à cet établissement familial, situé juste derrière la gare St Lazare.

81 chambres - 74/390 € 105/390 € - 16 €

44 r. de Londres St-Lazare - 01 43 87 45 40 - www.atlantic-hotel-paris.com

Idol

URBAIN · PERSONNALISÉ Mobilier vintage "seventies" et thème "jazzy" habillent cet hôtel proche de la gare Saint-Lazare, rénové en 2014 : quoi de plus évident dans un quartier dédié à la musique, et riche en boutiques de luthiers ? Les chambres s'appellent Lady Soul, Light my fire... Une vraie boîte à musique.

32 chambres - 120/200 € 150/399 € - 17 €

16 r. d'Édimbourg Europe - 01 45 22 14 31 - www.idolhotel-paris.com

Ekta

BOUTIQUE HÔTEL • DESIGN Retour vers le passé avec cet hôtel construit en 2015, mais décoré à la mode seventies, où dominent le blanc et le noir. Les chambres, de taille modeste, sont cependant élégantes et confortables. Un établissement plaisant, original... et bien situé.

25 chambres - 100/625 € 100/625 € - 12 €

52 r. Galilée Ⓜ George V - 01 53 76 09 05 - www.hotelekta.com

Chavanel

URBAIN • ÉLÉGANT Cet hôtel appartient à la même famille depuis 1984. Depuis les voilages en dentelle française des fenêtres, jusqu'aux luminaires, tout détail est étudié. Quant au buffet du petit-déjeuner, 100% bio, il mérite votre appétit !

27 chambres - 160/390 € 160/680 € - 20 €

22 r. Tronchet Ⓜ Madeleine
- 01 47 42 26 14 - www.hotelchavanel.com

Elysées 8

URBAIN • CONTEMPORAIN Au cœur du 8e arrondissement, un hôtel dont le salon coloré nous plonge dans les années 1970. Les chambres sont modernes et chaleureuses : moquettes, têtes de lit en bois sculpté, murs joliment carrelés...

34 chambres - 150/350 € 170/500 € - 13 €

16 r. Cambacérès Ⓜ Miromesnil
- 01 42 65 71 40 - www.elysees8.com

Alison

FAMILIAL • FONCTIONNEL Près de la Madeleine, ce petit hôtel familial offre un bon rapport qualité-prix. Chambres fonctionnelles et de bon confort. Simple et sympathique.

34 chambres - 115/212 € 145/232 € - 12 €

21 r. de Surène Ⓜ Madeleine - 01 42 65 54 00 - www.hotelalison.com

Opéra • Grands Boulevards

9e ARRONDISSEMENT

Getty Images

Restaurants

Maloka

CUISINE MODERNE • CONVIVIAL Raphaël Rego, le plus français des chefs brésiliens, poursuit son aventure parisienne avec ce Maloka ("votre maison" en langue amérindienne), où il affirme encore davantage les influences *carioca* de sa cuisine. Il signe des recettes très personnelles, avec de fréquents clins d'œil aux plats de son enfance : on se régale.

Menu 36 €

28 r. Tour-d'Auvergne Ⓜ Cadet - 01 45 23 99 13 - www.okaparis.fr - Fermé dim., lundi et le midi

Abri Soba Ⓝ

CUISINE JAPONAISE • BISTRO ✕ Connaissez vous les *soba*, des pâtes japonaises au sarrasin ? Ce restaurant (la deuxième adresse des associés à l'origine d'Abri) en a fait sa spécialité et les propose, pour ainsi dire, à toutes les sauces : à midi et le soir, froides ou chaudes, avec bouillon et émincé de canard par exemple. C'est simple et savoureux : à vos baguettes.

Menu 38 € - Carte 25/40 €

10 r. Saulnier Ⓜ Cadet - ✆ 01 45 23 51 68 - Fermé 3 semaines en août, 24-30 déc., dim. midi et lundi

Le Pantruche

CUISINE MODERNE • BISTRO ✕ Pantruche, c'est Paris en argot... Un nom tout trouvé pour ce bistrot au décor rétrochic, qui cultive volontiers l'atmosphère gouailleuse et canaille des années 1940-1950. Côté papillles, le chef et sa petite équipe concoctent de jolis plats de saison, pile dans la tendance bistronomique.

Formule 19 € - Menu 36 € - Carte 39/50 €

3 r. Victor-Massé Ⓜ Pigalle - ✆ 01 48 78 55 60 - Fermé 1 semaine vacances de printemps, 3 semaines en août, 1 semaine vacances de Noël, sam. et dim.

Le Caillebotte

CUISINE MODERNE • CONVIVIAL ✕ Franck Baranger, le chef, compose ces assiettes fraîches et résolument modernes dont il a le secret : langoustines servies crues sur des lasagnes de concombre, thon blanc de St-Gilles et coulis de petits pois mentholés... C'est gourmand, coloré, et colle parfaitement à l'ambiance conviviale des lieux.

Formule 19 € - Menu 36/49 € - Carte 41/50 €

8 r. Hippolyte-Lebas Ⓜ Notre-Dame de Lorette - ✆ 01 53 20 88 70 - Fermé 1 semaine en avril, 3 semaines en août, 26 déc.-2 janv., sam. et dim.

I Golosi

CUISINE ITALIENNE • CONVIVIAL ✕ Un décor coloré et sans âge pour cette authentique trattoria proche de la salle des ventes Drouot. La carte varie chaque semaine et s'accompagne d'une superbe sélection de vins en accord avec les mets du moment... Et le café est excellent, Italie oblige ! On peut aussi faire des provisions à l'épicerie fine.

Carte 26/45 €

6 r. de la Grange-Batelière Ⓜ Richelieu Drouot - ✆ 01 48 24 18 63 - Fermé 2 semaines en août, sam. soir et dim.

Les Canailles Pigalle

CUISINE MODERNE • BISTRO ✕ Parfaite pour s'encanailler, cette sympathique adresse a été créée par deux Bretons formés à bonne école. Ici, ils jouent la carte de la bistronomie et des recettes de saison. Spécialités : le carpaccio de langue de bœuf et sauce ravigote, et le baba au rhum avec sa chantilly à la vanille... On se régale !

Formule 28 € - Menu 35 € - Carte 54/63 €

25 r. La Bruyère Ⓜ St-Georges - ✆ 01 48 74 10 48 - www.restaurantlescanailles.fr - Fermé 3 semaines en août, sam. et dim.

Richer

CUISINE MODERNE • BRANCHÉ ✕ Ubiquité réussie pour Charles Compagnon, le patron de l'Office (situé juste en face) : l'esprit cantine arty est préservé et l'assiette propose une même cuisine du marché, fraîche et goûteuse. Attention cependant, il n'y a toujours pas de téléphone, le seul moyen de réserver est de se présenter sur place !

Carte 35/43 €

2 r. Richer Ⓜ Poissonnière - www.lericher.com - Fermé 30 juil.-21 août et 23 déc.-1er janv.

L'Office

CUISINE MODERNE • BISTRO ✗ Un bistrot de poche, à deux pas des Folies Bergère... Assis au coude-à-coude, on se régale d'une cuisine qui change au rythme des saisons. Des préparations justes et savoureuses, accompagnées d'un judicieux choix de vins. Le tout à prix serrés.

Formule 22 € – Menu 27 € – Carte 37/54 €

3 r. Richer Ⓜ Poissonnière – ✆ 01 47 70 67 31 – www.office-resto.com – Fermé 3 semaines en août, 1 semaine vacances de Noël, sam. et dim.

Le Café de la Paix

CUISINE CLASSIQUE • ÉLÉGANT ✗✗ Fresques, lambris dorés et mobilier inspiré du style Napoléon III : ce luxueux et légendaire restaurant, ouvert de 7h à minuit, reste le rendez-vous du Tout-Paris. Et pour cause, le pâté en croûte est redoutable, et l'on feuilletterait sans fin le mille-feuille à la vanille. Belle cuisine de brasserie.

Formule 45 € – Menu 55 € – Carte 90/110 €

Hôtel Intercontinental Le Grand, 2 r. Scribe Ⓜ Opéra – ✆ 01 40 07 32 32 – www.paris.intercontinental.com

La Condesa Ⓝ

CUISINE CRÉATIVE • COSY ✗ La Condesa est un quartier de Mexico : c'est aussi le restaurant d'Indra Carillo, venu du Mexique pour intégrer l'institut Paul Bocuse. Il signe une cuisine de haute volée, jouant des différentes cultures culinaires, avec une aisance déroutante. Une excellente adresse, mise en valeur par un service professionnel. Coup de cœur assuré.

Menu 30 € (déj.), 48/68 €

17 r. Rodier Ⓜ Notre-Dame de Lorette – ✆ 09 67 19 94 90 – www.lacondesa-paris.com – Fermé 3 semaines en août, sam. midi, dim. et lundi

Panache

CUISINE MODERNE • VINTAGE ✗ Au sein de l'hôtel du même nom, ce Panache, justement, n'en manque pas. Un chef au joli parcours (Racines 2, L'Agapé) y réalise ses assiettes simples et percutantes. Il les décline au gré d'une vraie carte avec du choix (une pratique qui a tendance à se raréfier dans le secteur !), et le résultat est à la hauteur de nos attentes : simplement très bon.

Formule 24 € – Menu 29 € (déj.) – Carte 45/50 €

Hôtel Panache, 1 r. Geoffroy-Marie Ⓜ Grands Boulevards – ✆ 01 53 34 03 91 – www.hotelpanache.com – Fermé sam. midi, dim. et lundi

Il Cuoco Galante Ⓝ

CUISINE ITALIENNE • BISTRO ✗ L'ancien chef de Sassotondo fait ici des merveilles dans un style italien traditionnel, avec des assiettes éclatantes de fraîcheur : burrata aux aubergines et citron, risottos en tous genres, sans oublier ces tagliatelles aux tomates Datterino, une recette vieille comme le monde... et qui ne prend pas une ride.

Formule 20 € – Menu 24 € (déj. en semaine)/36 € – Carte 34/56 €

36 r. Condorcet Ⓜ Anvers – ✆ 01 40 37 35 53 – www.ilcuocogalante.com – Fermé dim. et lundi

Belle Maison Ⓝ

POISSONS ET FRUITS DE MER • BISTRO ✗ Les trois associés de Pantruche et Caillebotte remettent ça avec cette Belle Maison, baptisée ainsi d'après la plage de l'île d'Yeu où ils passaient leurs vacances. Le chef manie l'iode avec une facilité déconcertante – raviole de crabe et gaspacho ; maigre de ligne, petits pois et girolles –, on se régale en sa compagnie. Appel du large reçu cinq sur cinq !

Carte 41/58 €

4 r. de Navarin Ⓜ Saint-Georges – ✆ 01 42 81 11 00 – www.restaurant-bellemaison.com – Fermé 2 semaines en août, 1 semaine vacances de Noël, dim. et lundi

Orties

CUISINE CRÉATIVE • ÉPURÉ Le long du menu surprise en six temps, les bonnes surprises s'enchainent : goût des produits, bien sûr, mais aussi créativité et maîtrise technique du chef - deux qualités qui ne vont pas toujours de pair... Voilà sans doute ce qui explique que dans cette rue Rodier où les tables ne manquent pas, ce restaurant affiche régulièrement complet !

Menu 32 € (déj.), 40/60 €

24 r. Rodier Ⓜ Cadet
- ✆ 01 45 26 86 26 - www.orties-restaurant.paris
- Fermé 3 semaines en août, mardi midi, dim. et lundi

La Régalade Conservatoire

CUISINE MODERNE • TENDANCE Après sa Régalade du 1er arrondissement, Bruno Doucet réplique à deux pas des Grands Boulevards, au sein du luxueux hôtel de Nell. L'esprit bistrot se fait chic, et la cuisine du chef toujours aussi enlevée, généreuse et savoureuse. Vivement le nouvel opus !

Menu 37 €

Hôtel de Nell, 7-9 r. du Conservatoire Ⓜ Bonne Nouvelle - ✆ 01 44 83 83 60
- www.charmandmore.com

Mamou

CUISINE TRADITIONNELLE • DE QUARTIER À deux pas des grands magasins, ce restaurant de quartier est tout indiqué pour ponctuer ou conclure une journée de shopping. Comment ne pas reprendre des forces en dégustant un menu aussi généreux : Piémontaise revisitée, œuf parfait ; canard en meurette rôtie... Vive la cuisine du marché !

Formule 19 € - Carte 40/55 €

42 r. Taitbout Ⓜ Chaussée d'Antin - ✆ 01 44 63 09 25 - Fermé 3 semaines en août, 1 semaine vacances de Noël, lundi soir, mardi soir, sam. et dim.

Bouillon

CUISINE MODERNE • CONVIVIAL Le restaurant rend hommage aux fameux "bouillons parisiens", ces gargotes de quartier dans lesquelles venaient se restaurer les ouvriers. Ici, le cadre est élégant et la cuisine pleine de caractère, concoctée par un ancien bras droit de J.-F. Piège. Miam !

Formule 21 € - Menu 28 € (déj. en semaine)/80 € - Carte 46/66 €

47 r. de Rochechouart Ⓜ Cadet
- ✆ 09 51 18 66 59 - www.restaurantbouillon.fr
- Fermé 1er-8 mai, 3 semaines en août, 24-30 déc., dim. et lundi

Louis

CUISINE MODERNE • INTIME Situé près des grands magasins dans une rue tranquille, ce restaurant intimiste tenu par un chef breton passé chez Senderens propose des menus en petites portions : ravioles de veau et consommé de coriandre, merlan rôti et jeunes carottes aïoli, volaille de Challans et girolles, etc. Spontané et inventif.

Menu 36 € (déj. en semaine), 58/74 €

23 r. de la Victoire Ⓜ Le Peletier - ✆ 01 55 07 86 52 - www.louis.paris
- Fermé 3 semaines en août, sam. et dim.

Comptoir Canailles

CUISINE MODERNE • CONVIVIAL Installez-vous en toute quiétude, vous êtes entre de bonnes mains : ce jeune couple (Alain Ducasse pour lui, Paul Bocuse pour elle) signe une cuisine de bistrot goûteuse, et d'appétissantes cocottes. Vins natures de petits vignerons.

Formule 18 € - Menu 24 € (déj. en semaine)/35 € - Carte 45/80 €

47 r. Rodier Ⓜ Anvers - ✆ 01 53 20 95 56 - www.restaurantcomptoircanailles.com
- Fermé août, vacances de Noël, dim. et lundi

La Petite Sirène de Copenhague

CUISINE DANOISE • BISTRO Au-dessus de la devanture flotte un drapeau danois... qui annonce tout de suite la couleur gourmande de cet antre ! Menu du jour sur ardoise et carte plus étoffée (mais plus chère)... pour se régaler d'une cuisine qui s'amuse des contrastes sucré-salé, comme ces harengs à la danoise.

Formule 25 € – Menu 35 € (déj.)/41 € – Carte 50/82 €

47 r. Notre-Dame-de-Lorette Ⓜ St-Georges – ✆ 01 45 26 66 66 – www.lapetitesireneparis.com – Fermé août, 23 déc.-2 janv., sam. midi, dim. et lundi

Encore

CUISINE MODERNE • BRANCHÉ Encore un bistrot branché ? Détrompez-vous, l'affaire n'a rien d'une simple copie, car un vrai chef patron œuvre aux fourneaux. Il signe une cuisine limpide et respectueuse des produits, comme ce poulpe au quinoa et poivrons confits. "Encore !", s'écrient nos gosiers ravis.

Formule 25 € – Menu 30 € (déj.), 39/65 € – Carte 40/60 €

43 r. Richer Ⓜ Le Peletier – ✆ 01 72 60 97 72 – www.encore-restaurant.fr – Fermé 3 semaines en août, 2 semaines vacances de Noël, sam. et dim.

Hotaru

CUISINE JAPONAISE • RUSTIQUE Un restaurant japonais accueillant, dont le jeune chef concocte une cuisine traditionnelle et familiale qui fait la part belle au poisson. Sushis, makis, sashimis, mais aussi quelques plats mijotés (délicates aubergines chaudes au miso noir, doucement sucrées ; maquereau grillé et laqué).

Menu 24 € (déj.) – Carte 26/53 €

18 r. Rodier Ⓜ Notre-Dame de Lorette – ✆ 01 48 78 33 74 – Fermé 3 semaines en août, 2 semaines vacances de Noël, dim. et lundi

Le Bon Georges

CUISINE TRADITIONNELLE • BISTRO Voilà un bistrot tel qu'on les aime, avec son décor dans son jus (ardoise, vieux plancher, banquettes), son ambiance de quartier... et ses assiettes savoureuses, à l'instar de cette belle terrine au beaujolais, ou du pigeon rôti. L'ardoise ouvre l'appétit, les produits sont frais et la simplicité de rigueur : attachant !

Formule 21 € – Carte 39/66 €

45 r. St-Georges Ⓜ St-Georges – ✆ 01 48 78 40 30 – www.lebongeorges.com – Fermé 23 déc.-1er janv., dim. midi et sam.

Les Affranchis

CUISINE MODERNE • BISTRO Le jeune binôme, "affranchi" des maisons où ils étaient salariés, se joue avec bonheur des classiques pour élaborer une cuisine goûteuse, à l'image de cet œuf parfait, façon carbonara ou du lieu jaune en arlequin de chou-fleur, orange et poutargue. Une (excellente) adresse qui va comme un gant à ce 9e arrondissement, aussi bourgeois que bohème.

Formule 33 € – Menu 38 € (déj.)/45 €

5 r. Henri-Monnier Ⓜ St-Georges – ✆ 01 45 26 26 30 – www.lesaffranchisrestaurant.com – Fermé 5-22 août, 24 déc.-2 janv., lundi

Les Saisons

CUISINE TRADITIONNELLE • BISTRO Les bistrots parisiens ont aussi leurs saisons. L'heure du printemps est revenue pour cette adresse au cachet d'antan (bois, moleskine, etc.) sur laquelle le chef souffle un vent de fraîcheur, revisitant les classiques du genre (foie gras poêlé aux framboises, filet de veau) avec générosité et au plus près des saisons.

Formule 18 € – Menu 23 € (déj. en semaine) – Carte 34/50 €

52 r. Lamartine Ⓜ Notre-Dame de Lorette – ✆ 01 48 78 15 18 – www.restaurant-les-saisons.com – Fermé 3 semaines en août, dim. et lundi

Le Garde Temps

CUISINE MODERNE • BISTRO Murs en pierres apparentes, comptoir en carrelage de métro… Bienvenue au Garde Temps, sympathique bistrot ouvert par un ancien d'Yves Camdeborde : c'est frais et bien travaillé, comme cette royale de carotte, ou le lieu jaune. En saison, l'ardoise s'autorise quelques plats ambitieux (truffe, homard).

Formule 19 € - Menu 25 € (déj.)/35 € - Carte 45/70 €

19 bis r. Pierre-Fontaine Blanche - 09 81 48 50 55 - www.restaurant-legardetemps.fr - Fermé 3 semaines en août, sam. midi et dim.

L'Oriental

CUISINE NORD-AFRICAINE • EXOTIQUE Comme dans la chanson, on l'appelle l'Oriental et on apprécie sa compagnie ! Voyage express pour le Maroc autour de petits plats parfumés, dont les incontournables tajines et couscous…

Formule 17 € - Menu 33 € - Carte 35/50 €

47 av. Trudaine Pigalle - 01 42 64 39 80 - www.loriental-restaurant.com

Aspic

CUISINE MODERNE • BISTRO Comme souvent dans le quartier, c'est le mini-bistrot dans toute sa splendeur : esprit rétro, cuisine ouverte sur la salle, etc. Comme parfois, mais pas toujours, dans le quartier, l'assiette mérite qu'on s'y attarde : un menu unique basé sur de supers produits, quelques mariages inattendus de saveurs… C'est tout bon.

Menu 57 €

24 r. de la Tour-d'Auvergne Cadet - 09 82 49 30 98 - www.aspic-restaurant.com - Fermé août, 1 semaine à Noël, dim., lundi et le midi

Hôtels

Intercontinental Le Grand

HISTORIQUE • GRAND LUXE Né en 1862, il a fêté son 150e anniversaire en 2012. Voilà bien un Grand Hôtel, exemplaire du 19e s., sur la place même de l'Opéra, au cœur du Paris d'Haussmann ! Son Café de la Paix au sublime décor, sa cour intérieure à l'ambiance proustienne, ses chambres de style Second Empire… Un monument parisien.

442 chambres - 335/950 € 335/950 € - 28 suites - 45 €

2 r. Scribe Opéra - 01 40 07 32 32 - www.paris.intercontinental.com

Le Café de la Paix - voir les restaurants ci-dessus

Scribe

LUXE • PERSONNALISÉ Chic, très feutré et tellement parisien… On tombe sous le charme du Scribe, presque confidentiel dans son immeuble haussmannien proche de l'Opéra. En 1895, le public y découvrait en première mondiale le cinématographe des frères Lumière. L'élégance discrète des lieux n'a rien d'un mirage.

204 chambres - 300/690 € 300/1400 € - 9 suites - 35 €

1 r. Scribe Opéra - 01 44 71 24 24 - www.hotel-scribe.com

W Paris Opéra

LUXE • DESIGN Comment être plus au cœur du Paris d'Haussmann, que dans ce bel immeuble de 1870 jouxtant l'Opéra ? Si cet hôtel inauguré en 2012 joue la carte du chic parisien, c'est dans une veine résolument design, alliant luxe et décontraction. Vue sur le palais Garnier. Très branché et séduisant.

89 chambres - 370/2200 € 370/2200 € - 2 suites - 39 €

4 r. Meyerbeer Chaussée d'Antin - 01 77 48 94 94 - www.wparisopera.fr

Hôtel de Nell

LUXE • DESIGN Un fort bel établissement voisin du Conservatoire national supérieur d'Art dramatique. Ferait bien de la comédie qui se plaindrait de ses aménagements, au style affirmé, signés Jean-Michel Wilmotte. Bois brut, tons clairs, lignes épurées… ou tout l'esprit du luxe contemporain.

33 chambres - 220/1200 € 220/1200 € - 21 €

7-9 r. du Conservatoire Bonne Nouvelle - 01 44 83 83 60 - www.charmandmore.com

La Régalade Conservatoire - voir les restaurants ci-dessus

Banke

LUXE • DESIGN Reconversion originale : au cœur du quartier des affaires de la Belle Époque, entre Bourse et Opéra, cet ancien siège bancaire est aujourd'hui un imposant hôtel de luxe... Le hall opulent, sous une immense verrière opaline, mérite le coup d'œil ; les chambres se révèlent aussi confortables que chaleureuses.

91 chambres - 250/530 € 270/650 € - 24 €

20 r. Lafayette Ⓜ Chaussée d'Antin - ✆ 01 55 33 22 22 - www.derbyhotels.com

Maison Nabis

BUSINESS • COSY Le nom de l'hôtel fait référence au mouvement artistique nabi - fin du 19e s. -, et le décor est à l'avenant : couleurs ardentes (rouge profond, bleu nuit, doré, prune...), motifs géométriques, ambiance feutrée dans les chambres, etc. L'élégance même.

30 chambres - 180/300 € 180/320 € - 15 €

7 r. de Parme Ⓜ Liège - ✆ 01 55 31 60 00 - www.maison-nabis.com

Hôtel Panache

URBAIN • VINTAGE Entre Belle Époque et Art déco, cet hôtel ne manque pas de style ! Les chambres, toutes différentes, se parent de bleu canard, vert émeraude, gris anthracite, et de formes géométriques diverses. Une signature esthétique inimitable qui fait tout le charme de l'établissement.

40 chambres - 110/190 € 140/320 € - 4 suites - 18 €

1 r. Geoffroy-Marie Ⓜ Grands Boulevards - ✆ 01 47 70 85 87 - www.hotelpanache.com

Panache - voir les restaurants ci-dessus

The Chess Hotel

LUXE • DESIGN Ambiance chic et exclusive, à deux pas de l'Opéra, pour ce bel établissement qui mise sur la sobriété et l'élégance plutôt que sur l'esbroufe. Les chambres sont des cocons, l'accueil est sur-mesure. Restauration légère à toute heure.

50 chambres - 140/410 € 150/810 € - 22 €

6 r. du Helder Ⓜ Opéra - ✆ 01 48 24 10 10 - www.thechesshotel.com

Monsieur Cadet

LUXE • ÉLÉGANT Ce petit hôtel chic ravira ceux qui aiment le luxe discret et l'atmosphère des années 1930. Les chambres sont décorées avec goût. Espace fitness et salon de massage.

29 chambres - 159/399 € 179/599 € - 19 €

4 r. Cadet Ⓜ Cadet - ✆ 01 76 76 69 26 - www.monsieurcadet.com/fr/

Athénée

LUXE • COSY Non loin du théâtre de l'Athénée, cet hôtel chic assume un style néobaroque très "opéra"... signé Jacques Garcia. Draperies, velours pourpre, boiseries, chambres décorées sur un thème lyrique ("Traviata", "Faust"...), bar à cocktails et fumoir. Chamarré et précieux !

20 chambres - 170/470 € 170/470 € - 18 €

19 r. Caumartin Ⓜ Havre Caumartin - ✆ 01 40 17 99 29 - www.maisonathenee.com

Le Grey

BUSINESS • CONTEMPORAIN On dit que le gris (*grey* en anglais) est une couleur particulière à Paris, entre toits de zinc et ciel brumeux... En en déclinant toutes les nuances du blanc au noir, ce boutique-hôtel est dans le ton de la capitale, jusque dans sa "suite des toits de Paris" ! Confort et esprit arty à deux pas de la place de Clichy.

32 chambres - 150/300 € 200/460 € - 1 suite - 15 €

12 r. de Parme Ⓜ Liège - ✆ 01 55 31 93 93 - www.legrey-hotel.com

Pulitzer

BUSINESS • INDUSTRIEL Le charme d'une bibliothèque so British (fauteuils Chesterfield très confortables) et l'élégance contemporaine du style industriel, le tout au cœur du Paris des théâtres et des grands magasins... Ce Pulitzer mérite le prix de l'originalité.

44 chambres - 110/400 € 120/650 € - 18 €

23 r. du Faubourg-Montmartre Grands Boulevards - 01 53 34 98 10 - www.hotelpulitzer.com

Joyce

URBAIN • DESIGN Têtes de lit, bibliothèques, luminaires et boiseries sont dessinés sur les murs, tel un croquis d'architecte. Du style dans ce boutique-hôtel plein de caractère ! Petit-déjeuner sous une jolie verrière.

44 chambres - 135/220 € 135/280 €

29 r. La Bruyère St-Georges - 01 55 07 00 01 - www.astotel.com

Les Trois Poussins

BUSINESS • DESIGN Dans une rue calme, un nid douillet que ces Trois Poussins. Les chambres allient esprit contemporain et fonctionnalité : un bon point de chute au cœur du joli quartier de la Nouvelle-Athènes. Au dernier étage, on profite en prime de la vue sur Paris.

40 chambres - 100/250 € 120/460 € - 13 €

15 r. Clauzel St-Georges - 01 53 32 81 81 - www.les3poussins.com

Relais Madeleine

TRADITIONNEL • PERSONNALISÉ Un peu comme dans une maison de famille, mais en plein centre de Paris ! Indéniablement, ce petit hôtel a du charme, avec son mobilier chiné, ses teintes chatoyantes et ses tissus choisis... Sans parler de l'accueil attentionné.

23 chambres - 209/549 € 209/549 € - 15 €

11 bis r. Godot-de-Mauroy Havre Caumartin - 01 47 42 22 40 - www.relaismadeleine.fr

Gare de l'Est · Gare du Nord · Canal St-Martin

10e ARRONDISSEMENT

Jacques Palut/Fotolia.com

Restaurants

Les Résistants

CUISINE MODERNE • CONVIVIAL Les Résistants ? Ceux qui placent au centre de leurs préoccupations, goût et traçabilité. Tel le credo des trois associés : "bien se nourrir, tout en respectant les cycles naturels". Ils le mettent en œuvre dans cette sympathique adresse où l'on déguste une cuisine du marché, qui change tous les jours. Carte des vins nature, brunch le samedi.

Formule 17 € - Menu 19 € (déj. en semaine) - Carte environ 35 €

16-18 r. du Château-d'Eau République - 01 42 06 43 74 - www.lesresistants.fr - Fermé août, dim. et lundi

PARIS

52 Faubourg St-Denis

CUISINE MODERNE • DESIGN Vous aimez les néobistrots ? Vous allez être ravis : béton brut et pierres apparentes, carte courte et efficace, accompagnée de jolis vins et de bière artisanale. Tout est là, tout est bon, même le service. Attention : pas de réservation ni de téléphone. La rançon (et les raisons ?) du succès.

Carte 33/42 €

52 r. du Faubourg-St-Denis Ⓜ Strasbourg-St-Denis - www.faubourgstdenis.com - Fermé 3 semaines en août et 23 déc.-1er janv.

Mamagoto

CUISINE MODERNE • TENDANCE Mamagoto, c'est dinette en japonais. Koji Tsuchiya, chef nippon aguerri, propose une savoureuse sélection d'assiettes à partager, façon dinette, mêlant influences japonaises et basques - ainsi le bœuf de Galice, pimiento et cébette, à accompagner d'une sélection de vins de petits vignerons. Percutant.

Formule 21 € - Menu 25 € (déj.) - Carte 33/55 €

5 r. des Petits-Hôtels Ⓜ Gare du Nord - 01 44 79 03 98 - www.mamagoto.fr - Fermé 3 semaines en août, vacances de Noël, sam. midi, dim. et lundi

Chez Michel

CUISINE TRADITIONNELLE • RUSTIQUE Thierry Breton, chef originaire de Bretagne, propose ici une belle cuisine traditionnelle, canaille et goûteuse, aux influences... bretonnes ! Tartare de Saint-Jacques aux pommes vertes, foie gras rôti, potée bretonne, gibier en saison : voici les plaisirs qui vous attendent, à déguster dans un cadre rustique et chaleureux.

Formule 29 € - Menu 35/57 €

10 r. Belzunce Ⓜ Gare du Nord - 01 44 53 06 20 - www.restaurantchezmichel.fr - Fermé 3 semaines en août, sam. et dim.

Porte 12

CUISINE MODERNE • DESIGN Vincent Crépel, jeune chef français originaire du Pays basque, élabore ici une cuisine d'auteur percutante, résolument contemporaine, inspirée par ses voyages et ses différentes expériences professionnelles (notamment en Asie). Verdict : ses associations audacieuses font mouche à tous les coups.

Menu 68/120 €

12 r. des Messageries Ⓜ Poissonnière - 01 42 46 22 64 - www.porte12.com - Fermé août, vacances de Pâques et de Noël, dim., lundi et le midi

Matière à...

CUISINE MODERNE • ÉPURÉ On se sent à la maison dans ce restaurant aux allures de loft, avec ses lampes suspendues, sa collection de miroirs et sa table haute en chêne... où tout le monde s'installe ! Dans ses cuisines ouvertes sur la salle, le chef prépare des plats délicats et parfumés, tout en finesse : il y a Matière à revenir souvent.

Formule 21 € - Menu 25 € (déj.)/48 € - Carte environ 48 € dîner

15 r. Marie-et-Louise Ⓜ Goncourt - 09 83 07 37 85 - Fermé 2-17 août, sam. midi et dim.

Lula Ⓝ

CUISINE VÉGÉTARIENNE • SIMPLE Ici, on propose une cuisine familiale, bio et végétarienne aux influences sud-américaines, élaborée à partir de produits de saison. A déguster dans l'une des deux salles, ou en terrasse, aux beaux jours. Restaurant, café et épicerie bio : un véritable lieu de vie, animé par trois femmes colombiennes ! Plats végans et sans gluten sont aussi disponibles.

Formule 15 € - Menu 19 €

216 r. St-Maur Ⓜ Goncourt - 01 42 45 62 71 - www.lulalifestyleshop.fr - Fermé le soir

Eels

CUISINE MODERNE • TENDANCE Chez Eels, les assiettes flirtent avec la bistronomie, et certaines d'entre elles (comme l'indique le nom du restaurant) valorisent l'anguille. Le jeune chef Adrien Ferrand a déjà du métier (6 ans chez William Ledeuil, d'abord à Ze Kitchen Galerie, puis au KGB). Avec Eels, il est désormais chez lui. Une réussite !

Formule 25 € - Menu 29 € (déj. en semaine)/56 € - Carte 50/58 €

27 r. d'Hauteville Ⓜ Bonne Nouvelle - ✆ 01 42 28 80 20 - www.restaurant-eels.com - Fermé 3 semaines en août, vacances de Noël, dim. et lundi

Le Bel Ordinaire

CUISINE MODERNE • CONVIVIAL C'est l'une des adresses trendy du moment. Ce restaurant/épicerie axé sur les produits et vins bio, a été ouvert en crowdfunding, sous l'impulsion du chroniqueur gastronomique Sébastien Demorand et de son associé, M. Rosetto. Le chef Nicolas Fabre, passé par Ferrandi et le Meurice, réalise une cuisine simple, composée de produits de bonne qualité.

Formule 18 € - Menu 23 € (déj.) - Carte 25/35 €

54 r. de Paradis Ⓜ Poissonière - ✆ 01 46 27 46 67 - www.belordinaire.com - Fermé 1 semaine en mai, 3 semaines en août, vacances de noël, dim. et lundi

Bistro Paradis

CUISINE MODERNE • BISTRO Le troquet qui se tenait là a laissé la place à un élégant bistrot branché, avec sa salle tout en longueur, habillée de bois clair et de mobilier scandinave. Le chef brésilien, ancien du Pario, marie bases françaises et ingrédients latinos ; le résultat est savoureux et particulièrement soigné. À découvrir d'urgence.

Formule 18 € - Menu 23 € (déj.)/39 € - Carte 36/55 €

55 r. Paradis Ⓜ Poissonière - ✆ 01 42 26 59 93 - www.bistroparadis.fr - Fermé 3 semaines en août, vacances de Noel, sam. midi , dim. et lundi

À mère

CUISINE CRÉATIVE • TENDANCE Maurizio Zillo, chef italo-brésilien au parcours scintillant (Bocuse, Alléno, Atala à São Paulo...) dynamite le train-train de la rue de l'Échiquier avec ce bistrot branché, dont le décor est signé Victoria Wilmotte. Les plats regorgent de saveurs, et son inventivité fait mouche à tous les coups : quelle belle surprise !

Formule 28 € - Menu 35 € (déj.), 45/65 €

49 r. de l'Échiquier Ⓜ Bonne Nouvelle - ✆ 01 48 00 08 28 - www.amere.fr - Fermé en août, 24 déc.-6 janv., sam. et dim.

Fraîche

CUISINE MODERNE • BISTRO La pétillante Tiffany Depardieu, vue dans l'émission Top Chef, compose une jolie cuisine du marché qui change toutes les semaines, à l'instar de ce bœuf carotte revisité, véritable plat signature. Son associé confectionne de savoureuses pâtisseries : précipitez-vous sur sa déclinaison de chocolats !

Menu 16 € (déj.)/43 € - Carte 35/50 €

8 r. Vicq-d'Azir Ⓜ Colonel Fabien - ✆ 01 40 37 54 23 - www.fraicheparis.fr - Fermé 2 semaines en août, sam. midi, dim. et lundi

Le Galopin

CUISINE MODERNE • BISTRO Dans son bistrot de la place Sainte-Marthe, Romain Tischenko cuisine comme à des amis, avec l'envie de partager ses envies du moment : jeux sur les saveurs, les herbes, les températures... Vous pourrez également tester son annexe, la "Cave à Michel" : simple comptoir, petites assiettes et jolie cave.

Formule 28 € - Menu 32 € (déj.)/54 € - menu unique

34 r. Ste-Marthe Ⓜ Belleville - ✆ 01 42 06 05 03 - www.le-galopin.com - Fermé 2 semaines en août, 1 semaine vacances de Noël, lundi midi, mardi midi, merc. midi, sam. et dim.

Philou

CUISINE TRADITIONNELLE • BISTRO Près du canal St-Martin, de grandes et alléchantes ardoises, des miroirs, une affiche d'un film de Marcel Carné : voilà une sympathique adresse bistronomique. Gigot d'agneau et cocos de Paimpol, émietté de tourteau et rémoulade de céleri, paris-brest et kouign amann... On se régale.

Formule 19 € - Menu 25 € (déj. en semaine), 33/39 €

12 av. Richerand Ⓜ Goncourt
- ✆ 01 42 38 00 13 - www.restophilou.com
- Fermé 1 semaine en mai, 3 semaines en août, 1er-8 janv., dim. et lundi

Chameleon

CUISINE TRADITIONNELLE • BRANCHÉ Mobilier chiné, luminaires post-industriels, cuisine bistronomique et terrasse colorée donnant sur une rue semi-piétonne... Cette adresse s'inscrit tout droit dans la tendance urbaine et contemporaine (qui a dit bobo ?). Les deux associés, Valérie et Arnaud, sont passionnés de restauration et amoureux des bons produits. Et cela se sent !

Formule 18 € - Menu 23 € (déj.), 35 €

70 r. René-Boulanger Ⓜ Strasbourg-St-Denis
- ✆ 01 42 08 99 41 - www.chameleonrestaurant.fr
- Fermé 5-26 août, sam. midi et dim.

L'Ancienne Maison Gradelle

CUISINE TRADITIONNELLE • HISTORIQUE Le décor - plafond en dorures vieillies, murs bordeaux ou suie, ancien monte-charge - a été inspiré par le Ventre de Paris, de Zola : atypique ! Quant à la cuisine, elle donne dans le bourgeois et le gourmand : jarret de veau en cocotte à partager, tarte aux fruits de saison sur une base de pain de Gênes...

Formule 20 € - Menu 35 € - Carte 31/44 €

8 r. du Faubourg-Poissonnière Ⓜ Bonne Nouvelle - ✆ 01 47 70 03 23
- www.anciennemaisongradelle.com - Fermé sam. midi, dim. et lundi

Chez Casimir

CUISINE TRADITIONNELLE • BISTRO Une sympathique adresse 100 % bistrot, pour une cuisine franche et bien troussée. Les samedi et dimanche midi, c'est traou mad ("bonnes choses" en breton), un brunch renversant de générosité : buffet d'entrées, omelette, soupe, plat en cocotte et dessert... Un conseil, réservez !

Formule 24 € - Menu 28 € (déj. en semaine)/32 €

6 r. Belzunce Ⓜ Gare du Nord - ✆ 01 48 78 28 80

Zerda

CUISINE NORD-AFRICAINE • ORIENTAL À la tête de cette institution née dans les années 1940, Jaffar Achour est un spécialiste, voire un démiurge du couscous, toujours à la recherche de combinaisons inédites et très parfumées. Décor arabisant et ambiance partageuse... Une belle graine !

Menu 30 € (déj.) - Carte 33/48 €

15 r. René-Boulanger Ⓜ Strasbourg-St-Denis - ✆ 01 42 00 25 15
- www.zerdacafe.fr - Fermé lundi midi, sam. midi et dim.

Abri

CUISINE MODERNE • SIMPLE Un Abri minuscule... où l'on se réfugie avec plaisir ! Dans la lignée de tous ces jeunes chefs japonais qui s'installent aujourd'hui à Paris après y avoir travaillé dans de grandes maisons, Katsuaki rend un bel hommage à la cuisine française, avec une sensibilité toute nippone. Très bon rapport qualité-prix !

Menu 13 € (déj.), 26/52 €

92 r. du Faubourg-Poissonnière Ⓜ Poissonnière - ✆ 01 83 97 00 00 - Fermé août, dim. et lundi

Hôtels

Renaissance République

LUXE • PERSONNALISÉ Bureaux du Crédit Lyonnais, de France-Soir, résidence d'artistes... Riche histoire que celle de ce grand bâtiment aux larges hublots fumés, qui ne ressemble à aucun autre ! L'intérieur est désormais urbain et design, avec de jolies chambres au décor immaculé : c'est très réussi.

120 chambres - 240/940 € 240/940 € - 1 suite - 29 €

40 r. René-Boulanger Ⓜ République
- ✆ 01 71 18 20 95 - www.renaissanceparisrepublique.com

Providence

LUXE • COSY Dans une rue tranquille derrière les grands boulevards, un immeuble haussmannien joliment restauré accueille cet hôtel cosy et plutôt cossu. La déco sur mesure, le mobilier chiné, les chambres avec petit bar à cocktails : l'ensemble est soigné et très avenant !

18 chambres - 190/590 € 190/590 € - 18 €

90 r. René-Boulanger Ⓜ Strasbourg-St-Denis
- ✆ 01 46 34 34 04 - www.hotelprovidenceparis.com

Windsor Opéra

URBAIN • CONTEMPORAIN Dès que l'on passe le hall d'entrée, on est conquis par la décoration design et l'exceptionnelle collection de pièces d'aéronautique. Hélices d'avion, hublots, moteurs... vous incitent à embarquer pour des chambres modernes et élégantes.

24 chambres - 185/300 € 185/360 € - 16 €

10 r. G.-Laumain Ⓜ Bonne Nouvelle
- ✆ 01 48 00 98 98 - www.hotelwindsor.com

9 Hotel République

URBAIN • CONTEMPORAIN Moderne et chaleureux, cet hôtel est un point de ralliement idéal pour nomades branchés ! La place de la République et le canal St-Martin sont à deux pas ; on se repose dans des chambres sobres et élégantes, dont certaines disposent d'un balcon.

48 chambres - 99/499 € 99/499 € - 15 €

7-9 r. Pierre-Chausson Ⓜ Jacques Bonsergent
- ✆ 01 40 18 11 00 - www.9-hotel-republique-paris.fr

Faubourg Saint-Martin

BUSINESS • PERSONNALISÉ Une bonne situation pour cet hôtel moderne et chaleureux, à mi-chemin entre les gares et le très animé faubourg St-Martin. Les chambres, bien aménagées, déclinent des thèmes aériens : nature, plumes, pois, etc. Confortable et impeccablement tenu.

42 chambres - 89/369 € 89/369 € - 12 €

6 r. Gustave-Goublier Ⓜ Strasbourg St-Denis
- ✆ 01 40 40 02 02 - www.hotel-faubourg-saint-martin.com

Faubourg 88

TRADITIONNEL • CONTEMPORAIN Attendez-vous à une vraie "claque" visuelle : moquettes composées de codes QR (ces codes-barres de forme carrée), chambres au design minimaliste noir et blanc, têtes de lit en miroir et petits personnages disséminés dans la déco... Cet hôtel ne manque pas de personnalité !

29 chambres - 149/349 € 149/349 € - 14 €

88 r. Faubourg-Poissonnière Ⓜ Poissonnière
- ✆ 01 53 16 13 10 - www.hotel-faubourg88.com

Nation · Voltaire · République

11e ARRONDISSEMENT

Jacques Palut/Fotolia.com

Restaurants

✿ Qui plume la Lune

CUISINE MODERNE · COSY C'est d'abord un joli endroit, chaleureux et romantique. Et c'est aussi, et surtout, une cuisine pleine de vitalité et de fraîcheur, avec des produits triés sur le volet (bio, beaux légumes, etc.). Savoureux moment sous la clarté de cette table aussi lunaire que terrestre...

➜ Filet de rouget , sésame noir, mangue et encre de seiche. Pigeonneau rôti en deux cuissons, jus à la sarriette et katsuobushi. Sable "rhubarbapapa" et lavande.

Formule 45 € – Menu 60 € (déj. en semaine)/130 €

50 r. Amelot Ⓜ Chemin Vert – ✆ 01 48 07 45 48 – www.quiplumelalune.fr – Fermé 29 juil.-20 août, 1er-8 janv., dim. et lundi

✿ Le Chateaubriand (Inaki Aizpitarte)

CUISINE MODERNE · ÉPURÉ Le Chateaubriand, ou le temple de la mouvance bistronomique. Cette institution cultive une formule éprouvée : celle d'un menu unique aux associations de saveurs originales, précis dans les assaisonnements, comme dans les cuissons. Branché certes, mais inventif aussi, et goûteux. Pensez à réserver !

➜ Cuisine du marché.

Menu 70/135 €

129 av. Parmentier Ⓜ Goncourt – ✆ 01 43 57 45 95 – www.lechateaubriand.net – Fermé 25 déc.-1er janv., dim., lundi et le midi

✿ Septime (Bertrand Grébaut)

CUISINE MODERNE · CONTEMPORAIN Des bonnes idées en pagaille, beaucoup de fraîcheur et d'aisance, de la passion et même un peu de malice, mais toujours de la précision et de la justesse : mené par le jeune Bertrand Grébaut, Septime fait la joie des palais parisiens ! Bien sûr, c'est un plaisir qui se mérite : il faudra réserver trois semaines à l'avance pour espérer en profiter...

➜ Cuisine du marché.

Menu 42 € (déj.)/80 €

80 r. de Charonne Ⓜ Charonne – ✆ 01 43 67 38 29 – www.septime-charonne.fr – Fermé 3 semaines en août, lundi midi, sam. et dim.

Clamato

A/C

POISSONS ET FRUITS DE MER · TENDANCE L'annexe de Septime a tout du "hit" bistronomique, avec ce décor tendance et cette carte courte qui met en avant la mer et les légumes. Les produits sont choisis avec grand soin : on se régale dans une atmosphère franchement conviviale. Attention, la réservation est impossible : premier arrivé, premier servi !

Carte 35/50 €

80 r. de Charonne Ⓜ Charonne – ✆ 01 43 72 74 53 – www.clamato-charonne.fr – Fermé 3 semaines en août, merc. midi, jeudi midi, vend. midi, lundi et mardi

Astier

CUISINE TRADITIONNELLE • BISTRO Tables à touche-touche : on se sustente à la bonne franquette dans ce bistrot traditionnel animé. Harengs marinés, pommes rattes en vinaigrette ; joue de porc tendre au lard croustillant... sans oublier le baba au rhum : le menu offre un excellent rapport qualité-prix. Et le classement des vins vaut le détour : vins de soif, de méditation...

Menu 35/45 € - Carte 37/61 €

44 r. Jean-Pierre-Timbaud Ⓜ Parmentier - ✆ 01 43 57 16 35 - www.restaurant-astier.com - Fermé lundi et mardi en juil.-août

Yard

CUISINE MODERNE • BISTRO L'adresse épouse son époque : jolie petite façade, intérieur de bistrot chaleureux, service décontracté... Aux fourneaux, un jeune chef britannique décline une cuisine sans complexe, à l'instar de ces raviolis au lapin maison, selon l'inspiration du moment. La nouveauté ? Un convivial bar à tapas et une terrasse trottoir animée.

Formule 16 € - Menu 19 € (déj.) - Carte 33/50 € dîner

6 r. Mont-Louis Ⓜ Philippe Auguste - ✆ 01 40 09 70 30 - Fermé août, 24-31 déc., sam. et dim.

Villaret

CUISINE TRADITIONNELLE • CONVIVIAL Les délicieux parfums qui vous accueillent dès la porte d'entrée ne trompent pas : voici une vraie adresse gourmande ! Ce bistrot chic propose des plats de saison attrayants : ragoût de sot-l'y-laisse à la sauge, perdreau rôti, carré d'agneau de Lozère en croûte d'herbes et embeurrée de chou vert... Beau choix de vins.

Formule 22 € - Menu 27 € (déj.), 35/55 € - Carte 45/59 €

13 r. Ternaux Ⓜ Parmentier - ✆ 01 43 57 75 56 - Fermé 2 semaines en août, sam. midi et dim.

Bon Kushikatsu

CUISINE JAPONAISE • INTIME Pour un voyage express à Osaka, à la découverte de la spécialité culinaire de la ville : les kushikatsu (des minibrochettes panées et frites à la minute). Bœuf au sansho, foie gras poivré, champignon shiitaké : les préparations se succèdent et révèlent de belles saveurs. Et l'accueil délicat finit de transporter au Japon...

Menu 58 € (dîner)

24 r. Jean-Pierre-Timbaud Ⓜ Oberkampf - ✆ 01 43 38 82 27 - www.kushikatsubon.fr - Fermé dim.

Iratze Ⓝ

CUISINE CRÉATIVE • CONVIVIAL Un vrai lieu de vie ; bar à cocktails, tapas et surtout une table! Amoureux des légumes et des herbes, le chef basque (Iratze signifie fougère) multiplie les associations percutantes - ainsi cette morue, tarama fumé, sapin et asperge verte. C'est sympathique, animé, une très bonne adresse.

Menu 32 € (déj.), 45/68 € - Carte 35/41 €

73 r. Amelot Ⓜ Chemin Vert - ✆ 01 55 28 53 31 - www.restaurant-iratze.com - fermé 8-24 août, mardi, merc. et le midi

Osteria Ferrara Ⓝ

CUISINE ITALIENNE • CONVIVIAL Attention, refuge de gourmets ! L'intérieur est élégant mais c'est dans l'assiette qu'a lieu la magie. Le chef sicilien travaille une carte aux recettes italiennes bien ficelées, goûteuses et centrées sur le produit, ainsi cette longe de veau français à la Milanaise, et sa poêlée d'épinards.Un bistrot qui a une âme et une jolie carte des vins, ce qui ne gâche rien.

Carte 32/52 €

7 r. du Dahomey Ⓜ Faidherbe Chaligny - ✆ 01 43 71 67 69 - Fermé 3 semaines en août, sam. et dim.

Vantre

CUISINE MODERNE • BISTRO Le "vantre" au moyen-âge signifiait "lieu de réjouissance". C'est aujourd'hui un lieu de réjouissance pour notre ventre. Ici, deux associés, un chef de cuisine (ancien second de Saturne) et un chef sommelier (le Bristol, Taillevent) proposent une cuisine à base de produits sélectionnés. Plus de mille références de vins, accueil sympathique et succès mérité.

Formule 20 € - Carte 40/64 €

19 r. de la Fontaine-au-Roi Goncourt – 01 48 06 16 96 – www.vantre.fr – Fermé 3 semaines en août, 1 semaine en janv., sam. et dim.

Le 6 Paul Bert

CUISINE MODERNE • BISTRO Le propriétaire du Bistrot Paul Bert et de l'Écailler du Bistrot a fait de cette table, au numéro 6 de la rue, un rendez-vous des gourmands parisiens. La partition y est convaincante : ambiance chaleureuse au coude-à-coude, rythmée par le travail du chef dans sa cuisine ouverte, et produits de qualité dans l'assiette.

Menu 22 € (déj.)/48 € - Carte 45/54 €

6 r. Paul-Bert Faidherbe-Chaligny – 01 43 79 14 32 – Fermé dim. et lundi

Pierre Sang on Gambey

CUISINE MODERNE • TENDANCE L'établissement haut de gamme de Pierre Sang propose un menu unique à midi, mais plus élaboré en soirée. On retrouve l'attachement du chef aux beaux produits, travaillés avec soin et créativité, à l'instar de cette lotte et chorizo au bœuf wagyu ou du bar de ligne en croûte de sel. Cadre chaleureux de briques rouges.

Formule 20 € - Menu 25 € (déj.), 49/88 € - menu unique

6 r. Gambey Parmentier – 09 67 31 96 80 – www.pierresang.com – Fermé 2 semaines en août, 1 semaine à Noël, sam. midi, dim. et lundi

Les Déserteurs

CUISINE MODERNE • TENDANCE Ils travaillaient ensemble en tant que second de cuisine et sommelier, ils ont rompu les rangs afin d'ouvrir ce restaurant, baptisé... Les Déserteurs. Leur cuisine, naturelle et saine, adule le produit. C'est créatif et d'une impeccable maîtrise... jusqu'à l'ambitieuse carte des vins (350 références de toute l'Europe).

Menu 30 € (déj.), 49/64 €

46 r. Trousseau Ledru-Rollin – 01 48 06 95 85 – www.les-deserteurs.com – Fermé 2 semaines vacances de fév., 2 semaines vacances de printemps, 2 semaines en août, mardi midi, dim. et lundi

Bistrot Paul Bert

CUISINE TRADITIONNELLE • VINTAGE Sur la façade de ce sympathique bistrot s'affiche "Cuisine familiale". Traduisez : feuilleté de ris de veau aux champignons, cerf rôti aux airelles et purée de céleri... Des assiettes copieuses et goûteuses, préparées sans tralala. Vous en redemanderez, mais attention à bien garder de la place pour le baba au rhum !

Menu 19 € (déj. en semaine)/41 €

18 r. Paul-Bert Faidherbe Chaligny – 01 43 72 24 01 – Fermé dim. et lundi

Blue Valentine

CUISINE MODERNE • BISTRO Une enseigne noire où le nom du restaurant se détache en lettres dorées ; à l'intérieur, une grande peinture murale et un look de bistrot... Ce Blue Valentine ne manque pas de cachet ! La cuisine est réalisée par un chef japonais au beau parcours, qui travaille des produits de qualité avec finesse et justesse.

Menu 45 € (déj. en semaine), 49/75 €

13 r. de la Pierre-Levée République – 01 43 38 34 72 – www.bluevalentine-restaurant.com – Fermé merc. midi, lundi et mardi

Le Sot l'y Laisse

CUISINE MODERNE • BISTRO X Bien sot qui laisserait de côté ce beau bistrot ! Aux fourneaux, Eiji Doihara, originaire d'Osaka, rend un bel hommage à cette gastronomie française qui le passionne : généreuses et gourmandes, ou légères et délicates, ses recettes font mouche à chaque fois. L'adresse remporte un succès mérité.

Formule 21 € - Menu 27 € (déj.) - Carte 52/73 €

70 r. Alexandre-Dumas Ⓜ Alexandre Dumas - ✆ 01 40 09 79 20
- Fermé 3 semaines en août, 1 semaine en déc., lundi midi, sam. midi et dim.

Salt

POISSONS ET FRUITS DE MER • CONVIVIAL X Ici, la jeune propriétaire australienne, au français délicieux, assure le service en salle ; quant à nous, on se régale d'une cuisine du marché aux produits rigoureusement sélectionnés (dont de très beaux légumes). Astuce : le menu déjeuner est une aubaine.

Menu 20 € (déj.) - Carte 31/46 €

6 r. Rochebrune Ⓜ St-Ambroise - ✆ 01 73 71 56 98 - www.salt-restaurant.com
- Fermé 3 semaines en août, mardi midi, sam. midi, dim. et lundi

Le Servan

CUISINE MODERNE • BISTRO X À l'angle de la rue St-Maur, le fief de Katia et Tatiana Levha est l'un des bistrots gourmands les plus courus de la place parisienne. L'endroit a fière allure, avec ses fresques d'époque ; Tatiana compose une cuisine fraîche et spontanée, et ne rechigne pas à tenter des associations inattendues. Avec succès !

Menu 27 € (déj.) - Carte 46/65 €

32 r. St-Maur Ⓜ Rue Saint-Maur - ✆ 01 55 28 51 82 - http://leservan.com
- Fermé août, 1er-8 janv., lundi midi, sam. et dim.

Biondi

CUISINE ARGENTINE • CONVIVIAL X Le talentueux chef de la Pulpéria (dans le 11e également) a baptisé ce restaurant en souvenir de Pepe Biondi, un clown argentin célèbre. L'Argentine est au menu : viandes et poissons cuits *a la parrilla*, *empanadas* et *ceviche* du jour... Des préparations soignées, servies par une équipe efficace. Bons vins et bonne humeur parachèvent le tableau.

Carte 40/80 €

118 r. Amelot Ⓜ Oberkampf - ✆ 01 47 00 90 18

Pierre Sang in Oberkampf

CUISINE MODERNE • BRANCHÉ X Qui est adepte de l'émission Top Chef connaît forcément Pierre Sang, finaliste de l'édition 2011. On retrouve toute la gentillesse du jeune homme, qui délivre, ici chez lui, une cuisine sensible et partageuse – particulièrement bon marché le midi ! Installez-vous au comptoir, face à la cuisine ouverte, et laissez-vous emporter.

Formule 20 € - Menu 25 € (déj.)/39 €

55 r. Oberkampf Ⓜ Parmentier - ✆ 09 67 31 96 80 - www.pierresangboyer.com

Tintilou

CUISINE MODERNE • COSY X Cet ancien relais de mousquetaires du 16e s. est élégant et original, et la cuisine que l'on y sert rêve de voyages et de parfums... La carte, renouvelée chaque mois, propose des recettes élaborées, inspirées des anciens voyages du chef, et qui mettent volontiers en avant de jolies associations terre-mer.

Formule 19 € - Menu 25 € (déj.), 36/49 € - Carte 48/60 €

37 bis r. de Montreuil Ⓜ Faidherbe-Chaligny - ✆ 01 43 72 42 32 - www.letintilou.fr
- Fermé 1 semaine en janv., 3 semaines en août, lundi midi, sam. midi et dim.

Auberge Flora

CUISINE MODERNE • CONVIVIAL X Un vrai lieu de vie que cette auberge d'aujourd'hui, créée par la chef Flora Mikula : que l'on réside à l'hôtel ou non, on a l'impression d'être reçu comme à la maison ! La cuisine, pétillante et débordante de soleil et de saveurs, invite à la convivialité. Et l'on peut passer simplement pour grignoter quelques tapas...

Formule 19 € - Menu 23 € (déj. en semaine) - Carte 32/60 €

Hôtel Auberge Flora, 44 bd Richard-Lenoir Ⓜ Bréguet Sabin - ✆ 01 47 00 52 77
- www.aubergeflora.com

L'Écailler du Bistrot

POISSONS ET FRUITS DE MER • BISTRO Le point fort de la maison ? Des produits de la mer très frais, et des huîtres en provenance directe de la Bretagne ! Ambiance 100 % marine, ardoise du jour iodée, menu homard toute l'année ou presque et belle carte des vins.

Menu 19 € (déj. en semaine)/60 € - Carte 45/65 €

22 r. Paul-Bert Ⓜ Faidherbe Chaligny - ✆ 01 43 72 76 77 - Fermé août, dim. et lundi

Auberge Pyrénées Cévennes

CUISINE DU TERROIR • AUBERGE Cadre rustique et nappes à carreaux : cette adresse diffuse la chaleur des auberges de province, dont on pousse la porte grinçante, un soir d'orage. L'accueil est inégalable et les assiettes - cuisine lyonnaise et du sud-ouest - débordent de générosité... Réservée aux bons vivants !

Menu 31 € - Carte 30/70 €

106 r. de la Folie-Méricourt Ⓜ République - ✆ 01 43 57 33 78 - Fermé 3 semaines en août, sam. midi, dim. et fériés

Mansouria

CUISINE NORD-AFRICAINE • ORIENTAL Tajines, couscous, crème à la fleur d'oranger... Des spécialités très parfumées, préparées par d'habiles cuisinières marocaines, sous la houlette de Fatema Hal, ethnologue, écrivain et véritable figure de la gastronomie nord-africaine.

Formule 16 € - Menu 28/36 € - Carte 33/53 €

11 r. Faidherbe Ⓜ Faidherbe-Chaligny - ✆ 01 43 71 00 16 - www.mansouria.fr - Fermé 13-19 août, lundi midi et dim.

Hôtels

Bastille Boutet

BOUTIQUE HÔTEL • CONTEMPORAIN Les riverains connaissent bien la somptueuse façade en mosaïque de cette ancienne usine, devenue un hôtel de luxe. Les étudiants de l'école Boulle voisine ont conçu une partie du mobilier des chambres, sobres et épurées, dont certaines jouissent d'une très belle terrasse fleurie. Une adresse de référence dans l'Est parisien.

80 chambres - †199/630 € ††199/630 € - ☕ 26 €

22 r. Faidherbe Ⓜ Faidherbe-Chaligny - ✆ 01 40 24 65 65 - www.sofitel.com

Gabriel Paris

BOUTIQUE HÔTEL • DESIGN Cet hôtel ultramoderne joue la carte du haut de gamme dans une atmosphère zen : esprit design, belles finitions, ambiance feutrée, etc. À noter : les chambres sont équipées du système NightCove, ces jeux de lumière avec musique qui accompagnent l'endormissement et préparent à un réveil tout en douceur...

41 chambres - †119/350 € ††119/350 € - ☕ 10 €

25 r. du Grand-Prieuré Ⓜ Oberkampf - ✆ 01 47 00 13 38 - www.hotelgabrielparis.com

Fabric

URBAIN • DESIGN Dans une ancienne fabrique de textiles, à mi-chemin de République et de Bastille, un bel hôtel qui a gardé un peu de son héritage industriel : poutres et luminaires en fer, mobilier ancien, nuances de gris, belle hauteur sous plafond... Et des chambres design et élégantes, pour les amateurs !

33 chambres - †180/340 € ††180/340 € - ☕ 18 €

31 r. de la Folie-Méricourt Ⓜ Saint-Ambroise - ✆ 01 43 57 27 00 - www.hotelfabric.com

Le Général

BOUTIQUE HÔTEL • DESIGN Nulle rigueur militaire chez ce Général-là ! Cet agréable hôtel, proche de la place de la République, est aménagé astucieusement et son décor joue la carte de l'épure ; il abrite des chambres chaleureuses, aménagées avec soin et goût de la couleur.

45 chambres ☕ - †150/290 € ††275/320 € - 1 suite

5 r. Rampon Ⓜ République - ✆ 01 47 00 41 57 - www.legeneralhotel.com

Auberge Flora

TRADITIONNEL • À THÈME Voilà une auberge où l'on se sent bien ! C'est la dernière création de Flora Mikula, cuisinière généreuse qui a décidé d'associer le couvert et le gîte. Les chambres sont joliment décorées, certaines très colorées, et bien confortables. Mention spéciale pour la "chambre gourmande" avec champagne et foie gras...

21 chambres - 101/255 € 101/255 € - 14 €

44 bd Richard-Lenoir Bréguet Sabin - 01 47 00 52 77 - www.aubergeflora.com

Auberge Flora - voir les restaurants ci-dessus

Marais Bastille

BUSINESS • CONTEMPORAIN Ambiance cosy dans cet hôtel bordant le boulevard Richard-Lenoir, dont le terre-plein couvrant une partie du canal St-Martin accueille une agréable promenade. Décoration sobre dans les chambres, confortables et élégantes (plus calmes sur l'arrière).

37 chambres - 119/229 € 129/279 € - 13 €

36 bd Richard-Lenoir Bréguet Sabin - 01 48 05 75 00 - www.maraisbastille.com

L'Antoine N

URBAIN • PERSONNALISÉ Cet hôtel de cinq étages situé dans un ancien couvent du 17es., proche de Bastille, a été entièrement décoré par Christian Lacroix. Chaque chambre livre une personnalité inédite, alliance de matériaux originaux (patchwork de céramiques) et d'une décoration soignée (papier peint en trompe l'œil). Sauna et petit fitness. Une réussite.

36 chambres - 80/400 € 99/400 € - 2 suites - 16 €

12 r. de Charonne Bastille - 01 55 28 30 11 - www.hotelantoineparis.com

Bastille · Bercy · Gare de Lyon

12e ARRONDISSEMENT

M. Kreuzer/Look/Photononstop

Restaurants

Au Trou Gascon

CUISINE DU SUD-OUEST • ÉLÉGANT XX Cette institution de la cuisine du Sud-Ouest compte de nombreux habitués de longue date. Pâté en croûte au foie gras de canard, lièvre à la royale, tourtière chaude et croustillante, sans oublier l'incontournable cassoulet : la carte bichonne le terroir, avec quelques touches plus contemporaines. Une valeur sûre !

➜ Escalope de foie gras de canard des Landes poêlée, gâteau truffé de topinambour. Ris de veau doré au sautoir, barigoule d'artichaut violet. Figues caramélisées au gingembre confit, glace aux noix et riz au lait.

Menu 42 € (déj.)/78 € - Carte 65/80 €

40 r. Taine Daumesnil - 01 43 44 34 26 - www.autrougascon.fr - Fermé août, 1er-7 janv., sam. et dim.

PARIS

Table - Bruno Verjus

CUISINE MODERNE • DESIGN X Choisir les plus beaux produits, les cuisiner avec humilité : tel est le credo de Bruno Verjus, étonnant personnage, entrepreneur, blogueur et critique gastronomique... devenu chef ! Dans ses recettes, pleines d'énergie et de saveurs, tout en jeux de textures, l'on devine une passion sincère et... communicative ! Une belle adresse.

→ Cuisine du marché.

Menu 29 € (déj.) - Carte 57/101 €

3 r. de Prague Ⓜ Ledru Rollin - ✆ 01 43 43 12 26 - www.tablerestaurant.fr - Fermé 4-25 août, sam. midi et dim.

Jouvence

CUISINE MODERNE • VINTAGE X Située non loin de la rue de Cîteaux, cette ancienne boutique 1900 façon apothicaire ne se repose pas sur ses lauriers décoratifs ; on y sert une cuisine actuelle, riche de produits de qualité. Ainsi cette tempura de crevettes, kimchi de concombre, et jus de céleri. Le jeune chef, passé chez Dutournier, ne manque pas de talent.

Formule 19 € - Menu 24 € (déj. en semaine) - Carte 36/49 €

172 bis r. du Faubourg-St-Antoine Ⓜ Faidherbe-Chaligny - ✆ 01 56 58 04 73 - www.jouvence.paris - Fermé août, dim. et lundi

Il Goto

CUISINE ITALIENNE • TRATTORIA X Sympathique, ce restaurant tenu par Marzia et Simone, un couple d'Italiens passionnés. Burrata, trévise et potiron en aigre-douce ; tagliatelles au confit de chèvre de lait et menthe ; "torta" au mascarpone et vanille... Des créations goûteuses et soignées, que l'on accompagne d'un bon rouge transalpin !

Formule 15 € 🍷 - Carte 31/45 €

212 bis r. de Charenton Ⓜ Dugommier - ✆ 01 43 46 30 02 - www.ilgoto.fr - Fermé 3 semaines en août, 24 déc.-2 janv., dim. et lundi

Passerini

CUISINE ITALIENNE • CONTEMPORAIN X Il y a comme un air d'Italie dans cet ancien café joliment rénové, où l'on se régale des bien nommées "grosses pièces" (volaille, agneau, homard) à partager, ou d'autres plats plein de fraîcheur et de bonnes idées : pintade rôtie, poireaux, épinards et noisette, ou encore tagliolini, saint-pierre mariné, sauge et citron.

Formule 24 € - Menu 28 € (déj.)/48 € - Carte 50/80 € dîner

65 r. Traversière Ⓜ Ledru Rollin - ✆ 01 43 42 27 56 - www.passerini.paris - Fermé 3 semaines en août, 1 semaine vacances de Noël, mardi midi, dim. et lundi

Le Cotte Rôti

CUISINE MODERNE • CONTEMPORAIN X Un restaurant à l'image de son chef, convivial et bon vivant, qui revisite avec finesse la tradition bistrotière : au gré du marché et de l'humeur du jour, il compose des plats simples et fins, qui vont droit au cœur ! Et pour accompagner le tout, rien de tel que quelques bons crus de la vallée du Rhône...

Formule 22 € - Menu 26 € (déj.) - Carte 52/62 €

1 r. de Cotte Ⓜ Ledru Rollin - ✆ 01 43 45 06 37 - Fermé 3 semaines en août, vacances de Noël, sam. midi, dim. et lundi

Will

CUISINE MODERNE • CONTEMPORAIN X Cette maison très tendance est située à deux pas du trépidant marché d'Aligre. Au menu, on trouve les belles recettes de William Pradeleix, jeune chef au beau parcours ; il régale ses clients de créations actuelles à l'âme voyageuse, tel ce maigre rôti, beurre de gingembre, coques, fèves et rhubarbe...

Formule 21 € - Menu 49 € (dîner) - Carte environ 47 €

75 r. Crozatier Ⓜ Ledru Rollin - ✆ 01 53 17 02 44 - www.will-restaurant.com - Fermé 2 semaines août, dim. et lundi

Amarante

CUISINE TRADITIONNELLE • BISTRO La façade vitrée annonce : "Cuisine de France". Tout est dit ! On décline ici une partition sans fioritures, au doux parfum d'antan, qui donne toute leur place à des produits bien choisis. Le décor est aussi simple et *vintage* que la cuisine : carrelage au sol, banquettes en skaï rouge, tables en bois. Pourquoi faire compliqué ?

Formule 19 € - Carte 44/57 €

4 r. Biscornet Ⓜ Bastille - ✆ 07 67 33 21 25 - www.amarante.paris - Fermé août, merc. et jeudi

Dersou

CUISINE CRÉATIVE • ÉPURÉ Un barman expert en cocktails et un chef nippon, Taku Sekine, passé par chez Alain Ducasse à Tokyo, proposent une expérience inédite : associer mets et cocktails, sur 5, 6 ou 7 plats. Les produits sont de première qualité (légumes d'Annie Bertin, agneau acheté sur pied, etc.) et la mixologie tient ses promesses. Brunch sans réservation le week-end.

Menu 95 €/135 €

21 r. St-Nicolas Ⓜ Ledru Rollin - ✆ 09 81 01 12 73 - www.dersouparis.com - Fermé 24 juil.-21 août, dim. soir, lundi et le midi en semaine

À La Biche au Bois

CUISINE TRADITIONNELLE • RUSTIQUE De nombreux habitués se pressent dans ce discret restaurant, qui n'est pas sans rappeler les bons bistrots d'antan. Dans une ambiance animée, au coude-à-coude, on profite d'un condensé de tradition (terrine maison, coq au vin) et de gibier en saison : sanglier, civet de lièvre et... biche, bien entendu !

Formule 19 € - Menu 25 € (déj.)/34 € - Carte 31/43 €

45 av. Ledru-Rollin Ⓜ Gare de Lyon - ✆ 01 43 43 34 38 - Fermé 21 juil.-18 août, 24 déc.-1er janv., lundi midi, sam. midi et dim.

Quincy

CUISINE TRADITIONNELLE • BISTRO Une ambiance chaleureuse règne dans ce bistrot indémodable, dominé par "Bobosse", son patron truculent et haut en couleurs. Depuis 40 ans (à la louche !), les amateurs de bonne chère s'y régalent des généreuses et savoureuses spécialités du Berry et de l'Ardèche. Une table comme on n'en fait plus.

Carte 55/80 €

28 av. Ledru-Rollin Ⓜ Gare de Lyon - ✆ 01 46 28 46 76 - www.lequincy.fr - Fermé 1 semaine début mai, août, 1 semaine à Noël, sam., dim. et lundi

Youpi et Voilà en Résidence

CUISINE MODERNE • BAR À VIN Concept original que cette cantine "pop-up" installée par l'ancien chef de Youpi et Voilà (10e arrondissement) dans les locaux d'un ami caviste. Les produits frais y sont agrémentés à la sauce bistrotière : crème de betterave et brebis ; queue de lotte, pleurotes et poitrine fumée... Prix raisonnables.

Formule 16 € - Carte 22/31 €

8 r. de Prague (aux Caves de Prague) Ⓜ Ledru-Rollin - ✆ 01 72 68 07 36 - Fermé 3 semaines en août, vacances de Noël, dim., lundi et le soir

Hôtels

Pullman Paris Centre-Bercy

BUSINESS • CONTEMPORAIN Entre le village de Bercy (avec ses boutiques, cinémas et restaurants) et la Seine, ce grand bâtiment de verre en impose ! Les chambres se révèlent très confortables ; celles des étages les plus élevés offrent une jolie vue sur Paris.

396 chambres - 179/1500 € 179/1500 € - 20 suites

1 r. de Libourne Ⓜ Cour St-Émilion - ✆ 01 44 67 34 71 - www.pullmanhotels.com

Mercure Gare de Lyon

HÔTEL DE CHAÎNE · CONTEMPORAIN L'architecture récente de cet hôtel contraste avec le beffroi de la gare de Lyon tout proche. Les chambres sont contemporaines et bien équipées.

315 chambres - 112/395 € 112/395 € - 18 €

2 pl. Louis-Armand Ⓜ Gare de Lyon - 01 43 44 84 84 - www.mercure.com

Paris Bastille

BUSINESS · FONCTIONNEL Décor sobre, tons gris et bordeaux : voilà comment se déclinent les chambres et la salle des petits-déjeuners de cet hôtel moderne et confortable, situé face à l'Opéra Bastille.

37 chambres - 95/219 € 99/224 €

67 r. de Lyon Ⓜ Bastille - 01 40 01 07 17 - www.hotelparisbastille.com

Elysée Gare de Lyon

URBAIN · CONTEMPORAIN Blanc, gris clair et rouge : voilà les teintes dominantes de cet hôtel joyeux, qui décline dans ses chambres le personnage de la Parisienne - chic, élégante et moderne. De quoi dépoussiérer avec brio l'image un peu austère des hôtels de gare !

37 chambres - 119/299 € 129/319 € - 10 €

234 r. de Bercy Ⓜ Gare de Lyon - 01 43 43 77 77 - www.elyseegaredelyon.com

Place d'Italie · Gare d'Austerlitz · Bibliothèque nationale de France

13e ARRONDISSEMENT

Jacques Palut/Fotolia.com

Restaurants

Tempero

CUISINE CRÉATIVE · BISTRO Un petit bistrot sympathique, à l'image de sa chef, Alessandra Montagne, originaire du Brésil et passée par de belles tables parisiennes. Ici chez elle, elle cuisine au gré du marché de beaux produits frais et signe des recettes vivifiantes - et aux prix doux -, à la croisée de la France, du Brésil et de l'Asie. Joli métissage !

Formule 16 € - Menu 21 € (déj.) - Carte 32/45 € dîner

5 r. Clisson Ⓜ Chevaleret - 09 54 17 48 88 - www.tempero.fr - Fermé août, 1 semaine vacances de Noël, lundi soir, mardi soir, merc. soir, sam. et dim.

Impérial Choisy

CUISINE CHINOISE · SIMPLE Au cœur du Chinatown parisien, un restaurant chinois apprécié par de nombreux Asiatiques qui en ont fait leur cantine. Dans une salle qui ne désemplit pas (service non-stop, voire un peu expéditif !), on se régale au coude-à-coude de belles spécialités cantonaises. Un vrai goût d'authenticité, sans se ruiner !

Carte 20/45 €

32 av. de Choisy Ⓜ Porte de Choisy - 01 45 86 42 40

Pho Tai

CUISINE VIETNAMIENNE · SIMPLE ✗ Dans une rue isolée du quartier asiatique, ce petit restaurant vietnamien sort du lot : tout le mérite en revient à son chef, Monsieur Te, arrivé en France en 1968 et fort bel ambassadeur de la cuisine du Vietnam. Raviolis, poulet croustillant au gingembre frais, bo bun et soupes phô : tout est parfumé et plein de saveurs !

Formule 14 € - Carte 25/35 €

13 r. Philibert-Lucot Ⓜ Maison Blanche - ✆ 01 45 85 97 36 - Fermé août et lundi

Au Petit Marguery

CUISINE TRADITIONNELLE · BOURGEOIS ✗✗ Un décor Belle Époque authentique, plaisant et convivial. La carte est dans la grande tradition : terrines maison, tête de veau ravigote, gibier en saison... Juste à côté, le Comptoir Marguery se la joue canaille, façon bistrot à sensation. Une adresse qui a une âme !

Formule 24 € - Menu 29 € - Carte 36/67 €

9 bd de Port-Royal Ⓜ Les Gobelins - ✆ 01 43 31 58 59 - www.petitmarguery.com

L'Ourcine

CUISINE TRADITIONNELLE · BISTRO ✗ Qualité et modestie résument bien l'esprit de l'Ourcine, où l'on sert une cuisine gourmande, inspirée et liée aux saisons, dans une chouette ambiance bistrotière. Menu du jour et ardoise "coups de cœur" regorgent de belles propositions...

Formule 28 € - Menu 38 €

92 r. Broca Ⓜ Les Gobelins - ✆ 01 47 07 13 65 - www.restaurant-lourcine.fr - Fermé 3 semaines en août, dim. et lundi

Basilic & Spice

CUISINE THAÏLANDAISE · EXOTIQUE ✗ Au cœur du Chinatown parisien, ce restaurant propose une carte essentiellement thaïlandaise, où s'invitent quelques recettes du Cambodge voisin. Salade de papaye aux crevettes, poulet sauté au curry rouge, ou encore bar entier grillé dans une feuille de bananier à la façon khmère... Le plaisir est au rendez-vous !

Formule 14 € - Menu 24/48 € - Carte 25/56 €

88 av. de Choisy Ⓜ Tolbiac - ✆ 01 45 85 19 30 - www.basilicspice.com - Fermé 29 juil.-18 août et lundi

Sukhothaï

CUISINE THAÏLANDAISE · EXOTIQUE ✗ Dans une ruelle calme à deux pas de la place d'Italie, une savoureuse cuisine thaïe servie dans un décor adéquat... où l'on joue des coudes. Accueil tout sourire.

Formule 14 € 🍷 - Menu 26/29 € - Carte 30/45 €

12 r. du Père-Guérin Ⓜ Place d'Italie - ✆ 01 45 81 55 88 - Fermé 2 semaines en août et dim.

Lao Lane Xang 2

CUISINE SUD-EST ASIATIQUE · SIMPLE ✗ L'histoire parisienne des Siackhasone, originaires du Laos, commence dans les années 1990 avec l'ouverture de deux adresses sur l'avenue d'Ivry. En 2007, Do et Ken - dignes héritiers du savoir-faire familial - ouvrent cette table qui marie spécialités laotiennes, thaïes et vietnamiennes : simplicité et parfums au menu !

Formule 14 € 🍷 - Carte 20/35 €

102 av. d'Ivry Ⓜ Tolbiac - ✆ 01 58 89 00 00 - Fermé jeudi midi et merc.

La sélection de ce guide s'enrichit avec vous : vos découvertes et vos commentaires nous intéressent ! Coup de coeur ou coup de colère, écrivez-nous sur notre site Michelin Restaurants : restaurant.michelin.fr

Variations

CUISINE TRADITIONNELLE • BISTRO Au menu de ce charmant bistrot : une cuisine traditionnelle osant... les variations au gré du marché et des saisons. Le chef (un ancien pilote de chasse !) est un amoureux du beau produit.

Formule 24 € - Menu 30 € - Carte 40/62 €

18 r. des Wallons Saint-Marcel - 01 43 31 36 04 - www.restaurantvariations.com - Fermé août, sam. et dim.

Mer de Chine

CUISINE CHINOISE • EXOTIQUE Dans ce restaurant près de la place d'Italie, on prépare de la cuisine teochew, traduisez : du sud de Canton. Goûteux et accueillant, le tout sur une bande-son bien chinoise !

Menu 15 € (déj. en semaine)/25 € - Carte 18/85 €

159 r. du Château-des-Rentiers Place d'Italie - 01 45 84 22 49

Sourire Le Restaurant

CUISINE MODERNE • COSY Cette façade avenante dans une rue tristounette redonne le sourire. Banquettes en velours bleu, tables bistrot retro, producteurs au cordeau (Saint-Jacques de Saint-Brieux, agneau de Clavisy) : la recette est efficace et éprouvée. On trouve même la Georgette (cuillère à dessert tendance), comme à l'Elysée !

Menu 32 € (déj. en semaine), 40/65 € - Carte environ 54 €

15 r. de la Santé Gobelins - 01 47 07 07 45 - www.sourire-restaurant.com - Fermé dim. et lundi

Hôtels

C.O.Q

BOUTIQUE HÔTEL • CONTEMPORAIN Community of Quality : voilà ce que cache le sigle de ce boutique-hôtel chic et décontracté, proche de la place d'Italie. Les chambres sont confortables et bien décorées ; on profite aussi d'un agréable jardin d'hiver avec verrière et canapés...

50 chambres - 90/350 € 90/350 € - 14 €

15 r. Édouard-Manet Italie - 01 45 86 35 99 - www.coqhotelparis.com

OFF Paris Seine

BOUTIQUE HÔTEL • CONTEMPORAIN Montez à bord du premier hôtel flottant de France, arrimé au pied de la gare d'Austerlitz ! À bord, difficile de croire qu'on est sur l'eau, tant le confort des chambres est identique à celui d'un hôtel classique. Un lieu atypique et attachant.

54 chambres - 160/480 € 160/480 € - 4 suites - 19 €

20-22 Port d'Austerlitz Gare d'Austerlitz - 01 44 06 62 65 - www.offparisseine.com

Henriette

BOUTIQUE HÔTEL • VINTAGE Un boutique-hôtel atypique et détonant, dont les chambres évoquent une foule de styles différents (vintage, scandinave, 70's, 80's, 90's...) et dégagent dans l'ensemble une grande impression de liberté. Le petit plus : ce patio intemporel pour profiter des rayons du soleil...

32 chambres - 89/249 € 99/319 €

9 r. des Gobelins Les Gobelins - 01 47 07 26 90 - www.hotelhenriette.com

Jack's Hôtel

BUSINESS • CONTEMPORAIN Dans une artère assez calme, légèrement en retrait de l'agitation, cet hôtel dispose de chambres fonctionnelles et contemporaines. Pour l'anecdote, l'une d'elles fut celle où l'écrivain Jean Genet passa les derniers moments de sa vie. Prix raisonnables.

30 chambres - 70/180 € 80/220 € - 10 €

19 av. Stephen-Pichon Place d'Italie - 01 45 85 17 34 - www.jacks-hotel.com

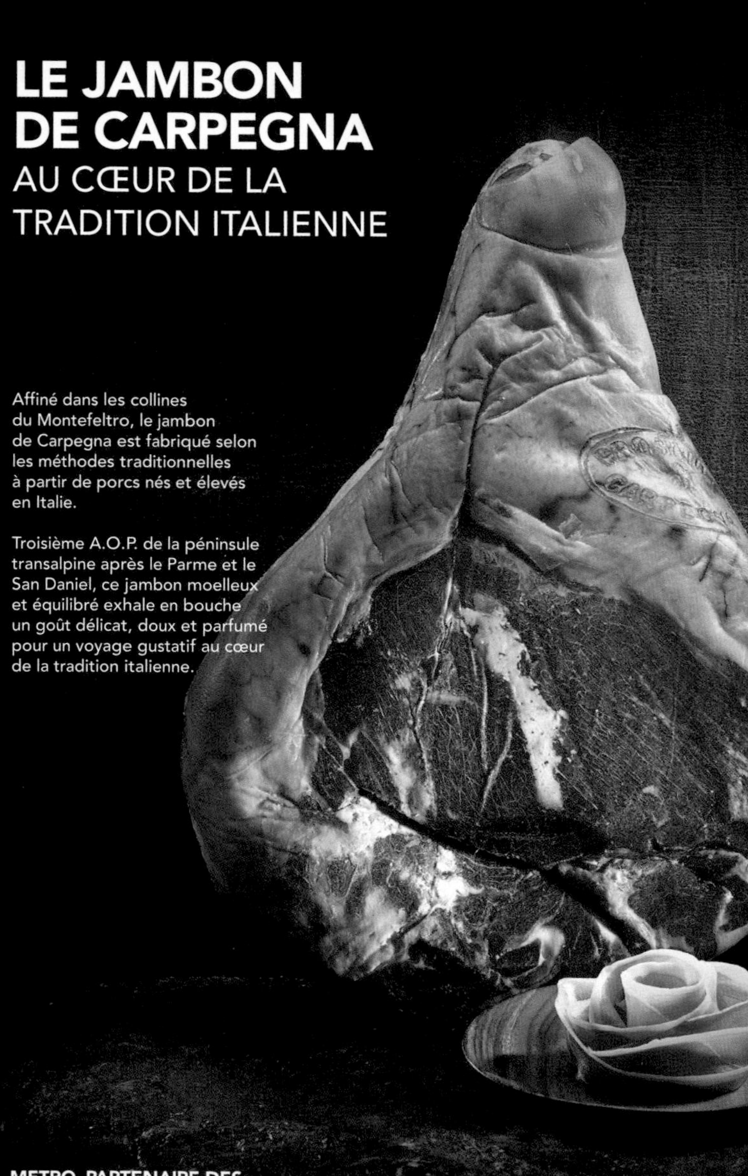

LE JAMBON
DE CARPEGNA
AU CŒUR DE LA
TRADITION ITALIENNE
Affiné dans les collines du Montefeltro, le jambon de Carpegna est fabriqué selon les méthodes traditionnelles à partir de porcs nés et élevés en Italie.
Troisième A.O.P. de la péninsule transalpine après le Parme et le San Daniel, ce jambon moelleux et équilibré exhale en bouche un goût délicat, doux et parfumé pour un voyage gustatif au cœur de la tradition italienne.
METRO, PARTENAIRE DES
RESTAURATEURS INDÉPENDANTS.
Retrouvez-nous sur :
METRO.FR
METRO

Maison Courtine

CUISINE MODERNE • CONVIVIAL XX Jadis bastion de la cuisine du Sud-Ouest bien connu entre Montparnasse et Alésia, la Maison Courtine est désormais un restaurant contemporain et intime. On y savoure une cuisine d'aujourd'hui rehaussée de touches méridionales.

Formule 25 € – Menu 40 € – Carte 43/60 €

157 av. du Maine Ⓜ Mouton Duvernet – ✆ 01 45 43 08 04 – www.lamaisoncourtine.com – Fermé 1 semaine en fév., 3 semaines en août, lundi midi, sam. midi et dim.

Le Cette

CUISINE TRADITIONNELLE • BISTRO X "Cette", c'est l'ancienne graphie de Sète et... l'hommage du patron à sa ville d'origine. Il a confié les fourneaux de son restaurant à une équipe japonaise pleine d'allant, qui réalise une merveille de cuisine française : carré de veau, rattes et truffes d'été ; turbot rôti et bouillon de mer... Très savoureux.

Formule 22 € – Menu 28/48 €

7 r. Campagne-Première Ⓜ Raspail – ✆ 01 43 21 05 47 – www.lecette.fr – Fermé 3 semaines en août, sam. et dim.

Bistrot Augustin

CUISINE TRADITIONNELLE • BISTRO X Ce bistrot chic, au cadre intimiste, propose une cuisine du marché (et de saison) aux accents du sud, qui réveille la gourmandise. Un exemple : cette superbe côte de cochon du Périgord... Les produits sont ici à la fête, et nos appétits avec !

Menu 41 € – Carte 46/67 €

79 r. Daguerre Ⓜ Gaîté – ✆ 01 43 21 92 29 – www.augustin-bistrot.fr – Fermé dim.

L'Assiette

CUISINE CLASSIQUE • BISTRO X Une adresse franche et généreuse où l'on peut voir ce qui se trame en cuisine. Cassoulet maison, crevettes bleues obsiblue façon tartare, crème caramel au beurre salé, soufflé au chocolat... La cuisine de tradition prend l'accent bistrot chic.

Formule 23 € – Carte 45/65 €

181 r. du Château Ⓜ Mouton Duvernet – ✆ 01 43 22 64 86 – www.restaurant-lassiette.com – Fermé août, 1 semaine vacances de Noël, lundi et mardi

Aux Plumes Ⓝ

CUISINE MODERNE • CONVIVIAL X Une cuisine inspirée, gourmande et généreuse, réalisée par un jeune chef japonais passé par l'Astrance et le Chamarré Montmartre : voici ce qui vous attend ici. Les produits émanent des meilleurs commerçants du quartier (viandes du voisin Hugo Desnoyer, par exemple), on se régale au coude à coude dans une ambiance conviviale : allez-y les yeux fermés.

Formule 18 € – Menu 32 € (déj.), 38/50 €

45 r. Boulard Ⓜ Mouton Duvernet – ✆ 01 53 90 76 22 – www.auxplumes.com – Fermé 2 semaines en août, 2 semaines en fév., dim. et lundi

La Cantine du Troquet - Daguerre

CUISINE TRADITIONNELLE • BISTRO X Les vertus cardinales du "troquet façon Etchebest" sont ici respectées à la lettre : zinc ouvragé, carrelage à l'ancienne, banquette et mur-ardoise, avec les incontournables œufs mayo. Sans oublier les spécialités, couteaux à la plancha, oreilles de cochon grillées et terrine de pâté de chez Ospital, bien entendu !

Carte 30/49 €

89 r. Daguerre Ⓜ Gaîté – ✆ 01 43 20 20 09 – lacantinedaguerre@gmail.com – Fermé 9-24 août, sam. midi et dim.

La Cagouille

POISSONS ET FRUITS DE MER • BISTRO Accord parfait entre le cadre d'inspiration marine et de beaux produits de la mer, à l'image des couteaux grillés au beurre citronné, des calamars frits ail et oignons ou de la dorade farcie à la tapenade... Belle collection de cognacs.

Formule 29 € – Menu 35 € – Carte 34/117 €

10 pl. Constantin-Brancusi Ⓜ Gaîté – ✆ 01 43 22 09 01 – www.la-cagouille.fr

La Contre Allée

CUISINE MODERNE • BRASSERIE Sur une discrète contre-allée, l'adresse a tout du restaurant parisien traditionnel... Et pourtant ! On y découvre une vraie cuisine de cuisinier, joliment travaillée et qui fait résonner l'époque avec goût. Ambiance conviviale en prime : à découvrir sans contre-indication.

Formule 33 € – Menu 39/80 € – Carte 53/69 €

83 av. Denfert-Rochereau Ⓜ Denfert Rochereau – ✆ 01 43 54 99 86 – www.contre-allee.com – Fermé 2 semaines en août, sam. et dim.

Les Petits Plats

CUISINE TRADITIONNELLE • BISTRO Moulures, miroirs, comptoir en bois, grande ardoise présentant les mets du moment : un petit bistrot élégant, dans son jus 1910, pour une cuisine canaille et familiale, où les belles viandes de l'Aubrac sont notamment à l'honneur. Formule originale : la possibilité de choisir des demi-portions. Joli choix de vins.

Formule 18 € – Carte 38/64 €

39 r. des Plantes Ⓜ Alésia – ✆ 01 45 42 50 52 – Fermé 4-25 août et dim.

L'Essentiel

CUISINE TRADITIONNELLE • BISTRO Vous aimez les ambiances animées ? Ce café-bistrot est pour vous : dans sa petite salle souvent archi-comble, on mange... serrés comme des sardines ! La cuisine aussi invite à la convivialité, entre plats canailles et jolies recettes de saison. Le tout avec une belle sélection de vins. Oui, l'adresse sait cultiver l'Essentiel.

Formule 15 € – Menu 18 € (déj. en semaine) – Carte 28/35 €

168 r. d'Alesia Ⓜ Plaisance – ✆ 01 45 42 64 80

La Cantine du Troquet - Pernety

CUISINE TRADITIONNELLE • CONVIVIAL Banquettes rouges, tables en bois et ardoise du jour : cette cantine respire la convivialité, et l'on se régale, par exemple, d'une terrine maison, d'oreilles de cochon grillées, de couteaux à la plancha, etc. Pas de réservation.

Menu 35 € – Carte 30/47 €

101 r. de l'Ouest Ⓜ Pernety – ✆ 01 45 40 04 98 – lacantinedutroquet.com – Fermé 3 semaines en août, 1 semaine à Noël, dim. et lundi

La Grande Ourse

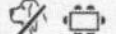

CUISINE MODERNE • BISTRO Plutôt séduisant, ce bistrot où le gris le dispute au prune et à l'orange. La carte fait la part belle au poisson, mais pas seulement ; les cuissons sont bien maîtrisées (gambas et morue), les saveurs franches (bouillon de tomate au gingembre), et les produits de toute première qualité. Menu-carte plus étoffé au dîner.

Formule 19 € – Menu 23 € (déj.)/39 € – Carte 49/59 €

9 r. Georges-Saché Ⓜ Mouton Duvernet – ✆ 01 40 44 67 85 – www.restaurantlagrandeourse.fr – Fermé août, sam. midi, dim. et lundi

Severo

VIANDES • BISTRO La qualité de la viande – rassise sur place – et de la charcuterie est l'atout majeur de ce chaleureux bistrot, tenu par un ancien boucher. Les carnivores apprécieront également la belle carte des vins, ses bourgognes et ses côtes-du-rhône.

Carte 28/135 €

8 r. des Plantes Ⓜ Mouton Duvernet – ✆ 01 45 40 40 91 – lesevero.fr – Fermé vacances de printemps, 25 juil.-17 août, vacances de la Toussaint et de Noël, sam. et dim.

Le Cornichon

CUISINE MODERNE • BISTRO L'affaire de deux passionnés : le premier, ingénieur informatique depuis toujours épris de restauration ; le second, jeune chef formé à bonne école. Ensemble, ils ont créé ce bistrot bien d'aujourd'hui. Beaux produits, jolies recettes, riches saveurs, etc. : ce Cornichon est plein de croquant et de peps !

Menu 35 € (déj.)/39 € - Carte 44/70 €

34 r. Gassendi Ⓜ Denfert Rochereau - ✆ 01 43 20 40 19 - www.lecornichon.fr - Fermé août, 1 semaine vacances de Noël, sam. et dim.

Hôtels

Aiglon

URBAIN • PERSONNALISÉ L'immeuble est né pendant les Années folles et a accueilli Giacometti et Buñuel. En accord avec la façade, l'esprit des années 1920 a inspiré la décoration des chambres (motifs rétro, mosaïques des salles de bains, etc.), très chaleureuses et confortables.

36 chambres - 120/360 € 120/500 € - 10 suites - 18 €

232 bd Raspail Ⓜ Raspail - ✆ 01 43 20 82 42 - www.aiglon.com

Mercure Raspail Montparnasse

BUSINESS • CONTEMPORAIN Près des brasseries légendaires de Montparnasse, cet établissement propose des chambres confortables, autour du thème de Saint-Germain-des-Prés.

63 chambres - 129/289 € 129/289 € - 17 €

27 bd Raspail Ⓜ Vavin - ✆ 01 43 20 62 94 - www.mercure.com

Delambre

TRADITIONNEL • FONCTIONNEL Dans cet hôtel proche de la gare Montparnasse, le souvenir d'André Breton et de Paul Gauguin plâne encore... On pourra donc relire Nadja ou méditer sur l'école de Pont-Aven dans une chambre sobre et fonctionnelle, avant une belle promenade.

30 chambres - 99/199 € 99/199 € - 13 €

35 r. Delambre Ⓜ Edgar Quinet - ✆ 01 43 20 66 31 - www.hoteldelambreparis.com

Le M

URBAIN • CONTEMPORAIN Sur l'animée rue de la Gaité, où s'est forgé le mythe du Montparnasse festif, cet hôtel ne lésine pas sur le confort des clients : bonne insonorisation, confort sûr et esprit contemporain... avec même dans quelques chambres des détails canailles, tels une moquette léopard et un escarpin en tableau. Les Montparnos auraient aimé !

61 chambres - 129/430 € 129/430 € - 19 €

20 bis r. de la Gaité Ⓜ Gaieté - ✆ 01 40 47 48 49 - www.hotelmparis.com

Le Fabe

URBAIN • CONTEMPORAIN De grandes photographies colorées veillent sur votre sommeil, donnant à chaque chambre sa personnalité. Un style très moderne et volontiers élégant, proposé à prix sage dans ce petit hôtel du quartier Pernety. Pour rester zen...

17 chambres - 95/170 € 110/180 € - 12 €

113 bis r. de l'Ouest Ⓜ Pernety - ✆ 01 40 44 09 63 - www.lefabehotel.fr

Châtillon Paris Montparnasse

URBAIN • FONCTIONNEL Les habitués de cet hôtel apprécient son calme, il faut dire que les chambres donnent sur un square au fond d'une impasse. Un certain charme donc pour une adresse impeccablement tenue, qui permet de bien se reposer à prix raisonnable. Mais chut...

31 chambres - 169/300 € 169/350 € - 13 €

11 square Châtillon Ⓜ Porte d'Orléans - ✆ 01 45 42 31 17 - www.hotelchatillon.fr

9 Hotel Montparnasse

URBAIN · CONTEMPORAIN Dans la rue Losserand, la façade blanche et épurée donne une idée de l'esprit des lieux : le confort en toute discrétion. Les chambres, sans être particulièrement spacieuses, sont bien équipées et ont du style. On en trouve même une dans une maisonnette en bois au cœur du jardin...

43 chambres - 🚹85/250 € 🚹🚹85/250 € - ☕13 €

76 r. Raymond-Losserand Ⓜ Pernety - ✆ 01 40 52 12 40 - www.le9hotel-montparnasse.com

Porte de Versailles · Vaugirard · Beaugrenelle

15e ARRONDISSEMENT

Delphotostock/ Fotolia.com

Restaurants

✿ Le Quinzième - Cyril Lignac

CUISINE MODERNE · ÉLÉGANT XXX Aucun doute, les assiettes siglées Lignac font belle impression : esthétiquement très abouties, elles révèlent des associations de saveurs originales et flatteuses. Ainsi ces trois superbes noix de Saint-Jacques d'une fraîcheur incomparable, avec leur purée de carotte et clémentines de Corse... Un régal.

➜ Langoustine dorée, tartare et fraises de Plougastel, vinaigre de fruits rouges. Homard breton confit au beurre de corail, gnocchis de pomme de terre. Chocolat Équateur, mousse légère alpaco et crémeux chocolat au lait.

Menu 69 € (déj.), 140/250 € 🍷

14 r. Cauchy Ⓜ Javel - ✆ 01 45 54 43 43 - www.restaurantlequinzieme.com - Fermé 3 semaines en août, sam. et dim.

✿ Neige d'Été (Hideki Nishi)

CUISINE MODERNE · ÉPURÉ XX Neige d'Été... Un nom d'une poésie toute japonaise, et pour cause : l'adresse, née mi-2014, est l'œuvre d'un jeune chef nippon, Hideki Nishi, venu du George V. Un nom qui annonce aussi des jeux de contraste et une forme d'épure : un travail en justesse et en contrepoints, qui brille comme la neige en été...

➜ Déclinaison de tomates. Canard de Challans grillé au charbon de bois japonais. Millefeuille aux fruits exotiques.

Menu 45 € (déj. en semaine), 60/100 €

12 r. de l'Amiral-Roussin Ⓜ Avenue Émile Zola - ✆ 01 42 73 66 66 - www.neigedete.fr - Fermé 2 semaines en août, 1 semaine vacances de Noël, dim. et lundi

L'Atelier du Parc

CUISINE MODERNE · TENDANCE XX Cet Atelier impose son style contemporain chic et sa belle cuisine inventive dans un quartier inattendu, face au parc des expositions. Ris de veau croustillant rôti au thym, éclair au homard, bouillabaisse de l'atelier... Du travail dans l'assiette et une recherche de la différence !

Formule 22 € - Menu 36/85 € - Carte 50/73 €

35 bd Lefèbvre Ⓜ Porte de Versailles - ✆ 01 42 50 68 85 - www.atelierduparc.fr - Fermé 3 semaines en août, lundi midi et dim.

Le Troquet

CUISINE TRADITIONNELLE • BISTRO Le "troquet" dans toute sa splendeur : décor bistrotier authentique, banquettes en moleskine, ardoises, miroirs, petites tables invitant à la convivialité, etc. On vient ici autant pour l'atmosphère que pour la cuisine. Une cuisine délicieuse, concoctée avec des produits ultrafrais… et (souvent) l'accent du Sud-Ouest !

Menu 33 € (déj.), 35/41 €

21 r. François-Bonvin Ⓜ Cambronne – ✆ 01 45 66 89 00 – www.restaurantletroquet.fr – Fermé 1 semaine en mai, 3 semaines en août, 1 semaine en déc., dim. et lundi

Le Vitis

CUISINE TRADITIONNELLE • BISTRO On avait connu Marc Delacourcelle au Pré Verre, dans le 5e arrondissement ; il dirige aujourd'hui ce bistrot de poche, et nous régale de recettes bien tournées, franches et parfumées : poêlée de couteaux, cochon de lait fondant aux épices douces… Excellent.

Formule 18 € – Menu 36 € – Carte 40/48 €

8 r. Falguière Ⓜ Falguière – ✆ 01 42 73 07 02 – www.levitis.fr – Fermé dim. soir et lundi

L'Os à Moelle

CUISINE TRADITIONNELLE • CONVIVIAL Thierry Faucher est toujours aux manettes de cet Os à Moelle, où il s'affirma au début des années 2000 comme l'un des précurseurs de la bistronomie. Huîtres poireaux vinaigrette, foie de veau, purée de rutabaga au gingembre, os a moelle, soupe du jour… C'est simple et bon : on se régale !

Formule 20 € – Menu 35/42 € – Carte 35/47 €

3 r. Vasco-de-Gama Ⓜ Lourmel – ✆ 01 45 57 27 27 – Fermé 3 semaines en août, 1 semaine à Noël, sam. midi, dim. et lundi

Le Casse Noix

CUISINE TRADITIONNELLE • BISTRO Vieilles affiches, pendules et meubles vintage : le décor est planté. Côté petits plats, l'authenticité prime aussi : délicieuse cuisine canaille, dont boudins blancs et pâtés en croûte, inspirés au chef par son papa, Meilleur Ouvrier de France à Orléans… Amusante collection de casse noix chinés par la maman du patron. Ce Casse Noix casse des briques !

Formule 22 € – Menu 26 € (déj.), 34/50 € – Carte 39/62 €

56 r. de la Féderation Ⓜ Bir-Hakeim – ✆ 01 45 66 09 01 – www.le-cassenoix.fr – Fermé 3 semaines en août, 1 semaine vacances de Noël, sam. et dim.

L'Antre Amis

CUISINE MODERNE • CONTEMPORAIN Entrez dans cet Antre, dont le chef-patron assure la cuisine avec passion. Avec d'excellents produits de Rungis (viandes, poissons, coquillages…), il compose des assiettes soignées, exécutées avec précision, déclinées dans une carte hyper-courte et accompagnées d'une belle carte des vins – environ 150 références.

Formule 30 € – Menu 35/75 € – Carte environ 46 €

9 r. Bouchut Ⓜ Ségur – ✆ 01 45 67 15 65 – www.lantreamis.com – Fermé août, sam. et dim.

Le Radis Beurre

CUISINE TRADITIONNELLE • BISTRO C'est boulevard Garibaldi, à Paris, que le chef Jérôme Bonnet a trouvé l'endroit dont il rêvait pour monter son propre restaurant. Il propose une cuisine goûteuse et bien ficelée, qui porte la marque de ses origines sudistes. Un exemple ? Ce pied de cochon poêlé au foie gras de canard et jus de viande acidulé, qui mérite toute votre attention…

Formule 27 € – Menu 35 € – Carte 35/44 €

51 bd Garibaldi Ⓜ Sèvres Lecourbe – ✆ 01 40 33 99 26 – www.restaurantleradisbeurre.com – Fermé 3 semaines en août, sam. et dim.

Benkay

CUISINE JAPONAISE • ÉLÉGANT XXX Sur le front de Seine – avec une vue plongeante sur le fleuve –, l'élégant Benkay honore la gastronomie japonaise avec art ! On opte au choix pour le teppanyaki (cette plaque chauffante où les mets sont cuisinés minute) ou la formule "washoku" (service à table). Sans parler du comptoir à sushis, tout simplement divin...

Formule 45 € – Menu 100/160 € – Carte 47/146 €

61 quai de Grenelle Ⓜ *Bir-Hakeim – ✆ 01 40 58 21 26 – www.restaurant-benkay.com – Fermé 3 semaines en août*

Le Cherine Ⓝ

CUISINE LIBANAISE • CHIC XX Ce restaurant est une jolie histoire de famille, autour d'un duo père-fille, dont le nom, Cherine, a inspiré celui de l'établissement. On déguste une savoureuse cuisine libanaise dans un décor moderne (taboulé persillé, moutabal d'aubergine etc.), préparé avec minutie par un chef inspiré. Sans oublier un délicieux baklawa, en dessert !

Menu 17 € (déj.)/45 € – Carte environ 38 €

74 r. de la Croix-Nivert Ⓜ *Commerce – ✆ 01 53 61 92 52 – www.lecherine.com – Fermé août et lundi*

La Gauloise

CUISINE TRADITIONNELLE • ÉLÉGANT XX Une brasserie Belle Époque au doux parfum de vie parisienne d'autrefois. Au menu : fricassée d'escargots, œuf mollet et sa frisée aux lardons, pot-au-feu à la viande d'Aubrac, paris-brest, etc. Un lieu qu'on apprécie aussi pour sa jolie terrasse.

Formule 26 € – Menu 31 € – Carte 35/68 €

59 av. La Motte-Picquet Ⓜ *La Motte Picquet Grenelle – ✆ 01 47 34 11 64 – Fermé 2 semaines en août*

L'Inattendu

CUISINE TRADITIONNELLE • COSY XX Dans ce restaurant à la fois feutré et élégant œuvrent deux associés expérimentés et férus de qualité. Au menu : ravioles de langoustine à la crème d'estragon, fine tête de veau aux épices, ris de veau poêlé aux morilles, etc. Des propositions canailles, bien ficelées et parfois... inattendues.

Formule 20 € – Menu 25 € (semaine), 38/47 €

99 r. Blomet Ⓜ *Vaugirard – ✆ 01 55 76 93 12 – www.restaurant-inattendu.fr – Fermé dim. et lundi*

Beurre Noisette

CUISINE TRADITIONNELLE • CONVIVIAL X Un bistrot savoureux, bien connu des habitués ! Thierry Blanqui puise son inspiration au marché : ravioles de boudin noir, chorizo ; poitrine de cochon caramélisée ; baba au rhum, et de belles recettes canailles ! Un pied dans la tradition, l'autre dans la nouveauté : on se délecte... Une valeur sûre.

Formule 23 € – Menu 32 € (déj.), 38/56 €

68 r. Vasco-de-Gama Ⓜ *Lourmel – ✆ 01 48 56 82 49 – www.restaurantbeurrenoisette.com – Fermé 2 semaines en août, dim. et lundi*

Gàbia Ⓝ

CUISINE MODERNE • BISTRO X En face du parc Georges-Brassens cette affaire a été reprise par un jeune couple au parcours intéressant. Leur cuisine change toutes les semaines et raconte leur parcours par touches subtiles : cabillaud rôti, fricassée de lentilles au chorizo ibérique ; mini-pie aux pommes et poires caramélisées, crème fraîche... Une adresse attachante.

Formule 27 € – Menu 36 €

77 r. Brancion Ⓜ *Plaisance – ✆ 01 48 42 25 24 – www.gabia.fr – Fermé août, 1 semaine à Noël, dim. et lundi*

Intuition Gourmande

CUISINE TRADITIONNELLE · VINTAGE X Le savoir-faire d'un chef passé par la case Gagnaire, la qualité de ses produits : cela compte bien sûr, mais que seraient ses recettes si elles n'étaient inspirées... par la gourmandise ? Telle est la leçon de ce sympathique bistrot : terrine de lapin, risotto aux légumes de saison, parfait glacé à la vanille, etc.

Formule 18 € - Menu 35 € - Carte 42/48 €

4 r. PételⓂVaugirard - ✆ 01 45 32 58 76 - www.intuition-gourmande.com - Fermé 2 semaines en août, dim. et lundi

Ida by Denny Imbroisi

CUISINE MODERNE · BISTRO X Petite par la taille... mais grande par sa cuisine ! Entre bistrot moderne et trattoria, cette cuisine inspirée du marché parle l'italien sans accent : goûts francs, produits choisis, et spaghettoni alla carbonara, jaune d'œuf coulant, de haute volée. Un plaisir fou de bout en bout !

Formule 24 € - Menu 30 € (déj. en semaine), 45/72 €

117 r. de Vaugirard Ⓜ Falguière - ✆ 01 56 58 00 02 - www.restaurant-ida.com - Fermé 3 semaines en août, vacances de Noël et dim.

Le Clos Y

CUISINE CRÉATIVE · DESIGN X Élégamment disposés les uns à côté des autres, couverts à la française et baguettes à la japonaise symbolisent l'esprit du Clos. Produits de qualité, soin d'exécution, recherche de la subtilité : Yoshitaka Ikeda révèle, s'il le fallait encore, toutes les affinités des gastronomies française et japonaise. Plus simple le midi, menu surprise le soir.

Formule 31 € - Menu 36 € (déj.)/65 €

27 av. du Maine Ⓜ Montparnasse Bienvenüe - ✆ 01 45 49 07 35 - www.leclosy.com - Fermé dim. et lundi

Le Concert de Cuisine

CUISINE CRÉATIVE · ÉPURÉ X La salle de concert ? Très simple, sans chichi ni folklore japonisant. Et le chef d'orchestre ? Sous vos yeux, il réalise une belle cuisine fusion, créant des recettes très personnelles basées sur la technique du teppanyaki. Jolie mélodie !

Formule 29 € - Menu 35 € (déj.), 49/67 €

14 r. Nélaton Ⓜ Bir-Hakeim - ✆ 01 40 58 10 15 - Fermé 3 semaines en août, lundi midi, sam. midi et dim.

Le Grand Pan

CUISINE TRADITIONNELLE · BISTRO X Un bistrot de quartier qu'aurait pu fréquenter Georges Brassens, qui habita tout près. À l'ardoise, de belles pièces de viande à partager, une cuisine généreuse et calquée sur les saisons, parsemée de produits de qualité : homard, Saint-Jacques, cèpes... sans oublier le gibier en saison.

Formule 22 € - Menu 31 € (déj.) - Carte 37/55 €

20 r. Rosenwald Ⓜ Plaisance - ✆ 01 42 50 02 50 - www.legrandpan.fr - Fermé 1 semaine en mai, 1er-25 août, vacances de Noël, sam. et dim.

Le Un, Bistrot Gourmand

CUISINE MODERNE · BISTRO X Le chef, Christophe Alloy, compose de bonnes recettes qui rendent hommage à la tradition bistrotière, avec quelques touches originales : œuf poché cocotte, aubergine, émulsion au chorizo ; onglet de bœuf aux échalotes confites et pommes grenailles, foie gras acidulé de mangue... Une ode au métissage culinaire et à l'harmonie des saveurs.

Formule 22 € - Menu 26 € (déj.) - Carte 35/48 €

1 r. Lefèbvre Ⓜ Porte de Versailles - ✆ 01 42 50 82 16 - www.leunbistrot.fr - Fermé dim. et lundi

La Cantine du Troquet - Dupleix

CUISINE TRADITIONNELLE • BISTRO Création de Christian Etchebest, cette Cantine du Troquet version Dupleix surfe sur une recette éprouvée : pourquoi s'en plaindre ? Comme dans le 14e, la carte joue sur un registre mi-brasserie mi-bistrot qui mise tout sur des recettes bien tournées... où transparaissent les origines basques du patron. En toute convivialité.

Carte 28/45 €

53 bd de Grenelle Ⓜ Dupleix
- ✆ 01 45 75 98 00 - lacantinedutroquet.com

L'Accolade

CUISINE MODERNE • BISTRO Le jeune chef, qui se destinait d'abord à une carrière de professeur de sport, a changé de cap et appris le métier de cuisinier. Dans une ambiance franchement conviviale, il propose une cuisine goûteuse, renouvelée chaque jour, dans laquelle on croise de nombreux produits du Sud-ouest, mais aussi quelques épices thaïes. Une adresse attachante.

Formule 20 € - Menu 25 € (déj.)/35 € - Carte 35/50 €

208 r. de la Croix-Nivert Ⓜ Boucicaut
- ✆ 01 45 57 73 20 - www.laccoladeparis.fr
- Fermé lundi soir, sam. midi et dim.

Kohyang

CUISINE CORÉENNE • SIMPLE Les Coréens installés à Paris connaissent bien ce restaurant à la façade en briques. On y dévore de délicieuses spécialités du pays du matin calme : outre le célèbre bibimbap, on se laisse séduire par un poulpe à la vapeur. C'est généreux, gourmand : le succès est amplement mérité !

Menu 14 € (déj. en semaine)/18 € - Carte 31/53 €

6 r. du Gén.-Estienne Ⓜ Charles Michels - ✆ 01 40 59 80 45
- Fermé 2 semaines en août, 2 semaines en déc. et lundi

Jium Ⓝ

CUISINE CORÉENNE • TENDANCE Son nom, Jium ("faire le riz" en coréen), n'est pas usurpé. Ce restaurant de poche propose une gastronomie coréenne de qualité alliant les grands classiques du pays du matin calme (bibimbap, porc pané) à des préparations plus traditionnelles (velouté de riz au poulet). Formule appétissante le midi.

Formule 13 € - Carte 25/38 €

26 r. Tiphaine Ⓜ La Motte Picquet Grenelle - ✆ 01 45 75 20 00
- Fermé lundi midi et dim.

Le Comptoir du Pérou Ⓝ 

CUISINE PÉRUVIENNE • CONTEMPORAIN On réalise ici une cuisine péruvienne colorée, ainsi ce ceviche nikkei (fusion de la cuisine japonaise et péruvienne) ou le pulpo al carbon (poulpe cuit au charbon), le tout dans un esprit street food. Petit espace de vente de produits péruviens. Simple et bon.

Formule 15 € - Menu 20 € - Carte 24/38 €

41 r. de la Croix-Nivert Ⓜ Cambronne - ✆ 01 45 66 50 08
- Fermé dim. et lundi

Axuria

CUISINE MODERNE • COSY Axuria, c'est l'agneau de lait des Pyrénées, en basque... Et le Pays basque, c'est précisément la région du chef, Olivier Amestoy, qui signe une cuisine fraîche, centrée sur le produit, nourrie de classiques et néanmoins personnelle. Sa spécialité ? L'agneau de lait des Pyrénées rôti au thym et à l'ail, mais aussi les gibiers, en saison !

Formule 23 € - Menu 37 € (dîner en semaine) - Carte 36/51 €

54 av. Félix-Faure Ⓜ Boucicaut
- ✆ 01 45 54 13 91 - www.axuria-restaurant.fr

Afaria

CUISINE TRADITIONNELLE • BAR À VIN On opte pour de belles tapas (uniquement au comptoir), ou pour des plats gourmands et créatifs : terrine d'artichaut au lard fumé et au vieux comté, magret de canard cuit aux sarments de vigne, cuisse de sanglier farcie au chorizo... Afaria signifie "À table" en basque, le message est clair !

Formule 23 € - Menu 27 € (déj. en semaine)/45 € - Carte 38/50 €

15 r. Desnouettes Ⓜ Convention - ✆ 01 48 42 95 90 - www.afaria.fr - Fermé 4-28 août, vacances de Noël, dim. et lundi

L'Ardoise du XV

CUISINE MODERNE • BISTRO Os à moelle en tartine, noix de Saint-Jacques de Bretagne cuites à la plancha, volaille rôtie au foie gras, millefeuille à la vanille... Des intitulés bien représentatifs de cette Ardoise nichée à l'ouest du 15e, et qui se révèlent dans des assiettes fraîches et savoureuses ! Décor bistrotier tout en sobriété.

Formule 19 € - Menu 35 € - Carte 36/56 €

70 r. Sébastien-Mercier Ⓜ Charles Michels - ✆ 01 45 78 91 38 - www.lardoiseduxv.fr - Fermé août, 1 semaine début mai, 1 semaine vacances de Noël, dim. soir et lundi

Tipaza

CUISINE NORD-AFRICAINE • EXOTIQUE A peine poussée la porte de ce discret restaurant, la magie opère : murs en stuc blanc, tableaux orientaux, parfum de bouillons, de légumes et d'épices... Pas de doute, vous êtes au Maghreb ! Dans l'assiette, couscous berbères ou tajines patiemment mijotés réjouiront vos papilles. Dépaysement garanti.

Formule 15 € - Carte 22/30 €

155 r. St-Charles Ⓜ Boucicaut - ✆ 01 45 54 01 17 - www.tipaza.fr

Chez Mademoiselle

CUISINE RUSSE • BISTRO Chez Mademoiselle, les goûts sont sûrs et les rations généreuses ! Et comme il s'agit de cuisine russe et kazakhe, sachez que vous ne sortirez pas de table en ayant faim. Goûtez au Jarkoïe ou au bœuf Strogonoff et terminez avec des vareniki à la cerise : tout ici est prétexte à la gourmandise. Priyatnogo appetita !

Menu 32/40 €

21 r. Mademoiselle Ⓜ Commerce - ✆ 01 48 28 50 79 - www.chezmademoiselle-parisastana.fr - Fermé août et lundi

Hôtels

Pullman Paris Tour Eiffel

HÔTEL DE CHAÎNE • DESIGN Ce grand bâtiment des années 1960 bénéficie avant tout d'un emplacement exceptionnel, quasiment au pied du plus célèbre monument de Paris ! On y dort dans de grandes chambres épurées et lumineuses, dont certaines disposent d'un balcon avec vue sur la tour. Superbe espace fitness.

421 chambres - 230/1500 € 230/1500 € - 9 suites - 26 €

18 av. de Suffren Ⓜ Bir-Hakeim - ✆ 01 44 38 56 00 - www.pullmanhotels.com

Eiffel Blomet Ⓝ

HÔTEL PARTICULIER • ART DÉCO Dans une rue discrète, cet hôtel rénové façon Art Déco propose de jolies chambres. Les suites du dernier étage disposent de balcons, avec vue sur les toits de Paris. Petite terrasse d'extérieur, et agréable espace bien-être, avec piscine. A deux pas de la Tour Eiffel.

87 chambres - 160/450 € 160/450 € - 9 suites - 15 €

78 r. Blomet Ⓜ Vaugirard - ✆ 01 53 68 70 00 - hoteleiffelblomet.com

Ares

HÔTEL PARTICULIER • PERSONNALISÉ Un soupçon de baroque, une touche de cachet parisien, un bel esprit feutré, des salles de bain pleines de cachet... pour un hôtel chic et cossu, tout près de la tour Eiffel – certaines chambres donnent d'ailleurs sur la Grande Dame ! On profite aussi d'un accès gratuit à la salle de gym voisine, et de l'accueil souriant.

40 chambres – 190/350 € 190/650 € – 18 €

7 r. Général-Larminat Ⓜ La Motte-Piquet Grenelle – ✆ 01 47 34 74 04 – www.ares-paris-hotel.com

Platine

URBAIN • PERSONNALISÉ Blonde... Platine comme Marilyn Monroe à laquelle cet hôtel rend hommage. Les chambres sont confortables et bien tenues ; préférez celles avec un lit rond... Glamour à souhait ! Agréable espace détente au sous-sol. Une bonne adresse pour cultiver la "poupoupidou" attitude.

46 chambres – 129/315 € 139/415 € – 15 €

20 r. de l'Ingénieur-Robert-Keller Ⓜ Charles Michels – ✆ 01 45 71 15 15 – www.platinehotel.fr

Okko Porte de Versailles Ⓝ

BUSINESS • CONTEMPORAIN Cet hôtel sculptural de forme triangulaire, situé dans le quartier d'affaires de la porte de Versailles, et dessiné par l'architecte Jean-Michel Wilmotte, joue sur les matières brutes et urbaines. A l'intérieur, les chambres offrent tout le confort souhaité. Petit espace fitness.

149 chambres – 89/250 € 119/270 €

2 r. du Colonel-Pierre-Avia Ⓜ Balard – ✆ 01 45 01 17 00 – www.okkohotels.com

Tourisme Avenue

URBAIN • CONTEMPORAIN Une avenante façade blanche, une situation idéale à deux pas de La Motte-Picquet-Grenelle, des chambres soignées et bien isolées : voilà quelques-uns des atouts de cet hôtel familial, rénové il y a peu. Et pour les amateurs de "sensations", toilettes à la japonaise !

55 chambres – 99/389 € 99/389 € – 11 €

66 av. La Motte-Picquet Ⓜ La Motte-Picquet Grenelle – ✆ 01 47 34 28 01 – www.hoteltourismeavenue.com

Vic Eiffel

URBAIN • COSY Judicieusement situé au pied du métro Sèvres-Lecourbe, aux frontières du 7e arrondissement, cet hôtel lumineux joue la carte moderne et cosy, avec une salle de petit-déjeuner sous véranda et des chambres confortables aux couleurs apaisantes.

30 chambres – 99/209 € 125/309 € – 14 €

92 bd Garibaldi Ⓜ Sèvres Lecourbe – ✆ 01 53 86 83 83 – www.viceiffel.com

Eden

BUSINESS • COSY Situé au cœur du 15e arrondissement, ce petit hôtel a bénéficié d'une rénovation complète pour offrir à sa clientèle le meilleur confort possible. Les chambres sont coquettes et le petit espace fitness bienvenu. Mini patio dans la cour de l'immeuble.

37 chambres – 94/250 € 94/250 € – 14 €

110 r. Blomet Ⓜ Vaugirard – ✆ 01 48 28 13 95 – www.hoteledenparis.com

Petit déjeuner compris ? La tasse suit directement le nombre de chambres.

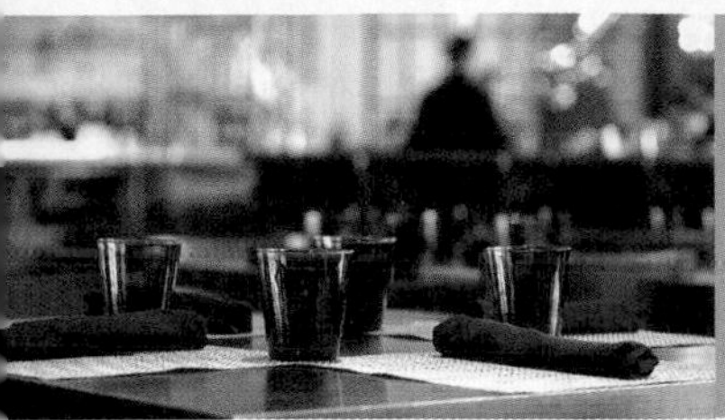

Trocadéro · Étoile · Passy · Bois de Boulogne

16e ARRONDISSEMENT

ekash/E+/Getty Images

Restaurants

✿✿✿ Le Pré Catelan

CUISINE CRÉATIVE • LUXE XXXXX Au cœur du bois de Boulogne, on reconnaît sans peine le superbe pavillon Napoléon III installé là depuis 1905. Dans ce cadre rêvé, Frédéric Anton fait des merveilles : la précision et la rigueur transmises par ses mentors (dont Robuchon) sont sa signature, ainsi que son goût pour les associations inédites. Le tout sublimé par une cave prestigieuse et un accueil parfait.

➜ Crabe, crème légère à l'aneth, caviar de France et soupe au parfum de fenouil. Cabillaud aux algues, beurre aux zestes de citron vert. Pomme soufflée croustillante, crème glacée au caramel, cidre et sucre pétillant.

Menu 130 € (déj.), 220/280 € – Carte 250/315 €

au Bois de Boulogne - rte de Suresnes
- ✆ 01 44 14 41 14 - www.precatelanparis.com
- Fermé 18 fév.-5 mars, 29 juil.-20 août, 21-29 oct., dim. et lundi

✿✿✿ Astrance (Pascal Barbot)

CUISINE CRÉATIVE • ÉPURÉ XXX Chaque service est un éblouissement, chaque assiette une symphonie. Le chef-artiste réinvente la cuisine pour une représentation unique : sans carte ni menu, on se laisse surprendre par des créations qui subjuguent les sens, et dont les produits livrent leurs plus belles confidences. Impossible de réserver plus d'un mois à l'avance.

➜ Crevettes dorées, pâte de satay. Canard de Challans, purée de griotte. Tartelette aux agrumes.

Menu 75 € (déj.), 170/370 € 🍷

4 r. Beethoven Ⓜ Passy
- ✆ 01 40 50 84 40 - www.astrancerestaurant.com
- Fermé août, vacances de Noël, sam., dim., lundi et fériés

✿✿ L'Abeille

CUISINE MODERNE • LUXE XXXX Le "restaurant français" du Shangri-La, baptisé ainsi en hommage à l'emblème napoléonien. La grande tradition hexagonale est logiquement à l'honneur : sous l'égide de Christophe Moret, chef au grand savoir-faire, la carte se fait chantre du beau classicisme et de la noblesse des produits. Une table au goût de miel...

➜ Araignée de mer rafraîchie à la tomate et au gingembre, sabayon coraillé. Homard et coque d'amande en cocotte lutée, pêche au parfum de sangria. Miel du maquis corse givré aux parfums de citron et d'eucalyptus.

Menu 230 € – Carte 150/230 €

Hôtel Shangri-La, 10 av. d'Iéna Ⓜ Iéna
- ✆ 01 53 67 19 90 - www.shangri-la.com
- Fermé 29 juil.-27 août, 23-30 déc., dim., lundi et le midi

✿✿ Mathieu Pacaud - Histoires

CUISINE CRÉATIVE • ÉLÉGANT XXXX Mathieu Pacaud et son équipe explorent en ces lieux d'innombrables combinaisons, dans le but de faire éclore une carte inédite et bien ciselée. Le chef met à profit de nombreuses techniques – infusion, macération, déglaçage, marinade – et nous convie à une véritable cavalcade à la poursuite du goût, où chaque plat est une expérience.

➜ Ceviche de langoustines royales, pain léger et croustillant, réduction pomme-fenouil. Turbot sauvage, sabayon et segments maltais, cocos de Paimpol à la moutarde de Charroux. Grande valse brillante.

Menu 95 € (déj.), 240/350 € – Carte 205/455 €

85 av. Kléber Ⓜ Trocadéro – ✆ 01 70 98 16 35 – www.histoires-paris.fr – Fermé août, mardi midi, sam. midi, dim. et lundi

✿ La Grande Cascade

CUISINE MODERNE • CLASSIQUE XXXX Transformé en restaurant pour l'Exposition universelle de 1900, ce charmant pavillon mêle les styles Empire, Belle Époque et Art nouveau, le tout à quelques pas de la Grande Cascade du bois de Boulogne. Déguster une cuisine raffinée sous sa majestueuse rotonde ou sur sa ravissante terrasse est un plaisir d'une élégance rare...

➜ Tourteau de Bretagne au naturel, neige au citron et caviar osciètre royal. Turbot cuit au goémon, variation d'artichaut, émulsion pistache. Mille gaufres, crème légère à la vanille.

Menu 89/192 € – Carte 170/220 €

au Bois de Boulogne - allée de Longchamp – ✆ 01 45 27 33 51 – www.restaurantsparisiens.com – Fermé 22 déc.-20 janv.

✿ St-James Paris

CUISINE MODERNE • CLASSIQUE XXX Le chef Jean-Luc Rocha a pris les commandes de cette étonnante demeure ancienne, façon petit château du 19e s. au cœur de Paris... Le décor majestueux – hauts plafonds, tableaux, mobilier Empire – sert d'écrin à sa cuisine, subtile et réalisée avec beaucoup de soin.

➜ Huîtres et caviar, longuet de volaille toasté. Homard juste saisi, bouillon de corail aux aromates et légumes comme un risotto. Fraîcheur de fruits de saison au parfum de verveine.

Menu 140 € – Carte 105/160 €

Hôtel St-James Paris, 43 av. Bugeaud Ⓜ Porte Dauphine – ✆ 01 44 05 81 88 – www.saint-james-paris.com – Fermé dim. soir et le midi

✿ Shang Palace

CUISINE CHINOISE • EXOTIQUE XXX Situé au niveau inférieur du Shangri-La, ce Shang Palace recrée avec grâce le décor d'un luxueux restaurant chinois : colonnes de jade, paravents sculptés, lustres en cristal... La carte fait honneur à la gastronomie cantonaise, authentique et parfumée.

➜ Saumon Lo Hei. Canard laqué façon pékinoise en deux services. Crème de mangue, pomélo et perles de sagou.

Menu 48 € (déj.), 98/128 € – Carte 65/170 €

Hôtel Shangri-La, 10 av. d'Iéna Ⓜ Iéna – ✆ 01 53 67 19 92 – www.shangri-la.com – Fermé 20 fév.-7 mars, 10 juil.-1er août, mardi et merc.

✿ Étude (Keisuke Yamagishi)

CUISINE MODERNE • ÉLÉGANT XXX Nourri par ses rencontres avec des petits producteurs, par la découverte de produits venus de loin – poivre de Taiwan aux notes d'agrumes, baies iraniennes –, le chef Keisuke Yamagishi cuisine ici tel un funambule, au gré de menus « Symphonie », Ballade », « Prélude » en hommage à Chopin... et chaque assiette est une leçon d'harmonie. Superbe.

➜ Cuisine du marché.

Menu 45 € (déj.), 58/80 €

14 r. Bouquet-de-Longchamp Ⓜ Boissière – ✆ 01 45 05 11 41 – www.restaurant-etude.fr – Fermé sam. midi, dim. et lundi

✿ Les Tablettes de Jean-Louis Nomicos

CUISINE MODERNE • ÉLÉGANT XXX Après avoir œuvré chez Lasserre – l'un des temples de la cuisine classique –, Jean-Louis Nomicos a créé ces Tablettes où il a souhaité apposé son nom. C'est dans un décor contemporain original que s'épanouit sa belle cuisine aux accents méditerranéens, marquée à la fois par ses racines marseillaises et son exigeant savoir-faire.

➜ Macaroni gratiné au parmesan, truffe noire, foie gras de canard et jus de veau truffé. Carabineros grillés à la plancha, riz noir façon risotto aux encornets. Granité à la Chartreuse verte, glace à l'eau de rose.

Menu 42 € (déj.), 85 € 🍷/150 € – Carte 110/160 €

16 av. Bugeaud Ⓜ Victor Hugo – ✆ 01 56 28 16 16 – www.lestablettesjeanlouisnomicos.com

✿ Antoine

POISSONS ET FRUITS DE MER • ÉLÉGANT XXX Sous l'égide du chef Thibault Sombardier, une valeur sûre de la cuisine de la mer à Paris (mais pas uniquement...). La carte change chaque jour pour offrir le meilleur de la marée, en liaison directe avec les ports bretons, basques ou méditerranéens. Le tout travaillé avec savoir-faire et inspiration : un must. Élégant décor contemporain.

➜ Pain soufflé de homard, pistache et bouillon aux champignons de Paris. Saint-pierre, cresson grillé et girolles clous. Galet mirabelle et noisette.

Menu 48 € (déj. en semaine), 90/165 € – Carte 120/150 €

10 av. de New-York Ⓜ Alma Marceau – ✆ 01 40 70 19 28 – www.antoine-paris.fr – Fermé 3 semaines en août, 1 semaine vacances de Noël, dim. et lundi

✿ Le Pergolèse (Stéphane Gaborieau)

CUISINE TRADITIONNELLE • ÉLÉGANT XXX Une cuisine ensoleillée joliment revisitée par un chef Meilleur Ouvrier de France, dans un décor sobre et élégant.

➜ Moelleux de sardines, compotée de poivrons basquaise, sorbet tomate. Sole meunière farcie d'une duxelles de champignons. Soufflé chaud aux saveurs du moment.

Menu 64 € 🍷 (déj.), 85/135 € – Carte 85/125 €

40 r. Pergolèse Ⓜ Porte Maillot – ✆ 01 45 00 21 40 – www.lepergolese.com – Fermé 3 semaines en août, sam. midi et dim.

✿ Hexagone

CUISINE MODERNE • BRANCHÉ XX Après de nombreuses années passées auprès de son père Bernard à l'Ambroisie, Mathieu Pacaud s'est enfin lancé dans une aventure gastronomique en solo. On ne va pas s'en plaindre : il régale ses convives avec des assiettes maîtrisées, construites, composées... en un mot, cuisinées !

➜ Œuf de poule mollet, fine ratatouille et crème glacée de céleri. Sole à la viennoise, poêlée de girolles, amandes fraîches et sauce au vin jaune. Ganache bayano, glace au miel, croquant à la noisette, sarrasin glacé et soufflé.

Menu 49 € (déj. en semaine), 90/135 € – Carte 100/140 €

85 av. Kléber Ⓜ Trocadéro – ✆ 01 42 25 98 85 – www.hexagone-paris.fr – Fermé dim. et lundi

✿ Alan Geaam Ⓝ

CUISINE CRÉATIVE • ÉLÉGANT XX On parle toujours du rêve américain... Alan Geaam, d'origine libanaise, préfère parler du rêve français ! Arrivé à Paris à 24 ans, il a gravi un à un les échelons du monde de la gastronomie. Ses recettes originales marient le patrimoine français et quelques touches de son Liban natal avec une grande justesse ; chaque assiette respire la passion et le travail. Une belle table.

➜ Cuisine du marché.

Menu 40 € (déj.), 60/80 €

19 r. Lauriston Ⓜ Charles de Gaulle-Etoile – ✆ 01 45 01 72 97 – www.alangeaam.fr – Fermé 3 semaines en août, 1 semaine vacances de Noël, dim. et lundi

Comice (Noam Gedalof)

CUISINE MODERNE · ÉLÉGANT XX Un couple de Canadiens a eu l'excellente idée d'ouvrir leur première adresse à Paris : le chef Noam s'inspire des bases de la cuisine française, qu'il saupoudre de modernité ; Etheliya assure service et sommellerie. De leur entente complice naît un pétillement de saveurs, à déguster dans un cadre élégant et feutré. Une réussite !

➜ Carpaccio de bar de ligne, radis, concombre, poivron et petit lait. Filet de veau, pancetta, pommes de terre confites, jus de veau. Soufflé au chocolat, glace à la vanille

Menu 80 € (déj. en semaine)/120 € – Carte 60/100 €

31 av. de Versailles Ⓜ Mirabeau
– ✆ 01 42 15 55 70 – www.comice.paris
– Fermé 2 semaines en avril, 2 semaines en août, 2 semaines en janv., mardi midi, merc. midi, dim. et lundi

Pages (Ryuji Teshima)

CUISINE CRÉATIVE · ÉPURÉ XX Passé par de belles maisons, Ryuji Teshima, dit Teshi, propose une version contemporaine et très personnelle de la cuisine de l'Hexagone. Autour de menus "surprise", il imagine des mélanges de saveurs qui peuvent paraître improbables sur le papier, mais réellement percutants dans l'assiette. Les curieux jetteront un coup d'œil aux cuisines, visibles depuis la salle...

➜ Cuisine du marché.

Menu 50 € (déj.), 75/90 €

4 r. Auguste-Vacquerie Ⓜ Charles de Gaulle-Etoile
– ✆ 01 47 20 74 94 – www.restaurantpages.fr
– Fermé vacances de fév., 3 semaines en août, dim. et lundi

L'Archeste (Yoshiaki Ito)

CUISINE CRÉATIVE · ÉPURÉ XX Yoshiaki Ito, ancien chef d'Hiramatsu, émerveille son monde dans ce restaurant au cadre très épuré... à l'image de son travail ! Les menus (3 ou 5 temps à midi, 7 le soir) sont des modèles de créativité et de précision, épousant les saisons et donnant toujours le meilleur d'excellents produits. De belles recettes de cuisine française contemporaine, qui ont déjà bien des adeptes...

➜ Cuisine du marché.

Menu 48 € (déj. en semaine), 68/98 €

79 r. de la Tour Ⓜ Rue de la Pompe
– ✆ 01 40 71 69 68 – www.archeste.com
– Fermé sam. midi, dim. et lundi

La Terrasse Mirabeau

CUISINE TRADITIONNELLE · CONTEMPORAIN XX Pierre Négrevergne, formé chez Michel Rostang, fait partie de ces cuisiniers connaisseurs de leurs classiques. Ses recettes jouent la tradition avec une réussite certaine, les saveurs sont franches et plaisantes ; tout cela est à découvrir dans un intérieur sobrement contemporain. Et la terrasse, à l'ombre des platanes, est agréable.

Formule 29 € – Menu 36/75 € 🍷 – Carte environ 45 €

5 pl. de Barcelone Ⓜ Mirabeau – ✆ 01 42 24 41 51 – www.terrasse-mirabeau.com
– Fermé 3 semaines en août, 1 semaine fin déc., sam. et dim.

N° 41

CUISINE TRADITIONNELLE · BISTRO X Dans ce sympathique bistrot de style industriel, on profite d'une cuisine gourmande de qualité, à l'instar de ce tartare de thon citron et gingembre... Une table dans l'air du temps, à classer quelque part entre brasserie et bistrot, qui doit son succès à un couple de restaurateurs passionnés et attachants, secondés par leur fils.

Carte 27/59 €

41 av. Mozart Ⓜ Ranelagh – ✆ 01 45 03 65 16 – www.n41.fr – Fermé 2 semaines en août

Prunier

POISSONS ET FRUITS DE MER · ÉLÉGANT XXX Des produits marins de grande qualité (avec, en particulier, le caviar produit par Prunier dans le Sud-Ouest), une belle carte des vins avec un bon choix de bourgognes blancs, le tout dans un cadre superbe, imaginé par les plus grands mosaïstes, graveurs et sculpteurs de l'époque Art déco… Les amateurs du style sont au paradis !

Menu 47 € (déj. en semaine), 85/175 € - Carte 64/202 €

16 av. Victor-Hugo Ⓜ Charles de Gaulle-Etoile - ✆ 01 44 17 35 85 - www.prunier.com - Fermé août, sam. midi, dim. et fériés

Lili

CUISINE CHINOISE · ÉLÉGANT XXX Créé par le groupe hôtelier de luxe hongkongais du même nom, le déjà célèbre hôtel Peninsula abrite comme il se doit une table asiatique : Lili, du nom d'une fameuse cantatrice chinoise des années 1920. Dans un décor très théâtral, la longue carte révèle un large éventail de spécialités chinoises. Une véritable ambassade !

Formule 58 € - Menu 58 € (déj.), 68/138 € - Carte 55/188 €

Hôtel Peninsula, 19 av. Kléber Ⓜ Kléber - ✆ 01 58 12 67 50 - www.peninsula.com/fr/ - Fermé 22-29 fév. et 13-30 août

Carte Blanche

CUISINE MODERNE · COSY XXX L'ancienne Table du Baltimore est devenue Carte Blanche, et c'est un nom qui lui va comme un gant ! En effet, en plus d'une carte aux intitulés "classiques", le client peut choisir un produit spécifique, qui sera cuisiné à sa convenance après discussion avec le chef… Le concept est plutôt malin, et le plaisir gustatif est au rendez-vous.

Formule 29 € - Menu 39 € (déj. en semaine), 85/130 € - Carte 65/87 €

Hôtel Baltimore, 1 r. Léo-Delibes Ⓜ Boissière - ✆ 01 44 34 54 34 - www.carteblancheparis.fr - Fermé août, sam., dim. et fériés

L'Oiseau Blanc

CUISINE MODERNE · DESIGN XX La table de "gastronomie française contemporaine" du Peninsula, ce luxueux hôtel installé près de l'Arc de Triomphe. Sur les toits, où trône une reproduction de l'Oiseau Blanc (l'avion avec lequel Nungesser et Coli tentèrent la traversée de l'Atlantique en 1927), le restaurant semble partir à l'assaut du ciel de Paris !

Formule 58 € - Menu 69 € (déj.), 109/129 € - Carte 80/140 €

Hôtel Peninsula, 19 av. Kléber Ⓜ Kléber - ✆ 01 58 12 67 30 - www.peninsula.com/fr/

Café de l'Homme Ⓝ

CUISINE MODERNE · ÉLÉGANT XX Sur les toits du Palais de Chaillot, l'immense terrasse (330 m2) du Café de l'Homme offre une vue somptueuse sur la Tour Eiffel toute proche : magique, tout simplement ! Entre classiques revisités (un filet de bœuf sauce au poivre) et virées exotiques (tataki de thon rouge au yuzu et wasabi), les saveurs sont bel et bien là, il y a du sérieux et de l'application dans l'assiette.

Formule 39 € - Carte 50/80 €

17 pl. du Trocadéro Ⓜ Trocadéro - ✆ 01 44 05 30 15 - www.cafedelhomme.com

Le Metropolitan

CUISINE MODERNE · CONTEMPORAIN XX Sur la place de Mexico, en plein cœur du très chic 16e arrondissement, l'hôtel Metropolitan dévoile une élégance certaine… et son restaurant, éponyme, ne laisse pas indifférent. On y profite d'une cuisine inspirée de la tradition, parsemée de légères touches italiennes, et d'un rapport qualité-prix plutôt avantageux pour le quartier.

Menu 31 € - Carte 46/67 €

Hôtel Metropolitan, 10 pl. de Mexico Ⓜ Trocadéro - ✆ 01 56 90 40 12 - www.hotellemetropolitanparis.fr - Fermé 3 semaines en août, dim. et lundi

6 New York

CUISINE MODERNE • ÉLÉGANT XX L'enseigne vous dit tout sur l'adresse, avenue de New York... mais rien sur la cuisine : on est loin d'une table nord-américaine. Les assiettes sont résolument modernes, en parfaite harmonie avec le cadre. Et les clients sont accueillis comme à la maison...

Menu 45 € (déj.)/70 € - Carte 54/70 €

6 av. de New-York Ⓜ *Alma Marceau - ✆ 01 40 70 03 30 - www.6newyork.fr - Fermé août, sam. midi et dim.*

A et M Restaurant

CUISINE MODERNE • TENDANCE XX Dans ce coin calme de l'arrondissement, on profite des créations de Tsukasa Fukuyama, qui s'approprie avec aisance les grands classiques de la gastronomie de l'Hexagone. Le tout se déguste dans un intérieur sobre et contemporain, ou sur l'agréable terrasse : dans les deux cas, on passe un agréable moment.

Formule 28 € - Menu 37 € - Carte environ 45 €

136 bd. Murat Ⓜ *Porte de St-Cloud - ✆ 01 45 27 39 60 - www.am-restaurant.paris - Fermé août, sam. midi et dim.*

Le Vinci

CUISINE ITALIENNE • CONVIVIAL XX La décoration intérieure sympathique et l'amabilité du service font du Vinci un établissement très prisé, à deux pas de l'avenue Victor-Hugo. Le beau choix de pâtes et de risottos, les viandes et poissons à la carte, varient selon le marché.

Menu 39 € - Carte 52/87 €

23 r. Paul-Valéry Ⓜ *Victor Hugo - ✆ 01 45 01 68 18 - www.restaurantlevinci.fr - Fermé 1er-22 août, sam. et dim.*

Conti

CUISINE ITALIENNE • INTIME XX Stendhal aurait sans doute apprécié ce restaurant où l'on célèbre, dans l'assiette, l'Italie qu'il aimait tant et, dans le décor, le rouge et le noir. Deux Français réinterprètent les recettes de la Botte avec des touches personnelles, associant les influences d'ici et de là-bas. Résultat, une cuisine de qualité appréciée de nombreux habitués.

Menu 39 € (déj.) - Carte 55/82 €

72 r. Lauriston Ⓜ *Boissière - ✆ 01 47 27 74 67 - www.leconti.fr - Fermé 31 juil.-20 août, 24 déc.-1er janv., sam., dim. et fériés*

Monsieur Bleu

CUISINE MODERNE • ÉLÉGANT XX Comme emplacement dans Paris, on fait difficilement mieux que cette adresse... Nichée dans le palais de Tokyo, elle est superbe avec sa salle Art déco tout en gris, vert et or, et sa terrasse regardant la Seine et la tour Eiffel. L'assiette n'est pas en reste, sophistiquée et savoureuse. Un endroit très en vue !

Formule 27 € - Menu 35 € (déj. en semaine) - Carte 55/95 €

20 av. de New-York (Palais de Tokyo) Ⓜ *Iéna - ✆ 01 47 20 90 47 - www.monsieurbleu.com*

Jérémie

CUISINE MODERNE • ÉLÉGANT XX En bon tenant de la bistronomie, le chef Jérémie Tourdjman s'attache à mettre en avant le produit de façon simple, franche et directe... mais sans rechigner à livrer un vrai travail de cuisinier (il est notamment passé par les cases Constant et Ducasse). Le pari est gagnant : on passe un agréable moment.

Formule 46 € - Menu 55/85 € - Carte 65/85 €

33 r. de Longchamp Ⓜ *Boissière - ✆ 01 47 04 96 81 - www.restaurantjeremie.com - Fermé août, sam. midi et dim.*

Molitor

CUISINE MODERNE • DESIGN X L'hôtel Molitor avait besoin d'une table à son image, dynamique et ancrée dans la modernité : il en résulte cette agréable "brasserie urbaine". Dans un décor entre modernité et hommage à l'histoire – comme le plafond d'origine, avec ses moulures Art déco –, on profite d'assiettes précises et soignées, irréprochables sur les cuissons et carrées sur les saveurs.

Menu 35 € - Carte 40/62 €

Hôtel Molitor, 2 av. de la Porte-Molitor Ⓜ Michel Ange Molitor – ✆ 01 56 07 08 50 – www.mltr.fr

Mavrommatis - Le Bistro Passy

CUISINE GRECQUE • CONTEMPORAIN X Le petit dernier d'Andreas Mavrommatis, pape de la gastronomie méditerranéenne à Paris. On s'installe dans une salle, façon bistrot contemporain, pour déguster carpaccio de veau, soupions au fenouil, ou poitrine de veau confite-rôtie. C'est frais et savoureux. Boutique traiteur et cave à vins.

Formule 29 € - Carte 38/55 €

71 av. Paul-Doumer Ⓜ La Muette – ✆ 01 40 50 70 40 – www.mavrommatis.com – Fermé 3 semaines en août, dim. et lundi

Atelier Vivanda - Lauriston

VIANDES • BISTRO X Le premier "Vivanda" créé par Akrame Benallal, qui célèbre aussi bien la vie que la viande... De protéines, il est ici essentiellement question : bœuf Black Angus et poulet fermier (entre autres !) sont servis sur de petites tables en bois façon billot de boucher ; la carte, très courte, cultive avant tout le goût des produits du marché et des saisons.

Menu 39/74 €

18 r. Lauriston Ⓜ Kléber – ✆ 01 40 67 10 00 – www.ateliervivanda.com – Fermé 2 semaines en août, vacances de Noël, sam. et dim.

Passy Mandarin La Muette

CUISINE CHINOISE • EXOTIQUE X Fondé en 1976, le Passy Mandarin La Muette joue la carte de la permanence : l'authenticité est de mise dans les assiettes, où l'on retrouve les grandes spécialités de la cuisine chinoise – mais aussi thaïlandaise et vietnamienne –, cuisinées avec un savoir-faire éprouvé. Quant au décor, il assume pleinement ses chinoiseries !

Formule 17 € 🍷 - Menu 50 € - Carte 27/85 €

6 r. Bois-le-Vent Ⓜ La Muette – ✆ 01 42 88 12 18 – www.restaurant-passy-mandarin.fr – Fermé août et lundi

Chaumette

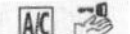

CUISINE TRADITIONNELLE • BISTRO X Journalistes et habitants du quartier se pressent dans ce bistrot à l'ancienne, dont le décor (mobilier rétro, comptoir en zinc, vieux luminaires) a accueilli Philippe Noiret, Serge Gainsbourg et bien d'autres. À vous la noix de ris de veau, l'entrecôte sauce béarnaise, le pot-au-feu, la blanquette ou les abats... Ouf ! Bon rapport qualité-prix au déjeuner.

Formule 22 € - Menu 25 € (déj.) - Carte 36/60 €

7 r. Gros Ⓜ Mirabeau – ✆ 01 42 88 29 27 – www.restaurantchaumette.com – Fermé 23 juil.-21 août, 24-27 déc., 31 déc.-3 janv., sam. midi, dim. et lundi

Le Petit Pergolèse

CUISINE TRADITIONNELLE • TENDANCE X Les deux passions du patron, la cuisine et l'art contemporain, se partagent la vedette dans cette adresse très animée. Photos, sculptures et peintures composent un décor en évolution permanente ; même dynamisme dans l'assiette, qui fait la part belle à des plats simples et soignés : filet de bar et sa purée de pomme de terre, soufflé au Grand Marnier...

Carte 43/76 €

38 r. Pergolèse Ⓜ Porte Maillot – ✆ 01 45 00 23 66 – Fermé août, sam. et dim.

Il Gusto Sardo

CUISINE ITALIENNE • CONVIVIAL Vive la Sardaigne ! Nicoletta, en cuisine, rend hommage aux spécialités de son île d'origine. Le service est assuré en famille ; on se délecte de pâtes sardes, d'une dorade ou d'un vitello tonnato dans un décor lumineux, agrémenté de photos en noir et blanc à la gloire du cinéma italien... La trattoria dans ce qu'elle a de meilleur.

Carte 52/82 €

18 r. Chaillot Ⓜ Alma Marceau - ✆ 01 47 20 08 90 - www.restaurant-ilgustosardo.com - Fermé vacances de printemps, août, vacances de Noël, sam., dim. et fériés

Kura

CUISINE JAPONAISE • CONVIVIAL Au cœur de Passy, à deux pas du métro La Muette, une vraie auberge japonaise d'aujourd'hui (mobilier en bois sombre, petit sushi-bar, accueil prévenant, etc.). Réalisée dans les règles de l'art, la cuisine ravit par sa finesse et ses parfums – et l'inventivité des menus du soir. Autre atout : la terrasse ensoleillée.

Formule 26 € - Menu 47 € (dîner), 62/115 € 🍷

56 r. de Boulainvilliers Ⓜ La Muette - ✆ 01 45 20 18 32 - www.kuraparis.com - Fermé 12-20 août, dim. en août et lundi

Le Frank

CUISINE MODERNE • DESIGN Le chef étoilé Jean-Louis Nomicos est le conseiller culinaire de cette table au cadre contemporain, installée dans la fondation Louis Vuitton. À la carte, des préparations goûteuses et bien réalisées, avec même quelques en-cas dans l'après-midi. Attention : pas de réservation au déjeuner.

Formule 28 € 🍷 - Carte 55/84 €

8 av. Mahatma-Gandhi (Fondation Louis-Vuitton) Ⓜ Les Sablons - ✆ 01 58 44 25 70 - www.restaurantlefrank.fr - Fermé lundi soir, merc. soir, jeudi soir, dim. soir et mardi

Enclos de la Croix

CUISINE MODERNE • CONVIVIAL L'Enclos de la Croix n'est pas seulement ce restaurant sympathique, c'est aussi le nom d'un domaine du Languedoc, qui produit des vins aux jolies palettes aromatiques... et dont la dégustation est offerte en accompagnement du repas ! De Lansargues à Paris, entre restaurant et bar à vin, un fort agréable voyage gastronomique et œnologique.

Formule 30 € 🍷 - Menu 40 € 🍷/65 € 🍷

18 bd Exelmans Ⓜ Porte de St-Cloud - ✆ 01 46 47 50 83 - www.restaurantenclosdelacroix.com - Fermé août, sam. et dim.

L'Atelier d'Hugo Desnoyer

VIANDES • CONVIVIAL Les amateurs de belles viandes connaissent le nom d'Hugo Desnoyer, boucher attitré de grands chefs et des stars. Au cœur de sa boutique, autour d'une table en bois brut, on se régale de superbes pièces sélectionnées avec soin, comme cette entrecôte persillée. Joie carnivore !

Carte 40/95 €

28 r. du Docteur Blanche Ⓜ Jasmin - ✆ 01 46 47 83 00 - www.hugodesnoyer.com - Fermé août, le soir, dim. et lundi

La Causerie

CUISINE MODERNE • ÉLÉGANT Deux jeunes associés venus du Royal Monceau président aux destinées de cette fameuse institution de La Muette. Le chef y revisite la tradition avec grande fraîcheur, à travers une carte aussi carrée que gourmande ; quant à la déco, elle possède un agréable côté rétro : grand miroir, fresque en céramique, faïence de Sarreguemines, etc. Service attentionné.

Formule 29 € - Menu 36 € - Carte 48/65 €

31 r. Vital Ⓜ La Muette - ✆ 01 45 20 33 00 - www.lacauserie.fr - Fermé 3 semaines en août, sam. et dim.

Hôtels

Shangri-La

PALACE • GRAND LUXE L'Empire mâtiné d'Asie… La signature de ce palace créé dans l'ancien hôtel du prince Roland Bonaparte (1896). Salons grandioses, vue exceptionnelle sur la tour Eiffel depuis certaines chambres, piscine et spa… sans oublier des tables pour tous les goûts.

75 chambres – 795/1675 € 795/1675 € – 25 suites – 58 €

10 av. d'Iéna Iéna – 01 53 67 19 98 – www.shangri-la.com

L'Abeille • **Shang Palace** – voir les restaurants ci-dessus

The Peninsula

PALACE • ÉLÉGANT C'est donc avec cet établissement que le groupe hongkongais Peninsula a pris pied à Paris en 2014. Un coup de maître ! À deux pas de l'Arc de Triomphe, dans un superbe bâtiment Belle Époque, l'hôtel a tout des plus grands : décors luxueux, équipements high-tech, prestations de haut vol, etc. Un roc, un pic, un cap… une péninsule !

166 chambres – 750/1750 € 750/1750 € – 34 suites – 42 €

19 av. Kléber Kléber
– 01 58 12 28 88 – www.peninsula.com/fr/

L'Oiseau Blanc • **Lili** – voir les restaurants ci-dessus

St-James Paris

HISTORIQUE • PERSONNALISÉ Ce superbe hôtel particulier de la fin du 19e s. s'est offert un nouveau look signé Bambi Sloan. De superbes matières, des imprimés chatoyants : le style Napoléon III flirte avec une originalité toute british ! La délicieuse bibliothèque, le majestueux escalier, les volumes harmonieux : l'empreinte d'un lieu unique…

36 chambres – 390/1080 € 390/1080 € – 13 suites – 36 €

43 av. Bugeaud Porte Dauphine – 01 44 05 81 81 – www.saint-james-paris.com

St-James Paris – voir les restaurants ci-dessus

Raphael

LUXE • CLASSIQUE Une magnifique galerie d'entrée tout en boiseries, des chambres très raffinées (certaines avec vue sur Paris), un bar anglais à l'élégance indéniable : tels sont les trésors du Raphael… Né en 1925 à deux pas de l'Arc de Triomphe, l'un des mythes de la grande hôtellerie parisienne.

46 chambres – 600/1050 € 600/1050 € – 37 suites – 40 €

17 av. Kléber Kléber
– 01 53 64 32 00 – www.raphael-hotel.com

La Clef Tour Eiffel N

LUXE • PERSONNALISÉ Non loin du Trocadéro, l'élégante façade haussmannienne abrite un intérieur contemporain signé Ricardo Bofill. L'alchimie fonctionne et tout séduit : du vaste hall au patio arboré, des chambres chaleureuses aux appartements grand confort… Une prestation de haut vol.

94 chambres – 220/620 € 220/620 € – 18 suites – 25 €

83 av. Kléber Trocadéro – 01 44 05 75 75 – www.the-ascott.com

Baltimore

URBAIN • ÉLÉGANT À deux pas du Trocadéro, la façade fleurie de ce bel immeuble haussmannien abrite un hôtel contemporain, entièrement rénové entre 2015 et 2017. Les chambres, dans des tons gris-bleu, se révèlent confortables, de même que le coin salon avec son espace bar.

103 chambres – 220/830 € 220/830 € – 1 suite – 32 €

88 bis av. Kléber Boissière – 01 44 34 54 54 – www.sofitel.com

Carte Blanche – voir les restaurants ci-dessus

Villa & Hôtel Majestic

LUXE • CONTEMPORAIN Luxueuse sans ostentation, très confortable et stylée, cette Villa du 19e s. porte bien son nom. Du cachet, des chambres spacieuses, un spa offrant les meilleures prestations : le bien-être à deux pas des Champs-Élysées !

32 chambres - 350/900 € 350/2000 € - 20 suites - 35 €

30 r. La Pérouse Ⓜ Kléber - ✆ 01 45 00 83 70 - www.majestic-hotel.com

Square

LUXE • DESIGN Un hôtel contemporain, juste en face de la Maison de la Radio. Les chambres sont à la fois spacieuses, feutrées et bien insonorisées. L'équipement high-tech et la collection d'art contemporain soulignent son style, très "boutique-hôtel".

22 chambres - 200/420 € 380/660 € - 25 €

3 r. Boulainvilliers Ⓜ Mirabeau - ✆ 01 44 14 91 90 - www.hotelsquare.com

Dokhan's

BOUTIQUE HÔTEL • COSY Ce boutique-hôtel ne manque pas d'atouts. L'élégante décoration Empire des chambres, leur confort douillet, le style néoclassique du salon et son mobilier contemporain, les suites du dernier étage et leur vue sur Paris... Autant de garanties d'un agréable séjour.

42 chambres - 330/910 € 330/910 € - 3 suites - 20 €

117 r. Lauriston Ⓜ Trocadéro - ✆ 01 53 65 66 99 - www.hotelledokhansparis.com

Molitor

LUXE • DESIGN Véritable emblème de l'Ouest parisien depuis les années 1920, la piscine Molitor est réapparue sous la forme de cet hôtel de luxe au charme ravageur. Clins d'œil à l'histoire (façade bleue et jaune autour de la piscine, en particulier), épure ultramoderne dans les chambres : le mythe renaît sous nos yeux.

117 chambres - 270/700 € 270/700 € - 7 suites

2 av. de la Porte-Molitor Ⓜ Michel Ange Molitor - ✆ 01 56 07 08 50 - www.mltr.fr

Molitor - voir les restaurants ci-dessus

Maison FL

URBAIN • ART DÉCO Décrochés, ferronnerie Art déco : la façade de cet établissement de 1930 est classée monument historique ! L'architecte François Champsaur en a rénové l'intérieur, l'habillant de touches modernes tout en respectant la belle tradition des lieux : une réussite.

61 chambres - 122/800 € 122/800 € - 1 suite - 20 €

6 r. de la Tour Ⓜ Passy - ✆ 01 55 74 75 75 - www.maisonfl.com

La Villa Maillot

URBAIN • CONTEMPORAIN Le confort est au rendez-vous dans cette Villa installée, comme son nom l'indique, tout près de la porte Maillot. Les chambres, modernes et personnalisées, sont impeccablement tenues ; on profite aussi d'un sympathique espace de remise en forme.

40 chambres - 180/600 € 180/600 € - 2 suites - 28 €

143 av. Malakoff Ⓜ Porte Maillot - ✆ 01 53 64 52 52 - www.lavillamaillot.fr

Le Metropolitan

BUSINESS • CONTEMPORAIN Au sein d'un immeuble haussmannien dont la façade en pointe se dresse sur la place de Mexico, un havre apaisant : dominantes de blanc, parquet brut, sobre élégance... Certaines chambres offrent même une petite vue sur la tour Eiffel. Un ensemble très "métropolitain" !

48 chambres - 280/970 € 280/970 € - 6 suites - 20 €

10 pl. de Mexico Ⓜ Trocadéro - ✆ 01 56 90 40 12
- www.hotellemetropolitanparis.fr

Le Metropolitan - voir les restaurants ci-dessus

Garden Élysée

BUSINESS • CONTEMPORAIN Le principal atout de cet hôtel ? Le calme ! Bien qu'à deux pas du Trocadéro, il est situé dans une cour verdoyante, délicieuse en été. Quant aux chambres, entièrement rénovées, elles se révèlent plaisantes et bien aménagées.

46 chambres - 170/390 € 175/570 € - 22 €

12 r. St-Didier Ⓜ *Boissière*
- ✆ 01 47 55 01 11 - www.paris-hotel-gardenelysee.com

Mon Hôtel

URBAIN • ÉLÉGANT Légèrement en retrait de l'avenue de la Grande-Armée, cet hôtel possède un je-ne-sais-quoi de confidentiel et d'exclusif... Belle façade en pierre de taille, hall design et contemporain, chambres élégantes et feutrées : tout séduit !

50 chambres - 189/489 € 199/499 € - 18 €

1 r. d'Argentine Ⓜ *Argentine*
- ✆ 01 45 02 76 76 - www.monhotel.fr

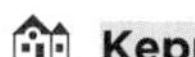

Keppler

BOUTIQUE HÔTEL • COSY Le décor, tout en luxe et raffinement, est signé Pierre-Yves Rochon. Que ce soit dans les salons, la bibliothèque ou les petites chambres, la magie opère... Hammam, sauna et fitness complètent cet ensemble pour le moins cosy.

34 chambres - 250/500 € 250/500 € - 5 suites - 22 €

10 r. Keppler Ⓜ *George V*
- ✆ 01 47 20 65 05 - www.keppler.fr

Félicien

URBAIN • DESIGN Du noir, du blanc et quelques touches de rouge : voilà qui habille ce charmant hôtel esprit "haute couture", décoré par Olivier Lapidus, fils du fameux couturier français. Les chambres ont du cachet ; l'espace détente (hammam, sauna) est tout bonnement délicieux.

32 chambres - 90/500 € 105/500 € - 2 suites - 18 €

21 r. Félicien-David Ⓜ *Mirabeau - ✆ 01 55 74 00 00 - www.hotelfelicienparis.com*

Duret

BUSINESS • CONTEMPORAIN Atmosphère lounge dans le hall, bar cosy, chambres contemporaines spacieuses et colorées (beige, prune, anis...) : cet hôtel proche de la porte Maillot a du caractère. Chaleureux.

25 chambres - 150/260 € 150/450 € - 2 suites - 18 €

30 r. Duret Ⓜ *Argentine*
- ✆ 01 45 00 42 60 - www.hotelduret.com

Résidence Foch

FAMILIAL • COSY Entre la porte Maillot et l'avenue Foch, ce petit hôtel familial bien entretenu cultive un sage classicisme. Un charme hors du temps, dans un environnement tranquille.

25 chambres - 70/300 € 80/500 € - 14 €

10 r. Marbeau Ⓜ *Porte Maillot*
- ✆ 01 45 00 46 50 - www.foch-paris-hotel.com

Pastel Ⓝ

URBAIN • COSY En plein cœur du 16e arrondissement, l'ancien hôtel Les Ambassades a été rénové de bien jolie manière : couleurs pastel (bleu, rose ou gris) dans les petites chambres, dans un style 1950 revisité, agréable salle de petit-déjeuner... Une adresse qui ne manque pas de personnalité.

36 chambres - 109/439 € 109/439 € - 15 €

79 r. Lauriston Ⓜ *Boissière*
- ✆ 01 45 53 41 15 - www.hotelpastelparis.com

Palais des Congrès · Wagram · Ternes · Batignolles

17e ARRONDISSEMENT

lucydphoto/Moment Open/Getty Images

Restaurants

✿✿ Maison Rostang

CUISINE CLASSIQUE • ÉLÉGANT XXXX Boiseries, figurines de Robj, œuvres de Lalique et vitrail Art déco composent le décor, à la fois luxueux et insolite. La cuisine, fine et superbement classique, est signée Nicolas Beaumann, qui fait la démonstration de son grand talent sans jamais renier le passé. Ses remarquables compositions s'embellissent d'une magnifique carte des vins.

→ Tourteau au gingembre, crémeux de courgettes en impression de caviar. Noix de ris de veau croustillante, navets farcis et petits pois étuvés, crème d'écrevisses. Cigare croustillant au tabac Havane et mousseline Cognac

Menu 90 € (déj.), 185/225 € - Carte 150/225 €

20 r. Rennequin Ⓜ Ternes - ✆ 01 47 63 40 77 - www.maisonrostang.com - Fermé 3 semaines en août, lundi midi, sam. midi et dim.

✿ La Scène Thélème

CUISINE MODERNE • CONTEMPORAIN XX Une table atypique où le théâtre rejoint la gastronomie. Certains soirs, on peut assister à une représentation théâtrale avant de passer à table. Riche idée ! On est aussi séduit par cette cuisine de produits généreuse et gourmande, et par le personnel impeccable, du directeur de salle au sommelier. On ne peut passer qu'un moment mémorable... Allez, en scène.

→ Transparence de langoustines aux effluves de feuilles de shiso. Canard de Challans aux prunes. Chocolat du Guatemala, glace pain grillé.

Formule 39 € - Menu 49 € (déj.), 95/169 € - Carte 120/160 €

18 r. Troyon Ⓜ Charles de Gaulle - Étoile - ✆ 01 77 37 60 99 - www.lascenetheleme.fr - Fermé 30 juil.-19 août, sam. midi, dim. et lundi

✿ Frédéric Simonin

CUISINE MODERNE • COSY XX Dans ce restaurant proche de la place des Ternes, le décor est très chic, tout de noir et de blanc. Il sied à la cuisine fine et délicate d'un chef au beau parcours... Voilà bel et bien une table raffinée !

→ Pomme délicatesse de l'Ardèche fondante et fumée au bois de hêtre et caviar. Saint-pierre étuvé au beurre de yuzu, langues de coques à la cardamome. Pêches blanches et jaunes rafraichies à la verveine et mousse de lait.

Formule 44 € - Menu 55 € (déj.), 98/155 € - Carte 95/180 €

25 r. Bayen Ⓜ Ternes - ✆ 01 45 74 74 74 - www.fredericsimonin.com - Fermé 5-29 août, dim. et lundi

✿ Agapé

CUISINE MODERNE • ÉLÉGANT XX *Agapè*... En Grèce ancienne, ce mot désignait l'amour inconditionnel de l'autre. Ca tombe bien : on se sent aimé en dégustant cette cuisine de grande qualité, qui cultive le classicisme et prend parfois des libertés - cette salade césar à base de ris de veau et écrevisses ! Finesse des saveurs, précision des cuissons : une valeur sûre.

→ Tartare de noix de veau fumée au foin. Carré d'agneau de lait de Corrèze. Chocolat grand cru guanaja.

Menu 44 € (déj.), 99/139 € - Carte 120/160 €

51 r. Jouffroy-D'Abbans Ⓜ Wagram - ✆ 01 42 27 20 18 - www.agape-paris.fr - Fermé sam. et dim.

✿ La Fourchette du Printemps (Nicolas Mouton)

CUISINE MODERNE • BISTRO X Le printemps en toute saison ! Ce bistrot contemporain sort du lot : aux commandes, le jeune chef, passé par de belles maisons, cultive le goût du produit sans fard ni détours, pour révéler de jolies saveurs. Le tout dans un décor et avec un service sans chichis. Le goût dans la simplicité...

➜ Raviole ouverte de tourteau, mangue, pomme verte, avocat et crumble de fruits secs. Saint-pierre poêlé aux olives taggiasche, risotto crémeux et jus de coques monté au beurre. Sphère citron et verveine.

Menu 32 € (déj. en semaine), 57/77 € - Carte environ 65 €

30 r. du Printemps Ⓜ Wagram - ✆ 01 42 27 26 97 - www.lafourchetteduprintemps.com - Fermé août, dim. et lundi

Graindorge

CUISINE FLAMANDE • VINTAGE XX Potjevlesch, bintje farcie, waterzoï aux crevettes grises d'Ostende, kippers de Boulogne, lièvre à la flamande pendant la saison de la chasse... Ici, on se régale d'une généreuse cuisine accompagnée de belles bières artisanales d'outre-Quiévrain (Angélus, Moinette Blonde). Joli cadre Art déco.

Formule 28 € - Menu 32 € (déj.), 37/50 € - Carte 45/65 €

15 r. Arc-de-Triomphe Ⓜ Charles de Gaulle-Étoile - ✆ 01 47 54 00 28 - www.le-graindorge.fr - Fermé 2 semaines en août, sam. midi, lundi midi et dim.

Le Petit Verdot du 17ème

CUISINE TRADITIONNELLE • BISTRO X Deux jeunes trentenaires se sont associés pour donner un coup de fouet à cette antique adresse du quartier des Ternes. Ils déclinent ici une cuisine de bistrot généreuse et sincère, fraîche et goûteuse : escargots en raviole, bouillon de champignons, tartare de bœuf charolais... À dévorer en toute convivialité !

Carte 31/50 €

9 r. Fourcroy Ⓜ Ternes - ✆ 01 42 27 47 42 - Fermé 3 semaines en août,1 semaine fin déc., sam. midi et dim.

Comme Chez Maman

CUISINE MODERNE • CONVIVIAL X Oui, on se sent comme chez maman dans ce bistrot du cœur des Batignolles ! Le jeune chef, Wim Van Gorp, joue la carte des jolies recettes ménagères : rognon de veau grillé aux aromates, gnocchis maison au beurre et à la sauge, gaufre - un délicieux hommage à ses origines flamandes... Généreux et goûteux !

Formule 20 € - Menu 36 € - Carte 38/65 €

5 r. des Moines Ⓜ Brochant - ✆ 01 42 28 89 53 - www.comme-chez-maman.com - Fermé 10-23 août

L'Envie du Jour

CUISINE MODERNE • CONVIVIAL X Tout est dans le nom du restaurant ! Sergio Dias Lino fait évoluer chaque jour le menu au gré de son inspiration. Les cuisines, ouvertes sur la petite salle, concentrent toute l'attention : le geste du cuisinier prime, bichonnant de beaux produits afin qu'ils donnent le meilleur. En accompagnement, quelques vins bien choisis.

Formule 25 € - Menu 32/44 €

106 r. Nollet Ⓜ Brochant - ✆ 01 42 26 01 02 - www.lenviedujour.com - Fermé août, dim. et lundi

Sormani

CUISINE ITALIENNE • ROMANTIQUE XXX Tissus tendus, lustres en verre de Murano, moulures et miroirs : toute l'élégance de l'Italie s'exprime dans ce restaurant chic et feutré. La cuisine de Pascal Fayet (petit-fils d'un ébéniste florentin) rend un hommage subtil à la cuisine transalpine : ravioli de homard ou veau aux cèpes, jusqu'au remarquable dessert, le "gigantesco".

Carte 70/140 €

4 r. Gén.-Lanrezac Ⓜ Charles de Gaulle-Étoile - ✆ 01 43 80 13 91 - www.restaurantsormani.fr - Fermé 3 semaines en août, sam., dim. et fériés

Rech

POISSONS ET FRUITS DE MER · CHIC XXX Cette institution née en 1925, toujours élégante avec son décor repensé dans un esprit épuré (murs blancs, miroirs, sol en mosaïque) fera le bonheur des amateurs de saveurs iodées, à l'instar de cette sole épaisse dorée au beurre demi-sel, pommes de terre de Noirmoutier.

Menu 36 € (déj. en semaine), 54/80 € - Carte 72/100 €

62 av. des Ternes Ⓜ Ternes - ✆ 01 45 72 29 47 - www.restaurant-rech.fr - Fermé août, dim. et lundi

Dessirier par Rostang Père et Filles

POISSONS ET FRUITS DE MER · CHIC XXX Contemporain, arty et chic : tel est le Dessirier, mené tambour battant par Michel Rostang et ses filles Caroline et Sophie. On célèbre en 2017 les vingt ans du restaurant, qui continue de faire la part belle aux produits de la mer : bouillabaisse et sole meunière font partie des incontournables du lieu...

Formule 45 € - Menu 53 € - Carte 63/131 €

9 pl. Mar.-Juin Ⓜ Pereire - ✆ 01 42 27 82 14 - www.restaurantdessirier.com - Fermé sam. et dim. en juil.-août

Pétrus

POISSONS ET FRUITS DE MER · BOURGEOIS XXX L'élégance de la façade se retrouve tant dans le cadre, contemporain, que dans l'assiette : on se régale ici d'une cuisine qui fait la part belle aux produits de la mer. Les spécialités maison ? Chair de tourteau, crème de petits pois à la truffe noire du Périgord, ou encore millefeuille à la vanille fraîche... Miam !

Carte 52/104 €

12 pl. du Mar.-Juin Ⓜ Pereire - ✆ 01 43 80 15 95 - www.petrus-restaurant.fr - Fermé 3 semaines en août et sam. midi

Timgad

CUISINE NORD-AFRICAINE · ORIENTAL XX Retrouvez la splendeur passée de la cité de Timgad dans ce cadre mauresque raffiné, tout en mobilier traditionnel et stucs finement sculptés ! La carte est au diapason : riche sélection de couscous (la semoule est d'une rare finesse) et tajines et pastillas appréciés pour leurs mille et un parfums...

Carte 40/100 €

21 r. Brunel Ⓜ Argentine - ✆ 01 45 74 23 70 - www.timgad.fr

Jacques Faussat

CUISINE TRADITIONNELLE · CONTEMPORAIN XX Dans un quartier tranquille, ce restaurant chaleureux et confortable, récemment rénové dans un style contemporain, propose une carte évoluant au gré du marché et selon l'inspiration du chef, gersois d'origine, qui associe savoir-faire traditionnel et registre actuel. Bon rapport qualité-prix.

Menu 42 € (déj.), 115/160 € - Carte 74/102 €

54 r. Cardinet Ⓜ Malesherbes - ✆ 01 47 63 40 37 - www.jacquesfaussat.com - Fermé août, 24 déc.-1er janv., sam. sauf le soir d'oct. à avril, dim. et fériés

Le Pré Carré

CUISINE TRADITIONNELLE · TENDANCE XX Dans la salle, deux miroirs face à face reflètent à l'infini l'élégant et chaleureux décor. À la carte, on a de quoi combattre son appétit : salade d'artichauts, carré d'agneau, foie de veau ou encore turbot vapeur... Les produits sont bien choisis, et le plaisir des papilles garanti !

Menu 41 € (dîner) - Carte 42/79 €

Hôtel Splendid Étoile, 1 bis av. Carnot Ⓜ Charles de Gaulle-Étoile - ✆ 01 46 22 57 35 - www.restaurant-le-pre-carre.com - Fermé 3 semaines en août, 1 semaine vacances de Noël, sam. midi et dim.

Coretta

CUISINE MODERNE • DESIGN XX Dans le nouveau quartier Clichy-Batignolles, face au parc Martin-Luther-King (dont l'épouse s'appelait Coretta), cette table se veut éco-responsable. Décor design où domine le chêne, vue sur les cimes à l'étage et belle cuisine de produits signée par deux chefs, Béatriz Gonzalez et Jean-François Pantaleon. Le goût de la nature, oui !

Formule 27 € – Menu 32 € (déj. en semaine)/42 € – Carte 48/62 €

151b r. Cardinet Ⓜ Brochant – ✆ 01 42 26 55 55 – www.restaurantcoretta.com

Samesa

CUISINE ITALIENNE • CONVIVIAL XX La cuisine transalpine se porte bien dans ce restaurant proche de l'Étoile : tagliatelles aux langoustines flambées au cognac, *fregola sarda* torréfiée et poutargue... le tout associé à une belle sélection de vins italiens. On vient pour les saveurs ensoleillées du Sud ; on revient aussi pour la convivialité.

Formule 19 € – Menu 27 € (déj.)/31 € – Carte 44/54 €

13 r. Brey Ⓜ Charles de Gaulle-Étoile – ✆ 01 43 80 69 34 – www.samesa.fr – Fermé 3 semaines en août, sam. midi et dim.

La Maison de Charly

CUISINE NORD-AFRICAINE • CONVIVIAL XX Tout près du palais des congrès, cette maison à la façade ocre rouge est encadrée par deux magnifiques oliviers : une belle entrée en matière... À la carte, on retrouve le traditionnel trio couscous-tajines-pastillas : des préparations soignées et généreuses, à déguster dans une ambiance familiale.

Formule 35 € – Carte 37/53 €

97 bd Gouvion-St-Cyr Ⓜ Porte Maillot – ✆ 01 45 74 34 62 – www.lamaisondecharly.fr – Fermé 3 semaines en août et lundi

Les Tables d'Augustin Ⓝ

CUISINE TRADITIONNELLE • CONVIVIAL X Le quartier des Épinettes accueille ce délicieux bistrot de poche, où officie un jeune chef à l'excellent parcours (George V au côté d'Éric Briffard, l'Ambroisie...). Sa cuisine, gourmande et savoureuse, ne manque pas de caractère, avec – au déjeuner particulièrement – un excellent rapport qualité-prix ; le menu est renouvelé chaque semaine au gré du marché.

Formule 13 € – Menu 17 € (déj.), 21/65 € 🍷 – Carte 45/55 €

44 r. Guy-Moquet Ⓜ Guy-Moquet – ✆ 09 83 43 11 11 – www.lestablesdaugustin.fr – Fermé 15-30 août, sam. et dim.

Le Bordeluche Ⓝ

CUISINE MODERNE • CONVIVIAL X Ce petit bistrot, tenu par un jeune patron enthousiaste, s'intègre parfaitement à ce secteur des Batignolles, nouvel eldorado bobo, où l'on ne jure plus que par vins natures ou élevés en biodynamie. Ici, on travaille "entre potes" un cuisine de saison, attentive au marché. Le Bordeluche est issu du patois gascon, le chef est marseillais, et le cadre sobre, façon bistrot, follement parisien. La bistronomie a encore de beaux jours devant elle.

Menu 23 € (déj.) – Carte 40/60 €

103 r. des Dames Ⓜ Villers – ✆ 09 52 91 95 28 – Fermé en août, sam. midi, dim. et lundi

La Cantine du Troquet - Pereire Ⓝ

CUISINE TRADITIONNELLE • BISTRO X Christian Etchebest, pape de la gastronomie de terroir, s'installe rive droite. La formule, éprouvée ailleurs, fait mouche : une cuisine traditionnelle aux accents du sud-ouest, épicé d'une pointe basque, volontiers canaille. L'atmosphère est conviviale, le bar en zinc et l'ardoise nous adresse des clins d'œil, du fond de salle. Bienvenue dans la galaxie Etchebest.

Carte 40/60 €

46 r. Bayen Ⓜ Porte de Champerret – ✆ 01 42 67 05 11 – www.lacantinedutroquet.com – Fermé dim. et lundi

L'Entredgeu

CUISINE TRADITIONNELLE • BISTRO X L'Entredgeu fait peau neuve. L'arrivée d'un jeune chef patron, passé par de grandes maisons, prolonge la qualité de cette cuisine traditionnelle, attentive aux saisons et au marché. Ambiance animée et gourmandise garantie pour ce bistrot de quartier, bien connu des habitués... et des autres !

Formule 33 € – Menu 38/45 €

83 r. Laugier Ⓜ Porte de Champerret – ✆ 01 40 54 97 24
– Fermé dim.

Rural by Marc Veyrat Ⓝ

CUISINE TRADITIONNELLE • MONTAGNARD X L'homme au chapeau noir est descendu de sa montagne pour concocter une cuisine traditionnelle, inspirée de la Savoie, dans un cadre rustique de bois blond. Mention particulière au buffet de desserts et au bon rapport qualité prix. Convier la montagne au Palais des Congrès, il fallait le faire. De là à faire de Rural un congrès de palais...

Formule 25 € – Menu 35 €

2 pl. de la Porte-Maillot (Palais des Congrès-niveau 0) – ✆ 01 72 69 03 03
– www.rural-paris.com

La Table du Caviste Bio Ⓝ

CUISINE MODERNE • ÉLÉGANT X A quelques encablures du Parc Monceau, ce restaurant à l'élégante façade offre l'agrément d'une salle d'esprit moderne, et d'une cuisine en phase avec son époque, fraîche et raffinée, concoctée par la chef japonaise Junko Kawasaki, en accord avec les vins, exclusivement bio, eux aussi.

Formule 25 € – Menu 35 € (déj.) – Carte 42/67 €

55 r. de Prony Ⓜ Monceau – ✆ 01 82 10 37 02 – www.lecavistebio.com
– Fermé août, dim. et lundi

Le 975 Ⓝ

CUISINE MODERNE • ÉPURÉ X En angle de rue, cette façade habillée de bois ne passe pas inaperçue. Cela tombe bien, l'assiette non plus. Un duo enthousiaste, mené par un chef japonais et un passionné de vins, propose une carte courte bien troussée, aux assiettes précises et savoureuses. Les curieux s'installeront au comptoir, face à la cuisine ouverte.

Menu 16 € (déj.)/38 € – Carte 36/45 €

25 r. Guy-Moquet Ⓜ Brochant – ✆ 09 53 75 67 71 – www.le975.com
– Fermé vacances de fév., 3 semaines en août, sam. et dim.

Papillon

CUISINE MODERNE • BISTRO X Tel Papillon, échappé du bagne de Cayenne, Christophe Saintagne a accompli sa mue en s'installant à son compte après avoir dirigé les cuisines du Plaza Athénée, puis du Meurice. Épanoui dans son élégant néo-bistrot, il signe une cuisine racée, qui privilégie toujours le goût et l'équilibre. Un conseil d'ami : réservez !

Formule 28 € – Menu 75 € – Carte 48/76 €

8 r. Meissonier Ⓜ Wagram – ✆ 01 56 79 81 88 – www.papillonparis.fr
– Fermé août, sam. et dim.

Caïus

CUISINE CRÉATIVE • CONVIVIAL X Chaque saison, le chef particulièrement inventif de ce restaurant chic et feutré concocte une cuisine ludique et parfumée, rehaussée d'épices et de produits "oubliés". La carte des vins est courte, mais de belle qualité.

Menu 45/120 € – Carte 42/70 €

6 r. d'Armaillé Ⓜ Charles de Gaulle-Étoile
– ✆ 01 42 27 19 20 – www.caius-restaurant.fr
– Fermé 3 semaines en août, sam. et dim.

Gare au Gorille

CUISINE MODERNE • BISTRO X Marc Cordonnier, "jeune" ancien de Septime et de l'Arpège, sait travailler les produits sans jamais les dénaturer : ravioles de veau, bouillon thaï ; agrumes, crumble aux spéculoos et glace au fromage blanc… Une cuisine franche et originale, qui préfère la personnalité à la posture.

Menu 29 € (déj.)/39 € – Carte 32/52 €

68 r. des Dames Ⓜ Rome
– ✆ 01 42 94 24 02 – gareaugorille.fr
– Fermé 3 semaines en août, vacances de Noël, sam. et dim.

Caves Pétrissans

CUISINE TRADITIONNELLE • VINTAGE X Céline, Abel Gance, Roland Dorgelès aimaient fréquenter ces caves plus que centenaires, à la fois boutique de vins et restaurant. Cuisine bistrotière bien ficelée.

Formule 29 € – Menu 35 € – Carte 35/87 €

30 bis av. Niel Ⓜ Pereire
– ✆ 01 42 27 52 03 – info@cavespetrissans.fr
– Fermé 26 fév.-2 mars, 27 juil.-27 août, sam., dim. et fériés

Karl & Erick

CUISINE MODERNE • TENDANCE X Quand des jumeaux créent un bistrot contemporain, son nom est tout trouvé ! Malgré la ressemblance physique, les rôles sont bien définis : Erick assure l'accueil dans la salle aux airs de loft, tandis que Karl signe un savoureux menu-carte : homard breton et avocat à la coriandre, burger du Limousin, cantal et oignon confit…

Carte 40/63 €

20 r. de Tocqueville Ⓜ Villiers – ✆ 01 42 27 03 71 – karleterick – Fermé août, sam. midi et dim.

Le Bouchon et l'Assiette

CUISINE TRADITIONNELLE • BISTRO X Au déjeuner, l'ardoise du jour propose un joli panaché de petits plats gourmands. Le soir, place à des plaisirs plus subtils, autour d'une cuisine du marché avide de jolies saveurs. Quant à la carte des vins, elle met en avant d'intéressants petits producteurs. Rue Cardinet, le bouchon et l'assiette forment un couple épatant.

Menu 26 € (déj. en semaine) – Carte 40/65 €

127 r. Cardinet Ⓜ Malesherbes – ✆ 01 42 27 83 93
– Fermé août, 7-13 mai, 6-24 janv., dim. et lundi

Le Bistrot d'À Côté Flaubert

CUISINE TRADITIONNELLE • BISTRO X Cette table est "d'à côté" car elle jouxte le restaurant gastronomique de Michel Rostang, auquel elle appartient également. Aux commandes en ces lieux ? Un jeune chef d'origine japonaise, plein d'enthousiasme, qui réalise une bonne cuisine bistrotière et valorise de beaux produits. Direction la rue Flaubert !

Menu 28/45 € – Carte 50/74 €

10 r. Gustave-Flaubert Ⓜ Ternes – ✆ 01 42 67 05 81 – www.bistrotflaubert.com
– Fermé 3 semaines en août, sam. midi, dim. et lundi

Le Clou de Fourchette

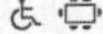

CUISINE MODERNE • BISTRO X Voilà un restaurant qui plante fièrement le nom de son propriétaire ! Avec ses associés, Christian Leclou invite à un bon "coup de fourchette" autour de recettes bien mitonnées, à l'instar d'un agneau de l'Aveyron confit, ou d'une belle pièce de gibier à l'automne… On se régale et l'ambiance est conviviale.

Formule 22 € – Carte 30/53 €

121 r. de Rome Ⓜ Rome – ✆ 01 48 88 09 97 – www.lecloudefourchette.com
– Fermé 3 semaines en août, dim. et lundi

Bistro d'Italie

CUISINE ITALIENNE • CONVIVIAL Une trattoria où l'on prend la question de la gourmandise très au sérieux… comme toujours en Italie ! La carte se divise en deux chapitres principaux : les pizzas (garnies de produits de premier choix) et les pâtes… sans oublier la côte de veau rôtie au jus et ses pommes grenailles. Une cuisine droit dans sa Botte !

Carte 30/70 €

4 r. Gén.-Lanzerac Ⓜ Charles de Gaulle-Étoile – ✆ 01 40 55 90 00 – Fermé 24 déc.-1er janv., sam. midi, dim. et les week-ends en août

Cap

CUISINE MODERNE • CONVIVIAL L'enseigne rend hommage au Cap, en Afrique du Sud, ville d'origine du jeune chef qui a repris cet élégant petit restaurant avec son épouse. On s'en doute, la cuisine est métissée, mariant techniques d'ici, souvenirs sud-africains et même notes d'Asie (fil rouge : le salé-sucré). Des recettes bien tournées !

Formule 28 € – Menu 34 € (déj.), 40/58 €

42 bd Péreire Ⓜ Wagram – ✆ 01 44 40 04 15 – www.restaurantcap.fr – Fermé août, mardi soir, sam. midi, dim. et lundi

XVII sur Vin

CUISINE TRADITIONNELLE • BISTRO On traverse une terrasse d'été, protégée du soleil par des buis pour gagner la salle, au décor d'inspiration bistrotière. Bistrotière, la cuisine de Bruno Turbot l'est aussi, à l'instar de cette côte de veau du Limousin et son gratin dauphinois, ou de cette brioche façon pain perdu. Sympathique ardoise du marché.

Carte 50/60 €

99 r. Jouffroy-d'Abbans Ⓜ Wagram – ✆ 01 42 27 26 16 – www.xviisurvin-lebistrot.com – Fermé sam. midi et dim.

Le Café d'Angel

CUISINE TRADITIONNELLE • BISTRO Cette petite adresse cultive la nostalgie des bistrots parisiens d'antan : banquettes en skaï, faïences aux murs, plats traditionnels à l'ardoise et cuisine visible derrière le comptoir. On y déguste en toute quiétude une poêlée de supions aux herbes fraîches ou un croustillant de boudin noir et purée de pomme de terre.

Formule 27 € – Menu 33 € – Carte 43/53 €

16 r. Brey Ⓜ Charles de Gaulle-Étoile – ✆ 01 47 54 03 33 – www.lecafedangel.com – Fermé 2-24 août, 24 déc.-2 janv., sam., dim. et fériés

Le Palanquin

CUISINE VIETNAMIENNE • ÉPURÉ Qualité rime souvent avec simplicité. Parfaite démonstration avec ce petit restaurant vietnamien où l'on savoure une cuisine authentique et très parfumée (brochettes de crevettes, porc épicé à la citronnelle et crème de coco, etc.). Madame Someaud œuvre seule aux fourneaux, tandis que ses enfants assurent un service charmant.

Carte 33/44 €

4 pl. Boulnois Ⓜ Ternes – ✆ 01 43 80 46 90 – Fermé 3 semaines en août, sam. et dim.

Les Poulettes Batignolles

CUISINE MODERNE • TENDANCE Situé dans une rue calme, à deux pas du théâtre Hébertot (boulevard des Batignolles), ce bistrot propose une ardoise appétissante évoluant au gré des saisons et du marché, avec des œillades appuyées à la tradition catalane, comme avec cet œuf bio croustillant, piperade, et crème de pata negra.

Formule 30 € – Carte 49/55 €

10 r. de Chéroy Ⓜ Villiers – ✆ 01 42 93 10 11 – www.lespoulettes-batignolles.fr – Fermé 1 semaine vacances de printemps, 3 semaines en août, 1er-8 janv., dim. et lundi

Hôtels

Renaissance Arc de Triomphe

LUXE • DESIGN À deux pas de la place de l'Étoile, on ne peut pas manquer l'impressionnante façade de cet hôtel dessiné par Christian de Portzamparc. L'originalité et le parti-pris contemporain sont aussi de mise à l'intérieur, des élégantes chambres au vaste hall d'accueil. Essayez le brunch le dimanche.

118 chambres - 260/729 € 260/729 € - 5 suites - 30 €

39 av. Wagram Ⓜ Ternes - ✆ 01 55 37 55 37 - www.marriott.fr

Regent's Garden

LUXE • ÉLÉGANT Savant mélange d'ancien (cheminée, mobilier de style) et de moderne (teintes sombres, motifs originaux) dans cet hôtel particulier datant de l'époque de Napoléon III. Des espaces feutrés, un délicieux petit jardin japonisant... Quel charme !

39 chambres - 152/720 € 152/720 € - 1 suite - 21 €

6 r. Pierre-Demours Ⓜ Ternes - ✆ 01 45 74 07 30 - www.hotel-regents-paris.com

Splendid Étoile

TRADITIONNEL • PERSONNALISÉ On reconnaît cet hôtel à sa belle façade ouvragée. Les chambres sont d'inspiration Louis XV ou contemporaines ; certaines ont vue sur l'Arc de Triomphe. Un style feutré très plaisant.

55 chambres - 156/650 € 156/650 € - 2 suites - 25 €

1bis av. Carnot Ⓜ Charles de Gaulle-Étoile - ✆ 01 45 72 72 00 - www.hsplendid.com

Le Pré Carré - voir les restaurants ci-dessus

Hidden

LUXE • ÉCO-RESPONSABLE Ambiance "nature" revendiquée pour cet hôtel étonnant, installé dans une rue tranquille à deux pas de l'Étoile : matériaux nobles comme le bois et l'ardoise, literie en fibres de coco, etc. Un lieu apaisant et très dépaysant, pour vivre un peu caché...

35 chambres - 150/419 € 150/849 € - 19 €

28 r. de l'Arc-de-Triomphe Ⓜ Charles de Gaulle-Étoile - ✆ 01 40 55 03 57 - www.hidden-hotel.com

Les Jardins de la Villa

BOUTIQUE HÔTEL • DESIGN Les "fashion addicts" vont raffoler de ce petit hôtel très couture. Noir, rose shocking, gris... Les références à l'univers de la mode sont nombreuses. Le plus ? Un joli fitness avec sauna et hammam. Original, chic et confortable !

33 chambres - 155/400 € 155/400 € - 19 €

5 r. Bélidor Ⓜ Porte Maillot - ✆ 01 53 81 01 10 - www.jardinsdelavilla.com

Hôtel de Banville

LUXE • PERSONNALISÉ Un véritable hôtel de charme, décoré avec goût. Les chambres (bois patiné, détails précieux) sont séduisantes, certaines avec une vue magique !

38 chambres - 125/350 € 125/350 €

166 bd Berthier Ⓜ Porte de Champerret - ✆ 01 42 67 70 16 - www.hotelbanville.fr

B Montmartre

URBAIN • DESIGN Quelques clichés de David LaChapelle, des photos dédicacées de Brigitte Bardot... Un esprit glamour qui fait écho à la place de Clichy voisine, mais auquel on ne saurait résumer cette ancienne pension de famille, transformée en hôtel par un propriétaire issu de la haute couture. Un ensemble très chic et très parisien !

36 chambres - 120/360 € 150/450 € - 18 €

6 r. Lécluse Ⓜ Place de Clichy - ✆ 01 42 93 35 77 - www.b-montmartre.com

Maison Albar Paris Champs-Elysées

URBAIN • FONCTIONNEL À deux pas de l'Arc de Triomphe, cet immeuble haussmannien abrite un intérieur élégant, mêlant habilement le style Empire et la décoration contemporaine... Un pied-à-terre parfait pour partir aux quatre coins de Paris.

40 chambres - 189/1580 € 189/1580 € - 25 €

3 av. Mac-Mahon Ⓜ Charles de Gaulle-Étoile - ☎ 01 43 80 23 00 - www.champselyseesmm.com

Le Tsuba Ⓝ

HÔTEL PARTICULIER • ART DÉCO A quelques encablures de l'Arc de triomphe et des Champs-Elysées, cet hôtel parfaitement tenu offre le confort de chambres contemporaines. Petit espace de bien-être avec fitness, et soirées jazz, une fois par mois.

76 chambres - 126/500 € 126/500 € - 6 suites - 22 €

45 r. des Acacias Ⓜ Ternes - ☎ 01 40 60 02 02 - www.tsubahotel.com

Régence Étoile

TRADITIONNEL • FONCTIONNEL À deux pas de l'Arc de Triomphe et des Champs-Élysées, cet établissement bénéficie d'un emplacement de choix pour apprécier les charmes de la Ville Lumière. Les chambres y sont confortables et bien tenues, l'accueil des plus charmants.

38 chambres - 135/260 € 135/260 € - 15 €

24 av. Carnot Ⓜ Charles de Gaulle-Etoile - ☎ 01 58 05 42 42 - www.hotelregenceetoile.com

Duette

URBAIN • ÉLÉGANT Cet hôtel a bénéficié en 2016 d'une rénovation complète, avec l'aide de l'architecte Anne Peroux : le résultat est là ! Fonctionnelles, bien insonorisées, archi-modernes dans le décor, les chambres séduisent. Petit-déjeuner au sous-sol.

29 chambres - 114/230 € 119/350 € - 14 €

64 r.de Lévis Ⓜ Villiers - ☎ 01 42 27 33 10 - www.hotelduette.com

Montmartre • Pigalle

18e ARRONDISSEMENT

M. Carassale/Sime/Photononstop

Restaurants

La Table d'Eugène (Geoffroy Maillard)

CUISINE MODERNE • ÉLÉGANT XX Sans coup férir, Geoffroy Maillard - passé notamment par la case Frechon - aura hissé sa charmante Table d'Eugène au rang des meilleures. Une heureuse nouvelle pour le 18e et tous les gastronomes ! Il signe une cuisine très fraîche, pleine de couleurs et de parfums. Laissez-vous porter par le menu carte blanche, avec accords mets et vins. Puissance et finesse...

→ Cuisine du marché.

Formule 35 € - Menu 42 € (déj.), 89/120 €

18 r. Eugène-Sue Ⓜ Jules Joffrin - ☎ 01 42 55 61 64 - www.latabledeugene.com - Fermé 22-30 avril, 5-27 août, 1er-8 janv., dim. et lundi

Ken Kawasaki

CUISINE CRÉATIVE • ÉPURÉ ✗ Vous êtes invités à venir célébrer ici un mariage heureux : celui des cuisines japonaise et française ! Le chef nippon Ken Kawasaki a réuni une équipe de choc et propose des petites assiettes éminemment graphiques, savoureuses et originales, élaborées au gré du marché. La salle se compose d'un simple comptoir : les cuisiniers préparent les plats sous nos yeux. Magique.

→ Cuisine du marché.

Menu 30 € (déj.)/70 € - menu unique

15 r. Caulaincourt Ⓜ Blanche - ✆ 09 70 95 98 32 - www.restaurantkenkawasaki.fr - Fermé août, 1 semaine en déc., merc. midi, jeudi midi et dim.

L'Arcane (Laurent Magnin)

CUISINE MODERNE • COSY ✗ Essayons de percer les arcanes de ce restaurant installé derrière le Sacré-Cœur. Le chef revisite la tradition au gré d'un menu "carte blanche" ou "surprise" en trois, quatre ou cinq plats, toujours réalisés à partir de produits rigoureusement sélectionnés. La petite adresse qui monte, qui monte... et séduit déjà au-delà de la butte Montmartre.

→ Cuisine du marché.

Formule 34 € - Menu 49/80 €

39 r. Lamarck Ⓜ Lamarck Caulaincourt - ✆ 01 46 06 86 00 - www.restaurantlarcane.com - Fermé août, 1 semaine vacances de Noël, mardi midi, dim. et lundi

Etsi Ⓝ

CUISINE GRECQUE • TAVERNE ✗ La façade, d'un bleu intense, courtise le regard. C'est l'histoire d'une jeune chef, d'origine grecque, revenue à la cuisine de son enfance après un apprentissage dans des maisons reconnues (Michel Rostang, Cyril Lignac). Ici, elle propose des mezze, percutant de fraîcheur et ponctués d'audaces. Son père, qui habite toujours au pays, lui envoie des ingrédients, introuvables ailleurs ! Un coup de cœur.

Carte 28/40 €

23 r. Eugène-Carrière Ⓜ Place de Clichy - ✆ 01 71 50 00 80 - www.etsi-paris.fr - Fermé 3 semaines en août, dim. soir, lundi et le midi en semaine

Le Réciproque

CUISINE TRADITIONNELLE • CONTEMPORAIN ✗ Niché dans une petite rue derrière la mairie du 18e, ce restaurant est l'œuvre de deux jeunes associés au beau parcours professionnel. L'un, en cuisine, se fend de recettes plutôt traditionnelles, savoureuses et maîtrisées ; l'autre assure en salle un service vivant et courtois. Les prix sont mesurés : un vrai bon plan !

Formule 19 € - Menu 23 € (déj.), 37/84 € 🍷

14 r. Ferdinand-Flocon Ⓜ Jules Joffrin - ✆ 09 86 37 80 77 - www.lereciproque.com - Fermé de mi-juil. à début août, 23 déc.-1er janv., dim. et lundi

L'Esquisse

CUISINE MODERNE • BISTRO ✗ Deux jeunes passionnés se sont associés pour créer ici ce bistrot vintage et accueillant : parquet massif, banquettes en bois... On y dévore des assiettes graphiques et sans chichis, qui mettent en valeur la qualité des produits utilisés. Cuissons impeccables, assaisonnements contrastés : on se régale !

Formule 18 € - Menu 23 € (déj. en semaine) - Carte 34/46 €

151 bis r. Marcadet Ⓜ Lamarck-Caulaincourt - ✆ 01 53 41 63 04 - Fermé 3 semaines en août, dim. et lundi

Le Coq Rico

CUISINE TRADITIONNELLE • ÉLÉGANT ✗✗ Cocorico ! La volaille française a trouvé son ambassade à Paris, en cette adresse chic et discrète créée par le fameux chef strasbourgeois, Antoine Westermann. Poulet fermier de Challans, géline de Touraine, volaille de Bresse, etc. Les pièces sont rôties avec art et dégagent de succulents parfums. Les amateurs sont comblés.

Carte 50/90 €

98 r. Lepic Ⓜ Lamarck Caulaincourt - ✆ 01 42 59 82 89 - www.lecoqrico.com

Chamarré Montmartre

CUISINE CRÉATIVE • TENDANCE XX Sur la butte Montmartre, ce restaurant contemporain ose la créativité et le métissage culinaire, avec (notamment) l'utilisation d'agrumes, autant de clins d'œil à la cuisine mauricienne. Une invitation au voyage qui commence dès la jolie terrasse.

Formule 24 € – Menu 32 € (déj.), 50/75 € – Carte 67/94 €

52 r. Lamarck Ⓜ Lamarck Caulaincourt – ✆ 01 42 55 05 42 – www.chamarre-montmartre.com

Le Mandragore Ⓝ

CUISINE MODERNE • ROMANTIQUE X Thibaut Spiwack, lauréat du concours Escoffier, trentenaire motivé, sélectionne des produits de première qualité, pour imaginer une cuisine fraîche, attentive aux saisons. On s'installe dans une salle cosy, façon boudoir, ou sur la terrasse, au grand calme, agrémentée d'un jardin secret, au cœur de Montmartre.

Menu 58/102 €

L'Hôtel Particulier Montmartre, 23 av. Junot Ⓜ Lamarck Caulaincourt – ✆ 01 53 41 81 40 – www.hotel-particulier-montmartre.com – Fermé merc. midi, jeudi midi, vend. midi, dim. soir, lundi et mardi

Montcalm Ⓝ

CUISINE MODERNE • CONVIVIAL X Voilà un sympathique bistrot de quartier, où le chef au look hipster tatoué travaille de jolis produits sélectionnés, dans un esprit retour de marché. C'est bien troussé, avec des saveurs franches finement travaillées. Les menus évoluent au gré des arrivages de Rungis.

Formule 16 € – Carte environ 38 €

21 r. Montcalm Ⓜ Lamarck Caulaincourt – ✆ 01 42 58 71 35 – Fermé vacances de Noël, 2 semaines en août, sam. midi, dim. et lundi

Polissons Ⓝ

CUISINE TRADITIONNELLE • TENDANCE X Un peu à l'écart du Montmartre touristique, un jeune couple de professionnels a imaginé ce restaurant aux tons scandinaves et aux saveurs franches, à l'instar de ce carré de cochon de lait, ou de l'aile de raie meunière. Polissons ? L'adresse où encanailler votre palais, sur la butte...

Formule 17 € – Carte environ 37 €

35 r. Ramey Ⓜ Château Rouge – ✆ 06 46 63 57 50 – www.polissons-restaurant.fr – Fermé 3 semaines en août, vacances de Noël, dim. soir et lundi

Le Moulin de la Galette

CUISINE TRADITIONNELLE • ÉLÉGANT X Revoilà le Moulin de la Galette ! Deux associés ont repris fin 2015 cette maison historique de la butte et y proposent une cuisine fraîche et bien composée. Les belles viandes braisées au charbon de bois justifient à elles seules d'aller y pointer le museau... Quant au service, il est assuré par une équipe jeune et efficace.

Formule 23 € – Menu 39 € (déj. en semaine) – Carte 42/58 €

83 r. Lepic Ⓜ Abbesses – ✆ 01 46 06 84 77 – www.lemoulindelagalette.fr – Fermé lundi et mardi

Nomos 

CUISINE CRÉATIVE • BRANCHÉ X À deux pas du marché Saint-Pierre, un restaurant à l'image de son jeune chef – look de rockeur dandy et solides antécédents en pâtisserie –, qui s'est jeté dans cette aventure de toutes ses forces. Son menu unique en 5 ou 9 plats, créatif et inspiré, est une réussite.

Menu 35 € (déj.)/65 €

15 r. André-del-Sarte Ⓜ Château Rouge – ✆ 01 42 57 29 27 – www.nomosrestaurant.com – Fermé 15-30 août, dim. et lundi

La Rallonge

CUISINE MODERNE • BISTRO X La Rallonge de la fameuse Table d'Eugène, plus haut dans la rue ! Le chef décline ici sa cuisine en version tapas, dans un joli décor de bistrot. Chipirons et couteaux à la plancha, pluma ibérique de noir de Bigorre sont servis en petites portions et font merveille...

Menu 21 € (déj.) - Carte 23/55 €

16 r. Eugène-Sue Ⓜ Jules Joffrin
- ✆ 01 42 59 43 24 - www.larallonge.fr
- Fermé août, vacances de Noël, dim. et lundi

Le Bistrot du Maquis

CUISINE TRADITIONNELLE • BISTRO X Dans la fameuse rue Caulaincourt, André Le Letty - ancien chef de l'Anacréon - célèbre les classiques du genre bistrotier : compressé de joue de bœuf au citron confit, rognons de veau à la moutarde, dos de merlu rôti... et, bien sûr, sa spécialité : le canard au sang en deux services (sur réservation). On se régale !

Formule 16 € - Menu 36/45 € - Carte 43/75 €

69 r. Caulaincourt Ⓜ Lamarck Caulaincourt - ✆ 01 46 06 06 64
- lebistrotdumaquis.com - Fermé 3 semaines en août, 1 semaine aux vacances de Noël, merc. midi et mardi

Miroir

CUISINE TRADITIONNELLE • BISTRO X Vieux carrelage et comptoir à l'ancienne : un bistrot typique et sans chichis, qui propose une cuisine digeste, au gré de petits plats à partager. Une bonne cuisine du marché. Bières artisanales.

Formule 16 € - Menu 20 € (déj.) - Carte 28/50 €

94 r. des Martyrs Ⓜ Abbesses - ✆ 01 46 06 50 73 - www.restaurantmiroir.com
- Fermé en août, dim. et lundi

Hôtels

Terrass' Hôtel

BOUTIQUE HÔTEL • CONTEMPORAIN Non loin du cimetière de Montmartre, cet hôtel joue la carte de l'atelier d'artiste, tandis que les chambres s'inspirent de l'esprit bohème de la butte... Ce très bel établissement dévoile en outre une vue imprenable sur Paris, que l'on peut apprécier depuis le restaurant panoramique, au 7e étage.

92 chambres - 160/450 € 200/500 € - 6 suites - 25 €

12 r. J.-de-Maistre Ⓜ Place de Clichy
- ✆ 01 46 06 72 85 - www.terrass-hotel.com

Kube

URBAIN • DESIGN Ce n'est pas le quartier le plus séduisant de Paris, mais cet hôtel du 21e s., design et high-tech, ravira les amateurs du genre. Jeux sur la transparence et la blancheur, chambres d'esprit loft, livrent une interprétation "on the rocks" de l'hôtellerie. Restaurant et bars, dont le glacial Ice Kube (- 10° C, tenue fournie) à l'étage.

39 chambres - 159/449 € 159/449 € - 18 €

1-5 passage Ruelle Ⓜ La Chapelle
- ✆ 01 42 05 20 00 - www.kubehotel-paris.com

Déclic

BOUTIQUE HÔTEL • PERSONNALISÉ Vous l'aurez deviné à son nom : cet hôtel atypique rend hommage à l'univers de la photographie, depuis son décor (couloirs en noir et blanc, murs tapissés de clichés) jusqu'aux superbes chambres, qui portent les noms de Reflex, Noir et Blanc, Chasseurs d'étoiles... Atypique et attachant.

27 chambres - 99/429 € 99/429 € - 18 €

17 r. Duhesne Ⓜ Lamarck Caulaincourt - ✆ 01 46 06 17 66

PARIS

L'Hôtel Particulier Montmartre

HÔTEL PARTICULIER • PERSONNALISÉ Un hôtel très... particulier. À l'issue d'un étroit passage montmartrois, on découvre une demeure Directoire au cœur d'un jardin luxuriant. Salons raffinés, chambres décorées dans un style contemporain aussi séduisant que surprenant, ravissante terrasse : so chic.

3 suites - 380/590 € - 2 chambres - 20 €

23 av. Junot Ⓜ Lamarck Caulaincourt - 01 53 41 81 40 - www.hotel-particulier-montmartre.com

Le Mandragore - voir les restaurants ci-dessus

Relais Montmartre

TRADITIONNEL • COSY Non loin des commerces de la rue Lepic, ce petit hôtel de caractère - inattendu dans un quartier aussi vivant - a le charme d'une maison bourgeoise. Avec leur mobilier de style et leurs poutres apparentes, les chambres sont fort coquettes. Et quel calme...

26 chambres - 119/249 € 119/249 € - 15 €

6 r. Constance Ⓜ Abbesses - 01 70 64 25 25 - www.relaismontmartre.fr

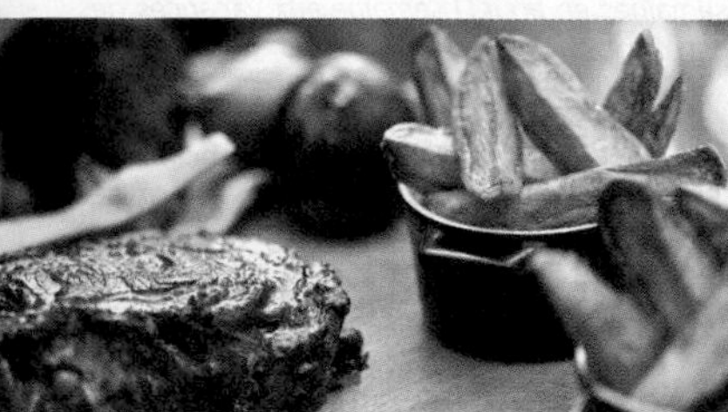

Parc de la Villette · Parc des Buttes Chaumont

19e ARRONDISSEMENT

Jacques Palut/Fotolia.com

Restaurants

Mensae

CUISINE MODERNE • CONVIVIAL Une cuisine de l'instant, pleine de fraîcheur, dans laquelle les saveurs tombent juste. On propose aussi des tapas et des plats a partager - poulpes de Galice, planche de charcuterie lyonnaise, turbot entier rôti, côte de veau, bœuf maturé 60 jours... Et la mousse au chocolat pralinée est proposée toute l'année !

Formule 20 € - Menu 36 € - Carte 36/55 €

23 r. Mélingue Ⓜ Pyrénées - 01 53 19 80 98 - www.mensae-restaurant.com - Fermé 3 semaines en août, 1 semaine vacances de Noël, dim. et lundi

La Table Hugo Desnoyer - Secrétan

VIANDES • CONVIVIAL Hugo Desnoyer, le "boucher des stars", a ouvert son premier restaurant au sein de la halle Secrétan - construite par Baltard en 1868 et entièrement rénovée en 2015. La viande reine est le bœuf, à choisir avec un grain doux, rond ou corsé. Banquettes en véritable peau de vache, cela va de soi !

Carte 30/120 €

33 av. Secrétan Ⓜ Bolivar - 01 40 05 10 79 - www.hugodesnoyer.com - Fermé 3 semaines en août , 22 déc.-2 janv., dim. soir et lundi

La Violette

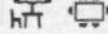

CUISINE MODERNE • CONVIVIAL Non loin de la Villette, ce restaurant contemporain n'a de violette... que sa banquette. Le chef y signe des assiettes honnêtes et bien réalisées : carré de porc fermier rôti, maïs de lard fumé et jus tranché ; cromesquis de fromage de chèvre et condiments ; millefeuille à la vanille bourbon et praliné...

Formule 26 € - Carte 45/53 €

11 av. Corentin-Cariou Ⓜ Corentin Cariou - 01 40 35 20 45 - www.restaurant-laviolette.com - Fermé 5-27 août, 24 déc.-1er janv., sam. et dim.

Lao Siam

CUISINE THAÏLANDAISE • EXOTIQUE Rien ne distingue Lao Siam des nombreuses cantines asiatiques de Belleville... sinon la file d'attente à l'entrée ! Créé par les parents de l'actuel patron, originaires de Thaïlande et du Laos, il met à l'honneur les cuisines de ces deux pays. Tout est fait maison, fin et parfumé. Nous voilà transporté en Asie – enfin presque !

Carte 20/45 €

49 r. de Belleville Ⓜ Pyrénées – ✆ 01 40 40 09 68

Hôtels

Holiday Inn Express Canal de la Villette

BUSINESS • CONTEMPORAIN Les promeneurs du bassin de la Villette connaissent bien cet édifice : son jumeau (un entrepôt de 1853) se dresse toujours sur l'autre rive ; lui, reconstruit en 2008, a été habillé d'une originale gaine métallique. Il abrite cet hôtel chaleureux, aux chambres spacieuses, très prisé des touristes, avec notamment un système efficace de conciergerie interactive.

144 chambres – 89/299 € 89/299 €

68 quai de Seine Ⓜ Crimée – ✆ 01 44 65 01 01
– www.holidayinnexpress.com/paris-canal

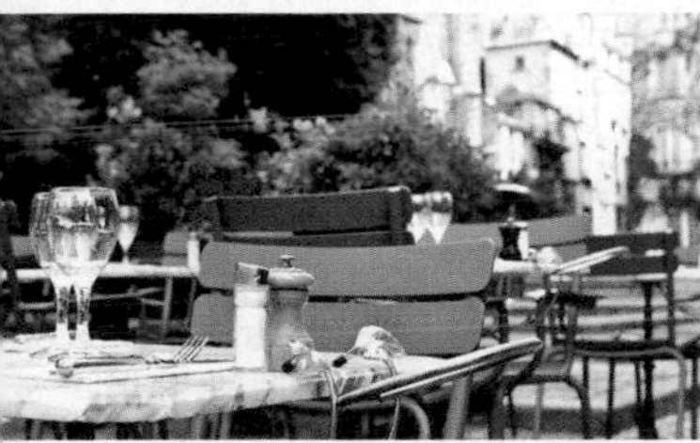

Cimetière du Père Lachaise · Gambetta · Belleville

20e ARRONDISSEMENT

Adam Wasilewski/Fotolia.com

Restaurants

Le Desnoyez Ⓝ

CUISINE MODERNE • CONVIVIAL Au cœur de Belleville, dans une rue connue pour son "street art", ce restaurant de poche propose une carte épatante, pleine de saveurs, élaborée au gré du marché par un chef-patron inspiré. Œufs mayo avec poutargue et herbes aromatiques, onglet de bœuf de l'Aubrac, piquillos... Une belle adresse.

Carte 21/48 €

3 r. Dénoyez Ⓜ Belleville – ✆ 06 61 19 18 31 – Fermé 3 semaines en août, 24 déc.-1er janv., mardi et merc.

Les Canailles Ménilmontant Ⓝ

CUISINE TRADITIONNELLE • BISTRO En plein cœur de Ménilmuche, juste au-dessus du boulevard, deux associés ont pris place derrière cette façade colorée qui abritait auparavant le Bistrot Blanc Bec. Ils s'appuyent sur une formule éprouvée, hyper-efficace : de la belle tradition à tous les étages, une cuisine... canaille, bien travaillée et savoureuse. Service compétent et efficace.

Formule 28 € – Menu 35 € – Carte environ 50 €

15 r. des Panoyaux Ⓜ Ménilmontant – ✆ 01 43 58 45 45
– www.restaurantlescanailles.fr – Fermé 3 semaines en août , sam. et dim.

Le Jourdain

CUISINE MODERNE • BISTRO X Vieux parquet, mobilier patiné, luminaires d'inspiration fifties : aucun doute, c'est le bistrot contemporain dans toute sa splendeur. À midi, belles saveurs du marché à prix modiques ; le soir, sélection de petites assiettes façon tapas, à dominante marine. On sirote un bon petit vin nature... et l'on se réjouit, en partant, des prix doux.

Formule 15 € – Menu 18 € (déj. en semaine) – Carte 25/35 €

101 r. des Couronnes Ⓜ Jourdain – ✆ 01 43 66 29 10 – www.restaurantlejourdain.com – Fermé 2 semaines en août, dim. et lundi

Le Baratin

CUISINE TRADITIONNELLE • BISTRO X La chef argentine Raquel Carena a pour ainsi dire inventé la bistronomie, et nombre de jeunes chefs reconnaissent son héritage. L'occasion de revenir aux sources de la gourmandise. L'ardoise est plaisante à lire, les prix sont sages et les vins séduisants. Réservation fort conseillée.

Menu 19 € (déj.) – Carte 34/56 € dîner

3 r. Jouye-Rouve Ⓜ Pyrénées – ✆ 01 43 49 39 70 – Fermé 1 semaine en mai, août, 1 semaine en fév., sam. midi, dim. et lundi

Dilia

CUISINE CRÉATIVE • BISTRO X À l'ombre de l'église Notre-Dame-de-la-Croix, œuvre un jeune chef italien aux solides références. Ses assiettes sont parsemées de touches transalpines ; il y dévoile de jolies associations de saveurs (gnocchis à la betterave, huître et raifort) et fait preuve d'une inventivité réjouissante.

Formule 17 € – Menu 48 € (déj. en semaine), 64/77 €

1 r. d'Eupatoria Ⓜ Ménilmontant – ✆ 09 53 56 24 14 – www.dilia.fr – Fermé 1 semaine en août, 3 semaines en janv., mardi et merc.

Le Tablier Rouge

CUISINE TRADITIONNELLE • BISTRO X Un sympathique bistrot à vins, tenu par un couple franco-britannique. La carte célèbre la tradition française – poitrine de veau farcie, gigot d'agneau rôti, profiteroles – avec une pointe d'Angleterre, of course (fish and chips, notamment) ; le tout s'accompagne d'un beau choix de vins nature à prix doux !

Formule 17 € – Menu 21 € (déj.)/36 € – Carte 38/46 €

40 r. de la Chine Ⓜ Gambetta – ✆ 01 46 36 18 30 – www.letablierrouge.com – Fermé 1 semaine début mai, 3 semaines en août, lundi soir, samedi midi et dim.

Lou Tíap

CUISINE DU SUD-OUEST • CONVIVIAL X C'est à la tête de ce Lou Tíap dédié à la cuisine du Sud-Ouest que l'on retrouve Anne Escoffier et Olivier Laterrot (ex-L'Hermès, dans le 19e). Ils déclinent de belles recettes de tradition – dont le fort prisé cassoulet aux haricots tarbais et ses quatre viandes comme à Toulouse – accompagnées de jolis vins : une bien sympathique auberge !

Menu 20 € 🍷, 36/36 € – Carte 40/70 €

81 r. de Bagnolet Ⓜ Alexandre Dumas – ✆ 01 43 70 77 93 – www.loutiap.fr – Fermé merc. midi, dim. et lundi

Le Petit Vingtième

CUISINE TRADITIONNELLE • DE QUARTIER X Cet atelier textile du quartier Jourdain, habilement réhabilité, s'est converti à la gourmandise : à la carte, une savoureuse cuisine de tradition, qui privilégie le bio et les artisans du quartier (fromager, boucher), dont cette terrine maison, servie avec son pain au raifort doux... Miam !

Formule 17 € – Menu 20 € (déj. en semaine) – Carte 28/50 €

381 r. des Pyrénées Ⓜ Jourdain – ✆ 01 43 49 34 50 – https://www.petit20.com – Fermé 6-23 août, lundi midi, mardi midi et dim.

Le Grand Bain

CUISINE MODERNE • BRANCHÉ Dans le cœur fourmillant de Belleville, ce vieux restaurant espagnol transformé en bistrot tendance propose de petits plats créatifs, à l'ardoise. Aux fournaux, Edward, chef anglais, en salle Edouard... et ce n'est même pas fait exprès. Quand le noctambule hipster croise le foodista pointu, il s'en vont prendre un Grand Bain...

Carte 20/32 €

14 r. Dénoyez Ⓜ Belleville - ✆ 09 83 02 72 02 - www.legrandbainparis.com - Fermé 2 semaines en nov. et le midi

Hôtels

Scarlett

BOUTIQUE HÔTEL • PERSONNALISÉ Entre le parc de Belleville et les Buttes-Chaumont, cette ancienne pension de famille a été reprise en main et rénovée avec beaucoup de soin. Les chambres, modernes et cosy, sont tout à fait dans l'esprit parisien, et l'accueil est charmant.

30 chambres - †89/159 € ††89/159 € - ☕ 14 €

1 r. Jouye-Rouve Ⓜ Pyrénées - ✆ 01 77 38 81 81 - www.hotelscarlett.com

Mama Shelter

URBAIN • ORIGINAL Philippe Starck a signé le décor, à la fois épuré, design et fantaisiste, de ce vaste hôtel à la pointe de la modernité. Une ambiance jeune et urbaine, à l'image de ce quartier en plein renouveau. Restaurant ouvert jusqu'à 1h30 du matin.

172 chambres - †79/239 € ††89/249 € - 1 suite - ☕ 17 €

109 r. de Bagnolet Ⓜ Gambetta - ✆ 01 43 48 48 48 - www.mamashelter.com

Ekaterina Pokrovsky /

Autour de Paris

40 km autour de Paris
Cartes régionales 10 à 11

ANTONY

✉ 92160 Hauts-de-Seine - 61 603 hab. - Alt. 80 m - Carte régionale n° **11**-B3
Carte Michelin 311-J3 et 101-25

La Tour de Marrakech

CUISINE NORD-AFRICAINE • EXOTIQUE Un Paris-Marrakech par voie express ! Décor délicieusement mauresque, plats du pays joliment mitonnés – notamment la pastilla de pigeon et amandes, une valeur sûre de la maison –, desserts faits maison... avec, pour ne rien gâcher, un accueil et un service très prévenants.

Formule 22 € – Menu 34 € – Carte 30/50 €

72 av. Division-Leclerc – ✆ 01 46 66 00 54 – www.latourdemarrakech.com – Fermé août et lundi

Hôtel de Berny

BUSINESS • CONTEMPORAIN Près de la Croix de Berny, hôtel récent avec d'agréables chambres contemporaines (tons chauds, parquet et mobilier en teck...) et quelques suites. Garage bien pratique et salle de séminaire.

40 chambres – †89/169 € ††89/169 € – 4 suites – ☕ 12 €

129 av. A.-Briand – ✆ 01 46 11 43 90 – www.hotel-de-berny.com

AULNAY-SOUS-BOIS

✉ 93600 Seine-Saint-Denis - 81 899 hab. - Alt. 46 m - Carte régionale n° **11**-D1
Carte Michelin 305-F7 et 101-18

Auberge des Saints Pères (Jean-Claude Cahagnet)

CUISINE CRÉATIVE • ÉLÉGANT Jus de coquillage en gelée, sésame de wasabi et huîtres ; poitrine de cochon et gambas... Des assiettes sophistiquées, originales et techniques, où dialoguent de nombreux ingrédients, accompagnés d'épices et d'herbes : telle est la savoureuse signature de ces Saints Pères, au cadre épuré et élégant.

→ Légumes croquants à l'huile d'olive sur un ceviche de suprême de volaille. Merlu, tombée d'endive, chapelure spéculos-citron et velouté boule d'or-vanille. Éclair gourmand au caramel demi-sel et fraises.

Formule 32 € – Menu 44/76 €

212 av. de Nonneville – ✆ 01 48 66 62 11 – www.auberge-des-saints-peres.fr – Fermé 3 semaines en août, lundi midi, merc. soir, sam. midi et dim.

AUVERS-SUR-OISE

✉ 95430 Val-d'Oise - 6 846 hab. - Alt. 30 m - Carte régionale n° **10**-B1
Carte Michelin 305-E6 et 106-6 - Guide Vert Michelin Île de France

Auberge Ravoux

CUISINE TRADITIONNELLE • BISTRO X Non loin du cimetière où il repose, l'âme de Van Gogh plane encore sur "sa" dernière auberge. Les bons produits du Vexin sont ici travaillés par un chef d'expérience, dans la droite ligne de la tradition : terrine de canard aux pistaches, filets de hareng et saumon mariné à l'ancienne, tarte Tatin...

Formule 29 € - Menu 34/39 € - Carte 52/63 €

52 r. du Gén.-de-Gaulle (face à la mairie) - ✆ 01 30 36 60 60 - www.maisondevangogh.fr - Ouvert début mars à fin nov. et fermé dim. soir, merc. soir, jeudi soir, lundi et mardi

BOIS-COLOMBES

✉ 92270 Hauts-de-Seine - 28 709 hab. - Alt. 37 m - Carte régionale n° **11**-B1
Carte Michelin 311-J2 et 101-15

Le Chefson

CUISINE TRADITIONNELLE • BISTRO X Le Chefson ? Tout le quartier en parle ! Si vous ne connaissez pas, imaginez une cuisine traditionnelle simple et généreuse, une atmosphère bistrotière (ou plus cossue dans la deuxième salle), sans oublier de jolies suggestions du marché à l'ardoise. Plutôt rare dans une banlieue résidentielle très paisible.

Formule 24 € - Menu 30/40 €

17 r. Ch.-Chefson - ✆ 01 42 42 12 05 - Fermé 1 semaine vacances de fév., août, lundi soir, sam. et dim.

BOUGIVAL

✉ 78380 Yvelines - 8 498 hab. - Alt. 40 m - Carte régionale n° **11**-A2
Carte Michelin 311-I2 et 101-13 - Guide Vert Michelin Île de France

Le Camélia (Thierry Conte)

CUISINE MODERNE • ÉLÉGANT XX L'enseigne évoque le passé artistique de cette charmante auberge, récemment transformée dans l'esprit d'un bistrot chic et feutré, avec cuisines ouvertes sur la salle : une métamorphose réussie. On apprécie d'autant mieux l'œuvre du chef : des recettes inventives, suaves et délicates, réalisées au gré du marché.

➜ Salade de homard aux fruits de saison. Sole rôtie au jus d'herbes. Millefeuille aux fruits de saison.

Formule 32 € - Menu 49/82 € - Carte 100/130 €

7 quai Georges-Clemenceau - ✆ 01 39 18 36 06 - www.lecamelia.com - Fermé 1 semaine vacances de printemps, 3 semaines en août, 1 semaine vacances de Noël, dim. et lundi

BOULOGNE-BILLANCOURT

✉ 92100 Hauts-de-Seine - 117 126 hab. - Alt. 35 m - Carte régionale n° **11**-B2
Carte Michelin 311-J2 et 101-24 - Guide Vert Michelin Île de France

Jean Chauvel Ⓝ

CUISINE MODERNE • CONTEMPORAIN XXX Jean Chauvel (qui a officié longtemps aux Magnolias, à Perreux) fait des merveilles dans cette salle intimiste et élégante aménagée au fond de sa brasserie 3B. Au fil de ses menus surprise, il fait la preuve de sa créativité et de sa technique, avec en particulier un travail poussé sur le végétal ; l'harmonie est au rendez-vous, et notre plaisir aussi.

➜ Cuisine du marché.

Menu 76/98 € - menu unique

Plan : B2-a *33 av. Général-Leclerc Ⓜ Billancourt - ✆ 01 55 60 79 95 - www.jeanchauvel.fr - Fermé 3 semaines en août, vacances de Noël, sam. midi, dim. et lundi*

Le 3B Brasserie - voir les restaurants ci-dessus

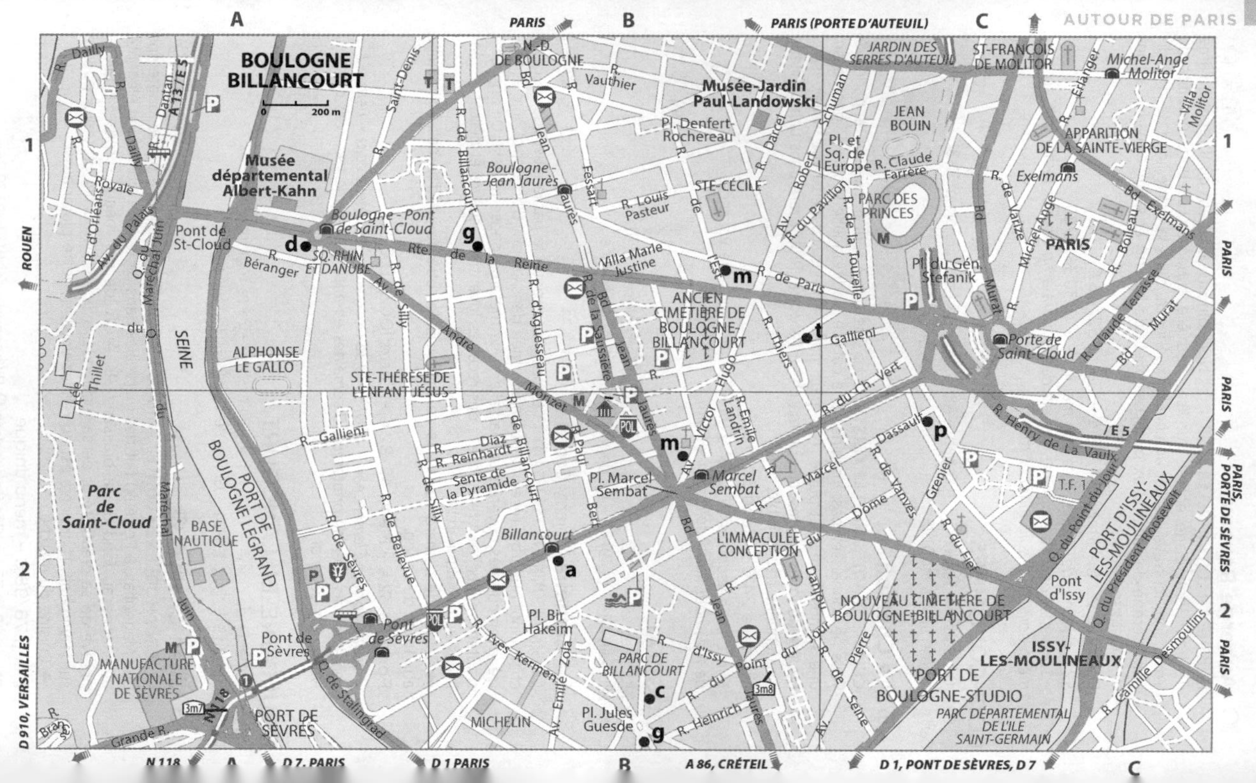
BOULOGNE BILLANCOURT
0 200 m
Musée départemental Albert-Kahn
Musée-Jardin Paul-Landowski
PARIS (PORTE D'AUTEUIL)
PARIS
PARIS, PORTE DE SÈVRES
ROUEN
D 910, VERSAILLES
N 118
D 7, PARIS
D 1 PARIS
A 86, CRÉTEIL
D 1, PONT DE SÈVRES, D 7
A 13 / E 5
E 5
SEINE
Parc de Saint-Cloud
MANUFACTURE NATIONALE DE SÈVRES
BASE NAUTIQUE
PORT DE BOULOGNE LEGRAND
PORT DE SÈVRES
Pont de Sèvres
Pont de St-Cloud
Pont d'Issy
ALPHONSE LE GALLO
SQ. RHIN ET DANUBE
STE-THÉRÈSE DE L'ENFANT JÉSUS
ANCIEN CIMETIÈRE DE BOULOGNE-BILLANCOURT
NOUVEAU CIMETIÈRE DE BOULOGNE-BILLANCOURT
L'IMMACULÉE CONCEPTION
PARC DE BILLANCOURT
ISSY-LES-MOULINEAUX
PORT D'ISSY-LES-MOULINEAUX
PARC DÉPARTEMENTAL DE L'ILE SAINT-GERMAIN
PORT DE BOULOGNE-STUDIO
PARC DES PRINCES
JEAN BOUIN
JARDIN DES SERRES D'AUTEUIL
ST-FRANÇOIS DE MOLITOR
APPARITION DE LA SAINTE-VIERGE
N.-D. DE BOULOGNE
STE-CÉCILE
MICHELIN
PARIS
T.F. 1
Porte de Saint-Cloud
Exelmans
Michel-Ange-Molitor
Boulogne-Jean Jaurès
Boulogne-Pont de Saint-Cloud
Marcel Sembat
Billancourt
Pont de Sèvres
Pl. Marcel Sembat
Pl. Jules Guesde
Pl. Bir Hakeim
Pl. Denfert-Rochereau
Pl. du Gén. Stefanik
Pl. et Sq. de l'Europe
Villa Molitor
Villa Marie Justine
Rte de la Reine
Av. André Morizet
Bd Jean Jaurès
Bd Murat
Bd Exelmans
R. Claude Terrasse
R. Michel-Ange
R. Erlanger
R. Boileau
R. de Varize
R. Claude Farrère
R. de la Tourelle
R. du Pavillon
Av. Robert Schuman
R. Darcel
R. de l'Est
R. de Paris
R. Gallieni
R. Thiers
Av. Victor Hugo
R. Emile Landrin
R. du Ch. Vert
R. Henry de La Vaux
R. Dassault
R. de Vanves
R. du Fief
R. Marcel Dassault
R. Danjou
R. du Point du Jour
R. Dôme
R. Grenier
R. Pierre
Av. du Point du Jour
R. Heinrich
R. d'Issy
R. de Billancourt
R. d'Aguesseau
R. de la Saussière
R. Fessart
R. Louis Pasteur
R. Vauthier
R. Saint-Denis
R. de Silly
R. de Bellevue
R. de Sèvres
R. Reinhardt
R. Diaz
Sente de la Pyramide
R. Paul Bert
R. Yves-Kermen
Av. Emile Zola
R. Béranger
R. Camille Desmoulins
Q. du Président Roosevelt
Q. du Point du Jour
Q. de Stalingrad
Q. du Maréchal Juin
Av. du Palais
R. Dailly
R. Dantan
R. Royale
R. d'Orléans
Allée Thillet
Grande R.
R. Brancas
A
B
C
1
2

MaSa (Hervé Rodriguez)

CUISINE CRÉATIVE • CONTEMPORAIN XX Ballotine de chapon, filet d'aiglefin, dessert rhubarbe et coco... Le chef utilise de bons produits pour composer une cuisine volontiers ludique et créative, qui n'hésite pas à jouer la carte de la surprise. Autant de couleurs et de saveurs ne peuvent laisser indifférent.

➜ Foie gras poêlé à l'encre de seiche, tarama d'anguille, coco de Paimpol et poutargue. Pigeonneau, langoustine, betterave et mûre. Chocolat et poivron rouge.

Formule 42 € – Menu 49 € (déj.), 80/125 €

Plan : B2-m *112 av. Victor-Hugo* Ⓜ *Marcel Sembat – ✆ 01 48 25 49 20 – www.masa-paris.fr – Fermé 3 semaines en août, 25 déc.-1er janv., sam. et dim.*

Le 3B Brasserie

CUISINE MODERNE • CONTEMPORAIN XX Salle lumineuse pour cette brasserie signée Jean Chauvel, aménagée par le chef d'origine bretonne en parallèle de son restaurant gastronomique. La carte met en valeur de beaux produits : tarte de tomates aux olives, volaille fermière rôtie au thym...

Formule 26 € – Menu 34 € (déj.) – Carte 43/54 €

Plan : B2-a *Restaurant Jean Chauvel, 33 av. Général-Leclerc* Ⓜ *Billancourt – ✆ 01 55 60 79 95 – www.jeanchauvel.fr – Fermé 3 semaines en août, sam. midi, dim. et lundi*

Chez Madeleine

CUISINE LIBANAISE • DE QUARTIER X En toute convivialité – on est accueilli ici comme si l'on faisait partie de la famille –, Madeleine régale ses clients d'une cuisine libanaise gorgée de soleil : mezzes chauds et froids, brochettes de viande marinées et grillées, mouhalabieh en dessert, etc. Des préparations goûteuses et pleines de fraîcheur : un régal !

Formule 18 € – Menu 40 € – Carte environ 36 €

Plan : B1-m *39 r. de Paris* Ⓜ *Boulogne Jean Jaurès – ✆ 01 46 89 46 57 – Fermé août, lundi soir et dim.*

La Machine à Coudes

CUISINE MODERNE • BISTRO X La jeune propriétaire, Marlène Alexandre-Buisson, a imaginé ce petit bistrot attachant, avec son décor de briques apparentes, ses vieilles étagères et ses... machines à coudre en guise de tables ! Elle s'est adjoint les services d'un chef talentueux, qui joue la partition néo-bistrot avec finesse et efficacité : on se régale.

Menu 35 € (déj.), 41/70 € 🍷

Plan : B2-g *35 r. Nationale* Ⓜ *Billancourt – ✆ 01 47 79 05 06 – www.lamachineacoudes.fr – Fermé 1 semaine en août, 1 semaine en déc., sam. midi, dim. et lundi*

Mon Bistrot

CUISINE MODERNE • BISTRO X Cabillaud à la plancha, parmesan et purée de panais ; œufs brouillés au jambon Bellota... Un néobistrot convivial et plutôt cosy pour une cuisine bistrotière d'aujourd'hui, fraîche et bien ficelée.

Formule 29 € – Carte 37/57 €

Plan : C2-p *33 r. Marcel-Dassault* Ⓜ *Porte de St-Cloud – ✆ 01 47 61 90 10 – www.mon-bistrot.fr – Fermé 1 semaine en fév., août, sam., dim. et fériés*

La Plantxa

CUISINE MODERNE • CONVIVIAL X Avec Juan Arbelaez, recherche, saveurs et originalité règnent en maîtres dans les cuisines de la Plantxa. En toute décontraction, "comme à la maison", on se régale de ses assiettes percutantes et soignées. Vivifiant et bienvenu !

Carte 38/55 €

Plan : B1-t *58 r. Gallieni* Ⓜ *Porte de St-Cloud – ✆ 01 46 20 50 93 – www.plantxa.com – Fermé 2 semaines en août, dim. et lundi*

La Table de Cybèle

CUISINE MODERNE • CONTEMPORAIN X À la tête de ce néobistrot œuvre un couple franco-américain, et c'est Cybèle, née à San Francisco, qui officie en cuisine, signant des recettes originales, axées sur de beaux produits, à l'instar de cette fricassée d'escargots, champignons shiitake et canard fumé maison... La Table de Cybèle est si jolie...

Formule 29 € – Menu 34 € (déj.) – Carte 43/52 € dîner

Plan : B2-c *38 r. de Meudon* Ⓜ *Billancourt – ✆ 01 46 21 75 90 – www.latabledecybele.com – Fermé dim. et lundi*

Courtyard by Marriott

HÔTEL DE CHAÎNE • CONTEMPORAIN Dans une ancienne agence de la Banque de France, cet établissement destiné à une clientèle d'affaires propose des chambres sobres et assez spacieuses, certaines avec balcon. Et sur le toit, bar et terrasse ensoleillés... Garage très pratique.

113 chambres – †129/349 € ††129/349 € – ☕ 18 €

Plan : B1-g *114 rte de la Reine* Ⓜ *Jean-Jaurès – ✆ 01 81 89 06 80 – www.courtyardparisboulogne.fr*

Acanthe

BUSINESS • CONTEMPORAIN Près des studios de Boulogne et des beaux jardins du musée Albert-Kahn, voici un hôtel agréable, aux chambres douillettes et bien insonorisées. Joli patio fleuri et table de billard qui se transforme, au matin, en buffet de petit-déjeuner...

70 chambres – †91/259 € ††91/259 € – ☕ 16 €

Plan : A1-d *9 rd-pt Rhin-et-Danube* Ⓜ *Boulogne Pont de Saint-Cloud – ✆ 01 46 99 10 40 – www.hotelacanthe.com*

BRIE-COMTE-ROBERT

✉ 77170 Seine-et-Marne – 16 563 hab. – Alt. 90 m – Carte régionale n° **10**-C2
Carte Michelin 312-E3 et 101-39 – Guide Vert Michelin Île de France

La Fabrique

CUISINE MODERNE • DESIGN XX Ce loft d'esprit industriel est bien caché au bout d'une petite allée, et il fait bon s'y régaler dans une atmosphère jeune et décontractée... Une adresse d'aujourd'hui, qui décline une cuisine moderne et volontiers créative, avec quelques fulgurances !

Formule 28 € – Menu 35 € (déj.) – Carte 50/65 €

1 bis r. du Coq-Gaulois – ✆ 01 60 02 10 10 – www.restaurantlafabrique.fr – Fermé 1 semaine en mars, août, 24 déc.-2 janv., mardi soir, merc. soir, sam. midi, dim. et lundi

BRY-SUR-MARNE

✉ 94360 Val-de-Marne – 16 319 hab. – Alt. 40 m – Carte régionale n° **11**-D2
Carte Michelin 312-E2 et 101-18

Auberge du Pont de Bry - La Grappille

CUISINE MODERNE • AUBERGE XX Aux commandes de cette auberge, un chef de métier qui fait preuve de savoir-faire et sélectionne des ingrédients de qualité pour rehausser les saveurs des recettes – même les plus traditionnelles : foie gras mariné, kouign amann, cassoulet de homard à l'andouille de Guémené...

Formule 25 € – Menu 35 € (semaine)/65 € – Carte 50/68 €

3 av. du Gén.-Leclerc – ✆ 01 48 82 27 70 – www.lagrappille.fr – Fermé 16-31 août, lundi et mardi

CERGY-PONTOISE

Val-d'Oise – 197 985 hab. – Carte régionale n° **10**-B1
Carte Michelin 305-D6 et 106-5 – Guide Vert Michelin Île de France

Hérouville 8 km au Nord-Est par D927 – ✉ 95300 – 612 hab. – Alt. 120 m

Les Vignes Rouges

CUISINE TRADITIONNELLE • AUBERGE La tradition est de mise dans cette maison surannée, au cœur de ce village proche d'Auvers-sur-Oise (l'enseigne fait d'ailleurs référence à une œuvre de Van Gogh). De bonnes saveurs au menu : foie gras poêlé, andouillette braisée au chablis...

Menu 38 € – Carte 45/70 €

– ✆ 01 34 66 54 73 – www.vignesrouges.fr – Fermé 1er-10 mai, 3 semaines en août, 2-15 janv., dim. soir, lundi et mardi

Méry-sur-Oise – ✉ 95540 – 9 233 hab. – Alt. 29 m

Le Chiquito (Alain Mihura)

CUISINE CLASSIQUE • ÉLÉGANT Tout est plaisir dans cette maison francilienne du 17e s. : le cadre, élégant et plein de cachet ; l'accueil, des plus prévenants... et que dire de la cuisine d'Alain Mihura, sinon qu'elle honore le plus beau classicisme, par sa précision et la finesse de ses saveurs ? Une demeure tout en délicatesse, vivement recommandable...

➜ Tête de veau laquée, médaillons de crevettes sauvages, et gribiche d'avocat. Ris de veau braisé au beurre mousseux. Paris-brest.

Menu 64/77 € – Carte environ 65 €

3 r. de l'Oise, La Bonneville, 1,5 km par D922, rte de Pontoise – ✆ 01 30 36 40 23 – www.lechiquito.fr – Fermé 13-25 août, dim. et lundi

Pontoise – ✉ 95000 – 30 164 hab. – Alt. 48 m

Auberge du Cheval Blanc

CUISINE MODERNE • TENDANCE L'Auberge du Cheval Blanc, c'est surtout la personnalité de Laurence Ravail, chef truculente et passionnée, intarissable sur les produits et les vignerons qu'elle adore (belle sélection de vins). Ses assiettes ne mentent pas : colorées et savoureuses, elles mêlent recettes nouvelles et ingrédients bio.

Formule 32 € – Menu 43/60 € – Carte 50/83 €

Plan : B1-t *47 r. de Gisors – ✆ 01 30 32 25 05 – Fermé 28 juil.-21 août, sam. midi, dim. et lundi*

L'Or Q'idée N

CUISINE MODERNE • COSY Un jeune couple plein d'idées, une rue calme, une décoration contemporaine, et dans l'assiette, une cuisine au goût du jour, fraîche et alléchante, qui fait la part belle aux produits frais, travaillés avec soin, avec une prédisposition pour les agrumes.

Menu 35 € (déj.)/69 € – Carte 51/65 €

14 r. Marcel-Rousier – ✆ 01 34 35 47 10 – www.lorqidee.fr – Fermé 3 semaines en août , lundi soir, mardi soir, merc. soir, sam. midi et dim.

CERNAY-LA-VILLE

✉ 78720 Yvelines – 1 614 hab. – Alt. 170 m – Carte régionale n° **10**-B2
Carte Michelin 311-H3 et 106-29

Abbaye des Vaux de Cernay

CUISINE TRADITIONNELLE • ROMANTIQUE Dans le magnifique cadre de cette abbaye cistercienne, les salles à manger s'ornent de belles voûtes et ogives : un écrin de choix pour la belle cuisine de tradition préparée par le chef. Tourteau à la gelée de mangue et dentelle de sarrasin, bar sauvage à l'ail des ours et risotto aux coquillages... Réjouissant.

Formule 32 € – Menu 55/85 € – Carte 80/92 €

rte d'Auffargis, 2,5 km à l'Ouest par D24 – ✆ 01 34 85 23 00 – www.abbayedecernay.com

Abbaye des Vaux de Cernay

DEMEURE HISTORIQUE · HISTORIQUE On accède par un grand parc à cette abbaye cistercienne, magnifique ensemble architectural du 12es. Salons gothiques, vastes chambres au mobilier ancien ou plus actuel. Cuisine traditionnelle servie dans l'étonnante salle à manger coiffée de superbes voûtes.

57 chambres – 130/660 € 130/660 € – 3 suites – 20 €

rte d'Auffargis, 2,5 km à l'Ouest par D24 – 01 34 85 23 00 – www.abbayedecernay.com

Abbaye des Vaux de Cernay – voir les restaurants ci-dessus

CHÂTEAUFORT

78117 Yvelines – 1 375 hab. – Alt. 153 m – Carte régionale n° **11**-A3
Carte Michelin 311-I3 et 101-22

La Belle Époque

CUISINE MODERNE · ÉLÉGANT XXX L'enseigne ne ment pas : derrière une devanture digne d'une auberge d'autrefois, on découvre un décor d'une sobre élégance, au noir et blanc très "début de siècle", assorti d'une jolie terrasse dominant la vallée de Chevreuse. Mais le chef signe une cuisine dans le goût de... notre époque.

Formule 35 € – Menu 40 € (semaine)/75 € – Carte 68/81 €

10 pl. de la Mairie – 01 39 56 95 48 – www.labelleepoque78.fr – Fermé 1er-20 août, dim. et lundi

CHÂTILLON

92320 Hauts-de-Seine – 37 089 hab. – Alt. 115 m – Carte régionale n° **11**-B2
Carte Michelin 311-J3 et 101-25

Barbezingue

CUISINE TRADITIONNELLE · BISTRO X Drôle de nom pour un étonnant concept : le Barbezingue fait restaurant, table d'hôte (buffet à l'étage) et... barbier le vendredi matin ! On y déguste une généreuse cuisine canaille, avec, en prime, une terrasse pour l'apéritif et un terrain de pétanque. Plus qu'un concept, un lieu de vie plein de gourmandise.

Menu 25/42 € – Carte environ 35 €

14 bd de la Liberté – 01 49 85 83 50 – www.barbezingue.com – Fermé 3 semaines en août, dim. soir et lundi

CHEVREUSE

78460 Yvelines – 5 709 hab. – Alt. 85 m – Carte régionale n° **10**-B2
Carte Michelin 311-I3 et 101-32

Le Clos de Chevreuse

CUISINE MODERNE · TRADITIONNEL XX Le chef, dont le parcours est évocateur (il a passé sept ans au Bristol, entre autres), compose ici des préparations équilibrées et soignées, autant d'un point de vue des saveurs que sur le plan esthétique. L'été, on court s'installer sur la coquette terrasse fleurie, au calme de la cour.

Formule 20 € – Menu 45 € – Carte 56/66 €

33 r. de Rambouillet – 01 30 52 17 41 – www.leclosdechevreuse.net – Fermé 9-30 août, dim. soir, mardi soir et merc.

CLICHY

92110 Hauts-de-Seine – 59 783 hab. – Alt. 30 m – Carte régionale n° **11**-B1
Carte Michelin 311-J2 et 101-15

La Barrière de Clichy

CUISINE TRADITIONNELLE • CLASSIQUE XX Aux portes de Paris, en face du nouveau Palais de justice, cette table au passé prestigieux (elle a vu passer quelques grands noms, comme Guy Savoy ou Bernard Loiseau) continue de célébrer le beau classicisme : escargots dans une infusion légèrement aillée, filet de bar rôti sur sabayon au champagne et purée de courgettes... La tradition a du bon.

Formule 29 € – Menu 38 € (déj.), 50/65 € – Carte 45/85 €

1 r. de Paris Ⓜ Mairie de Clichy – ✆ 01 47 37 05 18 – www.labarrieredeclichy.com – Fermé août, sam., dim. et fériés

COLOMBES

✉ 92700 Hauts-de-Seine – 84 392 hab. – Alt. 38 m – Carte régionale n° **11**-B1
Carte Michelin 312-C2 et 101-14

Bistro de Paris Ⓝ

CUISINE TRADITIONNELLE • BRASSERIE X Sur la rue principale, proche de l'impressionnante église de Jean Hébrard en béton armé, cette ancienne brasserie (1907) avec comptoir en zinc, miroirs, moulures et lustre à boule propose une cuisine traditionnelle sous forme d'un menu-carte et de quelques incontournables, à l'image du suprême de volaille jaune forestière, pommes grenaille et jus au citron confit.

Menu 30 € – Carte 30/50 €

3 pl. du Général Leclerc – ✆ 01 47 84 22 48 – www.bistrodeparis.fr – Fermé dim. et lundi

CORBEIL-ESSONNES

✉ 91100 Essonne – 49 373 hab. – Alt. 37 m – Carte régionale n° **10**-C3
Carte Michelin 312-D4 et 101-37

Aux Armes de France

CUISINE MODERNE • COSY XX Il souffle comme un vent de fraîcheur sur cet ancien relais de poste tenu par un jeune chef passé par plusieurs maisons étoilées. Au menu : des recettes généreuses en saveurs, à l'image de ces macaronis farcis au foie gras et céleri-rave, gratinés au parmesan. Ambiance feutrée, accueil charmant.

Formule 38 € – Menu 51/73 €

C3 *1 bd Jean-Jaurès – ✆ 01 60 89 27 10 – www.aux-armes-de-france.fr – Fermé 1er-15 août, dim. et lundi*

COURBEVOIE

✉ 92400 Hauts-de-Seine – 86 854 hab. – Alt. 28 m – Carte régionale n° **11**-B1
Carte Michelin 311-J2 et 101-15 – Guide Vert Michelin Île de France

Le Bistrot Pierre Lambert Ⓝ

CUISINE CRÉATIVE • CONTEMPORAIN X En face du parc de Bécon, l'ex-Trois Marmites a été repris par un ancien apprenti de la maison, Pierre Lambert. Une salle au cadre contemporain sert d'écrin à une cuisine créative, présentée sous forme d'un menu surprise qui change chaque semaine.

Formule 34 € – Menu 42/58 €

215 bd St-Denis (en face du parc de Bécon) – ✆ 01 43 33 25 35 – www.pierrelambert.fr – Fermé 1 semaine en fév., 3 semaines en août, 24-31 déc., dim. et lundi

CRÉTEIL

✉ 94000 Val-de-Marne – 91 042 hab. – Alt. 48 m – Carte régionale n° **11**-C2
Carte Michelin 312-D3 et 101-27 – Guide Vert Michelin Île de France

Les Mets de Mo

CUISINE CRÉATIVE • ÉLÉGANT XXX Des plats créatifs et instinctifs, aux influences multiples, dans lesquelles les épices sont utilisés à bon escient ; de bons produits frais issus des circuits courts... Pas besoin d'avoir fait de grandes études pour comprendre comment cette table a gagné les cœurs (et les ventres) des Cristoliens. Irrésistible !

Formule 29 € – Menu 32 € (déj.), 46/79 € – Carte 55/72 €

29 av. Pierre-Brossolette – ✆ 01 48 98 49 52 – www.lesmetsdemo.com – Fermé 3 semaines août, dim. et lundi

CROSNE

✉ 91560 Essonne - 9 191 hab. - Alt. 36 m - Carte régionale n° **11**-C_D3
Carte Michelin 312-D3 et 101-37

La Maison du Pressoir

CUISINE MODERNE • BISTRO Des recettes pétillantes, qui ne manquent ni de fraîcheur ni de saveurs : on a eu bien raison de pousser la porte de cette Maison du Pressoir, dont la fondation date de la fin du 19e s. Le décor, dans un style de bistrot chic, n'est pas sans charme ; on peut aussi profiter d'une plaisante terrasse au calme.

Formule 19 € - Menu 25 € (déj. en semaine), 35/49 € - Carte 39/53 €

***C3** 34 av. Jean-Jaurès - ✆ 01 69 06 49 83 - www.lamaisondupressoir.fr*
- Fermé 17-27 fév., 29 juil.-21 août, dim. soir, lundi et mardi

DAMPIERRE-EN-YVELINES

✉ 78720 Yvelines - 1 040 hab. - Alt. 100 m - Carte régionale n° **10**-B2
Carte Michelin 311-H3 et 101-31

La Table des Blot - Auberge du Château (Christophe Blot)

CUISINE MODERNE • AUBERGE Une belle et élégante auberge du 17e s., où le talent du chef et les saisons rythment la créativité des recettes. L'accueil se révèle chaleureux et, pour prolonger l'étape, on peut réserver une jolie chambre façon maison de campagne.

➜ Tartelette fine, escargots, fondue de tomate et persil frit. Homard poêlé, décortiqué et fumé à la livèche. Soufflé au chocolat mi-cuit et glacé.

Menu 50/80 € - Carte 65/105 €

5 chambres - 90/120 € 90/120 € - 12 €

1 Grande-Rue - ✆ 01 30 47 56 56 - www.latabledesblot.com
- Fermé fév., août, déc., dim. soir, lundi et mardi

DAMPMART

✉ 77400 Seine-et-Marne - 3 179 hab. - Alt. 50 m - Carte régionale n° **10**-C2
Carte Michelin 312-F2

Le Quincangrogne (Franck Charpentier)

CUISINE MODERNE Aux fourneaux de cet hôtel-restaurant, on trouve Franck Charpentier, chef au parcours solide - plusieurs tables étoilées au sein d'hôtels de luxe, notamment. Il régale sa clientèle avec une carte simple, axée sur des produits régionaux de grande qualité. Finesse et précision des agencements de saveurs, visuels précis et bien travaillés : on se régale.

Menu 39 € (déj. en semaine), 59/85 € - Carte 75/95 €

7 r. de l'Abreuvoir - ✆ 01 64 44 44 80 - www.hotel-restaurant-lequincangrogne.fr
- Fermé 31 juil.-25 août, 1er-11 janv., dim. soir, lundi et mardi

Le Quincangrogne

TRADITIONNEL • CONTEMPORAIN Des chambres confortables et bien équipées, décorées dans une veine contemporaine : voici ce qui vous attend dans cet hôtel ouvert en 2016, dont le joli parc donne directement sur la Marne. Un havre de tranquillité.

17 chambres - 70/120 € 120/190 € - 17 €

7 r. de l'Abreuvoir - ✆ 01 64 44 44 80 - www.hotel-restaurant-lequincangrogne.fr

Le Quincangrogne - voir les restaurants ci-dessus

LA DÉFENSE

✉ 92400 Hauts-de-Seine - Carte régionale n° **11**-B1
Carte Michelin 311-J2 et 101-14 - Guide Vert Michelin Paris

Hilton La Défense

BUSINESS • CONTEMPORAIN Hôtel situé dans l'enceinte du Cnit. Certaines chambres ont été pensées pour le bien-être de la clientèle d'affaires : espaces travail, repos, relaxation et salle de bains-jacuzzi. Côté Parvis, cuisine dans l'air du temps et jolie vue sur l'Arche.

153 chambres – †169/299 € ††179/399 € – 4 suites – 26 €

2 pl. de la Défense ✉ 92053 Ⓜ La Défense – ✆ 01 46 92 10 10 – www.hiltonparisladefense.com

Melia Paris La Défense

BUSINESS • DESIGN C'est l'un des projets hôteliers les plus ambitieux de l'Ouest parisien. Un grand immeuble en forme de voile de bateau, 369 chambres high-tech et lumineuses, dont la plupart offrent une jolie vue sur Paris, une esthétique d'ensemble très soignée... De la belle ouvrage !

340 chambres – †150/450 € ††150/450 € – 29 suites

4 esplanade du Gén.-de-Gaulle ✉ 92400 Courbevoie Ⓜ Esplanade de la Défense – ✆ 01 75 57 99 00

Sofitel Paris La Défense

LUXE • PERSONNALISÉ Un hôtel d'affaires parfaitement intégré au paysage des tours de la Défense, non loin de la Grande Arche. Chambres chic et feutrées, à l'élégance intemporelle... et cuisine méditerranéenne au restaurant.

151 chambres – †180/435 € ††180/435 € – 27 €

34 cours Michelet, par bd circulaire sortie La Défense 4 ✉ 92060 Puteaux Ⓜ Esplanade de la Défense – ✆ 01 47 76 44 43 – www.sofitel-paris-ladefense.com

DEUIL-LA-BARRE

✉ 95170 Val-d'Oise – 21 983 hab. – Alt. 25 m – Carte régionale n° **10**-B1
Carte Michelin 305-E7 et 101-5

Verre Chez Moi

CUISINE MODERNE • INTIME Une belle surprise que cette discrète maison de ville, tenue par un jeune sommelier passionné : à l'unisson de ses vins "coup de cœur" – surtout de petits propriétaires –, on déguste une cuisine très appétissante, fine et parfumée. L'été venu, profitez de la jolie cour sur l'arrière. Arrêt recommandé Verre Chez Moi !

Formule 32 € – Menu 36 € (déj.) – Carte 40/67 €

75 av. de la Division-Leclerc – ✆ 01 39 64 04 34 – www.restaurant-verrechezmoi.com – Fermé vacances de fév., 1 semaine début mai, 3 semaines en août, lundi soir, sam. midi et dim.

ENGHIEN-LES-BAINS

✉ 95880 Val-d'Oise – 11 188 hab. – Alt. 45 m – Carte régionale n° **11**-B1
Carte Michelin 305-E7 et 101-5 – Guide Vert Michelin Île de France

Le Grand Hôtel

SPA ET BIEN-ÊTRE • CLASSIQUE Face au lac d'Enghien, ce "grand hôtel" joue la carte d'un classicisme chic et feutré. L'établissement offre un accès direct à un superbe ensemble spa et fitness. Idéal pour une villégiature aux portes de la région parisienne.

43 chambres – †86/412 € ††86/412 € – 20 €

85 r. du Gén.-de-Gaulle – ✆ 01 39 34 10 00 – www.legrandhotel-enghien.com

Hôtel du Lac

BUSINESS • FONCTIONNEL Associé au Grand Hôtel Barrière, il offre accès au même spa, l'un des plus grands de France. À deux pas du casino, face au lac, l'adresse est propice à un week-end détente, mais elle satisfait aussi la clientèle d'affaires en semaine, avec son espace séminaires et ses chambres classiques et fonctionnelles.

141 chambres – †86/412 € ††86/412 € – 20 €

89 r. du Gén.-de-Gaulle – ✆ 01 39 34 11 00 – www.lhoteldulac-enghien.com – Fermé dim.

LA GARENNE-COLOMBES

☒ 92250 Hauts-de-Seine – 29 072 hab. – Alt. 40 m – Carte régionale n° **11**-B1
Carte Michelin 311-J2 et 101-14

Le Saint Joseph

CUISINE MODERNE • BISTRO X Dans ce bistrot de quartier, mijote une goûteuse cuisine au goût du jour, déclinée sous forme d'un menu-carte, imaginé par le chef Benoît Bordier, au parcours exemplaire. On se régale dans une ambiance familiale, jusqu'à la petite carte des vins, mettant en avant des femmes vigneronnes. Un coup de cœur.

Formule 29 € – Menu 34 € – Carte 34/60 €

100 bd de la République – ✆ 01 42 42 64 49 – www.lesaintjoseph-restaurant.fr – Fermé 3 semaines en août, 1 semaine vacances de Noël, dim. et lundi

GENNEVILLIERS

☒ 92230 Hauts-de-Seine – 42 919 hab. – Alt. 28 m – Carte régionale n° **11**-B1

L'Ambassade des Terroirs

CUISINE CLASSIQUE • BISTRO X La philosophie de la maison ? Des produits labellisés rigoureusement sélectionnés, du circuit court, du bio ! Avec tout cela, les deux associés proposent une bonne cuisine du terroir, savoureuse et cuisinée avec application. La bonne adresse des environs.

Formule 20 € – Menu 32/34 € – Carte 39/70 €

45 r. Pierre-Timbaud – ✆ 01 47 98 39 26 – www.ambassadedesterroirs.com – Fermé 3 semaines en août, sam. midi, lundi soir et dim.

GIF-SUR-YVETTE

☒ 91190 Essonne – 20 346 hab. – Alt. 61 m – Carte régionale n° **11**-A3
Carte Michelin 312-B3 et 101-33

Les Saveurs Sauvages

CUISINE MODERNE • CONTEMPORAIN XX Face à la petite gare RER de Gif-sur-Yvette, cette adresse entre bistrot et gastro nous accueille dans un bel intérieur contemporain. La cuisine, soignée et goûteuse, est traversée de quelques touches asiatiques – le chef est d'origine vietnamienne. Vous y retournerez avec plaisir : le menu change tous les jours !

Menu 31/45 € – Carte 42/48 €

4 r. Croix-Grignon (face à la gare RER) – ✆ 01 69 07 01 16 – www.lessaveurssauvages.fr – Fermé 1 semaine en avril, 3 semaines en août, vacances de Noël, dim. et lundi

ISSY-LES-MOULINEAUX

☒ 92130 Hauts-de-Seine – 65 322 hab. – Alt. 37 m – Carte régionale n° **11**-B2
Carte Michelin 311-J3 et 101-25 – Guide Vert Michelin Île de France

La Passerelle

CUISINE MODERNE • CONTEMPORAIN XX Des produits rigoureusement sélectionnés, une cuisine fine et colorée où la Méditerranée fait de fréquentes incursions, le tout réalisé par un jeune chef talentueux et motivé... On emprunte joyeusement cette Passerelle pour se rendre sur les terres de la gourmandise et des saveurs !

Formule 34 € – Menu 40 € (déj. en semaine), 60/95 € – Carte 63/88 €

172 quai de Stalingrad – ✆ 01 46 48 80 81 – www.lapasserelle-issy.com – Fermé août, dim. et lundi

Le 7 à Issy

CUISINE TRADITIONNELLE • CONVIVIAL XX Ici, on goûte une cuisine traditionnelle copieuse et bien ficelée. Habitués et hommes d'affaires ne boudent pas leur plaisir !

Formule 28 € – Menu 36/69 € 🍷 – Carte 45/62 €

7 rond-point Victor-Hugo Ⓜ Corentin-Celton – ✆ 01 46 45 22 12 – www.7aissy.fr – Fermé 1er-25 août, 24-30 déc., lundi soir, sam. midi et dim.

JANVRY

✉ 91640 Essonne - 637 hab. - Alt. 160 m - Carte régionale n° **10**-B2
Carte Michelin 312-B4 et 101-33

Bonne Franquette

CUISINE CLASSIQUE • BISTRO XX Cette petite auberge, située face au château (17e s.) d'un joli village francilien, se distingue par une ambiance éminemment chaleureuse. La cuisine, savoureuse et renouvelée au fil des saisons, s'accompagne de délicieux vins à prix raisonnables. Ne manquez pas la spécialité maison : la cervelle de veau meunière aux câpres.

Formule 34 € - Menu 42 €

B3 *1 r. du Marchais*
- ✆ 01 64 90 72 06 - www.bonnefranquette.fr
- Fermé 1er-14 mai, 20 août-10 sept., 23 déc.-9 janv., sam. midi, dim. et lundi

LEVALLOIS-PERRET

✉ 92300 Hauts-de-Seine - 64 654 hab. - Alt. 30 m - Carte régionale n° **11**-B1
Carte Michelin 311-J2 et 101-15

Auda

CUISINE JAPONAISE • SIMPLE X Cette adresse de poche propose une cuisine japonaise en petits plats, façon tapas (beignet wakame, maki à l'oursin, porc tonkatsu) dans un cadre épuré, rehaussé de bières, sakés, whisky japonais et autres mangas. Un izakaya à Levallois !

Menu 38 € - Carte 25/40 €

51 r. Danton Ⓜ Anatole France
- ✆ 01 47 59 94 17 - www.pierrelambert.fr
- Fermé 1 semaine en fév., 3 semaines en août, dim. et lundi

Le Bistrot d'Oscar

CUISINE MODERNE • BISTRO X Ici, on joue la carte bistrot ! Ceviche au pamplemousse rose et coriandre ; wok de gambas sauvages ; nouilles sautées au piment d'Espelette... Les plats, généreux et bien ficelés, sont parfumés à souhait. Et pour ceux qui veulent profiter du grand air, direction la terrasse !

Formule 22 € - Menu 30 € (déj.) - Carte 34/52 €

1 pl. du Maréchal-de-Tassigny Ⓜ Louise Michel
- ✆ 01 47 59 00 82
- Fermé 2 semaines en août, sam., dim. et fériés

Je l'm Ⓝ

CUISINE MODERNE • SIMPLE X Julien Roucheteau propose ici une cuisine du marché bien ficelée - sardine marinée ; faux-filet de bœuf, écrasée de pomme de terre ; cheesecake, etc. À déguster en terrasse, l'été.

Formule 24 € - Menu 27 € (déj.)/30 €
- Carte 43/52 €

4 pl. Henri-Barbusse Ⓜ Louise Michel
- ✆ 01 47 57 49 00 - restaurant-jlm.fr
- Fermé 3 semaines en août, vacances de Noël, dim., lundi et fériés

Espace Champerret

FAMILIAL • TRADITIONNEL Carreaux de ciment, mobilier vintage et cour intérieure fleurie : le rez-de-chaussée de cet hôtel familial tranche avec son environnement. Dans les étages, chambres sobres, confortables et bien tenues, à des prix très raisonnables.

39 chambres - †48/135 € ††55/151 € - ☕ 11 €

26 r. Louise-Michel Ⓜ Louise Michel
- ✆ 01 47 57 20 71 - www.hotel-espace-champerret.com

LIVRY-GARGAN

✉ 93190 Seine-Saint-Denis - 42 699 hab. - Alt. 60 m - Carte régionale n° **11**-D1
Carte Michelin 305-G7 et 101-18

La Petite Marmite

CUISINE TRADITIONNELLE • CLASSIQUE XX Un auvent couvert de chaume, une salle tout en bois, des banquettes douillettes... et une cuisine traditionnelle bien mitonnée, réalisée par une équipe stable et fidèle. Cette Petite Marmite réchauffe les cœurs !

Menu 35 € - Carte 47/137 €

8 bd de la République - ✆ 01 43 81 29 15 - www.lapetitemarmite-livrygargan.com - Fermé vacances de fév., 8-31 août, dim. soir et merc.

LONGJUMEAU

✉ 91160 Essonne - 21 739 hab. - Alt. 78 m - Carte régionale n° **11**-B3
Carte Michelin 312-C3 et 101-35

à Saulx-les-Chartreux 2,5 km au Sud-Ouest par D118 - ✉ 91160 - 5 181 hab. - Alt. 75 m

L'Orée

BUSINESS • PERSONNALISÉ À 20 km au sud de Paris, un établissement tout indiqué pour un séjour au vert ! Dans un parc de 6 ha à l'orée de la forêt du Rocher-de-Saulx, le calme est complet et les occasions de se détendre nombreuses : chambres confortables, courts de tennis, terrains de volley, spa, restaurant face à la nature... Le tout certifié Écolabel !

60 chambres - †100/159 € ††125/175 € - ☕ 16 €

rte de Montlhéry, par N20, sortie "La Ville du Bois" - ✆ 01 64 48 38 38 - www.loree.fr

MAISONS-ALFORT

✉ 94700 Val-de-Marne - 54 186 hab. - Alt. 37 m - Carte régionale n° **11**-C2
Carte Michelin 312-D3 et 101-27 - Guide Vert Michelin Île de France

La Bourgogne

CUISINE MODERNE • ÉLÉGANT XX La bonne table de Maisons-Alfort et au-delà. Ses atouts : un cadre très moderne, chaleureux et intime, et surtout de belles saveurs. La cuisine est ici une chose sérieuse, fondée sur les meilleurs produits et savoir-faire... sans craindre la nouveauté !

Menu 36/65 €

164 r. Jean-Jaurès - ✆ 01 43 75 12 75 - www.restaurant-labourgogne.com - Fermé 6-26 août, 22 déc.-2 janv., sam. midi et dim.

MAISONS-LAFFITTE

✉ 78600 Yvelines - 23 705 hab. - Alt. 38 m - Carte régionale n° **11**-A1
Carte Michelin 311-I2 et 101-13 - Guide Vert Michelin Île de France

Le Tastevin

CUISINE CLASSIQUE • ÉLÉGANT XXX En bordure de parc, cette maison bourgeoise élégamment décorée cultive un certain art de vivre à la française... et chante son amour des beaux produits ! Le chef, d'origine italienne, maîtrise bien son sujet ; il revisite les classiques en y apportant quelques touches méditerranéennes. Jolie carte des vins.

Formule 39 € - Menu 48 € (déj. en semaine), 98/102 € 🍷 - Carte 84/106 €

9 av. Eglé - ✆ 01 39 62 11 67 - www.letastevin-restaurant.fr - Fermé 2 semaines en août, dim. soir et lundi

La Plancha

CUISINE MODERNE • COSY X Ambiance "voyage" dans ce restaurant à deux pas de la gare du RER A. La carte, assez originale, propose des recettes combinant avec succès les produits français, espagnols et japonais.

Formule 29 € - Menu 38/67 € - Carte 54/76 €

5 av. de St-Germain - ✆ 01 39 12 03 75 - Fermé 16 juil.-22 août, dim. soir, mardi et merc.

MARLY-LE-ROI

⊠ 78160 Yvelines - 16 331 hab. - Alt. 90 m - Carte régionale n° **11**-A2
Carte Michelin 312-B2 et 101-12

Le Village (Tomohiro Uido)

CUISINE MODERNE • INTIME XX Une jolie auberge dans une ruelle pittoresque du vieux Marly. Le chef, né au Japon, signe une cuisine très maîtrisée, avec de jolis accords de textures et de saveurs. La France inspire l'Asie, et réciproquement...

➜ Goï cuôn de homard breton et foie gras en terrine. Pigeonneau d'Anjou en croûte de gros sel de Guérande aromatisé. Soufflé chaud au yuzu de Kôchi légèrement poivré, sorbet yaourt au shiso.

Formule 40 € - Menu 50/100 € - Carte 140/245 €

3 Grande-Rue - ✆ 01 39 16 28 14 - www.restaurant-levillage.fr
- Fermé 2 semaines en août, 1 semaine en janv., sam. midi, dim. soir et lundi

MAULE

⊠ 78580 Yvelines - 5 743 hab. - Alt. 40 m - Carte régionale n° **10**-A1
Carte Michelin 311-H2

La Case de Babette

CUISINE CRÉOLE • ROMANTIQUE XX Babette de Rozières, fameuse chroniqueuse culinaire, a plus d'un tour dans son sac ! Au cœur du joli bourg de Maule, elle rend hommage à sa Guadeloupe natale avec une cuisine ensoleillée, débordante de saveurs. Le service est assuré avec attention et professionnalisme, et l'on mange au son d'une discrète musique des îles...

Formule 26 € 🍷 - Menu 32 € 🍷 (déj. en semaine) - Carte 43/65 €

2 r. St-Vincent
- ✆ 01 30 90 38 97 - www.lacasedebabette.com
- Fermé dim. et lundi

MEUDON

⊠ 92190 Hauts-de-Seine - 45 507 hab. - Alt. 100 m - Carte régionale n° **11**-B2
Carte Michelin 311-J3 et 101-24 - Guide Vert Michelin Île de France

L'Escarbille (Régis Douysset)

CUISINE MODERNE • BOURGEOIS XX Un buffet de gare ? Oui... et non ! Un passé "ferroviaire" certes, mais un présent résolument gourmet, dans une atmosphère chic et contemporaine. Amoureux du beau produit, le chef réalise ici une élégante cuisine du marché : c'est frais, bien tourné et très bon.

➜ Pointes d'asperges vertes et girolles au parfum de réglisse. Turbot, endives caramélisées et émulsion à la citronnelle. Soufflé au Grand Marnier, sorbet orange-mandarine.

Menu 42 € (déj. en semaine), 61/81 €

8 r. Vélizy - ✆ 01 45 34 12 03 - www.lescarbille.fr - Fermé 3 semaines en août, 24 déc.-2 janv., dim. et lundi

Quai de Meudon

CUISINE TRADITIONNELLE • CONTEMPORAIN X Cette ancienne gare, avec ses poutres métalliques et ses rivets, vous rappelle quelque chose ? Normal : elle a été bâtie par les équipes d'Eiffel pour l'exposition universelle de 1889... Les plats sont intéressants et bien réalisés ; la terrasse, au deuxième étage, offre une belle vue sur les îles de la Seine... Courez-y !

Formule 26 € - Carte 33/58 €

10 rte des Gardes
- ✆ 01 40 95 24 60 - www.quaidemeudon.com
- Fermé 3 semaines en août et dim. soir

MONTMORENCY

✉ 95160 Val-d'Oise - 20 842 hab. - Alt. 82 m - Carte régionale n° **10**-B1
Carte Michelin 305-E7 et 101-5 - Guide Vert Michelin Île de France

Au Cœur de la Forêt

CUISINE TRADITIONNELLE • AUBERGE XX À l'issue d'un chemin cahotant, vous voilà bien au cœur de la forêt... Si le dépaysement est garanti, la cuisine suit sans détour la voie de la tradition : au menu, rien que des valeurs sûres, au gré du marché ! Cadre élégant et champêtre, comme il se doit, avec une jolie terrasse face aux frondaisons.

Menu 39/49 €

av. du Repos-de-Diane, accès par chemin forestier - ✆ 01 39 64 99 19 - www.aucoeurdelaforet.com - Fermé 15-25 fév., août, jeudi soir, dim. soir et lundi

MONTREUIL

✉ 93100 Seine-Saint-Denis - 103 520 hab. - Alt. 70 m - Carte régionale n° **11**-C2
Carte Michelin 311-K2 et 101-17 - Guide Vert Michelin Île de France

Villa9Trois

CUISINE MODERNE • DESIGN XX Une jolie demeure ancienne, un décor bourgeois et design, une grande terrasse sous les arbres, une cuisine en prise sur les dernières tendances... Cette Villa du "9Trois" est un havre pour une clientèle, disons-le, dorée. Dress code : chic et décontracté.

Menu 39/48 € - Carte 50/70 €

28 r. Colbert Ⓜ Mairie de Montreuil - ✆ 01 48 58 17 37 - www.villa9trois.com - Fermé dim. soir

L'Amourette

CUISINE TRADITIONNELLE • BISTRO X Il se dit que les Parisiens n'aiment pas passer le périph'... Et si les "banlieusards", de leur côté, avaient de bonnes raisons de snober la capitale ? C'est le cas à Montreuil avec cet amour de bistrot, animé et convivial, où l'on sert de belles assiettes de tradition : assiette de cochonnailles, tête de veau...

Formule 15 € - Menu 19 € (déj.) - Carte 30/58 €

54 r. Robespierre Ⓜ Robespierre - ✆ 01 48 59 99 94 - www.lamourette.fr - Fermé 3 semaines en août, 24 déc.-1er janv., sam., dim. et fériés

NEUILLY-SUR-SEINE

✉ 92200 Hauts-de-Seine - 62 075 hab. - Alt. 34 m - Carte régionale n° **11**-B1
Carte Michelin 311-J2 et 101-15 - Guide Vert Michelin Île de France

Jarrasse L'Écailler de Paris

POISSONS ET FRUITS DE MER • ÉLÉGANT XX Un restaurant au décor intimiste et original où les luminaires ont, par exemple, la forme d'oursins. Dans l'assiette, on se régale de produits de la mer en provenance directe des petits bateaux de pêche bretons. Fraîcheur garantie !

Menu 42/70 € - Carte 59/114 €

4 av. de Madrid Ⓜ Pont de Neuilly - ✆ 01 46 24 07 56 - www.jarrasse.com - Fermé 2 semaines en août, sam. et dim.

À La Coupole

CUISINE TRADITIONNELLE • FAMILIAL X Un lieu chic et sobre, d'esprit feutré (boiseries sombres, tons crème et chocolat), où l'on savoure une bonne cuisine traditionnelle. Parmi les spécialités de la maison : le foie gras et les abats, ris et rognons en tête !

Formule 31 € - Menu 40 €

3 r. de Chartres Ⓜ Porte Maillot - ✆ 01 46 24 82 90 - Fermé vacances de printemps, août, sam., dim. et fériés

La Boutarde

CUISINE TRADITIONNELLE • BISTRO X Un vrai bistrot ! Service décontracté, boiseries, ardoise du jour suivant l'inspiration du chef, et belle cuisine traditionnelle dans l'assiette (terrine de campagne, filet de merlu rôti etc.). C'est bon, tout simplement.

Formule 30 € - Menu 36/52 €

4 r. Boutard Ⓜ Pont de Neuilly - ✆ 01 47 45 34 55 - www.laboutarde.com - Fermé 3 semaines en août, vacances de Noël, sam. et dim.

Ribote

CUISINE MODERNE • TENDANCE X Fringant, ce néo-bistrot où officie un duo de chef trentenaires ; ils composent une cuisine légère et parfumée, ancrée dans l'air du temps, dans un esprit "so bistronomie" : carpaccio de thon ; pressé d'agneau etc. Et vins (forcément) natures !

Formule 22 € - Carte 41/49 €

17 r. Paul-Chatrousse Ⓜ Pont de Neuilly - ✆ 01 47 47 73 17 - Fermé 3 semaines en août, 1 semaine à Noël, sam. et dim.

Jardin de Neuilly

BUSINESS • CONTEMPORAIN Autour d'un joli jardin fleuri, un bel ensemble de trois bâtiments : un hôtel particulier du 19e s. à l'esprit classique, un cottage très Belle Époque et un édifice des années 1950. Calme, confort, et cachet dans les chambres contemporaines, à 300 m de la porte Maillot.

29 chambres - †70/200 € ††90/330 € - ☕ 15 €

5 r. Paul-Déroulède Ⓜ Porte Maillot - ✆ 01 46 24 22 77 - www.hoteljardindeneuilly.com

ORGEVAL

✉ 78630 Yvelines - 5 978 hab. - Alt. 100 m - Carte régionale n° **10**-B1
Carte Michelin 311-H2 et 101-11

Moulin d'Orgeval

CUISINE CLASSIQUE • TRADITIONNEL XX La grande salle de restaurant donnant sur la pièce d'eau, le mobilier en rotin, les tentures... Tout ici a un petit côté rétro. Plusieurs menus sont proposés (cuisine du monde, de la mer, de saison ; beau chariot de desserts...) et l'on vient là comme à la campagne. Option "brasserie" au déjeuner.

Menu 74 € - Carte 42/66 €

200 r. de l'Abbaye, 1,5 km au Sud - ✆ 01 39 75 85 74 - www.moulindorgeval.com - Fermé 23 déc.-2 janv. et dim. soir

Moulin d'Orgeval

TRADITIONNEL • CLASSIQUE Au cœur d'un grand parc arboré, où les cygnes glissent silencieusement sur le plan d'eau, cet ancien moulin invite à la détente. Les chambres sont classiques, avant tout fonctionnelles ; on organise ici beaucoup de mariages et de séminaires.

14 chambres - †145 € ††165 € ☕ 17 €

200 r. de l'Abbaye, 1,5 km au Sud - ✆ 01 39 75 85 74 - www.moulindorgeval.com - Fermé 23 déc.-2 janv.

Moulin d'Orgeval - voir les restaurants ci-dessus

OZOIR-LA-FERRIÈRE

✉ 77330 Seine-et-Marne - 20 196 hab. - Alt. 110 m - Carte régionale n° **10** C2
Carte Michelin 312-F3 et 106-33

La Gueulardière

CUISINE CLASSIQUE • ÉLÉGANT XXX En place depuis presque 30 ans, Alain Bureau est un vrai chef à l'ancienne, un authentique artisan, inconditionnel du "fait maison" : foie gras, saumon fumé, ou encore millefeuille caramélisé... Classique par ses racines, actuelle par son inspiration, sa cuisine séduit ! Cadre élégant et raffiné, superbe terrasse.

Menu 27/85 € - Carte 60/86 €

66 av. du Gén.-de-Gaulle - ✆ 01 60 02 94 56 - www.la-gueulardiere.com - Fermé dim. soir

LE PERREUX-SUR-MARNE

✉ 94170 Val-de-Marne – 33 720 hab. – Alt. 50 m – Carte régionale n° **11**-D2
Carte Michelin 312-E2 et 101-18

Les Magnolias

CUISINE CRÉATIVE • ÉLÉGANT XXX Ces Magnolias se sont imposés en douceur auprès des gourmets du Perreux-sur-Marne. Le chef met un soin particulier dans la présentation de ses plats, goûteux et volontiers créatifs. Autour de lui, en cuisine et dans l'élégante salle, s'affaire une jeune équipe soucieuse de bien faire.

Formule 35 € – Menu 58/147 € – Carte environ 68 €

48 av. de Bry – ✆ 01 48 72 47 43 – www.lesmagnolias.com – Fermé 5-28 août, sam. midi, dim. et lundi

L'Ardoise

CUISINE TRADITIONNELLE • BISTRO X Le credo du patron : "je ne fais que ce que je maîtrise bien." Son baron d'agneau aux herbes, son parmentier de boudin basque ou encore son riz au lait lui donnent raison ! Son petit bistrot – avec le mobilier patiné et les murs couleur beurre frais qui vont bien – est épatant.

Formule 18 € – Carte 30/50 €

22 bd de la Liberté – ✆ 01 43 24 18 31 – Fermé août, dim., lundi et fériés

PLAISIR

✉ 78370 Yvelines – 31 753 hab. – Alt. 111 m – Carte régionale n° **10**-B2
Carte Michelin 311-H3

à Ste-Apolline 5 km au Sud-Est par D30 et D23 – ✉ 78370 Plaisir

La Maison des Bois

CUISINE TRADITIONNELLE • AUBERGE XXX Dans la même famille depuis 1926, cette auberge typique, couverte de vigne vierge, affiche un décor des plus classiques. Même esprit à la carte, avec des recettes traditionnelles et des suggestions du marché. Terrasse ombragée sous un vieux marronnier.

Menu 47 € – Carte 70/82 €

– ✆ 01 30 54 23 17 – www.lamaisondesbois.fr – Fermé dim. soir, mardi soir et merc.

LE PLESSIS-ROBINSON

✉ 92350 Hauts-de-Seine – 28 911 hab. – Alt. 130 m – Carte régionale n° **11**-B2
Carte Michelin 312-E3 et 101-E5

Le Plessis Grand Hôtel

URBAIN • COSY En plein centre-ville, cet établissement propose des chambres fonctionnelles et assez spacieuses. Pour vous détendre, faites donc une halte au salon, cosy et un rien british !

50 chambres – †92/175 € ††92/175 € – 5 suites – ☕ 15 €

51 av. Aristide-Briand – ✆ 01 41 28 16 16 – www.grandhotel-plessis92.com

LE PRÉ ST-GERVAIS

✉ 93310 Seine-Saint-Denis – 17 554 hab. – Alt. 82 m – Carte régionale n° **11**-C1
Carte Michelin 305-F7 et 101-16

Au Pouilly Reuilly

CUISINE TRADITIONNELLE • BISTRO X Un bistrot dans son jus, pour une cuisine qui ne l'est pas moins : ris de veau aux morilles, rognons émincés sauce moutarde, boudin noir grillé, côte de bœuf... Le respect de la tradition, avec des produits de qualité.

Formule 25 € – Menu 32 € – Carte 35/80 €

68 r. André-Joineau – ✆ 01 48 45 14 59 – Fermé août, sam. et dim.

PUTEAUX

✉ 92800 Hauts-de-Seine – 44 506 hab. – Alt. 36 m – Carte régionale n° **11**-B2
Carte Michelin 311-J2 et 101-14

L'Escargot 1903

CUISINE MODERNE • COSY X Aux fourneaux de l'Escargot 1903, on trouve un jeune chef aux solides références – il travaillait précédemment au Ritz, à Paris. Il propose une bonne cuisine de produits, avec une attention particulière portée à l'esthétique des plats. Deux agréables terrasses.

Formule 49 € – Menu 59 € (déj.)/110 € – Carte 85/135 €

18 r. Charles-Lorilleux
– ☎ 01 47 75 03 66 – www.lescargot1903.com
– Fermé sam. et dim.

Saperlipopette !

CUISINE MODERNE • BRANCHÉ XX Cette ancienne brasserie a subi un sacré lifting, devenant un restaurant chaleureux et branché, sous la houlette experte de l'équipe de l'Escargot 1903, Macaille etc. La cuisine, façon bistrot chic – côte de bœuf et côte de veau sont toujours à l'ardoise – est généreuse et bien tournée. Service stylé et attentionné.

Formule 25 € – Menu 36/40 € – Carte 47/63 €

9 pl. du Théâtre
– ☎ 01 41 37 00 00 – www.saperlipopette1.fr
– Fermé sam. et dim. en août

Vivaldi

FAMILIAL • CONTEMPORAIN Hôtel familial d'une rue tranquille, qui mène au quartier d'affaires de la Défense. Chambres certes peu spacieuses, mais fraiches et bien équipées. L'été, petit-déjeuner servi dans le patio. Accueil sympathique.

27 chambres – †59/209 € ††69/219 € – ☕ 12 €

5 r. Roque-de-Fillol
– ☎ 01 47 76 36 01 – www.hotelvivaldi.com

À la réservation, faites-vous bien préciser le prix et la catégorie de la chambre.

ROISSY-EN-FRANCE (AÉROPORTS DE PARIS)

✉ 95700 Val-d'Oise – 2 854 hab. – Alt. 85 m – Carte régionale n° **10**-C1
Carte Michelin 305-G6 et 101-8

à Roissypole

Hilton

HÔTEL DE CHAÎNE • PERSONNALISÉ Un hall immense sous une verrière vertigineuse, des chambres particulièrement spacieuses, de nombreux équipements (restaurants, piscine, salles de réunion, etc.) : il règne une certaine démesure dans cet établissement de grand confort, véritable ville moderne au cœur de la zone aéroportuaire.

392 chambres – †179/809 € ††179/809 € – ☕ 25 €

– ☎ 01 49 19 77 77 – www.hiltonhotels.com

Pullman Airport

BUSINESS • CONTEMPORAIN Un ensemble moderne et contemporain, qui vient compléter idéalement l'offre hôtelière des environs de l'aéroport. Les chambres sont élégantes et bien équipées – wifi, coffre-fort, fer à repasser, écran plat, etc. –, et l'on trouve sauna, hammam et grand fitness aux étages inférieurs.

294 chambres – †169/450 € ††169/450 € – 11 suites – ☕ 26 €

3 bis r. de la Haye
– ☎ 01 70 03 11 63 – www.pullmanhotels.com

Roissy-en-France (Aéroports de Paris)

RUEIL-MALMAISON

✉ 92500 Hauts-de-Seine - 79 204 hab. - Alt. 40 m - Carte régionale n° **11**-A1
Carte Michelin 311-J2 et 101-14 - Guide Vert Michelin Île de France

Le Patte Noire

CUISINE MODERNE • COSY XX Inutile de montrer patte blanche pour espérer manger dans ce restaurant du centre-ville ! Derrière les fourneaux, le chef réalise une cuisine bien dans l'air du temps avec de beaux produits. Dans l'assiette, les assaisonnements sont bons, les cuissons réussies. Accueil et service tout sourire.

Formule 29 € - Menu 36/99 € - Carte 54/82 €

56 r. du Gué - 09 81 20 81 69 - www.lepattenoire.com - Fermé 3 semaines en août, 1 semaine en sept., sam. midi, dim. soir et lundi

Les Écuries de Richelieu

CUISINE TRADITIONNELLE • CLASSIQUE X Nichées dans une élégante bâtisse du 17e s., ces Écuries de Richelieu vous accueillent dans une salle conviviale et claire, ou dans une cave voûtée intimiste, pour déguster une cuisine traditionnelle autour d'un court menu. Bon rapport qualité-prix.

Menu 35 €

21 r. du Dr-Zamenhof - 01 47 08 63 54 - www.ecuries-richelieu.com - Fermé sam. midi, dim. soir et lundi

Renaissance Hippodrome de St-Cloud

BUSINESS • PERSONNALISÉ En bordure de l'hippodrome de Saint-Cloud, un hôtel élégant et huppé dont le décor rend un hommage vibrant aux chevaux et aux courses équestres. Les chambres, spacieuses, donnent sur la verdure ou directement sur le champ de course : so chic !

107 chambres - 140/250 € 180/500 € - 1 suite - 22 €

123 r. du Lt.-Colonel-de-Montbrison - 01 47 77 64 64 - www.renaissanceparissaintcloud.com

Le Relais de la Malmaison

BUSINESS • CONTEMPORAIN Dans un grand parc, un établissement adapté à la clientèle d'affaires. Chambres sobres et nombreux salons pour réceptions et séminaires. Spa avec hammam, sauna, piscine couverte, tennis, golf communal... Tout est pensé pour la détente.

3 chambres - 130/360 € 130/360 € - 20 €

93 bd Franklin-Roosevelt - 01 47 32 01 33 - www.relaismalmaison.fr - Fermé 1er-21 août et 24 déc.-1er janv.

Okko (N)

BUSINESS • CONTEMPORAIN Cet hôtel récent, situé au Mobipôle de Rueil (gare RER, routière, station vélos etc.) propose des chambres confortables, habillées de béton brut. Grand espace salon sert de salle de petit-déjeuner, snacking toute la journée, apéritif le soir, le tout compris dans le prix de la chambre.

110 chambres - 85/460 € 105/480 €

109 av. Victor-Hugo - 01 47 10 92 10 - www.okkohotels.com

RUNGIS

✉ 94150 Val-de-Marne - 5 651 hab. - Alt. 80 m - Carte régionale n° **11**-C3
Carte Michelin 312-D3 et 101-26

La Grange des Halles

CUISINE MODERNE • CONTEMPORAIN XX Rungis, ce n'est pas seulement le célèbre marché connu de tous les chefs, mais aussi un vieux bourg, où se trouve cette Grange au look atypique - tableaux contemporains, banquettes en velours... Homard du vivier, millefeuille à la vanille de Madagascar : la cuisine est calée sur les saisons et, évidemment, le marché.

Formule 19 € - Menu 22 € (déj.), 34/43 €

28 r. Notre-Dame - 01 46 87 08 91 - www.la-grange-des-halles.webnode.fr - Fermé 3 semaines en août, lundi soir, sam. midi et dim.

ST-CLOUD

✉ 92210 Hauts-de-Seine - 29 360 hab. - Alt. 63 m - Carte régionale n° **11**-B2
Carte Michelin 311-J2 et 101-14 - Guide Vert Michelin Île de France

Le Garde-Manger

CUISINE TRADITIONNELLE • BISTRO Ce bistrot de quartier, apprécié par la clientèle locale pour son ambiance conviviale et son accueil sympathique, propose une cuisine traditionnelle (œufs pochés aux morilles, pavé de cabillaud rôti, magret de canard etc.), et des planches d'apéritif en début de soirée.

Menu 20 € (déj.) - Carte 34/50 €

21 r. d'Orléans - 01 46 02 03 66 - www.legardemanger.com - Fermé dim.

ST-GERMAIN-EN-LAYE

✉ 78100 Yvelines - 39 540 hab. - Alt. 78 m - Carte régionale n° **11**-A1
Carte Michelin 311-I2 et 101-13 - Guide Vert Michelin Île de France

Pavillon Henri IV

CUISINE CLASSIQUE • ÉLÉGANT L'un des atouts de ce restaurant est sans conteste son superbe panorama sur la vallée de la Seine. Un cadre exceptionnel où l'on vient savourer une cuisine classique et de beaux produits ; on y inventa les pommes soufflées et la béarnaise !

Formule 35 € - Menu 51/120 € - Carte 60/88 €

Hôtel Pavillon Henri IV, 19 r. Thiers - 01 39 10 15 15 - www.pavillonhenri4.fr - Fermé sam. midi et dim. soir

Le 10

CUISINE MODERNE • ÉPURÉ Ce restaurant lumineux, dont les baies vitrées donnent sur la rue, propose une carte courte où les produits de qualité sont à la fête, et des assiettes modernes qui vont à l'essentiel. Aucun doute : le chef, qui a travaillé pendant six ans à l'hôtel de Matignon, connaît bien son métier.

Menu 35 € (déj. en semaine), 58/90 €

10 r. des Louviers - 01 34 51 04 24 - www.lestablesdegalilee-le10.fr - Fermé dim. et lundi

Le Wauthier by Cagna

CUISINE MODERNE • BISTRO Risotto du Piémont au homard et beurre blanc, escalopes de ris de veau braisées, mousseline de céleri et sauce Albufera... Une cuisine bien dans l'air du temps, réalisée avec de bons produits du marché : voilà la promesse de cette sympathique maison sangermanoise au joli intérieur de bistrot chic. Service attentionné.

Formule 28 € - Menu 34 € (déj. en semaine)/48 € - Carte environ 53 €

31 r. Wauthier - 01 39 73 10 84 - www.restaurant-wauthier-by-cagna.fr - Fermé 3 semaines en août, 1 semaine en mars, merc. midi, dim. et lundi

Pavillon Henri IV

HISTORIQUE • CLASSIQUE Achevée en 1604 sous Henri IV, à la lisière du parc du château, cette demeure vit naître Louis XIV. Le décor des chambres fait preuve d'un classicisme de belle fraîcheur, tout comme les salons et la grande galerie (parquet, lustres en cristal). Royal !

42 chambres - 150/250 € 180/450 € - 19 €

21 r. Thiers - 01 39 10 15 15 - www.pavillonhenri4.fr

Pavillon Henri IV - voir les restaurants ci-dessus

au Nord 2,5 km au Nord par D284 - ✉ 78100 St-Germain-en-Laye :

Cazaudehore

CUISINE CLASSIQUE • ÉLÉGANT Ambiance chic et cosy, décor dans l'air du temps, délicieuse terrasse sous les acacias, cuisine soignée et belle carte des vins... Une vraie histoire de famille depuis 1928.

Formule 39 € - Menu 59/85 € - Carte 46/87 €

Hôtel La Forestière, 1 av. du Président-Kennedy - 01 30 61 64 64 - www.cazaudehore.fr - Fermé dim. soir en août et de nov. à mars

La Forestière

MAISON DE CAMPAGNE · PERSONNALISÉ Charme et confort sont au rendez-vous dans cette séduisante maison entourée de verdure. Beau mobilier contemporain ou ancien, et coloris choisis agrémentent les chambres, toutes uniques.

27 chambres – 143/279 € 143/279 € – 3 suites – 20 €

1 av. du Président-Kennedy – 01 30 61 64 64 – www.cazaudehore.fr

Cazaudehore – voir les restaurants ci-dessus

à Fourqueux 2,5 km au Sud par D98 – 78112 – 4 016 hab. – Alt. 120 m

Au Fulcosa

CUISINE MODERNE · CONVIVIAL X Au Moyen Âge, Fourqueux portait le nom de Fulcosa, "fougère" en latin, car la plante tapissait les forêts alentour... Les jeunes propriétaires ont le sens de l'histoire ! Dans un décor chaleureux – mobilier en bois, tableaux en exposition –, ils nous régalent d'une bonne cuisine de saison, entre tradition et innovation.

Formule 20 € – Menu 39 € – Carte 34/42 €

2 r. du Mal.-Foch – 01 39 21 17 13 – www.aufulcosa.fr – Fermé 1 semaine en fév., 1 semaine en juil., 3 semaines en août, dim. et lundi

ST-JEAN-DE-BEAUREGARD

91940 Essonne – 330 hab. – Alt. 164 m – Carte régionale n° **11**-B3
Carte Michelin 312-C3 et 101-33

L'Atelier Gourmand

CUISINE TRADITIONNELLE · ÉLÉGANT XX Au cœur du village, dans une ancienne ferme, une table bien nommée : on y apprécie une cuisine de tradition bien tournée et toute fraîche (le chef s'approvisionne auprès du maraîcher voisin). Cadre classique et agréable, face au jardin clos de murs.

Menu 39 € (semaine) – Carte 54/65 €

B3 *5 Grande-Rue – 01 60 12 31 01 – www.lateliergourmand-restaurant.fr – Fermé 24 fév.-4 mars, 6-13 mai, 4-26 août, 24 déc.-1er janv., sam. midi et dim.*

ST-MANDÉ

94160 Val-de-Marne – 22 275 hab. – Alt. 50 m – Carte régionale n° **11**-C2
Carte Michelin 312-D2 et 101-27

L'Ambassade de Pékin

CUISINE CHINOISE · EXOTIQUE XX Cette Ambassade au décor typique représente non seulement Pékin, mais aussi le Sichuan, le Vietnam, la Thaïlande, etc. Au menu, donc, un joli éventail de spécialités asiatiques, parmi lesquelles les crevettes à l'ail et au poivre, ou le canard laqué.

Formule 13 € – Menu 48 € (semaine) – Carte 20/91 €

6 av. Joffre St-Mandé-Tourelle – 01 43 98 13 82

ST-MAUR-DES-FOSSÉS

94100 Val-de-Marne – 75 285 hab. – Alt. 38 m – Carte régionale n° **11**-D2
Carte Michelin 312-D3 et 101-27

à La Varenne-St-Hilaire – 94210

Château des Îles

CUISINE MODERNE · TENDANCE XXX Dans le calme de cette charmante adresse, le chef réalise une cuisine au goût du jour, évoluant au fil des saisons ; on l'accompagne d'un vin de Bordeaux choisi dans une imposante carte. À savourer en terrasse pendant les beaux jours !

Menu 46/80 € – Carte 60/92 €

85 quai Winston-Churchill – 01 48 89 65 65 – www.chateau-des-iles.com – Fermé lundi en août et dim. soir

Faim et Soif

CUISINE MODERNE • DESIGN X Un restaurant de poche, cosy et confortable, à la déco colorée : l'endroit parfait pour soigner sa faim et sa soif ! On se retrouve ici pour déguster des mets appétissants, ceux d'une vraie cuisine de produits, bien dans l'air du temps et renouvelée chaque semaine.

Carte 54/73 €

28 r. St-Hilaire – ✆ 01 48 86 55 76 – www.faimetsoif.com – Fermé 1 semaine en août, dim. et lundi

Château des Îles

TRADITIONNEL • FONCTIONNEL Dans un paisible secteur résidentiel en bord de Marne, cette demeure familiale entourée de verdure est la promesse d'un séjour ô combien reposant... Les chambres, fonctionnelles et sobrement décorées, profitent pleinement du calme des lieux.

12 chambres – †88/140 € ††98/140 € – ☕ 12 €

85 quai Winston-Churchill – ✆ 01 48 89 65 65 – www.chateau-des-iles.com

Château des Îles – voir les restaurants ci-dessus

ST-OUEN

✉ 93400 Seine-Saint-Denis – 47 432 hab. – Alt. 36 m – Carte régionale n° **11**-C1
Carte Michelin 305-F7 et 101-16

Le Coq de la Maison Blanche

CUISINE TRADITIONNELLE • VINTAGE XX Une cuisine très traditionnelle (tête de veau sauce ravigote, coq au vin, etc.), un authentique décor estampillé 1950, des serveurs efficaces et de nombreux habitués de longue date : cette adresse, incontournable à St-Ouen, ressuscite un film d'Audiard !

Menu 32 € – Carte 45/97 €

37 bd Jean-Jaurès Ⓜ Mairie de St-Ouen – ✆ 01 40 11 01 23 – www.lecoqdelamaisonblanche.com – Fermé août et sam. et dim. en juil.

Ma Cocotte

CUISINE TRADITIONNELLE • BRANCHÉ X Nichée dans les puces de St-Ouen, une cantine chic signée "by Philippe Starck". La déco joue la carte du loft contemporain chaleureux, la cuisine celle des classiques – bien troussés – dont on ne se lasse pas : poulet fermier à la broche, fish and chips de Portobello, etc. Cette cocotte a la cote !

Formule 26 € 🍷 – Menu 31 € 🍷 – Carte 40/62 €

106 r. des Rosiers Ⓜ Porte de Clignancourt – ✆ 01 49 51 70 00 – www.macocotte-lespuces.fr

La Puce

CUISINE MODERNE • BISTRO X À un saut de puce des puces de St-Ouen, cette Puce-là ne fait pas faux bond à la qualité : dans ce bistrot sympathique, on apprécie ravioles au foie gras et lentilles à la crème de porto blanc, ch'tiramisu aux spéculos, etc. Des plats bien tournés, aux prix raisonnables, comme les vins. De quoi mettre la puce à l'oreille !

Formule 23 € – Menu 36 € – Carte environ 40 €

17 r. Ernest-Renan Ⓜ Mairie de St-Ouen – ✆ 01 40 12 63 75 – Fermé 18 fév.-6 mars, 3 semaines en août, dim., lundi et fériés

Le Ripailleur Ⓝ

CUISINE MODERNE • BISTRO X En face de la patinoire et à deux pas de la mairie, ce restaurant qui louche vers l'esprit bistrot propose une cuisine chaleureuse (ris de veau, pâté en croûte) à base de produits frais, et à prix imbattables. Ici, prime convivialité et ripaille ! Une adresse bien sympathique.

Formule 16 € – Menu 18 € (déj. en semaine) – Carte 30/40 €

9 r. du Dr-Bauer Ⓜ Mairie de St-Ouen – ✆ 09 83 04 68 50 – www.leripailleur.fr – Fermé 3 semaines en août, mardi soir, merc. soir, dim. et lundi

Yaya (N)

CUISINE GRECQUE • MÉDITERRANÉEN Yaya est le surnom donné aux grands-mères dans les pays méditerranéens. Ce restaurant est né d'une rencontre entre deux frères et un chef. À l'arrivée, une jolie cuisine grecque : poulpe grillé, mezzés, gâteau à l'orange (une recette de la grand-mère des deux frères, justement…). Une table sympathique dans le quartier en plein essor de Saint-Ouen.

Carte 25/38 €

8 r. de l'Hyppodrome (M) Mairie de St-Ouen - 01 44 04 27 65 - www.yayarestaurant.com

Mob (N)

URBAIN • DESIGN Les bureaux de General Electric ont laissé place à cet établissement, en forme de U dans l'esprit mama shelter, avec terrasse végétalisée et potager sur le toit. Chambres confortables et standardisées. Au restaurant, cuisine bio et végétarienne, pizzas. Cinéma en plein air en été.

92 chambres - 99/179 € 99/179 € - 4 suites - 15 €

4-6 r. Gambetta (M) Garibaldi - 01 47 00 70 70 - www.mobhotel.com

ST-PRIX

95390 Val-d'Oise - 7 181 hab. - Alt. 70 m - Carte régionale n° **10**-B1
Carte Michelin 305-E6 et 101-5

Hostellerie du Prieuré

CUISINE TRADITIONNELLE • BISTRO Banquettes, nappes à carreaux, objets anciens… Dans ce village pittoresque, cette jolie auberge ravit les amoureux d'autrefois – et la salle avec sa cheminée, les romantiques ! À la carte, pas de nostalgie : foie gras poêlé aux girolles, fricassée d'écrevisses et ris de veau, macaron glacé au caramel…

Formule 28 € - Menu 38/48 € - Carte 47/58 €

74 r. Auguste-Rey - 01 34 27 51 51 - www.restaurantduprieure.com - Fermé 5-20 août, sam. midi, lundi midi et dim.

Hostellerie du Prieuré

AUBERGE • PERSONNALISÉ Sa façade du 17e s. pourrait servir de décor pour un film… Jolie carte postale que cet ancien café de village, qui cache des chambres originales et soignées ("Romance", "Aladin", "Pompadour", etc.). Et St-Prix est idéal pour découvrir le Vexin et la forêt de Montmorency… après un petit-déjeuner bien copieux !

7 chambres - 125/150 € 125/150 € - 1 suite - 15 €

74 r. Auguste-Rey - 01 34 27 51 51 - www.hostelduprieure.com - Fermé 5-20 août

Hostellerie du Prieuré - voir les restaurants ci-dessus

ST-QUENTIN-EN-YVELINES

Yvelines - 144 881 hab. - Carte régionale n° **10**-B2
Carte Michelin 311-H3 et 101-21 - Guide Vert Michelin Île de France

Voisins-le-Bretonneux - 78960 - 11 358 hab. - Alt. 163 m

La Ferme de Voisins

CUISINE MODERNE • AUBERGE On accède à ce joli corps de ferme du 19e s. par une cour fleurie, qui fait office de terrasse l'été venu. La carte, plutôt courte, met en valeur les incontournables de la maison - sucettes de gambas, tête de veau "irremplaçable" - et recèle des plats goûteux et créatifs. Une belle adresse à découvrir au plus vite.

Formule 34 € - Menu 39 € (déj.), 44/69 €

4 r. Port-Royal - 01 30 44 18 18 - www.lafermedevoisins.fr - Fermé 1 semaine fin avril, 2 semaines en août, 24-30 déc., sam. midi et dim.

Novotel St-Quentin Golf National

HÔTEL DE CHAÎNE • CONTEMPORAIN Un hôtel idéalement situé sur le golf, au grand calme. Chambres confortables, équipements de détente (piscine, solarium, tennis), club-house…

130 chambres - 99/195 € 109/205 € - 1 suite - 17 €

au Golf National, 2 km à l'Est par D36 78114 - 01 30 57 65 65 - www.novotel.com

Savigny-sur-Orge

✉ 91600 Essonne - 37 045 hab. - Alt. 81 m - Carte régionale n° **10**-C3
Carte Michelin 312-D3 et 101-36

Au Ménil Ⓝ

CUISINE CLASSIQUE • TRADITIONNEL XX Le chef, aussi expérimenté que passionné par son métier, s'est entouré d'une équipe jeune et motivée. Il en résulte une cuisine généreuse et savoureuse, sans esbroufe, réalisée avec de beaux produits directement piochés au marché de Rungis. La maison est en évolution permanente, signe que l'envie et le plaisir sont toujours au rendez-vous !

Formule 18 € - Menu 23 € (déj. en semaine), 38/60 € - Carte environ 42 €

24 bd Aristide-Briand - ✆ 01 69 05 47 48 - www.aumenil.com - Fermé 7-21 août et merc.

STE-GENEVIÈVE-DES-BOIS

✉ 91700 Essonne - 35 877 hab. - Alt. 78 m - Carte régionale n° **10**-B3
Carte Michelin 312-C4 et 101-35 - Guide Vert Michelin Île de France

La Table d'Antan

CUISINE DU SUD-OUEST • CLASSIQUE XX Vous serez d'abord séduit par un accueil prévenant en ce restaurant d'un quartier résidentiel. On y savoure une cuisine classique et des spécialités du Sud-Ouest de qualité.

Formule 26 € - Menu 32/51 € - Carte 46/82 €

B3 *38 av. Grande-Charmille-du-Parc (près de l'hôtel de ville) - ✆ 01 60 15 71 53 - www.latabledantan.fr - Fermé 7-27 août, dim. soir, mardi soir, merc. soir et lundi sauf fériés*

SÉNART

✉ 77127 Seine-et-Marne - 12 131 hab. - Alt. 89 m - Carte régionale n° **10**-C2
Carte Michelin 312-E4 et 101-39 - Guide Vert Michelin Île de France

Le Plessis-Picard - ✉ 77550

La Mare au Diable

CUISINE CLASSIQUE • AUBERGE XX Amateurs de vieilles pierres, vous apprécierez cette demeure du 15e s. tapissée de vigne vierge et de glycine, ses poutres, sa grande cheminée, son parc bucolique... Un décor qui charma en son temps George Sand ! Le classicisme est de mise dans l'assiette, mais aussi quelques spécialités italiennes, origines du chef obligent.

Menu 35 € 🍷 (déj. en semaine)/47 € - Carte 62/92 €

- ✆ 01 64 10 20 90 - www.lamareaudiable.fr - Fermé 3 semaines en août, dim. soir et lundi sauf fériés

SURESNES

✉ 92150 Hauts-de-Seine - 48 526 hab. - Alt. 42 m - Carte régionale n° **11**-B2
Carte Michelin 311-J2 et 101-14 - Guide Vert Michelin Île de France

Les Petits Princes Ⓝ

CUISINE MODERNE • DESIGN X C'est une jolie petite maison d'angle, sise non loin du tram T2, que vous remarquerez à sa façade peinte. Ici, on concocte une cuisine actuelle, jamais ennuyeuse, déclinée sous forme d'un menu-carte, et élaborée par un chef au beau parcours. A noter, sur l'arrière, une cour-terrasse avec verdure. Voiturier en fin de semaine.

Formule 22 € - Menu 29/36 € - Carte 36/62 €

26 r. du Val-d'Or - ✆ 01 41 47 87 61 - www.restaurantlespetitsprinces.fr - Fermé 28 juil.-21 août, 22-30 déc., dim. et lundi

Bistro Là-Haut

CUISINE MODERNE • CHIC XX Sur le mont Valérien, les anciens Jardins de Camille ont laissé place à ce "bistrot d'altitude" (une cabine de téléphérique est installée à l'entrée), parfait trait d'union entre Megève et l'Ouest parisien. La cuisine se décline au fil des saisons : tourteau émietté, velouté glacé de petits pois à la menthe ; rascasse rôtie, julienne de légumes, soupe de poissons... So chic.

Menu 49 €

70 av. Franklin-Roosevelt – ✆ 01 45 06 22 66 – bistrolahaut.fr
– Fermé sam. et dim.

Macaille

CUISINE TRADITIONNELLE • BRANCHÉ X Sur les quais, à deux pas de la Défense, cette ancienne brasserie a adopté les atours d'un appartement de famille, dont les espaces, modulables et décorés de façon différente, évoquent les pièces d'antan. Une cuisine fraîche de saison, comme à la maison !

Menu 30 € – Carte 40/56 €

29 quai Gallieni – ✆ 01 41 44 77 80 – www.macaille.fr
– Fermé dim. et lundi

Au Père Lapin

midi,

CUISINE TRADITIONNELLE • CONTEMPORAIN X Dîner face à la tour Eiffel, ça vous dit ? Dans ce cas, installez-vous sur la terrasse du Père Lapin, pour savourer une bonne cuisine de bistrot (terrine de lapin, côte de bœuf rôtie etc.). Par mauvais temps, on prend place dans une salle au décor contemporain... et l'on n'est pas malheureux !

Formule 28 € – Menu 34 € (déj. en semaine) – Carte 39/57 €

10 r. du Calvaire – ✆ 01 45 06 72 89 – www.auperelapin.com
– Fermé dim. soir

TREMBLAY-EN-FRANCE

✉ 93290 Seine-Saint-Denis – 34 704 hab. – Alt. 60 m – Carte régionale n° **11**-D1
Carte Michelin 305-G7 et 101-18

à Tremblay-Vieux-Pays – ✉ 93290 Tremblay en France

La Jument Verte

CUISINE MODERNE • TENDANCE X Dans un hameau qui semble tranquille... et pourtant stratégiquement situé, tout près du parc des expositions de Villepinte et de l'aéroport de Roissy, voici une escale gourmande toute trouvée. On y déguste une belle cuisine tout en fraîcheur et saveurs, recherchée juste comme il faut. Décor à la fois simple et avenant.

Formule 28 € – Menu 32/53 € – Carte 38/60 €

43 rte de Roissy
– ✆ 01 48 60 69 90 – www.aubergelajumentverte.fr
– Fermé 3 semaines en août, sam., dim. et fériés

TRIEL-SUR-SEINE

✉ 78510 Yvelines – 11 973 hab. – Alt. 20 m – Carte régionale n° **10**-B1
Carte Michelin 311-I2 et 101-10 – Guide Vert Michelin Île de France

St-Martin

CUISINE TRADITIONNELLE • SIMPLE X Proche d'une jolie église gothique du 13e s. et des bords de Seine, un restaurant à l'atmosphère familiale. Au menu, des recettes de tradition ou plus actuelles, et des suggestions qui varient selon le marché. Simple et bien tourné.

Formule 22 € – Menu 26 € (déj. en semaine)/36 € – Carte environ 41 €

2 r. Galande (face à la poste)
– ✆ 01 39 70 32 00 – www.restaurantsaintmartin.com
– Fermé 2 semaines en août, vacances de Noël, merc. et dim.

VERSAILLES

78000 Yvelines - 85 461 hab. - Alt. 130 m - Carte régionale n° **11**-A2
Carte Michelin 311-I3 et 101-23 - Guide Vert Michelin Île de France

Gordon Ramsay au Trianon

CUISINE CRÉATIVE • ÉLÉGANT XXXX À la lisière du parc du château, un cadre baroque, chic et d'une élégance rare. La carte, signée Gordon Ramsay, mise sur la simplicité et la pertinence des recettes ; belle carte des vins.

➜ Tarte d'écrevisses à pattes rouges, girolles, haricots verts et truffe d'été. Canette de Challans aux épices, figue marinée au vieux porto et betterave. Millefeuille croquant aux deux vanilles.

Menu 148/199 € - Carte 145/170 €

Plan : C2-r *Hôtel Trianon Palace, 1 bd de la Reine - 01 30 84 50 18 - www.trianonpalace.com - Fermé 29 juil.-27 août, 1er-21 janv., dim., lundi et le midi*

La Table du 11 (Jean-Baptiste Lavergne-Morazzani)

CUISINE MODERNE • CONTEMPORAIN XXX Le jeune chef, Jean-Baptiste Lavergne-Morazzani, a conquis le cœur (et l'estomac) des gourmets versaillais avec une cuisine résolument "nature", une carte courte et sans fioritures, de bons produits bio issus de l'agriculture durable. Et l'emplacement du restaurant, dans l'intemporelle Cour des Senteurs, tout près du Château, ajoute à l'exclusivité du moment...

➜ Thon, dashi et chou-rave. Homard, carotte et réglisse. Sésame noire et lait ribot.

Menu 44 € (déj.), 65/85 €

Plan : C2-d *8 r. de la Chancellerie (dans la Cour des Senteurs) - 09 83 34 76 00 - www.latabledu11.com - Fermé 2 semaines en fév., août, dim. et lundi*

Le Bistrot du 11 (N)

CUISINE MODERNE • CONTEMPORAIN X Vous l'avez deviné : l'équipe de la Table du 11 se cache derrière ce Bistrot du 11, installé dans une rue touristique piétonne non loin du château. De beaux produits sont déclinés sous la forme d'un menu-carte : œuf, lentilles et persil ; cabillaud, chou pointu et tarama ; tarte au chocolat chaud, vanille... C'est soigné, et les prix sont raisonnables.

Formule 27 € - Menu 36 €

Plan : C3-m *10 r. de Satory - 01 75 45 63 70 - www.lebistrotdu11.com - Fermé 18 fév.-5 mars, 3 semaines en août, dim. et lundi*

Ore

CUISINE CLASSIQUE • CONTEMPORAIN XX *Ore*, c'est la bouche, en latin. Un nom d'une simplicité désarmante pour cet endroit tout simplement exceptionnel : un pavillon du 17e s. aménagé au cœur du château de Versailles. Alain Ducasse est le Roi Soleil de ces lieux, y faisant appliquer la loi culinaire qu'on lui connaît : celle de la naturalité, et d'un hommage sans cesse renouvelé au beau produit.

Formule 22 € - Carte 34/80 €

Plan : C2-a *pl. d'Armes (Pavillon Dufour-Château de Versailles - 1er étage) - 01 30 84 12 96 - www.ducasse-chateauversailles.com - Fermé le soir et lundi*

L'Angélique

CUISINE MODERNE • CONVIVIAL XX Sur l'avenue de Saint-Cloud, un hôtel particulier du 17e s. abritant en son sein une salle à manger élégante et feutrée... Aucun doute : on est à Versailles ! Dans l'assiette, tout est fait maison avec de bons produits, si bien que l'on passe un agréable moment.

Menu 39 € (déj. en semaine), 49/94 €

Plan : D2-e *27 av. de St-Cloud - 01 30 84 98 85 - www.langelique.fr - Fermé 3 semaines en août, 24 déc.-5 janv., dim. et lundi*

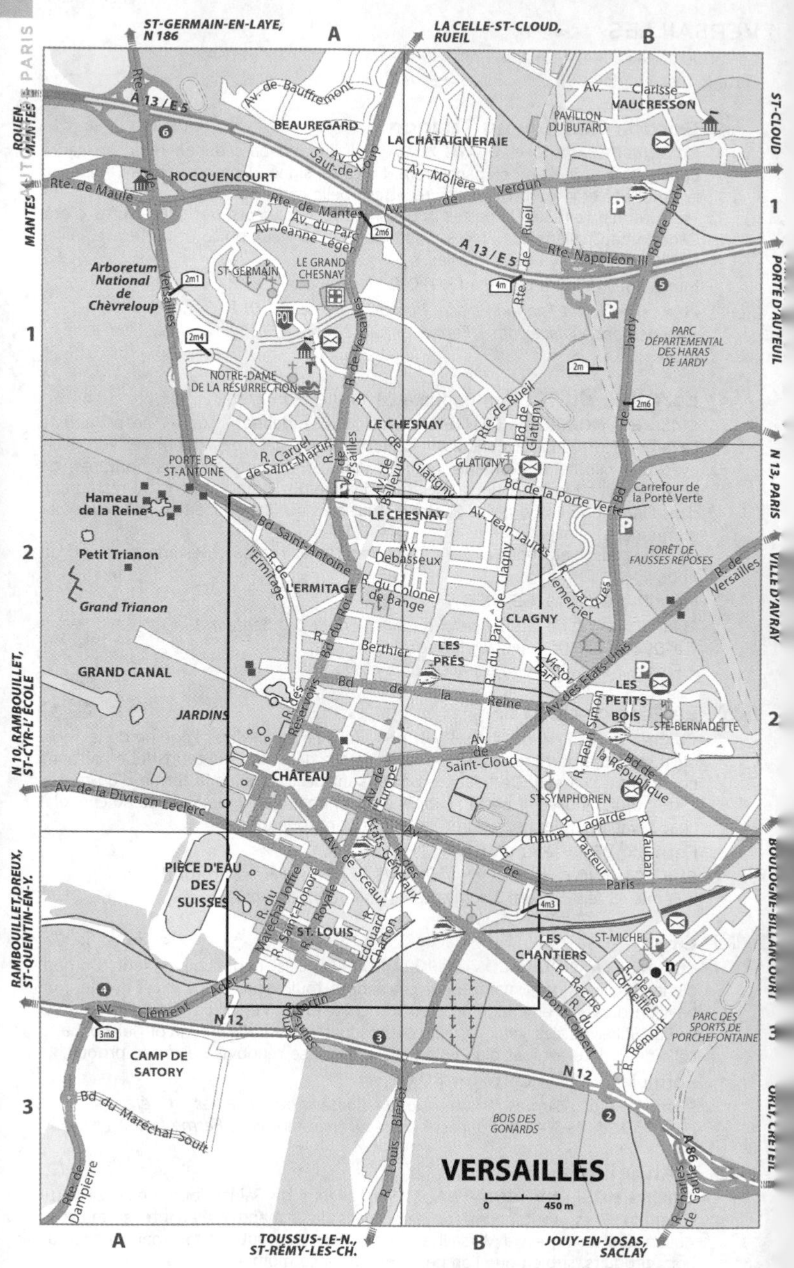

VERSAILLES
0
450 m
ST-GERMAIN-EN-LAYE, N 186
LA CELLE-ST-CLOUD, RUEIL
ST-CLOUD
PORTE D'AUTEUIL
N 13, PARIS
VILLE D'AVRAY
BOULOGNE-BILLANCOURT
ORLY, CRETEIL
JOUY-EN-JOSAS, SACLAY
TOUSSUS-LE-N., ST-RÉMY-LES-CH.
RAMBOUILLET,DREUX, ST-QUENTIN-EN-Y.
N 10, RAMBOUILLET, ST-CYR-L'ÉCOLE
ROUEN, MANTES
MANTES
A
B
1
2
3
A 13 / E 5
BEAUREGARD
LA CHÂTAIGNERAIE
VAUCRESSON
PAVILLON DU BUTARD
ROCQUENCOURT
Arboretum National de Chèvreloup
ST-GERMAIN
LE GRAND CHESNAY
NOTRE-DAME DE LA RESURRECTION
LE CHESNAY
GLATIGNY
PARC DÉPARTEMENTAL DES HARAS DE JARDY
Carrefour de la Porte Verte
PORTE DE ST-ANTOINE
Hameau de la Reine
Petit Trianon
Grand Trianon
FORÊT DE FAUSSES REPOSES
L'ERMITAGE
CLAGNY
LES PRÉS
GRAND CANAL
JARDINS
LES PETITS BOIS
STE-BERNADETTE
CHÂTEAU
ST-SYMPHORIEN
PIÈCE D'EAU DES SUISSES
ST. LOUIS
LES CHANTIERS
ST-MICHEL
PARC DES SPORTS DE PORCHEFONTAINE
CAMP DE SATORY
BOIS DES GONARDS
N 12
A 86
Av. de Bauffremont
Av. du Saut-de-Loup
Av. Molière
Av. de Verdun
Av. Clarisse
Rte. de Maule
Rte. de Versailles
Rte. de Mantes
Av. du Parc
Av. Jeanne Léger
Rte. de Rueil
Rte. Napoléon III
Bd de Jardy
R. de Versailles
R. de Glatigny
Bd de Glatigny
R. Caruel de Saint-Martin
Av. de Bellevue
Bd de la Porte Verte
Av. Jean Jaurès
Bd Saint-Antoine
R. de l'Ermitage
Av. Debasseux
R. du Colonel de Bange
R. Jacques Lemercier
R. Berthier
Bd du Roi
R. du Parc de Clagny
R. Victor Bart
Av. des Etats-Unis
Bd de la Reine
R. des Réservoirs
R. Henri Simon
Bd de la République
Av. de Saint-Cloud
Av. de l'Europe
Av. de la Division Leclerc
R. Champ Lagarde
R. Pasteur
R. Vauban
Av. de Paris
R. des Etats-Généraux
Av. de Sceaux
R. du Maréchal Joffre
R. Saint-Honoré
R. Royale
R. Edouard Charton
Av. Clément Ader
Rampe Saint-Martin
R. Racine
R. du Pont Colbert
R. Pierre Corneille
R. Rémont
R. Louis Blériot
Bd du Maréchal Soult
Rte. de Dampierre
R. Charles de Gaulle

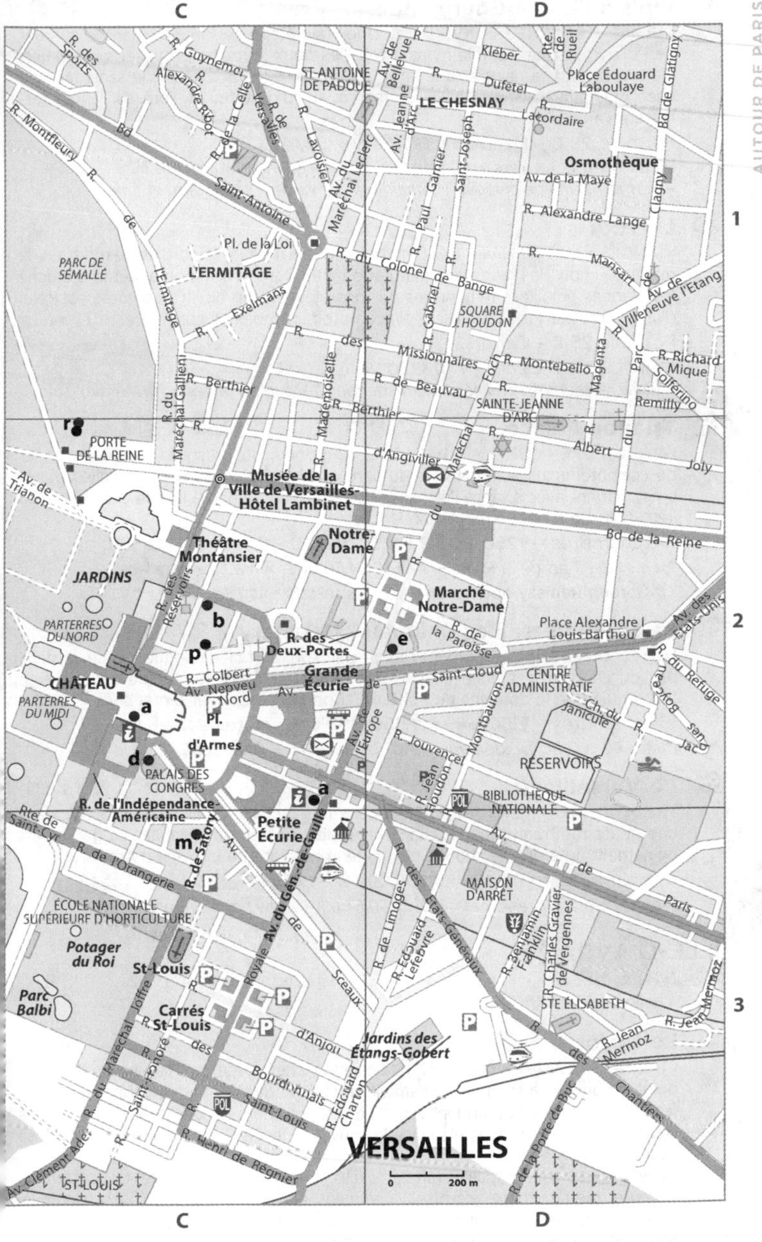
C
D
1
2
3
VERSAILLES
LE CHESNAY
ST-ANTOINE DE PADOUE
L'ERMITAGE
PARC DE SÉMALLÉ
PORTE DE LA REINE
Osmothèque
Musée de la Ville de Versailles-Hôtel Lambinet
Théâtre Montansier
Notre-Dame
Marché Notre-Dame
JARDINS
PARTERRES DU NORD
CHÂTEAU
PARTERRES DU MIDI
Pl. d'Armes
PALAIS DES CONGRES
Grande Écurie
Petite Écurie
R. des Deux-Portes
SQUARE J. HOUDON
SAINTE-JEANNE D'ARC
CENTRE ADMINISTRATIF
RESERVOIRS
BIBLIOTHEQUE NATIONALE
MAISON D'ARRÊT
STE ELISABETH
ÉCOLE NATIONALE SUPÉRIEURE D'HORTICULTURE
Potager du Roi
Parc Balbi
St-Louis
Carrés St-Louis
Jardins des Étangs-Gobert
ST LOUIS
Place Édouard Laboulaye
Place Alexandre I Louis Barthou
Pl. de la Loi
Bd Saint-Antoine
R. Montfleury
R. des Sports
R. Guynemer
R. Alexandre Ribot
R. de la Celle
R. de Versailles
R. Lavoisier
Av. du Maréchal Leclerc
Av. de Bellevue
Av. Jeanne d'Arc
R. Kléber
R. Dufetel
Rte. de Rueil
Bd de Glatigny
R. Lacordaire
Av. de la Maye
R. Alexandre Lange
R. Mansart
R. Clagny
R. Paul Garnier
R. Saint-Joseph
R. du Colonel de Bange
R. Gabriel
R. de l'Ermitage
R. Exelmans
R. des Missionnaires
R. Montebello
R. Magenta
R. du Parc
Av. de Villeneuve l'Etang
R. Richard Mique
R. Solférino
R. Remilly
R. Berthier
R. du Maréchal Galliéni
R. Mademoiselle
R. de Beauvau
R. du Maréchal Foch
R. Albert Joly
R. d'Angiviller
Av. de Trianon
Bd de la Reine
R. des Réservoirs
R. de la Paroisse
Av. des États-Unis
R. du Refuge
R. Boyceau
R. Colbert
Av. Nepveu
Av. de Saint-Cloud
Av. de l'Europe
R. Montbauron
Ch. du Janicule
R. Jacques Boyceau
R. Jouvencel
R. Jean Houdon
R. de l'Indépendance-Américaine
Rte de Saint-Cyr
R. de l'Orangerie
R. de Satory
Av. du Gén.-de-Gaulle
Av. de Sceaux
Av. Royale
Av. de Paris
R. de Limoges
R. Édouard Lefebvre
R. des États-Généraux
R. Benjamin Franklin
R. Charles Gravier de Vergennes
R. Jean Mermoz
R. des Chantiers
R. de la Porte de Buc
R. du Maréchal Joffre
R. Saint-Honoré
R. d'Anjou
R. des Bourdonnais
R. Saint-Louis
R. Édouard Charton
R. Henri de Régnier
Av. Clément Ader
0
200 m
a
b
p
e
d
m
r

Zin's à l'Étape Gourmande

CUISINE MODERNE • CONVIVIAL XX Une vraie étape gourmande, dans le quartier de Porchefontaine. Faire le marché tous les deux jours, ne proposer que du fait-maison (à part le pain) et une large collection de vins : tel est le sacerdoce du chef, Alain Zinsmeister ! L'hiver, on mange au coin du feu et, l'été, sur la jolie terrasse à l'arrière...

Formule 29 € - Menu 36 € (semaine), 39/46 €

Plan : B3-n *125 r. Yves-Le-Coz - ✆ 01 30 21 01 63 - www.arti-zins.fr*
- Fermé 1 semaine en août, 1 semaine en janv., sam. midi, dim. et lundi

La Tour

VIANDES • BISTRO X Avis aux amateurs de viande ! Ici, on est expert en la matière : choix des morceaux, maturation, etc. Dans la salle, on a même accroché les plaques émaillées remportées par des éleveurs de bovins. Le cadre est celui d'un bistrot pur jus : tables serrées, comptoir... Ambiance conviviale.

Formule 25 € - Carte 32/70 €

Plan : C2-b *6 r. Carnot - ✆ 01 39 50 58 46*
- www.restaurants-yvelines.com/restaurant-la-tour-versailles - Fermé dim. soir

Trianon Palace

GRAND LUXE • CONTEMPORAIN Tout le monde, ou presque, a entendu parler de cet hôtel luxueux, à la lisière du parc du château. Avec ses très belles chambres, mariant avec aisance l'élégance du design contemporain et le classicisme du lieu, il n'usurpe pas sa réputation !

176 chambres - 🚹250/800 € 🚹🚹250/800 € - 23 suites - ☕ 38 €

Plan : C2-r *1 bd de la Reine - ✆ 01 30 84 50 00 - www.trianonpalace.fr*

✿ **Gordon Ramsay au Trianon** - voir les restaurants ci-dessus

Le Louis Versailles Château - MGallery

HÔTEL DE CHAÎNE • DESIGN Protégé par son portail d'époque classé, à deux pas du château, cet hôtel élégant aux beaux volumes permet de découvrir en toute quiétude le domaine du Roi Soleil. Bon petit-déjeuner bio et sans gluten.

152 chambres - 🚹150/389 € 🚹🚹150/389 € - 5 suites - ☕ 26 €

Plan : C2-a *2 bis av. de Paris - ✆ 01 39 07 46 46 - www.sofitel.com*

Le Versailles

TRADITIONNEL • PERSONNALISÉ À deux pas de l'aile du Nord du château, dans une petite rue tranquille, des chambres spacieuses et confortables. Le garage est également un atout de choix à proximité immédiate de la place d'Armes.

47 chambres - 🚹89/199 € 🚹🚹99/219 € - ☕ 17 €

Plan : C2-p *7 r. Ste-Anne - ✆ 01 39 50 64 65 - www.hotel-le-versailles.fr*

VILLE-D'AVRAY

✉ 92410 Hauts-de-Seine - 11 419 hab. - Alt. 130 m - Carte régionale n° **11**-B2
Carte Michelin 311-J3 et 101-24

✿ Le Corot

CUISINE CRÉATIVE • ÉLÉGANT XXX Le jeune chef, excellent technicien, met un point d'honneur à inscrire pleinement sa cuisine dans l'époque : fraîcheur, légèreté et esthétisme distinguent ses assiettes. Joli moment de gastronomie en ces lieux qui préservent avec élégance le souvenir de Camille Corot, qui immortalisa les étangs voisins...

➔ Foie gras rôti, anguille fumée, oxalis, blette et consommé de betterave. Homard bleu, arroche, carotte, condiment échalion et prune. Tarte soufflée, tagète et gousse de vanille.

Menu 48 € (déj. en semaine), 95/130 € - Carte 105/140 €

Hôtel Les Étangs de Corot, 55 r. de Versailles - ✆ 01 41 15 37 00
- www.etangs-corot.com - Fermé 3 semaines en août, 2-18 janv., dim. soir, merc. midi, lundi et mardi

Le Café des Artistes

CUISINE MODERNE • BISTRO X Ici, se déguste une cuisine contemporaine, goûteuse et inspirée, réalisée avec de beaux produits, que l'on ira volontiers déguster en terrasse, en contemplant distraitement le charmant jardin. Idyllique et bucolique.

Formule 31 € – Menu 36 €

Hôtel Les Étangs de Corot, 55 r. de Versailles – ✆ 01 41 15 37 00 – www.etangs-corot.com

Maya (N)

CUISINE MODERNE • CONVIVIAL X Ce restaurant de poche, ancienne quincaillerie, est tenu par un ex-directeur artistique dans la publicité... Associé au chef (et compatriote) Juan Arbelaez, il propose une amicale cuisine sud-américaine, déclinée sur ardoise, à apprécier dans une salle colorée, avec ses murs en planches de bois et son plafond en... tôle !

Formule 22 € – Menu 27 € (déj. en semaine) – Carte 34/48 €

45 r. de Saint-Cloud – ✆ 01 41 15 50 48 – Fermé 3 semaines en août, dim. et lundi

Les Étangs de Corot

LUXE • PERSONNALISÉ Ce ravissant hameau bâti au bord des étangs de Ville-d'Avray inspira le peintre Camille Corot. Il abrite aujourd'hui un hôtel de charme (élégantes chambres au décor soigné) et ses différents restaurants. Le spa est divin... vinothérapie oblige. Un charme bucolique unique aux portes de la capitale !

41 chambres – 🚹210/460 € 🚹🚹210/460 € – 2 suites – ☕ 20 €

55 r. de Versailles – ✆ 01 41 15 37 00 – www.etangs-corot.com

✿ **Le Corot** • **Le Café des Artistes** – voir les restaurants ci-dessus

VINCENNES

✉ 94300 Val-de-Marne – 49 136 hab. – Alt. 51 m – Carte régionale n° **11**-C2
Carte Michelin 312-D2 et 101-17

La Rigadelle

POISSONS ET FRUITS DE MER • TRADITIONNEL X Spécialité du lieu : le poisson, d'une grande fraîcheur (arrivages de Bretagne) et préparé en aïoli, en bouillabaisse ou en cotriade par un chef qui connaît parfaitement son métier... et qui fait évoluer ses recettes petit à petit, touche par touche, afin de suivre les saisons. Une adresse pleine de goût... et de mérite !

Formule 26 € – Menu 35/58 € – Carte 45/73 €

23 r. de Montreuil Ⓜ Château de Vincennes – ✆ 01 43 28 04 23 – Fermé 13 août-7 sept., dim. soir, lundi et mardi

L'Hédoniste

CUISINE TRADITIONNELLE • INTIME X Au centre de Vincennes, ce petit restaurant à l'atmosphère intimiste propose une cuisine du marché et de saison ; les deux associés, bretons, s'autorisent de nombreux clins d'œil à leur région. Spécialité maison : les escargots moelleux au saté et au bleu...

Formule 19 € – Menu 23 € (déj. en semaine)/32 € – Carte 35/57 €

26 r. de Montreuil Ⓜ Château de Vincennes – ✆ 01 43 74 98 62 – Fermé 3 semaines fin juil.-début août, vacances de Noël, dim. et lundi

Daumesnil Vincennes

TRADITIONNEL • PERSONNALISÉ Amoureuse de son établissement, la propriétaire a soigné le décor de chaque chambre, inspiré par la Provence, son charme et sa fraîcheur. Avis aux amateurs ! À noter : le parking, très utile à Vincennes. Accueil charmant.

49 chambres – 🚹70/200 € 🚹🚹80/220 € – ☕ 14 €

50 av. de Paris Ⓜ Bérault – ✆ 01 48 08 44 10 – www.hotel-daumesnil.com

St-Louis

URBAIN • PERSONNALISÉ Au cœur de Vincennes, près du château cher à Saint Louis, un hôtel au charme bourgeois (meubles de style, tentures, etc.), parfait pour une clientèle soucieuse de calme et de confort, à deux pas de Paris (le métro est à 100 m).

25 chambres – 🚹109/270 € 🚹🚹129/350 € – ☕13 €

2 bis r. Robert-Giraudineau Ⓜ Château de Vincennes – ✆01 43 74 16 78 – www.hotel-paris-saintlouis.com

VIRY-CHÂTILLON

✉ 91170 Essonne – 31 350 hab. – Alt. 34 m – Carte régionale n° **11**-C3
Carte Michelin 312-D3 et 101-36

Le Marcigny

CUISINE TRADITIONNELLE • FAMILIAL La Bourgogne mise à l'honneur ! Ce petit restaurant à succès porte le nom du village dont est originaire l'épouse du chef. Plats traditionnels, pain maison et vins régionaux.

Menu 29/39 €

27 r. Danielle-Casanova – ✆01 69 44 04 09 – www.lemarcigny.fr – Fermé sam. midi, dim. soir et lundi

WISSOUS

✉ 91320 Essonne – 7 661 hab. – Alt. 80 m – Carte régionale n° **11**-C3
Carte Michelin 312-C3 et 101-25

La Grange aux Dîmes

CUISINE MODERNE • RUSTIQUE Vieilles pierres, cheminée monumentale, haute charpente en bois... Cette belle grange aux dîmes du 13e s. transporte dans l'Île-de-France d'hier ! Pour autant, la cuisine joue la carte de la gastronomie d'aujourd'hui, sous l'égide d'un chef venu de grandes maisons parisiennes. Saveurs flatteuses et accueil aimable.

Menu 36/38 € – Carte environ 77 €

3 r. André-Dolimier – ✆01 69 81 70 08 – www.grangeauxdimes.com – Fermé 1 semaine en fév., 1 semaine à Pâques, 3 semaines en août, sam., dim. et fériés

---

PASSENANS – 39 Jura ➜ Voir Poligny

PATRIMONIO – 2B Haute-Corse ➜ Voir Corse

P. Jacques/hemis.fr

ON AIME...

La convivialité et les assiettes gourmandes du **Café Anaïak**. En face de l'église St-Martin, la cuisine épurée de **Lou Esberit**, réalisée par un chef vraiment sympathique. La gastronomie japonaise pleine de finesse de l'**Amateur de thés**...

PAU

✉ 64000 Pyrénées-Atlantiques - 77 489 hab. - Agglo. 196 719 hab. - Alt. 207 m - Carte régionale n° **2**-B3
Carte Michelin 342-J5 - Guide Vert Michelin Aquitaine

Restaurants

Café Anaïak

CUISINE RÉGIONALE • CONVIVIAL X Vive l'esprit de famille ! Anaïak, c'est "frère" en basque : un nom tout trouvé pour ce bistrot tenu par les frères Ithurriague, du Fin Gourmet. Sur le mur, on aperçoit même une photo des parents. Ici, la cuisine honore le Sud-Ouest : poule au pot, confit de canard, gibier en saison... Terrasse pour les beaux jours.

Menu 23 € (semaine) - Carte 26/45 €

Plan : C3-a *24 av. Gaston-Lacoste (face à la gare) - ✆ 05 59 27 47 71 - www.restaurant-aufingourmet.com - Fermé 1 semaine en fév., 2 semaines en juil.-août, dim., lundi et le soir*

Au Fin Gourmet

CUISINE MODERNE • CONVIVIAL XXX Au pied du funiculaire, voilà un endroit prisé des amoureux ! La verrière aux allures de jardin d'hiver offre un cadre romantique pour savourer une cuisine de... fin gourmet. Après quoi, vous pourrez vous rendre sur les hauteurs de la ville et admirer la chaîne des Pyrénées.

Menu 28 € (semaine), 62/76 € 🍷 - Carte 49/61 €

Plan : C3-v *24 av. Gaston-Lacoste - ✆ 05 59 27 47 71 - www.restaurant-aufingourmet.com - Fermé 1 semaine en fév., 2 semaine fin juil.-début août, dim. soir et lundi*

Le Jeu de Paume

CUISINE MODERNE • ÉLÉGANT XXX Teintes brique, cuivre et anthracite : ce restaurant d'hôtel joue la carte du chic et de l'élégance. La cuisine valorise les produits de saison et du terroir, tout en laissant s'exprimer une belle créativité : délicieuses Saint-Jacques, pavé de cabillaud skrei, soufflé chaud à la menthe... On se régale.

Formule 35 € - Menu 45/90 € - Carte 75/110 €

Plan : D2-b *Hôtel Parc Beaumont, 1 av. Édouard-VII - ✆ 05 59 11 84 00 - www.hotel-parc-beaumont.com*

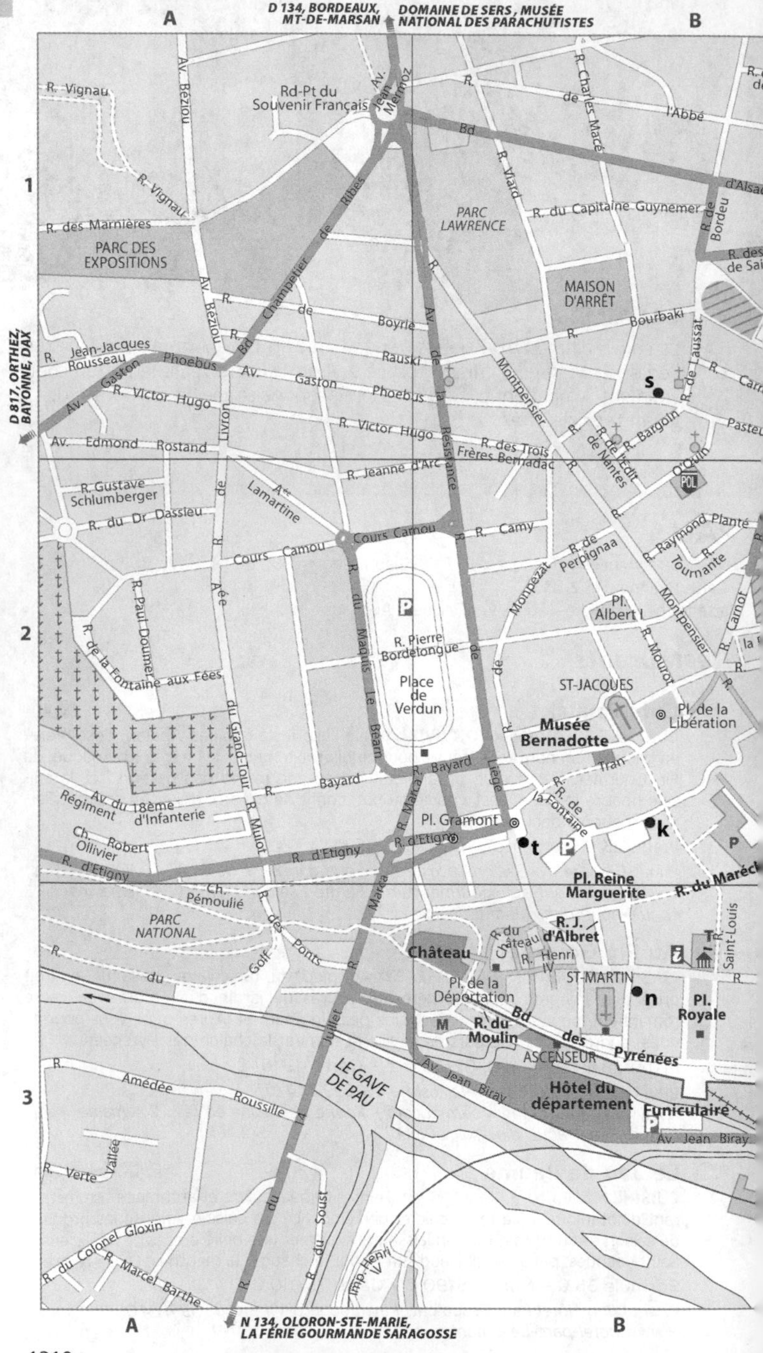
D 134, BORDEAUX, MT-DE-MARSAN
DOMAINE DE SERS, MUSÉE NATIONAL DES PARACHUTISTES
D 817, ORTHEZ, BAYONNE, DAX
N 134, OLORON-STE-MARIE, LA FÉRIE GOURMANDE SARAGOSSE
A
B
1
2
3
Rd-Pt du Souvenir Français
PARC DES EXPOSITIONS
PARC LAWRENCE
MAISON D'ARRÊT
Place de Verdun
R. Pierre Bordelongue
ST-JACQUES
Pl. de la Libération
Musée Bernadotte
Pl. Albert I
Pl. Gramont
Pl. Reine Marguerite
PARC NATIONAL
Château
R. J. d'Albret
ST-MARTIN
Pl. de la Déportation
R. du Moulin
ASCENSEUR
Pl. Royale
Bd des Pyrénées
Hôtel du département
Funiculaire
LE GAVE DE PAU
Av. Jean Biray
Cours Camou
R. d'Etigny
Av. Gaston Phoebus
R. Victor Hugo
Av. Edmond Rostand
R. du Capitaine Guynemer
R. de Montpensier
Av. de la Résistance
R. du Maquis Le Béarn
Bd Champetier de Ribes
Av. Jean Mermoz
R. Marca
R. Bayard
R. Jeanne d'Arc
R. Camy
R. Raymond Planté
R. Bargoin
R. de l'Edit de Nantes
R. des Trois Frères Bernadac
R. de Boyrie
R. Rauski
R. Bourbaki
R. de Laussat
R. Vignau
R. des Marnières
Av. Béziou
R. Jean-Jacques Rousseau
R. Gustave Schlumberger
R. du Dr Dassieu
R. Paul Doumer
R. de la Fontaine aux Fées
Allée du Grand-Tour
R. Mulot
Av. du 18ème Régiment d'Infanterie
Ch. Robert Ollivier
Ch. Pémoulié
R. des Ponts
Av. du 14 Juillet
R. Amédée Roussille
R. Verte Vallée
R. du Colonel Gloxin
R. Marcel Barthe
R. du Soust
Imp. Henri IV
R. Henri IV
R. Charles Macé
Bd d'Alsace
R. Mourot
R. Carnot
R. Saint-Louis
R. du Maréchal
s
k
t
n
P
POL
M

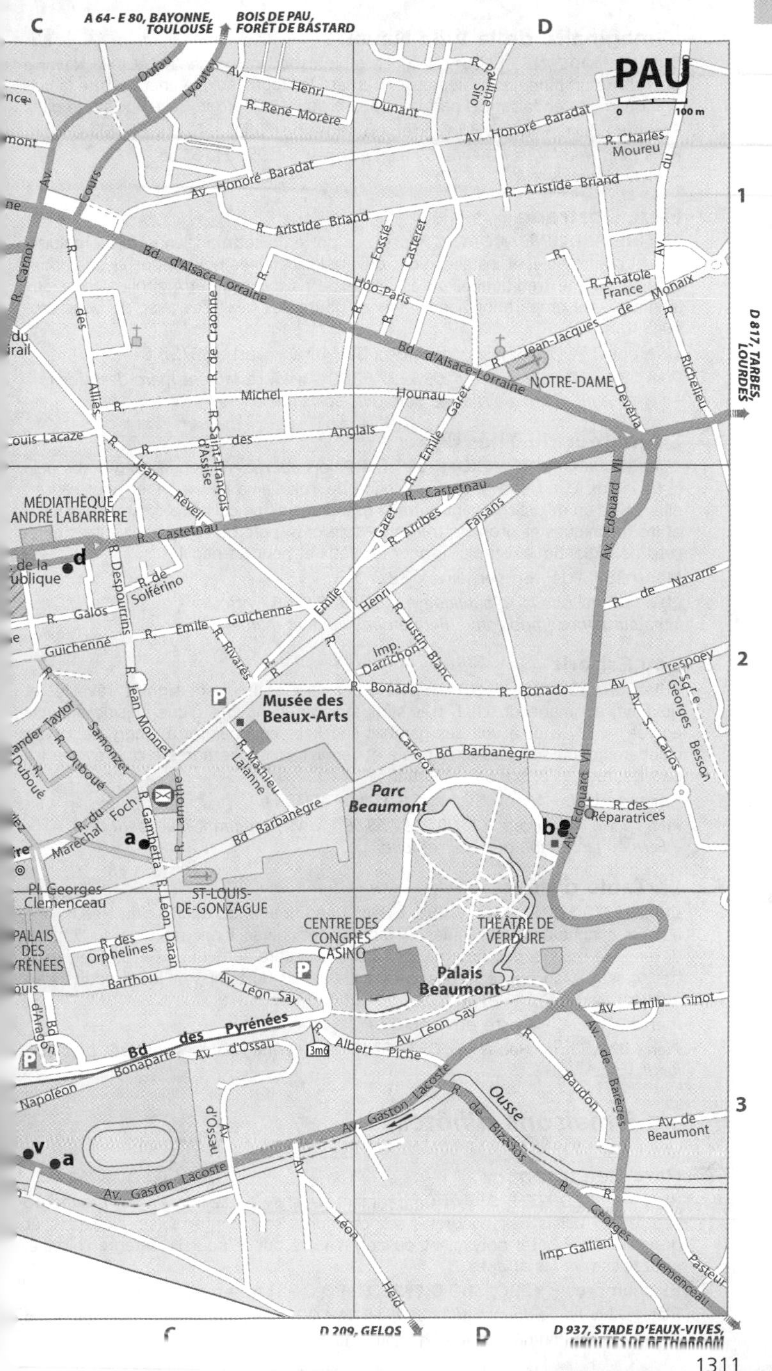
PAU
0
100 m
A 64- E 80, BAYONNE, TOULOUSE
BOIS DE PAU, FORÊT DE BASTARD
D 817, TARBES, LOURDES
D 209, GELOS
D 937, STADE D'EAUX-VIVES, GROTTES DE BETHARRAM
NOTRE-DAME
MÉDIATHÈQUE ANDRÉ LABARRÈRE
Musée des Beaux-Arts
Parc Beaumont
ST-LOUIS-DE-GONZAGUE
CENTRE DES CONGRÈS CASINO
THÉÂTRE DE VERDURE
Palais Beaumont
Pl. Georges Clemenceau
Bd d'Alsace-Lorraine
R. Castetnau
Bd Barbanègre
Av. Edouard VII
Bd des Pyrénées
Av. Gaston Lacoste
Av. Léon Say
Av. Honoré Baradat
R. Aristide Briand
Ousse

L'Imaginaire de la Villa Navarre

CUISINE MODERNE · ÉLÉGANT XXX La table est à l'image de l'hôtel Villa Navarre qui l'abrite : raffinée et chaleureuse. Derrière les fourneaux, le chef revisite la cuisine béarnaise en faisant la part belle aux produits du terroir. Belle vue sur le parc.

Formule 30 € – Menu 35 € (déj. en semaine)/55 € – Carte 55/60 €

Hors plan *Hôtel Villa Navarre, 59 av. Trespoey – ✆ 05 59 14 65 65 – www.villanavarre.fr*

Marc Destrade

CUISINE MODERNE · COSY XX Poussez la porte de cette ancienne ferme paloise, chic et confortable, et installez-vous devant la cheminée pour déguster une appétissante cuisine traditionnelle. Cassolette de ris d'agneau aux girolles, lotte aux légumes : les préparations sont fines et goûteuses, réalisées avec de bons produits frais.

Menu 17 € (déj. en semaine), 30/40 € – Carte 39/53 €

Plan : B1-s *30 r. Pasteur – ✆ 05 59 27 62 60 – www.restaurant-marc-destrade.fr – Fermé août, mardi soir, merc. soir, dim. soir et lundi*

L'Amateur de Thés

CUISINE JAPONAISE · EXOTIQUE X Les Palois apprécient depuis longtemps déjà le travail de Yuri Nagaya, chef originaire de Yokohama au Japon, et pour cause : elle réalise un mix surprenant entre la grande tradition culinaire de son pays natal et les techniques et produits français – foie gras, porc de Bigorre, et autres poissons de l'Atlantique. Un plaisir pour les yeux et pour les papilles.

Menu 25 € (déj. en semaine), 38/70 €

Plan : C2-d *1 r.de la République – ✆ 05 59 32 81 06 – http://lamateurdethes.jimdo.com – Fermé dim., lundi et mardi*

Lou Esberit

CUISINE MODERNE · TENDANCE X En béarnais, Lou Esberit signifie "éveillé" et "joyeux", à l'image du chef, très sympathique, et adepte d'une cuisine actuelle épurée : il n'y a qu'à voir ses gambas snackées en vinaigrette d'agrume, caviar d'aubergine, ou son cabillaud poêlé et fenouil. Une jolie adresse qui réveille les papilles, face à l'église Saint-Martin.

Formule 19 € – Menu 30/45 € – Carte 40/59 €

Plan : B3-n *8 r. Adoue – ✆ 09 83 97 58 58 – www.restaurant-louesberit.com – Fermé mardi midi, dim. soir et lundi*

La Table d'Hôte 

CUISINE MODERNE · CONVIVIAL X Dans une impasse du quartier du Hédas, une adresse connue des seuls initiés… Ou comment une ancienne tannerie du 17ᵉs. est devenue le repaire des gourmands ! Dans un cadre authentique – briques, poutres, galets –, on apprécie une cuisine dans l'air du temps et les produits frais qui vont avec.

Menu 27/35 € – Carte environ 37 €

Plan : B2-k *1 r. du Hédas – ✆ 05 59 27 56 06 – Fermé vacances de Noël, dim. et lundi*

Hôtels & maisons d'hôtes

Parc Beaumont

BUSINESS · CONTEMPORAIN Ce bâtiment de style contemporain est proche du parc et du palais des congrès ; ses chambres sont confortables, élégantes et design. Un bel hôtel polyvalent où rien n'a été oublié pour la détente (piscine, jacuzzi, spa) et les affaires.

69 chambres – 290/380 € 290/380 € – 11 suites – 26 €

Plan : D2-b *1 av. Édouard-VII – ✆ 05 59 11 84 00 – www.hotel-parc-beaumont.com*

Le Jeu de Paume – voir les restaurants ci-dessus

Villa Navarre

MAISON DE MAÎTRE • PERSONNALISÉ Atmosphère délicieusement bourgeoise dans cette maison de maître de 1865 et son aile récente, nichées dans un parc de 2 ha. Les chambres sont vastes et lumineuses ; préférez celles dans le bâtiment le plus ancien. Les lecteurs apprécieront le salon-bibliothèque habillé de boiseries. Une belle parenthèse "made in Sud-Ouest".

26 chambres – 149/225 € 161/238 € – 4 suites – 19 €

Hors plan *59 av. Trespoey – 05 59 14 65 65 – www.villanavarre.fr*

L'Imaginaire de la Villa Navarre – voir les restaurants ci-dessus

Bristol

FAMILIAL • PERSONNALISÉ Ouvrez le portail en fer forgé et traversez la cour... Au cœur de Pau, cette belle bâtisse du 19e s. abrite des chambres spacieuses et lumineuses, certaines avec cheminée. Et sachez qu'au 4e étage, elles offrent une belle vue sur la ville ! En été, petit-déjeuner sur la terrasse.

21 chambres – 79/99 € 89/110 € – 12 €

Plan : C2-a *3 r. Gambetta – 05 59 27 72 98 – www.hotelbristol-pau.com – Fermé vacances de Noël*

Hôtel de Gramont

FAMILIAL • PERSONNALISÉ Ce relais de poste du 18e s. serait le plus vieil hôtel de la ville. Entre le château où naquit Henri IV et le musée Bernadotte, voilà une bonne adresse pour découvrir Pau ! Les chambres – bien insonorisées – sont toutes différentes, du classique au plus contemporain. Copieux buffet au petit-déjeuner.

30 chambres – 61/96 € 78/140 € – 3 suites – 11 €

Plan : B2-t *3 pl. Gramont – 05 59 27 84 04 – www.hotelgramont.com*

à Lons 2 km au Nord – 64140 – 12 616 hab. – Alt. 162 m

Le Fer à Cheval

BUSINESS • COSY Ce relais de poste vit avec son temps : les chambres, joliment redécorées, conservent leurs meubles d'époque et sont bien insonorisées. L'été, on profite de la terrasse : glycine, tilleul, camélias... Cuisine actuelle au restaurant.

10 chambres – 59/69 € 69/79 € – 9 €

1 av. des Martyrs-du-Pont-Long – 05 59 32 17 40 – www.hotel-leferacheval.com – Fermé 23 déc.-8 janv.

à Sauvagnon 12 km au Nord par D834 – 64230 – 3 153 hab. – Alt. 248 m

L'Harmonie

CUISINE MODERNE • CONTEMPORAIN XX Dans cette ancienne trattoria entièrement rénovée, on se régale d'une bonne cuisine au goût du jour, à l'instar de ces Saint-Jacques poêlées, crémeux de cerfeuil tubéreux, et croustillant de boudin (en saison, bien entendu !). Une adresse très sympathique.

Formule 14 € – Menu 18 € (déj. en semaine), 26/42 € – Carte 50/60 €

1 chemin Severou – 05 59 82 17 23 – Fermé 10-20 août, sam. midi, dim. soir et lundi

à Lescar 7,5 km au Nord-Ouest par D817 et D601 – 64230 – 9 991 hab. – Alt. 179 m

Arraditz

CUISINE MODERNE • CONTEMPORAIN XX Cette maison du 19e s., installée dans une petite ville à la périphérie de Pau, est le fief d'un duo bien préparé : elle, pâtissière, a fait ses armes au Plaza Athénée ; lui, aux fourneaux, a aussi travaillé dans plusieurs maisons étoilées. Leur cuisine, fine et bien exécutée, met en valeur les produits de la région. Courez-y !

Menu 24 € (déj. en semaine), 35/65 € – Carte 57/70 €

2 r. Cachau – 05 59 32 31 40 – www.arraditz.com – Fermé 8-25 janv., 13 août-6 sept., sam. midi , dim. soir et lundi

à Bizanos 2 km à l'Est - ✉ 64320 - 4 723 hab. - Alt. 186 m

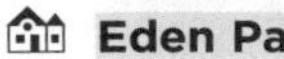

Eden Park

BUSINESS • FONCTIONNEL Ne cherchez pas ici la copie conforme du terrain de rugby d'Auckland ! Au sein de cet ensemble de bâtiments blancs, aux lignes épurées, dans un esprit californien, les chambres se révèlent spacieuses et agréables : coin salon, cuisinette, vue sur la piscine...

26 chambres ☕ - †90/110 € ††100/120 €

2 r. de l'Aubisque - ✆ 05 59 40 64 64 - www.hotel-pau.fr - Fermé 20 déc.-5 janv.

PAUILLAC

✉ 33250 Gironde - 4 924 hab. - Alt. 20 m - Carte régionale n° **2**-B1
Carte Michelin 335-G3 - Guide Vert Michelin Aquitaine

Café Lavinal

CUISINE TRADITIONNELLE • BISTRO X La petite place de Bages conserve son atmosphère animée d'antan avec la boutique de vins, la boulangerie et... le Café Lavinal. L'assiette célèbre le terroir local dans un esprit de franche bistronomie : bons produits frais bien préparés, recettes goûteuses... Le tout rehaussé par un service sympa et efficace.

Formule 18 € - Menu 28/38 € - Carte 48/56 €

à Bages, pl. Desquet - ✆ 05 57 75 00 09 - www.jmcazes.com/fr/cafe-lavinal - Fermé 23 déc.-3 fév. et dim.

Château Cordeillan Bages

CUISINE MODERNE • CONTEMPORAIN XXX Dans ce délicieux château niché dans un parc, au bord des vignes, une salle rythmée par quelques œuvres d'art contemporain... et des assiettes subtilement composées, très soignées visuellement, qui tirent le meilleur de produits bien choisis.

Menu 45 € (déj. en semaine), 90/175 € - Carte 135/155 €

→ Le Cèpe en cru et cuit, œuf parfait lard de colonnata. Agneau de lait en croûte de sel, mousseline d'aubergine au cumin. Citron en vacherin, fine gelée et meringue.

Hôtel Château Cordeillan Bages, 61 rte des Vignerons, 1 km au Sud par D2 - ✆ 05 56 59 24 24 - www.cordeillanbages.com - Ouvert de mars à nov.

Château Cordeillan Bages

DEMEURE HISTORIQUE • ÉLÉGANT Cette chartreuse du 17e s., alanguie au cœur du vignoble, est prolongée par une construction abritant des chambres agréables. Préférez celles qui ont été rénovées, plus élégantes et tout en sobriété.

28 chambres - †239/489 € ††239/489 € - ☕ 25 €

61 rte des Vignerons, 1 km au Sud par D2 - ✆ 05 56 59 24 24 - www.cordeillanbages.com - Ouvert de mars à nov.

✿ **Château Cordeillan Bages** - voir les restaurants ci-dessus

PAVILLON (COL DU) - 69 Rhône → Voir Cours

PÉGOMAS

✉ 06580 Alpes-Maritimes - 7 783 hab. - Alt. 18 m - Carte régionale n° **22**-E2
Carte Michelin 341-C6

Hôtel du Bosquet

FAMILIAL • FONCTIONNEL On est au calme dans cet hôtel simple, fonctionnel et très bien tenu. À l'intérieur, le décor est moderne ; dans le parc, oliviers et lauriers roses entourent la piscine et contribuent largement au sentiment de détente. Un bon plan aux prix sages.

22 chambres - †70/80 € ††75/90 € - ☕ 8 €

chemin des Périssols, rte de Mouans-Sartoux - ✆ 04 92 60 21 20 - www.hoteldubosquet.com - Fermé 15 janv.-1er fév.

PEILLON

✉ 06440 Alpes-Maritimes - 1 495 hab. - Alt. 200 m - Carte régionale n° **22**-E2
Carte Michelin 341-F5 - Guide Vert Michelin Côte d'Azur

Auberge de la Madone

CUISINE PROVENÇALE • MÉDITERRANÉEN XX Cette auberge de tradition semble vivre en symbiose avec l'arrière-pays de Nice... En terrasse, la vue sur le village perché de Peillon est exquise, et les assiettes cultivent le goût du répertoire niçois et des beaux produits locaux. Le plat "phare" met l'eau à la bouche : agneau rôti au four en deux cuissons...

Menu 40/65 € - Carte 55/86 €

3 pl. Auguste-Arnulf - ✆ 04 93 79 91 17 - www.auberge-madone-peillon.com - Fermé 10 janv.-2 fév., 11 nov.-9 déc. et merc.

Auberge de la Madone

AUBERGE • PERSONNALISÉ Peillon, village médiéval perché sur son rocher de l'arrière-pays niçois, est délicieux, et, à ses pieds, cette auberge de caractère semble l'admirer ! Dans les chambres, tomettes anciennes et murs colorés expriment l'esprit de la Provence ; au jardin, les odeurs du Sud, les cigales, le calme...

15 chambres - 85/185 € 110/235 € - 2 suites - 15 €

3 pl. Auguste-Arnulf - ✆ 04 93 79 91 17 - www.auberge-madone-peillon.com - Fermé 10 janv.-2 fév., 11 nov.-9 déc. et merc.

Auberge de la Madone - voir les restaurants ci-dessus

PEISEY-NANCROIX

✉ 73210 Savoie - 646 hab. - Alt. 1 320 m - Carte régionale n° **23**-D2
Carte Michelin 333-N4 - Guide Vert Michelin Alpes du Nord

à Plan-Peisey 4 km à l'Est - ✉ 73210

La Vanoise

FAMILIAL • PERSONNALISÉ Au bord des pistes, à l'écart des habitations, ce grand chalet alpin offre une jolie vue sur le dôme de Bellecôte... Sachez que les chambres au sud disposent d'un balcon, parfait pour prendre le soleil entre deux descentes à ski. Restauration traditionnelle (formule rapide au déjeuner).

30 chambres - ½ P seult 94/128 €

Peisey-Vallandry - ✆ 04 79 07 92 19 - www.hotel-la-vanoise.com - Ouvert 1er juil.-2 sept. et 17 déc.-25 avril

PENHORS - 29 Finistère → Voir Pouldreuzic

PENNEDEPIE - 14 Calvados → Voir Honfleur

PENVINS - 56 Morbihan → Voir Sarzeau

PERI - 2A Corse-du-Sud → Voir Corse

PÉRIGNAT-LÈS-SARLIÈVE - 63 Puy-de-Dôme → Voir Clermont-Ferrand

ON AIME...

Aller à **l'Essentiel**, où le produit est roi et le service attentionné. Au **Restaurant**du **Château des Reynats**, se régaler d'une cuisine qui a du style et de l'âme. Plonger dans le terroir périgourdin au **Parfum de Gourmandise**, qui porte bien son nom. Enfin, dans une jolie maison ancienne, rencontrer **l'Épicurien** et ses inspirations légumières...

PÉRIGUEUX

✉ 24000 Dordogne – 30 069 hab. – Alt. 86 m – Carte régionale n° **2**-C1
Carte Michelin 329-F4 – Guide Vert Michelin Périgord Quercy

Restaurants

✿ L'Essentiel (Eric Vidal)

CUISINE MODERNE • COSY XX Inutile de se perdre en conjectures, mieux vaut aller à L'Essentiel ! Dans ce restaurant familial voisin de la cathédrale, le produit est roi... et le chef son brillant serviteur. C'est donc une explosion de saveurs, rehaussée par une belle sélection de vins au verre. Et un service attentionné, par-dessus le marché !

➜ Huîtres en gelée de légumes, crémeux de tourteau et tartare de langoustine. Pigeon rôti en croûte de dragées, cuisse confite, betterave rouge et pommes de terre boulangère. Feuilles croustillantes de pistache aux fraises du Périgord, crème à la vanille.

Formule 31 € – Menu 45/99 € – Carte 65/85 €

Plan : C2-n *8 r. de la Clarté – ✆ 05 53 35 15 15 – www.restaurant-perigueux.com – Fermé vacances de fév., 1er-16 juil., dim. et lundi*

Le Grain de Sel

CUISINE MODERNE • TRADITIONNEL XX Après St-Émilion, le chef a décidé de mettre son Grain de Sel dans la vieille ville de Périgueux ! Au menu : une cuisine du marché gourmande, spontanée et vibrante de saveurs, où les produits de la mer sont à l'honneur. Pour une addition tout sauf salée...

Formule 25 € – Menu 33/75 € – Carte 49/74 €

Plan : C2-t *7 r. des Farges – ✆ 05 53 53 45 22 – Fermé 26 juin-17 juil., 22 déc.-6 janv., dim. et lundi*

Hercule Poireau

CUISINE MODERNE • TRADITIONNEL XX Sur les traces d'Hercule Poireau, on mène l'enquête à deux pas de la cathédrale. Dans la belle salle voûtée du 16es., les suspects sont attablés. Dans l'assiette, l'objet du crime est une cuisine dans l'air du temps aux accents du terroir... car s'il est un péché commis ici, c'est bien celui de la gourmandise !

Formule 21 € – Menu 28/40 € – Carte 39/59 €

Plan : C2-r *2 r. de la Nation – ✆ 05 53 08 90 76 – Fermé mardi et merc.*

La Taula

CUISINE RÉGIONALE • TRADITIONNEL XX À la Taula (prononcez "taola"), table en patois, les gourmands se régalent d'une bonne cuisine familiale. Parmi les spécialités : pâtés, terrines et cous farcis maison... Voilà une adresse authentique où l'on ne badine pas avec les traditions !

Formule 19 € - Menu 33/40 € - Carte 42/52 €

Plan : C2-k *3 r. Denfert-Rochereau - 05 53 35 40 02 - www.restaurantlataula.com - Fermé 1 semaine en mars, 1 semaine en juil., 1 semaine fin nov. et lundi midi*

Le Clos St-Front

CUISINE CRÉATIVE • COSY XX Dans la cour à l'abri des regards, ou dans la salle avec sa cheminée monumentale et ses candélabres, cette maison du 16es., au cœur de Périgueux, offre un cadre des plus intimes... On s'y régale d'une cuisine mêlant exotisme et saveurs du terroir. À noter aussi, le menu vigneron autour d'une sélection de vins.

Formule 29 € - Menu 35 € (semaine), 45/70 € - Carte environ 50 €

Plan : C2-a *5-7 r. de la Vertu - 05 53 46 78 58 - www.leclossaintfront.com - Fermé vacances de fév., dim. soir et lundi sauf de juin à sept.*

Le Rocher de l'Arsault

CUISINE MODERNE • TRADITIONNEL XX Sous la préfecture, accrochée au rocher, cette avenante maison dissimule un restaurant qui fait la part belle au poisson et à l'efficacité : le menu midi est servi en une heure, clientèle d'affaires oblige. Une bonne cuisine de saison.

Formule 18 € - Menu 22 € (déj. en semaine), 38/57 € - Carte 41/59 €

Plan : D1-s *15 r. L'Arsault - 05 53 53 54 06 - www.rocher-arsault.com - Fermé dim. soir et lundi*

Un Parfum de Gourmandise

CUISINE CRÉATIVE • ÉPURÉ XX Un simple parfum de gourmandise ? Tout un déluge d'arômes et de saveurs ! Sébastien Riou et Catell Kergadallan ont su valoriser leur savoir-faire, forgé dans de belles maisons. En intimité avec le terroir périgourdin, leurs assiettes respirent une fraîche et vive inspiration, qui enivre...

Formule 25 € - Menu 35 € (déj. en semaine), 41/61 €

Hors plan *67 cours St-Georges - 05 53 53 46 33 - www.unparfumdegourmandise.com - Fermé juin, dim. soir, lundi et mardi*

L'Épicurien

CUISINE MODERNE • HISTORIQUE X Tout le charme d'une vieille maison croquignolette, au cœur de Périgueux, pour une cuisine assurément épicurienne, signée par un tout jeune chef, Gilles Labbé de son nom. Du travail dans les assiettes, une jolie inspiration légumière, des cuissons précises... ou comment allier finesse et gourmandise.

Formule 17 € - Menu 20 € (déj. en semaine)/36 € - Carte 50/62 €

Plan : C2-d *1 r. du Conseil - 05 53 09 88 04 - www.lepicurien-restaurant.fr - Fermé dim. soir, mardi soir et merc.*

Hôtels

Bristol

FAMILIAL • FONCTIONNEL Les Anglais, nombreux à s'être installés dans la région, apprécieront la référence à l'une des villes de leur pays. D'autant que cet hôtel familial est idéalement situé pour visiter la vieille ville. Les chambres, sobres et parfaitement tenues, sont bien insonorisées. Une bonne adresse.

29 chambres - 71/100 € 71/100 € - 10 €

Plan : B1-u *37 r. A.-Gadaud - 05 53 08 75 90 - www.bristolfrance.com - Fermé 21 déc.-6 janv.*

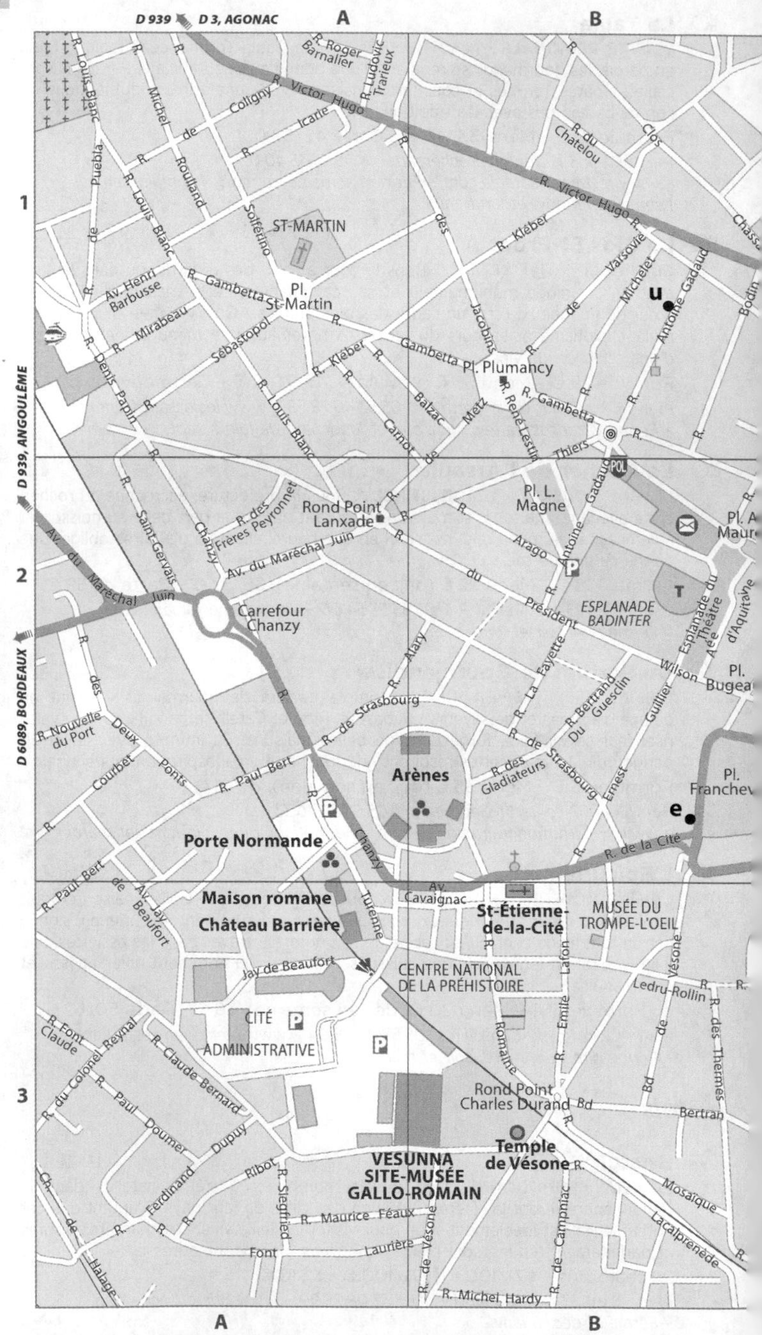
D 939
D 3, AGONAC
A
B
1
2
3
D 939, ANGOULÊME
D 6089, BORDEAUX
ST-MARTIN
Pl. St-Martin
Pl. Plumancy
Rond Point Lanxade
Pl. L. Magne
Carrefour Chanzy
ESPLANADE BADINTER
Arènes
Porte Normande
Maison romane
Château Barrière
St-Étienne-de-la-Cité
MUSÉE DU TROMPE-L'OEIL
CENTRE NATIONAL DE LA PRÉHISTOIRE
CITÉ ADMINISTRATIVE
Rond Point Charles Durand
Temple de Vésone
VESUNNA SITE-MUSÉE GALLO-ROMAIN
Pl. Francheville
Pl. Bugeaud
R. Victor Hugo
R. Gambetta
R. Kléber
R. Louis Blanc
R. Michel Roullaud
R. de Coligny
R. Icarie
R. Roger Barnalier
R. Ludovic Trarieux
R. Solférino
Av. Henri Barbusse
R. Mirabeau
R. Denis Papin
R. Sébastopol
R. Balzac
R. Carnot
R. de Metz
R. des Jacobins
R. René Lestin
R. de Varsovie
R. Michelet
R. Antoine Gadaud
R. du Chatelou
Thiers
R. Arago
R. du Président Wilson
R. La Fayette
R. Bertrand Du Guesclin
R. des Frères Peyronnet
Av. du Maréchal Juin
R. Saint-Gervais
R. Chanzy
R. Alary
R. de Strasbourg
R. des Gladiateurs
R. Paul Bert
R. des Deux Ponts
R. Nouvelle du Port
R. Courbet
R. Ernest Guillier
Esplanade du Théâtre
R. de la Cité
Av. Cavaignac
R. Turenne
Jay de Beaufort
Av. Jay de Beaufort
R. Romaine
R. Émile Lafon
R. Ledru-Rollin
Bd de Vésone
R. des Thermes
Bd Bertran
R. Font Claude
R. du Colonel Reynal
R. Claude Bernard
R. Paul Doumer
R. Dupuy
R. Ferdinand
R. Ribot
R. Siegfried
R. Maurice Féaux
Font Laurière
R. de Vésone
R. de Campniac
R. Michel Hardy
R. Mosaïque
R. Lacalprenède
Ch. de Halage
Pl. Puebla

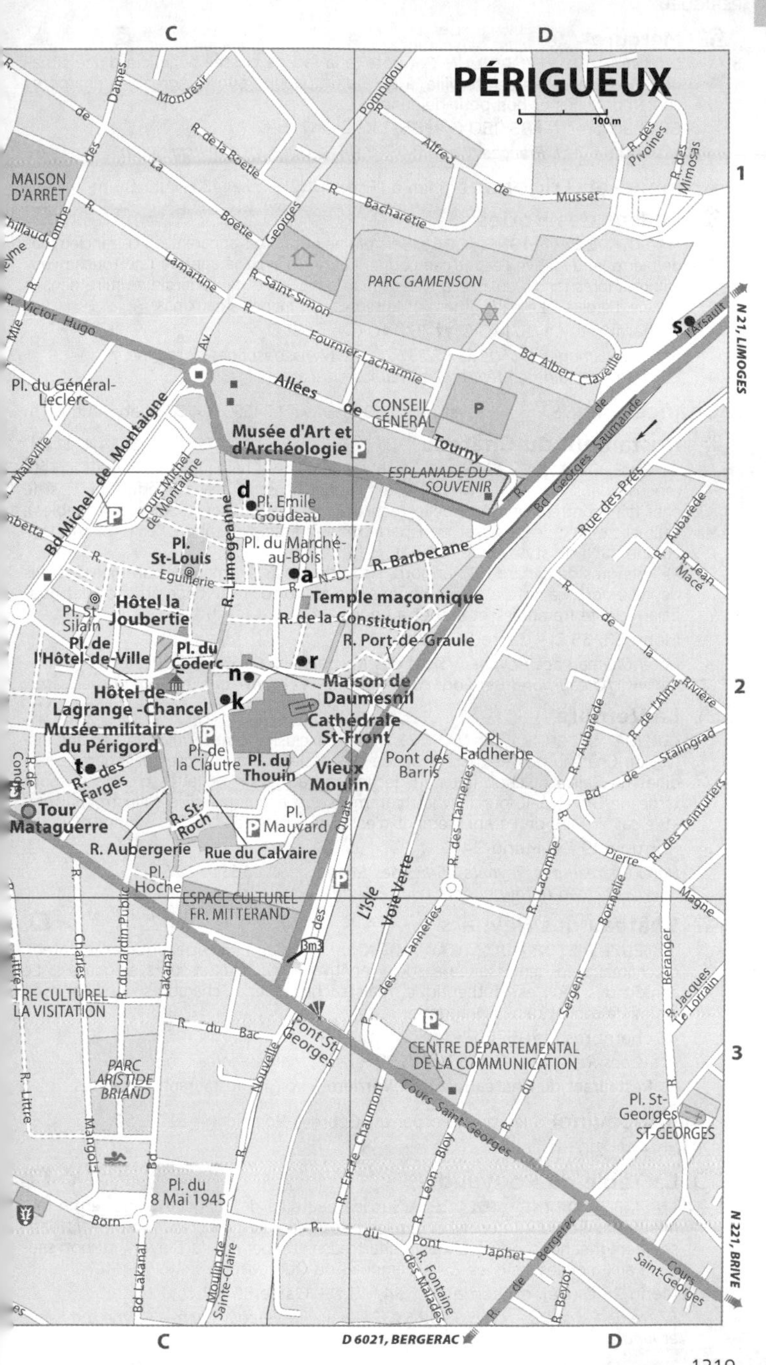
PÉRIGUEUX
C
D
1
2
3
N 21, LIMOGES
N 221, BRIVE
D 6021, BERGERAC
MAISON D'ARRÊT
PARC GAMENSON
Pl. du Général-Leclerc
Allées de Tourny
CONSEIL GÉNÉRAL
Musée d'Art et d'Archéologie
ESPLANADE DU SOUVENIR
Bd Michel de Montaigne
Pl. Emile Goudeau
Pl. du Marché-au-Bois
R. Barbecane
Pl. St-Louis
Hôtel la Joubertie
Temple maçonnique
R. de la Constitution
R. Port-de-Graule
Pl. St Silain
Pl. de l'Hôtel-de-Ville
Pl. du Coderc
Maison de Daumesnil
Hôtel de Lagrange-Chancel
Cathédrale St-Front
Musée militaire du Périgord
Pl. de la Claûtre
Pl. du Thouin
Vieux Moulin
Pont des Barris
Pl. Faidherbe
Tour Mataguerre
R. Aubergerie
Rue du Calvaire
Pl. Mauvard
Pl. Hoche
ESPACE CULTUREL FR. MITTERAND
TRE CULTUREL LA VISITATION
PARC ARISTIDE BRIAND
Pl. du 8 Mai 1945
CENTRE DÉPARTEMENTAL DE LA COMMUNICATION
Pl. St-Georges
ST-GEORGES
Cours Saint-Georges
Pont St-Georges
Bd Albert Claveille
Bd Georges Saumande
Rue des Prés
L'Isle
Voie Verte
R. Victor Hugo
R. de la Boétie
R. Lamartine
R. Saint-Simon
R. Fournier-Lacharmie
R. Bacharétie
R. Alfred de Musset
R. des Pivoines
R. des Mimosas
R. Limogeanne
R. Eguillerie
R. des Farges
R. St-Roch
R. des Tanneries
R. Lacombe
R. Aubarède
R. de l'Alma
Bd de Stalingrad
R. Pierre Magne
R. des Teinturiers
R. du Bac
Bd Lakanal
R. Littré
R. Léon Bloy
R. du Pont Japhet
R. de Bergerac
R. Beylot
R. Fontaine des Malades
R. En-Le Chaumont
R. du Sergent Bonnelie
R. Béranger
R. Jacques Le Lorrain
Moulin de Sainte-Claire
R. Charles Mangold
R. du Jardin-Public
R. Nouvelle
Quai des
Born
0
100 m

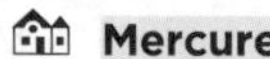

Mercure

BUSINESS • CONTEMPORAIN Cet hôtel à la façade classée bénéficie d'une situation idéale, en plein centre-ville, à côté d'un parking public. Agréables chambres contemporaines et bon petit-déjeuner.

66 chambres - 85/150 € 85/150 € - 16 €

Plan : B2-e *7 pl. Francheville - 05 53 06 65 00 - www.mercure.com*

à Antonne-et-Trigonant 11 km à l'Est par N21 - 24420 - Alt. 106 m

Le Mas des Bories

MAISON DE CAMPAGNE • COSY Bois patiné et poutres apparentes : cet ancien mas de pierre vêtu cultive l'esprit campagne. Le mobilier chiné apporte une touche cosy aux chambres tandis qu'à l'écart des regards indiscrets, le joli jardin se mire dans la piscine. Le plus ? Le petit fitness et le tennis communal, à deux pas.

11 chambres - 75/140 € 75/140 € - 12 €

51 rte de Limoges - 05 53 02 23 52 - www.masdesbories-dordogne.fr - Fermé 1 semaine en fév. et 2 semaines en déc.

à Chancelade 5,5 km à l'Ouest par D710 et D1 - 24650 - 4 328 hab. - Alt. 88 m

Restaurant du Château

CUISINE CRÉATIVE • ÉLÉGANT XXX L'intérieur du Château des Reynats a été repensé dans une veine Art déco, et l'assiette est tout aussi séduisante : si le chef fait montre d'une fort belle technique (jus et cuissons sont remarquables), celle-ci s'efface pour laisser transparaître la finesse, l'invention... et le plaisir. Une cuisine qui a du style et de l'âme.

→ Foie gras de canard du Périgord, sirop de cassis et amandes caramélisées. Ris de veau doré, cazette et champignons, jus au porto. Tarte tiède au chocolat guanaja, velouté framboise et sorbet au poivre rose.

Menu 38/65 € - Carte 56/78 €

Hôtel Château des Reynats, 15 av. des Reynats - 05 53 03 53 59 - www.chateau-hotel-perigord.com - Fermé 2-22 janv., dim. et le midi sauf sam.

La Verrière

CUISINE MODERNE • TENDANCE X Ouvert exclusivement le midi, le versant bistrot du Château des Reynats propose des assiettes savoureuses et légères : sardines de Galice et chou-fleur en déclinaison au citron ; rillettes d'oie à la moutarde de Brive, paleron de veau caramélisé... La gourmandise s'illustre partout, et le savoir-faire de l'établissement n'est plus à prouver.

Formule 19 € - Menu 24 €

Hôtel Château des Reynats, 15 av. des Reynats - 05 53 03 53 59 - www.chateau-hotel-perigord.com - Fermé sam., dim. et le soir

Château des Reynats

DEMEURE HISTORIQUE • TRADITIONNEL Fruit d'un 19e s. éclectique et imitateur, ce château néo-Renaissance associe fenêtres à meneaux et tours élégantes... Le confort des lieux est authentique, mais sachez que les chambres ont beaucoup moins de cachet dans l'Orangerie.

45 chambres - 85/159 € 174/189 € - 5 suites - 14 €

15 av. des Reynats - 05 53 03 53 59 - www.chateau-hotel-perigord.com

Restaurant du Château • **La Verrière** - voir les restaurants ci-dessus

à Champcevinel 5 km au Nord par av. Georges-Pompidou - 24750 - 2 820 hab. - Alt. 210 m

La Table du Pouyaud

CUISINE MODERNE • COLORÉ XX Sur les hauteurs de Périgueux, une ferme joliment rénovée dont le chef honore les classiques. Au fil du repas, on le suit dans ses pérégrinations gourmandes : chartreuse d'asperges du Blayais, turbot sauvage aux morilles fraîches, selle d'agneau du Quercy rôti...

Menu 28 € (déj. en semaine), 34/78 € - Carte 55/74 €

57 rte de Paris, D8 - 05 53 09 53 32 - www.table-pouyaud.fr - Fermé dim. soir et lundi

à Annesse-et-Beaulieu 15 km à l'Ouest par D3, rte de Périgueux - ✉ 24430 - 1 503 hab. - Alt. 95 m

Château de Lalande

DEMEURE HISTORIQUE • ÉLÉGANT Alanguie au creux de son écrin de verdure, cette noble demeure du 18e s. a conservé son cachet d'antan. On s'y repose dans des chambres empreintes de classicisme : mobilier de style, parquet, tentures, etc. L'été, on profite de la belle piscine, et de l'agréable terrasse.

17 chambres - 128/255 € 128/255 € - 17 €

57 rte de St-Astier - 05 53 54 52 30 - www.chateau-lalande-perigord.com - Fermé 18 fév.-12 mars

PERNAND-VERGELESSES - 21 Côte-d'Or → Voir Beaune

PERNAY

✉ 37230 Indre-et-Loire - 1 276 hab. - Alt. 76 m - Carte régionale n° **6**-B2
Carte Michelin 317-L4

Domaine de l'Hérissaudière

DEMEURE HISTORIQUE • PERSONNALISÉ Maison de maître bâtie en 1640, blottie dans un parc aux essences rares. Mobilier d'époque et chambres aux noms gouleyants (Vouvray, Chinon...). Bon petit-déjeuner maison.

5 chambres - 150/250 € 150/250 €

3 km au Nord-Est par D48 - 06 03 22 34 45 - www.herissaudiere.com - Ouvert de Pâques à mi-nov.

LA PERNELLE

✉ 50630 Manche - 250 hab. - Alt. 86 m - Carte régionale n° **17**-A1
Carte Michelin 303-E2

Le Panoramique

CUISINE TRADITIONNELLE • CONVIVIAL XX À côté de l'église du village, sur une colline surplombant la mer et l'île de Tatihou, un restaurant tenu par la même famille depuis... 1966. À l'origine bar, puis crêperie, c'est désormais un agréable restaurant gastronomique, où la cuisine met joliment en avant le terroir normand, au rythme des saisons !

Formule 17 € - Menu 33/46 € - Carte 33/55 €

1 Village de l'Église - 02 33 54 13 79 - www.le panoramique.fr - Fermé lundi

PERNES-LES-FONTAINES

✉ 84210 Vaucluse - 9 823 hab. - Alt. 75 m - Carte régionale n° **22**-E1
Carte Michelin 332-D10 - Guide Vert Michelin Provence

Au Fil du Temps

CUISINE MODERNE • BISTRO X Dans un quartier piétonnier, juste en face de la vieille église - transformée en centre culturel -, cette ancienne épicerie est devenue un charmant petit restaurant. On y privilégie les producteurs locaux et l'agriculture raisonnée : porc du Ventoux, agneau des Alpilles, légumes de petits maraîchers...

Menu 30 € (déj. en semaine)/47 €

51 pl. Louis-Giraud (face au centre culturel) - 04 90 30 09 48 - Fermé 2 semaines en fév. et en nov., dim. soir, mardi midi, merc. midi, jeudi midi et lundi

Auberge de la Camarette

CUISINE MÉDITERRANÉENNE · MAISON DE CAMPAGNE Dans un domaine viticole, en agriculture biologique, cette ferme comtadine du 17e s. propose un menu du marché, savoureux et ludique, à l'instar de ce tian d'agneau aux aubergines. À déguster sur la charmante terrasse, avec un petit vin du domaine. L'adresse est très prisée : réservez !

Formule 18 € – Menu 34 €

439 chemin de la Brunette
– 04 90 61 60 78 – www.domaine-camarette.com
– Fermé 24 déc.-15 janv., vacances de la Toussaint, mardi sauf le soir en été, dim. sauf le midi en hiver et lundi

au Nord-Est 4 km par D1 et rte secondaire – 84210 Pernes-les-Fontaines :

Mas de la Bonoty

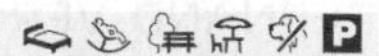

CUISINE MODERNE · RUSTIQUE Une jolie bergerie du 17e s., en pleine campagne. Lové près de la cheminée, on est séduit par le charme rustique de la salle autant que par la cuisine locale, concoctée avec de beaux produits de saison. Chambres de style provençal et jolie piscine extérieure... Le charme de la ruralité !

Formule 20 € – Menu 31 € /47 € – Carte environ 49 €

4 chambres – 69/99 € 69/99 €

chemin de la Bonoty
– 04 90 61 61 09 – www.bonoty.com
– Fermé mardi sauf le soir de mi-avril à fin sept., dim. soir de début nov. à mi-avril et lundi

PÉRONNAS - 01 Ain → Voir Bourg-en-Bresse

PÉROUGES

01800 Ain – 1 206 hab. – Alt. 290 m – Carte régionale n° **23**-B1
Carte Michelin 328-E5 – Guide Vert Michelin Lyon et sa région

Hostellerie du Vieux Pérouges

DEMEURE HISTORIQUE · HISTORIQUE Au cœur de ce charmant village médiéval, plusieurs admirables bâtisses évidemment... moyenâgeuses, réparties dans toute la cité. Lits à baldaquin, poutres et tomettes y côtoient le meilleur confort moderne. Préférez les chambres du Manoir et du Saint-Georges.

28 chambres – 99/149 € 136/257 € – 17 €

pl. du Tilleul – 04 74 61 00 88 – www.hostelleriedeperouges.com – Fermé vacances de fév.

PERPIGNAN

66000 Pyrénées-Orientales – 120 605 hab. – Agglo. 197 715 hab. – Alt. 60 m – Carte régionale n° **12**-B3
Carte Michelin 344-I6

La Galinette (Christophe Comes)

CUISINE CRÉATIVE · DESIGN Pour composer de jolis menus uniques, Christophe Comes dispose de deux armes de choix : son talent, bien sûr, mais aussi son amour des beaux produits. Le poisson est issu de la pêche locale, et les légumes viennent du potager (3 ha !) entretenu avec soin par son père. Résultat ? Une cuisine franche, fine et fraîche !

→ Collection de tomates anciennes. Beaux poissons de Méditerranée et légumes de notre potager. Déclinaison de fraises.

Menu 25 € (déj. en semaine), 48/54 € – Carte environ 79 €

Plan : C1-e *23 r. Jean-Payra – 04 68 35 00 90 – www.restaurant-galinette.com – Fermé juil., 22 déc.-5 janv., dim. et lundi*

Le Garriane

CUISINE MODERNE • SIMPLE X "Garriane" pour Garry et Ariane... L'originalité est ici de mise ! Aux fourneaux, Garry, venu d'Australie, concocte une cuisine de saison ouverte sur le monde, dans laquelle le produit est roi. Midi et soir, dégustation autour d'un menu unique. Surtout, n'oubliez pas de réserver : la salle est toute petite...

Menu 23 € (déj.), 32/45 € - menu unique

Plan : A2-a *15 r. Valette - 04 68 67 07 44 - Fermé merc. midi, sam. midi, dim., lundi et mardi*

Les Antiquaires

CUISINE TRADITIONNELLE • CLASSIQUE XX Dans les ruelles du vieux Perpignan, ce petit restaurant porte bien son nom. Objets chinés, bibelots et... convivialité autour d'une cuisine traditionnelle et régionale. Pour ne rien gâcher, les petits prix sont de la partie : de quoi se faire plaisir sans se ruiner !

Menu 25/35 € - Carte 35/60 €

Plan : C2-u *pl. Desprès (r. Michel-Torrent) - 04 68 34 06 58 - www.lesantiquairesperpignan.fr.gd - Fermé 26 juin-9 juil., 10-22 janv., dim. soir et lundi*

La Rencontre

CUISINE MODERNE • SIMPLE XX Partez à la rencontre de ce tout jeune chef, qui a ici créé sa première affaire après un passage au sein de bonnes maisons du Sud-Ouest. Colorée et soignée, sa cuisine est une découverte qui mérite... au moins un deuxième rendez-vous ! Le petit plus : une alléchante carte de crus régionaux, dont une trentaine de vins doux...

Formule 16 € - Menu 18 € (déj. en semaine), 44/55 € - Carte 54/60 €

Plan : C2-b *16 r. des Cardeurs - 04 68 34 42 73 - www.restaurant-larencontre.fr - Fermé 2 semaines en juin, 2 semaines en oct., 2 semaines en janv., dim. et lundi*

La Passerelle

POISSONS ET FRUITS DE MER • FAMILIAL XX En bord de rivière, une table sympathique et raffinée, menée par un jeune couple dynamique. On se régale d'une cuisine de produits de la mer, rehaussée de touches contemporaines, comme cette raviole d'huîtres, langoustines et bisque réduite. A l'arrière, les fenêtres regardent la rivière.

Menu 24 € (déj.), 45/75 €

Plan : C1-z *1 cours Palmarole - 04 68 51 30 65 - Fermé 13-27 août, 24 déc.-7 janv., dim. et lundi*

Villa Duflot

CUISINE MODERNE • ÉLÉGANT XX Un "mélomane des saveurs catalanes" : voici comment se décrit le chef expérimenté qui tient les fourneaux de la Villa Duflot ! Il compose une cuisine gourmande, régulièrement repensée au gré des saisons : croustillant de pied de porc aux morilles, dos de cabillaud grillé et son riz cantonais...

Formule 25 € - Menu 33 € - Carte 39/57 €

Hors plan *Hôtel Villa Duflot, rd-pt Albert-Donnezan, 3 km au Sud - 04 68 56 67 67 - www.villa-duflot.com - Fermé dim. soir hors saison*

Le 17 N

CUISINE CRÉATIVE • CONTEMPORAIN X Certaines tables se bonifient avec les années... celle-ci en fait partie ! Le chef, autodidacte, célèbre le poisson et les produits de la mer avec ce qu'il faut de créativité, sans manquer d'y associer de légères touches asiatiques. C'est bon et bien maîtrisé : cela explique sûrement la bonne réputation de la maison dans les parages...

Formule 16 € - Menu 23 € - Carte 44/53 €

Plan : C2-t *17 r. de la Révolution-Française - 04 68 38 56 82 - Fermé mardi, merc. d'oct. à avril, dim. et lundi*

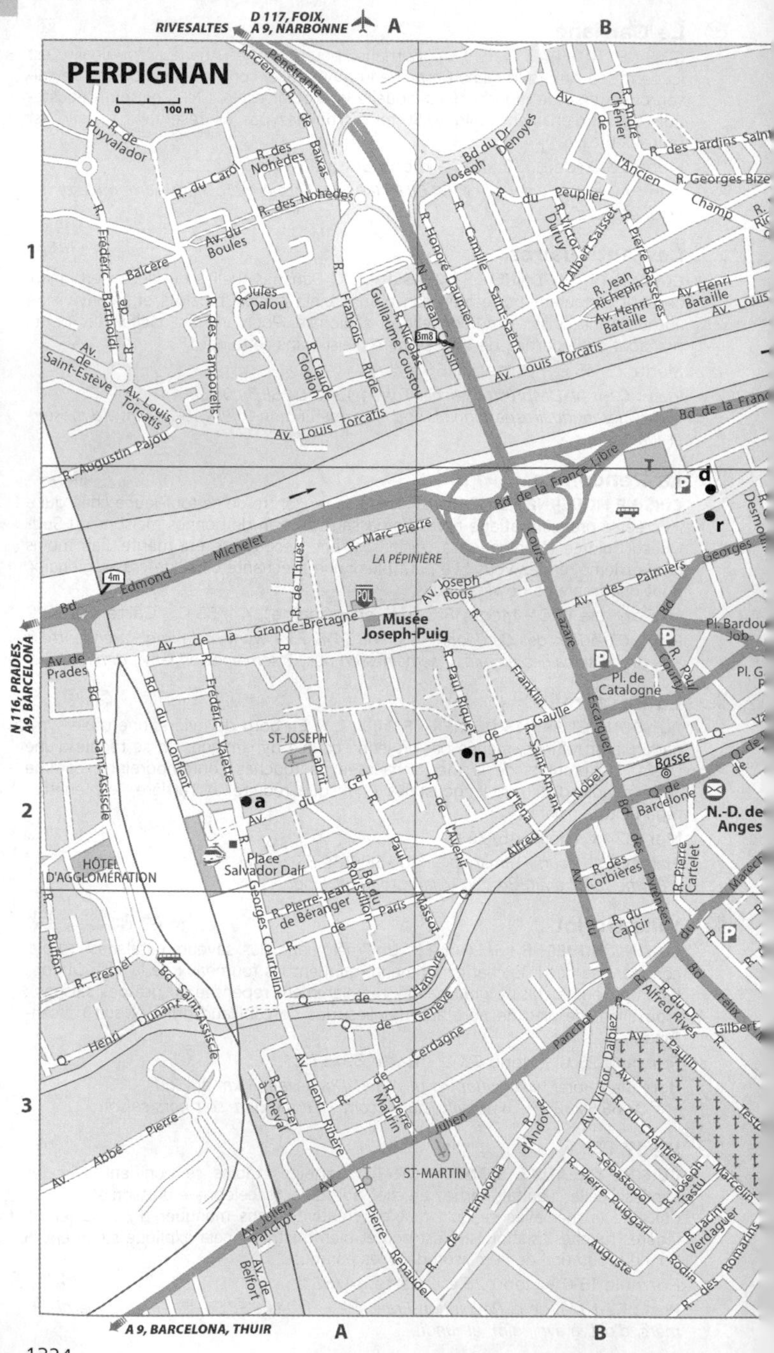
PERPIGNAN
0
100 m
RIVESALTES
D 117, FOIX, A 9, NARBONNE
A
B
1
2
3
N 116, PRADES, A9, BARCELONA
A 9, BARCELONA, THUIR
R. de Puyvalador
Ancien Ch. de Baixas
Pénétrante
R. du Carol
R. des Nohèdes
R. des Nohèdes
Av. du Boules
R. Frédéric Bartholdi
R. de Balcère
R. des Camporells
R. Jules Dalou
R. François Rude
R. Claude Clodion
R. Guillaume Coustou
R. Nicolas
R. Honoré Daumier
N. R. Jean Cusin
R. Camille Saint-Saëns
Bd du Dr Joseph Denoyes
R. du Peuplier
R. Victor Duruy
R. Albert Saisset
R. Pierre Bassères
R. André Chénier
Av. de l'Ancien Champ
R. des Jardins Saint
R. Georges Bize
R. Jean Richepin
Av. Henri Bataille
Av. Henri Bataille
Av. Louis
Av. Louis Torcatis
Av. Louis Torcatis
Av. Louis Torcatis
Av. de Saint-Estève
R. Augustin Pajou
Bd de la France Libre
Bd de la Franc
Bd Edmond Michelet
R. Marc Pierre
LA PÉPINIÈRE
Av. Joseph Rous
R. de Thuès
Av. de la Grande-Bretagne
Musée Joseph-Puig
Av. de Prades
Cours Lazare Escarguel
Av. des Palmiers
Georges
Desmou
Pl. Bardou Job
R. Paul Courty
Pl. de Catalogne
R. Franklin
R. Paul Riquet
de Gaulle
R. Saint-Amant
Bd du Conflent
R. Frédéric Valette
Bd Saint-Assiscle
ST-JOSEPH
R. Cabrit
Av. du Gal
R. de l'Avenir
R. d'Iéna
Av. Alfred Nobel
Basse
Q. de Barcelone
N.-D. des Anges
HÔTEL D'AGGLOMÉRATION
Place Salvador Dalí
R. Paul Massot
Bd du Roussillon
R. Pierre-Jean de Béranger
R. de Paris
R. Georges Courteline
R. des Corbières
Bd des Pyrénées
R. Pierre Cartelet
Av. du
R. du Capcir
R. Buffon
R. Fresnel
Bd Saint-Assiscle
Q. de Hanovre
Q. de Genève
Q. Henri Dunant
R. de Cerdagne
Av. Henri Ribère
R. du Fer à Cheval
R. de R. Pierre Maurin
R. Alfred Rives
R. du Dr
Av. Paulin
Bd Félix
Gilbert
Av. Victor Dalbiez
Av. Julien Panchot
Av. Julien Panchot
Av. Abbé Pierre
R. d'Andorre
R. de l'Empordà
ST-MARTIN
R. du Chantier
R. Sébastopol
R. Joseph Tastu
Marcelin
R. Pierre Puiggari
R. Auguste Rodin
R. Jacint Verdaguer
R. des Romarins
R. Pierre Renaudel
Av. de Belfort
Testu
Marech
a
n
d
r
3m8
4m

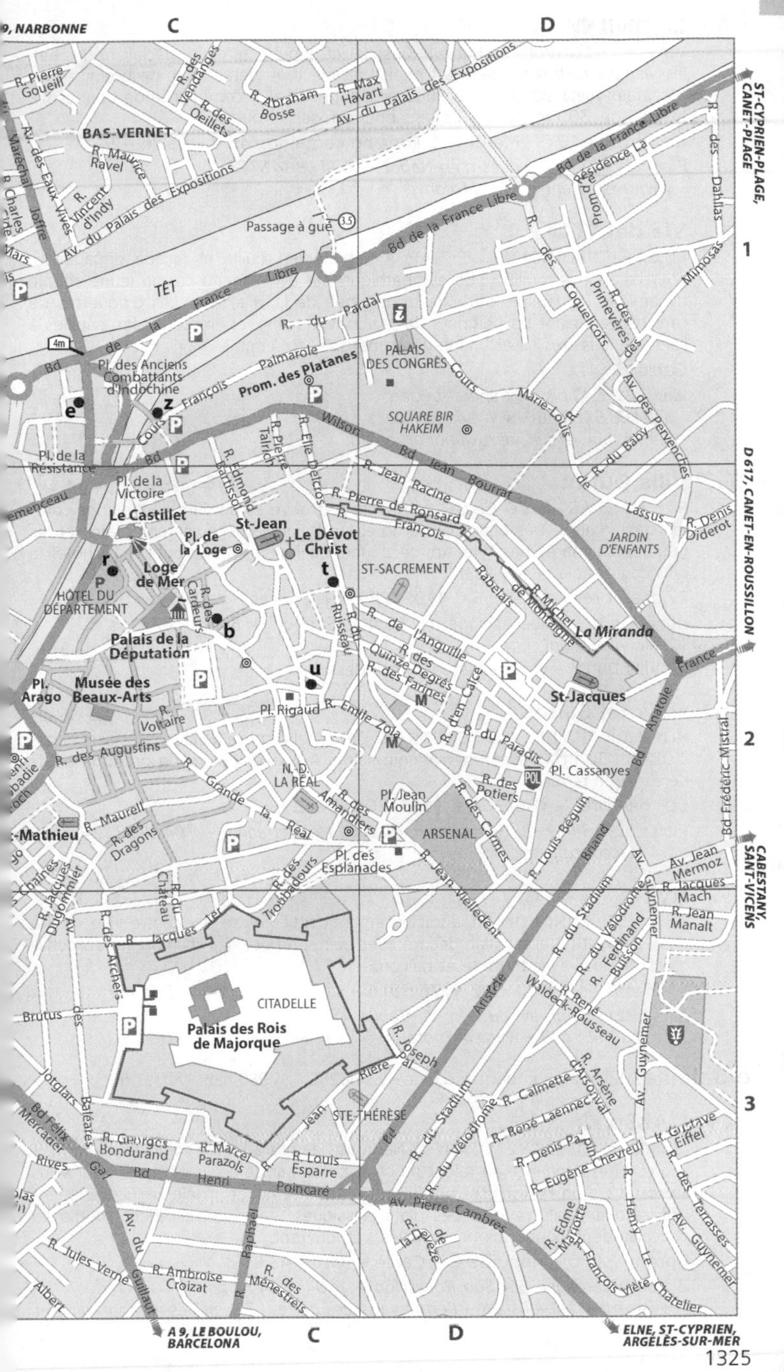
9, NARBONNE
C
D
BAS-VERNET
R. Pierre Goueill
R. des Vendanges
R. Abraham Bosse
R. Max Havart
Av. du Palais des Expositions
R. des Oeillets
R. Maurice Ravel
R. Vincent d'Indy
Av. des Eaux Vives
Av. Maréchal Joffre
Passage à gué
Bd de la France Libre
Prom. de Résidence La
R. des Dahlias
TÊT
R. du Pardal
PALAIS DES CONGRÈS
Palmarole
Prom. des Platanes
Pl. des Anciens Combattants d'Indochine
Cours François
Cours Marie-Louis
SQUARE BIR HAKEIM
R. des Coquelicots
R. des Primevères
Av. des Mimosas
Av. des Pervenches
R. du Baby
Bd Wilson
Bd Jean Bourrat
Pl. de la Résistance
Pl. de la Victoire
R. Edmond Bartissol
R. Pierre Talrich
R. Élie Delcros
R. Jean Racine
R. Pierre de Ronsard
R. François Rabelais
R. de Lassus
R. Denis Diderot
JARDIN D'ENFANTS
Le Castillet
Pl. de la Loge
St-Jean
Le Dévot Christ
ST-SACREMENT
Loge de Mer
HÔTEL DU DÉPARTEMENT
R. des Cardeurs
R. du Ruisseau
R. de l'Anguille
R. des Quinze Degrés
R. des Farines
R. Michel de Montaigne
La Miranda
Palais de la Députation
Pl. Arago
Musée des Beaux-Arts
R. Voltaire
Pl. Rigaud
R. Émile Zola
R. d'en Calce
St-Jacques
France
R. du Paradis
R. des Augustins
N.-D. LA RÉAL
Pl. Cassanyes
R. des Potiers
R. des Carmes
Bd Anatole
Bd Frédéric Mistral
R. Grande la Réal
R. des Amandiers
Pl. Jean Moulin
ARSENAL
R. Louis Béguin
R. Maurell
R. des Dragons
St-Mathieu
Pl. des Esplanades
R. des Troubadours
R. Jean Vielledent
Av. Jean Mermoz
R. Jacques Mach
R. Jean Manalt
R. du Château
R. Jacques 1er
R. des Archers
R. du Stadium
R. du Vélodrome
R. Ferdinand Buisson
Av. Guynemer
CITADELLE
Palais des Rois de Majorque
Brutus
R. Waldeck-Rousseau
R. Joseph Riere
R. Calmette
R. Arsène d'Arsonval
R. René Laennec
R. Denis Papin
R. Gustave Eiffel
Aristide Briand
Jean Payra
STE-THÉRÈSE
Bd Félix Mercader
R. Georges Bondurand
R. Marcel Parazols
R. Louis Esparre
R. Eugène Chevreul
Bd Henri Poincaré
Av. Pierre Cambres
R. Henry Le Chatelier
R. des Terrasses
R. Edme Mariotte
R. François Viète
R. de la Devèze
R. Jules Verne
Av. du Guillaut
R. Ambroise Croizat
R. Raphaël
R. des Ménestrels
ST-CYPRIEN-PLAGE, CANET-PLAGE
D 617, CANET-EN-ROUSSILLON
CABESTANY, SANT-VICENS
A 9, LE BOULOU, BARCELONA
ELNE, ST-CYPRIEN, ARGELÈS-SUR-MER
1
2
3

Le Divil

VIANDES • CONVIVIAL Entre le Castillet et la préfecture, un spécialiste des belles viandes maturées : le client choisit sa pièce au détail (côte de bœuf, entrecôte, faux-filet), qui est en ensuite pesée, grillée et accompagnée de bonnes frites maison. 300 références de vins pour arroser le tout.

Formule 16 € - Menu 18 € (déj. en semaine)/45 € - Carte 42/75 €

Plan : C2-r *9 r. Fabriques-d'en-Nabot - 04 68 34 57 73 - www.restaurant-le-divil-66.com*

Via del Vi

CUISINE TRADITIONNELLE • BAR À VIN Acier rouillé et façade engageante pour palais pas rouillés ! Ce sympathique bar à vins, tenu par un jeune couple dynamique, dynamite l'offre gastronomique de la ville (ainsi ces croquettes de carottes rappelant les beignets de légumes indiens), et émoustille les papilles à l'aide de jolis crus nature. Vintage et métissé : tout bon !

Carte 27/41 €

Plan : B2-r *43 bis av. Général-Leclerc - 04 68 67 84 96 - www.viadelvi.com - Fermé janv. et juil., dim., lundi et le midi*

Villa Duflot

FAMILIAL • ART DÉCO Certes, cette villa se trouve en bordure d 'une zone commerciale, mais le très beau parc arboré, la piscine, la déco contemporaine et les grandes chambres de style Art déco nous le font bien vite oublier ! L'hôtel le plus confortable de la ville.

27 chambres - 99/255 € 99/255 € - 3 suites - 18 €

Hors plan *rd-pt Albert-Donnezan, 3 km au Sud - 04 68 56 67 67 - www.villa-duflot.com*

Villa Duflot - voir les restaurants ci-dessus

Novotel Suites

HÔTEL DE CHAÎNE • CONTEMPORAIN Cet hôtel dispose de chambres assez spacieuses - 30 m² -, avec un vrai coin salon. Aux beaux jours, on prend le petit-déjeuner en terrasse.

50 chambres - 85/200 € 85/200 € - 15 €

Plan : B2-d *34 av. du Gén.-Leclerc (Espace Méditerranée) - 04 68 92 72 72 - www.accor.com*

Nyx

BUSINESS • FONCTIONNEL Judicieusement situé entre le centre-ville et la gare, ce petit hôtel familial, décoré avec soin, propose des chambres irréprochables, certaines avec terrasse et balcon.

17 chambres - 76/161 € 76/161 € - 10 €

Plan : B2-n *62 bis av. du Gén.-de-Gaulle - 04 68 34 87 48 - www.nyxhotel.fr*

à Saleilles 5 km au Sud par rte d'Elne - 66280 - 4 988 hab. - Alt. 17 m

L'AbSix

CUISINE MODERNE • ÉLÉGANT Ne vous fiez pas à l'allure coloniale de la maison et faites confiance au talent du chef, passé par de belles maisons, pour vous surprendre : on réalise ici une cuisine moderne, qui se révèle particulièrement précise quand elle revisite des plats classiques - ainsi cet excellent soufflé au chocolat, dont longtemps nos papilles s'émouvront.

Formule 25 € - Menu 39 € - Carte environ 43 €

2 r. de la Cerdagne (ZA Sud Roussillon) - 04 68 54 79 02 - www.restaurant-labsix.fr - Fermé vacances de fév., 3 semaines en août, dim. et lundi

LE PERREUX-SUR-MARNE - 94 Val-de-Marne → Voir Autour de Paris

→ Voir Autour de Paris

PERRIER - 63 Puy-de-Dôme → Voir Issoire

PERROS-GUIREC

22700 Côtes-d'Armor - 7 280 hab. - Alt. 60 m - Carte régionale n° **5**-B1
Carte Michelin 309-B2 - Guide Vert Michelin Bretagne Nord

La Maison de Marie

CUISINE MODERNE • ÉLÉGANT XXX Cette élégante maison en granit rose semble vibrer à l'unisson de la côte... Le chef, Daniel Jaguin, a pour boussole les beaux produits de la région (Saint-Jacques des Côtes-d'Armor, huîtres de Lanmodez, etc.), qu'il agrémente avec une pointe d'originalité – notes exotiques, épices lointaines. Clair comme de l'eau de roche !

Formule 26 € - Menu 33/72 € - Carte 48/58 €

Hors plan *24 r. Gabriel-Vicaire (à La Clarté) - ✆ 02 96 49 05 96 - Fermé 16 déc.-26 janv., le soir et dim.*

Le Manoir du Sphinx

CUISINE MODERNE • ÉLÉGANT XX De la salle à manger de cette belle maison, élégante et feutrée, on surplombe le jardin et la côte rocheuse. Une vue panoramique à couper le souffle, qui ne donne que plus de relief à des plats privilégiant producteurs et pêcheurs locaux ; la cuisine unit terre et mer dans une jolie symphonie gustative.

Menu 25 € 🍷 (déj. en semaine), 32/53 € - Carte 54/103 €

Plan : B1-e *Hôtel Le Manoir du Sphinx, 67 chemin de la Messe (plage de Trestignel) - ✆ 02 96 23 25 42 - www.lemanoirdusphinx.com - Fermé 12 nov.-5 déc., 28 janv.-7 mars, lundi sauf le soir d'avril à sept., dim. soir d'oct. à mars et vend. midi*

Au Bon Accueil

CUISINE TRADITIONNELLE • TENDANCE XX Les amateurs de gréements se réjouiront de l'emplacement de ce restaurant, installé directement devant le port. La marée est à l'honneur, comme il se doit : dos de cabillaud au tartare d'andouille, soupe de poisson maison... que l'on déguste en regardant partir les équipages, en murmurant : un jour, peut-être !

Formule 16 € - Menu 20 € (semaine), 33/48 € - Carte 36/54 €

Plan : B2-v *11 r. de Landerval - ✆ 02 96 23 24 11 - www.au-bon-accueil.com - Fermé dim. soir et lundi sauf juil.-août*

La Suite Ⓝ

CUISINE MODERNE • TENDANCE X Ouverte non-stop de midi à 1h du matin, cette agréable maison domine la plage du Trestaou. Sur la terrasse ou à l'intérieur, on sert aussi bien de beaux poissons grillés (sole, bar) que des plats d'inspiration asiatique ou des assiettes de fruits de mer. Les plats sont bien réalisés, les portions sont généreuses, l'ambiance est conviviale : on passe un bon moment.

Formule 16 € - Menu 21 € (déj. en semaine), 31/44 € - Carte 38/71 €

Plan : A1-r *bd Joseph-Le-Bihan (plage du Trestaou) - ✆ 02 96 49 09 34*

L'Agapa

LUXE • DESIGN Une impression de luxe zen se dégage de cet hôtel tout de verre, granit et acier. Offrant pour la plupart une magnifique vue sur la mer, les chambres, modernes, au design épuré, invitent à la détente ; un confort que l'on retrouve au spa.

45 chambres - †109/240 € ††159/449 € - 1 suite - ☕ 25 €

Plan : A1-y *12 r. des Bons-Enfants - ✆ 02 96 49 01 10 - www.lagapa.com - Fermé 14-24 janv.*

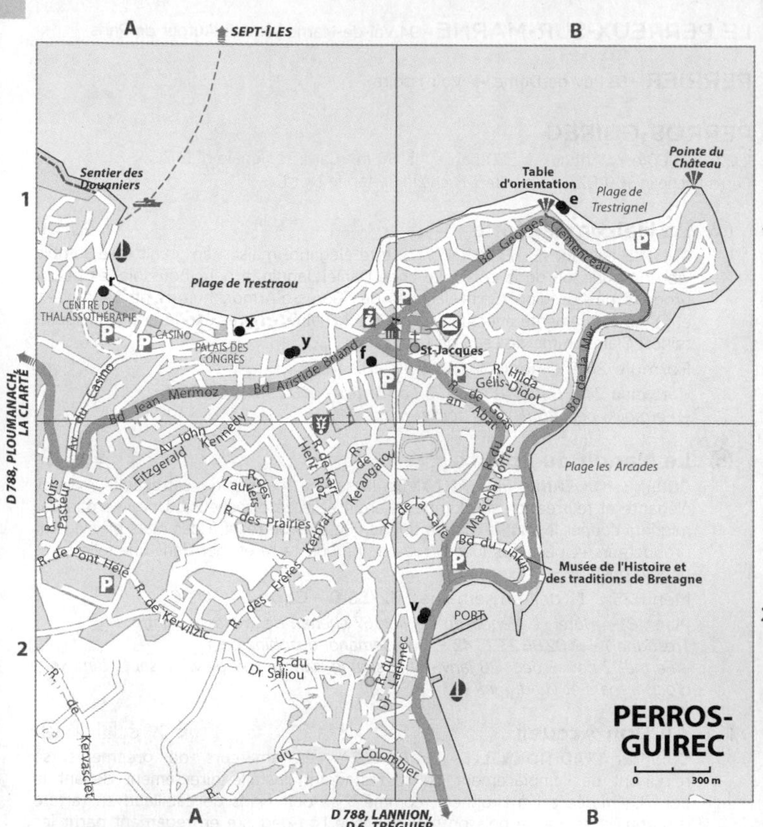

Le Manoir du Sphinx

TRADITIONNEL • CLASSIQUE Cette ravissante villa 1900 surplombant la mer n'a rien d'une énigme... Ses chambres, décorées dans un style classique plutôt cosy, contemplent à loisir la magnifique baie et les îles ; son charmant jardin dégringole jusqu'à la mer.

19 chambres – 96/106 € 96/200 € – 12 €

Plan : B1-e *67 chemin de la Messe (plage de Trestignel)*
– ✆ 02 96 23 25 42 – www.lemanoirdusphinx.com
– Fermé 12 nov.-5 déc., 28 janv.-7 mars et dim. soir d'oct. à mars

Le Manoir du Sphinx – voir les restaurants ci-dessus

Ker Mor

FAMILIAL • CONTEMPORAIN Ces deux charmantes villas de 1905, typiques de la station, dominent la plage du Trestraou. Les chambres, sobres et épurées, sont parfaitement équipées ; de certaines d'entre elles, on contemple l'archipel des Sept-Îles, au large.

29 chambres – 70/184 € 86/184 € – 12 €

Plan : A1-x *38 r. du Mar.-Foch (plage de Trestraou)*
– ✆ 02 96 23 14 19 – www.hotel-ker-mor.com
– Fermé 17 nov.-9 fév.

Hermitage

FAMILIAL · FONCTIONNEL Une grande bâtisse d'esprit balnéaire, au cœur d'un jardin arboré en centre-ville. Les chambres, qui jouent la carte de la fraîcheur et de la simplicité, se révèlent agréables. Et les nombreux habitués apprécient l'ambiance familiale des lieux...

16 chambres - 62/70 € 68/82 € - 9 €

Plan : A1-f *20 r. Frères-Le-Montréer - 02 96 23 21 22 - www.hotelhermitage-22.com - Ouvert 31 mars-1er nov.*

à Ploumanach 6 km à l'Ouest par D788 - 22700 Perros Guirec

La Table de mon Père

CUISINE MODERNE · TENDANCE XX Profiter, sur la plage de St-Guirec, des dernières lueurs du couchant, bien au chaud dans une salle design, en dégustant un menu dédié à un produit de saison (Saint-Jacques, homard, etc.)... Une cuisine au goût du jour, présentée avec soin, où l'on sent du sérieux et de l'application.

Formule 18 € - Menu 48/62 € - Carte 53/73 €

Hôtel Castel Beau Site, plage de St-Guirec - 02 96 91 40 87 - www.castelbeausite.com - Fermé le midi

Restaurant des Rochers

POISSONS ET FRUITS DE MER · CONVIVIAL XX Cadre chaleureux, baies vitrées offrant une vue imprenable sur le port, boiseries aux murs et lambris au plafond : cet intérieur rappelle furieusement celui... d'un bateau ! La cuisine, au goût du jour, est aussi dans cet esprit : elle privilégie les produits de la mer, agrémentés de quelques notes créatives.

Formule 16 € - Menu 28/58 € - Carte 36/70 €

Hôtel des Rochers, 70 chemin de la Pointe (au port de Ploumanach) - 02 96 46 50 08 - www.hotel-desrochers-perros.com - Fermé 19 nov.-4 déc., 8-16 janv., 24 juin-4 juil., mardi midi hors saison et lundi

Castel Beau Site

TRADITIONNEL · DESIGN Cette grande bâtisse en granit rose des années 1930 a presque les pieds dans l'eau ! À l'intérieur, un décor très design et réussi : couleurs tranchées, toiles contemporaines, douches à l'italienne, etc. Pour découvrir le Trégor autrement...

30 chambres - 119/449 € 119/449 € - 20 €

plage de St-Guirec - 02 96 91 40 87 - www.castelbeausite.com

La Table de mon Père - voir les restaurants ci-dessus

Hôtel des Rochers

TRADITIONNEL · COSY Face au joli petit port de Ploumanach, cette maison cultive un bel esprit... marin. Les chambres, actuelles et cosy, sont bien insonorisées et affichent clairement la couleur : du bleu et du blanc. Le plus ? Deux junior suites dans l'esprit d'une cabine de yacht !

17 chambres - 80/280 € 80/280 € - 12 €

70 chemin de la Pointe (au port de Ploumanach) - 02 96 91 67 54 - www.hotel-desrochers-perros.com

Restaurant des Rochers - voir les restaurants ci-dessus

PERTUIS

84120 Vaucluse - 19 523 hab. - Alt. 246 m - Carte régionale n° **21**-B2

Carte Michelin 332-G11 - Guide Vert Michelin Provence

Sévan Parc Hôtel

BUSINESS · CONTEMPORAIN Au pied du Luberon, dans un parc fleuri, cet hôtel profite d'un environnement calme et verdoyant. Chambres ensoleillées d'inspiration provençale, progressivement rénovées. Cuisine régionale à L'Olivier, dans une agréable salle contemporaine.

46 chambres - 59/180 € 69/250 € - 14 €

1862 rte de la Bastidonne, 1,5 km à l'Est - 04 90 79 19 30 - www.sevanparchotel.com

FAMILIAL • NATURE Superbe bastide du 16e s. posée au cœur d'un domaine viticole. Accueil charmant, quiétude, piscine, terrasse face à la montagne Ste-Victoire et déco de bon goût dans les chambres.

3 chambres ☕ – 👤140/200 € 👥140/200 €

rte de la Loubière, 2 km par r. Léon-Arnoux – ☎ 04 90 09 61 00 – www.chateaugrandcallamand.com

PETIT-ATTICHES – 59 Nord → Voir Attiches

PETITE-HETTANGE – 57 Moselle → Voir Malling

LA PETITE-PIERRE

✉ 67290 Bas-Rhin – 633 hab. – Alt. 340 m – Carte régionale n° **1**-A1
Carte Michelin 315-H3

Au Lion d'Or

CUISINE TRADITIONNELLE • COSY XX Dans ce restaurant élégant, qui offre une vue panoramique sur la vallée, le chef régale avec une cuisine traditionnelle fortement marquée par le terroir alsacien. Pâté en croûte, bouchée à la reine, gibier en saison : c'est tout simplement bon.

Formule 12 € – Menu 39/65 € – Carte 36/60 €

Hôtel Au Lion d'Or, 15 r. Principale – ☎ 03 88 01 47 57 – www.liondor.com – Fermé lundi midi

Au Grès du Marché (N)

CUISINE TRADITIONNELLE • AUBERGE X L'excellent accueil est la première bonne impression, confirmée par le fumet venu des cuisines... Viandes de bœuf, de veau et de cochon sont d'une fraîcheur remarquable, accompagnées de gratin de pomme de terre et autre spaetzle. La simplicité même !

Formule 18 € – Carte 40/50 €

19 r. du Château – ☎ 03 88 70 78 95 – www.augresdumarche.fr – Fermé 2 semaines en fév., 2 semaines en nov., jeudi soir, sam. midi, mardi et merc.

La Clairière

SPA ET BIEN-ÊTRE • NATURE Lové au cœur de la forêt, cet hôtel est dédié au bien-être : spa de 1 200 m², piscine ouverte sur la terrasse en teck, séances de yoga, salles de séminaire... et chambres spacieuses. Cuisine saine et vins bio au restaurant.

50 chambres – 👤125/195 € 👥210/310 € – ☕ 25 €

63 rte d'Ingwiller – ☎ 03 88 71 75 00 – www.la-clairiere.com – Fermé janv.

Au Lion d'Or

TRADITIONNEL • FONCTIONNEL Parfaite adresse pour se ressourcer ! En pleine nature, cette auberge traditionnelle (1650) est tenue par la même famille depuis cinq générations. La plupart des chambres offrent une jolie vue sur la vallée ; préférez les "Arbro", plus récentes et particulièrement agréables.

38 chambres – 👤58/152 € 👥80/254 € – ☕ 15 €

15 r. Principale – ☎ 03 88 01 47 57 – www.liondor.com

🍴 **Au Lion d'Or** – voir les restaurants ci-dessus

à Graufthal 11 km au Sud-Ouest par D178 et D122 – ✉ 67320

Au Vieux Moulin

CUISINE MODERNE • ÉLÉGANT XX Installez-vous dans cette maison familiale, nichée au fond de la vallée de Graufthal, pour déguster la cuisine pleine de peps de Guillaume Kassel. Œuf de poule de la ferme du Moulin et escargots du Steiberg, poitrine de canette, girolles sautées et cerises, etc. Et une carte des vins de plus de 200 références.

Formule 13 € – Menu 32/58 € – Carte 41/64 €

Hôtel Au Vieux Moulin, 7 r. du Vieux-Moulin – ☎ 03 88 70 17 28 – www.auvieuxmoulin.eu – Fermé 15 fév.-1er mars, 18 juin-4 juil., 12-20 nov., dim. soir et lundi

Au Cheval Blanc

CUISINE TRADITIONNELLE • AUBERGE XX Une sympathique auberge, chaleureuse et familiale, nichée au cœur du tranquille village troglodytique de Graufthal. Derrière les fourneaux, le chef, Gilles Stutzmann, concocte à sa façon une cuisine traditionnelle, soignée et savoureuse. En prime : un décor rustique à souhait.

Menu 28 € (semaine), 31/49 € - Carte 35/55 €

19 r. Principale
- 03 88 70 17 11 - www.auchevalblanc.net
- Fermé 29 août-16 sept., 2-19 janv., lundi soir, merc. soir, jeudi soir et mardi

Au Vieux Moulin

TRADITIONNEL • FONCTIONNEL Dans un cadre apaisant, en pleine nature, cette maison nichée au fond de la vallée de Graufthal vous réserve un accueil chaleureux. Les chambres sont simples et fraîches, tournées côté village ou vallée (certaines dotées d'un balcon). Excellent point de départ pour randonnées et visites de maisons troglodytiques.

15 chambres - 65/80 € 74/135 € - 12 €

7 r. du Vieux-Moulin
- 03 88 70 17 28 - www.auvieuxmoulin.eu
- Fermé 15 fév.-1er mars, 18 juin-4 juil. et 12-20 nov.

Au Vieux Moulin - voir les restaurants ci-dessus

LE PETIT-PRESSIGNY

37350 Indre-et-Loire - 330 hab. - Alt. 80 m - Carte régionale n° **6**-B3
Carte Michelin 317-O7

La Promenade (Fabrice et Jacky Dallais)

CUISINE MODERNE • ÉLÉGANT XXX Ce restaurant invite à une jolie promenade ! Derrière les fourneaux, père et fils jouent, à quatre mains, une partition aux notes actuelles, à la fois savoureuse et gourmande. À déguster, au choix, dans un cadre bourgeois ou contemporain. Une des meilleures tables de la région.

→ Bouillon de carotte aux fèves, sarriette et lard. Ris de chevreau cuit au sautoir, tagliatelles de céleri en rémoulade. Profiteroles en négatif.

Menu 46/95 € - Carte 65/110 €

11 r. du Savoureulx
- 02 47 94 93 52 - www.restaurantdallaislapromenade.com
- Fermé 18 sept.-5 oct., 2 janv.-2 fév., mardi sauf le soir en juil.-août, dim. soir et lundi

LE PETIT-QUEVILLY - 76 Seine-Maritime → Voir Rouen

PEYREHORADE

40300 Landes - 3 614 hab. - Alt. 19 m - Carte régionale n° **2**-B3
Carte Michelin 335-E13 - Guide Vert Michelin Aquitaine

Le Central

CUISINE TRADITIONNELLE • ÉLÉGANT X Tradition et produits du terroir : tel est le credo de cette maison sympathique. Œufs brouillés aux langoustines, terrine de foie gras maison, velouté de cresson au magret fumé, ou encore médaillons de lotte au gingembre et tête de veau... De jolies préparations que l'on doit à un chef motivé et partageur.

Menu 16/38 € - Carte 40/59 €

14 chambres - 55/65 € 65/115 € - 8,50 €

pl. Aristide-Briand - 05 58 73 01 44 - www.hotel-le-central.com
- Fermé 1 semaine vacances de fév., 18 déc.-10 janv., vend. soir, dim. soir et lundi sauf en été

PEYRUIS

✉ 04310 Alpes-de-Haute-Provence – 2 829 hab. – Alt. 402 m – Carte régionale n° **21**-B2
Carte Michelin 334-D8 – Guide Vert Michelin Alpes du Sud

Auberge les Galets

FAMILIAL • COSY Impossible de ne pas remarquer la façade couleur framboise de cette charmante auberge ! On s'y repose dans de jolies chambres thématiques : Bambou, Acajou, Ébène... L'hôtel vient de s'agrandir de nouvelles chambres, mais l'ambiance familiale demeure. Restauration traditionnelle.

20 chambres – 59/149 € 69/149 € – 14 €

lieu-dit Pont-Bernard – 04 92 35 27 68 – www.auberge-les-galets.fr

PÉZENAS

✉ 34120 Hérault – 8 200 hab. – Alt. 15 m – Carte régionale n° **12**-C2
Carte Michelin 339-F8

Le Pré St-Jean

CUISINE MODERNE • BISTRO XX La devanture en Corten – un acier à l'aspect de rouille – s'inscrit dans une belle façade en pierre, sur le boulevard circulaire de la ville. En cuisine, beau-père et gendre réalisent une cuisine inspirée, goûteuse et gourmande, sur laquelle viennent se greffer quelques plats bistrotiers. Une réussite !

Formule 22 € – Menu 31/65 € – Carte 37/72 €

18 av. Mar.-Leclerc – 04 67 98 15 31 – www.restaurant-leprestjean.fr – Fermé dim. soir, jeudi soir et lundi

L'Entre Pots

CUISINE MODERNE • TENDANCE XX Voilà un jeu de mots justifié pour cet ancien entrepôt de vins dédié aux plaisirs du palais ! En cuisine, le chef mêle saveurs du terroir et touches créatives. En salle, les gourmands s'installent dans un cadre branché à la lumière tamisée. Belle sélection de crus régionaux. Le tout à prix doux.

Formule 25 € – Menu 32 € (déj.)/40 €

8 av. Louis-Montagne – 04 67 90 00 00 – www.restaurantentrepots.com – Fermé 2 semaines en fév., dim. et lundi

Distillerie de Pézenas

BOUTIQUE HÔTEL • PERSONNALISÉ Enivrante, cette ancienne distillerie transformée en hôtel ? Les amateurs apprécieront son décor résolument contemporain et ses chambres, dont la plupart disposent d'une terrasse ou d'un jardin privatif ; certaines ont même un coin cuisine. Le plus ? Le copieux petit-déjeuner.

27 suites – 174/354 € – 23 chambres – 16 €

6 r. Calquières-Hautes – 04 67 11 51 10 – www.garrigae-resorts.fr

Vigniamont

HISTORIQUE • PERSONNALISÉ Dans ce village qu'appréciait tant Molière, cet hôtel particulier du 17e s. abrite de jolies chambres, calmes et décorées avec soin – certaines avec un ciel de lit un rien théâtral. Ne passez pas à côté du petit-déjeuner maison ! Accueil chaleureux.

5 chambres – 105/120 € 120/140 € – 12 €

5 r. Massillon – 04 67 35 14 88 – www.hoteldevigniamont.com

à Montagnac 6,5 km au Nord-Est par D613 – ✉ 34530 – 4 082 hab. – Alt. 41 m

Côté Mas

CUISINE MODERNE • ÉLÉGANT X Au milieu des vignes, un restaurant chaleureux et joliment décoré : objets d'art contemporain, mobilier en bois exotique... L'atmosphère idéale pour savourer cette cuisine savoureuse qui marie accents du Sud et touches d'Asie. Belle carte de vins au verre (coin bistrot dans la boutique). Deux chambres pour l'étape.

Formule 21 € 🍷 – Menu 28 € 🍷 (déj. en semaine), 39/74 € – Carte 45/60 €

rte de Villeveyrac – 04 67 24 36 10 – www.cote-mas.fr – Fermé sam. midi, dim. soir et lundi

PFAFFENHEIM

⊠ 68250 Haut-Rhin - 1 392 hab. - Alt. 210 m - Carte régionale n° **1**-A2
Carte Michelin 315-H9 - Guide Vert Michelin Alsace Vosges

La Maison d'Émilie

FAMILIAL • ÉLÉGANT Émilie et Guillaume ont rénové l'ancienne demeure de la grand-mère de ce dernier, pour en faire leur maison de famille... et l'ouvrir aux hôtes de passage. Alliance de poutres anciennes et de grand confort, salle de jeux pour enfants, joli jardin et bonne table d'hôte (Guillaume est chef de profession) : un vrai nid alsacien !

5 chambres - 85/115 € 100/130 €

3 r. du Moulin
- 03 69 34 06 96 - www.maisondemilie.com
- Fermé vacances de fév.

PFAFFENHOFFEN

⊠ 67350 Bas-Rhin - 2 829 hab. - Alt. 170 m - Carte régionale n° **1**-B1
Carte Michelin 315-J3

À l'Agneau

CUISINE TRADITIONNELLE • AUBERGE XX Dans cette auberge alsacienne (1769), la restauration est une affaire de famille ! Deux sœurs (7e génération) sont à la tête de l'établissement, où l'on sert une cuisine traditionnelle parsemée de touches de modernité, qui évolue au fil des saisons.

Formule 17 € - Menu 31 € (semaine), 37/67 € - Carte 48/70 €
11 chambres - 79/95 € 85/95 € - 11 €

3 r. de Saverne
- 03 88 07 72 38 - www.hotel-restaurant-delagneau.com
- Fermé 8-14 mars, 19-27 juin, 6-23 sept., dim. soir, lundi et mardi

PFULGRIESHEIM - 67 Bas-Rhin → Voir Strasbourg

PHALSBOURG

⊠ 57370 Moselle - 4 745 hab. - Alt. 365 m - Carte régionale n° **14**-D2
Carte Michelin 307-O6

Erckmann-Chatrian

CUISINE TRADITIONNELLE • COSY XX La table de l'hôtel Erckmann-Chatrian met les recettes traditionnelles à l'honneur. Ici, on privilégie les produits frais et le "fait maison"... Ainsi les "hors-d'œuvre riches", turbot au champagne, douceur de mangue et framboise, spécialités de la maison.

Formule 15 € - Menu 24/47 € - Carte 49/129 €

14 pl. d'Armes
- 03 87 24 31 33 - www.erckmann-chatrian.net
- Fermé mardi midi, dim. soir et lundi

Erckmann-Chatrian

FAMILIAL • FONCTIONNEL Une maison typique de la région dont la façade fleurie ne manque pas de cachet. Les chambres sont relativement spacieuses, plutôt fonctionnelles, et adoptent un style classique. Parfait pour visiter l'ancienne cité fortifiée par Vauban ou pour se rendre, l'été venu, au festival littéraire Erckmann-Chatrian.

16 chambres - 68/82 € 68/96 € - 12 €

14 pl. d'Armes
- 03 87 24 31 33 - www.erckmann-chatrian.net

Erckmann-Chatrian - voir les restaurants ci-dessus

PHILIPPSBOURG

57230 Moselle - 630 hab. - Alt. 215 m - Carte régionale n° **14**-D1
Carte Michelin 307-Q5

Au Tilleul

CUISINE TRADITIONNELLE • AUBERGE XX Deux espaces dans cette auberge familiale : d'abord un bar où l'on sert des plats du jour, puis une agréable salle dédiée à la cuisine traditionnelle. Parmi les spécialités de la maison, la truite au bleu, et les grenouilles fraîches à la provençale.

Menu 13 € (semaine), 19/47 € - Carte 32/54 €

24 rte de Niederbronn - 03 87 06 50 10
- Fermé 8 janv.-1er fév., le soir en nov. et déc. sauf week-ends, lundi soir, mardi soir et merc.

PIANA - 2A Corse-du-Sud → Voir Corse

LE PIAN-MÉDOC

33290 Gironde - 6 302 hab. - Alt. 36 m - Carte régionale n° **2**-B1
Carte Michelin 335-H5

Golf du Médoc Hôtel & Spa

SPA ET BIEN-ÊTRE • CONTEMPORAIN Sur le site du golf du Médoc (320 ha), cet ensemble récent s'intègre parfaitement dans le paysage. Chambres spacieuses, fonctionnelles et chaleureuses ; agréable spa (soins esthétiques et modelages) ; club house et restaurant... Tout pour la détente !

79 chambres - 115/200 € 145/350 € - 22 €

chemin de Courmanteau, à Louens - 05 56 70 31 31
- www.golfdumedocresort.com

PIERRE-DE-BRESSE

71270 Saône-et-Loire - 1 966 hab. - Alt. 202 m - Carte régionale n° **4**-D2
Carte Michelin 320-L8 - Guide Vert Michelin Bourgogne

La Poste

CUISINE TRADITIONNELLE • AUBERGE X Face au château du 17e s., cette auberge joue la carte de l'authenticité : poutres apparentes, déco champêtre, mais aussi et surtout de bons produits du terroir cuisinés avec soin, pour des assiettes généreuses et goûteuses !

Formule 14 € - Menu 25/52 € - Carte 34/55 €

9 pl. Comte-André-d'Estampes (face au château) - 03 85 76 24 47 - Fermé mardi soir et merc. de mi-sept. au 1er mai

PIERREFONDS

60350 Oise - 1 860 hab. - Alt. 81 m - Carte régionale n° **19**-C2
Carte Michelin 305-I4

Castle

CUISINE CRÉATIVE • CONTEMPORAIN XX En lisière de la forêt de Compiègne, à deux pas du château fort de Pierrefonds, le temps semble s'être arrêté il y a quelques siècles... ce qui n'empêche pas ce Castle de vivre dans son époque ! Une cuisine créative, goûteuse et soignée, une décoration résolument contemporaine : on passe un super moment. Agréable terrasse aux beaux jours.

Formule 26 € - Menu 29/49 € - Carte 37/67 €

1 r. du Bourg
- 03 44 83 86 94 - www.castlepierrefonds.com
- Fermé dim. soir, mardi midi et lundi

à St-Jean-aux-Bois 6 km par D85 - ✉ 60350 - 306 hab. - Alt. 71 m

Auberge à la Bonne Idée

CUISINE CLASSIQUE • ÉLÉGANT XXX Plus qu'une bonne, une excellente idée qu'un repas en cette jolie auberge (pierres, poutres, cheminée...). La cuisine est raffinée et harmonieuse, soucieuse du respect des saveurs, des cuissons et des assaisonnements : on sent tout le travail d'une équipe animée par le désir de bien faire.

→ Ravioles de foie gras de canard, bouillon de poule crémé et jus de truffe. Ris de veau poêlé, pomme de terre fumée et jus de veau. Soufflé chaud au Grand Marnier, glace à la vanille Bourbon.

Formule 38 € - Menu 57/89 € - Carte 95/115 €

3 r. des Meuniers - ✆ 03 44 42 84 09 - www.a-la-bonne-idee.fr - Fermé 2-21 janv., dim. soir et lundi

Auberge à la Bonne Idée

AUBERGE • PERSONNALISÉ En plein cœur de la forêt de Compiègne, cette charmante auberge s'articule autour d'un jardin fleuri aux beaux jours. L'intérieur se pare de belles touches rustiques (poutres apparentes, grande cheminée) ; les chambres sont cosy et bien entretenues.

23 chambres - †120/130 € ††120/170 € - ☕ 14 €

3 r. des Meuniers - ✆ 03 44 42 84 09 - www.a-la-bonne-idee.fr - Fermé 2-21 janv., dim. soir et lundi

Auberge à la Bonne Idée - voir les restaurants ci-dessus

PIERRE-PERTHUIS - 89 Yonne → Voir Vézelay

PIGNA - 2B Haute-Corse → Voir Corse (Ile-Rousse)

LE PIN-AU-HARAS

✉ 61310 Orne - 294 hab. - Alt. 202 m - Carte régionale n° **17**-C2
Carte Michelin 310-J2 - Guide Vert Michelin Normandie Cotentin

La Tête au Loup

CUISINE TRADITIONNELLE • AUBERGE XX La faim chasse le loup du bois... Si l'animal peuplait encore la région, on pourrait le pister - à pas de loup - pour découvrir cette auberge traditionnelle, voisine du célèbre haras du Pin. En vieux loup de mer, le chef concocte de bonnes terrines maison et autres spécialités de poissons... Que du bon !

Formule 28 € - Menu 32/49 €

- ✆ 02 33 35 57 69 - www.lateteauloup.fr - Fermé 1er déc.-30 janv., dim. soir, lundi et mardi

LE PIN-LA-GARENNE - 61 Orne → Voir Mortagne-au-Perche

PINSAGUEL

✉ 31120 Haute-Garonne - 2 793 hab. - Alt. 151 m - Carte régionale n° **15**-B2
Carte Michelin 343-G3

Le Gentiane

CUISINE MODERNE • SIMPLE XX Entre autres vertus, la gentiane est connue pour stimuler l'appétit... Comme cet endroit ! Après avoir tenu une épicerie fine à Toulouse, le couple Bachon a réalisé son rêve : ouvrir un restaurant aux airs de maison privée, où l'on se rend "comme chez des amis". À un détail près : ici, on est sûr de bien manger.

Formule 13 € - Menu 16 € (déj. en semaine), 27/50 €
- Carte environ 51 € dîner

7 r. du Cagire - ✆ 05 62 20 55 00 - www.legentiane.fr - Fermé 23 avril-2 mai, 13-26 août, dim. soir, lundi et mardi

PIOGGIOLA - 2B Haute-Corse ➜ Voir Corse

PIOLENC

✉ 84420 Vaucluse - 5 093 hab. - Alt. 40 m - Carte régionale n° **21**-A2
Carte Michelin 332-B8

Au Comptoir

CUISINE TRADITIONNELLE • BAR À VIN Ce bar à vins, tenu par un couple sympathique, propose une cuisine de bistrot bien tournée, et de grande fraîcheur. Dans la capitale de l'ail, quelques spécialités sont préparées autour du bulbe. Une belle carte des vins de la région contribue aussi à son succès mérité.

Formule 16 € - Menu 19 € (déj. en semaine)/28 € - Carte 35/55 €

13 av. de Provence - ✆ 04 86 71 67 81 - www.aucomptoir-restaurant.fr - Fermé dim. et lundi

PISCIATELLO - 2A Corse-du-Sud ➜ Voir Corse (Ajaccio)

PITHIVIERS

✉ 45300 Loiret - 9 054 hab. - Alt. 115 m - Carte régionale n° **6**-C1
Carte Michelin 318-K2 - Guide Vert Michelin Châteaux de la Loire

Aux Saveurs Lointaines

CUISINE VIETNAMIENNE • EXOTIQUE Envie de goûter aux spécialités vietnamiennes sans subir les cinq heures de décalage horaire ? Si oui, rendez-vous derrière l'église, dans ce restaurant où la cuisine évoque les saveurs lointaines. Dans un cadre pierre et bambous, les assiettes sont colorées, parfumées et bien maîtrisées.

Menu 15 € (déj. en semaine) - Carte 17/38 €

1 pl. Martroi - ✆ 02 38 30 18 18 - www.auxsaveurslointaines.com - Fermé fév., 15 déc.-15 janv., dim. soir et lundi

Le Relais de la Poste

FAMILIAL • FONCTIONNEL Dans une grande bâtisse du centre-ville, autrefois relais de poste (19e s.), des chambres spacieuses et bien tenues (dont certaines ont été entièrement rénovées), avec poutres et mansardes aux étages supérieurs.

41 chambres - †60 € ††70 € - ☕ 8 €

10 Mail Ouest - ✆ 02 38 30 40 30 - www.le-relais-de-la-poste.fr

PIZAY - 69 Rhône ➜ Voir Belleville

PLAGE DE CALALONGA - 2A Corse-du-Sud ➜ Voir Corse (Bonifacio)

LA PLAGNE

✉ 73210 Savoie - Carte régionale n° **23**-D2
Carte Michelin 333-N4 - Guide Vert Michelin Alpes du Nord

à Plagne-Bellecôte 4 km à l'Est - ✉ 73210

Carlina

FAMILIAL • PERSONNALISÉ Ce grand chalet se niche sur les hauteurs, à Belle-Plagne. La vue depuis la terrasse n'en est que plus belle, sans parler de l'accès direct aux pistes... Les chambres se déclinent dans un esprit montagnard ou dans un style plus épuré. Une adresse fort sympathique.

46 chambres - ½ P seult 199/273 €

à Belle-Plagne, 2 km - ✆ 04 79 09 78 46 - www.carlina-belleplagne.com - Ouvert 16 déc.-20 avril

PLAGNE-BELLECÔTE - 73 Savoie ➜ Voir la Plagne

PLAILLY

✉ 60128 Oise - 1 674 hab. - Alt. 100 m - Carte régionale n° **10**-C2
Carte Michelin 305-G6

La Gentilhommière

CUISINE TRADITIONNELLE • AUBERGE XX Avec sa trentaine de couverts, cet ancienne étable d'un relais de poste du 17e s. marie joliment esprit rustique (poutres, cheminée) et modernité. Les beaux produits du marché sont mis en valeur dans une veine traditionnelle, au fil de trois menus bien composés. Une valeur sûre.

Menu 26 € (déj. en semaine), 36/46 €

25 r. Georges-Bouchard (derrière l'église) – 03 44 54 30 20 – www.restaurantlagentilhommiere60.eu – Fermé 19 fév.-1er mars, 2-22 août, sam. midi, dim. soir, lundi et mardi

PLAIMPIED-GIVAUDINS

18340 Cher – 1 902 hab. – Alt. 165 m – Carte régionale n° **6**-C3
Carte Michelin 323-K5 – Guide Vert Michelin Limousin Berry

Aux Marais

CUISINE MODERNE • RUSTIQUE X Une cuisine réalisée à quatre mains... à Plaimpied ! Formés dans de belles maisons, Amandine et Stéphane Pasquier signent une carte fraîche et plutôt audacieuse, renouvelée tous les deux mois : mariage terre-mer, sucré-salé, etc. Du plaisir à prix doux. Cadre rustique (tomettes, poutres, cheminée, etc.).

Menu 24 €

12 r. des Marais – 02 48 25 54 45 – restaurantauxmarais.fr – Fermé 3 semaines en juil.-août, vacances de fév., dim. soir, lundi et merc.

PLAINE-DE-WALSCH

57870 Moselle – 626 hab. – Alt. 300 m – Carte régionale n° **14**-D2
Carte Michelin 307-N6

Étable Gourmande

CUISINE MODERNE • AUBERGE XX Élégant et rustique, le cadre surprend d'abord agréablement. Puis viennent les délices du saumon fumé maison, de la belle charcuterie de cochon fermier, d'une cuisine généreuse et bien réalisée. Une étable – ou étape – effectivement gourmande ! Les chambres, agencées dans un esprit chalet, ne sont pas mal non plus...

Menu 24 € (déj. en semaine), 48/55 € – Carte 47/70 €

10 chambres – 72 € 72 € – 10 €

3 rte du Stossberg, rte de Vallerysthal – 03 87 25 66 34 – www.aubergedeletable.com – Fermé 2 semaines en août, 1 semaine fin déc., lundi midi, mardi midi et sam. midi

LA PLAINE-SUR-MER

44770 Loire-Atlantique – 4 018 hab. – Alt. 26 m – Carte régionale n° **18**-A2
Carte Michelin 316-C5

Anne de Bretagne (Mathieu Guibert)

CUISINE MODERNE • DESIGN XXX Une grande salle ouverte sur la mer : le cœur d'un sujet superbement illustré. Le chef revisite les classiques et rend le meilleur de bons produits (pêche locale, mais aussi terroir), qu'il travaille au fil de son inspiration. Le service, aimable et efficace, ajoute encore au plaisir...

→ Moules de bouchot, tourteau du Croisic et crème de cuisson au safran. Turbot de ligne à la plancha, rigadeaux et petits coquillages, sauce au muscadet. Yuzu en crémeux acidule, mousse à l'angélique.

Menu 39 € (déj. en semaine), 77/155 € – Carte 115/140 €

au Port de la Gravette, 3 km au Nord-Ouest – 02 40 21 54 72 – www.annedebretagne.com – Fermé 1er-26 janv., dim. soir de nov. à mars, mardi sauf le soir de juin à sept. et lundi

Anne de Bretagne

LUXE • DESIGN Une grande bâtisse contemporaine, toute blanche, posée sur une dune. À l'horizon : le petit port de la Gravette et... rien que la mer ! Idéal pour une escale marine rasséréante, d'autant que le décor – au beau design épuré – repose les sens...

20 chambres – 130/420 € 130/420 € – 26 €

au Port de la Gravette, 3 km au Nord-Ouest
– 02 40 21 54 72 – www.annedebretagne.com
– Fermé 1er-26janv.

Anne de Bretagne – voir les restaurants ci-dessus

PLAISIANS

26170 Drôme – 191 hab. – Alt. 612 m – Carte régionale n° **23**-B3
Carte Michelin 332-E8

Auberge de la Clue

CUISINE TRADITIONNELLE • AUBERGE En montant vers ce village montagnard, arrêtez-vous devant la jolie Clue, goulet d'étranglement où les cours d'eau s'emballent. On vient de loin pour savourer cette cuisine du terroir face au mont Ventoux : caillette aux herbes, pieds et paquets, et en guise de bienvenue, un belle terrine de fromage de tête à volonté !

Formule 20 € – Menu 30/36 € – Carte 35/44 €

pl. de l'Église – 04 75 28 01 17
– Fermé mi-fév. à mi-mars, du mardi au vend. de nov. à mars, dim. soir et lundi

PLAISIR

- 78 Yvelines → Voir Autour de Paris

PLANCOËT

22130 Côtes-d'Armor – 3 049 hab. – Alt. 41 m – Carte régionale n° **5**-C2
Carte Michelin 309-I3

Maison Crouzil et Hôtel L'Écrin

CUISINE MODERNE • TENDANCE L'occasion d'une bien agréable étape entre Dinard et le cap Fréhel : à la suite de son père, Maxime Crouzil signe une cuisine fine et savoureuse, où le savoir-faire le dispute à l'originalité ! Le tout dans un séduisant décor contemporain.

→ Oursinade de homard aux chicons et parfum tandoori. Ris de veau doré aux écorces d'agrumes. Religieuse au caramel à la fleur de sel.

Menu 38 € (déj. en semaine), 68/138 € – Carte 85/120 €

7 chambres – 85/110 € 110/130 € – 17 €

20 les Quais – 02 96 84 10 24 – www.crouzil.com
– Fermé dim. et lundi

PLAN-DE-LA-TOUR

83120 Var – 2 666 hab. – Alt. 69 m – Carte régionale n° **21**-C3
Carte Michelin 340-O5

Mas des Brugassières

MAISON DE CAMPAGNE • PERSONNALISÉ Ce mas, situé au cœur des Maures, ne manque pas d'atouts ! Les chambres sont coquettes, décorées dans un esprit zen et nature, et certaines disposent d'une terrasse ; à toute heure, la piscine chauffée vous tend les bras...

9 chambres – 99/105 € 112/235 € – 2 suites – 13 €

1,5 km au Sud par rte de Grimaud
– 04 94 55 50 55 – www.mas-des-brugassieres.com
– Ouvert 1er mai-30 sept.

PLAN-PEISEY - 73 Savoie → Voir Peisey-Nancroix

PLAPPEVILLE - 57 Moselle → Voir Metz

PLAZAC

✉ 24580 Dordogne - 691 hab. - Alt. 110 m - Carte régionale n° **2**-D1
Carte Michelin 329-H5 - Guide Vert Michelin Périgord Quercy

Béchanou

MAISON DE CAMPAGNE • NATURE Vieille demeure en pierre située au bout d'un chemin pentu, qui offre tranquillité et vue imprenable sur la vallée. Les chambres sont sobres, fidèles à l'âme du lieu. Jolie piscine. À la table d'hôte, on se régale d'une alléchante cuisine familiale.

5 chambres ☕ - 🚹93/98 € 🚹🚹103/108 €

Lieu-dit Béchanou, 4 km au Nord par D6 et rte secondaire - ✆ 05 53 50 39 52 - www.bechanou.com

PLÉNEUF-VAL-ANDRÉ

✉ 22370 Côtes-d'Armor - 3 999 hab. - Alt. 52 m - Carte régionale n° **5**-C1
Carte Michelin 309-G3 - Guide Vert Michelin Bretagne Nord

au Val-André 2 km à l'Ouest - ✉ 22370 Pleneuf Val Andre

Au Biniou

CUISINE TRADITIONNELLE • CLASSIQUE XX Ce Biniou résonne du vent du large... Dans cette petite maison blanche proche de la plage du Val-André, les produits de la mer et les saveurs fraîches et iodées ont la cote, pour le plaisir des amateurs.

Formule 18 € - Menu 28/39 € - Carte 44/50 €

121 r. Clemenceau - ✆ 02 96 72 24 35 - Fermé vacances de fév., mardi et merc. sauf du 10 juil. au 25 août

PLÉRIN - 22 Côtes-d'Armor → Voir St-Brieuc

LE PLESSIS-PICARD - 77 Seine-et-Marne → Voir Autour de Paris (Sénart)

PLOEMEUR

✉ 56270 Morbihan - 18 055 hab. - Alt. 45 m - Carte régionale n° **5**-B2
Carte Michelin 308-K8

à Lomener 4 km au Sud par D163 - ✉ 56270 Ploemeur

Le Vivier

CUISINE TRADITIONNELLE • CONVIVIAL XX Dans cet établissement posé face au large, la cuisine est évidemment vouée à Neptune : les pieds presque dans l'eau, on fait le plein d'iode avec de très beaux produits de la pêche (entre autres). Le menu enfant ravit les petits gourmands.

Formule 30 € - Menu 34/85 € - Carte 52/85 €

9 r. de Beg-Er-Vir - ✆ 02 97 82 99 60 - www.levivier-lomener.com - Fermé 23 déc.-15 janv., 2-12 mars et dim. soir de mi-sept. à Pâques

Le Vivier

TRADITIONNEL • CONTEMPORAIN Imaginez tout l'océan, l'île de Groix, et encore tout l'océan, à perte de vue... Tel est le panorama unique offert par cette maison moderne ancrée sur un rocher ! On n'y entend que le bruit des vagues...

14 chambres - 🚹108/134 € 🚹🚹122/156 € - ☕ 15 €

9 r. de Beg-Er-Vir - ✆ 02 97 82 99 60 - www.levivier-lomener.com - Fermé 23 déc.-15 janv., 2-12 mars

Le Vivier - voir les restaurants ci-dessus

PLOËRMEL

56800 Morbihan - 9 516 hab. - Alt. 93 m - Carte régionale n° **5**-C2
Carte Michelin 308-Q7 - Guide Vert Michelin Bretagne Sud

Le Roi Arthur

CUISINE CLASSIQUE • ÉLÉGANT XXX Les chevaliers non pas de la Table ronde mais des Temps modernes se sentiront comme des rois dans ce restaurant baigné de lumière. Par les baies vitrées, on peut même contempler les flots. Au menu, cuisine classique et service sans fausse note. Une bonne adresse.

Menu 27 € (déj. en semaine)/44 € - Carte 47/70 €

Hôtel Le Roi Arthur, au lac au Duc, 1,5 km par D8 - 02 97 73 64 64 - www.hotelroiarthur.com - Fermé 24 fév.-12 mars

Le Roi Arthur

TRADITIONNEL • COSY En quête du Graal ? Il se cache peut-être ici, entre le lac au Duc et le golf... Les chambres sont confortables et d'esprit actuel, la majorité d'entre elles donnant sur le plan d'eau.

46 chambres - 113/154 € 152/238 €

au lac au Duc, 1,5 km par D8 - 02 97 73 64 64 - www.hotelroiarthur.com - Fermé 24 fév.-12 mars

Le Roi Arthur - voir les restaurants ci-dessus

PLOMODIERN

29550 Finistère - 2 101 hab. - Alt. 60 m - Carte régionale n° **5**-A2
Carte Michelin 308-F5

L'Auberge des Glazicks (Olivier Bellin)

CUISINE CRÉATIVE • TENDANCE XXX Inventif et touche-à-tout, Olivier Bellin n'a qu'une passion : cultiver le meilleur de la pêche locale et du terroir breton. Chaque assiette est un hymne aux saveurs de la région, réinventées et toujours aussi... vivifiantes ! Et pour découvrir ce travail, pourquoi ne pas profiter des chambres, élégantes et confortables ?

→ Bouillie d'avoine et beurre battu. Homard cuisiné selon la saison. Fuseau, glace au sureau, mousseux de riz et framboise.

Menu 58 € (déj. en semaine), 95/225 € - Carte 115/170 €
8 chambres - 160/305 € 160/306 € - 24 €

7 r. de la Plage - 02 98 81 52 32 - www.aubergedesglazick.com - Fermé 2 semaines en mars, 2 semaines en nov., lundi et mardi

PLONÉOUR-LANVERN

29720 Finistère - 6 046 hab. - Alt. 71 m - Carte régionale n° **5**-A2
Carte Michelin 308-F7

Manoir de Kerhuel

CUISINE MODERNE • SIMPLE XX Dans ce cadre charmant, une table qui ne l'est pas moins ! On y déguste une jolie cuisine actuelle, réalisée à base de bons produits régionaux, et servie dans une salle avec vue sur la terrasse et le jardin.

Menu 27/45 € - Carte 40/60 €

rte de Quimper - 02 98 82 60 57 - www.manoirdekerhuel.fr - Fermé fév., sam., dim. et le midi

Manoir de Kerhuel

TRADITIONNEL • CONTEMPORAIN En bordure de route de campagne, dans un parc de 6 ha, ce manoir en pierre a fière allure ! Plusieurs chambres de style sobre et contemporain vous y attendent - dont une, insolite, dans le pigeonnier. Court de tennis et salle de jeux avec billard.

24 chambres - 110/224 € 110/224 € - 13 €

rte de Quimper - 02 98 82 60 57 - www.manoirdekerhuel.fr - Fermé fév.

Manoir de Kerhuel - voir les restaurants ci-dessus

PLOUBALAY

✉ 22650 Côtes-d'Armor - 3 014 hab. - Alt. 32 m - Carte régionale n° **5**-C1
Carte Michelin 309-J3 - Guide Vert Michelin Bretagne Nord

Restaurant de la Gare

CUISINE MODERNE • TENDANCE XX Si vous parcourez les stations de la Côte d'Émeraude, faites donc un arrêt dans cette Gare gourmande ! À travers une cuisine personnelle et savoureuse, Thomas Mureau joue sans excès avec la tradition régionale, la mer et la terre bretonnes. Évidemment, les menus s'adaptent aux opportunités du marché... qualité oblige.

Formule 15 € - Menu 31/68 € - Carte 39/71 €

4 r. des Ormelets - ✆ 02 96 27 25 16 - www.restaurant-la-gare-ploubalay.com - Fermé 21 fév.-15 mars, 2-12 juil., lundi et mardi sauf le midi de sept. à juin et merc. sauf juil.-août

PLOUBAZLANEC - 22 Côtes-d'Armor ➜ Voir Paimpol

PLOUER-SUR-RANCE

✉ 22490 Côtes-d'Armor - 3 447 hab. - Alt. 62 m - Carte régionale n° **5**-D2
Carte Michelin 309-J3 - Guide Vert Michelin Bretagne Nord

Manoir de Rigourdaine

TRADITIONNEL • CLASSIQUE Dominant l'estuaire de la Rance, cette ancienne ferme a été restaurée avec goût. Poutres ancestrales, cheminée et mobilier campagnard... Un décor de caractère, au grand calme !

19 chambres - †89/105 € ††97/105 € - ☕ 10 €

à Rigourdaine, 3 km par rte de Langrolay puis rte secondaire - ✆ 02 96 86 89 96 - www.hotel-rigourdaine.fr - Ouvert d'avril à début nov.

PLOUFRAGAN - 22 Côtes-d'Armor ➜ Voir St-Brieuc

PLOUGASNOU

✉ 29630 Finistère - 3 110 hab. - Alt. 55 m - Carte régionale n° **5**-B1
Carte Michelin 308-I2 - Guide Vert Michelin Bretagne Nord

La Maison de Kerdiès

CUISINE TRADITIONNELLE • CONVIVIAL XX Cette maison de la pointe du Trégor fut à l'origine un sémaphore, avant d'être transformée en colonie de vacances, puis en restaurant. De la salle, on profite d'une vue panoramique sur Roscoff et l'île de Batz... Mais on se recentre vite sur l'assiette, et sur cette généreuse cuisine de tradition, servie avec le sourire !

Formule 16 € Menu 19 € (déj. en semaine), 24/33 € - Carte 31/60 €

5 rte de Perherel, lieu dit St-Samson - ✆ 02 98 72 40 66 - www.maisonkerdies.com - Fermé janv., dim. soir d'oct. à mars et lundi

PLOUGRESCANT

✉ 22820 Côtes-d'Armor - 1 232 hab. - Alt. 53 m - Carte régionale n° **5**-B1
Carte Michelin 309-C1 - Guide Vert Michelin Bretagne Nord

Manoir de Kergrec'h

DEMEURE HISTORIQUE • PERSONNALISÉ Ce superbe manoir épiscopal (17e s.), ancienne demeure des évêques de Tréguier, trône au milieu d'un parc majestueux qui descend jusqu'à la mer... Les chambres, claires et spacieuses, sont ornées de mobilier chiné ou de famille. Confort total et calme absolu.

11 chambres - †128/190 € ††128/295 € - ☕ 16 €

- ✆ 02 96 92 59 13 - www.manoirdekergrech.com - Fermé 4 janv.-23 mars et 12 nov.-27 déc.

PLOUHARNEL

✉ 56340 Morbihan - 2 138 hab. - Alt. 21 m - Carte régionale n° **5**-B3
Carte Michelin 308-M9 - Guide Vert Michelin Bretagne Sud

L'Hippocampe

POISSONS ET FRUITS DE MER • CONVIVIAL Le calme de la campagne, la proximité de la mer, dont les embruns, parfois, s'invitent à table, et une assiette qui associe les deux, pour une traversée goûteuse du terroir régional et de ses produits (huîtres, homard, pêche du jour), à dos d'hippocampe. Une adresse dynamique et iodée.

Formule 14 € - Menu 19 € (semaine), 25/33 € - Carte 30/40 €

Kerhueno - ✆ 02 97 29 10 17 - www.restaurant-lhippocampe.com - Fermé dim. soir, merc. midi et lundi

Carnac Lodge

BOUTIQUE HÔTEL • PERSONNALISÉ Entre Carnac et Plouharnel, cet hôtel dispose de chambres au décor soigné, un brin branché (plexiglas, touches néobaroques, etc.). Agréable piscine ; jardin calme et verdoyant.

20 chambres - †89/179 € ††89/179 € - ☕ 13 €

Kerhueno - ✆ 02 97 58 30 30 - www.carnaclodge.com - Fermé de mi-nov. à Noël

PLOUIDER

✉ 29260 Finistère - 1 928 hab. - Alt. 74 m - Carte régionale n° **5**-A1
Carte Michelin 308-F3

La Table de La Butte (Nicolas Conraux)

CUISINE MODERNE • TENDANCE Fraîcheur, précision, parfums : c'est un véritable hommage aux produits de Bretagne que rend le chef, Nicolas Conraux, qui sait allier maîtrise technique et créativité. Dans l'assiette, c'est pétillant, c'est fin, bref... c'est tout ce qu'on aime ! Il faut aussi dire un mot du service, convivial et efficace, qui ajoute encore au plaisir des visiteurs.

→ Ragoût de homard comme le faisait notre grand-mère. Ormeau de nos côtes, dulse, pomme de terre et jus de volaille. Bulle de rhubarbe légère, verveine et sucre meringué.

Menu 36 € (déj. en semaine), 59/124 € - Carte 70/150 €

Hôtel La Butte, 12 r. de la Mer - ✆ 02 98 25 40 54 - www.labutte.fr - Fermé 25 fév.-22 mars, sam. midi, lundi et mardi

Le Comptoir de La Butte (N)

CUISINE TRADITIONNELLE • TENDANCE L'annexe de la table gastronomique vaut aussi son pesant de gourmandise. Le cadre moderne, avec cuisine ouverte et boutique, met en appétit ; confirmation ensuite dans l'assiette avec une cuisine de tradition généreuse, déclinée dans une formule efficace.

Formule 20 € - Menu 25 € - Carte 28/39 €

Hôtel La Butte, 12 r. de la Mer - ✆ 02 98 25 40 54 - http://lecomptoir.labutte.fr - Fermé dim. midi

La Butte

TRADITIONNEL • CONTEMPORAIN Une saga familiale débutée en 1952... et qui n'est pas prête de se terminer ! Les chambres, contemporaines et épurées, donnent toutes sur la mer, et un spa est à disposition. Idéal pour se ressourcer au grand air...

33 chambres - †115/400 € ††115/400 € - ☕ 18 €

12 r. de la Mer - ✆ 02 98 25 40 54 - www.labutte.fr

La Table de La Butte • Le Comptoir de La Butte - voir les restaurants ci-dessus

PLOUMANACH - 22 Côtes-d'Armor ➔ Voir Perros-Guirec

PLUGUFFAN - 29 Finistère ➔ Voir Quimper

LE POËT-LAVAL - 26 Drôme ➔ Voir Dieulefit

POINTE DE ST-MATHIEU - 29 Finistère ➔ Voir Conquet

POINTE-DU-RAZ

✉ 29770 Finistère - Plogoff - Carte régionale n° **5**-A2
Carte Michelin 308-C6 - Guide Vert Michelin Bretagne Sud

à La Baie des Trépassés 3,5 km par D784 et rte secondaire - ✉ 29770 Cleden Cap Sizun

Hôtel de la Baie des Trépassés

TRADITIONNEL • BORD DE MER Cette bâtisse semble avoir été déposée devant la plage de la baie des Trépassés, qu'encadrent les pointes du Raz et du Van. Les chambres, progressivement rénovées, sont fraîches et fonctionnelles ; l'école de surf voisine donnera peut-être des idées à certains...

24 chambres - †91/200 € ††91/200 € - 2 suites - ☕16 €

- ✆ 02 98 70 61 34 - www.baiedestrepasses.com - Ouvert de mi-fév. à mi-nov.

POINT-SUBLIME

✉ 04120 Alpes-de-Haute-Provence - Rougon - Carte régionale n° **21**-C2
Carte Michelin 334-G10 - Guide Vert Michelin Alpes du Sud

Auberge du Point Sublime

CUISINE PROVENÇALE • RUSTIQUE X Un point de vue... sublime, au cœur des gorges du Verdon ! Cette sympathique auberge familiale propose une cuisine qui fleure bon le terroir (soupe au pistou, pieds et paquets à la provençale, nombreuses salades), dans un cadre à l'ancienne. Pratique : les petites chambres pour l'étape.

Formule 17 € - Menu 22/40 € - Carte 44/67 €
13 chambres - †70/80 € ††70/80 € - ☕10 €

D952 - ✆ 04 92 83 60 35 - www.auberge-pointsublime.com
- Ouvert 30 avril-1er nov.

POISSON - 71 Saône-et-Loire ➔ Voir Paray-le-Monial

POITIERS

✉ 86000 Vienne - 87 435 hab. - Agglo. 128 111 hab. - Alt. 116 m - Carte régionale n° **20**-C1
Carte Michelin 322-H5 - Guide Vert Michelin Poitou-Charentes

Les Archives

CUISINE MODERNE • BRASSERIE XX Premièrement, il faut planter le décor : une chapelle du 19e s. dont la nef, tout en colonnes et arcs, a été transfigurée par un aménagement contemporain saisissant ! Depuis la salle, on observe l'équipe s'affairer en cuisine. Les assiettes sont franches et goûteuses.

Formule 15 € - Menu 19 € (déj. en semaine), 27/55 € - Carte 35/51 €

Plan : C1-t *Hôtel Mercure Centre, 14 r. Édouard-Grimaux - ✆ 05 49 30 53 00*
- www.lesarchives.fr

Toqué !

CUISINE TRADITIONNELLE • BISTRO X Ce bistrot moderne se porte à merveille, sous la houlette d'un jeune chef originaire du Nord. Sa cuisine, généreuse et sans artifice, ne manque pas de goût : pâté au piment d'Espelette - une recette de son grand-père ! -, steack tartare coupé au couteau et frites maison... On se régale.

Formule 13 € - Menu 16 € (déj.)/29 € - Carte 30/40 € dîner

Plan : D1-a *11 r. de la Cathédrale - ✆ 05 49 62 19 33 - www.bistro-toque.com*
- Fermé 1er-24 août, 24 déc.-1er janv., sam. midi, dim. et lundi

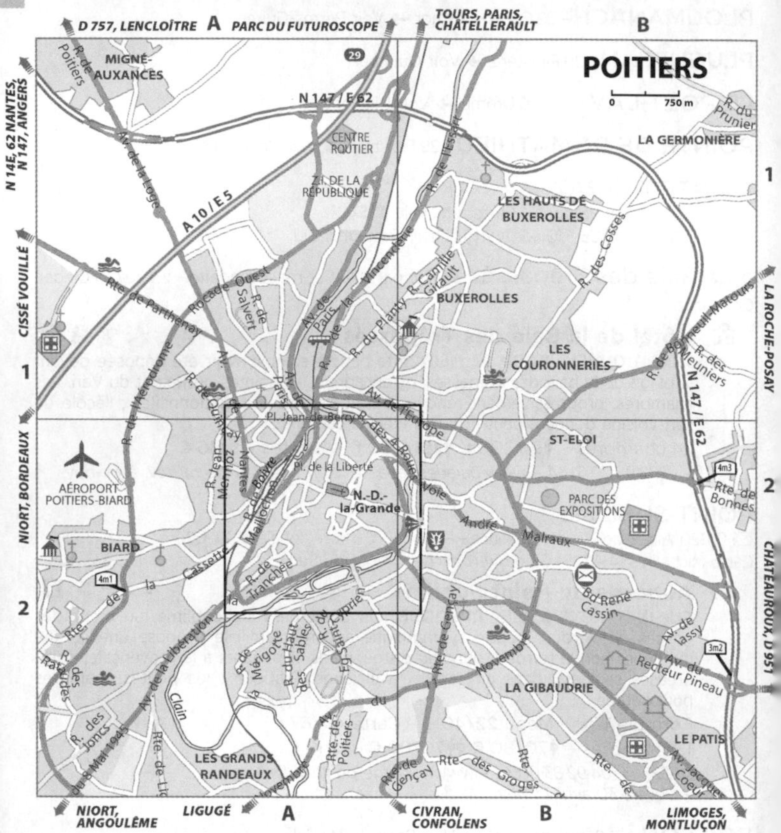

Mercure Centre

HISTORIQUE • DESIGN Au cœur de la ville, cet établissement prend ses aises dans une ancienne chapelle jésuite de 1854. Dans les chambres, confortables et fonctionnelles, le mobilier contemporain se marie aux chapiteaux et voûtes néo-gothiques : demandez celles situées dans la chapelle ! Le restaurant, lui, a été créé dans la nef. Original et réussi.

50 chambres – 🚹125/280 € 🚹🚹125/280 € – ☕16 €

Plan : C1-t *14 r. Édouard-Grimaux*
– *✆ 05 49 50 50 60*
– *www.hotelmercurepoitiers.com*

Les Archives – voir les restaurants ci-dessus

Le Grand Hôtel

BUSINESS • FONCTIONNEL Dans une rue très animée du centre-ville, mais au calme sur une cour intérieure… Un établissement très bien tenu, aux chambres assez spacieuses et confortables. Agréable terrasse pour le petit-déjeuner.

41 chambres – 🚹72/128 € 🚹🚹72/128 € – 6 suites – ☕13 €

Plan : C2-k *28 r. Carnot*
– *✆ 05 49 60 90 60*
– *www.grandhotelpoitiers.fr*

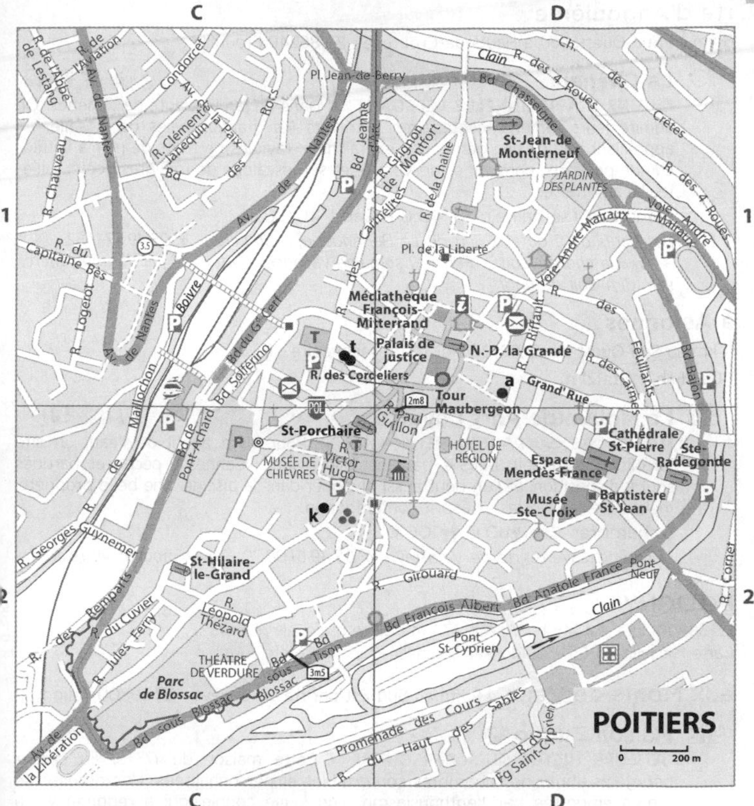

Parc du Futuroscope 12 km au Nord - ✉ 86360 Chasseneuil-du-Poitou

Plaza Futuroscope

BUSINESS • CONTEMPORAIN Son architecture moderne s'intègre parfaitement au site du Futuroscope, à côté du palais des congrès. Du hall d'accueil aux chambres, on apprécie l'espace et le confort, le tout dans un style contemporain épuré et sobre. Sans oublier la piscine intérieure avec hammam, sauna et fitness !

268 chambres - 🚹80/179 € 🚹🚹90/179 € - ☕15 €

av. du Futuroscope, Téléport 1 - ✆ 05 49 49 07 07 - www.hotel-plaza-site-du-futuroscope.com

rte de Limoges 10 km au Sud-Est par N147 et rte secondaire - ✉ 86550 Mignaloux :

Manoir de Beauvoir Garrigae

DEMEURE HISTORIQUE • PERSONNALISÉ Pour un week-end golf ou pour une parenthèse au calme, une demeure de style victorien (1872) sur le site du 18-trous de Poitiers. Confort et sobriété dans les chambres du Manoir au cachet indéniable avec sa terrasse-loggia, donnant sur le bassin et le golf ; kitchenettes côté "Résidence". Restaurant, club-house sur les greens

40 chambres - 🚹75/160 € 🚹🚹75/160 € - 5 suites - ☕13 €

635 rte de Beauvoir, au golf - ✆ 05 49 55 47 47 - www.manoirdebeauvoir.com

rte d'Angoulême

6 km au Sud-Ouest, sortie Hauts-de-Croutelle – ✉ 86240 Croutelle :

La Chênaie

CUISINE TRADITIONNELLE • ÉLÉGANT XXX Dans un jardin planté de... chênes. On admire leurs ramures centenaires à travers les grandes baies de la salle, en appréciant une cuisine généreuse et fraîches : ravioles de fruits de mer à l'effiloché de poireaux, parmentier de volaille et son escalope de foie gras poêlé, millefeuille aux fraises...

Menu 21 € (semaine), 28/49 € – Carte 46/88 €

Les Hauts de Croutelle, lieu-dit La Berlanderie, r. du Lejat – ✆ 05 49 57 11 52 – www.la-chenaie.com – Fermé 1 semaine vacances de fév., 14 juil.-15 août, merc. soir, dim. soir et lundi

à Aslonnes

11 km au Sud-Ouest par D910, N10 et route secondaire – ✉ 86340 –
1 082 hab. – Alt. 121 m

Le Moulin de Port Laverré

MAISON DE CAMPAGNE • PERSONNALISÉ Pour vivre au fil de l'eau, un site bucolique à souhait, baigné par une jolie rivière... Cannes à pêche et barques sont à disposition, et l'on peut aussi divaguer dans la piscine. Une belle propriété, mêlant vieilles pierres et esprit contemporain.

5 chambres ☕ – 🚹80 € 🚹🚹100 €

17 Le Port Laverré, rte de Vaintray – ✆ 05 49 61 08 38 – www.moulinlaverre.com

POLIGNY

✉ 39800 Jura – 4 146 hab. – Alt. 373 m – Carte régionale n° **9**-B3
Carte Michelin 321-E5 – Guide Vert Michelin Franche-Comté Jura

aux Monts de Vaux 4,5 km au Sud-Est par rte de Genève – ✉ 39800 Poligny

Maison Zugno (N)

DEMEURE HISTORIQUE • PERSONNALISÉ Cette maison du 17e s. au cachet bourgeois abrite des chambres confortables et personnalisées. Une adresse de renom emportée par l'enthousiasme d'un jeune couple, qui a redonné vie à cette bâtisse perdue dans la nature. La cuisine louche vers la bistronomie. Familial et attachant.

7 chambres – 🚹115/195 € 🚹🚹115/195 € – ☕15 €

rte Nationale 5 – ✆ 03 84 53 10 31 – www.maison-zugno.com

à Passenans

11 km au Sud-Ouest par D1083 et D57 – ✉ 39230 – 348 hab. – Alt. 320 m

Domaine du Revermont

FAMILIAL • FONCTIONNEL Dans un environnement privilégié – champs et vignes –, une grande bâtisse ocre et jaune où règne un bel esprit détente et loisirs : piscine, tennis. Les chambres se déclinent dans un style contemporain ; recettes régionales au restaurant ! Et quel calme...

28 chambres – 🚹80/135 € 🚹🚹80/135 € – ☕13 €

600 rte de Revermont – ✆ 03 84 44 61 02 – www.domaine-du-revermont.fr – Fermé 20 déc.-1er mars

Les prix indiqués devant le symbole 🚹 correspondent au prix le plus bas en basse saison puis au prix le plus élevé en haute saison, pour une chambre single. Même principe avec le symbole 🚹🚹, cette fois pour une chambre double.

POLLIAT

✉ 01310 Ain - 2 489 hab. - Alt. 260 m - Carte régionale n° **23**-B1
Carte Michelin 328-D3

Téjérina-Hôtel de la Place

CUISINE TRADITIONNELLE · CONTEMPORAIN XX L'auberge familiale par excellence, où l'on vous sert avec le sourire une goûteuse et généreuse cuisine du terroir. Tête de veau, poulet à la crème, soufflé aux foies de volaille et grenouilles sont à l'honneur ! Chambres bien tenues pour prolonger l'étape.

Menu 22 € (semaine), 30/70 € - Carte 32/55 €

7 chambres - 58 € 67 € - 10 €

51 pl. de la Mairie - 04 74 30 40 19 - www.restaurant-tejerina-logis.fr - Fermé 23 juil.-13 août, 25 déc.-9 janv., dim. soir et lundi

POMEROL

✉ 33500 Gironde - 666 hab. - Alt. 40 m - Carte régionale n° **2**-C1
Carte Michelin 335-J5

La Table de Catusseau N

CUISINE MODERNE · CONVIVIAL X A la tête de ce restaurant, Kendji Wongsodikromo, chef-patron né en Nouvelle Calédonie, tombé amoureux du Sud-Ouest... et de Nadège, son épouse, en salle. Le jeune couple, motivé, a du métier et cela se sent : en témoigne la belle cuisine du marché, mitonnée avec soin, goûteuse et régionale. Un jolie adresse.

Menu 20 € (déj. en semaine), 32/52 € - Carte 43/63 €

86 r. de Catusseau - 05 57 84 40 40 - Fermé vacances de fév., 1 semaine fin août, 2 semaines début nov., merc. soir de nov. à mars, sam. midi, dim. soir et lundi

POMMARD - 21 Côte-d'Or → Voir Beaune

LA POMMERAYE

✉ 14690 Calvados - 54 hab. - Alt. 200 m - Carte régionale n° **17**-B2
Carte Michelin 303-J6

Château de la Pommeraye N

DEMEURE HISTORIQUE · ÉLÉGANT Un palais vénitien au cœur de la Suisse normande ! Au cœur d'un domaine de 24 hectares, cette vaste demeure abrite cinq chambres luxueuses et harmonieuses, meublées avec goût : armoires bressanes, fauteuils 19e s., tapis et tableaux... Superbe et atypique.

5 chambres - 175/295 € 175/295 € - 19 €

- 02 31 69 87 86 - chateaudelapommeraye.com

POMMIERS

✉ 69480 Rhône - 2 456 hab. - Alt. 315 m - Carte régionale n° **24**-E1
Carte Michelin 327-H4 - Guide Vert Michelin Lyon et sa région

Les Terrasses de Pommiers

CUISINE MODERNE · CONVIVIAL XX Un beau travail d'architecte : entièrement vitrée, tout en lignes épurées et en tons bleu-gris - écho au ciel sur lequel elle ouvre en grand ? -, la salle domine les monts du Lyonnais et la vallée... Côté papilles, on savoure des plats qui font de l'œil à la méditerranée, comme ce risotto aux légumes ou gambas.

Formule 21 € - Menu 36/56 € - Carte 46/62 €

706 montée de Buisante - 04 74 65 05 27 - www.terrasses-de-pommiers.com - Fermé vacances de la Toussaint et de fév., dim. soir, mardi et merc.

PONS

17800 Charente-Maritime - 4 098 hab. - Alt. 39 m - Carte régionale n° **20**-B3
Carte Michelin 324-G6 - Guide Vert Michelin Poitou-Charentes

Bordeaux

CUISINE MODERNE • CLASSIQUE XX Bonbon de joue de bœuf, filet de sandre aux graines de sésame, douceur mandarine, meringue crémeuse et mousse chocolat ... Une cuisine fort soignée, à la rencontre du marché et de l'inspiration du chef, pour un bon rapport plaisir-prix.

Formule 15 € - Menu 20 € (semaine), 32/58 € - Carte 34/57 €

1 av. Gambetta - 05 46 91 31 12 - www.hotel-de-bordeaux.com - Fermé vacances de Noël, sam. midi et dim. d'oct. à avril

à Mosnac 11 km au Sud par rte de Bordeaux et D134 - 17240 - 456 hab. - Alt. 23 m

Moulin du Val de Seugne

CUISINE MODERNE • CLASSIQUE XXX Comment résister à un cadre si bucolique ? Ce moulin au bord de l'eau, cerné par la verdure, est tout simplement délicieux... Et la carte proposée - une cuisine d'aujourd'hui aux doux accents du terroir local, inspirée par le marché et les saisons - lui va si bien !

Formule 23 € - Menu 30/80 € - Carte 52/101 €

lieu-dit Marcouze - 05 46 70 46 16 - www.valdeseugne.com - Fermé 1er nov.-28 fév.

Moulin du Val de Seugne

TRADITIONNEL • CLASSIQUE Un élégant moulin tout en pierre (16e s.), au bord de la Seugne, en pleine nature. Sur l'île voisine vivent en liberté lapins, oies, chèvres, poneys... Les jolies chambres proches de la rivière sont les plus agréables. Charme champêtre et piscine d'été.

14 chambres - †119/177 € ††119/177 € - 15 €

lieu-dit Marcouze - 05 46 70 46 16 - www.valdeseugne.com - Fermé 1er nov.-28 fév.

Moulin du Val de Seugne - voir les restaurants ci-dessus

PONT-A-MOUSSON

54700 Meurthe-et-Moselle - 14 904 hab. - Alt. 180 m - Carte régionale n° **14**-B2
Carte Michelin 307-H5

Le Fourneau d'Alain

CUISINE TRADITIONNELLE • FAMILIAL X Ce restaurant sagement contemporain s'est installé sur la place principale, dans l'une des maisons à arcades du 16e s. Le pigeon de la ferme de Preys, la sole meunière, et l'Irish Coffee sont prisés des habitués. Une carte courte mais sûre.

Menu 29/55 € - Carte 35/55 €

64 pl. Duroc (1er étage) - 03 83 82 95 09 - www.lefourneaudalain.com - Fermé fin juin-début juil., merc. soir, dim. soir et lundi

PONTAUBERT - 89 Yonne → Voir Avallon

PONT-AUDEMER

27500 Eure - 9 008 hab. - Alt. 15 m - Carte régionale n° **17**-B3
Carte Michelin 304-D5 - Guide Vert Michelin Normandie Vallée de la Seine

Belle Isle sur Risle

MAISON DE MAÎTRE • PERSONNALISÉ Un environnement privilégié : cette maison de maître du 19e s., noyée sous la vigne vierge, se dresse sur une île de la Risle, transformée en un superbe jardin. Avec leurs mobilier de style, tentures et tapis, les lieux cultivent un classicisme intemporel... Espace bien-être (bassin en marbre, fitness, sauna) et plats de tradition au restaurant.

28 chambres - †135/325 € ††169/325 € - 20 €

112 rte de Rouen, à l'Est par D810 - 02 32 56 96 22 - www.bellile.com - Ouvert 11 mars-25 nov.

PONT-AVEN

✉ 29930 Finistère - 2 833 hab. - Alt. 18 m - Carte régionale n° **5**-B2
Carte Michelin 308-I7 - Guide Vert Michelin Bretagne Nord

Sur le Pont ...

CUISINE MODERNE • BISTRO X Cette maison ancienne s'appuie en partie sur le vieux pont qui enjambe l'Aven... Un lieu plein de charme, au service d'une cuisine dans l'air du temps et concentrée sur le poisson : le chef l'accommode à toutes les sauces, avec ce qu'il faut d'originalité, sans jamais dénaturer le produit.

Formule 26 € - Menu 33 € - Carte environ 47 €

4 chambres - 89/105 € 105/140 € - 15 €

11 pl. Paul-Gauguin - 02 98 06 16 16 - www.surlepont-pontaven.fr
- Fermé 2 semaines en nov., dim. soir, mardi soir hors saison et merc.

Hôtel des Mimosas

FAMILIAL • FONCTIONNEL Sur les quais de Pont-Aven, une maison de pays toute mignonne. Les chambres, lumineuses et bien tenues, offrent une vue imprenable sur les bateaux. Aux beaux jours, on se régale de fruits de mer sur la terrasse face au port.

10 chambres - 69/90 € 69/90 € - 9 €

22 square Théodore-Botrel - 02 98 06 00 30 - www.lesmimosas-pontaven.com
- Janvier

rte de Concarneau 4 km à l'Ouest par D783 - ✉ 29930 Pont-Aven :

La Taupinière

POISSONS ET FRUITS DE MER • AUBERGE XXX Cette chaumière à la campagne est, depuis plusieurs décennies, une institution pour de nombreux habitués, qui ne se lassent pas de sa cuisine très iodée, soignée et de première fraîcheur (le chef fait son marché à Concarneau chaque matin). La "demoiselle des mers" - la langoustine - est l'une des vedettes de la carte...

Menu 55/95 € - Carte 82/100 €

Croissant St-André - 02 98 06 03 12 - www.la-taupiniere.fr
- Fermé 19-28 mars, 2-25 oct., lundi et mardi

PONTAVERT

✉ 02160 Aisne - 601 hab. - Alt. 53 m - Carte régionale n° **19**-D2
Carte Michelin 306-E6

Le Relais de Fleurette

MAISON DE CAMPAGNE • PERSONNALISÉ Cet ancien corps de ferme joliment réhabilité en hôtel restaurant joue la carte du rustique chic, agrémenté de touches de modernité. La piscine couverte et le sauna constituent des atouts supplémentaires. Cuisine traditionnelle.

14 chambres - 64/150 € 69/150 € - 10 €

5 rte de Craonnelle - 03 23 20 53 05 - www.relais-de-fleurette.fr

PONTCHARTRAIN

✉ 78760 Yvelines - 5 278 hab. - Carte régionale n° **10**-A2
Carte Michelin 311-H3

Bistro Gourmand

CUISINE MODERNE • CONVIVIAL XX Au menu, cuisine traditionnelle teintée de touches actuelles et suggestions à l'ardoise. Salle classique (bordeaux et grise) et terrasse au calme pour les beaux jours.

Formule 32 € - Menu 42 € - Carte environ 45 €

7 rte du Pontel, N12 - 01 34 89 25 36 - www.bistrogourmand.fr
- Fermé dim. soir, merc. soir et lundi

PONTCHÂTEAU

✉ 44160 Loire-Atlantique - 10 398 hab. - Alt. 7 m - Carte régionale n° **18**-A2 - Guide Vert Michelin Pays de la Loire

Le 11

CUISINE MODERNE • CONVIVIAL X Au cœur de Pontchâteau, ce bistrot minimaliste fait saliver la région depuis 2011. À sa tête, un chef qui a, comme on dit, du métier, et qui revient ici à plus de simplicité, avec des plats ancrés dans une jolie tradition gourmande (navarin d'agneau, filets de rouget en tempura, tarte Tatin, etc.).

Formule 19 € - Menu 26 € (déj.)/32 €

11 r. de Verdun
- ✆ 02 40 42 23 28 - www.restaurant-le11.fr
- Fermé lundi soir, merc. soir et dim.

PONT-DE-BRIQUES - 62 Pas-de-Calais ➜ Voir Boulogne-sur-Mer

PONT-DE-DORE - 63 Puy-de-Dôme ➜ Voir Thiers

PONT-DE-FILLINGES - 74 Haute-Savoie ➜ Voir Bonne

PONT-DE-L'ARCHE

✉ 27340 Eure - 4 176 hab. - Alt. 20 m - Carte régionale n° **17**-D2
Carte Michelin 304-G6 - Guide Vert Michelin Normandie Vallée de la Seine

Aux Damps 2 km à l'Est, au bord de l'Eure - ✉ 27340 - 1 305 hab. - Alt. 20 m

L'Auberge de la Pomme (William Boquelet)

CUISINE MODERNE • DESIGN XXX Un nom hautement normand, une façade à colombages typique de la région... mais l'image d'Épinal s'arrête là ! La maison cache un décor très contemporain, bien à l'image de la cuisine du chef, William Boquelet, aussi inventif que passionné. Ses assiettes, pleines de relief, mettent bien en valeur les producteurs locaux...

➜ Sashimi de thon, vinaigrette gingembre-citron vert, concombre et melon d'eau. Dorade cuite à la vapeur douce, palourdes et raviole de légumes confits. Madeleine pistache, compote de fraises des bois et crème fouettée chocolat blanc.

Menu 35 € (déj. en semaine), 49/85 € - Carte 75/95 €

aux Damps (44 rte de l'Eure), 1,5 km au bord de l'Eure
- ✆ 02 35 23 00 46 - www.laubergedelapomme.com
- Fermé 1 semaine vacances de printemps,2 semaines en août, 1 semaine vacances de la Toussaint, 1 semaine vacances de Noël, dim. et lundi

PONT-DE-L'ISÈRE - 26 Drôme ➜ Voir Valence

PONT-DE-ROIDE

✉ 25150 Doubs - 4 261 hab. - Alt. 351 m - Carte régionale n° **9**-C2
Carte Michelin 321-K2 - Guide Vert Michelin Franche-Comté Jura

La Tannerie

CUISINE TRADITIONNELLE • FAMILIAL X Au menu de cette maison toute simple qui borde le Doubs, une cuisine traditionnelle bien tournée, où les produits locaux sont privilégiés. Aux beaux jours, profitez de la terrasse au-dessus de la rivière.

Formule 13 € - Menu 33 € - Carte 32/43 €

1 pl. Gén.-de-Gaulle
- ✆ 03 81 92 48 21 - www.restaurantlatannerie.com
- Fermé 23 déc.-4 janv., dim. soir, jeudi soir et merc.

PONT-DE-VAUX

✉ 01190 Ain - 2 290 hab. - Alt. 177 m - Carte régionale n° **23**-B1
Carte Michelin 328-C2 - Guide Vert Michelin Lyon et sa région

✿ Le Raisin (Frédéric Michel)

CUISINE MODERNE • CLASSIQUE XXX Quelle bonne surprise... Comment imaginer, au menu de cette authentique maison bressane, une aussi belle cuisine, fine et travaillée, cultivant avec réussite la tradition comme l'originalité ? Frédéric Michel nous offre une expérience d'un excellent rapport qualité-prix ! Chambres confortables pour l'étape.

→ Foie gras de canard des Landes poché au vin légèrement épicé. Volaille de Bresse en deux façons. Déclinaison de chocolats.

Formule 23 € - Menu 33/85 € - Carte 55/85 €

16 chambres - †72 € ††76 € - ☕ 11 €

2 pl. Michel-Poisat
- ✆ 03 85 30 30 97 - www.leraisin.com
- Fermé janv., mardi midi, dim. et lundi

Les Platanes

CUISINE TRADITIONNELLE • AUBERGE XX L'enseigne de cette auberge régionale ne ment pas : elle jouit d'une terrasse... sous les platanes ! La cuisine est bressane, évidemment, mais le chef propose aussi quelques plats dans l'air du temps. Dans un cas comme dans l'autre, la générosité est là !

Formule 23 € - Menu 29 € (semaine), 42/68 € - Carte 41/59 €

8 chambres - †71/85 € ††73/95 € - ☕ 10 €

93 rte de Mâcon
- ✆ 03 85 30 32 84 - www.hotelplatanes.com
- Fermé 20 fév.-20 mars, vend. midi, dim. soir et lundi

à St-Bénigne 2 km au Nord-Est par D2 - ✉ 01190 - 1 232 hab.
- Alt. 208 m

St-Bénigne

CUISINE TRADITIONNELLE • RUSTIQUE X Un vrai restaurant de campagne ! On vient ici pour les grenouilles au beurre et à la persillade, la spécialité de la maison, mais pas seulement : le chef, en bon artisan, travaille les produits locaux et maîtrise de nombreuses recettes de la région...

Menu 14 € (déj. en semaine), 24/44 € - Carte 30/51 €

995 rte de St-Trivier
- ✆ 03 85 30 96 48 - www.restaurant-le-saint-benigne.fr
- Fermé 3-12 avril, 25 juin-4 juil., 1er-10 oct., 24 déc.-4 janv., lundi et le soir sauf sam.

PONT-D'OUILLY

✉ 14690 Calvados - 1 058 hab. - Alt. 65 m - Carte régionale n° **17**-B2
Carte Michelin 303-J6 - Guide Vert Michelin Normandie Cotentin

Pomme d'Ouilly Ⓝ

CUISINE CRÉATIVE • BISTRO X Un bistrot typiquement parisien, en plein cœur de la Suisse normande... Qui l'eût cru ! Au bord de l'Orne, ce restaurant de poche est l'antre d'un chef autodidacte, authentique passionné. Sa cuisine, aussi personnelle qu'innovante, révèle aussi une jolie maîtrise technique, avec des saveurs bien marquées : autant dire qu'on se régale.

Formule 16 € - Menu 25 € - Carte 33/41 €

16 Grande-Rue - ✆ 02 31 69 44 26 - www.pommedouilly.fr - Fermé janv., fév., dim. et lundi

PONT-DU-CASSE - 47 Lot-et-Garonne → Voir Agen

PONT-DU-CHÂTEAU

✉ 63430 Puy-de-Dôme - 10 655 hab. - Alt. 365 m - Carte régionale n° **3**-B2
Carte Michelin 326-G8 - Guide Vert Michelin Auvergne

Auberge du Pont

CUISINE MODERNE • ÉLÉGANT XX Rodolphe Regnauld possède la fougue du vent breton (il a grandi dans la péninsule) comme le souci du détail et de la finesse : de là, des assiettes joliment travaillées, à la fois savoureuses et ludiques. Le cadre de cet ancien relais de batellerie (19e s.) séduit tout autant, comme la terrasse bordant l'Allier... Jolie sélection de vins.

Formule 25 € - Menu 30 € (déj. en semaine), 39/130 € - Carte 70/98 €

70 av. Dr.-Besserve - ✆ 04 73 83 00 36 - www.auberge-du-pont.com - Fermé 15 août-6 sept., 1er-15 janv., dim. soir, lundi et merc.

PONT-DU-GARD

✉ 30210 Gard - Vers Pont du Gard - Carte régionale n° **12**-D2
Carte Michelin 339-M5

à Castillon-du-Gard 4 km au Nord-Est par D19 et D228 - ✉ 30210 - 1 607 hab. - Alt. 90 m

Le Vieux Castillon

CUISINE MODERNE • CLASSIQUE XX Tout autour ce ne sont que ruelles médiévales et champs de lavande... Dans ce coin de Provence inondé de lumière, cette table élégante - aux couleurs du Sud - vit au rythme des saisons et des produits gorgés de soleil.

Menu 32/68 € - Carte 40/70 €

Hôtel Le Vieux Castillon, 10 r. Turion-Sabatier - ✆ 04 66 37 61 61 - www.vieuxcastillon.fr

L'Amphitryon

CUISINE MODERNE • COSY XX Voûtes, pierre brute et touches modernes composent le cadre de cette demeure ancienne. Joli patio pour l'été. Cuisine régionale actualisée, ambiance à la fois chic et conviviale.

Menu 49/70 € - Carte 60/80 €

pl. 8-Mai-1945 - ✆ 04 66 37 05 04 - www.restaurant-lamphitryon.com - Fermé 2 semaines en déc., mardi et merc.

Le Vieux Castillon

LUXE • PERSONNALISÉ Au cœur de ce beau village médiéval, surplombant la région, un havre au luxe discret : vieilles pierres, patios, terrasses, décor provençal, grand confort... Le charme intemporel du Sud, à quelques encablures du pont du Gard.

31 chambres - †174/304 € ††174/304 € - 3 suites - ☕ 23 €

10 r. Turion-Sabatier - ✆ 04 66 37 61 61 - www.vieuxcastillon.fr

Le Vieux Castillon - voir les restaurants ci-dessus

à Collias 7 km à l'Ouest par D981, D112 et D3 - ✉ 30210 - 1 112 hab. - Alt. 45 m

Hostellerie Le Castellas

CUISINE CRÉATIVE • COSY XXX Cette hostellerie du centre du village nous régale d'une bonne cuisine de saison, goûteuse et joliment présentée, parsemée de belles touches méridionales. Un seul exemple assez parlant : cet aïoli de printemps, une agréable surprise.

Formule 25 € - Menu 36 € (déj.), 57/87 € - Carte 58/90 €

30 Grand'rue - ✆ 04 66 22 88 88 - www.lecastellas.com - Fermé 12 janv.-15 mars, mardi et merc. sauf d'avril à oct.

Hostellerie Le Castellas

TRADITIONNEL • PERSONNALISÉ Au sein de ce village des bords du Gard – franchi par le célèbre pont romain à quelques kilomètres –, une hostellerie en pierre du pays du 17e s., avec son jardin verdoyant, ses petits coins salon et ses chambres confortables, aux styles variés (simplicité provençale, moderne chic, ethnique, etc.). Une adresse de charme !

11 chambres – 95/220 € 105/310 € – 2 suites – 20 €

30 Grand'rue
– 04 66 22 88 88 – www.lecastellas.com
– Fermé 12 nov.-15 mars

Hostellerie Le Castellas – voir les restaurants ci-dessus

à Vers-Pont-du-Gard 3,5 km au Nord par D19 et D112 – 30210 – 1 859 hab. – Alt. 40 m

La Bégude Saint-Pierre

MAISON DE CAMPAGNE • ÉLÉGANT À proximité du pont du Gard, autour d'une cour fermée, un charmant corps de bâtiment du 17e s. tout en vieilles pierres et toits de tuiles. L'ensemble a été rénové avec grand soin et joue avec réussite la sobriété contemporaine, entre design zen et luxe sage. Comment ne pas avoir le béguin pour cette Bégude ?

23 chambres – 127/385 € 127/385 € – 17 €

295 chemin des Bégudes (rive gauche du Gardon), D981
– 04 66 02 63 60 – www.hotel-begude-saint-pierre.com
– Ouvert 1er avril-30 oct.

LE PONTET – 84 Vaucluse → Voir Avignon

PONTGIBAUD

63230 Puy-de-Dôme – 722 hab. – Alt. 735 m – Carte régionale n° **3**-B2
Carte Michelin 326-E8 – Guide Vert Michelin Auvergne

Poste

CUISINE TRADITIONNELLE • FAMILIAL XX Les gourmands, au régime par exemple, pourront toujours cacher leur forfait en disant qu'ils vont à La Poste.... Dans cette maison de pays, au cœur d'un bourg tranquille, on se régale de recettes régionales à l'abri des regards. Chambres pour l'étape.

Formule 15 € – Menu 32/53 € – Carte 35/55 €
11 chambres – 49/87 € 49/87 € – 8 €

pl. de la République
– 04 73 88 70 02 – www.hoteldelaposte-pontgibaud.com
– Fermé 15 fév.-8 mars, 1er-18 oct., lundi et mardi

à La Courteix 4 km à l'Est par D941B – 63230 St-Ours :

L'Ours des Roches

CUISINE TRADITIONNELLE • ÉLÉGANT XXX Non loin de Vulcania, sous les voûtes d'une ancienne bergerie ; un cadre de pierre pour une cuisine de douceur, signée par un chef amoureux du produit. Dans l'assiette, le terroir n'est jamais très loin et le rythme des saisons respecté. Une éruption de saveurs !

Formule 22 € – Menu 34/70 € – Carte 48/94 €

La Courteix
– 04 73 88 92 80 – www.oursdesroches.com
– Fermé 19 sept.-4 oct., 2-22 janv., dim. soir, lundi et mardi sauf fériés

Une bonne table sans se ruiner ? Repérez les Bib Gourmand.

PONTIVY

✉ 56300 Morbihan – 13 965 hab. – Alt. 99 m – Carte régionale n° **5**-C2
Carte Michelin 308-N6 – Guide Vert Michelin Bretagne Sud

Al Dente

CUISINE MODERNE • ÉLÉGANT Au programme : une cuisine italienne revisitée à la mode française, réalisée par un jeune chef pétri de talent. Les assiettes sont soignées, goûteuses et gourmandes – en général construites autour d'un produit principal italien –, les assaisonnements et les cuissons sont impeccables… et, cerise sur les pâtes, l'addition n'a rien de douloureux. *Andiamo !*

Formule 14 € – Menu 16 € (déj. en semaine), 23/33 €

22 r. de Lourmel – ✆ 02 97 25 85 24 – Fermé 1 semaine en fév., 2 semaines en août, dim. et lundi

La Pommeraie

CUISINE MODERNE • CONVIVIAL Cette Pommeraie à la façade framboise et citron ne manque pas de piquant ! Ici, point de pommier mais des plats tout en simplicité et finement cuisinés avec de bons produits du terroir. Le cadre est élégant et convivial, ce qui donne à l'ensemble une allure de bistrot chic. Une bonne adresse.

Formule 18 € – Menu 26/50 € – Carte environ 40 €

17 quai du Couvent – ✆ 02 97 25 60 09 – www.la-pommeraie-pontivy.fr – Fermé 27 août-4 sept., 29 déc.-7 janv., lundi soir, mardi soir, sam. midi et dim.

L'Europe

URBAIN • CLASSIQUE Dans cette maison Napoléon III datant de 1850, les chambres sont délicieusement classiques (mais plus modernes sous les mansardes du 3e étage) ; on prend son petit-déjeuner dans un salon à l'élégance bourgeoise (parquet et boiseries) ou sous une jolie véranda.

17 chambres – 75/120 € 85/150 € – 12 €

12 r. François-Mitterrand – ✆ 02 97 25 11 14 – www.hotellerieurope.com – Fermé 27 déc.-8 janv.

PONT-L'ÉVÊQUE

✉ 14130 Calvados – 4 579 hab. – Alt. 12 m – Carte régionale n° **17**-A3
Carte Michelin 303-N4 – Guide Vert Michelin Normandie Vallée de la Seine

Le Lion d'Or

TRADITIONNEL • PERSONNALISÉ Cet ancien relais de poste du 17e s. abrite des chambres fort confortables, au sobre décor (mobilier en fer forgé), la plupart en duplex, ainsi qu'un centre de soins (piscine couverte, hammam, sauna, etc.). Dans le salon, quelques objets chinés donnent un supplément d'âme au moment du petit-déjeuner.

25 chambres – 79/119 € 89/240 € – 1 suite – 12 €

8 pl. Saint Melaine – ✆ 02 31 65 01 55 – www.hotel-deauville.com

à St-Martin-aux-Chartrains 3 km par D677, direction Deauville – ✉ 14130 – 407 hab. – Alt. 13 m

Manoir le Mesnil

MAISON DE CAMPAGNE • CONTEMPORAIN À la sortie de Pont-l'Évêque, en plein cœur du pays d'Auge, cette belle demeure du 19e s. a été réaménagée avec beaucoup d'élégance. On profite de chambres amples et lumineuses, et l'accueil des propriétaires est très aimable : une douce étape…

5 chambres – 125/175 € 125/175 €

750 rte de Pont-l'Evêque – ✆ 02 31 64 71 01 – www.manoirlemesnil.com – Fermé 21 déc.-18 janv.

PONTLEVOY

✉ 41400 Loir-et-Cher – 1 514 hab. – Alt. 99 m – Carte régionale n° **6**-A1
Carte Michelin 318-E7 – Guide Vert Michelin Châteaux de la Loire

Auberge de l'École

CUISINE TRADITIONNELLE • INTIME XX Cuisine traditionnelle dans une jolie maison ligérienne abritant deux salles agréables, dont l'une avec cheminée, rénovée. La spécialité des lieux ? La cassolette de cœur de ris de veau aux morilles. En été, on s'installe dans le jardin fleuri où murmure une fontaine... Chambres totalement rénovées ; copieux petit-déjeuner.

Formule 23 € - Menu 28/59 € - Carte 43/77 €

11 chambres - †67/97 € ††67/97 € - 12 €

12 rte Montrichard - ✆ 02 54 32 50 30 - www.hotel-restaurant-de-lecole.com - Fermé 2 semaines en fév., 1 semaine en août, 1 semaine en oct., 1 semaine en déc., lundi sauf le soir en saison, merc. midi et dim. soir

PONTOISE - 95 Val-d'Oise → Voir Autour de Paris, (Cergy-Pontoise)

PONT-ST-PIERRE

✉ 27360 Eure - 1 157 hab. - Alt. 15 m - Carte régionale n° **17**-D2

Carte Michelin 304-H5 - Guide Vert Michelin Normandie Vallée de la Seine

Auberge de l'Andelle

CUISINE TRADITIONNELLE • AUBERGE XX Une maison à colombages chaleureuse et charmante, dont la belle cheminée ravit les habitués. Dans l'entrée, le patron a installé un vivier, faisant du homard la star d'un menu... qui vient compléter une sympathique carte traditionnelle.

Menu 26/74 € - Carte 39/94 €

27 Grande-Rue - ✆ 02 32 49 70 18 - www.aubergedelandelle.com - Fermé vacances de Noël et mardi soir

PONT-STE-MARIE - 10 Aube → Voir Troyes

PONT-SCORFF

✉ 56620 Morbihan - 3 603 hab. - Alt. 42 m - Carte régionale n° **5**-B2

Carte Michelin 308-K8 - Guide Vert Michelin Bretagne Sud

L'Art Gourmand

CUISINE MODERNE • TENDANCE X La maison célèbre l'art sous toutes ses formes. Les artistes locaux sont à l'honneur sur les murs et, en cuisine, le chef s'exprime à travers les bons produits, en particulier le poisson. Beaucoup de simplicité, presque de la modestie, mais également un certain sens du détail, ce qui est loin d'être l'enfance de l'art...

Formule 15 € - Menu 17 € (déj. en semaine), 24/30 € - Carte 39/48 €

14 pl. de la Maison-des-Princes - ✆ 02 97 32 65 08 - www.lartgourmand.com - Fermé 1 semaine en juil., 1 semaine vacances de la Toussaint, 3 semaines en janv., dim. soir hors saison, mardi soir et merc.

LES PONTS-DE-CÉ - 49 Maine-et-Loire → Voir Angers

LES PONTS-NEUFS - 22 Côtes-d'Armor → Voir Hillion

PORNIC

✉ 44210 Loire-Atlantique - 14 578 hab. - Alt. 20 m - Carte régionale n° **18**-A2

Carte Michelin 316-D5 - Guide Vert Michelin Pays de la Loire

Auberge La Fontaine aux Bretons

CUISINE TRADITIONNELLE • RUSTIQUE XX Une superbe salle à manger à la mode d'autrefois, pour une cuisine du terroir saine et savoureuse, concoctée avec de bons produits et les légumes bio du jardin. Cocotte de cochon vendéen aux aromates du potager, Saint-Jacques à la mousseline de céleri du jardin... Et une belle rôtissoire pour cuire les porcelets !

Formule 18 € - Menu 22 € (déj. en semaine), 34/58 € - Carte 36/57 €

Hôtel Auberge La Fontaine aux Bretons, chemin des Noëlles, 3 km au Sud-Est par rte de la Bernerie - ✆ 02 51 74 08 08 - www.auberge-la-fontaine.com - Fermé dim. soir et lundi de nov. à mars sauf fériés et vacances scolaires

La Poissonnerie du Môle

POISSONS ET FRUITS DE MER • CONVIVIAL X Derrière le port de pêche, un restaurant installé dans l'ancienne poissonnerie des grands-parents de son actuel propriétaire. On y déguste des recettes où, évidemment, le poisson a la part belle. Les amateurs apprécieront la fraîcheur des produits, cuisinés avec un soupçon d'originalité. Cadre épuré.

Formule 22 € – Menu 29 € (déj. en semaine), 39/49 € – Carte 43/50 €

30 r. de la Marine – ✆ 02 40 21 04 86 – www.la-poissonnerie-du-mole.fr – Fermé merc. sauf juil.-août et lundi

Alliance

HÔTEL DE CHAÎNE • PERSONNALISÉ Beau programme dans ce complexe hôtelier dressé dans une crique bordée de rochers et de pins : centre de thalasso (large palette de soins), vue sur la mer, calme, lumière et espace... Différentes options pour se restaurer : cuisine traditionnelle à La Source ou menus diététiques à La Terrasse.

118 chambres – †155/355 € ††205/442 € – 2 suites – ☕ 16 €

plage de la Source, 1 km au Sud – ✆ 02 40 82 21 21 – www.thalassopornic.com – Fermé 2-15 déc.

Auberge La Fontaine aux Bretons

AUBERGE • TRADITIONNEL Entre mer et campagne, cette ancienne ferme (1867) conserve un grand potager et des enclos avec animaux... Idéal avec des enfants ! Les chambres sont rustiques et cosy, le petit-déjeuner excellent.

32 chambres – †103/165 € ††103/165 € – ☕ 15 €

chemin des Noëlles, 3 km au Sud-Est par rte de la Bernerie – ✆ 02 51 74 08 08 – www.auberge-la-fontaine.com

Auberge La Fontaine aux Bretons – voir les restaurants ci-dessus

Beau Soleil

TRADITIONNEL • FONCTIONNEL Bâtiment des années 1980 face au port et au château : la plupart des chambres offrent une jolie vue. Décor contemporain, simple et avenant. Faïence de Pornic pour le petit-déjeuner.

17 chambres – †72/90 € ††80/130 € – ☕ 12 €

70 quai Leray – ✆ 02 40 82 34 58 – www.hotel-beausoleil-pornic.com – Fermé 7-21 janv.

PORNICHET

✉ 44380 Loire-Atlantique – 10 709 hab. – Alt. 12 m – Carte régionale n° **18**-A2
Carte Michelin 316-B4 – Guide Vert Michelin Pays de la Loire

Château des Tourelles

LUXE • CONTEMPORAIN Sur le front de mer, difficile de manquer cette élégante demeure de 1850, avec ses tours, ses dépendances et son grand parc. On y trouve tout le confort souhaitable : piscine avec jacuzzi, plusieurs hammams et un sauna, des chambres luxueuses avec balcon donnant sur la mer... Tout simplement délicieux.

103 chambres – †135/530 € ††135/530 € – 2 suites – ☕ 29 €

1 av. Léon-Dubas - Pointe du Bec – ✆ 02 40 60 80 80 – www.thalasso-tourelles.com – Fermé 2 semaines fin-nov. à début déc.

Sud Bretagne

TRADITIONNEL • COSY Entre port, commerces et plages, hôtel d'un certain cachet : chaque chambre a une vraie personnalité (design, classique, baroque, etc.) ; la moitié ouvre sur le grand jardin avec piscine. Salle à manger soignée, coquette terrasse et cuisine iodée.

30 chambres – †120/250 € ††120/250 € – ☕ 15 €

42 bd de la République – ✆ 02 40 11 65 00 – www.hotelsudbretagne.com – Fermé 23 déc.-3 janv.

Escale Océania

HÔTEL DE CHAÎNE · FONCTIONNEL Cet hôtel est très bien situé, entre la place du marché et la plage des Libraires. Au choix : chambres ou appartements, tous bien équipés et confortables.

95 chambres - 🚹75/145 € 🚹🚹75/175 € - ☕11 €

50 av. de la Plage - ✆ 02 40 11 26 26 - www.oceaniahotels.com

Villa Flornoy

TRADITIONNEL · PERSONNALISÉ Dans un quartier résidentiel proche de l'hôtel de ville, une grande villa de style anglo-normand. Chambres assez spacieuses, colorées ou plus classiques (toile de Jouy), d'un bon rapport confort-prix. Piscine couverte, restaurant.

30 chambres - 🚹99/159 € 🚹🚹99/159 € - ☕12 €

7 av. Flornoy (près de l'hôtel de ville) - ✆ 02 40 11 60 00 - www.villa-flornoy.com - Fermé 22 déc.-7 janv.

Le Régent

FAMILIAL · FONCTIONNEL Un hôtel-restaurant centenaire, tenu en famille, et un lieu plein de vie ! Les chambres sont chaleureuses, plutôt modernes, certaines avec une terrasse embrassant l'Atlantique... Espace bien-être.

23 chambres - 🚹99/179 € 🚹🚹99/179 € - ☕12 €

150 bd des Océanides - ✆ 02 40 61 04 04 - www.le-regent.fr

PORQUEROLLES (ÎLE DE) - 83 Var → Voir Île de Porquerolles

PORSPODER

✉ 29840 Finistère - 1 808 hab. - Alt. 25 m - Carte régionale n° **5**-A1

✿ Le Château de Sable

CUISINE MODERNE · ÉLÉGANT XX Julien Marseault, jeune chef revenu sur ses terres après un beau parcours en Corse, a rapidement trouvé ses marques : il sait mettre en avant les meilleurs produits du terroir breton et de la pêche locale, et ose quelques mariages originaux... Menu à petit prix au déjeuner, esprit gastronomique le soir.

→ Saint-Jacques, cresson et gingembre. Pigeon, seiche et petits pois. Dessert autour de la fraise, du kiwi et de la menthe.

Formule 20 € - Menu 49/150 € 🍷

38 r. de l'Europe
- ✆ 02 29 00 31 32 - www.lechateaudesablehotel.fr
- Fermé dim. soir, lundi et mardi

Le Château de Sable

BOUTIQUE HÔTEL · CONTEMPORAIN Face à la presqu'île St-Laurent - un lieu hors du temps -, un établissement à la pointe de la réglementation environnementale (bois, verre, etc.). Les chambres sont lumineuses, aux teintes douces et tournées en grande partie vers la côte sauvage et l'océan... Idéal pour se reposer entre deux châteaux de sable !

24 chambres - 🚹105/370 € 🚹🚹105/370 € - 3 suites - ☕15 €

38 r. de l'Europe
- ✆ 02 29 00 31 32 - www.lechateaudesablehotel.fr

✿ **Le Château de Sable** - voir les restaurants ci-dessus

PORT-CAMARGUE - 30 Gard → Voir Grau-du-Roi

PORT-CROS (ÎLE DE) - 83 Var → Voir Île de Port-Cros

PORT-DE-GAGNAC - 46 Lot → Voir Bretenoux

PORT-DE-SECHEX - 74 Haute-Savoie ➜ Voir Thonon-les-Bains

PORT-EN-BESSIN

✉ 14520 Calvados - Port en Bessin Huppain - 1 950 hab. - Alt. 10 m - Carte régionale n° **17**-B2
Carte Michelin 303-H3 - Guide Vert Michelin Normandie Cotentin

Le Botaniste

CUISINE MODERNE • ÉLÉGANT XXX Panneaux de bois sculptés, superbe parquet, mobilier du 18e s. : un cadre plein de noblesse. La cuisine est aussi délicate, avec de jolies variations autour du terroir normand et d'agréables mariages de saveurs.

Menu 55/95 € - Carte 67/85 €

Hôtel La Chenevière, 1,5 km au Sud par D6 - ✆ 02 31 51 25 25 - www.le-botaniste.com - Ouvert 12 mars- 9 déc. et fermé le midi

La Marine

POISSONS ET FRUITS DE MER • ÉLÉGANT XX On ne peut rêver emplacement plus idéal, face à la Manche... qu'on retrouve dans l'assiette, dédiée comme il se doit aux produits de la mer : fraîcheur garantie ! Salle panoramique et agréable terrasse.

Menu 25/55 € - Carte 37/77 €

16 chambres - †65/95 € ††65/95 € - ☕ 10 €

5 quai Letourneur - ✆ 02 31 21 70 08 - www.hoteldelamarine.fr - Fermé 4 janv.-4 fév.

Fleur de Sel

POISSONS ET FRUITS DE MER • CONVIVIAL X Un sympathique restaurant sur le port. À la carte, des propositions simples, des fruits de mer, un menu homard : les must de la côte normande. Belle vue sur la tour Vauban de la salle à l'étage.

Menu 19/41 € - Carte 27/60 €

6 quai Félix-Faure - ✆ 02 31 21 73 01 - Fermé 5 janv.-12 fév. et merc. sauf de mai à sept.

La Chenevière

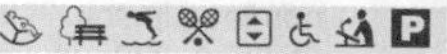

DEMEURE HISTORIQUE • ÉLÉGANT Un havre de paix... Cette demeure normande du 18e s. et ses dépendances entourées d'un parc - lequel mérite une promenade ! - allient grâce et grand confort. Entre tissus imprimés et mobilier de style, il règne même l'esprit d'un manoir anglais...

25 chambres - †260/500 € ††260/500 € - 4 suites - ☕ 25 €

1,5 km au Sud par D6 - ✆ 02 31 51 25 25 - www.lacheneviere.com - Ouvert 12 mars- 9 déc.

Le Botaniste - voir les restaurants ci-dessus

Mercure

RESORT • CONTEMPORAIN Un complexe parfait pour les golfeurs, directement situé sur les greens du golf d'Omaha Beach. Chambres spacieuses au style contemporain, et brunch très prisé.

74 chambres - †100/250 € ††100/250 € - ☕ 18 €

chemin du Colombier (sur le golf), 2 km à l'Ouest par D514 - ✆ 02 31 22 44 44 - www.mercure.com - Fermé 3 déc.-10 fév.

PORT-GOULPHAR - 56 Morbihan ➜ Voir Belle-Ile-en-Mer

PORT-GRIMAUD

✉ 83310 Var - Cogolin - Carte régionale n° **21**-C3
Carte Michelin 340-O6 - Guide Vert Michelin Côte d'Azur

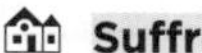

Suffren

URBAIN • PERSONNALISÉ Dans un secteur semi-piéton au cœur de la "Venise provençale", on trouve cet hôtel récent et bien entretenu. Patines à l'ancienne et couleurs du Sud égayent les chambres, dont la plupart ont leur propre balcon.

19 chambres - 120/325 € 120/325 € - 13 €

16 pl. du Marché - 04 94 55 15 05 - www.hotel-suffren.com - Ouvert de mi-mars à mi-nov.

PORTICCIO - 2A Corse-du-Sud → Voir Corse

PORTIRAGNES

34420 Hérault - 3 228 hab. - Alt. 10 m - Carte régionale n° **12**-C2
Carte Michelin 339-F9

Mirador

FAMILIAL • FONCTIONNEL Près du rivage, un hôtel familial aux chambres fonctionnelles et bien tenues. Certaines disposent de terrasses orientées vers les flots.

16 chambres - 59/154 € 59/154 € - 10 €

4 bd Front-de-Mer, à Portiragnes-Plage - 04 67 90 91 33 - www.hotel-le-mirador.com - Ouvert 2 mars-14 oct.

PORTIVY - 56 Morbihan → Voir Quiberon

PORT-JOINVILLE - 85 Vendée → Voir Île d'Yeu

PORT-LESNEY

39330 Jura - 539 hab. - Alt. 251 m - Carte régionale n° **9**-B2
Carte Michelin 321-E4 - Guide Vert Michelin Franche-Comté Jura

Le Bistrot Pontarlier

CUISINE TRADITIONNELLE • BISTRO X Au bord de la Loue, un grand bistrot foisonnant de bibelots chinés, une terrasse digne d'une guinguette et... une ode au terroir : comté, truite de rivière, etc. Évidemment, c'est sur une nappe à carreaux que l'on savoure le repas, généreux et canaille à souhait !

Menu 23/29 € - Carte 29/49 €

pl. du 8-Mai-1945 - 03 84 37 83 27 - www.bistrotdeportlesney.com - Fermé vacances de fév., de la Toussaint et de Noël, merc. et jeudi hors saison

Château de Germigney

CUISINE MODERNE • COSY XXX Dans cet élégant Château, cossu et chic comme il se doit, la Provence et le Jura se sont unis pour le meilleur... Dans la salle voûtée, à l'orangerie ou sur la terrasse, on sert une cuisine centrée autour de produits régionaux et méditerranéens.

Menu 45 € (déj. en semaine), 80/120 € - Carte 55/95 €

38 r. Edgar-Faure - 03 84 73 85 85 - www.chateaudegermigney.com - Fermé vacances de fév. et de la Toussaint, lundi midi et mardi midi

Château de Germigney

DEMEURE HISTORIQUE • ÉLÉGANT Bucolique ! Un parc superbe, une piscine écologique (l'eau d'un étang filtrée naturellement) et ce joli manoir, avec ses grandes chambres élégantes et pleines de charme. Tissus choisis, raffinement romantique, fumoir avec une cheminée monumentale... Tout cela pour vous donner une petite idée de la vie de château.

19 chambres - 150/450 € 150/450 € - 1 suite - 23 €

31 r. Edgar-Faure - 03 84 73 85 85 - www.chateaudegermigney.com - Fermé vacances de fév. et de la Toussaint

Château de Germigney - voir les restaurants ci-dessus

PORT-LOUIS

✉ 56290 Morbihan - 2 644 hab. - Alt. 5 m - Carte régionale n° **5**-B2
Carte Michelin 308-K8 - Guide Vert Michelin Bretagne Sud

Avel Vor (Patrice Gahinet)

CUISINE MODERNE • ÉLÉGANT XXX Un Avel Vor ("vent de mer" en breton) souffle sur cette table au cadre contemporain et raffiné. Cet air iodé sied visiblement à la cuisine, pleine de finesse et sublimant, entre autres, les poissons fraîchement pêchés... Belle carte des vins. Trois agréables chambres contemporaines pour l'étape.

→ Langoustines de petit bateau présentées en coque d'ail et de persil. Filet de sole, julienne potagère et coulis de homard. Pomme caramélisée, caramel au beurre salé et glace vanille.

Menu 31 € (semaine), 60/98 € - Carte 70/100 €

3 chambres - †120/145 € ††120/145 €

25 r. de Locmalo - ✆ 02 97 82 47 59 - www.restaurant-avel-vor.com - Fermé 1 semaine en juin, 2 semaines en oct., 3 semaines en janv., dim. soir, lundi et mardi

PORT-MANECH

✉ 29920 Finistère - Carte régionale n° **5**-B2
Carte Michelin 308-I8 - Guide Vert Michelin Bretagne Sud

Manoir Dalmore

HÔTEL PARTICULIER • ÉLÉGANT Un ravissant manoir de 1926, isolé au-dessus de la plage de Port-Manec'h... Une situation idyllique, avec un chemin d'accès direct à la mer ! Les chambres mêlent avec goût l'ancien (cheminées, mobilier de famille) et des notes plus épurées ; la cuisine fait la part belle aux produits de la mer.

10 chambres - †100/230 € ††100/230 € - 14 €

7 corniche de Pouldon (plage de Port-Manec'h) - ✆ 02 98 06 82 43 - www.manoirdalmore.com - Fermé 8 janv.-1er fév.

PORT-MORT

✉ 27940 Eure - 937 hab. - Alt. 19 m - Carte régionale n° **17**-D2
Carte Michelin 304-I6

Auberge des Pêcheurs

CUISINE TRADITIONNELLE • RUSTIQUE X Dans ce petit village proche de la Seine, cette sympathique auberge cultive la tradition avec goût et simplicité, à l'image de cette tête de veau sauce gribiche, raviole de homard sauce Sauternes. A l'arrière, la véranda donne sur la terrasse d'été et le grand jardin clos, arboré et fleuri.

Formule 15 € - Menu 27/37 € - Carte 39/45 €

122 Grande-Rue - ✆ 02 32 52 60 43 - www.aubergedespecheurs.fr - Fermé dim. soir, lundi soir et mardi

PORT-NAVALO - 56 Morbihan → Voir Arzon

PORTO - 2A Corse-du-Sud → Voir Corse

PORTO-POLLO - 2A Corse-du-Sud → Voir Corse

PORTO-VECCHIO - 2A Corse-du-Sud → Voir Corse

PORTSALL

✉ 29830 Finistère - Carte régionale n° **5**-A1
Carte Michelin 308-C3 - Guide Vert Michelin Bretagne Nord

Les Littorines

POISSONS ET FRUITS DE MER • BISTRO X À deux pas du joli port de Portsall, cette charmante maison familiale (19e s.) dégage incontestablement un air marin... La cuisine est tournée vers le large, avec pour spécialités le lieu jaune de Portsall, la marmite océane, et le "Pesked a Farz" !

Formule 15 € - Menu 20 € (semaine), 29/35 € - Carte 32/58 €

8 square de l'Aberic - 02 98 48 61 85 - Fermé de nov. à janv., dim. soir et lundi

La Demeure Océane

FAMILIAL • PERSONNALISÉ Une agréable maison bourgeoise datant de la fin du 19e s., au-dessus du port. Les chambres sont fraîches et romantiques, un peu rêveuses (Violette, Jeanne et Victor, Napoléon, etc.). Une bonne adresse pour les amoureux de paysages sauvages et naturels.

5 chambres - 72/80 € 72/85 €

20 r. Bar-Al-Lan - 02 98 48 77 42 - www.demeure-oceane.fr

PORT-SUR-SAÔNE

70170 Haute-Saône - 3 039 hab. - Alt. 228 m - Carte régionale n° **9**-B1
Carte Michelin 314-E6

à Vauchoux 3 km au Sud par D6 - 70170 - 124 hab. - Alt. 210 m

Château de Vauchoux (Jean-Michel Turin)

CUISINE CLASSIQUE • ÉLÉGANT XXX Étonnant destin pour ce château, ancien relais de chasse de Louis XV devenu l'une des meilleures tables de la région ! La salle allie mobilier de style et pièces design. Dans l'assiette, en revanche, pas de mélange des genres avec une cuisine de tradition centrée sur le produit. Très belle sélection de vins.

→ Œufs brouillés aux truffes. Choux de crustacés, beurre blanc au chardonnay. Carolines amandines glacées à la vanille Bourbon, pistache et chocolat noir.

Menu 78/148 €

rte de la vallée de la Saône - 03 84 91 53 55 - Fermé 26 fév.-7 mars, lundi, mardi et merc.

PORT-VENDRES

66660 Pyrénées-Orientales - 4 200 hab. - Alt. 3 m - Carte régionale n° **12**-B3
Carte Michelin 344-J7

Le Cèdre

CUISINE MODERNE • COSY XX Ici, la cuisine met en valeur l'incontestable richesse du terroir catalan, et varie librement au fil des saisons : impossible de se lasser ! Quant au cadre, il appelle à la rêverie : la baie vitrée donne sur la belle terrasse et, au-delà, le port et la mer... Ce Cèdre ne manque décidément pas d'attraits.

Menu 29/49 € - Carte 44/66 €

Hôtel Les Jardins du Cèdre, 29 rte de Banyuls - 04 68 82 62 20 - www.restaurant-lecedre.com - Fermé 11 -25 fév. et 9-24 déc. et lundi

Côte Vermeille

POISSONS ET FRUITS DE MER • CONVIVIAL XX Sous l'égide de deux frères, une belle table marine ancrée sur le port ! On revendique ici une cuisine simple et fraîche, dans le respect absolu du produit : poissons de la pêche locale, en direct de petits bateaux de Port la Nouvelle.

Formule 26 € - Menu 38/48 € - Carte environ 62 €

quai du Fanal (en direction de la criée) - 04 68 82 05 71 - www.restaurantlacotevermeille.com - Fermé 1 semaine en nov., dim. soir et lundi sauf de juil.-août

Les Clos de Paulilles

CUISINE RÉGIONALE • CONVIVIAL X Prisonnier entre vignes et mer, à deux pas de la plage, le site laisse rêveur ; la maison Cazes – de grands vignerons de la région – a pris les rênes de ce domaine de 90 ha, pour le ravissement de nos sens. Les recettes, régionales, n'utilisent que des produits locaux. Ne manquez pas la superbe terrasse face aux vignes...

Menu 39 € (déj. en semaine)/59 € – Carte 36/45 €

baie de Paulilles – ✆ 04 68 81 49 79 – www.cazes-rivesaltes.com – Ouvert avril-nov.

Les Jardins du Cèdre

FAMILIAL • FONCTIONNEL Jolie piscine, palmiers, chambres simples – préférez celles donnant sur la mer – et... vieux cèdre du Liban : un hôtel agréable, malgré la route toute proche.

19 chambres – 🚹76/126 € 🚹🚹76/156 € – 1 suite – ☕ 12 €

29 rte de Banyuls – ✆ 04 68 82 01 05 – www.lesjardinsducedre.com – Fermé 11 -25 fév. et 9-24 déc.

Le Cèdre – voir les restaurants ci-dessus

LA POTERIE – 22 Côtes-d'Armor ➔ Voir Lamballe

POUANÇAY

✉ 86120 Vienne – 234 hab. – Alt. 73 m – Carte régionale n° **20**-C1
Carte Michelin 322-F2

Trésor Belge

CUISINE FLAMANDE • RUSTIQUE X Une "ambassade" de la cuisine flamande où l'on déguste en toute convivialité de belles spécialités belges arrosées d'une très belle sélection d'incontournables bières du "plat pays". Une adresse bien gourmande !

Menu 35/65 € – Carte 39/58 €

1 allée du Jardin-Secret – ✆ 05 49 98 72 25 – www.tresorbelge.com – Fermé 25 juin-3 juil., 3-11sept., 24 déc.-5 fév., lundi et mardi

POUILLON

✉ 40350 Landes – 3 016 hab. – Alt. 28 m – Carte régionale n° **2**-B3
Carte Michelin 335-F13

L'Auberge du Pas de Vent

CUISINE TRADITIONNELLE • RUSTIQUE XX Le chef, ancien de chez Passédat, est un enfant du pays et cela se sent : il met en avant les beaux produits du terroir – bœuf de Chalosse, poulet fermier des Landes... – dans des assiettes généreuses, et ne manque pas d'y apporter une touche personnelle. Service pro et efficace.

Menu 13 € (déj. en semaine)/27 € – Carte 40/53 €

281 av. du Pas-de-Vent – ✆ 05 58 98 34 65 – www.auberge-dupasdevent.com – Fermé dim. soir, lundi soir, mardi soir et merc.

POUILLY-EN-AUXOIS

✉ 21320 Côte-d'Or – 1 470 hab. – Alt. 390 m – Carte régionale n° **4**-C2
Carte Michelin 320-H6 – Guide Vert Michelin Bourgogne

Restaurant de la Poste

CUISINE RÉGIONALE • TRADITIONNEL X Sur la place centrale de cette petite localité bourguignonne, cette auberge est tenue par la même famille depuis 1947. Il y règne une sympathique atmosphère champêtre et l'on déguste une cuisine traditionnelle aux accents régionaux.

Formule 15 € – Menu 21/42 € – Carte 32/50 €

pl. de la Libération – ✆ 03 80 90 86 44 – www.hoteldelaposte-pouilly.fr – Fermé 2 semaines en oct., 3 semaines en nov., dim. et lundi

à Ste-Sabine 8 km au Sud-Est par D981, D977^{bis} et D970 – ✉ 21320 – 205 hab. – Alt. 365 m

Le Lassey

CUISINE MODERNE • ÉLÉGANT XXX Dans le cadre historique du château Sainte-Sabine, né au Grand Siècle, face au parc et à son plan d'eau, une table élégante et raffinée. Quenelle de brochet aux pâtes zita et écrevisses sauce homardine, soufflé au biscuit rose et ratafia : voici les belles spécialités du nouveau chef !

Menu 26 € (déj. en semaine), 45/75 € – Carte 71/87 €

Hôtel Château Sainte-Sabine
– ✆ 03 80 49 22 01 – www.saintesabine.com
– Fermé 2 janv.-3 mars et merc. midi d'avril à oct.

Château Sainte-Sabine

DEMEURE HISTORIQUE • ÉLÉGANT L'art de vivre à la française imprègne ce beau château du 17e s., d'architecture classique. Chic et impeccables, les chambres jouent la carte d'une élégance intemporelle, dans une version plus "châtelaine" pour celles de la tour. Et l'on ne se lasse pas des belles échappées sur le parc environnant, où vagabondent des animaux en liberté...

22 chambres – †135/250 € ††135/250 € – ☕ 14 €

– ✆ 03 80 49 22 01 – www.saintesabine.com
– Fermé 2 janv.-3 mars

Le Lassey – voir les restaurants ci-dessus

à Chailly-sur-Armançon 6,5 km à l'Ouest par D977^{bis} – ✉ 21320 – 259 hab. – Alt. 387 m

L'Armançon

CUISINE MODERNE • ÉLÉGANT XXX En ce beau château des 15e-16e s., dames et damoiseaux viennent déguter les bons plats d'un chef d'expérience, entre tradition et modernité – œufs en meurette, escargots et bœuf bourguignon sont au menu. Le tout dans un cadre pour le moins... distingué !

Formule 19 € – Menu 24/35 € – Carte 66/78 €

Hôtel Château de Chailly – ✆ 03 80 90 30 30 – www.chailly.com – Fermé 19 fév.-5 mars, dim. soir, lundi de nov. à mars et le midi

Château de Chailly

DEMEURE HISTORIQUE • ÉLÉGANT Une riche façade Renaissance, une autre grandiose et médiévale : ce château a du style ! Ses hôtes pourront musarder dans le superbe parc, s'adonner aux joies du golf ou de la natation, profiter des deux restaurants... Vous avez dit "vie de château" ?

42 chambres – †139/699 € ††139/699 € – 3 suites – ☕ 23 €

– ✆ 03 80 90 30 30 – www.chailly.com
– Fermé 19 fév.-5 mars

L'Armançon – voir les restaurants ci-dessus

POUILLY-SOUS-CHARLIEU

✉ 42720 Loire – 2 501 hab. – Alt. 264 m – Carte régionale n° **23**-A1
Carte Michelin 327-D3

Loire

CUISINE TRADITIONNELLE • ÉLÉGANT XX Cette auberge, en bord de Loire, servait jadis de la friture... Aujourd'hui, c'est un joli restaurant, avec une terrasse côté jardin. On y apprécie une cuisine traditionnelle et soignée, qui privilégie les produits frais.

Formule 18 € – Menu 23 € (semaine), 35/71 € – Carte 39/80 €

r. de la Berge – ✆ 04 77 60 81 36 – www.restaurant-loire.fr – Fermé 28 mai-8 juin, 10-21 sept., 2-23 janv., merc. de nov. à mars, dim. soir, lundi et mardi

POUILLY-SUR-LOIRE

✉ 58150 Nièvre - 1 697 hab. - Alt. 168 m - Carte régionale n° **4**-A2
Carte Michelin 319-A8 - Guide Vert Michelin Bourgogne

Le Coq Hardi-Relais Fleuri

CUISINE TRADITIONNELLE • CONTEMPORAIN XX Dans cette vénérable hostellerie, on s'installe dans une salle donnant sur le jardin qui borde la Loire, ou sur la terrasse ombragée pour déguster une savoureuse cuisine traditionnelle, dont les légumes du potager. Certaines des chambres ouvrent sur la verdure.

Formule 20 € - Menu 27 € (semaine), 33/69 € - Carte 58/69 €

11 chambres - †89/109 € ††89/109 € - ☕ 11 €

42 av. de la Tuilerie - ✆ 03 86 39 12 99 - www.lecoqhardi.fr - Fermé 2-9 janv., 29 janv.-6 mars, lundi et mardi sauf le soir d'avril à sept.

POULDREUZIC

✉ 29710 Finistère - 2 133 hab. - Alt. 51 m - Carte régionale n° **5**-A2
Carte Michelin 308-E7 - Guide Vert Michelin Bretagne Sud

à Penhors 4 km à l'Ouest par D40 - ✉ 29710 Pouldreuzic

Breiz Armor

FAMILIAL • FONCTIONNEL Ce grand bâtiment est idéalement situé près de la plage, face au large. Les chambres, assez spacieuses, disposent d'un équipement complet (écran plat, minibar, coffre-fort), et l'on profite aussi d'un espace bien-être et d'une salle de jeux.

36 chambres - †93/108 € ††93/108 € - ☕ 12 €

à la plage - ✆ 02 98 51 52 53 - www.breiz-armor.fr - Ouvert 30 mars-7 oct. et 25-31 déc.

POULIGNY-NOTRE-DAME - 36 Indre → Voir La Châtre

LE POUZIN

✉ 07250 Ardèche - 2 809 hab. - Alt. 90 m - Carte régionale n° **23**-B3
Carte Michelin 331-K5

La Cardinale

TRADITIONNEL • CLASSIQUE Un beau mas, un parc aux essences choisies, un élégant restaurant, une jolie piscine, des kiosques... c'est charmant ! Les chambres sont raffinées (salles de bains rétro), certaines de plain-pied dans l'annexe récente (avec terrasse). Un établissement de qualité.

8 chambres - †155/195 € ††155/255 € - ☕ 15 €

quartier Serre-Petou - ✆ 04 75 41 20 39 - www.hotel-restaurant-privas.com - Ouvert du 1er oct. à mi-avril

PRADELLES-EN-VAL

✉ 11220 Aude - 188 hab. - Alt. 200 m - Carte régionale n° **12**-B3
Carte Michelin 344-G4

La Bourdasso Ⓝ

CUISINE ITALIENNE • VINTAGE X Cette belle bâtisse traditionnelle perdue dans les Corbières, a été investie de la fougue d'une famille italienne, tombée amoureuse de la région. On y déguste une cuisine italienne authentique, dont une mozzarella artisanale divine, issue de leur exploitation de bufflonnes, importées d'Italie ! La large terrasse laisse apprécier la nature environnante. Très sympathique.

Carte 30/50 €

- ✆ 04 68 78 08 31 - www.bourdasso.com - Fermé 2 semaines en nov., 2 semaines en fév., lundi, mardi et le midi sauf sam. et dim.

PRADES

✉ 66500 Pyrénées-Orientales - 5 927 hab. - Alt. 360 m - Carte régionale n° **12**-B3
Carte Michelin 344-F7

à Clara 5 km au Sud par D35 - ✉ 66500 - 250 hab. - Alt. 650 m

Les Loges du Jardin d'Aymeric

CUISINE TRADITIONNELLE • AUBERGE XXX Au sein de ce village perché, il fait bon s'attabler dans cette maison typique de la région, lumineuse et élégante ! Le chef concocte une belle cuisine du marché avec de bons produits locaux et les légumes de son potager - son autre passion. Et s'il vous prend l'envie de rester, les chambres sont pleines de cachet...

Menu 20 € (déj. en semaine), 38/58 €

3 chambres - 66/76 € 76/86 €

7 r. du Canigou - ✆ 04 68 96 08 72 - www.logesaymeric.com - Fermé janv., dim. soir et lundi sauf juil.-août

LE PRADET

✉ 83220 Var - 10 564 hab. - Alt. 1 m - Carte régionale n° **21**-C3
Carte Michelin 340-L7 - Guide Vert Michelin Côte d'Azur

aux Oursinières 3 km au Sud par D86 - ✉ 83220 Le Pradet

La Chanterelle

CUISINE PROVENÇALE • ÉLÉGANT XX Une cuisine provençale délicate et pleine d'arômes, que l'on déguste avec plaisir dans une jolie maison en pierre (plafond en bois sculpté, jardin fleuri). Quelques spécialités de la maison : queues de crevettes rouges sautées au caramel de framboise et tuile au parmesan ; maigre au fenouil, vinaigrette à l'orange...

Formule 24 € - Menu 42 € - Carte 56/63 €

50 r. de la Tartane - ✆ 04 94 08 52 60 - www.hotel-escapade.com - Ouvert de mars à oct. et fermé lundi et mardi de sept. à avril

L'Escapade

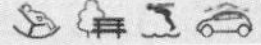

TRADITIONNEL • PERSONNALISÉ À 100 m de la mer, un petit nid au calme, idéal pour une escapade sous le soleil. Atmosphère douillette dans des chambres rustiques, d'une tenue irréprochable ; agréable piscine avec transats à l'abri des arbres...

9 chambres - 129/249 € 169/399 € - 1 suite - 15 €

1 r. de la Tartane - ✆ 04 94 08 39 39 - www.hotel-escapade.com - Ouvert 7 mars-4 nov.

PRALOGNAN-LA-VANOISE

✉ 73710 Savoie - 743 hab. - Alt. 1 425 m - Carte régionale n° **23**-D2
Carte Michelin 333-N5 - Guide Vert Michelin Alpes du Nord

Hôtel de la Vanoise

FAMILIAL • MONTAGNARD L'aîné des hôtels de cette sympathique station de montagne, au cœur de la Vanoise. Derrière une façade traditionnelle, on découvre des chambres coquettes et chaleureuses, la plupart avec balcon face aux sommets... Avis aux skieurs : les remontées mécaniques sont toutes proches.

30 chambres - 70/130 € 70/130 € - 13 €

chemin du Dou-des-Ponts - ✆ 04 79 08 70 34 - www.hoteldelavanoise.fr - Ouvert de mi-juin à mi-sept. et 15 déc.-15 avril

Les Airelles

FAMILIAL • MONTAGNARD Pralognan est très apprécié par les randonneurs et ces Airelles sont idéales pour un séjour nature ! Dans un hameau à l'orée de la forêt des Granges, on se sent comme chez soi dans ce beau chalet des années 1980, qui allie ambiance familiale, calme et vue sur les montagnes. Restaurant savoyard.

21 chambres - ½ P seult 63/90 €

418 r. des Darbelays, 1 km au Nord - ✆ 04 79 08 70 32 - www.hotel-les-airelles.fr - Ouvert 15 juin-9 sept. et 22 déc.-15 avril

PRATS-DE-MOLLO-LA-PRESTE

✉ 66230 Pyrénées-Orientales - 1 099 hab. - Alt. 740 m - Carte régionale n° **12**-B3
Carte Michelin 344-F8

Bellevue

CUISINE MODERNE • ÉLÉGANT XX Au pied des remparts, un plaisir sans cesse renouvelé... La carte fleure bon le terroir régional, et pour cause : le chef met en valeur les petits producteurs locaux, qui viennent dans la cité uniquement pour le livrer. Agneau catalan, fromage des Pyrénées : plus qu'une simple carte, c'est une ode à nos régions !

Formule 20 € - Menu 25 € (semaine), 32/56 € - Carte 47/60 €

Hôtel Bellevue, pl. du Foiral - ✆ 04 68 39 72 48 - www.hotel-le-bellevue.fr - Fermé 27 nov.-10 fév., mardi de nov. à avril et merc.

Bellevue

FAMILIAL • FONCTIONNEL Cet hôtel trône sur la place du village, au pied des remparts médiévaux. Les chambres sont fonctionnelles. Idéal pour une étape dans cette pittoresque cité frontalière.

14 chambres - †45/70 € ††58/90 € - ☕ 10 €

pl. du Foiral - ✆ 04 68 39 72 48 - www.hotel-le-bellevue.fr - Fermé 27 nov.-10 fév., mardi de nov. à avril et merc.

Bellevue - voir les restaurants ci-dessus

PRATZ

✉ 39170 Jura - 563 hab. - Alt. 682 m - Carte régionale n° **9**-B3
Carte Michelin 321-E8

Les Louvières

CUISINE MODERNE • ÉPURÉ X C'est au bout d'une petite route qu'apparaît cette ferme de pays, à l'environnement paisible, rénovée dans un esprit chic et contemporain, sans renier son cachet montagnard. Un endroit attachant, où l'on savoure une cuisine alléchante, tel ce ris de veau au Madère.

Formule 41 € - Menu 49 €

- ✆ 03 84 42 09 24 - www.leslouvieres.com - Ouvert 8-14 fév., d'avril à mi-nov. et fermé dim. soir, lundi et mardi

LE PRAZ - 73 Savoie → Voir Courchevel

LES PRAZ-DE-CHAMONIX - 74 Haute-Savoie → Voir Chamonix-Mont-Blanc

PRAZ-SUR-ARLY

✉ 74120 Haute-Savoie - 1 283 hab. - Alt. 1 036 m - Carte régionale n° **25**-F1
Carte Michelin 328-M5

La Griyotire

AUBERGE • TRADITIONNEL Un élégant chalet savoyard, à la fois central et paisible, avec des chambres charmantes et cosy. Piscine intérieure, sauna et massages, restaurant montagnard (spécialités traditionnelles et régionales) : les vacances en version alpine, tout simplement !

16 chambres - †89/168 € ††89/256 € - 5 suites - ☕ 16 €

50 rte de La Tonnaz - ✆ 04 50 21 86 36 - www.griyotire.com - Ouvert mi-juin à mi- sept. et mi-déc. à mi-avril

PREIGNAC - 33 Gironde → Voir Langon

PRÉNERON - 32 Gers → Voir Vic-Fezensac

PRENOIS - 21 Côte-d'Or ➔ Voir Dijon

➔ Voir Dijon

LE PRÉ-ST-GERVAIS - 93 Seine-Saint-Denis ➔ Voir Autour de Paris

PRIVAS

✉ 07000 Ardèche - 8 313 hab. - Alt. 300 m - Carte régionale n° **3**-B3
Carte Michelin 331-J5 - Guide Vert Michelin Ardèche Drôme

La Boria

CUISINE MODERNE • CONVIVIAL La Boria ? Une petite pépite, tout simplement ! Le jeune chef valorise le meilleur du terroir ardéchois dans des assiettes raffinées, résolument modernes, où le visuel et le goût vont toujours de pair. On profite de ces douceurs dans une salle à manger d'esprit rétro, joliment relookée, où l'on se sent vraiment bien.

Formule 14 € - Menu 18 € (déj. en semaine), 30/42 €

3 cours du Palais - ✆ 04 75 64 48 48
- Fermé dim. soir, lundi soir et mardi soir

PROJAN

✉ 32400 Gers - 173 hab. - Alt. 157 m - Carte régionale n° **15**-A2
Carte Michelin 336-A8

Le Château de Projan

DEMEURE HISTORIQUE • PERSONNALISÉ Ambiance de maison d'hôtes dans ce château blotti dans un parc au sommet d'une colline. Beau mobilier ancien et tableaux contemporains ornent chambres et salons. Lumineuse salle à manger prolongée d'une terrasse où l'on sert des plats régionaux. Cours de cuisine.

7 chambres - 🚹120/150 € 🚹🚹140/180 € - ☕ 15 €

500 rte du Château - ✆ 05 62 09 46 21
- www.chateau-de-projan.com
- Fermé 20-27 déc., mi-janv. à début mars, dim. et lundi

PROPRIANO - 2A Corse-du-Sud ➔ Voir Corse

PROVINS

✉ 77160 Seine-et-Marne - 11 736 hab. - Alt. 91 m - Carte régionale n° **10**-D2
Carte Michelin 312-I4 - Guide Vert Michelin Île-de-France

Aux Vieux Remparts

TRADITIONNEL • PERSONNALISÉ Ces Vieux Remparts évoquent tout le charme de la cité médiévale : dans trois maisons attenantes, les chambres se révèlent raffinées et cosy - et plus loin du Moyen Âge, certaines adoptent même un agréable esprit contemporain, sans parler du spa. L'adresse comblera aussi les appétits, avec le Bistrot des Remparts !

42 chambres - 🚹139/319 € 🚹🚹159/359 € - ☕ 18 €

3 r. Couverte - ville haute (cité médiévale) - ✆ 01 64 08 94 00
- www.auxvieuxremparts.com

Les prix indiqués devant le symbole 🚹 correspondent au prix le plus bas en basse saison puis au prix le plus élevé en haute saison, pour une chambre single. Même principe avec le symbole 🚹🚹, cette fois pour une chambre double.

Demeure des Vieux Bains

HISTORIQUE • PERSONNALISÉ Une belle demeure seigneuriale (12e-17e s.) à flanc de colline. Le nom de chaque chambre évoque son élégant décor : Hortensia, Pleyel (avec hammam), Flamande (avec balnéo)...

5 chambres - 130/240 € 150/320 €

7 r. du Moulin-de-la-Ruelle (au pied de la cité médiévale) - 06 74 64 54 00 - www.demeure-des-vieux-bains.com

PUJAUDRAN - 32 Gers → Voir L'Isle-Jourdain

PUJAUT

30131 Gard - 4 139 hab. - Alt. 70 m - Carte régionale n° **12**-D2
Carte Michelin 339-N4

Entre Vigne et Garrigue (Serge et Maxime Chenet)

CUISINE MODERNE • CLASSIQUE XXX Un cadre authentique - une ferme provençale isolée, entre falaises et vignobles - et une savoureuse cuisine du marché, bien dans son époque. Produits nobles, légumes et fruits de saison ont les faveurs des chefs, père et fils... Chambres au décor soigné, dans l'esprit d'une maison d'hôtes.

→ Tête de veau croustillante et langoustine, vinaigrette gourmande. Poitrine de pigeonneau rôtie aux épices. Fraises et olives noires confites, glace à l'huile d'olive.

Formule 38 € - Menu 68/125 €
5 chambres - 105/175 € 130/180 €

600 rte de St-Bruno, 2 km au Sud-Ouest - 04 90 95 20 29 - www.vigne-et-garrigue.com - Fermé 25 fév.-6 mars, 27 août-4 sept., 7-30 janv., mardi de sept. à mai, dim. soir de juin à août et lundi

PUJOLS - 47 Lot-et-Garonne → Voir Villeneuve-sur-Lot

PUJOLS

33350 Gironde - 579 hab. - Alt. 60 m - Carte régionale n° **2**-C2
Carte Michelin 335-K6 - Guide Vert Michelin Aquitaine

La Poudette

CUISINE TRADITIONNELLE • AUBERGE X Dans le jardin courent poules et oies... Quoi de plus naturel dans une ancienne ferme ? Ici, on est vraiment à la campagne et l'on se régale d'une jolie cuisine de produits, fraîche et fine. Et pour se mettre au vert, il y a aussi deux confortables chambres - simples, mais au calme.

Menu 22 € (déj. en semaine), 40/45 €

1 Bernadigot - lieu-dit La Rivière (D17) - 05 57 40 71 52 - www.la-poudette.com - Fermé mi-déc. à fin-janv., mardi sauf le soir de juin à sept., dim. soir et lundi

PULIGNY-MONTRACHET

21190 Côte-d'Or - 383 hab. - Alt. 227 m - Carte régionale n° **4**-A3
Carte Michelin 320-I8 - Guide Vert Michelin Bourgogne

Le Montrachet

CUISINE CLASSIQUE • ÉLÉGANT XXX Classique et élégant : voilà qui qualifie à merveille ce restaurant - tout en poutres et pierres apparentes - et la cuisine de saison que l'on y sert... À noter également, la très belle cave de 1000 références dont plus de 200 grands crus.

Menu 32 € (déj.), 64/94 € - Carte 78/98 €

Hôtel Le Montrachet, 10 pl. du Pasquier-de-la-Fontaine (ex pl. des Marronniers) - 03 80 21 30 06 - www.le-montrachet.com - Fermé 26 nov.-11 janv.

La Maison d'Olivier Leflaive

LUXE • PERSONNALISÉ Au cœur d'un village viticole, cette imposante maison du 17e s. accueille des chambres élégantes et spacieuses, chacune ayant son propre style : Pop, Campagne, Baroque, Authentique ou Rétro. Un ensemble qui ne manque pas de cachet !

13 chambres – 145/265 € 145/265 € – 16 €

10 pl. du Monument – 03 80 21 95 27 – www.maison-olivierleflaive.fr – Fermé 20 déc.-4 fév.

Le Montrachet

TRADITIONNEL • CLASSIQUE Sur une place tranquille, une belle bâtisse en pierre de pays et ses dépendances ; en fait l'auberge du village peu à peu métamorphosée en hôtel cossu. Les chambres, spacieuses et classiques (plafonds à la française...), sont bien agréables.

31 chambres – 170/195 € 170/320 € – 21 €

10 pl. du Pasquier-de-la-Fontaine (ex pl. des Marronniers) – 03 80 21 30 06 – www.le-montrachet.com – Fermé 26 nov.-12 janv.

Le Montrachet – voir les restaurants ci-dessus

La Chouette

FAMILIAL • COSY Une maison paisible et chaleureuse, un jardin donnant sur les vignes, de grandes chambres au décor soigné : chouette ! Et le petit-déjeuner est délicieux, avec ses gâteaux et confitures maison, ses charcuteries et ses fromages...

6 chambres – 135/145 € 150/160 €

3 bis r. des Creux-de-Chagny – 03 80 21 95 60 – www.la-chouette.fr – Fermé 1er déc.-2 janv.

PUPILLIN – 39 Jura → Voir Arbois

PUTEAUX – 92 Hauts-de-Seine → Voir Autour de Paris

PUYCELCI

81140 Tarn – 453 hab. – Alt. 258 m – Carte régionale n° **15**-C2
Carte Michelin 338-C7

L'Ancienne Auberge

AUBERGE • PERSONNALISÉ Au cœur d'un village fortifié authentique et charmant, ce presbytère du 13e s. s'est mué en une auberge de caractère. Dans les chambres cohabitent meubles anciens et confort d'aujourd'hui et, au bistrot, la cheminée médiévale fait son petit effet : du style, c'est certain !

8 chambres – 85/125 € 85/125 € – 10 €

pl. de l'Église – 05 63 33 65 90 – www.ancienne-auberge.com – Fermé fév.

LE PUY-EN-VELAY

43000 Haute-Loire – 18 634 hab. – Alt. 629 m – Carte régionale n° **3**-C3
Carte Michelin 331-F3 – Guide Vert Michelin Ardèche Drôme

Bambou et Basilic

CUISINE MODERNE • CONVIVIAL XX Cette petite maison du centre historique mise tout sur la fraîcheur. Le credo des sympathiques propriétaires ? Miser sur le terroir, en l'agrémentant de ce qu'il faut de modernité, comme avec ce mignon de porc de Haute-Loire à la purée de panais et jus au vinaigre de framboise... Enfin, côté prix, on est loin du coup de bambou.

Menu 23 € (déj. en semaine), 29/64 € – Carte 46/56 €

Plan : A2-b *18 r. Grangevieille – 04 71 09 25 59 – www.bambou-basilic.com – Fermé 10-19 sept., dim. soir d'oct. à avril, lundi et mardi*

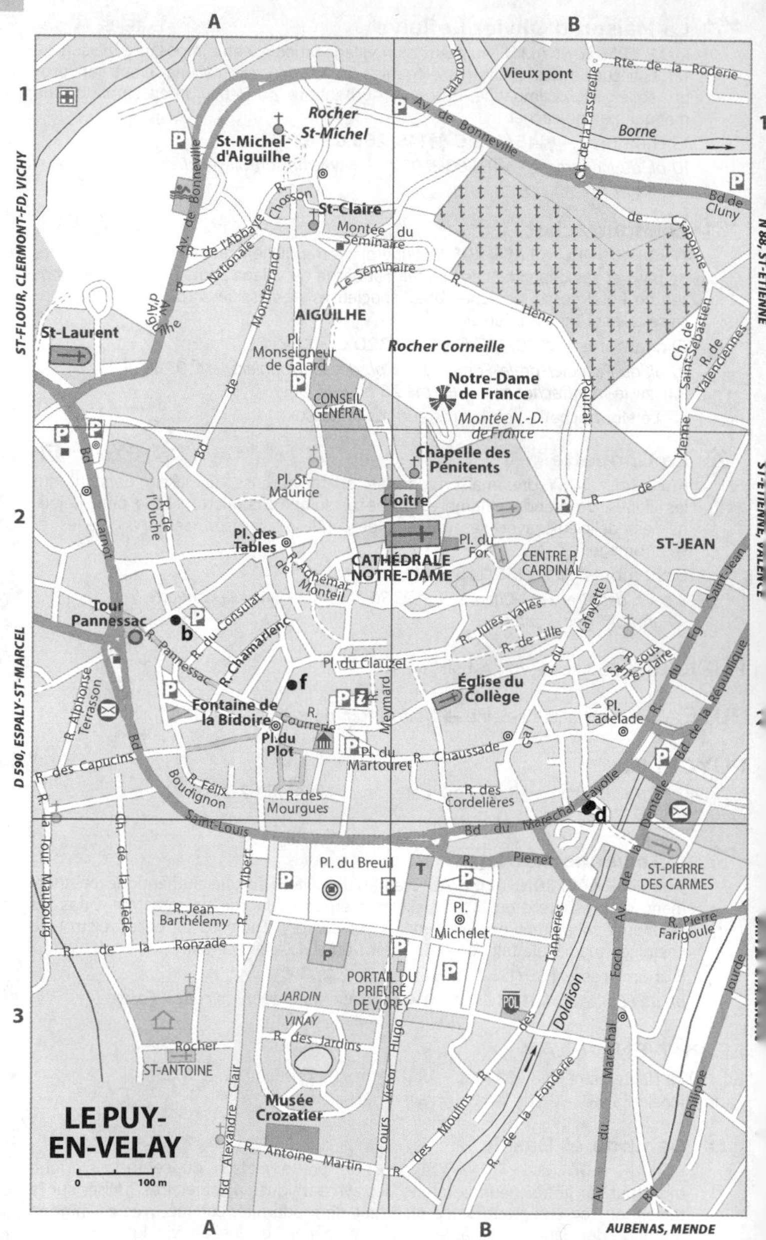

A
B
1
1
2
3
A
B
ST-FLOUR, CLERMONT-FD, VICHY
D 590, ESPALY-ST-MARCEL
N 88, ST-ÉTIENNE
AUBENAS, MENDE
Rocher St-Michel
St-Michel-d'Aiguilhe
St-Claire
Vieux pont
Rte. de la Roderie
Av. de Bonneville
Borne
Bd de Cluny
R. de Crapone
St-Laurent
AIGUILHE
Rocher Corneille
Notre-Dame de France
Montée N.-D. de France
Chapelle des Pénitents
Cloître
CATHÉDRALE NOTRE-DAME
Pl. du For
CENTRE P. CARDINAL
ST-JEAN
CONSEIL GÉNÉRAL
Pl. Monseigneur de Galard
Pl. St-Maurice
Pl. des Tables
Tour Pannessac
R. Pannessac
R. du Consulat
R. Chamarlenc
Pl. du Clauzel
Fontaine de la Bidoire
Pl.du Plot
R. Courrerie
Pl. du Martouret
R. Chaussade
Église du Collège
R. Jules Vallès
R. de Lille
R. du Lafayette
R. sous Sainte-Claire
Pl. Cadelade
R. des Capucins
R. Félix Boudignon
R. des Mourgues
R. des Cordelières
Bd du Maréchal Fayolle
Bd Saint-Louis
R. Pierret
Pl. du Breuil
ST-PIERRE DES CARMES
R. Pierre Farigoule
R. Jean Barthélemy
R. de la Ronzade
Pl. Michelet
PORTAIL DU PRIEURÉ DE VOREY
JARDIN VINAY
R. des Jardins
Rocher ST-ANTOINE
Musée Crozatier
R. Antoine Martin
Cours Victor Hugo
Bd Alexandre Clair
R. des Moulins
R. de la Fonderie
Dolaison
Av. du Maréchal Foch
Bd Philippe Jourde
LE PUY-EN-VELAY
0
100 m

Regina

CUISINE TRADITIONNELLE • FAMILIAL XX Dans cet hôtel agréable, le restaurant est en plein dans la tradition : sol en pierre ou bois, œuvres d'art au mur... sans oublier, au milieu de la pièce, un imposant jambon de San Daniele prêt à la découpe. La fraîcheur est au rendez-vous dans l'assiette, grâce aux bons produits du marché, et le tout est mis en valeur par une équipe très efficace.

Formule 17 € - Menu 21/36 € - Carte 38/95 €

Plan : B2-d *Hôtel Regina, 34 bd Mar.-Fayolle - 04 71 09 14 71 - www.hotelrestregina.com - Fermé dimanche soir du 15 novembre au 15 mars*

Tournayre

CUISINE TRADITIONNELLE • RUSTIQUE XX Croisées d'ogives, boiseries, fresques... Le cadre rare et charmant d'une ancienne chapelle du 16e s. ! La cuisine y est gardienne d'une certaine tradition, pour le meilleur (lentilles, veau du Velay, jambon cru d'Auvergne, fromages, etc.).

Menu 30/75 € - Carte 51/83 €

Plan : A2-f *12 r. Chênebouterie - 04 71 09 58 94 - www.restaurant-tournayre.com - Fermé 1er-10 sept., 21 déc.-20 janv., mardi sauf juil.-août, dim. soir et lundi*

Regina

FAMILIAL • FONCTIONNEL Ce bel immeuble (1905) flanqué d'une tourelle possède un indéniable cachet. Ses chambres, fonctionnelles et généralement spacieuses, sont décorées avec goût dans un style contemporain. Au restaurant, cuisine de tradition et plats méditerranéens.

25 chambres - 69/130 € 76/130 € - 14 €

Plan : B2-d *34 bd Mar.-Fayolle - 04 71 09 14 71 - www.hotelrestregina.com*

Regina - voir les restaurants ci-dessus

à Espaly-St-Marcel 3 km au Nord-Ouest par N102 - 43000 - 3 542 hab. - Alt. 650 m

L'Ermitage

CUISINE TRADITIONNELLE • ÉLÉGANT XX Cette ancienne grange a conservé son charme rustique et le côté naturel de ses origines. On y apprécie une cuisine de tradition fine et bien réalisée, avec notamment la découpe en salle de certains poissons et pièces de bœuf. N'oublions pas la cheminée, en hiver, et la sympathique terrasse aux beaux jours. Un vrai plaisir.

Formule 21 € - Menu 28/60 € - Carte 39/63 €

73 av. de l'Ermitage, rte de Clermont-Ferrand - 04 71 04 08 99 - Fermé 20 août-3 sept., 19 fév.-5 mars, dim. soir, merc. soir et lundi

PUYLAROQUE

82240 Tarn-et-Garonne - 677 hab. - Alt. 280 m - Carte régionale n° **15**-C1
Carte Michelin 337-F6

Les Sens

CUISINE CRÉATIVE • AUBERGE X Situé sur la place du bourg, cette maison de village abrite un restaurant, dont la cuisine créative et les beaux produits ne sauraient laisser indifférent. Le chef se plaît à travailler légumes, fleurs et herbes du potager, situé en contre-bas de la terrasse ; sa source d'inspiration ! Menu truffe en saison.

Formule 23 € - Menu 29 € (semaine), 42/91 €

2 pl. de la Libération 05 63 02 82 25 - 05 63 02 82 25 - www.restaurantlessens.com - Fermé 3 semaines en janv., dim. soir, lundi et mardi

PUYLAURENS

✉ 81700 Tarn – 3 270 hab. – Alt. 350 m – Carte régionale n° **15**-C2
Carte Michelin 338-E9 – Guide Vert Michelin Midi Toulousain

Cap de Castel

CUISINE MODERNE • COSY X Sur l'agréable terrasse, toisant les Pyrénées lointaines et la Montagne noire toute proche, on déguste la délicate cuisine de Xavier Mannier. Saveurs et textures sont au rendez-vous, comme les bons produits locaux. Un avant-goût du paradis !

Menu 33 € – Carte environ 75 €

36 r. du Cap-de-Castel – ✆ 05 63 70 21 76 – www.capdecastel.com – Fermé 1er janv.-10 fév., dim. et le midi

Cap de Castel

MAISON DE CAMPAGNE • PERSONNALISÉ Ici, tout est beau dans sa simplicité : l'accueil souriant, le charme d'une maison du pays, les chambres pleines de caractère réparties dans deux demeures historiques (16e et 18e s.)... Sans oublier la petite piscine et sa vue sur la campagne !

11 chambres – †80/150 € ††96/180 € – ☕ 15 €

36 r. du Cap-de-Castel – ✆ 05 63 70 21 76 – www.capdecastel.com – Fermé 1er janv.-10 fév.

Cap de Castel – voir les restaurants ci-dessus

PUY-L'ÉVÊQUE

✉ 46700 Lot – 2 020 hab. – Alt. 130 m – Carte régionale n° **15**-B1
Carte Michelin 337-C4

Côté Lot et Bellevue

CUISINE RÉGIONALE • FAMILIAL XX Cet établissement mérite bien son nom ! Depuis la salle surplombant le Lot, la vue est à couper le souffle. Côté cuisine, le chef travaille les beaux produits du terroir. Côté hôtel, les chambres sont claires et confortables... et le panorama toujours aussi admirable.

Menu 20 € (déj. en semaine)/34 €

11 chambres – †68/96 € ††76/96 € – ☕ 10 €

pl. de la Truffière – ✆ 05 65 36 06 60 – www.hotelbellevue-puyleveque.com – Ouvert mars-nov. et fermé merc. soir hors saison, dim. soir et lundi

à Mauroux 12 km au Sud-Ouest par D8 et D5 – ✉ 46700 – 522 hab. – Alt. 213 m

Hostellerie le Vert

MAISON DE CAMPAGNE • TRADITIONNEL Ambiance chaleureuse dans cette ferme quercynoise du 17e s. perdue en pleine nature. Dans les chambres, le mobilier de style cohabite avec les meubles campagnards. Cuisine réalisée à partir de produits frais et bio, au gré de l'inspiration.

6 chambres – †85/130 € ††85/130 € – ☕ 10 €

Lieu-dit "Le Vert" – ✆ 05 65 36 51 36 – www.hotellevert.com – Ouvert avril-oct.

à Anglars-Juillac 8 km à l'Est par D811 et D67 – ✉ 46140 – 321 hab. – Alt. 98 m

Clau del Loup

CUISINE MODERNE • ÉLÉGANT XX Une belle demeure en pierre (1818), un univers feutré et une cuisine gastronomique aux accents du Sud, savoureuse et réalisée avec des produits de qualité, signée par un enfant du pays. Conquis ? Si oui, des chambres agréables et soignées permettent de ne pas refermer trop vite cette douce parenthèse.

Menu 15 € (déj. en semaine), 30/75 € – Carte 33/60 €

5 chambres – †95/150 € ††100/150 € – ☕ 13 €

Métairie Haute, D8 – ✆ 05 65 36 76 20 – www.claudelloup.com – Fermé 1 semaine en janv. et 1 semaine en nov.

PUYMIROL

✉ 47270 Lot-et-Garonne – 948 hab. – Alt. 153 m – Carte régionale n° **2**-C2
Carte Michelin 336-G4 – Guide Vert Michelin Aquitaine

✿✿ Michel Trama

CUISINE CRÉATIVE • ÉLÉGANT XXX Michel Trama fête cette année ses 40 ans de présence ! Raison de plus pour aller se régaler du hamburger de foie gras – un classique, qui dit tout du style Trama : entre terroir et invention... A déguster sous les voûtes du 13e s. ou sur la plaisante terrasse, dans l'ancien cloître.

➜ Foie gras de canard au naturel, gelée de yuzu. Fine lasagne de homard au fumet de truffe. Cristalline de pomme.

Menu 75 € (semaine), 115/215 € – Carte 130/200 €

52 r. Royale – ✆ 05 53 95 31 46 – www.aubergade.com
– Fermé 13-20 nov., 2-23 janv., dim. soir d'oct. à juin, lundi sauf le soir de juil. à sept. et mardi midi

La Poule d'Or 

CUISINE TRADITIONNELLE • BISTRO X Au sein de sa maison mère – le célèbre restaurant de Michel Trama –, cette Poule d'Or a tout d'une auberge chic. Au menu, du grand classique de bistrot -parmentier de queue de bœuf, tête de veau sauce poulette, gros chou à la crème au caramel... Tout est maîtrisé, savoureux et gourmand. Une adresse en or !

Menu 29 € (déj. en semaine), 31/39 €

Hôtel Michel Trama, 52 r. Royale
– ✆ 05 53 95 29 00 – www.aubergade.com
– Fermé 13-20 nov., 2-23 janv., dim. soir et lundi soir d'oct. à juin, lundi midi et mardi midi

Michel Trama 

HISTORIQUE • PERSONNALISÉ Drapés de soie, baldaquins, mobilier 19e s., tons cramoisi et pourpre, etc. Au cœur d'un village de la campagne agenaise, ce décor opulent et théâtral est signé Jacques Garcia. Étape luxueuse et onirique entre ces murs superbes des 13e-17e s. !

9 chambres – †220/620 € ††220/620 € – 1 suite – ☕ 29 €

52 r. Royale – ✆ 05 53 95 31 46 – www.aubergade.com
– Fermé 13-20 nov., 2-23 janv.

✿✿ **Michel Trama** • **La Poule d'Or** – voir les restaurants ci-dessus

LE PUY-STE-RÉPARADE – 13 Bouches-du-Rhône ➜ Voir Aix-en-Provence

PYLA-SUR-MER – 33 Gironde ➜ Voir Bassin d'Arcachon

QUARRÉ-LES-TOMBES

✉ 89630 Yonne – 677 hab. – Alt. 457 m – Carte régionale n° **4**-B2
Carte Michelin 319-G7 – Guide Vert Michelin Bourgogne

Le Morvan 

CUISINE MODERNE • FAMILIAL XX Un petit salon feutré et une salle cosy, des poutres apparentes, une belle horloge comtoise... Tout invite à la découverte du terroir, joliment revisité par le chef, au plus près des saisons. L'été, attablez-vous dans le jardin fleuri et musardez au soleil ! Une bonne étape à l'entrée du Parc naturel régional du Morvan.

Menu 26/55 € – Carte 42/61 €

8 chambres – †69/87 € ††74/92 € – ☕ 11 €

6 r. des Écoles (face au parc municipal) – ✆ 03 86 32 29 29 – www.le-morvan.fr
– Fermé 18 déc.-2 mars, merc. midi, lundi et mardi

Hôtel du Nord - restaurant Le Saint Georges

CUISINE TRADITIONNELLE • VINTAGE Ambiance rétro et conviviale dans cette maison située au cœur du village, en face de l'église St-Georges. La cuisine célèbre joyeusement le terroir – tête de veau sauce ravigote et truite meunière – et quelques chambres sont disponibles pour l'étape.

Formule 20 € - Menu 25 € (semaine), 32/42 € - Carte 32/44 €
8 chambres - 50/60 € 68/78 € - 9 €

25 pl. de l'Église - 03 86 32 29 30 - www.hoteldunord-morvan.com - Fermé 3 nov.-1er mars, merc. et jeudi

aux Lavaults 5 km au Sud-Est par D10

Auberge de l'Âtre

CUISINE CLASSIQUE • TRADITIONNEL Au bord d'une route de campagne, cette ferme distille un charme rustique et authentique... Pour ne rien gâter, la carte célèbre les bons vins et le terroir (spécialité de champignons), et les desserts sont particulièrement soignés. Chambres très bien tenues, agréables pour une étape.

Formule 32 € - Menu 37 € (semaine), 59/65 € - Carte 49/93 €
7 chambres - 60/70 € 85/96 € - 10 €

- 03 86 32 20 79 - www.auberge-de-latre.com - Fermé 26 fév.-22 mars, 18-29 juin, lundi et mardi

LES QUELLES - 67 Bas-Rhin → Voir Schirmeck

QUÉVEN - 56 Morbihan → Voir Lorient

QUIBERON

56170 Morbihan - 4 963 hab. - Alt. 10 m - Carte régionale n° **5**-B3
Carte Michelin 308-M10 - Guide Vert Michelin Bretagne Sud

La Chaumine

CUISINE TRADITIONNELLE • CONVIVIAL Sur la route du port, c'est dans leur ancienne maison de famille qu'officient le chef et sa sœur – qui assure l'accueil. Une demeure lumineuse qui a l'esprit du large (mouettes en bois, coque de bateau, etc.), comme la cuisine, très iodée et gourmande... Un refuge idéal après une balade sur la Côte Sauvage !

Formule 25 € - Menu 32/52 € - Carte 41/57 €

Plan : B1-q *79 r. de Port-Haliguen - 02 97 50 17 67 - www.restaurant-lachaumine.com - Ouvert de mi-mars à mi-nov. et fermé dim. soir, mardi midi et lundi*

Le Verger de la Mer

CUISINE TRADITIONNELLE • CONVIVIAL Dans ce Verger-là, les fruits de la mer sont à l'honneur !Aumônière de Saint-Jacques, dos de merlu et pomme de terre au lard : les assiettes attestent l'expérience du chef... Face à l'institut de thalassothérapie de Quiberon, une table qui respire la tradition.

Menu 27/40 € - Carte 32/48 €

Plan : B2-x *bd Goulvars - 02 97 50 29 12 - Fermé de mi-nov. à mi-mars, mardi et merc.*

Villa Margot

CUISINE MODERNE • COSY Une jolie demeure en pierre (1872) face à la plage... Aux fourneaux, le chef signe une savoureuse cuisine de la mer où les producteurs locaux ont la part belle. Les amateurs de poissons et autres crustacés prennent place sur la terrasse, quasiment les pieds dans le sable, ou dans l'une des salles élégantes.

Formule 19 € - Menu 40/73 € - Carte 52/92 €

Plan : A2-n *7 r. de Port-Maria - 02 97 50 33 89 - www.villamargot.fr - Ouvert de Pâques à fin sept. et fermé mardi sauf juil.-août*

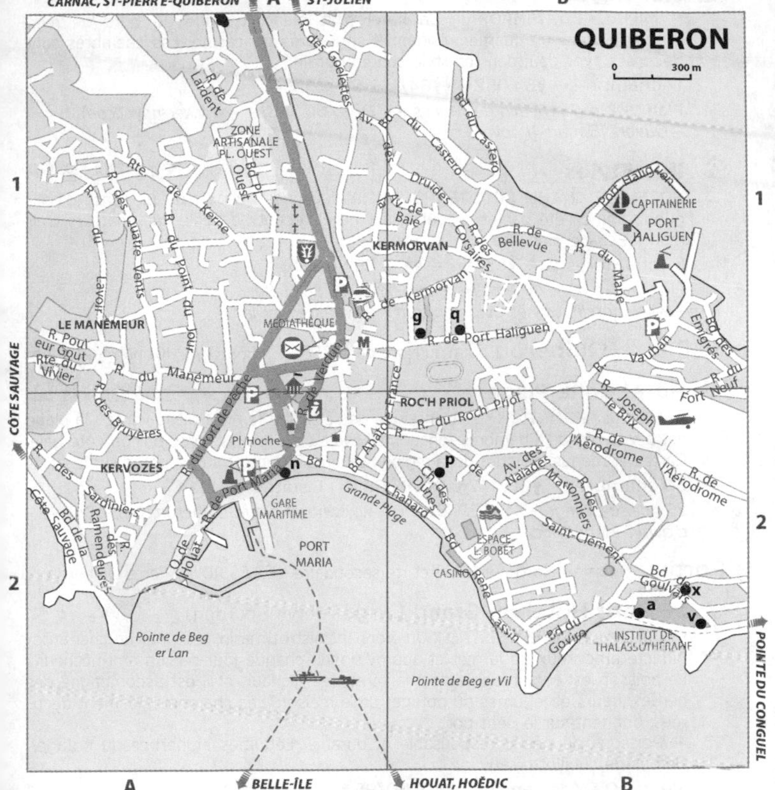

Sofitel Diététique

THERMAL • ÉLÉGANT Un hôtel parfait pour retrouver la ligne… Les chambres, sur le thème de l'eau, sont spacieuses et très confortables. On accède directement au spa de 1 000 m² et le restaurant propose des menus diététiques. Pas une goutte d'alcool, même au bar !

74 chambres – 180/680 € 180/680 € – 2 suites – 27 €

Plan : B2-v *bd Louison Bobet - pointe de Goulvars*
– 02 97 50 20 00 – www.sofitel-quiberon-thalassa.com
– Fermé 2 semaines en déc.

Sofitel Thalassa

SPA ET BIEN-ÊTRE • ÉLÉGANT Pour un séjour iodé et tonique, ce complexe hôtelier fait face à la plage et communique avec l'institut de thalassothérapie. Au programme : un décor résolument contemporain et un grand confort. Certaines chambres donnent sur les flots, tout comme les deux restaurants (produits de la mer).

104 chambres – 135/256 € 298/564 € – 22 suites – 27 €

Plan : B2-a *bd Louison-Bobet*
– 02 97 50 20 00 – www.sofitel.com
– Fermé 2 semaines en déc.

Ker Noyal

FAMILIAL • CONTEMPORAIN Un hôtel tout blanc, typique du bord de mer, au calme dans un quartier résidentiel situé près du casino. Les chambres sont décorées avec goût dans un style contemporain.

17 chambres – 64/152 € 64/152 € – 12 €

Plan : B2-p *43 chemin des Dunes – 02 97 50 33 31 – www.ker-noyal.com – Ouvert 16 mars-11 nov.*

Ibis Styles

HÔTEL DE CHAÎNE • CONTEMPORAIN À deux pas du port de plaisance d'Haliguen, animé l'été par des régates, cet hôtel récent accueille les amateurs d'air marin. Espace bien-être.

57 chambres – 65/157 € 75/167 €

Plan : B1-g *43 r. du Port-Haliguen – 02 97 58 35 80 – www.hotelibisstyles-quiberon.com – Fermé déc. et janv.*

à St-Pierre-Quiberon 5 km au Nord par D768 – 56510 – 2 101 hab. – Alt. 12 m

Hôtel de la Plage

FAMILIAL • FONCTIONNEL L'enseigne de cet hôtel familial dit la vérité : la plage est à vos pieds ! Chambres fonctionnelles et bien tenues, avec balcon côté baie. Cartes et menus typiques de la région ; saveurs iodées et vue superbe sur le large.

30 chambres – 68/142 € 68/198 € – 6 suites – 13 €

25 quai d'Orange – 02 97 30 92 10 – www.hotel-plage-quiberon.com – Ouvert d'avril à début oct.

à Portivy 6 km au Nord par D768 et rte secondaire – 56510 St Pierre Quiberon

Le Petit Hôtel du Grand Large (Hervé Bourdon)

CUISINE MODERNE • BISTRO Un étonnant bistrot marin, tenu par un chef autodidacte amoureux de la mer et approvisionné chaque jour par un ami pêcheur ! Le poisson est remarquable de qualité et de fraîcheur, et il est accompagné des herbes, fleurs et légumes du potager de la maison. Les chambres, joliment décorées, donnent sur le petit port.

→ Poissons de pêche responsable et durable. Légumes et herbes du potager. Herbes de cueillette sauvage.

Menu 40 € (déj. en semaine), 60/95 €

6 chambres – 95/115 € 115/135 € – 13 €

11 quai St-Ivy – 02 97 30 91 61 – www.lepetithoteldugrandlarge.fr – Fermé janv., dim. soir, merc. sauf le soir hors saison et mardi

QUILINEN – 29 Finistère → Voir Quimper

QUIMPER

29000 Finistère – 63 513 hab. – Agglo. 79 683 hab. – Alt. 41 m – Carte régionale n° **5**-B2
Carte Michelin 308-G7 – Guide Vert Michelin Bretagne Sud

Allium (Lionel Hénaff)

CUISINE CRÉATIVE • BRANCHÉ Avec l'aide des internautes (sous la forme d'un financement participatif), Frédérique et Lionel Hénaff ont créé ici le restaurant de leurs rêves. La cuisine inventive du chef démontre qu'il n'a rien perdu de son savoir-faire ; elle s'accompagne d'une belle sélection de vins de petits propriétaires, sélectionnés par madame.

→ Langoustine "XXL crispy" et mayonnaise chaude. Bar de ligne, sucs de tomate et petits-gris en tempura. Chocolat dulcey, olives confites et glacées.

Menu 28 € (déj. en semaine), 55/95 €

Hors plan *88 bd de Créac'h-Gwen (ZA de Créac'h-Gwen) – 02 98 10 11 48 – www.restaurant-allium.com – Fermé 1 semaine en fév., 25 juin-8 juil., dim. et lundi*

Auberge de Ti-Coz

CUISINE MODERNE · AUBERGE XX Comme un rêve de Bretagne : une charmante auberge en pierre, à la fois rustique, moderne et élégante. Le chef y prépare une savoureuse cuisine, qui fait la part belle aux meilleurs produits du terroir breton. En ancien sommelier passionné, il accompagne ses recettes d'une belle carte des vins (plus de 450 références).

Formule 26 € - Menu 33/60 € - Carte environ 70 €

Hors plan *4 Hent-Koz, Ty-Sanquer - ✆ 02 98 94 50 02 - www.restaurantticoz.com - Fermé dim. soir et lundi sauf fériés*

L'Ambroisie

CUISINE MODERNE · INTIME XX À la suite de la génération précédente, un jeune couple - l'un chef, l'autre sommelière - a repris en douceur les commandes de l'Ambroisie. Dans une salle réaménagée et modernisée, ils continuent de travailler des produits locaux de première fraîcheur et revisitent la tradition bretonne avec franchise. L'histoire continue.

Menu 25 € (déj. en semaine), 48/65 €

Plan : D1-u *49 r. Elie-Fréron - ✆ 02 98 95 00 02 - www.ambroisie-quimper.com - Fermé 22 janv.-4 fév., dim. et lundi*

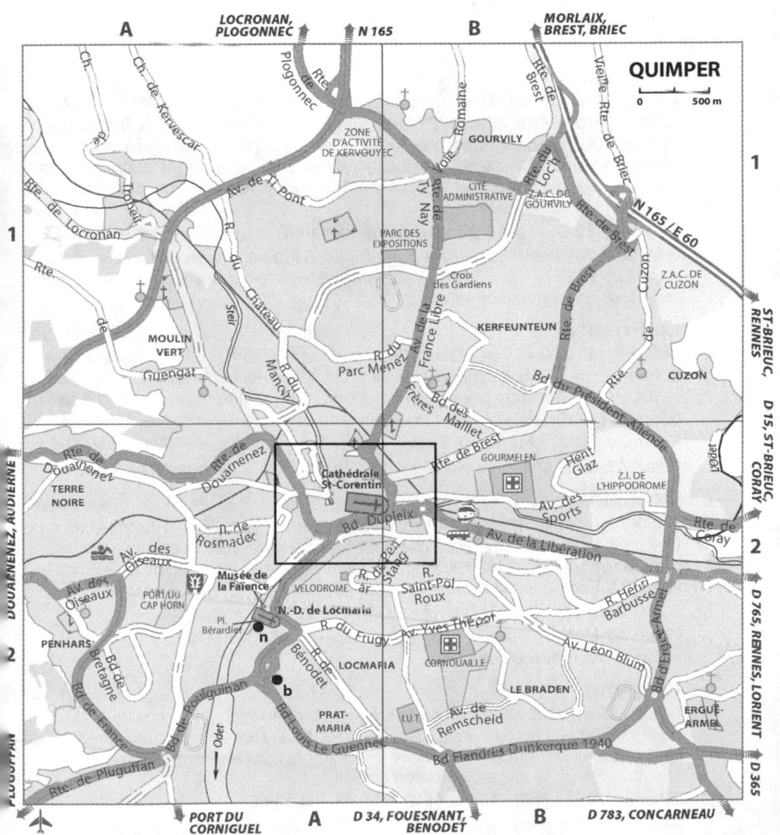

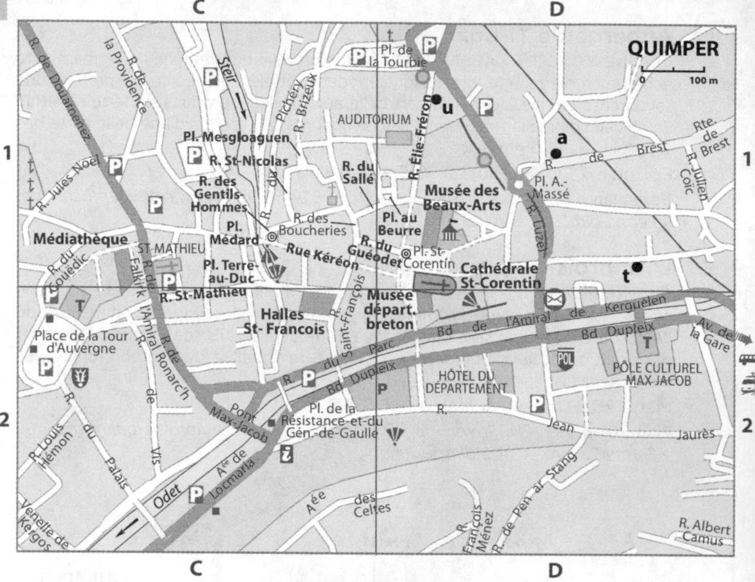

La Ferme de l'Odet

CUISINE MODERNE · CHAMPÊTRE XX Situation privilégiée pour cette ancienne ferme (1900) bordant l'Odet ; la terrasse, en particulier, ouvre sur les berges et les bois voisins... Un cadre champêtre qui se prête à la dégustation d'une cuisine actuelle bien tournée, avec une intéressante formule au déjeuner et des recettes plus pointues le soir.

Formule 22 € – Menu 25 € (déj. en semaine), 35/46 € – Carte 48/64 €

Hors plan *74 chemin de la Baie-de-Kerogan, 5 km par rte de Bénodet – 02 98 95 63 13 – www.restaurant-lafermedelodet-quimper.com – Fermé dim. soir, lundi soir, mardi soir et merc.*

Le Prieuré

CUISINE MODERNE · DESIGN XX Cet ancien prieuré du 18e s. est installé dans le fameux quartier de Locmaria, en face de la faïencerie Henriot et à côté d'une biscuiterie. Dans un cadre entre design et vieilles pierres, on profite d'une cuisine qui célèbre poissons, coquillages, et autres langoustines du Guilvinec. La Bretagne, assurément !

Formule 20 € – Menu 27 € (déj. en semaine), 31/85 € – Carte 51/90 €

Plan : A2-n *1 r. Chanoine-Moreau – 02 98 75 05 55 – www.le-prieure.fr*

Océania

BUSINESS · FONCTIONNEL À proximité du centre-ville et juste derrière un centre commercial, cet hôtel est niché dans un îlot de verdure et propose des chambres spacieuses, dont les "Océane", joliment design et bien équipées. Petits plus : la cuisine traditionnelle du restaurant et la piscine.

92 chambres – 69/160 € 69/160 € – 15 €

Plan : A2-b *17 r. du Poher, zone de Kerdrézec – 02 98 90 46 26 – www.oceaniahotels.com*

Kregenn

BUSINESS · PERSONNALISÉ Kregenn, pour "coquillage" en breton : un joli nom pour cet hôtel contemporain décoré avec goût. Dès la réception, on se sent bien ; impression qui perdure dans les chambres, à l'ambiance feutrée, ou dans la cour, près de la pièce d'eau. Bon accueil !

32 chambres – 89/154 € 104/204 € – 13 €

Plan : D1-t *13 r. des Réguaires – 02 98 95 08 70 – www.hotel-kregenn.fr*

Gradlon

TRADITIONNEL • PERSONNALISÉ Ce petit hôtel indépendant, situé en plein centre-ville, abrite des chambres au style "very british", fleuri et cosy à souhait. Un soin tout particulier est accordé aux détails, des rosiers du jardin à l'agréable véranda. Charming !

20 chambres - 60/220 € 60/220 € - 12 €

Plan : D1-a *30 r. de Brest - 02 98 95 04 39 - www.hotel-gradlon.com - Fermé 6-22 janv.*

Manoir-Hôtel des Indes

MAISON DE CAMPAGNE • PERSONNALISÉ Les Indes, où voyagea René Madec, aventurier quimpérois et ancien maître de ce manoir... C'est en souvenir de lui que les propriétaires ont décoré les chambres sur le thème de l'exotisme. Parc, espace bien-être avec bassin et massages : original et dépaysant.

13 chambres - 90/225 € 130/255 € - 15 €

Hors plan *1 allée de Prad-ar-C'hras, 4 km à l'Est par D765 - 02 98 55 48 40 - www.manoir-hoteldesindes.com*

Le Logis du Stang

MAISON DE CAMPAGNE • ÉLÉGANT Romantique et bucolique : il est plaisant, ce manoir du 19e s, avec son ravissant jardin. Les quatre chambres sont réellement délicieuses, et pour s'isoler au calme en pleine campagne, il n'y a pas mieux.

4 chambres - 70/80 € 80/90 €

Hors plan *allée de Stang-Youen, r. Ch-Le-Goffic et chemin de Linéostic, 4 km à l'Est du plan - 02 98 52 00 55 - www.logis-du-stang.com - Fermé 1er déc.-1er fév.*

à Quilinen 11 km au Nord par D770 – 29510 Landrevarzec

Auberge de Quilinen

CUISINE TRADITIONNELLE • AUBERGE Une coquette maison bretonne, dans un hameau avec une belle chapelle du 15e s. Le genre d'adresse où déguster d'appétissantes recettes du terroir, un kouign amann par exemple, beurré, croustillant, avec de la glace à la vanille artisanale !

Menu 21 € (déj. en semaine), 31/40 €

- 02 98 57 93 63 - www.aubergequilinen.pagesperso-orange.fr - Fermé le soir du dim. au jeudi et lundi

QUIMPERLÉ

29300 Finistère – 12 025 hab. – Alt. 30 m – Carte régionale n° **5**-B2
Carte Michelin 308-J7 – Guide Vert Michelin Bretagne Sud

La Cigale Egarée

CUISINE CRÉATIVE • CONVIVIAL Une cigale égarée en Bretagne, qui n'en finit pas de chanter dans son décor néoprovençal atypique : original ! À la carte : frivolités de demoiselle langoustine, la cloche de fumée, le black sandwich, etc. On l'aura compris, l'insecte est créatif.

Formule 23 € – Menu 28 € (déj. en semaine), 43/66 €

Villeneuve-Braouic, par rte de Lorient - 02 98 39 15 53 - www.lacigaleegaree.com - Fermé 2 semaines en oct. et en fév., dim. et lundi

Le Vintage

TRADITIONNEL • PERSONNALISÉ Au cœur de la vieille ville, on jette un œil admiratif sur la façade de cet ancien hôtel particulier de 1907. Tableaux, sculptures, escalier en bois et grandes chambres : ces lieux ont du caractère.

10 chambres - 63/128 € 95/128 € - 13 €

20 r. Bremond-d'Ars - 02 98 35 09 10 - www.hotelvintage.fr - Fermé 1er-8 janv.

QUINSON

✉ 04500 Alpes-de-Haute-Provence - 443 hab. - Alt. 370 m - Carte régionale n° **21**-C2
Carte Michelin 334-E10 - Guide Vert Michelin Alpes du Sud

Relais Notre-Dame

CUISINE PROVENÇALE · FAMILIAL X Une jolie salle champêtre et beaucoup de générosité... Ici, on savoure une cuisine régionale copieuse et bien faite. Sur la carte, les végétariens ne sont pas laissés pour compte et, en saison, on se régale de truffe. Que dire enfin de la ravissante terrasse sous les platanes ? C'est le Sud tout entier !

Menu 22 € (déj. en semaine), 24/44 €

- ✆ 04 92 74 40 01 - www.relaisnotredame-04.com - Fermé 10 déc.-24 fév., le soir de mi-nov. à fin mars, lundi soir et mardi

Relais Notre-Dame

FAMILIAL · COSY Sur la route des gorges du Verdon, près du musée de la Préhistoire, un hôtel familial avec jardin et piscine. Les chambres sont décorées dans un style provençal actuel et plaisant.

13 chambres - †68/73 € ††88/109 € - ☕ 11 €

- ✆ 04 92 74 40 01 - www.relaisnotredame-04.com - Ouvert 1er avril-12 nov.

Relais Notre-Dame - voir les restaurants ci-dessus

QUINT-FONSEGRIVES - 31 Haute-Garonne ➔ Voir Toulouse

RAGUENÈS-PLAGE - 29 Finistère ➔ Voir Névez

RAISMES - 59 Nord ➔ Voir Valenciennes

RAMATUELLE

✉ 83350 Var - 2 111 hab. - Alt. 136 m - Carte régionale n° **21**-C3
Carte Michelin 340-O6 - Guide Vert Michelin Côte d'Azur

La Voile

CUISINE MODERNE · DESIGN XXX La lumière, la nature, la mer... Au sein de cet hôtel exclusif s'il en est, le chef Éric Canino met à l'honneur les légumes, l'huile d'olive et les produits bio, à travers des recettes légères et enlevées, ainsi ce filet de vive au plancton, concombre acidulé et crispy de crevette.

➔ Thon rouge aux épices. Loup confit à l'huile d'olive, huître pochée et caviar. Dessert ananas et roquette.

Menu 140 € (dîner) - Carte 105/150 €

Hôtel La Réserve Ramatuelle, chemin de la Quessine, au Sud-Est, direction Plage de l'Escalet et rte secondaire - ✆ 04 94 44 94 44 - www.lareserve-ramatuelle.com - Ouvert de mi-avril à début oct.

L'Écurie du Castellas

CUISINE CLASSIQUE · MÉDITERRANÉEN XX Belle adresse, où l'on se régale d'une fine cuisine classique dans un joli intérieur provençal, en profitant d'un superbe panorama : la terrasse domine le village, les pinèdes et, au loin, la Grande Bleue... qui s'invite jusque dans l'assiette avec ce saint-pierre en sauce vierge. Autre spécialité : la tarte au citron revisitée !

Menu 33 € - Carte 47/88 €

rte du Moulins-de-Paillas - ✆ 04 94 79 11 59 - www.lecurieducastellas.com - Fermé 12 nov.-20 déc., 7-24 janv., dim. soir, lundi et mardi en hiver

La Réserve Ramatuelle

PALACE · DESIGN Un lieu caché, rare... Dès l'arrivée, le bâtiment éblouit : tout en transparence, comme suspendu au-dessus de la mer, avec la flore méditerranéenne pour écrin. Chaque chambre, au minimalisme racé, est un balcon sur la Grande Bleue ! Un sommet de luxe contemporain, qui capte l'essence de cette côte si azurée...

22 chambres ☕ - †800/4500 € ††1200/6000 € - 6 suites

chemin de la Quessine, au Sud-Est, direction Plage de l'Escalet et rte secondaire - ✆ 04 94 44 94 44 - www.lareserve-ramatuelle.com - Ouvert de mi-avril à début oct.

La Voile - voir les restaurants ci-dessus

La Bastide de Ramatuelle

LUXE • DESIGN Au cœur de cette presqu'île de St-Tropez couverte de pinèdes et de vignobles, ce petit hôtel aux allures de bastide dispose de chambres contemporaines et confortables. Il fait bon herboriser dans le joli jardin, après quelques brasses dans la piscine. Vive le soleil du Midi !

9 chambres – 330/700 € 330/700 €

La Rouillière Sud, D61 direction Gassin – 04 94 55 23 40 – www.labastideramatuelle.com – Ouvert de mai à sept.

à la Bonne Terrasse 5 km à l'Est par D93 et rte de Camarat – 83350 Ramatuelle

Chez Camille

POISSONS ET FRUITS DE MER • RUSTIQUE Depuis la fin des années 1930, pères et fils se succèdent en cuisine. On vient ici pour déguster la "vraie" bouillabaisse et les poissons de la pêche locale, les pieds dans l'eau... Authentique !

Carte 55/111 €

quartier de Bonne Terrasse – 04 98 12 68 98 – www.chezcamille.fr – Ouvert 7 avril-7 oct. et fermé lundi et mardi

Tropicana

CUISINE MÉDITERRANÉENNE • CONVIVIAL Au sud de la plage de Pampelonne, face au phare du Cap Camarat, ce restaurant de plage de qualité (si, si, c'est possible !) cuisine la Méditerranée : légumes farcis de Provence, encornet grillé sauce vierge, véritable tarte tropézienne... le tout servi avec sourire et gentillesse. Service jusqu'à 16h.

Carte 50/90 €

plage de Bonne Terrasse (Pampelonne) – 04 94 79 83 96 – www.tropicanalaplage.com – Ouvert Pâques-début oct. et fermé mardi, merc. hors saison et le soir

RAMBOUILLET

78120 Yvelines – 25 755 hab. – Alt. 160 m – Carte régionale n° **10**-A2
Carte Michelin 311-G4 – Guide Vert Michelin Île-de-France

L'Orangerie des Trois Roys

POISSONS ET FRUITS DE MER • ÉLÉGANT Une salle à manger en véranda garnie de sculpltures, tableaux, plantes vertes : voici le ravissant cadre de cette Orangerie. Le chef fait la part belle aux poissons et fruits de mer – à l'instar de ces pâtes fraîches au homard et soufflé au Grand Marnier –, et son épouse concocte de délicieuses pâtisseries. Terrasse au calme.

Carte 52/100 €

4 r. Raymond-Poincaré – 01 30 88 69 95 – www.lorangeriedestroisroys.fr – Fermé 3-16 janv., 15 août-4 sept., dim. et lundi

Mercure Relays du Château

HÔTEL DE CHAÎNE • CONTEMPORAIN Face au château, cet ancien relais de poste du 17e s. est désormais un agréable hôtel de chaîne, ayant conservé quelques touches de classicisme.

83 chambres – 89/209 € 89/209 € – 14 €

1 pl. de la Libération – 01 34 57 30 00 – www.mercure-rambouillet.com

à Gazeran 5 km au Sud-Ouest par D906 – 78125 – 1 200 hab. – Alt. 162 m

Villa Marinette

CUISINE MODERNE • ÉLÉGANT Cette ancienne auberge cache un intérieur cossu, au décor soigné, et, l'été, une agréable terrasse dressée dans le joli jardin clos. Au menu, une cuisine au goût du jour rythmée par les saisons, signée par un jeune chef respectueux du produit. Accueil souriant.

Menu 35 € (déj. en semaine)/66 € – Carte 64/70 €

20 av. du Gén.-de-Gaulle – 01 34 83 19 01 – www.villamarinette.fr – Fermé dim. soir, lundi et mardi

RANCÉ

01390 Ain - 703 hab. - Alt. 282 m - Carte régionale n° **24**-E1
Carte Michelin 328-C5

Restaurant de Rancé

CUISINE TRADITIONNELLE · AUBERGE XX Face à la petite église du village, on vient ici pour apprécier une cuisine dombiste généreuse et pleine de fraîcheur (grenouilles, carpe, poulet...). Le salle est lumineuse et l'accueil chaleureux, que demander de mieux ?

Formule 16 € - Menu 25 € (déj. en semaine), 32/60 € - Carte 39/70 €

10 rte de St-Jean - 04 74 00 81 83 - www.restaurantderance.com - Fermé 1 semaine en fév., 1 semaine en juil., 1 semaine en août, lundi et le soir du mardi au jeudi

RANGUEIL - 31 Haute-Garonne → Voir Toulouse

RASTEAU - 84 Vaucluse → Voir Vaison-la-Romaine

RATHSAMHAUSEN - 67 Bas-Rhin → Voir Sélestat

RATTE - 71 Saône-et-Loire → Voir Louhans-Châteaurenaud

RAYOL-CANADEL-SUR-MER

83820 Var - 719 hab. - Alt. 100 m - Carte régionale n° **21**-C3
Carte Michelin 340-N7

Le Relais des Maures

CUISINE TRADITIONNELLE · RUSTIQUE X Cette grande auberge, décorée dans un style rétro plutôt chic, cultive le goût du Sud. Le chef y réalise une cuisine pétrie de tradition, calée sur le marché : soupe de poisson, cocotte d'agneau, pannacotta au pistou sucré... Quelques chambres d'esprit rustique pour faire étape, avec vue sur la mer au 2e étage.

Menu 32/48 € - Carte 48/87 €

10 chambres - 85/130 € 85/130 € - 10 €

1 av. Ch.-Koeklin, Le Canadel - 04 94 05 61 27 - www.lerelaisdesmaures.fr - Ouvert d'avril à oct. et fermé le midi en juil.-août, dim. soir et lundi hors saison

Le Loup de Mer

CUISINE MÉDITERRANÉENNE · ROMANTIQUE XXX Un bel endroit, d'une élégance toute provençale et jouissant d'une superbe terrasse sous les palmiers, face à la Méditerranée... La Méditerranée, précisément, est la source d'inspiration du chef, qui signe une cuisine actuelle, légère et appétissante, avec en spécialités la bouillabaisse et l'aïoli.

Menu 45/58 € - Carte 71/95 €

Hôtel Le Bailli de Suffren, av. des Américains - 04 98 04 47 00 - www.lebaillidesuffren.com - Ouvert 20 avril-13 oct. et fermé le midi

Le Bailli de Suffren

LUXE · PERSONNALISÉ Superbe vue sur les îles d'Hyères depuis ce bel hôtel les pieds dans l'eau. Plage privée, balcons et terrasses face aux flots, restaurants panoramiques... Ou comment vivre en intimité avec la mer ! Petit espace bien-être, avec salles de soins.

55 chambres - 210/745 € 210/745 € - 28 €

av. des Américains - 04 98 04 47 00 - www.lebaillidesuffren.com - Ouvert 20 avril-13 oct.

Le Loup de Mer - voir les restaurants ci-dessus

Les Terrasses du Bailli

TRADITIONNEL • CONTEMPORAIN Une séduisante adresse sur les hauteurs du Rayol, dans un quartier résidentiel proche de la mer. Les chambres les plus spacieuses et confortables se situent dans l'extension contemporaine, où certaines jouissent de grandes terrasses d'où la vue porte jusque sur les îles du Levant et de Port-Cros...

24 chambres - 85/325 € 85/325 € - 16 €

18 av. du Capitaine-Thorel - 04 98 08 30 90 - www.hotel-terrasses-dubailli.com - Fermé 12 nov.-15 déc.

RÉ (ÎLE DE) - 17 Charente-Maritime ➜ Voir Île de Ré

REDON

35600 Ille-et-Vilaine - 8 921 hab. - Alt. 10 m - Carte régionale n° **5**-C3
Carte Michelin 309-J9 - Guide Vert Michelin Bretagne Sud

La Bogue

CUISINE MODERNE • FAMILIAL XX Dans ce pays de Redon réputé pour ses châtaigneraies, ce restaurant a bien choisi son nom ! À deux pas des halles, la cuisine évolue au fil du marché et des saisons, et célèbre le poisson : filet de saint-pierre poêlé au laurier et légumes de saison ; dos de merlu rôti aux tomates séchées, chorizo et olives noires... Le tout servi avec le sourire.

Formule 17 € - Menu 37/62 € - Carte 33/55 €

3 r. des Etats - 02 99 71 12 95 - Fermé dim. soir, mardi soir et lundi

REHAUPAL

88640 Vosges - 201 hab. - Alt. 510 m - Carte régionale n° **14**-C3
Carte Michelin 314-I4

Domaine du Haut-Jardin

FAMILIAL • COSY Dans ce petit village de la campagne vosgienne, une maison de pays tenue par un couple accueillant ; les chambres associent esprit rustique et confort, avec un soin notable. Et dans le parc, on découvre six magnifiques chalets avec spa privatif sur la terrasse... Cuisine traditionnelle au restaurant.

9 chambres - 92/122 € 92/122 € - 7 suites - 15 €

43 bis Le Village - 03 29 66 37 06 - www.domaine-du-haut-jardin.com - Fermé 1 semaine en mars, 1 semaine en nov. et 1 semaine en janv.

REIGNIER

74930 Haute-Savoie - 7 366 hab. - Alt. 475 m - Carte régionale n° **25**-F1
Carte Michelin 328-k4

La Table d'Angèle

CUISINE TRADITIONNELLE • BISTRO X Ce restaurant avec véranda propose une appétissante cuisine de bistrot dans un cadre contemporain. Toujours, à la carte, un plat mijoté comme ce lapin chasseur et polenta crémeuse. Agréable terrasse couverte.

Menu 20 € - Carte 36/52 €

273 Grande-Rue - 04 50 31 16 16 - www.tabledangele.com - Fermé 12-29 août, 23 déc.-8 janv., dim. soir, mardi soir et lundi

FoodCollection/Photononstop

ON AIME...

Le **Grand Hôtel des Templiers**, pour son côté vieille France et ses chambres toutes différentes. Le **Pavillon CG**, sa belle cuisine de saison et son élégante salle à manger en rotonde. Le **Jardin des Crayères**, "petite adresse" du Domaine du même nom, pour sa cuisine de saison et sa jolie situation dans une dépendance du parc...

REIMS

✉ 51100 Marne – 183 042 hab. – Agglo. 210 995 hab. – Alt. 85 m – Carte régionale n° **7**-B2
Carte Michelin 306-G7 – Guide Vert Michelin Champagne Ardenne

Restaurants

✿✿✿ Assiette Champenoise (Arnaud Lallement)

CUISINE CRÉATIVE • LUXE XXXX À quoi reconnaît-on un grand cuisinier ? Au caractère de ses recettes, à sa capacité à apprivoiser même la simplicité, et bien sûr à révéler les saveurs... Ces qualités, Arnaud Lallement les possède toutes. Sans artifice, ses assiettes, rehaussées notamment de sauces magnifiques, réservent des émotions rares ! Le tout dans un cadre chic et moderne des plus agréables.

➜ Langoustine royale, nage crémée et citron caviar. Homard bleu hommage à mon papa. Le citron.

Menu 95 € (déj. en semaine), 185/275 € – Carte 175/250 €

Plan : A2-e *Hôtel Assiette Champenoise, 40 av. Paul-Vaillant-Couturier, à Tinqueux ✉ 51430*
– ✆ 03 26 84 64 64 – www.assiettechampenoise.com
– Fermé 11 fév.-8 mars, 31 juil.-15 août, mardi et merc.

✿✿ Le Parc Les Crayères

CUISINE MODERNE • LUXE XXXXX La magnifique demeure, installée en retrait du centre-ville dans un parc de 7 ha, présage d'un repas mémorable. Bingo : le chef Philippe Mille réalise un travail admirable. Superbes produits (homard, langoustines, foie gras, turbot), technique impeccable... et plus de 750 champagnes différents sur la carte des vins ! Un moment précieux.

➜ Foie gras poché dans un consommé de champagne. Pigeon laqué de coteaux champenois. Soufflé chaud selon les saisons

Menu 69 € (déj.), 130/230 € – Carte 165/230 €

Plan : F3-a *Hôtel Domaine Les Crayères, 64 bd Henry-Vasnier*
– ✆ 03 26 24 90 00 – www.lescrayeres.com
– Fermé 23 déc.-15 janv., lundi et mardi

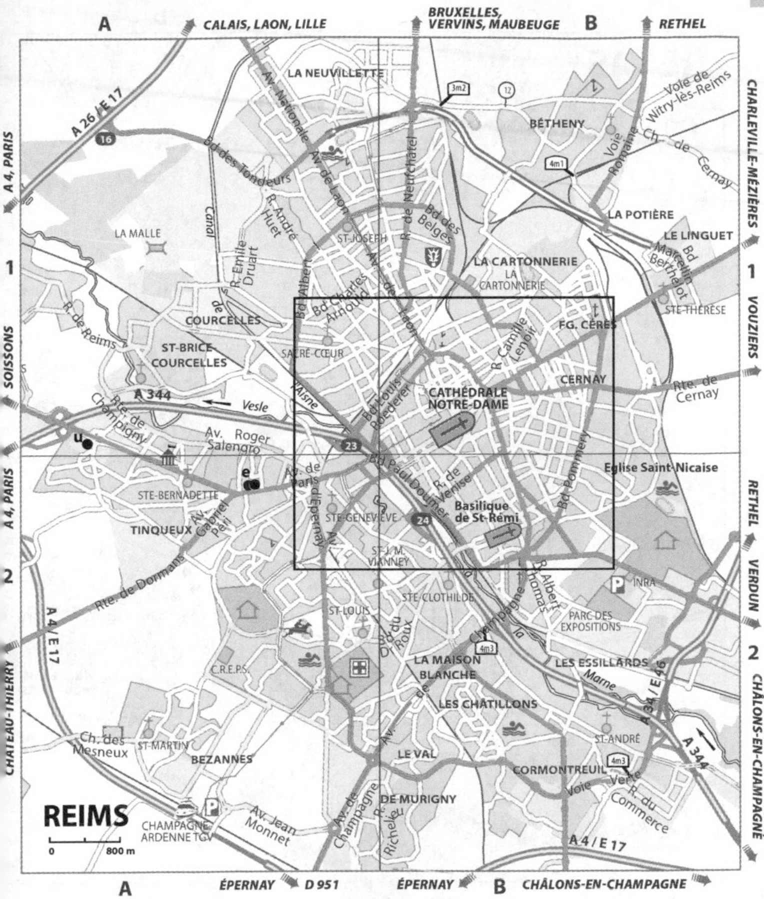

Le Foch (Jacky Louazé)

CUISINE MODERNE • COSY XXX Le restaurant borde les Promenades, ces cours ombragés dessinés au 18e s. On y retrouve avec plaisir la cuisine volontiers inventive du chef, où les produits de qualité sont rois (homard, beaux poissons, etc.). Et plus de vingt ans d'existence !

➜ Tartare de bœuf et huîtres Marennes Oléron. Bar de ligne en terre d'argile de Vallauris. Paris-brest revisité.

Formule 27 € – Menu 33 € (déj. en semaine), 51/69 €

Plan : D1-a *37 bd Foch*

– ✆ 03 26 47 48 22 – www.lefoch.com

– Fermé 1er-7 janv., 1 semaine vacances de fev., août, sam midi, dim. soir et lundi

Un bon repas tout simplement : les restaurants ॥O proposent une cuisine de qualité.

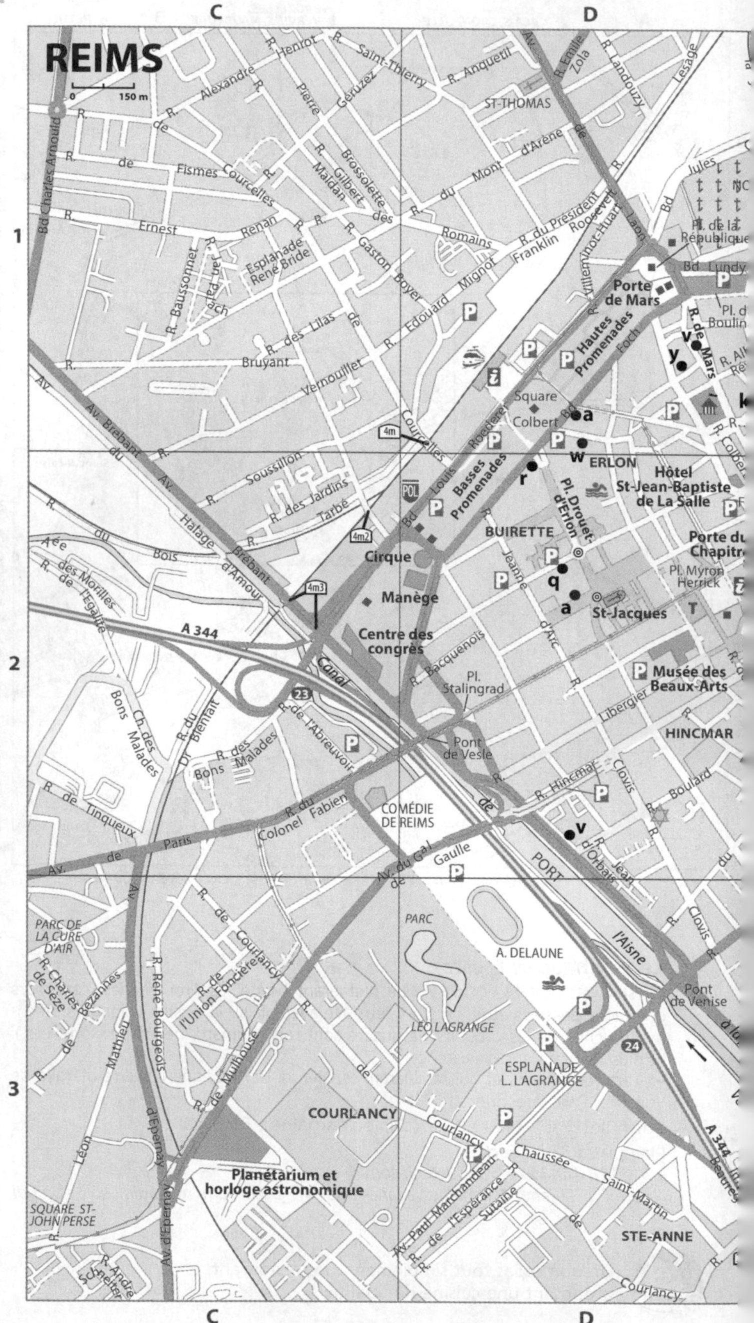
C
D
REIMS
0
150 m
1
2
3
Bd Charles Arnould
R. Alexandre Henrot
R. Saint-Thierry
R. Anquetil
R. Pierre Brossolette
R. Gilbert
R. Maldan
R. Geruzez
ST-THOMAS
R. de Courcelles
R. de Fismes
R. du Mont d'Arène
R. des Romains
R. Ernest Renan
R. Baussonnet
R. Jan Palach
Esplanade René Bride
R. Gaston Boyer
R. du Président Franklin Roosevelt
R. Édouard Mignot
R. des Lilas
R. Bruyant
R. de Vernouillet
Av. Émile Zola
R. Landouzy
Lesage
Bd Jules César
R. Villeminot-Huart
Laon
Pl. de la République
Bd Lundy
Porte de Mars
Pl. du Boulingrin
Hautes Promenades
Foch
R. de Mars
Square Colbert
R. Roederer
Basses Promenades
Bd Louis Roederer
ERLON
Pl. Drouet d'Erlon
Hôtel St-Jean-Baptiste de La Salle
Porte du Chapitre
Pl. Myron Herrick
BUIRETTE
St-Jacques
Cirque
Manège
Centre des congrès
R. Jeanne d'Arc
R. Bacquenois
Pl. Stalingrad
Libergier
Musée des Beaux-Arts
HINCMAR
Av. Brebant
R. Soussillon
R. des Jardins
Tarbé
Halage du Bois d'Amour
Aée des Morilles
R. de l'Égalité
A 344
Canal
23
R. de l'Abreuvoir
R. du Dr Bienfait
Ch. des Bons Malades
R. des Bons Malades
Pont de Vesle
R. Hincmar
Clovis
R. Boulard
R. de Tinqueux
Av. de Paris
R. du Colonel Fabien
COMÉDIE DE REIMS
Av. du Gal de Gaulle
R. Jean d'Orbais
PORT de l'Aisne
PARC
A. DELAUNE
LÉO LAGRANGE
ESPLANADE L. LAGRANGE
PARC DE LA CURE D'AIR
R. Charles de Sèze
R. de Bezannes
R. de Courlancy
R. de l'Union Foncière
R. René Bourgeois
R. de Mulhouse
R. Mathieu
Av. d'Épernay
Pont de Venise
24
COURLANCY
Courlancy
Chaussée Saint-Martin
Planétarium et horloge astronomique
SQUARE ST-JOHN PERSE
R. André Schneiter
Av. Paul Marchandeau
R. de l'Espérance
Sutaine
STE-ANNE
Léon
A 344
4m
4m2
4m3
a
w
r
q
a
v
y
v

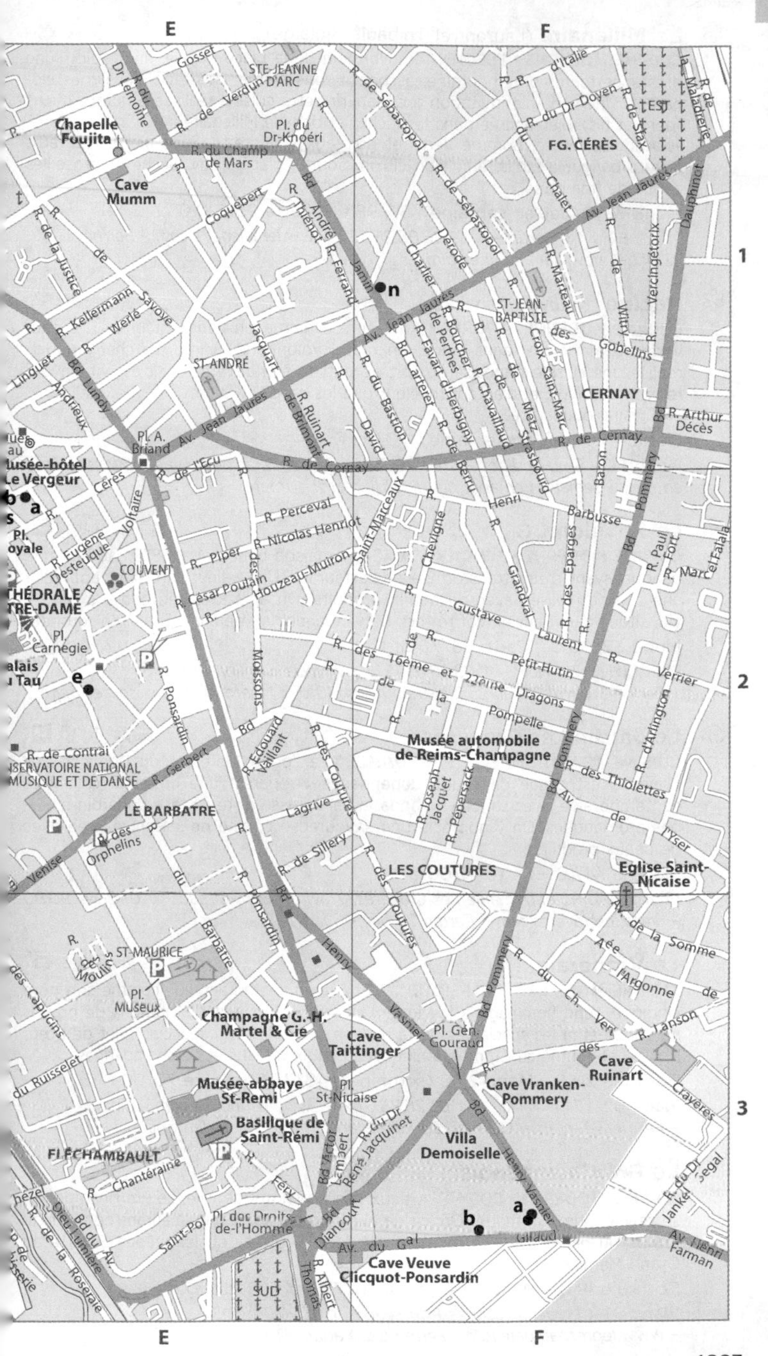
E
F
1
2
3
Chapelle Foujita
Cave Mumm
STE-JEANNE D'ARC
Pl. du Dr-Knoéri
R. du Champ de Mars
R. de Verdun
R. de Sébastopol
FG. CÉRÈS
R. du Dr Doyen
R. d'Italie
EST
Av. Jean Jaurès
R. Chalet
Bd Dauphinot
R. de Vitry
R. Vercingétorix
R. Marteau
ST-JEAN-BAPTISTE
R. des Gobelins
Croix Saint-Marc
CERNAY
R. Arthur Décès
R. de Cernay
R. Dérodé
R. Charlier
R. Boucher de Perthes
R. Favart d'Herbigny
R. Chavaillaud
R. de Metz
Strasbourg
R. de Berru
R. du Bastion
Bd Carteret
R. David
R. Ferrand
R. Jamin
Bd André Thiénot
R. Coquebert
R. Ruinart de Brimont
R. Jacquart
ST-ANDRÉ
R. de la Justice
R. Kellermann
R. Werlé
R. de Savoye
Linguet
Andrieux
Bd Lundy
Pl. A. Briand
Musée-hôtel Le Vergeur
R. de l'Écu
R. Cérès
R. Perceval
R. Nicolas Henriot
R. Piper
R. Houzeau-Muiron
R. César Poulain
R. des Moissons
R. Saint-Marceaux
R. Chevigné
R. Henri Barbusse
R. Grandval
R. Baron
Bd Pommery
R. des Éparges
R. Paul Fort
R. Marc
R. Gustave Laurent
R. des 16ème et 22ème Dragons
R. de la Pompelle
R. Petit-Hutin
R. Verrier
R. d'Arlington
R. Eugène Desteuque
R. Voltaire
COUVENT
CATHÉDRALE NOTRE-DAME
Pl. Carnegie
Palais du Tau
R. Ponsardin
R. de Contrai
CONSERVATOIRE NATIONAL MUSIQUE ET DE DANSE
R. Gerbert
LE BARBATRE
R. des Orphelins
R. de Venise
Bd Édouard Vaillant
R. des Coutures
R. Lagrive
R. de Sillery
Musée automobile de Reims-Champagne
R. Joseph Jacquet
R. Pepersack
R. des Thiolettes
Av. de l'Yser
LES COUTURES
Église Saint-Nicaise
Av. de la Somme
Allée de l'Argonne
R. du Ch. Vert
R. Lanson
R. du Barbâtre
ST-MAURICE
R. des Moulins
Pl. Museux
R. des Capucins
Bd Henry Vasnier
Champagne G.-H. Martel & Cie
Cave Taittinger
Pl. Gén. Gouraud
Cave Ruinart
R. des Crayères
Cave Vranken-Pommery
R. du Ruisselet
Musée-abbaye St-Remi
Pl. St-Nicaise
Basilique de Saint-Rémi
R. du Dr Jacquinet
Villa Demoiselle
FLÉCHAMBAULT
R. Chanteraine
R. Féry
Bd Victor Lambert
R. Rémi
R. du Dr Jankel Segal
Pl. des Droits de l'Homme
Bd Diancourt
R. Saint-Pol
Bd du Dieu Lumière
Av. de la Roseraie
Av. du Gal Giraud
Av. Henri Farman
Cave Veuve Clicquot-Ponsardin
R. Albert Thomas
SUD
n
a
b
e

Le Millénaire (Laurent et Thibault Laplaige)

CUISINE MODERNE • ÉLÉGANT XXX Non loin de la place Royale, une table d'une prestance toute contemporaine, associant tons crème, chêne clair et lignes élégantes. Une véritable invitation à découvrir cette cuisine réalisée à quatre mains (père et fils), bien ancrée dans le siècle... et dans le Millénaire !

→ Anguille fumée, pomme verte et poireaux vinaigrette. Saint-pierre rôti, artichauts barigoule farcis, émulsion citron. Soufflé glacé Vichy, pêche et groseilles au jus de framboise.

Menu 39 € (déj. en semaine), 57/98 € - Carte 95/120 €

Plan : E2-s *4 r. Bertin - ✆ 03 26 08 26 62 - www.lemillenaire.com - Fermé 22 oct.-4 nov., sam. midi et dim.*

Racine (Kazuyuki Tanaka)

CUISINE MODERNE • ÉPURÉ XX Au cœur de Reims, un petit restaurant (20 couverts au maximum) dans lequel on prend volontiers Racine... Le chef japonais réalise une cuisine française au fort accent de son pays natal : c'est vif, savoureux, très soigné, et d'autant meilleur que les produits utilisés sont de qualité.

→ Cuisine du marché.

Menu 45 € (déj. en semaine), 70/95 €

Plan : E2-e *6 pl. Godinot - ✆ 03 26 35 16 95 - www.racine.re - Fermé 2 semaines en fév., 3 semaines en août, jeudi midi, mardi et merc.*

Le Pavillon CG

CUISINE MODERNE • TENDANCE XX Cette maison bourgeoise (1850) abritait une banque avant d'être transformée en restaurant. Une valeur sûre pour apprécier une cuisine réalisée avec de beaux produits. On appréciera en outre la cave à vin, située dans l'ancien coffre-fort. Service aimable et élégante salle en rotonde.

Menu 32/90 € - Carte 58/76 €

Plan : D1-w *7 r. Noël - ✆ 03 26 03 15 15 - www.le-pavillon-cg.com - Fermé 30 avril-9 mai, 25 juil.-8 août, 24-30 déc., mardi soir, dim. soir et merc.*

Le Jardin Les Crayères

CUISINE TRADITIONNELLE • TENDANCE X La "petite adresse" du Domaine Les Crayères est située dans une dépendance du parc : une brasserie chic, très contemporaine, avec sa jolie véranda et sa terrasse juste en face du jardin d'herbes aromatiques. On y apprécie une savoureuse cuisine de saison réalisée avec de beaux produits.

Menu 31/47 € - Carte 41/66 €

Plan : F3-b *Hôtel Domaine Les Crayères, 7 av. du Gén.-Giraud - ✆ 03 26 24 90 90 - www.lescrayeres.com - Fermé 22 déc.-16 janv.*

La Vigneraie

CUISINE MODERNE • CLASSIQUE XXX Charmant restaurant qui, comme son nom l'indique, rend hommage à la vigne. Les murs s'égayent de citations de grands auteurs. Parmi les spécialités de la maison : homard en capuccino, filet de bœuf Rossini et soufflé au Grand-Marnier. Beau choix de vins et de champagnes.

Formule 20 € - Menu 27 € (semaine), 48/72 € - Carte 70/90 €

Plan : D2-a *14 r. Thillois - ✆ 03 26 88 67 27 - www.vigneraie.com - Fermé 3-11 mars, 4-30 mai, 30 juil.-19 août, merc. midi, dim. soir et lundi*

Le Pré Champenois

CUISINE MODERNE • COSY XX À deux pas de l'hôtel de ville, ce Pré Champenois se révèle intime et feutré. On s'y régale de plats savoureux, fleurant bon l'air du temps ou plus classiques (comme cet œuf meurette ou les crêpes Suzette au Grand Marnier).

Formule 18 € - Menu 22 € (déj.), 36/72 € 🍷 - Carte 37/61 €

Plan : D1-k *1 r. Jean-Jacques-Rousseau - ✆ 03 26 24 27 15 - www.leprechampenois.fr - Fermé 6-20 août, dim. et lundi*

Doko Koko

INFLUENCES ASIATIQUES • CONTEMPORAIN En lieu et place du restaurant Racine, ce bistrot franco-japonais (Doko Koko, signifiant "C'est où? C'est ici!") propose une cuisine franco-japonaise de bon aloi. Appellations traditionnelles mais tour de main nippon !

Menu 29 €

Plan : E2-b *8 r. Colbert – 03 26 36 30 41 – Fermé 3 semaines en août, 2 semaines en fév., dim. et lundi*

Le Bocal

POISSONS ET FRUITS DE MER • SIMPLE Une adresse insolite et confidentielle... À l'arrière de la Poissonnerie des Halles, on découvre une petite salle toute simple, où l'on célèbre sans chichis les saveurs de la mer : huîtres, saumon fumé maison, tartares, poisson du jour, etc. On surnomme les habitués les "agités du bocal" : attention à la contagion !

Carte 23/56 €

Plan : D1-v *27 r. de Mars – 03 26 47 02 51 – www.restaurantlebocal.fr – Fermé dim. et lundi*

Le Crypto

CUISINE TRADITIONNELLE • BISTRO Crypto (ou cryptoportique) : chez les Romains, galerie voûtée destinée à la promenade. A Reims : un bistrot ouvert il y a deux ans par un cuisinier, passé par de belles tables étoilées. Notre gourmandise flâne entre côte de cochon et biscuits roses de Reims. Ajoutez à cela une belle carte des vins et un service attentionné. Très belle adresse.

Formule 19 € – Menu 23 € – Carte 40/66 €

Plan : E2-a *14 pl. du Forum – 03 26 25 27 81 – Fermé 2 semaines en août, 1 semaine à Noël, 1 semaine en fév., dim. et lundi*

Le Jamin

CUISINE TRADITIONNELLE • DE QUARTIER Un petit restaurant de quartier simple et généreux. On vient là pour la cuisine traditionnelle (terrine de foies de volaille à la confiture d'oignon, filet de turbot rôti, etc.) et les suggestions à l'ardoise, aux prix doux. Service aimable et efficace.

Formule 17 € – Menu 26 €/39 € – Carte 33/47 €

Plan : F1-n *18 bd Jamin – 03 26 07 37 30 – www.lejamin.com – Fermé 30 avril-7 mai, 13-27 août, 15-29 janv., merc. soir, dim. soir et lundi*

Hôtels & maisons d'hôtes

Domaine Les Crayères

HISTORIQUE • GRAND LUXE Dans un grand parc, un décor brillant comme... du champagne. Faut-il préciser que cette superbe demeure est entourée des caves les plus renommées ? Un vrai symbole du luxe à la française que cet établissement, tout en raffinement, tentures épaisses, mobilier bourgeois...

20 chambres – 380/770 € 380/770 € – 31 €

Plan : F3-a *64 bd Henry-Vasnier – 03 26 24 90 00 – www.lescrayeres.com – Fermé 23 déc.-15 janv.*

Le Parc Les Crayères • **Le Jardin Les Crayères** – voir les restaurants ci-dessus

Assiette Champenoise

LUXE • DESIGN Une élégante maison de maître de la fin du 19e s., dans un grand parc clos. Les chambres, très spacieuses, jouent la carte du goût contemporain avec beaucoup de réussite. On les regagne avec plaisir après avoir profité des délices de la table... La satisfaction est complète.

25 chambres – 265/370 € 480/780 € – 8 suites – 33 €

Plan : A2-e *40 av. Paul-Vaillant-Couturier, à Tinqueux 51430 – 03 26 84 64 64 – www.assiettechampenoise.com – Fermé 11 fév.-8 mars et 31 juil.-15 août*

Assiette Champenoise – voir les restaurants ci-dessus

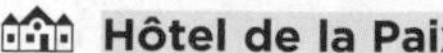

Hôtel de la Paix

BUSINESS • CONTEMPORAIN Cet hôtel, tenu par la même famille depuis 1912, vit avec son temps : jolies chambres contemporaines (tableaux d'artistes rémois), bar pop et cadre design à la brasserie Au Café de la Paix, qui propose fruits de mer, tartares, côte de veau poêlée... Le tout à proximité de la cathédrale.

162 chambres - 140/240 € 140/240 € - 1 suite - 17 €

Plan : D2-q *9 r. Buirette - 03 26 40 04 08 - www.hotel-lapaix.fr*

Grand Hôtel Continental

TRADITIONNEL • CLASSIQUE La belle façade de cet ancien hôtel particulier de 1862 dissimule des chambres décorées dans des styles variés (classique, ancien, actuel, etc.). Un ensemble bourgeois adapté au tourisme comme aux voyages d'affaires. Exigez une chambre rénovée ! Cuisine traditionnelle au Conti.

55 chambres - 180/250 € 180/450 € - 17 €

Plan : D2-r *93 pl. Drouet-d'Erlon - 03 26 40 39 35 - www.grandhotelcontinental.com - Fermé 1er janv.-1er mai*

Mercure Cathédrale

HÔTEL DE CHAÎNE • FONCTIONNEL Nuits calmes garanties dans ce grand bâtiment des années 1970 bordant un boulevard mais totalement insonorisé, aux chambres fonctionnelles et bien équipées.

130 chambres - 105/196 € 105/246 € - 18 €

Plan : D2-v *31 bd Paul-Doumer - 03 26 84 49 49 - www.accorhotels.com*

Azur

FAMILIAL • PERSONNALISÉ Quelques minutes suffisent pour rejoindre la gare ou l'hôtel de ville : une bonne situation pour ce petit hôtel familial, aux chambres simples et particulièrement bien tenues, aux prix sages. Agréable : en été, on sert le petit-déjeuner dans un patio fleuri.

19 chambres - 65/90 € 79/99 € - 10 €

Plan : D1-y *9 r. des Ecrevées - 03 26 47 43 39 - www.hotel-azur-reims.com - Fermé 25 déc.-1er janv.*

à Rilly-la-Montagne 14 km par D951 et D26 - 51500 - 1 025 hab. - Alt. 160 m

Château de Rilly (N)

CUISINE CLASSIQUE • ÉLÉGANT Ravioles d'escargots au champagne, dos de bar, soufflé glacé au Grand Marnier ; voilà de quoi s'émeuvent nos palais à cette table inspirée, imaginée par un chef au parcours international. Belle sélection de champagnes.

Formule 29 € - Menu 39/89 € - Carte 56/97 €

38 r. de Reims - 03 26 07 53 21 - www.lechateauderilly.com - Fermé 1er-25 janv., dim. soir et lundi

Château de Rilly

DEMEURE HISTORIQUE • ÉLÉGANT Au centre de ce village de vignerons de la vallée de Reims, cette belle maison bourgeoise datant du 19e s. a été transformée en un hôtel charmant et intime, avec son élégant cadre classique (moulures, lustres à pampilles, mobilier de style), son jardin à la française, son spa...

15 chambres - 140/215 € 179/215 € - 18 €

38 r. de Reims - 03 26 07 53 21 - www.lechateauderilly.com - Fermé 1er-25 janv.

Château de Rilly - voir les restaurants ci-dessus

Les Bulles Dorées (N)

LUXE • CONTEMPORAIN Dans un charmant village situé sur la route des vins, cette maison abrite de jolies chambres d'hôtes, luxueuses et contemporaines, aux équipements haut de gamme. Jardin verdoyant sur l'arrière et petit-déjeuner au champagne !

4 chambres - 155 € 190/250 €

32 r. de Reims - 06 03 20 33 20 - www.lesbullesdorees.com

à Sillery 11 km au Sud-Est par D944 et D8^{E} – ✉ 51500 – 1 761 hab. – Alt. 90 m

Le Relais de Sillery

CUISINE TRADITIONNELLE • TENDANCE XXX Une auberge élégante dont la terrasse domine la Vesle. Le cadre est bucolique, la gastronomie classique : fricassée de rognon et ris de veau aux champignons, soufflé au Grand Marnier... La cave – aux prix étudiés – impressionne !

Menu 26 € (semaine), 43/72 € – Carte 44/82 €

3 r. de la Gare – ☎ 03 26 49 10 11 – www.relaisdesillery.fr – Fermé 5-11 mars, 12 août-4 sept., 2-9 janv., dim. soir, lundi et mardi

à Montchenot 11 km au Sud par D951 – ✉ 51500 Villers Allerand

Le Grand Cerf (Dominique Giraudeau et Pascal Champion)

CUISINE CLASSIQUE • ROMANTIQUE XXX Au pied de la montagne de Reims, cette auberge affiche un style cossu... Un écrin élégant pour une belle cuisine classique, à déguster dans la belle salle à manger de bois clair, qui se pare, au soir venu d'un irrésistible romantisme. Produits nobles, menu truffe en saison, superbe carte de vins de Champagne.

→ Terrine de saumon aux huîtres et caviar. Ris de veau, sauce à la truffe. Fine tarte aux pommes, glace à la bergamote.

Menu 39 € (déj. en semaine), 108/124 € – Carte 96/162 €

50 rte Nationale – ☎ 03 26 97 60 07 – www.le-grand-cerf.fr – Fermé 8-22 août, dim. soir, mardi et merc.

à l'Ouest 6 km à l'Ouest par autoroute A4 sortie Tinqueux

Novotel

HÔTEL DE CHAÎNE • FONCTIONNEL Cet hôtel des années 1970 vit avec son temps : style épuré dans toutes les chambres, impeccables. Même tendance au restaurant avec des plats à la plancha.

127 chambres – †115/195 € ††115/195 € – ☕ 16 €

Plan : A1-u *rte de Soissons – ☎ 03 26 08 11 61 – www.novotel.com*

à Vrigny 12 km à l'Ouest par A344 puis D27 – ✉ 51390 – Alt. 122 m

Le Clos des Terres Soudées Ⓝ

LUXE • ÉLÉGANT Un paisible petit village de deux cents âmes. Huit générations de vignerons. Un nom digne de Tolkien. On pénètre au Clos des Terres Soudées par un grand portail en fer forgé. Les chambres, chic, jouent du noir mat. Et pour les amateurs, dégustation du champagne de la propriété.

5 chambres ☕ – †180/395 € ††180/395 €

25 r. St-Vincent – ☎ 03 26 03 97 62 – www.closdesterressoudees.fr – Ouvert de début avril à fin oct.

LA REMIGEASSE – 17 Charente-Maritime → Voir Île d'Oléron

REMIGNY

✉ 71150 Saône-et-Loire – 445 hab. – Alt. 215 m – Carte régionale n° **4**-A3
Carte Michelin 320-I8

L'Escale

CUISINE TRADITIONNELLE • AUBERGE X Sur la route du vignoble, au bord du canal, une auberge conviviale et animée. L'accueil est charmant, et l'on cultive la belle tradition : œufs en meurette aux croûtons aillés, mousseline de sandre, quenelles de brochet, ou encore profiteroles... C'est généreux et sans fioritures : une escale de choix, en toute simplicité !

Formule 15 € – Menu 19/28 € – Carte 32/61 €

2 rte de Chassey-le-Camp – ☎ 03 85 87 07 03 – www.restaurant-lescale-remigny.fr – Fermé 15-30 sept., 10-28 fév., dim. soir, mardi soir et merc.

REMIREMONT

✉ 88200 Vosges - 7 768 hab. - Alt. 400 m - Carte régionale n° **14**-C3
Carte Michelin 314-H4

Le Clos Heurtebise

CUISINE MODERNE • ÉLÉGANT XX Cette engageante maison bourgeoise, tenue par un jeune couple sympathique, propose une cuisine au goût du jour parfumée, rythmée par les saisons – comment ne pas céder à la douceur poétique de ces gambas poêlées à l'huile de curry au pavot bleu ? La terrasse d'été offre une jolie vue sur les ballons des Vosges.

Formule 21 € – Menu 30/67 € – Carte environ 52 €

13 chemin des Capucins, par r. Capit.-Flayelle – ✆ 03 29 62 08 04 – www.leclosheurtebise.com – Fermé 12 août-5 sept., dim. soir, lundi et merc.

Poule ou Coq (N)

CUISINE MODERNE • CONVIVIAL X Poule ou Coq ? Un jeu pratiqué par les enfants dans les villages vosgiens… et ce restaurant emmené par un jeune chef, pâtissier de formation. Il propose une cuisine du terroir gourmande et bien ficelée, réalisée à partir de produits de bonne qualité, à déguster dans un intérieur moderne mêlant bois, acier et béton.

Formule 13 € – Menu 16 € (déj. en semaine), 29/45 € – Carte 44/51 €

56 r. Charles-de-Gaulle – ✆ 03 29 26 54 76 – www.restaurant-pouleoucoq.com – Fermé 22-29 avril, 20 août-4 sept., 31 déc.-10 janv., dim. soir et lundi

La Quarterelle

CUISINE MODERNE • INTIME X C'est en couple qu'on préside à la destinée de cette Quarterelle. Monsieur concocte une cuisine mâtinée d'épices et madame vous accueille avec le sourire. Pensez à réserver !

Formule 26 € – Menu 33/37 € – Carte 46/53 €

3 r. de la Carterelle – ✆ 03 29 23 98 69 – Fermé dim. soir, lundi soir, mardi soir et merc.

à Dommartin-lès-Remiremont 5 km à l'Est par D23 – ✉ 88200 – 1 875 hab. – Alt. 398 m

Le Karelian

CUISINE MODERNE • CONTEMPORAIN XX Le nom du restaurant est-il un hommage à la région de Carélie, au nord de l'Europe ? Quoi qu'il en soit, c'est un plaisir de découvrir la cuisine du chef, moderne et volontiers créative, qui évolue avec les saisons. Avec toujours un séduisant chariot de desserts qui ravira les amateurs.

Formule 20 € – Menu 31/59 € – Carte 42/63 €

36 r. du Cuchot – ✆ 03 29 62 44 05 – www.lekarelian.com – Fermé 1 semaine en avril, 23 juil.-5 août, première semaine de déc., dim. soir, mardi sauf vacances scolaires et lundi

à Girmont-Val-d'Ajol 9 km au Sud-Est par D23, D57 et rte secondaire – ✉ 88340 – 241 hab. – Alt. 650 m

La Vigotte

FAMILIAL • TRADITIONNEL Entourée de forêt vosgienne, de prairies et d'étangs, cette ferme de 1750 ravira les amoureux de la nature. Chambres simples et sympathiques. Cuisine de tradition et de terroir servie dans la grande salle rustique ; chaleureuse ambiance montagnarde.

18 chambres – †50/100 € ††50/120 € – ☕ 8,50 €

– ✆ 03 29 24 01 82 – www.vigotte.com – Fermé 2-26 janv.

RENAISON

✉ 42370 Loire - 3 029 hab. - Alt. 387 m - Carte régionale n° **23**-A1
Carte Michelin 327-C3 – Guide Vert Michelin Lyon et sa région

Jacques Cœur

CUISINE TRADITIONNELLE • COLORÉ XX "À cœur vaillant, rien d'impossible !" La devise de Jacques Cœur accompagne le chef, qui ne manque pas d'allant lorsqu'il s'agit de mitonner de bons petits plats de tradition : tête de veau sauce gribiche, terrine de langoustines, etc.

Menu 25 € (semaine), 32/63 € - Carte 42/54 €

15 r. de Roanne - 04 77 64 25 34 - www.restaurant-jacques-coeur.fr
- Fermé 5-18 mars, 13-21 nov., dim. soir, lundi et mardi

St-Haon-le-Vieux 3 km au Nord par D8 - 42370 - 965 hab. - Alt. 424 m

Auberge du Bon Accueil

CUISINE TRADITIONNELLE • FAMILIAL XX Dans le vignoble de la côte roannaise, en face des caves d'affinage d'un fromager Maître Ouvrier de France, cette agréable auberge, affublée d'un petit jardin et d'une terrasse ombragée, propose une cuisine dans l'air du temps où priment les saisons.

Formule 20 € - Menu 25 € /55 €

1301 rte de Renaison (La Croix-Lucas) - 04 77 64 40 72
- www.restaurant-lebonaccueil.fr
- Fermé 9-17 avril, 3-17 sept., 22 janv.-6 fév., jeudi soir, dim. soir et lundi

RENESCURE

59173 Nord - 2 084 hab. - Alt. 30 m - Carte régionale n° **16**-B2
Carte Michelin 302-C3

La Table de Romain

CUISINE CLASSIQUE • CONVIVIAL X Située au cœur du bourg, en face du château de Zuthove, cette maison de village est le quartier-général d'un jeune chef plein d'allant. Il réalise une goûteuse cuisine du marché, et revisite le terroir au gré d'une carte qui évolue chaque semaine. Le tout dans un intérieur chic et convivial, qui ne manque pas de séduire !

Formule 18 € - Menu 20 € (déj. en semaine)/30 €

1 r. Gaston-Robbe - 09 67 35 23 60 - www.tablederomain.kazeo.com - Fermé 1er-15 août, mardi soir, merc. soir, jeudi soir, sam. midi, dim. soir et lundi

Hussenot/SoFood/

ON AIME...

IMA, dont le chef s'inspire de la philosophie japonaise pour un résultat épatant. **Racines**, où la chef Victoire Giboire fait preuve d'une élégance certaine. **Les Carmes**, un bistrot sympathique à la gloire des producteurs locaux. Et bien sûr, le superbe **marché de la place des Lices**, avec ses produits très réputés : volaille, légumes...

RENNES

✉ 35000 Ille-et-Vilaine – 213 454 hab. – Agglo. 322 247 hab. – Alt. 40 m – Carte régionale n° **5**-D2
Carte Michelin 309-L6 – Guide Vert Michelin Bretagne Nord

Restaurants

Ima (N) (Julien Lemarié)

CUISINE MODERNE • ÉPURÉ Ima, le "moment présent" en japonais, témoigne de la philosophie du chef, guidé par l'inspiration et les meilleurs produits du moment. Le résultat est épatant : menu surprise savoureux (inspiré du Japon, mais pas seulement), technique impeccable, bouillons et épices très aromatiques... Un coup de cœur.

➜ Cuisine du marché.

Menu 30 € (déj. en semaine), 58/78 €

Plan : A3-n *20 bd de la Tour-d'Auvergne – 02 23 47 82 74 – www.ima.restaurant – Fermé 2 semaines en août, 1 semaine en janv., dim. et lundi*

L'Atelier des Gourmets

CUISINE TRADITIONNELLE • BISTRO Les gourmets se faufileront dans cet Atelier qui leur est dédié pour déguster une savoureuse cuisine du marché, mitonnée avec affection par un chef passionné. Terrine de cochon (proposée entière sur la table !), merlu et caviar d'aubergine à la marocaine. Le tout pour un rapport qualité-prix implacable.

Formule 13 € – Menu 18 € (déj. en semaine)/31 € – Carte 32/39 €

Plan : A2-b *12 r. Nantaise – 02 99 67 53 84 – www.lateliersdesgourmets-rennes.fr – Fermé 2 semaines fin août-début sept., dim. et lundi*

Le Carré

CUISINE MODERNE • HISTORIQUE Cet ancien hôtel particulier du 17e s. dispose de deux salles principales, mariant l'ancien au moderne. Le chef ne sert que du frais, issu des producteurs de la région : il en résulte une cuisine goûteuse, bien dans l'air du temps. Cave de dégustation au sous-sol.

Formule 19 € – Menu 23 € (déj. en semaine), 35/72 € – Carte 49/65 €

Plan : A2-c *34 pl. des Lices – 02 23 40 21 21 – www.lecarrerennes.fr – Fermé 5-20 août, dim. et lundi*

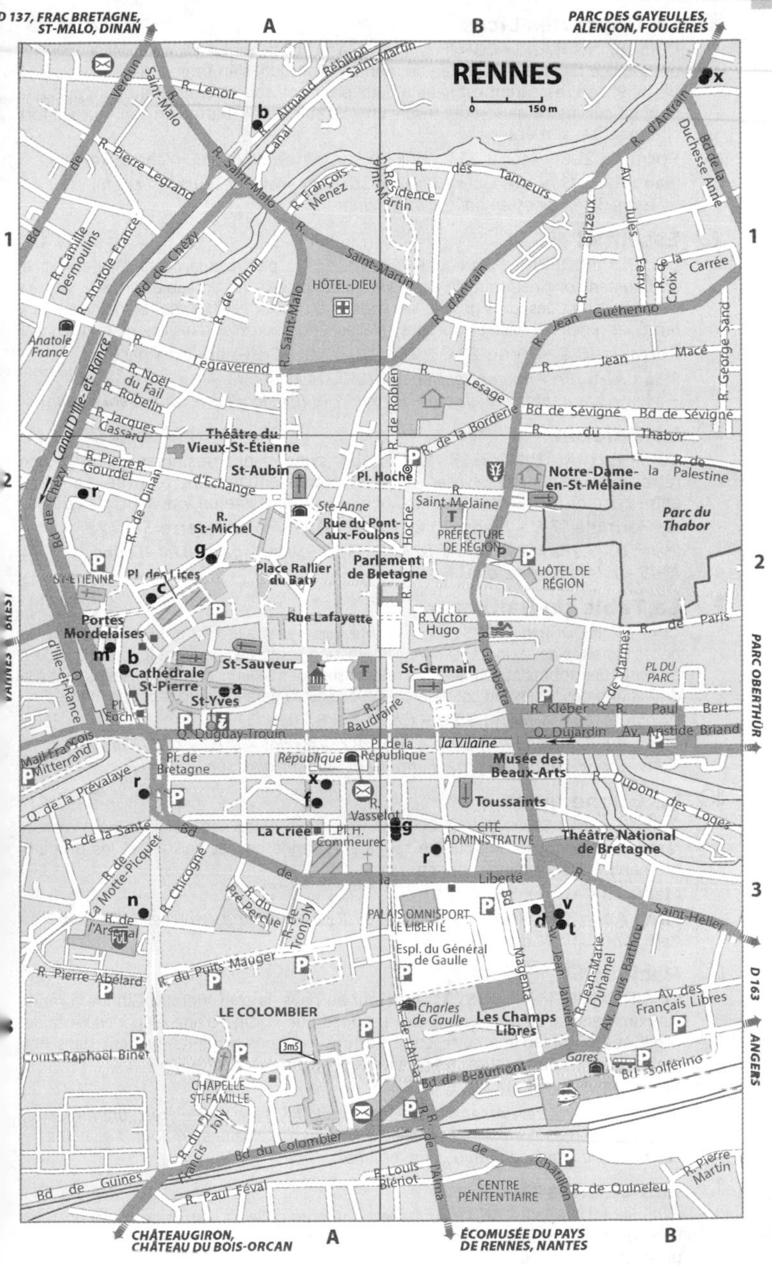
RENNES
0 150 m
D 137, FRAC BRETAGNE, ST-MALO, DINAN
PARC DES GAYEULLES, ALENÇON, FOUGÈRES
PARC OBERTHÜR
D 163
ANGERS
VANNES, BREST
CHÂTEAUGIRON, CHÂTEAU DU BOIS-ORCAN
ÉCOMUSÉE DU PAYS DE RENNES, NANTES
HÔTEL-DIEU
Anatole France
Théâtre du Vieux-St-Étienne
St-Aubin
Pl. Hoche
Notre-Dame-en-St-Mélaine
Parc du Thabor
Ste-Anne
Rue du Pont-aux-Foulons
PRÉFECTURE DE RÉGION
HÔTEL DE RÉGION
Place Rallier du Baty
Parlement de Bretagne
Pl. des Lices
Portes Mordelaises
Cathédrale St-Pierre
St-Yves
Rue Lafayette
St-Sauveur
St-Germain
PL DU PARC
la Vilaine
République
Pl. de la République
Musée des Beaux-Arts
Toussaints
La Criée
Pl. H. Commeurec
CITÉ ADMINISTRATIVE
Théâtre National de Bretagne
PALAIS OMNISPORT LE LIBERTÉ
Espl. du Général de Gaulle
Charles de Gaulle
Les Champs Libres
LE COLOMBIER
CHAPELLE ST-FAMILLE
Gares
CENTRE PÉNITENTIAIRE
Canal d'Ille-et-Rance
Mail François Mitterrand
Q. Duguay-Trouin
Q. Dujardin
Av. Aristide Briand
Bd de Sévigné
Bd de la Liberté
Bd de Beaumont
Bd du Colombier
Bd de Guines
Bd de Chézy
Bd de la Duchesse Anne
R. Saint-Malo
R. Saint-Martin
R. d'Antrain
R. Jean Guéhenno
R. Jean Macé
R. Gambetta
R. de Paris
R. Kléber
R. Paul Bert
R. Dupont des Loges
R. Saint-Hélier
Av. Jean Janvier
Av. Louis Barthou
Av. des Français Libres
R. de l'Alma
R. de Châtillon
R. de Quineleu
R. Pierre Martin
R. Paul Féval
R. Louis Blériot
Cours Raphaël Binet
R. Pierre Abélard
R. du Puits Mauger
R. de la Santé
R. Chicogné
Q. de la Prévalaye
Pl. de Bretagne
Pl. Foch
R. Vasselot
R. Baudrairie
R. Victor Hugo
R. Hoche
R. de Robien
R. Saint-Melaine
R. de la Palestine
R. du Thabor
R. Lesage
R. de la Borderie
R. Legraverend
R. de Dinan
R. d'Échange
R. St-Michel
R. Lenoir
R. Pierre Legrand
R. Camille Desmoulins
R. Anatole France
R. des Tanneurs
R. François Menez
Résidence Saint-Martin
Canal
R. Armand Rébillon
Bd de Verdun
R. Brizeux
Av. Jules Ferry
R. de la Croix Carrée
R. George Sand
R. de Vlarmes
R. Jean-Marie Duhamel
Magenta
Bd Solférino
R. Noël du Fail
R. Robelin
R. Jacques Cassard
R. Pierre Gourdel
R. de la Motte-Picquet
R. de l'Arsenal
R. du Pré Perché
R. de Tronjoly
R. du Dr Francis Joly
ST-ÉTIENNE

Le Cours des Lices

CUISINE MODERNE • CONVIVIAL XX Voilà un chef qui ne manquerait le marché de la place des Lices pour rien au monde ! Pourquoi s'en priver ? Dans sa maison de 1659, son restaurant est situé à deux pas : une source d'inspiration inépuisable pour sa cuisine de saison qui révèle un véritable savoir-faire d'artisan. Accueil fort charmant de son épouse.

Formule 21 € - Menu 23 € (déj. en semaine), 35/46 € - Carte 44/72 €

Plan : A2-g *18 pl. des Lices - ✆ 02 99 30 25 25 - www.lecoursdeslices.fr - Fermé 3 semaines en août, dim. et lundi*

Essentiel

CUISINE MODERNE • CONTEMPORAIN XX Sur le pittoresque canal d'Ille-et-Rance, un bâtiment original, tout de verre vêtu, prolongé d'une agréable terrasse face au canal. Bois, briques, tons gris : le lieu évoque un loft urbain. La chef Blandine Lucas a repris les rênes des lieux et y propose d'alléchantes adresses dans l'air du temps.

Formule 16 € - Menu 22 € (déj.), 32/42 € - Carte environ 40 €

Plan : A1-b *11 r. Armand-Rebillon - ✆ 02 99 14 25 14 - www.restaurantessentiel.com - Fermé 13-19 fév., lundi soir, sam. midi et dim.*

Le Galopin

CUISINE TRADITIONNELLE • COSY XX Un sympathique restaurant à la façade rétro, avec banquettes, vivier, et salle feutrée entièrement rénovée. La carte, entre terre et mer - dont un menu homard -, manifeste un vrai souci de qualité.

Formule 17 € - Menu 20 € (semaine), 32/42 € - Carte 34/72 €

Plan : B3-v *21 av. Janvier - ✆ 02 99 31 55 96 - www.legalopin.fr - Fermé 1er-15 août, sam. midi, dim.*

La Table du Balthazar

CUISINE MODERNE • COSY XX La courte carte, très alléchante, laisse entrevoir de belles assiettes de saison. Une bonne impression confirmée pendant le repas, avec des préparations sobres et soignées, où retentissent des saveurs harmonieuses. Quant à la disposition des tables, au coude-à-coude, elle est la garantie d'un repas animé !

Formule 25 € - Menu 35 € - Carte 34/63 €

Plan : B2_3-g *Hôtel Balthazar & Spa, 28 r. Vasselot - ✆ 02 99 32 76 14 - www.hotel-balthazar.com - Fermé sam. midi et dim. soir*

Le Guehennec

CUISINE TRADITIONNELLE • COSY XX Près de la place des Lices, ce petit restaurant intime propose une cuisine soignée, rythmée par les saisons et les produits du marché. Décor contemporain.

Menu 25 € (déj.), 38/47 €

Plan : A2-m *33 r. Nantaise - ✆ 02 99 65 51 30 - Fermé 2 semaines août, sam. midi, lundi soir et dim.*

Racines (N)

CUISINE MODERNE • COSY XX De retour au pays, la chef Victoire Giboire a repris les commandes de l'ex-Azoen. Elle propose une cuisine d'une élégance certaine, organisée autour d'une carte courte et de très bons produits. Le tout dans une ambiance feutrée et intimiste, propice aux confidences...

Menu 25 € (déj.), 45/55 €

Plan : A3-a *12 r. de l'Arsenal - ✆ 02 99 65 64 21 - www.racines-restaurant.fr - Fermé 1 semaine en fév., 1 semaine à Pâques, 3 semaines en août, 1 semaine vacances de Noël, sam. midi, dim. et lundi*

Les Carmes (N)

CUISINE MODERNE • BISTRO X Ce restaurant au style de bistrot convivial propose une cuisine au goût du jour, bien ficelée, attentive aux saisons, comme aux petits producteurs locaux.

Formule 17 € - Menu 20 € (déj. en semaine), 32/49 € - Carte environ 40 €

Plan : B3-r *2 r. des Carmes - ✆ 02 99 79 28 95 - www.lescarmes-rennes.com - Fermé 1 semaine en août, 1 semaine vacances de Noël, dim. et lundi*

Chez Meh

CUISINE THAÏLANDAISE • SIMPLE Des parfums de gingembre, de citron vert et de citronnelle, de subtils aigres-doux, des woks généreux et d'incontournables larmes du tigre : les saveurs de la Thaïlande et du Laos (dont est originaire la famille propriétaire) révélées par une cuisinière émérite, qui s'approvisionne sur les meilleurs marchés rennais. Réservez !

Formule 16 € - Menu 29 € - Carte environ 33 €

Hors plan *37 bd de Verdun - ✆ 02 99 54 59 18 - www.chezmehissan.fr - Fermé lundi*

Crêperie La Saint-Georges

CUISINE BRETONNE • TENDANCE Dans une vieille rue piétonne du centre historique de Rennes, cette demeure du 17es. à colombages dissimule un petit paradis pour amateurs de galettes et de crêpes, traditionnelles ou originales, toutes cuites avec soin et parfumées. Si la crêperie affiche complet, même enseigne et même carte rue Jules Simon.

Formule 12 € 🍷 - Carte 14/28 €

Plan : A2-a *11 r. du Chapître - ✆ 02 99 38 87 04 - www.creperie-saintgeorges.fr - Fermé 1 semaine à Noël, dim. et lundi*

Léon le Cochon

CUISINE TRADITIONNELLE • BISTRO On ne présente plus Léon le Cochon, bistrot canaille et branché du centre-ville, à l'atmosphère animée. Le décor est chic sans être guindé, et la cuisine vise toujours aussi juste : poisson à la plancha, cochonnailles et abats, menu du marché...

Formule 13 € - Menu 17 € 🍷 (déj. en semaine), 21/27 € - Carte 28/51 €

Plan : A2-x *6 r. du Pré-Botté - ✆ 02 99 79 37 54 - www.leonlecochon.fr - Fermé dim. en juil.-août*

Le Marc'had

CUISINE TRADITIONNELLE • SIMPLE Dans une ruelle, située entre gare et centre-ville, cette auberge à la façade rouge vif propose une cuisine traditionnelle mâtinée d'influences bretonnes : huîtres chaudes de Cancale à la crème d'ail, travers de porc au cidre, miel et romarin... Les habitués, qui s'y pressent, ne s'y trompent pas.

Formule 15 € - Menu 18 € (déj.), 25/39 € - Carte 33/42 €

Plan : B3-d *4 r. Descartes - ✆ 02 99 30 29 69 - Fermé 1er-8 janv., 1er-8 mai, 7-20 août, sam. midi et dim.*

Le Quatre B

CUISINE MODERNE • DESIGN Sur une grande place, en cœur de ville, une maison engageante au décor rajeuni et prolongée d'une avenante véranda. Dans l'assiette, on trouve une cuisine au goût du jour, volontiers éclectique ; la carte et les menus évoluent au gré des saisons.

Formule 14 € - Menu 29 € (déj. en semaine) - Carte 30/50 €

Plan : A2-r *4 pl. de Bretagne - ✆ 02 99 30 42 01 - www.quatreb.fr - Fermé sam. midi et dim. soir*

Hôtels

Balthazar Hôtel & Spa

BOUTIQUE HÔTEL • ÉLÉGANT Inauguré mi-2014, l'établissement s'impose d'emblée comme le meilleur de la ville : derrière une belle façade classique, peinte de gris perle, les aménagements allient lignes élégantes et larges volumes, matières naturelles et ambiance feutrée, services de qualité et agréable spa... Un ensemble contemporain qui fera date.

56 chambres - †165/645 € ††165/645 € - ☕ 25 €

Plan : B2_3-g *19 r. du Mar.-Joffre - ✆ 02 99 32 32 32 - www.hotel-balthazar.com*

La Table du Balthazar - voir les restaurants ci-dessus

Le Saint-Antoine

BOUTIQUE HÔTEL • PERSONNALISÉ Une grande façade de verre sur une avenue passante entre gare et centre-ville, pour cet hôtel ouvert en janvier 2016. Le décor des chambres joue la sobriété et la modernité. Au sous-sol, le joli spa propose sauna, hammam, et bassin de nage à contre-courant.

60 chambres – 120/350 € 120/350 € – 1 suite – 17 €

Plan : B3-t *27 av. Jean-Janvier*
– 02 23 44 33 33 – www.saint-antoine-hotel.fr

Le Coq-Gadby

URBAIN • À THÈME Cet hôtel, situé dans les faubourgs nord de Rennes, propose des chambres où le bois domine, autour d'un petit jardinet.

14 chambres – 78/128 € 78/128 € – 2 suites – 15 €

Plan : B1-x *156 r. d'Antrain*
– 02 99 38 05 55 – www.lecoq-gadby.com

Magic Hall

BOUTIQUE HÔTEL • PERSONNALISÉ Cet ancien bâtiment de l'armée, un temps transformé en cinéma, s'est réinventé en hôtel. Les chambres jouent sur l'originalité, autour de quatre thèmes : théâtre, cinéma, musique et danse. Il y a même un studio de répétition ! Le copieux petit-déjeuner achèvera de vous convaincre de la magie des lieux. Résolument atypique.

19 chambres – 75/180 € 75/250 € – 12 €

Plan : A2-r *17 r. de la Quintaine*
– 02 99 66 21 83 – www.lemagichall.com

Hôtel de Nemours

URBAIN • PERSONNALISÉ Non loin de la Vilaine et du centre historique, cet hôtel rénové propose des petites chambres chaleureuses et personnalisées, aux tons ivoire et caramel. Ici, point d'extravagance mais un intérieur tout en sobriété et élégance.

41 chambres – 71/169 € 71/250 € – 4 suites – 11 €

Plan : A2-f *5 r. de Nemours*
– 02 99 78 26 26 – www.hotelnemours.com

à St-Grégoire 3 km au Nord par D82 – 35760 – 9 195 hab. – Alt. 45 m

Le Saison (David Etcheverry)

CUISINE MODERNE • ÉLÉGANT XxX Ce pourrait être une simple longère aux portes de Rennes, c'est un petit havre de design contemporain, élégant et lumineux... Le repas n'en est que plus agréable, car le chef signe une cuisine de saison très soignée, centrée sur le produit et subtile dans ses effets !

➜ Langoustines du Guilvinec, petits pois, lait d'amande et framboises. Turbot sauvage cuit sur la flamme, chou-fleur, vanille et tamarin. Craquelins de rhubarbe, cardamome et angélique

Formule 36 € – Menu 58 € (semaine), 78/98 € – Carte 90/135 €

Hôtel les Patios, 1 imp. du Vieux-Bourg (près de l'église) – 02 99 68 79 35 – www.le-saison.com – Fermé dim. soir et lundi

Les Patios

BOUTIQUE HÔTEL • PERSONNALISÉ Lassé par l'agitation de la ville ? Faites une pause dans cet hôtel situé à 6 km au nord de Rennes. Avec son joli jardin et son décor zen et épuré, l'endroit respire la sérénité. Et les chambres, immenses et très soignées, comptent incontestablement parmi les plus belles de la métropole rennaise...

5 chambres – 180/200 € 195/215 €

1 imp. du Vieux-Bourg (près de l'église) – 02 99 68 79 35 – www.le-saison.com

Le Saison – voir les restaurants ci-dessus

à Cesson-Sévigné 6 km à l'Est - ✉ 35510 - 17 233 hab. - Alt. 28 m

Le Germinal

CUISINE TRADITIONNELLE • TENDANCE XX Une terrasse aux airs de pont de bateau avec vue plongeante sur la rivière... Ah, la douceur champêtre d'un moulin sur la Vilaine ! Dans ce très sympathique restaurant, on savoure une cuisine traditionnelle bien tournée.

Formule 18 € - Menu 21 € (déj.), 32/42 € - Carte 32/64 €

Hôtel Le Germinal, 9 cours de la Vilaine, au bourg - ✆ 02 99 83 11 01 - www.legerminal.com - Fermé 1 semaine vacances de fév., 3 semaines en août, vacances de Noël, sam. midi, dim. et fériés

Le Germinal

AUBERGE • FONCTIONNEL Germinal, c'est le printemps et la renaissance de la nature... Un nom parfait pour cet ancien moulin familial posé sur un îlot de la Vilaine. Depuis les chambres, sobrement décorées, on observe les méandres de la rivière.

17 chambres - 65/130 € 65/130 € - 12 €

9 cours de la Vilaine, au bourg
- ✆ 02 99 83 11 01 - www.legerminal.com
- Fermé 1 semaine vacances de fév., 3 semaines en août, vacances de Noël et fériés

Le Germinal - voir les restaurants ci-dessus

à Noyal-sur-Vilaine 12 km à l'Est - ✉ 35530 - 5 653 hab. - Alt. 75 m

Auberge du Pont d'Acigné (Sylvain Guillemot)

CUISINE MODERNE • ÉLÉGANT XXX Une cuisine du terroir maîtrisée et inventive, qui témoigne d'un soin de tous les instants. Le cadre, élégant et lumineux, la terrasse en bord de la Vilaine, comme le service, très agréable, ajoutent au plaisir de cette parenthèse gastronomique. Très beau choix de vins.

→ Eau de tomate et coquillages. Bœuf et purée de feuilles de capucines aux câpres. Parfait aux groseilles et mousse au poivre timut.

Formule 27 € - Menu 35 € (déj. en semaine), 55/115 €

3 km au Nord par rte d'Acigné - ✆ 02 99 62 52 55 - www.auberge-du-pont-dacigne.com - Fermé 31 avril-8 mai, 30 juil.-16 août, 30 oct.-7 nov., 4-31 janv., dim. soir, lundi et mardi

Les Forges

CUISINE TRADITIONNELLE • FAMILIAL XX Cette auberge, située au bord de la route, est installée dans les anciennes forges de la ville. On se restaure dans des salles sobres et blanches. Côté cuisine, on est en plein dans la tradition ; tout est fait maison et le chef travaille comme un véritable artisan.

Menu 17 € (déj.), 26/36 € - Carte 30/46 €

22 av. du Gén.-de-Gaulle - ✆ 02 99 00 51 08
- Fermé 1 semaine en fév., 3 semaines en août, vend. soir et sam.

Le Rheu 8 km à l'Ouest par N24 et D129 - ✉ 35650 - 8 159 hab. - Alt. 30 m

Les Tourelles

CUISINE MODERNE • ROMANTIQUE XXX Bienvenue au château ! Installez-vous sous les plafonds en ogive et les boiseries pour découvrir une cuisine d'aujourd'hui, créative, valorisant les produits locaux. À déguster en terrasse, l'été, face au vaste parc.

Formule 19 € - Menu 29 € (semaine), 43/85 € - Carte environ 65 €

Hôtel Château d'Apigné, rte de Chavagne - ✆ 02 99 14 80 66 - www.chateau-apigne.fr - Fermé 1 semaine en fév., mardi midi, merc. midi, sam. midi, dim. soir et lundi

Château d'Apigné

DEMEURE HISTORIQUE • CLASSIQUE Envie de jouer les aristocrates le temps d'une escapade en Bretagne ? Dans ce cas, cet élégant château néo-Renaissance (1833), au cœur d'un parc immense, est fait pour vous ! Vous apprécierez les chambres alliant classicisme et raffinement : boiseries, moulures, parquet d'époque... Préférez le château au pavillon.

16 chambres - 100/255 € 100/255 € - 16 €

rte de Chavagne - 02 99 14 80 66 - www.chateau-apigne.fr - Fermé 1 semaine en fév.

Les Tourelles - voir les restaurants ci-dessus

LA RÉOLE

33190 Gironde - 4 091 hab. - Alt. 44 m - Carte régionale n° **2**-C2
Carte Michelin 335-K7 - Guide Vert Michelin Aquitaine

Aux Fontaines

CUISINE TRADITIONNELLE • FAMILIAL XX Dans cette petite ville des bords de Garonne, une belle maison de maître datant du 18e s., entourée d'un parc verdoyant : l'endroit est tout simplement charmant. Au calme de la terrasse, on déguste une cuisine traditionnelle branchée sur les saisons, accompagnée d'un bon vin de la région.

Formule 18 € - Menu 29/41 € - Carte 37/63 €

8 r. de Verdun - 05 56 61 15 25 - www.restaurant-aux-fontaines.com - Fermé vacances de fév., 2 semaines en nov., merc. soir, dim. soir et lundi

LA RÉPARA-AURIPLES - 26 Drôme → Voir Crest

RESTONICA (GORGES DE LA) - 2B Haute-Corse → Voir Corse (Corte)

RETHONDES - 60 Oise → Voir Compiègne

REUGNY

03190 Allier - 268 hab. - Alt. 204 m - Carte régionale n° **3**-B1
Carte Michelin 326-C4

La Table de Reugny

CUISINE MODERNE • CONVIVIAL XX Dans les cuisines de cette jolie maison rose aux volets blancs, Jean-Luc Sanguillon a la main sûre et fait parler son instinct. "Mon plus grand bonheur, explique-t-il, est de donner une émotion à mes convives." C'est réussi : on se régale avec des plats du terroir pleins de saveurs, d'énergie et de générosité. Vivifiant !

Formule 18 € - Menu 23 € (semaine), 33/54 € - Carte environ 42 €

25 rte de Paris - 04 70 06 70 06 - www.restaurant-reugny.com - Fermé 16 août-11 sept., 2-16 janv., dim. soir, lundi et mardi

REUILLY

36260 Indre - 2 050 hab. - Alt. 116 m - Carte régionale n° **6**-C3
Carte Michelin 323-I4 - Guide Vert Michelin Limousin Berry

Les 3 Cépages

CUISINE MODERNE • TENDANCE XX En plein cœur du Berry, au centre du célèbre village viticole de Reuilly, cet ancien hôtel à la façade blanche a trouvé un second souffle sous la houlette d'un couple japonais passionné de cuisine française. On réalise ici une cuisine fine, savoureuse et bien maîtrisée, à partir de produits de belle qualité.

Menu 30/68 € - Carte 44/160 €

6 chambres - 58 € 65 € - 8,50 €

17 r. de la Gare - 02 54 03 23 13 - www.les-3-cepages.com - Fermé 1 semaine en sept., 3 semaines en janv., dim. soir, lundi et mardi sauf fériés

REUILLY-SAUVIGNY

✉ 02850 Aisne - 226 hab. - Alt. 78 m - Carte régionale n° **19**-C3
Carte Michelin 306-D8

Auberge Le Relais

CUISINE MODERNE • COSY XxX Cette auberge élégante, avec sa véranda tournée vers le vignes et la verdure, propose une cuisine honnête, entre tradition et modernité.

Formule 36 € - Menu 59/93 € - Carte 96/117 €

7 chambres - 92/98 € 104/130 € - 18 €

2 r. de Paris - 03 23 70 35 36 - www.relaisreuilly.com - Fermé 18 fév.-16 mars, 13-31 août, mardi et merc.

REVEL

✉ 31250 Haute-Garonne - 9 387 hab. - Alt. 210 m - Carte régionale n° **15**-C2
Carte Michelin 343-K4

à Garrevaques 6 km au Nord-Ouest par D79F, D145 puis D45 - ✉ 81700 - 373 hab. - Alt. 192 m

Le Pavillon du Château

BUSINESS • PERSONNALISÉ Au cœur du pays cathare, dans un parc de 7 ha, ce bel hôtel occupe les écuries d'un château du 16e s. remanié au 19e s. Charme, authenticité et tableaux contemporains, meubles chinés et agréable spa, restaurant classique. Tout se mêle avec élégance.

15 chambres - 95/280 € 95/280 € - 15 €

Château de Garrevaques - 05 63 75 04 54 - www.garrevaques.com

REVIGNY-SUR-ORNAIN

✉ 55800 Meuse - 3 005 hab. - Alt. 144 m - Carte régionale n° **14**-A2
Carte Michelin 307-A6

La Maison Forte

HISTORIQUE • PERSONNALISÉ Cette demeure du 18e s. fut jadis la propriété du duc de Bar, puis du duc de Lorraine. Les chambres ont été personnalisées dans des tons doux, avec de jolis matériaux (pierre, tomettes) ; au petit-déjeuner, on se régale de confitures et tartes maison.

5 chambres - 70/110 € 85/135 €

6 pl. Henriot-du-Coudray - 06 63 46 03 26 - www.lamaisonforte.fr - Fermé 15 déc.-15 janv.

RÉVILLE - 50 Manche → Voir St-Vaast-la-Hougue

REZÉ - 44 Loire-Atlantique → Voir Nantes

LE RHEU - 35 Ille-et-Vilaine → Voir Rennes

LE RHIEN - 70 Haute-Saône → Voir Ronchamp

RHINAU

✉ 67860 Bas-Rhin - 2 756 hab. - Alt. 158 m - Carte régionale n° **1**-B2
Carte Michelin 315-K7

Au Vieux Couvent (Alexis Albrecht)

CUISINE CRÉATIVE • CONTEMPORAIN XxX Un repère de loin cette engageante maison couleur terre, située près des berges fleuries du Brunnwasser. À l'intérieur, une salle baignée de lumière ; dans l'assiette, la cuisine du chef, pleine d'inventivité, qui met en avant les poissons des rivières alsaciennes... et les bons légumes du potager familial !

→ Carpaccio d'espadon, tomate séchée, herbes et fleurs. Turbot sauvage, légumes de notre jardin et d'ailleurs, vinaigrette blanche à l'huile de tagète. Festival des desserts.

Menu 37 € (semaine), 58/101 € - Carte 65/130 €

6 r. des Chanoines - 03 88 74 61 15 - www.vieuxcouvent.fr - Fermé 26 fév.-15 mars, 2 semaines en juil., lundi soir, mardi et merc.

RIANS

✉ 83560 Var – 4 284 hab. – Alt. 406 m – Carte régionale n° **21**-B3
Carte Michelin 340-J4

La Roquette

CUISINE TRADITIONNELLE • FAMILIAL X Une petite maison provençale sur la route de Manosque... Du pain aux pâtisseries, tout est fait maison, et le jardin potager fournit aux cuisines une partie des fruits et légumes. Aux beaux jours, les recettes régionales (terrine de foie gras maison, merlu de ligne à l'oseille) prennent de jolies couleurs sur la terrasse.

Formule 22 € – Menu 30/53 € – Carte 43/62 €

quartier La Roquette, 1 km par rte de Manosque – ✆ 04 94 80 32 58 – www.laroquette-rians.com – Fermé 30 août-7 sept., 2-19 janv., le soir en hiver sauf vend. et sam., dim. soir et merc.

RIBEAUVILLÉ

✉ 68150 Haut-Rhin – 4 740 hab. – Alt. 240 m – Carte régionale n° **1**-C2
Carte Michelin 315-H7

Au Relais des Ménétriers

CUISINE TRADITIONNELLE • RUSTIQUE XX Le temps est loin où les ménétriers, ces violonistes itinérants, allaient d'auberge en auberge... mais l'hospitalité est toujours la règle en ce relais, comme les bons plats ! Le chef concocte une bonne cuisine dans l'air du temps, qui met en valeur le terroir alsacien. Le résultat est là : générosité et goût.

Menu 16 € (déj. en semaine), 32/43 € – Carte 46/58 €

Plan : B2-s *10 av. du Gén.-de-Gaulle – ✆ 03 89 73 64 52 – www.restaurant-menetriers.com – Fermé 26 fév.-13 mars, 16-31 juil., jeudi soir, dim. soir et lundi*

Auberge du Parc Carola

CUISINE MODERNE • CONVIVIAL X La jeune chef allemande, Michaela Peters, continue de régaler les gourmands à quelques pas de la source Carola. Avec son compagnon pâtissier, elle signe une cuisine sincère et inspirée, en utilisant de beaux produits de saison : champignons et gibier, truffe, asperges... Jolie terrasse sous les arbres.

Formule 21 € – Menu 33/65 € – Carte 49/72 €

Hors plan *48 rte de Bergheim – ✆ 03 89 86 05 75 – www.auberge-parc-carola.com – Fermé 19 fév.-21 mars, 19 août-5 sept., 29 oct.-14 nov., lundi soir de sept. à mai, mardi et merc.*

Cheval Blanc

CUISINE TRADITIONNELLE • RUSTIQUE X Ce Cheval Blanc a du caractère. Dans un décor de bistrot contemporain, l'ardoise et la carte mettent en valeur le terroir alsacien : coq au riesling, choucroute, assiette de munster... Le tout accompagné d'une bonne sélection de vins d'Alsace au verre.

Formule 16 € – Menu 22/43 € – Carte 28/66 €

Plan : A1-e *Hôtel Cheval Blanc, 122 Grand'Rue – ✆ 03 89 73 61 38 – www.cheval-blanc-alsace.fr – Fermé 19 fév.-7 mars, 13-24 nov., mardi midi et merc.*

Wistub Zum Pfifferhüs

CUISINE ALSACIENNE • RUSTIQUE X Cette charmante winstub est un modèle du genre (boiseries, vieilles poutres, fresques) ; la convivialité règne, surtout lors du Pfifferdaj (fête des ménétriers). Le chef tient à ce que tout soit fait maison et défend avec amour la cuisine du terroir.

Menu 26 € – Carte 34/50 €

Plan : B2-k *14 Grand'Rue – ✆ 03 89 73 62 28 – Fermé vacances de fév., merc. et jeudi*

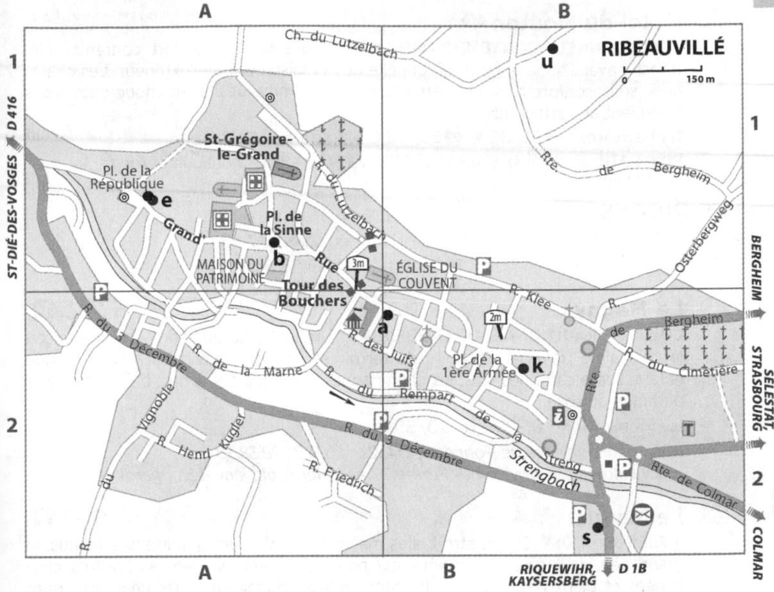

Le Clos St-Vincent

TRADITIONNEL · PERSONNALISÉ Quelle vue sur la plaine d'Alsace ! Des vignes, des montagnes... Devant cette grande et belle maison, elles se déroulent à perte de vue. Les chambres y sont spacieuses, toutes personnalisées et confortables. Et pour se détendre, on file à l'espace bien-être pour profiter du sauna et du jacuzzi.

18 chambres - 🚹140/330 € 🚹🚹160/330 € - 5 suites - ☕19 €

Plan : B1-u *1lieu dit Spiegel, 1,5 km au Nord-Est par rte secondaire – ✆ 03 89 73 67 65 – www.leclossaintvincent.com – Ouvert 23 mars-13 déc.*

La Tour

FAMILIAL · PERSONNALISÉ Face à la tour des Bouchers, sur la place du village, cet hôtel porte bien son nom ! Et on se sent bien dans cette confortable maison à colombages – une ancienne propriété viticole – au décor d'inspiration alsacienne.

31 chambres - 🚹81/110 € 🚹🚹87/118 € - ☕11 €

Plan : B2-a *1 r. de la Mairie – ✆ 03 89 73 72 73 – www.hotel-la-tour.com – Fermé 1er janv.-16 mars*

Le Ménestrel

FAMILIAL · CONTEMPORAIN Un établissement proche du centre-ville. Le genre d'hôtel fonctionnel et pratique, décoré dans un style contemporain, qui permet de rayonner aux alentours. D'autant plus que l'on est sur la route des vins !

31 chambres - 🚹77/127 € 🚹🚹87/157 € - ☕12 €

Hors plan *27 av. Gén.-de-Gaulle – ✆ 03 89 73 80 52 – www.hotel-menestrel.com – Fermé 11 fév.-19 mars*

Cheval Blanc

FAMILIAL · VINTAGE Une façade qui se couvre de fleurs en saison, des chambres fonctionnelles et confortables, une ambiance familiale, voilà qui n'est déjà pas si mal. Et si, en plus, vous ajoutez un très bon rapport qualité-prix, un agréable espace bien-être, vous pouvez être sûr d'avoir mis la main sur une bonne affaire !

19 chambres - 🚹78/95 € 🚹🚹88/125 € - ☕11 €

Plan : A1-e *122 Grand'Rue – ✆ 03 89 73 61 38 – www.cheval-blanc-alsace.fr – Fermé 19 fév.-7 mars et 13-24 nov.*

🍴 **Cheval Blanc** - voir les restaurants ci-dessus

Hotel du Mouton Ⓝ

TRADITIONNEL • CONTEMPORAIN La déco des lieux, style loft contemporain, tranche avec l'apparence traditionnelle de la maison vue de l'extérieur. Les chambres sont confortables et bien équipées ; flammekueche et choucroute vous attendent au restaurant.

11 chambres – 55/92 € 55/92 € – 3 suites – 11 €

Plan : A1-b *5 pl. de la Sinne – 03 89 73 60 11 – www.hoteldumouton.fr*

LES RICEYS

✉ 10340 Aube – 1 289 hab. – Alt. 180 m – Carte régionale n° **7**-B3
Carte Michelin 313-G6 – Guide Vert Michelin Champagne Ardenne

Le Magny

CUISINE TRADITIONNELLE • AUBERGE XX Une auberge au cadre champêtre, où le chef aime travailler produits du terroir et poissons, clin d'œil à sa Bretagne natale. Sur la carte des vins, les champagnes de l'Aube ont la part belle. Une sympathique adresse.

Menu 16/46 € – Carte 30/55 €

Hôtel Le Magny, rte de Tonnerre, D452 – 03 25 29 38 39 – www.hotel-lemagny.com – Fermé 27 août-1er sept., janv.-fév., mardi et merc.

Le Marius

AUBERGE • COSY Ces quatre belles maisons du 16e s. ont appartenu à Marius, le grand-père de l'actuelle propriétaire. On est ici chez des vignerons ; poutres, cheminées et pierres apparentes donnent un vrai charme aux onze chambres dont les noms sont très... champenois. Une adresse où l'on se sent bien.

11 chambres – 63/160 € 63/160 € – 11 €

2 pl. de l'Église, Ricey-Bas – 03 25 29 31 65 – www.hotel-le-marius.com – Fermé 12 nov.-3 déc., 23 déc.-21 janv., dim. soir et lundi

Le Magny

FAMILIAL • PERSONNALISÉ Cette belle maison en pierre à la sortie du village, riche de plusieurs corps de bâtiment, propose des chambres classiques et plutôt spacieuses, toujours tenues avec soin. Autre atout : on peut profiter de la piscine de plein air, chauffée...

12 chambres – 76/88 € 76/88 € – 11 €

rte de Tonnerre, D452 – 03 25 29 38 39 – www.hotel-lemagny.com – Fermé 27 août-1er sept., janv.-fév., mardi et merc.

Le Magny – voir les restaurants ci-dessus

RICHARDMENIL

✉ 54630 Meurthe-et-Moselle – 2 366 hab. – Alt. 230 m – Carte régionale n° **14**-B2
Carte Michelin 307-I7

Le Bon Accueil Ⓝ

CUISINE MODERNE • FAMILIAL XX A deux pas du canal de l'Est, ce restaurant peut s'enorgueillir d'exister depuis trois générations, autour d'une association inédite : frère aux fourneaux, sœur en salle, pour une cuisine dans l'air du temps. Jolie cave à vins et agréable terrasse en saison.

Formule 21 € – Menu 34/56 € – Carte 49/65 €

1 r. de Laval – 03 83 25 62 10 – www.aubonaccueil-restaurant.com – fermé dim. soir, merc. soir et lundi

RICHELIEU

✉ 37120 Indre-et-Loire – 1 789 hab. – Alt. 40 m – Carte régionale n° **6**-A3
Carte Michelin 317-K6 – Guide Vert Michelin Châteaux de la Loire

Le Puits Doré

TRADITIONNEL • FONCTIONNEL Au cœur de la "ville nouvelle" due au cardinal de Richelieu, ce bel hôtel particulier date de la création même de la cité (1642). Charme historique de l'escalier classé, des chambres avec pierres et poutres – mais on pourra préférer celles récemment créées dans un esprit chic et cosy ! Restaurant traditionnel.

25 chambres – 65/130 € 65/130 € – 10 €

24 pl. du Marché – 02 47 58 16 02 – www.lepuitsdore.fr

RICHERENCHES

84600 Vaucluse – 650 hab. – Alt. 160 m – Carte régionale n° **21**-A2
Carte Michelin 332-C7

O'Rabasse

CUISINE MODERNE • FAMILIAL Au cœur de la "capitale de la truffe", une bonne table tenue par un jeune couple de Belges. Comment ne pas être séduit par la qualité des assiettes, très soignées et aux beaux produits frais, à l'image de cette tempura de ris de veau, petits pois et raifort ? Une véritable ode au marché et, en saison, au diamant noir local !

Menu 27 € (déj. en semaine), 32/90 €

5 pl. de la Pompe
– 09 52 97 34 93 – www.orabasse.com
– Fermé mardi et merc.

L'Escapade

CUISINE TRADITIONNELLE • BISTRO Dans un village mondialement connu pour son marché aux truffes noires (tuber melanosporum, pour les intimes), on s'installe sur la terrasse ombragée de cette maison familiale. Le jeune chef concocte de généreuses recettes traditionnelles : terrine de campagne, pigeonneau de la Lance et... menu truffe en saison !

Formule 31 € – Menu 42/95 €

247 av. de la Rabasse
– 04 90 28 01 46 – www.alescapade.com
– Fermé 1 semaine en avril, 2 semaines en oct., lundi et mardi

RIEC-SUR-BELON

29340 Finistère – 4 108 hab. – Alt. 65 m – Carte régionale n° **5**-B2
Carte Michelin 308-I7

au Port de Belon 4 km au Sud par C3 et C5 – 29340 Riec-sur-Belon :

Chez Jacky

POISSONS ET FRUITS DE MER • SIMPLE La fraîcheur à l'état brut. On ne sert que des produits de la mer dans cette avenante maison d'ostréiculteur située au bord du Belon ; le bassin d'affinage d'huîtres est juste à côté ! Une adresse bien connue dans la région.

Menu 28/89 € – Carte 31/104 €

6 port du Belon
– 02 98 06 90 32 – www.chez-jacky.com
– Ouvert de Pâques à fin sept. et fermé dim. soir et lundi

RIEDISHEIM – 68 Haut-Rhin → Voir Mulhouse

RIGNY – 70 Haute-Saône → Voir Gray

RILLIEUX-LA-PAPE – 69 Rhône → Voir Lyon

RILLY-LA-MONTAGNE – 51 Marne → Voir Reims

RIMBACH-PRÈS-GUEBWILLER - 68 Haut-Rhin ➜ Voir Guebwiller

RIMONT

✉ 09420 Ariège – 534 hab. – Alt. 525 m – Carte régionale n° **15**-B3
Carte Michelin 343-F7

Domaine de Terrac

FAMILIAL • PERSONNALISÉ C'est au milieu de nulle part, sur les contreforts des Pyrénées que cette ferme, joliment restaurée, a élu domicile. Les chambres sont personnalisées, et la vue sur les Pyrénées superbe. Jardin paysager, jacuzzi et sauna extérieur façon nordique. Idéal pour les écrivains et les âmes pensives.

5 chambres ☕ – 🚹85/125 € 🚹🚹85/125 €

4 km à l'Est par D117 et rte secondaire – ✆ 05 61 96 39 60 – www.domainedeterrac.com – Fermé 1er-27 déc.

RIOM

✉ 63200 Puy-de-Dôme – 18 749 hab. – Alt. 363 m – Carte régionale n° **3**-B2
Carte Michelin 326-F7 – Guide Vert Michelin Auvergne

Le Flamboyant

CUISINE MODERNE • CONVIVIAL XX Ce restaurant a été créé dans une ancienne école de filles. Que les gourmands se détendent, les interrogations écrites n'y ont plus cours depuis longtemps ! À présent, installé dans trois petites salles (dont une en mezzanine), on apprécie une cuisine... aux notes actuelles.

Formule 20 € – Menu 25/100 € – Carte 60/80 €

21 bis r. de l'Horloge – ✆ 04 73 63 07 97 – www.restaurant-le-flamboyant.com – Fermé 8-22 juil., 1 semaine en janv., merc. soir, dim. soir et lundi

Le Moulin de Villeroze

CUISINE MODERNE • ÉLÉGANT XX Le meunier a fait place au chef dans ce moulin bâti à la fin du 19e s. Dans la salle élégante, près de la cheminée, ou sur la terrasse, les gourmands apprécient des recettes dans l'air du temps. Et après le repas, il fait bon se promener dans le jardin, au bord du ruisseau de la Palle.

Menu 29/60 € – Carte 52/76 €

144 rte de Marsat, à 2km, au Sud-Ouest du plan par D83 – ✆ 04 73 38 62 23 – www.le-moulin-de-villeroze.fr – Fermé 16-23 avril, 17 août-7 sept., dim. soir, merc. soir et lundi

Le Pacifique

TRADITIONNEL • FONCTIONNEL On est bien loin du Pacifique et pourtant... À la périphérie du centre-ville, cette bâtisse des années 1970 présente plusieurs atouts : accueil tout sourire, chambres bien tenues, parking, etc. Parfait pour la clientèle d'affaires.

16 chambres – 🚹67/76 € 🚹🚹76/89 € – ☕ 9 €

52 av. de Paris, au Nord par D2009 – ✆ 04 73 38 15 65 – www.hotel-lepacifique-riom.com – Fermé 15 déc.-15 janv.

RIONS

✉ 33410 Gironde – 1 576 hab. – Alt. 96 m – Carte régionale n° **2**-B2
Carte Michelin 335-I6

Le Chaudron d'Anna (N)

CUISINE TRADITIONNELLE • AUBERGE X Stéphane Floris a baptisé son restaurant en hommage à sa grand-mère Anna, qui lui mitonnait de bons petits plats lorsqu'il était gamin... et dont le portrait trône aujourd'hui près de l'entrée du restaurant ! Perpétuant cet héritage, il compose une cuisine de saison, imprégnée par le terroir régional, qu'il agrémente à sa manière très personnelle.

Formule 15 € – Menu 18 € (déj. en semaine), 28/39 € – Carte 39/51 €

1 pl. Cazeaux-Cazalet – ✆ 05 56 27 43 31 – www.lechaudrondanna.com – Fermé 3 semaines en août, vacances de Noël, dim. midi d'avril à sept., merc. d'oct. à mars, dim. soir et lundi

RIORGES - 42 Loire ➜ Voir Roanne

RIQUEWIHR

✉ 68340 Haut-Rhin - 1 136 hab. - Alt. 300 m - Carte régionale n° 1-C2
Carte Michelin 315-H8

✿ La Table du Gourmet (Jean-Luc Brendel)

CUISINE CRÉATIVE • COSY XXX Cette maison a du caractère – poutres et murs rouge vif – comme la cuisine de son chef, Jean-Luc Brendel. Inventif, il met en valeur des produits de qualité, souvent bio et même de son propre potager. De l'originalité et du tempérament.

➜ Millefeuille végétal, tomate et pastèque, légumes du jardin et tome d'Alsace. Chevreuil cuit sur la braise, moutarde de mûre et jus intense. Sensation de fraîcheur sucrée au fromage blanc, aux fruits rouges et à l'agastache.

Menu 38 € (déj. en semaine), 85/120 €

Plan : A1-u *5 r. de la 1ère-Armée*
- ✆ 03 89 49 09 09 - www.jlbrendel.com
- Fermé 2 janv.-11 fév., merc. sauf le soir d'avril à nov., jeudi midi et mardi

Au Trotthus

CUISINE MODERNE • CONVIVIAL X Le chef a vécu plus de 20 ans à Kyoto, où il tenait un restaurant français. De là l'originalité de sa cuisine, qui mêle bons produits locaux et esprit japonisant. Terrine de foie gras cuit au torchon, maquereau au wakamé, tarte fine aux pommes sont les spécialités incontournables du chef. Agréable bar à sushi en sous-sol. Service attentionné.

Menu 32/64 € - Carte 60/73 €

Plan : A1-a *9 r. des Juifs*
- ✆ 03 89 47 96 47 - www.trotthus.com
- Fermé 2 semaines en juil., dim. soir, lundi midi et merc.

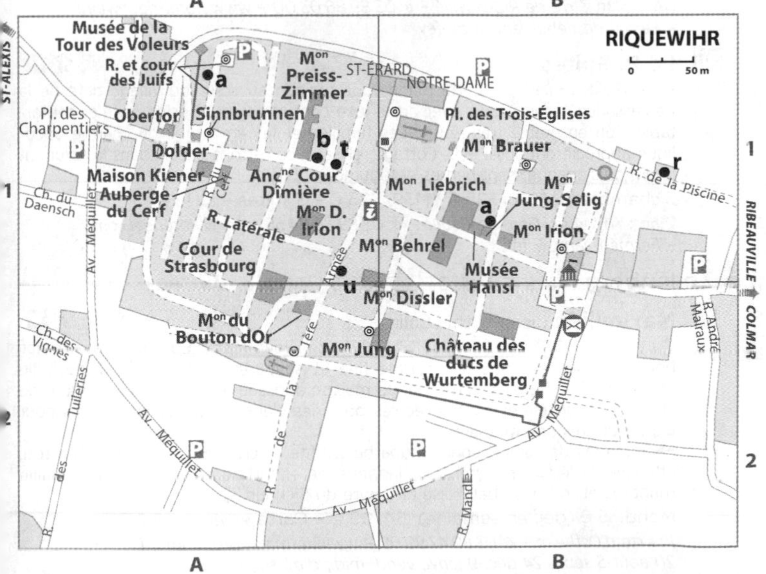

La Grappe d'Or

CUISINE TRADITIONNELLE • FAMILIAL Cette maison de 1554, toute fleurie, semble vous inviter à entrer. À l'intérieur, la décoration typique a tout le charme d'autrefois. Viennent ensuite les délices du terroir : choucroute, baeckeofe, jambonneau, paupiettes de truite...

Menu 22/38 € - Carte 32/54 €

Plan : B1-a *1 r. des Ecuries-Seigneuriales – 03 89 47 89 52 – www.restaurant-grappedor.com – Fermé 2 semaines en juin, 10 janv.-10 fév., jeudi et vend. midi*

d'Brendelstub

CUISINE ALSACIENNE • CONVIVIAL Dans la rue principale de cette jolie cité, on reconnaît cette maison vigneronne (14e s.) à sa façade lie-de-vin. Cette winstub moderne, au décor tendance, propose cuisine alsacienne et spécialités cuites au feu de bois ou à la rôtissoire.

Menu 20/42 € - Carte 30/59 €

Plan : A1-b *48 r. Gén.-de-Gaulle – 03 89 86 54 54 – www.jlbrendel.com – Fermé de début janv. à début fév., mardi et merc.*

Le Schoenenbourg

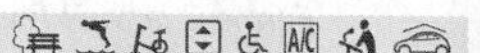

FAMILIAL • CONTEMPORAIN Près de la route des vins et du cœur historique de Riquewihr, ces constructions modernes se dressent au pied des vignes, au grand calme. Les chambres sont confortables et bien tenues ; le matin, un copieux petit-déjeuner est servi sous forme de buffet. Parfait pour découvrir cette riche région.

66 chambres - 85/240 € 85/240 € - 3 suites - 14 €

Plan : B1-r *2A r. de la Piscine – 03 89 49 01 11 – www.schoenenbourg.fr – Fermé 3 janv.-8 fév.*

Le Riquewihr

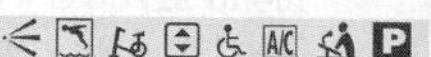

FAMILIAL • FONCTIONNEL Une famille de vignerons tient cette vaste maison de style alsacien au bord d'une route traversant les parcelles de vignobles. Les chambres sont méticuleusement tenues et le petit-déjeuner, copieux, ne déçoit pas. En prime, un petit espace fitness permet de se détendre.

43 chambres - 75/140 € 75/140 € - 6 suites - 12 €

Hors plan *3 rte de Ribeauvillé – 03 89 86 03 00 – www.hotel-riquewihr.fr – Fermé de début janv. à mi-fév.*

Le B. Suites

HISTORIQUE • DESIGN Cette magnifique maison au cœur du village date de la Renaissance... mais cultive avec art le luxe contemporain ! Design, racé et confortable : un ensemble très réussi. Les familles et les amoureux de charme bucolique apprécieront aussi le B. Cottage, et sa déco rétro, à l'écart dans le luxuriant jardin où s'épanouissent herbes et légumes oubliés...

5 chambres - 139/325 € 139/325 € - 3 suites - 18 €

Plan : A1-t *48 r. Gén.-de-Gaulle – 03 89 86 54 55 – www.jlbrendel.com – Fermé 6 janv.-9 fév.*

à Zellenberg 1 km à l'Est par D3 – 68340 – 341 hab. – Alt. 300 m

Maximilien (Jean-Michel Eblin)

CUISINE MODERNE • ÉLÉGANT Nul doute : Jean-Michel Eblin sait travailler les bons produits, et signe une cuisine fine et savoureuse, rehaussée d'une belle carte des vins. De plus, cette grande maison adossée à la colline, en bordure de vignoble, se révèle élégante avec ses boiseries claires. Tous les ingrédients pour passer un très bon moment.

→ Foie gras de canard poêlé, rhubarbe confite et crue, fraises. Filet de bar rôti, effiloché de légumes aigre-doux, langoustine et tartare de crustacés. Millefeuille rhubarbe et fraise, sorbet fraise et poivre du Sichuan.

Menu 35 € (déj. en semaine), 54/99 € - Carte environ 95 €

19a rte d'Ostheim – 03 89 47 99 69 – www.le-maximilien.com – Fermé 20 août-5 sept., 24 déc.-9 janv., vend. midi, dim. soir et lundi

Auberge du Froehn

CUISINE TRADITIONNELLE • RUSTIQUE X Le nom de cet ancien caveau (19e s.) évoque le vignoble qui surplombe le village. Au menu, plats régionaux et cuisine du marché : foie gras, sandre rôti, agneau en croûte d'herbes... L'accueil charmant compense la faible luminosité.

Formule 13 € - Menu 24/47 € - Carte 34/49 €

5 rte d'Ostheim - 03 89 47 81 57 - www.auberge-du-froehn.com - Fermé 12 fév.-1er mars, 26 juin-13 juil., 13-22 nov., mardi et merc.

RIVA-BELLA - 14 Calvados

➜ Voir Ouistreham-Riva-Bella

RIVE-DE-GIER

42800 Loire - 14 633 hab. - Alt. 225 m - Carte régionale n° **23**-B2
Carte Michelin 327-G6 - Guide Vert Michelin Lyon Drôme Ardèche

Hostellerie La Renaissance

CUISINE MODERNE • ÉLÉGANT XXX Une table élégante, où l'on déguste une cuisine de belle tenue, soignée et savoureuse : pigeon rôti au sautoir et sauce salmis, terrine de foie gras de canard grillé à la flamme, ou encore gelée de café et coulis acidulé aux fruits de la passion.

Formule 25 € - Menu 33 € (semaine), 47/80 € - Carte 51/72 €

41 r. Antoine-Marrel - 04 77 75 04 31 - www.hotellerie-la-renaissance.com - Fermé merc. soir, dim. soir et lundi

RIVEDOUX-PLAGE - 17 Charente-Maritime

➜ Voir Île de Ré

RIVESALTES

66600 Pyrénées-Orientales - 8 550 hab. - Alt. 13 m - Carte régionale n° **12**-B3
Carte Michelin 344-I6

La Table d'Aimé

CUISINE MODERNE • ÉLÉGANT X Le chef de cette adresse bucolique, installée dans les locaux d'une maison viticole, concocte une cuisine du marché inspirée, privilégiant les produits bios. Aux beaux jours, la terrasse ouverte sur les chais invite à prolonger l'instant de gourmandise. Sympathique carte des vins.

Formule 23 € - Menu 27 € (déj. en semaine), 32/42 €

4 r. Fransisco-Ferrer - 04 68 34 35 77 - www.cazes-rivesaltes.com - Fermé 24 déc.-8 janv., dim. et lundi d'oct. à avril

LA RIVIÈRE - 33 Gironde

➜ Voir Libourne

LA RIVIÈRE-ST-SAUVEUR - 14 Calvados

➜ Voir Honfleur

LA RIVIÈRE-THIBOUVILLE

27550 Eure - Nassandres - Alt. 72 m - Carte régionale n° **17**-C2
Carte Michelin 304-E7

Le Manoir du Soleil d'Or

CUISINE MODERNE • ÉLÉGANT XX À l'issue d'une longue allée forestière, un élégant castel anglo-normand (années 1930) dominant la vallée de la Risle et le village.. Cet environnement privilégié est l'atout principal du repas, plutôt ancré dans la tradition. Deux chambres confortables pour la nuit.

Formule 24 € - Menu 31/60 € - Carte 51/62 €

23 Côte-de-Paris - 02 32 44 90 31 - www.manoirdusoleildor.com - Fermé lundi soir, dim. soir et merc.

RIXHEIM - 68 Haut-Rhin ➜ Voir Mulhouse

ROANNE

⌧ 42300 Loire - 35 200 hab. - Agglo. 80 075 hab. - Alt. 265 m - Carte régionale n° **23**-A1
Carte Michelin 327-D3 - Guide Vert Michelin Lyon et sa région

Aux Anges (Marco Viganò)

CUISINE ITALIENNE • TENDANCE XX Être ou ne pas être telle est la question; risotto souvenir au sein; vive la France ! Quand il s'agit d'énoncer ou de commenter ses plats, Marco, le jeune chef italien, ne manque ni de fougue ni d'humour! Sa cuisine, créative et brute de décoffrage, se joue des conventions et ose les saveurs originales ; le tout est réalisé avec de délicieux produits... on est aux Anges !

➜ Être ou ne pas être telle est la question.... Risotto souvenir au sein. Vive la France !

Menu 30 € (déj. en semaine), 40/62 € - Carte 55/75 €

Plan : B1-d *6 pl. Georges-Clemenceau*
- ✆ 04 77 78 19 85 - www.aux-anges.com
- Fermé 1er -7 janv. merc. et dim.

Le Central

CUISINE TRADITIONNELLE • BRASSERIE X L'annexe de la famille Troisgros, en forme de "bistrot-épicerie" ! Comme une échoppe d'autrefois - de longs rayonnages garnis de bons produits -, avec des portraits en noir et blanc de producteurs de la région, le décor est parfait pour déguster une cuisine très gourmande. Une belle affaire qui ne désemplit pas.

Formule 24 € 🍷 - Menu 27 € 🍷 (dîner en semaine)/33 € - Carte 60/68 €

Plan : A1-r *58 cours de la République (face à la gare)*
- ✆ 04 77 67 72 72 - www.troisgros.com
- Fermé 3 semaines début août, dim. et lundi

Le Tourdion

CUISINE MODERNE • CONTEMPORAIN XX Une déco contemporaine et épurée, bien en phase avec une cuisine qui fait la part belle aux produits, aux saveurs, aux couleurs... Les assiettes sont aussi jolies que bonnes, avec une pointe de raffinement qui achève de séduire. Très recommandable !

Formule 16 € - Menu 19 € (déj. en semaine), 29/54 € - Carte 41/62 €

Plan : B2-b *17 r. de Sully*
- ✆ 04 77 70 84 58 - www.restaurant-letourdion.fr
- Fermé merc. soir et dim.

Le Grand Hôtel

TRADITIONNEL • CLASSIQUE Face à la gare, cet hôtel traditionnel (début du 20e s.) est apprécié des voyageurs comme de la clientèle d'affaires. Les chambres sont rénovées progressivement.

31 chambres - 68/95 € 83/115 €

Plan : A1-f *54 cours de la République (face à la gare)*
- ✆ 04 77 71 48 82 - www.grand-hotel-roanne.com
- Fermé 30 juil.-15 août

au Coteau (rive droite de la Loire) - ⌧ 42120 - 6 797 hab. - Alt. 350 m

L'Auberge Costelloise

CUISINE MODERNE • CONVIVIAL XX Une déco originale - moderne et très colorée - pour ce restaurant gastronomique qui borde la Loire, où Napoléon aurait fait une étape. La carte épouse l'air du temps.

Menu 18 € (semaine), 30/57 € - Carte 41/57 €

Plan : B2-a *2 av. de la Libération*
- ✆ 04 77 68 12 71 - www.auberge-costelloise.fr
- Fermé 3 semaines en août, 1 semaine début janv., dim. soir, lundi et mardi

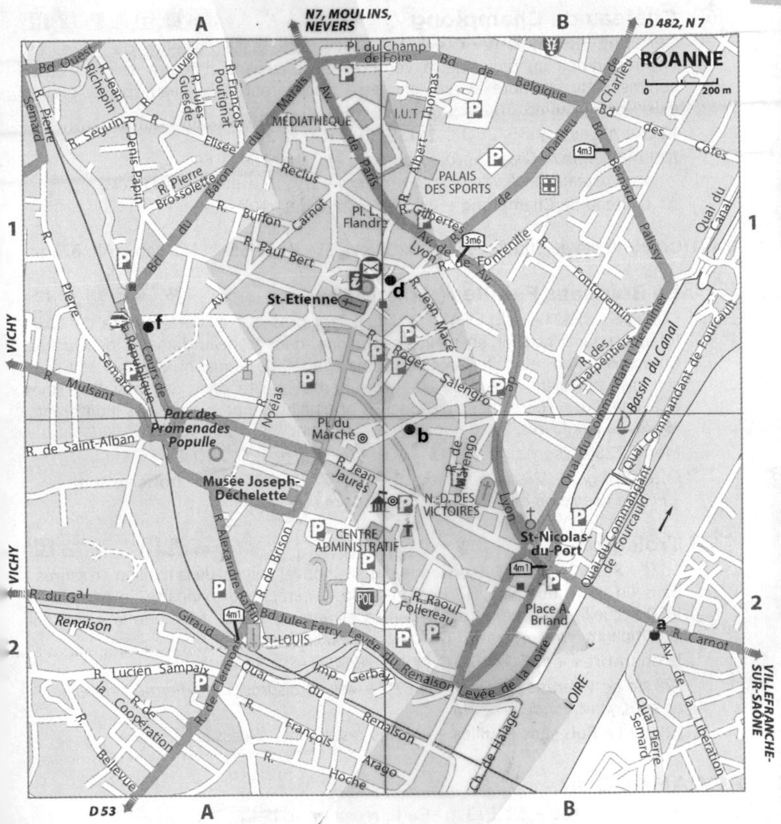

à Riorges 3 km à l'Ouest par D31 – ✉ 42153 – 10 741 hab. – Alt. 295 m

Le Bistro du Beaulieu

CUISINE MODERNE • CONVIVIAL C'est l'histoire d'amour entre un cuisinier et une pâtissière... et ce n'est pas du cinéma. Ce jeune couple en porte témoignage, qui se susurre des mots sucrés, entre ballotine de volaille et quasi de veau. Ici, pas de sentiments à basse température ! Une adresse très appréciée de la clientèle locale.

Menu 15 € (déj. en semaine), 28/32 €

10 r. St-André – ✆ 04 77 23 12 27 – beaulieu-riorges.com – Fermé 2 semaines en août, 1 semaine en janv., lundi soir, mardi soir, merc. soir et dim.

à Villerest 6 km au Sud-Ouest par D53 – ✉ 42300 – 4 739 hab. – Alt. 363 m

Château de Champlong

CUISINE MODERNE • ÉLÉGANT Moments aussi gourmands que charmants dans cette demeure du 18^{e}s. nichée dans la verdure ; on dîne d'une cuisine actuelle dans la "salle des peintures", sous les tableaux d'époque. Appétissante formule déjeuner et belle carte des vins.

Formule 20 € – Menu 28 € (semaine), 42/90 € – Carte 67/97 €

100 chemin de la Chapelle (près du golf) – ✆ 04 77 69 69 69 – www.chateau-de-champlong.com – Fermé 5-27 fév., 29 oct.-13 nov., dim. soir, mardi midi et lundi

Château de Champlong 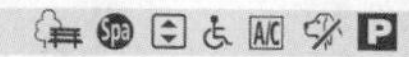

DEMEURE HISTORIQUE • CONTEMPORAIN Cette belle demeure du 18e s. est une respiration au cœur de la verdure. C'est élégant et feutré, original aussi, comme cette chambre au sol en verre transparent. Très beau spa et piscine extérieure chauffée.

12 chambres – 135/280 € 135/280 € – 20 €

100 chemin de la Chapelle (près du golf) – 04 77 69 69 69 – www.chateau-de-champlong.com – Fermé 5-27 fév. et 29 oct.-13 nov.

Château de Champlong – voir les restaurants ci-dessus

à Ouches 10 km au Sud-Ouest par D207 et D31 – 42155 – 1 149 hab. – Alt. 323 m

✿✿✿ Le Bois sans Feuilles (Michel et César Troisgros)

CUISINE CRÉATIVE • ÉLÉGANT XXXX Les Troisgros ont quitté le centre de Roanne pour s'installer en pleine campagne, dans le beau domaine de Ouches. Côté cuisine, on retrouve la célébrissime "patte" de la maison : Michel et César, son fils, subliment des produits de superbe qualité dans des assiettes fines et aventureuses, parsemées de touches originales qui ne laissent pas indifférent...

→ Rouge aux lèvres. Ris de veau grillé "sim-sim". Bois sans feuilles.

Menu 225 € (semaine), 270/440 € – Carte 190/280 €

Hôtel Troisgros, 728 rte de Villerest – 04 77 71 66 97 – www.troisgros.com – Fermé 1 semaine en août, janv., lundi et mardi

Troisgros

LUXE • PERSONNALISÉ Bienvenue dans le nouvel univers de la maison Troisgros ! Dans un vaste domaine (17 hectares) de la campagne roannaise, le manoir de 1860 accueille des chambres élégantes et personnalisées, avec une jolie vue sur la campagne environnante... Délicieux et exclusif.

15 chambres – 350/450 € 350/650 € – 35 €

728 rte de Villerest – 04 77 71 66 97 – www.troisgros.com – Fermé 1 semaine en août, janv., lundi et mardi

✿✿✿ **Le Bois sans Feuilles** – voir les restaurants ci-dessus

ROCAMADOUR

46500 Lot – 637 hab. – Alt. 279 m – Carte régionale n° **15**-C1
Carte Michelin 337-F3

au château

Relais Amadourien

FAMILIAL • CONTEMPORAIN Cet hôtel récemment rénové, contemporain et pratique, se révèle idéal pour visiter le château et le vieux village. La salle des petits-déjeuners offre un joli panorama sur la nature.

23 chambres – 52/75 € 52/75 € – 9 €

Plan : AZ-r *rte du Château – 05 65 34 39 19 – www.relais-amadourien.com – Ouvert 17 mars-4 nov.*

dans la cité

Jehan de Valon

CUISINE RÉGIONALE • CLASSIQUE XX Dans cet agréable restaurant, on déguste croustade aux truffes, magret rôti, ou un épatant gigot fermier du Quercy, découpé en salle au guéridon. Le tout accompagné (évidemment) de vins du Sud-Ouest ! En outre, les lieux offrent une jolie vue sur la vallée de l'Alzou.

Menu 27/39 € – Carte 43/84 €

Plan : BZ-a *Hôtel Beau Site, Cité médiévale – 05 65 33 63 08 – www.bestwestern-beausite.com – Ouvert 10 fév.-4 nov.*

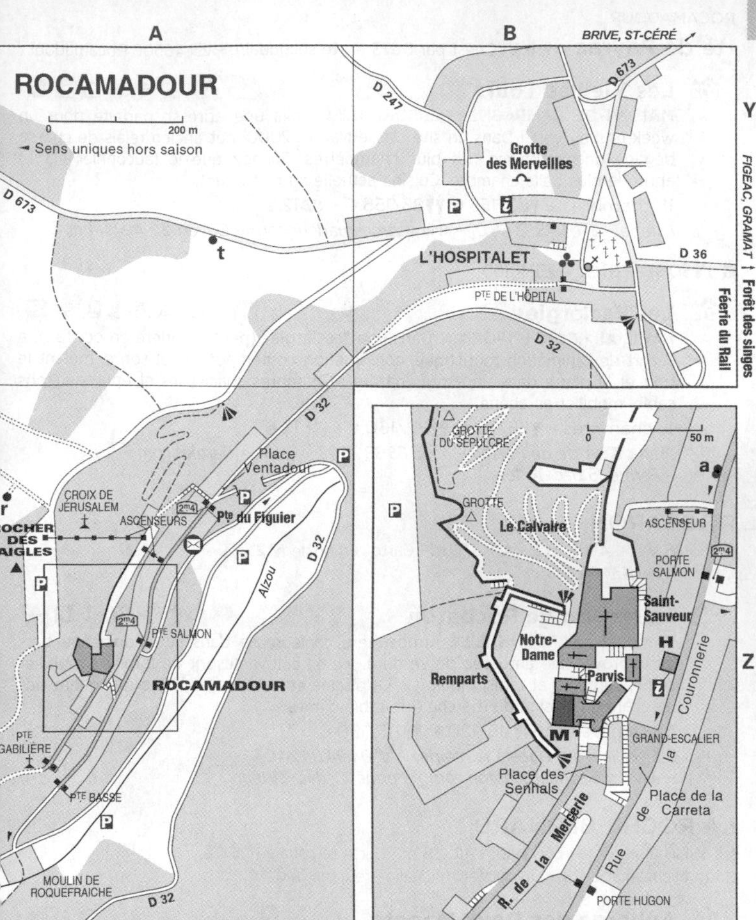

Beau Site

FAMILIAL • CLASSIQUE Au cœur de la cité, cette maison du 15e s. abrite une réception d'inspiration médiévale et des chambres de style et de superficie variables. Celles de l'annexe, peut-être un peu moins charmantes, offrent une vue sur la vallée.

37 chambres – 75/170 € 85/170 € – 14 €

Plan : BZ-a – *05 65 33 63 08 – www.bestwestern-beausite.com – Ouvert 10 fév.-4 nov.*

Jehan de Valon – voir les restaurants ci-dessus

rte de Brive 2,5 km au Nord par D673 – 46500 Rocamadour :

Le Troubadour

MAISON DE CAMPAGNE • RÉGIONAL Ferme joliment rénovée ceinte d'un beau jardin, très tranquille. On s'y repose dans des chambres rustiques ou plus actuelles. Original : la belle salle de billard dans l'ancien fournil. Cuisine du terroir, le soir, pour les résidents.

13 chambres – 85/145 € 85/145 € – 2 suites – 12 €

Hors plan *Belveyre – 05 65 33 70 27 – www.hotel-troubadour.com – Ouvert 13 fév.-15 nov.*

rte de Payrac 4 km à l'Ouest par D673 et rte secondaire – ✉ 46500 Rocamadour :

Les Vieilles Tours

MAISON DE CAMPAGNE • PERSONNALISÉ Voilà une adresse parfaite pour un week-end au vert ! Dans un site classé Natura 2000, cet ancien relais de chasse dégage une ambiance des plus champêtres. Sachez que le fauconnier (13^{e}s.) abrite la plus belle chambre. Cuisine actuelle au restaurant.

15 chambres – 83/155 € 83/155 € – 12 €

Lafage – 05 65 33 68 01 – www.vtrocamadour.com – Ouvert 30 mars-4 nov.

à l'Hospitalet – ✉ 46100

Les Esclargies

FAMILIAL • CONTEMPORAIN Dans une "esclargie" (petite clairière en occitan), à l'écart de l'animation touristique, construction contemporaine et sobre, mêlant le bois et la pierre dans un esprit "nature". Chambres spacieuses et épurées (tons sable, mobilier en chêne).

16 chambres – 76/112 € 82/160 € – 13 €

Plan : AY-t *rte de Payrac – 05 65 38 73 23 – www.esclargies.com – Fermé 15 déc.-14 fév.*

ROCBARON

✉ 83136 Var – 4 718 hab. – Alt. 376 m – Carte régionale n° **21**-C3
Carte Michelin 340-L6

La Maison de Rocbaron

FAMILIAL • PERSONNALISÉ Atmosphère chaleureuse dans cette ancienne bergerie provençale entourée de verdure. Ici, on cultive l'esprit de famille : mobilier chiné, parquets et tapis, bibelots... La piscine et le calme jardin ne manquent pas de charme ; cuisine du marché à la table d'hôte.

5 chambres – 115/120 € 115/130 €

3 r. St-Sauveur (face à la mairie) – 04 94 04 24 03 – www.maisonderocbaron.com – Fermé 1er déc.-31 mars

LA ROCHE-BERNARD

✉ 56130 Morbihan – 660 hab. – Alt. 38 m – Carte régionale n° **5**-C3
Carte Michelin 308-R9 – Guide Vert Michelin Bretagne Sud

Auberge des Deux Magots

CUISINE MODERNE • CONVIVIAL Deux anciens du domaine de la Bretesche (à Missillac) ont repris cette ancienne auberge. Ils y proposent une cuisine soignée, parfumée et sagement créative, à des prix défiant toute concurrence. Et, par-dessus le marché, le chef fait le pain lui-même... Fraîcheur, saveurs : une renaissance appétissante !

Formule 18 € – Menu 23 € (déj. en semaine), 32/70 €

1 pl. du Bouffay – 02 99 90 60 75 – www.aubergedesdeuxmagots.fr – Fermé vacances de Noël, 3-10 juil., vacances de la Toussaint, dim. soir et lundi

L'Auberge Bretonne

CUISINE MODERNE • CLASSIQUE Ne vous fiez pas aux apparences... Cette maison de granit n'a pas un cœur de pierre ! À l'image de la cuisine du chef, dans l'air du temps et respectant les saisons, qui console bien des gourmands. À cela s'ajoute le joli décor de la salle, donnant sur un petit jardin où poussent des herbes aromatiques. Attrayant !

Formule 19 € – Menu 28/50 €

10 chambres – 70/140 € 70/140 € – 13 €

2 pl. Duguesclin – 02 99 90 60 28 – www.auberge-bretonne.com – Fermé vacances de la Toussaint, de printemps, dim. sauf le midi en juil.-août et lundi

Le Domaine de Bodeuc

HISTORIQUE • PERSONNALISÉ Près de La Roche-Bernard, ce petit manoir du 19e s. et ses dépendances se nichent dans un parc aux arbres centenaires, avec piscine ! Piano et cheminée confèrent aux salons un charme intime. Chambres plus spacieuses dans l'annexe. Restauration traditionnelle.

13 chambres – 72/97 € 85/193 € – 2 suites – 13 €

rte de St-Dolay, 6 km au Nord-Est par D34 et rte secondaire – 02 99 90 89 63 – www.hotel-bodeuc.com – Fermé janv.

Le Manoir du Rodoir

TRADITIONNEL • PERSONNALISÉ Cette ancienne fonderie de 1870 est entourée d'un parc aux chênes centenaires. Les chambres sont spacieuses et confortables, décorées dans un style cosy. Au restaurant, on apprécie la cuisine du terroir.

24 chambres – 75/105 € 75/105 € – 12 €

rte de Nantes – 02 99 90 82 68 – www.lemanoirdurodoir.com – Fermé 15 déc.-15 fév.

ROCHECHOUART

87600 Haute-Vienne – 3 808 hab. – Alt. 260 m – Carte régionale n° **13**-A2
Carte Michelin 325-B6 – Guide Vert Michelin Limousin Berry

Le Roc du Bœuf (N)

CUISINE DU TERROIR • MAISON DE CAMPAGNE En contrebas du pittoresque village fortifié de Rochechouart, le long d'un cours d'eau bucolique que traverse un pont gothique, cette "auberge gourmande" propose une cuisine champêtre, pleine de gourmandise, où les produits régionaux sont rois. Un table où l'on retrouve les goûts de l'enfance, mais qui ne s'interdit pas quelques audaces.

Menu 22 € (déj. en semaine), 31/41 € – Carte 44/51 €

Le Moulin de la Côte – 05 55 03 61 75 – www.lerocduboeuf.com – 1 semaine en juin, 1 semaine en août, 1 semaine en nov., 1 semaine en janv., lundi, mardi soir, merc. soir, dim. soir

ROCHECORBON – 37 Indre-et-Loire ➔ Voir Tours

ROCHEFORT

17300 Charente-Maritime – 24 300 hab. – Alt. 12 m – Carte régionale n° **20**-B2
Carte Michelin 324-E4 – Guide Vert Michelin Poitou-Charentes

Les Remparts

THERMAL • FONCTIONNEL Cet hôtel des années 1980, rénové au début des années 2010, dispose de grandes chambres bien tenues et fonctionnelles. Le petit plus ? L'accès direct aux thermes et à la source de l'Empereur.

71 chambres – 60/74 € 62/76 € – 9 €

43 av. Camille-Pelletan (aux Thermes) – 05 46 87 12 44 – www.hotel-remparts.com

Roca Fortis

FAMILIAL • PERSONNALISÉ Deux maisons régionales datant du 18e s., autour d'un petit patio... pour un même hôtel, tenu par un couple charmant. Le petit-déjeuner est copieux et réserve une surprise bien fraîche : de délicieux smoothies concoctés par le patron.

16 chambres – 67/115 € 67/115 € – 10 €

14 r. de la République – 05 46 99 26 32 – www.hotel-rochefort.fr – Fermé 1 semaine vacances de Noël

Au Sud 3 km rte de Royan, avant pont de Martrou – ✉ 17300 Rochefort

La Belle Poule

CUISINE MODERNE • RUSTIQUE XX Près du pont transbordeur de Martrou, cette imposante bâtisse accueille une bien belle table ! Face à l'imposante cheminée, on se laisse séduire par les créations du chef, qui repense les classiques en bon professionnel : huîtres, agneau de lait à la compotée d'abricots secs, fromages rochefortais, etc.

Formule 16 € – Menu 27 € (dîner)/37 €

102 av. du 11-nov.-1918 – ✆ 05 46 99 71 87 – www.hotel-restaurant-bellepoule-rochefort.com – Fermé 1 semaine en oct., 2 semaines en nov., sam. et dim.

ROCHEFORT-EN-TERRE

✉ 56220 Morbihan – 640 hab. – Alt. 40 m – Carte régionale n° **5**-C2
Carte Michelin 308-Q8 – Guide Vert Michelin Bretagne Sud

L'Ancolie

CUISINE MODERNE • COSY XX Du nom d'une jolie fleur, une table agréable, mêlant avec réussite vieilles pierres et élégance contemporaine. La cuisine trahit une belle inspiration bourgeoise, à l'image de ce tartare d'écrevisses et de ces coquilles Saint-Jacques à l'orange vanillée.

Menu 20/43 €

12 r. St-Michel – ✆ 02 97 43 33 09 – Fermé 2 semaines en fév., 3 semaines en oct. et mardi

Le Pélican

CUISINE TRADITIONNELLE • RUSTIQUE XX Ce pélican-là ne manque pas de piquant ! Dans une salle rustique à souhait (poutres apparentes, cheminée monumentale et meubles en bois sculpté), les gourmands savourent une cuisine traditionnelle revisitée et saupoudrée d'épices. Quelques chambres parfaitement tenues à l'étage.

Menu 20/48 €

6 chambres – 70/78 €

pl. des Halles – ✆ 02 97 43 38 48 – www.hotel-pelican-rochefort.com – Fermé 13-27 fév., dim. soir, merc. soir et lundi

ROCHEFORT-EN-YVELINES

✉ 78730 Yvelines – 903 hab. – Alt. 140 m – Carte régionale n° **10**-B2
Carte Michelin 311-H4 – Guide Vert Michelin Île-de-France

L'Escu de Rohan

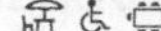

CUISINE TRADITIONNELLE • RUSTIQUE XX Dans les murs d'un relais de poste du 16e s., un charmant restaurant d'esprit rustique : charpente apparente, cheminée monumentale... Au menu, une bonne cuisine traditionnelle, avec pour spécialités la tête de veau sauce gribiche, le gibier en saison et les profiteroles au chocolat. Une adresse sympathique.

Formule 30 € – Menu 44 €

15 r. Guy-le-Rouge – ✆ 01 30 41 31 33 – www.lescuderohan.com – Fermé vacances de fév., août, dim. soir, lundi et mardi

ROCHEGUDE

✉ 26790 Drôme – 1 563 hab. – Alt. 121 m – Carte régionale n° **23**-B3
Carte Michelin 332-B8

Château de Rochegude

CUISINE CLASSIQUE • ÉLÉGANT XXX Châtelain, classique, élégant... Un cadre plaisant, au service d'une agréable cuisine gastronomique, tenante d'un certain classicisme : ballottine de gibier et châtaignes, cassolette de homard et ris de veau, etc.

Formule 29 € – Menu 49/95 € – Carte 78/94 €

– ✆ 04 75 97 21 10 – www.chateauderochegude.com – Fermé 1 semaine en nov., 1 semaine en janv., dim. soir, mardi midi et lundi de oct. à mars

Château de Rochegude

DEMEURE HISTORIQUE • PERSONNALISÉ Pierre blonde et verdure... Ce superbe château du 11e s. – remanié au 18e – domine les vignobles des Côtes-du-Rhône. Daims et biches vagabondent dans l'immense parc et l'on se repose en toute quiétude, dans des chambres de grand caractère !

24 chambres – 170/589 € 170/589 € – 1 suite – 20 €

Place du Château – 04 75 97 21 10 – www.chateauderochegude.com
– Fermé 1 semaine en nov. et 1 semaine en janv.

Château de Rochegude – voir les restaurants ci-dessus

LA ROCHE-L'ABEILLE

87800 Haute-Vienne – 618 hab. – Alt. 400 m – Carte régionale n° **13**-B2
Carte Michelin 325-E7

Le Moulin de la Gorce (Pierre Bertranet)

CUISINE CLASSIQUE • ÉLÉGANT XXX Une institution dans le département... Dans ce moulin du 16e s., le chef réalise une cuisine classique revisitée, d'une belle finesse et respectueuse des produits. Pour prolonger l'étape en profitant du cadre bucolique – étang, parc romantique –, il y a les chambres cosy à souhait !

➜ Pied de cochon désossé, farce fine de volaille. Filet de bœuf limousin poêlé, mousseline de pomme de terre truffée. Puits d'amour aux framboises, coulis de fruits rouges.

Menu 49/109 €

10 chambres – 110/180 € 110/180 € – 18 €

La Gorce – 05 55 00 70 66 – www.moulindelagorce.com
– Ouvert 10 fév.-31 oct. et fermé lundi sauf le soir en juil.-août, merc. midi et mardi

La Table du Moulin

CUISINE TRADITIONNELLE • BISTRO X Le chef du Moulin de la Gorce a transformé ce café de village en un charmant bistrot, mêlant patine rustique et élégance contemporaine. On s'y régale de petits plats traditionnels et canailles qui fleurent bon le terroir. Pas de doute, la gourmandise est au rendez-vous !

Menu 33/43 €

3 r. du 8-mai-1945 – 05 55 00 22 03 – www.moulindelagorce.com
– Fermé 20 déc.-21 janv., mardi sauf juil.-août, dim. soir et lundi

ROCHE-LEZ-BEAUPRÉ – 25 Doubs ➜ Voir Besançon

H. Stuart/robertharding/

ON AIME...

Christopher Coutanceau, et sa cuisine tournée vers l'océan. Dans un joli bourg, **L'Hysope**, dont le chef cultive sa différence avec talent. **Le Bouillon**, bistrot gourmand de la Pallice, un quartier en plein renouveau. **Le Bar à Huîtres by Roumégous**, pour un moment de fraîcheur absolue...

LA ROCHELLE

✉ 17000 Charente-Maritime – 74 998 hab. – Agglo. 126 902 hab. – Alt. 1 m – Carte régionale n° **20**-A2
Carte Michelin 324-D3 – Guide Vert Michelin Poitou-Charentes

Restaurants

✿✿ Christopher Coutanceau

POISSONS ET FRUITS DE MER • ÉLÉGANT XXXX On apprécie le caractère généreux de Christopher Coutanceau, cuisinier hors-pair et pêcheur émérite, aussi sensible à la préservation des espèces qu'à la mise en avant du terroir local. Sa cuisine, rythmée par les saisons et la mer, s'offre dans un décor marin épuré et chic, avec 40 mètres de baie vitrée donnant sur les flots... Service parfait, belle carte des vins.

➜ Pouce-pieds au naturel en écume de fenouil. Civet de homard breton, petits légumes de saison et raviole de champignons. Soufflé au chocolat manjari.

Menu 70/140 € – Carte 150/230 €

Plan : A3-r *plage de la Concurrence – ✆ 05 46 41 48 19 – www.coutanceaularochelle.com – Fermé 2 semaines en mars, 2 semaines en janv., dim. et lundi*

Les Flots

CUISINE MODERNE • ÉLÉGANT XX Turbot sauvage crousti-moelleux en kadaïf, ris de veau et langoustine, légumes bio et sauce acidulée au balsamique : dans cette adresse du vieux port, la mer a des reflets d'argent ! Élégance dans l'assiette mais aussi dans le décor, entre authenticité d'un ancien estaminet et sobriété contemporaine.

Menu 31 € (déj.), 47/78 € – Carte 65/90 €

Plan : A2-g *1 r. de la Chaîne – ✆ 05 46 41 32 51 – www.les-flots.com*

Les Quatre Sergents

CUISINE MODERNE • ÉLÉGANT XX Un authentique jardin d'hiver, avec une élégante structure métallique, à deux pas du port : voilà qui est charmant... Le chef y cultive des plaisirs très naturels : produits locaux et bio, vins de petits viticulteurs indépendants (sans omettre les grands crus)... Que du bon !

Formule 16 € – Menu 27/65 € – Carte 45/133 €

Plan : A2-a *49 r. St-Jean-du-Pérot – ✆ 05 46 41 35 80 – www.les4sergents.fr – Fermé lundi d'oct. à avril*

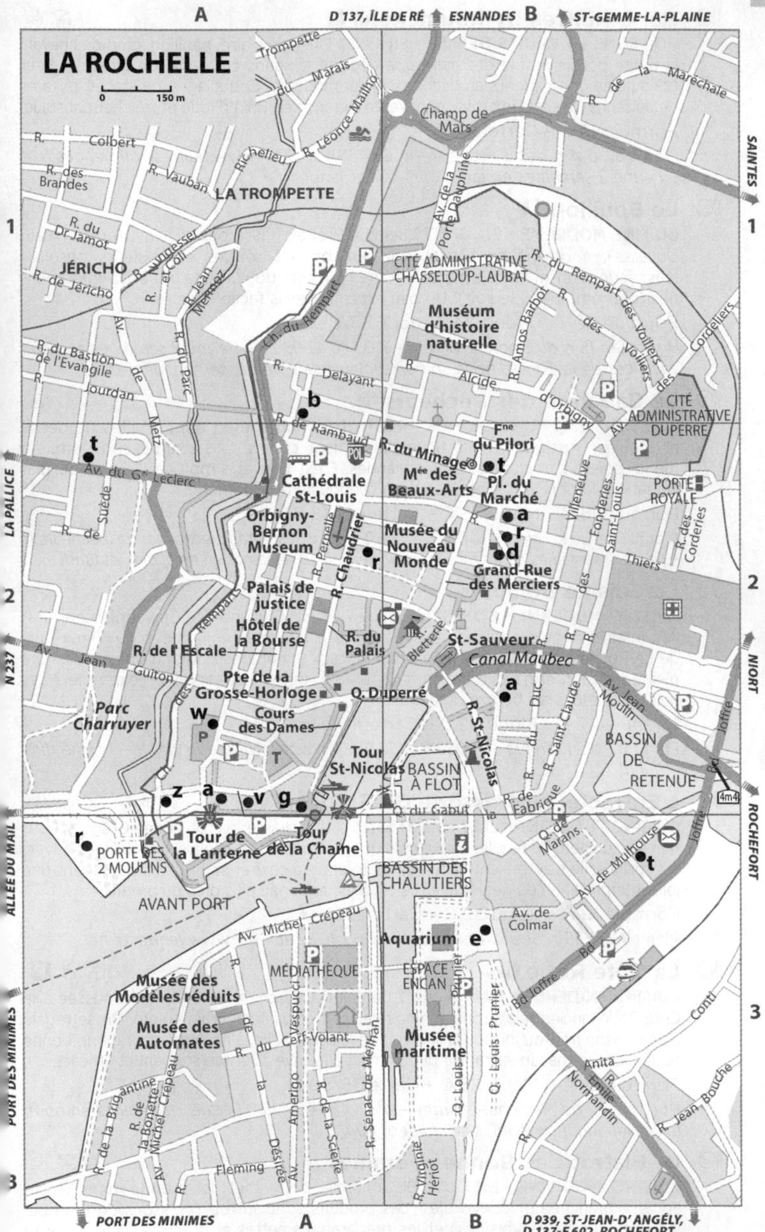

LA ROCHELLE

0 150 m

A
D 137, ÎLE DE RÉ ESNANDES B ST-GEMME-LA-PLAINE

R. Trompette
R. du Marais
R. Léonce Mailho
R. de la Maréchale
Champ de Mars
R. Colbert
R. des Brandes
R. Vauban
R. Richelieu
LA TROMPETTE
Av. de la Porte Dauphine
SAINTES
1
R. du Dr Jamot
JÉRICHO
R. de Jéricho
R. Nungesser et Coli
R. Jean Mermoz
CITÉ ADMINISTRATIVE CHASSELOUP-LAUBAT
R. du Rempart des Voiliers
Ch. du Rempart
Muséum d'histoire naturelle
R. Amos Barbot
R. des Voiliers
R. du Bastion de l'Evangile
R. du Parc
R. Delayant
R. Alcide d'Orbigny
Av. des Cordeliers
R. Jourdan
Av. de Metz
CITÉ ADMINISTRATIVE DUPERRE
b
R. de Rambaud
R. du Minage
F^ne du Pilori
t
Av. du Gal Leclerc
Cathédrale St-Louis
M^ée des Beaux-Arts
Pl. du Marché
PORTE ROYALE
LA PALLICE
R. de Suède
Orbigny-Bernon Museum
Musée du Nouveau Monde
a
r
d
R. Villeneuve
R. Fonderies
R. Saint-Louis
R. des Corderies
R. Pernelle
R. Chaudrier
R. Thiers
Grand-Rue des Merciers
2
Palais de justice
R. des Remparts
Hôtel de la Bourse
R. du Palais
R. Bletterie
St-Sauveur
R. du Duc
R. des
R. de l'Escale
Av. Jean Guiton
Canal Maubec
NIORT
N 237
Pte de la Grosse-Horloge
Q. Duperré
Av. Jean Moulin
Parc Charruyer
w
Cours des Dames
R. St-Nicolas
R. du Duc
R. Saint-Claude
BASSIN DE RETENUE
Bd Joffre
Tour St-Nicolas
BASSIN À FLOT
Ch. des
z
a
v
g
Q. du Gabut
R. de la Fabrique
ROCHEFORT
r
PORTE DES 2 MOULINS
Tour de la Lanterne
Tour de la Chaîne
Q. de Marans
Av. de Mulhouse
t
ALLÉE DU MAIL
BASSIN DES CHALUTIERS
AVANT PORT
Av. Michel Crépeau
Av. de Colmar
Aquarium
e
MÉDIATHÈQUE
ESPACE ENCAN
Musée des Modèles réduits
Musée des Automates
R. de la
R. du Cerf-Volant
Av. Amerigo Vespucci
Musée maritime
Q. Louis Prunier
Bd Joffre
3
R. Conti
PORT DES MINIMES
R. de la Brigantine
R. de la Bonette
Av. Michel Crépeau
R. de la Désirée
R. de la Scierie
R. Sénac de Meilhan
R. Anita Emile Normandin
R. Jean Bouche
R. Fleming
R. Virginie Hériot
3

PORT DES MINIMES A B D 939, ST-JEAN-D' ANGÉLY, D 137-E 602, ROCHEFORT

Bar à Huîtres by Roumégous

POISSONS ET FRUITS DE MER • SIMPLE Fines de claire, papillon, pied de cheval ; la petite poésie intime des huîtres se déguste ici, dans cette maison d'ostréiculteur (cinquième génération!), au décor simple et moderne. Coquillages, crustacés, tartares de poissons frais, selon arrivage, et vente à emporter. Bain d'iode et fraicheur absolue.

Formule 13 € - Carte 30/55 €

Plan : B2-d *4 r. des 3 Fuseaux - ✆ 05 46 34 30 30 - www.huitres-roumegous.fr - Fermé 2 semaines en janv., dim. soir et lundi*

Le Bouillon

CUISINE MODERNE • ÉLÉGANT Jemmy Brouet, passé par le Jules Vernes (Alain Ducasse), a ouvert ce bistrot chic aux briques rouges et couleurs ensoleillées, écrin d'un menu du marché goûteux, à prix doux, avec options végétariennes (plus ambitieux le soir). Un peu excentré, mais facile d'accès.

Formule 20 € - Menu 24 € (déj.), 38/89 €

Hors plan *15 r. du Docteur-Bigois - ✆ 05 46 42 05 29 - Fermé 2 semaines en août, vacances de la Toussaint, le soir en semaine sauf vend., sam. midi et dim.*

Le Cabanon des Pêcheurs

POISSONS ET FRUITS DE MER • RUSTIQUE Bardage en bois, articles de pêche et mobilier rustique : voilà un établissement qui n'a pas usurpé son nom. Au menu, poisson frais et quelques viandes. C'est bon et simple, à l'image du plat signature, la noix de Saint-Jacques à l'andouille de Guémené.

Formule 16 € - Menu 33 € - Carte 42/48 €

Plan : B2-r *16 r. Thiers - ✆ 05 46 45 37 35 - www.restaurant-lecabanondespecheurs.fr - Fermé 2 semaines en fevrier, 1 semaine en juin, 2 semaines en nov., dim. et lundi*

La Cuisine de Jules

CUISINE MODERNE • CONVIVIAL Jules, c'est Giuliano di Giovanni, chef italien installé depuis de nombreuses années à quelques enjambées du Vieux-Port de La Rochelle. Avec de bons produits locaux, il compose une cuisine du marché pleine de goût, et n'hésite pas à revisiter la tradition à sa façon. Un exemple ? Les huitres chaudes au beurre d'herbes...

Formule 27 € - Menu 32 € - Carte 41/70 €

Plan : B2-a *5 r. Thiers - ✆ 05 46 41 50 91 - www.m.lacuisinedejules.fr - Fermé dim. et lundi*

L'Entracte, la Brasserie de Grégory

CUISINE TRADITIONNELLE • BRASSERIE Une brasserie chic signée Grégory Coutanceau, un nom de famille bien connu des gastronomes rochelais. Les cuisines ouvertes sur la salle n'autorisent aucun entracte pour le chef et sa brigade, qui livrent une jolie interprétation du genre, avec ce credo : cuisiner au plus près du produit !

Formule 19 € - Menu 32 € - Carte 29/50 €

Plan : A2-v *35 r. St-Jean-du-Pérot - ✆ 05 46 52 26 69 - www.lentracte.net*

La Côte Rôtie

CUISINE MODERNE • BAR À VIN Cuisine du marché fraîche et bien troussée à la Côte Rôtie, ancien relais routier rénové en bistrot contemporain coloré. On se régale d'un poisson frais du jour ou d'une volaille à la rôtissoire, à accompagner d'une bonne bouteille, que chacun va choisir directement à la cave... Service souriant et efficace.

Formule 23 € - Menu 28 € - Carte 38/50 €

Hors plan *2 bd Maréchal-Lyautey - ✆ 05 46 44 04 19 - Fermé 2 semaines en août, le soir du lundi au jeudi, sam. midi et dim.*

Le Bistrot des Bonnes Femmes

CUISINE MODERNE • BISTRO Bistronomie pour tout le monde dans cette adresse branchée et conviviale ! Les produits sont au top (poissons de la criée, légumes des Halles voisines) et les préparations nettes et précises, sans superflu ni artifice. Et, aux beaux jours, on profite d'un repas dans l'agréable patio...

Formule 17 € - Menu 20 € (déj. en semaine)/30 € - Carte 30/45 €

Plan : B2-t *5 r. des Bonnes-Femmes - ✆ 05 46 52 19 91 - www.lebistrotdesbonnesfemmes.com - Fermé lundi en saison et dim.*

Hôtels & maisons d'hôtes

Le Champlain

FAMILIAL • CLASSIQUE Un bel hôtel particulier du 19e s. avec son jardin bucolique, où plane l'odeur douce et entêtante des roses. Les salons sont superbes, les chambres délicates et pleines de cachet... Pour un séjour romantique à souhait !
32 chambres – 85/134 € 85/170 € – 4 suites – 12 €
Plan : A1-b *30 r. Rambaud – 05 46 41 34 66 – www.hotelchamplain.com*

Masqhôtel

BUSINESS • DESIGN Design, coloré, raffiné, minimaliste et chic tout à la fois : un hôtel très contemporain, d'esprit urbain. Pour l'anecdote, le totem du lieu n'est autre qu'un masque néoguinéen célébrant la fertilité.
76 chambres – 116/231 € 116/231 € – 13 €
Plan : B3-t *17 r. de l'Ouvrage-à-Cornes (par av. de Mulhouse) – 05 46 41 83 83 – www.masqhotel.com*

La Monnaie

HISTORIQUE • DESIGN Près de la tour de la Lanterne, un hôtel particulier du 17e s., où l'on frappait jadis la monnaie, d'où son nom. Il arbore aujourd'hui un décor très contemporain : design épuré, beaucoup de noir et blanc, des douches à l'italienne, un espace bien-être, une cour intérieure où l'on prend le petit-déjeuner l'été... Un bel ensemble !
37 chambres – 134/244 € 134/244 € – 4 suites – 18 €
Plan : A2-z *3 r. de la Monnaie – 05 46 50 65 65 – www.hotelmonnaie.com*

Mercure Océanide

HÔTEL DE CHAÎNE • FONCTIONNEL Un hôtel idéal pour la clientèle d'affaires, notamment à l'occasion de séminaires. Les chambres s'agrémentent de salles de bains qui évoquent les cabines de bateaux.
123 chambres – 85/225 € 85/225 € – 17 €
Plan : B3-e *quai Louis-Prunier – 05 46 50 61 50 – www.mercure-la-rochelle-vieux-port.com*

St-Nicolas

URBAIN • FONCTIONNEL Cette bâtisse de la vieille ville, doublée d'une extension récente, abrite un hôtel bien agréable. Chambres modernes et fonctionnelles, entretien soigné et... petit-déjeuner gourmand. Autre point fort : le parking privé.
86 chambres – 88/158 € 88/243 € – 13 €
Plan : B2-a *13 r. Sardinerie – 05 46 41 71 55 – www.hotel-saint-nicolas.com*

Le Manoir

HISTORIQUE • CONTEMPORAIN En léger retrait du centre-ville et du port, cet hôtel particulier datant du 19e s. a été entièrement rénové en 2011. C'est aujourd'hui un établissement plein de charme, géré en famille, où l'on se repose dans des chambres spacieuses et contemporaines.
17 chambres – 85/105 € 85/169 € – 13 €
Plan : A2-t *8 av. du Gén.-Leclerc – 05 46 67 47 47 – www.hotel-le-manoir.fr*

François 1er N

URBAIN • TENDANCE Difficile dans les parages de trouver plus décalé que cet hôtel urbain, titillé par l'âme artistique et l'esprit rock. Photographies, peintures, street art, expo de guitares : les chambres portent toutes la marque de cette originalité. On y organise aussi des résidences artistiques.
36 chambres – 79/99 € 89/149 € – 11 €
Plan : A1-r *13-15 r. Bazoges – 05 46 41 28 46 – www.hotelfrancois1er.fr*

Entre Hôtes N

MAISON DE MAÎTRE • PERSONNALISÉ Une maison d'armateur du 18e s. avec un ravissant jardin à l'anglaise, le tout à cinq minutes à pied du centre historique de la ville... Les chambres, modernes et cosy, donnent sur le jardin et sont bien tenues. Fruits frais et confitures maison au petit-déjeuner.
5 chambres – 95/160 € 125/200 €
Plan : A2-w *8 r. Réaumur – 05 16 85 93 33 – www.entre-hotes.com – Fermé 2 semaines en fév.*

à St-Rogatien 10 km à l'Est par D108 et D111 – ✉ 17220 – 1 956 hab. – Alt. 35 m

La Pierrevue

CUISINE MODERNE • COSY XX Le poisson de la pêche locale, la viande des éleveurs de la région, les fruits et légumes du marché, les herbes aromatiques du jardin... Voici les beaux produits utilisés par Cécile Richard, la jeune chef de cette maison. Elle compose une cuisine nette et précise, aux saveurs marquées et harmonieuses : un régal.

Formule 21 € – Menu 26 € (déj. en semaine), 41/66 € – Carte 53/68 €

2 pl. de la Mairie – ✆ 05 46 31 67 08 – www.lapierrevue.fr – Fermé 17-27 fév., 4-28 août, 22 déc.-8 janv., mardi soir, merc. soir, dim. et lundi

à la Jarrie 13 km à l'Est par D939 – ✉ 17220 – 3 110 hab. – Alt. 25 m

L'Hysope

CUISINE MODERNE • CONTEMPORAIN XX Dans un joli bourg, cette maison particulière abrite le talent d'un chef aussi discret que talentueux. Adepte d'une cuisine raffinée, ciselée, il met à l'honneur les légumes et plantes des maraîchers locaux, mais aussi les poissons de la criée de La Rochelle... Maîtrise et inspiration sont au rendez-vous dans l'assiette, pour notre plus grand plaisir.

→ Huîtres pochées au lait et thé Earl Grey. Lotte et palet de tête de veau. Ma version du cheesecake au citron.

Formule 24 € – Menu 35/125 € – Carte 60/76 €

25 r. de l'Aurore – ✆ 05 46 68 52 21 – www.lhysope.com – Fermé vacances de fév., 1 semaine en juin, 2 semaines en oct. , dim. sauf le midi hors saison, merc. soir de sept. à juin et lundi

LA ROCHE-POSAY

✉ 86270 Vienne – 1 547 hab. – Alt. 112 m – Carte régionale n° **20**-D1
Carte Michelin 322-K4 – Guide Vert Michelin Poitou-Charentes

St-Roch

CUISINE TRADITIONNELLE • CONTEMPORAIN X Croustillant de chèvre, joue de bœuf et ses petits légumes... Le chef réalise une cuisine fine et goûteuse, ainsi que de bons petits plats diététiques adaptés aux curistes. Le tout à apprécier dans un cadre contemporain ou, aux beaux jours, sur l'agréable terrasse.

Formule 16 € – Menu 29/45 € – Carte 41/59 €

37 chambres – †59/105 € ††90/125 € – ☕ 12 €

4 cours Pasteur – ✆ 05 49 19 49 00 – www.saintroch-larocheposay.fr – Fermé 24-31 déc. et 1er-12 janv.

Les Loges du Parc

THERMAL • CLASSIQUE Au cœur de la station thermale, ce bel hôtel 1900 a été entièrement rénové en 2015. Les chambres sont confortables et fonctionnelles, avec notamment trois suites décorées par thèmes (le jazz, l'Égypte et le bois). Formule résidence à la semaine, idéale pour les curistes.

49 chambres – †130/170 € ††130/250 € – 3 suites – ☕ 17 €

10 pl. de la République – ✆ 05 49 19 40 50 – www.resorthotel-larocheposay.info – Fermé 23 déc.-6 janv.

LES ROCHES-DE-CONDRIEU

✉ 38370 Isère – 2 078 hab. – Alt. 158 m – Carte régionale n° **23**-B2
Carte Michelin 333-B5

Le Bellevue

FAMILIAL • FONCTIONNEL Une belle bâtisse de couleur ocre, posée sur les rives du Rhône, dont une partie des chambres offrent une vue dégagée sur les flots. Entretien soigné, bons équipements, et même un restaurant proposant une cuisine traditionnelle !

16 chambres – †90/100 € ††90/100 € – 1 suite – ☕ 12 €

1 pl. Carcan (quai du Rhône) – ✆ 04 74 56 41 42 – www.le-bellevue.net – Fermé 16-28 août, 2-15 janv.

LA ROCHE-SUR-YON

✉ 85000 Vendée – 53 162 hab. – Alt. 75 m – Carte régionale n° **18**-B3
Carte Michelin 316-H7 – Guide Vert Michelin Pays de la Loire

L'Atable

CUISINE MODERNE • BISTRO Une cuisine "bistronomique" mettant en avant les produits de la région et les artisans du quartier, un joli cadre épuré : ouverte en 2013, cette maison n'a pas usurpé son excellente réputation ! Ne pas manquer la spécialité du chef : le crabe farci et escargots de Vendée à l'andouille… Le menu change tous les jours. Jolie sélection de vins.

Formule 22 € – Menu 30/47 €

Plan : A2-f *20 bis r. Raymond-Poincaré*
– 02 51 36 21 35
– www.latable-larochesuryon.net
– Fermé 3 semaines juil.-août, dim. soir, lundi et merc.

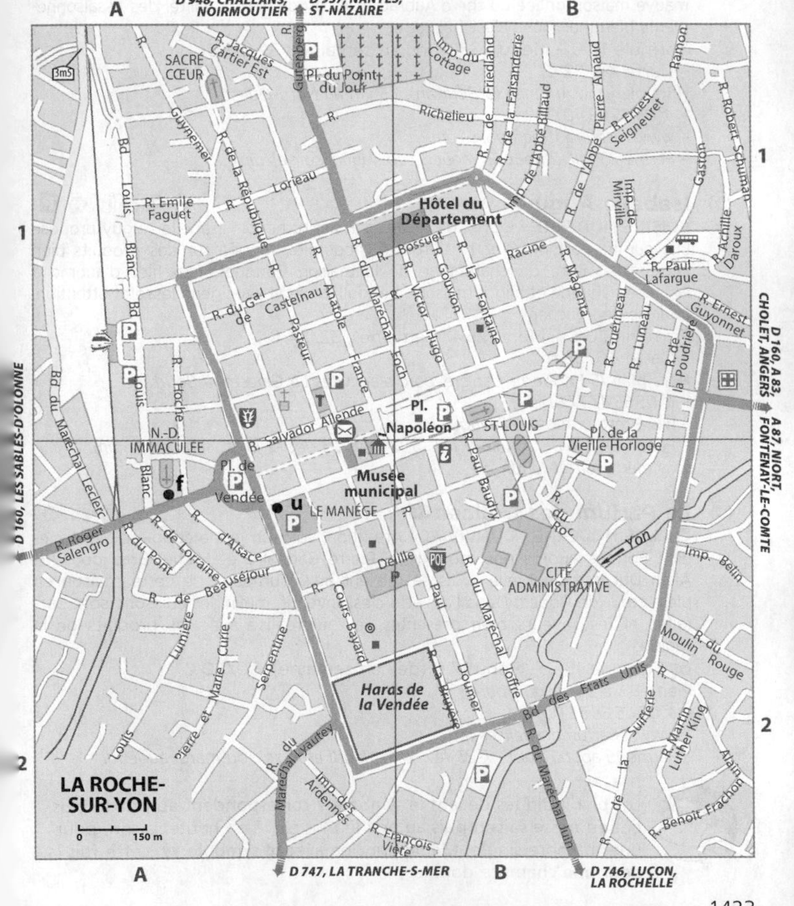

Mercure

HÔTEL DE CHAÎNE • FONCTIONNEL Idéalement situé entre la gare et la place Napoléon, un Mercure avec des chambres spacieuses et bien insonorisées, impeccablement rénovées.
67 chambres – 80/260 € 80/260 € – 16 €
Plan : A2-u *117 bd Aristide-Briand – ✆ 02 51 46 28 00 – www.mercure-la-roche-sur-yon.com*

ROCHETOIRIN – 38 Isère ➜ Voir La Tour-du-Pin

RODEZ

✉ 12000 Aveyron – 24 088 hab. – Alt. 635 m – Carte régionale n° **15**-C1
Carte Michelin 338-H4 – Guide Vert Michelin Lot Aveyron Vallée du Tarn

Les Jardins de l'Acropolis

CUISINE MODERNE • CONVIVIAL XX Les gourmands se donnent régulièrement rendez-vous dans ce restaurant contemporain, dont le chef concocte une cuisine du marché savoureuse, moderne et bien ficelée. Jarret de veau de lait confit, guimauve maison grillée au thé d'Aubrac... Des produits de qualité, des assaisonnements bien marqués : c'est frais et bon !
Formule 19 € – Menu 23 € (déj. en semaine), 32/57 €
– Carte 45/52 €
Hors plan *r. d'Athènes (à Bourran), 1,5 km au Nord-Ouest*
– ✆ 05 65 68 40 07
– www.restaurant-acropolis.com
– Fermé 23 juil.-2 août, 27 août-3 sept., lundi soir et dim.

Isabelle Auguy

CUISINE MODERNE • ÉLÉGANT X Dans son fief ruthénois, Isabelle Auguy propose une cuisine parfumée, entre terroir et modernité, fondée sur des produits bien choisis : assiette de charcuterie de la maison Conquet, faux-filet d'aubrac à la sauce poivrade et aligot maison... Le tout est servi avec gentillesse et attention, pour ne rien gâcher !
Formule 20 € – Menu 26 € (semaine), 32/54 €
– Carte 46/58 €
Hors plan *154 r. Pierre-Carrère, parc d'activités La Gineste, à Bourran*
– ✆ 05 65 47 77 51
– www.restaurantisabelleauguy.fr
– Fermé 3-10 avril, 29 juin-9 juil., 5-12 nov., 23 déc.-2 janv., sam. midi, dim. soir, merc. soir et lundi

Le Parfum des Délices Ⓝ

CUISINE MODERNE • CONVIVIAL X Attention, voici un jeune couple plein d'avenir ! Formés auprès des meilleurs – Pierre Gagnaire et Michel Bras pour lui, Alain Ducasse pour elle –, ils se relaient aux fourneaux de cette maison en plein cœur de Rodez. Dans l'assiette c'est inventif, malin, les cuissons sont parfaites et les saveurs bien présentes, le tout réalisé avec les produits de la région.
Formule 15 € – Menu 17 € (déj. en semaine), 30/50 €
Plan : B2-a *24 pl. du Bourg*
– ✆ 05 65 68 95 00
– www.leparfumdesdelices.fr
– Fermé 15 août-7 sept., 7-23 fév., dim., lundi et le soir du mardi au jeudi

Les prix indiqués devant le symbole correspondent au prix le plus bas en basse saison puis au prix le plus élevé en haute saison, pour une chambre single. Même principe avec le symbole , cette fois pour une chambre double.

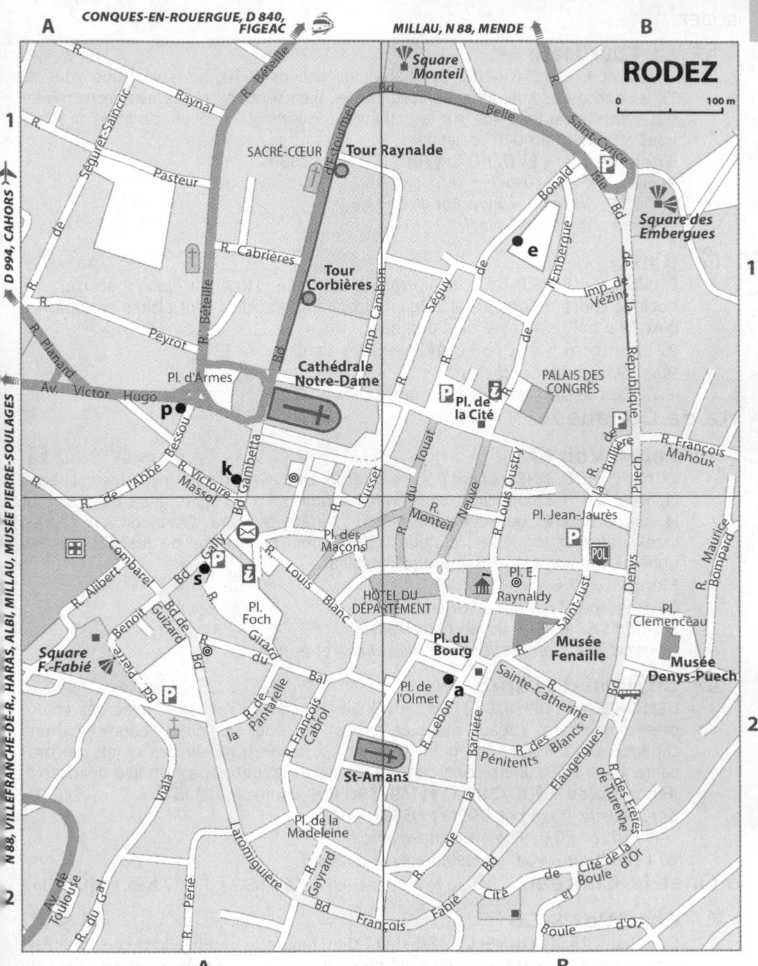

Café Bras

CUISINE AVEYRONNAISE · DESIGN Que ce soit Côté Comptoir (pour déjeuner sur le pouce) ou au restaurant, ce café installé au cœur du musée Soulages rend hommage aux bons produits aveyronnais.

Menu 32 €

Hors plan *7 r. Planard, Jardin du Foirail (au musée Soulages)*
– 05 65 68 06 70 – www.cafebras.fr
– Fermé janv., mardi en fév.-mars et nov.-déc., lundi et le soir sauf sam.

Mercure Cathédrale

BUSINESS · CONTEMPORAIN Non loin de la cathédrale et du musée Soulages, un hôtel 1930 dont on a conservé les parties classées : mosaïques Art déco, grand escalier en bois massif, peintures...

36 chambres – 85/160 € 110/250 € – 15 €

Plan : A1-p *1 av. Victor-Hugo*
– 05 65 68 55 19 – www.mercure.com

La Tour Maje

FAMILIAL • FONCTIONNEL Cet hôtel des années 1970, adossé à une tour du 15e s., abrite des chambres confortables et bien tenues ; celles des derniers étages offrent une jolie vue sur la cathédrale voisine ! Au réveil, de bons produits vous attendent au petit-déjeuner !

37 chambres – 70/110 € 90/150 € – 13 €

Plan : A2-s *1 bd Gally*

– 05 65 68 34 68 – www.hoteltourmaje.fr

– Fermé vacances de Noël

Biney

BUSINESS • PERSONNALISÉ Au rez-de-chaussée, l'intérieur jaune et rouge a quelque chose de provençal… Quant aux chambres, elles sont claires et confortables. Une petite adresse bien pratique.

27 chambres – 60/69 € 75/95 € – 1 suite – 12 €

Plan : A1-k *7 bd Gambetta*

– 05 65 68 01 24 – www.hotel-biney.com

rte de Conques au Nord par D901

Labro'Voir

CUISINE MODERNE • COSY Sol en béton ciré avec pierre incrustées, chaises chinées, lustre à pampilles : voici un restaurant qui a du style ! Mais c'est surtout la cuisine du chef qui retient l'attention : tartare de veau d'Aveyron aux câpres, vieux rodez et roquette ; pintade cuite au foin bio, crème de maïs et poireau grillé… La région est joliment mise en valeur.

Menu 32/47 €

Onet-Village, 7 km par D901 et D568

– 05 65 67 90 62 – www.chateaulabro.fr

– Fermé janv., sam. sauf saison, dim., lundi et le midi

Château de Labro

DEMEURE HISTORIQUE • PERSONNALISÉ Un château ravissant, avec des chambres romantiques (beaux meubles chinés) ou, pour les baroudeurs chics, une cabane dans un arbre. Le petit-déjeuner est servi au milieu des objets de brocante, il y a aussi une piscine dans les vignes et un petit spa… Un lieu délicieux !

18 chambres – 90/390 € 139/390 € – 2 suites – 15 €

Onet-Village, 7 km par D901 et D568

– 05 65 67 90 62 – www.chateaulabro.fr

Labro'Voir – voir les restaurants ci-dessus

à Onet-le-Château 4 km au Nord par D988 – 12850 – 11 837 hab. – Alt. 628 m

Chai Alex & Co

CUISINE TRADITIONNELLE • BISTRO Œuf meurette, andouillette en chemise, parmentier de canard, pied de porc du Chai farci au foie gras, rognons… Que de bonnes spécialités bistrotières dans cette sympathique adresse de la périphérie ruthénoise ! Le chef remanie l'ardoise au fil de la saison et de ses inspirations.

Formule 16 € – Menu 20 € – Carte 25/47 €

rte d'Espalion (à côté du rond-point St-Marc)

– 05 65 42 21 36 – chaialexandco.fr

– Fermé vacances de Noël, mardi soir, merc. soir, dim. soir et lundi

Château de Canac

DEMEURE HISTORIQUE • HISTORIQUE Voilà un "château d'hôte" du 16es. de belle prestance, serti d'un vaste parc aux arbres centenaires. Vitraux d'époque, imposante cheminée, et trois chambres élégantes. Cuisine goûteuse à la table d'hôtes.

3 chambres – 180/270 € 190/280 €

impasse de Canac

– 05 31 97 10 50 – www.chateaudecanac.com

ROGNONAS

13870 Bouches-du-Rhône – 4 018 hab. – Alt. 21 m – Carte régionale n° **22**-E1

Carte Michelin 340-D2

Le Carré Noir

CUISINE TRADITIONNELLE • BISTRO Entre la mairie et l'église, un restaurant spacieux décoré sur le thème du café. On y propose une cuisine de brasserie exécutée avec application, et déclinée au fil d'un menu renouvelé tous les jeudis : poêlée de gnocchis et escargots, tartare minute, persillade de rognons... C'est simple et bon. Agréable terrasse.

Formule 17 € - Menu 20 € - Carte 26/38 €

2 av. de la Libération - 04 90 94 80 44 - www.lecarrenoir-rognonas.com - Fermé sam., dim. et le soir

ROIFFÉ

86120 Vienne - 740 hab. - Alt. 67 m - Carte régionale n° **20**-C1

Carte Michelin 322-G2

Domaine de Roiffé (N)

RESORT • HISTORIQUE On pénètre dans ce lieu atypique (une ancienne colonie pénitentiaire) par une large allée centrale bordée de cèdres, et de pavillons en pierre où sont logées les chambres contemporaines. Un golf complète cet ensemble de 120 hectares. Le restaurant "L'Alcôve" (sis dans d'anciennes cellules) propose une cuisine de saison, à déguster en terrasse, l'été.

51 chambres - †57/82 € ††62/93 € - 11 €

lieu-dit St-Hilaire, rte de Fontevraud - 05 49 22 48 17 - www.domainederoiffe.fr

ROISSY-EN-FRANCE - 95 Val-d'Oise → Voir Autour de Paris

ROLLEBOISE

78270 Yvelines - 410 hab. - Alt. 20 m - Carte régionale n° **10**-A1

Carte Michelin 311-F1

Le Domaine de la Corniche

CUISINE MODERNE • ÉLÉGANT Pas besoin de résider au Domaine de la Corniche pour apprécier ce restaurant contemporain, son belvédère et sa carte alléchante. Les produits nobles se succèdent dans l'assiette face aux méandres de la Seine, jusqu'au beau chariot de desserts...

→ Girolles de montagne, sabayon aux senteurs des sous-bois. Ris de veau croustillant lardé de langoustine de Bretagne, chou étuvé. Ravioles d'ananas Victoria, coriandre et noix de coco.

Formule 35 € - Menu 47/95 € - Carte 82/145 €

5 rte de la Corniche - 01 30 93 20 00 - www.domainedelacorniche.com - Fermé 3 semaines en nov.

Le Domaine de la Corniche

SPA ET BIEN-ÊTRE • DESIGN Quelle "folie" Léopold II de Belgique ne fit-il pas pour son dernier amour ! Le résultat est cette jolie demeure dominant la Seine. Les amoureux d'aujourd'hui apprécieront son intérieur design, les chambres avec vue, la piscine panoramique et le superbe spa...

44 chambres - †105/405 € ††105/405 € - 16 €

5 rte de la Corniche - 01 30 93 20 00 - www.domainedelacorniche.com

Le Domaine de la Corniche - voir les restaurants ci-dessus

ROMANÈCHE-THORINS

71570 Saône-et-Loire - 1 964 hab. - Alt. 187 m - Carte régionale n° **4**-C3

Carte Michelin 320-I12 - Guide Vert Michelin Bourgogne

Rouge & Blanc

CUISINE MODERNE • CONVIVIAL Rouge et (Georges) Blanc : le célèbre chef bressan est propriétaire de cet établissement où la tradition régionale est évidemment reine, de même que les vins locaux et le célèbre cru du village, le moulin-à-vent. Au cœur de la tradition de la bonne chère bourguignonne !

Formule 19 € - Menu 32/57 € - Carte 40/75 €

513 rte de Fleurie (près de la gare) - 03 85 35 51 70 - www.lespritblanc.com

Les Maritonnes Parc & Vignoble

TRADITIONNEL • FONCTIONNEL Dans ce fameux village viticole, une escale toute trouvée pour les amateurs d'œnotourisme... et les autres. Le parc verdoyant et fleuri, la piscine, l'imposante maison avec ses chambres contemporaines, confortables et agréables, le beau buffet au petit-déjeuner : une douce villégiature bourguignonne...

23 chambres - 89/220 € 89/220 € - 19 €

513 rte de Fleurie (près de la gare) - 03 85 35 51 70 - www.lespritblanc.com

Rouge & Blanc - voir les restaurants ci-dessus

ROMANS-SUR-ISÈRE

26100 Drôme - 33 366 hab. - Alt. 162 m - Carte régionale n° **24**-E2
Carte Michelin 332-D3 - Guide Vert Michelin Ardèche Drôme

L'Instant

CUISINE MODERNE • ÉLÉGANT Excentrée dans un quartier résidentiel proche de la gare, cette belle maison bourgeoise - datant des années 1930 - vous accueille dans un joli décor contemporain ; on vous sert une délicieuse cuisine du marché, réalisée à partir de bons produits frais. Des assiettes qui s'avalent... en un Instant !

Formule 23 € - Menu 26 € (déj. en semaine), 44/64 €

10 r. de Delay - 04 75 45 40 72 - www.restaurant-instant.com - Fermé 24 déc.-3 janv., mardi en juil.-août, dim. et lundi

Nature Gourmande

CUISINE MODERNE • INTIME Entrez donc dans ce restaurant de poche et faites preuve d'une Nature Gourmande ! Madame reçoit avant de rejoindre monsieur, en cuisine, pour préparer les pâtisseries. Dans l'assiette, les bons produits du marché sont à l'honneur. Un régal...

Formule 30 € - Menu 35/60 €

37 pl. Jacquemart - 04 75 05 30 46 - www.restaurant-naturegourmande.com - Fermé 30 juil.-20 août, dim., lundi et le midi sauf sam.

Un Soir... Un Dîner

CUISINE MODERNE • CONVIVIAL Situé en face de la gare de Romans, ce restaurant à la claire devanture propose une cuisine bistronomique sous forme de menu-carte, ainsi que quelques suggestions de produits plus nobles. Agréable sélection de vins au verre. Petite terrasse.

Menu 32 € - Carte 38/49 €

11-13 pl. Carnot - 04 75 48 84 64 - www.restaurant-unsoirundiner.com - Fermé dim., lundi et le midi sauf le sam.

L'Orée du Parc

FAMILIAL • PERSONNALISÉ À l'entrée de l'ancienne capitale du soulier, cette belle maison bourgeoise (début 20e s.) est entourée d'un joli jardin avec piscine. Les chambres, de bon confort, sont décorées avec soin. De quoi trouver chaussure à son pied !

10 chambres - 85/119 € 91/125 € - 13 €

6 av. Gambetta - 04 75 70 26 12 - www.hotel-oreeparc.com - Fermé 27 déc.-3 janv.

à Granges-lès-Beaumont 6 km à l'Ouest - 26600 - 941 hab. - Alt. 155 m

Les Cèdres (Jacques Bertrand)

CUISINE CLASSIQUE • ÉLÉGANT Les cèdres dressent leurs ramures aériennes au-dessus de cette demeure éminemment bourgeoise. On y déguste une cuisine pleine de classicisme, à base de très beaux produits travaillés sans fausse note. La carte des vins honore les Côtes du Rhône.

→ Feuilleté de langoustines et asperges du village, sauce hollandaise. Chartreuse de faisan au foie gras, noisette de cerf sauce grand veneur et rôti de palombe. Sabayon au chocolat guanaja, caramel et crème glacée à la fève tonka.

Menu 50 € (déj. en semaine), 95/155 €

25 r. Henri-Machon - 04 75 71 50 67 - www.restaurantlescedres.fr - Fermé 9-19 avril, 20 août-4 sept., 24 déc.-8 janv., dim. soir sauf de juin à août, lundi et mardi

à St-Paul-lès-Romans 8 km à l'Est – ✉ 26750 – 1 806 hab. – Alt. 171 m

La Malle Poste

CUISINE CLASSIQUE • CONTEMPORAIN XxX Dans l'ancien café du village, on respecte le terroir et les saisons. Des plats à déguster avec l'un des crus de la belle carte des vins (plus de 350 références). Voilà une Malle Poste dans laquelle on apprécie de faire un bout de chemin...

Formule 21 € 🍷 – Menu 44/72 €

Le village – ☎ 04 75 45 35 43 – la-malle-poste.com – Fermé 6-23 août, 2-19 janv., dim. soir, lundi et mardi

ROMILLY-SUR-SEINE

✉ 10100 Aube – 14 303 hab. – Alt. 76 m – Carte régionale n° **7**-B2
Carte Michelin 313-C2

Auberge de Nicey

FAMILIAL • FONCTIONNEL À deux pas de la gare, cet établissement propose des chambres confortables, joliment meublées et bien insonorisées. Autres atouts : un espace détente avec piscine et fitness, et un restaurant traditionnel.

23 chambres – †99/116 € ††130/147 € – ☕ 14 €

24 r. Carnot – ☎ 03 25 24 10 07 – www.denicey.com – Fermé 22 déc.-4 janv.

ROMORANTIN-LANTHENAY

✉ 41200 Loir-et-Cher – 17 459 hab. – Alt. 93 m – Carte régionale n° **6**-C2
Carte Michelin 318-H7 – Guide Vert Michelin Châteaux de la Loire

✿ Grand Hôtel du Lion d'Or (Didier Clément)

CUISINE MODERNE • ÉLÉGANT XxxX Une cuisine ciselée, un vrai travail au service du produit – mention spéciale pour le pigeon farci entre chair et peau façon babylonienne, tout un art ! –, toujours très frais et relevé de quelques notes d'ailleurs (épices, condiments...) ; une superbe carte de vins de Loire. Une belle table dans la capitale de la Sologne !

➜ Variation d'asperges blanches de Sologne. Civet de lièvre au cacao. Brioche caramélisée, sorbet à l'angélique.

Formule 49 € – Menu 64 € (déj. en semaine), 105/145 € – Carte 125/175 €

69 r. Clemenceau – ☎ 02 54 94 15 15 – www.hotel-liondor.fr – Fermé 18 fév.-30 mars et mardi midi

Grand Hôtel du Lion d'Or

HISTORIQUE • ÉLÉGANT Cette belle demeure Renaissance (avec des encadrements de pierre caractéristiques en façade) est un hôtel depuis 1774, et la récente rénovation a confirmé l'élégance du lieu : confort exquis, cour intérieure, espace et... sens de l'accueil peaufiné par les siècles.

13 chambres – †180/620 € ††180/620 € – 3 suites – ☕ 26 €

69 r. Clemenceau – ☎ 02 54 94 15 15 – www.hotel-liondor.fr – Fermé 18 fév.-30 mars

✿ **Grand Hôtel du Lion d'Or** – voir les restaurants ci-dessus

RONCE-LES-BAINS

✉ 17390 Charente-Maritime – La Tremblade – Alt. 6 m – Carte régionale n° **20**-A2
Carte Michelin 324-D5 – Guide Vert Michelin Poitou-Charentes

La Plage de la Ribaudière Ⓝ

CUISINE MODERNE • CONVIVIAL X Spécialités charentaises, retour de pêche, viandes et poulpes cuits au barbecue, salades savoureuses : en lisière de la plage, on se régale dans cette ancienne école de voile devenue un charmant bistrot. Une ambiance "pêcheur" que l'on retrouve jusqu'au dessert, avec ce paris-brest reconverti en... paris-plage !

Formule 20 € – Menu 25 € – Carte 33/69 €

52 av. de la Cèpe La Tremblade – ☎ 05 46 36 60 01 – Ouvert de mi-avril à fin oct. et fermé mardi sauf juil.-août

Le Brise-Lames

CUISINE TRADITIONNELLE • CLASSIQUE XX Soupe de poissons, huîtres de Marennes, soufflé chaud au Grand Marnier... Dans ce restaurant de bord de mer, la cuisine - traditionnelle et respectueuse des saisons - se révèle parfumée, bien faite et tout simplement bonne. Le cadre est classique, et la vue sur les flots imprenable !

Formule 20 € - Menu 31/58 € - Carte 30/60 €

Hôtel Le Grand Chalet, 2 av. de la Cèpe - ✆ 05 46 36 06 41 - www.legrandchalet.net - Fermé 12 nov.-10 fév., mardi sauf le soir en juil.-août et lundi

Le Grand Chalet

TRADITIONNEL • BORD DE MER Ne vous fiez pas à ses airs de chalet tranquille, le lieu fut jadis un casino... surplombant la mer, avec un accès direct à la plage. Les chambres, rafraîchies progressivement, sont bien tenues - préférez celles côté Oléron, pour la vue ! Les viennoiseries "maison" servies au petit-déjeuner sont un régal.

26 chambres - 🚹69/135 € 🚹🚹69/135 € - ☕ 12 €

2 av. de la Cèpe - ✆ 05 46 36 06 41 - www.legrandchalet.net - Fermé 12 nov.-10 fév.

Le Brise-Lames - voir les restaurants ci-dessus

RONCHAMP

✉ 70250 Haute-Saône - 2 847 hab. - Alt. 380 m - Carte régionale n° **9**-C1

Carte Michelin 314-H6 - Guide Vert Michelin Franche-Comté Jura

La Maison d'Hôtes du Parc

MAISON DE MAÎTRE • ÉLÉGANT Au pied de la colline de la chapelle Notre-Dame-du-Haut, cette belle maison de maître du 19e s. est nichée dans un joli parc au bord de la rivière... À l'intérieur, prime à l'élégance et au classicisme (mobilier de famille, papiers peints et tissus) sans une once de nostalgie ! Table d'hôtes avec produits du potager en saison.

5 chambres ☕ - 🚹80/95 € 🚹🚹110/130 €

12-14 r. du Tram - ✆ 03 84 63 93 43 - www.hotesduparc.com

au Rhien 3 km au Nord - ✉ 70250 Ronchamp

Rhien Carrer

FAMILIAL • FONCTIONNEL En pleine nature ! Dans cet agréable hôtel familial, on se repose dans des chambres joliment rénovées dans un esprit contemporain. À table, le terroir et les spécialités franc-comtoises sont à l'honneur. Terrasse dans un écrin... de verdure.

19 chambres - 🚹62/67 € 🚹🚹79/87 € - ☕ 12 €

14 r. d'Orière - ✆ 03 84 20 62 32 - www.ronchamp.com - Fermé dim. soir

à Champagney 4,5 km à l'Est par D4 - ✉ 70290 - 3 797 hab. - Alt. 370 m

Le Pré Serroux

CUISINE TRADITIONNELLE • CLASSIQUE XX Le Pré Serroux, c'est aussi un restaurant avec sa salle classique et confortable. Les gourmands y apprécient une cuisine à l'accent régional, accompagnée d'une belle sélection de vins. Aux beaux jours, profitez de la terrasse !

Menu 15 € (déj. en semaine), 28/55 € - Carte 37/45 €

4 av. Gén.-Brosset - ✆ 03 84 23 13 24 - www.lepreserroux.fr - Fermé 24 déc.-14 janv., 1er-21 août, sam. midi, dim. et le midi en août

Le Pré Serroux

TRADITIONNEL • CLASSIQUE À deux pas de la Maison de la négritude et des Droits de l'homme - à laquelle Léopold Senghor accorda son patronage -, cet hôtel propose des chambres sobres et actuelles. Les amateurs de brocante apprécieront la décoration, fruit d'un long travail de chine.

23 chambres - 🚹72/87 € 🚹🚹72/87 € - ☕ 12 €

4 av. Gén.-Brosset - ✆ 03 84 23 13 24 - www.lepreserroux.fr - Fermé 24 déc.-14 janv.

Le Pré Serroux - voir les restaurants ci-dessus

ROPPENHEIM

✉ 67480 Bas-Rhin - 959 hab. - Alt. 117 m - Carte régionale n° **1**-B1
Carte Michelin 315-M3

Auberge à l'Agneau

CUISINE TRADITIONNELLE • AUBERGE X Généreuse table que celle de cette maison alsacienne du 18e s. En cuisine, les petits plats mijotent sous l'œil attentif du chef, amoureux de sa région. Dans l'assiette, on apprécie les spécialités du pays et de viandes. Simple et authentique !

Carte 24/71 €

11 r. Principale - ✆ 03 88 86 40 08 - www.auberge-agneau.com - Fermé 29 avril-6 mai, 15 juil.-12 août, 23 déc.-6 janv., dim., lundi et le midi sauf sam.

ROQUEBRUNE-CAP-MARTIN

✉ 06190 Alpes-Maritimes - Alt. 257 m - Carte régionale n° **22**-E2
Carte Michelin 341-F5 - Guide Vert Michelin Côte d'Azur
Voir plan de Menton

Les Deux Frères

CUISINE TRADITIONNELLE • ROMANTIQUE XX La falaise plonge dans la mer, les flots ondoient au soleil, Monaco se dessine à l'horizon... Quelle terrasse, quel panorama ! Le repas, ancré dans le Sud, n'en est que plus agréable.

Menu 28/80 € - Carte 68/86 €
8 chambres - †85/185 € ††120/185 € - ☕ 9 €

Hors plan *pl. des Deux-Frères (au village) - ✆ 06 80 86 22 41 - www.lesdeuxfreres.com - Fermé 1 semaine en mars et nov., lundi et mardi*

Victoria

TRADITIONNEL • DESIGN Un décor tout en bleu et blanc : telle est la signature de cet hôtel balnéaire, idéalement situé sur le front de mer. On appréciera le confort contemporain des chambres, leurs grands balcons face aux flots, et la situation, idéale pour découvrir la côte, de Monaco à Menton.

32 chambres - †85/338 € ††85/338 € - ☕ 14 €

Plan : A2-k *7 promenade du Cap - ✆ 04 93 35 65 90 - www.hotel-victoria.fr*

ROQUEFORT

✉ 40120 Landes - 1 867 hab. - Alt. 69 m - Carte régionale n° **2**-B2
Carte Michelin 335-J10 - Guide Vert Michelin Aquitaine

Le St-Vincent

CUISINE MODERNE • CLASSIQUE XX Originaire du Lot-et-Garonne, le jeune chef a voulu fêter son retour dans le Sud-Ouest en renouant avec la clientèle locale. Il a donc pris le parti d'une cuisine simple et efficace, accessible à toutes les bourses, mais... nullement oublieuse de la qualité des produits. Tout en saveurs, le pari est réussi !

Menu 24/42 € - Carte environ 35 €

76 r. Laubaner - ✆ 05 58 45 75 36 - www.lestvincent.com - Fermé dim. soir et jeudi de sept. à mai

Le St-Vincent

FAMILIAL • PERSONNALISÉ Cette maison de maître du 19e s. possède un indéniable cachet : beaux volumes, carrelages et parquets d'origine, murs en pierre, etc. À noter : les salles de bains sont équipées uniquement d'une douche. Espace spa avec jacuzzi et sauna.

7 chambres - †75/96 € ††84/100 € - ☕ 12 €

76 r. Laubaner - ✆ 05 58 45 75 36 - www.lestvincent.com

Le St-Vincent - voir les restaurants ci-dessus

LA ROQUE-GAGEAC

✉ 24250 Dordogne - 458 hab. - Alt. 85 m - Carte régionale n° **2**-D3
Carte Michelin 329-I7 - Guide Vert Michelin Périgord Quercy

La Belle Étoile

CUISINE TRADITIONNELLE • SIMPLE XX Manger à La Belle Étoile en plein jour, c'est possible ! Rendez-vous donc dans cette demeure tournée vers la Dordogne... La cuisine réserve de belles surprises : savoureuse et gourmande, elle sait mettre le terroir en valeur et régale ! Et de petites chambres permettent de prolonger son séjour dans ce joli village.
Formule 28 € - Menu 32/50 €
13 chambres - †70/85 € ††82/100 € - ☕13 €
Le Bourg - ✆ 05 53 29 51 44 - www.belleetoile.fr - Ouvert 1er avril-2 nov. et fermé merc. midi et lundi

O'Plaisir des Sens

CUISINE MODERNE • ÉLÉGANT XX Aux fourneaux, Bruno - ancien second d'une table étoilée de la région - imagine une cuisine actuelle très soignée, qui fait ressortir le meilleur du terroir : viande achetée sur carcasse, fruits et légumes de maraîchers locaux... Que ce soit côté gastronomique le soir, ou bistrot à midi, on passe un excellent moment.
Menu 19 € (déj. en semaine), 25/60 € - Carte 48/92 €
Sous la Grande Vigne, à 3 km au Sud-Est par D703 - ✆ 05 53 29 58 53 - www.o-plaisirdessens.com - Fermé 2 semaines en fév., 2 semaines fin nov.-début déc., dim. soir, mardi soir et merc.

LA ROQUE-SUR-PERNES

✉ 84210 Vaucluse - 425 hab. - Alt. 250 m - Carte régionale n° **22**-E1
Carte Michelin 332-D10

Château La Roque

DEMEURE HISTORIQUE • CLASSIQUE Ce château du 11es. a été magnifiquement restauré. Chambres raffinées et spacieuses ; terrasses en restanques et belle piscine dans la roche. Vue provençale époustouflante ! Repas concoctés par le maître des lieux et pris dans la salle templière ou le jardin.
5 chambres ☕ - †155/340 € ††175/360 €
263 chemin du Château - ✆ 04 90 61 68 77 - www.chateaularoque.com - Fermé 19 nov.-4 mars

ROSBRUCK - 57 Moselle → Voir Forbach

ROSCOFF

✉ 29680 Finistère - 3 353 hab. - Alt. 7 m - Carte régionale n° **5**-B1
Carte Michelin 308-H2 - Guide Vert Michelin Bretagne Nord

Le Brittany

CUISINE MODERNE • ÉLÉGANT XXX Ce Brittany est bien élégant avec sa grande cheminée en pierre et ses fenêtres voûtées s'ouvrant sur le spectacle splendide de la baie. Au menu : une belle gastronomie marine, portée par l'extrême qualité et la fraîcheur tout océane des produits de la région.
→ Araignée de mer, salmis de pigeonneau et ratatouille de légumes. Côte de veau, jus iodé, girolles et carotte au gingembre. Kouign amann aux cerises cœur de pigeon confites, basilic et pamplemousse.
Menu 58/145 € - Carte 70/130 €
Plan : B1-a *Hôtel Le Brittany, bd Ste-Barbe - ✆ 02 98 69 70 78 - www.hotel-brittany.com - Ouvert 9 fév.-10 nov. et fermé mardi hors saison, lundi et le midi*

❀ Rackham (Arthur Péran)

CUISINE MODERNE • ÉLÉGANT XXX La grande salle lumineuse, avec ses baies vitrées tournées vers la mer et la jetée : le cadre est parfait pour profiter de la cuisine d'un jeune chef très en forme ! Ses assiettes sont fines et inspirées, toujours au service du goût : un travail de très grande qualité.

➜ Œuf mollet basse température, mousseline de pomme de terre et émulsion au parmesan. Rouget barbet rôti, endives caramélisées au cidre, citron confit et beurre nantais aux algues. Sphère chocolat-passion.

Formule 25 € – Menu 48/88 € – Carte 62/89 €

Plan : A1-b *Grand Hôtel de la Mer, 27 pl. Lacaze-Duthiers (près de l'église) – ✆ 02 98 61 24 95 – www.rackham-restaurant.com – Fermé janv., mardi midi, dim. et lundi*

L'Écume des Jours

CUISINE MODERNE • RUSTIQUE XX Il faut marcher un peu vers le phare, face au port, pour trouver cette maison d'armateur datant du 16e s. Murs de granit, petite tourelle : elle n'a rien perdu de son charme d'antan ! On y déguste une cuisine généreuse, notamment basée sur les légumes du potager (35 variétés de tomates !) et la pêche locale.

Formule 23 € – Menu 29/59 € – Carte 46/74 €

Plan : B2-x *quai d'Auxerre – ✆ 02 98 61 22 83 – www.ecume-roscoff.fr – Fermé 15 nov.-15 déc., mardi et merc. sauf juil.-août*

Le Brittany

LUXE • PERSONNALISÉ Ce beau manoir du 17e s. fut démonté puis reconstruit à l'identique sur le port de la petite cité corsaire ! Chambres au charme discret, salons cossus, spa avec piscine, sens de l'accueil : tout est mis en œuvre pour que l'on se sente bien.

32 chambres – 🚹132/580 € 🚹🚹132/580 € – 2 suites – ☕ 24 €

Plan : B1-a *bd Ste-Barbe – ✆ 02 98 69 70 78 – www.hotel-brittany.com – Ouvert 9 fév.-10 nov.*

❀ **Le Brittany** – voir les restaurants ci-dessus

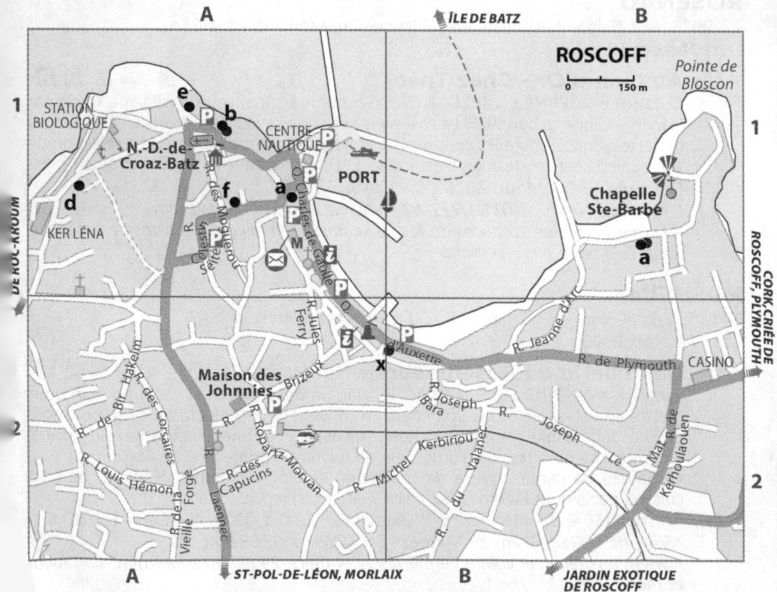

Le Temps de Vivre

LUXE • DESIGN Plusieurs maisons corsaires, pétries du charme âpre de la pierre, pour de grandes chambres épurées. Extrêmement raffinées dans leur dépouillement (pierre, wengé, chêne), elles s'enroulent autour d'un patio fleuri ; le confort est au rendez-vous.

15 chambres – 120/395 € 120/395 € – 17 €

Plan : A1-e *19 pl. Lacaze-Duthiers – 02 98 19 33 19 – www.letempsdevivre.net – Fermé 10 janv.-7 fév. et 13 nov.-24 déc.*

Grand Hôtel de la Mer

FAMILIAL • CLASSIQUE Bien que situé dans une des rues pittoresques de Roscoff, juste à côté de la superbe église, cet hôtel est un exemple de confort moderne. Bien sûr, les chambres les plus prisées ont vue sur la mer et la jetée.

37 chambres – 85/220 € 85/220 € – 15 €

Plan : A1-b *27 pl. Lacaze-Duthiers (près de l'église) – 02 98 61 24 95 – www.grandhoteldelamer-roscoff.com*

Rackham – voir les restaurants ci-dessus

La Résidence des Artistes

TRADITIONNEL • CONTEMPORAIN Cette hôtel est situé dans une rue tranquille, tout près du port et de l'église. Il abrite des chambres élégantes et cosy, toutes rénovées avec goût. La tenue de l'ensemble est irréprochable ; on profite de bons produits locaux au petit-déjeuner.

28 chambres – 69/114 € 69/114 € – 13 €

Plan : A1-f *14 r. des Johnnies – 02 98 69 74 85 – www.hotelroscoff-laresidence.fr – Fermé 20 déc.-janv.*

Aux Tamaris

FAMILIAL • TRADITIONNEL Un hôtel un peu excentré, au calme, juste en face de la mer. Les chambres déclinent la panoplie du charme marin (voiles, phares, plancher en bois, etc.). L'ambiance est familiale et détendue, et l'on prend son petit-déjeuner devant l'île de Batz...

25 chambres – 59/119 € 69/119 € – 11 €

Plan : A1-d *49 r. Édouard-Corbière – 02 98 61 22 99 – www.hotel-aux-tamaris.com*

ROSENAU

68128 Haut-Rhin – 2 300 hab. – Alt. 230 m – Carte régionale n° **1**-B3
Carte Michelin 315-J11

Au Lion d'Or - Chez Théo

CUISINE MODERNE • AUBERGE XX Une auberge sympathique et élégante, tenue par la même famille depuis 1928. Le chef mêle avec brio saveurs d'aujourd'hui et richesses du terroir, sans exclure les spécialités des autres régions de France ! La sélection de vins au verre est courte, mais bien ficelée. Et l'été, on profite de la jolie terrasse.

Formule 19 € – Menu 32/62 € – Carte 35/67 €

5 r. Village-Neuf – 03 89 68 21 97 – www.auliondor-rosenau.com – Fermé 1 semaine vacances de fév., 3 semaines en juil.-août, 1 semaine vacances de la Toussaint, lundi et mardi

ROSHEIM

67560 Bas Rhin – 4 956 hab. – Alt. 190 m – Carte régionale n° **1**-A2
Carte Michelin 315-I6

Hostellerie du Rosenmeer (Hubert Maetz)

CUISINE MODERNE • ÉLÉGANT XXX Il fallait un décor sobre et contemporain pour mettre en valeur la cuisine volontiers inventive d'Hubert Maetz. La carte privilégie des produits d'une extrême fraîcheur, travaillés avec finesse, et la terre d'Alsace, y compris sa flore (coulis d'orties, jus de racine de primevère, ail des ours...).

→ Gâteau de carpe, rouelle de brocheton et crème d'herbes. Homard, œuf en cuisson parfaite et légumes du jardin. Gâteau chocolat et café.

Formule 36 € – Menu 52 € (semaine), 82 € /122 € – Carte 65/80 €

45 av. de la Gare, 2 km au Nord-Est par D35 – 03 88 50 43 29 – www.le-rosenmeer.com – Fermé 15 fév.-4 mars, 24 juil.-10 août , dim. soir, lundi et merc.

Auberge du Cerf

CUISINE TRADITIONNELLE • AUBERGE XX Au cœur de la cité vigneronne, bienvenue dans cette auberge joliment fleurie, dont l'intérieur a été relooké dans un esprit moderne. On y propose une cuisine traditionnelle et régionale (presskopf, foie gras), avec quelques suggestions davantage dans l'air du temps. Agréable terrasse aux beaux jours.

Menu 14 € (déj. en semaine) – Carte 34/64 €

120 r. du Gén.-de-Gaulle – 03 88 50 40 14 – Fermé mardi soir, sam. midi, dim. soir et merc.

La Petite Auberge

CUISINE TRADITIONNELLE • BISTRO X Dans la rue principale, cette maison alsacienne typique cache une salle aux allures de bistrot chic. Nombreux menus traditionnels et, chaque jour, suggestions du marché.

Formule 15 € – Menu 26 € – Carte 28/62 €

41 r. du Gén.-de-Gaulle – 03 88 50 40 60 – www.petiteauberge-rosheim.com – Fermé 3 semaines en fév., mardi soir, jeudi soir et merc.

Winstub d'Rosemer

CUISINE ALSACIENNE • WINSTUB X Qui dit winstub dit tradition ! Celle-ci ne déroge pas à la règle... Pâté en croûte et foie gras maison, hareng frais accompagné de munster et d'un verre de gewurztraminer : tout cela attire les gourmands.

Formule 10 € – Menu 35 € – Carte 26/47 €

Hostellerie du Rosenmeer, 45 av. de la Gare, 2 km au Nord-Est par D35 – 03 88 50 43 29 – www.le-rosenmeer.com – Fermé 15 fév.-4 mars, 24 juil.-10 août, dim. soir et lundi

Hostellerie du Rosenmeer

TRADITIONNEL • FONCTIONNEL Cet hôtel d'inspiration alsacienne borde le ruisseau qui lui a donné son nom. Les chambres sont de facture classique ou plus contemporaine. Et l'étape gastronomique est tentante...

22 chambres – 72/149 € 72/149 € – 12 €

45 av. de la Gare, 2 km au Nord-Est par D35 – 03 88 50 43 29 – www.le-rosenmeer.com – Fermé 15 fév.-4 mars et 24 juil.-10 août

Hostellerie du Rosenmeer • **Winstub d'Rosemer** – voir les restaurants ci-dessus

LA ROSIÈRE 1850

73700 Savoie – Montvalezan – Alt. 1 850 m – Carte régionale n° **23**-D2
Carte Michelin 333-O4 – Guide Vert Michelin Alpes du Nord

Relais du Petit St-Bernard

FAMILIAL • MONTAGNARD De retour du col du Petit-St-Bernard (2 188 m), vous pourrez reprendre des forces dans cet hôtel rustique à souhait et fort bien tenu. Préférez les chambres avec balcon : le panorama vaut le coup d'œil... Les fondues, raclettes et autres recettes traditionnelles servies au restaurant finiront de vous remettre sur pied !

24 chambres – 44/77 € 53/103 € – 9 €

– 04 79 06 80 48 – www.petit-saint-bernard.com – Ouvert 16 juin-9 sept. et 15 déc.-20 avril

ROSPEZ – 22 Côtes-d'Armor → Voir Lannion

ROSTRENEN

22110 Côtes-d'Armor – 3 124 hab. – Alt. 216 m – Carte régionale n° **5**-B2
Carte Michelin 309-C5 – Guide Vert Michelin Bretagne Nord

Le Bistrot qui Coz

CUISINE TRADITIONNELLE • BISTRO X Mobilier dépareillé, chaises chinées et ambiance chaleureuse : cette table, bien dans l'air du temps, joue la carte de la décontraction ! On y déguste de bons petits plats – camembert rôti, *fish and chips* – servis par une jeune équipe dynamique.

Formule 14 € – Menu 16 € (déj. en semaine), 18/33 € – Carte 29/40 €

3 pl. du Bourg-Coz – 02 96 29 10 71 – Fermé mardi soir, dim. et lundi

ROUBAIX

✉ 59100 Nord – 95 600 hab. – Alt. 27 m – Carte régionale n° **16**-C2
Carte Michelin 302-H3
Accès et sorties : voir plan de Lille

Le Bô Jardin

CUISINE TRADITIONNELLE • BRASSERIE X Au cœur du magnifique parc de Barbieux, une grande salle lumineuse et une terrasse donnant toutes les deux sur le plan d'eau – une vue très agréable. Salades et petits plats de saison sont à la carte ; ne manquez pas aussi l'un des classiques de la maison : la blanquette de veau revisitée. Belle sélection de grands crus bordelais.

Formule 19 € – Menu 34 € – Carte 35/45 €

Plan : 3D1-w *av. Le Nôtre (Parc Barbieux) – ✆ 03 20 20 61 85 – www.lebeaujardin.fr – Fermé 25 déc.-1er janv. et le soir*

ROUBION

✉ 06420 Alpes-Maritimes – 120 hab. – Alt. 1 336 m – Carte régionale n° **21**-D2
Carte Michelin 341-D3

Auberge Quintessence N

CUISINE MODERNE • MONTAGNARD XX Au col de la Couillole, en plein Mercantour, on trouve cet ancien refuge, aujourd'hui tenu par un jeune couple. Ces deux-là vous réservent une cuisine actuelle aux inspirations montagnardes (herbes, en particulier), déclinée dans un menu unique : côtes de blettes et œuf bio, quasi de veau rôti et légumes glacés... Jolies chambres rénovées pour l'étape.

Menu 39/65 €

7 chambres – 97/127 €

au col de la Couillole, 5 km à l'Ouest par D30, rte du Col de la Couillole – ✆ 04 93 02 02 60 – auberge-quintessence.com – Fermé 12-30 mars, mardi et merc. sauf fériés

Ch. Rouffio/hemis.fr

ON AIME...

Le Saint-Hilaire, qui propose de belles assiettes gourmandes en toute simplicité. **Rotomagus**, le restaurant de viandes dont tout le monde parle. **Rodolphe**, et son jeune chef talentueux. L'**Hôtel de Bourgtheroulde**, véritable joyau historique, pour son décor inimitable et son impressionnante piscine couverte...

ROUEN

✉ 76000 Seine-Maritime - 110 618 hab. - Agglo. 457 701 hab. - Alt. 12 m
- Carte régionale n° **17**-D2
Carte Michelin 304-G5 - Guide Vert Michelin Normandie Vallée de la Seine

Restaurants

✿✿ Gill (Gilles Tournadre)

CUISINE MODERNE · ÉLÉGANT XXXX Sur les quais de la Seine, la table de Gilles Tournadre est la grande valeur sûre de la ville. Finesse, délicatesse et maîtrise ne sont pas de vains mots lorsque l'on découvre les assiettes de ce chef inventif et amoureux du beau produit. Un moment d'élégance, en harmonie avec le terroir normand.

➜ Huîtres snackées, jus iodé au curry et ravioli à l'encre de seiche. Tournedos de pigeon à la rouennaise. Millefeuille à la vanille Bourbon.

Menu 40 € (déj. en semaine), 75/105 €
- Carte 80/120 €

Plan : F2-a *9 quai de la Bourse*
- ✆ 02 35 71 16 14 - www.gill.fr
- Fermé 25 fév.-13 mars, 5-28 août, dim., lundi et fériés

✿ Origine (Benjamin Lechevallier)

CUISINE MODERNE · COSY XX Maîtrise des saveurs, finesse d'exécution : le jeune chef, Benjamin Lechevallier, a fait ses classes chez les plus grands... La force des origines ? Il signe en tout cas une cuisine très personnelle, dans laquelle le produit est toujours à l'honneur.

➜ Langoustines nacrées, caviar de Neuvic et lait d'avoine. Pièce de veau dorée au sautoir, panais et jus mixé à la pâte d'arachide. Blanc-manger aux figues de Solliès, crème glacée à la vanille.

Formule 30 € - Menu 35 € (déj.), 49/97 €
- Carte 70/125 €

Plan : F1-g *26 rampe Cauchoise*
- ✆ 02 35 70 95 52 - www.restaurant-origine.com
- Fermé 28 avril-6 mai, 6-19 août, sam. et dim.

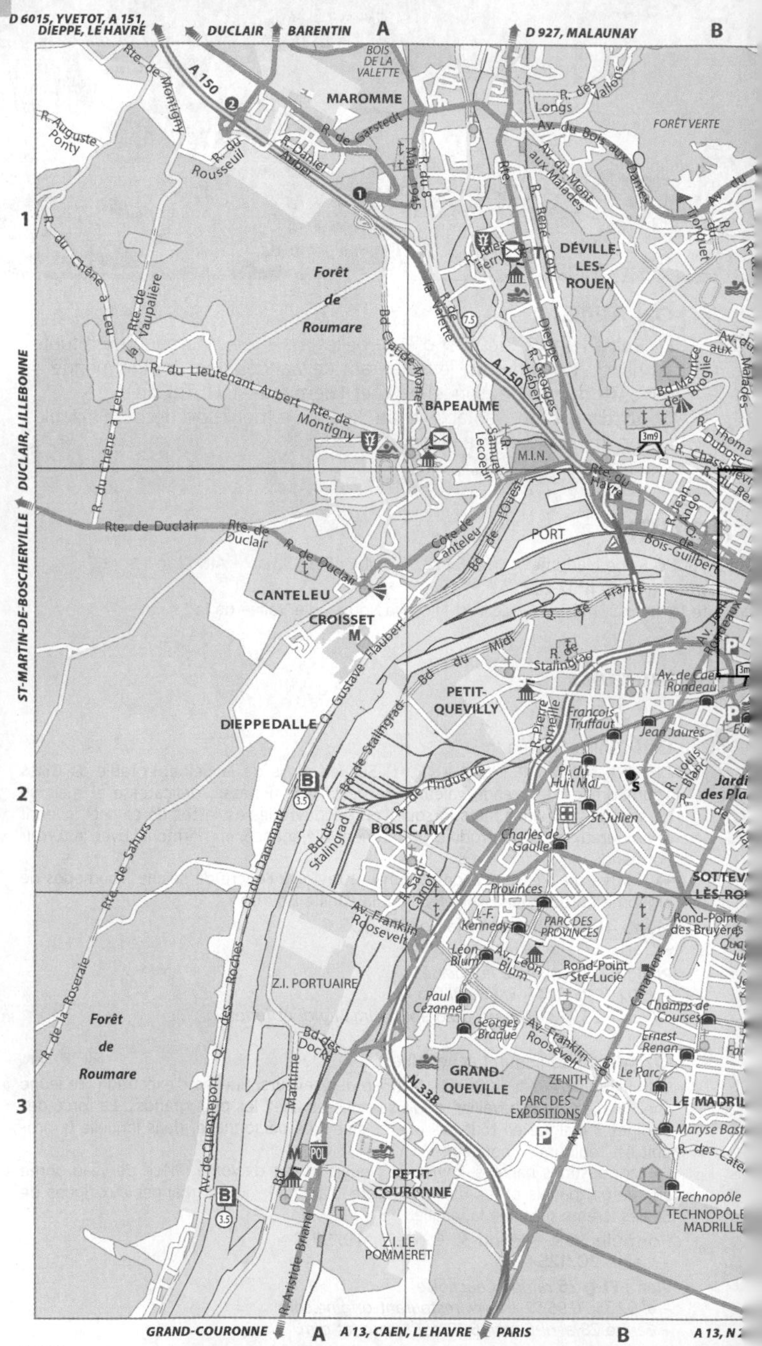
D 6015, YVETOT, A 151, DIEPPE, LE HAVRE
DUCLAIR
BARENTIN
A
D 927, MALAUNAY
B
1
2
3
ST-MARTIN-DE-BOSCHERVILLE
DUCLAIR, LILLEBONNE
MAROMME
BOIS DE LA VALETTE
FORÊT VERTE
DÉVILLE-LES-ROUEN
Forêt de Roumare
BAPEAUME
M.I.N.
PORT
CANTELEU
CROISSET
DIEPPEDALLE
PETIT-QUEVILLY
BOIS CANY
SOTTEVILLE-LÈS-ROUEN
Z.I. PORTUAIRE
GRAND-QUEVILLE
ZENITH
PARC DES EXPOSITIONS
LE MADRILLET
PETIT-COURONNE
Z.I. LE POMMERET
TECHNOPÔLE MADRILLET
PARC DES PROVINCES
A 150
N 338
GRAND-COURONNE
A 13, CAEN, LE HAVRE
PARIS
A 13, N 2

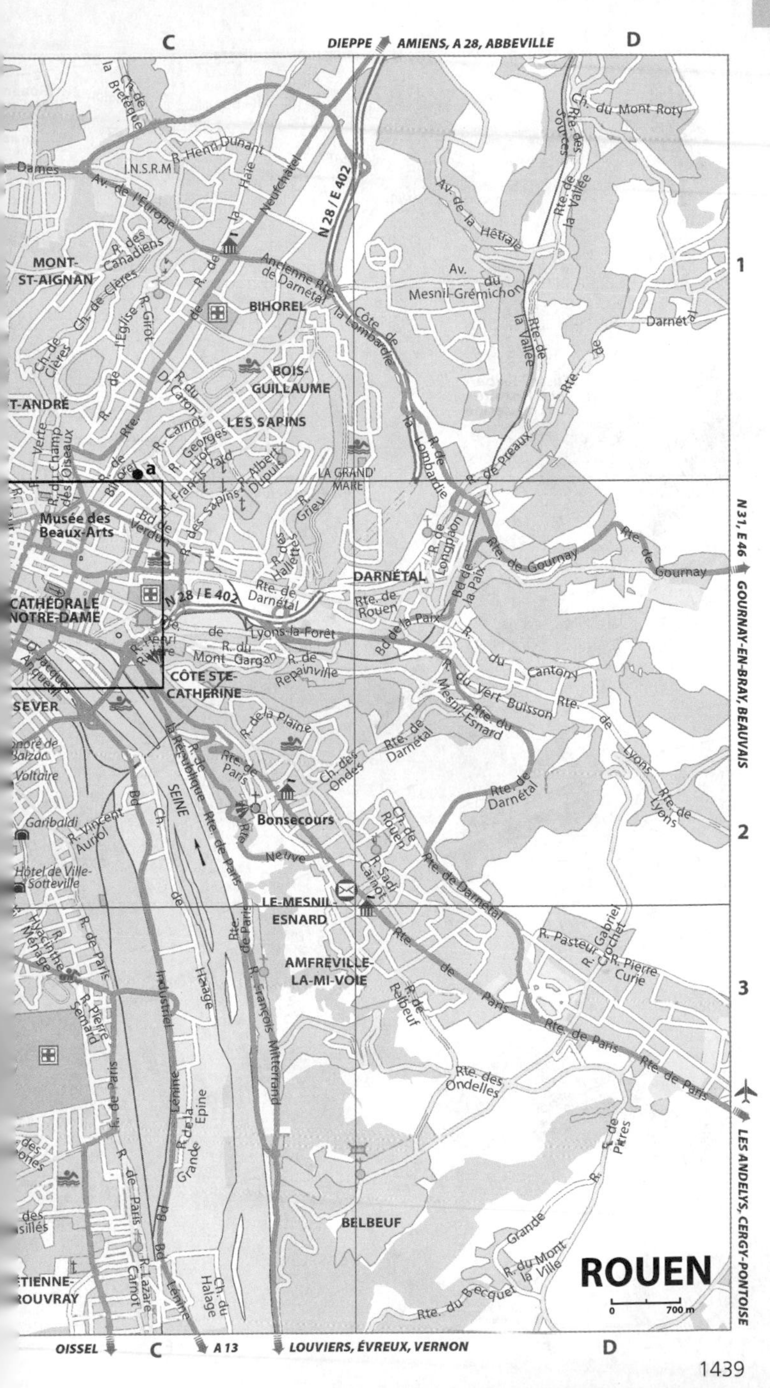
C
D
DIEPPE
AMIENS, A 28, ABBEVILLE
N 31, E 46
GOURNAY-EN-BRAY, BEAUVAIS
LES ANDELYS, CERGY-PONTOISE
OISSEL
A 13
LOUVIERS, ÉVREUX, VERNON
1
2
3
MONT-ST-AIGNAN
BIHOREL
BOIS-GUILLAUME
LES SAPINS
LA GRAND' MARE
Musée des Beaux-Arts
CATHÉDRALE NOTRE-DAME
DARNÉTAL
CÔTE STE-CATHERINE
SEVER
Bonsecours
LE-MESNIL-ESNARD
AMFREVILLE-LA-MI-VOIE
BELBEUF
SEINE
N 28 / E 402
ROUEN
0
700 m

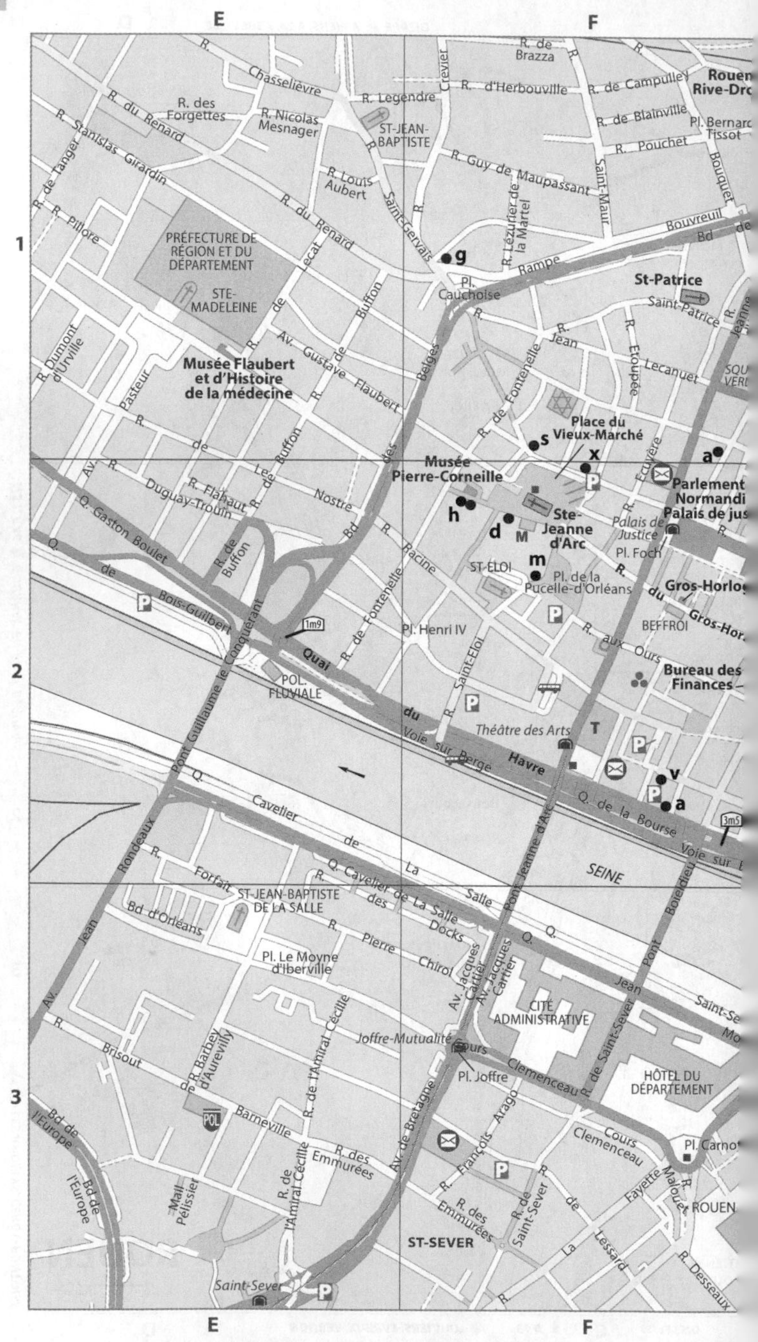
E
F
1
2
3
R. Chasselièvre
R. des Forgettes
R. du Renard
R. Stanislas Girardin
R. de Tanger
R. Pillore
R. Nicolas Mesnager
R. Legendre
R. Crevier
R. de Brazza
R. d'Herbouville
R. de Campulley
Rouen Rive-Dr
R. de Blainville
Pl. Bernard Tissot
R. Pouchet
ST-JEAN-BAPTISTE
R. Louis Aubert
R. Saint-Gervais
R. Guy de Maupassant
R. Saint-Maur
R. Bouquet
R. Lézurier de la Martel
Bd de Bouvreuil
Rampe
PRÉFECTURE DE RÉGION ET DU DÉPARTEMENT
STE-MADELEINE
R. de Lecat
R. de Buffon
Pl. Cauchoise
St-Patrice
R. Saint-Patrice
R. Jeanne
R. Jean Lecanuet
R. Étoupée
Av. Gustave Flaubert
R. Dumont d'Urville
Musée Flaubert et d'Histoire de la médecine
R. Pasteur
Bd des Belges
R. de Fontenelle
Place du Vieux-Marché
R. Écuyère
Musée Pierre-Corneille
Parlement Normandi
Palais de jus
R. de Lecat
Av. Pasteur
R. Duguay-Trouin
R. Flahaut
R. de Buffon
R. Nostre
Ste-Jeanne d'Arc
Palais de Justice
Pl. Foch
Q. Gaston Boulet
R. Racine
ST-ELOI
Pl. de la Pucelle-d'Orléans
Q. de Bois-Guilbert
R. du Gros-Horloge
Gros-Horlog
BEFFROI
Pont Guillaume le Conquérant
Pl. Henri IV
R. aux Ours
Quai du Havre
R. Saint-Eloi
POL. FLUVIALE
Bureau des Finances
Théâtre des Arts
Voie sur Berge
Q. de la Bourse
Voie sur B
Av. Jean Rondeaux
Q. Cavelier de La Salle
SEINE
Pont Jeanne d'Arc
Pont Boïeldieu
R. Forfait
ST-JEAN-BAPTISTE DE LA SALLE
R. des Docks
Bd d'Orléans
R. Pierre Chirol
Pl. Le Moyne d'Iberville
Av. Jacques Cartier
Q. Jean Moulin
CITÉ ADMINISTRATIVE
Saint-Sever
R. Brisout de Barneville
R. Barbey d'Aurevilly
R. de l'Amiral Cécille
Joffre-Mutualité
Cours Clemenceau
Pl. Joffre
R. de Saint-Sever
HÔTEL DU DÉPARTEMENT
Bd de l'Europe
Av. de Bretagne
R. des Emmurées
R. François Arago
Pl. Carnot
R. Lafayette
R. Malouet
ROUEN
Mail Pélissier
ST-SEVER
R. de Lessard
R. Desseaux
Saint-Sever

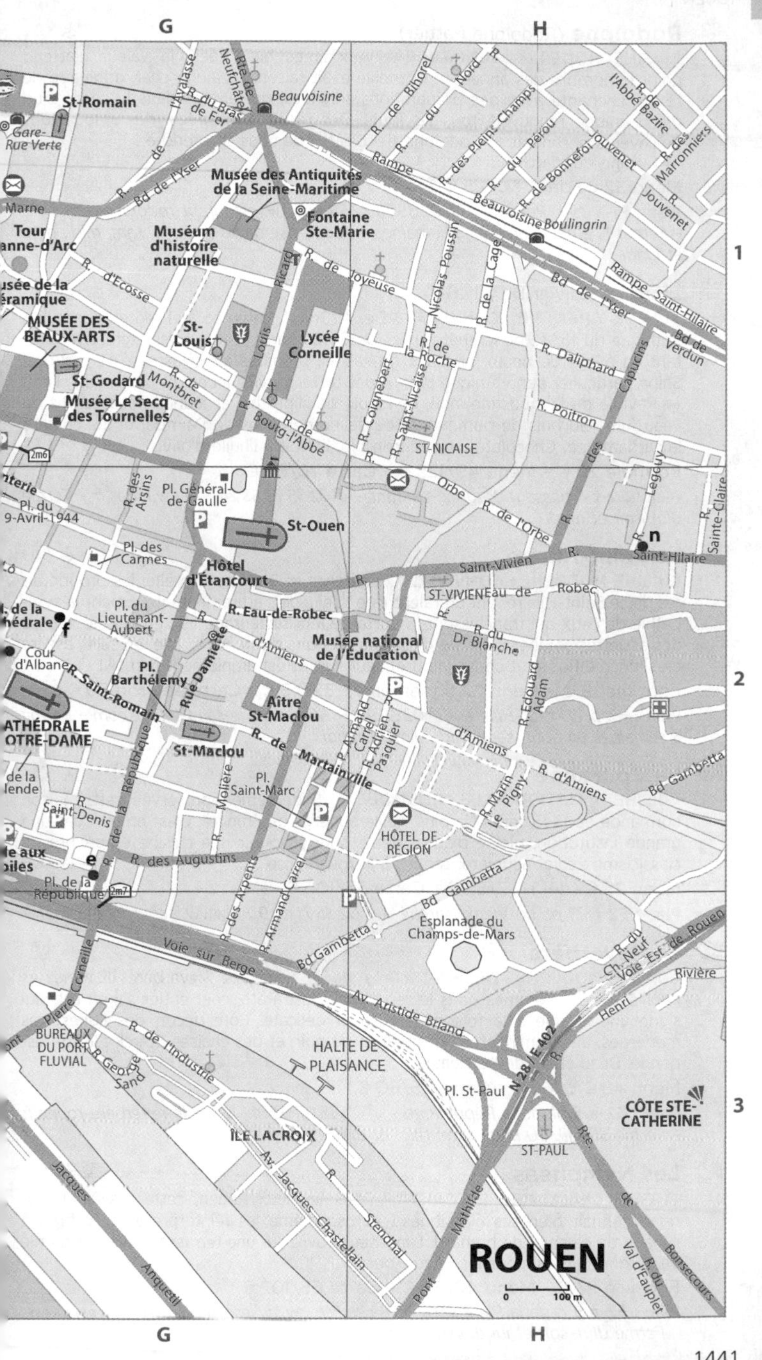
G
H
St-Romain
Gare-Rue Verte
Beauvoisine
Musée des Antiquités de la Seine-Maritime
Fontaine Ste-Marie
Muséum d'histoire naturelle
Tour Jeanne-d'Arc
MUSÉE DES BEAUX-ARTS
St-Louis
Lycée Corneille
St-Godard
Musée Le Secq des Tournelles
Boulingrin
ST-NICAISE
Pl. Général-de-Gaulle
St-Ouen
Pl. du 19-Avril-1944
Pl. des Carmes
Hôtel d'Étancourt
ST-VIVIEN
R. Eau-de-Robec
Pl. du Lieutenant-Aubert
Cour d'Albane
Musée national de l'Éducation
Pl. Barthélemy
Rue Damiette
Aître St-Maclou
CATHÉDRALE NOTRE-DAME
St-Maclou
Pl. Saint-Marc
HÔTEL DE RÉGION
Pl. de la République
Esplanade du Champs-de-Mars
Voie sur Berge
Av. Aristide Briand
BUREAUX DU PORT FLUVIAL
HALTE DE PLAISANCE
Pl. St-Paul
N 28 / E 402
CÔTE STE-CATHERINE
ST-PAUL
ÎLE LACROIX
ROUEN
0 100 m
1
2
3

Rodolphe (Rodolphe Pottier)

CUISINE MODERNE • TENDANCE XX "Aux âmes bien nées, la valeur n'attend point le nombre des années" : Corneille avait raison. Le jeune chef, originaire de l'Eure, enchante avec des préparations soignées, présentées dans le cadre d'un menu unique renouvelé tous les jours. Des recettes inspirées, des associations de saveurs pertinentes : Rodolphe n'a pas fini de nous surprendre !

➜ Cuisine du marché.

Menu 32 € (déj.), 50/115 €

Plan : F1-a *35 r. Percière – 02 35 73 32 58 – www.restaurant-rodolphe.com – Fermé 1 semaine en mai, 3 semaines en août, 1 semaine en janv., sam. midi, dim. et lundi*

L'Odas (Olivier Da Silva)

CUISINE CRÉATIVE • CONVIVIAL X De "L'Odas" dans ce bel hôtel particulier gothique du 16ᵉ s., où le chef Olivier Da Silva concocte une cuisine créative mettant en avant de beaux produits de saison, préparés avec justesse et maîtrise. Salon particulier panoramique pour repas privé. Service jeune, et proche du client.

➜ Raviole de langoustine, noix de cajou, bouillon thaï et jeunes pousses. Ris de veau fumé au bois de pommier, mousseline de cocos de Paimpol et jus corsé à la cardamome. Chocolat noir et citron bio, biscuit à l'huile d'olive.

Formule 29 € – Menu 49/125 € – Carte 76/96 €

Plan : G2-t *4 passage Maurice-Lenfant – 02 35 73 83 24 – www.lodas.fr – Fermé dim. soir et lundi*

Le Saint-Hilaire

CUISINE MODERNE • CONVIVIAL XX Laurence et Thomas Lemelle, les propriétaires de ce Saint-Hilaire, ont un talent rare : celui de s'attirer instantanément la sympathie de ceux qui franchissent la porte de leur restaurant. Lui, en cuisine, réalise des assiettes soignées, au gré des bons produits du marché ; elle, en salle, assure un service efficace et convivial. Bref, leur succès est amplement mérité !

Formule 19 € – Menu 22 € (semaine), 32/45 € – Carte environ 50 €

Plan : H2-n *110 r. St-Hilaire – 02 35 98 74 55 – www.le-saint-hilaire.com – Fermé 3 semaines en août, sam. midi, dim. et lundi*

La Couronne

CUISINE TRADITIONNELLE • RUSTIQUE XXX Superbement préservée, cette maison normande de 1345 serait "la plus vieille auberge de France". C'est en tout cas une grande institution, pleine d'âme, idéale pour savourer une cuisine empreinte de classicisme : sole meunière, canard à la rouennaise...

Menu 25 € (déj.), 37/52 € – Carte 53/106 €

Plan : F2-d *31 pl. du Vieux-Marché – 02 35 71 40 90 – www.lacouronne.com.fr*

Le Réverbère

CUISINE MODERNE • DESIGN XXX Près de la Seine, ce Réverbère illumine les papilles ! Nous sommes dans le repaire de José Rato, chef entier s'il en est, qui signe une cuisine à la fois généreuse et délicate. Côté décor, des lignes très modernes, des dominantes de rouge et de noir, et des chaises Starck : le ton est donné. Beau choix de bordeaux.

Menu 48 € /65 € – Carte 35/60 €

Plan : G2-e *5 pl. de la République – 02 35 07 03 14 – www.le-reverbere-rouen.fr – Fermé 30 juil.-20 août, sam. midi et dim.*

Les Nymphéas

CUISINE CLASSIQUE • ÉLÉGANT XXX Dans le vieux Rouen, cette maison historique connaît bien ses classiques... et ose même les réinterpréter avec brio, à l'image de ce civet de homard. L'intérieur ouvre sur une terrasse intérieure garnie de verdure – idéal pour les beaux jours.

Formule 23 € – Menu 40/75 € – Carte 65/102 €

Plan : F2-h *9 r. de la Pie – 02 35 89 26 69 – www.lesnympheas-rouen.com – Fermé dim. soir et lundi sauf fériés*

Gill Côté Bistro

CUISINE TRADITIONNELLE • BISTRO Sur la place du Vieux-Marché, le "côté bistro" du restaurant gastronomique de Gilles Tournadre. Tête de veau sauce gribiche, andouillette de campagne pur porc, saucisson chaud aux pistaches, ou encore côte de cochon, jus corsé, purée de pomme de terre à l'ail et aux herbes... Les produits frais sont à l'honneur. L'assurance de plaisirs francs et sincères !

Formule 23 € – Menu 30 €

Plan : F2-x *14 pl. du Vieux-Marché – 02 35 89 88 72*

Le 37

CUISINE MODERNE • CONVIVIAL Bistrot décontracté avec, au piano, un chef qui prépare une cuisine fraîche et pétillante. Suggestion à l'ardoise, et formules marché. Une adresse sûre, appréciée des habitués.

Formule 22 € – Menu 27 € – Carte 37/45 €

Plan : F2-v *37 r. St-Étienne-des-Tonneliers – 02 35 70 56 65 – www.le37.fr – Fermé 3 semaines en août, dim., lundi et feriés*

La Place

CUISINE MODERNE • TENDANCE Ce concept signé Gilles Tournadre, du restaurant gastronomique Gill, tient à peu de choses : un lieu chic et épuré ; une carte résolument moderne, traversée d'influences diverses, servie sous forme de petits plats à grignoter. Touche finale : le bar à cocktails.

Formule 20 € – Menu 27 € – Carte 22/37 €

Plan : F1-s *26 pl. du Vieux-Marché – 02 35 71 97 06 – www.laplace-restaurant-brasserie.com – Fermé dim. et lundi*

Rotomagus (N)

VIANDES • TENDANCE Thomas Lemelle, passionné et enthousiaste, s'occupe de la cuisson à la braise et taille le bout de gras avec les clients... Tel est l'état d'esprit de ce bistrot à viande idéalement situé, où la convivialité est une seconde nature, et où l'on se régale d'assiettes très généreuses.

Formule 17 € – Menu 20/33 €

Plan : G2-n *7 pl. Barthélémy – 02 35 07 26 57 – www.rotomagus.eu – Fermé 2 semaines en août, 1 semaine en nov., sam. midi, dim. et merc.*

Hôtels & maisons d'hôtes

Hôtel de Bourgtheroulde

HISTORIQUE • CONTEMPORAIN Tourelle gothique, meneaux, galerie Renaissance : ce monument historique (16e s.) est un joyau... Ses chambres et son spa superbes, son restaurant dédié au terroir normand (formule buffet au déjeuner), et son bar, sur plancher de verre surplombant la piscine, contribuent à un séjour d'exception !

78 chambres – †185/480 € ††185/480 € – 22 €

Plan : F2-m *15 pl. de la Pucelle – 02 35 14 50 50 – www.hotelsparouen.com*

Mercure Centre Cathédrale

HÔTEL DE CHAÎNE • CONTEMPORAIN Dans le quartier piétonnier du vieux Rouen, ce bâtiment moderne s'insère plutôt bien entre les maisons à colombages environnantes. Un ensemble réussi.

124 chambres – †80/175 € ††80/175 € – 1 suite – 18 €

Plan : G2-f *7 r. de la Croix-de-Fer – 02 35 52 69 52 – www.mercure.com*

Gustave Flaubert

URBAIN • CLASSIQUE À deux pas de la place du Vieux-Marché, où périt Jeanne d'Arc, on traverse le porche d'une maison à colombages pour découvrir cet hôtel moderne, aux chambres sobres et feutrées. Le calme des lieux est étonnant vu la situation en centre-ville !

51 chambres – †95/270 € ††95/270 € – 16 €

Plan : F2-h *33 r. du Vieux Palais – 02 35 71 00 88 – www.hotelgustaveflaubert.com*

 **Le Cardinal** 

FAMILIAL • FONCTIONNEL Cet établissement familial au profil contemporain voisine la somptueuse cathédrale Notre-Dame ; une situation idéale pour qui souhaite visiter la ville ! Préférez les chambres avec balcon. Terrasse face à la cathédrale.

15 chambres – 78/165 € 88/185 € – 10 €

Plan : G2-r *1 pl. de la Cathédrale – 02 35 70 24 42 – www.cardinal-hotel.fr*

 **Le Clos Jouvenet**

MAISON DE MAÎTRE • PERSONNALISÉ Un refuge délicieux sur les hauteurs de Rouen... Cette belle demeure bourgeoise et feutrée conserve tout le cachet du 19e s. Les chambres ouvrent sur l'écrin du jardin, très verdoyant, ou l'horizon du centre historique hérissé de clochers... Et l'accueil réservé par la maîtresse des lieux est charmant !

3 chambres – 110/130 € 115/135 €

Plan : C1-a *42 r. Hyacinthe-Langlois – 02 35 89 80 66 – www.leclosjouvenet.com – Fermé 15 nov.-15 fév.*

au Petit-Quevilly 3 km au Sud-Ouest – 76140 – 22 903 hab. – Alt. 5 m

Les Capucines

CUISINE MODERNE • CONTEMPORAIN XXX Une maison rouennaise dans laquelle la famille Demoget cultive l'art de recevoir depuis trois générations ! Décor élégant et cuisine généreuse, ancrée dans notre époque.

Menu 29/60 € – Carte 50/84 €

Plan : B2-s *16 r. Jean-Macé – 02 35 72 62 34 – www.les-capucines.fr – Fermé 3 semaines en août, 1 semaine en janv., dim. et lundi*

ROUFFACH

68250 Haut-Rhin – 4 517 hab. – Alt. 204 m – Carte régionale n° **1**-A3
Carte Michelin 315-H9

 **Philippe Bohrer**

CUISINE MODERNE • ÉLÉGANT XXX Une belle demeure régionale à l'élégance bourgeoise et champêtre, pour une cuisine gastronomique associée à un judicieux choix de vins, notamment régionaux. Ambiance conviviale à la Brasserie Chez Julien, aménagée dans un ancien cinéma.

Formule 23 € – Menu 25 € (déj. en semaine), 49/99 € – Carte 58/86 €

r. Poincaré – 03 89 49 62 49 – www.alavilledelyon.eu – Fermé lundi midi, merc. midi et dim.

 **Château d'Isenbourg**

DEMEURE HISTORIQUE • TRADITIONNEL Ce château du 18e s., bordé de vignes, domine la vieille ville. Les chambres sont spacieuses et cossues, mais un peu anciennes. Pour se détendre sereinement, on profite de la piscine, du sauna et du restaurant...

40 chambres – 99/374 € 99/536 € – 1 suite – 25 €

rte de Plaffenheim – 03 89 78 58 50 – www.isenbourg.com

ROUFFIAC-TOLOSAN – 31 Haute-Garonne → Voir Toulouse

ROUFFIGNAC

24580 Dordogne – 1 564 hab. – Alt. 300 m – Carte régionale n° **2**-D1
Carte Michelin 329-G5 – Guide Vert Michelin Périgord Quercy

 **Manoir des Cèdres**

MAISON DE MAÎTRE • FONCTIONNEL Cette maison cossue est tranquillement installée parmi les cèdres bicentenaires d'un grand parc (un *arboretum*, plus précisément), où l'on trouve aussi une belle piscine et une aire de jeux pour enfants. Les chambres sont spacieuses et sobrement décorées : un bien agréable séjour.

23 chambres – 50/120 € 70/120 € – 10 €

Tourtel – 05 53 03 01 60 – www.manoirdescedres.com – Ouvert d'avril à nov.

LE ROUGET

✉ 15290 Cantal - 962 hab. - Alt. 614 m - Carte régionale n° **3**-A3
Carte Michelin 330-B5

Restaurant des Voyageurs

CUISINE TRADITIONNELLE • CONVIVIAL XX À l'arrière de l'hôtel du même nom, un restaurant à l'atmosphère fraîche et lumineuse. Attablé non loin de la piscine, on déguste une cuisine traditionnelle faisant la part belle au terroir : ris de veau braisé aux morilles, chaud-froid au Grand Marnier... On passe un bon moment.

Formule 14 € - Menu 16 € (déj. en semaine), 27/45 € - Carte 20/49 €

20 av. du 15-Septembre-1945 - ✆ 04 71 46 10 14 - www.hotel-des-voyageurs.com - Fermé 15 fév.-12 mars, 1er-14 oct. et dim. soir de sept. à juin

Hôtel des Voyageurs

FAMILIAL • FONCTIONNEL Cet hôtel sympathique perpétue la tradition de l'hospitalité. Simples et cosy, les chambres adoptent plusieurs styles (montagnard, moderne ou british). Ne manquez pas l'espace bien-être avec sa douche à chromothérapie : idéal pour se détendre !

23 chambres - †72/78 € ††72/78 € - ☕ 9 €

20 av. du 15-Septembre-1945 - ✆ 04 71 46 10 14 - www.hotel-des-voyageurs.com - Fermé 15 fév.-12 mars et 1er-14 oct.

Restaurant des Voyageurs - voir les restaurants ci-dessus

ROULLET - 16 Charente → Voir Angoulême

LE ROURET

✉ 06650 Alpes-Maritimes - 3 996 hab. - Alt. 350 m - Carte régionale n° **22**-E2
Carte Michelin 341-D5

Le Clos St-Pierre (Daniel Ettlinger)

CUISINE PROVENÇALE • MÉDITERRANÉEN XX Face à l'église de ce village dédié aux parfums, cette charmante auberge... embaume ! Le chef, Daniel Ettlinger, a su imposer son style, que l'on découvre à travers des menus imposés (sans choix) imaginés avec les beaux produits du marché. Parfums de Provence...

→ Poisson de pêche locale grillé à la plancha, ratatouille et émulsion à l'ail doux. Pigeonneau fermier rôti, girolles et haricots coco au jus, purée de pommes de terre. Pommes et poires caramélisées, crumble aux amandes.

Menu 40 € (déj. en semaine), 57/69 €

pl. de la Mairie (quartier St-Pons) - ✆ 04 93 77 39 18 - www.le-clos-saint-pierre.com - Fermé 10 fév.-15 mars, 17-29 déc., mardi et merc.

Bistro du Clos

CUISINE TRADITIONNELLE • BISTRO X Bel intérieur épuré, terrasse à l'ombre des micocouliers... Dans la Maison du Terroir fondée par la mairie pour mettre en avant les produits de la région, ce bistro mitonne une délicieuse cuisine méditerranéenne, aux assiettes généreuses, le tout à prix doux.

Menu 26 € - Carte 30/40 €

9 rte d'Opio (La Maison du Terroir) - ✆ 04 97 05 08 34 - www.hotel-du-clos.com/le-bistro-du-clos - Fermé dim. et lundi

Hôtel du Clos

FAMILIAL • COSY Dans le haut du village, voilà bien un hôtel de charme... Un grand jardin planté d'oliviers centenaires et d'arbres fruitiers, des murs en pierre, des toits de tuiles, de jolies chambres toutes différentes, etc. : l'ensemble est résolument orienté côté Provence.

11 chambres - †129/260 € ††129/260 € - ☕ 15 €

3 chemin des Écoles - ✆ 04 93 40 78 85 - www.hotel-du-clos.com

LES ROUSSES

✉ 39220 Jura - 3 276 hab. - Alt. 1 110 m - Carte régionale n° **9**-B3
Carte Michelin 321-G8 - Guide Vert Michelin Franche-Comté Jura

Le Manoir des Montagnes

FAMILIAL • CONTEMPORAIN En retrait de la station et tout près des téléskis... en pleine nature ! Ce grand chalet dissimule des chambres vastes et apaisantes, autour d'un esprit montagnard chaleureux et décalé : tête de lit en vieux bois retravaillé, rideaux imitation peaux d'ours...

11 chambres - 🚹90/220 € 🚹🚹95/220 € - ☕14 €

- ✆ 03 84 60 01 48 - www.manoirdesmontagnes.com

Le Lodge

TRADITIONNEL • COSY En plein centre-ville, ce relais de poste sur la voie Paris-Genève est né en 1850, mais il a su rester jeune. Des pierres, du bois : un vrai chalet chic - douillet et chaleureux -, et des chambres confortables.

9 chambres - 🚹98/131 € 🚹🚹98/141 € - 1 suite - ☕12 €

309 r. Pasteur - ✆ 03 84 60 50 64 - www.hotellelodge.com

ROUSSILLON

✉ 84220 Vaucluse - 1 339 hab. - Alt. 360 m - Carte régionale n° **22**-E1
Carte Michelin 332-E10 - Guide Vert Michelin Provence

David

CUISINE PROVENÇALE • ÉLÉGANT XX Dans cette belle maison de village, il fait bon se mettre à table ! On y propose en effet une appétissante cuisine provençale - filet de canette cuit sur la peau, chou pointu et carottes nouvelles -, à déguster sous la glycine pendant les beaux jours... Délicieux !

Menu 38/47 € - Carte 50/70 €

pl. de la Poste - ✆ 04 90 05 60 13 - www.luberon-hotel.com
- Fermé 2 janv.-3 mars, dim. soir, lundi, mardi et merc. hors saison

Le Clos de la Glycine

AUBERGE • PERSONNALISÉ Un hôtel-restaurant plein de charme, avec des chambres confortables et une vue magnifique sur la chaussée des Géants et le Ventoux. Très bon petit-déjeuner (fruits frais, yaourts fermiers).

9 chambres - 🚹115/190 € 🚹🚹115/280 € - 1 suite - ☕15 €

pl. de la Poste - ✆ 04 90 05 60 13 - www.luberon-hotel.com
- Fermé 2 janv.-3 mars

David - voir les restaurants ci-dessus

ROUVRES-EN-XAINTOIS

✉ 88500 Vosges - 285 hab. - Alt. 330 m - Carte régionale n° **14**-B3
Carte Michelin 314-E3

Burnel

CUISINE TRADITIONNELLE • COSY XX Au bonheur du marché, une cuisine du terroir mêlant civets, foie gras, poissons de lac, andouillette, gibier en saison... Des saveurs classiques, donc, dans un décor néorustique ou en terrasse, face au jardin fleuri.

Formule 11 € - Menu 17 € (semaine), 20/55 € - Carte 43/73 €

22 r. Jeanne-d'Arc - ✆ 03 29 65 64 10 - www.burnel.fr - Fermé 18-31 déc., dim. soir sauf du 13 juil. au 21 sept.

Burnel

AUBERGE • TRADITIONNEL Certaines chambres, façon chalet, donnent sur le jardin, tandis que d'autres, situées au-dessus du restaurant, adoptent l'esprit "savane". Au cœur d'un petit village, une auberge familiale et nullement vieillotte.

19 chambres - 🚹63/73 € 🚹🚹75/105 € - 2 suites - ☕11 €

22 r. Jeanne-d'Arc - ✆ 03 29 65 64 10 - www.burnel.fr - Fermé 18-31 déc. et dim. soir sauf du 13 juil. au 21 sept.

Burnel - voir les restaurants ci-dessus

ROUVROIS-SUR-OTHAIN - 55 Meuse → Voir Longuyon (Meurthe-et-Moselle)

ROYAN

⊠ 17200 Charente-Maritime - 18 388 hab. - Alt. 20 m - Carte régionale n° **20**-A3
Carte Michelin 324-D6 - Guide Vert Michelin Poitou-Charentes

Les Filets Bleus

CUISINE TRADITIONNELLE • FAMILIAL XX En léger retrait du front de mer, ce restaurant se tourne logiquement vers les richesses de l'Atlantique pour composer sa carte. Le chef veille à n'y inscrire que des produits frais et de saison pour concocter des plats 100 % maison. Résultat ? Une cuisine traditionnelle agréable et bien iodée.

Formule 19 € - Menu 21 € (déj. en semaine), 30/62 € - Carte 46/86 €

Plan : B2-s *14 r. Notre-Dame - ✆ 05 46 05 74 00 - Fermé 1 semaine vacances de fév., 2 semaines en juil., vacances de la Toussaint, lundi sauf le soir en juil.-aout et dim.*

Family Golf Hôtel

FAMILIAL • PERSONNALISÉ Un agréable hôtel sur le front de mer, avec des chambres impeccablement tenues, donnant pour moitié sur les flots. L'été, on prend son petit-déjeuner sur la terrasse, avant de filer à la plage.

30 chambres - 79/150 € 93/220 € - 13 €

Plan : C2-m *28 bd Frédéric-Garnier - ✆ 05 46 05 14 66 - www.family-golf-hotel.com - Ouvert 23 mars-11 nov.*

à Breuillet 10 km au Nord - ⊠ 17920 - 2 737 hab. - Alt. 28 m

L'Aquarelle (Xavier Taffart)

CUISINE CRÉATIVE • ÉLÉGANT XX Dans la campagne royannaise, c'est en créateur sage et inspiré que Xavier Taffart travaille ses beaux produits locaux : il les agrémente avec une grande finesse et une technique solide. Dans l'assiette, évidence, couleurs et... plaisir ! Enfin, côté décor, dans la grande salle panoramique, le design prévaut.

→ Thon et foie gras en pastrami. Lotte cuite lentement, racine de cerfeuil tubéreux et sauce hollandaise passion. Pomme de pin et crème glacée à la gelée de sapin.

Formule 37 € - Menu 52/110 €

3 chambres - 150 € 150 € - 17 €

71 A rte du Montil, 2 km au Sud par D140 - ✆ 05 46 22 11 38 - www.laquarelle.net - Fermé 1 semaine en juin, 2 semaines en oct. et en janv., dim. soir sauf juil.-août, mardi midi et lundi

à Vaux-sur-Mer 3 km à l'Ouest - ⊠ 17640 - 3 817 hab. - Alt. 12 m

Résidence de Rohan

FAMILIAL • COSY Jadis résidence d'été de la famille de Rohan, cette jolie demeure à l'architecture typique de la fin du 19e s. est douce et résolument feutrée : mobilier de style, chambres cosy... Même atmosphère dans les deux annexes au cœur du beau parc dominant la plage. Un vrai lieu de villégiature !

43 chambres - 90/185 € 90/199 € - 15 €

7 av. de Rohan - ✆ 05 46 39 00 75 - www.residence-rohan.com - Ouvert 30 mars-12 nov.

à St-Palais-sur-Mer 5 km à l'Ouest - ⊠ 17420 - 3 896 hab. - Alt. 5 m

Restaurant de la Plage

CUISINE MODERNE • CONVIVIAL X La finesse est la qualité principale de la cuisine du chef, dont la passion et l'envie de bien faire se dévoilent dans chaque assiette : queues de langoustines rôties à la crème de petit pois, parfait glacé à la noisette et éclats de nougatine... Le tout dans un décor modernisé, lumineux et contemporain, avec vue sur la mer.

Formule 23 € - Menu 33/43 €

29 chambres - 66/150 € 66/150 € - 12 €

1 pl. de l'Océan - ✆ 05 46 23 10 32 - www.hoteldelaplage-stpalais.fr - Ouvert 10 mars-15 oct. et fermé dim. soir et lundi sauf de juin à mi sept

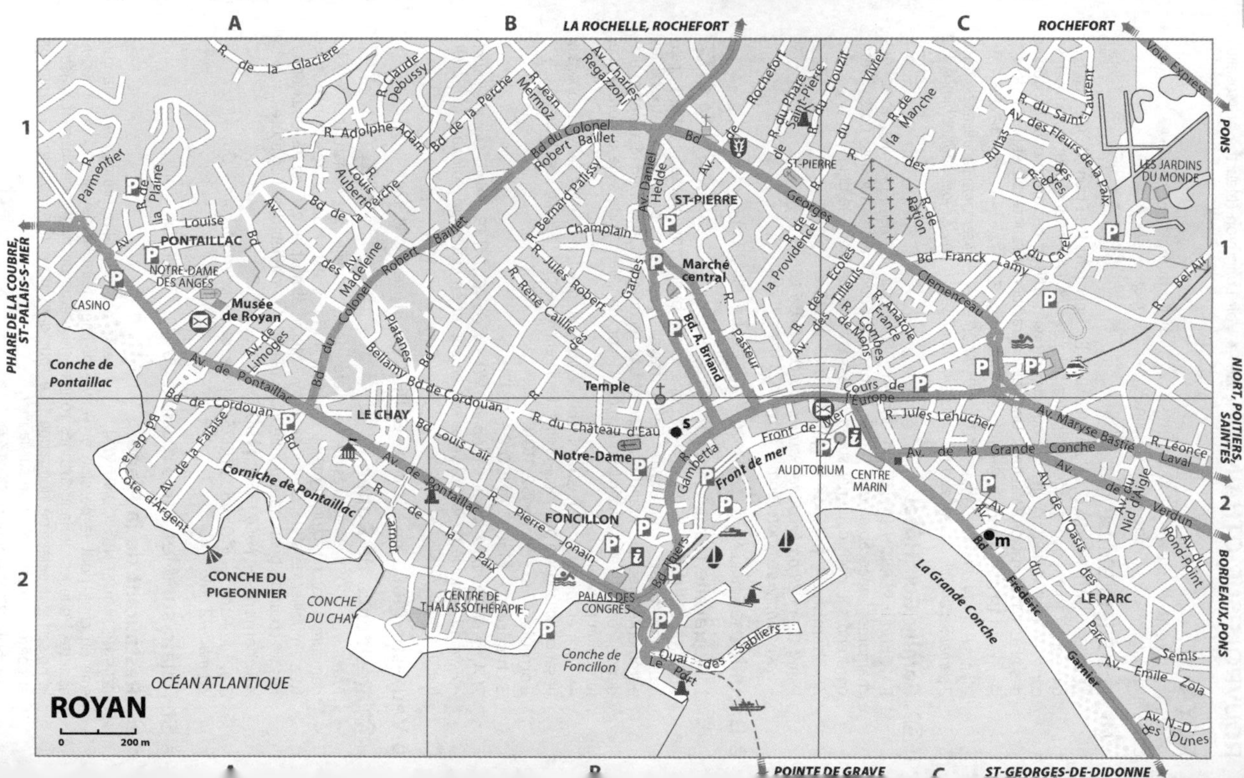

ROYAN
0
200 m
OCÉAN ATLANTIQUE
ROCHEFORT
PONS
NIORT, POITIERS, SAINTES
BORDEAUX, PONS
LA ROCHELLE, ROCHEFORT
ST-GEORGES-DE-DIDONNE
POINTE DE GRAVE
PHARE DE LA COUBRE, ST-PALAIS-S-MER
Voie Express
LES JARDINS DU MONDE
ST-PIERRE
Marché central
Bd. A. Briand
Temple
Notre-Dame
FONCILLON
LE CHAY
PONTAILLAC
LE PARC
Musée de Royan
NOTRE-DAME DES ANGES
CASINO
Conche de Pontaillac
Corniche de Pontaillac
CONCHE DU PIGEONNIER
CONCHE DU CHAY
CENTRE DE THALASSOTHÉRAPIE
Conche de Foncillon
PALAIS DES CONGRÈS
AUDITORIUM
CENTRE MARIN
La Grande Conche
Front de mer
Quai des Sabliers
Le Port
Bd Frédéric Garnier
Av. Maryse Bastié
Bd Franck Lamy
Clemenceau
Bd Georges
Av. Daniel Hedde
Bd du Colonel Robert Baillet
Av. de Pontaillac
Bd de Cordouan
Av. Charles Regazzoni
R. Jean Mermoz
Bd de la Perche
R. Adolphe Adam
R. Claude Debussy
R. de la Glacière
R. Parmentier
Av. de Limoges
Av. de la Falaise
Bd de la Côte d'Argent
R. Carnot
R. de la Paix
R. Pierre Jonain
Bd Louis Lair
R. du Château d'Eau
R. René Caillié
R. Jules Robert
R. Bernard Palissy
Champlain
R. Pasteur
R. Gambetta
Bd Thiers
Cours de l'Europe
R. Jules Lehucher
Av. de la Grande Conche
R. Léonce Laval
Av. du Rond-Point
Av. Émile Zola
Av. N.-D. des Dunes
Av. de l'Oasis
Av. du Parc
Av. du Nid d'Aigle
Av. de Verdun
R. Anatole France
R. Combes de Mons
Av. des Tilleuls
R. des Écoles
R. de la Providence
Av. de Rochefort
R. du Phare
R. Saint-Pierre
R. du Clouzit
R. du Vivier
R. de la Manche
R. de Ration
R. des Cèdres
Av. des Fleurs de la Paix
R. du Saint-Laurent
Rullas
R. Bel-Air
R. du Carel
Platanes
Bellamy
Av. des Madeleine
R. Louis Aubert
Perche
R. de la Plaine
Louise
Semis
A
B
C
1
2

L'Arrosoir

CUISINE MODERNE · TENDANCE XX La situation magnifique, avec la belle terrasse donnant sur la plage de Nauzan, fait déjà de cette maison un lieu à part... mais on vient surtout pour découvrir le travail d'un jeune chef passionné : il célèbre la région – asperges de Nieulle-sur-Seudre, truite de Gensac, agneau du Poitou – dans des préparations soignées, tel un véritable artisan du goût. Bravo !

Formule 18 € – Menu 32 € (déj. en semaine)/39 € – Carte 47/57 €

73 av. de Pontaillac (plage de Nauzan) – ✆ 05 46 02 12 41 – www.restaurant-l-arrosoir.com – Fermé 12 nov.-8 fév., dim. soir, mardi midi et lundi

Le Flandre

CUISINE TRADITIONNELLE · CONVIVIAL X Plafond façon coque de bateau renversée, vivier à homards et produits de la mer dans l'assiette : ce restaurant niché dans une forêt de pins affirme un bel ancrage maritime. Sans compter que cette escale gourmande est idéalement située sur la route du zoo de la Palmyre !

Menu 23/37 € – Carte 31/68 €

av. des Tamaris, 2 km par rte de la Palmyre – ✆ 05 46 23 36 16 – www.leflandre.com – Fermé 2 janv.-2 fév., 19 nov.-19 déc., mardi et merc. d'oct. à mai

ROYAT – 63 Puy-de-Dôme

→ Voir Clermont-Ferrand

ROYE

✉ 80700 Somme – 6 014 hab. – Alt. 88 m – Carte régionale n° **19**-B2
Carte Michelin 301-J9

La Flamiche

CUISINE MODERNE · COSY XXX Rien d'étonnant à ce que ce restaurant, du nom de la fameuse spécialité locale, propose une cuisine à l'accent régional ! La salle à manger, juste rénovée, et la reprise de l'affaire par le chef laissent poindre de jolies ambitions...

Formule 22 € 🍷 – Menu 35/70 € 🍷 – Carte 56/132 €

20 pl. de l'Hôtel-de-Ville – ✆ 03 22 87 00 56 – www.laflamiche.fr – Fermé 2 semaines en août, dim. soir, mardi midi et lundi

Le Florentin Hôtel Central

CUISINE TRADITIONNELLE · FAMILIAL XX Ne vous fiez pas à la façade en brique rouge ! Celle-ci cache une salle d'inspiration italienne : colonnes, moulures, marbres et fresques. Dans ce décor pour le moins déroutant, on sert une cuisine de tradition : fricassée d'escargots, tête de veau sauce gribiche, baba au rhum...

Menu 17/40 € – Carte 36/56 €

8 chambres – 🚹55 € 🚹🚹58/63 € – ☕ 8 €

36 r. d'Amiens – ✆ 03 22 87 11 05 – www.leflorentin.com – Fermé 17-26 fév., 13-30 août, dim. soir et lundi

Le Roye Gourmet

CUISINE TRADITIONNELLE · RUSTIQUE XX Sur une place sympathique, cette enseigne célèbre gaiement le terroir : filet de bœuf flambé en salle, sauté de ris d'agneau et de foie gras, profiteroles... Une cuisine généreuse et bien tournée. Pas étonnant que les gourmets de Roye aient fait de l'adresse leur QG !

Formule 19 € 🍷 – Menu 25/35 € – Carte 37/56 €

1 pl. de la République – ✆ 03 22 87 10 87 – www.leroyegourmet-restaurant.fr – Fermé 2 semaines en août, merc. soir, jeudi soir, dim. soir et lundi

Envie de partir à la dernière minute ? Visitez les sites Internet des hôtels pour bénéficier de promotions tarifaires.

ROYE - 70 Haute-Saône → Voir Lure

LE ROZIER

✉ 48150 Lozère - 148 hab. - Alt. 400 m - Carte régionale n° **12**-B1
Carte Michelin 330-H9

L'Alicanta

CUISINE MODERNE · FAMILIAL X On connaît depuis longtemps cette Alicanta, nichée au bord de la rivière Jonte, dans le cadre exceptionnel des gorges du Tarn... Son chef y exécute une partition solide, où tout est fait maison ; la carte est renouvelée à chaque saison, à l'exception notable du rognon et des ris de veau poêlés, les incontournables de la maison... Miam, miam et re-miam !

Formule 22 € - Menu 28/37 €

18 chambres - 50/60 € 50/70 € - 8,50 €

rte de Meyrueis - 05 65 62 60 25 - www.hotel-doussiere.com - Ouvert 15 mars-11 nov. et fermé lundi midi

Hôtel de la Muse et du Rozier

TRADITIONNEL · CONTEMPORAIN Dans le jardin de ce grand hôtel centenaire, une plage privée au bord du Tarn ! L'esprit des lieux ? Contemporain, sobre et zen, en harmonie avec les sublimes paysages environnants. Une certaine idée de l'élégance...

35 chambres - 95/125 € 120/210 € - 16 €

rte des Gorges (à La Muse), D907 ✉ 12720 Mostuéjouls - 05 65 62 60 01 - www.hotel-delamuse.fr - Ouvert avril-oct. et fermé lundi et mardi en avril et oct.

RUE

✉ 80120 Somme - 3 112 hab. - Alt. 9 m - Carte régionale n° **19**-A1
Carte Michelin 301-D6

Au Petit Chaudron

CUISINE MODERNE · AUBERGE XX Tel Obélix tombé petit dans la potion magique, les gourmands ont toujours envie de plonger dans ce Petit Chaudron entouré de verdure ! Foie gras mi-cuit à la nougatine et sa tatin d'oignons, côtes d'agneau au thym, trilogie de poissons façon bouillabaisse... Le chef récite sa cuisine avec passion ; on se régale.

Formule 24 € - Menu 34 € - Carte environ 37 €

390 rte d'Abbeville - 03 22 25 80 16 - www.petit-chaudron.com - Fermé 3 semaines fin nov. à mi-déc., 2 semaines en janv., lundi sauf fériés le midi

RUEIL-MALMAISON - 92 Hauts-de-Seine → Voir Autour de Paris

RUNGIS - 94 Val-de-Marne → Voir Autour de Paris

LES SABLES-D'OLONNE

✉ 85100 Vendée - 14 376 hab. - Alt. 4 m - Carte régionale n° **18**-A3
Carte Michelin 316-F8 - Guide Vert Michelin Pays de la Loire

La Suite S'il Vous Plait N

CUISINE MODERNE · TENDANCE X Située derrière le casino et les plages, cette nouvelle table fait souffler un vent nouveau sur la restauration sablaise : dans un décor de bistrot moderne, la charmante jeune chef (ex-Robuchon) propose une cuisine subtile qui fait mouche, à l'image de ce cabillaud laqué au kumquat. Excellent rapport qualité/prix.

Menu 19 € (déj. en semaine), 31/50 €

Plan : C2-d *20 bd Franklin-Roosevelt - 02 51 32 00 92 - Fermé janv., 1 semaine fin juin, 1 semaine fin sept., mardi soir, dim. soir et lundi*

Loulou Côte Sauvage

POISSONS ET FRUITS DE MER • CONTEMPORAIN XX Ce Loulou-là a accroché sa jolie maison aux rochers de la côte sauvage, face à la mer : la vue est imprenable ! Ici, les produits iodés – extrafrais – sont évidemment à l'honneur : homards tirés du vivier, poissons achetés directement à la criée des Sables... pour des plats savoureux et bien tournés.

Formule 25 € – Menu 35/72 € – Carte 43/86 €

Hors plan *19 rte Bleue, à La Chaume*
– ✆ 02 51 21 32 32 – www.louloucotesauvage.com
– Fermé 22 fév.-21 mars,19 nov.-13 déc., dim. soir, lundi et merc. sauf juil.-août et fériés

Cabestan

CUISINE TRADITIONNELLE • COSY X Sur le quai animé du port, ce restaurant au look contemporain et cosy propose une cuisine de la mer, élaborée selon le retour de la criée des Sables, mais aussi des spécialités du terroir vendéen (volaille de Challans, côte de porc fermière...). La salle à manger la plus agréable de la ville.

Formule 24 € – Menu 31/62 € – Carte 45/64 €

Plan : C2-b *17 quai Guiné*
– ✆ 02 51 95 07 50 – www.cabestan85.com
– Fermé dim. soir et mardi soir sauf juil.- août et lundi

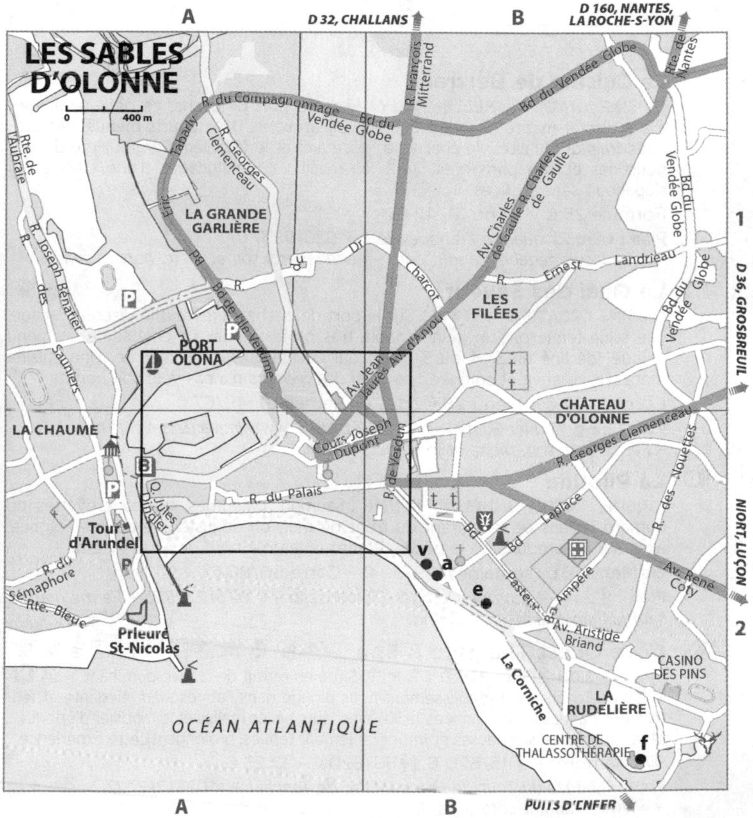

La Cuisine de Bertrand

CUISINE TRADITIONNELLE • COSY Face au port de pêche, ce petit restaurant assez discret mérite pourtant que l'on s'y attarde ! Deux courts menus, des produits frais de qualité… le chef va à l'essentiel et le fait bien. Son feuilleté de langoustines et son paris-brest sont les meilleurs témoignages d'une cuisine qui s'épanouit sans artifices.

Formule 25 € – Menu 31/42 €

Plan : C2-q *22 quai de Franqueville – ☎ 02 51 95 37 07 – www.lacuisinedebertrand85.com – Fermé mardi soir et merc. hors saison*

Le Quai des Saveurs

CUISINE CRÉATIVE • INTIME Sur le port de pêche, derrière une discrète façade, une table tenue par un jeune couple très professionnel. Le chef signe un menu unique (décliné en 3, 4 ou 5 plats) qui évolue au gré du marché. Une cuisine métissée, créative et soignée : ce Quai des Saveurs n'a pas volé son nom.

Formule 22 € – Menu 28 € (déj. en semaine), 49/67 €

Plan : C2-g *10 quai Guiné – ☎ 02 51 23 84 91 – www.lequaidessaveurs.net – Fermé dim. soir, merc. et jeudi hors saison*

La Pilotine

CUISINE TRADITIONNELLE • INTIME Saumon, palourdes, turbot, crevettes ou homard ? Dans ce restaurant du front de mer, on déguste une cuisine soignée, axée sur les produits de la pêche. Prenez le large à bord de cette Pilotine !

Menu 18 € (semaine), 29/59 € - Carte 50/86 €

Plan : B2-a *7 et 8 prom. Georges-Clemenceau – ☎ 02 51 22 25 25 – Fermé mardi sauf juil.-août, dim. soir et lundi*

Côte Ouest Thalasso & Spa

SPA ET BIEN-ÊTRE • BORD DE MER Situé en retrait de la mer, dominant le lac de Tanchet, cet établissement nous plonge dans l'atmosphère élégante et feutrée des paquebots des années 1930, avec leurs belles malles et le mobilier d'époque… Et les chambres, spacieuses et impeccablement tenues, prolongent cette expérience.

97 chambres – 115/520 € 115/520 € – 23 €

Plan : B2-f *rte du Tour-de-France - Lac de Tanchet – ☎ 02 51 21 77 77 – www.restaurant-cote-ouest.fr*

Atlantic Hôtel

TRADITIONNEL • CONTEMPORAIN Un bâtiment des années 1970 sur le front de mer. Derrière sa façade récemment refaite, un décor contemporain de bon ton, particulièrement agréable quand les chambres donnent sur l'Atlantique. Et pour les amateurs d'eau douce, la piscine et le spa sont là !

34 chambres – 90/190 € 109/289 € – 15 €

Plan : B2-e *5 promenade Georges-Godet – 02 51 95 37 71 – www.atlantichotel.fr*

Kyriad

BUSINESS • FONCTIONNEL Idéalement situé entre plage et port, cet établissement réserve des chambres fonctionnelles, confortables et décorées dans un esprit actuel ; celles situées en façade ont même un balcon donnant sur l'océan... Terrasse panoramique sur le toit avec espace solarium, et vue à 180 degrés. Imprenable.

42 chambres – 68/183 € 68/183 € – 11 €

Plan : C2-k *8 bd Franklin-Roosevelt – 02 51 32 03 77 – www.hotel-sablesdolonne-plage.fr*

Les Roches Noires

BUSINESS • FONCTIONNEL Face à la plage, ces Roches Noires proposent des chambres fonctionnelles et bien insonorisées, aux tons turquoise, blanc, gris, framboise... À noter : la salle des petits-déjeuners donne sur la mer.

36 chambres – 79/149 € 85/189 € – 12 €

Plan : B2-v *12 prom. Georges-Clemenceau – 02 51 32 01 71 – www.hotel-lesrochesnoires.com*

Antoine

FAMILIAL • TRADITIONNEL Entre le vieux port et la plage, une ancienne propriété d'armateur (18e s.) dans laquelle règne une atmosphère résolument familiale. Les chambres sont coquettes, spacieuses et fort bien tenues.

20 chambres – 65/95 € 65/95 € – 9 €

Plan : C2-a *60 r. Napoléon – 02 51 95 08 36 – www.antoinehotel.com – Ouvert de mi-mars à mi-oct.*

à l'anse de Cayola 7 km au Sud-Est par la Corniche – 85180 Chateau d Olonne

Cayola

CUISINE MODERNE • ÉLÉGANT XXX Dans la salle ou sur la terrasse, la vue sur l'Atlantique est superbe et l'on se prend à rêver de croisières au long cours. Mais l'évasion est déjà dans l'assiette, raffinée et iodée : les produits de la mer sont rois en ce royaume...

→ Foie gras de canard, huîtres, soupe glacée de concombre et radis acidulés. Bar sauvage, mousseline de brocoli, betterave confite au vinaigre de framboise. Ganache chocolat jivara, riz soufflé, framboises et glace bergamote.

Menu 39 € (semaine), 67/85 € – Carte 65/100 €

76 promenade de Cayola – 02 51 22 01 01 – www.le-cayola.com – Fermé 2 semaines en nov., 1 semaine fin déc., 3 semaines en janv., mardi soir et merc. soir de sept. à mai, dim. soir et lundi sauf fériés

à Château-d'Olonne 3 km à l'Est – 85180 – 13 841 hab. – Alt. 20 m

La Ferme de Villeneuve

CUISINE MODERNE • COLORÉ XX Les amateurs de belles saveurs seront aux anges dans cette chaleureuse "Ferme" qui n'en a que le nom ! Déguster une daurade royale poêlée et sa fricassée d'artichauts dans un décor néo-baroque n'est pas donné à tout le monde... Maîtrise et produits de qualité : on se régale.

Formule 18 € – Menu 21 € (semaine), 33/49 €

28 r. du Pré-Étienne, 5 km à l'Est par D36 et rte secondaire – 02 51 33 41 83 – Fermé 2 semaines en mars, 3 semaines en janv., mardi sauf de mi-juil. à fin août et lundi

à L'Île-d'Olonne 10 km au Nord par D32 et D760 – ✉ 85340 – 2 739 hab. – Alt. 5 m

Les Fermes de Terre Neuve - La Girardière

MAISON DE CAMPAGNE • ÉLÉGANT En retrait du littoral, cette ancienne ferme a été rénovée de la plus belle manière. Trois chambres spacieuses, romantiques à souhait, décorées par thème (Dame aux camélias, Kipling, Montgolfière), un beau salon tout en longueur avec mobilier ancien, imposante bibliothèque et piano... Quel charme !

3 chambres ☕ – 🚹160/180 € 🚹🚹175/210 €

– ✆ 06 16 72 74 50 – www.lesfermesdeterreneuve.com

SABLES-D'OR-LES-PINS

✉ 22240 Côtes-d'Armor – Carte régionale n° **5**-C1
Carte Michelin 309-H3 – Guide Vert Michelin Bretagne Nord

Hôtel de Diane

TRADITIONNEL • CONTEMPORAIN Au cœur de la station, à deux pas de la mer, l'Hôtel de Diane est né en 1921 comme l'atteste son architecture anglo-normande. Nulle nostalgie dans les chambres, au décor moderne de bon ton – certaines aux teintes ensoleillées, d'autres résolument contemporaines –, toutes parfaitement tenues. Restaurant traditionnel.

44 chambres – 🚹100/200 € 🚹🚹100/200 € – ☕ 13 €

12 allée des Acacias – ✆ 02 96 41 42 07 – www.hoteldiane.fr

Le Manoir Saint-Michel

FAMILIAL • TRADITIONNEL Ce beau manoir du 16e s. domine la plage et l'on s'y sent vraiment bien : vaste parc avec plan d'eau (pêche autorisée), chambres douillettes au charme d'antan (mobilier rustique et breton), petit-déjeuner servi près de la cheminée ou dans l'orangerie... Au rythme des marées !

20 chambres – 🚹70/125 € 🚹🚹70/155 € – ☕ 11 €

38 r. de la Carquois, 1,5 km à l'Est par D34 – ✆ 02 96 41 48 87 – www.manoirstmichel.com – Ouvert 29 mars-1er nov.

SABLÉ-SUR-SARTHE

✉ 72300 Sarthe – 12 508 hab. – Alt. 29 m – Carte régionale n° **18**-C1
Carte Michelin 310-G7 – Guide Vert Michelin Pays de la Loire

Parfum d'Épices

CUISINE TRADITIONNELLE • EXOTIQUE XX Une étape agréable sur la route de Laval, pour déguster une bonne cuisine traditionnelle. Le restaurant est marqué par le souvenir des Antilles, où le chef vivait avant de rentrer en métropole : il y a, en particulier, ce menu créole proposant acras de morue et boudin antillais.

Formule 18 € – Menu 24/44 € – Carte 33/53 €

rte de Laval, D306 – ✆ 02 43 92 94 14 – www.parfumdepices.com – Fermé 19 août-1er sept. et lundi sauf fériés

à Solesmes 3 km au Nord-Est par D22 – ✉ 72300 – 1 229 hab. – Alt. 28 m

Grand Hôtel de Solesmes

CUISINE CLASSIQUE • ÉLÉGANT XXX Carpaccio de Saint-Jacques et tartare de légumes au gingembre ; poulet de Loué aux écrevisses ; poire pochée à la cannelle et glace aux spéculos... Une délicate cuisine classique qui séduit d'emblée ; on ne triche pas sur la qualité des produits. De plus, l'accueil et le service sont charmants !

Formule 24 € – Menu 30/66 € – Carte 49/95 €

16 pl. Dom-Guéranger – ✆ 02 43 95 45 10 – www.grandhotelsolesmes.com – Fermé 26 déc.-9 janv., sam. midi d'oct. à mars et dim. soir

Grand Hôtel de Solesmes

TRADITIONNEL • PERSONNALISÉ Face à la belle abbaye St-Pierre, d'où l'on entend parfois s'échapper les chants grégoriens des moines, cet hôtel est assurément propice au repos : très confortable, avec des chambres personnalisées et un entretien sans faille. Louange au Grand Hôtel de Solesmes !

25 chambres – 95/135 € 105/265 € – 14 €

16 pl. Dom-Guéranger
– 02 43 95 45 10 – www.grandhotelsolesmes.com
– Fermé 26 déc.-9 janv.

Grand Hôtel de Solesmes – voir les restaurants ci-dessus

SABRES

40630 Landes – 1 210 hab. – Alt. 78 m – Carte régionale n° **2**-B2
Carte Michelin 335-G10 – Guide Vert Michelin Aquitaine

Auberge des Pins

CUISINE CLASSIQUE • RUSTIQUE XX Des boiseries, des poutres, une cheminée... Un endroit authentique et chaleureux, idéal pour savourer une cuisine classique qui fait de jolis clins d'œil au terroir.

Formule 17 € – Menu 20 € (déj. en semaine), 36/75 € – Carte 46/77 €

r. de la piscine – 05 58 08 30 00 – www.aubergedespins.fr – Fermé 3 semaines en janv., lundi sauf le soir en juil.-août et dim. soir

Auberge des Pins

FAMILIAL • PERSONNALISÉ Un bel esprit maison de famille dans cette grande demeure landaise à colombages : joli parc arboré, chambres au décor soigné (meubles rustiques, bois peint...) et salon cosy.

20 chambres – 70/150 € 85/170 € – 13 €

r. de la piscine
– 05 58 08 30 00 – www.aubergedespins.fr
– Fermé 3 semaines en janv.

Auberge des Pins – voir les restaurants ci-dessus

SACHÉ – 37 Indre-et-Loire → Voir Azay-le-Rideau

SACLAY – 91 Essonne → Voir Autour de Paris

SAGELAT – 24 Dordogne → Voir Belves

SAIGNON – 84 Vaucluse → Voir Apt

SAILLAGOUSE

66800 Pyrénées-Orientales – 1 085 hab. – Alt. 1 309 m – Carte régionale n° **12**-A3
Carte Michelin 344-D8

à Llo 3 km à l'Est par D33 – 66800 – 168 hab. – Alt. 1 424 m

L'Atalaya Bel-Encanto

AUBERGE • PERSONNALISÉ Que dire du jardinet fleuri, des chambres romantiques et de tous ces objets chinés par la propriétaire ? Qu'ils ont du charme, tout simplement ! Cette bergerie perchée sur la montagne cerdane a tout le cachet des belles maisons d'hôtes, et l'accueil réservé est délicieux...

5 chambres – 95/120 € 95/120 €

3 carrer del Senyalo
– 04 68 04 70 04 – www.atalaya66.com
– Fermé 1er nov.-26 déc.

STE (Sainte) voir après la nomenclature des Saints

ST-AFFRIQUE

12400 Aveyron – 8 260 hab. – Alt. 325 m – Carte régionale n° **15**-D2
Carte Michelin 338-J7

La Table de Jean

CUISINE MODERNE • TENDANCE Les anciens propriétaires de l'hôtel Les Raspes (St-Rome-de-Tarn) ont ouvert ce restaurant dans le centre de St-Affrique. Un retour aux sources pour lui, cuisinier de formation ; il revisite la tradition avec finesse et montre de beaux accents méditerranéens.

Formule 18 € – Menu 29/39 € – Carte 40/60 €

7 bd Émile-Trémoulet – 05 65 49 50 05 – Fermé 1 semaine en oct., dim. soir, mardi soir, merc. soir et lundi hors saison

ST-AFFRIQUE-LES-MONTAGNES

81290 Tarn – 788 hab. – Alt. 244 m – Carte régionale n° **15**-C2
Carte Michelin 338-F9

Domaine de Rasigous

MAISON DE CAMPAGNE • PERSONNALISÉ Au cœur d'un parc jalonné d'œuvres d'art – le propriétaire est un passionné –, cette demeure du 19e s. cultive un bel esprit maison d'hôtes. Parquet ancien, mobilier chiné, les chambres ont beaucoup de caractère ; à l'extérieur, l'espace bien-être vous tend les bras.

6 chambres – 80/230 € 95/230 € – 2 suites – 12 €

lieu-dit Rasigous, 2 km au Sud par D85 – 05 63 73 30 50 – www.domainederasigous.com – Ouvert mars à nov.

ST-AIGNAN

41110 Loir-et-Cher – 2 898 hab. – Alt. 115 m – Carte régionale n° **6**-A2
Carte Michelin 318-F8 – Guide Vert Michelin Châteaux de la Loire

Le Mange-Grenouille

CUISINE TRADITIONNELLE • AUBERGE Décoration baroque, mobilier chiné et grenouilles en tous genres offertes par les clients : cet ancien relais de poste ne manque pas de caractère ! On s'y régale d'une cuisine traditionnelle simple et bonne, qui évolue régulièrement, avec comme spécialité… les cuisses de grenouilles. Attachant !

Formule 15 € – Menu 18 € (déj. en semaine)/34 € – Carte 41/56 €

10 r. Paul-Boncour – 02 54 71 74 91 – www.lemangegrenouille.fr – Fermé 25 juin-10 juil., 3 semaines en oct., dim. soir, sam. midi et lundi

Les Jardins de Beauval

RESORT • CONTEMPORAIN Cinq pavillons dans un jardin paysager, au pied du magnifique parc animalier de Beauval. Source d'inspiration affichée : l'Indonésie… et les chambres – classiques – s'habillent de mobilier en bois exotique. Un lieu atypique et avec un certain cachet.

112 chambres – 115/262 € 115/262 € – 14 €

(au zoo-parc de Beauval), 4 km par D675 – 02 54 75 60 00 – www.lesjardinsdebeauval.com – Ouvert 21 fév.-1er nov.

ST-ALBAN-DE-MONTBEL – 73 Savoie → Voir Aiguebelette-le-Lac

ST-ALBAN-LES-EAUX

42370 Loire – 956 hab. – Alt. 410 m – Carte régionale n° **23**-A1
Carte Michelin 327-C3 – Guide Vert Michelin Lyon et sa région

Le Petit Prince

CUISINE MODERNE • COSY XX Ce charmant restaurant n'est pas tombé d'un astéroïde : il a été fondé en 1805 par les arrière-grand-tantes de l'actuel patron ! Sa cuisine, fraîche, colorée et inventive, combine légèreté et gourmandise. Ce Petit Prince saura vous apprivoiser... Belle cave à visiter.

Formule 22 € - Menu 36/90 €

Le bourg
- ✆ 04 77 65 87 13 - www.restaurant-lepetitprince.fr
- Fermé janv., dim. soir, lundi et mardi

ST-ALBAN-LEYSSE - 73 Savoie ➔ Voir Chambéry

ST-ALBAN-SUR-LIMAGNOLE

✉ 48120 Lozère - 1 344 hab. - Alt. 950 m - Carte régionale n° **12**-C1
Carte Michelin 330-I6

La Petite Maison

CUISINE TRADITIONNELLE • RUSTIQUE X Une table régionale où règne une atmosphère chaleureuse et rustique. Les spécialités de la maison ? La viande de bison d'Amérique (depuis 1992 !), la friture de truitelle, le whisky (400 références) et les vins du Languedoc-Roussillon. A quelques mètres, chambres d'antan dans une gentilhommière du 19es.

Formule 22 € - Menu 29/74 € - Carte 44/95 €

9 chambres - 110/270 € 110/270 € - 12 €

av. de Mende
- ✆ 04 66 31 56 00 - www.la-petite-maison.fr
- Ouvert de mi-avril à la Toussaint et fermé le midi du lundi au vend.

ST-AMAND-MONTROND

✉ 18200 Cher - 10 161 hab. - Alt. 160 m - Carte régionale n° **6**-C3
Carte Michelin 323-L6 - Guide Vert Michelin Limousin Berry

à Noirlac 4 km au Nord-Ouest par D2144 (rte de Bourges) et D35 - ✉ 18200 Bruere Allichamps

Auberge de l'Abbaye de Noirlac

CUISINE TRADITIONNELLE • CONVIVIAL X Face à l'abbaye de Noirlac, cette auberge créée dans une chapelle du 12e s. rend hommage à la cuisine du terroir. En digne enfant du pays, le chef orchestre la cérémonie avec les produits de la région : fromage berrichon, poule noire... et côté vins : châteaumeillant, st-pourçain, sancerre, etc.

Menu 25 € (semaine)/42 € - Carte 44/60 €

- ✆ 02 48 96 22 58 - aubergeabbayenoirlac.free.fr
- Ouvert 23 fév.-30 nov. et fermé mardi soir et mercredi

à Bruère-Allichamps 8,5 km au Nord-Ouest par rte de Bourges (D2144) - ✉ 18200 - 588 hab. - Alt. 170 m

Les Tilleuls

CUISINE MODERNE • CHAMPÊTRE XX Sur la route touristique longeant le Cher, une construction des années 1960 derrière un rideau de... tilleuls. Au menu : une cuisine dans l'air du temps, avec quelques recettes très originales.

Formule 17 € - Menu 20 € (déj. en semaine), 23/70 €

45 rte de Noirlac
- ✆ 02 48 61 02 75 - www.sarl-les-tilleuls.fr
- Fermé 5-11 mars, vacances de la Toussaint, de Noël, dim. soir, lundi soir et merc.

ST-AMARIN

✉ 68550 Haut-Rhin - 2 310 hab. - Alt. 410 m - Carte régionale n° **1**-A3
Carte Michelin 315-G9

Auberge du Mehrbächel

FAMILIAL • CONTEMPORAIN En plein cœur des Vosges et sur le passage d'un GR, cette auberge a été largement rénovée : ses chambres jouent désormais la carte de la modernité, tout en sobriété. Et au petit-déjeuner, on se régale de produits de la ferme (beurre, confiture, fromage, etc.) !

19 chambres - 65 € 72/99 € - 10 €

4 km à l'Est par rte du Mehrbächel - 03 89 82 60 68 - www.auberge-mehrbachel.com - Fermé 11-23 mars, 28 juin-9 juil. et 28 oct.-12 nov.

ST-AMBROIX

✉ 30500 Gard - 3 176 hab. - Alt. 142 m - Carte régionale n° **12**-C1
Carte Michelin 339-K3

à St-Victor-de-Malcap 2 km au Sud-Est par D51 - ✉ 30500 - 842 hab. - Alt. 140 m

La Bastide des Senteurs

CUISINE MODERNE • MÉDITERRANÉEN XX Dans cette ancienne magnanerie, quel plaisir de s'installer sur la terrasse dominant le vallon ! Les yeux sur l'horizon, on savoure une cuisine empreinte de classicisme et qui porte haut les couleurs de la Méditerranée. Spécialité : la poularde en vessie. Chambres aux noms de cépages, confortables et soignées.

Menu 19 € (déj. en semaine), 30/85 € - Carte 32/108 €
14 chambres - 60/80 € 60/135 € - 12 €

5 r. de la Traverse - 04 66 60 24 45 - www.bastide-senteurs.com - Ouvert mars-oct. et fermé lundi midi et sam. midi

à Larnac 3,5 km au Sud-Ouest par rte d'Alès - ✉ 30960 Les Mages

Le Clos des Arts

FAMILIAL • À LA CAMPAGNE Cette ancienne filature de soie du 17e s. propose des chambres spacieuses, dont deux se distinguent par leurs thématiques, Inde et design. Une maison de maître mitoyenne abrite un musée consacré aux œuvres d'art du père des trois fils propriétaires.

15 chambres - 63/70 € 63/70 € - 8 €

Domaine Villaret - 04 66 25 40 91 - www.closdesarts.com

ST-AMOUR-BELLEVUE

✉ 71570 Saône-et-Loire - 552 hab. - Alt. 306 m - Carte régionale n° **4**-C3
Carte Michelin 320-I12

Au 14 Février (Masafumi Hamano)

CUISINE CRÉATIVE • ÉLÉGANT XX On passe un moment exceptionnel en compagnie du chef, Masafumi Hamano : préparations franco-japonaises réglées au millimètre, produits d'une qualité irréprochable, cuissons au top... Avec, dans chaque plat, le petit ingrédient supplémentaire qui donne du relief à l'ensemble et fait toute la différence.

→ Poêlée de foie gras de canard. Homard breton rôti. Dôme de chocolat blanc.

Menu 52/92 €

Le Plâtre-Durand - 03 85 37 11 45 - www.au14fevrier.com - Fermé 1 semaine en août, 2 semaines en oct. et en janv., jeudi midi, mardi et merc.

Auberge du Paradis (Cyril Laugier)

CUISINE CRÉATIVE • ÉLÉGANT XX Dans un cadre cosy, une cuisine soignée, plutôt inventive, qui évolue selon l'inspiration du chef ; le tout réalisé avec de beaux produits, travaillés dans le respect des saisons.
→ Cuisine du marché.

Menu 73 € – menu unique

Hôtel Auberge du Paradis, Le Plâtre-Durand – 03 85 37 10 26 – www.aubergeduparadis.fr – Fermé 1 semaine vacances de printemps, vacances de la Toussaint, 31 déc.-15 janv., lundi, mardi et le midi en semaine

Auberge du Paradis

AUBERGE • ÉLÉGANT Un petit paradis en effet, aux chambres originales et contemporaines, décorées avec goût comme l'ensemble de l'établissement. Autres atouts : le couloir de nage, le salon de lecture, l'exceptionnel petit-déjeuner, et deux offres de restauration : créative au gastronomique, ou plus traditionnelle, au Bistrot Joséphine à Table (pâté en croûte etc.).

13 chambres – 145/255 € 185/285 € – 22 €

Le Plâtre-Durand – 03 85 37 10 26 – www.aubergeduparadis.fr – Fermé 1 semaine vacances de printemps, vacances de la Toussaint et 31 déc.-15 janv.

Auberge du Paradis – voir les restaurants ci-dessus

ST-ANDRÉ-DE-NAJAC

12270 Aveyron – 409 hab. – Alt. 380 m – Carte régionale n° **15**-C2
Carte Michelin 338-E5

Relais Mont le Viaur

CUISINE TRADITIONNELLE • RUSTIQUE X Le chef de cette jolie ferme régionale, chaleureuse et conviviale, a été auparavant sommelier dans plusieurs tables étoilées. Une chose le guide : la passion ! Il réalise ici une savoureuse cuisine du terroir : terrine de jarret de porc, foie gras maison, veau du Ségala... Pour l'étape, des chambres agréables.

Formule 15 € – Menu 22/45 € – Carte 36/60 €

7 chambres – 68/70 € 72/75 € – 10 €

La Croix-Grande – 05 65 65 08 68 – www.montleviaur.fr – Fermé de mi-déc. à mi-janv., dim. soir, mardi soir, sam. midi et lundi

ST-ANDRÉ-DE-ROQUELONGUE

11200 Aude – 1 354 hab. – Alt. 72 m – Carte régionale n° **12**-B3
Carte Michelin 344-I4

Demeure de Roquelongue

MAISON DE MAÎTRE • PERSONNALISÉ En plein cœur du village, cette belle demeure de vigneron (1885) a le charme des maisons de famille : mobilier chiné, patio verdoyant, salles de bains rétro... De l'âme et du style !

5 chambres – 95/110 € 120/135 €

53 av. de Narbonne – 04 68 33 66 82 – www.demeure-de roquelongue.com

ST-ANDRÉ-LES-VERGERS – 10 Aube → Voir Troyes

ST-ANTONIN-DU-VAR

83510 Var – 743 hab. – Alt. 190 m – Carte régionale n° **21**-C3
Carte Michelin 340-M4

La Bastide du Clos d'Alari

MAISON DE CAMPAGNE • PERSONNALISÉ Au sein du domaine viticole d'Alari, cette belle maison de famille est un écrin de silence et de verdure : chambres personnalisées, atmosphère provençale, baignades dans le bassin naturel. Le petit-déjeuner est servi sous le tilleul centenaire. Séjours à thème autour du vin, de l'olive, de la truffe. Un goût de paradis.

5 chambres – 115/145 € 130/350 €

717 rte de Mappe, au Sud par D250 – 04 94 04 46 74 – www.leclosdalari.com – Ouvert avril-oct.

ST-ANTONIN-NOBLE-VAL

✉ 82140 Tarn-et-Garonne – 1 875 hab. – Alt. 125 m – Carte régionale n° **15**-C2
Carte Michelin 337-G7

Le Carré des Gourmets

CUISINE MODERNE • INTIME XX Sur les bords de l'Aveyron, un restaurant au cadre contemporain, tout en nuances de gris. Derrière les fourneaux, le chef concocte une cuisine dans l'air du temps riche de produits du terroir, comme ce veau de l'Aveyron et du Ségala, noix snackée et épaule confite. Terrasse face à la rivière.

Formule 21 € – Menu 24 € (déj. en semaine), 30/39 € – Carte environ 57 €

13 bd des Thermes – ✆ 05 63 30 65 49 – www.carredesgourmets.fr
– Fermé 20 déc.-1er mars, dim. soir, mardi soir hors saison et merc.

ST-AUBIN – 22 Côtes-d'Armor ➔ Voir Erquy

ST-AUBIN-DE-MÉDOC

✉ 33160 Gironde – 6 704 hab. – Alt. 29 m – Carte régionale n° **2**-B1
Carte Michelin 335-G5

Thierry Arbeau

CUISINE TRADITIONNELLE • ÉPURÉ XX Duo de foie gras aux fruits de saison, pigeonneau aux épices douces, côte de veau aux champignons... En plein dans le mille de la tradition, pour un moment gourmand dans un cadre lumineux et agréable.

Formule 22 € – Menu 29 € (semaine), 38/59 € – Carte 56/92 €

Le Hiou, rte de Picot – ✆ 05 56 95 98 68 – www.thierry-arbeau.com
– Fermé 2 semaines en août, sam. midi, dim. soir et lundi

Thierry Arbeau

FAMILIAL • PERSONNALISÉ Sur la route du Médoc, un bâtiment moderne dont les chambres ont été aménagées dans un style frais et coquet ; le confort est au rendez-vous, l'atmosphère a ce je-ne-sais-quoi d'apaisant et les prix sont mesurés.

12 chambres – †82/92 € ††90/100 € – ☕ 10 €

Le Hiou, rte de Picot – ✆ 05 56 95 98 68 – www.thierry-arbeau.com

Thierry Arbeau – voir les restaurants ci-dessus

ST-AUBIN-SUR-GAILLON – 27 Eure ➔ Voir Gaillon

ST-AVÉ – 56 Morbihan ➔ Voir Vannes

ST-AVIT-DE-TARDES – 23 Creuse ➔ Voir Aubusson

ST-AVIT-SÉNIEUR

✉ 24440 Dordogne – 476 hab. – Alt. 164 m – Carte régionale n° **2**-C1
Carte Michelin 329-F7 – Guide Vert Michelin Périgord Quercy

La Table de Léo

CUISINE MODERNE • BISTRO X Une maison en pierre au cœur du village, avec une belle terrasse au-dessus de la place de l'église... L'ensemble cache une vraie bonne petite adresse, dont le chef ose sortir des sentiers battus des recettes régionales, et démontre une vraie attention aux produits, aux dressages et aux cuissons. De la légèreté, du goût...

Formule 18 € – Menu 32 €

Le Bourg – ✆ 05 53 57 89 15 – www.latabledeleo.fr – Fermé 1 semaine en juin, en sept. et en oct., 2 semaines en janv., merc. sauf juil.-août, dim. soir et lundi

ST-AY

✉ 45130 Loiret – 3 271 hab. – Alt. 100 m – Carte régionale n° **6**-C2
Carte Michelin 318-H4

La Grande Tour

CUISINE MODERNE • ROMANTIQUE XX La Pompadour séjourna dans cet ancien et chaleureux relais de poste de 1783, situé sur la route des châteaux de la Loire. Cuisine traditionnelle (tête de veau, canette rôtie, sandre au beurre blanc... avec une belle carte de soufflés en dessert), servie en terrasse l'été venu.

Formule 17 € - Menu 30/68 € - Carte 47/63 €

21 rte Nationale - 02 38 88 83 70 - www.lagrandetour.com - Fermé 6-27 août, dim. soir, merc. soir et lundi

ST-AYGULF

83370 Var - Alt. 12 m - Carte régionale n° **21**-C3
Carte Michelin 340-P5 - Guide Vert Michelin Côte d'Azur

Cap Riviera

FAMILIAL • TRADITIONNEL Sympathique hôtel familial, sur la route côtière, face à la mer. Chambres coquettes et colorées, plus calmes côté patio ; l'accueil est aimable et l'on profite toute l'année d'une petite restauration, réservée à la clientèle.

19 chambres - 66/145 € 66/145 € - 1 suite - 10 €

21 r. de Claviers (plage du Grand-Boucharel) - 04 94 81 21 42 - www.hotelcapriviera.com - Ouvert 6 avril-11 oct.

ST-BEAUZEIL

82150 Tarn-et-Garonne - 121 hab. - Alt. 181 m - Carte régionale n° **15**-B1
Carte Michelin 337-B5

Château de l'Hoste

CUISINE MODERNE • RUSTIQUE XX La table du Château de l'Hoste est à l'image de l'établissement : élégante et authentique. Ainsi, le chef privilégie les légumes du potager bio - ici, la tendance est au locavorisme - pour ses recettes qui osent les accords sucrés-salés. L'été, on profite de la terrasse.

Formule 28 € - Menu 35 € - Carte 38/60 €

rte d'Agen, D656 - 05 63 95 25 61 - www.chateaudelhoste.com - Ouvert de fin avril à mi-oct. et fermé mardi midi, sam. midi et lundi

Château de l'Hoste

DEMEURE HISTORIQUE • PERSONNALISÉ Au cœur de la campagne quercynoise, dans un superbe jardin, une gentilhommière du 17e s. pleine de caractère et de confort. Que dire de la bibliothèque, du bar ou encore de la piscine ? Le temps d'un week-end ou d'un séjour plus long, on se rêve lady et gentleman-farmer...

22 chambres - 110/130 € 110/190 € - 15 €

rte d'Agen, D656 - 05 63 95 25 61 - www.chateaudelhoste.com - Ouvert de fin avril à mi-oct.

Château de l'Hoste - voir les restaurants ci-dessus

ST-BÉNIGNE - 01 Ain

→ Voir Pont-de-Vaux

ST-BENOÎT-SUR-LOIRE

45730 Loiret - 2 067 hab. - Alt. 126 m - Carte régionale n° **6**-C2
Carte Michelin 318-K5 - Guide Vert Michelin Châteaux de la Loire

Le Grand St-Benoît

CUISINE MODERNE • CLASSIQUE XX Une maison chaleureuse, avec une jolie terrasse, au cœur de ce village où repose le poète Max Jacob. Au menu, de délicieux petits plats joliment cuisinés, avec de subtils mariages de saveurs. De quoi trouver l'inspiration !

Formule 23 € - Menu 33 €

7 pl. St-André - 02 38 35 11 92 - www.restaurant-grand-saint-benoit.com - Fermé 3-12 mars, 19 août-4 sept., 23-29 déc., dim. sauf le midi d'avril à sept. et lundi

ST-BONNET-LE-CHÂTEAU

✉ 42380 Loire - 1 568 hab. - Alt. 870 m - Carte régionale n° **23**-A2
Carte Michelin 327-D7 - Guide Vert Michelin Lyon et sa région

La Calèche

CUISINE MODERNE • HISTORIQUE XX Cet hôtel particulier du 17e s., au décor coloré, abrite une table généreuse et habile à secouer les saveurs (truite fumée et andouille, carré de veau du Haut Forez et gnocchis aux écrevisses), avec juste ce qu'il faut de sophistication et d'audace. Cette Calèche augure d'une jolie promenade en gourmandise !

Formule 18 € - Menu 21 € (déj. en semaine), 33/66 €
- Carte 43/51 €

2 pl. Cdt-Marey
- ✆ 04 77 50 15 58 - www.restaurantlacaleche.fr
- Fermé 2-18 janv., 5-15 sept., dim. soir, merc. soir, jeudi soir, lundi et mardi

ST-BONNET-LE-FROID

✉ 43290 Haute-Loire - 260 hab. - Alt. 1 126 m - Carte régionale n° **3**-D3
Carte Michelin 331-I3

Régis et Jacques Marcon

soir,

CUISINE CRÉATIVE • DESIGN XXXX Viandes du plateau, lentilles vertes du Puy, fromages locaux, etc. : la cuisine des Marcon magnifie le terroir et l'automne est leur saison de prédilection. C'est là, dans l'intimité des sous-bois aux feuilles rougissantes, qu'ils cueillent ces champignons dont ils ont fait... un art ! Le bâtiment, ceint de verre, rend également un superbe hommage à la nature.

→ Chaud-froid d'écrevisses. Omble chevalier et sabayon aux cèpes. Sorbets aux herbes.

Menu 135/210 € - Carte 185/195 €
10 chambres - †385 € ††385 € - ☕ 25 €

Larsiallas, sur les hauteurs du village
- ✆ 04 71 59 93 72 - www.regismarcon.fr
- Ouvert d'avril à mi-déc. et fermé lundi midi de mi-juin à fin août, lundi soir de nov. à mi-juin, mardi et merc.

André Chatelard

CUISINE TRADITIONNELLE • CONVIVIAL XX Des truites du Lignon, de la bonne charcuterie, des champignons aux parfums de sous-bois, des fromages nobles et fleuris, des bons vins à petits prix... et un beau chariot de desserts (le chef est ancien pâtissier) : cette cuisine régionale invite à la joie de vivre ! Atmosphère conviviale et jolies chambres en prime.

Menu 22 € (semaine), 31/78 € - Carte 29/64 €
4 chambres ☕ - †145 € ††145 €

pl. aux Champignons
- ✆ 04 71 59 96 09 - www.restaurant-chatelard.com
- Fermé janv.-fév., 4-8 sept., mardi sauf en août, dim. soir et lundi

Bistrot la Coulemelle

CUISINE TRADITIONNELLE • RUSTIQUE XX Au cœur du village, voici la délicieuse "annexe bistrotière" du grand restaurant de Régis Marcon. Terrine de volaille aux pépites de foie gras, filet de daurade royale au basilic, fromages d'Ardèche et d'Auvergne : rien à dire, tout est généreux et diablement bon. Et les cuisines ouvertes ajoutent un côté chaleureux à l'ensemble...

Formule 28 € - Menu 32/50 €

Hôtel Clos des Cimes-Découverte & Spa, le village
- ✆ 04 71 65 63 62 - www.regismarcon.fr
- Fermé de janv. à mi-fév., merc. de nov. à mi-juil. et mardi

Le Fort du Pré

CUISINE MODERNE • ÉLÉGANT XX St-Bonnet-le-Froid peut bien se targuer du titre de "village gourmand" si l'on en juge par l'existence de ce Fort du Pré ! On y propose une savoureuse cuisine d'aujourd'hui, mettant admirablement en valeur le travail des producteurs de la région. Le tout dans un environnement verdoyant... Une valeur sûre.

Formule 21 € – Menu 30/71 € – Carte 43/68 €

Hôtel Le Fort du Pré, rte du Puy – 04 71 59 91 83 – www.le-fort-du-pre.fr – Ouvert 16 mars-10 déc. et fermé 26-31 août, dim. soir de sept. à juin et lundi sauf le soir en juil.-août

Clos des Cimes-Découverte & Spa

AUBERGE • CONTEMPORAIN C'est ici que tout a commencé pour la famille Marcon ! Au cœur du village, une maison de pays accueillante et une annexe, la Découverte, avec 18 chambres simples et confortables. Sans oublier, à quelques centaines de mètres de là, le superbe spa ouvert sur la verdure, avec bassin à remous, parcours aquatique, saunas, hammam, jacuzzi, et on en passe...

30 chambres – 120/240 € 120/240 € – 15 €

le village – 04 71 59 93 72 – www.regismarcon.fr – Fermé de janv. à mi-fév., lundi de nov. à mai et mardi

Bistrot la Coulemelle – voir les restaurants ci-dessus

Le Fort du Pré

TRADITIONNEL • CONTEMPORAIN Un peu en dehors du village, cette maison de maître abrite des chambres contemporaines, privilégiant les matériaux bruts et les détails raffinés. N'hésitez pas à profiter des nombreux loisirs proposés (piscine, fitness, cours de cuisine...).

29 chambres – 86/137 € 97/137 € – 13 €

rte du Puy – 04 71 59 91 83 – www.le-fort-du-pre.fr – Ouvert 16 mars-10 déc. et fermé 26-31 août, dim. soir et lundi sauf juil.-août

Le Fort du Pré – voir les restaurants ci-dessus

ST-BREVIN-LES-PINS

44250 Loire-Atlantique – 13 210 hab. – Alt. 9 m – Carte régionale n° **18**-A2
Carte Michelin 316-C4 – Guide Vert Michelin Pays de la Loire

Hôtel Spa du Beryl

HÔTEL DE CHAÎNE • FONCTIONNEL Dans cette petite station proche de Pornic, un bel établissement aux chambres spacieuses et lumineuses, ouvrant sur l'océan en façade et les pins à l'arrière... En plus des plaisirs du bord de mer : spa, casino, restaurant face aux flots, etc.

99 chambres – 66/440 € 66/440 € – 14 €

55 bd de l'Océan – 02 28 53 20 00 – www.hotel-stbrevinlocean.com

ST-BRICE

53290 Mayenne – 529 hab. – Alt. 71 m – Carte régionale n° **18**-C1
Carte Michelin 310-G7

Au Manoir des Forges

MAISON DE CAMPAGNE • PERSONNALISÉ Sur les hauteurs du village, petit manoir de 1570 au charme authentique : parc, plan d'eau où nagent des cygnes noirs... Chambres rustiques et cosy (tomettes, poutres, cheminée). Cuisine provençale et spécialités corses au coin du feu ou sous la tonnelle.

5 chambres – 138/168 € 138/198 €

Les Forges, 0,5 km à l'Est par D212 – 02 43 70 84 40 – www.manoirdesforges.fr – Ouvert 26 avril-25 août

ST-BRICE-EN-COGLÈS

☒ 35460 Ille-et-Vilaine – 2 944 hab. – Alt. 105 m – Carte régionale n° **5**-D2
Carte Michelin 309-N4

Le Lion d'Or

AUBERGE • FONCTIONNEL Dans la rue principale du village, cet ancien relais de diligence en granit abrite des chambres confortables et régulièrement rénovées. Restaurant traditionnel et, au déjeuner, espace brasserie.

42 chambres – 71/105 € 71/105 € – 10 €

6-8 r. Chateaubriand – 02 99 98 61 44 – www.hotel-leliondor.fr – Fermé dim. soir de sept. à juin

ST-BRIEUC

☒ 22000 Côtes-d'Armor – 45 207 hab. – Agglo. 94 793 hab. – Alt. 78 m – Carte régionale n° **5**-C2
Carte Michelin 309-F3 – Guide Vert Michelin Bretagne Nord

Aux Pesked (Mathieu Aumont)

POISSONS ET FRUITS DE MER • TENDANCE XXX En ville… et déjà à la campagne : décorée dans un style résolument contemporain, cette maison offre une vue plongeante sur les rives verdoyantes du Gouët. Logiquement, les *pesked* ("poissons" en breton) sont à l'honneur, très frais et cuisinés avec soin ; pour les accords mets et vins, on suit les conseils judicieux de la patronne, qui tient les clés de la cave…

➜ Ormeaux sauvages selon l'inspiration du moment. Homard breton, légumes de saison et herbes aromatiques du jardin. Le citron en variation.

Formule 25 € – Menu 29 € (déj. en semaine), 50/85 €

Hors plan *59 r. du Légué – 02 96 33 34 65 – www.auxpesked.com – Fermé 7-14 mai, 2 semaines en août et en janv., sam. midi, dim. soir et lundi*

Ô Saveurs

CUISINE MODERNE • INTIME XX Difficile d'indiquer quelques-unes des spécialités du chef, car la carte, courte et de saison, change très souvent. Aujourd'hui, terrine de lapin et légumes "pickles"; cabillaud doré au beurre et risotto à l'encre de seiche ; ananas confit 7 heures et glace à la noisette… Les saveurs sont là, c'est l'essentiel !

Formule 16 € – Menu 30/58 € – Carte 41/54 €

Plan : A2-n *10 r. Jules-Ferry – 02 96 94 05 34 – www.osaveurs-restaurant.com – Fermé 2 semaines en août et en janv., merc. soir, mardi soir, dim. et lundi*

L'Air du Temps

CUISINE MODERNE • BISTRO X Dans une petite rue en plein centre-ville, près des Halles, un bistrot dont le cachet mêle l'actuel et l'ancien (pierres apparentes, cheminée…). On y prépare une cuisine traditionnelle revisitée, mitonnée en cocotte : rognons de veau, Saint-Jacques, porc ibérique… accompagnée d'une jolie sélection de vins. Grand succès !

Formule 15 € – Menu 18 € – Carte 30/48 €

Plan : A1-z *4 r. de Gouët – 02 96 68 58 40 – www.airdutemps.fr – Fermé vacances de fév., 2 semaines en juil., vacances de la Toussaint, dim. et lundi*

Novotel N

HÔTEL DE CHAÎNE • CONTEMPORAIN Tout près de la gare, une ancienne caserne superbement réhabilitée. Beaux volumes dans les chambres ; piscine couverte et salle de fitness.

90 chambres – 80/250 € 80/250 € – 17 €

Plan : A2-m *7 esplanade Georges-Pompidou – 02 57 67 08 88 – www.accorhotel.com*

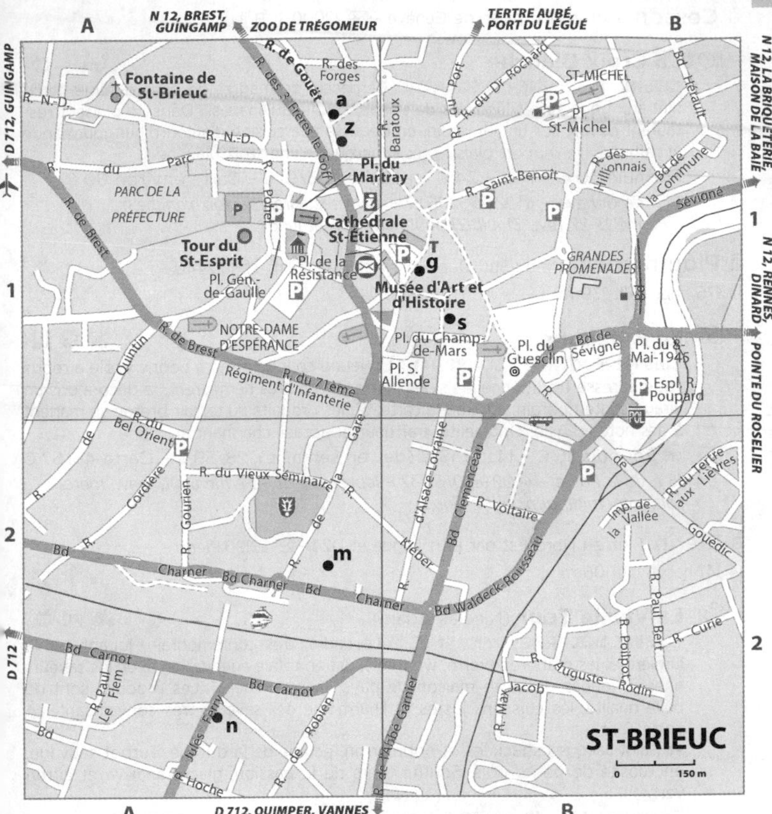

Edgar

URBAIN · CONTEMPORAIN Une belle maison ancienne en pierre du pays... qui fut la résidence d'un armateur avant de devenir l'hôtel de police. C'est aujourd'hui un établissement épuré et contemporain, dont les chambres sont bien équipées et fonctionnelles.

28 chambres – 85/135 € 85/160 € – 12 €

Plan : B1-g *15 r. Jouallan*

– 02 96 60 27 27 – www.hotel-edgar.fr

Ker Izel

FAMILIAL · FONCTIONNEL Dans le cœur historique de St-Brieuc, c'est vraisemblablement le plus vieil hôtel de la ville. Les chambres sont plutôt petites, mansardées au 2e étage, et bien tenues. Avec son jardinet et sa piscine, l'adresse est d'un bon rapport qualité-prix.

22 chambres – 50/59 € 64/70 € – 8,50 €

Plan : A1-a *20 r. de Gouët*

– 02 96 33 46 29 – www.hotel-kerizel.com

– Fermé 22 déc.-3 janv.

à Cesson 3 km à l'Est par r. de Genève – ✉ 22000 St Brieuc

La Croix Blanche

CUISINE MODERNE • ÉLÉGANT XXX Carpaccio de magret de canard fumé, faux-filet aux gnocchis et légumes de saison, soufflé à l'ananas... Dans ce plaisant restaurant ouvert sur un joli jardin, on déguste une cuisine d'aujourd'hui gourmande et raffinée. Un rapport plaisir-prix à marquer d'une croix blanche.

Formule 20 € – Menu 24 € (semaine), 33/91 € – Carte environ 60 €

61 r. de Genève – ☎ 02 96 33 16 97 – www.restaurant-lacroixblanche.fr – Fermé 13-27 fév., 31 juil.-21 août, dim. soir et lundi

à Ploufragan 5 km au Sud-Ouest par rte de Quintin – ✉ 22440 – 11 376 hab. – Alt. 139 m

Le Brézoune

CUISINE MODERNE • CONVIVIAL X Un jeune couple formé à bonne école a repris cette adresse traditionnelle : si les pierres et poutres demeurent, la déco a pris un virage contemporain, comme la carte, où les produits du terroir breton se marient à des notes d'Asie. Originalité, fraîcheur et accueil charmant au menu !

Formule 16 € – Menu 18 € (déj. en semaine), 28/58 € – Carte 45/57 €

15 r. de la Poste – ☎ 02 96 01 59 37 – lebrezoune.fr – Fermé août, janv., merc. soir, sam. midi, dim. soir et lundi

à Plérin 3 km au Nord-Est par Port Légué et D24 – ✉ 22190 Plerin – 14 141 hab. – Alt. 106 m

La Vieille Tour (Nicolas Adam)

CUISINE MODERNE • TENDANCE XX Le cadre, très contemporain, jouant sur la lumière et les matières (verre, wengé...), est en totale adéquation avec les saveurs fines et iodées de cette maison de pays, face au chenal. Les produits sont de belle qualité, les cuissons justes et l'harmonie des saveurs très convaincante. À votre Tour !

→ Saint-Jacques snackées et potimarron, écume de lard fumé. Turbot sauvage, onctuosité de petits pois. Soufflé fruits de la passion, glace tanariva et citron vert.

Formule 24 € – Menu 32 € (semaine), 45/77 € – Carte 75/90 €

75 r. de la Tour – ☎ 02 96 33 10 30 – www.la-vieille-tour.com – Fermé 4-19 mars, 19 août-10 sept., sam. midi, dim. et lundi

ST-CALAIS

✉ 72120 Sarthe – 3 314 hab. – Alt. 155 m – Carte régionale n° **18**-D1
Carte Michelin 310-N7 – Guide Vert Michelin Pays de la Loire

rte de la Ferté-Bernard 3 km au Nord par D1

Château de la Barre

DEMEURE HISTORIQUE • GRAND LUXE Le comte et la comtesse de Vanssay, vingtièmes du nom, vous accueillent dans leur château des 15e-18e s. Un bijou d'élégance à la française... Portraits ancestraux, meubles d'époque, imprimés foisonnants et, dans le parc, des jardins à thème (japonais, italien, inca, etc.). Une villégiature rêvée pour les amateurs !

5 chambres ☕ – †170/480 € ††295/610 €

– ☎ 02 43 35 00 17 – www.chateaudelabarre.com – Fermé 10 janv.-1er mars

ST-CANNAT

✉ 13760 Bouches-du-Rhône – 5 644 hab. – Alt. 216 m – Carte régionale n° **21**-B3
Carte Michelin 340-G4 – Guide Vert Michelin Provence

Le Mas Bottero

CUISINE MODERNE • ÉPURÉ Heureux d'être revenu dans le Sud (il était installé à Grenoble auparavant), Nicolas Bottero met les producteurs des alentours à contribution pour réaliser une cuisine entre Provence et Méditerranée, fidèle aux saisons et au terroir. Intérieur moderne et épuré.

Formule 24 € - Menu 32/87 € - Carte 60/85 €

2340 rte d'Aix-en-Provence, N7 - 04 42 67 19 18 - www.lemasbottero.com - Fermé mardi et merc.

au Sud 2 km par rte d'Éguilles et rte secondaire - 13760 St-Cannat

Mas de Fauchon

MAISON DE CAMPAGNE • COSY Le calme à l'état pur avec pour seule musique le chant des cigales... En pleine campagne, autour d'une bergerie du 17e s., on découvre de grandes chambres d'un élégant style provençal, de plain-pied avec le jardin. Agréable piscine et espace détente. Restaurant traditionnel dans la bâtisse principale.

16 chambres - 130/300 € 130/300 € - 1 suite - 15 €

1666 chemin de Berre - 04 42 50 61 77 - www.mas-de-fauchon.fr

ST-CÉRÉ

46400 Lot - 3 503 hab. - Alt. 152 m - Carte régionale n° **15**-C1
Carte Michelin 337-H2

Les Trois Soleils de Montal (Frédérik Bizat)

CUISINE MODERNE • CLASSIQUE Un, deux, trois... soleil ! Le décor élégant d'abord, les menus annoncés de vive voix ensuite. Puis, la qualité des produits et la finesse d'exécution en clap de fin : vous pouvez faire un mouvement et déguster sans craindre, le rapport qualité-plaisir est excellent... et du côté de l'Informel, au bord de la piscine, on vous propose une cuisine simple de saison.

→ Raviole d'épeautre au foie gras, bouillon de champignons. Saint-pierre de petit bateau, émulsion pomélo. Tropical aux fruits exotiques.

Menu 36 € (déj. en semaine), 52/88 €

Hôtel Les Trois Soleils de Montal, St-Jean-Lespinasse, 2 km par D673 - 05 65 10 16 16 - www.3soleils.fr - Fermé 5-18 mars, 13 nov.-22 déc., 2-16 janv., dim. soir du 15 sept. au 30 avril, mardi midi et lundi

Restaurant de France

CUISINE TRADITIONNELLE • CLASSIQUE De passage à St-Céré ? Direction la table de l'Hôtel de France, où palpite le cœur du Quercy ! Raviole de tête de veau aux petits légumes, magret de canard, crêpes parmentières... On se régale dans un intérieur élégant, dont les baies vitrées donnent sur un charmant jardin.

Formule 16 € - Menu 26/37 €

20 chambres - 51/56 € 58/65 € - 10 €

av. François-de-Maynard - 05 65 38 02 16 - www.hotel-de-france-saint-cere.fr - Fermé 18 déc.-14 janv., vend. soir et dim. soir hors saison, lundi midi, vend. midi et sam. midi

Les Trois Soleils de Montal

FAMILIAL • CLASSIQUE Dans cette campagne lotoise si bucolique, qui plus est dans un parc charmant, à deux pas du château de Montal ; l'adresse est idéale pour voir la vie en vert ! Chambres spacieuses et confortables, dans une veine plutôt moderne.

25 chambres - 95/128 € 95/185 € - 4 suites - 13 €

St-Jean-Lespinasse, 2 km par D673 - 05 65 10 16 16 - www.3soleils.fr - Fermé 5-18 mars, 13 nov.-22 déc. et 2-16 janv.

Les Trois Soleils de Montal - voir les restaurants ci-dessus

ST-CHAMAS

✉ 13250 Bouches-du-Rhône - 8 186 hab. - Alt. 15 m - Carte régionale n° **21**-A3
Carte Michelin 340-F4 - Guide Vert Michelin Provence

Le Rabelais

CUISINE MODERNE • AUBERGE XX Installé dans la jolie salle voûtée du 17e s. d'un vieux moulin à blé, un restaurant que n'aurait pas renié le héros de Rabelais, l'insatiable Gargantua ! On y sert une goûteuse cuisine, ancrée dans les saisons et préparée avec le plus grand soin. Pour faire étape, deux jolies chambres à l'étage.

Formule 22 € - Menu 30/49 €

2 chambres - 90 € 90 € - 10 €

8 r. Auguste-Fabre (centre-ville) - ✆ 04 90 50 84 40 - www.restaurant-le-rabelais.com - Fermé sam. midi sauf juil.-août, dim. sauf le midi de sept. à juin, merc. soir et lundi

ST-CHAMOND

✉ 42400 Loire - 35 097 hab. - Alt. 388 m - Carte régionale n° **23**-B2
Carte Michelin 327-G7 - Guide Vert Michelin Lyon et sa région

Les Ambassadeurs

CUISINE MODERNE • ÉLÉGANT XXX Sous l'égide d'un jeune chef ambitieux, ces Ambassadeurs-là délivrent aux papilles un nouveau message : celui de recettes actuelles, pensées au fil des saisons, à l'image de ce rouget barbet et tourteau breton avec croustillant de pain à l'encre de seiche. Bon choix de vins de Bourgogne et de la vallée du Rhône.

Formule 19 € - Menu 25/79 € - Carte environ 77 €

28 av. de la Libération (près de la gare) - ✆ 04 77 22 85 80 - www.hotel-ambassadeurs.fr - Fermé 24 juil.-23 août, 25-30 déc., sam. midi, dim. soir et lundi

à St-Paul-en-Jarez 7,1 km à l'Est par D36 - ✉ 42740 - 4 656 hab. - Alt. 420 m

Éclosion N

CUISINE CRÉATIVE • CONTEMPORAIN XX Installez-vous dans cette belle salle de restaurant, alliant ancien et contemporain (mobilier d'esprit scandinave), pour vous délecter de la cuisine créative du chef, fan de tatouage et de bio - son père est aussi son maraîcher ! Agréable terrasse donnant sur le parc.

Menu 29 € (déj.), 54/86 €

40 av. du château - ✆ 04 77 61 99 09 - www.restauranteclosion.com - Fermé lundi et mardi

Éclosion N

DEMEURE HISTORIQUE • CONTEMPORAIN Le château Morel (1905), entièrement rénové, est devenu un hôtel cossu de neuf chambres (parquet et boiseries d'origine), nommées d'après les plantes qui poussent dans le parc du château. La plupart donnent sur le parc arboré.

9 chambres - 70/230 € 70/230 € - 2 suites - 16 €

40 av. du Château - ✆ 04 77 61 99 09 - www.restauranteclosion.com - Fermé lundi soir et mardi soir

Éclosion - voir les restaurants ci-dessus

ST-CHÉLY-D'APCHER

✉ 48200 Lozère - 4 169 hab. - Alt. 1 000 m - Carte régionale n° **12**-B1
Carte Michelin 330-H6

à La Garde 9 km au Nord par D809 - ✉ 48200 Albaret Ste Marie

Château d'Orfeuillette

CUISINE MODERNE • ROMANTIQUE XX Atmosphère châtelaine, feutrée et romantique pour une table associant élégance des vieilles pierres et esprit très contemporain. Avec de bons produits locaux, le chef concocte une cuisine d'aujourd'hui, fine et plaisante.

Menu 49/66 € - Carte 55/85 €

Hôtel Château d'Orfeuillette, échangeur A75 sortie 32 puis sur D809, suivre la Garde - ✆ 04 66 42 65 65 - www.chateauorfeuillette.com - Ouvert 24 mars-12 nov.; fermé le midi sauf dim. et lundi

Le Rocher Blanc

CUISINE MODERNE • TENDANCE Une auberge campagnarde et... branchée ! Le chef, fan de déco, aime bousculer les habitudes, dans le décor – aux styles mêlés – comme dans l'assiette. À la carte : goût du terroir et zeste d'audace (escargots de Massiac sautés avec une touche d'anis et de parmesan, pavés de lotte rôtis au vinaigre de Xérès...). Une réussite !

Menu 25/42 € – Carte 30/60 €

20 chambres – 64/140 € 64/140 € – 10 €

rte du Gévaudan – 04 66 31 90 09 – www.lerocherblanc.com

Château d'Orfeuillette

DEMEURE HISTORIQUE • PERSONNALISÉ Dans le parc paressent des ânes et des chevaux... Au cœur du Gévaudan, voilà bien un lieu paisible et raffiné : ce château de la fin du 19e s. mêle charme de l'ancien, mobilier design et touches baroques avec un caractère certain ! Également quelques chambres côté "Orangerie".

18 chambres – 85/390 € 85/390 € – 2 suites – 17 €

échangeur A75 sortie 32 puis sur D809, suivre la Garde – 04 66 42 65 65 – www.chateauorfeuillette.com – Ouvert d'avril à oct.

Château d'Orfeuillette – voir les restaurants ci-dessus

ST-CHÉLY-D'AUBRAC

12470 Aveyron – 544 hab. – Alt. 700 m – Carte régionale n° **15**-D1
Carte Michelin 338-J3

Hôtel des Voyageurs

CUISINE TRADITIONNELLE • AUBERGE Les villages perdus dans la campagne réservent de belles surprises ! Ici, on déguste une bonne cuisine familiale à l'accent aveyronnais (tripoux, chou farci, foie gras...) et l'on peut même faire des provisions, car le chef a ouvert une conserverie artisanale. Pour l'étape, des chambres simples et impeccables.

Menu 15/25 € – Carte 24/39 €

7 chambres – 54/56 € 54/56 € – 8 €

av. d'Aubrac – 05 65 44 27 05 – www.hotel-conserverie-aubrac.fr – Ouvert 9 avril-15 oct. et fermé jeudi sauf le soir en juil.-août

ST-CHRISTOPHE-LA-GROTTE – 73 Savoie → Voir Échelles

ST-CIRQ-LAPOPIE

46330 Lot – 213 hab. – Alt. 320 m – Carte régionale n° **15**-C1
Carte Michelin 337-G5

Auberge du Sombral - Les Bonnes Choses

CUISINE DU TERROIR • CONVIVIAL Dans cette maison, au pied du château des Lapopie, on sait ce que sont Les Bonnes Choses ! La preuve : on y savoure une sympathique cuisine du terroir où les produits locaux ont la part belle (agneau, foie gras, fromages...). Quelques jolies chambres pour prolonger la visite de ce village dominant le Lot.

Menu 20/31 €

8 chambres – 50/60 € 60/95 € – 9 €

– 05 65 31 26 08 – www.lesombral.com – Ouvert 1er avril-11 nov. et fermé merc. sauf juil.-août et le soir

à Tour-de-Faure 2 km à l'Est par D8 – 46330 – 334 hab. – Alt. 137 m

Le Saint-Cirq

MAISON DE CAMPAGNE • PERSONNALISÉ Face au cirque de Lapopie, cet hôtel récent s'inspire d'un hameau quercynois : pierre, bois, tommettes au sol, parc planté d'arbres fruitiers, etc. Les chambres, confortables, donnent envie de s'attarder... tout comme la piscine et le beau spa avec hammam et sauna.

25 chambres – 88/198 € 88/198 € – 14 €

Lieu-dit le Mas (face à St-Cirq-Lapopie) – 05 65 30 30 30 – www.hotel-lesaintcirq.com

ST-CLAIR - 83 Var ➜ Voir Le Lavandou

ST-CLAR

✉ 32380 Gers – 992 hab. – Alt. 150 m – Carte régionale n° **15**-B2
Carte Michelin 336-G6

La Garlande

MAISON DE MAÎTRE • PERSONNALISÉ Cette maison de maître du 18e s. est pleine de cachet : on accède aux chambres cosy par un escalier ouvert sur un puits de lumière ; le propriétaire, ancien marchand d'art, expose des toiles partout dans la maison. Ravissant jardin, qui se pare de fleurs à la belle saison.

3 chambres – 62/65 € 69/89 €

12 pl. de la Mairie – 05 62 66 47 31 – www.lagarlande.com – Ouvert 23mars-13 oct.

ST-CLÉMENT-DES-BALEINES - 17 Charente-Maritime ➜ Voir Île de Ré

ST-CLÉMENT-LES-PLACES

✉ 69930 Rhône – 634 hab. – Alt. 625 m – Carte régionale n° **23**-A1
Carte Michelin 327-F5

L'Auberge de Saint-Clément

CUISINE TRADITIONNELLE • AUBERGE X Dans les monts du Lyonnais, cette paisible auberge offre, depuis la terrasse, une jolie vue sur la campagne. Les propriétaires, sympathiques et bons vivants, y servent une cuisine de bistrot préparée en toute simplicité. Ne manquez pas leur spécialité : la tarte aux pommes bien beurrée !

Formule 18 € – Menu 24 €

Le bourg – 04 74 26 03 83 – Fermé 23 déc.-3 janv., 6-27 août, merc. et le soir

ST-CLOUD - 92 Hauts-de-Seine ➜ Voir Autour de Paris

ST-COUTANT-LE-GRAND

✉ 17430 Charente-Maritime – 410 hab. – Alt. 12 m – Carte régionale n° **20**-B2
Carte Michelin 324-F4

Logis du Péré (N)

DEMEURE HISTORIQUE • COSY Huit chambres douillettes et chaleureuses sont réparties dans ce domaine seigneurial du 14e s., installé en pleine nature. Le calme est olympien, les équipements modernes : bref, on s'y sent très bien.

8 chambres – 95/235 € 95/235 € – 14 €

lieu-dit Logis du Péré – 05 46 84 07 17 – www.logis-du-pere-.com – Fermé 2 janv.-2 fév. et lundi

ST-CRÉPIN

✉ 05600 Hautes-Alpes – 684 hab. – Alt. 910 m – Carte régionale n° **21**-C1
Carte Michelin 334-H4 – Guide Vert Michelin Alpes du Sud

Les Tables de Gaspard (Sébastien Corniau)

CUISINE MODERNE • ROMANTIQUE X Ne vous attendez pas au cliché d'un grand restaurant "gastronomique" : ici, on se régale en toute simplicité d'une cuisine franche, sincère et généreuse ! Le jeune chef, Sébastien Corniau, est tout entier guidé par les saveurs... La salle, une ancienne étable, ne manque pas non plus de caractère, tout comme les chambres d'hôtes à l'étage.

➜ Cuisine du marché.

Formule 24 € – Menu 35 € (déj. en semaine), 49/65 €

3 chambres – 50/58 € 50/58 €

r. Principale – 04 92 24 85 28 – www.lestablesdegaspard.com – Fermé 1 semaine en juin et en oct., de mi-nov. à mi-déc., mardi et merc.

ST-CYPRIEN

✉ 66750 Pyrénées-Orientales - 10 015 hab. - Alt. 5 m - Carte régionale n° **12**-B3
Carte Michelin 344-J7

à St-Cyprien-Sud 3 km - ✉ 66750 St-Cyprien

L'Almandin

CUISINE CRÉATIVE • ÉLÉGANT XXX Au bord de la Méditerranée, dans un cadre contemporain, cette table enchante les palais ! Ici, on travaille exclusivement en local sur les viandes et légumes, les poissons proviennent de Palamos, et le talent du chef, finaliste MOF 2014, fait le reste... Savoureux et maîtrisé.

➜ Balade sur les côtes catalanes. Saint-pierre de petit bateau en croûte de pain, condiment citron et câpre. Figues de Millas, chocolat manjari à l'hibiscus, sorbet figues.

Menu 49 € (dîner), 68/98 € - Carte 80/100 €

bd de l'Almandin (par av. Armand-Lanoux) - ✆ 04 68 21 01 02
- www.hotel-ile-lagune.com - Fermé le midi sauf dim.

L'Île de la Lagune

SPA ET BIEN-ÊTRE • ÉLÉGANT Au bout d'une petite route, sur une marina artificielle et... au grand calme ! Le bâtiment, entièrement rénové en 2012, se dresse sur les rives. Au programme : thalasso, piscine sur le toit et plage... L'été, un bateau y conduit même les clients.

18 chambres - 🚹170/760 € 🚹🚹170/760 € - 6 suites - ☕ 22 €

bd de l'Almandin (par av. Armand-Lanoux) - ✆ 04 68 21 01 02
- www.hotel-ile-lagune.com

L'Almandin - voir les restaurants ci-dessus

ST-CYR-AU-MONT-D'OR - 69 Rhône ➜ Voir Lyon

ST-CYR-EN-TALMONDAIS

✉ 85540 Vendée - 365 hab. - Alt. 31 m - Carte régionale n° **18**-B3
Carte Michelin 316-H9 - Guide Vert Michelin Pays de la Loire

Auberge de la Court d'Aron

CUISINE TRADITIONNELLE • AUBERGE XX Seconde vie pour les écuries du château... transformées en une charmante auberge rustique ! On y apprécie une cuisine traditionnelle simple dans son esprit, mais bien faite et concoctée avec de bons produits. Et pour rester pour la nuit, quatre très jolies chambres mêlant épure, esprit nature et chaleur du bois.

Formule 17 € - Menu 27 € (semaine), 33/43 € - Carte 27/47 €

4 chambres - 🚹74/96 € 🚹🚹82/104 € - ☕ 12 €

1 allée des Tilleuls - ✆ 02 51 30 81 80 - www.court-d-aron.com
- Fermé 19 nov.-6 déc., 16 janv.-2 fév., dim. soir et mardi soir hors saison et lundi

ST-CYR-SUR-LOIRE - 37 Indre-et-Loire ➜ Voir Tours

ST-CYR-SUR-MER

✉ 83270 Var - 12 262 hab. - Alt. 10 m - Carte régionale n° **21**-B3
Carte Michelin 340-J6 - Guide Vert Michelin Côte d'Azur

rte de Bandol 4 km par D559 - ✉ 83270 St-Cyr sur Mer :

Dolce Frégate Provence

LUXE • CONTEMPORAIN Calme et verdure dans cet établissement d'esprit resort Superbe vue sur la mer, chambres et villas de style provençal - progressivement rénovées dans une veine chic et contemporaine. Au Mas des Vignes, cuisine gastronomique et cadre cosy. Repas plus décontracté à la Restanque.

95 chambres - 🚹150/600 € 🚹🚹150/1000 € - 68 suites - ☕ 25 €

lieu-dit Frégate, RD559, rte de Bandol - ✆ 04 94 29 39 39
- www.dolcefregate.com

ST-DENIS-LE-VÊTU

✉ 50210 Manche - 617 hab. - Carte régionale n° **17**-A2
Carte Michelin 303-D6

La Baratte

CUISINE TRADITIONNELLE • AUBERGE XX Au cœur de la petite bourgade, cette maison en pierre du pays - ancien bar-épicerie - est devenue une coquette auberge familiale... Le cadre est délicieusement rustique, avec une agréable terrasse pour les beaux jours ; la cuisine, dans l'air du temps, s'ancre sur de solides bases traditionnelles et les producteurs locaux.

Formule 18 € - Menu 33 € - Carte 34/47 €

Le Bourg - ✆ 02 33 45 45 49 - www.restaurant-labaratte.fr
- Fermé vacances de fév., de printemps, de la Toussaint, dim. soir, lundi soir, mardi soir et merc.

ST-DIDIER - 35 Ille-et-Vilaine ➜ Voir Châteaubourg

ST-DIDIER-DE-LA-TOUR - 38 Isère ➜ Voir La Tour-du-Pin

ST-DIÉ-DES-VOSGES

✉ 88100 Vosges - 20 315 hab. - Alt. 350 m - Carte régionale n° **14**-C3
Carte Michelin 314-J3

Les Voyageurs

CUISINE TRADITIONNELLE • BRASSERIE XX Une cuisine traditionnelle (foie gras maison, fricassée de rognons et ris de veau...) réalisée avec des produits soigneusement choisis : voici ce qui vous attend dans cette sympathique brasserie contemporaine. Sur la carte des vins, l'Alsace figure en tête.

Formule 21 € - Menu 26 € (semaine)/38 € - Carte 34/54 €

9 r. de la Meurthe - ✆ 03 29 56 21 56 - www.restaurant-des-voyageurs.fr
- Fermé 4-11 janv., 25 juil.-8 août, dim. soir et lundi

BistrOchic

CUISINE MODERNE • CONTEMPORAIN X Tout près des quais de la Meurthe, on trouve désormais ce bistrot contemporain mené par le chef Rémi Weisrock. Rognon de veau flambé au cognac, tartare de bœuf au pesto et huile de truffe... Il compose là une jolie carte tout en variations, et branchée sur les saisons.

Menu 26 € - Carte 35/50 €

7 r. du 11-Novembre-1918 - ✆ 03 29 52 92 99
- Fermé mardi et merc.

ST-DISDIER

✉ 05250 Hautes-Alpes - 136 hab. - Alt. 1 024 m - Carte régionale n° **21**-B1
Carte Michelin 334-D4 - Guide Vert Michelin Alpes du Nord

La Neyrette

FAMILIAL • MONTAGNARD Une sympathique petite auberge au calme, bordée par un plan d'eau. Mais pour vous baigner, préférez l'espace bien-être avec sa piscine couverte à nage à contre courant, ou le jacuzzi extérieur avec vue sur les montagnes ! Les chambres, bien tenues, sont peu à peu rénovées.

12 chambres ☕ - †94/127 € ††94/127 €

- ✆ 04 92 58 81 17 - www.la-neyrette.com
- Fermé 16-28 avril et 15 oct.-25 déc.

ST-DONAT-SUR-L'HERBASSE

✉ 26260 Drôme - 3 923 hab. - Alt. 202 m - Carte régionale n° **24**-E2
Carte Michelin 332-C3 - Guide Vert Michelin Ardèche Drôme

Chartron

CUISINE MODERNE • ÉLÉGANT XXX Une institution locale au sein de ce village célèbre pour son festival Jean-Sébastien-Bach (en juillet). Les préparations, basées sur de bons produits, révèlent un savoir-faire certain ; le chef cuisine notamment les truffes en saison.

Menu 38 € (semaine), 58/145 €

8 chambres – 85/98 € 145/198 € – 15 €

1 av. Gambetta – 04 75 45 11 82 – www.restaurant-chartron.com – Fermé 24 avril-3 mai, 3-20 sept., 2-9 janv., mardi et merc.

La Mousse de Brochet

CUISINE TRADITIONNELLE • FAMILIAL X Après avoir admiré les orgues de la collégiale, faites une halte dans ce petit restaurant aux airs de bistrot de campagne. Le chef privilégie les produits frais, souvent de la région. Mention spéciale pour... la mousse de brochet, évidemment.

Formule 16 € – Menu 20/25 € – Carte 31/42 €

6 av. du Cdt-Corlu – 04 75 45 10 47 – www.restaurant-lamousse-stdonat.fr – Fermé 24 juin-14 juil., 2-10 janv., le soir en semaine de sept. à mai, dim. soir et lundi

ST-DYÉ-SUR-LOIRE

41500 Loir-et-Cher – 1 134 hab. – Alt. 96 m – Carte régionale n° **6**-B2
Carte Michelin 318-F6 – Guide Vert Michelin Châteaux de la Loire

Manoir Bel Air

TRADITIONNEL • CLASSIQUE Cette maison de maître (17ᵉs.) et son jardin sont agréablement posés sur les bords de Loire. Les chambres, de facture classique, sont spacieuses. Au restaurant, on savoure des plats traditionnels et de vieux bordeaux millésimés en regardant couler le fleuve...

40 chambres – 108/120 € 108/120 € – 15 €

1 rte d'Orléans – 02 54 81 60 10 – www.manoirbelair.com – Fermé 1er fév.-10 mars

ST-ÉMILION

33330 Gironde – 1 893 hab. – Alt. 30 m – Carte régionale n° **2**-C1
Carte Michelin 335-K5 – Guide Vert Michelin Aquitaine

Hostellerie de Plaisance

CUISINE MODERNE • ÉLÉGANT XXXX Le chef Ronan Kervarrec fait des merveilles aux fourneaux de cette institution locale. On retrouve cette cuisine technique et délicate qui est sa marque de fabrique ; il y mêle superbement ses origines bretonnes, son expérience méridionale, et le terroir aquitain. Le tout arrosé de vins du vignoble alentour... Mention spéciale pour les exceptionnels desserts.

→ Fruits de mer "souvenirs de mon enfance". Homard de casier breton. Soufflé griotte à l'amaretto.

Menu 68 € (déj.), 135/185 € – Carte 150/200 €

Hostellerie de Plaisance, 5 pl. du Clocher – 05 57 55 07 55 – www.hostelleriedeplaisance.com – Fermé de mi-déc. à début mars, dim. et lundi

Logis de la Cadène

CUISINE MODERNE • ÉLÉGANT XX Le chef, Alexandre Baumard, met à profit le meilleur du terroir pour composer une cuisine fine et inventive, éminemment personnelle, qu'il fait évoluer au fil des saisons. Pour accompagner ces douceurs, une superbe carte des vins contenant plus de 700 références. Agréable terrasse aux beaux jours.

→ Risotto de truffe au parmesan. Bar de ligne et caviar d'Aquitaine, variation autour de la pomme de terre. Fruits noirs dans l'esprit d'un vacherin, parfait vanille et crémeux au thym citron.

Menu 35 € (déj. en semaine), 59/85 € – Carte 80/100 €

Hôtel Logis de la Cadène, 3 pl. du Marché au Bois – 05 57 24 71 40 – www.logisdelacadene.fr – Fermé 17 déc.-12 fév., dim. et lundi

La Terrasse Rouge

CUISINE TRADITIONNELLE • BISTRO Adossée à l'ancienne maison de maître, habillée de lames en inox rouge, cette cathédrale écarlate est signée Jean Nouvel. On déjeune dans une vaste salle panoramique, aux baies vitrées tournées vers les vignobles de Saint-Emilion et de Pomerol. Bon rapport qualité/prix autour du menu déjeuner. Une expérience inédite.

Formule 22 € – Menu 28/39 € – Carte 48/64 €

Château La Dominique, 5 km au Nord-Ouest par D243, D245 et D244 – 05 57 24 47 05 – www.laterrasserouge.com – Fermé le soir en semaine de nov. à mars, le dim. soir et lundi soir en avril et mai

Huitrier Pie

POISSONS ET FRUITS DE MER • SIMPLE En bas de la cité médiévale, un restaurant avec une jolie terrasse où l'on s'installe aux beaux jours... À moins de préférer la salle avec sa cheminée. On goûte ensuite aux bonnes recettes du chef. Le poisson y est roi, et les recettes évoluent au gré de la marée.

Formule 20 € – Menu 32/42 € – Carte 36/70 €

11 r. de la Porte-Bouqueyre – 05 57 24 69 71 – www.lhuitrier-pie.net – Fermé 30 nov.-15 fév., mardi sauf juil.-août et merc.

Hostellerie de Plaisance

DEMEURE HISTORIQUE • ÉLÉGANT Ce trois demeures dont la plus ancienne date du 14e s (deux situées au cœur de St-Emilion, la troisième nichée dans les vignes) offrent luxe, calme et douceur de vivre. Elégance feutrée, vignes alentour : tout est si délicieux, qu'on finirait par croire que même la brise enivre à St-Émilion !

18 chambres – 395/730 € 395/730 € – 3 suites – 36 €

5 pl. du Clocher – 05 57 55 07 55 – www.hostelleriedeplaisance.com – Fermé de mi-déc. à début mars

Hostellerie de Plaisance – voir les restaurants ci-dessus

Logis de la Cadène

DEMEURE HISTORIQUE • ÉLÉGANT Sur une place du centre du village, impossible de ne pas succomber au charme de ces deux maisons anciennes (le logis, et la maison), typiques de Saint-Émilion. Les chambres y ont du caractère (mobilier chiné, vieux plancher) et l'on profite d'un restaurant (partie logis) et d'un espace "remise en forme" avec sauna et hammam (partie maison).

5 chambres – 230/330 € 230/330 € – 4 suites

3 pl. du Marché au Bois – 05 57 24 71 40 – www.logisdelacadene.fr – Fermé 17 déc.-12 fév.

Logis de la Cadène – voir les restaurants ci-dessus

Auberge de la Commanderie

URBAIN • CONTEMPORAIN Nouveaux propriétaires pour cette ancienne commanderie du 17es, située en plein cœur de Saint-Émilion. Les petites chambres modernes adressent un clin d'œil aux vignobles.

17 chambres – 77/130 € 77/130 € – 11 €

2 r. Porte-Brunet – 05 57 24 70 19 – www.aubergedelacommanderie.com – Fermé 17 déc.-7 fév.

Clos de la Barbanne

MAISON DE CAMPAGNE • ÉLÉGANT Une maison girondine au cœur des vignes, et des propriétaires vignerons, qui vendent leur nectar en direct. Les chambres sont spacieuses et épurées. Sur demande, la maîtresse des lieux vous régalera de ses petits plats du terroir, que les amoureux dégusteront dans une petite salle à manger privée. Agréable jardin et piscine couverte.

4 chambres – 180/230 € 180/230 €

2 Les Grandes-Pièces, à 5 km au Nord-Est, rte de St-Christophe-des-Bardes puis rte de Parsac – 05 57 24 08 79 – www.closdelabarbanne.com – Fermé 20 déc.-3 janv.

à l'Est 2 km à l'Est par rte de St-Christophe-des-Bardes D243 et D243E1

Les Belles Perdrix de Troplong-Mondot

MAISON DE CAMPAGNE · À LA CAMPAGNE Au grand calme d'un superbe domaine viticole de Saint-Émilion, découvrez ces quatre belles chambres aux noms évocateurs - Acajou, Atelier, Topiaires et Maison des vignes -, qui ne manquent pas de personnalité.

2 chambres - 160/330 € 160/490 € - 2 suites

1 lieu-dit Mondot - 06 47 08 80 49 - www.chateau-troplong-mondot.com - Fermé 18 déc.-9 fév. et 13-29 nov.

rte de Libourne 4 km au Nord-Ouest par D243

Château Grand Barrail

CUISINE MODERNE · HISTORIQUE XX Dans ce charmant domaine, une table non moins séduisante ! Les assiettes sont fraîches et bien réalisées : on passe un bon moment, dans l'une des charmantes salles à manger, ou sur la grande terrasse, tournée vers le jardin et les vignes, très plaisante aux beaux jours.

Menu 29 € (déj.), 55/85 € - Carte environ 80 €

St-Émilion - 05 57 55 37 00 - www.grand-barrail.com - Fermé dim. et lundi du 24 déc. au 19 fév.

Château Grand Barrail

DEMEURE HISTORIQUE · PERSONNALISÉ Au milieu du vignoble, ce château édifié en 1902, d'allure si romantique. Le parc verdoyant ; le spa et la piscine pour se prélasser ; les chambres – douillettes, raffinées et pleines de caractère dans la bâtisse principale ; le restaurant gastronomique... tout ici a du cachet !

43 chambres - 330/750 € 330/750 € - 3 suites - 24 €

St-Émilion - 05 57 55 37 00 - www.grand-barrail.com

Château Grand Barrail - voir les restaurants ci-dessus

ST-ESTÈPHE

24360 Dordogne - 605 hab. - Alt. 222 m - Carte régionale n° **2**-C1
Carte Michelin 329-E2

Le Moulin du Grand Étang

CUISINE MODERNE · BISTRO X Un peintre pourrait faire sienne cette petite maison bordant un grand étang, dont les rives bucoliques se reflètent à loisir sur les ondes... Le jeune chef signe ici une cuisine vive et colorée, après avoir travaillé auprès de vrais maîtres (Arnaud Donckele, Michel Rochedy...).

Formule 14 € - Menu 17 € (déj. en semaine), 26/32 € - Carte 35/61 €

- 05 53 60 41 69 - www.lemoulindugrandetang.sitew fr - Fermé début janv.-mi fév., dim. soir, merc. soir, jeudi soir, lundi et mardi sauf juil.-août

ST-ESTEPHE

33180 Gironde - 1 642 hab. - Alt. 15 m - Carte régionale n° **3**-B1
Carte Michelin 335-G3

Château Ormes de Pez N

DEMEURE HISTORIQUE · CLASSIQUE Dans ce domaine où l'on produit un Saint-Estèphe réputé, une séduisante demeure construite au 18e s. Salon avec cheminée et piano, grand parc en lisière des vignes, chambres coquettes et romantiques... Le charme bourgeois dans toute sa splendeur.

5 chambres - 149/189 € 149/189 €

à Pez, 29 rte des Ormes, 1 km - 05 56 59 30 05 - www.jmcazes.com - Fermé de mi-déc. à début mars

ST-ÉTIENNE

42000 Loire – 170 761 hab. – Agglo. 373 346 hab. – Alt. 520 m
– Carte régionale n° **23**-A2
Carte Michelin 327-F7 – Guide Vert Michelin Lyon et sa région

Insens

CUISINE MODERNE • BISTRO X Un joli restaurant, simple et convivial, dont le nom évoque à la fois les cinq sens et le goût de l'insensé... Son jeune chef signe une cuisine pétillante, savoureuse, colorée et ludique – fondée sur un vrai tour de main. Sans doute le meilleur rapport plaisir-prix de St-Étienne !

Formule 14 € – Menu 19 € (déj.), 27/45 € – Carte 31/45 €

Plan : B2-t *10 r. de Lodi – 04 77 32 34 34 – www.insens-restaurant.fr – Fermé août, vacances de Noël, dim. et lundi*

À la Table des Lys

CUISINE MODERNE • ÉLÉGANT XXX Une table élégante et intime, idéale pour un dîner en ville. Vous aurez le choix entre trois salles évoquant de petits salons feutrés, pour déguster une cuisine éprise de fraîcheur, de légèreté et de finesse.

Menu 32/100 € – Carte 42/104 €

Plan : C3-q *5 cours Fauriel – 04 77 25 48 55 – www.latabledeslys.fr – Fermé 5-13 mai, 28 juil.-22 août, sam. et dim.*

André Barcet

CUISINE CLASSIQUE • ÉLÉGANT XXX Non loin des halles, un restaurant empreint de classicisme. La cuisine maison a fait ses preuves : André Barcet compte à St-Étienne une clientèle nombreuse d'habitués de longue date !

Formule 25 € – Menu 39/72 € – Carte 60/81 €

Plan : B3-u *19 bis cours Victor-Hugo – 04 77 32 43 63 – www.restaurantbarcet.com – Fermé 14 juil.-11 août, dim. soir et merc.*

Régency

CUISINE MODERNE • DESIGN XX À la fois contemporain et intime, design et chaleureux, le décor du Régency séduit. Sa cuisine, actuelle, se décline en deux menus, au gré des approvisionnements. Des suggestions sont proposées de vive voix par le chef, qui connaît bien les goûts de ses clients.

Formule 26 € – Menu 35/38 € – Carte 41/54 €

Plan : B1-r *17 bd J.-Janin – 04 77 74 27 06 – www.leregencyrestaurant.fr – Fermé août, sam. et dim.*

Aromatic - Pierre Daret

CUISINE MODERNE • BISTRO X Ce bistrot chic, dissimulé dans une petite ruelle du centre-ville, ravit les Stéphanois. Croustillant de pied de cochon et crabe aux aromates, selle d'agneau farcie de tomate confite et basilic, lingot chocolaté et sorbet d'orange sanguine : le chef connaît son sujet ! En plus, les prix sont très raisonnables.

Formule 24 € – Menu 28 € (déj.)/48 €

Plan : C2-a *7 r. François-Gillet – 04 77 33 20 68 – www.aromatic-pierredaret.fr – Fermé mardi soir, merc. soir, dim. et lundi*

Hôtel du Golf

BUSINESS • CONTEMPORAIN L'hôtel le plus confortable de St-Étienne, sur les hauteurs de la ville, domine le golf municipal et la plaine du Forez. En ces lieux, un goût avéré pour la modernité triomphante : mobilier design, couleurs vives, etc. Piscine, grande terrasse et transat.

48 chambres – †115/130 € ††150 € – 3 suites – 15 €

Hors plan *67 r. St-Simon, face au golf par r. Revollier – 04 77 41 41 00 – www.hoteldugolf42.com*

Hôtel du Midi

BUSINESS • FONCTIONNEL En périphérie de la ville, cet hôtel familial revisite tranquillement l'esprit des années 1930. Les chambres sont assez spacieuses et l'accueil est sympathique. Garage très pratique !

33 chambres – 70/96 € 70/96 € – 11 €

Hors plan *19 bd Pasteur – 04 77 57 32 55 – www.hotelmidi.fr – Fermé 28 juil.-27 août et 26 déc.-4 janv.*

à Sorbiers 10 km au Nord par D106, N82 et D3 – 42290 – 7 985 hab. – Alt. 560 m

Le Valjoly

CUISINE TRADITIONNELLE • FAMILIAL X Aux portes de St-Étienne, ce restaurant tenu par un jeune couple cultive la tradition avec fraîcheur : terrine de canard aux noisettes et pistaches, Saint-Jacques et ris de veau aux morilles, cocotte de la mer au fumet de crustacés, etc. Simple et plaisant !

Formule 15 € – Menu 18 € (déj. en semaine), 22/45 € – Carte 28/46 €

9 r. de l'Onzon – 04 77 53 60 35 – restaurant-levaljoly.com – Fermé 19-25 fév., 23 juil.-12 août, lundi et le soir sauf vend. et sam.

à St-Priest-en-Jarez 4 km au Nord-Ouest – 42270 – 6 152 hab. – Alt. 605 m

Restaurant du Musée

CUISINE MODERNE • SIMPLE X Nourritures terrestres au sein du musée d'Art moderne de St-Étienne Métropole (l'un des plus importants de France) avec une cuisine épousant les tendances. La technique est impeccable et les prix renversants ! Pour les nourritures célestes, direction les salles d'exposition, à deux pas.

Formule 17 € – Menu 21 € – Carte 39/46 €

musée d'Art moderne la Terrasse – 04 77 79 24 52 – www.restaurantdumusee.fr – Fermé le soir

ST-ÉTIENNE-DE-BAÏGORRY

64430 Pyrénées-Atlantiques – 1 576 hab. – Alt. 163 m – Carte régionale n° **2**-A3
Carte Michelin 342-D5 – Guide Vert Michelin Pays Basque et Navarre

Arcé

CUISINE MODERNE • ÉLÉGANT XX Faites donc une halte gourmande au pied du col d'Ispéguy ! Dans ce restaurant – un ancien trinquet (salle de pelote basque) –, on savoure une jolie cuisine du marché : quasi de veau poêlé, garniture forestière et ail confit ; sardine en tarte fine... L'été, on s'installe sur l'agréable terrasse bordée de platanes.

Menu 28/39 € – Carte 39/73 €

rte du col d'Ispéguy – 05 59 37 40 14 – www.hotel-arce.com – Ouvert 30 mars-4 nov. et fermé merc. midi et jeudi midi du 15 sept. au 15 juil. sauf fériés et lundi midi sauf août

Arcé

MAISON DE CAMPAGNE • COSY Une authentique maison basque au pied du col d'Ispéguy et de la Nive. Atout charme : la passerelle métallique au-dessus de la rivière, permettant d'accéder à la piscine.

16 chambres – 100/180 € 100/180 € – 4 suites – 18 €

rte du col d'Ispéguy – 05 59 37 40 14 – www.hotel-arce.com – Ouvert 30 mars-4 nov.

Arcé – voir les restaurants ci-dessus

ST-ÉTIENNE-DU-VAUVRAY – 27 Eure → Voir Louviers

ST-ÉTIENNE-LÈS-REMIREMONT – 88 Vosges → Voir Remiremont

ST-EUTROPE-DE-BORN – 47 Lot-et-Garonne → Voir Cancon

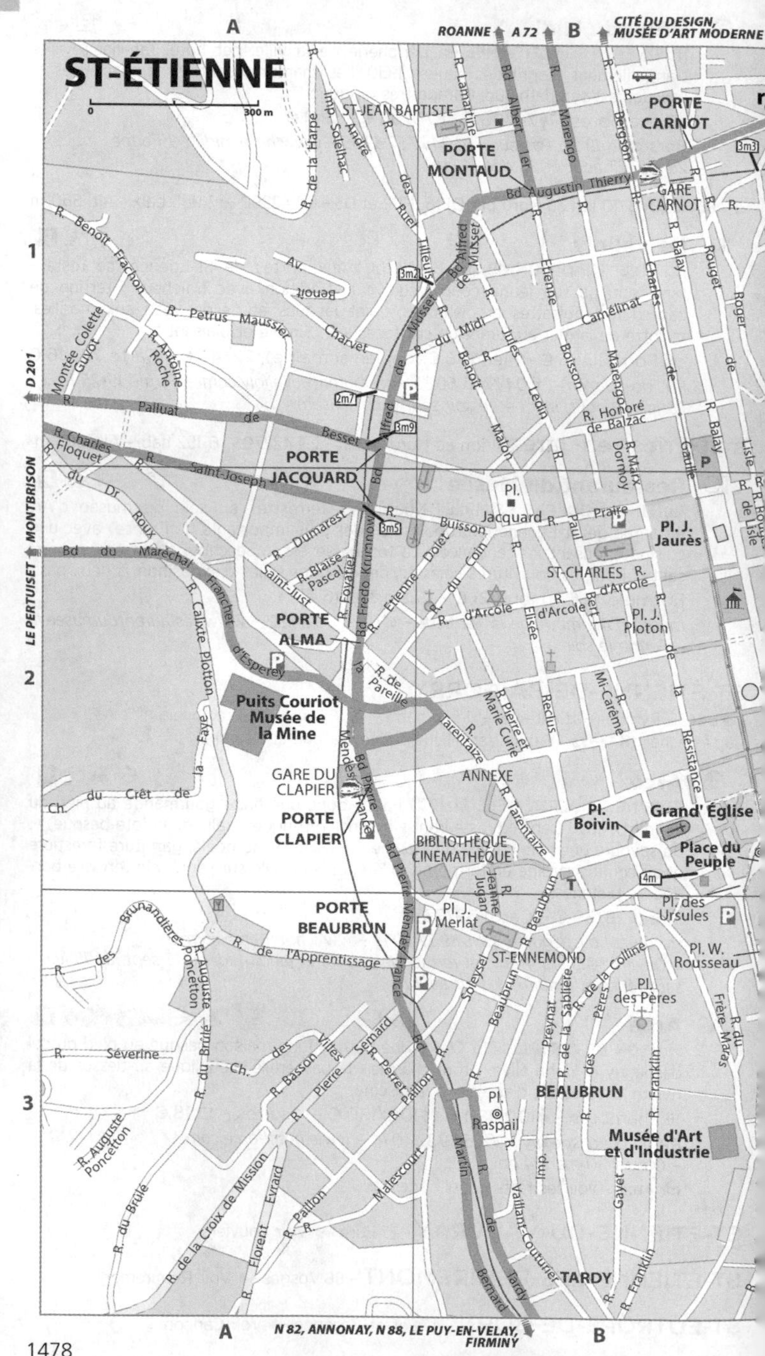

ST-ÉTIENNE
0
300 m
A
B
1
2
3
ROANNE
A 72
CITÉ DU DESIGN, MUSÉE D'ART MODERNE
D 201
LE PERTUISET MONTBRISON
N 82, ANNONAY, N 88, LE PUY-EN-VELAY, FIRMINY
ST-JEAN BAPTISTE
PORTE MONTAUD
PORTE CARNOT
GARE CARNOT
PORTE JACQUARD
PORTE ALMA
Puits Couriot Musée de la Mine
GARE DU CLAPIER
PORTE CLAPIER
PORTE BEAUBRUN
BIBLIOTHÈQUE CINÉMATHÈQUE
ANNEXE
ST-CHARLES
Pl. Jacquard
Pl. J. Jaurès
Pl. J. Ploton
Pl. Boivin
Grand' Église
Place du Peuple
Pl. des Ursules
Pl. W. Rousseau
Pl. J. Merlat
ST-ENNEMOND
Pl. des Pères
BEAUBRUN
Pl. Raspail
Musée d'Art et d'Industrie
TARDY
Bd Albert 1er
R. Marengo
R. Bergson
R. Lamartine
Bd Augustin Thierry
R. de la Harpe
Imp. Soleilhac
R. André
R. des Ruel
R. Tilleuls
Bd Alfred de Musset
R. Benoît Frachon
Av. Benoît Charvet
R. Petrus Maussier
R. Antoine Roche
Montée Colette Guyot
R. Palluat de Besset
R. Charles Floquet
R. Saint-Joseph
R. du Dr Roux
Bd du Maréchal Franchet d'Esperey
R. Dumarest
R. Blaise Pascal
Saint-Just
R. Fovatier
Bd Fredo Krumnow
R. Étienne Dolet
R. du Colin
R. Buisson
R. du Midi
R. Benoît Malon
R. Jules Ledin
R. Étienne Boisson
R. Camélinat
R. Marengo
R. Charles de Gaulle
R. Balay
R. Rouget de Lisle
R. Roger
R. Honoré de Balzac
R. Marx Dormoy
R. Paul Bert
R. Praire
R. d'Arcole
R. Élisée Reclus
R. Mi-Carême
R. de la Résistance
R. Pierre et Marie Curie
R. de Pareille
R. Tarentaize
R. Calixte Plotton
R. la Faye
Ch. du Crêt de
Bd Pierre Mendès France
R. Jeanne Jugan
R. Beaubrun
R. Soleysel
R. Brunandières
R. des
R. de l'Apprentissage
R. Auguste Poncetton
R. Séverine
R. du Brulé
Ch. des Villes
R. Basson
R. Pierre Semard
R. Perret
R. Paillon
R. de la Croix de Mission
R. Florent Evrard
R. Malescourt
R. Martin Bernard
R. de Tardy
R. Vaillant-Couturier
R. Preynat
R. de la Sablière
R. de la Colline
R. des Pères
R. Franklin
R. Gayet
R. du Frère Maras
Imp.
3m2
3m3
2m7
3m9
3m5
4m
P
T

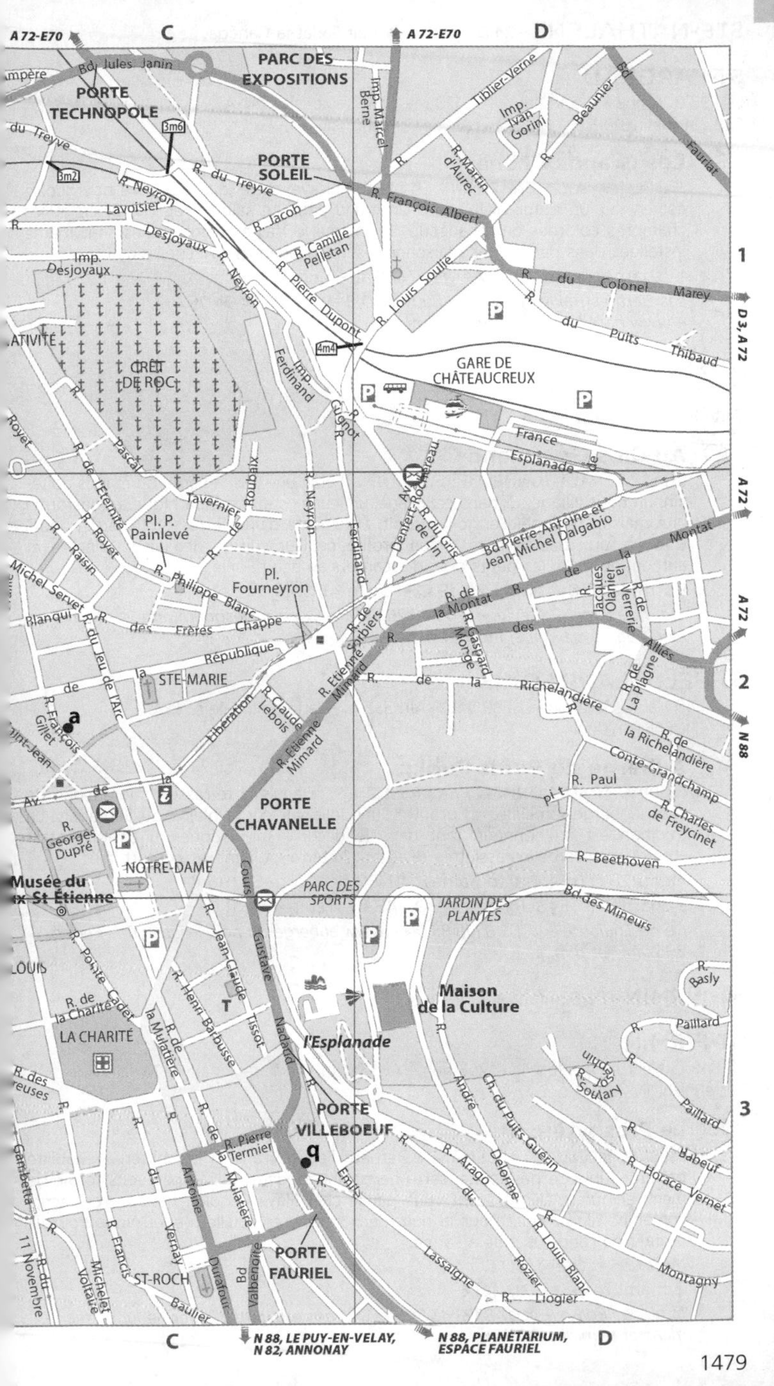

A 72-E70
C
A 72-E70
D
PARC DES EXPOSITIONS
PORTE TECHNOPOLE
PORTE SOLEIL
R. François Albert
R. du Colonel Marey
D 3, A 72
GARE DE CHÂTEAUCREUX
CRÊT DE ROC
Pl. P. Painlevé
Pl. Fourneyron
STE-MARIE
PORTE CHAVANELLE
NOTRE-DAME
Musée du
x St Étienne
PARC DES SPORTS
JARDIN DES PLANTES
Maison de la Culture
l'Esplanade
LA CHARITÉ
PORTE VILLEBOEUF
PORTE FAURIEL
ST-ROCH
A 72
A 72
N 88
1
2
3
C
N 88, LE PUY-EN-VELAY,
N 82, ANNONAY
N 88, PLANÉTARIUM,
ESPACE FAURIEL
D

STE-NATHALÈNE - 24 Dordogne ➜ Voir Sarlat-la-Canéda

ST-FARGEAU

✉ 89170 Yonne - 1 648 hab. - Alt. 175 m - Carte régionale n° **4**-A2
Carte Michelin 319-B6 - Guide Vert Michelin Bourgogne

Les Grands Chênes

FAMILIAL • À LA CAMPAGNE En pleine Puisaye, cette jolie demeure bourgeoise est en fait un hôtel, niché dans un grand parc. Le salon avec cheminée et les chambres colorées ont beaucoup de charme, certaines d'entre elles sont même installées dans des petites maisonnettes indépendantes... Accueil aimable.

17 chambres - 87/127 € 87/127 € - 10 €

Les Berthes-Bailly, 4,5 km au Sud par D18 - 03 86 74 04 05 - www.hotellesgrandschenes.com

ST-FÉLIX

✉ 16480 Charente - 118 hab. - Alt. 158 m - Carte régionale n° **20**-C3
Carte Michelin 324-K7

Au Clos Gourmand N

CUISINE TRADITIONNELLE • ÉLÉGANT Il était une fois, à l'orée du marais poitevin, un petit village. Et dans ce village, un jeune couple sympathique a transformé une maison régionale en joli endroit, agrémenté d'une terrasse sur jardin fleuri. C'est là, aux beaux jours, qu'on profite de leur cuisine de saison, sincère et authentique. Ah, les petits pots d'escargots au beurre aillé...

Formule 15 € - Menu 21/39 € - Carte 41/56 €

51 r. du Marais-Poitevin - 05 46 26 52 06 - www.auclosgourmand.fr - Fermé merc. de nov. à mars, lundi et mardi

ST-FÉLIX-LAURAGAIS

✉ 31540 Haute-Garonne - 1 289 hab. - Alt. 332 m - Carte régionale n° **15**-C2
Carte Michelin 343-J4

Auberge du Poids Public

CUISINE TRADITIONNELLE • CLASSIQUE Depuis la terrasse panoramique de cette auberge familiale, on profite d'une jolie vue sur la plaine du Lauragais. La tradition est à l'honneur, tant dans le décor - mi-rustique, mi-contemporain - que dans ces belles assiettes revisitant le terroir. Chambres confortables.

Menu 28 € (déj. en semaine), 48/82 € - Carte 54/96 €

9 chambres - 80/110 € 80/145 € - 1 suite - 11 €

rte de Toulouse - 05 62 18 85 00 - www.auberge-du-poids-public.fr - Fermé 2-15 janv. et dim. soir

ST-FIRMIN - 80 Somme ➜ Voir Rue

ST-FIRMIN

✉ 54930 Meurthe-et-Moselle - 268 hab. - Alt. 310 m - Carte régionale n° **14**-B2
Carte Michelin 307-H8

Le Presbytère N

CUISINE MODERNE • ÉLÉGANT Derrière l'église, l'ancien presbytère, réhabilité par un couple de passionné, sert une cuisine moderne et raffinée sous forme de menu unique, réalisé devant vous par le chef Maye Cissoko, dans un bel écrin, contemporain et chic. Pour la nuit, deux chambres douillettes, où vous pourrez profiter de l'angélus joué à l'aube.

Menu 35 € (déj.)/60 €

2 chambres - 121/241 €

13 pl. de l'Église - 07 83 31 43 86 - www.le-presbytere.fr - Fermé lundi, mardi, merc. et le midi sauf dim.

ST-FLORENT - 2B Haute-Corse → Voir Corse

ST-FLORENTIN

✉ 89600 Yonne - 4 614 hab. - Alt. 120 m - Carte régionale n° **4**-B1
Carte Michelin 319-F3 - Guide Vert Michelin Bourgogne

Les Tilleuls

CUISINE TRADITIONNELLE • CLASSIQUE X Dans les murs d'un ancien couvent de capucins (1635), un décor classique ouvert sur un joli tableau de verdure - dont on profite en terrasse. Le cadre est soigné pour une vraie cuisine de tradition : foie gras au coing et benoîton toasté, rognons de veau et millefeuille pomme-céleri, fromage de bourgogne...

Menu 19 € (déj. en semaine), 35/45 € - Carte 50/56 €

9 chambres - †62/82 € ††72/85 € - 11 €

3 r. Descourtives - ✆ 03 86 35 09 09 - www.hotel-les-tilleuls.com
- Fermé 18 fév.-18 mars, 8-14 oct., 23 déc.-3 janv. et lundi

ST-FLOUR

✉ 15100 Cantal - 6 643 hab. - Alt. 783 m - Carte régionale n° **3**-B3
Carte Michelin 330-G4 - Guide Vert Michelin Auvergne

Ville basse

Grand Hôtel de l'Étape

CUISINE TRADITIONNELLE • CLASSIQUE XX Ne vous fiez pas à l'allure un peu "vintage" du restaurant. Il dissimule une authentique table régionale, emmenée par une nouvelle génération ! Croustillant de cantal, tripoux, entrecôte au bleu : une cuisine tout en simplicité et franchise, sous l'œil bienveillant de la grande tradition auvergnate.

Formule 16 € - Menu 30/48 € - Carte 40/62 €

22 chambres - †70/90 € ††77/90 € - 12 €

18 av. de la République - ✆ 04 71 60 13 03 - www.hotel-etape.com
- Fermé 10 fév.-10 mars, fermé dim. soir hors saison et lundi sauf le soir en saison

L'Ander

CUISINE TRADITIONNELLE • CONVIVIAL XX Pourquoi ne pas faire un tour dans la ville basse ? Ce sera l'occasion de découvrir ce restaurant chaleureux et coloré, où l'on sert une cuisine du terroir repensée, qui ne manque pas d'originalité.

Formule 14 € - Menu 20 € (semaine)/50 € - Carte 30/44 €

Hôtel L'Ander, 6 av. du Cdt-Delorme - ✆ 04 71 60 21 63 - www.hotel-ander.com
- Fermé 25 fév.-31 mars et dim. soir

L'Ander

FAMILIAL • CONTEMPORAIN Au pied de la ville haute juchée sur sa colline, cet hôtel dispose de chambres pimpantes et douillettes, parfois ponctuées d'allusions naturelles (des troncs de bouleau, par exemple).

20 chambres - †62/92 € ††62/92 € - 11 €

6 av. du Cdt-Delorme - ✆ 04 71 60 21 63 - www.hotel-ander.com - Fermé 25 fév. -31 mars

L'Ander - voir les restaurants ci-dessus

à St-Georges 5 km à l'Est par D909 et rte secondaire - ✉ 15100 -

1 138 hab. - Alt. 860 m

Le Château de Varillettes

DEMEURE HISTORIQUE • CLASSIQUE Ce beau château du 15e s. servit de résidence aux évêques de St-Flour. Depuis certaines des jolies chambres (mobilier de style), on contemple le jardin médiéval et son carré des simples ; parfait pour un tourisme vert en quelque sorte.

12 chambres - †139/170 € ††189/215 € - 1 suite - 17 €

dir. Vabre - ✆ 04 71 60 45 05 - www.chateaudevarillettes.com
- Ouvert 2 mai-25 sept.

ST-FORGEUX-LESPINASSE

✉ 42640 Loire - 609 hab. - Alt. 330 m - Carte régionale n° **23**-A1
Carte Michelin 327-C3

L'Assiette Roannaise

CUISINE MODERNE • CONTEMPORAIN XX Voilà une table qui joue la carte de l'originalité ! À l'unisson de la déco, contemporaine, le chef est à l'affût des nouvelles tendances et techniques : ses assiettes se révèlent très esthétiques, privilégiant créativité et fraîcheur.

Formule 19 € - Menu 25 € (déj. en semaine), 30/75 € - Carte 41/66 €
pl. de Verdun - ✆ 04 77 65 65 99 - www.restaurant-assiette-roannaise.fr - Fermé 18 août-4 sept., mardi et merc.

ST-FRONT

✉ 43550 Haute-Loire - 424 hab. - Alt. 1 223 m - Carte régionale n° **3**-C3
Carte Michelin 331-G4

La Vidalle d'Eyglet

FAMILIAL • COSY Au cœur du plateau du Mézenc, une jolie ferme restaurée par un amoureux de la nature. Les chambres sont coquettes et rustiques, offrant une superbe vue sur les bêtes qui paissent aux alentours ; au salon, on s'assied au coin du feu, près de la bibliothèque... Confort garanti !

5 chambres - 90/120 € 100/125 €
La Vidalle, 7 km au Sud par D39, D500 et rte secondaire - ✆ 04 71 59 55 58 - www.vidalle.fr - Ouvert 12 janv.-11 mars et 26 avril-5 nov.

ST-FRONT-DE-PRADOUX

✉ 24400 Dordogne - 1 157 hab. - Alt. 40 m - Carte régionale n° **2**-C1
Carte Michelin 329-D5

Château la Thuilière

DEMEURE HISTORIQUE • PERSONNALISÉ Dans son parc arboré, cet élégant châtelet dévoile de belles ambiances : très 19es. (boiseries, stucs) ou résolument contemporaines (lignes épurées, grand confort), tout en grâce et équilibre. Et la table d'hôte sait jouer la carte des produits locaux et... de la créativité.

5 chambres - 120/269 € 120/269 €
La Thuilière - ✆ 06 45 35 36 82 - www.lathuiliere.net - Fermé de début janv. à fin mars

ST-GALMIER

✉ 42330 Loire - 5 669 hab. - Alt. 400 m - Carte régionale n° **23**-A2
Carte Michelin 327-E6 - Guide Vert Michelin Lyon et sa région

Amphitryon

CUISINE MODERNE • BRANCHÉ X Gaspacho d'aubergine et maki de tofu ; saltimbocca de veau et pâtes fraîches ; tarte aux abricots... Un joli panaché d'influences multiples, mais ancré sur les produits locaux : telle est la recette de ce restaurant dont le cadre contemporain, voire baroque, ne laisse pas indifférent. Le menu déjeuner est une vraie bonne affaire.

Formule 15 € - Menu 17 € (déj. en semaine), 30/33 €
9 bd du Dr-Cousin - ✆ 04 77 56 33 39 - Fermé mardi soir, merc. soir, jeudi soir, dim. et lundi

La Charpinière

BUSINESS • CONTEMPORAIN À l'entrée de la ville, dans un environnement verdoyant, cette ex-gentilhommière tapissée de vigne vierge a été transformée en hôtel contemporain. Chambres sobres et fonctionnelles, piscine, tennis et espace fitness.

57 chambres - 105/141 € 125/264 € - 15 €
lieu-dit La Charpinière - 8 allée de la Charpinière - ✆ 04 77 52 75 00 - www.lacharpiniere.com

Hostellerie du Forez

FAMILIAL • CONTEMPORAIN Près de l'hôtel de ville, ce relais de poste du 19e s. arbore une façade avenante. Préférez les chambres dans la nouvelle aile, plus spacieuses, et décorées dans un style sobre et contemporain.

24 chambres - 80/120 € 80/120 € - 11 €

6 r. Didier-Guetton - 04 77 54 00 23 - www.hostellerieduforez.com

ST-GÉLY-DU-FESC - 34 Hérault → Voir Montpellier

ST-GENIEZ-D'OLT

12130 Aveyron - 1 983 hab. - Alt. 410 m - Carte régionale n° **15**-D1
Carte Michelin 338-J4 - Guide Vert Michelin Midi-Pyrénées

Château de la Falque

HISTORIQUE • ÉLÉGANT Cet ancien couvent (17e s.), composé de plusieurs bâtisses en pierre, a été admirablement réhabilité. Les chambres, bien équipées, sont décorées avec goût (tableaux, sculptures, objets) et nous transportent du Maroc en Chine... Un hôtel plein de charme !

7 chambres - 90/130 € 120/200 € - 3 suites - 14 €

rte de Prades - 05 65 62 45 60 - www.chateau-la-falque.fr - Fermé 4 janv.-13 fév. et 11 nov.-7 déc.

ST-GENIX-SUR-GUIERS

73240 Savoie - 2 368 hab. - Alt. 235 m - Carte régionale n° **23**-C2
Carte Michelin 333-G4 - Guide Vert Michelin Alpes du Nord

à Champagneux 4 km au Nord-Ouest par D1516 - 73240 - 677 hab. - Alt. 214 m

Les Bergeronnettes

FAMILIAL • FONCTIONNEL Un cadre verdoyant et champêtre pour cet hôtel alangui abritant des chambres spacieuses et fonctionnelles. Petit-déjeuner sous forme de buffet. Au restaurant, on apprécie la cuisine régionale (spécialités de cuisses de grenouilles). Terrasse sous un chapiteau.

18 chambres - 85/125 € 85/125 € - 10 €

Le Bourg, près de l'église - 04 76 31 50 30 - www.hotel-bergeronnettes.com - Fermé 18 déc.-1er fév.

ST-GEORGES - 15 Cantal → Voir St-Flour

ST-GEORGES-DE-MONTAIGU - 85 Vendée → Voir Montaigu

ST-GEORGES-DE-RENEINS

69830 Rhône - 4 347 hab. - Alt. 209 m - Carte régionale n° **23**-B1
Carte Michelin 327 H3

Hostellerie de Saint-Georges

CUISINE MODERNE • TRADITIONNEL Entre cuisine du marché et plats du terroir, cette maison trace son sillon sous la houlette d'un chef d'expérience. Toutes les recettes s'appuient sur de bons produits frais, et même les glaces sont faites maison ! Gibier en saison. Terrasse appréciée aux beaux jours.

Formule 16 € - Menu 18 € (déj. en semaine), 25/39 € - Carte 40/65 €

27 av. Charles-de-Gaulle - 04 74 67 62 78 - www.hostellerie-saint-georges.com - Fermé 1 semaine en fév., 1 semaine en mai, 3 semaines en août et merc.

ST-GERMAIN-DE-BELVÈS - 24 Dordogne ➔ Voir Belvès

ST-GERMAIN-DE-LA-COUDRE

✉ 61130 Orne - 790 hab. - Alt. 125 m - Carte régionale n° **17**-C3
Carte Michelin 310-MS - Guide Vert Michelin Normandie Vallée de la Seine

La Tête Noire Ⓝ

CUISINE MODERNE • BISTRO X Dans la traversée du village, une auberge sympathique qui propose des assiettes gourmandes et pétillantes, bien maîtrisées quant aux cuissons et aux mariages de saveurs, et basées sur les meilleurs produits dénichés dans la région... Du bon travail.

Menu 29 €

7 r. de la Coudre - ✆ 02 33 25 01 77 - Fermé 1 semaine en août, lundi, mardi et merc.

ST-GERMAIN-DES-VAUX

✉ 50440 Manche - 366 hab. - Alt. 59 m - Carte régionale n° **17**-A1
Carte Michelin 303-A1

Le Moulin à Vent

POISSONS ET FRUITS DE MER • TENDANCE XX Sur une route qui domine la mer, on se réfugie avec plaisir dans cette ancienne auberge de pays : d'abord le bar, façon pub anglais très chaleureux ; puis la salle, toute blanche et élégante. Le jeune chef se fournit auprès des pêcheurs locaux - produits extrafrais - et signe une cuisine assez inventive.

Menu 25 € (déj. en semaine), 39/77 € - Carte 44/75 €

10 rte de Port Racine (Hameau Danneville), 1,5 km à l'Est par D45 - ✆ 02 33 52 75 20 - www.le-moulin-a-vent.fr - Fermé 20 déc.-11 janv., 21 fév.-15 mars, merc. et jeudi sauf juil.-août

L'Erguillère

FAMILIAL • COSY Direction le bout du monde... À la pointe de la Hague, au-dessus de la mer et de Port-Racine, un hôtel très cosy où se réfugier à la suite de Jacques Prévert, qui le fréquenta ; tout y respire le calme et la sérénité, jusqu'au charmant accueil des propriétaires.

10 chambres - †103/158 € ††103/158 € - ☕ 17 €

Port Racine, 1,8 km à l'Est par D45 - ✆ 02 33 52 75 31 - www.hotel-lerguillere.com - Fermé vacances de fév.

ST-GERMAIN-DU-BOIS

✉ 71330 Saône-et-Loire - 1 936 hab. - Alt. 210 m - Carte régionale n° **4**-D3
Carte Michelin 320-L9 - Guide Vert Michelin Bourgogne

Hostellerie Bressane

CUISINE TRADITIONNELLE • CLASSIQUE XX Au cœur du village, face à la place du marché, une grande maison régionale (18e s.), avec une terrasse ponctuée de chaises colorées. Le cadre est sympathique pour apprécier une bonne cuisine de tradition : le chef aime les beaux produits, et exprime sa personnalité avec une gourmandise et une générosité clairement affichées !

Formule 16 € - Menu 21 € (déj. en semaine), 25/56 € - Carte 42/55 €

9 chambres - †59 € ††67 € - ☕ 10 €

2 rte de Sens - ✆ 03 85 72 04 69 - www.giot-hostelleriebressane.fr - Fermé dim. soir sauf du 1er juil. au 19 août, mardi midi et lundi

ST-GERMAIN-EN-LAYE - 78 Yvelines ➔ Voir Autour de Paris

ST-GERMAIN-LÈS-ARLAY

✉ 39210 Jura - 481 hab. - Alt. 255 m - Carte régionale n° **9**-B3
Carte Michelin 321-D6

Hostellerie St-Germain

CUISINE MODERNE • ÉLÉGANT XxX Face à l'église, ce sympathique relais de poste du 17e s. a été entièrement rénové avec élégance dans un style sobre et lumineux. Le chef travaille des produits du terroir - souvent bio - et concocte une cuisine gourmande, accompagnée de bons vins du Jura. Pour l'étape, des chambres confortables, plus calmes côté terrasse.

Menu 30/75 € - Carte 53/83 €

12 chambres - 78/148 € 78/148 € - 13 €

635 Grande-Rue - 03 84 44 60 91 - www.hostelleriesaintgermain.com - Fermé dim. soir sauf juil.-août, mardi midi et lundi

ST-GERMAIN-SUR-AY

50430 Manche - 909 hab. - Alt. 5 m - Carte régionale n° **17**-A2
Carte Michelin 303-C4

La Ferme des Mares

TRADITIONNEL • COSY Isolé du reste du village, un ancien corps de ferme du 17e s. au cœur d'un parc de deux hectares... Les chambres, assez spacieuses et lumineuses, ont été rénovées dans un style contemporain, voire un brin design ; certaines sont plus cosy et feutrées. Cuisine actuelle - et chef britannique ! - au restaurant.

10 chambres - 86/150 € 86/150 € - 10 €

26 r. des Mares - 02 33 17 01 02 - www.la-ferme-des-mares.com - Fermé 6-12 juin, 1 semaine vacances de Noël et janv.

ST-GERVAIS-LES-BAINS

74170 Haute-Savoie - 5 546 hab. - Alt. 820 m - Carte régionale n° **25**-F1
Carte Michelin 328-N5 - Guide Vert Michelin Alpes du Nord

Le Sérac (Raphaël Le Mancq)

CUISINE MODERNE • TENDANCE XxX L'entrée, discrète, s'ouvre sur une grande salle lumineuse et épurée. La cuisine du chef revendique une inspiration saisonnière. Le menu partage permet de déguster de belles pièces de viande, ou de poisson.

→ Confit de poule fermière en nougat, foie gras poêlé, vinaigrette de girolles et truffe. Filet d'agneau, patate douce au cumin et tempura de légumes. Soufflé chaud à la poire pochée, biscuit "punché" à la williamine.

Menu 35/68 €

22 r. de la Comtesse - 04 50 93 80 50 - www.3serac.fr - Fermé 3 semaines en nov. et en mai-juin, dim. et lundi sauf vacances scolaires

La Ferme de Cupelin

CUISINE RÉGIONALE • AUBERGE XX Dans cette superbe ferme, une table chaleureuse et accueillante ! Comme le bois dans la cheminée, les saveurs du marché crépitent joyeusement dans l'assiette : terrine de truite fumée maison, pavé d'omble chevalier et crème de vin blanc...

Menu 32/39 €

Hôtel La Ferme de Cupelin, 198 rte du Château, par rte de St-Nicolas-de-Véroce - 04 50 93 47 30 - www.lafermedecupelin.com - Fermé 2 semaines en avril, oct., nov., lundi midi, vend. midi et jeudi

Bistrotsérac

VIANDES • BISTRO X La deuxième adresse de Raphaël Le Mancq fait la part belle aux viandes cuites à la braise. À vous les belles entrecôtes d'Angus américain ou australien, de Hereford irlandais, ou encore de Galicia espagnol, bien maturées et savoureuses... De quoi réveiller vos instincts carnivores !

Formule 19 € - Menu 27/42 €

40 av. du Mont-Paccard - 04 50 98 43 35 - www.3serac.fr - Fermé lundi sauf vacances scolaires

Rond de Carotte

CUISINE MODERNE • CONVIVIAL ✗ Elle vient de Nantes et lui des Alpes ; ils ont baptisé ce restaurant en clin d'œil au chanteur Thomas Fersen, qu'ils apprécient. Une façade façon chalet, un intérieur façon vintage, une carte courte réglée sur les saisons, des assiettes savoureuses, fines et bien maîtrisées : au final, une petite adresse vraiment sympathique.

Formule 24 € - Carte 45 €

50 r. de la Vignette - ✆ 04 50 47 76 39 - www.ronddecarotte.fr - Fermé mi-oct. à mi-nov., 2 semaines en mai, dim. et lundi

La Ferme de Cupelin

TRADITIONNEL • MONTAGNARD Sur les hauteurs de Saint-Gervais, avec vue sur le massif du Mont-Blanc, cette ferme datant de 1870 porte haut le flambeau de l'esprit montagnard : le feu crépite dans la cheminée, les tableaux de gibier et autres peaux de bêtes habillent l'espace... et l'accueil est charmant.

7 chambres - 85/140 € 85/140 € - 14 €

198 rte du château, par rte de St-Nicolas-de-Véroce - ✆ 04 50 93 47 30 - www.lafermedecupelin.com - Fermé 2 semaines en avril, oct. et nov.

La Ferme de Cupelin - voir les restaurants ci-dessus

La Féline Blanche

TRADITIONNEL • COSY Cet hôtel de la fin du 19e s., à la façade colorée, diffuse un charme cosy : la décoration contemporaine joue sur le blanc et le bois. Chambres confortables ; agréable salle des petits-déjeuners.

10 chambres - 77/110 € 87/167 € - 13 €

138 r. du Mont-Blanc - ✆ 04 50 96 58 70 - www.lafelineblanche.com - Fermé 8 avril-15 mai et 1er nov.-1er déc.

au Fayet 4 km au Nord-Ouest par D902 - ✉ 74190

Hôtel des Deux Gares

FAMILIAL • FONCTIONNEL Juste en face de la gare de départ du fameux tramway du Mont-Blanc, un chalet familial très sympathique, avec des chambres douillettes, une piscine couverte, un bar, une salle de jeux (billard, babyfoot...), etc. Excellent rapport qualité-prix.

23 chambres - 68/75 € - 8 €

50 imp. des Deux-Gares - ✆ 04 50 78 24 75 - www.hotel2gares.com

ST-GERVAIS-SUR-MARE

✉ 34610 Hérault - 859 hab. - Alt. 330 m - Carte régionale n° **12**-B2
Carte Michelin 339-D7

L'Ortensia

CUISINE MODERNE • ÉLÉGANT ✗✗ Lui manque-t-il un "h" ? Non : c'est ainsi que l'on orthographie cette plante en occitan ! Créé dans une ancienne pépinière, le restaurant séduit grâce à une cuisine inventive qui met à l'honneur les viandes et légumes issus des fermes environnantes. L'accueil est fort chaleureux : décidément, une fleur très séduisante !

Formule 27 € - Menu 39/79 €

5 chambres - 69/90 € 89/166 €

2 r. du Château - ✆ 04 67 97 69 88 - www.restaurant-ortensia.com - Fermé dim. soir et lundi sauf juil.-août

ST-GILDAS-DE-RHUYS

✉ 56730 Morbihan - 1 690 hab. - Alt. 10 m - Carte régionale n° **5**-A3
Carte Michelin 308-N9 - Guide Vert Michelin Bretagne Sud

Le Vert d'O

CUISINE MODERNE • COSY XX Installez-vous sur la belle terrasse avec vue sur la mer de cette coquette maison... et profitez d'une cuisine délicate et parfumée, mettant en valeur les produits locaux : riz au lait de tourteau et citron vert, crème à la seiche, cotriade de poissons et crustacés au safran de Bretagne. Coloré et goûteux.

Formule 20 € - Menu 28/48 € - Carte 45/65 €

94 r. Guernevé - ✆ 02 97 45 25 25 - www.levertdo.fr - Fermé janv., lundi, mardi et merc. d'oct. à mars

Mor Braz

POISSONS ET FRUITS DE MER • CONVIVIAL X Situé dans un coin sauvage de la presqu'île, ce petit restaurant convivial propose des fruits de mer, mais aussi de jolies recettes, comme ce foie de lotte poêlé aux raisins, ou encore les croquettes de moules. Une cuisine généreuse à déguster en terrasse, aux beaux jours, la narine chatouillée par les embruns.

Menu 19 € (déj. en semaine), 26/44 € - Carte 35/56 €

100 rte du Rohu - ✆ 02 97 45 21 47 - Fermé de mi-nov. à mi-fév., dim. soir et lundi hors saison

ST-GILLES

✉ 30800 Gard - 13 326 hab. - Alt. 10 m - Carte régionale n° **12**-D2
Carte Michelin 339-L6

Domaine de la Fosse

MAISON DE CAMPAGNE • PERSONNALISÉ Camargue ! Au cœur d'un immense domaine rizicole, cette ancienne commanderie des Templiers (17[e]s.) abrite des chambres de caractère (mansardes, mobilier chiné). Sauna, hammam, jacuzzi.

5 chambres ☕ - 🚹80/110 € 🚹🚹95/135 €

rte de Sylvéréal, 7 km au Sud par D179, croisement D202 - ✆ 06 37 41 15 80 - www.domainedelafosse.com

ST-GILLES-CROIX-DE-VIE

✉ 85800 Vendée - 7 530 hab. - Alt. 12 m - Carte régionale n° **18**-A3
Carte Michelin 316-E7 - Guide Vert Michelin Pays de la Loire

Boisvinet

CUISINE MODERNE • CONVIVIAL XX Une villa de bord de mer à la déco contemporaine et épurée... Un lieu avenant pour découvrir une cuisine fort appétissante, qui évolue au fil des saisons. Ah, que l'on aime ces recettes dans l'air du temps !

Formule 23 € - Menu 30/53 €

2 r. Louis-Cristau - ✆ 02 51 55 51 77 - www.boisvinet.com - Fermé dim. soir, mardi soir, merc. de sept. à juin et mardi en juil.-août

La Cotriade

CUISINE MODERNE • TENDANCE X En retrait de l'agitation touristique, un restaurant au cadre contemporain, où l'on déguste une séduisante cuisine du moment et quelques spécialités, à l'instar des anguilles sautées, ail et persil. Ajoutez à cela du poisson local extrafrais et un service au petits oignons, vous obtenez une charmante petite adresse !

Formule 16 € - Menu 20/36 € - Carte 29/49 €

8 r. Louis-Cristau - ✆ 02 51 55 09 62 - www.lacotriade-stgilles.com - Fermé 5 mars-12 mars, dim. soir et lundi

Le Casier

POISSONS ET FRUITS DE MER • BISTRO X À deux pas des quais, un bistrot marin très convivial installé... dans une ancienne charcuterie ! Le propriétaire - ancien mareyeur à St-Gilles-Croix-de-Vie - et son chef proposent une cuisine sans chichis et pleine de fraîcheur, faisant la part belle aux produits de la mer. Accueil et service tout sourire.

Menu 15 € (déj. en semaine)/19 € - Carte 21/48 €

pl. du Vieux-Port - ✆ 02 51 55 01 08 - www.lecasier.com - Fermé 15 déc.-10 fév.

à Coëx 14 km à l' Est par D6 – ✉ 85220 – 3 130 hab. – Alt. 50 m

Le Balata

CUISINE MODERNE • COSY XX Dos de Maigre et émulsion de combawa, paleron de bœuf cuit 48 heures... Une cuisine raffinée et recherchée, dans une atmosphère contemporaine feutrée avec vue sur le green. Idéal pour se délecter d'une pause gourmande entre deux swings !

Formule 16 € – Menu 20 € (déj. en semaine)/29 € – Carte 37/58 €

Golf des Fontenelles, 2 km à l'Ouest par D6 – ✆ 02 28 10 63 96 – www.lebalata.com – Fermé 2 semaines en janv., dim. soir, merc. soir de mi-sept. à juin et lundi

ST-GINGOLPH

✉ 74500 Haute-Savoie – 819 hab. – Alt. 385 m – Carte régionale n° **25**-F1
Carte Michelin 328-N2 – Guide Vert Michelin Alpes du Nord

Aux Ducs de Savoie

CUISINE TRADITIONNELLE • CLASSIQUE XXX Face au Léman, ce chalet cossu et bourgeois abrite une goûteuse cuisine classique. La spécialité ici, c'est le chariot de desserts et de fromages, bien garni et à volonté ! On profite de la terrasse ombragée face au lac, pendant les beaux jours. L'accueil est fort sympathique.

Formule 25 € – Menu 43/82 € – Carte 49/82 €

r. du 23-Juillet-44 – ✆ 04 50 76 73 09 – www.auxducsdesavoie.fr – Fermé 10-20 oct., 4-27 janv., dim. soir de sept. à mai, lundi et mardi

ST-GIRONS

✉ 09200 Ariège – 6 284 hab. – Alt. 398 m – Carte régionale n° **15**-B3
Carte Michelin 343-E7

Auberge d'Antan

CUISINE TRADITIONNELLE • RUSTIQUE X Dans l'ancienne grange du château, cette salle en impose par sa hauteur sous charpente ; jambons suspendus, pierres et poutres dégagent une belle atmosphère campagnarde. On retrousse ses manches au moment de s'attabler face à l'immense cheminée, où sont préparés grillades, plats traditionnels et cochons de lait...

Menu 30/54 € – Carte environ 38 €

Hôtel Château de Beauregard, av. de la Résistance – ✆ 05 61 64 11 02 – www.chateaubeauregard.net – Fermé sam. midi, dim. soir et lundi

Château de Beauregard

HISTORIQUE • PERSONNALISÉ Au cœur d'un parc paisible, un petit château et ses dépendances (19e s.) avec des chambres patinées par les ans, entre rustique et tradition, et des suites de caractère. Et dans les anciennes granges, un espace bien-être avec hammam, sauna et possibilité de massage...

10 chambres – 60/220 € 60/220 € – 13 €

av. de la Résistance – ✆ 05 61 66 66 64 – www.chateaubeauregard.net – Fermé 1er-15 janv.

Auberge d'Antan – voir les restaurants ci-dessus

à St-Lizier 2 km au Nord-Ouest par D117 – ✉ 09190 – 1 417 hab. – Alt. 381 m

Le Carré de l'Ange

CUISINE MODERNE • ÉLÉGANT XX On doit laisser sa voiture pour accéder aux caves voûtées du palais épiscopal. Un cadre exceptionnel pour une cuisine tournée vers de beaux produits, souvent régionaux, à l'instar du foie gras du Plantaurel poêlé ou de l'agneau du pays cuit 7 h. La belle terrasse surplombe le village.

Formule 21 € – Menu 25/69 €

Palais des Evêques – ✆ 05 61 65 65 65 – www.lecarredelange.com – Fermé 6-30 nov., 9 janv.-5 fév., dim. soir et lundi sauf juil.-août

à Lorp-Sentaraille 4 km au Nord-Ouest par D117 - ✉ 09190 - 1 380 hab. - Alt. 361 m

La Petite Maison

CUISINE MODERNE • BISTRO XX Le nouveau chef patron, la trentaine, au parcours solide (Marc Veyrat, Chèvre d'Or) propose une cuisine actuelle et travaillée, aux notes sucrées salées, à l'instar de ces gambas, lait de coco, fort goûteuses.

Formule 18 € - Menu 22 € (déj. en semaine), 28/70 € - Carte 50/70 €

rte de Toulouse - ✆ 05 61 66 54 49 - www.lapetitemaison-ariege.fr - Fermé dim. soir, lundi et mardi

ST-GRÉGOIRE - 35 Ille-et-Vilaine ➜ Voir Rennes

ST-GUÉNOLÉ

✉ 29760 Finistère - Carte régionale n° **5**-A2
Carte Michelin 308-E8 - Guide Vert Michelin Bretagne Sud

Sterenn

POISSONS ET FRUITS DE MER • TRADITIONNEL XX Dans ce sympathique restaurant, posé sur la pointe de Penmarch, le chef récite une harmonieuse partition culinaire. Les produits de la mer dominent, avec des poissons issus de la pêche côtière locale, préparés avec attention et joliment présentés dans l'assiette. Excellent rapport qualité-prix.

Formule 20 € - Menu 28/69 € - Carte 40/90 €

Hôtel Sterenn, plage de la Joie
- ✆ 02 98 58 60 36 - www.hotel-sterenn.com
- Fermé 10 déc.-25 janv., dim. soir et lundi hors saison

Sterenn

FAMILIAL • FONCTIONNEL Face à la plage, cette construction néobretonne des années 1970 a le charme des établissements familiaux. Les chambres sont simples, colorées et nettes ; la plupart donnent sur la mer. Pour une grande bouffée d'air iodé !

17 chambres - 🚹76/160 € 🚹🚹76/160 € - ☕ 13 €

plage de la Joie - ✆ 02 98 58 60 36 - www.hotel-sterenn.com
- Fermé 10 déc.-25 janv.

Sterenn - voir les restaurants ci-dessus

ST-GUILHEM-LE-DESERT

✉ 34150 Hérault - 259 hab. - Alt. 89 m - Carte régionale n° **12**-C2
Carte Michelin 339-G6

Le Guilhaume d'Orange

FAMILIAL • COSY Face aux gorges de l'Hérault, cette bâtisse restaurée avec goût a su conserver son cachet d'origine. Les chambres sont coquettes et romantiques à souhait. En salle ou sur la belle terrasse, vous apprécierez la cuisine du terroir.

10 chambres - 🚹75/105 € 🚹🚹75/105 € - ☕ 14 €

2 av. Guilhaume-d'Orange
- ✆ 04 67 57 24 53 - www.guilhaumedorange.com
- Fermé 22 déc.-18 janv. et merc. hors saison

ST-HAON-LE-VIEUX - 42 Loire ➜ Voir Renaison

ST-HERBLAIN - 44 Loire-Atlantique ➜ Voir Nantes

ST-HILAIRE-DE-BRETHMAS - 30 Gard ➜ Voir Alès

ST-HILAIRE-ST-FLORENT - 49 Maine-et-Loire → Voir Saumur

ST-HIPPOLYTE

✉ 25190 Doubs - 909 hab. - Alt. 380 m - Carte régionale n° **9**-C2
Carte Michelin 321-K3 - Guide Vert Michelin Franche-Comté Jura

Le Bellevue

CUISINE TRADITIONNELLE • VINTAGE XX Truite blanche, pieds de porc... Une agréable cuisine traditionnelle concoctée à quatre mains par un père et son fils. On la déguste dans un cadre rustique et cossu, ou sur la terrasse ombragée aux beaux jours.

Formule 15 € - Menu 29 € (semaine), 35/42 € - Carte 35/69 €

16 chambres - †67/70 € ††69/90 € - ☕ 12 €

28 Grande Rue - ✆ 03 81 96 51 53 - www.lebellevue-hotel.fr - Fermé 2-11 janv., dim. soir et vend. soir de sept. à avril

ST-HIPPOLYTE

✉ 68590 Haut-Rhin - 1 028 hab. - Alt. 234 m - Carte régionale n° **1**-C1
Carte Michelin 315-I7

Joséphine

CUISINE MODERNE • ÉLÉGANT XXX Cœur de ris de veau aux écrevisses, sauce nantua ; suprême de pigeonneau contisé à la truffe ; Granny smith virtuelle et écume de manzana : raffinée, moderne sans extravagance, cette élégante Joséphine saura vous séduire...

Menu 36 € (déj. en semaine), 48/70 € - Carte 60/80 €

Hôtel Le Parc, 6 r. du Parc - ✆ 03 89 73 00 06 - www.le-parc.com - Fermé 3 semaines en janv., dim. soir, lundi et mardi

Winstub Rabseppi-Stebel

CUISINE TRADITIONNELLE • RUSTIQUE X Une winstub conviviale, au sein de l'hôtel Le Parc. On s'y régale d'une cuisine authentique, généreuse et respectueuse des saisons, qui fait la part belle aux produits du terroir. Et pour parfaire le tout, on accompagne les recettes du chef de bons nectars du cru.

Menu 26/32 € - Carte 33/54 €

Hôtel Le Parc, 6 r. du Parc - ✆ 03 89 73 00 06 - www.le-parc.com - Fermé 3 semaines en janv., mardi midi et lundi

Le Parc

FAMILIAL • CONTEMPORAIN Un hôtel cosy où les chambres sont à la fois tendance et raffinées. Pour décompresser, on profite de l'espace détente et de la piscine avant de se régaler au restaurant ou à la winstub. Un programme des plus plaisants !

32 chambres - †95/180 € ††105/200 € - ☕ 17 €

6 r. du Parc - ✆ 03 89 73 00 06 - www.le-parc.com - Fermé 3 semaines en janv.

Joséphine • **Winstub Rabseppi-Stebel** - voir les restaurants ci-dessus

Val-Vignes

TRADITIONNEL • CONTEMPORAIN Cet imposant bâtiment historique (dont les fondations datent du 13e s.), situé en bordure des vignes, domine la ville. Les chambres, fonctionnelles, s'ouvrent sur la vallée ou le château du Haut-Kœnigsbourg. Espace bien-être et restaurant dans un esprit locavore.

46 chambres - †79/149 € ††129/149 € - ☕ 13 €

23 chemin du Wall - ✆ 03 89 22 34 00 - www.valvignes.com

ST-ISIDORE - 06 Alpes-Maritimes → Voir Nice

ST-JEAN - 06 Alpes-Maritimes → Voir Pégomas

ST-JEAN-AUX-AMOGNES

✉ 58270 Nièvre - 518 hab. - Alt. 230 m - Carte régionale n° **4**-B2
Carte Michelin 319-D9

Le Relais de Bourgogne

CUISINE MODERNE • AUBERGE XX Dans cette maison de village, le décor est champêtre et chaleureux, la véranda ouvre sur un sympathique jardin et les plats respirent la générosité et la tradition.

Menu 29/47 € - Carte 45/55 €

le bourg - ✆ 03 86 58 61 44 - www.relaisdebourgogne.fr - Fermé 2-21 janv., lundi sauf le soir de mi-juil. à fin-août, merc. sauf de mi-juil. à fin août et dimanche soir

ST-JEAN-AUX-BOIS - 60 Oise ➜ Voir Pierrefonds

ST-JEAN-CAP-FERRAT

✉ 06230 Alpes-Maritimes - 1 645 hab. - Alt. 12 m - Carte régionale n° **22**-E2
Carte Michelin 341-E5 - Guide Vert Michelin Côte d'Azur

Le Cap

CUISINE CRÉATIVE • LUXE XXXXX On met le Cap sur la bonne cuisine de Yoric Tièche - ancien chef de l'hôtel Juana -, qui met son inventivité au service des produits de la méditerranée. Aux beaux jours, on profite de l'exceptionnelle terrasse panoramique, sûrement l'une des plus belles de la Côte...

➜ Grosses langoustines rôties, vinaigrette aux graines de courges et fleurs de courgettes. Fricassée de homard bleu à l'ail noir du Var, jeunes navets à l'aigre-douce. Chocolat manjari, crémeux chocolat et cardamome, sorbet cacao.

Menu 198 € - Carte 155/260 €

Plan : A2-a *Grand Hôtel du Cap Ferrat, 71 bd du Gén.-de-Gaulle (au Cap-Ferrat) - ✆ 04 93 76 50 50 - www.fourseasons.com/fr/capferrat - Ouvert 4 mai-30 sept. et fermé le midi*

La Véranda

CUISINE MODERNE • ÉLÉGANT XXX Une salle à manger très élégante, une délicieuse terrasse (l'une des plus belles de la côte ?), une carte attrayante, une formule salon de thé l'après-midi... Cette Véranda ne manque pas d'atouts ! Et que dire de la cuisine ? Avec ses accents de Provence, elle séduit dès la première bouchée.

Carte 100/170 €

Plan : A2-a *Grand Hôtel du Cap Ferrat, 71 bd du Gén.-de-Gaulle (au Cap-Ferrat) - ✆ 04 93 76 50 27 - www.fourseasons.com/fr/capferrat/ - Ouvert 1er mars-30 nov.*

La Table du Royal

CUISINE MÉDITERRANÉENNE • ÉLÉGANT XXX Imaginez un peu : assis sur la terrasse, vous profitez de la mer à perte de vue. Sur un guéridon voisin, on est en train de découper l'un des superbes poissons du jour - turbot, loup - ou encore une belle pièce de bœuf écossais... La carte de saison, les présentations dans l'air du temps : vous allez adorer !

Formule 40 € - Menu 68/100 € - Carte 76/178 €

Plan : A1-m *Hôtel Royal Riviera, 3 av. Jean-Monnet - ✆ 04 93 76 31 00 - www.royal-riviera.com - Fermé de fin-nov. à mi-janv. et le midi de mi-avril à mi-oct.*

La Voile d'Or

CUISINE MODERNE • CLASSIQUE XXX Une cuisine au goût du jour, d'inspiration méditerranéenne, réalisée avec de bons produits - et en particulier les poissons de la pêche locale -, voilà ce qui vous attend ici. La vue depuis la terrasse est superbe ; attention, fermeture à midi pendant l'été.

Menu 49/130 € - Carte 54/138 €

Plan : B2-f *Hôtel La Voile d'Or, 7 av. Jean-Mermoz (au port) - ✆ 04 93 01 13 13 - www.lavoiledor.fr - Ouvert 6 mai-1er oct. et fermé le midi de juin à sept.*

A VILLEFRANCHE-SUR-MER D 6098 MONTE-CARLO B

BAIE DE L'ESPALMADOR
GOLFE DE ST-HOSPICE
Pointe Baratier
Prom. Maurice Rouvier
Bd Dominique Durandy
Av. de Grasseuil
Pointe Rompa-Talon
Pointe de Passable
Villa Ephrussi-de-Rothschild
Plage de Passable
Pointe Fontettes
Pointe Pilone
VILLA LES CÈDRES
Av. Albert Ier
Bd de la Libération
PORT
Bd du Gal
Pointe St-Hospice
Plage Paloma
Pointe de la Gavinette
Av. Bellevue
de Gaulle
BAIE DES FOSSES
BAIE DES FOSSETTES
Sentier Touristique
Pointe de la Cuisse
Pointe du Colombier
SÉMAPHORE
Pointe de Crau de Nao
ST-JEAN-CAP-FERRAT
Phare
Pointe Causiniere
Pointe Malalongue
Cap Ferrat
0 300 m
A B
1 2

Club Dauphin

CUISINE MÉDITERRANÉENNE · ROMANTIQUE XX Viandes et poissons grillés, saveurs méridionales, vue superbe sur la Grande Bleue et magnifique terrasse face à la piscine… Et, pour les clients de l'hôtel, un détail qui a son importance : on accède à ce restaurant par un funiculaire privé !

Carte 80/145 €

Plan : A2-a *Grand Hôtel du Cap Ferrat, 71 bd du Gén.-de-Gaulle (au Cap-Ferrat)*
– ✆ 04 93 76 50 50 – www.fourseasons.com/fr/capferrat
– Ouvert 1er avril-2 oct. et fermé le soir

Jasmin Grill & Lounge

CUISINE MÉDITERRANÉENNE · BRASSERIE X Tout près des flots, au bord de la piscine et presque les pieds dans l'eau… Ce restaurant estival a de quoi séduire ! Les gourmands trouvent leur bonheur dans une carte résolument internationale, avec en particulier quelques plats d'inspiration indienne (réalisés avec un vrai four tandoor!). Belle terrasse.

Menu 41 € – Carte 45/155 €

Plan : A1-m *Hôtel Royal Riviera, 3 av. Jean-Monnet*
– ✆ 04 93 76 31 00 – www.royal-riviera.com
– Ouvert le midi de mi-avril à mi-oct.

Grand Hôtel du Cap Ferrat

PALACE • ÉLÉGANT Époustouflant ! Le parc divin et ses superbes pins parasols, la vue sur la côte tout simplement sublime, le délicieux bassin à débordement, la gourmandise des restaurants, les suites avec leur piscine privée... L'élégance luxueuse d'un grand hôtel mythique, né en 1908. Tout ici est une invitation au farniente !

49 chambres – 320/2950 € 320/2950 € – 24 suites – 48 €

Plan : A2-a *71 bd du Gén.-de-Gaulle (au Cap-Ferrat)*
– 04 93 76 50 50 – www.fourseasons.com/fr/capferrat
– Ouvert 1er mars-30 nov.

Le Cap • **La Véranda** • **Club Dauphin** – voir les restaurants ci-dessus

Royal Riviera

LUXE • PERSONNALISÉ Une bâtisse construite en 1904 et son beau jardin au bord de l'eau. La plupart des chambres – contemporaines et raffinées – donnent sur la Grande Bleue et, dans l'Orangerie, elles adoptent un style atypique, provençal et branché... Plage privée et belle piscine chauffée à l'année. Le charme haut en couleur de la French Riviera !

94 chambres – 290/2225 € 290/2225 € – 3 suites – 40 €

Plan : A1-m *3 av. Jean-Monnet*
– 04 93 76 31 00 – www.royal-riviera.com
– Fermé de fin-nov. à mi-janv.

La Table du Royal • **Jasmin Grill & Lounge** – voir les restaurants ci-dessus

La Voile d'Or

LUXE • CLASSIQUE Ancré sur son rocher, face au port de plaisance, cet hôtel bénéficie d'une situation superbe : une véritable ode à la Méditerranée ! Chambres d'inspiration florentine, piscine d'eau de mer, plage... Une agréable étape.

45 chambres – 395/990 € 485/1200 €

Plan : B2-f *7 av. Jean-Mermoz (au port) – 04 93 01 13 13 – www.lavoiledor.fr*
– Ouvert 4 mai-1er oct.

La Voile d'Or – voir les restaurants ci-dessus

Brise Marine

FAMILIAL • VINTAGE Surplombant une rue calme, cette jolie villa de style italien (1878), chaleureuse et familiale (trois générations s'y sont succédées), possède ce supplément d'âme, propre aux maisons d'hôtes. Les chambres, sobres et bien tenues, donnent pour la moitié côté mer. On prend son petit-déjeuner sur la terrasse, en admirant le jardin en espaliers.

16 chambres – 170/229 € 202/229 € – 16 €

Plan : B2-x *58 av. Jean-Mermoz*
– 04 93 76 04 36 – www.hotel-brisemarine.com
– Ouvert de mars à oct.

ST-JEAN-D'ALCAS

12250 Aveyron – Carte régionale n° **15**-D2
Carte Michelin 338-K7

Le Moulin de Gauty

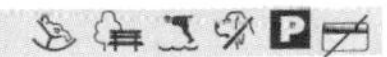

FAMILIAL • PERSONNALISÉ Au fond d'une vallée encaissée – on ne peut aller plus loin –, on quitte sa voiture pour enjamber le cours d'eau par une passerelle et rejoindre cet ancien moulin. Les chambres (dont une familiale) arborant une déco épurée, le petit-déjeuner avec de bons produits régionaux, le joli jardin : tout invite à la quiétude !

4 chambres – 80/110 € 90/136 €

– 05 65 97 51 90 – www.moulindegauty.com
– Fermé janv.

ST-JEAN-D'ANGÉLY

✉ 17400 Charente-Maritime – 7 123 hab. – Alt. 25 m – Carte régionale n° **20**-B2
Carte Michelin 324-G4 – Guide Vert Michelin Poitou-Charentes

Le Scorlion

CUISINE MODERNE • ÉLÉGANT XX Installé dans l'une des ailes de l'ancienne abbaye royale, ce restaurant est désormais le terrain de jeu d'un chef expérimenté, qui a notamment travaillé en Irlande, aux États-Unis et en Australie. Sa cuisine, bien maîtrisée, est rythmée par les saisons ; aux beaux jours, on en profite sur une agréable terrasse, au calme.

Formule 15 € – Menu 27/40 € – Carte 33/54 €

5 r. de l'Abbaye – ✆ 05 46 32 52 61 – www.restaurant-le-scorlion.fr – Fermé 2 semaines fin avril-début mai, 2 semaines en oct., 2 semaines début janv., mardi soir et merc. soir d'oct. à mai, dim. soir et lundi

ST-JEAN-DE-BEAUREGARD – 91 Essonne → Voir Autour de Paris

ST-JEAN-DE-BLAIGNAC

✉ 33420 Gironde – 460 hab. – Alt. 50 m – Carte régionale n° **2**-C1
Carte Michelin 335-K6

Auberge St-Jean (Thomas L'Hérisson)

CUISINE CRÉATIVE • ÉLÉGANT XX Un jeune couple plein d'allant – et justifiant de solides antécédents – préside aux destinées de cette auberge nichée au bord de la Dordogne... et par lui placée sur l'orbite des belles saveurs ! Au programme : un menu qui marie avec finesse ingrédients d'ici et influences d'ailleurs...

→ Raviole de langoustine colorée à l'encre de seiche, bisque façon thaï. Suprêmes de pigeon rôti, les cuisses cuites longuement, garniture de saison. Poire pochée, crémeux gianduja et caramel aux épices.

Formule 42 € – Menu 58/70 €

8 r. du Pont – ✆ 05 57 74 95 50 – www.aubergesaintjean.com
– Fermé 19 fév.-7 mars, 21 août-5 sept., mardi sauf le midi de mars à oct., dim. soir et merc.

ST-JEAN-DE-BRAYE – 45 Loiret → Voir Orléans

ST-JEAN-DE-LINIÈRES – 49 Maine-et-Loire → Voir Angers

ON AIME...

L'ambiance familiale et la cuisine ultra-fraîche de **Chez Mattin**, à Ciboure : enthousiasmant ! **Ilura**, une table créative idéalement perchée sur la falaise, face à l'océan. Enfin, le retour en grâce du **Brouillarta**, institution locale reconvertie en bistrot moderne.

ST-JEAN-DE-LUZ

✉ 64500 Pyrénées-Atlantiques - 13 431 hab. - Alt. 3 m - Carte régionale n° **2**-A3
Carte Michelin 342-C4 - Guide Vert Michelin Pays Basque et Navarre

Restaurants

✿ L'Océan

CUISINE MODERNE • ÉLÉGANT XXX Dans le cadre mythique du Grand Hôtel, on se régale d'une cuisine volontiers marine, iodées et savoureuse, où poissons et crustacés occupent une place de choix. Formule plus simple à midi, dans une veine de bistrot haut de gamme. Et toujours une splendide terrasse sur l'océan !
➜ Cuisine du marché

Menu 80/105 € - Carte 75/100 €

Plan : B1-d *43 bd Thiers - ✆ 05 59 26 35 36 - www.luzgrandhotel.fr - Fermé le midi*

✿ Le Kaïku (Nicolas Borombo)

CUISINE MODERNE • COSY XX Au cœur de la station, on se réfugie avec plaisir dans ce restaurant cosy et élégant, qui s'abriterait dans la plus ancienne maison de la cité (16e s.). Rien de vieux cependant à la carte : Nicolas Borombo signe une belle cuisine, originale et raffinée, qui valorise les produits régionaux. Du beau travail... et un régal !
➜ Langoustines "pêche au casier" rôties, émulsion coco et citron vert. Cochon façon teriyaki et chou pak-choï. L'instant citron.

Menu 36 € (déj. en semaine)/72 € - Carte 75/95 €

Plan : A2-x *17 r. de la République - ✆ 05 59 26 13 20 - www.kaiku.fr - Fermé 8-24 janv., 25 juin-1er juil., dim. de juil. à sept., mardi et merc. d'oct. à juin*

Les Lierres

CUISINE MODERNE • BOURGEOIS XXX La table de l'hôtel Parc Victoria est à l'image de l'établissement : raffinée et élégante. Dans la salle Art déco ou au bord de la piscine, on savoure une cuisine bien en prise avec son époque. Carte plus simple le midi (grillades, salades).

Menu 53/83 € - Carte 79/97 €

Hors plan *Hôtel Parc Victoria, 5 r. Cépé, par bd Thiers et rte du Quartier du Lac - ✆ 05 59 26 78 78 - www.parcvictoria.com - Ouvert 15 mars-14 nov. et fermé mardi midi et merc. midi hors saison*

Ilura

CUISINE MODERNE • COSY XX Au sein de l'hôtel La Réserve situé sur les hauteurs de St-Jean-de-Luz, avec une superbe terrasse en surplomb de l'Océan, cette table élégante promet un joli moment de gastronomie. Fraîcheur et qualité des produits, justesse et créativité des recettes : une belle interprétation du terroir basque.

Formule 29 € - Menu 45 € (déj. en semaine)/75 € - Carte 52/78 €

Hors plan *Hôtel La Réserve, 1 av. Gaëtan-de-Bernoville (rd-pt Ste-Barbe), 2 km au Nord par bd Thiers - 05 59 51 32 00 - www.hotel-lareserve.com - Ouvert 26 mars-11 nov. et fermé dim. soir et lundi sauf du 15 juin au 15 sept.*

Zoko Moko

CUISINE MODERNE • CONVIVIAL XX Dans l'ancien quartier de pêcheurs de la ville, cette table est bien connue des Luziens. On y propose une jolie cuisine actuelle dans un décor élégant et convivial, ou sur la petite terrasse.

Formule 20 € - Menu 26 € (déj.), 45/77 € - Carte environ 52 €

Plan : A2-a *6 r. Mazarin - 05 59 08 01 23 - www.zoko-moko.com - Fermé 13-21 mars, 27 nov.-5 déc., dim. soir d'oct. à juin et lundi*

Le Brouillarta

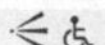

CUISINE MODERNE • SIMPLE X Son nom évoque une "entrée maritime subite, accompagnée de nuages qui obscurcissent le ciel". C'est ici, le long de la promenade, que vous découvrirez ce sympathique restaurant ; son chef, sommelier de formation, signe une cuisine créative, actuelle, d'une grande fraîcheur. Le Brouillarta peut menacer, il ne nous empêchera pas d'en profiter !

Menu 25 € (déj. en semaine), 39/52 €

Plan : A1-v *48 promenade Jacques-Thibaud - 05 59 51 29 51 - www.restaurant-lebrouillarta.com - Fermé mi-nov.-mi déc., janv., lundi et mardi*

Olatua

CUISINE MODERNE • CONVIVIAL X Olatua, c'est la "houle" en basque... et voilà bien, en effet, une adresse toujours en mouvement, largement fréquentée par les Luziens qui apprécient son bon rapport qualité-prix. La carte revisite les classiques de la cuisine basque avec simplicité et goût.

Menu 25 € - Carte 28/49 €

Plan : B1-m *30 bd Thiers - 05 59 51 05 22 - www.olatua.fr - Fermé de fin nov. à mi-déc., lundi et mardi*

Petit Grill Basque - Chez Maya

CUISINE BASQUE • RUSTIQUE X Incontournable, cette auberge basque ! Fresques et assiettes de Louis Floutier, cuivres, amusant système de ventilation manuelle et... plats régionaux dans toute leur authenticité.

Menu 23/33 € - Carte 35/50 €

Plan : A1_2-u *2 r. St-Jacques - 05 59 26 80 76 - Fermé 20 déc.-25 janv., lundi midi, jeudi midi et merc.*

Hôtels & maisons d'hôtes

Grand Hôtel Thalasso & Spa

LUXE • ÉLÉGANT Élevé en 1909 face à l'océan, cet hôtel balnéaire de la Belle Époque séduit par ses chambres haut-de-gamme, très confortables, entièrement rénovées en 2015 dans un style contemporain. Au sous-sol, bel espace de thalassothérapie (1000 m2) zen et cosy.

52 chambres - †160/1584 € ††160/1584 € - 8 suites - 29 €

Plan : B1-d *43 bd Thiers - 05 59 26 35 36 - www.luzgrandhotel.fr*

L'Océan - voir les restaurants ci-dessus

Parc Victoria

LUXE • ART DÉCO Cette villa fin 19es. et ses annexes nichent dans un parc luxuriant et très fleuri. Les chambres cultivent un superbe esprit Art déco : ce charme historique séduit et la piscine est superbe !

14 chambres – 🚹195/445 € 🚹🚹245/635 € – 6 suites – ☕ 23 €

Hors plan *5 r. Cépé, par bd Thiers et rte du Quartier du Lac – ✆ 05 59 26 78 78 – www.parcvictoria.com – Ouvert 15 mars-14 nov.*

🍴 **Les Lierres** – voir les restaurants ci-dessus

La Réserve

TRADITIONNEL • ÉLÉGANT Au faîte des falaises de la pointe Ste-Barbe, à l'écart de la station, cette Réserve domine superbement l'Océan, que l'on observe à loisir en se promenant dans le grand jardin ou de la piscine à débordement... Vue sur les flots également de la majorité des chambres, confortables et cossues. L'Atlantique est à vous !

37 chambres – 🚹115/300 € 🚹🚹115/450 € – 4 suites – ☕ 18 €

Hors plan *1 av. Gaëtan-de-Bernoville (rd-pt Ste-Barbe), 2 km au Nord par bd Thiers – ✆ 05 59 51 32 00 – www.hotel-lareserve.com – Ouvert 26 mars-11 nov.*

🍴 **Ilura** – voir les restaurants ci-dessus

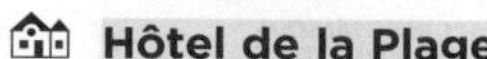

Hôtel de la Plage

FAMILIAL • FONCTIONNEL Comme son nom l'indique, cette grande bâtisse de style régional borde l'Océan. Cadre actuel et fonctionnel dans les chambres ouvrant en majorité sur la plage.

28 chambres – 99/189 € 99/189 € – 12 €

Plan : A1-a *48 promenade Jacques-Thibaud – 05 59 51 03 44 – www.hoteldelaplage.com – Ouvert 9 fév.-11 nov. et 21 déc.-6 janv.*

La Devinière

FAMILIAL • CLASSIQUE Tableaux, bibelots, photos, tentures et livres anciens participent au charme de cette maison basque. Côté jardin – lequel est très fleuri – les chambres ouvrent sur un balcon... idéal pour conter fleurette. Salle à manger familiale pour le petit-déjeuner.

8 chambres – 120/160 € 120/160 € – 12 €

Plan : B1-f *5 r. Loquin – 05 59 26 05 51 – www.hotel-la-deviniere.com*

Les Almadies

FAMILIAL • FONCTIONNEL Décor soigné dans ce charmant petit hôtel mêlant touches design et mobilier rustique. Chambres impeccables, terrasse fleurie.

7 chambres – 85/135 € 85/135 € – 13 €

Plan : B2-x *58 r. Gambetta – 05 59 85 34 48 – www.hotel-les-almadies.com – Fermé 11-22 mars*

Maison Tamarin

MAISON DE CAMPAGNE • ÉLÉGANT Il est des destins originaux... À l'image de celui du propriétaire dont les parents, originaires d'Écosse, sont tombés amoureux de la région en faisant du stop ! De la villa basque qu'ils ont construite, près de la plage, leur fils a fait un bien joli lieu de villégiature. Préférez les chambres avec vue sur l'Océan.

5 chambres – 100/130 € 120/300 €

Hors plan *chemin de Kokotia (rte des plages), 2,5 km au Nord – 05 59 47 59 60 – www.maisontamarin.com – Fermé déc. et janv.*

à Urrugne 4 km au Sud par D810 – 64122 – 9 304 hab. – Alt. 34 m

Ferme Lizarraga

CUISINE MODERNE • COSY X Dans un bel environnement naturel – *lizarraga* signifie "forêt de frênes" en basque –, une ferme du 17e s. au caractère préservé, à la fois chic et champêtre. Le chef (ancien du Zoko Moko, à St-Jean-de-Luz) offre ici une version revisitée de la cuisine du marché : on en profite en terrasse, à l'ombre d'un noyer centenaire... Délicieux, tout simplement.

Formule 15 € – Menu 19 € (déj. en semaine)/49 € – Carte 37/49 €

chemin de Lizarraga – 05 59 47 03 76 – www.lizarraga.fr – Fermé 11-28 fév., 13-21 nov., lundi et mardi

Château d'Urtubie

HISTORIQUE • PERSONNALISÉ Sur la route de l'Espagne, ce château fort du 14e – remanié au cours des siècles – est la propriété de la même famille depuis 24 générations ! Aujourd'hui musée et hôtel, il abrite des chambres de caractère, garnies de mobilier ancien.

9 chambres – 90/170 € 95/175 € – 12 €

1 r. B.-de-Coral – 05 59 54 31 15 – www.chateaudurtubie.fr – Ouvert 28 avril-1er nov.

à Ciboure 1 km à l'Ouest par D912 – 64500 – 6 630 hab. – Alt. 3 m

L'Ephémère

CUISINE MODERNE • CONVIVIAL XX Voiles d'acier, murs gris métallisé, vaisselle design : la version moderniste du style nautique. La cuisine est tendance, foisonnante de saveurs et de contrastes – avec par exemple un très original dessert sans sucre. Un conseil d'ami : essayez la petite carte du bistrot, proposée midi et soir !

Menu 45 € – Carte 29/50 €

Plan : A2-y *15 quai Maurice-Ravel – 05 59 47 29 16 – www.lephemere-ciboure.fr – Fermé lundi midi et mardi midi en saison, mardi et merc. hors saison*

Chez Mattin

CUISINE BASQUE • RUSTIQUE X Ambiance très familiale dans cette maison de pays rustique à souhait (poutres, cuivres...). Spécialités basques et suggestions au gré du marché, pour une cuisine spontanée, qui étonne et détonne. Le poisson est à l'honneur et c'est un vrai bonheur !

Carte 40/55 €

Plan : A2-v *63 r. E.-Baignol - 05 59 47 19 52 - www.chezmattin.fr - Fermé mars, 1 semaine en juin, 13-19 nov. , dim. et lundi*

à Socoa 3 km à l'Ouest par D912 - 64122

Pantxua

CUISINE BASQUE • AUBERGE XX Tableaux basques et tresses de piments dans la salle ; agréable vue sur la baie dans la véranda ou sur la terrasse. Dans l'assiette, les poissons frais ont le beau rôle.

Menu 23 € (semaine) - Carte 36/65 €

au port de Socoa - 05 59 47 13 73 - Fermé 2 semaines en janv., 2 semaines en nov., lundi soir et mardi hors saison

ST-JEAN-DE-MAURIENNE

73300 Savoie - 7 889 hab. - Alt. 556 m - Carte régionale n° **25**-F2
Carte Michelin 333-L6 - Guide Vert Michelin Alpes du Nord

Le Gavroche

CUISINE MODERNE • FAMILIAL X Un Gavroche bien sympathique, ce restaurant, à l'image du personnage de Victor Hugo. Le chef signe une cuisine créative, en perpétuelle évolution, avec le souci constant de s'améliorer et de se renouveler. Le pari est gagné : la table est très appréciée dans la région.

Formule 19 € - Menu 29 € (dîner), 39/49 € - Carte 39/60 €

44 pl. du Marché - 04 79 20 49 30 - www.restaurant-le-gavroche.com - Fermé 28 avril-7 mai, 12-27 nov., 8-18 janv. et lundi

ST-JEAN-DE-MONTS

85160 Vendée - 8 485 hab. - Alt. 16 m - Carte régionale n° **18**-A3
Carte Michelin 316-D7 - Guide Vert Michelin Pays de la Loire

Le Robinson

CUISINE TRADITIONNELLE • ÉLÉGANT XX Huitres chaudes "Vendée atlantique", fricassé de ris de veau braisé... Dans l'assiette de ce Robinson, on découvre une sympathique cuisine traditionnelle, un brin actualisée, qui privilégie les produits iodés. Pas sûr que l'on trouve tout cela sur une île déserte !

Formule 17 € - Menu 20/35 € - Carte 32/52 €

Hôtel Le Robinson, 28 bd du Gén.-Leclerc - 02 51 59 20 20 - www.hotel-lerobinson.com - Ouvert 3 fév.-25 nov.

Atlantic Thalasso

SPA ET BIEN-ÊTRE • FONCTIONNEL Confort et douceur dans cet hôtel, à deux pas de la plage, du golf et du centre de thalasso. Les chambres disposent toutes d'un balcon.

47 chambres - 77/184 € 77/184 € - 14 €

16 av. des Pays-de-Monts - 02 51 59 15 15 - www.atlantic-thalasso-hotel.com

L'Espadon

TRADITIONNEL • BORD DE MER Sur une avenue reliant la plage au bourg, cet hôtel offre des chambres fonctionnelles, confortables, climatisées... la plupart avec balcon. Cuisine iodée au restaurant.

27 chambres - 62/150 € 62/150 € - 10 €

8 av. de la Forêt - 02 51 58 03 18 - www.hotel-espadon.com

Le Robinson

FAMILIAL • CONTEMPORAIN En retrait des plages, cet hôtel permet de se loger confortablement et à bon prix. Les chambres, entièrement rénovées il y a quelques années, sont agréables et fonctionnelles ; pour les inconditionnels de sport, il y a la piscine intérieure et la petite salle de musculation.

58 chambres – 65/128 € 65/128 € – 11 €

28 bd du Gén.-Leclerc
– 02 51 59 20 20 – www.hotel-lerobinson.com
– Ouvert 3 fév.-25 nov.

Le Robinson – voir les restaurants ci-dessus

ST-JEAN-DU-BRUEL

12230 Aveyron – 652 hab. – Alt. 520 m – Carte régionale n° **15**-D2
Carte Michelin 338-M6

Midi-Papillon

CUISINE TRADITIONNELLE • CLASSIQUE Au bord de la Dourbie, une maison romantique où la famille Papillon choie ses hôtes depuis 1850... On produit presque tout sur place : légumes, fruits, lapins, volailles – sans oublier les cochons de la ferme voisine (délicieuses charcuteries) et les cèpes des bois alentour. Conclusion : une savoureuse cuisine du terroir !

Menu 15 € (semaine), 20/37 € – Carte 25/50 €

17 chambres – 40/75 € 40/75 € – 1 suite – 8 €

pl. du Manège
– 05 65 62 26 04 – www.hoteldumidipapillon.fr
– Ouvert 1er avril-12 nov.

ST-JEAN-PIED-DE-PORT

64220 Pyrénées-Atlantiques – 1 553 hab. – Alt. 159 m – Carte régionale n° **2**-B3
Carte Michelin 342-E6 – Guide Vert Michelin Pays Basque et Navarre

Les Pyrénées (Philippe Arrambide)

CUISINE CLASSIQUE • FAMILIAL Une institution à St-Jean-Pied-de-Port. Dans le décor comme dans l'assiette, ces Pyrénées cultivent le goût du Pays basque avec délicatesse et finesse. Renouvelées sur le fondement de produits de grande qualité, les assiettes sont pleines d'allure.

→ Terrine chaude de cèpes aux girolles, piment vert et chips de jambon. Pigeon rôti au lard, pressé de chou vert, crème de pomme de terre et ail confit. Soufflé chaud au fruit de la passion, sorbet kiwi-mangue.

Formule 29 € – Menu 42/110 € – Carte 80/115 €

Hôtel Les Pyrénées, 19 pl. Ch.-de-Gaulle
– 05 59 37 01 01 – www.hotel-les-pyrenees.com
– Fermé 11 nov.-1er déc., 6 janv.-8 fév., lundi de nov. à mars et mardi du 20 sept. au 30 juin sauf fériés

Les Pyrénées

FAMILIAL • FONCTIONNEL Au cœur de ce joli village – dernière étape française pour les pèlerins de Compostelle –, ce relais de poste jouit d'un jardin luxuriant (avec piscine) et abrite des chambres sobres et modernes, bien confortables. Une bonne étape avant l'Espagne !

14 chambres – 105/165 € 185/255 € – 4 suites – 17 €

19 pl. Ch.-de-Gaulle
– 05 59 37 01 01 – www.hotel-les-pyrenees.com
– Fermé 11 nov.-1er déc., 6 janv.-8 fév., lundi de nov. à mars et mardi du 20 sept. au 30 juin sauf fériés

Les Pyrénées – voir les restaurants ci-dessus

à Aincille 5 km au Sud par D401 – ✉ 64220 – 118 hab. – Alt. 253 m

Pecoïtz

CUISINE DU TERROIR • AUBERGE Une auberge typique – façade blanche et volets rouges – dans ce village cerné par les montagnes et le vignoble d'Irouléguy. À l'unisson du paysage, la carte respire la générosité du terroir basque : ris d'agneau aux cèpes; asperges blanches rôties ; croustade aux pommes... Quelques chambres pour l'étape.

Menu 17 € (semaine), 25/35 € – Carte 25/37 €

9 chambres – 60/65 € 60/70 € – 6 €

rte d'Iraty

– ✆ 05 59 37 11 88 – www.hotel-pecoitz-pays-basque.com

– Fermé 1er janv.-12 mars, merc. soir et jeudi d'oct. à avril

ST-JOACHIM

✉ 44720 Loire-Atlantique – 3 929 hab. – Alt. 5 m – Carte régionale n° **18**-A2
Carte Michelin 316-C3 – Guide Vert Michelin Pays de la Loire

La Mare aux Oiseaux (Eric Guérin)

CUISINE CRÉATIVE • ÉLÉGANT Totalement immergé dans son terroir, Éric Guérin le réinterprète de superbe façon. Avec des ingrédients de premier choix, il compose une cuisine "nature" qui a de la personnalité, de l'allure, de la délicatesse, de la fraîcheur... et confine même à la poésie par instants. Le charme des lieux, la gentillesse et l'efficacité de l'accueil font le reste !

→ Fondant de poisson blanc, écrevisses et petits pois, confiture de boudin noir. Poitrine de cochon confite et homard breton, framboise et livèche. Crème caramel à la fleur de sel de Guérande, nuage de lait et vanille de Madagascar.

Menu 55 € (déj. en semaine), 78/110 € – Carte 80/95 €

223 r. du Chef-de-l'Île-Fedrun

– ✆ 02 40 88 53 01 – www.mareauxoiseaux.fr

– Fermé 9 janv.-2 fév., lundi sauf le soir d'avril à sept. et mardi du 1er oct. au 15 avril

La Mare aux Oiseaux

MAISON DE CAMPAGNE • PERSONNALISÉ Dispersées en plusieurs endroits de la propriété (chaumière principale, maisons sur pilotis), les chambres sont douillettes et confortables ; dans les plus récentes, spacieuses et contemporaines, une partie du mobilier provient des nombreux voyages d'Éric Guérin. Espace bien-être avec jacuzzi et sauna.

13 chambres – 95/305 € 155/305 € – 2 suites – 20 €

223 r. du Chef-de-l'Île-Fedrun

– ✆ 02 40 88 53 01 – www.mareauxoiseaux.fr

– Fermé 9 janv.-2 fév., lundi et mardi du 1er oct. au 15 avril

La Mare aux Oiseaux – voir les restaurants ci-dessus

ST-JOUAN-DES-GUÉRETS

✉ 35430 Ille-et-Vilaine – 2 609 hab. – Alt. 31 m – Carte régionale n° **5**-D1
Carte Michelin 309-K3

La Malouinière des Longchamps

TRADITIONNEL • FONCTIONNEL Idéal pour un séjour reposant et champêtre ! Cette ancienne ferme et ses dépendances disposent de chambres confortables et bien tenues. Jardin fleuri, piscine, espace beauté et bien-être.

9 chambres – 79/238 € 79/238 € – 14 €

1,5 km à l'Est par D204

– ✆ 02 99 82 74 00 – www.hotel-spa saintmalo.com

– Fermé 2 janv.-15 fév.

ST-JOUIN-BRUNEVAL

✉ 76280 Seine-Maritime – 1 884 hab. – Alt. 110 m – Carte régionale n° **17**-C1
Carte Michelin 304-A4

Le Belvédère

CUISINE TRADITIONNELLE · CONVIVIAL XX Délicieux croustillant de camembert fermier chaud, ou encore cabillaud rôti au four... Le chef, en vrai artisan, respecte ses produits. Le tout avec une vue à couper le souffle sur les falaises et le grand large. Mer à l'horizon !

Menu 26 € (semaine), 36/46 € – Carte 45/68 €

rte du Belvédère – ✆ 02 35 20 13 76 – www.restaurant-lebelvedere.com – Fermé 2 janv.-10 fév. et le soir du lundi au jeudi

ST-JULIEN-CHAPTEUIL

✉ 43260 Haute-Loire – 1 889 hab. – Alt. 815 m – Carte régionale n° **3**-C3
Carte Michelin 331-G3 – Guide Vert Michelin Lyon Drôme Ardèche

Vidal

CUISINE DU TERROIR · ÉLÉGANT XXX Après un beau parcours (Guérard, Roth, Ducasse à Londres, Boulud à New York), le fils Vidal a rejoint son père aux fourneaux de la maison familiale. Le résultat est enthousiasmant : dressages soignés, recettes pleines de fraîcheur et de peps, comme avec ce maquereau mariné aux agrumes, ou ce saucisson poché aux cèpes... Accueil charmant.

Menu 32/80 € – Carte 64/74 €

18 pl. du Marché – ✆ 04 71 08 70 50 – www.restaurant-vidal.com – Fermé 1 semaine en juil., 1 semaine en sept., de mi-janv. à mi-fevrier, mardi soir hors saison, dim. soir et lundi

ST-JULIEN-DU-SAULT

✉ 89330 Yonne – 2 388 hab. – Alt. 82 m – Carte régionale n° **4**-A1
Carte Michelin 319-C3 – Guide Vert Michelin Bourgogne

Les Bons Enfants

CUISINE MODERNE · COSY XX Ce ravissant endroit du cœur de la cité doit tout à son propriétaire, ancien imprimeur pétri de culture gastronomique, qui réveille la gourmandise au gré d'assiettes aux accents canailles, débordantes de saveurs. Le terroir a rarement eu aussi brillant ambassadeur.

Formule 19 € – Menu 22 € (déj. en semaine)/33 € – Carte 29/37 €

4 pl. de l'Hôtel de Ville – ✆ 03 86 91 17 38 – Fermé 25 juin-8 juil., 3-9 sept., 7-27 janv., dim. soir, lundi et mardi

ST-JULIEN-EN-CHAMPSAUR

✉ 05500 Hautes-Alpes – 347 hab. – Alt. 1 050 m – Carte régionale n° **21**-C1
Carte Michelin 334-E5

Les Chenets

CUISINE TRADITIONNELLE · FAMILIAL XX Agréable, ce restaurant d'un petit village du Champsaur ! Aux commandes, un chef adepte du fait maison, dans le droit fil de la tradition et des spécialités du terroir. Bons points aussi pour l'accueil et le service, sympathiques et attentionnés. Sans oublier le cadre, avenant et soigné.

Menu 24/40 € – Carte 37/53 €

Le village – ✆ 04 92 50 03 15 – www.les-chenets.com – Fermé 9 avril-5 mai, 2 nov.-28 déc., dim. soir et jeudi hors saison

ST-JULIEN-EN-GENEVOIS

✉ 74160 Haute-Savoie – 13 253 hab. – Agglo. 170 863 hab. – Alt. 460 m – Carte régionale n° **25**-F1
Carte Michelin 328-J4

Les Cocottes Porte de Genève

CUISINE TRADITIONNELLE • BISTRO Ce restaurant (situé dans un casino) propose une cuisine traditionnelle gourmande, servie dans une décoration de style bistrot, sur le modèle des autres "Cocottes" (œuf mimosa de "Mamie Constant", tarte au chocolat etc.).

Formule 24 € – Carte 34/55 €

rte d'Annecy (au casino) – 04 50 49 61 07 – www.maisonconstant.com

à Bossey 7 km à l'Est par D1206 – 74160 – 912 hab. – Alt. 438 m

La Ferme de l'Hospital (Jean-Jacques Noguier)

CUISINE MODERNE • ÉLÉGANT Ne vous fiez pas au caractère imposant de cette ferme (ancienne propriété de l'hôpital de Genève), l'intérieur est vraiment chaleureux. Le chef ne travaille que de beaux produits, sur des bases traditionnelles, mais il sait y apporter une note d'exotisme culinaire. On en sort comblé !

→ Raviolis de foie gras, poularde, truffe et cèpe, cappuccino des bois. Omble chevalier du lac Léman, lait de verveine et sucs de volaille. Soufflé chaud à la Chartreuse, crème glacée de gruyère.

Menu 38 € (déj. en semaine), 62/92 € – Carte 100/120 €

rte du golf – 04 50 43 61 43 – www.ferme-hospital.com – Fermé 11-25 fév., 29 juil.-15 août, dim. et lundi

ST-JULIEN-EN-VERCORS

26420 Drôme – 249 hab. – Alt. 905 m – Carte régionale n° **23**-C2
Carte Michelin 332-F3

Café Brochier

CUISINE TRADITIONNELLE • VINTAGE Une institution dans ce village de 200 âmes, reprise en 2014 par un chef qui délaissa l'événementiel pour l'essentiel, la gastronomie ! Tête de veau sauce gribiche, omble chevalier au beurre blanc : son travail, fondé sur le produit frais, est généreux et bon – tout simplement !

Formule 24 € – Menu 29 €

3 chambres – 60/75 € 60/75 € – 8,50 €

pl. du Village – 04 75 48 20 84 – www.cafebrochier.com – Fermé 3 semaines en avril, 1er-30 nov., merc. hors saison et mardi

ST-JULIEN-SUR-CHER

41320 Loir-et-Cher – 772 hab. – Alt. 110 m – Carte régionale n° **6**-C2
Carte Michelin 318-H8

Les Deux Pierrots

CUISINE TRADITIONNELLE • RUSTIQUE Feuilleté d'escargots à la crème d'ail, terrine de foies de volaille, rognons de veau à la moutarde... Dans cette auberge de village, rustique à souhait, on ne plaisante pas avec la tradition. Ici, tout est fait maison et les légumes proviennent du potager. Difficile de faire plus authentique !

Menu 32 € /45 €

9 r. Nationale – 02 54 96 40 07 – Fermé août, dim. soir, lundi et mardi

ST-JUNIEN

87200 Haute-Vienne – 11 196 hab. – Alt. 240 m – Carte régionale n° **13**-A2
Carte Michelin 325-C5 – Guide Vert Michelin Limousin Berry

Le Relais de Comodoliac

CUISINE TRADITIONNELLE • COSY Plats du terroir et viande limousine : tout l'esprit d'une cuisine généreuse et savoureuse, réalisée avec savoir-faire. Le cadre, contemporain et de bon goût, ajoute au plaisir du repas !

Formule 16 € – Menu 18 € (semaine), 29/41 € – Carte 43/70 €

– 05 55 02 27 26 – www.comodoliac.fr – Fermé 26 déc.-3 janv. et dim. soir

Le Relais de Comodoliac

FAMILIAL • FONCTIONNEL Un hôtel bien situé, tout près de la route mais néanmoins au calme, dans un joli jardin. Les chambres, d'esprit contemporain, sont agréables et impeccablement tenues.

29 chambres – 70/80 € 85/95 € – 12 €

22 av. Sadi-Carnot – 05 55 02 27 26 – www.comodoliac.fr
– Du 26 déc. au 2 janv.

Le Relais de Comodoliac – voir les restaurants ci-dessus

au Sud 2 km par rte de Rochechouart, D675 et rte secondaire – 87200 St-Junien :

Lauryvan

CUISINE MODERNE • COSY XX Dans le cadre verdoyant d'un petit bois tout proche de la Vienne, on profite d'une cuisine moderne et inventive, réglée sur les saisons. L'été, on pourra même s'installer sur la jolie terrasse pour profiter de la vue sur l'étang...Un régal.

Menu 41/75 € – Carte 50/80 €

200 allée du Bois-au-Bœuf
– 05 55 02 26 04 – www.lauryvan.fr
– Fermé 27 août-10 sept., merc. soir, dim. soir et lundi

ST-JUSTIN

40240 Landes – 985 hab. – Alt. 90 m – Carte régionale n° **2**-B2
Carte Michelin 335-J11 – Guide Vert Michelin Aquitaine

Hôtel de France

CUISINE TRADITIONNELLE • FAMILIAL X Une belle maison gasconne s'ouvrant sur les arcades de la place médiévale, où l'on s'installe en terrasse en saison. Deux salles, deux formules : d'un côté, esprit bistrotier et petite ardoise du terroir (boudin maison, millassou landais, etc.) ; de l'autre, âme bourgeoise et authentique cuisine de tradition.

Menu 19 € (semaine)/39 € – Carte 31/48 €
8 chambres – 48/75 € 65/95 € – 8,50 €

21 pl. des Tilleuls
– 05 58 44 83 61 – www.hotel-saintjustin.com
– Fermé 22 déc.-8 janv., dim. soir et lundi

ST-JUST-ST-RAMBERT

42170 Loire – 14 448 hab. – Alt. 380 m – Carte régionale n° **23**-A2
Carte Michelin 327-E7 – Guide Vert Michelin Lyon et sa région

Gare & Gamel

CUISINE TRADITIONNELLE • CONVIVIAL X L'ancien Neuvième Art (déménagé à Lyon) est devenue une brasserie contemporaine et conviviale. La carte courte décline une cuisine traditionnelle, à l'instar de ce lapin en gelée, aux herbes de mon jardin. Les produits locaux ont aussi la part belle : en saison, on se régale d'un faux-filet de bœuf fin-gras du Mézenc.

Formule 12 € – Menu 16 € (déj. en semaine)/30 €
– Carte 37/48 €

pl. du 19 mars-1962
– 04 77 06 51 05 – www.gare-gamel.fr
– Fermé lundi soir, mardi soir, merc. soir et dim.

ST-LARY-SOULAN

65170 Hautes-Pyrénées – 873 hab. – Alt. 820 m – Carte régionale n° **15**-A3
Carte Michelin 342-N8

La Grange

CUISINE TRADITIONNELLE • RUSTIQUE XX Sur la route d'Autun, cette ancienne grange est aujourd'hui un restaurant chic et chaleureux, où règne une ambiance montagnarde. Dans l'assiette, une cuisine goûteuse et soignée, réalisée avec de beaux produits régionaux : tapas du terroir, côte de porc noir de Bigorre aux morilles... Une belle adresse.

Formule 15 € – Menu 26/44 € – Carte 40/54 €

3 rte d'Autun – ✆ 05 62 40 07 14 – www.restaurant-saint-lary.com – Fermé fin avril-début mai, fin oct. à début déc., mardi et merc. sauf le soir en saison

La Pergola

CUISINE MODERNE • CONVIVIAL XX Le restaurant la Pergola propose une carte simple et alléchante, où la traçabilité des produits, essentiellement régionaux, n'a d'égal que le plaisir que le chef prend à les travailler... et le nôtre à les déguster !

Menu 15 € (déj.), 18/50 € – Carte 23/44 €

Hôtel Mir, 25 r. Vincent-Mir – ✆ 05 62 39 40 46

Mir

FAMILIAL • CLASSIQUE Paisible maison dans un jardin, avec d'élégantes chambres de style contemporain, orientées au sud et ouvertes sur les cimes. Décor traditionnel et cuisine actuelle au restaurant.

20 chambres – †55/100 € ††78/155 € – ☕ 11 €

25 r. Vincent-Mir – ✆ 05 62 39 40 46

La Pergola – voir les restaurants ci-dessus

Aurélia

FAMILIAL • MONTAGNARD Près des thermes, un hôtel familial prisé pour ses installations de loisirs, sa piscine et son fitness. Chambres simples et bien tenues, mansardées au 3e étage. Au restaurant, cuisine traditionnelle modernisée.

20 chambres – †49/53 € ††58/68 € – ☕ 8,50 €

à Vielle-Aure, par D116 et D19 – ✆ 05 62 39 56 90 – www.hotel-aurelia.com – Fermé 1er oct.-14 déc.

Neste de Jade

URBAIN • CONTEMPORAIN Plateaux en bois brut et structure métallique : cet hôtel situé en bordure de rivière, proche de la télécabine, a choisi le créneau "montagne chic"... et c'est réussi ! Certaines chambres sont mansardées.

19 chambres – †69/109 € ††79/139 € – ☕ 10 €

lieu-dit Graouès – ✆ 05 62 39 42 79 – www.hotelnestedejade.com – Ouvert 15 juin-15 sept. et 5 déc.-30 avril

à Azet 6 km à l'Est par D116 – ✉ 65170 – 157 hab. – Alt. 1 172 m

Maison Seignou

FAMILIAL • COSY Au cœur d'un petit village situé au dessus de Saint-Lary, cette jolie maison d'hôtes propose 5 chambres dans un esprit contemporain. Charmant espace bien être et bain nordique chauffé au feu de bois. Possibilité de se restaurer sur place.

5 chambres ☕ – †110 € ††110/150 €

au village – ✆ 05 62 39 19 03 – www.maisonseignou.com – Fermé avril et nov.

Si vous recherchez un hébergement particulièrement agréable pour un séjour de charme, préférez les établissements signalés en rouge : ⌂...⌂⌂⌂.

ST-LAURENT-DE-CERDANS

✉ 66260 Pyrénées-Orientales – 1 142 hab. – Alt. 675 m – Carte régionale n° **12**-B3
Carte Michelin 344-G8

au Sud-Ouest 6,5 km par D3 et rte secondaire – ✉ 66260 St-Laurent-de-Cerdans :

Domaine de Falgos

TRADITIONNEL · COSY Sur la frontière espagnole, une ancienne ferme à plus de 1 000 m d'altitude ! Les chambres y sont spacieuses, cosy, bien équipées et... au grand calme. Les plus : le parcours de golf et le bel espace de remise en forme. Au restaurant, spécialités de brasserie et recettes traditionnelles. Terrasse face aux greens.

25 chambres – 99/149 € 139/229 € – 15 €

– ✆ 04 68 39 51 42 – www.falgos.com – Ouvert de mi-mars à mi-nov.

ST-LAURENT-DES-ARBRES

✉ 30126 Gard – 2 829 hab. – Alt. 60 m – Carte régionale n° **12**-D2
Carte Michelin 339-N4

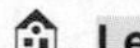

Le Saint-Laurent

TRADITIONNEL · PERSONNALISÉ Sur les hauteurs du village, au cœur d'un dédale de rues, cette ancienne maison de viticulteur distille le charme d'une bonbonnière (meubles anciens, tissus Liberty, toile de Jouy, poutres...). Avec de surcroît un petit espace bien-être et un bassin de nage.

7 chambres – 95/115 € 165/225 € – 3 suites – 12 €

pl. de l'Arbre – ✆ 04 66 50 14 14 – www.lesaintlaurent.net

Felisa

MAISON DE CAMPAGNE · CONTEMPORAIN Une ancienne maison de vigneron (1850) très zen dans sa philosophie ! Massages, yoga, joli jardin, piscine et déco tendance (béton ciré, carreaux de ciment, fauteuils club, etc.).

5 chambres – 130/170 € 130/170 €

6 r. Barris – ✆ 04 66 39 99 84 – www.maison-felisa.com – Fermé 1er janv.-9 fév.

ST-LAURENT-DU-VAR

✉ 06700 Alpes-Maritimes – 29 343 hab. – Alt. 18 m – Carte régionale n° **22**-E2
Carte Michelin 341-E5 – Guide Vert Michelin Côte d'Azur

au Port St-Laurent

Holiday Inn Resort

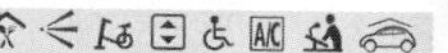

HÔTEL DE CHAÎNE · CONTEMPORAIN Cet hôtel moderne joint l'utile à l'agréable avec ses chambres confortables et son bon emplacement en bord de mer, près du port de plaisance. On peut d'ailleurs profiter de la plage privée et de la belle terrasse les pieds dans le sable ! Préférez les chambres tournées vers les flots.

124 chambres – 99/500 € 99/500 € – 19 €

167 promenade des Flots-Bleus – ✆ 04 93 14 80 00 – www.ihg.com

ST-LAURENT-DU-VERDON

✉ 04500 Alpes-de-Haute-Provence – 91 hab. – Alt. 468 m – Carte régionale n° **21**-C2
Carte Michelin 334-E10

Le Moulin du Château

FAMILIAL · PERSONNALISÉ Dans ce charmant moulin à huile du 17es., l'ancienne meule a toujours sa place dans le décor très soigné ! Farniente au jardin et éthique écologique (citerne d'eau de pluie, produits bio...). Table d'hôte à la provençale (menu unique pour les résidents).

9 chambres – 103/131 € 103/131 € – 1 suite – 10 €

99 chemin d'Albiosc – ✆ 04 92 74 02 47 – www.moulin-du-chateau.com – Ouvert 29 mars-3 nov.

ST-LAURENT-SUR-SAÔNE - 01 Ain ➔ Voir Mâcon

ST-LÉONARD-DE-NOBLAT

✉ 87400 Haute-Vienne - 4 636 hab. - Alt. 347 m - Carte régionale n° **13**-B2
Carte Michelin 325-F5 - Guide Vert Michelin Limousin Berry

Le Relais St-Jacques

CUISINE TRADITIONNELLE • COSY X Ce restaurant honore la bonne cuisine. En "locavore" convaincu, le chef favorise les produits de la région, dont la viande limousine bien sûr. En prime, un bon choix de vins au verre, et une déco moderne de bon ton.

Menu 25 € (semaine), 32/50 € - Carte 35/52 €

9 chambres - 65/90 € 65/90 € - 9 €

6 bd Adrien-Pressemane - 05 55 56 00 25 - www.lerelaissaintjacques.com - Fermé 15 fév.-5 mars, 24 déc.-7 janv., dim. soir et lundi d'oct. à mai

ST-LIEUX-LÈS-LAVAUR

✉ 81500 Tarn - 988 hab. - Alt. 125 m - Carte régionale n° **15**-C2
Carte Michelin 338-C8

Le Colvert

CUISINE MODERNE • RUSTIQUE XX Longtemps, cette charmante maison de 1860, baignée de verdure, a été une boulangerie-épicerie ; aujourd'hui, c'est un repaire gourmand ! Le chef concocte une cuisine du marché au gré des saisons – canard colvert, suprême de pintade farci de brousse et trompettes de la mort –, et réserve de beaux crus pour accompagner ses plats.

Formule 13 € - Menu 15 € (déj. en semaine), 26/50 € - Carte 25/47 €

En Boyer - 05 63 41 32 47 - www.restaurantlecolvert.com - Fermé vacances de la Toussaint, 1er-7 janv., sam. midi, dim. soir et lundi

ST-LIZIER - 09 Ariège ➔ Voir St-Girons

ST-LÔ

✉ 50000 Manche - 19 426 hab. - Alt. 20 m - Carte régionale n° **17**-A2
Carte Michelin 303 F5 - Guide Vert Michelin Normandie Cotentin

Intuition (Mickaël Marion)

CUISINE CRÉATIVE • ÉLÉGANT XX À l'étage de la Brasserie Les Capucines, une table intime et feutrée. Le chef laisse aller sa créativité, et fait mouche : il marie avec subtilité d'excellents produits du terroir normand et des saveurs exotiques. Une table qui ne laisse pas indifférent.

➔ Cuisine du marché.

Formule 20 € - Menu 25 € (déj. en semaine), 39/67 €

1 r. Alsace-Lorraine (1er étage) - 02 33 05 14 91 - www.restaurant-intuition.com - Fermé dim., lundi, mardi et merc.

Brasserie Les Capucines - voir les restaurants ci-dessus

Brasserie Les Capucines

CUISINE TRADITIONNELLE • BRASSERIE X Une salle de brasserie relookée à la mode contemporaine avec son long comptoir, ses mange-debout, ses couleurs actuelles – chocolat, crème et orange... Les plats sont à l'avenant : tartare, huîtres, salades, ou encore le pied de cochon grillé sauce béarnaise ou le paris-brest. Sans prétention, simplement bon !

Formule 15 € - Menu 20 € (déj. en semaine), 22/30 € - Carte 34/47 €

1 r. Alsace-Lorraine - 02 33 05 15 36 - www.brasserie-les-capucines.com - Fermé dim.

Mercure

HÔTEL DE CHAÎNE · FONCTIONNEL À côté de la gare, ce grand bâtiment moderne, récemment rénové, propose des chambres bien tenues ; pour du calme, préférez celles côté remparts.

61 chambres – 90/210 € 90/210 € – 14 €

Plan : A-v *1 av. Briovère – 02 33 05 10 84 – www.mercure-saint-lo.com*

ST-LOUIS

68300 Haut-Rhin – 20 228 hab. – Alt. 250 m – Carte régionale n° **1**-B3
Carte Michelin 315-J11

Le Trianon

CUISINE MODERNE · ÉLÉGANT XXX Ici, tout est finesse et élégance. Le cadre a été entièrement modernisé dans une veine contemporaine ; quant à la cuisine du chef, qui mêle terroir et saveurs d'aujourd'hui, elle se révèle goûteuse et soignée.

Formule 22 € – Menu 32/74 € – Carte 44/61 €

46 r. de Mulhouse – 03 89 67 03 03 – Fermé 31 juil.-16 août, 1er-16 janv., dim. soir, merc. soir et lundi

La Cave

CUISINE MODERNE · CONVIVIAL X En angle de rue, un bistrot chic et contemporain, convivial et chaleureux, où le chef décline des assiettes bistrotières à tendance canaille. Terrine de lapin aux noisettes et pistaches ; rognons, ris et quasi de veau aux légumes et réduction de suc... le tout accompagné d'une belle sélection de vins.

Formule 19 € – Menu 23 € (déj. en semaine) – Carte 37/77 €

Hôtel La Villa K, 10 av. de Bâle – 03 89 70 93 45 – www.bistrotlacave.com

La Villa K

BUSINESS · CONTEMPORAIN Cette belle demeure de maître fut l'élégante "maison Katz", dont le claquant K de la raison sociale perpétue le souvenir. Aujourd'hui, place à un décor mêlant très subtilement l'ancien et le contemporain, dans un esprit zen et design. Espace bien-être.

41 chambres – 95/260 € 105/280 €

10 av. de Bâle – 03 89 70 93 40 – www.lavillak.com

La Cave – voir les restaurants ci-dessus

à Huningue 2 km à l'Est par D469 – 68330 – 7 056 hab. – Alt. 245 m

Philippe Schneider

CUISINE MODERNE · ÉLÉGANT XXX Envie d'un repas dans un cadre feutré ? Optez pour ce restaurant ! Dans une salle élégante et confortable, on apprécie de belles recettes dans l'air du temps. Essayez par exemple cet œuf de poule "Création", ce turbot et risotto au romarin citron et émulsion anis, ou encore ce pigeonnau en croûte... Fameux !

Formule 14 € – Menu 17 € (déj.) – Carte 30/65 €

15 av. de Bâle – 03 89 69 73 05 – www.tivoli.fr – Fermé 24 juil.-14 août, sam. et dim.

Tivoli

URBAIN · FONCTIONNEL À deux pas des frontières suisse et allemande, un hôtel confortable avec des chambres fonctionnelles (dans un style classique ou plus contemporain), et récemment rénovées pour la plupart. Avec, en plus, un agréable bistrot contemporain.

39 chambres – 55/94 € 69/99 € – 10 €

15 av. de Bâle – 03 89 69 73 05 – www.tivoli.fr – Fermé 24 juil.-14 août

Philippe Schneider – voir les restaurants ci-dessus

à Hésingue

4 km à l'Ouest par D419 – ✉ 68220 – 2 616 hab. – Alt. 290 m

Au Bœuf Noir

CUISINE CLASSIQUE • CONVIVIAL XX Les produits frais de qualité rythment la vie de cette maison, de même que la fraîcheur et le goût dans les assiettes : risotto de homard façon paëlla, lièvre à la royale pendant la saison de la chasse... Jolie petite terrasse sur l'arrière, idéale aux beaux jours.

Menu 29 € (déj. en semaine), 40/67 € – Carte 59/83 €

2 r. de Folgensbourg
– ✆ 03 89 69 76 40 – www.auboeufnoir.fr
– Fermé sam. midi, dim. soir et lundi

ST-LOUP-DE-VARENNES – 71 Saône-et-Loire ➜ Voir Chalon-sur-Saône

ST-LUNAIRE – 35 Ille-et-Vilaine ➜ Voir Dinard

ST-LUPERCE – 28 Eure-et-Loir ➜ Voir Chartres

ST-LYPHARD

✉ 44410 Loire-Atlantique – 4 554 hab. – Alt. 12 m – Carte régionale n° **18**-A2
Carte Michelin 316-C3 – Guide Vert Michelin Pays de la Loire

Les Chaumières du Lac et Auberge Les Typhas

TRADITIONNEL • FONCTIONNEL Sur l'une des routes principales de la Brière, plusieurs petits bâtiments construits en 1990 dans un esprit traditionnel (toits de chaume). Chambres simples et classiques. Avis aux courageux : on peut se baigner dans le lac contigu.

20 chambres – †78/120 € ††78/120 € – ☕ 12 €

rte d'Herbignac
– ✆ 02 40 91 32 32 – www.leschaumieresdulac.com
– Fermé 22 déc.-9 janv.

rte de St-Nazaire 3 km au Sud par D47

Auberge le Nézil

CUISINE MODERNE • AUBERGE X Une façade blanche percée de petites fenêtres et coiffée d'un lourd toit de chaume : voilà une auberge typique de la Brière ! Rien de passéiste cependant entre ses murs, dans le décor comme dans l'assiette, laquelle met en valeur des recettes originales et de bons produits (dont les inévitables anguilles et grenouilles).

Formule 20 € – Menu 32/39 €

lieu-dit le Nézil, rte de St-Nazaire
– ✆ 02 40 91 41 41 – www.aubergelenezil.fr
– Fermé 23-27 déc., merc. soir, dim. soir et lundi

à Bréca 6 km au Sud par D47 et rte secondaire – ✉ 44410 St Lyphard

Auberge de Bréca

CUISINE TRADITIONNELLE • AUBERGE XX Récemment rénovée, cette maison a gagné en confort et en luminosité, et assume toujours fièrement son passé de relais de chasse. Comme il se doit, le gibier – à plumes et à poils – est à l'honneur en saison, et le reste de la carte est une ode à la tradition : Saint-Jacques, anguilles, cuisses de grenouilles...

Formule 21 € – Menu 33/39 € – Carte 37/55 €

D47 – ✆ 02 40 91 41 42 – www.auberge-breca.com
– Fermé mardi soir et merc. soir de nov. à mars, dim. soir et lundi sauf fériés

ST-MACAIRE - 33 Gironde ➜ Voir Langon

ST-MACLOU

✉ 27210 Eure - 600 hab. - Alt. 114 m - Carte régionale n° **17**-A3
Carte Michelin 304-C5

La Crémaillère

CUISINE TRADITIONNELLE • AUBERGE XX Au cœur du village, cette charmante petite auberge fleurie se révèle pimpante avec ses boiseries et ses couleurs gaies. Un côté chaleureux que l'on retrouve dans la cuisine traditionnelle. Poissons et produits du terroir sont à la fête, le tout à prix doux !

Menu 15 € (semaine), 25/38 € - Carte 31/59 €

70 rte de Foulbec - ✆ 02 32 41 17 75 - www.la-cremaillere.fr - Fermé 19-25 fév., 12-18 nov., lundi soir de mi-nov. à mi-avril, mardi soir et merc.

Château de Saint-Maclou-la-Campagne

DEMEURE HISTORIQUE • PERSONNALISÉ Un élégant appareillage de pierres et de briques, des toits à la Mansart : une belle illustration de l'architecture française du 17e s. et... une élégance so British ! Sous l'égide d'un sujet de Sa Majesté - ancien antiquaire -, ce château a retrouvé tout son lustre, mêlant meubles d'époque, portraits d'ancêtres... Magnificent !

4 chambres - †175/225 € ††175/225 € - ☕ 15 €

352 r. Émile-Desson - ✆ 02 32 57 26 62 - www.chateaudesaintmaclou.com

ST-MAIXENT-L'ÉCOLE

✉ 79400 Deux-Sèvres - 6 537 hab. - Alt. 85 m - Carte régionale n° **20**-B2
Carte Michelin 322-E6 - Guide Vert Michelin Poitou-Charentes

Le Saint-Martin

TRADITIONNEL • PERSONNALISÉ Au cœur d'un parc bordé par la Sèvre, voilà une gentilhommière du 17e s. bien agréable. Les chambres sont chaleureuses ; la literie de qualité conjuguée au calme garantissent une bonne nuit de repos. Le copieux petit-déjeuner ne gâte rien !

11 chambres - †115/180 € ††115/180 € - 1 suite - ☕ 16 €

chemin de Pissot - ✆ 05 49 05 58 68 - www.hotelsaintmartin.com - Fermé 1er-19 janv.

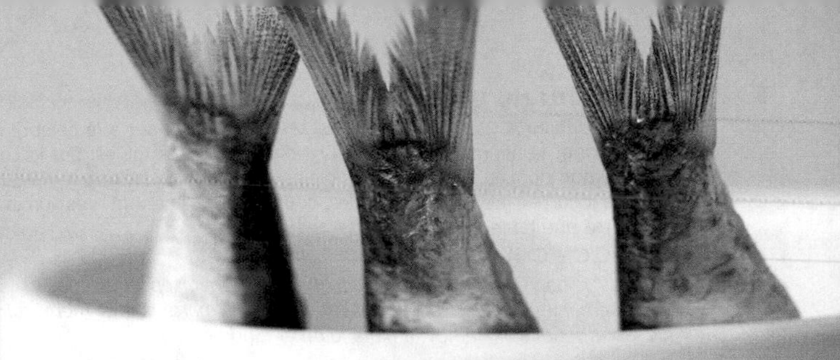

E. Ereza/age fotostock

ON AIME...

Se régaler **Autour du Beurre**, mais pas n'importe lequel : celui de Jean-Yves Bordier. Goûter les délicieuses galettes au sarrasin du **Comptoir Breizh Café**, accompagnées d'une belle sélection de cidres. Parcourir l'ardoise gourmande du **Bistrot du Rocher**, se délecter des préparations enlevées du **St-Placide**. Profiter enfin du centre de thalasso du **Grand Hôtel des Thermes**...

ST-MALO

✉ 35400 Ille-et-Vilaine - 45 980 hab. - Alt. 5 m - Carte régionale n° **5**-D1
Carte Michelin 309-J3 - Guide Vert Michelin Bretagne Nord

Intra muros

Le Bistrot du Rocher

CUISINE TRADITIONNELLE • BISTRO X Un peu en retrait de l'animation malouine, ce bistrot gourmand est tenu par un jeune couple sérieux et passionné. Les saveurs sont bien maîtrisées, les cuissons et assaisonnements sans faille : de la bonne cuisine bistrotière comme on l'aime !

Formule 16 € - Menu 20 € (déj. en semaine) - Carte 30/45 €

Plan : F2-u *19 r. de Toulouse - ✆ 02 99 40 82 05*
- Fermé mardi soir et merc.

À la Duchesse Anne

CUISINE TRADITIONNELLE • VINTAGE XX Dans cette institution (1945) de la cité corsaire, le temps semble s'être arrêté ! Pour le grand bonheur de tous, habitués ou non, la cuisine fait la part belle aux produits de la mer, avec découpe du poisson au guéridon selon la tradition intemporelle des lieux... Pas de doute, la duchesse Anne est éternelle !

Menu 20 € (semaine), 24/79 € - Carte 40/60 €

Plan : F1-e *5 pl. Guy-La-Chambre*
- ✆ 02 99 40 85 33
- www.restaurant-duchesse-anne.com

Le Chalut

POISSONS ET FRUITS DE MER • FAMILIAL XX En direct... du chalut ! Derrière cette façade bleu océan, on profite de bons produits de la mer, la spécialité du chef. Il propose notamment un menu "tout homard" qui devrait faire la joie des amateurs.

Formule 25 € - Menu 29/79 € - Carte 40/70 €

Plan : F1-d *8 r. de la Corne-de-Cerf*
- ✆ 02 99 56 71 58
- Fermé lundi et mardi

Bistro Autour du Beurre

CUISINE MODERNE • CONTEMPORAIN ¥ Le restaurant attenant à la célèbre maison Bordier, dont le beurre se retrouve sur les plus grandes tables. Sur la courte carte, la tradition domine, avec des plats pleins de fraîcheur… et une remarquable sélection de beurres. Et côté décor, des bouteilles de lait font des luminaires et une baratte une table…

Formule 20 € – Carte 40/65 €

Plan : F2-n *7 r. de l'Orme – ✆ 02 23 18 25 81 – www.lebeurrebordier.com – Fermé 2 semaines en juin, 2 semaines en oct., janv., mardi soir et merc. soir sauf juil.-août, jeudi soir de nov. à mars, dim. et lundi*

Gilles

CUISINE TRADITIONNELLE • CONTEMPORAIN ¥ Voilà plus de vingt ans que Philippe Poignand est à la barre de ce petit restaurant du cœur de la cité corsaire, où l'on vient reprendre des forces après une escapade sur les remparts de la citadelle. Dans l'assiette, on retrouve de bons plats de saison joliment présentés, dans un esprit traditionnel.

Formule 19 € – Menu 32 €

Plan : E2-t *2 r. de la Pie-qui-Boit – ✆ 02 99 40 97 25 – www.restaurant-gilles-saint-malo.com – Fermé 3 semaines en déc., 3 semaines en janv., jeudi d'oct. à juin sauf vacances scolaires et merc.*

L'Ancrage

POISSONS ET FRUITS DE MER • CONVIVIAL ¥ Jetez l'ancre dans ce restaurant digne d'une cabine de bateau (boiseries sombres, lampes en laiton) ou dans sa salle voûtée ! Le chef prépare des recettes résolument tournées vers la mer. Une bonne adresse pour faire le plein d'iode sur les remparts.

Menu 21/36 € – Carte 36/65 €

Plan : F1-r *7 r. Jacques-Cartier – ✆ 02 99 40 15 97 – Fermé janv., merc. hors saison et mardi*

Le Cambusier

CUISINE MODERNE • TENDANCE ¥ Au cœur de la cité historique, bienvenue dans ce bar à vins lumineux et convivial. La patronne, charmante, se dit "Bretonne 100 % pur beurre" ! En cuisine, son mari réalise une cuisine créative avec les produits de la côte : maquereaux marinés aux poireaux et gingembre, tarte au citron revisitée…

Formule 16 € – Menu 29/38 € – Carte 38/56 €

Plan : F2-h *6 r. des Cordiers – ✆ 02 99 20 18 42 – www.cambusier.fr*

Le Comptoir Breizh Café

CUISINE BRETONNE • CONVIVIAL ¥ Dans le dédale de l'intra-muros, une crêperie qui bat au rythme de la Bretagne. Les produits locaux (lard, andouilles, légumes) sont utilisés dans le respect de la tradition ; comme il se doit, le sarrasin et la pomme sont les deux piliers de l'établissement… sans oublier le cidre breton, mais aussi d'Italie et d'Allemagne.

Carte 19/44 €

Plan : F2-z *6 r. de l'Orme – ✆ 02 99 56 96 08 – www.breizhcafe.com – Fermé mardi sauf pendant les vacances scolaires et lundi*

La Maison des Armateurs

URBAIN • ÉLÉGANT Au cœur de St-Malo, un hôtel contemporain dont les chambres sont baptisées – selon leur taille – Matelot, Major, Lieutenant, Capitaine ou Amiral : choisissez bien votre grade avant d'embarquer à bord pour une ou plusieurs nuits ! Un établissement chaleureux et accueillant.

39 chambres – 🚹89/189 € 🚹🚹89/345 € – 6 suites – ☕ 16 €

Plan : F1-g *6 Grand-Rue – ✆ 02 99 40 87 70 – www.maisondesarmateurs.com*

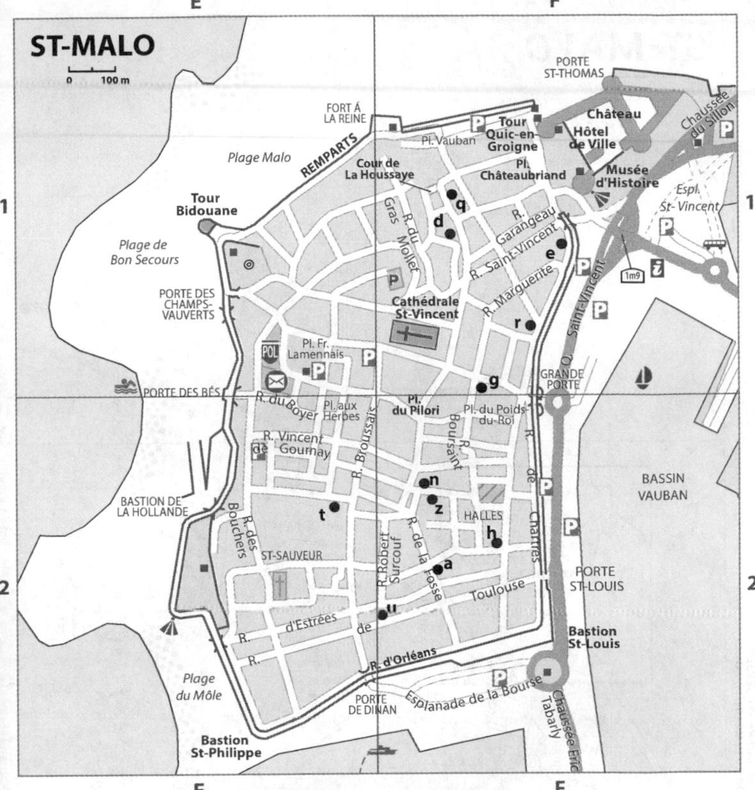

Ajoncs d'Or

FAMILIAL • CLASSIQUE Un hôtel situé dans une rue tranquille du St-Malo intra-muros. Les chambres, confortables et bien tenues, distillent une atmosphère feutrée. De quoi se prendre pour un véritable Malouin !

23 chambres – 69/129 € 69/129 € – 12 €

Plan : F2-a *10 r. des Forgeurs*
– *02 99 40 85 03*
– *www.st-malo-hotel-ajoncs-dor.com*
– *Fermé janv.*

Le Nautilus

FAMILIAL • FONCTIONNEL Dans une ruelle typique, cette maison érigée en 1692 (classée) abrite de petites chambres colorées, bien tenues et cosy. Décor marin au bar et bon accueil de l'équipage.

15 chambres – 62/78 € 68/98 € – 10 €

Plan : F1-q *9 r. de la Corne-de-Cerf*
– *02 99 40 42 27*
– *www.hotel-lenautilus-saint-malo.com*
– *Fermé 12 nov.-25 déc.*

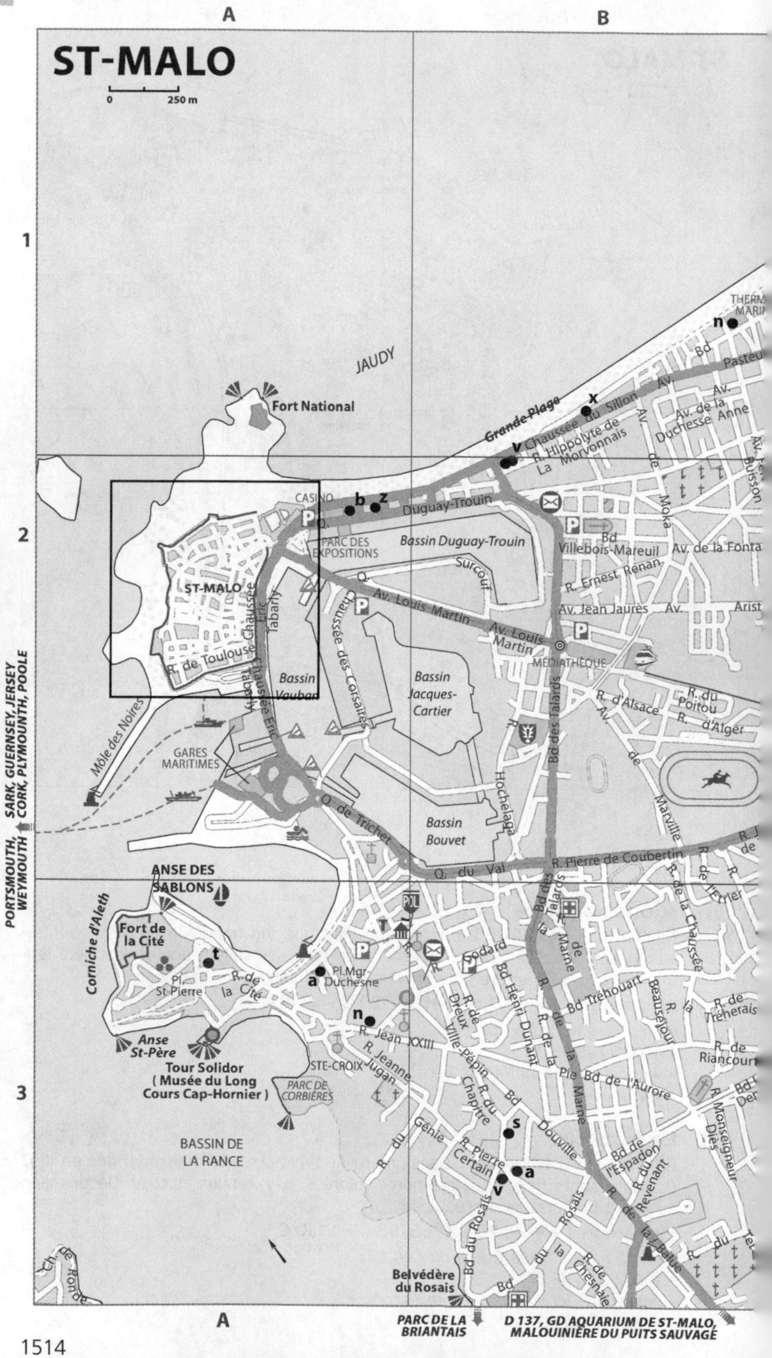

ST-MALO

0 250 m

A B

1 2 3

JAUDY

Fort National

Grande Plage

Chaussée du Sillon

R. Hippolyte de La Morvonnais

Av. de la Duchesse Anne

Bd Pasteur

THERMES MARINS

CASINO

Duguay-Trouin

PARC DES EXPOSITIONS

Bassin Duguay-Trouin

Bd Villebois-Mareuil

Av. de la Fontaine

R. Ernest Renan

Av. Jean Jaurès

Q. Surcouf

Av. Louis Martin

MÉDIATHÈQUE

ST-MALO

R. de Toulouse

Chaussée Éric Tabarly

Bassin Vauban

Chaussée des Corsaires

Bassin Jacques-Cartier

R. d'Alsace

R. du Poitou

R. d'Alger

Av. de Moka

Av. de Marville

Bd des Talards

R. Hochelaga

Môle des Noires

GARES MARITIMES

Q. de Trichet

Bassin Bouvet

Q. du Val

R. Pierre de Coubertin

R. de l'Etrier

R. de la Chaussée

PORTSMOUTH, SARK, GUERNSEY, JERSEY, WEYMOUTH, CORK, PLYMOUTH, POOLE

ANSE DES SABLONS

Corniche d'Aleth

Fort de la Cité

Pl. St-Pierre

R. de la Cité

Pl. Mgr-Duchesne

R. Godard

Bd Henri Dunant

R. de la Marne

Bd Tréhouart

R. Beauséjour

R. de Tréherais

R. de Riancourt

R. Jean XXIII

R. Jeanne Jugan

R. de Dreux

R. Ville-Pépin

R. du Chapitre

Bd Douville

R. de la Pie

Bd de l'Aurore

R. Monseigneur Dies

Anse St-Père

Tour Solidor (Musée du Long Cours Cap-Hornier)

STE-CROIX

PARC DE CORBIÈRES

BASSIN DE LA RANCE

R. du Génie

R. Pierre Certain

Bd de l'Espadon

R. du Revenant

R. de la Balue

Bd du Rosais

R. de la Chesnaie

Ch. de Ronde

Belvédère du Rosais

PARC DE LA BRIANTAIS

D 137, GD AQUARIUM DE ST-MALO, MALOUINIÈRE DU PUITS SAUVAGE

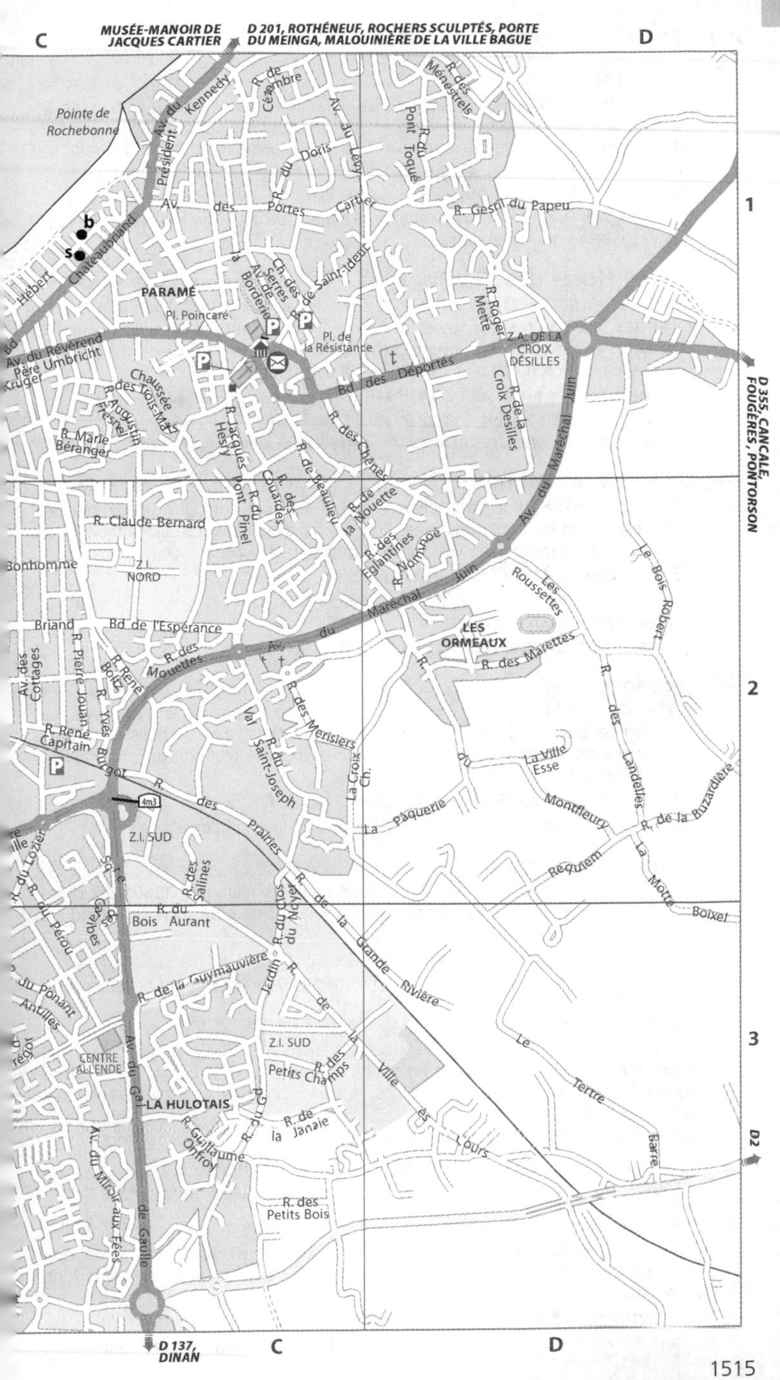
MUSÉE-MANOIR DE JACQUES CARTIER
D 201, ROTHÉNEUF, ROCHERS SCULPTÉS, PORTE DU MEINGA, MALOUINIÈRE DE LA VILLE BAGUE
C
D
1
2
3
Pointe de Rochebonne
Av. du Président Kennedy
R. de Cézembre
Av. du Lévy
R. du Pont Toqué
R. des Ménestrels
R. du Doris
Av. des Portes Cartier
R. Gestil du Papeu
Chateaubriand
Hébert
PARAMÉ
Pl. Poincaré
Av. de la Bordenerie
Ch. des Serres
R. de Saint-Ideuc
Pl. de la Résistance
R. Roger Mette
Z.A. DE LA CROIX DÉSILLES
Bd des Déportés
Av. du Révérend Père Umbricht
Kruger
Chaussée des Trois-Mats
R. Augustin Fresnel
R. Marie Béranger
R. Jacques Hesry
R. de la Croix Desilles
R. des Chênes
R. de Beaulieu
R. des Couardes
R. du Pont Pinel
Av. du Maréchal Juin
R. Claude Bernard
R. de la Nouette
R. des Eglantines
R. Nominoé
Bonhomme
Z.I. NORD
Les Roussettes
Le Bois Robert
Briand
Bd de l'Espérance
LES ORMEAUX
R. des Marettes
R. des Mouettes
Av. des Cottages
R. Pierre Jouan
R. René Boitz
R. Yves Burgot
R. des Merisiers
Val Saint-Joseph
R. du Val Saint-Joseph
Ch. La Croix
R. des Landelles
La Ville Esse
R. du Montfleury
R. de la Buzardière
R. René Capitain
4m3
R. des Prairies
La Paquerie
Z.I. SUD
R. du Lozier
R. du Pérou
Sq. des Caraïbes
R. des Salines
Requiem
La Motte Boixel
R. du Bois Aurant
R. de la Grande Rivière
R. du Jardin
Rue du Pt Jardin
R. de la Guymauvière
Du Ponant
Antilles
Av. du Gal de Gaulle
CENTRE ALLENDE
Z.I. SUD
Petits Champs
R. des Petits Champs
R. de la Ville ès Ours
Le Terre Barre
LA HULOTAIS
R. Guillaume Onfroy
R. du Gd
R. de la Janaie
Av. du Miroir-aux-Fées
R. des Petits Bois
D2
D 355, CANCALE, FOUGÈRES, PONTORSON
D 137, DINAN

St-Malo Est et Paramé - ✉35400 St-Malo

Les 7 Mers

CUISINE MODERNE • TENDANCE XXX Sur la plage du Sillon, face à la baie de St-Malo, la salle panoramique donne envie de parcourir les mers... C'est chose faite au cours du repas, où le terroir marin – mais aussi terrestre – est subtilement mis en valeur. Fraîcheur, soin, saveurs : une jolie échappée gastronomique.

Formule 29 € – Menu 49/79 € – Carte 50/87 €

Plan : B1_2-v *Hôtel Le Nouveau Monde, 64 chaussée du Sillon – ✆ 02 99 40 40 00 – www.hotel-le-nouveau-monde.fr*

Grand Hôtel des Thermes

THERMAL • ART DÉCO Sur le front de mer, le palace de Saint-Malo a le charme rétro des villégiatures bourgeoises du 19e s. Ses chambres et suites sont très douillettes (classiques ou contemporaines) ; quant à son centre de thalasso (six piscines à l'eau de mer, soins de qualité), il est superbe !

167 chambres – †114/680 € ††184/680 € – 7 suites – ☕ 23 €

Plan : B1-n *100 bd Hébert – ✆ 02 99 40 75 75 – www.le-grand-hotel-des-thermes.fr – Fermé 7-20 janv.*

Le Nouveau Monde

URBAIN • ÉLÉGANT Face à l'Océan, cet établissement conjugue beaux espaces, confort et élégance contemporaine. Pour tenter d'apercevoir le Nouveau Monde, préférez une chambre avec vue sur le large ! Agréable espace bien-être.

83 chambres – †170/735 € ††170/735 € – ☕ 20 €

Plan : B1_2-v *64 chaussée du Sillon – ✆ 02 99 40 40 00 – www.hotel-le-nouveau-monde.fr*

Les 7 Mers – voir les restaurants ci-dessus

Océania

HÔTEL DE CHAÎNE • DESIGN Idéalement situé aux portes de la vieille ville, cet hôtel jouxte le palais du Grand Large et le casino. On s'y repose dans de grandes chambres lumineuses au décor épuré, donnant pour la plupart sur la mer ou sur le port. Plaisant !

78 chambres – †99/369 € ††99/369 € – ☕ 17 €

Plan : A2-b *2 r. Joseph-Loth – ✆ 02 99 56 84 84 – www.oceaniahotels.com*

Beaufort

TRADITIONNEL • PERSONNALISÉ Agréable demeure malouine (1860) aux chambres cosy décorées dans un esprit colonial – la moitié côté mer. On prend son petit-déjeuner les yeux rivés sur le large.

22 chambres – †89/130 € ††89/250 € – ☕ 14 €

Plan : B1-x *25 chaussée du Sillon – ✆ 02 99 40 99 99 – www.hotel-beaufort.com*

La Villefromoy

MAISON DE MAÎTRE • COSY Une belle bâtisse de 1880 et une villa balnéaire d'esprit 1900 mais datant en réalité de 1980 : deux lieux, une même atmosphère feutrée. Chambres confortables et cosy ; produits locaux et crêpes maison au petit-déjeuner.

26 chambres – †89/399 € ††89/399 € – ☕ 15 €

Plan : C1-s *7 bd Hébert – ✆ 02 99 40 92 20 – www.villefromoy.fr – Ouvert 10 fév.-11 nov.*

Mercure Front de Mer

HÔTEL DE CHAÎNE • FONCTIONNEL Un hôtel fonctionnel, situé sur le Sillon, dont la plupart des chambres offrent une ouverture sur la mer. Aménagements fonctionnels et déco contemporaine.

51 chambres – †86/350 € ††86/350 € – ☕ 15 €

Plan : A2-z *36 chaussée du Sillon – ✆ 02 23 18 47 47 – www.mercure.com*

Ar Iniz

URBAIN · PERSONNALISÉ Ar Iniz, ce sont les "petites îles" dans la langue bretonne : voilà qui donne le "la" de ce restaurant installé devant la mer ! La déco joue la carte industrielle et moderne ; les petites chambres ouvrent majoritairement sur le large. Cuisine du marché au restaurant.

22 chambres – 70/140 € 82/170 € – 14 €

Plan : C1-b *8 bd Hébert – 02 99 56 01 19 – www.ariniz.com – Fermé 8-22 janv. et 5-19 nov.*

à St-Servan-sur-Mer – 35400 St Malo

Le St-Placide (Luc Mobihan)

CUISINE MODERNE · DESIGN En retrait de l'agitation touristique, un restaurant de poche dont le chef laisse libre cours à son imagination, concoctant une jolie cuisine en prise avec son époque. Accueil prévenant et belle carte des vins (Loire et Bourgogne).

→ Homard au safran breton, vinaigrette passion. Turbot au sel fumé et asperges blanches. La route du rhum.

Menu 35 € (déj. en semaine), 52/105 €

Plan : B3-a *6 pl. du Poncel – 02 99 81 70 73 – www.st-placide.com – Fermé 3-14 juin, 12-23 nov., 2 semaines en janv., dim. soir d'oct. à Pâques, lundi et mardi*

Bistrot Solidor

CUISINE TRADITIONNELLE · BISTRO Une ardoise alléchante qui privilégie les produits de saison, une jolie terrasse permettant de profiter d'une vue sur la tour Solidor toute proche, une ambiance conviviale assurée par le truculent patron, le tout tenu avec soin... Cette table présente de solides atouts !

Menu 19 € (déj.)/40 €

Plan : A3-t *1 pl. St-Pierre – 02 99 21 04 87 – www.lebistrotdesolidor.com – Fermé sam. midi et dim.*

Bistrot Le Poncel

CUISINE TRADITIONNELLE · BISTRO Ce restaurant bien connu des Malouins affiche souvent complet ! Il faut dire qu'au menu (le midi) comme à l'ardoise (le soir), fraîcheur des produits, simplicité et saveurs sont au rendez-vous. Le tout à savourer dans un décor résolument bistrot. Un bon moment en perspective...

Formule 23 € – Menu 26 € (déj. en semaine)/34 € – Carte 44/55 €

Plan : B3-v *3 pl. du Poncel – 02 99 19 57 26 – www.restaurant-bistrot-le-poncel.fr – Fermé vacances de la Toussaint, 23 déc.-2 janv., lundi sauf le midi de sept. à juin, mardi soir sauf juil.-août et dim.*

Malouinière Le Valmarin

FAMILIAL · HISTORIQUE Parquet d'origine, trumeaux, moulures : une authentique malouinière de la fin du 17e s., au charme raffiné. Les plus belles chambres s'ouvrent sur le paisible parc arboré. Petit-déjeuner maison.

12 chambres – 89/125 € 95/165 € – 12 €

Plan : A3-n *7 r. Jean-XXIII – 02 99 81 94 76 – www.levalmarin.com*

Manoir du Cunningham

TRADITIONNEL · CLASSIQUE Belle demeure du 17e s., aux allures de manoir anglo-normand, face à l'anse des Sablons. Grandes chambres cosy aux charmants noms d'îles paradisiaques, la plupart donnant sur la mer...

12 chambres – 69/219 € 69/219 € – 13 €

Plan : A3-a *9 pl. Mgr-Duchesne – 02 99 21 33 33 – www.st-malo hotel-cunningham.com – Ouvert de fév. à fin nov.*

Ascott

HÔTEL PARTICULIER · COSY Heureux mariage de meubles contemporains et d'objets chinés (lustres à pendeloques, trumeaux) en cette demeure bourgeoise de 1890, entre hôtel et maison d'hôtes. Les chambres sont petites mais confortables. Et l'été, on prend le petit-déjeuner au jardin.

10 chambres – 89/229 € 89/229 € – 13 €

Plan : B3-s *35 r. du Chapitre – 02 99 81 89 93 – www.ascotthotel.com*

ST-MANDÉ - 94 Val-de-Marne ➜ Voir Autour de Paris

ST-MARCEL-LÈS-ANNONAY - 07 Ardèche ➜ Voir Annonay

ST-MARCEL-LÈS-SAUZET - 26 Drôme ➜ Voir Montélimar

ST-MARCELLIN

✉ 38160 Isère - 8 070 hab. - Alt. 282 m - Carte régionale n° **24**-E2
Carte Michelin 333-E7 - Guide Vert Michelin Lyon et sa région

La Tivollière

CUISINE MODERNE • COSY XX Aménagé dans un château du 15e s. dominant la ville, ce restaurant dispose d'une belle terrasse donnant sur le Vercors. Au menu, une sympathique cuisine au goût du jour : foie gras de canard cuit au torchon, pain d'épices maison ; suprême de volaille rôti, crémeux de Saint Marcellin... C'est fin, goûteux et servi avec attention !

Menu 24 € (semaine), 37/47 € - Carte 38/55 €

Château du Mollard
- ✆ 04 76 38 21 17 - www.lativolliere.com
- Fermé 1 semaine en janv., 1 semaine en avril, 1er-14 août, 1 semaine en nov., mardi soir et merc. soir d'oct. à avril, jeudi soir, dim. soir et lundi

ST-MARTIAL-DE-NABIRAT

✉ 24250 Dordogne - 610 hab. - Alt. 175 m - Carte régionale n° **2**-D2
Carte Michelin 329-I7

Le St-Martial

CUISINE MODERNE • ÉLÉGANT XX Cette belle maison périgourdine fait la démonstration qu'un zeste de modernité peut magnifier l'authenticité des vieilles pierres ! Derrière les fourneaux, le chef réalise une cuisine en prise avec son époque : asperges vertes de Roques-Hautes et œuf mollet croustillant ; noisettes d'agneau du Lot à l'ail des ours...

Menu 36 € (semaine), 52/75 € - Carte environ 67 €

au bourg - ✆ 05 53 29 18 34 - www.lesaintmartial.com
- Fermé 18-27 fév., 29 juin-8 juil., 19-24 déc., merc. midi en été, lundi et mardi sauf le soir en juil.-août

ST-MARTIN-AUX-CHARTRAINS - 14 Calvados ➜ Voir Pont-L'Évêque

ST-MARTIN-DE-BELLEVILLE

✉ 73440 Savoie - 2 617 hab. - Alt. 1 450 m - Carte régionale n° **25**-F2
Carte Michelin 333-M5 - Guide Vert Michelin Alpes du Nord

✿✿✿ René et Maxime Meilleur

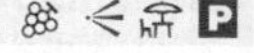

CUISINE CRÉATIVE • RÉGIONAL XXX La Bouitte... ou une aventure familiale devenue épopée ! D'années en années, en toute discrétion, René et Maxime Meilleur - père et fils très complices - ont forgé une table d'une sincérité rare, ode superbe à la Savoie. Chaque ingrédient est à sa place, cuisiné à la perfection, sans nulles afféteries. Les assiettes débordent de senteurs originales ; elles transpirent, tout simplement, le bonheur.

➜ Crozets au seigle façon risotto, beaufort, girolles et oseille des bois. Filet de féra du lac Léman pané d'une fine feuille de pain croustillante, beurre blanc mousseux à la roussette. Le lait dans tous ses états.

Menu 149 € (semaine), 179/299 € - Carte 215/260 €

Hôtel La Bouitte, à St-Marcel, 2 km au Sud-Est
- ✆ 04 79 08 96 77 - www.la-bouitte.com
- Ouvert 16 juin-2 sept. et 8 déc.-29 avril et fermé mardi midi et lundi en été

Étoile des Neiges

CUISINE TRADITIONNELLE • CONVIVIAL XX Si vous aimez le foie de veau persillé, cette table – dont c'est la spécialité – est faite pour vous ! Dans la salle, de style montagnard, on savoure des plats traditionnels devant la cheminée. Ambiance familiale.

Menu 30/60 € – Carte 67/91 €

r. St-Martin – ✆ 04 79 08 92 80 – www.hotel-edelweiss73.com – Ouvert 15 déc.-20 avril

Le Grenier

CUISINE TRADITIONNELLE • RUSTIQUE X Voilà une adresse qui n'est pas à remiser au grenier ! Dans la salle sous charpente, le décor, un brin rustique, colle à merveille avec les recettes savoyardes et autres spécialités fromagères du chef. Terrasse en front de neige.

Formule 24 € – Menu 32 € – Carte 43/57 €

Hôtel Saint-Martin, r. des Grangeraies – ✆ 04 79 00 88 00 – www.hotel-stmartin.com – Ouvert 16 déc.-7 avril

Le Montagnard 

CUISINE RÉGIONALE • RUSTIQUE X Murs chaulés, mobilier en pin, vieux skis et photos des aïeux composent le sympathique décor de cette ancienne étable. Le chef concocte une cuisine traditionnelle avec les produits du marché, sans oublier les spécialités fromagères.

Carte 38/60 €

Le Village – ✆ 04 79 01 08 40 – www.le-montagnard.com – Ouvert 1er juil.-31 août et mi-déc. à fin avril et fermé le mardi en juil.-août

La Bouitte 

LUXE • MONTAGNARD Si vous avez fait la route pour profiter de l'excellence culinaire de la Bouitte, sachez que l'on vous y accueille aussi pour la nuit. Dans un chalet mitoyen, six chambres et suites du dernier chic montagnard vous attendent. Un véritable cocon !

8 chambres – 280/620 € 280/620 € – 7 suites – 33 €

à St-Marcel, 2 km au Sud-Est – ✆ 04 79 08 96 77 – www.la-bouitte.com – Ouvert 16 juin-2 sept. et 8 déc.-29 avril

✿✿✿ **René et Maxime Meilleur** – voir les restaurants ci-dessus

Saint-Martin 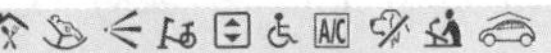

TRADITIONNEL • MONTAGNARD Sur les hauteurs de ce village de montagne, un plaisant chalet au toit de lauzes, à deux pas des pistes. Les chambres, d'esprit savoyard, jouissent toutes d'un balcon. Restauration traditionnelle.

19 chambres – 195/440 € 260/600 € – 8 suites

r. des Grangeraies – ✆ 04 79 00 88 00 – www.hotel-stmartin.com – Ouvert 16 déc.-7 avril

Le Grenier – voir les restaurants ci-dessus

L'Edelweiss 

FAMILIAL • MONTAGNARD L'esprit montagnard fleurit à l'Edelweiss : logique, le maître des lieux est un enfant du pays. Les chambres, petites et au décor alpestre, sont bien tenues. Possibilité de demi-pension avec l'Étoile des Neiges. Navettes gratuites pour la télécabine.

16 chambres – 150/175 € 150/245 €

r. St-François – ✆ 04 79 08 92 80 – www.hotel-edelweiss73.com – Ouvert 15 déc.-20 avril

ST-MARTIN-DE-BIENFAITE

✉ 14290 Calvados - 514 hab. - Alt. 100 m - Carte régionale n° **17**-C2
Carte Michelin 303-O5

Le Moulin du Fossard

CUISINE MODERNE • CONVIVIAL Salade folle de langoustines à l'huile de noisette ; pavé de bar et ses légumes grillés, pesto : l'assiette enchante autant que le cadre, un ancien moulin, dont le mécanisme est encore visible. La charmante terrasse en bois surplombe la rivière, face à la roue à aube du moulin (qui fonctionne encore à l'occasion).

Formule 18 € - Menu 26/43 € - Carte 50/56 €

rte de Lisieux - ✆ 02 31 31 46 77 - www.lemoulindufossard.com - Fermé dim. soir, lundi et mardi

ST-MARTIN-DE-LONDRES

✉ 34380 Hérault - 2 650 hab. - Alt. 194 m - Carte régionale n° **12**-C2
Carte Michelin 339-H6

L'Accent du Soleil

CUISINE MODERNE • ÉLÉGANT Venez vous réchauffer aux doux rayons de cet Accent du Soleil, solidement installée au pied des Cévennes. On y déguste une cuisine inventive et pleine de fraîcheur, qui se joue des épices et de la garrigue ; un joli moment provençal en perspective...

Formule 26 € - Menu 37/59 € - Carte 58/80 €

19 rte des Cévennes - ✆ 04 67 55 23 10 - www.laccentdusoleil.fr - Fermé dim. soir hors saison, lundi et mardi

au Sud 12 km par D32, D127 et D127E6 - ✉ 34380 Argelliers

Auberge de Saugras

CUISINE TRADITIONNELLE • RUSTIQUE N'hésitez pas à braver la garrigue sauvage ! Avec à la clé, la découverte de ce mas en pierre du 12ᵉs. Généreuse cuisine du terroir, jolie terrasse et chambres fonctionnelles.

Formule 22 € - Menu 25 € (semaine), 32/80 € - Carte 65/155 €
7 chambres - †52/95 € ††52/95 € - ☕12 €

Domaine de Saugras - ✆ 04 67 55 08 71 - www.aubergedesaugras.fr - Fermé 2 semaines en nov. et merc.

ST-MARTIN-DE-RÉ - 17 Charente-Maritime → Voir Île de Ré

ST-MARTIN-DES-CHAMPS - 50 Manche → Voir Avranches

ST-MARTIN-DE-VALGALGUES - 30 Gard → Voir Alès

ST-MARTIN-DU-FAULT - 87 Haute-Vienne → Voir Limoges

ST-MARTIN-DU-TOUCH - 31 Haute-Garonne → Voir Toulouse

ST-MARTIN-LESTRA

✉ 42110 Loire - 892 hab. - Alt. 550 m - Carte régionale n° **23**-A2
Carte Michelin 327-F5

L'École

CUISINE TRADITIONNELLE • CONVIVIAL Sortez vos stylos, on retourne à l'école ! Ce bistrot/bouchon joue la thématique jusqu'au bout : ancien préau, marelle, cahiers, équerres... Au menu, nulle punition, mais des petits plats bien mijotés et des spécialités : museau vinaigrette, jambon persillé, tête de veau, etc. Une sympathique leçon !

Formule 18 € - Menu 21/27 €

Bouchala - ✆ 04 77 27 25 87 - www.lecoledebouchala.com - Fermé dim. soir, lundi et mardi

ST-MARTIN-SUR-LA-CHAMBRE

✉ 73130 Savoie - 536 hab. - Alt. 560 m - Carte régionale n° **25**-F2
Carte Michelin 333-K5

✿ Le Clocher des Pères (Pierre Troccaz)

CUISINE CRÉATIVE • CONVIVIAL XX Dominant la vallée, cette ancienne maison forte (15e s.) toise la chaîne de Belledonne, dont le Clocher des Pères. Un lieu plein de cachet pour une cuisine séduisante : fine et créative, alliant élégance visuelle et gustative, elle porte la marque du chef, Pierre Troccaz. Accueil charmant et jolies chambres pour la nuit.

→ Homard rôti au beurre salé, diots fumés et crème de cèleri, mousse au jus de pomme de Savoie. Omble Chevalier fûmé et confit à l'huile, crème Dubarry, mousse reine des prés et caviar de hareng. Citron en trompe l'œil, mousse chocolat blanc et meringue.

Menu 45/74 €

3 chambres ☕ - 🚹90 € 🚹🚹90 €

Le Mollard - ✆ 04 79 59 98 06 - www.leclocherdesperes.com - Fermé vacances de printemps et de la Toussaint, mardi, merc. et le midi sauf sam. et dim.

ST-MARTIN-VÉSUBIE

✉ 06450 Alpes-Maritimes - 1 391 hab. - Alt. 1 000 m - Carte régionale n° **21**-D2
Carte Michelin 341-E3 - Guide Vert Michelin Côte d'Azur

La Bonne Auberge

AUBERGE • CLASSIQUE Cette auberge, construite au 19e s. dans ce joli village de la Suisse niçoise, est gérée par la même famille depuis 1946. L'endroit possède un charme rustique certain, avec ses cuivres et sa grande cheminée, et ses chambres fraîches et colorées !

12 chambres - 🚹51/68 € 🚹🚹65/70 € - ☕10 €

98 allée de Verdun - ✆ 04 93 03 20 49 - www.labonneauberge06.fr - Ouvert 16 fév.-14 nov.

ST-MAUR-DES-FOSSÉS - 94 Val-de-Marne → Voir Autour de Paris

ST-MAURICE-DE-SATONNAY

✉ 71260 Saône-et-Loire - 474 hab. - Alt. 250 m - Carte régionale n° **4**-C3
Carte Michelin 320-I11

Auberge des Grenouillats

CUISINE TRADITIONNELLE • BISTRO X Face à l'église, une jolie bâtisse en pierre apparente, avec sa terrasse à l'ombre des platanes... voici comment se présente ce bistrot centenaire, tenu aujourd'hui par un couple sympathique et travailleur. Au menu : une cuisine généreuse et sans fioritures.

Menu 26 € - Carte 33/54 €

Le Bourg - ✆ 03 85 33 40 50 - Fermé vacances de Noël, dim. soir, mardi soir et merc.

ST-MAXIMIN-LA-STE-BAUME

✉ 83470 Var - 15 753 hab. - Alt. 289 m - Carte régionale n° **21**-B3
Carte Michelin 340-K5 - Guide Vert Michelin Provence

La Table de Bruno

CUISINE MODERNE • ÉPURÉ XX Après avoir fait les beaux jours de maisons provençales de qualité, Bruno Gazagnaire a créé cette table avec son épouse, elle-même pâtissière. Timbale d'écrevisses aux girolles, saint-pierre rôti au jus de bouillabaisse, pêche rôtie à la lavande, etc. : la carte cultive avec délicatesse les codes de la gastronomie d'aujourd'hui.

Formule 28 € - Menu 50 € - Carte 45/53 €

2 av. Maréchal-Foch - ✆ 04 94 80 50 39 - Fermé dim. soir et lundi

ST-MÉDARD

✉ 46150 Lot - 162 hab. - Alt. 170 m - Carte régionale n° **15**-B1
Carte Michelin 337-D4

✿✿ Le Gindreau (Pascal Bardet)

CUISINE CRÉATIVE • ÉLÉGANT XXX Une ancienne école de village transformée en restaurant. Derrière les fourneaux, Pascal Bardet – ancien d'Alain Ducasse pendant 18 ans – est pleinement épanoui : il met superbement en valeur les produits du terroir, et en particulier la truffe, dont il est un vrai spécialiste ! Terrasse sous les marronniers.

→ Crousteline de pommes de terre truffée, nage onctueuse fumée. Suprême de poulette jaune aux écrevisses, jus coraillé à l'armagnac et girolles. Chocolat jivara lacté infusé de réglisse et mûres de ronces, sorbet mûre.

Menu 42 € (déj. en semaine), 61/149 €

– ✆ 05 65 36 22 27 – www.legindreau.com – Fermé 16 avril-2 mai, 22 oct.-14 nov., dim. soir d'oct. à mai, merc. midi de janv. à mi-mars, mardi de mi-mars à déc. et lundi

ST-MÉEN-LE-GRAND

✉ 35290 Ille-et-Vilaine - 4 576 hab. - Alt. 106 m - Carte régionale n° **5**-C2
Carte Michelin 309-I5

L'Ardoise (N)

CUISINE TRADITIONNELLE • CONVIVIAL X Cet ancien troquet du cœur du bourg a été transformé par un jeune chef et son épouse en restaurant dans l'air du temps. Le ris de veau préparé meunière est une spécialité du chef. A midi, menu du jour à prix imbattable.

Menu 14 € (déj. en semaine), 30/37 € – Carte environ 38 €

3 av. du Maréchal-Foch – ✆ 02 99 07 04 37 – Fermé 1 semaine en fév., dim. soir, mardi soir, jeudi soir et lundi

ST-MICHEL-D'EUZET

✉ 30200 Gard - 616 hab. - Alt. 110 m - Carte régionale n° **12**-D1
Carte Michelin 339-M3

La Table de Marine

CUISINE TRADITIONNELLE • RUSTIQUE X Ce petit restaurant de village propose une cuisine du marché traditionnelle rehaussée d'épices. Menu unique midi et soir, plus élaboré en soirée. Joli choix de whiskys.

Formule 19 € – Menu 26 € (déj.), 41/55 €

7 pl. Jean-Jaurès – ✆ 04 66 33 13 89 – Fermé 1 semaine vacances de printemps, 1 semaine début juin, vacances de la Toussaint, 1 semaine en janv., sam. midi, dim. et lundi

ST-MICHEL-EN-L'HERM

✉ 85580 Vendée - 2 337 hab. - Alt. 9 m - Carte régionale n° **18**-B3
Carte Michelin 316-I9 – Guide Vert Michelin Pays de la Loire

La Rose Trémière

CUISINE TRADITIONNELLE • RUSTIQUE XX Deux en un : côté gastronomique, une table au cachet rustique au service d'une cuisine traditionnelle teintée de touches actuelles ; côté bistrot, déco contemporaine, convivialité et bons petits plats… pour les gourmets pressés qui peuvent observer, en prime, la brigade s'activer en cuisine. Plaisant !

Menu 30/58 € – Carte 39/57 €

4 r. de l'Église – ✆ 02 51 30 25 69 – www.restaurant-larosetremiere.fr – Fermé 2 semaines en oct., dim. soir, lundi et mardi

ST-MICHEL-ESCALUS

✉ 40550 Landes - 294 hab. - Alt. 23 m - Carte régionale n° **2**-B2
Carte Michelin 335-D11

La Bergerie-St-Michel

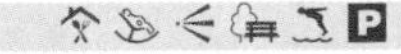

FAMILIAL • PERSONNALISÉ La forêt landaise, rien que la forêt landaise, entoure cette ancienne ferme à colombages magnifiquement restaurée... Les chambres, indépendantes, marient beaux espaces, meubles anciens et contemporains. Quant au petit-déjeuner maison, raffiné et varié, il ne déparie pas en ces lieux !

3 chambres - 75/125 € 80/130 €

50 chemin du Plomb, à St-Michel le Bourg, par D142, rte de Castets - 05 58 48 74 04 - www.bergeriestmichel.fr

ST-MICHEL-MONT-MERCURE

85700 Vendée - 2 016 hab. - Alt. 284 m - Carte régionale n° **18**-B3
Carte Michelin 316-K7 - Guide Vert Michelin Pays de la Loire

Château de la Flocellière

DEMEURE HISTORIQUE • CLASSIQUE Un superbe château, mêlant les styles et les siècles (12e, 15e, 17e et 19e s.) : de quoi se rêver preux chevalier ou gente dame ! Les chambres, raffinées, donnent sur le parc ; dans le donjon, la "Médiévale" est splendide. Et pour festoyer, les propriétaires organisent des dîners thématiques dans une salle du 16e s.

5 chambres - 150/200 € 160/200 €

La Flocellière, 2 km à l'Est par D64 - 02 51 57 22 03 - www.chateaudelaflocelliere.com - Fermé janv. et fév.

ST-MIHIEL

55300 Meuse - 4 225 hab. - Alt. 228 m - Carte régionale n° **14**-B2
Carte Michelin 307-E5

à Heudicourt-sous-les-Côtes 15 km au Nord-Est par D901 et D133 - 55210 - 171 hab. - Alt. 240 m

Lac de Madine

FAMILIAL • FONCTIONNEL Près du lac, une auberge familiale avec des chambres fonctionnelles et bien tenues, dont la plupart se trouvent dans une annexe aux airs de motel. Pratique aussi, le restaurant de tradition, pour manger sur le pouce.

42 chambres - 69/106 € 69/106 € - 13 €

22 r. Charles-de-Gaulle - 03 29 89 34 80 - www.hotel-lac-madine.com - Fermé 22-31 déc., 1er-15 janv.

ST-NAZAIRE

44600 Loire-Atlantique - 69 350 hab. - Agglo. 149 611 hab. - Alt. 4 m - Carte régionale n° **18**-A2
Carte Michelin 316-C4 - Guide Vert Michelin Pays de la Loire

Le Sabayon

CUISINE TRADITIONNELLE • DE QUARTIER Sur une rue semi-piétonne, cette petite adresse familiale propose, dans un décor tout simple, une cuisine respectueuse de la tradition (préparations maison, produits frais).

Menu 21/50 € - Carte 33/62 €

Plan : A2-b *7 r. de la Paix - 02 40 01 88 21 - Fermé 2-12 Mars, 3 semaines en août, dim. et lundi*

Le Skipper

CUISINE MODERNE • ÉLÉGANT Face à la base sous-marine et non loin du centre-ville, ce Skipper a repris des couleurs : le chef, ancien du Fort de l'Océan (au Croisic) y propose une cuisine particulièrement soignée et gourmande. Il laisse voguer son inspiration, et c'est tant mieux pour nous !

Menu 32 € (dîner) - Carte 35/65 €

Plan : B2-t *1 av. René-Coty - 02 40 22 20 03 - www.le-skipper.com - Fermé 24 déc.-3 janv., sam. midi et dim.*

Le Berry

URBAIN · CLASSIQUE On est chaleureusement accueilli dans cet hôtel installé dans un bâtiment de l'après-guerre, juste en face de la gare ferroviaire. Autres atouts de taille : un entretien sans défaut et une bonne insonorisation.

27 chambres – 🚹90/140 € 🚹🚹100/150 € – ☕12 €

Plan : A1-r *1 pl. Pierre-Semard*
– ✆ 02 40 22 42 61 – www.hotel-du-berry.fr
– Fermé 22 déc.-1er janv.

Holiday Inn Express

HÔTEL DE CHAÎNE · DESIGN Un établissement moderne à débusquer dans le nouveau cœur de la ville, face à l'ancienne base sous-marine transformée en centre culturel. Une bonne option pour une étape à St-Nazaire.

75 chambres ☕ – 🚹91/170 € 🚹🚹91/170 €

Plan : B2-a *1 r. de la Floride*
– ✆ 02 40 19 01 01 – www.hotelsaintnazaire.com

ST-NECTAIRE

63710 Puy-de-Dôme - 725 hab. - Alt. 700 m - Carte régionale n° **3**-B2
Carte Michelin 326-E9 - Guide Vert Michelin Auvergne

Mercure

BUSINESS • FONCTIONNEL Cet hôtel créé en 1850 ne manque pas d'atouts : grande hauteur sous plafond, parquet... ainsi qu'un espace bien-être avec couloir de nage, sauna, hammam et jacuzzi.

71 chambres - 72/155 € 72/155 € - 16 €

26 av. du Docteur Roux
- 04 73 88 57 00 - www.hotel-bains-romains.com

ST-NEXANS - 24 Dordogne → Voir Bergerac

ST-OMER

62500 Pas-de-Calais - 14 164 hab. - Alt. 23 m - Carte régionale n° **16**-B2
Carte Michelin 301-G3

à Blendecques 4 km au Sud-Ouest par D928, D942 et D211 - 62575 - 5 123 hab. - Alt. 25 m

Le St-Sébastien

CUISINE TRADITIONNELLE • AUBERGE X Une sympathique auberge de l'agglomération audomaroise, dans une jolie maison de pays : accueil familial, coquet décor rustique et bonnes recettes traditionnelles. Quelques chambres à l'étage, décorées avec goût et simplicité, parfaites pour se reposer.

Formule 16 € - Menu 19 € (semaine), 29/35 € - Carte 36/54 €

7 chambres - 57/59 € 74/81 € - 8,50 €

2 pl. de la Libération
- 03 21 38 13 05 - www.le-saint-sebastien.fr
- Fermé 20-30 déc., dim. soir et fériés le soir

à Tilques 10 km au Sud par D943 et rte secondaire - 62500 - 1 109 hab. - Alt. 27 m

Château Tilques

CUISINE MODERNE • ÉLÉGANT XXX Les anciennes écuries du château de Tilques se sont transformées en un beau restaurant cossu. L'établissement propose de bons plats mijotés et de savoureuses grillades au feu de bois qui ne devraient pas vous déplaire.

Formule 21 € - Menu 26 € (déj. en semaine), 35/49 € - Carte 45/60 €

r. du château - 03 21 88 99 99 - www.tilques.najeti.fr

Château Tilques

DEMEURE HISTORIQUE • ÉLÉGANT Ne soyez pas surpris de voir des paons se promener dans le parc de ce château du 19e s. ! Quiétude et nature sont les maîtres mots de cette adresse à deux pas du parc naturel des Caps et Marais d'Opale. Tentures fleuries et meubles de style dans les chambres ; décoration plus contemporaine dans l'annexe.

52 chambres - 114/210 € 114/210 € - 16 €

r. du château - 03 21 88 99 99 - www.tilques.najeti.fr

Château Tilques - voir les restaurants ci-dessus

ST-OUEN - 93 Seine-Saint-Denis → Voir Autour de Paris

ST-OUEN-LES-VIGNES - 37 Indre-et-Loire → Voir Amboise

ST-OUTRILLE

✉ 18310 Cher - 206 hab. - Alt. 108 m - Carte régionale n° **6**-C3
Carte Michelin 323-H4 - Guide Vert Michelin Limousin Berry

La Grange aux Dîmes

CUISINE MODERNE • ÉLÉGANT XX Une ancienne grange sur la place de la collégiale du 14e s. Le lieu a du cachet, sinon du charme. En cuisine, le jeune chef concocte des recettes dans l'air du temps, bien ficelées. Les beaux produits sont là, les saveurs aussi. Ainsi ne rechigne-t-on pas à verser la dîme à la fin du repas !

Formule 17 € - Menu 28 € (semaine), 34/41 €

pl. de l'Église - ✆ 02 48 71 84 93 - www.lagrangeauxdimes.com - Fermé 19 fév.-14 mars, 2 semaines fin-août à début sept., vacances de Noël, lundi soir, mardi et merc.

ST-PALAIS

✉ 64120 Pyrénées-Atlantiques - 1 858 hab. - Alt. 50 m - Carte régionale n° **2**-B3
Carte Michelin 342-F5 - Guide Vert Michelin Pays Basque et Navarre

La Maison d'Arthezenea

FAMILIAL • PERSONNALISÉ Dans cette demeure en pierre et son jardin verdoyant, on se sent comme chez soi. Élégante atmosphère "maison de famille" : parquet, gravures et mobilier ancien... À la table d'hôte, belles spécialités (foie gras maison, ris d'agneau et palombe flambée en saison).

4 chambres - 70/75 € 75/80 €

42 r. du Palais-de-Justice - ✆ 06 15 85 68 64 - www.gites64.com/maison-darthezenea

ST-PALAIS-SUR-MER - 17 Charente-Maritime ➜ Voir Royan

ST-PARDOUX-L'ORTIGIER

✉ 19270 Corrèze - 479 hab. - Alt. 360 m - Carte régionale n° **13**-B3
Carte Michelin 329-K4

Les Coquelicots

CUISINE TRADITIONNELLE • CONVIVIAL XX À l'origine autodidacte et passionnée de cuisine, la jeune patronne revisite la tradition avec de beaux produits frais : saumon d'Écosse "label rouge" fumé maison, carré de veau au flan céleri et truffe, charlotte aux fraises... Et tout cela ne serait rien sans la très belle carte des vins !

Menu 32/52 € - Carte 51/72 €

22 chambres - 84/115 € 84/150 € - 12 €

La Croix-de-Fer - ✆ 05 55 84 51 02 - www.hotel-coquelicots.fr - Fermé 7-23 avril, 20 oct.-5 nov., 22 déc.-7 janv. et le midi sauf dim.

ST-PATERNE - 72 Sarthe ➜ Voir Alençon

ST-PATRICE-COTEAU SUR LOIRE - 37 Indre-et-Loire ➜ Voir Langeais

ST-PAUL-DE-VENCE

✉ 06570 Alpes-Maritimes - 3 477 hab. - Alt. 125 m - Carte régionale n° **22**-E2
Carte Michelin 341-D5 - Guide Vert Michelin Côte d'Azur

La Table de Pierre

CUISINE MÉDITERRANÉENNE • ÉLÉGANT XXX Petits farcis niçois ; encornets cuits à la plancha, asperges vertes et riz vénéré façon risotto ... Une jolie cuisine de la Méditerranée à déguster dans un élégant mas ! Agréable terrasse ouverte sur le jardin et la piscine.

Menu 85 € (dîner) - Carte 63/82 €

Hôtel Le Mas de Pierre, 2320 rte des Serres, 2 km au Sud - ✆ 04 93 59 00 10 - www.lemasdepierre.com - Ouvert 9 mars-31 oct. et fermé le midi en juil.-août

Au Jardin de la Vague

CUISINE MODERNE • DESIGN Côté jardin, la grande salle lumineuse et contemporaine, encadrée de baies vitrées, accueille la table de l'hôtel. La courte carte alléchante se base sur de bons produits frais, avec quelques touches asiatiques par endroits ; elle s'accompagne d'une jolie carte des vins.

Formule 25 € – Menu 29 € (déj.), 39/69 € – Carte 50/66 €

Hôtel La Vague de St-Paul, chemin des Salettes, 2 km par rte de la Fondation Maeght – 04 92 11 20 00 – www.vaguesaintpaul.com – Fermé nov., 2 janv.-15 fév., dim. soir, lundi et mardi de déc. à mars

Toile Blanche

CUISINE MODERNE • DESIGN En contrebas du village, dans le vallon, cette Toile Blanche ne manque ni de couleur ni de piquant ! Dans l'assiette, la cuisine se fait inventive ; la piscine est ravissante, le jardin verdoyant et calme... Quant aux chambres, elles cultivent un style contemporain "trendy".

Menu 55 € – Carte 58/66 €

7 chambres – 175/370 € 175/370 € – 17 €

826 chemin de la Pounchounière – 04 93 32 74 21 – www.toileblanche.com – Ouvert 15 mai-15 sept. et fermé le midi

Le Tilleul

CUISINE PROVENÇALE • MÉDITERRANÉEN Ce joli bistrot provençal à l'entrée du vieux village propose une cuisine traditionnelle aux parfums du sud, ainsi qu'une alléchante vitrine de pâtisseries maison. Grande terrasse sous un magnifique tilleul. Malgré l'emplacement archi-touristique, on s'obstine à faire de la qualité !

Formule 25 € – Menu 29 € – Carte 42/59 €

pl. du Tilleul – 04 93 32 80 36 – www.restaurant-letilleul.com

Le Mas de Pierre

LUXE • PERSONNALISÉ Au cœur d'un jardin méridional enchanteur, de superbes bastides avec des chambres au luxe raffiné : beau décor de maison bourgeoise, tableaux et tapis... et dehors, une agréable piscine. Pourquoi ne pas juste musarder en laissant le temps filer ?

50 chambres – 215/660 € 215/1122 € – 4 suites – 29 €

2320 rte des Serres, 2 km au Sud – 04 93 59 00 10 – www.lemasdepierre.com – Ouvert 9 mars-31 oct.

La Table de Pierre – voir les restaurants ci-dessus

Le Saint-Paul

LUXE • ÉLÉGANT Belles pierres, fresques champêtres, fontaine, chambres au charme feutré... Voilà le décor élégant de cette demeure provençale du 16e s. perchée dans le village médiéval.

13 chambres – 235/640 € 235/640 € – 3 suites – 29 €

86 r. Grande (au village) – 04 93 32 65 25 – www.lesaintpaul.com – Ouvert 1er avril-31 oct.

La Colombe d'Or

AUBERGE • VINTAGE Cet hôtel-restaurant est un vrai musée ! Il abrite une superbe collection de peintures et de sculptures d'artistes ayant séjourné ici, tels Braque, Léger, Ben... Cadre "vieille Provence" et chambres au décor rustique, terrasse ombragée, et magnifique piscine en pâte de verre.

13 chambres – 250/540 € 250/540 € – 11 suites – 18 €

pl. Charles-de-Gaulle – 04 93 32 80 02 – www.la-colombe-dor.com – Fermé 23 oct.-21 déc. et 6-18 janv.

 **La Vague de St-Paul**

BUSINESS • CONTEMPORAIN Cette construction en forme de vague, conçue par André Minangoy dans les années 1970, laisse d'abord perplexe, puis séduit. À l'intérieur, grand hall lumineux très "seventies" ; belles chambres épurées et rehaussées de couleurs vives. Plaisant !

46 chambres – 90/250 € 90/250 € – 4 suites – 18 €

45 chemin des Salettes, 2 km par rte de la Fondation Maeght – 04 92 11 20 00 – www.vaguesaintpaul.com – Fermé nov. et janv.

Au Jardin de la Vague – voir les restaurants ci-dessus

 **Le Hameau**

MAISON DE CAMPAGNE • VINTAGE Dans un jardin planté d'orangers et de cédrats, cette ancienne ferme diffuse le charme de l'authenticité. Tomettes, murs à la chaux, faïence locale : rien ne manque ! Sans parler de la bonne confiture maison dont on se régale au petit-déjeuner...

15 chambres – 120/335 € 130/355 € – 2 suites – 15 €

528 rte de la Colle – 04 93 32 80 24 – www.le-hameau.com – Ouvert 14 fév.-15 nov.

 **Hostellerie des Messugues** 

MAISON DE CAMPAGNE • MÉDITERRANÉEN Une villa provençale dans une pinède... au calme. Parmi les curiosités du lieu, il y a la jolie piscine circulaire et les portes des chambres, qui proviennent d'une prison du 19e s. ! L'ensemble est plaisant et bien tenu. Plats signés Alain Lorca, servis au bord de la piscine, en saison.

16 chambres – 98/220 € 98/220 € – 15 €

allée des Lavandes, 1 km, quartier Gardettes par rte de la Fondation Maeght – 04 93 32 53 32 – www.alainllorca.com – Ouvert 1er mars-31 déc.

 **Les Vergers de St Paul** 

TRADITIONNEL • CONTEMPORAIN À l'entrée du village, un hôtel niché dans un petit jardin. Du blanc, des moulures, des rayures pour un esprit assez contemporain : les chambres (avec terrasse ou balcon) sont agréables et certaines donnent de plain-pied sur la piscine.

17 chambres – 99/160 € 99/265 € – 14 €

940 rte de la Colle – 04 93 32 94 24 – www.vergersdesaintpaul.com

ST-PAUL-EN-JAREZ – 42 Loire → Voir St-Chamond

ST-PAUL-LÈS-DAX – 40 Landes → Voir Dax

ST-PAUL-LÈS-ROMANS – 26 Drôme → Voir Romans-sur-Isère

ST-PAUL-TROIS-CHÂTEAUX

26130 Drôme – 8 944 hab. – Alt. 90 m – Carte régionale n° **23**-B3
Carte Michelin 332-B7 – Guide Vert Michelin Ardèche Drôme

David Mollicone

CUISINE MODERNE • CONTEMPORAIN XX Un lieu contemporain, à la fois feutré et lumineux – avec ses grandes baies ouvertes sur le jardin –, au service d'une cuisine fine et délicate : David Mollicone, chef expérimenté, n'est jamais à court d'idées lorsqu'il s'agit de marier les beaux produits, de faire varier les goûts et les textures...

Formule 23 € – Menu 52/88 € – Carte environ 72 €

Hôtel Villa Augusta, 14 r. Serre-Blanc – 04 75 97 29 29 – www.villaaugusta.fr – Fermé 21 déc.-7 janv., sam. midi, dim. soir et lundi

Villa Augusta

BOUTIQUE HÔTEL • PERSONNALISÉ Au pays des oliviers et de la lavande, cette jolie villa du 19e s., avec son jardin arboré, est parfaite pour une escapade provençale. Côté déco, couleurs vives, esprit méridional et style contemporain se succèdent dans les chambres cosy...

20 chambres – 99/368 € 99/598 € – 2 suites – 18 €

14 r. Serre-Blanc – 04 75 97 29 29 – www.villaaugusta.fr – Fermé 21 déc.-7 janv.

David Mollicone – voir les restaurants ci-dessus

ST-PÉE-SUR-NIVELLE

64310 Pyrénées-Atlantiques – 6 252 hab. – Alt. 30 m – Carte régionale n° **2**-A3
Carte Michelin 342-C4 – Guide Vert Michelin Pays Basque et Navarre

L'Auberge Basque (Cédric Béchade)

CUISINE CRÉATIVE • ÉLÉGANT XX Cette ferme du 17es. cache une aile très contemporaine, ouverte sur la Rhune et la campagne... Même alliage en cuisine : le chef signe des mets très inventifs, dont les racines plongent dans le terroir. Assiettes pleines de saveurs et de couleurs ! Chambres confortables ; "grand" petit-déjeuner tout en gourmandises...

→ Piperade au jambon Ibaïma, textures et goûts traditionnels. Bœuf du pays rôti à l'ail noir d'Aomori et jus de persil. Onctueux à la fleur de son et mousse au chocolat.

Formule 38 € – Menu 52 € (déj.), 75/122 € – Carte environ 80 €

12 chambres – 160/300 € 160/300 € – 18 €

quartier Helbarron, D307 (ancienne rte de St-Pée à St-Jean-de-Luz) – 05 59 51 70 00 – www.aubergebasque.com – Fermé 7 janv.-9 fév., mardi sauf le soir et dim. du 19 nov. au 25 mars, dim. soir du 1er oct. au 18 nov. et lundi

Ttotta

CUISINE MODERNE • CONTEMPORAIN X Sur la route de St-Jean-de-Luz, ce sympathique restaurant fait honneur au Pays basque ! Dans un décor contemporain, on déguste une cuisine du terroir avec de beaux produits du marché. Mention spéciale pour la viande et la charcuterie locales. Le tout accompagné de vins du Sud-Ouest. Une bonne adresse.

Formule 13 € – Menu 19 € (semaine)/26 € – Carte 32/47 €

quartier Ibarron (Espace Ibarrondoan), rte de St-Jean-de-Luz, 1 km à l'Ouest par D918 – 05 59 47 03 55 – www.ttotta.fr – Fermé 2 semaines en fév., 2 semaines en nov., mardi soir hors saison et merc.

ST-PHILIBERT

56470 Morbihan – 1 561 hab. – Alt. 15 m – Carte régionale n° **5**-A3
Carte Michelin 308-N9

Le Galet

TRADITIONNEL • CONTEMPORAIN Pour une escale tranquille à deux minutes de la Trinité-sur-Mer : un hôtel design entouré d'un joli jardin. Espace bien-être parfaitement conçu (soins du corps, sauna, jacuzzi).

19 chambres – 58/130 € 58/165 € – 2 suites – 13 €

rte de la Trinité-sur-Mer, 1,2 km au Nord par D28 et D781 – 02 97 55 00 56 – www.legalet.fr – Fermé 9-26 déc.

Les prix indiqués devant le symbole correspondent au prix le plus bas en basse saison puis au prix le plus élevé en haute saison, pour une chambre single. Même principe avec le symbole , cette fois pour une chambre double.

ST-PIERRE-D'ALBIGNY

✉ 73250 Savoie – 3 880 hab. – Alt. 410 m – Carte régionale n° **25**-F2
Carte Michelin 333-J4 – Guide Vert Michelin Alpes du Nord

Château des Allues

DEMEURE HISTORIQUE • PERSONNALISÉ Ce manoir du 19e s. a été rénové avec goût, dans un esprit mêlant subtilement ancien et contemporain : superbes boiseries, mobilier chiné, tissus raffinés... À la table d'hôte, on déguste les légumes du superbe potager bio – lequel est à découvrir.

5 chambres – 120 € 155/180 €

Lieu-dit les Allues - 355 r. Audibert – 06 75 38 61 56 – www.chateaudesallues.com – Fermé 1er nov.-15 déc.

ST-PIERRE-DE-JARDS

✉ 36260 Indre – 117 hab. – Alt. 148 m – Carte régionale n° **6**-C3
Carte Michelin 323-H4

Les Saisons Gourmandes

CUISINE MODERNE • CONVIVIAL XX Une terrasse fleurie, des poutres peintes en "bleu berrichon" : l'endroit est sympathique et la gourmandise y est au rendez-vous, sous l'égide du jeune chef qui puise son inspiration dans la tradition et les produits de saison... ainsi ce foie gras poché au Reuilly, spécialité de la maison. Aux beaux jours, réservez une table en terrasse.

Menu 24 € (semaine), 42/53 € – Carte 29/50 €

pl. des Tilleuls – 02 54 49 37 67 – www.lessaisonsgourmandes.fr – Fermé 5-16 mars, 22 oct.-9 nov., 2-12 janv., dim. soir, lundi soir, mardi soir et merc. de sept. à juin, dim. soir et lundi en juil.-août

ST-PIERRE-DU-MONT

✉ 14450 Calvados – 77 hab. – Alt. 25 m – Carte régionale n° **17**-B2
Carte Michelin 303-G3

Le Château Saint-Pierre

DEMEURE HISTORIQUE • TRADITIONNEL L'adresse idéale pour visiter les plages du Débarquement et la pointe du Hoc, accessible à pied, tout en profitant des charmes d'une demeure normande du 16e s. Au petit-déjeuner, on vous sert confitures maison et lait de ferme tout frais !

5 chambres – 70/75 € 75/98 €

1 km à l'Ouest par D514 – 02 31 22 63 79 – www.chambresdhotes-bayeuxarromanchesgrandcamp.com – Fermé 15 déc.-15 janv.

ST-PIERRE-QUIBERON – 56 Morbihan → Voir Quiberon

ST-POL-DE-LÉON

✉ 29250 Finistère – 6 607 hab. – Alt. 60 m – Carte régionale n° **5**-B1
Carte Michelin 308-H2 – Guide Vert Michelin Bretagne Nord

Auberge La Pomme d'Api (Jérémie Le Calvez)

CUISINE CRÉATIVE • RUSTIQUE XX Si la maison conserve tout le cachet de ses murs anciens (1535) et de sa cheminée, la cuisine joue résolument la carte des recettes d'aujourd'hui et de la fraîcheur. Les assiettes, fines et inventives, mettent en valeur les meilleurs produits du terroir breton, le tout au rythme des saisons : cette Pomme séduit !

→ Foie gras à l'artichaut et olive noire. Lieu jaune de ligne, légumes de saison. Cabosse chocolat, framboise et poivron rouge.

Menu 25 € (déj. en semaine), 49/105 € – Carte 80/95 €

49 r. Verderel – 02 98 69 04 36 – www.aubergelapommedapi.com – Fermé 2 semaines en mars, dim. soir et lundi soir de sept. à juin et lundi midi en juil.-août

HISTORIQUE • COSY Une jolie maison en pierre datant du 17e s., tout près de la cathédrale. Les chambres, sobres et décorées avec goût, donnent sur le jardin ; le salon, avec son poêle à bois, se révèle particulièrement confortable. Une adresse attachante.

5 chambres - 100/130 € 100/150 €

5 r. St-Yves
- 02 98 69 05 98 - www.clossaintyves.com
- Fermé 2 semaines en mars et 1 semaine en nov.

ST-PONS

07580 Ardèche - 290 hab. - Alt. 350 m - Carte régionale n° **23**-B3
Carte Michelin 331-J6

Hostellerie Gourmande Mère Biquette

CUISINE TRADITIONNELLE • FAMILIAL Rustique et chaleureux : aucun doute, il fait bon s'installer chez cette Mère Biquette et savourer ses petits plats régionaux et traditionnels. L'hiver, on trouve refuge près de la cheminée...

Menu 26 € - Carte environ 33 €

Les Allignols, 4 km au Nord par rte secondaire
- 04 75 36 72 61 - www.merebiquette.fr
- Fermé 17 nov.-5 fév., dim. soir d'oct. à mars et merc. midi de sept. à juin

Hostellerie Gourmande Mère Biquette

AUBERGE • TRADITIONNEL Les amoureux de nature et de grand calme apprécieront cette ferme ardéchoise reculée, nichée entre vignes et châtaigniers, à dix minutes de Saint-Pons. Préférez les chambres avec terrasse. Poètes et écrivains, ce lieu est pour vous !

15 chambres - 70/120 € 70/120 € - 10 €

Les Allignols, 4 km au Nord par rte secondaire
- 04 75 36 72 61 - www.merebiquette.fr
- Fermé 17 nov.-5 fév.

Hostellerie Gourmande Mère Biquette - voir les restaurants ci-dessus

ST-PONS - 04 Alpes-de-Haute-Provence → Voir Barcelonnette

ST-PRIEST - 69 Rhône → Voir Lyon

ST-PRIEST-EN-JAREZ - 42 Loire → Voir St-Étienne

ST-PRIEST-TAURION

87480 Haute-Vienne - 2 867 hab. - Alt. 255 m - Carte régionale n° **13**-B2
Carte Michelin 325-F5 - Guide Vert Michelin Limousin Berry

Relais du Taurion

CUISINE TRADITIONNELLE • RUSTIQUE Au bord de la rivière, ce restaurant - un ancien relais de poste -, tenu par un jeune couple, diffuse l'atmosphère rustique d'une auberge de campagne, comme on les aime. On y apprécie une généreuse cuisine traditionnelle, en toute simplicité.

Menu 25 € (semaine), 31/45 €
- Carte 32/55 €

6 chambres - 55/65 € 55/75 € - 8,50 €

2 chemin des Contamines
- 05 55 39 70 14 - www.relais-taurion.fr
- Fermé merc. midi, jeudi midi d'oct. à avril, dim. soir, mardi midi et lundi sauf le soir hors saison

ST-PRIVAT

✉ 19220 Corrèze - 1 089 hab. - Alt. 580 m - Carte régionale n° **13**-C3
Carte Michelin 329-N5

Auberge de la Xaintrie

TRADITIONNEL • CONTEMPORAIN Un hôtel installé en plein centre de cette agréable bourgade. Les chambres sont spacieuses, bien équipées et décorées dans un esprit contemporain ; pour vous requinquer, l'espace bien-être (sauna, hammam et jacuzzi) et le généreux restaurant traditionnel vous tendent les bras !

28 chambres - 75/90 € 75/145 € - 9 €

25 r. de la Xaintrie
- 05 55 28 49 80 - www.aubergedelaxaintrie.fr
- Fermé 5 janv.-2 fév.

ST-PRIX - 95 Val-d'Oise ➜ Voir Autour de Paris

ST-QUAY-PORTRIEUX

✉ 22410 Côtes-d'Armor - 2 937 hab. - Alt. 25 m - Carte régionale n° **5**-C1
Carte Michelin 309-F3 - Guide Vert Michelin Bretagne Nord

Ker Moor

TRADITIONNEL • COSY Dans l'extension moderne d'une belle villa d'inspiration mauresque, le long du chemin des douaniers, des chambres élégantes et confortables, au grand calme. Depuis leur terrasse, on dispose d'une vue sur toute la baie de St-Brieuc. Superbe situation !

30 chambres - 89/239 € 89/239 € - 15 €

13 r. du Prés.-Le-Sénécal
- 02 96 70 52 22 - www.ker-moor.com

ST-QUENTIN

✉ 02100 Aisne - 55 878 hab. - Agglo. 65 042 hab. - Alt. 74 m - Carte régionale n° **19**-C2
Carte Michelin 306-B3

Auberge de l'Ermitage

CUISINE TRADITIONNELLE • COSY XX Un "ermitage" un peu à l'écart du centre-ville, à l'atmosphère contemporaine et feutrée. Le patron fait œuvre de tradition avec sérieux ; le filet de bœuf, le cœur de ris de veau et le foie gras de canard sont récurrents à la carte.

Formule 20 € - Menu 31/70 €

331 rte de Paris, 3 km au Sud-Ouest par D930
- 03 23 62 42 80 - www.aubergedelermitage.com
- Fermé 1 semaine en fév., 3 semaines en août, sam. midi, dim. soir, lundi soir, mardi soir et merc.

Le Grand Hôtel

TRADITIONNEL • PERSONNALISÉ L'hôtel le plus confortable de la ville, en bordure du centre. Derrière sa façade traditionnelle, on découvre un grand patio entouré de coursives, desservies par un amusant ascenseur vitré. Les chambres, elles, demeurent tout à fait classiques. Parking privé gratuit.

24 chambres - 95/125 € 95/135 € - 13 €

6 r. Dachery
- 03 23 62 69 77 - www.hotel-saint-quentin-aisne.com
- Fermé 3 semaines en août, 1 semaine en déc. et 1 semaine en janv.

ST-QUENTIN-DE-CAPLONG

✉ 33220 Gironde - 250 hab. - Alt. 75 m - Carte régionale n° **2**-C1
Carte Michelin 335-L6

La Girarde

MAISON DE CAMPAGNE · COSY Une belle maison en pierre ayant jadis appartenu à Jean Carrive, l'un des fondateurs du mouvement surréaliste. Nous sommes ici en pleine nature, entre vignobles et forêt ; les chambres, spacieuses et cosy, donnent envie de ne plus repartir… d'autant que la table d'hôte met à l'honneur les petits producteurs de la région !

5 chambres – 105/120 € 115/130 €

Lieu-dit la Girarde, 4,5 km au Nord-Ouest par D128 et D18 rte de Gensac – 05 57 41 02 68 – www.lagirarde.com – Fermé 20 déc.-6 janv.

ST-QUENTIN-EN-YVELINES – 78 Yvelines → Voir Autour de Paris

ST-QUENTIN-LA-POTERIE – 30 Gard → Voir Uzès

ST-QUENTIN-SUR-LE-HOMME – 50 Manche → Voir Avranches

ST-QUIRIN

57560 Moselle – 751 hab. – Alt. 305 m – Carte régionale n° **14**-D2
Carte Michelin 307-N7

Hostellerie du Prieuré

CUISINE TRADITIONNELLE · FAMILIAL XX Dans cet ancien couvent du 18e s., le chef s'en donne à cœur joie avec les produits du terroir (mirabelles, perche de Vasperviller, etc.) ; les portions sont généreuses, et les desserts de Maeva, la fille des patrons, savoureux. Spécialité de la maison : le ballotin de pied de porc, farci au foie gras. Quelques chambres bien pratiques.

Menu 15 € (déj. en semaine), 30/78 € – Carte 37/69 €

8 chambres – 58/62 € 65/70 € – 9 €

163 r. du Gén.-de-Gaulle – 03 87 08 66 52 – www.saint-quirin.com – Fermé 1 semaine en mars, 1 semaine fin août, vacances de la Toussaint, mardi soir, sam. midi et merc.

ST-RAPHAËL

83700 Var – 34 567 hab. – Alt. 20 m – Carte régionale n° **21**-C3
Carte Michelin 340-P5 – Guide Vert Michelin Côte d'Azur

Accès et sorties : voir plan de Fréjus.

Les Voiles

POISSONS ET FRUITS DE MER · BISTRO X Sur le port de plaisance, ce sympathique bistrot de la mer vous propose une traversée gourmande : au menu, une cuisine du marché soignée et parfumée, à l'image de ce tartare de thon rouge et rougail de mangue, ou du poisson sauvage grillé, spécialités de la maison. Embarquez les yeux fermés !

Formule 18 € – Menu 33 € – Carte 42/62 €

Hors plan *101 quai Commandant-le-Prieur (au Port de Santa-Lucia - Palais des Congrès), au Sud-Est par D558 – 04 94 40 39 15 – Fermé de mi-déc. à mi-janv., mardi sauf juil.-août et lundi*

Stéphane Léger

CUISINE MODERNE · ÉLÉGANT XXX Les grandes baies vitrées, tournées vers le port de plaisance, laissent aisément deviner le contenu de l'assiette ! On profite en effet d'une bonne cuisine entre Provence et mer méditerranée, qui met en valeur la pêche locale avec quelques notes créatives.

Menu 48/115 €

Plan : A1-a *Parvis Kennedy 1er étage (vieux port) – 04 94 40 96 46 – www.stephaneleger.com – Fermé 7-16 mars, 14-20 nov., lundi et mardi*

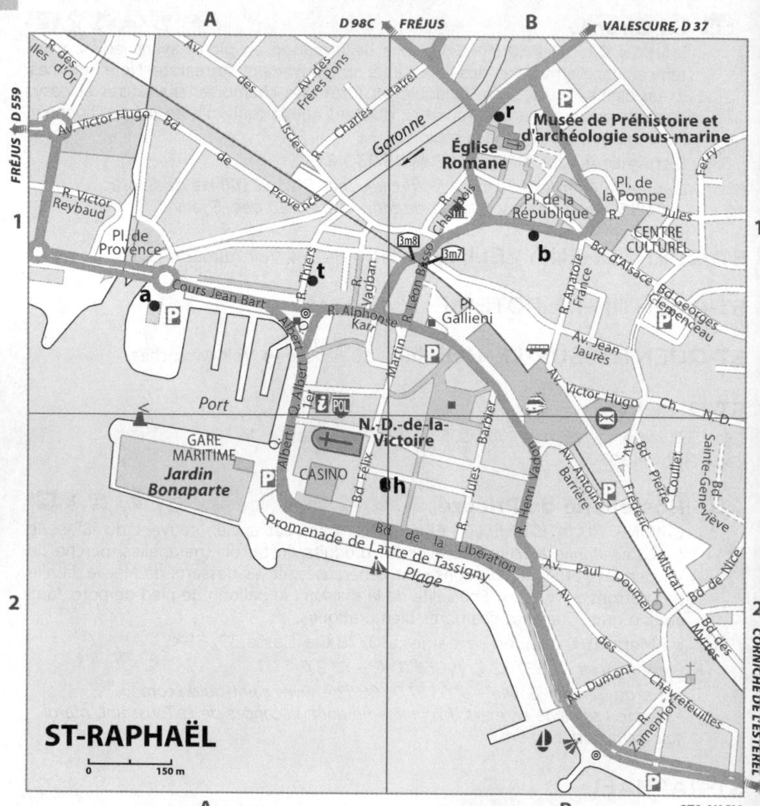

Elly's

CUISINE MODERNE • TENDANCE XX Elly a grandi dans un restaurant en Bourgogne, Franck a appris la cuisine dans sa Franche-Comté natale, le duo s'est parfaitement trouvé... Légumes bio et jolis produits de saison sont à la carte, déclinés à travers une cuisine pétillante et libre. Une adresse qui renouvelle le genre du "restaurant gastronomique" !

Formule 28 € – Menu 38/80 € – Carte environ 68 €

Plan : B1-b *54 r. de la Liberté*
– ✆ 04 94 83 63 39 – www.elly-s.com
– Fermé le midi en juil.-août, dim. et lundi de sept. à juin

Excelsior

CUISINE PROVENÇALE • BRASSERIE XX La table de l'hôtel Excelsior, une valeur sûre pour un repas dans le respect des saveurs régionales. Au menu : bourride de Saint-Raphaël, souris d'agneau confite à la provençale, millefeuille aux fraises... À déguster en terrasse, sous le soleil et avec la Méditerranée en ligne de mire.

Menu 37 € (semaine) – Carte 33/69 €

Plan : AB2-h *Hôtel Excelsior, 193 bd Félix-Martin (prom. René-Coty)*
– ✆ 04 94 95 02 42 – www.excelsior-hotel.com

La Brasserie Tradition & Gourmandise

CUISINE TRADITIONNELLE • CONVIVIAL Une brasserie à la mode contemporaine, avec une terrasse conviviale entourée de verdure. On y déguste une cuisine canaille et bien ficelée, parfaitement dans l'esprit "tradition et gourmandise" : œuf poché et saumon fumé, souris d'agneau à la provençale... Impossible de s'en lasser : le menu change tous les jours.

Formule 18 € – Menu 21 € (déj. en semaine)/30 € – Carte 33/50 €

Plan : B1-r *6 av. de Valescure – ✆ 04 94 95 25 00 – www.labrasserietg.fr – Fermé 1er-11 nov., 8-22 janv., merc. du 1er sept. au 1er juil., merc. midi en juil.-août, dim. et fériés sauf juil.-août*

La Table

CUISINE TRADITIONNELLE • BAR À VIN La devise de la maison : "Détendez-vous, l'équipe de La Table fait le reste." Il est vrai qu'il règne une belle ambiance autour de la grande table en bois massif qui fait l'originalité de l'endroit. Au menu, un esprit bistrot convaincant : nem de thon mi-cuit, côte de bœuf et frites maison, tiramisu... Tous à table !

Formule 17 € – Menu 21 € (déj. en semaine) – Carte 30/49 €

Plan : A1-t *47 r. Thiers – ✆ 04 94 53 93 35 – www.latablerestaurant.fr – Fermé le midi en juil.-août, dim. et lundi*

Le Lamparo

CUISINE TRADITIONNELLE • BRASSERIE Millefeuille de tourteau, avocat et pomme verte ; vitello tonnato fredo... sans oublier l'inévitable bourride raphaëloise, spécialité du lieu. Une vraie cuisine de tradition pour cette brasserie de qualité, située de plain-pied sur les quais et associée au restaurant gastronomique Archange situé à l'étage.

Formule 20 € – Menu 24/30 € – Carte 37/50 €

Plan : A1-a *Parvis Kennedy (au vieux port) – ✆ 04 94 55 74 38 – www.stephaneleger.com – Fermé lundi de mi-oct. à mi-avril*

Excelsior

FAMILIAL • COSY L'esprit de villégiature règne sur cette grande bâtisse blanche, née à la fin du 19e s. et située légèrement en retrait sur le front de mer. Les chambres, feutrées et confortables, ne manquent pas de confort, et l'on peut profiter du bar de l'hôtel – une belle illustration du genre !

34 chambres – 75/95 € 170/250 €

Plan : AB2-h *193 bd Félix-Martin (prom. René-Coty) – ✆ 04 94 95 02 42 – www.excelsior-hotel.com*

Excelsior – voir les restaurants ci-dessus

La Marina

TRADITIONNEL • CONTEMPORAIN Bel emplacement sur le port pour cet établissement, dont de nombreuses chambres ouvrent sur le bassin de plaisance et sa myriade de mâts... L'hébergement est à la fois fonctionnel et confortable : un bon point de chute, qui donne envie de prendre le large !

97 chambres – 104/305 € 104/305 € – 16 €

Hors plan *30 pl. de la Marina (port Santa-Lucia, au Palais des Congrès), au Sud-Est par D558 – ✆ 04 94 95 31 31 – www.hotel-lamarina.fr*

à Valescure 5 km au Nord-Est – ✉ 83700

Le Jardin de Sébastien

CUISINE PROVENÇALE • ÉLÉGANT Près des golfs de Valescure, une villa méditerranéenne cernée par les pins et les mimosas. Le couple charmant qui préside à ses destinées concocte une cuisine aux parfums de Provence : croustillant d'agneau braisé aux aubergines confites, crêpes chaudes au caramel d'orange... À déguster sur la charmante terrasse.

Formule 24 € – Menu 29/39 € – Carte 46/59 €

599 av. des Golfs – ✆ 04 94 44 66 56 – www.jardinsebastien.canalblog.com – Fermé vacances de la Toussaint, mardi midi et vend. midi en juil.-août, dim. soir, merc. midi et lundi de sept. à juin

Les Pins Parasols

CUISINE MÉDITERRANÉENNE • COSY XX Une terrasse sous les pins, face à la piscine, et une salle qui réinvente le répertoire provençal dans un camaïeu de gris et d'aubergine... La carte joue la même partition : soupe de poisson, trilogie autour du foie gras, daurade aux couleurs du Sud, filet de bœuf en brochette de romarin, etc. Et des grillades en été !

Menu 39 € – Carte 35/54 €

Golf Hôtel de Valescure, 55 av. Paul-L'Hermite (au golf) – 04 94 52 85 00 – www.valescure.najeti.fr – Fermé le midi

Golf Hôtel de Valescure

BUSINESS • PERSONNALISÉ Pour un séjour golf – mais pas seulement –, ce complexe hôtelier, tout près des greens, propose de belles prestations : chambres spacieuses, décor contemporain, piscine... et deux restaurants, dont le Club House établi dans l'ancien pavillon de la Norvège pour l'Exposition universelle de 1900 !

62 chambres – 210 € 210 € – 20 suites – 16 €

55 av. Paul-L'Hermite (au golf) – 04 94 52 85 00 – www.valescure.najeti.fr

Les Pins Parasols – voir les restaurants ci-dessus

à Boulouris 4 km au Sud-Est par D558 – 83700

La Villa Mauresque

LUXE • PERSONNALISÉ En bord de mer, cette magnifique villa d'inspiration mauresque – datant de 1881 – ne manque pas d'atouts. Mobilier chiné, bibelots et tableaux orientaux habillent superbement les chambres, toutes différentes et baptisées d'après de grands artistes (Degas, Wilde, Rimbaud...). Une demeure d'exception !

15 chambres – 199/1255 € 199/1255 € – 3 suites – 25 €

1792 rte de la Corniche – 04 94 83 02 42 – www.villa-mauresque.com – Fermé 1er janv.-2 mars

ST-RÈGLE – 37 Indre-et-Loire ➜ Voir Amboise

ST-RÉMY – 71 Saône-et-Loire ➜ Voir Chalon-sur-Saône

ST-RÉMY – 21 Côte-d'Or ➜ Voir Montbard

ST-RÉMY-DE-CHARGNAT – 63 Puy-de-Dôme ➜ Voir Issoire

Bernard/imagebroker/ age fotostock

ON AIME...

Le **restaurant Fanny Rey et Jonathan Wahid**, et son duo de choc et de charme. **L'Hôtel de Tourrel**, un hôtel particulier superbement restauré. **Le Mas de l'Amarine**, pour sa cuisine précise et pleine de fraîcheur. La **Confiserie Lilamand**, sans conteste l'un des meilleurs confiseurs de France...

ST-RÉMY-DE-PROVENCE

✉ 13210 Bouches-du-Rhône - 9 765 hab. - Alt. 59 m - Carte régionale n° **22**-E1
Carte Michelin 340-D3 - Guide Vert Michelin Provence

Restaurants

Fanny Rey & Jonathan Wahid

CUISINE MODERNE • ÉLÉGANT XX Fanny Rey, finaliste de Top Chef 2011, est aux fourneaux de cette vénérable Auberge et décline une savoureuse cuisine du marché, mettant superbement en valeur les produits des Alpilles. À ses côtés, on trouve nul autre que... Jonathan Wahid, son compagnon, pâtissier émérite et ancien champion de France du dessert. Un duo de choc !

➜ Saint-Jacques "pinces à linge", écorces de citron et truffe melanosporum. Sole de ligne, caviar, salicorne de rivière et émulsion cardamome. Millefeuille moderne à la vanille de Madagascar.

Formule 39 € - Menu 55 € (semaine), 95/150 € - Carte 95/140 €

11 chambres - †100/120 € ††110/140 € - ☕ 15 €

Plan : B1-d *12 bd Mirabeau - ✆ 04 90 92 15 33 - www.aubergesaintremy.com - Fermé 7 janv.-11 fév., dim. soir, jeudi midi et merc.*

Le Vallon de Valrugues

CUISINE MODERNE • ÉLÉGANT XXX Une table d'une certaine élégance (cheminée monumentale, tables rondes) dont le chef, entouré d'une équipe motivée, propose une cuisine classique, mâtinée de modernité. Formule bistronomique au déjeuner ; agréable terrasse en saison.

Menu 65/95 € - Carte 48/108 €

Hors plan *Hôtel Le Vallon de Valrugues & Spa, chemin Canto-Cigalo, 1 km à l'Est par D99A - ✆ 04 90 92 04 40 - www.vallondevalrugues.com - Fermé le midi*

Le Château des Alpilles

CUISINE PROVENÇALE • ÉLÉGANT XX Entre chic bourgeois et design seventies, la table du Château des Alpilles mêle les styles ! Sur la carte, recettes classiques et inspiration méridionale font bon ménage. L'été, on mange au bord de la piscine.

Formule 29 € - Menu 52 € (dîner)/62 € - Carte 55/67 €

Hors plan *Hôtel Le Château des Alpilles, 2 km à l'Ouest par D31 - ✆ 04 90 92 03 33 - www.chateaudesalpilles.com - Fermé 3 janv.-15 mars, merc. sauf le midi en juil.-août et jeudi midi hors saison*

Mas Valentine

CUISINE TRADITIONNELLE · TRADITIONNEL XX À la sortie de St-Rémy, cette charmante maison s'est mise à l'heure de la bistronomie sous la houlette du nouveau chef, Serge Alaimo. Avec de beaux produits locaux, il élabore une cuisine provençale raffinée et colorée.

Formule 26 € - Menu 32/45 € - Carte 46/61 €

Hors plan *Hôtel Mas Valentine, 44 rte de Noves, 3 km par D30 - 04 90 90 14 91 - www.mas-valentine.com - Fermé mardi sauf le soir de mai à sept., dim. soir et lundi sauf fériés*

Hôtels & maisons d'hôtes

Le Château des Alpilles

DEMEURE HISTORIQUE · PERSONNALISÉ Superbe demeure du 19^{e}s. décorée avec goût, dans un parc aux platanes centenaires. Chambres classiques au château, contemporaines dans les annexes : mas, lavoir, chapelle... Impossible de ne pas trouver son bonheur !

18 chambres - 220/370 € 220/470 € - 2 suites - 26 €

Hors plan *2 km à l'Ouest par D31 - 04 90 92 03 33 - www.chateaudesalpilles.com - Fermé 3 janv.-15 mars*

Le Château des Alpilles - voir les restaurants ci-dessus

Hôtel de Tourrel

LUXE · DESIGN Ce superbe hôtel particulier du 17e s., au confort raffiné, possède l'élégance d'un palace. Le luxe discret des chambres dissimule toujours un atout - ici, une charpente apparente, là, une vue sur les toits... Exceptionnel, tout simplement.

7 chambres - 250/690 € 250/690 € - 15 €

Plan : A1-a *5 r. Carnot - 04 84 35 07 20 - www.detourrel.com - Fermé de mi-janv. à fin mars et nov.*

Le Vallon de Valrugues & Spa

TRADITIONNEL · CONTEMPORAIN Dans un quartier résidentiel, une grande villa entourée d'un beau jardin arboré avec piscine. Les chambres contemporaines, le spa et le restaurant participent au sentiment d'exclusivité...

47 chambres - 220/1400 € 220/1400 € - 1 suite - 24 €

Hors plan *chemin Canto-Cigalo, 1 km à l'Est par D99A - 04 90 92 04 40 - www.vallondevalrugues.com*

Le Vallon de Valrugues - voir les restaurants ci-dessus

Hôtel de l'Image

BOUTIQUE HÔTEL · CONTEMPORAIN Joli destin que celui de cet ancien cinéma et music-hall métamorphosé en hôtel design ! Les chambres, aux lignes épurées, disposent pour la moitié d'une terrasse. À noter : une originale suite-cabane dans un arbre et un amusant labyrinthe dans le parc.

25 chambres - 200/300 € 200/300 € - 7 suites - 19 €

Plan : B2-x *36 bd Victor-Hugo - 04 90 92 51 50 - www.hoteldelimage.com - Ouvert de fin mars à fin oct.*

Gounod

URBAIN · PERSONNALISÉ Charles Gounod composa ici son opéra Mireille. En plein cœur de St-Rémy-de-Provence, ce charmant petit hôtel cosy aux couleurs apaisantes constitue une étape de choix. Chambres plus calmes côté jardin. Jardin, piscine et spa.

32 chambres - 110/210 € 110/210 € - 15 €

Plan : A1-a *18 pl. de la République - 04 90 92 06 14 - www.hotel-gounod.com - Ouvert d' avril à début déc.*

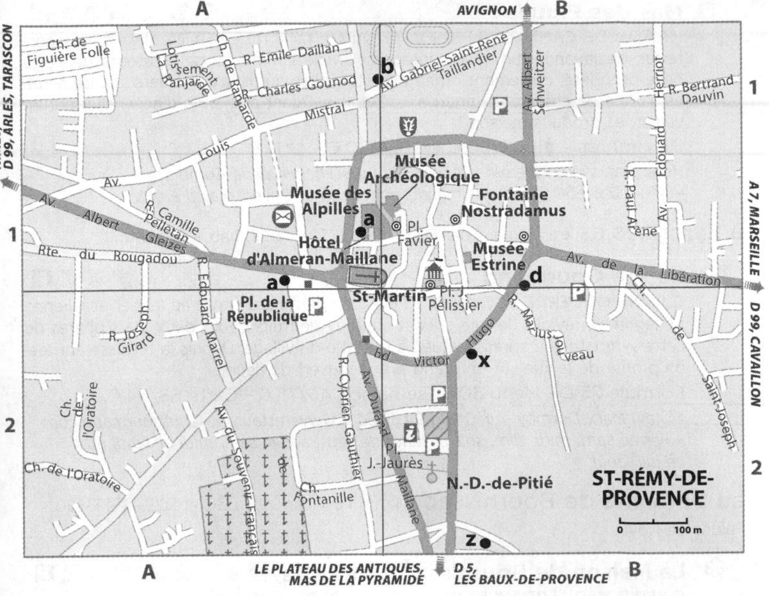

Le Mas des Carassins

MAISON DE CAMPAGNE · PERSONNALISÉ Lavandes, citronniers, oliviers, fontaines et bassins, piscines... Dans un beau jardin se dressent ce mas du 19e s. aménagé avec goût – jolies chambres provençales – et son annexe contemporaine. Menu unique autour d'un produit (porc, bœuf, poisson) le soir au restaurant.

19 chambres – 112/234 € 112/234 € – 3 suites

Hors plan *1 chemin des Gaulois, 1 km au Sud – 04 90 92 15 48 – www.masdescarassins.com – Fermé 2 janv.-22 fév. et 2-14 déc.*

Mas Valentine

MAISON DE CAMPAGNE · ÉLÉGANT Sur la route de Noves, cette ancienne ferme – entièrement rénovée en 2012 – a un sacré cachet ! Les chambres sont joliment meublées et dotées, pour certaines, de petites terrasses. Aux beaux jours, on profite de la grande piscine. Parfait pour se ressourcer et tout oublier !

12 chambres – 150/410 € 150/410 €

Hors plan *44 rte de Noves, 3 km par D30 – 04 90 90 14 91 – www.mas-valentine.com*

Mas Valentine – voir les restaurants ci-dessus

Sous les Figuiers

FAMILIAL · PERSONNALISÉ Un petit hôtel de charme aux chambres raffinées (boutis, meubles chinés – le tout sans télévision), certaines avec terrasse... sous les figuiers. Le petit-déjeuner est délicieux ! À noter : la piscine est petite. Cours de peinture.

14 chambres – 79/191 € 89/191 € – 15 €

Plan : AB1-b *3 av. Taillandier – 04 32 60 15 40 – www.hotelsouslesfiguiers.com – Fermé 6 janv.-9 mars*

Hôtel du Soleil

FAMILIAL · PERSONNALISÉ Du soleil, du calme, des toits de tuiles, quelques murs en pierre... et l'esprit de la Provence. L'établissement s'organise autour d'une vaste cour, arborée et avec piscine ; on profite même d'un espace bien-être avec sauna, jacuzzi et soins esthétiques.

27 chambres – 75/99 € 75/180 € – 3 suites – 11 €

Plan : B2-z *35 av. Pasteur – 04 90 92 00 63 – www.hotelsoleil.com*

Mas des Figues

MAISON DE CAMPAGNE • INSOLITE Quatre mille rosiers, mille oliviers, des parterres de lavande, un vaste potager... on ne compte plus les atouts de cette belle propriété, également ornée des sculptures du maître des lieux. La demeure est pleine de charme et regarde les Alpilles. Quant à la table d'hôte, elle met en valeur les produits maison !

5 chambres – 109/250 € 129/290 € – 15 €

Hors plan *Vieux-Chemin-d'Arles, 3 km par chemin de la Combette – 04 32 60 00 98 – www.masdesfigues.com – Ouvert d'avril à oct.*

à Eyragues 6,5 km au Nord par D571 – 13630 – 4 271 hab. – Alt. 23 m

Le Pré Gourmand

CUISINE MODERNE • COLORÉ XX Foie gras de canard confit au laurier et julienne de légumes, raviolis de foie gras et chutney de fruits : voici deux plats phares de cette sympathique adresse située à la sortie du village. Depuis la terrasse abritée, on profite de la vue sur un grand pré recouvert de fleurs...

Formule 25 € – Menu 30 € (semaine), 46/75 € – Carte 65/74 €

175 av. Marx-Dormoy – 04 90 94 52 63 – www.restaurant-lepregourmand.com – Fermé sam. midi, dim. soir et lundi de sept. à juin, sam. midi et lundi midi en juil.-août

au Domaine de Bournissac 9 km à l'Est par D99, D30 et D29 – 13550 Paluds-de-Noves :

La Maison de Bournissac (Christian Peyre)

CUISINE MÉDITERRANÉENNE • ÉLÉGANT XX Pour déguster une belle cuisine du Sud dans le calme de la campagne provençale, loin de tout... Les sens en éveil – sous les figuiers l'été –, on se grise de saveurs méridionales et de bons produits : bouillabaisse le vendredi, homard le dimanche...

→ Foie gras de canard rôti en terrine et suprême de pigeon en gelée de cerise. Homard cuit dans sa carapace aux girolles et à la verveine fraîche. Soufflé à la mandarine.

Menu 37 € (déj. en semaine), 52/89 € – Carte 87/110 €

montée d'Eyragues – 04 90 90 25 25 – www.lamaison-a-bournissac.com – Fermé 2-20 janv., lundi et mardi d'oct. à avril

La Maison de Bournissac

MAISON DE CAMPAGNE • PERSONNALISÉ Un long chemin serpentant parmi vignes et oliviers... et tout en haut, ce mas du 14e s. qui domine le Luberon, les Alpilles et le Ventoux. Un ravissement ! Les chambres offrent le charme simple – et si séduisant – de la Provence.

10 chambres – 145/270 € 145/270 € – 3 suites – 17 €

montée d'Eyragues – 04 90 90 25 25 – www.lamaison-a-bournissac.com – Fermé 2-20 janv.

La Maison de Bournissac – voir les restaurants ci-dessus

à Maillane 7 km au Nord-Ouest par D5 – 13910 – 2 494 hab. – Alt. 14 m

L'Oustalet Maïanen

CUISINE PROVENÇALE • COSY XX Le chef de cette maison, Christian Garino, est un vrai passionné qui prend lui-même les commandes et fait parfois le service... Ici, on ne triche pas ! Sous la tonnelle de vigne vierge ou dans le patio, les Mireille d'aujourd'hui savourent ses créations gorgées de soleil, qui font la part belle aux produits régionaux.

Formule 22 € – Menu 32/52 € – Carte 43/57 €

16 av. Lamartine – 04 90 95 74 60 – www.oustalet-maianen.fr – Ouvert de mars à nov. et fermé sam. midi et dim. soir sauf juil.-août, mardi midi en juil.-août et lundi

ST-ROGATIEN - 17 Charente-Maritime ➜ Voir la Rochelle

ST-ROMAIN

21190 Côte-d'Or - 223 hab. - Alt. 350 m - Carte régionale n° **4**-A3
Carte Michelin 320-I8 - Guide Vert Michelin Bourgogne

Le Bistrot de Guillaume - Hôtel Les Roches

CUISINE TRADITIONNELLE • BISTRO Un bistrot simple et accueillant, pour savourer une cuisine du terroir bien copieuse et des plats canailles soignés. La signature de la maison ? La tatin d'oreilles de cochon à la sauge ! Ici, on mange bien et il y a même quelques chambres sobres et pratiques pour l'étape.

Menu 18 € (déj. en semaine)/29 € - Carte 28/45 €
8 chambres - 55/82 € 55/82 € - 12 €

pl. de la Mairie - 03 80 21 21 63 - www.lebistrot-guillaume.com - Fermé 10 fév.-2 mars, 23 déc.-11 janv., mardi et merc.

ST-ROMAN-DE-BELLET - 06 Alpes-Maritimes ➜ Voir Nice

ST-ROMANS

38160 Isère - 1 767 hab. - Alt. 225 m - Carte régionale n° **24**-E2

Au Romans du Vercors

CUISINE MODERNE • SIMPLE Le cadre, simple, met en valeur des recettes de saison, goûteuses et travaillées - en témoignent l'intrusion d'herbes, de fleurs, d'épices lointaines ou de légumes (vraiment) oubliés tels l'héliantis, lointain cousin du topinambour, artisan d'une judicieuse association, autour d'un filet de canette et noix.

Formule 20 € - Menu 24 € (déj. en semaine), 35/70 € - Carte 49/60 €

321 Grande-Rue - 04 76 64 75 95 - www.restaurant-roman-du-vercors.com - Fermé 15 août-5 sept.

ST-ROME-DE-TARN

12490 Aveyron - 867 hab. - Alt. 360 m - Carte régionale n° **15**-D2
Carte Michelin 338-J6

Les Raspes

AUBERGE • COSY Derrière une façade en pierre, dans ce village perché au-dessus de la rivière, se cache cette petite auberge chaleureuse ; on s'y repose dans des chambres douillettes, sobres et soignées, et on profite du restaurant traditionnel, avant d'aller marcher dans le charmant jardin... le calme absolu !

16 chambres - 68/99 € 68/99 € - 11 €

av. Denis-Affre - 05 65 58 11 44 - www.lesraspes12.com - Fermé nov. à janv., vend., sam. et dim. de fév. à mi-avril

ST-SATUR - 18 Cher ➜ Voir Sancerre

ST-SATURNIN

63450 Puy-de-Dôme - 1 118 hab. - Alt. 520 m - Carte régionale n° **3**-B2
Carte Michelin 326-F9 - Guide Vert Michelin Auvergne

Château Royal de Saint-Saturnin

DEMEURE HISTORIQUE • PERSONNALISÉ L'histoire reste bien vivante dans ce noble château du 13e s. qui domine le village et la campagne auvergnate. Point de mœurs guerrières aujourd'hui, mais un cadre propice à chanter l'amour courtois : vieilles pierres, mobilier ancien, touches contemporaines... Beau parc.

5 chambres - 220/260 € 220/260 € - 17 €

pl. de l'Ormeau - 04 73 39 39 64 - www.chateaudesaintsaturnin.com - Ouvert 23 mars-11 nov.

ST-SATURNIN-LÈS-APT

✉ 84490 Vaucluse - 2 730 hab. - Alt. 420 m - Carte régionale n° **22**-E1
Carte Michelin 332-F10 - Guide Vert Michelin Provence

La Maison des Saveurs

CUISINE MODERNE • LUXE XXX La Maison des Saveurs n'est pas le moindre attrait de ce domaine en tout point exceptionnel... La cuisine, subtile et savoureuse, se construit chaque jour autour d'un bon produit provençal : épaule d'agneau, daurade, etc. Elle est rehaussée par un service sur-mesure, et par la beauté incontestable des lieux.

Formule 29 € - Menu 39/60 €

D2 - ✆ 04 90 75 50 63 - www.andeols.com - Ouvert 1er mai-30 sept.

Domaine des Andéols

LUXE • DESIGN Comment résumer un tel endroit ? L'environnement magnifique (un grand parc entouré de champs de lavande et de palmiers), les "junior suites" installées dans de petites maisons et décorées à la mode contemporaine, mais aussi le Platane, un bistrot niché à l'ombre d'un impressionnant platane multicentenaire... Saisissant !

18 suites - 280/1400 € - 1 chambres - 25 €

D2 - ✆ 04 90 75 50 63 - www.andeols.com - Ouvert 1er mai-30 sept.

La Maison des Saveurs - voir les restaurants ci-dessus

ST-SAVIN

✉ 38300 Isère - 3 898 hab. - Alt. 260 m - Carte régionale n° **23**-B2
Carte Michelin 333-E4

Les 3 Faisans

CUISINE MODERNE • CONVIVIAL XX Aux pieds des vignes du côteau de la Rémonde, ce restaurant abrite deux petites salles chaleureuses ; on peut aussi s'installer sur la terrasse ombragée, pendant que mijotent de délicieux plats - œuf poché, crème de pomme de terre et coppa, magret d'oie au gingembre confit - servis avec le sourire.

Menu 32/60 € - Carte 45/55 €

100 r. des Auberges - ✆ 04 74 28 92 57 - www.les3faisans.fr - Fermé 16-26 juil., vacances de la Toussaint, dim. soir, mardi et merc.

ST-SAVIN - 65 Hautes-Pyrénées → Voir Argelès-Gazost

ST-SERNIN-DU-BOIS - 71 Saône-et-Loire → Voir le Creusot

ST-SERVAN-SUR-MER - 35 Ille-et-Vilaine → Voir St-Malo

ST-SULIAC

✉ 35430 Ille-et-Vilaine - 942 hab. - Alt. 30 m - Carte régionale n° **5**-D1
Carte Michelin 309-K3 - Guide Vert Michelin Bretagne Nord

La Ferme du Boucanier

CUISINE TRADITIONNELLE • BISTRO X Étonnante adresse que cette auberge de pays au décor de brocante. Dans sa cuisine ouverte sur la salle, le chef d'origine belge revisite les plats du terroir grâce aux épices et autres marinades, sans pour autant oublier quelques spécialités de son pays. Voilà un digne boucanier !

Formule 16 € - Menu 18 € (déj. en semaine)/33 € - Carte 39/52 €

2 r. de l'Hôpital - ✆ 02 23 15 06 35 - www.boucanier-et-cie.fr - Fermé 20 déc.-15 fév., mardi et merc.

ST-SULPICE-LE-VERDON

✉ 85260 Vendée - 978 hab. - Alt. 65 m - Carte régionale n° **18**-B3
Carte Michelin 316-H6 - Guide Vert Michelin Poitou Vendée Charentes

✿✿ Thierry Drapeau

CUISINE MODERNE • ÉLÉGANT XXX En mars 1796, Charette était arrêté dans cette commune par les troupes républicaines, ce qui marqua la fin du soulèvement de la Vendée. Point de heurts aujourd'hui en ces lieux, qui conjuguent même révolution et aristocratie : Thierry Drapeau met son sens de l'invention au service de saveurs... royales !

→ Carpaccio de langoustine, agrumes, fraîcheur bergamote, oxalis et tagète. Poisson de petit bateau à la grenobloise, gnocchis de pomme de terre et émulsion de beurre noisette. Réflexion autour du chocolat.

Menu 58 € (déj. en semaine), 78/148 € – Carte 140/220 €

Le Logis de la Chabotterie, 3 km au Sud-Est par D18 (déménagement prévu dans l'hôtel à l'été) – ✆ 02 51 09 59 31 – www.thierry-drapeau.com – Fermé dim. soir, lundi et mardi

Thierry Drapeau

LUXE • CONTEMPORAIN En pleine campagne, cette bâtisse toute de bois vêtue semble ne vouloir faire qu'un avec la nature. Les chambres, confortables et au grand calme, donnent sur la verdure ; pour se détendre, on se rend à l'espace bien-être avec sauna et jacuzzi. Un parfait complément à la table gastronomique de Thierry Drapeau !

14 chambres – 112/219 € 117/280 € – 28 €

Le Logis de la Chabotterie, 3 km au Sud-Est par D18 – ✆ 02 51 40 00 03 – www.thierry-drapeau.com

✿✿ **Thierry Drapeau** – voir les restaurants ci-dessus

ST-THIBAULT – 18 Cher → Voir Sancerre

ST-TROJAN-LES-BAINS – 17 Charente-Maritime → Voir Île d'Oléron

SIME/R. Rinaldi/Sime/

ON AIME...

Le poisson extra-frais et les légumes du potager de **La Ferme d'Augustin**. **Byblos**, un hôtel mythique où de nombreuses vedettes ont leurs entrées. **Pan Deï Palais**, une demeure exotique chargée d'histoire et superbement décorée. **La Pomme de Pin**, où un chef sarde compose une cuisine italienne sans chichis : les Tropéziens adorent...

ST-TROPEZ

✉ 83990 Var - 4 353 hab. - Alt. 4 m - Carte régionale n° **21**-C3
Carte Michelin 340-O6 - Guide Vert Michelin Côte d'Azur

Restaurants

✿✿✿ La Vague d'Or

CUISINE CRÉATIVE • LUXE XXXX Parcours fulgurant que celui d'Arnaud Donckele ! Ce jeune Normand rend aujourd'hui l'un des plus beaux hommages qui soient à... la Méditerranée. Comment rester insensible devant tant d'inspiration et d'exigence ? Des accords de saveurs enivrants, des produits rares qui sont la quintessence de la région, un service remarquable... La table d'un chef passionné par son art !

➜ Sériole et chair d'esquinado marinées au cédrat, bergamote, glace et sauce au corail des têtes. Turbot cuit en immersion d'eau de mer, citronnelle et algues. Feuille à feuille de fruits rouges, chiboust au litchi.

Menu 295/365 € - Carte 240/310 €

Hors plan *Hôtel Résidence de la Pinède, plage de la Bouillabaisse, au Sud-Ouest par D98A - ✆ 04 94 55 91 00 - www.vaguedor.com*
- Ouvert 9 mai-6 oct. et fermé le midi

✿ L'Olivier

CUISINE MODERNE • ROMANTIQUE XXX Le Sud prend ses aises dans le cadre feutré de l'hôtel La Bastide... De beaux produits nobles (denti sauvage, homard bleu) sont mis à l'honneur dans des préparations équilibrées : chaque saveur est à la bonne place. La carte est entièrement disponible en demi-portion et à moitié prix : le bon plan de Saint-Trop' !

➜ Huître grillée, crème d'échalote, charbon de pain et pulpe de persil. Langoustine saisie en croûte d'olives, vinaigrette de carapaces et confit de tomates. Sablé chocolat guanaja, meringue au cacao et fleur de sel.

Menu 85 € - Carte 72/102 €

Hors plan *Hôtel La Bastide de St-Tropez, 25 rte des Carles, 1 km par av. P.- Roussel - ✆ 04 94 55 82 55 - www.bastidesaint-tropez.com*
- Fermé 1er janv.-10 fév. et le midi

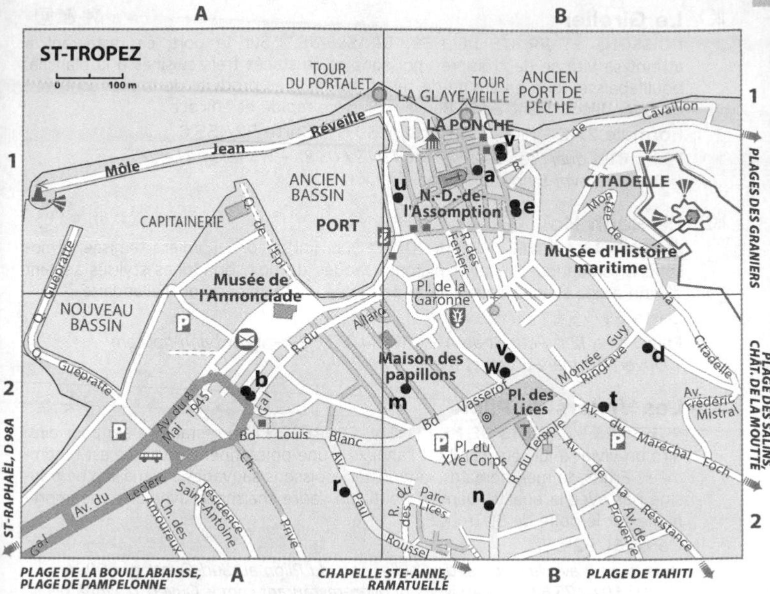

Le Patio

CUISINE ITALIENNE · ÉLÉGANT XX Au sein de l'hôtel Yaca, à quelques encablures de l'animation du port, ce Patio propose une cuisine italienne goûteuse et raffinée, qui doit beaucoup à d'excellents produits importés directement de la Botte. Un moment encore plus agréable lorsqu'on s'installe sur la terrasse ombragée, autour de la piscine...

Carte 65/105 €

Plan : B1-e *Hôtel Le Yaca, 1 bd Aumale*
– ✆ 04 94 55 81 00 – www.hotel-le-yaca.fr
– Ouvert 28 avril-1er oct. et fermé le midi

Rivea

CUISINE MÉDITERRANÉENNE · ÉLÉGANT XX Au sein du Byblos, palace capital pour la chronique tropézienne, une table griffée Alain Ducasse, instigateur d'une cuisine ludique et contemporaine qui, ici, fait la part belle au terroir de la Riviera française sans oublier quelques saveurs italiennes. Cadre design, éclairage tamisé et terrasse sous les platanes...

Formule 68 € 🍷 – Menu 71 € – Carte 58/101 €

Plan : B2-t *Hôtel Byblos, 27 av. du Mar.-Foch*
– ✆ 04 94 56 68 20 – www.byblos.com
– Ouvert de mi-avril à mi oct. et fermé le midi

La Ponche

CUISINE TRADITIONNELLE · MÉDITERRANÉEN XX Soupe de poissons de roche tropéziens, petits farcis provençaux, loup en croûte de sel, œuf cocotte aux truffes du haut Var : voici les indéboulonnables spécialités de ce bel établissement, qui cultive l'esprit méditerranéen sans nostalgie. La terrasse offre une agréable échappée sur la mer.

Formule 28 € – Menu 35 € – Carte 60/100 €

Plan : B1-v *Hôtel La Ponche, 5 r. des Remparts (pl. Revelin) – ✆ 04 94 97 09 29*
– www.laponche.com – Ouvert 27 mars-1er nov.

Le Girelier

POISSONS ET FRUITS DE MER • BRASSERIE XX Sur le port, ce restaurant a atteint sa vitesse de croisière : poissons et crustacés frais cuisinés à la plancha, bouillabaisse, loup en croûte de sel et paella... Les produits de la mer sont rois, dans un décor "blanc Eddie Barclay". Service rapide et efficace.

Formule 27 € – Menu 34 € (déj.)/39 € – Carte 52/155 €

Plan : B1-u *quai Jean-Jaurès – ✆ 04 94 97 03 87 – www.legirelier.fr – Ouvert 9 avril-5 nov. et 23 déc.-7 janv.*

Le Banh Hoï

CUISINE ASIATIQUE • ROMANTIQUE X Quel joli décor ! Lumière tamisée, atmosphère romantique, murs et plafonds laqués de noir, bouddhas stylisés servent d'écrin à une sympathique cuisine parfumée, vietnamienne et thaïlandaise.

Carte 59/76 €

Plan : B1-a *12 r. Petit-St-Jean – ✆ 04 94 97 36 29 – www.banh-hoi.com – Ouvert 30 mars-6 oct. et fermé le midi*

Les Viviers du Pilon

POISSONS ET FRUITS DE MER • MÉDITERRANÉEN X Le restaurant est pour ainsi dire un vivier à lui seul, car il est l'annexe d'une poissonnerie, qui plus est renommée ! Fruits de mer, homards, langoustes, poissons sauvages : la maison ne transige pas avec la qualité. Dernier atout : un cadre charmant, avec une vue imprenable sur le golfe de St-Tropez...

Carte 61/92 €

Hors plan *2 av. du Général-de-Gaulle, port du Pilon au Sud-Ouest par D98A – ✆ 07 69 82 75 62 – www.viviers-dupilon-restaurant.com – Ouvert d'avril à oct., fermé le merc. hors juil.-août et le midi en juil.-août*

La Maison des Jumeaux

CUISINE PROVENÇALE • CONVIVIAL X À quelques mètres de la place des Lices, cette charmante maison provençale aux volets verts abrite une table de gourmets, où l'on cuisine méditerranéen. Petits farcis provençaux, pageot grillé, blanc manger... à déguster sur l'agréable terrasse. Service attentif et accueil charmant.

Formule 22 € – Carte 47/75 €

Plan : B2-m *20 r. Étienne-Berny – ✆ 04 94 97 42 52 – www.lamaisondesjumeaux.com – Ouvert d'avril à nov. et fermé le midi en juil.-août, lundi hors saison et dim. midi*

Les Graniers

CUISINE MODERNE • CONVIVIAL X Dépaysement assuré avec ce restaurant de plage au cadre idyllique, situé derrière la citadelle. Accents méditerranéens à la carte, avec des produits de qualité (poissons sauvages, notamment). C'est aussi un excellent point de départ pour rejoindre le sentier du littoral... Coup de cœur.

Carte 58/78 €

Hors plan *1 chemin des Graniers – ✆ 04 94 97 13 43 – Ouvert avril à mi-oct.*

Hôtels

Byblos

PALACE • PERSONNALISÉ Le palace mythique de St-Tropez, véritable village dans le village – un ensemble de maisons colorées entrelacées de jardins et de patios. Les chambres regorgent d'œuvres d'art, le spa est superbe, la boîte de nuit incontournable... L'alliance du luxe et de la convivialité.

50 suites ††875/3220 €– 41 chambres – ☕ 40 €

Plan : B2-d *20 av. Paul-Signac – ✆ 04 94 56 68 00 – www.byblos.com – Ouvert de mi-avril mi-oct.*

Rivea – voir les restaurants ci-dessus

La Bastide de St-Tropez

LUXE • PERSONNALISÉ Atmosphère chic et feutrée dans cette maison tropézienne et ses quatre mas : mobilier chiné, pointe de baroque et soupçon provençal relevés d'un luxuriant jardin méditerranéen. Un havre de paix et de charme à l'écart du centre-ville.

16 chambres – 260/1350 € 260/1350 € – 10 suites – 30 €

Hors plan *25 rte des Carles, 1 km par av. P.-Roussel – 04 94 55 82 55 – www.bastidesaint-tropez.com – Fermé 1er janv.-10 fév.*

L'Olivier – voir les restaurants ci-dessus

Hôtel de Paris Saint-Tropez

LUXE • DESIGN Le dernier-né des grands hôtels tropéziens n'a rien à envier à ses aînés. Ici triomphe la "design attitude". Un exemple ? Le patio, surmonté d'une piscine donnant sur le toit, où l'on grignote un sushi en sirotant un cocktail. Les chambres, spacieuses, dévoilent des thématiques différentes : Paris, les arts, St-Tropez... Culte !

58 chambres – 280/710 € 440/2040 € – 32 suites – 35 €

Plan : A2-b *1 Traverse de la Gendarmerie – 04 83 09 60 00 – www.hoteldeparis-sainttropez.com – Fermé 12 nov.-28 fév.*

Résidence de la Pinède

RESORT • ÉLÉGANT Un beau bouquet de pins maritimes bien sûr, mais aussi une vue superbe sur le golfe, une plage privée avec son ponton, des chambres d'un très grand confort, etc. Tous les délices de la Côte d'Azur, vécus dans la plus douce intimité qui soit... pour des séjours inoubliables !

31 chambres – 550/2800 € 550/2800 € – 5 suites – 45 €

Hors plan *plage de la Bouillabaisse, au Sud-Ouest par D98A – 04 94 55 91 00 – www.residencepinede.com – Ouvert 18 mai-6 oct.*

La Vague d'Or – voir les restaurants ci-dessus

Pan Deï Palais

MAISON DE MAÎTRE • PERSONNALISÉ Une demeure construite en 1835, présent d'un général napoléonien à son épouse indienne. Ici règne un élégant parfum d'exotisme : tissus chamarrés, bois précieux, hammam, nombreux tableaux et autres bibelots... Un lieu pétri de charme, que l'on quitte à regret !

10 chambres – 210/1330 € 210/1750 € – 2 suites – 35 €

Plan : B2-v *52 r. Gambetta – 04 94 17 71 71 – www.pandei.com – Fermé 2 nov.-2 janv.*

La Ponche

TRADITIONNEL • MÉDITERRANÉEN Ces anciennes maisons de pêcheurs, dans le pittoresque quartier de la Ponche, firent le bonheur de Romy Schneider, entre autres personnalités. Mobilier, tissus, vue sur les toits de tuiles... l'esprit de la région s'exprime dans chaque chambre.

18 chambres – 230/290 € 470/660 € – 4 suites – 34 €

Plan : B1-v *5 r. des Remparts (pl. Revelin) – 04 94 97 02 53 – www.laponche.com – Ouvert 13 avril-1er nov.*

La Ponche – voir les restaurants ci-dessus

Le Yaca

DEMEURE HISTORIQUE • PERSONNALISÉ Cet hôtel de charme (18e s.), le premier de St-Tropez, fut et demeure le refuge des artistes et des célébrités (P. Signac, Colette, B. Bardot, etc.). Tomettes et meubles anciens : tel est le caractère des chambres – cependant plus modernes dans l'aile située à l'arrière.

31 chambres – 285/495 € 325/1035 € – 2 suites – 35 €

Plan : B1-e *1 bd Aumale – 04 94 55 81 00 – www.hotel-le-yaca.fr – Ouvert 8 mai-7 oct.*

Le Patio – voir les restaurants ci-dessus

Pastis

FAMILIAL • PERSONNALISÉ Chaque pièce de cet hôtel est superbe : mobilier ancien, provençal, contemporain, nombreux tableaux... Une véritable galerie d'art ! Les chambres sont élégantes et confortables ; dehors, un jardin avec palmiers centenaires et une piscine au calme.

10 chambres – 225/850 € 225/850 € – 20 €

Hors plan *75 av. du Gén.-Leclerc, port du Pilon au Sud-Ouest par D98A – 04 98 12 56 50 – www.pastis-st-tropez.com – Ouvert 13 mars-31 oct.*

White 1921

MAISON DE MAÎTRE • DESIGN 1921, comme l'un des meilleurs millésimes du champagne Moët & Chandon. Sur la place des Lices, au cœur de l'animation tropézienne, cette belle maison bourgeoise (1900), toute blanche, joue contre toute attente la carte du design et de l'épure. Un refuge très tendance.

5 chambres – 320/950 € 320/950 € – 3 suites – 32 €

Plan : B2-w *6 pl. des Lices – 04 94 45 50 50 – www.white1921.com – Ouvert de mai à oct.*

Hôtel des Lices

FAMILIAL • CONTEMPORAIN Près de la place des Lices, cette adresse familiale distille une atmosphère chaleureuse et cossue, pleine de cachet et de vie. Nombreux sont les habitués à en avoir fait un lieu de villégiature privilégié !

40 chambres – 160/420 € 160/420 € – 1 suite – 17 €

Plan : B2-n *10 av. Augustin-Grangeon – 04 94 97 28 28 – www.hoteldeslices.com – Ouvert 22 mars-4 nov. et 27 déc.-6 janv.*

Le Mouillage

TRADITIONNEL • PERSONNALISÉ Jetez l'ancre à une encablure du port du Pilon, dans cet hôtel aux chatoyantes couleurs du Sud. Dans les chambres, le décor est une invitation au voyage : Capri, Paros, Lipari... Avec, au calme, une agréable piscine chauffée.

11 chambres – 140/330 € 140/480 € – 3 suites – 16 €

Hors plan *79 av. du Général-Leclerc, port du Pilon au Sud-Ouest par D98A – 04 94 97 53 19 – www.hotelmouillage.fr – Ouvert mi-fév. à mi-nov.*

Lou Cagnard

FAMILIAL • TRADITIONNEL Cette maison ancienne s'est dorée sous le cagnard et a pris de belles couleurs provençales. Les chambres sont simples et sans prétention ; l'été, on prend le petit-déjeuner à l'ombre des mûriers et figuiers, à la fraîche.

18 chambres – 88/181 € 88/181 € – 12 €

Plan : A2-r *18 av. Paul-Roussel – 04 94 97 04 24 – www.hotel-lou-cagnard.com – Ouvert de mars à oct.*

au Sud-Est par av. Foch – 83990 St-Tropez

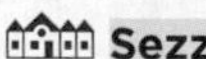

Sezz

LUXE • DESIGN Le Sezz parisien s'exporte à St-Tropez : ultramoderne, design et ouvert au maximum sur l'extérieur pour profiter du climat... Dans chaque chambre : matériaux naturels, terrasse et douche extérieure. Un art de vivre très tendance !

35 chambres – 290/750 € 290/960 € – 2 suites – 38 €

Hors plan *151 rte des Salins, à 2 km – 04 94 55 31 55 – www.saint-tropez.hotelsezz.com – Ouvert 20 avril-7 oct.*

La Tartane Saint-Amour

LUXE • PERSONNALISÉ Pour se ressourcer sur la route des Salins, des chambres aux influences ethniques (Afrique, Bali, etc.) réparties dans plusieurs villas du parc. Jolie piscine dans le patio intérieur, et agréable hammam en mosaïque.

23 chambres – 310/1080 € 310/1080 € – 5 suites – 32 €

Hors plan *235 rte des Salins, à 3,5 km – 04 94 97 21 23 – www.saintamour-hotel.com – Ouvert de Pâques à début oct.*

Benkiraï

LUXE • DESIGN Le fameux designer Patrick Jouin a signé la déco du Benkiraï, mêlant lignes pures, blancheur immaculée, béton ciré et jeux de lumière... Une œuvre minimaliste très aboutie, qui sied parfaitement à l'environnement plutôt tranquille dont jouit l'établissement, à l'écart du centre-ville.

39 chambres – 190/770 € 230/1300 € – 1 suite – 27 €

Hors plan *70 chemin du Pinet, à 3 km – 04 94 97 04 37 – www.charmandmore.com – Ouvert de mi-avril à mi-oct.*

Le Pré de la Mer

LUXE • PERSONNALISÉ Il y a le ciel, le soleil et... le Pré de la Mer. Ambiance zen, terrasses privatives dans chaque chambre, jardin fleuri, belle piscine, fitness et hammam : un endroit nature et cosy, parfait pour une villégiature revigorante.

13 chambres – 290/610 € 290/620 € – 1 suite

Hors plan *rte des Salins, à 2 km – 04 94 97 12 23 – www.lepredelamer.fr – Ouvert mi-avril à mi-oct.*

au Sud-Est par av. Paul-Roussel et rte de Tahiti – 83990 St-Tropez

La Table d'Augustin

CUISINE MÉDITERRANÉENNE • RUSTIQUE XX Langoustes, denti, pagres, dorade sauvage... Bienvenue au paradis des amateurs de poissons. Le chef travaille avec des pêcheurs locaux. Ici, tout est frais (légumes bio du potager des parents) et fait maison (huile d'olive, pain, glaces). Du sur-mesure pour vos papilles !

Carte 46/78 €

Hors plan *Hôtel La Ferme d'Augustin, rte de Tahiti, à 4 km 83350 Ramatuelle – 04 94 55 97 00 – www.fermeaugustin.com – Ouvert 23 mars-28 oct.*

La Pomme de Pin

CUISINE ITALIENNE • SIMPLE X Le patron, d'origine sarde, est installé ici depuis 1992. Sur la terrasse, à l'abri des pins, on déguste les savoureuses spécialités italiennes qu'il concocte sans chichis. Les spécialités de la maison ? Assiette d'antipastis, pâtes aux fruits de mer, linguines au homard, ou encore tiramisu. Simple et authentique !

Menu 15 € (déj. en semaine) – Carte 30/50 €

Hors plan *rte de Tahiti, à 4 km 83350 Ramatuelle – 04 94 97 73 70 – www.restaurant-lapommedepin.com – Ouvert début avril à mi-oct.*

Château de la Messardière

PALACE • PERSONNALISÉ Niché dans un parc de 10 ha dominant la baie, un château de conte de fées (1890) aux teintes ensoleillées. Tout y est si brillant et impeccable, que l'on voudrait y pénétrer avec des patins de feutre et préserver à jamais ce magnifique ensemble ! Mention spéciale au spa et aux services proposés, bien dignes d'un palace.

92 chambres – 340/1360 € 340/1540 € – 25 suites

Hors plan *2 rte de Tahiti, à 2 km – 04 94 56 76 00 – www.messardiere.com – Ouvert 13 avril-28 oct.*

La Ferme d'Augustin

FAMILIAL • COSY Dans ce vaste domaine arboré et fleuri, une demeure familiale délicieuse, où l'on cultive l'art de recevoir. Les chambres sont d'une élégante sobriété (murs blancs, tomettes lustrées). Un havre de douceur loin du bling-bling. Et si c'était cela, le vrai luxe ?

44 chambres – 255/1215 € 255/1215 € – 2 suites – 20 €

Hors plan *rte de Tahiti, à 4 km 83350 Ramatuelle – 04 94 55 97 00 – www.fermeaugustin.com – Ouvert 23 mars-28 oct.*

La Table d'Augustin – voir les restaurants ci-dessus

rte de Ramatuelle au Sud-Ouest par D93 – ✉ 83350

Dolce Vita

CUISINE MÉDITERRANÉENNE • ROMANTIQUE XXX Niché dans un parc de trois hectares, au pied de l'hôtel Villa Marie, un restaurant qui fait notre vie… plus douce ! De séduisantes recettes provençales et méditerranéennes : voilà les plaisirs qui nous attendent ici, avec une mention particulière pour le poisson (bouillabaisse notamment) et l'atmosphère romantique.

Carte 53/109 €

Hors plan *Hôtel Villa Marie, 1100 chemin du Val-Rian – ✆ 04 94 97 40 22 – www.villamarie.fr – Ouvert 4 mai -7 oct.*

Muse

GRAND LUXE • DESIGN Les Muses pourraient élire domicile dans ce domaine au charme infini ! Architecture en pierres sèches, jardin au naturel, aménagements ultradesign et vastes suites aux lignes épurées : un sommet d'élégance contemporaine et la dernière enclave exclusive, aux portes de St-Tropez.

12 suites – 380/3800 € – 2 chambres

Hors plan *364 chemin de Val-de-Rian – ✆ 04 94 43 04 40 – www.muse-hotels.com – Ouvert d'avril à oct.*

Villa Marie

LUXE • PERSONNALISÉ Raffinement, luxe et charme réunis sous le même toit en cette villa enchanteresse nichée dans une pinède dominant la baie de Pampelonne. Les chambres, soigneusement décorées dans un esprit de demeure bourgeoise provençale, ont un charme fou !

45 chambres – 322/1782 € 354/1814 € – 5 suites

Hors plan *1100 chemin Val-de-Rian – ✆ 04 94 97 40 22 – www.villamarie.fr – Ouvert 19 mai-7 oct.*

Dolce Vita – voir les restaurants ci-dessus

Les Bouis

TRADITIONNEL • MÉDITERRANÉEN Un décor de carte postale ! La baie de Pampelonne pour tout horizon et l'ombre des pins parasols… Chambres au calme, avec terrasse ou balcon, très belle piscine avec vue sur la région, proximité des plages : que vouloir de plus ?

23 chambres – 150/330 € 150/330 € – 20 €

Hors plan *chemin des Bouis, 6 km par rte de la plage de Pampelonne – ✆ 04 94 79 87 61 – www.hotel-les-bouis.com – Ouvert 1er avril- 1er nov.*

à l'Ouest par D98A – ✉ 83580 Gassin :

Le Belrose

CUISINE MODERNE • LUXE XXX Le chef italien, aux fourneaux de cette maison dominant le golfe de St-Tropez, propose une assiette parfumée et colorée. Autant d'hommages à la Méditerranée, à l'image de ces médaillons de lotte, artichaut rôti et écaille de pecorino, févettes croquantes et sauce au safran… Et un menu 100% italien en saison.

→ Risotto, langoustines rôties et fraises des bois. Saint-Jacques poêlées, crème de stracchino, myrtilles, girolles et sauce crustacés. Boules de crémeux citron, cœur confit à l'estragon et glace à l'huile d'olive citronnée.

Menu 135/155 € – Carte 125/145 €

Hors plan *Hôtel Villa Belrose, bd des Crêtes, à 3 km – ✆ 04 94 55 97 88 – www.villabelrose.com – Ouvert 14 avril-14 oct. et fermé le midi sauf dim. et fériés*

La Table du Mas (N)

CUISINE TRADITIONNELLE • ÉLÉGANT XX À l'abri du tumulte tropézien, cette élégante bastide du 17e s. célèbre au quotidien les trésors méditerranéens – loup, rouget, saint-pierre, poulpe – mais aussi les savoureux légumes de la région ; la carte va à l'essentiel au rythme des saisons, et se révèle en parfaite harmonie avec l'esprit de la maison, entre luxe et authenticité. Belle terrasse sous la tonnelle.

Menu 65 € – Carte 80/101 €

Hors plan *Hôtel Mas de Chastelas, quartier Bertaud – ✆ 04 94 56 71 71 – www.chastelas.com – Ouvert avril-oct. et fermé le midi*

Villa Belrose

GRAND LUXE • PERSONNALISÉ Cette grande villa contemporaine embrasse la baie de St-Tropez ! Colorée et lumineuse, elle semble tutoyer le soleil... Les prestations sont superbes, soignées jusqu'au moindre détail (marbre italien, mobilier de style, grand confort, etc.).

40 chambres - 280/905 € 420/3130 € - 3 suites - 39 €

Hors plan *bd des Crêtes, à 3 km - 04 94 55 97 97 - www.villabelrose.com - Ouvert 14 avril-14 oct.*

Le Belrose - voir les restaurants ci-dessus

Kube

LUXE • DESIGN Bordant le golfe de St-Tropez, un écrin contemporain et design, tout en blancheur et lignes géométriques. Trois piscines, un spa, des chambres tout confort (dont certaines réparties dans des villas) : rien n'a été laissé au hasard ! L'adresse ravira les amateurs d'ambiance branchée.

68 chambres - 265/1700 € 265/1700 € - 28 €

Hors plan *rte de Saint-Tropez, à 2 km - 04 94 97 20 00 - www.kubehotel-saint-tropez.com - Ouvert 22 mars-4 nov.*

Mas de Chastelas

MAISON DE CAMPAGNE • ÉLÉGANT Voilà un endroit où apprécier l'art de vivre provençal ! Dans un parc de 3 ha aux senteurs d'arbousiers, la bastide du 18e s. et ses deux villas abritent des chambres élégantes et cosy, la plupart dans un bel esprit méditerranéen, certaines très contemporaines. Piscine, restaurant... Parfait pour une escapade romantique.

16 chambres - 300/950 € 300/950 € - 7 suites - 35 €

Hors plan *2 chemin de Chastelas - quartier Bertaud, à 4 km, direction Gassin - 04 94 56 71 71 - www.chastelas.com - Ouvert avril-oct.*

La Table du Mas - voir les restaurants ci-dessus

ST-URCIZE

15110 Cantal - 506 hab. - Alt. 1 050 m - Carte régionale n° **3**-B3
Carte Michelin 330-G6 - Guide Vert Michelin Auvergne

La Fontaine de Grégoire

HISTORIQUE • CLASSIQUE Plafonds à la française, parquets massifs, murs en pierre apparente : cette ancienne demeure de notaire du 18e s. a été restaurée avec goût. Les cinq chambres empruntent leur nom à des personnages de la révolution française, et le vaste jardin paysagé ouvre sur les mont de l'Aubrac.

5 chambres - 160 € 160 €

2 r. de la Croix de Grégoire - 04 71 23 20 02 - www.aubrac-chezremise.com

ST-UZE - 26 Drôme → Voir St-Vallier

ST-VAAST-LA-HOUGUE

50550 Manche - 1 875 hab. - Alt. 4 m - Carte régionale n° **17**-A1
Carte Michelin 303-E2 - Guide Vert Michelin Normandie Cotentin

France et Fuchsias

CUISINE MODERNE • RUSTIQUE XX Les beaux produits normands, huîtres en tête, sont mis en valeur dans des assiettes actuelles et gourmandes. Trois possibilités pour en profiter : la salle à manger rustique ; la véranda sous verrière, ouverte sur un étonnant jardin planté de palmiers, de mimosas et d'eucalyptus ; et la jolie terrasse aux beaux jours.

Formule 24 € - Menu 33/75 € - Carte 46/84 €

31 chambres - 59/150 € 69/150 € - 11 €

20 r. du Mar.-Foch - 02 33 54 40 41 - www.france-fuchsias.com - Fermé 2-11 déc., 2 janv.-13 fév., dim. soir de nov. à mars, mardi midi et lundi

Le Chasse Marée

POISSONS ET FRUITS DE MER • CONVIVIAL X Photos de bateaux, fanions laissés par les clients navigateurs, terrasse sur le port et bons produits de la pêche locale : un charmant petit bistrot marin où l'on se sent bien, tout simplement. Préférez les menus, qui offrent un meilleur rapport qualité-prix !

Menu 26/37 € - Carte 48/54 €

8 pl. du Gén.-de-Gaulle - ✆ 02 33 23 14 08 - www.chassemaree.com - Fermé de janv. à début fév., mardi et merc.

à Réville 4 km au Nord par D1 - ✉ 50760 - 1 132 hab. - Alt. 12 m

La Villa Gervaiserie

FAMILIAL • CONTEMPORAIN À la sortie de Réville, une construction contemporaine à toit plat, bordée d'un jardin verdoyant. Les chambres, spacieuses et sobrement décorées, ont toutes un balcon ou une terrasse donnant sur l'île de Tatihou.

10 chambres - †99/138 € ††99/138 € - ☕10 €

17 rte des Monts - ✆ 02 33 54 54 64 - www.lagervaiserie.com - Ouvert avril-sept.

Au Moyne de Saire

TRADITIONNEL • FONCTIONNEL Au cœur du village, cette agréable auberge propose des chambres bien tenues, dans un style actuel et fonctionnel ; côté restauration, on y trouve une cuisine traditionnelle, servie dans une salle claire et confortable... Plaisant !

19 chambres - †59/63 € ††72/97 € - ☕10 €

15 r. du Gén.-de-Gaulle - ✆ 02 33 54 46 06 - www.au-moyne-de-saire.fr

ST-VALENTIN - 36 Indre → Voir Issoudun

ST-VALERY-EN-CAUX

✉ 76460 Seine-Maritime - 4 230 hab. - Alt. 5 m - Carte régionale n° **17**-C1
Carte Michelin 304-E2 - Guide Vert Michelin Normandie Vallée de la Seine

Le Port

POISSONS ET FRUITS DE MER • FAMILIAL XX Ce restaurant n'a pas volé son nom : il domine le quai, où oscillent les bateaux. La salle est parée de photos en noir et blanc des falaises du pays de Caux ; quant à la cuisine de la mer, elle est réalisée avec de bons produits - cabillaud, sole, turbot - achetés exclusivement auprès des pêcheurs locaux.

Menu 27/55 € - Carte 51/80 €

18 quai d'Amont - ✆ 02 35 97 08 93 - www.restaurant-du-port-76.fr - Fermé dim. soir, jeudi soir et lundi

Hôtel du Casino

BUSINESS • CONTEMPORAIN Face au port de plaisance, cet hôtel impressionne par ses grands volumes, depuis le grand hall d'entrée jusqu'aux chambres, contemporaines et fonctionnelles. Une adresse très appréciée des clientèles d'affaires et touristique.

76 chambres - †80/150 € ††85/150 € - ☕14 €

14 av. Clemenceau - ✆ 02 35 57 88 00 - www.hotel-casino-saintvalery.com

ST-VALERY-SUR-SOMME

✉ 80230 Somme - 2 666 hab. - Alt. 27 m - Carte régionale n° **19**-A1
Carte Michelin 301-C6

La Table des Corderies

CUISINE MODERNE • TENDANCE Sur les hauteurs de la ville, en surplomb du quartier médiéval, cette imposante maison vaut aussi pour son assiette ! Le chef, originaire de la baie de Somme, est un éminent "locavore" : il s'entoure exclusivement de producteurs des parages (pêcheurs, maraichers, mais aussi apiculteur, meunier...) et concocte une cuisine sincère, où le produit est bien mis en valeur.

Menu 45 € (déj.)/60 € – Carte environ 70 €

Hôtel les Corderies, 214 r. des Moulins
– 03 22 61 30 61 – www.latabledescorderies.com
– Fermé 3 semaines en janv., lundi midi et mardi midi

Au Vélocipède

CUISINE MODERNE • BRANCHÉ Dans la partie haute de la ville, pédalez jusqu'à ce fringant Vélocipède ! Il séduit autant sur la forme – une belle devanture contemporaine et, derrière, un intérieur vintage garni d'objets chinés – que sur le fond, avec une courte carte alléchante mettant en avant les petits producteurs locaux. Terrasse pour les beaux jours.

Menu 34 € (dîner) – Carte 29/39 €
8 chambres – 85/100 € 95/110 €

1 r. du Puits-Salé
– 03 22 60 57 42 – www.auvelocipede.fr
– Fermé janv. à mi-fév. et le soir sauf sam.

Les Corderies

SPA ET BIEN-ÊTRE • CONTEMPORAIN Un imposant hôtel blanc comme l'albâtre, sur les hauteurs de St-Valéry. Sobriété, design et confort : quel plaisir de regagner sa chambre après un passage à l'espace bien-être ou une balade sur la plage... surtout si l'on a opté pour la vue sur la baie !

18 chambres – 175/260 € 175/260 € – 17 €

214 r. des Moulins
– 03 22 61 30 61 – www.lescorderies.com
– Fermé 3 semaines en janv.

La Table des Corderies – voir les restaurants ci-dessus

Les Pilotes

URBAIN • PERSONNALISÉ Sur les quais de la baie de Somme, un hôtel aux chambres petites mais bien aménagées, rétro à souhait, avec leur décoration qui fait des clins d'œil appuyés aux années 1960. Préférez celles côté baie : la vue y est superbe !

25 chambres – 70/200 € 70/200 € – 11 €

62 r. de la Ferté – 03 22 60 80 39 – www.lespilotes.fr

Picardia

TRADITIONNEL • PERSONNALISÉ Sympathique maison de pays à deux pas du petit quartier médiéval et des quais. Chambres spacieuses et cosy ; certaines, avec mezzanine, accueillent volontiers les familles.

18 chambres – 98/115 € 115/145 € – 15 €

41 quai Romerel – 03 22 60 32 30 – www.picardia.fr

Le Castel

LUXE • COSY Au cœur de la ville haute, cette magnifique propriété est un ravissement... Son parc de 2 ha s'abrite derrière les anciens remparts du château médiéval, d'où l'on jouit d'une vue superbe sur la baie de Somme. La demeure (19e s.) a un charme fou : parquet à chevrons, cheminées, moulures, etc. Et l'accueil est charmant !

5 chambres – 175/195 € 175/195 €

r. du Castel – 03 22 60 45 79 – www.castel-baie-de-somme.com
– Ouvert 16 mars-11 nov.

ST-VALLIER

✉ 26240 Drôme - 3 966 hab. - Alt. 135 m - Carte régionale n° **24**-E2
Carte Michelin 332-B2 - Guide Vert Michelin Ardèche Drôme

à St-Uze 6 km à l'Est par D51 - ✉ 26240 - 2 010 hab. - Alt. 189 m

Philip Liversain

CUISINE TRADITIONNELLE • CONVIVIAL Le soleil et la fraîcheur se donnent rendez-vous dans cet ancien relais de poste (19e s.) au cadre coloré. La carte est inspirée par le marché et les saisons : le chef est un vrai défenseur des produits de la région ; la tradition s'en trouve revigorée !

Formule 14 € - Menu 18 € (déj. en semaine), 24/47 €

23 r. Pierre-Sémard - ✆ 04 75 03 52 58 - www.philip-liversain.com - Fermé 3 dernières semaines de juil., 2-15 janv., merc. soir, dim. soir et lundi

ST-VÉRAN

✉ 05350 Hautes-Alpes - 249 hab. - Alt. 2 042 m - Carte régionale n° **21**-C1
Carte Michelin 334-J4 - Guide Vert Michelin Alpes du Sud

Le Roc Alto

CUISINE MODERNE • CONTEMPORAIN Situé dans l'une des maisons de l'hôtel, en hauteur, cet élégant restaurant sous charpente dévoile une vue plongeante sur la cuisine. En coulisses, une équipe motivée, emmenée par un jeune chef passé chez Ducasse, concocte une jolie cuisine actuelle, qui flatte les produits régionaux... et notre gourmandise !

➜ Pois chiche de Lazer en salade, poulpe au naturel et spiruline. Agneau de pays, aubergine et ache des montagnes. Abricot en sucre soufflé.

Menu 42 € (déj.), 58/78 € - Carte 75/90 €

Hôtel L'Alta Peyra & Spa, quartier haut de la ville - ✆ 04 92 22 24 00 - www.altapeyra.com - Ouvert 8 juin-23 sept., 22 déc.-7 avril et fermé dim. soir et lundi

L'Alta Peyra Hôtel & Spa

SPA ET BIEN-ÊTRE • MONTAGNARD Dans le parc naturel du Queyras, la plus haute commune d'Europe (2040 m !) peut s'enorgueillir d'un hôtel luxueux conçu comme un petit hameau. Deux restaurants - dont un gastronomique -, bar à vins, lounge bar, piscine extérieure chauffée, espace spa, jacuzzi, parking, ski shop...

55 chambres - †195/520 € ††215/540 € - 4 suites

quartier haut de la ville - ✆ 04 92 22 24 00 - www.altapeyra.com - Ouvert 8 juin-23 sept. et 22 déc.-7 avril

Le Roc Alto - voir les restaurants ci-dessus

ST-VICTOR - 03 Allier ➜ Voir Montluçon

ST-VICTOR-DE-MALCAP - 30 Gard ➜ Voir St-Ambroix

ST-VINCENT-DE-COSSE

✉ 24220 Dordogne - 353 hab. - Alt. 80 m - Carte régionale n° **2**-D3
Carte Michelin 329-H6

La Table de Monrecour

CUISINE MODERNE • CONTEMPORAIN Au sein de ce domaine dominant la campagne périgourdine, avec une véranda qui donne sur le château, une table gastronomique cultivant l'air du temps à travers des recettes de bonne facture et savoureuses. Une formule plus simple est proposée à midi, les jours de semaine.

Formule 15 € - Menu 28/65 € - Carte 54/86 €

- ✆ 05 53 28 33 59 - www.facebook.com/latabledemonrecour ; www.monrecour.com - Fermé lundi midi

Château de Monrecour

DEMEURE HISTORIQUE • PERSONNALISÉ Il s'annonce de loin sur la route de Sarlat à St-Cyprien avec ses hauts toits de tuile. Cette altière architecture (17e s.-début du 20e s.) fait un bel écho à la noble nature périgourdine qui lui sert d'écrin ! Au choix : grand style dans le château (lits à baldaquin, tentures, etc.) ou chambres plus sobres dans les dépendances...

31 chambres – 70/180 € 70/180 € – 13 €

– 05 53 28 33 59 – www.monrecour.com

La Table de Monrecour – voir les restaurants ci-dessus

ST-VINCENT-DE-TYROSSE

40230 Landes – 7 717 hab. – Alt. 24 m – Carte régionale n° **2**-B3
Carte Michelin 335-D13

Le Hittau (Yannick Duc)

CUISINE MODERNE • RUSTIQUE XX Cette ancienne bergerie avec charpente apparente, au décor plutôt classique, cache bien son jeu... On s'y régale d'une cuisine spontanée, pleine de vie, résolument moderne, qui privilégie les bons produits de saison, avec recettes landaises et (surtout !) poissons de la criée de Capbreton. À déguster en terrasse, aux beaux jours.

→ Cuisine du marché.

Formule 26 € – Menu 60/82 € – Carte environ 67 €

1 r. du Nouaou (avenue du Hittau) – 05 58 77 11 85 – Fermé vacances de fév., 1er-7 juil., vacances de la Toussaint, mardi sauf de mi-juil. à fin août et merc.

ST-YBARD – 19 Corrèze → Voir Uzerche

STE-ANNE-D'AURAY

56400 Morbihan – 2 614 hab. – Alt. 42 m – Carte régionale n° **5**-A3
Carte Michelin 308-N8 – Guide Vert Michelin Bretagne Sud

L'Auberge

CUISINE MODERNE • ÉLÉGANT XXX Ste-Anne-d'Auray est une ville pieuse et Jean-Paul II se serait arrêté au restaurant de l'Auberge en 1996. Contentons-nous d'un pèlerinage devant ses assiettes joliment présentées et ses produits de la mer de qualité...

Menu 29/89 €

56 r. de Vannes – 02 97 57 61 55 – www.auberge-sainte-anne.com – Fermé 26 fév.-13 mars

L'Aubergine

CUISINE CLASSIQUE • CONVIVIAL X On rend ici hommage à la belle tradition, en toute simplicité : rognon de veau sauce moutarde, entrecôte au beurre persillé et pommes Anna, far à la pistache... et bons vins de toutes les régions de France. Tout simplement bon.

Formule 16 € – Menu 19 € (semaine)/22 € – Carte 33/39 €

8 r. de Vannes – 02 97 31 37 19 – www.restaurant-aubergine-56.com – Fermé 25 fév.-13 mars, 1er-9 juil., 21 oct.-6 nov., 23-29 déc., dim. soir, mardi soir et merc.

L'Auberge

TRADITIONNEL • ART DÉCO L'hôtel joue la carte Art nouveau : palissandre, loupe d'orme, reproductions de Mucha, pâtes de verre Lalique. Les chambres sont douillettes, avec de spacieuses salles de bains en marbre ; pour se restaurer, petit bistrot à vins à cent mètres de là.

14 chambres – 80/250 € 80/250 € – 2 suites – 12 €

56 r. de Vannes – 02 97 57 61 55 – www.auberge-sainte-anne.com – Fermé 26 fév.-13 mars

L'Auberge – voir les restaurants ci-dessus

STE-ANNE-LA-PALUD (Chapelle de)

✉ 29550 Finistère – Alt. 65 m – Carte régionale n° **5**-A2
Carte Michelin 308-F6 – Guide Vert Michelin Bretagne Sud

La Plage

CUISINE MODERNE · ÉLÉGANT XXX La salle, panoramique, ouvre grand sur la plage et le va-et-vient des marées… Un cadre séduisant pour apprécier une cuisine mettant à l'honneur de beaux produits – en particulier de la mer – et exécutée avec attention. Le tout dans une veine classique.

Menu 60/115 € – Carte 83/143 €

– ✆ 02 98 92 50 12 – www.plage.com
– Ouvert 31 mars-4 nov. et fermé lundi midi, mardi midi, merc. midi et vend. midi

La Plage

TRADITIONNEL · PERSONNALISÉ Un emplacement superbe, directement sur la plage, au pied de la chapelle ! Les chambres, cossues comme toute la demeure, donnent sur la baie ou sur le jardin fleuri. Mobilier de famille, antiquités, esprit contemporain… Comment mieux profiter de la plage ?

19 chambres – †190/515 € ††190/515 € – ☕ 22 €

– ✆ 02 98 92 50 12 – www.plage.com
– Ouvert 31 mars-4 nov.

La Plage – voir les restaurants ci-dessus

STE-APOLLINE ➔ Voir Autour de Paris (Plaisir)

STE-CÉCILE

✉ 71250 Saône-et-Loire – 289 hab. – Alt. 250 m – Carte régionale n° **4**-C3
Carte Michelin 320-H11

L'Embellie

CUISINE MODERNE · RUSTIQUE XX Un jeune couple motivé est aux commandes de ce restaurant installé dans une ancienne étable au cachet rustique – poutres, meubles en frêne, cheminée. La cuisine, actuelle, revisite certains plats du terroir : œufs en meurette, brioche d'escargot et émulsion de persil… Glaces maison et agréable terrasse d'été.

Menu 16 € (déj. en semaine), 28/50 € – Carte 38/55 €

le Bourg – ✆ 03 85 50 81 81 – www.lembellie.com
– Fermé janv.-fév., 1 semaine en juil., dim. soir sauf juil.-août, mardi et merc.

STE-CÉCILE-LES-VIGNES

✉ 84290 Vaucluse – 2 420 hab. – Alt. 108 m – Carte régionale n° **21**-A2
Carte Michelin 332-C8

Campagne, Vignes et Gourmandises

CUISINE MODERNE · COSY X Avec son ambiance entre charme rustique (pierres apparentes, mobilier en bois peint) et modernité (tableaux contemporains), ce restaurant ne manque pas de cachet. Côté cuisine, le chef, Sylvain Fernandes, travaille des produits frais et célèbre avec délicatesse les parfums du Sud. Et le service est d'une grande gentillesse !

Formule 19 € – Menu 26/43 € – Carte 49/65 €

629 chemin des Terres (rte de Suze-la-Rousse) – ✆ 04 90 63 40 11
– www.restaurant-cvg.com
– Fermé 2 semaines en oct., 26 déc.-22 janv., dim. soir d'oct. à avril, mardi sauf juil.-août et lundi

STE-COLOMBE – 84 Vaucluse ➔ Voir Bédoin

STE-EULALIE

✉ 07510 Ardèche – 218 hab. – Alt. 1 233 m – Carte régionale n° **23**-A3
Carte Michelin 331-H5 – Guide Vert Michelin Ardèche Drôme

Hôtel du Nord

FAMILIAL • FONCTIONNEL Sympathique hostellerie appréciée des pêcheurs qui viennent ferrer le poisson dans la Loire, qui prend sa source à 5 km ! Chambres sobres, régulièrement rénovées. Cuisine du terroir au restaurant.

15 chambres – 67/78 € 67/78 € – 11 €

– ✆ 04 75 38 80 09 – www.hoteldunord-ardeche.com
– Ouvert 15 mars-11 nov.

STE-FOY-LA-GRANDE

✉ 33220 Gironde – 2 329 hab. – Alt. 10 m – Carte régionale n° **2**-C1
Carte Michelin 335-M5 – Guide Vert Michelin Aquitaine

Côté Bastide

CUISINE MODERNE • CONVIVIAL XX Légèrement en retrait du centre-ville, voici le fief de Laurence et Cédric : elle, en cuisine, réalise des plats gourmands réglés sur les saisons ; lui, sommelier de formation, choisit les meilleurs vins – notamment de Bordeaux – pour accompagner les plats concoctés par sa compagne. Un duo qui fonctionne à merveille !

Formule 18 € – Menu 27/35 € – Carte 39/51 €

4 r. de l'Abattoir
– ✆ 05 57 46 14 02 – www.cote-bastide.org
– Fermé 1 semaine fin août, lundi soir de sept. à juin, dim., merc. et fériés

à Monestier

8 km au Sud-Est sur D 18 par av. Foch – ✉ 24240

Les prix indiqués devant le symbole correspondent au prix le plus bas en basse saison puis au prix le plus élevé en haute saison, pour une chambre single. Même principe avec le symbole , cette fois pour une chambre double.

STE-FOY-TARENTAISE

✉ 73640 Savoie – 761 hab. – Alt. 1 050 m – Carte régionale n° **23**-D2
Carte Michelin 333-O4 – Guide Vert Michelin Alpes du Nord

Le Monal

FAMILIAL • PERSONNALISÉ Dans la délicieuse quiétude d'un hameau alpin, cet établissement n'a cessé d'évoluer avec son temps. Résultat : les lieux – dont une annexe récemment aménagée – mêlent modernité et authenticité, confort et fraîcheur, avec trois restaurants, dont une cave à manger très cosy. Apaisant !

19 chambres – 80/130 € 90/140 € – 12 €

rte de Val-d'Isère
– ✆ 04 79 06 90 07 – www.le-monal.com

STE-GEMME-MORONVAL

– 28 Eure-et-Loir → Voir Dreux

STE-GENEVIÈVE-DES-BOIS – 91 Essonne → Voir Autour de Paris

STE-JULIE – 01 Ain → Voir Chazey-sur-Ain

STE-LIVRADE-SUR-LOT

✉ 47110 Lot-et-Garonne – 6 190 hab. – Alt. 56 m – Carte régionale n° **2**-C2
Carte Michelin 336-F3

Au Bord de la Source

CUISINE MODERNE • AUBERGE ✗ Sur les bords du Lot, une jolie maison typique de la région. On y déguste une cuisine dans l'air du temps, qui oscille entre créativité et tradition. Ambiance décontractée et vue imprenable sur la rivière.

Formule 20 € – Menu 25 € (déj. en semaine), 35/50 € – Carte 39/47 €

avenue de Bordeaux, 1,5 km à l'Ouest par D911L – ✆ 05 53 01 36 84 – www.auborddelasource.com – Fermé merc. et jeudi hors saison, mardi sauf le midi hors saison, dim. soir et lundi

STE-LUCIE-DE-PORTO-VECCHIO – 2A Corse-du-Sud ➜ Voir Corse

STE-MARGUERITE (ÎLE) – 06 Alpes-Maritimes ➜ Voir Île Sainte-Marguerite

STE-MARIE-DE-RÉ – 17 Charente-Maritime ➜ Voir Île de Ré

STE-MARIE-DE-VARS – 05 Hautes-Alpes ➜ Voir Vars

STES-MARIES-DE-LA-MER ➜ Voir après Saintes

STE-MARINE – 29 Finistère ➜ Voir Bénodet

STE-MAURE – 10 Aube ➜ Voir Troyes

STE-MAURE-DE-TOURAINE

✉ 37800 Indre-et-Loire – 4 328 hab. – Alt. 85 m – Carte régionale n° **6**-B3
Carte Michelin 317-M6 – Guide Vert Michelin Châteaux de la Loire

rte de Chinon 2,5 km à l'Ouest par D760 – ✉ 37800 Noyant-de-Touraine :

La Ciboulette

CUISINE MODERNE • CLASSIQUE ✗✗ L'attrait de cette grande maison couverte de vigne vierge ? Ses bonnes recettes servies dans un intérieur chaleureux ou sur la terrasse bordée d'un jardinet où vous trouverez peut-être... de la ciboulette. Les gourmands de passage ont aussi un faible pour l'île flottante de la maison, généreuse et délicieuse !

Formule 25 € – Menu 32/70 € – Carte 34/67 €

78 rte de Chinon (face à l'échangeur A 10, sortie n°25) – ✆ 02 47 65 84 64 – www.laciboulette.fr – Fermé le soir en hiver, sauf vend., sam., vacances scolaires et fériés

STE-MAXIME

✉ 83120 Var – 14 018 hab. – Alt. 10 m – Carte régionale n° **21**-C3
Carte Michelin 340-O6 – Guide Vert Michelin Côte d'Azur

La Badiane

CUISINE MODERNE • ÉLÉGANT ✗✗ Ce restaurant, dans une ruelle piétonne de la vieille ville, est sobrement décoré. Le chef y réalise une cuisine personnelle et plutôt graphique, avec notamment un menu végétarien et sans gluten, servi tous les jours de l'année.

Formule 20 € – Menu 50/98 € – Carte 72/124 €

Plan : B2-d *6 r. Fernand-Bessy – ✆ 04 94 96 53 93 – www.restaurant-la-badiane.fr – Fermé 1 semaine en nov., 15 janv.-5 fév., dim. et le midi*

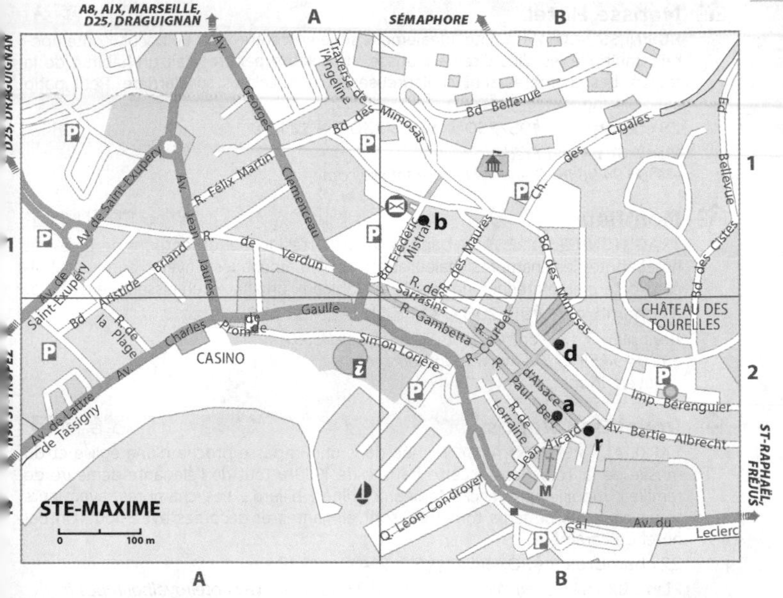

Le Bistrot Paul Bert

CUISINE MODERNE • BISTRO Ne vous trompez pas de porte ! Au milieu des attrape-touristes, dans une rue piétonne de la vieille ville, on trouve ce petit bistrot tenu par un couple du métier. Leurs spécialités : œuf cocotte au foie gras, tranche de thon rouge mi-cuit, ris de veau à la sauce morilles... à déguster en terrasse, aux beaux jours.

Menu 32 € – Carte 35/75 €

Plan : B2-a *54 r. Paul-Bert*
– ✆ 04 94 56 98 30 – www.lebistrotpaulbert.fr
– Fermé déc.-mars, mardi midi, dim. soir et lundi

Hostellerie la Belle Aurore

TRADITIONNEL • PERSONNALISÉ La Grande Bleue vient caresser ses murs, face à St-Tropez, et chaque chambre dispose d'une terrasse ou d'un balcon. L'impression d'avoir la mer pour soi ! Teintes chaleureuses, grand confort, ambiance paisible : une Belle Aurore...

16 chambres – †155/600 € ††155/600 € – 1 suite – ☕ 20 €

Hors plan *5 bd Jean-Moulin, au Sud-Ouest par D559*
– ✆ 04 94 96 02 45 – www.belleaurore.com
– Ouvert 7 avril-14 oct.

Villa les Rosiers

TRADITIONNEL • ÉLÉGANT Une villa provençale aux murs roses, dans un jardin fleuri de... rosiers. De quoi embaumer la vue superbe sur le golfe de St-Tropez ! De grandes chambres blanches et élégantes, des sculptures et tableaux contemporains : beaucoup de raffinement. Repas en terrasse aux beaux jours.

12 chambres – †190/550 € ††190/550 € – ☕ 25 €

Hors plan *94 chemin de Guerrevieille Beauvallon-Grimaud, 5 km au Sud-Ouest par D559 – ✆ 04 94 55 55 20 – www.villa-les-rosiers.com – Ouvert 1er avril-2 nov. et 22 déc.-6 janv.*

Matisse Hôtel

BUSINESS · COSY Un hôtel idéalement situé en centre-ville. Le décor, contemporain, multiplie les clins d'œil à Matisse : le célèbre peintre était un habitué de la région. Les chambres sont chaleureuses et plus calmes sur l'arrière. Petit patio avec piscine.

28 chambres – 95/250 € 95/330 € – 13 €

Plan : B1-b *11 bd Frédéric-Mistral – 04 94 96 18 33 – www.hotel-matisse.com*

Montfleuri

TRADITIONNEL · ÉLÉGANT Dans un quartier résidentiel en bordure de côte, cet hôtel abrite des chambres chaleureuses et bien aménagées, avec d'agréables balcons côté mer. Matériaux de qualité et tableaux originaux rehaussent l'ensemble.

32 chambres – 95/200 € 115/460 € – 15 €

Hors plan *3 av. Montfleuri, au Sud-Est par D559 – 04 94 55 75 10 – www.montfleuri.com – Ouvert 16 mars-4 nov.*

Royal Bon Repos

FAMILIAL · PERSONNALISÉ Nichée dans une impasse proche d'une église et du musée de la Tour-Carrée, cette bâtisse de 1939 a tout de l'élégante demeure de famille : mobilier provençal, tableaux chinés, billard... Les chambres, avec leurs vieux parquets ou leurs tomettes, sont élégantes et décorées avec goût. Un bel hôtel de caractère.

22 chambres – 80/214 € 80/214 € – 18 €

Plan : B2-r *11 r. Jean-Aicard – 04 94 96 08 74 – www.hotelroyalbonrepos.fr*

à la Nartelle 4 km au Sud-Est par D559 – 83120 Ste Maxime

La Plage

FAMILIAL · FONCTIONNEL Comme son nom l'indique, cet hôtel fonctionnel et bien tenu est situé juste à côté de la plage, en bordure de route ; les chambres de l'étage offrent une jolie vue sur la mer.

18 chambres – 65/175 € 65/175 € – 11 €

36 av. Gén.-Touzet-du-Vigier – 04 94 96 14 01 – www.hotel-plage-ste-maxime.com

STE-MENÉHOULD

51800 Marne – 4 219 hab. – Alt. 137 m – Carte régionale n° **7**-C2
Carte Michelin 306-L8 – Guide Vert Michelin Champagne Ardenne

Le Cheval Rouge

CUISINE TRADITIONNELLE · AUBERGE XX Connaissez-vous le pied de cochon "à la Sainte-Ménehould" ? C'est en tout cas le moment de découvrir LA spécialité culinaire de cette auberge ouverte en 1873. Une véritable institution !

Menu 25/65 € – Carte 51/66 €

1 r. Chanzy – 03 26 60 81 04 – www.lechevalrouge.com – Fermé dim. soir et lundi

Le Cheval Rouge

AUBERGE · FONCTIONNEL À deux pas de l'hôtel de ville, cette auberge propose des chambres fonctionnelles ; notre préférence irait à celles de l'annexe, plus confortables et contemporaines. Pour un repas express, la Brasserie vous tend les bras (ici, la spécialité, c'est le pied de cochon). Espace épicerie fine et cave à vins.

42 chambres – 65/75 € 65/75 € – 10 €

1 r. Chanzy – 03 26 60 81 04 – www.lechevalrouge.com

Le Cheval Rouge – voir les restaurants ci-dessus

à Futeau 13 km à l'Est par D603 et D2 – ✉ 55120 – 163 hab. – Alt. 190 m

L'Orée du Bois

CUISINE CLASSIQUE • AUBERGE XX Ambiance rustique et familiale dans cette auberge entre Marne et Meuse. Avec des produits frais et de saison, le chef concocte une cuisine classique, dont les spécialités maison (foie gras poêlé aux pommes et cidre réduit ; langoustines en kadaïf au citron vert) ont la faveur des habitués.

Menu 32 € (semaine), 48/80 € – Carte 54/82 €

Hameau de Courupt, 1 km au Sud
– ✆ 03 29 88 28 41 – www.aloreedubois.fr
– Fermé fin nov.-fin janv., lundi midi et mardi midi de Pâques à fin sept., lundi et mardi sauf fériés d'oct. à nov. et de fin janv. à Pâques

L'Orée du Bois

AUBERGE • CLASSIQUE Voilà une auberge accueillante, délicieusement isolée à la lisière de la grande forêt d'Argonne. Ici, parler de "tranquillité" est un euphémisme : dans les chambres, le calme n'est rompu que par le chant des oiseaux ! L'endroit idéal pour se mettre au vert. Préférez les chambres rénovées récemment.

14 chambres – †88/180 € ††100/180 € – ☕ 15 €

Hameau de Courupt, 1 km au Sud
– ✆ 03 29 88 28 41 – www.aloreedubois.fr
– Fermé fin nov.-fin janv.

L'Orée du Bois – voir les restaurants ci-dessus

STE-PREUVE

✉ 02350 Aisne – 84 hab. – Alt. 115 m – Carte régionale n° **19**-D2
Carte Michelin 306-F5

Les Épicuriens

CUISINE MODERNE • ÉLÉGANT XXX Voilà bien une table destinée aux épicuriens ! Sérieux professionnel, le chef signe une cuisine raffinée, mêlant inspiration traditionnelle et méridionale : les assiettes ravissent l'œil comme le palais... Quant au cadre, il est élégant et ouvre sur la verdure. Service attentif.

Formule 30 € – Menu 42/99 € – Carte 70/110 €

Hôtel Domaine de Barive, 3 km au Sud-Ouest
– ✆ 03 23 22 15 15 – www.domainedebarive.com

Domaine de Barive

DEMEURE HISTORIQUE • PERSONNALISÉ Une superbe bâtisse du 19e s. dans un immense parc : calme champêtre... Les chambres sont cosy (mansardées au 2e étage) et décorées avec soin ; on profite aussi de nombreux services (sauna, jacuzzi, tennis, salle de remise en forme) et d'un accueil prévenant.

15 chambres – †140/250 € ††320/450 € – 7 suites – ☕ 19 €

3 km au Sud-Ouest
– ✆ 03 23 22 15 15 – www.domainedebarive.com

Les Épicuriens – voir les restaurants ci-dessus

Le Prieuré

FAMILIAL • COSY Calme et détente assurés en cette ancienne ferme qui allie beaux volumes, éléments vintage et confort contemporain, jusqu'au sauna et au jacuzzi. Les chambres, joliment décorées, sont toutes mansardées et donnent sur la nature environnante. Idéal pour un week-end au vert.

5 chambres ☕ – †155/185 € ††155/185 €

Domaine de Barive
– ✆ 03 23 22 15 15 – www.domainedebarive.com
– Fermé dim., lundi et mardi de nov. à mars sauf feriés

SAINTES

✉ 17100 Charente-Maritime - 25 149 hab. - Alt. 15 m - Carte régionale n° **20**-B3
Carte Michelin 324-G5 - Guide Vert Michelin Poitou-Charentes

La Table du Relais du Bois St-Georges

CUISINE MODERNE • CLASSIQUE XXX Les excellents produits - merlu de ligne de St-Jean, oignons de Roscoff, herbes du jardin - disent déjà beaucoup de la qualité de ce restaurant installé dans une ancienne ferme à l'extérieur de Saintes. Ils sont travaillés avec finesse et précision, et réunis au sein d'une carte entre bistronomie et gastronomie, au rythme des saisons... Plaisant !

Formule 26 € - Menu 32/70 € - Carte 50/83 €

Hors plan *Hôtel Le Relais du Bois St-Georges, 132 cours Genet-le-Pinier (Le Pinier-Parc Atlantique) - ✆ 05 46 93 50 99 - www.relaisdubois.com*

Saveurs de l'Abbaye

CUISINE MODERNE • TENDANCE XX À deux pas de l'abbaye aux Dames, devenue "cité musicale", ce restaurant au décor épuré propose une cuisine légère, fraîche et spontanée, privilégiant les beaux produits locaux du marché, arpenté tous les jours, panier en main, par le chef Vincent Coiquaud. Pour la nuit, des chambres sobres et agréables.

Formule 15 € - Menu 18 € (déj. en semaine), 32/48 € - Carte 40/52 €
8 chambres - 59/67 € 65/72 € - 10 €

Plan : B2-t *1 pl. St-Pallais - ✆ 05 46 94 17 91 - www.saveurs-abbaye.com - Fermé 29 oct.-18 nov., dim. et lundi*

La Caillebotte

CUISINE MODERNE • ÉPURÉ X Le jeune chef, Marion Monnier, a réorienté son travail dans une optique bistrot, bio et écoresponsable. Assiettes créatives et de saison, parsemées de touches sucrées, salées, pimentées... Une cuisine efficace, mais d'une grande rigueur pour ce qui est de la précision technique et des cuissons. Accueil charmant.

Menu 19 € (déj. en semaine)/32 €

Plan : A2-a *10 pl. Blair - ✆ 05 46 74 16 38 - www.lacaillebotte.com - Fermé 2 semaines fin sept.-début oct., 2 semaines fin janv.-début fév. et dim.*

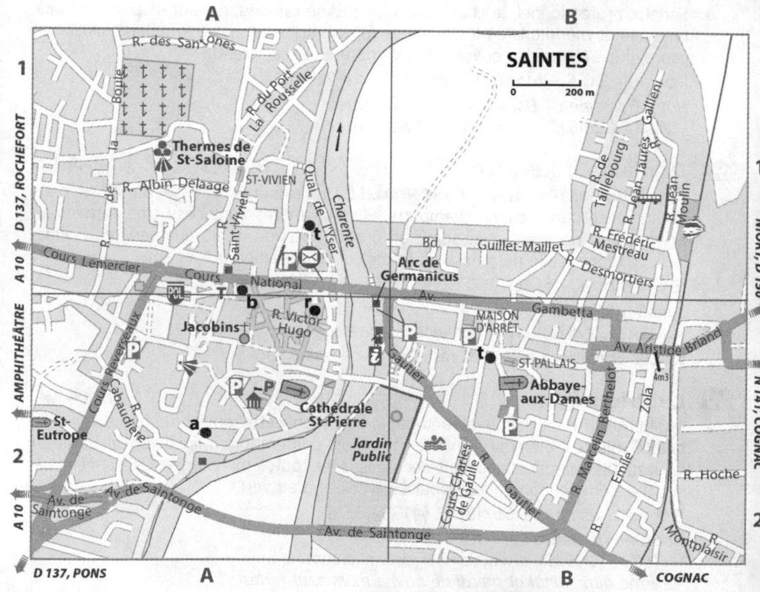

Le Parvis

CUISINE MODERNE • ÉLÉGANT XXX Dans cette jolie maison en bord de Charente, tout près du centre-ville, Pascal Yenk concocte de savoureux plats du terroir avec les produits achetés le matin même au marché. Tout est fait maison (et notamment les belles sauces), pour notre plus grand plaisir ! Aux beaux jours, on profite de la terrasse à l'abri des regards.

Menu 19 € (déj. en semaine), 33/57 € - Carte 52/66 €

Plan : A1-t *12-12 bis quai de l'Yser (Petite-Rue-du-Bois-d'Amour) - 05 46 97 78 12 - www.restaurant-le-parvis.fr - Fermé dim. et lundi*

Clos des Cours

CUISINE MODERNE • CONVIVIAL X Quand on a travaillé plus de vingt ans en Australie et en Nouvelle-Zélande, on crée une cuisine métissée ! Du marché de Saintes aux mers du Sud, il n'y a ici qu'un pas. Une pointe d'exotisme, un soupçon de tradition british, le tout à savourer sur une terrasse ombragée de palmiers ou dans un cadre contemporain et agréable.

Menu 16 € (déj. en semaine), 30/47 € - Carte 36/42 €

Plan : A1_2-b *2 pl. du Théâtre - 05 46 74 62 62 - www.closdescours.com - Fermé 5-12 nov. et 7-14 janv.*

Le Relais du Bois St-Georges

TRADITIONNEL • CLASSIQUE Banquise, Tombouctou, Monte-Cristo, Cerisaie, Clef des champs... Les chambres, décorées par thèmes, se révèlent spacieuses et bien équipées. Si vous avez le temps, prenez le temps de vous promener dans le parc, le long des étangs.

30 chambres - †99/165 € ††129/250 € - ☕ 19 €

Hors plan *132 cours Genet-le-Pinier (Le Pinier-Parc Atlantique) - 05 46 93 50 99 - www.relaisdubois.com*

La Table du Relais du Bois St-Georges – voir les restaurants ci-dessus

Hôtel des Messageries

FAMILIAL • COSY Dans cet ancien relais de poste (1792) du quartier historique règne une quiétude très "maison de famille". Les chambres sont confortables, dans une veine romantique. Et au petit-déjeuner, on se régale de bons produits charentais.

32 chambres - †87/101 € ††92/101 € - ☕ 10 €

Plan : A2-r *r. des Messageries - 05 46 93 64 99 - www.hotel-des-messageries.com - Fermé vacances de Noël*

STE-SABINE - 21 Côte-d'Or → Voir Pouilly-en-Auxois

STE-SABINE

✉ 24440 Dordogne - 396 hab. - Alt. 133 m - Carte régionale n° **2**-C2
Carte Michelin 329-F7

Étincelles - La Gentilhommière (Vincent Lucas)

CUISINE CRÉATIVE • RUSTIQUE XX Une chaleureuse maison périgourdine, dans un jardin aux arbres majestueux. Le concept : on réserve au plus tard la veille, car le chef ne travaille que des produits frais. Il propose un menu unique et sa créativité fait des étincelles ! Chambres thématiques (romantique, orientale, montagnarde...).

→ Tartare de veau aux anchois, condiments aux agrumes et gremolata. Agneau de Boisse, ratatouille en voyage et gel de gambas à l'eau de rose. Tout sur le fenouil.

Menu 47/117 €

4 chambres ☕ - †101 € ††115/140 €

05 53 74 08 79 - www.gentilhommiere-etincelles.com - Fermé vacances de fév. et de printemps, 1 semaine en juin, vacances de la Toussaint, mardi sauf le soir en juil.-août, vend. midi et merc. de sept. à juin, dim. soir, lundi midi, jeudi midi et sam. midi

STES-MARIES-DE-LA-MER

✉ 13460 Bouches-du-Rhône - 2 683 hab. - Alt. 1 m - Carte régionale n° **21**-A3
Carte Michelin 340-B5 - Guide Vert Michelin Provence

Casa Romãna

CUISINE TRADITIONNELLE • RUSTIQUE X Voilà une Casa qu'on aimerait faire sienne ! Derrière les fourneaux, le chef concocte de généreuses recettes régionales, telles la daube de taureau aux olives, la soupe de poisson ou les tellines en persillade crémée... Un conseil : pensez à réserver, c'est souvent complet !

Formule 21 € - Menu 30 € - Carte 35/55 €

6 r. Joseph-Roumanille - ✆ 04 90 97 83 33
- Fermé 7 janv.-7 fév., 12 nov.-20 déc., mardi midi et lundi

Mas de Cocagne

FAMILIAL • CONTEMPORAIN Sur la route d'Arles, cet hôtel de standing moderne propose des chambres fort bien tenues, au décor contemporain et coloré, avec terrasse privative. Agréable piscine. Des prestations de qualité.

19 chambres - 140/180 € 140/320 € - 20 €

rte d'Arles - ✆ 04 90 97 96 17 - www.mas-cocagne.com
- Ouvert 26 mars-3 nov.

rte de Cacharel 6 km au Nord par D85A - ✉ 13460 Les Saintes-Maries-de-la-Mer

La Coursejade

CUISINE TRADITIONNELLE • RUSTIQUE XX Soupe de poisson maison et cassolette de mouclade et chipirons : telles sont les spécialités du nouveau chef de cette Coursejade - le nom d'une épreuve équestre locale -, maison rustique installée dans un joli coin de Camargue... On s'y régale d'assiettes régionales réglées sur le marché : de quoi se sentir gardian pendant quelques heures !

Menu 42 €

Hôtel Mas de Calabrun, rte de Cacharel - ✆ 04 90 97 82 21
- www.mas-de-calabrun.fr - Fermé 12 nov.-9 fév., dim. et lundi hors saison et le midi sauf week-ends et juil.-août

Mas de Calabrun

MAISON DE CAMPAGNE • PERSONNALISÉ Un hôtel-restaurant dans une bâtisse typiquement régionale, isolée en pleine Camargue. Les chambres, confortables et bien tenues, donnent sur la piscine ou, plus au calme, sur le jardin. Et trois d'entre elles, face à l'étang, sont même installées dans de vraies roulottes gitanes !

34 chambres - 109/189 € 109/189 € - 16 €

rte de Cacharel - ✆ 04 90 97 82 21 - www.mas-de-calabrun.fr
- Fermé 12 nov.-9 fév.

La Coursejade - voir les restaurants ci-dessus

rte du Bac du Sauvage 4 km au Nord-Ouest par D38 - ✉ 13460 Les Stes-Maries-de-la-Mer :

L'Estelle en Carmargue

CUISINE MODERNE • ÉLÉGANT XXX Cette table n'est pas pour rien dans la réputation de l'hôtel qui l'accueille. On s'installe autour de la belle piscine pour le déjeuner, ou dans une salle à manger feutrée et cossue pour le dîner ; dans les deux cas, on se régale de préparations goûteuses et colorées, réalisées par un chef qui connaît bien son métier.

Menu 35 € (déj. en semaine), 45/105 € - Carte 62/106 €

Hôtel L'Estelle en Camargue, rte du Petit-Rhône, D38
- ✆ 04 90 97 89 01 - www.hotelestelle.com
- Ouvert 5 avril-4 nov. , 22 déc.-2 janv. et week-ends hors saison, fermé lundi sauf juil.-août

L'Estelle en Camargue

MAISON DE CAMPAGNE • CLASSIQUE Un hôtel-restaurant plein de charme, au bord du Petit-Rhône, avec la Camargue pour horizon. Les chambres, de style provençal ou contemporain, disposent d'une vue sur l'étang ou le jardin. Belle terrasse face à la piscine.

19 chambres – 290/310 € 305/535 € – 1 suite

rte du Petit-Rhône, D38 – 04 90 97 89 01 – www.hotelestelle.com – Ouvert 5-avril-4 nov., 22 déc.-2 janv. et week-ends hors saison

L'Estelle en Carmargue – voir les restaurants ci-dessus

Mas de la Fouque

MAISON DE CAMPAGNE • PERSONNALISÉ Des étangs, des chevaux, des flamants roses... Ce domaine séduisant joue, à l'écart de tout, la carte de la décontraction chic pour une clientèle discrète ; on y trouve même deux chambres originales dans des roulottes. Une fois installé, il n'est qu'à profiter du calme des lieux !

20 chambres – 275/675 € 275/675 € – 6 suites – 23 €

rte du Petit-Rhône – 04 90 97 81 02 – www.masdelafouque.com – Fermé janv.

STE-VERGE – 79 Deux-Sèvres → Voir Thouars

LES SAISIES

73620 Savoie – Carte régionale n° **23**-D1
Carte Michelin 333-M3 – Guide Vert Michelin Alpes du Nord

Le Calgary

CUISINE MODERNE • CLASSIQUE XX Foie gras aux épices douces, sirupeux au vin jaune ; omble chevalier sur une tulipe croustillante, chicorée aux cèpes, crème de panais et coulis d'écrevisses... Que de belles choses à la carte de ce restaurant ! On sent dans chaque assiette la motivation de l'équipe en cuisine, et de son chef tout particulièrement.

Menu 26 € (dîner), 32/41 € – Carte 37/47 €

73 r. des Periots – 04 79 38 98 38 – www.hotelcalgary.com – Ouvert 16 juin-9 sept. et 15 déc.-20 avril et fermé mardi soir, dim., lundi et le midi

Le Calgary

TRADITIONNEL • MONTAGNARD Son nom rappelle les exploits de Franck Piccard, originaire de la station et médaillé d'or aux Jeux olympiques de Calgary en 1988 : de fait, le skieur est propriétaire des lieux ! Évidemment, ce beau chalet, très confortable, est idéal pour profiter des joies de la montagne, que l'on soit sportif... ou non.

39 chambres – 70/165 € 85/245 € – 1 suite – 14 €

73 r. des Periots – 04 79 38 98 38 – www.hotelcalgary.com – Ouvert 16 juin-9 sept. et 15 déc.-20 avril

Le Calgary – voir les restaurants ci-dessus

SALBRIS

41300 Loir-et-Cher – 5 398 hab. – Alt. 104 m – Carte régionale n° **6**-C2
Carte Michelin 318-J7 – Guide Vert Michelin Châteaux de la Loire

Domaine de Valaudran

TRADITIONNEL • ÉLÉGANT Au cœur de la Sologne, laissez-vous charmer par cette gentilhommière du 19e s. avec son parc de 2 ha et sa piscine. Les chambres y sont confortables et très bien tenues ; certaines mansardées. Le soir, il fait bon prendre un cocktail au salon assis dans un fauteuil club. Restaurant traditionnel.

31 chambres – 80/95 € 100/150 € – 13 €

av. de Romoratin, 1,5 km au Sud-Ouest par rte de Romorantin (proche sortie A71) – 02 54 97 20 00 – www.hotelvalaudran.com – Fermé 23-30 déc.

Le Parc Sologne

FAMILIAL • CONTEMPORAIN Grande demeure bourgeoise dans un beau jardin arboré. Les chambres, sobres et élégantes, sont bien tenues. Au restaurant, ambiance rustique, cuisine traditionnelle et vaste cheminée pour réchauffer les rudes journées d'hiver de la Sologne...

26 chambres - 82/138 € 82/138 € - 11 €

8 av. d'Orléans - 02 54 97 18 53 - www.hotelleparcsologne.com - Fermé vacances de Noël

SALEILLES - 66 Pyrénées-Orientales

➜ Voir Perpignan

SALERS

15140 Cantal - 341 hab. - Alt. 950 m - Carte régionale n° **3**-B3
Carte Michelin 330-C4 - Guide Vert Michelin Auvergne

Le Bailliage

CUISINE TRADITIONNELLE • TENDANCE XX Dans la région, tout le monde connaît ce Bailliage gourmand ! Les meilleurs éleveurs fournissent le restaurant en viande... de salers, et l'on se presse pour goûter ris de veau aux morilles, truite de Romanange fumée etc., et de délicieux fromages auvergnats, dont... le salers. Une cuisine du terroir généreuse et débordante de saveurs !

Formule 19 € - Menu 26/56 € - Carte 32/59 €

Hôtel Le Bailliage, r. Notre-Dame - 04 71 40 71 95 - www.salers-hotel-bailliage.com - Fermé 15 nov.-10 fév. et lundi midi

L'Évasion (N)

CUISINE MODERNE • AUBERGE X Au cœur de ce village, une adresse où la simplicité règne. Dans sa cuisine ouverte, le chef travaille les produits du terroir régional (circuits courts en priorité) mais aussi le poisson ; il en résulte des assiettes bien ficelées, avec une touche de modernité.

Menu 23 € - Carte 35/54 €

r. Notre-Dame - 04 71 40 74 56 - Fermé janv., fév., mars, merc. et jeudi

Le Bailliage

FAMILIAL • COSY Cette grande demeure régionale constitue un point de chute plein de vie pour découvrir le village, si pittoresque. Les chambres, spacieuses et décorées avec goût, donnent sur le jardin ou la campagne ; certaines arborent un style plus moderne.

23 chambres - 75/95 € 75/170 € - 2 suites - 13 €

r. Notre-Dame - 04 71 40 71 95 - www.salers-hotel-bailliage.com - Fermé 15 nov.-10 fév.

Le Bailliage - voir les restaurants ci-dessus

Hôtel des Remparts

TRADITIONNEL • CONTEMPORAIN Une affaire familiale, que l'on se transmet de... mère en fille ! Ce bel hôtel est parfait pour découvrir ce fleuron du Cantal qu'est le village de Salers. D'autant que les chambres, chaleureuses et modernes, offrent un beau panorama sur la vallée de Fontanges...

15 chambres - 80/112 € 80/112 € - 11 €

1 av. Barrouze - 04 71 40 70 33 - www.salers-hotel-remparts.com - Fermé 2 nov.- 9 janv.

Saluces

FAMILIAL • PERSONNALISÉ Cette propriété appartenait au marquis de Lur Saluces, gouverneur de la cité au 17e s. Aujourd'hui, la maison affiche un style épuré, avec mobilier chiné et matériaux naturels (bois, marbre, ardoise). On appréciera également le petit-déjeuner sous le vieux marronnier !

8 chambres - 82/98 € 82/98 € - 13 €

r. Martille - 04 71 40 70 82 - www.hotel-salers.fr - Fermé 15 nov.-20 déc. et 6 janv.-5 fév.

SALIES-DE-BÉARN

✉ 64270 Pyrénées-Atlantiques - 4 724 hab. - Alt. 50 m - Carte régionale n° **2**-B3
Carte Michelin 342-G4 - Guide Vert Michelin Aquitaine

Restaurant des Voisins

CUISINE MODERNE • TENDANCE XX Esprit design, piano, œuvres contemporaines, cuisines ouvertes, etc. : voilà le décor, chic et éclectique, de cette maison qui serait la plus ancienne du village. Un jeune couple y propose une cuisine bien ficelée, gourmande et originale. Une adresse où l'on aimerait toujours pouvoir venir en voisin !

Formule 16 € - Menu 22 € (déj. en semaine), 32/44 € - Carte 40/50 €

12 r. des Voisins - ☏ 05 59 38 01 79 - www.restaurant-des-voisins.fr - Fermé 22-29 juin, 9-30 nov., dim. soir sauf de juil. à sept., lundi et mardi

Hôtel du Golf Le Lodge

BUSINESS • PERSONNALISÉ La construction peut sembler somme toute banale, mais ses propriétaires en ont soigné la décoration, dans un style lodge : plantes exotiques, bambou, portraits d'animaux africains... Certaines chambres donnent sur le golf. Cuisine régionale au restaurant.

30 chambres - †79/89 € ††88/98 € - ☕ 9 €

chemin de Labarthe - ☏ 05 59 67 75 23 - www.le-lodge-salies.com - Fermé 23 déc.-7 janv.

Hôtel du Parc

HISTORIQUE • CONTEMPORAIN L'entrée impressionne, avec ses galeries à l'italienne et sa verrière... sans oublier le casino ! Heureusement, l'isolation est parfaite, y compris dans les chambres, modernes et bien agencées. Restauration traditionnelle.

50 chambres - †79/149 € ††79/149 € - ☕ 10 €

bd St-Guily - ☏ 05 59 38 31 27 - www.hotelsalies.com

à Castagnède 8 km au Sud-Ouest par D17, D27 et D384 - ✉ 64270 - 209 hab. - Alt. 38 m

La Belle Auberge

CUISINE TRADITIONNELLE • RUSTIQUE X Dans ce paisible hameau du Béarn, impossible de ne pas remarquer cette auberge aux volets rouges. On ne s'étonnera pas que les spécialités régionales y aient la part belle, entre tradition basque et... sauce béarnaise ! Aux beaux jours, profitez de la terrasse ombragée. Chambres fonctionnelles pour prolonger le séjour.

Menu 15 € (semaine), 23/29 € - Carte 24/40 €

14 chambres - †51/58 € ††58/78 € - ☕ 8,50 €

- ☏ 05 59 38 15 28 - labelleauberge.fr - Fermé 2 semaines début juin, mi-déc. à fin janv., dim. soir et lundi

SALINS-LES-BAINS

✉ 39110 Jura - 2 783 hab. - Alt. 340 m - Carte régionale n° **9**-B2
Carte Michelin 321-F5 - Guide Vert Michelin Franche-Comté Jura

Grand Hôtel des Bains

TRADITIONNEL • FONCTIONNEL Il est des records qui méritent d'être soulignés, tel cet hôtel familial de 1850 (situé à proximité des thermes) cité dans le guide rouge depuis plus d'un siècle ! Les chambres, toutes rénovées, sont agréables.

29 chambres - †90/220 € ††90/240 € - ☕ 12 €

2 pl. des Alliers - ☏ 03 84 37 90 50 - www.hotel-des-bains.fr - Fermé 3 semaines en janv.

SALLANCHES

⊠ 74700 Haute-Savoie - 15 754 hab. - Alt. 550 m - Carte régionale n° **25**-F1
Carte Michelin 328-M5 - Guide Vert Michelin Alpes du Nord

Auberge de l'Orangerie

AUBERGE • CONTEMPORAIN Dans cette maison coquette, l'accueil est charmant et dans les chambres, douillettes et lambrissées, on songe, en regardant le mont Blanc. Une nouvelle annexe propose des chambres plus actuelles. Un petit tour à l'espace bien-être et la détente est totale. Cuisine traditionnelle au restaurant.

34 chambres - 🚹75/85 € 🚹🚹93/103 € - ☕12 €

carrefour de la Charlotte, 2,5 km par D13, rte de Passy - ✆ 04 50 58 49 16 - www.orangeriemontblanc.fr

SALLES-ARBUISSONNAS-EN-BEAUJOLAIS

⊠ 69460 Rhône - 827 hab. - Alt. 320 m - Carte régionale n° **24**-E1
Carte Michelin 327-G3

La Chanoinesse Ⓝ

Passionné par l'histoire et les vieilles pierres, le propriétaire cultive ici un art de vivre très "Ancien Régime" et fait preuve d'un indéniable sens de l'accueil. La tenue est impeccable, les chambres, vastes, portent des noms tels que l'Angélus, le Prieuré ou le Chapitre ; on pourra même découvrir les merveilles (animaux empaillés, manuscrits) d'un étonnant cabinet de curiosités... Quel charme !

3 chambres ☕ - 🚹85 € 🚹🚹90 €

99 r. du Chapitre - ✆ 06 76 91 08 17 - www.lachanoinesse.net - Ouvert de Pâques à fin oct.

SALLES-LA-SOURCE

⊠ 12330 Aveyron - 2 204 hab. - Alt. 450 m - Carte régionale n° **15**-C1
Carte Michelin 338-H4

La Demeure du Comte

MAISON DE CAMPAGNE • PERSONNALISÉ Une imposante demeure du 15e s., rustique à souhait, au sein d'un jardin avec potager baigné par une rivière et bordé par le vignoble du marcillac : un cadre bucolique... Ciels de lit, linge brodé à l'ancienne et mobilier chiné : les chambres sont douillettes et cultivent aussi le charme aveyronnais !

4 chambres ☕ - 🚹60/67 € 🚹🚹75/80 €

- ✆ 05 65 71 85 52 - www.gites-cougousse.com - Ouvert 1er avril-15 oct.

LES SALLES-SUR-VERDON

⊠ 83630 Var - 261 hab. - Alt. 440 m - Carte régionale n° **21**-C2
Carte Michelin 340-M3 - Guide Vert Michelin Alpes du Sud

Auberge des Salles

FAMILIAL • FONCTIONNEL Si ses chambres sont simples et fonctionnelles, son environnement est privilégié : bien au calme, l'établissement domine le lac de Ste-Croix et les collines verdoyantes qui lui servent d'écrin - un panorama dont on ne se lasse pas !

30 chambres - 🚹75/95 € 🚹🚹75/95 € - ☕12 €

18 r. Ste-Catherine - ✆ 04 94 70 20 04 - www.aubergedessalles.com - Ouvert 24 mars-14 oct.

SALON-DE-PROVENCE

⊠ 13300 Bouches-du-Rhône - 44 187 hab. - Alt. 80 m - Carte régionale n° **21**-B3
Carte Michelin 340-F4 - Guide Vert Michelin Provence

au Sud 5 km par N538, N113 et D19 (direction Grans) – 13250 Cornillon :

Devem de Mirapier

FAMILIAL • PERSONNALISÉ Au milieu des pins et de la garrigue, une adresse parfaite pour se reposer et sillonner la région. Accueil sympathique, chambres douillettes au décor soigné, terrasse autour de la piscine...

13 chambres – 91/99 € 99/230 € – 2 suites – 8 €

rte de Grans, D19 – 04 90 55 99 22 – www.mirapier.com – Fermé 15 janv.-1er fév.

LES SALVAGES – 81 Tarn → Voir Castres

SALZUIT

43230 Haute-Loire – 362 hab. – Alt. 590 m – Carte régionale n° **3**-C3
Carte Michelin 331-C2

Domaine St Roch

DEMEURE HISTORIQUE • CLASSIQUE Au cœur de ce château du 19e s. qui surplombe le village, on se repose dans des chambres hautes de plafond, habillées de mobilier rustique. Entretien impeccable ; hammam, sauna et salle de musculation.

21 chambres – 75/115 € 75/115 € – 12 €

Le Château – 04 71 74 04 23 – www.hotel-auvergne-saintroch.com – Ouvert de mi-mars à fin nov.

SAMATAN

32130 Gers – 2 377 hab. – Alt. 170 m – Carte régionale n° **15**-B2
Carte Michelin 336-H9

Au Canard Gourmand

CUISINE MODERNE • DESIGN XX Le cadre, design et ultravitaminé, accompagne bien la cuisine gasconne – véritable ode au canard – ainsi qu'une carte un peu plus tendance. Les chambres jouent leurs thèmes et variations (Sienne, Lolypop, Voyage...) avec raffinement ; une invitation au cocooning.

Formule 16 € – Menu 24 € (déj. en semaine)/31 €
6 chambres – 76/86 € 86/125 € – 10 €

La Rente, par D632 – 05 62 62 49 81 – www.hotelcharmegers.com – Fermé lundi soir et mardi

LE SAMBUC – 13 Bouches-du-Rhône → Voir Arles

SAMOËNS

74340 Haute-Savoie – 2 340 hab. – Alt. 710 m – Carte régionale n° **25**-F1
Carte Michelin 328-N4 – Guide Vert Michelin Alpes du Nord

Le 8M des Monts

CUISINE MODERNE • BISTRO X Une carte courte et efficace, une sélection de bons produits favorisant le bio et les circuits courts, un accueil charmant : voilà quelques-uns des (nombreux) atouts de ce petit restaurant installé sur la place du village. Autre avantage, les plats changent régulièrement : une bonne excuse pour revenir au plus vite !

Carte 36/49 €

pl. de l'Église – 04 50 21 30 01 – Fermé mi mai à fin juin, vacances de la Toussaint à mi-déc., jeudi sauf le soir en saison et dim.

Neige et Roc

TRADITIONNEL • MONTAGNARD Légèrement en retrait du centre du village, cet imposant chalet est chaleureux et accueillant. Les chambres, spacieuses, jolies et montagnardes comme il se doit, ont toutes un balcon ; à l'annexe, on propose des studios avec cuisinette.

48 chambres – 90/180 € 105/340 € – 16 €

255 rte de Taninges – 04 50 34 10 72 – www.neigeetroc.com – Ouvert 10 juin-9 sept. et 23 déc.-6 avril

Gai Soleil et Lodge le Grand Cerf

AUBERGE • MONTAGNARD Un petit hôtel famillial posté à l'entrée du village. Huit chambres agréables ont été aménagées dans un esprit contemporain, tout en restant fidèle à l'esprit savoyard des lieux. Bar au coin du feu, spécialités régionales au restaurant, salle de jeux, sauna et piscine... Chaleureux et gai !

31 chambres – 77/165 € 105/236 € – 14 €

26 rte de Taninges – 04 50 34 40 74 – www.hotel-samoens.com – Ouvert 1er juin-16 sept. et 22 déc.-18 avril

SAMOUSSY - 02 Aisne → Voir Laon

SAMPANS - 39 Jura → Voir Dole

SANARY-SUR-MER

83110 Var – 15 963 hab. – Alt. 1 m – Carte régionale n° **21**-B3
Carte Michelin 340-J7 – Guide Vert Michelin Côte d'Azur

La P'tite Cour

CUISINE MODERNE • COSY XX La jeune patronne, pâtissière de formation, mitonne avec le plus grand soin une succulente cuisine du marché, que l'on déguste idéalement dans la p'tite cour ensoleillée, cachée à l'arrière de la maison. Belle spécialités de poisson, produits de saison soigneusement travaillés : on se régale... d'autant que le service est impeccable.

Menu 29/45 €

Plan : B1-p *6 r. Barthélémy-de-Don – 04 94 88 08 05 – www.laptitecour.com – Fermé mardi de sept. à juin, le midi en juil.-août et merc.*

La Ptite Fabri'k

CUISINE MODERNE • BISTRO X Un bel emplacement sur le port de plaisance pour ce petit restaurant aux airs de bistrot rétro typé années 1950. La cuisine, ouverte sur le monde, sans tabou ni frontière, sort du lot, entre bouillon asiatique et cheesecake new-yorkais ! Et l'on peut débuter le repas avec une sélection de produits à grignoter...

Formule 17 € – Carte 30/60 €

Plan : B1-b *16 quai du Gén.-de-Gaulle – 04 94 74 02 17 – Fermé 26 fév.-15 mars, 20 nov.-7 déc., mardi et merc. de sept. à juin, lundi midi et dim. en juil.-août*

Restaurant de la Tour

POISSONS ET FRUITS DE MER • TRADITIONNEL X Les amateurs de produits de la mer connaissent l'adresse par cœur... Langoustes et homards tirés du vivier, poissons en croûte de sel, aïoli et bouillabaisse : la carte est immuable et ce n'est pas pour leur déplaire. S'il fait beau, on court s'installer en terrasse, à côté des bateaux. Plaisant !

Formule 24 € – Carte 50/63 €

Plan : B2-n *Hôtel de la Tour, quai Général-de-Gaulle – 04 94 74 10 10 – www.sanary-hoteldelatour.com – Fermé 26 fév.-8 mars, 21-31 oct., 19 nov.-20 déc., merc. sauf le soir en juil.-août et mardi*

Hostellerie La Farandole

LUXE • ÉLÉGANT Face aux rondeurs de la baie, sur la plage de la Gorguette (entre Sanary et Bandol), un bâtiment géométrique, tout en pierre, bois et verre. Inaugurée en 2011, cette luxueuse hostellerie associe esprit Côte d'Azur et art de vivre contemporain, entre plage et spa.

22 chambres – 158/898 € 158/898 € – 5 suites – 15 €

Hors plan *140 chemin de la Plage-de-la-Gorguette, rte de Toulon – 04 94 90 30 20 – www.hostellerielafarandole.com – Fermé 4-24 janv.*

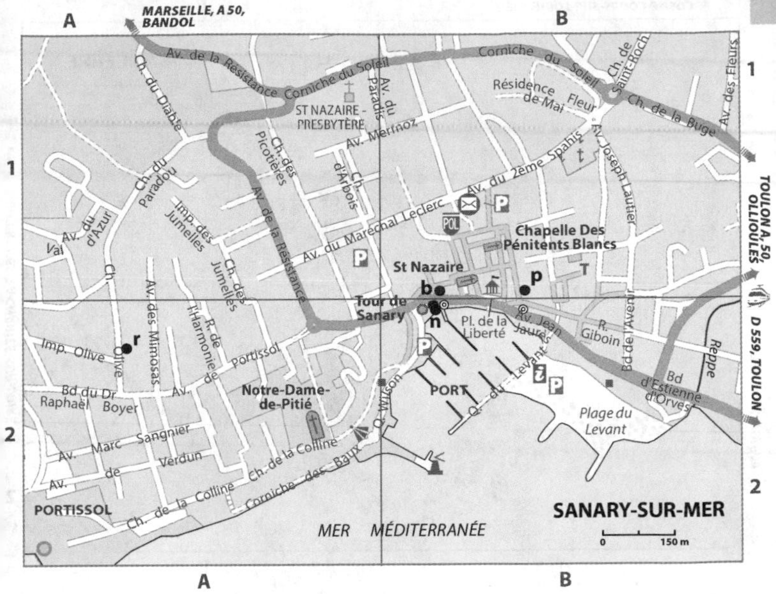

Hôtel de la Tour

FAMILIAL • TRADITIONNEL Sous le soleil, la grande façade de l'hôtel jette son ombre au-dessus des embarcations arrimées dans le port de Sanary. Dans cet établissement familial, les chambres sont chaleureuses (mobilier chiné, boutis) et, pour certaines d'entre elles, rénovées dans un style contemporain.

24 chambres ☕ - 🚹75/126 € 🚹🚹88/158 €

Plan : B2-n *24 quai Gén.-de-Gaulle – ✆ 04 94 74 10 10 – www.sanary-hoteldelatour.com – Fermé 19 nov.-20 déc.*

🍴 **Restaurant de la Tour** – voir les restaurants ci-dessus

Synaya

FAMILIAL • FONCTIONNEL Dans un quartier résidentiel, ce petit hôtel est agrémenté d'un jardin planté de bambous et de bananiers, qui lui apportent une pointe d'exotisme. Les chambres sont sobres et fonctionnelles, avec de belles salles de bains ; on profite aussi d'une piscine au calme, idéale pour le farniente...

11 chambres – 🚹80/280 € 🚹🚹80/280 € – ☕ 14 €

Plan : A2-r *92 chemin Olive (direction plage de Portissol) – ✆ 04 94 74 10 50 – www.hotelsynaya.fr – Ouvert 30 mars - 27 oct.*

SANCERRE

✉ 18300 Cher – 1 444 hab. – Alt. 342 m – Carte régionale n° **6**-D2

Carte Michelin 323-M3 – Guide Vert Michelin Limousin Berry

La Tour (Baptiste Fournier)

CUISINE MODERNE • CONVIVIAL XXX Saveurs et fraîcheur, au pied d'une tour du 14e s. ! Un jeune chef œuvre ici et concocte, avec de beaux produits, une cuisine non dénuée de finesse, de goût et de caractère. Pour ne rien gâcher, l'atmosphère est amicale et détendue.

➜ Cuisine du marché.

Formule 25 € – Menu 30 € (déj. en semaine), 45/110 € 🍷 – Carte 55/65 €

Plan : B1-e *31 Nouvelle Place – ✆ 02 48 54 00 81 – www.latoursancerre.fr – Fermé 2 semaines en janv., dim. soir et lundi*

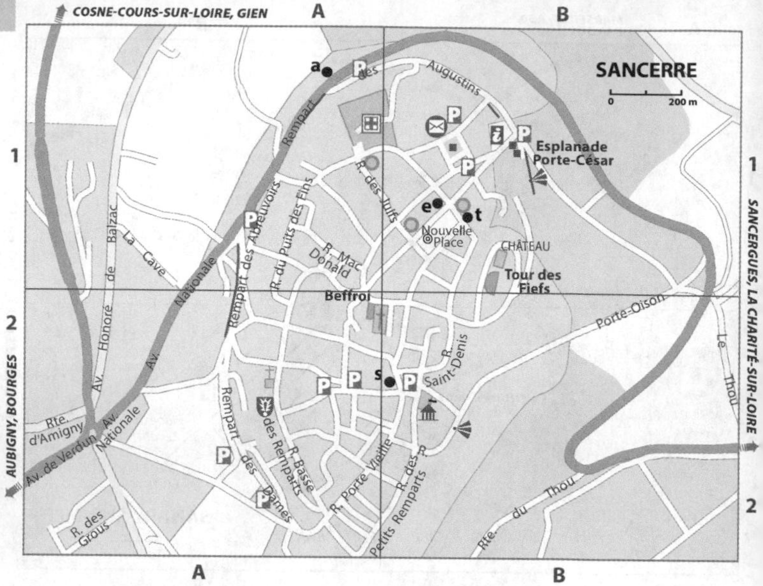

La Pomme d'Or

CUISINE TRADITIONNELLE • AUBERGE N'hésitez pas à croquer dans cette pomme ! Ici, le chef joue la carte de la tradition pour le plus grand bonheur des gourmands. Dans l'assiette, c'est parfumé et coloré. Le tout accompagné, cela va de soi, d'un verre de sancerre blanc, rosé ou rouge... selon votre envie.

Menu 22 € (déj. en semaine), 32/50 €

Plan : B2-s *r. de la Panneterie – ✆ 02 48 54 13 30 – Fermé vacances de Noël, dim. soir d'oct. à mars, mardi et merc.*

Auberge Joseph Mellot

CUISINE TRADITIONNELLE • AUBERGE Une efficace cuisine du terroir célébrant la tradition, des produits bien choisis, une exécution précise : on passe un beau moment gourmand dans cette Auberge, installée dans une demeure typique de la région. Bons vins du domaine en prime !

Formule 19 € – Menu 26 € – Carte environ 33 €

Plan : B1-t *16 Nouvelle-Place – ✆ 02 48 54 20 53 – www.aubergejosephmellot.com – Fermé 29 nov.-14 janv., dim. soir, mardi soir et merc.*

à St-Satur 3 km au Nord par D955 – ✉ 18300 – 1 487 hab. – Alt. 155 m

La Chancelière

FAMILIAL • PERSONNALISÉ La terrasse de cette maison de maître (18e s.) jouit du panorama sur Sancerre et son vignoble. Tomettes, poutres apparentes et meubles anciens donnent du caractère aux chambres.

5 chambres – 120 € 160 €

5 r. Hilaire-Amagat – ✆ 02 48 54 01 57 – www.la-chanceliere.com

à Chavignol 4 km au Nord par D955 et D183 – ✉ 18300

La Côte des Monts Damnés

CUISINE TRADITIONNELLE • COSY Filet de lapereau, magret de canard et sa purée de panais... Ces Damnés-là – chaleureux, élégants et actuels – vous régalent d'une cuisine traditionnelle et régionale qui donne dans la belle générosité.

Formule 23 € – Menu 30/42 € – Carte 33/50 €

– ✆ 02 48 54 01 72 – www.montsdamnes.com – Fermé 1 semaine début juil., 2 semaines en hiver, mardi et merc. du 15 oct. au 1er avril

Le Bistrot de Damnés

CUISINE TRADITIONNELLE • BISTRO X Honneur au célébrissime chavignol et aux belles viandes. Ici, on savoure moult plats du terroir dans une atmosphère conviviale et il y a aussi le petit menu du jour à l'ardoise, comme dans tout bistrot qui se respecte. Des Damnés... élus !

Formule 14 € - Menu 23 € - Carte 28/44 €

Hôtel La Côte des Monts Damnés - ✆ 02 48 54 01 72 - www.montsdamnes.com

La Côte des Monts Damnés

FAMILIAL • PERSONNALISÉ Un charmant hôtel au cœur de Chavignol, village vénéré pour son fameux "crottin". Les chambres, spacieuses et chaleureuses, adoptent une déco résolument contemporaine... Une adresse de caractère !

12 chambres - 83/147 € 101/180 € - 14 €

- ✆ 02 48 54 01 72 - www.montsdamnes.com

Le Bistrot de Damnés • **La Côte des Monts Damnés** - voir les restaurants ci-dessus

à St-Thibault 4 km au Nord par D955 et D4 - ✉ 18300

Hôtel de la Loire

DEMEURE HISTORIQUE • PERSONNALISÉ Original et confortable ! Des chambres décorées sur le thème du voyage, en bord de Loire... Ici, Georges Simenon écrivit deux romans. Grand choix de pains et confitures maison.

11 chambres - 95/110 € 95/110 € - 12 €

2 quai de Loire - ✆ 02 48 78 22 22 - www.hotel-de-la-loire.com - Fermé 23 déc.-3 janv.

SANCOINS

✉ 18600 Cher - 3 154 hab. - Alt. 210 m - Carte régionale n° **6**-D3
Carte Michelin 323-N6

Le St-Joseph

TRADITIONNEL • FONCTIONNEL Sur la place principale, une agréable maison de pays avec une petite cour fleurie ; on y propose des chambres fonctionnelles et confortables. Cuisine traditionnelle au restaurant. Une adresse sympathique.

16 chambres - 54/84 € 54/84 € - 9 €

pl. de la Libération - ✆ 02 48 74 61 21

SANCY

✉ 77580 Seine-et-Marne - 379 hab. - Alt. 142 m - Carte régionale n° **10**-C2
Carte Michelin 312-G2

Château de Sancy

TRADITIONNEL • CLASSIQUE Cette gentilhommière du 18e s. invite à la détente, avec son grand parc, ses agréables chambres (les plus confortables se trouvant "au château") et de nombreuses activités proposées : équitation, tennis, piscine, etc.

21 chambres - 80/140 € 80/160 € - 16 €

1 pl. de l'Église - ✆ 01 60 25 77 77 - www.chateaudesancy.com - Fermé 1 semaine en Août

SAND

✉ 67230 Bas-Rhin - 1 140 hab. - Alt. 159 m - Carte régionale n° **1**-B2
Carte Michelin 315-J6

La Charrue

CUISINE DU TERROIR • TRADITIONNEL XX D'un côté, la winstub chaleureuse et conviviale, de l'autre une ambiance de bistrot chic ouvrant sur la terrasse aux beaux jours. Dans les deux cas, une bonne cuisine à la gloire des saveurs alsaciennes : tartes flambées, choucroutes, filet de sandre au riesling...

Menu 29/49 € - Carte 32/54 €

4 r. du Ier-Décembre - ✆ 03 88 74 42 66 - www.lacharrue.com - Fermé 5-20 août, 28 oct.-5 nov., 23-28 déc., dim. soir, lundi et le midi sauf dim.

La Charrue

AUBERGE · FONCTIONNEL Au cœur du village, avec parking privé clos en léger retrait, cette hostellerie typiquement alsacienne (un relais de charretier du 19e s. rénové) propose des chambres traditionnelles confortables, et d'autres dans un esprit plus contemporain. Très chaleureux.

23 chambres – 🚹75/95 € 🚹🚹75/95 € – ☕12 €

4 r. du 1er-Décembre – ✆ 03 88 74 42 66 – www.lacharrue.com – Fermé 5-20 août , 28 oct.-5 nov. , 23 au 29 déc.

🍴 **La Charrue** – voir les restaurants ci-dessus

SANDILLON

✉ 45640 Loiret – 3 929 hab. – Alt. 101 m – Carte régionale n° **6**-C2
Carte Michelin 318-J4

à l'Est 2 km par D951 et rte secondaire

Château de Champvallins

DEMEURE HISTORIQUE · GRAND LUXE Êtes-vous prêt à remonter le temps ? Si oui, passez le portail sécurisé de ce superbe château du 18e s., environné d'un parc de 10 ha. Dans les chambres, classicisme rime avec raffinement. Douceur et charme bucolique...

5 chambres – 🚹140/205 € 🚹🚹140/205 € – ☕14 €

1079 r. de Champvallins – ✆ 02 38 41 16 53 – www.chateaudechampvallins.com – Fermé fév.

SANILHAC – 07 Ardèche ➜ Voir Largentière

SAN-MARTINO-DI-LOTA – 2B Haute-Corse ➜ Voir Corse (Bastia)

SANTA-GIULIA (GOLFE DE) – 2A Corse-du-Sud ➜ Voir Corse (Porto-Vecchio)

SANT'ANTONINO – 2B Haute-Corse ➜ Voir Corse

SANTENAY

✉ 21590 Côte-d'Or – 838 hab. – Alt. 225 m – Carte régionale n° **4**-A3
Carte Michelin 320-I8 – Guide Vert Michelin Bourgogne

🍴 L'Ouillette Ⓝ

CUISINE TRADITIONNELLE · CLASSIQUE XX Un jeune couple motivé est aux commandes de cette auberge familiale, installée sur la place centrale du village. En cuisine, Simon navigue entre bonne tradition (œufs en meurette, jambon persillé, coq au vin) et recettes plus actuelles ; Maude, en salle, assure un service attentif et efficace. On passe un excellent moment : longue vie à cette Ouillette !

Formule 19 € – Menu 22 € (déj. en semaine), 28/58 € – Carte 41/60 €

pl. du Jet-d'Eau – ✆ 03 80 20 62 34 – www.ouillette.fr – Fermé fév., 1 semaine fin juin et en nov., mardi et merc.

🍴 Le Terroir

CUISINE TRADITIONNELLE · COSY XX Au cœur du village, une maison pimpante et chaleureuse au service d'une cuisine régionale appétissante : fricassée du braconnier, coq au vin rouge, parfait glacé au marc de Bourgogne... Joli choix de vins au verre.

Formule 22 € – Menu 28/45 € – Carte 45/75 €

pl. du Jet-d'Eau – ✆ 03 80 20 63 47 – www.restaurantleterroir.com – Fermé 7 déc.-13 janv., merc. soir de nov. à avril, dim. soir et jeudi

Prosper Maufoux

HÔTEL PARTICULIER • CLASSIQUE Cette imposant hôtel particulier, bâti en 1835, a été investi en 1970 par la maison Prosper Maufoux. Les chambres, décorées avec raffinement, préservent l'esprit de l'époque : parquet à chevrons, mobilier de style, cheminées... Et le superbe caveau de dégustation accueillera les amateurs de bons vins.

3 chambres – 180 € 190 €

1 pl. du Jet-d'Eau – 03 80 20 68 71 – www.maufoux.com – Fermé 2 semaines en janv.

SAOÛ

26400 Drôme – 527 hab. – Alt. 325 m – Carte régionale n° **23**-B3
Carte Michelin 332-D6 – Guide Vert Michelin Ardèche Drôme

Cerise et Vinaigrette

CUISINE MODERNE • SIMPLE Cet ancien atelier agricole réhabilité en restaurant, avec grande terrasse ombragée, abrite toute une histoire : le patron, en salle et aux fourneaux, est issu d'une famille de restaurateurs depuis 1886 ! Il réalise une cuisine aux accents du sud, comme avec cette morue sur son lit de piperade de légumes, jolie évocation provençale.

Menu 28/30 € – Carte environ 36 €

quartier du Clos – 04 75 43 17 34 – www.ceriseetvinaigrette.com – Fermé janv.-fév., dim. soir, lundi et mardi

LE SAPPEY-EN-CHARTREUSE

38700 Isère – 1 120 hab. – Alt. 1 014 m – Carte régionale n° **23**-C2
Carte Michelin 333-H6 – Guide Vert Michelin Alpes du Nord

Les Skieurs (N)

CUISINE TRADITIONNELLE • FAMILIAL Une bonne auberge pour les skieurs certes, mais aussi pour les marmottes – le feu de cheminée crépite tout l'hiver – et plus encore pour les gourmands. Dans un décor tout en bois, on déguste de solides assiettes pétries des saveurs du terroir... avant de voir arriver un beau chariot de fromages et de desserts maison !

Menu 33 € (semaine)/42 € – Carte 41/59 €

– 04 76 88 82 76 – www.lesskieurs.com – Fermé dim. soir, lundi et mardi

Les Skieurs

FAMILIAL • MONTAGNARD Au calme au milieu d'un parc, à 1 km seulement des pistes, cet imposant chalet propose des chambres boisées et décorées sobrement. Piscine pour les beaux jours.

10 chambres – 99/110 € 99/110 € – 1 suite – 12 €

– 04 76 88 82 76 – www.lesskieurs.com

Les Skieurs – voir les restaurants ci-dessus

SARE

64310 Pyrénées-Atlantiques – 2 596 hab. – Alt. 70 m – Carte régionale n° **2**-A3
Carte Michelin 342-C5 – Guide Vert Michelin Pays Basque et Navarre

Olhabidea

CUISINE MODERNE • FAMILIAL Une ferme basque du 16e s. où l'on propose une cuisine goûteuse, élaborée avec finesse et passion, qui s'appuie largement sur les fruits et légumes du potager du chef. Autour, on flâne dans un parc de quatre hectares planté d'érables, de conifères et de camélias... Quel charme !

Menu 25 € (déj. en semaine)/45 € – Carte 37/48 €

5 chambres – 75/85 € 75/85 €

quartier Sainte Catherine (chemin d'Olha), 2 km à l'Est par D4 – 05 59 54 21 85 – www.olhabidea.fr – Fermé déc.-janv., merc. midi , dim. soir , lundi et mardi

 **Arraya** 

FAMILIAL • PERSONNALISÉ Cet ancien relais de Compostelle, d'architecture traditionnelle, abrite des chambres coquettes (mobilier en bois, tissus cousus main), certaines ouvrant sur le jardin classé. Décor basque au restaurant, avec terrasse ombragée : plats régionaux et boutique gourmande.

16 chambres – 🚹96/150 € 🚹🚹96/195 € – ☕12 €

pl. du Village – ✆ 05 59 54 20 46 – www.arraya.com – Ouvert 28 mars-2 nov.

 **Lastiry** 

FAMILIAL • PERSONNALISÉ Derrière une façade typiquement basque, un hôtel chaleureux et familial. Les chambres sont confortables et soignées, certaines avec un petit cachet ancien. Au restaurant, recettes du terroir et ambiance rustique.

11 chambres ☕ – 🚹75/120 € 🚹🚹90/145 €

pl. du Village – ✆ 05 59 54 20 07 – www.hotel-lastiry.com – Ouvert 20 mars-12 nov. et fermé mardi et merc. sauf juil.-août

SARLAT-LA-CANÉDA

✉ 24200 Dordogne – 9 127 hab. – Alt. 145 m – Carte régionale n° **2**-D3
Carte Michelin 329-I6 – Guide Vert Michelin Périgord Quercy

✿ **Le Grand Bleu** (Maxime Lebrun) A/C

CUISINE CRÉATIVE • ÉLÉGANT XX De son passage dans de grandes maisons, Maxime Lebrun a retenu l'amour du travail bien fait, un vrai sens de la générosité et l'esprit d'invention. Il signe une cuisine de l'instant, très fine et en phase avec les saisons, et n'hésite pas à alterner entre les incontournables de la maison et des préparations plus inventives.

➜ Foie gras du Périgord à la vodka, agrumes et granité de vin de noix. Cabillaud cuit au chalumeau, poivron confit, caviar d'aubergine et pulpe de courgette à la menthe. Macaron à l'olive noire, crème d'asperge au basilic et fraises gariguette.

Menu 26 € 🍷 (déj. en semaine), 58/130 €

43 av. de la Gare, au Sud par D704, rte de Domme et Bergerac – ✆ 05 53 31 08 48 – www.legrandbleu.eu – Ouvert d'avril à nov. et fermé mardi midi, merc. midi, dim. soir et lundi

 **Plaza Madeleine** 

URBAIN • CONTEMPORAIN Emplacement avantageux pour cet hôtel de bonne facture, situé à l'entrée de la vieille ville. Les murs anciens de la demeure (19e s.), le chic contemporain des chambres, la bar à l'anglaise avec billard et lustres, le soin apporté à l'entretien des lieux : tout invite à un agréable séjour.

41 chambres – 🚹120/225 € 🚹🚹120/225 € – ☕15 €

1 pl. de la Petite-Rigaudie – ✆ 05 53 59 10 41 – www.plaza-madeleine.com

 **Le Renoir** 

TRADITIONNEL • CLASSIQUE Rien d'impersonnel dans cet hôtel voisin de la cité médiévale, qui se répartit dans deux maisons de maître séparées par un petit jardin avec piscine. Toutes différentes, les chambres se révèlent plutôt spacieuses et très fonctionnelles.

36 chambres – 🚹95/191 € 🚹🚹95/191 € – ☕14 €

2 r. Abbé-Surgier – ✆ 05 53 59 35 98 – www.hotel-renoir-sarlat.com

La Maison des Peyrat 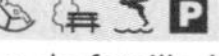

MAISON DE CAMPAGNE • INSOLITE On se croirait dans une maison de famille à la campagne... Difficile de résister au charme de cette jolie demeure noyée sous la verdure, sur les hauteurs de Sarlat : vieilles pierres, poutres anciennes, joli jardin plein de recoins pour paresser, et accueil très chaleureux !

10 chambres – 🚹59/122 € 🚹🚹59/122 € – ☕12 €

Le Lac de la Plane, à l'Est par chemin des Monges – ✆ 05 53 59 00 32 – www.maisondespeyrat.com – Ouvert 1er avril-15 nov.

au Sud 5 km rte de Gourdon puis rte de la Canéda et rte secondaire - ✉ 24200 Sarlat-la-Canéda

Le Mas de Castel

FAMILIAL • CONTEMPORAIN À la campagne, un ancien corps de ferme devenu sympathique hostellerie. Dans les chambres, simplement mais joliment arrangées (certaines en rez-de-jardin), les nuits sont paisibles – celles de la nouvelle extension offrent plus d'espace et un bel esprit contemporain... Parcours de santé, piscine chauffée.

19 chambres – 80/130 € 80/165 € – 12 €

Le Sudalissant – 05 53 59 02 59 – www.hotel-lemasdecastel.com – Ouvert d'avril à mi-nov.

au Sud 3 km par rte de Bergerac et rte secondaire – ✉ 24200 Sarlat-la-Canéda :

Relais de Moussidière

FAMILIAL • CONTEMPORAIN Calme absolu dans cette maison de caractère bâtie à flanc de rocher. Les chambres, avec leurs notes exotiques, invitent au voyage. Dans la journée ou le soir venu, on se promène dans le parc en terrasse qui descend jusqu'à un étang. Un établissement idéal pour visiter les joyaux du Périgord noir !

35 chambres – 135/185 € 135/185 € – 15 €

Moussidière Basse – 05 53 28 28 74 – www.hotel-moussidiere.com – Ouvert d'avril à oct.

à Ste-Nathalène 8 km au Nord-Est par D47 – ✉ 24200 – 575 hab. – Alt. 145 m

La Roche d'Esteil

FAMILIAL • PERSONNALISÉ Un domaine restauré avec goût, dans le respect de la tradition périgourdine. Les chambres sont joliment décorées dans un esprit de campagne chic ; le soir, ambiance conviviale et assiettes dans l'air du temps basées sur les produits du terroir.

5 chambres – 73/118 € 91/127 €

La Croix d'Esteil – 05 53 29 14 42 – www.larochedesteil.com – Ouvert mars à nov.

SARPOIL - 63 Puy-de-Dôme → Voir Issoire

SARRAS

✉ 07370 Ardèche – 2 095 hab. – Alt. 133 m – Carte régionale n° **24**-E2
Carte Michelin 331-K2

Le Vivarais

CUISINE CLASSIQUE • TRADITIONNEL XX Au menu de cette sympathique maison traditionnelle, on découvre une généreuse cuisine classique, réalisée par un chef qui connaît son sujet sur le bout des doigts ! Mention spéciale pour le chariot de desserts, toujours aussi appétissant... Quelques chambres bien pratiques pour une étape sur la route des vacances.

Menu 19 € (semaine), 32/62 € – Carte 49/64 €

6 chambres – 56 € 65/80 € – 8 €

30 av. du Vivarais – 04 75 23 01 88 – Fermé 15 fév.-10 mars, 3-25 août, dim. soir, lundi soir et mardi

SARREBOURG

✉ 57400 Moselle – 12 363 hab. – Alt. 282 m – Carte régionale n° **14**-D2
Carte Michelin 307-N6 – Guide Vert Michelin Alsace Lorraine

L'Épicurien

CUISINE TRADITIONNELLE • FAMILIAL XX Ce restaurant, tenu par un couple du métier, sert une cuisine traditionnelle pleine de fraîcheur, dont quelque plats du Beaujolais, clin d'œil aux origines du chef. C'est frais, c'est bon, avis aux épicuriens !

Formule 12 € – Menu 29 € – Carte 37/51 €

7 av. Gambetta – 03 55 16 54 67 – wwwepicurien57.com – Fermé dim. soir, mardi soir et merc.

SARREGUEMINES

✉ 57200 Moselle - 21 457 hab. - Alt. 210 m - Carte régionale n° **14**-D1
Carte Michelin 307-N4

✿ Auberge St-Walfrid (Stephan Schneider) 

CUISINE TRADITIONNELLE • ÉLÉGANT XXX Une bien jolie auberge, où l'on s'attable parmi les vitrines où brille la faïence de Sarreguemines. Le chef, Stephan Schneider, est un défenseur de la belle tradition ! Il aime travailler avec les maraîchers de la région et acheter des bêtes entières, pour les préparer lui-même. À la force du goût.

→ Foie gras de canard poêlé à la cerise, streusel à la cannelle et réduction de vin de noix. Turbot sauvage poché, purée de petits pois et sauce hollandaise. Trompe-l'œil en coque de chocolat blanc, mousse et sorbet citron.

Menu 39 € (semaine), 68/128 € - Carte 65/102 €

Hôtel Auberge St-Walfrid, 58 r. de Grosbliederstroff, 2 km à l'Ouest par rte de Grosbliederstroff, St-Avold et Forbach - ✆ 03 87 98 43 75 - www.stwalfrid.com - Fermé 25 fév.-12 mars, 22 juil.-6 août, lundi midi, sam. midi et dim.

La Charrue d'Or 

CUISINE TRADITIONNELLE • CONVIVIAL XX Le chef, sérieux et motivé, propose à la fois des classiques régionaux - gibier en saison, par exemple - et des propositions plus modernes. Goûtez à la banana split, clin d'œil aux années 1980 ! On passe un agréable moment.

Menu 23/45 € - Carte 42/82 €

21 r. Poincaré - ✆ 03 87 98 14 55 - www.lacharruedor.fr - Fermé 25 fév.-4 mars, 3 semaines en juil., sam. midi et dim.

Le Petit Thierry

CUISINE MODERNE • TENDANCE X Cet ancien moulin, face à la Sarre, arbore le look d'un bistrot contemporain… mais conserve son imposant poêle en faïence ! On y apprécie une cuisine du marché à travers un menu-carte qui change régulièrement. Frais, coloré, et d'agréables fumets viennent titiller vos narines… Entrez donc !

Formule 24 € - Menu 37 €

135 r. de France, 1,5 km à l'Ouest par D910, St-Avold et Forbach - ✆ 03 87 98 22 59 - Fermé 5-17 sept., 21-30 janv., merc. soir et jeudi

Auberge St-Walfrid 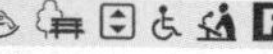

FAMILIAL • CLASSIQUE À la sortie de la ville, une belle maison en pierre où, depuis cinq générations, la même famille cultive l'art de recevoir. Dans les grandes chambres au parquet de chêne, on respire le charme discret de la bourgeoisie.

11 chambres - 115/158 € 115/158 € - 15 €

58 r. de Grosbliederstroff, 2 km à l'Ouest et rte de Grosbliederstroff, St-Avold et Forbach - ✆ 03 87 98 43 75 - www.stwalfrid.com

✿ **Auberge St-Walfrid** - voir les restaurants ci-dessus

rte de Bitche 11 km à l'Est par D662 ✉ : 57200 Wœlfling-lès-Sarreguemines

Restaurant Dimofski

CUISINE MODERNE • VINTAGE XX Julien Dimofski est un chef motivé, et son enthousiasme se découvre au gré d'assiettes soignées et savoureuses, humant l'air du temps. Décor rustique et lumineux, à une dizaine de kilomètres de Sarreguemines.

Menu 30/90 € - Carte 57/94 €

2 Quartier de la Gare - ✆ 03 87 02 38 21 - Fermé 2 semaines en fév., 3 semaines en août, sam. midi, dim. soir, lundi et mardi

SARRE-UNION

✉ 67260 Bas-Rhin - 2 948 hab. - Alt. 240 m - Carte régionale n° **1**-A1
Carte Michelin 315-G3

rte de Strasbourg 10 km au Sud-Est par N61 – ✉ 67260 Burbach :

Windhof

CUISINE TRADITIONNELLE • CLASSIQUE XXX Escargots d'Hirschland, crème de panais et sablé au parmesan ; filet de sandre et choucroute nouvelle... Cette adresse familiale joue la carte de la gastronomie d'aujourd'hui ; soin et saveurs sont au rendez-vous. Bon à savoir : l'établissement est facilement accessible depuis l'autoroute A 4 (sortie 43).

Formule 18 € – Menu 29 € (déj. en semaine), 39/60 € – Carte 40/65 €

lieu-dit Windhof – ✆ 03 88 01 72 35 – www.windhof.fr – Fermé 26 fév.-12 mars, 30 juil.-22 août, 1er-8 janv., mardi soir, jeudi soir, dim. soir et lundi

SARZEAU

✉ 56370 Morbihan – 7 802 hab. – Alt. 30 m – Carte régionale n° **5**-A3
Carte Michelin 308-O9 – Guide Vert Michelin Bretagne Sud

Le Kerstéphanie

CUISINE MODERNE • MAISON DE CAMPAGNE XX Cette ancienne ferme en pierres, recouverte de vigne vierge et entourée d'un parc arboré, propose une cuisine actuelle, joliment inventive. Tourteau au citron vert et siphon d'avocat ; poisson de ligne, tomate et réglisse à l'huile de basilic... que l'on déguste, aux beaux jours, sur la terrasse ombragée.

Formule 20 € – Menu 28/60 €

Lieu-dit de Kerstéphanie – ✆ 02 97 41 72 41 – www.lekerstephanie.fr – Fermé mardi et merc.

Le Manoir de Kerbot

CUISINE MODERNE • TRADITIONNEL XX Ce manoir du 16e s. (et ancien orphelinat) s'est réinventé en repaire de gastronomes : on y déguste une cuisine au goût du jour – huîtres du golfe pochées, pressé de homard et moules de bouchot, grenadin de veau à la tapenade d'olive verte... Le service est fort attentionné, et la terrasse très agréable.

Formule 24 € – Menu 34/65 € – Carte 40/56 €

lieu-dit Kerbot, D780 – ✆ 02 97 26 40 38 – www.kerbot.com – Fermé mardi midi , dim. soir hors saison et lundi sauf fériés

à Penvins 7 km au Sud-Est par D198 – ✉ 56370 Sarzeau

La Pergola

CUISINE MODERNE • ROMANTIQUE XX Sise dans le charmant petit bourg de Penvins, cette coquette maison, devancée d'une jolie terrasse avec pergola, abrite une table de qualité. Les assiettes y sont savoureuses et parfumées, à l'instar de ces makis de sardines au blé noir et chèvre frais au haddock. Du cachet, du goût, un charme fou !

Formule 26 € – Menu 31/45 € – Carte 60/70 €

21 r. Ker-an-Poul – ✆ 02 97 67 40 80 – www.lapergola.penvins.com – Fermé dim. soir et mardi d'oct. à juin et lundi

Le Mur du Roy

CUISINE MODERNE • CONVIVIAL XX Les yeux dans le bleu... On savoure une cuisine iodée servie dans l'une des deux vérandas au décor marin ou sur la terrasse face à l'océan. Pas de fausse note, tout est raccord ! Petites chambres fonctionnelles pour prolonger l'étape.

Formule 20 € – Menu 23 € – Carte 32/43 €

10 chambres – †59/95 € ††59/95 € – ☕ 11 €

43 chemin du Mur-du-Roy, Penvins – ✆ 02 97 67 34 08 – www.lemurduroy.com – Fermé 18-26 mars, 26 juin-6 juil., 30 sept.-5 oct., 11-26 nov., 6-21 janv., merc. et jeudi

SASSENAY – 71 Saône-et-Loire → Voir Chalon-sur-Saône

SASSETOT-LE-MAUCONDUIT

✉ 76540 Seine-Maritime - 1 063 hab. - Alt. 89 m - Carte régionale n° **17**-C1
Carte Michelin 304-D3

Le Relais des Dalles

CUISINE TRADITIONNELLE • AUBERGE XX Un Relais qui fleure bon la Normandie... La maison est rustique à souhait, mais notre préférence va au jardin, charmant (terrasse). La carte cultive la tradition, avec un beau choix de vins. Quelques jolies chambres dans la maison attenante.

Menu 35/62 € - Carte 48/69 €

5 chambres - †84/172 € ††84/172 € - ☕13 €

6 r. Élisabeth-d'Autriche (près du château) - ✆ 02 35 27 41 83 - www.relais-des-dalles.fr - Fermé 17 déc.-15 janv., lundi sauf le soir du 14 juil. au 20 août, mardi midi et merc. midi

Château de Sissi

DEMEURE HISTORIQUE • CLASSIQUE Point de cinéma, mais une réalité historique : l'impératrice Sissi séjourna trois mois dans ce beau château du 18e s. Photos et tableaux permettent de se confronter à la vérité du mythe. Le parc est très agréable.

26 chambres - †75/350 € ††75/350 € - 2 suites - ☕16 €

r. Elisabeth-d'Autriche - ✆ 02 35 28 00 11 - www.hotelchateaudesissi.com - Fermé 2 janv.-12 fév.

SAUBION

SAUBION - 40 Landes → Voir Hossegor

SAUGUES

✉ 43170 Haute-Loire - 1 814 hab. - Alt. 960 m - Carte régionale n° **3**-C3
Carte Michelin 331-D4 - Guide Vert Michelin Auvergne

La Terrasse

CUISINE MODERNE • CLASSIQUE XX Le chef Benoît Fromager est bien installé aux fourneaux de cette Terrasse du centre du village, et ses intentions sont très claires : proposer une cuisine bien dans son temps, célébrant le terroir sans chercher à coller aux modes. Quant à l'intérieur, il est rustique et confortable...

Formule 20 € - Menu 26 € (semaine), 32/39 €

9 chambres - ††85 € - ☕12 €

cours du Dr-Gervais - ✆ 04 71 77 83 10 - www.hotellaterrasse-saugues.com - Ouvert mi-mars-mi nov. et fermé dim. soir et lundi

SAUJON

✉ 17600 Charente-Maritime - Saujon - 7 221 hab. - Alt. 7 m - Carte régionale n° **20**-B3
Carte Michelin 324-E5 - Guide Vert Michelin Poitou-Charentes

Le Ménestrel

CUISINE MODERNE • ÉLÉGANT XX Sans verser dans la chanson épique, David Ménestrel laisse aller son imagination pour créer des plats actuels, qui célèbrent les produits de la région : agneau de lait, cagouilles, poissons de la Cotinière... Sa cuisine, ambitieuse et recherchée, se révèle aussi fine que savoureuse. Et l'été, on déguste tout cela en terrasse, sous les arbres !

Formule 29 € - Menu 39/110 € 🍷 - Carte 46/86 €

Hôtel Le Richelieu, pl. Richelieu - ✆ 05 46 06 92 35 - www.restaurant-lemenestrel.com - Fermé 2 janv.-4 fév., 18 juin-1er juil., 15-28 oct., mardi sauf le soir en juil.-août

Le Richelieu

TRADITIONNEL • CONTEMPORAIN Sur la place du village, une belle maison en pierre (18e s.) avec des chambres fonctionnelles, engageantes et parfaitement tenues. Un bon plan !

20 chambres - †56/81 € ††62/165 € - ☕11 €

pl. Richelieu - ✆ 05 46 02 82 43 - www.hotel-lerichelieu-saujon.com - Fermé 3-31 janv.

Le Ménestrel - voir les restaurants ci-dessus

SAULES - 25 Doubs → Voir Ornans

SAULGES

✉ 53340 Mayenne - 307 hab. - Alt. 97 m - Carte régionale n° **18**-C1
Carte Michelin 310-G7 - Guide Vert Michelin Pays de la Loire

L'Ermitage

TRADITIONNEL • FONCTIONNEL Cette maison ancienne se trouve dans un petit village connu pour ses grottes et son canyon. Les chambres sont coquettes et donnent sur la campagne ou le village, celles de l'annexe étant plus spacieuses et modernes. Possibilité de se restaurer sur place. Ne manquez pas de visiter la jolie petite chapelle (16e s.) qui se trouve à deux pas.

33 chambres - †75/115 € ††75/115 € - ☕ 11 €

3 pl. St-Pierre - ✆ 02 43 64 66 00 - www.hotel-ermitage.fr - Fermé 2 semaines en août, vacances de la Toussaint et de Noël

SAULIEU

✉ 21210 Côte-d'Or - 2 479 hab. - Alt. 535 m - Carte régionale n° **4**-C2
Carte Michelin 320-F6 - Guide Vert Michelin Bourgogne

✿✿ Le Relais Bernard Loiseau

CUISINE CLASSIQUE • ÉLÉGANT XXXX L'élégant cadre bourguignon, ouvert sur le jardin, est toujours aussi séduisant. La carte offre le choix entre les "classiques de Bernard Loiseau" et des propositions plus actuelles, imaginées par le chef Patrick Bertron. Quant au service, aimable et efficace, il ajoute encore au plaisir du repas !

→ Jambonnettes de grenouilles à la purée d'ail et au jus de persil. Sandre à la peau croustillante, fondue d'échalote et sauce au vin rouge. Rose des sables à la glace pur chocolat, coulis d'orange confite.

Menu 75 € (déj.), 150/245 € - Carte 140/205 €

Plan : B1-e *Hôtel Le Relais Bernard Loiseau, 2 r. d'Argentine - ✆ 03 80 90 53 53 - www.bernard-loiseau.com - Fermé 8-31 janv., mardi et merc.*

Loiseau des Sens Ⓝ

CUISINE MODERNE • COSY X Dans un cadre zen et épuré, on déguste une "cuisine santé" fine et goûteuse, avec de nombreuses préparations bio ou sans gluten. Les cuissons sont maîtrisées, l'ensemble ne manque pas de subtilité ; on passe un bon moment.

Menu 32/59 € - Carte 45/65 €

Plan : B1-e *Hôtel Le Relais Bernard Loiseau, 4 av. de la Gare - ✆ 03 45 44 70 00 - www.bernard-loiseau.com - Fermé jeudi et vend.*

Le Relais Bernard Loiseau

LUXE • ÉLÉGANT Un Relais dans la grande tradition française, qui fait honneur à l'hospitalité bourguignonne. Murs du 18e s., poutres et colombages patinés par les ans, sols en terre cuite, mobilier ancien... mais aussi spa imposant et piscine idyllique. Intemporel et furieusement chic !

19 chambres - †165/495 € ††165/705 € - 13 suites - ☕ 28 €

Plan : B1-e *2 r. d'Argentine - ✆ 03 80 90 53 53 - www.bernard-loiseau.com - Fermé jeudi et vend. du 8 au 31 janv.*

✿✿ **Le Relais Bernard Loiseau** • **Loiseau des Sens** - voir les restaurants ci-dessus

Hostellerie de la Tour d'Auxois

FAMILIAL • TRADITIONNEL Un couvent ? Oui... et non ! Il y a bien longtemps que les cellules ont fait place à des chambres cosy et à de jolis duplex, mais le charme bucolique du lieu est demeuré intact. Jardin paysager, piscine, cuisine traditionnelle revisitée : une halte sympathique.

29 chambres - †85/159 € ††85/159 € - ☕ 13 €

Plan : B1-r *square Alexandre-Dumaine - ✆ 03 80 64 36 19 - www.tourdauxois.com - Fermé 16 déc.-15 fév.*

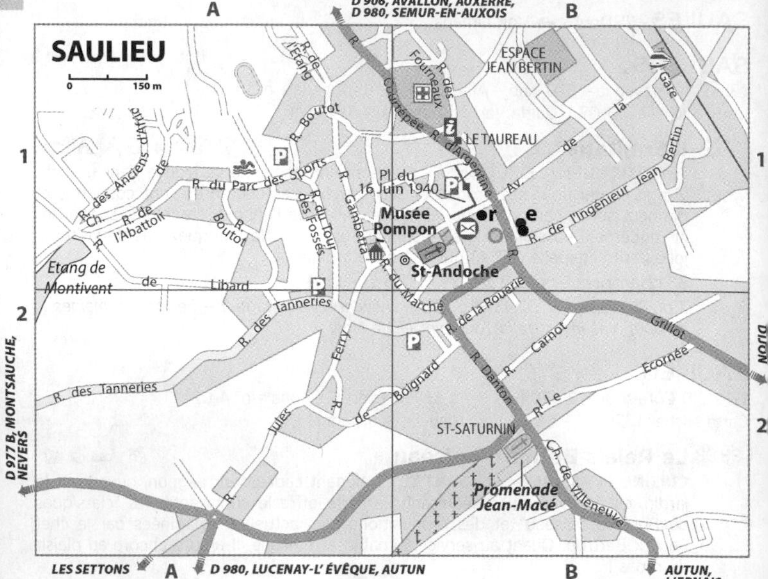

SAULT

✉ 84390 Vaucluse – 1 354 hab. – Alt. 765 m – Carte régionale n° **22**-E1
Carte Michelin 332-F9 – Guide Vert Michelin Provence

Hostellerie du Val de Sault

MAISON DE CAMPAGNE • PERSONNALISÉ Original : à la manière d'un hameau dans la pinède, les chambres se répartissent dans plusieurs bungalows. Spacieuses, avec coin salon et terrasse, certaines en duplex avec des salles de bains panoramiques ! Symbiose avec la Provence...

14 suites – 240/290 € – 6 chambres – 21 € – ½ P

2 km, rte St-Trinit et rte secondaire – ✆ 04 90 64 01 41 – www.valdesault.com – Ouvert 27 avril-7 oct.

SAULT-DE-NAVAILLES

✉ 64300 Pyrénées-Atlantiques – 861 hab. – Alt. 65 m – Carte régionale n° **2**-B3
Carte Michelin 342-H1

La Tour Galante

CUISINE TRADITIONNELLE • CHAMPÊTRE La façade pimpante de ce restaurant donne sur la tour de Gaston Fébus. Ici, tout est frais et fait maison : ris d'agneau aux cèpes, salmis de palombe en saison. Voilà une adresse où l'on cultive l'art de vivre made in Sud-Ouest !

Formule 13 € – Menu 25/30 € – Carte 37/51 €

699 r. de France (à côté de l'église) – ✆ 05 59 67 55 29 – www.latourgalante.com – Fermé 21 fév.-2 mars, 27 juin-13 juil., 22-31 oct., dim. soir, lundi soir, mardi et merc.

SAULX-LES-CHARTREUX

- 91 Essonne → Voir Paris, Environs (Longjumeau)

deineka/iStock

ON AIME...

Les jeux de textures et de saveurs du **Gambetta**, où l'on bouscule la tradition. Le savoir-faire et la passion qui animent l'équipe de **l'Escargot**. Le **Château de Verrières**, son décor Belle Époque idéal pour une virée romantique...

SAUMUR

✉ 49400 Maine-et-Loire – 27 301 hab. – Alt. 30 m – Carte régionale n° **18**-C2
Carte Michelin 317-I5 – Guide Vert Michelin Châteaux de la Loire

Restaurants

Le Gambetta (Mickael Pihours)

CUISINE CRÉATIVE • INTIME XXX Jeux sur les textures, les associations de saveurs et les présentations : le chef bouscule la tradition. Foie gras de canard, anguille et asperge verte ; saint-pierre cuit à 45°C, écorce de yuzu, couteaux à la grenade, quinoa au citron noir... La créativité est au rendez-vous, les sens sont en fête.

➜ Langoustine grillée au charbon, bouillon de crevettes grises, citronnelle et gingembre. Pigeonneau aux saveurs orientales, jus bergamote et pain pita. Chocolat kalingo, olive taggiasche, noix de pécan et yaourt déshydraté.

Menu 30 € (déj. en semaine), 38/107 € – Carte 80/95 €

Plan : A1-w *12 r. Gambetta – ✆ 02 41 67 66 66 – www.restaurantlegambetta.fr – Fermé 23-30 avril, 27 juil.-13 août, 1 semaine en oct., 1 semaine vacances de Noël, dim. soir, lundi et merc.*

L'Escargot

CUISINE TRADITIONNELLE • COSY X Un joli petit Escargot où prendre le temps de se restaurer ! Le chef a fait évoluer sa cuisine avec les années, pour le meilleur ; ses assiettes révèlent toujours le même savoir-faire et la même passion. C'est goûteux, généreux, et les produits sont de premier choix. Agréable terrasse.

Formule 15 € – Menu 20 € (déj. en semaine), 32/40 €

Plan : A2-a *30 r. du Mar.-Leclerc – ✆ 02 41 51 20 88 – Fermé vacances de fév., 2 semaines fin août, vacances de la Toussaint, sam. midi, mardi et merc.*

Les Ménestrels

CUISINE MODERNE • ÉLÉGANT XXX Près du château, troubadours de passage et autres trouvères apprécieront le raffinement de cette demeure ancienne. De beaux vins de Loire accompagnent la carte – une savoureuse cuisine de saison – ou la formule rapide.

Formule 20 € – Menu 36 € – Carte 49/67 €

Plan : B2-u *11 r. Raspail – ✆ 02 41 67 71 10 – www.restaurant-les-menestrels.com – Fermé 25 fév.-5 mars, une semaine à Noël, dim. et lundi sauf fériés*

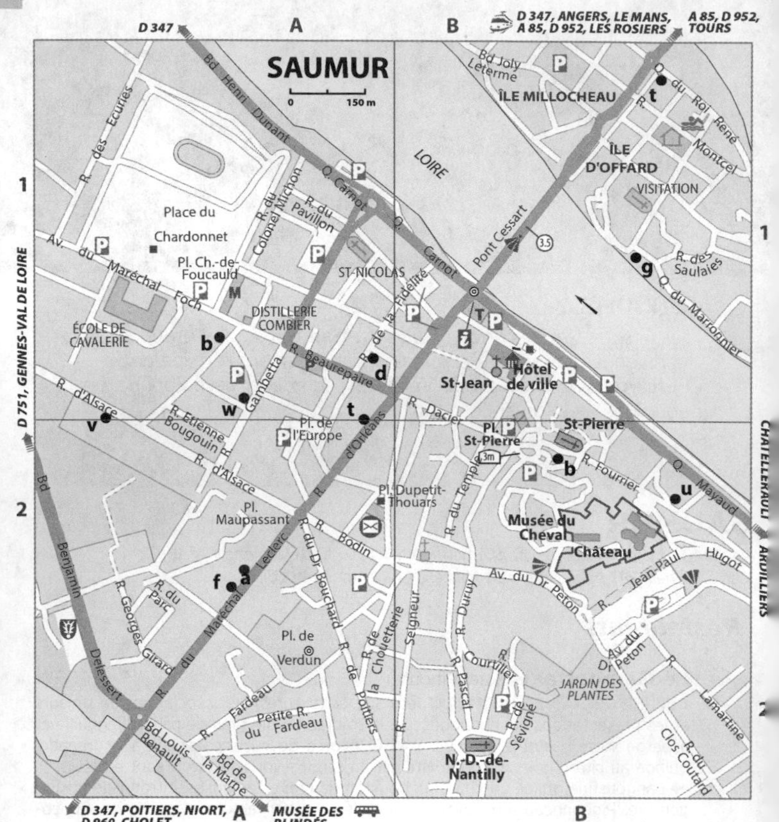

L'Alchimiste

CUISINE MODERNE • DE QUARTIER Dans ce petit restaurant contemporain, pas de cuisine moléculaire ou alchimiste, mais de bons petits plats cuisinés avec savoir-faire. Le rapport saveurs-prix est bon ! Mieux vaut réserver car l'établissement, bien que discret, est souvent complet...

Menu 23/36 € – Carte 30/50 €

Plan : A1-b *6 r. de Lorraine*
– 02 41 67 65 18 – www.lalchimiste-saumur.fr
– Fermé 1 semaine en fév., vacances de la Toussaint, dim. et lundi

L'Aromate

CUISINE MODERNE • CONVIVIAL Herbes, épices... Le chef, revenu dans sa région natale après un long détour par Vichy, fait la part belle aux aromates ! On travaille ici en famille, au service d'une jolie cuisine bistronomique qui évolue avec les saisons. Bon rapport qualité-prix.

Formule 16 € – Menu 22 € (semaine), 32/36 € – Carte 40/49 €

Plan : A2-f *42 r. du Mar.-Leclerc*
– 02 41 51 31 45 – www.laromate-restaurant.com
– Fermé 15 août-1er sept., 20 nov.-1er déc., dim. et lundi

Hôtels & maisons d'hôtes

Château de Verrières

DEMEURE HISTORIQUE • CLASSIQUE Un lieu idéal pour un séjour romantique : un bel édifice Napoléon III, des boiseries aux teintes chaudes, un décor Belle Époque et un grand parc... où trônent un noyer d'Amérique et un cyprès, aussi vieux que la demeure ! Accueil amical des châtelains.

10 chambres – 195/375 € 195/375 € – 21 €

Plan : A1_2-v *53 r. d'Alsace – 02 41 38 05 15 – www.chateau-verrieres.com*

St-Pierre

HISTORIQUE • PERSONNALISÉ Poutres massives, colombages, hautes cheminées en tuffeau, escalier à vis et meubles de style : un bien charmant hôtel installé dans des maisons datant de 1740 et joliment restaurées.

14 chambres – 125/210 € 145/295 € – 16 €

Plan : B2-b *8 r. Haute-St-Pierre – 02 41 50 33 00 – www.saintpierresaumur.com*

Adagio

BUSINESS • CONTEMPORAIN Au cœur de l'île d'Offard, en bord de Loire, cette imposante bâtisse abrite des chambres contemporaines et feutrées, très fonctionnelles. L'ensemble est propre et bien tenu, l'accueil est aimable : une bonne option pour découvrir la ville.

39 chambres – 73/155 € 83/181 € – 13 €

Plan : B1-t *94 av. du Gén.-de-Gaulle – 02 41 67 45 30 – www.hoteladagio.com – Fermé 23 déc.-2 janv.*

Mercure Bord de Loire

HÔTEL DE CHAÎNE • FONCTIONNEL Sur l'île d'Offard, un hôtel moderne aux chambres fonctionnelles et bien équipées, dont certaines offrent un beau panorama sur la Loire et le centre historique.

45 chambres – 85/185 € 85/185 € – 3 suites – 16 €

Plan : B1-g *r. du Vieux-Pont – 02 41 67 22 42 – www.mercure.com*

Ibis Styles

URBAIN • CONTEMPORAIN L'ancien hôtel Terminus – qui datait de 1890 ! – a bénéficié d'un lifting saisissant. Belle façade, intérieur moderne et graphique à tous les étages, agréables chambres...

46 chambres – 69/109 € 79/199 €

Hors plan *15 av. David-d'Angers (face à la gare) – 02 41 67 31 01 – www.ibistyles.com*

Kyriad

HÔTEL DE CHAÎNE • CLASSIQUE Situation centrale et calme assuré en cet établissement abritant de petites chambres confortables. Le décor est agréable : meubles de style ancien et teintes claires pour certaines ; épure contemporaine pour les autres...

29 chambres – 50/80 € 60/130 € – 10 €

Plan : A1-d *23 r. Daillé – 02 41 51 05 78 – www.kyriad.com*

Le Londres

TRADITIONNEL • PERSONNALISÉ Depuis quelques années, ses propriétaires ont su donner de la personnalité et un véritable coup de jeune à cet hôtel de 1837. Décors variés dans les chambres : anglais, lagon, prune, volupté... Deux appartements (avec cuisinettes) conviendront particulièrement aux familles.

29 chambres – 69/135 € 69/135 € – 12 €

Plan : A1_2-t *48 r. d'Orléans – 02 41 51 23 98 – www.lelondres.com*

 **Manoir Plessis Bellevue** 

MAISON DE CAMPAGNE • ÉLÉGANT Victor Hugo séjourna à plusieurs reprises dans ce beau manoir du 18e s., offrant une vue magistrale sur la Loire depuis les hauteurs de Saumur. Le jardin avec ses roses anciennes, la piscine panoramique, les chambres qui pourraient servir de décor à un film d'époque, tout exprime le bel art de vivre de la région...

5 chambres ☕ - 🚹145/165 € 🚹🚹165/195 €

Hors plan *15 r. Allix (par la r. du Petit-Puy) Saumur - ✆ 02 41 51 32 73 - www.manoirplessisbellevue.com - Ouvert 15 mars-15 déc.*

à St-Hilaire-St-Florent 3 km par av. Foch et D751 - ✉ 49400 - 4 200 hab. - Alt. 33 m

 **Les Terrasses de Saumur**

CUISINE MODERNE • TENDANCE XX "Restaurant bistronomique" : voilà qui annonce la couleur ! Œuf en cocotte, filet de bonite au jus de viande et légumes de saison, crémet d'Anjou... le chef réalise des préparations simples et bien troussées, que l'on déguste dans la salle à manger avec vue sur la ville, ou sur la délicieuse terrasse au bord de la piscine.

Formule 21 € 🍷 - Menu 23/44 € - Carte 40/60 €

chemin de l'Alat - ✆ 02 41 67 28 48 - www.lesterrassesdesaumur.fr

Les Terrasses de Saumur

TRADITIONNEL • COSY Sur les hauteurs de Saumur, cet hôtel sympathique joue la carte des tendances : couleurs tranchées, lumière travaillée, etc. Autres atouts, des chambres spacieuses et parfaitement entretenues... sans oublier la piscine et l'espace bien-être !

20 chambres - 🚹75/99 € 🚹🚹80/165 € - ☕12 €

chemin de l'Alat - ✆ 02 41 67 28 48 - www.lesterrassesdesaumur.fr

Les Terrasses de Saumur - voir les restaurants ci-dessus

SAUTERNES

✉ 33210 Gironde - 766 hab. - Alt. 50 m - Carte régionale n° **2**-B2
Carte Michelin 335-I7 - Guide Vert Michelin Aquitaine

 **La Sauternaise** Ⓝ 

MAISON DE MAÎTRE • ÉLÉGANT Au centre du célèbre village viticole, derrière la charmante église, cette demeure du 18es. rénovée avec goût sous l'impulsion d'un couple de la région, offre le confort des vieilles maisons bourgeoises, du coquet salon, égayé de meubles chinés, aux quatre chambres, inspirées de styles différents, dont nous vous laissons découvrir les noms... et l'attention portée aux salles de bain. Un charmante étape.

4 chambres ☕ - 🚹120/130 € 🚹🚹120/130 €

14 r. Principale - ✆ 06 78 00 64 18 - www.lasauternaise.com

SAUVAGNON - 64 Pyrénées-Atlantiques ➔ Voir Pau

SAUVE

✉ 30610 Gard - 1 970 hab. - Alt. 103 m - Carte régionale n° **12**-C2
Carte Michelin 339-I5

La Tour de Môle

CUISINE MODERNE • TRADITIONNEL X Au cœur d'un charmant village médiéval, installez-vous sous la terrasse ombragée pour déguster une cuisine maîtrisée, à l'instar de ces lames de saint-pierre, vierge de tomates cerise. Travail sur les textures, attention aux saisons, bon rapport qualité-prix, accueil charmant : une très bonne adresse.

Formule 16 € - Menu 30 € - Carte 37/43 €

Grand-Rue - ✆ 04 66 77 02 45 - www.latourdemole.com - Fermé janv.-fév., merc. sauf le soir en juil.-août, mardi midi et lundi en juil.-août, vend. midi et jeudi de sept. à juin

SAUVETERRE-DE-ROUERGUE

⊠ 12800 Aveyron - 797 hab. - Alt. 460 m - Carte régionale n° **15**-C1
Carte Michelin 338-F5

✿ **Le Sénéchal** (Michel Truchon)

CUISINE MODERNE • ÉLÉGANT XXX Un poisson rouge en bocal sur chaque table, des œuvres d'art : le cadre sert à merveille la cuisine fine et délicate du chef, Michel Truchon. Il joue judicieusement sur les textures et les saveurs, proposant de beaux visuels, le tout avec des produits soigneusement choisis... Une cuisine généreuse et attentionnée !

➜ Escalope de foie gras poêlée, gnocchis de pomme de terre aux truffes. Bœuf d'Aubrac. Fruits de saison et chocolat.

Menu 33 € (semaine), 55/120 € - Carte 80/110 €

Le bourg - ✆ 05 65 71 29 00 - www.hotel-senechal.fr - Fermé 2 janv.-23 mars, dim. soir, mardi midi et jeudi midi de sept. à juin et lundi sauf le soir en juil.-août

Le Sénéchal

AUBERGE • CONTEMPORAIN Une auberge reconstruite dans le style du pays aux portes de cette bastide royale du 13e s. Les chambres sont spacieuses et confortables, certaines jouissant de belles terrasses. Un ensemble cossu et parfaitement tenu ; un beau représentant de la tradition hôtelière.

8 chambres - †135/240 € ††135/240 € - 3 suites - ☕ 18 €

Le bourg - ✆ 05 65 71 29 00 - www.hotel-senechal.fr - Fermé 2 janv.-23 mars, dim. et lundi de sept. à juin

✿ **Le Sénéchal** - voir les restaurants ci-dessus

SAUVIGNY-LES-BOIS - 58 Nièvre ➜ Voir Nevers

LE SAUZE - 04 Alpes-de-Haute-Provence ➜ Voir Barcelonnette

SAUZON - 56 Morbihan ➜ Voir Belle-Ile-en-Mer

SAVERNE

⊠ 67700 Bas-Rhin - 11 433 hab. - Alt. 200 m - Carte régionale n° **1**-A1
Carte Michelin 315-I4

Staeffele

CUISINE MODERNE • CONTEMPORAIN XX St-Pierre braisé à la crème, fraises marinées à la vanille meringue et menthe, tartelette de morilles et ris de veau... Une cuisine dans l'air du temps, proposée dans un cadre contemporain. Louis XV, Louis XVI ou encore Goethe - hôtes du château tout proche - auraient sans doute apprécié !

Menu 26 € (déj. en semaine), 34/59 € - Carte environ 60 €

Plan : A1-a *1 r. Poincaré - ✆ 03 88 91 63 94 - www.staeffele.com - Fermé 5-27 août, 23 déc.-3 janv., dim. soir, lundi et mardi*

Taverne Katz

CUISINE ALSACIENNE • RUSTIQUE X Pour trouver ce restaurant, rien de plus simple : rendez-vous à l'hôtel de ville, c'est juste à côté ! Dans cette superbe maison à colombages (1605), on défend la cuisine locale dans une atmosphère conviviale.

Formule 14 € - Menu 45/56 € - Carte 35/60 €

Plan : B2-n *80 Grand'Rue - ✆ 03 88 71 16 56 - www.tavernekatz.com - Fermé mardi sauf en juil.-août et déc.*

Chez Jean

TRADITIONNEL • FONCTIONNEL Un établissement traditionnel et familial entre gare et Château des Rohan. Les chambres les plus récentes sont spacieuses, mais les autres possèdent un certain cachet. Agréable petit espace détente. Cuisine traditionnelle et spécialités régionales servies à la winstub.

40 chambres - †69/95 € ††89/135 € - ☕ 11 €

Plan : A1-v *3 r. de la Gare - ✆ 03 88 91 10 19 - www.chez-jean.com - Fermé 21-26 déc.*

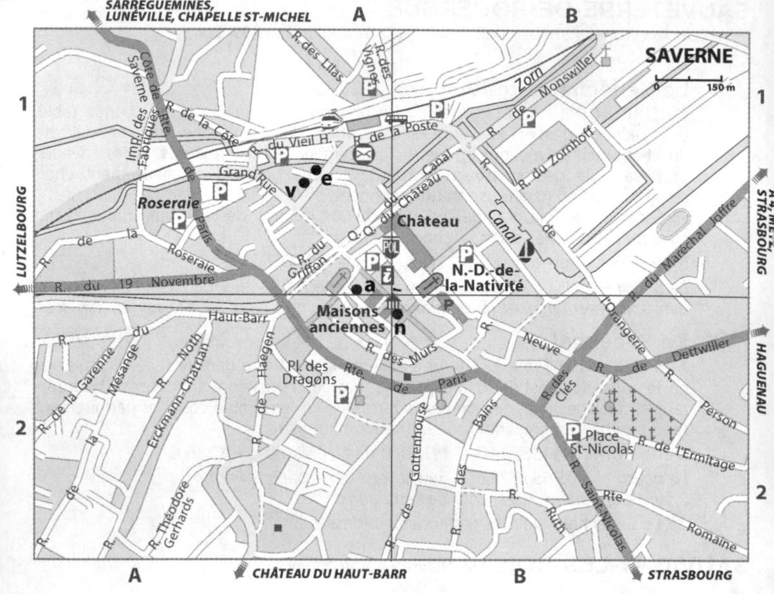

Europe

TRADITIONNEL • CLASSIQUE Derrière une belle façade en brique du début du 20e s., à deux pas du château des Rohan, un hôtel cossu et confortable, tenu avec soin. Les chambres sont spacieuses et sobrement décorées, et l'on profite d'un agréable salon feutré.

28 chambres – 74/85 € 80/138 € – 11 €

Plan : A1-e *7 r. de la Gare – 03 88 71 12 07 – www.hotel-europe-fr.com – Fermé 22 déc.-1er janv.*

à l'Est 3 km à l'Est par D421 – 67700 Monswiller :

Kasbür (Yves Kieffer)

CUISINE MODERNE • ÉLÉGANT XXX Né en 1932, le Kasbür est lié à la famille Kieffer depuis trois générations. Force de l'héritage ou fruit d'une exigence jamais démentie ? Yves Kieffer écrit aujourd'hui une nouvelle page de son histoire : produits de qualité, sauces pleines de parfums, pointe d'inédit... Une valeur sûre.

→ Foie gras de canard, pain de campagne grillé. Paella au lieu jaune et chipiron farci aux herbes, chorizo et émulsion safranée. Figue de Solliès laquée au cassis, kougelhopf en pain perdu.

Menu 25 € (déj. en semaine), 54/95 € – Carte 68/91 €

8 r. de Dettwiller – 03 88 02 14 20 – www.restaurant-kasbur.fr – Fermé 22 fév.-7 mars, 27 juil.-16 août, dim. soir, merc. soir, lundi et soirs fériés

SAVIGNEUX – 42 Loire → Voir Montbrison

SAVIGNY-LÈS-BEAUNE – 21 Côte-d'Or → Voir Beaune

SAVIGNY-SOUS-FAYE – 86 Vienne → Voir Lencloitre

SAVIGNY-SUR-ORGE – 91 Essonne → Voir Autour de Paris

SAVONNIÈRES

✉ 37510 Indre-et-Loire - 3 126 hab. - Alt. 47 m - Carte régionale n° **6**-B2
Carte Michelin 317-M4 - Guide Vert Michelin Châteaux de la Loire

La Maison Tourangelle

CUISINE MODERNE • RUSTIQUE XX Le rustique marié au moderne, une délicieuse terrasse sur le Cher et une belle cuisine de produits, gourmande et précise : voilà les atouts - et non des moindres - de cette maison tourangelle du 18e s.

Menu 32/75 €

9 rte des Grottes-Pétrifiantes - ✆ 02 47 50 30 05 - www.lamaisontourangelle.com - Fermé 16 fév.-13 mars, 3-17 août, dim. soir, lundi et mardi

SAZILLY - 37 Indre-et-Loire ➔ Voir L'Île-Bouchard

SCHERWILLER

✉ 67750 Bas-Rhin - 3 144 hab. - Alt. 185 m - Carte régionale n° **1**-C1
Carte Michelin 315-I7

Auberge Ramstein

CUISINE TRADITIONNELLE • AUBERGE XX Priorité à la tradition dans cette maison où l'on travaille en famille ! Les clients se régalent au gré de trois menus composés selon la saison : foie gras et son chutney de fruits, brioche toastée ; caille farcie aux champignons des bois...

Menu 36/68 €

1 r. du Riesling, direction Dambach-la-Ville - ✆ 03 88 82 17 00 - www.hotelramstein.fr - Fermé 23 déc.-5 janv., le midi sauf dim. de mi-nov. à mi-avril, dim. soir et lundi

Auberge Ramstein

AUBERGE • TRADITIONNEL "L'Alsace m'a adoptée !" affirme avec le sourire la patronne autrichienne... Cette demeure régionale, ouverte sur le vignoble, est très accueillante. Les chambres y sont spacieuses et soignées ; on profite aussi d'une piscine et d'un jacuzzi.

21 chambres - †73/89 € ††85/102 € - ☕ 12 €

1 r. du Riesling, direction Dambach-la-Ville - ✆ 03 88 82 17 00 - www.hotelramstein.fr - Fermé 23 déc.-5 janv.

Auberge Ramstein - voir les restaurants ci-dessus

SCHILTIGHEIM - 67 Bas-Rhin ➔ Voir Strasbourg

SCHIRMECK

✉ 67130 Bas-Rhin - 2 361 hab. - Alt. 315 m - Carte régionale n° **1**-A2
Carte Michelin 315-H6

aux Quelles 7,5 km au Sud-Ouest par D1420, D261 et rte forestière - ✉ 67130 La Broque

Neuhauser

AUBERGE • NATURE Calme garanti dans cette auberge tapie dans un vallon de la forêt vosgienne, appartenant à la même famille depuis 4 générations. Chambres confortables de parfaite tenue, quelques chalets individuels au cachet montagnard. Au restaurant, cuisine régionale et... eau-de-vie de la distillerie familiale en digestif !

17 chambres - †86/96 € ††89/146 € - ☕ 14 €

- ✆ 03 88 97 06 81 - www.hotel neuhauser.com - Fermé 24 fév.-14 mars et 12-30 nov.

LA SCHLUCHT (COL DE) - 88 Vosges ➜ Voir Col de la Schlucht

SCHNELLENBUHL - 67 Bas-Rhin ➜ Voir Sélestat

SECLIN

✉ 59113 Nord - 12 557 hab. - Alt. 30 m - Carte régionale n° **16**-C2
Carte Michelin 302-G4

Auberge du Forgeron

CUISINE MODERNE • ÉLÉGANT XxX Une auberge familiale pleine de charme. Côté restaurant gastronomique, la carte épouse l'air du temps, et les spécialités du chef – poêlée de Saint-Jacques aux truffes noires, ris de veau au fenouil – font mouche. À l'heure du repos, on profite de chambres confortables et bien tenues.

Menu 32 € (déj. en semaine), 45/89 € - Carte environ 70 €

14 chambres - 🚹89/125 € 🚹🚹125/159 € - ☕14 €

17 r. Roger-Bouvry - ✆ 03 20 90 09 52 - www.aubergeduforgeron.com - Fermé 5-20 août, 24-30 déc., sam. midi et dim.

SEDAN

✉ 08200 Ardennes - 18 430 hab. - Alt. 154 m - Carte régionale n° **7**-C1
Carte Michelin 306-L4 - Guide Vert Michelin Champagne Ardenne

Au Bon Vieux Temps

CUISINE CLASSIQUE • TRADITIONNEL XX Une maison du 17e s. avec, comme au bon vieux temps, des murs ornés de fresques représentant Sedan dans les années 1900. Foie gras maison, suprême de turbot béarnaise : les amateurs de registre classique ne seront pas déçus. Ambiance plus décontractée, façon bistrot de terroir, au Marmiton.

Menu 29/54 € - Carte 38/66 €

Plan : B2-r *3 pl. de la Halle - ✆ 03 24 29 03 70 - www.restaurant-aubonvieuxtemps.com - Fermé 16 fév.-10 mars, dim. soir, merc. soir et lundi*

La Ronde des Sens

CUISINE MODERNE • CONVIVIAL XX Les sens sont à la fête dans ce restaurant du centre-ville, proche de la place de la Halle. La cuisine, généreuse et soignée, attentive aux saisons, évoque la Méditerranée. Excellent rapport qualité-prix. Profitez de la verrière.

Formule 16 € - Menu 31/40 € - Carte 34/40 €

Plan : B2-e *34 r. du Ménil - ✆ 03 24 33 57 27 - www.larondedessens.fr - Fermé 2 semaines en août, 3 semaines en janv., dim. soir, mardi soir et merc.*

Hôtel le Château Fort

HISTORIQUE • PERSONNALISÉ Cet impressionnant château fort du 15e s. surplombe la ville. Son ancien magasin à poudre s'est transformé en hôtel ! Dans les élégantes chambres et suites, de discrètes allusions médiévales évoquent le temps jadis. Les repas se déroulent dans l'ex-logis du lieutenant du roi. Cuisine aux influences asiatiques et ardennaises, à "La Tour d'Auvergne", ouvert le soir.

44 chambres - 🚹99/154 € 🚹🚹99/164 € - 10 suites - ☕14 €

Plan : B1-a *dans le château fort, accès Porte-des-Princes - ✆ 03 24 26 11 00 - www.chateaufort-sedan.fr*

à Donchery 10 km à l'Ouest par D334 - ✉ 08350 - 2 286 hab. - Alt. 150 m

Domaine Château du Faucon

DEMEURE HISTORIQUE • PERSONNALISÉ Ce joli château du 17e s., entouré d'un beau parc de 28 ha, distille une ambiance feutrée ; ses chambres mêlent élégamment classique et contemporain. On peut même aller voir les chevaux dans les écuries voisines !

33 chambres - 🚹95/230 € 🚹🚹138/230 € - 3 suites - ☕15 €

rte de Vrigne-aux-Bois - ✆ 03 24 41 87 83 - www.domaine-chateaufaucon.com

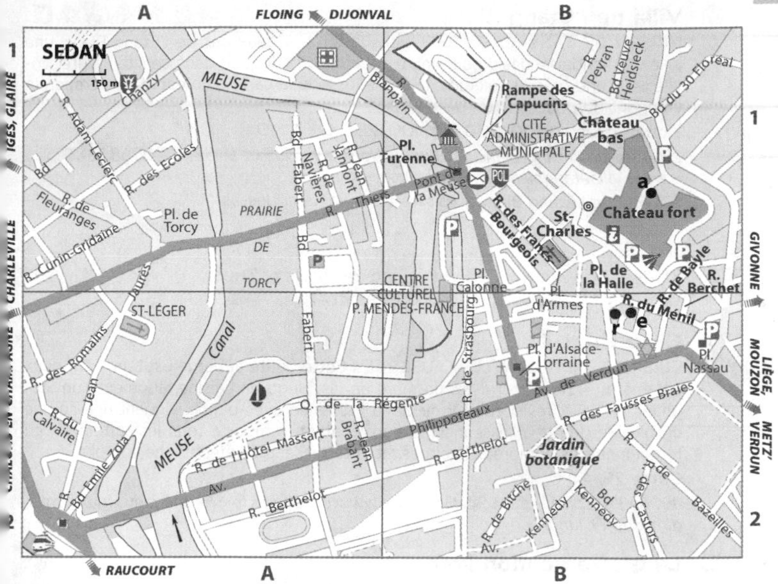

SÉGOS - 32 Gers ➜ Voir Aire-sur-l'Adour

SEGRÉ

✉ 49500 Maine-et-Loire - 6 925 hab. - Alt. 40 m - Carte régionale n° **18**-B2
Carte Michelin 317-D2 - Guide Vert Michelin Pays de la Loire

Ibis Styles

HÔTEL DE CHAÎNE · FONCTIONNEL À côté d'une zone artisanale, un complexe moderne abritant des chambres confortables, dans un esprit contemporain. Buffet et grillades au restaurant.

48 chambres - †68/90 € ††78/120 €

r. Gustave-Eiffel - ✆ 02 41 94 81 81 - www.accorhotels.com

SÉGURET - 84 Vaucluse ➜ Voir Vaison-la-Romaine

SEIGNOSSE

✉ 40510 Landes - 3 756 hab. - Alt. 15 m - Carte régionale n° **2**-A3
Carte Michelin 335-C12

Villa de l'Étang Blanc

CUISINE MODERNE · ROMANTIQUE Une salle grande ouverte sur l'étang, une jolie terrasse... Les joies de la nature autour d'une belle cuisine du moment - calamar en tagliatelles façon carbonara, bonite à la mousseline de petits pois et tomate confite, etc. Priorité est donnée aux produits du terroir landais et au bio.

Formule 19 € - Menu 48 €

2265 rte de l'Étang-Blanc, 2,5 km au Nord par D185 et D432 - ✆ 05 58 72 80 15 - www.villaetangblanc.fr - Fermé nov.-janv., dim. soir, lundi et mardi de sept. à juin, lundi midi, merc. midi et vend. midi en juil.-août

Villa de l'Étang Blanc

MAISON DE CAMPAGNE • COSY Dans la forêt, à deux pas de l'Étang Blanc, une jolie villa landaise idéale pour une escapade romantique : dans ce site naturel privilégié, d'une grande quiétude, la demeure joue la carte d'un esprit contemporain empreint de douceur... Un bel endroit !

7 chambres – 100/200 € 100/200 € – 10 €

2265 rte de l'Étang-Blanc, 2,5 km au Nord par D185 et D432 – 05 58 72 80 15 – www.villaetangblanc.fr – Fermé nov.-janv.

Villa de l'Étang Blanc – voir les restaurants ci-dessus

SEILLANS

83440 Var - 2 540 hab. - Alt. 350 m - Carte régionale n° **21**-C3
Carte Michelin 340-O4 - Guide Vert Michelin Côte d'Azur

Chez Hugo (N)

CUISINE TRADITIONNELLE • AUBERGE Cette petite auberge est tenue par deux enfants du pays, aubergistes de mère en fils. Hugo en cuisine, augmenté de Stéphane en salle, revisite le terroir de la Provence avec punch, signant une cuisine ensoleillée qui va à l'essentiel. Le duo, épatant, remporte tous les suffrages ; en témoignent les nombreux habitués, et la terrasse, qui l'été, affiche complet.

Carte 25/40 €

4 r. de l'Hospice – 04 94 85 54 70 – www.chezhugo.fr – Fermé janv., mardi midi, dim. soir et lundi

La Gloire de mon Père

CUISINE PROVENÇALE • BRASSERIE L'atout de ce restaurant : sa terrasse dressée sur la place du village, entourant la belle fontaine et le lavoir. Au frais sous les vieux platanes, les plats traditionnels (bourride de poisson de roche, barigoule d'artichauts) n'en ont que plus de saveurs...

Formule 24 € – Menu 32/42 € – Carte 30/61 €

1 pl. du Thouron – 04 94 60 18 65 – www.lagloiredemonpere.fr – Fermé janv. et merc.

Hôtel des Deux Rocs

CUISINE DU MARCHÉ • ROMANTIQUE La salle a le charme de la région, la terrasse prend ses aises sur les pavés et... sous les platanes, et la cuisine du marché, imaginée par un jeune chef au beau parcours, honore la gastronomie provençale. Ces Deux Rocs cultivent une vraie douceur de vivre, avec une pointe de raffinement.

Formule 22 € – Carte 34/49 €

Hôtel des Deux Rocs, 1 pl. Font-d'Amont – 04 94 76 87 32 – www.hoteldeuxrocs.com – Ouvert 1er mars-14 nov.

Hôtel des Deux Rocs

AUBERGE • COSY Il règne dans cette belle bastide de la fin du 16e s., postée sur les hauteurs du bourg, l'atmosphère et le charme des maisons d'antan : mobilier ancien, jolis objets chinés, salles de bains rétro... Pour une escapade dans la Provence d'autrefois !

14 chambres – 75/155 € 75/195 € – 15 €

1 pl. Font-d'Amont – 04 94 76 87 32 – www.hoteldeuxrocs.com – Ouvert 1er mars-14 nov.

Hôtel des Deux Rocs – voir les restaurants ci-dessus

SEIN (ÎLE DE) - 29 Finistère → Voir Île de Sein

SÉLESTAT

67600 Bas-Rhin - 19 397 hab. - Alt. 170 m - Carte régionale n° **1**-C1
Carte Michelin 315-I7

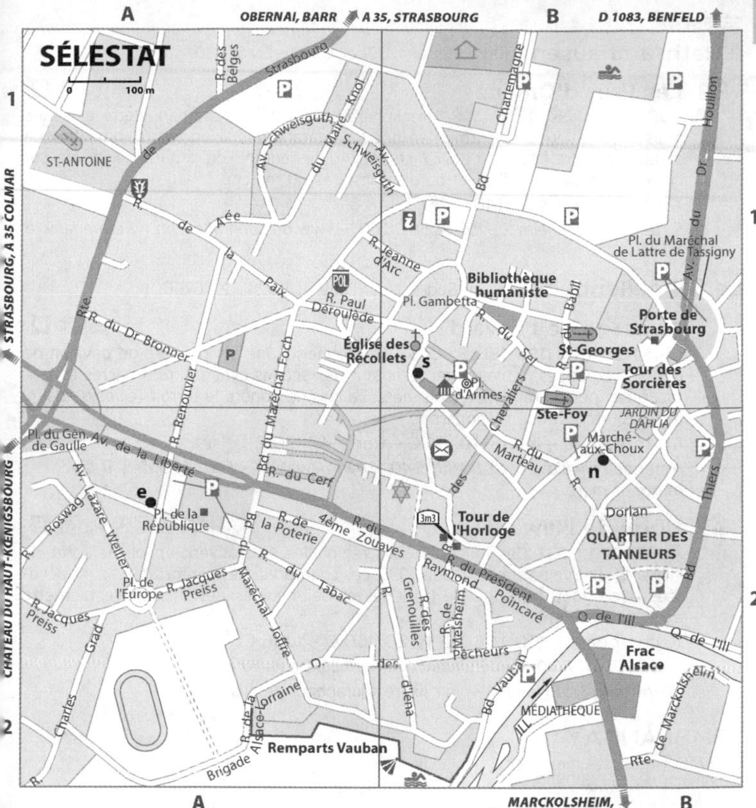

La Vieille Tour

CUISINE TRADITIONNELLE • RUSTIQUE XX Au cœur du vieux Sélestat, dans cette chaleureuse maison alsacienne flanquée d'une tour (13e-15e s.), on propose une cuisine traditionnelle réalisée à partir de bons produits... le tout à prix raisonnables.

Formule 13 € – Menu 22 € (déj. en semaine), 31/43 € – Carte 29/55 €

Plan : B1-s *8 r. de la Jauge – 03 88 92 15 02 – www.vieille-tour.com – Fermé 4-17 avril, dim. soir et lundi*

Au Bon Pichet

CUISINE TRADITIONNELLE • CONVIVIAL X Il fait bon se restaurer dans cette maison tenue par la même famille depuis quatre générations ! Comme hier, le chef concocte de bonnes recettes traditionnelles : jarret de porc fumé en choucroute de pommes de terre, quenelles de sandre et sauce matelote... L'accueil convivial et le décor de winstub confirment que les règles du bien vivre sont indémodables !

Menu 23 € (déj. en semaine)/30 € – Carte 40/61 €

Plan : B2-n *pl. du Marché-aux-Choux – 03 88 82 96 65 – www.aubonpichet.fr – Fermé 5-15 juil., 25 déc.-5 janv., dim. et lundi*

Vaillant

BUSINESS • FONCTIONNEL De nombreuses œuvres d'artistes locaux sont exposées dans cet hôtel bordant une placette ombragée. Les chambres sont spacieuses et très soignées, agrémentées de tableaux, d'objets d'art et de mobilier design. Cuisine traditionnelle au restaurant.

47 chambres – †85/105 € ††85/125 € – 10 €

Plan : A2-e *7 r. Ignace Spies – 03 88 92 09 46 – www.hotel-vaillant.com*

à Rathsamhausen 5 km à l'Est par D21 et D209 – ✉ 67600

Les Prés d'Ondine

AUBERGE • PERSONNALISÉ Atmosphère bucolique et cosy dans cette ancienne maison forestière transformée en hôtel de caractère : salon feutré, bibliothèque et chambres raffinées (mobilier chiné). Au restaurant, on profite de la vue sur l'Ill – qui borde le jardin – et de plats inspirés du marché.

12 chambres – 78/148 € 78/148 € – 13 €

5 rte de Baldenheim – 03 88 58 04 60 – www.presdondine.com – Fermé janv. à mi-fév.

Le Schnellenbuhl 8 km au Sud-Est par D159 et D424 – ✉ 67600

Auberge de l'Illwald

CUISINE TRADITIONNELLE • COSY XX Il règne ici une atmosphère de pavillon de chasse : trophées, tableaux représentant des scènes cynégétiques naïves et fantastiques, poêle en faïence, boiseries... La cuisine honore le terroir (civet de daim, terrines, etc.) et ose la modernité.

Formule 13 € – Menu 40/54 € – Carte 44/70 €

Hôtel de l'Illwald – 03 88 85 35 40 – www.illwald.fr – Fermé 23 déc.-11 janv., mardi et merc.

Hôtel de l'Illwald

AUBERGE • COSY Ces jolies bâtisses régionales se trouvent en pleine forêt de l'Illwald, réserve naturelle depuis 1995. Les chambres, très confortables, sont décorées avec goût, mélange de boiseries et de meubles design. Espace bien-être avec salle de fitness.

16 chambres – 100/160 € 120/160 € – 16 €

– 03 90 56 11 40 – www.illwald.fr – Fermé 23 déc.-10 janv.

Auberge de l'Illwald – voir les restaurants ci-dessus

SEMBLANÇAY

✉ 37360 Indre-et-Loire – 2 112 hab. – Alt. 100 m – Carte régionale n° **6**-B2
Carte Michelin 317-M4

La Mère Hamard

CUISINE MODERNE • TRADITIONNEL XX Nouveau départ pour cette institution née en 1903. Une petite auberge chaleureuse, une terrasse charmante, un accueil des plus attentionnés, autour d'une cuisine qui évolue au fil des saisons.

Formule 24 € – Menu 35/74 € – Carte 50/75 €

11 chambres – 93/119 € 99/128 € – 14 €

2 r. du Petit Bercy – 02 47 56 62 04 – www.lamerehamard.com – Fermé 1er-18 janv., dim. soir, mardi midi et lundi d'oct. à avril

SEMÈNE – 43 Haute-Loire → Voir Aurec-sur-Loire

SEMNOZ (MONTAGNE DU) – 74 Haute-Savoie → Voir Montagne du Semnoz

SEMUR-EN-AUXOIS

✉ 21140 Côte-d'Or – 4 078 hab. – Alt. 286 m – Carte régionale n° **4**-C2
Carte Michelin 320-G5 – Guide Vert Michelin Bourgogne

La Côte d'Or

TRADITIONNEL • PERSONNALISÉ Cette maison de caractère fut jadis le relais de poste de Semur. Entièrement rénovée, elle arbore un style frais, soigné et plaisant, mêlant le contemporain et les beaux matériaux anciens. Charme, tranquillité... que demander de plus ?

17 chambres – 95/115 € 105/147 € – 1 suite – 12 €

1 r. de la Liberté – 03 80 97 24 54 – www.auxois.fr – Fermé 2 semaines en janv.

SÉNART - 77 Île-de-France ➜ Voir Autour de Paris

SÉNAS

✉ 13560 Bouches-du-Rhône - 7 006 hab. - Alt. 95 m - Carte régionale n° **22**-E1
Carte Michelin 340-F3

Le Bon Temps

CUISINE TRADITIONNELLE • CONVIVIAL X Au bord de la route, cette petite adresse ne paie pas de mine, et pourtant ! On y rencontre un couple de trentenaire attachants et pleins de bonne volonté, qui mitonnent une cuisine gourmande et généreuse. Fraîcheur des produits (légumes, en particulier), amour du travail bien fait, prix imbattables : il n'y a pas de mal à prendre un peu de Bon Temps...

Formule 19 € - Menu 25/35 €

2 km à l'Est par N7 - ✆ 04 90 73 24 47 - Fermé 2 semaines en août, dim. et lundi

SÉNÉ - 56 Morbihan ➜ Voir Vannes

SENLIS

✉ 60300 Oise - 15 292 hab. - Alt. 76 m - Carte régionale n° **19**-B3
Carte Michelin 305-G5 - Guide Vert Michelin Île-de-France

Le Julianon

CUISINE CRÉATIVE • BISTRO X Dans cette charmante petite maison du 17e s., le décor de bistrot contemporain invite à s'asseoir et à profiter du repas. Le chef propose une cuisine inventive, jouant avec tact sur les textures et les harmonies de saveurs ; il fait évoluer la carte au gré des saisons et de son inspiration du moment.

Formule 21 € - Menu 25 € (déj. en semaine), 36/56 €

5 pl. Gérard-de-Nerval - ✆ 03 44 32 12 05 - www.le-julianon.fr - Fermé 1 semaine en déc., sam. midi, dim. et lundi

Le Scaramouche

CUISINE TRADITIONNELLE • BISTRO X Comme dans la Commedia dell'arte - dont Scaramouche est issu -, il se joue ici une sympathique pièce ! Terrine de canard à l'orange, blanquette d'agneau au riz pilaf et pignons de pin, des œufs à la neige à la praline rose... On se régale d'une cuisine bistrotière joliment réalisée, goûteuse et généreuse.

Menu 24 € - Carte 30/51 €

4 pl. Notre-Dame - ✆ 03 44 53 01 26 - www.le-scaramouche.fr - Fermé 29 juil.-20 août, 24 déc.-1er janv., dim. et lundi

SENNECÉ-LÈS-MÂCON - 71 Saône-et-Loire ➜ Voir Mâcon

SENONCHES

✉ 28250 Eure-et-Loir - 3 106 hab. - Alt. 223 m - Carte régionale n° **6**-B1
Carte Michelin 311-C4 - Guide Vert Michelin Normandie Vallée de la Seine

La Forêt

FUSION • COSY XX Au sein de l'hôtel du même nom, une table qui respire le dynamisme et l'envie de bien faire ! En utilisant de bons produits, locaux pour la plupart (Éleveurs de la Charentonne, salades de Virginia Corn), et les herbes de son propre potager, le chef compose des assiettes créatives aux influences multiples.

Formule 12 € - Menu 16 € (semaine), 35/51 € - Carte 48/72 €

Hôtel La Forêt, pl. du Champ-de-Foire - ✆ 02 37 37 78 50 - www.hoteldelaforet-senonches.com - Fermé 30 déc.-16 janv., le soir du lundi au merc. de nov. à avril, dim. soir et mardi soir de mai à oct.

La Pomme de Pin

CUISINE TRADITIONNELLE • RUSTIQUE XX On vient dans cet ancien relais de poste pour ses belles spécialités traditionnelles, dont le pâté de Chartres au canard et au foie gras ou le médaillon de ris de veau aux morilles. Le lieu est engageant avec sa belle façade à colombages et l'on découvre, sur l'arrière, un joli parc avec plan d'eau. Chambres simples pour l'étape.

Formule 15 € – Menu 36/48 € – Carte 37/61 €

10 chambres – 52/65 € 65/95 € – 11 €

15 r. Michel-Cauty – 02 37 37 76 62 – www.restaurant-pommedepin.com – Fermé 17-31 juil., 2-8 janv., mardi midi, dim. soir et lundi

La Forêt

AUBERGE • CONTEMPORAIN Résurrection réussie pour cette jolie maison à colombages. Déco de bon goût dans les chambres, espace bien-être avec hammam, sauna et bain balnéo, restaurant qui fait monter l'eau à la bouche... le Perche comme on l'aime.

13 chambres – 64/99 € 68/99 € – 10 €

pl. du Champ-de-Foire – 02 37 37 78 50 – www.hoteldelaforet-senonches.com – Fermé 30 déc.-16 janv.

La Forêt – voir les restaurants ci-dessus

SENONES

88210 Vosges – 2 482 hab. – Alt. 340 m – Carte régionale n° **14**-C2
Carte Michelin 314-J2

Au Bon Gîte

CUISINE MODERNE • CONTEMPORAIN X Sur la place centrale de cette bourgade, ancienne capitale de la principauté de Salm, cette auberge familiale fondée en 1874 abrite aujourd'hui un restaurant sobre et contemporain. La cuisine, actuelle, s'accompagne de quelques préparations traditionnelles : tripes au vin blanc d'Alsace, millefeuille à la vanille Bourbon...

Menu 21/38 € – Carte 45/58 €

7 chambres – 65 € 65 € – 7 €

3 pl. Vaultrin – 03 29 57 92 46 – www.aubongite.fr – Fermé 26 fév.-20 mars, 3-24 sept., dim. soir et lundi

SENS

89100 Yonne – 25 507 hab. – Alt. 70 m – Carte régionale n° **4**-B1
Carte Michelin 319-C2 – Guide Vert Michelin Bourgogne

La Madeleine (Patrick Gauthier)

CUISINE MODERNE • CONVIVIAL XXX La table de Patrick Gauthier s'est installée dans l'ancienne base nautique de l'île d'Yonne, au bord de la rivière. Le chef, grand passionné, "cuisinier avant tout", continue de présenter lui-même son menu du jour ; il signe une authentique cuisine de produits, très enlevée et pleine de saveurs.

→ Fricassée de champignons et œuf vapeur. Turbot, oignons doux et épinards. Chocolat guanaja mi-cuit et mi-fondant, coulis de framboises.

Menu 50 € (déj. en semaine), 68/120 €

35 quai Boffrand – 03 86 65 09 31 – www.restaurant-lamadeleine.fr – Fermé 2 semaines en juin, 2 semaines en août, vacances de Noël, mardi midi, dim. et lundi

Le Clos des Jacobins

CUISINE TRADITIONNELLE • CLASSIQUE XX Tout près de l'Yonne et de la cathédrale, dans un recoin plutôt discret, cette maison bien connue des Sénonais continue de mettre en avant la tradition, dans un cadre sobre et contemporain. On passe un agréable moment.

Formule 23 € – Menu 33/45 € – Carte 37/63 €

49 Gde-Rue – 03 86 95 29 70 – www.restaurantlesjacobins.com – Fermé 9 juil.-1er août, 24 déc.-8 janv., dim. soir, mardi soir et merc.

Au Crieur de Vin

CUISINE TRADITIONNELLE • BISTRO Un bistrot typique, où tradition et convivialité sont de mise. Aux fourneaux, la jeune chef maîtrise bien son sujet : sa cuisine, qui s'articule autour d'une courte carte, se révèle aussi fraîche que spontanée.

Menu 28 € (semaine), 35/48 € – Carte 33/52 €

1 r. Alsace-Lorraine – 03 86 65 92 80 – www.patrickgauthier.fr – Fermé 2 semaines en juin et en août, vacances de Noël, mardi midi, dim., lundi et fériés

Cav' S

VIANDES • ÉPURÉ Ce restaurant à viande est parfaitement dans l'air du temps. On s'y installe au comptoir, face au chef, pour savourer de superbes pièces de boucher : bœuf wagyu ou black Angus, cochon noir de Bigorre, agneau du Quercy...

Menu 32 € (semaine), 37/70 € – Carte 34/74 €

1 r. Alscace-Lorraine – 03 86 95 01 61 – www.restaurant-cavs.fr – Fermé dim. soir, mardi midi et lundi

SÉRIGNAN

✉ 34410 Hérault – 7 014 hab. – Alt. 7 m – Carte régionale n° **12**-C2
Carte Michelin 339-E9

L'Harmonie
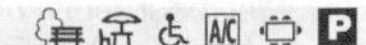

CUISINE MODERNE • TENDANCE Une maison ocre (1800) avec une terrasse au bord de l'Orb, à deux pas de la salle de spectacle La Cigalière. C'est dire qu'ici, on chante toute l'année, avec ou sans bise, mais toujours le plaisir de savoureuses assiettes aux notes méridionales. Et le rapport qualité-prix sait aussi contenter... les fourmis.

Formule 18 € – Menu 32/85 € – Carte 69/89 €

chemin de la Barque (parking de la Cigalière) – 04 67 32 39 30 – www.lharmonie.fr – Fermé sam. midi, dim. soir et lundi

SÉRIGNAN-DU-COMTAT – 84 Vaucluse → Voir Orange

SERRE-CHEVALIER

✉ 05330 Hautes-Alpes – Alt. 2 483 m – Carte régionale n° **21**-C1
Carte Michelin 334-H3 – Guide Vert Michelin Alpes du Sud

à Chantemerle – ✉ 05330 – Alt. 1 350 m

Les Marmottes

FAMILIAL • MONTAGNARD Une maison d'hôtes dans une station de montagne, ce n'est pas si courant ! Il fait bon hiberner dans cette ancienne ferme au cœur du vieux village : un salon au coin du feu, une grande table d'hôte en bois, de jolies chambres dans l'esprit de la région... Pourquoi skier ou randonner ?

5 chambres – 62/71 € 82/94 €

22 r. du Centre – 04 92 24 11 17 – www.chalet-marmottes.com

à Villeneuve-la-Salle – ✉ 05240

Le Grand Aigle

TRADITIONNEL • MONTAGNARD Dans un petit hameau au pied des pistes, cet hôtel haut de gamme propose des chambres confortables et bien équipées (coffre-fort, machine à café, etc.), ainsi qu'un agréable bar lounge avec cheminée.

57 chambres – 109/289 € 109/529 € – 3 suites

Le Bez, chemin du Cavaillou – 04 92 40 00 90 – www.hotelgrandaigle.com – Ouvert mi-déc. à mi-avril et juil.-août

Rock Noir & Spa

BUSINESS • DESIGN Dans le grand domaine qu'est "Serre-Che", c'est le petit nouveau. Cet hôtel situé au pied des pistes devrait séduire les skieurs – et même les autres ! – avec sa décoration épurée mêlant bois brut, velours et fourrures, influences montagnardes et touches design... Original !

32 chambres – 118/525 € 118/525 € – 18 €

1 pl. de l'Aravet – 04 92 25 54 90 – www.rocknoir.fr – Ouvert 30 juin-3 sept. et 16 déc.-16 avril

au Monêtier-les-Bains – 05220 – 1 007 hab. – Alt. 1 480 m

L'Auberge du Choucas

CUISINE TRADITIONNELLE • RUSTIQUE XX Bienvenue dans cette ancienne étable voûtée, tout en pierres apparentes ! On s'y régale d'une jolie cuisine traditionnelle – montagnarde, mais pas seulement – concoctée avec de bons produits, que l'on accompagne avec quelques crus bien choisis.

Formule 23 € – Menu 29 € (déj.), 32/89 € – Carte 55/85 €

Hôtel L'Auberge de Choucas, 17 r. de la Fruitière – 04 92 24 42 73 – www.aubergeduchoucas.com – Fermé 16 avril- 8 juin, 15 oct.-15 déc. et le midi en semaine sauf juil.-août

Maison Alliey

CUISINE MODERNE • MONTAGNARD X Dans cet agréable intérieur montagnard et bourgeois, on déguste une cuisine pleine de parfums, variée et inventive, qui fait la part belle au terroir ; on l'accompagne de vins judicieusement sélectionnés par nos hôtes. Cerise sur le gâteau : l'accueil est sympathique !

Menu 36 € – Carte 39/51 €

Hôtel Alliey, 11 r. de l'École – 04 92 24 40 02 – www.alliey.com – Ouvert de fin juin à début sept. et de mi-déc. à mi-avril et fermé le midi

L'Auberge du Choucas

TRADITIONNEL • MONTAGNARD Dans ce village typiquement haut-alpin, cette maison du milieu du 17e s. a su préserver un esprit authentique. Du petit hall aux chambres rustiques, avec leurs boiseries, l'ensemble est bien tenu. Accueil agréable.

12 chambres – 90/200 € 90/330 € – 18 €

17 r. de la Fruitière – 04 92 24 42 73 – www.aubergeduchoucas.com – Fermé mai et nov.

L'Auberge du Choucas – voir les restaurants ci-dessus

Alliey

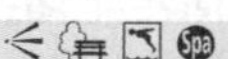

FAMILIAL • MONTAGNARD Une simple maison de village ? Un véritable refuge, charmant et très chaleureux, tout en bois blond... En termes d'agrément, l'espace balnéo n'est pas en reste. Une adresse très recommandable pour un séjour dans cette belle station des Alpes du Sud !

20 chambres – 99/197 € 116/214 €

11 r. de l'École – 04 92 24 40 02 – www.alliey.com – Ouvert de fin juin à début sept. et de mi-déc. à avril

Maison Alliey – voir les restaurants ci-dessus

SERRIÈRES

07340 Ardèche – 1 155 hab. – Alt. 140 m – Carte régionale n° **24**-E2
Carte Michelin 331-K2 – Guide Vert Michelin Ardèche Drôme

Schaeffer

CUISINE CLASSIQUE • ÉLÉGANT XXX Une bonne table face au pont à haubans qui enjambe le Rhône : dans un élégant décor d'inspiration contemporaine, on déguste des recettes réalisées avec savoir-faire, accompagnées d'une magnifique sélection de côtes-du-rhône. Chambres confortables pour l'étape.

Formule 26 € – Menu 39/90 € – Carte 59/67 €

15 chambres – 68/100 € 78/125 € – 11 €

D86 – 04 75 34 00 07 – www.hotel-schaeffer.com – Fermé 1er-8 mai, 1er-15 août, 2-15 janv., sam. midi, dim. soir et lundi

SERVON

✉ 50170 Manche - 269 hab. - Alt. 25 m - Carte régionale n° **17**-A3
Carte Michelin 303-D8

Auberge du Terroir

CUISINE TRADITIONNELLE • RUSTIQUE XX L'ancienne école de filles et l'ex-presbytère de Servon (fin 18e s.) prêtent désormais leurs murs à cette charmante auberge, où l'on se régale d'une cuisine traditionnelle bien gourmande. Pour l'étape, des chambres coquettes et champêtres.

Menu 23/46 € - Carte 32/75 €

6 chambres - 75/95 € 75/95 € - 10 €

Le Bourg - ✆ 02 33 60 17 92 - Fermé 3-13 mars, 24-30 juin, 20 nov.-10 déc., jeudi midi, sam. midi et merc.

SERVOZ

✉ 74310 Haute-Savoie - 965 hab. - Alt. 816 m - Carte régionale n° **25**-F1
Carte Michelin 328-N5 - Guide Vert Michelin Alpes du Nord

Les Gorges de la Diosaz (N)

CUISINE MODERNE • COSY XX Pour une halte gourmande, attablez-vous à cette auberge familiale, située sur la route menant aux gorges de la Diosaz : la cuisine au goût du jour, respectueuse des saisons, ne s'interdit pas quelques clins d'œil - ainsi ce homard dans l'esprit d'un couscous. Quelques chambres pour l'étape.

Formule 19 € - Menu 23 € (déj. en semaine), 34/65 € - Carte 32/60 €

6 chambres - 85/95 € 85/95 € - 11 €

81 r. du Mont (lieu-dit Le Bouchet) - ✆ 04 50 47 20 97 - www.hoteldesgorges.com - Fermé nov., dim. soir et lundi

SESSENHEIM

✉ 67770 Bas-Rhin - 2 235 hab. - Alt. 120 m - Carte régionale n° **1**-B1
Carte Michelin 315-L4

Auberge au Bœuf (Yannick Germain)

CUISINE MODERNE • COSY XXX On est forcément séduit par cette auberge alsacienne, avec ses bancs d'église, son petit musée dédié à Goethe... et son chef, la 4e génération de la famille ! Il propose une délicate cuisine de saison, tout en finesse et en maîtrise, en se basant sur des produits choisis avec soin. Accueil et service charmants.

→ Terrine de foie gras mi-cuit au porto, confit de pêche au sureau. Queue de homard confite à l'huile d'olive et les pinces en timbale de spaghettis aux fèves. Transparence de framboises et litchis.

Menu 35 € (déj. en semaine), 58/88 € - Carte 75/100 €

1 r. de l'Église - ✆ 03 88 86 97 14 - www.auberge-au-boeuf.fr - Fermé 5-15 mars, 2-9 janv., lundi et mardi

SÈTE

✉ 34200 Hérault - 44 136 hab. - Alt. 4 m - Carte régionale n° **12**-C2
Carte Michelin 339-H8

La Coquerie (Anne Majourel)

CUISINE MODERNE • ÉPURÉ X Une petite maison chic et contemporaine, avec la Méditerranée pour horizon... Tel est le repaire d'Anne Majourel, qui prend toujours plaisir à nous régaler d'une cuisine délicate et savoureuse - en lien direct avec le marché et la criée. Que de parfums !

→ Filet de maquereau fumé, basilic, pignons, foie gras et glace à l'anchois. Dorade cuite sous la peau, transparence de crevettes, raviole de fenouil et bouillon crustacés-citronnelle. Framboises et romarin, craquelin citron-verveine.

Formule 39 € - Menu 65 € - menu unique

Plan : A3-s *1 chemin du Cimetière-Marin - ✆ 06 47 06 71 38 - www.annemajourel.fr - Fermé 2 semaines en fév., 1 semaine en mai et en sept., déc., lundi, mardi et merc. d'oct. à mai, le midi de juin à sept. et dim. soir*

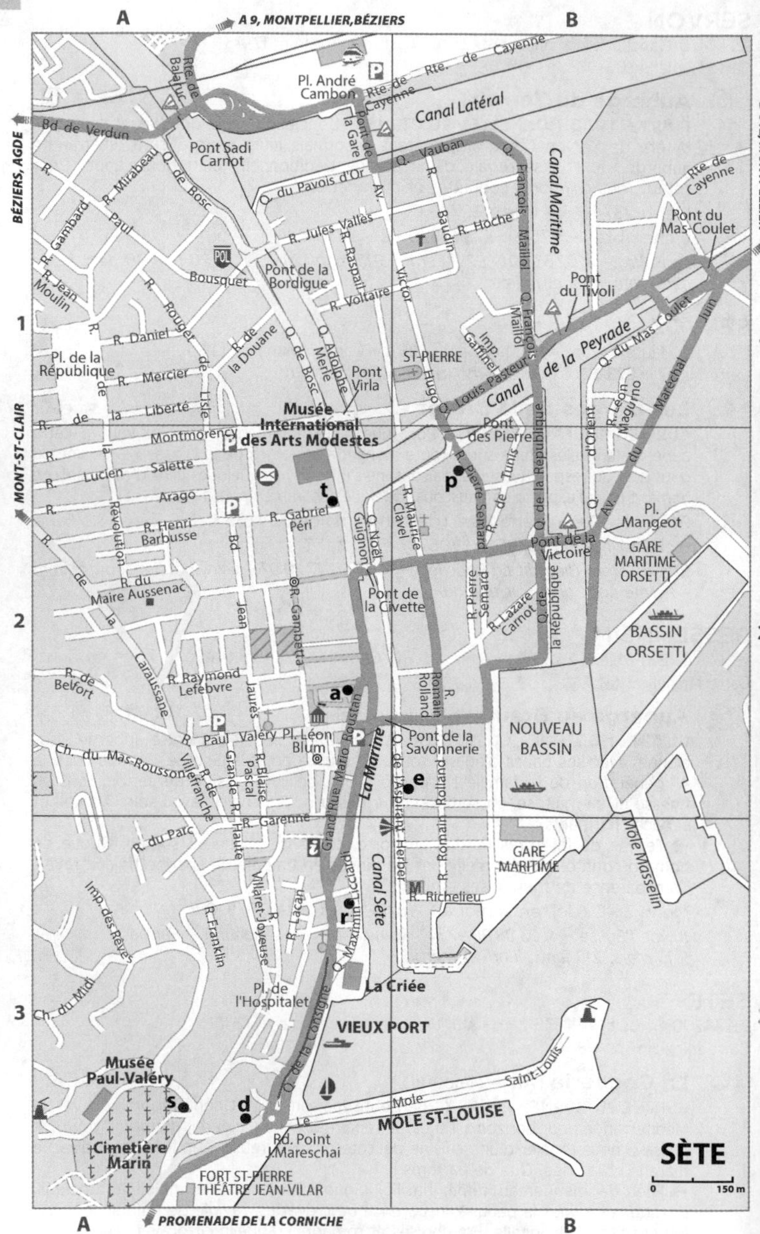
A 9, MONTPELLIER, BÉZIERS
BÉZIERS, AGDE
D 612, MONTPELLIER
MONT-ST-CLAIR
PROMENADE DE LA CORNICHE
SÈTE
Canal Latéral
Canal Maritime
Canal de la Peyrade
Canal Sète
La Marine
Pl. André Cambon
Pont Sadi Carnot
Pont de la Bordigue
Pont Virla
Pont du Tivoli
Pont du Mas-Coulet
Pont des Pierre
Pont de la Victoire
Pont de la Civette
Pont de la Savonnerie
Musée International des Arts Modestes
ST-PIERRE
Pl. de la République
Pl. Mangeot
GARE MARITIME ORSETTI
BASSIN ORSETTI
NOUVEAU BASSIN
GARE MARITIME
Môle Masselin
La Criée
VIEUX PORT
MÔLE ST-LOUISE
Musée Paul-Valéry
Cimetière Marin
Rd. Point J.Mareschai
FORT ST-PIERRE
THÉATRE JEAN-VILAR
Pl. de l'Hospitalet
Pl. Léon Blum
0
150 m

Quai 17

CUISINE MODERNE • CLASSIQUE XX On s'installe dans une salle bourgeoise, sous des lustres à pampilles, pour déguster une cuisine de saison méditerranéenne qui fait la part belle au poisson. On peut citer par exemple ces goujonnettes de lotte, ou ce risotto de homard à la sétoise. Quand la magie de Sète s'invite dans l'assiette.

Formule 22 € – Menu 31/47 € – Carte 43/78 €

Plan : A2-t *Le Grand Hôtel, 17 quai Mar.-de-Lattre-de-Tassigny – 04 67 74 71 91 – www.legrandhotelsete.com – Fermé 23 déc.-7 janv., le midi en août, sam. midi et dim.*

Paris Méditerranée

CUISINE MODERNE • BISTRO X L'enseigne rend hommage à Brassens, né à Sète, mais aussi au chef, originaire de Paris, ainsi qu'à son épouse sétoise. Ici, on réinvente les recettes locales selon l'humeur du chef et la pêche du jour. À deux pas, le bar à tapas Le Barbu, tenu par le même propriétaire, est très recommandable.

Formule 28 € – Menu 32/50 €

Plan : B2-p *47 r. Pierre-Semard – 04 67 74 97 73 – Fermé 2 semaines en fév., sam. midi, dim. et lundi*

La Senne

POISSONS ET FRUITS DE MER • CONVIVIAL X Cette affaire, tenue par une famille de thoniers depuis les années 1950, propose un superbe étal de poissons, qui évolue au gré des arrivages. Ici, la spécialité, c'est le thon rouge, en sashimi, tartare, ventrèche, etc. mais aussi les fruits de mer et crustacés. Service avenant et fraîcheur incomparable : un régal.

Menu 25 € (déj. en semaine) – Carte 39/78 €

Plan : A3-r *40 quai Maximin-Liciardi – 04 67 53 01 91 – Ouvert de mi-mars à fin oct. et fermé dim. soir, lundi et mardi hors saison et le midi en juil.-août*

Le Petit Bistrot

CUISINE TRADITIONNELLE • SIMPLE X Un petit bistrot d'aujourd'hui, chaleureux et convivial, où les habitués aiment à se retrouver autour d'un patron plein de verve. Bons petits plats traditionnels : huîtres du bassin, supions à la plancha, salade d'artichaut et tartare de thon, entre autres.

Formule 20 € – Menu 32 € – Carte 29/102 €

Hors plan *14 rte de la Corniche-de-Neubourg – 04 99 02 43 89 – Fermé dim. soir et lundi*

Le Grand Hôtel

DEMEURE HISTORIQUE • TRADITIONNEL Près de la maison natale de Brassens et face au canal, un élégant hôtel (1882) de style Belle Époque. Chambres raffinées mêlant ancien et moderne, joli patio sous verrière. Cuisine actuelle au restaurant décoré de fresques retraçant l'histoire maritime sétoise.

42 chambres – 95/148 € 95/148 € – 1 suite – 11 €

Plan : A2-t *17 quai Mar.-de-Lattre-de-Tassigny – 04 67 74 71 77 – www.legrandhotelsete.com – Fermé 23 déc.-7 janv.*

Quai 17 – voir les restaurants ci-dessus

Hôtel de Paris

URBAIN • DESIGN Avec des œuvres de Robert Combas et une sirène signée Pierre Nocca, cet hôtel-restaurant a des allures de galerie ! Les chambres jouent la carte de la zen attitude : matériaux bruts, couleurs minérales... Espace détente.

36 chambres – 79/109 € 89/209 € – 10 €

Plan : A2-a *2 r. Frédéric-Mistral – 04 67 18 00 18 – www.hoteldeparis-sete.com*

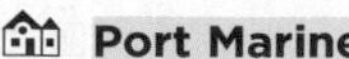

Port Marine

TRADITIONNEL • FONCTIONNEL Architecture moderne face au môle St-Louis d'où L'Exodus prit la mer en 1947. Chambres fonctionnelles (préférez celles qui ouvrent sur la mer) et solarium sur le toit. Cuisine traditionnelle servie au restaurant ou sur la terrasse avec vue sur la Grande Bleue.

55 chambres – 81/189 € 81/189 € – 6 suites – 12 €

Plan : A3-d *Môle St-Louis*
– ✆ 04 67 74 92 34 – www.hotel-port-marine.com

L'Orque Bleue

FAMILIAL • CONTEMPORAIN Sur les quais, bel immeuble en pierre avec des balcons en fer forgé. Chambres confortables à choisir au calme côté patio ou côté canal pour découvrir les joutes sétoises !

30 chambres – 99/135 € 99/135 € – 10 €

Plan : B2-e *10 quai Aspirant-Herber*
– ✆ 04 67 74 72 13 – www.hotel-orquebleue-sete.com
– Fermé 3-25 janv.

SÉVRIER – 74 Haute-Savoie ➜ Voir Annecy

LA SEYNE-SUR-MER

✉ 83500 Var – 64 675 hab. – Alt. 3 m – Carte régionale n° **21**-B3
Carte Michelin 340-K7 – Guide Vert Michelin Côte d'Azur

Voir plan de Toulon

Kyriad Prestige

BUSINESS • FONCTIONNEL Parfait pour un séjour professionnel ou un week-end, cet hôtel contemporain ancré sur le port mêle verre et bois. Inspirés par les anciens chantiers navals de la cité, ses décors se révèlent chaleureux, mais son principal atout, c'est la vue sur la rade de Toulon ! Belle carte de cocktails au bar.

93 chambres – 75/230 € 75/230 € – 1 suite – 15 €

Plan : A2-k *1 quai du 19-Mars-1962 (au port) – ✆ 04 94 05 34 00*
– www.hotel-kyriad-prestige-toulon-lssm.com

à Fabrégas 4 km au Sud par rte de St-Mandrier et rte secondaire – ✉ 83500

Chez Daniel et Julia - Restaurant du Rivage

POISSONS ET FRUITS DE MER • VINTAGE XX Daniel et Julia, père et fille, sont l'âme de cette institution nichée dans une charmante crique. En terrasse, à l'ombre des tamaris, on déguste bouillabaisse, pignate (ragoût aux fruits de mer), bourride – sur commande – ou poissons grillés. Une maison historique, qui tient son rang au cœur du Midi.

Menu 38 € (déj. en semaine), 60/98 € – Carte 50/140 €

– ✆ 04 94 94 85 13 – www.chezdanieletjulia.com
– Fermé en nov., dim. soir de sept. à juin et lundi

aux Sablettes 4 km au Sud-Est – ✉ 83500 La Seyne sur Mer

Horizon N

CUISINE MODERNE • CHIC XXX Un bel écrin, cette salle en rotonde ouverte sur la mer... Horizon porte bien son nom ! La jeune chef propose une partition moderne et variée – on pourrait presque dire fusion –, qui fait la part belle aux saisons au gré d'un menu unique en plusieurs déclinaisons.

Menu 78/118 €

Grand Hôtel des Sablettes-Plage, 575 av. Charles-de-Gaulle – ✆ 04 94 98 00 00
– Fermé mardi et merc. sauf le soir du 15 juin au 14 sept. et lundi

Grand Hôtel des Sablettes-Plage

BOUTIQUE HÔTEL • ÉLÉGANT Une bien jolie renaissance pour cet hôtel du début du 19e s., tout de blanc immaculé, face à la grande bleue. Les chambres, de grand confort, offrent (pour la plupart) une vue mer. Agréable suite avec jacuzzi particulier en terrasse. Une invitation au voyage de grande élégance.

75 chambres – 120/200 € 140/330 € – 7 suites – 19 €

575 av. Charles-de-Gaulle – 04 94 17 00 00 – www.ghsplage.com

Horizon – voir les restaurants ci-dessus

SEYSSINS – 38 Isère → Voir Grenoble

SIERCK-LES-BAINS

57480 Moselle – 1 681 hab. – Alt. 147 m – Carte régionale n° **14**-C1
Carte Michelin 307-J2

à Montenach 3,5 km au Sud-Est sur D956 – 57480 – 440 hab. – Alt. 200 m

Le K

CUISINE MODERNE • CONVIVIAL XX Une belle propriété située à quelques kilomètres seulement de la frontière commune entre l'Allemagne, le Luxembourg et la France. Piliers et voûtes en pierre... On se croirait dans de l'ancien, mais c'est tout neuf ! La cuisine, dans l'air du temps, met en valeur les produits de saison. Le lieu déborde de charme.

Menu 45/65 € – Carte 55/64 €

2 imp. du Klaussberg – 03 82 83 19 75 – www.domainedelaklauss.com – Fermé 1er-12 janv., dim. et le midi

Le Domaine de la Klauss

SPA ET BIEN-ÊTRE • CONTEMPORAIN Un belle propriété située à quelques kilomètres seulement de la frontière commune entre l'Allemagne, le Luxembourg et la France. Maisons en pierre naturelle, chambres chic et spacieuses, joli spa... Un lieu débordant de charme.

22 chambres – 150/522 € 180/522 € – 6 suites – 19 €

2 imp. du Klaussberg
– 03 82 83 19 75 – www.domainedelaklauss.com
– Fermé 1er-12 janv.

Le K – voir les restaurants ci-dessus

SIERENTZ

68510 Haut-Rhin – 3 471 hab. – Alt. 270 m – Carte régionale n° **1**-A3
Carte Michelin 315-I11

Auberge St-Laurent (Laurent Arbeit)

CUISINE MODERNE • AUBERGE XXX Ce relais de poste du 18e s. est une institution locale, authentique et élégante. Aux fourneaux, Laurent Arbeit compose une cuisine harmonieuse et fine, aux saveurs bien équilibrées. Du travail d'orfèvre... Et pour prolonger l'étape, les chambres sont mignonnes et douillettes.

→ Escalope de foie gras braisée à la bière, marmelade de mûre et betterave comme un ketchup. Dos de sandre en croûte de bretzel, cuisses de grenouilles en beignets et légumes mijotés. Soufflé chaud au Grand Marnier, glace à la fleur d'oranger.

Formule 33 € – Menu 45/86 € – Carte 70/85 €

10 chambres – 100/120 € 120/150 € – 18 €

1 r. de la Fontaine
– 03 89 81 52 81 – www.auberge-saintlaurent.fr
– Fermé 19 fév.-1er mars, 9-19 juil., 17-27 sept., lundi et mardi

Winstub À Côté

CUISINE MODERNE • WINSTUB X Dans le prolongement de l'Auberge St-Laurent, cette winstub joue la carte alsacienne - tarte flambée au saumon d'Écosse mariné, spaetzle maison façon "grand-mère" - dans un décor franchement contemporain (mobilier et luminaires design, comptoir en cuivre). Attention : c'est souvent complet.

Menu 23 € (déj. en semaine)/27 € - Carte 32/47 €

2 r. Rogg-Haas - ✆ 09 83 37 16 80 - www.auberge-saintlaurent.fr - Fermé 19 fév.-1er mars, 9-19 juil., 8-18 janv., mardi et merc.

SIGNY-LE-PETIT

✉ 08380 Ardennes - 1 261 hab. - Alt. 238 m - Carte régionale n° **7**-B1
Carte Michelin 306-H3 - Guide Vert Michelin Champagne Ardenne

Au Lion d'Or

TRADITIONNEL • FONCTIONNEL Un ancien relais de poste, face à l'église de Signy. Préférez les chambres situées dans l'ancienne et jolie maison du notaire du village, modernes et plus spacieuses. Cuisine traditionnelle et bon choix de vins au restaurant la Hulotte, emblème de la maison ; nous sommes non loin de la forêt.

18 chambres - †74/85 € ††74/85 € - ☕ 10 €

27 pl. de l'Église - ✆ 03 24 53 51 76 - www.lahulotte-auliondor.fr - Fermé 3-19 août et 21 déc.-14 janv.

SILLERY - 51 Marne ➜ Voir Reims

SISTERON

✉ 04200 Alpes-de-Haute-Provence - 7 281 hab. - Alt. 490 m - Carte régionale n° **21**-B2
Carte Michelin 334-D7 - Guide Vert Michelin Alpes du Sud

Grand Hôtel du Cours

FAMILIAL • RÉGIONAL Tenu par la même famille depuis 1900, cet hôtel se trouve en plein centre historique, entre deux tours d'enceinte du 14e s. ! Préférez les chambres, plus calmes et spacieuses, sur l'arrière du bâtiment. Au restaurant, on apprécie la cuisine traditionnelle.

45 chambres - †71/82 € ††81/97 € - 5 suites - ☕ 12 €

pl. de l'Église - ✆ 04 92 61 04 51 - www.hotel-lecours.com - Ouvert 15 mars-3 nov.

SOCHAUX

✉ 25600 Doubs - 3 948 hab. - Alt. 310 m - Carte régionale n° **9**-C1
Carte Michelin 321-L1 - Guide Vert Michelin Franche-Comté Jura

Voir plan de Montbéliard agglomération.

Arianis

BUSINESS • FONCTIONNEL À deux pas du musée Peugeot, cet établissement a été entièrement rénové en 2013. Le décor est contemporain du hall jusqu'aux chambres, relativement spacieuses et bien équipées. Cuisine classique au restaurant.

68 chambres - †63/96 € ††63/96 € - ☕ 11 €

Plan : B1-u *11 av. du Gén.-Leclerc - ✆ 03 81 32 17 17 - www.arianis.fr - Fermé 6-26 août et 24 déc.-6 janv.*

à Étupes 4 km par D663 et D437 - ✉ 25460 - 3 633 hab. - Alt. 337 m

Au Fil des Saisons

CUISINE MODERNE • DESIGN XX Dans la jolie maison de Stéphane et Fabienne Robinne, le fil des saisons est bien sûr un leitmotiv, mais pas seulement : les beaux produits sont à l'honneur, mis en valeur à travers de judicieuses harmonies de saveurs et une certaine recherche esthétique. Respect de la tradition et sensibilité d'aujourd'hui !

Formule 26 € - Menu 30/40 € - Carte 40/64 €

3 r. de la Libération - ✆ 03 81 94 17 12 - www.aufildessaisons.eu - Fermé 3 semaines en août, 2 déc.-6 janv., sam. midi, dim. et lundi

SOCOA - 64 Pyrénées-Atlantiques ➔ Voir St-Jean-de-Luz

SOCX

✉ 59380 Nord - 931 hab. - Alt. 24 m - Carte régionale n° **16**-B1
Carte Michelin 302-C2

Au Steger

CUISINE TRADITIONNELLE • AUBERGE XX Cette table traditionnelle s'est forgée une belle réputation dans la région, à raison : le chef est passionné par le vin et les terroirs. Parmi les spécialités maison, on se régale d'un potjeveesch, du waterzoï de poissons, ou d'un parfait glacé au spéculos, le tout dans un cadre contemporain et une ambiance conviviale. Une adresse pleine de dynamisme !

Formule 16 € - Menu 21 € (déj. en semaine)/38 € - Carte 26/59 €

27 rte de St-Omer - ✆ 03 28 68 20 49 - www.restaurant-lesteger.com - Fermé 3 semaines en août et le soir sauf sam.

SOISSONS

✉ 02200 Aisne - 28 309 hab. - Alt. 47 m - Carte régionale n° **19**-C2
Carte Michelin 306-B6

Relais des Vignes

CUISINE MODERNE • BRASSERIE XX Dans un agréable décor façon brasserie chic, on apprécie une bonne cuisine de saison avec, par exemple, un menu du marché et des spécialités bistrotières concoctés avec des produits frais.

Formule 19 € - Menu 25 € (déj. en semaine), 30/45 € - Carte 43/55 €

Hôtel des Francs, 62 bd Jeanne-d'Arc - ✆ 03 60 71 40 00 - www.hoteldesfrancs.fr

Hôtel des Francs

BUSINESS • CONTEMPORAIN Une étape de choix sur les hauteurs de Soissons, face à l'ancienne abbaye de St-Jean-des-Vignes. Cet hôtel récent allie démarche écologique (normes HQE), décor contemporain et bons équipements. Un endroit séduisant, qui conviendra parfaitement à la clientèle d'affaires.

70 chambres - †100/200 € ††100/200 € - ☕ 14 €

62 bd Jeanne-d'Arc - ✆ 03 60 71 40 00 - www.hoteldesfrancs.fr

Relais des Vignes - voir les restaurants ci-dessus

SOLESMES - 72 Sarthe ➔ Voir Sablé-sur-Sarthe

SOLIGNAC

✉ 87110 Haute-Vienne - 1 531 hab. - Alt. 251 m - Carte régionale n° **13**-B2
Carte Michelin 325-E6 - Guide Vert Michelin Limousin Berry

St-Éloi

FAMILIAL • CONTEMPORAIN À côté de l'abbaye du village, une maison ancienne de caractère, des chambres aux teintes ensoleillées (deux avec terrasse et bain balnéo) et une atmosphère familiale. Petit espace bien-être. Au restaurant, cuisine traditionnelle.

14 chambres ☕ - †125/145 € ††145/165 €

66 av. St-Éloi - ✆ 05 55 00 44 52 - www.lesainteloi.fr

SOLIGNAC-SOUS-ROCHE

✉ 43130 Haute-Loire - 233 hab. - Alt. 850 m - Carte régionale n° **3**-C3
Carte Michelin 331-F2

Lou Pinatou Ⓝ

CUISINE MODERNE • RUSTIQUE X Lui est né au Puy, elle de Marseille. Il aime les beaux produits et les saveurs franches, elle préfère la pâtisserie. L'auberge Lou Pinatou ("les pins" en patois local) a 150 ans, mais l'assiette est d'une irrésistible gourmandise, qui rend toute sa jeunesse à cet établissement historique. Terrasse avec vue sur la vallée.

Menu 13 € (déj. en semaine), 26/32 €

Le Bourg - ✆ 04 71 65 21 54 - www.auberge-loupinatou.fr - Fermé 2 semaines en juin, 3 semaines en sept., de mi-déc. à mi-fév., dim. soir et jeudi

SOLUTRÉ-POUILLY

✉ 71960 Saône-et-Loire - 355 hab. - Alt. 495 m - Carte régionale n° **4**-C3
Carte Michelin 320-I12

La Courtille de Solutré

CUISINE MODERNE • ÉLÉGANT Une jolie maison de pays, sa charmante terrasse à l'ombre d'un vieux marronnier... et ce jeune chef basque dynamique, qui travaille avec passion de fort bons produits, à accompagner d'une belle sélection de pouilly-fuissé ! Quelques chambres pour l'étape.

Menu 24 € (déj.), 40/44 € - Carte 32/59 €

6 chambres - 90/110 € 90/110 € - 12 €

rte de la Roche - 03 85 35 80 73 - www.lacourtilledesolutre.fr - Fermé 1 semaine en avril, 2 semaines en août, 1 semaine en nov., 1 semaine vacances de Noël, dim. soir sauf en juil.-août, lundi et mardi

SOMMIÈRES

✉ 30250 Gard - 4 644 hab. - Alt. 34 m - Carte régionale n° **12**-C2
Carte Michelin 339-J6

Chez Tibère

CUISINE TRADITIONNELLE • BISTRO Machines à coudre, tables de tailleur... Ce bistrot contemporain joue la carte post-industrielle version textile ! Point de cuisine cousue de fil blanc pour autant ; au contraire, des spécialités de brasserie concoctées à grand renfort de produits frais. Un conseil : ne passez pas à côté des pâtisseries maison.

Formule 16 € - Carte 30/42 €

1 r. Compane (parking du Vidourle) - 04 66 51 32 72 - Fermé vacances de Février et de la Toussaint, jeudi soir hors saison, dim. et lundi

à Villevieille 3 km au Nord par D6110 - ✉ 30250 - 1 676 hab. - Alt. 94 m

Château de Pondres

HISTORIQUE • CONTEMPORAIN Tout proche du village médiéval de Sommières, un château d'aspect Renaissance entouré d'un joli parc de 15 ha et d'une rivière. Décoration "nature" et brute au restaurant (tommettes, luminaires en métal, bois), chambres dans l'esprit du lieu, avec vue sur le hameau ou les vignes et le pic Saint-Loup... un cachet indéniable.

18 chambres - 4 suites - 90/110 € 90/110 € - 12 €

2 allée du Pigeonnier - 04 66 35 97 20 - www.chateaudepondres.com

SONDERNACH

✉ 68380 Haut-Rhin - 641 hab. - Alt. 540 m - Carte régionale n° **1**-A2
Carte Michelin 315-G9

À l'Orée du Bois

CUISINE TRADITIONNELLE • RUSTIQUE Au-dessus du village, ce restaurant rustique (boiseries, poêle en faïence) vaut pour sa cuisine traditionnelle simple (tartes flambées, fondues...) et sa grande terrasse donnant sur la vallée. Pour l'étape, on propose des chambres d'esprit chalet, plutôt fonctionnelles et bon marché.

Formule 10 € - Menu 15 € (déj. en semaine)/39 € - Carte 25/44 €

7 chambres - 59 € 76 € - 6 €

4 rte du Schnepfenried - 03 89 77 70 21 - www.oredubois.com - Fermé dernière semaine de juin, 3 semaines en janv., merc. midi et mardi

SOPHIA-ANTIPOLIS - 06 Alpes-Maritimes → Voir Valbonne

SORBIERS - 42 Loire → Voir St-Étienne

SORGES

✉ 24420 Dordogne - 1 334 hab. - Alt. 178 m - Carte régionale n° **2**-C1
Carte Michelin 329-G4 - Guide Vert Michelin Périgord Quercy

Auberge de la Truffe

CUISINE RÉGIONALE • FAMILIAL XX Le "diamant noir" est roi en Périgord blanc, et plus encore en cette auberge classique, où il est la star d'un menu spécial, incontournable pour les amateurs ! Plus largement, le terroir et les belles recettes classiques sont à l'honneur, à l'image de ce lièvre à la royale cuisiné dans les règles de l'art...

Formule 15 € - Menu 20 € (semaine), 27/115 € - Carte 35/90 €

par N21 - ✆ 05 53 05 02 05 - www.auberge-de-la-truffe.com - Fermé dim. soir du 1er nov. à Pâques, lundi midi et merc. midi

Auberge de la Truffe

TRADITIONNEL • FONCTIONNEL À proximité de la Maison de la Truffe, cette auberge est une véritable institution locale ! Confortables et plutôt spacieuses, les chambres arborent des décors variés, du plus classique au plus contemporain, certaines ouvrant de plain-pied sur le jardin.

20 chambres - †62/115 € ††67/133 € - ☕ 12 €

par N21 - ✆ 05 53 05 02 05 - www.auberge-de-la-truffe.com

Auberge de la Truffe - voir les restaurants ci-dessus

SORGUES

✉ 84700 Vaucluse - 18 328 hab. - Alt. 24 m - Carte régionale n° **22**-E1
Carte Michelin 332-C9

La Table de Sorgues

CUISINE TRADITIONNELLE • ÉLÉGANT XXX Au cœur de la localité, une belle maison de maître (1891) avec une terrasse dans une cour ombragée par deux grands pins. Idéal pour déguster de savoureux plats de saison, sans cesse réinventés au gré de l'inspiration du chef. Très belle sélection de Châteauneuf-du-Pape.

Menu 33 € (déj. en semaine), 38/53 €

12 r. du 19-Mars-1962 (pl. de l'Hôtel-de-Ville) - ✆ 04 90 39 11 02 - www.latabledesorgues.fr - Fermé 3 semaines en août, 24 déc.-7 janv., dim. et lundi

SOUDORGUES

✉ 30460 Gard - 292 hab. - Alt. 360 m - Carte régionale n° **12**-C2
Carte Michelin 339-H4

La Balade Gourmande

CUISINE TRADITIONNELLE • AUBERGE X Situé au milieu de nulle part, à 500 m d'altitude, ce restaurant tenu par une chef autodidacte ne désemplit pas. L'équation gagnante ? Des produits de saison, de la générosité, une jolie salle voûtée en pierre... le tout pour un rapport qualité-prix imbattable. Et pour les amateurs, deux boulodromes. Réservez !

Menu 26 € - Carte 32/38 €

pl. du Village - ✆ 04 66 85 43 94 - www.labaladegourmande.fr - Fermé déc.-fév., lundi et merc. hors saison et mardi

SOUILLAC

✉ 46200 Lot - 3 366 hab. - Alt. 104 m - Carte régionale n° **15**-B1
Carte Michelin 337-E2

Le Sanglier Qui Parle

CUISINE MODERNE • TENDANCE X Sur la place de l'Abbaye Sainte-Marie, ce sympathique restaurant de poche tenu par un chef autodidacte (ancien designer industriel !) propose une courte ardoise de cuisine du marché (terrine maison, pavé de cabillaud, rhubarbe-fraises-meringue), que l'on déguste dans un cadre chaleureux, et vintage.

Formule 25 € - Menu 32 €

pl. Pierre-Betz - ✆ 06 08 89 26 72 - Fermé 23 déc.-2 janv., sam. midi, dim. soir, lundi et mardi

Le Pavillon St-Martin

DEMEURE HISTORIQUE • PERSONNALISÉ Une maison de caractère (16e s.) face au beffroi. Le point fort de l'endroit : l'accueil des charmants propriétaires, qui vous renseigneront sans peine sur les trésors de la région ! Les chambres, décorées dans un style contemporain, sont agréables.

11 chambres - 81/115 € 81/115 € - 12 €

5 pl. St-Martin - 05 65 32 63 45 - www.hotel-saint-martin-souillac.com

SOULAC-SUR-MER

33780 Gironde - 2 524 hab. - Alt. 7 m - Carte régionale n° **2**-B1
Carte Michelin 335-E1 - Guide Vert Michelin Aquitaine

à l'Amélie-sur-Mer 5 km au Sud-Ouest par D101E - 33780 Soulac sur Mer

Restaurant des Pins

CUISINE TRADITIONNELLE • VINTAGE XX La carte, dans une veine traditionnelle, privilégie le terroir et la région. On est servi dans une salle au charme "vintage", parmi de nombreux fidèles (de toutes nationalités) : l'atmosphère est agréable, autant que le repas.

Formule 19 € - Menu 30/43 € - Carte 37/75 €

Hôtel des Pins, 92 bd de l'Amélie - 05 56 73 27 27 - www.hotel-des-pins.com - Ouvert 1er avril-1er nov. et fermé le midi en semaine hors saison

Hôtel des Pins

FAMILIAL • TRADITIONNEL À 100 m de la plage - sable fin à perte de vue - et en lisière des pins, un hôtel balnéaire familial avec des chambres confortables et sobrement décorées. Atout de taille : les propriétaires sont aux petits soins !

29 chambres - 65/145 € 75/175 € - 12 €

92 bd de l'Amélie - 05 56 73 27 27 - www.hotel-des-pins.com - Ouvert 1er avril-1er nov.

Restaurant des Pins - voir les restaurants ci-dessus

SOULAGES-BONNEVAL - 12 Aveyron ➔ Voir Laguiole

SOURSAC

19550 Corrèze - 495 hab. - Alt. 532 m - Carte régionale n° **13**-C3
Carte Michelin 329-O4

Le Soursacois (N)

CUISINE TRADITIONNELLE • SIMPLE X Elle est bien jolie, cette maison de village avec sa terrasse pavée ; on y profite d'une cuisine de tradition bien pensée, parsemée de touches modernes et même, ça et là, d'épices. Velouté de petits pois et son flan de lard fumé, duo d'asperge de saison et œuf de caille, bons desserts de l'épouse du chef, pâtissière de formation : une affaire qui roule !

Menu 14 € (déj. en semaine), 22/35 € - Carte 27/41 €

22 Grand'Rue - 05 87 49 65 16 - www.le-soursacois.fr - Fermé 1 semaine en juin, 1 semaine fin sept., 3 semaines en janv., dim. soir, lundi et mardi

SOUSCEYRAC

46190 Lot - 889 hab. - Alt. 559 m - Carte régionale n° **15**-C1
Carte Michelin 337-I2

Au Déjeuner de Sousceyrac (Patrick Lagnès)

CUISINE CLASSIQUE • TRADITIONNEL XX Beaucoup de générosité, des produits qui honorent le terroir, des assiettes pleines de saveurs, un excellent rapport qualité-prix... Décidément, on quitte cette maison avec l'envie d'y revenir très vite ! À moins de prolonger le séjour dans l'une des chambres, bien tenues et abordables.
➔ Dôme de foie gras de canard aux truffes. Pigeon au pain d'épice et jus citronné. Quenelle de chocolat à la framboise et madeleine pistache.

Menu 30/70 € - Carte environ 80 €

10 chambres - 60 € 60 € - 10 €

r. Pierre-Benoit - 05 65 33 00 56 - www.au-dejeuner-de-sousceyrac.com - Ouvert 2 mars-9 nov. et fermé dim. soir et lundi

SOUSTONS

✉ 40140 Landes - 7 611 hab. - Alt. 9 m - Carte régionale n° **2**-B2
Carte Michelin 335-D12 - Guide Vert Michelin Aquitaine

Auberge Batby

CUISINE TRADITIONNELLE • CONVIVIAL XX Un restaurant moderne situé juste au bord du lac, où l'on favorise le terroir : pintade fermière farcie à l'ancienne, palombe en saison, pibales (alevins d'anguilles)... C'est goûteux, généreux, et les prix sont très doux. Quelques chambres agréables permettent de prolonger l'étape.

Formule 18 € - Menu 29/49 €

6 chambres - 85/155 € 85/155 € - 12 €

63 av. Galleben
- 05 58 41 18 80 - www.aubergebatby.fr
- Fermé 1 semaine en juin, 13-22 nov., 23-26 déc., 1er-8 janv., dim. soir et lundi hors saison

LA SOUTERRAINE

✉ 23300 Creuse - 5 295 hab. - Alt. 390 m - Carte régionale n° **13**-B1
Carte Michelin 325-F3 - Guide Vert Michelin Limousin Berry

à Fursac 11 km au Sud par rte de Fursac (D1) - ✉ 23290 - 793 hab. - Alt. 322 m

Nougier

CUISINE MODERNE • ÉLÉGANT XX Depuis trois générations, cette réjouissante auberge cultive l'art du bon accueil et du bien manger. Le chef, très attaché aux herbes et aux agrumes, concocte des plats soignés, comme autant d'hommages aux saisons. Alors, attablez-vous et commandez en confiance.

Formule 17 € - Menu 28/60 € - Carte 47/64 €

2 pl. de l'Église - 05 55 63 60 56 - www.hotelnougier.fr
- Ouvert de mi-mars à début déc. et fermé dim. soir de sept. à juin, lundi sauf le soir en été et mardi midi

Nougier

FAMILIAL • COSY Cette auberge du bas du village, installée sur une placette face à l'église, est tenue en famille depuis trois générations. On vous accueille dans dix chambres spacieuses et confortables, joliment décorées à la mode contemporaine. Coquet petit jardin avec terrasse et piscine.

10 chambres - 86/114 € 86/114 € - 10 €

2 pl. de l'Église - 05 55 63 60 56 - www.hotelnougier.fr
- Ouvert de mi-mars à début déc.

Nougier - voir les restaurants ci dessus

SOUVIGNY

✉ 03210 Allier - 1 865 hab. - Alt. 242 m - Carte régionale n° **3**-B1
Carte Michelin 326-G3 - Guide Vert Michelin Auvergne

Auberge des Tilleuls

CUISINE TRADITIONNELLE • AUBERGE XX Non loin du célèbre prieuré St-Pierre (11e-15e s.), cette auberge traditionnelle joue la carte du terroir avec beaucoup de goût : aiguillettes de canard aux figues, terrine de pot-au-feu au foie gras, dessert émotion au chocolat blanc et passion...

Formule 15 € - Menu 26 € (semaine)/52 € - Carte 34/798 €

9 pl. St-Éloi
- 04 70 43 60 70 - www.auberge-tilleuls.com
- Fermé 26 fév.-19 mars, 26 août-7 sept., 31 déc.-6 janv., mardi soir et merc. soir de sept. à mai, dim. soir et lundi

SOYAUX - 16 Charente ➜ Voir Angoulême

STEIGE

✉ 67220 Bas-Rhin - 606 hab. - Alt. 357 m - Carte régionale n° **1**-C1
Carte Michelin 315-H6

Auberge Chez Guth

CUISINE CRÉATIVE • COSY XX Dans la vallée de Villé, sur les hauteurs du village de Steige, cette ancienne ferme auberge est la toile sur laquelle le jeune chef Yannick Guth déroule ses créations gastronomiques - ainsi l'œuf de poule crousti-coulant et son velouté fumé, ou la volaille marbrée noire et émulsion coco. Parfois surprenant, toujours audacieux.

Menu 26 € (déj. en semaine), 38/68 €

5A r. du Bas-des-Monts - ✆ 03 88 58 12 05 - www.auberge-chez-guth.fr - Fermé fév., merc. midi, lundi et mardi

STELLA-PLAGE - 62 Pas-de-Calais ➜ Voir Le Touquet-Paris-Plage

STIRING-WENDEL - 57 Moselle ➜ Voir Forbach

J.-D. Sudres/hemis.fr

ON AIME...

Le **Crocodile**, une des adresses phares de la ville. Le raffinement du **1741**, et sa belle carte de vins alsaciens. Le charme intemporel du **Pont du Corbeau**, une winstub authentique et attachante. L'emplacement idéal de la **Maison des Tanneurs**, belle demeure alsacienne au bord de l'Ill. Le confort de la **Cour du Corbeau**, en plein centre-ville...

STRASBOURG

✉ 67000 Bas-Rhin – 276 170 hab. – Agglo. 456 759 hab. – Alt. 143 m
– Carte régionale n° **1**-B1
Carte Michelin 315-K5 – Guide Vert Michelin Alsace Vosges

Restaurants

✿ Au Crocodile

CUISINE CLASSIQUE • ÉLÉGANT XXXX Repris en 2015 par Cédric Moulot (aussi propriétaire du 1741), le Crocodile est en train de retrouver ses couleurs d'antan. Le service, professionnel, met en valeur une cuisine tout simplement délicieuse : ingrédients au top, subtilité et maîtrise des saveurs, recettes bien pensées... Douces retrouvailles !

→ Foie gras et truite d'Alsace fumée, jeu de textures et températures. Bœuf Black Angus dans l'esprit d'un pot-au-feu alsacien. Association entre abricot et amande de Provence, crémeux à l'huile d'olive.

Formule 45 € – Menu 98/138 € – Carte 105/125 €

Plan : 5K2-x *10 r. de l'Outre*
– ✆ 03 88 32 13 02 – www.au-crocodile.com
– Fermé dim. et lundi sauf déc.

✿ Buerehiesel (Eric Westermann)

CUISINE MODERNE • ÉLÉGANT XXX Adresse exquise, sise dans une belle ferme à colombages du 17e s., remontée dans le parc de l'Orangerie (vue bucolique de la salle en verrière et de la terrasse). La cuisine, fine et actuelle, fait quelques détours par la tradition locale – mais sans s'y attarder – et met en valeur d'excellents produits. Un régal.

→ Cuisses de grenouilles poêlées au cerfeuil et schniederspaetzle. Poulette pattes noires cuite entière comme un baeckeofe. Brioche caramélisée à la bière, glace à la bière et poire rôtie.

Menu 39 € (déj. en semaine), 72/104 € – Carte 70/105 €

Plan : 4H1-a *dans le parc de l'Orangerie*
– ✆ 03 88 45 56 65 – www.buerehiesel.fr
– Fermé vacances de fév., 29 juil.-20 août, 30 déc.-10 janv., dim. et lundi

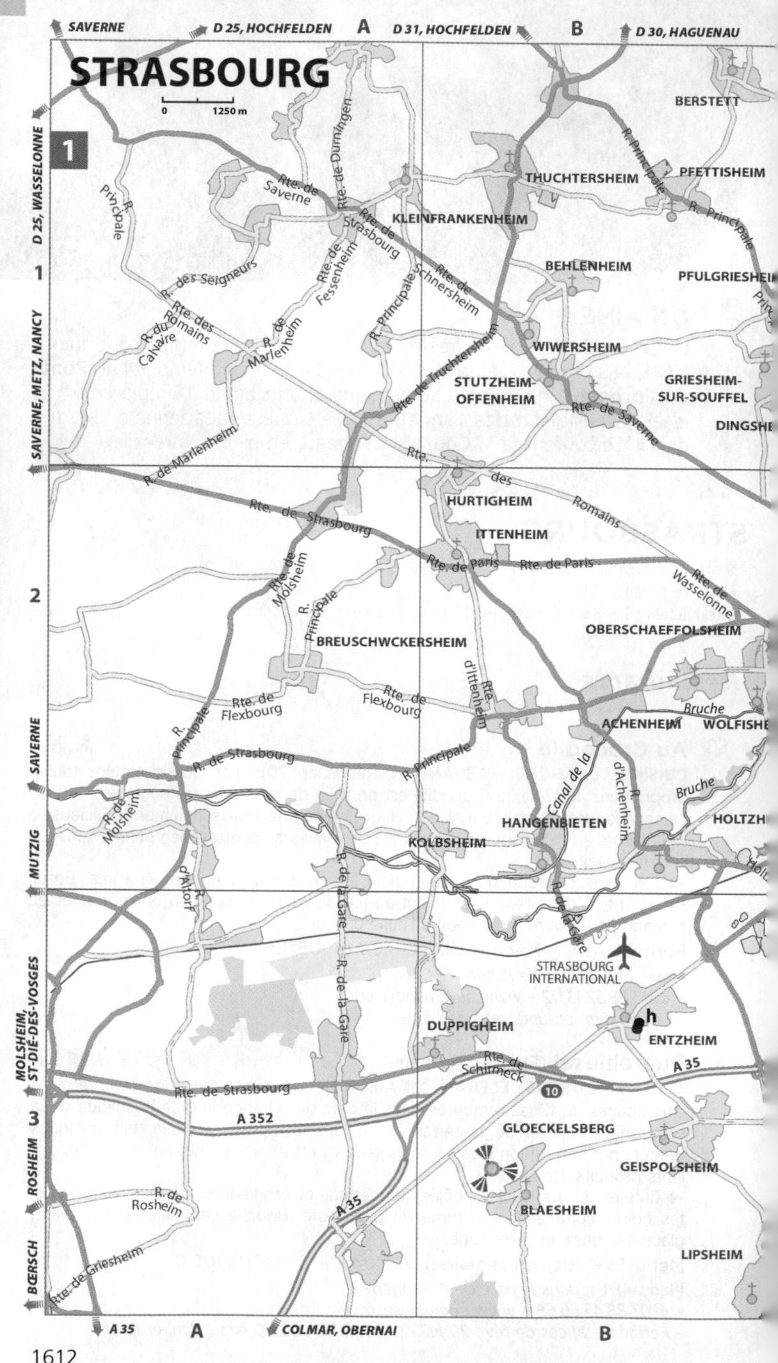
STRASBOURG
0
1250 m
SAVERNE
D 25, HOCHFELDEN
A
D 31, HOCHFELDEN
B
D 30, HAGUENAU
D 25, WASSELONNE
SAVERNE, METZ, NANCY
SAVERNE
MUTZIG
MOLSHEIM, ST-DIÉ-DES-VOSGES
ROSHEIM
BŒRSCH
A 35
COLMAR, OBERNAI
1
2
3
BERSTETT
THUCHTERSHEIM
PFETTISHEIM
KLEINFRANKENHEIM
BEHLENHEIM
PFULGRIESHEI
WIWERSHEIM
STUTZHEIM-OFFENHEIM
GRIESHEIM-SUR-SOUFFEL
DINGSHE
HURTIGHEIM
ITTENHEIM
OBERSCHAEFFOLSHEIM
BREUSCHWCKERSHEIM
ACHENHEIM
WOLFISHE
HANGENBIETEN
KOLBSHEIM
HOLTZH
STRASBOURG INTERNATIONAL
DUPPIGHEIM
ENTZHEIM
GLOECKELSBERG
GEISPOLSHEIM
BLAESHEIM
LIPSHEIM
Rte. de Saverne
Rte. de Durningen
Rte. de Strasbourg
Rte. de Fessenheim
R. Principale
Rte. de Schnersheim
R. des Seigneurs
Rte. des Romains
R. du Calvaire
R. de Marlenheim
Rte. de Truchtersheim
Rte. de Saverne
R. de Marlenheim
Rte. des Romains
Rte. de Strasbourg
Rte. de Paris
Rte. de Paris
Rte. de Wasselonne
Rte. de Molsheim
R. Principale
Rte. de Flexbourg
Rte. de Flexbourg
Rte. d'Ittenheim
Bruche
R. Principale
R. de Strasbourg
R. Principale
Canal de la Bruche
R. d'Achenheim
Bruche
R. de Molsheim
R. d'Altorf
R. de la Gare
R. de la Gare
R. de la Gare
Rte. de Schirmeck
A 35
10
Rte. de Strasbourg
A 352
R. de Rosheim
A 35
Rte. de Griesheim
h

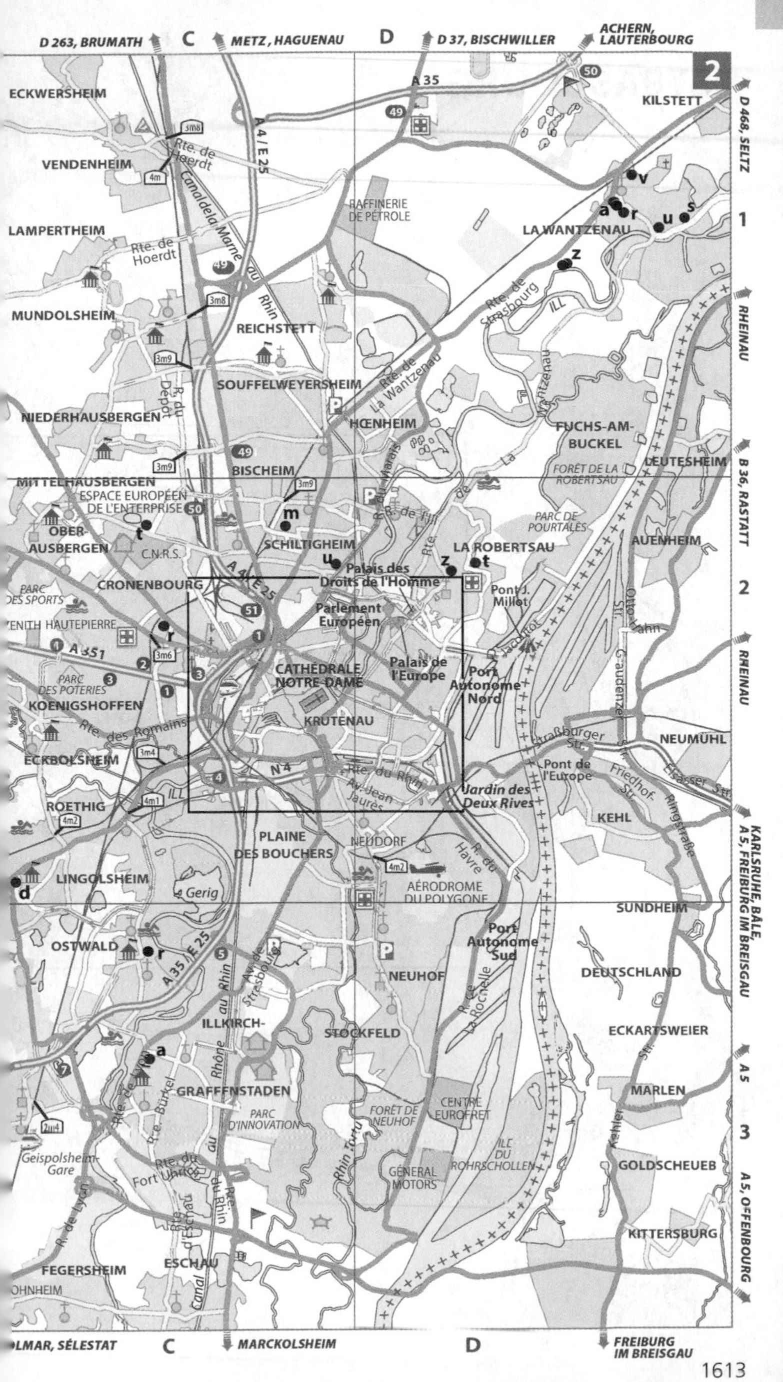

D 263, BRUMATH
C
METZ, HAGUENAU
D
D 37, BISCHWILLER
ACHERN, LAUTERBOURG
2
D 468, SELTZ
RHEINAU
B 36, RASTATT
RHEINAU
KARLSRUHE, BÂLE, A 5, FREIBURG IM BREISGAU
A 5
A 5, OFFENBOURG
1
2
3
OLMAR, SÉLESTAT
MARCKOLSHEIM
FREIBURG IM BREISGAU
ECKWERSHEIM
VENDENHEIM
LAMPERTHEIM
MUNDOLSHEIM
NIEDERHAUSBERGEN
MITTELHAUSBERGEN
ESPACE EUROPÉEN DE L'ENTERPRISE
OBER-AUSBERGEN
C.N.R.S.
CRONENBOURG
PARC DES SPORTS
ZENITH HAUTEPIERRE
A 351
PARC DES POTERIES
KOENIGSHOFFEN
Rte. des Romains
ECKBOLSHEIM
ROETHIG
LINGOLSHEIM
Gerig
OSTWALD
ILLKIRCH-GRAFFENSTADEN
Geispolsheim-Gare
FEGERSHEIM
OHNHEIM
ESCHAU
A 35
A 4 / E 25
Canal de la Marne au Rhin
Rte. de Hoerdt
R. du Dépôt
RAFFINERIE DE PÉTROLE
REICHSTETT
SOUFFELWEYERSHEIM
HŒNHEIM
BISCHEIM
SCHILTIGHEIM
Palais des Droits de l'Homme
Parlement Européen
CATHÉDRALE NOTRE-DAME
Palais de l'Europe
KRUTENAU
N 4
Rte. du Rhin
Av. Jean Jaurès
PLAINE DES BOUCHERS
NEUDORF
AÉRODROME DU POLYGONE
NEUHOF
STOCKFELD
PARC D'INNOVATION
FORÊT DE NEUHOF
Rhin Tortu
CENTRE EUROFRET
GÉNÉRAL MOTORS
ÎLE DU ROHRSCHOLLEN
Port Autonome Sud
R. de La Rochelle
R. du Havre
Port Autonome Nord
Jardin des Deux Rives
Pont de l'Europe
Pont J. Millot
LA ROBERTSAU
PARC DE POURTALÈS
FORÊT DE LA ROBERTSAU
FUCHS-AM-BUCKEL
LA WANTZENAU
Rte. de Strasbourg
Rte. de La Wantzenau
ILL
KILSTETT
LEUTESHEIM
AUENHEIM
NEUMÜHL
KEHL
SUNDHEIM
DEUTSCHLAND
ECKARTSWEIER
MARLEN
GOLDSCHEUER
KITTERSBURG
Straßburger Str.
Friedhof-Str.
Ringstraße
Elsasser Str.
Otto-Hahn-Str.
Rte. de Lyon
Rte. du Rhin
Canal du Rhône au Rhin
Av. de Strasbourg

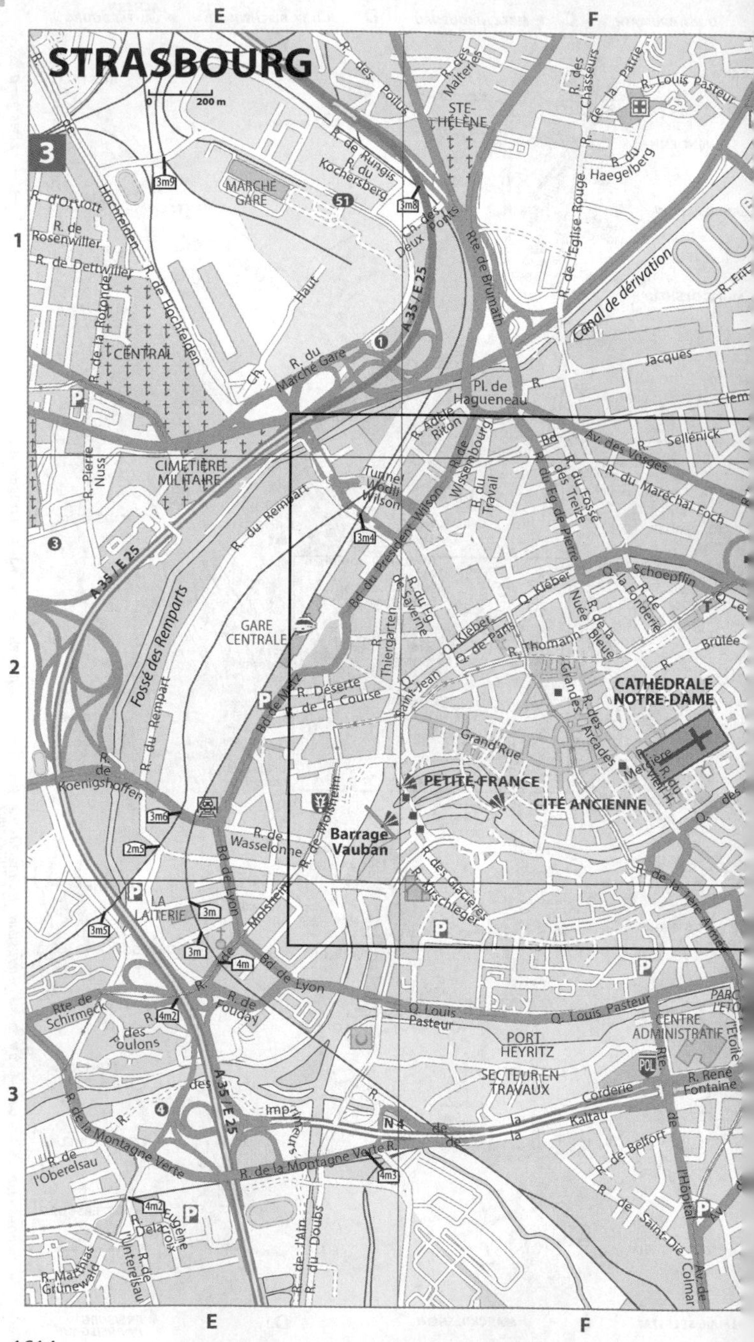
E
F
STRASBOURG
0
200 m
3
1
2
3
CATHÉDRALE NOTRE-DAME
PETITE-FRANCE
CITÉ ANCIENNE
Barrage Vauban
GARE CENTRALE
CIMETIÈRE MILITAIRE
CENTRAL
MARCHÉ GARE
STE-HÉLÈNE
LA LAITERIE
PORT HEYRITZ
SECTEUR EN TRAVAUX
CENTRE ADMINISTRATIF
Pl. de Hagueneau
Canal de dérivation
Fossé des Remparts
A 35 / E 25
N 4
Bd de Lyon
Bd de Metz
Bd du Président Wilson
Q. Louis Pasteur
Grand'Rue
Av. des Vosges
R. du Maréchal Foch
Rte. de Brumath
Rte. de Schirmeck
R. de la Montagne Verte
R. de Koenigshoffen
R. de Hochfelden
R. du Rempart
Tunnel Wodli Wilson
R. de la 1ère Armée
Av. de Colmar

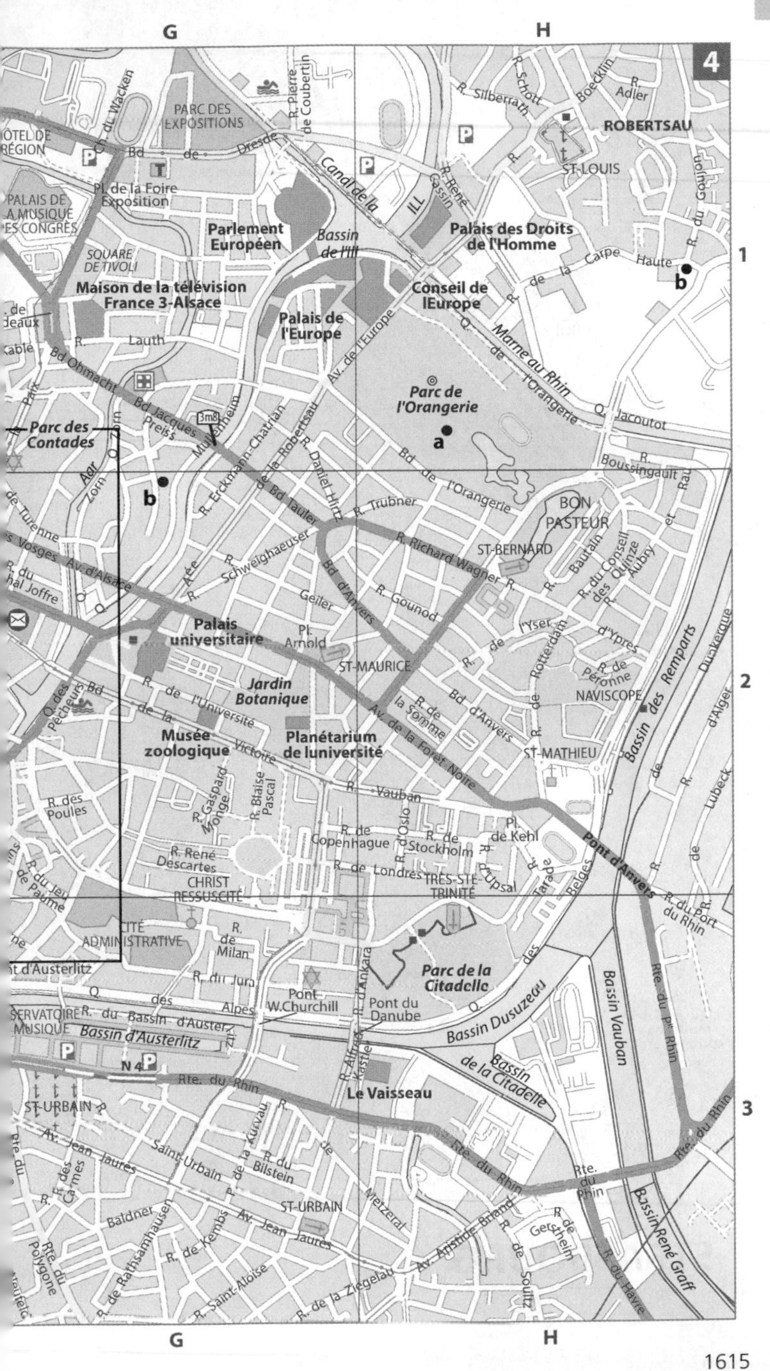

G
H
4
PARC DES EXPOSITIONS
Parlement Européen
Palais des Droits de l'Homme
Conseil de lEurope
Palais de l'Europe
Maison de la télévision France 3-Alsace
Parc de l'Orangerie
Parc des Contades
Palais universitaire
Jardin Botanique
Musée zoologique
Planétarium de luniversité
Parc de la Citadelle
Le Vaisseau
ROBERTSAU
ST-LOUIS
BON PASTEUR
ST-BERNARD
ST-MAURICE
ST-MATHIEU
NAVISCOPE
CHRIST RESSUSCITÉ
TRES-STE-TRINITÉ
CITÉ ADMINISTRATIVE
ST-URBAIN
Bassin de l'Ill
Bassin d'Austerlitz
Bassin Dusuzeau
Bassin de la Citadelle
Bassin Vauban
Bassin des Remparts
Bassin René Graff
Canal de la Marne au Rhin
Pont d'Anvers
Pont W.Churchill
Pont du Danube
Bd de Dresde
Bd d'Anvers
Bd de l'Orangerie
Av. de l'Europe
Av. de la Forêt Noire
Av. d'Alsace
Av. Jean Jaurès
Rte. du Rhin
N 4
1
2
3

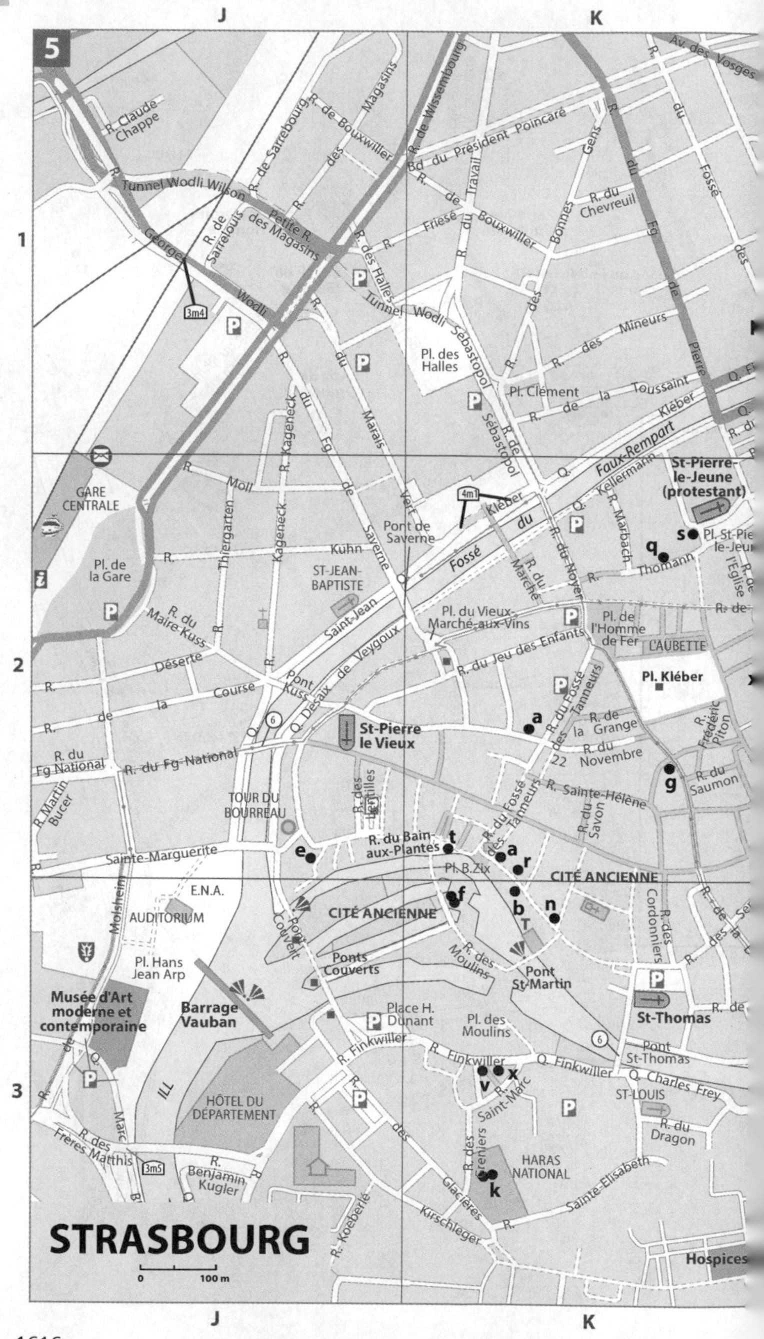

J
K
5
1
2
3
STRASBOURG
0
100 m
R. Claude Chappe
Tunnel Wodli Wilson
Georges
Wodli
3m4
R. de Sarrelouis
Petite R. des Magasins
R. de Sarrebourg
R. de Bouxwiller
R. des Magasins
R. de Wissembourg
Bd du Président Poincaré
R. de Bouxwiller
R. Friese
R. du Travail
R. des Bonnes Gens
R. du Chevreuil
R. du Fg de Pierre
R. du Fossé des
Av. des Vosges
R. des Halles
Tunnel Wodli
Sébastopol
Pl. des Halles
R. des Mineurs
Pl. Clément
R. de la Toussaint
Kléber
Faux-Rempart
Q. Kellermann
R. de Sébastopol
St-Pierre-le-Jeune (protestant)
Pl. St-Pierre-le-Jeune
R. Marbach
R. Thomann
R. de l'Église
R. du Fg de Saverne
R. du Marais Vert
R. Kageneck
R. Moll
GARE CENTRALE
R. Thiergarten
Pont de Saverne
4m1
Kléber
Fossé du
R. du Marché
R. du Noyer
R. Kuhn
Pl. de la Gare
ST-JEAN-BAPTISTE
Saint-Jean
R. du Maire Kuss
Pl. du Vieux-Marché-aux-Vins
Pl. de l'Homme de Fer
L'AUBETTE
Pl. Kléber
R. Déserte
R. de la Course
Q. Desaix
Pont Kuss
R. du Jeu des Enfants
R. du Fossé des Tanneurs
R. de la Grange
R. Frédéric Piton
St-Pierre le Vieux
R. du 22 Novembre
R. du Fg National
R. du Fg-National
R. Martin Bucer
TOUR DU BOURREAU
R. des Serruriers
R. Sainte-Hélène
R. du Savon
R. du Saumon
R. du Bain-aux-Plantes
Sainte-Marguerite
Pl. B.Zix
CITÉ ANCIENNE
E.N.A.
AUDITORIUM
Molsheim
Pont Couvert
CITÉ ANCIENNE
R. des Moulins
Pont St-Martin
R. des Cordonniers
R. de la
Pl. Hans Jean Arp
Ponts Couverts
Musée d'Art moderne et contemporaine
Barrage Vauban
Place H. Dunant
Pl. des Moulins
St-Thomas
R. Finkwiller
R. Finkwiller
Q. Finkwiller
Pont St-Thomas
Q. Charles Frey
ST-LOUIS
ILL
HÔTEL DU DÉPARTEMENT
R. Saint-Marc
R. du Dragon
R. des Frères Matthis
3m5
R. Benjamin Kugler
R. des Greniers
HARAS NATIONAL
R. des Glacières
R. Sainte-Elisabeth
R. Kirschleger
R. Koeberlé
Hospices
a
a
b
e
f
g
k
n
q
r
s
t
v
x

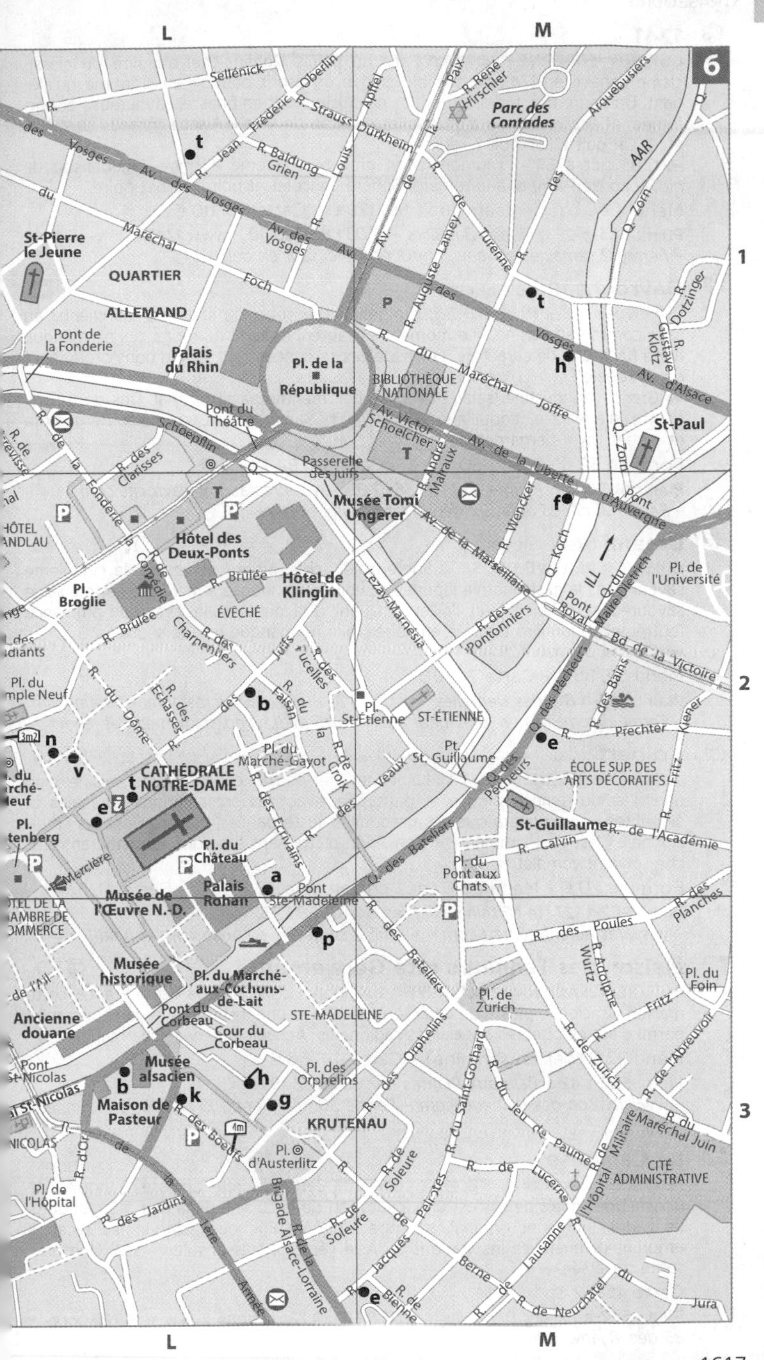

L
M
6
1
2
3
Parc des Contades
St-Pierre le Jeune
QUARTIER ALLEMAND
Pont de la Fonderie
Palais du Rhin
Pl. de la République
BIBLIOTHÈQUE NATIONALE
St-Paul
Pont du Théâtre
Passerelle des juifs
Musée Tomi Ungerer
Hôtel des Deux-Ponts
Hôtel de Klinglin
Pl. Broglie
ÉVÊCHÉ
Pl. de l'Université
Pont Royal
Bd de la Victoire
Pl. St-Étienne
ST-ÉTIENNE
Pl. du Marché-Gayot
Pt. St. Guillaume
CATHÉDRALE NOTRE-DAME
ÉCOLE SUP. DES ARTS DÉCORATIFS
St-Guillaume
Pl. du Château
Palais Rohan
Pl. du Pont aux Chats
Musée de l'Œuvre N.-D.
Pont Ste-Madeleine
Musée historique
Pl. du Marché-aux-Cochons-de-Lait
Pont du Corbeau
Cour du Corbeau
STE-MADELEINE
Pl. de Zurich
Pl. du Foin
Ancienne douane
Pont St-Nicolas
Musée alsacien
Maison de Pasteur
Pl. des Orphelins
KRUTENAU
Pl. d'Austerlitz
Pl. de l'Hôpital
CITÉ ADMINISTRATIVE
Av. des Vosges
Av. de la Liberté
Av. de la Marseillaise
Av. d'Alsace
Q. des Bateliers
Q. des Pêcheurs
R. de Zurich
R. de Lucerne
R. de Soleure
R. du Jeu des Paumes
R. du Saint-Gothard
R. Prechter
R. de l'Académie
R. Calvin
R. des Poules
R. des Orphelins
R. des Bouchers
Brigade Alsace-Lorraine
R. des Jardins
ILL
AAR
Q. Zorn
Q. Koch
R. de Berne
R. de Neuchâtel
R. du Maréchal Juin

1741

CUISINE MODERNE • COSY XXX Face au palais Rohan, chef-d'œuvre du classicisme achevé en 1741, cette table cultive un esprit boudoir aussi intime qu'élégant. Un cadre très séduisant pour une cuisine tout en finesse, savoureuse et parfumée, et accompagnée d'une belle sélection de vins d'Alsace (grands crus, bio, etc.). On quitte l'endroit à regret...

➜ Œuf cuit à 64° , saumon façon gravlax et crème d'Isigny. Pigeonneau de nid, coco de Paimpol à la tomate. Sphère chocolat et poire, sorbet poire.

Menu 42 € (déj. en semaine), 99/129 € - Carte 95/110 €

Plan : 6L3-p *22 quai des Bateliers - ✆ 03 88 35 50 50 - www.1741.fr - Fermé 2 semaines en janv., mardi et merc. sauf en déc.*

Gavroche (Benoit Fuchs)

CUISINE MODERNE • INTIME XX On sent ici le souci de satisfaire les clients, en salle comme en cuisine... Le moment est agréable au fil du repas, qui ne manque ni de finesse ni de caractère. Les assiettes se concentrent sur de bons produits et on se régale !

➜ Grosse langoustine, salade de pak-choï, menthe et citron thaï. Dos de turbot, risotto d'épeautre, coquillages et ail noir. Sablé breton, crémeux bergamote et sorbet thym-bergamote.

Formule 37 € - Menu 50/80 € - Carte 81/94 €

Plan : 6L3-g *4 r. Klein - ✆ 03 88 36 82 89 - www.restaurant-gavroche.com - Fermé 21 juil.-13 août, 22 déc.-2 janv., sam. et dim.*

Umami (René Fieger)

CUISINE CRÉATIVE • COSY XX Sucré, salé, acide, amer... et *umami*, la cinquième saveur dans la gastronomie japonaise : voilà qui annonce à merveille cette cuisine savoureuse, mêlant l'ici et l'ailleurs. Quant à la petite salle, avec son ambiance feutrée et sa lumière tamisée en soirée, elle ne manque pas de séduire...

➜ Cuisine du marché.

Menu 57/85 € - Carte 70/90 €

Plan : 5K2-b *8 r. des Dentelles - ✆ 03 88 32 80 53 - www.restaurant-umami.com - Fermé 3 semaines en juin, lundi midi, mardi midi, vend. midi, merc. et jeudi*

Colbert

CUISINE MODERNE • COSY XX Le jeune chef-patron concocte une cuisine bien dans l'air du temps, soignée et parfumée, avec des présentations originales et élégantes : on ne citera que ces grenouilles juste panées, macaronis et jus émulsionné... C'est tout simplement bon : rien d'étonnant à ce que le restaurant affiche souvent complet !

Formule 20 € - Menu 25 € (déj. en semaine), 32/55 € - Carte 41/53 €

Plan : 2C2-r *127 rte Mittelhausbergen - ✆ 03 88 22 52 16 - www.restaurant-colbert.com - Fermé 2 semaines en août, dim. et lundi*

Maison des Tanneurs dite Gerwerstub

CUISINE ALSACIENNE • ÉLÉGANT XXX Au bord de l'Ill, dans la Petite France, cette maison alsacienne pleine de caractère (1572) est une institution de la choucroute, parmi d'autres célèbres spécialités régionales. Accueil et service charmants.

Menu 22 € (déj. en semaine) - Carte 44/66 €

Plan : 5K2-t *42 r. Bain-aux-Plantes - ✆ 03 88 32 79 70 - www.maison-des-tanneurs.com - Fermé 30 juil.-6 août, 15 janv.-8 fév., dim. et lundi*

La Cambuse

POISSONS ET FRUITS DE MER • COSY XX Cette discrète adresse, à portée de ricochet des quais de l'Ill, est une institution de la cuisine de la mer à Strasbourg. Le cadre, intime et original, s'inspire d'une cabine de yacht, et les recettes empruntent quelques inspirations à l'Asie (épices, cuissons courtes...). Une plaisante traversée.

Carte 46/62 €

Plan : 5K2-a *1 r. des Dentelles - ✆ 03 88 22 10 22 - Fermé 2-15 mai, 1er-22 août, 23 déc.-8 janv., dim. et lundi*

La Casserole

CUISINE MODERNE • COSY XX Le jeune propriétaire, ancien responsable de salle au Crocodile, semble savourer chaque instant passé dans sa "propre" maison… qu'il se rassure : sa clientèle en profite autant que lui ! Le cadre, cosy et sobrement contemporain, met en valeur une cuisine dans l'air du temps, fraîche et bien réalisée.

Menu 39 € (déj.), 55/110 € – Carte 74/97 €

Plan : 6L2-b *24 r. des Juifs*
– ✆ 03 88 36 49 68 – www.restaurantlacasserole.fr
– Fermé dim. et lundi sauf déc.

Le Pont Tournant

CUISINE MODERNE • ÉLÉGANT XX L'emplacement au cœur de la Petite France est séduisant ; la cuisine, talentueuse, marie de bons produits frais. Par beau temps, on dîne sur la terrasse en teck, installée au bord du canal et d'une écluse : de quoi réconcilier n'importe quel couple ! Attention : le restaurant n'est ouvert qu'au dîner.

Menu 55/75 € – Carte 40/54 €

Plan : 5K2-f *Hôtel Régent Petite France & Spa, 5 r. des Moulins*
– ✆ 03 88 76 43 43 – www.regent-petite-france.com
– Fermé le midi, dimanche et lundi

L'Amuse Bouche

CUISINE MODERNE • DE QUARTIER XX Restaurant discret hors de l'animation du centre-ville. Salle classique aux tons pastel, pour une cuisine dans l'air du temps, fraîche et sans fausse note.

Formule 16 € – Menu 40/79 € 🍷 – Carte 49/55 €

Plan : 6M1-t *3a r. de Turenne – ✆ 03 88 35 72 82 – www.lamuse-bouche.fr – Fermé lundi soir, mardi soir, merc. soir et dim.*

Le Violon d'Ingres

CUISINE CLASSIQUE • INTIME XX Cette maison alsacienne est l'une des plus anciennes du quartier de la Robertsau, par-delà le Parlement européen. À la carte, une cuisine classique teintée de modernité, avec homard, foie gras, poisson, gibier en saison, etc. À déguster dans l'élégante salle à manger ou en terrasse, à l'ombre d'un imposant marronnier…

Menu 36 € (déj. en semaine), 58/64 € – Carte 60/70 €

Plan : 2D2-z *1 r. du Chevalier-Robert, à La Robertsau – ✆ 03 88 31 39 50*
– Fermé 2 semaines en août, 1 semaine en oct., 1 semaine en janv., sam. midi, dim. soir et lundi

Maison Kammerzell

CUISINE ALSACIENNE • HISTORIQUE XX À coté de la cathédrale, cette maison strasbourgeoise du 16es. classée dégage une authentique ambiance médiévale : vitraux, fresques, bois sculpté, voûtes gothiques. Cuisine du terroir, avec en spécialité la choucroute aux trois poissons créée en 1970.

Menu 30/47 € – Carte 36/55 €

Plan : 6L2-e *16 pl. de la Cathédrale – ✆ 03 88 32 42 14*
– www.maison-kammerzell.com

Pont des Vosges

CUISINE TRADITIONNELLE • BRASSERIE XX À l'angle d'un immeuble ancien, cette brasserie, dont la réputation n'est plus à faire, régale de bons plats généreux. Vieilles affiches publicitaires et miroirs en décor. Accueil et service agréables.

Carte 38/65 €

Plan : 6M1-h *15 quai Koch*
– ✆ 03 88 36 47 75 – www.lepontdesvosges.fr
– Fermé dim.

Villa Casella

CUISINE ITALIENNE • MÉDITERRANÉEN XX Fermez les yeux, vous voilà en Italie ! Derrière les fourneaux, le chef, venu du sud de la Botte, met beaucoup de cœur à défendre la cuisine de ses origines. Pour preuve, il réalise lui-même ses pâtes... Que l'on dévore parmi les habitués, dans une ambiance méditerranéenne, ou en terrasse si le temps le permet.

Menu 21/45 € – Carte 44/61 €

Plan : 6K3-a *5 r. du Paon – ✆ 03 88 32 50 50 – www.villacasella.fr – Fermé vacances de fév., 2 semaines en août et dim.*

Zuem Ysehuet

CUISINE MODERNE • CONTEMPORAIN XX Dans un quartier huppé au bord de l'Ill, cette jolie auberge est recouverte de vigne vierge. L'intérieur est résolument contemporain ; quant aux recettes, elles font la part belle aux produits de saison (légumes du potager), que l'on accompagne de l'une des 700 références présentes sur la carte des vins. Agréable terrasse au calme.

Menu 30 € (déj.), 40/53 € – Carte environ 50 €

Plan : 4G2-b *21 quai Mullenheim – ✆ 03 88 35 68 62 – www.zuem-ysehuet.com – Fermé 1 semaine vacances de fév., 1 semaine vacances de Pâques, 5-21 août, lundi midi de nov. à mars, sam. sauf le soir d'avril à oct. et dim.*

La Brasserie des Haras

CUISINE MODERNE • DESIGN X Sous la tutelle du grand chef Marc Haeberlin, une table élégante et raffinée, au sein des anciens haras nationaux construits sous Louis XV. On y apprécie de belles recettes traditionnelles, sans oublier quelques plats du terroir local. Et le superbe décor contemporain, avec cuisines ouvertes, vaut le coup d'œil !

Formule 25 € – Menu 34/71 € – Carte 34/59 €

Plan : 5K3-k *23 r. des Glacières – ✆ 03 88 24 00 00 – www.les-haras-brasserie.com*

La Cuiller à Pot

CUISINE TRADITIONNELLE • DE QUARTIER X À deux pas de la Petite France, plongez allégrement votre cuiller dans ce Pot tout simple et gourmand : le jeune chef concocte une cuisine généreuse et soignée, qui a la fraîcheur de l'instant. Une carte courte, peu de tables : la formule du plaisir.

Carte 35/53 €

Plan : 5K3-v *18b r. Finkwiller – ✆ 03 88 35 56 30 – www.lacuillerapot.fr – Fermé 3 semaines en juil., vacances de Noël, sam. midi, dim. et lundi*

In Vino Veritas

CUISINE ITALIENNE • BISTRO X Situation superbe pour ce restaurant italien, situé au pied de la majestueuse cathédrale. Carte courte pour préparations gourmandes et généreuses, au service de sa majesté le produit : vitello tonnato, antipasti, gnocchi, tiramisu... La terrasse est très prisée aux beaux jours. Très belle carte des vins.

Carte 38/69 €

Plan : 6L2-t *25 pl. de la Cathédrale – ✆ 03 88 32 75 85 – www.restaurant-invinoveritas.fr – Fermé dim.*

La Rivière

CUISINE ASIATIQUE • COSY X Une Rivière aux multiples affluents... Voilà plus de 50 ans que l'adresse appartient à la famille Meier et, aujourd'hui sous la conduite de Richard – vietnamien par sa mère et dont l'épouse, d'origine iranienne, œuvre en cuisine –, elle nous fait voyager partout en Asie ! Des recettes élégantes, pour un endroit charmant...

Menu 100 € 🍷 – Carte 60/90 €

Plan : 5K2-r *3 r. des Dentelles – ✆ 03 88 22 09 25 – Fermé 2 semaines en août, 23 déc.-4 janv., dim., lundi et le midi*

Le Bistrot des Arts

CUISINE TRADITIONNELLE • BISTRO Aux portes du quartier de la Krutenau, ce petit Bistrot des Arts est emmené par Arnaud Barberis, chef sympathique et plutôt adroit : il concocte une bonne cuisine de produits sans fioritures, avec notamment certains plats mijotés en cocotte... Une bonne adresse.

Formule 13 € – Menu 16 € (déj.)/26 € – Carte 29/52 €

Plan : 6M2-e *10 quai des Pêcheurs – 03 88 35 10 60 – www.bistrotdesarts.eu – Fermé 3 semaines en août, 24 déc.-2 janv., sam. midi, dim. et fériés*

Lucullus

CUISINE TRADITIONNELLE • BISTRO Dans ce restaurant de poche, on s'assoit au coude-à-coude avant de faire son choix parmi les suggestions de l'ardoise. Que choisir ? Derrière les fourneaux, le chef réalise une appétissante cuisine du marché axée sur les beaux produits frais. Accueil sympathique.

Menu 19 € (déj.) – Carte 33/55 €

Plan : 6L3-e *15 r. Jacques-Peirotes – 03 88 37 11 07 – Fermé 19-27 mars, 15-30 août, sam. et dim.*

Pierre Bois & Feu

CUISINE TRADITIONNELLE • BISTRO Dans une ruelle proche des quais, ce petit bistrot contemporain est abrité dans une maison datant du 17e s. Tables en bois brut, cuisine ouverte : l'endroit a du charme. À la carte, des plats de saison et de beaux produits, avec pour spécialité la viande de salers... cuite au fer à repasser, à découvrir !

Menu 44 € – Carte 59/79 €

Plan : 6L2-a *6 r. du Bain-aux-Roses – 03 88 36 25 59 – www.pierreboisetfeu.fr – Fermé 1 semaine en fév., 2 semaines en août, lundi midi, merc. midi et dim.*

La Vieille Tour

CUISINE TRADITIONNELLE • DE QUARTIER Cette adresse, toute proche de la Petite France, cultive le goût de la tradition, au gré du marché (ardoise). Décor simple, relevé d'affiches humoristiques sur l'Alsace.

Formule 23 € – Menu 40 € – Carte 40/66 €

Plan : 5J2-e *1 r. Adolphe-Seyboth – 03 88 32 54 30 – Fermé dim. sauf le midi en déc., lundi et fériés*

La Vignette

CUISINE TRADITIONNELLE • BISTRO Il flotte comme un air de guinguette dans cette charmante maison à l'esprit rétro. En cuisine, le chef concocte de généreuses recettes bistrot aux saveurs bien marquées. Accueil sympathique et prix raisonnables : voilà une vignette à coller dans votre carnet d'adresses gourmandes !

Formule 15 € – Menu 32 € – Carte 37/49 €

Plan : 2D2-t *29 r. Mélanie, à la Robertsau – 03 88 31 38 10 – www.lavignette-strasbourg-robertsau.com – Fermé 1er-15 août, sam. midi et dim.*

Winstubs :

dégustation de vins et cuisine du pays, ambiance typiquement alsacienne

Au Pont du Corbeau

CUISINE ALSACIENNE • WINSTUB À côté du Musée alsacien dédié à l'art populaire, une savoureuse manière de passer à la pratique ! Tout seduit dans celle authentique winstub tenue en famille : le décor traditionnel (éléments Renaissance, affiches), le choix de vins et, bien sûr, la cuisine alsacienne, appuyée sur un réseau de producteurs locaux... Coup de cœur !

Formule 14 € – Menu 31 € – Carte 29/52 €

Plan : 6L3-b *21 quai St-Nicolas – 03 88 35 60 68 – Fermé 1 semaine vacances de fév., 25 juil.-22 août, dim. midi et sam. sauf en déc.*

Le Clou

CUISINE ALSACIENNE • WINSTUB À deux pas de la cathédrale, cette antique winstub promet d'être le Clou... de votre soirée ! Comme attendu, le lieu fait la part belle à la tradition alsacienne : choucroute royale, baeckeofe ou jambon en croûte sont proposés dans un décor de marqueteries et de scènes du temps jadis... Attention : c'est souvent complet.

Formule 15 € – Menu 18 € (déj. en semaine) – Carte 30/55 €

Plan : 6L2-n *3 r. du Chaudron – 03 88 32 11 67 – www.le-clou.com*

Fink'Stuebel

CUISINE ALSACIENNE • WINSTUB Colombages, parquet brut, bois peints, mobilier régional et nappes fleuries : cet endroit a tout de l'image d'Épinal. On travaille ici en famille, dans le respect de la tradition : cuisine du terroir et foie gras sont à l'honneur. La winstub dans toute sa splendeur !

Formule 16 € – Carte 34/65 €

Plan : 5K3-x *26 r. Finkwiller – 03 88 25 07 57 – www.restaurant-finkstuebel.com – Fermé 3 semaines en août, dim. et lundi sauf en déc.*

S'Burjerstuewel - Chez Yvonne

CUISINE ALSACIENNE • WINSTUB Atmosphère animée dans cette winstub qui fait figure d'institution (photos et dédicaces de stars à l'appui). On y mange au coude à coude et la carte respecte la plus pure tradition alsacienne. Ne passez pas à côté de l'une des spécialités maison : le coq au riesling. Une belle adresse.

Carte 29/59 €

Plan : 6L2-v *10 r. du Sanglier – 03 88 32 84 15 – www.chez-yvonne.net*

Hôtels

Régent Petite France & Spa

LUXE • PERSONNALISÉ Dans la Petite France, une grande et belle adresse, aménagée dans les ex-glacières des bords de l'Ill. Intérieurs confortables, modernes et chic, sans ostentation ; chambres agréablement feutrées, dont 17 récemment ouvertes dans le "Pavillon", un bâtiment datant du 15e s...

83 chambres – 165/690 € 165/690 € – 9 suites – 25 €

Plan : 5K2-f *5 r. des Moulins – 03 88 76 43 43 – www.regent-petite-france.com*

Le Pont Tournant – voir les restaurants ci-dessus

Sofitel

HÔTEL DE CHAÎNE • CONTEMPORAIN En plein cœur de la vieille ville, le tout premier hôtel Sofitel ouvert au monde en 1964 a de beaux restes. Les chambres, parfaitement tenues, sont élégantes et adaptées à une clientèle d'affaires (nombreuses salles de séminaire).

146 chambres – 140/396 € 140/396 € – 4 suites – 26 €

Plan : 5K2-s *4 pl. St-Pierre-le-Jeune – 03 88 15 49 00 – www.sofitel-strasbourg.com*

Le Bouclier d'Or

HISTORIQUE • ÉLÉGANT Ouvert en 2012, cet établissement prend ses aises dans un ancien hôtel particulier dont la partie la plus ancienne remonte au 16e s. Dans les chambres, le luxe le dispute au raffinement. Et ne passez pas à côté du spa – de 150 m² – aménagé dans une superbe cave voûtée.

22 chambres – 156/368 € 156/368 € – 4 suites – 22 €

Plan : 5K3-n *1 r. du Bouclier – 03 88 13 73 55 – www.lebouclierdor.com*

Cour du Corbeau

HISTORIQUE • ÉLÉGANT Près du pont du Corbeau, l'alliance du confort le plus contemporain et du charme des vieilles pierres : cet hôtel s'épanouit dans plusieurs superbes maisons anciennes (16e-19e s.).

63 chambres – 179/510 € 179/510 € – 24 €

Plan : 6L3-h *6 r. des Couples – 03 90 00 26 26 – www.cour-corbeau.com*

Les Haras

HISTORIQUE • DESIGN Au cœur de Strasbourg, l'établissement, inauguré en 2013, a été créé dans les anciens haras nationaux du 18e s. ! Un cadre exceptionnel pour une adresse qui l'est tout autant. Les chambres, au décor épuré, sont assez voire très spacieuses (17 à 35 m^2), et le moindre détail est soigné...

55 chambres – 149/605 € 149/605 € – 24 €

Plan : 5K3-k *23 r. des Glacières – 03 90 20 50 00 – www.les-haras-hotel.com*

Régent Contades

LUXE • CLASSIQUE Derrière la noble façade de cet hôtel particulier du 19e s., on évolue dans un décor empreint de raffinement et de classicisme (boiseries, tableaux, lustres à pampilles...). Les chambres sont spacieuses, avec du caractère, et le personnel est aux petits soins. Une belle adresse pour découvrir la ville.

46 chambres – 104/590 € 194/760 € – 2 suites – 21 €

Plan : 6M2-f *8 av. de la Liberté – 03 88 15 05 05 – www.regent-contades.com*

Beaucour

TRADITIONNEL • PERSONNALISÉ Deux maisons alsaciennes du 18e s. autour d'une charmante cour fleurie. Les lieux dégagent un réel cachet ; certaines des chambres empruntent à la tradition alsacienne, d'autres sont plus contemporaines. Un ensemble chaleureux et confortable.

49 chambres – 79/119 € 99/189 € – 14 €

Plan : 6L3-k *5 r. des Bouchers – 03 88 76 72 00 – www.hotel-beaucour.com*

Hannong

TRADITIONNEL • FONCTIONNEL Un hôtel familial sur le site de la faïencerie Hannong (18e s.). Façade néoclassique, salon sous verrière, mariage de matériaux, etc. : l'ensemble est accueillant et parfaitement tenu. Agréable espace terrasse et élégant bar à vin.

72 chambres – 79/259 € 99/399 € – 16 €

Plan : 5K2-a *15 r. du 22-Novembre – 03 88 32 16 22 – www.hotel-hannong.com – Fermé 1er-8 janv.*

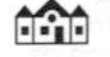

Maison Rouge

TRADITIONNEL • CLASSIQUE Au cœur de la ville, sur le passage d'une ligne de tramway, cet hôtel de tradition associe confort et service de standing. Les chambres sont spacieuses et soignées, desservies par des paliers ornés d'objets d'art.

139 chambres – 115/231 € 125/415 € – 3 suites

Plan : 5K2-g *4 r. des Francs-Bourgeois – 03 88 32 08 60 – www.maison-rouge.com*

Gutenberg

URBAIN • CONTEMPORAIN Entièrement rénové, l'hôtel Gutenberg a écrit une nouvelle page de son histoire. Dans ce bâtiment qui date de 1745, au cœur du vieux Strasbourg, les chambres affichent un bel esprit contemporain, osant même les touches design. Et le personnel est des plus avenants.

42 chambres – 89/255 € 89/255 € – 14 €

Plan : 6L2-f *31 r. des Serruriers – 03 88 32 17 15 – www.hotel-gutenberg.com*

Hotel.D

BUSINESS • CONTEMPORAIN Proche des quais et du centre-ville, un hôtel contemporain parfaitement équipé. Le confort des chambres (grand lit, douche à l'italienne) et le bon petit-déjeuner (yaourts du Climont, jus de pomme et mirabelle) en font une agréable étape.

37 chambres – 109/485 € 109/485 € – 16 €

Plan : 6K1-p *15 r. du Fossé-des-Treize – 03 88 15 13 67 – www.hoteld.fr*

Mercure Centre

HÔTEL DE CHAÎNE • FONCTIONNEL Hôtel fonctionnel et contemporain situé en cœur de ville. Au 7e étage, la salle des petits-déjeuners jouit d'une petite vue sur la cathédrale.

98 chambres – 83/257 € 83/257 € – 18 €

Plan : 5K2-q *25 r. Thomann – 03 90 22 70 70 – www.mercure-strasbourg-centre.com*

Royal Lutetia

TRADITIONNEL • FONCTIONNEL Cette façade évoquant le style Art déco dissimule de plaisantes chambres contemporaines et fonctionnelles. Le salon-bar feutré et cosy permet de se détendre au retour d'une journée de travail ou de visite de la ville. Difficile de croire qu'il s'agit là d'une ancienne imprimerie...

39 chambres – 75/180 € 75/180 € – 10 €

Plan : 6L1-t *2 bis r. du Gén.-Rapp – 03 88 35 20 45 – www.royal-lutetia.fr*

ENVIRONS

à Schiltigheim 4 km au Nord – 67300 – 31 610 hab. – Alt. 140 m

La Carambole

CUISINE MODERNE • CONTEMPORAIN XXX Dans ce quartier d'affaires, un élégant restaurant au 3e étage d'un immeuble contemporain. Le jeune chef, passé par de bonnes maisons, démontre un joli savoir-faire : raviole de foie gras et anguille fumée, tartelette de potimarron et noix de pécan... le tout porté par un choix de vins avisé. Une adresse de qualité.

Menu 35 € (déj. en semaine), 62/75 € – Carte 60/72 €

Plan : 2C2-u *14 av. Pierre-Mendès-France – 03 88 47 44 44 – www.restaurant-lacarambole.com – Fermé 4-26 août, 22 déc.-1er janv., sam. et dim.*

Côté Lac

CUISINE MODERNE • CONTEMPORAIN XX Dans une zone d'activité du nord de la ville, on est surpris de découvrir ce parallélépipède de béton brut et de verre, posé au bord d'un petit lac. L'intérieur a tout du loft moderne, avec ses éclairages modernes et ses tableaux contemporains ; on y déguste une cuisine actuelle, soignée, qui évolue régulièrement.

Formule 26 € – Menu 30 € (déj. en semaine)/68 € – Carte 50/55 €

Plan : 2C2-t *2 pl. de Paris (Espace Européen de l'Entreprise) – 03 88 83 82 81 – www.cote-lac.com – Fermé lundi soir, sam. midi, dim. et fériés*

La Fabrique N

CUISINE MODERNE • ÉLÉGANT X Des recettes hautes en couleur, une belle maîtrise des cuissons, une pointe de créativité sans excès : on doit cette belle partition culinaire à un jeune chef au solide parcours – précédemment chef exécutif à la Dame de Pic, à Paris.

Formule 20 € – Menu 26/55 € – Carte 45/60 €

Plan : 2C2-m *32 r. de la Gare – 03 88 83 93 83 – www.lafabrique-restaurant.com – Fermé 1 semaine vacances de printemps, 3 semaines en août, 1 semaine vacances de Noël, dim. et lundi*

à La Wantzenau 12 km au Nord-Est – 67610 – 5 734 hab. – Alt. 130 m

Relais de la Poste

CUISINE MODERNE • ÉLÉGANT XXX Une cuisine au goût du jour – pas alsacienne pour un sou ! –, parsemée d'influences méditerranéennes ; une carte des vins particulièrement bien fournie : voilà les principaux atouts de cette maison. Le décor, avec boiseries et véranda face à la terrasse, se révèle aussi très agréable, et l'accueil est charmant.

→ Foie gras de canard, abricot et vanille, pain de campagne grillé. Ris de veau rôti, fricassée de girolles, tomate et palet de céleri confit. Crêpe Suzette, marmelade d'orange.

Formule 35 € – Menu 55/98 € – Carte 70/90 €

Plan : 2D1-a *Hôtel Relais de la Poste, 21 r. du Gén.-de-Gaulle – 03 88 59 24 80 – www.relais-poste.com – Fermé 30 juil.-10 août, sam. midi, dim. soir et lundi*

Au Moulin

CUISINE CLASSIQUE • COSY XX Un cadre élégant et lumineux, dans les dépendances d'un ancien moulin posté au bord de l'Ill. La terrasse profite du calme de la campagne environnante. Cuisine classique.

Formule 19 € – Menu 24 € (semaine), 29/74 € – Carte 39/84 €

Plan : 2D1-z *Hôtel Le Moulin de la Wantzenau, 2 impasse du Moulin, 1,5 km au Sud par D468 – ✆ 03 88 96 20 01 – www.restaurant-moulin-wantzenau.fr – Fermé 24 déc.-3 janv., dim. soir, lundi et mardi*

Les Semailles

CUISINE MODERNE • COSY XX Jolie graine que cette maison alsacienne chatoyante, dressée dans une petite rue calme. Aux beaux jours, profitez de la terrasse ombragée sous une glycine centenaire... Au menu : des produits au-dessus de tout soupçon, parfaitement cuisinés, avec personnalité.

Formule 25 € – Menu 30 € (déj. en semaine), 32/78 € – Carte 40/72 €

Plan : 2D1-s *10 r. Petit-Magmod – ✆ 03 88 96 38 38 – www.semailles.fr – Fermé dim. soir, merc. et jeudi*

Zimmer

CUISINE TRADITIONNELLE • CLASSIQUE XX Indifférente aux modes, cette maison au glorieux passé continue de décliner une belle cuisine de tradition, teintée de notes plus actuelles : blanquette de poussin aux petits oignons et champignons, gratin de macaronis au parmesan ; matelote de poissons au riesling, fricassée de pâtes... Terrasse aux beaux jours.

Formule 24 € – Menu 28 €, 32/64 € – Carte 40/78 €

Plan : 2D1-r *23 r. des Héros – ✆ 03 88 96 62 08 – www.restaurant-zimmer.fr – Fermé 25 juil.-12 août, 11-27 fév., dim. soir et lundi sauf fériés*

Au Pont de l'Ill

POISSONS ET FRUITS DE MER • BRASSERIE X Fruits de mer et poissons jouent les vedettes sur la carte de cette brasserie très fréquentée, abritant pas moins de cinq salles (au choix : style marin, Art nouveau, etc.). À deux pas de Strasbourg, vous voilà au bord de la mer ! Le tout à prix doux.

Formule 13 € – Menu 25 € (déj. en semaine), 28/41 € – Carte 33/69 €

Plan : 2D1-u *2 r. du Gén.-Leclerc – ✆ 03 88 96 29 44 – www.aupontdelill.com – Fermé août et sam. midi*

Le Jardin Secret

CUISINE MODERNE • COSY X Face à la petite gare, un accueillant restaurant tenu par une jeune équipe. Le cadre est contemporain, et la cuisine... bien d'aujourd'hui et ambitieuse. Et pour jardin secret, une terrasse sur l'arrière de la maison.

Formule 26 € – Menu 30 € (semaine)/52 €

Plan : 2D1-v *32 r. de la Gare – ✆ 03 88 96 63 44 – www.restaurant-jardinsecret.fr – Fermé 1 semaine en mars, 26 déc.-5 janv., mardi midi, sam. midi, dim. soir et lundi*

Le Moulin de la Wantzenau

FAMILIAL • CONTEMPORAIN Ancien moulin isolé dans la campagne, sur une rive de l'Ill. La bâtisse, d'apparence robuste, abrite des chambres colorées et design, pleines de fraîcheur : original et sympathique dans un tel environnement ! Produits régionaux au petit-déjeuner.

20 chambres – †82/130 € ††97/150 € – ☕ 14 €

Plan : 2D1-z *3 impasse du Moulin, 1,5 km au Sud par D468 – ✆ 03 88 59 22 22 – www.moulin-wantzenau.com – Fermé 24 déc.-3 janv.*

Au Moulin – voir les restaurants ci-dessus

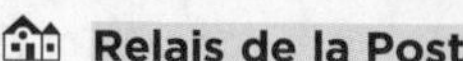

Relais de la Poste

AUBERGE • COSY Dans cette localité du nord de Strasbourg, une imposante et belle maison alsacienne où l'on est accueilli chaleureusement ! Les chambres ont été entièrement rénovées en 2015 ; elles sont cosy, feutrées, et, pour certaines, assez coquettes.

18 chambres - 90/170 € 120/200 € - 16 €

Plan : 2D1-a *21 r. du Gén.-de-Gaulle*
- 03 88 59 24 80 - www.relais-poste.com
- Fermé 30 juil.-10 août

Relais de la Poste - voir les restaurants ci-dessus

à Illkirch-Graffenstaden 5 km au Sud - 67400 - 26 949 hab. - Alt. 140 m

Estaminet à l'Agneau

CUISINE TRADITIONNELLE • BISTRO XX Bouchées à la reine, pot-au-feu de skrei, tartare de bœuf au couteau, crêpes flambées et éclair façon paris-brest... Dans un intérieur digne d'un bistrot parisien, Guillaume Kern régale désormais ses clients avec des petits plats du marché goûteux, généreux et variés. Le tout à prix doux !

Formule 16 € - Carte 30/36 €

Plan : 2C3-a *185 rte de Lyon - 03 88 66 06 58 - www.agneau-illkirch.fr*
- Fermé 6-26 août, 31 déc.-6 janv., sam. midi, dim. soir et lundi

à Entzheim 12 km par A35 (sortie n° 8), D400 et D392 - 67960 - 2 138 hab. - Alt. 150 m

Steinkeller

CUISINE ALSACIENNE • RUSTIQUE X Une belle winstub, une grande véranda, un caveau en pierre (d'où ce nom de "Steinkeller"), etc. : un vrai univers alsacien, regorgeant de bois sculpté, de vitraux, de mobilier traditionnel... Flammekueche, presskopf et autres recettes traditionnelles portent aussi haut les couleurs de la région ! Prix mesurés.

Formule 22 € - Menu 28 € - Carte 25/45 €

Plan : 1B3-h *Hôtel Père Benoit, 34 rte de Strasbourg - 03 88 68 91 65 - www.hotel-perebenoit.com - Fermé 30 juil.-20 août, 23 déc.-2 janv., sam. midi, lundi midi et dim.*

Père Benoit

AUBERGE • FONCTIONNEL Le village est coquet et cette ferme à colombages du 18e s. est alsacienne dans l'âme ! Après le porche, on découvre d'une part le restaurant, d'autre part l'hôtel avec des chambres agréables, classiques ou plus contemporaines. Le petit-déjeuner est un pur régal !

60 chambres - 79/105 € 85/115 € - 9 €

Plan : 1B3-h *34 rte de Strasbourg*
- 03 88 68 98 00 - www.hotel-perebenoit.com
- Fermé 30 juil.- 20 août et 23 déc.-2 janv.

Steinkeller - voir les restaurants ci-dessus

à Ostwald 7 km au Sud-Ouest - 67540 - 11 997 hab. - Alt. 140 m

Château de l'Ile

DEMEURE HISTORIQUE • CLASSIQUE Dans un parc baigné par l'Ill, un petit château à l'architecture éclectique (19e s.) entouré de bâtiments dans un style alsacien traditionnel. Ils abritent des chambres spacieuses et confortables, tout en tissus imprimés et mobilier de style. Restaurant gastronomique et winstub.

60 chambres - 155/760 € 155/760 € - 2 suites - 24 €

Plan : 2C3-r *4 quai Heydt*
- 03 88 66 85 00 - www.chateau-ile.fr

à Lingolsheim 5 km au Sud-Ouest – ✉ 67380 – 16 941 hab. – Alt. 140 m

L'ID

CUISINE MODERNE • CONTEMPORAIN XX Une belle maison de maître, décorée avec goût – tons gris et noisette, magnifique escalier en bois datant du 18e s. À l'ardoise, une bonne cuisine du marché rythmée par les saisons – à l'instar de cette pluma ibérique et purée à l'ail –, à déguster sur l'agréable terrasse aux beaux jours.

Formule 25 € – Menu 31 € (déj. en semaine) – Carte 38/51 €

Plan : 2C2-d *11 r. du Château – ✆ 03 88 78 40 48 – www.restaurant-id.fr – Fermé lundi soir et dim.*

à Pfulgriesheim 10 km au Nord-Ouest – ✉ 67370 – 1 254 hab. – Alt. 135 m

Bürestubel

CUISINE ALSACIENNE • AUBERGE X Cette ferme à colombages respire l'Alsace ! Joli décor régional et spécialités (très) locales : flammekueche, tartes flambées, sirops et sorbets réalisés avec les fruits du verger...

Formule 20 € – Menu 30 € (déj.) – Carte 31/48 €

Plan : 2C1-a *8 r. de Lampertheim – ✆ 03 88 20 01 92 – www.restaurantburestubel.fr – Fermé 29 juil.-15 août, 15-21 janv., dim. et lundi*

STURZELBRONN

✉ 57230 Moselle – 179 hab. – Alt. 250 m – Carte régionale n° **14**-D1
Carte Michelin 307-Q4

Au Relais des Bois

CUISINE TRADITIONNELLE • AUBERGE XX Une petite adresse familiale nichée au cœur d'un village du parc naturel régional des Vosges du Nord. À la carte : poulet au gris de Toul, ragoût de gibier à l'ancienne, rognons aux girolles... De quoi réjouir les adeptes de cuisine traditionnelle et autres amoureux des produits du terroir !

Menu 14 € (déj. en semaine), 20/30 € – Carte 31/50 €

13 r. Principale – ✆ 03 87 06 20 30 – www.aurelaisdesbois.fr – Fermé la semaine en janv. et fév., lundi et mardi

SUCÉ-SUR-ERDRE – 44 Loire-Atlantique ➜ Voir Nantes

SUCY-EN-BRIE – 94 Val-de-Marne ➜ Voir Paris, Environs

SULLY-SUR-LOIRE

✉ 45600 Loiret – 5 444 hab. – Alt. 115 m – Carte régionale n° **6**-C2
Carte Michelin 318-L5 – Guide Vert Michelin Châteaux de la Loire

Burgevin

TRADITIONNEL • CONTEMPORAIN À 200 m du château de Sully-sur-Loire, cet hôtel existe depuis 1898 ! Pas de quoi concurrencer le monument historique, mais idéal pour poser ses bagages : l'établissement est confortable et l'on s'y sent vraiment bien. Service aux petits soins et très bon petit-déjeuner.

16 chambres – 🚹96/140 € 🚹🚹110/165 € – 2 suites – ☕ 15 €

r. du Faubourg Saint-Germain – ✆ 02 38 38 13 12 – www.hotelburgevin.fr

La Closeraie

FAMILIAL • PERSONNALISÉ Dans cette maison du 19e s., on peut jouer sur le vieux piano ou bouquiner dans la bibliothèque en attendant le soir. Les chambres, romantiques à souhait, sont décorées avec goût et simplicité. Parfait pour un week-end en amoureux.

11 chambres – 🚹75 € 🚹🚹85/139 € – ☕ 10 €

14 r. Porte-Berry – ✆ 02 38 05 10 90 – www.hotel-la-closeraie.com – Fermé 20-31 août

aux Bordes 6 km au Nord-Est par D948 et D961 – ✉ 45460 – 1 831 hab. – Alt. 132 m

La Bonne Étoile

CUISINE TRADITIONNELLE • CONVIVIAL XX Votre bonne étoile vous conduira peut-être dans cette engageante petite auberge. Les gourmands y savourent une cuisine traditionnelle faisant la part belle aux produits du marché, lesquels sont sélectionnés avec le plus grand soin. Une fois votre repas terminé, promenez-vous dans la forêt d'Orléans toute proche.

Formule 16 € – Menu 19 € (semaine), 30/43 € – Carte 22/39 €

1 r. de la Poste – ✆ 02 38 35 52 15 – www.restaurant-labonneetoile.fr – Fermé 2 semaines en juil., 2 semaines en janv., dim. soir, lundi et mardi

SURESNES – 92 Hauts-de-Seine

➜ Voir Autour de Paris

SURVILLE

✉ 27400 Eure – 929 hab. – Alt. 147 m – Carte régionale n° **17**-D2
Carte Michelin 304-G6

Manoir de Surville

HISTORIQUE • ÉCO-RESPONSABLE Au cœur de la Normandie, un jeune couple passionné propose "d'être au manoir comme à la maison", et ça fonctionne ! Un ancien corps de ferme du 16ᵉs., des chambres luxueuses (dont deux suites) certaines mansardées, portes en chêne massif, dalles de Bourgogne... Cuisine du marché au restaurant.

9 chambres – †180/290 € ††180/290 € – 2 suites – ☕ 17 €

82 r. Bernard-Petel – ✆ 02 32 50 99 89 – www.manoirdesurville.com

TAILLADES

✉ 84300 Vaucluse – 1 960 hab. – Alt. 80 m – Carte régionale n° **22**-E1
Carte Michelin 332-D10

L'Auberge des Carrières

CUISINE MODERNE • AUBERGE X Au pied du Luberon, une auberge tenue par un charmant couple belge, installé en Provence depuis dix ans. Le temps de prendre place sur la jolie terrasse, et voilà déjà notre assiette ; la cuisine sent bon la Méditerranée, avec notamment la grande spécialité du chef : le ris de veau poêlé...

Menu 22 € (déj.)/42 € – Carte 51/60 €

36 av. du Château – ✆ 04 32 50 19 97 – www.aubergedescarrierres.com – Fermé lundi sauf le soir de mi-juin à fin août et dim.

TAILLECOURT – 25 Doubs

➜ Voir Audincourt

TAIN-L'HERMITAGE

✉ 26600 Drôme – 6 005 hab. – Alt. 124 m – Carte régionale n° **24**-E2
Carte Michelin 332-C3 – Guide Vert Michelin Ardèche Drôme

Maison Gambert

CUISINE MODERNE • CONVIVIAL X Cette ancienne ferme rénovée, prolongée d'une jolie terrasse ombragée et entourée de vignes, a été reprise par Mathieu Chartron, chef au joli parcours. Résultat : des préparations goûteuses et soignées, des cuissons justes – au four à bois pour les viandes et certains poissons... On passe un bon moment.

Menu 28 € – Carte 40/60 €

2 r. de la Petite-Pirelle – ✆ 04 75 09 19 85 – www.maisongambert.com – Fermé lundi et mardi

Le Mangevins

CUISINE MODERNE • BISTRO Ici, la déco mêle esprit de bistrot et modernité, quant à la cuisine, aucune inquiétude : elle célèbre plus que jamais le marché, et se révèle soignée. Belle sélection de crus de la région.

Menu 33/36 €

7 r. des Herbes - 04 75 08 00 76 - Fermé 2 semaines en avril, 2 semaines en août, 1 semaine en janv., sam. et dim.

Le Quai

CUISINE TRADITIONNELLE • BRASSERIE On pourrait rester à quai pendant des heures, à admirer le Rhône et les vignobles... En terrasse ou dans la salle, très lumineuse, on se croirait presque sur un paquebot ! Et dans ce bistrot des temps modernes, les assiettes sont généreuses. Une bonne adresse.

Formule 19 € - Menu 24/45 € - Carte 40/61 €

17 r. J.-Péala - 04 75 07 05 90 - www.michelchabran.com

Les 2 Coteaux

TRADITIONNEL • FONCTIONNEL Dans cet hôtel familial, vous pourrez admirer le Rhône... Les chambres sont sobres, calmes et lumineuses ; préférez évidemment celles avec vue sur le fleuve.

18 chambres - 70/75 € 73/88 € - 12 €

18 r. Joseph-Péala - 04 75 08 33 01 - www.hotel-les-2-coteaux-26.com

TALANT - 21 Côte-d'Or → Voir Dijon

TALLOIRES

74290 Haute-Savoie - 1 743 hab. - Alt. 470 m - Carte régionale n° **25**-F1
Carte Michelin 328-K5 - Guide Vert Michelin Alpes du Nord

Jean Sulpice

CUISINE CRÉATIVE • CONTEMPORAIN Le nouveau terrain de jeu de Jean Sulpice est plus qu'une maison de tradition, c'est une institution ! Dans l'assiette, une cuisine entre lac et montagne, créative, épurée, audacieuse. On retrouve avec plaisir les plats signatures du chef (à l'instar de son émulsion de beaufort), bien installé sur l'idyllique terrasse tournée vers les flots...

→ Caviar, anguille fumée et cresson des bassins. Féra du lac cuite au sel et courge spaghetti fumée au foin. Millefeuille chocolat, sorbet persil et cassis.

Menu 98 € (semaine), 170/210 € - Carte 135/240 €

Auberge du Père Bise, 303 rte du Port - 04 50 60 72 01 - www.perebise.com - Fermé de mi-déc. à mi-fév., mardi et merc. sauf juil.-août

Le Cottage

CUISINE CLASSIQUE • ÉLÉGANT Un restaurant cossu et bourgeois, une terrasse avec le lac pour horizon et de belles saveurs classiques, avec des touches actuelles : par exemple, gambas au cresson, mangue, fleurs et bulbes... On passe ici un moment gastronomique bien sympathique.

Formule 30 € - Menu 47/75 € - Carte environ 68 €

Hôtel Le Cottage, Le Port - 04 50 60 71 10 - www.cottagebise.com - Ouvert fin avril-début oct.

Aux Jardins des Délices

CUISINE MODERNE • ROMANTIQUE Les produits du terroir sont en bonne place à la carte (cochon, fera, serac...) travailles par le chef dans des préparations gorgées de soleil. L'été, il fait bon savourer ces douceurs en terrasse, face au lac, en les arrosant d'un bon vin (800 références).

Menu 48/96 € - Carte 60/95 €

Hôtel L'Abbaye, chemin des Moines - 04 50 60 77 33 - www.abbaye-talloires.com - Ouvert de mi-fév. à mi-nov., et fermé merc. midi, jeudi midi, vend. midi, lundi et mardi sauf en juil.-août

1903 Ⓝ

CUISINE TRADITIONNELLE · CONVIVIAL Un environnement privilégié, au pied du lac… Le bistrot 1903, dont le nom rend hommage à l'année de création de la maison, propose plats emblématiques (ainsi l'incontournable quenelle de brochet sauce Nantua) et spécialités du terroir.

Formule 36 € – Menu 39/44 € – Carte 60/85 €

Auberge du Père Bise, 303 rte du Port
– ☎ 04 50 60 72 01 – www.perebise.com
– Fermé de mi-déc. à mi-fév., dim. soir et lundi sauf de mi-mai à mi-sept.

Auberge du Père Bise Ⓝ

LUXE · CONTEMPORAIN Un environnement féerique, au pied du lac. L'âme de l'auberge est toujours présente, même si l'ensemble a été réaménagé avec goût. Tout y est feutré, et les chambres sont d'un luxe sobre, équipées pour la plupart de terrasses et balcons. Le tout bénéficiant de l'enthousiasme d'un jeune couple motivé, et ravi d'être là !

20 chambres – †229/379 € ††399/699 € – 3 suites – ☕ 32 €

303 rte du Port
– ☎ 04 50 60 72 01 – www.perebise.com
– Fermé de mi-déc. à mi-fév.

✿✿ **Jean Sulpice** • **1903** – voir les restaurants ci-dessus

L'Abbaye

HISTORIQUE · CLASSIQUE Cette abbaye a traversé l'histoire, au point fêter ses mille ans d'existence en 2018 ! Le calme et la vue sur le lac en sont les principaux atouts, sans oublier les chambres d'un classicisme raffiné, le jardin face aux flots avec ponton privé… Un dépaysement total.

31 chambres – †119/375 € ††119/475 € – 2 suites – ☕ 25 €

chemin des Moines – ☎ 04 50 60 77 33 – www.abbaye-talloires.com – Ouvert mi-fév. à mi-nov.

Aux Jardins des Délices – voir les restaurants ci-dessus

Le Cottage

TRADITIONNEL · CLASSIQUE Face à l'embarcadère, ces maisons des années 1930 ont des airs de… cottage chic. Vue sur le lac, le jardin ou la montagne ; décor soigné et frais : les chambres, cosy et dans l'air du temps, ont toutes ce petit quelque chose qu'on nomme le charme !

29 chambres – †150/500 € ††180/500 € – 7 suites – ☕ 21 €

Le Port – ☎ 04 50 60 71 10 – www.cottagebise.com – Ouvert fin avril-début oct.

Le Cottage – voir les restaurants ci-dessus

Beau Site Ⓝ

HÔTEL PARTICULIER · CONTEMPORAIN En plus d'une situation idéale – au bord de l'eau, avec plage privée et parc –, cet hôtel a bénéficié d'une rénovation d'ampleur : on y loge dans des chambres chaleureuses et naturelles, décorées avec goût, dont certaines donnent sur le lac.

32 chambres – †115/310 € ††130/385 € – ☕ 18 €

118 r. André-Theuriet – ☎ 04 50 27 00 65 – www.beausite-talloires.com – Ouvert d'avril à nov.

Chalet Christine

MAISON DE CAMPAGNE · MONTAGNARD Cette jolie maison surplombant le lac propose des chambres contemporaines, confortables et bien tenues. Pour une détente optimale, on profite de la piscine couverte, du sauna ou du hammam… Terrasse donnant sur le potager.

5 chambres ☕ – †175/290 € ††190/320 €

181 Le Thoron – ☎ 04 50 02 03 03 – www.chaletchristine.com

à Angon 2 km au Sud par D909a – ✉ 74290 Talloires

Les Grillons

FAMILIAL • CLASSIQUE Un hôtel-restaurant traditionnel tenu par la même famille depuis trois générations. Accueil charmant par un jeune couple, belle piscine, petit-déjeuner maison, chambres fraîches donnant presque toutes sur le lac... aucun doute, ces Grillons portent bonheur.

32 chambres – ½ P seult 70/110 €

1199 rte d'Angon – ✆ 04 50 60 70 31 – www.hotel-grillons.com – Ouvert 30 avril-29 sept.

TALUYERS

✉ 69440 Rhône – 2 531 hab. – Alt. 340 m – Carte régionale n° **23**-B2
Carte Michelin 327-H6

Château Talluy

HISTORIQUE • PERSONNALISÉ Bienvenue dans cet hôtel confortable, créé en 2011 dans un ancien château du 18e s. transformé un temps en orphelinat. Les chambres, originales, sont toutes décorées sur le thème d'un art : cinéma, théâtre, peinture, sculpture, etc.

10 chambres – †99/219 € ††119/219 € – ☕ 10 €

144 r. du Pensionnat – ✆ 04 78 19 19 00 – www.chateautalluy.com

TAMNIÈS

✉ 24620 Dordogne – 382 hab. – Alt. 200 m – Carte régionale n° **2**-D3
Carte Michelin 329-H6 – Guide Vert Michelin Périgord Quercy

Laborderie

TRADITIONNEL • FONCTIONNEL Dans cette maison périgourdine, tout est paisible ! Vaste parc tourné vers la vallée et chambres d'esprit rustique ou plus moderne. Au restaurant, on apprécie une cuisine régionale à l'ancienne dans une atmosphère campagnarde. Et à la belle saison, on profite de la terrasse.

44 chambres – †74/130 € ††74/130 € – ☕ 11 €

Le Bourg – ✆ 05 53 29 68 59 – www.hotel-laborderie.com – Ouvert 31 mars-4 nov.

TANCARVILLE

✉ 76430 Seine-Maritime – 1 325 hab. – Alt. 10 m – Carte régionale n° **17**-C2
Carte Michelin 304-C5 – Guide Vert Michelin Normandie Vallée de la Seine

La Marine

CUISINE CLASSIQUE • COSY XX Premier atout : une vue immanquable sur la Seine et le célèbre pont de Tancarville. Deuxième atout : une cuisine traditionnelle bien tournée, faisant la part belle aux produits de la mer. Embarquement immédiat...

Formule 15 € – Menu 25/52 € – Carte 60/95 €

9 chambres – †75/95 € ††75/95 € – ☕ 12 €

10 rte du Havre, au pied du pont (D982) – ✆ 02 35 39 77 15 – www.lamarine-tancarville.com – Fermé sam. midi, dim. soir et lundi

LA TANIA – 73 Savoie → Voir Courchevel

TARARE

✉ 69170 Rhône – 10 814 hab. – Alt. 383 m – Carte régionale n° **23**-A1
Carte Michelin 327-F4 – Guide Vert Michelin Lyon et sa région

Jean Brouilly

CUISINE CLASSIQUE • ÉLÉGANT XXX Dans un grand parc arboré bordant la route de Roanne, une belle maison bourgeoise datant de 1906 : un décor tout indiqué pour honorer la tradition. Le classicisme culinaire est ici de mise, comme la générosité et la gentillesse. Une valeur sûre.

Menu 30 € (semaine), 44/78 € – Carte 45/81 €

3 ter r. de Paris – ✆ 04 74 63 24 56 – www.restaurant-brouilly.com – Fermé 5-20 mars, 30 juil.-14 août, dim. soir, lundi, mardi et soirs fériés

Burnichon

TRADITIONNEL • FONCTIONNEL À l'entrée de la ville, une grosse bâtisse avec des chambres fraîches et fonctionnelles ; plus au calme sur l'arrière où se trouve la piscine, appréciée dès les beaux jours. Cuisine traditionnelle au restaurant. Une adresse sympathique et bon marché.

36 chambres – 56/64 € 65/112 € – 9 €

1,5 km à l'Est par D307 – 04 74 63 44 01 – www.hotel-burnichon.com – Fermé 23 déc.-6janv.

TARASCON-SUR-ARIÈGE

09400 Ariège – 3 322 hab. – Alt. 474 m – Carte régionale n° **15**-C3
Carte Michelin 343-H7

Saveurs du Manoir

CUISINE TRADITIONNELLE • BISTRO XX Posté sur la route qui va de Toulouse à l'Espagne, ce Manoir d'Agnès était jadis le restaurant attitré des cadres de l'usine Péchiney locale. On y revisite aujourd'hui la cuisine ariégeoise : les assiettes regorgent de trouvailles et les saveurs sont au rendez-vous.

Formule 16 € – Menu 20 € (déj. en semaine), 29/52 € – Carte 34/60 €

Hôtel Le Manoir d'Agnès, 2 r. St-Roch – 05 61 64 76 93 – www.manoiragnes.com – Fermé 2 semaines en nov., 2 semaines en janv., sam. midi d'oct. à mai, dim. soir et lundi

Le Manoir d'Agnès

HÔTEL PARTICULIER • ÉLÉGANT Un beau manoir du 19e s., situé le long de la route menant en Andorre. Les chambres, de facture sobre et contemporaine, séduisent avec leurs quelques touches de couleur... Un établissement bien dans l'air du temps !

15 chambres – 102/127 € 102/127 € – 10 €

2 r. St-Roch – 05 61 02 32 81 – www.manoiragnes.com

Saveurs du Manoir – voir les restaurants ci-dessus

TARBES

65000 Hautes-Pyrénées – 40 900 hab. – Agglo. 75 624 hab. – Alt. 320 m – Carte régionale n° **15**-A3
Carte Michelin 342-M5

L'Agora

CUISINE CLASSIQUE • BOURGEOIS XX Face à la cathédrale, cet ancien presbytère de 1882, doté d'une agréable terrasse, abrite un restaurant de bon aloi, qui propose une cuisine classique : Daniel Labarrère de retour dans ses murs, c'est une bonne nouvelle pour nos papilles !

Menu 20 € – Carte 35/79 €

Plan : A1-n *48 r. de l'Abbé-Torné – 05 62 93 09 34 – http://restaurantagora.fr/ – Fermé dim. et lundi*

L'Arpège

CUISINE CRÉATIVE • CONTEMPORAIN XX Ce couple de chefs japonais signe une jolie cuisine créative aux touches nippones, dans laquelle bouillons, algues et assaisonnements mettent en valeur des produits de bonne qualité. Le cadre est à l'image de l'assiette : élégant et contemporain.

Formule 26 € – Carte 51/68 €

Plan : A1-m *22 pl. de Verdun – 05 62 51 15 76 – www.restaurant-arpege.com – Fermé mardi midi, dim. soir et lundi*

L'Empreinte

CUISINE MODERNE • CONTEMPORAIN Ce petit restaurant cosy, avec sa cuisine ouverte sur la salle, est désormais le repaire d'un jeune chef-patron à la technique irréprochable, qui actualise avec talent la tradition : en témoigne ce jambon noir de Bigorre et ses asperges, ou encore ce pavé de cabillaud au beurre monté au yuzu et risotto de quinoa.

Menu 16 € (déj. en semaine), 24/57 € – Carte 49/59 €

Plan : A2-r *2 r. Gaston-Manent*
– ✆ 05 62 44 97 48 – www.restaurant-empreinte.com
– Fermé mardi midi, dim. soir et lundi

Le Fil à la Patte

CUISINE TRADITIONNELLE • BISTRO L'atmosphère est conviviale et sans chichis dans ce restaurant où l'on s'attable coude à coude autour de plats du marché et de saveurs qui fleurent bon le terroir. Le chef puise son inspiration dans les produits de qualité.

Formule 15 € – Menu 21 € – Carte 24/35 €

Plan : A1-a *30 r. Georges-Lassalle*
– ✆ 05 62 93 39 23
– Fermé 2 semaines en août, 1 semaine en janv., mardi midi, dim. et lundi

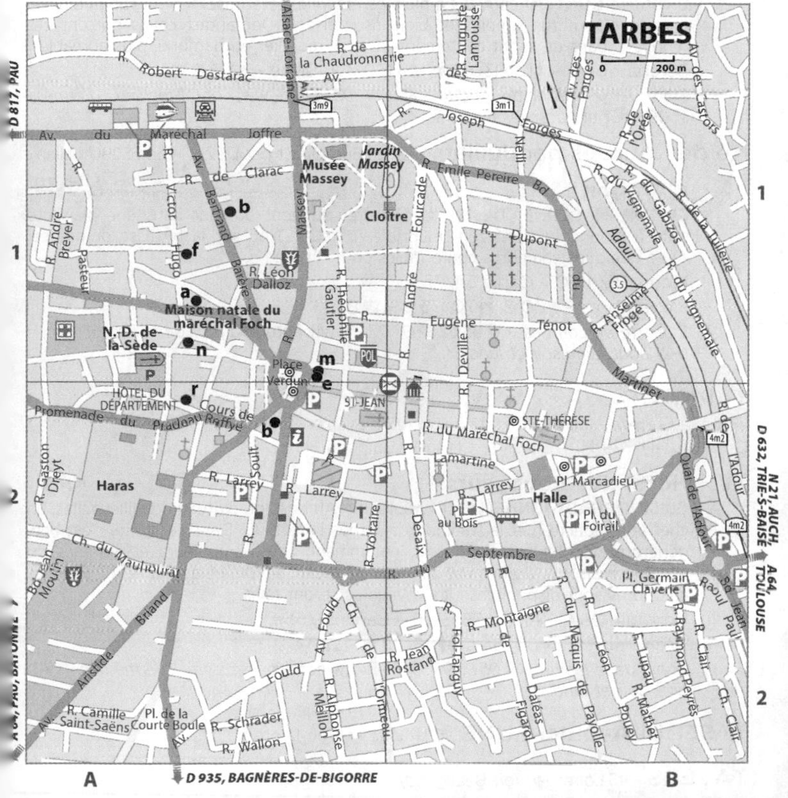

Le Petit Gourmand

CUISINE MODERNE • BISTRO Sur une avenue proche du centre-ville de Tarbes, ce restaurant porte bien son nom. Derrière les fourneaux, le chef réalise une savoureuse cuisine du marché avec de beaux produits du terroir. On se régale du début à la fin !

Menu 20 € - Carte environ 37 €

Plan : A1-b *62 av. B.-Barère - 05 62 34 26 86 - Fermé 2 semaines en août, 1 semaine début janv., sam. midi, dim. soir et lundi*

Trait Blanc

CUISINE MODERNE • BRANCHÉ Une salle immaculée et tout en longueur : un Trait Blanc original et sympathique, signé par deux jeunes amis d'enfance. Cuisine du marché haute en... couleurs et sans ratures !

Formule 19 € - Menu 24 € (déj. en semaine), 32/46 € - Carte 63/76 €

Plan : A1-f *9 r. Victor-Hugo - 05 62 38 11 87 - Fermé dim. soir, mardi midi et lundi*

Le Rex Hôtel

URBAIN • DESIGN Envie d'une nuit très branchée ? L'adresse est toute trouvée avec cette audacieuse architecture en verre qui s'anime de jeux de lumière la nuit. Dans les chambres cohabitent créations design et confort dernier cri. Une réussite.

74 chambres - 99/340 € 99/340 € - 18 €

Plan : A2-b *10 cours Gambetta - 05 62 54 44 44 - www.lerexhotel.com*

Foch

URBAIN • CONTEMPORAIN En plein centre-ville, l'établissement borde une place animée. Chambres simples et bien insonorisées. Demandez celles qui ont été rénovées dans un esprit contemporain, avec mobilier en bambou, plus agréables.

30 chambres - 65/130 € 85/130 € - 1 suite - 9 €

Plan : A1_2-e *18 pl. de Verdun - 05 62 93 71 58 - www.hotel-foch.eu - Fermé 1er-16 août et vacances de Noël*

rte de Lourdes par Juillan 4 km au Sud-Ouest par D921A - 65290 Juillan :

L'Aragon

CUISINE MODERNE • DESIGN Recettes au goût du jour dans une plaisante salle à manger d'esprit zen (murs d'eau, fleurs...) ou sur la terrasse ombragée. Avec quelques chambres confortables pour l'étape !

Menu 25/49 € - Carte 54/75 €

9 chambres - 60 € 70/75 € - 8 €

2 ter rte de Lourdes - 05 62 32 07 07 - www.hotel-aragon.com - Fermé 6-21 août, dim. soir et lundi

TARNAC

19170 Corrèze - 307 hab. - Alt. 700 m - Carte régionale n° **13**-C2
Carte Michelin 329-M1 - Guide Vert Michelin Limousin Berry

Hôtel des Voyageurs

CUISINE TRADITIONNELLE • CLASSIQUE Au bord du plateau de Millevaches, un chef autodidacte met la tradition dans tous ses états ! Dans l'assiette, c'est bon, généreux, résolument gourmand, notamment grâce aux fleurs et légumes du potager maison. L'accueil est du même tonneau, simple et agréable, et quelques chambres sont disponibles : les voyageurs seront ravis.

Formule 28 € - Menu 35/39 € - Carte 51/65 €

15 chambres - 60/65 € 66/78 € - 9 €

18 av. de la Mairie - 05 55 95 53 12 - www.hotelcorreze.com - Fermé déc.-fév., dim. soir et lundi

TASSIN-LA-DEMI-LUNE - 69 Rhône → Voir Lyon

TAVERS - 45 Loiret → Voir Beaugency

TENCIN

✉ 38570 Isère - 1 940 hab. - Alt. 257 m - Carte régionale n° **25**-F2
Carte Michelin 333-I6

La Tour des Sens

CUISINE CRÉATIVE • CONTEMPORAIN X Sur les hauteurs de Tencin, cette Tour saura combler vos cinq sens ! À la tête du restaurant depuis 2016, le chef (vainqueur Top Chef 2017) propose une cuisine créative, inspirée de la nature, déclinée sous forme de menus (Inspiration, Tour d'Horizon, Diapason, Sensation). Et s'il fait beau, direction la terrasse avec sa vue superbe sur le massif de la Chartreuse...

Menu 26 € (déj. en semaine), 44/84 € - Carte 65/78 €

La Tour, 1 km rte de Theys - ✆ 04 76 04 79 67 - www.latourdessens.fr - Fermé dim. et lundi

TENDE

✉ 06430 Alpes-Maritimes - 2 164 hab. - Alt. 815 m - Carte régionale n° **21**-D2
Carte Michelin 341-G3 - Guide Vert Michelin Côte d'Azur

à Casterino 15 km au Nord-Ouest par D91 - ✉ 06430

Chamois d'Or

CUISINE RÉGIONALE • RUSTIQUE XX Installez-vous sous les boiseries de cette belle salle d'esprit rustique, non loin de la cheminée, pour déguster une cuisine régionale, parfois d'inspiration italienne (pâtes maison). On accompagne ces réjouissances d'une belle sélection de vins du Piémont, auxquels le patron voue un véritable culte.

Menu 25/30 € - Carte 32/47 €

- ✆ 04 93 04 66 66 - www.hotelchamoisdor.net - Fermé oct.-nov.

Les Mélèzes

CUISINE RÉGIONALE • AUBERGE X Retiré au bout d'une petite route sinueuse – idéal pour aller randonner dans la vallée des Merveilles ! –, on trouve ce chalet au décor montagnard. On vous y sert une bonne cuisine traditionnelle qui tire le meilleur du terroir (orties et champignons ramassés par le chef). Prix doux et accueil sympathique.

Menu 27/40 € - Carte 36/60 €

- ✆ 04 93 04 95 95 - www.hotelrestaurant-lesmelezes.fr - Fermé 15 nov.-27 déc., mardi et merc.

Chamois d'Or

AUBERGE • MONTAGNARD Cette auberge montagnarde est un bon point de chute pour découvrir la vallée des Merveilles : les amoureux de la nature apprécieront. Les chambres, au décor montagnard, sont impeccablement tenues ; l'accueil est familial et chaleureux.

22 chambres - †75/90 € ††90/135 € - ☕ 13 €

- ✆ 04 93 04 66 66 - www.hotelchamoisdor.net

Chamois d'Or - voir les restaurants ci-dessus

TERRASSON-LAVILLEDIEU

✉ 24120 Dordogne - 6 186 hab. - Alt. 90 m - Carte régionale n° **2**-D1
Carte Michelin 329-I5 - Guide Vert Michelin Périgord Quercy

L'Imaginaire

CUISINE MODERNE • ÉLÉGANT XXX Installez-vous dans la salle voûtée et lumineuse de cet ancien hospice du 17e s. pour déguster une cuisine goûteuse et soignée, réalisée à base de produits de qualité. Quelques jolies chambres à l'étage.

Menu 35 € (déj. en semaine), 65/135 € 🍷 - Carte 79/93 €

7 chambres - †125/175 € ††125/225 € - ☕ 15 €

1 rte de la Fontaine-St-Julien - ✆ 05 53 51 37 27 - www.l-imaginaire.fr - Fermé mardi hors saison et lundi

TERRAUBE

✉ 32700 Gers – 389 hab. – Alt. 150 m – Carte régionale n° **15**-B2
Carte Michelin 336-F6

Maison Ardure

MAISON DE CAMPAGNE • PERSONNALISÉ Une superbe demeure gasconne du 17^{e}s. entourée d'un joli parc planté d'arbres fruitiers. Les chambres sont décorées avec goût par la propriétaire, qui allie de beaux matériaux aux pierres apparentes et à la charpente. Jacuzzi, hammam, fitness et massages.

4 chambres ☕ – 🚹90/134 € 🚹🚹95/139 € – 1 suite

lieu-dit Ardure, 2 km par D42 rte de Lectoure – ✆ 05 62 68 59 56 – www.ardure.fr – Ouvert 1er avril-30 sept., vacances de la Toussaint et vacances de Noël

TERTENOZ – 74 Haute-Savoie

➜ Voir Faverges

TEYSSODE

✉ 81220 Tarn – 386 hab. – Alt. 270 m – Carte régionale n° **15**-C2
Carte Michelin 338-D9

Domaine d'En Naudet

FAMILIAL • À LA CAMPAGNE Perchée sur sa colline, cette propriété de caractère domine la campagne environnante... Les chambres distillent charme champêtre et confort, de nombreuses activités sont proposées pour les enfants, et, au petit-déjeuner, on se régale des œufs de la ferme... Quiétude bucolique et bel accueil en prime !

5 chambres ☕ – 🚹89/109 € 🚹🚹99/109 €

rte de Pratviel, 3 km par D143 et D43 – ✆ 05 63 70 50 59 – www.domainenaudet.com – Fermé 2 semaines en janv.

THANN

✉ 68800 Haut-Rhin – 7 915 hab. – Alt. 343 m – Carte régionale n° **1**-A3
Carte Michelin 315-G10

Le Parc

SPA ET BIEN-ÊTRE • PERSONNALISÉ Dans un parc arboré, une belle maison bourgeoise du 19e s. aux allures de petit palais : salon noble et raffiné ; fresques, statues, lustres italiens ; jolies chambres cossues (toutes différentes) et restaurant classique. Bel espace bien-être.

21 chambres – 🚹69/169 € 🚹🚹69/189 € – ☕16 €

23 r. Kléber – ✆ 03 89 37 37 47 – www.alsacehotel.com – Fermé 7-13 janv.

THANNENKIRCH

✉ 68590 Haut-Rhin – 427 hab. – Alt. 520 m – Carte régionale n° **1**-C2
Carte Michelin 315-H7

Le Clos des Sources

TRADITIONNEL • PERSONNALISÉ Dans le village, l'imposante bâtisse abrite des chambres confortables, décorées dans une veine montagnarde modernisée, et a adopté pour le reste un style contemporain du meilleur effet... Sans oublier sa piscine et son espace bien-être et spa de 1000 m^{2}.

33 chambres – 🚹102/159 € 🚹🚹102/320 € – ☕15 €

2 rte du Rodern (2 rte du Haut-Koenigsbourg) – ✆ 03 89 73 10 01 – www.leclosdessources.com – Fermé 7 janv.-22 mars

Auberge La Meunière

FAMILIAL • PERSONNALISÉ À quelques encablures de la route des vins, une auberge familiale ravissante, au grand calme dans un petit village. Les jolies chambres offrant de belles échappées sur la campagne ; pour mieux contempler le paysage, préférez celles avec un balcon !

25 chambres ☕ – 🚹88/120 € 🚹🚹90/156 €

30 r. Ste-Anne – ✆ 03 89 73 10 47 – www.aubergelameuniere.com – Ouvert 25 mars-22 déc.

THARON-PLAGE

✉ 44730 Loire-Atlantique - Alt. 0 m - Carte régionale n° **18**-A2
Carte Michelin 316-C5

Le Belem

CUISINE MODERNE • CONTEMPORAIN XX Une maquette du Belem, célèbre trois-mâts français datant de 1896, trône dans la salle à manger de cet élégant restaurant situé à deux pas de la mer. Comme prévu, les saveurs iodées ont la part belle dans le menu : goujonnettes de sole au romarin, filet de turbot farci de sa mousseline de merlan... Montez à bord !

Formule 21 € - Menu 24 € (semaine), 32/79 € - Carte 47/64 €

56 av. de la Convention - ✆ 02 40 64 90 06 - www.restaurantlebelem.fr - Fermé 4-10 juin, 1er-7 oct., 15 janv.-7 fév., dim. soir et merc. soir de sept. à juin et lundi sauf août

THENAY

✉ 36800 Indre - 862 hab. - Alt. 120 m - Carte régionale n° **6**-B3
Carte Michelin 323-E7

Auberge de Thenay

CUISINE TRADITIONNELLE • AUBERGE X Une véritable auberge, accueillante et chaleureuse, où l'on se régale notamment de viandes rôties à la broche. Le propriétaire a vécu en Grande-Bretagne et organise des soirées irlandaises et écossaises (jolie carte de whiskys). Les chambres sont agréables et originales : leur thème commande celui... du petit-déjeuner !

Menu 14 € (déj. en semaine), 32/40 €
3 chambres - 80 € 80 € - 6 €

23 r. R.-d'Helbingue - ✆ 02 54 47 99 00 - www.auberge-de-thenay.fr - Fermé 2-16 sept., 27 janv.-10 fév., dim. soir, mardi midi et lundi

THÉOULE-SUR-MER

✉ 06590 Alpes-Maritimes - 1 527 hab. - Carte régionale n° **22**-E2
Carte Michelin 341-C6 - Guide Vert Michelin Côte d'Azur

à Miramar 5 km par D6098 rte de St-Raphaël - ✉ 06590 Theoule sur Mer

L'Or Bleu

CUISINE MODERNE • ROMANTIQUE XX Depuis la terrasse, la vue somptueuse sur les roches rouges de l'Esterel et la mer devrait vous occuper quelques instants. Puis, l'assiette arrive : place à une cuisine méridionale légère et bien parfumée, avec quelques touches d'inventivité bien maîtrisées... un équilibre qui ne manque pas de séduire !

Menu 45 € (déj.), 75/125 € - Carte 63/90 €

Hôtel Tiara Yaktsa, 6 bd de l'Esquillon - ✆ 04 92 28 60 30 - www.tiara-hotels.com - Ouvert 13 avril-14 oct.

Tiara Miramar Beach Hotel & Spa

LUXE • MÉDITERRANÉEN Au cœur du massif de l'Esterel et au creux d'une calanque de roches rouges, les pieds dans l'eau. Depuis les chambres, parées de couleurs chatoyantes et de touches orientales, on distingue la jolie plage privée, en contrebas... La Méditerranée (presque) pour soi seul.

55 chambres - 230/1100 € 230/1100 € - 4 suites

47 av. Miramar - ✆ 04 93 75 05 05 - www.tiara-hotels.com

Tiara Yaktsa

LUXE • PERSONNALISÉ Accrochée à la falaise, cette demeure abrite des chambres élégantes qui marient l'Orient et la Méditerranée. Un cadre sublime avec, notamment, une piscine à débordement bordée de transats et de lits balinais... d'où l'on profite d'une superbe vue sur le massif de l'Esterel.

20 chambres - 250/1100 € 250/1100 € - 1 suite

6 bd de l'Esquillon - ✆ 04 92 28 60 30 - www.tiara-hotels.com - Ouvert 13 avril-14 oct.

L'Or Bleu - voir les restaurants ci-dessus

THIERS

63300 Puy-de-Dôme - 11 588 hab. - Alt. 420 m - Carte régionale n° **3**-C2
Carte Michelin 326-I7 - Guide Vert Michelin Auvergne

La Table du Clos

CUISINE MODERNE • CONTEMPORAIN XX Jolie surprise que cette Table du Clos, qui propose une cuisine soignée, réalisée à base de bons produits : langoustines de nos côtes simplement poêlées, légumes crus et cuits ; filet de bœuf du Massif central légèrement fumé, pommes gratinées au Lavort… Le rapport qualité-prix se révèle aussi très bon : profitez-en !

Formule 24 € - Menu 44/69 € - Carte 50/67 €

Hôtel Le Clos St-Eloi, 49 av. du Gén.-de-Gaulle - 04 73 53 80 80 - www.clos-st-eloi.fr - Fermé 24 déc.-5 janv., dim. soir et lundi midi en hiver

Le Choix des Mets

CUISINE MODERNE • BISTRO X À quoi tient le succès de ce petit bistrot contemporain ? Peut-être à son cadre coloré (carreaux de ciments, appliques) qui multiplie les clins d'œil à l'artisanat local : couteaux, sets de table… mais aussi certainement à la jolie cuisine de saison, moderne et colorée, que l'on y sert. Un conseil : réservez !

Formule 19 € - Menu 21/29 €

2 av. Léo-Lagrange - 04 73 51 06 61 - www.le-choix-des-mets.fr - Fermé 1 semaine à Pâques, 3 semaines en juil., vacances de Noël, dim. et le soir du lundi au jeudi

Le Clos St-Eloi

BUSINESS • CONTEMPORAIN Aux portes de la ville, et facilement accessible par l'A89, cet hôtel propose des chambres sobres et actuelles, bien équipées (écrans plats, douches à l'italienne). Un agréable parc ceint l'ensemble : une mise au vert salutaire.

31 chambres - †90/135 € ††99/155 € - 14 €

49 av. du Gén.-de-Gaulle - 04 73 53 80 80 - www.clos-st-eloi.fr

La Table du Clos - voir les restaurants ci-dessus

à Pont-de-Dore 6 km au Sud-Ouest par D2089 - 63920 Peschadoires

Eliotel

FAMILIAL • FONCTIONNEL Voyez la vie en rose ! À l'image de la façade de cet hôtel-restaurant familial où les chambres sont actuelles et bien tenues. Côté restaurant, le chef mitonne recettes auvergnates et… spécialités bretonnes !

17 chambres - †69/90 € ††69/90 € - 11 €

rte de Maringues - 04 73 80 10 14 - www.eliotel.fr - Fermé 29 juil.-21 août et 21 déc.-8 janv.

LE THILLOT

88160 Vosges - 3 571 hab. - Alt. 495 m - Carte régionale n° **14**-C3
Carte Michelin 314-I5 - Guide Vert Michelin Alsace Lorraine

au Ménil 3,5 km au Nord-Est par D486 - 88160 - 1 093 hab. - Alt. 524 m

Les Sapins

CUISINE TRADITIONNELLE • CONVIVIAL XX La lumineuse salle à manger est ouverte sur la terrasse, au pied des Vosges… Voilà qui met dans de bonnes dispositions ! La cuisine donne dans la tradition et privilégie les produits du terroir local, avec notamment un menu "trilogie" pour apprécier différentes préparations de poissons et viandes.

Menu 15 € (déj. en semaine), 24/50 € - Carte 35/55 €

60 Gde-Rue - 03 29 25 02 46 - www.hotel-les-sapins.fr - Fermé 19 nov.-3 déc., dim. soir et lundi midi

Les Sapins

TRADITIONNEL • FONCTIONNEL En plein cœur du parc naturel des Ballons des Vosges, un petit établissement familial traditionnel qui ne manque pas de charme... Les chambres, sans luxe particulier, se révèlent coquettes et très bien tenues ; l'accueil des propriétaires est charmant.

22 chambres – 62/87 € 62/87 € – 12 €

60 Gde-Rue – 03 29 25 02 46 – www.hotel-les-sapins.fr – Fermé 19 nov.-3 déc.

Les Sapins – voir les restaurants ci-dessus

THIONNE

03220 Allier – 318 hab. – Alt. 275 m – Carte régionale n° **3**-C1
Carte Michelin 326-I4

La Maison du Lac

MAISON DE CAMPAGNE • FONCTIONNEL Du calme et de la verdure en cette bien nommée Maison du Lac, une jolie bâtisse aux allures de fermette. Chambres sobres, fonctionnelles et lumineuses. Au restaurant, le patron concocte une sympathique cuisine traditionnelle... Agréable terrasse face à l'étang.

8 chambres – 75/95 € 75/95 € – 10 €

Les Clayeux, 4 km au Nord par D161, rte de Chapeau – 04 70 34 74 23 – www.hotel-maisondulac.com – Fermé 1er déc.-13 fév.

THIONVILLE

57100 Moselle – 41 325 hab. – Agglo. 131 746 hab. – Alt. 155 m – Carte régionale n° **14**-B1
Carte Michelin 307-I2

Aux Poulbots Gourmets

CUISINE CLASSIQUE • ÉLÉGANT XXX On connaissait les poulbots de Montmartre, il faut désormais compter avec ceux de Thionville ! De grandes baies vitrées, des chaises Lloyd Loom et des lustres modernes participent au charme contemporain du lieu, où l'on dîne d'une salade de homard et légumes de saison, ou d'une poêlée de grenouilles...

Menu 48/79 € – Carte 57/82 €

Plan : AB1-p *9 pl. aux Fleurs – 03 82 88 10 91 – www.poulbotsgourmets.com – Fermé 1er-11 mai, 28 août-18 sept., 1er-15 janv., sam. midi, dim. soir, merc. soir et lundi*

Black-White

CUISINE TRADITIONNELLE • CONVIVIAL X Après plusieurs années passées à la tête d'une auberge vosgienne, ce couple mosellan a décidé de revenir au pays. Leur nouvelle adresse propose de bons plats du terroir.

Formule 19 € – Menu 23 € (déj.), 41/58 € – Carte 51/63 €

Plan : D1-e *23 r. du Luxembourg – 03 82 53 62 96 – Fermé dim. et lundi*

Kyriad Prestige

HÔTEL DE CHAÎNE • FONCTIONNEL En plein centre-ville, un hôtel récent qui propose des chambres contemporaines et fonctionnelles (couettes, grandes douches), ainsi qu'une salle de réunion. Sans oublier un espace bien-être avec une terrasse dédiée !

60 chambres – 110/235 € 110/235 € – 16 €

Plan : C2-t *9 allée Raymond-Poincaré – 03 82 50 34 67 – www.kyriad-prestige-thionville.com*

à Manom 4 km au Nord-Est – 57100 – 2 526 hab. – Alt. 153 m

Les Étangs

CUISINE MODERNE • TENDANCE XX À la sortie de Manom, prenez donc la route de Garche, vous tomberez sur cette bâtisse des années 1970, et sa terrasse au bord de l'eau. La cuisine, soignée et précise, se déguste dans une salle à dîner chic et tendance. De belles viandes maturées font de l'œil aux carnivores, depuis un frigo...

Menu 42/53 € – Carte 55/69 €

Plan : B1-S *rte de Garche – 03 82 53 26 92 – www.restaurantlesetangs.com – Fermé 5-21 mars, dim. soir, lundi et mardi*

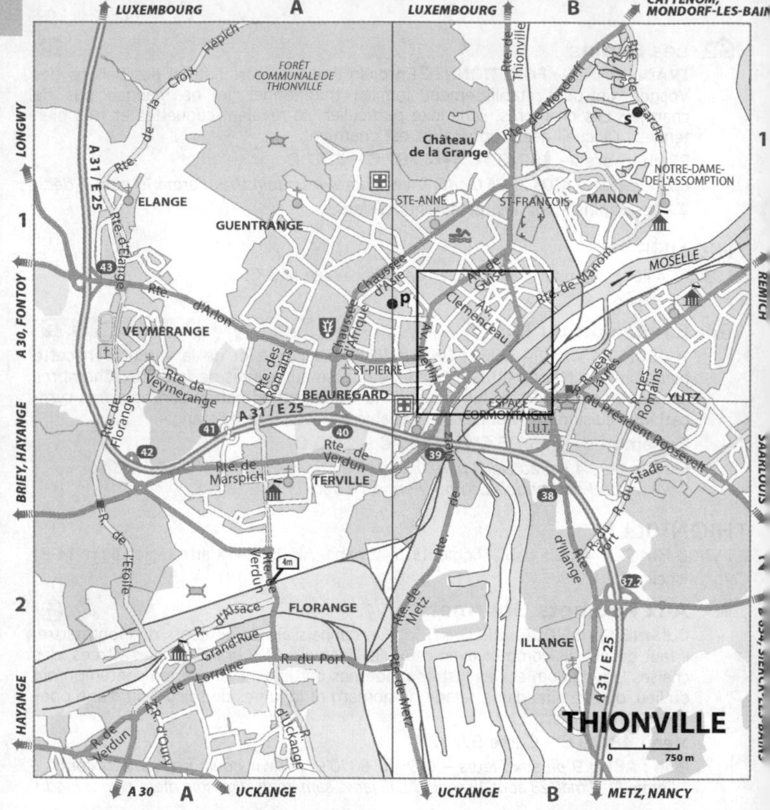

THIRON-GARDAIS

✉ 28480 Eure-et-Loir – 1 031 hab. – Alt. 237 m – Carte régionale n° **6**-B1
Carte Michelin 311-C6 – Guide Vert Michelin Normandie Vallée de la Seine

Auberge de l'Abbaye

CUISINE MODERNE • AUBERGE Un doux moment à la campagne... Deux jeunes professionnels ont pris leurs quartiers dans cette jolie maison en pierre, qui jouxte l'abbaye et le collège royal de Thiron-Gardais. Dans l'assiette, plats de saison et recettes revisitées sans esbroufe, avec une bonne maîtrise des cuissons et des saveurs affirmées. Sympathique !

Formule 15 € – Menu 27/34 € – Carte 32/46 €

7 chambres – †75/120 € ††75/120 € – 9 €

15 r. du Commerce – 02 37 37 04 04 – www.aubergedelabbaye.fr – Fermé vacances de la Toussaint, vacances de Noël, vacances de fév., dim. soir, lundi soir, mardi et merc.

La Forge

CUISINE MODERNE • RUSTIQUE Les habitués ne s'y trompent pas : on se régale à prix doux dans cette ancienne forge... très chaleureuse. Le décor est coquet dans sa simplicité ; la cuisine est franche et généreuse, avec chaque jour à la carte une tarte maison bien réalisée.

Menu 14 € (déj. en semaine)/30 € – Carte environ 39 €

1 r. Alfred-Chasseriaud – 02 37 49 42 30 – www.a-la-forge.com – Fermé lundi et le soir sauf sam.

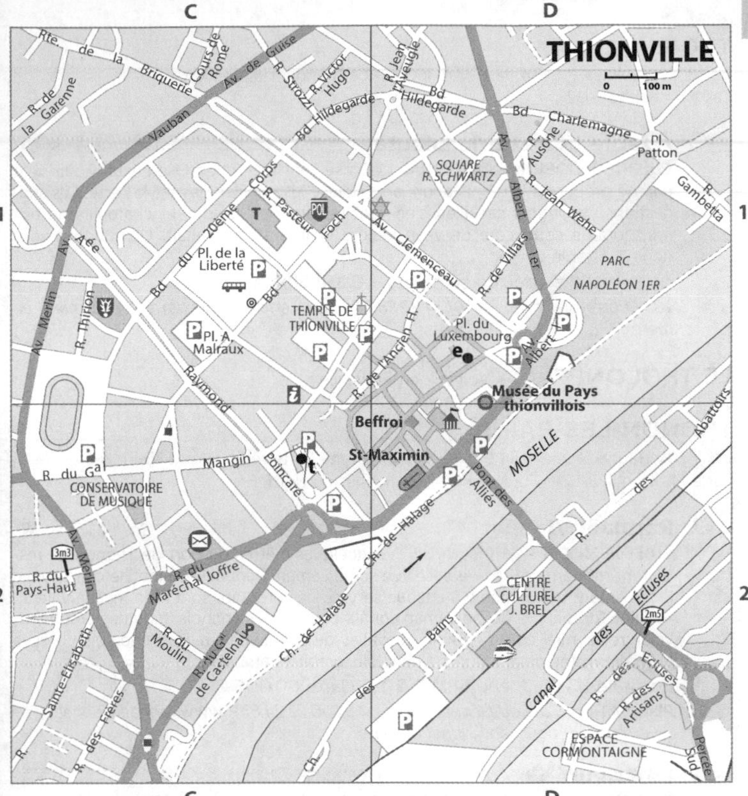

THIZY

✉ 69240 Rhône – 6 265 hab. – Alt. 553 m – Carte régionale n° **23**-A1
Carte Michelin 327-E3

La Terrasse

AUBERGE • PERSONNALISÉ Une ancienne usine textile dans un village perché, cela donne parfois un bien agréable hôtel, avec de jolies chambres décorées – et parfumées – sur le thème des plantes aromatiques et ouvertes sur le jardin. Frais, coloré et chaleureux !

10 chambres – †59 € ††69 € – ☕ 8 €

Le bourg Marnand, 2 km au Nord-Est par D94 – ✆ 04 74 64 19 22 – www.laterrasse-marnand.com – Fermé vacances de fév., de la Toussaint et dim. soir sauf en été

THOIRAS – 30 Gard → Voir Anduze

THOIRY

✉ 01710 Ain – 6 061 hab. – Alt. 500 m – Carte régionale n° **23**-C1
Carte Michelin 328-I3

Les Cépages

CUISINE CLASSIQUE • ÉLÉGANT XXX Dans cette maison bourgeoise des années 1830, continuité assurée autour d'une cuisine de facture classique, en accord avec des crus choisis – 1 200 références en cave ! Une cuisine généreuse, riche en beaux produits.

Menu 40 € (déj. en semaine), 59/159 € – Carte 90/120 €

465 r. Briand-Stresemann – ✆ 04 50 20 83 85 – www.lescepages.com – Fermé 1 semaine en janv., merc. midi, dim. soir, lundi et mardi

THOIRY

✉ 78770 Yvelines - 1 334 hab. - Alt. 160 m - Carte régionale n° **10**-A2
Carte Michelin 311-G2

À Table ! Chez Éric Léautey

CUISINE MODERNE • CONVIVIAL XX On se sent bien chez Eric Léautey : le petit porche prépare à la dégustation, on s'aiguise les papilles devant la carte. Les suggestions, volontiers canailles, s'en vont taquiner les saisons et chatouiller le terroir, comme cette côte de veau, tendre et juteuse à souhait. Qu'attendez-vous donc ? À table !

Menu 18 € (déj. en semaine) - Carte 58/114 €

28 r. Porte-St-Martin - ✆ 01 34 83 88 73 - www.ericleautey.com - Fermé mardi et merc.

LE THOLONET - 13 ➜ Voir Aix-en-Provence

THONON-LES-BAINS

✉ 74200 Haute-Savoie - 34 973 hab. - Alt. 431 m - Carte régionale n° **25**-F1
Carte Michelin 328-L2 - Guide Vert Michelin Alpes du Nord

Raphaël Vionnet

CUISINE MODERNE • BRANCHÉ XX À quelques mètres du port de Thonon, ce restaurant moderne offre une belle vue sur le Léman. Raphaël Vionnet, le chef, donne le maximum de lui-même à chaque service. Les produits sont bien mis en valeur.
➜ Filets de perche du lac Léman confits comme des anchois, légumes croquants, vinaigrette miel-citron. Omble chevalier du lac Léman à la grenobloise. Pêche Melba revisitée dans sa coque en sucre, granité framboise.

Formule 33 € - Menu 58/115 € - Carte 80/105 €

Plan : A1-b *43 av. du Gén.-Leclerc - ✆ 04 50 72 24 61 - www.raphaelvionnet.fr - Fermé 5-29 nov., janv., lundi et mardi*

Le Prieuré

CUISINE CLASSIQUE • BOURGEOIS XXX L'ancienne usine de biscuit de Thonon, réhabilitée en maison bourgeoise, et reprise par deux frères motivés, cultive l'art de vivre à la française. Le chef réalise une bonne cuisine du moment, et met un point d'honneur à choisir ses produits avec beaucoup d'attention.

Menu 45/85 € - Carte 80/105 €

Plan : B1-f *68 Grande-Rue - ✆ 04 50 71 31 89 - www.leprieurethonon.com - Fermé dim. soir, lundi et mardi*

Les Alpes du Léman

CUISINE TRADITIONNELLE • TENDANCE XX Un restaurant sobre et contemporain dans une rue commerçante de la station thermale. On y savoure une cuisine du marché soignée, concoctée avec de beaux produits et des poissons du lac au top de leur fraîcheur !

Formule 23 € - Menu 33/67 € - Carte 52/70 €

Plan : A2-a *3 bis r. des Italiens - ✆ 04 50 26 51 24 - www.restaurant-thononlesbains.fr - Fermé 2 semaines fin juin, 2 semaines début août, dim. soir, mardi soir et merc.*

Savoie Léman

CUISINE CLASSIQUE • ÉLÉGANT XX Une agréable cuisine traditionnelle à déguster dans un cadre cossu, celui de l'École hôtelière de Thonon, centenaire.

Formule 18 € - Menu 22 € (déj.), 27/35 €

Plan : A1-a *Hôtel Savoie Léman, 40 bd Carnot - ✆ 04 50 81 13 50 - www.ecole-hoteliere-thonon.com/hotel-restaurants - Fermé vacances scolaires, sam. et dim.*

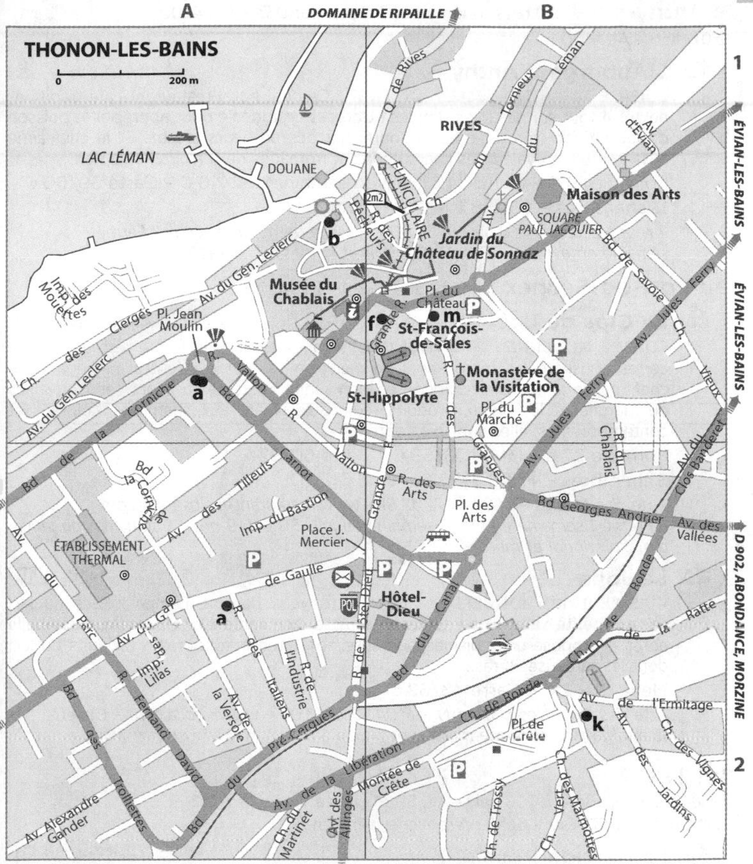

Arc en Ciel

TRADITIONNEL • CONTEMPORAIN Près du centre-ville, cet établissement propose des chambres fonctionnelles, spacieuses et bien équipées (kitchenette pour certaines) ; toutes disposent d'un balcon ou d'une terrasse. Pour l'agrément, il y a même une petite piscine dans le jardinet.

37 chambres – 76/92 € 79/98 € – 10 €

Plan : B2-k *18 pl. de Crête – 04 50 71 90 63 – www.hotelarcencielthonon.com – Fermé 20 déc.-6 janv.*

Savoie Léman

TRADITIONNEL • CONTEMPORAIN Cet hôtel d'application de l'École hôtelière de Thonon a beau être né en 1935, il n'a pas pris une ride. Les chambres y sont spacieuses, confortables et bien équipées ; préférez celles côté Léman. À conseiller aux amateurs d'institutions locales ! Accueil fort sympathique.

29 chambres – 65/90 € 110/120 € – 2 suites – 9 €

Plan : A1-a *40 bd Carnot – 04 50 81 13 50 – www.ecole-hoteliere-thonon.com/hotel-restaurants – Fermé vacances scolaires, sam. et dim.*

Savoie Léman – voir les restaurants ci-dessus

à Anthy-sur-Léman 6 km au Sud-Ouest par D33 - ✉ 74200 - 2 012 hab. - Alt. 400 m

L'Auberge d'Anthy

CUISINE TRADITIONNELLE • AUBERGE X Ce petit hôtel-restaurant-café traditionnel mise tout sur des joies simples ! L'adresse est idéale pour apprécier le poisson du lac Léman (féra et omble), fourni par des pêcheurs locaux. Et le chef aime aussi mettre en valeur les charcuteries et fromages du terroir chablaisien.

Formule 19 € - Menu 24 € (déj. en semaine), 32/46 € - Carte 30/60 €

13 chambres - †61/78 € ††75/92 € - ☕ 9 €

2 r. des Écoles - ✆ 04 50 70 35 00 - www.auberge-anthy.com - Fermé 1 semaine en avril, 24-29 oct., dim. soir et lundi sauf juil.-août

au Port-de-Séchex 7 km au Sud-Ouest - ✉ 74200

Le Clos du Lac

CUISINE MODERNE • TRADITIONNEL XX Dans cette vieille ferme restaurée, on a certes conservé les mangeoires en pierre, mais tout est feutré et élégant. Le chef réalise une cuisine soignée et bien sentie, mettant en avant ses trouvailles du marché et les beaux produits régionaux. Quant aux chambres, colorées et contemporaines, elles sont bien agréables.

Formule 27 € - Menu 33/68 € - Carte 60/82 €

3 chambres - †73 € ††73 € - ☕ 12 €

2 rte des Meules - ✆ 04 50 72 48 81 - www.restaurant-leclosdulac.com - Fermé 1 semaine en mai, 1 semaine en juil., 30 oct.-9 nov., 3 semaines en janv., dim. soir, lundi et mardi

Le Jolla

CUISINE TRADITIONNELLE • SIMPLE X Les yeux dans le Léman ! Face au lac, dans la petite salle ou sur la vaste terrasse surmontée d'une pergola, cette belle adresse propose une cuisine généreuse et goûteuse, autour des produits du lac, dont les fameuses féras...

Menu 21/42 € - Carte 43/62 €

1 rte des Mouettes (Au port) - ✆ 04 50 72 63 06 - www.lejolla.com - Ouvert 15 avril-15 oct. et fermé mardi

LE THOR

✉ 84250 Vaucluse - 8 706 hab. - Alt. 50 m - Carte régionale n° **22**-E1

Carte Michelin 332-C10 - Guide Vert Michelin Provence

La Bastide Rose

FAMILIAL • PERSONNALISÉ Non loin d'Avignon, cette belle bastide est un vrai lieu culturel - musée à la mémoire du journaliste Pierre Salinger, expos - avec le charme d'une maison de famille : élégance, confort, vue sur le parc. Bien davantage qu'un simple hôtel !

3 chambres - †160/235 € ††160/235 € - 2 suites - ☕ 17 €

99 chemin des Croupières - ✆ 04 90 02 14 33 - www.bastiderose.com - Fermé de mi-janv. à mi-mars

THORÉ-LA-ROCHETTE

✉ 41100 Loir-et-Cher - 881 hab. - Alt. 75 m - Carte régionale n° **6**-B2

Carte Michelin 318-C5 - Guide Vert Michelin Châteaux de la Loire

Restaurant du Pont

CUISINE TRADITIONNELLE • CONVIVIAL X Sur le trajet du train touristique de la vallée du Loir, arrêtez-vous dans ce coquet petit restaurant. On y déguste une appétissante cuisine traditionnelle où le terroir a la part belle. Mais gare ensuite à ne pas manquer le départ !

Formule 25 € - Menu 35/65 € - Carte 45/58 €

15 r. du Mar.-de-Rochambeau - ✆ 02 54 72 80 62 - http://laurentcoucaud.wix.com/hoteldupont - Fermé 16 août-5 sept., 15 janv.-13 fév., mardi soir, dim. soir et lundi

THORIGNÉ-SUR-DUÉ

72160 Sarthe – 1 602 hab. – Alt. 82 m – Carte régionale n° **18**-D1
Carte Michelin 310-M6

Le Saint-Jacques

CUISINE MODERNE • TRADITIONNEL XX Un jeune couple est aux commandes de cette maison où la décoration plutôt traditionnelle est rehaussée de touches actuelles. Le chef est passionné et cela se sent ! Sa cuisine, rythmée par les saisons, privilégie les produits du terroir local.

Formule 25 € – Menu 32/60 €

pl. du Monument – 02 43 89 95 50 – www.hotel-sarthe.fr – Fermé 2 semaines en août, vacances de la Toussaint, mardi midi, dim. soir et lundi

Le Saint-Jacques

AUBERGE • FONCTIONNEL À l'entrée du village, cet hôtel-restaurant dispose de chambres simples et bien tenues ; le grand jardin à l'arrière est agréable. Une sympathique petite étape !

15 chambres – 70/80 € 70/90 € – 10 €

pl. du Monument – 02 43 89 95 50 – www.hotel-sarthe.fr – Fermé 2 semaines en août et vacances de la Toussaint

Le Saint-Jacques – voir les restaurants ci-dessus

LE THOU

17290 Charente-Maritime – 1 873 hab. – Alt. 16 m – Carte régionale n° **20**-B2
Carte Michelin 324-E3

L'Instant Z

CUISINE MODERNE • CONVIVIAL X L'Instant Z, comme... Zanchetta, le patronyme du chef. Avec le meilleur du marché et des petits producteurs bio du coin, il mitonne des assiettes aux influences métissées, avec ce qu'il faut de raffinement dans la présentation. Même le pain, au levain naturel, est fait maison ! Le décor est chaleureux et convivial, le service sympathique : un vrai plaisir.

Formule 17 € – Menu 20 € (déj. en semaine), 27/39 € – Carte 43/50 €

1 bis r. du Château-de-Cigogne – 05 46 68 58 87 – www.restaurant-linstantz.com – Fermé dim. soir, mardi soir et merc.

THOUARS

79100 Deux-Sèvres – 9 241 hab. – Alt. 102 m – Carte régionale n° **20**-B1
Carte Michelin 322-E3 – Guide Vert Michelin Poitou-Charentes

Hôtellerie St-Jean

CUISINE CLASSIQUE • CONVIVIAL XX Comment imaginer que cet hôtel traditionnel cache une table très gourmande ? Le mérite en revient au chef, homme passionné, soucieux de dénicher les meilleurs produits et de les cuisiner avec soin. Son père cultive un grand potager dans les environs et lui fournit fruits et légumes. Excellent rapport tradition-prix !

Formule 18 € – Menu 20 € (semaine), 30/41 €

25 rte de Parthenay – 05 49 96 12 60 – www.hotellerie-st-jean.com – Fermé 17 fév.-6 mars, 13-26 août, dim. soir et lundi

Hôtellerie St-Jean

TRADITIONNEL • FONCTIONNEL Cette bâtisse des années 1970 n'a rien de remarquable, mais elle offre une jolie vue sur la vieille ville. Les chambres, fonctionnelles et impeccablement tenues, sont aussi plus calmes sur l'arrière.

18 chambres – 58/60 € 60/62 € – 8 €

25 rte de Parthenay – 05 49 96 12 60 – www.hotellerie-st-jean.com – Fermé 17 fév.-6 mars, 13-26 août, dim. soir et lundi

Hôtellerie St-Jean – voir les restaurants ci-dessus

à Ste-Verge 4 km au Nord - ✉ 79100 - 1 423 hab. - Alt. 65 m

Le Logis de Pompois

CUISINE MODERNE • CLASSIQUE XXX Prenant ses aises dans l'ancien chai d'un élégant domaine viticole des 18e-19e s., le restaurant est associé à un centre d'aide par le travail. On joint donc l'utile à l'agréable en dégustant une cuisine d'aujourd'hui, accompagnée d'un beau choix de vins du Val de Loire.

Formule 23 € - Menu 30/50 €

13 r. de la Gosselinière - ✆ 05 49 96 27 84 - www.logis-de-pompois.com - Fermé de fin juil. à mi-août, de fin déc. à mi-janv., dim. soir, lundi et mardi

THUIR

✉ 66300 Pyrénées-Orientales - 7 374 hab. - Alt. 99 m - Carte régionale n° **12**-B3
Carte Michelin 344-H7

Arbequina

CUISINE MODERNE • RUSTIQUE X La cuisine du chef, méditerranéenne, parfumée et savoureuse, démontre son talent pour mettre en valeur le produit. Au hasard de la carte, on opte pour un pavé de morue fraiche, céleri et pommes de terre façon risotto ... D'un bout à l'autre, un vrai régal !

Formule 14 € - Menu 32 € - Carte 38/45 €

21 r. de la République - ✆ 04 68 34 46 64 - www.arbequina-restaurant.com - Fermé lundi et mardi

Le Patio Catalan

CUISINE TRADITIONNELLE • RUSTIQUE XX De la tradition, de la simplicité, des produits bien choisis : voilà la recette du chef. Les habitués ont investi ce charmant restaurant rustique (juste en face des caves Byrrh et leurs énormes cuves) et ne le quittent plus !

Menu 17 € (déj. en semaine), 29/43 € - Carte 25/56 €

4 pl. du Gén.-de-Gaulle - ✆ 04 68 53 57 28 - http://restaurant-patio-catalan.fr/ - Fermé 1 semaine fin août, vacances de Noël, merc. et le soir sauf vend. et sam.

THURY

✉ 21340 Côte-d'Or - 283 hab. - Alt. 382 m - Carte régionale n° **4**-C2
Carte Michelin 320-H7

Manoir Bonpassage

FAMILIAL • À LA CAMPAGNE Une ancienne ferme avicole en pleine campagne tenue par un couple hollandais très accueillant. De vrais airs de maison d'hôtes (dîner sans chichis pour les résidents), une jolie piscine et des chambres d'une tenue parfaite... Sympathique !

8 chambres - †63/93 € ††63/93 € - ☕ 10 €

5 r. du Moulin, 1 km au Sud par D36 et rte secondaire - ✆ 03 80 20 26 16 - www.bonpassage.com - Ouvert 1er avril-1er nov.

TIGNES

✉ 73320 Savoie - 2 587 hab. - Alt. 2 100 m - Carte régionale n° **23**-D2
Carte Michelin 333-O5 - Guide Vert Michelin Alpes du Nord

Les Campanules

CUISINE TRADITIONNELLE • MONTAGNARD XXX De très bons produits, une maîtrise culinaire de tous les instants : voilà les deux atouts maîtres de ce restaurant offrant une superbe vue sur les montagnes et les pistes. L'ambiance est chaleureuse, d'autant que toute la famille est aux petits soins !

Menu 33 € (déj.), 50/60 € - Carte 50/80 €

Hôtel Les Campanules, Le Rosset - ✆ 04 79 06 34 36 - www.campanules.com - Ouvert 8 juil.-26 août et 28 nov.-5 mai

Le Gourmet

CUISINE MODERNE • ÉLÉGANT XX Pas besoin d'être résident des Suites du Montana pour profiter de ce restaurant entièrement rénové en 2015, où les produits nobles sont à l'honneur : homard, turbot, bœuf charolais, belles volailles...

Menu 70/90 € - Carte 66/84 €

Hôtel Les Suites du Montana, Les Almes - ✆ 04 79 40 01 44 - www.village-montana.com - Ouvert de mi-déc. à mi-avril et fermé le midi

La Ferme des 3 Capucines

CUISINE RÉGIONALE • RUSTIQUE X Cette ferme-laiterie mérite qu'on s'y attarde... même si en hiver les vaches sont en fermage du côté d'Albertville. Au menu : une savoureuse cuisine de tradition, mettant en avant les bons produits locaux (agneau du pays, par exemple) et le fromage maison. Coin boutique, produits régionaux.

Carte 31/52 €

Le Lavachet - ✆ 04 79 06 35 10 - www.lafermedes3capucines.com - Ouvert juil.- août et déc.-avril

Les Suites du Montana

LUXE • MONTAGNARD Sur les hauteurs de la station, ce "hameau" de cinq chalets allie tranquillité et proximité des pistes du fameux Espace Killy. De grandes suites - de style savoyard, tyrolien ou provençal - vous y attendent, avec balcon et même sauna ou jacuzzi ! Le plus bel hôtel de Tignes.

27 suites - ††436/674 € - 1 chambres

Les Almes - ✆ 04 79 40 01 44 - www.village-montana.com - Ouvert de mi-déc. à mi-avril

Le Gourmet - voir les restaurants ci-dessus

Les Campanules

FAMILIAL • MONTAGNARD Ce beau chalet est tenu par une famille aux petits soins... On propose des chambres douillettes et très confortables, ainsi que de superbes suites (dont certaines en duplex). Le must : se baigner dans la piscine extérieure - chauffée à 32° C - en regardant les pistes !

25 chambres - †150/300 € ††200/510 € - 14 suites

- ✆ 04 79 06 34 36 - www.campanules.com - Ouvert 8 juil.-26 août et 28 nov.-5 mai

Les Campanules - voir les restaurants ci-dessus

Le Taos

LUXE • ÉPURÉ Sur les hauteurs de Tignes, cet hôtel à la façade de bois clair et de pierres propose des chambres confortables dans un style montagnard (table basse en tronc, peau de vache au sol...) - et quelle vue ! Espace bien-être, accès direct aux pistes. Possibilité de restauration sur place.

50 chambres - †130/375 € ††130/375 € - 4 suites - 22 €

rte du Rosset - ✆ 04 79 06 27 81 - www.hotel-le-taos.com - Ouvert de déc. à avril et juil.-août

Village Montana

TRADITIONNEL • MONTAGNARD Ces splendides chalets conjuguent tradition, calme et confort. Les chambres, spacieuses et familiales, disposent d'un balcon ouvert sur les pistes ; on profite également d'un espace de remise en forme avec hammam, sauna, jacuzzi et... piscine extérieure chauffée à 32° C !

78 chambres - †141/290 € ††216/446 € - 4 suites

Les Almes - ✆ 04 79 40 01 44 - www.village-montana.com - Ouvert fin juin à fin août et fin nov. à début mai

Le Lévanna

TRADITIONNEL • MONTAGNARD Du nom d'un sommet à la frontière franco-italienne, ce chalet récent abrite des chambres cosy, dont certaines aménagées en duplex. Au restaurant, la carte, traditionnelle, s'agrémente de spécialités fromagères. Agréable terrasse côté pistes.

40 chambres - †92/240 € ††112/460 €

Le Rosset - ✆ 04 79 06 32 94 - www.levanna.com - Ouvert d'oct. à mai

au Val Claret 2 km au Sud-Ouest – ✉ 73320 Tignes – Alt. 2 100 m

Ursus

CUISINE MODERNE • ÉLÉGANT XXX Chaleur du bois, tons dorés et verts, matériaux bruts : la décoration emprunte autant à l'univers de la forêt qu'au grand air des montagnes... Dans l'assiette, le terroir savoyard côtoie de bons produits de brasserie – telles les huîtres Gillardeau – dans des réalisations raffinées et franchement savoureuses.

Menu 78/98 € – Carte 78/104 €

Hôtel Les Suites du Nevada – ✆ 04 79 01 11 43 – www.maison-bouvier.com – Ouvert 1er juil.-25 août, 1er oct.-5 mai et fermé le midi

Le Panoramic

CUISINE TRADITIONNELLE • COSY X On accède en funiculaire à ce restaurant d'altitude qui tutoie le ciel (3032 m !), pour un bol d'air et de gourmandise. Dans un intérieur douillet, tout de bois vêtu, une équipe en costume traditionnel nous sert une authentique cuisine au feu de bois, typique du terroir savoyard. Dépaysement garanti.

Carte 50/110 €

Glacier de la Grande-Motte (accès pieton par le funiculaire de Tignes-Val-Claret) – ✆ 04 79 06 47 21 – www.jeanmichelbouvier.com – Ouvert 24 nov.-fin avril et fermé le soir sauf jeudi

Maison Bouvier - Les Suites

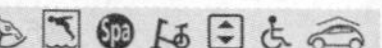

LUXE • MONTAGNARD Original, cet hôtel donne à voir l'univers montagnard dans le plus pur style contemporain : tronçons de bois massif, blocs de pierre, béton, tons sombres, etc. Le luxe à l'état brut, pour amateurs avertis. De plus, les chambres sont très spacieuses : un atout indéniable !

31 chambres – †205/625 € ††385/860 €

– ✆ 04 79 41 68 30 – www.maison-bouvier.com – Ouvert 1er juil.-25 août et 1er oct.-5 mai

Ursus – voir les restaurants ci-dessus

Le Ski d'Or

TRADITIONNEL • MONTAGNARD Un beau bar-salon feutré avec cheminée, des chambres confortables et parées de bois dont la plupart donnent sur les montagnes : ce Ski d'Or respire la douceur de vivre ! Les nombreux services – ski-room, sauna, jacuzzi, hammam – ajoutent au plaisir du séjour.

27 chambres – †130/340 € ††200/550 €

r. du Val-Claret – ✆ 04 79 06 51 60 – www.hotel-skidor.com – Ouvert 20 oct.-1er mai

TILQUES – 62 Pas-de-Calais

→ Voir St-Omer

TOMINO – 2B Haute-Corse

→ Voir Corse

TONNERRE

✉ 89700 Yonne – 4 759 hab. – Alt. 156 m – Carte régionale n° **4**-B1
Carte Michelin 319-G4 – Guide Vert Michelin Bourgogne

L'Auberge de Bourgogne

CUISINE TRADITIONNELLE • CONVIVIAL X Derrière les baies vitrées de la grande salle à manger – récemment relookée – se dessine le vignoble d'Épineuil : bien agréable vision ! La carte est résolument tournée vers le terroir local : escargots au beurre d'ail, mignon de porc à la dijonnaise, crème brûlée au miel de Bourgogne... Avis aux amateurs.

Formule 13 € – Menu 26 € – Carte 30/50 €

D905, 2 km par rte de Dijon – ✆ 03 86 54 41 41 – www.aubergedebourgogne.com – Fermé 22 déc.-2 janv., lundi midi, sam. midi et dim.

L'Auberge de Bourgogne

FAMILIAL • FONCTIONNEL Tout près des vignobles d'Épineuil, un hôtel des années 1990 disposant de chambres simples et mignonnes. Préférez-les sur l'arrière, pour la jolie vue champêtre.

40 chambres – 74 € 88 €

D905, 2 km par rte de Dijon – 03 86 54 41 41 – www.aubergedebourgogne.com – Fermé 22 déc.-2 janv.

L'Auberge de Bourgogne – voir les restaurants ci-dessus

TORCY - 71 Saône-et-Loire ➔ Voir Creusot

TOUL

54200 Meurthe-et-Moselle – 15 966 hab. – Alt. 209 m – Carte régionale n° **14**-B2
Carte Michelin 307-G6

Brasserie K

CUISINE TRADITIONNELLE • TENDANCE XX Dans l'enceinte de l'ancienne usine Kléber, une brasserie au cadre contemporain : banquettes en velours, espace lounge-bar... Dans l'assiette, escargots au chablis, sole meunière et tartare au couteau sont les classiques de la maison.

Formule 15 € – Menu 20 € – Carte 28/45 €

980 av. de l'Europe (ZI Croix de Metz), rte de Pont-à-Mousson-2 km au Nord – 03 83 62 46 95 – Fermé sam. midi, dim. soir, lundi soir et mardi soir

Le Commerce

CUISINE TRADITIONNELLE • BRASSERIE X Juste devant la place de la République, cette brasserie née en 1895 a su conserver son esprit Belle Époque : superbes faïences murales, jolies banquettes en velours et... cuisine de brasserie : tête de veau sauce ravigote et canard de la Meuse, préparé selon l'humeur du chef !

Formule 14 € – Menu 19 € (déj. en semaine), 22/26 € – Carte 22/45 €

10 pl. de la République – 03 83 43 00 41 – www.restaurant-lecommerce.fr – Fermé dim. soir et lundi

à Lucey 5 km au Nord-Ouest par D908 – 54200 – 600 hab. – Alt. 260 m

Auberge du Pressoir

CUISINE MODERNE • TENDANCE XX L'ancienne gare du village est devenue un restaurant simple et moderne, bien en phase avec la cuisine du chef. Les menus ("Vigneron", "Pressoir", "Terminus") déclinent une cuisine résolument actuelle. En été, on se presse en terrasse pour profiter du soleil !

Menu 19 € (déj. en semaine), 26/60 € – Carte 39/59 €

7 r. des Pachenottes – 03 83 63 81 91 – www.aubergedupressoir.com – Fermé 18-27 fév., 16 août-5 sept., dim. soir, mardi soir, merc. soir et lundi

TOULON

83000 Var – 165 584 hab. – Agglo. 562 011 hab. – Alt. 10 m – Carte régionale n° **21**-C3
Carte Michelin 340-K7 – Guide Vert Michelin Côte d'Azur

Carré 2 Vigne

CUISINE MODERNE • CONVIVIAL X L'adresse passe presque inaperçue dans la vieille ville, mais une fois la porte franchie, on est conquis par son esprit accueillant... Le chef aime cuisiner les tomates de plein champ, et les champignons, qu'il s'en va cueillir à l'automne. Tout est fait sur place, glace et pain compris. Courez-y !

Menu 29/38 € – Carte 42/49 €

Plan : F2-x *14 r. de Pomet – 04 94 92 98 21 – www.carre2vigne.com – Fermé 14 juil.-15 août, dim. et lundi*

Au Sourd

POISSONS ET FRUITS DE MER • TENDANCE X Une véritable institution toulonnaise, créée par un artilleur de Napoléon III, rendu sourd au combat ! Mais pas question de rester sourd aux arguments du chef : sa cuisine attire des bancs entiers d'amateurs de poisson (bouillabaisse et bourride sur commande) dans une atmosphère chic et contemporaine...

Formule 25 € – Menu 28 € (semaine)/37 €

Plan : F2-w *10 r. Molière – 04 94 92 28 52 – www.ausourd.com – Fermé dim. et lundi*

Les P'tits Pins

CUISINE TRADITIONNELLE • TENDANCE Sur la grande place de la Liberté, cette adresse étale sa forêt de chaises au soleil, faisant le bonheur des amateurs de farniente... Mais c'est surtout pour la bonne cuisine traditionnelle – foie gras de canard poêlé, soupe de poisson maison, aile de raie – que l'on fait le déplacement.

Formule 21 € – Menu 28 €

Plan : F2-p *237 pl. de la Liberté – ✆ 04 94 41 00 00 – www.lesptitspins.com – Fermé lundi soir, mardi soir et dim.*

Holiday Inn

HÔTEL DE CHAÎNE • FONCTIONNEL Cette structure originale est posée juste en face de la tour Concorde. Dans le grand hall lumineux, une verrière donne sur la piscine, en contrebas ; les chambres sont confortables et fonctionnelles, et l'accueil est aux petits soins.

80 chambres – †90/190 € ††90/190 € – ☕16 €

Plan : D1-h *1 av. Rageot-de-la-Touche – ✆ 04 94 92 00 21 – www.holidayinn.com/toulon-cityctr*

Grand Hôtel de la Gare

FAMILIAL • FONCTIONNEL Un bon hôtel, situé face à la gare – on ne peut plus commode si l'on voyage en train – et à deux pas du centre-ville. Le décor des chambres évite trop de simplisme (mobilier cérusé, tons clairs, etc.), et le tout est tenu avec soin.

39 chambres – †72/94 € ††72/94 € – ☕11 €

Plan : E1-a *14 bd Tessé – ✆ 04 94 24 10 00 – www.grandhotelgare.com*

au Mourillon – ✉ 83000 Toulon

Tables et Comptoir

CUISINE MODERNE • BISTRO Une salle plutôt rétro, des banquettes, des miroirs... Aucun doute : voilà un bistrot ! Le chef, originaire de Roanne, est un passionné et a déjà une longue expérience derrière lui ; il compose une bonne cuisine du marché où la fraîcheur des produits est le critère n° 1.

Formule 22 € – Menu 44 € (dîner) – Carte 45/75 €

Plan : B2-t *3 bd Eugène-Pelletan – ✆ 04 94 10 83 29 – Fermé 3 semaines en juin, 1 semaine en déc., le midi en juil.-août, sam. midi et lundi sauf en été et dim.*

La Corniche

FAMILIAL • ÉLÉGANT Près du port St-Louis et des plages du Mourillon, au départ de la route de la Corniche qui domine la baie, un hôtel toujours en ville mais déjà à la mer... La plupart des chambres, élégantes et confortables, ouvrent sur la Méditerranée. Le tout fort bien tenu : on sent que la famille propriétaire s'investit beaucoup !

27 chambres – †115/368 € ††115/368 € – 3 suites – ☕18 €

Plan : B2-a *17 littoral F.-Mistral – ✆ 04 94 41 35 12 – www.hotel-corniche.com*

Les Voiles

FAMILIAL • DESIGN Totalement rénové en 2014, cet hôtel du quartier du Mourillon rend un hommage appuyé à la régate Giraglia, fondée en 1953. Les chambres, résolument contemporaines et tout de blanc vêtues, sont confortables ; celles des derniers étages offrent une jolie vue sur la rade de Toulon.

17 chambres – †79/226 € ††89/352 € – ☕14 €

Plan : C2-v *124 r. Gubler – ✆ 04 94 41 36 23 – www.hotel-voiles.com*

au Cap Brun – ✉ 83000 Toulon

Les Pins Penchés

CUISINE TRADITIONNELLE • MÉDITERRANÉEN Un must : la terrasse en balcon au-dessus de la mer et du cap Brun. Palmiers, mimosas, agrumes ou eucalyptus se découvent en arpentant le jardin enchanteur. Ce n'est pas le moindre attrait de cette élégante villa du 19e s., parfaite pour un repas gastronomique et très romantique.

Menu 68/78 €

Plan : C2-a *3182 av. de la Résistance – ✆ 04 94 27 98 98 – www.lespinspenches.com – Fermé dim. soir, lundi et mardi*

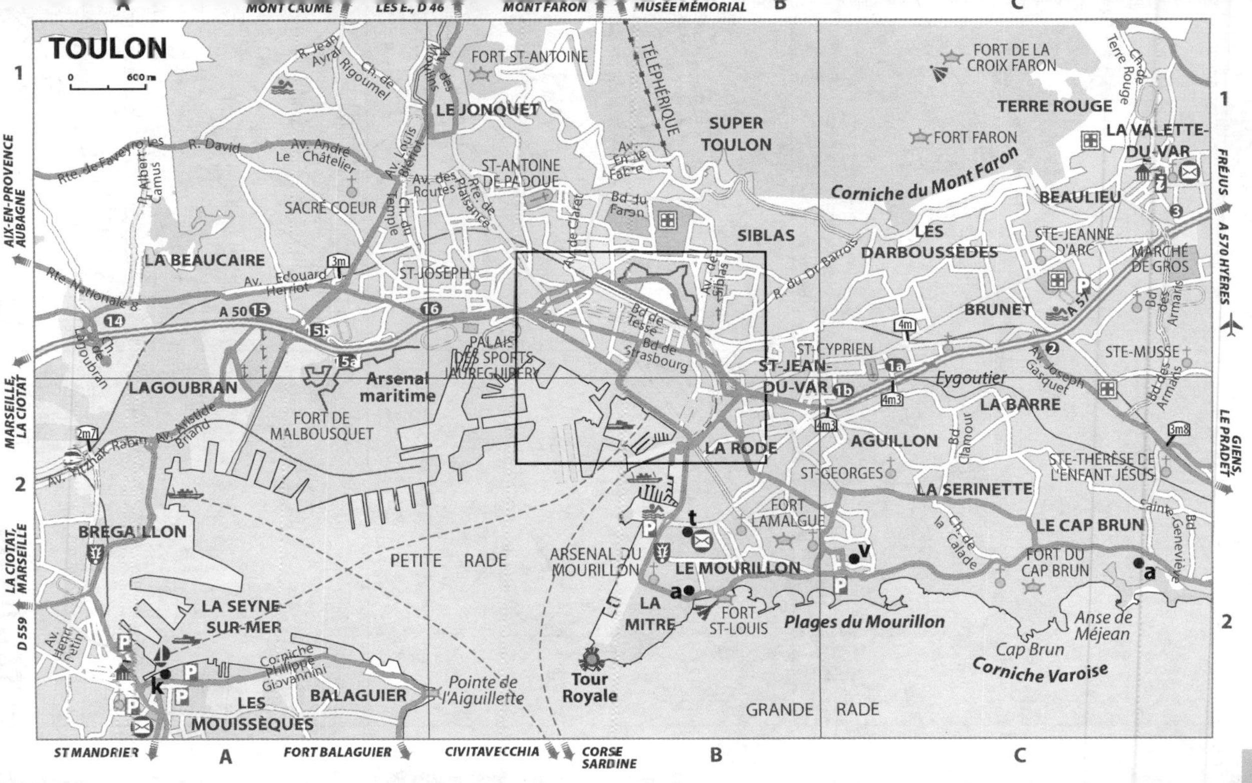

TOULON
600 m
MONT CAUME
LES E., D 46
MONT FARON
MUSÉE MÉMORIAL
FRÉJUS
A 570 HYÈRES
GIENS, LE PRADET
AIX-EN-PROVENCE AUBAGNE
MARSEILLE, LA CIOTAT
D 559 LA CIOTAT, MARSEILLE
ST MANDRIER
FORT BALAGUIER
CIVITAVECCHIA
CORSE SARDINE
FORT ST-ANTOINE
TÉLÉPHÉRIQUE
FORT DE LA CROIX FARON
TERRE ROUGE
LA VALETTE-DU-VAR
FORT FARON
SUPER TOULON
LE JONQUET
ST-ANTOINE DE PADOUE
Corniche du Mont Faron
BEAULIEU
SACRÉ COEUR
SIBLAS
LES DARBOUSSÈDES
STE-JEANNE D'ARC
MARCHÉ DE GROS
LA BEAUCAIRE
ST-JOSEPH
BRUNET
STE-MUSSE
ST-CYPRIEN
PALAIS DES SPORTS
ST-JEAN-DU-VAR
Eygoutier
LAGOUBRAN
Arsenal maritime
LA BARRE
FORT DE MALBOUSQUET
AGUILLON
LA RODE
STE-THÉRÈSE DE L'ENFANT JÉSUS
ST-GEORGES
LA SERINETTE
FORT LAMALGUE
LE CAP BRUN
BREGAILLON
FORT DU CAP BRUN
PETITE RADE
ARSENAL DU MOURILLON
LE MOURILLON
LA SEYNE-SUR-MER
LA MITRE
FORT ST-LOUIS
Plages du Mourillon
Anse de Méjean
Cap Brun
Corniche Varoise
Pointe de l'Aiguillette
Tour Royale
BALAGUIER
LES MOUISSÈQUES
GRANDE RADE
R. Jean Ayral
Ch. de Rigoumel
Av. des Moulins
Av. Louis Blériot
R. David
Av. André Le Châtelier
Rte. de Faveyrolles
R. Albert Camus
Av. des Routes
Rte. de Plaisance
Ch. du Temple
Bd du Faron
Av. de Claret
Av. de Siblas
R. du Dr Barrois
Av. Edouard Herriot
Rte. Nationale 8
A 50
A 57
Ch. de Lagoubran
Bd de Tessé
Bd de Strasbourg
Av. Joseph Gasquet
Bd des Armaris
Bd Clamour
Ch. de la Calade
Bd Sainte Geneviève
Ch. de Terre Rouge
Av. Aristide Briand
Av. Fitzhak Rabin
Corniche Philippe Giovannini
Av. Henri Petin

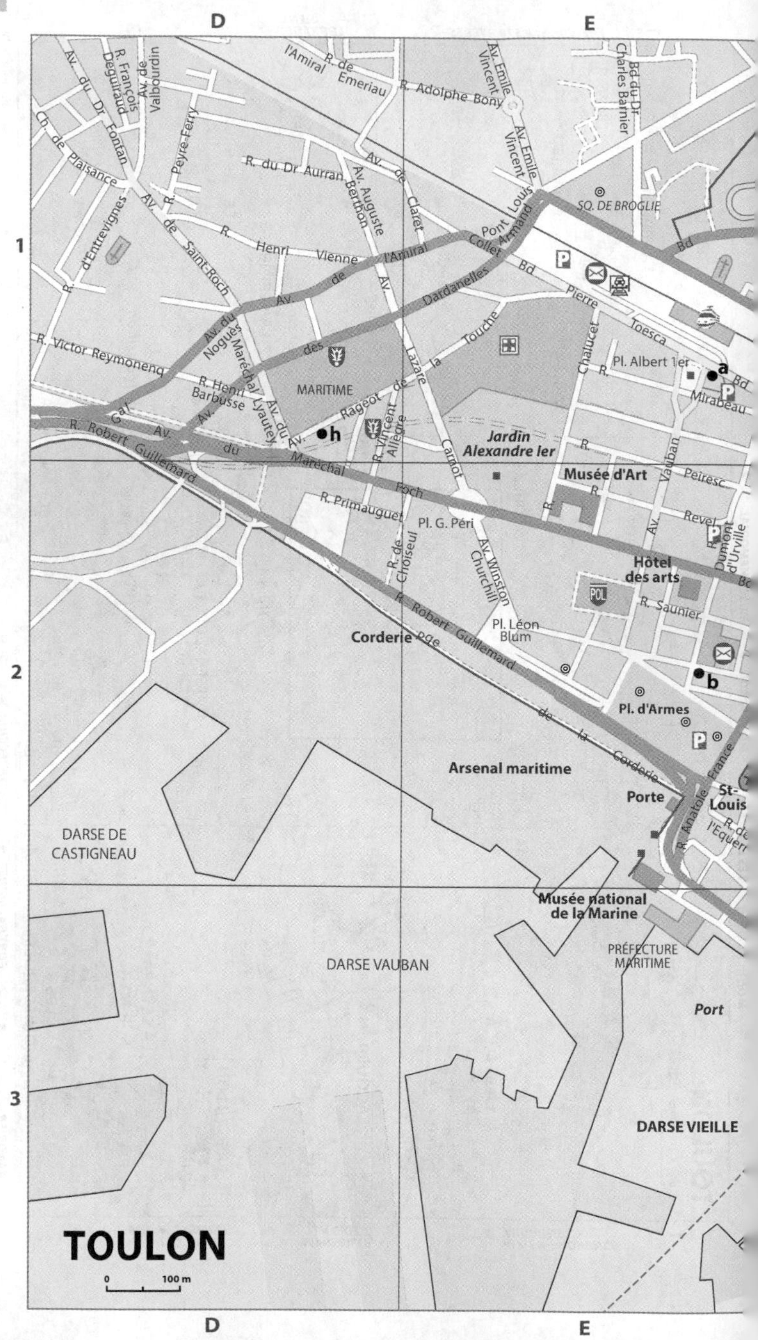

TOULON
0
100 m
DARSE DE CASTIGNEAU
DARSE VAUBAN
DARSE VIEILLE
Arsenal maritime
Musée national de la Marine
PRÉFECTURE MARITIME
Port
Porte
Corderie
Jardin Alexandre Ier
Musée d'Art
Hôtel des arts
Pl. d'Armes
Pl. Léon Blum
Pl. G. Péri
Pl. Albert 1er
SQ. DE BROGLIE
MARITIME
R. Robert Guillemard
Av. Winston Churchill
R. Vincent Allègre
R. de Choiseul
R. Primauguet
Av. du Maréchal Foch
Av. Gal Leclerc
Av. des Dardanelles
Av. de l'Amiral Collet
R. Henri Vienne
R. Victor Reymonenq
R. Henri Barbusse
Av. du Maréchal Lyautey
Av. du Nogues
Av. de Saint-Roch
R. d'Entrevignes
Ch. de Plaisance
Av. du Dr Fontan
R. François Deguiraud
Av. de Valbourdin
R. Peyre-Ferry
R. du Dr Aurran
Av. Auguste Berthon
Av. de Claret
R. de l'Amiral Emeriau
R. Adolphe Bony
Av. Émile Vincent
Bd du Dr Charles Barnier
Pont Louis Armand
Bd Pierre Toesca
Bd Mirabeau
Av. Lazare Carnot
Av. Vauban
R. Chalucet
R. Peiresc
R. Revel
R. Dumont d'Urville
R. Saunier
R. Anatole France
R. de l'Equerre
St-Louis
D
E
1
2
3

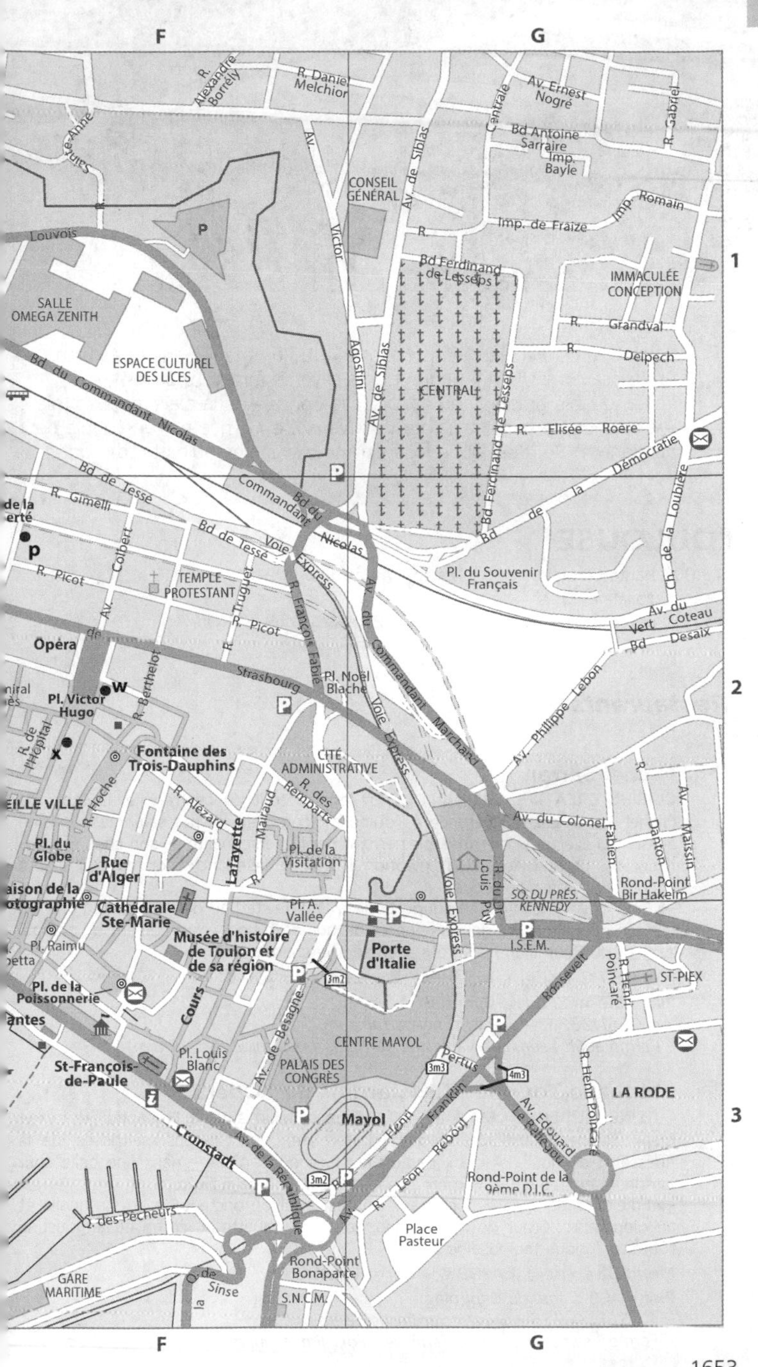
F
G
1
2
3
R. Alexandre Borrely
R. Daniel Melchior
Av. Ernest Nogré
Centrale
Bd Antoine Sarraire
Imp. Bayle
R. Gabriel
Av. de Siblas
CONSEIL GÉNÉRAL
Imp. Romain
Imp. de Fraize
Louvois
Bd Ferdinand de Lesseps
IMMACULÉE CONCEPTION
SALLE OMEGA ZENITH
R. Grandval
R. Delpech
ESPACE CULTUREL DES LICES
Agostini
CENTRAL
Bd du Commandant Nicolas
R. Elisée Roère
Bd de la Démocratie
Bd de Tessé
R. Gimelli
Bd du Commandant Nicolas
Bd Ferdinand de Lesseps
Voie Express
Pl. du Souvenir Français
R. Picot
Av. Colbert
TEMPLE PROTESTANT
R. Truguet
Ch. de la Loubière
Av. du Vert Coteau
Bd Desaix
Opéra
Av. de Strasbourg
R. François Fabié
Pl. Noël Blache
Av. du Commandant Marchand
Av. Philippe Lebon
Pl. Victor Hugo
R. Berthelot
R. de l'Hôpital
Fontaine des Trois-Dauphins
CITÉ ADMINISTRATIVE
R. des Remparts
Voie Express
R. Hoche
R. Alézard
Lafayette
R. Mairaud
Av. du Colonel Fabien
R. Danton
Av. Maissin
Pl. du Globe
Rue d'Alger
Pl. de la Visitation
Voie Express
R. du Dr Louis Puy
Rond-Point Bir Hakeim
SQ. DU PRÉS. KENNEDY
Cathédrale Ste-Marie
Pl. A. Vallée
Musée d'histoire de Toulon et de sa région
Porte d'Italie
I.S.E.M.
Pl. Raimu
Roosevelt
R. Henri Poincaré
ST-PIEX
Pl. de la Poissonnerie
Cours
Av. de Besagne
CENTRE MAYOL
St-François-de-Paule
Pl. Louis Blanc
PALAIS DES CONGRÈS
Pertus
Franklin
Henri
LA RODE
R. Henri Poincaré
Mayol
Cronstadt
Av. de la République
R. Léon Reboul
Av. Edouard Le Bellegou
Rond-Point de la 9ème D.I.C.
Q. des Pêcheurs
Place Pasteur
Rond-Point Bonaparte
GARE MARITIME
Q. de la Sinse
S.N.C.M.

B. Boensch/imageBROKER/

ON AIME...

Bàcaro, un super bar à vins "nature" où l'on mange aussi très bien. **Émile**, sa cuisine authentique et ses saveurs fortes. Le **Bibent**, immanquable brasserie au décor Belle Époque de la place du Capitole. À Castanet-Tolosan, **La Table des Merville**, menée par un couple de passionnés. **Solides**, où le locavorisme est un véritable état d'esprit...

TOULOUSE

✉ 31000 Haute-Garonne – 466 297 hab. – Agglo. 920 402 hab. – Alt. 146 m – Carte régionale n° **15**-B2
Carte Michelin 343-G3 – Guide Vert Michelin Pyrénées Toulouse Gers

Restaurants

✿✿ Michel Sarran

CUISINE CRÉATIVE • ÉLÉGANT XxX En léger retrait du centre-ville, la table de Michel Sarran est la référence à Toulouse : comment ne pas saluer une cuisine aussi bien exécutée, marquée pleinement par la personnalité de son chef, et valorisant des produits locaux d'exception ? Quant à l'élégant décor feutré, il ajoute encore au charme du repas.

➜ Foie gras de canard en soupe tiède à l'huître, tartine de foie grillé. Lotte en cuisson douce, croûte de verveine et de quinoa rouge, cœur coulant à l'orange. Abricot du Roussillon frais, rôti et en soufflé chaud.

Menu 57 € 🍷 (déj.), 105/195 € 🍷 – Carte 115/160 €

Plan : 3E1-m *21 bd A.-Duportal*
– ✆ 05 61 12 32 32 – www.michel-sarran.com
– Fermé août, 1 semaine vacances de Noël, merc. midi, sam. et dim.

✿ Stéphane Tournié - Les Jardins de l'Opéra

CUISINE MODERNE • ÉLÉGANT XxX Stéphane Tournié va à l'essentiel et le fait bien : de beaux produits (bio de préférence), des cuissons maîtrisées, de la finesse et du goût... À deux pas de la place du Capitole – dans une belle cour intérieure coiffée d'une verrière –, sa table est une valeur sûre.

➜ Foie gras de canard poché aux huîtres, bouillon onctueux à la citronnelle et au gingembre. Cœur de ris de veau, sauce blanquette au citron et langoustine rôtie. La "brique toulousaine".

Menu 32 € (déj.), 64/99 € – Carte 85/100 €

Plan : 4G2-q *1 pl. du Capitole*
– ✆ 05 61 23 07 76 – www.lesjardinsdelopera.fr
– Fermé 1 semaine en janv., fériés le midi, dim. et lundi

✿ **Py-r** (Pierre Lambinon)

CUISINE MODERNE • DESIGN XX Dans une ruelle du vieux Toulouse, un superbe restaurant contemporain dans lequel le blanc domine... Aux fourneaux, le jeune chef Pierre Lambinon réalise une cuisine du marché inventive, savamment composée. Ici, on a le culte des saisons et de l'improvisation : c'est l'anti-routine !

➜ Œuf mollet, champignons, courgette et noisettes. Merlu sauvage, olives kalamata, gnocchis et primeurs. Feuille à feuille de cacao, gruétine et crémeux au poivre du Sichuan.

Menu 34 € (déj.), 58/78 €

Plan : 4G2-f *19 descente de la Halle-aux-Poissons – ✆ 05 61 25 51 52 – www.py-r.com – Fermé août, lundi midi, sam. et dim.*

✿ **SEPT** (Guillaume Momboisse)

CUISINE MODERNE • COSY XX Une belle maison toulousaine, colorée et chaleureuse, dont la terrasse donne sur la basilique chère à Nougaro. Féru de produits asiatiques et d'agrumes, Guillaume Momboisse compose ici une cuisine précise et inspirée, goûteuse et visuellement très aboutie.

➜ Cuisine du marché.

Menu 26 € (déj.), 48/68 €

Plan : 4G1-v *7 pl. St-Sernin – ✆ 05 62 30 05 30 – www.restaurant-sept.fr – Fermé lundi midi, sam. midi et dim.*

Monsieur Marius

CUISINE MODERNE • DESIGN X Cadre contemporain et cuisine du marché pour cette adresse tendance, qui mise sur une carte changeante toujours maîtrisée : tartare de veau, coques et couteaux ; lotte, ragoût de chou et miso... Et un excellent baba au rhum présenté en trois étages ! Quelques tables sur la petite mezzanine.

Formule 16 € – Menu 20 € (déj. en semaine), 32/47 € – Carte environ 40 €

Plan : 4G2-n *– ✆ 05 61 25 07 07 – www.maisonmarius.com – Fermé dim. et lundi*

Les Sales Gosses

CUISINE MODERNE • BISTRO X Ce bistrot de poche, désormais installé en lieu et place de la "Cantine des Sales Gosses", décline sur de grandes ardoises ses plats bistrotiers et parfumés : purée de topinambour, soupe de foie gras poêlé à la châtaigne... C'est Doisneau revisité par le chef Bruno, qui a troqué le bonnet d'âne pour une toque de premier de la classe !

Formule 18 € – Menu 22 € (déj.)/33 €

Plan : 4H1-g *81 r. Riquet – ✆ 05 61 99 30 31 – www.lessalesgosses.fr – Fermé 1 semaine en avril, 3 semaines en août, 1 semaine vacances de Noël, sam. et dim.*

Le Cénacle (N)

CUISINE MODERNE • LUXE XXX Atmosphère feutrée et fauteuils confortables donnent envie de s'attarder dans ce Cénacle ; une intuition confirmée par la cuisine au goût du jour, précise et maîtrisée. Un vrai potentiel.

Menu 39 € 🍷 (déj.), 57/135 € 🍷 – Carte 90/130 €

Plan : 4G2-h *La Cour des Consuls Hôtel & Spa, 46 r. des Couteliers – ✆ 05 67 16 19 99 – www.lacourdesconsuls.com – Fermé 1er juil.-2 sept., sam. midi et dim.*

Anges et Démons

CUISINE MODERNE • ÉLÉGANT XXX De beaux murs en brique apparente et de superbes voûtes du 16es. au sous-sol : nous ne sommes ni au paradis ni en enfer, mais au cœur de Toulouse, à laquelle le rose va si bien ! Au menu, une cuisine recherchée, qui prête au péché de gourmandise...

Menu 50/79 €

Plan : 4H3-a *– ✆ 05 61 52 66 69 – www.restaurant-angesetdemons.com – Fermé 2-20 janv., dim. soir, lundi et le midi sauf dim.*

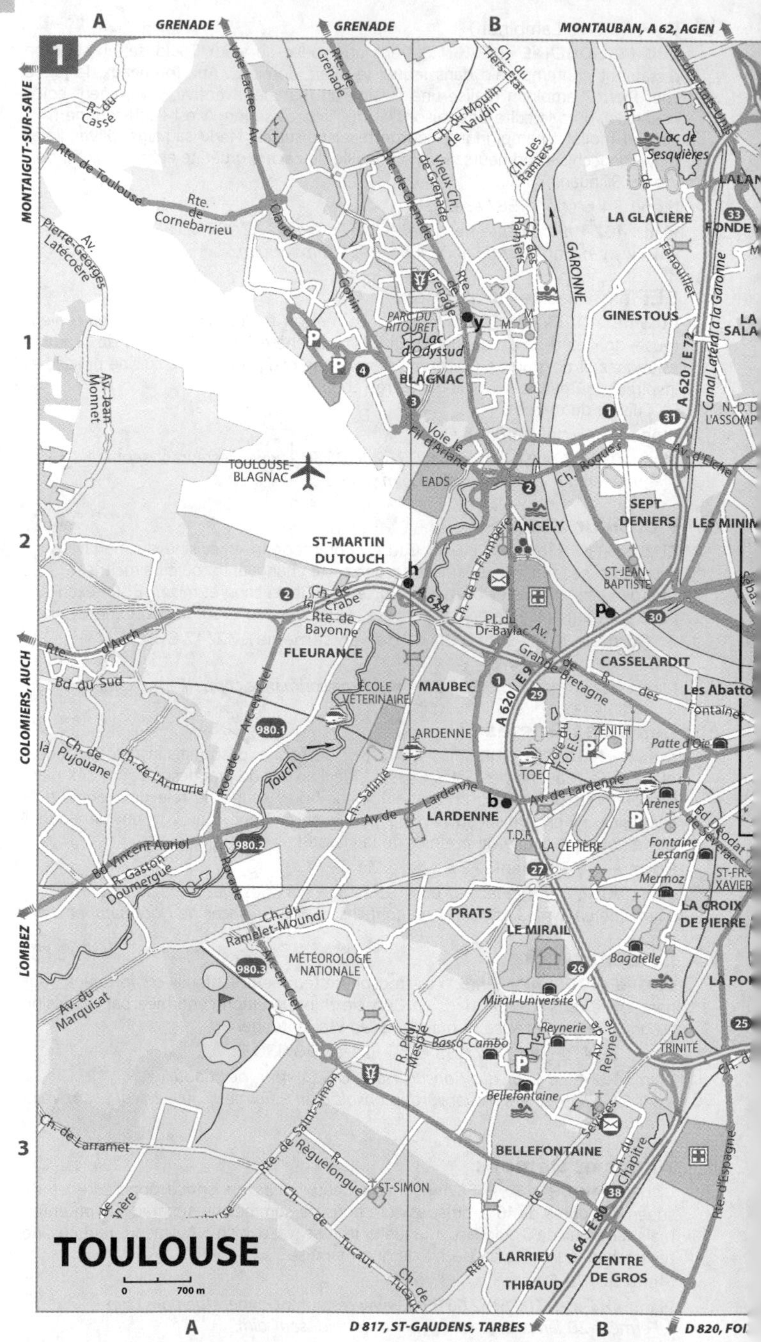
TOULOUSE
0
700 m
GRENADE
GRENADE
MONTAUBAN, A 62, AGEN
MONTAIGUT-SUR-SAVE
COLOMIERS, AUCH
LOMBEZ
D 817, ST-GAUDENS, TARBES
D 820, FOI
A
B
1
2
3
BLAGNAC
TOULOUSE-BLAGNAC
ST-MARTIN DU TOUCH
FLEURANCE
MAUBEC
LARDENNE
ANCELY
SEPT DENIERS
CASSELARDIT
GINESTOUS
LA GLACIÈRE
LES MINIM
LA CÉPIÈRE
PRATS
LE MIRAIL
LA CROIX DE PIERRE
BELLEFONTAINE
LARRIEU
THIBAUD
CENTRE DE GROS
LA PO
ST-SIMON
LA TRINITÉ
ST-JEAN-BAPTISTE
ST-FR. XAVIER
N.-D. D L'ASSOMP
Lac de Sesquières
PARC DU RITOURET
Lac d'Odyssud
EADS
ECOLE VÉTÉRINAIRE
ZÉNITH
TOEC
T.D.F.
MÉTÉOROLOGIE NATIONALE
GARONNE
Touch
Rte. de Grenade
Voie Lactée
Rte. de Toulouse
Rte. de Cornebarrieu
Av. Pierre-Georges Latécoère
Av. Jean Monnet
Claude Gonin
Voie le Fil d'Ariane
Ch. du Moulin de Naudin
Vieux Ch. de Grenade
Ch. des Ramiers
Ch. du Tiers-État
Ch. Roques
Av. d'Elche
Canal Latéral à la Garonne
A 620 / E 72
A 620 / E 9
A 624
A 64 / E 80
Ch. de la Flambère
Pl. du Dr-Baylac
Av. de Grande-Bretagne
R. des Fontaines
Voie du T.O.E.C.
Av. de Lardenne
Ch. Salinié
Rte. d'Auch
Bd du Sud
Ch. de la Crabe
Rte. de Bayonne
Rocade Arc-en-Ciel
Ch. de Pujouane
Ch. de l'Armurie
Bd Vincent Auriol
R. Gaston Doumergue
Ch. du Ramelet-Moundi
Av. du Marquisat
Ch. de Larramet
Rte. de Saint-Simon
R. Réguelongue
Ch. de Tucaut
R. Paul Mesplé
Av. de Reynerie
Ch. du Chapitre
Rte. d'Espagne
Bd Déodat de Séverac
R. du Cassé
Les Abatto
Patte d'Oie
Arènes
Fontaine Lestang
Mermoz
Bagatelle
Mirail-Université
Reynerie
Basso-Cambo
Bellefontaine
980.1
980.2
980.3
33
31
30
29
27
26
25
38

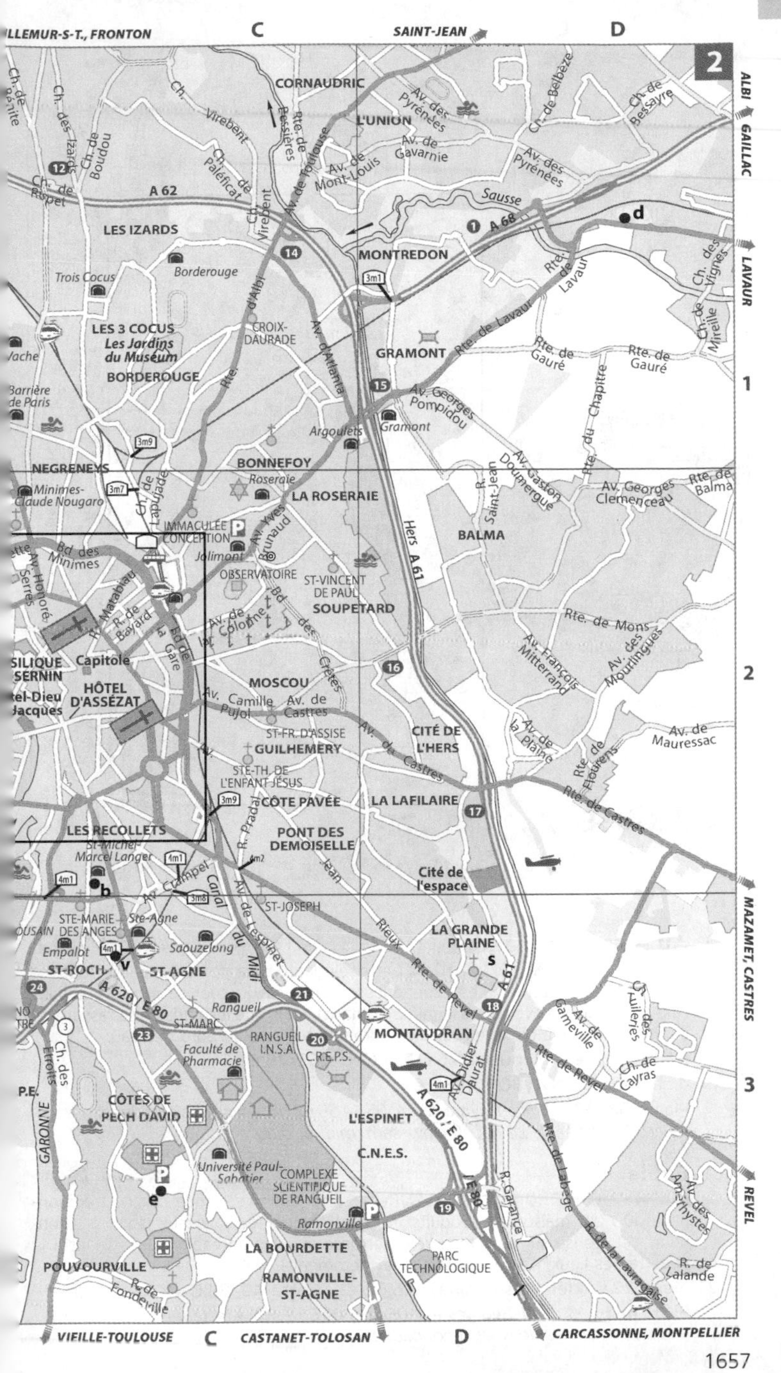

ILLEMUR-S-T., FRONTON
C
SAINT-JEAN
D
2
ALBI
GAILLAC
LAVAUR
MAZAMET, CASTRES
REVEL
1
2
3
CORNAUDRIC
L'UNION
MONTREDON
GRAMONT
LES IZARDS
Trois Cocus
Borderouge
LES 3 COCUS
Les Jardins du Muséum
BORDEROUGE
CROIX-DAURADE
Argoulets
Gramont
BONNEFOY
NEGRENEYS
Roseraie
LA ROSERAIE
IMMACULÉE CONCEPTION
Jolimont
OBSERVATOIRE
ST-VINCENT DE PAUL
SOUPETARD
BALMA
Capitole
HÔTEL D'ASSÉZAT
MOSCOU
ST-FR. D'ASSISE
GUILHEMERY
CITÉ DE L'HERS
STE-TH. DE L'ENFANT JÉSUS
CÔTE PAVÉE
LA LAFILAIRE
PONT DES DEMOISELLE
LES RECOLLETS
Cité de l'espace
ST-JOSEPH
LA GRANDE PLAINE
STE-MARIE DES ANGES
Ste-Agne
Saouzelong
Empalot
ST-ROCH
ST-AGNE
Rangueil
ST-MARC
RANGUEIL I.N.S.A.
C.R.E.P.S.
MONTAUDRAN
Faculté de Pharmacie
CÔTES DE PECH DAVID
L'ESPINET
C.N.E.S.
Université Paul-Sabatier
COMPLEXE SCIENTIFIQUE DE RANGUEIL
Ramonville
LA BOURDETTE
PARC TECHNOLOGIQUE
POUVOURVILLE
RAMONVILLE-ST-AGNE
A 62
A 68
A 61
A 620 / E 80
GARONNE
Canal du Midi
VIEILLE-TOULOUSE
C
CASTANET-TOLOSAN
D
CARCASSONNE, MONTPELLIER

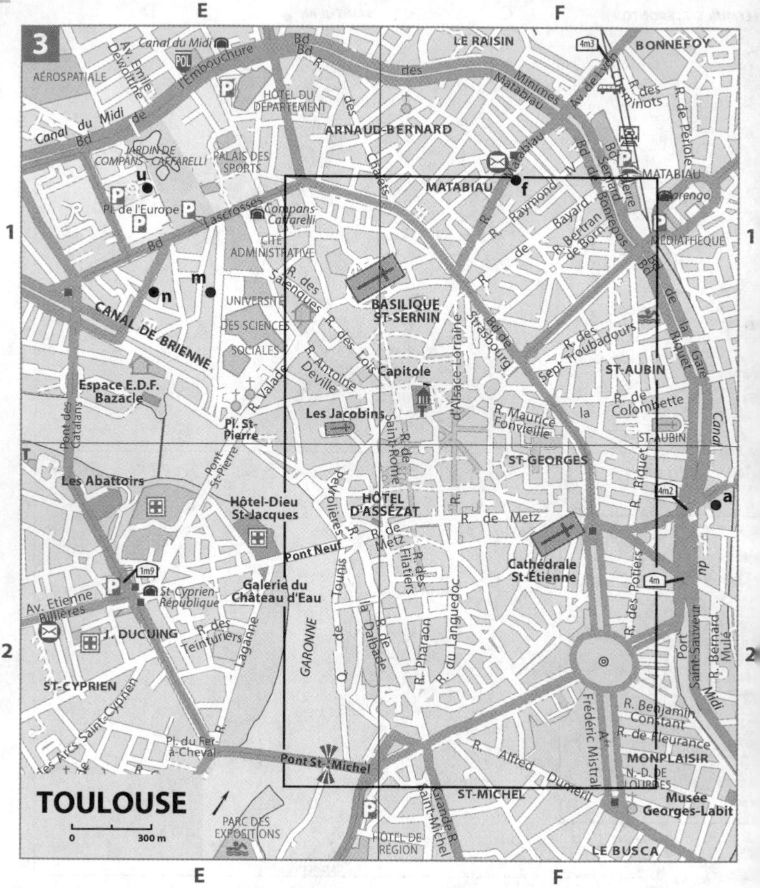

Au Pois Gourmand

CUISINE MODERNE · ÉLÉGANT XX Cette élégante villa toulousaine de 1869 se mire dans la Garonne... Les expériences asiatiques du chef se retrouvent dans l'assiette (comme avec ce sashimi de homard), mais que les puristes se rassurent : il mitonne aussi le gibier en saison ! Agréable terrasse au bord de l'eau.

Formule 21 € – Menu 44/75 € – Carte 52/76 €

4 chambres – 80 € 80 €

Plan : 1B2-p *3 r. Émile-Heybrard – 05 34 36 42 00 – www.pois-gourmand.fr – Fermé 7-20 août, 24 déc.-9 janv., sam. midi et dim.*

Émile

CUISINE DU TERROIR · BISTRO XX Belle carte des vins, solide cuisine traditionnelle 100 % maison – produits frais et producteurs locaux sont à l'honneur – et, cerise sur le gâteau, jolie terrasse sur une agréable place. Quant à la vedette des lieux, c'est le cassoulet, évidemment !

Menu 22 € (déj. en semaine), 32/60 € – Carte 49/63 €

Plan : 4H2-r *13 pl. St-Georges – 05 61 21 05 56 – www.restaurant-emile.com – Fermé vacances de Noël, lundi midi et dim.*

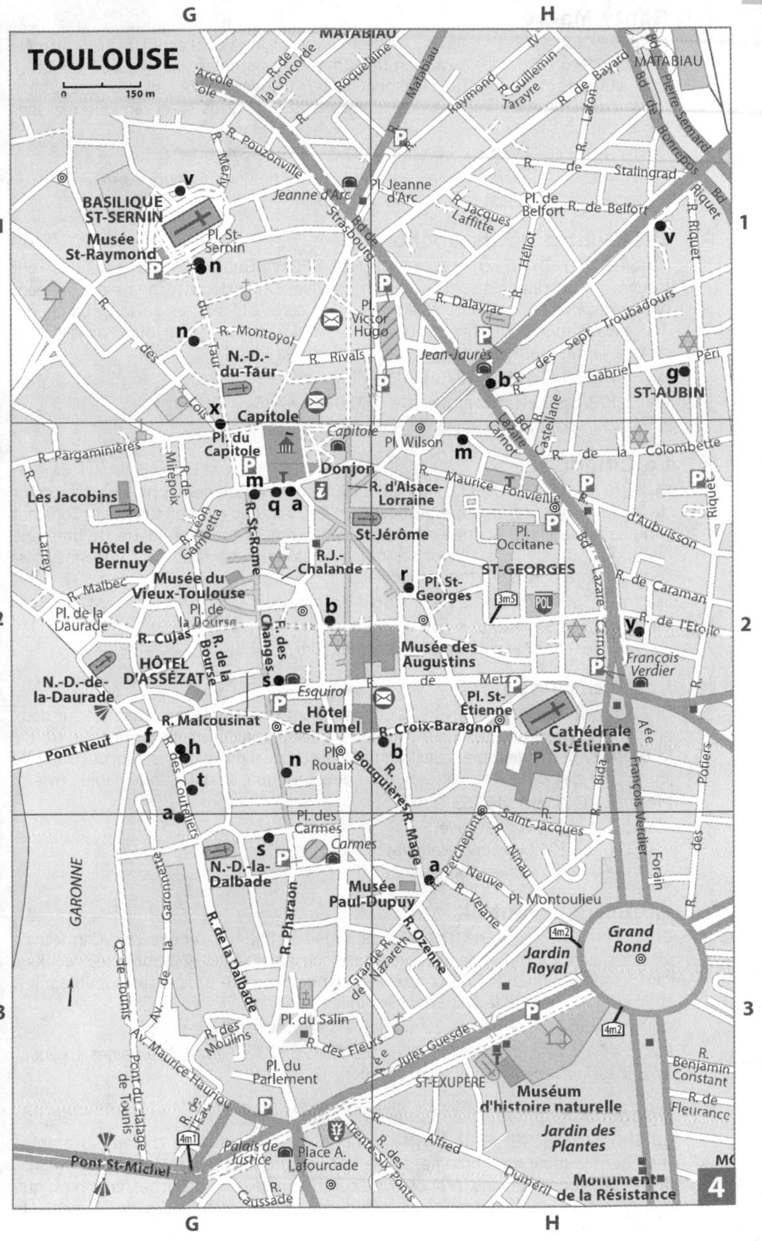

G
H
TOULOUSE
0
150 m
1
2
3
BASILIQUE ST-SERNIN
Musée St-Raymond
N.-D.-du-Taur
Capitole
Pl. du Capitole
Les Jacobins
Hôtel de Bernuy
Musée du Vieux-Toulouse
HÔTEL D'ASSÉZAT
N.-D.-de-la-Daurade
Donjon
St-Jérôme
R.J.-Chalande
Musée des Augustins
Hôtel de Fumel
N.-D.-la-Dalbade
Musée Paul-Dupuy
ST-GEORGES
ST-AUBIN
Cathédrale St-Étienne
Grand Rond
Jardin Royal
Muséum d'histoire naturelle
Jardin des Plantes
Monument de la Résistance
GARONNE
MATABIAU
Pl. Jeanne d'Arc
Pl. Victor Hugo
Pl. Wilson
Pl. Occitane
Pl. St-Georges
Pl. St-Étienne
Pl. Rouaix
Pl. des Carmes
Pl. Montoulieu
Pl. du Salin
Pl. du Parlement
Place A. Lafourcade
Pont Neuf
Pont St-Michel
4

Genty Magre

CUISINE CLASSIQUE • COSY XX Ce restaurant lorgne vers l'esprit bistrot, et mêle le neuf (déco moderne) à l'ancien (les poutres apparentes, les murs en brique...). Côté cuisine, on revisite joyeusement le terroir avec de beaux produits, assortis de crus joliment choisis. À déguster dans des assiettes en céramique réalisées par le patron !

Formule 18 € – Menu 23 € (déj.)/40 € – Carte 34/64 €

Plan : 4G2-b *3 r. Genty-Magre – ✆ 05 61 21 38 60 – www.legentymagre.com – Fermé 2-24 août, merc. midi, dim. et lundi*

Les Quatre Petits Cochons

CUISINE TRADITIONNELLE • TENDANCE XX Ces Quatre Petits Cochons ont trouvé refuge dans une vraie maison de ville. On y déguste des plats joliment présentés, colorés et goûteux, au gré d'une carte qui suit les saisons. La cheminée est allumée tout l'hiver, et quand reviennent les beaux jours, on s'installe dans le jardin, parmi les arbres... sans craindre le loup !

Menu 20 € (déj.), 38/68 € – Carte 55/85 €

Plan : 1B2-b *99 av. de Lardenne – ✆ 05 61 49 40 40 – Fermé 11-27 août, vacances de Noël, sam. midi et dim.*

Le Bibent

CUISINE TRADITIONNELLE • BRASSERIE X Un emplacement privilégié, au cœur de la Ville rose, et un superbe décor Belle Époque : le chef Christian Constant (originaire de Montauban) a rendu à l'établissement tout son lustre de brasserie historique. On s'y presse pour ses grands classiques : terrine de campagne, cassoulet montalbanais, tarte au chocolat...

Formule 24 € – Menu 32 € – Carte environ 49 €

Plan : 4G2-m *5 pl. du Capitole – ✆ 05 34 30 18 37 – www.maisonconstant.com*

Les P'tits Fayots

CUISINE MODERNE • BRANCHÉ X Ce restaurant cosy et élégant, disposé sur deux niveaux, propose une cuisine moderne et créative, au centre de laquelle se trouve le produit, particulièrement les légumes, issus des productions bio du Gers. Le jeune chef-patron anime cette adresse de sa fougue, et d'une indéniable envie.

Menu 24 € (déj.), 46/53 €

Plan : 4G1-n *8 r. de l'Esquile – ✆ 05 61 23 20 71 – www.lesptitsfayots.com – Fermé 3 semaines en août, sam. et dim.*

Au Bon Servant

CUISINE MODERNE • BISTRO X Sis dans une petite rue proche des Carmes, ce bistrot aux tons modernes propose une cuisine du marché spontanée, et dans l'air du temps. Circuits courts, excellent rapport qualité prix, carte appétissante ; ce Bon Servant a de la suite dans les idées.

Formule 16 € – Menu 20 € (déj. en semaine)/32 €

Plan : 4G2-t *22 r. des Couteliers – ✆ 05 62 75 58 25 – Fermé 2 semaines en août, 24 déc.-3 janv., mardi midi, dim. et lundi*

Bàcaro

CUISINE MODERNE • BAR À VIN X Mi bar à vin, mi bistrot, ce chaleureux établissement à l'atmosphère urbaine, animé par un autodidacte (diplômé en mathématique) passionné de vins, propose une cuisine actuelle aux touches créatives, que l'on accompagne d'un bon cru, choisi parmi les 600 références de la carte. Un coup de cœur.

Formule 16 € – Menu 20 € (déj.), 35/60 € – Carte 30/40 €

Plan : 3F2-a *20 r. du Pont-Guilhemery – ✆ 06 84 58 30 80 – www.bacaro-toulouse.fr – Fermé mardi soir, sam. midi, dim. et lundi*

Chez Fifi

CUISINE MODERNE · CONTEMPORAIN Poussez la porte de ce sympathique restaurant du vieux Toulouse : Philippe Braun, un chef plein de métier y officie, signant une cuisine du marché savoureuse et joliment maîtrisée. La devise ? "Cuisine familiale et un peu plus..." Avis aux gourmets curieux.

Formule 18 € – Menu 24 € (déj.), 38/48 € – Carte 35/50 €

Plan : 4H2-b *17 r. Croix-Baragnon*
– 05 61 53 34 24 – www.chez-fifi.fr
– Fermé 9 juil.-15 août, dim. et lundi

Chez Yannick

CUISINE MODERNE · BISTRO Une façade minuscule dans une ruelle à deux pas de la place Dupuy : discrète entrée en matière ! La cuisine, elle, se distingue sans peine : le chef, Yannick Roux – qui a travaillé avec Mathieu Viannay et Christian Têtedoie – compose une belle cuisine du moment, tout en couleurs et en contrastes. Un régal !

Formule 15 € – Menu 17 € (déj.)/30 €

Plan : 4H2-y *3 r. Delacroix*
– 05 34 40 67 17 – www.chez-yannick.fr
– Fermé 3 semaines en août, sam., dim. et fériés

L'Empereur de Huê

CUISINE VIETNAMIENNE · COSY Dans ce petit restaurant contemporain, la cuisine vietnamienne rencontre les produits français (comme ce porc noir de Bigorre) pour une partition asiatique éclectique. La décoration, épurée et chaleureuse, rend ce moment plus précieux encore.

Menu 40 € (semaine) – Carte 51/62 €

Plan : 4G2_3-a *17 r. des Couteliers*
– 05 61 53 55 72 – www.empereurdehue.com
– Fermé le midi, dim. et lundi

La Table de William

CUISINE MODERNE · DESIGN À l'abri d'une maison typiquement toulousaine, ce jeune restaurant possède déjà une clientèle d'habitués – c'est tout dire. Aux fourneaux, William Perucca vit enfin sa première passion autour d'une "cuisine de convivialité" aux influences régionales, méditerranéennes ou asiatiques. L'ardoise change toutes les semaines.

Formule 17 € – Menu 19 € (déj.), 27/31 €

Plan : 2C3-v *90 r. St-Roch – 05 67 33 34 99 – www.latabledewilliam.com*
– Fermé 1er-22 août, sam., dim. et le soir du lundi au merc.

Le Pic Saint Loup

CUISINE MODERNE · SIMPLE Le cadre est volontairement dépouillé, car ici c'est l'assiette qui est reine : filet de Saint-Pierre au citron confit et noix, purée de chou-rave ; millefeuille au caramel et chocolat au lait, sorbet poire. Sympathique terrasse au calme dans la cour à l'arrière.

Formule 15 € – Menu 18 € (déj. en semaine), 28/55 € – Carte 39/48 €

Plan : 2C2-b *7 r. St-Léon – 05 61 53 81 51 – www.restaurantlepicsaintloup.com*
– Fermé 1 semaine en mai, 3 semaines en août, dim. et lundi

Sixty-Two N

CUISINE MODERNE · TENDANCE On se restaure d'une carte bistronomique, dans une petite salle à manger aux murs décorés d'œuvres de Street art d'artistes parfois mondialement connus. Carte plus léchée le soir (thon mi-cuit pané au sésame ; bar rôti au citron confit). Petite terrasse sur gazon synthétique.

Formule 20 € – Menu 24 € (déj.)/45 €

Plan : 4G1-n *Hôtel Villa du Taur, 62 r. du Taur – 05 34 25 28 82 – www.sixty-2.fr*
– Fermé lundi soir et dim.

Solides

CUISINE CRÉATIVE • BISTRO Sise en lieu et place de la Rôtisserie des Carmes (une institution toulousaine), face au marché du même nom, cette adresse décontractée se distingue surtout par l'imagination débordante de son chef, comme avec cette sardine des vendangeurs espagnols, raisin de Moissac, noisettes et oronges… Vins bio et service informel.

Menu 22 € (déj.), 35/55 €

Plan : 4G3-s *38 r. des Polinaires - 05 61 53 34 88 - www.solides.fr - Fermé sam. et dim.*

Hôtels

Pullman Centre

HÔTEL DE CHAÎNE • CONTEMPORAIN Immeuble toulousain en briques roses, vaste hall, lignes épurées : cette adresse irréprochable propose des chambres fonctionnelles et spacieuses, mais aussi des salles de séminaires et un espace fitness. Idéal pour la clientèle d'affaires. Parking souterrain.

119 chambres - 135/320 € 230/570 € - 6 suites - 26 €

Plan : 4H1-v *84 allées Jean-Jaurès - 05 61 10 23 10 - www.pullmanhotels.com*

La Cour des Consuls Hôtel & Spa

LUXE • CONTEMPORAIN Dans un ancien hôtel particulier du 16e s. du quartier des Carmes, un beau mariage de styles ! Les éléments d'époque (parquets, cheminées) frayent avec une déco franchement contemporaine ; les chambres, spacieuses, témoignent d'un luxe sans faute de goût.

26 chambres - 198/750 € 198/750 € - 6 suites - 26 €

Plan : 4G2-h *46 r. des Couteliers - 05 67 16 19 99 - www.lacourdesconsuls.com*

Le Cénacle - voir les restaurants ci-dessus

Grand Hôtel de l'Opéra

HISTORIQUE • COSY En sortant d'une représentation de Verdi au Théâtre du Capitole, vous traverserez la place pour découvrir ce couvent du 17e s. plein de charme, qui regorge d'éléments historiques ! Dans les chambres, le mobilier acajou côtoie des tentures en velours rouge ou jaune… Un classicisme délicieux.

52 chambres - 105/250 € 129/355 € - 5 suites - 19 €

Plan : 4G2-a *1 pl. du Capitole - 05 61 21 82 66 - www.grand-hotel-opera.com*

Hôtel de Brienne

URBAIN • DESIGN À deux pas du canal du même nom, en bordure d'une avenue boisée, cet établissement contemporain offre un confort optimal. L'accueil est charmant. Bref, on s'y sent bien !

77 chambres - 95/180 € 95/180 € - 15 €

Plan : 3E1-n *20 bd du Mar.-Leclerc - 05 61 23 60 60 - www.hoteldebrienne.com*

Novotel Centre Compans Caffarelli

BUSINESS • FONCTIONNEL Des chambres très confortables, fonctionnelles et parfaitement équipées, idéales pour la clientèle d'affaires. Au "Gourmet Bar", choix de tapas, burgers, salades…

135 chambres - 90/175 € 90/175 € - 2 suites - 17 €

Plan : 3E1-u *5 pl. A.-Jourdain - 05 61 21 74 74 - www.accorhotels.com*

Le Grand Balcon

HISTORIQUE • DESIGN Il accueillit les plus grandes légendes de l'Aéropostale. La déco – design et créative – leur rend hommage, et la chambre n° 32 reproduit fidèlement celle qu'occupait Saint-Exupéry dans les années 1930. Une adresse mythique !

47 chambres - 111/420 € 111/420 € - 18 €

Plan : 4G1_2-x *10 r. Romiguière - 05 34 25 44 09 - www.grandbalconhotel.com*

Citiz

BUSINESS • CONTEMPORAIN En plein centre (près de la place Wilson), un hôtel urbain et design, avec un salon de thé pour grignoter. Dans les chambres, le décor est épuré et contemporain, idéal pour un voyage d'affaires ou un week-end citadin.

56 chambres – 85/260 € 85/275 € – 18 €

Plan : 4H1-b *18 allées Jean-Jaurès – 05 61 11 18 18 – www.citizhotel.fr*

Mercure Wilson

HÔTEL DE CHAÎNE • PERSONNALISÉ Près de la place Wilson, l'hôtel se dévoile par sa façade rouge, typiquement toulousaine. Quand l'été est là, on prend son petit-déjeuner sur la terrasse intérieure.

91 chambres – 77/195 € 77/195 € – 4 suites – 18 €

Plan : 4H2-m *7 r. Labéda – 05 34 45 40 60 – www.mercure-toulouse-wilson.com*

Mermoz

URBAIN • CONTEMPORAIN Mermoz, héros de l'Aéropostale... Cet hôtel à la décoration épurée évoque par touches subtiles cette aventure du 20e s. Les chambres sont feutrées et confortables ; côté cour, un coin de verdure abrite la piscine chauffée à débordement. Un îlot de tranquilité au coeur de la ville !

51 chambres – 88/250 € 88/250 € – 17 €

Plan : 3F1-f *50 r. Matabiau – 05 61 63 04 04 – http://mermoz.privilegetoulouse.com*

Le Père Léon

URBAIN • FONCTIONNEL Dans le centre historique, cet hôtel propose des chambres confortables et bien tenues. Idéal pour les touristes ou la clientèle d'affaires qui ne souhaitent pas prendre leur voiture... Ici, tout est accessible à pied !

41 chambres – 75/95 € 92/125 € – 10 €

Plan : 4G2-s *2 pl. Esquirol – 05 61 21 70 39 – www.pere-leon.com*

Villa du Taur

BOUTIQUE HÔTEL • PERSONNALISÉ Idéalement situé au cœur du quartier historique, non loin de la Place du Capitole, ce boutique-hôtel sur le thème du Street art, propose des chambres personnalisées. Bel accueil par une équipe très proche de la clientèle.

17 chambres – 89/270 € 109/270 € – 19 €

Plan : 4G1-n *62 r. du Taur – 05 34 25 28 82 – www.villadutaur.com*

Sixty-Two – voir les restaurants ci-dessus

à l'Union 7 km au Nord-Est par D888 – 31240 – 11 676 hab. – Alt. 146 m

La Bonne Auberge

CUISINE TRADITIONNELLE • RUSTIQUE XX Dans une ancienne grange rénovée, toute proche de la départementale, on découvre cette auberge au cadre rustique et chaleureux : l'endroit rêvé pour déguster une généreuse cuisine du terroir !

Menu 20 € (déj. en semaine), 30/59 € – Carte 42/57 €

2 bis r. Autan-Blanc, D888 – 05 61 09 32 26 – www.bonneauberge31.fr – Fermé 11-30 août, 24 déc.-7 janv., dim. et lundi

à Rouffiac-Tolosan 12 km au Nord-Est par D888 – 31180 – 1 994 hab. – Alt. 210 m

Ô Saveurs (David Biasibetti)

CUISINE MODERNE • COSY XXX Aux fourneaux de cette maison proche de Toulouse, David Biasibetti décline une cuisine simple et bonne, bien dans l'air du temps. Pâtissier à l'origine, le chef avoue une passion pour le chocolat... que l'on retrouve dans ses desserts. Aux beaux jours, petite terrasse en bordure de place, face à la fontaine...

→ Fricassée de langoustines, foie gras de canard aux pleurotes et coulis de corail. Pigeon landais, la poitrine rôtie et en tartare, la cuisse confite, raviole d'abats façon bolognaise. Dégustation de chocolats grands crus.

Menu 28 € (déj. en semaine), 48/98 € – Carte 90/110 €

8 pl. des Ormeaux (au village) – 05 34 27 10 11 – www.o-saveurs.com – Fermé 1 semaine en fév., 1 semaine en mai, 15 août-7 sept., sam. midi, dim. soir et lundi

à Montrabé 8 km au Nord-Ouest par D112 – ✉ 31850 – 3 996 hab. – Alt. 150 m

✿ L'Aparté

CUISINE MODERNE • CONVIVIAL XX Cette ancienne Toulousaine s'est refait une beauté contemporaine pour accueillir le talent d'un jeune chef prometteur, qui aime taquiner la langoustine, son plat fétiche, et nous joue des airs plutôt audacieux : son association volaille et homard est un vrai petit moment de bonheur gustatif. Agréable patio terrasse.

➜ Cocotte de légumes oubliés, truffe et poitrine de cochon. Bar cuit à la plancha, jus de viande au café et cèpes rôtis. Ganache au chocolat Caraïbes, tartelette, sorbet et chips de fenouil.

Menu 31 € (déj. en semaine), 48/87 € – Carte 75/95 €

Plan : 2D1-d *21 r. de l'Europe (Parc d'activités du Terlon) – ✆ 05 34 26 43 44 – www.restaurant-laparte.fr – Fermé 6-14 mai, 5-27 août, dim. et lundi*

L'Instant...

CUISINE MODERNE • BRANCHÉ X L'Instant... d'une parenthèse gourmande non loin de Toulouse ! On s'installe dans un intérieur cosy et confortable. Derrière les fourneaux, le chef régale avec les produits de la région, et s'autorise même quelques touches asiatiques. Ne manquez pas le menu "L'instant gourmet" !

Formule 14 € – Menu 18 € (déj. en semaine), 27/45 € – Carte 40/53 €

chemin du Logis-Vieux – ✆ 05 61 48 25 24 – www.restaurant-linstant.fr – Fermé 5-20 août, mardi soir, dim. et lundi

à Quint-Fonsegrives 8 km à l'Est par D826 – ✉ 31130 – 5 281 hab. – Alt. 153 m

✿ En Pleine Nature (Sylvain Joffre)

CUISINE MODERNE • DESIGN XX Ici, pas de carte : le jeune chef, Sylvain Joffre, se laisse la liberté de cuisiner selon ses envies, puisant dans la nature, invitant à une balade sur terre ou en mer... Le voyage séduit. De la finesse, du goût, de l'enthousiasme ! Un plaisir pour les papilles et les pupilles.

➜ Cuisine du marché.

Formule 26 € – Menu 32 € (déj.), 52/78 €

6 pl. de la Mairie – ✆ 05 61 45 42 12 – www.en-pleine-nature.com – Fermé 1 semaine en mai, août, sam., dim., lundi et fériés

à Rangueil 6 km au Sud – ✉ 31400

Mas de Dardagna

CUISINE TRADITIONNELLE • RUSTIQUE X Voilà une cuisine respectueuse des produits, simple et bien faite... Aucun doute, cette ancienne ferme – typiquement toulousaine – est un joli repaire gourmand ! Et aux beaux jours, on peut même s'installer sous les canisses...

Menu 22 € (déj.), 32/53 €

Plan : 2C3-e *1 chemin de Dardagna (près de l'hôpital Rangueil) – ✆ 05 61 14 09 80 – www.masdedardagna.com – Fermé 3 semaines en août, 23 déc.-2 janv., sam., dim. et fériés*

à Auzeville-Tolosane 13 km au Sud par D813 – ✉ 31320 – 3 575 hab. – Alt. 170 m

La Table d'Auzeville

CUISINE CLASSIQUE • CONVIVIAL XX Dans la banlieue de Toulouse, cette maison blanche propose de jolies recettes de tradition, réalisées par un chef enthousiaste au parcours impeccable – dont plusieurs maisons trois étoiles ! Risotto aux coquillages et copeaux de parmesan, filet de canette rôtie aux groseilles acidulées... Un régal à petit prix.

Formule 17 € – Menu 19 € (déj. en semaine), 32/50 € – Carte 45/71 €

35 chemin de l'Église – ✆ 05 61 13 42 30 – www.la-table-dauzeville.fr – Fermé dim. soir, lundi et mardi

à Castanet-Tolosan 14 km au Sud par D813 – ✉ 31320 – 12 640 hab. – Alt. 164 m

✿ La Table des Merville (Thierry Merville)

CUISINE MODERNE • ÉLÉGANT XX Une extension tout en verre sur une jolie place avec terrasse, des cuisines ouvertes sur la salle donnant l'impression que le chef travaille parmi les clients : Claudie et Thierry Merville ont su créer un lieu original... Et les assiettes, aussi joliment contemporaines et soignées, dégagent ce même parfum de "Mervilleux" !

➜ Foie gras du Gers mi-fumé, déclinaison de fruits de saison et crémeux de noix. Bœuf gascon cuit dans un thé de champignons, parmentier de queue de bœuf. Millefeuille croustillant à la gousse de vanille, caramel chaud.

Menu 26 € (déj. en semaine), 36/70 € – Carte 60/100 €

3 pl. Pierre-Richard – ✆ 05 62 71 24 25 – www.table-des-merville.fr – Fermé dim. et lundi

à Lacroix-Falgarde 13 km au Sud par D4 – ✉ 31120 – 2 043 hab. – Alt. 154 m

Le Bellevue

CUISINE CLASSIQUE • COSY XX Quand on s'promène au bord de l'eau... Le Gabin de la "Belle Équipe" n'aurait pas renié cette charmante adresse, pas guindée pour un sou. Le sympathique chef mitonne une cuisine classique mais ouverte au changement ; aux beaux jours, la terrasse, perchée au bord de l'Ariège et ombragée, est un régal.

Formule 18 € – Menu 21 € (déj. en semaine), 32/44 € – Carte 44/72 €

1 av. des Pyrénées – ✆ 05 61 76 94 97 – Fermé janv., lundi d'oct. à avril et mardi

à Colomiers 12 km à l'Ouest par A624 – ✉ 31770 – 38 541 hab. – Alt. 182 m

✿ L'Amphitryon (Yannick Delpech)

CUISINE CRÉATIVE • ÉLÉGANT XXX Près du site aéronautique, un bel endroit cerné par la verdure, lumineux et au chic très contemporain. Yannick Delpech y propose une cuisine fine et soignée, dans laquelle il ose des associations de saveurs inattendues ; le tout est servi par un choix de produits judicieux, où le Sud-Ouest domine...

➜ Sardine fraîche taillée au couteau, crème de morue et caviar bio des Pyrénées. Pigeonneau rôti, ravioli de brebis, artichaut et jus de carcasse au vin de noix. Œuf coque poire et chocolat manjari, sorbet cacao.

Menu 38 € (déj. en semaine), 79/165 € – Carte 105/155 €

Hors plan *chemin de Gramont – ✆ 05 61 15 55 55 – www.lamphitryon.com*

à St-Martin-du-Touch 7 km à l'Ouest par D2B – ✉ 31300 Toulouse

Le Cantou

CUISINE MODERNE • CONVIVIAL XX On se croirait à la campagne et l'on est pourtant à deux pas de la ville et des pistes de l'aéroport. Découvrez donc cette ancienne ferme et son immense jardin, ainsi que la brique et le bois qui habillent chaleureusement son intérieur. Au menu : une cuisine calée sur le marché et une sélection de vins de plus de 1500 références !

Menu 35/49 € – Carte 52/69 €

Plan : 1AB2-h *98 r. Velasquez, D2B – ✆ 05 61 49 20 21 – www.cantou.fr – Fermé sam. et dim.*

à Blagnac 9 km au Nord-Ouest - direction aéroport – ✉ 31700 – 23 416 hab. – Alt. 135 m

Jin Ji

CUISINE CORÉENNE • SIMPLE X Venez déguster un "jin ji" (repas) coréen, préparé par une jeune chef... coréenne ! Ici, honneur à la tradition en toute simplicité : suprême de poulet croustillant en sauce sucrée-épicée ; bibimbap aux champignons ou au saumon ; côte de bœuf de l'Aubrac en cuisson barbecue sur table... Carte des vins attrayante.

Menu 18 € (déj.), 32/43 €

Plan : 1B1-y *23 r. des Mines – ✆ 05 61 15 71 00 – www.jinjiresto.com – Fermé mardi soir, merc. soir, sam. midi, dim. et lundi*

LE TOUQUET-PARIS-PLAGE

✉ 62520 Pas-de-Calais – 4 380 hab. – Alt. 5 m – Carte régionale n° **16**-A2
Carte Michelin 301-C4

✿ Le Pavillon

CUISINE CRÉATIVE · ÉLÉGANT XXX Dans le cadre chic et classique de l'hôtel Westminster, beau palace des années 1930, on déguste une cuisine volontiers inventive, mettant en valeur des produits de qualité. La carte des vins, remarquable, est bien digne d'une bonne table.

➜ Œuf parfait, morilles, haddock et asperges. Turbot sauvage, chou-fleur torréfié et oignon des Cévennes. Gaspacho végétal, crémeux citron, granité granny smith et limoncello.

Menu 65 € (semaine), 95/155 € 🍷 – Carte 95/145 €

Plan : A2-a *Westminster Barrière, av. du Verger – ✆ 03 21 05 48 48 – www.hotelsbarriere.com – Ouvert 1er avril-30 déc. et fermé mardi, merc. et le midi*

Côté Sud

CUISINE MODERNE · CONVIVIAL XX On a beau être au Nord, on n'en a pas moins le soleil dans le cœur : la preuve avec Côté Sud ! Accueil sympathique dans ce restaurant situé le long de la digue du Touquet, face à la mer. Les gourmands y savourent une cuisine dans l'air du temps, honorant le poisson, dans un cadre aux teintes douces et reposantes...

Formule 20 € – Menu 27 € (semaine), 36/55 € – Carte 48/59 €

Plan : A2-n *187 bd du Dr-Pouget – ✆ 03 21 05 41 24 – Fermé 25 fév.-15 mars, 17-27 juin, 2-19 déc., dim. soir, lundi midi et merc. hors saison*

Le Paris

CUISINE MODERNE · CONVIVIAL XX À quelques rues du bord de mer, une table en prise sur le marché et les saisons, très appréciée des gourmets de la station ! Les associations y sont heureuses et goûteuses, comme avec ces asperges, œuf, morilles et pancetta, ou encore ce maigre accompagné de câpres et épinards. Accueil charmant.

Formule 21 € – Menu 24 € (semaine)/38 € – Carte 50/60 €

Plan : A2-p *88 r. de Metz – ✆ 03 21 05 79 33 – www.restaurant-leparis.com – fermé 26 fév.-14 mars, 25 juin-4 juil., dim. soir hors saison, mardi et merc.*

Le Village Suisse

CUISINE TRADITIONNELLE · COSY XX Cette jolie villa, construite en 1905, surplombe des boutiques d'antiquités et dispose même d'une terrasse sur les toits de ces dernières ! En cas de vent frais, on pourra se réfugier dans la salle pour savourer la cuisine traditionnelle du chef, réalisée avec de beaux produits frais.

Menu 29 € (semaine), 46/82 € 🍷 – Carte 45/74 €

Plan : A2-e *52 av. St-Jean – ✆ 03 21 05 69 93 – www.levillagesuisse.fr – Fermé 25 juin-8 juil., 2 semaines fin nov., dim. soir d'oct. à avril, mardi midi et lundi*

Les Cimaises

CUISINE TRADITIONNELLE · BRASSERIE X Cette brasserie a été décorée dans l'esprit des années 1930. On y vient pour les buffets d'entrées et de desserts, les plats de poisson et la cuisine d'inspiration régionale.

Formule 35 € – Menu 43 € – Carte 50/85 €

Plan : A2-a *Westminster Barrière, av. du Verger – ✆ 03 21 06 74 95 – www.hotelsbarriere.com*

Westminster Barrière

LUXE · ART DÉCO Ce séduisant palace de style anglo-normand est posté entre la mer et la pinède. L'intérieur est du même acabit : superbes ascenseurs dans le hall ; chambres de style Art déco et bar rétro chic. Sans oublier le très beau spa !

114 chambres – 🚹175/649 € 🚹🚹175/649 € – 1 suite – ☕ 20 €

Plan : A2-a *av. du Verger – ✆ 03 21 05 48 48 – www.hotelsbarriere.com*

✿ **Le Pavillon** • **Les Cimaises** – voir les restaurants ci-dessus

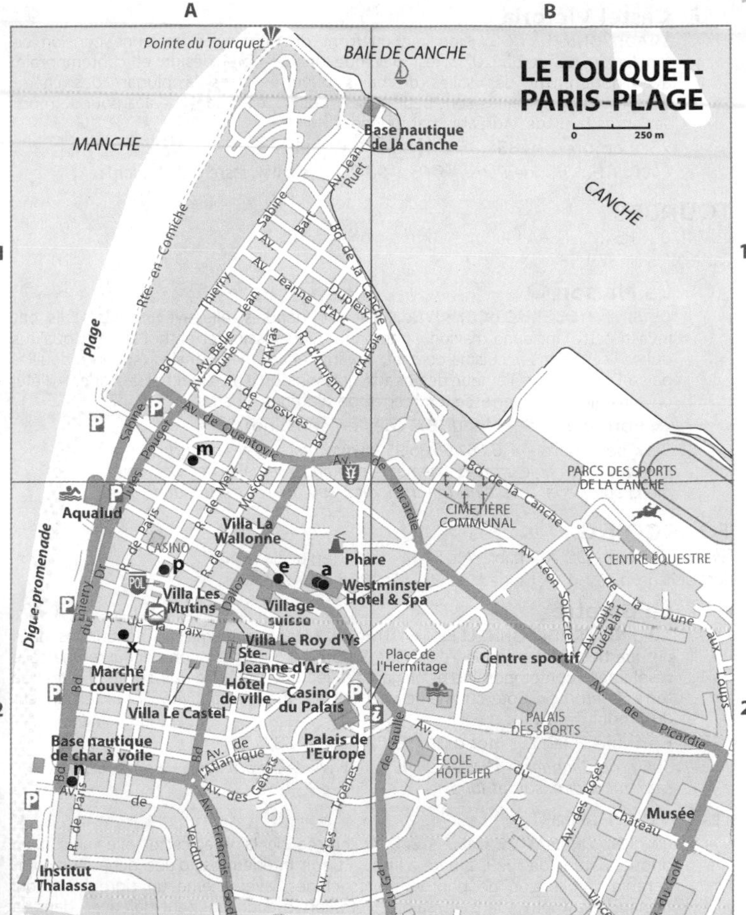

Le Manoir Hôtel

TRADITIONNEL • COSY Beaucoup de golfeurs aiment à séjourner dans ce beau manoir du début du 20e s. entouré d'un jardin fleuri. La raison de cet engouement ? La proximité immédiate de la forêt et des greens, mais aussi les chambres coquettes et le bar cultivant sa petite touche "british".

40 chambres – 135/165 € 150/300 € – 1 suite – 18 €

Hors plan *av. du Golf, 2,5 km au Sud par D939 – 03 21 06 28 28 – www.manoirhotel.com – Fermé 1er nov.-28 fév.*

Bristol

TRADITIONNEL • CONTEMPORAIN En centre-ville, non loin de la plage, une coquette villa des années 1920 aux chambres petit à petit redécorées dans un style contemporain ; préférez donc les plus récentes. Bar feutré et agréable patio intérieur.

47 chambres – 95/250 € 95/250 € – 12 €

Plan : A2-x *17 r. Jean-Monnet – 03 21 05 49 95 – www.hotelbristol.fr*

Castel Victoria

TRADITIONNEL · COSY Non loin du front de mer, cette ancienne pension de famille du début du 20e s. est devenue un bel hôtel design et contemporain, avec notamment des salles de bains ouvertes dans la plupart des chambres. Même si certaines sont petites (les "Cosy"), elles sont idéales pour se reposer après la plage. Agréable bar lounge.

25 chambres - 85/195 € 85/195 € - 12 €

Plan : A1-m *11 r. de Paris - 03 21 90 01 00 - www.castelvictoria.com*

TOURBES

34120 - 1 545 hab. - Alt. 50 m - Carte régionale n° **12**-C2
Carte Michelin 339-F8

La Maison

CUISINE MODERNE · CONVIVIAL X Lui est irlandais, elle aveyronnaise : ils ont investi cette ancienne maison vigneronne avec passion et enthousiasme, qualités qui se lisent dans la cuisine du chef, aux influences méridionales (superbe bouillabaisse!). Le chef a l'amour des beaux poissons qu'il va chercher à Agde. A l'été, on s'installe sur la terrasse, ombragée de platanes. Epatant.

Formule 14 € - Menu 18 € (déj. en semaine)/30 €

9 av. de la Gare - 04 67 98 86 95 - www.restaurant-lamaison.fr - Fermé 1 semaine en fév., 1 semaine en juin, 2 semaines en oct., jeudi soir et merc. soir de la Toussaint à fin mai, dim. soir, mardi soir et lundi

TOURCOING

59200 Nord - 92 707 hab. - Alt. 37 m - Carte régionale n° **16**-C2
Carte Michelin 302-G3 - Guide Vert Michelin Nord Pas-de-Calais

La Baratte

CUISINE TRADITIONNELLE · TENDANCE XX Une petite maison en briques dans un quartier résidentiel de Tourcoing. Surprise à l'intérieur : on découvre une salle résolument contemporaine et élégante, avec une agréable vue sur le jardin et sa terrasse en teck. Côté cuisine, le chef fait montre d'inventivité... pour le bonheur du produit frais !

Formule 20 € - Menu 34/53 € - Carte 38/73 €

395 r. du Clinquet - 03 20 94 45 63 - www.la-baratte.com - Fermé 6-20 août, sam. midi, dim. soir et lundi

Villa Paula

MAISON DE MAÎTRE · ART DÉCO À l'entrée de la ville, cette jolie maison en brique, datant de 1929, a fière allure... Et son intérieur est d'une richesse incomparable : collection de photos, objets chinés, avec même un tigre blanc qui trône, majestueux, dans le salon. L'été, on prend son petit-déjeuner dans le superbe jardin.

4 chambres - 150/220 €

44 r. Ma Campagne - 06 12 95 97 97 - www.villapaula.fr

TOUR-DE-FAURE - 46 Lot → Voir St-Cirq-Lapopie

LA TOUR-DU-PIN

38110 Isère - 7 934 hab. - Alt. 350 m - Carte régionale n° **23**-C2
Carte Michelin 333-F4 - Guide Vert Michelin Lyon et sa région

Le Bec Fin

CUISINE MODERNE · COSY XX Cette ancienne maison de négociant, jaune et pimpante, semble vous attendre en souriant. Les menus mettent l'eau à la bouche : filet de pintade en croûte de sésame, chou frisé au beurre de cardamome, etc. Dans l'assiette, c'est fin et soigné, et il y a de la justesse dans les saveurs... Vive la tradition !

Formule 16 € - Menu 20 € (semaine), 31/50 €

1 pl. Alfred-Boucher - 04 74 97 58 79 - www.le-bec-fin-restaurant.com - Fermé 30 juil.-20 août, 1 semaine en janv., dim. soir et lundi

à St-Didier-de-la-Tour 3 km à l'Est par N6 – ✉ 38110 – 1 836 hab. – Alt. 380 m

Ambroisie

CUISINE MODERNE • ÉLÉGANT XxX Larges baies vitrées ouvertes sur le lac, atmosphère feutrée, tables en chêne massif, charmante terrasse entourée de beaux platanes… Quoi de plus apaisant ? Ce cadre convient à merveille à la cuisine proposée, fine et délicate : chaque plat a été réfléchi, soigné, pour en faire ressortir les saveurs les plus subtiles.

Menu 30 € (semaine), 55/85 € – Carte 70/88 €

64 rte du Lac – ✆ 04 74 97 25 53 – www.restaurant-ambroisie.fr – Fermé 17-26 avril, 13-24 août, 2-18 janv., dim. soir, mardi et merc.

à Rochetoirin 4 km au Nord-Ouest par N6 et D92 – ✉ 38110 – 1 105 hab. – Alt. 449 m

Le Rochetoirin

CUISINE CRÉATIVE • TENDANCE XX Non pas un, mais deux restaurants : bistrot ("Côté Tradi") et "gastro" ("Côté Cosy"). Deux faces d'une même envie pour cette équipe ambitieuse ! Quasi de veau, salsifis rôtis et coquillettes aux trompettes ; spéculos, chocolat noir, effluves de whisky… Fraîcheur, couleur et mouvement.

Formule 25 € – Menu 32/58 € – Carte 48/61 €

10 rte de la Tour-du-Pin (au village) – ✆ 04 74 97 60 38 – www.lerochetoirin.fr – Fermé 16-31 août, 23 déc.-15 janv., merc. soir, sam. midi, dim. soir et lundi

TOURNEMIRE

✉ 12250 Aveyron – 412 hab. – Alt. 460 m – Carte régionale n° **15**-D2
Carte Michelin 338-K7

Auberge des Orchidées

CUISINE MODERNE • COSY X Une auberge charmante, située dans l'ancien hôtel de la gare, où l'on déguste de délicieux plats du terroir (agneau, bœuf de l'Aubrac), qui jouent sur les couleurs, les saveurs et les textures. De plus, on est à deux kilomètres à peine de Roquefort et de son fromage… que l'on retrouve évidemment à la carte !

Formule 16 € – Menu 26/46 € – Carte 42/56 €

3 av. Hippolyte-Puech – ✆ 05 65 62 80 42 – Fermé en fév., lundi, mardi et le soir sauf sam.

TOURNON-SUR-RHÔNE

✉ 07300 Ardèche – 10 558 hab. – Alt. 125 m – Carte régionale n° **24**-E2
Carte Michelin 332-B3 – Guide Vert Michelin Ardèche Drôme

Le Cerisier

CUISINE MODERNE • CONVIVIAL X Ne vous laissez pas dérouter par la rue sans charme, et la façade grise : à l'intérieur, la carte de ce petit restaurant est aussi alléchante que les plats sont réussis, à l'image de la spécialité maison, le pâté en croûte. Belle carte des vins de la vallée du Rhône et de Bourgogne.

Formule 18 € – Menu 31/45 € – Carte 39/65 €

1 r. St-Joseph – ✆ 04 75 08 91 02 – www.lecerisier-restaurant.fr – Fermé 2 semaines fin juin, 3 semaines en janv., dim. soir et lundi

Azalées

CUISINE TRADITIONNELLE • CONVIVIAL XX Tomates, poireaux, haricots vert, pommes de terre… Ici, les gourmands se régalent d'une cuisine traditionnelle faisant la part belle aux légumes du potager familial. Prix raisonnables.

Formule 14 € 🍷 – Menu 23/38 € – Carte 26/44 €

Hôtel Azalées, 6 av. de la Gare – ✆ 04 75 08 05 23 – www.hotel-azalees.com – Fermé 23 déc.-11 janv. et dim. soir de mi-oct. à mi-mars

Le Tournesol

CUISINE MODERNE • CONVIVIAL XX Un restaurant chaleureux, aux murs habillés de pierre ou de bois. Comme le tournesol, ici, la carte suit le soleil et les saisons. Les amateurs de vins apprécieront la belle sélection de côtes-du-rhône exposés dans une cave vitrée. Prix attractifs.

Formule 20 € - Menu 29/49 € - Carte 36/54 €

44 av. du Mar.-Foch, par D86 - ☏ 04 75 07 08 26 - www.letournesol.net - Fermé 1 semaine en fév., 1 semaine vacances de Pâques, 3 semaines en août, 1 semaine vacances de la Toussaint, dim. soir, mardi et merc.

Le Chaudron

CUISINE TRADITIONNELLE • VINTAGE X Un petit bistrot sympathique, dans une ruelle du centre-ville. Boiseries, banquettes... et dans le chaudron du chef, les produits du marché. Les gosiers affamés se délecteront de sa spécialité : les ris de veau travaillés sous différentes formes, selon la saison. Joli choix de vins du Rhône. Terrasse ombragée.

Formule 16 € 🍷 - Menu 25/42 € - Carte 33/57 €

7 r. St-Antoine - ☏ 04 75 08 17 90 - Fermé mardi soir, jeudi soir et dim.

Hôtel de la Villeon

DEMEURE HISTORIQUE • ÉLÉGANT Au cœur du village, ce palais du 18e s. abrite un luxe sobre et discret, d'une élégance rare. On est particulièrement séduit par le jardin suspendu, sa glycine centenaire et ses terrasses avec vue sur le clocher de l'église de St-Julien et les collines de l'Hermitage... Superbe !

16 chambres - †99/297 € ††99/297 € - ☕ 18 €

2 r. Davity - ☏ 04 75 06 97 50 - www.hoteldelavilleon.com

Azalées

FAMILIAL • FONCTIONNEL Entre la gare et le centre-ville, deux bâtiments autour d'une cour, avec de petites chambres propres et bien conçues. L'accueil est toujours chaleureux.

38 chambres - †73/99 € ††73/99 € - ☕ 9 €

6 av. de la Gare - ☏ 04 75 08 05 23 - www.hotel-azalees.com - Fermé 23 déc.-11 janv.

Azalées - voir les restaurants ci-dessus

TOURNUS

✉ 71700 Saône-et-Loire - 5 764 hab. - Alt. 193 m - Carte régionale n° **4**-C3
Carte Michelin 320-J10 - Guide Vert Michelin Bourgogne

Greuze (Yohann Chapuis)

CUISINE CRÉATIVE • ÉLÉGANT XXX Jean Ducloux s'était promis de faire de cet ancien orphelinat un restaurant ; il a tenu son pari avec le succès que l'on sait... Aujourd'hui, Yohann Chapuis porte l'emblème en signant une cuisine fine et délicate, inventive et aux visuels remarquables, avec un menu revisitant les plats emblématiques des lieux : pâté en croûte, quenelle de sandre...

→ Pâté en croûte, oignons grelot et câpres à queue. Grenouilles fraîches en tempura de persil plat et ail doux. Soufflé chaud au Grand Marnier.

Menu 43/115 € - Carte 90/125 €

Plan : A1-e *1 r. Albert-Thibaudet - ☏ 03 85 51 13 52 - www.restaurant-greuze.fr - Fermé 19-30 nov., 14-31 janv., mardi et merc.*

Aux Terrasses (Jean-Michel Carrette)

CUISINE MODERNE • CONTEMPORAIN XX Une étape de charme ! Un intérieur de pierre et de bois, de grandes tables en chêne massif, un jardin paisible, un accueil attentionné... et un chef passionné, entretenant une délicieuse complicité avec le terroir, notamment végétal. Qualité des produits, précision des cuissons : ces Terrasses ont du bon !

→ Poulpe en cannelloni végétal, livèche, fenouil et vinaigrette kalamensi. Suprême de pigeon fondant, cuisse confite, tandoori, haricots et hysope. Croustillant d'agrumes, crème glacée à la coriandre.

Formule 26 € - Menu 40 € (semaine), 65/95 € - Carte 75/95 €

Plan : B2-d *Hôtel Aux Terrasses, 18 av. du 23-Janvier - ☏ 03 85 51 01 74 - www.aux-terrasses.com - Fermé 28 mai-7 juin, 21 oct.-8 nov., 6-24 janv., dim. et lundi*

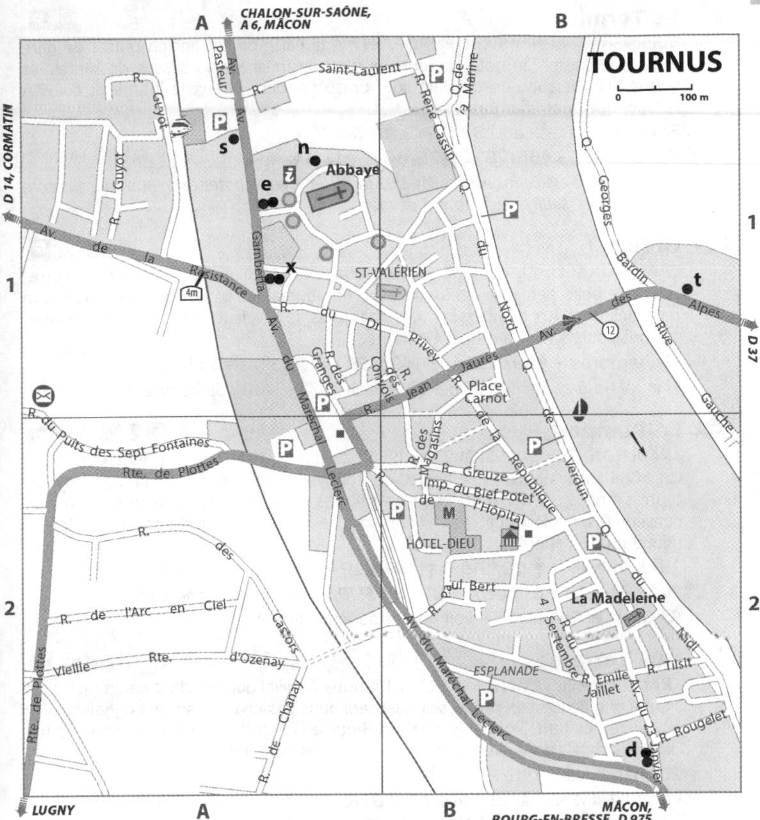

✿ Meulien (Valéry Meulien)

A/C P

CUISINE MODERNE • CONTEMPORAIN XX Un cadre design et chaleureux… pour une cuisine au diapason ! Gingembre, combava, coriandre, etc. Le chef a le goût des voyages et livre une cuisine subtile, parfumée d'épices enivrantes. Les légumes sont succulents, les produits bourguignons habilement mis en valeur, les saveurs pleines de peps. Voilà qui enchante…

→ Tourteau de pleine mer, avocat et piment de Bresse. Homard breton, pesto et tandoori, pomme de terre bintje au gingembre et jus de carcasse. Soufflé verveine, cœur glacé basilic et citron vert.

Menu 35 € (déj. en semaine), 62/98 € – Carte environ 95 €

Plan : B1-t *1 bis av. des Alpes – ✆ 03 85 51 20 86 – www.meulien.com – Fermé 9-23 juil., dim. soir, lundi et mardi*

🍴 Quartier Gourmand

A/C P

CUISINE MODERNE • CLASSIQUE XXX Cuisine actuelle et de saison, dans un cadre classique et bourgeois : un joyeux paradoxe dont nos papilles s'accommodent avec aise. Pour les inconditionnels : quenelles de brochet et poularde de Bresse, spécialités un tantinet revisitées.

Menu 41/91 € – Carte 67/82 €

Plan : A1-x *Hôtel Le Rempart, 2 av. Gambetta – ✆ 03 85 51 10 56 – www.lerempart.com – Fermé 12-28 mars, 12-28 nov., lundi et mardi*

Le Terminus

CUISINE MODERNE • CONTEMPORAIN À la carte de cet ancien buffet de gare 1900, une cuisine au goût du jour qui place la fraîcheur au-dessus de toutes les vertus ! On déjeune ou on dîne côté brasserie, dans une salle intime et cosy. À l'étage, quelques chambres.

Formule 19 € – Menu 32 € – Carte 34/70 €

11 chambres – 65/78 € 75/80 € – 11 €

Plan : A1-s *21 av. Gambetta – 03 85 51 05 54 – www.hotel-terminus-tournus.com – Fermé dim. sauf le soir en été et merc.*

Greuze

TRADITIONNEL • CLASSIQUE Entre l'abbaye St-Philibert (10e-11e s.) et le centre-ville, une belle demeure bressane avec une agréable terrasse où l'on prend son petit-déjeuner aux beaux jours. Les chambres se révèlent spacieuses et raffinées, d'esprit Louis XVI, Directoire, Empire...

17 chambres – 119/299 € 149/329 € – 2 suites – 14 €

Plan : A1-e *5 pl. de l'Abbaye – 03 85 51 77 77 – www.hotelgreuze.fr*

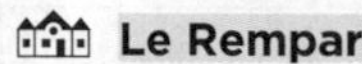

Le Rempart

TRADITIONNEL • CLASSIQUE En 1956, lorsque le père du propriétaire a fondé cet hôtel sur les anciens remparts de Tournus, ce n'était qu'une affaire familiale toute simple... qui a crû et embelli au fil des ans. Aujourd'hui, cette maison a su conserver son élégance. Les clients ont le choix entre restauration gastronomique ou bistrotière.

29 chambres – 109/219 € 139/229 € – 4 suites – 14 €

Plan : A1-x *2 av. Gambetta – 03 85 51 10 56 – www.lerempart.com*

Quartier Gourmand – voir les restaurants ci-dessus

Aux Terrasses

TRADITIONNEL • CONTEMPORAIN Un hôtel familial qui prend du galon ! Ici, c'est simple et efficace : on prend ses quartiers dans des chambres fonctionnelles, bien tenues, et les tarifs sont raisonnables. Pour un confort supérieur, on peut dormir "sous les toits", dans de magnifiques chambres contemporaines.

20 chambres – 95/250 € 130/250 € – 17 €

Plan : B2-d *18 av. du 23-Janvier – 03 85 51 01 74 – www.aux-terrasses.com – Fermé 28 mai-7 juin, 21 oct.-8 nov. et 6-24 janv.*

Aux Terrasses – voir les restaurants ci-dessus

La Tour du Trésorier

HISTORIQUE • PERSONNALISÉ Dans cette belle maison médiévale, le charme historique le dispute à l'épure contemporaine et au raffinement. Le magnifique jardin domine la Saône ; à l'heure des gourmandises, on profite d'un "plateau du voyageur" (charcuteries, fromages, dessert maison) accompagné d'une belle carte des vins – 250 références environ.

5 chambres – 150/220 € 150/220 €

Plan : A1-n *9 pl. de l'Abbaye – 03 85 27 00 47 – www.tour-du-tresorier.com – Fermé 10 nov.-10 déc.*

à Jugy 5 km au Nord par D182 – 71240 – 323 hab. – Alt. 230 m

Le Crot Foulot

MAISON DE CAMPAGNE • CONTEMPORAIN Cette maison de vigneron a été joliment restaurée par ses propriétaires, un couple de Belges tombés amoureux de la région. Résultat : des pierres, des poutres et une décoration contemporaine raffinée, entre épure et nature. Monsieur, ancien chef amoureux du poisson et des vins locaux, règne sur la table d'hôte.

5 chambres – 90/110 € 110/140 €

– 03 85 94 81 07 – www.crotfoulot.com – Ouvert 15 fév.-30 sept. et fermé mardi

à Le Villars 4 km au Sud par N6 et D210 - ✉ 71700 - 272 hab. - Alt. 184 m

L'Auberge des Gourmets

CUISINE CLASSIQUE • COSY XX Une jolie petite auberge jaune aux volets bleus, cosy avec ses pierres et ses poutres apparentes. Par la lucarne, on peut observer le chef s'affairer aux fourneaux... avant d'apprécier ses recettes classiques et bien tournées : jambon persillé maison et salade aux noix, pigeonneau du Louhannais rôti aux épices...

Formule 22 € - Menu 28 € (semaine), 32/65 € - Carte 41/73 €

9 pl. de l'Église - ✆ 03 85 32 58 80 - www.laubergedesgourmets.com - Fermé 4-13 juin, 5-14 nov., 7-31 janv., dim. soir, mardi et merc.

à Ozenay 6 km au Sud-Ouest par D14 - ✉ 71700 - 237 hab. - Alt. 250 m

Le Relais d'Ozenay

CUISINE MODERNE • CONTEMPORAIN XX Dans un village pittoresque, ne manquez pas ce restaurant au décor moderne et élégant. Le chef, passé par de bien belles maisons dont celle de Bernard Loiseau, travaille des produits de qualité, souvent bio et locaux. Résultat : une cuisine savoureuse, accompagnée de bons vins du Mâconnais. Le tout à prix sage !

Menu 24 € (déj. en semaine), 33/75 € - Carte 59/84 €

Le Bourg - ✆ 03 85 32 17 93 - www.le-relais-dozenay.com - Fermé 1 semaine en juin, 1 semaine en oct., 3 semaines en janv., mardi et merc.

à Mancey 5 km à l'Ouest par D215 - ✉ 71240 - 385 hab. - Alt. 280 m

Auberge du Col des Chèvres

CUISINE TRADITIONNELLE • RUSTIQUE X Le goût du terroir, la convivialité et le charme de la campagne environnante... Il y a un peu de tout ça dans ce restaurant tenu par un chef au beau parcours. Sa cuisine se révèle généreuse et empreinte de tradition ; on profite, à midi en semaine, d'une formule bistrot à prix doux.

Formule 13 € - Menu 15 € (déj. en semaine), 30/35 € - Carte environ 35 €

Dulphey - ✆ 03 85 51 06 38 - www.auberge-coldeschevres.fr - Fermé merc. soir, sam. midi et dim. soir

à Brancion 14 km à l'Ouest par D14 - ✉ 71700 Martailly les Brancion

La Montagne de Brancion N

TRADITIONNEL • CONTEMPORAIN Les vignes et les monts du Mâconnais à perte de vue : cette charmante demeure est si paisible... Côté déco, l'esprit zen et contemporain domine pour des chambres tout bonnement exquises. N'oublions pas, enfin, le beau jardin arboré et la piscine.

15 chambres - 119/140 € 119/350 € - 3 suites - 16 €

au col de Brancion - ✆ 03 85 51 12 40 - www.lamontagnedebrancion.com - Ouvert avril-oct.

à Cuisery 7 km à l'Est par D975 - ✉ 71290 - 1 594 hab. - Alt. 211 m

Hostellerie Bressane

TRADITIONNEL • FONCTIONNEL Une hostellerie de tradition dans une bâtisse du 19ᵉ s. Les chambres, fonctionnelles et bien tenues, sont plus spacieuses dans le bâtiment annexe, qui donne sur le jardin. Quant au restaurant, sans prétention, il propose une cuisine d'inspiration bourguignonne et bressane.

15 chambres - 70/110 € 70/125 € - 11 €

56 rte de Tournus - ✆ 03 85 32 30 66 - www.hostellerie-bressane.fr - Fermé en janv.

TOURRETTES

✉ 83440 Var – 2 897 hab. – Alt. 350 m – Carte régionale n° **21**-C3
Carte Michelin 340-P4 – Guide Vert Michelin Côte d'Azur

au Sud 6 km sur D56 – ✉ 83440 Tourrettes

Faventia

CUISINE MODERNE · LUXE XXXX Délicieux moment au sein du luxueux domaine hôtelier de Terre Blanche, qui semble si protégé du monde extérieur ! En terrasse, le panorama est superbe, toute l'équipe est pleine d'attentions pour les clients, et la cuisine est dans la droite ligne de cet art de vivre dit à la française...

➜ Homard bleu rôti aux épices thaïes, jus de presse au chutney d'ananas et poivron. Bar de ligne clouté de citron cuit à feu doux sur un lit de verveine. Poire williams servie chaude en croûte de sucre, chocolat croquant.

Menu 75/185 € – Carte 120/155 €

Hôtel Terre Blanche, 3100 rte de Bagnols-en-Forêt (Domaine de Terre Blanche) – ✆ 04 94 39 90 00 – www.terre-blanche.com – Ouvert 25 avril-6 oct. et fermé dim., lundi et le midi

Terre Blanche

GRAND LUXE · CONTEMPORAIN Sentiment d'exclusivité sur les hauteurs de l'arrière-pays, entre St-Raphaël et Cannes... Tout semble idyllique dans ce domaine de 300 ha, dédié au repos des sens : luxe sans ostentation (beaux matériaux naturels), espace (vastes suites disséminées dans 45 villas), piscines, golf 18 trous, plusieurs restaurants... Mention spéciale au spa, sommet du genre !

115 suites – 👥340/840 € – ☕ 46 €

3100 rte de Bagnols-en-Forêt (Domaine de Terre Blanche) – ✆ 04 94 39 90 00 – www.terre-blanche.com – Ouvert 2 mars-11 nov.

Faventia – voir les restaurants ci-dessus

TOURRETTES-SUR-LOUP

✉ 06140 Alpes-Maritimes – 3 992 hab. – Alt. 400 m – Carte régionale n° **22**-E2
Carte Michelin 341-D5 – Guide Vert Michelin Côte d'Azur

Clovis (Julien Bousseau)

CUISINE MODERNE · BISTRO X Dans ce bistrot au cœur du village médiéval, on peut commencer par boire un apéritif au bar à vins – en l'accompagnant de charcuterie et autres grignotages. Mais on vient surtout découvrir le travail d'un chef respectueux du produit (courgette, ombrine, etc.), qu'il décline avec soin et simplicité. Accueil chaleureux et prix raisonnables.

➜ Veau et huître comme un vitello tonnato, chou-fleur, citron confit et pickles d'oignon rouge. Ombrine rôtie aux cocos, safran, chorizo basque et homard bleu. Quetches et raisins caramélisés, flambés au cognac et violettes cristalisées.

Formule 38 € – Menu 49/100 € 🍷

21 Grand-Rue (accès piéton) – ✆ 04 93 58 87 04 – www.clovisgourmand.fr – Fermé 24 fév.-13 mars, 21 oct.-14 nov., sam. midi, lundi et mardi

Les 4 Éléments

MAISON DE CAMPAGNE · CONTEMPORAIN Sur les hauteurs de Tourrettes, le grand jardin domine mer et collines : un panorama exceptionnel. Entourée de palmiers et d'oliviers, la bastide accueille quatre chambres sobres et confortables, décorées sur le thème des quatre éléments. Douceur et raffinement !

4 chambres ☕ – 👤185/240 € 👥185/240 €

765 rte de la Madeleine – ✆ 06 72 31 59 51 – www.les4elements.eu

Jacques Palut/Fotolia.com

ON AIME...

Charles Barrier, l'institution gastronomique de la ville, et le **Bistrot de la Tranchée** qui l'accompagne. Les belles recettes de tradition **Au Lapin qui Fume**, où l'on se sent comme chez soi. **Barju**, dans le vieux Tours, pour sa bonne cuisine dans l'air du temps. **Le Chien Jaune**, une maison de renom où un certain Gérard Depardieu a ses habitudes...

TOURS

✉ 37000 Indre-et-Loire - 136 125 hab. - Agglo. 350 628 hab. - Alt. 60 m
- Carte régionale n° **6**-B2
Carte Michelin 317-N4 - Guide Vert Michelin Châteaux de la Loire

Restaurants

Le Saint-Honoré

CUISINE MODERNE • RUSTIQUE X Installé dans une ancienne boulangerie de 1625 qui a conservé son four et, au sous-sol, une belle cave voûtée, ce restaurant a tout pour plaire aux amateurs d'authenticité. Le chef fait pousser ses légumes dans son potager et signe une cuisine délicate, gourmande, pleine de saveurs...

Menu 30/50 € - Carte 48/57 €

Plan : F1-a *7 pl. des Petites-Boucheries - ✆ 02 47 61 93 82*
- Fermé 2-10 mars, 8-19 août, 22 déc.-2 janv., lundi midi, sam. et dim.

Au Lapin qui Fume

CUISINE MODERNE • BISTRO X On se sent chez soi dans ce Lapin aux faux airs de bistrot parisien. L'assiette réjouit, grâce à de belles recettes de tradition qui font mouche à tous les coups : salade de chèvres chauds panés au miel, côte de veau au beurre demi-sel, fricassée de lapin aux pruneaux, etc. Goûteux et efficace.

Formule 16 € - Menu 19 € (déj.)/31 € - Carte environ 33 €

Plan : E1-g *90 r. Colbert*
- ✆ 02 47 66 95 49 - www.aulapinquifume.fr
- Fermé 2 semaines fin juin, 24 déc.-15 janv., dim. et lundi

Le Bistrot de la Tranchée

CUISINE MODERNE • BISTRO X On y mange au coude-à-coude tant il attire de monde ! Aux fourneaux de ce sympathique bistrot, une equipe jeune et dynamique signe une belle cuisine canaille et gourmande. Le rapport qualité-prix est excellent ! À savoir : cette table dépend du restaurant Charles Barrier, mitoyen.

Formule 13 € - Menu 19 € (déj. en semaine)/29 € - Carte 36/53 €

Plan : A1-s *103 av. de la Tranchée*
✆ 02 47 41 09 08 - www.bistrot-de-la-tranchee.fr
- Fermé dim.

Le Chien Jaune

CUISINE TRADITIONNELLE · BISTRO X On ne présente plus cette institution tourangelle née en 1930 ! Le temps n'a pas de prise sur cet endroit : la salle conserve tout son cachet (vieilles plaques publicitaires, murs couleur beurre, grand miroir, etc.) et, au gré des saisons, la tradition bistrotière respire la fraîcheur du marché...

Formule 19 € – Menu 24/33 € – Carte environ 33 €

Plan : E2-t *74 r. Bernard-Palissy – ✆ 02 47 05 10 17 – Fermé dim.*

Charles Barrier

CUISINE MODERNE · ÉLÉGANT XXX Cette institution, dont Charles Barrier a fait le renom dans les années 1970, demeure l'illustration du grand restaurant avec ses lustres en cristal, ses boiseries, ses tentures, son jardin fleuri... Si la carte reste ancrée dans la tradition gastronomique, le chef, Hervé Lussault, s'autorise des variations plus contemporaines.

Formule 35 € 🍷 – Menu 37 € (semaine), 50/115 € – Carte 66/90 €

Plan : A1-e *101 av. de la Tranchée – ✆ 02 47 54 20 39 – www.charles-barrier.fr – Fermé sam. midi et dim. sauf fériés*

La Roche Le Roy

CUISINE CLASSIQUE · ÉLÉGANT XXX À deux minutes du centre-ville, dans cette charmante gentilhommière tourangelle, un jeune chef motivé met un point d'honneur à réaliser une belle cuisine classique, avec maîtrise et soin. Accueil et service sont des plus charmants.

Menu 35 € (déj.), 60/75 € – Carte 64/86 €

Plan : B3-r *55 rte de St-Avertin – ✆ 02 47 27 22 00 – www.larocheleroy.com – Fermé 26 fév.-12 mars, 30 juil.-21 août, 24-27 déc., dim. et lundi*

Barju

CUISINE MODERNE · TENDANCE XX Dans le cœur animé du vieux Tours, cette table évolue ! Le chef s'est réorienté vers une cuisine de brasserie, sans rien sacrifier à l'exigence de qualité ; les produits de la mer (poissons, en particulier) sont encore à l'honneur, ramenés tout droit de Bretagne.

Menu 21 € (déj.) – Carte 27/56 €

Plan : C2-t *15 r. du Change – ✆ 02 47 64 91 12 – www.barju.fr – Fermé dim. soir*

La Chope

CUISINE TRADITIONNELLE · BRASSERIE XX L'écailler de Tours depuis 1902, avec son décor Belle Époque : banquettes en velours rouge, comptoir en zinc, miroirs et lampes tulipe. Grand choix d'huîtres (Gillardeau, Cancale), de poissons et de fruits de mer. Une belle et bonne brasserie.

Menu 20/27 € – Carte 35/55 €

Plan : E3-f *25 bis av. de Grammont – ✆ 02 47 20 15 15 – www.la-chope.fr – Fermé 23 juil.-13 août*

L'Odéon-Olivier Imbert

CUISINE MODERNE · ÉLÉGANT XX Repris en 2015, ce restaurant – l'un des plus anciens de la capitale tourangelle, il est né en 1893 – a bénéficié d'un sacré coup de jeune, dans le décor comme dans l'assiette. Le jeune chef y compose une cuisine actuelle bien dans son époque, sans renier le passé de la maison. Bon choix de vins au verre.

Formule 15 € – Menu 20/32 € – Carte 48/68 €

Plan : E2-r *10 pl. du Gén.-Leclerc – ✆ 02 47 20 12 65 – www.restaurant-lodeon.com – Fermé sam. midi et dim.*

Le Thélème

CUISINE MODERNE · CONTEMPORAIN XX À deux pas du centre des congrès, ce restaurant dispose de trois niveaux façon mezzanine. La carte, elle, varie au rythme des saisons. Une cuisine aux saveurs marquées, gourmande et parfumée.

Formule 17 € – Menu 26/43 € – Carte 35/51 €

Plan : E2-p *30 r. Charles-Gille – ✆ 02 47 61 28 40 – www.letheleme.com – Fermé 13-31 août, sam. midi et dim.*

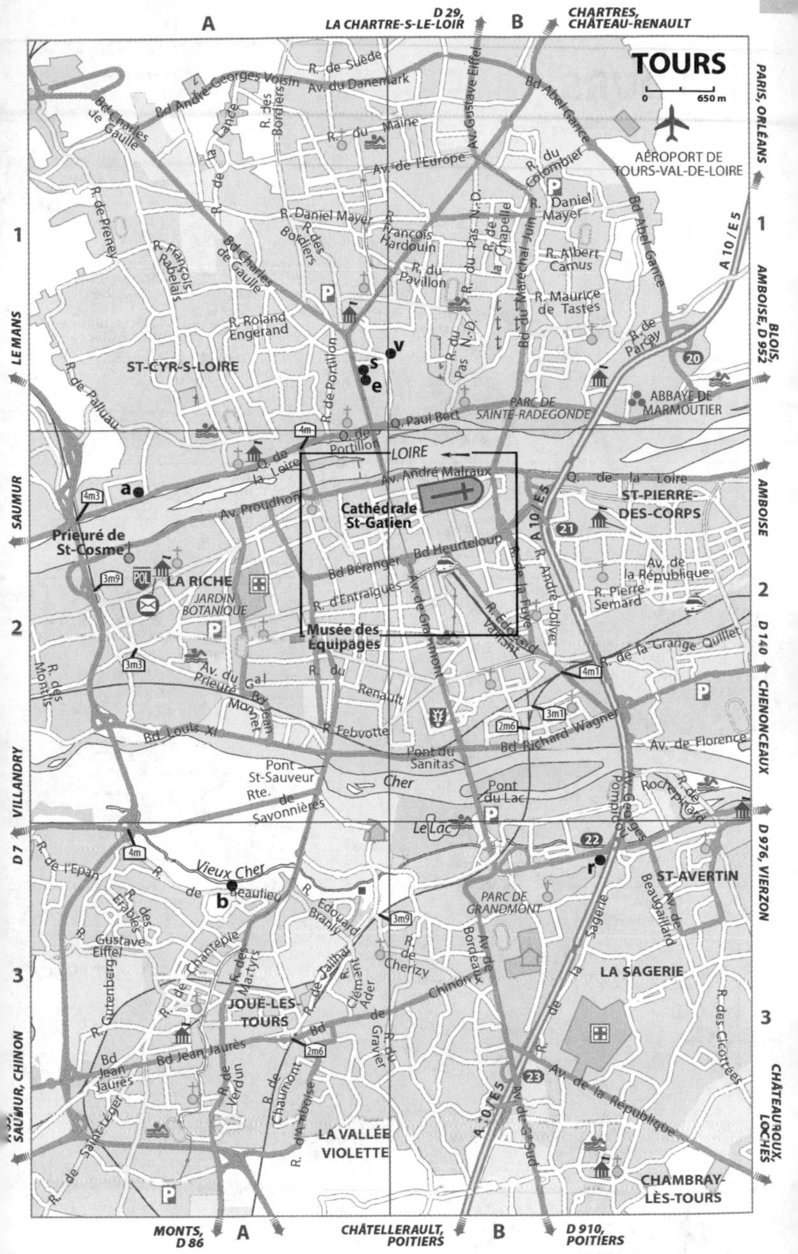
TOURS
0
650 m
AÉROPORT DE TOURS-VAL-DE-LOIRE
D 29, LA CHARTRE-S-LE-LOIR
CHARTRES, CHÂTEAU-RENAULT
PARIS, ORLÉANS
BLOIS, AMBOISE, D 952
AMBOISE
D 140, CHENONCEAUX
D 976, VIERZON
CHÂTEAUROUX, LOCHES
D 910, POITIERS
CHÂTELLERAULT, POITIERS
MONTS, D 86
SAUMUR, CHINON
D 7
VILLANDRY
SAUMUR
LE MANS
ST-CYR-S-LOIRE
LA RICHE
Prieuré de St-Cosme
JARDIN BOTANIQUE
Cathédrale St-Gatien
Musée des Équipages
LOIRE
Cher
ST-PIERRE-DES-CORPS
ABBAYE DE MARMOUTIER
PARC DE SAINTE-RADEGONDE
ST-AVERTIN
LA SAGERIE
PARC DE GRANDMONT
JOUÉ-LES-TOURS
LA VALLÉE VIOLETTE
CHAMBRAY-LÈS-TOURS
Le Lac
A 10 / E 5

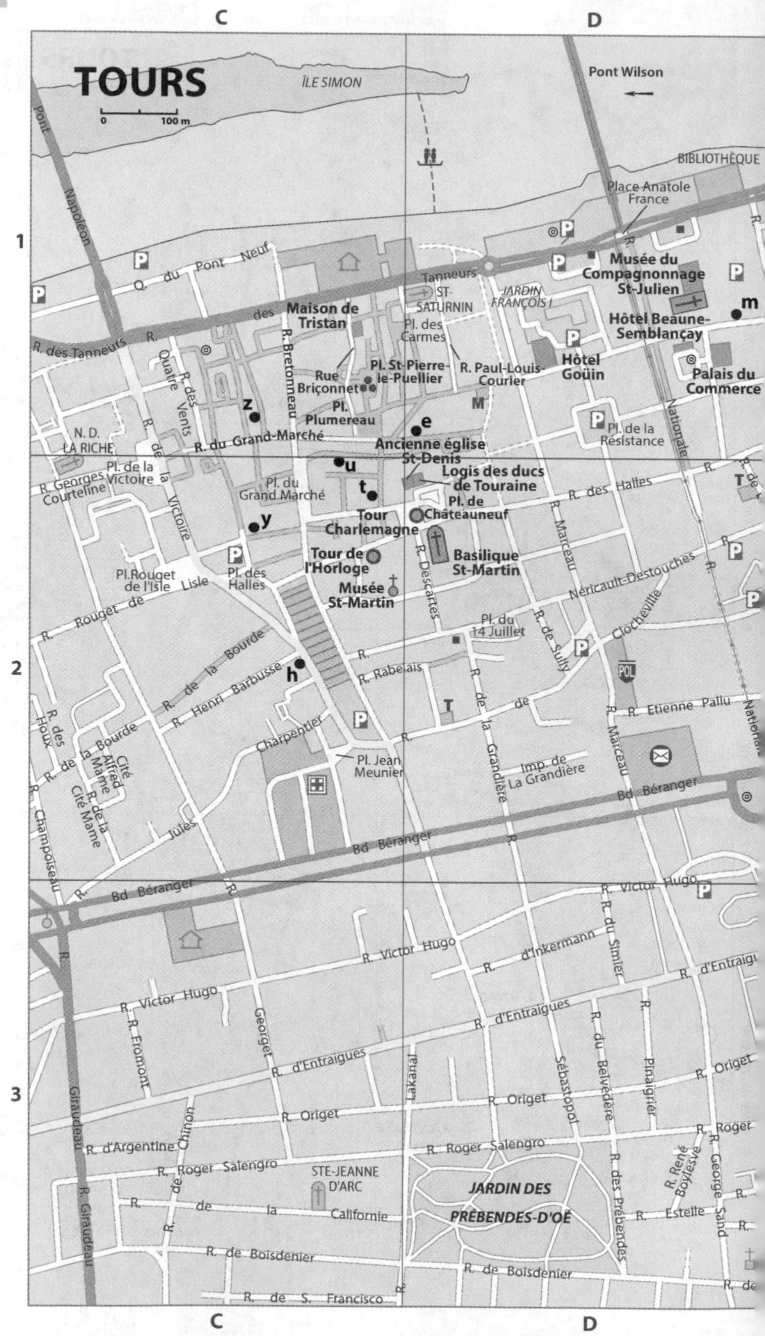
C
D
TOURS
0
100 m
ÎLE SIMON
Pont Wilson
BIBLIOTHÈQUE
Place Anatole France
1
2
3
Musée du Compagnonnage St-Julien
Hôtel Beaune-Semblançay
m
Palais du Commerce
Hôtel Goüin
JARDIN FRANÇOIS I
Tanneurs
ST-SATURNIN
Maison de Tristan
Pl. des Carmes
R. Paul-Louis-Courier
Pl. St-Pierre-le-Puellier
Rue Briçonnet
Pl. Plumereau
z
e
Ancienne église St-Denis
Logis des ducs de Touraine
Pl. de Châteauneuf
Pl. de la Résistance
N. D. LA RICHE
Pl. de la Victoire
R. Georges Courteline
Pl. du Grand Marché
u
t
y
Tour Charlemagne
Basilique St-Martin
Tour de l'Horloge
Musée St-Martin
Pl.Rouget de l'Isle
Pl. des Halles
Pl. du 14 Juillet
h
Pl. Jean Meunier
Cité Alfred Mame
Cité Mame
Imp. de La Grandière
JARDIN DES PRÉBENDES-D'OÉ
STE-JEANNE D'ARC
Q. du Pont Neuf
R. des Tanneurs
R. du Grand-Marché
R. des Halles
R. Rabelais
R. Bretonneau
R. Descartes
R. Marceau
R. Nationale
R. Néricault-Destouches
R. Clocheville
R. de Sully
R. de la Grandière
R. Etienne Pallu
Bd Béranger
R. Victor Hugo
R. d'Inkermann
R. d'Entraigues
R. Origet
R. Roger Salengro
R. de la Californie
R. de Boisdenier
R. de S. Francisco
R. Giraudeau
R. Eromont
R. Georget
R. Lakanal
R. Sébastopol
R. du Belvédère
R. Pinaigrier
R. du Simier
R. des Prébendes
R. René Boylesve
R. George Sand
R. Estelle
R. d'Argentine
R. Chinon
R. Charpentier
R. Henri Barbusse
R. de la Bourde
R. Rouget de Lisle
R. Champoiseau
R. des Houx
R. Jules
R. des Quatre Vents
R. de la Victoire
Pont Napoléon

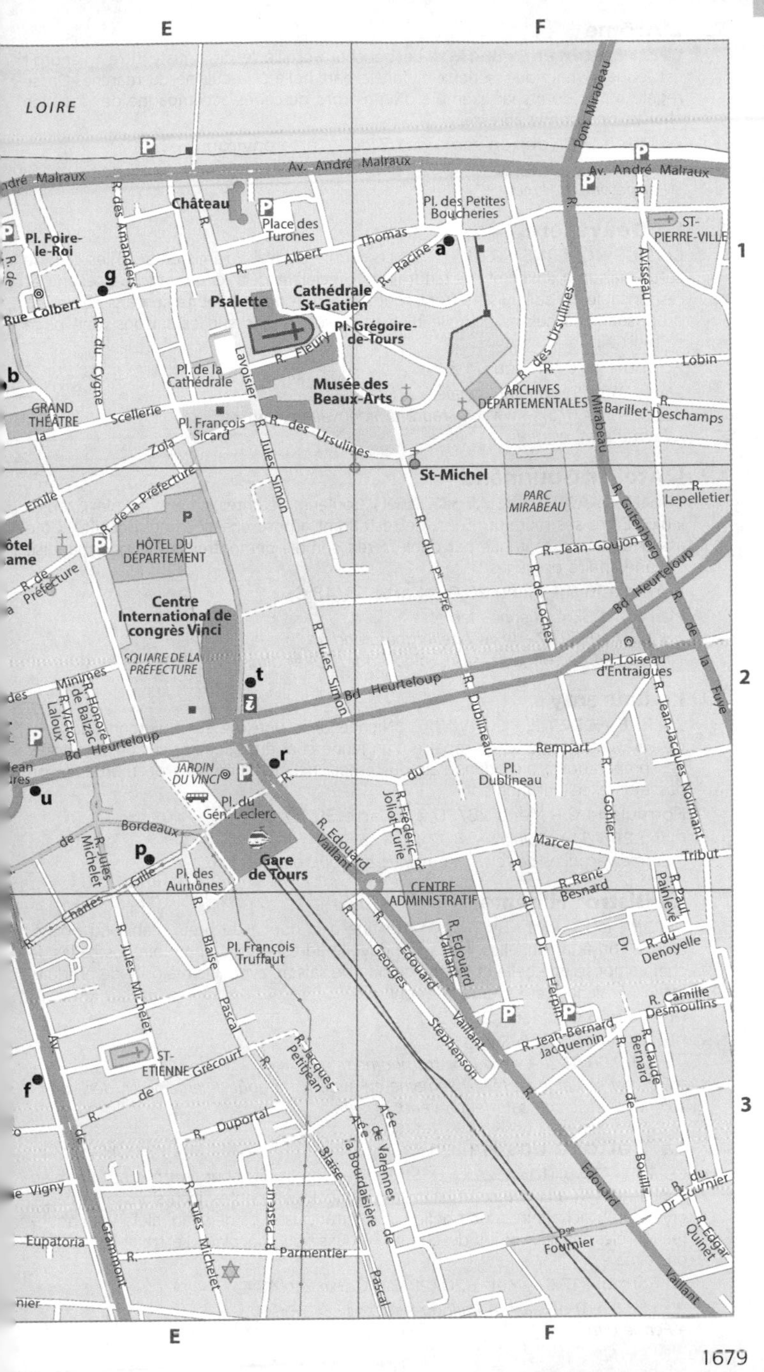

E
F
LOIRE
Av. André Malraux
Pont Mirabeau
Château
Place des Turones
Pl. des Petites Boucheries
ST-PIERRE-VILLE
Pl. Foire-le-Roi
R. des Amandiers
R. Albert Thomas
R. Racine
Cathédrale St-Gatien
Psalette
Rue Colbert
Pl. Grégoire-de-Tours
R. Fleury
R. Lavoisier
Pl. de la Cathédrale
Musée des Beaux-Arts
R. des Ursulines
ARCHIVES DÉPARTEMENTALES
R. Barillet-Deschamps
R. Lobin
R. du Cygne
GRAND THÉÂTRE
Scellerie
Pl. François Sicard
R. Jules Simon
Zola
St-Michel
PARC MIRABEAU
R. Lepelletier
R. Gutenberg
R. de la Préfecture
HÔTEL DU DÉPARTEMENT
R. Jean Goujon
R. de Loches
R. du Pdt Pré
Bd Heurteloup
Centre International de congrès Vinci
SQUARE DE LA PRÉFECTURE
Pl. Loiseau d'Entraigues
R. de la Fuye
R. Jean-Jacques Noirmant
R. Dublineau
Minimes
R. Honoré de Balzac
R. Victor Laloux
Rempart
Pl. Dublineau
JARDIN DU VINCI
Pl. du Gén. Leclerc
R. Frédéric Joliot-Curie
R. Gohier
Bordeaux
R. Jules Michelet
Gare de Tours
R. Edouard Vaillant
Marcel
Tribut
Pl. des Aumônes
R. René Besnard
R. Paul Painlevé
CENTRE ADMINISTRATIF
Charles Gille
R. Blaise Pascal
Pl. François Truffaut
R. Georges Stephenson
R. du Dr Fépin
R. du Denoyelle
R. Camille Desmoulins
R. Jean-Bernard Jacquemin
R. Claude Bernard
ST-ETIENNE
Grécourt
R. Jacques Petitjean
R. Duportal
Aée de Varennes
Aée de la Bourdaisière
R. de Bouilly
R. du Dr Fournier
Vigny
Eupatoria
Av. de Grammont
R. Pasteur
Parmentier
R. Edgar Quinet
Fournier
1
2
3

L'Arôme

CUISINE MODERNE • BISTRO Le bouche-à-oreille le dit à juste titre : l'endroit est jeune, dynamique, sérieux et fait la part belle à la cuisine du marché. On se régale à prix doux, par exemple d'un marbré de cèpes accompagné de vins bien choisis. Une bonne adresse.

Menu 17 € (déj. en semaine)/31 € – Carte environ 35 €

Plan : D1-m *26 r. Colbert – 02 47 05 99 81*
– Fermé dim. et lundi

La Deuvalière

CUISINE MODERNE • TENDANCE Le couple Deuval a remis en 2016 les clés de cette maison à Julien et Alexandra, qui officiaient déjà ici en tant que second et responsable de salle. Ils mettent toute l'énergie de leur jeunesse dans ce projet, proposant une cuisine actuelle bien maîtrisée, réglée sur les saisons. Une page se tourne !

Formule 19 € – Menu 34 €

Plan : D1-e *18 r. de la Monnaie*
– 02 47 64 01 57 – www.restaurant-ladeuvaliere.com
– Fermé sam. et dim.

L'Atelier Gourmand

CUISINE TRADITIONNELLE • DESIGN Couleurs pétantes, chaises en plexi, tables inox... Entre ses murs du 15e s., ce restaurant arbore une déco qui décoiffe. Côté assiettes, l'adresse, tenue par deux frères, semble démontrer que la gourmandise est une affaire de gènes !

Formule 16 € – Menu 26 € – Carte 35/48 €

Plan : C1-z *37 r. Étienne-Marcel*
– 02 47 38 59 87 – www.lateliergourmand.fr
– Fermé 24 déc.-16 janv., sam. midi, lundi midi et dim.

Le Laurenty

CUISINE MODERNE • CONVIVIAL Nichée dans une rue semi-piétonne du centre-ville, cette table est le repaire d'un jeune chef énergique et sûr de sa cuisine. Ses préparations, bien dans l'air du temps, ne manquent pas de mordant : on passe un excellent moment.

Formule 14 € – Menu 28/39 € – Carte 39/57 €

Plan : E1-b *54 r. Colbert – 02 47 64 56 54*
– Fermé vacances de fév., 2 semaines en août, dim. et lundi

Le Bistrot N'home

CUISINE MODERNE • BISTRO Tarte fine à la queue de bœuf, cabillaud poché, ananas rôti à la cannelle... Dans sa nouvelle adresse située non loin des halles, le chef compose une belle et bonne cuisine de saison, avec une majorité de produits locaux. Fraîcheur et saveurs : le bonheur !

Formule 15 € – Menu 25/35 €

Plan : C2-y *11 r. de la Serpe*
– 09 81 00 62 21 – www.lebistrotnhome.fr
– Fermé 1 semaine en fév., 1 semaine en avril, 1er-15 août, 1 semaine en déc., dim. soir, lundi et le soir sauf jeudi, vend. et sam.

La Trattoria des Halles

CUISINE TRADITIONNELLE • DESIGN Pas de répit pour cette trattoria bien connue des tourangeaux ! Si l'Italie fait quelques petites incursions à la carte, on a surtout ici affaire à une belle cuisine française : ris de veau, filets de maquereau poêlés, risotto au jus de coques, mousse au chocolat... La tradition comme on l'aime.

Formule 17 € – Menu 20/28 € – Carte 32/48 €

Plan : C2-b *31 pl. Gaston-Pailhou – 02 47 64 26 64*
– Fermé dim.

Hôtels

Océania L'Univers

HISTORIQUE • CLASSIQUE Accueil en grande pompe, dans le hall, avec une fresque représentant les plus célèbres clients de l'hôtel : Fernandel, Gainsbourg, Piaf... Depuis 1846, le meilleur établissement de Tours reçoit dans un esprit "petit palace". Le must : siroter un cocktail au bar !

91 chambres – 200/300 € 200/300 € – 3 suites – 15 €

Plan : E2-u *5 bd Heurteloup – 02 47 05 37 12 – www.oceaniahotels.com*

Château Belmont

BUSINESS • ÉLÉGANT Se croire à la campagne tout en étant en ville ! Cet hôtel, abrité dans un parc de 2,5 ha, est un véritable havre de paix. De surcroît, l'établissement offre un cadre épuré et chic.

56 chambres – 129/200 € 129/355 € – 9 suites – 19 €

Plan : B1-v *57 r. Groison – 02 47 46 65 00 – www.chateaubelmont.com*

L'Adresse

FAMILIAL • TENDANCE Dans le quartier historique du Plumereau, cette bâtisse du 18e s. est idéale pour une escapade. Pierres et poutres apparentes, dessus-de-lit en boutis, tons pastel... La déco, tout en simplicité et fraîcheur, met bien en valeur le charme des lieux. Cosy et chaleureux !

17 chambres – 62/125 € 80/125 € – 10 €

Plan : C2-u *12 r. de la Rôtisserie – 02 47 20 85 76 – www.hotel-ladresse.com*

Ronsard

TRADITIONNEL • CONTEMPORAIN L'histoire ne dit pas si l'auteur des Sonnets pour Hélène aurait aimé l'endroit, lui qui vécut et mourut tout près, au Prieuré de St-Cosme. Quoi qu'il en soit, cet hôtel est parfait pour découvrir la ville. Accueil très aimable.

20 chambres – 63/77 € 73/85 € – 9 €

Plan : E1-b *2 r. Pimbert – 02 47 05 25 36 – www.hotel-ronsard.com*

à Rochecorbon 6 km à l'Est par D140 – 37210 – 3 190 hab. – Alt. 58 m

Les Hautes Roches

CUISINE MODERNE • ÉLÉGANT XXX Aux beaux jours, la terrasse qui domine le "fleuve royal" est incontournable, et rivalise avec l'élégance épurée de la salle. Le chef, breton d'origine, marie les influences océanes aux produits régionaux. Une cuisine franche et maîtrisée.

→ Fricassée d'encornets farcis au lard fumé, sorbet et chutney de betterave. Suprême de turbot sur le grill, sauce béarnaise retour des Indes. Tarte fine aux pommes caramélisées au fer, glace au lait d'amande.

Menu 60/125 € – Carte 85/115 €

86 quai de Loire – 02 47 52 88 88 – www.leshautesroches.com – Fermé 15 fév.-30 mars, dim. et lundi

Les Hautes Roches

DEMEURE HISTORIQUE • PERSONNALISÉ Installé dans un ancien monastère en partie troglodyte, face à la Loire, cet hôtel creusé dans le tuffeau a du caractère ! Seules les fenêtres percées dans la falaise indiquent la présence de chambres. Une adresse insolite pour une expérience inédite.

14 chambres – 170/310 € 170/310 € – 21 €

86 quai de Loire – 02 47 52 88 88 – www.leshautesroches.com – Fermé 15 fév.-30 mars

Les Hautes Roches – voir les restaurants ci-dessus

Arthotel

DEMEURE HISTORIQUE • DESIGN Dans la périphérie de Tours, l'établissement est installé dans les murs du splendide château de la Taisserie, datant de 1898. Une noble ascendance, que l'on oublie aussitôt en découvrant l'intérieur : mobilier contemporain, contrastes noir-blanc, chambres actuelles... Saisissant !

28 chambres – 147/315 € 147/315 € – 19 €

19 quai de la Loire – 02 47 22 24 44 – www.art-hotel-tours.com

à Joué-lès-Tours 5 km au Sud-Ouest, par rte de Chinon – ✉ 37300 – 37 196 hab. – Alt. 65 m

Château de Beaulieu

LUXE • CLASSIQUE Pour ceux qui aiment la vie de château, cette belle gentilhommière du 18e s. dégage un charme sûr : moulures, mobilier de style, tissus choisis... Depuis le parc, soigneusement entretenu, la vue porte jusqu'à la cité tourangelle.

16 chambres – 105/207 € 105/207 € – 14 €

Plan : A3-b *67 r. de Beaulieu – 02 47 53 20 26 – www.chateaudebeaulieu37.com*

à St-Cyr-sur-Loire 2 km à l'Ouest par D952 – ✉ 37540 – 15 994 hab. – Alt. 70 m

L'Atelier d'Olivier Arlot

CUISINE MODERNE • ÉLÉGANT X Installé par Olivier Arlot sur les quais de la Loire, ce bistrot moderne revisite la tradition avec des assiettes savoureuses et pétillantes : carpaccio de tête de veau à la tomate séchée, côte de cochon et ses cocos de Paimpol au beurre de poivron, ou encore tarte Tatin parfumée au romarin... Excellent rapport qualité-prix.

Formule 28 € – Menu 32/38 €

Plan : A2-a *55 quai des Maisons-Blanches – 02 47 73 18 63 – Fermé 3 semaines en août, 1 semaine en fév., dim. et lundi*

à Fondettes 7 km au Nord-Ouest par D952 – ✉ 37230 – 10 427 hab.

Auberge de Port Vallières

CUISINE TRADITIONNELLE • TENDANCE XX Entre Tours et Angers, voici une halte toute trouvée ! Une savoureuse cuisine d'inspiration tourangelle vous attend dans ce restaurant élégant et chaleureux, dont le chef affectionne les beaux produits, tels les Saint-Jacques de plongée ou le homard. Service attentionné et prix doux.

Formule 20 € – Menu 22 € (déj. en semaine), 33/65 € – Carte 59/81 €

195 quai des Bateliers, D952, rte des bords de Loire – 02 47 42 24 04 – www.auberge-de-port-vallieres.fr – Fermé 25 août-10 sept., 7-20 janv., dim. soir et lundi

à Parçay-Meslay 9 km au Nord par A10, D129 et D77 – ✉ 37210 – 2 292 hab. – Alt. 110 m

L'Arche de Meslay

CUISINE MODERNE • TRADITIONNEL XX Le quartier un peu austère (près d'un rond-point) et le décor un brin kitsch – une colonnade trône au centre de la salle – s'oublient très vite devant la finesse de la cuisine, véritablement pleine de saveurs... À l'image de la spécialité du chef : la bouillabaisse à la tourangelle – rouget, rascasse, rillons et andouillette !

Formule 18 € – Menu 20 € (semaine), 30/55 € – Carte 43/67 €

14 r. des Ailes ✉ 37210 Parçay-Meslay – 02 47 29 00 07 – www.larchedemeslay.fr – Fermé 3 semaines en août, dim. et lundi sauf fériés

TOURTOUR

✉ 83690 Var – 589 hab. – Alt. 652 m – Carte régionale n° **21**-C3

Carte Michelin 340-M4 – Guide Vert Michelin Côte d'Azur

Les Chênes Verts

CUISINE CLASSIQUE • VINTAGE XX Maison provençale isolée dans un joli cadre forestier. Ambiance rétro et cuisine régionale classique (menu truffe) servie dans deux confortables salles à manger ou en terrasse, dans une élégante vaisselle en faïence de Moustiers.

→ Œuf Toupinel à la truffe. Noisettes d'agneau aux truffes. Le grand dessert.

Menu 59/155 € – Carte 105/180 €

3 chambres – 100/110 € 100/110 € – 20 €

rte de Villecroze, 2 km par D51 – 04 94 70 55 06 – Fermé juin, dim. soir, mardi et merc.

La Table

CUISINE MODERNE • INTIME X Charmant petit restaurant contemporain situé à l'étage d'une maison en pierre. La cuisine, savoureuse, valorise les produits du marché, notamment les légumes (excellent menu végétarien, à prix doux). À déguster sur la terrasse ombragée. L'accueil est aussi chaleureux que le service, dynamique.

Menu 28/45 € – Carte 50/82 €

1 Traverse du Jas, Les Ribas – 04 94 70 55 95 – www.latable.fr – Fermé 2 semaines en mars, 2 semaines fin juin-début juil., lundi d'oct. à mi-avril et mardi de mi-avril à sept.

La Bastide de Tourtour

AUBERGE • PERSONNALISÉ Quel site ! Cette bastide – aux allures de château – domine le massif des Maures et... toute la région. Une partie des chambres, avec balcon, ouvrent sur ce fabuleux panorama. Cependant, beaux matériaux et grand confort dessinent une dimension... toute humaine. Agréable petit spa, idéal pour la détente.

23 chambres – 149/195 € 149/380 € – 22 €

rte de Flayosc (au village) – 04 98 10 54 20 – www.bastidedetourtour.com

La Petite Auberge

FAMILIAL • PERSONNALISÉ En retrait du village, face au massif des Maures, un mas entouré de végétation... et ouvert sur l'horizon côté piscine. Les chambres ne sont pas dénuées de romantisme ! On dîne dans un décor élégant d'une savoureuse cuisine traditionnelle.

15 chambres – 80/146 € 80/226 € – 13 €

rte de Flayosc, 1,5 km par D77 – 04 98 10 26 16 – www.petiteauberge.net – Ouvert 1er avril-15 oct.

LA TOUSSUIRE

73300 Savoie - Alt. 1 690 m - Carte régionale n° **25**-F2
Carte Michelin 333-K6 – Guide Vert Michelin Alpes du Nord

Le Beausoleil

FAMILIAL • CONTEMPORAIN Un beau chalet refait à neuf, parfait pour profiter du domaine skiable des Sybelles : il se trouve dans un quartier calme, à deux pas du départ des pistes et du centre de la station. Les lieux revisitent l'esprit montagne dans une belle veine contemporaine et avec un vrai souci du bien-être : un ensemble agréable...

19 chambres – 90/123 € 127/232 €

04 79 56 74 59 – www.beausoleilhotel.com – Ouvert 1er juin-15 oct. et 21 déc.-20 avril

TRACY-SUR-MER

- 14 Calvados → Voir Arromanches-les-Bains

TRAENHEIM

67310 Bas-Rhin - 654 hab. - Alt. 200 m - Carte régionale n° **1**-A1
Carte Michelin 315-I5

Zum Loejelgucker

CUISINE TRADITIONNELLE • RUSTIQUE XX Dans un village viticole au pied des Vosges, cette ferme alsacienne du 18e s. ne manque pas de charme : bons plats régionaux avec quelques suggestions plus actuelles, boiseries sombres, fresques et cour fleurie l'été. Une maison sérieuse.

Menu 26/45 € – Carte 31/55 €

17 r. Principale – 03 88 50 38 19 – www.loejelgucker-auberge-traenheim.com – Fermé 24 déc.-3 janv., lundi soir et mardi soir

LA TRANCHE-SUR-MER

✉ 85360 Vendée – 2 818 hab. – Alt. 4 m – Carte régionale n° **18**-B3
Carte Michelin 316-H9 – Guide Vert Michelin Pays de la Loire

Le Pousse-Pied (N) (Anthony Lumet)

CUISINE MODERNE • CONTEMPORAIN X Ancien collaborateur d'Alexandre Couillon à Noirmoutier – il était un temps aux fourneaux de la Table d'Élise –, le jeune Anthony Lumet décline ici une cuisine nette et épurée, sans artifices d'aucune sorte, au fil de la saison et des arrivages. Trois saveurs maxi, des dressages simples, des cuissons parfaites, le tout à prix raisonnable : on se pince !
➜ Cuisine du marché.

Menu 17 € (déj. en semaine), 35/48 € – Carte environ 45 €
84 bd des Vendéens – ✆ 02 51 56 23 95
– Fermé 1 semaine en mars, mi-nov. à mi-déc., lundi soir, mardi et merc.

Les Dunes

FAMILIAL • BORD DE MER Une grande maison face aux flots, avec sa véranda et son agréable piscine. Certaines chambres ont un balcon donnant sur la mer ; toutes sont fonctionnelles et impeccablement tenues.
45 chambres – †55/78 € ††72/160 € – ☕10 €
68 av. Maurice-Samson – ✆ 02 51 30 32 27 – www.hotel-les-dunes.com
– Ouvert 31 mars-30 sept.

TRÉBEURDEN

✉ 22560 Côtes-d'Armor – 3 639 hab. – Alt. 81 m – Carte régionale n° **5**-B1
Carte Michelin 309-A2 – Guide Vert Michelin Bretagne Nord

Manoir de Lan-Kerellec

POISSONS ET FRUITS DE MER • CLASSIQUE XXX Un cadre magique : la salle est couverte d'une splendide charpente en forme de carène de bateau renversée, et la vue porte sur la Manche et les îles... Parfait pour profiter d'une cuisine créative, mettant en avant les produits de la mer.
Formule 25 € – Menu 31 € (déj. en semaine), 59/94 € – Carte 85/120 €
Hôtel Manoir de Lan-Kerellec, allée centrale de Lan-Kerellec
– ✆ 02 96 15 00 00 – www.lankerellec.com
– Ouvert 17 mars-3 nov. et fermé jeudi midi sauf juil.-août, lundi midi, mardi midi et merc. midi

Ti al Lannec

CUISINE CLASSIQUE • ÉLÉGANT XXX Un restaurant bourré de charme avec ses beaux salons bourgeois. Dans la salle à manger panoramique, le spectacle vaut le coup d'œil et les produits de la mer valent... le coup de fourchette ! Judicieuse sélection de vins (bordeaux, appellations du Val de Loire...).
Menu 27 € (déj. en semaine), 47/80 € – Carte 56/121 €
Hôtel Ti al Lannec, 14 allée de Mezo-Guen
– ✆ 02 96 15 01 01 – www.tiallannec.com
– Ouvert de mars à fin nov.

Manoir de Lan-Kerellec

LUXE • PERSONNALISÉ Dominant les îles de la Côte de Granit rose, ce noble manoir breton du début du 20e s. est bourré de charme : vastes chambres aux tissus chatoyants avec balcon ou terrasse, jardin luxuriant et atmosphère familale... Que demander de plus ?
19 chambres – †160/204 € ††204/570 € – ☕22 €
allée centrale de Lan-Kerellec
– ✆ 02 96 15 00 00 – www.lankerellec.com
– Ouvert 17 mars-3 nov.
Manoir de Lan-Kerellec – voir les restaurants ci-dessus

Ti al Lannec

TRADITIONNEL • ÉLÉGANT Voilà l'adresse idéale pour profiter de Trébeurden dans une atmosphère luxueuse et feutrée, aux délicieux salons. Juchée sur une colline face à la mer, cette grande villa Belle Époque (1906) distille un charme sûr. Des meubles anciens, des tentures fleuries, un spa : délectable.

26 chambres – 155/392 € 215/522 € – 7 suites – 19 €

14 allée de Mezo-Guen
– 02 96 15 01 01 – www.tiallannec.com
– Ouvert de mars à mi-nov.

Ti al Lannec – voir les restaurants ci-dessus

TRÉBOUL – 29 Finistère → Voir Douarnenez

TRÉDARZEC

22220 Côtes-d'Armor – 1 096 hab. – Alt. 59 m – Carte régionale n° **5**-B1
Carte Michelin 309-C2

L'Abri des Barges

POISSONS ET FRUITS DE MER • BISTRO Ce bistrot convivial est installé dans l'ancienne étable d'un moulin à marée de la fin du 16e s., isolé sur les rives du Jaudy. Le chef – ancien photographe culinaire ! –, propose une courte carte, travaillant poissons et légumes locaux avec beaucoup de simplicité. Sa philosophie : le produit avant tout. Pari réussi !

Carte 31/86 €

Le Moulin du Carpont, 3 km au Nord-Ouest par rte de Kerbors et rte secondaire
– 02 96 40 04 04 – www.abridesbarges.com
– Ouvert 30 mars-11 nov. et fermé jeudi midi en avril, mai et juin, vend. midi, lundi et jeudi en oct.-nov., merc. sauf le soir en juil.-août et mardi

Il fait beau ? Repérez le symbole et attablez-vous en terrasse...

TREFFORT-CUISIAT

01370 Ain – 2 287 hab. – Alt. 280 m – Carte régionale n° **23**-B1
Carte Michelin 328-F3 – Guide Vert Michelin Lyon et sa région

L'Embellie

CUISINE MODERNE • FAMILIAL Une maison en pierre sur la place principale du village... L'affaire est menée par un jeune couple "de retour au pays". Le chef, très soucieux de conserver le goût de chaque produit travaillé (dont de belles volailles de Bresse), signe une jolie cuisine. Quelle Embellie ! Chambres simples pour l'étape.

Formule 15 € – Menu 32/50 € – Carte 32/57 €
8 chambres – 49 € 55/65 € – 8 €

pl. du Champ-de-Foire, à Treffort 01370 Val-Revermont
– 04 74 42 35 64 – www.lembellie.org
– Fermé 2 semaines en juin, 3 semaines début janv., sam. midi, dim. soir et lundi

Voyages des sens

CUISINE MODERNE • AUBERGE Cette maison de vigneron en pierre invite au voyage des sens. Laissez-vous emporter par l'enthousiasme de ce jeune couple : cuisine au goût du jour, carte courte, produits locaux. Et menu ouvrier le midi. Voyage réussi !

Formule 15 € – Menu 29/42 € – Carte 45/65 €

village de Cuisiat, 33 r. Principale 01370 Val-Revermont
– 04 74 51 39 94 – www.voyagedessens.com
– fermé mardi midi, dim. soir et lundi

TRÉGASTEL

✉ 22730 Côtes-d'Armor - 2 411 hab. - Alt. 58 m - Carte régionale n° **5**-B1
Carte Michelin 309-B2 - Guide Vert Michelin Bretagne Nord

à la plage de Landrellec 3 km au Sud par D788 et rte secondaire - ✉ 22560 Pleumeur-Bodou

Le Macareux

POISSONS ET FRUITS DE MER · TRADITIONNEL Point besoin d'être un macareux pour se poser dans cette sympathique longère bretonne, il vous suffit d'être amateur de bonne cuisine. Spécialités du chef : les ormeaux, le homard et les fruits de mer, avec un coup de projecteur sur la pêche locale. On fait le plein d'iode ! En bonus : une terrasse face à... la mer.

Menu 56/70 € - Carte 40/75 €

21 r. des Plages - ✆ 02 96 23 87 62 - www.lemacareux.com - Ouvert 14 fév.-14 oct. et fermé lundi, mardi et le soir du merc. au vend.

TRÉGUIER

✉ 22220 Côtes-d'Armor - 2 559 hab. - Alt. 40 m - Carte régionale n° **5**-B1
Carte Michelin 309-C2 - Guide Vert Michelin Bretagne Nord

Aigue Marine

CUISINE MODERNE · FAMILIAL L'aigue-marine : une pierre fine que l'on portait en talisman au moment de partir en mer... et une table où Stanislas Laisney, qui fut longtemps second de la maison, perpétue la tradition océane. Produits de la mer et légumes de petits producteurs sont joliment travaillés : avis aux amateurs de saveurs iodées !
➜ Cuisine du marché.

Formule 21 € - Menu 49/93 € - Carte 80/90 €

5 r. Marcellin-Berthelot (sur le port) - ✆ 02 96 92 97 00 - www.aiguemarine-hotel.com - Fermé 1er janv.-15 mars, 15-28 oct., dim. et lundi

Aigue Marine

TRADITIONNEL · FONCTIONNEL Les familles apprécieront à coup sûr cet hôtel aux chambres fonctionnelles - souvent avec balcon -, à choisir côté port ou côté piscine et jardin. Le matin, le petit-déjeuner est soigné et copieux !

48 chambres - †75/95 € ††85/140 € - ☕ 16 €

5 r. Marcellin-Berthelot (sur le port) - ✆ 02 96 92 97 00 - www.aiguemarine-hotel.com - Fermé janv.-fév. et 16-30 oct.

Aigue Marine - voir les restaurants ci-dessus

rte de Lannion 2 km au Sud-Ouest par D786 et rte secondaire

Kastell Dinec'h

FAMILIAL · PERSONNALISÉ Une maison en pierre comme on les aime, tout droit sortie du 17e s., hésitant entre la ferme et le manoir... Les chambres y sont cosy et soignées ; cuisine de qualité (producteurs locaux, bio, etc.) sur réservation.

16 chambres - †65/85 € ††75/135 € - ☕ 14 €

lieu-dit le Castel, rte de Lannion - ✆ 02 96 92 92 92 - www.kastelldinech.com - Fermé 17déc.-11 mars

TREILLES

✉ 11510 Aude - 243 hab. - Alt. 103 m - Carte régionale n° **12**-B3
Carte Michelin 344-I5

L'Atelier Acte 2 Ⓝ

CUISINE MODERNE · CONVIVIAL Ah, cette terrasse bordée de pins sur les hauteurs de Leucate, en plein cœur du vignoble de Fitou... Le chef vous y sert des plats régionaux savoureux, dont sa spécialité : l'épaule d'agneau en croûte d'aïoli. Il y a des accents catalans dans cette cuisine d'artisan, simple mais soignée, qui n'a d'autre prétention que celle de vous régaler.

Formule 19 € - Menu 24 € (déj. en semaine), 35/70 € - Carte 47/74 €

6 rte des Corbières - ✆ 04 68 33 08 59 - www.atelier-acte2.com - Fermé 2 semaines en nov., mardi soir, merc. soir et dim. soir sauf juil.-août et lundi

TREMBLAY-EN-FRANCE - 93 Seine-Saint-Denis ➜ Voir Autour de Paris

LE TREMBLAY-SUR-MAULDRE

✉ 78490 Yvelines - 956 hab. - Alt. 132 m - Carte régionale n° **10**-A2
Carte Michelin 311-H3

✿ Numéro 3 (Laurent Trochain)

CUISINE MODERNE • DESIGN XXX Une métamorphose ! Oubliées les poutres, la cheminée et même la façade traditionnelle ; place à un cadre éminemment contemporain, géométrique et design. La cuisine respecte ses fondamentaux : beaux produits, geste soigné et recettes nouvelles.

➜ Betterave du jardin cuite à l'anglaise, foie gras de canard poché au bouillon de volaille et cecina. Ris de veau rôti au sumac, blette, figue et carotte bio. Tartelette aux fruits de saison, vanille et citron.

Menu 49 € (semaine), 65/85 €

3 r. du Gén.-de-Gaulle - ✆ 01 34 87 80 96 - www.restaurant-numero3.fr - Fermé 1 semaine vacances de printemps, 2 semaines en août, 1 semaine à la Toussaint, 1 semaine en janv., lundi et mardi

Les Chambres du Numéro 3

AUBERGE • CONTEMPORAIN Cette maisonnette de village et sa grange accueillent trois belles chambres confortables et spacieuses, tout en beaux matériaux (bois, pierre). L'une d'entre elles, en duplex, domine la jolie cour pavée. Un ensemble élégant et accueillant, à l'unisson du restaurant Numéro 3 dont il dépend.

3 chambres - 🚹135 € 🚹🚹135 € - ☕17 €

4 r. du Gén.-de-Gaulle - ✆ 01 34 87 80 96 - www.restaurant-numero3.fr - Fermé 1er-7 janv., 2 semaines en août, 23-29 oct.

TRÉMOLAT

✉ 24510 Dordogne - 616 hab. - Alt. 53 m - Carte régionale n° **2**-C3
Carte Michelin 329-F6 - Guide Vert Michelin Périgord Quercy

✿ Le Vieux Logis

CUISINE CLASSIQUE • ÉLÉGANT XXX Une valeur sûre que cette table de tradition, dont le cadre - un ancien séchoir à tabac, tout en pierre et bois peint - est tout à fait charmant. Le chef sait choisir ses produits et les accommoder avec justesse ; il propose à midi un menu dans un esprit tapas, à un prix intéressant. De la gastronomie en mouvement !

➜ Foie gras poêlé, glace au maïs et aiguillettes de canard marinées. Filet mignon de veau truffé et rôti, raviole de jaune d'œuf coulant. Paris-trémolat.

Menu 60 € (déj. en semaine), 90/130 € - Carte 95/140 €

Le Bourg - ✆ 05 53 22 80 06 - www.vieux-logis.com - Fermé merc. et jeudi d'oct. à avril

Bistrot de la Place

CUISINE TRADITIONNELLE • BISTRO X Une adresse pour se restaurer dans le village où Claude Chabrol tourna le film Le Boucher (1970). Vieilles pierres, poutres et réjouissante cuisine régionale, avec notamment un menu "tout canard" qui ravira les amateurs du célèbre palmipède... Un moment très sympathique.

Menu 19/37 € - Carte 40/48 €

Le Bourg - ✆ 05 53 22 80 69 - www.vieux-logis.com - Fermé lundi et mardi du 1er oct. au 30 avril

Le Vieux Logis

HISTORIQUE • PERSONNALISÉ Cet ancien prieuré est le vivant récit de l'histoire de la famille des propriétaires, vieille de presque cinq siècles ! Les chambres sont meublées avec goût et le jardin est superbe. Un Logis extrêmement chaleureux.

25 chambres - 🚹210/395 € 🚹🚹210/495 € - ☕25 €

Le Bourg - ✆ 05 53 22 80 06 - www.vieux-logis.com

✿ **Le Vieux Logis** - voir les restaurants ci-dessus

LE TRÉPORT

✉ 76470 Seine-Maritime - 5 025 hab. - Alt. 12 m - Carte régionale n° **17**-D1
Carte Michelin 304-I1 - Guide Vert Michelin Normandie Vallée de la Seine

Le Saint-Yves

TRADITIONNEL • CLASSIQUE Sur l'avant-port (il suffit d'emprunter la passerelle pour rejoindre le centre-ville), un hôtel traditionnel où l'on vous reçoit avec la plus grande amabilité. L'intérieur, de style bourgeois, est particulièrement net et soigné.

22 chambres - 60/87 € 78/87 € - 3 suites - 10 €

7 pl. Pierre-Sémard - ✆ 02 35 86 34 66 - www.hotellesaintyves.com

TRIEL-SUR-SEINE - 78 Yvelines → Voir Autour de Paris

TRIGANCE

✉ 83840 Var - 171 hab. - Alt. 800 m - Carte régionale n° **21**-C2
Carte Michelin 340-N3 - Guide Vert Michelin Alpes du Sud

Château de Trigance

DEMEURE HISTORIQUE • PERSONNALISÉ Cet hôtel occupe les murs d'un ancien château fort, véritable nid d'aigle dominant la vallée du Verdon. L'ambiance médiévale imprègne les lieux, dans les chambres - avec lits à baldaquin ! - comme au restaurant, qui prend ses aises dans une salle sarrasine du 12ᵉs.

10 chambres - 117 € 140/205 € - 15 €

1400 rte de Brei, accès par voie privée - ✆ 04 94 76 91 18
- www.chateau-de-trigance.fr - Ouvert d'avril à oct.

Le Vieil Amandier

FAMILIAL • FONCTIONNEL Au pied de ce village pittoresque, cette construction récente respecte l'esprit de la région. Les chambres, tenues avec soin, disposent pour certaines d'une terrasse ouvrant sur le jardin. Piscine, sauna et jacuzzi à disposition.

12 chambres - 65/98 € 65/98 € - 11 €

montée de St-Roch - ✆ 04 94 76 92 92 - http://levieilamandier.free.fr
- Ouvert avril-oct.

LA TRINITÉ-SUR-MER

✉ 56470 Morbihan - 1 633 hab. - Alt. 20 m - Carte régionale n° **5**-B3
Carte Michelin 308-M9 - Guide Vert Michelin Bretagne Sud

L'Azimut

CUISINE MODERNE • COSY XXX Ambiance maritime tous azimuts dans la salle à manger et agréable terrasse offrant une échappée sur le port... À la carte, de très beaux poissons et fruits de mer (dont un menu homard) et un joli choix de vins de plus de 500 appellations. L'une des meilleures tables des environs.

Formule 22 € - Menu 27 € (déj. en semaine)/65 € - Carte 46/69 €

1 r. du Men-Dû - ✆ 02 97 55 71 88 - www.lazimut-latrinite.com - Fermé mardi et merc. sauf juil.-août

L'Arrosoir

POISSONS ET FRUITS DE MER • BISTRO X On entre dans ce restaurant par sa terrasse en teck grande ouverte sur la mer. À l'intérieur, c'est un coquet décor de bistrot marin qui sert d'écrin à une jolie cuisine océane.

Formule 18 € - Menu 23 € (déj. en semaine) - Carte 35/60 €

Le Petit Hôtel des Hortensias, 4 pl. Yvonne-Sarcey - ✆ 02 97 30 13 58
- www.leshortensias.info - Fermé mardi midi et merc. midi hors saison

Le Surcouf

CUISINE MODERNE • BISTRO X Bienvenue dans ce bistrot convivial et chaleureux, qui emprunte son patronyme au célèbre corsaire breton Robert Surcouf. L'attrait du restaurant doit beaucoup à son jeune chef-patron, qui réalise une cuisine vivante et goûteuse avec de bons produits frais. On vous conseille le petit menu de midi, très attractif !

Menu 16 € (déj. en semaine)/29 € - Carte 25/45 €

21 r. des Résistants - 02 90 61 39 03
- Fermé 2 semaines en janv., dim. soir et lundi d'oct. à avril

Le Lodge Kerisper

TRADITIONNEL • COSY Les bâtiments de cette ancienne ferme du 19e s. ont beaucoup de cachet : intérieur tout en matériaux nobles, meubles chinés et parquets bruts. Ajoutez à cela un salon cosy, des chambres fraîches, et cocooning. Un véritable "boutique hôtel" !

17 chambres - 90/240 € 90/240 € - 3 suites - 14 €

4 r. du Latz
- 02 97 52 88 56 - www.lodgekerisper.com
- Fermé 26 nov.-11 déc. et 7-27 janv.

Le Petit Hôtel des Hortensias

MAISON DE MAÎTRE • PERSONNALISÉ La silhouette nordique de cette charmante villa (1880) domine le port. Ambiance guesthouse, tissus tendus, tons chauds... Un vrai cocon face au va-et-vient des bateaux de plaisance.

6 chambres - 90/245 € 110/245 € - 14 €

4 pl. Yvonne-Sarcey
- 02 97 30 10 30 - www.leshortensias.info

L'Arrosoir - voir les restaurants ci-dessus

TRIZAY

17250 Charente-Maritime - 1 459 hab. - Alt. 20 m - Carte régionale n° **20**-B2
Carte Michelin 324-E4 - Guide Vert Michelin Poitou-Charentes

au Lac du Bois Fleuri 2,5 km à l'Ouest par D238, D123 et rte secondaire - 17250 Trizay

Les Jardins du Lac

CUISINE MODERNE • ÉLÉGANT XXX Cette table est le repaire du jeune chef Johann Suire, dont les assiettes très personnelles tirent le meilleur des bons poissons de l'Atlantique et des plantes aromatiques de son jardin : rouget confit au sel, filet de canette rosé et compotée d'oignons...

Formule 28 € - Menu 40 € (semaine)/60 €
- Carte 64/93 €

3 chemin Fontchaude
- 05 46 82 03 56 - www.jardins-du-lac.com
- Fermé 16 fév.-12 mars, dim. soir de nov. à mars et lundi

Les Jardins du Lac

TRADITIONNEL • PERSONNALISÉ Des chambres spacieuses, contemporaines et cossues, dont les terrasses (ou balcons) donnent directement sur le lac... Voilà ce qui vous attend dans ce domaine situé au grand calme de la campagne charentaise. Un séjour délicieux !

15 chambres - 125/250 € 125/250 € - 1 suite - 17 €

3 chemin Fontchaude
- 05 46 82 03 56 - www.jardins-du-lac.com
- Fermé 16 fév.-12 mars, dim. soir de nov. à mars et lundi

Les Jardins du Lac - voir les restaurants ci-dessus

LE TRONCHET

✉ 35540 Ille-et-Vilaine – 1 143 hab. – Alt. 65 m – Carte régionale n° **5**-D2
Carte Michelin 309-K4 – Guide Vert Michelin Bretagne Nord

L'Abbaye

DEMEURE HISTORIQUE · CONTEMPORAIN En pleine campagne, au bord d'un étang, cette ravissante abbaye du 12e s. a été rénovée avec beaucoup de goût. Belle cour encadrée de bâtisses en pierre, chambres confortables et résolument modernes, qui ne manquent pas d'élégance, et dont certaines disposent d'une terrasse privative... Tout simplement charmant !

44 chambres – 99/239 € 99/239 € – 1 suite – 15 €

L'Abbatiale – 02 99 16 94 41 – www.hotel-de-labbaye.com – Fermé 1er janv. à mi- fév.

TROUVILLE-SUR-MER

✉ 14360 Calvados – 4 708 hab. – Alt. 2 m – Carte régionale n° **17**-A3
Carte Michelin 303-M3 – Guide Vert Michelin Normandie Vallée de la Seine

1912

CUISINE CRÉATIVE · CONTEMPORAIN XXX Harmonie et relief définissent les créations de Johan Thyriot, qui laisse voguer son inspiration (avec quelques détours par le Japon, mais aussi le Sud-Ouest) et fait bon usage de toutes sortes de plantes et d'épices rares. Il en résulte une cuisine engagée, subtile et convaincante, qui ne laissera personne indifférent.

➜ Tomates anciennes parfumées à l'estragon du Mexique. Bar et tagète, parfums de fruit de la passion et d'agrumes, jeune betterave. Jeu de couleurs et de textures de pêche au parfum de thé earl grey.

Menu 70/110 € – Carte 75/115 €

Plan : A2-r *Hôtel Les Cures Marines, bd de la Cahotte – 02 31 14 25 90 – www.le1912.com – Fermé 7-28 janv., lundi, mardi et le midi*

La Régence

CUISINE CLASSIQUE · ÉLÉGANT XX En passant sur le quai, on aperçoit les fastes de son superbe décor Napoléon III ; de nombreuses célébrités d'après-guerre appréciaient le lieu et on les comprend ! Homards, langoustes et beaux poissons frais sont à l'honneur. Et si vous vous y arrêtiez à votre tour ?

Formule 26 € – Menu 44/98 € – Carte environ 65 €

Plan : A3-m *132 bd Fernand-Moureaux – 02 31 88 10 71 – www.la-regence.com*

La Petite Auberge

CUISINE TRADITIONNELLE · FAMILIAL X Dans une rue au cœur de Trouville, une Petite Auberge conviviale et vraiment mignonne où l'on se sent tout de suite bien. La table valorise le terroir et les produits régionaux. Dans l'assiette, c'est généreux, gourmand et savoureux. En bref, une adresse sympathique !

Formule 31 € – Menu 42 € – Carte 53/77 €

Plan : A2-f *7 r. Carnot – 02 31 88 11 07 – www.lapetiteaubergesurmer.fr – Fermé 20-30 juin, 20-30 janv., mardi et merc.*

Les Cures Marines

SPA ET BIEN-ÊTRE · GRAND LUXE Cet hôtel, installé dans un imposant bâtiment néoclassique (1912) entre port et plage, en plein cœur de Trouville, signe le retour du balnéaire chic ! Tout y respire l'élégance et le confort, avec ce vaste hall superbement décoré, ces chambres lumineuses, et ce spa marin unique en son genre... Exceptionnel.

97 chambres – 175/1200 € 175/1200 € – 6 suites – 27 €

Plan : A2-r *bd de la Cahotte – 02 31 14 26 00 – www.lescuresmarines.com – Fermé 2-11 janv.*

1912 – voir les restaurants ci-dessus

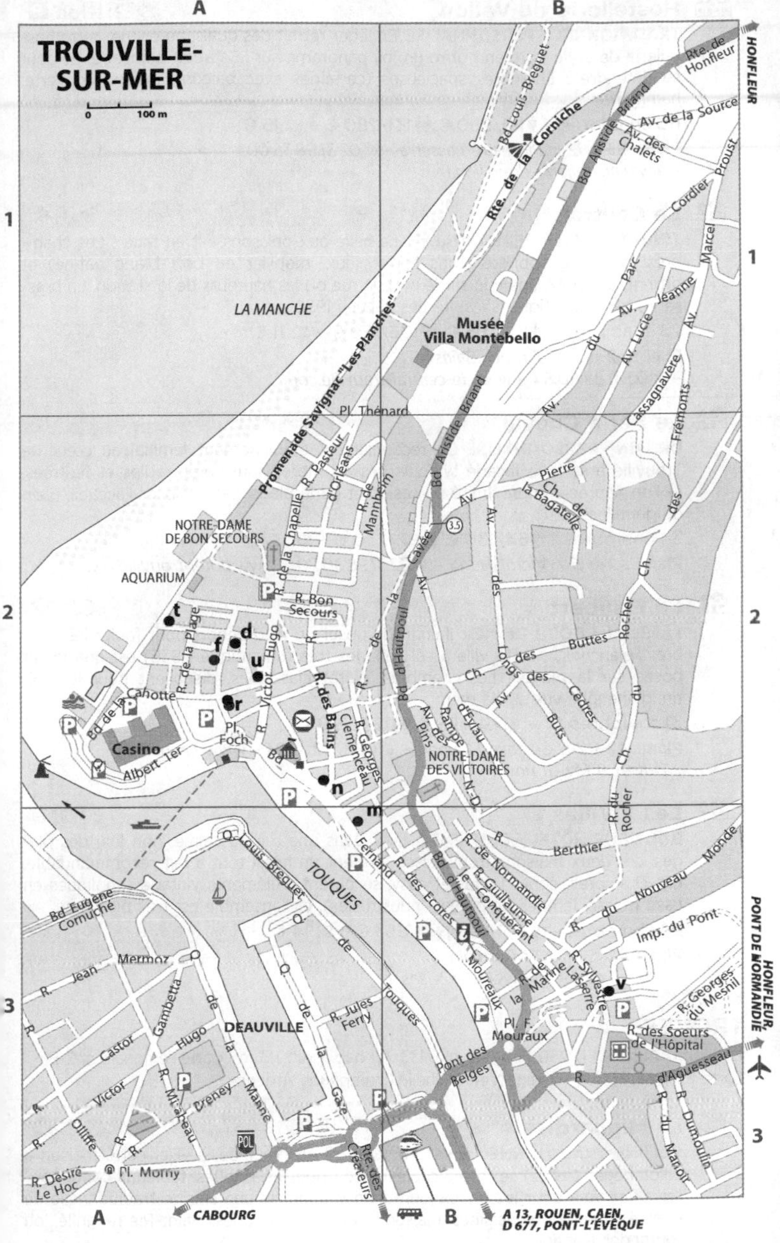

A
B
TROUVILLE-SUR-MER
0
100 m
1
2
3
HONFLEUR
Rte. de Honfleur
Bd Louis Breguet
Rte. de la Corniche
Bd Aristide Briand
Av. de la Source
Av. des Chalets
Proust
Marcel
Cordier
Parc
du
Av.
Jeanne
Av. Lucie
Av.
LA MANCHE
Promenade Savignac "Les Planches"
Musée Villa Montebello
Cassagnavère
Frémonts
Av.
Pl. Thénard
R. Pasteur
d'Orléans
R. de Mannheim
R. de la Chapelle
Pierre
Ch. de la Bagatelle
Av.
des
Ch.
Av.
Av.
NOTRE-DAME DE BON SECOURS
AQUARIUM
R. Bon Secours
R.
Cavée
de
la
R.
de
Bd d'Hautpoul
Av. des
Longs
Buttes
Rocher
Ch. des
des Cèdres
du
t
d
f
u
r
R. de la Plage
Victor Hugo
R.
R. des Bains
Bd de la Cahotte
Casino
Albert 1er
Pl. Foch
Bd
R. Georges Clemenceau
n
m
Av. des Pins
Rampe N.-D.
d'Eylau
Av.
Buts
Ch.
NOTRE-DAME DES VICTOIRES
R. du Rocher
Q. Louis Breguet
TOUQUES
Fernand
R. de Normandie
R. Guillaume le Conquérant
R. Berthier
R. des Écores
Bd d'Hautpoul
Moureaux
R. du Nouveau Monde
Imp. du Pont
HONFLEUR, PONT DE NORMANDIE
Bd Eugène Cornuché
Q. de Touques
Q. de la Gare
R. Jean Mermoz
R. Gambetta
R. de la Marne
R. Jules Ferry
R. de la Marine
R. Sylvestre Lasserre
v
R. Georges du Mesnil
R. des Soeurs de l'Hôpital
R. Castor
Hugo
DEAUVILLE
Pl. F. Moureaux
Pont des Belges
R. d'Aguesseau
R. Victor
R. Mirabeau
Breney
R. Olliffe
R.
R.
R. Désiré Le Hoc
Pl. Morny
POL
Rte. des Créateurs
R. du Manoir
R. Dumoulin
CABOURG
A 13, ROUEN, CAEN, D 677, PONT-L'ÉVÊQUE

Hostellerie du Vallon

TRADITIONNEL • PERSONNALISÉ En léger retrait des quais, au calme, cette hostellerie de style normand offre un joli panorama sur la station balnéaire. Et pour se détendre : chambres spacieuses (certaines avec balcon), piscine couverte, hammam...

60 chambres – 131/280 € 131/280 € – 16 €

Plan : B3-v *12 r. Sylvestre-Lasserre – 02 31 98 35 00 – www.hostellerie-du-vallon.fr*

Le Central

TRADITIONNEL • PERSONNALISÉ La halle aux poissons est en face ! Les chambres jouent la sobriété (tons harmonieux, mobilier en bois blanc patiné) et offrent, au choix, une vue sur le port, la rue ou les hauteurs de la station. La brasserie, très touristique, s'inspire des années 1930.

23 chambres – 106/115 € 106/159 € – 11 €

Plan : A2-n *5 et 7 r. des Bains – 02 31 88 80 84 – www.le-central-trouville.com*

Le Fer à Cheval

URBAIN • PERSONNALISÉ On reconnaît cet établissement familial au cœur de Trouville à sa jolie façade typique. Les chambres sont confortables et feutrées, et l'on apprécie la proximité du casino et de la plage. Sans oublier l'accueil, plein de gentillesse !

34 chambres – 64/130 € 92/230 € – 13 €

Plan : A2-u *11 r. Victor-Hugo – 02 31 98 30 20 – www.hotel-trouville.com*

Le Flaubert

FAMILIAL • BORD DE MER Il suffit de poser un pied dehors pour fouler les célèbres "planches" : cette villa à colombages très romantique (1936) est quasiment posée sur la plage ! Les chambres, plutôt classiques, disposent pour la moitié, d'une jolie vue sur la mer.

31 chambres – 129/299 € 129/299 €

Plan : A2-t *2 r. Gustave-Flaubert – 02 31 88 37 23 – www.flaubert.fr – Ouvert 9 fév.-11 nov.*

Les 2 Villas (N)

BOUTIQUE HÔTEL • CONTEMPORAIN Dans une rue au calme, non loin des plages, ces deux maisons trouvillaises forment un hôtel tout à fait recommandable. Les chambres, confortables et cosy, se parent d'éléments vintage (appliques en tissu froissé, lampes de bureau industrielles), et l'ensemble est très bien tenu.

24 chambres – 71/115 € 71/253 € – 14 €

Plan : A2-d *25 r. St-Germain – 02 31 49 09 19 – www.les2villas.fr*

TROYES

10000 Aube – 60 750 hab. – Agglo. 133 721 hab. – Alt. 113 m – Carte régionale n° **7**-B3
Carte Michelin 313-E4 – Guide Vert Michelin Champagne Ardenne

La Mignardise

CUISINE TRADITIONNELLE • CLASSIQUE XX Au cœur de la ville, cette maison à colombages (16e s.) se révèle chaleureuse : poutres, briques, tableaux contemporains, terrasse pour les beaux jours... On y apprécie une cuisine traditionnelle de qualité, dont les spécialités maison, langoustines rôties, Saint-Pierre grillé, ou tournedos Rossini.

Formule 24 € – Menu 30 € (déj.), 43/63 € – Carte 46/94 €

Plan : C2-e *1 ruelle des Chats – 03 25 73 15 30 – www.lamignardise.eu – Fermé dim. soir et lundi*

TROYES

Valentino

CUISINE MODERNE · INTIME XX A l'intérieur de cette jolie maison à colombages, située dans le renfoncement d'une ruelle piétonne de la vieille ville, toiles contemporaines et vivier à homards offrent un cadre original pour apprécier une cuisine axée sur les produits de la mer, qui fait le bonheur des Troyens. Les suggestions du chef sont toujours bienvenues.

Menu 28 € (déj.), 38/58 € – Carte 57/73 €

Plan : C2-s *35 r. Paillot-de-Montabert*
– ✆ 03 25 73 14 14
– www.levalentino.com
– Fermé 11 août-4 sept., 1er-15 janv., dim. et lundi

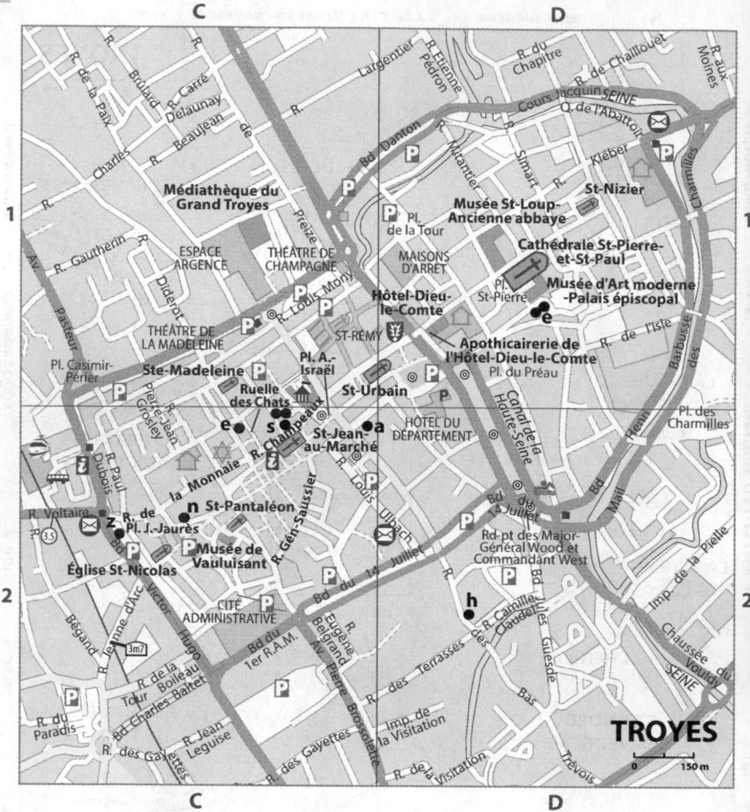

Au Jardin Gourmand

CUISINE TRADITIONNELLE · COSY Dans cette ruelle pittoresque du vieux Troyes, le patron vous accueille avec bonne humeur. Il sait vous conseiller ses bons plats du terroir – dont l'andouillette et le bœuf à la ficelle – ou des recettes plus actuelles. Sous les glycines, la terrasse !

Menu 24 € (déj. en semaine)/36 € – Carte 30/50 €

Plan : C2-s *31 r. Paillot-de-Montabert*
– ✆ 03 25 73 36 13
– Fermé 2 semaines en mars, 3 semaines en sept., lundi midi et dim.

Aux Crieurs de Vin

CUISINE MODERNE · BISTRO Briques nues, mobilier bistrot, concept branché : on choisit sa bouteille dans la cave, avant de l'accompagner d'un bon petit plat centré sur le produit (charcuterie artisanale, viande fermière, fromages de chez Bordier, etc.). Le patron s'adresse à chacun de ses clients, avec la jubilation non feinte du passionné de vins ! Un plaisir.

Carte 24/38 €

Plan : C2-n *4 pl. Jean-Jaurès*
– ✆ 03 25 40 01 01 – www.auxcrieursdevin.fr
– Fermé 1 semaine en avril, 3 semaines en août, 1er-9 janv., dim., lundi et fériés

Caffè Cosi

CUISINE ITALIENNE • FAMILIAL X Cette trattoria à l'italienne a pris ses quartiers dans une ancienne galerie d'art, ouverte sur une cour pavée. Produits d'épicerie à emporter et terrasse appréciable aux beaux jours.

Formule 19 € – Menu 24 € (déj. en semaine), 44/48 € – Carte 36/61 €

Plan : C2-z *5 r. Marie-Pascale-Ragueneau – ✆ 03 25 76 61 34 – Fermé mardi soir, merc. soir, dim. et lundi*

Le Champ des Oiseaux

HISTORIQUE • ÉLÉGANT Dans ces trois maisons des 15e-16e s., on aime à s'attarder près du feu qui crépite en hiver ou dans la ravissante cour pavée aux beaux jours. La magie se prolonge dans les chambres : pierre de Bourgogne, tomettes, linge de qualité...

9 chambres – †209/389 € ††209/389 € – 4 suites – ☕ 23 €

Plan : D1-e *20 r. Linard-Gonthier – ✆ 03 25 80 58 50 – www.champdesoiseaux.com*

La Maison de Rhodes

HISTORIQUE • PERSONNALISÉ Ces belles demeures du 17e s. nichent dans une ruelle pavée du vieux Troyes. Poutres, pierres, torchis, tomettes, mobilier ancien ou contemporain s'y marient avec élégance. Le soir, on peut profiter de l'intimité du restaurant pour un dîner à base de produits bio.

7 chambres – †269/389 € ††269/389 € – 4 suites – ☕ 23 €

Plan : D1-e *18 r. Linard-Gonthier – ✆ 03 25 43 11 11 – www.maisonderhodes.com*

Hôtel de la Poste

TRADITIONNEL • PERSONNALISÉ Au cœur de la ville, près du secteur piétonnier, un ancien relais de poste entièrement rénové. La déco, imaginée sur la thématique du cheval, rend hommage aux fiacres qui y séjournaient. La plupart des chambres sont actuelles et cosy. Même ambiance feutrée au salon et dans la salle du petit-déjeuner.

30 chambres – †89/169 € ††119/169 € – 2 suites – ☕ 16 €

Plan : C2-a *35 r. Emile-Zola – ✆ 03 25 73 05 05 – www.hotel-de-la-poste.com*

Mercure

HÔTEL DE CHAÎNE • CONTEMPORAIN Bâti sur les fondations d'une ancienne bonneterie (un métier à tisser et des photos en témoignent), cet hôtel marie ambiance traditionnelle et confort moderne.

69 chambres – †92/156 € ††92/216 € – 2 suites – ☕ 16 €

Plan : D2-h *11 r. des Bas-Trévois – ✆ 03 25 46 28 28 – www.mercure-troyes.com*

Le Relais St-Jean

FAMILIAL • PERSONNALISÉ Une jolie ruelle, une bâtisse à colombages du 16e s., voilà qui a du cachet. Sous les poutres, les chambres, modernes, ont un charme feutré. Les petits plus : le jacuzzi dans une charmante cave voûtée et l'accueil prévenant.

23 chambres – †98/215 € ††98/215 € – ☕ 15 €

Plan : C2-s *51 r. Paillot-de-Montabert – ✆ 03 25 73 89 90 – www.hotel-relais-saint-jean.com*

à Ste-Maure 7 km au Nord par D78 – ✉ 10150 – 1 507 hab. – Alt. 111 m

Auberge de Ste-Maure

CUISINE MODERNE • ÉLÉGANT XXX Cette auberge au cadre élégant propose une cuisine inventive, à l'instar des spécialités maison, cuisses de grenouilles à l'ail fumé ou ris de veau, meunière estragon-citron. Pour passer la nuit : trois roulottes en bois blond invitent à un voyage immobile.

Menu 30 € (semaine), 50/60 € – Carte 55/90 €

3 chambres ☕ – †135 € ††145 €

Plan : A1-g *99 rte de Mery – ✆ 03 25 76 90 41 – www.auberge-saintemaure.fr – Fermé 22 déc.-14 janv., dim. soir et lundi*

à Pont-Ste-Marie 3 km au Nord-Est par D77 – ✉ 10150 – 4 823 hab. – Alt. 110 m

Bistrot DuPont

CUISINE TRADITIONNELLE • BISTRO Au bord de la Seine, ce sympathique bistrot traditionnel joue la carte des bonnes recettes à l'ancienne : blanquette, coq au vin, suprême de volaille, que l'on dévore dans une ambiance animée... Et ne ratez pas la spécialité de la maison : l'andouillette.

Menu 19 € (semaine), 28/38 € – Carte 27/60 €

Plan : B1-s *5 pl. Ch.-de-Gaulle*
– ✆ 03 25 80 90 99 – www.bistrotdupont.com
– Fermé 1 semaine à Pâques, 3 semaines en août, vacances de Noël, jeudi soir, dim. soir et lundi

Le Bois de Bon Séjour Ⓝ

CUISINE TRADITIONNELLE • CONVIVIAL Au bord du canal d'Argentolle, cette jolie maison abrite un restaurant, qui propose un menu unique le midi, plus sophistiqué en soirée, mais soucieux des saisons, à toute heure ! Ambiance conviviale et jolie terrasse dans un jardin verdoyant. Idéal pour réceptions ou séminaires.

Menu 22 € (déj. en semaine)/39 € – menu unique

Plan : B1-t *2 r. Roger-Salengro*
– ✆ 03 25 81 04 54 – www.leboisdubonsejour.com
– fermé dim. soir, lundi soir, mardi soir et merc. soir

à Moussey 10 km au Sud par D671 et D444 – ✉ 10800 – 615 hab. – Alt. 131 m

Domaine de la Creuse

MAISON DE CAMPAGNE • COSY Dans cette ferme champenoise du 18ᵉ s. perdue en pleine nature, les chambres qui entourent la cour intérieure aménagée en jardin sont vraiment adorables. Objets chinés, délicieux petit-déjeuner, accueil parfait, etc. Tout est très "campagne chic"...

5 chambres – 110/130 € 120/195 €

– ✆ 03 25 41 74 01 – www.domainedelacreuse.fr
– Fermé 20 déc.-5 janv.

à St-André-les-Vergers 5 km au Sud-Ouest – ✉ 10120 – 11 860 hab. – Alt. 112 m

La Gentilhommière

CUISINE MODERNE • ÉLÉGANT Ce pavillon moderne, à la sortie de Troyes, offre un cadre confortable, parfait pour un dîner en toute intimité. Avec l'aide de son épouse, le chef travaille les bons produits de saison dans un style traditionnel.

Formule 19 € – Menu 35 € (semaine)

Plan : A2-r *180 rte d'Auxerre – ✆ 03 25 49 35 64 – www.lagentilhommiere10.fr*
– Fermé dim. soir et lundi

TRUN

✉ 61160 Orne – 1 322 hab. – Alt. 90 m – Carte régionale n° **17**-C2
Carte Michelin 310-J1

La Villageoise

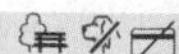

MAISON DE CAMPAGNE • COSY Ses origines se perdent entre le 13ᵉ et le 17ᵉ s., mais sa vocation reste intacte : cet ancien relais de poste se montre très accueillant – de surcroît avec un vrai esprit de maison de famille, simple et frais. Voyez la chambre "Tourterelle"...

4 chambres – 60 € 90 €

66 r. de la République – ✆ 06 79 49 49 64 – www.lavillageoise.fr
– Ouvert d'avril à déc.

TULETTE

✉ 26790 Drôme – 1 944 hab. – Alt. 147 m – Carte régionale n° **23**-B3
Carte Michelin 332-C8

K-Za

FAMILIAL • CONTEMPORAIN *Che bella casa !* Anne-Élisabeth, la maîtresse des lieux, est d'origine italienne. Et c'est en véritable *mamma*, passionnée par la gastronomie, qu'elle vous reçoit dans sa maison du 17e s. en galets roulés du Rhône, au superbe intérieur design. À table, on savoure une cuisine française maîtrisée aux notes provençales. Vins locaux.

5 chambres – 160/175 € 160/175 € – 10 €

258 r. Paul-Ruat – 04 75 98 34 88 – www.k-za.com – Fermé 1 semaine en sept. et 1 semaine vacances de Noël

TULLE

19000 Corrèze – 14 325 hab. – Alt. 210 m – Carte régionale n° **13**-C3
Carte Michelin 329-L4 – Guide Vert Michelin Limousin Berry

Les 7

CUISINE MODERNE • TENDANCE X Cette adresse de poche (25 couverts au maximum) est le fief d'un jeune couple plein d'allant. Les assiettes sont dressées avec beaucoup de soin, les saveurs et textures sont complémentaires : noix de Saint-Jacques rôties, betteraves et anguille fumée ; joue de bœuf confite, chou et foie gras... et n'oublions pas le service, absolument charmant.

Formule 15 € – Menu 19 € (déj. en semaine), 29/39 € – Carte 32/42 €

32 quai Baluze – 05 44 40 94 89 – www.restaurant-les7.fr – Fermé merc. soir, dim. soir et lundi

Le Bouche à Oreille N

CUISINE TRADITIONNELLE • CONVIVIAL X On découvre ici le travail d'un chef aimable et discret, aussi modeste que bon cuisinier. Ses préparations font la part belle aux produits de saison, à l'instar de cet œuf parfait, endives à la crème de parmesan et viande des grisons, ou de ce confit de canard, légumes d'un pot-au-feu et sauce au raifort... C'est goûteux et bien ficelé : on se régale.

Formule 18 € – Menu 25 € (déj. en semaine)/35 €

39 av. Charles-de-Gaulle – 05 44 40 40 30 – www.leboucheaoreille-tulle.com – Fermé dim. soir, lundi soir et mardi soir

Inter-Hôtel

HÔTEL DE CHAÎNE • CONTEMPORAIN En centre-ville, le long de la Corrèze, un hôtel moderne et complètement relooké ; les chambres, confortables et spacieuses – surtout côté quai –, sont impeccablement tenues.

50 chambres – 79/99 € 87/99 € – 9 €

16 quai de la République – 05 55 26 42 00 – www.hotel-tulle.com – Fermé 23 déc.-2 janv.

LA TURBALLE

44420 Loire-Atlantique – 4 491 hab. – Alt. 6 m – Carte régionale n° **18**-A2
Carte Michelin 316-A3 – Guide Vert Michelin Pays de la Loire

Le Terminus

POISSONS ET FRUITS DE MER • CONVIVIAL XX On y descend pour la vue sur le port de La Turballe, dont on jouit depuis toutes les tables ! La cuisine explore évidemment les produits de la mer.

Formule 16 € – Menu 29/40 € – Carte 28/80 €

18 quai St-Paul – 02 40 23 30 29 – www.laturballe.free.fr/restaurant-terminus – Fermé 2 semaines en fév., 1 semaines en nov., dim. soir, lundi et mardi sauf haute saison

à Pen-Bron 3 km au Sud par D92 – 44420 La Turballe

Pen Bron

TRADITIONNEL • PERSONNALISÉ Tout à la pointe de la presqu'île guérandaise, face au Croisic... L'atout de cette maison bretonne : son aménagement moderne, pensé en détail pour les personnes à mobilité réduite. Restauration traditionnelle avec vue sur les flots.

43 chambres – 79/195 € 79/195 € – 12 €

– 02 28 56 77 99 – www.hotels-aptitudes.com – Fermé nov. a mi- janv.

LA TURBIE

✉ 06320 Alpes-Maritimes - 3 146 hab. - Alt. 495 m - Carte régionale n° **22**-E2
Carte Michelin 341-F5 - Guide Vert Michelin Côte d'Azur

✿✿ Hostellerie Jérôme (Bruno Cirino)

CUISINE CRÉATIVE • ÉLÉGANT XXX Une noble hostellerie mêlant caractère des vieilles pierres, pimpant décor à l'italienne (belle voûte peinte dans le style de Pompéi), et une cuisine méridionale tout simplement remarquable : produits d'exception (pêche locale, légumes des paysans), saveurs éclatantes, jus et sauces à tomber... sans oublier la cave de 30 000 bouteilles.

➜ Langoustines de Méditerranée à la vapeur, citron, citronnelle et jasmin. Langouste au vin de Bellet et légumes de notre potager. Figue blanche du pays rôtie, figue noire en sorbet et ricotta de chèvre grillée au citron.

Menu 85/139 € - Carte 105/140 €

3 chambres - †180/240 € ††180/240 € - ☕16 €

20 r. Comte-de-Cessole
- ✆ 04 92 41 51 51 - www.hostelleriejerome.com
- Ouvert 14 fév.-30 nov. et fermé lundi et mardi d'oct. à juin et le midi

Café de la Fontaine

CUISINE TRADITIONNELLE • BISTRO X Repas au coude-à-coude entre des habitués gouailleurs et des gourmands ravis, atmosphère très conviviale : pas de doute, on est dans un authentique café de village. Ode aux terroirs ensoleillés, la cuisine - bistrotière et généreuse à souhait - est réalisée avec les meilleurs produits du marché et cela se sent ! Réservation conseillée.

Carte 31/54 €

4 av. du Gén.-de-Gaulle - ✆ 04 93 28 52 79 - www.hostelleriejerome.com

TURENNE

✉ 19500 Corrèze - 822 hab. - Alt. 350 m - Carte régionale n° **13**-B3
Carte Michelin 329-K5 - Guide Vert Michelin Périgord Quercy

Maison des Chanoines

HISTORIQUE • PERSONNALISÉ Au cœur de ce beau village corrézien, cette demeure du 16e s. allie charme historique et confort, non sans évoquer une véritable maison d'hôtes (mobilier ancien, tableaux, etc.). Avis aux gourmets : la table gastronomique est très soignée, ne vous en privez pas...

7 chambres - ††90/140 € - ☕12 €

r. Joseph-Rouveyrol - ✆ 05 55 85 93 43 - www.maison-des-chanoines.com
- Ouvert 28 avril-14 oct.

TURQUANT

✉ 49730 Maine-et-Loire - 580 hab. - Alt. 68 m - Carte régionale n° **18**-C2
Carte Michelin 317-J5 - Guide Vert Michelin Pays de la Loire

Demeure de la Vignole

MAISON DE CAMPAGNE • PERSONNALISÉ Ambiance guesthouse dans cette belle demeure bâtie à flanc de coteau. Chambres décorées avec goût - dont plusieurs troglodytiques, comme la piscine ! Terrasse face au vignoble.

11 chambres - †91/155 € ††91/250 € - 4 suites - ☕12 €

imp. Marguerite-d'Anjou - ✆ 02 41 53 67 00 - www.demeure-vignole.com
- Fermé 1er janv.-12 fév. et 12 nov.-31 déc.

TUSSON

✉ 16140 Charente - 222 hab. - Alt. 125 m - Carte régionale n° **20**-C2
Carte Michelin 324-K4 - Guide Vert Michelin Poitou-Charentes

Le Compostelle

CUISINE MODERNE • COSY XX Au cœur du village et sur l'antique route des pèlerins, un sympathique restaurant, où la rusticité des lieux se mêle à un style plus contemporain. Le chef réalise une jolie cuisine de produits et revisite avec simplicité la tradition régionale. Carte plus courte côté bistrot.

Menu 36/52 €

– ✆ 05 45 31 15 90 – www.lecompostelle-tusson.fr – Fermé 24 sept.-9 oct., 2-15 janv., mardi soir, merc. soir et jeudi soir sauf juil.-août, dim. soir et lundi

UBERACH

✉ 67350 Bas-Rhin – 1 184 hab. – Alt. 175 m – Carte régionale n° **1**-B1
Carte Michelin 315-J3

Restaurant de la Forêt

CUISINE TRADITIONNELLE • FAMILIAL XX Un accueil charmant, une cuisine traditionnelle concoctée avec les légumes et les herbes aromatiques du jardin... une Forêt très chaleureuse !

Formule 16 € – Menu 18 € (déj. en semaine), 20/50 € – Carte 42/60 €

94 Grande-Rue – ✆ 03 88 07 73 17 – www.restaurant-de-la-foret-uberach.com – Fermé 5-14 mars, 30 avril-2 mai, 25 juil.-14 août, 1 semaine à la Toussaint, lundi soir, mardi soir, jeudi soir et merc.

UCHAUD – 30 Gard

➜ Voir Nîmes

UCHAUX

✉ 84100 Vaucluse – 1 531 hab. – Alt. 80 m – Carte régionale n° **21**-A2
Carte Michelin 332-B8

Côté Sud

CUISINE MODERNE • ROMANTIQUE XX Un jeune couple au beau parcours concocte une cuisine simple, et des recettes bien ficelées, aux inspirations régionales. Vous passerez un moment plaisant dans cette maison en pierre, son jardin et son agréable terrasse. Service charmant.

Menu 26/40 € – Carte 50/56 €

rte d'Orange – ✆ 04 90 40 66 08 – www.restaurantcotesud.com – Fermé mardi d'oct. à mai et merc.

Château de Massillan

CUISINE MODERNE • CHIC XX Filets de rougets barbet, carré d'agneau de Provence... le chef rend un hommage malicieux à la cuisine provençale et aux produits locaux, souvent bio. En été, installez-vous dans la magnifique cour du château, autour d'une fontaine, face au jardin. *So romantic.*

Formule 24 € – Menu 49/79 € – Carte environ 76 €

Hôtel Château de Massillan, Hauteville, 3 km au Nord par D11 et rte secondaire – ✆ 04 90 40 64 51 – www.chateaudemassillan.fr – Fermé 19 fév.-11mars, dim. soir, lundi et mardi midi d'oct. à mars

Le Temps de Vivre

CUISINE PROVENÇALE • TRADITIONNEL XX Chant des cigales, garrigue, vignes... Cette maison en pierre du 18e s. – mais au décor contemporain – invite à prendre le temps de vivre, en particulier sur sa terrasse ombragée. Le chef est un sérieux professionnel : il suffit de le voir préparer un fond de veau. Au menu : la générosité de la Provence, avec les légumes du beau-père en saison !

Formule 19 € – Menu 32/48 € – Carte 47/57 €

322 rte de Bollène (Les Farjons), 3,5 km au Nord par D11 – ✆ 04 90 40 66 00 – www.letempsdevivre-uchaux.com – Fermé jeudi sauf juil.-août et merc.

Château de Massillan

DEMEURE HISTORIQUE · ÉLÉGANT Diane de Poitiers aurait séjourné dans ce châtelet des 16e-17e s. niché dans un magnifique parc entouré de vignes... Pierres et poutres d'époque, tentures et mobilier élégants : l'ensemble est splendide, et pour les esprits zen, une nouvelle annexe a été créée dans un esprit bio et naturel.

26 chambres – 117/195 € 177/595 € – 3 suites – 19 €

Hauteville, 3 km au Nord par D11 et rte secondaire – 04 90 40 64 51 – www.chateaudemassillan.fr – Fermé 19 fév.-11 mars

Château de Massillan – voir les restaurants ci-dessus

UGINE

73400 Savoie – 7 019 hab. – Alt. 484 m – Carte régionale n° **23**-C1
Carte Michelin 333-L3 – Guide Vert Michelin Alpes du Nord

La Châtelle

CUISINE MODERNE · CONVIVIAL XX Une maison forte du 13e s. tout en vieilles pierres, un lieu de caractère pour un repas gastronomique. Sous les voûtes de la salle principale, on aurait célébré la messe sous la Révolution... Aujourd'hui, on y glorifie les saveurs et les bons vins ! Également une agréable salle en véranda, face à la belle terrasse.

Formule 19 € – Menu 27/42 € – Carte 45/52 €

3 r. P.-Proust – 04 79 37 30 02 – www.lachatelle.com – Fermé lundi et le soir sauf vend. et sam.

L'UNION – 31 Haute-Garonne → Voir Toulouse

UNTERMUHLTHAL – 57 Moselle → Voir Baerenthal

UPAIX

05300 Hautes-Alpes – 448 hab. – Alt. 629 m – Carte régionale n° **21**-B2
Carte Michelin 334-D7

Le Beau Soleil

CUISINE MODERNE · AUBERGE X En pleine campagne, cette maison est littéralement illuminée par le sourire d'Amélie, la patronne ! En cuisine, son mari met à profit la production maraîchère de la vallée de la Durance, les fromages locaux et l'agneau de Sisteron ; sa cuisine séduit dans un style simple et moderne.

Formule 14 € – Menu 17 € (déj. en semaine), 25/45 € – Carte 45/59 €

hameau de Rourebeau, 3 km à l'Est sur D22 – 04 92 22 31 36 – www.lebeausoleil.net – Fermé 2-23 janv., 1 semaine en juin, 1 semaine en oct., dim. soir et lundi

URÇAY

03360 Allier – 281 hab. – Alt. 169 m – Carte régionale n° **3**-B1
Carte Michelin 326-C3

L'Étoile d'Urçay

CUISINE TRADITIONNELLE · AUBERGE X Après une balade dans la forêt de Tronçais toute proche, arrêtez-vous dans ce restaurant familial. Au son de la musique d'ambiance, on s'installe dans un décor classique pour apprécier des recettes traditionnelles bien ficelées. Le chef sélectionne les meilleurs produits et, dans l'assiette, cela se sent !

Menu 13 € (semaine), 24/43 € – Carte 40/49 €

42 rte Nationale – 04 70 06 92 66 – Fermé 15 fév.-9 mars, 12-27 oct., mardi soir, merc. soir et jeudi soir sauf juil.-août, dim. soir et lundi

URIAGE-LES-BAINS

38410 Isère – Alt. 414 m – Carte régionale n° **23**-C2
Carte Michelin 333-H7 – Guide Vert Michelin Alpes du Nord

ꕥꕥ Les Terrasses d'Uriage (Christophe Aribert)

CUISINE CRÉATIVE • ÉLÉGANT XXX Une cuisine millimétrée, précise jusque dans les détails et sans sophistication inutile : Christophe Aribert a le don de rendre lisible chacune de ses recettes ! L'excellence des produits (en particulier du Vercors et du Dauphiné), les saveurs intenses et marquées : une expérience marquante, tout simplement...

→ Artichaut mis en crème, gelée de champignon et sorbet à la truffe. Pintade pochée et rôtie, persil plat, laitue et jus. Sureau, rhubarbe, romarin et poivre.

Menu 70 € (déj.), 110/189 € – Carte environ 140 €

Grand Hôtel & Spa, 60 pl. Déesse-Hygie – ✆ 04 76 89 10 80 – www.grand-hotel-uriage.com – Fermé 20 août-6 sept., 17 déc.-16 janv., merc. midi, jeudi midi, dim. soir, lundi et mardi

Le Bistrot des Terrasses

CUISINE TRADITIONNELLE • BISTRO X Au cœur de l'hôtel Napoléon III, ce Bistrot des Terrasses dévoile une petite salle au décor entre atelier et bistrot contemporain. Côté cuisine, on propose un menu-carte autour des produits du terroir : rillettes de saumon, poulet aux écrevisses, entrecôte sauce au poivre, tarte de saison... Réjouissant !

Formule 26 € – Menu 32 € – Carte environ 43 €

Grand Hôtel & Spa, 60 pl. Déesse-Hygie – ✆ 04 76 89 10 80 – www.grand-hotel-uriage.com – Fermé 17 déc.-16 janv.

La Tour Maline

CUISINE MODERNE • COSY X En bordure du magnifique parc thermal, c'est une curiosité que ce restaurant construit dans une jolie tour ronde en brique rouge, surmontée d'un petit toit conique. Le chef, passionné, cuisine selon l'humeur du moment : filet de truite confit et crème acidulée au raifort ; filet de bœuf poêlé, jus au porto, pomme dauphine et céleri... Du très sérieux !

Formule 24 € – Carte 48/64 €

allée des Cèdres – ✆ 04 76 89 15 04 – www.la-tour-maline.fr – Fermé 2 janv.-19 avril, mardi et merc.

Grand Hôtel & Spa

TRADITIONNEL • PERSONNALISÉ Véritable institution d'Uriage, ce bel hôtel Napoléon III, relié au centre thermal, invite à un voyage au pays des arts... D'un grand raffinement, les chambres répondent aux noms de Coco Chanel, Colette, Mistinguett, Pierre Bonnard, etc., autant d'hôtes illustres dont elles perpétuent le souvenir.

38 chambres – 100/320 € 100/320 € – 3 suites – 18 €

60 pl. Déesse-Hygie – ✆ 04 76 89 10 80 – www.grand-hotel-uriage.com – Fermé 17 déc.-16 janv.

ꕥꕥ **Les Terrasses d'Uriage** • **Le Bistrot des Terrasses** – voir les restaurants ci-dessus

URMATT

67280 Bas-Rhin – 1 489 hab. – Alt. 240 m – Carte régionale n° **1**-A2
Carte Michelin 315-H5

La Poste

CUISINE TRADITIONNELLE • AUBERGE X Les amateurs de tradition seront heureux de découvrir cette auberge familiale installée en face de l'ancienne mairie. Gibier en saison, truite au bleu, tournedos de bœuf Rossini, foie gras d'oie et autres terrines de campagne... La cuisine est généreuse et l'ambiance sympathique.

Formule 13 € – Menu 20/42 € – Carte 30/54 €

14 chambres – 57/66 € 65/76 € – 10 €

74 r. du Général-de-Gaulle – ✆ 03 88 97 40 55 – www.hotel-rest-laposte.fr – Fermé 24 déc.-1er janv., dim. soir et lundi

URRUGNE – 64 Pyrénées-Atlantiques ➜ Voir St-Jean-de-Luz

URVILLE-NACQUEVILLE

✉ 50460 Manche – 2 150 hab. – Alt. 20 m – Carte régionale n° **17**-A1
Carte Michelin 303-B1

Le Landemer Ⓝ

CUISINE MODERNE • COSY XX Dans cette belle maison en pierre, au toit en schiste et au charme indéniable, on concocte une cuisine au goût du jour, orientée produits de la mer. Fraîcheur garantie.

Formule 25 € – Menu 39/49 € – Carte 48/64 €

2 r. des Douanes – ✆ 02 33 04 05 10 – www.le-landemer.com – Fermé 16 déc.-31 janv., dim. soir et lundi midi

Le Landemer

TRADITIONNEL • COSY Au pied de la falaise, cette ravissante maison a vu passer du beau monde (Boris Vian, Françoise Sagan, Édith Piaf et Marcel Cerdan) et ce n'est pas un hasard : ses chambres, cosy et confortables, offrent une vue imprenable sur la Manche. Un établissement plein de charme.

10 chambres – †93/184 € ††93/184 € – ☕16 €

2 r. des Douanes – ✆ 02 33 04 05 10 – www.le-landemer.com – Fermé 16 déc.-31 janv.

Le Landemer – voir les restaurants ci-dessus

USCLADES-ET-RIEUTORD

✉ 07510 Ardèche – 128 hab. – Alt. 1 270 m – Carte régionale n° **23**-A3
Carte Michelin 331-G5

à Rieutord – ✉ 07510 Usclades et Rieutord

Ferme de la Besse

CUISINE TRADITIONNELLE • RUSTIQUE X Une authentique ferme du 15e s. au toit de lauzes... Dans son décor rustique superbement préservé (pierres, poutres, cheminée), on apprécie charcuterie, cèpes, viandes locales...

Menu 20 € (déj. en semaine)/34 €

– ✆ 04 75 38 80 64 – www.aubergedelabesse.com – Fermé 20 déc.-1er avril

USSEL

✉ 19200 Corrèze – 9 772 hab. – Alt. 631 m – Carte régionale n° **13**-D2
Carte Michelin 329-O2 – Guide Vert Michelin Limousin Berry

Château de la Borde Ⓝ

CUISINE MODERNE • CONTEMPORAIN X Dans sa petite cuisine, le chef met en valeur des produits corréziens soigneusement sélectionnés, qu'il parsème de touches méditerranéennes, pour un résultat fin et savoureux. Le cadre n'est pas en reste : un château du 16e s. dont la décoration marie avec bonheur l'ancien et le moderne... Un bien agréable moment.

Formule 21 € – Menu 26 € (déj. en semaine), 36/59 € – Carte 70/84 €

3 r. des Buis – ✆ 05 55 95 78 89 – www.chateaudelaborde.fr – Fermé 2 janv.-7 février, mardi soir de nov. à avril, dim. soir et lundi

Auberge de l'Empereur

CUISINE TRADITIONNELLE • VINTAGE X Au milieu de la verdure, cette ancienne grange est devenue une auberge coquette et chaleureuse. Cheminée, charpente en coque de bateau renversée : l'endroit a beaucoup de cachet ! Dans l'assiette, de jolis produits travaillés avec soin et générosité : morilles de l'empereur, carré d'agneau au foin...

Formule 20 € – Menu 33/60 € – Carte 42/83 €

La Goudouneche (parc d'activité de l'Empereur), 5 km au Sud-Ouest par D1089 – ✆ 05 55 46 04 30 – www.aubergedelempereur.com – Fermé dim. soir et lundi

UTELLE

✉ 06450 Alpes-Maritimes - 812 hab. - Alt. 800 m - Carte régionale n° **21**-D2
Carte Michelin 341-E4 - Guide Vert Michelin Côte d'Azur

Bellevue

CUISINE TRADITIONNELLE • AUBERGE X Cette auberge rustique va si bien à ce village du bout du monde, avec sa terrasse sous les platanes, sa vue imprenable sur la vallée et les montagnes, et ses petits plats du terroir de l'arrière-pays niçois ! Et l'on peut louer un gîte pour profiter du calme, si loin de l'agitation de la côte...

Menu 22/39 € - Carte 27/58 €

5 av. René-Millo - ✆ 04 93 03 17 19 - www.lebellevue-martinon.com
- Fermé 8 janv.-11 fév., le soir et merc. sauf juil.-août

UZER

✉ 07110 Ardèche - 437 hab. - Alt. 165 m - Carte régionale n° **23**-A3
Carte Michelin 331-H6

Château d'Uzer

FAMILIAL • PERSONNALISÉ La fibre décorative des propriétaires, leur hospitalité, le mélange des styles, la piscine, le petit cinéma, le petit-déjeuner maison : ce château médiéval a tout pour plaire... sans oublier les deux roulottes du jardin semi-sauvage, où vous pouvez passer la nuit ! Restaurant ouvert sur réservation.

5 chambres - †150/165 € ††150/165 €

- ✆ 04 75 36 89 21 - www.chateau-uzer.com

UZERCHE

✉ 19140 Corrèze - 2 933 hab. - Alt. 380 m - Carte régionale n° **13**-B3
Carte Michelin 329-K3 - Guide Vert Michelin Limousin Berry

La Treille Muscate

CUISINE MODERNE • ÉLÉGANT X Au diapason de la demeure qui l'abrite, ce restaurant ne manque ni de grâce ni d'élégance ; sous de beaux luminaires et un plafond à la française, on savoure une cuisine actuelle, réalisée avec des produits bien choisis - locaux pour la plupart. Le bouche-à-oreille fonctionne à plein : un succès mérité !

Menu 28/37 €

pl. des Vignerons - ✆ 05 55 97 20 60 - www.hotel-joyet-maubec.com
- Fermé 1er janv.-26 janv. et 1er-10 oct., mardi midi, merc. midi hors saison, dim. soir et lundi en saison

Joyet de Maubec

HISTORIQUE • COSY Cet ancien hôtel particulier, redécoré avec beaucoup de goût et de très beaux matériaux, n'a rien perdu de son caractère d'antan. Le charme y est niché dans tous les coins, depuis le parterre pavé de l'accueil jusqu'aux chambres spacieuses et délicieusement rétro.

11 chambres - †90/230 € ††90/230 € - 15 €

pl. des Vignerons - ✆ 05 55 97 20 60 - www.hotel-joyet-maubec.com
- Fermé 1er janv.-26 janv. et 1er-10 oct.

La Treille Muscate - voir les restaurants ci-dessus

à St-Ybard

6 km au Nord-Ouest par D920 et D54 - ✉ 19140 - 675 hab. - Alt. 320 m

Auberge Saint-Roch Ⓝ

TRADITIONNELLE • CONVIVIAL XX Dans le village, une maison en pierre très engageante, avec sa terrasse abritée par une superbe glycine... Le chef réalise une cuisine fraîche et bien ficelée, où l'on trouve aussi bien des bons plats de tradition - tête de veau, sandre au beurre blanc - que des recettes plus actuelles.

Formule 12 € - Menu 26/33 € - Carte 32/48 €

2 r. du Château - ✆ 05 55 73 00 05 - www.aubergesaintroch.com
- Fermé 20 juin-7 juil., 20 déc.-20 janv., le soir d'oct. à mai (sauf sam. soir), dim. soir, mardi soir et lundi

UZÈS

✉ 30700 Gard – 8 569 hab. – Alt. 138 m – Carte régionale n° **12**-D2
Carte Michelin 339-L4 – Guide Vert Michelin Provence

La Table d'Uzès

CUISINE MODERNE • COSY XX Un nouveau chef épanoui et plein d'allant, des tables dressées avec soin, un décor élégant, des saveurs fraîches et franches : cette table possède tous les atouts pour charmer vos papilles. Par beau temps, on s'installe en terrasse, autour du tilleul. Un vrai plaisir de gastronome.

→ Huître Tarbouriech, jus de betterave comme un borchtch. Agneau des comtes de Provence en trois cuissons. Déclinaison orientale d'une tarte au citron.

Menu 29 € (déj. en semaine), 59/115 € – Carte 83/106 €

Hôtel La Maison d'Uzès, 18 r. du Dr-Blanchard – ✆ 04 66 20 07 00 – www.lamaisonduzes.fr – Fermé mardi sauf le soir de juin à sept., dim. soir d'oct. à mai et lundi

L'Artemise

CUISINE CRÉATIVE • DESIGN XX Côté cuisine, ce beau mas du 16e s. est plus que jamais dans le vent ! Les produits frais de la région sont mis en avant dans de jolis menus de saison. Magnifiques chambres, piscine et spa... pour transformer l'étape gourmande en séjour de charme.

Menu 55/80 €

chemin de la Fontaine-aux-Bœufs, 1 km au Nord-Est par D982 – ✆ 04 66 63 94 14 – www.lartemise.com – Fermé fév., 1 semaine fin août, 1 semaine à Noël, dim. et le midi

La Parenthèse

CUISINE TRADITIONNELLE • MÉDITERRANÉEN XX C'est bien à une jolie parenthèse qu'invite cette table charmante, imprégnée par l'esprit chaleureux de la Provence. Au menu : de beaux produits et d'élégants équilibres de saveurs. Les recettes méridionales sont revisitées avec gourmandise...

Formule 23 € – Menu 32/47 € – Carte 45/64 €

Hostellerie Provençale, 1-3 r. Grande-Bourgade – ✆ 04 66 22 11 06 – www.hostellerieprovencale.com – Fermé lundi sauf le soir en été et dim.

Le 80 Jours

CUISINE TRADITIONNELLE • CLASSIQUE X Voûtes et vieilles pierres, décor ethnique, joli patio ombragé : il fait bon s'attabler dans cette brasserie moderne dont l'enseigne évoque Jules Verne et... les voyages du maître des lieux. De quoi donner envie de voguer, à son tour, vers d'autres horizons – mais seulement après un bon repas.

Formule 19 € – Menu 23 € (déj.), 31/39 € – Carte 45/55 €

2 pl. Albert-1er – ✆ 04 66 22 09 89 – Fermé fév., dim. et lundi sauf le soir en juil.-août

Entraigues

HISTORIQUE • ÉPURÉ Au cœur du centre historique, cet établissement regroupe deux hôtels particuliers du 15e s. et 16e s., décorés avec goût : l'élégante épure des chambres contraste avec le charme des pierres, qui rappelle la présence de l'histoire. La piscine extérieure et le toit terrasse panoramique ne sont pas ses moindres atouts.

16 chambres – †86/210 € ††110/350 € – 3 suites – ☕ 14 €

pl. de l'Évêché – ✆ 04 66 72 05 25 – www.hotel-entraigues.com – Fermé 17-24 fév. et 15-30 nov.

Hostellerie Provençale

FAMILIAL • PERSONNALISÉ À deux pas de la place aux Herbes, le plus vieil hôtel de la ville ne pouvait pas mieux porter son nom ! Mobilier et tissus provençaux, œuvres contemporaines, pierres et poutres apparentes, tomettes et meubles chinés dans les chambres... On s'y sent bien, d'autant plus que l'accueil est charmant.

9 chambres ☕ – †95/135 € ††125/155 €

1-3 r. Grande-Bourgade – ✆ 04 66 22 11 06 – www.hostellerieprovencale.com

La Parenthèse – voir les restaurants ci-dessus

La Maison d'Uzès

HISTORIQUE • ÉLÉGANT Dans la vieille ville, cet hôtel particulier du 17e s. accueille les voyageurs dans une atmosphère cosy et feutrée ; les chambres, aux noms poétiques – L'Écrin, Les Trois Lucarnes, La Dérobée, etc. –, sont confortables. Une charmante étape !

9 chambres – 142/299 € 142/299 € – 1 suite – 23 €

18 r. du Dr-Blanchard – 04 66 20 07 00 – www.lamaisonduzes.fr – Fermé dim. et lundi d'oct. à mai

La Table d'Uzès – voir les restaurants ci-dessus

L'Artemise

LUXE • DESIGN Bienvenue dans ce superbe mas du 16e s., installé dans un petit parc à la sortie d'Uzès. La déco marie vieilles pierres, mobilier design et une belle collection photographique ; les chambres sont bien équipées et confortables. Agréable piscine.

12 chambres – 200/350 € 200/350 € – 18 €

chemin de la Fontaine-aux-Bœufs, 1 km au Nord-Est par D982 – 04 66 03 13 81 – www.lartemise.com – Ouvert mi-avril-fin oct.

L'Artemise – voir les restaurants ci-dessus

à St-Quentin-la-Poterie 5 km au Nord par D5 – 30700 – 2 951 hab. – Alt. 113 m

Clos de Pradines

CUISINE MODERNE • TENDANCE XX Dès que la météo le permet, prenez la direction de la terrasse face au jardin, véritable belvédère sur la vallée... Un horizon verdoyant, fort agréable pour déguster une cuisine gastronomique à l'accent régional, mais avant tout originale et soucieuse du bon produit !

Formule 25 € – Menu 29/45 € – Carte 42/62 €

pl. du Pigeonnier – 04 66 20 04 89 – www.clos-de-pradines.com – Fermé 18 nov.-2 déc., 2-31 janv. et lundi sauf le soir de mai à août

La Terr' In

CUISINE MODERNE • CONVIVIAL X Au cœur du village, sur une charmante placette, ce restaurant propose une carte courte sur ardoise, et des produits frais, gages de qualité. On se régale de linguine aux fruits de mer ; turbot aux agrumes et sauce chorizo. À déguster sur la terrasse ombragée par un majestueux platane.

Menu 24 € (déj.)/38 € – Carte 36/59 €

2 pl. du Monument-aux-Morts – 04 66 03 17 29 – Fermé vacances de la Toussaint, lundi et mardi d'oct. à avril et merc.

Clos de Pradines

FAMILIAL • PERSONNALISÉ Sur les hauteurs du village, un hôtel-restaurant paisible, proposant de jolies chambres de style néoprovençal, avec miniterrasse ou balcon orienté plein sud. Bon niveau de confort.

20 chambres – 79/195 € 79/195 € – 1 suite – 13 €

pl. du Pigeonnier – 04 66 20 04 89 – www.clos-de-pradines.com – Fermé 18 nov.-2 déc. et 2-31 janv.

Clos de Pradines – voir les restaurants ci-dessus

à Montaren-et-St-Médiers 6 km au Nord-Ouest par D337 – 30700 – 1 475 hab. – Alt. 115 m

La Table 2 Julien

CUISINE MODERNE • BISTRO X Les passions du jeune chef ? Les légumes, la cuisine virevoltante et les voyages. Il en résulte ces bons plats aux touches créoles ou asiatiques, à l'instar de ces gambas dans une raviole chinoise, lait de coco et curry. Terrasse sur deux niveaux à l'arrière. Accueil charmant !

Menu 29 € – Carte 45/65 €

12 rte d'Uzès – 04 66 03 75 38 – Fermé fév., 26 août-3 sept., 1 semaine en déc., dim., lundi et mardi

à Argilliers 4km au Sud-Est par D981 – ✉ 30210 – 467 hab. – Alt. 80 m

Le Tracteur

CUISINE MODERNE • CONVIVIAL ✗ Restaurant, cave à vin, mais aussi épicerie et centre d'exposition : ce lieu tendance, où les camions deviennent des galeries d'art, ne se laisse pas distraire par son originalité. Le chef y réalise une cuisine d'instinct, où le marché, comme souvent, dicte sa loi. Grande terrasse, à l'ombre de voiles tendues…

Carte 25/33 €

(quartier Bord Negre) – ✆ 04 66 62 17 33 – Fermé vacances de la Toussaint et de Noël, dim. et le soir sauf vend. et sam.

LA VACHETTE – 05 Hautes-Alpes ➜ Voir Briançon

VACQUEYRAS

✉ 84190 Vaucluse – 1 202 hab. – Alt. 117 m – Carte régionale n° **22**-E1
Carte Michelin 332-C9 – Guide Vert Michelin Provence

à Montmirail 2 km à l' Est par rte secondaire – ✉ 84190

Montmirail

TRADITIONNEL • VINTAGE Au pied des célèbres Dentelles de Montmirail, demeure de caractère (19ᵉs.) au milieu d'un plaisant jardin planté de pins et de platanes. Chambres bien tenues. Au restaurant, l'ambiance est cosy… c'est idéal pour déguster une appétissante cuisine traditionnelle.

31 chambres – †68/75 € ††85/145 € – ☕ 14 €

248 Route de Montmirail (Château des Eaux) – ✆ 04 90 65 84 01 – www.hotelmontmirail.com – Ouvert 29 mars-15 oct.

VAGNAS

✉ 07150 Ardèche – 557 hab. – Alt. 200 m – Carte régionale n° **23**-A3
Carte Michelin 331-I7

La Bastide d'Iris

FAMILIAL • CONTEMPORAIN Un jardin de roses, de lavande et d'oliviers ; une terrasse où l'on peut prendre son petit-déjeuner ; des chambres coquettes et colorées (dont deux familiales) : tels sont les atouts de cette bastide de construction récente, située à la sortie du village.

13 chambres – †88/146 € ††88/230 € – ☕ 14 €

L'Estrade, D579 – ✆ 04 75 88 44 77 – www.labastidediris.com – Fermé 17 déc.-16 janv.

VAGNEY

✉ 88120 Vosges – 3 992 hab. – Alt. 412 m – Carte régionale n° **14**-C3
Carte Michelin 314-I4

Les Lilas

CUISINE MODERNE • COSY ✗✗ Dans cette localité au pied des Vosges, impossible de manquer la grande bâtisse rose saumon sur le bord de la route ! On est accueilli chaleureusement en salle par Armelle ; pendant ce temps, Lionel, en cuisine, réalise de bons plats actuels avec quelques touches plus créatives par instants. Agréable terrasse.

Formule 14 € – Menu 19 € (semaine), 28/45 € – Carte 33/55 €

12 r. du Gén.-de-Gaulle – ✆ 03 29 23 69 47 – www.restaurantleslilas.fr – Fermé 28 mai-7 juin, 20 août-6 sept., 2 semaines en janv., lundi soir, mardi soir et merc.

VAILHAN

✉ 34320 Hérault – 162 hab. – Alt. 181 m – Carte régionale n° **12**-C2
Carte Michelin 339-E7

L'Auberge du Presbytère

CUISINE MODERNE • AUBERGE Un presbytère du 17e s. tout en vieilles pierres, dominant le lac des Olivettes : à l'unisson de la nature environnante, la cuisine cultive le goût des choses vraies. Ainsi ce menu de l'Aubrac, et sa côte de veau du Ségala. Circuits courts, saisonnalité, fraîcheur... et prix doux.

Menu 35/50 €

4 r. de l'Église – 04 67 24 76 49 – www.aubergedupresbytere.fr – Fermé janv., lundi d'oct. à avril, mardi et merc.

VAILLY

74470 Haute-Savoie – 888 hab. – Alt. 780 m – Carte régionale n° **25**-F1
Carte Michelin 328-M3

Le Moulin de Léré

CUISINE MODERNE • RUSTIQUE Au cœur de la vallée du Brevon, cet ancien moulin du 17es., tout de pierre et de bois, abrite un restaurant cosy de style montagnard. Ici, priorité à la fraîcheur, et aux produits du terroir local. L'assiette, savoureuse, tient ses promesses. Cinq chambres de charme incitent à l'escale bucolique. Accueil charmant. On en redemande !

Menu 37/70 € – Carte 49/59 €

5 chambres – 85/112 € 85/112 € – 11 €

Sous la côte – 04 50 73 61 83 – www.moulindelere.com – Fermé 6-23 nov., mardi midi, merc. midi, jeudi midi et lundi

VAISON-LA-ROMAINE

84110 Vaucluse – 6 055 hab. – Alt. 193 m – Carte régionale n° **21**-B2
Carte Michelin 332-D8 – Guide Vert Michelin Provence

Le Bateleur

CUISINE MODERNE • RUSTIQUE À un jet de lances du pont romain, aux pieds de la ville médiévale, le jeune chef propose une cuisine du marché, attentive aux saisons et concentrée sur les produits provençaux... à déguster en terrasse, sous des cieux cléments. Une belle étape pour découvrir la cuisine régionale !

Formule 19 € – Menu 39/59 € – Carte 49/60 €

Plan : B2-k *1 pl. Théodore-Aubanel – 04 90 36 28 04 – www.restaurant-lebateleur.com – Fermé dim. et lundi*

Bistro du'O

CUISINE MODERNE • CONVIVIAL "Bistro du'O" car l'adresse se trouve dans la ville haute (et même dans les anciennes écuries du château de Vaison, aux belles voûtes du 12e s.) et est tenue par... un jeune duo complice. Elle en salle, lui aux fourneaux, cuisinant au plus près des saisons et des producteurs locaux. Nous voilà... en haut de la gourmandise !

Formule 24 € – Menu 26 € (déj. en semaine), 38/58 € – Carte 51/69 €

Plan : B2-f *1 r. du Château – 04 90 41 72 90 – www.bistroduo.fr – Fermé 21 oct.-11 nov., dim. et lundi*

Burrhus

TRADITIONNEL • DESIGN De nombreux atouts pour cet établissement : une situation centrale, des chambres alliant simplicité et esprit contemporain (dont certaines offrent une jolie vue sur les toits de Vaison), des expositions d'art contemporain et une jolie terrasse pour le petit-déjeuner.

39 chambres – 65/76 € 89/98 € – 10 €

Plan : B1-n *2 pl. Monfort – 04 90 36 00 11 – www.burrhus.com – Fermé 16 déc.-1er fév. et dim. de fév. à mi-mars*

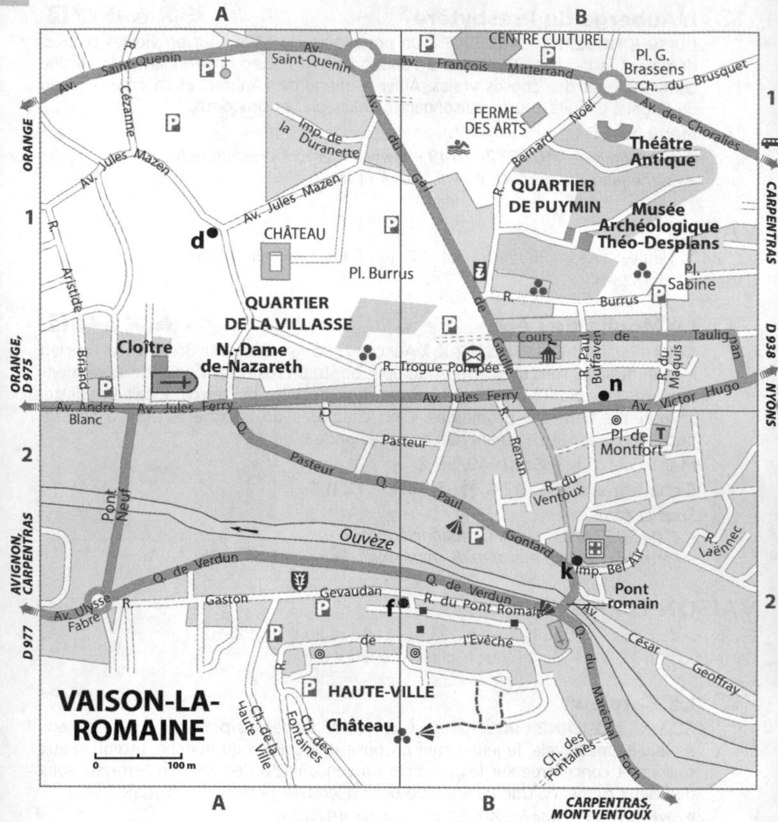

Le Jour et la Nuit

MAISON DE CAMPAGNE · CONTEMPORAIN Emmitouflée dans son silence, entourée de vignobles, cette ferme du 16e s., située entre Roaix et Vaison-la-Romaine, propose des chambres sobres et spacieuses. Relaxez-vous autour de la piscine, ou partez à l'assaut des beaux villages alentour. Rien ne presse, après tout, ni le jour, ni la nuit...

5 chambres – †85/120 € ††90/125 €

Hors plan *1205 chemin des Ruches, 3 km au Nord-Ouest par D975 et rte secondaire – ✆ 06 80 48 66 47 – www.journuitvaison.fr*

Les Tilleuls d'Élisée

FAMILIAL · TRADITIONNEL Entre le site antique et la cathédrale, cette belle ferme de 1880, entourée d'oliviers et d'arbres fruitiers, offre le confort de chambres simples et fraîches. Possibilité de garer sa voiture, ou de partir en promenade, à pied. Deux cerises sur ce beau gâteau : l'accueil charmant et les confitures maison...

5 chambres – †75/80 € ††75/80 €

Plan : A1-d *1 av. Jules-Mazen (chemin du Bon-Ange) – ✆ 04 90 35 63 04 – www.vaisonchambres.info – Fermé 1er-10 janv. et 1er-10 juil.*

à Entrechaux 7 km au Sud-Est par D938 et D54 – ✉ 84340 – 1 162 hab. – Alt. 280 m

St-Hubert

CUISINE TRADITIONNELLE • RUSTIQUE XX Toute la douceur immuable de la tradition dans cet établissement tenu par la même famille depuis 1929. Le calme du village, le cadre rustique de la maison, la terrasse sous la glycine, et surtout la franchise et la générosité de la cuisine (faisant la part belle au gibier l'hiver et aux fruits de mer l'été) : ne changez rien...

Menu 18 € (déj. en semaine), 29/55 € – Carte 41/70 €

36 r. de Écoles (Le Village)
– ☎ 04 90 46 00 05 – http://restaurantsthubert.free.fr
– Fermé 29 janv.-11 mars, 8-19 oct., lundi soir de nov. à fév., mardi et merc.

à Séguret 10 km au Sud-Ouest par D977 et D88 – ✉ 84110 – 843 hab. – Alt. 250 m

Le Mesclun

CUISINE MODERNE • BISTRO X Au cœur de ce charmant village médiéval à flanc de colline, un restaurant au cadre contemporain feutré, doublé d'une agréable terrasse ombragée. Métissée et originale, la carte invite au voyage, à l'image de ce tajine croustillant de poulet fermier, légumes confits aux épices douces et parfums des souks du Caire...

Formule 19 € – Menu 30/46 € – Carte 44/59 €

r. des Poternes (accès piétonnier)
– ☎ 04 90 46 93 43 – www.lemesclun.com
– Fermé dim. soir, mardi soir de sept. à juin et merc.

Domaine de Cabasse

TRADITIONNEL • FONCTIONNEL Au pied des Dentelles de Montmirail et du beau village de Séguret, au cœur d'un domaine viticole en activité – visites et dégustations sont proposées –, il n'est qu'à profiter de la quiétude des lieux, des senteurs et du soleil de la Provence... Chambres confortables et agréables ; joli restaurant où sont proposés les vins de la propriété.

23 chambres – †94/185 € ††94/185 € – ☕ 14 €

rte de Sablet – ☎ 04 90 46 91 12 – www.cabasse.fr

à Rasteau 9 km à l'Ouest par D975 et D69 – ✉ 84110 – 826 hab. – Alt. 200 m

Bellerive

FAMILIAL • CLASSIQUE Une grande villa nichée au milieu des vignes, à l'issue d'un petit chemin... Toutes les chambres, de style provençal, jouissent d'une terrasse ou d'une loggia ouvrant sur le paysage : la vallée de l'Ouvèze, les Dentelles de Montmirail, le Ventoux au loin. Quel écrin de calme et de verdure !

20 chambres – †85/170 € ††85/170 € – ☕ 15 €

rte de Violès – ☎ 04 90 46 10 20 – www.hotel-bellerive.fr
– Ouvert mars- oct.

LE VAL

✉ 83143 Var – 4 242 hab. – Alt. 242 m – Carte régionale n° **21**-C3
Carte Michelin 340-L5 – Guide Vert Michelin Côte d'Azur

La Crémaillère

CUISINE TRADITIONNELLE • RUSTIQUE X Dans cet accueillant restaurant familial situé au cœur du village, la Provence est reine : pressé de lapereau aux aromates, daurade au fenouil confit à l'huile d'olive vierge... Petite terrasse dans la rue.

Menu 20 € (déj. en semaine), 29/37 € – Carte 35/43 €

23 r. Nationale – ☎ 04 94 86 40 00 – www.lacremaillere-leval.fr
– Fermé vacances de fév., merc. soir et dim. soir sauf juil.-août et lundi

VALADY

✉ 12330 Aveyron - 1 513 hab. - Alt. 350 m - Carte régionale n° **15**-C1
Carte Michelin 338-G4

Auberge de l'Ady

CUISINE MODERNE • CONVIVIAL XX Au cœur d'un village rural de l'Aveyron, une agréable auberge, épurée et contemporaine. On y sert une cuisine fraîche, savoureuse et bien dans son époque, dressée avec soin et privilégiant les produits bio... Avec 200 références de vins au choix !

Formule 17 € - Menu 19 € (déj. en semaine), 30/72 € - Carte 49/67 €
4 chambres - 70/110 € 80/120 €

1 av. du Pont-de-Malakoff (près de l'église) - 05 65 72 70 24 - www.auberge-ady.com - Fermé 1 semaine en juil., 1 semaine vacances de la Toussaint, 2-24 janv., merc. soir d'oct. à avril, dim. soir, mardi soir et lundi

LE VAL-ANDRÉ - 22 Côtes-d'Armor

➔ Voir Pléneuf-Val-André

VALAURIE

✉ 26230 Drôme - 582 hab. - Alt. 162 m - Carte régionale n° **23**-B3
Carte Michelin 332-B7

Le Moulin de Valaurie

CUISINE MODERNE • ÉLÉGANT XX Entre vignes et lavande, le jeune chef italien fait notre bonheur avec une cuisine colorée, pleine de fraîcheur, maîtrisée de bout en bout - cuissons, textures. Bref, c'est du beau et bon travail, servi par une équipe pro et motivée, qui tire la maison vers le haut.

Menu 32/85 €

Le Foulon - 04 75 97 21 90 - www.lemoulindevalaurie.com - Fermé vacances de la Toussaint, 10 fév.-10 mars

Le Moulin de Valaurie

MAISON DE CAMPAGNE • ÉLÉGANT À l'extérieur du village, prenez un chemin bordé de vignes pour accéder à ce beau moulin du 19e s. Les chambres, décorées dans un esprit provençal (objets et meubles chinés), sont des plus charmantes. Restaurant traditionnel.

19 chambres - 130/325 € 130/325 € - 19 €

Le Foulon - 04 75 97 21 90 - www.lemoulindevalaurie.com

Le Moulin de Valaurie - voir les restaurants ci-dessus

VALBERG

✉ 06470 Alpes-Maritimes - Peone - Alt. 1 669 m - Carte régionale n° **21**-D2
Carte Michelin 341-C3 - Guide Vert Michelin Alpes du Sud

L'Étable

CUISINE DU TERROIR • RUSTIQUE X Ce petit restaurant du cœur de station n'a pas usurpé sa bonne réputation ! Non content de proposer de goûteuses spécialités montagnardes (fondues, raclettes etc.), l'Étable concocte aussi de bons petits plats mijotés, dans un décor alpin et une atmosphère conviviale. Excellents fromages des fermes voisines.

Carte 28/47 €

1 av. St-Bernard - 04 93 02 68 20 - Fermé de mi-avril à fin mai, de fin oct. à début déc., dim. soir et lundi

Le Chalet Suisse

FAMILIAL • MONTAGNARD Un vrai chalet de montagne, tenu en famille depuis trois générations, au cœur de cette petite station. Confort et détente au hammam et sauna, bain de soleil sur la terrasse, pause au bar ou au restaurant... Pour des vacances-plaisir dans les Alpes du Sud !

23 chambres - 72/100 € 90/135 € - 12 €

4 av. Valberg - 04 93 03 62 62 - www.chaletsuisse.fr - Ouvert de mi-juin à mi-sept. et de mi-déc. à début-avril

VALBONNE

⌧ 06560 Alpes-Maritimes – 13 190 hab. – Alt. 250 m – Carte régionale n° **22**-E2
Carte Michelin 341-D6 – Guide Vert Michelin Côte d'Azur

Lou Cigalon-Maison Martin (Christophe Martin)

CUISINE MODERNE • ÉLÉGANT XX Dans cette maison du 18e s., le chef, passé chez Ducasse (Italie, Monaco, Moustiers) réalise une cuisine précise, sans fioriture, d'une simplicité trompeuse, à base de produits locaux ; légumes et poissons sont particulièrement bien travaillés. Prix raisonnables.

➜ Légumes de nos paysans cuits et crus, jus à la coriandre et citron. Dos de cabillaud demi-sel cuit au sautoir et petits pois de Vence. Fraises de la Gaude au naturel, et sorbet au fromage frais.

Formule 25 € – Menu 30 € (déj.), 53/68 € – Carte 64/80 €

6 bd Carnot – ✆ 04 93 12 01 61 – www.loucigalon.fr – Fermé 19 fév.-13 mars, 1er-10 janv., dim. et lundi

La Table by Richard Mebkhout Ⓝ

CUISINE MODERNE • BISTRO X Au centre de ce village pittoresque, un restaurant de poche animé par un chef passé par de belles maisons. Ce dernier signe une jolie cuisine du marché, déclinée dans un menu-carte qui change toutes les trois semaines, le tout à des prix raisonnables.

Formule 22 € – Menu 25/59 € – Carte environ 40 €

6 r. de la Fontaine – ✆ 04 92 98 07 10 – Fermé 24 fév.-12 mars, 20 oct.-5 nov., dim. midi, jeudi midi et merc.

Seventeen

BUSINESS • CONTEMPORAIN Un établissement très contemporain qui propose... 21 chambres et suites. Tout respire l'épure et la nouveauté : matériaux modernes, sobriété des couleurs (beige et taupe)... En prime, la terrasse permet de profiter de la douceur du climat provençal. Grande piscine et tennis en terre battue.

13 chambres – 145/195 € 145/290 € – 8 suites – 15 €

241 chemin Font-de-Cuberté, rte de Cannes – ✆ 04 93 12 37 70 – www.seventeenhotel.com – Fermé de mi-déc. à fin janv.

La Bastide de Valbonne

TRADITIONNEL • MÉDITERRANÉEN La demeure d'inspiration provençale, fleurie et pimpante, avec ses murs jaunes et ses volets bleus. Les chambres, parfaitement tenues, disposent parfois d'une terrasse. Et, pour se détendre, on ne se refuse pas un plongeon dans la piscine. Parfait pour le farniente.

31 chambres – 95/175 € 95/175 € – 15 €

107 chemin Font-Cuberté, rte de Cannes – ✆ 04 93 12 33 40 – www.bastidedevalbonne.com – Fermé 15 déc.-31 janv.

au golf d'Opio-Valbonne 2 km au Nord-Est par rte de Biot (D4 et D204) – ⌧ 06650 Opio :

Le Ciste

CUISINE MODERNE • CONTEMPORAIN XX Une petite faim après 18 trous ? En soirée, venez découvrir une belle carte gastronomique composée avec soin, et mettant en avant les produits de la région. À déguster près de la cheminée, dans une salle sobre et élégante, ou sur la terrasse donnant sur les greens du golf...

Menu 45/95 € – Carte 68/107 €

rte de Roquefort-les-Pins – ✆ 04 93 12 37 00 – www.chateau-begude.com – Fermé 18 nov.-27 déc., dim., lundi et le midi

Château de la Bégude

TRADITIONNEL • MÉDITERRANÉEN Les amateurs de swing vont se régaler ! Cette bastide du 17 es., flanquée de sa bergerie, est située au beau milieu du très réputé golf d'Opio. Les chambres, d'inspiration provençale ou plus contemporaines, ne manquent pas de cachet ; le midi, on déguste de bons plats de brasserie.

40 chambres – 90/370 € 110/370 € – 3 suites – 20 €

rte de Roquefort-les-Pins – ✆ 04 93 12 37 00 – www.chateau-begude.com – Fermé 18 nov.-27 déc.

Le Ciste – voir les restaurants ci-dessus

rte d'Antibes au Sud par D3 – ✉ 06560 Valbonne :

Daniel Desavie

CUISINE PROVENÇALE • ÉLÉGANT XXX La clientèle locale apprécie cette adresse dont la cuisine honore les saveurs provençales : fleurs de courgettes, loup aux artichauts, tarte au citron revisitée... Un classicisme qui a de l'allure ! On peut aussi opter pour le petit bistrot attenant, à petit prix, avec une carte renouvelée chaque semaine.

Menu 39/59 € – Carte 72/94 €

1360 rte d'Antibes – ✆ 04 93 12 29 68 – www.restaurantdanieldesavie.fr – Fermé dim. et lundi

à Sophia-Antipolis 7 km au Sud-Est par D3 et D103 – ✉ 06560 Valbonne

Beachcomber French Riviera

BUSINESS • CONTEMPORAIN En plein cœur du parc de Sophia-Antipolis, ce complexe hôtelier, accolé au Mouratoglou Tennis Academy (Patrick Mouratoglou étant le coach de Serena Williams), met à votre disposition 34 terrains. Un séjour de rêve pour tout amateur de tennis... Chambres contemporaines, spa, piscines et salles de séminaires complètent l'offre.

155 chambres – †100/250 € ††120/270 €

Les Lucioles 2 - 3550 rte des Dolines – ✆ 04 92 96 68 78 – www.hotel-resort-frenchrivera.com – Fermé 22 déc.-2 janv.

Golden Tulip Sophia Antipolis

HÔTEL DE CHAÎNE • CONTEMPORAIN Tout près d'Antibes, dans la zone technopole et son parc naturel, cet hôtel rénové à la réception "végétalisée" propose chambres et suites contemporaines, mais aussi fitness, spa, piscine d'été, tennis etc. Tout est pensé, de la grande terrasse à la table de ping pong, dans le jardin planté d'essences méridionales.

80 chambres – †110/250 € ††110/250 € – 24 suites – ☕ 17 €

120 rte des Macarons – ✆ 04 93 33 73 93 – www.goldentulipsophiaantipolis.com

VAL-CLARET – 73 Savoie → Voir Tignes

VALDAHON

✉ 25800 Doubs – 5 344 hab. – Alt. 645 m – Carte régionale n° **9**-C2
Carte Michelin 321-I4

Relais de Franche Comté

CUISINE RÉGIONALE • TRADITIONNEL XX La gastronomie franc-comtoise à portée de bourse : terrines maison, gibier, sauce au vin jaune et aux morilles, fromages locaux (comté, bleu de Gex), vins d'Arbois... Simplicité et authenticité au menu !

Menu 17 € (semaine), 20/48 € – Carte 22/56 €

1 r. Charles-Schmitt – ✆ 03 81 56 23 18 – www.relais-de-franche-comte.com – Fermé 16-22 avril, 27 août-2 sept, 22 déc.-14 janv., vend. soir et sam. midi sauf du 9 juil. au 26 août et dim. soir de sept. à juin

Relais de Franche Comté

FAMILIAL • FONCTIONNEL À l'entrée de la ville, cet hôtel-restaurant très fréquenté est un véritable lieu de vie, géré en famille. Chambres modernes et bien tenues, espace bien-être avec sauna, hammam et jacuzzi.

24 chambres – †63/77 € ††75/94 € – ☕ 10 €

1 r. Charles-Schmitt – ✆ 03 81 56 23 18 – www.relais-de-franche-comte.com – Fermé 16-22 avril, 27août-2 sept, 22 déc.-14 janv., vend. soir et sam. midi sauf du 9 juil. au 26 août et dim. soir de sept. à juin

Relais de Franche Comté – voir les restaurants ci-dessus

LE VAL-D'AJOL

✉ 88340 Vosges – 3 922 hab. – Alt. 380 m – Carte régionale n° **14**-C3
Carte Michelin 314-G5

La Résidence

CUISINE MODERNE • CONTEMPORAIN XX La salle à manger, rénovée dans un style contemporain, correspond tout à fait aux inspirations culinaires du chef : ses créations sont bien dans l'air du temps et s'appuient sur les produits du terroir local. Agréable terrasse face aux arbres centenaires du parc.

Formule 14 € - Menu 30/65 € - Carte 38/50 €

5 r. des Mousses, par rte de Hamanxard
- 03 29 30 68 52 - www.la-residence.com
- Fermé 1er-14 mars et 1er-25 déc., dim. soir de sept. à juin sauf vacances scolaires et fériés

La Résidence

TRADITIONNEL • FONCTIONNEL Adossée à un beau parc arboré et fleuri, une grande maison bourgeoise du milieu du 19e s. avec des chambres spacieuses et confortables, et des installations bien pensées (piscine couverte, sauna, etc.). On trouve aussi trois "chellos", des chalets en bois volontairement spartiates et nature.

48 chambres - 59/75 € 72/102 € - 12 €

5 r. des Mousses, par rte de Hamanxard
- 03 29 30 68 52 - www.la-residence.com
- Fermé 1er-14 mars et 1er-25 déc.

La Résidence - voir les restaurants ci-dessus

VAL-DE-SAANE

76890 Seine-Maritime - 1 472 hab. - Alt. 100 m - Carte régionale n° **17**-C1
Carte Michelin 304-F3

Auberge de La Mère Duval

CUISINE TRADITIONNELLE • CONTEMPORAIN XX Un jeune couple mène cette jolie petite auberge de pays, fondée en son temps par la mère Duval... Si le chef rend parfois hommage à cet héritage, c'est sans aucune nostalgie ; d'ailleurs, sa cuisine se révèle de plus en plus personnelle avec le temps.

Formule 18 € - Menu 25 € (semaine), 35/45 € - Carte 32/59 €

pl. Daniel-Boucour
- 02 35 32 30 13 - www.auberge-mere-duval.com
- Fermé mardi et merc.

VAL-D'ESQUIÈRES

- 83 Var → Voir Ste-Maxime

VAL-D'ISÈRE

73150 Savoie - 1 601 hab. - Alt. 1 850 m - Carte régionale n° **23**-D2
Carte Michelin 333-O5 - Guide Vert Michelin Alpes du Nord

L'Atelier d'Edmond

CUISINE CRÉATIVE • RUSTIQUE XXX Un beau chalet à l'ancienne, tout en bois, avec vieux outils et lampes à pétrole créant un joli éclairage la nuit venue : nostalgie et chaleur... Délicieux contraste avec la cuisine de Benoît Vidal, pleinement ancrée dans le présent et aux arômes puissants ! Les assiettes sont si belles qu'on ose à peine les toucher...

→ Écrevisses, mousseline de brochet au citron confit, bouillon des têtes infusées à l'asperule odorante. Suprême de pigeon mi fumé, rôti, jus des abats au cacao et courge. Feuille à feuille de pain craquant au chocolat et crème glacée au foin.

Formule 62 € - Menu 115/175 € - Carte 120/140 €

Hors plan *au Fornet, 2 km à l'Est, rte de l'Iseran*
- 04 79 00 00 82 - www.atelier-edmond.com
- Ouvert mi-déc. à fin avril et fermé mardi midi et lundi sauf vacances de Noël

Bistrot Gourmand - voir les restaurants ci-dessus

Bistrot Gourmand

CUISINE TRADITIONNELLE • MONTAGNARD X Le bistrot est situé au rez-de-chaussée du restaurant gastronomique, mais notre gourmandise, elle, atteint des sommets ! Le jeune chef, originaire de Perpignan, mijote une cuisine de grand-mère savoureuse (délicieuse soupe de potimarron), volontiers canaille. Et pour en profiter, une terrasse plein sud.

Formule 25 € – Menu 29 €

Hors plan *Restaurant L'Atelier d'Edmond, au Fornet, 2 km à l'Est, rte de l'Iseran – ☎ 04 79 00 21 42 – www.atelier-edmond.com*
– Ouvert de mi-déc. à fin avril et fermé mardi midi, lundi sauf vacances de Noël et le soir

La Table de l'Ours

CUISINE MODERNE • ÉLÉGANT XXX À l'unisson du charme de ce luxueux hôtel, une table agréable où l'on travaille dans le strict respect du produit. La cuisine du chef se révèle moderne et parfois audacieuse ; belle carte des vins.

Menu 95/150 € – Carte 118/163 €

Plan : A2-b *Hôtel Les Barmes de l'Ours, chemin des Carats*
– ☎ 04 79 41 37 00 – www.hotellesbarmes.com
– Ouvert de mi-déc. à mi-avril et fermé dim. et lundi hors vacances scolaires et le midi

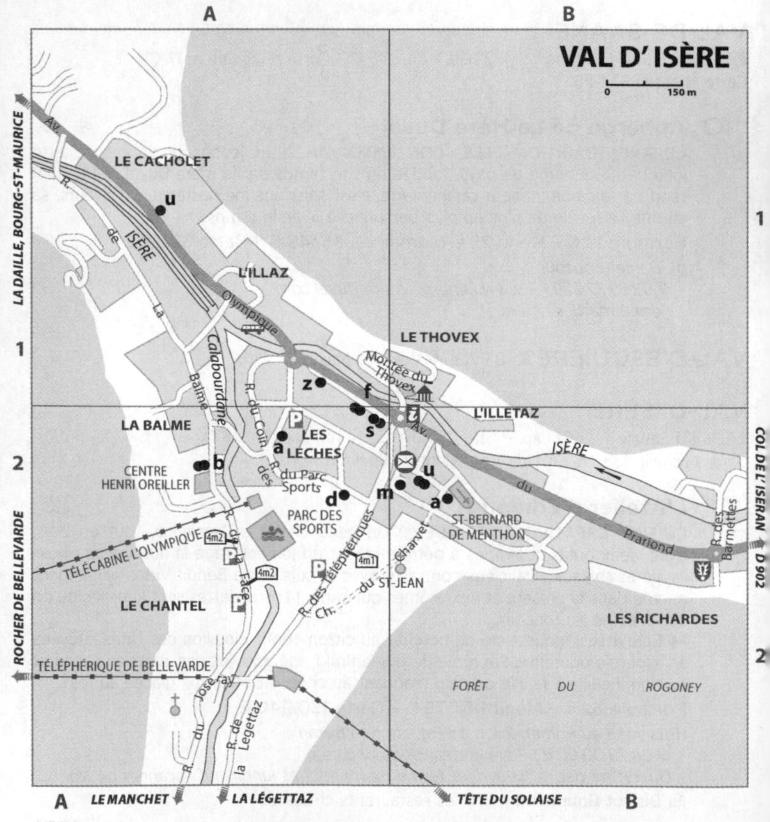

La Table des Neiges

CUISINE MODERNE • COSY Les gourmands de Val-d'Isère connaissent bien cette adresse ! Dans la belle salle sous charpente, une fondue savoyarde revisitée côtoie un délicieux veau façon blanquette à la truffe... De bons produits frais sont à l'honneur ; la carte est renouvelée régulièrement.

Menu 58/85 € - Carte 70/90 €

Plan : A2-s *Hôtel Le Tsanteleina, av. Olympique - 04 79 06 12 13 - www.tsanteleina.com - Ouvert 1er déc.-30 avril et fermé le midi*

La Baraque

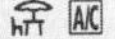

CUISINE MODERNE • CONVIVIAL Salle profonde, cadre boisé, touches trendy : tel est le décor de La Baraque, qui propose une carte brasserie au déjeuner, et une cuisine plus travaillée en soirée. De Metzger pour les viandes à Gillardeau pour les huîtres, tous les produits sont de belle qualité (superbe côte de veau élevé au lait !). Concerts live tous les soirs.

Carte 48/79 €

Plan : A1-u *av. Olympique - 04 79 06 18 19 - www.restolabaraque.com - Ouvert mi-nov. à fin avril et le soir de mi-juin à fin août*

La Table d'Yvonne

CUISINE TRADITIONNELLE • MONTAGNARD Pot-au-feu savoyard, velouté de légumes, terrine de foie gras, blanquette de veau : servie dans un décor rustique, la carte, courte et appétissante, reprend les grands classiques de la cuisine de famille. Original : le mercredi soir, le restaurant propose un "goûter/dîner", équivalent du brunch en soirée.

Menu 25 € (déj.)/32 € - Carte 40/46 €

Plan : B2-u *Hôtel Les 5 Frères, r. Nicolas-Bazile - 04 79 06 00 03 - www.les5freres.com - Ouvert 20 juin-30 août et 28 nov.-1 mai*

La Luge

FROMAGES, FONDUES-RACLETTES • RUSTIQUE Quoi de plus amusant qu'une descente en luge ? Belle ambiance dans cette auberge typiquement savoyarde, où l'on déguste évidemment... des spécialités fromagères, mais aussi des viandes rôties à la broche devant les clients. Effet garanti !

Carte 53/94 €

Plan : A1_2-f *Hôtel Le Blizzard, av. Olympique - 04 79 06 68 58 - www.hotelblizzard.com - Ouvert de début déc. à début mai et fermé le midi*

Les Barmes de l'Ours

GRAND LUXE • MONTAGNARD Différentes ambiances dans cet hôtel idéalement situé au pied des pistes... une véritable invitation au voyage. Les aménagements sont luxueux et le confort à son apogée, depuis le bar au coin du feu jusqu'au restaurant gastronomique et à la rôtisserie. Hibernation en vue !

56 chambres - 285/4385 € 315/4415 € - 20 suites

Plan : A2-b *chemin des Carats - 04 79 41 37 00 - www.hotellesbarmes.com - Ouvert de mi-déc. à mi-avril*

La Table de l'Ours - voir les restaurants ci-dessus

Christiania

TRADITIONNEL • MONTAGNARD Charme indéniable pour ce chalet dont les chambres, de grand confort, sont décorées dans un élégant style alpin. Après quelques descentes sur les pistes, vous aimerez vous installer devant la cheminée du salon ou sur la belle terrasse panoramique.

68 chambres - 328/1252 € 342/1340 € - 1 suite

Plan : A2-a *r. du Parc-des-Sports - 04 79 06 08 25 - www.hotel-christiania.com - Ouvert déc.-avril*

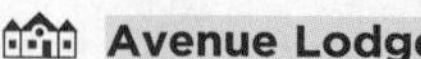

Avenue Lodge

BOUTIQUE HÔTEL • DESIGN "Noir, c'est noir" : tel pourrait être le nom de ce chalet où dominent les couleurs sombres et tendance. Dans les chambres, tissus "peau de bête", bois wengé et petit coin salon semblent réinventer l'imaginaire de l'hiver... Bistrot chic.

51 chambres ☕ – 🚹435/830 € 🚹🚹435/1035 € – 3 suites

Plan : A1-z *av. Olympique – ✆ 04 79 00 67 67 – www.hotelavenuelodge.com – Ouvert 14 déc.-9 avril*

L'Aigle des Neiges Ⓝ

RESORT • CONTEMPORAIN Comme l'oiseau à qui il emprunte son nom, cet hôtel est perché au cœur de la station, à deux pas des pistes... Contemporain, confortable, disposant de nombreux services de qualité (espace enfants, piscine, salle de massage), il se révèle une étape fort agréable.

109 chambres ☕ – 🚹199/799 € 🚹🚹199/799 €

Plan : B2-m *r. de la Poste – ✆ 04 79 06 18 88 – www.hotelaigledesneiges.com – Ouvert 1er déc.-28 avril*

Le Blizzard

LUXE • MONTAGNARD Blizzard, vous avez dit Blizzard ? Ici, point de tempête de neige, mais des chambres cosy, la plupart rénovées dans un esprit contemporain (certaines avec cheminée ou poêle). Très beau spa. Carte classique au restaurant, spécialités fromagères à La Luge.

64 chambres ☕ – 🚹460/770 € 🚹🚹460/1170 € – 6 suites

Plan : A1_2-f *av. Olympique – ✆ 04 79 06 02 07 – www.hotelblizzard.com – Ouvert de début déc. à début mai*

🍴 **La Luge** – voir les restaurants ci-dessus

Le Yule

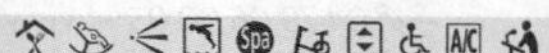

TRADITIONNEL • ÉPURÉ Yule, c'est la fête du solstice d'hiver, dans les pays scandinaves. C'est aussi le dernier-né des hôtels de luxe de Val-d'Isère, situé au pied des pistes, face aux pics de la Solaise et de Bellevarde. Matériaux bruts (avec une prédominance du bois), suites avec vue sur les pistes, spa, piscine intérieure...

41 chambres ☕ – 🚹220/1600 € 🚹🚹250/1685 € – 8 suites

Plan : A2-d *Front de neige – ✆ 04 79 06 11 73 – www.leyule.fr – Ouvert 25 nov.-20 avril*

Le Tsanteleina

SPA ET BIEN-ÊTRE • MONTAGNARD Du nom du plus haut sommet au-dessus de Val-d'Isère, un agréable hôtel, au cœur de l'animation de la mythique station. Les chambres sont spacieuses et chaleureuses, avec, côté sud, vue sur la piste olympique de Bellevarde ! Superbe espace bien-être.

35 chambres ☕ – 🚹175/410 € 🚹🚹240/695 € – 19 suites

Plan : A2-s *av. Olympique – ✆ 04 79 06 12 13 – www.tsanteleina.com – Ouvert 1er déc.-30 avril*

🍴 **La Table des Neiges** – voir les restaurants ci-dessus

Les 5 Frères

FAMILIAL • ÉLÉGANT L'ancien hôtel Bellevue a fait peau neuve, sous l'impulsion des deux jeunes femmes propriétaires des lieux. L'intérieur, contemporain et soigné, ne renie pas les boiseries et l'héritage montagnard ; on se repose ici comme dans une maison de famille !

17 chambres ☕ – 🚹185/305 € 🚹🚹200/413 €

Plan : A2-u *r. Nicolas-Bazile – ✆ 04 79 06 00 03 – www.les5freres.com – Ouvert 20 juin-30 août et 28 nov.-3 mai*

🍴 **La Table d'Yvonne** – voir les restaurants ci-dessus

Les Lauzes

FAMILIAL • MONTAGNARD Un charmant chalet au cœur du village, à deux pas de l'église baroque (18e s.). Les chambres sont toutes bien tenues et confortables, mais préférez celles du dernier étage, qui donnent sur les toits ! Une adresse sympathique.

23 chambres – 137/211 € 160/224 €

Plan : B2-a *pl. de l'Église – 04 79 06 04 20 – www.hotel-lauzes.com – Ouvert 24 nov.-1er mai*

VALENÇAY

36600 Indre – 2 516 hab. – Alt. 140 m – Carte régionale n° **6**-B3
Carte Michelin 323-F4 – Guide Vert Michelin Châteaux de la Loire

à Veuil

6 km au Sud par D15 et rte secondaire – 36600 – 382 hab. – Alt. 140 m

Auberge St-Fiacre

CUISINE MODERNE • RUSTIQUE XX Le couple à la tête de cette sympathique auberge réalise un travail admirable : tout est fait maison – y compris le pain – et les préparations culinaires se révèlent fines et goûteuses. Une belle étape !

Menu 23 € (semaine), 32/50 € – Carte 41/56 €

5 r. de la Fontaine – 02 54 40 32 78 – www.aubergesaintfiacre.com – Fermé 4-29 sept., janv., mardi de sept. à juin, dim. soir et lundi

andresr/iStock

ON AIME...

Le travail d'Anne-Sophie au **Pic**, dont chaque plat est un exemple de maîtrise et d'équilibre... mais aussi au **Bistrot André**, où elle rend hommage aux grands classiques de la famille. **La Cachette**, où un chef japonais sublime les produits de la Drôme...

VALENCE

✉ 26000 Drôme – 62 150 hab. – Agglo. 127 255 hab. – Alt. 126 m
– Carte régionale n° **24**-E2
Carte Michelin 332-C4 – Guide Vert Michelin Ardèche Drôme

Restaurants

✿✿✿ Pic (Anne-Sophie Pic)

CUISINE CRÉATIVE • LUXE XXXXX 1934, 1973, 2007. Après André et Jacques, Anne-Sophie atteint l'excellence et confirme que l'histoire de la famille Pic est aussi celle de la plus grande cuisine. Toujours le même souci de la perfection, du meilleur produit et de l'assemblage inédit – à la pointe du goût de l'époque. Impeccable et impeccablement servi.

➜ Berlingots coulants au fromage de chèvre de Banon fumé, consommé cresson, gingembre et bergamote. Agneau de pays, artichaut poivrade, bourgeons de sapin et fève tonka. Millefeuille blanc, crème légère à la verveine.

Menu 110 € (déj. en semaine), 170/330 €

Plan : A2-f *Hôtel Pic, 285 av. Victor-Hugo*
– ☎ 04 75 44 15 32
– www.anne-sophie-pic.com
– Fermé 26 déc.-15 janv., dim. soir et lundi

✿ Flaveurs (Baptiste Poinot)

CUISINE MODERNE • INTIME XXX Dans un décor coloré et chaleureux, une belle table gastronomique où chaque assiette atteste une réflexion mûrie, avec des produits excellents et une technique soignée. Ces flaveurs sont flatteuses !

➜ Omble chevalier du Diois, aubergine fumée et tapioca soufflé. Quasi de veau de l'Ardèche, salsifis et jus corsé au "lapi". Chocolat manjari, orange sanguine et poivre des cimes.

Menu 38 € (déj. en semaine), 58/98 €

Plan : C1-b *32 Grande-Rue*
– ☎ 04 75 56 08 40
– www.flaveurs-restaurant.com
– Fermé 27 juil.-19 août, 1er-15 janv., merc. midi, dim. et lundi

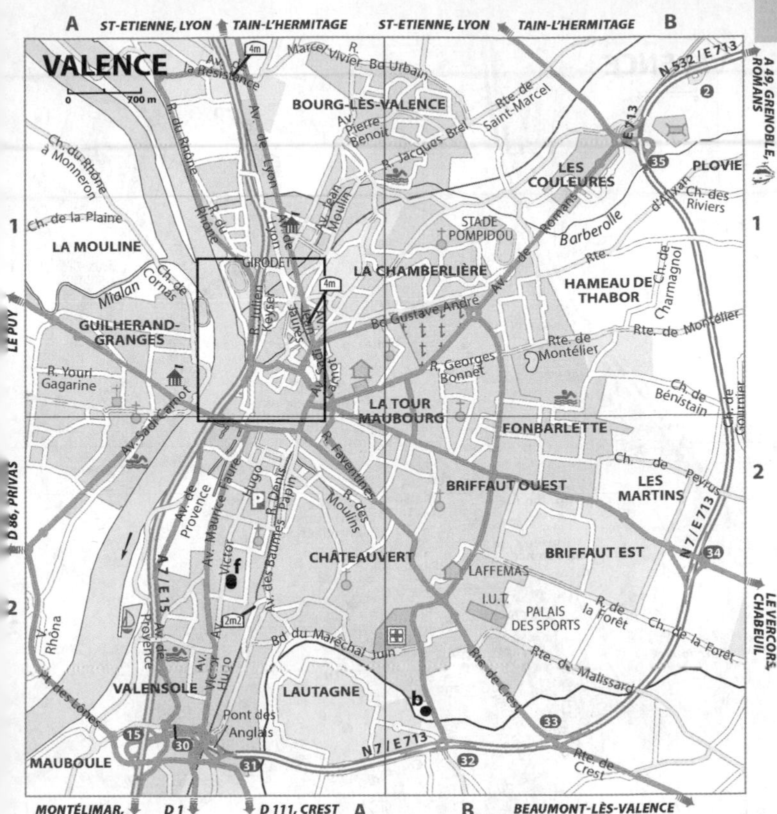

La Cachette (Masashi Ijichi)

CUISINE CRÉATIVE • INTIME XX Dans la ville basse, une Cachette qui gagne à être découverte ! Le chef, d'origine japonaise, prépare une cuisine inventive, fine et délicate. Quand le terroir drômois rencontre l'esprit d'Asie... les papilles frétillent !
→ Terrine de pigeon et de foie gras de canard, chutney d'abricot. Pintade de la Drôme, raviole aux cèpes. Sphère au chocolat ivoire, cœur coulant à la framboise et glace au fromage blanc.

Menu 32 € (déj.), 65/100 €

Plan : C1-x *16 r. des Cévennes – ✆ 04 75 55 24 13 – Fermé 1 semaine en avril, 2 semaines en août et en janv., dim. et lundi*

André

CUISINE TRADITIONNELLE • CONVIVIAL X Ce bistrot chargé d'histoire célèbre dans l'assiette les recettes-phares de chaque génération de la famille Pic. Du gratin de queues d'écrevisses d'André, le grand-père, jusqu'au pigeon de la Drôme en croûte de noix, l'un des (déjà !) classiques d'Anne-Sophie... Un savoureux voyage autour de la planète Pic.

Menu 32 € – Carte 44/62 €

Plan : A2-f *Hôtel Pic, 285 av. Victor-Hugo – ✆ 04 75 44 15 32 – www.anne-sophie-pic.com – Fermé 26 déc.-15 janv.*

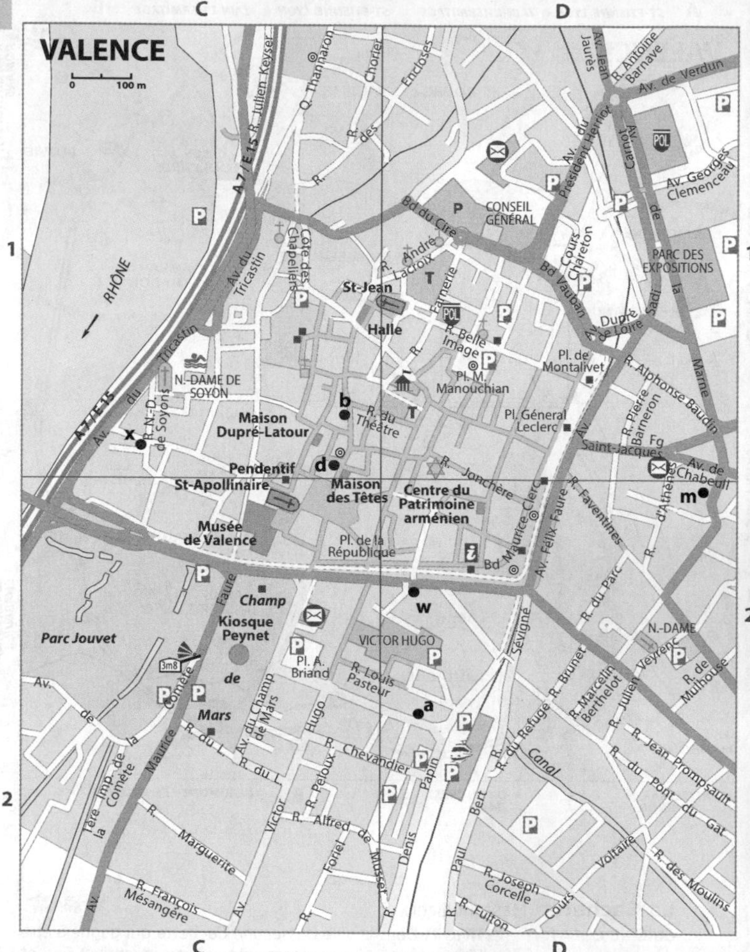

La Syrah

CUISINE TRADITIONNELLE • CLASSIQUE XX Pastilla de veau, jus corsé au xérès ; piquillos farcis d'une rillette de lapin à la marjolaine ; médaillon de lotte grillée, crème de homard... Les recettes ont du goût et sont bien exécutées : on passe un moment agréable.

Formule 26 € – Menu 29 € – Carte 45/57 €

Plan : B2-b *Hôtel Clos Syrah, quartier Maninet, bd Pierre-Tézier, rte de Montéléger – ✆ 04 75 55 52 52 – Fermé le sam. midi et dim.*

Le Don Camillo

CUISINE MODERNE • CONVIVIAL XX Comme on peut s'y attendre, Fernandel est la mascotte de la maison... mais la référence à l'Italie s'arrête là ! C'est bel et bien à une jolie cuisine gastronomique d'aujourd'hui qu'invite cette belle maison située à la périphérie de Valence. Du pain jusqu'aux glaces, tout est fait maison et le produit frais fait la loi.

Menu 24 € (déj. en semaine), 45/65 € – Carte 52/70 €

Hors plan *336 r. Faventines – ✆ 04 75 55 74 55 – www.ledoncamillovalence.fr – Fermé merc. soir, sam. midi, dim. soir et lundi*

Le Bistrot des Clercs

CUISINE TRADITIONNELLE • BISTRO Près de la belle maison des Têtes (1532), un bistrot à la parisienne, cuisine copieuse et décor nostalgique compris. Pour l'anecdote, Napoléon Bonaparte séjourna dans ces murs !

Formule 19 € - Menu 24 € (semaine), 32/42 € - Carte 40/56 €

Plan : C1-d *48 Grande-Rue*
- 04 75 55 55 15 - www.michelchabran.com

Hôtels

Pic

GRAND LUXE • ÉLÉGANT L'une des grandes maisons nées avec la N 7 et qui accueille aujourd'hui... une clientèle internationale, entre New York et Tokyo ! Aura d'une cuisine d'exception et d'un art de l'accueil sans cesse renouvelé : les lieux sont d'un chic extrême, valant un précis de styles contemporains, tel le jardin, véritable îlot zen en ville...

15 chambres - 230/490 € 230/490 € - 1 suite - 33 €

Plan : A2-f *285 av. Victor-Hugo*
- 04 75 44 15 32 - www.anne-sophie-pic.com
- Fermé 26 déc.-15 janv.

Pic • **André** - voir les restaurants ci-dessus

Atrium

BUSINESS • CONTEMPORAIN Dans un imposant bâtiment légèrement à l'extérieur du centre-ville, cet Atrium a subi une véritable cure de jouvence. Agréables chambres au mobilier design, grand hall d'accueil et parking : l'ensemble est accueillant.

56 chambres - 69/119 € 69/119 € - 14 €

Plan : D2-m *20 r. Jean-Louis-Barrault*
- 04 75 55 53 62 - www.atrium-hotel.fr

Clos Syrah

AUBERGE • FONCTIONNEL En périphérie de Valence, cet hôtel-restaurant est apprécié de la clientèle d'affaires pour ses chambres pratiques, bien tenues... et disposant d'un juke-box. Comme quoi la fonctionnalité n'empêche pas l'originalité !

46 chambres - 99/199 € 99/199 € - 14 €

Plan : B2-b *quartier Maninet, bd Pierre-Tézier, rte de Montéléger*
- 04 75 55 52 52 - www.clos-syrah.com

La Syrah - voir les restaurants ci-dessus

Hôtel de France

BUSINESS • CONTEMPORAIN Joli immeuble moderne situé sur un grand boulevard du centre-ville et à deux pas de l'office de tourisme. Dans les chambres, cosy et à l'insonorisation sans faille, on se sent comme dans un cocon. De même dans le salon, où l'on peut se lover devant la cheminée (à l'éthanol) !

50 chambres - 98/270 € 98/270 € - 16 €

Plan : D2-w *16 bd du Gén.-de-Gaulle - 04 75 43 00 87*
- www.hotel-valence.com

Les Négociants

TRADITIONNEL • CONTEMPORAIN Pas de négoce en vue, mais la gare toute proche pour ce sympathique hôtel qui se situe aussi non loin du vieux Valence ! Ses jolies chambres contemporaines sont bien tenues. Restaurant traditionnel. Très bon rapport qualité-prix.

37 chambres - 54/69 € 54/69 € - 8,50 €

Plan : D2-a *27 av. Pierre Sémard 04 75 44 01 86*
- www.hotel-lesnegociantsvalence.com

à Pont de l'Isère 9 km au Nord par N7 – ✉ 26600 – 3 254 hab. – Alt. 120 m

Michel Chabran - La Grande Table

CUISINE CLASSIQUE • ÉLÉGANT XXX Une table de tradition bien connue dans la région. Le classicisme y est maître, ainsi que les vins des côtes du Rhône, ce qui ne gâche rien. Décor bourgeois, avec véranda côté jardin.

➜ Cuisses de grenouilles poêlées, pommes de terre ratte écrasées au caviar oscietre. Pigeonneau rôti, ses ailes rosées, ses cuisses en pastilla et jus aux épices. Soufflé chaud au Grand Marnier, glace plombières.

Menu 69/159 € – Carte 85/185 €

Hôtel Michel Chabran, 26 av. du 45ème-Parallèle, N7 – ✆ 04 75 84 60 09 – www.michelchabran.com – Fermé dim. soir, lundi, mardi et le midi sauf dim.

Michel Chabran - Espace Gourmand

CUISINE MODERNE • CONVIVIAL X Un "espace gourmand" au sein de la maison Chabran, véritable institution de la gastronomie régionale. Une sympathique alternative à la table gastronomique, autour de formules volontairement festives et décontractées, à l'image des petites portions à partager...

Menu 32/79 € – Carte 42/61 €

Hôtel Michel Chabran, 26 av. du 45ème-Parallèle, N7 – ✆ 04 75 84 60 09 – www.michelchabran.com – Fermé dim. soir d'oct. à mars

Michel Chabran

TRADITIONNEL • ÉLÉGANT Depuis plus de 40 ans, sur la N 7 aux portes de Valence... Les vacances ne sont plus très loin lorsque l'on fait une pause dans cette confortable maison, qui a fait un art d'associer le gîte et le couvert ! En découvrant ses chambres cossues et contemporaines, on hésite à reprendre la route trop vite...

9 chambres – †110/295 € ††110/295 € – ☕ 25 €

26 av. du 45ème-Parallèle – ✆ 04 75 84 60 09 – www.michelchabran.com – Fermé dim. soir d'oct. à mars

Michel Chabran - La Grande Table • **Michel Chabran - Espace Gourmand** – voir les restaurants ci-dessus

VALENCE-D'AGEN

✉ 82400 Tarn-et-Garonne – 5 155 hab. – Alt. 69 m – Carte régionale n° **15**-B2
Carte Michelin 337-B7

L'Entracte

CUISINE TRADITIONNELLE • CONVIVIAL X Un bistrot chaleureux et un chef passionné : voilà qui augure un agréable Entracte ! En scène : une généreuse cuisine du marché où les produits régionaux tiennent le premier rôle et sont travaillés avec savoir-faire. Ajoutez-y une ambiance conviviale et des petits vins bien choisis... et vous avez le clou du spectacle.

Formule 15 € – Menu 18 € (déj. en semaine) – Carte 33/48 €

20 r. des Limousins (pl. Sylvain-Domont - à côté du cinéma Apollo) – ✆ 05 63 39 06 02 – Fermé 15-31 août, 24 déc.-2 janv., sam. midi, dim. et lundi

VALENCIENNES

✉ 59300 Nord – 42 989 hab. – Agglo. 334 739 hab. – Alt. 22 m – Carte régionale n° **16**-C2
Carte Michelin 302-J5

Le Musigny (Emmanuel Hernandez)

CUISINE MODERNE • ÉLÉGANT XX Si le chef, passé par de grandes maisons, a choisi ce discret point de chute valenciennois, au décor sobre et épuré, sa cuisine délicate a rapidement conquis la ville. Produits choisis, et recettes joliment inspirées des saisons.

➜ Assiette autour de la langue Lucullus. Homard rôti au beurre d'agrumes. Dessert du Ch'ti.

Formule 35 € – Menu 49/90 € – Carte 55/115 €

Hors plan *90 av. de Liège – ✆ 03 27 41 49 30 – www.lemusigny.fr – Fermé 3 semaines en août, 1 semaine à Noël, sam. midi, dim. soir et lundi*

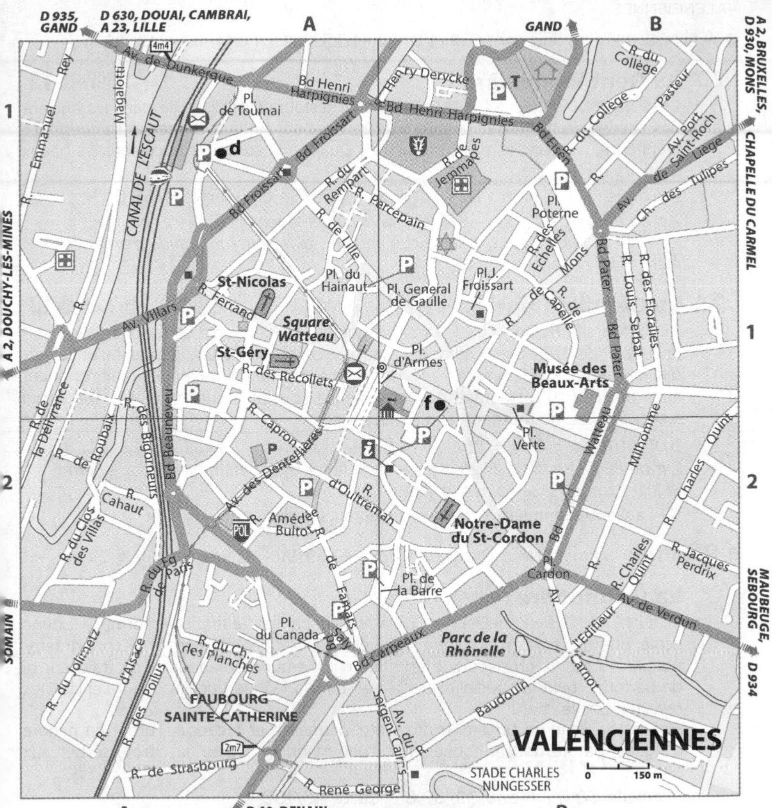

Le Grand Hôtel

TRADITIONNEL · CONTEMPORAIN Cet établissement des années 1920 appartient à la même famille depuis 1936, laquelle perpétue l'héritage avec professionnalisme ! Les chambres sont confortables et classiques, peu à peu rénovées dans un style contemporain. Au menu du restaurant : choucroute et viandes à la rôtissoire.

71 chambres – 70/145 € 80/145 € – 9 suites – 14 €

Plan : A1-d *8 pl. de la Gare – 03 27 46 32 01 – www.grand-hotel-de-valenciennes.fr*

Mercure

HÔTEL DE CHAÎNE · CONTEMPORAIN Une réussite que ce Mercure dernière génération, qui associe design épuré (béton brut et bois blond), fonctionnalité et confort. Copieux petit-déjeuner.

87 chambres – 89/180 € 89/180 € – 16 €

Plan : B1-f *5 r. du St-Cordon – 03 27 23 50 60 – www.mercure.com*

Le Grand Duc

MAISON DE MAÎTRE · PERSONNALISÉ Cette maison bourgeoise a une âme d'artiste, comme son propriétaire. Non seulement elle mêle les styles avec goût (seventies, baroque...), mais elle accueille en son sein des soirées jazz et théâtre, sans oublier les cours de cuisine et la table d'hôte. Et le joli parc à l'anglaise se prête lui aussi à la fantaisie !

5 chambres – 97 € 105 € – 11 €

Hors plan *104 av. de Condé – 03 27 46 40 30 – www.legrandduc.fr – Fermé août*

à Artres 11 km au Sud par D958 et D400 – ✉ 59269 – 1 044 hab. – Alt. 65 m

La Gentilhommière

CUISINE MODERNE • ROMANTIQUE XX Le restaurant est installé dans les anciennes écuries du domaine : la salle voûtée, avec ses briques rouges et sa cheminée crépitante, ne manque pas d'élégance ! Quant à la cuisine, elle célèbre les beaux produits de la région.

Formule 19 € – Menu 26 € (semaine), 39/54 € – Carte 41/58 €

2 r. de l'Église – ✆ 03 27 28 18 80 – www.hotel-lagentilhommiere.com – Fermé 31 juil.-22 août, 2 semaines en janv., dim. soir, lundi midi, mardi midi, merc. midi et sam. midi

La Gentilhommière

AUBERGE • PERSONNALISÉ Passé le porche, on découvre cette jolie ferme seigneuriale de 1756. Les chambres, spacieuses et agréables, donnent sur le jardin intérieur... Évidemment, on vient d'abord pour la quiétude, mais on peut aussi profiter du restaurant, de bonne tenue (cuisine actuelle), et du village, qui a servi de lieu de tournage au film Germinal.

10 chambres – †85 € ††85/100 € – ☕ 11 €

2 r. de l'Église – ✆ 03 27 28 18 80 – www.hotel-lagentilhommiere.com – Fermé 31 juil.-22 août, 2 semaines en janv.

La Gentilhommière – voir les restaurants ci-dessus

à Raismes 5 km au Nord-Ouest par D169 – ✉ 59590 – 12 906 hab. – Alt. 23 m

La Grignotière (Pascal Coulon)

CUISINE MODERNE • TENDANCE XXX Menée par un jeune chef formé à bonne école, une table gastronomique "nouvelle génération", à l'élégant décor contemporain. Au menu, on découvre une fine cuisine qui ne manque ni de fraîcheur ni de parfums, telle la spécialité de la maison : la langue Lucullus de Valenciennes revisitée par le chef !

➜ Filet de veau en tartare, truffe d'été, parmesan et focaccia. Turbot en panure d'algues, patate douce, coques, jus d'une marinière. Tarte au citron, sorbet aux herbes.

Formule 30 € – Menu 39/89 € – Carte 45/100 €

6 r. Jean-Jaurès – ✆ 03 27 36 91 99 – www.la-grignotiere.com – Fermé 1er-10 janv., sam. midi, dim. soir et lundi

VALESCURE – 83 Var ➜ Voir St-Raphaël

VALGORGE

✉ 07110 Ardèche – 456 hab. – Alt. 560 m – Carte régionale n° **23**-A3

Carte Michelin 331-G6 – Guide Vert Michelin Ardèche Drôme

Le Tanargue

AUBERGE • COSY Un hôtel familial au pied du massif du Tanargue. Les chambres sont cossues et scrupuleusement tenues, à des tarifs compétitifs ! Quelques balcons face au jardin ou à la vallée. Salle à manger d'inspiration rustique (vieux objets) ; vente de produits du terroir.

18 chambres – †45/57 € ††55/67 € – ☕ 10 €

Le Village – ✆ 04 75 88 98 98 – www.hotel-le-tanargue.com – Ouvert mi-avril à fin oct. et fermé dim. soir, lundi et mardi en oct.

VALLAURIS – 06 Alpes-Maritimes ➜ Voir Golfe-Juan

VALLIÈRES-LES-GRANDES

✉ 41400 Loir-et-Cher – 896 hab. – Alt. 90 m – Carte régionale n° **6**-A1

Carte Michelin 318-D7

Les Closeaux

CUISINE TRADITIONNELLE • AUBERGE X Sous l'Ancien Régime, ces Closeaux – avec leur domaine de 10 hectares – faisaient office de relais de chasse pour les rois de France. Aujourd'hui, le chef des lieux privilégie les producteurs locaux et les circuits courts, et réalise une bonne cuisine traditionnelle : millefeuille de betterave, langoustines rôties...

Formule 15 € – Menu 23/32 € – Carte 28/44 €

Lieu-dit Les Closeaux, 3,5 km au Nord-Ouest par D28 et rte secondaire – ✆ 02 47 57 32 73 – www.lescloseaux.com – Fermé 13-24 nov., 12 déc.-3 fév., lundi d'oct. à Pâques, mardi et merc.

VALLOIRE

✉ 73450 Savoie – 1 132 hab. – Alt. 1 430 m – Carte régionale n° **23**-D2
Carte Michelin 333-L7 – Guide Vert Michelin Alpes du Nord

Christiania

FAMILIAL • MONTAGNARD Belle situation au pied des pistes pour cet hôtel, le plus confortable de la station. Sous ses airs de grand chalet traditionnel, il cache des chambres originales, revisitant le style alpin dans une veine on ne peut plus cosy et chaleureuse... Avec le restaurant, voilà une "pension" idéale entre la Vanoise et le Galibier.

20 chambres – †80/110 € ††88/180 € – ☕ 15 €

av. de la Vallée-d'Or – ✆ 04 79 59 00 57 – www.christiania-hotel.com – Ouvert 15 juin-10 sept. et 20 déc.-15 avril

VALLON-EN-SULLY

✉ 03190 Allier – 1 635 hab. – Alt. 192 m – Carte régionale n° **3**-B1
Carte Michelin 326-C3 – Guide Vert Michelin Auvergne

Auberge des Ris

CUISINE MODERNE • AUBERGE XX Bacchus n'aurait pas renié cette salle aux allures de chai, où tonneaux et pressoir font partie du décor. Derrière les fourneaux, un jeune chef dynamique concocte une cuisine savoureuse, mêlant tradition et recettes dans l'air du temps. Du goût, du parfum, de savoureux nectars : le dieu du vin est heureux, nous aussi.

Formule 19 € – Menu 29/54 € – Carte 43/61 €

Lieu-dit Les Ris, 2 km par D2144, rte de Bourges – ✆ 04 70 06 51 12 – www.aubergedesris.com – Fermé 1 semaine en juil., 1 semaine en oct., 3 semaines en janv., lundi et mardi

VALLON-PONT-D'ARC

✉ 07150 Ardèche – 2 314 hab. – Alt. 117 m – Carte régionale n° **23**-A3
Carte Michelin 331-I7 – Guide Vert Michelin Ardèche Drôme

Le Clos des Bruyères

FAMILIAL • CONTEMPORAIN Les gorges de l'Ardèche vous tendent les bras depuis cet établissement récent et très fonctionnel : le cours d'eau n'est qu'à une centaine de mètres, avec une base de canoës... mais les moins téméraires pourront préférer la piscine, l'espace bien-être et le restaurant (cuisine au feu de bois).

32 chambres ☕ – †89/123 € ††99/133 €

rte des Gorges – ✆ 04 75 37 18 85 – www.closdesbruyeres.fr – Ouvert fin mars-fin oct.

Belvédère

FAMILIAL • CONTEMPORAIN À quelques centaines de mètres du célèbre pont d'Arc, creusé par l'Ardèche, cette imposante bâtisse est le point de départ idéal pour une excursion dans les gorges ! Ambiance feutrée dans les chambres (couleurs chaudes, terre cuite, meubles en bois peint) et piscine chauffée.

30 chambres – †55/135 € ††55/135 € – ☕ 11 €

rte des Gorges – ✆ 04 75 88 00 02 – www.hotel-ardeche-belvedere.com – Ouvert début mars-fin oct.

VALLOUX - 89 Yonne ➜ Voir Avallon

VALMONT

✉ 76540 Seine-Maritime - 876 hab. - Alt. 60 m - Carte régionale n° **17**-C1
Carte Michelin 304-D3 - Guide Vert Michelin Normandie Vallée de la Seine

✿ Le Bec au Cauchois (Pierre Caillet)

CUISINE CRÉATIVE · ÉPURÉ XX Meilleur Ouvrier de France 2011, le jeune chef s'avère un excellent technicien, qui dévoile aussi une vraie sensibilité. Jeux sur les textures et les saveurs, produits d'ici et d'ailleurs, et une utilisation des légumes du potager, loin d'être un alibi : dans cette auberge du 19e s., le terroir normand arbore de nouvelles couleurs !

➜ Courgettes du jardin crues et cuites, fleurs du potager et moutarde de Normandie. Côte de veau fumée au foin, légumes de notre potager. L'asperge et la fraise.

Menu 35 € (déj. en semaine), 49/88 €
5 chambres - ♦190/250 € ♦♦190/250 € - ☕ 16 €
22 r. A.-Fiquet, 1,5 km à l'Ouest par rte de Fécamp
- ✆ 02 35 29 77 56 - www.lebecaucauchois.com
- Fermé 24 déc.-24 janv., dim. soir sauf féries et sauf juil.-août, mardi et merc.

Petit déjeuner compris ? La tasse ☕ suit directement le nombre de chambres.

VALOGNES

✉ 50700 Manche - 6 779 hab. - Alt. 35 m - Carte régionale n° **17**-A1
Carte Michelin 303-D2 - Guide Vert Michelin Normandie Cotentin

Manoir de Savigny

MAISON DE CAMPAGNE · COSY Dans la campagne valognaise, une allée de peupliers mène à cette ferme-manoir du 16e s. nichée dans un vaste parc. On emprunte un bel escalier de pierre pour gagner les chambres, toutes charmantes ("Rustique", "Baroque", etc.). Quiétude...

5 chambres ☕ - ♦90/120 € ♦♦90/120 €
lieu-dit Savigny, 3 km au Sud-Est par D976 et rte secondaire
- ✆ 06 84 81 23 94 - www.manoir-de-savigny.com

VALRAS-PLAGE

✉ 34350 Hérault - 4 227 hab. - Alt. 1 m - Carte régionale n° **12**-C2
Carte Michelin 339-E9

Le Delphinium

CUISINE MODERNE · ÉLÉGANT XX Tarte fine chaude de poisson, choucroute de la mer : à deux pas du casino, ce restaurant discret cultive des plaisirs simples, sous l'égide d'une chef d'expérience. Bouillabaisse un vendredi par mois, sur réservation.

Menu 30/37 € - Carte 42/52 €
av. des Élysées (face au casino)
- ✆ 04 67 32 73 10
- Fermé jeudi sauf fériés et dim. soir

Mira-Mar

FAMILIAL · MÉDITERRANÉEN Les hispanophones auront compris que cet hôtel regarde la mer... Les chambres sont agréables, d'esprit méridional ou plus contemporain, avec balcon côté plage. Deux appartements pour les familles.

27 chambres - ♦66/110 € ♦♦66/110 € - 2 suites - ☕ 10 €
bd Front-de-Mer
- ✆ 04 67 32 00 31 - www.hotel-miramar.org
- Ouvert de mi-mars à mi-oct.

VALS-LES-BAINS

✉ 07600 Ardèche - 3 412 hab. - Alt. 210 m - Carte régionale n° **23**-A3
Carte Michelin 331-I6 - Guide Vert Michelin Ardèche Drôme

Le Vivarais

CUISINE MODERNE • ÉLÉGANT XXX La table d'un vrai artisan, scrupuleux dans le choix de ses produits (fournisseurs locaux), rigoureux et élégant dans l'exécution de ses recettes... et entier dans son envie de satisfaire les clients. Stéphane Polly a hissé son restaurant parmi les meilleurs du département ; tout le terroir ardéchois est gagnant !

➜ Foie gras de canard poêlé, pêche et pamplemousse. Saint-pierre poêlé, variation d'artichaut et sauce au safran d'Ardèche. Biscuit moelleux et crémeux de châtaigne, tuile craquante au grué de cacao et sorbet faisselle.

Formule 21 € - Menu 28 € (déj. en semaine), 37/89 € - Carte 60/120 €

Hôtel Helvie, 5 av. Claude-Expilly
- ✆ 04 75 94 65 85 - www.hotel-helvie.com
- Fermé 2 semaines en fév., 1 semaine en mars, nov., sam. midi et dim. soir sauf juil.-août et lundi

Grand Hôtel de Lyon

FAMILIAL • FONCTIONNEL Situation très centrale, à 100 m du parc de la source intermittente, pour cet hôtel familial abritant des chambres spacieuses et bien tenues. Piscine et solarium. De grandes baies vitrées éclairent l'agréable salle à manger ornée d'une fresque originale.

34 chambres - 🚹75/80 € 🚹🚹85/102 € - ☕ 11 €

11 av. Paul-Ribeyre
- ✆ 04 75 37 43 70 - www.grandhoteldelyon.fr
- Ouvert 11 avril-7 oct.

Helvie

TRADITIONNEL • CLASSIQUE À proximité du parc et du casino, cet hôtel Belle Époque conserve tout son éclat d'antan, chic et feutré. Chambres confortables, salon cossu, belle piscine et restaurant de qualité : le plaisir est complet !

27 chambres - 🚹80/175 € 🚹🚹80/175 € - ☕ 12 €

5 av. Claude-Expilly
- ✆ 04 75 94 65 85 - www.hotel-helvie.com
- Fermé 2 semaines en fév., 1 semaine en mars et nov.

✿ **Le Vivarais** - voir les restaurants ci-dessus

Château Clément

DEMEURE HISTORIQUE • GRAND LUXE Sur les hauteurs de la ville, cette belle maison de maître est avant tout une demeure de famille... celle de Marie-Antoinette et de ses enfants. La chambres d'hôtes compte parmi les plus charmantes qui soient : superbes décors 19e s., jardin de rocailles, terrasse panoramique, table bio... Un lieu rare !

5 chambres ☕ - 🚹150/280 € 🚹🚹200/400 €

La Châtaigneraie
- ✆ 04 75 88 33 53 - www.auchateauclement.com
- Ouvert avril-nov.

Villa Aimée

MAISON DE MAÎTRE • PERSONNALISÉ Cette grande villa bourgeoise sur les hauteurs de la station (vue superbe) est une mer de tranquillité... Ses propriétaires : un commandant de marine (parfois à quai) et son épouse australienne. Cuisine internationale - principalement d'Asie - à la table d'hôte.

4 chambres ☕ - 🚹89/150 € 🚹🚹99/155 €

8 montée des Aulagniers
- ✆ 06 15 04 01 68 - www.villaaimee.com
- Fermé janv.

VAL-THORENS

✉ 73440 Savoie – St Martin de Belleville – Alt. 2 300 m – Carte régionale n° **25**-F2
Carte Michelin 333-M6 – Guide Vert Michelin Alpes du Nord

✿ Les Explorateurs

CUISINE MODERNE • COSY XX Au cœur du sublime hôtel Pashmina, pensé comme un refuge de luxe, ces Explorateurs nous réservent de belles surprises. Le repas monte crescendo au fil de créations simples et inspirées, qui montrent une évidente maîtrise technique et la volonté forte de n'être pas qu'un "énième" restaurant d'hôtel de luxe... Pari réussi !

➜ Carpaccio de Saint-Jacques en marinade de légumes et de gingembre. Poularde aux morilles, suprême en croûte, cuisse farcie et sauce au vin jaune. Croustillant et glace à l'orge torréfiée, namelaka au chocolat bio.

Menu 109/152 € – Carte 100/132 €

Hôtel Pashmina, pl. du Slalom
– ☎ 04 79 00 09 99 – www.hotelpashmina.com
– Ouvert 1er déc.-2 mai et fermé dim. et le midi

Le Diamant Noir

CUISINE MODERNE • ÉLÉGANT XX Dans ce récent hôtel perché au sommet de la station (2 400m), un Bistrot baigné de lumière, avec sa charpente en bois et ses hauts plafonds. Une carte actuelle, pas forcément régionale. Le diamant noir rend hommage à la truffe noire proposée sur de nombreux plats, à la carte toute la saison.

Formule 45 € – Menu 69/189 € – Carte 43/250 €

Hôtel Koh-I Nor, r. Gébroulaz – ☎ 04 79 31 00 00
– Ouvert 2 déc.-22 avril

Chalet de la Marine

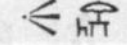

CUISINE TRADITIONNELLE • CONVIVIAL X Impossible de rester insensible au charme de ce chalet situé à 2 500 m d'altitude : jolie salle tout en bois, objets agrestes, flambée dans la cheminée... Dans ce restaurant, tout est fait maison ; on se régale de bons plats traditionnels et d'un généreux buffet de desserts. Cette adresse a vraiment une âme !

Formule 40 € – Carte 62/103 €

sur la piste des Dalles, accès à ski par le télésiège des Cascades
– ☎ 04 79 00 11 90 – www.chaletmarine.com
– Ouvert 30 nov.-2 mai

Altapura

LUXE • MONTAGNARD Né au début des années 2010, l'établissement rivalise de luxe et d'élégance. Dans les chambres, le charme montagnard côtoie l'épure contemporaine. Le must : un spa de 1 000 m², où une salle igloo permet de goûter aux bienfaits des soins nordiques. Pour une délicieuse parenthèse au pays des neiges...

72 chambres – †176/866 € ††202/892 € – 16 suites – ☕ 26 €

rte du Soleil (à l'entrée de la station) – ☎ 04 80 36 80 36 – www.altapura.fr
– Ouvert 24 nov.-21 avril

Pashmina

LUXE • TENDANCE C'est un projet fou et insolite pour ceux qui associent la montagne au luxe. Les chambres, très spacieuses, offrent un confort absolu. Hammam privé dans certaines suites, superbe spa de 450m², piscine intérieure... et même la possiblité de passer une nuit à la belle étoile dans un igloo refuge !

32 chambres – ½ P seult 166/550 € – 22 suites

pl. du Slalom – ☎ 04 79 00 09 99 – www.hotelpashmina.com
– Ouvert 24 nov.-8 mai

✿ **Les Explorateurs** – voir les restaurants ci-dessus

Koh-I Nor

LUXE • ÉLÉGANT Le dernier-né des hôtels de luxe des 3-Vallées a été baptisé d'après un célèbre diamant, et l'on comprend pourquoi : tout en haut de la station, l'imposant bâtiment, de bois et de verre, resplendit ! Intérieur moderne et lumineux, service attentionné et convivial… et vue sur les sommets.

60 chambres - 250/2095 € 250/2095 € - 3 suites

r. Gebroulaz - 04 79 31 00 00 - www.hotel-kohinor.com - Ouvert 2 déc.-22 avril

Le Diamant Noir - voir les restaurants ci-dessus

Fitz Roy

LUXE • CONTEMPORAIN Cette paisible institution, installée à 2 300 m d'altitude, a bénéficié d'un lifting complet ! Décoration en pierre et chêne dans les parties communes, style montagnard contemporain dans les chambres ; certaines d'entre elles donnent directement sur les pistes.

53 chambres - 320/800 € 320/800 € - 5 suites

pl. de l'Église - 04 79 00 04 78 - www.hotelfitzroy.com - Ouvert début déc.-mi avril

Le Val Thorens

TRADITIONNEL • MONTAGNARD Au cœur de la station, cet établissement abrite des chambres spacieuses, toutes avec balcon, où l'esprit de la montagne se décline à travers de belles lignes contemporaines. L'espace bien-être ajoute à l'esprit chic et sport des lieux.

80 chambres - 190/655 € 190/655 € - 1 suite

pl. de l'Église - 04 79 00 04 33 - www.levalthorens.com - Ouvert début déc. à début mai

Le Sherpa

FAMILIAL • MONTAGNARD Ici, les pistes de ski sont à portée de bâton ! Dans les chambres la décoration est dans le ton : lambris et meubles en pin. Au restaurant, les résidents profitent de l'ambiance savoyarde, du buffet de desserts et des recettes de tradition, sauf le jeudi soir : fondue chinoise !

56 chambres - ½ P seult 95/230 €

r. de Gébroulaz - 04 79 00 00 70 - www.lesherpa.com - Ouvert 25 nov.-1er mai

Trois Vallées

FAMILIAL • MONTAGNARD Un petit hôtel familial pour profiter du domaine des 3-Vallées. Les chambres sont coquettes et chaleureuses, dans un esprit très montagnard. Au bar, on sirote un verre en admirant les sommets, et l'espace bien-être (sauna, hammam, jacuzzi) vous tend les bras !

28 chambres - 95/275 € 150/525 €

Grande Rue - 04 79 00 01 86 - www.hotel3vallees.com - Ouvert 20 nov.-8 mai

LE VALTIN - 88 Vosges → Voir Gérardmer

LA VANCELLE - 67 Bas-Rhin → Voir Lièpvre

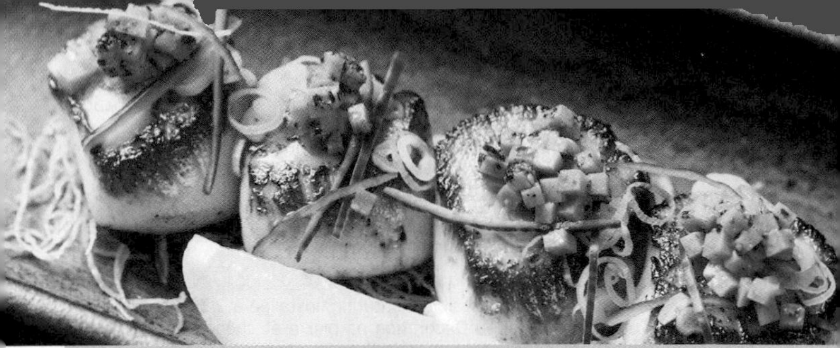

dianefotofoto/iStock

ON AIME...

Le marché du mercredi et du samedi matin dans les vieilles rues du centre, avec étape obligatoire à la **halle aux poissons**. **Les Vénètes**, à Arradon, pour se régaler avec les pieds dans l'eau. Trois tables étoilées qui font de la ville un vrai rendez-vous gastronomique : **Roscanvec**, **La Gourmandière**, **Le Pressoir**...

VANNES

✉ 56000 Morbihan – 53 036 hab. – Agglo. 77 950 hab. – Alt. 20 m
– Carte régionale n° **5**-A3
Carte Michelin 308-O9 – Guide Vert Michelin Bretagne Sud

Restaurants

Roscanvec (Thierry Seychelles)

CUISINE CRÉATIVE • TENDANCE XX Une maison à colombages près de la cathédrale... Classique ? On découvre pourtant un vrai décor contemporain (avec vue sur les fourneaux au rez-de-chaussée) et surtout une fine cuisine qui cultive franchement le goût de l'époque, avec un beau respect des saveurs – le recours aux épices, par exemple, est tout en équilibre...

➜ Homard en aigre-doux, pétale de daïkon, émulsion au miel de bord de mer et jus passion. Canard au sang cuit rosé au feu de bois. Chocolat noir onctueux, caramel breton, pâte sablée au café et glace Guinness.

Formule 25 € – Menu 30 € (déj. en semaine), 54/90 € – Carte 65/100 €

Plan : A2-s *17 r. des Halles – ✆ 02 97 47 15 96 – www.roscanvec.com – Fermé 2 semaines en nov. et en janv., mardi sauf juil.-août, dim. soir et lundi*

L'Annexe

CUISINE MODERNE • BISTRO X Élise et David, deux jeunes professionnels pleins d'allant, tiennent les rênes de cette maison conviviale. La cuisine met l'accent sur la fraîcheur des produits, majoritairement issus de producteurs locaux, dont le nom est même affiché fièrement à la carte. Beaux accords mets et vins.

Formule 23 € – Menu 33/62 € – Carte 45/69 €

Plan : A2-n *18 r. Émile-Burgault – ✆ 02 97 42 58 85 – Fermé 2 semaines fin juin, 2 semaines fin janv., 1 semaine début nov., lundi et dim.*

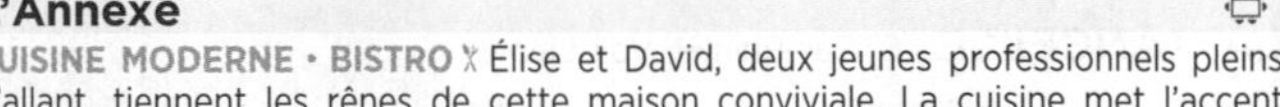

Le K19

CUISINE MODERNE • CONTEMPORAIN X Dans ce coin très calme du centre-ville – rue de la Boucherie, tout un programme ! –, belles viandes et poissons du marché (merlan, lieu jaune, sabre...) sont travaillés par un chef aux solides références, dans le respect de la tradition et du produit. À découvrir dans un décor élégant et feutré : on passe un bon moment.

Formule 17 € – Menu 31 € – Carte 38/47 €

Plan : A1-v *19 r. de la Boucherie – ✆ 02 97 61 50 90 – www.lek19.fr – Fermé sam. midi, dim. et lundi*

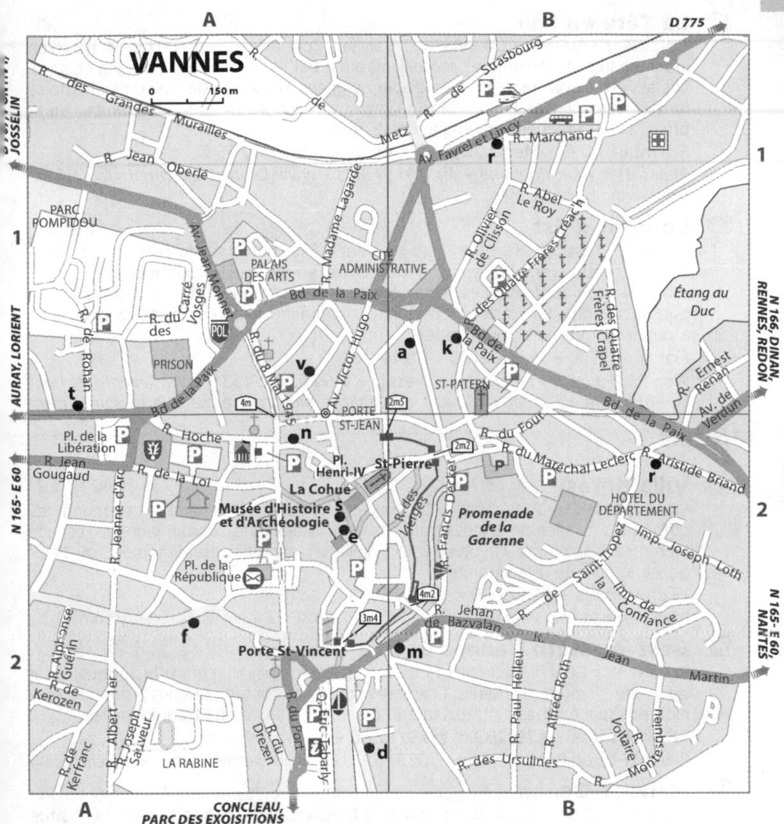

Le Tandem

CUISINE MODERNE · CONVIVIAL Un couple voyageur (ils ont notamment passé deux ans à Montréal) est au guidon de ce Tandem, dans le vieux Vannes. Recettes dans l'air du temps aux influences bretonnes, produits au top (poissons sauvages et légumes et herbes des environs), desserts à tomber – jetez-vous sur le "beurre-sucre", un kouign-amann revisité... le tout à prix juste.

Menu 19 € (déj. en semaine), 23/34 €

Plan : A2-e *13 r. des Halles*

– 02 97 63 53 37

– www.letandem.bzh

– Fermé 12-18 mars, 25 juin-1er juil., 7-14 oct., 13 janv.-3 fév., lundi et mardi

Les Remparts

CUISINE MODERNE · BISTRO Face aux remparts du château, la cuisine bistronomique a trouvé un fer de lance ! Anthony Evin met à l'honneur les bons produits du marché et les vins de petits producteurs locaux : sa cuisine est un joli panaché d'inspiration, de fraîcheur et de fine simplicité.

Formule 14 € – Menu 27/38 € – Carte 31/48 €

Plan : B2-m *6 r. Alexandre-le-Pontois*

– 07 88 17 06 20

– Fermé sam. midi, dim. et lundi

La Tête en l'air

CUISINE MODERNE • CONVIVIAL L'ancien Boudoir est aujourd'hui le fief d'un jeune couple dynamique et accueillant, qui a bel et bien la tête... sur les épaules. Les assiettes sont modernes en diable, soignées et pleines de saveurs, à l'ardoise le midi et déclinées le soir dans un menu à l'aveugle en 3, 5 ou 7 temps. Vu le prix, il serait vraiment dommage de se priver.

Formule 20 € – Menu 25 € (déj. en semaine), 38/65 €

Plan : B1-k *43 r. Fontaine – 02 97 67 31 13 – www.lateteenlair-vannes.fr – Fermé sam. midi, mardi et merc.*

Le Vent d'Est

CUISINE ALSACIENNE • BISTRO Un Vent d'Est souffle sur la côte Ouest : face au port, cette véritable winstub transporte en Alsace ! Flammekueche, choucroute, kougelhopf, etc. Les spécialités de la région trônent à la carte, avec quelques incursions dans le terroir breton. Ou comment deux régions se rencontrent... à petits prix et avec gourmandise.

Formule 17 € – Menu 26 € – Carte 28/49 €

Plan : A2-d *23 r. Ferdinand-Le-Dressay – 02 97 01 34 53 – www.leventdest.fr – Fermé 24 avril-3 mai, 15-30 juin, dim. sauf le midi d'oct. à mars, jeudi soir et lundi*

Hôtels

Villa Kerasy

TRADITIONNEL • PERSONNALISÉ Pondichéry, Cadix... les chambres évoquent les différentes escales de la légendaire Compagnie des Indes. Jardin japonais, espace bien-être inspiré par l'ayurveda, etc. Voilà un agréable établissement où l'élégance le dispute à la sérénité !

15 chambres – †119/209 € ††119/358 € – ☕ 15 €

Plan : B1-r *20 av. Favrel-et-Lincy – 02 97 68 36 83 – www.villakerasy.com*

Best Western Vannes Centre

BUSINESS • CONTEMPORAIN Hôtel récent à deux pas du centre historique, idéal pour une clientèle d'affaires. Chambres sobres et contemporaines ; salle de réunion et espace fitness. Au restaurant, on apprécie la cuisine traditionnelle.

58 chambres – †79/169 € ††79/169 € – ☕ 14 €

Plan : A1-t *6 pl. de la Libération – 02 97 63 20 20 – www.bestwestern-vannescentre.com*

Manche-Océan

FAMILIAL • FONCTIONNEL Atmosphère familiale dans cet hôtel idéalement situé aux portes de la vieille ville. Chambres fonctionnelles, colorées et bien tenues.

42 chambres – †58/79 € ††58/99 € – ☕ 10 €

Plan : B1-a *31 r. du Lt-Col.-Maury – 02 97 47 26 46 – www.manche-ocean.com – Fermé 21 déc.-14 janv.*

Marébaudière

BUSINESS • CONTEMPORAIN En bordure du centre-ville, une bâtisse bretonne des années 1970. Les chambres, fonctionnelles, spacieuses et confortables, déclinent le thème des quatre saisons... Cet établissement s'adapte aussi bien à la clientèle d'affaires que touristique.

41 chambres – †92/150 € ††92/150 € – ☕ 13 €

Plan : B2-r *4 r. Aristide-Briand – 02 97 47 34 29 – www.marebaudiere.com*

au Nord 3 km par D 126- ✉ 56000 Vannes

La Gourmandière - La Table d'Olivier (Olivier Samson)

CUISINE MODERNE • CONTEMPORAIN Une vraie Gourmandière ! Reprise par un chef chevronné, cette ancienne ferme installée à la sortie de la ville s'impose comme un refuge de belle gastronomie : fraîcheur océanique, notes fruitées, délices sucrés... à travers un menu qui change deux fois par mois.

→ Cuisine du marché.

Menu 55 € (semaine), 65/88 €

r. de Poignant, sortie St-Avé – 02 97 47 16 13 – www.la-gourmandiere.fr – Fermé 10-24 avril, 17 août-5 sept., 2-5 janv., dim. soir, mardi, merc. et le midi en semaine

La Gourmandière - Le Bistr'Aurélia – voir les restaurants ci-dessus

La Gourmandière - Le Bistr'Aurélia

CUISINE TRADITIONNELLE • CONVIVIAL Bienvenue dans la partie bistrot de la Gourmandière. Ouverte uniquement le midi, elle permet de profiter du savoir-faire d'Olivier Samson dans des menus simples et gourmands, dont un "retour du marché" qui porte bien son nom... le tout à prix raisonnables.

Formule 22 € - Menu 26/42 € - Carte 38/56 €

r. de Poignant, sortie St-Avé - ✆ 02 97 47 16 13 - www.la-gourmandiere.fr - Fermé 10-24 avril, 17 août-5 sept., 2-5 janv., merc., sam., dim., fériés et le soir

à St-Avé 6 km au Nord par D767 (près du centre hospitalier spécialisé) - ✉ 56890 - 10 839 hab. - Alt. 50 m

Le Pressoir (Vincent David)

CUISINE MODERNE • INTIME Une véritable institution que cette table vannetaise ! Le chef, Vincent David, signe une vraie cuisine d'auteur, inspirée et soignée, où des produits de belle qualité sont conjugués avec équilibre... Un établissement tout indiqué pour les gourmets à la recherche de belles saveurs.

→ Ormeau sauvage poêlé meunière en persillade, coquillages en viennoise, émulsion citronnelle et gingembre. Ris de veau et homard rôtis, jus de carcasse au romarin. Pastilla de chocolat noir grand cru coulant, sorbet passion.

Menu 34 € (déj. en semaine), 49/105 € - Carte 76/97 €

7 r. de l'Hôpital, à 1,5 km par rte de Plescop - ✆ 02 97 60 87 63 - www.le-pressoir.fr - Fermé dim. soir et lundi

à Meucon 9 km au Nord par D767 - ✉ 56890 - 2 274 hab. - Alt. 80 m

Le Tournesol

CUISINE MODERNE • COSY Une salle à manger cosy et feutrée, quelques notes de verdure avec un joli jardin... Ici, le décor est plaisant et la cuisine dans l'air du temps.

Formule 16 € - Menu 20 € (déj. en semaine), 27/43 € - Carte 33/61 €

20 rte de Vannes - ✆ 02 97 44 50 50 - www.restaurant-le-tournesol.com - Fermé 2 semaines en juil., mardi soir, merc. soir, jeudi soir, dim. soir et lundi

à Conleau 4,5 km au Sud-Est - ✉ 56000 Vannes

Le Roof

BUSINESS • CONTEMPORAIN La presqu'île de Conleau domine une anse peuplée de voiliers... et c'est là que se dresse cet hôtel-restaurant construit en 1989. Baignées de lumière, la majorité des chambres ouvrent sur les flots et les rives constellées de pins qui font le charme si pittoresque du golfe du Morbihan.

40 chambres - 89/210 € 89/220 € - 15 €

10 allée des Frères-Cadoret - ✆ 02 97 63 47 47 - www.le-roof.com

rte d'Arradon 5 km à l'Ouest par D101 - ✉ 56610 Arradon :

L'Arlequin

CUISINE MODERNE • ÉLÉGANT On est tout de suite séduit par l'élégant intérieur de cet Arlequin : salle à manger lumineuse et contemporaine, extension coiffée d'une petite verrière... Quant à l'assiette, elle nous en fait toujours voir de toutes les saveurs : avec un œil sur la tradition, le chef concocte une cuisine bien ancrée dans son époque.

Formule 18 € - Menu 23 € (dîner), 27/43 € - Carte 38/54 €

parc d'activités de Botquelen -3 allée Denis-Papin - ✆ 02 97 40 41 41 - Fermé sam. midi, dim. soir et lundi

à Arradon 7 km à l'Ouest par D101, D101A et D127 - ✉ 56610 - 5 457 hab. - Alt. 40 m

Les Vénètes

CUISINE TRADITIONNELLE • ÉLÉGANT Pour manger les pieds dans l'eau ! On s'installe dans la salle, superbement située au bord de la *mor bihan* ("petite mer" en breton). Une vue qui met en valeur de beaux produits iodés : huîtres et palourdes du golfe, poissons du jour... avec même un menu autour du homard.

Menu 35 € (déj. en semaine), 49/79 € - Carte 70/100 €

Hôtel Les Vénètes, à la pointe, 2 km - ✆ 02 97 44 85 85 - www.lesvenetes.com - Fermé dim. soir et lundi

Le Parc er Gréo

TRADITIONNEL • PERSONNALISÉ On se sent bien dans cette jolie maison entourée de verdure et postée à une centaine de mètres du chemin des douaniers. Maquettes de bateaux et mobilier chiné dans le salon, chambres raffinées et coquettes, piscine couverte. Charmant !

13 chambres – 79/174 € 79/174 € – 1 suite – 15 €

9 r. Mane Guen – 02 97 44 73 03 – www.parcergreo.com – Fermé 2 janv.-16 fév.

Les Vénètes

TRADITIONNEL • PERSONNALISÉ Ce petit hôtel est vraiment bien placé, pour ainsi dire les pieds dans l'eau ! Dans les chambres, joliment aménagées, on jouit d'une vue exceptionnelle sur le golfe (balcons au 1er étage).

9 chambres – 120/280 € 120/280 € – 15 €

– 02 97 44 85 85 – www.lesvenetes.com

Les Vénètes – voir les restaurants ci-dessus

à Séné 3 km au Sud-Est par N165 – 56860 – 8 852 hab. – Alt. 16 m

Le Puits des Saveurs

CUISINE MODERNE • CONVIVIAL On oublie tout de la zone commerciale peu avenante où se trouve le restaurant dès que l'on en découvre l'élégant et chaleureux décor, en camaïeu de gris et bois clair. Le plaisir de l'assiette fait le reste : présentations soignées, saveurs enlevées, produits de qualité... le chef puise son inspiration à la source du bon.

Menu 21 € (déj. en semaine), 32/43 €

rte de Nantes, Le Poulfanc – 02 97 42 60 69 – Fermé merc. soir, dim. soir et lundi

LES VANS

07140 Ardèche – 2 667 hab. – Alt. 170 m – Carte régionale n° **23**-A3
Carte Michelin 331-G7 – Guide Vert Michelin Ardèche Drôme

Likoké (Piet Huysentruyt)

CUISINE CRÉATIVE • CONVIVIAL Après une belle carrière en Belgique (en partie à la télévision), Piet Huysentruyt poursuit sa route en Ardèche... et c'est tant mieux ! Des saveurs bien marquées, une vraie harmonie dans les textures, des plats qui célèbrent le terroir, la fête, le savoir-vivre, bref : voilà une table bien dans sa peau, pleine de plaisir.

→ Huîtres au jus d'algues, quenelle de foie gras et poire. Veau fermier, crevettes grises et asperges. Riz au lait revisité au safran, fève tonka et abricot.

Menu 85/169 € – Carte 100/165 €

7 rte de Païolive – 06 19 55 93 26 – www.likoke.com – Ouvert 30 mars-24 nov. et fermé sam. en juil.-août, lundi hors saison et dim.

La Seigneurie de Naves

HISTORIQUE • PERSONNALISÉ Sur les hauteurs d'un village médiéval préservé, cette seigneurie tout en pierre et toits de tuiles offre un havre des plus charmants ! Escalier à vis, chambres personnalisées sur le thème du terroir, jardin verdoyant et piscine : l'alliance subtile du caractère et de la sérénité...

5 chambres – 105/135 € 105/135 €

village de Naves – 06 62 04 45 11 – www.seigneuriedenaves.com – Fermé 15 nov.-15 mars

VANVES – 92 Hauts-de-Seine → Voir Autour de Paris

VARADES

44370 Loire-Atlantique – 3 563 hab. – Alt. 13 m – Carte régionale n° **18**-B2
Carte Michelin 316-J3

La Closerie des Roses

CUISINE CLASSIQUE • TENDANCE XX Ce restaurant est ancré depuis 1938 en bord de Loire : un site ravissant, presque en symbiose avec le fleuve... Et de la salle panoramique, on admire l'abbatiale de St-Florent-le-Vieil, illuminée le soir. Le chef achète son poisson aux pêcheurs du coin et concocte une délicieuse cuisine régionale. Le plaisir est complet.

Menu 21 € (déj. en semaine), 32/66 €
- Carte 48/61 €

455 La Haute-Meilleraie, 1,5 km au Sud par rte de Cholet
- ✆ 02 40 98 33 30 - www.lacloseriedesroses.com
- Fermé 19 fév.-7 mars, 27 août-5 sept., 22 oct.-7 nov., dim. soir, lundi soir, mardi soir et merc.

VARENNES - 58 Nièvre ➜ Voir Nevers

LA VARENNE-ST-HILAIRE - 94 Val-de-Marne ➜ Voir Autour de Paris (St-Maur-des-Fossés)

VARETZ - 19 Corrèze ➜ Voir Brive-la-Gaillarde

À la réservation, faites-vous bien préciser le prix et la catégorie de la chambre.

VARS

✉ 05560 Hautes-Alpes - 620 hab. - Alt. 1 650 m - Carte régionale n° **21**-C1
Carte Michelin 334-I5 - Guide Vert Michelin Alpes du Sud

aux Claux - ✉ 05560 Vars

L'Écureuil

FAMILIAL • MONTAGNARD À 150 m des pistes, un beau chalet de bois blond, noyé sous les fleurs l'été... et la neige l'hiver. On est tout de suite conquis par l'ambiance chaleureuse des lieux, du salon avec cheminée jusqu'aux chambres très cosy. Une adresse qui sort du lot.

20 chambres - †60/145 € ††75/213 € - ☕ 11 €

allée Pierre Lelong
- ✆ 04 92 46 50 72 - www.hotelecureuil.com
- Ouvert 1er juil.-31 août et 16 déc.-22 avril

à Ste-Marie-de-Vars - ✉ 05560 Vars

Alpage & Spa

FAMILIAL • MONTAGNARD L'esprit des alpages habite cette ferme villageoise joliment rénovée, tout en pierre et bois. Des lieux spacieux et agréables à vivre : salons avec cheminée, billard, espace bien-être, restaurant traditionnel sous les voûtes de l'ancienne étable, etc.

17 chambres ☕ - †64/95 € ††122/186 €

- ✆ 04 92 46 50 52 - www.hotel-alpage.com
- Ouvert 15 juin-31 août et 15 déc.-17 avril

VASTERIVAL - 76 Seine-Maritime ➜ Voir Dieppe

VAUCHOUX - 70 Haute-Saône ➜ Voir Port-sur-Saône

VAUCRESSON - 92 Hauts-de-Seine ➜ Voir Autour de Paris

VAUDEVANT

✉ 07410 Ardèche - 198 hab. - Alt. 600 m - Carte régionale n° **23**-B2
Carte Michelin 331-J3

La Récré

CUISINE MODERNE • CONVIVIAL X Installé dans l'ancienne école de garçons du village, dont il a conservé les vestiges – tableau noir, cartes de géographie –, ce restaurant ne pouvait mieux porter son nom. On y découvre des créations pétillantes, qui piochent allègrement dans les produits du terroir ; et c'est encore meilleur lorsqu'on est attablé dans la cour ombragée...

Formule 25 € - Menu 28/38 €

rte de Satillieu - ✆ 04 75 06 08 99 - www.restaurant-la-recre.com - Ouvert de mi-fév. à mi-nov. et fermé merc. soir, jeudi soir, vend. soir de sept. à mai, dim. soir, lundi et mardi

VAULT-DE-LUGNY - 89 Yonne → Voir Avallon

VAULX

✉ 74150 Haute-Savoie - 921 hab. - Alt. 530 m - Carte régionale n° **25**-F1
Carte Michelin 328-I5

Par Monts et Par Vaulx

CUISINE TRADITIONNELLE • CHAMPÊTRE X Une bonne auberge de village, champêtre comme il se doit ! Le jeune chef concocte une cuisine bistrotière goûteuse et vous régale, par exemple, d'une tête de veau sauce gribiche ou d'un beau paris-brest praliné noisette... Le tout à prix doux !

Formule 12 € - Menu 15 € 🍷 (déj. en semaine), 19/43 € - Carte 36/48 €

133 rte de Sillingy - ✆ 04 50 60 57 20 - www.restaurant-vaulx.com - Fermé 2 semaines en août, vacances de Noël, dim. soir, lundi soir, mardi soir et merc.

VAUX-EN-BEAUJOLAIS

✉ 69460 Rhône - 1 069 hab. - Alt. 360 m - Carte régionale n° **24**-E1
Carte Michelin 327-G3 - Guide Vert Michelin Lyon et sa région

Auberge de Clochemerle (Romain Barthe)

CUISINE MODERNE • CONTEMPORAIN XX On se sent bien à l'auberge de Clochemerle ; la reception spacieuse ouvre sur une salle à manger bourgeoise avec poutres et cheminées. Il ne manquerait plus que le chef soit talentueux... et c'est le cas ! Son menu surprise, misant sur les produits de saison, enthousiasme autant les habitués que les clients de passage.

→ Cuisine du marché.

Menu 48/88 €

10 chambres - †55/140 € ††60/150 € - ☕ 14 €

r. Gabriel-Chevallier - ✆ 04 74 03 20 16 - www.aubergedeclochemerle.fr - Fermé 20-29 août, 2-16 janv., lundi midi en juil.-août, merc. sauf le soir en juil.-août et mardi

VAUX-LE-PÉNIL - 77 Seine-et-Marne → Voir Melun

VAUX-SOUS-AUBIGNY

✉ 52190 Haute-Marne - 693 hab. - Alt. 275 m - Carte régionale n° **7**-C3
Carte Michelin 313-L8

Aux Trois Provinces

CUISINE TRADITIONNELLE • AUBERGE XX Derrière l'église, cette auberge sous une glycine cache bien son jeu ! Les lieux ont en effet abrité un cabaret jusqu'en 1938. Désormais, dans la salle au décor sagement rustique, on déguste une bonne cuisine traditionnelle ; ne manquez pas le "menu de l'aubergiste" en semaine, avec son plat du jour en cocotte !

Formule 18 € - Menu 23 € (déj. en semaine)/38 € - Carte 47/63 €

r. de Verdun - ✆ 03 25 88 31 98 - www.levauxois.fr - Fermé 1 semaine en oct., 3 semaines en janv., dim. soir et lundi

VAUX-SUR-MER - 17 Charente-Maritime → Voir Royan

→ Voir Royan

VELARS-SUR-OUCHE - 21 Côte-d'Or → Voir Dijon

VELLUIRE - 85 Vendée → Voir Fontenay-le-Comte

VENAREY-LES-LAUMES

⊠ 21150 Côte-d'Or - 2 902 hab. - Alt. 235 m - Carte régionale n° **4**-C2
Carte Michelin 320-G4 - Guide Vert Michelin Bourgogne

à Alise-Ste-Reine 2 km à l'Est - ⊠ 21150 - 606 hab. - Alt. 415 m

Auberge du Cheval Blanc

CUISINE TRADITIONNELLE • AUBERGE XX Dans un agréable village à la campagne, ce Cheval Blanc vous accueille autour d'un bon feu de bois... Escargots de Bourgogne en coquilles, bœuf Rossini, cassolette de ris de veau aux champignons des bois : voici les belles recettes traditionnelles et bourguignonnes que l'on y déguste.

Menu 21 € (semaine), 31/52 € - Carte 46/60 €

r. du Miroir - ✆ 03 80 96 01 55 - www.regis-bolatre.com - Fermé 1 semaine en sept., 24 déc.-15 janv., dim. soir, lundi et mardi sauf fériés

VENCE

⊠ 06140 Alpes-Maritimes - 18 536 hab. - Alt. 325 m - Carte régionale n° **22**-E2
Carte Michelin 341-D5 - Guide Vert Michelin Côte d'Azur

Le Saint-Martin

CUISINE MODERNE • LUXE XXXX Un cadre superbement classique, une vue à couper le souffle sur les collines de Vence et la Méditerranée... mais, par-dessus tout, une cuisine qui est un ravissement pour les papilles : le chef marie joliment les saveurs dans des assiettes fines et délicates, en s'appuyant sur des produits de grande qualité.

→ Œuf mollet en coque de brioche, légumes de saison aux herbes folles. Bar de ligne en croûte de pistaches, polenta aux olives et artichaut poivrade. Pomme feuilletage croustillant et sorbet granny smith.

Formule 45 € - Menu 58/130 € - Carte 95/130 €

Hors plan *Hôtel Château Saint-Martin & Spa, 2490 av. des Templiers, 3 km par rte du col de Vence (D2) - ✆ 04 93 58 02 02 - www.chateau-st-martin.com - Ouvert 20 avril-14 oct. et fermé le midi de mi-mai à mi-sept.*

Les Bacchanales (Christophe Dufau)

CUISINE CRÉATIVE • BRANCHÉ XX A l'écart de la ville, cette adresse réjouira les partisans du bio, qu'ils soient carnivores ou locavores, puisque les produits sont choisis dans un rayon de 250 km à la ronde. A l'arrivée, une cuisine du marché créative, pleine de fraîcheur et sans cesse renouvelée, autour d'un menu unique en 3 ou 6 services.

→ Gamberonis de San Remo, pêche de vigne et légumes fermentés. Poisson de Méditerranée, navet et olives taggiasche. Cassis, chocolat blanc, glace à la feuille de cassis.

Menu 55 € (déj. en semaine), 75/115 €

Plan : B1-v *247 av. de Provence - ✆ 04 93 24 19 19 - www.lesbacchanales.com - Fermé 20-26 déc., merc. sauf le soir en juil.-août, le midi en semaine en juil.-août et mardi*

La Farigoule 

CUISINE TRADITIONNELLE • COSY XX La farigoule ? Du côté de Vence, c'est comme cela que l'on appelle le thym, pardi ! À l'image de l'aromate, le restaurant ne manque ni de fraîcheur ni de parfums : pressé de chèvre frais aux herbes, courgettes grillées et tomates confites ; dos de cabillaud rôti, ratatouille et riz à l'Arménienne... On redécouvre la Provence. Joli patio.

Menu 32/70 € - Carte 49/59 €

Plan : B2-f *15 av. Henri-Isnard - ✆ 04 93 58 01 27 - www.lafarigoule-vence.fr - Fermé fin nov.-26 déc., lundi et mardi*

L'Oliveraie

CUISINE RÉGIONALE • MÉDITERRANÉEN L'endroit idéal pour déguster une cuisine gourmande et estivale – pissaladières et pizzas au feu de bois, viandes au barbecue, poissons à la plancha –, dans un cadre idyllique : en terrasse, au calme, face au vaste parc et à ses oliviers... Attention : le restaurant n'est pas ouvert en cas de mauvais temps, réservez !

Carte 60/80 €

Hors plan *Hôtel Château Saint-Martin & Spa, 2490 av. des Templiers, 3 km par rte du col de Vence (D2) – ✆ 04 93 58 02 02 – www.chateau-st-martin.com – Ouvert 15 mai-15 sept. et fermé le soir*

Les Agapes

CUISINE MODERNE • CONVIVIAL Carré d'agneau rôti, quinoa comme un risotto ; turbot en viennoise aux citrons confits... à l'ardoise, toute la fraîcheur des saisons. De belles agapes dans ce petit restaurant sympathique et contemporain !

Formule 18 € – Menu 29/40 € – Carte 47/59 €

Plan : C1-d *4 pl. Clemenceau – ✆ 04 93 58 50 64 – www.les-agapes.net – Fermé 1 semaine en mai, 2 semaines en nov., 3 semaines en janv., dim. sauf le midi en saison et lundi*

Auberge des Seigneurs

CUISINE PROVENÇALE • RUSTIQUE Dans une aile du château de Villeneuve, cette authentique auberge rustique appartient à la même famille depuis cent ans ! On se régale de plats provençaux et de viandes à la broche et, pour l'étape, les chambres sont simples et bien tenues. Jolie terrasse.

Formule 25 € – Menu 36 € – Carte 43/53 €

6 chambres – 🚹75/96 € 🚹🚹91/96 € – ☕ 12 €

Plan : C1-s *1 r. du Dr-Binet – ✆ 04 93 58 04 24 – www.auberge-seigneurs.com – Fermé de mi-déc. à mi-janv., dim. et lundi*

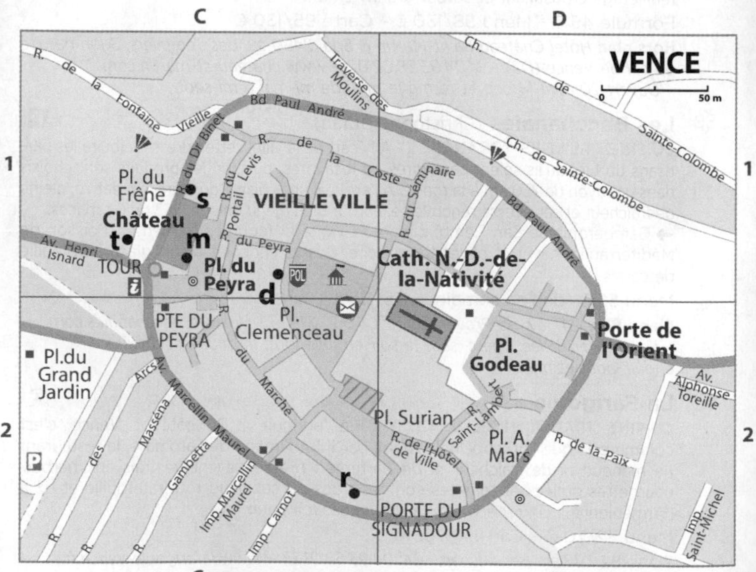

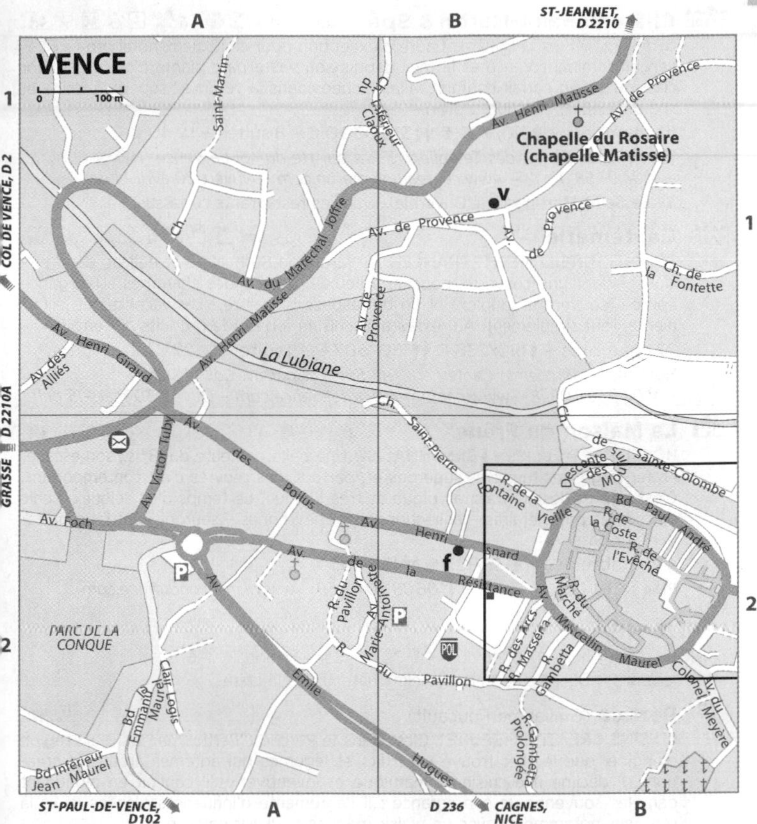

Comme Chez Soi

CUISINE MODERNE • CONVIVIAL X Un restaurant de poche avec, au mur, des photos de Louis de Funès dans le Grand Restaurant. Le chef s'inspire de ses voyages (en Angleterre, notamment) et de son Portugal natal pour concocter une généreuse cuisine du marché : endives caramélisées, salade de poires et sauce roquefort ; gratin de morue ; abricots rôtis au miel...

Formule 25 € – Menu 29 € – Carte 26/43 €

Plan : D2-r *8 av. Marcellin-Maurel*
– ✆ 09 81 19 97 27
– Fermé 10-25 mai, 18 oct.-6 nov., mardi midi, merc. midi, jeudi midi, dim. et lundi

La Cassolette

CUISINE PROVENÇALE • TRADITIONNEL X Sur une ravissante place pavée de la vieille ville, face à la mairie, ce restaurant intimiste est tenu par un chef expérimenté. Il compose une cuisine du marché goûteuse, aux accents provençaux, que l'on déguste dans une jolie salle ou en terrasse, sur la place. Le tout à prix doux !

Formule 22 € – Menu 27 € (déj.)/38 € – Carte 43/68 €

Plan : C1-m *10 bis pl. Clemenceau*
– ✆ 04 93 58 84 15 – www.restaurant-lacassolette-vence.com
– Fermé mardi et merc.

Château Saint-Martin & Spa

GRAND LUXE • CLASSIQUE Cadre d'exception pour ce luxueux hôtel provençal dominant Vence et la mer depuis son vaste parc planté d'oliviers. Décor classique, d'un parfait confort ; villas nichées dans la verdure ; superbe piscine et spa délicieux... Un endroit divin.

51 chambres – 310/720 € 310/1300 € – 8 suites – 40 €

Hors plan *2490 av. des Templiers, 3 km par rte du col de Vence (D2) – 04 93 58 02 02 – www.chateau-st-martin.com – Ouvert 20 avril-14 oct.*

Le Saint-Martin • **L'Oliveraie** – voir les restaurants ci-dessus

Cantemerle

TRADITIONNEL • MÉDITERRANÉEN Un jardin du Sud calme et délicat, deux piscines – dont une couverte, pour les frileux –, de grandes chambres à l'élégance épurée (souvent en duplex) et un bel espace bien-être... Les vacances et le farniente, tout simplement. Au restaurant, cuisine à base de produits du terroir.

27 chambres – 150/235 € 150/587 € – 1 suite – 22 €

Hors plan *258 chemin Cantemerle, au Sud-Est par av. Col.-Meyère – 04 93 58 08 18 – www.cantemerle-hotel-vence.com – Ouvert 30 mars-15 oct.*

La Maison du Frêne

HÔTEL PARTICULIER • PERSONNALISÉ Une belle demeure du 18e s., son escalier en fer forgé, ses tomettes superbes et, partout, des œuvres d'art contemporain... C'est pop et design, frais, atypique et très ludique. Le temps d'un séjour au chic décalé, les propriétaires – collectionneurs chevronnés – sauront vont faire partager leur passion.

4 chambres – 135/185 € 135/185 €

Plan : C1-t *1 pl. du Frêne – 06 88 90 49 69 – www.lamaisondufrene.com*

VENDÔME

41100 Loir-et-Cher – 17 024 hab. – Alt. 82 m – Carte régionale n° **6**-B2
Carte Michelin 318-D5 – Guide Vert Michelin Châteaux de la Loire

Pertica (Guillaume Foucault)

CUISINE CRÉATIVE • ÉPURÉ C'est dans le Perche ("Pertica" en latin), sa région d'origine, que le chef trouve les fruits et légumes qui agrémenteront ses créations. Il décline une cuisine dynamique et inventive, qu'il conçoit en plongeant dans les souvenirs de son enfance ; il l'agrémente d'influences glanées ici et là (en Asie, notamment) avec un plaisir manifeste. Plaisir partagé !

→ Foie gras nature et oignon en saumure. Perdreau, noisettes fraîches, harissa et cacao concassé. Crème chocolat au lait et cannelle, cappuccino au foin et tuile au sucre.

Menu 36 € (déj. en semaine), 48/110 €

15 pl. de la République – 02 54 23 72 02 – www.restaurantpertica.com – Fermé 19-27 fév., 16-24 avril, 23 juil.-1er août, 24 déc.-1er janv., merc. midi, dim. et lundi

Le Petit Bilboquet

CUISINE MODERNE • ÉLÉGANT Deux frères sont à la tête de cette maison, légèrement en retrait de Vendôme. Ils revisitent à quatre mains les plats traditionnels de la cuisine française : tête de veau, poire Belle-Hélène... avec même, sur quelques assiettes, une petite touche fusion ! Le tout dans un agréable intérieur moderne et cosy.

Formule 22 € – Menu 32/42 € – Carte 34/50 €

rte de Tours – 02 54 80 40 12 – www.restaurant-petit-bilboquet-vendome.fr – Fermé dim. soir, lundi et mardi

Le Vendôme

FAMILIAL • CONTEMPORAIN À deux pas de la vieille ville, un hôtel à la fois coquet et cosy (mobilier et objets chinés), entièrement rénové dans un style contemporain du meilleur effet. Accueil charmant.

27 chambres – 85/145 € 95/165 € – 15 €

15 fg Chartrain – 02 54 77 02 88 – www.hotelvendome.fr

VENTABREN

✉ 13122 Bouches-du-Rhône - 5 067 hab. - Alt. 210 m - Carte régionale n° **21**-B3
Carte Michelin 340-G4 - Guide Vert Michelin Provence

Dan B. - La Table de Ventabren (Dan Bessoudo)

CUISINE MODERNE • CONTEMPORAIN XX Assurément l'un des restaurants les plus élégants de la région, au cœur d'un village pittoresque. Pour le cadre, mobilier scandinave et vue panoramique sur l'étang de Berre. Dans l'assiette, une cuisine fraîche et follement créative (les menus se nomment "bois" ou "béton"), à base de produits locaux, choisis avec précision.

➜ Soupe de poissons de roche servie moelleuse, pomme de terre, pastis et aïoli safrané. Selle d'agneau de Provence rôtie, courgette, focaccia à la sauge et jus d'agneau. Mousse coco, mangue en différentes textures.

Formule 46 € - Menu 74/102 € - Carte 75/110 €

1 r. Frédéric Mistral - ✆ 04 42 28 79 33 - www.latabledeventabren.com - Fermé 1er-7 nov., 23 déc.-31 janv., dim. soir et mardi midi d'oct. à avril et lundi

VENTRON

✉ 88310 Vosges - 857 hab. - Alt. 630 m - Carte régionale n° **14**-C3
Carte Michelin 314-J5

à l'Ermitage-du-Frère-Joseph 5 km au Sud par D43 et D43E - ✉ 88310 Ventron

Les Buttes

LUXE • ÉLÉGANT Cadre montagnard chic, chambres douillettes égayées d'images d'Épinal et salon cossu tapissé de dessins de Claudon : un chalet bien agréable ! Restaurant chaleureux et élégant, face aux pistes. Carte traditionnelle souvent renouvelée.

28 chambres - 🚹78/295 € 👥78/295 € - ☕ 19 €

Ermitage Frère-Joseph - ✆ 03 29 24 18 09 - www.ermitage-resort.com - Fermé 5 nov.-16 déc.

VERDUN

✉ 55100 Meuse - 18 393 hab. - Alt. 198 m - Carte régionale n° **14**-A1
Carte Michelin 307-D4

Les Jardins du Mess

DEMEURE HISTORIQUE • CONTEMPORAIN Cet ancien mess de sous-officiers, bâti à la fin du 19e s. sur les quais de la Meuse, a été entièrement rénové : on s'y repose aujourd'hui dans des chambres contemporaines et bien aménagées, côté ville pour la vue ou côté jardin pour le calme. Bar plaisant.

40 chambres - 🚹135/290 € 👥135/290 € - ☕ 14 €

22 quai de la République - ✆ 03 29 80 14 18 - www.lesjardinsdumess.fr

aux Monthairons 13 km au Sud par D34 - ✉ 55320 - 390 hab. - Alt. 200 m

Hostellerie du Château des Monthairons

CUISINE MODERNE • CLASSIQUE XXX Émincé de canette au verjus de mirabelle ; parfait glacé à la dragée de Verdun : cette table châtelaine, tenue en famille, permet d'apprécier une cuisine mêlant joliment bases classiques et touches plus actuelles. Et, comme on l'imagine, le cadre est superbe : moulures, vieux parquet, tentures épaisses...

Formule 28 € - Menu 48/102 € - Carte 68/80 €

26 rte de Verdun - ✆ 03 29 87 78 55 - www.chateaudesmonthairons.fr - Fermé 16-25 oct., 2 janv.-8 fév., dim. soir de mi-nov. à Pâques, mardi midi et lundi

Hostellerie du Château des Monthairons

DEMEURE HISTORIQUE • CLASSIQUE La Meuse forme un joli méandre au bord du parc qui entoure ce château (19e s.). Il règne ici un esprit évidemment aristocratique, et les chambres, suites et duplex sont élégants et confortables. Pour la détente : hammam, sauna, jacuzzi, etc.

22 chambres – 110/250 € 110/315 € – 3 suites – 17 €

26 rte de Verdun – 03 29 87 78 55 – www.chateaudesmonthairons.fr – Fermé 16-25 oct., 2 janv.-8 fév., dim. soir et lundi de mi-nov. à Pâques

Hostellerie du Château des Monthairons – voir les restaurants ci-dessus

VERDUN-SUR-LE-DOUBS

71350 Saône-et-Loire – 1 180 hab. – Alt. 180 m – Carte régionale n° **4**-B3
Carte Michelin 320-K8 – Guide Vert Michelin Bourgogne

Hostellerie Bourguignonne

CUISINE TRADITIONNELLE • ÉLÉGANT XX Une charmante bâtisse champêtre, au cœur d'un joli jardin fleuri. À la carte, une superbe sélection de bourgognes, qui accompagnent à merveille les belles assiettes traditionnelles et régionales du chef. Ne manquez pas la spécialité locale : la pôchouse verdunoise (une matelote de poissons de rivière).

Menu 25 € (déj. en semaine), 30/75 € – Carte 75/90 €

9 chambres – 120/170 € 120/180 € – 14 €

2 av. du Président-Borgeot – 03 85 91 51 45 – www.hostelleriebourguignonne.com – Fermé vacances de fév. et de la Toussaint, dim. soir hors saison, mardi sauf le soir de mai à sept. et merc. midi

VERFEIL

31590 Haute-Garonne – 3 444 hab. – Alt. 225 m – Carte régionale n° **15**-C2
Carte Michelin 343-H3

La Promenade (Nicolas Thomas)

CUISINE CRÉATIVE • CONVIVIAL XX Autant le dire : on se régale lors cette promenade gastronomique, entraîné par un chef passionné, ancien violoncelliste professionnel, ayant quitté le monde de la musique pour... un piano de cuisson ! Cette belle bâtisse toulousaine abrite un petit miracle créatif réunissant finesse, fraîcheur et inspiration : une très belle adresse.

→ Cuisine du marché.

Menu 28 € (déj. en semaine), 50/90 €

2 promenade Jean-Jaurès – 05 34 27 85 42 – www.la-promenade.net – Fermé dim. soir, lundi et mardi

VERGONCEY

50240 Manche – 210 hab. – Alt. 70 m – Carte régionale n° **17**-A3
Carte Michelin 303-D8

Château de Boucéel

DEMEURE HISTORIQUE • HISTORIQUE En pleine campagne normande, un très beau château (1763) au cœur d'un parc à l'anglaise. Pour les âmes romantiques, rien de tel qu'une balade autour des étangs avant de regagner la quiétude raffinée des chambres... Mobilier ancien, superbe parquet, portraits d'ancêtres : du style !

5 chambres – 173/242 € 173/242 €

lieu-dit Boucéel, 4 km à l'Est par D108, D40 et D308 – 02 33 48 34 61 – www.chateaudebouceel.com – Fermé janv. et fév.

VERGONGHEON

43360 Haute-Loire – 1 834 hab. – Alt. 440 m – Carte régionale n° **3**-C2
Carte Michelin 331-B1

La Petite École

CUISINE MODERNE • VINTAGE Ce restaurant a remplacé l'ancienne école du village voilà quelques années. La cuisine, fine et savoureuse, mérite un A sans hésitation. Copie parfaite pour ces créations précises et savoureuses, que l'on doit à un chef amoureux du bon produit. Une cantine de choix, sans fausse note, doublée d'un excellent rapport qualité-prix.

Menu 33/42 €

à Rilhac, 3 km au Sud-Est par D174 – ✆ 04 71 76 97 43 – www.restaurant-lapetiteecole.com – Fermé 2 semaines en juin, de mi-sept. à début oct., 2 semaines en janv., mardi midi, sam. midi, dim. soir et lundi

VERN-D'ANJOU

✉ 49220 Maine-et-Loire – 2 311 hab. – Alt. 50 m – Carte régionale n° **18**-C2
Carte Michelin 317-E3

Le Pigeon Blanc

CUISINE MODERNE • TENDANCE Créé en 1962, ce Pigeon Blanc n'a pas fini de voltiger... Avec Sylvain, c'est aujourd'hui la troisième génération de la famille Belouin qui en prend la tête. Le jeune homme est tombé du nid très tôt pour aller se former chez les plus grands (Troisgros, Coutanceau) : sa cuisine, créative et généreuse, séduit !

Formule 17 € – Menu 23 € (déj. en semaine), 32/90 € – Carte 52/70 €

13 r. de l'Église – ✆ 02 41 61 41 25 – www.lepigeonblanc.com – Fermé 2 semaines en juil., 2 semaines en janv., dim. soir, mardi et merc.

VERNET-LES-BAINS

✉ 66820 Pyrénées-Orientales – 1 344 hab. – Alt. 650 m – Carte régionale n° **12**-B3
Carte Michelin 344-F7

Princess

FAMILIAL • FONCTIONNEL Au pied du vieux Vernet, cette bâtisse dévoile un intérieur chaleureux et coloré... Les chambres, récemment rénovées et joliment décorées, ont presque toutes un balcon donnant sur la montagne.

38 chambres – 57/130 € 69/130 € – 11 €

r. des Lavandières – ✆ 04 68 05 56 22 – www.hotel-princess.fr – Ouvert 22 mars-20 nov.

VERNEUIL-SUR-AVRE

✉ 27130 Eure – 6 464 hab. – Alt. 155 m – Carte régionale n° **17**-C3
Carte Michelin 304-F9 – Guide Vert Michelin Normandie Vallée de la Seine

Le Clos

CUISINE MODERNE • ÉLÉGANT Un jeune chef est aux fourneaux de cette maison où le classicisme le dispute à l'élégance : parquets anciens, tapis persans, moulures, trompe-l'œil, tables dressées dans les règles de l'art... Comme auparavant, l'assiette célèbre le terroir normand, avec une poignée de recettes plus audacieuses.

Menu 62/97 € – Carte 67/92 €

Hôtel Le Clos, 98 r. de la Ferté-Vidame – ✆ 02 32 32 21 81 – www.leclos-normandie.com – Fermé le midi sauf dim. et fériés

Le Madeleine

CUISINE TRADITIONNELLE • AUBERGE Cette Madeleine vous évoquera-t-elle la recherche du temps perdu ? Voilà en tout cas une auberge chaleureuse, où l'esprit normand n'est pas un vain mot (volailles et légumes des environs, poisson de Caen), et qui ne lésine pas sur la fraîcheur. Ne manquez pas les pâtes et sablés maison, réalisés avec des farines locales et vendus au restaurant.

Formule 18 € – Menu 23/69 € – Carte 51/82 €

206 r. de la Madeleine – ✆ 02 32 37 91 81 – www.lemadeleine.fr – Fermé merc.

Le Clos

LUXE • PERSONNALISÉ Ce castel normand cultive, derrière sa belle façade en briques polychromes, un luxe jusque dans les détails. Les équipements de pointe, le superbe parc, l'étonnante véranda de style Eiffel, mais aussi la passion et l'enthousiasme des hôtes : tout garantit un séjour délicieux.

10 chambres – 195/320 € 195/320 € – 5 suites – 25 €

98 r. de la Ferté-Vidame – 02 32 32 21 81 – www.leclos-normandie.com

Le Clos – voir les restaurants ci-dessus

VERNON

27200 Eure – 23 951 hab. – Alt. 32 m – Carte régionale n° **17**-D2

Carte Michelin 304-I7 – Guide Vert Michelin Normandie Vallée de la Seine

L'Estampille by Erisay

CUISINE MODERNE • COSY Ce restaurant, proche des quais de Seine, sert une cuisine au goût du jour, émaillée de trouvailles ; ainsi le menu Claude Monet, adapté aux amoureux de l'impressionnisme, en pèlerinage à Giverny, comme aux appétits classiques... A déguster sur la jolie terrasse.

Formule 19 € – Menu 28/39 € – Carte 32/40 €

6 pl. de Paris – 02 77 19 00 12 – www.restaurantlestampille.fr – Fermé dim. soir et lundi

Le Bistro des Fleurs

CUISINE TRADITIONNELLE • BISTRO Un ancien bistrot de campagne, avec un beau comptoir où s'accoudent les clients pressés et une incontournable ardoise du jour. Courte, traditionnelle et alléchante, celle-ci atteste le parti pris de la chef : rien que du frais, au gré du marché et de ses envies ! Dernière fleur : un excellent choix de vins au verre...

Menu 21 € /38 € – Carte 24/42 €

73 r. Carnot – 02 32 21 29 19 – Fermé 22 juil.-16 août, 1 semaine fin fév., dim. et lundi

Normandy

BUSINESS • FONCTIONNEL Dans le centre-ville, un hôtel aux chambres plutôt spacieuses et confortables, fraîchement rénovées. Pratique à l'occasion d'une visite de la cité ou de Giverny et de la maison de Claude Monet, à moins de 5 km.

50 chambres – 98/105 € 105/158 € – 11 €

1 av. Pierre-Mendès-France – 02 32 51 97 97 – http://normandy-hotel.fr/

VERNOUILLET – 28 Eure-et-Loir → Voir Dreux

VERS

46090 Lot – 416 hab. – Alt. 132 m – Carte régionale n° **15**-C1

Carte Michelin 337-F5

La Truite Dorée

FAMILIAL • FONCTIONNEL En bord de Vézère – où fraie peut-être quelque truite dorée –, l'adresse bénéficie d'un cadre très mignon... Les chambres sont confortables, et certaines d'entre elles jouissent même d'une terrasse au bord de la rivière. Cuisine traditionnelle au restaurant.

28 chambres – 74/94 € 82/102 € – 10 €

r. de la Barre – 05 65 31 41 51 – www.latruitedoree.fr – Fermé de mi-déc. à mi-fév.

VERSAILLES – 78 Yvelines → Voir Autour de Paris

VERS-PONT-DU-GARD – 30 Gard → Voir Pont-du-Gard

VERT-BOIS – 17 Charente-Maritime → Voir Île d'Oléron

VERTOU – 44 Loire-Atlantique → Voir Nantes

VERTUS

51130 Marne – 2 407 hab. – Alt. 85 m – Carte régionale n° **7**-B2

Carte Michelin 306-G9 – Guide Vert Michelin Champagne Ardenne

Le Vendangeoir

CUISINE MODERNE • BISTRO Au cœur de la célèbre "Côte des Blancs", ce bistrot contemporain a pris ses quartiers de gourmandise à l'intérieur de l'ancien vendangeoir du grand-père de l'actuelle propriétaire. On se régale de l'entrée au dessert : les produits sont choisis avec minutie et la pâtissière japonaise est excellente. Petite carte de Champagne, du village de Vertus. Courez-y !

Formule 20 € - Menu 26 € (déj. en semaine), 38/62 € - Carte 53/73 €

25 bd Carnot - 03 26 53 84 99 - www.le-vendangeoir.com - Fermé dim. soir, lundi et mardi

à Bergères-les-Vertus 3,5 km au Sud par D9 - 51130 - 618 hab. - Alt. 108 m

Hostellerie du Mont-Aimé

CUISINE TRADITIONNELLE • CLASSIQUE Un cadre cossu et bourgeois, pour une cuisine traditionnelle généreuse qui valorise notamment les produits nobles (ainsi ce cœur de ris de veau au jus de truffe). Autre plaisir, la belle carte des vins et ses nombreuses références de champagne.

Formule 30 € - Menu 45/90 € - Carte 64/83 €

4-6 r. de Vertus - 03 26 52 21 31 - www.hostellerie-mont-aime.com - Fermé 24 déc.-4 janv. et dim. soir de nov. à mars

Hostellerie du Mont-Aimé

TRADITIONNEL • FONCTIONNEL Une étape que l'on a toutes les raisons... d'aimer ! En plein cœur du vignoble champenois, un hôtel en deux parties (le Mont-Aimé et les Dames de Champagne), aux chambres spacieuses, confortables et bien tenues, pour un maximum de confort. Les plus : une piscine couverte et un espace détente.

61 chambres - 90/110 € 125/170 € - 14 €

4-6 r. de Vertus - 03 26 52 21 31 - www.hostellerie-mont-aime.com - Fermé 24 déc.-4 janv. et dim. soir de nov. à mars

Hostellerie du Mont-Aimé - voir les restaurants ci-dessus

LES VERTUS - 76 Seine-Maritime → Voir Dieppe

VESC

26220 Drôme - 284 hab. - Alt. 601 m - Carte régionale n° **23**-B3
Carte Michelin 332-D6

Chez Mon Jules

CUISINE DU TERROIR • BISTRO Au cœur du village, voilà une sympathique adresse ! Dans une salle où objets chinés, tables et chaises en bois font bon ménage, on se régale d'une savoureuse cuisine du terroir, tels la caillette maison au foie gras ou l'agneau de pays confit 7h. Aux beaux jours, profitez de la terrasse à l'ombre des canisses.

Menu 31 € (déj. en semaine), 36/55 € - Carte 47/73 €

4 chambres - 90/110 € 90/110 €

5 r. Étienne-de-Vesc - 04 75 04 20 74 - www.chezmonjules.com - Fermé janv., dim. soir, lundi, mardi et merc. sauf juil.-août

VESCOUS - 06 Alpes-Maritimes → Voir Gilette

VESOUL

70000 Haute-Saône - 15 212 hab. - Alt. 221 m - Carte régionale n° **9**-B1
Carte Michelin 314-E7 - Guide Vert Michelin Franche-Comté Jura

Le Caveau du Grand Puits

CUISINE MODERNE • CONVIVIAL Dans cet ancien relais de diligence, nul besoin de voyager pour être le bienvenu ! Entrez donc dans la salle voûtée ou faufilez-vous dans la cour intérieure pour apprécier la goûteuse cuisine de saison du chef. Service jeune et décontracté.

Formule 16 € - Menu 20 € (déj. en semaine), 25/55 € - Carte 25/40 €

r. Mailly - 03 84 76 66 12 - Fermé 1 semaine en mai, 12 août 2 sept., 24 déc.-3 janv., merc. soir, sam. midi et dim.

à Épenoux 5 km au Nord rte de St-Loup-sur-Semouse et D10 – ✉ 70000 Pusy et Epenoux – 549 hab.

L'Étable du Château

CUISINE MODERNE • CONTEMPORAIN XX Un intérieur séduisant – murs en pierre et colombages, chaises design, grandes baies vitrées – et un jeune chef qui sait où il va : foie gras en terrine, langoustine aux épices, fricassée de ris de veau à l'estragon... Les cuissons et assaisonnements sont maîtrisés, les produits sont de bonne qualité : une expérience agréable.

Formule 16 € – Menu 20 € (déj. en semaine), 32/64 € – Carte 38/58 €

1 r. Ruffier-d'Épenoux – ☎ 03 84 75 88 35 – www.letableduchateau.fr – Fermé vacances de printemps, vacances de la Toussaint, 2-9 janv., sam. midi dim. soir et lundi.

Château d'Épenoux

DEMEURE HISTORIQUE • CLASSIQUE Petit château du 18e s. dans un parc planté d'arbres centenaires. Dans les chambres, à la tenue irréprochable, rien ne semble avoir changé depuis le Siècle des lumières : parquet, boiseries, moulures... La quintessence d'un cadre bourgeois.

5 chambres ☕ – †95/125 € ††145/215 €

5 r. Ruffier-d'Épenoux – ☎ 03 84 75 19 60 – www.chateau-epenoux.com – Fermé janv.

VEUIL – 36 Indre ➔ Voir Valençay

VEULES-LES-ROSES

✉ 76980 Seine-Maritime – 576 hab. – Alt. 15 m – Carte régionale n° **17**-C1
Carte Michelin 304-E2 – Guide Vert Michelin Normandie Vallée de la Seine

Les Galets

CUISINE MODERNE • CLASSIQUE XXX Pour un joli moment gastronomique, arrêtez-vous dans cette maison en brique toute proche d'une plage... de galets. Dans la salle ou la véranda, lumineuses à souhait, on déguste des recettes bien dans l'air du temps pour lesquelles le chef privilégie les produits locaux. Cave judicieuse.

Formule 30 € – Menu 39/85 € – Carte 50/72 €

3 r. Victor-Hugo (près de la plage) – ☎ 02 35 97 61 33 – www.restaurant-lesgalets-veuleslesroses.com – Fermé janv., merc. sauf juil.-août et mardi

Douce France

HISTORIQUE • COSY Sur les bords de la Veules, cet ancien relais de poste (17e s.), restauré dans les règles de l'art par des Compagnons, est absolument charmant. Dans les chambres, mobilier chiné et confort sont au rendez-vous. Et l'après-midi, on profite du joli salon de thé.

20 chambres – †92/242 € ††102/242 € – 5 suites – ☕ 14 €

13 r. Dr. Pierre-Girard – ☎ 02 35 57 85 30 – www.doucefrance.fr – Fermé 14 janv.-8 fév.

VEUVES

✉ 41150 Loir-et-Cher – 212 hab. – Alt. 62 m – Carte régionale n° **6**-A1
Carte Michelin 318-D7

L'Auberge de la Croix Blanche

CUISINE TRADITIONNELLE • RUSTIQUE X Point de voitures à cheval devant cet ancien relais de poste (1888), mais un décor suggestif qui n'est pas sans évoquer les folles équipées d'antan... On y déguste une généreuse cuisine traditionnelle, avec des produits de saison. Terrasse au jardin.

Menu 27/37 € – Carte 36/55 €

2 av. de la Loire – ☎ 02 54 70 23 80 – www.auberge-delacroixblanche.fr – Fermé merc. midi de Pâques à oct., merc. soir de nov. à Pâques, mardi soir de janv. à mars, dim. soir et lundi

VEYNES

✉ 05400 Hautes-Alpes - 3 151 hab. - Alt. 827 m - Carte régionale n° **21**-B1
Carte Michelin 334-C5 - Guide Vert Michelin Alpes du Sud

La Sérafine

CUISINE MODERNE • CONVIVIAL XX Dans un hameau, cette jolie bergerie tout en pierre, datée du 18e s., conserve le nom de sa propriétaire... La chef, d'origine vietnamienne, réalise une cuisine moderne et instinctive, avec quelques plats de tradition. Intérieur élégant et raffiné, agréable terrasse sous les arbres.

Menu 36/54 €

Les Parois, 2 km à l'Est par rte de Gap et D20 - ✆ 04 92 58 06 00 - www.restaurantserafine.com - Fermé 9 janv.-9 fév., mardi et merc. sauf fériés

VEYRIER-DU-LAC - 74 Haute-Savoie ➔ Voir Annecy

VÉZAC - 15 Cantal ➔ Voir Aurillac

VÉZELAY

✉ 89450 Yonne - 435 hab. - Alt. 285 m - Carte régionale n° **4**-B2
Carte Michelin 319-F7 - Guide Vert Michelin Bourgogne

Le Bougainville

CUISINE TRADITIONNELLE • RUSTIQUE X Dans une maison ancienne sur la rue principale menant à la basilique, le type même du restaurant familial indémodable, tenu de longue date par un couple de sérieux professionnels. Au milieu des compositions florales de la maîtresse des lieux, on savoure une généreuse cuisine du terroir, réalisée dans les règles.

Menu 28/34 € - Carte environ 43 €

28 r. St-Étienne - ✆ 03 86 33 27 57 - Ouvert de mi-fév. à mi-nov. et fermé mardi et merc.

Les Glycines

MAISON DE MAÎTRE • PERSONNALISÉ À 50 m de la Basilique, cette ancienne propriété du menuisier du roi abrite un hôtel de charme dont le cachet historique, le joli salon cossu et les agréables chambres mansardées dessinent un lieu de bon goût. Les petits-déjeuners se prennent sur la terrasse, aux beaux jours.

13 chambres - 80/120 € 110/180 € - 12 €

33 r. St-Pierre - ✆ 03 86 47 29 81 - www.vezelay-laterrasse.com

à Fontette 5 km à l'Est par D957 - ✉ 89450 St Pere

Crispol

TRADITIONNEL • PERSONNALISÉ Maison en pierre à l'entrée du village, avec la Colline éternelle en toile de fond. L'annexe abrite des chambres bien tenues. Au restaurant, les baies ménagent une belle vue sur la basilique. Plats de tradition.

12 chambres - 88 € 88 € - 12 €

rte d'Avallon - ✆ 03 86 33 26 25 - www.crispol.com - Ouvert 20 mars-15 nov.

à Pierre-Perthuis 6 km au Sud-Est par D957 et D958 - ✉ 89450 - 133 hab. - Alt. 220 m

Les Deux Ponts

CUISINE MODERNE • AUBERGE XX Les murs sont anciens, mais le cadre est épuré et original : notez les amusants lustres hollandais en verre... Coté saveurs, priorité au terroir de l'Yonne, avec quelques ponts jetés vers les dernières tendances. Les chambres sont calmes, simples et bien tenues.

Formule 24 € - Menu 29/40 € - Carte 35/46 €

7 chambres - 70 € 70 € - 10 €

1 rte de Vézelay - ✆ 03 86 32 31 31 - www.lesdeuxponts.com - Ouvert 15 mars-11 nov. et fermé mardi hors saison et merc.

VIADUC DE GARABIT

✉ 15100 Cantal - Carte régionale n° **3**-B3
Carte Michelin 330-H5 - Guide Vert Michelin Auvergne

Beau Site

CUISINE TRADITIONNELLE • FAMILIAL XX Au pied du célèbre viaduc – la salle panoramique offre une vue imprenable sur l'édifice –, le chef compose une bonne cuisine revisitant la tradition : suprême de volaille en croûte de moutarde de Charroux, filet de sandre en écaille de pomme de terre et sauce au saint-pourçain blanc...

Formule 16 € - Menu 28/41 € - Carte 23/49 €

N9 - ✆ 04 71 23 41 46 - www.beau-site-hotel.com - Ouvert de mi-mars à mi-nov.

Beau Site

FAMILIAL • PERSONNALISÉ Le célèbre ouvrage de Gustave Eiffel, le lac ou le jardin : à vous de choisir la vue ! Les chambres, coquettes et confortables, osent une déco d'une élégante sobriété. Pour le reste, c'est cuisine régionale, tennis, piscine et aire de jeux pour les enfants.

18 chambres - †68/88 € ††68/135 € - 3 suites - ☕ 13 €

N9 - ✆ 04 71 23 41 46 - www.beau-site-hotel.com - Ouvert de mi-mars à mi-nov.

Beau Site - voir les restaurants ci-dessus

VIBRAC - 16 Charente ➜ Voir Jarnac

VIC-EN-BIGORRE

✉ 65500 Hautes-Pyrénées - 5 004 hab. - Alt. 216 m - Carte régionale n° **15**-A2
Carte Michelin 342-M4

Le Réverbère

CUISINE TRADITIONNELLE • CONVIVIAL XX Venez vous régaler à la lumière de ce plaisant Réverbère, dont l'intérieur –entièrement relooké – se révèle moderne et lumineux. On vient y profiter des créations du chef, au plus près du terroir : il travaille avec de nombreux producteurs locaux pour un résultat généreux et goûteux, plein de saveurs.

Formule 14 € - Menu 16 € (déj. en semaine), 26/50 € - Carte environ 41 €

10 chambres - †68/80 € ††68/80 € - ☕ 8 €

29 bd d'Alsace - ✆ 05 62 96 78 16 - www.hotellereverbere.com - Fermé janv., dim. soir et sam.

VIC-FEZENSAC

✉ 32190 Gers - 3 525 hab. - Alt. 110 m - Carte régionale n° **15**-A2
Carte Michelin 336-D7

à Préneron 6 km au Sud-Ouest par N124, D157 et rte secondaire - ✉ 32190 - 140 hab. - Alt. 173 m

Auberge La Baquère

CUISINE TRADITIONNELLE • SIMPLE X Cette ferme-auberge a beau être isolée en pleine campagne, les clients sont nombreux. Et pour cause : canard, ramier, truite et anguille y sont cuisinés avec style. Une bonne maison.

Menu 32 € - Carte 37/49 €

lieu-dit la Baquère - ✆ 05 62 06 42 75 - www.aubergelabaquere.com - Fermé 1 semaine vacances de Noël, mardi, merc. d'oct. à mars et lundi

VICHY

✉ 03200 Allier - 25 279 hab. - Alt. 340 m - Carte régionale n° **3**-C1
Carte Michelin 326-H6 - Guide Vert Michelin Auvergne

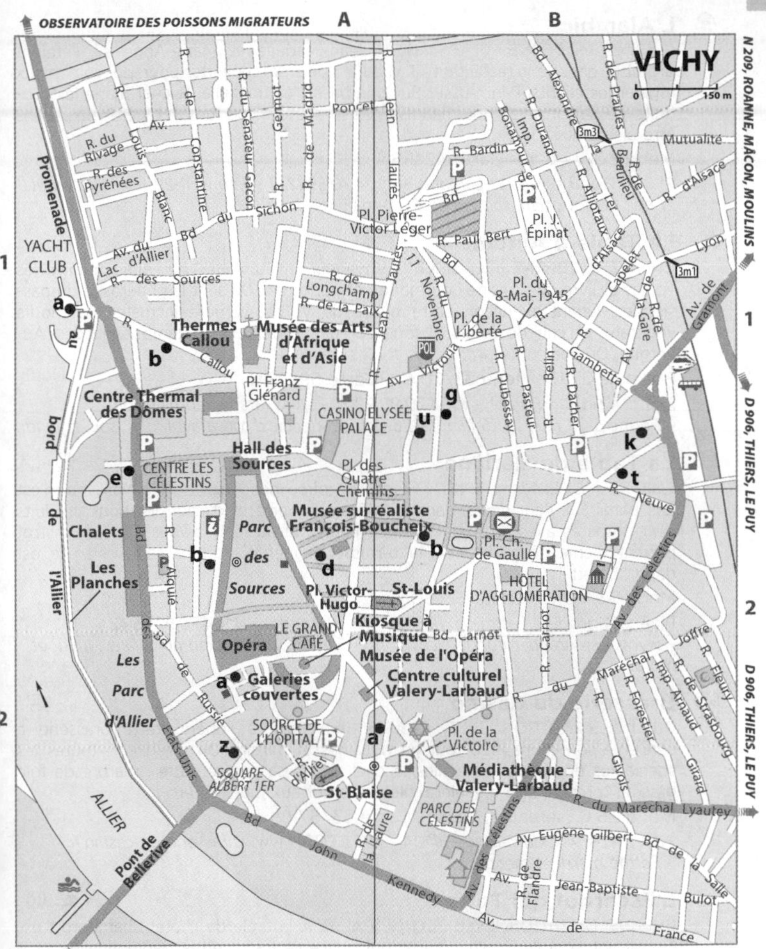

Maison Decoret (Jacques Decoret)

CUISINE CRÉATIVE · DESIGN XXX Une bâtisse du 19ᵉs., une grande véranda cubique jouant sur la transparence : tel est le décor voulu par Jacques Decoret. Recherche esthétique et finesse sont au rendez-vous dans l'assiette, autour de très beaux produits. Et quelques chambres style maison d'hôtes rappellent l'esprit contemporain du lieu.

➜ Foie gras de canard poêlé, consommé de pomme verveine et pommes tapées. Poulette du bourbonnais rôtie, jus mousseux de crustacés et chou-rave. Absinthe de Vichy, myrtille sauvage et citron jaune.

Formule 42 € – Menu 75/122 €

5 chambres – 🚹153/230 € 🚹🚹153/230 € – ☕ 23 €

Plan : A2-b *15 r. du Parc – ✆ 04 70 97 65 06 – www.maisondecoret.com – Fermé 2 semaines en fév.-mars, 3 semaines en août-sept., mardi et merc.*

L'Alambic

CUISINE MODERNE • CLASSIQUE XX Jean-Jacques et Marie-Ange se l'étaient promis : dans leur restaurant, il y aurait peu de couverts, pour pouvoir mieux régaler les clients. Pari réussi ! Sur une base traditionnelle, le chef marie les produits de saison avec gourmandise. C'est goûteux, parfumé et généreux... sans être alambiqué.

Menu 30/72 € - Carte 42/55 €

Plan : B1-u *8 r. Nicolas-Larbaud - ☎ 04 70 59 12 71 - Fermé 11-28 fév., 5-29 août, 21 déc.-3 janv., dim. soir, lundi et mardi*

La Table d'Antoine

CUISINE MODERNE • ÉLÉGANT XX Voyageur invétéré, le chef aime manier les épices et livre une cuisine gourmande et parfumée. On sent la générosité du passionné... Quant au décor, entre pierre de Volvic, verrière incrustée de motifs végétaux et cuir de Salers, il joue sur une évocation contemporaine de l'Auvergne. Original !

Formule 27 € - Menu 33/70 € - Carte 59/77 €

Plan : A2-d *8 r. Burnol - ☎ 04 70 98 99 71 - www.latabledantoine.com - Fermé 5-27 fév., 18-25 juin, 19-26 oct., jeudi soir d'oct. à avril, dim. soir et lundi*

La Table de Marlène

CUISINE MODERNE • DESIGN XX Une soucoupe posée sur un lac, voilà qui n'est pas banal ! À fleur d'eau, dans un décor de verre et d'acier, les bons produits sont préparés avec justesse et les saveurs sont au rendez-vous. L'été, le bistrot permet même de profiter de la terrasse. La vérité n'est pas ailleurs : elle est dans l'assiette.

Menu 33/69 € - Carte 68/80 €

Plan : A1-a *bd de Lattre-de-Tassigny (La Rotonde) - ☎ 04 70 97 85 42 - www.restaurantlarotonde-vichy.com - Fermé 1 semaine en nov., janv., lundi et mardi*

Brasserie du Casino

CUISINE TRADITIONNELLE • BRASSERIE XX Face à l'opéra, cette brasserie a conservé son cadre 1920 tout en boiseries et miroirs. On y retrouve toutes les spécialités du genre, auxquelles le chef ajoute sa propre patte : marbré de foie gras au torchon, sole meunière, filet de bœuf aux morilles, etc.

Menu 25 € (semaine)/35 € - Carte 33/67 €

Plan : A2-a *4 r. du Casino - ☎ 04 70 98 23 06 - www.brasserie-du-casino.fr - Fermé mardi et merc.*

L'Escargot qui Tette

CUISINE TRADITIONNELLE • CONVIVIAL XX À la table de l'hôtel Chambord, l'escargot est la vedette d'une carte qui privilégie les recettes traditionnelles. Que les plus pressés se rassurent : le service tout comme les saveurs ne sont pas à la traîne... Une bonne adresse, au décor chaleureux, et quelques chambres pour l'étape.

Menu 24 € (semaine), 37/45 € - Carte 42/68 €

26 chambres - 51/61 € 60/74 € - 10 €

Plan : B1-k *82 r. de Paris - ☎ 04 70 30 16 30 - www.hotel-chambord-vichy.com - Fermé 1 semaine en août, 20 déc.-22 janv., dim. soir et lundi*

L'Hippocampe

POISSONS ET FRUITS DE MER • ÉLÉGANT XX Près du parc des Sources, cet Hippocampe-là est un digne représentant de la mer ! Homard breton, médaillon de lotte, bouillabaisse... Tout est frais et bien préparé. Joli décor contemporain avec vue directe sur les cuisines.

Formule 23 € - Menu 32/40 € - Carte 41/66 €

Plan : A2-z *3 bd de Russie - ☎ 04 70 97 68 37 - Fermé 2 semaines en juin, 1 semaine en juil., 1 semaine en déc., 1 semaine en janv., mardi midi, dim. soir et lundi*

Les Caudalies

CUISINE FRANÇAISE • TRADITIONNEL Ces Caudalies vichyssoises ont tout pour plaire : de belles tables en bois, dressées en toute simplicité ; au mur, quelques toiles où les fruits et légumes sont à l'honneur... et dans l'assiette, une cuisine fleurent bon les produits du marché !

Formule 24 € - Menu 34/50 € - Carte 40/67 €

Plan : AB2-a *7 r. Besse - 04 70 32 13 22 - www.les-caudalies-vichy.fr - Fermé 2 semaines en avril, 20 août-13 sept., dim. soir et lundi*

La Truffade

CUISINE MODERNE • CLASSIQUE Terrine de foies de volaille aux épices, noix de veau poêlées, crème brûlée... Cette petite table du centre-ville est une ode à la simplicité ! Le jeune chef fait évoluer sa cuisine au fil des saisons, et son épouse assure en salle un service convivial et efficace. Une bonne adresse.

Formule 14 € - Menu 27 € - Carte 35/44 €

Plan : B2-b *16 r. Ravy-Breton - 04 70 98 28 57 - www.restaurant-la-truffade.fr - Fermé 2 semaines en mai, 1 semaine en oct., vacances de Noël, mardi soir, merc. soir, jeudi soir et lundi*

Vichy Spa Hôtel Les Célestins

LUXE • CONTEMPORAIN Hôtel moderne, au milieu du parc des Sources, à recommander aux curistes pour son accès direct au spa Vichy. Chambres très spacieuses et piscine panoramique. Gastronomie et diététique sont à l'honneur au N 3, qui bénéficie d'une jolie terrasse.

124 chambres - 167/305 € 252/375 € - 7 suites - 25 €

Plan : A1-e *111 bd des États-Unis - 04 70 30 82 00 - www.vichy-spa-hotel.fr - Fermé 2 semaines en janv.*

Arverna

FAMILIAL • FONCTIONNEL Un petit hôtel bien pratique, situé dans une rue calme du centre-ville. Les chambres sont sobres mais chaleureuses, et le service se révèle attentionné ; on apprécie également la présence d'un garage (à 200 m).

23 chambres - 66/80 € 71/110 € - 10 €

Plan : B1-g *12 r. Desbrest - 04 70 31 31 19 - www.arverna-hotels-vichy.com - Fermé 10 fév.-5 mars et 27 déc.-3 janv.*

Pavillon d'Enghien

TRADITIONNEL • COSY Sympathique adresse dans un bâtiment du début du 20e s. disposant de chambres tendance, décorées avec beaucoup de goût. On est conquis par le joli petit jardin avec piscine, et la terrasse où l'on déguste les tajines de la patronne... Un endroit accueillant et plein de charme !

20 chambres - 90/125 € 90/125 € - 12 €

Plan : A1-b *32 r. Callou - 04 70 98 33 30 - www.pavillondenghien.com - Fermé 20 déc.-1er fév.*

La Demeure d'Hortense

MAISON DE MAÎTRE • PERSONNALISÉ Ambiance marocaine ou asiatique, décor maritime ou ode à la féminité... Il y a autant de thèmes que de chambres dans cette belle maison de maître datant de 1880, devenue maison d'hôtes en 2011. Avec en plus, à l'arrière, un petit jardin où l'on prend son petit-déjeuner en été.

5 chambres - 110/125 € 125/155 €

Plan : B1-t *62 av. du Président-Doumer - 04 70 96 73 66 - www.demeure-hortense.fr*

à Creuzier-le-Vieux 4 km au Nord – ✉ 03300 – 3 310 hab. – Alt. 400 m

La Fontaine

CUISINE TRADITIONNELLE • RUSTIQUE XX Voilà un sympathique petit restaurant, à 10mn de Vichy, où il fait bon s'arrêter quelle que soit la saison. L'été on y mange au bord d'un ruisseau, sous une jolie glycine. Et l'hiver, on s'installe au coin du feu pour savourer viandes grillées et autres recettes traditionnelles. Ambiance conviviale.

Formule 20 € – Menu 32/49 € – Carte 46/67 €

16 r. de la Fontaine (Z.I. Vichy-Rhue) – ☎ 04 70 31 37 45 – www.lafontainevichy.fr – Fermé vacances de Noël, dim. soir, mardi soir et merc.

à Bellerive-sur-Allier 3,5 km au Sud par D1093 – ✉ 03700 – 8 533 hab. – Alt. 340 m

Château du Bost

CUISINE MODERNE • EXOTIQUE X La table du Château du Bost nous accueille dans un cadre épuré, où de jolies toiles colorées attirent le regard. On s'y délecte d'une cuisine classique et parfaitement maîtrisée : risotto aux champignons et pesto d'épinards, flan parisien aux mandarines et glace à la pistache... Délicieux !

Formule 23 € – Menu 32/80 € – Carte environ 54 €

Hôtel Château du Bost, 27 r. de Beauséjour – ☎ 04 70 59 59 59 – www.chateau-du-bost.com – Fermé dim. soir et lundi

Château du Bost

HÔTEL PARTICULIER • CONTEMPORAIN À l'extérieur de Vichy, dans un parc très paisible, ce château avec tours et douves en eau (15e-19e s.) a été restauré dans un esprit contemporain original, à l'image des grandes verrières qui ont été percées dans ses murs. On y trouve des chambres élégantes, zen et nature, offrant tout le confort nécessaire. Une réussite !

8 chambres – †80/190 € ††90/205 € – ☕ 13 €

27 r. de Beauséjour – ☎ 04 70 59 59 59 – www.chateau-du-bost.com

Château du Bost – voir les restaurants ci-dessus

VICQ

✉ 03450 Allier – 330 hab. – Alt. 350 m – Carte régionale n° **3**-B1
Carte Michelin 326-F6

Sur le Chemin des Buvats

MAISON DE CAMPAGNE • CONTEMPORAIN En pleine nature, cette ferme du 19e s respire la quiétude ! Sa transformation en maison d'hôtes est l'œuvre d'un chef qui souhaitait se reconvertir et de sa compagne. Une réussite : la maison a été remarquée dans plusieurs magazines de déco (esprit zen, belle piscine, bain norvégien, etc.) et sa table d'hôte, avec les légumes du jardin, est très gourmande !

5 chambres ☕ – †95/110 € ††110/125 €

8 chemin des Buvats – ☎ 04 70 41 26 75 – www.chemindesbuvats.com – Fermé vacances de la Toussaint et 23-27 déc.

VIC-SUR-CÈRE

✉ 15800 Cantal – 1 917 hab. – Alt. 678 m – Carte régionale n° **3**-B3
Carte Michelin 330-D5 – Guide Vert Michelin Auvergne

Beauséjour

FAMILIAL • TRADITIONNEL Parfait pour se mettre au vert, même si on est là pour affaires. Bien que datant des années 1830, ce grand établissement est toujours aussi pimpant, avec des chambres et des suites spacieuses et impeccablement tenues. Le parc est bien agréable.

42 chambres ☕ – †69/134 € ††69/134 € – 4 suites

4 av. André-Mercier – ☎ 04 71 47 50 27 – www.beausejour-vic.fr – Ouvert 15 mai-30 sept.

Au Col de Curebourse 6 km au Sud-Est par D54 – ✉ 15800 St Clement – Alt. 994 m

Hostellerie Saint-Clément

CUISINE TRADITIONNELLE • CHAMPÊTRE XX Aucun bandit de grand chemin ne rôde autour de cet établissement posé sur le col de Curebourse. Pressé de porc et lentilles, marmite du pêcheur (rouget, lotte, daurade, crevettes) : père et fils concoctent une cuisine pleine de goût et de saveurs, précise et gourmande, où les cuissons sont toujours justes.

Menu 30/98 € 🍷 – Carte 50/75 €

– ✆ 04 71 47 51 71 – www.hotelstclementcantal.com – Ouvert 1er avril-31 oct. et fermé dim. soir et lundi hors saison

Hostellerie Saint-Clément

FAMILIAL • FONCTIONNEL Il faut aller à 1 000 m d'altitude pour trouver cette grande bâtisse dans le style du pays. Depuis les chambres – qui disposent toutes d'un balcon –, on jouit d'une vue plongeante sur la vallée ou sur le jardin. Bien loin des bruits de la ville...

19 chambres – 68/85 € 68/85 € – 9 €

– ✆ 04 71 47 51 71 – www.hotelstclementcantal.com – Ouvert 1er avril-31 oct. et fermé dim. soir et lundi hors saison

Hostellerie Saint-Clément – voir les restaurants ci-dessus

VIEILLEVIE

✉ 15120 Cantal – 110 hab. – Alt. 220 m – Carte régionale n° **3**-B3

Carte Michelin 330-C7 – Guide Vert Michelin Auvergne

La Terrasse

CUISINE MODERNE • AUBERGE X Au menu de cette auberge, une cuisine qui flirte avec les épices et les légumes méditerranéens, et n'oublie pas le terroir auvergnat. Généreux !

Formule 20 € – Menu 28/47 € – Carte 44/50 €

10 chambres – 62/86 € 62/86 € – 10 €

Le Bourg – ✆ 04 71 49 94 00 – www.hotel-terrasse.com – Ouvert de fin mars à mi-nov. et fermé dim. soir sauf juil.-août et lundi

VIENNE

✉ 38200 Isère – 29 096 hab. – Alt. 160 m – Carte régionale n° **23**-B2

Carte Michelin 333-C4 – Guide Vert Michelin Lyon et sa région

La Pyramide-Patrick Henriroux

CUISINE MODERNE • ÉLÉGANT XXXX Une institution sur la route du Midi, en son temps fief du célèbre Fernand Point ! Pas de nostalgie pour autant : dans un décor très design et extrêmement élégant, Patrick Henriroux fait preuve d'un savoir-faire aussi discret qu'imparable. Justesse, invention, subtilité...

→ Crème soufflée de crabe dormeur au caviar, émietté de tourteau et croquant d'artichaut comme en Provence. Trois façons de déguster le homard. Piano au chocolat praliné, sauce au café grillé.

Menu 67 € 🍷 (déj. en semaine), 139/173 € – Carte 140/200 €

Hors plan *Hôtel La Pyramide-Patrick Henriroux, 14 bd Fernand-Point, cours de Verdun, au Sud du plan – ✆ 04 74 53 01 96 – www.lapyramide.com – Fermé 5 fév.-8 mars, mardi et merc.*

Le Bec Fin

CUISINE TRADITIONNELLE • CLASSIQUE XX Si ce n'est pas de la passion ! Voilà plus de quarante ans que le chef, Roger Jolivet, régale sa clientèle de délicieuses recettes traditionnelles. Pieds paquets, terrine maison aux foies de volailles... Cette cuisine généreuse s'inscrit dans la grande tradition gastronomique de la région lyonnaise. Salutaire.

Menu 28 € (semaine), 40/69 € – Carte 40/82 €

Plan : B2-r *7 pl. St Maurice – ✆ 04 74 85 76 72 – Fermé mardi soir, merc. soir, jeudi soir, dim. soir et lundi*

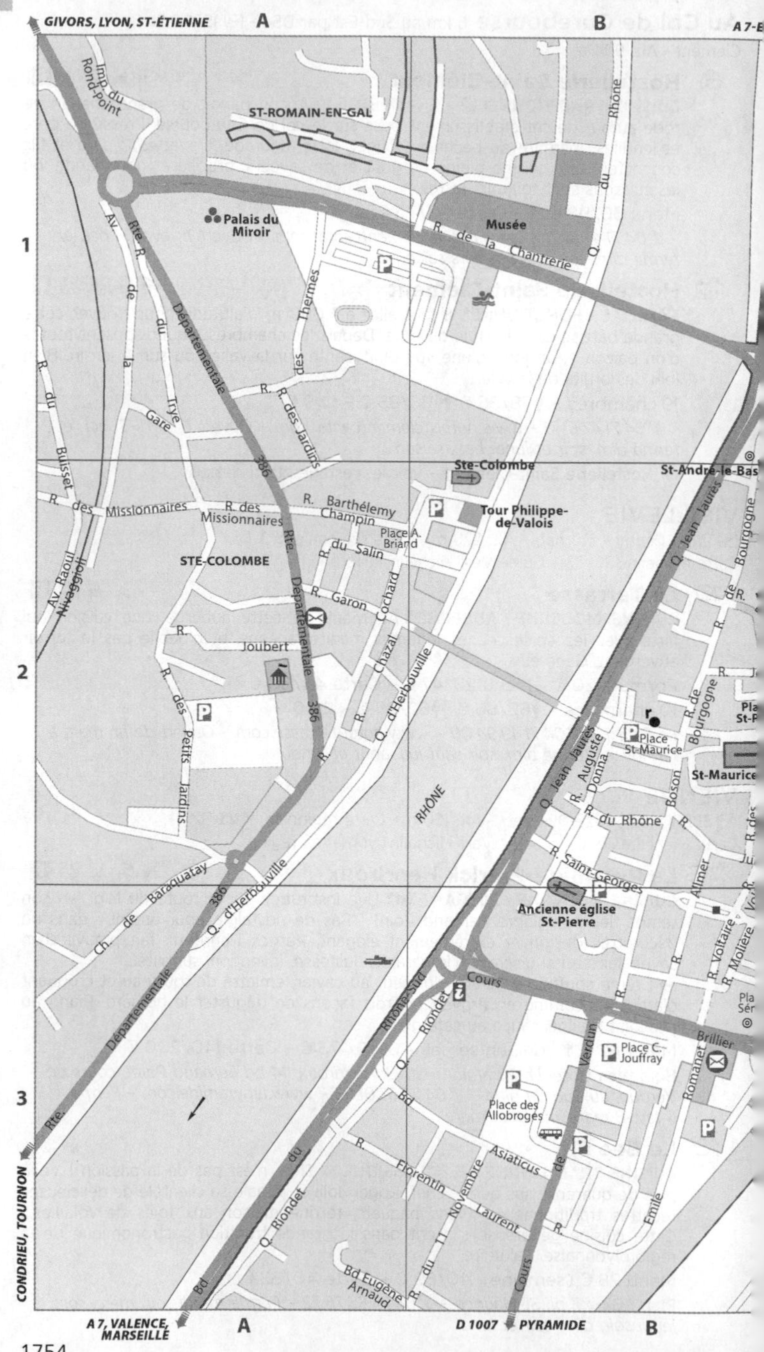
GIVORS, LYON, ST-ÉTIENNE
A
B
A 7-E
1
2
3
Imp. du Rond-Point
ST-ROMAIN-EN-GAL
Palais du Miroir
Musée
R. de la Chantrerie
Q. du Rhône
Av. R. de la Gare
Rte. Départementale
R. du Trye
R. des Thermes
R. des Jardins
R. du Buisset
386
Ste-Colombe
St-André-le-Bas
R. des Missionnaires
R. des Missionnaires
R. Barthélemy Champin
Tour Philippe-de-Valois
Place A. Briand
R. du Salin
STE-COLOMBE
Av. Raoul Nivaggioli
R. Garon
Rte. Départementale
R. Joubert
R. Cochard
R. Chazal
Q. d'Herbouville
R. des Petits Jardins
RHÔNE
Q. Jean Jaurès
R. de Bourgogne
Place St-Maurice
R. Auguste Donna
St-Maurice
R. du Rhône
R. Boson
R. Saint-Georges
Ch. de Baraquatay
Q. d'Herbouville
Ancienne église St-Pierre
Allmer
R. Voltaire
R. Molière
Rte. Départementale
Rhône Sud
Cours
Q. Riondet
Verdun
Place C. Jouffray
Brillier
Romanet
Place des Allobroges
Bd du R. Florentin Laurent
Asiaticus
Cours de
Emile
Q. Riondet
R. du 11 Novembre
Bd Eugène Arnaud
CONDRIEU, TOURNON
A 7, VALENCE, MARSEILLE
A
D 1007 PYRAMIDE
B

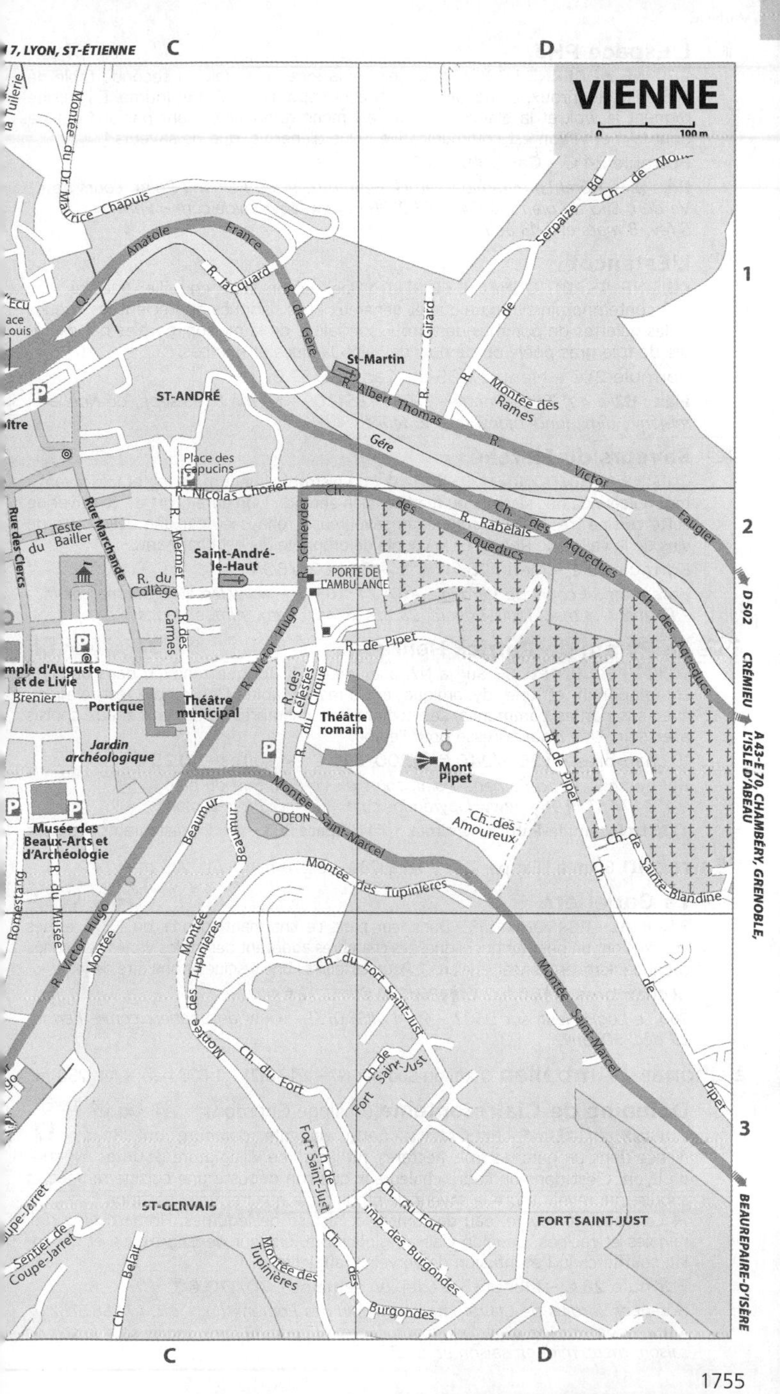
VIENNE
0
100 m
C
D
1
2
3
7, LYON, ST-ÉTIENNE
D 502
CRÉMIEU
A 43-E 70, CHAMBÉRY, GRENOBLE, L'ISLE-D'ABEAU
BEAUREPAIRE-D'ISÈRE
Montée du Dr Maurice Chapuis
Q. Anatole France
R. Jacquard
R. de Gère
St-Martin
R. Albert Thomas
Gère
R. Victor Faugier
R. Girard
Bd Serpaize
Ch. de Mont
Montée des Rames
ST-ANDRÉ
Place des Capucins
R. Nicolas Chorier
R. Schneyder
Ch. des Aqueducs
R. Rabelais
Rue des Clercs
Rue Marchande
R. Teste du Bailler
R. Mermet
Saint-André-le-Haut
R. du Collège
R. des Carmes
PORTE DE L'AMBULANCE
R. de Pipet
R. Victor Hugo
Temple d'Auguste et de Livie
Brenier
Portique
Théâtre municipal
R. des Célestes
R. du Cirque
Théâtre romain
Mont Pipet
Jardin archéologique
Musée des Beaux-Arts et d'Archéologie
Beaumur
ODÉON
Montée Saint-Marcel
Ch. des Amoureux
Ch. de Sainte-Blandine
Montée des Tupinières
Romestang
R. du Musée
Montée
Ch. du Fort Saint-Just
Ch. du Fort
Ch. de Fort Saint-Just
ST-GERVAIS
FORT SAINT-JUST
Imp. des Burgondes
Ch. des Burgondes
Sentier de Coupe-Jarret
Ch. Belair
Pipet

L'Espace PH3

CUISINE MODERNE • COSY XX Au sein de la Pyramide, voici la seconde table de la famille Henriroux. Le décor ? Chic et contemporain, feutré et intime. En cuisine règnent le wok et la plancha, et tout est mené tambour battant par une équipe dont la motivation est communicative... Que d'énergie, que de saveurs !

Formule 24 € – Carte 49/56 €

Hors plan *Hôtel La Pyramide-Patrick Henriroux, 14 bd Fernand-Point, cours de Verdun, Sud du plan – 04 74 53 01 96 – www.lapyramide.com – Fermé 5 fév.-8 mars et 5-13 août*

L'Estancot

CUISINE TRADITIONNELLE • BISTRO X Une valeur sûre en ville que ce bistrot contemporain sympathique et généreux ! Les habitués apprécient les criques – des galettes de pommes de terre –, spécialités de la maison, garnies par exemple de foie gras poêlé ou de noix de Saint-Jacques et gambas.

Formule 21 € – Menu 27/35 € – Carte 25/52 €

Plan : B2-e *4 r. Table-Ronde – 04 74 85 12 09 – Fermé 1er-16 sept., de Noël à mi-janv., dim., lundi mardi midi et fériés*

Saveurs du Marché

CUISINE TRADITIONNELLE • BISTRO X Un bistrot joliment moderne et très vivant... tout au service des saveurs du marché, bien entendu ! On aurait tort de se priver de cette cuisine très fraîche, soignée et savoureuse, rehaussée par une belle carte de vins de la vallée du Rhône. Et le couple de propriétaires est charmant...

Formule 19 € – Menu 28/47 € – Carte 28/60 €

Hors plan *34 cours de Verdun – 04 74 31 65 65 – www.lessaveursdumarche.fr – Fermé 7-13 mai, 8 juil.-13 août, 23 déc.-5 janv., sam., dim. et fériés*

La Pyramide-Patrick Henriroux

LUXE • PERSONNALISÉ Sur la N7, une adresse historique rénovée dans un style contemporain et une dynamique écolo-responsable. L'ensemble est élégant, avec ses parties communes, ses confortables chambres et ses matériaux choisis avec soin. Une belle adresse pour l'étape.

19 chambres – 200/240 € 200/240 € – 4 suites – 25 €

Hors plan – *14 bd Fernand-Point, cours de Verdun, Sud du plan – 04 74 53 01 96 – www.lapyramide.com – Fermé 5 fév.-8 mars*

La Pyramide-Patrick Henriroux • L'Espace PH3 – voir les restaurants ci-dessus

à Estrablin 8 km à l'Est par D41 – 38780 – 3 278 hab. – Alt. 223 m

La Gabetière

FAMILIAL • PERSONNALISÉ Dans leur parc, ce charmant manoir du 16e s. et ses annexes ont un petit air bucolique. Les chambres adoptent des styles variés et soignés (bonbonnière, provençal, ancien...). Pour les loisirs : une piscine et une aire de jeux.

12 chambres – 66/82 € 82/210 € – 12 €

269 Le Logis Neuf, sur D502 – 04 74 58 01 31 – www.la-gabetiere.com – Fermé 29 déc.-30 janv.

à Chonas-l'Amballan 9 km au Sud par N7 – 38121 – 1 623 hab. – Alt. 250 m

Domaine de Clairefontaine (Philippe Girardon)

CUISINE MODERNE • ÉLÉGANT XXX Cette élégante demeure du 18e s., nichée dans un parc de trois hectares, fut jadis une villégiature pour les évêques de Lyon. C'est dans un cadre chaleureux que l'on déguste une cuisine raffinée et subtile, qui révèle toute la saveur de produits de qualité. Belle partition !

→ Langoustine royale, eau de tomate et niçoise de légumes. Homard bleu rôti, ravioles et racines, bouillon clair au gingembre. Liqueur de Chartreuse et chocolat, soufflé chaud et infusion de verveine rafraîchie.

Formule 28 € – Menu 35 € (déj. en semaine), 70/170 €

Hôtel Les Jardins de Clairefontaine, chemin des Fontanettes – 04 74 58 81 52 – www.domaine-de-clairefontaine.fr – Fermé 17 déc.-19 janv., mardi sauf le soir en saison, merc. midi en saison et lundi

Le Cottage

CUISINE TRADITIONNELLE • BRANCHÉ X Le restaurant du Cottage est emmené par Philippe Girardon, chef dont la passion et l'expérience sont incontestables ; il réalise ici une cuisine bistrotière à base de beaux produits frais, que l'on dévore dans la grande salle à manger ou en terrasse, à l'ombre des platanes...

Formule 17 € - Menu 28 € - Carte 33/53 €

Hôtel le Cottage, 616 chemin du Marais
- ✆ 04 74 58 83 28 - www.domaine-de-clairefontaine.fr
- Fermé 15-23 fév.

Les Jardins de Clairefontaine

TRADITIONNEL • PERSONNALISÉ Tranquillité, espace et verdure : un environnement de choix pour ces chambres aménagées dans les anciennes écuries du domaine. Charme champêtre et atmosphère apaisante font leur effet...

18 chambres - 140/180 € 140/180 € - 16 €

105 chemin des Fontanettes - ✆ 04 74 58 81 52
- www.domaine-de-clairefontaine.fr - Fermé 17 déc.-19 janv.

Domaine de Clairefontaine - voir les restaurants ci-dessus

Le Cottage de Clairefontaine

BUSINESS • CONTEMPORAIN Ce Cottage - en fait une ancienne ferme - est niché dans le calme d'un petit hameau sur les hauteurs du Rhône. Passé le grand hall de réception, on découvre des chambres bien agencées, décorées dans les tons blanc et gris, avec du mobilier contemporain.

11 chambres - 95/180 € 95/180 € - 1 suite - 13 €

616 chemin du Marais
- ✆ 04 74 58 83 28 - www.domaine-de-clairefontaine.fr

Le Cottage - voir les restaurants ci-dessus

VIENNE-EN-VAL

✉ 45510 Loiret - 1 952 hab. - Alt. 112 m - Carte régionale n° **6**-C2
Carte Michelin 318-J5

Auberge de Vienne

CUISINE CLASSIQUE • RUSTIQUE XX Dans cet ancien relais de poste du 19e s., aux portes de la Sologne, on se régale d'une bonne cuisine classique qui évolue au gré des saisons. La spécialité de la maison : le feuilleté de poires flambées à l'alcool de poire d'Olivet. Cadre feutré, avec feu de cheminée l'hiver.

Formule 20 € - Menu 29/70 € - Carte 53/76 €

2 rte d'Orléans
- ✆ 02 38 58 85 47 - www.auberge-de-vienne.com
- Fermé 15 fév. 14 mars et 15 août-19 sept.

VIENNE-LE-CHÂTEAU

✉ 51800 Marne - 528 hab. - Alt. 129 m - Carte régionale n° **7**-C2
Carte Michelin 306-L7

rte de Binarville 1 km au Nord par D63 - ✉ 51800 Vienne-le-Château

Le Tulipier

TRADITIONNEL • FONCTIONNEL Sur les hauteurs du village, les amateurs de calme et de nature apprécieront cet hôtel bordant la forêt d'Argonne. En plus de sa piscine couverte, c'est un bon point de chute pour des activités de plein air. Cuisine traditionnelle et régionale au restaurant. Une bonne adresse !

35 chambres - 86 € 99 € - 11 €

r. St-Jacques - ✆ 03 26 60 69 90 - www.letulipier.com
- Fermé le week-end de déc. à mars

VIERZON

✉ 18100 Cher – 27 050 hab. – Alt. 122 m – Carte régionale n° **6**-C2
Carte Michelin 323-I3 – Guide Vert Michelin Limousin Berry

Les Petits Plats de Célestin

CUISINE TRADITIONNELLE • BRASSERIE X "Des petits plats réconfortants, qu'on aime retrouver" : voilà ce que défend ce Célestin. La terrine et le saumon fumé comptent parmi les incontournables de la maison, et l'on peut aussi se régaler d'un croustillant de pied de cochon ou d'un tajine d'agneau... Ces petits plats nous font vraiment du bien !

Formule 21 € – Menu 26/45 €

20 av. Pierre-Sémard (face à la gare) – ✆ 02 48 83 01 63 – www.lespetitsplatsdecelestin.com – Fermé 25 fév.-6 mars, 22 avril-1er mai, 19 août-5 sept., 2-16 janv., dim. et lundi

à Méreau 4 km au Sud par D918, rte d'Issoudun – ✉ 18120 – 2 582 hab. – Alt. 106 m

Château le Briou d'Autry

FAMILIAL • PERSONNALISÉ Cette gentilhommière du 19e s. cultive l'esprit maison de famille. "Rodin", "George Sand"... chaque chambre honore la mémoire d'un artiste. Aux beaux jours, on profite du parc.

5 chambres ☕ – †94/126 € ††94/126 €

31 r. d'Autry – ✆ 06 88 49 98 98 – www.lebrioudautry.fr – Fermé 2 semaines en août

rte de Tours 2,5 km au Nord-Ouest – ✉ 18100 Vierzon :

Le Champêtre

CUISINE TRADITIONNELLE • AUBERGE XX Une petite maison sympathique à la sortie de la ville. On y apprécie de savoureuses recettes du terroir dans un cadre un rien champêtre. Une adresse familiale où se restaurer à prix raisonnables.

Menu 18 € (déj. en semaine), 24/29 € – Carte 32/46 €

89 rte de Tours – ✆ 02 48 75 87 18 – www.le-champetre.com – Fermé 1 semaine en fév., 1 semaine août, dim. soir, lundi soir, mardi soir et merc.

VIEUX-MOULIN – 60 Oise → Voir Compiègne

VIGNIEU

✉ 38890 Isère – 1 016 hab. – Alt. 269 m – Carte régionale n° **23**-B2
Carte Michelin 333-F4

Le Capella

CUISINE MODERNE • CLASSIQUE XX Présentations soignées, jeux sur les textures, utilisation de bons produits : voici les savoureux arguments de Nicolas Doucet, aux fourneaux de ce Capella. Le cadre n'est pas en reste : deux salles voûtées en pierre, et une terrasse face à la piscine et au jardin. Carte des vins pointue, avec 450 références (surtout de la vallée du Rhône).

Formule 23 € – Menu 42/82 € – Carte 69/79 €

Château de Chapeau Cornu, 312 r. de la Garenne – ✆ 04 74 27 79 00 – www.lecapella.com – Fermé vacances de Noël, le midi en semaine en juil.-août, dim. soir, lundi midi, mardi midi et merc.

Château de Chapeau Cornu

HISTORIQUE • ROMANTIQUE Dans un cadre verdoyant, au sein d'un parc arboré, ce château du 13e s. vous accueille dans des chambres romantiques et personnalisées, plutôt spacieuses (certaines ont même un baldaquin !). La belle piscine chauffée est un plus indéniable : une adresse idéale pour se mettre au vert.

21 chambres – †155/229 € ††155/229 € – ☕ 18 €

312 r. de la Garenne – ✆ 04 74 27 79 00 – www.chateau-chapeau-cornu.fr – Fermé vacances de Noël

Le Capella – voir les restaurants ci-dessus

VIGNOUX-SUR-BARANGEON

✉ 18500 Cher - 2 143 hab. - Alt. 157 m - Carte régionale n° **6**-C3
Carte Michelin 323-J3

Le Prieuré

CUISINE MODERNE • CONVIVIAL XXX Dans cet ancien presbytère du 19es., la gourmandise est loin d'être un péché ! On y apprécie une cuisine dans l'air du temps : râble de lapin au romarin et son caviar d'aubergines, meringue glacée à l'arabica et mousse vanille... À déguster dans un décor clair, presque monacal. Belle terrasse.

Formule 20 € - Menu 26 € (déj. en semaine), 39/66 € - Carte environ 47 €

5 chambres - 70/90 € 70/90 €

r. Jean-Graczyk - 02 48 51 58 80 - www.le-prieure-hotel.com - Fermé vacances de fév., 1 semaine en août, vacances de la Toussaint, mardi et merc. hors saison

VIGOULET-AUZIL

✉ 31320 Haute-Garonne - 912 hab. - Alt. 290 m - Carte régionale n° **15**-B2
Carte Michelin 343-G3

Château d'Arquier

HISTORIQUE • À LA CAMPAGNE Sur un coteau arboré, cette bâtisse typiquement toulousaine recèle le charme bourgeois des maisons de famille (mobilier de style, peintures murales de Marc Saint-Saëns...). Sur l'arrière, on profite d'une belle vue sur le vaste parc. Quel calme !

3 chambres - 95/100 € 100/115 €

17 av. des Pyrénées - 05 61 75 80 76 - www.arquier.com

VILLARD-DE-LANS

✉ 38250 Isère - 4 051 hab. - Alt. 1 040 m - Carte régionale n° **23**-C2
Carte Michelin 333-G7 - Guide Vert Michelin Alpes du Nord

La Doline

CUISINE TRADITIONNELLE • CONVIVIAL X Sous l'égide d'un jeune chef autodidacte, dans un décor associant montagne et modernité, cette petite table propose une cuisine traditionnelle - ainsi ce filet de truite fumée, le confit de canard maison ou les cèpes du Vercors.

Menu 32/40 € - Carte 42/59 €

Hôtel La Roseraie, 309 av. Nobecourt - 04 76 95 11 99 - www.ladoline.com - Fermé 1er-14 avril, 13-26 mai, 30 sept.-15 déc. et le midi

Les Trente Pas N

MODERNE • TRADITIONNEL X À une trentaine de pas de l'église de Villard, un restaurant de poche au décor soigné. Dans une jolie salle à manger, l'œil s'attarde sur les tableaux d'un artiste local... Derrière ses fourneaux, le chef honore les produits (notamment du Vercors) au gré du marché et de son inspiration. Un travail soigné.

Formule 18 € - Menu 20 € (déj. en semaine), 30/48 € - Carte 31/47 € dîner

16 r. des Francs-Tireurs - 04 76 94 06 75 - www.lestrentepas.fr - Fermé avril, mi-nov. à mi-déc., dim. soir, lundi soir et mardi sauf fériés

La Roseraie

FAMILIAL • MONTAGNARD Un joli rendez-vous à l'écart du village... Dans les étages, la vue sur le Vercors est une invitation à la promenade. On aime autant les chambres, cosy et bien décorées, que le restaurant, qui invite à la gourmandise.

17 chambres - 95/135 € 110/160 € - 13 €

309 av. Nobecourt - 04 76 95 11 99 - www.hotellaroseraie.com - Fermé 1er-14 avril et 12 nov.-15 déc.

La Doline - voir les restaurants ci-dessus

au Sud-Ouest par D215 et rte du col du Liorin

La Ferme du Bois Barbu

CUISINE TRADITIONNELLE • FAMILIAL Non loin des pistes de ski de fond et des chemins de randonnée, dans un environnement préservé – que la région est pittoresque ! –, une adresse sympathique, montagnarde mais nullement rude : au cœur de l'hiver, par exemple, le bon feu de cheminée va si bien à la cuisine du terroir...

Menu 16 € (semaine), 21/29 €

8 chambres – 72 € 72 € – 10 €

à Bois-Barbu, 3 km – 04 76 95 13 09 – www.fermeboisbarbu.com – Fermé 22 oct.-4 nov. et merc.

au Balcon de Villard 4 km au Sud-Est par D215 et D215B – 38250 Villard-de-Lans :

Les Playes

FAMILIAL • FONCTIONNEL Un grand chalet avec des chambres coquettes, sous la houlette de deux frères ayant repris l'affaire à la suite de leurs parents. L'un d'entre eux, passionné de marche, vous donnera de bons conseils de rando ! L'autre, en cuisine, est l'inventeur de la spécialité maison : les nems de truite rose et d'écrevisse... Sinon, carte traditionnelle.

20 chambres – 85/120 € 98/145 € – 13 €

Les Pouteils Côte 2000 – 04 76 95 14 42 – www.hotel-playes.com – Ouvert 10 mai-23 sept. et 8 déc.-8 avril

à Corrençon-en-Vercors 6 km au Sud par D215 – 38250 – 356 hab. – Alt. 1 105 m

Palégrié

CUISINE MODERNE • MONTAGNARD Superbes produits régionaux, plantes, herbes et légumes des environs... C'est avec tout cela que le chef, Guillaume Monjuré, réalise des assiettes à la fois fines et goûteuses, s'autorisant des pointes de créativité bien maîtrisée. Le tout est accompagné des bons vins sélectionnés par Chrystel Barnier, son associée.

→ Cuisine du marché.

Menu 42/88 €

Hôtel du Golf, Les Ritons – 04 76 95 84 84 – www.hotel-du-golf-vercors.fr – Ouvert début mai à mi-oct. et début déc. à fin mars et fermé le midi sauf sam., dim. et fériés

Hôtel du Golf

FAMILIAL • PERSONNALISÉ Quelle métamorphose pour ce qui n'était il y a cinquante ans qu'une minuscule auberge... L'œuvre de trois générations successives, qui ont créé un bel établissement sans perdre l'esprit de famille (aujourd'hui, le benjamin de la fratrie, menuisier, assure le travail du bois !). Espace, calme, grand confort, prestations variées : on quitte les lieux à regret...

17 chambres – 110/210 € 110/210 € – 5 suites – 16 €

Les Ritons – 04 76 95 84 84 – www.hotel-du-golf-vercors.fr – Ouvert début mai à mi-oct. et début déc. à fin mars

Palégrié – voir les restaurants ci-dessus

Les Clarines

TRADITIONNEL • MONTAGNARD L'ambiance est chaleureuse dans ce petit hôtel situé au centre du village, à deux pas de l'église. Dans un décor montagnard actuel et élégant, on se prélasse au coin du feu ou dans l'espace spa, moderne et confortable (avec sauna, hammam et jacuzzi).

16 chambres – 100/185 € 100/185 € – 15 €

Les Ravauds – 04 76 95 81 81 – www.lesclarines.com – Fermé 9 avril-8 mai et 1er nov.-15 déc.

LE VILLARS - 71 Saône-et-Loire ➔ Voir Tournus

VILLARS

✉ 84400 Vaucluse - 776 hab. - Alt. 330 m - Carte régionale n° **22**-E1
Carte Michelin 332-F10

La Table de Pablo

CUISINE MODERNE • CONVIVIAL X Pour goûter une cuisine délicate et volontiers créative, à base de beaux produits régionaux, ce restaurant entre vignes et cerisiers est tout trouvé : en témoigne ce pigeon en deux cuissons, plat signature de la maison... Mention spéciale pour la paisible terrasse bercée par le chant des cigales !

Menu 32/42 € - Carte 45/60 €

Hameau des Petits-Cléments - ✆ 04 90 75 45 18 - www.latabledepablo.com - Fermé 2-13 sept., 11 déc.-9 fév., sam. midi, jeudi midi et merc.

VILLARS-LES-DOMBES

✉ 01330 Ain - 4 447 hab. - Alt. 281 m - Carte régionale n° **24**-E1
Carte Michelin 328-D4 - Guide Vert Michelin Lyon et sa région

à Bouligneux 4 km au Nord-Ouest par D2 - ✉ 01330 - 300 hab. - Alt. 282 m

Le Thou

CUISINE TRADITIONNELLE • AUBERGE X Cette ancienne auberge de village superbement fleurie et sa charpente vitrée invitent à la confiance. La carte, dédiée aux terroirs de Bresse et de Dombes (dont la quenelle de volaille aux morilles, spécialité de la maison) confirme nos intuitions. Une table appréciée dans les environs, notamment pour son agréable terrasse.

Menu 29/59 € - Carte 40/55 €

Le Village - ✆ 04 74 98 15 25 - www.lethou.com - Fermé dim. soir et lundi de janv. à sept. et mardi de janv. à avril

LA VILLE-BLANCHE - 22 Côtes-d'Armor ➔ Voir Lannion

VILLEBLEVIN

✉ 89340 Yonne - 1 845 hab. - Alt. 59 m - Carte régionale n° **4**-A1
Carte Michelin 319-B2

Auberge L'Escale 87

CUISINE TRADITIONNELLE • COSY X Une bien chaleureuse auberge au bord de l'ancienne N6, dont l'intérieur coquet se pare de divers objets agrestes et de mobilier rustique. La tradition est de mise dans les assiettes, goûteuses, colorées, et servies avec le sourire par-dessus le marché : on passe un moment très agréable.

Menu 23 € (semaine), 33/48 € - Carte 40/63 €

Le Petit-Villeblevin, D606, rte de Paris - ✆ 03 86 66 42 56 - Fermé lundi soir, mardi et merc.

VILLECHAUD - 58 Nièvre ➔ Voir Cosne-Cours-sur-Loire

VILLECOMTAL-SUR-ARROS

✉ 32730 Gers - 830 hab. - Alt. 177 m - Carte régionale n° **15**-A2
Carte Michelin 336-D9

Le Rive Droite

CUISINE MODERNE • CLASSIQUE XXX George Sand séjourna dans cette élégante chartreuse (18e s.) située au bord de la rivière. L'ancien et le contemporain s'y mêlent avec brio, et la cuisine honore la tradition autant qu'elle ose une audacieuse créativité. Une adresse de grande qualité.

Formule 25 € 🍷 - Carte environ 45 €

1 chemin St Jacques - ✆ 05 62 64 03 08 - www.lerivedroite.com - Fermé 31 oct.-14 nov., merc. midi, lundi et mardi sauf du 17 juil. au 19 août

VILLE-D'AVRAY - 92 Hauts-de-Seine ➔ Voir Autour de Paris

VILLEDIEU-LES-POÊLES

✉ 50800 Manche - 3 759 hab. - Alt. 105 m - Carte régionale n° **17**-A2
Carte Michelin 303-E6 - Guide Vert Michelin Normandie Cotentin

Manoir de l'Acherie

CUISINE TRADITIONNELLE • RUSTIQUE XX Au cœur du bocage, on se réfugie avec plaisir dans la chaleur de ce manoir du 17e s. Les plats du terroir régional sont à l'honneur, comme les grillades au feu de bois dans la grande cheminée en pierre... Un vrai moment gourmand, version pomme et crème fraîche !

Formule 18 € - Menu 23/51 € - Carte 31/79 €

Hôtel Manoir de l'Acherie, 37 r. Michel-de-l'Épinay (à Ste-Cécile), 3,5 km à l'Est par D975 et D554 (sortie 38 sur A84) - ✆ 02 33 51 13 87 - www.manoir-acherie.fr - Fermé 27 fév.-11 mars, 12 nov.-5 déc., dim. soir d'oct. à avril et lundi

La Ferme de Malte

CUISINE TRADITIONNELLE • CLASSIQUE XXX Cette ancienne ferme de l'ordre de Malte abrite des salles chaleureuses donnant sur une terrasse. Cuisine traditionnelle et quelques préparations dans l'air du temps. Chambres calmes et confortables pour prolonger l'étape.

Menu 23/43 € - Carte 37/51 €

4 chambres - 80/100 € 80/100 € - 10 €

11 r. Jules-Tétrel - ✆ 02 33 91 35 91 - www.lafermedemalte.fr - Fermé 1er-15 janv., dim. soir, merc. soir et lundi

Le Fruitier (N)

TRADITIONNEL • FONCTIONNEL Dans le centre de la "cité du cuivre", cette hôtellerie familiale a su donner à la plupart de ses chambres un look contemporain. On pourra profiter du restaurant traditionnel (avec une formule bistrot au déjeuner en semaine).

48 chambres - 49/114 € 49/114 € - 11 €

3 r. Jules-Ferry (pl. des Costils) - ✆ 02 33 90 51 00 - www.le-fruitier.com

Manoir de l'Acherie

AUBERGE • TRADITIONNEL Non loin de Villedieu-les-Poêles, ce manoir du 17e s. accueille les voyageurs dans une ambiance familiale et rustique : le bois des poutres et des meubles se mêle à la paille des chaises et à la pierre d'une grande cheminée... Jolie étape dans le bocage normand !

18 chambres - 70/120 € 70/120 € - 12 €

37 r. Michel-de-l'Épinay (à Ste-Cécile), 3,5 km à l'Est par D975 et D554 (sortie 38 sur A84) - ✆ 02 33 51 13 87 - www.manoir-acherie.fr - Fermé 27 fév.-11 mars et 12 nov.-5 déc.

Manoir de l'Acherie - voir les restaurants ci-dessus

VILLEDIEU-SUR-INDRE

✉ 36320 Indre - 2 769 hab. - Alt. 135 m - Carte régionale n° **6**-B3
Carte Michelin 323-F5

La Gourmandine

CUISINE MODERNE • ÉLÉGANT XX Toujours un plaisir de fréquenter cette maison chaleureuse, aussi élégante que feutrée. Le patron donne beaucoup et concocte une cuisine très alléchante. Une carte volontairement courte, de beaux produits : on ne manque pas d'appétit ! Trois jolies chambres pour l'étape.

Formule 14 € - Menu 17 € (déj. en semaine), 30/42 € - Carte 36/56 €

3 chambres - 45/65 € 50/70 € - 10 €

1 av. de la Gare - ✆ 02 54 29 87 91 - www.lagourmandine36.fr - Fermé 1 semaine en mars, 3 semaines en août, 1 semaine en janv., merc. soir, dim. soir et lundi

VILLE-DU-PONT - 25 Doubs → Voir Montbenoît

VILLEFRANCHE-DE-ROUERGUE

✉ 12200 Aveyron - 11 822 hab. - Alt. 230 m - Carte régionale n° **15**-C1
Carte Michelin 338-E4

Côté Saveurs

CUISINE MODERNE • COSY XX L'ancienne caserne des pompiers a été revisitée à la mode contemporaine, et le résultat est à la hauteur ! Quant à la cuisine, elle met en valeur le terroir aveyronnais de fort belle manière : pavé de veau de l'Aveyron, salsifis et moelleux de patate douce, tarte au citron revisitée à la crème citron vert...

Menu 23 € (déj. en semaine), 33/64 € - Carte 53/74 €

pl. Fontanges (La Caserne, 1er étage) - ✆ 05 65 65 83 64 - www.cote-saveurs.fr - Fermé dim. et lundi

Univers

CUISINE CRÉATIVE • TENDANCE X Au bord de la rivière, cette table ne désemplit pas... et c'est bien mérité ! Deux anciens de Top Chef, Quentin Bourdy et Noémie Honiat, s'y partagent les tâches : lui, côté salé, compose des assiettes spontanées et créatives ; elle, pâtissière de formation, imagine de savoureux desserts. Au rez-de-chaussée, ambiance de bistrot et cuisine d'antan.

Formule 23 € - Menu 32/53 € - Carte 44/55 €

15 chambres - †49/59 € ††59/69 € - ☕ 8 €

2 pl. de la République (1er étage) - ✆ 05 65 45 15 63 - www.lunivers-villefranche.com - Fermé dim. et lundi

Les Fleurines

BUSINESS • CONTEMPORAIN À deux pas de la chapelle des Pénitents-Noirs, deux engageantes bâtisse en pierre (l'une d'entre elles arbore un mur végétal), avec des chambres contemporaines - dont une partie plus haut-de-gamme. Sobre et design, mais néanmoins très cosy : le meilleur hôtel du centre-ville.

26 chambres - †59/159 € ††59/159 € - 2 suites - ☕ 12 €

17 bd Haute-Guyenne - ✆ 05 65 45 86 90 - www.lesfleurines.com

Les Terrasses de la Maison Pago

FAMILIAL • PERSONNALISÉ Installée dans une ancienne conserverie de champignons et huile de noix, cette maison d'hôtes en a conservé l'atmosphère (rouages, monte-charge traversant le salon) ; l'ensemble est résolument contemporain et ne manque pas de charme, jusqu'aux chambres, joliment décorées.

3 chambres ☕ - †74/84 € ††86/96 €

29 r. Durand de Montlauzeur - ✆ 05 65 81 59 26 - www.maisonpago.fr - Fermé 25 déc.-15 janv.

au Farrou Nord 4 km par D1E - ✉ 12200 Villefranche de Rouergue

Relais de Farrou

CUISINE MODERNE • ÉLÉGANT XX Cette maison est chargée d'histoire : c'était autrefois un relais de poste, c'est désormais un relais gourmand ! Demi-pigeon de la Coulonnière et jus corsé aux airelles, veau de l'Aveyron à l'aligot et caviar d'aubergine : on se régale de jolis petits plats accompagnés de vins bien choisis.

Formule 18 € - Menu 25 € (semaine), 41/59 € - Carte 50/65 €

- ✆ 05 65 45 18 11 - www.relaisdefarrou.com - Fermé sam. midi, dim. soir et lundi midi sauf juil.-août

Relais de Farrou

FAMILIAL • PERSONNALISÉ Entre route et rivière, ce relais de poste né en 1792 a su rester jeune et frais ! Les chambres sont contemporaines et confortables, et la liste des équipements est longue : tennis, minigolf, piscine, fitness... et même un héliport !

26 chambres - †79/149 € ††79/149 € - ☕ 12 €

- ✆ 05 65 45 18 11 - www.relaisdefarrou.com

Relais de Farrou - voir les restaurants ci-dessus

VILLEFRANCHE-SUR-MER

✉ 06230 Alpes-Maritimes - 5 219 hab. - Alt. 30 m - Carte régionale n° **22**-E2
Carte Michelin 341-E5 - Guide Vert Michelin Côte d'Azur

La Mère Germaine

POISSONS ET FRUITS DE MER • RUSTIQUE XX Poisson frais et fruits de mer depuis 1938 : la Mère Germaine est une institution locale, où Cocteau avait ses habitudes. En été, la jet-set presse ses yachts à l'abordage du restaurant ; attablé en terrasse face au port, on passe effectivement un agréable moment... si l'on n'est pas trop regardant sur le prix.

Menu 48 € - Carte 67/133 €

9 quai Courbet - ✆ 04 93 01 71 39 - www.meregermaine.com - Fermé 12 nov.-31 déc., 1er janv.-11 fév.

Welcome

FAMILIAL • PERSONNALISÉ Welcome : un nom tout trouvé pour cet hôtel accueillant et confortable, jadis fréquenté par Jean Cocteau, qui décora la chapelle St-Pierre voisine. L'emplacement est idéal : face aux flots, chaque chambre, façon cabine de bateau, dispose d'un balcon envahi par le soleil...

32 chambres - †149/398 € ††149/398 € - 3 suites - ☕ 18 €

3 quai Amiral-Courbet - ✆ 04 93 76 27 62 - www.welcomehotel.com - Fermé 14 nov.-16 déc.

VILLEFRANCHE-SUR-SAÔNE

✉ 69400 Rhône - 36 559 hab. - Alt. 190 m - Carte régionale n° **24**-E1
Carte Michelin 327-H4 - Guide Vert Michelin Lyon et sa région

La Ferme du Poulet

CUISINE CLASSIQUE • ÉLÉGANT XXX Joli endroit que cette ferme du 17e s. tout en pierre, transformée en hôtel-restaurant. L'établissement est le repaire d'un couple de bons professionnels (le chef est champion du monde 2016 de pâté en croûte !), qui ont modernisé le décor et y servent une cuisine axée sur les produits de la région.

Menu 20 € (déj. en semaine), 32/80 € - Carte 48/82 €

9 chambres - †98/150 € ††98/150 € - ☕ 16 €

Hors plan *180 r. Georges-Mangin - ✆ 04 74 62 19 07 - www.lafermedupoulet.com - Fermé 2 semaines en août, en janv., dim. et lundi*

Belooga

CUISINE TRADITIONNELLE • BRASSERIE XX Une brasserie chic, supervisée par les chefs Hervé Raphanael et Guy Lassausaie. Tout y est fait maison, des amuse-bouche aux desserts, et le "semainier" (le menu hebdomadaire) est attendu avec impatience tous les jeudis par les habitués de la maison...

Formule 27 € - Menu 33 € (déj. en semaine), 55/65 € - Carte 51/70 €

Plan : B2-a *Hôtel Ici & Là, 384 bd Louis-Blanc - ✆ 04 37 55 09 09 - www.hotelicietla.com*

Mercure Ici & Là

URBAIN • DESIGN Un hôtel récent, créé à deux pas du centre-ville. Le bâtiment, très contemporain, répond aux normes Haute Qualité Environnementale ; les chambres se révèlent spacieuses, fonctionnelles et bien insonorisées. Une adresse agréable, ici et nulle part ailleurs.

78 chambres - †90/140 € ††160/180 € - ☕ 18 €

Plan : B2-a *384 bd Louis-Blanc - ✆ 04 37 55 09 09 - www.hotelicietla.com*

Belooga - voir les restaurants ci-dessus

à Jassans-Riottier 4 km à l'Est par D904 - ✉ 01480 - 6 222 hab. - Alt. 180 m

L'Embarcadère

CUISINE TRADITIONNELLE • BRASSERIE X "Cuisine de campagne au bord de l'eau" : voilà le credo de cette adresse griffée Georges Blanc, au bord de la Saône, entre guinguette chic et brasserie contemporaine. Quand la tradition se fait tendance... Embarquement immédiat !

Formule 23 € 🍷 - Menu 31/57 € - Carte 40/67 €

15 av. de la Plage - ✆ 04 74 07 07 07 - www.lespritblanc.com

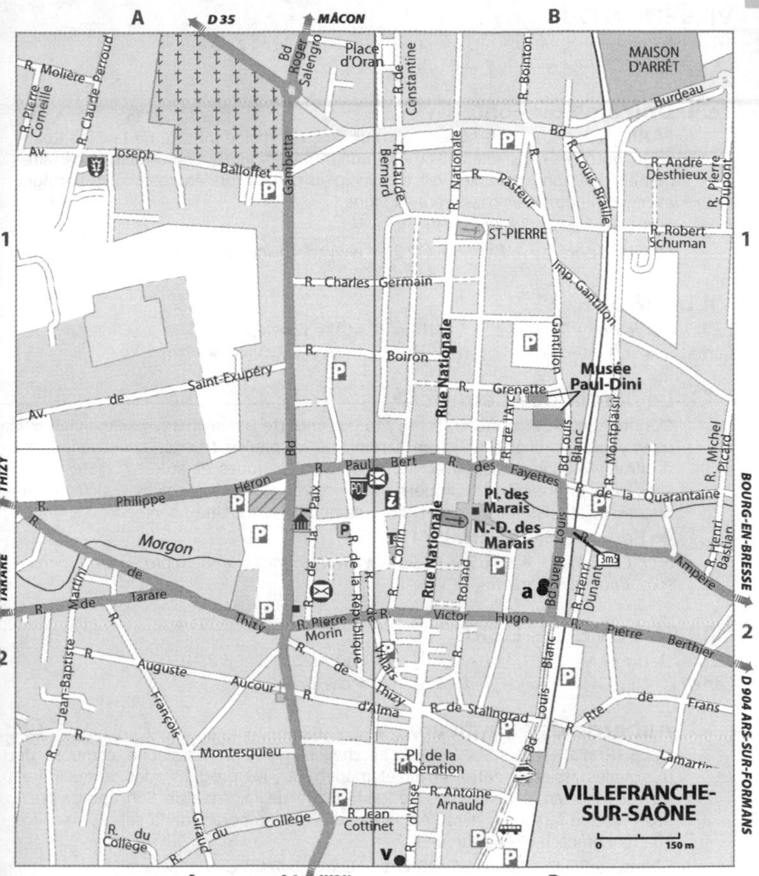

VILLEGENON

✉ 18260 Cher – 223 hab. – Alt. 297 m – Carte régionale n° **6**-C2
Carte Michelin 323-L2

La Récréation Gourmande

CUISINE TRADITIONNELLE • CONVIVIAL X Dans cette ancienne école du début du 20 e s., où trône un vieux poêle surmonté d'un bonnet d'âne, les mauvais élèves ne sont pas mis au pain sec et à l'eau ! Quel que soit le niveau de la classe, tout le monde se régale d'une cuisine de produits généreuse et goûteuse. Une agréable Récréation Gourmande...

Formule 13 € – Menu 22 € (déj. en semaine)/28 €
– Carte 31/40 €

3 r. de l'Ancienne-École (Le bourg)
– ✆ 02 48 73 45 36 – www.la-recreation-gourmande.com
– Fermé 1er-18 juil., 24 déc.-8 janv., dim. soir, lundi soir, mardi soir et merc.

VILLEMAGNE-L'ARGENTIÈRE – 34 Hérault ➜ Voir Bédarieux

VILLEMONTAIS

✉ 42155 Loire - 1 007 hab. - Alt. 466 m - Carte régionale n° **23**-A1
Carte Michelin 327-C4

Domaine du Fontenay

FAMILIAL · À LA CAMPAGNE Au cœur de ce domaine viticole de la Côte Roannaise, entre les ceps, une belle maison de métayer (1869), confortable et parfaitement tenue : on y pose ses valises avec plaisir. Les propriétaires aiment partager avec leurs hôtes leur passion de la vigne !

4 chambres - 78 € 88 €

Lieu-dit Fontenay - ✆ 04 77 63 12 22 - www.domainedufontenay.com

VILLENEUVE

✉ 12260 Aveyron - 1 954 hab. - Alt. 411 m - Carte régionale n° **15**-C1
Carte Michelin 338-E4 - Guide Vert Michelin Lot Aveyron Vallée du Tarn

Le Jardin des Causses

CUISINE MODERNE · CONVIVIAL XX Peu importe la sécheresse des plateaux quercynois : le chef tient ici un Jardin très hospitalier ! Dans l'assiette, le veau de l'Aveyron s'encanaille avec les plantes aromatiques et autres tomates cultivées dans le potager de son père ; les recettes sont bien ficelées, avec d'agréables associations de textures et des cuissons précises. Une bonne adresse.

Formule 15 € - Menu 19/41 €

5 pl. Cardalhac - ✆ 05 65 65 84 95 - www.lejardindescausses.com - Fermé dim. soir, lundi soir et mardi

VILLENEUVE-DE-BERG

✉ 07170 Ardèche - 2 927 hab. - Alt. 320 m - Carte régionale n° **23**-B3
Carte Michelin 331-J6 - Guide Vert Michelin Ardèche Drôme

Auberge de Montfleury

CUISINE MODERNE · ÉLÉGANT XX Le chef, un véritable passionné, compose de très belles assiettes entre terroir et modernité ; les produits sont de qualité et les recettes témoignent d'une véritable envie de faire plaisir. Son épouse n'est pas en reste, assurant, dans l'élégant cadre contemporain de la salle, un service à la fois efficace et chaleureux !

Formule 20 € - Menu 35/95 € - Carte 54/63 €

à la gare, 4 km à l'Ouest par N102, rte d'Aubenas ✉ 07170 St-Germain - ✆ 04 75 94 74 13 - www.auberge-de-montfleury.fr - Fermé 15-30 janv., 15-30 nov. , dim. soir, lundi et mardi

La Table de Léa

CUISINE MODERNE · CLASSIQUE XX Dans cette ancienne grange, la chef élabore une cuisine du marché assez personnelle. Pendant ce temps-là, on profite de la belle terrasse sous les marronniers...

Menu 26/65 € - Carte environ 56 €

Le Petit Tournon, 1,5 km au Sud-Ouest par D558 - ✆ 04 75 94 70 36 - www.restaurant-table-lea.com - Fermé 5-14 mars, nov., merc. soir et le midi du lundi au jeudi

VILLENEUVE-LA-SALLE - 05 Hautes-Alpes → Voir Serre-Chevalier

VILLENEUVE-LÈS-AVIGNON

✉ 30400 Gard - 12 232 hab. - Alt. 23 m - Carte régionale n° **12**-D2
Carte Michelin 339-N5 - Guide Vert Michelin Provence

Voir Plan d'Avignon

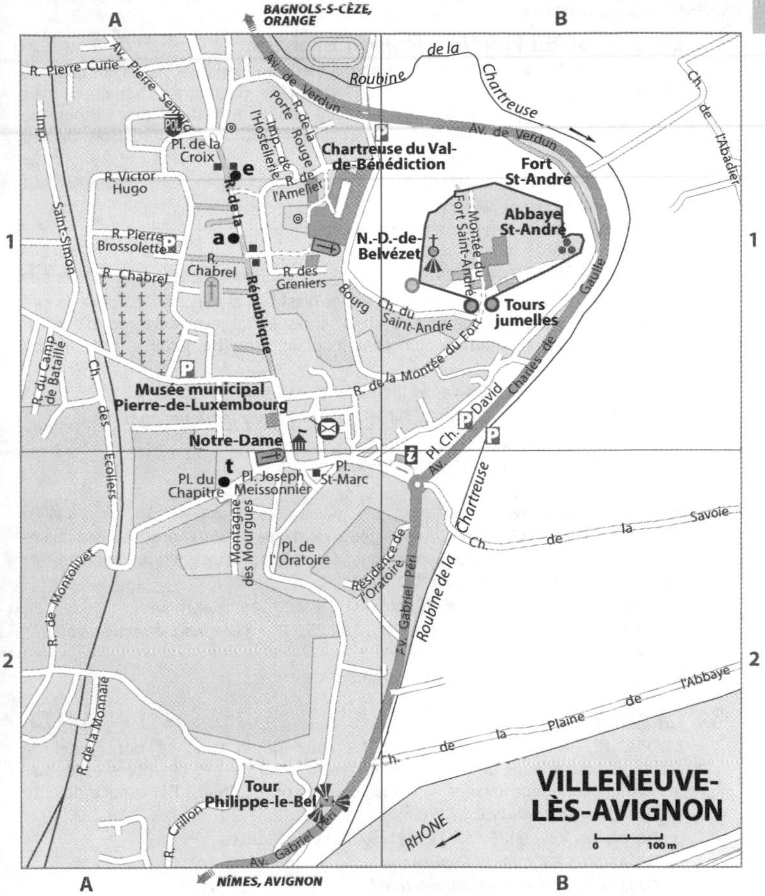

BAGNOLS-S-CÈZE, ORANGE

NÎMES, AVIGNON

VILLENEUVE-LÈS-AVIGNON

0 100 m

Le Prieuré

CUISINE MODERNE • ÉLÉGANT XXX Une seule prière pour cette table bucolique : des produits de saison, mis en valeur au fil du calendrier... Les préparations sont fines et délibérément simples. Entre rosiers et glycine séculaire, la terrasse se révèle charmante.
➜ Émietté de chair de tourteau, artichaut cuit et frit, gelée gingembre. Pigeon, mitonnée de févettes et pistaches, jus réduit au tanin de vin rouge. Fraises marinées à l'huile d'olive, coque meringuée croustillante.

Formule 36 € – Menu 52 € 🍷 (déj. en semaine), 70/110 € – Carte 105/120 €

Plan : A2-t *Hôtel Le Prieuré, 7 pl. du Chapitre – ✆ 04 90 15 90 15 – www.leprieure.com – Ouvert de mars à nov. et fermé dim. soir, mardi midi et lundi sauf de mai à sept.*

La Magnaneraie

CUISINE TRADITIONNELLE • ÉLÉGANT XXX La Provence s'invite à la table de ce bel établissement des environs d'Avignon ! Terrine de foies de volaille, pavé de thon grillé et sa ratatouille, autant de préparations goûteuses et soignées que l'on déguste dans une salle élégante, éclairée par un puits de jour.

Formule 20 € – Menu 28 € (déj.)/34 € – Carte 45/60 €

Hors plan *Hôtel La Magnaneraie, 37 r. Camp-de-Bataille – ✆ 04 90 25 11 11 – www.magnaneraie.najeti.fr – Ouvert 2 mars-31 oct. et fermé lundi midi, sam. midi et dim.*

Le Bistrot du Moulin - Maison Bronzini

CUISINE MODERNE • CONVIVIAL Comme son nom l'indique, ce bistrot plein de cachet est attenant au moulin à huile d'olive du 14e s. (toujours en activité !), mais aussi à une boulangerie-pâtisserie. Le menu épouse le rythme des saisons. Ne manquez surtout pas les desserts et particulièrement les glaces maison. Un lieu qui prend toute sa dimension en été.

Menu 32/37 € – Carte 30/45 €

Plan : A1-e *74 r. de la République – 04 90 25 45 59 – www.maisonbronzini.com*

Le Prieuré

LUXE • PERSONNALISÉ Le palais des Papes n'est pas si loin... Au cœur de la cité médiévale de Villeneuve, ce prieuré du 14e s. distille un je-ne-sais-quoi d'exclusivité. Vieilles pierres, dernier chic contemporain, superbe jardin... à l'écart du monde.

26 chambres – 150/844 € 150/844 € – 13 suites – 27 €

Plan : A2-t *7 pl. du Chapitre – 04 90 15 90 15 – www.leprieure.com – Ouvert de mars à nov.*

Le Prieuré – voir les restaurants ci-dessus

La Magnaneraie

TRADITIONNEL • ÉLÉGANT Cette élégante demeure du 15e s. propose des chambres contemporaines (styles romantique, colonial...). Espace lounge sur une terrasse ombragée de platanes, jardin fleuri.

30 chambres – 96/269 € 96/340 € – 2 suites – 16 €

Hors plan *37 r. Camp-de-Bataille – 04 90 25 11 11 – www.magnaneraie.najeti.fr – Ouvert 2 mars-31 oct.*

La Magnaneraie – voir les restaurants ci-dessus

La Suite

BOUTIQUE HÔTEL • PERSONNALISÉ Au cœur de la ville, ce petit hôtel de charme se niche dans une ancienne biscuiterie du 17e s. Les chambres et les suites ont chacune leur univers : ethnique, années pop, urbain... Bel espace détente et joli jardin. Une adresse à croquer !

6 chambres – 129/350 € 129/410 € – 3 suites

Plan : A1-a *65-67 r. de la République – 04 90 21 51 07 – www.hotellasuite.fr – Ouvert de mi-avril à mi-oct.*

VILLENEUVE-LÈS-BÉZIERS – 34 Hérault → Voir Béziers

VILLENEUVE-LOUBET

06270 Alpes-Maritimes – 13 808 hab. – Alt. 10 m – Carte régionale n° **22**-E2
Carte Michelin 341-D6 – Guide Vert Michelin Côte d'Azur

Voir plan de Cagnes-sur-Mer

à Villeneuve-Loubet-Plage – 06270

La Flibuste-Martin's

POISSONS ET FRUITS DE MER • ÉLÉGANT Le Flibustier en chef, méridionnal, gouailleur et partageur, vous accueillera dans un décor d'une élégance feutrée. On y déguste les produits de la pêche du jour : maquereau de ligne et calamars côtoient loup, turbot, saint-pierre... et bourride, bien-entendu !

Formule 32 € – Menu 39 € – Carte 50/107 €

Plan : A2-e *chemin de la Batterie (port Marina Baie-des-Anges) – 04 93 20 59 02 – www.restaurantlaflibuste.fr*

Villa Azur

BUSINESS • CONTEMPORAIN Hôtel contemporain les pieds dans l'eau, tout près de la célèbre marina Baie des Anges, complexe architectural labellisé "Patrimoine du 20e s." Le soir, on dîne sur la terrasse, en profitant d'une magnifique vue sur le littoral. Préférez les chambres côté mer.

24 chambres – 80/260 € 95/290 € – 12 €

Plan : A2-v *1399 av. de la Batterie – 04 93 73 08 88 – www.villa-azur.com*

VILLENEUVE-SUR-LOT

47300 Lot-et-Garonne – 23 263 hab. – Alt. 51 m – Carte régionale n° **2**-C2
Carte Michelin 336-G3 – Guide Vert Michelin Aquitaine

La Table des Sens

CUISINE MODERNE • COSY XX Ce chef au joli parcours travaille de beaux produits du terroir en les agrémentant d'épices et d'aromates venus d'ailleurs. Il en résulte une cuisine personnelle, servie dans un décor de bistrot contemporain.

Menu 26 € (déj. en semaine), 46/78 € – Carte 65/225 €

Plan : B1-a *8 r. de Penne – 05 53 36 97 04 – www.latabledessens.com – Fermé sam. midi, dim. soir, lundi et mardi*

Mercure Le Moulin de Madame

HÔTEL DE CHAÎNE • PERSONNALISÉ Un hôtel atypique, abrité dans un ancien moulin. Les chambres sont réparties dans des maisonnettes récentes – préférez celles côté Lot. Sympathique terrasse.

30 chambres – 90/240 € 90/240 € – 14 €

Hors plan *rte de Casseneuil, 2 km au Nord par D242 – 05 53 36 14 40 – www.lemoulindemadame.fr – Fermé 13 déc.-15 janv., dim. et lundi hors saison*

à St-Sylvestre-sur-Lot 8 km par D911 – 47140 – 2 296 hab. – Alt. 65 m

Le Jasmin (N)

CUISINE MODERNE • ÉLÉGANT XXX Dans un cadre opulent de miroirs et nappages froufroutants, entre baroque et rococo, on déguste cette délicieuse cuisine dans l'air du temps, qui met à l'honneur des produits nobles et classiques – homard, foie gras, ris de veau, etc.

→ Canneloni de langoustine, petits pois à la menthe et jus coraillé au zestes de combava. Pigeon rôti, la cuisse confite, pommes charlotte et légumes glacés, jus tourbé. Chocolat, truffe et armagnac.

Menu 55/95 € – Carte 65/85 €

Hôtel Le Stelsia, lieu-dit Lalande – 05 53 01 14 86 – www.lestelsia.com – Fermé 3 semaines en janv., dim. soir, lundi et mardi

Le Bistrot du Stelsia (N)

CUISINE TRADITIONNELLE • DESIGN X Dans la première partie du château, ce joli bistrot contemporain au cadre détonnant (murs noirs, tables en bois clair, petits fauteuils colorés) propose une goûteuse cuisine, aux accents canailles ; ravioles de foie gras, poireau vinaigrette, souris d'agneau... Très agréable terrasse ombragée, tournée vers le parc.

Menu 20/28 € – Carte 33/52 €

Hôtel Le Stelsia, lieu-dit Lalande – 05 53 01 14 86 – www.lestelsia.com

Le Stelsia (N)

DEMEURE HISTORIQUE • PERSONNALISÉ Les origines du château remontent au Moyen Âge ; une fois les grilles franchies, l'histoire laisse place à la féérie (façades chatoyantes, œuvres d'art, etc.). À l'intérieur, l'univers très rococo accueille des chambres dignes de contes de fées. Et aussi : le plus grand mini-golf d'Europe (5000m² et 18 trous), dans un parc de 27 hectares.

29 chambres – 120/260 € 180/260 € – 2 suites – 20 €

lieu-dit Lalande – 05 53 01 14 86 – www.lestelsia.com

Le Jasmin • **Le Bistrot du Stelsia** – voir les restaurants ci-dessus

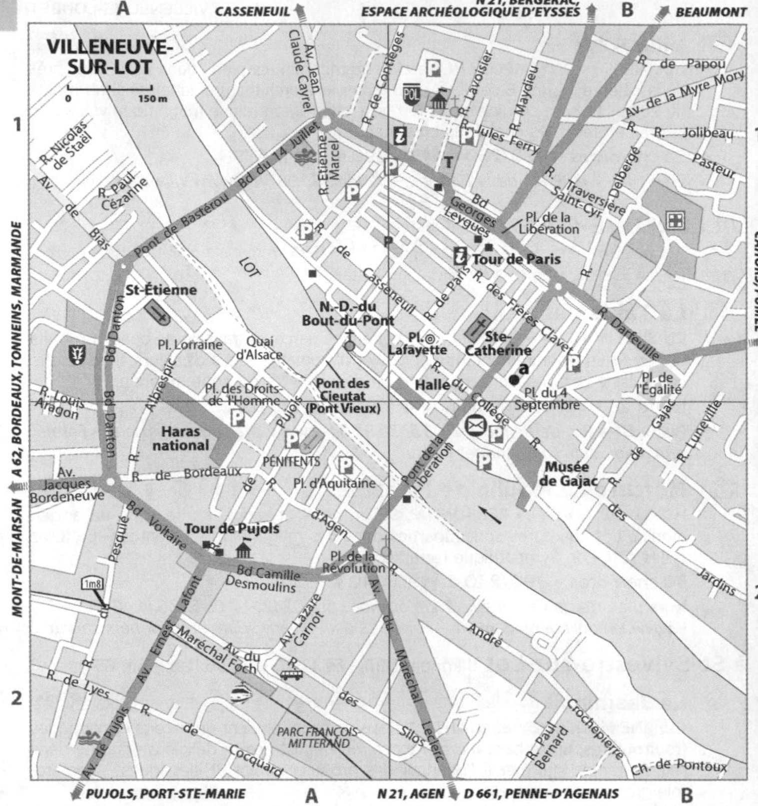

VILLENEUVE-TOLOSANE

✉ 31270 Haute-Garonne - 9 043 hab. - Alt. 158 m - Carte régionale n° **15**-B2
Carte Michelin 343-G3

D'Cadei

CUISINE MODERNE · TENDANCE XX Avec son nouveau décor élégant et moderne – tapisseries claires, baies vitrées, mobilier contemporain –, la table de Damien Cadei est méconnaissable ! On s'y régale toujours de bonnes assiettes réglées sur les saisons : Saint-Jacques en croûte de noisette, texture de betterave ; bœuf charolais, jus de veau truffé ; sphère au chocolat grand cru, sorbet cacao...

Menu 18 € (déj.), 26/56 € – Carte 45/65 €

8 pl. de l'Hôtel-de-Ville – ✆ 05 61 92 72 68 – www.dcadei.fr – Fermé 25 fév.-5 mars, 6-14 mai, 31 juil.-22 août, 24 déc.-1er janv., merc. soir, dim. et lundi

VILLENY

✉ 41220 Loir-et-Cher - 486 hab. - Alt. 132 m - Carte régionale n° **6**-C2
Carte Michelin 318-H6 - Guide Vert Michelin Châteaux de la Loire

Auberge de Villeny

CUISINE TRADITIONNELLE · CONVIVIAL X Une coquette maison solognote à deux pas de l'église du village... logique puisqu'il s'agit de l'ancien presbytère ! Le chef fait plaisir avec une cuisine plutôt savoureuse, qui mêle tradition, terroir, idées originales et générosité. Accueil et service aux petits soins.

Menu 13 € (déj. en semaine), 25/35 € – Carte 23/48 €

6 Grand-Rue – ✆ 02 54 83 60 73 – www.villeny.com – Fermé merc.

VILLEREST - 42 Loire ➔ Voir Roanne

VILLERS-COTTERÊTS

✉ 02600 Aisne - 10 892 hab. - Alt. 126 m - Carte régionale n° **19**-C3
Carte Michelin 306-A7

Le Régent

TRADITIONNEL • PERSONNALISÉ Relais de poste du 18e s., organisé autour d'une cour pavée où trône un bel abreuvoir. Chambres au charme d'antan (meubles anciens) agrémentées de petites touches contemporaines.

30 chambres - 88/115 € 105/135 € - 8 €

26 r. du Gén.-Mangin - ✆ 03 23 96 01 46 - www.hotel-leregent.com

VILLERSEXEL

✉ 70110 Haute-Saône - 1 449 hab. - Alt. 287 m - Carte régionale n° **9**-C1
Carte Michelin 314-G7 - Guide Vert Michelin Franche-Comté Jura

La Terrasse

AUBERGE • FONCTIONNEL À deux pas de l'office de tourisme, cette coquette maison appartient à la même famille depuis 1921. Les chambres, sobres et élégantes, arborent désormais des tons clairs, tout en conservant le mobilier d'époque.

10 chambres - 55/60 € 74/85 € - 9 €

1 r. du Quai-Militaire, rte de Lure - ✆ 03 84 20 52 11 - www.laterrasse-villersexel.com

VILLERS-LE-LAC

✉ 25130 Doubs - 4 750 hab. - Alt. 730 m - Carte régionale n° **9**-C2
Carte Michelin 321-K4 - Guide Vert Michelin Franche-Comté Jura

Le France (Hugues Droz)

CUISINE MODERNE • ÉLÉGANT XXX Maîtrise technique, justesse des associations de saveurs, terroir et invention : Hugues Droz délivre une jolie leçon de cuisine. En salle, son épouse assure un accueil des plus charmants. Une valeur sûre.

➔ Huîtres Gillardeau tièdes au champagne. Variation autour du homard, citron caviar, quinoa rouge bio et bisque. Transparence de banane et de morille, réduction de vinaigre balsamique et glace spéculos.

Menu 22 € (déj.), 39/90 € - Carte 55/80 €

8 pl. Cupillard - ✆ 03 81 68 00 06 - www.hotel-restaurant-lefrance.com
- Fermé 29 oct.-8 nov., 23 déc.-24 janv., mardi midi d'oct. à mai, dim. soir et lundi

Le France

FAMILIAL • FONCTIONNEL Cet établissement accueillant perpétue la tradition familiale : quatre générations s'y sont succédé depuis 1900 et l'adresse continue de vivre avec son temps. Espace bien-être avec des soins d'inspiration asiatique. Les prix sont mesurés.

12 chambres - 69/75 € 82/120 € - 12 €

8 pl. Cupillard - ✆ 03 81 68 00 06 - www.hotel-restaurant-lefrance.com
- Fermé 29 oct.-8 nov. et 23 déc.-24 janv.

Le France - voir les restaurants ci-dessus

VILLERVILLE - 14 Calvados ➔ Voir Honfleur

VILLESÈQUE-DES-CORBIÈRES

✉ 11360 Aude - 382 hab. - Alt. 140 m - Carte régionale n° **12**-B3
Carte Michelin 344-I4

Place des Marchés

CUISINE MODERNE • RUSTIQUE X Dans ce village perdu des Corbières, une maison jaune abrite le bistrot d'Éric Delalande, passionné de fraîcheur, de produits locaux... et de vins des Corbières ! L'assiette se laisse porter par les humeurs du chef et du marché. Rustique, convivial : bref, très recommandable.

Formule 14 € - Menu 26/30 € - Carte 33/45 €

8 av. de la Mairie - ✆ 04 68 70 09 13 - www.placedesmarches-restaurant.com
- Fermé 31 déc.-12 fév., mardi de sept. à juin et lundi

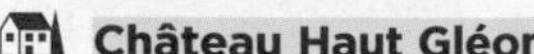

Château Haut Gléon

HISTORIQUE · PERSONNALISÉ Dans la vallée du paradis, ce domaine de 260 hectares (dont 35 de vignes) s'offre au visiteur comme un havre de paix absolu. Le château (fondé au 13e s.) et la demeure des vendangeurs abritent des chambres confortables. Profitez de la piscine et de la vue splendide sur les vignes !

5 chambres – 92/180 € 92/180 €

Gléon-le-Haut, 7 km au Nord-Est par D611 rte de Portel-des-Corbières – 04 68 48 85 95 – www.hautgleon.com – Fermé 23 déc.-1er janv., sam. et dim. de oct. à mars

VILLETOUREIX

24600 Dordogne – 897 hab. – Alt. 67 m – Carte régionale n° **2**-C1
Carte Michelin 329-D4 – Guide Vert Michelin Périgord Quercy

Le Moulin de Larcy

MAISON DE CAMPAGNE · PERSONNALISÉ Le murmure de la rivière, la végétation luxuriante, l'intérieur élégant mis en scène par un propriétaire décorateur : ce moulin du 18es. est un havre de paix ! Chambres avec salon et cuisine privée. Massages et table d'hôte sur demande.

3 chambres – 210/280 € 210/280 €

à 1,5 km – 05 53 91 23 89 – www.le-moulin-de-larcy.com

VILLEVIEILLE – 30 Gard → Voir Sommières

VILLIÉ-MORGON

69910 Rhône – 2 084 hab. – Alt. 262 m – Carte régionale n° **24**-E1
Carte Michelin 327-H3 – Guide Vert Michelin Lyon et sa région

à Morgon 2 km au Sud par D68 – 69910

Le Morgon

CUISINE RÉGIONALE · RUSTIQUE Escargots de Bourgogne au beurre d'ail, escalope de ris de veau au jus de raisin, île flottante aux pralines... Un repas ancré dans le terroir et la tradition : voilà ce que propose cette sympathique auberge à l'intérieur rustique, située au cœur de ce village viticole du Beaujolais. L'hiver, réservez donc une table au coin du feu !

Menu 21/47 € – Carte 29/47 €

– 04 74 69 16 03 – www.restaurantlemorgon.fr – Fermé 15 déc.-1er fév., fériés le soir, dim. soir, mardi soir et merc.

VILLIERS-LE-MAHIEU

78770 Yvelines – 695 hab. – Alt. 127 m – Carte régionale n° **10**-A2
Carte Michelin 311-G2

Château de Villiers-le-Mahieu

DEMEURE HISTORIQUE · PERSONNALISÉ Cerné de tours et de douves en eau, ce château du 17e s. (fondations du 13e s.) mêle charme du passé et goût du confort. Belles prestations dans les chambres (plusieurs annexes aux styles variés), spa de 700 m². Ambiance lounge au restaurant, cuisine actuelle.

93 chambres – 160/475 € 160/475 € – 22 €

r. du Centre – 01 34 87 44 25 – www.chateauvilliers.com – Fermé 23-30 déc.

VILLIERS-SUR-MARNE

52320 Haute-Marne – Carte régionale n° **7**-C3
Carte Michelin 313-K4

La Source Bleue

CUISINE TRADITIONNELLE • COSY XX On peut aimer les retours aux sources sans pour autant rejeter son époque ! Ici, les gourmands savourent une cuisine traditionnelle revisitée. Les recettes sont bien maîtrisées et accompagnées d'un joli choix de vins. Aux beaux jours, profitez de la terrasse les pieds dans l'eau. Service prévenant.

Formule 22 € – Menu 34/52 € – Carte 53/63 €

La Papeterie, 2 km au Sud par D194 – ✆ 03 25 94 70 35 – www.hotelsourcebleue.com – Fermé vacances de la Toussaint et de Noël

La Source Bleue

MAISON DE CAMPAGNE • COSY Un joli moulin à eau du 18e s. dans un grand parc baigné par une rivière. Les chambres se trouvent dans une bâtisse plus récente ; décorées dans un esprit Art déco, spacieuses et bien tenues, elles jouissent d'une terrasse privative face à l'étang ou la verdure. En prime : deux belles roulottes pour les amateurs !

13 chambres – †80/140 € ††80/140 € – 1 suite – ☕ 12 €

La Papeterie, 2 km au Sud par D194 – ✆ 03 25 94 70 35 – www.hotelsourcebleue.com – Fermé vacances de la Toussaint et de Noël

La Source Bleue – voir les restaurants ci-dessus

VIMOUTIERS

✉ 61120 Orne – 4 418 hab. – Alt. 95 m – Carte régionale n° **17**-C2
Carte Michelin 310-K1 – Guide Vert Michelin Normandie Vallée de la Seine

Le hérisson (N)

CUISINE RÉGIONALE • CONVIVIAL X L'absence de majuscule dans le nom du restaurant reflète la philosophie des deux jeunes propriétaires, Aurélia et Nathalie : sobriété, simplicité, recherche de l'essentiel. On se régale de ces "crousti'flams" et de ces plats généreux et goûteux (lasagnes, tripes au four, salades), où règnent le produit bio et le goût des plaisirs partagés. À découvrir d'urgence.

Carte 23/37 €

3 r. du 14-Juin – ✆ 02 33 12 93 44 – www.restaurant-leherisson.fr – Fermé dim. et lundi

VINAY – 51 Marne → Voir Épernay

VINCELOTTES – 89 Yonne → Voir Auxerre

VINCENNES – 94 Val-de-Marne → Voir Autour de Paris

VINCEY – 88 Vosges → Voir Charmes

VINON-SUR-VERDON

✉ 83560 Var – 4 218 hab. – Alt. 280 m – Carte régionale n° **21**-B2
Carte Michelin 340-J3

Relais des Gorges

CUISINE TRADITIONNELLE • RUSTIQUE X Une auberge bien nommée au cœur de ce village situé aux portes des gorges du Verdon. Avant de partir à la découverte de cette grandiose œuvre de la nature, on fait le plein de saveurs traditionnelles, dans un cadre rustique : terrine de foie gras maison, saumon mariné, soufflé au Grand Marnier, etc.

Menu 20/46 € – Carte 43/70 €

230 av. de la République – ✆ 04 92 78 80 24 – Fermé vacances de la Toussaint, 23-30 déc., dim. soir et sam.

VIOLAY

✉ 42780 Loire - 1 275 hab. - Alt. 830 m - Carte régionale n° **23**-A1
Carte Michelin 327-F4

Loïc Picamal

CUISINE TRADITIONNELLE • AUBERGE XX Un jeune couple est aux commandes de ce restaurant convivial, installé dans un ancien bar-tabac. La cuisine est franche et soignée ; le chef a un penchant particulier pour le travail du poisson, qu'il se fait livrer en direct de Bretagne...

Menu 27/52 € - Carte 35/63 €

8 rte de Boussuivre - ✆ 04 74 63 95 74 - www.loic-picamal.com - Fermé 3-15 fév., 16-20 avril, 13 août-6 sept., 23 déc. au 2 janv. lundi soir de sept. à mai, mardi soir, dim. soir et merc.

VIRE

✉ 14500 Calvados - 11 562 hab. - Alt. 275 m - Carte régionale n° **17**-B2
Carte Michelin 303-G6 - Guide Vert Michelin Normandie Cotentin

rte de Flers 2,5 km par D524 - ✉ 14500 Vire

Manoir de la Pommeraie

CUISINE MODERNE • AUBERGE XX Non loin de Vire, une maison du 18e s. rustique en apparence, délicate en réalité, avec sa belle véranda qui ouvre sur le parc... Aux fourneaux œuvre un couple à la scène comme à la ville : Masako, japonaise et pâtissière, et Julien, qui affine d'année en année des créations tout en harmonie et en belles trouvailles. Une bonne table !

Formule 25 € - Menu 32/55 € - Carte environ 45 €

L'Auvère - ✆ 02 31 68 07 71 - www.manoirdelapommeraie.com - Fermé 2 semaines en avril, 2 semaines en août, 1 semaine en janv., dim. soir, merc. soir et lundi

VIRÉ

✉ 71260 Saône-et-Loire - 1 121 hab. - Alt. 225 m - Carte régionale n° **4**-C3
Carte Michelin 320-J11

Frédéric Carrion Cuisine Hôtel

CUISINE MODERNE • COSY XX L'élégante salle à manger associe le cachet de cet ancien relais de poste (parquet, cheminée) à des notes plus cosy et feutrées. Le chef travaille les beaux produits régionaux dans des préparations volontiers créatives. On accompagne le tout d'une riche sélection de vins, en particulier de viré-clessés.

Menu 28 € (déj. en semaine), 68/96 € - Carte 85/102 €

10 chambres - †90/110 € ††145/290 € - ☕ 20 €

pl. André-Lagrange - ✆ 03 85 33 10 72 - www.hotel-restaurant-carrion.fr - Fermé 8-23 janv., 19 nov.-10 déc., mardi sauf le soir de mi-avril à fin sept., sam. midi et lundi

VIRY-CHÂTILLON - 91 Essonne → Voir Autour de Paris

VISCOS

✉ 65120 Hautes-Pyrénées - 40 hab. - Alt. 800 m - Carte régionale n° **15**-A3
Carte Michelin 342-L7

La Grange aux Marmottes

CUISINE TRADITIONNELLE • ÉLÉGANT X La déco de ce restaurant est adorable ! Des objets en faïence, des fleurs séchées, du chêne massif ; pas de doute on est bien à la montagne. À table, la Gascogne épouse la Bigorre en noces gourmandes.

Menu 23/38 € - Carte 31/56 €

au village - ✆ 05 62 92 91 13 - www.grangeauxmarmottes.com - Fermé 11 nov.-20 déc.

La Grange aux Marmottes

FAMILIAL • PERSONNALISÉ À la recherche du calme absolu ? Vous serez séduit par cette ancienne grange en pierre située aux portes du parc national des Pyrénées. Les chambres sont douillettes et mignonnes : idéal pour dormir comme une marmotte en pays toy.

15 chambres – 80/180 € 80/180 € – 12 €

au village – ✆ 05 62 92 88 88 – www.grangeauxmarmottes.com – Fermé 11 nov.-20 déc.

La Grange aux Marmottes – voir les restaurants ci-dessus

VITERBE

✉ 81220 Tarn – 354 hab. – Alt. 141 m – Carte régionale n° **15**-C2
Carte Michelin 338-D8

Les Marronniers

CUISINE TRADITIONNELLE • AUBERGE X À la sortie du village, cette maison est idéale pour une étape gourmande. On est accueilli deux salles sobres et agréables, dont une en véranda, ou sur la terrasse ouvrant sur la campagne. On en oublierait presque de parler de la cuisine du chef, traditionnelle et bien ficelée !

Formule 13 € – Menu 21 € (semaine), 29/48 € – Carte 33/49 €

– ✆ 05 63 70 64 96 – www.lesmarronniers-viterbe.com
– Fermé 4-10 sept., 2-18 nov., lundi soir d'oct. à mai, mardi soir et merc.

VITRAC

✉ 24200 Dordogne – 832 hab. – Alt. 150 m – Carte régionale n° **2**-D3
Carte Michelin 329-I7

La Treille

CUISINE TRADITIONNELLE • FAMILIAL XX En toute logique, la maison est recouverte de vigne vierge et une treille orne sa terrasse... mais le nom de l'établissement vient du nom des propriétaires, les Latreille ! On y apprécie une copieuse cuisine traditionnelle.

Formule 27 € – Menu 32/58 € – Carte 53/74 €

7 chambres – 52/57 € 55/78 € – 9 €

Le Port – ✆ 05 53 28 33 19 – www.latreille-perigord.com – Fermé de mi-nov. à mi-fév., lundi et mardi sauf le soir en saison

VITRAC

✉ 15220 Cantal – 257 hab. – Alt. 490 m – Carte régionale n° **3**-A3
Carte Michelin 330-B6

Auberge de la Tomette

FAMILIAL • COSY Une agréable auberge appréciée pour ses chambres claires et actuelles, son environnement fleuri, ses jeux pour enfants et son espace relaxation (sauna, hammam). Ne manquez pas la chambre dans une roulotte au fond du jardin, et la superbe cabane dans les arbres sur deux étages... avec jacuzzi !

18 chambres – 71/92 € 71/92 € – 12 €

– ✆ 04 71 64 70 94 – www.auberge-la-tomette.com – Ouvert 1er avril-31 oct.

VITRÉ

✉ 35500 Ille-et-Vilaine – 17 571 hab. – Alt. 106 m – Carte régionale n° **5**-D2
Carte Michelin 309-O6 – Guide Vert Michelin Bretagne Sud

Le Petit Bouchon

CUISINE DU TERROIR • CONVIVIAL X Non loin du centre historique, cette ancienne forge en pierre est devenue le rendez-vous des gastronomes locaux. On les comprend : le chef s'attache à travailler les bons produits du pays (volaille de Janzé, andouille du Coglais...), qu'il met en valeur dans des créations soignées et savoureuses. Le tout à prix doux !

Formule 14 € – Menu 30/40 € – Carte 30/67 €

37 r. du Petit Rachapt – ✆ 02 99 74 52 01 – www.lepetitbouchon.com – Fermé 1er-14 août, le soir du lundi au jeudi, sam. midi et dim.

VITTEL

⊠ 88800 Vosges – 5 177 hab. – Alt. 347 m – Carte régionale n° **14**-B3
Carte Michelin 314-D3

L'Appart

CUISINE MODERNE • COSY Dans ce restaurant, créé par deux autodidactes – aujourd'hui rompus au métier –, le terroir se décline au pluriel. Charcuteries corses et italiennes, foie gras du Sud-Ouest, sardines de Bretagne... On est embarqué dans un véritable tour de France de la gourmandise. Un conseil : réservez, vous ne serez pas seul !

Formule 26 € – Menu 36 € – Carte environ 59 €

227 r. de Verdun – 03 29 08 42 91 – www.vittelappart.com – Fermé 20-31 déc., mardi soir, merc. et sam.

à l'Ouest 3 km par r. de la Vauviard – ⊠ 88800 Vittel

L'Orée du Bois

BUSINESS • FONCTIONNEL Face à l'hippodrome, dans un environnement arboré, un grand établissement conçu pour la détente : balnéothérapie, massages, hammam, soins esthétiques... et agréables chambres régulièrement rénovées, dont une vingtaine avec terrasse.

52 chambres – 90/110 € 100/120 €

– 03 29 08 88 88 – www.loreeduboisvittel.fr

VIUZ-EN-SALLAZ

⊠ 74250 Haute-Savoie – 4 103 hab. – Alt. 670 m – Carte régionale n° **25**-F1
Carte Michelin 328-L4 – Guide Vert Michelin Alpes du Nord

La Table d'Emilie

CUISINE CRÉATIVE • SIMPLE À la barre de ce sympathique restaurant, on trouve un jeune couple bien décidé à mettre en valeur de beaux produits. À déguster dans la nouvelle salle, et par beau temps, sur l'agréable jardin-terrasse, également rénovée ! Belle sélection de vins.

Formule 16 € – Menu 38 € – Carte 48/54 €

1069 av. de Savoie – 04 50 36 67 84 – www.latabledemilie.fr – Fermé dim. soir, merc. soir et lundi

VIVY

⊠ 49680 Maine-et-Loire – 2 555 hab. – Alt. 29 m – Carte régionale n° **18**-C2
Carte Michelin 317-I5

Château de Nazé

DEMEURE HISTORIQUE • PERSONNALISÉ Voilà un bel exemple de néogothique angevin, entouré de douves soit, mais avec piscine. Le parc est très fleuri. Chambres spacieuses et petit-déjeuner maison.

5 chambres – 110/125 € 110/125 €

– 02 41 51 80 91 – www.chateau-de-naze.com

VOISINS-LE-BRETONNEUX – 78 Yvelines ➜ Voir Autour de Paris

(St-Quentin-en-Yvelines)

VOLLORE-VILLE

⊠ 63120 Puy-de-Dôme – 770 hab. – Alt. 540 m – Carte régionale n° **3**-C2
Carte Michelin 326-I8

Château de Vollore

DEMEURE HISTORIQUE • ROMANTIQUE Aujourd'hui propriété des descendants du général de La Fayette, le château offre une belle vue sur le Sancy. Salons en enfilade, plafond vertigineux et chambres avec lits à baldaquin... Les historiens, chevronnés ou non, apprécieront.

5 chambres – 150/300 € 200/300 €

– 04 73 53 71 06 – www.chateauvollore.com – Fermé déc. et janv.

VOLMUNSTER

⊠ 57720 Moselle - 820 hab. - Alt. 250 m - Carte régionale n° **14**-D1
Carte Michelin 307-P4

L'Argousier

CUISINE MODERNE • CONTEMPORAIN XX Dans ce restaurant à la jolie décoration contemporaine, la cuisine du jeune chef valorise les produits de saison. Les cuissons et assaisonnements sont justes, les présentations soignées, la cuisine en mouvement : on ne s'ennuie jamais. Quant au service, il est aux petits oignons ! Très beau choix de vieux rhums.

Formule 28 € - Menu 38/80 € - Carte 50/62 €

1 r. de Sarreguemines - ✆ 03 87 96 28 99 - www.largousier.fr - Fermé lundi soir, mardi et merc.

VOLNAY - 21 Côte-d'Or ➜ Voir Beaune

VONNAS

⊠ 01540 Ain - 2 922 hab. - Alt. 200 m - Carte régionale n° **24**-E1
Carte Michelin 328-C3 - Guide Vert Michelin Bourgogne

✿✿✿ Georges Blanc

CUISINE CRÉATIVE • ÉLÉGANT XXXX Sa propre grand-mère avait été sacrée "meilleure cuisinière du monde" par Curnonsky. La tradition reste reine à Vonnas, sans être figée ! L'inspiration de Georges Blanc, c'est la Bresse et sa poularde, les sauces aux goûts profonds, les cuissons savantes qui révèlent les saveurs... Le plaisir de manger, tout simplement.

➜ Huître Gillardeau en gelée terre et mer au caviar oscietre. Poularde de Bresse au champagne, royale de foie blond aux sucs de crustacés. Reine des reinettes confite au cidre de glace, meringue et croustillant cranberry.

Menu 180/275 € - Carte 205/345 €

Hôtel Georges Blanc, pl. du Marché - ✆ 04 74 50 90 90 - www.georgesblanc.com - Fermé janv., merc. midi, jeudi midi, lundi et mardi

La Terrasse des Étangs

CUISINE TRADITIONNELLE • CONVIVIAL XX Au sein du château du 13e s. aux allures toscanes, situé entre deux étangs, le restaurant propose des jolis plats bien ficelés, à l'instar de ce mignon de veau mimosa à la ventrèche de thon, à déguster sous la véranda ou en terrasse.

Menu 26 € (déj. en semaine), 30/58 € - Carte 43/76 €

rte de Mezeriat - ✆ 04 74 42 42 42 - www.georgesblanc.com - Fermé dim. soir, lundi et mardi

L'Ancienne Auberge

CUISINE TRADITIONNELLE • AUBERGE X Un décor rétro à la mémoire de l'auberge - ex-fabrique de limonade - ouverte par la famille Blanc à la fin du 19e s. Photos d'époque, affiches anciennes, etc. Ici, on cultive une certaine nostalgie... qui sied à merveille aux spécialités bressannes proposées par le chef.

Formule 25 € - Menu 39 € (semaine), 45/64 € - Carte 49/69 €

pl. du Marché - ✆ 04 74 50 90 50 - www.georgesblanc.com - Fermé janv.

Georges Blanc

GRAND LUXE • ÉLÉGANT D'une génération à l'autre, Vonnas est devenu... Blanc. Cette hôtellerie de grande tradition cultive l'art de recevoir à la bressane ! Luxe sans ostentation, bois, pierre, superbe parc : une image du terroir qui sait vivre avec son temps.

30 chambres - †195/1000 € ††195/1000 € - 13 suites - ☕ 35 €

pl. du Marché - ✆ 04 74 50 90 90 - www.georgesblanc.com Fermé janv.

✿✿✿ **Georges Blanc** - voir les restaurants ci-dessus

 **Hôtel du Bois Blanc**

HISTORIQUE • CONTEMPORAIN Au sein du domaine d'Epeyssoles, sur un parc de 16 ha, ce château du 13e s. aux allures toscanes abrite des chambres spacieuses avec terrasses privatives, réparties dans trois villas autour de la piscine chauffée. Joli restaurant (fresques et plafonds à la française) et terrasse. La nuit, le château s'illumine !

18 chambres – 119/280 € 119/280 € – 20 €

rte de Mezeriat

– 04 74 42 42 42 – www.georgesblanc.com

– Fermé dim. soir, lundi et mardi

La Terrasse des Étangs – voir les restaurants ci-dessus

 **Résidence des Saules**

TRADITIONNEL • CONTEMPORAIN Cette très jolie maison fleurie de géraniums est un peu l'annexe de l'hôtel Georges Blanc situé de l'autre côté de la place. Au-dessus de la boutique, les chambres sont confortables et ont même un balcon tandis que celles situées à l'arrière, plus récentes, sont résolument contemporaines.

16 chambres – 109/270 € 109/270 € – 4 suites – 35 €

pl. du Marché – 04 74 50 90 90 – www.georgesblanc.com

– Fermé janv.

VOSNE-ROMANEE

21700 Côte-d'Or – 363 hab. – Alt. 242 m – Carte régionale n° **4**-D1

Carte Michelin 320-J7 – Guide Vert Michelin Bourgogne

 **Le Richebourg**

BUSINESS • CONTEMPORAIN Au cœur de ce village aux crus si célèbres, un hôtel actuel avec des chambres spacieuses et sobres. Il y a même une salle de séminaire. Et côté détente, rien ne manque : institut de beauté, sauna, hammam...

24 chambres – 199/369 € 199/369 € – 2 suites – 19 €

ruelle du Pont – 03 80 61 59 59 – www.hotel-lerichebourg.com

VOUGEOT

21640 Côte-d'Or – 178 hab. – Alt. 239 m – Carte régionale n° **4**-D1

Carte Michelin 320-J6 – Guide Vert Michelin Bourgogne

à Gilly-lès-Cîteaux 2 km à l'Est par D251 – 21640 – 662 hab. – Alt. 227 m

Le Clos Prieur

CUISINE TRADITIONNELLE • ÉLÉGANT XXX Dans cette belle salle voûtée d'ogives – jadis cellier des moines (14e s.) –, on savoure une agréable cuisine gastronomique – tendance bourguignonne – et l'on se sent vite d'humeur romantique et châtelaine.

Menu 32 € (déj. en semaine), 54/74 € – Carte 50/75 €

Hôtel Château de Gilly, 2 pl. du Château

– 03 80 62 89 98 – www.restaurant-closprieur.fr

– Fermé dim. soir et lundi de mi-nov. à début mars

 **Château de Gilly**

DEMEURE HISTORIQUE • CLASSIQUE Dans cet ensemble cistercien des 14e-17e s. règne la plus grande quiétude ! On musarde dans le parc à la française, on fait quelques brasses, puis on paresse près du bassin à truites... avant de trouver un parfait repos dans l'une des chambres – absolument charmantes – ou des suites.

39 chambres – 130/495 € 130/495 € – 9 suites – 25 €

2 pl. du Château

– 03 80 62 89 98 – www.chateau-gilly.com

Le Clos Prieur – voir les restaurants ci-dessus

à Flagey-Échezeaux 3 km au Sud-Est par D971 et D109 – ✉ 21640 – 454 hab. – Alt. 227 m

Christian Quenel

CUISINE TRADITIONNELLE • CONTEMPORAIN XX Dans cette sympathique auberge au cœur du village, on mange bien et à bon compte. Le chef concocte une appétissante cuisine de tradition, bien ancrée localement, qui ravit touristes et fidèles. On accompagne ces assiettes d'une belle sélection de vins de la côte de Nuits ; l'été, on profite de la jolie terrasse.

Formule 20 € – Menu 25 € (déj. en semaine), 32/85 € – Carte 64/81 €

12 pl. de l'Église – ✆ 03 80 62 88 10 – www.christianquenel.com – Fermé 15-28 fév., dim. soir et merc.

Losset

TRADITIONNEL • CLASSIQUE Face à l'église, un hôtel familial avec des chambres confortables, dans un style chaleureux (poutres, mobilier d'ébéniste, parquet...). Note gourmande : le petit-déjeuner est très copieux... avis aux amateurs !

7 chambres – †89/140 € ††90/140 € – ☕ 12 €

10 pl. de l'Église – ✆ 03 80 62 46 00 – www.hotel-losset-bourgogne.com

VOUGY – 74 Haute-Savoie ➔ Voir Bonneville

VOUHÉ

✉ 17700 Charente-Maritime – 674 hab. – Alt. 22 m – Carte régionale n° **20**-B2
Carte Michelin 324-F3

La Villa Cécile

MAISON DE CAMPAGNE • CONTEMPORAIN Dans un sympathique petit village, une belle maison d'architecte, respectueuse du style local et très cosy... Grand confort dans les chambres, sauna et jacuzzi dans le jardin : idéal pour se ressourcer ! Sans oublier le petit-déjeuner généreux et soigné.

3 chambres ☕ – †105/145 € ††105/145 €

1 r. de Puyravault – ✆ 05 46 00 61 50 – www.lavillacecile.fr

VOUVRAY

✉ 37210 Indre-et-Loire – 3 149 hab. – Alt. 55 m – Carte régionale n° **6**-B2
Carte Michelin 317-N4 – Guide Vert Michelin Châteaux de la Loire

Les Gueules Noires

CUISINE CLASSIQUE • RUSTIQUE X La salle à manger troglodytique, la cheminée crépitante en hiver, la terrasse sous la glycine aux beaux jours : on succombe tout de suite au charme discret de cette adresse. Au menu : une cuisine franche et goûteuse, basée sur les produits du terroir tourangeau et accompagnée de bons vins de Loire. Réservation conseillée.

Carte 35/55 €

66 r. de la Vallée-Coquette, 2 km au Nord-Ouest par rte de Tours D952 et rte secondaire – ✆ 02 47 52 62 18 – www.gueulenoirevouvray.wixsite.com – Fermé 22 déc.-15 janv., 2 semaines en sept., dim. soir, lundi et mardi

Domaine des Bidaudières

DEMEURE HISTORIQUE • PERSONNALISÉ Quel charme ! Ce beau castel en tuffeau du 18e s. domine la vallée de son parc somptueux. Toile de Jouy et meubles chinés dans les chambres, belle piscine et orangerie.

5 chambres ☕ – †110/150 € ††130/160 €

r. de Peu-Morier, rte de Vernou-sur-Brenne, par D46 – ✆ 02 47 52 66 85 – www.bidaudieres.com

VRIGNY - 51 Marne → Voir Reims

VRON

✉ 80120 Somme - 837 hab. - Alt. 15 m - Carte régionale n° **19**-A1
Carte Michelin 301-D6

L'Hostellerie du Clos du Moulin

CUISINE MODERNE • AUBERGE XX Le chef réalise ici une sympathique cuisine au goût du jour sur des bases traditionnelles. Ses recettes dévoilent parfois une identité plus méditerranéenne, comme ces risottos qu'il affectionne – ce qui s'explique sans doute par son parcours professionnel sur la côte d'Azur.

Menu 29/42 €

3 r. du Mar.-Leclerc - ✆ 03 22 23 74 75 - www.leclosdumoulin.fr - Fermé 17-29 déc., le midi d'avril à mi-sept. et vend. et dim. de mi-sept. à fin mars

L'Hostellerie du Clos du Moulin

TRADITIONNEL • PERSONNALISÉ Un beau jardin, des poutres et des vieilles pierres... du cachet ! Les chambres de ce joli domaine allient douceur champêtre et confort moderne. Pour rêver, comme le faisait Montand, "de la Picardie et des roses qu'on trouve là-bas"...

13 chambres ☕ - †90/109 € ††120/139 €

3 r. du Mar.-Leclerc - ✆ 03 22 23 74 75 - www.leclosdumoulin.fr - Fermé 17-29 déc.

L'Hostellerie du Clos du Moulin - voir les restaurants ci-dessus

WAMBRECHIES

✉ 59118 Nord - 10 008 hab. - Alt. 20 m - Carte régionale n° **16**-C2
Carte Michelin 302-G3 - Guide Vert Michelin Nord Pas-de-Calais

Balsamique (N)

CUISINE MODERNE • CONTEMPORAIN X Ce bistrot familial est installé juste en face d'une jolie église en brique, dans ce village célèbre pour sa distillerie de genièvre. Le cadre est contemporain, la cuisine est soignée : trilogie de foie gras de canard, ris de veau à la réglisse, menu truffe noire en hiver... avec un beaux choix de champagnes, la passion du chef.

Formule 20 € 🍷 - Menu 32/71 € 🍷 - Carte 46/92 €

13 pl. du Général-de-Gaulle - ✆ 03 20 93 68 55 - www.balsamique-restaurant.com

WANGENBOURG

✉ 67710 Bas-Rhin - 1 365 hab. - Alt. 452 m - Carte régionale n° **1**-A1
Carte Michelin 315-H5

Parc Hôtel

TRADITIONNEL • CLASSIQUE Cette grande maison vosgienne se dresse dans un parc peuplé d'arbres centenaires, propice à la sérénité... Accueil chaleureux, chambres spacieuses et confortables (modernes ou de style), complété d'un bel espace bien-être. Cuisine traditionnelle dans un cadre cossu.

28 chambres - †87/123 € ††87/123 € - ☕ 12 €

39 r. du Gén.-de-Gaulle - ✆ 03 88 87 31 72 - www.parchotelalsace.com - Ouvert 25 mars-5 nov.

LA WANTZENAU - 67 Bas-Rhin → Voir Strasbourg

WENGELSBACH - 67 Bas-Rhin → Voir Niedersteinbach

WESTHALTEN

✉ 68250 Haut-Rhin - 979 hab. - Alt. 240 m - Carte régionale n° **1**-A3
Carte Michelin 315-H9

Auberge du Cheval Blanc

CUISINE CLASSIQUE • COSY XXX Une maison cossue, tenue par la même famille depuis 1785. Dans la belle salle contemporaine, le repas s'accompagne évidemment de beaux vins d'Alsace, dont ceux de la propriété. Chambres pour l'étape.

Menu 28 € (déj.), 47/91 € – Carte 63/118 €

11 chambres – 90/105 € 95/150 € – 15 €

20 r. de Rouffach – 03 89 47 01 16 – www.auberge-chevalblc.com – Fermé 1er-25 janv., 2-15 juil., lundi et mardi

Auberge au Vieux Pressoir

CUISINE TRADITIONNELLE • RUSTIQUE XX Au cœur du vignoble, cette maison de vigneron a bénéficié d'une modernisation bienvenue ; sa salle à manger garde toutefois son atmosphère d'autrefois, attachante et pleine de cachet. Cuisine du terroir et dégustations de vins de la propriété.

Menu 30/83 € – Carte 40/96 €

Domaine de Bollenberg – 03 89 49 60 04 – www.bollenberg.com – Fermé 15 janv.-7 fév., dim. soir de mi-nov. à début-mars et lundi sauf fériés

WETTOLSHEIM – 68 Haut-Rhin → Voir Colmar

WEYERSHEIM

67720 Bas-Rhin – 3 318 hab. – Alt. 140 m – Carte régionale n° **1**-B1
Carte Michelin 315-K4

Auberge du Pont de la Zorn

CUISINE ALSACIENNE • AUBERGE X Reproductions de dessins signés Hansi, objets anciens, spécialités régionales et tartes flambées servies le soir : un concentré d'Alsace ! Bucolique terrasse en bord de Zorn.

Menu 30/42 € – Carte 29/48 €

2 r. de la République – 03 88 51 36 87 – www.pontdelazorn.fr – Fermé 19 fév.-4 mars, 16 août-1er sept., lundi soir de sept. à nov. et en janv., merc. soir et le midi sauf dim.

WIERRE-EFFROY

62720 Pas-de-Calais – 773 hab. – Alt. 28 m – Carte régionale n° **16**-A2
Carte Michelin 301-D3

La Ferme du Vert

CUISINE MODERNE • AUBERGE X Dans le cadre de cette ancienne ferme du 19e s., sous l'égide de trois frères, une fromagerie artisanale en activité (vente à emporter) et cet agréable restaurant où l'on déguste des petits plats traditionnels soignés et savoureux ! Le tout à prix doux.

Formule 20 € – Menu 32/58 € – Carte 36/56 €

r. du Vert – 03 21 87 67 00 – www.fermeduvert.com – Fermé janv., sam. midi, lundi midi et dim.

La Ferme du Vert

AUBERGE • PERSONNALISÉ Le calme et la campagne réunis dans ce corps de ferme typiquement boulonnais (1809). Les chambres sont décorées avec goût et simplicité : idéal pour un séjour au vert. À noter pour les amateurs : on y vend la production de la fromagerie voisine !

15 chambres – 79/155 € 79/155 € – 1 suite – 15 €

r. du Vert – 03 21 87 67 00 – www.fermeduvert.com – Fermé janv.

La Ferme du Vert – voir les restaurants ci-dessus

WIHR-AU-VAL – 68 Haut-Rhin → Voir Munster

WILLGOTTHEIM

✉ 67370 Bas-Rhin - 1 090 hab. - Alt. 240 m - Carte régionale n° **1**-A1
Carte Michelin 315-J4

La Cour de Lise

CUISINE CLASSIQUE • ROMANTIQUE XX Une auberge devenue ferme, puis retournée à ses premières amours. Dans une salle coquette, on savoure une cuisine plutôt classique : soufflé aux champignons et beurre blanc, foie gras d'oie, mignon de veau aux girolles... Pour l'étape, des chambres tout en pierre apparente et mobilier chiné, romantiques et accueillantes.

Formule 24 € - Menu 55/65 € - Carte 54/60 €
5 chambres - 95/110 € 130/140 €
26 r. Principale - 03 88 64 93 36 - www.lacourdelise.fr - Fermé 1 semaine en janv., 1 semaine en sept., lundi et mardi

WIMEREUX

✉ 62930 Pas-de-Calais - 6 996 hab. - Alt. 7 m - Carte régionale n° **16**-A2
Carte Michelin 301-C3

La Liégeoise (Benjamin Delpierre)

CUISINE MODERNE • TENDANCE XXX En étage, sur la digue : impossible d'échapper au panorama sur la mer ! Le nouveau décor, dans un style vintage, se révèle séduisant, de même que la saisissante cuisine de la mer réalisée par Benjamin Delpierre, avec la bénédiction de son père Alain, toujours présent dans la maison : huîtres chaudes, turbot grillé ou poché, bar à la plancha, etc.

→ Homard, oignon nouveau au curry et tomates cerises. Blanc de turbot, crémeux d'artichaut et carotte au beurre de cacahouète. Figue fraîche, fruits rouges, biscuit et citron vert.

Menu 50 € (semaine), 65/85 € - Carte 65/90 €
Atlantic Hôtel, digue de mer - 03 21 32 41 01 - www.atlantic-delpierre.com - Fermé 28 janv.-6 mars, mardi midi, merc. midi, jeudi midi, vend. midi, dim. soir et lundi

Atlantic Hôtel

TRADITIONNEL • CONTEMPORAIN Sur la digue du front de mer, cet hôtel toise la Manche ! On observe les flots à loisir depuis toutes les chambres, qu'elles soient romantiques, de style balnéaire chic ou très contemporaines. Cuisine de brasserie, en toute simplicité, à l'Aloze.

18 chambres - 160/260 € 160/260 € - 16 €
digue de mer - 03 21 32 41 01 - www.atlantic-delpierre.com - Fermé 28 janv.-6 mars
La Liégeoise - voir les restaurants ci-dessus

Saint-Jean

TRADITIONNEL • COSY À 300 m de la digue et de sa promenade, cet hôtel permet de prendre un grand bol d'air au bord de la mer ! Les chambres sont fonctionnelles et de bon confort. Petit espace détente (sauna, jacuzzi) et bar cosy où il fait bon se reposer.

24 chambres - 75/115 € 75/115 € - 12 €
1 r. Georges-Romain - 03 21 83 57 40 - www.hotel-saint-jean.fr

WINGEN-SUR-MODER

✉ 67290 Bas-Rhin - 1 614 hab. - Alt. 220 m - Carte régionale n° **1**-A1
Carte Michelin 315-I3

Villa René Lalique

CUISINE CRÉATIVE • LUXE XXXX Parti de l'Arnsbourg, son fief historique, Jean-Georges Klein est venu déployer son talent dans le cadre hyper-luxueux de cette villa bâtie par l'industriel René Lalique en 1920. Les saisissantes assiettes qu'il y propose, tout en contrastes et en subtilité, montrent qu'il n'a rien perdu de son irrésistible créativité !

→ Émulsion de pomme de terre et truffe. Porcelet croustillant à l'aspérule. Opéra revisité façon Lalique, glace à l'orge torréfié.

Menu 78 € (déj. en semaine), 108/185 € - Carte 105/240 €
4 chambres - 360/1320 € 360/1320 € - 2 suites - 25 €
18 r. Bellevue - 03 88 71 98 98 - www.villarenelalique.com - Fermé 16 juil.-1er août, 1semaine en nov., 30 déc.-24 janv., sam. midi, mardi et merc.

Château Hochberg

CUISINE MODERNE • CHIC XX On profite ici de produits frais travaillés au fil des saisons, dans le respect des saveurs : canette braisée en aiguillette, chou-rave et poivrade au citron vert ; tartelette "bourdaloue" aux abricots et amandes... C'est simple et sans chichis, et le rapport qualité-prix est excellent. Jolie terrasse pour les soirées estivales...

Menu 22 € (déj. en semaine), 34/45 € – Carte 39/52 €

2 r. de Château-Teutsch – 03 88 00 67 67 – www.chateauhochberg.com – Fermé 2-31 janv., lundi et mardi

Château Hochberg

DEMEURE HISTORIQUE • DESIGN Situé en face du musée Lalique, cette splendide demeure du 19e s. entièrement rénovée offre le confort de chambres raffinées, dont les plus personnalisées se déclinent en harmonies de couleurs, Ombelle, Venise et Dahlia. Un endroit à part.

15 chambres – 140/320 € 140/320 € – 18 €

2 r. de Château-Teutsch – 03 88 00 67 67 – www.chateauhochberg.com

Château Hochberg – voir les restaurants ci-dessus

WINKEL

68480 Haut-Rhin – 316 hab. – Alt. 575 m – Carte régionale n° **1**-A3
Carte Michelin 315-H12

Au Cerf

CUISINE TRADITIONNELLE • FAMILIAL XX À deux pas de la source de l'Ill, cette auberge accueillante prend des allures de winstub cossue. On y savoure une agréable cuisine traditionnelle ; pour l'étape, les chambres, situées sous les combles, sont plaisantes.

Carte 42/70 €

7 chambres – 63/79 € – 8 €

3 r. Principale – 03 89 40 85 05 – www.aucerf.chez-alice.fr – Fermé 8-25 fév., dim. soir, lundi et jeudi

WISSEMBOURG

67160 Bas-Rhin – 7 738 hab. – Alt. 157 m – Carte régionale n° **1**-B1
Carte Michelin 315-L2

L'Ange

CUISINE TRADITIONNELLE • RUSTIQUE XX Spécialité de cette maison de 1617 ? Les recettes du terroir local... revues et corrigées à la mode contemporaine ! En revanche, le cadre joue la carte de la tradition, entre esprit alsacien et classicisme.

Menu 33/45 € – Carte 39/51 €

Plan : B2-u *2 r. de la République – 03 88 94 12 11 – www.restaurant-ange.com – Fermé dim. soir, lundi et mardi*

Au Moulin de la Walk

CUISINE TRADITIONNELLE • COSY XX Dans ce restaurant élégant, avec ses grandes baies vitrées et son poêle en faïence, on n'hésite pas à décliner le foie gras sous toutes ses formes et à honorer la cuisine traditionnelle (côte de veau et spaetzle, saumon, käseknepfle et beurre blanc, etc.). Bon appétit !

Menu 38/55 € – Carte 40/64 €

Plan : A1-s *Hôtel Au Moulin de la Walk, 2 r. de la Walk – 03 88 94 06 44 – www.moulin-walk.com – Fermé 1er-25 janv., 6-19 juil., vend. midi, dim. soir et lundi*

Au Pont M

CUISINE MODERNE • CONTEMPORAIN XX Au cœur du quartier de la "Petite Venise", l'ancienne boucherie du coin est devenue un point de rendez-vous pour profiter des trouvailles du chef, un véritable amoureux du produit. Le nec plus ultra ? Prendre son repas sur la terrasse au bord de la Lauter, ou dans la salle avec vue sur l'église St-Pierre-et-St-Paul...

Menu 20 € (déj. en semaine), 30/50 € – Carte 42/54 €

Plan : B2-e *3 r. de la République – 03 88 63 56 68 – www.aupontm.com – Fermé dim. soir, lundi et mardi*

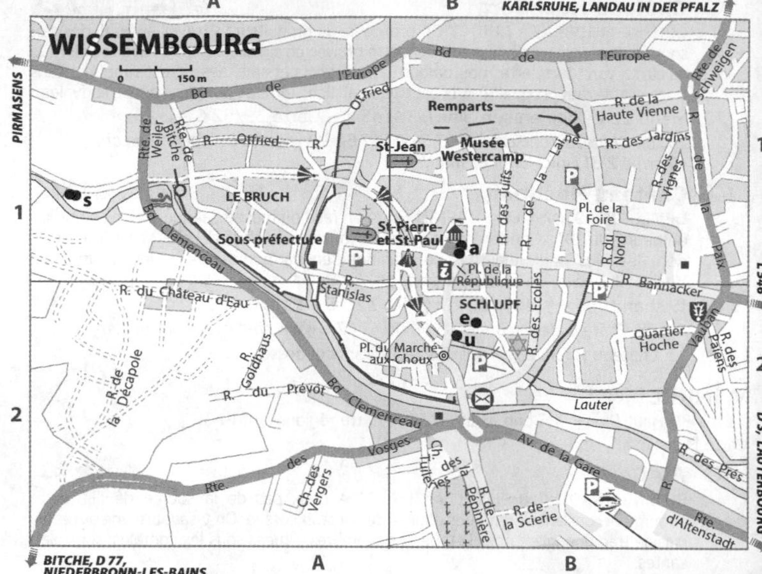

Hostellerie du Cygne

CUISINE TRADITIONNELLE • CLASSIQUE XX Une salle classique largement boisée d'un côté, une salle de style alsacien Renaissance de l'autre, et dans les deux cas, une savoureuse cuisine traditionnelle. Une chose est sûre, le chant du cygne n'est pas près de se faire entendre... et ce ne sont pas les gourmands qui s'en plaindront ! Quelques chambres confortables pour l'étape.

Formule 16 € – Menu 35/70 € – Carte 39/88 €

17 chambres – †60/200 € ††75/220 € – ☕13 €

Plan : B1-a *3 r. du Sel – ✆ 03 88 94 00 16 – www.hostellerie-cygne.com – Fermé 19 fév.-4 mars, 2-15 juil., 7-18 nov., jeudi midi, dim. soir et merc.*

Au Moulin de la Walk

TRADITIONNEL • FONCTIONNEL Idyllique et champêtre, bordé par la rivière : tel est cet hôtel-restaurant traditionnel, tenu par la même famille depuis... 1949 ! Les chambres, fraîches et très confortables, sont réparties sur deux bâtiments, dont l'un est situé sur les vestiges d'un ancien moulin.

25 chambres – †72/89 € ††83/89 € – ☕12 €

Plan : A1-s *2 r. de la Walk – ✆ 03 88 94 06 44 – www.moulin-walk.com – Fermé 2-25 janv. et 6-19 juil.*

Au Moulin de la Walk – voir les restaurants ci-dessus

à Altenstadt 2 km au Sud par D3 – ✉ 67160

Rôtisserie Belle Vue

CUISINE TRADITIONNELLE • CLASSIQUE XX Dans cette grande maison familiale, on est reçu chaleureusement et on savoure une cuisine traditionnelle dans une atmosphère cossue. Plats du jour servis au bar-winstub.

Menu 32/68 € – Carte 38/66 €

1 r. Principale – ✆ 03 88 94 02 30 – www.bellevue-wiss.fr – Fermé 19 fév.-8 mars, 6-30 août, dim. soir, lundi et mardi

WISSOUS - 91 Essonne ➜ Voir Autour de Paris

XONRUPT-LONGEMER - 88 Vosges ➜ Voir Gérardmer

YERVILLE

✉ 76760 Seine-Maritime - 2 451 hab. - Alt. 156 m - Carte régionale n° **17**-C1
Carte Michelin 304-F4

Hostellerie des Voyageurs

CUISINE TRADITIONNELLE • RUSTIQUE XX Une authentique hostellerie de tradition, que cette belle maison à colombages, ancien relais de diligences fondé en 1875. Dans un cadre rustique et chaleureux, le chef concocte une cuisine traditionnelle goûteuse et généreuse. Un vrai travail de cuisinier, à base de produits de parfaite fraîcheur !

Formule 18 € - Menu 29/42 € - Carte 52/59 €

3 r. Jacques-Ferny - ✆ 02 35 96 82 55 - www.hostellerie-voyageurs.com

YEU (ÎLE D') - 85 Vendée ➜ Voir Île d'Yeu

YGRANDE

✉ 03160 Allier - 779 hab. - Alt. 333 m - Carte régionale n° **3**-B1
Carte Michelin 326-E3 - Guide Vert Michelin Auvergne

Château d'Ygrande

CUISINE MODERNE • ÉLÉGANT XX Du style ! Directoire (1854) pour être exact et... vraiment élégant. Le chef réalise une cuisine dans l'air du temps, valorisant le terroir. Pour l'anecdote : les légumes proviennent du potager du château. Quelques instants de goût dans un monde qui s'égare.

Menu 37/84 € - Carte 50/67 €

Le Mont, 4 km à l'Est par D192 et rte secondaire - ✆ 04 70 66 33 11 - www.chateauygrande.fr - Fermé janv., fév., dim. soir, mardi midi et lundi hors saison

Château d'Ygrande

DEMEURE HISTORIQUE • PERSONNALISÉ Charme et élégance règnent dans ce château de 1854. Des séjours à thème sont proposés (équitation, randonnée) et le panorama sur la campagne est exquis. Les poètes apprécieront les belles hauteurs sous plafond, propices aux pensées en apesanteur...

19 chambres - †109/305 € ††109/305 € - ☕ 16 €

- ✆ 04 70 66 33 11 - www.chateauygrande.fr - Fermé janv., fév., dim. soir et lundi hors saison

Château d'Ygrande - voir les restaurants ci-dessus

YSSINGEAUX

✉ 43200 Haute-Loire - 7 105 hab. - Alt. 829 m - Carte régionale n° **3**-C3
Carte Michelin 331-G3 - Guide Vert Michelin Lyon Drôme Ardèche

Le Bourbon

CUISINE DU TERROIR • TRADITIONNEL XX Passé par de belles maisons - dont celle de Michel Chabran à Pont-de-l'Isère -, Rémy Michelas propose ici une carte alléchante, qui fait la part belle aux producteurs auvergnats et célèbre le gibier en saison. Deux univers au choix (gastronomique, ou bistrot le midi) et un seul mot d'ordre : le plaisir !

Formule 18 € - Menu 24 € (semaine), 31/69 € - Carte 53/82 €

11 chambres - †74/89 € ††89 € - ☕ 12 €

5 pl. de la Victoire - ✆ 04 71 59 06 54 - www.le-bourbon.com - Fermé 21-27 oct., 25 déc.-9 janv., mardi midi de mai à sept., sam. midi d'oct. à avril, dim. soir et lundi

YVETOT

✉ 76190 Seine-Maritime – 11 644 hab. – Alt. 147 m – Carte régionale n° **17**-C1
Carte Michelin 304-E4 – Guide Vert Michelin Normandie Vallée de la Seine

au Sud-Est 5 km sur D5 – ✉ 76190 Yvetot :

Auberge du Val au Cesne

CUISINE TRADITIONNELLE • RUSTIQUE En pleine campagne, cette ravissante auberge normande du 17e s. propose, dans six petites salles rustiques (meubles anciens, cheminées, etc.), une bonne cuisine traditionnelle inspirée par les produits frais : terrine maison, escalope de volaille "vieille Henriette", turbot à l'oseille... Les chambres, tendues de tissus à motifs anciens, sont douillettes à souhait.

Menu 29/60 € – Carte environ 55 €
5 chambres – 90 € 90 € – 11 €
140 Route Départementale 5 – 02 35 56 63 06 – www.valaucesne.fr

YVOIRE

✉ 74140 Haute-Savoie – 884 hab. – Alt. 380 m – Carte régionale n° **25**-F1
Carte Michelin 328-K2 – Guide Vert Michelin Alpes du Nord

Les Jardins du Léman

CUISINE MODERNE • ÉLÉGANT Au cœur de la cité médiévale, cette vénérable auberge propose des plats gourmands, joliment travaillés, et un sympathique menu gibier à l'automne. Le plus ? Une somptueuse terrasse panoramique sur le lac Léman, où vous vous attablerez les soirs d'été.

Menu 25 € (semaine), 32/46 € – Carte 43/70 €
Grande-Rue – 04 50 72 80 32 – www.lesjardinsduleman.com – Fermé 20 nov.-3 fév. et merc. sauf juil.-août

Le Pré de la Cure

CUISINE TRADITIONNELLE • CONVIVIAL Une plongée dans le Léman ! Évidemment, il y a la vue, superbe, mais pas seulement... Le chef réalise une cuisine axée sur les produits de la pêche du lac et concocte des petits plats régionaux bien gourmands. Selon l'arrivage, brochets, truites ou encore perches peuvent être de la fête. On se régale !

Menu 21 € (semaine), 30/54 € – Carte 41/59 €
Hôtel Le Pré de la Cure, pl. de la Mairie – 04 50 72 83 58 – www.pre-delacure.com – Ouvert 8 mars-28 oct.

Vieille Porte

CUISINE TRADITIONNELLE • RUSTIQUE Maison du 14e s. appartenant à la même famille depuis 1587. Tomettes, poutres et pierres, terrasse à l'ombre des remparts : rien ne manque, et tout cela accompagne à merveille la sympathique cuisine traditionnelle et régionale du chef. Belle sélection de bordeaux à prix raisonnable.

Menu 29 € (semaine), 32/42 € – Carte 45/65 €
2 pl. de la Mairie – 04 50 72 80 14 – www.la-vieille-porte.com – Fermé 11 nov.-10 fév. et lundi sauf juil.-août

Villa Cécile

FAMILIAL • COSY Non loin de la cité médiévale, une villa agréable et cossue. Piscines, jacuzzi, sauna, hammam et sympathique restaurant : détente assurée et... repos mérité dans l'une des très confortables chambres (lits king size) d'esprit marin. Merci Cécile !

15 chambres – 150/330 € 190/330 € – 19 €
156 rte de Messery – 04 50 72 27 40 – www.villacecile.com – Fermé 26 déc.-1er mars

Le Pré de la Cure

TRADITIONNEL • CONTEMPORAIN À l'entrée de la cité médiévale, cet établissement familial dispose de chambres spacieuses, contemporaines et épurées ; toutes ont vue sur le lac ou le jardin. Et pour se détendre on profite de la piscine couverte, du jacuzzi, du sauna ou du hammam !

25 chambres – 80/125 € 80/125 € – 12 €

pl. de la Mairie – 04 50 72 83 58 – www.pre-delacure.com – Ouvert 8 mars-28 oct.

Le Pré de la Cure – voir les restaurants ci-dessus

YVOY-LE-MARRON

41600 Loir-et-Cher – 624 hab. – Alt. 129 m – Carte régionale n° **6**-C2
Carte Michelin 318-I6

Auberge du Cheval Blanc

CUISINE TRADITIONNELLE • AUBERGE XX Après une balade en forêt solognote, installez-vous à la table du Cheval Blanc... Tomettes, poutres, trophées de chasse et bois sombre : tout un idéal champêtre ressuscité ! Terrine de foie gras de canard, fricassée de rognons de veau à la berrichonne : le patron rend hommage à la tradition avec un soin tout particulier.

Menu 32/54 € – Carte 45/98 €

1 pl. du Cheval-Blanc – 02 54 94 00 00 – www.aubergeduchevalblanc.com – Fermé 27 fév.-16 mars,18 déc.-11 janv., mardi midi, merc. midi et lundi

Auberge du Cheval Blanc

AUBERGE • TRADITIONNEL Au cœur de ce village solognot, un hôtel-restaurant à l'architecture locale, fort bien tenu. Les chambres sont chaleureuses et confortables, dans une veine classique soignée. Une bonne adresse.

15 chambres – 78 € 100/105 € – 14 €

1 pl. du Cheval-Blanc – 02 54 94 00 00 – www.aubergeduchevalblanc.com – Fermé 27 fév.-16 mars et 18 déc.-11 janv.

Auberge du Cheval Blanc – voir les restaurants ci-dessus

YZEURES-SUR-CREUSE

37290 Indre-et-Loire – 1 443 hab. – Alt. 74 m – Carte régionale n° **6**-B3
Carte Michelin 317-O8

Relais de La Mothe

CUISINE TRADITIONNELLE • COSY XX Dans cette maison d'angle, en face du monument aux morts, on est accueilli dans une ambiance familiale et chaleureuse. En cuisine, tout est fait maison, au goût du jour, sous la direction d'un chef au solide parcours professionnel.

Formule 20 € – Menu 27/37 € – Carte 30/45 €

1 pl. du 11-Novembre – 02 47 91 49 00 – www.relaisdelamothe.com – Fermé 1er-25 janv. et dim. soir

Relais de La Mothe

TRADITIONNEL • PERSONNALISÉ Nouveau départ pour ce relais de poste de 1880 joliment rénové. Les chambres sont spacieuses et confortables, et il fait bon se ressourcer à l'espace détente ou prendre un verre dans le salon au coin de la cheminée. Idéal pour un séjour au vert.

22 chambres – 71/99 € 76/110 € – 10 €

1 pl. du 11-Novembre – 02 47 91 49 00 – www.relaisdelamothe.com – Fermé 1er-25 janv.

Relais de La Mothe – voir les restaurants ci-dessus

ZELLENBERG - 68 Haut-Rhin ➜ Voir Riquewihr

ZIMMERBACH

✉ 68230 Haut-Rhin - 858 hab. - Alt. 300 m - Carte régionale n° **1**-C2
Carte Michelin 315-H8

Au Raisin d'Or

CUISINE TRADITIONNELLE • CONVIVIAL X Cette auberge à la bonne franquette a profité d'un petit relooking, mais n'a rien changé à ses habitudes. Les habitués sont toujours là et se régalent des propositions du jour et des classiques du chef (tête de veau, quenelles de foie, bœuf gros sel, etc.).

Formule 16 € - Menu 28/43 € - Carte 31/53 €

1 r. de l'Église - ✆ 03 89 71 05 69 - www.raisindor.fr - Fermé mardi

ZONZA - 2A Corse-du-Sud ➜ Voir Corse

ZOUFFTGEN

✉ 57330 Moselle - 1 097 hab. - Alt. 250 m - Carte régionale n° **14**-B1
Carte Michelin 307-H2

La Lorraine (Lucien Keff)

CUISINE MODERNE • ÉLÉGANT XXX Sous la grande véranda de cette maison bourgeoise, dont le sol vitré laisse apparaître la cave à vin, on apprécie une cuisine au goût du jour, inspirée du terroir lorrain. Petits plats du terroir dans l'annexe, La Stuff, façon winstub.

➜ Fricassée d'escargots, émulsion de pomme de terre et coulis de persil plat. Cochon de lait du terroir rôti, tarte de pomme de terre au lard. Œuf au chocolat, sabayon au rhum.

Menu 45/110 € - Carte environ 92 €

3 chambres - 🚹120 € 🚻180/250 € - ☕ 21 €

80 r. Principale - ✆ 03 82 83 40 46 - www.la-lorraine.fr - Fermé lundi et mardi

J. Frumm/hemis.fr

PRINCIPAUTÉ **DE MONACO**

MONACO

36 950 hab. – Carte régionale n° **22**-E2
Carte Michelin 341-F5 et 115-37 – Guide Vert Michelin Côte d'Azur

MONACO Capitale de la Principauté

98000 Monaco – 36 950 hab. – Alt. 163 m

à Fontvieille

Beefbar

GRILLADES • TENDANCE XX Un "bar à viandes"... de bœuf (en provenance d'Europe, d'Amérique du Sud ou des États-Unis) réservé aux carnivores. Cadre tendance, très prisé de la clientèle locale, tout comme les belles vitrines de maturation des viandes !

Carte 60/130 €

Plan : E3-a *42 quai Jean-Charles-Rey – 97 77 09 29 – monaco.beefbar.com*

MONTE-CARLO Centre Mondain de la Principauté

Monaco – 15 507 hab. – Carte régionale n° **22**-E2
Carte Michelin 341-F5

Le Louis XV - Alain Ducasse à l'Hôtel de Paris

CUISINE MÉDITERRANÉENNE • LUXE XXXXX C'est ici qu'Alain Ducasse a forgé sa signature, imposant son nouveau classicisme culinaire, fait d'exigence et de maestria, toujours guidé par la vérité du produit. Son fidèle lieutenant, Dominique Lory, célèbre la Méditerranée dans l'assiette ; à chaque détour, la simplicité devient une émotion et nous submerge.

→ Gamberonis de San Remo, fine gelée de poissons de roche et caviar. Loup de Méditerranée aux agrumes du mentonnais. Baba au rhum de votre choix, crème mi-montée.

Menu 240/360 € – Carte 220/340 €

Plan : E1-y *Hôtel de Paris, pl. du Casino – 98 06 88 64 – www.alain-ducasse.com – Fermé 27 fév.-14 mars, 27 nov.-27 déc., merc. sauf juil.-août, jeudi midi et mardi*

Joël Robuchon Monte-Carlo

CUISINE MODERNE • ÉLÉGANT XXX Que dire ? Tout ici respire l'excellence. L'incroyable précision des assiettes de Christophe Cussac, l'imposant chariot de desserts, le choix des vins qui ne laisse rien au hasard... tout cela se savoure dans le cadre cossu et raffiné de l'hôtel Métropole, véritable joyau monégasque. Une expérience à part.

→ Betterave en duo de pommes à l'avocat, salades amères et sorbet moutarde verte. Riz bomba dans un bouillon aux saveurs de paella. Fraîcheur d'ananas mariné au gingembre, sorbet shiso.

Menu 62 € (déj.), 82/220 € – Carte 95/285 €

Plan : E1-z *Hôtel Métropole, 4 av. de la Madone – 93 15 15 10 – www.metropole.com – Fermé 15 fév.-1er mars, merc. et le midi en juil.-août*

Vistamar

CUISINE MODERNE • ÉLÉGANT XXX Votre plat idéal ? Produits, cuissons, garnitures : ici, le chef et sa brigade vous composent une assiette "sur mesure"... et savent exaucer vos souhaits ! Beau décor moderne : teintes douces et terrasse regardant le port.

→ Pâté en croûte gourmand du Vistamar. Bouillabaisse en trois services. Soufflé au chocolat, crème glacée stracciatella.

Menu 59 € (déj.), 78/140 € – Carte 95/165 €

Plan : E1-r *Hôtel Hermitage, square Beaumarchais – 98 06 98 98 – www.montecarloresort.com – Fermé 7 janv.-11 fév., le midi en juil.-août, sam. midi et dim. midi*

✿ Le Blue Bay

CUISINE CRÉATIVE • DESIGN XXX Dans le cadre contemporain et élégant du Monte Carlo Bay Hotel and Resort, avec une terrasse ouvrant grand sur la mer... Un superbe horizon pour la cuisine du chef, Marcel Ravin, dont les recettes, soignées et parfumées, sont particulièrement marquées par les origines martiniquaises. Une véritable ode au métissage culinaire !

➜ Manioc, truffe et maracuja, œuf de poule cuit à basse température. Poularde de Bresse boucanée sur des coques de noix de coco. Textures de fèves au cacao et fruits de la passion.

Menu 92/220 € – Carte 90/150 €

Plan : B1-r *Monte Carlo Bay Hotel and Resort, 40 av. Princesse-Grace – ✆ 98 06 03 60 – www.montecarlobay.com – Fermé 18 fév.-13 mars, 18 nov.-18 déc., dim. et lundi d'oct. à début avril*

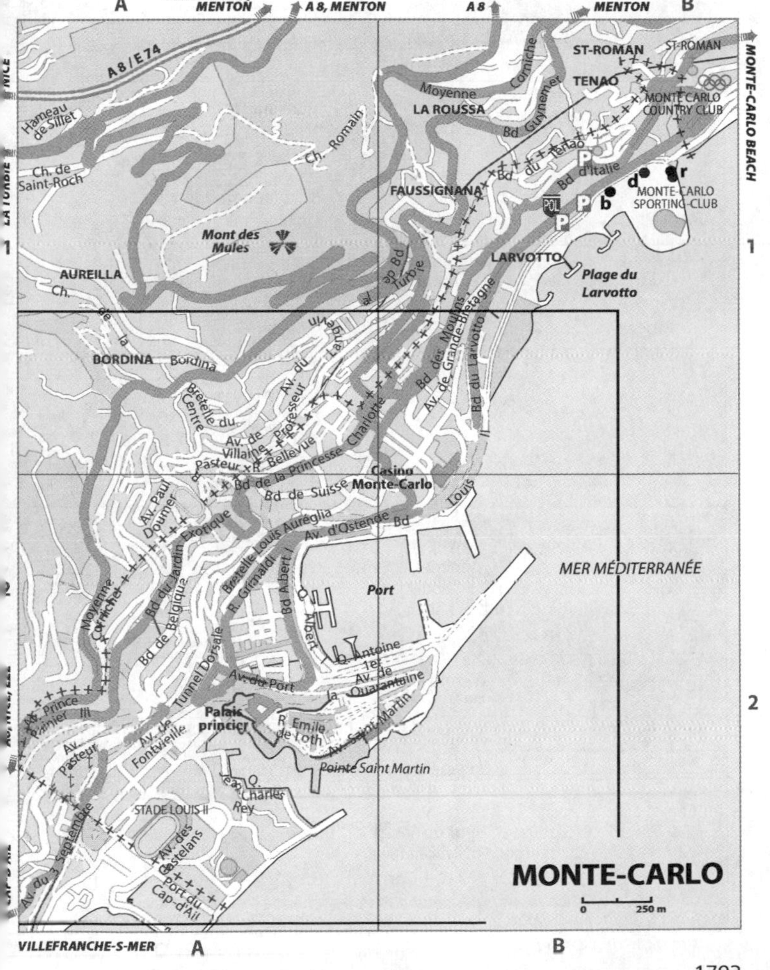

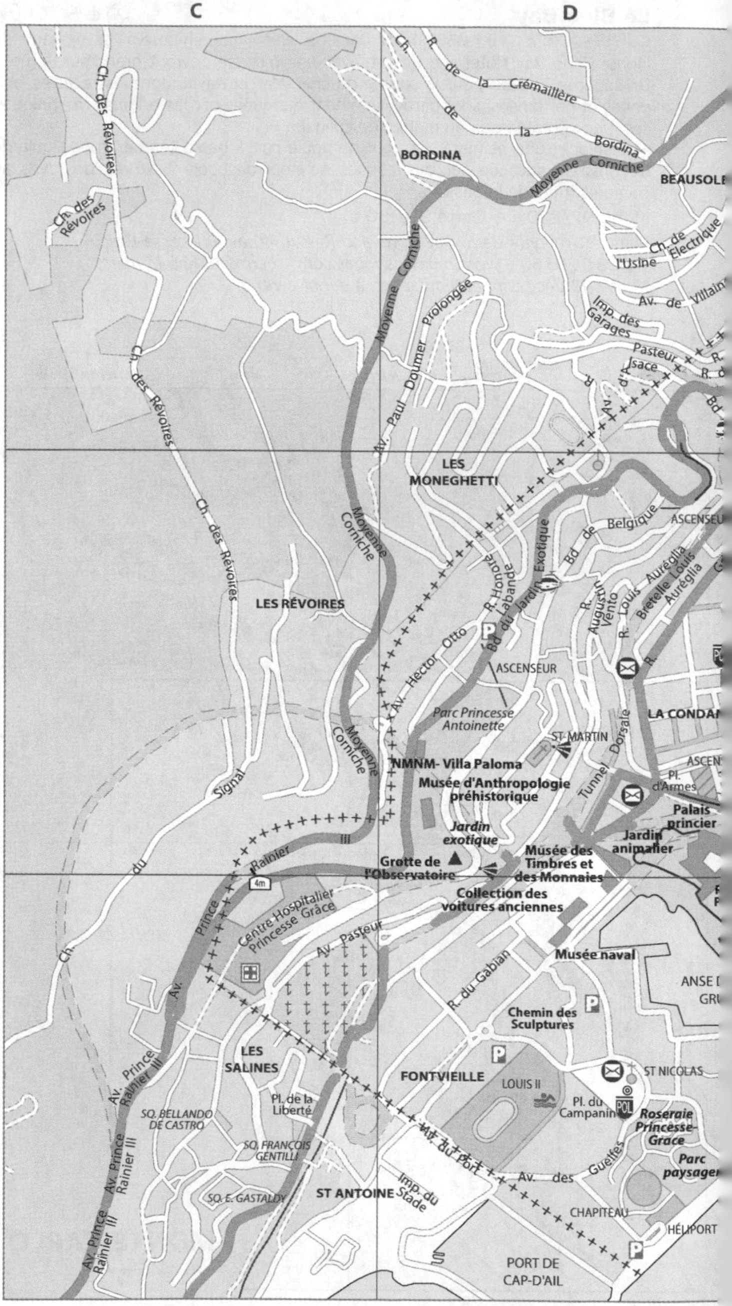
C
D
1
2
3
Ch. des Révoires
Ch. des Révoires
Ch. des Révoires
Ch. des Révoires
R. de la Crémaillère
Ch. de la Bordina
BORDINA
Moyenne Corniche
BEAUSOLEIL
Ch. de l'Usine Electrique
Av. de Villaine
Imp. des Garages
Moyenne Corniche
Av. Paul Doumer Prolongée
Pasteur
Isace
LES MONEGHETTI
Moyenne Corniche
Bd de Belgique
ASCENSEUR
Bd du Jardin Exotique
R. Honoré Labande
R. Augustin Vento
R. Louis Auréglia
Bretelle Louis Auréglia
LES RÉVOIRES
Av. Hector Otto
ASCENSEUR
Parc Princesse Antoinette
ST-MARTIN
LA CONDAMINE
Moyenne Corniche
NMNM- Villa Paloma
Musée d'Anthropologie préhistorique
Tunnel Dorsale
Pl. d'Armes
Palais princier
Signal
Jardin exotique
Jardin animalier
Av. Prince Rainier III
Grotte de l'Observatoire
Musée des Timbres et des Monnaies
4m
Ch. du Signal
Centre Hospitalier Princesse Grâce
Collection des voitures anciennes
Av. Pasteur
Musée naval
R. du Gabian
ANSE DU GRU
Chemin des Sculptures
LES SALINES
FONTVIEILLE
LOUIS II
ST NICOLAS
Av. Prince Rainier III
Pl. de la Liberté
Pl. du Campanin
Roseraie Princesse-Grace
SQ. BELLANDO DE CASTRO
SQ. FRANÇOIS GENTILLI
Av. du Port
Av. des Guelfes
Parc paysager
Av. Prince Rainier III
Av. Prince Rainier III
SQ. E. GASTALDY
ST ANTOINE
Imp. du Stade
CHAPITEAU
HÉLIPORT
PORT DE CAP-D'AIL
C
D

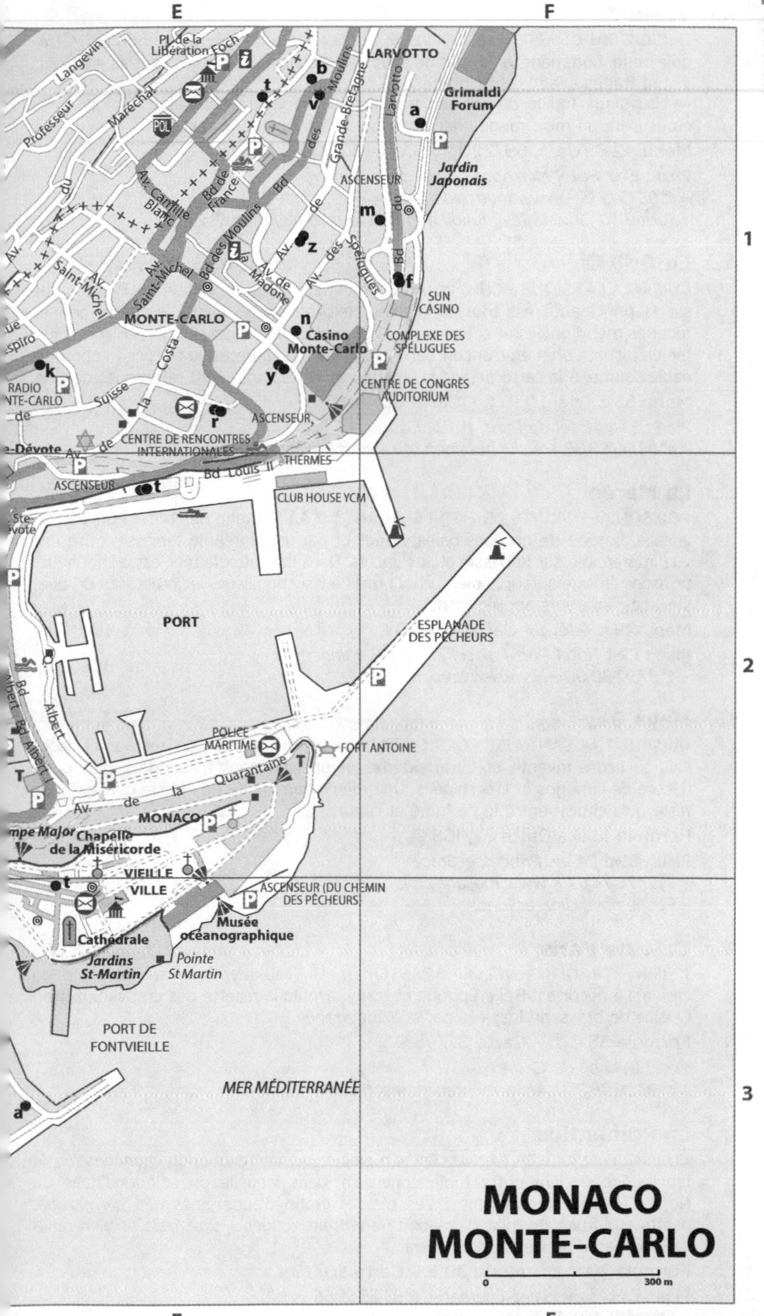
E
F
LARVOTTO
Grimaldi Forum
Jardin Japonais
ASCENSEUR
SUN CASINO
COMPLEXE DES SPÉLUGUES
CENTRE DE CONGRÈS AUDITORIUM
MONTE-CARLO
Casino Monte-Carlo
RADIO MONTE-CARLO
CENTRE DE RENCONTRES INTERNATIONALES
THERMES
CLUB HOUSE YCM
PORT
ESPLANADE DES PÊCHEURS
POLICE MARITIME
FORT ANTOINE
MONACO
Chapelle de la Miséricorde
VIEILLE VILLE
ASCENSEUR (DU CHEMIN DES PÊCHEURS)
Musée océanographique
Cathédrale
Jardins St-Martin
Pointe St Martin
PORT DE FONTVIEILLE
MER MÉDITERRANÉE
1
2
3
MONACO
MONTE-CARLO
0
300 m

✿ Yoshi

CUISINE JAPONAISE • DESIGN XX La seconde table de Joël Robuchon au Métropole rend hommage à la cuisine nippone. Bouillons parfumés, sushis et makis y sont traités avec Yoshi ("bonté").

➜ Usuzukuri, feuille de saumon frais acidulé de yuzu. Miso-katzu, filet de veau croustillant au miso rouge. Blanc-manger à la crème de pistache.

Menu 42 € (déj.), 69/220 € - Carte 82/232 €

Plan : E1-z *Hôtel Métropole, 4 av. de la Madone*
- ✆ 93 15 13 13 - www.metropole.com
- Fermé 30 janv.-13 fév., lundi, mardi et le midi en juil.-août

Le Grill Ⓝ

CUISINE CLASSIQUE • CHIC XXX Au 8e et dernier étage de l'Hôtel de Paris, la vue sur la principauté est tout simplement exceptionnelle. Dans l'assiette, bonnes recettes méridionales et cuissons... au charbon de bois, bien sûr : minestrone printanier, turbot côtier en tronçon, carré d'agneau à la sarriette ou encore l'incontournable soufflé, à la carte depuis la création du restaurant... 700 références de vins.

Menu 55 € (déj.)/135 € - Carte 80/240 €

Plan : E1-y *Hôtel de Paris, pl. du Casino*
- ✆ 98 06 88 88 - www.hoteldeparismontecarlo.com

La Marée

POISSONS ET FRUITS DE MER • ÉLÉGANT XXX Au 6e étage de l'hôtel Port Palace, la salle, bordée de grandes baies vitrées et par une agréable terrasse, offre une vue imprenable sur le bassin et ses yachts. Dans l'assiette, la mer est à l'honneur : poissons (rougets, loup, sole, turbot) mais aussi coquillages et crustacés de qualité... Les amateurs apprécieront.

Menu 29 € (déj.) - Carte 70/120 €

Plan : E2-t *Hôtel Port Palace, 7 av. J.-F.-Kennedy*
- ✆ 97 97 80 00 - www.lamaree.mc

Maya Bay

CUISINE THAÏLANDAISE • DESIGN XX Dans un même lieu, un restaurant japonais au cadre inventif et ultramoderne, et un restaurant thaïlandais, plus cosy, décoré de kimonos et d'orchidées. Une même gamme de prix et de qualité ; il ne reste qu'à choisir entre le parfumé et l'épure.

Formule 18 € - Carte 37/168 €

Plan : B1-d *24 av. Princesse-Grace*
- ✆ 97 70 74 67 - www.mayabay.mc
- Fermé nov., dim. et lundi

Café de Paris

CUISINE TRADITIONNELLE • BRASSERIE XX Un lieu mythique sur la place du casino. Le décor est Belle Époque et l'on y inventa la recette des crêpes Suzette ! Cuisine de brasserie inspirée par la Méditerranée.

Formule 35 € 🍷 - Carte 57/95 €

Plan : E1-n *pl. du Casino*
- ✆ 98 06 76 23 - www.montecarloresort.com

La Romantica

CUISINE ITALIENNE • FAMILIAL XX En plein cœur de l'animation monégasque, la famille Grossi tient cette table conviviale, dans laquelle on célèbre l'Italie du Nord... Tout un programme ! Les plats - gratin d'aubergines *alla parmigiana*, risotto aux fruits de mer, pannacotta aux fruits rouges - sont frais et bien réalisés : on passe un très bon moment.

Formule 20 € 🍷 - Menu 39 € - Carte 50/79 €

Plan : E1-b *3 av. Saint-Laurent - ✆ 93 25 65 66*
- Fermé 15 fév.-1er mars et dim.

Nobu

FUSION • BRANCHÉ Furieusement tendance, Nobuyuki Matsuhisa s'est rendu célèbre à travers le monde grâce à une cuisine fusion ambitieuse, rencontre des saveurs latines et de la tradition japonaise. Son adresse monégasque tient cette promesse : les saveurs sont à la fête dans des créations d'une belle maîtrise.

Menu 80/125 € – Carte 50/148 €

Plan : F1-f *Hôtel Fairmont Monte-Carlo, 12 av. Spélugues – 97 70 70 97 – www.fairmont.com/montecarlo – Fermé le midi*

Song Qi

CUISINE ASIATIQUE • LUXE Un restaurant gastronomique chinois ; ces termes ne sont plus antinomiques. On s'installe dans un cadre (forcément) chic pour y déguster une carte alléchante, de la soupe pékinoise au poulet fumé, à ces crevettes croustillantes du dragon à la moutarde chinoise. Réservez !

Menu 29 € (déj.) – Carte environ 120 €

Plan : F1-a *7 av. Princesse-Grace – 99 99 33 33 – www.song-qi.mc*

Eqvita

CUISINE VÉGÉTALIENNE • CONVIVIAL Eqvita ou l'équilibre de la vie. Tel est le crédo du restaurant, imaginé par le tennisman Novak Djokovic et sa femme Jelena, autour d'un principe simple : bio et sans gluten. Gaspacho tomate pastèque, lasagnes de courgettes aux noix de cajou : le chef irlandais se surpasse et on se régale ! Ouvert 7/7, du petit-déjeuner au dîner.

Formule 22 € – Carte 30/55 €

Plan : F1-m *7 r. Portier – 97 77 07 49 – http://eqvitarestaurant.com*

La Montgolfière-Henri Geraci

CUISINE MODERNE • CONVIVIAL Dans une ruelle piétonne du rocher, à deux pas du palais princier, ce petit restaurant familial est un parfait contrepied à toutes les adresses branchées et "bling-bling" de Monaco ! En toute simplicité, le chef signe une cuisine soignée et goûteuse, parfois mâtinée d'influences asiatiques. Accueil charmant.

Menu 47 € (dîner), 54/78 €

Plan : E3-t *16 r. Basse – 97 98 61 59 – www.lamontgolfiere.mc – Fermé 28 janv.-4 mars, dim. et merc.*

Loga

CUISINE TRADITIONNELLE • FAMILIAL N'hésitez pas à découvrir cette maison bien connue des Monégasques ! La cuisine vitrée donne sur une salle à manger coquette et chaleureuse : on est déjà séduit. En véritable passionné, le chef travaille viandes, poissons et pâtes avec la même dévotion ; ne manquez pas sa spécialité : l'escalope milanaise.

Carte 36/76 €

Plan : E1-v *25 bd des Moulins – 93 30 87 72 – www.loga.mc – Fermé 24 fév.-11 mars, 12-29 août, merc. soir et dim.*

Hermitage

GRAND LUXE • HISTORIQUE Derrière une foisonnante façade 1900, une coupole signée Eiffel, un déluge de mosaïques, moulures, pampilles... Confort extrême, à la pointe de l'élégance contemporaine dans les deux ailes rénovées. Beaux équipements pour séminaires. Petite restauration et salon de thé au Limun Bar.

244 chambres – †341/2925 € ††368/2925 € – 34 suites – 42 €

Plan : E1-r *square Beaumarchais – 98 06 40 00 – www.montecarloresort.com*

Vistamar – voir les restaurants ci-dessus

Hôtel de Paris

GRAND LUXE • CLASSIQUE Des aménagements somptueux, un luxe sans fausse note, un espace bien-être fabuleux : voilà ce qui a fait la légende du plus prestigieux des palaces monégasques ! Un ambitieux programme de rénovation est prévu jusqu'en 2018, entraînant la fermeture d'une partie des chambres. Ainsi perdurera le mythe de ce fleuron de la Côte d'Azur...

100 chambres – 525/1450 € 525/1450 € – 30 suites – 40 €

Plan : E1-y *pl. du Casino*
– 98 06 30 00 – www.hoteldeparismontecarlo.com

Le Louis XV - Alain Ducasse à l'Hôtel de Paris • Le Grill – voir les restaurants ci-dessus

Métropole

GRAND LUXE • PERSONNALISÉ Luxe et raffinement à tous les étages de ce palace (1886) situé tout près du casino et relooké par Jacques Garcia. Les beaux salons, le décor cossu et volontiers baroque des chambres, le magnifique spa, le bar feutré, le restaurant Odyssey imaginé par Karl Lagerfeld : les superlatifs manquent !

69 chambres – 340/790 € 550/2490 € – 64 suites – 43 €

Plan : E1-z *4 av. de la Madone*
– 93 15 15 15 – www.metropole.com

Joël Robuchon Monte-Carlo • Yoshi – voir les restaurants ci-dessus

Monte Carlo Bay Hotel and Resort

LUXE • CONTEMPORAIN Ce palace monégasque s'étend sur quatre hectares gagnés sur la mer... Un univers en soi, avec une extraordinaire "piscine-lagon" (bassin à fond de sable), des jardins méditerranéens, de superbes chambres contemporaines, plusieurs restaurants et un casino !

312 chambres – 405/1470 € 405/1470 € – 22 suites – 36 €

Plan : B1-r *40 av. Princesse-Grace*
– 98 06 02 00 – www.montecarlobay.com

Le Blue Bay – voir les restaurants ci-dessus

Fairmont Monte-Carlo

LUXE • CONTEMPORAIN Un immense complexe hôtelier avec centre de conférences, galerie marchande, spa, restaurants et casino. Toutes les chambres sont parées de couleurs fraîches, avec une vue superbe côté mer.

576 chambres – 299/979 € 299/979 € – 26 suites – 38 €

Plan : F1-f *12 av. Spélugues – 93 50 65 00 – www.fairmont.com/montecarlo*

Nobu – voir les restaurants ci-dessus

Méridien Beach Plaza

HÔTEL DE CHAÎNE • CONTEMPORAIN Grand hôtel de style moderne avec sa plage privée. Les chambres les plus agréables sont panoramiques et donnent sur la mer. Superbes suites design, belles piscines et centre de conférences. Cuisine méditerranéenne à L'Intempo, avec buffet au déjeuner et carte plus élaborée le soir.

800 chambres – 250/1555 € 350/2890 € – 15 suites – 36 €

Plan : B1-b *22 av. Princesse-Grace (à la plage du Larvotto) – 93 30 98 80 – www.lemeridienmontecarlo.com*

Novotel

BUSINESS • CONTEMPORAIN Sur les hauteurs de la principauté, les anciens studios de RMC ont laissé place à cet hôtel. Solarium au 7e étage et, pour la détente, espace loisir avec fitness et piscine.

218 chambres – 145/800 € 145/800 € – 10 suites – 20 €

Plan : E1-k *16 bd Princesse-Charlotte – 99 99 83 00 – www.novotel.com/5275*

Port Palace

LUXE • CONTEMPORAIN Hôtel intime et luxueux, en face du port et de ses yachts. Grandes chambres élégantes (cuir piqué, tissus italiens, teintes apaisantes). Au sixième étage, les baies vitrées du restaurant offrent une vue imprenable sur le bassin !

41 chambres - 272/425 € 272/425 € - 9 suites

Plan : E2-t *7 av. J.-F.-Kennedy - 97 97 90 00 - www.portpalace.com*

La Marée - voir les restaurants ci-dessus

à Monte-Carlo-Beach (France Alpes-Mar.) 2,5 km au Nord-Est - 06190 Roquebrune-Cap-Martin

Elsa

CUISINE MÉDITERRANÉENNE • DESIGN XX On se noie dans les yeux de cette Elsa-là, qui offre une vue superbe sur la mer... et honore avec grande finesse la cuisine méditerranéenne. Le chef mise sur des produits 100 % bio et des poissons de première fraîcheur : ses recettes se révèlent très parfumées, sans fioritures ; le repas est un vrai plaisir.

→ Pavé de queues de crevettes rouges crues de San Remo, mini fenouil, pomelos rouge et caviar. Sauté de langoustines, savarin de riz frit au safran. Cheesecake à la poire et brillat-savarin, sorbet poire.

Menu 48 € (déj. en semaine), 125/150 € - Carte 90/175 €

Hôtel Monte-Carlo Beach, av. Princesse-Grace - 04 93 28 66 57 - www.monte-carlo-beach.com - Ouvert 16 mars-14 oct.

Monte-Carlo Beach

LUXE • PERSONNALISÉ Ce luxueux hôtel né dans les années 1930 dresse toujours sa belle façade couleur terracotta au-dessus de la mer... L'atmosphère des chambres, ouvertes sur les flots, évoque l'esprit des croisières (tons bleu et blanc, mobilier marin), et l'on peut profiter de l'impressionnant complexe balnéaire pour la détente.

26 chambres - 440/1400 € 440/1400 € - 14 suites - 40 €

av. Princesse-Grace - 04 93 28 66 66 - www.monte-carlo-beach.com - Ouvert 16 mars-14 oct.

Elsa - voir les restaurants ci-dessus

Voir aussi ressources hôtelières à ***Beausoleil*** *et* ***Cap d'Ail***

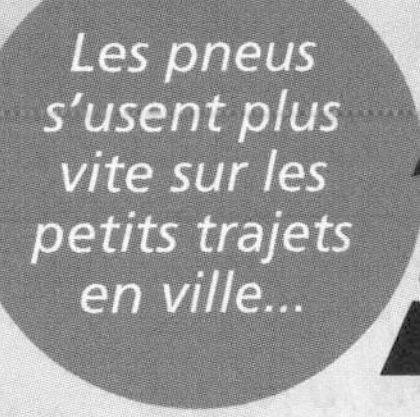

Les pneus s'usent plus vite sur les petits trajets en ville...

VRAI !

La fréquence des freinages et des accélérations en ville use davantage vos pneus ! Dans les embouteillages, armez-vous de patience et conduisez en douceur.

La pression des pneus agit uniquement sur la sécurité...

FAUX !

Au-delà de la tenue de route et de la consommation de carburant, une sous pression de 0,5 Bar diminue de 8 000 km la durée de vie de vos pneus. Pensez à vérifier la pression environ une fois par mois, surtout avant un départ en vacances ou un long trajet.

Si vous êtes confrontés à des **conditions hivernales occasionnelles**, allant de la pluie soudaine, aux chutes de neige ou au verglas, vous pouvez opter pour **un seul type de pneu.**
?
VRAI !
Le pneu révolutionnaire *MICHELIN CrossClimate* vous garantit mobilité et praticité quels que soient les aléas climatiques. C'est le tout premier pneu été avec une certification hiver !

QUIZ

1 POURQUOI BIBENDUM, LE BONHOMME MICHELIN, EST BLANC ALORS QUE LE PNEU EST NOIR ?

Le personnage de Bibendum a été imaginé à partir d'une pile de pneus, en 1898, à une époque où le pneu était fabriqué avec du caoutchouc naturel, du coton et du soufre et où il est donc de couleur claire. Ce n'est qu'après la Première guerre mondiale que sa composition se complexifie et qu'apparaît le noir de carbone. Mais Bibendum, lui, restera blanc !

2 SAVEZ-VOUS DEPUIS QUAND LE GUIDE MICHELIN ACCOMPAGNE LES VOYAGEURS ?

Depuis 1900, il était dit alors que cet ouvrage paraissait avec le siècle, et qu'il durerait autant que lui. Et il fait encore référence aujourd'hui, avec de nouvelles éditions et la sélection sur le site Book a table/MICHELIN Restaurants dans quelques pays.

3 DE QUAND DATE « BIB GOURMAND » DANS LE GUIDE MICHELIN ?

Cette appellation apparaît en 1997 mais dès 1954 le Guide MICHELIN signale les « repas soignés à prix modérés ». Aujourd'hui, on le retrouve sur le site et dans l'application mobile Book a table/ MICHELIN Restaurants.

Si vous voulez en savoir plus sur Michelin en vous amusant, visitez l'Aventure Michelin et sa boutique à Clermont-Ferrand, France :
www.laventuremichelin.com

Index thématiques

Thematic index

LES TABLES ÉTOILÉES ✿

N Établissement nouvellement distingué
N *Newly awarded distinction*

ALSACE

Ammerschwihr (68)	Julien Binz ✿	
Colmar (68)	L'Atelier du Peintre ✿	
Colmar (68)	Girardin ✿	
Colmar (68)	JY'S ✿✿	
Illhaeusern (68)	Auberge de l'Ill ✿✿✿	
Kaysersberg (68)	L'Alchémille ✿	
Kaysersberg (68)	64° Le Restaurant ✿✿	
Laubach (67)	La Merise ✿	**N**
Lembach (67)	Auberge du Cheval Blanc ✿✿	
Lièpvre/ La Vancelle (67)	Auberge Frankenbourg ✿	
Marlenheim (67)	Le Cerf ✿	
Mulhouse (68)	Il Cortile ✿	
Mulhouse/ Riedisheim (68)	Maison Kieny ✿	
Mulhouse/ Rixheim (68)	Le 7ème Continent ✿	
Munster/ Wihr-au-Val (68)	La Nouvelle Auberge ✿	
Obernai (67)	Le Bistro des Saveurs ✿	
Obernai (67)	La Fourchette des Ducs ✿✿	
Rhinau (67)	Au Vieux Couvent ✿	
Riquewihr (68)	La Table du Gourmet ✿	
Riquewihr/ Zellenberg (68)	Maximilien ✿	
Rosheim (67)	Hostellerie du Rosenmeer ✿	
Saverne (67)	Kasbür ✿	
Sessenheim (67)	Auberge au Bœuf ✿	
Sierentz (68)	Auberge St-Laurent ✿	
Strasbourg (67)	Buerehiesel ✿	
Strasbourg (67)	Au Crocodile ✿	
Strasbourg (67)	Gavroche ✿	
Strasbourg (67)	1741 ✿	
Strasbourg (67)	Umami ✿	
Strasbourg/ La Wantzenau (67)	Relais de la Poste ✿	
Wingen-sur-Moder (67)	Villa René Lalique ✿✿	

AQUITAINE

Agen (47)	Mariottat ✿
Agen/ Moirax (47)	Auberge Le Prieuré ✿
Ainhoa (64)	Ithurria ✿
Bassin d'Arcachon/ Arcachon (33)	Le Patio ✿
Bassin d'Arcachon/ Pyla-sur-Mer (33)	Le Skiff Club ✿
Bergerac/ Moulin de Malfourat (24)	La Tour des Vents ✿
Biarritz (64)	L'Impertinent ✿
Biarritz (64)	Les Rosiers ✿
Biarritz/ Arcangues (64)	L'Atelier de Gaztelur ✿
Biarritz/ Arcangues (64)	Le Moulin d'Alotz ✿

Bidart (64) Table des Frères Ibarboure ✿
Bordeaux (33) Garopapilles ✿ **N**
Bordeaux (33) La Grande Maison de Bernard Magrez ✿✿
Bordeaux (33) Le Pavillon des Boulevards ✿
Bordeaux (33) Le Pressoir d'Argent - Gordon Ramsay ✿✿
Bordeaux (33) La Table d'Hôtes - Le Quatrième Mur ✿ **N**
Bordeaux/ Bouliac (33) Le Saint-James ✿
Bordeaux/ Lormont (33) Le Prince Noir - Vivien Durand ✿
Bordeaux/ Martillac (33) La Grand'Vigne ✿✿
Brantôme (24) Le Moulin de l'Abbaye ✿
Brantôme/ Champagnac-de-Belair (24) Le Moulin du Roc ✿
Eugénie-les-Bains (40) Les Prés d'Eugénie - Michel Guérard ✿✿✿
Guéthary (64) Brikéténia ✿
Magescq (40) Relais de la Poste ✿✿
Monestier (24) Les Fresques ✿
Mont-de-Marsan (40) Les Clefs d'Argent ✿
Pauillac (33) Château Cordeillan Bages ✿ **N**
Périgueux (24) L'Essentiel ✿
Périgueux/ Chancelade (24) Restaurant du Château ✿
Puymirol (47) Michel Trama ✿✿
Saint-Émilion (33) Hostellerie de Plaisance ✿✿
Saint-Émilion (33) Logis de la Cadène ✿
Saint-Jean-de-Blaignac (33) Auberge St-Jean ✿
Saint-Jean-de-Luz (64) Le Kaïku ✿
Saint-Jean-de-Luz (64) L'Océan ✿
Saint-Jean-Pied-de-Port (64) Les Pyrénées ✿
Saint-Pée-sur-Nivelle (64) L'Auberge Basque ✿
Saint-Vincent-de-Tyrosse (40) Le Hittau ✿
Sainte-Sabine (24) Étincelles - La Gentilhommière ✿
Sarlat-la-Canéda (24) Le Grand Bleu ✿
Trémolat (24) Le Vieux Logis ✿
Villeneuve-sur-Lot/ Saint-Sylvestre-sur-Lot (47) Le Jasmin ✿ **N**

AUVERGNE

Alleyras (43) Le Haut-Allier ✿
Chaudes-Aigues (15) Serge Vieira ✿✿
Clermont-Ferrand (63) Apicius ✿
Clermont-Ferrand (63) Jean-Claude Leclerc ✿
Clermont-Ferrand (63) Le Pré - Xavier Beaudiment ✿✿
Clermont-Ferrand/ Chamalières (63) Radio ✿
Issoire (63) L'Atelier Yssoirien ✿ **N**
Issoire/ Sarpoil (63) La Bergerie ✿
Lezoux/ Bort-l'Étang (63) Château de Codignat ✿
Marcolès (15) Auberge de la Tour ✿ **N**
Maringues (63) Carrousel ✿
Saint-Bonnet-le-Froid (43) Régis et Jacques Marcon ✿✿✿
Vichy (03) Maison Decoret ✿

BOURGOGNE

Beaune (21) Le Bénaton ✿
Beaune (21) Le Jardin des Remparts ✿
Beaune (21) Le Carmin ✿

Beaune (21) Loiseau des Vignes ❁
Beaune/ Levernois (21) Hostellerie de Levernois ❁
La Bussière-sur-Ouche (21) 1131 ❁
Chagny (71) Maison Lameloise ❁❁❁
Chaintré (71) La Table de Chaintré ❁
Chalon-sur-Saône/ Saint-Rémy (71) L'Amaryllis ❁
Charolles (71) Frédéric Doucet ❁
Chassagne-Montrachet (21) Ed.Em ❁
Courban (21) Château de Courban ❁ **N**
Dijon (21) Loiseau des Ducs ❁
Dijon (21) Stéphane Derbord ❁
Dijon (21) William Frachot ❁❁
Dijon/ Prenois (21) Auberge de la Charme ❁
Fleurville/ Mirande (71) La Marande ❁
Joigny (89) La Côte Saint-Jacques ❁❁
Mâcon (71) Pierre ❁
Mâcon/ Fuissé (71) L'O des Vignes ❁ **N**
Montceau-les-Mines (71) Jérôme Brochot ❁
Saint-Amour-Bellevue (71) Auberge du Paradis ❁
Saint-Amour-Bellevue (71) Au 14 Février ❁❁ **N**
Saulieu (21) Le Relais Bernard Loiseau ❁❁
Sens (89) La Madeleine ❁
Tournus (71) Aux Terrasses ❁
Tournus (71) Greuze ❁
Tournus (71) Meulien ❁

BRETAGNE

Auray (56) Terre-Mer ❁
Bénodet/ Sainte-Marine (29) Les Trois Rochers ❁
Billiers (56) Domaine de Rochevilaine ❁
Brest (29) Le M ❁
Cancale (35) Le Coquillage ❁
Cancale (35) La Table Breizh Café ❁
Carantec (29) Patrick Jeffroy ❁❁
La Gouesnière (35) La Gouesnière ❁
Guer (56) Auberge Tiegezh ❁
Lannion/ La Ville Blanche (22) La Ville Blanche ❁
Lorient (56) L'Amphitryon ❁
Lorient (56) Henri et Joseph ❁
Mûr-de-Bretagne (22) Auberge Grand'Maison ❁ **N**
Névez/ Raguenès-Plage (29) Ar Men Du ❁
Plancoët (22) Maison Crouzil et Hôtel L'Écrin ❁
Plomodiern (29) L'Auberge des Glazicks ❁❁
Plouider (29) La Table de La Butte ❁
Porspoder (29) Le Château de Sable ❁
Port-Louis (56) Avel Vor ❁
Quiberon/ Portivy (56) Le Petit Hôtel du Grand Large ❁
Quimper (29) Allium ❁
Rennes (35) Ima ❁ **N**
Rennes/ Noyal-sur-Vilaine (35) Auberge du Pont d'Acigné ❁
Rennes/ Saint-Grégoire (35) Le Saison ❁
Roscoff (29) Le Brittany ❁

Roscoff (29)	Rackham ✿
Saint-Brieuc (22)	Aux Pesked ✿
Saint-Brieuc/ Plérin (22)	La Vieille Tour ✿
Saint-Malo/ Saint-Servan-sur-Mer (35)	Le St-Placide ✿
Saint-Pol-de-Léon (29)	Auberge La Pomme d'Api ✿
Tréguier (22)	Aigue Marine ✿
Vannes (56)	La Gourmandière - La Table d'Olivier ✿
Vannes (56)	Roscanvec ✿
Vannes/ Saint-Avé (56)	Le Pressoir ✿

CENTRE

Amboise (37)	Château de Pray ✿
Les Bézards (45)	Auberge des Templiers ✿
Blois (41)	Assa ✿
Blois (41)	L'Orangerie du Château ✿
Bourges (18)	Le Cercle ✿
Chartres (28)	Le Georges ✿
Chenonceaux (37)	Auberge du Bon Laboureur ✿
Gien (45)	Côté Jardin ✿
Issoudun/ Saint-Valentin (36)	Au 14 Février ✿
Montargis (45)	La Gloire ✿
Montlivault (41)	La Maison d'à Côté ✿
Onzain (41)	Domaine des Hauts de Loire ✿✿
Orléans (45)	Le Lièvre Gourmand ✿
Le-Petit-Pressigny (37)	La Promenade ✿
Romorantin-Lanthenay (41)	Grand Hôtel du Lion d'Or ✿
Sancerre (18)	La Tour ✿
Tours/ Rochecorbon (37)	Les Hautes Roches ✿
Vendôme (41)	Pertica ✿

CHAMPAGNE-ARDENNE

Châlons-en-Champagne (51)	Jérôme Feck ✿ **N**
Colombey-les-Deux-Églises (52)	Hostellerie la Montagne ✿
Épernay (51)	Les Berceaux ✿
Reims (51)	Assiette Champenoise ✿✿✿
Reims (51)	Le Foch ✿
Reims (51)	Le Millénaire ✿
Reims (51)	Le Parc Les Crayères ✿✿
Reims (51)	Racine ✿
Reims/ Montchenot (51)	Le Grand Cerf ✿

CORSE

Ajaccio (2A)	Palm Beach ✿
Calvi (2B)	La Table by La Villa ✿
L'Île-Rousse (2B)	I Salti ✿
Porto-Vecchio (2A)	Casadelmar ✿✿
Porto-Vecchio (2A)	U Santa Marina ✿ **N**
Propriano (2A)	Le Lido ✿
Saint-Florent (2B)	La Roya ✿
Sartène (2A)	La Table de la Ferme ✿ **N**

FRANCHE-COMTÉ

Arbois (39) Maison Jeunet ✿✿
Belfort/ Danjoutin (90) Le Pot d'Étain ✿
Bonnétage (25) L'Étang du Moulin ✿
Chamesol (25) Mon Plaisir ✿
Dole (39) La Chaumière ✿
Dole/ Sampans (39) Château du Mont Joly ✿
Malbuisson (25) Le Bon Accueil ✿
Montbéliard (25) Le St-Martin ✿
Port-sur-Saône/ Vauchoux (70) Château de Vauchoux ✿
Villers-le-Lac (25) Le France ✿

ÎLE-DE-FRANCE

Aulnay-sous-Bois (93) Auberge des Saints Pères ✿
Bougival (78) Le Camélia ✿
Boulogne-Billancourt (92) Jean Chauvel ✿ **N**
Boulogne-Billancourt (92) MaSa ✿
Cergy-Pontoise/ Méry-sur-Oise (95) Le Chiquito ✿
Couilly-Pont-aux-Dames (77) Auberge de la Brie ✿
Dampierre-en-Yvelines (78) La Table des Blot - Auberge du Château ✿
Dampmart (77) Le Quincangrogne ✿ **N**
Étampes/ Boutervilliers (91) Le Bouche à Oreille ✿
Fontainebleau (77) L'Axel ✿
Marly-le-Roi (78) Le Village ✿
Meudon (92) L'Escarbille ✿
Paris 1er Le Baudelaire ✿
Paris 1er Carré des Feuillants ✿✿
Paris 1er La Dame de Pic ✿
Paris 1er Le Grand Véfour ✿✿
Paris 1er Les Jardins de l'Espadon ✿
Paris 1er Jin ✿
Paris 1er Kei ✿✿
Paris 1er Le Meurice Alain Ducasse ✿✿
Paris 1er Restaurant du Palais Royal ✿
Paris 1er Sur Mesure par Thierry Marx ✿✿
Paris 1er La Table de l'Espadon ✿✿
Paris 1er Yam'Tcha ✿
Paris 2e Passage 53 ✿✿
Paris 2e Pur' - Jean-François Rouquette ✿
Paris 2e Saturne ✿
Paris 2e Sushi B ✿
Paris 4e L'Ambroisie ✿✿✿
Paris 4e Benoit ✿
Paris 4e Restaurant H ✿
Paris 5e Alliance ✿
Paris 5e Mavrommatis ✿ **N**
Paris 5e Tour d'Argent ✿
Paris 6e Emporio Armani Caffè ✿ **N**
Paris 6e Guy Savoy ✿✿✿
Paris 6e Hélène Darroze ✿
Paris 6e Quinsou ✿ **N**
Paris 6e Relais Louis XIII ✿

Paris 6e	Le Restaurant ✿	
Paris 6e	Ze Kitchen Galerie ✿	
Paris 7e	Aida ✿	
Paris 7e	Arpège ✿✿✿	
Paris 7e	L'Atelier de Joël Robuchon - St-Germain ✿✿	
Paris 7e	Auguste ✿	
Paris 7e	Les Climats ✿	
Paris 7e	David Toutain ✿	
Paris 7e	Divellec ✿	
Paris 7e	ES ✿	
Paris 7e	Garance ✿	
Paris 7e	Gaya Rive Gauche par Pierre Gagnaire ✿	
Paris 7e	Le Jules Verne ✿	
Paris 7e	Loiseau rive Gauche ✿	**N**
Paris 7e	Nakatani ✿	
Paris 7e	Pertinence ✿	**N**
Paris 7e	Sylvestre ✿✿	
Paris 7e	Le Violon d'Ingres ✿	
Paris 8e	Akrame ✿	
Paris 8e	Alain Ducasse au Plaza Athénée ✿✿✿	
Paris 8e	Alléno Paris au Pavillon Ledoyen ✿✿✿	
Paris 8e	Apicius ✿	
Paris 8e	L'Arôme ✿	
Paris 8e	L'Atelier de Joël Robuchon - Étoile ✿	
Paris 8e	114, Faubourg ✿	
Paris 8e	Le Chiberta ✿	
Paris 8e	Le Cinq ✿✿✿	
Paris 8e	Le Clarence ✿✿	
Paris 8e	Copenhague ✿	**N**
Paris 8e	Dominique Bouchet ✿	
Paris 8e	L'Écrin ✿	**N**
Paris 8e	Épicure au Bristol ✿✿✿	
Paris 8e	Le Gabriel ✿✿	
Paris 8e	Le George ✿	
Paris 8e	Le Grand Restaurant - Jean-François Piège ✿✿	
Paris 8e	Helen ✿	
Paris 8e	Il Carpaccio ✿	
Paris 8e	Lasserre ✿	
Paris 8e	Laurent ✿	
Paris 8e	Lucas Carton ✿	
Paris 8e	L'Orangerie ✿	
Paris 8e	Penati al Baretto ✿	
Paris 8e	Pierre Gagnaire ✿✿✿	
Paris 8e	La Scène ✿	
Paris 8e	Le Taillevent ✿✿	
Paris 8e	Le 39V ✿	
Paris 11e	Le Chateaubriand ✿	**N**
Paris 11e	Qui plume la Lune ✿	
Paris 11e	Septime ✿	
Paris 12e	Au Trou Gascon ✿	
Paris 12e	Table - Bruno Verjus ✿	**N**
Paris 14e	Cobéa ✿	
Paris 14e	Montée ✿	**N**

Paris 15e	Neige d'Été ✿	
Paris 15e	Le Quinzième - Cyril Lignac ✿	
Paris 16e	L'Abeille ✿✿	
Paris 16e	Alan Geaam ✿	**N**
Paris 16e	Antoine ✿	
Paris 16e	L'Archeste ✿	
Paris 16e	Astrance ✿✿✿	
Paris 16e	Comice ✿	**N**
Paris 16e	Étude ✿	**N**
Paris 16e	La Grande Cascade ✿	
Paris 16e	Hexagone ✿	
Paris 16e	Mathieu Pacaud - Histoires ✿✿	
Paris 16e	Pages ✿	
Paris 16e	Le Pergolèse ✿	
Paris 16e	Le Pré Catelan ✿✿✿	
Paris 16e	St-James Paris ✿	
Paris 16e	Shang Palace ✿	
Paris 16e	Les Tablettes de Jean-Louis Nomicos ✿	
Paris 17e	Agapé ✿	
Paris 17e	La Fourchette du Printemps ✿	
Paris 17e	Frédéric Simonin ✿	
Paris 17e	Maison Rostang ✿✿	
Paris 17e	La Scène Thélème ✿	
Paris 18e	L'Arcane ✿	**N**
Paris 18e	Ken Kawasaki ✿	**N**
Paris 18e	La Table d'Eugène ✿	
Rolleboise (78)	Le Domaine de la Corniche ✿	**N**
Le Tremblay-sur-Mauldre (78)	Numéro 3 ✿	
Versailles (78)	Gordon Ramsay au Trianon ✿	
Versailles (78)	La Table du 11 ✿	
Ville-d'Avray (92)	Le Corot ✿	

LANGUEDOC-ROUSSILLON

Aumont-Aubrac (48)	Cyril Attrazic ✿	
Banyuls-sur-Mer (66)	Le Fanal ✿	
Bélesta (66)	La Coopérative ✿	
Carcassonne (11)	La Barbacane ✿	**N**
Carcassonne (11)	Domaine d'Auriac ✿	
Carcassonne (11)	Le Parc Franck Putelat ✿✿	
Collioure (66)	La Balette ✿	
Fontjoncouse (11)	Auberge du Vieux Puits ✿✿✿	
Gignac (34)	Restaurant de Lauzun ✿	
Lastours (11)	Le Puits du Trésor ✿	
Leucate (11)	Le Grand Cap ✿	**N**
Montner (66)	Auberge du Cellier ✿	
Montpellier (34)	La Réserve Rimbaud ✿	
Narbonne (11)	La Table Saint-Crescent ✿	
Nîmes (30)	Jérôme Nutile - Le Mas de Boudan ✿	
Nîmes (30)	Skab ✿	
Nîmes/ Garons (30)	Alexandre ✿✿	
Perpignan (66)	La Galinette ✿	
Pujaut (30)	Entre Vigne et Garrigue ✿	

Saint-Cyprien (66)	L'Almandin	❁	**N**
Sète (34)	La Coquerie	❁	
Uzès (30)	La Table d'Uzès	❁	
Villeneuve-lès-Avignon (30)	Le Prieuré	❁	

LIMOUSIN

Brive-la-Gaillarde (19)	La Table d'Olivier	❁	
Limoges/ Saint-Martin-du-Fault (87)	Chapelle Saint-Martin	❁	**N**
La Roche-l'Abeille (87)	Le Moulin de la Gorce	❁	

LORRAINE

Baerenthal/ Untermuhlthal (57)	L'Arnsbourg	❁	
Bitche (57)	Le Strasbourg	❁	
Épinal (88)	Les Ducs de Lorraine	❁	
Faulquemont (57)	Toya	❁	
Forbach/ Stiring-Wendel (57)	La Bonne Auberge	❁	
Gérardmer/ Bas-Rupts (88)	Les Bas-Rupts	❁	
Hagondange (57)	Quai des Saveurs	❁	
Languimberg (57)	Chez Michèle	❁	
Lunéville (54)	Château d'Adoménil	❁	
Metz (57)	Le Magasin aux Vivres	❁	
Nancy (54)	La Maison dans le Parc	❁	
Nancy (54)	Transparence "La Table de Patrick Fréchin"	❁	**N**
Sarreguemines (57)	Auberge St-Walfrid	❁	
Zoufftgen (57)	La Lorraine	❁	

MIDI-PYRÉNÉES

Aureville (31)	En Marge	❁	
Belcastel (12)	Vieux Pont	❁	
Bozouls (12)	Le Belvédère	❁	
Cahors/ Mercuès (46)	Château de Mercuès	❁	
Condom (32)	La Table des Cordeliers	❁	
Conques (12)	Hervé Busset	❁	
L'Isle-Jourdain/ Pujaudran (32)	Le Puits St-Jacques	❁❁	
Lacave (46)	Château de la Treyne	❁	
Lacave (46)	Pont de l'Ouysse	❁	
Saint-Céré (46)	Les Trois Soleils de Montal	❁	
Saint-Médard (46)	Le Gindreau	❁❁	
Sauveterre-de-Rouergue (12)	Le Sénéchal	❁	
Sousceyrac (46)	Au Déjeuner de Sousceyrac	❁	
Toulouse (31)	Michel Sarran	❁❁	
Toulouse (31)	Py-r	❁	
Toulouse (31)	SEPT	❁	**N**
Toulouse (31)	Stéphane Tournié - Les Jardins de l'Opéra	❁	
Toulouse/ Castanet-Tolosan (31)	La Table des Merville	❁	
Toulouse/ Colomiers (31)	L'Amphitryon	❁	
Toulouse/ Montrabé (31)	L'Aparté	❁	
Toulouse/ Fonsegrives (31)	En Pleine Nature	❁	
Toulouse/ Rouffiac-Tolosan (31)	Ô Saveurs	❁	
Verfeil (31)	La Promenade	❁	**N**

NORD-PAS-DE-CALAIS

Béthune/ Busnes (62)	Le Château de Beaulieu	✿✿	
Boeschepe (59)	Auberge du Vert Mont	✿	
Boulogne-sur-Mer (62)	La Matelote	✿	
Cassel (59)	Haut Bonheur de la Table	✿	
Laventie (62)	Le Cerisier	✿	
Lille (59)	La Table	✿	
Lille/ Bondues (59)	Val d'Auge	✿	
Lille/ Marcq-en-Barœul (59)	Le Marcq	✿	**N**
Montreuil/ La Madelaine-sous-Montreuil (62)	La Grenouillère	✿✿	
Le Touquet-Paris-Plage (62)	Westminster	✿	
Valenciennes (59)	Le Musigny	✿	
Valenciennes/ Raismes (59)	La Grignotière	✿	
Wimereux (62)	La Liégeoise	✿	

NORMANDIE

Argentan (61)	La Renaissance	✿	
Bagnoles-de-l'Orne (61)	Le Manoir du Lys	✿	
Barneville-Carteret/ Carteret (50)	La Marine	✿	
Bayeux (14)	Château de Sully	✿	
Beuvron-en-Auge (14)	Le Pavé d'Auge	✿	
Blainville-sur-Mer (50)	Le Mascaret	✿	
Le Bourg-Dun (76)	Auberge du Dun	✿	
Caen (14)	Initial	✿	
Caen (14)	Ivan Vautier	✿	
Caen (14)	Stéphane Carbone	✿	
Caen (14)	À Contre Sens	✿	
Caudebec-en-Caux (76)	G.a. au Manoir de Rétival	✿	
Cherbourg-en-Cotentin (50)	Le Pily	✿	
Clères/ Frichemesnil (76)	Au Souper Fin	✿	
Deauville (14)	L'Essentiel	✿	**N**
Deauville (14)	Maximin Hellio	✿	
Dieppe (76)	Les Voiles d'Or	✿	
Dieppe/ Offranville (76)	Le Colombier	✿	
Flers/ La Ferrière-aux-Étangs (61)	Auberge de la Mine	✿	
Giverny (27)	Le Jardin des Plumes	✿	
Le Havre (76)	Jean-Luc Tartarin	✿✿	
Honfleur (14)	SaQuaNa	✿✿	
Lyons-la-Forêt (27)	La Licorne Royale	✿	
Pont-de-l'Arche/ Les Damps (27)	L'Auberge de la Pomme	✿	
Rouen (76)	Gill	✿✿	
Rouen (76)	L'Odas	✿	
Rouen (76)	Origine	✿	
Rouen (76)	Rodolphe	✿	
Saint-Lô (50)	Intuition	✿	**N**
Trouville-sur-Mer (14)	1912	✿	
Valmont (76)	Le Bec au Cauchois	✿	

PAYS-DE-LA-LOIRE

Angers (49)	Le Favre d'Anne	✿	
Angers (49)	Une Île	✿	

Brem-sur-Mer (85)	Les Genêts ✿
Brétignolles-sur-Mer (85)	J.-M. Pérochon ✿
Le Champ-sur-Layon (49)	La Table de la Bergerie ✿
La Flèche (72)	Le Moulin des Quatre Saisons ✿
Fontevraud-l'Abbaye (49)	Fontevraud Le Restaurant ✿
Île de Noirmoutier/ L'Herbaudière (85)	La Marine ✿✿
Loiré (49)	Auberge de la Diligence ✿
Le Mans (72)	L'Auberge de Bagatelle ✿ **N**
Le Mans (72)	Le Beaulieu ✿
Mayenne (53)	L'Éveil des Sens ✿
Montaigu (85)	La Robe ✿
Nantes (44)	L'Atlantide 1874 - Maison Guého ✿
Nantes/ Haute-Goulaine (44)	Manoir de la Boulaie ✿✿
La Plaine-sur-Mer (44)	Anne de Bretagne ✿✿
Les Sables-d'Olonne/ à l'anse de Cayola (85)	Cayola ✿
Saint-Joachim (44)	La Mare aux Oiseaux ✿
Saint-Sulpice-le-Verdon (85)	Thierry Drapeau ✿✿
Saumur (49)	Le Gambetta ✿
La Tranche-sur-Mer (85)	Le Pousse-Pied ✿ **N**

PICARDIE

Amiens/ Dury (80)	L'Aubergade ✿
Belle-Église (60)	La Grange de Belle-Église ✿
Chantilly (60)	La Table du Connétable ✿
Clermont/ Étouy (60)	L'Orée de la Forêt ✿
Pierrefonds/ Saint-Jean-aux-Bois (60)	Auberge à la Bonne Idée ✿

POITOU-CHARENTES

Jarnac/ Bourg-Charente (16)	La Ribaudière ✿
Massignac (16)	Dyades au Domaine des Étangs ✿
Mirambeau (17)	Château de Mirambeau ✿
La Rochelle (17)	Christopher Coutanceau ✿✿
La Rochelle/ La Jarrie (17)	L'Hysope ✿ **N**
Royan/ Breuillet (17)	L'Aquarelle ✿

PROVENCE-ALPES-CÔTE D'AZUR

Aix-en-Provence (13)	Mickaël Féval ✿
Aix-en-Provence (13)	Pierre Reboul ✿
Aix-en-Provence/ Le Puy-Sainte-Réparade (13)	Louison ✿ **N**
Aix-en-Provence/ Le Tholonet (13)	Le Saint-Estève ✿
Ansouis (84)	La Closerie ✿
Antibes (06)	Le Figuier de St-Esprit ✿
Antibes/ Cap d'Antibes (06)	Les Pêcheurs ✿
Les Arcs (83)	Le Relais des Moines ✿
Arles (13)	L'Atelier de Jean-Luc Rabanel ✿✿
Arles/ Le Sambuc (13)	La Chassagnette ✿
Avignon (84)	Maison Christian Étienne ✿
Les Baux-de-Provence (13)	L'Oustau de Baumanière ✿✿
Les Baux-de-Provence (13)	La Table de Manville ✿ **N**
Beaulieu-sur-Mer (06)	Restaurant des Rois ✿
Biot (06)	Les Terraillers ✿

Bonnieux (84) La Bastide de Capelongue ❁❁
Bormes-les-Mimosas (83) La Rastègue ❁
Briançon (05) Le Pêché Gourmand ❁
La Cadière-d'Azur (83) Hostellerie Bérard ❁
Callas (83) Hostellerie Les Gorges de Pennafort ❁
Cannes (06) La Palme d'Or ❁❁
Cannes (06) Le Park 45 ❁
Cannes/ Le Cannet (06) Villa Archange ❁❁
Cassis (13) La Villa Madie ❁❁
Le Castellet/ Circuit Paul Ricard (83) Christophe Bacquié ❁❁❁ **N**
Cavaillon (84) Maison Prévôt ❁
La Celle (83) Hostellerie de l'Abbaye de la Celle ❁
Château-Arnoux-Saint-Auban (04) La Bonne Étape ❁
La Ciotat/ Le Liouquet (13) La Table de Nans ❁
La Colle-sur-Loup (06) Alain Llorca ❁
La Croix-Valmer/ Gigaro (83) La Palmeraie ❁
Cucuron (84) La Petite Maison de Cucuron ❁
Èze (06) La Chèvre d'Or ❁❁
Èze-Bord-de-Mer (06) La Table de Patrick Raingeard ❁
Fayence (83) Le Castellaras ❁
Forcalquier/ Mane (04) Le Cloître ❁
Gordes (84) Les Bories ❁
Gordes (84) Pèir ❁
Grasse (06) La Bastide St-Antoine ❁
Ile de Porquerolles (83) Le Mas du Langoustier ❁
L'Isle-sur-la-Sorgue (84) Le Vivier ❁
Joucas (84) Hostellerie Le Phébus & Spa ❁
Juan-les-Pins (06) La Passagère ❁
Lagarde-d'Apt (84) Le Bistrot de Lagarde ❁
Lauris (84) Le Champ des Lunes ❁
Lorgues (83) Bruno ❁
Lorgues (83) Le Jardin de Benjamin ❁
Lourmarin (84) Auberge La Fenière ❁
Mandelieu/ La Napoule (06) L'Oasis ❁❁
Manosque (04) Dominique Bucaille ❁
Marseille (13) Alcyone ❁
Marseille (13) AM par Alexandre Mazzia ❁
Marseille (13) L'Épuisette ❁
Marseille (13) Le Petit Nice ❁❁❁
Marseille (13) Une Table au Sud ❁
Menton (06) Mirazur ❁❁
Mougins (06) Le Mas Candille ❁
Mougins (06) Paloma ❁❁
Moustiers-Sainte-Marie (04) La Bastide de Moustiers ❁
Nice (06) L'Aromate ❁
Nice (06) Flaveur ❁❁ **N**
Nice (06) JAN ❁
Nice (06) Le Chantecler ❁❁
Orange/ Sérignan-du-Comtat (84) Le Pré du Moulin ❁
Ramatuelle (83) La Voile ❁
Le Rouret (06) Le Clos St-Pierre ❁
Saint-Crépin (05) Les Tables de Gaspard ❁

Saint-Jean-Cap-Ferrat (06) Grand Hôtel du Cap Ferrat ✿
Saint-Rémy-de-Provence (13) Fanny Rey & Jonathan Wahid ✿
Saint-Rémy-de-Provence (13) La Maison de Bournissac ✿
Saint-Tropez (83) Le Belrose ✿
Saint-Tropez (83) L'Olivier ✿
Saint-Tropez (83) La Vague d'Or ✿✿✿
Saint-Véran (05) Le Roc Alto ✿
Tourrettes (83) Faventia ✿
Tourrettes-sur-Loup (06) Clovis ✿
Tourtour (83) Les Chênes Verts ✿
La Turbie (06) Hostellerie Jérôme ✿✿ **N**
Valbonne (06) Lou Cigalon-Maison Martin ✿ **N**
Vence (06) Les Bacchanales ✿
Vence (06) Le Saint-Martin ✿
Ventabren (13) Dan B. - La Table de Ventabren ✿

RHÔNE-ALPES

Ambierle (42) Le Prieuré ✿
Ambronay (01) Auberge de l'Abbaye ✿
Annecy (74) Le Clos des Sens ✿✿
Annecy (74) L'Esquisse ✿
Annecy/ Veyrier-du-Lac (74) Yoann Conte ✿✿
Bagnols (69) 1217 ✿
Bourg-en-Bresse/ Péronnas (01) La Marelle ✿
Le-Bourget-du-Lac (73) Atmosphères ✿
Le-Bourget-du-Lac (73) Le Bateau Ivre ✿
Le-Bourget-du-Lac (73) Lamartine ✿
Bourgoin-Jallieu (38) Domaine des Séquoias ✿
Bourgoin-Jallieu/ La Grive (38) L'Émulsion ✿ **N**
Chamonix-Mont-Blanc (74) Albert 1er ✿✿
Charmes-sur-Rhône (07) Le Carré d'Alethius ✿
Chasselay (69) Guy Lassausaie ✿✿
Chazelles-sur-Lyon (42) Château Blanchard ✿
Courchevel/ Courchevel 1850 (73) Baumanière 1850 ✿
Courchevel/ Courchevel 1850 (73) Le Chabichou ✿✿
Courchevel/ Courchevel 1850 (73) Le Kintessence ✿✿
Courchevel/ Courchevel 1850 (73) Le 1947 ✿✿✿
Courchevel/ Courchevel 1850 (73) Le Montgomerie ✿✿
Courchevel/ Le-Praz (73) Azimut ✿
Courchevel/ La Tania (73) Le Farçon ✿
Crest (26) Le Kléber ✿
Les Deux-Alpes (38) Le P'tit Polyte ✿
Douvaine (74) Ô Flaveurs ✿
Évian-les-Bains (74) Les Fresques ✿ **N**
Grignan (26) Le Clair de la Plume ✿
Jongieux (73) Les Morainières ✿✿
Lyon (69) Au 14 Février ✿
Lyon (69) Auberge de l'Île Barbe ✿
Lyon (69) Le Gourmet de Sèze ✿
Lyon (69) Jérémy Galvan ✿
Lyon (69) Les Loges ✿
Lyon (69) Maison Clovis ✿

Lyon (69)	Miraflores ✿	
Lyon (69)	Mère Brazier ✿✿	
Lyon (69)	Le Neuvième Art ✿✿	
Lyon (69)	Le Passe Temps ✿	
Lyon (69)	Pierre Orsi ✿	
Lyon (69)	Prairial ✿	
Lyon (69)	Takao Takano ✿✿	**N**
Lyon (69)	Les Terrasses de Lyon ✿	
Lyon (69)	Les Trois Dômes ✿	
Lyon (69)	Têtedoie ✿	
Lyon/ Charbonnières-les-Bains (69)	La Rotonde ✿	
Lyon/ Collonges-au-Mont-d'Or (69)	Paul Bocuse ✿✿✿	
Machilly (74)	Le Refuge des Gourmets ✿	
Manigod (74)	La Maison des Bois - Marc Veyrat ✿✿✿	**N**
Megève (74)	Flocons de Sel ✿✿✿	
Megève (74)	1920 ✿✿	
Megève (74)	La Table de l'Alpaga ✿	
Méribel (73)	L'Ekrin by Laurent Azoulay ✿	
Montélimar (26)	Le Domaine du Colombier ✿	
Pont-de-Vaux (01)	Le Raisin ✿	
Roanne (42)	Aux Anges ✿	
Roanne/ Ouches (42)	Le Bois sans Feuilles - Troisgros ✿✿✿	
Romans-sur-Isère/ Granges-les-Beaumont (26)	Les Cèdres ✿✿	
Saint-Gervais-les-Bains (74)	Le Sérac ✿	
Saint-Julien-en-Genevois/ Bossey (74)	La Ferme de l'Hospital ✿	
Saint-Martin-de-Belleville (73)	René et Maxime Meilleur ✿✿✿	
Saint-Martin-sur-la-Chambre (73)	Le Clocher des Pères ✿	
Talloires (74)	Jean Sulpice ✿✿	**N**
Thonon-les-Bains (74)	Raphaël Vionnet ✿	
Uriage-les-Bains (38)	Les Terrasses d'Uriage ✿✿	
Val-d'Isère (73)	L'Atelier d'Edmond ✿✿	
Valence (26)	La Cachette ✿	
Valence (26)	Flaveurs ✿	
Valence (26)	Pic ✿✿✿	
Valence/ Pont-de-l'Isère (26)	Michel Chabran - La Grande Table ✿	
Vals-les-Bains (07)	Le Vivarais ✿	
Val-Thorens (73)	Les Explorateurs ✿	
Les Vans (07)	Likoké ✿	
Vaux-en-Beaujolais (69)	Auberge de Clochemerle ✿	
Vienne (38)	La Pyramide-Patrick Henriroux ✿✿	
Vienne/ Chonas-l'Amballan (38)	Domaine de Clairefontaine ✿	
Villard-de-Lans/ Corrençon-en-Vercors (38)	Palégrié ✿	
Vonnas (01)	Georges Blanc ✿✿✿	

PRINCIPAUTÉ DE MONACO

Monte-Carlo (MC)	Le Blue Bay ✿
Monte-Carlo (MC)	Joël Robuchon Monte-Carlo ✿✿
Monte-Carlo (MC)	Le Louis XV - Alain Ducasse à l'Hôtel de Paris ✿✿✿
Monte-Carlo (MC)	Vistamar ✿
Monte-Carlo (MC)	Yoshi ✿
Monte-Carlo/ Monte-Carlo-Beach (MC)	Elsa ✿

BIB GOURMAND

N **Établissement nouvellement distingué**

ALSACE

Bergheim (68)	Wistub du Sommelier
Berrwiller (68)	L'Arbre Vert
Birkenwald (67)	Au Chasseur
Blienschwiller (67)	Le Pressoir de Bacchus
Colmar/ Ingersheim (68)	La Taverne Alsacienne
Feldbach (68)	Cheval Blanc
Fouday (67)	Julien
Fréland (68)	Restaurant du Musée **N**
Gundershoffen (67)	Le Cygne
Hattstatt (68)	L'Altévic
Hegeney (67)	Belle Vue
Itterswiller (67)	Winstub Arnold
Kaysersberg (68)	La Vieille Forge
Kaysersberg (68)	Winstub
Kruth/ Frenz (68)	Les Quatre Saisons
Labaroche (68)	La Rochette
Leutenheim (67)	Auberge Au Vieux Couvent
Muhlbach-sur-Munster (68)	Perle des Vosges **N**
Natzwiller (67)	Auberge Metzger
Niedersteinbach (67)	Au Cheval Blanc
Obernai/ Ottrott (67)	À l'Ami Fritz
La-Petite-Pierre/ Graufthal (67)	Au Vieux Moulin
La-Petite-Pierre/ Graufthal (67)	Au Cheval Blanc
Ribeauvillé (68)	Au Relais des Ménétriers
Ribeauvillé (68)	Auberge du Parc Carola
Riquewihr (68)	Au Trotthus
Rosenau (68)	Au Lion d'Or - Chez Théo
Sierentz (68)	Winstub À Côté
Strasbourg (67)	Au Pont du Corbeau
Strasbourg (67)	Colbert
Strasbourg/ Illkirch-Graffenstaden (67)	Estaminet à l'Agneau
Weyersheim (67)	Auberge du Pont de la Zorn
Zimmerbach (68)	Au Raisin d'Or

AQUITAINE

Agen (47)	L'Atelier
Bidart (64)	Ahizpak Le Restaurant des Sœurs
Bordeaux (33)	L'Air de Famille **N**
Bordeaux (33)	Le Bistrot du Gabriel **N**
Bordeaux (33)	Influences **N**
Bordeaux (33)	Racines by Daniel Gallacher
Briscous (64)	Maison Joanto
Daglan (24)	Le Petit Paris
Dax (40)	L'Amphitryon

Les Eyzies-de-Tayac (24)	Le Bistro des Glycines
Guiche (64)	Le Gantxo
Milhac-d'Auberoche (24)	La Vieille Forge
Pau (64)	Café Anaïak
Pauillac (33)	Café Lavinal **N**
Périgueux (24)	Le Grain de Sel
Périgueux/ Chancelade (24)	La Verrière
Pomerol (33)	La Table de Catusseau **N**
Pouillon (40)	L'Auberge du Pas de Vent
Puymirol (47)	La Poule d'Or
Rions (33)	Le Chaudron d'Anna **N**
Roquefort (40)	Le St-Vincent
La Roque-Gageac (24)	La Belle Étoile
La Roque-Gageac (24)	O'Plaisir des Sens
Saint-Avit-Sénieur (24)	La Table de Léo
Saint-Étienne-de-Baïgorry (64)	Arcé
Saint-Pée-sur-Nivelle (64)	Ttotta
Sainte-Foy-la-Grande (33)	Côté Bastide **N**
Salies-de-Béarn (64)	Restaurant des Voisins

AUVERGNE

Aurillac (15)	Quatre Saisons
Billy (03)	Auberge du Pont
Boudes (63)	Le Boudes La Vigne
Charroux (03)	Ferme Saint-Sébastien
Clermont-Ferrand (63)	L'Écureuil
Clermont-Ferrand (63)	Le Saint Eutrope
Clermont-Ferrand (63)	Smørrebrød
Clermont-Ferrand/ Lempdes (63)	B2K6
Clermont-Ferrand/ Orcines (63)	Auberge de la Fontaine du Berger
Clermont-Ferrand/ Orcines (63)	Auberge de la Baraque
Clermont-Ferrand/ Royat (63)	La Flèche d'Argent **N**
Montmarault (03)	France
Moulins (03)	Le Bistrot de Guillaume
Pailherols (15)	L'Auberge des Montagnes
Le Puy-en-Velay (43)	Bambou et Basilic
Le Puy-en-Velay (43)	Regina **N**
Reugny (03)	La Table de Reugny
Saint-Bonnet-le-Froid (43)	André Chatelard
Saint-Bonnet-le-Froid (43)	Bistrot la Coulemelle
Saint-Bonnet-le-Froid (43)	Le Fort du Pré
Saint-Julien-Chapteuil (43)	Vidal
Solignac-sous-Roche (43)	Lou Pinatou **N**
Vallon-en-Sully (03)	Auberge des Ris
Vichy (03)	L'Alambic
Vichy (03)	La Table d'Antoine
Vichy (03)	La Table de Marlène
Vichy/ Bellerive-sur-Allier (03)	Château du Bost
Vic-sur-Cère/ Col de Curebourse (15)	Hostellerie Saint-Clément
Yssingeaux (43)	Le Bourbon

BOURGOGNE

Avallon/ Chastellux-sur-Cure (89)	Le Chastellux
Avallon/ Valloux (89)	Auberge des Chenêts
Beaune (21)	Le Relais de Saulx
Bourgvilain (71)	Auberge Larochette
La Bussière-sur-Ouche (21)	Le Bistrot des Moines
Chagny (71)	Pierre & Jean
Chalon-sur-Saône (71)	Le Bistrot **N**
Chalon-sur-Saône/ Saint-Loup-de-Varennes (71)	Le Saint-Loup
Chambolle-Musigny (21)	Le Millésime
Cluny (71)	Hostellerie d'Héloïse **N**
Cosne-Cours-sur-Loire/ Villechaud (58)	Le Chat
Le Creusot (71)	Au Cochon Ventru **N**
Le Creusot/ Montcenis (71)	Le Montcenis
Dijon (21)	DZ'envies
Dijon (21)	L'Essentiel **N**
Dijon (21)	So
Dijon/ Messigny-et-Vantoux (21)	Auberge des Tilleuls
Gevrey-Chambertin (21)	Bistrot Lucien **N**
Gevrey-Chambertin (21)	Chez Guy
Irancy (89)	Le Soufflot
L'Isle-sur-Serein (89)	Auberge du Pot d'Étain
Mâcon (71)	Épikure **N**
Meursault (21)	Le Chevreuil
Montbard/ Saint-Rémy (21)	La Mirabelle
Nuits-Saint-Georges (21)	La Cabotte
Quarré-les-Tombes (89)	Le Morvan
Saint-Germain-du-Bois (71)	Hostellerie Bressane
Saint-Romain (21)	Le Bistrot de Guillaume - Hôtel Les Roches
Sainte-Cécile (71)	L'Embellie **N**
Tournus/ Ozenay (71)	Le Relais d'Ozenay

BRETAGNE

Baden (56)	Le Gavrinis
Cancale (35)	Côté Mer
Concarneau (29)	Le Flavour
Crozon (29)	Le Mutin Gourmand
Crozon/ Le Fret (29)	Hostellerie de la Mer
Dinard (35)	Au Bouchon Breton
Dinard/ Saint-Lunaire (35)	Le Décollé
Fouesnant/ Cap-Coz (29)	Belle-Vue **N**
Fouesnant/ Cap-Coz (29)	La Pointe du Cap Coz
Guidel (56)	La Table D'eux - Laurent Le Berrigaud
Guilvinec (29)	Le Poisson d'Avril
Guingamp (22)	Le Clos de la Fontaine
Kervignac (56)	Chai l'amère Kolette **N**
Landéda (29)	Le Vioben **N**
Locronan (29)	Comptoir des Voyageurs **N**
Lorient (56)	Le Sabayon
Lorient (56)	Le Tire Bouchon
Perros-Guirec (22)	La Maison de Marie

Perros-Guirec (22)	Le Manoir du Sphinx
Ploubalay (22)	Restaurant de la Gare
Plougasnou (29)	La Maison de Kerdiès **N**
Pont-Aven (29)	Sur le Pont ...
Pontivy (56)	Al Dente **N**
Pont-Scorff (56)	L'Art Gourmand
Quiberon (56)	La Chaumine
Quimper (29)	Auberge de Ti-Coz
Rennes (35)	L'Atelier des Gourmets
La Roche-Bernard (56)	Auberge des Deux Magots
Saint-Brieuc (22)	L'Air du Temps **N**
Saint-Brieuc (22)	Ô Saveurs
Saint-Brieuc/ Ploufragan (22)	Le Brézoune **N**
Saint-Gildas-de-Rhuys (56)	Le Vert d'O
Saint-Guénolé (29)	Sterenn
Saint-Malo (35)	Le Bistrot du Rocher
Sarzeau (56)	Le Kerstéphanie
Vannes (56)	L'Annexe
Vannes/ Séné (56)	Le Puits des Saveurs

CENTRE

Amboise (37)	Le Lion d'Or
Aubigny-sur-Nère (18)	La Chaumière
Azay-le-Rideau (37)	L'Aigle d'Or
Azay-le-Rideau (37)	Auberge Pom'Poire
Bléré (37)	La Boulaye
Bonny-sur-Loire (45)	Restaurant des Voyageurs
Bourges (18)	Le Beauvoir
Bourges (18)	Les Petits Plats du Bourbon
Bracieux (41)	Le Rendez-vous des Gourmets
Brou (28)	L'Ascalier
Châteaudun (28)	Aux Trois Pastoureaux
Châteauroux (36)	Jeux 2 Goûts
Chédigny (37)	Le Clos aux Roses **N**
Chilleurs-aux-Bois (45)	Le Lancelot
Chinon (37)	Au Chapeau Rouge
Chinon (37)	L'Océanic
Chisseaux (37)	Auberge du Cheval Rouge
Dreux/ Cherisy (28)	Le Vallon de Chérisy
Gien (45)	Le P'tit Bouchon
L'Île-Bouchard (37)	Auberge de l'Île
Langeais (37)	Au Coin des Halles
Luynes (37)	Le XII de Luynes
Ménestreau-en-Villette (45)	Le Relais de Sologne
Montlivault (41)	Côté Bistro
Monts (37)	Au Carrousel des Saveurs
Nérondes (18)	Le Lion d'Or
Neuillé-le-Lierre (37)	Auberge de la Brenne
Orléans (45)	La Dariole
Orléans (45)	L'Hibiscus **N**
Orléans (45)	La Parenthèse

Oucques (41) Le Commerce
Saint-Benoît-sur-Loire (45) Le Grand St-Benoît
Sancerre (18) La Pomme d'Or
Savonnières (37) La Maison Tourangelle
Tours (37) Au Lapin qui Fume
Tours (37) Le Bistrot de la Tranchée
Tours (37) Le Chien Jaune
Tours (37) Le Saint-Honoré
Tours/ Fondettes (37) Auberge de Port Vallières **N**
Tours/ Parçay-Meslay (37) L'Arche de Meslay
Tours/ Saint-Cyr-sur-Loire (37) L'Atelier d'Olivier Arlot
Valençay/ Veuil (36) Auberge St-Fiacre
Vierzon (18) Les Petits Plats de Célestin
Villedieu-sur-Indre (36) La Gourmandine
Villegenon (18) La Récréation Gourmande

CHAMPAGNE-ARDENNE

Charleville-Mézières (08) La Table d'Arthur R
Charleville-Mézières/ Montcy-Notre-Dame (08) L'Auberge du Laminak
Épernay (51) Cook'in
Épernay (51) La Grillade Gourmande **N**
Épernay (51) Le Théâtre
Matignicourt-Goncourt (51) Ô Délices des Papilles
Nogent-sur-Seine (10) Beau Rivage
Reims (51) Le Jardin Les Crayères **N**
Reims (51) Le Pavillon CG
Troyes/ Pont-Sainte-Marie (10) Bistrot DuPont

CORSE

Ajaccio (2A) Auberge du Prunelli
Bastia (2B) La Corniche
L'Île-Rousse (2B) A Mandria di Pigna
Solenzara (2A) A Mandria

FRANCHE-COMTÉ

Arbois/ Pupillin (39) Le Grapiot
Belfort (90) Les Capucins
Bonlieu (39) La Poutre
Bonnétage (25) Le Bistrot **N**
Combeaufontaine (70) Le Balcon
Dole (39) Grain de Sel
Dole (39) Iida-Ya
Foussemagne (90) Le Relais d'Alsace
Morteau (25) Jacques Alexandre **N**
Ornans (25) Le Courbet
Ornans/ Saules (25) La Griotte
Port-Lesney (39) Le Bistrot Pontarlier
Sochaux/ Étupes (25) Au Fil des Saisons

ÎLE-DE-FRANCE

Bois-Colombes (92)	Le Chefson
Châtillon (92)	Barbezingue
La Garenne-Colombes (92)	Le Saint Joseph
Maisons-Alfort (94)	La Bourgogne
Paris 1er	Café des Abattoirs
Paris 1er	Mee
Paris 1er	Zen
Paris 2e	Circonstances
Paris 2e	Pascade
Paris 3e	Raw
Paris 5e	Kokoro
Paris 6e	La Méditerranée **N**
Paris 6e	Le Timbre
Paris 7e	Au Bon Accueil
Paris 7e	Chez les Anges
Paris 7e	Le Clos des Gourmets
Paris 7e	Les Cocottes - Tour Eiffel
Paris 7e	La Laiterie Sainte-Clotilde
Paris 7e	Pottoka **N**
Paris 7e	20 Eiffel
Paris 8e	Kisin **N**
Paris 8e	Mandoobar
Paris 8e	Pomze
Paris 9e	Abri Soba **N**
Paris 9e	Le Caillebotte
Paris 9e	Les Canailles Pigalle
Paris 9e	I Golosi
Paris 9e	Maloka
Paris 9e	L'Office
Paris 9e	Le Pantruche
Paris 9e	Richer
Paris 10e	Chez Michel
Paris 10e	52 Faubourg St-Denis
Paris 10e	Mamagoto
Paris 10e	Les Résistants **N**
Paris 11e	Astier
Paris 11e	Clamato
Paris 11e	Villaret
Paris 11e	Yard
Paris 12e	Il Goto
Paris 12e	Jouvence
Paris 13e	Impérial Choisy
Paris 13e	Pho Tai
Paris 13e	Tempero
Paris 14e	Aux Enfants Gâtés
Paris 14e	Bistrotters
Paris 14e	L'Empreinte **N**
Paris 14e	Origins 14 **N**
Paris 15e	L'Antre Amis
Paris 15e	L'Atelier du Parc
Paris 15e	Le Casse Noix

Paris 15e	L'Os à Moelle
Paris 15e	Le Radis Beurre
Paris 15e	Le Troquet
Paris 15e	Le Vitis
Paris 16e	N° 41
Paris 16e	La Terrasse Mirabeau **N**
Paris 17e	Comme Chez Maman
Paris 17e	L'Envie du Jour
Paris 17e	Graindorge
Paris 17e	Le Petit Verdot du 17ème
Paris 18e	L'Esquisse
Paris 18e	Etsi **N**
Paris 18e	Reciproque
Paris 19e	Mensae
Paris 20e	Les Canailles Ménilmontant **N**
Paris 20e	Le Desnoyez **N**
Paris 20e	Le Jourdain **N**
Puteaux (92)	Saperlipopette ! **N**
Sainte-Geneviève-des-Bois (91)	La Table d'Antan
Suresnes (92)	Les Petits Princes **N**
Tremblay-en-France (93)	La Jument Verte
Versailles (78)	Le Bistrot du 11 **N**
Ville-d'Avray (92)	Le Café des Artistes **N**
Vincennes (94)	La Rigadelle

LANGUEDOC-ROUSSILLON

Agde (34)	Le Bistrot d'Hervé
Alès (30)	Épices et Tout
Argelès-sur-Mer (66)	La Bartavelle
Berlou (34)	Le Faitout
Bizanet (11)	La Table du Château
Le Boulou/ Montesquieu-des-Albères (66)	Le Cabaret **N**
Carcassonne/ Aragon (11)	La Bergerie **N**
Cruzy (34)	Le Terminus
Florac (48)	L'Adonis
Font-Romeu-Odeillo-Via (66)	La Chaumière
Générac (30)	L'Instant du Sud
Lamalou-les-Bains/ Combes (34)	Auberge de Combes
Laroque-des-Albères (66)	Côté Saisons
Mende (48)	Restaurant de France
Mende/ Chabrits (48)	La Safranière
Montpellier (34)	Anga
Montpellier (34)	L'Artichaut
Montpellier/ Castries (34)	Disini **N**
Narbonne (11)	Gaïa **N**
Nîmes (30)	Aux Plaisirs des Halles
Nîmes (30)	Tendances Lisita
Palavas-les-Flots (34)	Le St-Georges
Perpignan (66)	Le Garriane
Pézenas (34)	Le Pré St-Jean
Prats-de-Mollo-la-Preste (66)	Bellevue
Rivesaltes (66)	La Table d'Aimé

Le Rozier (48)	L'Alicanta **N**
Sauve (30)	La Tour de Môle
Sérignan (34)	L'Harmonie
Sète (34)	Paris Méditerranée
Sète (34)	Quai 17
Thuir (66)	Arbequina
Tourbes (34)	La Maison **N**
Uzès/ Argilliers (30)	Le Tracteur

LIMOUSIN

Beaulieu-sur-Dordogne (19)	Le Turenne **N**
Brive-la-Gaillarde (19)	En Cuisine
Brive-la-Gaillarde (19)	La Toupine
Limoges (87)	Le Vanteaux
Montgibaud (19)	Le Tilleul de Sully
La Roche-l'Abeille (87)	La Table du Moulin
La Souterraine/ Saint-Étienne-de-Fursac (23)	Nougier
Tulle (19)	Les 7

LORRAINE

La Bresse (88)	La Table d'Angèle
Col de la Schlucht (88)	Le Collet
Delme (57)	À la 12
Écouviez (55)	Les Épices Curiens
Épinal (88)	In Extremis
Nancy (54)	La Toq'
Nancy (54)	V Four
Remiremont (88)	Le Clos Heurtebise
Saint-Quirin (57)	Hostellerie du Prieuré
Sarreguemines (57)	Restaurant Dimofski

MIDI-PYRÉNÉES

Albi (81)	L'Épicurien **N**
Albi (81)	La Table du Sommelier
Argelès-Gazost/ Saint-Savin (65)	Le Viscos
Auvillar/ Bardigues (82)	Auberge de Bardigues **N**
Ax-les-Thermes (09)	Le Chalet
Bagnères-de-Bigorre (65)	Le Jardin des Brouches
Bozouls (12)	À la Route d'Argent
Cahors (46)	L'Ô à la Bouche
Cahors/ Cieurac (46)	La Table de Haute-Serre
Cajarc (46)	Jeu de Quilles
Castéra-Verduzan (32)	Le Florida
Castres (81)	La Part des Anges
Castres/ Les Salvages (81)	Les Mets d'Adélaïde
Caussade/ Monteils (82)	Le Clos Monteils
Dunes (82)	Les Templiers
Espalion (12)	Le Méjane
Gramat (46)	Le Relais des Gourmands
L'Isle-Jourdain (32)	L'Échappée Belle
Lavaur/ Ambres (81)	Chez John **N**

Lectoure (32) L'Auberge des Bouviers
Martel (46) Relais Ste-Anne
Martres-Tolosane (31) Le Castet
Montauban/ Montech (82) Bistrot Constant
Pamiers (09) Restaurant Deymier
Rodez (12) Isabelle Auguy
Rodez (12) Les Jardins de l'Acropolis
Rodez (12) Le Parfum des Délices **N**
Saint-Girons/ Lorp-Sentaraille (09) La Petite Maison
Saint-Girons/ Saint-Lizier (09) Le Carré de l'Ange **N**
Saint-Lieux-lès-Lavaur (81) Le Colvert **N**
Toulouse (31) Monsieur Marius
Toulouse (31) Les Sales Gosses
Toulouse/ Auzeville-Tolosane (31) La Table d'Auzeville
Toulouse/ Lacroix-Falgarde (31) Le Bellevue
Toulouse/ Montrabé (31) L'Instant...
Valady (12) Auberge de l'Ady
Vic-Fezensac/ Préneron (32) Auberge La Baquère
Villefranche-de-Rouergue (12) Côté Saveurs
Villefranche-de-Rouergue (12) Univers

NORD-PAS-DE-CALAIS

Aire-sur-la-Lys/ Isbergues (62) Le Buffet
Bermicourt (62) La Cour de Rémi
Béthune/ Busnes (62) Le Jardin d'Alice
Boulogne-sur-Mer (62) L'Îlot Vert
Calais (62) Au Côte d'Argent
Calais (62) Histoire Ancienne
Douai/ Brebières (62) Air Accueil
Dunkerque/ Coudekerque-Branche (59) Le Soubise
Godewaersvelde (59) L'Estaminet du Centre
Liessies (59) Le Carillon
Lille (59) Gabbro
Wierre-Effroy (62) La Ferme du Vert

NORMANDIE

Argentan/ Fontenai-sur-Orne (61) La Table de Catherine **N**
Aumale (76) Villa des Houx
Avranches/ Saint-Quentin-sur-le-Homme (50) Le Gué du Holme **N**
Bagnoles-de-l'Orne (61) Ô Gayot
Bayeux (14) L'Angle Saint-Laurent
Bayeux (14) Au Ptit Bistrot **N**
Bellême/ Nocé (61) Auberge des 3 J
Caen (14) Le Dauphin
Caen (14) La Manufacture **N**
Caen/ Hérouville-Saint-Clair (14) L'Espérance - Stéphane Carbone
Chandai (61) L'Écuyer Normand
Cherbourg-en-Cotentin (50) Le Vauban **N**
Clères (76) Auberge du Moulin
Cormeilles (27) Gourmandises **N**
Deauville (14) La Flambée

Dieppe (76)	Bistrot du Pollet
Évreux (27)	La Gazette
Falaise (14)	Ô Saveurs
Flers (61)	Au Bout de la Rue
Gasny (27)	Auberge du Prieuré Normand
Hambye (50)	Auberge de l'Abbaye
Le Havre (76)	Le Bouche à Oreille **N**
Le Havre (76)	La Petite Auberge
Heugueville-sur-Sienne (50)	Athome
Honfleur (14)	Le Bréard
Honfleur (14)	La Fleur de Sel
Houlgate (14)	L'Éden
Jumièges (76)	L'Auberge des Ruines **N**
Lisieux/ Coquainvilliers (14)	Sogni D'Italia
Louviers/ Saint-Étienne-du-Vauvray (27)	La Ferme de la Haute Crémonville
Mortagne-au-Perche/ Le Pin-la-Garenne (61)	La Croix d'Or
Nonancourt (27)	Relais du Vieux Château
Ouistreham (14)	La Table d'Hôtes
La Pernelle (50)	Le Panoramique **N**
Le Pin-au-Haras (61)	La Tête au Loup **N**
Rouen (76)	Le Saint-Hilaire
Saint-Lô (50)	Brasserie Les Capucines **N**
Saint-Vaast-la-Hougue (50)	France et Fuchsias
Servon (50)	Auberge du Terroir
Villedieu-les-Poêles (50)	Manoir de l'Acherie
Vire (14)	Manoir de la Pommeraie

PAYS-DE-LA-LOIRE

Aizenay (85)	La Sittelle
Ancenis (44)	La Toile à Beurre
Angers (49)	Autour d'un Cep
Angers (49)	Le Crêmet d'Anjou
Angers/ Saint-Jean-de-Linières (49)	Auberge de la Roche
Beauvoir-sur-Mer (85)	Auberge des Étiers
La Bernerie-en-Retz (44)	L'Artimon
Challans/ La Garnache (85)	Le Petit St-Thomas
Cholet (49)	Le Pouce Pied
Le Croisic (44)	Le Saint-Alys
Doué-la-Fontaine (49)	Auberge Bienvenue
La Ferté-Bernard (72)	Restaurant du Dauphin
Fontenay-le-Comte/ Velluire (85)	Auberge de la Rivière
Geneston (44)	Le Pélican
Les Herbiers (85)	L'Envers du Décor **N**
Île de Noirmoutier/ L'Herbaudière (85)	La Table d'Élise
Le Lude (72)	La Renaissance **N**
Mesquer (44)	La Vieille Forge
Nantes (44)	La Divate
Nantes (44)	L'Instinct Gourmand
Nantes (44)	Le Rive Gauche
Nantes/ Château-Thébaud (44)	Auberge La Gaillotière
Nantes/ Couëron (44)	Le François II

Nozay (44)	La Pierre Bleue
Pontchâteau (44)	Le 11
Les Sables-d'Olonne (85)	La Suite S'il Vous Plait **N**
Les Sables-d'Olonne/ Château-d'Olonne (85)	La Ferme de Villeneuve
Saint-Gilles-Croix-de-Vie/ Coëx (85)	Le Balata
Saint-Lyphard (44)	Auberge le Nézil
Saumur (49)	L'Escargot
Tharon-Plage (44)	Le Belem
Thorigné-sur-Dué (72)	Le Saint-Jacques **N**
Varades (44)	La Closerie des Roses
Vern-d'Anjou (49)	Le Pigeon Blanc

PICARDIE

Amiens/ Dury (80)	La Bonne Auberge
Argoules (80)	Auberge du Coq-en-Pâte
Beauvais (60)	La Baie d'Halong
Chantilly/ Apremont (60)	Auberge La Grange aux Loups
Laon (02)	Zorn - La Petite Auberge
Pierrefonds (60)	Castle

POITOU-CHARENTES

Châtelaillon-Plage (17)	Les Flots
Coulombiers (86)	Auberge Le Centre Poitou **N**
Coulon (79)	Le Central
Melle (79)	Les Glycines
Montbron (16)	Moulin de la Tardoire
Montendre (17)	La Quincaillerie
Montmorillon (86)	Le Lucullus
Poitiers (86)	Les Archives
Pons (17)	Bordeaux
Ronce-les-Bains (17)	La Plage de la Ribaudière **N**
Royan (17)	Les Filets Bleus
Royan/ Saint-Palais-sur-Mer (17)	Restaurant de la Plage
Saintes (17)	La Caillebotte **N**
Saintes (17)	Saveurs de l'Abbaye **N**
Saintes (17)	La Table du Relais du Bois St-Georges **N**
Thouars (79)	Hôtellerie St-Jean

PROVENCE-ALPES-CÔTE D'AZUR

Aix-en-Provence/ Le Canet (13)	L'Auberge Provençale
Arles (13)	Bistro À Côté
Avignon (84)	L'Agape
Avignon (84)	Italie là-bas
Bandol (83)	L'Espérance
Le Beausset (83)	Auberge La Cauquière
Briançon (05)	Au Plaisir Ambré
Cairanne (84)	Côteaux et Fourchettes
Cannes/ Le Cannet (06)	Bistrot des Anges
Cannes/ Le Cannet (06)	Bistrot St-Sauveur
Caromb (84)	Le 6 à Table **N**

Castellane/ La Garde (04)	Auberge du Teillon
Châteauneuf-de-Gadagne (84)	La Maison de Celou
Draguignan/ Flayosc (83)	Le Nid **N**
Fayence (83)	La Table d'Yves
Fontaine-de-Vaucluse (84)	Philip
Fréjus (83)	L'Amandier
Gassin (83)	Bello Visto
Gassin (83)	La Verdoyante
Gémenos (13)	Les Arômes
Hyères (83)	La Colombe
Laragne-Montéglin (05)	L'Araignée Gourmande
Lauris (84)	La Cuisine d'Amélie **N**
Lorgues (83)	Le Bistrot de Benjamin **N**
Mandelieu/ La Napoule (06)	Le Bistrot de l'Oasis **N**
Marseille (13)	L'Arôme
Marseille (13)	Bistro du Cours **N**
Marseille (13)	La Cantinetta
Marseille (13)	Madame Jeanne **N**
Marseille (13)	Le Malthazar
Marseille (13)	otto
Marseille (13)	Schilling
Ménerbes (84)	Les Saveurs Gourmandes
Mougins (06)	L'Amandier de Mougins
Nice (06)	Au Rendez-vous des Amis
Nice (06)	Bistrot d'Antoine
Nice (06)	Fine Gueule **N**
Nice (06)	La Merenda
Nice (06)	Olive et Artichaut
Orange (84)	Le Mas des Aigras - Table du Verger
Rayol-Canadel-sur-Mer (83)	Le Relais des Maures
Rians (83)	La Roquette
Richerenches (84)	O'Rabasse
Le Rouret (06)	Bistro du Clos
Saint-Chamas (13)	Le Rabelais
Saint-Raphaël (83)	Les Voiles
Saint-Rémy-de-Provence/ Maillane (13)	L'Oustalet Maïanen
Sainte-Cécile-les-Vignes (84)	Campagne, Vignes et Gourmandises
Sanary-sur-Mer (83)	La P'tite Cour
Seillans (83)	Chez Hugo **N**
Toulon (83)	Carré 2 Vigne
Tourtour (83)	La Table
La Turbie (06)	Café de la Fontaine
Uchaux (84)	Côté Sud
Villars (84)	La Table de Pablo

RHÔNE-ALPES

Aiguebelette-le-Lac/ La Combe (73)	Chez Michelon
Albertville/ Monthion (73)	Les 16 Clochers
Annecy (74)	Café Brunet
Annecy (74)	Le Denti
Annecy (74)	Minami
Annecy (74)	1er Mets **N**

Anse (69)	Au Colombier
Aoste (38)	Au Coq en Velours
Aubenas (07)	L'Aubépine **N**
Aubenas (07)	Les Coloquintes
Aubenas (07)	M Restaurant
Bâgé-le-Châtel (01)	La Table Bâgésienne
La Bâtie-Divisin (38)	Olivier
Belleville (69)	Le Beaujolais
Bonneville/ Vougy (74)	Le Bistro du Capucin
Bourg-en-Bresse (01)	Mets et Vins
Bressieux (38)	Auberge du Château
Cevins (73)	La Fleur de Sel
Chambéry (73)	La Maniguette **N**
Chamonix-Mont-Blanc (74)	Atmosphère
Chamonix-Mont-Blanc (74)	La Maison Carrier
Chamonix-Mont-Blanc (74)	La Télécabine
Charette (38)	Auberge du Vernay **N**
Charlieu (42)	Relais de l'Abbaye
Coligny (01)	Au Petit Relais
Crest (26)	Len' K
Les Deux-Alpes (38)	L'Entracte
Évian-les-Bains (74)	Au Jardin d'Eden
Faverges (74)	Le Chalet d'Eglantine
Grenoble (38)	Gillio
Grignan (26)	Le Bistro Chapouton
Lans-en-Vercors (38)	Le Bois des Mûres **N**
Lent (01)	Auberge Lentaise
Lyon (69)	Ani **N**
Lyon (69)	L'Art et la Manière
Lyon (69)	Augusto **N**
Lyon (69)	Balthaz'art
Lyon (69)	Le Bistrot des Voraces
Lyon (69)	Les Bonnes Manières
Lyon (69)	Le Canut et les Gones **N**
Lyon (69)	Daniel et Denise Croix-Rousse
Lyon (69)	Daniel et Denise Saint-Jean
Lyon (69)	Daniel et Denise Créqui
Lyon (69)	Danton
Lyon (69)	Le Garet
Lyon (69)	Imouto
Lyon (69)	Jour de Marché
Lyon (69)	Le Kitchen Café
Lyon (69)	M Restaurant
Lyon (69)	L'Ourson qui Boit
Lyon (69)	Saku Restaurant **N**
Lyon (69)	Sauf Imprévu
Lyon (69)	Substrat **N**
Lyon (69)	La Table 101 **N**
Lyon (69)	33 Cité
Lyon/ Dardilly (69)	Bol d'Air
Menthon-Saint-Bernard (74)	Le Confidentiel
Méribel (73)	Le Cèpe

Montanges (01)	L'Auberge du Pont des Pierres
Montarcher (42)	Le Clos Perché
Neyrac-les-Bains (07)	Brioude
Notre-Dame-de-Bellecombe (73)	La Ferme de Victorine
Nyons (26)	La Charrette Bleue
Plaisians (26)	Auberge de la Clue
Polliat (01)	Téjérina-Hôtel de la Place
Privas (07)	La Boria
Renaison (42)	Jacques Cœur
Roanne (42)	Le Central
Saint-Étienne (42)	Insens
Tain-l'Hermitage (26)	Maison Gambert **N**
Tain-l'Hermitage (26)	Le Mangevins
Thonon-les-Bains/ Port-de-Séchex (74)	Le Clos du Lac
La Tour-du-Pin/ Rochetoirin (38)	Le Rochetoirin
Tournon-sur-Rhône (07)	Le Cerisier
Treffort (01)	L'Embellie
Uriage-les-Bains (38)	Le Bistrot des Terrasses
Val-d'Isère (73)	Bistrot Gourmand
Valence (26)	André
Valence/ Pont-de-l'Isère (26)	Michel Chabran - Espace Gourmand
Vaudevant (07)	La Récré
Vaulx (74)	Par Monts et Par Vaulx
Vienne/ Chonas-l'Amballan (38)	Le Cottage **N**
Villefranche-sur-Saône/ Jassans-Riottier (01)	L'Embarcadère
Violay (42)	Loïc Picamal
Yvoire (74)	Les Jardins du Léman

NOS PLUS BEAUX HÔTELS

HÔTELS & MAISONS D'HÔTES DE CHARME

ALSACE

Colmar (68)	Hostellerie Le Maréchal
Colmar (68)	La Maison des Têtes
Colmar (68)	Quatorze
Colroy-la-Roche (67)	Hostellerie La Cheneaudière
Fouday (67)	Julien
Fréland (68)	La Haute Grange
Guebwiller/ Murbach (68)	Le Schaeferhof
Gundershoffen (67)	Le Moulin
Illhaeusern (68)	Hôtel des Berges
Jungholtz (68)	Les Violettes
Lapoutroie (68)	Les Alisiers
Marlenheim (67)	Le Cerf
Mulhouse (68)	Peonia at Home
Mulhouse (68)	Villa Éden
Mulhouse/ Rixheim (68)	La Grange à Élise
Obernai (67)	Le Parc
Obernai (67)	À la Cour d'Alsace
Obernai/ Ottrott (67)	À l'Ami Fritz
Obernai/ Ottrott (67)	Hostellerie des Châteaux
Osthouse (67)	À la Ferme
Ribeauvillé (68)	Le Clos St-Vincent
Riquewihr (68)	Le B. Suites
Saint-Louis (68)	La Villa K
Sélestat/ Rathsamhausen (67)	Les Prés d'Ondine
Sélestat/ Le Schnellenbuhl (67)	Hôtel de l'Illwald
Strasbourg (67)	Le Bouclier d'Or
Strasbourg (67)	Cour du Corbeau
Strasbourg (67)	Les Haras
Strasbourg (67)	Régent Contades
Strasbourg (67)	Régent Petite France & Spa

AQUITAINE

Agen/ Pont-du-Casse (47)	Château de Cambes
Ahetze (64)	Harretchea
Auriac-du-Périgord (24)	Le Moulin de Mitou
Bassin d'Arcachon/ Arcachon (33)	Ville d'Hiver
Bassin d'Arcachon/ Pyla-sur-Mer (33)	La Co(o)rniche
Bassin d'Arcachon/ Pyla-sur-Mer (33)	Ha(a)ïtza
La Bastide-Clairence (64)	Maison Maxana

Bazas/ Bernos-Beaulac (33) Dousud
Beaumont-du-Périgord (24) Le Coteau de Belpech
Belvès (24) Clément V
Bergerac/ Saint-Nexans (24) La Chartreuse du Bignac
Biarritz (64) Beaumanoir
Biarritz (64) Le Château du Clair de Lune
Biarritz (64) Hôtel de Silhouette
Biarritz (64) Hôtel du Palais
Biarritz (64) Le Regina
Biarritz/ Arcangues (64) Les Volets Bleus
Bidarray (64) Ostapé
Bidart (64) Hostellerie des Frères Ibarboure
Bidart (64) Villa L'Arche
Biscarrosse/ Biscarrosse-Plage (40) Grand Hôtel de la Plage
Blaye (33) Clos Réaud de la Citadelle
Bordeaux (33) Le Clos d'Émile
Bordeaux (33) Hôtel des Quinconces
Bordeaux (33) InterContinental - Le Grand Hôtel
Bordeaux (33) La Maison Bord'Eaux
Bordeaux (33) Mama Shelter
Bordeaux (33) Yndo
Bordeaux/ Bouliac (33) Le Saint-James
Bordeaux/ Martillac (33) Château Le Thil
Bordeaux/ Martillac (33) Les Sources de Caudalie
Brantôme (24) Les Jardins de Brantôme
Brantôme (24) Moulin de Vigonac
Brantôme (24) Le Moulin de l'Abbaye
Brantôme/ Champagnac-de-Belair (24) Le Moulin du Roc
Carsac-Aillac (24) La Villa Romaine
Domme (24) Le Manoir du Rocher
Eugénie-les-Bains (40) La Maison Rose
Eugénie-les-Bains (40) Les Prés d'Eugénie
Guéthary (64) Arguibel
Guéthary (64) Villa Catarie
Hossegor (40) Les Hortensias du Lac
Hossegor (40) Villa Seren
Hossegor/ Saubion (40) Les Échasses
Libourne/ La Rivière (33) Château de La Rivière
Listrac-Médoc (33) Les Cinq Sens du Château Mayne Lalande
Lugon-et-l'Île-du-Carnay (33) Manoir d'Astrée
Magescq (40) Relais de la Poste
Margaux/ Labarde (33) Château Giscours
Marquay (24) Maison de Marquay
Mauzac-et-Saint-Meyme-de-Rozens (24) La Métairie
Monestier (24) Château des Vigiers
Monpazier (24) Edward 1er
Mont-de-Marsan (40) Villa Mirasol
Montignac (24) Hôtel de Bouilhac
Moulon (33) 5 Lasserre
Moumour (64) Château de Lamothe
Nantheuil (24) Domaine de la Brugère
Néac (33) La Maison de Tournefeuille

Pauillac (33) Château Cordeillan Bages
Périgueux/ Annesse-et-Beaulieu (24) Château de Lalande
Plazac (24) Béchanou
Puymirol (47) Michel Trama
Saint-Émilion (33) Château Grand Barrail
Saint-Émilion (33) Clos de la Barbanne
Saint-Émilion (33) Hostellerie de Plaisance
Saint-Émilion (33) Logis de la Cadène
Saint-Estèphe (33) Château Ormes de Pez
Saint-Étienne-de-Baïgorry (64) Arcé
Saint-Front-de-Pradoux (24) Château la Thuilière
Saint-Jean-de-Luz (64) Grand Hôtel Thalasso & Spa
Saint-Jean-de-Luz (64) Maison Tamarin
Saint-Jean-de-Luz (64) Parc Victoria
Saint-Jean-de-Luz/ Urrugne (64) Château d'Urtubie
Saint-Quentin-de-Caplong (33) La Girarde
Sare (64) Arraya
Sarlat-la-Canéda/ Sainte-Nathalène (24) La Roche d'Esteil
Sauternes (33) La Sauternaise
Seignosse (40) Villa de l'Étang Blanc
Trémolat (24) Le Vieux Logis
Villeneuve-sur-Lot/ Saint-Sylvestre-sur-Lot (47) Le Stelsia
Villetoureix (24) Le Moulin de Larcy

AUVERGNE

Bourbon-l'Archambault (03) Grand Hôtel Montespan-Talleyrand
Chaussenac (15) La Fournio
Chavagnac (15) Instants d'Absolu
Clermont-Ferrand/ Royat (63) Princesse Flore
Lezoux/ Bort-l'Étang (63) Château de Codignat
Marmanhac (15) Château de Sédaiges
Meaulne (03) Manoir du Mortier
Moulins (03) Hôtel de Paris
Moulins (03) Le Clos de Bourgogne
Pailherols (15) L'Auberge des Montagnes
Saint-Saturnin (63) Château Royal de Saint-Saturnin
Saint-Urcize (15) La Fontaine de Grégoire
Salers (15) Le Bailliage
Salers (15) Saluces
Vichy (03) La Demeure d'Hortense
Vichy/ Bellerive-sur-Allier (03) Château du Bost
Vicq (03) Sur le Chemin des Buvats
Vollore-Ville (63) Château de Vollore
Ygrande (03) Château d'Ygrande

BOURGOGNE

Aillant-sur-Tholon (89) Domaine du Roncemay
Autun (71) Moulin Renaudiots
Auxerre/ Appoigny (89) Le Puits d'Athie
Avallon/ Vault-de-Lugny (89) Château de Vault de Lugny
Beaune (21) Le Cep

Beaune (21) Hostellerie Le Cèdre

Beaune (21) L'Hôtel

Beaune (21) Les Jardins de Loïs

Beaune (21) Maison Fatien

Beaune/ Challanges (21) Château de Challanges

Beaune/ Levernois (21) Hostellerie de Levernois

Beaune/ Levernois (21) Le Parc

Beaune/ Savigny-lès-Beaune (21) Le Hameau de Barboron

La Bussière-sur-Ouche (21) Abbaye de la Bussière

Chablis (89) Hostellerie des Clos

Chablis (89) Hôtel du Vieux Moulin

Chagny (71) Maison Lameloise

Charolles (71) Le Clos de l'Argolay

Charolles (71) Hôtel de la Poste

Chassagne-Montrachet (21) Château de Chassagne-Montrachet

Cluny (71) Maison Tandem

Courban (21) Château de Courban

Joigny (89) La Côte Saint-Jacques

Leugny (89) La Borde

Louhans-Châteaurenaud/ Bruailles (71) La Ferme de Marie-Eugénie

Lusigny-sur-Ouche (21) La Saura

Meursault (21) Château de Cîteaux-La Cueillette

Morey-Saint-Denis (21) Castel de Très Girard

Pouilly-en-Auxois/ Sainte-Sabine (21) Château Sainte-Sabine

Puligny-Montrachet (21) La Chouette

Puligny-Montrachet (21) La Maison d'Olivier Leflaive

Saint-Amour-Bellevue (71) Auberge du Paradis

Santenay (21) Prosper Maufoux

Saulieu (21) Le Relais Bernard Loiseau

Tournus (71) Greuze

Tournus (71) La Tour du Trésorier

Tournus/ Jugy (71) Le Crot Foulot

Vézelay (89) Les Glycines

BRETAGNE

Arzon/ Port du Crouesty (56) Miramar la Cigale

Baden (56) Le Val de Brangon

Bazouges-la-Pérouse (35) Château de la Ballue

Belle-Ile/ Bangor (56) La Désirade

Belle-Ile/ Port-Goulphar (56) Castel Clara Thalasso & Spa

Bénodet/ Sainte-Marine (29) La Ferme Saint-Vennec

Bénodet/ Sainte-Marine (29) Villa Tri Men

Billiers (56) Domaine de Rochevilaine

Cancale (35) La Ferme du Vent

Cancale (35) Hostellerie de la Motte Jean

Cancale (35) Les Maisons de Bricourt - Château Richeux

Cancale (35) Les Rimains

Carantec (29) Hôtel de Carantec

Concarneau (29) sablesblancs

Dinan (22) La Maison Pavie

Dinard (35) Castelbrac

Dinard (35)	Royal Emeraude
Dinard (35)	Villa Reine Hortense
Dinard/ Saint-Lunaire (35)	Villa Christilla
Dol-de-Bretagne/ Mont-Dol (35)	Château de Mont-Dol
Dol-de-Bretagne/ Mont-Dol (35)	Le Jardin des Simples
Douarnenez/ Tréboul (29)	Ty Mad
La Gacilly (56)	Grée des Landes
Guingamp (22)	La Demeure
Hennebont (56)	Château de Locguénolé
Île de Groix (56)	Le Sémaphore de la Croix
Locquirec (29)	Le Grand Hôtel des Bains
Logonna-Daoulas (29)	Le Domaine de Moulin Mer
Lorient/ Quéven (56)	Manoir des Éperviers
Moëlan-sur-Mer (29)	Manoir de Kertalg
Moëlan-sur-Mer (29)	Les Moulins du Duc
Perros-Guirec (22)	L'Agapa
Perros-Guirec (22)	Le Manoir du Sphinx
Perros-Guirec/ Ploumanach (22)	Castel Beau Site
Plougrescant (22)	Manoir de Kergrec'h
Porspoder (29)	Le Château de Sable
Port-Manech (29)	Manoir Dalmore
Quiberon (56)	Sofitel Diététique
Quiberon (56)	Sofitel Thalassa
Quimper (29)	Kregenn
Rennes (35)	Balthazar Hôtel & Spa
Rennes (35)	Magic Hall
Rennes/ Saint-Grégoire (35)	Les Patios
Roscoff (29)	Le Brittany
Roscoff (29)	Le Temps de Vivre
Saint-Malo (35)	Ar Iniz
Saint-Malo (35)	Le Nouveau Monde
Sainte-Anne-d'Auray (56)	L'Auberge
Sainte-Anne-la-Palud (29)	La Plage
Trébeurden (22)	Manoir de Lan-Kerellec
Trébeurden (22)	Ti al Lannec
La Trinité-sur-Mer (56)	Le Lodge Kerisper
Vannes (56)	Villa Kerasy
Vannes/ Arradon (56)	Le Parc er Gréo

CENTRE

Alluyes (28)	Moulin de la Ronce
Amboise (37)	Au Charme Rabelaisien
Amboise (37)	Château de Pray
Amboise (37)	Le Manoir Les Minimes
Amboise/ Saint-Règle (37)	Château des Arpentis
Aubigny-sur-Nère (18)	La Grange des Cardeux
Azay-le-Rideau (37)	Hôtel de Biencourt
Les Bézards (45)	Auberge des Templiers
Blois (41)	La Maison du Carroir
Bourges (18)	Hôtel d'Angleterre
Bourges (18)	Villa C
Cangey (37)	Le Fleuray

Cerdon (45)	Les Vieux Guays
Chartres (28)	Jehan de Beauce
Chartres (28)	Maison Ailleurs
Chaumont-sur-Tharonne (41)	Le Mousseau
Chenonceaux (37)	Auberge du Bon Laboureur
Chinon/ Marçay (37)	Château de Marçay
Ennordres (18)	Les Chatelains
La Ferté-Beauharnais (41)	Château de la Ferté Beauharnais
Houx (28)	La Bergerie de l'Aqueduc
Langeais/ Saint-Patrice (37)	Château de Rochecotte
Montbazon (37)	Domaine de la Tortinière
Noizay (37)	Château de Noizay
Oinville-sous-Auneau (28)	Moulin de Lonceux
Onzain (41)	Domaine des Hauts de Loire
Orléans (45)	Empreinte
Romorantin-Lanthenay (41)	Grand Hôtel du Lion d'Or
Sully-sur-Loire (45)	La Closeraie
Tours (37)	Château Belmont
Tours/ Rochecorbon (37)	Arthotel
Tours/ Rochecorbon (37)	Les Hautes Roches
Vendôme (41)	Le Vendôme
Yzeures-sur-Creuse (37)	Relais de La Mothe

CHAMPAGNE-ARDENNE

Colombey-les-Deux-Églises (52)	Hostellerie la Montagne
Épernay (51)	Jean Moët & Spa
Épernay (51)	La Villa Eugène
Épernay/ Avize (51)	Les Avisés
Épernay/ Ay (51)	Le Manoir des Charmes
Épernay/ Vinay (51)	Hostellerie La Briqueterie
Reims (51)	Assiette Champenoise
Reims (51)	Domaine Les Crayères
Reims/ Rilly-la-Montagne (51)	Les Bulles Dorées
Reims/ Vrigny (51)	Le Clos des Terres Soudées
Les Riceys (10)	Marius
Troyes (10)	Le Champ des Oiseaux
Troyes (10)	La Maison de Rhodes
Troyes (10)	Le Relais St-Jean
Troyes/ Moussey (10)	Domaine de la Creuse
Villiers-sur-Marne (52)	La Source Bleue

CORSE

Ajaccio (2A)	Dolce Vita
Ajaccio (2A)	Les Mouettes
Bastelica (2A)	Artemisia
Bonifacio (2A)	Genovese
Bonifacio (2A)	U Capu Biancu
Bonifacio (2A)	Version Maquis Citadelle
Bonifacio (2A)	Version Maquis Santa Manza
Calvi (2B)	La Signoria
Calvi (2B)	La Villa

Corte (2B)	Dominique Colonna
Erbalunga (2B)	Castel Brando
L'Île-Rousse (2B)	A Piattatella
L'Île-Rousse (2B)	Palazzu Pigna
Levie (2A)	A Pignata
Muro (2B)	Casa Théodora
Oletta (2B)	La Dimora
Oletta (2B)	U Palazzu Serenu
Olmeto (2A)	Marinca
Porticcio (2A)	Le Maquis
Porto-Vecchio (2A)	Le Belvédère
Porto-Vecchio (2A)	Casadelmar
Porto-Vecchio (2A)	Don Cesar
Porto-Vecchio (2A)	Grand Hôtel de Cala Rossa
Porto-Vecchio (2A)	Les Bergeries de Palombaggia
Porto-Vecchio (2A)	La Plage Casadelmar
Propriano (2A)	Miramar Boutique Hôtel
Saint-Florent (2B)	Demeure Loredana
Sainte-Lucie-de-Porto-Vecchio (2A)	Le Pinarello
Solenzara (2A)	Maison Rocca Serra
Tomino (2B)	tomino

FRANCHE-COMTÉ

Arbois (39)	Closerie les Capucines
Dole (39)	La Chaumière
Faverney/ Breurey-lès-Faverney (70)	Château de la Presle
Goumois (25)	Taillard
Gray/ Rigny (70)	Château de Rigny
Montbenoît/ La Longeville (25)	Le Crêt l'Agneau
Port-Lesney (39)	Château de Germigney
Ronchamp (70)	La Maison d'Hôtes du Parc
Vesoul/ Épenoux (70)	Château d'Épenoux

ÎLE-DE-FRANCE

L'Isle-Adam (95)	La Villa de l'Écluse
Paris 1er	Le Burgundy
Paris 1er	Costes
Paris 1er	Hôtel Odyssey
Paris 1er	Hôtel du Continent
Paris 1er	Mandarin Oriental
Paris 1er	Le Meurice
Paris 1er	Molière
Paris 1er	Nolinski
Paris 1er	Ritz
Paris 1er	Le Roch
Paris 1er	Thérèse
Paris 2e	123 Sébastopol
Paris 2e	Édouard VII
Paris 2e	La Maison Favart
Paris 3e	Jules et Jim
Paris 3e	Pavillon de la Reine

Paris 3e	Le Petit Moulin
Paris 4e	Bourg Tibourg
Paris 5e	Atmosphères
Paris 5e	Les Dames du Panthéon
Paris 5e	Hôtel des Grands Hommes
Paris 5e	La Lanterne
Paris 5e	Le Lapin Blanc
Paris 5e	Monge
Paris 5e	Le Petit Paris
Paris 5e	Seven
Paris 6e	L'Abbaye
Paris 6e	Apostrophe
Paris 6e	La Belle Juliette
Paris 6e	Esprit St-Germain
Paris 6e	L'Hôtel
Paris 6e	Hôtel d'Aubusson
Paris 6e	Legend
Paris 6e	Odéon St-Germain
Paris 6e	Récamier
Paris 6e	Relais Christine
Paris 6e	Relais St-Germain
Paris 7e	Le Bellechasse
Paris 7e	Le Cinq Codet
Paris 7e	Juliana
Paris 7e	Le Narcisse Blanc
Paris 7e	Le Saint
Paris 7e	St-Dominique
Paris 7e	Thoumieux
Paris 8e	Le Bristol
Paris 8e	Champs-Élysées Plaza
Paris 8e	Chavanel
Paris 8e	Crillon
Paris 8e	Ekta
Paris 8e	Fouquet's Barrière
Paris 8e	Four Seasons George V
Paris 8e	François 1er
Paris 8e	Hôtel de Sers
Paris 8e	Hôtel du Ministère
Paris 8e	Idol
Paris 8e	La Maison Champs-Élysées
Paris 8e	Marignan Champs-Elysées
Paris 8e	Marquis Faubourg Saint-Honoré
Paris 8e	Le Pavillon des Lettres
Paris 8e	Plaza Athénée
Paris 8e	Prince de Galles
Paris 8e	La Réserve
Paris 8e	Le Royal Monceau
Paris 8e	Splendide Royal
Paris 8e	Vernet
Paris 9e	Athénée
Paris 9e	Banke
Paris 9e	The Chess Hotel

Paris 9e	Hôtel de Nell
Paris 9e	Hôtel Panache
Paris 9e	Maison Nabis
Paris 9e	Monsieur Cadet
Paris 9e	Relais Madeleine
Paris 10e	Providence
Paris 10e	Renaissance République
Paris 11e	L'Antoine
Paris 11e	Bastille Boutet
Paris 11e	Fabric
Paris 11e	Gabriel Paris
Paris 11e	Le Général
Paris 13e	Henriette
Paris 15e	Ares
Paris 15e	Platine
Paris 16e	Dokhan's
Paris 16e	Félicien
Paris 16e	Keppler
Paris 16e	Molitor
Paris 16e	The Peninsula
Paris 16e	Raphael
Paris 16e	St-James Paris
Paris 16e	Shangri-La
Paris 16e	Square
Paris 17e	B Montmartre
Paris 17e	Hidden
Paris 17e	Hôtel de Banville
Paris 17e	Les Jardins de la Villa
Paris 17e	Regent's Garden
Paris 18e	Déclic
Paris 18e	L'Hôtel Particulier Montmartre
Paris 18e	Terrass' Hôtel
Paris 20e	Mama Shelter
Paris 20e	Scarlett
Provins (77)	Demeure des Vieux Bains
Saint-Germain-en-Laye (78)	La Forestière
Saint-Germain-en-Laye (78)	Pavillon Henri IV
Saint-Ouen (93)	Mob
Saint-Prix (95)	Hostellerie du Prieuré
Le Tremblay-sur-Mauldre (78)	Les Chambres du Numéro 3
Versailles (78)	Trianon Palace
Ville-d'Avray (92)	Les Étangs de Corot
Villiers-le-Mahieu (78)	Château de Villiers-le-Mahieu

LANGUEDOC-ROUSSILLON

Aigues-Mortes (30)	Maison de mon Père
Aigues-Mortes (30)	Villa Mazarin
Alès/ Saint-Hilaire-de-Brethmas (30)	Comptoir St-Hilaire
Argelès-sur-Mer (66)	Château Valmy
Barjac (30)	Le Mas du Terme
Bélesta (66)	Riberach
Béziers (34)	L'Hôtel Particulier

Le Boulou (66)	Relais des Chartreuses
Carcassonne (11)	Domaine d'Auriac
Carcassonne (11)	Hôtel de La Cité
Carcassonne (11)	Hôtel du Château
Carcassonne (11)	Pont Levis Hôtel - Franck Putelat
Céret (66)	Le Mas Trilles
Cucugnan (11)	La Tourette
La Garde-Guérin (48)	Auberge Régordane
La Grande-Motte (34)	Hôtel de la Plage
Le Grau-du-Roi/ Port-Camargue (30)	L'Oustau Camarguen
Ille-sur-Têt (66)	Les Buis
La Malène (48)	Château de la Caze
Martignargues (30)	La Maison du Passage
Mende (48)	Hôtel de France
Molitg-les-Bains (66)	Château de Riell
Molitg-les-Bains (66)	Le Grand Hôtel
Montpellier (34)	Baudon de Mauny
Montpellier (34)	Clos de l'Herminier
Montpellier (34)	Grand Hôtel du Midi
Montpellier/ Castelnau-le-Lez (34)	Domaine de Verchant
Nasbinals (48)	La Borie de l'Aubrac
Nîmes (30)	Jardins Secrets
Nîmes (30)	La Maison de Sophie
Nîmes/ Garons (30)	Le Mas de l'Espérance
Nîmes/ Uchaud (30)	Le Huit
Pont-du-Gard/ Castillon-du-Gard (30)	Le Vieux Castillon
Pont-du-Gard/ Vers-Pont-du-Gard (30)	La Bégude Saint-Pierre
Saint-André-de-Roquelongue (11)	Demeure de Roquelongue
Saint-Chély-d'Apcher/ La Garde (48)	Château d'Orfeuillette
Saint-Cyprien (66)	L'Île de la Lagune
Saint-Laurent-des-Arbres (30)	Le Saint-Laurent
Uzès (30)	Entraigues
Uzès (30)	Hostellerie Provençale
Uzès (30)	L'Artemise
Uzès (30)	La Maison d'Uzès
Villeneuve-lès-Avignon (30)	Le Prieuré
Villeneuve-lès-Avignon (30)	La Suite
Villesèque-des-Corbières (11)	Château Haut Gléon

LIMOUSIN

Aubusson (23)	La Beauze
Beaulieu-sur-Dordogne/ Brivezac (19)	Château de la Grèze
Bonnat (23)	L'Orangerie
Brive-la-Gaillarde/ Lissac-sur-Couze (19)	Château de Lissac
Brive-la-Gaillarde/ Varetz (19)	Château de Castel Novel
Limoges/ Saint-Martin-du-Fault (87)	Chapelle Saint-Martin
Turenne (19)	Maison des Chanoines
Uzerche (19)	Joyet de Maubec

LORRAINE

Baerenthal/ Untermuhlthal (57)	K
Épinal/ Fontenay (88)	La Grange

Flavigny-sur-Moselle (54) La Brunerie
Gérardmer (88) Le Manoir au Lac
Gérardmer/ Bas-Rupts (88) Auberge de la Poulcière
Gérardmer/ Bas-Rupts (88) Les Bas-Rupts
Lunéville (54) Château d'Adoménil
Lunéville (54) Domaine de Stanislas
Nancy (54) Hôtel d'Haussonville
Nancy (54) Maison de Myon
Nancy (54) La Villa 1901
Revigny-sur-Ornain (55) La Maison Forte
Sierck-les-Bains/ Montenach (57) Le Domaine de la Klauss
Verdun/ Les Monthairons (55) Hostellerie du Château des Monthairons

MIDI-PYRÉNÉES

Albi (81) Alchimy
Albi (81) L'Autre Rives
Albi (81) La Réserve
Bagnères-de-Bigorre (65) Les Petites Vosges
Barbotan-les-Thermes (32) La Bastide
Cahors/ Mercuès (46) Château de Mercuès
Cahuzac-sur-Vère (81) Château de Salettes
Camon (09) L'Abbaye-Château de Camon
Cauterets (65) Lion d'Or
Conques (12) Hervé Busset
Cuzance (46) Manoir de Malagorse
Figeac (46) Le Quatorze
Gaillac (81) Domaine de Perches
Gramat (46) Moulin de Fresquet
Lacave (46) Château de la Treyne
Lacave (46) Pont de l'Ouysse
Lascabanes (46) Le Domaine de Saint-Géry
Marciac (32) La Villa Toscane
Mazamet (81) La Villa de Mazamet
Moissac (82) Le Manoir St-Jean
Montcuq (46) Four
Montesquiou (32) Maison de la Porte Fortifiée
Najac (12) Château de Longcol
Puylaurens (81) Cap de Castel
Rocamadour (46) Le Troubadour
Rocamadour/ L'Hospitalet (46) Les Esclargies
Rodez (12) Château de Labro
Rodez/ Onet-le-Château (12) Château de Canac
Saint-Cirq-Lapople/ Tour-de-Faure (46) Le Saint-Cirq
Saint-Geniez-d'Olt (12) Château de la Falque
Tarbes (65) Le Rex Hôtel
Terraube (32) Maison Ardure
Toulouse (31) Le Grand Balcon
Toulouse (31) La Cour des Consuls Hôtel & Spa
Villefranche-de-Rouergue (12) Les Terrasses de la Maison Pago
Viscos (65) La Grange aux Marmottes

NORD-PAS-DE-CALAIS

Arras (62)	La Corne d'Or
Arras (62)	Hôtel Particulier
Béthune/ Busnes (62)	Le Château de Beaulieu
Béthune/ Gosnay (62)	La Chartreuse du Val St-Esprit
Boulogne-sur-Mer (62)	La Matelote
Hardelot-Plage (62)	Les Jardins d'Hardelot
Hesdin/ Gouy-Saint-André (62)	Le Clos de la Prairie
Lille (59)	Barrière Lille
Lille (59)	Clarance
Lille (59)	L'Hermitage Gantois
Montreuil (62)	Château de Montreuil
Montreuil/ La Madelaine-sous-Montreuil (62)	La Grenouillère
Saint-Omer/ Tilques (62)	Château Tilques
Le Touquet-Paris-Plage (62)	Westminster Barrière
Tourcoing (59)	Villa Paula
Valenciennes (59)	Le Grand Duc

NORMANDIE

Avranches (50)	La Ramade
Bagnoles-de-l'Orne (61)	Bois Joli
Bagnoles-de-l'Orne (61)	Le Manoir du Lys
Barneville-Carteret/ Carteret (50)	Hôtel des Ormes
Barneville-Carteret/ Carteret (50)	La Marine
Bayeux (14)	Château de Sully
Bayeux (14)	Le Petit Matin
Bayeux (14)	Tardif Noble Guesthouse
Bayeux (14)	Villa Lara
Bayeux/ Audrieu (14)	Château d'Audrieu
Caudebec-en-Caux (76)	Manoir de Rétival
Connelles (27)	Le Moulin de Connelles
Coutances (50)	Manoir de L'Ecoulanderie
Crépon (14)	Ferme de la Rançonnière
Deauville (14)	Manoir de Benerville
Deauville (14)	Normandy Barrière
Deauville (14)	Royal Barrière
Dieppe/ Vastérival (76)	La Terrasse
Eu (76)	Manoir de Beaumont
Fleury-sur-Andelle (27)	Château de Bonnemare
Fontaine-sous-Jouy (27)	Clos de Mondétour
Le Havre (76)	Vent d'Ouest
Le Havre (76)	Les Voiles
Honfleur (14)	À L'École Buissonnière
Honfleur (14)	La Chaumière
Honfleur (14)	L'Écrin
Honfleur (14)	La Ferme St-Siméon
Honfleur (14)	La Maison de Lucie
Honfleur (14)	Les Maisons de Léa
Honfleur/ Barneville-la-Bertran (14)	Auberge de la Source
Lyons-la-Forêt (27)	Le Grand Cerf

Lyons-la-Forêt (27) La Licorne
Moutiers-au-Perche (61) Villa Fol Avril
Négreville (50) Château de Pont Rilly
Néville (76) Nature et Lin
La Pommeraye (14) Château de la Pommeraye
Port-en-Bessin (14) La Chenevière
Rouen (76) Le Clos Jouvenet
Rouen (76) Hôtel de Bourgtheroulde
Saint-Maclou (27) Château de Saint-Maclou-la-Campagne
Surville (27) Manoir de Surville
Trouville-sur-Mer (14) Les Cures Marines
Urville-Nacqueville (50) Le Landemer
Vergoncey (50) Château de Boucéel
Verneuil-sur-Avre (27) Le Clos
Veules-les-Roses (76) Douce France

PAYS-DE-LA-LOIRE

Abbaretz (44) Le Manoir de la Jahotière
Alençon/ Saint-Paterne (72) Château de Saint-Paterne
Angers (49) 21 Foch
Angers/ Briollay (49) Château de Noirieux
La Baule (44) Castel Marie-Louise
La Baule (44) Hermitage Barrière
Beaulieu-sur-Layon (49) Château Soucherie
Chambretaud (85) Château du Boisniard
Champigné (49) Château des Briottières
Cholet (49) Demeure l'Impériale
Le Croisic (44) Le Fort de l'Océan
La Flèche (72) Le Gentleman
Fontevraud-l'Abbaye (49) Fontevraud L'Hôtel
Île de Noirmoutier/ Noirmoutier-en-l'Île (85) Général d'Elbée
Missillac (44) Domaine de La Bretesche
Montsoreau (49) La Marine de Loire
Nantes (44) Sozo Hotel
Nantes/ Sucé-sur-Erdre (44) Les Arbres Rouges
La Plaine-sur-Mer (44) Anne de Bretagne
Pornichet (44) Château des Tourelles
Pornichet (44) Sud Bretagne
Les Sables-d'Olonne (85) Côte Ouest Thalasso & Spa
Les Sables-d'Olonne/ L'Île-d'Olonne (85) Les Fermes de Terre Neuve - La Girardière
Saint-Calais (72) Château de la Barre
Saint-Joachim (44) La Mare aux Oiseaux
Saint-Michel-Mont-Mercure (85) Château de la Flocellière
Saint-Sulpice-le-Verdon (85) Thierry Drapeau
Saumur (49) Château de Verrières
Saumur (49) Manoir Plessis Bellevue
Saumur (49) St-Pierre
Turquant (49) Demeure de la Vignole

PICARDIE

Amiens (80)	Marotte
Chantilly (60)	Auberge du Jeu de Paume
La Chapelle-en-Serval (60)	Mont Royal
Courcelles-sur-Vesle (02)	Château de Courcelles
Danizy (02)	Domaine Le Parc
Fère-en-Tardenois (02)	Château de Fère
Neuville-Bosc (60)	Le Clos des Vignes
Omiécourt (80)	Château d'Omiécourt
Saint-Valery-sur-Somme (80)	Le Castel
Saint-Valery-sur-Somme (80)	Les Corderies
Sainte-Preuve (02)	Domaine de Barive
Sainte-Preuve (02)	Le Prieuré

POITOU-CHARENTES

Angoulême (16)	Le Saint-Gelais
Châtelaillon-Plage (17)	La Grande Terrasse Mgallery
Châtellerault (86)	La Gourmandine
Cognac (16)	François Premier
Cognac (16)	L'Yeuse
Curzay-sur-Vonne (86)	Château de Curzay
Fouras (17)	Le Grand Hôtel des Bains
Île de Ré/ Saint-Martin-de-Ré (17)	La Baronnie Hôtel & Spa
Île de Ré/ Saint-Martin-de-Ré (17)	Clos St-Martin
Île de Ré/ Saint-Martin-de-Ré (17)	Hôtel de Toiras et Villa Clarisse
Ile d'Oléron/ Dolus-d'Oléron (17)	Le Grand Large
Jarnac (16)	Ligaro
Latillé (86)	La Gentilhommière
Massignac (16)	Le Domaine des Étangs
Mirambeau (17)	Château de Mirambeau
Niort (79)	La Chamoiserie
Poitiers/ Aslonnes (86)	Le Moulin de Port Laverré
La Rochelle (17)	Entre Hôtes
La Rochelle (17)	Le Manoir
La Rochelle (17)	La Monnaie
Saint-Coutant-le-Grand (17)	Logis du Péré
Vouhé (17)	La Villa Cécile

PROVENCE-ALPES-CÔTE D'AZUR

Aix-en-Provence (13)	Cézanne
Aix-en-Provence (13)	Le Pigonnet
Aix-en-Provence (13)	Villa Gallici
Aix-en-Provence/ Le Puy-Sainte-Réparade (13)	Villa La Coste & Spa
Aix-en-Provence/ Le Tholonet (13)	Les Lodges Sainte-Victoire
Alleins (13)	Domaine de Méjeans
Antibes/ Cap d'Antibes (06)	Cap d'Antibes Beach Hôtel
Antibes/ Cap d'Antibes (06)	Hôtel du Cap-Eden-Roc
Antibes/ Cap d'Antibes (06)	Impérial Garoupe
Apt/ Saignon (84)	Chambre de Séjour avec Vue
Arles (13)	Cloître

Arles (13) L'Hôtel Particulier
Arles/ Le Sambuc (13) Le Mas de Peint
Aups/ Moissac-Bellevue (83) Bastide du Calalou
Aureille (13) Le Balcon des Alpilles
Avignon (84) La Mirande
Avignon/ Le Pontet (84) Auberge de Cassagne & Spa
Bandol (83) Île Rousse - Thalazur
Barcelonnette/ Jausiers (04) Villa Morelia
Le Barroux (84) Aube Safran
Les Baux-de-Provence (13) Baumanière
Les Baux-de-Provence (13) Benvengudo
Les Baux-de-Provence (13) Domaine de Manville
Les Baux-de-Provence (13) Mas de l'Oulivié
Beaulieu-sur-Mer (06) La Réserve de Beaulieu & Spa
Bonnieux (84) La Bastide de Capelongue
Bonnieux (84) Le Clos du Buis
Boulbon (13) La Bastide de Boulbon
Bras (83) Une Campagne en Provence
Briançon (05) La Chaussée
La Cadière-d'Azur (83) Hostellerie Bérard
Cagnes-sur-Mer (06) Château Le Cagnard
Callas (83) Hostellerie Les Gorges de Pennafort
Cannes (06) Grand Hyatt Martinez
Cannes (06) Majestic Barrière
Carpentras/ Beaumes-de-Venise (84) Le Clos Saint Saourde
Carpentras/ Mazan (84) Château de Mazan
Cassis (13) La Méduse
Le Castellet/ Circuit Paul Ricard (83) Hôtel & Spa du Castellet
Cavalière (83) Le Club de Cavalière & Spa
La Celle (83) Hostellerie de l'Abbaye de la Celle
Château-Arnoux-Saint-Auban (04) La Bonne Étape
Châteauneuf-Villevieille (06) La Parare
La Colle-sur-Loup (06) Alain Llorca
La Colmiane (06) Le Green
Crillon-le-Brave (84) Crillon le Brave
La Croix-Valmer/ Gigaro (83) Château de Valmer
La Croix-Valmer/ Gigaro (83) La Pinède-Plage
Cucuron (84) Le Pavillon de Galon
Draguignan (83) La Source Saint-Michel
Eygalières (13) Mas du Pastre
Èze (06) Château de la Chèvre d'Or
Èze (06) Château Eza
Èze-Bord-de-Mer (06) Cap Estel
Fontaine-de-Vaucluse (84) Hôtel du Poète
Forcalquier (04) Auberge Charembeau
Forcalquier (04) La Bastide Saint Georges
Forcalquier/ Mane (04) Le Couvent des Minimes & Spa
Fréjus (83) La Bastide du Clos des Roses
Fuveau (13) Villa Rampale
Gargas (84) Coquillade - Provence Village
Gordes (84) La Bastide de Gordes
Gordes (84) Les Bories & Spa

Gordes (84) La Ferme de la Huppe
Grasse (06) La Bastide St-Antoine
Grimaud (83) Le Verger Maelvi
Guillestre/ Mont-Dauphin (05) La Maison du Guil
Ile de Porquerolles (83) Le Mas du Langoustier
L'Isle-sur-la-Sorgue (84) Artishow
L'Isle-sur-la-Sorgue (84) Le Clos Violette
L'Isle-sur-la-Sorgue (84) Grand Hôtel Henri
L'Isle-sur-la-Sorgue (84) La Maison sur la Sorgue
L'Isle-sur-la-Sorgue (84) Le Mas des Grès
Joucas (84) Hostellerie Le Phébus & Spa
Joucas (84) Le Mas des Herbes Blanches
Juan-les-Pins (06) Belles Rives
Juan-les-Pins (06) Juana
Juan-les-Pins (06) Mademoiselle
Juan-les-Pins (06) La Villa Cap d'Antibes
Lauris (84) Domaine de Fontenille
Lorgues (83) Château de Berne
Lorgues (83) Villa de Lorgues
Marseille (13) C2
Marseille (13) Grand Hôtel Beauvau
Marseille (13) Hôtel 96
Marseille (13) Intercontinental-Hôtel Dieu
Marseille (13) Mama Shelter
Marseille (13) Le Petit Nice
Maussane-les-Alpilles/ Paradou (13) B design & Spa
Maussane-les-Alpilles/ Paradou (13) Du Côté des Olivades
Maussane-les-Alpilles/ Paradou (13) Hameau des Baux
Ménerbes (84) La Bastide de Marie
Mougins (06) Le Mas Candille
Moustiers-Sainte-Marie (04) La Bastide de Moustiers
Moustiers-Sainte-Marie (04) La Ferme Rose
Le Muy (83) Château des Demoiselles
Nice (06) Boscolo Exedra
Nice (06) Excelsior
Nice (06) Hyatt Regency Palais de la Méditerranée
Nice (06) La Pérouse
Nice (06) Le Negresco
Nice (06) Spity Hôtel
Nice/ Saint-Roman-de-Bellet (06) Villa Kilauea
Orgon (13) Le Mas de la Rose
Pertuis (84) Château Grand Callamand
Plan-de-la-Tour (83) Mas des Brugassières
Ramatuelle (83) La Bastide de Ramatuelle
Ramatuelle (83) La Réserve Ramatuelle
Rayol-Canadel-sur-Mer (83) Le Bailli de Suffren
La Roque-sur-Pernes (84) Château La Roque
Le Rouret (06) Hôtel du Clos
Saint-Antonin-du-Var (83) La Bastide du Clos d'Alari
Saint-Jean-Cap-Ferrat (06) Grand Hôtel du Cap Ferrat
Saint-Jean-Cap-Ferrat (06) Royal Riviera
Saint-Jean-Cap-Ferrat (06) La Voile d'Or

Saint-Laurent-du-Verdon (04)	Le Moulin du Château
Saint-Paul-de-Vence (06)	Le Mas de Pierre
Saint-Paul-de-Vence (06)	Le Saint-Paul
Saint-Raphaël/ Boulouris (83)	La Villa Mauresque
Saint-Rémy-de-Provence (13)	Le Château des Alpilles
Saint-Rémy-de-Provence (13)	Gounod
Saint-Rémy-de-Provence (13)	Hôtel de Tourrel
Saint-Rémy-de-Provence (13)	Mas des Figues
Saint-Rémy-de-Provence (13)	Sous les Figuiers
Saint-Rémy-de-Provence (13)	Le Vallon de Valrugues & Spa
Saint-Saturnin-lès-Apt (84)	Domaine des Andéols
Saint-Tropez (83)	La Bastide de St-Tropez
Saint-Tropez (83)	Benkiraï
Saint-Tropez (83)	Byblos
Saint-Tropez (83)	Château de la Messardière
Saint-Tropez (83)	La Ferme d'Augustin
Saint-Tropez (83)	Hôtel de Paris Saint-Tropez
Saint-Tropez (83)	Kube
Saint-Tropez (83)	Mas de Chastelas
Saint-Tropez (83)	Muse
Saint-Tropez (83)	Pan Deï Palais
Saint-Tropez (83)	Pastis
Saint-Tropez (83)	Le Pré de la Mer
Saint-Tropez (83)	Résidence de la Pinède
Saint-Tropez (83)	Sezz
Saint-Tropez (83)	La Tartane Saint-Amour
Saint-Tropez (83)	Villa Belrose
Saint-Tropez (83)	Villa Marie
Saint-Tropez (83)	White 1921
Sainte-Maxime (83)	Royal Bon Repos
Seillans (83)	Hôtel des Deux Rocs
Serre-Chevalier/ Le Monêtier-les-Bains (05)	Alliey
Théoule-sur-Mer/ Miramar (06)	Tiara Miramar Beach Hotel & Spa
Théoule-sur-Mer/ Miramar (06)	Tiara Yaktsa
Le Thor (84)	La Bastide Rose
Tourrettes (83)	Terre Blanche
Tourrettes-sur-Loup (06)	Les 4 Éléments
Tourtour (83)	La Bastide de Tourtour
Trigance (83)	Château de Trigance
Uchaux (84)	Château de Massillan
Vence (06)	Château Saint-Martin & Spa
Vence (06)	La Maison du Frêne

RHÔNE-ALPES

Allex (26)	Petite Aiguebonne
Alpe-d'Huez (38)	Au Chamois d'Or
Ambierle (42)	Demeure Bouquet
Ambronay (01)	La Maison d'Ambronay
Annecy (74)	Le Boutik Hôtel
Annecy (74)	Le Clos des Sens
Annecy (74)	L'Impérial Palace
Annecy/ Veyrier-du-Lac (74)	Le Clos du Lac

Annecy/ Veyrier-du-Lac (74)	Yoann Conte
Les Arcs (73)	Aiguille Grive Chalets Hôtel
Arzay (38)	Château d'Arzay
Avoriaz (74)	Les Dromonts
Bagnols (69)	Château de Bagnols
Banne (07)	Auberge de Banne
Belleville/ Pizay (69)	Château de Pizay
Bourg-en-Bresse (01)	Le Griffon d'Or
Le-Bourget-du-Lac (73)	Ombremont
Les Carroz-d'Arâches (74)	Les Servages d'Armelle
Chambéry (73)	Petit Hôtel Confidentiel
Chamonix-Mont-Blanc (74)	Grand Hôtel des Alpes
Chamonix-Mont-Blanc (74)	Hameau Albert 1er
Chamonix-Mont-Blanc (74)	Mont-Blanc
Chamonix-Mont-Blanc/ Les Houches (74)	Rocky Pop
Chamonix-Mont-Blanc/ Le Lavancher (74)	Les Chalets de Philippe
Chamonix-Mont-Blanc/ Chamonix-Mont-Blanc (74)	Refuge du Montenvers
Chamonix-Mont-Blanc/ Les Praz-de-Chamonix (74)	Le Castel
Châtillon-sur-Chalaronne (01)	La Tour
Chazey-sur-Ain/ Sainte-Julie (01)	Les Chambres de la Renaissance
Cliousclat (26)	La Treille Muscate
La Clusaz (74)	Au Cœur du Village
Coise-Saint-Jean-Pied-Gauthier (73)	Château de la Tour du Puits
Condrieu (69)	Hôtellerie Beau Rivage
Cordon (74)	Les Roches Sweet Hôtel & Spa
Courchevel/ Courchevel 1850 (73)	Les Airelles
Courchevel/ Courchevel 1850 (73)	L'Apogée
Courchevel/ Courchevel 1850 (73)	Cheval Blanc
Courchevel/ Courchevel 1850 (73)	Le K2
Courchevel/ Courchevel 1850 (73)	Le K2 Altitude
Courchevel/ Courchevel 1850 (73)	Le Lana
Courchevel/ Courchevel 1850 (73)	La Sivolière
Courchevel/ Courchevel 1850 (73)	Le Strato
Courchevel/ Courchevel 1850 (73)	White 1921
Crozet (01)	Jiva Hill Resort
Cruseilles (74)	Château des Avenières- La Maison des Écureuils
Les Deux-Alpes (38)	Chalet Mounier
Divonne-les-Bains (01)	Le Grand Hôtel
Divonne-les-Bains/ Grilly (01)	Les Lumières de Genève
Duingt (74)	Clos Marcel
Évian-les-Bains (74)	Ermitage
Évian-les-Bains (74)	Royal
Évian-les-Bains/ Maxilly-sur-Léman (74)	La Maison de Mathilde
Faugères (07)	Domaine de Chalvêches
Les Gets (74)	Alpina
Les Gets (74)	Crychar
Gex/ Col de La Faucille (01)	La Mainaz
Le Grand-Bornand (74)	Le Chalet 1864
Le Grand-Bornand/ Le Chinaillon (74)	Les Cimes

Grenoble (38)	Le Grand Hôtel
Grenoble (38)	Park Hôtel
Grignan (26)	Le Clair de la Plume
Grignan (26)	Le Pré de l'Aube
Hauteluce (73)	La Ferme du Chozal
Jongieux (73)	Château de la Mar
Labastide-de-Virac (07)	Le Mas Rêvé
Lamastre (07)	Château d'Urbilhac
Lyon (69)	Carlton
Lyon (69)	Collège
Lyon (69)	Cour des Loges
Lyon (69)	Fourvière Hôtel
Lyon (69)	Mama Shelter
Lyon (69)	Le Royal
Lyon (69)	Villa Florentine
Lyon/ Charbonnières-les-Bains (69)	Le Pavillon de la Rotonde
Lyon/ Écully (69)	Les Hautes Bruyères
Manigod (74)	Chalet Hôtel Croix-Fry
Manigod (74)	La Maison des Bois - Marc Veyrat
Megève (74)	Alpaga
Megève (74)	Chalet du Mont d'Arbois
Megève (74)	Flocons de Sel
Megève (74)	Four Seasons Megève
Megève (74)	Le Chalet Zannier
Megève (74)	Le Fer à Cheval
Megève (74)	Les Fermes de Marie
Megève (74)	Lodge Park
Megève (74)	M de Megève
Megève (74)	Mont-Blanc
Méribel (73)	Allodis
Méribel (73)	Le Grand Cœur & Spa
Méribel (73)	L'Hélios
Méribel (73)	Le Kaïla
Méribel (73)	Le Savoy
Montailleur (73)	Suites de la Tour
Montélimar (26)	Le Domaine du Colombier
Montélimar (26)	Le Trésor des Templiers
Montmeyran (26)	La Grande Maison
Morzine (74)	Bergerie
Nyons (26)	Une Autre Maison
Nyons/ Montaulieu (26)	Les Terrasses
La Plagne/ Plagne-Bellecôte (73)	Carlina
Roanne/ Ouches (42)	Troisgros
Roanne/ Villerest (42)	Château de Champlong
Romans-sur-Isère (26)	L'Orée du Parc
Saint-Gervais-les-Bains (74)	La Ferme de Cupelin
Saint-Martin-de-Belleville (73)	La Bouitte
Saint-Paul-Trois-Châteaux (26)	Villa Augusta
Saint-Pierre-d'Albigny (73)	Château des Allues
Salles-Arbuissonnas-en-Beaujolais (69)	La Chanoinesse
Talloires (74)	Auberge du Père Bise
Talloires (74)	Chalet Christine

Tournon-sur-Rhône (07)	Hôtel de la Villeon
Tulette (26)	K-Za
Uriage-les-Bains (38)	Grand Hôtel & Spa
Uzer (07)	Château d'Uzer
Valaurie (26)	Le Moulin de Valaurie
Val-d'Isère (73)	Avenue Lodge
Val-d'Isère (73)	Les Barmes de l'Ours
Val-d'Isère (73)	Les 5 Frères
Valence (26)	Pic
Vals-les-Bains (07)	Château Clément
Val-Thorens (73)	Altapura
Val-Thorens (73)	Fitz Roy
Val-Thorens (73)	Pashmina
Les Vans (07)	La Seigneurie de Naves
Vienne (38)	La Pyramide-Patrick Henriroux
Vonnas (01)	Georges Blanc
Vonnas (01)	Hôtel du Bois Blanc
Yvoire (74)	Villa Cécile

PRINCIPAUTÉ DE MONACO

Monte-Carlo (MC)	Hermitage
Monte-Carlo (MC)	Hôtel de Paris
Monte-Carlo (MC)	Métropole
Monte-Carlo (MC)	Monte Carlo Bay Hotel and Resort
Monte-Carlo/ Monte-Carlo-Beach (MC)	Monte-Carlo Beach

LES SPA LES PLUS AGRÉABLES

ALSACE

Colroy-la-Roche (67)	Hostellerie La Cheneaudière
Ensisheim (68)	Le Domaine du Moulin
Fouday (67)	Julien
Guebwiller/ Murbach (68)	Le St-Barnabé
Illhaeusern (68)	Hôtel des Berges
Jungholtz (68)	Les Violettes
Kaysersberg (68)	Chambard
Lembach (67)	Auberge du Cheval Blanc
Molsheim (67)	Diana
Morsbronn-les-Bains (67)	La Source des Sens
Munster (68)	Verte Vallée
Niederbronn-les-Bains (67)	Muller
Obernai (67)	Le Parc
Obernai/ Ottrott (67)	Hostellerie des Châteaux
La-Petite-Pierre (67)	La Clairière
Rouffach (68)	Château d'Isenbourg
Saint-Hippolyte (68)	Le Parc
Strasbourg (67)	Le Bouclier d'Or
Strasbourg (67)	Régent Petite France & Spa
Strasbourg/ Ostwald (67)	Château de l'Ile
Thannenkirch (68)	Le Clos des Sources

AQUITAINE

Anglet (64)	Atlanthal
Bassin d'Arcachon/ Arcachon (33)	Les Bains d'Arguin
Bassin d'Arcachon/ Lège-Cap-Ferret (33)	Domaine du Ferret
Bassin d'Arcachon/ Pyla-sur-Mer (33)	Ha (a)ïtza
Biarritz (64)	Hôtel du Palais
Biarritz (64)	Le Regina
Bordeaux (33)	Hôtel de Sèze
Bordeaux (33)	InterContinental - Le Grand Hôtel
Bordeaux/ Martillac (33)	Les Sources de Caudalie
Dax/ Saint-Paul-lès-Dax (40)	Sourcéo
Eugénie-les-Bains (40)	Les Prés d'Eugénie
Les Eyzies-de-Tayac (24)	Les Glycines
Hendaye (64)	Serge Blanco
Magescq (40)	Relais de la Poste
Pau (64)	Parc Beaumont
Le Pian-Médoc (33)	Golf du Médoc Hôtel & Spa
Saint-Émilion (33)	Château Grand Barrail
Saint-Jean-de-Luz (64)	Grand Hôtel Thalasso & Spa
Villeneuve-sur-Lot (47)	Mercure Le Moulin de Madame
Villeneuve-sur-Lot/ Saint-Sylvestre-sur-Lot (47)	Le Stelsia

AUVERGNE

Moulins (03)	Hôtel de Paris
Pailherols (15)	L'Auberge des Montagnes
Saint-Bonnet-le-Froid (43)	Clos des Cimes-Découverte & Spa
Salers (15)	Le Bailliage
Salzuit (43)	Domaine St Roch
Vichy (03)	Vichy Spa Hôtel Les Célestins

BOURGOGNE

Beaune (21)	Le Cep
Chalon-sur-Saône (71)	Le St-Georges
Chalon-sur-Saône/ Dracy-le-Fort (71)	Le Dracy
Courban (21)	Château de Courban
Dijon (21)	Grand Hôtel de la Cloche
Joigny (89)	La Côte Saint-Jacques
Meursault (21)	Château de Cîteaux-La Cueillette
Saulieu (21)	Le Relais Bernard Loiseau
Vosne-Romanée (21)	Le Richebourg

BRETAGNE

Arzon/ Port du Crouesty (56)	Miramar la Cigale
Belle-Ile/ Port-Goulphar (56)	Castel Clara Thalasso & Spa
Billiers (56)	Domaine de Rochevilaine
Brignogan-Plages (29)	Hôtel de la Mer
Cancale (35)	La Ferme du Vent
Carnac (56)	Carnac Thalasso & Spa Resort
Carnac (56)	Celtique
Dinard (35)	Novotel Thalassa
La Gacilly (56)	Grée des Landes
Locquirec (29)	Le Grand Hôtel des Bains
Moëlan-sur-Mer (29)	Les Moulins du Duc
Paimpol/ Pointe-de-l'Arcouest (22)	Les Terrasses de Bréhat
Perros-Guirec (22)	L'Agapa
Ploërmel (56)	Le Roi Arthur
Plouider (29)	La Butte
Quiberon (56)	Sofitel Diététique
Quiberon (56)	Sofitel Thalassa
Rennes (35)	Balthazar Hôtel & Spa
Rennes (35)	Le Coq-Gadby
Rennes (35)	Le Saint-Antoine
Roscoff (29)	Le Brittany
Saint-Malo (35)	Grand Hôtel des Thermes
Saint-Philibert (56)	Le Galet
Trébeurden (22)	Ti al Lannec

CENTRE

Amboise/ Saint-Ouen-les-Vignes (37)	L'Aubinière
Augerville-la-Rivière (45)	Château Golf & Spa d'Augerville
Chartres (28)	Le Grand Monarque
La Châtre/ Pouligny-Notre-Dame (36)	Les Dryades

Maintenon (28)	Castel Maintenon
Montbazon (37)	Château d'Artigny
Mosnes (37)	Domaine des Thômeaux
Orléans (45)	Empreinte
Saint-Aignan (41)	Les Jardins de Beauval
Tours (37)	Océania L'Univers
Tours/ Joué-lès-Tours (37)	Château de Beaulieu

CHAMPAGNE-ARDENNE

Chaource/ Maisons-lès-Chaource (10)	Aux Maisons
Épernay/ Vinay (51)	Hostellerie La Briqueterie
Étoges (51)	Le Château d'Étoges
Mesnil-Saint-Père (10)	Auberge du Lac

CORSE

Bastia (2B)	Ostella
Cagnano (2B)	Misincu
Calvi (2B)	La Signoria
Calvi (2B)	La Villa
Olmeto (2A)	Marinca
Porticcio (2A)	Radisson Blu
Porticcio (2A)	Sofitel Thalassa
Porto-Vecchio (2A)	Casadelmar
Porto-Vecchio (2A)	Don Cesar
Porto-Vecchio (2A)	Grand Hôtel de Cala Rossa

FRANCHE-COMTÉ

Besançon/ Geneuille (25)	Château de la Dame Blanche
Bonnétage (25)	L'Étang du Moulin
Malbuisson (25)	Les Rives Sauvages

ÎLE-DE-FRANCE

Barbizon (77)	Les Pléiades
Enghien-les-Bains (95)	Le Grand Hôtel
Enghien-les-Bains (95)	Hôtel du Lac
Longjumeau/ Saulx-les-Chartreux (91)	L'Orée
Paris 1er	Le Burgundy
Paris 1er	Maison Albar Paris Céline
Paris 1er	Mandarin Oriental
Paris 1er	Le Meurice
Paris 1er	Nolinski
Paris 1er	Renaissance Paris Vendôme
Paris 1er	Ritz
Paris 1er	Le Roch
Paris 1er	The Westin Paris
Paris 2e	Park Hyatt Paris-Vendôme
Paris 6e	Le Six
Paris 7e	Le Narcisse Blanc
Paris 8e	Le Bristol
Paris 8e	Crillon

Paris 8e	Fouquet's Barrière
Paris 8e	Four Seasons George V
Paris 8e	Plaza Athénée
Paris 8e	La Réserve
Paris 8e	Le Royal Monceau
Paris 9e	Intercontinental Le Grand
Paris 9e	Scribe
Paris 10e	Renaissance République
Paris 11e	Bastille Boutet
Paris 16e	Molitor
Paris 16e	The Peninsula
Paris 16e	Shangri-La
Paris 16e	Square
Paris 16e	Villa & Hôtel Majestic
Provins (77)	Aux Vieux Remparts
Rolleboise (78)	Le Domaine de la Corniche
Rueil-Malmaison (92)	Le Relais de la Malmaison
Versailles (78)	Trianon Palace
Ville-d'Avray (92)	Les Étangs de Corot
Villiers-le-Mahieu (78)	Château de Villiers-le-Mahieu

LANGUEDOC-ROUSSILLON

Agde/ Le Cap-d'Agde (34)	Palmyra Golf Hôtel
Argelès-sur-Mer (66)	Le Cottage
Canet-en-Roussillon/ Canet-Plage (66)	Les Flamants Roses
La Grande-Motte (34)	Les Corallines
Le Grau-du-Roi/ Port-Camargue (30)	Les Bains de Camargue
Molitg-les-Bains (66)	Le Grand Hôtel
Montpellier/ Baillargues (34)	Golf Hôtel de Massane
Montpellier/ Castelnau-le-Lez (34)	Domaine de Verchant
Montpellier/ Juvignac (34)	Vichy Thermalia Spa Hôtel
Nîmes (30)	Vatel
Nîmes/ Uchaud (30)	Le Huit
Pézenas (34)	Distillerie de Pézenas
Saint-Cyprien (66)	L'Île de la Lagune
Saint-Laurent-de-Cerdans (66)	Domaine de Falgos
Uzès (30)	L'Artemise
Uzès (30)	La Maison d'Uzès

LORRAINE

Contrexéville (88)	Cosmos
Épinal (88)	La Fayette
Gérardmer (88)	Le Grand Hotel et Spa
Gérardmer (88)	La Jamagne
Gérardmer/ Xonrupt-Longemer (88)	Les Jardins de Sophie
Sierck-les-Bains/ Montenach (57)	Le Domaine de la Klauss
Vittel (88)	L'Orée du Bois

MIDI-PYRÉNÉES

Barbotan-les-Thermes (32)	La Bastide
Cahuzac-sur-Vère (81)	Château de Salettes

Moissac (82)	Le Moulin de Moissac
Montagudet (82)	Le Belvédère
Montauban (82)	Abbaye des Capucins Spa & Resort
Revel/ Garrevaques (81)	Le Pavillon du Château
Saint-Cirq-Lapopie/ Tour-de-Faure (46)	Le Saint-Cirq
Saint-Geniez-d'Olt (12)	Château de la Falque

NORD-PAS-DE-CALAIS

Lille (59)	L'Hermitage Gantois
Le Touquet-Paris-Plage (62)	Westminster Barrière

NORMANDIE

Beuzeville (27)	Le Petit Castel
Cabourg (14)	Les Bains de Cabourg Thalazur
Caen (14)	Ivan Vautier
Deauville (14)	Manoir de Benerville
Deauville (14)	Normandy Barrière
Deauville (14)	Royal Barrière
Forges-les-Eaux (76)	Forges Hôtel
Granville/ Donville-les-Bains (50)	Hôtel de la Baie
Le Havre (76)	Pasino
Honfleur (14)	La Ferme St-Siméon
Honfleur (14)	Le Manoir des Impressionnistes
Honfleur/ Cricquebœuf (14)	Manoir de la Poterie & Spa
Jumièges (76)	Domaine Le Clos des Fontaines
Lyons-la-Forêt (27)	Le Grand Cerf
Lyons-la-Forêt (27)	La Licorne
Ouistreham/ Riva-Bella (14)	Riva Bella Thalazur
Pont-l'Évêque (14)	Le Lion d'Or
Port-en-Bessin (14)	Mercure
Rouen (76)	Hôtel de Bourgtheroulde
Surville (27)	Manoir de Surville
Trouville-sur-Mer (14)	Les Cures Marines
Verneuil-sur-Avre (27)	Le Clos

PAYS-DE-LA-LOIRE

La Baule (44)	Le Royal La Baule
La Baule (44)	Lutetia & Spa
Chambretaud (85)	Château du Boisniard
Île de Noirmoutier/ Noirmoutier-en-l'Île (85)	Général d'Elbée
Laval (53)	Perier du Bignon
Missillac (44)	Domaine de La Bretesche
Montsoreau (49)	La Marine de Loire
Pornic (44)	Alliance
Pornichet (44)	Château des Tourelles
Les Sables-d'Olonne (85)	Atlantic Hôtel
Les Sables-d'Olonne (85)	Côte Ouest Thalasso & Spa
Saint-Brevin-les-Pins (44)	Hôtel Spa du Beryl
Saint-Brice (53)	Au Manoir des Forges
Saint-Jean-de-Monts (85)	Atlantic Thalasso

PICARDIE

Chantilly (60)	Auberge du Jeu de Paume
Château-Thierry (02)	Île de France
Favières (80)	Les Saules
Fère-en-Tardenois (02)	Château de Fère
Saint-Valery-sur-Somme (80)	Les Corderies
Sainte-Preuve (02)	Domaine de Barive

POITOU-CHARENTES

Châtelaillon-Plage (17)	La Grande Terrasse Mgallery
Île de Ré/ La Flotte (17)	Le Richelieu
Île de Ré/ Saint-Martin-de-Ré (17)	La Baronnie Hôtel & Spa
Île de Ré/ Saint-Martin-de-Ré (17)	Clos St-Martin
Île de Ré/ Sainte-Marie-de-Ré (17)	Atalante
Ile d'Oléron/ Saint-Trojan-les-Bains (17)	Novotel Thalassa Oléron
Massignac (16)	Le Domaine des Étangs
Mirambeau (17)	Château de Mirambeau

PROVENCE-ALPES-CÔTE D'AZUR

Aix-en-Provence (13)	Renaissance
Aix-en-Provence (13)	Villa Gallici
Aix-en-Provence/ Le Puy-Sainte-Réparade (13)	Villa La Coste & Spa
Aix-en-Provence/ Le Tholonet (13)	Les Lodges Sainte-Victoire
Antibes (06)	Royal
Antibes/ Cap d'Antibes (06)	Hôtel du Cap-Eden-Roc
Arles (13)	Jules César
Arles (13)	Le Calendal
Avignon (84)	Novotel Centre
Avignon/ Le Pontet (84)	Auberge de Cassagne & Spa
Les Baux-de-Provence (13)	Baumanière
Les Baux-de-Provence (13)	Domaine de Manville
Beaulieu-sur-Mer (06)	La Réserve de Beaulieu & Spa
La Cadière-d'Azur (83)	Hostellerie Bérard
Cannes (06)	Five Seas
Cannes (06)	Grand Hyatt Martinez
Cannes (06)	Majestic Barrière
Cannes (06)	Radisson Blu 1835 Hotel & Thalasso
Le Castellet/ Circuit Paul Ricard (83)	Hôtel & Spa du Castellet
Cavalière (83)	Le Club de Cavalière & Spa
Chorges (05)	Ax'Hôtel
La Croix-Valmer/ Gigaro (83)	Château de Valmer
Embrun (05)	Les Bartavelles
Èze-Bord-de-Mer (06)	Cap Estel
Forcalquier (04)	La Bastide Saint Georges
Forcalquier/ Mane (04)	Le Couvent des Minimes & Spa
Fréjus (83)	Mercure Thalassa Port Fréjus
Gargas (84)	Coquillade - Provence Village
Gordes (84)	La Bastide de Gordes
Gordes (84)	Les Bories & Spa

Ile des Embiez (83) Hélios
Joucas (84) Hostellerie Le Phébus & Spa
Joucas (84) Le Mas des Herbes Blanches
Lorgues (83) Château de Berne
Lourmarin (84) La Bastide de Lourmarin
Mallemort (13) Moulin de Vernègues
Marseille (13) Intercontinental-Hôtel Dieu
Marseille (13) Sofitel Vieux Port
Maussane-les-Alpilles/ Paradou (13) B design & Spa
Mougins (06) Le Mas Candille
Mougins (06) Royal Mougins Golf Resort
Nice (06) Boscolo Exedra
La Palud-sur-Verdon (04) Hôtel des Gorges du Verdon
Ramatuelle (83) La Réserve Ramatuelle
Rayol-Canadel-sur-Mer (83) Le Bailli de Suffren
Saint-Jean-Cap-Ferrat (06) Grand Hôtel du Cap Ferrat
Saint-Paul-de-Vence (06) La Vague de St-Paul
Saint-Paul-de-Vence (06) Le Mas de Pierre
Saint-Raphaël/ Valescure (83) Golf Hôtel de Valescure
Saint-Rémy-de-Provence (13) Le Vallon de Valrugues & Spa
Saint-Saturnin-lès-Apt (84) Domaine des Andéols
Saint-Tropez (83) Byblos
Saint-Tropez (83) Château de la Messardière
Saint-Tropez (83) Hôtel de Paris Saint-Tropez
Saint-Tropez (83) Kube
Saint-Tropez (83) Sezz
Saint-Tropez (83) Villa Marie
Saint-Véran (05) L'Alta Peyra Hôtel & Spa
Saintes-Maries-de-la-Mer (13) Mas de la Fouque
Sanary-sur-Mer (83) Hostellerie La Farandole
Serre-Chevalier/ Le Monêtier-les-Bains (05) Alliey
Serre-Chevalier/ Villeneuve-la-Salle (05) Rock Noir & Spa
La Seyne-sur-Mer (83) Grand Hôtel des Sablettes-Plage
Théoule-sur-Mer/ Miramar (06) Tiara Miramar Beach Hotel & Spa
Tourrettes (83) Terre Blanche
Tourtour (83) La Bastide de Tourtour
Valbonne/ Sophia-Antipolis (06) Beachcomber French Riviera
Valbonne/ Sophia-Antipolis (06) Golden Tulip Sophia Antipolis
Vence (06) Cantemerle
Vence (06) Château Saint-Martin & Spa

RHÔNE-ALPES

Aix-les-Bains (73) Golden Tulip
Alpe-d'Huez (38) Au Chamois d'Or
Alpe-d'Huez (38) Le Pic Blanc
Alpe-d'Huez (38) Royal Ours Blanc
Annecy (74) L'Impérial Palace
Annecy (74) Les Trésoms
Les Arcs/ Arc 2000 (73) Taj-I Mah
Autrans (38) La Poste
Avoriaz (74) Les Dromonts

Bagnols (69) Château de Bagnols
Belleville/ Pizay (69) Château de Pizay
Brides-les-Bains (73) Mercure Grand Hôtel des Thermes
Chambéry/ Barberaz (73) La Maison Rouge
Chamonix-Mont-Blanc (74) Hameau Albert 1er
Chamonix-Mont-Blanc (74) L'Héliopic
Chamonix-Mont-Blanc (74) Le Morgane
Chamonix-Mont-Blanc (74) Mont-Blanc
Chamonix-Mont-Blanc/ Les Tines (74) Excelsior
La Chapelle-d'Abondance (74) Les Cornettes
Châtel (74) Macchi
La Clusaz (74) Au Cœur du Village
Courchevel/ Moriond (73) Le Portetta
Courchevel/ Moriond (73) Manali
Courchevel/ Courchevel 1850 (73) Les Airelles
Courchevel/ Courchevel 1850 (73) Annapurna
Courchevel/ Courchevel 1850 (73) L'Apogée
Courchevel/ Courchevel 1850 (73) Le Chabichou
Courchevel/ Courchevel 1850 (73) Cheval Blanc
Courchevel/ Courchevel 1850 (73) Hôtel des Trois Vallées
Courchevel/ Courchevel 1850 (73) Le K2
Courchevel/ Courchevel 1850 (73) Le K2 Altitude
Courchevel/ Courchevel 1850 (73) Le Lana
Courchevel/ Courchevel 1850 (73) Les Neiges
Courchevel/ Courchevel 1850 (73) Saint-Roch
Courchevel/ Courchevel 1850 (73) La Sivolière
Courchevel/ Courchevel 1850 (73) Le Strato
Courchevel/ Courchevel 1850 (73) Les Suites de la Potinière
Crozet (01) Jiva Hill Resort
Les Deux-Alpes (38) Chalet Mounier
Les Deux-Alpes (38) Côte Brune
Évian-les-Bains (74) Ermitage
Évian-les-Bains (74) Hilton
Évian-les-Bains (74) Royal
Flaine (74) Totem
Les Gets (74) Crychar
Les Gets (74) La Marmotte et La Tapiaz
Lyon (69) Cour des Loges
Lyon (69) Lyon Métropole
Lyon/ Charbonnières-les-Bains (69) Le Pavillon de la Rotonde
Manigod (74) La Maison des Bois - Marc Veyrat
Megève (74) Alpaga
Megève (74) Chalet du Mont d'Arbois
Megève (74) Flocons de Sel
Megève (74) Four Seasons Megève
Megève (74) Le Chalet Zannier
Megève (74) Le Fer à Cheval
Megève (74) Les Fermes de Marie
Megève (74) Lodge Park
Megève (74) M de Megève
Megève (74) Mont-Blanc
Les Menuires (73) Chalet Hôtel Kaya

Méribel (73) Allodis
Méribel (73) Le Grand Cœur & Spa
Méribel (73) L'Hélios
Méribel (73) Le Kaïla
Méribel (73) La Chaudanne
Méribel/ Méribel-Mottaret (73) Alpen Ruitor
Morzine (74) Champs Fleuris
Morzine (74) Le Dahu
Morzine (74) Le Samoyède
La Plagne/ Plagne-Bellecôte (73) Carlina
Roanne/ Villerest (42) Château de Champlong
Saint-Martin-de-Belleville (73) La Bouitte
Tignes (73) Les Campanules
Tignes (73) Les Suites du Montana
Tignes (73) Village Montana
Tignes/ Val-Claret (73) Maison Bouvier - Les Suites
Uriage-les-Bains (38) Grand Hôtel & Spa
Val-d'Isère (73) L'Aigle des Neiges
Val-d'Isère (73) Avenue Lodge
Val-d'Isère (73) Les Barmes de l'Ours
Val-d'Isère (73) Le Blizzard
Val-d'Isère (73) Le Yule
Val-d'Isère (73) Le Tsanteleina
Val-Thorens (73) Altapura
Val-Thorens (73) Fitz Roy
Val-Thorens (73) Koh-I Nor
Val-Thorens (73) Le Val Thorens
Val-Thorens (73) Pashmina
Villard-de-Lans/ Corrençon-en-Vercors (38) Les Clarines
Vonnas (01) Georges Blanc
Yvoire (74) Villa Cécile

PRINCIPAUTÉ DE MONACO

Monte-Carlo (MC) Fairmont Monte-Carlo
Monte-Carlo (MC) Hermitage
Monte-Carlo (MC) Hôtel de Paris
Monte-Carlo (MC) Métropole
Monte-Carlo (MC) Monte Carlo Bay Hotel and Resort
Monte-Carlo/ Monte-Carlo-Beach (MC) Monte-Carlo Beach